2017中国省市经济发展年鉴

CHINA PROVINCES AND CITIES ECONOMIC DEVELOPMENT YEARBOOK

《中国省市经济发展年鉴》编委会 编

上册

中国财经出版传媒集团
中国财政经济出版社

图书在版编目（C I P）数据

中国省市经济发展年鉴. 2017 : 全2册 / 《中国省市经济发展年鉴》编委会编. --北京 : 中国财政经济出版社，2018.7

ISBN 978-7-5095-8378-4

Ⅰ. ①中… Ⅱ. ①中… Ⅲ. ①区域经济发展－中国－2017－年鉴 Ⅳ. ①F127-54

中国版本图书馆CIP数据核字（2018）第158105号

责任编辑：罗亚洪

装帧设计：刘志鹏

中国财政经济出版社 出版

URL：http: //www.cfeph.cn

E - mail：cfeph@cfeph.cn

地址：北京市海淀区阜成路甲28号　邮政编码：100142

北京时捷印刷有限公司印刷　　　各地新华书店经销

880×1230毫米　1/16开　120.5印张　2,000,000字

2018年7月第1版　2018年7月北京第1次印刷

定价：780.00元（上、下）

ISBN 978-7-5095-8378-4

（图书出现印装问题，本社负责调换）

本社质量投诉电话：010-88190744

打击盗版举报热线：010-88191661　招商电话：18911081807

《2017 中国省市经济发展年鉴（上、下）》

编委会

编 者 说 明

一、《2017 中国省市经济发展年鉴（上、下）》是一部全面反映、系统比较中国区域经济和城市经济发展状况的大型统计资料性年刊。本书分为上下册，上册收集整理了 31 个省级行政单位的数据，下册收集整理了 278 个地级及以上城市的数据。

二、本书信息量大，特别突出数据的发展性和比较性。本书包括三年的统计数据以及最近一年数据的位次排列，为了解全国地区发展和城市发展状况提供了重要的参考依据。《2017 中国省市经济发展年鉴（上）》主要内容涵盖：行政区划和人口、就业和工资、国民经济核算、固定资产投资、财政和税收、价格指数、居民生活、城市建设、资源、能源和环境、农业、工业、建筑业、运输和邮电、贸易和旅游、金融业、房地产业、科学技术、教育、卫生、文化和体育、社会服务和社会保障等社会经济发展的各个方面。《2017 中国省市经济发展年鉴（下）》主要内容涵盖：行政区划和人口、就业和工资、国民经济核算、固定资产投资和房地产、财政、居民生活和社会保障、土地资源管理、城市建设、能源和环境、农业、工业、建筑业、运输和邮电、贸易和旅游、金融业、教育、卫生和文化。附录为主要统计指标解释。本书未包括香港特别行政区、澳门特别行政区和台湾省的数据。

三、本书所涉及东部、中部、西部和东北地区的具体划分为：

东部 10 省（市）包括北京、天津、河北、上海、江苏、浙江、福建、山东、广东和海南；

中部 6 省包括山西、安徽、江西、河南、湖北和湖南；

西部 12 省（区、市）包括内蒙古、广西、重庆、四川、贵州、云南、西藏、陕西、甘肃、青海、宁夏和新疆；

东北 3 省包括辽宁、吉林和黑龙江。

四、由于单位取舍不同，本书中部分数据合计数或相对数可能有计算误差，我们均未做调整。书中数据由政府机构、行业协会等公开发布的数据整理而成，数据准确权威。

Editor's Notes

I. "China Provinces and Cities Economic Development Yearbook - 2017(Volumes 1 and 2)" is a large statistical annual book which fully reflects and compares China's regional and urban economy development systematically. This book is divided into two volumes, Volume1 collects data of 31 provincial administrative units, and Volume 2 includes the data of more than 278 prefecture-level cities in China. To facilitate readers, the book contains brief explanation to the major statistical indicators.

II. The yearbook is informative and particularly prominent on its developmental and comparative data which including three consecutive years of statistical data and the ranking on data of the last year. It provides an important reference for comparing the national regional development and city development. In volume 1, the main contents include: population and land, employment and wages, national economic accounting, fixed asset investment, national finances and taxes, price index, the lives of residents, city construction, resources, energy and environment, agriculture, industry, construction, transportation and post and telecommunications, trade and tourism, finance, real estate industry, science and technology, education, health, culture and sports, social service and social security and other aspects of the social and economic development. In volume 2, the main contents include: population and land, employment and wages, national economic accounting, fixed asset investment and real estate industry, national finances, people's living conditions and social security, land resources administration, city construction, resources, energy and environment, agriculture, industry, construction, transportation and post and telecommunications, trade and tourism, finance, education, public health and culture. The data of this book does not include the Hong Kong special administrative region, Macao special administrative region and Taiwan province.

III. The regions involved in the book were divided as follows:

Eastern region including Beijing, Shanghai, Tianjin, Hebei, Jiangsu, Zhejiang, Fujian, Shandong, Guangdong and Hainan;

Central region including Shanxi, Anhui, Jiangxi, Henan, Hubei and Hunan;

Western region including Inner Mongolia, Guangxi, Chongqing, Sichuan, Guizhou, Yunnan, Tibet, Shaanxi, Gansu, Qinghai, Ningxia and Xinjiang;

Northeastern region including Liaoning, Jilin and Heilongjiang.

IV. Some total numbers or relative numbers in the yearbook may have a few calculation errors due to certain units; and we do not make mechanical adjustment. The data is collected by the governmental institutions and professional associations, and all the data is accurate and authoritative.

省级目录

PROVINCES CONTENTS

一、行政区划和人口
Administrative Division and Population

二、就业和工资
Employment and Wages

三、国民经济核算
National Accounts

四、固定资产投资
Investment in Fixed Assets

五、财政和税收
Government Finance and Tax Revenue

六、价格指数
Price Indices

七、居民生活
People's Living Conditions

八、城市建设
Urban Construction

九、资源、能源和环境
Resources, Energy and Environment

十、农业
Agriculture

十一、工业
Industry

十二、建筑业
Construction

十三、运输和邮电
Transport, Postal and Telecommunication Services

十四、贸易和旅游
Trade and Tourism

十五、金融业
Financial Intermediation

十六、房地产业
Real Estate

十七、科学技术
Science and Technology

十八、教育
Education

十九、卫生
Public Health

二十、文化和体育
Culture and Sports

二十一、社会服务和社会保障
Social Services and Social Security

附录：

1

行政区划和人口

Administrative Division and Population

1-1 全国行政区划数
Divisions of Administrative Areas in China

单位：个 （unit）

地区	Region	地级行政区划 Number of Regions at Prefecture Level 2010	2015	2016	2016排名 Ranking	其中：地级市 Cities at Prefecture Level 2010	2015	2016	2016排名 Ranking
全国	**National Total**	**333**	**334**	**334**		**283**	**291**	**293**	
北京	Beijing								
天津	Tianjin								
河北	Hebei	11	11	11	16	11	11	11	13
山西	Shanxi	11	11	11	16	11	11	11	13
内蒙古	Inner Mongolia	12	12	12	15	9	9	9	18
辽宁	Liaoning	14	14	14	7	14	14	14	6
吉林	Jilin	9	9	9	21	8	8	8	20
黑龙江	Heilongjiang	13	13	13	12	12	12	12	10
上海	Shanghai								
江苏	Jiangsu	13	13	13	12	13	13	13	8
浙江	Zhejiang	11	11	11	16	11	11	11	13
安徽	Anhui	17	16	16	5	17	16	16	5
福建	Fujian	9	9	9	21	9	9	9	18
江西	Jiangxi	11	11	11	16	11	11	11	13
山东	Shandong	17	17	17	3	17	17	17	3
河南	Henan	17	17	17	3	17	17	17	3
湖北	Hubei	13	13	13	12	12	12	12	10
湖南	Hunan	14	14	14	7	13	13	13	8
广东	Guangdong	21	21	21	1	21	21	21	1
广西	Guangxi	14	14	14	7	14	14	14	6
海南	Hainan	2	4	4	27	2	4	4	25
重庆	Chongqing								
四川	Sichuan	21	21	21	1	18	18	18	2
贵州	Guizhou	9	9	9	21	4	6	6	22
云南	Yunnan	16	16	16	5	8	8	8	20
西藏	Tibet	7	7	7	25	1	4	5	23
陕西	Shaanxi	10	10	10	20	10	10	10	17
甘肃	Gansu	14	14	14	7	12	12	12	10
青海	Qinghai	8	8	8	24	1	2	2	27
宁夏	Ningxia	5	5	5	26	5	5	5	23
新疆	Xinjiang	14	14	14	7	2	3	4	25

1-2 国土面积和土地利用情况
Land Area and Land Utilization

地区	Region	国土面积（万平方公里）Land Area (10 000 sq.km)	土地调查面积（万公顷）Area under Land Survey (10 000 hectares)	农用地面积（万公顷）Land for Agriculture Use (10 000 hectares)	#园林 Garden (10 000 hectares)	#林地 Forest (10 000 hectares)	#牧草地 Pasture (10 000 hectares)	建设用地面积（万公顷）Construction Land Area (10 000 hectares)	农用地排名 Land for Agricultu-re Ranking
全　国	**National Total**	**960.00**	**96000.00**	**64512.67**	**1426.63**	**25290.81**	**21935.91**	**3909.51**	
北　京	Beijing	1.68	164.11	114.55	13.35	73.97	0.02	35.97	29
天　津	Tianjin	1.10	119.17	69.43	2.97	5.48		41.44	30
河　北	Hebei	19.00	1884.34	1306.92	83.44	459.90	40.13	221.89	17
山　西	Shanxi	15.00	1567.11	1002.70	40.64	485.60	3.38	103.33	23
内蒙古	Inner Mongolia	110.00	11451.21	8288.25	5.65	2322.81	4951.99	165.67	2
辽　宁	Liaoning	15.00	1480.64	1153.15	46.82	561.59	0.32	163.05	19
吉　林	Jilin	18.00	1911.24	1659.99	6.59	885.33	23.65	109.73	12
黑龙江	Heilongjiang	46.00	4526.45	3991.72	4.46	2182.14	109.55	163.09	6
上　海	Shanghai	0.58	82.39	31.40	1.65	4.63		30.85	31
江　苏	Jiangsu	10.00	1067.42	648.21	29.91	25.69	0.01	229.19	26
浙　江	Zhejiang	10.00	1053.97	859.88	58.03	564.25	0.03	130.09	24
安　徽	Anhui	13.00	1401.26	1113.73	34.96	374.33	0.05	199.87	21
福　建	Fujian	12.00	1240.16	1087.01	76.88	833.19	0.03	83.29	22
江　西	Jiangxi	16.00	1668.94	1442.29	32.37	1032.41	0.07	128.98	16
山　东	Shandong	15.00	1571.26	1151.43	71.77	148.41	0.57	284.44	20
河　南	Henan	16.00	1655.36	1266.73	21.65	345.69	0.03	261.69	18
湖　北	Hubei	18.00	1858.88	1574.75	48.15	859.53	0.20	171.65	13
湖　南	Hunan	21.00	2118.55	1817.92	65.65	1221.03	1.35	163.71	11
广　东	Guangdong	18.00	1798.13	1494.58	126.59	1002.70	0.31	203.76	14
广　西	Guangxi	23.00	2375.58	1954.27	108.27	1330.50	0.52	123.37	8
海　南	Hainan	3.40	353.54	297.11	91.82	120.04	2.01	34.41	28
重　庆	Chongqing	8.23	822.69	706.51	27.11	385.46	4.55	67.57	25
四　川	Sichuan	48.00	4840.56	4216.06	73.01	2215.31	1095.72	183.51	5
贵　州	Guizhou	17.00	1761.52	1474.31	16.33	893.19	7.24	70.42	15
云　南	Yunnan	38.00	3831.94	3293.24	163.07	2301.33	14.71	108.73	7
西　藏	Tibet	120.00	12020.72	8723.40	0.15	1602.49	7068.59	15.28	1
陕　西	Shaanxi	19.00	2057.95	1857.68	81.83	1117.19	217.09	95.36	9
甘　肃	Gansu	39.00	4040.91	1854.58	25.64	609.81	591.97	91.12	10
青　海	Qinghai	72.00	7174.81	4509.17	0.61	354.04	4079.89	35.37	4
宁　夏	Ningxia	6.60	519.54	380.72	5.01	76.68	149.25	31.93	27
新　疆	Xinjiang	160.00	16648.97	5170.95	62.24	896.05	3572.68	160.75	3

注：土地调查面积为2008年年底数。

Note: Land survey area is for the end of 2008.

1-3　建设用地面积 (2016)
Area of Land for Construction (2016)

单位：万公顷　　(10 000 hectares)

地　区	Region	建设用地面积 Land for Construction	城镇村及工矿用地 Land for Urban Village, Mining and Manufacturing Sites	交通运输用地 Land for Transport Facilities	水域及水利设施用地 Land for Water Area and Water Conservancy Facilities	建设用地排名 Land for Construction Ranking
全　国	**National Total**	**3909.51**	**3179.47**	**371.03**	**359.02**	
北　京	Beijing	35.97	30.66	3.26	2.05	26
天　津	Tianjin	41.44	33.09	3.00	5.34	25
河　北	Hebei	221.89	191.80	19.21	10.88	4
山　西	Shanxi	103.33	88.94	10.62	3.77	19
内蒙古	Inner Mongolia	165.67	135.88	22.85	6.93	9
辽　宁	Liaoning	163.05	133.63	15.66	13.77	12
吉　林	Jilin	109.73	86.60	9.45	13.67	17
黑龙江	Heilongjiang	163.09	122.90	15.74	24.45	11
上　海	Shanghai	30.85	27.51	3.03	0.31	30
江　苏	Jiangsu	229.19	190.21	22.49	16.50	3
浙　江	Zhejiang	130.09	101.17	14.79	14.13	14
安　徽	Anhui	199.87	164.93	14.38	20.56	6
福　建	Fujian	83.29	63.59	12.49	7.21	22
江　西	Jiangxi	128.98	97.49	11.26	20.23	15
山　东	Shandong	284.44	239.60	21.60	23.25	1
河　南	Henan	261.69	224.87	18.15	18.67	2
湖　北	Hubei	171.65	131.68	12.77	27.19	8
湖　南	Hunan	163.71	134.03	14.45	15.23	10
广　东	Guangdong	203.76	165.67	18.67	19.43	5
广　西	Guangxi	123.37	91.49	13.79	18.10	16
海　南	Hainan	34.41	26.07	2.55	5.79	28
重　庆	Chongqing	67.57	57.36	6.35	3.86	24
四　川	Sichuan	183.51	156.07	15.17	12.27	7
贵　州	Guizhou	70.42	56.18	10.08	4.16	23
云　南	Yunnan	108.73	85.43	11.55	11.75	18
西　藏	Tibet	15.28	10.34	4.12	0.82	31
陕　西	Shaanxi	95.36	81.05	10.67	3.63	20
甘　肃	Gansu	91.12	78.65	8.56	3.91	21
青　海	Qinghai	35.37	23.80	5.23	6.34	27
宁　夏	Ningxia	31.93	27.11	3.89	0.93	29
新　疆	Xinjiang	160.75	121.69	15.20	23.87	13

1-4 年末常住总人口数和常住人口密度

Permanent Population at Year-end and Permanent Population Density

地区	Region	常住总人口年末数(万人) Permanent Population at Year-end (10 000 persons)				常住人口密度(人/平方公里) Permanent Population Density (person/sq.km)			
		2010	2015	2016	2016排名 Ranking	2010	2015	2016	2016排名 Ranking
全国	**National Total**	**134091**	**137462**	**138271**		**139.68**	**143.19**	**144.03**	
北京	Beijing	1962	2171	2173	26	1195.51	1322.63	1324.15	2
天津	Tianjin	1299	1547	1562	27	1090.25	1298.07	1310.70	3
河北	Hebei	7194	7425	7470	6	381.76	394.03	396.43	10
山西	Shanxi	3574	3664	3682	18	228.07	233.81	234.95	18
内蒙古	Inner Mongolia	2472	2511	2520	23	21.59	21.93	22.01	28
辽宁	Liaoning	4375	4382	4378	14	295.47	295.98	295.68	15
吉林	Jilin	2747	2753	2733	21	143.71	144.06	143.00	23
黑龙江	Heilongjiang	3833	3812	3799	17	84.69	84.21	83.93	26
上海	Shanghai	2303	2415	2420	24	2794.83	2931.50	2937.25	1
江苏	Jiangsu	7869	7976	7999	5	737.23	747.25	749.38	4
浙江	Zhejiang	5447	5539	5590	10	516.76	525.54	530.37	8
安徽	Anhui	5957	6144	6196	8	425.10	438.43	442.17	9
福建	Fujian	3693	3839	3874	15	297.79	309.56	312.38	14
江西	Jiangxi	4462	4566	4592	13	267.37	273.56	275.14	16
山东	Shandong	9588	9847	9947	2	610.20	626.70	633.06	5
河南	Henan	9405	9480	9532	3	568.18	572.68	575.82	7
湖北	Hubei	5728	5852	5885	9	308.14	314.79	316.59	13
湖南	Hunan	6570	6783	6822	7	310.12	320.17	322.01	12
广东	Guangdong	10441	10849	10999	1	580.66	603.35	611.69	6
广西	Guangxi	4610	4796	4838	11	194.06	201.89	203.66	19
海南	Hainan	869	911	917	28	245.67	257.63	259.38	17
重庆	Chongqing	2885	3017	3048	20	350.63	366.67	370.49	11
四川	Sichuan	8045	8204	8262	4	166.20	169.48	170.68	22
贵州	Guizhou	3479	3530	3555	19	197.50	200.37	201.81	20
云南	Yunnan	4602	4742	4771	12	120.09	123.74	124.51	25
西藏	Tibet	301	324	331	31	2.50	2.70	2.75	31
陕西	Shaanxi	3735	3793	3813	16	181.50	184.31	185.28	21
甘肃	Gansu	2560	2600	2610	22	63.35	64.33	64.59	27
青海	Qinghai	563	588	593	30	7.85	8.20	8.27	30
宁夏	Ningxia	633	668	675	29	121.83	128.55	129.92	24
新疆	Xinjiang	2185	2360	2398	25	13.12	14.17	14.40	29

注：1.2010年数据为当年人口普查数据推算数；其余年份数据为年度人口抽样调查推算数据。2005年起各地区数据为常住人口口径。

2.常住人口密度为常住人口与土地调查面积之比。

Notes: 1. The data for 2010 are estimated from the census data, and for the remaining years, the data are calculated from the annual sample survey of population. Since 2005, the regional data have keen of the permanent residents.

2. Permanent population density refers to the ratio of residents with area to land survey area.

1-5 按城乡分年末人口数
Population at Year-end by Urban and Rural Residence

单位：万人 (10 000 persons)

地区	Region	城镇人口 Urban Residence at Year-end				乡村人口 Rural Residence at Year-end			
		2010	2015	2016	2016排名 Ranking	2010	2015	2016	2016排名 Ranking
全　国	**National Total**	**66978**	**77116**	**79298**		**67113**	**60346**	**58973**	
北　京	Beijing	1686	1878	1880	21	275	293	293	27
天　津	Tianjin	1034	1278	1295	25	266	269	267	30
河　北	Hebei	3201	3811	3983	6	3992	3614	3487	4
山　西	Shanxi	1717	2016	2070	19	1857	1648	1612	16
内蒙古	Inner Mongolia	1372	1514	1542	23	1100	997	978	24
辽　宁	Liaoning	2717	2952	2949	11	1658	1431	1429	19
吉　林	Jilin	1464	1523	1530	24	1282	1230	1203	22
黑龙江	Heilongjiang	2134	2241	2249	15	1700	1571	1550	17
上　海	Shanghai	2056	2116	2127	17	246	299	293	28
江　苏	Jiangsu	4767	5306	5417	3	3102	2670	2582	9
浙　江	Zhejiang	3356	3645	3745	7	2090	1894	1845	14
安　徽	Anhui	2562	3103	3221	10	3395	3041	2975	7
福　建	Fujian	2109	2403	2464	12	1584	1436	1410	20
江　西	Jiangxi	1966	2357	2438	13	2496	2209	2154	12
山　东	Shandong	4765	5614	5871	2	4823	4233	4076	3
河　南	Henan	3621	4441	4623	4	5784	5039	4909	1
湖　北	Hubei	2847	3327	3419	9	2881	2525	2466	11
湖　南	A	2845	3452	3599	8	3725	3331	3223	6
广　东	Guangdong	6910	7454	7611	1	3531	3395	3388	5
广　西	Guangxi	1844	2257	2326	14	2766	2539	2512	10
海　南	Hainan	433	502	521	28	436	409	396	25
重　庆	Chongqing	1529	1838	1908	20	1355	1178	1140	23
四　川	Sichuan	3232	3913	4066	5	4812	4291	4196	2
贵　州	Guizhou	1176	1483	1570	22	2303	2047	1985	13
云　南	Yunnan	1597	2055	2148	16	3005	2687	2623	8
西　藏	Tibet	68	90	98	31	233	234	233	31
陕　西	Shaanxi	1709	2045	2110	18	2026	1748	1703	15
甘　肃	Gansu	925	1123	1166	26	1635	1477	1444	18
青　海	Qinghai	252	296	306	30	311	292	287	29
宁　夏	Ningxia	303	369	380	29	330	299	295	26
新　疆	Xinjiang	940	1115	1159	27	1245	1245	1239	21

注：1.本表数据根据当年人口变动情况抽样调查数据推算。全国总人口根据抽样误差和调查误差进行了修正，分地区人口未作修正。

2.全国总人口包括现役军人数，分地区数字中未包括。

Notes: 1.The data in the table are estimated from the sample survey date of population changes of the year. The national total population has been modified on the basis of sampling errors and survey errors, but samilar adjustment has not been made to regional figures.

2.The military personnel are included in the national total population, but are not included in the population by region.

1-6 人口出生率和死亡率
Birth Rate and Death Rate

单位：‰ (‰)

地区	Region	出生率 Birth Rate 2010	2015	2016	2016排名 Ranking	死亡率 Death Rate 2010	2015	2016	2016排名 Ranking
全 国	**National Total**	**11.90**	**12.07**	**12.95**		**7.11**	**7.11**	**7.09**	
北 京	Beijing	7.48	7.96	9.32	25	4.41	4.95	5.20	26
天 津	Tianjin	8.18	5.84	7.37	28	5.58	5.61	5.54	23
河 北	Hebei	13.22	11.35	12.42	15	6.41	5.79	6.36	12
山 西	Shanxi	10.68	9.98	10.29	23	5.38	5.56	5.52	24
内蒙古	Inner Mongolia	9.30	7.72	9.03	26	5.54	5.32	5.69	21
辽 宁	Liaoning	6.68	6.17	6.60	29	6.26	6.59	6.78	9
吉 林	Jilin	7.91	5.87	5.55	31	5.88	5.53	5.60	22
黑龙江	Heilongjiang	7.35	6.00	6.12	30	5.03	6.60	6.61	10
上 海	Shanghai	7.05	7.52	9.00	27	5.07	5.07	5.00	28
江 苏	Jiangsu	9.73	9.05	9.76	24	6.88	7.03	7.03	4
浙 江	Zhejiang	10.27	10.52	11.22	20	5.54	5.50	5.52	24
安 徽	Anhui	12.70	12.92	13.02	14	5.95	5.94	5.96	19
福 建	Fujian	11.27	13.90	14.50	6	5.16	6.10	6.20	14
江 西	Jiangxi	13.72	13.20	13.45	10	6.06	6.24	6.16	17
山 东	Shandong	11.65	12.55	17.89	1	6.26	6.67	7.05	3
河 南	Henan	11.52	12.70	13.26	12	6.57	7.05	7.11	2
湖 北	Hubei	10.36	10.74	12.04	17	6.02	5.83	6.97	7
湖 南	Hunan	13.10	13.58	13.57	9	6.70	6.86	7.01	5
广 东	Guangdong	11.18	11.12	11.85	18	4.21	4.32	4.41	30
广 西	Guangxi	14.13	14.05	13.82	7	5.48	6.15	5.95	20
海 南	Hainan	14.71	14.57	14.57	5	5.73	6.00	6.00	18
重 庆	Chongqing	9.17	11.05	11.77	19	6.40	7.19	7.24	1
四 川	Sichuan	8.93	10.30	10.48	22	6.62	6.94	6.99	6
贵 州	Guizhou	13.96	13.00	13.43	11	6.55	7.20	6.93	8
云 南	Yunnan	13.10	12.88	13.16	13	6.56	6.48	6.55	11
西 藏	Tibet	15.80	15.75	15.79	2	5.55	5.10	5.11	27
陕 西	Shaanxi	9.73	10.10	10.64	21	6.01	6.28	6.23	13
甘 肃	Gansu	12.05	12.36	12.18	16	6.02	6.15	6.18	15
青 海	Qinghai	14.94	14.72	14.70	4	6.31	6.17	6.18	15
宁 夏	Ningxia	14.14	12.62	13.69	8	5.10	4.58	4.72	29
新 疆	Xinjiang	15.99	15.59	15.34	3	5.43	4.51	4.26	31

注：本表数据根据当年人口数据推算。全国总人口根据抽样误差和调查误差进行了修正，分地区人口未作修正。

Note: The data in the table are estimated from the population data of the year. The national total population has been modified on the basis of sampling errors and survey errors, but similar adjustment has not been made to regional figures.

1-7 人口自然增长率和城镇化率
Natural Growth Rate and Urbanization Rate

地区	Region	自然增长率（‰） Natural Growth Rate （‰）				城镇化率（%） Urbanization Rate （%）			
		2010	2015	2016	2016排名 Ranking	2010	2015	2016	2016排名 Ranking
全　国	**National Total**	**4.79**	**4.96**	**5.86**		**49.95**	**56.10**	**57.35**	
北　京	Beijing	3.07	3.01	4.12	23	85.96	86.50	86.50	2
天　津	Tianjin	2.60	0.23	1.83	28	79.55	82.64	82.93	3
河　北	Hebei	6.81	5.56	6.06	16	44.50	51.33	53.32	19
山　西	Shanxi	5.30	4.42	4.77	20	48.05	55.03	56.21	16
内蒙古	Inner Mongolia	3.76	2.40	3.34	26	55.50	60.30	61.19	10
辽　宁	Liaoning	0.42	-0.42	-0.18	30	62.10	67.35	67.37	6
吉　林	Jilin	2.03	0.34	-0.05	29	53.32	55.31	55.97	17
黑龙江	Heilongjiang	2.32	-0.60	-0.49	31	55.66	58.80	59.20	11
上　海	Shanghai	1.98	2.45	4.00	24	89.30	87.60	87.90	1
江　苏	Jiangsu	2.85	2.02	2.73	27	60.58	66.52	67.72	5
浙　江	Zhejiang	4.73	5.02	5.70	18	61.62	65.80	67.00	7
安　徽	Anhui	6.75	6.98	7.06	11	43.01	50.50	51.99	22
福　建	Fujian	6.11	7.80	8.30	7	57.10	62.60	63.60	8
江　西	Jiangxi	7.66	6.96	7.29	10	44.06	51.62	53.10	20
山　东	Shandong	5.39	5.88	10.84	2	49.70	57.01	59.02	12
河　南	Henan	4.95	5.65	6.15	15	38.50	46.85	48.50	25
湖　北	Hubei	4.34	4.91	5.07	19	49.70	56.85	58.10	13
湖　南	Hunan	6.40	6.72	6.56	13	43.30	50.89	52.75	21
广　东	Guangdong	6.97	6.80	7.44	9	66.18	68.71	69.20	4
广　西	Guangxi	8.65	7.90	7.87	8	40.00	47.06	48.08	27
海　南	Hainan	8.98	8.57	8.57	5	49.80	55.12	56.78	14
重　庆	Chongqing	2.77	3.86	4.53	21	53.02	60.94	62.60	9
四　川	Sichuan	2.31	3.36	3.49	25	40.18	47.69	49.21	24
贵　州	Guizhou	7.41	5.80	6.50	14	33.81	42.01	44.15	30
云　南	Yunnan	6.54	6.40	6.61	12	34.70	43.33	45.03	28
西　藏	Tibet	10.25	10.65	10.68	3	22.67	27.74	29.56	31
陕　西	Shaanxi	3.72	3.82	4.41	22	45.76	53.92	55.34	18
甘　肃	Gansu	6.03	6.21	6.00	17	36.12	43.19	44.69	29
青　海	Qinghai	8.63	8.55	8.52	6	44.72	50.30	51.63	23
宁　夏	Ningxia	9.04	8.04	8.97	4	47.90	55.23	56.29	15
新　疆	Xinjiang	10.56	11.08	11.08	1	43.01	47.23	48.35	26

注：本表数据根据当年人口数据推算。全国总人口根据抽样误差和调查误差进行了修正，分地区人口未作修正。

Note: The data in the table are estimated from the population data of the year. The national total population has been modified on the basis of sampling errors and survey errors, but similar adjustment has not been made to regional figures.

1-8 年末户籍总人口数和户籍人口密度
Household Registered Population at Year-end and Its Density

地区	Region	户籍总人口年末数（万人）Total Household Registered Population at Year-end (10 000 persons)				户籍人口密度（人/平方公里）Household Census Registered Population Density (person/sq.km)			
		2010	2015	2016	2016排名 Ranking	2010	2015	2016	2016排名 Ranking
全 国	**National Total**	**134531.39**	**138114.64**	**139213.34**		**140.14**	**143.65**	**144.44**	
北 京	Beijing	1261.70	1345.27	1359.51	26	751.01	797.60	804.99	3
天 津	Tianjin	989.56	1026.90	1044.40	27	899.60	929.66	941.50	2
河 北	Hebei	7298.05	7649.81	7702.27	6	384.11	401.12	404.00	11
山 西	Shanxi	3473.62	3498.03	3522.13	19	231.57	234.01	234.01	20
内蒙古	Inner Mongolia	2453.20	2440.79	2445.46	23	22.30	22.27	22.21	28
辽 宁	Liaoning	4251.68	4229.66	4231.98	15	283.45	282.46	282.05	16
吉 林	Jilin	2723.81	2662.08	2645.49	22	151.32	148.15	147.43	23
黑龙江	Heilongjiang	3842.79	3690.04	3659.01	18	83.54	80.84	79.88	26
上 海	Shanghai	1412.32	1442.97	1448.31	25	2435.03	2484.19	2492.48	1
江 苏	Jiangsu	7466.59	7717.59	7775.66	5	746.66	770.11	774.66	4
浙 江	Zhejiang	4747.95	4873.34	4910.85	12	474.80	486.63	489.21	9
安 徽	Anhui	6825.10	6949.11	7026.98	8	525.01	534.04	537.54	7
福 建	Fujian	3529.69	3720.69	3769.98	17	294.14	309.02	312.11	14
江 西	Jiangxi	4693.55	4941.21	4985.58	11	293.35	308.27	310.21	15
山 东	Shandong	9536.19	9821.73	9921.44	2	635.75	652.29	658.11	6
河 南	Henan	10799.63	11216.99	11370.42	1	674.98	697.46	705.86	5
湖 北	Hubei	6148.95	6138.91	6156.76	9	341.61	341.70	341.55	13
湖 南	Hunan	7069.04	7242.02	7318.81	7	336.62	343.91	346.69	12
广 东	Guangdong	8521.55	9008.38	9164.90	3	473.42	497.09	504.81	8
广 西	Guangxi	5331.43	5518.23	5579.12	10	231.80	238.99	241.25	19
海 南	Hainan	896.09	907.67	902.18	28	263.56	268.24	266.15	17
重 庆	Chongqing	3303.45	3371.84	3392.11	20	401.39	409.90	410.93	10
四 川	Sichuan	9001.27	9102.04	9137.03	4	187.53	190.22	189.99	22
贵 州	Guizhou	4189.00	4395.33	4452.80	14	246.41	256.49	260.24	18
云 南	Yunnan	4528.22	4647.21	4688.25	13	119.16	122.22	122.84	24
西 藏	Tibet	293.95	313.85	320.96	31	2.45	2.65	2.65	31
陕 西	Shaanxi	3873.87	3941.12	3959.07	16	203.89	207.41	207.90	21
甘 肃	Gansu	2712.12	2742.08	2767.40	21	69.54	70.21	70.63	27
青 海	Qinghai	549.97	573.94	579.66	30	7.64	8.01	8.01	30
宁 夏	Ningxia	642.61	664.11	672.51	29	97.36	101.19	101.26	25
新 疆	Xinjiang	2164.44	2321.72	2302.32	24	13.53	14.51	14.45	29

注：全国户籍统计人口数据的方法和口径与全国人口变动情况抽样调查的不同，请用户在使用时加以注意。

Note: The statistical method and calibre concerning the national household registered poplulation are different from those concerning the sample survey of the national population changes. Please pay attention to it.

1-9 按性别分年末户籍人口数
Registered Population by Gender at Year-end

单位：万人 (10 000 persons)

地区	Region	男性人口 Male 2010	2015	2016	2016排名 Ranking	女性人口 Female 2010	2015	2016	2016排名 Ranking
全　国	**National Total**	**69128.95**	**70962.42**	**71477.13**		**65402.43**	**67152.22**	**67736.21**	
北　京	Beijing	634.68	673.38	680.10	26	627.02	671.88	679.41	26
天　津	Tianjin	497.59	514.98	523.51	27	491.98	511.92	520.89	27
河　北	Hebei	3718.27	3899.63	3923.12	6	3579.78	3750.18	3779.16	6
山　西	Shanxi	1780.49	1785.31	1795.80	19	1693.14	1712.72	1726.32	19
内蒙古	Inner Mongolia	1252.57	1241.82	1243.30	23	1200.62	1198.96	1202.16	23
辽　宁	Liaoning	2144.71	2122.71	2121.72	15	2106.97	2106.95	2110.26	15
吉　林	Jilin	1377.66	1341.19	1332.74	22	1346.16	1320.89	1312.74	22
黑龙江	Heilongjiang	1943.62	1861.48	1844.53	18	1899.17	1828.56	1814.48	18
上　海	Shanghai	703.57	716.37	718.57	25	708.75	726.60	729.75	25
江　苏	Jiangsu	3787.73	3908.27	3934.87	5	3678.86	3809.32	3840.79	5
浙　江	Zhejiang	2413.13	2462.76	2479.23	12	2334.83	2410.58	2431.62	11
安　徽	Anhui	3542.42	3615.03	3652.50	8	3282.68	3334.08	3374.48	8
福　建	Fujian	1816.66	1918.19	1942.86	17	1713.03	1802.50	1827.12	17
江　西	Jiangxi	2459.10	2587.02	2611.10	11	2234.44	2354.19	2374.48	12
山　东	Shandong	4838.91	4999.27	5049.62	2	4697.28	4822.46	4871.82	2
河　南	Henan	5576.08	5809.52	5877.30	1	5223.55	5407.46	5493.11	1
湖　北	Hubei	3183.66	3190.08	3200.42	9	2965.29	2948.83	2956.34	9
湖　南	Hunan	3668.52	3761.09	3797.57	7	3400.52	3480.94	3521.25	7
广　东	Guangdong	4388.61	4637.13	4717.29	3	4132.94	4371.25	4447.61	3
广　西	Guangxi	2804.05	2912.71	2942.64	10	2527.38	2605.52	2636.47	10
海　南	Hainan	467.72	475.48	472.21	28	428.37	432.19	429.96	28
重　庆	Chongqing	1709.03	1736.49	1745.24	20	1594.42	1635.35	1646.87	20
四　川	Sichuan	4640.36	4680.10	4696.24	4	4360.91	4421.94	4440.79	4
贵　州	Guizhou	2180.37	2297.52	2324.79	14	2008.63	2097.80	2128.02	14
云　南	Yunnan	2332.35	2399.71	2419.36	13	2195.87	2247.50	2268.90	13
西　藏	Tibet	148.26	157.75	160.78	31	145.70	156.10	160.18	31
陕　西	Shaanxi	2007.96	2036.92	2044.73	16	1865.91	1904.20	1914.34	16
甘　肃	Gansu	1399.84	1414.43	1426.24	21	1312.28	1327.65	1341.16	21
青　海	Qinghai	279.80	291.01	293.62	30	270.17	282.93	286.04	30
宁　夏	Ningxia	326.95	336.70	340.64	29	315.66	327.41	331.87	29
新　疆	Xinjiang	1104.29	1178.36	1164.51	24	1060.15	1143.36	1137.81	24

1-10 家庭户户数和户均人口数
Households and Average Family Size

地区	Region	家庭户户数（户） Number of Households (household)				家庭户户均人口（人/户） Average Family Size (person/household)			
		2010	2015	2016	2016排名 Ranking	2010	2015	2016	2016排名 Ranking
全 国	**National Total**	**401934196**	**6355790**	**364431**		**3.09**	**3.10**	**3.11**	
北 京	Beijing	6680552	110525	6372	24	2.45	2.54	2.62	30
天 津	Tianjin	3661992	68037	4145	27	2.80	2.78	2.77	24
河 北	Hebei	20395116	338842	19130	6	3.36	3.24	3.26	12
山 西	Shanxi	10330207	172990	9768	17	3.24	3.08	3.11	17
内蒙古	Inner Mongolia	8205498	133437	7467	23	2.81	2.73	2.73	28
辽 宁	Liaoning	14994046	234112	13344	11	2.78	2.77	2.74	27
吉 林	Jilin	8998492	141275	8016	21	2.94	2.92	2.85	23
黑龙江	Heilongjiang	13000088	204569	11460	12	2.84	2.79	2.75	25
上 海	Shanghai	8253257	136119	7801	22	2.50	2.46	2.47	31
江 苏	Jiangsu	24381782	363675	20355	5	2.94	3.09	3.18	15
浙 江	Zhejiang	18854021	289309	16889	8	2.62	2.69	2.68	29
安 徽	Anhui	18861956	277603	15635	9	3.00	3.25	3.32	11
福 建	Fujian	11206317	173537	10310	16	2.98	3.1	3.05	20
江 西	Jiangxi	11542527	187202	10482	15	3.65	3.57	3.64	3
山 东	Shandong	30105454	495703	28783	1	2.98	2.88	2.87	22
河 南	Henan	25928729	414639	22834	3	3.47	3.39	3.48	6
湖 北	Hubei	16695121	273352	15304	10	3.16	3.05	3.11	17
湖 南	Hunan	18625710	300823	17414	7	3.32	3.28	3.24	13
广 东	Guangdong	28630609	442394	27857	2	3.11	3.23	3.1	19
广 西	Guangxi	13151404	202424	11410	13	3.34	3.51	3.55	4
海 南	Hainan	2331149	35952	2020	28	3.46	3.65	3.78	2
重 庆	Chongqing	10000965	152828	9132	19	2.70	2.85	2.75	25
四 川	Sichuan	25794161	398375	22751	4	2.95	3.02	3.02	21
贵 州	Guizhou	10558461	156383	8940	20	3.18	3.38	3.33	9
云 南	Yunnan	12339961	199586	11002	14	3.54	3.49	3.55	4
西 藏	Tibet	670838	11513	675	31	4.23	4.13	4.03	1
陕 西	Shaanxi	10718563	171859	9510	18	3.22	3.14	3.23	14
甘 肃	Gansu	6900369	107046	6353	25	3.49	3.53	3.45	7
青 海	Qinghai	1529039	24792	1471	30	3.46	3.46	3.36	8
宁 夏	Ningxia	1882205	30513	1776	29	3.17	3.21	3.17	16
新 疆	Xinjiang	6705607	106374	6025	26	3.10	3.29	3.33	9

注：1.2010年数据为第六次人口普查数据，2015年和2016年数据为抽样调查数据。

2.数据为2015年全国人口变动情况抽样调查样本数据，抽样比为0.822(‰)(以下有关各表同)。

3.数据为2016年全国人口变动情况抽样调查样本数据，抽样比为1.55(‰)(以下有关各表同)。

Notes: 1. The data for 2010 are the data of the Sixth National Cencus, and the data for 2015 and 2016 are the sample survey data.

2. The data in this table are obtained from the 2015 National Sample Survey on Changes. The sampling fraction is 0.822‰.The same applies to the relevant tables followed.

3. The data in this table are obtained from the 2016 National Sample Survey on Changes. The sampling fraction is1.55‰. The same applies to the relevant tables followed.

1-11 家庭户人口数和集体户人口数
Family and Collective Household Population

单位：人 (person)

地区	Region	家庭户人口数 Family Household Population				集体户人口数 Collective Household Population			
		2010	2015	2016	2016排名 Ranking	2010	2015	2016	2016排名 Ranking
全 国	**National Total**	**1239981250**	**19729405**	**1132138**		**92829619**	**1582836**	**25881**	
北 京	Beijing	16389723	281274	16695	26	3222645	54501	1437	6
天 津	Tianjin	10262186	188974	11472	27	2676507	50396	1574	5
河 北	Hebei	68538709	1096700	62372	6	3315501	58842	378	19
山 西	Shanxi	33484131	532081	30383	18	2227970	37410	528	16
内蒙古	Inner Mongolia	23071690	364021	20376	23	1634601	26201	760	13
辽 宁	Liaoning	41755874	648616	36513	14	1990449	32243	155	24
吉 林	Jilin	26457769	412951	22881	21	995046	15560	64	29
黑龙江	Heilongjiang	36884039	570332	31496	15	1429952	22373	378	19
上 海	Shanghai	20593430	335047	19303	25	2425766	38909	885	10
江 苏	Jiangsu	71685839	1123787	64769	5	6975102	114405	2229	2
浙 江	Zhejiang	49425543	779528	45228	10	5001348	80245	1603	4
安 徽	Anhui	56493891	902642	51868	8	3006577	53203	188	22
福 建	Fujian	33397663	537764	31399	16	3496554	58460	1075	9
江 西	Jiangxi	42181417	668430	38169	13	2386380	42123	406	18
山 东	Shandong	89855501	1426673	82708	2	5937218	104089	757	14
河 南	Henan	90028072	1404474	79392	3	4001867	71680	748	15
湖 北	Hubei	52745625	832740	47625	9	4492102	76531	1759	3
湖 南	Hunan	61911446	988162	56440	7	3789316	67977	870	11
广 东	Guangdong	88979305	1430729	86392	1	15341154	250937	5715	1
广 西	Guangxi	43970320	710000	40474	11	2053441	37093	203	21
海 南	Hainan	8060519	131055	7626	28	610966	10540	72	27
重 庆	Chongqing	26994017	435853	25129	20	1852153	32710	430	17
四 川	Sichuan	76207174	1203114	68636	4	4210354	74174	821	12
贵 州	Guizhou	33571308	529135	29753	19	1177248	21037	161	23
云 南	Yunnan	43626674	696533	39058	12	2340092	42079	1082	8
西 藏	Tibet	2837769	47581	2721	31	164396	3053	69	28
陕 西	Shaanxi	34462115	539791	30710	17	2865264	49555	1304	7
甘 肃	Gansu	24052594	377899	21887	22	1522669	26965	73	26
青 海	Qinghai	5284525	85696	4945	30	342198	5915	42	30
宁 夏	Ningxia	5970133	98074	5634	29	331217	5745	32	31
新 疆	Xinjiang	20802249	349747	20082	24	1013566	17884	83	25

1-12 城市家庭户户数和户均人口数
Urban Households and Average Family Size

地区	Region	城市家庭户户数（户） Number of Households (household)				城市家庭户户均人口（人/户） Average Family Size (person/household)			
		2010	2015	2016	2016排名 Ranking	2010	2015	2016	2016排名 Ranking
全　国	**National Total**	**128660933**	**2161092**	**136579**		**2.71**	**2.77**	**2.79**	
北　京	Beijing	5375588	88906	5281	9	2.40	2.50	2.58	26
天　津	Tianjin	2501235	49401	3226	18	2.65	2.64	2.65	23
河　北	Hebei	4295310	78353	5002	12	2.95	2.93	3.06	6
山　西	Shanxi	2901607	50323	2896	20	2.88	2.89	2.90	13
内蒙古	Inner Mongolia	2737984	45486	2697	21	2.67	2.62	2.63	24
辽　宁	Liaoning	7952951	132931	8110	4	2.57	2.55	2.53	28
吉　林	Jilin	3598113	57044	3519	16	2.62	2.53	2.48	30
黑龙江	Heilongjiang	5047097	86839	5174	10	2.58	2.48	2.45	31
上　海	Shanghai	6244138	99224	6067	6	2.52	2.50	2.51	29
江　苏	Jiangsu	9161950	139759	9036	2	2.81	2.97	3.01	7
浙　江	Zhejiang	6873461	115775	7617	5	2.54	2.61	2.60	25
安　徽	Anhui	3942502	65044	4034	15	2.71	2.86	2.95	10
福　建	Fujian	3928853	63408	4661	13	2.70	2.85	2.88	14
江　西	Jiangxi	2125304	36262	2438	23	3.19	3.23	3.37	2
山　东	Shandong	8817542	153251	9020	3	2.80	2.79	2.72	20
河　南	Henan	5349707	84701	5768	7	3.05	3.14	3.20	3
湖　北	Hubei	5467910	93674	5539	8	2.82	2.86	2.93	12
湖　南	Hunan	3784084	67353	4575	14	2.89	2.97	2.85	15
广　东	Guangdong	15577871	251262	17348	1	2.63	2.75	2.71	21
广　西	Guangxi	2479642	44296	3049	19	2.93	3.16	3.16	4
海　南	Hainan	618068	10917	709	29	3.17	3.26	3.51	1
重　庆	Chongqing	2861917	54228	3447	17	2.65	2.80	2.66	22
四　川	Sichuan	5265271	90154	5108	11	2.67	2.74	2.80	17
贵　州	Guizhou	1777973	30512	1989	26	2.82	2.99	3.13	5
云　南	Yunnan	2106060	41144	2424	24	2.59	2.77	2.99	9
西　藏	Tibet	93975	1622	118	31	2.45	3.19	2.94	11
陕　西	Shaanxi	2788195	45282	2494	22	2.70	2.83	3.01	7
甘　肃	Gansu	1687056	27817	1798	27	2.68	2.79	2.80	17
青　海	Qinghai	448369	7499	508	30	2.74	2.82	2.54	27
宁　夏	Ningxia	696676	12103	744	28	2.71	2.76	2.78	19
新　疆	Xinjiang	2154524	36523	2184	25	2.56	2.65	2.81	16

1-13 城市家庭户人口数和集体户人口数
Family Household and Collective Household of Cities

单位：人 (person)

地区	Region	城市家庭户人口数 Family Household of Cities				城市集体户人口数 Collective Household of Cities			
		2010	2015	2016	2016排名 Ranking	2010	2015	2016	2016排名 Ranking
全 国	**National Total**	**348460610**	**5988321**	**381323**		**55299430**	**974875**	**17421**	
北 京	Beijing	12889418	222211	13638	11	2673797	46703	1326	4
天 津	Tianjin	6624856	130407	8547	19	2233270	44240	1382	3
河 北	Hebei	12689293	229563	15284	8	1698728	19736	288	14
山 西	Shanxi	8345464	145204	8414	20	1068589	16263	240	17
内蒙古	Inner Mongolia	7297999	118983	7092	24	713565	14327	262	15
辽 宁	Liaoning	20447520	339167	20500	4	1573664	29190	114	22
吉 林	Jilin	9428206	144061	8722	18	768539	8321	39	28
黑龙江	Heilongjiang	13030855	215404	12663	14	1091661	18195	262	15
上 海	Shanghai	15752366	248337	15207	9	1888476	30254	724	9
江 苏	Jiangsu	25736230	414637	27222	2	4430236	69424	1519	2
浙 江	Zhejiang	17472438	302641	19823	5	2913856	49398	948	6
安 徽	Anhui	10696202	185998	11888	15	1486385	29200	92	24
福 建	Fujian	10592915	180653	13402	12	1955469	35770	711	10
江 西	Jiangxi	6776303	117236	8226	21	727988	9882	319	13
山 东	Shandong	24694826	428328	24557	3	3670158	57038	162	19
河 南	Henan	16318821	265558	18447	6	2012672	31276	500	12
湖 北	Hubei	15398583	267666	16231	7	2529577	55589	1172	5
湖 南	Hunan	10930194	199862	13026	13	1808248	39261	163	18
广 东	Guangdong	41042002	690595	46963	1	11346380	198920	4332	1
广 西	Guangxi	7268152	139834	9646	16	1084625	16809	129	21
海 南	Hainan	1959411	35571	2489	28	364877	6309	60	25
重 庆	Chongqing	7581490	151588	9178	17	1100121	20613	160	20
四 川	Sichuan	14082456	247462	14298	10	1833204	36484	621	11
贵 州	Guizhou	5012681	91248	6223	25	524881	9010	93	23
云 南	Yunnan	5462122	113851	7248	23	862708	19021	738	8
西 藏	Tibet	230111	5176	347	31	42211	802	57	26
陕 西	Shaanxi	7534798	128147	7499	22	1302377	34384	889	7
甘 肃	Gansu	4525562	77679	5043	27	733373	13191	38	29
青 海	Qinghai	1230034	21149	1291	30	137999	1822	22	30
宁 夏	Ningxia	1885293	33455	2065	29	174002	3311	6	31
新 疆	Xinjiang	5524009	96652	6144	26	547794	10130	53	27

1-14 乡村家庭户户数和户均人口数
Rural Households and Average Family

地区	Region	乡村家庭户户数（户） Number of Households (household)				乡村家庭户户均人口（人/户） Average Family Size (person/household)			
		2010	2015	2016	2016排名 Ranking	2010	2015	2016	2016排名 Ranking
全　国	**National Total**	**194745023**	**2752135**	**147568**		**3.34**	**3.33**	**3.33**	
北　京	Beijing	877467	14533	838	27	2.76	2.79	2.86	27
天　津	Tianjin	786115	12558	697	28	3.21	3.18	3.24	20
河　北	Hebei	11422478	168049	8795	4	3.50	3.35	3.36	15
山　西	Shanxi	5232200	78950	4279	16	3.44	3.18	3.19	22
内蒙古	Inner Mongolia	3552481	52557	2825	23	2.97	2.86	2.85	28
辽　宁	Liaoning	5253263	70329	3903	18	3.12	3.16	3.10	23
吉　林	Jilin	3799825	55630	3042	22	3.35	3.45	3.35	17
黑龙江	Heilongjiang	5297005	75911	4022	17	3.19	3.23	3.25	19
上　海	Shanghai	950845	18570	1108	25	2.37	2.31	2.22	31
江　苏	Jiangsu	9938506	126789	6499	8	3.03	3.18	3.33	18
浙　江	Zhejiang	7456969	102515	5674	12	2.67	2.77	2.74	29
安　徽	Anhui	10751696	137223	7175	7	3.12	3.44	3.51	11
福　建	Fujian	4794873	65904	3828	19	3.16	3.27	3.05	25
江　西	Jiangxi	6392538	92339	4900	14	3.86	3.70	3.72	9
山　东	Shandong	15556466	226160	11665	2	3.07	2.92	2.96	26
河　南	Henan	16028117	232139	11995	1	3.58	3.38	3.47	12
湖　北	Hubei	8268330	121823	6463	9	3.40	3.18	3.22	21
湖　南	Hunan	10383652	150885	7995	5	3.54	3.42	3.42	13
广　东	Guangdong	8988337	127503	7439	6	3.74	3.99	3.84	4
广　西	Guangxi	7870287	109541	5703	11	3.47	3.61	3.73	8
海　南	Hainan	1177729	16177	850	26	3.63	3.88	3.95	3
重　庆	Chongqing	4915086	64221	3575	20	2.72	2.84	2.69	30
四　川	Sichuan	15285868	211354	11515	3	3.10	3.15	3.08	24
贵　州	Guizhou	6904100	90486	4917	13	3.29	3.51	3.42	13
云　南	Yunnan	7564994	108790	5903	10	3.89	3.80	3.77	7
西　藏	Tibet	455601	7612	421	31	4.95	4.70	4.67	1
陕　西	Shaanxi	5596790	81559	4298	15	3.54	3.29	3.36	15
甘　肃	Gansu	4142679	57974	3213	21	3.89	3.94	3.81	6
青　海	Qinghai	747506	11329	611	30	4.06	3.96	3.98	2
宁　夏	Ningxia	902849	12529	677	29	3.54	3.66	3.67	10
新　疆	Xinjiang	3450371	50196	2743	24	3.55	3.82	3.82	5

1-15 乡村家庭户人口数和集体户人口数
Family Household and Collective Household of Rural Area

单位：人 (person)

地区	Region	乡村家庭户人口数 Family Household 2010	2015	2016	2016排名 Ranking	乡村集体户人口数 Collective Household 2010	2015	2016	2016排名 Ranking
全 国	**National Total**	**649857737**	**9170679**	**491812**		**12947586**	**185454**	**2095**	
北 京	Beijing	2423999	40517	2398	29	329677	5511	92	8
天 津	Tianjin	2520147	39947	2262	30	140653	2229	1	31
河 北	Hebei	39933695	562691	29543	4	345187	4863	53	13
山 西	Shanxi	18016774	251322	13663	16	534788	7460	22	22
内蒙古	Inner Mongolia	10535686	150141	8057	24	450431	6420	244	3
辽 宁	Liaoning	16383696	222342	12083	19	174664	2372	41	14
吉 林	Jilin	12713082	191868	10194	22	91534	1382	20	24
黑龙江	Heilongjiang	16875096	244981	13052	17	115180	1672	105	7
上 海	Shanghai	2250690	42955	2462	27	213408	4073	23	20
江 苏	Jiangsu	30112565	403619	21653	9	1176888	15776	261	2
浙 江	Zhejiang	19910098	283728	15573	14	966584	13774	84	9
安 徽	Anhui	33516190	471900	25186	7	407161	5733	60	12
福 建	Fujian	15143401	215685	11682	20	688876	9815	288	1
江 西	Jiangxi	24701502	341860	18250	12	366335	5069	29	16
山 东	Shandong	47809761	659846	34519	3	362231	4999	81	10
河 南	Henan	57320034	784665	41644	1	490138	6711	20	24
湖 北	Hubei	28100632	387013	20822	11	692010	9531	106	6
湖 南	Hunan	36787521	516715	27316	6	460178	6465	41	14
广 东	Guangdong	33631440	508121	28573	5	1658764	25061	180	4
广 西	Guangxi	27345367	395022	21295	10	260551	3763	23	20
海 南	Hainan	4269636	62830	3355	25	93333	1374	9	27
重 庆	Chongqing	13348124	182291	9612	23	202243	2763	64	11
四 川	Sichuan	47426912	664950	35507	2	646188	9060	113	5
贵 州	Guizhou	22713421	317326	16826	13	297602	4158	26	17
云 南	Yunnan	29393919	413428	22235	8	613775	8632	26	17
西 藏	Tibet	2257166	35751	1967	31	64410	1020	9	27
陕 西	Shaanxi	19807193	268260	14451	15	460849	6242	2	30
甘 肃	Gansu	16129464	228344	12232	18	254614	3604	20	24
青 海	Qinghai	3034800	44817	2429	28	75669	1117	7	29
宁 夏	Ningxia	3197950	45799	2483	26	81378	1165	21	23
新 疆	Xinjiang	12247776	191945	10489	21	232287	3640	25	19

1-16 全国人口总抚养比和城市人口总抚养比
Gross Dependency Ratio and Gross Dependency Ratio of City Population

单位：%　　(%)

地区	Region	全国人口总抚养比 Gross Dependency Ratio				城市人口总抚养比 Gross Dependency Ratio of City Population			
		2010	2015	2016	2016排名 Ranking	2010	2015	2016	2016排名 Ranking
全　国	**National Total**	**34.28**	**36.97**	**37.91**		**24.86**	**27.78**	**29.34**	
北　京	Beijing	20.94	26.23	29.23	28	20.61	26.26	29.03	16
天　津	Tianjin	22.42	25.67	28.63	29	19.72	23.29	26.46	27
河　北	Hebei	33.46	39.67	41.58	9	26.43	31.76	34.56	2
山　西	Shanxi	32.75	31.99	31.67	24	27.42	27.50	27.64	23
内蒙古	Inner Mongolia	27.60	29.24	28.60	30	25.95	26.95	27.25	24
辽　宁	Liaoning	27.76	30.67	31.34	25	25.02	28.56	28.53	19
吉　林	Jilin	25.59	29.70	30.72	26	23.55	28.05	27.89	21
黑龙江	Heilongjiang	25.35	27.25	28.19	31	23.51	24.85	26.28	28
上　海	Shanghai	23.06	28.47	29.26	27	22.87	28.73	28.79	17
江　苏	Jiangsu	31.39	35.59	37.43	16	24.42	28.63	31.11	12
浙　江	Zhejiang	29.11	31.89	32.59	22	22.90	26.22	27.16	25
安　徽	Anhui	38.89	40.76	40.85	11	27.09	28.56	31.14	11
福　建	Fujian	30.48	36.20	39.36	13	23.62	27.84	31.39	10
江　西	Jiangxi	41.86	43.95	44.55	4	32.18	36.04	34.56	2
山　东	Shandong	34.37	38.91	40.04	12	27.43	31.13	31.41	9
河　南	Henan	41.56	44.59	44.64	3	29.37	31.44	33.39	5
湖　北	Hubei	29.87	35.89	37.09	17	24.01	26.55	30.54	14
湖　南	Hunan	37.72	42.11	43.04	5	26.96	29.65	33.37	6
广　东	Guangdong	31.01	30.53	32.33	23	20.84	22.14	24.11	30
广　西	Guangxi	44.82	47.90	45.03	2	27.80	33.08	33.67	4
海　南	Hainan	38.60	39.39	38.88	14	28.01	31.00	32.95	7
重　庆	Chongqing	40.29	40.63	41.68	8	25.55	28.13	28.17	20
四　川	Sichuan	38.73	40.49	42.16	7	26.35	28.52	26.91	26
贵　州	Guizhou	51.45	46.89	46.83	1	32.34	33.89	32.30	8
云　南	Yunnan	39.57	37.97	38.71	15	27.02	27.22	30.74	13
西　藏	Tibet	41.77	41.39	40.88	10	18.09	21.44	21.25	31
陕　西	Shaanxi	30.27	34.04	34.37	21	25.63	25.75	27.87	22
甘　肃	Gansu	35.85	35.99	36.83	20	27.29	29.19	29.67	15
青　海	Qinghai	37.41	37.29	36.87	18	29.41	28.88	25.53	29
宁　夏	Ningxia	38.47	37.85	36.85	19	29.80	29.72	28.57	18
新　疆	Xinjiang	36.86	40.74	42.35	6	29.68	32.62	35.97	1

注：1.2010年数据为第六次人口普查数据，2015年和2016年数据为抽样调查数据。

2.数据为2015年全国人口变动情况抽样调查样本数据，抽样比为0.822(‰)(以下有关各表同)。

3.数据为2016年全国人口变动情况抽样调查样本数据，抽样比为1.55(‰)(以下有关各表同)。

Notes: 1. The data for the the year 2010 are the data of the Sixth National Census, and the data for 2015 and 2016 are the sampling survey data.

2. The data in this table are obtained from the 2015 National Sample Survey on Changes. The sampling fraction is 0.822‰.The same applies to the relevant tables followed.

3. The data in this table are obtained from the 2016 National Sample Survey on Changes. The sampling fraction is 1.55‰.The same applies to the relevant tables followed.

1-17 镇人口总抚养比和乡村人口总抚养比
Dependency Ratio of Town Population and Rural Population

单位：% (%)

地区	Region	镇人口总抚养比 Dependency Ratio of Town Population				乡村人口总抚养比 Dependency Ratio of Rural Population			
		2010	2015	2016	2016排名 Ranking	2010	2015	2016	2016排名 Ranking
全 国	**National Total**	**33.07**	**35.87**	**36.38**		**41.29**	**45.38**	**46.65**	
北 京	Beijing	20.17	24.94	26.80	29	23.25	26.64	31.17	30
天 津	Tianjin	22.81	27.56	30.09	25	32.15	35.42	38.46	24
河 北	Hebei	32.21	37.10	40.61	5	36.72	45.12	46.19	15
山 西	Shanxi	33.10	31.31	30.91	24	35.49	35.37	34.86	26
内蒙古	Inner Mongolia	28.26	28.95	24.44	31	28.49	31.45	32.77	29
辽 宁	Liaoning	27.63	30.54	31.79	23	31.64	34.35	36.26	25
吉 林	Jilin	25.78	27.82	29.78	27	27.19	31.86	33.64	27
黑龙江	Heilongjiang	26.14	27.09	26.80	29	26.58	29.68	30.76	31
上 海	Shanghai	21.58	24.84	27.78	28	26.29	30.8	33.5	28
江 苏	Jiangsu	32.30	35.19	36.50	13	38.34	45.00	47.50	12
浙 江	Zhejiang	27.94	32.33	29.87	26	36.63	38.94	42.67	21
安 徽	Anhui	35.60	37.66	36.32	14	45.12	48.97	48.99	9
福 建	Fujian	30.33	37.75	41.42	3	36.56	44.13	48.84	10
江 西	Jiangxi	37.93	38.19	42.55	1	47.09	51.47	51.16	7
山 东	Shandong	33.83	37.24	39.47	7	39.06	46.27	47.38	13
河 南	Henan	37.12	38.81	39.20	8	47.45	53.47	53.33	3
湖 北	Hubei	28.87	35.13	33.91	20	34.21	45.01	44.96	16
湖 南	Hunan	34.99	38.58	37.21	12	43.09	50.91	52.34	6
广 东	Guangdong	34.68	35.62	34.14	19	47.53	44.45	49.11	8
广 西	Guangxi	39.74	44.21	40.64	4	53.01	56.69	53.14	4
海 南	Hainan	37.49	40.16	38.08	10	45.55	45	44.2	19
重 庆	Chongqing	37.87	38.67	40.28	6	53.13	56.14	58.91	1
四 川	Sichuan	33.29	35.46	37.73	11	45.49	48.95	52.44	5
贵 州	Guizhou	43.74	41.90	42.31	2	59.28	53.7	55.2	2
云 南	Yunnan	35.41	35.13	34.93	18	43.99	43.09	43.63	20
西 藏	Tibet	27.47	29.73	35.07	17	48.19	48.2	47.06	14
陕 西	Shaanxi	29.03	34.39	31.95	22	32.93	39.29	40.13	23
甘 肃	Gansu	31.00	31.09	33.75	21	40.13	40.74	41.30	22
青 海	Qinghai	33.03	33.30	35.46	16	43.03	44.13	44.68	18
宁 夏	Ningxia	37.50	38.06	36.17	15	44.85	44.86	44.89	17
新 疆	Xinjiang	34.10	36.63	38.23	9	41.43	47.14	47.89	11

1-18 全国人口少年抚养比和城市人口少年抚养比
Children Dependency Ratio of National Population and City Population

单位：% (%)

地区	Region	全国人口少年抚养比 Children Dependency Ratio of National Population				城市人口少年抚养比 Children Dependency Ratio of City Population			
		2010	2015	2016	2016排名 Ranking	2010	2015	2016	2016排名 Ranking
全　国	**National Total**	**22.30**	**22.63**	**22.95**		**15.27**	**16.07**	**16.93**	
北　京	Beijing	10.41	12.78	14.06	27	10.16	12.84	14.10	26
天　津	Tianjin	11.99	12.73	14.01	28	9.27	10.77	12.25	30
河　北	Hebei	22.46	25.46	26.14	11	16.49	18.73	19.52	9
山　西	Shanxi	22.70	19.86	20.22	21	18.70	17.50	17.90	13
内蒙古	Inner Mongolia	17.96	16.89	16.46	26	16.65	15.65	16.85	15
辽　宁	Liaoning	14.59	13.86	13.97	29	11.90	12.09	12.35	29
吉　林	Jilin	15.06	15.54	16.54	25	12.37	13.26	13.47	27
黑龙江	Heilongjiang	14.97	13.46	12.89	30	11.89	10.22	10.73	31
上　海	Shanghai	10.60	12.00	12.50	31	10.33	12.14	12.45	28
江　苏	Jiangsu	17.09	18.39	18.87	23	13.98	15.52	15.99	21
浙　江	Zhejiang	17.05	17.03	17.17	24	14.77	15.82	16.34	18
安　徽	Anhui	24.69	25.01	24.70	14	16.87	16.28	17.42	14
福　建	Fujian	20.18	23.93	25.49	13	16.43	19.51	21.61	7
江　西	Jiangxi	31.07	30.90	30.68	5	22.36	22.18	20.76	8
山　东	Shandong	21.15	22.72	23.72	15	17.69	19.49	19.22	10
河　南	Henan	29.73	30.34	30.07	6	20.09	20.06	21.98	5
湖　北	Hubei	18.07	20.63	21.22	20	14.68	14.93	16.55	17
湖　南	Hunan	24.27	26.16	26.03	12	17.39	17.89	18.61	12
广　东	Guangdong	22.11	20.91	22.15	18	14.96	15.33	16.66	16
广　西	Guangxi	31.44	33.46	30.97	4	18.98	22.79	22.22	3
海　南	Hainan	27.42	27.62	27.43	7	20.44	22.49	24.35	1
重　庆	Chongqing	23.85	21.94	21.89	19	14.53	15.02	14.86	25
四　川	Sichuan	23.54	22.31	22.69	17	15.01	15.19	14.96	24
贵　州	Guizhou	38.26	32.96	32.70	2	22.65	22.19	21.86	6
云　南	Yunnan	28.93	26.38	27.09	8	17.58	17.47	22.00	4
西　藏	Tibet	34.55	33.32	33.87	1	13.74	14.58	15.52	22
陕　西	Shaanxi	19.16	20.17	19.93	22	15.29	14.28	16.30	19
甘　肃	Gansu	24.67	23.25	23.21	16	16.99	17.45	15.15	23
青　海	Qinghai	28.75	27.55	26.98	9	18.99	19.10	16.30	19
宁　夏	Ningxia	29.62	27.70	26.20	10	20.83	20.19	19.09	11
新　疆	Xinjiang	27.99	30.71	32.06	3	19.41	20.44	22.29	2

1-19 镇人口少年抚养比和乡村人口少年抚养比

Children Dependency Ratio of Town Population and Rural Population

单位：% (%)

地区	Region	镇人口少年抚养比 Children Dependency Ratio of Town Population 2010	2015	2016	2016排名 Ranking	乡村人口少年抚养比 Children Dependency Ratio of Rural Population 2010	2015	2016	2016排名 Ranking
全 国	**National Total**	**22.45**	**23.16**	**23.28**		**27.07**	**27.89**	**28.27**	
北 京	Beijing	11.49	13.51	15.03	29	11.29	12.09	13.52	30
天 津	Tianjin	15.40	16.18	16.02	26	20.06	19.69	21.67	23
河 北	Hebei	22.63	25.12	26.68	10	24.69	28.93	29.58	14
山 西	Shanxi	25.13	21.17	22.07	19	23.82	20.65	20.58	24
内蒙古	Inner Mongolia	19.80	18.53	15.31	28	17.96	16.91	16.91	27
辽 宁	Liaoning	15.59	14.61	15.91	27	18.05	16.60	16.24	28
吉 林	Jilin	14.92	14.04	16.33	24	17.31	18.07	19.37	25
黑龙江	Heilongjiang	15.23	13.73	11.56	31	17.47	16.51	15.68	29
上 海	Shanghai	11.90	12.47	13.04	30	10.96	10.64	12.46	31
江 苏	Jiangsu	18.62	19.37	20.35	21	19.55	21.27	21.94	22
浙 江	Zhejiang	17.99	18.20	16.10	25	18.91	17.75	19.17	26
安 徽	Anhui	23.45	23.77	22.05	20	28.41	30.31	30.33	13
福 建	Fujian	21.08	26.08	29.52	4	22.95	27.18	28.41	16
江 西	Jiangxi	28.87	27.78	30.96	1	35.10	36.80	35.69	5
山 东	Shandong	21.72	22.47	25.20	12	23.13	25.49	26.24	19
河 南	Henan	27.28	27.42	27.67	7	34.03	36.43	35.53	6
湖 北	Hubei	18.58	21.52	20.26	22	20.16	25.50	26.09	20
湖 南	Hunan	23.32	25.10	23.51	15	27.34	31.21	31.84	10
广 东	Guangdong	24.63	24.46	23.51	15	33.76	30.06	33.28	8
广 西	Guangxi	28.52	32.07	28.67	6	37.11	39.13	36.69	4
海 南	Hainan	26.56	27.58	25.54	11	32.06	31.34	31.01	11
重 庆	Chongqing	24.26	23.02	23.90	13	30.91	29.06	28.75	15
四 川	Sichuan	21.25	21.04	22.17	18	27.65	26.44	26.89	17
贵 州	Guizhou	33.62	31.09	30.10	2	44.16	37.63	38.61	3
云 南	Yunnan	25.97	24.56	23.81	14	32.65	30.37	30.65	12
西 藏	Tibet	23.26	23.18	30.04	3	39.93	39.52	39.29	2
陕 西	Shaanxi	20.19	22.40	19.38	23	20.51	22.75	22.62	21
甘 肃	Gansu	22.54	21.25	23.27	17	27.93	26.49	26.83	18
青 海	Qinghai	26.25	25.23	26.77	9	34.48	33.51	33.73	7
宁 夏	Ningxia	30.27	29.58	27.27	8	35.59	33.42	32.33	9
新 疆	Xinjiang	24.31	28.15	29.27	5	33.56	37.85	39.30	1

1-20 全国人口老年抚养比和城市人口老年抚养比

Elder Dependency Ratio of National Population and City Population

单位：%　　(%)

地区	Region	全国人口老年抚养比 Elder Dependency Ratio of National Population				城市人口老年抚养比 Elder Dependency Ratio of City Population			
		2010	2015	2016	2016排名 Ranking	2010	2015	2016	2016排名 Ranking
全　国	**National Total**	**11.98**	**14.33**	**14.96**		**9.59**	**11.7**	**12.41**	
北　京	Beijing	10.54	13.45	15.17	13	10.45	13.42	14.92	6
天　津	Tianjin	10.43	12.94	14.62	14	10.45	12.52	14.21	10
河　北	Hebei	10.99	14.21	15.44	10	9.94	13.03	15.04	5
山　西	Shanxi	10.06	12.13	11.45	25	8.72	10.00	9.74	25
内蒙古	Inner Mongolia	9.65	12.35	12.14	23	9.29	11.29	10.39	23
辽　宁	Liaoning	13.17	16.81	17.37	4	13.13	16.47	16.18	2
吉　林	Jilin	10.53	14.16	14.19	17	11.18	14.80	14.42	9
黑龙江	Heilongjiang	10.38	13.79	15.30	12	11.61	14.63	15.55	3
上　海	Shanghai	12.46	16.47	16.76	6	12.54	16.59	16.34	1
江　苏	Jiangsu	14.30	17.21	18.56	3	10.43	13.11	15.13	4
浙　江	Zhejiang	12.05	14.86	15.43	11	8.14	10.41	10.82	21
安　徽	Anhui	14.20	15.74	16.15	8	10.22	12.28	13.73	13
福　建	Fujian	10.30	12.27	13.87	20	7.19	8.33	9.78	24
江　西	Jiangxi	10.78	13.04	13.87	20	9.82	13.86	13.80	12
山　东	Shandong	13.23	16.20	16.32	7	9.75	11.64	12.19	16
河　南	Henan	11.83	14.24	14.57	15	9.28	11.38	11.40	20
湖　北	Hubei	11.80	15.27	15.87	9	9.32	11.63	13.99	11
湖　南	Hunan	13.46	15.95	17.01	5	9.57	11.75	14.76	7
广　东	Guangdong	8.90	9.62	10.18	29	5.88	6.81	7.45	30
广　西	Guangxi	13.38	14.44	14.06	19	8.82	10.29	11.45	19
海　南	Hainan	11.18	11.77	11.45	25	7.57	8.51	8.60	29
重　庆	Chongqing	16.45	18.69	19.79	1	11.02	13.11	13.30	15
四　川	Sichuan	15.19	18.18	19.47	2	11.33	13.32	11.96	17
贵　州	Guizhou	13.19	13.92	14.13	18	9.69	11.70	10.45	22
云　南	Yunnan	10.64	11.60	11.62	24	9.45	9.75	8.74	28
西　藏	Tibet	7.22	8.07	7.01	31	4.35	6.86	5.73	31
陕　西	Shaanxi	11.11	13.87	14.43	16	10.35	11.46	11.57	18
甘　肃	Gansu	11.18	12.73	13.62	22	10.30	11.74	14.52	8
青　海	Qinghai	8.66	9.74	9.89	30	10.42	9.77	9.22	27
宁　夏	Ningxia	8.85	10.15	10.65	27	8.97	9.53	9.48	26
新　疆	Xinjiang	8.87	10.03	10.30	28	10.27	12.18	13.68	14

1-21 镇人口老年抚养比和乡村人口老年抚养比
Elder Dependency Ratio of Town Population and Rural Population

单位：%　　(%)

地区	Region	镇人口老年抚养比 Elder Dependency Ratio of Town Population				乡村人口老年抚养比 Elder Dependency Ratio of Rural Population			
		2010	2015	2016	2016排名 Ranking	2010	2015	2016	2016排名 Ranking
全　国	**National Total**	**10.62**	**12.71**	**13.10**		**14.21**	**17.49**	**18.38**	
北　京	Beijing	8.68	11.43	11.76	20	11.96	14.55	17.65	13
天　津	Tianjin	7.41	11.38	14.07	9	12.10	15.73	16.79	15
河　北	Hebei	9.58	11.98	13.93	10	12.03	16.19	16.61	16
山　西	Shanxi	7.97	10.14	8.84	29	11.67	14.72	14.28	24
内蒙古	Inner Mongolia	8.46	10.43	9.14	26	10.53	14.54	15.86	19
辽　宁	Liaoning	12.03	15.92	15.88	3	13.60	17.75	20.01	9
吉　林	Jilin	10.86	13.79	13.46	14	9.88	13.8	14.27	25
黑龙江	Heilongjiang	10.92	13.36	15.24	5	9.11	13.17	15.08	22
上　海	Shanghai	9.68	12.37	14.74	6	15.33	20.16	21.04	6
江　苏	Jiangsu	13.68	15.81	16.16	2	18.79	23.73	25.56	2
浙　江	Zhejiang	9.95	14.14	13.77	11	17.73	21.19	23.5	4
安　徽	Anhui	12.15	13.89	14.27	7	16.70	18.65	18.66	11
福　建	Fujian	9.25	11.67	11.90	19	13.61	16.95	20.43	8
江　西	Jiangxi	9.06	10.41	11.59	21	11.99	14.68	15.47	21
山　东	Shandong	12.11	14.76	14.27	7	15.93	20.78	21.13	5
河　南	Henan	9.83	11.39	11.54	22	13.42	17.04	17.80	12
湖　北	Hubei	10.29	13.60	13.65	13	14.05	19.52	18.87	10
湖　南	Hunan	11.67	13.48	13.70	12	15.75	19.69	20.5	7
广　东	Guangdong	10.05	11.16	10.63	24	13.78	14.38	15.83	20
广　西	Guangxi	11.22	12.14	11.97	18	15.90	17.56	16.45	18
海　南	Hainan	10.93	12.58	12.54	16	13.49	13.66	13.2	26
重　庆	Chongqing	13.61	15.65	16.38	1	22.22	27.08	30.16	1
四　川	Sichuan	12.03	14.42	15.56	4	17.84	22.51	25.55	3
贵　州	Guizhou	10.11	10.81	12.22	17	15.12	16.07	16.59	17
云　南	Yunnan	9.44	10.57	11.13	23	11.34	12.73	12.98	27
西　藏	Tibet	4.21	6.55	5.03	31	8.26	8.68	7.77	31
陕　西	Shaanxi	8.84	11.99	12.57	15	12.41	16.54	17.51	14
甘　肃	Gansu	8.45	9.85	10.48	25	12.20	14.25	14.47	23
青　海	Qinghai	6.78	8.07	8.69	30	8.55	10.62	10.95	29
宁　夏	Ningxia	7.23	8.48	8.89	28	9.27	11.44	12.56	28
新　疆	Xinjiang	9.79	8.48	8.96	27	7.88	9.29	8.6	30

2

就业和工资

Employment and Wages

2-1 就业人员性别构成
Employed Persons by Gender

单位：% (%)

地区	Region	男性 Male 2010	2015	2016	2016排名 Ranking	女性 Female 2010	2015	2016	2016排名 Ranking
全 国	**National Total**	**55.34**	**58.09**	**56.86**		**44.66**	**41.91**	**43.14**	
北 京	Beijing	58.01	60.51	60.00	2	41.99	39.49	40.00	30
天 津	Tianjin	61.38	58.03	58.29	10	38.62	41.97	41.71	22
河 北	Hebei	56.36	57.62	58.28	11	43.64	42.38	41.72	21
山 西	Shanxi	61.05	61.79	61.47	1	38.95	38.21	38.53	31
内蒙古	Inner Mongolia	58.96	61.76	59.62	3	41.04	38.24	40.38	29
辽 宁	Liaoning	57.15	58.13	57.43	14	42.85	41.87	42.57	18
吉 林	Jilin	56.43	57.13	55.55	24	43.57	42.87	44.45	8
黑龙江	Heilongjiang	58.02	60.47	58.70	6	41.98	39.53	41.30	26
上 海	Shanghai	58.63	58.85	58.34	9	41.37	41.15	41.66	23
江 苏	Jiangsu	53.66	56.83	55.51	25	46.34	43.17	44.49	7
浙 江	Zhejiang	57.12	57.33	57.23	15	42.88	42.67	42.77	17
安 徽	Anhui	54.51	59.06	56.94	16	45.49	40.94	43.06	16
福 建	Fujian	57.43	58.76	59.29	5	42.57	41.24	40.71	27
江 西	Jiangxi	55.43	58.86	56.87	18	44.57	41.14	43.13	14
山 东	Shandong	53.74	57.69	56.87	17	46.26	42.31	43.13	15
河 南	Henan	53.21	56.99	55.06	28	46.79	43.01	44.94	4
湖 北	Hubei	54.44	56.63	55.31	27	45.56	43.37	44.69	5
湖 南	Hunan	55.82	58.60	58.64	7	44.18	41.40	41.36	25
广 东	Guangdong	56.03	59.38	57.71	12	43.97	40.62	42.29	20
广 西	Guangxi	53.32	56.37	55.47	26	46.68	43.63	44.53	6
海 南	Hainan	55.39	56.53	55.98	22	44.61	43.47	44.02	10
重 庆	Chongqing	54.16	57.45	55.61	23	45.84	42.55	44.39	9
四 川	Sichuan	53.35	56.73	54.71	29	46.65	43.27	45.29	3
贵 州	Guizhou	54.29	55.45	53.86	31	45.71	44.55	46.14	1
云 南	Yunnan	53.73	54.38	54.36	30	46.27	45.62	45.64	2
西 藏	Tibet	53.80	57.29	59.49	4	46.20	42.71	40.51	28
陕 西	Shaanxi	55.86	60.27	58.53	8	44.14	39.73	41.47	24
甘 肃	Gansu	53.62	58.48	56.02	21	46.38	41.52	43.98	11
青 海	Qinghai	55.80	57.22	56.71	19	44.20	42.78	43.29	13
宁 夏	Ningxia	56.08	58.80	57.71	13	43.92	41.20	42.29	19
新 疆	Xinjiang	56.09	58.05	56.70	20	43.91	41.95	43.30	12

注：劳动力调查自2015年开始使用新的受教育程度分类（以下有关各表同）。

Note: The new classification of educational attainment has been used since 2015 in the Labour Force Survey. The same applies to the tables followed.

2-2　就业人员小学和初中受教育程度构成
Employed Persons by Education from Primary to Junior Secondary School

单位：%　　(%)

地区	Region	小学 Primary School 2010	2015	2016	2016排名 Ranking	初中 Junior Secondary School 2010	2015	2016	2016排名 Ranking
全　国	**National Total**	**23.86**	**17.75**	**17.52**		**48.80**	**43.29**	**43.27**	
北　京	Beijing	4.82	2.97	2.40	31	34.20	21.48	22.01	30
天　津	Tianjin	12.15	8.37	8.52	29	44.85	33.54	33.73	27
河　北	Hebei	19.50	13.64	12.90	25	58.71	49.40	50.43	2
山　西	Shanxi	16.18	11.56	11.64	27	56.62	47.45	46.17	10
内蒙古	Inner Mongolia	22.90	17.71	15.96	18	46.63	45.18	45.75	12
辽　宁	Liaoning	17.50	12.71	12.60	26	53.93	50.25	49.74	6
吉　林	Jilin	22.56	20.93	17.72	13	50.35	43.12	46.65	8
黑龙江	Heilongjiang	20.68	14.01	15.16	20	53.37	49.78	50.07	4
上　海	Shanghai	9.03	4.95	4.70	30	40.17	29.31	29.44	29
江　苏	Jiangsu	20.15	13.15	13.09	23	48.80	40.64	38.38	22
浙　江	Zhejiang	25.34	16.49	15.97	17	44.70	37.60	38.22	23
安　徽	Anhui	26.68	20.64	20.30	10	48.08	45.17	45.78	11
福　建	Fujian	27.00	20.31	21.55	8	47.14	40.97	38.80	21
江　西	Jiangxi	26.57	20.62	20.50	9	51.35	44.80	46.29	9
山　东	Shandong	21.17	13.99	14.29	21	52.35	47.94	48.14	7
河　南	Henan	19.09	14.58	15.33	19	57.30	51.20	50.11	3
湖　北	Hubei	22.48	17.36	17.83	12	49.31	41.89	42.29	16
湖　南	Hunan	22.74	17.94	16.87	16	51.32	44.69	44.22	14
广　东	Guangdong	15.69	12.77	11.10	28	53.12	42.67	42.86	15
广　西	Guangxi	28.62	19.19	19.77	11	50.56	49.98	49.93	5
海　南	Hainan	17.60	14.11	12.97	24	54.49	50.76	51.38	1
重　庆	Chongqing	34.56	24.72	27.45	5	38.74	35.67	33.47	28
四　川	Sichuan	35.17	29.81	29.38	4	42.68	39.02	39.10	20
贵　州	Guizhou	39.64	32.22	32.51	3	35.85	40.26	37.84	25
云　南	Yunnan	46.49	34.27	34.04	2	32.86	39.67	41.32	18
西　藏	Tibet	38.57	40.69	46.52	1	13.58	13.58	12.78	31
陕　西	Shaanxi	21.55	14.68	13.45	22	50.28	45.52	45.06	13
甘　肃	Gansu	33.82	27.65	26.70	6	37.12	36.88	38.09	24
青　海	Qinghai	34.45	27.48	25.98	7	30.60	35.04	35.00	26
宁　夏	Ningxia	26.54	19.76	17.01	15	41.56	38.80	40.35	19
新　疆	Xinjiang	26.51	16.93	17.49	14	46.07	41.00	41.46	17

2-3 就业人员高中和大学专科受教育程度构成

Employed Persons by Education from Senior Secondary School to College

单位：% (%)

地区	Region	高中 Senior Secondary School 2010	2015	2016	2016排名 Ranking	大学专科 College 2010	2015	2016	2016排名 Ranking
全 国	**National Total**	**13.87**	**12.51**	**12.32**		**5.96**	**9.20**	**9.59**	
北 京	Beijing	21.52	13.62	12.11	15	14.73	19.77	19.70	1
天 津	Tianjin	20.67	12.09	11.29	21	10.27	14.80	14.49	3
河 北	Hebei	12.50	13.62	12.84	11	4.95	9.19	9.55	15
山 西	Shanxi	15.22	13.05	13.19	10	7.05	10.87	11.44	8
内蒙古	Inner Mongolia	14.58	12.46	11.76	18	7.86	10.17	11.54	7
辽 宁	Liaoning	14.29	10.14	9.59	25	7.62	9.77	10.37	14
吉 林	Jilin	15.55	13.92	13.99	4	5.99	7.60	7.69	25
黑龙江	Heilongjiang	14.77	12.73	12.07	16	6.34	9.40	8.84	18
上 海	Shanghai	21.46	12.90	12.45	12	12.63	17.12	16.51	2
江 苏	Jiangsu	16.75	13.56	13.51	7	7.10	11.99	13.31	4
浙 江	Zhejiang	14.86	13.68	13.40	9	6.53	12.40	12.42	5
安 徽	Anhui	9.55	8.86	8.68	28	4.74	7.33	7.65	26
福 建	Fujian	14.33	11.23	11.34	20	5.69	8.80	9.41	16
江 西	Jiangxi	12.79	14.06	13.66	6	4.68	7.19	7.14	28
山 东	Shandong	14.05	13.08	12.17	14	5.36	8.30	8.43	20
河 南	Henan	13.01	13.84	13.85	5	4.65	7.61	8.12	21
湖 北	Hubei	15.11	13.74	13.43	8	5.63	8.72	8.97	17
湖 南	Hunan	16.31	15.22	16.28	2	5.23	8.23	8.61	19
广 东	Guangdong	19.59	17.44	17.74	1	6.46	9.80	10.96	10
广 西	Guangxi	11.37	9.32	9.54	26	4.68	8.06	7.80	24
海 南	Hainan	15.70	12.12	12.39	13	5.66	7.66	8.00	22
重 庆	Chongqing	12.33	12.44	11.82	17	6.13	10.06	10.87	11
四 川	Sichuan	9.74	10.04	9.60	24	4.45	6.95	7.82	23
贵 州	Guizhou	6.45	5.63	6.21	29	4.46	5.32	5.21	30
云 南	Yunnan	7.21	5.71	5.71	30	3.86	4.94	4.68	31
西 藏	Tibet	4.12	3.01	3.16	31	4.04	5.86	6.31	29
陕 西	Shaanxi	14.36	13.81	14.67	3	6.65	10.04	10.57	12
甘 肃	Gansu	10.91	11.82	11.38	19	5.15	6.83	7.35	27
青 海	Qinghai	9.79	8.91	9.06	27	6.89	9.88	10.54	13
宁 夏	Ningxia	12.36	11.47	10.34	22	7.91	10.70	10.97	9
新 疆	Xinjiang	11.56	10.62	10.02	23	9.17	12.30	11.80	6

2-4 就业人员大学本科和研究生及以上受教育程度构成

Employed Persons by Education from University to Graduate and Higher Level

单位：%　　(%)

地区	Region	大学本科 University 2010	2015	2016	2016排名 Ranking	研究生及以上 Graduate and Higher Level 2010	2015	2016	2016排名 Ranking
全　国	**National Total**	**3.71**	**7.52**	**7.72**		**0.39**	**0.75**	**0.78**	
北　京	Beijing	19.17	26.76	27.57	1	5.08	6.05	6.79	1
天　津	Tianjin	10.19	17.29	17.62	3	1.06	2.32	2.16	3
河　北	Hebei	2.56	6.04	6.24	21	0.17	0.50	0.51	19
山　西	Shanxi	3.55	9.11	9.18	9	0.21	0.82	0.65	12
内蒙古	Inner Mongolia	4.31	7.58	8.04	13	0.24	0.32	0.50	20
辽　宁	Liaoning	5.48	9.29	9.52	8	0.47	0.85	0.77	9
吉　林	Jilin	4.31	7.76	7.51	16	0.34	0.38	0.54	17
黑龙江	Heilongjiang	3.65	8.08	8.22	12	0.27	0.49	0.73	11
上　海	Shanghai	13.13	21.99	23.37	2	2.55	4.77	4.67	2
江　苏	Jiangsu	4.39	9.98	10.32	6	0.46	0.95	1.00	4
浙　江	Zhejiang	4.64	11.50	11.76	4	0.39	0.85	0.98	6
安　徽	Anhui	2.57	5.57	5.62	24	0.22	0.38	0.48	21
福　建	Fujian	4.00	8.45	8.75	10	0.28	0.60	0.65	13
江　西	Jiangxi	2.32	4.96	4.51	30	0.17	0.37	0.32	27
山　东	Shandong	3.23	5.90	6.17	23	0.26	0.55	0.59	14
河　南	Henan	2.00	4.78	4.72	29	0.16	0.36	0.36	25
湖　北	Hubei	3.21	6.85	6.47	18	0.36	0.80	1.00	5
湖　南	Hunan	2.46	6.23	6.42	19	0.20	0.45	0.56	15
广　东	Guangdong	3.86	6.95	7.08	17	0.41	0.65	0.53	18
广　西	Guangxi	2.49	4.98	4.85	27	0.18	0.41	0.46	22
海　南	Hainan	3.15	5.95	6.23	22	0.23	0.33	0.23	28
重　庆	Chongqing	3.90	7.54	7.79	14	0.34	0.86	0.77	8
四　川	Sichuan	2.35	4.62	5.08	26	0.21	0.39	0.36	26
贵　州	Guizhou	2.49	4.00	4.83	28	0.12	0.15	0.20	31
云　南	Yunnan	2.47	4.61	4.29	31	0.16	0.36	0.38	24
西　藏	Tibet	2.87	4.05	5.56	25	0.19	0.15	0.23	29
陕　西	Shaanxi	3.46	6.81	7.59	15	0.38	0.77	0.74	10
甘　肃	Gansu	2.77	6.16	6.38	20	0.20	0.44	0.39	23
青　海	Qinghai	4.40	7.80	8.42	11	0.22	0.17	0.21	30
宁　夏	Ningxia	4.60	8.30	9.71	7	0.23	0.39	0.56	16
新　疆	Xinjiang	4.43	9.89	10.36	5	0.26	0.76	0.87	7

2-5 城镇单位就业人员年底数

Number of Employed Persons in Urban Units at Year-end

单位：万人 (10 000 persons)

地区	Region	城镇单位就业人员 Number of Employed Persons in Urban Units				农林牧渔业 Agriculture, Forestry, Animal Husbandry and Fishery			
		2010	2015	2016	2016排名 Ranking	2010	2015	2016	2016排名 Ranking
全　国	**National Total**	**13051.5**	**18062.5**	**17888.1**		**375.7**	**270.0**	**263.2**	
北　京	Beijing	646.6	777.3	791.5	6	3.2	3.9	3.7	17
天　津	Tianjin	205.7	294.8	286.0	26	0.7	0.5	0.8	29
河　北	Hebei	519.6	643.6	639.6	10	6.6	4.2	3.9	16
山　西	Shanxi	394.4	440.3	430.6	17	3.2	1.8	1.7	23
内蒙古	Inner Mongolia	249.2	298.3	293.2	25	26.7	23.6	22.9	3
辽　宁	Liaoning	518.1	618.4	560.4	13	27.9	22.5	22.7	4
吉　林	Jilin	267.6	325.1	322.1	22	16.7	12.8	12.5	5
黑龙江	Heilongjiang	460.0	433.5	424.9	18	92.9	65.5	66.8	1
上　海	Shanghai	392.9	637.2	627.8	11	1.5	2.5	2.5	19
江　苏	Jiangsu	763.8	1552.1	1497.3	2	9.9	5.8	5.6	10
浙　江	Zhejiang	883.6	1083.4	1060.9	5	1.4	0.5	0.4	30
安　徽	Anhui	372.9	513.8	517.1	14	6.1	4.4	4.2	15
福　建	Fujian	507.1	663.1	668.8	9	6.7	4.5	4.3	14
江　西	Jiangxi	297.4	480.5	471.5	16	12.1	4.9	4.5	13
山　东	Shandong	956.2	1236.7	1215.5	3	5.1	1.7	1.6	24
河　南	Henan	751.7	1125.9	1145.0	4	7.1	2.5	2.1	22
湖　北	Hubei	510.3	712.3	719.3	8	13.8	9.2	10.3	6
湖　南	Hunan	505.7	579.1	568.4	12	5.3	2.4	2.1	21
广　东	Guangdong	1118.5	1948.0	1957.6	1	8.8	5.3	4.8	12
广　西	Guangxi	316.7	405.4	401.4	21	10.8	8.2	7.8	7
海　南	Hainan	81.3	100.4	101.2	28	12.3	8.8	7.6	8
重　庆	Chongqing	266.4	415.6	412.9	20	1.9	1.2	1.1	27
四　川	Sichuan	570.6	795.5	787.5	7	5.0	2.9	2.8	18
贵　州	Guizhou	224.3	307.5	310.5	24	2.1	1.1	1.1	28
云　南	Yunnan	322.8	414.7	419.0	19	14.5	6.5	6.3	9
西　藏	Tibet	22.2	33.4	31.5	31	0.9	1.1	0.3	31
陕　西	Shaanxi	364.8	511.8	511.4	15	4.4	2.2	2.4	20
甘　肃	Gansu	194.3	261.8	261.0	27	5.3	5.0	5.0	11
青　海	Qinghai	52.6	62.7	63.1	30	1.7	1.4	1.4	25
宁　夏	Ningxia	59.3	73.1	70.7	29	2.6	1.4	1.3	26
新　疆	Xinjiang	255.0	317.2	320.5	23	58.3	51.7	48.8	2

注：本表城镇单位数据不含私营单位(以下相关表同)。

Note: The data of employed persons in urban units do not include those of private enterprises. The same applies to the tables followed.

2-6 城镇单位采矿业和制造业就业人员

Number of Employed Persons of Mining and Manufacturing in Urban Units

单位：万人 (10 000 persons)

地区	Region	采矿业 Mining				制造业 Manufacturing			
		2010	2015	2016	2016排名 Ranking	2010	2015	2016	2016排名 Ranking
全　国	**National Total**	**562.0**	**545.8**	**490.9**		**3637.2**	**5068.7**	**4893.8**	
北　京	Beijing	4.5	5.3	4.5	22	100.6	92.2	86.9	18
天　津	Tianjin	9.0	6.5	4.4	23	75.3	110.8	99.4	16
河　北	Hebei	27.8	24.6	22.8	8	119.7	140.9	136.3	11
山　西	Shanxi	79.6	95.3	91.1	1	71.7	65.4	63.8	22
内蒙古	Inner Mongolia	18.5	17.9	16.6	10	37.2	46.7	43.9	24
辽　宁	Liaoning	35.2	28.7	24.7	6	144.8	150.6	131.7	12
吉　林	Jilin	15.6	14.1	13.1	14	60.8	84.2	81.9	19
黑龙江	Heilongjiang	42.2	31.9	27.9	5	66.8	57.4	52.0	23
上　海	Shanghai	0.1	0.1	0.1	31	141.3	192.9	181.0	8
江　苏	Jiangsu	12.6	10.6	8.5	16	335.5	595.2	567.4	2
浙　江	Zhejiang	1.7	0.7	0.6	28	351.7	330.6	315.9	5
安　徽	Anhui	32.1	27.0	23.1	7	76.0	120.9	122.4	13
福　建	Fujian	4.8	2.5	2.1	27	241.2	235.5	228.3	6
江　西	Jiangxi	9.0	7.2	5.8	19	71.6	138.2	141.8	10
山　东	Shandong	66.8	64.5	57.4	2	346.4	417.5	403.2	3
河　南	Henan	52.6	51.6	45.2	3	158.8	352.9	363.3	4
湖　北	Hubei	9.9	7.1	6.5	18	138.5	189.4	186.1	7
湖　南	Hunan	15.4	10.3	8.1	17	106.2	121.8	109.3	14
广　东	Guangdong	3.4	3.0	2.8	26	476.7	981.0	959.7	1
广　西	Guangxi	4.4	3.0	3.1	25	62.5	76.2	72.4	20
海　南	Hainan	0.9	0.6	0.5	29	8.0	8.8	8.1	30
重　庆	Chongqing	9.4	7.3	5.6	20	62.5	90.2	89.3	17
四　川	Sichuan	20.4	19.6	18.6	9	124.2	159.7	148.3	9
贵　州	Guizhou	11.8	15.5	13.4	13	36.9	42.5	40.2	25
云　南	Yunnan	15.2	15.3	13.6	12	58.8	67.5	66.3	21
西　藏	Tibet	0.2	0.5	0.5	30	0.8	1.2	0.9	31
陕　西	Shaanxi	24.7	35.4	34.9	4	81.0	104.4	102.0	15
甘　肃	Gansu	9.1	11.9	10.7	15	35.3	35.6	33.6	27
青　海	Qinghai	2.0	3.9	3.5	24	9.8	10.9	10.6	29
宁　夏	Ningxia	5.8	6.0	5.3	21	10.6	12.8	12.2	28
新　疆	Xinjiang	17.5	17.9	16.0	11	26.0	34.8	35.8	26

2-7 城镇单位电力、热力、燃气、水业和建筑业就业人员

Number of Employed Persons of Production and Supply of Electricity, Heat, Gas and Water, and Construction in Urban Units

单位：万人　　(10 000 persons)

地区	Region	电力、热力、燃气及水业 Production and Supply of Electricity, Heat, Gas and Water, Units				建筑业 Construction			
		2010	2015	2016	2016排名 Ranking	2010	2015	2016	2016排名 Ranking
全　国	**National Total**	**310.5**	**396.0**	**387.6**		**1267.5**	**2796.0**	**2724.7**	
北　京	Beijing	6.8	8.2	9.1	23	39.4	45.3	45.9	18
天　津	Tianjin	3.3	4.5	4.3	27	10.2	29.5	28.2	24
河　北	Hebei	19.9	18.7	18.8	5	36.5	84.4	81.8	13
山　西	Shanxi	9.9	11.7	12.5	14	22.5	33.3	29.4	22
内蒙古	Inner Mongolia	10.1	14.2	14.5	10	13.6	21.6	18.9	27
辽　宁	Liaoning	16.6	14.6	14.7	9	31.2	83.7	64.6	16
吉　林	Jilin	8.2	13.0	12.3	15	13.4	29.3	27.3	25
黑龙江	Heilongjiang	14.3	18.1	17.6	6	27.0	31.1	28.4	23
上　海	Shanghai	5.4	4.3	4.4	26	11.3	35.1	32.9	21
江　苏	Jiangsu	12.9	17.4	14.5	11	52.3	417.3	396.8	1
浙　江	Zhejiang	12.6	11.0	12.0	18	180.2	323.4	310.1	2
安　徽	Anhui	9.6	10.3	10.4	20	42.1	92.6	91.8	11
福　建	Fujian	9.2	9.0	9.1	24	62.4	162.9	168.5	4
江　西	Jiangxi	9.5	14.1	9.3	22	29.4	91.9	90.4	12
山　东	Shandong	20.4	23.5	23.1	4	80.3	163.7	160.3	5
河　南	Henan	21.1	25.3	26.2	2	93.7	178.8	173.4	3
湖　北	Hubei	11.9	16.3	16.4	8	72.5	138.5	140.4	8
湖　南	Hunan	12.2	17.3	16.6	7	75.6	106.3	108.7	9
广　东	Guangdong	18.8	30.7	31.3	1	64.4	141.6	143.3	7
广　西	Guangxi	9.0	13.9	13.7	12	30.5	65.2	64.9	15
海　南	Hainan	2.0	2.4	2.3	29	6.8	6.9	7.1	28
重　庆	Chongqing	6.6	6.7	6.4	25	48.0	101.5	100.2	10
四　川	Sichuan	15.3	26.1	23.2	3	99.9	153.9	151.5	6
贵　州	Guizhou	7.0	12.8	12.2	16	23.3	42.8	45.7	19
云　南	Yunnan	8.5	10.6	10.7	19	37.6	68.0	71.7	14
西　藏	Tibet	0.8	1.1	0.7	31	0.8	2.0	1.5	31
陕　西	Shaanxi	11.0	13.7	13.7	13	25.2	64.4	61.1	17
甘　肃	Gansu	6.8	12.1	12.2	17	15.4	43.8	43.7	20
青　海	Qinghai	1.2	2.0	2.2	30	4.1	7.0	6.7	29
宁　夏	Ningxia	3.7	3.5	3.5	28	3.0	5.3	4.4	30
新　疆	Xinjiang	6.1	8.9	9.6	21	15.0	24.7	25.0	26

2-8 城镇单位交通运输、仓储、邮政业和批发零售业就业人员
Number of Employed Persons of Transport, Storage and Post and Wholesale and Retail Trades in Urban Units

单位：万人 (10 000 persons)

地区	Region	交通运输、仓储和邮政业 Transport, Storage and Post				批发和零售业 Wholesale and Retail Trades			
		2010	2015	2016	2016排名 Ranking	2010	2015	2016	2016排名 Ranking
全　国	**National Total**	**631.1**	**854.4**	**849.5**		**535.1**	**883.3**	**875.0**	
北　京	Beijing	51.0	60.0	58.2	2	55.4	77.1	78.4	2
天　津	Tianjin	12.5	15.0	14.7	25	12.4	17.8	18.2	19
河　北	Hebei	25.1	29.2	28.7	11	22.5	27.1	26.9	11
山　西	Shanxi	20.4	24.1	23.4	16	17.6	17.5	17.1	21
内蒙古	Inner Mongolia	16.3	20.6	22.8	19	6.7	9.6	8.9	26
辽　宁	Liaoning	30.2	36.1	35.2	8	16.9	25.8	22.6	15
吉　林	Jilin	14.5	16.6	16.1	24	8.9	11.4	11.6	24
黑龙江	Heilongjiang	25.2	27.5	27.1	13	17.7	18.2	18.6	18
上　海	Shanghai	36.3	51.5	51.1	3	26.4	78.2	78.4	3
江　苏	Jiangsu	31.2	49.2	49.6	4	29.0	58.6	56.1	6
浙　江	Zhejiang	25.2	32.0	31.5	10	31.0	42.1	37.6	8
安　徽	Anhui	15.1	22.3	22.9	18	14.0	23.6	23.2	14
福　建	Fujian	16.7	24.5	23.4	17	13.9	28.4	27.8	10
江　西	Jiangxi	15.3	21.2	20.3	20	7.9	18.1	17.3	20
山　东	Shandong	34.7	48.4	49.4	5	38.2	59.9	57.1	4
河　南	Henan	29.1	45.3	45.8	6	38.2	54.9	56.1	5
湖　北	Hubei	25.4	34.4	35.0	9	21.5	39.4	39.7	7
湖　南	Hunan	21.0	24.4	24.0	15	16.3	21.3	20.2	17
广　东	Guangdong	56.1	82.8	81.1	1	42.6	96.8	102.8	1
广　西	Guangxi	18.0	20.0	19.4	21	11.9	13.4	13.5	22
海　南	Hainan	4.3	6.5	7.0	28	3.5	5.6	5.8	28
重　庆	Chongqing	14.3	27.1	26.5	14	11.1	22.1	20.7	16
四　川	Sichuan	23.1	40.7	40.4	7	17.1	30.9	30.5	9
贵　州	Guizhou	9.5	11.6	12.0	27	10.3	12.4	12.4	23
云　南	Yunnan	13.4	17.1	17.3	22	15.6	25.0	24.8	13
西　藏	Tibet	0.7	0.9	0.9	31	0.6	1.2	1.0	31
陕　西	Shaanxi	19.1	28.0	28.3	12	12.4	25.8	25.8	12
甘　肃	Gansu	10.1	12.6	12.8	26	5.7	8.2	8.1	27
青　海	Qinghai	3.3	4.3	4.3	29	1.7	2.3	2.3	30
宁　夏	Ningxia	2.9	3.8	3.7	30	1.5	2.5	2.4	29
新　疆	Xinjiang	11.1	16.7	16.6	23	6.4	8.2	8.9	25

2-9 城镇单位信息传输、软件、信息技术服务业和住宿餐饮业就业人员

Number of Employed Persons of Information Transmission, Software and Information Technology, Hotels and Catering Services in Urban Units

单位：万人 (10 000 persons)

地区	Region	信息传输、软件信息技术服务业 Information Transmission, Software and Information Technology				住宿餐饮业 Hotels and Catering Services			
		2010	2015	2016	2016排名 Ranking	2010	2015	2016	2016排名 Ranking
全　国	**National Total**	**185.8**	**349.9**	**364.1**		**209.2**	**276.1**	**269.7**	
北　京	Beijing	41.7	68.0	69.2	1	28.0	29.8	29.4	2
天　津	Tianjin	2.2	4.4	4.8	22	4.8	5.2	5.1	19
河　北	Hebei	6.3	8.8	8.4	13	4.5	5.8	5.4	18
山　西	Shanxi	4.1	5.5	5.0	20	4.2	4.2	3.9	23
内蒙古	Inner Mongolia	3.9	5.0	4.8	21	2.4	4.1	3.7	24
辽　宁	Liaoning	7.0	13.3	12.6	8	6.4	6.8	6.2	15
吉　林	Jilin	5.2	6.6	6.4	17	3.0	3.0	2.8	26
黑龙江	Heilongjiang	5.6	7.4	7.3	16	3.7	4.2	4.0	22
上　海	Shanghai	6.7	25.4	26.8	4	11.7	24.0	24.3	3
江　苏	Jiangsu	8.7	28.3	27.3	3	10.6	17.3	16.9	4
浙　江	Zhejiang	11.2	17.1	18.6	5	15.6	13.5	13.5	6
安　徽	Anhui	3.8	7.7	8.0	14	3.7	6.0	5.9	17
福　建	Fujian	4.6	9.0	9.1	12	7.6	9.8	9.8	9
江　西	Jiangxi	3.3	6.7	5.6	18	1.6	4.4	4.3	21
山　东	Shandong	6.6	17.4	18.2	7	11.0	14.0	14.2	5
河　南	Henan	4.9	10.4	12.2	10	9.9	11.3	11.0	7
湖　北	Hubei	4.5	11.5	12.3	9	7.7	9.9	9.4	11
湖　南	Hunan	5.7	7.2	7.4	15	9.0	8.3	7.4	13
广　东	Guangdong	17.6	35.3	43.5	2	25.2	37.1	37.0	1
广　西	Guangxi	3.6	4.4	4.2	24	4.3	4.8	4.6	20
海　南	Hainan	0.7	1.5	1.6	28	4.4	6.0	6.0	16
重　庆	Chongqing	2.9	4.7	4.6	23	4.3	6.3	6.4	14
四　川	Sichuan	6.3	18.3	18.4	6	5.5	10.6	9.7	10
贵　州	Guizhou	2.7	3.3	3.6	25	2.6	2.9	2.8	27
云　南	Yunnan	3.5	4.9	5.0	19	5.8	8.4	8.2	12
西　藏	Tibet	0.4	0.5	0.5	31	0.3	0.5	0.5	31
陕　西	Shaanxi	7.1	10.2	11.2	11	6.3	11.1	10.6	8
甘　肃	Gansu	1.8	2.7	2.7	27	1.9	3.3	3.2	25
青　海	Qinghai	0.8	0.8	0.9	29	0.5	0.6	0.6	30
宁　夏	Ningxia	0.6	0.8	0.8	30	0.4	0.7	0.6	29
新　疆	Xinjiang	1.8	2.9	2.9	26	2.3	2.4	2.3	28

2-10 城镇单位金融业和房地产业就业人员

Number of Employed Persons of Financial Intermediation and Real Estate in Urban Units

单位：万人 (10 000 persons)

地区	Region	金融业 Financial Intermediation				房地产业 Real Estate			
		2010	2015	2016	2016排名 Ranking	2010	2015	2016	2016排名 Ranking
全 国	**National Total**	**470.1**	**606.8**	**665.2**		**211.6**	**417.3**	**431.7**	
北 京	Beijing	27.2	47.2	51.4	2	31.5	42.2	43.9	2
天 津	Tianjin	7.0	12.1	16.0	18	3.6	7.3	8.0	21
河 北	Hebei	24.2	29.9	32.2	7	4.2	11.0	12.1	13
山 西	Shanxi	13.8	16.8	17.9	17	2.6	3.6	3.5	28
内蒙古	Inner Mongolia	10.1	11.6	11.8	23	1.5	5.4	5.5	25
辽 宁	Liaoning	20.7	26.0	27.0	10	8.8	13.3	12.0	14
吉 林	Jilin	10.2	11.8	12.1	22	3.6	6.0	6.8	22
黑龙江	Heilongjiang	14.2	18.7	21.3	13	4.9	6.0	6.1	24
上 海	Shanghai	23.6	33.7	35.5	6	11.2	26.2	25.4	4
江 苏	Jiangsu	26.9	35.1	38.1	5	7.3	22.6	22.2	6
浙 江	Zhejiang	29.4	42.3	46.4	3	13.6	20.1	20.9	7
安 徽	Anhui	14.7	19.1	22.3	12	4.9	10.4	10.5	17
福 建	Fujian	12.9	17.9	19.6	16	9.0	15.3	15.6	9
江 西	Jiangxi	10.5	12.6	13.0	21	2.1	6.4	6.7	23
山 东	Shandong	33.2	41.6	45.4	4	11.4	26.1	26.8	3
河 南	Henan	22.6	24.4	30.0	9	9.0	21.2	23.1	5
湖 北	Hubei	16.1	19.5	21.0	14	6.6	13.1	14.9	10
湖 南	Hunan	18.6	24.0	25.3	11	9.7	12.4	12.2	12
广 东	Guangdong	41.2	46.1	51.8	1	29.0	59.1	61.8	1
广 西	Guangxi	9.8	13.3	14.3	19	4.3	7.9	8.0	20
海 南	Hainan	2.1	4.1	4.3	28	3.2	7.7	8.4	19
重 庆	Chongqing	10.7	13.3	14.0	20	5.6	12.5	13.0	11
四 川	Sichuan	21.3	25.9	30.4	8	5.4	18.6	19.8	8
贵 州	Guizhou	6.4	8.6	9.0	26	3.9	8.7	8.8	18
云 南	Yunnan	9.0	9.9	10.4	24	4.1	10.9	11.2	16
西 藏	Tibet	0.8	0.9	0.9	31		0.2	0.2	31
陕 西	Shaanxi	14.1	18.0	20.3	15	5.1	11.1	11.5	15
甘 肃	Gansu	6.8	7.5	7.6	27	1.7	4.5	5.2	27
青 海	Qinghai	2.0	2.3	2.4	30	0.6	0.9	0.9	30
宁 夏	Ningxia	2.7	3.8	4.0	29	0.8	1.7	1.5	29
新 疆	Xinjiang	7.1	9.0	9.4	25	2.3	5.1	5.4	26

2-11 城镇单位租赁、商务服务业和科学研究、技术服务业就业人员

Number of Employed Persons of Leasing and Business Services and Scientific Research and Technical Services in Urban Units

单位：万人 (10 000 persons)

地区	Region	租赁和商务服务业 Leasing and Business Services 2010	2015	2016	2016排名 Ranking	科学研究和技术服务业 Scientific Research and Technical Services 2010	2015	2016	2016排名 Ranking
全　国	**National Total**	**310.1**	**474.0**	**488.4**		**292.3**	**410.6**	**419.6**	
北　京	Beijing	77.8	80.1	80.1	1	45.7	59.3	69.0	1
天　津	Tianjin	6.9	8.2	9.3	18	6.5	11.3	11.5	14
河　北	Hebei	4.9	13.4	12.6	10	8.9	14.8	16.4	10
山　西	Shanxi	6.4	8.9	9.1	19	6.0	7.5	7.2	23
内蒙古	Inner Mongolia	2.8	4.6	4.2	26	4.3	6.3	5.9	27
辽　宁	Liaoning	12.2	11.8	11.9	12	12.0	15.9	13.8	12
吉　林	Jilin	4.5	5.0	5.8	23	6.7	7.5	7.6	21
黑龙江	Heilongjiang	5.9	6.3	6.9	21	12.0	11.2	11.1	15
上　海	Shanghai	18.6	52.0	52.2	3	23.2	22.5	23.2	3
江　苏	Jiangsu	12.0	31.3	29.4	4	10.9	21.8	21.8	4
浙　江	Zhejiang	26.0	27.9	29.0	5	14.0	16.1	18.6	6
安　徽	Anhui	4.6	6.3	6.6	22	6.7	9.2	9.1	17
福　建	Fujian	12.3	12.6	14.5	9	5.4	8.6	8.7	19
江　西	Jiangxi	2.9	5.2	5.4	24	5.1	5.7	6.2	26
山　东	Shandong	11.9	21.5	20.7	6	11.0	18.0	17.8	8
河　南	Henan	11.3	16.1	18.1	7	11.5	17.2	17.8	9
湖　北	Hubei	5.1	9.0	10.5	14	10.8	16.3	15.8	11
湖　南	Hunan	8.4	9.8	9.9	17	8.3	11.5	11.7	13
广　东	Guangdong	30.1	64.7	71.2	2	18.1	34.7	32.3	2
广　西	Guangxi	8.9	11.2	10.0	16	7.0	9.5	8.9	18
海　南	Hainan	2.2	2.1	1.9	28	1.7	2.2	2.1	29
重　庆	Chongqing	5.3	12.2	12.6	11	5.5	8.0	8.1	20
四　川	Sichuan	5.9	14.2	15.6	8	13.6	21.0	21.1	5
贵　州	Guizhou	3.3	4.6	5.0	25	4.3	7.7	7.3	22
云　南	Yunnan	7.2	9.6	10.4	15	6.2	10.0	10.1	16
西　藏	Tibet	0.1	0.3	0.4	31	0.7	1.2	1.2	31
陕　西	Shaanxi	3.5	10.9	10.9	13	12.8	18.3	18.2	7
甘　肃	Gansu	1.9	3.0	3.6	27	5.2	7.0	6.9	24
青　海	Qinghai	0.8	0.8	0.9	30	2.3	2.2	2.2	28
宁　夏	Ningxia	1.4	2.0	1.8	29	1.2	1.5	1.6	30
新　疆	Xinjiang	4.8	8.5	8.0	20	4.8	6.4	6.4	25

2-12 城镇单位水利、环境、公共设施管理业和居民服务、修理、其他服务业就业人员

Number of Employed Persons of Management of Water Conservancy, Environment and Public Facilities and Services to Households, Repair and Other Services in Urban Units

单位：万人 (10 000 persons)

地区	Region	水利、环境和公共设施管理业 Management of Water Conservancy, Environment and Public Facilities				居民服务、修理和其他服务业 Services to Households, Repair and Other Services			
		2010	2015	2016	2016排名 Ranking	2010	2015	2016	2016排名 Ranking
全 国	**National Total**	**218.9**	**273.3**	**269.6**		**60.2**	**75.2**	**75.4**	
北 京	Beijing	8.8	10.2	10.3	11	7.4	9.0	8.6	2
天 津	Tianjin	3.5	4.1	4.4	27	6.9	11.0	9.4	1
河 北	Hebei	10.1	11.8	11.9	7	2.0	1.7	2.5	11
山 西	Shanxi	6.4	9.6	9.8	12	0.7	0.6	0.6	26
内蒙古	Inner Mongolia	7.3	8.1	8.3	17	2.0	0.9	0.8	23
辽 宁	Liaoning	12.8	15.9	14.4	4	2.9	2.6	2.4	12
吉 林	Jilin	8.1	8.3	8.5	15	1.1	2.2	2.5	10
黑龙江	Heilongjiang	9.7	10.9	11.1	9	6.5	4.3	4.0	5
上 海	Shanghai	5.9	8.3	8.6	14	3.3	6.5	6.3	4
江 苏	Jiangsu	12.3	15.5	15.4	3	1.0	3.3	3.2	7
浙 江	Zhejiang	10.9	11.6	10.6	10	1.6	2.5	2.3	13
安 徽	Anhui	6.4	8.2	7.8	19	0.5	0.9	1.0	22
福 建	Fujian	4.4	5.5	5.6	25	1.4	1.8	2.7	9
江 西	Jiangxi	5.6	7.7	7.1	21	0.5	1.0	1.0	21
山 东	Shandong	11.6	18.3	17.6	1	3.5	3.1	3.2	6
河 南	Henan	12.2	13.5	13.0	5	1.9	2.7	3.1	8
湖 北	Hubei	8.9	11.4	11.4	8	1.2	1.6	1.4	19
湖 南	Hunan	8.7	8.4	8.2	18	1.5	1.7	1.7	15
广 东	Guangdong	14.0	17.4	16.9	2	6.4	7.4	7.7	3
广 西	Guangxi	7.4	9.3	8.5	16	0.8	0.8	0.7	24
海 南	Hainan	2.2	2.9	3.1	28	0.3	0.5	0.4	27
重 庆	Chongqing	3.7	6.4	6.5	22	0.9	1.5	1.5	18
四 川	Sichuan	9.8	12.8	13.0	6	1.0	1.9	2.2	14
贵 州	Guizhou	3.3	5.0	5.2	26	1.0	1.2	1.4	20
云 南	Yunnan	5.3	7.5	7.5	20	0.8	1.4	1.6	16
西 藏	Tibet	0.2	0.2	0.2	31		0.2	0.2	29
陕 西	Shaanxi	7.9	9.6	9.6	13	1.7	1.7	1.6	17
甘 肃	Gansu	3.4	5.9	5.9	23	0.2	0.3	0.3	28
青 海	Qinghai	1.1	1.0	1.1	30	0.3	0.1	0.1	30
宁 夏	Ningxia	1.8	2.3	2.3	29		0.1	0.1	31
新 疆	Xinjiang	5.1	5.9	5.7	24	0.6	0.7	0.7	25

2-13 城镇单位教育和卫生、社会工作就业人员

Number of Employed Persons of Education, Health and Social Service in Urban Units

单位：万人 (10 000 persons)

地区	Region	教育 Education				卫生和社会工作 Health and Social Service			
		2010	2015	2016	2016排名 Ranking	2010	2015	2016	2016排名 Ranking
全　国	**National Total**	**1581.8**	**1736.5**	**1729.2**		**632.5**	**841.6**	**867.0**	
北　京	Beijing	40.6	47.3	48.6	19	20.7	27.3	28.6	13
天　津	Tianjin	16.4	18.0	18.0	27	9.0	9.7	10.1	27
河　北	Hebei	86.3	89.1	88.1	6	27.8	36.5	37.7	9
山　西	Shanxi	48.6	51.7	51.3	18	16.1	20.0	20.5	20
内蒙古	Inner Mongolia	34.7	35.1	35.1	25	12.3	15.3	15.7	25
辽　宁	Liaoning	52.3	58.0	53.7	15	25.6	33.7	31.3	11
吉　林	Jilin	36.7	36.1	36.2	24	15.3	18.1	18.7	23
黑龙江	Heilongjiang	46.1	44.3	43.0	20	19.7	22.4	22.9	17
上　海	Shanghai	26.1	29.1	29.7	26	16.7	18.9	18.9	22
江　苏	Jiangsu	85.5	96.0	95.0	4	36.3	47.9	49.5	4
浙　江	Zhejiang	61.1	70.9	71.4	8	32.4	43.7	44.3	6
安　徽	Anhui	60.5	64.4	64.6	10	22.0	29.1	30.5	12
福　建	Fujian	44.7	50.3	52.1	16	15.7	21.6	22.8	18
江　西	Jiangxi	47.6	55.8	52.0	17	16.8	24.5	24.8	16
山　东	Shandong	109.1	117.2	117.2	3	43.5	60.7	62.5	2
河　南	Henan	114.1	125.0	124.6	2	40.8	55.2	58.4	3
湖　北	Hubei	65.7	73.9	72.9	7	30.1	41.8	43.5	7
湖　南	Hunan	70.2	67.2	67.7	9	31.1	37.5	39.4	8
广　东	Guangdong	112.3	125.5	125.6	1	50.3	61.3	63.5	1
广　西	Guangxi	58.1	62.0	61.8	11	22.9	30.7	31.7	10
海　南	Hainan	11.8	13.0	13.1	28	4.1	5.9	6.3	28
重　庆	Chongqing	35.0	41.2	41.8	21	11.6	19.0	19.7	21
四　川	Sichuan	82.0	94.8	94.4	5	33.0	46.8	48.5	5
贵　州	Guizhou	41.9	53.7	54.3	14	11.9	19.9	20.5	19
云　南	Yunnan	51.8	60.0	59.8	12	15.8	25.7	26.3	15
西　藏	Tibet	4.0	4.8	4.9	31	1.5	1.8	1.9	31
陕　西	Shaanxi	55.1	57.9	58.1	13	19.2	26.2	26.7	14
甘　肃	Gansu	34.2	38.9	38.7	23	10.0	14.3	14.5	26
青　海	Qinghai	7.5	7.6	7.7	30	3.2	3.8	4.1	30
宁　夏	Ningxia	7.9	9.3	8.9	29	3.3	4.5	4.6	29
新　疆	Xinjiang	33.9	38.4	39.1	22	13.8	18.0	18.6	24

2-14 城镇单位文化、体育、娱乐业和公共管理、社会保障、社会组织就业人员

Number of Employed Persons of Culture, Sports and Entertainment and Public Management, Social Security and Social Organization in Urban Units

单位：万人 (10 000 persons)

地区	Region	文化、体育和娱乐业 Culture, Sports and Entertainment				公共管理、社会保障和社会组织 Public Management, Social Security and Social Organization			
		2010	2015	2016	2016排名 Ranking	2010	2015	2016	2016排名 Ranking
全　国	**National Total**	**131.4**	**149.1**	**150.8**		**1428.5**	**1637.8**	**1672.6**	
北　京	Beijing	15.3	18.3	18.7	1	41.1	46.7	47.0	19
天　津	Tianjin	1.8	2.2	2.1	27	13.7	16.5	17.4	27
河　北	Hebei	5.0	5.5	5.5	11	77.2	86.3	87.6	5
山　西	Shanxi	4.6	4.6	4.6	14	55.9	58.0	58.2	11
内蒙古	Inner Mongolia	3.3	3.5	3.5	20	35.3	44.2	45.4	20
辽　宁	Liaoning	5.1	5.1	5.0	12	49.5	54.1	53.8	14
吉　林	Jilin	3.7	3.6	3.5	19	31.4	35.5	36.3	24
黑龙江	Heilongjiang	3.9	4.0	3.9	17	41.6	44.4	44.6	21
上　海	Shanghai	4.7	5.6	6.0	9	18.7	20.3	20.5	26
江　苏	Jiangsu	5.7	7.8	7.9	3	63.1	71.0	72.0	7
浙　江	Zhejiang	6.2	7.4	6.8	6	57.5	70.1	70.5	8
安　徽	Anhui	3.4	3.2	3.4	21	46.7	48.3	49.4	18
福　建	Fujian	3.7	4.3	4.2	16	30.4	39.2	40.5	23
江　西	Jiangxi	3.2	3.8	4.2	15	43.5	51.1	52.0	16
山　东	Shandong	6.7	7.0	7.0	5	105.0	112.8	112.8	2
河　南	Henan	7.0	7.8	7.8	4	105.7	109.7	113.8	1
湖　北	Hubei	5.1	6.3	6.5	7	55.0	63.9	65.4	9
湖　南	Hunan	4.6	5.5	5.7	10	78.0	81.8	82.7	6
广　东	Guangdong	9.4	11.6	11.8	2	94.2	106.5	108.7	3
广　西	Guangxi	3.2	3.4	3.2	22	39.4	48.2	50.5	17
海　南	Hainan	1.2	1.2	1.3	28	9.7	13.6	14.3	28
重　庆	Chongqing	2.6	2.9	2.9	24	24.6	31.6	32.0	25
四　川	Sichuan	4.4	6.1	6.1	8	77.4	90.8	93.1	4
贵　州	Guizhou	1.8	2.1	2.3	26	40.3	51.1	53.3	15
云　南	Yunnan	3.6	3.5	3.6	18	46.1	52.8	54.3	13
西　藏	Tibet	0.6	0.7	0.7	31	8.8	14.2	14.0	29
陕　西	Shaanxi	4.6	5.0	5.0	13	49.4	57.9	59.6	10
甘　肃	Gansu	2.8	2.5	2.7	25	36.8	42.8	43.5	22
青　海	Qinghai	0.7	0.9	0.8	30	8.9	10.2	10.6	31
宁　夏	Ningxia	0.8	1.1	1.0	29	8.3	10.3	10.8	30
新　疆	Xinjiang	2.7	3.0	3.0	23	35.3	53.9	58.1	12

2-15 城镇单位就业人员年平均工资
Average Wage of Employed Persons in Urban Units

单位：元 (yuan)

地区	Region	城镇单位就业人员年平均工资 Employed Persons				城镇国有单位年平均工资 State-owned Units			
		2010	2015	2016	2016排名 Ranking	2010	2015	2016	2016排名 Ranking
全 国	**National Total**	**36539**	**62029**	**67569**		**38359**	**65296**	**72538**	
北 京	Beijing	65158	111390	119928	2	67403	115098	125419	1
天 津	Tianjin	51489	80090	86305	4	56635	93641	107720	5
河 北	Hebei	31451	50921	55334	28	31977	52686	58761	27
山 西	Shanxi	33057	51803	53705	29	32664	53631	57170	29
内蒙古	Inner Mongolia	35211	57135	61067	17	37255	61290	66033	19
辽 宁	Liaoning	34437	52332	56015	27	35522	53659	57247	28
吉 林	Jilin	29003	51558	56098	26	30082	56032	62007	25
黑龙江	Heilongjiang	27735	48881	52435	30	28373	49307	52847	31
上 海	Shanghai	66115	109174	119935	1	71885	105542	113370	2
江 苏	Jiangsu	39772	66196	71574	7	49553	79656	89222	6
浙 江	Zhejiang	40640	66668	73326	5	62367	96633	109064	4
安 徽	Anhui	33341	55139	59102	21	33793	60433	66210	18
福 建	Fujian	32340	57628	61973	15	40090	70424	76996	9
江 西	Jiangxi	28363	50932	56136	25	30031	56292	64875	20
山 东	Shandong	33321	57270	62539	14	38490	69050	76903	10
河 南	Henan	29819	45403	49505	31	31470	49978	56609	30
湖 北	Hubei	31811	54367	59831	19	35044	58631	66398	17
湖 南	Hunan	29670	52357	58241	22	31900	55745	64384	21
广 东	Guangdong	40432	65788	72326	6	49027	76870	86159	7
广 西	Guangxi	30673	52982	57878	23	32587	57247	63751	23
海 南	Hainan	30775	57600	61663	16	31582	63185	67847	16
重 庆	Chongqing	34727	60543	65545	11	37195	72587	79565	8
四 川	Sichuan	32567	58915	63926	12	36729	66551	72980	13
贵 州	Guizhou	30433	59701	66279	9	31469	64552	72237	14
云 南	Yunnan	29195	52564	60450	18	33140	61151	74562	11
西 藏	Tibet	49898	97849	103232	3	51420	104897	109839	3
陕 西	Shaanxi	33384	54994	59637	20	34528	55815	60749	26
甘 肃	Gansu	29096	52942	57575	24	29889	57888	63930	22
青 海	Qinghai	36121	61090	66589	8	41417	66382	73971	12
宁 夏	Ningxia	37166	60380	65570	10	35330	63679	69627	15
新 疆	Xinjiang	32003	60117	63739	13	31006	58829	63308	24

2-16 城镇单位就业人员年平均工资指数

Indices of Average Wage of Employed Persons in Urban Units

（上年=100） (preceding year=100)

地区	Region	平均货币工资指数 Indices of Average Wage				平均实际工资指数 Indices of Average Real Wage			
		2010	2015	2016	2016排名 Ranking	2010	2015	2016	2016排名 Ranking
全　国	**National Total**	**113.3**	**110.1**	**108.9**		**109.8**	**108.5**	**106.7**	
北　京	Beijing	112.8	108.9	107.7	22	110.2	107.3	105.5	22
天　津	Tianjin	117.2	110.1	107.8	21	113.2	108.4	105.5	21
河　北	Hebei	113.2	112.9	108.7	15	110.1	111.2	106.4	15
山　西	Shanxi	117.8	105.8	103.7	31	114.3	104.2	101.5	31
内蒙古	Inner Mongolia	115.5	106.3	106.9	28	112.2	104.7	104.7	28
辽　宁	Liaoning	112.8	108.6	107.0	27	109.7	107.0	104.8	27
吉　林	Jilin	111.8	110.8	108.8	13	108.1	109.2	106.6	13
黑龙江	Heilongjiang	111.8	111.0	107.3	24	108.0	109.4	105.1	24
上　海	Shanghai	113.3	108.9	109.9	8	109.9	107.3	107.6	8
江　苏	Jiangsu	112.9	108.8	108.1	20	109.0	107.1	105.9	20
浙　江	Zhejiang	111.2	108.3	110.0	6	107.0	106.7	107.7	6
安　徽	Anhui	116.1	108.3	107.2	25	112.7	106.7	105.0	25
福　建	Fujian	114.0	107.9	107.5	23	110.5	106.3	105.3	23
江　西	Jiangxi	117.4	110.2	110.2	4	114.1	108.6	108.0	4
山　东	Shandong	113.3	110.5	109.2	10	110.5	108.9	107.0	10
河　南	Henan	110.8	107.6	109.0	11	107.1	106.1	106.8	11
湖　北	Hubei	119.8	109.1	110.1	5	116.6	107.5	107.8	5
湖　南	Hunan	111.8	111.1	111.2	2	108.5	109.5	109.0	2
广　东	Guangdong	110.9	110.6	109.9	7	107.6	109.0	107.7	7
广　西	Guangxi	112.3	116.6	109.2	9	109.1	114.9	107.0	9
海　南	Hainan	124.1	115.5	107.1	26	118.8	113.8	104.9	26
重　庆	Chongqing	113.9	108.9	108.3	19	110.3	107.3	106.0	19
四　川	Sichuan	115.7	112.1	108.5	17	112.0	110.4	106.3	17
贵　州	Guizhou	110.9	113.1	111.0	3	107.6	111.5	108.7	3
云　南	Yunnan	111.6	114.0	115.0	1	107.5	112.3	112.6	1
西　藏	Tibet	110.0	159.8	105.5	30	107.6	157.4	103.3	30
陕　西	Shaanxi	112.9	108.8	108.4	18	108.9	107.2	106.2	18
甘　肃	Gansu	108.8	112.7	108.8	14	104.3	111.1	106.5	14
青　海	Qinghai	111.2	107.0	109.0	12	105.8	105.4	106.8	12
宁　夏	Ningxia	112.9	110.1	108.6	16	108.8	108.4	106.4	16
新　疆	Xinjiang	115.9	112.4	106.0	29	111.8	110.8	103.8	29

2-17 城镇单位农、林、牧、渔业和采矿业就业人员年平均工资

Average Wage of Employed Persons of Agriculture, Forestry, Animal Husbandry and Fishery and Mining in Urban Units

单位：元 (yuan)

地区	Region	农、林、牧、渔业 Agriculture, Forestry, Animal Husbandry and Fishery 2010	2015	2016	2016排名 Ranking	采矿业 Mining 2010	2015	2016	2016排名 Ranking
全　国	**National Total**	**16717**	**31947**	**33612**		**44196**	**59404**	**60544**	
北　京	Beijing	29889	50797	51941	7	68514	88360	91017	5
天　津	Tianjin	40221	68883	68864	1	59897	105647	94379	3
河　北	Hebei	12423	19685	21876	30	49514	54725	55184	21
山　西	Shanxi	20570	41729	45871	10	52252	58198	55921	18
内蒙古	Inner Mongolia	18292	35597	37569	16	42248	69067	72654	10
辽　宁	Liaoning	10040	14360	15497	31	41238	56332	55363	20
吉　林	Jilin	15220	29744	33042	26	33584	51885	51883	23
黑龙江	Heilongjiang	12916	28592	28782	28	39793	54707	59875	16
上　海	Shanghai	39575	62828	67322	2	62356	122414	142716	1
江　苏	Jiangsu	20736	33957	37953	15	41573	60418	62330	14
浙　江	Zhejiang	34088	53661	61992	3	28330	49149	48428	26
安　徽	Anhui	16945	31084	34264	23	57314	61900	57981	17
福　建	Fujian	18041	32510	35577	20	29328	44100	44222	30
江　西	Jiangxi	16265	32076	35473	21	27978	41120	42902	31
山　东	Shandong	24143	51003	56617	4	46560	61718	65309	11
河　南	Henan	17433	34941	36785	18	46887	48777	46833	27
湖　北	Hubei	19541	29313	31548	27	31989	49231	52788	22
湖　南	Hunan	15435	29354	33221	24	24867	42553	45059	29
广　东	Guangdong	15270	31380	36431	19	47254	86026	91276	4
广　西	Guangxi	17023	30875	33131	25	28708	46260	50397	24
海　南	Hainan	18042	28438	28016	29	30151	59916	60886	15
重　庆	Chongqing	20544	41146	47529	9	31491	52541	55396	19
四　川	Sichuan	19980	47729	52813	6	37984	61715	64895	12
贵　州	Guizhou	18175	47704	53874	5	32779	49503	49909	25
云　南	Yunnan	15922	29794	36939	17	27175	43101	45182	28
西　藏	Tibet	20238	14415	34943	22	26315	75626	84518	8
陕　西	Shaanxi	23934	43678	48185	8	42417	68245	73995	9
甘　肃	Gansu	19735	37179	40179	13	43258	63590	64807	13
青　海	Qinghai	26020	40978	43796	11	40320	79332	85469	7
宁　夏	Ningxia	20940	38815	41981	12	71685	79347	94718	2
新　疆	Xinjiang	20022	38070	38469	14	47805	86253	90442	6

2-18 城镇单位制造业和电力、热力、燃气、水业就业人员年平均工资

Average Wage of Employed Persons of Manufacturing and Production and Supply of Electricity, Heat, Gas and Water in Urban Units

单位：元 (yuan)

地区	Region	制造业 Manufacturing				电力、热力、燃气及水业 Production and Supply of Electricity, Heat, Gas and Water			
		2010	2015	2016	2016排名 Ranking	2010	2015	2016	2016排名 Ranking
全　国	**National Total**	**30916**	**55324**	**59470**		**47309**	**78886**	**83863**	
北　京	Beijing	48298	88934	97600	1	85178	129350	134474	2
天　津	Tianjin	42482	71931	73550	3	82607	116003	125996	3
河　北	Hebei	27894	47678	50970	25	45478	75489	77162	17
山　西	Shanxi	25350	41093	42314	31	43023	72867	73827	21
内蒙古	Inner Mongolia	30024	50655	53670	21	48860	73717	78757	15
辽　宁	Liaoning	32126	51623	56546	12	42658	65747	69357	26
吉　林	Jilin	31153	54452	58250	11	33044	66192	70925	25
黑龙江	Heilongjiang	26764	45422	49775	27	36613	62714	64919	29
上　海	Shanghai	52163	86536	96813	2	93049	153467	163212	1
江　苏	Jiangsu	32209	62731	66994	5	66131	113893	116629	5
浙　江	Zhejiang	29671	55370	60390	8	77180	107952	122323	4
安　徽	Anhui	29238	50945	54614	16	40467	81692	89223	8
福　建	Fujian	26627	50675	54439	17	50529	80987	88471	9
江　西	Jiangxi	25579	46020	49564	29	37312	62064	62157	31
山　东	Shandong	27773	48519	52255	24	42025	70580	74333	18
河　南	Henan	25864	41338	43783	30	37196	65713	66658	27
湖　北	Hubei	30689	49971	54033	20	39067	78034	84106	11
湖　南	Hunan	28691	51265	54423	18	36134	60432	65241	28
广　东	Guangdong	31277	57419	62383	7	58158	102758	110242	6
广　西	Guangxi	26179	46121	49835	26	39264	70548	73851	20
海　南	Hainan	26772	51501	55265	14	40553	69263	74214	19
重　庆	Chongqing	31894	57993	62584	6	50326	74068	79388	14
四　川	Sichuan	28577	52110	56439	13	39844	79732	86951	10
贵　州	Guizhou	29381	52027	58288	10	47822	72900	81297	13
云　南	Yunnan	28550	45903	49643	28	44110	73588	78234	16
西　藏	Tibet	26984	59045	69983	4	41225	64532	71709	23
陕　西	Shaanxi	26015	51557	54348	19	39677	67945	71640	24
甘　肃	Gansu	28173	50458	53130	22	37624	63245	64084	30
青　海	Qinghai	28459	51386	54846	15	44721	69805	72928	22
宁　夏	Ningxia	29560	51636	52660	23	55543	92107	96132	7
新　疆	Xinjiang	31588	58752	60313	9	43855	70708	81908	12

2-19 城镇单位建筑业和批发零售业就业人员年平均工资

Average Wage of Employed Persons of Construction, Wholesale and Retail Trades in Urban Units

单位：元 (yuan)

地区	Region	建筑业 Construction 2010	2015	2016	2016排名 Ranking	批发和零售业 Wholesale and Retail Trades 2010	2015	2016	2016排名 Ranking
全　国	**National Total**	**27529**	**48886**	**52082**		**33635**	**60328**	**65061**	
北　京	Beijing	46421	82251	89464	1	64150	94542	98863	2
天　津	Tianjin	53686	64141	67943	3	44710	66710	75098	3
河　北	Hebei	23159	39182	42662	29	19780	37909	40256	30
山　西	Shanxi	25936	42494	46632	21	18890	37986	38854	31
内蒙古	Inner Mongolia	24946	41132	42968	28	24342	45942	48831	19
辽　宁	Liaoning	27535	42319	43585	27	28616	45681	47382	23
吉　林	Jilin	21165	40803	44968	24	22999	40854	43419	27
黑龙江	Heilongjiang	22904	37948	39922	31	25702	44615	48576	21
上　海	Shanghai	69051	80941	88034	2	61509	117396	127489	1
江　苏	Jiangsu	29679	55598	58172	6	31451	63185	67127	7
浙　江	Zhejiang	28595	48279	50350	16	39901	64327	71347	5
安　徽	Anhui	28046	48895	51399	13	26935	45751	49999	15
福　建	Fujian	30138	50819	53557	9	32850	54866	57937	10
江　西	Jiangxi	25293	46146	50108	17	24868	45992	47104	25
山　东	Shandong	25807	47881	52421	11	23845	44386	47572	22
河　南	Henan	24151	41283	44753	25	22403	39990	43592	26
湖　北	Hubei	27661	51921	54636	8	25081	44691	47355	24
湖　南	Hunan	23674	43049	45492	23	27604	45981	50545	14
广　东	Guangdong	29019	51001	55263	7	38378	61351	67451	6
广　西	Guangxi	27688	45246	47079	19	26093	46031	49369	17
海　南	Hainan	25237	44149	45557	22	23955	48249	51227	13
重　庆	Chongqing	27730	48586	51537	12	29667	52454	56048	11
四　川	Sichuan	24036	45255	48088	18	29046	50188	51824	12
贵　州	Guizhou	25437	47832	53487	10	27776	57576	60617	8
云　南	Yunnan	21002	38557	41945	30	26268	46063	49611	16
西　藏	Tibet	27908	54650	59075	4	39462	73674	75070	4
陕　西	Shaanxi	25357	46184	50797	14	23836	40983	43208	28
甘　肃	Gansu	20836	40551	43683	26	20563	39109	41464	29
青　海	Qinghai	26423	48717	50431	15	24898	46356	49271	18
宁　夏	Ningxia	25284	44283	46832	20	29497	47364	48648	20
新　疆	Xinjiang	28908	56238	58576	5	32343	56573	59570	9

2-20 城镇单位交通运输、仓储、邮政业和住宿餐饮业就业人员年平均工资
Average Wage of Employed Persons of Transport, Storage and Post and Hotels and Catering Services in Urban Units

单位：元 (yuan)

地区	Region	交通运输、仓储和邮政业 Transport, Storage and Post 2010	2015	2016	2016排名 Ranking	住宿和餐饮业 Hotels and Catering Services 2010	2015	2016	2016排名 Ranking
全　国	**National Total**	**40466**	**68822**	**73650**		**23382**	**40806**	**43382**	
北　京	Beijing	51342	81695	90682	3	31978	51955	54814	2
天　津	Tianjin	55912	89389	91615	2	22742	39538	43403	9
河　北	Hebei	33141	57090	59527	30	17314	32836	34357	26
山　西	Shanxi	37888	64505	68837	16	15064	26710	28630	31
内蒙古	Inner Mongolia	39991	64232	67389	18	21335	36285	37499	18
辽　宁	Liaoning	38451	65044	66657	19	21613	37435	38871	15
吉　林	Jilin	30422	58488	62053	28	17594	32178	34173	28
黑龙江	Heilongjiang	31501	58601	62977	27	20804	42095	44807	8
上　海	Shanghai	58405	98996	108905	1	32815	52999	56933	1
江　苏	Jiangsu	38584	66981	71773	11	24029	42391	45013	7
浙　江	Zhejiang	48359	75002	83408	6	24679	42540	45713	6
安　徽	Anhui	29408	56659	61038	29	18188	33629	34897	25
福　建	Fujian	39741	65314	71181	12	22268	39599	39434	14
江　西	Jiangxi	38628	62546	66594	20	18268	33402	35880	23
山　东	Shandong	39435	66189	70509	14	21810	39723	42496	11
河　南	Henan	31748	52099	55485	31	20201	33854	36591	22
湖　北	Hubei	34668	60104	64690	24	20601	36190	38323	17
湖　南	Hunan	32921	60105	65487	22	19963	34414	36919	21
广　东	Guangdong	49623	79680	84444	4	24781	43745	46149	4
广　西	Guangxi	33697	61137	65433	23	17211	30597	31884	30
海　南	Hainan	42036	70737	74464	9	18875	40914	42978	10
重　庆	Chongqing	33613	60296	63717	26	21389	35994	37457	19
四　川	Sichuan	36496	65981	69490	15	22262	36807	38381	16
贵　州	Guizhou	32106	65506	70936	13	18935	37208	40505	13
云　南	Yunnan	35897	66450	72296	10	16030	31429	33832	29
西　藏	Tibet	39032	72789	77502	8	22090	49633	53798	3
陕　西	Shaanxi	35846	63194	65955	21	18171	31506	34293	27
甘　肃	Gansu	30928	61318	64177	25	17588	32698	34914	24
青　海	Qinghai	43523	74669	78862	7	18574	40313	41809	12
宁　夏	Ningxia	36498	63157	68313	17	17799	36158	37149	20
新　疆	Xinjiang	45572	78215	83898	5	21954	43885	45899	5

2-21 城镇单位信息传输、软件、信息技术服务业和金融业就业人员年平均工资

Average Wage of Employed Persons of Information Transmission, Software and Information Technology Service and Financial Intermediation in Urban Units

单位：元 (yuan)

地区	Region	信息传输、软件和信息技术服务业 Information Transmission, Software and Information Technology Service				金融业 Financial Intermediation			
		2010	2015	2016	2016排名 Ranking	2010	2015	2016	2016排名 Ranking
全　国	**National Total**	**64436**	**112042**	**122478**		**70146**	**114777**	**117418**	
北　京	Beijing	105560	159486	170531	2	164643	248320	239085	1
天　津	Tianjin	73276	134331	137440	4	89166	112059	117489	10
河　北	Hebei	38840	93983	109196	8	45176	74795	75708	28
山　西	Shanxi	33916	60160	64686	28	47037	75620	75683	29
内蒙古	Inner Mongolia	37530	65420	67444	26	45588	76093	78570	26
辽　宁	Liaoning	56013	83665	88995	13	53676	83537	80323	25
吉　林	Jilin	33772	63448	64923	27	43174	75102	81958	24
黑龙江	Heilongjiang	40416	64070	62707	29	42537	65140	64737	30
上　海	Shanghai	115524	183365	200657	1	155763	208658	226500	2
江　苏	Jiangsu	58902	117249	130501	6	71115	119198	122648	8
浙　江	Zhejiang	77125	126266	145657	3	98135	130734	130813	6
安　徽	Anhui	36316	67922	72390	23	46561	77300	76724	27
福　建	Fujian	59117	84288	93774	12	70532	108537	108377	11
江　西	Jiangxi	32566	60353	71535	24	38926	76035	83974	21
山　东	Shandong	50315	81249	84346	16	53148	90869	93405	15
河　南	Henan	35042	60671	62467	30	41871	74441	91212	17
湖　北	Hubei	39222	72380	86398	15	49830	87293	93701	14
湖　南	Hunan	39592	68020	76123	21	44428	92826	97704	13
广　东	Guangdong	68204	126083	135859	5	90519	138069	135412	4
广　西	Guangxi	42633	76688	84064	18	60153	92062	89936	18
海　南	Hainan	60215	115013	105687	9	62984	93187	102747	12
重　庆	Chongqing	62634	92958	100517	11	58751	120355	126739	7
四　川	Sichuan	42615	82883	88800	14	52854	86084	87119	20
贵　州	Guizhou	37097	80955	79355	20	61474	123592	132964	5
云　南	Yunnan	37346	72496	75240	22	60775	118166	121529	9
西　藏	Tibet	51682	98675	103647	10	98092	171441	184146	3
陕　西	Shaanxi	42498	104928	121311	7	48138	76896	82626	23
甘　肃	Gansu	24896	54916	60292	31	35311	59923	60252	31
青　海	Qinghai	41668	72527	71273	25	41641	81359	88957	19
宁　夏	Ningxia	42469	77487	80617	19	53674	81019	83872	22
新　疆	Xinjiang	43124	78238	84086	17	53127	88212	92422	16

2-22 城镇单位房地产业和租赁商务服务业就业人员年平均工资

Average Wage of Employed Persons of Real Estate, Leasing and Business Services in Urban Units

单位：元 (yuan)

地区	Region	房地产业 Real Estate 2010	2015	2016	2016排名 Ranking	租赁和商务服务业 Leasing and Business Services 2010	2015	2016	2016排名 Ranking
全　国	**National Total**	**35870**	**60244**	**65497**		**39566**	**72489**	**76782**	
北　京	Beijing	50814	85247	92832	1	63794	109031	119151	2
天　津	Tianjin	47385	76842	84337	3	28880	75266	83380	3
河　北	Hebei	27894	42697	46867	25	21159	40070	39232	30
山　西	Shanxi	17847	40538	42950	30	19819	36611	37776	31
内蒙古	Inner Mongolia	26475	42023	43850	29	31840	45702	45155	25
辽　宁	Liaoning	28147	49813	53808	15	24598	41209	43422	26
吉　林	Jilin	23153	44444	44670	28	23918	40714	45219	24
黑龙江	Heilongjiang	21881	44447	45376	27	28238	44945	48066	17
上　海	Shanghai	48306	82274	91814	2	60905	145659	151937	1
江　苏	Jiangsu	43305	66686	72680	6	29776	54677	60258	7
浙　江	Zhejiang	42290	66336	71088	7	32450	63241	65365	5
安　徽	Anhui	27250	54252	60543	10	28122	47458	47667	19
福　建	Fujian	36917	62253	65110	8	24511	51927	56934	9
江　西	Jiangxi	25857	49714	53632	16	21725	41535	45854	23
山　东	Shandong	29793	52575	57331	13	28987	56970	59852	8
河　南	Henan	28913	45429	48503	24	24560	41060	40417	29
湖　北	Hubei	30760	51961	55550	14	26647	46244	49220	14
湖　南	Hunan	27550	48892	53344	18	25086	44013	46985	21
广　东	Guangdong	37590	66768	74014	5	41195	66376	69755	4
广　西	Guangxi	27597	45020	52588	19	25994	43732	48058	18
海　南	Hainan	26157	53552	57788	12	20703	49311	53663	11
重　庆	Chongqing	32396	59813	63852	9	25440	44070	48141	15
四　川	Sichuan	29995	53610	59135	11	34221	52818	55754	10
贵　州	Guizhou	22997	48331	53467	17	22036	48290	50522	13
云　南	Yunnan	22236	46064	49441	21	23969	41225	43305	27
西　藏	Tibet	43451	68608	74456	4	27828	53851	65094	6
陕　西	Shaanxi	37842	47517	51205	20	28327	49740	50797	12
甘　肃	Gansu	22936	44302	46724	26	21608	44895	47145	20
青　海	Qinghai	21948	38887	40880	31	42784	40891	46666	22
宁　夏	Ningxia	28610	46157	49217	22	26137	40239	42957	28
新　疆	Xinjiang	23005	47160	49214	23	22517	44595	48110	16

2-23 城镇单位科学研究技术服务业和水利、环境、公共设施管理业就业人员年平均工资

Average Wage of Employed Persons of Scientific Research and Technical Services, and Management of Water Conservancy, Environment and Public Facilities in Urban Units

单位：元 (yuan)

地区	Region	科学研究和技术服务业 Scientific Research and Technical Services				水利、环境和公共设施管理业 Management of Water Conservancy, Environment and Public Facilities			
		2010	2015	2016	2016排名 Ranking	2010	2015	2016	2016排名 Ranking
全　国	**National Total**	**56376**	**89410**	**96638**		**25544**	**43528**	**47750**	
北　京	Beijing	88018	132339	139990	2	41376	72666	76948	3
天　津	Tianjin	80485	123312	128067	3	44067	77459	82499	1
河　北	Hebei	49179	69744	74020	18	21663	36264	40292	26
山　西	Shanxi	33847	58390	60446	30	16657	28074	29411	31
内蒙古	Inner Mongolia	40047	62973	65192	27	27729	41682	41715	22
辽　宁	Liaoning	48030	66150	70180	23	24753	32406	34416	29
吉　林	Jilin	38732	59844	62900	28	18375	31578	33912	30
黑龙江	Heilongjiang	39938	66168	68514	26	18663	32980	35519	28
上　海	Shanghai	83338	158906	163297	1	44376	73137	78432	2
江　苏	Jiangsu	60437	91213	100375	6	30940	54062	60723	6
浙　江	Zhejiang	56621	98452	99537	7	32462	55026	61104	5
安　徽	Anhui	36068	69129	73035	20	20949	40802	46332	15
福　建	Fujian	41592	76956	79317	12	26824	46144	51083	9
江　西	Jiangxi	30430	66749	74844	17	19757	37900	42849	20
山　东	Shandong	45803	70959	78755	14	25387	42743	45799	16
河　南	Henan	36436	56866	59171	31	24648	37552	41903	21
湖　北	Hubei	45518	74574	81015	10	21730	39690	45147	18
湖　南	Hunan	36381	55910	62232	29	22133	35172	41319	23
广　东	Guangdong	69434	98929	111233	4	31351	48589	53716	8
广　西	Guangxi	36182	63754	68957	24	20150	36666	40320	25
海　南	Hainan	30680	59332	68888	25	20652	40876	45453	17
重　庆	Chongqing	55381	87023	92787	8	21818	42617	48241	12
四　川	Sichuan	53854	86498	91309	9	20555	40665	44041	19
贵　州	Guizhou	29670	64338	72107	22	20737	36336	40230	27
云　南	Yunnan	34588	64270	73883	19	17788	38911	46529	14
西　藏	Tibet	63810	99194	103906	5	32464	70750	66943	4
陕　西	Shaanxi	48734	67134	72786	21	23514	40081	41151	24
甘　肃	Gansu	34730	67352	75114	16	23186	45312	50595	10
青　海	Qinghai	48822	69678	78808	13	25591	48241	55415	7
宁　夏	Ningxia	36666	71581	76339	15	25155	44768	48789	11
新　疆	Xinjiang	38593	75478	79944	11	25575	46068	48099	13

2-24 城镇单位居民服务、修理、其他服务业和教育就业人员年平均工资
Average Wage of Employed Persons of Services to Households, Repair and Other Services and Education in Urban Units

单位：元 (yuan)

地区	Region	居民服务、修理和其他服务业 Services to Households, Repair and Other Services				教育 Education			
		2010	2015	2016	2016排名 Ranking	2010	2015	2016	2016排名 Ranking
全 国	**National Total**	**28206**	**44802**	**47577**		**38968**	**66592**	**74498**	
北 京	Beijing	27625	48613	52025	5	65150	111417	120573	1
天 津	Tianjin	23529	39631	41777	18	66285	97847	115539	3
河 北	Hebei	34932	33368	35634	30	33588	57273	63967	26
山 西	Shanxi	20623	36933	36307	29	30620	58974	62548	29
内蒙古	Inner Mongolia	39550	40348	38082	26	43397	71528	77184	10
辽 宁	Liaoning	25101	36726	39022	21	41656	61114	66890	21
吉 林	Jilin	17511	31535	32797	31	31548	58835	65436	22
黑龙江	Heilongjiang	29803	50275	55411	4	34630	62673	68288	20
上 海	Shanghai	35226	62576	66280	1	69738	100865	106941	4
江 苏	Jiangsu	34349	54116	57905	3	49340	78115	88282	6
浙 江	Zhejiang	35127	48471	58157	2	63693	90882	102888	5
安 徽	Anhui	23258	41690	44353	15	32445	59088	64322	25
福 建	Fujian	33977	46396	48040	9	40550	69226	75773	13
江 西	Jiangxi	22375	44908	51631	6	29980	55995	63924	27
山 东	Shandong	32461	42675	44511	14	38621	73073	81165	8
河 南	Henan	23650	33857	36848	28	33090	50152	55087	31
湖 北	Hubei	26086	39309	43921	16	34230	56114	65298	23
湖 南	Hunan	23740	42499	45946	12	31825	53411	64965	24
广 东	Guangdong	29956	47483	49297	7	42928	72368	83234	7
广 西	Guangxi	21791	43299	45729	13	32182	54505	60395	30
海 南	Hainan	20526	29606	39352	20	40791	72559	75219	14
重 庆	Chongqing	26049	42910	46015	11	37497	71512	76236	12
四 川	Sichuan	24029	44212	47806	10	34408	63311	69737	18
贵 州	Guizhou	21966	35528	38246	25	30466	64268	72580	16
云 南	Yunnan	18340	37319	38581	23	32301	62263	76918	11
西 藏	Tibet	44509	43823	48985	8	52781	115090	116605	2
陕 西	Shaanxi	26147	36733	38405	24	39785	57225	62813	28
甘 肃	Gansu	21384	41777	38823	22	29725	61396	69690	19
青 海	Qinghai	32969	36055	37917	27	42447	70728	79151	9
宁 夏	Ningxia	23356	39732	41492	19	35785	64819	70801	17
新 疆	Xinjiang	18330	40614	42785	17	35016	69813	75080	15

2-25 城镇单位卫生、社会工作和文化、体育娱乐业就业人员年平均工资

Average Wage of Employed Persons of Health and Social Service, and Culture, Sports and Entertainment in Urban Units

单位：元 (yuan)

地区	Region	卫生和社会工作 Health and Social Service 2010	2015	2016	2016排名 Ranking	文化、体育和娱乐业 Culture, Sports and Entertainment 2010	2015	2016	2016排名 Ranking
全　国	**National Total**	**40232**	**71624**	**80026**		**41428**	**72764**	**79875**	
北　京	Beijing	70182	139176	147903	1	76415	130134	139087	1
天　津	Tianjin	60149	105452	115367	4	54182	87264	111368	4
河　北	Hebei	30645	51967	58566	30	26208	45994	51507	30
山　西	Shanxi	24049	48349	51145	31	24927	47387	49041	31
内蒙古	Inner Mongolia	38375	62665	68009	22	37805	60979	65311	15
辽　宁	Liaoning	36638	56455	62230	25	36478	49918	52202	28
吉　林	Jilin	28476	53409	63307	24	26684	50810	55335	26
黑龙江	Heilongjiang	32095	55776	62122	26	29827	50931	55056	27
上　海	Shanghai	73470	117092	125181	2	68533	117099	129644	2
江　苏	Jiangsu	46337	81693	92202	7	48360	77468	84242	7
浙　江	Zhejiang	62508	104369	117116	3	56313	87177	97257	5
安　徽	Anhui	31811	63695	71104	18	28435	52272	55773	25
福　建	Fujian	40844	80314	87997	8	35654	61039	67018	13
江　西	Jiangxi	31494	61728	70701	20	30555	53649	61272	21
山　东	Shandong	38044	70385	78411	11	41008	71453	77462	8
河　南	Henan	31177	53308	61045	29	28511	47591	51908	29
湖　北	Hubei	33751	62475	69692	21	32390	58510	61018	22
湖　南	Hunan	36476	69475	77796	12	32908	62665	69158	10
广　东	Guangdong	52308	80838	94663	6	47213	80069	93300	6
广　西	Guangxi	33100	64821	71529	16	32141	56579	62365	20
海　南	Hainan	35308	70489	74765	13	29492	56348	63699	18
重　庆	Chongqing	44249	81600	87162	9	34163	61544	65146	16
四　川	Sichuan	39209	73704	82150	10	32101	58860	64885	17
贵　州	Guizhou	29993	67511	73553	14	24531	57257	67427	11
云　南	Yunnan	28988	59543	71550	15	24834	56135	63017	19
西　藏	Tibet	48293	95996	109091	5	50858	114097	117844	3
陕　西	Shaanxi	34809	55203	61509	28	29724	52918	55946	24
甘　肃	Gansu	28881	56180	61593	27	28769	55246	58837	23
青　海	Qinghai	37126	58622	65582	23	38694	59077	67319	12
宁　夏	Ningxia	31896	60676	71110	17	34118	62941	66563	14
新　疆	Xinjiang	32323	65463	70796	19	32609	64906	71168	9

2-26 城镇单位公共管理、社会保障、社会组织和城镇集体单位就业人员年平均工资

Average Wage of Employed Persons of Public Management, Social Security and Social Organization and Urban Collective-owned Units

单位：元 (yuan)

地区	Region	公共管理、社会保障和社会组织 Public Management,Social Security and Social Organization				城镇集体单位年平均工资 Urban Collective-owned Units			
		2010	2015	2016	2016排名 Ranking	2010	2015	2016	2016排名 Ranking
全　国	**National Total**	**38242**	**62323**	**70959**		**24010**	**46607**	**50527**	
北　京	Beijing	55680	91030	101999	5	26677	49717	59150	7
天　津	Tianjin	67714	95834	110749	2	37686	47413	48344	19
河　北	Hebei	29923	48923	56101	25	21825	40637	43767	25
山　西	Shanxi	27751	49859	54484	29	21579	42646	44540	23
内蒙古	Inner Mongolia	40338	62272	67867	15	29287	57202	61533	6
辽　宁	Liaoning	36941	50389	55348	28	19904	34693	37530	31
吉　林	Jilin	29247	48061	54321	30	16877	40955	44026	24
黑龙江	Heilongjiang	31568	53007	59837	24	19596	39063	41618	29
上　海	Shanghai	73073	100767	107325	4	41106	63063	67380	2
江　苏	Jiangsu	58861	82372	96402	6	30263	57558	63175	4
浙　江	Zhejiang	64667	93306	108789	3	35665	55333	57061	8
安　徽	Anhui	33622	57083	63744	22	23869	47261	50976	14
福　建	Fujian	42000	68728	76926	8	26652	52491	56550	9
江　西	Jiangxi	29395	54577	64568	20	17898	46175	50326	15
山　东	Shandong	35726	65158	74552	10	25626	50191	53790	11
河　南	Henan	28474	42587	50552	31	20385	41511	45608	22
湖　北	Hubei	34198	55287	66400	18	23954	39789	42845	27
湖　南	Hunan	30156	48004	56054	26	21595	40115	41624	28
广　东	Guangdong	53350	79848	89550	7	22453	45027	49357	18
广　西	Guangxi	33864	55953	65218	19	21533	40510	43064	26
海　南	Hainan	39376	62894	66612	17	20434	46651	49896	16
重　庆	Chongqing	36936	64506	75554	9	23817	43084	49748	17
四　川	Sichuan	35015	63704	71074	13	23441	48924	52180	13
贵　州	Guizhou	29537	61370	70060	14	24065	64057	69802	1
云　南	Yunnan	31650	56413	74017	11	24213	54432	61947	5
西　藏	Tibet	54848	114558	110877	1	16206	35989	48179	21
陕　西	Shaanxi	33224	50868	55589	27	20400	45665	48246	20
甘　肃	Gansu	30227	55574	63535	23	22084	37465	38772	30
青　海	Qinghai	40648	64438	72434	12	20289	46033	54780	10
宁　夏	Ningxia	33119	61236	67088	16	38127	49354	52678	12
新　疆	Xinjiang	35950	59598	63948	21	31249	63148	65498	3

2-27 私营企业就业人员和个体就业人员年底数
Number of Employed Persons in Private Enterprises and Self-employed Individuals at Year-end

单位：万人 (10 000 persons)

地区	Region	私营企业就业人员 Number of Employed Persons in Private Enterprises				个体就业人员 Number of Self-employed Individuals			
		2010	2015	2016	2016排名 Ranking	2010	2015	2016	2016排名 Ranking
全　国	**National Total**	**9417.6**	**16394.9**	**17997.1**		**7007.6**	**11682.2**	**12862.0**	
北　京	Beijing	411.9	848.6	951.3	6	114.1	103.1	95.4	25
天　津	Tianjin	101.0	117.5	133.8	26	39.6	66.6	75.9	26
河　北	Hebei	214.3	244.9	300.8	18	328.2	560.4	680.9	6
山　西	Shanxi	118.8	234.4	247.4	20	171.6	262.9	306.0	18
内蒙古	Inner Mongolia	121.5	208.6	220.8	22	137.3	303.4	304.5	19
辽　宁	Liaoning	371.1	344.8	355.5	16	346.2	545.6	471.9	10
吉　林	Jilin	140.1	244.3	239.8	21	169.1	336.1	375.3	14
黑龙江	Heilongjiang	190.5	47.3	58.5	29	203.4	256.0	304.0	20
上　海	Shanghai	572.5	1031.2	1139.0	5	43.7	52.5	55.2	29
江　苏	Jiangsu	1528.6	2093.3	2312.2	2	475.7	697.8	801.9	4
浙　江	Zhejiang	870.6	1692.8	1765.4	3	468.5	724.8	800.3	5
安　徽	Anhui	239.2	429.1	496.7	12	331.6	490.2	559.5	9
福　建	Fujian	301.5	568.7	713.6	9	183.3	344.7	435.7	11
江　西	Jiangxi	260.7	459.0	490.9	13	274.4	405.8	407.8	13
山　东	Shandong	647.7	1083.7	1298.2	4	537.3	958.7	1074.4	2
河　南	Henan	315.1	453.7	529.4	11	385.2	541.3	645.4	7
湖　北	Hubei	267.3	569.7	620.8	10	364.9	959.9	944.4	3
湖　南	Hunan	296.1	680.6	304.7	17	266.2	382.7	430.3	12
广　东	Guangdong	851.9	1866.8	2356.6	1	688.9	1153.6	1281.2	1
广　西	Guangxi	189.4	338.5	360.1	15	223.1	307.9	343.3	16
海　南	Hainan	52.9	110.3	104.4	27	38.6	65.4	73.5	27
重　庆	Chongqing	201.4	684.2	786.1	8	126.5	246.9	273.4	22
四　川	Sichuan	372.2	817.9	817.0	7	392.8	527.1	588.9	8
贵　州	Guizhou	73.1	261.2	295.6	19	95.5	253.5	288.7	21
云　南	Yunnan	227.6	334.4	379.7	14	214.0	337.7	369.0	15
西　藏	Tibet	15.1	35.5	49.1	30	21.7	36.4	42.2	31
陕　西	Shaanxi	229.2	173.5	183.6	24	109.0	310.0	334.8	17
甘　肃	Gansu	81.4	178.8	207.2	23	96.1	191.6	208.2	23
青　海	Qinghai	34.2	24.7	29.7	31	26.2	46.1	52.1	30
宁　夏	Ningxia	36.8	71.7	86.1	28	44.2	64.3	66.6	28
新　疆	Xinjiang	84.1	145.2	163.1	25	90.5	149.1	171.5	24

2-28 城乡私营企业就业人员年底数

Number of Employed Persons in Private Enterprises in Urban and Rural Areas at Year-end

单位：万人 (10 000 persons)

地区	Region	城镇私营企业就业人员 Number of Employed Persons in Private Enterprises in Urban Area				乡村私营企业就业人员 Number of Employed Persons in Private Enterprises in Rural Area			
		2010	2015	2016	2016排名 Ranking	2010	2015	2016	2016排名 Ranking
全　国	**National Total**	**6070.9**	**11179.7**	**12083.4**		**3346.7**	**5215.2**	**5913.7**	
北　京	Beijing	258.0	582.0	633.8	5	153.9	266.6	317.5	5
天　津	Tianjin	93.0	105.8	119.1	23	8.0	11.7	14.7	28
河　北	Hebei	133.4	154.3	184.6	16	80.9	90.6	116.2	16
山　西	Shanxi	67.0	131.6	136.4	22	51.7	102.8	111.0	18
内蒙古	Inner Mongolia	103.1	168.1	176.8	18	18.4	40.5	44.0	23
辽　宁	Liaoning	271.6	240.5	220.6	15	99.5	104.4	134.8	15
吉　林	Jilin	118.9	196.8	182.0	17	21.2	47.5	57.8	22
黑龙江	Heilongjiang	147.7	38.7	50.3	29	42.8	8.6	8.2	30
上　海	Shanghai	314.1	551.1	604.0	6	258.4	480.1	535.0	4
江　苏	Jiangsu	958.9	1459.4	1680.2	2	569.8	633.9	632.0	3
浙　江	Zhejiang	472.3	1028.5	1086.3	3	398.3	664.3	679.1	2
安　徽	Anhui	133.3	326.9	386.7	10	105.9	102.3	110.0	19
福　建	Fujian	188.4	454.0	565.0	8	113.1	114.6	148.6	14
江　西	Jiangxi	87.5	261.5	279.7	13	173.2	197.5	211.1	10
山　东	Shandong	374.1	481.9	481.7	9	273.6	601.9	816.5	1
河　南	Henan	177.4	285.9	356.8	11	137.7	167.9	172.6	13
湖　北	Hubei	200.8	313.3	313.1	12	66.4	256.4	307.6	6
湖　南	Hunan	191.6	586.6	105.5	25	104.5	94.0	199.1	11
广　东	Guangdong	727.5	1654.6	2084.8	1	124.4	212.2	271.8	7
广　西	Guangxi	100.5	168.1	247.4	14	89.0	170.4	112.8	17
海　南	Hainan	47.6	93.2	83.4	26	5.3	17.1	21.0	25
重　庆	Chongqing	164.6	526.5	603.4	7	36.8	157.6	182.7	12
四　川	Sichuan	232.0	743.9	725.2	4	140.3	74.0	91.8	21
贵　州	Guizhou	47.6	87.9	80.5	27	25.4	173.4	215.0	9
云　南	Yunnan	186.3	78.6	163.6	19	41.3	255.8	216.1	8
西　藏	Tibet	13.3	31.5	45.1	30	1.7	4.0	4.0	31
陕　西	Shaanxi	92.7	133.2	144.8	21	136.5	40.3	38.8	24
甘　肃	Gansu	59.4	100.2	109.6	24	22.0	78.6	97.6	20
青　海	Qinghai	22.8	12.8	18.3	31	11.4	11.9	11.4	29
宁　夏	Ningxia	20.0	51.8	66.2	28	16.7	20.0	20.0	26
新　疆	Xinjiang	65.4	130.7	148.4	20	18.7	14.5	14.8	27

2-29 城乡个体就业人员年底数

Number of Self-employed Individuals in Urban Area and Rural Area at Year-end

单位：万人 (10 000 persons)

地区	Region	城镇个体就业人员 Number of Self-employed Individuals in Urban Area				乡村个体就业人员 Number of Self-employed Individuals in Rural Area			
		2010	2015	2016	2016排名 Ranking	2010	2015	2016	2016排名 Ranking
全　国	**National Total**	**4467.5**	**7799.9**	**8627.0**		**2540.1**	**3882.3**	**4235.0**	
北　京	Beijing	65.3	56.4	51.4	27	48.8	46.7	44.1	22
天　津	Tianjin	30.3	52.9	60.0	25	9.3	13.8	15.9	29
河　北	Hebei	160.6	275.7	326.1	10	167.5	284.7	354.8	3
山　西	Shanxi	103.6	140.6	186.7	20	68.0	122.3	119.3	14
内蒙古	Inner Mongolia	113.0	248.2	250.6	18	24.4	55.2	53.8	20
辽　宁	Liaoning	239.9	336.2	301.6	11	106.3	209.3	170.4	10
吉　林	Jilin	128.4	244.3	257.9	16	40.7	91.8	117.5	15
黑龙江	Heilongjiang	146.2	214.8	263.1	15	57.2	41.2	40.9	23
上　海	Shanghai	29.0	34.6	37.2	31	14.7	17.9	18.0	27
江　苏	Jiangsu	338.4	518.3	616.3	2	137.3	179.4	185.6	7
浙　江	Zhejiang	286.5	466.6	519.6	4	182.0	258.2	280.7	5
安　徽	Anhui	264.1	428.3	493.1	6	67.5	62.0	66.4	19
福　建	Fujian	89.9	212.5	281.6	13	93.3	132.3	154.1	11
江　西	Jiangxi	160.0	255.6	267.8	14	114.4	150.2	140.0	12
山　东	Shandong	262.5	423.5	433.7	7	274.9	535.2	640.7	1
河　南	Henan	197.8	426.8	523.6	3	187.5	114.5	121.8	13
湖　北	Hubei	251.0	539.3	516.5	5	113.9	420.6	428.0	2
湖　南	Hunan	181.0	331.0	362.9	9	85.2	51.7	67.4	18
广　东	Guangdong	505.6	896.3	986.5	1	183.3	257.3	294.7	4
广　西	Guangxi	141.0	212.4	252.4	17	82.1	95.5	90.8	17
海　南	Hainan	32.2	50.4	55.9	26	6.4	14.9	17.6	28
重　庆	Chongqing	101.8	199.5	221.4	19	24.6	47.3	52.0	21
四　川	Sichuan	226.9	382.6	409.9	8	165.9	144.5	178.9	8
贵　州	Guizhou	51.6	104.8	113.3	24	43.9	148.7	175.4	9
云　南	Yunnan	138.2	118.6	147.6	22	75.8	219.1	221.4	6
西　藏	Tibet	17.5	33.6	39.8	30	4.2	2.8	2.3	31
陕　西	Shaanxi	24.8	271.5	295.9	12	84.2	38.5	38.8	24
甘　肃	Gansu	64.2	110.1	115.4	23	31.9	81.5	92.8	16
青　海	Qinghai	20.3	43.9	49.4	28	5.8	2.2	2.7	30
宁　夏	Ningxia	28.6	41.8	40.9	29	15.6	22.5	25.7	25
新　疆	Xinjiang	67.0	128.5	149.0	21	23.5	20.6	22.6	26

2-30 城镇私营单位就业人员年平均工资
Average Wage of Employed Persons in Private Urban Units

单位：元 (yuan)

地区	Region	城镇私营单位就业人员年平均工资 Private Urban Units 2010	2015	2016	2016排名 Ranking	其中：制造业年平均工资 Private Urban Units in Manufacturing 2010	2015	2016	2016排名 Ranking
全　国	National Total	20759	39589	42833		20090	38948	42115	
北　京	Beijing	27431	58689	65881	1	24833	51971	58042	2
天　津	Tianjin	24023	53352	57216	2	21818	56010	61667	1
河　北	Hebei	17914	34084	36507	18	17782	35035	37333	19
山　西	Shanxi	15640	30195	30501	29	14842	30467	30736	28
内蒙古	Inner Mongolia	21732	35512	36114	19	20510	36990	38296	15
辽　宁	Liaoning	19280	33812	34615	24	18870	32803	33884	24
吉　林	Jilin	16929	27774	30184	30	15950	26823	29395	30
黑龙江	Heilongjiang	16924	28586	30533	28	15741	27966	29592	29
上　海	Shanghai	23305	41762	47177	6	22755	37217	43129	9
江　苏	Jiangsu	23402	43689	47156	7	22945	44082	48133	5
浙　江	Zhejiang	23409	41272	45005	9	22256	39611	43381	8
安　徽	Anhui	18493	37148	39110	11	17928	38301	40685	10
福　建	Fujian	21039	43385	46326	8	20082	41581	44424	7
江　西	Jiangxi	18002	33329	36868	17	17594	33646	37471	18
山　东	Shandong	20747	43608	48156	4	20458	43587	48488	4
河　南	Henan	15915	30546	33312	27	15495	30554	33157	27
湖　北	Hubei	18626	31051	34167	26	17479	31394	34037	23
湖　南	Hunan	17229	33033	34582	25	16391	32687	33191	25
广　东	Guangdong	22633	44838	48236	3	21644	43158	45859	6
广　西	Guangxi	17931	33519	36089	20	17026	34861	37741	17
海　南	Hainan	18058	37093	40675	10	16408	38819	38497	14
重　庆	Chongqing	20790	44213	47345	5	19955	45147	49116	3
四　川	Sichuan	18316	35127	37763	16	17835	35132	37777	16
贵　州	Guizhou	20307	36044	39058	12	17456	34907	39977	13
云　南	Yunnan	18562	35015	38183	14	17007	32764	36343	22
西　藏	Tibet								
陕　西	Shaanxi	16052	33220	35676	22	14809	33841	37044	20
甘　肃	Gansu	14318	31091	35685	21	13517	32110	36771	21
青　海	Qinghai	17444	32248	34908	23	17295	29623	33161	26
宁　夏	Ningxia	19775	36322	37926	15	20176	38449	40419	12
新　疆	Xinjiang	20017	37598	38776	13	19534	39527	40663	11

3

国民经济核算

National Accounts

3-1 地区生产总值和指数
Gross Regional Product and Indices by Region

地区	Region	地区生产总值（亿元） Gross Regional Product (100 million yuan) 2010	2015	2016	2016排名 Ranking	指数（上年=100） Indices (preceding year=100) 2010	2015	2016	2016排名 Ranking
全 国	**National Total**	**401512.80**	**682635.10**	**741140.40**		**110.4**	**106.9**	**106.7**	
北 京	Beijing	14113.58	23014.59	25669.13	12	110.3	106.9	106.8	28
天 津	Tianjin	9224.46	16538.19	17885.39	19	117.4	109.3	109.1	4
河 北	Hebei	20394.26	29806.11	32070.45	8	112.2	106.8	106.8	27
山 西	Shanxi	9200.86	12766.49	13050.41	24	113.9	103.1	104.5	30
内蒙古	Inner Mongolia	11672.00	17831.51	18128.10	18	115.0	107.7	107.2	24
辽 宁	Liaoning	18457.27	28669.02	22246.90	14	114.2	103.0	97.5	31
吉 林	Jilin	8667.58	14063.13	14776.80	23	113.8	106.3	106.9	25
黑龙江	Heilongjiang	10368.60	15083.67	15386.09	21	112.7	105.7	106.1	29
上 海	Shanghai	17165.98	25123.45	28178.65	11	110.3	106.9	106.9	25
江 苏	Jiangsu	41425.48	70116.38	77388.28	2	112.7	108.5	107.8	14
浙 江	Zhejiang	27722.31	42886.49	47251.36	4	111.9	108.0	107.6	20
安 徽	Anhui	12359.33	22005.63	24407.62	13	114.6	108.7	108.7	7
福 建	Fujian	14737.12	25979.82	28810.58	10	113.9	109.0	108.4	8
江 西	Jiangxi	9451.26	16723.78	18499.00	16	114.0	109.1	109.0	5
山 东	Shandong	39169.92	63002.33	68024.49	3	112.3	108.0	107.6	16
河 南	Henan	23092.36	37002.16	40471.79	5	112.5	108.3	108.1	9
湖 北	Hubei	15967.61	29550.19	32665.38	7	114.8	108.9	108.1	10
湖 南	Hunan	16037.96	28902.21	31551.37	9	114.6	108.5	108.0	12
广 东	Guangdong	46013.06	72812.55	80854.91	1	112.4	108.0	107.5	21
广 西	Guangxi	9569.85	16803.12	18317.64	17	114.2	108.1	107.3	23
海 南	Hainan	2064.50	3702.76	4053.20	28	116.0	107.8	107.5	22
重 庆	Chongqing	7925.58	15717.27	17740.59	20	117.1	111.0	110.7	1
四 川	Sichuan	17185.48	30053.10	32934.54	6	115.1	107.9	107.8	14
贵 州	Guizhou	4602.16	10502.56	11776.73	25	112.8	110.7	110.5	2
云 南	Yunnan	7224.18	13619.17	14788.42	22	112.3	108.7	108.7	6
西 藏	Tibet	507.46	1026.39	1151.41	31	112.3	111.0	110.1	3
陕 西	Shaanxi	10123.48	18021.86	19399.59	15	114.6	107.9	107.6	16
甘 肃	Gansu	4120.75	6790.32	7200.37	27	111.8	108.1	107.6	16
青 海	Qinghai	1350.43	2417.05	2572.49	30	115.3	108.2	108.0	12
宁 夏	Ningxia	1689.65	2911.77	3168.59	29	113.5	108.0	108.1	10
新 疆	Xinjiang	5437.47	9324.80	9649.70	26	110.6	108.8	107.6	16

注：本表绝对数按当年价格计算，指数按不变价格计算。

Note: The absolute data in this table are calculated at current prices while indices are calculated at constant prices.

3-2 第一产业生产总值和指数
Gross Regional Product and Indices by Primary Industry

地区	Region	第一产业生产总值（亿元） Gross Regional Product by Primary Industry (100 million yuan)				指数（上年=100） Indices (preceding year=100)			
		2010	2015	2016	2016排名 Ranking	2010	2015	2016	2016排名 Ranking
全 国	**National Total**	**39362.60**	**60862.10**	**63670.70**		**104.3**	**103.9**	**103.3**	
北 京	Beijing	124.36	140.21	129.79	29	98.4	89.2	91.3	31
天 津	Tianjin	145.58	208.82	220.22	28	103.3	102.5	103.0	23
河 北	Hebei	2562.81	3439.45	3492.81	8	103.5	102.6	103.5	19
山 西	Shanxi	554.48	783.16	784.78	25	106.1	101.0	102.8	25
内蒙古	Inner Mongolia	1095.28	1617.42	1637.39	20	106.1	103.0	103.0	23
辽 宁	Liaoning	1631.08	2384.03	2173.06	14	105.8	103.8	95.4	29
吉 林	Jilin	1050.15	1596.28	1498.52	21	103.7	104.8	103.9	14
黑龙江	Heilongjiang	1302.90	2633.50	2670.46	10	106.2	105.2	105.3	6
上 海	Shanghai	114.15	109.82	109.47	31	93.4	86.4	93.4	30
江 苏	Jiangsu	2540.10	3986.05	4077.18	3	104.9	103.3	100.7	28
浙 江	Zhejiang	1360.56	1832.91	1965.18	15	103.2	101.5	102.7	26
安 徽	Anhui	1729.02	2456.69	2567.72	11	104.6	104.2	102.7	27
福 建	Fujian	1363.67	2118.10	2363.22	12	103.3	103.7	103.6	18
江 西	Jiangxi	1206.98	1772.98	1904.53	16	104.0	103.9	104.2	11
山 东	Shandong	3588.28	4979.08	4929.13	1	103.6	104.2	103.9	14
河 南	Henan	3258.09	4209.56	4286.21	2	104.5	104.4	104.2	10
湖 北	Hubei	2147.00	3309.84	3659.33	6	104.6	104.5	103.9	14
湖 南	Hunan	2325.50	3331.62	3578.37	7	104.3	103.6	103.3	21
广 东	Guangdong	2286.98	3345.54	3694.37	5	104.5	103.3	103.1	22
广 西	Guangxi	1675.06	2565.45	2796.80	9	104.6	103.9	103.4	20
海 南	Hainan	539.83	854.72	948.35	24	106.3	105.4	104.0	12
重 庆	Chongqing	685.38	1150.15	1303.24	22	106.1	104.7	104.6	7
四 川	Sichuan	2482.89	3677.30	3929.33	4	104.4	103.7	103.8	17
贵 州	Guizhou	625.03	1640.61	1846.19	17	104.7	106.5	106.0	1
云 南	Yunnan	1108.38	2055.78	2195.11	13	104.2	105.9	105.6	3
西 藏	Tibet	68.72	98.04	115.78	30	103.2	103.7	104.5	8
陕 西	Shaanxi	988.45	1597.63	1693.85	18	105.8	105.1	104.0	12
甘 肃	Gansu	599.28	954.09	983.39	23	105.5	105.4	105.5	4
青 海	Qinghai	134.92	208.93	221.19	27	105.9	105.1	105.4	5
宁 夏	Ningxia	159.29	237.76	241.60	26	107.4	104.6	104.5	8
新 疆	Xinjiang	1078.63	1559.08	1648.97	19	104.5	105.9	105.8	2

注：本表绝对数按当年价格计算，指数按不变价格计算。

Note: The absolute data in this table are calculated at current prices while indices are calculated at constant prices.

3-3 第二产业生产总值和指数
Gross Regional Product and Indices by Secondary Industry

地区	Region	第二产业生产总值（亿元） Gross Regional Product by Secondary Industry (100 million yuan)				指数（上年=100） Indices (preceding year=100)			
		2010	2015	2016	2016排名 Ranking	2010	2015	2016	2016排名 Ranking
全　国	**National Total**	**191629.80**	**282040.30**	**296236.00**		**112.3**	**106.1**	**106.1**	
北　京	Beijing	3388.38	4542.64	4944.44	23	113.7	103.3	106.3	21
天　津	Tianjin	4840.23	7704.22	7571.35	19	120.2	109.2	108.4	7
河　北	Hebei	10707.68	14386.87	15256.93	6	113.4	104.7	104.9	26
山　西	Shanxi	5234.00	5194.27	5028.99	22	118.3	98.8	101.5	29
内蒙古	Inner Mongolia	6367.69	9000.58	8553.63	15	118.2	108.0	106.9	15
辽　宁	Liaoning	9976.82	13041.97	8606.54	14	116.8	99.7	92.3	31
吉　林	Jilin	4506.31	7005.71	7004.95	20	118.8	105.2	106.2	22
黑龙江	Heilongjiang	5204.11	4798.08	4400.69	25	114.5	101.4	102.6	28
上　海	Shanghai	7218.32	7991.00	8406.28	16	116.8	101.2	101.2	30
江　苏	Jiangsu	21753.93	32044.45	34619.50	2	113.1	108.3	106.6	18
浙　江	Zhejiang	14297.93	19711.67	21194.61	4	112.4	105.3	105.7	25
安　徽	Anhui	6436.62	10946.83	11821.58	11	120.7	108.3	108.1	8
福　建	Fujian	7522.83	13064.82	14093.47	8	118.1	107.4	106.8	16
江　西	Jiangxi	5122.88	8411.57	8829.54	13	118.2	109.4	108.5	5
山　东	Shandong	21238.49	29485.90	31343.67	3	112.8	107.4	106.6	18
河　南	Henan	13226.38	17917.37	19275.82	5	114.8	107.7	107.3	14
湖　北	Hubei	7767.24	13503.56	14654.38	7	120.2	108.3	107.8	10
湖　南	Hunan	7343.19	12810.82	13341.17	10	120.2	107.3	106.5	20
广　东	Guangdong	23014.53	32613.54	35109.66	1	114.7	107.0	106.1	24
广　西	Guangxi	4511.68	7717.52	8273.66	17	120.5	108.2	107.4	12
海　南	Hainan	571.00	875.82	905.95	30	119.2	106.5	104.7	27
重　庆	Chongqing	4359.12	7069.37	7898.92	18	122.7	111.3	111.3	2
四　川	Sichuan	8672.18	13248.08	13448.92	9	122.0	107.5	107.6	11
贵　州	Guizhou	1800.06	4147.83	4669.53	24	116.6	111.4	111.3	3
云　南	Yunnan	3223.49	5416.12	5690.16	21	115.8	108.6	108.9	4
西　藏	Tibet	163.92	376.19	429.17	31	114.1	115.7	112.2	1
陕　西	Shaanxi	5446.10	9082.13	9490.72	12	118.0	106.6	107.3	13
甘　肃	Gansu	1984.97	2494.77	2515.56	27	115.3	107.4	106.8	16
青　海	Qinghai	744.63	1207.31	1249.98	29	119.3	108.4	108.5	5
宁　夏	Ningxia	827.91	1379.60	1488.44	28	116.0	108.5	107.9	9
新　疆	Xinjiang	2592.15	3596.40	3647.01	26	112.6	107.3	106.2	22

注：本表绝对数按当年价格计算，指数按不变价格计算。

Note: The absolute data in this table are calculated at current prices while indices are calculated at constant prices.

3-4 第三产业生产总值和指数
Gross Regional Product and Indices by Tertiary Industry

地区	Region	第三产业生产总值（亿元） Gross Regional Product by Tertiary Industry (100 million yuan)				指数（上年=100） Indices (preceding year=100)			
		2010	2015	2016	2016排名 Ranking	2010	2015	2016	2016排名 Ranking
全 国	**National Total**	**182038.00**	**346149.70**	**384220.50**		**109.8**	**108.3**	**107.8**	
北 京	Beijing	10600.84	18331.74	20594.90	5	109.3	108.1	107.0	29
天 津	Tianjin	4238.65	8625.15	10093.82	14	114.2	109.6	110.0	9
河 北	Hebei	7123.77	11979.79	13320.71	11	113.1	111.2	109.9	10
山 西	Shanxi	3412.38	6789.06	7236.64	22	109.4	110.0	106.9	30
内蒙古	Inner Mongolia	4209.02	7213.51	7937.08	19	112.4	108.1	108.3	27
辽 宁	Liaoning	6849.37	13243.02	11467.30	13	112.5	107.2	102.5	31
吉 林	Jilin	3111.12	5461.14	6273.33	24	110.7	108.4	108.8	23
黑龙江	Heilongjiang	3861.59	7652.09	8314.94	17	111.8	110.4	108.5	26
上 海	Shanghai	9833.51	17022.63	19662.90	6	105.7	110.6	109.6	13
江 苏	Jiangsu	17131.45	34085.88	38691.60	2	113.3	109.4	109.8	11
浙 江	Zhejiang	12063.82	21341.91	24091.57	4	112.3	111.3	109.7	12
安 徽	Anhui	4193.68	8602.11	10018.32	15	110.1	110.8	111.1	3
福 建	Fujian	5850.62	10796.90	12353.89	12	110.6	112.3	111.4	2
江 西	Jiangxi	3121.40	6539.23	7764.93	20	111.2	110.1	111.1	4
山 东	Shandong	14343.14	28537.35	31751.69	3	113.5	109.5	109.3	18
河 南	Henan	6607.89	14875.23	16909.76	7	111.4	110.9	110.3	7
湖 北	Hubei	6053.37	12736.79	14351.67	10	111.3	110.7	109.5	15
湖 南	Hunan	6369.27	12759.77	14631.83	9	111.7	111.2	110.6	6
广 东	Guangdong	20711.55	36853.47	42050.88	1	110.6	109.5	109.2	19
广 西	Guangxi	3383.11	6520.15	7247.18	21	111.1	109.6	108.6	25
海 南	Hainan	953.67	1972.22	2198.90	28	120.1	109.6	110.2	8
重 庆	Chongqing	2881.08	7497.75	8538.43	16	112.4	111.5	111.0	5
四 川	Sichuan	6030.41	13127.72	15556.29	8	110.2	109.5	109.2	20
贵 州	Guizhou	2177.07	4714.12	5261.01	25	112.1	111.1	111.4	1
云 南	Yunnan	2892.31	6147.27	6903.15	23	111.5	109.6	109.5	15
西 藏	Tibet	274.82	552.16	606.46	31	113.7	108.9	109.6	13
陕 西	Shaanxi	3688.93	7342.10	8215.02	18	112.1	110.5	108.8	23
甘 肃	Gansu	1536.50	3341.46	3701.42	27	109.9	109.7	108.9	22
青 海	Qinghai	470.88	1000.81	1101.32	30	112.1	108.6	108.0	28
宁 夏	Ningxia	702.45	1294.41	1438.55	29	111.6	107.9	109.0	21
新 疆	Xinjiang	1766.69	4169.32	4353.72	26	110.8	112.2	109.4	17

注：本表绝对数按当年价格计算，指数按不变价格计算。

Note: The absolute in this table are calculated at current prices while indices are calculated at constant prices.

3-5 地区生产总值构成（地区生产总值=100）
Composition of Gross Regional Product (GRP=100)

单位：%　　　　(%)

地区	Region	2010			2015			2016		
		第一产业 Primary Industry	第二产业 Secondary Industry	第三产业 Tertiary Industry	第一产业 Primary Industry	第二产业 Secondary Industry	第三产业 Tertiary Industry	第一产业 Primary Industry	第二产业 Secondary Industry	第三产业 Tertiary Industry
全　国	**National Total**	**10.1**	**46.7**	**43.2**	**8.9**	**40.9**	**50.2**			
北　京	Beijing	0.9	24.0	75.1	0.6	19.7	79.7	0.5	19.3	80.2
天　津	Tianjin	1.6	52.5	46.0	1.3	46.6	52.2	1.2	42.3	56.4
河　北	Hebei	12.6	52.5	34.9	11.5	48.3	40.2	10.9	47.6	41.5
山　西	Shanxi	6.0	56.9	37.1	6.1	40.7	53.2	6.0	38.5	55.5
内蒙古	Inner Mongolia	9.4	54.6	36.1	9.1	50.5	40.5	9.0	47.2	43.8
辽　宁	Liaoning	8.8	54.1	37.1	8.3	45.5	46.2	9.8	38.7	51.5
吉　林	Jilin	12.1	52.0	35.9	11.4	49.8	38.8	10.1	47.4	42.5
黑龙江	Heilongjiang	12.6	50.2	37.2	17.5	31.8	50.7	17.4	28.6	54.0
上　海	Shanghai	0.7	42.1	57.3	0.4	31.8	67.8	0.4	29.8	69.8
江　苏	Jiangsu	6.1	52.5	41.4	5.7	45.7	48.6	5.3	44.7	50.0
浙　江	Zhejiang	4.9	51.6	43.5	4.3	46.0	49.8	4.2	44.9	51.0
安　徽	Anhui	14.0	52.1	33.9	11.2	49.7	39.1	10.5	48.4	41.0
福　建	Fujian	9.3	51.0	39.7	8.2	50.3	41.6	8.2	48.9	42.9
江　西	Jiangxi	12.8	54.2	33.0	10.6	50.3	39.1	10.3	47.7	42.0
山　东	Shandong	9.2	54.2	36.6	7.9	46.8	45.3	7.2	46.1	46.7
河　南	Henan	14.1	57.3	28.6	11.4	48.4	40.2	10.6	47.6	41.8
湖　北	Hubei	13.4	48.6	37.9	11.2	45.7	43.1	11.2	44.9	43.9
湖　南	Hunan	14.5	45.8	39.7	11.5	44.3	44.1	11.3	42.3	46.4
广　东	Guangdong	5.0	50.0	45.0	4.6	44.8	50.6	4.6	43.4	52.0
广　西	Guangxi	17.5	47.1	35.4	15.3	45.9	38.8	15.3	45.2	39.6
海　南	Hainan	26.1	27.7	46.2	23.1	23.7	53.3	23.4	22.4	54.3
重　庆	Chongqing	8.6	55.0	36.4	7.3	45.0	47.7	7.3	44.5	48.1
四　川	Sichuan	14.4	50.5	35.1	12.2	44.1	43.7	11.9	40.8	47.2
贵　州	Guizhou	13.6	39.1	47.3	15.6	39.5	44.9	15.7	39.7	44.7
云　南	Yunnan	15.3	44.6	40.0	15.1	39.8	45.1	14.8	38.5	46.7
西　藏	Tibet	13.5	32.3	54.2	9.6	36.7	53.8	10.1	37.3	52.7
陕　西	Shaanxi	9.8	53.8	36.4	8.9	50.4	40.7	8.7	48.9	42.3
甘　肃	Gansu	14.5	48.2	37.3	14.1	36.7	49.2	13.7	34.9	51.4
青　海	Qinghai	10.0	55.1	34.9	8.6	49.9	41.4	8.6	48.6	42.8
宁　夏	Ningxia	9.4	49.0	41.6	8.2	47.4	44.5	7.6	47.0	45.4
新　疆	Xinjiang	19.8	47.7	32.5	16.7	38.6	44.7	17.1	37.8	45.1

注：本表按当年价格计算。

Note: The data in this table are calculated at current prices.

3-6 工业和建筑业生产总值
Gross Regional Product by Industry and Construction

单位：亿元 (100 million yuan)

地区	Region	工业 Industry 2010	2015	2016	2016排名 Ranking	建筑业 Construction 2010	2015	2016	2016排名 Ranking
全 国	**National Total**	**165126.40**	**236506.30**	**247860.10**		**27259.30**	**46626.70**	**49522.20**	
北 京	Beijing	2763.99	3710.88	4026.68	22	624.39	961.86	1025.50	20
天 津	Tianjin	4410.85	6982.66	6805.13	18	429.38	740.31	786.89	26
河 北	Hebei	9554.03	12626.17	13387.46	6	1153.65	1780.49	1885.27	11
山 西	Shanxi	4657.97	4359.60	4148.91	21	576.03	847.22	895.63	23
内蒙古	Inner Mongolia	5618.40	7739.18	7233.00	14	749.29	1263.16	1322.50	18
辽 宁	Liaoning	8789.27	11270.82	6818.32	16	1187.55	1881.32	1880.85	12
吉 林	Jilin	3929.31	6112.05	6070.07	20	577.00	927.06	960.87	21
黑龙江	Heilongjiang	4608.27	4053.77	3647.14	25	595.84	850.09	874.23	25
上 海	Shanghai	6536.21	7162.33	7555.34	13	682.11	855.22	879.81	24
江 苏	Jiangsu	19277.65	27996.43	30455.15	2	2476.28	4055.42	4173.66	1
浙 江	Zhejiang	12657.78	17217.47	18655.12	4	1640.15	2558.38	2610.72	3
安 徽	Anhui	5407.40	9264.82	10076.94	11	1029.22	1698.92	1763.53	14
福 建	Fujian	6397.71	10820.22	11698.36	8	1125.12	2268.86	2421.34	6
江 西	Jiangxi	4286.76	6918.00	7219.11	15	836.12	1493.77	1610.91	16
山 东	Shandong	18861.45	25910.75	27588.70	3	2377.04	3664.86	3806.31	2
河 南	Henan	11950.88	15823.33	17042.72	5	1275.50	2152.25	2292.04	7
湖 北	Hubei	6726.53	11532.37	12536.39	7	1040.71	2039.88	2192.97	8
湖 南	Hunan	6305.11	10945.81	11337.28	9	1038.08	1877.70	2016.59	9
广 东	Guangdong	21462.72	30259.49	32650.89	1	1551.81	2441.85	2531.82	4
广 西	Guangxi	3860.46	6359.82	6816.64	17	651.22	1358.56	1458.41	17
海 南	Hainan	385.21	485.85	482.50	30	185.79	390.41	424.50	29
重 庆	Chongqing	3697.83	5557.52	6183.80	19	661.29	1511.85	1715.12	15
四 川	Sichuan	7431.45	11039.08	11058.79	10	1240.73	2321.38	2472.96	5
贵 州	Guizhou	1516.87	3315.58	3715.64	24	283.19	833.44	955.44	22
云 南	Yunnan	2604.07	3848.26	3891.20	23	619.42	1574.77	1806.22	13
西 藏	Tibet	39.73	69.88	86.44	31	124.19	306.31	342.73	31
陕 西	Shaanxi	4558.97	7344.62	7598.00	12	887.13	1780.85	1943.20	10
甘 肃	Gansu	1602.87	1778.10	1757.53	27	382.10	730.88	776.35	27
青 海	Qinghai	613.65	893.87	901.68	29	130.98	313.81	348.67	30
宁 夏	Ningxia	643.05	979.72	1054.34	28	184.86	399.98	434.20	28
新 疆	Xinjiang	2161.39	2740.71	2677.63	26	430.76	959.03	1049.93	19

注：本表按当年价格计算。

Note: The data in this table are calculated at current prices.

3-7 交通运输、仓储、邮政业和批发零售业生产总值

Gross Regional Product by Transport, Storage and Post and Wholesale and Retail Trades

单位：亿元 (100 million yuan)

地区	Region	交通运输、仓储和邮政业 Transport, Storage and Post				批发和零售业 Wholesale and Retail Trades			
		2010	2015	2016	2016排名 Ranking	2010	2015	2016	2016排名 Ranking
全　国	**National Total**	**18783.60**	**30487.80**	**33355.30**		**35904.40**	**66186.70**	**71113.40**	
北　京	Beijing	712.01	983.87	1060.97	14	1888.51	2352.34	2372.89	11
天　津	Tianjin	585.37	729.09	725.31	23	1090.68	2070.04	2256.54	12
河　北	Hebei	1745.91	2359.09	2369.27	4	1529.26	2381.23	2536.85	8
山　西	Shanxi	654.08	892.81	930.75	16	695.51	1077.11	1058.12	24
内蒙古	Inner Mongolia	875.61	1087.32	1141.97	13	1051.96	1728.30	1841.71	15
辽　宁	Liaoning	926.81	1702.80	1245.27	11	1651.66	2968.98	2822.87	7
吉　林	Jilin	373.93	529.79	558.38	25	753.37	1117.29	1203.14	23
黑龙江	Heilongjiang	469.31	707.03	758.01	22	880.83	1689.24	1795.83	16
上　海	Shanghai	834.40	1133.17	1237.32	12	2594.34	3824.22	4119.59	5
江　苏	Jiangsu	1768.30	2705.44	2837.16	2	4447.50	6992.68	7470.27	3
浙　江	Zhejiang	1076.67	1631.88	1774.37	6	2646.14	5245.03	5754.19	4
安　徽	Anhui	527.02	791.72	826.90	19	887.66	1640.93	1775.87	17
福　建	Fujian	871.16	1547.30	1689.82	7	1310.94	2046.29	2204.60	13
江　西	Jiangxi	446.22	736.15	796.47	20	666.89	1186.72	1264.66	21
山　东	Shandong	1971.00	2503.65	2725.41	3	4257.40	8416.13	9044.95	1
河　南	Henan	873.30	1809.39	1938.06	5	1293.50	2609.46	2987.25	6
湖　北	Hubei	753.61	1242.34	1297.48	10	1291.68	2332.27	2485.05	10
湖　南	Hunan	832.28	1291.03	1356.56	9	1434.68	2323.67	2487.80	9
广　东	Guangdong	1825.29	2928.90	3209.72	1	4647.76	7625.98	8382.48	2
广　西	Guangxi	480.17	803.10	855.67	17	656.83	1135.09	1215.06	22
海　南	Hainan	101.90	187.80	199.89	29	220.65	440.75	467.80	28
重　庆	Chongqing	389.55	761.31	848.22	18	624.33	1345.38	1470.85	19
四　川	Sichuan	573.75	1219.77	1472.57	8	1016.03	1871.55	2138.45	14
贵　州	Guizhou	480.32	920.36	987.47	15	367.52	671.39	732.71	25
云　南	Yunnan	193.26	304.49	328.41	26	685.38	1334.62	1441.95	20
西　藏	Tibet	22.12	31.76	31.26	31	31.43	67.70	70.35	31
陕　西	Shaanxi	474.60	713.02	771.77	21	856.65	1504.04	1604.40	18
甘　肃	Gansu	227.18	274.65	271.25	27	272.13	508.00	536.70	27
青　海	Qinghai	61.26	90.55	94.99	30	81.44	154.78	163.04	29
宁　夏	Ningxia	145.17	200.66	205.75	28	89.50	136.97	145.41	30
新　疆	Xinjiang	222.47	536.06	567.54	24	276.28	523.58	586.32	26

注：本表按当年价格计算。

Note: The data in this table are calculated at current prices.

3-8 住宿餐饮业和金融业生产总值
Gross Regional Product by Hotels, Catering Services and Financial Intermediation

单位：亿元 (100 million yuan)

地区	Region	住宿和餐饮业 Hotels and Catering Services				金融业 Financial Intermediation			
		2010	2015	2016	2016排名 Ranking	2010	2015	2016	2016排名 Ranking
全 国	**National Total**	**7712.00**	**12153.70**	**13280.80**		**25680.40**	**57872.60**	**62132.40**	
北 京	Beijing	317.34	397.59	399.35	19	1863.61	3926.28	4270.82	4
天 津	Tianjin	157.66	248.01	292.11	25	572.99	1603.23	1793.57	12
河 北	Hebei	265.02	404.43	440.39	15	615.42	1480.92	1731.23	13
山 西	Shanxi	231.62	350.72	375.75	23	448.30	1140.54	1207.35	17
内蒙古	Inner Mongolia	332.24	628.87	682.12	8	346.44	829.20	992.14	22
辽 宁	Liaoning	369.61	620.27	457.00	14	639.27	1869.46	1829.22	11
吉 林	Jilin	180.01	328.61	368.76	24	190.12	565.27	659.55	25
黑龙江	Heilongjiang	240.13	479.96	522.56	10	288.19	847.66	900.84	23
上 海	Shanghai	266.45	374.63	388.98	22	1950.96	4162.70	4765.83	3
江 苏	Jiangsu	710.98	1189.40	1291.32	3	2105.92	5302.93	6011.13	2
浙 江	Zhejiang	523.67	995.02	1119.00	4	2326.58	2922.93	3050.61	6
安 徽	Anhui	193.78	417.81	458.02	12	396.17	1241.87	1447.02	15
福 建	Fujian	266.47	398.35	421.51	17	767.58	1681.33	1866.17	10
江 西	Jiangxi	200.71	391.08	425.34	16	241.49	897.65	1056.30	21
山 东	Shandong	670.97	1301.36	1440.16	2	1361.45	2994.66	3364.56	5
河 南	Henan	605.23	1030.80	1110.87	5	697.68	1991.11	2256.61	9
湖 北	Hubei	385.11	692.21	748.61	7	561.27	1853.12	2318.87	8
湖 南	Hunan	354.91	603.77	666.12	9	463.16	1104.18	1272.71	16
广 东	Guangdong	1074.85	1447.48	1569.37	1	2658.76	5757.08	6127.05	1
广 西	Guangxi	241.34	373.03	398.17	20	384.53	1018.01	1136.85	19
海 南	Hainan	69.45	174.14	191.96	27	78.12	242.82	281.90	29
重 庆	Chongqing	142.11	355.76	391.19	21	496.56	1410.18	1642.59	14
四 川	Sichuan	478.42	859.49	941.28	6	654.70	2202.23	2729.45	7
贵 州	Guizhou	180.73	360.38	400.93	18	231.51	607.11	689.40	24
云 南	Yunnan	190.34	437.79	478.34	11	375.08	981.85	1092.60	20
西 藏	Tibet	15.75	32.08	33.07	31	27.08	68.05	93.05	31
陕 西	Shaanxi	218.16	432.02	457.63	13	384.75	1082.37	1181.54	18
甘 肃	Gansu	97.40	196.37	213.70	26	100.54	443.12	507.02	27
青 海	Qinghai	16.30	43.27	46.17	30	54.53	220.87	245.81	30
宁 夏	Ningxia	31.00	51.31	54.98	29	97.87	256.38	284.11	28
新 疆	Xinjiang	68.06	155.62	160.40	28	225.20	563.80	573.70	26

注：本表按当年价格计算。

Note: The data in this table are calculated at current prices.

3-9 房地产业和其他行业生产总值

Gross Regional Product by Real Estate and Others

单位：亿元 (100 million yuan)

地区	Region	房地产业 Real Estate 2010	2015	2016	2016排名 Ranking	其他行业 Others 2010	2015	2016	2016排名 Ranking
全 国	**National Total**	**23569.90**	**41701.00**	**48132.80**		**68464.30**	**134605.50**	**152765.80**	
北 京	Beijing	1006.52	1438.43	1672.68	7	4812.85	9100.73	10708.04	4
天 津	Tianjin	377.59	618.25	805.92	16	1454.36	3336.09	4197.87	14
河 北	Hebei	697.79	1313.62	1488.42	9	2270.37	3881.50	4586.74	12
山 西	Shanxi	192.00	639.07	698.53	20	1190.87	2635.32	2908.05	22
内蒙古	Inner Mongolia	309.25	441.37	453.80	23	1293.52	2471.59	2796.99	24
辽 宁	Liaoning	733.37	1169.67	1037.33	13	2528.65	4680.57	3859.49	15
吉 林	Jilin	212.32	436.06	476.58	22	1401.37	2402.38	2930.19	21
黑龙江	Heilongjiang	370.79	597.22	616.90	21	1612.34	3170.90	3538.93	16
上 海	Shanghai	1002.50	1699.78	2125.62	5	3184.86	5797.41	6992.69	7
江 苏	Jiangsu	2600.95	3755.45	4292.79	2	5497.80	13909.11	16533.28	1
浙 江	Zhejiang	1618.17	2351.42	2607.00	4	3872.59	8099.05	9680.12	5
安 徽	Anhui	532.17	870.07	1124.07	12	1656.88	3529.20	4242.09	13
福 建	Fujian	679.03	1077.88	1269.67	11	1955.44	3945.53	4794.30	11
江 西	Jiangxi	340.56	548.26	745.89	19	1225.53	2724.39	3417.97	17
山 东	Shandong	1622.15	2592.67	2773.29	3	4460.17	10435.36	12109.97	3
河 南	Henan	773.23	1657.04	1890.01	6	2364.95	5580.37	6514.27	9
湖 北	Hubei	564.41	1136.72	1291.35	10	2497.29	5303.96	6013.85	10
湖 南	Hunan	464.21	751.81	879.62	15	2820.03	6542.25	7808.79	6
广 东	Guangdong	2813.95	5117.95	6229.50	1	7690.94	13807.71	16352.25	2
广 西	Guangxi	405.79	657.30	749.04	17	1214.46	2465.24	2814.33	23
海 南	Hainan	188.33	299.69	349.95	24	295.22	600.78	677.07	28
重 庆	Chongqing	266.38	847.72	926.19	14	962.15	2758.88	3237.97	19
四 川	Sichuan	558.56	1252.20	1516.61	8	2748.95	5542.08	6599.01	8
贵 州	Guizhou	139.64	232.07	249.20	28	777.35	1849.58	2101.63	25
云 南	Yunnan	223.45	282.51	303.96	25	1224.80	2756.63	3203.52	20
西 藏	Tibet	14.54	29.33	33.47	31	163.90	320.52	342.28	31
陕 西	Shaanxi	315.95	695.53	747.17	18	1438.82	2796.19	3319.59	18
甘 肃	Gansu	110.02	244.82	259.89	27	729.23	1618.86	1850.21	27
青 海	Qinghai	25.41	53.59	56.13	30	231.94	434.09	491.31	30
宁 夏	Ningxia	60.53	97.05	102.57	29	278.38	538.02	630.96	29
新 疆	Xinjiang	143.44	285.38	298.62	26	831.24	1961.96	2043.76	26

注：本表按当年价格计算。

Note: The data in this table are calculated at current prices.

3-10 人均地区生产总值和指数

Per Capita Gross Regional Product and Indices

地区	Region	人均地区生产总值（元） Per Capita GRP (yuan)				指数（上年=100） Indices (preceding year=100)			
		2010	2015	2016	2016排名 Ranking	2010	2015	2016	2016排名 Ranking
全　国	**National Total**	**30876**	**50251**	**53980**		**110.1**	**106.4**	**106.1**	
北　京	Beijing	73856	106497	118198	1	104.8	105.5	106.3	25
天　津	Tianjin	72994	107960	115053	3	111.7	106.6	107.5	8
河　北	Hebei	28668	40255	43062	19	110.6	106.1	106.1	28
山　西	Shanxi	26283	34919	35532	27	111.2	102.6	104.0	30
内蒙古	Inner Mongolia	47347	71101	72064	8	114.4	107.4	106.8	20
辽　宁	Liaoning	42355	65354	50791	14	113.4	103.1	97.7	31
吉　林	Jilin	31599	51086	53868	12	113.6	106.3	107.3	12
黑龙江	Heilongjiang	27076	39462	40432	22	112.6	106.0	106.5	24
上　海	Shanghai	76074	103796	116562	2	106.4	106.9	107.0	17
江　苏	Jiangsu	52840	87995	96887	4	112.0	108.3	107.5	8
浙　江	Zhejiang	51711	77644	84916	5	109.5	107.6	106.8	20
安　徽	Anhui	20888	35997	39561	25	118.8	107.7	107.7	6
福　建	Fujian	40025	67966	74707	6	113.2	108.0	107.5	8
江　西	Jiangxi	21253	36724	40400	23	113.2	108.5	108.4	3
山　东	Shandong	41106	64168	68733	9	111.3	107.3	106.7	22
河　南	Henan	24446	39123	42575	20	112.6	107.9	107.6	7
湖　北	Hubei	27906	50654	55665	11	114.7	108.4	107.5	8
湖　南	Hunan	24719	42754	46382	16	112.9	107.8	107.3	12
广　东	Guangdong	44736	67503	74016	7	109.5	107.0	106.2	27
广　西	Guangxi	20219	35190	38027	26	113.9	107.2	106.3	25
海　南	Hainan	23831	40818	44347	17	115.0	106.9	106.7	22
重　庆	Chongqing	27596	52321	58502	10	116.2	110.1	109.6	2
四　川	Sichuan	21182	36775	40003	24	115.7	107.2	107.0	17
贵　州	Guizhou	13119	29847	33246	29	114.7	110.3	109.8	1
云　南	Yunnan	15752	28806	31093	30	111.6	108.0	108.0	4
西　藏	Tibet	17319	31999	35184	28	111.2	108.9	107.9	5
陕　西	Shaanxi	27133	47626	51015	13	114.4	107.5	107.1	15
甘　肃	Gansu	16113	26165	27643	31	111.6	107.7	107.2	14
青　海	Qinghai	24115	41252	43531	18	114.5	107.2	107.1	15
宁　夏	Ningxia	26860	43805	47194	15	112.2	106.9	107.0	17
新　疆	Xinjiang	25034	40036	40564	21	109.3	106.6	105.3	29

注：本表绝对数按当年价格计算，指数按不变价格计算。

Note: The absolute data in this table are calculated at current prices while indices are calculated at constant prices.

3-11 支出法地区生产总值和最终消费支出构成

Composition by Gross Regional Product by Expenditure Approach and Final Consumption Expenditures

单位：亿元 (100 million yuan)

地区	Region	支出法地区生产总值 Gross Regional Product by Expenditure Approach				其中：最终消费支出 Final Consumption Expenditures			
		2010	2015	2016	2016排名 Ranking	2010	2015	2016	2016排名 Ranking
全　国	**National Total**	**410708.0**	**699109.0**	**746315.0**		**198998.0**	**362267.0**	**400176.0**	
北　京	Beijing	14113.6	23014.6	25669.1	12	7907.1	14503.6	15406.5	9
天　津	Tianjin	9224.5	16538.2	17885.4	19	3529.7	7155.7	8012.0	22
河　北	Hebei	20394.3	29806.4	32070.5	8	8326.0	13197.8	14536.1	11
山　西	Shanxi	9200.9	12766.5	13055.6	24	4030.0	7134.7	7451.5	23
内蒙古	Inner Mongolia	11672.0	17831.5	18128.1	18	4605.4	7452.8	8030.9	21
辽　宁	Liaoning	18457.3	28669.0	22246.9	14	7473.9	13019.5	13149.5	12
吉　林	Jilin	9128.6	15507.9	14776.8	23	3754.5	5593.2	5567.1	26
黑龙江	Heilongjiang	10368.6	15083.7	15386.1	21	5502.4	8986.7	9580.0	17
上　海	Shanghai	17166.0	25123.5	28178.7	11	9424.3	14854.5	16177.0	7
江　苏	Jiangsu	41425.5	70116.4	77388.3	2	17238.1	35041.4	39499.9	2
浙　江	Zhejiang	27722.3	42886.5	47251.4	4	12670.7	20936.3	22751.7	4
安　徽	Anhui	12359.3	22005.6	24407.6	13	6213.2	10970.5	12112.8	13
福　建	Fujian	14790.4	25979.8	28810.6	10	6299.0	10328.9	11614.4	14
江　西	Jiangxi	9451.3	16723.8	18499.0	16	4489.2	8418.3	9362.7	18
山　东	Shandong	39169.9	63002.3	68024.5	3	15331.2	26144.4	32149.7	3
河　南	Henan	23092.4	37002.2	40471.8	5	10209.8	18722.6	20777.0	5
湖　北	Hubei	16182.3	31226.4	32665.4	7	7389.8	13799.7	15255.0	10
湖　南	Hunan	16038.0	28902.2	31551.4	9	7603.5	14755.8	16122.6	8
广　东	Guangdong	46013.1	72812.6	80854.9	1	21500.9	37211.3	40885.9	1
广　西	Guangxi	9569.9	16803.1	18317.6	17	4853.5	8878.5	9834.5	15
海　南	Hainan	2064.5	3702.8	4053.2	28	953.2	2242.7	2489.6	28
重　庆	Chongqing	7925.6	15717.3	17740.6	20	3811.9	7503.2	8444.5	20
四　川	Sichuan	17185.5	30053.1	32934.5	6	8609.6	15775.0	17237.9	6
贵　州	Guizhou	4602.2	10502.6	11776.7	25	2887.1	5957.7	6746.0	24
云　南	Yunnan	7224.2	13619.2	14788.4	22	4291.1	8855.3	9592.7	16
西　藏	Tibet	507.5	1026.4	1151.4	31	326.5	820.0	901.0	31
陕　西	Shaanxi	10123.5	18021.9	19399.6	15	4584.5	8200.0	8790.9	19
甘　肃	Gansu	4120.8	6790.3	7200.4	27	2435.4	4374.2	4751.4	27
青　海	Qinghai	1350.4	2417.1	2572.5	30	715.4	1486.0	1676.4	30
宁　夏	Ningxia	1689.7	2911.8	3168.6	29	824.9	1719.7	1891.6	29
新　疆	Xinjiang	5437.5	9324.8	9649.7	26	2865.6	5639.8	6155.3	25

注：本表按当年价格计算。

Note: The data in this table are calculated at current prices.

3-12 支出法地区资本形成额总额和货物和服务净流出构成
Composition by Gross Capital Formation and Net Outflow of Goods and Services

单位：亿元 (100 million yuan)

地区	Region	其中：资本形成额总额 Gross Capital Formation				其中：货物和服务净流出 Net Outflow of Goods and Services			
		2010	2015	2016	2016排名 Ranking	2010	2015	2016	2016排名 Ranking
全　国	National Total	233327.0	312836.0	329727.0		15057	24007.0	16412.0	
北　京	Beijing	6097.1	8490.0	10074.1	19	109.4	21.0	188.5	7
天　津	Tianjin	6926.4	10999.1	10584.1	17	-1231.6	-1616.58	-710.78	13
河　北	Hebei	11037.4	17352.1	18636.5	7	1030.9	-743.49	-1102.20	17
山　西	Shanxi	6341.3	9269.9	9464.3	22	-1170.4	-3638.2	-3860.2	27
内蒙古	Inner Mongolia	9020.4	14036.5	12617.8	13	-1953.8	-3657.8	-2520.6	22
辽　宁	Liaoning	11436.8	12605.6	9682.0	20	-453.4	3043.9	-584.6	12
吉　林	Jilin	7192.1	10965.4	10152.9	18	-1818.0	-1050.7	-943.1	15
黑龙江	Heilongjiang	5630.8	9765.3	9360.3	23	-764.6	-3668.3	-3554.2	26
上　海	Shanghai	7407.8	9550.8	11321.2	16	333.9	718.1	680.4	5
江　苏	Jiangsu	21173.3	30600.6	33123.3	3	3014.1	4474.3	4765.1	2
浙　江	Zhejiang	12950.5	18879.3	21393.8	5	2101.1	3070.9	3105.9	3
安　徽	Anhui	6171.5	11312.3	12507.8	14	-25.4	-277.2	-212.9	9
福　建	Fujian	8023.0	15142.8	16633.8	9	468.4	508.1	562.4	6
江　西	Jiangxi	4854.7	8322.8	9303.6	24	107.4	-17.3	-167.4	8
山　东	Shandong	21499.3	35587.4	34637.3	2	2339.4	1270.5	1237.6	4
河　南	Henan	15977.4	28253.1	29560.1	4	-3094.8	-9973.6	-9865.3	31
湖　北	Hubei	8511.2	17418.4	18786.3	6	281.3	8.3	-1375.9	19
湖　南	Hunan	8780.8	15555.1	16737.3	8	-346.3	-1408.6	-1308.5	18
广　东	Guangdong	18041.3	30374.2	34647.1	1	6470.9	5227.1	5321.9	1
广　西	Guangxi	7883.4	11452.2	12363.9	15	-3167.0	-3527.6	-3880.7	28
海　南	Hainan	1185.4	2317.1	2577.1	30	-74.1	-857.0	-1013.5	16
重　庆	Chongqing	4576.6	8438.0	9551.6	21	-462.9	-224.0	-255.5	10
四　川	Sichuan	9219.9	14806.2	16165.3	10	-644.0	-528.1	-468.7	11
贵　州	Guizhou	2575.3	7104.2	8195.0	26	-860.2	-2559.4	-3164.3	25
云　南	Yunnan	5578.6	12606.9	13903.3	11	-2645.5	-7843.1	-8707.6	30
西　藏	Tibet	565.5	1032.0	1162.8	31	-384.5	-825.6	-912.4	14
陕　西	Shaanxi	6834.3	11888.3	12907.7	12	-1295.3	-2066.4	-2299.0	20
甘　肃	Gansu	2343.5	4448.8	4875.1	27	-658.1	-2032.7	-2426.1	21
青　海	Qinghai	1087.0	3374.1	3565.5	29	-452.0	-2443.0	-2669.4	24
宁　夏	Ningxia	1563.3	3620.7	3827.9	28	-698.5	-2428.5	-2550.9	23
新　疆	Xinjiang	3371.2	8785.3	8670.1	25	-799.3	-5100.3	-5175.7	29

注：本表按当年价格计算。

Note: The data in this table are calculated at current prices.

3-13 最终消费支出构成
Final Consumption Expenditure and Its Composition

单位：亿元 (100 million yuan)

地区	Region	居民消费支出 Household Consumption 2010	2015	2016	2016排名 Ranking	政府消费支出 Government Comsuption 2010	2015	2016	2016排名 Ranking
全　国	**National Total**	**146058.0**	**265980.0**	**292661.0**		**52940.0**	**96286.0**	**107514.0**	
北　京	Beijing	4648.2	8471.4	10621.7	11	3258.9	6032.2	4784.8	6
天　津	Tianjin	2247.5	4993.1	5636.3	21	1282.2	2162.5	2375.8	21
河　北	Hebei	5731.4	9499.1	10670.8	10	2594.6	3698.7	3865.4	11
山　西	Shanxi	2855.2	5251.4	5533.3	23	1174.8	1883.3	1918.2	24
内蒙古	Inner Mongolia	2710.6	5225.2	5608.0	22	1894.8	2227.6	2422.9	20
辽　宁	Liaoning	5622.1	10393.9	10367.6	12	1851.8	2625.6	2781.9	13
吉　林	Jilin	2510.6	4027.4	3802.5	25	1243.9	1565.8	1764.5	25
黑龙江	Heilongjiang	3409.6	6304.4	6619.1	18	2092.8	2682.3	2960.9	12
上　海	Shanghai	7281.9	11089.6	11994.8	7	2142.4	3764.9	4182.3	8
江　苏	Jiangsu	10942.8	25245.2	28654.7	2	6295.3	9796.3	10845.2	1
浙　江	Zhejiang	9701.8	15858.8	17106.7	4	2968.9	5077.5	5645.0	4
安　徽	Anhui	4873.4	8522.5	9541.6	13	1339.8	2448.0	2571.2	17
福　建	Fujian	4710.8	7961.5	9006.8	14	1588.2	2367.4	2607.6	15
江　西	Jiangxi	3545.5	6598.1	7344.9	15	943.7	1820.2	2017.9	23
山　东	Shandong	11059.0	20308.4	25593.4	3	4272.2	5836.1	6556.3	3
河　南	Henan	7402.6	13721.0	15250.8	5	2807.2	5001.7	5526.2	5
湖　北	Hubei	5136.8	10167.9	11379.2	9	2253.0	3631.8	3875.8	10
湖　南	Hunan	5788.9	11011.5	11897.7	8	1814.6	3744.3	4224.9	7
广　东	Guangdong	16722.3	28438.6	31127.6	1	4778.6	8772.7	9758.3	2
广　西	Guangxi	3657.1	6645.7	7231.8	16	1196.4	2232.9	2602.7	16
海　南	Hainan	654.3	1543.9	1684.5	28	298.9	698.8	805.0	28
重　庆	Chongqing	2792.3	5665.4	6378.1	19	1019.6	1837.8	2066.4	22
四　川	Sichuan	6638.5	12073.4	13183.4	6	1971.0	3701.5	4054.5	9
贵　州	Guizhou	2137.4	4530.9	5195.2	24	749.7	1426.9	1550.8	26
云　南	Yunnan	3082.1	6354.3	6912.8	17	1209.0	2501.1	2680.0	14
西　藏	Tibet	133.2	283.7	322.0	31	193.3	536.4	578.9	31
陕　西	Shaanxi	3105.8	5813.5	6334.7	20	1478.6	2386.5	2456.2	19
甘　肃	Gansu	1567.7	3079.9	3408.5	27	867.7	1294.3	1342.9	27
青　海	Qinghai	405.1	888.7	989.9	30	310.3	597.3	686.5	29
宁　夏	Ningxia	565.7	1143.9	1246.8	29	259.2	575.7	644.8	30
新　疆	Xinjiang	1578.9	3187.1	3627.2	26	1286.7	2452.7	2528.1	18

注：本表按当年价格计算。

Note: The data in this table are calculated at current prices.

3-14 资本形成总额构成
Gross Capital Formation and Its Composition

单位：亿元 (100 million yuan)

地区	Region	固定资本形成总额 Gross Fixed Capital Formation 2010	2015	2016	2016排名 Ranking	存货变动 Change in Inventories 2010	2015	2016	2016排名 Ranking
全　国	**National Total**	**185827.0**	**301503.0**	**318912.0**		**10826**	**11333.0**	**10816.0**	
北　京	Beijing	5342.4	8155.4	9716.1	19	754.7	334.6	358.0	13
天　津	Tianjin	6468.5	10495.8	10113.9	18	457.9	503.3	470.2	10
河　北	Hebei	10791.6	17298.8	18595.7	6	245.8	53.2	40.8	25
山　西	Shanxi	5973.1	8821.6	8369.4	25	368.2	448.4	1095.0	2
内蒙古	Inner Mongolia	8938.7	13844.4	12489.5	13	81.7	192.1	128.3	22
辽　宁	Liaoning	11024.6	12098.9	9171.7	20	412.2	506.7	510.3	9
吉　林	Jilin	7618.1	11001.2	10185.7	17	-426.0	-35.8	-32.9	30
黑龙江	Heilongjiang	5410.5	9664.1	9151.4	21	220.3	101.2	208.9	20
上　海	Shanghai	6380.3	8999.9	10631.4	16	1027.5	551.0	689.8	7
江　苏	Jiangsu	20709.1	29940.8	32254.6	3	464.2	659.8	868.7	5
浙　江	Zhejiang	12101.3	18213.3	20677.8	5	849.2	666.0	716.0	6
安　徽	Anhui	6061.1	11106.5	12345.1	14	110.4	205.8	162.6	21
福　建	Fujian	7341.6	14140.3	15576.1	10	681.4	1002.5	1057.7	4
江　西	Jiangxi	4740.3	7706.0	9029.5	23	114.4	616.8	274.1	15
山　东	Shandong	20800.6	33229.4	33548.7	1	698.7	2358.0	1088.6	3
河　南	Henan	15704.1	27722.5	29595.1	4	273.3	530.6	-35.0	31
湖　北	Hubei	8200.4	16757.4	18515.8	7	310.8	661.1	270.4	16
湖　南	Hunan	8568.8	15085.0	16477.4	8	212.0	470.1	259.9	17
广　东	Guangdong	16812.7	29250.4	33279.7	2	1228.6	1123.7	1367.4	1
广　西	Guangxi	7785.5	11264.7	12114.1	15	97.9	187.5	249.8	18
海　南	Hainan	1179.4	2325.1	2519.1	30	6.0	-8.0	58.1	24
重　庆	Chongqing	4379.3	8042.5	9114.9	22	197.3	395.5	436.8	11
四　川	Sichuan	8911.1	14415.3	15800.5	9	308.8	390.9	364.8	12
贵　州	Guizhou	2510.4	6913.9	7975.5	26	64.9	190.4	219.6	19
云　南	Yunnan	5213.1	12080.1	13321.1	11	365.5	526.8	582.2	8
西　藏	Tibet	561.4	1027.0	1151.9	31	4.1	4.9	10.9	28
陕　西	Shaanxi	6851.5	11662.8	12584.8	12	-17.2	225.5	322.9	14
甘　肃	Gansu	2177.9	4412.3	4894.0	27	165.6	36.6	-18.9	29
青　海	Qinghai	1057.9	3303.6	3551.9	29	29.1	70.5	13.6	27
宁　夏	Ningxia	1490.0	3516.9	3757.1	28	73.3	103.8	70.8	23
新　疆	Xinjiang	3233.0	8755.7	8655.1	24	138.2	29.6	15.0	26

注：本表按当年价格计算。

Note: The data in this table are calculated at current prices.

3-15 全体居民消费水平和指数

All Household Consumption Expenditure and Indices

地区	Region	全体居民消费水平（元） All Households Consumption Expenditure (yuan)				指数（上年=100） Indices (preceding year=100)			
		2010	2015	2016	2016排名 Ranking	2010	2015	2016	2016排名 Ranking
全 国	**National Total**	**10919.0**	**19397.0**	**21228.0**		**109.6**	**107.5**	**107.3**	
北 京	Beijing	25015.0	39200.4	48883.0	2	109.2	106.7	106.2	25
天 津	Tianjin	17784.0	32594.7	36257.0	3	113.9	106.2	106.9	20
河 北	Hebei	8057.0	12829.1	14328.0	28	110.6	109.7	110.7	3
山 西	Shanxi	8159.0	14363.7	15065.0	24	108.8	111.5	103.7	30
内蒙古	Inner Mongolia	11080.0	20834.9	22293.0	10	111.1	104.6	105.5	28
辽 宁	Liaoning	12934.0	23693.1	23670.0	8	113.2	108.6	110.1	5
吉 林	Jilin	9141.0	14630.0	13786.0	29	103.9	107.7	103.4	31
黑龙江	Heilongjiang	8906.0	16443.3	17393.0	16	112.4	106.8	105.6	27
上 海	Shanghai	32271.0	45815.7	49617.0	1	109.9	106.5	106.7	22
江 苏	Jiangsu	14035.0	31682.4	35875.0	4	111.4	48.2	109.1	9
浙 江	Zhejiang	18097.0	28711.5	30743.0	5	108.0	106.0	105.4	29
安 徽	Anhui	8237.0	13941.0	15466.0	22	114.5	107.2	108.1	14
福 建	Fujian	12871.0	20828.0	23355.0	9	108.0	108.8	110.9	2
江 西	Jiangxi	7972.0	14488.9	16040.0	20	111.1	109.3	108.9	11
山 东	Shandong	11611.0	20684.2	25860.0	7	110.4	109.0	108.5	13
河 南	Henan	7837.0	14507.3	16043.0	19	114.1	110.5	109.0	10
湖 北	Hubei	8977.0	17429.4	19391.0	12	111.4	109.2	109.7	7
湖 南	Hunan	8922.0	16288.8	17490.0	15	109.1	107.4	108.0	15
广 东	Guangdong	17218.0	26365.0	28495.0	6	109.0	106.8	105.7	26
广 西	Guangxi	7732.0	13856.7	15013.0	25	110.1	107.3	106.3	24
海 南	Hainan	7553.0	17019.1	18431.0	14	111.8	108.5	106.6	23
重 庆	Chongqing	9723.0	18859.7	21032.0	11	114.1	110.6	110.0	6
四 川	Sichuan	8182.0	14774.0	16013.0	21	113.7	108.0	107.3	17
贵 州	Guizhou	5879.0	12876.3	14666.0	26	113.7	109.9	112.6	1
云 南	Yunnan	6724.0	13400.5	14534.0	27	112.3	110.9	106.8	21
西 藏	Tibet	4513.0	8755.7	9743.0	31	107.5	116.1	108.0	15
陕 西	Shaanxi	8273.0	15363.3	16657.0	18	111.4	106.5	107.3	17
甘 肃	Gansu	6035.0	11867.7	13086.0	30	109.3	109.6	108.8	12
青 海	Qinghai	7234.0	15167.3	16751.0	17	105.8	110.1	109.2	8
宁 夏	Ningxia	8992.0	17209.6	18570.0	13	108.6	112.5	107.2	19
新 疆	Xinjiang	7276.0	13683.8	15247.0	23	115.4	108.4	110.4	4

注：本表绝对数按当年价格计算，指数按不变价格计算。

Note: The absolute data in this table are calculated at current prices while indices are calculated at constant prices.

3-16 城乡居民消费水平构成
Rural and Urban Households Consumption

单位：元 (yuan)

地区	Region	城镇居民消费水平 Urban Households Consumption 2010	2015	2016	2016排名 Ranking	农村居民消费水平 Rural Households Consumption 2010	2015	2016	2016排名 Ranking
全 国	**National Total**	**17104.0**	**27210.0**	**29219.0**		**4941.0**	**9679.0**	**10752.0**	
北 京	Beijing	27071.0	41845.7	52721.0	2	12886.0	22315.0	24285.0	1
天 津	Tianjin	20466.0	35290.0	39181.0	4	7814.0	19921.8	22194.0	4
河 北	Hebei	13619.0	17923.5	19276.0	29	3867.0	7666.5	8897.0	22
山 西	Shanxi	12279.0	19017.8	19724.0	28	4500.0	8808.7	9226.0	21
内蒙古	Inner Mongolia	16728.0	26872.3	28289.0	9	4486.0	11814.3	13013.0	9
辽 宁	Liaoning	17489.0	28567.3	29254.0	8	5739.0	13707.1	12145.0	10
吉 林	Jilin	13032.0	19358.4	18144.0	31	4663.0	8837.0	8390.0	27
黑龙江	Heilongjiang	12402.0	21659.7	22318.0	21	4536.0	9237.6	10305.0	17
上 海	Shanghai	34588.0	48750.1	53240.0	1	13609.0	23004.9	23660.0	2
江 苏	Jiangsu	18243.0	37515.2	41957.0	3	8196.0	20427.6	23459.0	3
浙 江	Zhejiang	23624.0	33358.6	35152.0	5	9878.0	19952.5	22028.0	5
安 徽	Anhui	13259.0	20250.9	22030.0	24	4447.0	7674.4	8565.0	26
福 建	Fujian	17920.0	25202.3	27859.0	11	6879.0	13631.0	15653.0	7
江 西	Jiangxi	12593.0	19362.3	20335.0	27	4397.0	9432.4	11320.0	11
山 东	Shandong	17726.0	26992.7	33016.0	7	5733.0	12651.0	15970.0	6
河 南	Henan	13958.0	21820.5	23454.0	16	4061.0	8270.8	9291.0	20
湖 北	Hubei	13576.0	23560.9	25703.0	12	4758.0	9542.1	10860.0	13
湖 南	Hunan	14707.0	22770.4	24025.0	15	4513.0	9784.5	10461.0	16
广 东	Guangdong	23511.0	32392.6	34667.0	6	5880.0	13343.8	14784.0	8
广 西	Guangxi	13969.0	21075.9	22491.0	19	3561.0	7439.2	8225.0	29
海 南	Hainan	11365.0	23626.0	24664.0	14	3846.0	9123.6	10512.0	14
重 庆	Chongqing	15260.0	25794.5	28209.0	10	3652.0	8336.7	9433.0	19
四 川	Sichuan	13457.0	20114.0	21246.0	25	4748.0	10038.9	11094.0	12
贵 州	Guizhou	12221.0	20082.2	22301.0	22	2926.0	7866.1	8887.0	23
云 南	Yunnan	12624.0	20699.5	22365.0	20	3603.0	7819.8	8336.0	28
西 藏	Tibet	10523.0	17466.3	18775.0	30	2635.0	5411.8	5952.0	31
陕 西	Shaanxi	13977.0	21876.5	23206.0	17	3683.0	7944.4	8768.0	25
甘 肃	Gansu	11881.0	19480.4	21128.0	26	2975.0	6255.4	6781.0	30
青 海	Qinghai	11878.0	21216.6	22761.0	18	3684.0	9108.8	10505.0	15
宁 夏	Ningxia	14739.0	24040.9	25384.0	13	3894.0	9049.9	9980.0	18
新 疆	Xinjiang	12486.0	20532.0	22272.0	23	3590.0	7693.8	8816.0	24

注：本表按当年价格计算。

Note: The data in this table are calculated at current prices.

3-17 城乡居民消费水平指数

Indices of Urban and Rural Households Consumption

（上年=100） (preceding year=100)

地区	Region	城镇居民消费水平指数 Index of Urban Households				农村居民消费水平指数 Index of Rural Households			
		2010	2015	2016	2016排名 Ranking	2010	2015	2016	2016排名 Ranking
全　国	**National Total**	**107.9**	**105.4**	**105.2**		**107.4**	**109.5**	**109.1**	
北　京	Beijing	108.8	106.6	106.1	14	108.6	106.5	107.4	22
天　津	Tianjin	113.6	105.7	106.4	12	107.0	109.6	109.3	16
河　北	Hebei	110.5	105.9	106.8	10	105.3	114.0	114.5	1
山　西	Shanxi	105.7	112.1	102.5	31	111.0	106.4	103.7	30
内蒙古	Inner Mongolia	109.9	103.6	104.2	23	108.4	105.4	107.2	23
辽　宁	Liaoning	112.3	107.1	110.4	1	111.1	113.8	107.8	21
吉　林	Jilin	104.2	105.2	102.6	30	102.2	113.0	104.8	29
黑龙江	Heilongjiang	114.8	106.5	104.2	23	104.2	106.8	108.5	20
上　海	Shanghai	109.8	107.4	107.6	7	107.4	100.7	101.4	31
江　苏	Jiangsu	108.9	109.4	107.7	5	109.3	113.1	110.6	11
浙　江	Zhejiang	104.7	103.9	103.7	27	112.1	111.0	108.8	19
安　徽	Anhui	111.3	104.8	105.8	16	114.9	108.8	109.3	16
福　建	Fujian	103.5	106.5	109.3	3	107.8	114.0	113.8	3
江　西	Jiangxi	107.4	106.7	105.8	16	114.1	112.1	112.3	6
山　东	Shandong	108.4	105.2	104.6	21	111.6	115.0	114.2	2
河　南	Henan	113.1	108.0	105.9	15	110.3	111.0	110.6	11
湖　北	Hubei	108.8	106.5	107.7	5	110.9	109.2	111.7	9
湖　南	Hunan	109.7	105.8	106.5	11	105.3	107.0	106.7	26
广　东	Guangdong	107.8	106.2	104.9	18	109.5	107.5	107.0	25
广　西	Guangxi	109.2	104.4	103.7	27	104.6	110.9	109.1	18
海　南	Hainan	110.6	104.5	103.1	29	109.7	116.9	112.3	6
重　庆	Chongqing	111.8	108.5	107.9	4	113.1	113.0	111.5	10
四　川	Sichuan	109.6	104.7	104.2	23	116.5	111.0	110.2	13
贵　州	Guizhou	106.9	106.7	109.6	2	114.7	110.1	112.0	8
云　南	Yunnan	109.6	109.4	104.3	22	112.5	108.6	106.7	26
西　藏	Tibet	105.2	109.1	104.1	26	107.7	117.3	107.1	24
陕　西	Shaanxi	109.0	104.2	104.9	18	108.9	108.1	109.4	15
甘　肃	Gansu	103.6	107.1	107.3	9	108.5	109.0	106.4	28
青　海	Qinghai	103.4	112.0	106.3	13	103.5	108.0	113.6	4
宁　夏	Ningxia	107.2	108.2	104.9	18	104.6	120.0	109.6	14
新　疆	Xinjiang	111.9	106.2	107.6	7	115.4	108.8	113.2	5

注：本表按不变价格计算。

Note: The data in this table are calculated at constant prices.

3-18 地区生产总值劳动者报酬和生产税净额收入法构成项目
Composition by Total Compensation of Employees and Net Taxes on Production

单位：亿元 (100 million yuan)

地区	Region	劳动者报酬 Compensation of Employees				生产税净额 Net Taxes on Production			
		2010	2015	2016	2016排名 Ranking	2010	2015	2016	2016排名 Ranking
北 京	Beijing	6919.99	12697.30	13483.69	11	2197.19	3298.69	3480.93	13
天 津	Tianjin	3556.17	6723.99	7190.75	22	1402.91	2741.47	2926.94	17
河 北	Hebei	11280.60	15398.55	16293.31	6	2487.22	3826.50	3834.61	11
山 西	Shanxi	3638.33	6077.62	6209.79	25	1502.52	2139.10	2095.00	23
内蒙古	Inner Mongolia	5086.28	8797.51	8975.88	16	1560.30	2239.12	2137.23	22
辽 宁	Liaoning	8982.04	12806.48	9894.18	14	3096.30	4903.83	3426.50	14
吉 林	Jilin	3370.41	6124.75	6423.39	24	1337.77	2112.24	2173.18	21
黑龙江	Heilongjiang	3823.13	7090.23	7402.69	20	1665.41	1853.13	1650.75	25
上 海	Shanghai	6742.05	11085.40	12238.15	12	3298.73	4919.88	5343.40	5
江 苏	Jiangsu	17141.63	31163.93	33697.24	2	6278.34	9146.17	10050.36	2
浙 江	Zhejiang	10788.87	20573.26	22181.68	4	4274.03	6238.29	6662.24	4
安 徽	Anhui	6058.54	10275.97	11201.84	13	1779.83	3425.34	3607.70	12
福 建	Fujian	7400.03	13845.37	15349.29	10	1867.67	3884.42	3867.56	10
江 西	Jiangxi	4258.71	7067.88	7754.28	18	1616.83	2734.90	2824.50	20
山 东	Shandong	15457.01	28000.54	29536.33	3	6274.22	8262.94	8819.99	3
河 南	Henan	11503.22	18735.19	20521.39	5	3071.13	4138.55	4290.52	9
湖 北	Hubei	6827.85	14417.12	15871.94	8	2284.90	4359.19	4790.55	8
湖 南	Hunan	8040.19	14709.62	15978.70	7	2553.68	4456.93	4882.67	7
广 东	Guangdong	20452.36	35775.58	39116.40	1	6841.07	10204.88	10977.35	1
广 西	Guangxi	5682.23	8887.67	9789.61	15	1237.65	3148.86	3154.60	16
海 南	Hainan	1039.62	2055.73	2247.01	28	341.65	513.48	529.38	28
重 庆	Chongqing	3901.69	6590.24	7361.56	21	1183.97	2737.72	2918.85	18
四 川	Sichuan	8089.35	14503.68	15822.97	9	2684.50	5019.28	5025.17	6
贵 州	Guizhou	2444.38	5845.79	6546.55	23	698.54	1864.82	2070.38	24
云 南	Yunnan	3344.07	6825.92	7603.96	19	1499.72	2797.31	2918.06	19
西 藏	Tibet	325.38	657.04	727.68	31	37.64	90.29	100.03	31
陕 西	Shaanxi	4028.24	7725.36	8471.56	17	1695.80	3501.37	3329.93	15
甘 肃	Gansu	2145.94	3473.12	3698.07	27	666.78	985.64	1055.41	27
青 海	Qinghai	635.34	1125.20	1254.75	30	197.71	298.63	277.66	30
宁 夏	Ningxia	921.35	1604.29	1662.14	29	183.49	350.26	405.28	29
新 疆	Xinjiang	2829.07	5499.12	5717.55	26	791.23	1250.87	1135.73	26

注：本表按当年价格计算。

Note: The data in this table are calculated at current prices.

3-19 地区生产总值固定资产折旧和营业盈余收入法构成项目

Composition by Total Depreciation of Fixed Assets and Operating Surplus

单位：亿元 (100 million yuan)

地区	Region	固定资产折旧 Depreciation of Fixed Assets				营业盈余 Operating Surplus			
		2010	2015	2016	2016排名 Ranking	2010	2015	2016	2016排名 Ranking
北　京	Beijing	1925.96	2678.24	3400.58	11	3070.44	4340.36	5303.93	15
天　津	Tianjin	1155.18	1795.37	2137.97	22	3110.20	5277.36	5629.73	13
河　北	Hebei	2342.65	4168.20	4634.40	7	4283.79	6412.86	7308.13	8
山　西	Shanxi	1245.86	2277.66	2338.21	20	2814.15	2272.11	2407.41	24
内蒙古	Inner Mongolia	1416.21	1973.48	2581.31	16	3574.21	4821.40	4433.68	18
辽　宁	Liaoning	2685.24	4713.85	3791.32	9	3693.69	6244.86	5134.90	16
吉　林	Jilin	1467.62	2349.04	2484.42	18	2491.78	3477.10	3695.81	21
黑龙江	Heilongjiang	1274.49	2071.15	2309.01	21	3605.57	4069.16	4023.64	20
上　海	Shanghai	2275.95	2715.36	3365.19	12	4849.25	6402.81	7231.91	10
江　苏	Jiangsu	5483.65	8918.59	10479.32	2	12521.86	20887.69	23161.36	1
浙　江	Zhejiang	3316.63	5427.75	6038.94	4	9342.78	10647.19	12368.50	4
安　徽	Anhui	1405.25	3134.88	3515.15	10	3115.70	5169.44	6082.93	12
福　建	Fujian	1562.99	2895.55	3154.26	15	3906.43	5354.48	6439.47	11
江　西	Jiangxi	1183.45	2214.17	2557.00	17	2392.27	4706.83	5363.22	14
山　东	Shandong	5384.36	9049.20	10311.22	3	12054.33	17689.65	19356.95	3
河　南	Henan	2867.95	4398.35	4976.14	5	5650.06	9730.07	10683.74	5
湖　北	Hubei	2237.63	3538.26	4058.20	8	4617.23	7235.61	7944.68	6
湖　南	Hunan	1701.50	3020.68	3253.13	14	3742.59	6714.98	7436.87	7
广　东	Guangdong	6159.34	9644.88	11220.03	1	12560.29	17187.21	19541.13	2
广　西	Guangxi	1248.21	1919.23	2029.37	23	1401.76	2847.36	3344.06	22
海　南	Hainan	331.81	594.62	646.60	29	351.42	538.93	630.21	28
重　庆	Chongqing	850.58	2002.42	2431.73	19	1989.34	4386.89	5028.45	17
四　川	Sichuan	2212.51	4129.65	4783.46	6	4199.12	6400.49	7302.94	9
贵　州	Guizhou	655.93	1305.70	1467.76	26	803.32	1486.25	1692.04	25
云　南	Yunnan	907.75	1524.44	1570.57	25	1472.64	2471.50	2695.83	23
西　藏	Tibet	73.13	129.00	143.22	31	71.31	150.06	180.48	31
陕　西	Shaanxi	1125.97	2905.33	3266.24	13	3273.47	3889.80	4331.86	19
甘　肃	Gansu	622.36	1049.38	1198.14	27	685.67	1282.17	1248.75	26
青　海	Qinghai	199.80	590.26	682.69	28	317.58	402.96	357.39	30
宁　夏	Ningxia	231.41	480.88	534.61	30	353.40	476.34	566.56	29
新　疆	Xinjiang	676.21	1565.01	1641.01	24	1140.96	1009.80	1155.41	27

注：本表按当年价格计算。

Note: The data in this table are calculated at current prices.

4

固定资产投资

Investment in Fixed Assets

4-1 全社会固定资产投资和全社会住宅投资

Total Investment in Fixed Assets in the Whole Country and Total Investment in Residential Buildings in the Whole Country

单位：亿元 (100 million yuan)

地区	Region	全社会固定资产投资 Total Investment in Fixed Assets				全社会住宅投资 Total Investment in Residential Buildings			
		2010	2015	2016	2016排名 Ranking	2010	2015	2016	2016排名 Ranking
全 国	**National Total**	**278121.9**	**561999.8**	**606465.7**		**45936.1**	**80247.7**	**83660.2**	
北 京	Beijing	5403.0	7496.0	7943.9	25	1662.2	2072.6	2124.3	16
天 津	Tianjin	6278.1	11832.0	12779.4	21	700.5	1521.1	1725.8	20
河 北	Hebei	15083.4	29448.3	31750.0	5	2614.8	3944.1	3965.0	7
山 西	Shanxi	6063.2	14074.2	14198.0	18	900.3	2106.8	1882.8	18
内蒙古	Inner Mongolia	8926.5	13702.2	15080.0	17	961.8	1107.4	1132.1	24
辽 宁	Liaoning	16043.0	17917.9	6692.2	27	2724.1	2775.3	1625.1	21
吉 林	Jilin	7870.4	12705.3	13923.2	19	872.0	782.9	788.3	27
黑龙江	Heilongjiang	6812.6	10182.9	10648.3	22	1066.2	819.4	709.2	28
上 海	Shanghai	5108.9	6352.7	6755.9	26	1233.0	1822.7	1979.8	17
江 苏	Jiangsu	23184.3	46246.9	49663.2	2	3665.2	6775.4	7161.4	2
浙 江	Zhejiang	12376.0	27323.3	30276.1	6	2785.5	5717.3	5945.3	3
安 徽	Anhui	11542.9	24386.0	27033.4	10	2248.7	3559.8	3718.9	9
福 建	Fujian	8199.1	21301.4	23237.4	11	1254.1	3287.7	3424.8	10
江 西	Jiangxi	8772.3	17388.1	19694.2	13	876.7	1604.9	1752.9	19
山 东	Shandong	23280.5	48312.4	53322.9	1	3706.9	5542.4	5806.8	4
河 南	Henan	16585.9	35660.3	40415.1	3	2721.5	4533.6	5629.4	5
湖 北	Hubei	10262.7	26563.9	30011.7	7	1400.1	3555.7	3817.5	8
湖 南	Hunan	9663.6	25045.1	28353.3	9	1505.9	2504.8	2661.5	12
广 东	Guangdong	15623.7	30343.0	33303.6	4	3161.7	6527.6	7472.8	1
广 西	Guangxi	7057.6	16227.8	18236.8	14	1218.6	1913.6	2239.1	15
海 南	Hainan	1317.0	3451.2	3890.4	28	495.3	1384.5	1476.6	23
重 庆	Chongqing	6688.9	14353.2	16048.1	16	1325.9	2600.9	2567.0	14
四 川	Sichuan	13116.7	25525.9	28812.0	8	2354.1	4034.1	4194.3	6
贵 州	Guizhou	3104.9	10945.5	13204.0	20	530.4	1682.3	1535.5	22
云 南	Yunnan	5528.7	13500.6	16119.4	15	920.5	2549.3	2871.5	11
西 藏	Tibet	462.7	1295.7	1596.0	31	42.1	68.1	71.0	31
陕 西	Shaanxi	7963.7	18582.2	20825.3	12	1486.6	2568.1	2647.4	13
甘 肃	Gansu	3158.3	8754.2	9664.0	24	486.5	792.0	788.8	26
青 海	Qinghai	1016.9	3210.6	3528.1	30	177.9	322.9	383.7	30
宁 夏	Ningxia	1444.2	3505.4	3794.2	29	238.8	501.5	524.9	29
新 疆	Xinjiang	3423.2	10813.0	10287.5	23	561.3	1269.0	1036.9	25

注：2010年固定资产投资的统计起点为50万元；自2011年起，投资的统计起点由50万元提高到500万元(以下有关各表同)。

Note: The starting point for the fixed assets investment was 500000 yuan in 2010; since 2011, the starting point of investment statistics has increased from 500000 yuan to 5 million yuan. The same applies to the relevant tables followed.

4-2 城镇固定资产投资（不含农户）和房地产开发投资
Total Investment in Urban Area and Real Estate Development

单位：亿元 (100 million yuan)

地区	Region	城镇固定资产投资（不含农户） Investment in Fixed Assets in Urban Area 2010	2015	2016	2016排名 Ranking	其中：房地产开发投资 Investment in Real Estate Development 2010	2015	2016	2016排名 Ranking
全　国	**National Total**	**241430.9**	**551590.0**	**596500.8**		**48259.4**	**95978.8**	**102580.6**	
北　京	Beijing	4916.5	7446.0	7888.7	25	2901.1	4177.0	4000.6	11
天　津	Tianjin	5896.5	11814.6	12756.4	21	866.6	1871.5	2300.0	18
河　北	Hebei	12922.7	28905.7	31340.1	5	2264.9	4285.3	4695.6	7
山　西	Shanxi	5526.6	13744.6	13859.4	18	592.2	1494.9	1597.4	23
内蒙古	Inner Mongolia	8688.0	13529.2	14894.0	17	1120.0	1081.1	1133.5	24
辽　宁	Liaoning	15106.3	17640.4	6436.3	27	3465.8	3558.6	2094.8	20
吉　林	Jilin	7395.2	12508.6	13773.2	19	921.0	924.2	1016.8	25
黑龙江	Heilongjiang	6292.7	9884.3	10432.6	22	843.1	992.1	864.8	27
上　海	Shanghai	4630.5	6349.4	6751.7	26	1980.7	3468.9	3709.0	13
江　苏	Jiangsu	17416.5	45905.2	49370.9	2	4299.4	8153.7	8956.4	2
浙　江	Zhejiang	8438.1	26664.7	29571.0	6	3025.4	7111.9	7469.4	3
安　徽	Anhui	10281.3	23803.9	26577.4	10	2251.8	4424.9	4603.6	8
福　建	Fujian	7385.8	20974.0	22928.0	11	1818.9	4469.6	4588.8	9
江　西	Jiangxi	7856.9	16993.9	19378.7	13	706.8	1520.1	1770.9	22
山　东	Shandong	18844.4	47381.5	52364.5	1	3249.4	5892.2	6323.4	4
河　南	Henan	13934.8	34951.3	39753.9	3	2114.1	4818.9	6179.1	5
湖　北	Hubei	9405.6	26086.4	29503.9	7	1618.2	4249.2	4296.4	10
湖　南	Hunan	8618.0	24324.2	27688.4	9	1469.1	2613.7	2957.0	14
广　东	Guangdong	12599.3	29950.5	32947.3	4	3659.7	8538.5	10307.8	1
广　西	Guangxi	6383.3	15654.9	17652.9	14	1206.2	1909.1	2398.0	17
海　南	Hainan	1257.5	3355.4	3747.0	28	467.9	1704.0	1787.6	21
重　庆	Chongqing	6170.6	14208.1	15931.8	15	1620.3	3751.3	3725.9	12
四　川	Sichuan	11061.4	24965.6	28229.8	8	2194.6	4813.0	5282.6	6
贵　州	Guizhou	2609.4	10676.7	12929.2	20	556.7	2205.1	2149.0	19
云　南	Yunnan	5052.6	13069.4	15662.5	16	900.4	2669.0	2688.3	16
西　藏	Tibet	405.0	1295.7	1596.0	31	9.0	50.0	48.5	31
陕　西	Shaanxi	7569.9	18231.0	20474.9	12	1159.5	2494.3	2736.8	15
甘　肃	Gansu	2808.6	8626.6	9534.1	24	266.4	768.1	850.0	28
青　海	Qinghai	840.0	3144.2	3455.5	30	108.2	336.0	396.9	30
宁　夏	Ningxia	1292.8	3426.4	3709.0	29	254.4	633.6	728.2	29
新　疆	Xinjiang	3065.1	10525.4	9983.9	23	347.7	998.9	923.4	26

注：2010年统计口径为城镇固定资产投资；自2011年起，城镇固定资产投资数据发布口径改为固定资产投资(不含农户)。固定资产投资(不含农户)等于原口径的城镇固定资产投资加上农村企事业组织的项目投资(以下有关各表同)。

Note: In 2010, the statistical caliber was fixed assets investment in cities and towns, Since 2011, the published coverage of fixed assets investment in cities and towns has been changed into fixed assets investment (excluding rural households), which is equal to the original fixed assets investment in cities and towns plus the project investment of rural enterprises and institutions.The same applies to the relevant tables followed.

4-3 城镇住宅投资和房地产开发投资

Urban Area Investment in Residential Buildings and Real Estate Development

单位：亿元 (100 million yuan)

地区	Region	城镇住宅投资 Investment in Residential Buildings in Urban Area				其中：房地产开发投资 Investment in Real Estate Development			
		2010	2015	2016	2016排名 Ranking	2010	2015	2016	2016排名 Ranking
全　国	**National Total**	**39473.7**	**72746.0**	**76649.9**		**34026.2**	**64595.2**	**68703.9**	
北　京	Beijing	1569.1	2028.0	2073.2	15	1509.0	1889.5	1925.9	13
天　津	Tianjin	652.2	1514.0	1716.1	18	565.4	1251.5	1598.3	18
河　北	Hebei	2173.1	3541.8	3669.8	7	1785.8	3162.5	3475.5	6
山　西	Shanxi	731.6	1889.8	1665.5	19	457.4	1098.3	1141.1	23
内蒙古	Inner Mongolia	928.6	1016.4	1034.6	24	782.8	758.5	793.7	24
辽　宁	Liaoning	2562.1	2641.6	1512.4	20	2481.3	2603.3	1505.4	19
吉　林	Jilin	800.3	685.2	747.5	26	731.7	648.8	710.7	25
黑龙江	Heilongjiang	939.7	715.2	669.9	28	657.5	681.2	598.0	26
上　海	Shanghai	1230.8	1820.0	1975.8	16	1229.8	1813.3	1965.4	12
江　苏	Jiangsu	3380.7	6527.2	6971.1	2	3158.5	6080.2	6628.9	2
浙　江	Zhejiang	2271.8	5145.2	5347.6	3	2058.2	4450.7	4806.6	3
安　徽	Anhui	1836.3	3150.2	3414.8	9	1595.5	2849.2	3069.4	8
福　建	Fujian	1077.8	3010.9	3204.7	10	975.1	2865.0	2999.3	10
江　西	Jiangxi	640.1	1273.1	1499.5	21	544.8	1113.1	1247.6	21
山　东	Shandong	3140.0	5098.3	5343.7	4	2511.2	4399.4	4690.2	4
河　南	Henan	1992.0	3976.7	5094.4	5	1685.2	3529.2	4558.1	5
湖　北	Hubei	1190.1	3202.6	3434.8	8	1040.2	3020.5	3012.3	9
湖　南	Hunan	1207.5	1937.6	2125.1	14	1134.6	1802.9	1871.3	15
广　东	Guangdong	2824.3	6168.9	7147.4	1	2539.0	5890.5	6977.7	1
广　西	Guangxi	969.8	1514.1	1822.8	17	878.9	1407.8	1725.3	16
海　南	Hainan	469.1	1296.9	1353.7	22	417.1	1246.8	1317.7	20
重　庆	Chongqing	1245.8	2490.5	2482.0	12	1091.5	2390.5	2320.0	11
四　川	Sichuan	1898.0	3601.2	3760.0	6	1535.3	3048.7	3185.6	7
贵　州	Guizhou	393.1	1480.3	1349.9	23	328.6	1327.8	1243.6	22
云　南	Yunnan	761.5	2202.8	2515.1	11	654.7	1670.3	1635.4	17
西　藏	Tibet	7.0	68.1	71.0	31	7.0	39.6	39.1	31
陕　西	Shaanxi	1334.8	2274.5	2344.6	13	938.2	1827.8	1916.1	14
甘　肃	Gansu	389.1	725.2	720.9	27	187.9	526.6	563.8	27
青　海	Qinghai	114.2	273.2	322.7	30	75.2	201.4	227.8	30
宁　夏	Ningxia	209.3	444.2	468.5	29	187.3	396.7	435.4	29
新　疆	Xinjiang	481.9	1032.5	790.8	25	281.6	603.7	518.8	28

4-4 按登记注册类型分全社会固定资产投资和国有投资额

Registration Category by Domestic Investment in Fixed Assets and State-owned Investment

单位：亿元 (100 million yuan)

地区	Region	全社会内资投资额 Domestic Investment in Fixed Assets				国有投资额 State-owned Investment			
		2010	2015	2016	2016排名 Ranking	2010	2015	2016	2016排名 Ranking
全 国	**National Total**	**260914.4**	**539323.0**	**606465.7**		**83316.5**	**139711.3**	**129038.5**	
北 京	Beijing	5009.6	6961.3	7943.9	25	1253.4	1631.7	1422.1	26
天 津	Tianjin	5827.0	11153.0	12779.4	21	2455.5	2739.8	1505.6	25
河 北	Hebei	14691.0	28854.1	31750.0	5	3478.2	4674.2	4286.2	14
山 西	Shanxi	5953.5	13835.3	14198.0	18	2726.0	4021.4	2849.4	20
内蒙古	Inner Mongolia	8764.4	13628.2	15080.0	17	3345.9	5281.3	6417.6	7
辽 宁	Liaoning	14329.4	16801.1	6692.2	27	3463.2	3013.6	895.9	30
吉 林	Jilin	7609.5	12530.6	13923.2	19	2214.0	2871.5	2422.9	23
黑龙江	Heilongjiang	6648.5	10055.7	10648.3	22	2736.9	2877.1	2506.0	22
上 海	Shanghai	4370.4	5177.6	6755.9	26	1830.4	1567.1	1197.5	28
江 苏	Jiangsu	20169.9	42344.4	49663.2	2	4054.1	8031.5	6455.0	5
浙 江	Zhejiang	11233.9	25336.6	30276.1	6	2801.6	6289.2	5334.6	9
安 徽	Anhui	11091.5	23651.8	27033.4	10	2809.8	4872.1	5251.3	10
福 建	Fujian	7103.0	20000.2	23237.4	11	2496.8	5531.6	4174.2	16
江 西	Jiangxi	8314.9	17087.8	19694.2	13	2096.1	3471.8	3254.9	19
山 东	Shandong	21975.5	46867.0	53322.9	1	3394.0	5717.4	6385.0	8
河 南	Henan	16181.6	35372.4	40415.1	3	2692.6	4226.8	4620.4	12
湖 北	Hubei	9809.6	25721.9	30011.7	7	3187.7	5743.7	6447.3	6
湖 南	Hunan	9440.7	24630.5	28353.3	9	3258.5	6873.7	6491.5	4
广 东	Guangdong	13309.7	26864.0	33303.6	4	4399.1	5265.4	4474.5	13
广 西	Guangxi	6712.7	15776.6	18236.8	14	2164.8	3954.4	3846.1	17
海 南	Hainan	1149.1	3162.4	3890.4	28	345.9	804.3	532.7	31
重 庆	Chongqing	6276.9	13410.1	16048.1	16	2434.8	4512.5	2648.4	21
四 川	Sichuan	12579.8	24876.5	28812.0	8	4998.8	8781.1	8546.8	1
贵 州	Guizhou	3033.6	10864.2	13204.0	20	1350.9	5452.4	3379.3	18
云 南	Yunnan	5422.1	13382.7	16119.4	15	2559.7	6046.4	7235.6	3
西 藏	Tibet	460.0	1258.4	1596.0	31	333.1	934.8	1239.6	27
陕 西	Shaanxi	7777.8	18042.4	20825.3	12	3639.2	7447.1	8277.5	2
甘 肃	Gansu	3104.1	8717.4	9664.0	24	1684.4	3635.0	4235.9	15
青 海	Qinghai	993.6	3191.8	3528.1	30	465.9	1797.6	1713.0	24
宁 夏	Ningxia	1426.2	3484.9	3794.2	29	464.7	1197.3	996.3	29
新 疆	Xinjiang	3385.6	10729.6	10287.5	23	1421.4	4895.3	4697.5	11

4-5 按登记注册类型分集体投资额和股份合作投资额

Registration Category by Collective-owned Investment and Cooperative Investment

单位：亿元 (100 million yuan)

地区	Region	集体投资额 Collective-owned Investment 2010	2015	2016	2016排名 Ranking	股份合作投资额 Cooperative Investment 2010	2015	2016	2016排名 Ranking
全 国	**National Total**	**10041.9**	**15447.8**	**8928.5**		**1445.6**	**1780.3**	**1121.7**	
北 京	Beijing	105.9	126.1	61.7	23	6.5	2.8	1.7	30
天 津	Tianjin	346.4	736.6	487.0	6	24.5	45.8	12.9	19
河 北	Hebei	1072.2	676.2	174.7	14	67.0	148.4	46.5	10
山 西	Shanxi	308.0	866.5	442.7	8	35.7	22.1	6.6	23
内蒙古	Inner Mongolia	108.7	124.0	162.2	16	61.2	19.5	48.6	8
辽 宁	Liaoning	418.2	223.0	19.2	27	84.2	21.4	6.5	24
吉 林	Jilin	65.2	90.0	78.3	21	24.5	30.6	11.2	20
黑龙江	Heilongjiang	46.6	76.9	66.3	22	19.6	38.5	46.7	9
上 海	Shanghai	99.1	50.8	20.2	26	8.5	2.8	5.2	27
江 苏	Jiangsu	850.5	1767.4	752.1	4	91.3	91.7	37.9	12
浙 江	Zhejiang	311.9	886.9	599.8	5	37.0	72.3	35.7	13
安 徽	Anhui	283.5	295.0	185.3	13	44.9	52.4	19.9	17
福 建	Fujian	227.8	958.3	945.3	3	39.0	33.4	10.4	21
江 西	Jiangxi	122.8	86.0	84.1	20	96.5	31.3	48.6	7
山 东	Shandong	2335.1	2870.3	1470.2	1	149.4	224.6	70.3	2
河 南	Henan	1072.1	1354.5	361.7	9	160.1	163.3	69.4	3
湖 北	Hubei	451.7	545.7	358.3	10	81.5	82.0	299.7	1
湖 南	Hunan	189.0	518.3	301.8	12	154.8	142.6	64.0	4
广 东	Guangdong	724.7	1263.0	971.1	2	49.8	108.3	55.8	5
广 西	Guangxi	145.5	194.8	162.4	15	39.2	56.5	52.3	6
海 南	Hainan	2.0	0.8	1.8	30	16.9	16.7	6.0	25
重 庆	Chongqing	49.0	89.6	93.0	19	13.8	160.1	41.2	11
四 川	Sichuan	123.5	152.0	110.4	18	41.0	49.1	32.1	14
贵 州	Guizhou	9.4	29.4	49.2	24	18.5	12.8	16.6	18
云 南	Yunnan	88.2	453.8	444.5	7	18.5	22.1	5.4	26
西 藏	Tibet	3.0	1.6	1.9	29	2.3	0.0	4.4	28
陕 西	Shaanxi	399.4	627.5	330.8	11	37.8	59.8	28.7	15
甘 肃	Gansu	58.3	334.0	159.9	17	11.2	18.1	6.7	22
青 海	Qinghai	10.5	15.4	6.3	28	5.6	6.3	4.3	29
宁 夏	Ningxia	2.8	2.8	0.1	31	0.5	1.8	0.7	31
新 疆	Xinjiang	10.8	30.8	26.1	25	4.2	43.2	25.8	16

4-6 按登记注册类型分联营投资额和有限责任公司投资额
Registration Category by Joint Investment and Limited Liability Investment

单位：亿元 (100 million yuan)

地区	Region	联营投资额 Joint Investment 2010	2015	2016	2016排名 Ranking	有限责任公司投资额 Limited Liability Investment 2010	2015	2016	2016排名 Ranking
全　国	**National Total**	**831.0**	**1613.4**	**832.0**		**70321.5**	**146057.4**	**201075.8**	
北　京	Beijing	1.8	2.2	0.1	31	2919.3	4381.6	5117.9	17
天　津	Tianjin	20.2	96.3	37.6	7	1921.9	3457.1	5307.1	16
河　北	Hebei	50.2	110.9	12.1	21	3688.3	7449.6	10154.9	8
山　西	Shanxi	35.1	37.2	14.0	19	1522.3	2944.4	2965.7	24
内蒙古	Inner Mongolia	20.0	27.9	19.1	18	3178.1	4716.4	4537.8	20
辽　宁	Liaoning	32.8	35.6	7.6	23	3730.1	4105.9	2126.9	27
吉　林	Jilin	8.4	17.8	22.3	15	2895.4	3936.0	4536.6	21
黑龙江	Heilongjiang	5.9	34.0	5.8	27	1759.2	2899.3	3179.2	22
上　海	Shanghai	59.5	23.7	4.6	28	1298.6	2254.6	3063.8	23
江　苏	Jiangsu	28.6	122.4	156.3	1	4846.2	8566.2	12195.0	4
浙　江	Zhejiang	50.5	53.7	35.6	8	3729.4	8144.3	10822.4	5
安　徽	Anhui	27.7	37.5	24.9	12	3166.6	5993.7	8002.1	11
福　建	Fujian	57.2	40.8	43.0	5	1609.4	5856.7	8583.5	9
江　西	Jiangxi	19.8	66.0	34.3	9	2437.4	4874.1	7289.0	12
山　东	Shandong	48.1	134.5	20.6	17	6151.8	11576.6	14516.9	2
河　南	Henan	43.8	114.7	23.7	14	3760.9	10978.1	19202.5	1
湖　北	Hubei	51.4	46.1	80.3	2	2321.2	6760.8	10230.3	7
湖　南	Hunan	43.2	130.7	39.6	6	1903.0	5147.9	8239.4	10
广　东	Guangdong	75.1	39.8	53.7	3	3804.4	10200.5	13144.1	3
广　西	Guangxi	27.3	44.5	45.1	4	1605.9	3421.5	5012.8	18
海　南	Hainan	2.1	5.1	7.1	24	451.2	1571.1	2062.9	28
重　庆	Chongqing	25.8	15.8	6.1	26	1701.3	3071.8	6151.6	14
四　川	Sichuan	41.5	127.7	24.7	13	3850.2	7553.6	10729.3	6
贵　州	Guizhou	16.2	11.6	21.0	16	806.9	2698.2	6019.3	15
云　南	Yunnan	5.4	37.8	10.0	22	1194.3	3179.0	4757.0	19
西　藏	Tibet	0.1	3.1	4.5	29	13.7	26.2	144.8	31
陕　西	Shaanxi	20.3	116.7	12.1	20	1973.6	4657.4	6164.0	13
甘　肃	Gansu	9.0	40.4	30.1	10	624.8	1683.8	2163.2	26
青　海	Qinghai	0.5	2.0	0.4	30	249.4	627.2	810.1	30
宁　夏	Ningxia	0.5	5.8	29.4	11	471.3	724.3	1079.0	29
新　疆	Xinjiang	3.0	31.0	6.4	25	735.7	2599.7	2686.6	25

4-7 按登记注册类型分股份有限公司投资额和私营投资额
Registration Category by Share-holding Investment and Private Investment

单位：亿元 (100 million yuan)

地区	Region	股份有限公司投资额 Share-holding Investment 2010	2015	2016	2016排名 Ranking	私营投资额 Private Investment 2010	2015	2016	2016排名 Ranking
全　国	**National Total**	**17203.0**	**20832.4**	**17820.3**		**60572.3**	**171345.4**	**187214.1**	
北　京	Beijing	388.9	191.8	251.6	23	255.1	513.7	370.8	30
天　津	Tianjin	477.0	423.1	469.0	16	485.8	3194.4	3665.4	18
河　北	Hebei	969.6	1383.8	1074.7	4	4439.9	11673.8	13446.6	3
山　西	Shanxi	306.7	374.7	215.9	26	692.2	3874.8	5248.2	14
内蒙古	Inner Mongolia	703.7	577.0	351.8	19	1123.0	2332.4	2875.7	21
辽　宁	Liaoning	940.1	523.0	232.6	24	5158.3	7850.6	2338.3	23
吉　林	Jilin	433.7	568.3	664.1	12	1584.3	3641.8	5175.0	15
黑龙江	Heilongjiang	573.0	148.4	199.7	27	929.8	2772.9	3113.8	19
上　海	Shanghai	173.4	248.3	227.4	25	882.9	1017.1	1052.9	27
江　苏	Jiangsu	979.1	1210.2	1203.0	3	8387.2	21162.0	23318.1	1
浙　江	Zhejiang	421.8	669.5	706.8	10	3109.1	7714.5	9080.0	8
安　徽	Anhui	693.4	1130.8	825.7	8	3203.5	9570.7	10769.9	4
福　建	Fujian	256.8	520.0	552.9	13	2015.2	5795.0	6367.7	12
江　西	Jiangxi	612.0	459.4	536.3	14	2377.8	6891.3	6974.1	10
山　东	Shandong	1556.8	2154.2	1748.7	1	6114.6	19260.2	22096.4	2
河　南	Henan	1313.0	2215.5	1494.1	2	5027.5	11116.0	10616.9	5
湖　北	Hubei	901.1	1090.4	984.8	6	2134.8	8801.5	9322.1	7
湖　南	Hunan	788.6	892.0	736.3	9	2280.2	8447.0	10254.7	6
广　东	Guangdong	974.5	1300.6	1017.8	5	2203.1	6772.7	7632.2	9
广　西	Guangxi	492.5	591.8	409.9	18	1485.7	5379.7	6233.4	13
海　南	Hainan	164.8	271.8	297.5	21	109.6	315.9	507.2	29
重　庆	Chongqing	364.5	425.3	521.7	15	1417.3	4073.3	4821.0	16
四　川	Sichuan	865.8	991.1	893.0	7	1746.3	5401.4	6468.0	11
贵　州	Guizhou	130.9	266.3	144.2	29	486.4	1935.0	2973.5	20
云　南	Yunnan	342.0	415.7	335.3	20	864.6	2461.2	2542.1	22
西　藏	Tibet	11.5	96.3	22.2	31	18.4	84.2	93.1	31
陕　西	Shaanxi	453.2	632.7	698.2	11	807.1	3465.9	3799.5	17
甘　肃	Gansu	168.1	258.6	279.1	22	322.4	1898.7	2256.2	24
青　海	Qinghai	99.9	101.0	190.8	28	96.2	487.9	565.5	28
宁　夏	Ningxia	61.2	51.2	77.2	30	372.3	1400.1	1347.6	26
新　疆	Xinjiang	585.6	649.4	458.2	17	441.9	2039.5	1888.1	25

4-8 按登记注册类型分个体投资额和其他投资额

Registration Category by Self-employed Individual Investment and Other Investments

单位：亿元 (100 million yuan)

地区	Region	个体投资额 Self-employed Individual Investment				其他投资额 Other Investments			
		2010	2015	2016	2016排名 Ranking	2010	2015	2016	2016排名 Ranking
全　国	**National Total**	**9506.7**	**12439.3**	**12110.5**		**7676.0**	**30095.8**	**22254.7**	
北　京	Beijing	53.1	50.3	55.2	28	25.6	61.0	22.1	30
天　津	Tianjin	26.4	17.4	54.9	29	69.4	442.5	463.2	19
河　北	Hebei	491.3	657.6	509.9	10	434.3	2079.6	1215.6	5
山　西	Shanxi	232.4	401.9	487.2	12	95.2	1292.2	1686.2	3
内蒙古	Inner Mongolia	105.4	222.4	251.5	22	118.3	327.4	279.3	21
辽　宁	Liaoning	279.2	335.8	260.7	20	223.5	692.2	68.5	27
吉　林	Jilin	227.2	309.8	259.5	21	156.7	1064.8	496.7	17
黑龙江	Heilongjiang	454.7	373.3	344.1	17	122.7	835.3	1059.9	7
上　海	Shanghai	2.0	3.3	4.2	31	16.0	9.8	5.8	31
江　苏	Jiangsu	409.4	431.9	352.5	16	523.5	961.3	505.9	16
浙　江	Zhejiang	564.0	716.8	783.5	2	208.6	789.4	813.9	12
安　徽	Anhui	498.6	634.1	499.4	11	363.4	1065.7	883.5	11
福　建	Fujian	222.6	405.4	424.5	13	178.3	858.9	909.7	10
江　西	Jiangxi	367.2	473.1	378.0	15	185.3	734.7	475.0	18
山　东	Shandong	745.6	1008.6	1021.3	1	1480.2	3920.6	3579.1	1
河　南	Henan	987.3	826.4	765.4	5	1124.3	4377.1	2516.0	2
湖　北	Hubei	377.7	492.6	534.6	8	302.5	2159.1	966.8	9
湖　南	Hunan	443.7	829.4	774.7	3	379.8	1648.8	967.5	8
广　东	Guangdong	679.7	737.3	772.2	4	399.2	1176.3	1152.9	6
广　西	Guangxi	472.5	790.1	738.1	6	279.3	1343.2	1227.5	4
海　南	Hainan	44.6	97.1	143.7	24	11.9	79.5	27.8	29
重　庆	Chongqing	148.4	172.7	127.6	25	122.0	889.1	719.5	13
四　川	Sichuan	622.0	635.6	652.4	7	290.9	1185.0	663.3	14
贵　州	Guizhou	176.3	276.9	299.9	19	38.2	181.8	151.4	22
云　南	Yunnan	244.4	510.2	532.1	9	104.9	256.5	129.4	23
西　藏	Tibet	20.9	18.4	19.8	30	57.0	93.9	58.6	28
陕　西	Shaanxi	261.1	396.8	379.6	14	186.3	638.5	592.7	15
甘　肃	Gansu	110.9	151.3	154.3	23	115.0	697.6	346.4	20
青　海	Qinghai	49.8	75.9	123.5	26	15.9	78.5	80.5	25
宁　夏	Ningxia	47.4	81.8	86.5	27	5.6	19.8	70.0	26
新　疆	Xinjiang	141.0	304.9	319.4	18	42.1	135.8	120.0	24

4-9 按登记注册类型分港、澳、台商投资额和外商投资额

Registration Category by Hong Kong, Macao and Taiwan Investment and Foreign Investment

单位：亿元 (100 million yuan)

地区	Region	港、澳、台商投资额 Hong Kong, Macao and Taiwan Investment				外商投资额 Foreign Investment			
		2010	2015	2016	2016排名 Ranking	2010	2015	2016	2016排名 Ranking
全　国	**National Total**	**8295.1**	**11930.4**	**14223.2**		**8912.4**	**10746.3**	**11846.3**	
北　京	Beijing	155.6	210.5	337.7	15	237.8	324.2	303.1	14
天　津	Tianjin	166.6	297.5	355.1	12	284.4	381.5	421.5	7
河　北	Hebei	137.6	343.8	373.1	11	254.7	250.3	455.7	6
山　西	Shanxi	46.4	143.0	172.3	20	63.3	95.8	109.8	21
内蒙古	Inner Mongolia	45.0	43.4	28.7	28	117.0	30.6	107.6	22
辽　宁	Liaoning	795.0	644.8	332.6	16	918.6	472.0	403.6	8
吉　林	Jilin	106.9	81.8	95.3	24	154.0	92.8	161.2	20
黑龙江	Heilongjiang	43.8	71.2	53.4	26	120.3	56.0	73.4	24
上　海	Shanghai	253.6	632.0	679.3	6	484.9	543.1	495.1	5
江　苏	Jiangsu	1283.5	1648.7	2309.5	2	1730.9	2253.7	2378.0	1
浙　江	Zhejiang	584.7	1186.0	1339.7	3	557.4	800.7	724.1	4
安　徽	Anhui	242.1	468.0	344.6	14	209.4	266.1	226.7	17
福　建	Fujian	652.8	863.0	885.2	4	443.3	438.2	340.8	13
江　西	Jiangxi	231.5	181.7	389.9	10	225.9	118.6	229.9	16
山　东	Shandong	488.6	639.6	884.3	5	816.4	805.9	1530.2	3
河　南	Henan	239.9	142.0	507.6	8	164.3	145.9	237.3	15
湖　北	Hubei	208.3	390.9	443.7	9	244.8	451.2	343.8	12
湖　南	Hunan	121.1	192.9	279.9	18	101.7	221.7	203.8	19
广　东	Guangdong	1464.8	2081.0	2486.6	1	849.3	1398.0	1542.8	2
广　西	Guangxi	193.8	225.6	295.7	17	151.1	225.6	213.4	18
海　南	Hainan	108.7	176.7	206.0	19	59.3	112.2	97.8	23
重　庆	Chongqing	257.4	618.2	563.7	7	154.7	325.0	354.2	10
四　川	Sichuan	218.8	315.1	347.0	13	318.1	334.3	345.1	11
贵　州	Guizhou	39.9	65.1	122.3	22	31.4	16.2	27.2	27
云　南	Yunnan	58.7	77.2	70.0	25	48.0	40.8	58.1	25
西　藏	Tibet	1.8	0.3	3.3	31	0.8	37.01	3.99	31
陕　西	Shaanxi	92.2	108.1	159.2	21	93.7	431.7	383.0	9
甘　肃	Gansu	36.3	20.4	18.7	29	18.0	16.5	13.6	29
青　海	Qinghai	1.3	18.6	12.3	30	22.0	0.2	21.4	28
宁　夏	Ningxia	2.1	11.9	96.7	23	15.8	8.7	10.8	30
新　疆	Xinjiang	16.3	31.6	29.9	27	21.3	51.8	29.4	26

4-10 全社会固定资产投资实际到位资金和国家预算资金
Capital Assets of Subtotal of Actual Funds for Investment and State Budget

单位：亿元 (100 million yuan)

地区	Region	实际到位资金小计 Subtotal of Actual Funds for Investment				国家预算资金 State Budget			
		2010	2015	2016	2016排名 Ranking	2010	2015	2016	2016排名 Ranking
全　国	**National Total**	**310964.2**	**584198.8**	**616933.5**		**14677.8**	**30924.3**	**36211.7**	
北　京	Beijing	8316.9	10417.2	11656.0	21	91.2	964.2	1080.8	18
天　津	Tianjin	6887.3	13073.7	14211.9	16	53.0	163.9	232.2	31
河　北	Hebei	16550.0	29108.4	30938.9	6	373.5	1044.6	1260.4	13
山　西	Shanxi	6147.8	12154.0	11938.5	20	456.8	721.0	707.8	23
内蒙古	Inner Mongolia	9069.1	13558.8	14134.3	17	378.7	705.0	1094.3	17
辽　宁	Liaoning	18626.3	18305.2	7606.4	27	603.2	821.7	276.4	29
吉　林	Jilin	7850.8	12912.0	13622.9	18	292.4	436.5	555.8	26
黑龙江	Heilongjiang	7295.4	10791.4	10686.0	23	381.0	500.0	499.0	27
上　海	Shanghai	6383.3	8180.0	9198.9	25	116.2	501.6	564.7	25
江　苏	Jiangsu	27246.2	50396.6	54758.3	1	282.1	806.9	990.4	20
浙　江	Zhejiang	14981.7	28684.4	32110.2	5	468.0	1658.6	1702.2	7
安　徽	Anhui	12266.7	24434.6	27107.1	10	715.4	1145.9	1384.0	11
福　建	Fujian	8922.2	21756.3	22994.9	11	641.4	1498.7	1901.7	3
江　西	Jiangxi	9933.1	18634.9	19716.7	12	472.4	678.0	1160.6	15
山　东	Shandong	25399.2	50156.6	53920.9	2	528.6	752.4	1073.3	19
河　南	Henan	16943.2	35560.9	39774.4	4	363.5	1228.7	1295.8	12
湖　北	Hubei	11274.8	27010.0	29484.8	7	794.3	1050.4	1804.5	5
湖　南	Hunan	10289.9	26487.6	28991.1	8	687.3	1331.4	1452.2	10
广　东	Guangdong	18264.5	36584.9	39864.8	3	361.6	1755.3	1980.0	2
广　西	Guangxi	7453.2	17125.0	18478.1	14	331.1	1207.5	1669.3	8
海　南	Hainan	1747.7	3783.1	4354.1	28	114.3	209.7	351.0	28
重　庆	Chongqing	8304.7	16196.3	17018.5	15	606.8	1145.7	942.1	21
四　川	Sichuan	14941.5	26333.0	28770.0	9	1398.4	1656.8	2110.8	1
贵　州	Guizhou	3644.1	10369.1	11415.9	22	292.1	598.2	682.6	24
云　南	Yunnan	6375.6	11777.9	13074.6	19	526.8	1463.2	1772.9	6
西　藏	Tibet	518.0	1662.3	1675.1	31	321.5	1137.3	1153.8	16
陕　西	Shaanxi	9302.4	18194.8	19557.0	13	819.0	1238.4	1632.5	9
甘　肃	Gansu	3240.6	8597.6	9057.4	26	555.7	1101.9	1226.3	14
青　海	Qinghai	1040.3	3145.1	3462.7	29	141.5	609.0	837.8	22
宁　夏	Ningxia	1446.0	3077.9	2960.7	30	89.0	307.0	244.3	30
新　疆	Xinjiang	3667.4	10734.9	9692.6	24	578.8	1561.5	1818.6	4

4-11 全社会固定资产投资国内贷款和利用外资
Capital Assets of Domestic Loans and Foreign Investment

单位：亿元 (100 million yuan)

地区	Region	国内贷款 Domestic Loans				利用外资 Foreign Investment			
		2010	2015	2016	2016排名 Ranking	2010	2015	2016	2016排名 Ranking
全　国	**National Total**	**47258.0**	**61054.0**	**67200.3**		**4986.8**	**2854.4**	**2270.3**	
北　京	Beijing	2189.3	2360.4	2656.0	7	43.8	13.2	13.0	22
天　津	Tianjin	1678.2	2209.9	2415.7	10	125.0	101.4	122.1	6
河　北	Hebei	2161.5	1922.8	1797.9	18	87.8	42.7	31.6	16
山　西	Shanxi	918.5	650.2	701.2	27	32.7	2.5	5.6	24
内蒙古	Inner Mongolia	1090.3	1719.4	1753.2	19	7.5	6.9	1.5	30
辽　宁	Liaoning	2768.7	2399.8	1031.2	23	440.8	97.1	113.8	7
吉　林	Jilin	470.6	457.0	654.0	29	53.9	24.9	17.9	21
黑龙江	Heilongjiang	542.1	288.7	404.3	30	35.9	12.6	4.4	26
上　海	Shanghai	1493.3	2050.8	2104.1	16	236.2	130.1	18.7	20
江　苏	Jiangsu	3343.5	4823.3	5787.9	1	1154.9	926.2	599.9	1
浙　江	Zhejiang	2466.1	3030.8	3580.0	5	241.8	160.4	172.1	4
安　徽	Anhui	1193.1	1255.4	1714.7	20	111.9	62.7	82.4	8
福　建	Fujian	1512.8	2173.9	2285.3	13	289.2	85.6	55.5	11
江　西	Jiangxi	1059.3	835.2	1522.4	21	191.6	40.3	43.0	15
山　东	Shandong	2865.3	4109.5	5187.6	2	545.3	274.4	234.9	3
河　南	Henan	1574.3	4076.2	4083.0	4	46.0	46.5	59.3	9
湖　北	Hubei	1699.4	2698.4	3071.0	6	156.2	43.7	44.1	13
湖　南	Hunan	1392.8	1840.7	2634.6	8	86.3	33.8	47.0	12
广　东	Guangdong	3066.3	4568.2	5026.4	3	623.4	204.1	263.7	2
广　西	Guangxi	1050.3	2274.8	2196.2	14	68.6	36.5	20.5	18
海　南	Hainan	479.9	623.4	694.3	28	23.2	3.8	2.2	29
重　庆	Chongqing	1683.3	2261.8	2310.7	11	149.1	139.2	57.8	10
四　川	Sichuan	2411.4	2374.5	2499.3	9	99.9	53.3	23.9	17
贵　州	Guizhou	897.3	1812.5	2132.7	15	11.4	15.7	43.9	14
云　南	Yunnan	1399.3	1498.6	2306.6	12	11.3	20.1	5.5	25
西　藏	Tibet	9.9	10.8	78.5	31	1.4	1.1		
陕　西	Shaanxi	1075.8	1226.2	1876.5	17	29.5	224.2	137.9	5
甘　肃	Gansu	510.1	997.5	1047.5	22	18.8	21.4	7.5	23
青　海	Qinghai	178.6	681.4	738.9	26	5.2	2.7	19.0	19
宁　夏	Ningxia	410.9	712.8	754.3	25	4.1	0.3	4.1	27
新　疆	Xinjiang	532.7	1607.4	825.1	24	12.0	4.1	4.0	28

4-12 全社会固定资产投资自筹资金和其他资金
Capital Assets of Self-raised Funds and Other Funds

单位：亿元 (100 million yuan)

地区	Region	自筹资金 Self-raised Funds				其他资金 Others			
		2010	2015	2016	2016排名 Ranking	2010	2015	2016	2016排名 Ranking
全　国	**National Total**	**197099.2**	**414802.4**	**413828.6**		**46942.4**	**74563.6**	**97422.6**	
北　京	Beijing	3240.2	3759.3	3695.7	26	2752.4	3320.0	4210.5	7
天　津	Tianjin	3998.9	9075.9	8701.1	20	1032.1	1522.7	2740.9	14
河　北	Hebei	12331.8	24321.7	25518.2	4	1595.3	1776.7	2330.7	17
山　西	Shanxi	3974.8	9948.6	9506.8	18	765.0	831.7	1017.1	24
内蒙古	Inner Mongolia	7188.5	10453.5	10309.8	17	404.0	674.0	975.4	25
辽　宁	Liaoning	12998.8	13517.8	4793.3	25	1814.7	1468.7	1391.6	21
吉　林	Jilin	6501.6	11260.8	11602.8	15	532.2	732.8	792.3	27
黑龙江	Heilongjiang	5569.5	9333.5	9009.8	19	766.8	656.6	768.6	28
上　海	Shanghai	3180.4	3011.0	2993.3	27	1357.2	2486.5	3518.1	11
江　苏	Jiangsu	17552.9	36633.3	36534.5	2	4912.8	7206.9	10845.6	2
浙　江	Zhejiang	8299.4	18435.7	18965.2	9	3506.4	5398.9	7690.8	3
安　徽	Anhui	8541.5	18767.0	19357.4	8	1704.9	3203.6	4568.8	6
福　建	Fujian	5039.9	14972.3	14831.1	12	1439.1	3025.9	3921.2	8
江　西	Jiangxi	7212.4	15152.2	14839.4	11	997.4	1929.3	2151.3	18
山　东	Shandong	18466.2	41006.9	41751.9	1	2993.9	4013.4	5673.3	4
河　南	Henan	13247.9	27936.7	31513.8	3	1711.5	2272.7	2822.5	13
湖　北	Hubei	7263.2	20913.7	20711.0	7	1361.8	2303.9	3854.2	9
湖　南	Hunan	6726.8	20570.5	21212.6	5	1396.7	2711.2	3644.8	10
广　东	Guangdong	10450.7	21266.7	21029.6	6	3762.6	8790.6	11565.2	1
广　西	Guangxi	4784.0	11530.7	11967.8	14	1219.2	2075.5	2624.2	15
海　南	Hainan	571.4	2045.6	2188.4	28	558.9	900.6	1118.2	23
重　庆	Chongqing	3833.1	9492.3	10313.9	16	2032.4	3157.3	3394.0	12
四　川	Sichuan	8470.5	17569.0	18725.4	10	2561.4	4679.3	5410.6	5
贵　州	Guizhou	1822.6	6263.4	6778.3	21	620.7	1679.3	1778.4	19
云　南	Yunnan	3327.6	7042.3	6539.1	22	1110.6	1753.6	2450.5	16
西　藏	Tibet	158.7	458.1	366.0	31	26.4	55.1	76.9	31
陕　西	Shaanxi	6100.7	13601.2	14183.9	13	1277.4	1904.8	1726.2	20
甘　肃	Gansu	1788.0	5606.8	5808.4	24	368.0	870.0	967.8	26
青　海	Qinghai	540.3	1578.1	1493.5	30	174.7	273.9	373.5	30
宁　夏	Ningxia	702.0	1700.7	1567.9	29	240.0	357.0	390.0	29
新　疆	Xinjiang	1959.4	6517.2	5828.5	23	584.6	1044.6	1216.3	22

4-13 全社会农、林、牧、渔业和采矿业固定资产投资
Total Investment in Agriculture, Forestry, Animal Husbandry and Fishery, and Mining

单位：亿元 (100 million yuan)

地区	Region	农、林、牧、渔业 Agriculture, Forestry, Animal Husbandry and Fishery				采矿业 Mining			
		2010	2015	2016	2016排名 Ranking	2010	2015	2016	2016排名 Ranking
全　国	**National Total**	**7923.1**	**21042.7**	**24853.1**		**11000.9**	**12970.8**	**10320.3**	
北　京	Beijing	43.2	111.0	104.7	28	9.3	2.6	2.9	30
天　津	Tianjin	91.9	262.6	324.9	24	308.6	265.1	109.6	23
河　北	Hebei	565.2	1599.8	1775.3	3	439.7	561.6	442.4	10
山　西	Shanxi	281.3	1631.3	1978.8	2	1068.9	1410.9	1054.6	1
内蒙古	Inner Mongolia	446.2	893.4	1011.3	11	992.9	943.6	904.1	2
辽　宁	Liaoning	358.3	510.3	245.2	25	634.3	382.8	124.3	22
吉　林	Jilin	243.5	632.4	807.0	15	488.6	532.7	450.0	9
黑龙江	Heilongjiang	479.5	1076.7	1178.2	8	587.5	459.2	366.0	13
上　海	Shanghai	16.4	3.9	4.1	31	0.4	0.2	0.3	31
江　苏	Jiangsu	221.9	365.2	481.3	20	83.1	103.2	72.9	25
浙　江	Zhejiang	99.6	393.0	433.0	23	20.7	59.3	58.6	26
安　徽	Anhui	221.8	899.7	938.2	13	389.2	324.1	232.9	17
福　建	Fujian	155.0	638.9	892.2	14	114.1	278.1	220.0	18
江　西	Jiangxi	250.7	515.2	538.0	19	265.4	245.5	302.0	15
山　东	Shandong	628.3	1451.0	1577.3	4	532.6	649.0	499.4	8
河　南	Henan	824.1	1738.9	2250.4	1	737.1	568.3	567.6	5
湖　北	Hubei	330.4	826.9	1157.8	9	192.1	346.5	329.4	14
湖　南	Hunan	353.9	1019.1	1330.0	6	411.2	570.3	499.4	7
广　东	Guangdong	219.0	525.9	541.3	18	79.1	162.0	163.6	21
广　西	Guangxi	242.4	860.0	1065.1	10	191.9	389.8	276.4	16
海　南	Hainan	21.4	58.6	56.9	30	4.5	7.6	9.7	29
重　庆	Chongqing	276.1	441.4	455.3	22	137.1	285.6	200.9	19
四　川	Sichuan	473.4	868.7	1190.0	7	437.0	517.2	419.5	11
贵　州	Guizhou	71.3	330.9	457.3	21	389.1	339.2	525.6	6
云　南	Yunnan	225.9	792.4	951.5	12	251.4	427.2	378.8	12
西　藏	Tibet	23.6	73.4	88.0	29	20.3	75.0	48.2	27
陕　西	Shaanxi	290.2	1239.5	1421.7	5	691.5	1080.8	673.4	3
甘　肃	Gansu	139.4	557.5	702.0	16	135.9	306.4	178.9	20
青　海	Qinghai	76.4	143.3	147.5	27	73.8	204.1	97.0	24
宁　夏	Ningxia	41.2	166.5	196.8	26	117.0	107.7	47.4	28
新　疆	Xinjiang	211.4	415.1	552.0	17	610.5	888.7	579.3	4

4-14 全社会制造业和电力、热力、燃气、水业固定资产投资
Total Investment in Manufacturing, Production and Supply of Electricity, Heat, Gas and Water

单位：亿元 (100 million yuan)

地区	Region	制造业 Manufacturing				电力、热力、燃气及水业 Production and Supply of Electricity, Heat,Gas and Water			
		2010	2015	2016	2016排名 Ranking	2010	2015	2016	2016排名 Ranking
全　国	**National Total**	**88619.2**	**180370.4**	**187962.1**		**15679.7**	**26722.8**	**29747.7**	
北　京	Beijing	355.3	362.5	384.8	29	150.1	293.2	323.3	27
天　津	Tianjin	2263.0	3380.4	3230.9	18	243.4	368.5	328.3	26
河　北	Hebei	5462.6	12579.8	13450.8	4	669.0	1528.7	1889.8	3
山　西	Shanxi	1016.3	2515.5	2643.4	20	525.7	1355.9	1264.0	9
内蒙古	Inner Mongolia	1931.2	3709.8	3562.4	17	1375.6	1732.5	1903.5	2
辽　宁	Liaoning	5839.6	6568.3	1765.2	22	828.7	520.6	296.6	28
吉　林	Jilin	3427.3	5820.0	6012.9	12	547.4	463.2	546.9	21
黑龙江	Heilongjiang	1755.9	2819.2	3024.0	19	438.9	344.1	374.1	25
上　海	Shanghai	1150.9	757.8	761.3	27	235.6	199.2	218.0	29
江　苏	Jiangsu	11656.4	21248.2	22882.9	2	633.3	1444.7	1619.7	6
浙　江	Zhejiang	4357.2	7609.1	7860.4	10	590.7	1108.9	1217.1	11
安　徽	Anhui	4222.5	9458.1	10388.3	6	400.4	782.2	993.7	13
福　建	Fujian	2313.2	6108.5	6455.4	11	505.5	902.3	1143.9	12
江　西	Jiangxi	4433.7	8101.1	9190.8	8	303.9	573.2	792.2	18
山　东	Shandong	9459.0	20923.8	23444.3	1	640.8	1729.2	2499.6	1
河　南	Henan	6967.9	15348.0	16241.4	3	523.1	1114.4	1731.8	5
湖　北	Hubei	3406.8	10204.6	10522.4	5	489.4	690.7	939.0	15
湖　南	Hunan	3114.2	8565.4	8824.5	9	429.8	855.7	950.8	14
广　东	Guangdong	3772.5	8785.3	9600.6	7	1329.3	1198.7	1297.0	8
广　西	Guangxi	1944.9	5209.4	5181.7	14	404.0	736.4	938.4	16
海　南	Hainan	88.6	119.0	100.7	30	84.6	118.5	111.8	31
重　庆	Chongqing	1754.4	3950.8	4720.5	15	287.1	462.0	480.1	23
四　川	Sichuan	3368.7	5193.4	5910.9	13	1000.4	1585.1	1773.4	4
贵　州	Guizhou	438.6	1204.8	1723.1	23	296.8	418.0	484.7	22
云　南	Yunnan	758.1	1526.9	1616.3	24	756.8	1129.0	855.1	17
西　藏	Tibet	35.5	28.9	38.3	31	56.0	157.0	200.9	30
陕　西	Shaanxi	1543.2	3596.9	3659.0	16	378.4	847.6	1253.1	10
甘　肃	Gansu	521.7	1232.4	1315.2	25	554.7	762.7	722.9	19
青　海	Qinghai	278.3	647.6	647.0	28	92.9	449.3	443.0	24
宁　夏	Ningxia	361.6	824.7	946.3	26	236.0	696.2	635.9	20
新　疆	Xinjiang	620.2	1970.1	1856.3	21	395.1	2091.5	1302.9	7

4-15 全社会建筑业和交通运输、仓储、邮政业固定资产投资
Total Investment in Construction and Transport, Storage and Post

单位：亿元 (100 million yuan)

地区	Region	建筑业 Construction				交通运输、仓储和邮政业 Transport, Storage and Post			
		2010	2015	2016	2016排名 Ranking	2010	2015	2016	2016排名 Ranking
全　国	**National Total**	**2802.2**	**4956.6**	**4614.9**		**30074.5**	**49200.0**	**53890.4**	
北　京	Beijing	5.7	5.7	6.6	25	694.4	715.0	761.6	25
天　津	Tianjin	26.6	138.8	96.9	13	539.3	757.2	735.1	26
河　北	Hebei	53.8	21.6	9.5	24	1521.2	2077.5	2095.3	9
山　西	Shanxi	17.2	11.8	14.2	22	895.8	920.7	912.6	23
内蒙古	Inner Mongolia	111.7	163.5	151.1	9	1043.0	1251.2	1427.7	17
辽　宁	Liaoning	195.5	22.8	15.1	21	1080.8	1263.6	661.2	27
吉　林	Jilin	88.6	203.8	177.9	7	580.9	961.3	1170.0	18
黑龙江	Heilongjiang	98.2	257.8	205.9	5	794.9	995.0	1134.6	19
上　海	Shanghai	13.3	1.7	3.1	29	655.2	794.6	944.9	22
江　苏	Jiangsu	90.3	133.5	130.8	11	1162.1	2432.5	2551.0	7
浙　江	Zhejiang	44.8	55.4	12.0	23	1068.7	2312.8	2581.9	5
安　徽	Anhui	346.5	132.4	156.2	8	477.9	1350.9	1628.5	15
福　建	Fujian	25.5	228.1	81.4	14	1189.0	2230.7	2505.4	8
江　西	Jiangxi	43.6	134.4	52.8	16	488.4	822.9	965.4	21
山　东	Shandong	351.0	889.7	1072.1	1	1362.3	2787.5	2982.2	3
河　南	Henan	14.7	11.3	3.6	28	791.4	1937.5	1954.5	10
湖　北	Hubei	43.2	148.5	475.9	3	935.3	2279.8	2833.0	4
湖　南	Hunan	163.9	402.2	326.4	4	1178.6	1723.0	1944.4	11
广　东	Guangdong	73.7	55.8	38.7	17	1820.0	3037.6	3032.3	2
广　西	Guangxi	22.3	236.7	185.0	6	842.5	1532.9	1849.8	12
海　南	Hainan	13.9	79.1	67.2	15	164.1	421.8	467.1	30
重　庆	Chongqing	186.2	10.1	4.4	26	645.3	1436.5	1630.7	14
四　川	Sichuan	138.8	64.1	23.9	19	1576.2	3087.7	3738.0	1
贵　州	Guizhou	11.2	20.1	17.1	20	518.5	1588.9	1779.9	13
云　南	Yunnan	6.8	1.9	2.1	30	977.6	1815.2	2577.5	6
西　藏	Tibet	22.4	0.7	4.0	27	115.5	346.9	542.3	29
陕　西	Shaanxi	203.0	98.6	29.9	18	739.6	1439.5	1584.6	16
甘　肃	Gansu	325.2	1136.9	1007.6	2	208.6	814.9	1100.0	20
青　海	Qinghai	20.2	157.1	101.5	12	146.4	419.8	589.9	28
宁　夏	Ningxia	9.6	14.1	0.6	31	120.9	261.7	367.7	31
新　疆	Xinjiang	34.8	118.6	141.3	10	415.6	1017.4	836.1	24

4-16 全社会信息传输、软件、信息技术服务业和批发零售业固定资产投资

Total Investment in Information Transmission, Software and Information Technology Services and Wholesale and Retail Trades

单位：亿元 (100 million yuan)

地区	Region	信息传输、软件和信息技术服务业 Information Transmission, Software and Information Technology Services				批发和零售业 Wholesale and Retail Trades			
		2010	2015	2016	2016排名 Ranking	2010	2015	2016	2016排名 Ranking
全 国	**National Total**	**2454.5**	**5521.9**	**6325.5**		**6032.2**	**18924.9**	**18166.9**	
北 京	Beijing	143.3	240.0	198.9	16	30.8	60.8	30.0	30
天 津	Tianjin	47.7	140.2	165.3	18	91.2	528.8	847.0	8
河 北	Hebei	41.2	147.2	239.1	9	464.4	971.7	857.8	7
山 西	Shanxi	41.7	104.3	100.9	24	83.8	349.0	369.8	20
内蒙古	Inner Mongolia	60.2	84.2	126.8	22	254.3	401.3	387.0	18
辽 宁	Liaoning	146.5	202.6	63.1	30	323.9	848.7	217.1	24
吉 林	Jilin	49.6	191.2	226.2	13	252.3	594.4	748.1	11
黑龙江	Heilongjiang	64.5	164.7	229.2	11	175.4	596.1	638.1	14
上 海	Shanghai	116.6	127.3	136.9	20	73.1	34.8	37.2	28
江 苏	Jiangsu	169.8	662.9	635.5	1	578.3	1448.1	1648.5	2
浙 江	Zhejiang	158.7	275.2	318.8	3	209.5	411.4	374.7	19
安 徽	Anhui	85.4	255.4	301.7	5	252.5	956.1	935.9	6
福 建	Fujian	141.4	261.9	311.1	4	157.9	520.6	416.6	17
江 西	Jiangxi	66.4	125.4	171.2	17	206.7	973.1	941.5	5
山 东	Shandong	58.4	287.4	294.4	7	881.4	2801.7	2361.7	1
河 南	Henan	58.9	161.7	238.9	10	465.9	1177.0	1236.1	3
湖 北	Hubei	75.6	136.9	150.7	19	304.2	793.5	726.6	12
湖 南	Hunan	111.5	259.3	298.3	6	141.6	1152.6	1118.4	4
广 东	Guangdong	254.6	477.8	506.7	2	273.6	917.2	795.3	9
广 西	Guangxi	84.0	151.1	223.2	15	139.7	608.1	759.0	10
海 南	Hainan	17.6	79.8	88.4	26	5.8	34.6	53.2	26
重 庆	Chongqing	76.7	82.4	90.9	25	91.5	253.4	224.2	23
四 川	Sichuan	111.8	267.4	292.9	8	163.0	573.9	508.2	15
贵 州	Guizhou	46.7	45.3	67.0	28	17.3	193.7	273.8	22
云 南	Yunnan	51.8	63.8	228.5	12	123.1	278.6	274.5	21
西 藏	Tibet	11.1	8.2	11.4	31	6.5	14.5	14.0	31
陕 西	Shaanxi	79.4	188.8	225.5	14	139.9	694.8	643.5	13
甘 肃	Gansu	23.1	72.5	105.3	23	64.3	479.3	488.6	16
青 海	Qinghai	2.5	80.2	76.0	27	7.4	40.6	32.2	29
宁 夏	Ningxia	15.5	51.4	66.5	29	24.3	33.0	47.3	27
新 疆	Xinjiang	42.0	125.6	136.2	21	28.4	183.7	161.3	25

4-17 全社会住宿餐饮业和金融业固定资产投资
Total Investment in Hotels and Catering Services and Financial Intermediation

单位：亿元 (100 million yuan)

地区	Region	住宿和餐饮业 Hotels and Catering Services				金融业 Financial Intermediation			
		2010	2015	2016	2016排名 Ranking	2010	2015	2016	2016排名 Ranking
全　国	**National Total**	**3366.8**	**6546.7**	**5976.2**		**489.4**	**1367.2**	**1310.2**	
北　京	Beijing	36.1	40.9	45.8	27	30.3	73.3	50.6	11
天　津	Tianjin	64.5	83.5	66.8	25	2.9	47.1	20.4	19
河　北	Hebei	147.7	221.7	186.1	18	12.8	47.9	93.1	4
山　西	Shanxi	39.4	79.6	75.6	22	2.6	4.5	9.2	27
内蒙古	Inner Mongolia	77.0	101.3	68.2	24	38.1	36.4	16.8	21
辽　宁	Liaoning	210.2	296.4	74.2	23	32.5	71.6	12.9	23
吉　林	Jilin	67.7	104.2	154.3	20	11.4	36.7	68.5	9
黑龙江	Heilongjiang	53.8	179.7	232.5	12	9.5	32.0	64.8	10
上　海	Shanghai	45.5	28.3	20.6	30	30.1	24.5	18.5	20
江　苏	Jiangsu	282.4	541.5	455.9	1	42.0	150.8	141.6	1
浙　江	Zhejiang	145.1	232.3	296.8	6	36.3	102.2	88.9	6
安　徽	Anhui	158.7	254.8	275.9	9	22.2	72.7	92.4	5
福　建	Fujian	101.9	269.0	192.5	17	27.0	57.1	50.6	12
江　西	Jiangxi	212.1	293.3	275.5	10	26.4	41.1	48.9	13
山　东	Shandong	343.1	348.1	375.2	2	23.1	99.4	101.8	2
河　南	Henan	213.4	411.1	358.0	3	15.1	19.7	30.8	15
湖　北	Hubei	191.3	312.5	292.1	8	18.7	53.2	33.0	14
湖　南	Hunan	114.4	292.1	296.6	7	5.6	88.2	78.6	7
广　东	Guangdong	246.2	467.0	352.4	5	36.0	113.2	94.1	3
广　西	Guangxi	85.6	205.4	201.8	15	19.7	39.0	72.1	8
海　南	Hainan	109.3	144.6	135.5	21	5.4	1.9		
重　庆	Chongqing	36.1	255.3	160.3	19	3.7	21.6	12.2	24
四　川	Sichuan	121.1	424.9	354.5	4	10.6	23.0	21.3	18
贵　州	Guizhou	21.8	160.2	227.8	14	6.2	7.7	13.6	22
云　南	Yunnan	82.1	247.8	232.4	13	4.9	9.0	10.2	25
西　藏	Tibet	14.7	14.6	22.0	29	0.8	46.2	4.9	28
陕　西	Shaanxi	91.8	246.3	250.0	11	3.3	14.4	22.9	16
甘　肃	Gansu	26.8	170.0	195.6	16	3.3	13.3	22.5	17
青　海	Qinghai	7.3	19.7	30.1	28	1.2	1.6	4.8	29
宁　夏	Ningxia	5.7	16.0	20.5	31	0.3	5.9	1.0	30
新　疆	Xinjiang	13.9	84.4	50.5	26	7.2	11.9	9.2	26

4-18 全社会房地产业和租赁、商务服务业固定资产投资
Total Investment in Real Estate and Leasing and Business Services

单位：亿元 (100 million yuan)

地区	Region	房地产业 Real Estate 2010	2015	2016	2016排名 Ranking	租赁和商务服务业 Leasing and Business Services 2010	2015	2016	2016排名 Ranking
全国	National Total	**64877.3**	**134284.3**	**142359.4**		**2692.6**	**9447.9**	**12341.9**	
北京	Beijing	3196.2	4479.3	4726.7	14	27.7	64.0	129.2	24
天津	Tianjin	1143.2	2788.7	3290.6	19	294.9	798.4	1122.4	3
河北	Hebei	3549.6	5690.2	5764.9	9	109.8	416.9	501.1	9
山西	Shanxi	1136.5	3331.7	2940.8	20	34.2	72.1	164.8	20
内蒙古	Inner Mongolia	1316.8	1636.6	1829.4	25	43.4	100.1	141.6	23
辽宁	Liaoning	3755.5	3797.3	2255.7	22	340.8	343.5	93.1	26
吉林	Jilin	1131.3	1196.0	1251.2	27	38.6	196.9	266.9	16
黑龙江	Heilongjiang	1279.3	1345.4	1190.1	28	57.6	180.1	258.7	18
上海	Shanghai	2080.3	3486.7	3720.7	16	53.7	116.2	119.9	25
江苏	Jiangsu	5182.9	9935.8	10467.4	2	325.2	1131.5	1545.7	1
浙江	Zhejiang	4005.6	9679.6	10281.5	3	131.2	572.0	645.9	7
安徽	Anhui	3199.9	6046.4	6068.3	8	71.8	429.1	655.5	6
福建	Fujian	2246.2	5643.1	5682.5	10	97.1	269.4	337.2	14
江西	Jiangxi	1094.7	2428.3	2775.6	21	83.1	330.1	494.7	10
山东	Shandong	5260.3	8774.9	9405.0	5	222.0	898.8	1184.0	2
河南	Henan	3775.0	8161.9	9484.1	4	56.1	441.4	455.4	11
湖北	Hubei	2134.3	6142.6	6446.4	7	117.5	650.4	806.4	4
湖南	Hunan	1965.0	4180.3	4906.0	13	51.5	523.8	723.5	5
广东	Guangdong	4574.1	10479.4	12087.4	1	160.0	315.5	437.2	12
广西	Guangxi	1676.6	2905.6	3400.5	18	57.7	350.3	560.5	8
海南	Hainan	530.6	1953.0	2118.0	24	14.1	16.5	33.0	29
重庆	Chongqing	1962.6	4429.9	4346.1	15	60.4	174.3	244.8	19
四川	Sichuan	3157.5	7992.8	8543.1	6	111.3	274.4	401.2	13
贵州	Guizhou	782.1	3469.8	3479.4	17	5.8	187.0	324.0	15
云南	Yunnan	1222.5	4618.1	5484.1	11	14.5	118.0	60.0	27
西藏	Tibet	45.8	129.5	176.6	31	1.8	6.1	17.3	31
陕西	Shaanxi	1827.7	4760.3	5127.4	12	67.9	171.1	259.4	17
甘肃	Gansu	505.0	1284.9	1433.7	26	25.9	126.6	145.0	22
青海	Qinghai	175.4	484.4	638.8	30	2.5	45.7	42.5	28
宁夏	Ningxia	333.2	880.1	874.3	29	3.2	23.3	22.7	30
新疆	Xinjiang	631.6	2151.8	2163.4	23	11.4	104.7	148.3	21

4-19 全社会科学研究、技术服务业和水利、环境、公共设施管理业固定资产投资

Total Investment in Scientific Research, Technical Services, and Management of Water Conservancy, Environment and Public Facilities

单位：亿元 (100 million yuan)

地区	Region	科学研究和技术服务业 Scientific Research and Technical Services				水利、环境和公共设施管理业 Management of Water Conservancy, Environment and Public Facilities			
		2010	2015	2016	2016排名 Ranking	2010	2015	2016	2016排名 Ranking
全　国	**National Total**	**1379.3**	**4752.0**	**5567.8**		**24827.6**	**55679.6**	**68647.6**	
北　京	Beijing	85.3	80.1	70.6	21	352.7	550.5	722.2	25
天　津	Tianjin	20.7	107.9	301.4	6	826.3	1670.2	1629.1	20
河　北	Hebei	60.9	185.6	351.8	4	1396.5	2219.2	2705.9	13
山　西	Shanxi	27.0	76.9	104.6	17	489.5	1607.4	1873.6	19
内蒙古	Inner Mongolia	43.7	98.6	87.8	19	664.4	1772.1	2645.3	14
辽　宁	Liaoning	122.3	246.7	44.0	23	1377.5	2081.9	505.2	26
吉　林	Jilin	48.6	119.0	150.8	14	529.3	938.8	1161.3	22
黑龙江	Heilongjiang	35.5	125.3	194.3	10	591.9	922.5	864.5	24
上　海	Shanghai	32.6	46.1	40.4	24	450.0	474.4	474.4	27
江　苏	Jiangsu	138.7	592.3	639.2	2	1755.3	3868.8	3965.4	5
浙　江	Zhejiang	38.2	99.9	141.3	15	1047.8	3092.0	4361.4	2
安　徽	Anhui	65.0	261.4	345.3	5	975.4	2021.0	2597.1	15
福　建	Fujian	18.0	83.0	116.0	16	707.9	2669.1	3588.5	8
江　西	Jiangxi	43.9	96.0	153.3	11	839.6	1691.1	2004.4	18
山　东	Shandong	156.0	1026.6	1055.7	1	1287.5	2339.0	2959.7	10
河　南	Henan	52.7	184.7	252.2	7	1303.8	2782.9	3698.3	7
湖　北	Hubei	47.6	133.0	151.9	13	1084.2	2714.7	3735.2	6
湖　南	Hunan	29.2	304.2	358.2	3	1045.0	3377.7	4526.2	1
广　东	Guangdong	100.2	218.1	223.5	8	1908.5	2443.4	2843.2	11
广　西	Guangxi	19.1	110.8	152.5	12	878.2	1826.5	2076.5	16
海　南	Hainan	1.8	10.8	38.3	26	113.9	241.6	399.3	28
重　庆	Chongqing	11.0	33.5	30.8	28	776.0	1926.8	2839.8	12
四　川	Sichuan	25.9	151.9	96.2	18	1548.8	3255.4	3977.1	4
贵　州	Guizhou	7.8	24.2	32.4	27	350.5	2373.1	2960.4	9
云　南	Yunnan	7.8	22.1	18.1	29	632.3	1485.0	2022.1	17
西　藏	Tibet	1.8	10.7	7.3	31	25.3	143.8	193.5	31
陕　西	Shaanxi	81.2	191.8	215.5	9	982.9	2806.9	4026.5	3
甘　肃	Gansu	24.8	58.4	79.0	20	140.6	762.6	1073.6	23
青　海	Qinghai	4.9	11.3	39.5	25	53.1	236.5	327.4	30
宁　夏	Ningxia	1.4	10.7	17.2	30	85.2	269.7	348.3	29
新　疆	Xinjiang	17.2	30.1	58.8	22	195.8	1068.2	1539.8	21

4-20 全社会居民服务、修理、其他服务业和教育固定资产投资
Total Investment in Services to Households, Repair and Other Services and Education

单位：亿元　　(100 million yuan)

地区	Region	居民服务、修理和其他服务业 Services to Households, Repair and Other Services				教育 Education			
		2010	2015	2016	2016排名 Ranking	2010	2015	2016	2016排名 Ranking
全　国	**National Total**	**1114.1**	**2730.3**	**2750.9**		**4033.6**	**7726.8**	**9326.7**	
北　京	Beijing	6.8	21.7	16.3	27	88.8	142.2	139.9	24
天　津	Tianjin	96.5	85.3	167.4	3	59.7	172.0	140.4	23
河　北	Hebei	51.3	88.6	95.0	15	149.1	260.3	325.3	15
山　西	Shanxi	8.3	49.5	45.2	21	241.5	182.6	188.5	20
内蒙古	Inner Mongolia	19.8	88.9	35.2	24	151.3	140.6	149.2	22
辽　宁	Liaoning	89.9	138.9	49.0	20	132.7	178.4	57.9	29
吉　林	Jilin	30.8	86.5	106.0	13	87.5	111.5	123.9	25
黑龙江	Heilongjiang	15.4	89.1	102.4	14	71.3	161.9	164.2	21
上　海	Shanghai	2.4	2.8	2.6	31	50.1	89.2	79.1	26
江　苏	Jiangsu	125.4	263.5	260.9	2	214.9	543.3	590.1	2
浙　江	Zhejiang	14.7	67.7	130.7	8	128.8	400.9	506.8	7
安　徽	Anhui	29.2	95.5	109.8	12	194.0	276.4	375.4	11
福　建	Fujian	14.9	72.1	51.7	18	116.5	273.4	328.2	13
江　西	Jiangxi	54.9	126.1	120.4	10	112.2	243.6	218.3	18
山　东	Shandong	226.7	380.7	315.4	1	251.3	607.0	745.4	1
河　南	Henan	72.2	204.1	153.8	4	265.1	417.9	533.7	5
湖　北	Hubei	39.5	111.4	142.0	6	160.3	213.1	366.7	12
湖　南	Hunan	37.4	112.8	137.0	7	115.1	439.9	568.1	4
广　东	Guangdong	18.3	49.9	40.1	23	255.7	415.3	514.7	6
广　西	Guangxi	22.0	102.9	112.3	11	175.4	381.3	478.4	8
海　南	Hainan	1.5	5.0	10.1	28	25.5	41.7	62.5	28
重　庆	Chongqing	11.4	35.6	44.7	22	121.2	178.9	243.5	17
四　川	Sichuan	63.1	60.8	60.9	16	264.4	483.7	579.3	3
贵　州	Guizhou	5.6	48.7	49.2	19	48.7	267.7	326.2	14
云　南	Yunnan	8.0	54.5	59.2	17	181.2	297.5	438.8	9
西　藏	Tibet	1.3	11.7	8.0	29	11.7	31.5	39.5	31
陕　西	Shaanxi	26.0	82.1	125.8	9	179.2	299.3	424.7	10
甘　肃	Gansu	14.1	159.8	147.5	5	68.4	205.3	294.3	16
青　海	Qinghai	1.6	4.7	6.1	30	22.0	56.1	64.4	27
宁　夏	Ningxia	1.3	7.0	20.2	26	33.0	53.0	56.9	30
新　疆	Xinjiang	3.8	22.6	26.6	25	56.8	161.2	202.4	19

4-21 全社会卫生、社会工作和文化、体育、娱乐业固定资产投资

Total Investment in Health and Social Service, Culture, and Sports and Entertainment

单位：亿元 (100 million yuan)

地区	Region	卫生和社会工作 Healt and Social Service 2010	2015	2016	2016排名 Ranking	文化、体育和娱乐业 Culture, and Sports and Entertainment 2010	2015	2016	2016排名 Ranking
全 国	**National Total**	**2119.0**	**5175.6**	**6282.1**		**2959.4**	**6728.3**	**7834.2**	
北 京	Beijing	39.1	60.6	56.9	26	71.9	133.3	153.2	20
天 津	Tianjin	19.7	85.9	55.7	27	60.6	93.3	119.7	22
河 北	Hebei	112.2	261.5	316.4	6	128.9	461.5	461.7	5
山 西	Shanxi	56.0	126.0	167.3	16	66.0	195.4	192.9	17
内蒙古	Inner Mongolia	53.4	113.5	127.6	22	117.6	135.5	210.5	16
辽 宁	Liaoning	86.3	125.5	66.0	24	186.6	181.7	83.6	27
吉 林	Jilin	57.5	112.8	145.4	20	83.1	112.5	107.8	24
黑龙江	Heilongjiang	64.8	130.3	156.9	17	41.0	155.1	146.7	21
上 海	Shanghai	38.0	45.6	52.8	28	45.5	108.0	107.1	25
江 苏	Jiangsu	111.6	450.5	446.4	3	187.6	560.1	642.2	2
浙 江	Zhejiang	83.3	219.5	273.1	8	75.3	311.5	390.2	6
安 徽	Anhui	103.0	224.7	231.4	10	108.8	203.6	242.7	13
福 建	Fujian	60.1	171.9	198.7	14	79.5	265.7	324.0	9
江 西	Jiangxi	58.4	159.7	145.6	19	84.4	261.3	176.0	19
山 东	Shandong	157.2	429.7	545.9	2	510.4	755.0	829.0	1
河 南	Henan	139.2	416.5	555.9	1	165.6	371.0	547.7	3
湖 北	Hubei	92.8	179.0	269.5	9	115.1	289.5	324.1	8
湖 南	Hunan	101.2	278.9	414.3	4	98.1	280.0	512.8	4
广 东	Guangdong	129.6	254.7	215.3	13	231.7	292.6	319.2	10
广 西	Guangxi	74.1	164.0	218.5	11	63.5	180.2	223.0	15
海 南	Hainan	18.7	30.6	57.3	25	41.6	69.2	63.0	28
重 庆	Chongqing	44.9	108.3	131.7	21	53.1	142.1	112.7	23
四 川	Sichuan	150.2	310.6	402.1	5	157.0	203.6	234.7	14
贵 州	Guizhou	17.8	74.3	171.7	15	21.3	165.9	262.0	12
云 南	Yunnan	67.1	139.3	215.5	12	50.8	176.6	186.1	18
西 藏	Tibet	3.7	14.4	17.4	31	6.9	17.8	26.2	31
陕 西	Shaanxi	83.3	243.5	307.3	7	41.6	273.6	348.8	7
甘 肃	Gansu	42.5	102.2	155.1	18	27.0	204.5	292.1	11
青 海	Qinghai	7.7	25.1	26.1	30	10.4	27.2	44.7	30
宁 夏	Ningxia	14.5	28.9	45.6	29	10.9	20.7	45.3	29
新 疆	Xinjiang	31.4	87.5	92.6	23	17.2	80.3	104.4	26

4-22 全社会房屋施工面积
Floor Space of Buildings under Construction

单位：万平方米 (10 000 sq.m)

地区	Region	房屋施工面积 Floor Space of Buildings under Construction				其中：住宅施工面积 Floor Space of Residential Buildings under Construction			
		2010	2015	2016	2016排名 Ranking	2010	2015	2016	2016排名 Ranking
全 国	National Total	885173.4	1292371.7	1264395.3		492763.6	669297.1	660662.1	
北 京	Beijing	15572.1	19428.6	22221.4	21	7932.9	7673.5	7596.0	27
天 津	Tianjin	13166.2	21965.7	19422.8	23	5821.8	7892.8	7335.9	28
河 北	Hebei	48769.2	57974.1	49121.1	9	26410.4	30392.7	28155.9	10
山 西	Shanxi	17138.3	31549.8	28565.8	19	11700.1	19859.4	18239.9	17
内蒙古	Inner Mongolia	19808.3	23619.9	22167.1	22	11398.5	13481.9	13577.4	20
辽 宁	Liaoning	49050.3	50299.9	31661.7	18	24867.6	24010.0	20117.4	15
吉 林	Jilin	14624.4	16935.8	18735.6	24	7748.1	9269.0	8861.1	22
黑龙江	Heilongjiang	17575.3	19570.2	15579.8	27	10719.4	9880.7	8740.1	23
上 海	Shanghai	15015.9	17886.0	17733.2	25	7343.3	8443.8	8157.2	25
江 苏	Jiangsu	72050.7	101627.1	95997.6	3	31278.7	47717.1	47280.5	3
浙 江	Zhejiang	61194.5	91186.0	77382.5	5	25960.2	35519.4	33271.0	6
安 徽	Anhui	38478.6	60895.5	59490.6	8	22293.2	31378.5	31404.9	7
福 建	Fujian	30772.7	58632.8	46858.1	11	15359.3	23098.1	22528.2	12
江 西	Jiangxi	23932.7	36391.9	31758.7	17	13578.8	17976.9	17061.7	18
山 东	Shandong	71397.4	106744.8	96821.1	2	37278.3	55528.0	56134.2	1
河 南	Henan	68129.6	80816.9	75452.1	6	38514.9	42087.2	45175.5	4
湖 北	Hubei	25074.4	53370.3	48504.2	10	14964.1	26463.8	28187.3	8
湖 南	Hunan	32554.5	43616.6	100295.6	1	21563.1	28967.0	28186.7	9
广 东	Guangdong	55201.2	87521.5	87713.1	4	30156.5	45959.0	48071.7	2
广 西	Guangxi	24365.0	33477.5	35031.9	14	16273.6	20657.6	22349.4	13
海 南	Hainan	4488.6	10269.3	11312.9	28	3204.3	7591.5	8111.7	26
重 庆	Chongqing	24821.8	35091.0	34143.2	16	17596.3	21803.4	19954.8	16
四 川	Sichuan	50696.3	70789.9	65603.2	7	31364.1	37929.7	35977.2	5
贵 州	Guizhou	14335.9	32052.4	35015.9	15	10184.3	17948.9	16694.4	19
云 南	Yunnan	20903.3	38755.3	43473.1	12	13302.6	23626.5	27343.5	11
西 藏	Tibet	1296.7	854.8	3050.7	31	701.5	505.0	380.6	31
陕 西	Shaanxi	23643.4	34247.3	37180.9	13	15394.1	22202.2	21943.9	14
甘 肃	Gansu	10463.1	16984.3	16249.9	26	6353.6	8677.5	8435.6	24
青 海	Qinghai	4198.2	4950.2	5685.1	30	2985.1	2910.1	3058.1	30
宁 夏	Ningxia	4800.2	9200.3	9386.0	29	2874.3	5282.3	5161.3	29
新 疆	Xinjiang	11362.0	25539.8	22616.7	20	7640.6	14563.6	13169.0	21

4-23 全社会房屋竣工面积
Floor Space of Buildings Completed

单位：万平方米 (10 000 sq.m)

地区	Region	房屋竣工面积 Floor Space of Buildings Completed				其中：住宅竣工面积 Floor Space of Residential Buildings Completed			
		2010	2015	2016	2016排名 Ranking	2010	2015	2016	2016排名 Ranking
全 国	**National Total**	**304306.1**	**350973.0**	**312119.0**		**183172.3**	**179737.8**	**171471.3**	
北 京	Beijing	3908.4	3993.6	3442.7	26	2263.5	1879.1	1728.3	26
天 津	Tianjin	3271.6	5292.2	5368.0	21	1872.4	2355.4	2317.7	23
河 北	Hebei	15945.2	19635.8	16221.3	7	9156.4	8463.3	7024.8	12
山 西	Shanxi	6139.9	8978.8	9348.4	14	3980.7	6062.4	6265.6	13
内蒙古	Inner Mongolia	5823.4	4507.1	5446.4	20	3415.1	2712.9	2969.6	21
辽 宁	Liaoning	13603.7	13215.8	4819.9	23	7504.3	4971.7	3141.4	20
吉 林	Jilin	5967.6	4673.1	4997.5	22	3052.3	1906.0	1504.1	28
黑龙江	Heilongjiang	8582.4	8316.3	4535.7	24	5205.6	3084.0	2344.1	22
上 海	Shanghai	2776.2	2923.4	2840.2	27	1414.6	1617.8	1558.0	27
江 苏	Jiangsu	28291.2	39090.7	26655.3	2	10087.4	11896.6	10209.5	5
浙 江	Zhejiang	19681.5	21753.4	20763.8	3	9177.1	8222.4	9402.9	6
安 徽	Anhui	13365.6	16154.6	14502.6	9	8528.3	9265.8	8359.2	7
福 建	Fujian	7176.3	14747.6	11749.9	12	3624.9	4722.9	4330.5	18
江 西	Jiangxi	9609.9	11349.6	8120.8	16	6016.1	6491.8	4588.7	16
山 东	Shandong	22560.9	28715.4	29205.4	1	13439.8	17184.6	16756.2	1
河 南	Henan	30198.4	20640.6	18614.1	4	20077.4	12560.1	11952.0	2
湖 北	Hubei	11434.4	17994.3	12678.0	10	6996.4	6454.6	7138.4	11
湖 南	Hunan	11522.3	12024.2	12092.3	11	9286.5	9394.2	8300.8	8
广 东	Guangdong	18359.6	18065.5	16436.4	6	10377.1	7714.5	7496.8	9
广 西	Guangxi	8437.6	9307.1	9829.8	13	6750.3	7045.8	7428.0	10
海 南	Hainan	1037.6	1851.8	2681.3	28	873.9	1587.1	2280.5	24
重 庆	Chongqing	6409.3	6776.3	7643.3	17	4905.9	4683.0	4570.0	17
四 川	Sichuan	20904.1	16496.6	17524.4	5	13260.1	9743.7	10509.2	4
贵 州	Guizhou	5205.6	8022.9	9223.4	15	4130.7	4829.5	3683.4	19
云 南	Yunnan	7791.1	12795.6	15568.1	8	5938.0	8956.0	10776.4	3
西 藏	Tibet	517.5	235.5	106.3	31	408.0	163.4	73.0	31
陕 西	Shaanxi	4625.9	7224.7	6782.3	19	3451.2	5193.2	5043.6	14
甘 肃	Gansu	3625.2	4110.5	4137.8	25	2368.0	2343.4	2170.2	25
青 海	Qinghai	1368.7	1454.0	1590.7	30	1192.3	1067.3	1204.2	30
宁 夏	Ningxia	1494.3	1962.1	2113.2	29	1126.2	1220.6	1421.2	29
新 疆	Xinjiang	4649.9	8663.7	7079.4	18	3291.9	5944.5	4923.0	15

4-24 全社会商品住宅施工和竣工面积

Floor Space of Commercial Residential Buildings under Construction and Completed

单位：万平方米 (10 000 sq.m)

地区	Region	商品住宅施工面积 Floor Space of Commercial Buildings under Construction				商品住宅竣工面积 Floor Space of Commercialized Buildings Completed			
		2010	2015	2016	2016排名 Ranking	2010	2015	2016	2016排名 Ranking
全　国	**National Total**	**314760.1**	**511569.5**	**521310.2**		**63443.1**	**73777.4**	**77185.2**	
北　京	Beijing	6176.0	6261.2	5857.6	28	1498.5	1378.2	1267.1	24
天　津	Tianjin	5117.7	6968.7	6311.7	26	1603.6	2183.0	2189.1	14
河　北	Hebei	17159.6	23674.4	23407.2	8	3130.1	3226.9	3352.6	9
山　西	Shanxi	6254.4	11450.0	12222.3	18	991.3	1574.7	2042.2	15
内蒙古	Inner Mongolia	8272.9	11554.2	11141.4	20	1868.5	1281.4	1203.3	25
辽　宁	Liaoning	20677.3	21406.8	19104.6	12	3691.4	2529.3	2210.1	13
吉　林	Jilin	5758.9	8282.7	8306.0	21	1695.0	1000.8	1008.4	27
黑龙江	Heilongjiang	6107.4	8785.0	7746.0	23	2199.0	2126.8	1757.1	17
上　海	Shanghai	7313.8	8372.1	8073.9	22	1396.1	1589.0	1532.9	18
江　苏	Jiangsu	26347.1	42316.0	43002.9	3	6553.5	7930.2	7602.7	1
浙　江	Zhejiang	16138.4	25117.2	24709.4	6	2798.4	3938.0	5092.0	3
安　徽	Anhui	13838.5	23233.4	24115.1	7	2408.3	4099.2	4047.7	7
福　建	Fujian	10572.5	19558.9	19436.5	11	1715.9	2399.0	2420.5	11
江　西	Jiangxi	6064.6	11157.7	12000.5	19	1550.5	1531.4	1316.3	22
山　东	Shandong	22728.1	42276.5	44158.1	2	4270.8	6185.6	6358.2	2
河　南	Henan	16902.0	31210.6	35579.0	4	3852.6	4237.9	5015.2	4
湖　北	Hubei	9172.4	20906.6	21803.0	9	2129.3	2193.4	2348.4	12
湖　南	Hunan	13772.6	20807.9	21617.2	10	2828.8	3087.4	3358.5	8
广　东	Guangdong	22253.8	40388.8	44171.0	1	4589.2	4435.4	4773.0	5
广　西	Guangxi	9767.6	13750.5	15339.3	15	1342.9	1310.5	1373.3	21
海　南	Hainan	2323.4	6463.1	6686.0	25	515.1	918.9	1444.5	19
重　庆	Chongqing	13744.8	19390.3	17932.7	13	2179.8	3185.9	3084.0	10
四　川	Sichuan	17289.7	25300.5	26425.5	5	3390.0	3149.2	4677.4	6
贵　州	Guizhou	5970.8	13592.6	12847.1	17	826.1	1927.4	1283.2	23
云　南	Yunnan	7046.4	13867.0	13324.6	16	1258.4	1896.6	1433.9	20
西　藏	Tibet	68.4	259.9	232.6	31	11.5	70.5	25.2	31
陕　西	Shaanxi	8580.5	15558.1	16164.3	14	799.1	1351.6	1922.8	16
甘　肃	Gansu	2557.7	6087.7	6191.7	27	501.0	765.1	730.3	29
青　海	Qinghai	1179.4	1650.3	1753.4	30	242.1	320.8	231.2	30
宁　夏	Ningxia	2285.6	4550.4	4555.3	29	746.3	746.8	931.2	28
新　疆	Xinjiang	3317.7	7370.4	7094.2	24	859.9	1206.4	1153.0	26

4-25 农、林、牧、渔业和采矿业固定资产投资（不含农户）

Investment in Fixed Assets (Excluding Rural Households) in Agriculture, Forestry, Animal Husbandry and Fishery and Mining

单位：亿元 (100 million yuan)

地区	Region	农、林、牧、渔业 Agriculture, Forestry, Animal Husbandry and Fishery				采矿业 Mining			
		2010	2015	2016	2016排名 Ranking	2010	2015	2016	2016排名 Ranking
全　国	**National Total**	**3926.2**	**19062.3**	**22773.9**		**9694.7**	**12970.2**	**10319.7**	
北　京	Beijing	4.2	109.4	103.0	28	8.3	2.6	2.9	30
天　津	Tianjin	41.0	261.1	321.6	24	308.4	265.1	109.6	23
河　北	Hebei	310.4	1510.1	1686.6	3	357.9	561.6	442.4	10
山　西	Shanxi	160.9	1567.7	1905.9	2	1027.3	1410.9	1054.6	1
内蒙古	Inner Mongolia	309.6	820.5	931.5	11	979.9	943.6	904.1	2
辽　宁	Liaoning	216.4	419.3	131.4	27	562.9	382.8	124.3	22
吉　林	Jilin	140.8	540.7	708.5	15	439.4	532.7	450.0	9
黑龙江	Heilongjiang	229.1	904.2	1008.6	9	583.5	459.2	366.0	13
上　海	Shanghai	5.5	3.4	4.0	31	0.3	0.2	0.3	31
江　苏	Jiangsu	55.2	296.1	410.5	22	63.8	103.2	72.9	25
浙　江	Zhejiang	22.1	339.2	386.2	23	2.1	59.3	58.6	26
安　徽	Anhui	100.3	758.8	817.9	14	336.4	323.9	232.9	17
福　建	Fujian	64.7	617.1	818.3	13	63.2	277.9	219.5	18
江　西	Jiangxi	116.9	469.1	491.2	19	192.3	245.5	302.0	15
山　东	Shandong	207.0	1155.8	1268.7	5	418.9	649.0	499.4	8
河　南	Henan	311.5	1666.4	2159.8	1	658.3	568.3	567.6	5
湖　北	Hubei	192.6	723.0	1086.5	8	151.9	346.5	329.4	14
湖　南	Hunan	222.2	919.1	1231.7	6	326.7	570.3	499.4	7
广　东	Guangdong	65.5	501.1	519.8	17	43.4	162.0	163.6	21
广　西	Guangxi	148.4	747.2	948.9	10	164.7	389.8	276.4	16
海　南	Hainan	7.2	51.7	40.7	30	4.5	7.6	9.7	29
重　庆	Chongqing	169.9	421.6	436.4	20	108.8	285.6	200.9	19
四　川	Sichuan	228.7	770.4	1090.2	7	271.7	517.1	419.5	11
贵　州	Guizhou	17.3	302.4	412.0	21	200.1	339.2	525.6	6
云　南	Yunnan	118.2	720.1	874.6	12	230.7	427.2	378.8	12
西　藏	Tibet	18.3	73.4	88.0	29	18.0	75.0	48.2	27
陕　西	Shaanxi	212.8	1205.5	1392.5	4	682.4	1080.8	673.4	3
甘　肃	Gansu	84.0	534.9	678.3	16	130.8	306.3	178.8	20
青　海	Qinghai	26.7	139.2	142.3	26	62.8	204.1	97.0	24
宁　夏	Ningxia	19.5	147.6	180.3	25	113.4	107.7	47.4	28
新　疆	Xinjiang	99.3	366.3	498.0	18	595.7	888.7	579.3	4

4-26 制造业和电力、热力、燃气及水业固定资产投资（不含农户）

Investment in Fixed Assets (Excluding Rural Households) in Manufacturing, and Production and Supply of Electricity, Heat, Gas and Water

单位：亿元 (100 million yuan)

地区	Region	制造业 Manufacturing				电力、热力、燃气及水业 Production and Supply of Electricity, Heat, Gas and Water			
		2010	2015	2016	2016排名 Ranking	2010	2015	2016	2016排名 Ranking
全　国	**National Total**	**74485.2**	**180233.4**	**187836.0**		**14591.3**	**26709.6**	**29736.0**	
北　京	Beijing	296.6	362.2	383.6	29	136.6	293.2	323.3	27
天　津	Tianjin	2059.3	3374.7	3229.6	18	241.8	368.5	328.3	26
河　北	Hebei	4513.3	12578.8	13448.9	4	637.7	1528.7	1889.8	3
山　西	Shanxi	973.1	2515.2	2643.0	20	519.7	1355.9	1264.0	9
内蒙古	Inner Mongolia	1926.2	3709.8	3562.4	17	1373.3	1732.5	1903.5	2
辽　宁	Liaoning	5504.7	6565.5	1765.2	22	787.1	520.6	296.6	28
吉　林	Jilin	3324.8	5820.0	6011.6	12	497.6	463.2	546.9	21
黑龙江	Heilongjiang	1724.6	2817.9	3024.0	19	436.4	344.1	374.1	25
上　海	Shanghai	862.7	757.8	761.3	27	234.4	199.2	218.0	29
江　苏	Jiangsu	7648.5	21228.0	22869.7	2	485.2	1444.7	1619.7	6
浙　江	Zhejiang	1821.0	7579.1	7822.1	10	486.5	1108.9	1216.4	11
安　徽	Anhui	3883.6	9455.1	10380.8	6	367.8	774.8	993.7	13
福　建	Fujian	2078.2	6102.9	6454.6	11	486.0	902.3	1143.9	12
江　西	Jiangxi	4265.7	8099.6	9190.7	8	281.2	573.2	792.2	18
山　东	Shandong	7606.5	20876.6	23399.9	1	529.9	1728.6	2499.0	1
河　南	Henan	6402.8	15341.4	16237.2	3	485.4	1113.6	1731.8	5
湖　北	Hubei	3242.4	10200.9	10522.4	5	474.4	690.7	934.7	16
湖　南	Hunan	2910.5	8561.9	8824.5	9	392.0	855.7	950.8	14
广　东	Guangdong	2346.8	8785.3	9600.6	7	1132.0	1198.7	1294.6	8
广　西	Guangxi	1857.7	5206.2	5178.9	14	374.1	736.4	938.4	15
海　南	Hainan	87.8	119.0	100.7	30	81.8	118.5	111.8	31
重　庆	Chongqing	1670.6	3950.8	4720.5	15	266.5	461.9	480.0	23
四　川	Sichuan	3076.2	5193.4	5904.3	13	921.9	1583.0	1769.9	4
贵　州	Guizhou	415.8	1204.3	1722.4	23	284.9	417.9	484.7	22
云　南	Yunnan	735.3	1526.3	1616.3	24	749.2	1126.9	855.1	17
西　藏	Tibet	34.8	28.9	38.3	31	55.1	157.0	200.9	30
陕　西	Shaanxi	1530.5	3596.9	3659.0	16	374.1	847.6	1253.1	10
甘　肃	Gansu	496.6	1232.4	1315.2	25	529.2	762.7	722.9	19
青　海	Qinghai	263.4	647.6	647.0	28	89.6	449.3	443.0	24
宁　夏	Ningxia	342.9	824.7	944.8	26	225.0	696.2	635.9	20
新　疆	Xinjiang	582.3	1970.1	1856.3	21	378.5	2091.5	1302.9	7

4-27 建筑业和交通运输、仓储、邮政业固定资产投资（不含农户）

Investment in Fixed Assets (Excluding Rural Households) in Construction and Transport Storage and Post

单位：亿元 (100 million yuan)

地区	Region	建筑业 Construction				交通运输、仓储和邮政业 Transport Storage and Post			
		2010	2015	2016	2016排名 Ranking	2010	2015	2016	2016排名 Ranking
全 国	**National Total**	**2241.7**	**4896.7**	**4577.4**		**27883.1**	**48974.8**	**53628.5**	
北 京	Beijing	4.2	5.6	6.3	25	645.6	714.7	761.4	25
天 津	Tianjin	21.4	138.6	96.5	13	518.5	755.7	727.5	26
河 北	Hebei	47.8	20.1	7.0	24	1388.1	2035.7	2081.3	9
山 西	Shanxi	16.6	11.1	13.4	21	859.5	888.8	881.7	23
内蒙古	Inner Mongolia	107.4	163.5	151.1	9	1032.5	1251.2	1427.7	17
辽 宁	Liaoning	171.7	11.7	15.1	20	1048.2	1255.3	652.7	27
吉 林	Jilin	81.5	203.8	177.9	7	525.8	955.5	1162.7	18
黑龙江	Heilongjiang	91.7	257.0	205.9	5	747.4	985.6	1127.9	19
上 海	Shanghai	10.7	1.7	3.1	28	640.4	794.6	944.9	22
江 苏	Jiangsu	59.7	133.5	129.4	11	991.8	2428.9	2542.3	7
浙 江	Zhejiang	31.3	55.3	12.0	23	908.6	2311.4	2577.4	5
安 徽	Anhui	284.2	131.8	155.6	8	414.0	1341.2	1614.2	15
福 建	Fujian	19.1	223.9	80.6	14	1123.8	2230.7	2498.6	8
江 西	Jiangxi	34.8	130.7	46.3	16	420.7	818.0	958.3	21
山 东	Shandong	266.2	887.9	1070.3	1	1133.5	2787.5	2982.2	3
河 南	Henan	12.0	6.7	3.6	27	661.9	1906.3	1944.6	10
湖 北	Hubei	34.2	148.3	475.5	3	871.6	2264.7	2794.2	4
湖 南	Hunan	139.0	401.1	318.7	4	1103.9	1723.0	1944.4	11
广 东	Guangdong	38.3	55.8	37.5	17	1636.9	3037.6	3032.3	2
广 西	Guangxi	21.2	236.1	184.3	6	759.9	1509.0	1824.0	12
海 南	Hainan	13.6	77.8	67.2	15	161.8	421.8	467.1	30
重 庆	Chongqing	148.4	7.8	2.4	29	604.3	1433.8	1628.9	14
四 川	Sichuan	25.4	61.4	23.8	19	1358.9	3074.4	3704.3	1
贵 州	Guizhou	7.6	3.2	12.6	22	489.2	1588.9	1779.9	13
云 南	Yunnan	6.8	0.7	0.7	30	933.6	1809.3	2560.5	6
西 藏	Tibet	22.1	0.7	4.0	26	110.4	346.9	542.3	29
陕 西	Shaanxi	192.8	98.6	29.5	18	696.0	1427.7	1576.6	16
甘 肃	Gansu	284.8	1133.4	1004.2	2	192.0	814.9	1100.0	20
青 海	Qinghai	14.9	156.3	101.2	12	126.6	419.8	589.9	28
宁 夏	Ningxia	5.5	14.1	0.6	31	83.9	258.9	357.4	31
新 疆	Xinjiang	26.9	118.6	141.2	10	368.9	1017.4	836.1	24

4-28 信息传输、软件、信息技术服务业和批发零售业固定资产投资（不含农户）

Investment in Fixed Assets (Excluding Rural Households) in Information Transmission, Software and Information Technology of Wholesale and Retail Trades

单位：亿元 (100 million yuan)

地区	Region	信息传输、软件和信息技术服务业 Information Transmission, Software and Information Technology				批发和零售业 Wholesale and Retail Trades			
		2010	2015	2016	2016排名 Ranking	2010	2015	2016	2016排名 Ranking
全　国	**National Total**	**2392.9**	**5516.4**	**6318.7**		**5233.4**	**18681.4**	**17939.1**	
北　京	Beijing	142.4	240.0	198.9	16	22.8	58.2	29.6	29
天　津	Tianjin	47.7	140.2	165.3	18	86.7	527.9	846.6	8
河　北	Hebei	40.8	147.2	239.1	9	409.2	967.4	851.7	7
山　西	Shanxi	40.9	104.3	100.9	24	75.8	343.2	363.7	20
内蒙古	Inner Mongolia	60.2	84.2	126.0	22	251.4	396.8	385.3	18
辽　宁	Liaoning	146.5	202.6	63.1	30	309.9	827.0	196.6	24
吉　林	Jilin	48.1	191.2	226.2	13	248.1	593.4	746.8	11
黑龙江	Heilongjiang	64.5	164.7	229.2	11	172.6	586.4	637.9	13
上　海	Shanghai	115.6	127.3	136.9	20	28.1	34.8	37.2	28
江　苏	Jiangsu	152.6	662.9	635.5	1	442.5	1447.5	1640.5	2
浙　江	Zhejiang	155.8	275.2	318.8	3	155.5	410.7	370.3	19
安　徽	Anhui	83.5	255.4	301.7	5	231.2	946.7	930.9	6
福　建	Fujian	140.3	260.8	311.1	4	145.6	511.6	413.8	17
江　西	Jiangxi	62.8	125.4	171.2	17	194.3	971.6	940.1	5
山　东	Shandong	54.1	283.8	290.7	8	730.2	2720.3	2276.0	1
河　南	Henan	56.3	161.7	238.9	10	385.1	1173.0	1221.8	3
湖　北	Hubei	74.6	136.9	150.7	19	291.0	793.2	725.3	12
湖　南	Hunan	108.7	259.3	298.3	6	127.7	1120.2	1104.8	4
广　东	Guangdong	253.0	477.8	506.5	2	170.2	914.9	795.1	9
广　西	Guangxi	78.1	151.1	223.2	15	135.7	605.1	756.2	10
海　南	Hainan	17.6	79.7	88.4	26	5.3	34.6	49.0	26
重　庆	Chongqing	76.7	82.4	90.9	25	90.4	245.7	219.0	23
四　川	Sichuan	107.0	267.4	292.9	7	137.3	569.4	507.4	15
贵　州	Guizhou	45.3	44.7	66.4	29	15.6	184.2	254.1	22
云　南	Yunnan	51.2	63.8	228.5	12	118.4	277.9	273.9	21
西　藏	Tibet	9.8	8.2	11.4	31	6.3	14.5	14.0	31
陕　西	Shaanxi	77.8	188.8	225.5	14	134.5	685.2	633.8	14
甘　肃	Gansu	22.1	72.2	105.0	23	56.4	472.1	481.1	16
青　海	Qinghai	2.2	80.2	75.3	27	6.9	32.9	28.8	30
宁　夏	Ningxia	15.5	51.4	66.5	28	22.4	33.0	46.7	27
新　疆	Xinjiang	41.4	125.6	135.9	21	26.0	182.1	161.2	25

4-29 住宿、餐饮业和金融业固定资产投资（不含农户）

Investment in Fixed Assets (Excluding Rural Households) in Hotels and Catering Services and Financial Intermediation

单位：亿元 (100 million yuan)

地区	Region	住宿和餐饮业 Hotels and Catering Services 2010	2015	2016	2016排名 Ranking	金融业 Financial Intermediation 2010	2015	2016	2016排名 Ranking
全　国	**National Total**	**2980.2**	**6504.2**	**5947.4**		**477.7**	**1367.2**	**1310.2**	
北　京	Beijing	19.2	40.6	45.7	27	30.3	73.3	50.6	11
天　津	Tianjin	60.9	83.5	66.8	25	2.9	47.1	20.4	19
河　北	Hebei	139.6	221.5	185.6	18	12.7	47.9	93.1	4
山　西	Shanxi	37.2	77.4	73.3	23	2.6	4.5	9.2	27
内蒙古	Inner Mongolia	69.3	99.6	67.3	24	38.1	36.4	16.8	21
辽　宁	Liaoning	196.6	296.4	73.9	22	32.5	71.6	12.9	23
吉　林	Jilin	65.8	104.2	154.3	20	10.9	36.7	68.5	9
黑龙江	Heilongjiang	52.3	179.7	232.5	12	9.3	32.0	64.8	10
上　海	Shanghai	32.3	28.3	20.6	30	29.0	24.5	18.5	20
江　苏	Jiangsu	223.3	541.5	455.9	1	38.8	150.8	141.6	1
浙　江	Zhejiang	111.4	232.3	295.1	6	34.7	102.2	88.9	6
安　徽	Anhui	150.1	254.8	275.7	9	22.1	72.7	92.4	5
福　建	Fujian	96.0	263.4	191.5	17	26.7	57.1	50.6	12
江　西	Jiangxi	201.5	293.1	275.4	10	25.8	41.1	48.9	13
山　东	Shandong	298.5	343.2	369.9	2	22.7	99.4	101.8	2
河　南	Henan	195.1	407.4	358.0	3	14.3	19.7	30.8	15
湖　北	Hubei	180.9	312.5	286.0	8	18.2	53.2	33.0	14
湖　南	Hunan	99.3	278.8	293.9	7	5.5	88.2	78.6	7
广　东	Guangdong	185.6	462.5	350.6	5	35.3	113.2	94.1	3
广　西	Guangxi	82.2	205.1	201.6	15	19.7	39.0	72.1	8
海　南	Hainan	108.8	144.6	135.3	21	5.4	1.9		
重　庆	Chongqing	34.1	254.4	159.7	19	3.7	21.6	12.2	24
四　川	Sichuan	107.6	422.9	354.3	4	9.6	23.0	21.3	18
贵　州	Guizhou	21.2	159.2	225.7	14	6.0	7.7	13.6	22
云　南	Yunnan	63.4	247.7	232.0	13	4.8	9.0	10.2	25
西　藏	Tibet	14.7	14.6	22.0	29	0.8	46.2	4.9	28
陕　西	Shaanxi	84.5	246.2	249.9	11	3.3	14.4	22.9	16
甘　肃	Gansu	23.6	170.0	195.6	16	3.3	13.3	22.5	17
青　海	Qinghai	6.6	19.1	30.0	28	1.2	1.6	4.8	29
宁　夏	Ningxia	5.4	16.0	20.5	31	0.3	5.9	1.0	30
新　疆	Xinjiang	13.3	83.8	48.6	26	7.1	11.9	9.2	26

4-30 房地产业和租赁、商务服务业固定资产投资（不含农户）
Investment in Fixed Assets (Excluding Rural Households) in Real Estate and Leasing Services

单位：亿元 (100 million yuan)

地区	Region	房地产业 Real Estate 2010	2015	2016	2016排名 Ranking	租赁和商务服务业 Leasing and Business Services 2010	2015	2016	2016排名 Ranking
全 国	**National Total**	**57633.1**	**126706.2**	**135283.7**		**2486.4**	**9435.8**	**12315.7**	
北 京	Beijing	3039.0	4434.7	4675.7	13	22.4	63.9	129.2	24
天 津	Tianjin	1129.6	2781.6	3280.9	18	281.3	798.3	1122.4	3
河 北	Hebei	3044.1	5287.8	5469.7	9	104.7	416.9	501.0	9
山 西	Shanxi	943.6	3114.6	2723.5	20	34.2	69.7	162.6	20
内蒙古	Inner Mongolia	1282.4	1545.6	1727.9	25	43.4	100.1	141.6	23
辽 宁	Liaoning	3599.6	3663.5	2143.0	22	333.6	343.5	93.1	26
吉 林	Jilin	1048.6	1098.2	1210.3	27	38.6	196.9	266.7	16
黑龙江	Heilongjiang	1132.7	1240.5	1150.9	28	57.3	180.1	258.7	18
上 海	Shanghai	2050.8	3483.9	3716.6	16	39.0	116.2	119.9	25
江 苏	Jiangsu	4751.6	9687.5	10277.1	2	269.0	1131.5	1545.7	1
浙 江	Zhejiang	3389.4	9107.5	9683.8	3	112.8	571.7	645.9	7
安 徽	Anhui	2785.5	5636.8	5764.1	8	64.6	428.5	655.5	6
福 建	Fujian	2065.8	5366.2	5462.4	10	95.5	269.0	336.0	14
江 西	Jiangxi	866.4	2096.5	2522.2	21	76.3	330.0	494.7	10
山 东	Shandong	4520.4	8292.5	8910.0	5	201.7	898.1	1183.1	2
河 南	Henan	2907.0	7602.6	8949.1	4	52.2	438.6	450.2	11
湖 北	Hubei	1871.8	5789.5	6063.7	7	115.6	650.4	806.4	4
湖 南	Hunan	1670.6	3613.2	4369.5	14	49.9	522.7	723.4	5
广 东	Guangdong	4223.9	10120.5	11762.1	1	134.4	315.4	433.7	12
广 西	Guangxi	1410.5	2506.2	2984.2	19	55.4	349.9	560.1	8
海 南	Hainan	503.3	1865.3	1995.2	23	14.1	16.5	33.0	29
重 庆	Chongqing	1871.8	4319.5	4259.3	15	59.3	174.0	244.6	19
四 川	Sichuan	2717.3	7559.9	8108.8	6	103.5	273.7	400.4	13
贵 州	Guizhou	646.7	3259.4	3289.0	17	5.4	186.1	313.3	15
云 南	Yunnan	1060.5	4271.3	5127.7	11	13.4	117.8	59.4	27
西 藏	Tibet	25.8	129.5	176.6	31	1.8	6.1	17.3	31
陕 西	Shaanxi	1674.2	4465.4	4824.5	12	67.2	170.2	259.4	17
甘 肃	Gansu	416.3	1196.7	1344.7	26	25.3	126.6	145.0	22
青 海	Qinghai	125.3	431.6	576.3	30	2.4	45.7	42.4	28
宁 夏	Ningxia	305.1	822.7	817.9	29	1.9	23.3	22.7	30
新 疆	Xinjiang	553.6	1915.3	1917.1	24	10.2	104.7	148.3	21

4-31　科学研究、服务技术业和水利环境、公共设施管理业固定资产投资（不含农户）

Investment in Fixed Assets (Excluding Rural Households) in Scientific Research, Technical Services, and Management of Water Conservancy, Environment and Public Facilities

单位：亿元 (100 million yuan)

地区	Region	科学研究和技术服务业 Scientific Research and Technical Services				水利环境和公共设施管理业 Management of Water Conservancy, Environment and Public Facilities			
		2010	2015	2016	2016排名 Ranking	2010	2015	2016	2016排名 Ranking
全　国	**National Total**	**1269.2**	**4751.5**	**5567.8**		**22333.7**	**55679.0**	**68647.2**	
北　京	Beijing	81.9	80.1	70.6	21	263.9	550.5	722.2	25
天　津	Tianjin	20.7	107.9	301.4	6	813.4	1670.2	1629.1	20
河　北	Hebei	58.2	185.6	351.8	4	1337.9	2219.2	2705.9	13
山　西	Shanxi	25.2	76.9	104.6	17	426.6	1607.4	1873.6	19
内蒙古	Inner Mongolia	42.8	98.6	87.8	19	651.6	1772.1	2645.3	14
辽　宁	Liaoning	122.0	246.7	44.0	23	1313.9	2081.9	505.2	26
吉　林	Jilin	47.3	119.0	150.8	14	521.4	938.8	1161.3	22
黑龙江	Heilongjiang	35.4	125.3	194.3	10	575.9	922.5	864.5	24
上　海	Shanghai	25.4	46.1	40.4	24	422.2	474.4	474.4	27
江　苏	Jiangsu	114.3	592.3	639.2	2	1442.8	3868.8	3965.4	5
浙　江	Zhejiang	31.1	99.9	141.3	15	846.7	3092.0	4361.4	2
安　徽	Anhui	63.2	261.4	345.3	5	911.2	2021.0	2597.1	15
福　建	Fujian	17.4	83.0	116.0	16	626.0	2669.1	3588.5	8
江　西	Jiangxi	43.9	96.0	153.3	11	724.2	1691.1	2004.4	18
山　东	Shandong	140.8	1026.6	1055.7	1	1067.2	2339.0	2959.7	10
河　南	Henan	41.7	184.7	252.2	7	1108.9	2782.6	3697.9	7
湖　北	Hubei	46.3	133.0	151.9	13	1015.8	2714.7	3735.2	6
湖　南	Hunan	25.0	304.2	358.2	3	968.2	3377.7	4526.2	1
广　东	Guangdong	84.8	218.1	223.5	8	1602.3	2443.4	2843.2	11
广　西	Guangxi	18.3	110.8	152.5	12	844.3	1826.5	2076.5	16
海　南	Hainan	1.1	10.8	38.3	26	111.6	241.6	399.3	28
重　庆	Chongqing	10.5	33.5	30.8	28	716.5	1926.8	2839.8	12
四　川	Sichuan	23.4	151.5	96.2	18	1307.6	3255.2	3977.1	4
贵　州	Guizhou	7.3	24.2	32.4	27	326.4	2373.1	2960.4	9
云　南	Yunnan	6.8	22.1	18.1	29	584.7	1485.0	2022.1	17
西　藏	Tibet	0.9	10.7	7.3	31	23.7	143.8	193.5	31
陕　西	Shaanxi	80.8	191.8	215.5	9	947.8	2806.9	4026.5	3
甘　肃	Gansu	23.5	58.4	79.0	20	128.9	762.6	1073.6	23
青　海	Qinghai	2.9	11.3	39.5	25	43.6	236.5	327.4	30
宁　夏	Ningxia	1.1	10.7	17.2	30	70.5	269.7	348.3	29
新　疆	Xinjiang	16.4	30.1	58.8	22	176.2	1068.2	1539.8	21

4-32 居民服务、修理、其他服务业和教育固定资产投资（不含农户）

Investment in Fixed Assets (Excluding Rural Households) in Services to Households, Repair and Other Services and Education

单位：亿元 (100 million yuan)

地区	Region	居民服务、修理和其他服务业 Services to Households, Repair and Other Services				教育 Education			
		2010	2015	2016	2016排名 Ranking	2010	2015	2016	2016排名 Ranking
全 国	**National Total**	**757.1**	**2628.2**	**2676.6**		**3718.1**	**7723.2**	**9323.7**	
北 京	Beijing	3.8	21.7	16.1	27	72.4	142.2	139.9	24
天 津	Tianjin	93.1	84.8	167.1	3	58.8	172.0	140.4	23
河 北	Hebei	39.5	87.2	93.9	14	144.0	260.3	325.3	15
山 西	Shanxi	7.4	46.2	42.1	22	236.8	181.1	186.8	20
内蒙古	Inner Mongolia	18.1	85.9	33.9	24	149.9	140.6	149.2	22
辽 宁	Liaoning	82.7	130.2	48.9	19	131.9	178.4	57.9	29
吉 林	Jilin	30.6	86.2	105.4	12	87.5	111.5	123.9	25
黑龙江	Heilongjiang	14.6	89.1	102.4	13	71.3	161.9	164.2	21
上 海	Shanghai	1.9	2.7	2.6	31	45.1	89.2	79.1	26
江 苏	Jiangsu	58.5	263.5	260.9	2	185.9	543.3	590.1	2
浙 江	Zhejiang	5.6	67.6	119.8	10	103.5	400.9	506.8	7
安 徽	Anhui	24.2	95.0	105.7	11	175.2	276.4	375.4	11
福 建	Fujian	10.3	69.6	50.4	18	100.8	273.4	328.2	13
江 西	Jiangxi	28.6	121.6	120.2	9	107.7	243.6	218.3	18
山 东	Shandong	157.6	370.9	305.7	1	229.2	605.7	744.2	1
河 南	Henan	43.2	180.7	152.2	4	237.1	417.9	533.7	5
湖 北	Hubei	35.9	110.1	139.2	6	156.1	213.1	366.7	12
湖 南	Hunan	19.6	110.8	131.0	7	106.0	439.5	568.1	4
广 东	Guangdong	12.5	48.0	39.9	23	199.5	415.3	514.7	6
广 西	Guangxi	9.1	73.7	93.8	15	171.9	381.3	478.4	8
海 南	Hainan	0.5	5.0	10.0	28	25.1	41.7	62.5	28
重 庆	Chongqing	8.5	35.1	44.3	21	117.0	178.9	243.4	17
四 川	Sichuan	7.7	58.8	59.9	16	229.0	483.5	579.3	3
贵 州	Guizhou	3.6	48.3	48.5	20	46.7	267.7	326.2	14
云 南	Yunnan	4.4	53.1	55.5	17	168.5	297.5	438.8	9
西 藏	Tibet	0.7	11.7	8.0	29	11.3	31.5	39.5	31
陕 西	Shaanxi	21.6	82.1	125.8	8	178.7	299.3	424.7	10
甘 肃	Gansu	7.4	154.5	142.0	5	64.3	205.3	294.3	16
青 海	Qinghai	1.2	4.5	5.9	30	20.8	56.1	64.4	27
宁 夏	Ningxia	1.0	7.0	20.1	26	32.4	53.0	56.9	30
新 疆	Xinjiang	3.6	22.5	25.6	25	53.7	161.2	202.4	19

4-33 卫生、社会工作和文化体育娱乐业固定资产投资（不含农户）

Investment in Fixed Assets (Excluding Rural Households) in Health and Social Service and Culture, Sports and Entertainment

单位：亿元 (100 million yuan)

地区	Region	卫生和社会工作 Health and Social Service				文化、体育和娱乐业 Culture, Sports and Entertainment			
		2010	2015	2016	2016排名 Ranking	2010	2015	2016	2016排名 Ranking
全　国	**National Total**	**1959.5**	**5174.7**	**6281.6**		**2605.9**	**6724.1**	**7830.1**	
北　京	Beijing	36.1	60.6	56.9	26	59.5	133.3	153.2	20
天　津	Tianjin	19.4	85.9	55.7	27	49.9	93.3	119.7	22
河　北	Hebei	106.6	261.4	316.4	6	119.9	461.5	461.7	5
山　西	Shanxi	54.2	125.6	166.8	16	60.4	195.2	192.8	17
内蒙古	Inner Mongolia	53.2	113.5	127.6	22	117.1	135.5	210.5	16
辽　宁	Liaoning	84.4	125.5	66.0	24	181.3	181.4	83.6	27
吉　林	Jilin	56.1	112.8	145.4	20	82.0	112.5	107.8	24
黑龙江	Heilongjiang	64.5	130.3	156.9	17	38.1	155.1	146.7	21
上　海	Shanghai	36.1	45.6	52.8	28	35.3	108.0	107.1	25
江　苏	Jiangsu	96.2	450.5	446.4	3	158.9	560.1	642.2	2
浙　江	Zhejiang	74.9	219.5	273.1	8	60.6	311.4	390.0	6
安　徽	Anhui	97.1	224.7	231.4	10	101.2	203.6	242.7	13
福　建	Fujian	54.1	171.9	198.7	14	71.2	265.7	324.0	8
江　西	Jiangxi	51.3	159.7	145.6	19	77.8	261.3	176.0	19
山　东	Shandong	141.4	429.7	545.9	2	392.5	753.1	827.4	1
河　南	Henan	122.1	416.5	555.9	1	141.4	371.0	547.7	3
湖　北	Hubei	90.1	179.0	269.5	9	106.8	289.5	323.9	9
湖　南	Hunan	94.9	278.9	414.3	4	85.0	280.0	512.8	4
广　东	Guangdong	119.3	254.7	215.3	13	204.7	292.6	319.2	10
广　西	Guangxi	71.6	164.0	218.5	11	58.3	180.2	223.0	15
海　南	Hainan	18.7	30.6	57.3	25	41.5	69.2	63.0	28
重　庆	Chongqing	38.2	108.3	131.7	21	52.1	141.9	112.7	23
四　川	Sichuan	126.8	310.2	402.1	5	135.6	202.9	233.3	14
贵　州	Guizhou	15.9	74.3	171.7	15	18.9	165.9	262.0	12
云　南	Yunnan	63.0	139.3	215.5	12	49.5	176.6	186.1	18
西　藏	Tibet	3.4	14.4	17.4	31	6.7	17.8	26.2	31
陕　西	Shaanxi	82.1	243.5	307.3	7	40.1	273.6	348.8	7
甘　肃	Gansu	39.4	102.2	155.1	18	23.8	203.8	291.7	11
青　海	Qinghai	6.8	25.1	26.1	30	9.5	26.9	44.7	30
宁　夏	Ningxia	12.5	28.9	45.6	29	10.6	20.7	45.3	29
新　疆	Xinjiang	28.8	87.5	92.6	23	16.1	80.3	104.4	26

4-34 全社会公共管理、社会保障投资
Total Investment in Public Management and Social Security

单位：亿元 (100 million yuan)

地区	Region	公共管理、社会保障和社会组织 Public Management，Social Security and Social Organization 2010	2015	2016	2016排名 Ranking	公共管理、社会保障和社会组织（不含农户） Public Management，Social Security and Social Organization 2010	2015	2016	2016排名 Ranking
全　国	**National Total**	**5676.6**	**7851.1**	**8187.7**		**4761.6**	**7850.9**	**8187.5**	
北　京	Beijing	36.0	59.3	19.7	29	27.3	59.3	19.7	29
天　津	Tianjin	77.3	58.0	27.6	28	41.6	58.0	27.6	28
河　北	Hebei	147.4	106.8	188.9	18	110.3	106.8	188.9	18
山　西	Shanxi	31.5	49.1	97.1	23	24.6	49.0	96.9	23
内蒙古	Inner Mongolia	185.8	299.1	294.5	11	181.5	299.1	294.5	11
辽　宁	Liaoning	301.0	136.4	62.8	25	280.4	136.4	62.8	25
吉　林	Jilin	106.3	291.4	248.1	14	100.3	291.4	248.1	14
黑龙江	Heilongjiang	197.8	148.8	122.9	21	191.6	148.8	122.9	21
上　海	Shanghai	19.2	11.6	14.1	31	15.7	11.6	14.1	31
江　苏	Jiangsu	223.0	370.5	485.8	4	177.8	370.5	485.8	4
浙　江	Zhejiang	119.6	320.6	302.9	10	84.4	320.6	302.9	10
安　徽	Anhui	218.7	341.2	464.2	5	186.0	341.2	464.2	5
福　建	Fujian	128.7	358.4	341.5	6	101.0	358.4	341.5	6
江　西	Jiangxi	103.9	226.8	327.6	7	84.7	226.8	327.6	7
山　东	Shandong	929.2	1134.0	1074.9	1	726.4	1134.0	1074.9	1
河　南	Henan	144.3	192.1	121.0	22	98.6	192.1	121.0	22
湖　北	Hubei	484.5	337.1	309.8	9	435.4	337.1	309.8	9
湖　南	Hunan	196.3	619.6	539.9	2	163.3	619.6	539.9	2
广　东	Guangdong	141.7	133.5	201.1	17	110.8	133.5	201.1	17
广　西	Guangxi	113.8	237.2	261.9	13	102.4	237.2	261.9	13
海　南	Hainan	54.2	17.5	18.6	30	47.8	17.5	18.6	30
重　庆	Chongqing	154.2	124.7	74.7	24	123.3	124.7	74.6	24
四　川	Sichuan	237.5	187.5	284.9	12	166.1	187.5	284.9	12
贵　州	Guizhou	47.9	26.1	28.6	27	35.5	26.1	28.6	27
云　南	Yunnan	106.0	297.8	508.6	3	90.1	297.8	508.6	3
西　藏	Tibet	58.0	164.9	136.4	20	40.5	164.9	136.4	20
陕　西	Shaanxi	513.5	306.5	226.2	15	488.6	306.5	226.2	15
甘　肃	Gansu	307.0	304.1	205.2	16	256.9	304.1	205.2	16
青　海	Qinghai	32.8	156.3	169.3	19	26.5	156.3	169.3	19
宁　夏	Ningxia	29.5	34.8	33.9	26	23.9	34.8	33.9	26
新　疆	Xinjiang	78.9	199.5	326.0	8	67.1	199.5	326.0	8

4-35 固定资产投资（不含农户）房屋施工面积
Floor Space of Buildings under Construction (Excluding Rural Households)

单位：万平方米 (10 000 sq.m)

地区	Region	房屋施工面积 Floor Space of Buildings under Construction				其中：住宅施工面积 Floor Space of Residential Buildings			
		2010	2015	2016	2016排名 Ranking	2010	2015	2016	2016排名 Ranking
全　国	**National Total**	**706379.2**	**1193995.0**	**1172355.5**		**376588.5**	**579855.6**	**577521.9**	
北　京	Beijing	13558.7	19099.1	21777.9	20	6649.8	7354.3	7165.4	27
天　津	Tianjin	12294.7	21826.8	19318.6	23	5525.5	7789.8	7247.7	25
河　北	Hebei	39543.2	52677.3	44758.2	9	20460.5	25692.3	24508.5	8
山　西	Shanxi	13940.3	28642.4	25557.8	19	9156.6	17123.1	15342.9	17
内蒙古	Inner Mongolia	18060.6	22624.5	21071.1	21	9892.4	12607.0	12630.3	20
辽　宁	Liaoning	44138.5	47189.7	30258.3	16	21222.0	21744.2	19145.6	13
吉　林	Jilin	13381.0	16173.2	18256.7	24	6746.1	8534.5	8427.1	22
黑龙江	Heilongjiang	15587.8	18775.0	15082.2	26	9204.2	9138.4	8341.6	23
上　海	Shanghai	13688.6	17868.5	17698.2	25	7325.0	8426.9	8123.6	24
江　苏	Jiangsu	57837.1	98850.0	93782.5	2	28004.9	45370.6	45255.0	2
浙　江	Zhejiang	41954.3	86742.0	73050.2	5	18768.6	31425.6	29043.1	6
安　徽	Anhui	31567.2	55074.6	54531.0	8	16696.8	25871.7	27000.6	7
福　建	Fujian	26140.0	55935.0	44558.5	10	12006.4	20436.5	20265.7	12
江　西	Jiangxi	16318.7	31171.7	28037.1	18	7290.6	13150.8	13509.6	19
山　东	Shandong	55009.9	96246.8	86011.1	3	28034.8	46799.0	47141.2	1
河　南	Henan	46409.9	73693.4	68765.6	6	21286.9	35452.8	39092.6	4
湖　北	Hubei	20410.7	49081.1	44198.7	11	10920.9	22671.1	24286.6	9
湖　南	Hunan	23685.8	36485.6	94888.7	1	14881.0	22127.6	23189.9	10
广　东	Guangdong	44695.4	84133.3	84639.9	4	25200.1	42641.2	45076.1	3
广　西	Guangxi	18972.6	27313.4	28479.4	17	11243.9	14803.1	16276.0	16
海　南	Hainan	4121.6	9435.8	10040.6	28	2875.7	6810.4	6993.2	28
重　庆	Chongqing	22359.1	33693.7	33004.1	14	15628.6	20496.0	18932.9	15
四　川	Sichuan	38585.2	65385.5	60347.6	7	22558.6	33074.1	31310.4	5
贵　州	Guizhou	11183.3	29273.4	32600.9	15	7304.2	15310.9	14355.8	18
云　南	Yunnan	15875.8	33053.2	36150.4	12	8949.8	18710.3	20977.1	11
西　藏	Tibet	936.4	854.8	3050.7	31	354.3	505.0	380.6	31
陕　西	Shaanxi	21067.0	31240.8	34141.7	13	13085.6	19222.2	18942.0	14
甘　肃	Gansu	8066.4	15664.3	14900.9	27	4880.7	7459.5	7202.6	26
青　海	Qinghai	2929.7	4208.5	4968.0	30	1828.4	2274.1	2387.2	30
宁　夏	Ningxia	4386.3	8766.3	8930.0	29	2570.6	4914.3	4762.3	29
新　疆	Xinjiang	9381.0	22688.6	19334.9	22	6035.0	11917.9	10208.8	21

4-36 固定资产投资（不含农户）房屋竣工面积

Investment in Fixed Assets (Excluding Rural Households) Floor Space of Buildings and Residential Buildings Completed

单位：万平方米 (10 000 sq.m)

地区	Region	房屋竣工面积 Floor Space of Buildings Completed				其中：住宅竣工面积 Floor Space of Residential Buildings Completed			
		2010	2015	2016	2016排名 Ranking	2010	2015	2016	2016排名 Ranking
全　国	**National Total**	**175429.6**	**265656.3**	**232469.9**		**86879.8**	**100357.6**	**98419.8**	
北　京	Beijing	2935.3	3689.8	3025.3	25	1566.4	1582.9	1324.6	26
天　津	Tianjin	2917.2	5195.2	5287.9	16	1702.8	2272.6	2245.6	17
河　北	Hebei	9194.2	14883.6	12469.5	7	4129.2	4304.8	3745.2	10
山　西	Shanxi	3802.2	6271.3	6496.7	15	2056.8	3527.3	3579.8	13
内蒙古	Inner Mongolia	4814.5	3519.6	4343.4	20	2582.3	1834.1	2010.2	19
辽　宁	Liaoning	9245.7	10332.3	3510.4	24	3865.9	2675.2	2215.8	18
吉　林	Jilin	4830.1	3914.0	4533.6	18	2054.6	1174.9	1070.0	27
黑龙江	Heilongjiang	6758.7	7566.2	4080.3	22	3760.2	2380.3	1979.1	20
上　海	Shanghai	2402.4	2908.0	2814.3	27	1397.2	1602.9	1532.9	23
江　苏	Jiangsu	18825.0	36541.4	24665.2	1	7264.3	9349.4	8335.5	1
浙　江	Zhejiang	8522.1	18862.7	17652.0	3	3266.5	5528.0	6380.6	4
安　徽	Anhui	7842.2	11815.6	10595.1	8	3822.4	5079.8	4762.4	8
福　建	Fujian	4693.3	12848.2	10228.2	9	1952.7	2851.4	2836.3	14
江　西	Jiangxi	5029.0	6996.5	4890.7	17	1912.4	2313.0	1656.3	22
山　东	Shandong	11665.3	18524.4	18744.4	2	5577.5	8252.6	7558.2	2
河　南	Henan	12808.7	14203.6	12596.2	6	5617.8	6424.8	6381.9	3
湖　北	Hubei	7238.3	14327.6	8878.6	11	3250.1	3049.9	3582.2	12
湖　南	Hunan	5031.4	5959.9	7342.7	12	3201.4	3561.0	3866.0	9
广　东	Guangdong	11694.5	15304.0	13983.2	4	6657.8	4998.1	5091.6	7
广　西	Guangxi	3360.5	3675.9	3852.3	23	1861.3	1620.9	1658.6	21
海　南	Hainan	746.1	1240.3	1819.9	28	601.2	997.8	1496.7	25
重　庆	Chongqing	4301.5	5578.9	6686.0	14	3120.4	3548.2	3698.0	11
四　川	Sichuan	11449.6	11811.2	12955.1	5	6269.7	5451.5	6375.5	5
贵　州	Guizhou	2398.2	5489.9	6987.6	13	1506.0	2402.5	1518.6	24
云　南	Yunnan	3433.7	8074.1	9790.8	10	2024.3	4702.3	5581.0	6
西　藏	Tibet	219.1	235.5	106.3	31	119.3	163.4	73.0	31
陕　西	Shaanxi	2353.2	4780.1	4194.3	21	1276.1	2777.2	2595.1	16
甘　肃	Gansu	2023.0	2858.5	2867.8	26	1173.7	1233.4	1047.2	28
青　海	Qinghai	548.0	784.0	926.8	30	423.0	452.6	568.3	30
宁　夏	Ningxia	1164.8	1528.1	1657.2	29	838.1	852.6	1022.2	29
新　疆	Xinjiang	3160.7	5935.8	4487.8	19	2028.3	3392.3	2631.3	15

4-37 农村农户固定资产投资额
Investment in Fixed Assets by Rural Households

单位：亿元 (100 million yuan)

地区	Region	农村农户投资额 Total Investment by Rural Households 2010	2015	2016	2016排名 Ranking	其中：竣工房屋投资额 Investment in Buildings Completed by Rural Households 2010	2015	2016	2016排名 Ranking
全　国	**National Total**	**7886.0**	**10409.8**	**9964.9**		**5247.0**	**7157.1**	**6812.6**	
北　京	Beijing	52.1	50.0	55.2	28	42.7	43.7	50.0	25
天　津	Tianjin	26.4	17.4	23.0	29	12.0	13.7	9.5	29
河　北	Hebei	460.8	542.5	409.9	10	324.5	382.1	323.4	9
山　西	Shanxi	217.9	329.6	338.6	13	110.8	218.8	209.0	14
内蒙古	Inner Mongolia	91.2	173.1	186.1	21	38.6	94.5	104.2	21
辽　宁	Liaoning	249.4	277.5	255.9	19	187.8	168.9	121.4	19
吉　林	Jilin	174.8	196.7	150.0	22	63.3	99.7	42.4	26
黑龙江	Heilongjiang	316.7	298.7	215.8	20	89.3	104.7	40.0	27
上　海	Shanghai	2.0	3.3	4.2	30	2.0	2.6	3.4	30
江　苏	Jiangsu	377.7	341.7	292.4	17	229.4	269.7	174.4	17
浙　江	Zhejiang	507.8	658.6	705.1	2	436.4	433.1	440.8	6
安　徽	Anhui	439.1	582.0	456.0	9	281.7	335.3	276.6	11
福　建	Fujian	206.1	327.4	309.4	15	101.2	204.7	174.0	18
江　西	Jiangxi	305.3	394.2	315.5	14	194.1	290.2	237.0	13
山　东	Shandong	697.8	931.0	958.4	1	421.1	525.8	541.4	1
河　南	Henan	786.6	709.1	661.2	4	648.0	493.9	526.2	3
湖　北	Hubei	302.8	477.5	507.8	7	234.9	343.9	372.0	7
湖　南	Hunan	362.5	720.9	664.9	3	293.5	537.7	534.8	2
广　东	Guangdong	353.3	392.6	356.3	11	251.7	332.7	303.7	10
广　西	Guangxi	338.3	572.8	583.8	5	239.8	339.0	359.9	8
海　南	Hainan	38.4	95.8	143.4	23	24.7	71.9	110.4	20
重　庆	Chongqing	94.6	145.1	116.3	25	63.1	100.1	87.1	22
四　川	Sichuan	566.9	560.3	582.2	6	374.9	417.6	461.5	5
贵　州	Guizhou	159.1	268.8	274.8	18	112.2	198.9	182.0	16
云　南	Yunnan	219.8	431.2	456.9	8	139.7	466.0	492.7	4
西　藏	Tibet								
陕　西	Shaanxi	220.3	351.2	350.4	12	137.9	242.2	261.2	12
甘　肃	Gansu	103.6	127.6	129.9	24	77.1	74.0	76.0	23
青　海	Qinghai	49.4	66.5	72.5	27	39.6	52.9	60.3	24
宁　夏	Ningxia	46.6	79.0	85.2	26	26.7	63.0	34.5	28
新　疆	Xinjiang	118.5	287.6	303.7	16	48.6	235.9	202.7	15

4-38 农村农户房屋施工和竣工面积

Floor Space of Buildings under Construction and Completed in Rural Areas

单位：万平方米 (10 000 sq.m)

地区	Region	农村农户房屋施工面积 Floor Space of Buildings under Construction in Rural Area				农村农户房屋竣工面积 Floor Space of Buildings Completed in Rural Area			
		2010	2015	2016	2016排名 Ranking	2010	2015	2016	2016排名 Ranking
全　国	**National Total**	**106679.8**	**98376.7**	**92039.7**		**94114.8**	**85316.8**	**79649.1**	
北　京	Beijing	948.1	329.5	443.5	28	630.5	303.8	417.3	28
天　津	Tianjin	134.6	138.9	104.2	29	104.6	97.0	80.2	29
河　北	Hebei	5630.6	5296.8	4362.9	8	4815.0	4752.2	3751.9	9
山　西	Shanxi	2486.0	2907.4	3007.9	15	1899.0	2707.6	2851.7	12
内蒙古	Inner Mongolia	507.0	995.5	1096.0	23	469.0	987.5	1103.0	21
辽　宁	Liaoning	4068.1	3110.2	1403.4	19	4068.1	2883.6	1309.5	19
吉　林	Jilin	949.6	762.6	478.9	26	949.6	759.1	463.9	25
黑龙江	Heilongjiang	1156.2	795.2	497.6	25	1086.0	750.1	455.4	27
上　海	Shanghai	17.6	17.4	35.0	30	17.6	15.4	25.9	30
江　苏	Jiangsu	2544.0	2777.0	2215.0	18	2469.0	2549.3	1990.1	17
浙　江	Zhejiang	5978.0	4444.0	4332.3	9	5626.0	2890.7	3111.8	11
安　徽	Anhui	4968.0	5820.8	4959.6	7	4511.0	4339.0	3907.5	7
福　建	Fujian	3367.9	2697.8	2299.6	17	1724.9	1899.4	1521.7	18
江　西	Jiangxi	6686.6	5220.2	3721.6	11	4069.8	4353.1	3230.1	10
山　东	Shandong	8362.1	10498.0	10810.0	1	8278.1	10191.0	10461.0	1
河　南	Henan	16653.0	7123.4	6686.4	3	15077.0	6437.1	6017.9	2
湖　北	Hubei	4086.9	4289.2	4305.5	10	3755.7	3666.8	3799.3	8
湖　南	Hunan	6810.0	7131.0	5406.9	5	6299.0	6064.2	4749.6	5
广　东	Guangdong	4484.0	3388.2	3073.2	13	3437.0	2761.5	2453.2	15
广　西	Guangxi	4959.9	6164.2	6552.5	4	4850.5	5631.2	5977.5	3
海　南	Hainan	341.8	833.5	1272.3	21	279.5	611.5	861.4	23
重　庆	Chongqing	1353.7	1397.3	1139.1	22	1389.2	1197.4	957.3	22
四　川	Sichuan	8020.9	5404.4	5255.6	6	6862.1	4685.4	4569.3	6
贵　州	Guizhou	2397.0	2779.0	2414.9	16	2193.0	2533.0	2235.8	16
云　南	Yunnan	3883.0	5702.1	7322.6	2	3716.0	4721.5	5777.3	4
西　藏	Tibet								
陕　西	Shaanxi	2306.7	3006.5	3039.1	14	2201.6	2444.6	2588.1	14
甘　肃	Gansu	1480.0	1320.0	1349.0	20	1326.0	1252.0	1270.0	20
青　海	Qinghai	710.4	741.7	717.1	24	707.5	670.1	663.9	24
宁　夏	Ningxia	264.0	434.0	456.0	27	264.0	434.0	456.0	26
新　疆	Xinjiang	1124.4	2851.2	3281.8	12	1038.6	2727.9	2591.6	13

4-39 农村农户住宅投资额和竣工面积

Investment by Rural Households and Floor Space of Residential Buildings Completed in Rural Areas

地区	Region	农村农户住宅投资额（亿元） Farm Households Investment in Residential Buildings (100 million yuan)				农村农户住宅竣工面积（万平方米） Floor Space of Residential Buildings Completed in Rural Area (10 000 sq.m)			
		2010	2015	2016	2016排名 Ranking	2010	2015	2016	2016排名 Ranking
全　国	**National Total**	**4931.7**	**6709.6**	**6331.3**		**87947.1**	**79380.2**	**73051.4**	
北　京	Beijing	41.6	43.0	48.9	25	611.0	296.2	403.7	26
天　津	Tianjin	11.9	12.1	8.7	29	98.7	82.8	72.1	29
河　北	Hebei	300.2	351.4	281.0	10	4702.7	4158.5	3279.6	9
山　西	Shanxi	102.2	215.9	205.5	14	1714.0	2535.0	2685.8	12
内蒙古	Inner Mongolia	35.2	90.4	94.8	21	360.0	878.9	959.4	20
辽　宁	Liaoning	171.2	140.7	105.7	19	3638.1	2296.6	925.6	21
吉　林	Jilin	61.9	97.6	40.7	26	922.6	731.1	434.0	25
黑龙江	Heilongjiang	81.8	100.4	35.5	27	969.6	703.7	365.0	28
上　海	Shanghai	1.9	2.5	3.3	30	16.8	15.0	25.1	30
江　苏	Jiangsu	193.4	269.5	168.2	17	2409.0	2547.2	1874.0	17
浙　江	Zhejiang	424.9	404.5	432.9	5	5457.0	2694.4	3022.3	10
安　徽	Anhui	274.1	323.9	257.3	11	4344.0	4186.0	3596.8	7
福　建	Fujian	97.6	202.1	166.5	18	1601.7	1871.5	1494.2	18
江　西	Jiangxi	183.9	276.4	227.9	13	3974.3	4178.8	2932.4	11
山　东	Shandong	386.0	441.4	455.6	3	7228.9	8932.0	9198.0	1
河　南	Henan	632.6	462.6	494.0	2	14002.0	6135.3	5570.1	3
湖　北	Hubei	193.0	319.4	349.9	8	3604.9	3404.8	3556.2	8
湖　南	Hunan	284.3	511.9	503.6	1	6041.0	5833.3	4434.7	5
广　东	Guangdong	247.8	325.0	297.1	9	3378.0	2716.4	2405.2	14
广　西	Guangxi	238.0	332.2	353.3	7	4801.0	5424.9	5769.3	2
海　南	Hainan	24.1	64.8	104.4	20	271.8	589.4	783.7	23
重　庆	Chongqing	55.1	93.1	83.6	22	1373.2	1134.8	872.0	22
四　川	Sichuan	331.8	386.7	397.0	6	5697.4	4292.2	4133.7	6
贵　州	Guizhou	111.1	191.9	177.3	16	2159.0	2427.0	2164.9	16
云　南	Yunnan	123.6	425.3	450.7	4	3458.0	4253.7	5195.4	4
西　藏	Tibet								
陕　西	Shaanxi	136.5	234.6	244.5	12	2155.2	2416.0	2448.5	13
甘　肃	Gansu	74.5	66.8	67.9	23	1057.0	1110.0	1123.0	19
青　海	Qinghai	38.3	49.7	58.5	24	661.7	614.7	635.9	24
宁　夏	Ningxia	26.3	56.2	26.5	28	244.0	368.0	399.0	27
新　疆	Xinjiang	46.7	217.6	190.5	15	994.4	2552.2	2291.7	15

4-40 农村农户竣工房屋造价

Cost of Residential Buildings Completed in Rural Areas

单位：元/平方米 (yuan/sq.m)

地区	Region	农村农户竣工房屋造价 Cost of Buildings Completed in Rural Areas				其中：住宅造价 Residential Buildings			
		2010	2015	2016	2016排名 Ranking	2010	2015	2016	2016排名 Ranking
全　国	**National Total**	**557.5**	**838.9**	**855.3**		**560.8**	**845.2**	**866.7**	
北　京	Beijing	677.6	1438.3	1198.6	5	680.7	1451.5	1210.6	6
天　津	Tianjin	1147.3	1414.3	1191.1	6	1203.4	1459.2	1211.7	5
河　北	Hebei	673.9	804.1	861.9	20	638.4	845.1	856.9	21
山　西	Shanxi	583.4	808.3	732.9	26	596.5	851.8	765.2	25
内蒙古	Inner Mongolia	822.4	957.3	945.1	12	978.8	1029.0	988.4	11
辽　宁	Liaoning	461.7	585.6	927.3	13	470.6	612.6	1141.7	7
吉　林	Jilin	666.4	1313.1	914.2	14	671.1	1334.7	938.0	16
黑龙江	Heilongjiang	822.3	1395.1	878.5	17	844.1	1426.4	971.8	13
上　海	Shanghai	1127.5	1661.4	1322.9	2	1127.5	1662.9	1325.1	3
江　苏	Jiangsu	929.2	1058.0	876.1	18	802.9	1058.0	897.3	18
浙　江	Zhejiang	775.7	1498.2	1416.6	1	778.6	1501.4	1432.3	1
安　徽	Anhui	624.4	772.7	707.8	27	631.0	773.8	715.3	26
福　建	Fujian	586.6	1077.5	1143.7	7	609.2	1080.1	1114.5	9
江　西	Jiangxi	476.8	666.6	733.6	25	462.8	661.3	777.3	24
山　东	Shandong	508.7	516.0	517.5	30	534.0	494.2	495.3	30
河　南	Henan	429.8	767.3	874.4	19	451.8	753.9	886.8	19
湖　北	Hubei	625.4	938.0	979.3	11	535.4	938.2	984.0	12
湖　南	Hunan	465.9	886.7	1126.0	8	470.6	877.6	1135.6	8
广　东	Guangdong	732.2	1204.7	1237.9	4	733.6	1196.4	1235.3	4
广　西	Guangxi	494.3	602.1	602.1	28	495.7	612.3	612.3	28
海　南	Hainan	883.2	1175.8	1282.1	3	888.5	1099.2	1332.3	2
重　庆	Chongqing	454.0	836.0	910.2	15	401.5	820.7	959.3	15
四　川	Sichuan	546.4	891.2	1009.9	9	582.5	900.9	960.4	14
贵　州	Guizhou	511.4	785.2	813.9	22	514.8	790.9	819.0	23
云　南	Yunnan	376.0	987.0	852.9	21	357.4	999.9	867.4	20
西　藏	Tibet								
陕　西	Shaanxi	626.4	990.7	1009.2	10	633.3	971.0	998.5	10
甘　肃	Gansu	581.3	591.4	598.5	29	704.5	601.4	604.2	29
青　海	Qinghai	560.0	789.1	908.1	16	578.3	808.3	919.9	17
宁　夏	Ningxia	1013.2	1451.8	756.2	24	1078.6	1527.8	663.4	27
新　疆	Xinjiang	467.8	864.7	782.2	23	469.4	852.6	831.5	22

5

财政和税收

Government Finance and Tax Revenue

5-1 公共财政预算收入和税收收入

Public Budgetary Revenue and Tax Revenue

单位：亿元 (100 million yuan)

地区	Region	地方公共财政预算收入 Public Budgetary Revenue				税收收入 Tax Revenue			
		2010	2015	2016	2016排名 Ranking	2010	2015	2016	2016排名 Ranking
地方合计	**Region Total**	**40613.04**	**83002.04**	**87239.35**		**32701.49**	**62661.93**	**64691.69**	
北　京	Beijing	2353.93	4723.86	5081.26	6	2251.59	4263.91	4452.97	5
天　津	Tianjin	1068.81	2667.11	2723.50	11	776.65	1578.07	1624.22	14
河　北	Hebei	1331.85	2649.18	2849.87	10	1074.04	1934.29	1996.12	10
山　西	Shanxi	969.67	1642.35	1557.00	22	692.71	1056.60	1036.67	22
内蒙古	Inner Mongolia	1069.98	1964.48	2016.43	18	752.81	1320.75	1335.88	18
辽　宁	Liaoning	2004.84	2127.39	2200.49	16	1516.65	1650.45	1687.45	13
吉　林	Jilin	602.41	1229.35	1263.78	25	439.31	867.12	872.97	24
黑龙江	Heilongjiang	755.58	1165.88	1148.41	26	556.97	880.34	827.85	26
上　海	Shanghai	2873.58	5519.50	6406.13	3	2707.80	4858.16	5625.90	3
江　苏	Jiangsu	4079.86	8028.59	8121.23	2	[illegible]	6610.12	6531.83	2
浙　江	Zhejiang	2608.47	4809.94	5301.98	5	2464.96	4168.22	4540.09	4
安　徽	Anhui	1149.40	2454.30	2672.79	13	866.55	1799.89	1857.53	12
福　建	Fujian	1151.49	2544.24	2654.83	14	966.09	1938.71	1962.72	11
江　西	Jiangxi	778.09	2165.74	2151.47	17	585.11	1517.03	1471.10	16
山　东	Shandong	2749.38	5529.33	5860.18	4	2149.90	4203.12	4212.59	6
河　南	Henan	1381.32	3016.05	3153.47	8	1016.55	2101.17	2158.44	8
湖　北	Hubei	1011.23	3005.53	3102.06	9	777.96	2086.50	2122.93	9
湖　南	Hunan	1081.69	2515.43	2697.88	12	730.84	1527.52	1551.33	15
广　东	Guangdong	4517.04	9366.78	10390.35	1	3803.47	7377.07	8098.63	1
广　西	Guangxi	771.99	1515.16	1556.27	23	533.87	1031.65	1036.22	23
海　南	Hainan	270.99	627.70	637.51	28	237.10	514.31	504.96	28
重　庆	Chongqing	952.07	2154.83	2227.91	15	621.56	1450.93	1438.45	17
四　川	Sichuan	1561.67	3355.44	3388.85	7	1180.58	2353.51	2329.23	7
贵　州	Guizhou	533.73	1503.38	1561.34	21	395.57	1126.03	1120.44	21
云　南	Yunnan	871.19	1808.15	1812.29	20	702.16	1210.54	1173.52	20
西　藏	Tibet	36.65	137.13	155.99	31	25.28	92.00	99.05	31
陕　西	Shaanxi	958.21	2059.95	1833.99	19	710.57	1290.33	1204.39	19
甘　肃	Gansu	353.58	743.86	786.97	27	220.29	529.79	526.00	27
青　海	Qinghai	110.22	267.13	238.51	30	88.94	205.81	176.48	30
宁　夏	Ningxia	153.55	373.45	387.66	29	126.79	256.31	246.55	29
新　疆	Xinjiang	500.58	1330.85	1298.95	24	416.23	861.73	869.18	25

5-2 国内增值税和营业税收入
Domestic Value-added Tax and Business Tax

单位：亿元 (100 million yuan)

地区	Region	国内增值税收入 Domestic Value-added Tax				营业税收入 Business Tax			
		2010	2015	2016	2016排名 Ranking	2010	2015	2016	2016排名 Ranking
地方合计	**Region Total**	**5196.27**	**10112.52**	**18762.61**		**11004.57**	**19162.11**	**10168.80**	
北　京	Beijing	210.01	716.12	1214.34	5	855.40	1186.13	584.41	6
天　津	Tianjin	119.20	252.04	455.80	14	283.87	501.41	252.34	15
河　北	Hebei	203.84	315.35	595.20	8	362.65	651.54	342.41	10
山　西	Shanxi	198.26	201.14	349.45	20	191.91	299.81	161.56	21
内蒙古	Inner Mongolia	135.95	167.58	300.30	21	234.57	317.89	155.42	23
辽　宁	Liaoning	188.84	286.17	534.57	12	453.75	471.30	238.91	16
吉　林	Jilin	78.15	134.43	267.88	23	145.97	242.05	111.44	26
黑龙江	Heilongjiang	123.52	129.46	226.73	26	165.80	256.98	135.31	24
上　海	Shanghai	388.62	1012.80	1614.48	3	933.91	1215.49	845.96	3
江　苏	Jiangsu	562.60	1046.92	1974.58	2	1023.92	2442.82	1325.14	1
浙　江	Zhejiang	398.82	809.91	1472.21	4	816.68	1201.33	678.78	4
安　徽	Anhui	129.48	273.11	530.34	13	291.93	586.80	309.99	11
福　建	Fujian	141.10	271.75	545.68	11	319.70	608.24	298.27	12
江　西	Jiangxi	84.79	240.63	378.81	17	204.38	498.44	282.88	13
山　东	Shandong	378.23	594.98	1129.75	6	631.51	1252.40	650.45	5
河　南	Henan	155.79	263.73	550.61	10	319.34	659.16	345.54	9
湖　北	Hubei	125.57	285.48	563.33	9	249.49	678.30	374.23	8
湖　南	Hunan	112.57	218.63	432.61	15	256.80	475.18	252.71	14
广　东	Guangdong	657.82	1339.16	2579.49	1	1244.26	2054.00	1036.42	2
广　西	Guangxi	77.48	139.99	285.46	22	207.44	321.90	156.00	22
海　南	Hainan	18.53	61.56	121.55	28	112.35	169.35	91.08	28
重　庆	Chongqing	77.72	175.92	367.76	19	242.45	468.82	215.75	17
四　川	Sichuan	149.65	324.48	638.30	7	475.80	780.26	436.30	7
贵　州	Guizhou	66.00	120.47	256.28	25	136.73	353.08	179.92	19
云　南	Yunnan	112.78	190.25	369.93	18	237.26	367.68	167.23	20
西　藏	Tibet	3.50	17.34	48.77	30	11.96	41.61	15.74	31
陕　西	Shaanxi	140.27	233.92	394.14	16	265.94	398.44	202.92	18
甘　肃	Gansu	44.09	89.79	173.16	27	86.84	207.15	110.64	27
青　海	Qinghai	17.52	22.95	46.82	31		89.61	50.30	29
宁　夏	Ningxia	20.25	35.73	84.04	29		99.83	45.28	30
新　疆	Xinjiang	75.31	140.72	260.24	24	151.27	265.12	115.47	25

5-3 企业所得税和个人所得税收入

Corporate Income Tax and Individual Income Tax

单位：亿元 (100 million yuan)

地区	Region	企业所得税收入 Corporate Income Tax 2010	2015	2016	2016排名 Ranking	个人所得税收入 Individual Income Tax 2010	2015	2016	2016排名 Ranking
地方合计	**Region Total**	**5048.37**	**9493.79**	**10135.58**		**1934.30**	**3446.75**	**4034.92**	
北京	Beijing	513.09	1024.73	1095.23	3	215.33	478.12	571.26	3
天津	Tianjin	125.89	260.00	278.46	11	42.96	81.76	96.78	9
河北	Hebei	145.93	266.94	272.99	12	47.05	62.86	71.52	14
山西	Shanxi	117.75	143.05	116.55	23	31.95	36.25	35.18	25
内蒙古	Inner Mongolia	101.27	101.77	96.93	24	39.34	44.62	52.69	19
辽宁	Liaoning	174.06	235.26	238.68	13	64.20	72.43	76.68	11
吉林	Jilin	60.82	134.92	134.01	19	23.39	34.11	41.72	22
黑龙江	Heilongjiang	61.60	100.64	94.60	26	25.07	35.57	37.28	24
上海	Shanghai	606.05	1104.08	1336.89	2	261.20	487.61	593.08	2
江苏	Jiangsu	554.43	917.58	978.81	4	180.94	360.89	382.37	4
浙江	Zhejiang	374.13	662.21	704.86	5	151.08	265.74	317.10	5
安徽	Anhui	106.59	235.57	233.24	14	31.97	53.14	59.28	16
福建	Fujian	156.91	341.72	350.02	7	56.34	94.86	123.50	8
江西	Jiangxi	63.72	157.21	166.26	17	20.27	42.41	49.79	21
山东	Shandong	293.22	498.72	503.24	6	81.01	143.12	143.15	6
河南	Henan	136.63	281.41	297.31	10	40.29	62.03	71.75	13
湖北	Hubei	106.91	276.78	299.12	9	34.41	78.53	92.98	10
湖南	Hunan	60.28	169.53	172.31	16	37.62	62.90	74.62	12
广东	Guangdong	678.75	1303.11	1492.07	1	287.26	510.14	638.11	1
广西	Guangxi	58.92	109.74	117.03	22	25.84	34.76	40.16	23
海南	Hainan	28.04	64.03	65.16	27	8.05	17.00	21.47	27
重庆	Chongqing	74.25	179.42	187.71	15	26.24	50.36	58.54	18
四川	Sichuan	141.49	295.31	299.48	8	57.76	109.14	128.40	7
贵州	Guizhou	51.02	127.35	127.12	21	27.42	33.27	35.08	26
云南	Yunnan	82.28	147.44	148.76	18	32.23	44.16	52.54	20
西藏	Tibet	4.53	11.50	4.64	31	1.98	8.48	13.00	29
陕西	Shaanxi	84.78	147.42	130.74	20	35.54	53.34	58.85	17
甘肃	Gansu	19.98	59.20	54.95	28	11.13	18.94	20.55	28
青海	Qinghai	10.98	20.23	17.07	30	3.46	5.70	6.41	31
宁夏	Ningxia	14.08	24.56	24.47	29	5.57	8.97	9.85	30
新疆	Xinjiang	40.02	92.34	96.87	25	27.38	55.55	61.23	15

5-4 资源税和城市维护建设税收入
Resource Tax and City Maintenance and Construction Tax

单位：亿元 (100 million yuan)

地区	Region	资源税收入 Resource Tax				城市维护建设税收入 City Maintenance and Construction Tax			
		2010	2015	2016	2016排名 Ranking	2010	2015	2016	2016排名 Ranking
地方合计	**Region Total**	**417.57**	**997.07**	**919.40**		**1736.27**	**3707.04**	**3880.32**	
北　京	Beijing	0.37	0.91	0.75	30	80.00	204.36	221.64	6
天　津	Tianjin	0.56	2.10	1.69	28	37.40	96.17	98.19	16
河　北	Hebei	25.77	28.36	30.20	8	64.30	111.89	115.21	12
山　西	Shanxi	32.65	143.18	140.35	1	47.39	56.39	56.39	24
内蒙古	Inner Mongolia	36.82	105.30	118.16	2	44.59	57.73	57.20	23
辽　宁	Liaoning	46.45	37.63	29.84	9	71.62	117.56	124.28	9
吉　林	Jilin	4.80	10.00	7.31	26	26.30	63.13	67.66	20
黑龙江	Heilongjiang	15.34	53.75	40.74	7	43.89	54.56	52.24	25
上　海	Shanghai			0.01	31	87.66	221.27	239.49	5
江　苏	Jiangsu	10.06	26.48	17.56	14	164.81	421.46	433.98	2
浙　江	Zhejiang	6.36	11.53	11.76	21	143.06	274.92	300.65	3
安　徽	Anhui	12.65	20.60	17.82	13	54.40	106.05	113.39	13
福　建	Fujian	6.46	11.45	9.25	24	43.11	108.60	112.04	14
江　西	Jiangxi	12.91	47.97	56.62	5	30.75	70.86	76.86	19
山　东	Shandong	33.29	103.81	95.18	3	130.74	243.71	250.83	4
河　南	Henan	26.08	35.35	28.07	10	61.35	112.72	117.09	11
湖　北	Hubei	8.40	17.69	15.56	18	50.49	138.62	143.48	7
湖　南	Hunan	6.14	10.23	8.86	25	62.01	119.15	119.18	10
广　东	Guangdong	9.35	16.55	16.70	17	135.97	457.05	491.74	1
广　西	Guangxi	6.97	18.06	17.22	16	29.67	63.56	61.15	22
海　南	Hainan	1.24	2.68	3.16	27	9.42	23.26	25.04	28
重　庆	Chongqing	5.02	11.76	11.34	22	34.94	78.79	81.49	18
四　川	Sichuan	12.83	28.72	26.18	11	66.61	126.30	137.55	8
贵　州	Guizhou	11.01	24.67	23.15	12	29.18	59.80	61.93	21
云　南	Yunnan	12.92	18.23	17.24	15	67.66	112.10	103.65	15
西　藏	Tibet	0.66	0.96	1.04	29	1.87	6.70	8.62	31
陕　西	Shaanxi	22.30	90.70	82.67	4	50.22	77.61	85.71	17
甘　肃	Gansu	6.18	16.81	13.02	20	21.22	44.17	43.07	27
青　海	Qinghai	9.58	21.92	14.84	19	5.69	11.83	11.59	30
宁　夏	Ningxia	1.92	13.31	10.49	23	8.10	14.96	17.25	29
新　疆	Xinjiang	32.47	66.36	52.62	6	31.84	51.76	51.73	26

5-5　房产税和印花税收入
House Property Tax and Stamp Tax

单位：亿元　　　　(100 million yuan)

地区	Region	房产税收入 House Property Tax 2010	2015	2016	2016排名 Ranking	印花税收入 Stamp Tax 2010	2015	2016	2016排名 Ranking
地方合计	**Region Total**	**894.07**	**2050.90**	**2220.91**		**512.52**	**965.29**	**958.82**	
北　京	Beijing	83.83	152.06	198.22	3	32.14	68.69	80.52	3
天　津	Tianjin	25.28	71.81	72.18	9	17.80	34.19	35.31	7
河　北	Hebei	21.27	51.34	54.63	13	18.81	29.94	33.18	8
山　西	Shanxi	13.50	35.20	33.31	21	11.20	18.44	17.42	20
内蒙古	Inner Mongolia	18.47	42.87	49.20	16	10.82	14.85	15.89	22
辽　宁	Liaoning	45.91	82.37	84.10	7	22.81	25.98	27.51	13
吉　林	Jilin	13.60	27.61	27.31	26	6.94	10.46	10.76	25
黑龙江	Heilongjiang	18.03	31.38	31.92	23	7.19	10.33	10.38	26
上　海	Shanghai	62.30	123.81	170.96	5	48.17	103.01	77.70	4
江　苏	Jiangsu	92.11	248.01	256.60	1	49.28	85.27	87.94	2
浙　江	Zhejiang	71.97	179.98	184.30	4	40.37	70.73	67.58	5
安　徽	Anhui	17.62	46.15	51.58	15	11.15	21.60	23.22	15
福　建	Fujian	31.74	63.23	63.74	10	17.12	29.50	31.32	10
江　西	Jiangxi	9.13	34.29	34.37	20	6.23	15.20	17.96	18
山　东	Shandong	64.65	133.86	143.36	6	33.74	59.41	61.26	6
河　南	Henan	22.77	52.52	53.78	14	14.23	27.94	29.94	11
湖　北	Hubei	18.83	53.14	59.70	11	12.28	27.97	29.73	12
湖　南	Hunan	17.92	44.02	46.07	17	9.48	19.01	19.32	16
广　东	Guangdong	122.44	241.00	243.97	2	69.93	141.41	119.47	1
广　西	Guangxi	11.65	27.52	30.71	24	7.03	14.27	14.20	23
海　南	Hainan	5.39	15.87	15.62	28	2.83	6.45	7.18	28
重　庆	Chongqing	14.02	52.46	56.88	12	9.63	20.56	23.80	14
四　川	Sichuan	26.05	73.91	79.79	8	16.52	30.03	32.14	9
贵　州	Guizhou	8.41	29.48	30.51	25	4.34	13.08	17.88	19
云　南	Yunnan	17.18	35.90	37.92	19	9.00	16.04	16.56	21
西　藏	Tibet					0.31	1.96	2.71	31
陕　西	Shaanxi	15.35	41.59	42.84	18	10.01	19.53	18.42	17
甘　肃	Gansu	8.36	17.71	19.54	27	4.42	8.43	8.44	27
青　海	Qinghai	1.58	5.52	5.67	30	1.09	2.73	2.97	30
宁　夏	Ningxia	2.35	9.69	10.02	29	2.10	4.86	4.90	29
新　疆	Xinjiang	12.35	26.62	32.11	22	5.55	13.42	13.21	24

5-6 城镇土地使用税和土地增值税收入
Urban Land Use Tax and Land Appreciation Tax

单位：亿元 (100 million yuan)

地区	Region	城镇土地使用税收入 Urban Land Use Tax				土地增值税收入 Land Appreciation Tax			
		2010	2015	2016	2016排名 Ranking	2010	2015	2016	2016排名 Ranking
地方合计	**Region Total**	**1004.01**	**2142.04**	**2255.74**		**1278.29**	**3832.18**	**4212.19**	
北　京	Beijing	16.13	17.88	19.18	28	85.86	174.86	177.34	8
天　津	Tianjin	11.71	25.07	23.47	25	24.39	139.99	120.41	12
河　北	Hebei	34.49	106.84	101.65	10	32.47	118.58	138.74	11
山　西	Shanxi	21.97	36.02	34.18	19	4.65	29.57	31.62	27
内蒙古	Inner Mongolia	44.58	93.20	122.03	8	20.56	39.89	40.06	24
辽　宁	Liaoning	108.05	125.41	125.21	7	77.59	46.14	60.08	20
吉　林	Jilin	19.45	30.60	28.69	22	11.25	36.15	34.15	26
黑龙江	Heilongjiang	28.91	61.41	57.94	13	8.64	63.46	53.31	21
上　海	Shanghai	27.28	37.44	42.97	16	96.96	253.31	334.25	3
江　苏	Jiangsu	104.57	180.06	185.12	2	170.36	437.01	480.58	2
浙　江	Zhejiang	67.54	132.86	134.13	5	106.70	210.16	234.55	5
安　徽	Anhui	32.52	133.05	141.87	3	30.22	90.42	104.83	14
福　建	Fujian	26.33	37.59	36.13	18	62.81	196.43	215.87	6
江　西	Jiangxi	15.67	44.12	46.26	15	25.72	128.84	118.75	13
山　东	Shandong	137.69	358.75	393.74	1	66.19	259.51	293.15	4
河　南	Henan	49.80	102.81	104.77	9	37.96	139.43	144.83	9
湖　北	Hubei	21.38	50.33	52.53	14	30.54	187.76	201.55	7
湖　南	Hunan	17.14	53.59	58.89	12	19.54	84.20	96.48	16
广　东	Guangdong	87.78	143.69	133.60	6	189.79	576.75	681.58	1
广　西	Guangxi	9.57	26.05	26.14	24	22.27	57.09	62.58	19
海　南	Hainan	7.95	30.97	21.52	26	21.23	75.55	90.29	18
重　庆	Chongqing	18.50	121.31	139.14	4	29.80	94.36	102.77	15
四　川	Sichuan	34.08	64.64	65.10	11	47.78	149.14	143.98	10
贵　州	Guizhou	10.83	27.91	30.12	21	11.98	86.57	95.01	17
云　南	Yunnan	13.99	25.04	30.39	20	14.36	56.34	42.63	22
西　藏	Tibet		0.17	0.20	31	0.13	1.08	1.62	31
陕　西	Shaanxi	15.73	28.34	27.69	23	15.43	40.86	34.89	25
甘　肃	Gansu	4.42	18.84	19.20	27	3.02	16.97	23.58	28
青　海	Qinghai	1.83	4.19	5.70	30	0.45	3.53	3.26	30
宁　夏	Ningxia	4.40	9.01	8.68	29	1.67	6.61	7.76	29
新　疆	Xinjiang	9.73	14.85	39.50	17	7.99	31.60	41.69	23

5-7 车船税和耕地占用税收入
Tax on Vehicles and Boat Operation and Farm Land Occupancy Tax

单位：亿元 (100 million yuan)

地区	Region	车船税收入 Tax on Vehicles and Boat Operation				耕地占用税收入 Farm Land Occupancy Tax			
		2010	2015	2016	2016排名 Ranking	2010	2015	2016	2016排名 Ranking
地方合计	**Region Total**	**241.62**	**613.29**	**682.68**		**888.64**	**2097.21**	**2028.89**	
北　京	Beijing	14.92	25.27	32.44	7	10.19	4.54	3.34	30
天　津	Tianjin	4.39	10.53	10.47	26	12.33	10.41	8.02	25
河　北	Hebei	15.93	31.95	36.12	5	21.44	49.37	67.24	12
山　西	Shanxi	6.96	15.77	18.56	13	3.87	11.43	11.75	24
内蒙古	Inner Mongolia	6.21	15.76	17.36	17	31.53	282.44	262.01	1
辽　宁	Liaoning	12.28	28.81	31.28	8	96.43	15.07	14.97	22
吉　林	Jilin	4.72	13.08	14.73	20	11.58	63.21	61.11	15
黑龙江	Heilongjiang	6.60	15.53	17.36	17	15.76	18.57	21.50	20
上　海	Shanghai	9.93	21.10	19.66	11	12.14	7.26	4.62	29
江　苏	Jiangsu	15.82	41.74	47.11	3	58.98	31.76	26.63	19
浙　江	Zhejiang	16.20	42.96	46.71	4	44.05	62.51	82.65	9
安　徽	Anhui	5.95	14.85	16.83	19	45.57	45.12	68.38	11
福　建	Fujian	5.99	16.47	17.59	15	18.11	28.13	16.43	21
江　西	Jiangxi	4.15	11.78	13.23	22	35.74	86.30	86.04	8
山　东	Shandong	23.27	53.31	61.00	2	81.31	251.52	217.30	2
河　南	Henan	9.79	30.06	33.51	6	48.96	184.74	184.34	3
湖　北	Hubei	5.50	17.97	21.31	10	56.25	116.42	115.60	7
湖　南	Hunan	5.18	16.68	18.98	12	53.21	59.83	63.36	13
广　东	Guangdong	27.38	69.97	73.59	1	56.03	95.38	76.67	10
广　西	Guangxi	4.33	12.49	14.62	21	30.95	128.25	122.07	5
海　南	Hainan	1.04	2.97	3.36	29	4.25	12.74	12.23	23
重　庆	Chongqing	1.71	10.03	11.00	24	30.31	48.80	48.67	18
四　川	Sichuan	10.73	26.63	29.82	9	36.17	121.96	118.36	6
贵　州	Guizhou	2.84	8.64	9.91	27	10.72	146.26	146.15	4
云　南	Yunnan	5.66	15.49	17.54	16	33.73	67.06	61.28	14
西　藏	Tibet	0.23	0.89	0.99	31	0.12	1.32	1.72	31
陕　西	Shaanxi	6.93	15.98	17.72	14	22.32	71.55	54.75	16
甘　肃	Gansu	2.58	9.22	10.66	25	1.95	5.46	5.52	28
青　海	Qinghai	0.40	2.26	2.53	30	0.48	9.24	5.64	27
宁　夏	Ningxia	0.91	3.30	3.59	28	0.24	10.93	7.33	26
新　疆	Xinjiang	3.11	11.84	13.10	23	3.93	49.62	53.21	17

5-8 契税、烟叶税和其他税收入
Deed Tax, Tobacco Leaf Tax and Other Tax Revenue

单位：亿元 (100 million yuan)

地区	Region	契税收入 Deed Tax				烟叶税和其他税收入 Tobacco Leaf Tax and Other Tax Revenue			
		2010	2015	2016	2016排名 Ranking	2010	2015	2016	2016排名 Ranking
地方合计	**Region Total**	**2464.85**	**3898.55**	**4300.00**		**80.13**	**142.78**	**130.83**	
北　京	Beijing	134.27	210.23	254.29	6	0.06		0.01	24
天　津	Tianjin	70.87	92.59	171.10	11				
河　北	Hebei	79.65	109.20	136.74	14	0.46	0.14	0.29	18
山　西	Shanxi	10.50	30.10	30.06	26	0.15	0.25	0.29	18
内蒙古	Inner Mongolia	27.91	36.60	48.44	23	0.21	0.24	0.19	21
辽　宁	Liaoning	152.94	105.05	100.25	17	1.73	1.08	1.09	15
吉　林	Jilin	31.53	66.35	65.36	20	0.79	0.93	0.84	17
黑龙江	Heilongjiang	34.46	45.13	46.67	24	2.16	3.58	1.87	12
上　海	Shanghai	173.58	270.99	345.83	2				
江　苏	Jiangsu	324.72	370.11	335.41	3	0.02			
浙　江	Zhejiang	227.94	243.37	304.79	4	0.07	0.01	0.02	23
安　徽	Anhui	95.91	172.52	185.40	8	0.57	0.93	1.36	14
福　建	Fujian	77.09	123.90	136.32	15	3.29	6.82	6.56	6
江　西	Jiangxi	70.59	136.33	140.29	13	1.05	2.55	2.98	9
山　东	Shandong	193.51	247.76	267.63	5	1.51	2.26	2.55	10
河　南	Henan	88.98	138.75	186.95	7	4.58	10.53	9.95	3
湖　北	Hubei	54.61	153.50	149.64	12	3.30	4.02	4.17	7
湖　南	Hunan	67.47	184.76	178.58	10	5.48	9.80	9.36	5
广　东	Guangdong	235.51	427.24	513.67	1	1.20	1.62	1.55	13
广　西	Guangxi	41.18	77.15	88.03	19	0.57	0.83	0.85	16
海　南	Hainan	16.78	31.88	27.30	27				
重　庆	Chongqing	54.65	134.48	129.84	16	2.32	3.84	3.76	8
四　川	Sichuan	97.94	213.10	184.14	9	7.17	9.87	9.69	4
贵　州	Guizhou	13.98	73.40	91.92	18	11.11	22.05	15.46	2
云　南	Yunnan	32.53	56.16	52.35	21	30.57	58.65	55.50	1
西　藏	Tibet								
陕　西	Shaanxi	24.13	68.53	50.81	22	1.60	2.50	2.24	11
甘　肃	Gansu	5.98	16.85	23.47	28	0.12	0.25	0.20	20
青　海	Qinghai	1.44	6.07	3.68	30				
宁　夏	Ningxia	8.94	14.53	12.84	29	0.01	0.03	0.05	22
新　疆	Xinjiang	15.26	41.93	38.20	25	0.02			

5-9 公共财政非税收入和专项收入

Non-Tax Revenues from Public Finance and Special Program Revenue

单位：亿元 (100 million yuan)

地区	Region	非税收入 Non-Tax Revenue 2010	2015	2016	2016排名 Ranking	专项收入 Special Program Receipts 2010	2015	2016	2016排名 Ranking
地方合计	**Region Total**	**7911.56**	**20340.11**	**22547.66**		**1742.71**	**6410.36**	**6186.88**	
北 京	Beijing	102.34	459.95	628.29	19	48.16	283.39	375.16	5
天 津	Tianjin	292.16	1089.05	1099.28	5	20.73	161.50	204.54	12
河 北	Hebei	257.81	714.89	853.75	9	75.98	217.22	187.80	14
山 西	Shanxi	276.96	585.75	520.33	20	153.60	386.54	149.46	18
内蒙古	Inner Mongolia	317.16	643.74	680.55	15	124.50	198.17	122.04	19
辽 宁	Liaoning	488.18	476.94	513.04	22	55.02	161.04	152.91	17
吉 林	Jilin	163.10	362.23	390.81	25	20.11	94.11	92.92	24
黑龙江	Heilongjiang	198.61	285.53	320.56	26	36.49	76.37	66.01	27
上 海	Shanghai	165.78	661.34	780.23	12	49.94	324.86	377.64	4
江 苏	Jiangsu	767.25	1418.47	1589.40	3	107.37	463.64	484.42	2
浙 江	Zhejiang	143.51	641.72	761.89	13	83.75	446.68	474.02	3
安 徽	Anhui	282.84	654.41	815.26	10	73.79	226.69	209.10	11
福 建	Fujian	185.40	605.53	692.11	14	35.23	193.09	214.62	9
江 西	Jiangxi	192.98	648.71	680.37	16	35.45	128.09	120.78	20
山 东	Shandong	599.48	1326.21	1647.59	2	103.90	336.88	322.24	6
河 南	Henan	364.77	914.88	995.03	7	89.04	201.29	241.07	7
湖 北	Hubei	233.27	919.03	979.13	8	34.45	196.76	195.31	13
湖 南	Hunan	350.85	987.91	1146.55	4	52.48	187.93	171.84	15
广 东	Guangdong	713.57	1989.71	2291.72	1	97.35	598.77	863.02	1
广 西	Guangxi	238.13	483.51	520.05	21	22.67	127.31	120.17	21
海 南	Hainan	33.89	113.39	132.55	29	7.93	39.35	43.30	28
重 庆	Chongqing	330.52	703.90	789.46	11	38.50	106.27	96.30	22
四 川	Sichuan	381.09	1001.93	1059.62	6	61.16	304.45	209.90	10
贵 州	Guizhou	138.16	377.35	440.90	23	59.07	96.34	88.45	25
云 南	Yunnan	169.02	597.61	638.77	17	52.80	244.58	225.45	8
西 藏	Tibet	11.37	45.13	56.94	31	1.18	6.16	7.87	31
陕 西	Shaanxi	247.64	769.63	629.60	18	88.40	228.68	156.66	16
甘 肃	Gansu	133.30	214.07	260.97	27	59.02	65.14	67.25	26
青 海	Qinghai	21.27	61.33	62.03	30	13.30	26.15	19.92	30
宁 夏	Ningxia	26.77	117.13	141.11	28	8.92	37.58	33.06	29
新 疆	Xinjiang	84.34	469.12	429.77	24	32.44	245.31	93.65	23

5-10 行政事业性收费和罚没收入

Administrative Charges and Incomes from Fines and Confiscations

单位：亿元 (100 million yuan)

地区	Region	行政事业性收费收入 Charge of Administrative and Institutional Units				罚没收入 Penalty Receipts			
		2010	2015	2016	2016排名 Ranking	2010	2015	2016	2016排名 Ranking
地方合计	**Region Total**	**2600.37**	**4412.08**	**4416.50**		**1042.85**	**1762.90**	**1851.51**	
北　京	Beijing	39.84	64.38	55.37	26	22.93	55.78	45.66	16
天　津	Tianjin	141.29	208.99	170.90	10	8.80	22.40	31.78	24
河　北	Hebei	66.09	185.80	208.65	7	61.61	113.27	113.47	5
山　西	Shanxi	54.54	76.36	75.72	21	43.23	50.08	48.17	15
内蒙古	Inner Mongolia	62.09	123.25	133.59	13	25.86	38.87	41.11	19
辽　宁	Liaoning	131.92	112.81	131.80	14	60.10	76.64	77.94	9
吉　林	Jilin	54.70	77.79	83.77	20	28.76	31.33	28.70	26
黑龙江	Heilongjiang	68.84	69.32	66.17	24	25.71	38.62	42.19	18
上　海	Shanghai	97.04	127.41	128.38	15	17.34	30.81	43.66	17
江　苏	Jiangsu	224.57	390.01	410.47	1	89.31	131.66	132.52	3
浙　江	Zhejiang	44.59	43.47	49.00	27	70.60	107.76	123.40	4
安　徽	Anhui	94.46	148.86	160.16	11	26.77	54.40	52.74	14
福　建	Fujian	48.18	103.25	97.14	19	29.22	46.41	55.84	13
江　西	Jiangxi	70.91	190.50	181.65	9	30.48	69.96	66.34	12
山　东	Shandong	203.02	296.74	328.25	3	77.62	123.86	156.12	1
河　南	Henan	122.42	238.34	238.63	6	50.83	89.11	90.56	6
湖　北	Hubei	93.63	329.03	321.96	4	39.54	94.40	89.70	7
湖　南	Hunan	127.05	154.32	150.26	12	45.54	76.86	80.70	8
广　东	Guangdong	293.43	408.19	328.29	2	95.62	155.77	152.67	2
广　西	Guangxi	65.07	97.81	105.12	17	31.29	40.01	41.00	21
海　南	Hainan	8.58	14.30	19.65	29	4.74	11.29	10.24	28
重　庆	Chongqing	214.01	312.38	309.26	5	21.41	39.60	41.06	20
四　川	Sichuan	118.82	184.69	207.98	8	35.25	65.51	69.77	10
贵　州	Guizhou	30.06	75.72	72.48	22	16.66	32.60	38.85	23
云　南	Yunnan	33.49	95.74	103.54	18	33.92	53.27	67.14	11
西　藏	Tibet	1.59	3.47	4.89	31	0.83	2.19	3.44	31
陕　西	Shaanxi	39.02	133.81	117.98	16	22.06	50.21	39.48	22
甘　肃	Gansu	19.02	53.44	57.66	25	8.12	17.72	29.19	25
青　海	Qinghai	3.05	9.32	8.53	30	2.16	6.88	5.17	30
宁　夏	Ningxia	9.44	19.02	20.91	28	4.16	8.79	8.52	29
新　疆	Xinjiang	19.61	63.56	68.34	23	12.38	26.86	24.38	27

5-11 国有资本经营和国有资源有偿使用收入

Operation Income of State-owned Assets and Income from Use of State-owned Resources

单位：亿元 (100 million yuan)

地区	Region	国有资本经营收入 Operation Income of State-owned Assets				国有资源(资产)有偿使用收入 Income from Use of State-owned Resources (Assets)			
		2010	2015	2016	2016排名 Ranking	2010	2015	2016	2016排名 Ranking
地方合计	**Region Total**	**1012.74**	**690.76**	**857.65**		**1073.96**	**5220.74**	**6652.43**	
北　京	Beijing	-27.79	-64.99			14.39	89.08	103.32	24
天　津	Tianjin	7.08	27.85	32.76	13	83.37	449.44	404.95	4
河　北	Hebei	29.07	22.83	31.60	14	17.60	142.31	224.37	12
山　西	Shanxi	3.36	1.93	3.92	22	10.35	53.34	201.51	16
内蒙古	Inner Mongolia	58.92	78.07	87.35	3	33.62	189.41	268.07	9
辽　宁	Liaoning	131.19	22.99	19.03	17	97.84	87.45	85.18	26
吉　林	Jilin	24.48	28.02	35.83	12	26.57	122.10	131.64	22
黑龙江	Heilongjiang	38.42	24.47	18.22	19	24.81	70.69	96.13	25
上　海	Shanghai	-11.25				8.76	163.35	216.98	14
江　苏	Jiangsu	257.53				79.75	365.17	440.71	3
浙　江	Zhejiang	-72.91	-61.53	-61.95	27	16.77	95.52	133.35	21
安　徽	Anhui	20.05	22.87	41.39	10	59.80	173.85	300.29	7
福　建	Fujian	21.95	54.51	53.79	7	41.47	179.30	209.84	15
江　西	Jiangxi	24.08	3.21	4.19	21	20.09	212.39	256.41	10
山　东	Shandong	79.82	54.18	57.61	5	93.06	469.42	663.29	1
河　南	Henan	60.36	103.28	92.53	2	23.98	195.26	219.17	13
湖　北	Hubei	29.39	26.04	39.21	11	22.17	213.76	237.70	11
湖　南	Hunan	8.58	14.39	18.98	18	74.10	363.80	469.00	2
广　东	Guangdong	90.00	62.70	54.23	6	81.88	355.19	401.25	5
广　西	Guangxi	66.16	88.24	85.76	4	35.87	96.59	115.03	23
海　南	Hainan	7.73	11.86	7.13	20	3.95	31.06	35.67	29
重　庆	Chongqing	-0.01				42.53	207.04	281.73	8
四　川	Sichuan	41.67	44.95	42.37	9	90.67	269.63	362.23	6
贵　州	Guizhou	4.88	15.80	43.12	8	16.23	114.17	139.69	20
云　南	Yunnan	10.94	9.61	25.25	15	14.28	113.47	149.98	19
西　藏	Tibet	-0.43	-0.20	1.34	25	3.09	23.67	27.40	30
陕　西	Shaanxi	76.35	74.40	95.64	1	14.97	177.32	159.14	18
甘　肃	Gansu	23.38	1.69	2.15	23	9.10	51.54	58.61	28
青　海	Qinghai	0.56	0.39	0.23	26	1.69	14.34	22.79	31
宁　夏	Ningxia	0.57	3.12	1.36	24	2.71	44.96	63.62	27
新　疆	Xinjiang	8.59	20.07	24.61	16	8.50	86.11	173.38	17

5-12 捐款收入和政府住房基金收入
Donation Income and Revenue of Government Housing Funds

单位：亿元 (100 million yuan)

地区	Region	捐款收入 Donation Income 2016	2016排名 Ranking	政府住房基金收入 Revenue of Government Housing Funds 2016	2016排名 Ranking
地方合计	**Region Total**	**127.33**		**747.85**	
北京	Beijing	0.83	25	32.68	8
天津	Tianjin	0.35	28	28.17	13
河北	Hebei	4.91	8	40.40	3
山西	Shanxi	2.83	16	21.41	18
内蒙古	Inner Mongolia	2.43	18	17.42	22
辽宁	Liaoning	1.46	22	28.66	12
吉林	Jilin	2.42	19	7.11	26
黑龙江	Heilongjiang	1.17	23	24.42	16
上海	Shanghai	0.14	30	1.44	30
江苏	Jiangsu	2.91	15	36.35	5
浙江	Zhejiang	0.82	26	34.21	6
安徽	Anhui	4.38	10	23.97	17
福建	Fujian	8.48	5	24.51	15
江西	Jiangxi	0.94	24	7.44	25
山东	Shandong	16.15	1	43.24	2
河南	Henan	3.58	13	33.38	7
湖北	Hubei	4.21	11	29.55	11
湖南	Hunan	2.53	17	30.00	10
广东	Guangdong	7.65	6	94.18	1
广西	Guangxi	2.14	20	17.77	20
海南	Hainan	3.19	14	5.95	27
重庆	Chongqing	6.74	7	24.98	14
四川	Sichuan	15.91	2	36.81	4
贵州	Guizhou	10.74	3	17.44	21
云南	Yunnan	9.51	4	32.08	9
西藏	Tibet	0.01	31	0.30	31
陕西	Shaanxi	1.90	21	14.74	23
甘肃	Gansu	3.66	12	17.94	19
青海	Qinghai	0.31	29	2.10	29
宁夏	Ningxia	0.38	27	5.23	28
新疆	Xinjiang	4.65	9	13.97	24

5-13 公共财政非税其他收入与地方财政收入占地区生产总值的比重
Other Non-Tax Receipts and Proportion of Budgetary Revenue over GDP

地区	Region	非税其他收入（亿元）Other Non-Tax Receipts (100 million yuan)				地方财政收入占地区生产总值的比重（%）Proportion of Budgetary Revenue Over GDP (%)			
		2010	2015	2016	2016排名 Ranking	2010	2015	2016	2016排名 Ranking
地方合计	**Region Total**	**438.92**	**1843.27**	**1707.51**					
北　京	Beijing	4.82	32.32	15.27	22	22.77	25.40	26.50	2
天　津	Tianjin	30.89	218.87	225.83	2	17.35	20.20	19.10	6
河　北	Hebei	7.46	33.47	42.55	11	10.49	11.90	12.00	27
山　西	Shanxi	11.88	17.50	17.31	20	17.53	16.60	15.70	14
内蒙古	Inner Mongolia	12.17	15.96	8.54	26	13.11	13.70	13.50	21
辽　宁	Liaoning	12.10	16.01	16.06	21	16.76	11.80	15.30	15
吉　林	Jilin	8.48	8.88	8.42	27	12.05	12.80	12.60	23
黑龙江	Heilongjiang	4.33	6.06	6.25	30	12.77	11.30	10.60	30
上　海	Shanghai	3.94	14.92	11.99	23	26.99	32.10	32.70	1
江　苏	Jiangsu	8.72	67.99	82.02	5	15.03	16.00	14.80	18
浙　江	Zhejiang	0.70	9.82	9.04	25	15.20	16.80	16.40	12
安　徽	Anhui	7.97	27.74	23.23	19	13.97	15.00	14.90	17
福　建	Fujian	9.36	28.96	27.89	15	12.12	13.40	12.50	24
江　西	Jiangxi	11.98	44.56	42.62	10	11.99	16.30	15.10	16
山　东	Shandong	42.07	45.12	60.69	8	10.81	11.80	11.60	29
河　南	Henan	18.14	87.60	76.11	6	8.84	10.60	10.30	31
湖　北	Hubei	14.10	59.05	61.49	7	10.87	14.10	13.40	22
湖　南	Hunan	43.11	190.61	223.24	3	10.87	12.60	12.30	26
广　东	Guangdong	55.29	409.09	390.43	1	15.51	18.00	17.80	9
广　西	Guangxi	17.06	33.55	33.06	12	11.53	12.50	12.00	27
海　南	Hainan	0.96	5.53	7.42	29	19.60	21.90	21.60	3
重　庆	Chongqing	14.08	38.60	29.39	14	16.10	17.00	16.00	13
四　川	Sichuan	33.53	132.71	114.65	4	12.76	14.30	13.60	20
贵　州	Guizhou	11.27	42.70	30.13	13	18.08	19.10	17.90	8
云　南	Yunnan	23.59	80.95	25.82	17	22.68	21.60	19.20	5
西　藏	Tibet	5.11	9.84	11.69	24	9.46	16.90	18.60	7
陕　西	Shaanxi	6.85	105.20	44.06	9	16.17	16.40	13.70	19
甘　肃	Gansu	14.66	24.55	24.51	18	15.44	17.90	17.60	11
青　海	Qinghai	0.52	4.25	2.98	31	13.22	14.10	12.40	25
宁　夏	Ningxia	0.96	3.66	8.03	28	14.49	18.40	17.80	9
新　疆	Xinjiang	2.83	27.20	26.79	16	16.55	20.20	19.30	4

5-14 公共财政支出和一般公共服务支出
Public Budgetary Expenditure and Expenditure for General Public Services

单位：亿元 (100 million yuan)

地区	Region	公共财政支出 Public Budgetary Expenditure 2010	2015	2016	2016排名 Ranking	一般公共服务支出 Expenditure for General Public Services 2010	2015	2016	2016排名 Ranking
地方合计	**Region Total**	**73884.43**	**150335.62**	**160351.36**		**8499.74**	**12492.49**	**13581.37**	
北　京	Beijing	2717.32	5737.70	6406.77	9	239.57	300.12	367.20	17
天　津	Tianjin	1376.84	3232.35	3699.43	24	98.07	178.30	192.20	28
河　北	Hebei	2820.24	5632.19	6049.53	11	358.13	503.32	551.81	9
山　西	Shanxi	1931.36	3422.97	3428.86	26	215.83	245.51	266.28	25
内蒙古	Inner Mongolia	2273.50	4252.96	4512.71	16	254.53	299.14	324.69	20
辽　宁	Liaoning	3195.82	4481.61	4577.47	15	352.40	356.51	370.92	16
吉　林	Jilin	1787.25	3217.10	3586.09	25	198.04	247.13	260.91	26
黑龙江	Heilongjiang	2253.27	4020.66	4227.34	21	222.57	242.67	266.70	24
上　海	Shanghai	3302.89	6191.56	6918.94	7	226.02	259.84	302.09	21
江　苏	Jiangsu	4914.06	9687.58	9981.96	2	631.24	845.68	920.93	2
浙　江	Zhejiang	3207.88	6645.98	6974.26	6	434.29	584.45	660.26	7
安　徽	Anhui	2587.61	5239.01	5522.95	12	273.72	400.09	404.09	14
福　建	Fujian	1695.09	4001.58	4275.40	19	211.91	308.02	338.21	19
江　西	Jiangxi	1923.26	4412.55	4617.40	14	218.75	410.83	416.59	13
山　东	Shandong	4145.03	8250.01	8755.21	3	544.31	738.11	783.56	3
河　南	Henan	3416.14	6799.35	7453.74	5	478.69	695.32	750.94	4
湖　北	Hubei	2501.40	6132.84	6422.98	8	314.93	618.14	639.60	8
湖　南	Hunan	2702.48	5728.72	6339.16	10	367.20	634.17	675.95	6
广　东	Guangdong	5421.54	12827.80	13446.09	1	685.39	1018.91	1147.35	1
广　西	Guangxi	2007.59	4065.51	4441.70	17	268.76	395.30	450.78	11
海　南	Hainan	581.34	1239.43	1376.48	30	62.44	113.32	129.48	29
重　庆	Chongqing	1709.04	3792.00	4001.81	23	168.49	270.17	285.54	23
四　川	Sichuan	4257.98	7497.51	8008.89	4	407.31	622.22	682.78	5
贵　州	Guizhou	1631.48	3939.50	4262.36	20	212.69	428.61	446.11	12
云　南	Yunnan	2285.72	4712.83	5018.86	13	246.50	388.51	476.98	10
西　藏	Tibet	551.04	1381.46	1587.98	28	72.35	205.92	228.03	27
陕　西	Shaanxi	2218.83	4376.06	4389.37	18	287.29	359.36	364.86	18
甘　肃	Gansu	1468.58	2958.31	3150.03	27	145.75	272.01	290.79	22
青　海	Qinghai	743.40	1515.16	1524.80	29	55.20	117.33	121.42	30
宁　夏	Ningxia	557.53	1138.49	1254.54	31	51.77	67.09	75.79	31
新　疆	Xinjiang	1698.91	3804.87	4138.25	22	195.57	366.41	388.53	15

5-15 国防支出和公共安全支出
Expenditure for National Defense and Public Security

单位：亿元 (100 million yuan)

地区	Region	国防支出 Expenditure for National Defense				公共安全支出 Expenditure for Public Security			
		2010	2015	2016	2016排名 Ranking	2010	2015	2016	2016排名 Ranking
地方合计	**Region Total**	**157.02**	**219.33**	**219.87**		**4642.50**	**7795.79**	**9290.07**	
北 京	Beijing	4.70	7.81	8.51	12	180.94	319.75	358.79	6
天 津	Tianjin	0.88	1.02	3.66	25	84.92	157.87	177.40	26
河 北	Hebei	7.08	10.31	10.00	7	176.08	287.08	336.57	10
山 西	Shanxi	3.30	5.34	4.84	21	121.84	173.79	203.52	25
内蒙古	Inner Mongolia	3.88	5.40	4.04	24	120.45	188.37	222.17	20
辽 宁	Liaoning	7.58	7.90	8.17	13	191.29	256.72	297.15	13
吉 林	Jilin	3.70	5.39	4.35	23	109.30	168.87	205.08	24
黑龙江	Heilongjiang	4.92	5.34	4.88	20	134.85	180.94	210.30	23
上 海	Shanghai	7.25	6.73	9.38	9	187.25	269.20	337.17	9
江 苏	Jiangsu	12.93	18.10	14.61	2	326.80	519.92	634.76	2
浙 江	Zhejiang	6.43	9.20	8.52	11	260.67	423.55	518.58	4
安 徽	Anhui	4.63	5.66	6.09	17	119.48	196.06	221.17	21
福 建	Fujian	3.27	6.85	6.34	15	120.60	225.24	257.32	16
江 西	Jiangxi	4.09	7.13	5.87	18	107.49	195.44	229.14	18
山 东	Shandong	10.41	14.96	13.13	3	244.03	425.75	521.52	3
河 南	Henan	4.16	6.08	9.52	8	189.72	301.12	358.41	7
湖 北	Hubei	2.00	4.25	3.55	27	166.87	295.24	352.73	8
湖 南	Hunan	7.49	11.70	11.01	5	159.14	271.54	333.45	11
广 东	Guangdong	11.09	16.48	12.46	4	495.80	834.54	1066.08	1
广 西	Guangxi	7.26	9.87	9.02	10	125.14	220.55	263.28	15
海 南	Hainan	1.91	6.59	10.98	6	43.94	77.14	85.09	29
重 庆	Chongqing	6.18	7.40	6.25	16	91.84	203.29	226.17	19
四 川	Sichuan	8.53	11.90	16.85	1	218.38	369.74	429.39	5
贵 州	Guizhou	3.66	5.09	4.55	22	101.46	215.95	249.96	17
云 南	Yunnan	6.53	7.06	7.20	14	145.42	242.54	293.61	14
西 藏	Tibet	3.06	2.26	2.30	29	41.33	103.23	95.66	28
陕 西	Shaanxi	2.90	3.25	3.66	25	111.50	187.07	215.79	22
甘 肃	Gansu	1.77	3.03	2.74	28	70.45	123.10	156.52	27
青 海	Qinghai	0.79	1.00	0.88	31	35.48	59.02	70.98	30
宁 夏	Ningxia	0.63	1.25	1.29	30	31.49	51.23	61.43	31
新 疆	Xinjiang	4.03	4.98	5.22	19	128.56	251.95	300.88	12

5-16 教育支出和科学技术支出
Expenditure for Education and Science and Technology

单位：亿元 (100 million yuan)

地区	Region	教育支出 Expenditure for Education				科学技术支出 Expenditure for Science and Technology			
		2010	2015	2016	2016排名 Ranking	2010	2015	2016	2016排名 Ranking
地方合计	**Region Total**	**11829.06**	**24913.71**	**26625.06**		**1588.88**	**3384.18**	**3877.86**	
北　京	Beijing	450.22	855.67	887.37	11	178.92	287.80	285.78	4
天　津	Tianjin	229.56	507.44	502.49	26	43.25	120.82	125.18	9
河　北	Hebei	514.30	1041.16	1134.90	7	29.65	45.50	73.18	14
山　西	Shanxi	328.58	602.85	606.97	21	20.12	37.47	34.56	25
内蒙古	Inner Mongolia	322.11	536.53	554.97	24	21.39	35.72	32.38	26
辽　宁	Liaoning	405.39	610.24	633.96	20	68.90	68.92	61.61	18
吉　林	Jilin	250.20	477.57	499.70	27	19.12	41.39	41.01	24
黑龙江	Heilongjiang	299.14	549.66	558.87	23	27.69	42.91	44.92	23
上　海	Shanghai	417.28	767.32	840.97	16	202.03	271.85	341.71	3
江　苏	Jiangsu	865.36	1746.22	1842.94	2	150.35	371.96	381.02	2
浙　江	Zhejiang	606.54	1264.93	1300.03	6	121.40	250.79	269.04	5
安　徽	Anhui	386.31	856.73	910.87	10	57.98	147.94	259.50	6
福　建	Fujian	327.77	757.51	789.11	17	32.31	76.60	80.28	13
江　西	Jiangxi	297.50	793.27	848.88	14	18.26	74.79	83.12	12
山　东	Shandong	770.45	1690.62	1825.99	3	84.36	159.05	167.00	8
河　南	Henan	609.37	1271.00	1343.76	4	44.67	83.25	96.10	11
湖　北	Hubei	366.57	913.05	1047.37	8	30.09	157.36	190.11	7
湖　南	Hunan	403.10	928.54	1032.37	9	35.04	66.26	71.44	15
广　东	Guangdong	921.48	2040.65	2318.47	1	214.44	569.55	742.97	1
广　西	Guangxi	366.84	789.69	854.55	13	21.66	49.63	45.20	21
海　南	Hainan	98.33	206.84	214.24	28	7.47	12.38	15.69	29
重　庆	Chongqing	240.46	536.24	575.18	22	17.90	45.67	51.62	19
四　川	Sichuan	540.65	1252.33	1301.85	5	34.71	96.69	101.09	10
贵　州	Guizhou	292.06	772.91	843.54	15	16.66	58.68	69.30	16
云　南	Yunnan	374.79	767.46	871.14	12	21.43	48.56	46.86	20
西　藏	Tibet	60.80	167.27	169.64	30	2.71	5.41	4.81	31
陕　西	Shaanxi	377.79	758.07	777.53	18	25.25	57.28	62.01	17
甘　肃	Gansu	228.23	498.33	548.95	25	10.89	29.85	26.23	27
青　海	Qinghai	82.47	163.19	171.36	29	4.08	11.22	10.90	30
宁　夏	Ningxia	81.59	142.51	152.57	31	5.97	17.25	18.26	28
新　疆	Xinjiang	313.84	647.93	664.52	19	20.19	41.64	44.98	22

5-17 文化体育与传媒支出和社会保障、就业支出

Expenditure for Culture, Sports and Media and Social Safety Net and Employment Effort

单位：亿元 (100 million yuan)

地区	Region	文化体育与传媒支出 Expenditure for Culture, Sport and Media				社会保障和就业支出 Expenditure for Social Safety Net and Employment Effort			
		2010	2015	2016	2016排名 Ranking	2010	2015	2016	2016排名 Ranking
地方合计	**Region Total**	**1392.57**	**2804.65**	**2915.13**		**8680.32**	**18295.62**	**20700.87**	
北　京	Beijing	79.36	188.50	198.35	2	275.90	700.48	716.20	13
天　津	Tianjin	24.28	51.73	57.16	25	137.74	314.77	377.92	25
河　北	Hebei	37.09	88.34	87.54	13	358.78	763.68	839.27	10
山　西	Shanxi	31.24	73.08	72.64	19	274.46	533.45	542.28	20
内蒙古	Inner Mongolia	52.96	95.81	89.25	12	292.44	605.26	642.54	16
辽　宁	Liaoning	56.76	88.59	84.70	14	579.84	995.10	1145.49	3
吉　林	Jilin	32.93	73.01	72.03	20	253.36	462.28	497.59	23
黑龙江	Heilongjiang	39.50	53.17	53.21	26	306.06	728.73	732.41	12
上　海	Shanghai	54.95	108.22	113.34	9	362.56	543.16	988.81	6
江　苏	Jiangsu	88.67	196.06	193.28	3	364.48	838.06	897.93	8
浙　江	Zhejiang	77.15	165.38	158.72	4	206.39	541.70	631.19	18
安　徽	Anhui	51.68	88.19	84.23	15	334.15	691.54	761.59	11
福　建	Fujian	27.10	84.82	81.26	16	148.24	341.77	348.99	27
江　西	Jiangxi	28.38	68.90	70.49	22	233.02	510.18	582.23	19
山　东	Shandong	74.03	137.26	137.47	7	416.77	904.64	992.66	5
河　南	Henan	54.99	105.38	97.33	10	461.22	945.83	1067.40	4
湖　北	Hubei	36.67	84.03	96.61	11	368.42	858.70	978.82	7
湖　南	Hunan	39.66	111.74	140.68	6	396.40	781.79	874.41	9
广　东	Guangdong	166.16	194.58	229.71	1	469.58	1064.91	1146.31	2
广　西	Guangxi	32.77	79.00	71.08	21	217.07	460.63	538.95	21
海　南	Hainan	11.61	25.48	26.90	30	73.80	174.77	184.01	30
重　庆	Chongqing	24.04	47.01	47.98	27	236.98	569.63	640.55	17
四　川	Sichuan	59.37	139.41	145.20	5	513.65	1111.75	1320.17	1
贵　州	Guizhou	23.98	61.20	67.34	23	140.76	340.33	367.23	26
云　南	Yunnan	35.53	61.66	77.93	17	304.69	648.69	692.38	14
西　藏	Tibet	12.48	34.73	34.85	28	31.91	103.00	208.47	28
陕　西	Shaanxi	47.86	103.09	125.85	8	315.61	631.99	655.48	15
甘　肃	Gansu	29.78	62.76	63.84	24	215.09	421.31	464.81	24
青　海	Qinghai	11.57	33.60	33.32	29	189.50	189.34	196.17	29
宁　夏	Ningxia	16.09	20.97	25.23	31	35.03	146.23	164.24	31
新　疆	Xinjiang	33.92	78.96	77.61	18	166.40	371.90	504.37	22

5-18 医疗卫生与计划生育支出和节能环保支出

Expenditure for Medical and Health Care, Family Planning and Environment Protection

单位：亿元 (100 million yuan)

地区	Region	医疗卫生与计划生育支出 Expenditure for Medical and Health Care, Family Planning				节能环保支出 Expenditure for Environment Protection			
		2010	2015	2016	2016排名 Ranking	2010	2015	2016	2016排名 Ranking
地方合计	**Region Total**	**4730.62**	**11868.67**	**13067.61**		**2372.50**	**4402.48**	**4439.33**	
北　京	Beijing	186.82	370.52	397.95	14	60.85	303.26	363.38	1
天　津	Tianjin	70.07	195.02	203.23	27	27.10	73.10	65.63	27
河　北	Hebei	235.48	535.09	547.86	7	115.16	282.72	262.80	4
山　西	Shanxi	113.86	290.71	300.86	21	82.37	99.46	115.54	21
内蒙古	Inner Mongolia	120.72	257.15	284.63	22	107.99	175.25	159.39	10
辽　宁	Liaoning	151.36	281.96	307.31	20	77.44	116.79	87.24	25
吉　林	Jilin	110.91	245.81	273.62	24	71.55	117.70	122.14	19
黑龙江	Heilongjiang	135.18	273.96	280.56	23	89.00	155.52	113.44	22
上　海	Shanghai	160.07	303.46	383.10	16	47.31	104.35	134.41	14
江　苏	Jiangsu	249.69	649.31	712.77	5	139.89	308.45	285.11	3
浙　江	Zhejiang	224.53	485.50	542.44	9	82.07	167.89	161.40	9
安　徽	Anhui	184.22	485.60	480.12	10	64.72	124.83	133.64	15
福　建	Fujian	117.58	351.19	377.58	18	39.79	95.57	130.35	16
江　西	Jiangxi	150.02	398.79	438.72	13	49.14	87.43	117.88	20
山　东	Shandong	250.77	701.43	790.19	2	112.93	217.08	239.28	5
河　南	Henan	270.21	717.74	778.01	3	96.38	177.77	195.72	6
湖　北	Hubei	179.13	515.25	588.90	6	96.31	145.84	145.64	12
湖　南	Hunan	180.44	493.74	546.27	8	90.82	149.00	170.85	7
广　东	Guangdong	304.04	918.36	1121.83	1	239.16	322.33	297.45	2
广　西	Guangxi	165.49	413.87	468.18	11	63.99	98.68	90.70	24
海　南	Hainan	34.82	100.54	114.17	28	14.89	31.54	37.31	29
重　庆	Chongqing	94.87	313.98	331.18	19	69.01	140.73	136.20	13
四　川	Sichuan	263.34	686.42	772.24	4	112.99	169.31	166.35	8
贵　州	Guizhou	127.68	360.80	392.51	15	54.32	96.49	127.09	17
云　南	Yunnan	183.70	422.66	466.98	12	86.41	134.08	150.13	11
西　藏	Tibet	32.04	62.80	69.97	31	11.77	56.83	33.05	31
陕　西	Shaanxi	156.66	369.38	381.66	17	82.88	150.77	126.79	18
甘　肃	Gansu	100.40	250.10	273.25	25	68.31	95.35	95.25	23
青　海	Qinghai	38.94	99.43	103.06	29	36.15	87.36	73.41	26
宁　夏	Ningxia	34.02	74.11	82.03	30	30.79	45.49	36.69	30
新　疆	Xinjiang	103.56	244.01	256.43	26	51.02	71.51	65.07	28

5-19 城乡社区事务支出和农林水事务支出

Expenditure for Urban and Rural Community Affairs and Agriculture, Forestry and Water Conservancy

单位：亿元 (100 million yuan)

地区	Region	城乡社区事务支出 Expenditure for Urban and Rural Community Affairs				农林水事务支出 Expenditure for Agriculture, Forestry and Water Conservancy			
		2010	2015	2016	2016排名 Ranking	2010	2015	2016	2016排名 Ranking
地方合计	**Region Total**	**5977.29**	**15875.53**	**18374.86**		**7741.69**	**16641.71**	**17808.29**	
北 京	Beijing	294.30	995.39	1120.37	5	158.64	424.78	443.55	22
天 津	Tianjin	355.29	922.16	1146.48	4	67.14	156.08	161.02	31
河 北	Hebei	178.75	476.59	555.70	15	312.66	712.49	800.79	6
山 西	Shanxi	111.57	255.47	256.70	24	201.71	394.46	432.02	23
内蒙古	Inner Mongolia	237.75	560.20	592.33	12	281.00	675.58	729.02	8
辽 宁	Liaoning	360.31	494.34	392.74	18	289.00	446.07	480.73	21
吉 林	Jilin	108.90	341.86	383.35	20	238.94	408.61	550.50	18
黑龙江	Heilongjiang	141.13	350.52	387.08	19	338.06	681.48	801.77	5
上 海	Shanghai	475.47	1173.88	1588.04	1	151.93	267.37	327.41	26
江 苏	Jiangsu	624.53	1535.59	1440.12	3	489.16	1008.60	985.62	2
浙 江	Zhejiang	272.30	541.21	788.93	8	290.37	739.08	722.41	9
安 徽	Anhui	236.18	609.65	669.06	10	292.52	577.74	624.83	15
福 建	Fujian	107.68	378.70	572.24	14	160.34	441.86	410.58	24
江 西	Jiangxi	102.47	331.44	380.12	21	232.34	557.30	580.90	16
山 东	Shandong	388.40	920.57	1012.46	6	465.98	964.42	943.44	3
河 南	Henan	165.30	645.21	879.33	7	399.19	791.63	807.06	4
湖 北	Hubei	119.63	545.16	588.48	13	305.44	616.57	704.59	13
湖 南	Hunan	186.98	551.26	640.66	11	322.65	676.24	729.75	7
广 东	Guangdong	407.64	1174.16	1515.29	2	325.02	811.90	715.44	11
广 西	Guangxi	103.87	317.52	364.99	22	260.26	497.53	573.48	17
海 南	Hainan	36.81	83.03	116.38	31	87.68	164.24	179.04	30
重 庆	Chongqing	251.26	627.82	684.56	9	159.18	331.33	347.99	25
四 川	Sichuan	179.19	514.08	550.93	16	401.76	926.65	988.71	1
贵 州	Guizhou	53.00	127.71	131.91	29	246.76	534.26	629.38	14
云 南	Yunnan	86.66	183.62	216.49	25	327.21	641.52	712.92	12
西 藏	Tibet	20.51	93.34	142.07	28	89.11	200.27	243.28	27
陕 西	Shaanxi	126.84	406.01	433.15	17	267.16	520.58	543.30	19
甘 肃	Gansu	56.82	121.61	196.45	26	196.27	497.05	488.10	20
青 海	Qinghai	30.60	128.45	119.74	30	69.50	204.41	232.35	28
宁 夏	Ningxia	61.89	145.96	182.14	27	94.23	166.27	201.29	29
新 疆	Xinjiang	95.28	323.04	326.57	23	220.50	605.34	717.02	10

5-20 交通运输支出和资源勘探信息支出
Expenditure for Transportation and Affairs of Exploration

单位：亿元 (100 million yuan)

地区	Region	交通运输支出 Expenditure for Transportation				资源勘探信息等事务支出 Expenditure for Resource Exploration, and Information			
		2010	2015	2016	2016排名 Ranking	2010	2015	2016	2016排名 Ranking
地方合计	**Region Total**	**3998.89**	**11503.27**	**9686.59**		**2996.65**	**5663.56**	**5465.41**	
北　京	Beijing	154.99	295.63	353.48	9	138.95	167.05	194.67	9
天　津	Tianjin	46.95	98.88	111.52	30	79.13	204.30	220.80	7
河　北	Hebei	155.72	323.82	251.80	19	58.70	111.93	125.35	16
山　西	Shanxi	131.65	208.84	193.17	26	36.07	54.42	60.55	27
内蒙古	Inner Mongolia	121.05	292.78	299.43	13	57.37	76.63	94.92	21
辽　宁	Liaoning	140.29	269.98	188.37	27	208.94	114.42	94.34	23
吉　林	Jilin	89.78	191.83	202.05	25	53.15	127.26	125.81	15
黑龙江	Heilongjiang	147.72	272.07	250.40	20	73.34	106.45	81.99	25
上　海	Shanghai	80.43	274.73	403.88	6	357.85	539.02	558.64	2
江　苏	Jiangsu	276.00	547.81	511.81	3	262.96	448.45	437.26	3
浙　江	Zhejiang	233.37	553.65	463.75	5	125.67	346.80	191.01	10
安　徽	Anhui	124.86	383.97	341.37	11	124.94	181.20	157.36	13
福　建	Fujian	125.21	346.20	287.66	15	64.07	159.66	175.39	12
江　西	Jiangxi	107.31	247.18	223.49	21	117.53	275.79	258.33	5
山　东	Shandong	230.50	460.69	372.84	8	161.12	276.06	239.05	6
河　南	Henan	173.84	371.01	347.97	10	89.81	149.98	120.86	18
湖　北	Hubei	124.03	452.05	391.80	7	109.84	451.36	209.94	8
湖　南	Hunan	153.03	318.93	325.01	12	96.99	190.78	188.45	11
广　东	Guangdong	318.17	1982.63	1014.52	1	163.98	525.38	772.96	1
广　西	Guangxi	93.71	237.83	217.12	23	69.86	128.61	113.55	19
海　南	Hainan	26.23	99.46	114.24	29	14.60	34.61	24.77	31
重　庆	Chongqing	81.85	294.06	268.00	17	83.28	193.50	143.64	14
四　川	Sichuan	192.98	601.14	569.11	2	153.73	251.52	263.80	4
贵　州	Guizhou	109.61	392.25	289.97	14	48.34	94.46	123.76	17
云　南	Yunnan	139.88	604.01	487.06	4	46.22	110.19	87.16	24
西　藏	Tibet	64.06	178.61	210.47	24	17.24	32.92	45.63	29
陕　西	Shaanxi	129.06	350.89	256.15	18	71.63	107.30	107.44	20
甘　肃	Gansu	66.58	278.24	219.24	22	27.89	47.73	69.98	26
青　海	Qinghai	46.68	205.49	178.72	28	23.27	55.47	49.58	28
宁　夏	Ningxia	21.80	97.85	73.03	31	21.66	28.22	33.96	30
新　疆	Xinjiang	91.54	270.75	269.16	16	38.53	72.11	94.46	22

5-21 商业服务业等支出和金融支出
Expenditure for Commercial Services and Financial

单位：亿元 (100 million yuan)

地区	Region	商业服务业等支出 Expenditure for Affairs of Commerce and Services 2010	2015	2016	2016排名 Ranking	金融支出 Expenditure for Financial Affairs 2010	2015	2016	2016排名 Ranking
地方合计	**Region Total**	**1273.35**	**1724.76**	**1688.14**		**148.88**	**496.22**	**550.33**	
北 京	Beijing	26.65	58.85	56.15	10	2.01	12.80	11.30	12
天 津	Tianjin	17.77	50.38	40.91	16	1.50	3.67	3.05	29
河 北	Hebei	44.84	36.53	35.80	20	0.97	3.19	7.50	16
山 西	Shanxi	26.98	15.31	15.91	28	8.80	5.61	7.95	14
内蒙古	Inner Mongolia	21.45	45.79	37.04	19	2.44	13.16	4.44	24
辽 宁	Liaoning	43.23	45.76	33.24	21	4.18	12.37	28.10	6
吉 林	Jilin	24.75	28.68	30.01	24	5.50	5.54	34.25	4
黑龙江	Heilongjiang	35.70	23.89	17.47	27	12.65	0.80	5.90	19
上 海	Shanghai	46.85	86.85	129.25	3	16.81	17.87	20.40	10
江 苏	Jiangsu	106.18	136.15	123.74	4	9.74	18.05	26.95	7
浙 江	Zhejiang	85.58	143.57	133.51	2	4.22	30.51	10.33	13
安 徽	Anhui	45.84	63.43	59.47	8	5.17	6.93	33.04	5
福 建	Fujian	40.28	79.48	83.11	6	0.14	4.86	6.28	18
江 西	Jiangxi	35.43	55.70	41.22	15	1.06	10.22	4.07	27
山 东	Shandong	99.49	116.88	113.79	5	2.96	48.74	43.17	2
河 南	Henan	73.88	57.71	42.97	14	11.99	40.92	34.95	3
湖 北	Hubei	60.25	52.17	37.28	18	3.41	10.51	4.13	26
湖 南	Hunan	46.52	63.47	57.75	9	8.96	8.83	4.47	23
广 东	Guangdong	99.33	147.85	203.33	1	12.71	141.17	159.47	1
广 西	Guangxi	29.48	45.56	40.71	17	1.07	33.79	5.29	20
海 南	Hainan	7.82	9.56	11.37	30	0.01	0.53	1.26	30
重 庆	Chongqing	30.66	41.92	48.13	12	4.62	13.51	4.52	22
四 川	Sichuan	69.29	82.52	73.41	7	4.79	17.40	21.79	8
贵 州	Guizhou	21.52	24.97	31.05	23	0.06	0.79	4.32	25
云 南	Yunnan	35.30	33.59	31.55	22	7.79	2.32	1.26	30
西 藏	Tibet	5.84	12.40	6.87	31	0.35	2.84	7.86	15
陕 西	Shaanxi	34.96	44.56	49.03	11	2.22	12.86	4.68	21
甘 肃	Gansu	17.66	29.69	24.27	25	7.24	2.16	3.16	28
青 海	Qinghai	7.85	19.06	14.60	29	0.55	6.00	6.92	17
宁 夏	Ningxia	10.33	20.08	21.98	26	0.93	7.11	18.16	11
新 疆	Xinjiang	21.64	52.40	43.22	13	4.00	1.18	21.36	9

5-22 援助其他地区和国土海洋气象等支出
Expenditure for Other Regional Assistance and for Affairs of Land, Ocean and Weather

单位：亿元 (100 million yuan)

地区	Region	援助其他地区支出 Expenditure for Other Regional Assistance				国土海洋气象等支出 Expenditure for Affairs of Land, Ocean and Weather			
		2010	2015	2016	2016排名 Ranking	2010	2015	2016	2016排名 Ranking
地方合计	**Region Total**	**1094.64**	**261.41**	**303.17**		**1153.99**	**1766.76**	**1473.93**	
北　京	Beijing	14.22	23.07	41.21	2	9.66	30.51	19.51	27
天　津	Tianjin	8.14	11.48	11.44	7	24.39	21.80	57.40	10
河　北	Hebei		5.65	7.47	9	56.48	73.29	73.65	4
山　西	Shanxi	5.61	2.68	2.54	18	114.49	222.95	91.18	2
内蒙古	Inner Mongolia		0.25	0.35	22	72.64	81.94	58.34	9
辽　宁	Liaoning	0.05	10.40	10.53	8	54.26	54.72	38.78	21
吉　林	Jilin	4.33	2.67	2.43	19	20.52	38.70	45.61	16
黑龙江	Heilongjiang	0.58	3.75	2.98	15	30.60	34.92	35.73	24
上　海	Shanghai	22.10	33.36	34.86	3	14.16	47.89	52.19	12
江　苏	Jiangsu	21.23	29.70	33.59	4	33.38	64.56	73.49	5
浙　江	Zhejiang	18.68	21.57	22.80	5	20.96	91.66	45.88	15
安　徽	Anhui		4.13	4.42	12	61.69	61.53	40.36	19
福　建	Fujian	4.06	2.03	2.93	16	27.50	33.43	40.04	20
江　西	Jiangxi	0.18	1.00	3.00	14	25.43	36.84	28.39	26
山　东	Shandong	26.14	17.59	18.04	6	65.90	110.88	107.39	1
河　南	Henan	3.10	2.84	2.89	17	75.36	55.72	54.37	11
湖　北	Hubei	4.93	6.28	5.73	10	36.52	61.24	48.77	13
湖　南	Hunan		4.62	4.13	13	40.39	74.44	64.56	8
广　东	Guangdong	24.99	70.42	83.74	1	45.89	117.20	77.80	3
广　西	Guangxi					38.90	45.75	44.10	18
海　南	Hainan					9.10	13.12	10.26	30
重　庆	Chongqing	4.52	1.82	1.56	20	31.99	37.12	45.15	17
四　川	Sichuan	808.82	5.33	5.49	11	48.37	77.87	67.65	6
贵　州	Guizhou					24.51	40.73	28.42	25
云　南	Yunnan	0.04	0.04			31.93	79.67	67.51	7
西　藏	Tibet					6.92	15.46	12.33	29
陕　西	Shaanxi	17.78	0.64	0.99	21	32.12	41.54	35.80	23
甘　肃	Gansu	94.15				36.77	35.20	37.06	22
青　海	Qinghai	0.12	0.09	0.05	23	22.39	16.52	16.89	28
宁　夏	Ningxia					7.15	8.12	8.68	31
新　疆	Xinjiang	10.86				33.65	41.46	46.64	14

5-23 住房保障支出和粮油物资储备支出

Expenditure for Affairs of Housing Security and Management of Grain & Oil Reserves

单位：亿元 (100 million yuan)

地区	Region	住房保障支出 Expenditure for Affairs of Housing Security				粮油物资储备支出 Expenditure for Affairs of Management of Grain & Oil Reserves			
		2010	2015	2016	2016排名 Ranking	2010	2015	2016	2016排名 Ranking
地方合计	**Region Total**	**1990.40**	**5395.84**	**6338.77**		**676.84**	**777.01**	**738.03**	
北 京	Beijing	45.81	104.69	322.09	2	6.14	20.74	11.07	24
天 津	Tianjin	6.32	46.82	116.23	25	4.59	7.81	7.11	27
河 北	Hebei	52.00	161.15	182.01	17	23.71	37.43	25.65	12
山 西	Shanxi	53.30	126.61	148.70	22	12.15	20.69	17.88	21
内蒙古	Inner Mongolia	83.72	190.36	210.71	15	60.41	20.07	20.60	17
辽 宁	Liaoning	83.79	136.93	154.40	21	25.42	21.32	23.97	13
吉 林	Jilin	86.84	135.91	136.45	23	60.52	49.29	49.47	3
黑龙江	Heilongjiang	108.94	212.34	271.95	6	63.93	65.86	62.32	1
上 海	Shanghai	52.45	123.39	230.67	12	13.53	17.55	18.07	20
江 苏	Jiangsu	72.77	247.18	269.43	7	27.70	25.97	31.51	10
浙 江	Zhejiang	29.60	140.73	160.86	20	11.75	24.67	18.71	19
安 徽	Anhui	93.36	276.63	229.29	13	30.71	32.21	31.56	9
福 建	Fujian	28.13	81.65	105.85	27	13.86	28.08	23.59	14
江 西	Jiangxi	68.08	241.38	171.65	19	45.21	17.23	22.18	15
山 东	Shandong	35.25	204.14	248.74	9	30.81	31.38	33.74	7
河 南	Henan	77.25	242.04	268.58	8	45.35	36.21	37.24	6
湖 北	Hubei	56.59	204.78	240.64	11	24.58	44.12	40.60	5
湖 南	Hunan	81.75	277.26	305.21	4	28.20	34.06	41.87	4
广 东	Guangdong	88.57	357.29	662.85	1	39.32	67.60	56.44	2
广 西	Guangxi	58.93	173.96	185.55	16	11.98	23.28	20.95	16
海 南	Hainan	23.83	48.26	56.25	30	1.64	3.17	3.24	29
重 庆	Chongqing	79.91	85.90	108.20	26	9.91	13.39	10.61	25
四 川	Sichuan	107.03	288.90	312.28	3	26.80	35.95	33.43	8
贵 州	Guizhou	87.62	298.44	291.73	5	5.72	14.83	10.35	26
云 南	Yunnan	112.12	210.92	242.30	10	6.35	17.62	14.45	22
西 藏	Tibet	10.46	54.53	51.14	31	1.89	3.41	2.30	31
陕 西	Shaanxi	68.72	249.10	215.98	14	15.92	19.78	18.88	18
甘 肃	Gansu	58.10	127.87	124.50	24	9.81	13.32	13.14	23
青 海	Qinghai	61.09	65.25	69.93	28	4.43	7.55	5.60	28
宁 夏	Ningxia	28.05	72.25	63.58	29	2.29	2.67	2.91	30
新 疆	Xinjiang	90.02	209.19	181.02	18	12.20	19.75	28.59	11

5-24 国债还本付息支出和其他支出
Interest Payment for Domestic and Foreign Debts and Other Expenditures

单位：亿元 (100 million yuan)

地区	Region	国债还本付息支出 Interest Payment for Domestic and Foreign Debts				其他支出 Other Expenditures			
		2010	2015	2016	2016排名 Ranking	2010	2015	2016	2016排名 Ranking
地方合计	**Region Total**	**335.36**	**681.68**	**1700.49**		**2602.06**	**3341.38**	**1467.16**	
北　京	Beijing		11.83	36.33	22	208.64	258.45	212.72	1
天　津	Tianjin		6.75	18.59	30	49.74	101.84	99.34	4
河　北	Hebei	3.06	46.52	80.32	7	101.62	85.49	58.14	11
山　西	Shanxi	2.98	16.61	30.24	26	34.44	37.19	23.94	20
内蒙古	Inner Mongolia	4.14	24.53	66.15	11	35.03	72.01	83.27	5
辽　宁	Liaoning	22.01	59.25	100.23	3	73.38	31.88	33.26	18
吉　林	Jilin	31.88	23.71	41.58	19	13.01	23.31	7.45	28
黑龙江	Heilongjiang	1.28	17.14	35.52	24	40.38	17.99	8.12	26
上　海	Shanghai	26.51	4.31	44.15	18	380.09	971.23	59.37	10
江　苏	Jiangsu	3.04	22.21	95.38	4	157.94	107.17	67.15	8
浙　江	Zhejiang	2.65	20.43	86.81	5	93.19	96.86	76.79	6
安　徽	Anhui	7.62	26.27	56.53	15	87.83	17.72	13.42	25
福　建	Fujian	0.93	18.25	38.64	21	94.34	178.10	118.32	3
江　西	Jiangxi	6.63	20.45	48.66	16	74.95	70.43	61.57	9
山　东	Shandong	31.58	43.39	101.43	1	98.85	64.71	48.20	13
河　南	Henan	10.67	29.92	101.43	1	80.97	71.58	56.84	12
湖　北	Hubei	9.45	24.31	65.42	12	85.75	71.24	40.84	15
湖　南	Hunan	9.33	36.10	73.79	9	48.36	42.81	45.21	14
广　东	Guangdong	57.18	22.45	81.64	6	331.54	428.10	18.26	22
广　西	Guangxi	6.47	16.44	56.69	14	64.07	26.73	26.57	19
海　南	Hainan	2.53	7.56	24.23	28	21.51	25.97	16.32	24
重　庆	Chongqing	1.18	12.33	34.30	25	20.90	4.27	3.51	30
四　川	Sichuan	11.83	17.51	61.47	13	94.45	217.80	123.35	2
贵　州	Guizhou	9.49	23.98	76.05	8	51.57	45.57	76.18	7
云　南	Yunnan	34.23	19.26	35.90	23	52.93	87.92	37.76	16
西　藏	Tibet	0.01	1.40	1.22	31	66.15	44.49	17.74	23
陕　西	Shaanxi	13.99	17.80	47.49	17	30.70	-15.97	-38.28	31
甘　肃	Gansu	5.53	15.09	28.57	27	21.10	34.12	22.75	21
青　海	Qinghai	5.34	25.93	40.75	20	17.38	19.10	7.35	29
宁　夏	Ningxia	8.21	14.08	23.01	29	13.62	9.53	8.01	27
新　疆	Xinjiang	5.61	35.88	67.97	10	57.62	93.74	33.69	17

5-25 人均财政收入和人均财政支出
Per Capita Revenue and Expenditure

单位：元/人 （yuan/person）

地区	Region	人均财政收入 Per Capita Revenue				人均财政支出 Per Capita Expenditure			
		2010	2015	2016	2016排名 Ranking	2010	2015	2016	2016排名 Ranking
地方合计	**Region Total**								
北　京	Beijing	12668.35	21857.00	23394.00	2	14624.03	26548.00	29497.00	2
天　津	Tianjin	8476.48	17410.00	17520.00	3	10919.40	21099.00	23798.00	5
河　北	Hebei	1873.29	3578.00	3827.00	26	3966.75	7606.00	8123.00	30
山　西	Shanxi	2771.18	4492.00	4239.00	22	5519.59	9362.00	9335.00	25
内蒙古	Inner Mongolia	4373.83	7833.00	8016.00	7	9293.58	16957.00	17940.00	7
辽　宁	Liaoning	4612.19	4850.00	5024.00	15	7352.08	10216.00	10451.00	22
吉　林	Jilin	2196.08	4466.00	4607.00	19	6515.40	11687.00	13074.00	11
黑龙江	Heilongjiang	1973.51	3050.00	3018.00	31	5885.34	10519.00	11109.00	18
上　海	Shanghai	13609.48	22802.00	26499.00	1	15642.68	25578.00	28620.00	3
江　苏	Jiangsu	5233.61	10076.00	10167.00	4	6303.72	12158.00	12497.00	13
浙　江	Zhejiang	4911.12	8708.00	9528.00	5	6039.68	12032.00	12533.00	12
安　徽	Anhui	1902.81	4015.00	4332.00	21	4283.76	8570.00	8951.00	28
福　建	Fujian	3147.69	6656.00	6884.00	10	4633.66	10468.00	11086.00	19
江　西	Jiangxi	1750.74	4756.00	4699.00	18	4327.41	9690.00	10084.00	23
山　东	Shandong	2886.60	5632.00	5921.00	11	4351.90	8403.00	8846.00	29
河　南	Henan	1462.54	3189.00	3317.00	28	3617.00	7189.00	7841.00	31
湖　北	Hubei	1767.30	5152.00	5286.00	14	4371.64	10513.00	10945.00	20
湖　南	Hunan	1667.43	3721.00	3966.00	25	4165.87	8474.00	9319.00	26
广　东	Guangdong	4501.67	8684.00	9511.00	6	5403.09	11892.00	12309.00	14
广　西	Guangxi	1632.35	3173.00	3231.00	29	4244.98	8514.00	9221.00	27
海　南	Hainan	3130.77	6921.00	6975.00	9	6716.20	13667.00	15060.00	9
重　庆	Chongqing	3315.24	7174.00	7347.00	8	5951.08	12624.00	13196.00	10
四　川	Sichuan	1924.80	4106.00	4116.00	23	5248.08	9175.00	9728.00	24
贵　州	Guizhou	1467.78	4272.00	4407.00	20	4486.62	11196.00	12032.00	16
云　南	Yunnan	1900.57	3824.00	3810.00	27	4986.51	9968.00	10552.00	21
西　藏	Tibet	1241.83	4272.00	4763.00	17	18672.34	43038.00	48488.00	1
陕　西	Shaanxi	2553.60	5444.00	4822.00	16	5913.14	11565.00	11542.00	17
甘　肃	Gansu	1361.89	2866.00	3021.00	30	5656.52	11399.00	12092.00	15
青　海	Qinghai	1968.71	4561.00	4039.00	24	13278.95	25869.00	25822.00	4
宁　夏	Ningxia	2446.76	5616.00	5773.00	12	8883.96	17122.00	18683.00	6
新　疆	Xinjiang	2306.62	5715.00	5460.00	13	7828.49	16338.00	17395.00	8

5-26 预算外资金收入和预算外资金支出
Extra-budgetary Revenue and Expenditure

单位：亿元 (100 million yuan)

地区	Region	预算外资金收入 Extra-budgetary Revenue 2010	2010排名 Ranking	预算外资金支出 Extra-budgetary Expenditure 2010	2010排名 Ranking
地方合计	**Region Total**	**5794.42**		**5754.69**	
北京	Beijing	132.45	16	95.57	19
天津	Tianjin	50.95	27	52.15	27
河北	Hebei	158.80	11	163.02	12
山西	Shanxi	119.24	18	106.25	18
内蒙古	Inner Mongolia	142.72	14	113.15	17
辽宁	Liaoning	148.82	13	139.53	14
吉林	Jilin	65.41	26	59.74	26
黑龙江	Heilongjiang	87.72	22	90.64	20
上海	Shanghai	130.33	17	185.96	10
江苏	Jiangsu	684.49	1	643.20	2
浙江	Zhejiang	591.17	3	683.79	1
安徽	Anhui	154.79	12	151.95	13
福建	Fujian	226.31	6	282.61	4
江西	Jiangxi	137.96	15	128.66	15
山东	Shandong	243.96	4	237.71	5
河南	Henan	219.92	8	224.32	8
湖北	Hubei	163.22	10	163.79	11
湖南	Hunan	209.55	9	198.80	9
广东	Guangdong	661.26	2	637.83	3
广西	Guangxi	117.14	19	114.84	16
海南	Hainan	26.43	28	22.36	28
重庆	Chongqing	77.28	24	72.06	24
四川	Sichuan	222.26	7	226.64	7
贵州	Guizhou	89.59	21	87.38	21
云南	Yunnan	90.43	20	85.24	22
西藏	Tibet	4.96	31	5.76	31
陕西	Shaanxi	242.11	5	227.88	6
甘肃	Gansu	79.38	23	73.96	23
青海	Qinghai	25.07	29	9.93	30
宁夏	Ningxia	22.58	30	18.80	29
新疆	Xinjiang	68.79	25	64.82	25

5-27 全国税收总收入和第一产业税收收入

Total Tax Revenue and Primary Industry Tax Revenue

单位：亿元 (100 million yuan)

地区	Region	全国税收总收入 Total Tax Revenue 2010	2015	2016	2016排名 Ranking	第一产业税收收入 The Primary Industry 2010	2015	2016	2016排名 Ranking
地方合计	**Region Total**	**77394**	**136022**	**140504**		**78.21**	**179.22**	**234.91**	
北　京	Beijing	6230	12278	12966	3	8.89	10.57	12.67	4
天　津	Tianjin	2730	3956	4043	9	0.44	3.47	6.05	11
河　北	Hebei	2377	3759	3952	11	0.87	1.95	4.43	14
山　西	Shanxi	1635	1864	1802	25	0.72	1.86	1.64	26
内蒙古	Inner Mongolia	1556	2166	2211	20	2.29	3.67	4.37	15
辽　宁	Liaoning	3314	2591	2639	15	4.91	1.79	2.40	24
吉　林	Jilin	1072	1876	1934	23	0.95	4.40	1.86	25
黑龙江	Heilongjiang	1302	1885	1665	26	0.39	1.91	3.56	21
上　海	Shanghai	8003	13990	14667	1	0.98	2.19	3.47	22
江　苏	Jiangsu	7234	13031	13276	2	13.12	35.31	49.86	1
浙　江	Zhejiang	5635	6479	6976	5	4.59	7.24	27.73	2
安　徽	Anhui	1655	3295	3481	12	0.64	5.73	3.68	19
福　建	Fujian	2155	2978	2897	14	1.77	3.58	7.96	7
江　西	Jiangxi	1121	2485	2592	18	1.04	7.88	12.59	5
山　东	Shandong	5135	6399	6495	6	9.01	15.80	20.85	3
河　南	Henan	1923	3935	4021	10	1.34	3.72	3.94	17
湖　北	Hubei	1779	4034	4232	8	0.26	0.89	4.32	16
湖　南	Hunan	1515	3168	3255	13	1.42	5.66	2.56	23
广　东	Guangdong	10051	11781	12536	4	5.85	10.46	10.31	6
广　西	Guangxi	1065	2070	2135	21	0.19	1.63	1.42	27
海　南	Hainan	476	898	950	28	1.40	6.63	4.86	12
重　庆	Chongqing	1085	2481	2609	17	0.72	3.46	6.59	9
四　川	Sichuan	2073	4147	4307	7	7.68	13.37	6.30	10
贵　州	Guizhou	811	1916	1968	22	1.26	5.85	3.68	20
云　南	Yunnan	1637	2735	2628	16	2.07	4.73	4.77	13
西　藏	Tibet	50	192	254	31	0.03	0.06	0.17	31
陕　西	Shaanxi	1622	2625	2386	19	3.65	2.03	7.34	8
甘　肃	Gansu	605	1171	1173	27	0.22	0.29	1.28	28
青　海	Qinghai	201	343	313	30	0.11	0.31	0.22	30
宁　夏	Ningxia	254	498	506	29	0.20	1.33	0.69	29
新　疆	Xinjiang	1093	1795	1844	24	1.20	4.58	3.75	18

5-28 第二产业税收收入和第三产业税收收入
Secondary Industry Tax Revenue and Tertiary Industry Tax Revenue

单位：亿元 (100 million yuan)

地区	Region	第二产业税收收入 The Second Industry 2010	2015	2016	2016排名 Ranking	第三产业税收收入 The Tertiary Industry 2010	2015	2016	2016排名 Ranking
地方合计	**Region Total**	**40615**	**61477**	**60854**		**36701**	**74366**	**79415**	
北京	Beijing	994	1556	1563	13	5226	10711	11390	1
天津	Tianjin	2025	2437	2211	6	705	1515	1826	12
河北	Hebei	1526	1948	1993	8	851	1809	1955	10
山西	Shanxi	1145	1059	1002	22	489	804	798	26
内蒙古	Inner Mongolia	876	1116	1118	21	677	1047	1088	21
辽宁	Liaoning	1947	1474	1477	14	1362	1116	1159	18
吉林	Jilin	714	1057	1123	20	357	814	809	25
黑龙江	Heilongjiang	860	1023	816	26	441	861	846	24
上海	Shanghai	3875	5359	5372	3	4127	8629	9291	2
江苏	Jiangsu	4263	6906	6931	1	2958	6090	6295	3
浙江	Zhejiang	2755	3091	3103	5	2875	3381	3845	5
安徽	Anhui	922	1626	1622	11	733	1664	1855	11
福建	Fujian	1206	1504	1365	16	947	1471	1523	14
江西	Jiangxi	566	1156	1181	18	553	1321	1398	16
山东	Shandong	3244	3628	3566	4	1882	2756	2908	6
河南	Henan	1077	1648	1591	12	845	2283	2425	8
湖北	Hubei	1073	2035	2022	7	706	1998	2207	9
湖南	Hunan	918	1658	1657	9	595	1504	1595	13
广东	Guangdong	4361	6293	6410	2	5685	5477	6116	4
广西	Guangxi	550	979	985	23	515	1089	1149	19
海南	Hainan	236	343	346	28	238	549	599	27
重庆	Chongqing	560	1025	1129	19	524	1453	1473	15
四川	Sichuan	951	1617	1646	10	1114	2516	2655	7
贵州	Guizhou	449	899	861	25	361	1012	1103	20
云南	Yunnan	1023	1538	1412	15	611	1192	1210	17
西藏	Tibet	18	46	57	31	32	146	197	30
陕西	Shaanxi	1082	1549	1318	17	537	1074	1061	22
甘肃	Gansu	430	727	681	27	175	444	491	28
青海	Qinghai	144	199	169	30	56	143	144	31
宁夏	Ningxia	151	291	300	29	103	206	206	29
新疆	Xinjiang	672	961	932	24	420	830	909	23

5-29 采矿业和制造业税收收入

Tax Revenues from Mining and Manufacturing

单位：亿元 (100 million yuan)

地区	Region	采矿业 Mining				制造业 Manufacturing			
		2010	2015	2016	2016排名 Ranking	2010	2015	2016	2016排名 Ranking
地方合计	**Region Total**	**4826**	**3863**	**2905**		**29511**	**44922**	**44961**	
北京	Beijing	28	-8	-96	31	713	1137	1147	10
天津	Tianjin	254	268	146	7	1636	1935	1828	6
河北	Hebei	254	111	88	10	1012	1332	1402	8
山西	Shanxi	707	492	460	1	287	269	274	27
内蒙古	Inner Mongolia	425	374	339	2	236	367	411	25
辽宁	Liaoning	283	125	111	9	1413	1091	1090	12
吉林	Jilin	79	40	28	24	540	848	909	17
黑龙江	Heilongjiang	356	338	153	6	397	480	461	23
上海	Shanghai	2	5	4	30	3612	4975	4919	3
江苏	Jiangsu	55	50	34	20	3567	5452	5558	1
浙江	Zhejiang	16	19	15	27	2281	2479	2458	5
安徽	Anhui	142	99	83	12	621	1120	1133	11
福建	Fujian	38	36	23	26	951	1108	995	14
江西	Jiangxi	58	59	58	16	362	685	743	19
山东	Shandong	471	309	273	4	2437	2567	2537	4
河南	Henan	258	154	130	8	611	940	915	16
湖北	Hubei	37	45	43	18	815	1423	1421	7
湖南	Hunan	59	39	27	25	687	1250	1227	9
广东	Guangdong	104	88	82	13	3526	5270	5365	2
广西	Guangxi	32	37	30	23	361	684	686	21
海南	Hainan	11	7	6	29	178	224	224	28
重庆	Chongqing	34	34	31	22	399	699	782	18
四川	Sichuan	113	105	86	11	554	915	931	15
贵州	Guizhou	118	86	69	14	226	431	400	26
云南	Yunnan	101	70	67	15	773	1170	997	13
西藏	Tibet	4	5	6	28	5	8	10	31
陕西	Shaanxi	392	431	292	3	555	784	704	20
甘肃	Gansu	60	81	54	17	303	471	450	24
青海	Qinghai	47	49	33	21	64	66	63	30
宁夏	Ningxia	31	43	37	19	75	152	162	29
新疆	Xinjiang	255	251	183	5	313	487	520	22

5-30 电力、热力、燃气及水业和建筑业税收收入

Tax Revenues in Production and Supply of Electricity, Heat, Gas and Water and Construction

单位：亿元 (100 million yuan)

地区	Region	电力、热力、燃气及水业 Production and Supply of Electricity, Heat,Gas and Water				建筑业 Construction			
		2010	2015	2016	2016排名 Ranking	2010	2015	2016	2016排名 Ranking
地方合计	**Region Total**	**2477**	**4348**	**4351**		**3801**	**8344**	**8637**	
北京	Beijing	119	205	205	5	134	223	308	10
天津	Tianjin	33	68	70	23	102	166	166	22
河北	Hebei	109	193	187	7	150	312	316	9
山西	Shanxi	68	137	111	16	83	162	157	24
内蒙古	Inner Mongolia	110	165	142	10	105	210	226	16
辽宁	Liaoning	84	100	116	15	167	157	160	23
吉林	Jilin	33	47	49	26	61	121	137	27
黑龙江	Heilongjiang	31	53	56	24	77	151	146	25
上海	Shanghai	65	111	130	12	197	267	319	8
江苏	Jiangsu	203	411	481	1	439	993	859	1
浙江	Zhejiang	203	235	253	4	254	357	378	7
安徽	Anhui	51	130	119	14	107	278	287	14
福建	Fujian	89	144	136	11	129	215	212	19
江西	Jiangxi	36	83	78	22	110	330	302	12
山东	Shandong	155	318	298	3	181	434	458	3
河南	Henan	76	187	159	9	132	367	388	5
湖北	Hubei	117	166	171	8	104	401	385	6
湖南	Hunan	57	105	106	18	116	263	298	13
广东	Guangdong	341	415	420	2	391	520	544	2
广西	Guangxi	61	87	85	20	96	172	184	20
海南	Hainan	8	20	23	29	38	92	93	28
重庆	Chongqing	48	72	82	21	78	220	234	15
四川	Sichuan	111	205	204	6	173	392	425	4
贵州	Guizhou	61	86	87	19	44	296	305	11
云南	Yunnan	67	122	125	13	82	175	223	17
西藏	Tibet	1	2	2	31	8	31	38	31
陕西	Shaanxi	50	112	108	17	84	222	214	18
甘肃	Gansu	25	44	39	27	42	130	137	26
青海	Qinghai	14	22	11	30	18	62	62	30
宁夏	Ningxia	24	39	35	28	21	57	66	29
新疆	Xinjiang	28	49	53	25	75	174	175	21

5-31 交通运输、仓储、邮政业和信息传输、软件、信息技术服务业税收收入

Tax Revenues from Transport, Storage and Post and Information Transmission, Software and Information Technology Service

单位：亿元 (100 million yuan)

地区	Region	交通运输、仓储和邮政业 Transport, Storage and Post				信息传输、软件和信息技术服务业 Information Transmission, Software and Information Technology Service			
		2010	2015	2016	2016排名 Ranking	2010	2015	2016	2016排名 Ranking
地方合计	**Region Total**	**1763**	**2561**	**2762**		**1132**	**2294**	**2610**	
北　京	Beijing	208	285	234	2	125	423	467	1
天　津	Tianjin	49	69	70	11	19	46	70	6
河　北	Hebei	76	117	115	6	33	58	36	16
山　西	Shanxi	74	76	65	12	17	21	12	27
内蒙古	Inner Mongolia	47	43	45	18	10	13	14	25
辽　宁	Liaoning	61	39	41	19	37	33	22	19
吉　林	Jilin	19	22	27	26	12	12	9	28
黑龙江	Heilongjiang	24	25	26	27	19	20	15	23
上　海	Shanghai	192	313	442	1	123	278	359	2
江　苏	Jiangsu	97	169	184	4	80	144	162	5
浙　江	Zhejiang	97	93	99	9	74	241	284	3
安　徽	Anhui	48	100	109	7	27	49	48	12
福　建	Fujian	45	36	38	21	45	48	49	11
江　西	Jiangxi	47	106	100	8	13	28	29	18
山　东	Shandong	110	120	124	5	58	64	62	8
河　南	Henan	60	54	63	13	33	49	51	9
湖　北	Hubei	31	45	55	15	25	42	50	10
湖　南	Hunan	27	34	36	23	25	38	40	15
广　东	Guangdong	189	188	233	3	201	207	209	4
广　西	Guangxi	27	35	36	22	20	22	16	22
海　南	Hainan	19	45	36	24	7	14	18	21
重　庆	Chongqing	25	44	48	16	14	29	33	17
四　川	Sichuan	51	80	84	10	30	76	67	7
贵　州	Guizhou	16	19	27	25	12	15	19	20
云　南	Yunnan	32	46	45	17	20	34	40	14
西　藏	Tibet	1	3	6	30	1	3	4	30
陕　西	Shaanxi	35	43	40	20	24	32	46	13
甘　肃	Gansu	15	14	15	28	9	10	13	26
青　海	Qinghai	4	5	5	31	2	2	2	31
宁　夏	Ningxia	8	7	7	29	4	4	5	29
新　疆	Xinjiang	30	55	56	14	9	14	14	24

5-32 批发、零售业和住宿、餐饮业税收收入
Tax Revenues from Wholesale and Retail Trades and Hotels and Catering Services

单位：亿元 (100 million yuan)

地区	Region	批发和零售业 Wholesale and Retail Trades				住宿和餐饮业 Hotels and Catering Services			
		2010	2015	2016	2016排名 Ranking	2010	2015	2016	2016排名 Ranking
地方合计	**Region Total**	**9910**	**16734**	**17938**		**655**	**802**	**662**	
北　京	Beijing	1181	1634	1692	2	65	82	77	1
天　津	Tianjin	217	334	322	16	10	13	10	19
河　北	Hebei	240	342	343	13	18	18	14	13
山　西	Shanxi	172	204	207	26	10	9	6	27
内蒙古	Inner Mongolia	312	253	269	22	10	10	9	23
辽　宁	Liaoning	222	308	329	15	25	16	12	16
吉　林	Jilin	111	215	215	25	8	9	7	25
黑龙江	Heilongjiang	143	234	241	23	12	11	8	24
上　海	Shanghai	1473	2296	2312	1	59	83	76	2
江　苏	Jiangsu	1123	1412	1570	3	49	75	58	4
浙　江	Zhejiang	484	637	905	5	47	47	38	5
安　徽	Anhui	234	287	345	12	14	18	15	12
福　建	Fujian	189	222	234	24	20	15	12	17
江　西	Jiangxi	253	233	282	18	10	11	10	21
山　东	Shandong	536	489	534	8	34	29	22	7
河　南	Henan	281	660	600	6	18	20	16	11
湖　北	Hubei	268	462	512	9	16	28	19	8
湖　南	Hunan	212	386	352	11	19	23	18	9
广　东	Guangdong	767	1221	1239	4	90	76	61	3
广　西	Guangxi	188	271	279	19	12	13	10	20
海　南	Hainan	45	100	103	28	10	17	16	10
重　庆	Chongqing	132	270	275	21	11	14	11	18
四　川	Sichuan	310	497	563	7	29	34	29	6
贵　州	Guizhou	136	286	335	14	7	9	7	26
云　南	Yunnan	237	438	425	10	16	16	13	15
西　藏	Tibet	16	63	81	29	1	2	2	31
陕　西	Shaanxi	131	260	310	17	16	18	14	14
甘　肃	Gansu	56	99	110	27	6	7	6	28
青　海	Qinghai	18	30	34	31	1	2	2	30
宁　夏	Ningxia	26	40	46	30	2	3	2	29
新　疆	Xinjiang	196	234	277	20	8	10	9	22

5-33 金融业和房地产业税收收入
Tax Revenues from Financial Industry and Real Estate Industry

单位：亿元 (100 million yuan)

地区	Region	金融业 Financial Industry 2010	2015	2016	2016排名 Ranking	房地产业 Real Estate Industry 2010	2015	2016	2016排名 Ranking
地方合计	**Region Total**	**6221**	**18458**	**17863**		**6855**	**16475**	**18753**	
北京	Beijing	2101	5140	5405	1	503	835	1101	4
天津	Tianjin	84	317	355	10	158	364	562	12
河北	Hebei	113	338	329	11	199	557	659	11
山西	Shanxi	57	168	169	20	46	164	173	24
内蒙古	Inner Mongolia	61	166	163	21	102	152	151	26
辽宁	Liaoning	135	238	268	15	341	229	252	19
吉林	Jilin	48	150	162	23	80	185	164	25
黑龙江	Heilongjiang	49	159	163	22	93	266	227	20
上海	Shanghai	835	2754	2087	2	657	1285	1877	2
江苏	Jiangsu	293	966	930	3	788	1967	2075	1
浙江	Zhejiang	338	625	664	5	564	872	1048	5
安徽	Anhui	79	272	279	13	200	558	691	10
福建	Fujian	135	397	402	8	240	528	533	13
江西	Jiangxi	50	189	193	18	113	433	441	16
山东	Shandong	234	506	530	6	370	794	833	7
河南	Henan	104	352	379	9	189	697	854	6
湖北	Hubei	73	292	293	12	156	645	738	9
湖南	Hunan	70	249	260	16	111	487	457	15
广东	Guangdong	847	762	780	4	855	1404	1652	3
广西	Guangxi	48	152	153	25	123	305	302	17
海南	Hainan	12	54	55	28	97	242	273	18
重庆	Chongqing	75	290	278	14	165	464	460	14
四川	Sichuan	123	433	435	7	298	778	761	8
贵州	Guizhou	39	148	152	26	70	208	194	23
云南	Yunnan	65	175	176	19	110	214	195	22
西藏	Tibet	3	11	14	31	1	5	9	31
陕西	Shaanxi	64	200	202	17	113	294	222	21
甘肃	Gansu	22	110	115	27	25	105	129	28
青海	Qinghai	8	33	37	30	8	30	27	30
宁夏	Ningxia	16	45	45	29	26	54	48	29
新疆	Xinjiang	40	144	158	24	55	152	148	27

5-34 租赁、商务服务业和居民服务、修理、其他服务业税收收入
Tax Revenues from Leasing and Business Service and Service to Households, Repair and Other Services

单位：亿元 (100 million yuan)

地区	Region	租赁和商务服务业 Leasing and Business Services				居民服务、修理和其他服务业 Service to Households, Repair and Other Services			
		2010	2015	2016	2016排名 Ranking	2010	2015	2016	2016排名 Ranking
地方合计	**Region Total**	**1998**	**5842**	**6736**		**1713**	**2818**	**2956**	
北京	Beijing	303	936	885	2	207	412	577	1
天津	Tianjin	49	153	164	9	27	71	81	9
河北	Hebei	20	70	75	19	29	59	53	15
山西	Shanxi	16	22	25	28	30	47	45	18
内蒙古	Inner Mongolia	10	51	58	22	50	62	75	11
辽宁	Liaoning	57	35	41	24	32	26	38	22
吉林	Jilin	18	39	39	25	13	21	48	16
黑龙江	Heilongjiang	28	41	39	26	10	13	15	28
上海	Shanghai	481	1093	1423	1	62	124	193	4
江苏	Jiangsu	203	543	621	3	146	387	334	2
浙江	Zhejiang	109	262	357	5	95	122	118	5
安徽	Anhui	30	126	125	13	15	53	35	24
福建	Fujian	30	70	78	18	37	27	47	17
江西	Jiangxi	11	116	128	12	16	67	58	13
山东	Shandong	76	224	248	6	49	105	96	7
河南	Henan	51	83	93	16	28	86	94	8
湖北	Hubei	46	178	218	7	23	75	72	12
湖南	Hunan	26	82	122	14	37	77	55	14
广东	Guangdong	225	341	380	4	530	183	202	3
广西	Guangxi	26	99	120	15	17	46	21	25
海南	Hainan	12	28	35	27	15	18	18	26
重庆	Chongqing	19	127	154	10	37	90	76	10
四川	Sichuan	47	132	179	8	55	80	110	6
贵州	Guizhou	18	140	142	11	10	42	40	21
云南	Yunnan	30	81	68	21	37	66	38	23
西藏	Tibet	3	47	68	20	1	2	2	31
陕西	Shaanxi	19	39	48	23	67	53	43	19
甘肃	Gansu	15	18	21	29	10	26	16	27
青海	Qinghai	3	5	8	31	5	15	10	29
宁夏	Ningxia	2	9	12	30	6	16	6	30
新疆	Xinjiang	14	79	83	17	19	41	43	20

5-35 教育和卫生、社会工作税收收入
Tax Revenues from Education, Health and Social Service

单位：亿元 (100 million yuan)

地区	Region	教育 Education				卫生和社会工作 Health and Social Service			
		2010	2015	2016	2016排名 Ranking	2010	2015	2016	2016排名 Ranking
地方合计	**Region Total**	**158.72**	**306.11**	**382.24**		**98.33**	**257.87**	**325.92**	
北京	Beijing	25.30	55.69	65.80	1	11.23	31.79	38.31	1
天津	Tianjin	5.49	8.17	8.99	11	2.67	6.57	7.55	14
河北	Hebei	2.67	4.78	5.68	18	3.01	4.56	5.80	18
山西	Shanxi	0.85	3.16	3.83	26	0.91	2.13	2.72	26
内蒙古	Inner Mongolia	1.73	3.42	3.89	24	1.21	3.05	4.09	25
辽宁	Liaoning	6.28	4.41	5.13	19	4.05	5.35	6.39	17
吉林	Jilin	2.84	5.09	4.20	23	1.42	4.49	5.47	20
黑龙江	Heilongjiang	2.52	4.61	5.06	20	2.26	3.11	4.56	24
上海	Shanghai	19.19	30.49	39.33	2	7.76	17.79	23.99	3
江苏	Jiangsu	11.25	19.07	30.46	4	6.69	11.93	15.92	6
浙江	Zhejiang	12.62	16.97	20.40	5	6.29	14.74	17.83	5
安徽	Anhui	2.08	5.52	6.01	16	2.11	5.42	4.96	22
福建	Fujian	4.25	5.58	4.75	21	3.03	5.47	6.46	16
江西	Jiangxi	2.10	5.09	5.98	17	0.97	3.14	4.60	23
山东	Shandong	6.00	9.48	11.20	8	5.19	10.96	12.84	8
河南	Henan	2.80	5.07	6.91	14	2.50	8.56	9.13	11
湖北	Hubei	4.10	11.28	15.60	7	2.09	13.32	14.53	7
湖南	Hunan	2.91	6.31	8.04	12	2.48	8.06	12.08	9
广东	Guangdong	22.75	27.84	34.55	3	16.12	24.75	31.38	2
广西	Guangxi	2.48	3.66	6.47	15	1.88	6.24	8.49	12
海南	Hainan	0.50	1.49	1.26	28	0.41	1.62	2.40	27
重庆	Chongqing	3.12	7.15	7.11	13	2.59	7.16	8.29	13
四川	Sichuan	4.74	13.14	15.69	6	3.69	13.70	18.26	4
贵州	Guizhou	1.14	2.79	3.86	25	1.61	4.04	5.68	19
云南	Yunnan	3.02	7.10	10.24	9	2.19	5.99	9.23	10
西藏	Tibet	0.01	0.04	0.08	31	0.07	0.12	0.14	31
陕西	Shaanxi	2.91	7.15	9.20	10	0.97	3.92	5.28	21
甘肃	Gansu	0.85	2.48	2.63	27	0.53	1.44	2.28	28
青海	Qinghai	0.13	0.31	0.61	30	0.26	0.18	0.20	30
宁夏	Ningxia	0.26	0.55	0.63	29	0.25	0.72	0.87	29
新疆	Xinjiang	1.84	3.68	4.64	22	1.89	5.01	6.62	15

5-36 文化、体育、娱乐业和公共管理、社会保障税收收入
Tax Revenues from Culture, Sports and Entertainment and Public Management, Social Security

单位：亿元 (100 million yuan)

地区	Region	文化、体育和娱乐业 Culture, Sports and Entertainment				公共管理、社会保障和社会组织 Public Management, Social Security and Social Organization			
		2010	2015	2016	2016排名 Ranking	2010	2015	2016	2016排名 Ranking
地方合计	**Region Total**	**261.6**	**413.3**	**486.0**		**837.1**	**2517.1**	**3448.0**	
北　京	Beijing	81.3	124.5	136.6	1	38.8	200.8	95.9	11
天　津	Tianjin	3.2	7.1	10.6	9	5.8	28.5	33.7	26
河　北	Hebei	4.1	5.1	8.8	11	7.3	62.0	146.4	5
山　西	Shanxi	1.3	3.4	2.6	27	1.2	61.9	54.7	23
内蒙古	Inner Mongolia	1.6	1.8	2.2	28	10.4	217.1	242.6	3
辽　宁	Liaoning	7.3	5.1	4.2	21	21.1	10.4	62.7	22
吉　林	Jilin	2.2	4.6	2.8	26	3.5	31.4	84.8	14
黑龙江	Heilongjiang	2.1	4.2	4.2	22	5.9	6.0	25.0	27
上　海	Shanghai	18.0	29.9	51.7	2	16.8	16.2	72.8	17
江　苏	Jiangsu	12.5	27.0	27.2	5	27.7	53.8	67.5	20
浙　江	Zhejiang	15.6	37.1	44.7	3	25.3	48.0	131.2	10
安　徽	Anhui	5.2	7.9	7.1	13	7.0	57.8	73.1	16
福　建	Fujian	8.0	6.3	5.4	17	10.9	31.7	67.1	21
江　西	Jiangxi	3.4	5.4	5.3	18	4.7	40.9	88.0	13
山　东	Shandong	9.7	11.1	22.1	6	32.2	132.6	134.4	8
河　南	Henan	8.0	9.5	10.1	10	5.2	223.4	181.2	4
湖　北	Hubei	5.2	7.9	8.1	12	7.9	32.5	76.7	15
湖　南	Hunan	4.5	14.7	21.5	7	10.6	66.2	141.6	6
广　东	Guangdong	31.5	28.7	28.9	4	536.4	651.0	635.2	1
广　西	Guangxi	3.8	4.5	4.8	20	7.0	89.6	138.7	7
海　南	Hainan	3.9	4.8	4.0	23	1.8	14.4	24.1	28
重　庆	Chongqing	3.1	4.5	5.9	15	4.7	81.9	68.1	19
四　川	Sichuan	9.7	11.2	11.4	8	19.3	77.8	272.8	2
贵　州	Guizhou	2.4	3.3	3.5	24	6.4	67.5	93.9	12
云　南	Yunnan	5.7	7.0	7.0	14	7.6	74.3	133.9	9
西　藏	Tibet	0.3	0.5	0.8	29	0.2	1.8	5.4	31
陕　西	Shaanxi	5.0	7.6	5.7	16	1.2	13.0	36.7	24
甘　肃	Gansu	1.2	2.3	2.8	25	1.3	6.5	35.2	25
青　海	Qinghai	0.2	0.5	0.6	30	0.4	5.0	11.4	30
宁　夏	Ningxia	0.4	0.6	0.5	31	1.2	20.3	22.0	29
新　疆	Xinjiang	1.4	2.4	4.8	19	7.2	29.2	68.9	18

5-37 国家税务局和地方税务局税收收入
Tax Revenues of National Taxation Bureau and Local Taxation Bureau

单位：亿元 (100 million yuan)

地区	Region	国家税务局 National Taxation Bureau 2010	2015	2016	2016排名 Ranking	地方税务局 Local Taxation Bureau 2010	2015	2016	2016排名 Ranking
地方合计	**Region Total**	**51504**	**81173**	**89448**		**25890**	**54849**	**51056**	
北京	Beijing	4347	8655	9378	2	1883	3623	3588	4
天津	Tianjin	2159	2644	2804	7	571	1312	1239	13
河北	Hebei	1538	2078	2405	9	839	1681	1547	10
山西	Shanxi	1052	972	1059	24	583	892	743	23
内蒙古	Inner Mongolia	941	943	1063	23	615	1224	1148	16
辽宁	Liaoning	2157	1609	1792	14	1156	982	846	21
吉林	Jilin	736	1134	1290	21	336	741	643	26
黑龙江	Heilongjiang	866	1065	983	26	436	820	682	25
上海	Shanghai	5773	9999	10219	1	2231	3991	4448	2
江苏	Jiangsu	4784	7279	8290	4	2450	5752	4986	1
浙江	Zhejiang	3669	3582	4105	5	1966	2897	2872	5
安徽	Anhui	1030	1706	2005	13	625	1589	1477	11
福建	Fujian	1393	1683	1748	15	763	1295	1149	15
江西	Jiangxi	686	1128	1338	19	435	1357	1254	12
山东	Shandong	3552	3428	3817	6	1583	2971	2678	6
河南	Henan	1136	2053	2286	11	787	1883	1735	8
湖北	Hubei	1221	2174	2512	8	558	1859	1720	9
湖南	Hunan	978	1802	2027	12	537	1366	1229	14
广东	Guangdong	6796	7441	8435	3	3255	4339	4101	3
广西	Guangxi	647	1135	1306	20	418	935	829	22
海南	Hainan	271	429	527	28	205	469	423	27
重庆	Chongqing	608	1188	1485	18	476	1293	1124	17
四川	Sichuan	1093	1989	2376	10	980	2157	1931	7
贵州	Guizhou	462	845	1032	25	349	1071	936	18
云南	Yunnan	1086	1675	1741	16	551	1060	886	19
西藏	Tibet	50	192	254	30				
陕西	Shaanxi	1050	1544	1520	17	573	1081	867	20
甘肃	Gansu	414	688	766	27	191	483	407	28
青海	Qinghai	126	148	160	31	74	195	153	30
宁夏	Ningxia	160	288	341	29	94	211	165	29
新疆	Xinjiang	723	999	1133	22	370	796	711	24

5-38 国家税务局和地方税务局第一产业税收收入

Tax Revenues of National Taxation Bureau and Local Taxation Bureau from Primary Industry

单位：亿元 (100 million yuan)

地区	Region	国家税务局第一产业 Primary Industry in National Taxation Bureau				地方税务局第一产业 Primary Industry in Local Taxation Bureau			
		2010	2015	2016	2016排名 Ranking	2010	2015	2016	2016排名 Ranking
地方合计	**Region Total**	**42.92**	**74.16**	**132.62**		**35.28**	**105.06**	**102.29**	
北　京	Beijing	5.80	2.50	4.32	8	3.10	8.08	8.35	2
天　津	Tianjin	0.18	1.67	4.89	6	0.26	1.80	1.16	23
河　北	Hebei		1.28	1.42	16	0.87	0.67	3.01	12
山　西	Shanxi	0.43	0.24	0.49	24	0.29	1.62	1.16	24
内蒙古	Inner Mongolia	1.22	0.12	0.13	27	1.07	3.55	4.25	6
辽　宁	Liaoning	0.53	0.18	0.69	23	4.39	1.61	1.71	20
吉　林	Jilin	0.15	0.16	0.06	30	0.80	4.24	1.80	19
黑龙江	Heilongjiang	0.12	1.14	2.45	11	0.27	0.77	1.11	25
上　海	Shanghai	0.29	0.83	1.78	14	0.69	1.36	1.69	21
江　苏	Jiangsu	11.95	32.16	46.02	1	1.17	3.15	3.84	9
浙　江	Zhejiang	3.31	3.94	24.21	2	1.28	3.31	3.51	11
安　徽	Anhui	0.46	2.66	1.36	17	0.18	3.06	2.32	17
福　建	Fujian	0.64	1.38	5.34	5	1.13	2.21	2.62	15
江　西	Jiangxi	0.29	0.99	5.79	4	0.75	6.89	6.80	4
山　东	Shandong	5.23	2.95	4.52	7	3.77	12.85	16.33	1
河　南	Henan	1.34	3.15	3.24	10		0.56	0.71	27
湖　北	Hubei	0.15	0.03	1.68	15	0.11	0.86	2.64	14
湖　南	Hunan	0.62	0.43	0.70	22	0.80	5.23	1.86	18
广　东	Guangdong	2.04	3.96	3.46	9	3.81	6.50	6.85	3
广　西	Guangxi	0.05	0.56	0.01	31	0.14	1.07	1.41	22
海　南	Hainan	0.55	2.14	0.94	19	0.84	4.49	3.92	8
重　庆	Chongqing	0.35	0.55	0.89	20	0.38	2.91	5.70	5
四　川	Sichuan	0.42	3.03	2.07	13	7.26	10.34	4.22	7
贵　州	Guizhou	1.16	1.35	0.84	21	0.10	4.51	2.84	13
云　南	Yunnan	1.40	1.75	2.31	12	0.67	2.97	2.45	16
西　藏	Tibet	0.03	0.06	0.17	26				
陕　西	Shaanxi	3.60	1.58	6.26	3	0.05	0.45	1.08	26
甘　肃	Gansu	0.22	0.29	1.28	18	0.07			
青　海	Qinghai	0.04	0.03	0.11	28		0.28	0.11	29
宁　夏	Ningxia	0.12	1.00	0.38	25	0.07	0.33	0.31	28
新　疆	Xinjiang	0.23	0.74	0.07	29	0.97	3.84	3.68	10

5-39 国家税务局和地方税务局第二产业税收收入

Tax Revenues of National Taxation Bureau and Local Taxation Bureau from Secondary Industry

单位：亿元 (100 million yuan)

地区	Region	国家税务局第二产业 Secondary Industry in National Taxation Bureau 2010	2015	2016	2016排名 Ranking	地方税务局第二产业 Secondary Industry in Local Taxation Bureau 2010	2015	2016	2016排名 Ranking
地方合计	**Region Total**	**31555**	**44801**	**46317**		**9060**	**16675**	**14537**	
北　京	Beijing	779	1182	1198	10	215	374	365	16
天　津	Tianjin	1856	2062	1951	6	169	376	260	24
河　北	Hebei	1169	1363	1490	8	357	585	503	9
山　西	Shanxi	802	588	624	24	344	471	378	14
内蒙古	Inner Mongolia	566	581	625	23	310	535	494	10
辽　宁	Liaoning	1488	1090	1140	12	458	383	337	17
吉　林	Jilin	576	812	890	18	138	245	233	25
黑龙江	Heilongjiang	663	694	548	25	198	328	268	23
上　海	Shanghai	3430	4726	4732	3	445	633	640	5
江　苏	Jiangsu	3318	5075	5348	1	946	1831	1583	1
浙　江	Zhejiang	2076	2183	2277	5	679	907	826	4
安　徽	Anhui	677	1099	1173	11	245	527	449	11
福　建	Fujian	950	1123	1063	16	256	381	303	21
江　西	Jiangxi	388	651	750	21	178	505	431	12
山　东	Shandong	2570	2481	2530	4	674	1146	1036	3
河　南	Henan	731	1038	1081	15	346	610	510	8
湖　北	Hubei	870	1410	1505	7	203	625	517	7
湖　南	Hunan	701	1234	1277	9	217	424	380	13
广　东	Guangdong	3310	5053	5300	2	1050	1241	1110	2
广　西	Guangxi	394	712	774	20	156	268	211	26
海　南	Hainan	187	221	255	28	49	122	91	28
重　庆	Chongqing	410	676	814	19	150	349	314	19
四　川	Sichuan	632	987	1097	14	319	630	549	6
贵　州	Guizhou	313	485	527	26	136	414	334	18
云　南	Yunnan	818	1181	1101	13	205	357	311	20
西　藏	Tibet	18	46	57	31				
陕　西	Shaanxi	830	1077	941	17	252	472	377	15
甘　肃	Gansu	335	502	512	27	95	225	169	27
青　海	Qinghai	101	89	86	30	43	110	82	29
宁　夏	Ningxia	113	202	224	29	38	89	76	30
新　疆	Xinjiang	484	619	654	22	187	342	278	22

5-40 国家税务局和地方税务局第三产业税收收入

Tax Revenues of National Taxation Bureau and Local Taxation Bureau from Tertiary Industry

单位：亿元 (100 million yuan)

地区	Region	国家税务局税第三产业 Tertiary Industry in National Taxation Bureau				地方税务局第三产业 Tertiary Industry in Local Taxation Bureau			
		2010	2015	2016	2016排名 Ranking	2010	2015	2016	2016排名 Ranking
地方合计	**Region Total**	**19906**	**36297**	**42999**		**16795**	**38069**	**36416**	
北京	Beijing	3562	7471	8176	1	1665	3241	3214	3
天津	Tianjin	303	581	848	11	402	935	978	12
河北	Hebei	369	714	914	10	482	1095	1041	10
山西	Shanxi	250	384	434	24	239	419	364	26
内蒙古	Inner Mongolia	373	362	438	23	304	685	655	17
辽宁	Liaoning	669	518	652	16	694	598	508	21
吉林	Jilin	160	322	400	26	198	492	408	25
黑龙江	Heilongjiang	203	370	433	25	238	491	413	24
上海	Shanghai	2343	5272	5485	2	1785	3356	3806	1
江苏	Jiangsu	1455	2172	2896	4	1503	3918	3399	2
浙江	Zhejiang	1590	1394	1803	5	1286	1986	2042	5
安徽	Anhui	353	605	830	12	380	1059	1025	11
福建	Fujian	442	559	680	14	505	912	844	14
江西	Jiangxi	297	476	582	18	256	845	816	15
山东	Shandong	977	944	1283	6	905	1812	1625	6
河南	Henan	404	1011	1202	8	441	1272	1224	8
湖北	Hubei	351	765	1006	9	355	1233	1201	9
湖南	Hunan	276	568	748	13	319	937	847	13
广东	Guangdong	3484	2385	3132	3	2201	3092	2984	4
广西	Guangxi	252	423	532	20	262	667	617	18
海南	Hainan	83	206	271	27	155	343	328	27
重庆	Chongqing	198	512	669	15	326	942	804	16
四川	Sichuan	460	1000	1277	7	654	1516	1378	7
贵州	Guizhou	148	359	504	21	213	652	599	19
云南	Yunnan	267	493	638	17	344	699	573	20
西藏	Tibet	32	146	197	29				
陕西	Shaanxi	216	466	572	19	321	609	488	22
甘肃	Gansu	79	185	253	28	96	258	238	28
青海	Qinghai	25	59	73	31	31	84	71	30
宁夏	Ningxia	47	84	116	30	57	122	89	29
新疆	Xinjiang	239	380	480	22	181	450	429	23

5-41 国家税务局和地方税务局采矿业税收收入

Tax Revenues of National Taxation Bureau and Local Taxation Bureau from Mining

单位：亿元 (100 million yuan)

地区	Region	国家税务局采矿业 Mining in National Taxation Bureau 2010	2015	2016	2016排名 Ranking	地方税务局采矿业 Mining in Local Taxation Bureau 2010	2015	2016	2016排名 Ranking
地方合计	**Region Total**	**3511**	**2296**	**1626**		**1315**	**1567**	**1279**	
北　京	Beijing	21	-16	-102	31	7	8	6	27
天　津	Tianjin	251	220	141	4	3	48	5	28
河　北	Hebei	187	64	51	12	67	48	37	8
山　西	Shanxi	495	257	258	1	212	235	202	1
内蒙古	Inner Mongolia	295	199	166	3	130	175	173	2
辽　宁	Liaoning	195	76	74	9	88	49	37	9
吉　林	Jilin	62	24	16	23	17	17	12	21
黑龙江	Heilongjiang	295	244	78	7	61	94	75	6
上　海	Shanghai	2	5	3	29				
江　苏	Jiangsu	39	20	13	24	16	30	20	18
浙　江	Zhejiang	8	7	6	27	9	12	9	26
安　徽	Anhui	102	58	56	11	39	41	27	14
福　建	Fujian	23	20	12	25	14	16	11	22
江　西	Jiangxi	40	25	23	18	18	34	35	11
山　东	Shandong	318	146	128	5	154	163	144	3
河　南	Henan	162	86	76	8	96	68	54	7
湖　北	Hubei	24	20	20	20	13	25	23	16
湖　南	Hunan	44	23	16	22	15	16	10	25
广　东	Guangdong	93	79	71	10	11	9	11	24
广　西	Guangxi	25	19	17	21	8	18	12	20
海　南	Hainan	7	3	3	30	5	4	3	29
重　庆	Chongqing	25	22	20	19	9	12	11	23
四　川	Sichuan	75	65	49	13	37	41	37	10
贵　州	Guizhou	70	47	39	14	48	39	29	13
云　南	Yunnan	66	36	36	15	35	34	31	12
西　藏	Tibet	4	5	6	28				
陕　西	Shaanxi	298	295	181	2	94	135	110	4
甘　肃	Gansu	41	50	31	16	20	31	23	17
青　海	Qinghai	26	12	8	26	21	37	25	15
宁　夏	Ningxia	26	27	23	17	5	16	14	19
新　疆	Xinjiang	192	152	99	6	63	99	84	5

5-42 国家税务局和地方税务局制造业税收收入

Tax Revenues of National Taxation Bureau and Local Taxation Bureau from Manufacturing

单位：亿元 (100 million yuan)

地区	Region	国家税务局制造业 Manufacturing in National Taxation Bureau 2010	2015	2016	2016排名 Ranking	地方税务局制造业 Manufacturing in Local Taxation Bureau 2010	2015	2016	2016排名 Ranking
地方合计	**Region Total**	**25859.0**	**38660.9**	**38632.0**		**3652.5**	**6260.8**	**6328.9**	
北京	Beijing	623.2	963.2	960.7	10	89.8	173.4	186.0	8
天津	Tianjin	1570.3	1771.0	1692.7	6	66.0	163.7	135.6	14
河北	Hebei	888.7	1133.9	1192.0	8	123.0	198.0	209.6	6
山西	Shanxi	248.5	214.5	221.8	27	38.7	54.1	52.1	26
内蒙古	Inner Mongolia	185.4	273.1	300.5	26	50.4	93.7	110.6	18
辽宁	Liaoning	1224.9	930.4	923.5	12	188.4	160.5	166.3	10
吉林	Jilin	485.9	749.9	799.3	15	54.1	98.3	109.8	19
黑龙江	Heilongjiang	344.0	408.6	388.7	24	53.1	71.2	72.5	22
上海	Shanghai	3339.7	4580.0	4508.1	3	271.9	395.0	411.2	5
江苏	Jiangsu	3089.4	4659.5	4741.0	1	477.8	792.4	817.1	1
浙江	Zhejiang	1889.4	1974.2	1957.2	5	391.9	505.0	500.4	3
安徽	Anhui	529.1	927.1	936.1	11	92.4	192.9	197.3	7
福建	Fujian	847.2	970.4	866.5	14	103.7	137.3	128.2	16
江西	Jiangxi	317.3	562.8	614.5	20	45.2	121.9	128.6	15
山东	Shandong	2125.9	2073.6	2053.6	4	311.4	493.1	483.8	4
河南	Henan	505.3	781.4	757.9	17	105.9	158.3	156.6	12
湖北	Hubei	737.4	1237.6	1244.8	7	77.3	185.2	176.7	9
湖南	Hunan	606.9	1117.2	1091.5	9	79.7	133.0	135.9	13
广东	Guangdong	2960.5	4637.2	4737.9	2	565.4	632.7	626.7	2
广西	Guangxi	315.6	616.1	619.4	19	45.3	67.5	67.1	24
海南	Hainan	172.0	203.1	203.4	28	6.3	21.2	20.7	28
重庆	Chongqing	345.9	592.8	666.8	18	53.4	106.6	115.3	17
四川	Sichuan	461.9	757.4	770.1	16	92.2	158.0	161.3	11
贵州	Guizhou	189.9	361.5	338.7	25	36.2	69.7	61.7	25
云南	Yunnan	695.0	1052.1	893.9	13	78.0	118.1	103.4	20
西藏	Tibet	4.8	7.6	10.2	31				
陕西	Shaanxi	486.7	691.0	612.6	21	68.4	93.4	91.7	21
甘肃	Gansu	274.2	418.8	404.3	23	28.7	52.7	46.1	27
青海	Qinghai	61.4	59.6	55.5	30	2.7	6.3	7.4	30
宁夏	Ningxia	63.9	132.9	141.9	29	11.1	19.0	20.2	29
新疆	Xinjiang	268.6	428.7	452.2	22	44.0	58.2	68.1	23

5-43 国家税务局和地方税务局电力、热力、燃气及水业税收收入

Tax Revenues of National Taxation Bureau and Local Taxation Bureau from Production and Supply of Electricity, Heat, Gas and Water

单位：亿元 (100 million yuan)

地区	Region	国家税务局电力、热力、燃气及水业 Electricity,Heat,Gas and Water in National Taxation Bureau				地方税务局电力、热力、燃气及水业 Electricity,Heat,Gas and Water in Local Taxation Bureau			
		2010	2015	2016	2016排名 Ranking	2010	2015	2016	2016排名 Ranking
地方合计	**Region Total**	**1972.8**	**3458.3**	**3449.6**		**503.8**	**890.1**	**901.2**	
北京	Beijing	105.2	171.2	169.2	5	14.2	33.4	35.5	8
天津	Tianjin	26.3	56.1	54.9	23	6.5	12.4	15.0	22
河北	Hebei	87.0	158.5	154.0	6	22.4	34.8	33.3	9
山西	Shanxi	56.7	113.7	91.7	16	11.6	23.0	19.3	19
内蒙古	Inner Mongolia	83.7	108.5	98.2	11	25.9	56.8	43.9	6
辽宁	Liaoning	61.1	76.7	93.0	15	22.5	23.4	23.1	15
吉林	Jilin	25.1	34.1	36.1	25	8.3	13.1	12.9	24
黑龙江	Heilongjiang	23.3	41.0	43.6	24	7.6	12.3	12.1	26
上海	Shanghai	51.3	85.0	93.5	13	13.6	26.3	36.9	7
江苏	Jiangsu	169.7	358.9	420.7	1	33.1	52.4	59.9	3
浙江	Zhejiang	169.1	190.3	205.5	4	34.1	44.9	47.8	5
安徽	Anhui	41.7	105.9	94.8	12	9.2	23.7	24.3	13
福建	Fujian	72.1	122.3	114.4	10	16.5	22.2	21.5	16
江西	Jiangxi	29.9	61.7	64.0	21	6.2	20.9	13.9	23
山东	Shandong	117.3	253.5	233.4	3	37.2	64.2	64.6	2
河南	Henan	59.6	161.5	133.8	9	16.0	25.4	25.1	12
湖北	Hubei	102.8	142.1	145.3	8	14.4	23.8	26.0	11
湖南	Hunan	47.5	88.5	85.7	17	9.5	16.9	19.9	18
广东	Guangdong	241.3	319.2	312.4	2	99.4	95.5	107.5	1
广西	Guangxi	50.9	72.4	69.4	20	10.1	14.2	15.3	21
海南	Hainan	6.4	11.9	15.0	29	1.5	7.8	8.5	28
重庆	Chongqing	36.4	54.8	63.5	22	11.2	17.1	18.1	20
四川	Sichuan	86.9	151.5	153.5	7	24.2	53.3	50.5	4
贵州	Guizhou	50.7	70.9	74.2	19	10.0	15.3	12.8	25
云南	Yunnan	53.8	89.0	93.1	14	13.2	33.2	31.9	10
西藏	Tibet	0.7	1.8	2.1	31				
陕西	Shaanxi	42.5	86.5	84.4	18	7.5	25.2	23.5	14
甘肃	Gansu	20.0	33.1	28.7	27	5.0	11.0	10.2	27
青海	Qinghai	12.8	16.8	3.7	30	1.6	5.1	6.9	30
宁夏	Ningxia	19.5	30.7	27.7	28	4.6	7.9	7.4	29
新疆	Xinjiang	21.4	31.7	32.7	26	6.7	17.6	19.9	17

5-44 国家税务局和地方税务局建筑业税收收入

Tax Revenues of National Taxation Bureau and Local Taxation Bureau from Construction

单位：亿元 (100 million yuan)

地区	Region	国家税务局建筑业 Construction in National Taxation Bureau				地方税务局建筑业 Construction in Lcoal Taxation Bureau			
		2010	2015	2016	2016排名 Ranking	2010	2015	2016	2016排名 Ranking
地方合计	**Region Total**	**212.5**	**386.5**	**2609.3**		**3588.8**	**7957.3**	**6028.0**	
北　京	Beijing	30.1	63.9	170.2	3	104.0	159.3	137.8	19
天　津	Tianjin	8.3	14.3	62.2	20	94.2	151.7	104.1	25
河　北	Hebei	5.8	6.8	93.2	10	144.2	304.8	222.5	10
山　西	Shanxi	1.5	2.9	52.5	22	81.7	158.6	104.7	24
内蒙古	Inner Mongolia	1.8	0.6	59.5	21	103.5	209.5	166.1	15
辽　宁	Liaoning	7.3	6.8	49.6	23	159.2	150.4	110.8	21
吉　林	Jilin	2.8	4.3	38.7	26	58.2	116.7	98.2	26
黑龙江	Heilongjiang	0.9	0.7	37.5	28	75.9	150.7	108.2	22
上　海	Shanghai	37.5	55.5	126.8	4	159.9	211.7	191.8	13
江　苏	Jiangsu	20.0	36.2	172.9	2	418.8	956.5	685.6	1
浙　江	Zhejiang	9.5	11.8	108.5	8	244.8	345.4	269.1	7
安　徽	Anhui	4.1	7.8	86.5	11	103.4	269.8	200.7	12
福　建	Fujian	7.2	10.1	69.5	16	121.6	205.1	142.1	18
江　西	Jiangxi	1.3	1.6	49.0	24	108.8	328.3	253.4	8
山　东	Shandong	8.9	8.0	114.6	6	171.8	426.5	343.8	3
河　南	Henan	4.2	9.5	113.6	7	128.1	357.7	274.2	6
湖　北	Hubei	5.8	9.9	94.7	9	98.1	391.3	290.8	5
湖　南	Hunan	2.2	5.0	83.7	12	113.6	258.5	213.8	11
广　东	Guangdong	15.6	17.1	178.3	1	375.0	503.0	365.6	2
广　西	Guangxi	3.0	3.7	68.2	17	92.8	167.8	115.9	20
海　南	Hainan	1.6	2.7	34.2	29	36.8	88.8	58.5	28
重　庆	Chongqing	2.5	6.1	64.0	18	76.0	213.4	170.1	14
四　川	Sichuan	8.2	13.3	124.4	5	164.8	378.5	300.4	4
贵　州	Guizhou	1.7	5.5	74.6	14	42.4	290.2	230.3	9
云　南	Yunnan	2.5	3.2	77.8	13	79.6	172.0	145.1	17
西　藏	Tibet	8.2	31.4	38.4	27				
陕　西	Shaanxi	2.7	4.0	62.6	19	81.7	218.2	151.9	16
甘　肃	Gansu	0.3	0.4	47.6	25	41.7	130.0	89.5	27
青　海	Qinghai	0.5	0.6	19.1	31	17.9	61.9	43.1	29
宁　夏	Ningxia	4.1	11.4	31.5	30	17.4	46.1	34.1	30
新　疆	Xinjiang	2.3	5.9	69.6	15	73.2	167.8	105.8	23

5-45 国家税务局和地方税务局交通运输、仓储、邮政业税收收入

Tax Revenues of National Taxation Bureau and Local Taxation Bureau from Transport

单位：亿元 (100 million yuan)

地区	Region	国家税务局交通运输、仓储和邮政业 Transport, Storage and Post in National Taxation Bureau				地方税务局交通运输、仓储和邮政业 Transport, Storage and Post in Local Taxation Bureau			
		2010	2015	2016	2016排名 Ranking	2010	2015	2016	2016排名 Ranking
地方合计	**Region Total**	**529.8**	**1755.3**	**1919.0**		**1233.6**	**806.0**	**842.8**	
北　京	Beijing	157.9	242.6	189.4	2	49.7	42.2	44.5	4
天　津	Tianjin	5.9	36.5	38.5	14	43.5	32.3	31.9	8
河　北	Hebei	27.0	83.5	85.3	7	48.7	33.6	29.8	9
山　西	Shanxi	26.5	56.2	48.8	11	47.9	19.7	16.3	18
内蒙古	Inner Mongolia	7.1	29.0	25.1	20	40.1	13.8	19.7	13
辽　宁	Liaoning	12.9	23.2	24.8	21	48.2	16.0	16.7	16
吉　林	Jilin	3.4	14.2	15.9	25	15.7	7.6	10.9	26
黑龙江	Heilongjiang	4.2	12.5	13.4	26	19.7	12.4	12.7	24
上　海	Shanghai	81.9	227.0	338.3	1	110.0	86.0	103.8	1
江　苏	Jiangsu	16.3	121.6	134.8	4	80.5	47.4	49.7	3
浙　江	Zhejiang	17.0	54.2	58.4	9	79.5	38.4	40.5	5
安　徽	Anhui	13.9	75.5	87.6	5	34.1	24.2	21.1	11
福　建	Fujian	8.1	21.1	24.0	22	36.6	14.9	14.0	21
江　西	Jiangxi	6.7	83.6	76.4	8	40.2	22.3	23.3	10
山　东	Shandong	23.6	83.3	86.7	6	86.4	36.7	37.5	6
河　南	Henan	19.3	37.0	43.0	13	41.1	17.1	20.2	12
湖　北	Hubei	4.5	31.1	38.2	15	26.1	14.2	17.1	15
湖　南	Hunan	4.4	23.0	22.4	23	22.6	11.0	13.8	23
广　东	Guangdong	37.9	118.7	168.3	3	151.5	69.1	64.2	2
广　西	Guangxi	6.1	21.6	21.4	24	21.1	13.8	15.0	19
海　南	Hainan	4.5	36.7	28.5	18	14.1	8.0	7.4	27
重　庆	Chongqing	4.3	23.3	28.5	17	20.4	20.3	19.6	14
四　川	Sichuan	9.1	43.7	51.1	10	42.3	35.9	32.4	7
贵　州	Guizhou	2.5	11.7	13.1	27	13.6	6.9	14.1	20
云　南	Yunnan	4.9	25.8	28.6	16	26.9	20.0	16.3	17
西　藏	Tibet	1.1	3.1	5.7	29				
陕　西	Shaanxi	7.4	27.2	26.4	19	27.3	15.8	13.8	22
甘　肃	Gansu	2.5	8.5	9.2	28	12.4	5.2	5.9	28
青　海	Qinghai	0.9	4.3	3.7	31	3.5	1.0	1.4	30
宁　夏	Ningxia	1.8	5.2	5.5	30	6.3	1.5	1.7	29
新　疆	Xinjiang	6.3	43.4	43.4	12	23.5	11.6	12.6	25

5-46 国家税务局和地方税务局信息传输、软件信息技术服务业税收收入

Tax Revenues of National Taxation Bureau and Local Taxation Bureau from Information Transmission, Software and Information Technology Services

单位：亿元 (100 million yuan)

地区	Region	国家税务局信息传输、软件信息技术服务业 Information Transmission, Software and Information Technology Services in National Taxation Bureau				地方税务局信息传输、软件信息技术服务业 Information Transmission, Software and Information Technology Services in Local Taxation Bureau			
		2010	2015	2016	2016排名 Ranking	2010	2015	2016	2016排名 Ranking
地方合计	**Region Total**	**518.4**	**1556.5**	**1703.1**		**613.6**	**737.1**	**906.6**	
北京	Beijing	30.8	285.0	306.3	1	94.6	137.8	161.1	2
天津	Tianjin	9.6	29.4	52.4	6	9.8	16.4	17.7	7
河北	Hebei	17.9	49.9	28.5	16	15.6	8.5	7.1	18
山西	Shanxi	9.4	16.5	8.3	27	7.8	4.0	3.6	26
内蒙古	Inner Mongolia	3.1	9.4	10.5	22	6.9	3.8	3.8	25
辽宁	Liaoning	15.4	26.2	15.7	19	21.3	6.5	6.1	20
吉林	Jilin	5.9	7.9	6.0	28	6.2	4.0	3.5	27
黑龙江	Heilongjiang	8.7	14.7	10.0	23	9.8	4.9	4.5	23
上海	Shanghai	44.5	146.5	192.4	3	79.0	131.3	166.9	1
江苏	Jiangsu	47.7	104.8	113.0	5	32.7	39.0	49.1	5
浙江	Zhejiang	34.7	169.4	202.7	2	39.8	72.0	81.7	3
安徽	Anhui	14.7	37.2	37.5	12	11.9	11.5	10.3	13
福建	Fujian	23.6	37.0	38.2	11	21.5	10.8	10.9	10
江西	Jiangxi	5.8	21.2	20.4	18	7.6	6.6	9.0	16
山东	Shandong	33.3	50.3	47.9	7	25.2	14.1	14.4	9
河南	Henan	17.2	41.7	42.9	8	15.4	7.2	7.9	17
湖北	Hubei	13.0	31.7	39.8	10	12.0	10.4	10.4	12
湖南	Hunan	11.9	29.8	30.5	14	12.9	7.7	9.7	14
广东	Guangdong	99.8	151.9	137.5	4	101.0	54.6	71.3	4
广西	Guangxi	11.5	17.8	12.3	21	8.5	4.0	3.9	24
海南	Hainan	3.6	7.8	8.9	26	3.1	5.8	9.2	15
重庆	Chongqing	6.9	16.9	22.3	17	7.5	11.9	10.7	11
四川	Sichuan	6.1	52.1	40.0	9	23.7	23.6	26.8	6
贵州	Guizhou	6.2	11.0	13.4	20	6.0	4.4	5.3	21
云南	Yunnan	11.3	27.8	33.4	13	9.1	5.9	7.0	19
西藏	Tibet	1.3	2.5	4.1	29				
陕西	Shaanxi	12.8	22.2	29.1	15	11.4	9.7	17.2	8
甘肃	Gansu	5.0	7.6	10.0	24	4.4	2.8	3.3	28
青海	Qinghai	1.2	1.6	0.9	31	1.3	0.5	0.8	30
宁夏	Ningxia	2.5	2.7	3.2	30	1.7	1.1	1.3	29
新疆	Xinjiang	3.2	8.4	9.8	25	6.1	5.1	4.6	22

5-47 国家税务局和地方税务局批发、零售业税收收入

Tax Revenues of National Taxation Bureau and Local Taxation Bureau from Wholesale and Retail Industry

单位：亿元 (100 million yuan)

地区	Region	国家税务局批发和零售业 Wholesale and Retail Industry in National Taxation Bureau				地方税务局批发和零售业 Wholesale and Retail Industry in Local Taxation Bureau			
		2010	2015	2016	2016排名 Ranking	2010	2015	2016	2016排名 Ranking
地方合计	**Region Total**	**10000.4**	**13986.9**	**15148.8**		**1577.1**	**2747.0**	**2789.2**	
北　京	Beijing	1081.6	1420.6	1468.5	2	99.2	213.0	223.4	3
天　津	Tianjin	187.2	249.9	251.8	17	30.2	84.5	70.0	10
河　北	Hebei	205.6	269.3	280.3	14	33.9	72.5	62.3	13
山　西	Shanxi	147.0	167.4	172.3	26	24.8	36.5	34.7	23
内蒙古	Inner Mongolia	284.2	218.3	230.8	20	28.1	34.8	38.2	22
辽　宁	Liaoning	476.3	266.8	288.8	12	49.7	41.6	40.5	20
吉　林	Jilin	96.2	181.3	183.9	25	14.7	33.4	31.6	24
黑龙江	Heilongjiang	122.3	203.0	210.4	23	20.6	31.0	30.4	25
上　海	Shanghai	1240.5	1915.1	1932.7	1	232.8	380.4	379.2	1
江　苏	Jiangsu	1007.5	1178.9	1326.6	3	115.6	233.6	243.4	2
浙　江	Zhejiang	591.6	468.9	733.0	5	151.6	168.4	171.6	5
安　徽	Anhui	205.5	233.8	285.1	13	28.1	53.7	60.1	14
福　建	Fujian	239.4	173.1	189.7	24	50.2	48.5	44.7	18
江　西	Jiangxi	232.8	186.1	227.6	21	20.7	47.0	54.6	16
山　东	Shandong	532.5	357.4	407.4	9	82.2	131.7	126.8	6
河　南	Henan	244.7	596.3	530.1	6	36.2	63.3	69.6	11
湖　北	Hubei	241.2	395.5	445.4	8	26.4	66.0	66.6	12
湖　南	Hunan	185.9	335.2	293.8	11	26.2	50.6	58.6	15
广　东	Guangdong	1448.3	1008.5	1029.6	4	243.6	212.3	209.2	4
广　西	Guangxi	172.9	241.1	249.6	18	15.3	29.8	29.7	26
海　南	Hainan	37.9	88.4	90.6	28	7.5	11.8	12.3	28
重　庆	Chongqing	109.0	223.3	227.0	22	22.8	46.4	48.1	17
四　川	Sichuan	253.3	408.7	463.3	7	57.0	88.3	99.2	8
贵　州	Guizhou	92.9	209.9	261.7	16	42.9	76.1	73.5	9
云　南	Yunnan	174.4	327.1	321.2	10	62.9	110.8	104.2	7
西　藏	Tibet	15.8	63.4	81.5	29				
陕　西	Shaanxi	109.9	216.9	268.7	15	21.5	42.8	41.0	19
甘　肃	Gansu	48.7	83.9	94.0	27	7.6	15.0	16.3	27
青　海	Qinghai	15.3	26.0	29.4	31	2.5	4.3	4.3	30
宁　夏	Ningxia	21.4	31.8	39.2	30	4.3	7.8	6.9	29
新　疆	Xinjiang	178.6	206.7	236.5	19	17.6	27.7	40.1	21

5-48 国家税务局和地方税务局住宿、餐饮业税收收入

Tax Revenues of National Taxation Bureau and Local Taxation Bureau from Hotels and Catering Services

单位：亿元 (100 million yuan)

地区	Region	国家税务局住宿和餐饮业 Hotels and Catering Services in National Taxation Bureau				地方税务局住宿和餐饮业 Hotels and Catering Services in Lcoal Taxation Bureau			
		2010	2015	2016	2016排名 Ranking	2010	2015	2016	2016排名 Ranking
地方合计	**Region Total**	**50.5**	**63.3**	**222.9**		**604.6**	**738.2**	**438.9**	
北 京	Beijing	9.6	9.8	30.5	2	55.8	71.8	46.4	1
天 津	Tianjin	1.7	1.3	4.2	12	8.2	12.1	6.2	23
河 北	Hebei	0.5	0.4	3.4	19	17.2	18.0	10.5	12
山 西	Shanxi	0.6	0.2	2.1	24	9.7	8.7	4.3	28
内蒙古	Inner Mongolia	0.3	0.2	2.1	25	10.1	10.1	6.5	21
辽 宁	Liaoning	2.0	1.0	3.7	17	23.4	15.0	8.7	17
吉 林	Jilin	0.5	0.4	1.8	28	7.7	8.6	5.3	25
黑龙江	Heilongjiang	0.4	0.3	1.9	26	11.8	10.3	6.2	24
上 海	Shanghai	8.6	14.4	32.3	1	50.2	68.3	43.2	2
江 苏	Jiangsu	3.8	11.2	20.6	4	44.9	64.2	37.5	4
浙 江	Zhejiang	3.1	2.8	12.1	5	44.4	44.0	26.0	5
安 徽	Anhui	0.8	0.8	4.4	11	13.6	17.2	10.2	13
福 建	Fujian	1.5	0.9	3.4	18	18.8	14.6	8.8	16
江 西	Jiangxi	0.2	0.2	2.7	21	9.9	11.3	6.8	20
山 东	Shandong	1.7	0.5	5.6	8	32.7	29.0	16.0	7
河 南	Henan	0.5	0.3	3.9	16	17.7	20.0	11.9	10
湖 北	Hubei	0.9	0.8	6.5	7	15.0	27.3	12.5	9
湖 南	Hunan	0.8	0.6	5.2	9	17.8	22.2	12.6	8
广 东	Guangdong	6.6	5.5	20.7	3	83.5	70.6	40.3	3
广 西	Guangxi	0.3	0.4	3.1	20	11.6	12.1	6.4	22
海 南	Hainan	1.2	1.6	4.4	10	9.1	15.8	11.6	11
重 庆	Chongqing	0.7	0.5	4.0	15	9.8	13.3	7.2	18
四 川	Sichuan	1.1	1.8	9.2	6	27.8	32.6	19.8	6
贵 州	Guizhou	0.1	0.1	2.2	23	7.1	8.4	4.7	26
云 南	Yunnan	0.5	0.5	4.1	14	15.1	15.4	8.9	15
西 藏	Tibet	1.0	1.6	1.8	29				
陕 西	Shaanxi	0.7	0.6	4.2	13	15.3	17.1	9.6	14
甘 肃	Gansu	0.1	0.2	1.9	27	5.5	6.9	4.4	27
青 海	Qinghai		0.03	0.63	31	1.4	2.0	1.2	30
宁 夏	Ningxia	0.3	0.3	0.7	30	2.1	2.5	1.4	29
新 疆	Xinjiang	0.2	0.2	2.3	22	7.4	9.7	7.1	19

5-49 国家税务局和地方税务局金融业税收收入
Tax Revenues of National Taxation Bureau and Local Taxation Bureau from Financial

单位：亿元 (100 million yuan)

地区	Region	国家税务局金融业 Financial in National Taxation Bureau				地方税务局金融业 Financial in Local Taxation Bureau			
		2010	2015	2016	2016排名 Ranking	2010	2015	2016	2016排名 Ranking
地方合计	**Region Total**	**3521.5**	**10904.0**	**11866.0**		**2699.8**	**7553.6**	**5997.2**	
北 京	Beijing	1831.2	4401.4	4828.6	1	269.4	738.6	576.5	2
天 津	Tianjin	24.5	130.8	212.2	9	59.1	186.3	142.6	13
河 北	Hebei	24.8	110.6	161.2	11	88.0	227.5	167.9	10
山 西	Shanxi	13.8	63.6	90.3	19	42.8	104.4	78.3	25
内蒙古	Inner Mongolia	17.1	42.1	73.8	24	44.2	123.6	89.3	21
辽 宁	Liaoning	37.8	86.8	148.2	14	97.2	151.4	119.4	16
吉 林	Jilin	13.2	47.9	78.0	23	34.8	102.0	84.3	22
黑龙江	Heilongjiang	11.7	57.3	81.1	21	36.8	101.3	81.7	23
上 海	Shanghai	502.5	1904.5	1308.7	2	332.2	849.9	778.5	1
江 苏	Jiangsu	84.2	265.1	426.5	3	208.6	700.5	503.3	3
浙 江	Zhejiang	105.4	218.2	328.1	5	232.2	407.1	336.4	5
安 徽	Anhui	23.6	97.2	136.0	15	55.6	174.7	142.8	12
福 建	Fujian	52.5	184.0	213.7	8	82.9	212.8	188.1	8
江 西	Jiangxi	12.1	73.9	99.3	18	38.3	115.0	93.9	18
山 东	Shandong	67.0	168.3	257.7	6	167.2	337.2	272.6	6
河 南	Henan	27.0	127.0	209.0	10	76.9	225.0	170.0	9
湖 北	Hubei	17.2	92.2	150.1	13	55.5	199.4	143.2	11
湖 南	Hunan	15.1	86.4	132.3	16	55.0	162.4	127.5	14
广 东	Guangdong	504.5	256.5	386.3	4	342.7	505.3	393.5	4
广 西	Guangxi	12.6	42.9	72.2	25	35.9	108.9	80.8	24
海 南	Hainan	1.7	13.5	26.6	28	10.5	40.3	28.4	28
重 庆	Chongqing	25.0	95.5	151.8	12	50.2	194.5	125.7	15
四 川	Sichuan	28.4	157.3	213.7	7	94.4	275.7	221.2	7
贵 州	Guizhou	11.4	51.8	79.3	22	27.7	95.8	73.0	26
云 南	Yunnan	13.4	45.6	85.2	20	51.6	129.2	91.1	19
西 藏	Tibet	3.2	11.0	13.7	31				
陕 西	Shaanxi	16.0	65.8	100.2	17	48.4	134.1	102.2	17
甘 肃	Gansu	4.2	40.8	61.3	27	17.7	69.6	53.3	27
青 海	Qinghai	1.6	9.3	14.1	30	6.6	23.6	23.3	29
宁 夏	Ningxia	6.0	14.9	24.0	29	10.3	30.0	21.0	30
新 疆	Xinjiang	12.7	49.7	68.3	26	27.5	94.6	89.8	20

5-50 国家税务局和地方税务局房地产业税收收入

Tax Revenues of National Taxation Bureau and Local Taxation Bureau from Real Estate Industry

单位：亿元 (100 million yuan)

地区	Region	国家税务局房地产业 Real Estate Industry in National Taxation Bureau				地方税务局房地产业 Real Estate Industry in Local Taxation Bureau			
		2010	2015	2016	2016排名 Ranking	2010	2015	2016	2016排名 Ranking
地方合计	**Region Total**	**1144.0**	**1305.5**	**4299.2**		**5711.5**	**15169.7**	**14453.6**	
北　京	Beijing	107.6	104.3	274.9	4	394.9	731.0	826.3	4
天　津	Tianjin	29.9	28.4	119.1	13	128.3	335.6	443.1	12
河　北	Hebei	16.8	20.4	161.8	8	182.0	536.9	497.0	11
山　西	Shanxi	5.2	5.7	34.7	25	40.7	157.9	138.0	24
内蒙古	Inner Mongolia	7.8	4.3	22.3	28	93.8	148.1	129.1	25
辽　宁	Liaoning	57.1	15.2	67.9	19	283.5	213.9	184.6	20
吉　林	Jilin	10.6	6.7	42.1	23	69.0	178.2	121.6	26
黑龙江	Heilongjiang	4.5	1.9	27.4	26	88.2	264.2	199.9	19
上　海	Shanghai	181.9	211.9	472.6	2	474.8	1073.1	1404.1	2
江　苏	Jiangsu	130.6	116.6	434.3	3	657.8	1850.1	1641.0	1
浙　江	Zhejiang	96.4	59.5	224.0	5	468.0	812.3	824.2	5
安　徽	Anhui	39.1	29.3	132.2	11	161.1	528.3	558.7	10
福　建	Fujian	50.9	51.0	122.8	12	189.5	477.4	410.3	13
江　西	Jiangxi	12.1	21.1	72.2	17	101.0	411.5	368.9	14
山　东	Shandong	43.4	22.3	155.9	9	326.6	771.5	676.7	6
河　南	Henan	27.4	35.4	181.5	6	161.9	661.9	672.4	7
湖　北	Hubei	26.5	45.0	143.9	10	129.6	600.0	594.3	8
湖　南	Hunan	11.8	29.7	110.1	14	98.8	457.6	347.0	16
广　东	Guangdong	138.7	169.2	483.1	1	716.2	1234.7	1168.5	3
广　西	Guangxi	18.1	23.6	78.0	16	104.6	281.8	223.7	17
海　南	Hainan	17.3	37.9	72.0	18	79.5	204.3	201.5	18
重　庆	Chongqing	21.3	48.2	103.5	15	143.6	415.7	356.5	15
四　川	Sichuan	38.6	50.4	175.6	7	259.7	728.0	585.6	9
贵　州	Guizhou	10.7	9.9	43.4	22	59.2	197.7	150.8	22
云　南	Yunnan	14.0	10.6	52.0	20	96.0	203.2	142.9	23
西　藏	Tibet	1.3	5.5	9.0	30				
陕　西	Shaanxi	11.0	31.3	50.6	21	101.8	262.7	171.4	21
甘　肃	Gansu	2.2	2.4	26.7	27	22.7	102.5	102.1	28
青　海	Qinghai	0.4	1.4	5.4	31	8.0	29.0	21.3	30
宁　夏	Ningxia	3.2	7.2	17.8	29	22.7	46.8	30.5	29
新　疆	Xinjiang	7.6	10.4	35.0	24	47.8	141.6	113.1	27

5-51 国家税务局和地方税务局租赁、商务服务业税收收入

Tax Revenues of National Taxation Bureau and Local Taxation Bureau from Leasing and Business Services

单位：亿元 (100 million yuan)

地区	Region	国家税务局租赁和商务服务业 Leasing and Business Services in National Taxation Bureau				地方税务局租赁和商务服务业 Leasing and Business Services in Local Taxation Bureau			
		2010	2015	2016	2016排名 Ranking	2010	2015	2016	2016排名 Ranking
地方合计	**Region Total**	**391.1**	**1917.9**	**2630.0**		**1607.1**	**3923.6**	**4106.4**	
北　京	Beijing	101.3	581.2	491.6	2	202.0	355.3	393.5	3
天　津	Tianjin	7.1	46.5	74.7	6	41.8	106.1	89.6	13
河　北	Hebei	1.5	20.5	35.2	14	18.3	49.7	39.6	20
山　西	Shanxi	1.4	8.9	14.1	27	14.2	12.8	10.9	28
内蒙古	Inner Mongolia	1.3	9.7	19.6	22	8.7	41.4	38.7	21
辽　宁	Liaoning	4.5	10.0	17.4	24	52.7	24.5	23.4	25
吉　林	Jilin	0.8	8.7	14.8	26	17.3	30.2	24.3	24
黑龙江	Heilongjiang	2.4	7.7	13.2	28	25.9	33.3	25.8	23
上　海	Shanghai	146.0	551.7	769.5	1	335.4	541.1	653.5	1
江　苏	Jiangsu	14.6	70.1	122.8	4	188.3	473.3	498.5	2
浙　江	Zhejiang	14.9	52.4	96.6	5	94.0	209.5	260.6	4
安　徽	Anhui	3.0	18.6	36.7	13	27.1	107.9	88.8	15
福　建	Fujian	3.9	9.2	19.5	23	26.5	60.8	58.5	17
江　西	Jiangxi	0.3	20.2	37.6	12	10.4	95.7	90.6	12
山　东	Shandong	8.3	44.0	63.5	10	67.9	179.9	184.0	6
河　南	Henan	2.7	19.1	34.3	15	48.3	63.6	59.1	16
湖　北	Hubei	3.0	31.5	63.8	9	42.8	146.8	153.9	7
湖　南	Hunan	2.0	14.5	30.8	17	23.8	67.8	91.1	11
广　东	Guangdong	35.3	105.7	149.0	3	190.0	235.7	230.7	5
广　西	Guangxi	3.0	10.8	31.2	16	22.9	87.9	89.1	14
海　南	Hainan	3.3	9.1	15.9	25	8.3	19.3	19.2	26
重　庆	Chongqing	2.5	23.7	49.1	11	16.3	102.8	104.5	10
四　川	Sichuan	13.0	30.7	71.7	7	33.9	101.6	107.0	9
贵　州	Guizhou	1.9	8.9	20.4	21	15.7	131.4	121.2	8
云　南	Yunnan	4.3	14.6	28.0	18	26.2	66.5	39.9	19
西　藏	Tibet	3.2	47.5	68.1	8				
陕　西	Shaanxi	0.8	10.8	21.6	20	18.5	28.3	26.2	22
甘　肃	Gansu	1.2	5.3	10.2	29	13.8	12.6	11.0	27
青　海	Qinghai	0.3	2.2	4.7	31	2.7	3.3	2.9	30
宁　夏	Ningxia	0.6	3.2	6.1	30	1.9	5.6	5.9	29
新　疆	Xinjiang	2.6	14.5	26.3	19	11.6	64.9	56.4	18

5-52 国家税务局和地方税务局居民服务、修理、其他服务业税收收入

Tax Revenues of National Taxation Bureau and Local Taxation Bureau from Service to Households, Repair and Other Services

单位：亿元 (100 million yuan)

地区	Region	国家税务局居民服务、修理和其他服务业 Service to Householes, Repair and Other Services in National Taxation Bureau				地方税务局居民服务、修理和其他服务业 Service to Householes, Repair and Other Services in Local Taxation Bureau			
		2010	2015	2016	2016排名 Ranking	2010	2015	2016	2016排名 Ranking
地方合计	**Region Total**	**555.7**	**386.7**	**922.9**		**1157.4**	**2431.8**	**2033.2**	
北　京	Beijing	31.9	67.2	176.8	1	175.1	345.1	400.6	1
天　津	Tianjin	6.4	4.7	18.5	9	20.6	66.4	62.1	10
河　北	Hebei	4.5	5.2	10.7	15	24.3	54.1	42.2	15
山　西	Shanxi	0.7	4.8	8.3	19	29.4	42.3	36.3	16
内蒙古	Inner Mongolia	10.6	2.7	5.7	25	39.6	59.6	69.0	7
辽　宁	Liaoning	3.6	4.0	15.4	11	28.2	21.6	22.6	23
吉　林	Jilin	0.5	0.8	25.4	6	12.0	20.3	22.6	24
黑龙江	Heilongjiang	2.9	2.9	6.6	24	6.9	9.8	8.2	28
上　海	Shanghai	21.9	75.9	146.2	3	39.9	48.1	46.6	14
江　苏	Jiangsu	21.1	32.3	161.7	2	124.6	354.8	172.2	2
浙　江	Zhejiang	9.2	17.1	25.2	7	86.0	104.7	92.6	4
安　徽	Anhui	2.3	3.6	8.7	17	13.1	49.0	26.8	20
福　建	Fujian	5.7	3.8	23.0	8	31.7	23.3	23.5	22
江　西	Jiangxi	2.9	4.8	8.4	18	12.9	61.9	49.4	12
山　东	Shandong	6.4	6.2	14.7	13	42.1	99.0	81.2	6
河　南	Henan	3.9	3.6	12.9	14	23.8	82.2	81.3	5
湖　北	Hubei	5.1	5.2	8.7	16	17.5	70.0	63.7	9
湖　南	Hunan	1.9	2.0	7.6	21	34.8	74.7	47.6	13
广　东	Guangdong	391.7	38.5	61.3	4	138.8	144.7	141.1	3
广　西	Guangxi	1.1	25.5	5.0	26	16.1	20.8	16.0	25
海　南	Hainan	1.5	2.0	3.3	28	13.1	15.9	14.9	26
重　庆	Chongqing	2.0	3.8	7.3	22	35.3	86.4	68.2	8
四　川	Sichuan	5.6	5.3	55.0	5	49.3	74.8	55.5	11
贵　州	Guizhou	0.8	2.0	8.0	20	9.7	40.4	32.1	17
云　南	Yunnan	2.6	5.5	6.6	23	33.9	60.1	31.0	18
西　藏	Tibet	0.7	2.1	2.0	30				
陕　西	Shaanxi	3.0	7.5	15.4	12	64.1	45.9	28.1	19
甘　肃	Gansu	1.4	3.1	3.9	27	8.3	23.2	12.1	27
青　海	Qinghai	0.5	1.4	2.2	29	4.3	14.0	7.5	29
宁　夏	Ningxia	1.7	8.3	1.6	31	4.5	7.8	4.3	30
新　疆	Xinjiang	1.5	2.9	18.4	10	17.4	38.4	24.8	21

5-53 国家税务局和地方税务局教育税收收入

Tax Revenues of National Taxation Bureau and Local Taxation Bureau from Education

单位：亿元 (100 million yuan)

地区	Region	国家税务局教育 Education in National Taxation Bureau				地方税务局教育 Education in Local Taxation Bureau			
		2010	2015	2016	2016排名 Ranking	2010	2015	2016	2016排名 Ranking
地方合计	**Region Total**	**7.79**	**23.92**	**57.15**		**150.93**	**282.19**	**325.09**	
北京	Beijing	1.41	8.05	14.77	1	23.88	47.65	51.03	1
天津	Tianjin	0.17	0.21	0.68	17	5.33	7.95	8.31	11
河北	Hebei	0.19	0.21	0.65	18	2.48	4.57	5.03	17
山西	Shanxi	0.04	0.10	0.51	22	0.81	3.06	3.32	25
内蒙古	Inner Mongolia	0.06	0.08	0.21	28	1.67	3.35	3.68	24
辽宁	Liaoning	0.27	0.20	0.44	23	6.00	4.22	4.69	20
吉林	Jilin	0.12	0.13	0.42	24	2.72	4.95	3.78	23
黑龙江	Heilongjiang	0.08	0.04	0.31	26	2.44	4.56	4.75	19
上海	Shanghai	1.40	3.42	7.93	2	17.80	27.06	31.40	2
江苏	Jiangsu	0.40	1.10	3.13	4	10.85	17.97	27.33	4
浙江	Zhejiang	0.34	0.96	2.56	6	12.28	16.01	17.84	5
安徽	Anhui	0.20	0.52	1.14	10	1.87	5.00	4.87	18
福建	Fujian	0.20	0.23	0.79	15	4.05	5.35	3.95	22
江西	Jiangxi	0.11	0.22	0.61	20	1.99	4.87	5.37	16
山东	Shandong	0.34	0.50	1.50	8	5.66	8.98	9.70	8
河南	Henan	0.17	0.60	1.30	9	2.63	4.47	5.61	15
湖北	Hubei	0.15	0.62	2.84	5	3.96	10.65	12.76	7
湖南	Hunan	0.21	0.21	1.09	11	2.69	6.11	6.95	12
广东	Guangdong	0.79	2.63	5.03	3	21.96	25.21	29.52	3
广西	Guangxi	0.10	0.14	0.62	19	2.38	3.53	5.85	14
海南	Hainan	0.05	0.22	0.40	25	0.45	1.27	0.86	28
重庆	Chongqing	0.12	0.16	0.95	13	2.99	6.99	6.16	13
四川	Sichuan	0.15	1.00	1.85	7	4.60	12.14	13.84	6
贵州	Guizhou	0.09	0.19	0.72	16	1.05	2.60	3.13	26
云南	Yunnan	0.11	0.16	1.06	12	2.91	6.94	9.19	9
西藏	Tibet	0.01	0.04	0.08	31				
陕西	Shaanxi	0.28	0.49	0.88	14	2.62	6.66	8.32	10
甘肃	Gansu	0.07	0.05	0.26	27	0.79	2.43	2.37	27
青海	Qinghai	0.02	0.02	0.08	30	0.11	0.29	0.54	29
宁夏	Ningxia	0.04	0.07	0.15	29	0.22	0.48	0.49	30
新疆	Xinjiang	0.10	0.11	0.60	21	1.74	3.57	4.04	21

5-54 国家税务局和地方税务局卫生、社会工作税收收入

Tax Revenues of National Taxation Bureau and Local Taxation Bureau from Health and Social Work

单位：亿元 (100 million yuan)

地区	Region	国家税务局卫生社会工作 Health and Social Work Tax Revenues in National Taxation Bureau 2010	2015	2016	2016排名 Ranking	地方税务局卫生社会工作 Health and Social Work Tax Revenues in Local Taxation Bureau 2010	2015	2016	2016排名 Ranking
地方合计	**Region Total**	**6.66**	**12.03**	**16.78**		**91.67**	**245.84**	**309.14**	
北　京	Beijing	1.57	2.85	3.25	1	9.66	28.94	35.06	1
天　津	Tianjin	0.06	0.21	0.18	15	2.61	6.36	7.37	14
河　北	Hebei	0.13	0.09	0.14	20	2.88	4.46	5.66	18
山　西	Shanxi	0.14	0.04	0.09	25	0.77	2.09	2.63	26
内蒙古	Inner Mongolia	0.05	0.07	0.07	28	1.16	2.98	4.03	25
辽　宁	Liaoning	0.13	0.19	0.21	12	3.92	5.16	6.19	17
吉　林	Jilin	0.07	0.06	0.09	24	1.35	4.43	5.38	20
黑龙江	Heilongjiang	0.09	0.05	0.07	26	2.17	3.06	4.49	23
上　海	Shanghai	0.83	1.97	2.88	2	6.93	15.82	21.12	3
江　苏	Jiangsu	0.26	0.97	1.08	5	6.43	10.96	14.84	6
浙　江	Zhejiang	0.28	0.70	0.74	6	6.00	14.04	17.08	5
安　徽	Anhui	0.15	0.11	0.17	16	1.96	5.31	4.79	22
福　建	Fujian	0.10	0.06	0.13	22	2.92	5.41	6.33	16
江　西	Jiangxi	0.07	0.06	0.12	23	0.90	3.08	4.48	24
山　东	Shandong	0.22	0.11	0.20	13	4.97	10.85	12.64	8
河　南	Henan	0.12	0.26	0.27	9	2.38	8.30	8.85	11
湖　北	Hubei	0.12	0.10	0.49	8	1.97	13.22	14.04	7
湖　南	Hunan	0.47	1.04	1.34	4	2.01	7.02	10.73	9
广　东	Guangdong	0.62	0.84	1.66	3	15.49	23.92	29.72	2
广　西	Guangxi	0.10	0.06	0.07	27	1.78	6.18	8.42	12
海　南	Hainan	0.01	0.01	0.05	30	0.39	1.61	2.35	27
重　庆	Chongqing	0.13	0.08	0.15	17	2.46	7.08	8.14	13
四　川	Sichuan	0.25	0.40	0.62	7	3.44	13.30	17.64	4
贵　州	Guizhou	0.10	0.18	0.23	10	1.51	3.86	5.45	19
云　南	Yunnan	0.19	0.17	0.23	11	2.00	5.83	9.00	10
西　藏	Tibet	0.07	0.12	0.14	21				
陕　西	Shaanxi	0.02	0.11	0.20	14	0.95	3.80	5.08	21
甘　肃	Gansu	0.14	0.04	0.05	29	0.39	1.40	2.23	28
青　海	Qinghai	0.03	0.00	0.02	31	0.22	0.18	0.18	30
宁　夏	Ningxia	0.03	0.11	0.14	19	0.22	0.61	0.72	29
新　疆	Xinjiang	0.09	0.10	0.15	18	1.80	4.92	6.47	15

5-55 国家税务局和地方税务局文化、体育、娱乐业税收收入

Tax Revenues of National Taxation Bureau and Local Taxation Bureau from Culture, Sports and Entertainment

单位：亿元 (100 million yuan)

地区	Region	国家税务局文化、体育和娱乐业 Culture, Sports and Entertainment in National Taxation Bureau				地方税务局文化、体育和娱乐业 Culture, Sports and Entertainment in Local Taxation Bureau			
		2010	2015	2016	2016排名 Ranking	2010	2015	2016	2016排名 Ranking
地方合计	**Region Total**	**47.22**	**159.19**	**212.76**		**214.42**	**254.12**	**273.20**	
北　京	Beijing	27.37	68.30	75.99	1	53.93	56.18	60.65	1
天　津	Tianjin	0.15	1.61	3.39	9	3.03	5.46	7.25	10
河　北	Hebei	0.54	1.20	2.00	13	3.60	3.85	6.80	11
山　西	Shanxi	0.15	0.66	1.05	25	1.17	2.79	1.54	27
内蒙古	Inner Mongolia	0.04	0.46	0.72	28	1.53	1.37	1.47	28
辽　宁	Liaoning	0.78	1.05	1.50	20	6.55	4.02	2.69	22
吉　林	Jilin	0.18	0.44	1.12	24	2.02	4.12	1.65	26
黑龙江	Heilongjiang	0.11	1.13	1.28	21	1.95	3.04	2.87	20
上　海	Shanghai	3.42	13.99	24.97	3	14.59	15.87	26.77	2
江　苏	Jiangsu	2.30	9.57	11.51	5	10.20	17.47	15.71	5
浙　江	Zhejiang	2.34	20.74	25.99	2	13.27	16.38	18.74	4
安　徽	Anhui	0.73	1.71	1.98	14	4.45	6.22	5.10	14
福　建	Fujian	1.15	1.51	1.84	16	6.84	4.75	3.56	19
江　西	Jiangxi	0.43	1.03	1.72	18	3.01	4.36	3.59	18
山　东	Shandong	0.60	2.53	13.16	4	9.06	8.56	8.96	7
河　南	Henan	0.69	1.84	2.67	10	7.34	7.66	7.40	9
湖　北	Hubei	0.13	1.36	2.13	12	5.05	6.55	5.95	12
湖　南	Hunan	0.73	7.38	6.69	7	3.80	7.31	14.79	6
广　东	Guangdong	1.93	4.63	6.77	6	29.58	24.09	22.11	3
广　西	Guangxi	0.11	0.36	0.97	26	3.68	4.13	3.80	17
海　南	Hainan	0.35	1.32	1.16	23	3.54	3.53	2.82	21
重　庆	Chongqing	0.18	1.12	1.58	19	2.90	3.33	4.33	15
四　川	Sichuan	1.04	3.60	3.74	8	8.64	7.63	7.64	8
贵　州	Guizhou	0.18	0.65	1.19	22	2.18	2.68	2.27	24
云　南	Yunnan	0.61	1.56	1.77	17	5.07	5.48	5.27	13
西　藏	Tibet	0.28	0.50	0.82	27				
陕　西	Shaanxi	0.43	1.71	1.85	15	4.52	5.94	3.86	16
甘　肃	Gansu	0.08	0.47	0.58	29	1.09	1.87	2.24	25
青　海	Qinghai	0.04	0.08	0.11	31	0.21	0.46	0.46	29
宁　夏	Ningxia	0.11	0.34	0.22	30	0.25	0.23	0.32	30
新　疆	Xinjiang	0.05	0.54	2.47	11	1.36	1.90	2.31	23

5-56 国家税务局和地方税务局公共管理和社会组织税收收入

Tax Revenues of National Taxation Bureau and Local Taxation Bureau from Public Management and Social Organization

单位：亿元 (100 million yuan)

地区	Region	国家税务局公共管理、社会保障和社会组织 Public Management, Social Security and Social Organization in National Taxation Bureau				地方税务局公共管理、社会保障和社会组织 Public Management, Social Security and Social Organization in Local Taxation Bureau			
		2010	2015	2016	2016排名 Ranking	2010	2015	2016	2016排名 Ranking
地方合计	**Region Total**	**534.5**	**658.7**	**822.3**		**302.6**	**1858.4**	**2625.7**	
北京	Beijing	3.1	7.4	19.3	12	35.7	193.4	76.5	13
天津	Tianjin	0.5	0.2	4.2	24	5.3	28.3	29.5	22
河北	Hebei	1.2	0.8	1.3	28	6.2	61.2	145.1	4
山西	Shanxi	0.8	51.5	31.5	8	0.4	10.4	23.1	25
内蒙古	Inner Mongolia	0.8	12.8	25.1	9	9.7	204.3	217.4	2
辽宁	Liaoning	1.6	0.4	5.8	22	19.5	10.0	56.9	18
吉林	Jilin	0.7	0.1	2.8	25	2.8	31.2	82.0	12
黑龙江	Heilongjiang	0.7	0.2	0.6	30	5.2	5.9	24.4	24
上海	Shanghai	0.6	1.4	52.6	5	16.1	14.9	20.3	26
江苏	Jiangsu	5.4	4.4	9.2	20	22.2	49.4	58.3	17
浙江	Zhejiang	2.3	1.2	21.0	10	23.0	46.8	110.1	7
安徽	Anhui	1.3	0.5	0.5	31	5.7	57.3	72.6	15
福建	Fujian	0.8	15.9	11.9	16	10.0	15.8	55.2	19
江西	Jiangxi	1.3	0.2	0.8	29	3.5	40.7	87.2	11
山东	Shandong	3.7	14.5	18.8	13	28.6	118.1	115.6	6
河南	Henan	1.9	133.2	89.0	3	3.3	90.3	92.2	9
湖北	Hubei	1.0	0.2	10.8	18	6.9	32.3	65.9	16
湖南	Hunan	3.6	27.1	65.5	4	7.0	39.2	76.1	14
广东	Guangdong	487.1	254.6	146.3	1	49.3	396.4	488.9	1
广西	Guangxi	0.7	12.8	17.7	14	6.3	76.9	121.0	5
海南	Hainan	0.1	3.64	9.84	19	1.7	10.8	14.3	28
重庆	Chongqing	0.6	62.5	43.5	7	4.1	19.5	24.7	23
四川	Sichuan	3.6	3.7	119.4	2	15.7	74.1	153.4	3
贵州	Guizhou	2.1	9.7	1.6	27	4.2	57.8	92.4	8
云南	Yunnan	3.8	22.6	44.1	6	3.8	51.7	89.7	10
西藏	Tibet	0.2	1.8	5.4	23				
陕西	Shaanxi	0.2	0.2	2.5	26	0.9	12.8	34.3	21
甘肃	Gansu	0.7	2.7	20.8	11	0.6	3.8	14.3	27
青海	Qinghai	0.4	0.6	6.9	21		4.4	4.5	30
宁夏	Ningxia	0.6	7.4	11.1	17	0.5	12.9	10.9	29
新疆	Xinjiang	3.0	4.3	14.5	15	4.3	24.9	54.4	20

5-57 国家税务局和地方税务局其他行业税收收入

Tax Revenues of National Taxation Bureau and Local Taxation Bureau from Other Industries

单位：亿元 (100 million yuan)

地区	Region	国家税务局其他行业 Other Industries in National Taxation Bureau				地方税务局其他行业 Other Industries in Local Taxation Bureau			
		2010	2015	2016	2016排名 Ranking	2010	2015	2016	2016排名 Ranking
地方合计	**Region Total**	**2598.6**	**2862.4**	**2142.9**		**830.4**	**450.9**	**73.2**	
北　京	Beijing	176.6	110.6	61.6	6	200.6	18.9	15.3	2
天　津	Tianjin	29.5	27.2	29.6	15	43.9	10.4		
河　北	Hebei	68.5	139.9	126.2	3	38.4	3.9	0.2	18
山　西	Shanxi	44.5	2.7	14.6	23	18.2	6.9	3.8	3
内蒙古	Inner Mongolia	40.9	27.5	14.6	24	18.5	29.6	1.6	7
辽　宁	Liaoning	56.2	75.8	52.5	8	53.5	73.4	2.9	4
吉　林	Jilin	27.3	46.3	20.0	20	11.4	57.0	0.3	15
黑龙江	Heilongjiang	44.8	43.8	38.2	10	6.3	0.9	0.01	25
上　海	Shanghai	108.5	90.9	26.6	18	74.9	6.2	0.7	11
江　苏	Jiangsu	120.4	211.3	59.4	7	0.3	14.6	27.6	1
浙　江	Zhejiang	712.1	303.5	32.4	13	35.6	8.9	0.0	23
安　徽	Anhui	47.1	94.2	81.2	4	21.6	6.3	1.7	6
福　建	Fujian	54.4	54.6	16.7	22	23.6	5.4	0.0	21
江　西	Jiangxi	22.5	57.6	26.7	17	5.8	12.0	0.2	19
山　东	Shandong	256.0	181.1	189.2	2	26.2	45.5	0.8	10
河　南	Henan	58.6	3.3	34.3	12	3.7	7.3		
湖　北	Hubei	37.8	110.3	73.3	5	12.1	12.6	2.8	5
湖　南	Hunan	37.7	0.5	24.8	19	11.5	13.0	0.2	17
广　东	Guangdong	330.8	221.9	468.7	1	116.9	21.7	1.5	8
广　西	Guangxi	25.7	18.1	30.5	14	12.0	7.9	0.01	22
海　南	Hainan	12.0	1.5	4.2	28	3.7	1.8	0.0001	27
重　庆	Chongqing	25.2	0.8	14.0	25	7.8	6.5	0.04	20
四　川	Sichuan	99.6	210.4	36.6	11	33.8	22.0	0.3	16
贵　州	Guizhou	19.2	36.1	48.5	9	21.9	14.9	0.003	26
云　南	Yunnan	36.8	0.4	17.6	21	9.0	5.4	0.6	12
西　藏	Tibet	4.1	4.4	1.2	31				
陕　西	Shaanxi	53.4	66.5	27.7	16	3.8	5.4	0.4	13
甘　肃	Gansu	12.5	25.1	8.4	27	0.5	2.6	0.3	14
青　海	Qinghai	4.5	9.8	2.7	30		0.3	0.01	24
宁　夏	Ningxia	8.3	0.4	3.3	29	1.7	0.4		
新　疆	Xinjiang	22.9	29.7	12.6	26	13.2	12.1	1.1	9

6

价格指数

Price Indices

6-1 居民消费价格指数和商品零售价格指数
Consumer Price Indices and Retail Price Indices

（上年=100） (preceding year=100)

地区	Region	居民消费价格指数 Consumer Price Index				商品零售价格指数 Retail Price Index			
		2010	2015	2016	2016排名 Ranking	2010	2015	2016	2016排名 Ranking
全 国	**National Total**	**103.3**	**101.4**	**102.0**		**103.1**	**100.1**	**100.7**	
北 京	Beijing	102.4	101.8	101.4	25	100.4	98.5	98.1	31
天 津	Tianjin	103.5	101.7	102.1	7	103.4	100.3	100.5	23
河 北	Hebei	103.1	100.9	101.5	22	103.1	100.2	101.2	5
山 西	Shanxi	103.0	100.6	101.1	31	102.3	99.3	100.5	25
内蒙古	Inner Mongolia	103.2	101.1	101.2	30	103.0	100.5	100.6	21
辽 宁	Liaoning	103.0	101.4	101.6	20	103.2	100.5	101.0	10
吉 林	Jilin	103.7	101.7	101.6	18	104.1	99.8	101.3	2
黑龙江	Heilongjiang	103.9	101.1	101.5	23	103.1	100.1	101.1	6
上 海	Shanghai	103.1	102.4	103.2	1	101.7	101.1	100.8	15
江 苏	Jiangsu	103.8	101.7	102.3	5	103.2	100.6	100.8	14
浙 江	Zhejiang	103.8	101.4	101.9	11	103.9	99.9	101.0	7
安 徽	Anhui	103.1	101.3	101.8	16	103.2	99.7	100.8	12
福 建	Fujian	103.2	101.7	101.7	17	103.4	99.9	100.7	18
江 西	Jiangxi	103.0	101.5	102.0	9	102.7	100.5	100.6	22
山 东	Shandong	102.9	101.2	102.1	8	102.7	100.2	101.3	3
河 南	Henan	103.5	101.3	101.9	10	103.7	99.8	100.3	29
湖 北	Hubei	102.9	101.5	102.2	6	103.1	100.5	100.8	17
湖 南	Hunan	103.1	101.4	101.9	13	103.1	99.9	101.0	9
广 东	Guangdong	103.1	101.5	102.3	4	103.3	99.6	100.8	16
广 西	Guangxi	103.0	101.5	101.6	19	103.0	100.1	100.4	26
海 南	Hainan	104.8	101.0	102.8	2	104.6	99.8	101.0	8
重 庆	Chongqing	103.2	101.3	101.8	15	101.7	100.2	101.3	4
四 川	Sichuan	103.2	101.5	101.9	12	103.0	100.2	100.8	13
贵 州	Guizhou	102.9	101.8	101.4	27	103.0	100.1	100.2	30
云 南	Yunnan	103.7	101.9	101.5	21	103.6	100.8	100.7	19
西 藏	Tibet	102.2	102.0	102.5	3	101.0	101.4	102.1	1
陕 西	Shaanxi	104.0	101.0	101.3	29	103.6	99.8	100.3	28
甘 肃	Gansu	104.1	101.6	101.3	28	104.6	101.0	100.9	11
青 海	Qinghai	105.4	102.6	101.8	14	104.3	101.0	100.4	27
宁 夏	Ningxia	104.1	101.1	101.5	24	103.2	100.1	100.7	20
新 疆	Xinjiang	104.3	100.6	101.4	26	104.6	99.6	100.5	24

6-2 居民食品和烟酒及用品消费价格分类指数
Price Indices by Food and Tobacco, Liquor and Articles

(上年=100) (preceding year=100)

地区	Region	食品 Food 2010	2015	2016	2016排名 Ranking	烟酒及用品 Tobacco, Liquor and Articles 2010	2015	2016	2016排名 Ranking
全 国	**National Total**	**107.2**	**102.3**	**104.6**		**101.6**	**102.1**	**101.5**	
北 京	Beijing	105.5	101.6	103.3	22	101.1	102.0	101.0	26
天 津	Tianjin	108.0	101.7	102.8	28	104.3	101.9	101.3	19
河 北	Hebei	107.8	100.8	103.0	26	101.5	101.7	101.9	3
山 西	Shanxi	108.5	100.4	103.3	22	102.8	102.6	101.4	18
内蒙古	Inner Mongolia	109.5	101.4	102.6	29	101.9	103.7	101.7	12
辽 宁	Liaoning	107.9	102.5	103.0	26	100.7	103.0	101.8	7
吉 林	Jilin	109.2	102.0	103.6	21	100.7	103.1	101.8	7
黑龙江	Heilongjiang	108.1	101.1	103.1	25	101.2	102.1	101.5	15
上 海	Shanghai	107.7	102.9	104.8	8	101.1	104.2	102.2	1
江 苏	Jiangsu	107.4	103.0	104.7	9	102.4	101.9	101.3	19
浙 江	Zhejiang	107.3	103.3	105.1	6	100.7	103.3	102.2	1
安 徽	Anhui	106.6	102.3	104.6	12	102.0	101.9	101.0	26
福 建	Fujian	107.8	102.3	104.7	9	101.4	102.3	101.5	15
江 西	Jiangxi	105.6	103.3	105.6	3	100.3	103.0	101.5	15
山 东	Shandong	108.3	101.2	104.3	15	102.5	101.8	101.8	7
河 南	Henan	107.9	101.8	104.1	18	101.2	101.1	100.3	30
湖 北	Hubei	105.8	102.2	105.4	4	101.5	102.6	101.9	3
湖 南	Hunan	105.4	103.0	105.3	5	100.7	102.4	101.3	19
广 东	Guangdong	105.9	103.5	105.9	2	102.3	101.7	101.1	25
广 西	Guangxi	107.1	102.6	104.3	15	101.6	101.3	100.9	28
海 南	Hainan	107.6	102.9	106.1	1	100.6	101.8	101.6	13
重 庆	Chongqing	106.5	101.8	104.7	9	104.3	99.1	100.2	31
四 川	Sichuan	106.1	102.9	105.0	7	101.8	100.1	101.2	22
贵 州	Guizhou	107.7	102.6	104.5	13	102.0	103.2	100.8	29
云 南	Yunnan	108.4	103.4	104.3	15	101.0	103.9	101.9	3
西 藏	Tibet	104.5	103.1	104.4	14	101.1	103.6	101.8	7
陕 西	Shaanxi	108.5	100.9	103.8	20	101.0	102.4	101.6	13
甘 肃	Gansu	109.4	101.7	104.0	19	102.8	103.1	101.2	22
青 海	Qinghai	108.3	102.5	102.4	30	101.1	101.4	101.2	22
宁 夏	Ningxia	108.3	100.4	103.2	24	101.4	102.6	101.8	7
新 疆	Xinjiang	110.7	99.2	101.5	31	102.0	102.0	101.9	3

6-3 居民衣着和家庭设备用品及维修服务消费价格分类指数
Price Indices by Clothing and Household Facilities, Articles and Services

(上年=100) (preceding year=100)

地区	Region	衣着 Clothing 2010	2015	2016	2016排名 Ranking	家庭设备用品及维修服务 Household Facilities, Articles and Services 2010	2014	2015	2015排名 Ranking
全 国	**National Total**	**99.0**	**102.7**	**101.4**		**100.0**	**101.2**	**101.0**	
北 京	Beijing	98.4	103.6	100.2	27	99.4	100.3	99.9	30
天 津	Tianjin	102.8	103.0	100.1	29	99.5	103.3	101.0	10
河 北	Hebei	97.5	103.1	101.8	5	99.8	101.2	101.0	12
山 西	Shanxi	96.8	102.2	101.0	19	98.5	101.4	100.1	28
内蒙古	Inner Mongolia	99.4	102.8	101.4	12	98.8	100.6	100.9	16
辽 宁	Liaoning	96.2	102.0	101.4	12	99.8	100.3	100.5	24
吉 林	Jilin	100.7	103.2	101.8	5	99.6	100.8	100.4	27
黑龙江	Heilongjiang	98.0	101.6	101.0	19	100.0	100.8	100.8	17
上 海	Shanghai	98.6	107.8	100.8	22	101.1	101.8	102.9	1
江 苏	Jiangsu	100.7	103.0	101.8	5	100.1	103.3	102.8	2
浙 江	Zhejiang	99.3	101.8	101.5	10	100.4	101.5	100.9	14
安 徽	Anhui	98.1	101.4	100.8	22	98.9	101.3	100.7	20
福 建	Fujian	95.7	102.9	100.3	26	99.2	100.4	100.8	18
江 西	Jiangxi	98.8	103.2	100.9	21	99.3	99.9	101.0	9
山 东	Shandong	97.6	103.5	101.7	8	99.6	101.1	101.7	3
河 南	Henan	101.1	102.3	100.7	24	99.6	100.9	100.5	25
湖 北	Hubei	100.9	102.7	102.3	4	101.4	101.5	100.6	23
湖 南	Hunan	100.7	102.2	101.5	10	100.5	101.3	100.9	13
广 东	Guangdong	99.6	102.3	102.7	2	100.0	100.8	100.9	15
广 西	Guangxi	99.8	105.0	101.3	15	98.8	100.3	100.8	19
海 南	Hainan	101.2	103.7	97.9	31	104.6	101.4	100.6	21
重 庆	Chongqing	98.4	102.8	102.4	3	100.2	100.5	100.0	29
四 川	Sichuan	99.1	101.4	100.6	25	100.8	101.2	100.4	26
贵 州	Guizhou	97.4	100.8	99.6	30	99.3	100.7	101.3	8
云 南	Yunnan	96.8	102.0	100.2	27	99.6	101.3	101.0	11
西 藏	Tibet	102.1	102.4	103.2	1	100.6	101.3	101.5	5
陕 西	Shaanxi	99.1	102.3	101.1	18	100.0	101.0	99.8	31
甘 肃	Gansu	100.0	103.1	101.4	12	100.6	102.2	101.6	4
青 海	Qinghai	106.7	105.1	101.2	17	101.5	99.8	101.4	7
宁 夏	Ningxia	101.3	102.8	101.7	8	100.9	101.1	101.4	6
新 疆	Xinjiang	99.2	103.4	101.3	15	101.2	101.1	100.6	22

6-4 居民医疗保健和其他用品及服务消费价格分类指数
Price Indices by Health Care and Other Articles and Services

(上年=100) (preceding year=100)

地区	Region	医疗保健 Health Care 2010	2015	2016	2016排名 Ranking	其他用品及服务 Other Articles and Services 2016	2016排名 Ranking
全 国	**National Total**	**103.3**	**102.0**	**103.8**		**102.8**	
北 京	Beijing	100.6	100.2	102.6	19	104.3	1
天 津	Tianjin	104.1	99.8	108.8	3	103.8	3
河 北	Hebei	102.4	102.7	104.4	6	103.3	5
山 西	Shanxi	102.2	101.8	102.4	22	101.2	30
内蒙古	Inner Mongolia	101.4	102.3	104.4	6	101.8	25
辽 宁	Liaoning	102.4	101.5	102.5	21	101.6	26
吉 林	Jilin	101.6	103.0	106.1	4	102.2	21
黑龙江	Heilongjiang	107.2	102.7	103.7	9	102.1	23
上 海	Shanghai	100.8	99.3	109.0	2	103.3	5
江 苏	Jiangsu	102.4	101.6	109.1	1	102.7	14
浙 江	Zhejiang	106.2	102.7	101.3	30	102.5	17
安 徽	Anhui	103.7	104.1	103.6	11	102.3	20
福 建	Fujian	103.5	104.5	102.9	13	102.5	17
江 西	Jiangxi	102.3	101.4	102.7	17	102.6	15
山 东	Shandong	102.0	101.6	104.9	5	102.9	10
河 南	Henan	103.6	102.4	102.8	15	103.9	2
湖 北	Hubei	103.4	101.7	101.9	26	102.8	12
湖 南	Hunan	101.8	101.9	103.1	12	101.6	26
广 东	Guangdong	104.4	101.8	102.8	15	102.8	12
广 西	Guangxi	101.3	101.8	103.7	9	101.9	24
海 南	Hainan	101.9	103.2	104.4	6	103.6	4
重 庆	Chongqing	103.4	102.6	101.8	27	102.6	15
四 川	Sichuan	104.8	102.1	101.6	28	102.9	10
贵 州	Guizhou	100.9	100.7	101.5	29	101.0	31
云 南	Yunnan	104.8	102.5	102.4	22	101.3	29
西 藏	Tibet	100.3	101.4	102.1	25	103.1	8
陕 西	Shaanxi	106.5	102.0	102.4	22	102.2	21
甘 肃	Gansu	103.9	101.6	100.8	31	101.5	28
青 海	Qinghai	104.0	102.3	102.6	19	102.4	19
宁 夏	Ningxia	101.7	101.0	102.9	13	103.2	7
新 疆	Xinjiang	101.7	101.5	102.7	17	103.1	8

6-5 居民交通和通信消费价格分类指数

Price Indices by Transportation and Communication

(上年=100) (preceding year=100)

地区	Region	交通 Transportation 2010	2015	2016	2016排名 Ranking	通信 Communication 2010	2015	2016	2016排名 Ranking
全国	**National Total**	**101.7**	**97.5**	**98.6**		**97.3**	**99.5**	**99.0**	
北京	Beijing	103.3	104.6	97.9	23	95.9	98.4	93.5	31
天津	Tianjin	101.9	96.1	98.2	19	92.6	99.7	98.6	22
河北	Hebei	101.1	96.7	97.6	27	96.9	100.4	99.6	11
山西	Shanxi	101.0	95.6	98.8	10	96.4	99.5	97.5	28
内蒙古	Inner Mongolia	101.5	97.3	98.5	16	97.6	99.2	99.8	7
辽宁	Liaoning	102.3	98.4	100.2	2	97.7	99.7	99.1	16
吉林	Jilin	100.7	98.3	97.9	23	97.5	100.1	100.3	2
黑龙江	Heilongjiang	101.5	98.2	99.9	3	97.3	99.9	100.0	4
上海	Shanghai	98.7	97.3	96.8	30	95.3	98.2	97.3	29
江苏	Jiangsu	101.7	95.9	98.3	18	96.7	100.0	99.8	7
浙江	Zhejiang	102.3	94.7	98.7	13	97.6	99.6	98.9	20
安徽	Anhui	102.1	98.2	98.2	19	97.3	98.1	96.7	30
福建	Fujian	101.7	96.9	99.6	4	97.9	99.9	99.1	16
江西	Jiangxi	102.0	98.3	99.2	6	96.7	99.3	98.2	25
山东	Shandong	101.0	97.3	99.2	6	97.1	100.5	100.2	3
河南	Henan	101.9	97.1	98.0	22	97.4	99.2	98.9	20
湖北	Hubei	101.7	100.6	95.9	31	98.9	99.6	99.3	14
湖南	Hunan	101.9	96.9	97.9	23	98.8	99.8	99.1	16
广东	Guangdong	101.3	97.1	98.5	16	97.5	99.1	98.4	24
广西	Guangxi	102.8	97.5	98.7	13	98.1	99.5	99.1	16
海南	Hainan	103.7	94.4	97.3	28	96.9	99.5	100.4	1
重庆	Chongqing	103.6	97.6	101.0	1	96.4	98.4	99.9	5
四川	Sichuan	102.7	99.1	98.2	19	97.3	99.8	99.2	15
贵州	Guizhou	102.6	101.8	98.8	10	99.1	99.3	98.6	22
云南	Yunnan	102.7	96.9	99.3	5	97.1	100.1	99.5	12
西藏	Tibet	102.9	97.4	99.2	6	94.0	100.0	99.9	5
陕西	Shaanxi	101.5	100.5	98.6	15	98.1	98.9	97.6	27
甘肃	Gansu	101.8	97.6	98.8	10	95.9	99.6	99.5	12
青海	Qinghai	107.6	101.9	97.1	29	98.0	98.6	97.7	26
宁夏	Ningxia	103.3	97.8	97.9	23	96.0	99.9	99.8	7
新疆	Xinjiang	101.7	99.1	99.1	9	98.4	99.4	99.8	7

6-6 居民教育和文化娱乐消费价格分类指数
Price Indices by Education and Cultural and Recreational Articles

(上年=100) (preceding year=100)

地区	Region	教育 Education 2010	2015	2016	2016排名 Ranking	文化娱乐 Cultural and Recreational Articles 2010	2015	2016	2016排名 Ranking
全 国	**National Total**	**101.4**	**102.7**	**102.4**		**101.0**	**101.8**	**100.4**	
北 京	Beijing	102.9	104.5	101.2	24	99.7	101.8	96.5	31
天 津	Tianjin	101.8	108.2	100.8	26	100.5	102.4	100.4	15
河 北	Hebei	102.0	101.1	102.1	14	100.3	101.8	99.9	21
山 西	Shanxi	102.9	103.5	101.6	18	101.5	101.6	100.6	14
内蒙古	Inner Mongolia	101.0	102.6	101.1	25	100.6	100.7	100.0	19
辽 宁	Liaoning	100.7	102.5	104.9	1	100.4	101.0	99.2	26
吉 林	Jilin	101.9	100.4	100.8	26	101.1	100.7	100.1	18
黑龙江	Heilongjiang	100.7	101.0	102.3	12	102.0	100.2	100.7	11
上 海	Shanghai	101.2	102.5	104.6	2	101.0	100.7	101.6	4
江 苏	Jiangsu	102.7	102.1	101.6	18	102.5	102.6	100.0	19
浙 江	Zhejiang	100.9	102.8	104.0	4	101.3	101.5	100.8	10
安 徽	Anhui	101.8	102.8	103.0	7	100.8	101.1	101.2	8
福 建	Fujian	100.6	102.3	101.6	18	100.6	101.3	100.7	11
江 西	Jiangxi	101.3	101.7	102.7	10	101.4	101.5	99.8	22
山 东	Shandong	100.3	102.5	102.2	13	100.4	102.4	101.5	6
河 南	Henan	101.1	103.3	104.1	3	100.3	101.4	99.8	22
湖 北	Hubei	101.3	102.1	103.5	5	101.6	101.0	100.2	17
湖 南	Hunan	102.5	103.1	100.5	30	101.1	101.0	101.2	8
广 东	Guangdong	100.4	102.8	102.5	11	100.3	103.2	99.6	24
广 西	Guangxi	97.0	102.0	101.6	18	101.5	100.9	101.4	7
海 南	Hainan	98.6	104.3	102.9	8	99.9	102.3	103.2	1
重 庆	Chongqing	105.9	103.2	101.3	22	101.6	101.6	97.9	29
四 川	Sichuan	101.2	102.3	101.9	16	100.8	102.6	103.2	1
贵 州	Guizhou	101.0	106.0	101.9	16	100.3	101.0	100.7	11
云 南	Yunnan	105.2	102.4	102.0	15	101.6	102.1	99.1	27
西 藏	Tibet	100.8	100.9	100.6	29	101.1	100.1	101.6	4
陕 西	Shaanxi	101.3	103.3	100.7	28	100.4	101.6	98.9	28
甘 肃	Gansu	101.5	101.2	100.2	31	100.9	100.9	99.6	24
青 海	Qinghai	105.3	104.8	102.8	9	110.7	102.1	97.4	30
宁 夏	Ningxia	110.0	109.9	103.2	6	101.9	102.8	100.3	16
新 疆	Xinjiang	101.9	101.2	101.3	22	100.9	101.3	102.1	3

6-7 居民旅游和居住消费价格分类指数
Price Indices by Touring and Outing and Residence

(上年=100) (preceding year=100)

地区 Region	旅游 Touring and Outing				居住 Residence			
	2010	2015	2016	2016排名 Ranking	2010	2015	2016	2016排名 Ranking
全　国 National Total	**104.9**	**99.5**	**102.0**		**104.5**	**100.7**	**101.6**	
北　京 Beijing	102.6	94.2	97.6	29	105.0	102.6	103.7	3
天　津 Tianjin	101.3	100.7	99.6	25	102.3	102.6	103.6	4
河　北 Hebei	106.6	101.1	99.3	27	104.1	99.9	100.7	23
山　西 Shanxi	99.1	97.4	102.6	13	103.8	100.2	99.9	30
内蒙古 Inner Mongolia	100.6	100.5	99.8	24	102.2	99.7	100.0	28
辽　宁 Liaoning	105.8	93.4	98.4	28	103.4	100.3	100.5	25
吉　林 Jilin	99.4	100.2	101.2	17	102.4	101.5	99.7	31
黑龙江 Heilongjiang	95.5	102.9	101.2	17	105.6	100.7	100.0	28
上　海 Shanghai	115.9	97.9	102.9	7	103.5	104.6	105.1	2
江　苏 Jiangsu	107.3	101.2	101.0	19	105.0	100.9	101.2	9
浙　江 Zhejiang	109.6	97.9	102.7	11	106.0	100.8	101.0	16
安　徽 Anhui	103.5	98.7	103.5	5	105.5	99.6	101.1	14
福　建 Fujian	105.3	101.0	102.7	11	105.4	101.3	100.7	23
江　西 Jiangxi	101.4	99.7	99.9	23	106.9	98.5	101.0	16
山　东 Shandong	101.4	99.6	102.8	9	103.6	100.8	100.9	18
河　南 Henan	103.7	101.7	102.3	14	104.3	101.0	102.2	7
湖　北 Hubei	102.0	101.4	100.5	21	103.4	100.6	102.8	5
湖　南 Hunan	104.1	98.5	103.2	6	105.1	99.2	101.2	9
广　东 Guangdong	104.0	100.0	101.0	19	104.8	100.0	101.7	8
广　西 Guangxi	103.3	102.3	106.3	2	105.7	99.6	100.3	27
海　南 Hainan	105.2	99.4	103.9	4	109.7	97.7	102.6	6
重　庆 Chongqing	112.5	98.0	95.6	30	105.4	101.2	101.1	14
四　川 Sichuan	104.2	97.3	108.6	1	103.1	100.5	101.2	9
贵　州 Guizhou	106.2	104.9	102.8	9	102.4	100.6	100.8	20
云　南 Yunnan	98.5	100.1	100.5	21	104.6	100.6	101.2	9
西　藏 Tibet	107.5	106.4	102.1	15	102.8	100.7	100.8	20
陕　西 Shaanxi	108.9	98.1	101.4	16	104.0	100.2	100.9	18
甘　肃 Gansu	103.4	99.7	99.4	26	104.1	101.9	100.8	20
青　海 Qinghai	102.3	102.3	93.9	31	102.8	103.2	105.2	1
宁　夏 Ningxia	104.4	101.7	102.9	7	103.4	100.3	100.4	26
新　疆 Xinjiang	105.2	101.6	104.0	3	102.7	102.0	101.2	9

6-8 居民租赁房房租和水电燃料消费价格分类指数

Price Indices by Rent of Rental Housing and Water, Electricity and Fuels

(上年=100) (preceding year=100)

地区	Region	租赁房房租 Rent of Rental Housing 2016	2016排名 Ranking	水电燃料 Water, Electricity and Fuels 2010	2015	2016	2016排名 Ranking
全 国	**National Total**	**102.8**		**105.5**	**98.0**	**99.5**	
北 京	Beijing	103.8	7	102.0	101.2	100.2	9
天 津	Tianjin	103.9	5	101.4	99.9	99.8	14
河 北	Hebei	100.6	28	106.1	98.2	98.8	23
山 西	Shanxi	100.9	25	103.5	99.0	100.2	9
内蒙古	Inner Mongolia	99.3	31	103.8	98.6	100.7	4
辽 宁	Liaoning	101.9	14	104.0	99.5	98.8	23
吉 林	Jilin	100.0	30	103.9	100.8	99.5	20
黑龙江	Heilongjiang	100.9	25	107.1	98.4	98.6	25
上 海	Shanghai	107.3	1	103.8	102.4	99.0	21
江 苏	Jiangsu	101.8	17	104.5	98.1	100.4	6
浙 江	Zhejiang	101.9	14	106.4	98.0	98.5	27
安 徽	Anhui	101.6	20	105.1	97.0	100.2	9
福 建	Fujian	101.0	24	106.4	98.1	98.6	25
江 西	Jiangxi	103.9	5	110.2	96.0	97.6	30
山 东	Shandong	102.2	13	104.3	99.8	99.6	19
河 南	Henan	103.3	10	103.4	98.8	100.3	7
湖 北	Hubei	105.4	2	104.9	98.7	98.0	28
湖 南	Hunan	102.7	11	107.0	95.6	99.7	18
广 东	Guangdong	103.4	9	107.7	94.4	98.9	22
广 西	Guangxi	101.8	17	108.3	95.2	96.7	31
海 南	Hainan	103.8	7	108.5	94.1	100.2	9
重 庆	Chongqing	101.6	20	106.9	100.1	100.1	13
四 川	Sichuan	101.5	22	104.2	99.9	101.4	3
贵 州	Guizhou	101.3	23	105.0	100.3	100.5	5
云 南	Yunnan	101.9	14	105.2	99.8	97.7	29
西 藏	Tibet	100.8	27	101.3	100.8	101.5	2
陕 西	Shaanxi	100.4	29	102.7	100.0	101.7	1
甘 肃	Gansu	101.7	19	105.5	99.3	99.8	14
青 海	Qinghai	104.8	4	104.6	98.7	99.8	14
宁 夏	Ningxia	102.3	12	106.2	100.6	100.3	7
新 疆	Xinjiang	105.1	3	102.5	100.6	99.8	14

6-9 城市和农村居民消费价格指数
Price Indices by Urban Household and Rural Household

(上年=100) (preceding year=100)

地区	Region	城市 Urban Household				农村 Rural Household			
		2010	2015	2016	2016排名 Ranking	2010	2015	2016	2016排名 Ranking
全　国	**National Total**	**103.2**	**101.5**	**102.1**		**103.6**	**101.3**	**101.9**	
北　京	Beijing	102.4	101.8	101.4	25				
天　津	Tianjin	103.5	101.7	102.1	8				
河　北	Hebei	102.8	101.1	101.5	22	103.6	100.5	101.5	20
山　西	Shanxi	103.1	100.6	101.1	31	102.8	100.7	101.1	25
内蒙古	Inner Mongolia	103.0	101.1	101.2	29	103.5	101.1	101.1	26
辽　宁	Liaoning	102.8	101.4	101.5	21	104.0	101.4	101.8	12
吉　林	Jilin	103.4	101.7	101.5	20	104.1	101.6	101.9	9
黑龙江	Heilongjiang	103.6	101.1	101.2	28	104.9	101.1	102.1	4
上　海	Shanghai	103.1	102.4	103.2	1				
江　苏	Jiangsu	103.6	101.7	102.4	4	104.3	101.5	101.8	11
浙　江	Zhejiang	104.0	101.4	102.0	11	103.7	101.4	101.8	14
安　徽	Anhui	103.0	101.3	101.8	14	103.4	101.3	101.6	18
福　建	Fujian	103.1	101.7	101.8	17	103.4	101.7	101.5	21
江　西	Jiangxi	102.9	101.5	102.0	10	103.3	101.5	101.9	7
山　东	Shandong	102.6	101.4	102.2	6	103.5	100.9	101.8	13
河　南	Henan	103.4	101.3	101.9	13	103.8	101.2	102.0	5
湖　北	Hubei	102.8	101.4	102.1	7	103.1	101.7	102.2	3
湖　南	Hunan	103.1	101.5	101.9	12	103.2	101.1	101.9	8
广　东	Guangdong	103.1	101.6	102.4	5	103.2	101.3	102.0	6
广　西	Guangxi	102.9	101.5	101.6	19	103.4	101.5	101.7	16
海　南	Hainan	104.5	101.2	102.9	2	105.8	100.5	102.5	1
重　庆	Chongqing	103.2	101.3	101.8	16				
四　川	Sichuan	103.3	101.4	102.0	9	103.1	101.6	101.7	15
贵　州	Guizhou	103.1	102.0	101.5	23	102.6	101.5	101.1	27
云　南	Yunnan	103.8	102.2	101.4	24	103.6	101.3	101.7	17
西　藏	Tibet	102.2	102.1	102.6	3	102.2	101.8	102.5	2
陕　西	Shaanxi	103.7	100.9	101.3	27	104.7	101.1	101.2	23
甘　肃	Gansu	104.4	101.4	101.2	30	103.6	101.8	101.5	19
青　海	Qinghai	105.1	102.8	101.8	15	105.8	102.2	101.8	10
宁　夏	Ningxia	103.7	101.2	101.6	18	104.6	101.0	101.2	24
新　疆	Xinjiang	103.6	100.5	101.4	26	105.8	100.6	101.3	22

6-10 城市居民食品烟酒和衣着消费价格分类指数

Price Indices by Food, Tobacco and Liquor, and Clothing

(上年=100) (preceding year=100)

地区	Region	食品烟酒 Food, Tobacco and Liquor 2016	2016排名 Ranking	衣着 Clothing 2016	2016排名 Ranking
全　国	**National Total**	**103.7**		**101.5**	
北　京	Beijing	103.0	21	100.2	27
天　津	Tianjin	102.1	30	100.1	28
河　北	Hebei	102.6	25	101.8	7
山　西	Shanxi	102.8	22	101.0	18
内蒙古	Inner Mongolia	102.2	29	101.7	10
辽　宁	Liaoning	102.4	27	101.4	15
吉　林	Jilin	103.2	18	101.5	13
黑龙江	Heilongjiang	102.1	30	101.2	17
上　海	Shanghai	103.7	10	100.8	21
江　苏	Jiangsu	103.6	11	101.8	7
浙　江	Zhejiang	104.4	4	101.5	13
安　徽	Anhui	103.4	14	101.0	18
福　建	Fujian	104.0	6	100.1	28
江　西	Jiangxi	104.2	5	100.8	21
山　东	Shandong	103.5	13	101.6	12
河　南	Henan	103.1	19	100.8	21
湖　北	Hubei	103.9	7	102.2	5
湖　南	Hunan	103.8	9	101.8	7
广　东	Guangdong	104.8	3	102.8	2
广　西	Guangxi	103.3	17	102.4	3
海　南	Hainan	105.5	1	96.2	31
重　庆	Chongqing	103.6	11	102.4	3
四　川	Sichuan	103.9	7	100.3	25
贵　州	Guizhou	103.4	14	100.4	24
云　南	Yunnan	103.4	14	99.8	30
西　藏	Tibet	105.0	2	103.5	1
陕　西	Shaanxi	103.1	19	101.3	16
甘　肃	Gansu	102.8	22	101.7	10
青　海	Qinghai	102.5	26	100.3	25
宁　夏	Ningxia	102.7	24	102.1	6
新　疆	Xinjiang	102.3	28	100.9	20

6-11　城市居民居住和生活用品及服务消费价格分类指数

Price Indices by Residence and Articles for Daily Use and Services

（上年=100）　　(preceding year=100)

地区 Region	居住 Residence 2016	居住 Residence 2016排名 Ranking	生活用品及服务 Articles for Daily Use and Services 2016	生活用品及服务 Articles for Daily Use and Services 2016排名 Ranking
全　国 National Total	**101.9**		**100.5**	
北　京 Beijing	103.7	3	99.2	31
天　津 Tianjin	103.6	4	99.4	30
河　北 Hebei	100.8	22	100.7	5
山　西 Shanxi	99.7	31	100.1	21
内蒙古 Inner Mongolia	100.0	29	100.2	19
辽　宁 Liaoning	100.6	24	100.7	5
吉　林 Jilin	99.8	30	100.4	12
黑龙江 Heilongjiang	100.4	26	100.3	14
上　海 Shanghai	105.1	2	101.2	3
江　苏 Jiangsu	101.5	12	101.7	1
浙　江 Zhejiang	101.1	16	100.1	21
安　徽 Anhui	101.9	8	100.4	12
福　建 Fujian	100.9	20	99.7	27
江　西 Jiangxi	101.2	15	100.0	24
山　东 Shandong	100.9	20	101.0	4
河　南 Henan	103.0	6	100.3	14
湖　北 Hubei	103.0	6	100.5	11
湖　南 Hunan	101.5	12	100.3	14
广　东 Guangdong	101.9	8	100.2	19
广　西 Guangxi	100.2	28	100.1	21
海　南 Hainan	103.4	5	100.6	7
重　庆 Chongqing	101.1	16	100.6	7
四　川 Sichuan	101.6	10	100.3	14
贵　州 Guizhou	100.7	23	100.0	24
云　南 Yunnan	101.5	12	100.0	24
西　藏 Tibet	101.1	16	101.5	2
陕　西 Shaanxi	101.1	16	99.5	29
甘　肃 Gansu	100.4	26	100.3	14
青　海 Qinghai	105.7	1	99.7	27
宁　夏 Ningxia	100.5	25	100.6	7
新　疆 Xinjiang	101.6	10	100.6	7

6-12 城市居民交通和通信、教育文化和娱乐消费价格分类指数

Price Indices by Transport and Communications and Education, Culture and Recreation

(上年=100) (preceding year=100)

地区	Region	交通和通信 Transport and Communications 2016	2016排名 Ranking	教育文化和娱乐 Education, Culture and Recreation 2016	2016排名 Ranking
全　国	**National Total**	**98.6**		**101.5**	
北　京	Beijing	96.6	31	98.3	31
天　津	Tianjin	98.3	22	100.6	23
河　北	Hebei	98.2	24	100.6	23
山　西	Shanxi	98.5	19	101.4	16
内蒙古	Inner Mongolia	98.8	14	100.8	20
辽　宁	Liaoning	99.9	2	102.6	5
吉　林	Jilin	98.9	12	100.7	21
黑龙江	Heilongjiang	99.3	7	101.7	10
上　海	Shanghai	97.0	28	102.7	4
江　苏	Jiangsu	98.7	16	100.9	18
浙　江	Zhejiang	98.8	14	102.9	3
安　徽	Anhui	97.3	27	102.2	7
福　建	Fujian	99.4	5	101.1	17
江　西	Jiangxi	99.0	11	101.5	11
山　东	Shandong	99.6	3	102.0	8
河　南	Henan	97.9	26	100.9	18
湖　北	Hubei	96.8	30	102.3	6
湖　南	Hunan	98.3	22	100.7	21
广　东	Guangdong	98.5	19	101.5	11
广　西	Guangxi	98.7	16	101.5	11
海　南	Hainan	98.4	21	103.1	1
重　庆	Chongqing	100.6	1	99.5	30
四　川	Sichuan	98.7	16	103.0	2
贵　州	Guizhou	99.1	8	101.5	11
云　南	Yunnan	99.4	5	100.5	25
西　藏	Tibet	99.5	4	100.3	27
陕　西	Shaanxi	98.2	24	100.0	28
甘　肃	Gansu	99.1	8	99.9	29
青　海	Qinghai	97.0	28	100.4	26
宁　夏	Ningxia	98.9	12	102.0	8
新　疆	Xinjiang	99.1	8	101.5	11

6-13 城市居民医疗保健和其他用品和服务消费价格分类指数
Price Indices by Health Care and Other Articles and Services

（上年=100） (preceding year=100)

地区	Region	医疗保健 Health Care 2016	2016排名 Ranking	其他用品和服务 Other Articles and Services 2016	2016排名 Ranking
全 国	**National Total**	**104.4**		**102.9**	
北 京	Beijing	102.6	19	104.3	2
天 津	Tianjin	108.8	3	103.8	3
河 北	Hebei	105.2	6	103.6	5
山 西	Shanxi	102.4	21	101.1	31
内蒙古	Inner Mongolia	104.6	7	101.7	26
辽 宁	Liaoning	102.3	23	101.5	28
吉 林	Jilin	105.5	5	102.6	14
黑龙江	Heilongjiang	102.9	15	102.1	22
上 海	Shanghai	109.0	2	103.3	7
江 苏	Jiangsu	111.2	1	102.8	13
浙 江	Zhejiang	101.5	30	102.5	18
安 徽	Anhui	104.6	7	102.3	19
福 建	Fujian	103.6	10	102.6	14
江 西	Jiangxi	103.6	10	102.2	20
山 东	Shandong	106.6	4	103.3	7
河 南	Henan	103.1	13	103.8	3
湖 北	Hubei	101.7	29	103.4	6
湖 南	Hunan	104.0	9	102.1	22
广 东	Guangdong	103.2	12	102.9	12
广 西	Guangxi	102.9	15	102.2	20
海 南	Hainan	103.0	14	104.5	1
重 庆	Chongqing	101.8	26	102.6	14
四 川	Sichuan	101.9	25	103.1	11
贵 州	Guizhou	102.6	19	101.4	30
云 南	Yunnan	101.8	26	101.7	26
西 藏	Tibet	102.9	15	103.2	10
陕 西	Shaanxi	102.1	24	102.1	22
甘 肃	Gansu	101.1	31	101.5	28
青 海	Qinghai	102.8	18	101.9	25
宁 夏	Ningxia	102.4	21	102.6	14
新 疆	Xinjiang	101.8	26	103.3	7

6-14 农村居民食品烟酒和衣着消费价格分类指数
Price Indices by Food, Tobacco and Liquor, and Clothing

(上年=100) (preceding year=100)

地区	Region	食品烟酒 Food, Tobacco and Liquor 2016	2016排名 Ranking	衣着 Clothing 2016	2016排名 Ranking
全　国	**National Total**	**104.0**		**101.3**	
北　京	Beijing				
天　津	Tianjin				
河　北	Hebei	102.7	23	101.8	10
山　西	Shanxi	102.8	22	101.3	14
内蒙古	Inner Mongolia	102.1	24	100.3	23
辽　宁	Liaoning	103.1	20	101.4	13
吉　林	Jilin	103.3	19	102.8	3
黑龙江	Heilongjiang	103.9	11	100.2	24
上　海	Shanghai				
江　苏	Jiangsu	104.3	8	102.0	9
浙　江	Zhejiang	104.5	5	101.5	11
安　徽	Anhui	104.4	6	100.4	22
福　建	Fujian	103.6	17	101.1	15
江　西	Jiangxi	104.9	2	101.1	15
山　东	Shandong	103.8	13	102.1	7
河　南	Henan	103.4	18	100.6	20
湖　北	Hubei	104.2	9	102.5	5
湖　南	Hunan	105.2	1	100.9	17
广　东	Guangdong	104.8	3	102.1	7
广　西	Guangxi	103.7	15	98.7	26
海　南	Hainan	104.1	10	103.0	1
重　庆	Chongqing				
四　川	Sichuan	104.4	6	101.5	11
贵　州	Guizhou	103.9	11	98.0	27
云　南	Yunnan	103.7	15	100.9	17
西　藏	Tibet	104.7	4	102.8	3
陕　西	Shaanxi	103.1	20	100.5	21
甘　肃	Gansu	103.8	13	100.9	17
青　海	Qinghai	101.9	25	103.0	1
宁　夏	Ningxia	101.6	26	100.1	25
新　疆	Xinjiang	101.3	27	102.2	6

6-15 农村居民居住和自有住房消费价格分类指数

Price Indices by Residence and Articles for Daily Use and Services

(上年=100) (preceding year=100)

地区	Region	居住 Residence 2016	2016排名 Ranking	生活用品及服务 Articles for Daily Use and Services 2016	2016排名 Ranking
全　国	**National Total**	**100.6**		**100.2**	
北　京	Beijing				
天　津	Tianjin				
河　北	Hebei	100.5	10	100.1	16
山　西	Shanxi	100.2	18	99.7	21
内蒙古	Inner Mongolia	100.0	22	99.7	21
辽　宁	Liaoning	99.8	24	100.2	12
吉　林	Jilin	99.5	26	100.8	6
黑龙江	Heilongjiang	99.0	27	100.9	5
上　海	Shanghai				
江　苏	Jiangsu	100.3	16	101.0	4
浙　江	Zhejiang	100.8	5	100.3	9
安　徽	Anhui	99.7	25	99.8	20
福　建	Fujian	99.9	23	100.2	12
江　西	Jiangxi	100.5	10	100.2	12
山　东	Shandong	100.9	4	100.3	9
河　南	Henan	100.8	5	99.9	19
湖　北	Hubei	102.3	2	100.2	12
湖　南	Hunan	100.7	8	99.3	27
广　东	Guangdong	100.5	10	100.3	9
广　西	Guangxi	100.3	16	99.6	25
海　南	Hainan	100.2	18	101.2	3
重　庆	Chongqing				
四　川	Sichuan	100.4	14	100.1	16
贵　州	Guizhou	100.8	5	99.5	26
云　南	Yunnan	100.6	9	100.0	18
西　藏	Tibet	100.5	10	101.6	2
陕　西	Shaanxi	100.2	18	99.7	21
甘　肃	Gansu	101.5	3	100.7	7
青　海	Qinghai	104.0	1	101.7	1
宁　夏	Ningxia	100.1	21	99.7	21
新　疆	Xinjiang	100.4	14	100.7	7

6-16 农村居民交通和通信、教育文化和娱乐消费价格分类指数
Price Indices by Transport and Communications and Education, Culture and Recreation

（上年=100） (preceding year=100)

地区	Region	交通和通信 Transport and Communications 2016	2016排名 Ranking	教育文化和娱乐 Education, Culture and Recreation 2016	2016排名 Ranking
全 国	**National Total**	**98.9**		**101.9**	
北 京	Beijing				
天 津	Tianjin				
河 北	Hebei	98.4	18	102.5	6
山 西	Shanxi	97.8	26	100.9	18
内蒙古	Inner Mongolia	99.2	7	100.1	26
辽 宁	Liaoning	99.3	6	103.7	2
吉 林	Jilin	98.4	18	100.3	24
黑龙江	Heilongjiang	102.0	1	101.9	8
上 海	Shanghai				
江 苏	Jiangsu	99.1	10	100.7	23
浙 江	Zhejiang	98.6	15	101.7	11
安 徽	Anhui	98.3	21	102.6	3
福 建	Fujian	99.5	4	101.4	16
江 西	Jiangxi	98.5	16	101.6	13
山 东	Shandong	99.6	3	101.7	11
河 南	Henan	98.9	11	105.2	1
湖 北	Hubei	98.2	22	101.9	8
湖 南	Hunan	98.5	16	100.9	18
广 东	Guangdong	98.7	14	100.8	22
广 西	Guangxi	99.2	7	101.6	13
海 南	Hainan	98.9	11	102.6	3
重 庆	Chongqing				
四 川	Sichuan	98.2	22	101.6	13
贵 州	Guizhou	98.2	22	100.9	18
云 南	Yunnan	99.2	7	101.1	17
西 藏	Tibet	99.4	5	102.0	7
陕 西	Shaanxi	98.4	18	100.3	24
甘 肃	Gansu	98.9	11	100.1	26
青 海	Qinghai	97.9	25	100.9	18
宁 夏	Ningxia	97.7	27	102.6	3
新 疆	Xinjiang	99.7	2	101.8	10

6-17 农村居民医疗保健和其他用品和服务消费价格分类指数

Price Indices by Health Care and Other Articles and Services

(上年=100) (preceding year=100)

地区	Region	医疗保健 Health Care 2016	2016排名 Ranking	其他用品和服务 Other Articles and Services 2016	2016排名 Ranking
全　国	**National Total**	**102.5**		**102.2**	
北　京	Beijing				
天　津	Tianjin				
河　北	Hebei	103.0	11	102.6	7
山　西	Shanxi	102.3	14	101.6	18
内蒙古	Inner Mongolia	103.9	7	102.0	15
辽　宁	Liaoning	103.2	9	102.0	15
吉　林	Jilin	107.2	2	101.1	23
黑龙江	Heilongjiang	105.4	3	102.0	15
上　海	Shanghai				
江　苏	Jiangsu	102.6	12	102.5	9
浙　江	Zhejiang	100.7	25	102.8	6
安　徽	Anhui	102.1	16	102.3	12
福　建	Fujian	101.1	22	102.2	13
江　西	Jiangxi	101.2	19	103.6	3
山　东	Shandong	101.1	22	101.5	20
河　南	Henan	102.4	13	103.9	2
湖　北	Hubei	102.3	14	101.5	20
湖　南	Hunan	101.8	18	100.7	25
广　东	Guangdong	101.2	19	102.4	11
广　西	Guangxi	104.9	4	101.2	22
海　南	Hainan	108.0	1	101.1	23
重　庆	Chongqing				
四　川	Sichuan	101.2	19	102.2	13
贵　州	Guizhou	99.7	27	100.2	26
云　南	Yunnan	103.3	8	100.2	26
西　藏	Tibet	101.1	22	103.0	5
陕　西	Shaanxi	103.1	10	102.5	9
甘　肃	Gansu	100.4	26	101.6	18
青　海	Qinghai	102.0	17	103.4	4
宁　夏	Ningxia	104.2	5	105.2	1
新　疆	Xinjiang	104.1	6	102.6	7

6-18 食品和饮料烟酒零售价格分类指数
Price Indices by Food and Beverages, Tobacco and Liquor

(上年=100) (preceding year=100)

地区	Region	食品 Food 2010	2015	2016	2016排名 Ranking	饮料烟酒 Beverages, Tobacco and Liquor 2010	2015	2016	2016排名 Ranking
全　国	**National Total**	**107.6**	**102.2**	**103.9**		**101.7**	**101.9**	**101.2**	
北　京	Beijing	105.7	101.6	103.2	21	101.4	102.2	100.8	27
天　津	Tianjin	108.3	101.7	102.3	29	103.8	102.0	101.1	18
河　北	Hebei	108.1	100.8	102.8	25	101.1	101.2	101.7	6
山　西	Shanxi	108.6	100.2	102.9	23	102.3	102.6	101.4	12
内蒙古	Inner Mongolia	109.7	100.8	102.7	27	101.7	102.9	101.5	11
辽　宁	Liaoning	108.7	102.6	102.9	24	101.0	102.1	101.7	7
吉　林	Jilin	109.6	101.7	103.2	19	100.5	101.9	101.5	10
黑龙江	Heilongjiang	108.3	101.0	102.7	26	102.2	101.1	101.0	21
上　海	Shanghai	107.6	102.8	104.1	12	101.9	103.9	102.0	1
江　苏	Jiangsu	108.0	102.9	104.2	11	102.1	102.3	101.0	20
浙　江	Zhejiang	107.5	103.3	104.7	6	101.1	102.5	101.8	4
安　徽	Anhui	106.9	102.5	104.1	13	101.9	101.6	101.1	17
福　建	Fujian	108.2	101.9	104.4	9	101.1	101.7	101.2	14
江　西	Jiangxi	106.0	103.4	105.2	3	100.3	102.1	101.2	15
山　东	Shandong	108.9	101.1	104.0	14	101.8	101.5	101.5	9
河　南	Henan	108.7	101.5	103.4	18	101.5	101.0	100.0	30
湖　北	Hubei	106.1	102.3	104.7	5	101.9	102.1	101.3	13
湖　南	Hunan	105.4	102.9	104.4	8	100.6	101.7	100.8	24
广　东	Guangdong	106.4	103.3	104.8	4	101.7	101.8	100.9	22
广　西	Guangxi	107.2	102.4	103.9	16	101.5	101.4	100.8	28
海　南	Hainan	108.4	103.1	105.6	1	100.9	102.0	102.0	2
重　庆	Chongqing	106.5	101.4	104.0	15	104.5	99.6	99.9	31
四　川	Sichuan	106.4	102.9	104.5	7	102.3	100.2	100.8	25
贵　州	Guizhou	108.2	102.6	104.2	10	101.1	102.5	100.5	29
云　南	Yunnan	108.6	103.1	103.8	17	101.6	102.3	101.9	3
西　藏	Tibet	104.5	103.4	105.2	2	101.2	103.0	101.8	5
陕　西	Shaanxi	108.9	100.8	103.2	20	101.9	102.4	100.8	26
甘　肃	Gansu	109.7	101.6	103.0	22	103.6	102.2	100.9	23
青　海	Qinghai	108.6	102.8	102.2	30	100.8	101.6	101.1	19
宁　夏	Ningxia	108.4	100.6	102.5	28	101.4	101.1	101.1	16
新　疆	Xinjiang	110.6	99.3	102.1	31	101.7	102.2	101.6	8

6-19 服装鞋帽和纺织品零售价格分类指数
Price Indices by Garments, Shoes and Hats, and Textiles

(上年=100) (preceding year=100)

地区	Region	服装鞋帽 Garments, Shoes and Hats 2010	2015	2016	2016排名 Ranking	纺织品 Textiles 2010	2015	2016	2016排名 Ranking
全　国	**National Total**	**98.8**	**102.8**	**101.3**		**101.2**	**100.6**	**100.5**	
北　京	Beijing	98.4	103.6	100.2	26	100.5	97.3	95.5	31
天　津	Tianjin	102.7	103.0	100.0	28	108.6	104.5	101.2	10
河　北	Hebei	98.0	103.1	101.6	11	101.9	101.9	99.7	26
山　西	Shanxi	96.6	102.3	100.9	18	100.7	100.3	100.0	19
内蒙古	Inner Mongolia	98.9	103.3	101.6	9	99.7	100.6	100.3	16
辽　宁	Liaoning	95.6	101.9	101.3	15	101.7	100.4	99.9	20
吉　林	Jilin	100.8	103.0	101.3	16	101.1	100.1	99.7	25
黑龙江	Heilongjiang	98.2	101.0	101.1	17	100.1	100.7	101.7	5
上　海	Shanghai	98.4	107.9	100.7	21	103.9	104.1	102.4	2
江　苏	Jiangsu	101.0	103.0	102.0	5	103.4	102.3	101.6	7
浙　江	Zhejiang	98.8	101.9	101.5	12	102.2	99.7	99.7	24
安　徽	Anhui	97.4	101.4	100.8	19	100.5	99.9	100.4	13
福　建	Fujian	96.2	103.5	100.3	25	98.1	99.1	100.1	18
江　西	Jiangxi	99.1	103.1	100.5	24	101.9	102.2	99.3	28
山　东	Shandong	96.9	103.4	101.8	8	100.3	100.6	101.3	8
河　南	Henan	100.9	102.3	100.6	23	104.0	101.0	100.1	17
湖　北	Hubei	101.0	102.4	101.9	6	101.8	101.0	101.1	12
湖　南	Hunan	100.8	102.0	101.6	10	101.0	101.6	100.4	14
广　东	Guangdong	99.5	102.4	102.8	1	97.9	98.6	101.7	6
广　西	Guangxi	99.1	104.6	102.1	3	100.2	101.6	101.3	9
海　南	Hainan	101.1	103.6	96.8	31	101.8	99.9	99.3	27
重　庆	Chongqing	98.4	102.9	102.4	2	100.6	100.0	101.1	11
四　川	Sichuan	99.2	101.2	100.1	27	101.9	99.8	99.8	22
贵　州	Guizhou	98.3	100.7	99.8	30	99.5	99.2	99.9	21
云　南	Yunnan	96.5	102.2	100.0	29	100.3	101.6	99.8	23
西　藏	Tibet	101.8	100.5	102.1	4	102.2	100.8	102.1	4
陕　西	Shaanxi	99.5	102.8	101.3	14	99.8	99.5	98.0	30
甘　肃	Gansu	99.7	103.0	101.5	13	100.8	100.2	100.3	15
青　海	Qinghai	106.2	105.1	100.8	20	105.6	101.6	108.0	1
宁　夏	Ningxia	100.9	103.1	101.9	7	101.0	102.7	102.3	3
新　疆	Xinjiang	98.0	102.9	100.6	22	103.5	99.5	99.3	29

6-20 家用电器及音像器材和文化办公用品零售价格分类指数

Price Indices by Household Appliances, Music and Video Equipment, and Cultural and Office Appliances

(上年=100) (preceding year=100)

地区	Region	家用电器及音像器材 Household Appliances, Music and Video Equipment				文化办公用品 Cultural and Office Appliances			
		2010	2015	2016	2016排名 Ranking	2010	2015	2016	2016排名 Ranking
全国	**National Total**	**96.1**	**98.9**	**98.2**		**97.8**	**99.6**	**98.9**	
北京	Beijing	92.9	96.2	94.0	31	92.6	98.3	95.1	31
天津	Tianjin	93.8	96.5	98.5	14	90.8	97.2	100.3	9
河北	Hebei	95.7	99.9	100.1	1	97.3	100.1	100.2	10
山西	Shanxi	93.4	98.3	98.6	10	97.7	99.2	98.9	20
内蒙古	Inner Mongolia	95.6	99.4	98.6	12	98.1	100.7	101.1	4
辽宁	Liaoning	95.7	99.5	98.3	16	97.3	100.3	100.4	8
吉林	Jilin	97.4	99.3	98.9	8	100.3	99.6	98.5	25
黑龙江	Heilongjiang	93.6	98.2	97.8	24	95.5	102.0	102.4	2
上海	Shanghai	92.4	99.3	99.2	7	97.7	99.2	103.2	1
江苏	Jiangsu	95.6	101.4	99.5	6	96.5	100.7	97.9	27
浙江	Zhejiang	97.4	98.7	98.5	15	98.1	100.0	98.4	26
安徽	Anhui	94.9	98.8	98.5	13	99.1	99.1	98.8	24
福建	Fujian	96.3	98.2	96.4	27	98.3	99.1	98.8	23
江西	Jiangxi	96.1	98.5	97.8	25	97.9	99.8	100.6	7
山东	Shandong	98.4	101.3	99.9	3	98.5	99.9	98.8	22
河南	Henan	97.8	98.9	95.6	29	98.7	99.0	100.7	5
湖北	Hubei	96.1	97.9	98.0	21	97.4	99.9	99.7	14
湖南	Hunan	98.6	98.9	100.0	2	99.9	99.8	99.8	12
广东	Guangdong	96.6	97.3	96.2	28	98.4	98.5	97.8	28
广西	Guangxi	96.2	98.6	98.1	20	98.9	99.6	99.8	13
海南	Hainan	99.0	100.0	98.1	19	98.5	101.1	99.6	15
重庆	Chongqing	88.4	97.8	97.9	22	95.0	100.1	102.4	3
四川	Sichuan	97.4	98.1	98.9	9	98.5	98.8	96.2	30
贵州	Guizhou	97.9	97.8	98.2	18	100.1	98.8	98.9	21
云南	Yunnan	95.4	99.1	98.3	17	99.5	99.5	98.9	19
西藏	Tibet	94.7	100.0	99.9	4	96.2	100.5	100.7	6
陕西	Shaanxi	95.0	96.5	94.4	30	98.3	101.8	96.6	29
甘肃	Gansu	98.0	99.6	98.6	11	98.6	100.1	100.0	11
青海	Qinghai	97.3	99.5	97.1	26	96.9	99.6	99.0	18
宁夏	Ningxia	96.2	101.4	97.9	23	94.8	98.9	99.5	16
新疆	Xinjiang	97.8	99.3	99.7	5	99.2	98.0	99.2	17

6-21 日用品和体育娱乐用品零售价格分类指数

Price Indices by Articles for Daily use and Sports and Recreation Articles

(上年=100) (preceding year=100)

地区	Region	日用品 Articles for Daily Use				体育娱乐用品 Sports and Recreation Articles			
		2010	2015	2016	2016排名 Ranking	2010	2015	2016	2016排名 Ranking
全　国	**National Total**	**100.3**	**100.6**	**100.2**		**98.3**	**100.6**	**100.4**	
北　京	Beijing	100.5	99.1	99.1	31	92.9	99.8	100.5	16
天　津	Tianjin	100.5	99.9	99.6	28	94.9	102.7	102.1	3
河　北	Hebei	100.2	100.5	100.4	12	99.4	100.5	100.2	22
山　西	Shanxi	99.3	99.8	100.3	14	97.6	100.2	100.9	9
内蒙古	Inner Mongolia	99.9	101.9	100.0	21	99.2	101.1	99.9	26
辽　宁	Liaoning	100.4	100.3	100.2	18	97.4	100.5	100.0	24
吉　林	Jilin	100.6	100.4	100.4	13	99.2	100.3	100.6	15
黑龙江	Heilongjiang	100.5	100.9	100.6	7	98.4	100.3	100.8	11
上　海	Shanghai	100.3	101.5	100.4	10	95.9	99.4	99.5	30
江　苏	Jiangsu	100.0	101.3	101.0	3	95.6	100.6	100.7	13
浙　江	Zhejiang	100.1	100.6	99.9	24	99.0	100.1	99.7	29
安　徽	Anhui	100.4	100.1	100.3	15	99.0	100.8	101.3	6
福　建	Fujian	100.7	99.9	100.0	23	98.6	99.8	100.4	17
江　西	Jiangxi	100.3	100.3	99.9	25	98.7	100.3	100.7	12
山　东	Shandong	99.9	100.7	100.0	19	99.1	101.0	100.7	14
河　南	Henan	100.1	100.4	100.2	17	99.8	100.6	100.1	23
湖　北	Hubei	100.7	100.5	100.7	4	98.5	100.2	101.5	4
湖　南	Hunan	100.6	100.5	100.4	11	100.8	100.9	99.8	28
广　东	Guangdong	100.0	100.6	100.0	22	98.5	100.7	100.3	21
广　西	Guangxi	99.9	100.0	99.5	29	98.9	100.7	100.8	10
海　南	Hainan	100.0	99.9	100.7	5	100.2	98.5	101.4	5
重　庆	Chongqing	99.5	101.2	99.6	27	96.8	100.0	100.0	25
四　川	Sichuan	100.9	100.1	99.7	26	97.9	101.3	99.8	27
贵　州	Guizhou	100.8	101.5	100.0	20	99.2	99.7	100.3	20
云　南	Yunnan	100.4	101.5	101.4	2	99.8	100.9	99.0	31
西　藏	Tibet	98.7	101.1	100.7	6	96.3	100.6	101.2	7
陕　西	Shaanxi	101.7	100.8	100.6	8	98.1	101.4	100.4	18
甘　肃	Gansu	100.2	101.6	100.2	16	100.1	100.8	102.5	1
青　海	Qinghai	102.1	101.0	102.0	1	100.7	100.9	100.3	19
宁　夏	Ningxia	100.8	100.5	100.5	9	94.8	99.8	101.1	8
新　疆	Xinjiang	100.7	100.3	99.2	30	97.5	100.0	102.2	2

6-22 交通、通信用品和家具零售价格分类指数
Price Indices by Transportation and Communication Appliances and Furniture

(上年=100) (preceding year=100)

地区	Region	交通、通信用品 Transportation and Communication Appliances				家具 Furniture			
		2010	2015	2016	2016排名 Ranking	2010	2015	2016	2016排名 Ranking
全　国	**National Total**	**95.6**	**98.3**	**97.8**		**100.1**	**101.1**	**100.7**	
北　京	Beijing	92.4	96.1	90.9	31	99.4	101.7	101.3	8
天　津	Tianjin	96.1	97.7	99.5	7	93.4	101.1	98.2	29
河　北	Hebei	95.1	98.7	97.2	22	99.6	101.3	100.1	18
山　西	Shanxi	92.5	98.0	98.1	15	98.7	100.9	99.7	26
内蒙古	Inner Mongolia	95.7	99.3	99.3	10	98.5	101.7	100.1	20
辽　宁	Liaoning	95.2	99.3	99.3	9	100.9	99.8	101.4	7
吉　林	Jilin	95.6	100.0	99.6	5	100.5	100.4	102.2	2
黑龙江	Heilongjiang	90.7	99.5	100.5	1	99.4	106.5	100.1	22
上　海	Shanghai	94.0	97.8	97.1	24	101.1	101.8	100.1	19
江　苏	Jiangsu	96.3	99.6	99.6	3	100.1	101.9	101.3	9
浙　江	Zhejiang	97.9	98.1	97.8	16	101.3	100.9	100.2	17
安　徽	Anhui	96.6	97.5	97.2	23	100.6	100.4	100.1	21
福　建	Fujian	96.2	99.6	98.4	13	100.9	101.5	100.2	16
江　西	Jiangxi	95.3	98.3	96.6	26	99.7	100.6	100.4	15
山　东	Shandong	96.2	99.5	99.4	8	100.0	101.6	101.8	3
河　南	Henan	96.1	95.5	95.8	28	99.6	100.7	100.9	10
湖　北	Hubei	97.2	97.6	95.3	29	104.7	99.9	100.6	13
湖　南	Hunan	99.3	99.0	98.2	14	100.6	100.5	100.4	14
广　东	Guangdong	94.0	97.5	97.7	17	100.1	101.6	101.7	4
广　西	Guangxi	97.3	98.4	97.4	20	98.3	100.7	99.8	25
海　南	Hainan	93.4	96.0	95.9	27	103.5	98.5	100.8	11
重　庆	Chongqing	92.3	96.4	99.6	4	101.0	101.4	103.0	1
四　川	Sichuan	96.9	97.9	97.4	19	99.6	100.2	99.3	28
贵　州	Guizhou	97.6	98.4	97.6	18	99.8	101.3	100.0	23
云　南	Yunnan	96.1	99.3	99.2	11	99.4	100.2	99.9	24
西　藏	Tibet	92.8	99.8	99.9	2	102.9	101.3	101.6	6
陕　西	Shaanxi	96.6	96.8	97.3	21	105.0	99.4	97.8	30
甘　肃	Gansu	103.4	99.2	99.5	6	100.2	100.7	100.7	12
青　海	Qinghai	97.0	97.1	93.7	30	100.7	101.2	89.6	31
宁　夏	Ningxia	94.7	98.7	97.0	25	98.8	100.2	99.3	27
新　疆	Xinjiang	96.8	99.7	98.9	12	101.3	101.5	101.6	5

6-23　化妆品和金银珠宝零售价格分类指数
Price Indices by Cosmetics and Gold, Silver and Jewelry

(上年=100)　　(preceding year=100)

地区	Region	化妆品 Cosmetics				金银珠宝 Gold, Silver and Jewelry			
		2010	2015	2016	2016排名 Ranking	2010	2015	2016	2016排名 Ranking
全　国	**National Total**	**100.4**	**100.6**	**101.1**		**114.5**	**93.3**	**106.8**	
北　京	Beijing	101.1	99.9	103.4	1	120.3	91.6	111.2	2
天　津	Tianjin	102.5	99.7	100.7	20	125.4	87.6	112.8	1
河　北	Hebei	100.9	100.9	101.7	8	114.7	93.3	105.5	22
山　西	Shanxi	99.9	100.1	100.6	22	111.6	94.8	101.1	31
内蒙古	Inner Mongolia	100.5	100.1	101.1	14	116.8	98.2	105.0	25
辽　宁	Liaoning	100.1	101.4	101.4	10	114.6	93.9	103.5	28
吉　林	Jilin	100.1	101.7	100.8	18	118.1	92.6	104.3	26
黑龙江	Heilongjiang	101.4	100.0	101.3	11	115.5	93.1	106.6	15
上　海	Shanghai	101.0	100.1	99.4	31	111.7	95.2	107.4	10
江　苏	Jiangsu	100.2	102.1	102.0	6	114.4	92.8	105.9	20
浙　江	Zhejiang	99.6	99.6	100.9	16	115.6	93.1	108.4	7
安　徽	Anhui	101.1	100.4	101.4	9	117.4	91.2	105.1	24
福　建	Fujian	100.0	101.0	100.8	19	112.3	96.5	109.1	6
江　西	Jiangxi	100.9	100.6	100.5	25	116.6	94.2	101.6	30
山　东	Shandong	99.9	100.9	100.5	26	110.5	94.2	106.9	13
河　南	Henan	100.3	100.4	101.2	13	111.3	93.6	106.0	18
湖　北	Hubei	100.5	100.0	102.0	4	116.8	92.5	107.3	11
湖　南	Hunan	100.6	100.3	100.0	30	114.4	96.3	106.3	16
广　东	Guangdong	100.1	100.7	100.1	28	112.6	92.1	107.7	9
广　西	Guangxi	100.7	100.6	100.3	27	114.0	92.8	105.8	21
海　南	Hainan	98.3	100.2	102.8	2	113.7	91.1	109.6	4
重　庆	Chongqing	100.1	100.2	100.9	17	119.2	95.4	109.5	5
四　川	Sichuan	100.5	100.3	101.7	7	114.3	93.6	106.3	17
贵　州	Guizhou	99.7	99.6	100.6	23	108.9	91.8	106.6	14
云　南	Yunnan	99.6	101.2	102.5	3	117.1	94.5	102.6	29
西　藏	Tibet	99.6	99.8	101.0	15	105.1	98.6	107.0	12
陕　西	Shaanxi	101.7	100.9	102.0	5	113.8	89.4	107.9	8
甘　肃	Gansu	100.4	101.6	100.6	24	111.4	92.7	103.7	27
青　海	Qinghai	101.1	100.4	100.1	29	112.8	94.8	109.9	3
宁　夏	Ningxia	101.1	100.9	101.2	12	111.9	94.1	105.9	19
新　疆	Xinjiang	99.5	100.4	100.7	21	110.7	95.6	105.4	23

6-24 中西药品及医疗保健用品和书报杂志及电子出版物商品零售价格分类指数

Price Indices by Traditional Chinese and Western Medicines and Healthy Care Articles, and Books, Newspapers, Magazines and Electronic Publications

(上年=100) (preceding year=100)

地区	Region	中西药品及医疗保健用品 Traditional Chinese and Western Medicines and Health Care Articles				书报杂志及电子出版物 Books, Newspapers, Magazines and Electronic Publications			
		2010	2015	2016	2016排名 Ranking	2010	2015	2016	2016排名 Ranking
全　国	**National Total**	**104.3**	**102.4**	**104.1**		**101.3**	**102.6**	**101.3**	
北　京	Beijing	100.9	101.6	104.0	17	98.8	102.6	101.3	10
天　津	Tianjin	106.4	101.9	101.3	29	100.0	101.9	102.3	3
河　北	Hebei	104.0	104.8	107.2	3	105.4	103.0	102.7	2
山　西	Shanxi	103.0	102.6	104.7	10	102.8	103.5	101.0	16
内蒙古	Inner Mongolia	101.9	101.1	102.7	25	100.5	100.6	100.6	18
辽　宁	Liaoning	104.3	102.2	104.0	16	101.1	102.1	101.3	11
吉　林	Jilin	102.1	104.6	108.5	2	99.5	101.8	101.0	15
黑龙江	Heilongjiang	108.1	104.1	104.2	13	101.1	101.5	101.2	12
上　海	Shanghai	99.8	100.6	111.0	1	103.2	101.7	101.1	14
江　苏	Jiangsu	101.5	100.5	99.0	31	104.4	104.0	100.5	20
浙　江	Zhejiang	108.1	103.1	103.8	18	100.9	104.3	105.2	1
安　徽	Anhui	106.2	101.5	105.4	8	103.1	101.5	101.4	9
福　建	Fujian	104.9	100.8	104.0	15	101.2	102.0	102.0	7
江　西	Jiangxi	102.8	101.3	103.3	23	100.8	101.0	100.7	17
山　东	Shandong	102.8	101.6	103.2	24	100.5	103.0	102.2	5
河　南	Henan	104.0	103.8	106.1	7	99.4	102.1	101.8	8
湖　北	Hubei	104.8	103.3	103.4	20	100.3	101.4	99.5	31
湖　南	Hunan	102.0	102.4	103.4	21	100.8	101.6	100.2	25
广　东	Guangdong	105.7	102.1	106.3	5	99.7	103.6	99.9	30
广　西	Guangxi	101.7	102.9	103.6	19	99.5	100.1	100.4	23
海　南	Hainan	106.1	106.7	106.2	6	101.5	101.6	100.5	21
重　庆	Chongqing	104.3	105.5	104.3	12	100.6	103.0	100.0	28
四　川	Sichuan	106.4	102.1	104.2	14	101.1	105.8	102.1	6
贵　州	Guizhou	102.6	100.7	101.5	28	100.5	101.5	99.9	29
云　南	Yunnan	104.5	103.6	103.3	22	106.7	101.8	100.1	27
西　藏	Tibet	100.1	104.0	106.4	4	100.3	100.7	100.1	26
陕　西	Shaanxi	107.0	103.1	104.5	11	100.4	101.9	101.2	13
甘　肃	Gansu	103.6	102.4	102.5	26	102.3	100.9	100.4	22
青　海	Qinghai	105.3	102.6	104.9	9	103.5	104.2	100.5	19
宁　夏	Ningxia	103.6	100.3	101.2	30	101.0	108.4	102.3	4
新　疆	Xinjiang	102.6	102.4	101.7	27	103.0	102.3	100.3	24

6-25 燃料和建筑材料及五金电料零售价格分类指数

Price Indices by Fuels and Building Materials and Hardware

(上年=100) (preceding year=100)

地区	Region	燃料 Fuels 2010	2015	2016	2016排名 Ranking	建筑材料及五金电料 Building Materials and Hardware 2010	2015	2016	2016排名 Ranking
全　国	**National Total**	**112.3**	**87.7**	**97.0**		**103.5**	**99.1**	**100.3**	
北　京	Beijing	109.9	85.7	96.7	21	101.5	99.3	101.0	4
天　津	Tianjin	106.8	90.0	96.9	18	101.4	99.4	99.8	26
河　北	Hebei	112.5	89.4	100.6	1	102.7	99.2	100.5	10
山　西	Shanxi	111.8	88.7	97.9	10	100.9	96.8	99.5	29
内蒙古	Inner Mongolia	109.5	90.9	96.5	24	102.5	100.0	99.5	28
辽　宁	Liaoning	111.6	89.2	99.2	2	101.2	98.7	99.9	21
吉　林	Jilin	111.7	88.9	98.4	4	100.4	99.5	100.5	8
黑龙江	Heilongjiang	113.9	88.9	97.3	14	102.8	102.0	100.0	19
上　海	Shanghai	112.8	91.2	95.6	30	103.3	99.6	99.6	27
江　苏	Jiangsu	112.5	87.8	96.8	19	105.3	99.6	100.2	16
浙　江	Zhejiang	114.3	85.4	96.7	20	104.5	98.9	100.3	13
安　徽	Anhui	112.2	86.6	98.0	8	103.5	97.5	100.6	7
福　建	Fujian	116.7	86.5	96.5	25	104.5	98.3	100.1	18
江　西	Jiangxi	112.4	87.5	96.7	22	105.3	97.7	100.1	17
山　东	Shandong	110.0	89.4	98.2	5	103.2	99.1	100.4	11
河　南	Henan	110.5	87.8	96.6	23	104.3	99.5	100.5	9
湖　北	Hubei	112.2	89.9	96.4	26	103.4	99.7	101.3	3
湖　南	Hunan	113.5	83.5	96.9	17	104.0	99.8	100.2	15
广　东	Guangdong	115.4	84.2	95.7	29	103.5	99.0	100.7	6
广　西	Guangxi	115.3	85.3	92.8	31	104.8	97.8	100.3	12
海　南	Hainan	114.5	83.8	97.8	11	111.9	95.1	97.4	31
重　庆	Chongqing	109.2	93.4	98.1	6	103.1	99.5	100.3	14
四　川	Sichuan	110.9	91.1	98.5	3	102.6	97.2	99.8	24
贵　州	Guizhou	111.2	93.1	96.1	28	102.5	98.5	99.8	25
云　南	Yunnan	109.3	90.0	96.1	27	102.8	99.3	99.8	22
西　藏	Tibet	106.1	93.5	96.9	16	102.0	102.3	102.3	2
陕　西	Shaanxi	108.5	92.6	97.4	12	103.1	98.1	99.8	23
甘　肃	Gansu	111.1	95.8	97.1	15	102.3	100.0	100.0	20
青　海	Qinghai	109.6	89.7	98.1	7	101.1	99.3	102.6	1
宁　夏	Ningxia	109.9	91.4	97.9	9	102.3	97.9	100.8	5
新　疆	Xinjiang	107.7	91.8	97.4	13	103.0	100.1	99.4	30

6-26 城市和农村商品零售价格指数

Price Indices by Urban Household and Rural Household

(上年=100) (preceding year=100)

地区	Region	城市 Urban Household 2010	2015	2016	2016排名 Ranking	农村 Rural Household 2010	2015	2016	2016排名 Ranking
全 国	**National Total**	**102.8**	**100.0**	**100.7**		**103.6**	**100.3**	**100.9**	
北 京	Beijing	100.4		98.1	31				
天 津	Tianjin	103.4		100.5	25				
河 北	Hebei	102.7	100.3	101.1	5	103.5	100.0	101.3	4
山 西	Shanxi	102.5	99.0	100.5	23	102.0	99.7	100.4	22
内蒙古	Inner Mongolia	102.9	100.6	100.6	21	103.3	100.2	100.4	23
辽 宁	Liaoning	102.9	100.5	101.0	9	104.8	100.4	100.9	15
吉 林	Jilin	104.1	99.8	101.4	2	104.3	100.0	100.8	17
黑龙江	Heilongjiang	102.5	100.1	101.1	6	105.5	100.2	101.3	6
上 海	Shanghai	101.7		100.8	13				
江 苏	Jiangsu	103.0	100.6	100.7	17	103.6	100.6	101.3	5
浙 江	Zhejiang	103.9	99.8	101.0	7	103.9	100.2	101.0	9
安 徽	Anhui	102.6	99.6	100.9	10	104.0	99.9	100.8	19
福 建	Fujian	103.3	99.9	100.7	19	103.6	100.0	101.0	11
江 西	Jiangxi	102.6	100.4	100.5	24	102.9	100.6	100.8	18
山 东	Shandong	102.4	100.2	101.4	3	103.2	100.2	101.0	10
河 南	Henan	103.5	99.6	100.3	27	104.0	100.0	100.3	25
湖 北	Hubei	103.0	100.4	100.7	16	103.4	100.7	100.9	16
湖 南	Hunan	102.9	99.7	101.0	8	103.3	100.0	101.1	8
广 东	Guangdong	103.4	99.5	100.8	15	103.1	100.2	101.0	13
广 西	Guangxi	103.0	100.1	100.4	26	103.2	100.1	100.3	24
海 南	Hainan	104.0	99.9	100.8	12	106.0	98.6	102.3	1
重 庆	Chongqing	101.7		101.3	4				
四 川	Sichuan	102.7	99.9	100.8	14	103.3	101.0	100.9	14
贵 州	Guizhou	102.9	100.1	100.3	28	103.1	100.3	100.0	26
云 南	Yunnan	103.5	100.9	100.6	20	103.7	100.6	101.2	7
西 藏	Tibet	101.0	101.4	102.1	1	101.0	101.3	102.2	2
陕 西	Shaanxi	103.1	99.8	100.3	29	104.5	100.0	100.7	20
甘 肃	Gansu	105.3	100.8	100.8	11	103.2	101.5	101.0	12
青 海	Qinghai	104.0	100.8	100.2	30	105.0	101.5	101.5	3
宁 夏	Ningxia	102.7	100.1	100.7	18	104.5	99.9	100.0	27
新 疆	Xinjiang	103.9	99.5	100.5	22	106.4	99.8	100.5	21

6-27 城市食品和饮料烟酒零售价格分类指数

Price Indices by Food and Beverages, Tobacco and Liquor in Cities

(上年=100) (preceding year=100)

地区	Region	食品 Food				饮料烟酒 Beverages, Tobacco and Liquor			
		2010	2015	2016	2016排名 Ranking	2010	2015	2016	2016排名 Ranking
全　国	**National Total**	**107.5**	**102.1**	**103.9**		**101.8**	**101.8**	**101.2**	
北　京	Beijing	105.7	101.6	103.2	20	101.4	102.2	100.8	22
天　津	Tianjin	108.3	101.7	102.3	29	103.8	102.0	101.1	17
河　北	Hebei	108.0	100.8	102.9	22	101.3	100.9	101.8	5
山　西	Shanxi	108.6	100.2	102.9	22	102.5	102.5	101.5	9
内蒙古	Inner Mongolia	109.6	100.9	102.8	24	101.9	103.0	101.4	11
辽　宁	Liaoning	108.1	102.6	102.8	24	101.0	102.1	101.7	7
吉　林	Jilin	109.6	101.6	103.3	19	100.6	101.8	101.5	9
黑龙江	Heilongjiang	107.9	101.0	102.5	28	102.5	100.9	101.0	19
上　海	Shanghai	107.6	102.8	104.1	10	101.9	103.9	102.0	2
江　苏	Jiangsu	107.2	102.7	104.1	10	102.2	102.1	101.0	19
浙　江	Zhejiang	107.7	103.1	104.7	5	101.2	102.7	101.9	3
安　徽	Anhui	106.7	102.2	103.8	15	102.0	102.2	101.3	14
福　建	Fujian	108.1	101.7	104.4	7	101.2	101.6	101.2	15
江　西	Jiangxi	106.0	103.3	105.1	2	100.0	102.2	101.2	15
山　东	Shandong	108.8	101.2	103.9	14	102.5	101.4	101.4	11
河　南	Henan	108.1	101.6	103.4	18	101.6	101.1	100.2	30
湖　北	Hubei	105.8	102.1	104.7	5	101.8	102.0	101.4	11
湖　南	Hunan	105.7	103.1	104.2	9	100.9	101.1	100.8	22
广　东	Guangdong	106.5	103.2	104.8	4	101.6	101.9	100.8	22
广　西	Guangxi	107.3	102.3	103.8	15	101.5	101.5	100.8	22
海　南	Hainan	108.0	103.3	105.8	1	100.8	102.0	102.1	1
重　庆	Chongqing	106.5	101.4	104.0	13	104.5	99.6	99.9	31
四　川	Sichuan	106.7	102.2	104.4	7	102.0	100.3	100.8	22
贵　州	Guizhou	107.3	102.6	104.1	10	101.5	102.3	100.3	29
云　南	Yunnan	109.1	103.5	103.7	17	101.9	102.3	101.9	3
西　藏	Tibet	104.7	103.6	105.1	2	101.3	102.9	101.8	5
陕　西	Shaanxi	107.9	100.8	103.2	20	101.8	102.4	100.8	22
甘　肃	Gansu	111.1	101.4	102.7	26	104.5	101.9	100.6	28
青　海	Qinghai	107.9	102.8	102.2	30	100.6	101.4	101.0	19
宁　夏	Ningxia	108.1	100.6	102.6	27	101.2	101.1	101.1	17
新　疆	Xinjiang	109.4	99.3	102.2	30	101.8	102.2	101.7	7

6-28 城市服装鞋帽和纺织品零售价格分类指数
Price Indices by Garments, Shoes and Hats, and Textiles in Cities

(上年=100) (preceding year=100)

地区	Region	服装鞋帽 Garments, Shoes and Hats				纺织品 Textiles			
		2010	2015	2016	2016排名 Ranking	2010	2015	2016	2016排名 Ranking
全　国	**National Total**	**98.8**	**102.9**	**101.3**		**101.0**	**100.5**	**100.6**	
北　京	Beijing	98.4	103.6	100.2	25	100.5	97.3	95.5	31
天　津	Tianjin	102.7	103.0	100.0	28	108.6	104.5	101.2	10
河　北	Hebei	97.8	103.7	101.6	11	101.3	102.4	100.0	19
山　西	Shanxi	96.4	102.1	100.9	18	101.3	100.5	100.1	18
内蒙古	Inner Mongolia	98.9	103.4	101.7	8	99.4	100.3	100.4	14
辽　宁	Liaoning	94.9	102.1	101.3	15	101.6	100.5	99.8	22
吉　林	Jilin	101.0	102.7	101.1	17	100.7	100.0	99.5	26
黑龙江	Heilongjiang	97.7	100.5	101.3	15	99.7	100.3	101.9	6
上　海	Shanghai	98.4	107.9	100.7	20	103.9	104.1	102.4	3
江　苏	Jiangsu	101.9	103.1	102.0	4	104.2	102.5	101.6	7
浙　江	Zhejiang	98.1	101.7	101.5	13	102.8	99.8	99.7	24
安　徽	Anhui	97.8	101.8	100.9	18	98.2	99.5	100.8	13
福　建	Fujian	96.5	103.7	100.2	25	97.9	98.8	100.0	19
江　西	Jiangxi	98.8	102.9	100.3	24	102.5	102.7	98.9	29
山　东	Shandong	97.2	103.2	101.6	11	100.8	99.9	101.4	9
河　南	Henan	100.9	102.2	100.6	21	102.0	100.6	100.3	15
湖　北	Hubei	102.1	103.3	101.9	7	102.8	101.5	101.0	12
湖　南	Hunan	100.5	102.2	101.7	8	100.6	100.2	100.3	15
广　东	Guangdong	100.1	102.5	103.0	1	96.4	97.7	102.0	5
广　西	Guangxi	99.1	105.0	102.6	2	99.7	101.8	101.6	7
海　南	Hainan	99.8	104.0	95.9	31	100.6	100.0	99.2	27
重　庆	Chongqing	98.4	102.9	102.4	3	100.6	100.0	101.1	11
四　川	Sichuan	96.2	100.9	99.9	29	98.3	99.9	99.6	25
贵　州	Guizhou	98.9	100.8	100.2	25	97.0	100.8	99.8	22
云　南	Yunnan	95.5	102.4	99.8	30	100.8	102.3	99.9	21
西　藏	Tibet	101.9	100.5	102.0	4	102.7	101.1	102.4	3
陕　西	Shaanxi	99.1	103.1	101.5	13	97.4	99.4	98.0	30
甘　肃	Gansu	98.8	102.5	101.7	8	100.5	99.4	100.3	15
青　海	Qinghai	108.5	105.4	100.5	22	106.8	101.6	108.6	1
宁　夏	Ningxia	99.7	103.1	102.0	4	100.7	102.9	102.5	2
新　疆	Xinjiang	96.4	102.4	100.5	22	104.0	98.9	99.2	27

6-29 城市家用电器及音像器材和文化办公用品零售价格分类指数

Price Indices by Household Appliances, Music and Video Equipment, and Cultural and Office Appliances in Cities

(上年=100) (preceding year=100)

地区	Region	家用电器及音像器材 Households Appliances, Music and Video Equipment				文化办公用品 Cultural and Office Appliances			
		2010	2015	2016	2016排名 Ranking	2010	2015	2016	2016排名 Ranking
全 国	**National Total**	**95.5**	**98.6**	**98.1**		**97.2**	**99.5**	**98.9**	
北 京	Beijing	92.9	96.2	94.0	31	92.6	98.3	95.1	31
天 津	Tianjin	93.8	96.5	98.5	13	90.8	97.2	100.3	9
河 北	Hebei	94.7	100.0	100.2	2	96.3	100.3	100.2	10
山 西	Shanxi	93.1	98.1	98.4	14	97.7	98.3	98.7	22
内蒙古	Inner Mongolia	95.2	99.8	98.7	10	97.6	100.8	101.1	4
辽 宁	Liaoning	95.6	99.6	98.2	17	97.0	100.4	100.5	8
吉 林	Jilin	97.3	99.1	99.0	8	100.2	99.6	98.4	25
黑龙江	Heilongjiang	92.9	97.9	97.8	23	94.5	101.3	102.3	3
上 海	Shanghai	92.4	99.3	99.2	7	97.7	99.2	103.2	1
江 苏	Jiangsu	95.2	101.7	99.5	6	96.5	100.5	97.9	27
浙 江	Zhejiang	97.1	98.0	98.1	18	97.8	99.8	98.1	26
安 徽	Anhui	92.8	98.5	98.6	11	97.6	99.1	98.7	22
福 建	Fujian	96.7	98.0	96.1	27	97.8	98.8	98.7	22
江 西	Jiangxi	96.2	98.7	97.6	25	97.7	99.7	100.7	5
山 东	Shandong	97.6	100.5	100.4	1	98.0	99.6	98.8	20
河 南	Henan	97.1	98.5	95.6	29	98.2	99.0	100.7	5
湖 北	Hubei	94.3	97.0	97.7	24	96.0	99.5	99.7	14
湖 南	Hunan	99.0	100.3	100.1	3	99.3	99.8	100.0	11
广 东	Guangdong	96.6	96.6	95.9	28	98.2	98.3	97.7	28
广 西	Guangxi	96.2	98.8	98.1	18	98.9	99.5	99.9	13
海 南	Hainan	99.9	100.2	98.3	15	99.5	101.1	99.2	16
重 庆	Chongqing	88.4	97.8	97.9	21	95.0	100.1	102.4	2
四 川	Sichuan	97.1	97.9	99.0	8	97.4	98.6	96.0	30
贵 州	Guizhou	98.1	97.6	98.1	18	99.5	98.6	98.9	18
云 南	Yunnan	95.0	98.1	98.3	15	99.2	98.5	98.8	20
西 藏	Tibet	93.9	100.1	99.7	4	96.3	100.7	100.7	5
陕 西	Shaanxi	93.9	96.2	94.1	30	98.3	102.1	96.4	29
甘 肃	Gansu	97.5	99.6	98.6	11	97.4	99.3	100.0	11
青 海	Qinghai	96.6	99.3	96.7	26	96.6	99.3	98.9	18
宁 夏	Ningxia	96.5	101.7	97.9	21	94.4	98.9	99.6	15
新 疆	Xinjiang	97.0	99.2	99.7	4	98.3	96.8	99.2	16

6-30 城市日用品和体育娱乐用品零售价格分类指数

Price Indices by Articles for Daily use and Sports and Recreation Articles in Cities

（上年=100） (preceding year=100)

地区	Region	日用品 Articles for Daily Use				体育娱乐用品 Sports and Recreation Articles			
		2010	2015	2016	2016排名 Ranking	2010	2015	2016	2016排名 Ranking
全　国	**National Total**	**100.2**	**100.6**	**100.2**		**97.7**	**100.4**	**100.4**	
北　京	Beijing	100.5	99.1	99.1	31	92.9	99.8	100.5	15
天　津	Tianjin	100.5	99.9	99.6	26	94.9	102.7	102.1	3
河　北	Hebei	99.7	100.5	100.3	14	97.5	100.4	100.0	22
山　西	Shanxi	99.3	99.6	100.3	14	98.3	100.1	101.1	8
内蒙古	Inner Mongolia	99.9	102.3	99.9	21	98.9	100.8	99.7	27
辽　宁	Liaoning	100.3	100.4	100.2	16	96.8	100.4	100.0	22
吉　林	Jilin	100.9	100.4	100.4	11	99.7	100.3	100.5	15
黑龙江	Heilongjiang	100.5	100.6	100.6	6	98.1	100.4	100.8	11
上　海	Shanghai	100.3	101.5	100.4	11	95.9	99.4	99.5	30
江　苏	Jiangsu	100.2	101.3	101.0	3	94.3	100.5	100.7	12
浙　江	Zhejiang	99.9	100.6	99.9	21	98.5	99.9	99.6	29
安　徽	Anhui	99.7	100.1	100.4	11	98.3	100.7	101.3	5
福　建	Fujian	100.1	99.9	99.9	21	97.9	99.8	100.3	18
江　西	Jiangxi	100.3	100.1	99.8	25	98.4	100.1	100.6	14
山　东	Shandong	100.0	100.7	100.1	19	98.4	100.4	100.7	12
河　南	Henan	99.7	99.9	100.2	16	99.9	100.5	100.0	22
湖　北	Hubei	100.5	100.9	100.9	4	97.1	100.1	101.7	4
湖　南	Hunan	100.8	100.8	100.5	10	101.1	101.6	99.8	26
广　东	Guangdong	99.8	100.6	99.9	21	98.1	100.8	100.2	20
广　西	Guangxi	99.8	100.1	99.4	29	99.1	100.1	100.9	10
海　南	Hainan	98.9	99.7	100.6	6	99.9	97.7	101.3	5
重　庆	Chongqing	99.5	101.2	99.6	26	96.8	100.0	100.0	22
四　川	Sichuan	100.9	100.2	99.5	28	97.3	101.4	99.7	27
贵　州	Guizhou	99.6	101.3	100.1	19	99.0	99.5	100.5	15
云　南	Yunnan	100.3	102.0	101.5	2	100.3	101.3	98.9	31
西　藏	Tibet	100.0	101.1	100.7	5	97.4	100.7	101.2	7
陕　西	Shaanxi	102.0	100.7	100.6	6	97.8	101.3	100.3	18
甘　肃	Gansu	99.7	100.9	100.2	16	99.9	100.7	102.9	1
青　海	Qinghai	102.4	100.9	102.2	1	101.0	101.1	100.2	20
宁　夏	Ningxia	101.2	100.5	100.6	6	93.9	99.7	101.1	8
新　疆	Xinjiang	100.7	100.5	99.2	30	96.5	99.8	102.3	2

6-31 城市交通、通信用品和家具零售价格分类指数

Price Indices by Transportation and Communication Appliances and Furniture in Cities

(上年=100) (preceding year=100)

地区	Region	交通、通信用品 Transportation and Communication Appliances				家具 Furniture			
		2010	2015	2016	2016排名 Ranking	2010	2015	2016	2016排名 Ranking
全　国	**National Total**	**95.3**	**98.1**	**97.8**		**100.2**	**101.1**	**100.7**	
北　京	Beijing	92.4	96.1	90.9	31	99.4	101.7	101.3	7
天　津	Tianjin	96.1	97.7	99.5	7	93.4	101.1	98.2	29
河　北	Hebei	93.8	98.5	97.6	19	100.3	101.4	100.1	19
山　西	Shanxi	93.4	97.8	98.3	13	99.9	99.5	99.9	24
内蒙古	Inner Mongolia	95.1	100.0	99.2	10	98.6	101.9	100.3	15
辽　宁	Liaoning	94.9	99.4	99.3	8	101.1	99.6	101.4	6
吉　林	Jilin	94.9	100.2	99.7	3	100.6	100.4	102.2	2
黑龙江	Heilongjiang	88.6	99.5	100.5	1	99.2	107.7	100.1	19
上　海	Shanghai	94.0	97.8	97.1	24	101.1	101.8	100.1	19
江　苏	Jiangsu	96.7	99.7	99.6	5	101.5	102.2	101.3	7
浙　江	Zhejiang	97.7	97.8	97.8	16	101.7	101.0	100.2	16
安　徽	Anhui	96.5	97.5	97.2	22	100.7	100.1	100.1	19
福　建	Fujian	96.4	99.7	98.3	13	99.2	101.6	100.2	16
江　西	Jiangxi	94.7	98.3	96.5	26	99.4	100.4	100.2	16
山　东	Shandong	95.4	98.8	99.3	8	99.9	101.3	102.2	2
河　南	Henan	96.7	95.4	95.8	27	100.1	100.3	100.8	10
湖　北	Hubei	96.7	97.2	95.3	29	107.6	99.7	100.8	10
湖　南	Hunan	99.4	98.7	98.3	13	100.2	101.0	100.4	14
广　东	Guangdong	93.9	97.4	97.6	19	99.8	101.5	101.6	4
广　西	Guangxi	97.4	98.5	97.4	21	98.1	100.7	99.7	26
海　南	Hainan	93.6	96.0	95.4	28	103.1	98.5	100.5	13
重　庆	Chongqing	92.3	96.4	99.6	5	101.0	101.4	103.0	1
四　川	Sichuan	96.2	97.7	97.7	17	98.1	100.3	99.1	28
贵　州	Guizhou	97.5	98.1	97.7	17	100.1	101.4	100.1	19
云　南	Yunnan	95.7	99.1	99.1	11	100.0	99.9	99.9	24
西　藏	Tibet	91.2	100.0	99.9	2	103.6	101.4	101.2	9
陕　西	Shaanxi	97.1	96.8	97.2	22	107.3	99.2	97.5	30
甘　肃	Gansu	106.5	98.5	99.7	3	100.2	100.7	100.8	10
青　海	Qinghai	97.6	95.6	92.8	30	100.6	101.4	87.1	31
宁　夏	Ningxia	95.2	98.6	97.0	25	98.2	100.3	99.5	27
新　疆	Xinjiang	95.8	99.6	98.9	12	101.2	101.5	101.6	4

6-32 城市化妆品和金银珠宝零售价格分类指数
Price Indices by Cosmetics and Gold, Silver and Jewelry in Cities

（上年=100） (preceding year=100)

地区	Region	化妆品 Cosmetics 2010	2015	2016	2016排名 Ranking	金银珠宝 Gold, Silver and Jewelry 2010	2015	2016	2016排名 Ranking
全　国	**National Total**	**100.4**	**100.6**	**101.2**		**114.3**	**93.0**	**107.1**	
北　京	Beijing	101.1	99.9	103.4	1	120.3	91.6	111.2	2
天　津	Tianjin	102.5	99.7	100.7	22	125.4	87.6	112.8	1
河　北	Hebei	100.2	101.1	102.1	6	112.6	93.1	105.7	22
山　西	Shanxi	99.8	100.3	100.9	16	109.8	94.9	101.2	30
内蒙古	Inner Mongolia	100.3	100.1	101.2	13	118.4	98.4	104.9	25
辽　宁	Liaoning	100.2	101.7	101.5	9	114.2	93.6	103.1	28
吉　林	Jilin	100.1	101.8	100.8	19	118.6	92.4	104.6	26
黑龙江	Heilongjiang	101.6	99.9	101.4	11	115.2	92.9	106.5	17
上　海	Shanghai	101.0	100.1	99.4	31	111.7	95.2	107.4	13
江　苏	Jiangsu	100.6	102.2	102.0	7	115.5	92.4	106.1	19
浙　江	Zhejiang	99.6	99.4	100.9	16	114.7	93.2	108.8	7
安　徽	Anhui	100.3	100.4	101.5	9	117.8	91.0	105.0	24
福　建	Fujian	100.7	101.2	100.8	19	108.9	97.1	109.3	6
江　西	Jiangxi	101.4	100.0	100.7	22	117.1	93.5	100.7	31
山　东	Shandong	99.7	100.8	100.6	25	108.1	92.9	107.9	9
河　南	Henan	100.2	100.4	101.3	12	110.5	92.7	105.9	21
湖　北	Hubei	100.8	99.8	102.2	4	115.8	90.3	107.9	9
湖　南	Hunan	100.4	100.3	100.1	29	115.6	96.0	106.6	16
广　东	Guangdong	100.2	100.7	100.1	29	113.3	92.2	107.9	9
广　西	Guangxi	100.6	100.5	100.2	27	113.9	92.6	106.3	18
海　南	Hainan	97.2	100.2	103.0	2	111.3	90.9	110.8	3
重　庆	Chongqing	100.1	100.2	100.9	16	119.2	95.4	109.5	5
四　川	Sichuan	100.0	100.2	102.0	7	117.7	93.4	106.8	15
贵　州	Guizhou	101.3	99.5	100.8	19	109.6	91.3	107.0	14
云　南	Yunnan	99.8	101.5	102.7	3	118.8	93.5	103.0	29
西　藏	Tibet	99.5	99.4	101.2	13	105.6	97.3	107.5	12
陕　西	Shaanxi	101.8	101.0	102.2	4	112.4	88.6	108.0	8
甘　肃	Gansu	100.6	101.1	100.5	26	112.7	91.6	103.5	27
青　海	Qinghai	101.3	100.2	100.2	27	112.3	94.1	110.2	4
宁　夏	Ningxia	101.2	100.9	101.2	13	111.9	94.0	106.0	20
新　疆	Xinjiang	99.6	100.3	100.7	22	108.0	95.8	105.5	23

6-33 城市中西药品及医疗保健用品和书报杂志及电子出版物零售价格分类指数

Price Indices by Traditional Chinese and Western Medicines and Healthy Care Articles, and Books, Newspapers, Magazines and Electronic Publications in Cities

(上年=100) (preceding year=100)

地区	Region	中西药品及医疗保健用品 Traditional Chinese and Western Medicines and Health Care Articles				书报杂志及电子出版物 Books, Newspapers, Magazines and Electrionic Publications			
		2010	2015	2016	2016排名 Ranking	2010	2015	2016	2016排名 Ranking
全　国	**National Total**	**104.1**	**102.4**	**104.1**		**101.1**	**102.7**	**101.3**	
北　京	Beijing	100.9	101.6	104.0	17	98.8	102.6	101.3	11
天　津	Tianjin	106.4	101.9	101.3	29	100.0	101.9	102.3	5
河　北	Hebei	104.3	104.4	106.5	5	106.2	103.6	102.9	2
山　西	Shanxi	103.6	102.5	104.7	10	102.8	103.6	101.0	16
内蒙古	Inner Mongolia	101.2	101.0	102.9	25	100.3	100.4	100.7	17
辽　宁	Liaoning	104.4	102.1	104.2	14	101.2	102.3	101.3	11
吉　林	Jilin	101.8	104.7	108.9	2	99.3	101.9	101.1	14
黑龙江	Heilongjiang	108.7	104.4	103.6	19	101.1	101.8	101.4	9
上　海	Shanghai	99.8	100.6	111.0	1	103.2	101.7	101.1	14
江　苏	Jiangsu	100.9	100.5	98.6	31	104.5	103.9	100.4	20
浙　江	Zhejiang	108.1	102.9	104.1	15	101.2	105.5	105.4	1
安　徽	Anhui	104.3	100.6	105.4	7	102.6	102.1	101.4	9
福　建	Fujian	105.5	101.3	104.1	15	101.3	102.1	102.0	7
江　西	Jiangxi	102.9	101.2	103.5	21	100.9	101.0	100.6	18
山　东	Shandong	102.8	102.2	103.8	18	100.6	103.8	102.6	3
河　南	Henan	104.0	103.8	106.1	6	98.7	101.9	101.8	8
湖　北	Hubei	103.7	103.2	103.5	21	100.2	100.8	99.2	31
湖　南	Hunan	101.8	102.2	103.4	23	101.1	101.1	100.2	23
广　东	Guangdong	105.7	102.1	106.6	4	99.5	103.5	99.8	28
广　西	Guangxi	101.5	103.0	103.6	19	99.5	100.7	100.3	22
海　南	Hainan	106.7	106.7	104.9	9	102.2	101.7	100.0	26
重　庆	Chongqing	104.3	105.5	104.3	12	100.6	103.0	100.0	26
四　川	Sichuan	107.2	102.0	104.5	11	99.7	105.6	102.2	6
贵　州	Guizhou	102.9	100.8	102.1	27	100.3	101.6	99.8	28
云　南	Yunnan	105.9	104.6	103.1	24	105.4	102.6	100.1	25
西　藏	Tibet	99.9	105.7	106.9	3	100.3	100.0	99.8	28
陕　西	Shaanxi	107.8	103.2	104.3	12	100.6	101.9	101.2	13
甘　肃	Gansu	104.2	103.2	102.6	26	102.4	101.0	100.5	19
青　海	Qinghai	105.8	102.3	105.0	8	103.6	104.0	100.4	20
宁　夏	Ningxia	103.1	100.1	101.3	29	100.3	108.7	102.5	4
新　疆	Xinjiang	102.3	102.5	101.6	28	103.9	102.9	100.2	23

6-34 城市燃料和建筑材料及五金电料零售价格分类指数

Price Indices by Fuels and Building Materials and Hardware in Cities

(上年=100) (preceding year=100)

地区	Region	燃料 Fuels				建筑材料及五金电料 Building Materials and Hardware			
		2010	2015	2016	2016排名 Ranking	2010	2015	2016	2016排名 Ranking
全　国	**National Total**	**112.3**	**87.9**	**97.1**		**103.4**	**99.2**	**100.3**	
北　京	Beijing	109.9	85.7	96.7	22	101.5	99.3	101.0	5
天　津	Tianjin	106.8	90.0	96.9	18	101.4	99.4	99.8	25
河　北	Hebei	113.3	89.9	99.8	1	101.9	99.1	100.5	9
山　西	Shanxi	112.1	88.6	98.0	9	100.8	96.4	99.7	26
内蒙古	Inner Mongolia	109.6	90.8	96.3	26	102.9	100.8	99.5	29
辽　宁	Liaoning	112.0	88.9	99.5	2	101.1	98.5	99.9	22
吉　林	Jilin	111.4	89.3	98.6	5	100.2	99.4	100.6	8
黑龙江	Heilongjiang	111.7	88.7	97.8	11	101.9	102.4	100.1	17
上　海	Shanghai	112.8	91.2	95.6	30	103.3	99.6	99.6	28
江　苏	Jiangsu	111.6	88.8	96.9	18	105.5	99.8	100.2	15
浙　江	Zhejiang	115.1	85.1	96.8	20	104.5	98.5	100.3	12
安　徽	Anhui	111.6	87.0	98.4	6	102.7	97.7	100.9	6
福　建	Fujian	116.8	86.0	96.4	25	103.7	99.3	100.1	17
江　西	Jiangxi	112.8	87.3	97.3	15	106.0	98.2	100.2	15
山　东	Shandong	109.1	90.6	98.7	3	102.4	99.2	100.3	12
河　南	Henan	110.8	86.9	96.8	20	103.7	100.1	100.4	10
湖　北	Hubei	112.6	89.9	96.5	23	104.4	99.7	101.5	3
湖　南	Hunan	112.3	83.2	97.0	17	104.1	99.9	100.1	17
广　东	Guangdong	115.4	84.3	95.8	28	103.6	99.0	100.8	7
广　西	Guangxi	115.1	85.9	92.5	31	104.7	98.2	100.4	10
海　南	Hainan	113.6	84.0	97.9	10	108.5	95.2	96.7	31
重　庆	Chongqing	109.2	93.4	98.1	7	103.1	99.5	100.3	12
四　川	Sichuan	111.9	91.1	98.7	3	103.3	97.8	99.9	22
贵　州	Guizhou	113.7	93.2	96.0	27	102.2	98.3	100.1	17
云　南	Yunnan	109.4	89.3	95.8	28	102.9	100.1	99.7	26
西　藏	Tibet	106.9	92.4	96.5	23	102.9	101.9	102.8	2
陕　西	Shaanxi	108.0	92.7	97.4	13	102.6	97.5	99.9	22
甘　肃	Gansu	114.4	96.4	97.1	16	102.9	99.4	100.0	21
青　海	Qinghai	109.6	88.5	98.1	7	100.9	99.3	103.2	1
宁　夏	Ningxia	109.3	91.4	97.8	11	102.7	98.4	101.1	4
新　疆	Xinjiang	107.1	91.6	97.4	13	101.4	100.3	99.4	30

6-35 农业生产资料价格指数和农产品生产价格指数
Price Indices for Means of Agricultural Production and Farm Products

(上年=100) (preceding year=100)

地区	Region	农业生产资料价格指数 Price Index for Means of Agricultural Production				农产品生产价格指数 Price Index for Farm Products			
		2010	2015	2016	2016排名 Ranking	2010	2015	2016	2016排名 Ranking
全　国	**National Total**	**102.9**	**100.4**	**100.1**		**110.9**	**101.7**	**103.4**	
北　京	Beijing					106.5	99.8	99.7	22
天　津	Tianjin					110.2	100.7	103.0	18
河　北	Hebei	104.4	99.8	100.0	15	115.1	97.5	96.8	26
山　西	Shanxi	102.0	99.6	99.8	19	110.2	95.8	95.2	27
内蒙古	Inner Mongolia	102.0	98.7	96.4	27	111.4	98.0	95.1	28
辽　宁	Liaoning	103.7	99.5	100.4	10	110.6	99.5	100.7	21
吉　林	Jilin	99.1	100.2	97.4	26	111.8	100.6	93.1	30
黑龙江	Heilongjiang	105.6	101.3	100.0	16	109.2	98.7	93.6	29
上　海	Shanghai					107.1	102.4	106.6	6
江　苏	Jiangsu	104.2	99.6	99.9	18	108.8	102.3	104.0	15
浙　江	Zhejiang	102.9	100.9	99.5	21	114.8	102.0	104.5	13
安　徽	Anhui	102.0	101.6	99.4	22	110.8	99.8	101.0	20
福　建	Fujian	102.4	101.4	100.2	13	111.5	101.2	108.3	3
江　西	Jiangxi	101.9	101.4	101.3	7	107.5	103.7	104.1	14
山　东	Shandong	103.0	99.3	98.9	23	118.8	100.1	102.8	19
河　南	Henan	103.1	100.3	100.8	8	112.5	100.7	103.2	17
湖　北	Hubei	101.9	100.4	100.3	12	112.3	99.5	106.2	8
湖　南	Hunan	101.4	104.1	101.7	5	109.9	104.1	104.7	11
广　东	Guangdong	101.7	101.2	102.0	4	107.6	102.3	106.5	7
广　西	Guangxi	101.9	100.9	100.7	9	107.6	102.0	106.1	9
海　南	Hainan	107.3	101.6	100.1	14	107.9	99.1	106.7	5
重　庆	Chongqing					103.2	102.4	109.8	1
四　川	Sichuan	103.6	101.5	103.7	1	105.9	103.3	105.6	10
贵　州	Guizhou	101.1	103.1	103.0	2	106.7	104.6	108.7	2
云　南	Yunnan	101.4	101.1	102.8	3	112.5	101.3	103.9	16
西　藏	Tibet	100.6	99.7	100.4	11				
陕　西	Shaanxi	105.3	100.6	99.7	20	121.7	96.3	98.0	25
甘　肃	Gansu	101.7	98.6	99.9	17	113.8	99.8	99.2	23
青　海	Qinghai	103.5	100.8	101.5	6	124.3	96.1	104.5	12
宁　夏	Ningxia	104.4	98.7	98.3	24	117.0	98.4	98.7	24
新　疆	Xinjiang	103.1	98.6	98.2	25	131.5	90.4	107.6	4

6-36 工业生产者出厂价格指数和工业生产者购进价格指数

Producer Price Indices for Industrial Products and Purchasing Price Indices for Industrial Producers

(上年=100) (preceding year=100)

地区	Region	工业生产者出厂价格指数 Producer Price Indices for Industrial Products				工业生产者购进价格指数 Purchasing Price Indices for Industrial Producers			
		2010	2015	2016	2016排名 Ranking	2010	2015	2016	2016排名 Ranking
全　国	**National Total**	**105.5**	**94.8**	**98.6**		**109.6**	**93.9**	**98.0**	
北　京	Beijing	102.2	96.9	98.1	21	110.5	93.7	98.5	3
天　津	Tianjin	105.1	90.3	97.9	23	110.0	92.4	98.3	7
河　北	Hebei	109.0	89.1	99.9	2	110.9	90.3	98.3	7
山　西	Shanxi	109.5	87.7	96.8	27	109.0	93.1	98.1	11
内蒙古	Inner Mongolia	106.7	94.0	98.9	9	105.0	95.9	97.4	22
辽　宁	Liaoning	107.4	93.9	98.8	12	108.6	93.5	97.9	17
吉　林	Jilin	105.2	95.3	98.4	19	108.6	96.6	97.8	18
黑龙江	Heilongjiang	115.0	86.0	95.1	29	114.5	88.2	96.0	25
上　海	Shanghai	102.3	96.1	98.8	12	111.2	90.6	97.7	20
江　苏	Jiangsu	107.3	95.3	98.1	21	112.8	92.1	98.0	12
浙　江	Zhejiang	106.2	96.4	98.3	20	112.0	94.5	97.8	18
安　徽	Anhui	109.0	93.9	98.5	16	111.8	93.5	98.4	5
福　建	Fujian	103.2	97.0	99.1	4	107.7	96.1	98.0	12
江　西	Jiangxi	115.3	93.7	98.6	14	111.8	93.6	97.7	20
山　东	Shandong	107.2	95.2	98.5	16	109.3	95.0	98.0	12
河　南	Henan	107.8	95.4	99.0	7	110.2	95.4	99.2	1
湖　北	Hubei	104.9	96.7	99.0	7	110.4	92.8	98.3	7
湖　南	Hunan	106.9	96.3	98.9	9	110.0	94.5	98.0	12
广　东	Guangdong	103.2	96.8	99.4	3	107.3	95.3	98.0	12
广　西	Guangxi	112.0	97.0	99.1	4	111.2	95.7	98.3	7
海　南	Hainan	107.7	89.8	96.0	28	110.3	88.5	94.8	29
重　庆	Chongqing	103.1	97.2	98.6	14	106.9	97.1	98.4	5
四　川	Sichuan	105.0	96.4	98.9	9	106.1	96.7	98.8	2
贵　州	Guizhou	104.7	96.1	97.9	23	109.8	97.5	98.5	3
云　南	Yunnan	108.8	94.9	97.6	25	109.0	96.9	95.9	26
西　藏	Tibet	105.8	93.2	102.9	1				
陕　西	Shaanxi	108.7	90.8	97.6	25	109.7	95.2	95.9	26
甘　肃	Gansu	115.0	87.0	94.9	30	114.4	87.0	94.6	30
青　海	Qinghai	109.3	93.1	98.5	16	108.6	97.7	96.2	24
宁　夏	Ningxia	109.1	93.7	99.1	4	114.1	92.1	96.9	23
新　疆	Xinjiang	125.3	82.4	94.5	31	123.9	84.3	95.5	28

注：从2011年起工业品出厂价格指数改为工业生产者出厂价格指数，原材料、燃料、动力购进价格指数改为工业生产者购进价格指数（以下相关表同）。

Note: Since 2011, the price index of industrial products has been changed into the producer price index, and the purchasing price index for raw materials, fuel and power has been changed to the purchasing price index for industrial producers. The same applies to the tables followed.

6-37 轻工业和重工业生产者出厂价格分类指数
Category Indices by Light Industry and Heavy Industry

(上年=100) (preceding year=100)

地区	Region	轻工业 Light Industry 2010	2015	2016	2016排名 Ranking	重工业 Heavy Industry 2010	2015	2016	2016排名 Ranking
全 国	**National Total**	**102.7**	**98.9**	**99.6**		**108.0**	**93.2**	**98.2**	
北 京	Beijing	98.7	100.0	101.8	1	103.8	96.4	97.6	22
天 津	Tianjin	99.7	97.7	101.2	4	107.4	88.9	97.1	24
河 北	Hebei	104.7	98.3	98.4	29	110.9	87.0	100.3	2
山 西	Shanxi	101.8	98.1	99.8	14	110.2	87.2	96.7	26
内蒙古	Inner Mongolia	102.7	98.4	100.1	10	108.3	92.9	98.6	7
辽 宁	Liaoning	102.9	98.8	100.2	9	109.2	92.9	98.4	11
吉 林	Jilin	105.2	100.1	99.0	24	105.2	94.0	98.2	15
黑龙江	Heilongjiang	106.4	97.5	99.2	19	117.9	82.7	93.2	31
上 海	Shanghai	97.1	98.6	99.8	14	106.9	95.5	98.6	7
江 苏	Jiangsu	104.9	98.3	98.9	26	109.7	94.3	97.8	20
浙 江	Zhejiang	104.8	98.2	99.1	21	108.2	95.1	97.8	20
安 徽	Anhui	104.8	99.6	99.1	21	111.4	91.8	98.2	15
福 建	Fujian	101.5	99.7	100.3	8	106.9	94.8	98.1	19
江 西	Jiangxi	104.3	99.1	99.4	17	121.3	91.7	98.3	12
山 东	Shandong	104.7	98.4	99.0	24	109.5	93.7	98.3	12
河 南	Henan	104.3	99.8	99.1	21	110.7	93.6	99.0	4
湖 北	Hubei	103.5	99.3	99.9	12	105.6	95.7	98.5	9
湖 南	Hunan	103.6	99.9	99.9	12	109.0	95.0	98.5	9
广 东	Guangdong	101.7	99.3	100.7	7	105.7	95.3	98.7	6
广 西	Guangxi	115.0	100.6	101.8	1	110.3	95.7	98.2	15
海 南	Hainan	105.5	101.2	97.9	31	109.4	86.1	95.5	28
重 庆	Chongqing	102.5	98.9	99.5	16	103.5	96.6	98.3	12
四 川	Sichuan	103.3	98.7	99.2	19	106.3	95.5	98.8	5
贵 州	Guizhou	100.5	101.1	100.8	6	106.2	95.0	97.1	24
云 南	Yunnan	102.4	100.6	100.1	10	112.0	92.8	96.6	27
西 藏	Tibet	102.5	100.4	98.7	27	108.0	90.4	104.6	1
陕 西	Shaanxi	102.2	100.5	98.7	27	109.9	89.4	97.4	23
甘 肃	Gansu	104.0	100.1	99.4	17	116.7	85.6	94.4	29
青 海	Qinghai	104.0	100.4	100.9	5	110.1	92.6	98.2	15
宁 夏	Ningxia	107.1	98.8	98.1	30	109.8	92.9	99.3	3
新 疆	Xinjiang	108.9	98.7	101.8	1	128.7	79.7	93.4	30

6-38 生产资料和生活资料生产者出厂价格分类指数
Category Indices by Means of Production and Consumption Goods

（上年=100） (preceding year=100)

地区	Region	生产资料 Means of Production 2010	2015	2016	2016排名 Ranking	生活资料 Consumption Goods 2010	2015	2016	2016排名 Ranking
全　国	**National Total**	**106.6**	**93.9**	**98.2**		**102.0**	**99.7**	**100.0**	
北　京	Beijing	102.7	96.1	98.0	16	100.3	99.9	98.3	28
天　津	Tianjin	106.6	88.3	97.9	19	99.3	97.9	98.0	30
河　北	Hebei	109.8	87.4	100.2	2	104.2	99.2	98.8	26
山　西	Shanxi	109.7	87.2	96.7	26	104.9	99.3	99.0	25
内蒙古	Inner Mongolia	107.5	93.0	98.6	6	103.1	98.8	100.3	8
辽　宁	Liaoning	108.2	92.9	98.5	8	103.0	98.9	100.0	14
吉　林	Jilin	108.8	92.5	97.4	23	100.9	99.2	99.8	18
黑龙江	Heilongjiang	116.9	82.8	93.4	31	106.7	98.8	99.1	24
上　海	Shanghai	102.7	95.1	98.5	8	100.7	99.3	99.7	19
江　苏	Jiangsu	108.2	94.4	97.8	21	103.1	99.6	99.3	23
浙　江	Zhejiang	107.9	95.2	97.6	22	101.7	99.6	100.2	9
安　徽	Anhui	110.9	91.7	98.1	13	103.0	100.2	99.4	21
福　建	Fujian	104.1	95.0	97.9	19	101.7	100.5	101.2	2
江　西	Jiangxi	117.9	91.9	98.1	13	103.1	100.3	100.2	9
山　东	Shandong	108.4	93.8	98.0	16	103.4	99.7	100.0	14
河　南	Henan	108.8	93.9	99.2	3	103.9	100.4	98.6	27
湖　北	Hubei	105.8	95.2	98.4	10	101.9	100.5	100.2	9
湖　南	Hunan	108.1	95.2	98.4	10	102.7	100.4	100.2	9
广　东	Guangdong	104.1	95.1	98.6	6	101.4	99.8	100.8	4
广　西	Guangxi	110.3	95.5	98.1	13	118.2	101.3	102.4	1
海　南	Hainan	108.6	86.2	94.8	28	104.6	100.2	100.9	3
重　庆	Chongqing	103.9	96.6	98.0	16	100.5	98.8	99.9	17
四　川	Sichuan	105.7	95.3	98.7	5	102.8	99.8	99.5	20
贵　州	Guizhou	105.5	94.8	97.1	25	100.9	100.9	100.5	5
云　南	Yunnan	111.2	92.8	96.6	27	102.0	100.5	100.2	9
西　藏	Tibet	107.8	91.4	105.7	1	102.6	96.4	97.5	31
陕　西	Shaanxi	109.5	89.1	97.3	24	102.2	100.3	99.4	21
甘　肃	Gansu	116.1	85.6	94.3	29	102.4	100.2	100.0	14
青　海	Qinghai	109.7	92.5	98.2	12	104.2	100.5	100.5	5
宁　夏	Ningxia	109.4	93.4	99.2	3	106.6	98.2	98.1	29
新　疆	Xinjiang	127.1	80.9	94.0	30	104.1	98.6	100.5	5

6-39 燃料、动力类和黑色金属材料类生产者购进价格分类指数
Category Indices by Fuel and Power and Ferrous Metals

(上年=100) (preceding year=100)

地区	Region	燃料、动力类 Fuel and Power				黑色金属材料类 Ferrous Metals			
		2010	2015	2016	2016排名 Ranking	2010	2015	2016	2016排名 Ranking
全　国	**National Total**	**116.3**	**88.7**	**95.6**		**106.6**	**88.4**	**97.7**	
北　京	Beijing	121.3	85.6	98.0	6	115.4	87.2	99.7	6
天　津	Tianjin	111.5	81.7	93.2	23	110.2	86.3	102.4	3
河　北	Hebei	113.5	87.3	99.5	3	111.1	83.5	94.4	26
山　西	Shanxi	104.9	93.2	100.5	1	110.1	90.6	94.4	26
内蒙古	Inner Mongolia	104.1	95.8	99.6	2	103.6	94.9	91.5	30
辽　宁	Liaoning	112.4	86.8	94.2	21	106.8	90.0	98.0	13
吉　林	Jilin	113.5	86.8	95.7	13	105.0	94.3	96.6	20
黑龙江	Heilongjiang	119.0	80.4	93.0	24	103.8	90.9	95.9	23
上　海	Shanghai	129.0	68.3	91.3	28	113.9	81.7	101.1	5
江　苏	Jiangsu	119.6	85.1	96.7	10	110.3	87.8	98.4	11
浙　江	Zhejiang	113.9	91.6	96.4	12	108.7	89.5	98.6	10
安　徽	Anhui	110.9	89.4	95.7	13	113.5	88.2	97.1	16
福　建	Fujian	108.1	93.6	93.0	24	113.5	86.1	96.5	21
江　西	Jiangxi	106.6	89.6	97.3	9	108.0	87.8	95.9	23
山　东	Shandong	116.4	88.1	93.3	22	108.1	89.6	98.3	12
河　南	Henan	108.9	91.0	98.1	5	108.4	85.4	96.7	19
湖　北	Hubei	115.3	88.1	95.0	15	107.2	90.7	103.5	2
湖　南	Hunan	113.6	87.9	94.3	20	108.0	91.0	99.2	8
广　东	Guangdong	107.8	91.6	94.8	18	106.6	89.2	97.2	15
广　西	Guangxi	109.3	95.1	94.8	18	103.7	90.9	96.4	22
海　南	Hainan	110.1	72.5	90.8	29	111.4	99.1	93.6	28
重　庆	Chongqing	108.7	96.8	97.6	8	107.1	90.5	97.1	16
四　川	Sichuan	107.5	97.1	99.1	4	104.0	91.0	99.0	9
贵　州	Guizhou	110.1	98.0	98.0	6	104.0	88.5	97.7	14
云　南	Yunnan	106.7	99.2	96.7	10	107.4	90.2	95.8	25
西　藏	Tibet								
陕　西	Shaanxi	111.9	91.3	90.8	29	105.5	95.5	97.0	18
甘　肃	Gansu	118.4	81.5	92.3	27	109.4	86.9	92.3	29
青　海	Qinghai	105.8	97.8	95.0	15	110.3	98.6	101.5	4
宁　夏	Ningxia	112.3	89.0	95.0	15	111.7	88.7	104.3	1
新　疆	Xinjiang	137.6	69.9	92.5	26	105.0	88.7	99.5	7

6-40 有色金属材料类和化工原料类生产者购进价格分类指数
Category Indices by Nonferrous Metals and Chemical Raw Materials

(上年=100) (preceding year=100)

地区	Region	有色金属材料类 Nonferrous Metals 2010	2015	2016	2016排名 Ranking	化工原料类 Chemical Raw Materials 2010	2015	2016	2016排名 Ranking
全　国	**National Total**	**122.2**	**92.7**	**97.9**		**107.0**	**93.7**	**97.6**	
北　京	Beijing	121.6	93.7	97.2	16	111.7	94.1	96.6	26
天　津	Tianjin	134.3	94.6	98.4	13	112.6	93.1	98.0	10
河　北	Hebei	120.2	94.6	96.6	19	113.2	91.7	98.6	6
山　西	Shanxi	119.9	93.0	94.0	29	112.2	90.0	97.7	13
内蒙古	Inner Mongolia	112.5	96.0	96.1	21	103.0	98.0	101.9	1
辽　宁	Liaoning	111.1	96.3	99.9	5	108.1	96.1	97.1	22
吉　林	Jilin	113.9	97.4	98.7	10	114.1	98.7	96.9	23
黑龙江	Heilongjiang	108.4	97.4	98.6	11	121.5	92.8	99.1	4
上　海	Shanghai	129.4	88.8	99.6	7	116.0	89.4	97.2	20
江　苏	Jiangsu	118.4	90.2	95.9	23	117.0	91.1	97.3	18
浙　江	Zhejiang	125.2	92.1	97.0	17	113.2	91.8	96.5	27
安　徽	Anhui	124.9	90.6	101.6	2	111.3	94.0	96.8	24
福　建	Fujian	116.6	94.9	94.3	27	110.8	94.6	97.5	16
江　西	Jiangxi	135.0	88.4	96.7	18	111.9	94.9	97.2	20
山　东	Shandong	114.0	92.4	98.9	9	104.8	95.7	98.2	9
河　南	Henan	123.2	95.4	101.2	4	116.8	92.7	99.1	4
湖　北	Hubei	124.1	92.8	98.6	11	106.6	97.3	97.3	18
湖　南	Hunan	118.5	93.6	96.4	20	112.3	97.3	99.4	3
广　东	Guangdong	117.8	93.2	97.3	15	109.4	94.2	97.9	11
广　西	Guangxi	128.6	95.4	99.8	6	112.3	98.0	97.6	14
海　南	Hainan	124.6	89.2	95.7	24	112.1	97.2	95.8	29
重　庆	Chongqing	116.4	95.4	97.5	14	108.6	96.1	97.8	12
四　川	Sichuan	115.5	95.0	99.0	8	108.0	94.7	96.5	27
贵　州	Guizhou	122.5	94.7	101.6	2	110.2	98.9	97.6	14
云　南	Yunnan	126.4	92.5	92.8	30	105.3	97.4	90.7	30
西　藏	Tibet								
陕　西	Shaanxi	117.3	96.5	102.7	1	107.8	97.2	98.5	7
甘　肃	Gansu	118.8	94.0	96.1	21	112.0	96.1	96.8	24
青　海	Qinghai	120.5	96.4	95.4	25	101.5	97.4	97.4	17
宁　夏	Ningxia	129.9	96.3	94.3	27	109.3	92.5	98.3	8
新　疆	Xinjiang	139.6	91.5	95.4	25	106.8	96.4	99.5	2

6-41 木材及纸浆类和建筑材料及非金属类生产者购进价格分类指数
Category Indices by Timber and Paper Pulp, and Building Materials

(上年=100) (preceding year=100)

地区	Region	木材及纸浆类 Timber and Paper Pulp 2010	2015	2016	2016排名 Ranking	建筑材料及非金属类 Building Materials 2010	2015	2016	2016排名 Ranking
全 国	**National Total**	**103.0**	**99.3**	**99.7**		**103.8**	**95.9**	**97.6**	
北 京	Beijing	104.2	99.0	99.1	20	102.7	95.7	100.6	3
天 津	Tianjin	107.5	98.7	98.2	27	103.8	93.9	92.3	30
河 北	Hebei	105.6	99.0	101.2	1	100.3	91.8	101.5	1
山 西	Shanxi	103.5	99.3	99.7	13	98.2	94.7	98.6	8
内蒙古	Inner Mongolia	100.8	100.1	100.1	7	102.9	98.3	96.8	23
辽 宁	Liaoning	101.2	100.1	99.7	13	105.3	98.1	98.4	11
吉 林	Jilin	105.6	100.3	100.0	9	103.9	101.3	98.5	10
黑龙江	Heilongjiang	106.7	100.2	99.9	10	105.5	100.6	99.1	6
上 海	Shanghai	103.4	99.3	98.3	26	105.4	94.2	98.1	12
江 苏	Jiangsu	111.3	102.5	99.0	21	103.1	91.7	96.5	24
浙 江	Zhejiang	106.7	99.4	99.8	11	103.9	96.3	95.7	28
安 徽	Anhui	103.9	99.7	99.5	16	106.9	98.7	96.1	26
福 建	Fujian	99.4	99.3	101.2	1	102.8	97.6	98.9	7
江 西	Jiangxi	106.6	99.0	101.0	4	104.5	95.1	98.0	15
山 东	Shandong	108.3	98.1	99.3	17	105.0	96.7	98.1	12
河 南	Henan	104.7	98.2	98.1	28	103.9	98.7	97.7	18
湖 北	Hubei	105.8	100.2	98.8	22	104.2	97.0	98.1	12
湖 南	Hunan	102.7	99.5	100.4	6	104.9	97.8	100.2	5
广 东	Guangdong	107.6	99.1	99.8	11	113.6	90.7	96.0	27
广 西	Guangxi	111.2	99.6	100.6	5	114.6	95.7	98.0	15
海 南	Hainan	103.7	98.6	98.8	22	110.4	96.2	97.1	20
重 庆	Chongqing	107.3	99.3	99.3	17	103.5	98.7	98.0	15
四 川	Sichuan	101.2	97.3	101.1	3	98.7	97.8	97.2	19
贵 州	Guizhou	105.2	98.7	97.1	30	96.7	94.7	97.1	20
云 南	Yunnan	105.5	99.7	98.5	24	105.2	96.2	96.5	24
西 藏	Tibet								
陕 西	Shaanxi	103.4	99.3	99.7	13	95.3	95.5	101.3	2
甘 肃	Gansu	104.4	99.4	100.1	7	102.3	93.8	94.4	29
青 海	Qinghai	99.7	99.8	99.2	19	110.2	97.0	97.1	20
宁 夏	Ningxia	107.9	99.8	98.4	25	103.7	95.5	100.5	4
新 疆	Xinjiang	104.0	99.7	97.4	29	103.0	98.1	98.6	8

6-42 农副产品类和纺织原料类生产者购进价格分类指数
Category Indices by Agricultural Products and Textile Materials

(上年=100) (preceding year=100)

地区	Region	农副产品类 Agricultural Products				纺织原料类 Textile Materials			
		2010	2015	2016	2016排名 Ranking	2010	2015	2016	2016排名 Ranking
全 国	**National Total**	**110.4**	**97.7**	**100.1**		**106.7**	**97.8**	**99.7**	
北 京	Beijing	106.6	103.1	112.8	1	102.8	99.8	99.8	13
天 津	Tianjin	120.2	94.1	102.7	6	109.1	99.7	99.5	18
河 北	Hebei	111.9	97.8	104.5	3	110.0	96.5	101.1	3
山 西	Shanxi	118.8	98.8	98.8	21	111.4	93.4	97.7	27
内蒙古	Inner Mongolia	105.9	99.3	97.1	29	102.6	97.3	96.8	28
辽 宁	Liaoning	110.8	96.6	100.3	9	105.2	98.9	100.3	7
吉 林	Jilin	106.4	99.9	97.9	28	105.2	100.1	96.6	30
黑龙江	Heilongjiang	115.1	99.3	103.4	4	107.5	99.7	96.8	28
上 海	Shanghai	108.2	94.1	94.4	30	106.4	100.2	100.8	4
江 苏	Jiangsu	110.8	93.5	100.3	9	107.6	98.0	100.3	7
浙 江	Zhejiang	110.5	99.5	98.6	24	110.5	98.3	98.9	22
安 徽	Anhui	110.1	96.7	98.5	26	108.5	96.9	100.8	4
福 建	Fujian	117.8	96.4	100.3	9	106.9	98.0	100.6	6
江 西	Jiangxi	119.8	99.1	99.4	17	112.7	97.8	99.7	14
山 东	Shandong	116.6	98.7	100.2	12	107.6	98.9	99.6	16
河 南	Henan	108.3	97.0	100.2	12	118.1	93.4	100.0	10
湖 北	Hubei	106.9	99.8	101.2	8	109.5	91.3	99.7	14
湖 南	Hunan	109.6	99.2	98.6	24	104.6	93.3	99.3	21
广 东	Guangdong	112.9	99.0	99.6	16	109.3	97.5	98.9	22
广 西	Guangxi	116.6	93.8	102.9	5	121.4	99.7	98.2	26
海 南	Hainan	119.8	97.5	99.8	15	103.3	99.7	99.6	16
重 庆	Chongqing	112.4	101.6	99.9	14	113.5	100.7	99.4	20
四 川	Sichuan	109.8	99.2	99.3	18	113.1	95.7	100.0	10
贵 州	Guizhou	115.1	102.4	98.7	22	105.0	101.7	99.5	18
云 南	Yunnan	110.9	98.1	98.9	20	103.7	100.2	100.2	9
西 藏	Tibet								
陕 西	Shaanxi	109.4	96.8	99.1	19	109.9	95.4	100.0	10
甘 肃	Gansu	111.5	101.6	104.8	2	108.0	102.5	106.1	1
青 海	Qinghai	108.4	101.7	102.3	7	117.6	95.2	98.8	24
宁 夏	Ningxia	118.7	96.3	98.2	27	108.6	99.9	98.3	25
新 疆	Xinjiang	118.7	94.1	98.7	22	144.2	95.3	101.4	2

6-43 固定资产投资和建筑安装工程价格指数
Category Indices by Investment in Fixed Assets and Construction and Installation

(上年=100) (preceding year=100)

地区	Region	固定资产投资 Investment in Fixed Assets				建筑安装工程 Construction and Installation			
		2010	2015	2016	2016排名 Ranking	2010	2015	2016	2016排名 Ranking
全　国	**National Total**	**103.6**	**98.2**	**99.4**		**104.9**	**97.3**	**99.4**	
北　京	Beijing	102.5	97.6	99.7	12	104.0	94.4	98.8	25
天　津	Tianjin	102.6	99.9	99.4	20	104.2	99.6	98.9	24
河　北	Hebei	103.7	98.0	99.4	19	105.0	97.1	99.4	15
山　西	Shanxi	103.7	98.2	100.0	6	105.5	97.7	100.5	2
内蒙古	Inner Mongolia	105.4	98.0	99.5	16	107.3	97.3	99.6	12
辽　宁	Liaoning	103.3	97.9	99.2	22	104.2	97.0	99.1	21
吉　林	Jilin	102.4	97.6	98.7	29	103.2	96.3	98.6	26
黑龙江	Heilongjiang	105.2	99.0	99.4	21	106.7	98.7	99.4	17
上　海	Shanghai	103.8	97.0	99.6	14	106.1	94.9	99.3	20
江　苏	Jiangsu	105.1	96.2	98.8	27	106.9	93.4	98.3	29
浙　江	Zhejiang	104.7	97.4	99.5	18	106.7	95.4	99.3	19
安　徽	Anhui	105.4	96.9	99.2	22	107.5	95.5	99.3	18
福　建	Fujian	103.3	98.3	100.0	8	104.9	97.6	99.8	11
江　西	Jiangxi	104.8	96.8	100.0	7	105.6	95.4	100.3	5
山　东	Shandong	103.6	97.7	99.1	25	105.3	96.6	99.1	21
河　南	Henan	103.5	97.6	99.2	24	104.9	96.5	99.1	23
湖　北	Hubei	104.7	99.4	100.1	4	105.9	99.1	100.2	6
湖　南	Hunan	104.0	100.4	100.4	1	104.8	100.3	100.7	1
广　东	Guangdong	103.0	99.0	100.3	2	104.3	98.4	100.4	3
广　西	Guangxi	103.0	98.8	99.5	17	103.8	98.0	99.4	16
海　南	Hainan	105.2	99.4	100.1	3	105.5	99.2	100.4	4
重　庆	Chongqing	102.1	98.2	98.9	26	102.7	97.5	98.5	27
四　川	Sichuan	102.5	97.9	99.8	11	103.2	96.4	100.1	8
贵　州	Guizhou	102.7	98.4	98.6	30	103.6	98.1	98.3	30
云　南	Yunnan	102.7	99.1	100.1	5	103.5	98.7	100.1	7
西　藏	Tibet								
陕　西	Shaanxi	103.6	98.8	99.9	10	105.3	98.4	99.8	10
甘　肃	Gansu	103.5	97.7	98.7	28	105.0	97.5	98.5	28
青　海	Qinghai	103.8	98.2	99.6	13	104.5	97.7	99.6	13
宁　夏	Ningxia	104.2	97.5	99.6	15	105.3	96.9	99.5	14
新　疆	Xinjiang	104.6	98.3	99.9	9	105.9	97.6	99.9	9

6-44 设备工器具购置和其他费用价格指数
Category Indices by Purchase of Equipment, Tools and Instruments, and Others

(上年=100) (preceding year=100)

地区	Region	设备工器具购置 Purchase of Equipment, Tools and Instruments				其他费用 Others			
		2010	2015	2016	2016排名 Ranking	2010	2015	2016	2016排名 Ranking
全　国	**National Total**	**100.3**	**99.3**	**98.9**		**103.1**	**100.7**	**100.5**	
北　京	Beijing	99.1	99.5	99.0	13	101.9	100.5	100.7	12
天　津	Tianjin	100.2	99.3	98.8	21	100.5	101.2	101.2	4
河　北	Hebei	101.2	99.3	98.7	26	102.8	100.4	100.8	10
山　西	Shanxi	100.3	99.3	98.9	15	100.9	99.3	99.9	28
内蒙古	Inner Mongolia	100.1	99.3	98.9	15	103.0	100.6	100.6	18
辽　宁	Liaoning	100.3	99.3	98.8	22	104.8	101.1	100.9	8
吉　林	Jilin	99.9	99.3	98.7	23	104.8	100.1	100.0	27
黑龙江	Heilongjiang	100.4	99.2	99.0	12	107.6	101.9	100.7	11
上　海	Shanghai	98.6	99.8	99.7	2	102.4	100.6	100.2	23
江　苏	Jiangsu	101.7	99.5	98.7	23	105.6	101.8	102.1	1
浙　江	Zhejiang	101.3	99.2	98.9	19	102.6	100.9	100.5	21
安　徽	Anhui	101.2	99.3	98.5	30	101.5	100.8	100.2	24
福　建	Fujian	99.8	99.5	100.0	1	102.4	100.1	100.7	15
江　西	Jiangxi	102.0	99.2	98.7	23	105.4	101.1	100.5	20
山　东	Shandong	100.2	99.2	98.7	26	103.6	100.9	100.0	26
河　南	Henan	100.5	99.0	98.6	28	101.3	100.5	100.7	12
湖　北	Hubei	99.8	99.5	99.1	9	106.1	101.2	100.7	15
湖　南	Hunan	101.7	99.9	99.4	5	103.0	101.7	100.7	15
广　东	Guangdong	99.8	99.4	99.3	7	101.4	101.1	100.7	12
广　西	Guangxi	101.2	99.8	99.4	3	102.5	100.4	100.0	25
海　南	Hainan	100.3	99.3	98.9	15	109.7	100.3	99.6	30
重　庆	Chongqing	99.6	99.4	98.8	20	101.9	100.8	100.6	19
四　川	Sichuan	100.8	99.7	98.9	14	101.9	100.2	99.8	29
贵　州	Guizhou	100.1	99.5	99.2	8	102.5	99.4	100.9	7
云　南	Yunnan	100.4	98.8	98.6	29	102.0	101.0	101.0	6
西　藏	Tibet								
陕　西	Shaanxi	100.4	99.1	98.9	18	100.8	100.7	101.3	3
甘　肃	Gansu	100.8	97.9	99.4	4	103.2	99.6	100.4	22
青　海	Qinghai	101.5	99.5	99.1	9	102.3	100.9	101.0	5
宁　夏	Ningxia	100.2	99.1	99.0	11	100.0	100.1	100.8	9
新　疆	Xinjiang	100.4	99.1	99.3	6	105.2	102.6	101.7	2

7

居民生活

People's Living Conditions

7-1 全体居民人均可支配收入和消费支出
Per Capita Disposable Income and Consumption Expenses of Nationwide

单位：元 (yuan)

地区	Region	可支配收入 Disposable Income 2015	2016	2016排名 Ranking	消费支出 Consumption Expenses 2015	2016	2016排名 Ranking
全 国	**National Total**	**21966.19**	**23820.98**		**15712.41**	**17110.75**	
北 京	Beijing	48457.99	52530.38	2	33802.77	35415.75	2
天 津	Tianjin	31291.36	34074.46	4	24162.46	26129.35	3
河 北	Hebei	18118.09	19725.42	19	13030.69	14247.49	21
山 西	Shanxi	17853.67	19048.88	20	11729.05	12682.85	26
内蒙古	Inner Mongolia	22310.09	24126.64	10	17178.53	18072.28	9
辽 宁	Liaoning	24575.58	26039.70	8	17199.80	19852.80	8
吉 林	Jilin	18683.70	19966.99	17	13763.91	14772.55	17
黑龙江	Heilongjiang	18592.65	19838.50	18	13402.54	14445.81	19
上 海	Shanghai	49867.17	54305.35	1	34783.55	37458.33	1
江 苏	Jiangsu	29538.85	32070.10	5	20555.56	22129.89	6
浙 江	Zhejiang	35537.09	38529.00	3	24116.88	25526.63	4
安 徽	Anhui	18362.57	19998.10	16	12840.11	14711.53	18
福 建	Fujian	25404.36	27607.93	7	18850.19	20167.48	7
江 西	Jiangxi	18437.11	20109.56	15	12403.37	13258.62	24
山 东	Shandong	22703.19	24685.27	9	14578.36	15926.36	11
河 南	Henan	17124.75	18443.08	24	11835.13	12712.34	25
湖 北	Hubei	20025.56	21786.64	12	14316.50	15888.65	12
湖 南	Hunan	19317.49	21114.79	13	14267.34	15750.46	13
广 东	Guangdong	27858.86	30295.80	6	20975.70	23448.42	5
广 西	Guangxi	16873.42	18305.08	26	11401.00	12295.18	27
海 南	Hainan	18978.97	20653.44	14	13575.02	14275.37	20
重 庆	Chongqing	20110.11	22034.14	11	15139.54	16384.83	10
四 川	Sichuan	17220.96	18808.26	23	13632.10	14838.52	15
贵 州	Guizhou	13696.61	15121.15	29	10413.75	11931.60	29
云 南	Yunnan	15222.57	16719.90	28	11005.41	11768.76	30
西 藏	Tibet	12254.30	13639.24	31	8245.76	9318.71	31
陕 西	Shaanxi	17394.98	18873.74	21	13087.22	13943.04	23
甘 肃	Gansu	13466.59	14670.31	30	10950.76	12254.25	28
青 海	Qinghai	15812.70	17301.76	27	13611.34	14774.66	16
宁 夏	Ningxia	17329.09	18832.28	22	13815.63	14965.41	14
新 疆	Xinjiang	16859.11	18354.65	25	12867.40	14066.46	22

7-2 全体居民人均工资性收入和经营净收入

Per Capita Income from Wages and Salaries and Net Business Income of Nationwide

单位：元 (yuan)

地区	Region	工资性收入 Income from Wages and Salaries			经营净收入 Net Business Income		
		2015	2016	2016排名 Ranking	2015	2016	2016排名 Ranking
全　国	**National Total**	**12459.05**	**13455.18**		**3955.64**	**4217.71**	
北　京	Beijing	30240.42	33114.15	1	1421.26	1396.42	31
天　津	Tianjin	19256.22	21218.55	5	2906.08	3136.65	24
河　北	Hebei	10910.01	11888.90	12	2814.97	3020.30	25
山　西	Shanxi	10893.14	11304.94	15	2709.24	2693.14	27
内蒙古	Inner Mongolia	11992.15	12939.49	10	5379.73	5776.43	2
辽　宁	Liaoning	12868.49	13787.51	9	4285.80	4526.81	9
吉　林	Jilin	8977.74	9699.30	23	5047.41	4814.93	5
黑龙江	Heilongjiang	9182.35	9673.31	24	4462.62	4263.58	13
上　海	Shanghai	30499.10	32718.64	2	1319.17	1398.85	30
江　苏	Jiangsu	17187.86	18664.41	6	4466.56	4723.67	8
浙　江	Zhejiang	20654.13	22206.74	3	6181.78	6588.57	1
安　徽	Anhui	10041.67	10931.58	17	4194.68	4512.71	10
福　建	Fujian	14845.26	16041.91	7	4928.64	5280.21	4
江　西	Jiangxi	10304.17	11309.37	14	3327.53	3579.80	21
山　东	Shandong	13143.93	14259.33	8	5078.79	5470.38	3
河　南	Henan	8796.05	9265.54	26	4069.12	4257.29	14
湖　北	Hubei	10079.02	10818.69	18	4480.22	4781.39	6
湖　南	Hunan	9827.50	10796.91	19	3949.90	4233.78	15
广　东	Guangdong	19878.15	21361.90	4	3748.05	4101.77	17
广　西	Guangxi	8061.40	8882.93	27	4055.96	4779.36	7
海　南	Hainan	11044.12	12258.11	11	3920.23	4042.12	18
重　庆	Chongqing	10673.89	11557.69	13	3315.12	3684.28	20
四　川	Sichuan	8610.79	9278.25	25	3697.84	3993.17	19
贵　州	Guizhou	7032.86	7787.27	29	3191.06	3555.43	22
云　南	Yunnan	7067.75	7659.55	30	4051.42	4433.19	12
西　藏	Tibet	6227.09	7110.99	31	3956.82	4141.08	16
陕　西	Shaanxi	9535.63	10366.10	20	2531.02	2538.32	29
甘　肃	Gansu	7102.07	7910.35	28	2551.82	2746.87	26
青　海	Qinghai	9191.51	10234.59	21	2444.97	2629.22	28
宁　夏	Ningxia	10395.46	11238.88	16	3255.78	3359.71	23
新　疆	Xinjiang	9107.59	9968.17	22	4204.33	4434.40	11

7-3 全体居民人均财产净收入和转移净收入

Per Capita Net Income from Properties and Net Income from Transfers of Nationwide

单位：元 (yuan)

地区	Region	财产净收入 Net Income from Properties 2015	2016	2016排名 Ranking	转移净收入 Net Income from Transfers 2015	2016	2016排名 Ranking
全国	**National Total**	**1739.58**	**1888.99**		**3811.92**	**4259.09**	
北京	Beijing	7498.91	8229.63	1	9297.40	9790.18	2
天津	Tianjin	2928.00	3217.37	4	6201.06	6501.88	3
河北	Hebei	1212.50	1335.44	13	3180.60	3480.76	21
山西	Shanxi	986.57	1111.83	20	3264.72	3938.97	15
内蒙古	Inner Mongolia	1265.92	1202.68	17	3672.29	4208.04	14
辽宁	Liaoning	1490.62	1294.10	15	5930.67	6431.28	4
吉林	Jilin	832.69	861.32	27	3825.80	4591.45	11
黑龙江	Heilongjiang	991.62	994.59	25	3956.07	4907.02	8
上海	Shanghai	7172.78	7684.18	2	10876.12	12503.67	1
江苏	Jiangsu	2536.92	2880.43	6	5347.51	5801.59	5
浙江	Zhejiang	4078.89	4337.48	3	4622.30	5396.21	6
安徽	Anhui	966.80	1085.54	22	3159.42	3468.27	22
福建	Fujian	2371.97	2621.87	7	3258.50	3663.95	18
江西	Jiangxi	1328.21	1368.59	12	3477.19	3851.79	16
山东	Shandong	1454.64	1632.83	9	3025.83	3322.73	24
河南	Henan	937.96	1142.34	19	3321.62	3777.91	17
湖北	Hubei	1142.35	1322.89	14	4323.97	4863.68	10
湖南	Hunan	1399.55	1503.45	10	4140.55	4580.66	12
广东	Guangdong	2683.22	3096.49	5	1549.43	1735.64	31
广西	Guangxi	1073.85	1069.11	23	3682.22	3573.68	20
海南	Hainan	1244.81	1216.51	16	2769.81	3136.70	26
重庆	Chongqing	1366.76	1413.74	11	4754.34	5378.43	7
四川	Sichuan	1073.73	1198.49	18	3838.60	4338.35	13
贵州	Guizhou	738.58	773.34	29	2734.10	3005.10	27
云南	Yunnan	1644.83	1673.00	8	2458.57	2954.16	29
西藏	Tibet	498.79	527.03	31	1571.60	1860.14	30
陕西	Shaanxi	1194.07	1103.30	21	4134.26	4866.02	9
甘肃	Gansu	968.61	1009.45	24	2844.09	3003.64	28
青海	Qinghai	802.55	862.68	26	3373.67	3575.28	19
宁夏	Ningxia	645.51	791.97	28	3032.35	3441.70	23
新疆	Xinjiang	676.44	695.03	30	2870.76	3257.05	25

7-4 全体居民人均现金工资性收入和现金经营净收入
Per Capita Cash Income of Wages and Salaries and Cash Net Business Income of Nationwide

单位：元 (yuan)

地区	Region	现金工资性收入 Cash Income of Wages and Salaries 2015	2016	2016排名 Ranking	现金经营净收入 Cash Net Business Income 2015	2016	2016排名 Ranking
全　国	**National Total**	**12386.20**	**13455.18**		**3782.70**	**4217.71**	
北　京	Beijing	30096.80	33114.15	1	1618.40	1396.42	31
天　津	Tianjin	19070.70	21218.55	5	3118.50	3136.65	24
河　北	Hebei	10897.20	11888.90	12	2652.40	3020.30	25
山　西	Shanxi	10872.10	11304.94	15	2614.00	2693.14	27
内蒙古	Inner Mongolia	11984.60	12939.49	10	5647.10	5776.43	2
辽　宁	Liaoning	12678.20	13787.51	9	4464.60	4526.81	9
吉　林	Jilin	8916.80	9699.30	23	4483.00	4814.93	5
黑龙江	Heilongjiang	9161.20	9673.31	24	4647.60	4263.58	13
上　海	Shanghai	30198.90	32718.64	2	1357.60	1398.85	30
江　苏	Jiangsu	17085.80	18664.41	6	4410.00	4723.67	8
浙　江	Zhejiang	20520.20	22206.74	3	6668.00	6588.57	1
安　徽	Anhui	9976.00	10931.58	17	3999.50	4512.71	10
福　建	Fujian	14777.70	16041.91	7	4968.20	5280.21	4
江　西	Jiangxi	10283.00	11309.37	14	2852.70	3579.80	21
山　东	Shandong	13115.10	14259.33	8	5002.40	5470.38	3
河　南	Henan	8784.40	9265.54	26	3597.50	4257.29	14
湖　北	Hubei	10001.00	10818.69	18	4075.40	4781.39	6
湖　南	Hunan	9780.10	10796.91	19	3662.20	4233.78	15
广　东	Guangdong	19616.30	21361.90	4	3718.60	4101.77	17
广　西	Guangxi	8028.20	8882.93	27	3637.80	4779.36	7
海　南	Hainan	11017.70	12258.11	11	3929.80	4042.12	18
重　庆	Chongqing	10625.60	11557.69	13	2954.30	3684.28	20
四　川	Sichuan	8562.20	9278.25	25	3155.80	3993.17	19
贵　州	Guizhou	7022.70	7787.27	29	2820.00	3555.43	22
云　南	Yunnan	7056.90	7659.55	30	3609.70	4433.19	12
西　藏	Tibet	6227.00	7110.99	31	3082.30	4141.08	16
陕　西	Shaanxi	9493.20	10366.10	20	2367.90	2538.32	29
甘　肃	Gansu	7090.60	7910.35	28	2328.00	2746.87	26
青　海	Qinghai	9167.60	10234.59	21	2477.80	2629.22	28
宁　夏	Ningxia	10368.40	11238.88	16	3336.80	3359.71	23
新　疆	Xinjiang	9094.20	9968.17	22	3939.90	4434.40	11

7-5 全体居民人均现金财产净收入和现金转移净收入

Per Capita Cash Net Income from Properties and Cash Net Income from Transfers of Nationwide

单位：元 (yuan)

地区	Region	现金财产净收入 Cash Net Income from Properties			现金转移净收入 Cash Net Income from Transfers		
		2015	2016	2016排名 Ranking	2015	2016	2016排名 Ranking
全 国	**National Total**	**689.50**	**1888.99**		**3565.90**	**4259.09**	
北 京	Beijing	1345.60	8229.63	1	8824.60	9790.18	2
天 津	Tianjin	986.20	3217.37	4	5805.90	6501.88	3
河 北	Hebei	452.50	1335.44	13	2985.20	3480.76	21
山 西	Shanxi	442.80	1111.83	20	3010.30	3938.97	15
内蒙古	Inner Mongolia	610.30	1202.68	17	3456.30	4208.04	14
辽 宁	Liaoning	428.00	1294.10	15	5607.80	6431.28	4
吉 林	Jilin	281.10	861.32	27	3629.20	4591.45	11
黑龙江	Heilongjiang	396.70	994.59	25	3817.90	4907.02	8
上 海	Shanghai	671.70	7684.18	2	9749.70	12503.67	1
江 苏	Jiangsu	916.00	2880.43	6	4942.90	5801.59	5
浙 江	Zhejiang	1881.60	4337.48	3	4222.00	5396.21	6
安 徽	Anhui	323.90	1085.54	22	2949.30	3468.27	22
福 建	Fujian	860.90	2621.87	7	3048.70	3663.95	18
江 西	Jiangxi	546.20	1368.59	12	3366.40	3851.79	16
山 东	Shandong	604.40	1632.83	9	2830.90	3322.73	24
河 南	Henan	465.90	1142.34	19	3135.50	3777.91	17
湖 北	Hubei	310.80	1322.89	14	4006.60	4863.68	10
湖 南	Hunan	821.00	1503.45	10	3990.10	4580.66	12
广 东	Guangdong	1301.10	3096.49	5	1398.30	1735.64	31
广 西	Guangxi	545.10	1069.11	23	3467.40	3573.68	20
海 南	Hainan	518.00	1216.51	16	2458.00	3136.70	26
重 庆	Chongqing	560.20	1413.74	11	4565.00	5378.43	7
四 川	Sichuan	547.00	1198.49	18	3593.90	4338.35	13
贵 州	Guizhou	303.70	773.34	29	2611.70	3005.10	27
云 南	Yunnan	1086.50	1673.00	8	2268.10	2954.16	29
西 藏	Tibet	243.80	527.03	31	1524.90	1860.14	30
陕 西	Shaanxi	722.60	1103.30	21	3845.90	4866.02	9
甘 肃	Gansu	443.90	1009.45	24	2673.80	3003.64	28
青 海	Qinghai	381.50	862.68	26	3013.60	3575.28	19
宁 夏	Ningxia	162.40	791.97	28	2681.40	3441.70	23
新 疆	Xinjiang	197.60	695.03	30	2682.00	3257.05	25

7-6 全体居民人均食品烟酒和其他用品及服务消费支出情况

Consumption and Expenditure of Food Alcohol and Tobacco, and Miscellaneous Goods and Services

单位：元 (yuan)

地区	Region	食品烟酒 Food Alcohol and Tobacco			其他用品及服务 Miscellaneous Goods and Services		
		2015	2016	2016排名 Ranking	2015	2016	2016排名 Ranking
全　国	**National Total**	**4814.00**	**5150.98**		**389.20**	**406.33**	
北　京	Beijing	7584.20	7608.54	4	991.40	1015.24	2
天　津	Tianjin	7709.90	8020.60	2	712.60	781.98	3
河　北	Hebei	3515.50	3819.12	25	293.66	327.84	17
山　西	Shanxi	3089.40	3098.14	31	291.50	302.56	21
内蒙古	Inner Mongolia	4919.80	5169.05	12	528.90	514.42	7
辽　宁	Liaoning	4858.00	5457.81	10	502.20	594.98	6
吉　林	Jilin	3683.50	3948.97	23	393.70	384.07	12
黑龙江	Heilongjiang	3704.10	3996.95	22	339.80	343.77	16
上　海	Shanghai	9271.50	9563.95	1	904.30	1017.59	1
江　苏	Jiangsu	5936.00	6265.66	7	596.50	600.16	5
浙　江	Zhejiang	6975.80	7414.24	5	548.40	512.63	8
安　徽	Anhui	4424.20	4880.22	14	268.80	298.40	22
福　建	Fujian	6440.00	6907.01	6	471.30	392.81	10
江　西	Jiangxi	4181.70	4400.81	18	275.50	293.17	24
山　东	Shandong	4166.20	4489.51	17	352.70	353.14	14
河　南	Henan	3373.70	3585.16	30	305.40	298.02	23
湖　北	Hubei	4499.90	4926.41	13	315.30	349.09	15
湖　南	Hunan	4535.50	4811.96	15	336.80	309.81	20
广　东	Guangdong	7236.70	8015.09	3	599.80	681.91	4
广　西	Guangxi	3960.80	4232.35	20	200.70	190.76	31
海　南	Hainan	5364.10	5745.45	8	268.70	253.97	27
重　庆	Chongqing	5325.50	5611.58	9	294.00	318.67	19
四　川	Sichuan	5001.40	5321.22	11	331.80	367.10	13
贵　州	Guizhou	3375.80	3708.86	27	169.50	204.80	30
云　南	Yunnan	3587.70	3742.40	26	211.50	214.45	29
西　藏	Tibet	3919.80	4530.38	16	223.10	220.14	28
陕　西	Shaanxi	3646.40	3857.22	24	269.10	280.66	25
甘　肃	Gansu	3447.60	3701.20	29	225.70	262.89	26
青　海	Qinghai	3958.20	4271.84	19	310.00	404.81	9
宁　夏	Ningxia	3694.80	3701.27	28	393.40	384.11	11
新　疆	Xinjiang	4092.80	4213.42	21	280.60	320.09	18

7-7 全体居民人均衣着和居住消费支出情况
Consumption and Expenditure of Clothing and Residence

单位：元 (yuan)

地区	Region	衣着 Clothing 2015	2016	2016排名 Ranking	居住 Residence 2015	2016	2016排名 Ranking
全　国	**National Total**	**1164.10**	**1202.73**		**3419.20**	**3746.41**	
北　京	Beijing	2425.70	2432.97	1	10350.20	11187.73	2
天　津	Tianjin	1949.40	1931.23	2	5237.50	5654.75	4
河　北	Hebei	1055.30	1111.13	18	2995.80	3295.02	10
山　西	Shanxi	1146.70	1104.03	20	2297.40	2751.28	19
内蒙古	Inner Mongolia	1759.70	1827.13	3	2918.90	3173.61	12
辽　宁	Liaoning	1561.60	1745.34	4	3471.60	3700.69	8
吉　林	Jilin	1254.90	1266.48	13	2692.30	2794.32	18
黑龙江	Heilongjiang	1288.30	1313.67	10	2619.60	2616.85	25
上　海	Shanghai	1622.70	1733.98	5	11307.50	12263.92	1
江　苏	Jiangsu	1415.10	1453.30	7	4551.60	5107.23	7
浙　江	Zhejiang	1646.50	1564.08	6	5964.20	6133.49	3
安　徽	Anhui	924.60	990.84	25	2630.00	3047.25	15
福　建	Fujian	1134.60	1093.11	21	4638.20	5199.85	6
江　西	Jiangxi	929.10	944.69	26	2783.40	3089.12	14
山　东	Shandong	1276.60	1326.09	9	2903.30	3214.68	11
河　南	Henan	1141.90	1141.70	16	2387.90	2630.02	24
湖　北	Hubei	1073.10	1106.46	19	3007.00	3369.93	9
湖　南	Hunan	1028.00	1057.86	22	2810.80	3104.61	13
广　东	Guangdong	1103.40	1209.90	15	4677.10	5247.05	5
广　西	Guangxi	503.10	532.54	31	2559.90	2735.50	21
海　南	Hainan	568.30	596.53	30	2628.00	2647.09	23
重　庆	Chongqing	1334.70	1373.73	8	2743.40	2903.11	16
四　川	Sichuan	1071.30	1140.83	17	2400.90	2734.40	22
贵　州	Guizhou	719.20	810.64	28	2185.70	2518.19	27
云　南	Yunnan	625.70	653.53	29	2146.40	2346.56	29
西　藏	Tibet	764.30	926.83	27	1374.60	1522.77	31
陕　西	Shaanxi	989.40	1024.12	23	2786.10	2850.15	17
甘　肃	Gansu	967.70	994.49	24	2120.80	2294.94	30
青　海	Qinghai	1232.00	1269.54	12	2352.80	2595.49	26
宁　夏	Ningxia	1237.90	1219.92	14	2607.30	2741.75	20
新　疆	Xinjiang	1274.50	1271.63	11	2227.90	2492.94	28

7-8 全体居民人均生活用品及服务、交通和通信消费支出情况
Consumption and Expenditure of Household Facilities, Articles and Services, and Transport and Communications

单位：元 (yuan)

地区	Region	生活用品及服务 Household Facilities, Articles and Services			交通和通信 Transport and Communications		
		2015	2016	2016排名 Ranking	2015	2016	2016排名 Ranking
全国	**National Total**	**951.40**	**1043.74**		**2086.90**	**2337.83**	
北京	Beijing	2098.30	2327.22	1	4489.60	4701.74	1
天津	Tianjin	1514.00	1561.72	3	3185.90	3752.20	4
河北	Hebei	832.20	957.57	14	1807.60	2062.21	14
山西	Shanxi	672.50	679.62	30	1501.40	1709.01	24
内蒙古	Inner Mongolia	1030.90	1126.85	9	2569.00	2525.51	9
辽宁	Liaoning	1028.70	1182.44	7	2282.00	2837.32	7
吉林	Jilin	718.40	773.86	23	1810.10	2073.03	13
黑龙江	Heilongjiang	672.40	750.72	26	1675.10	2040.91	16
上海	Shanghai	1484.60	1755.19	2	4206.50	4228.45	3
江苏	Jiangsu	1238.20	1363.14	5	2984.70	3372.18	5
浙江	Zhejiang	1159.30	1224.02	6	3961.30	4377.33	2
安徽	Anhui	698.80	868.80	21	1622.30	1975.18	17
福建	Fujian	1047.50	1111.22	11	2305.30	2504.23	10
江西	Jiangxi	736.60	765.03	24	1444.40	1576.90	27
山东	Shandong	1038.10	1124.46	10	2104.20	2324.82	11
河南	Henan	910.60	953.78	15	1355.40	1550.84	29
湖北	Hubei	868.60	938.10	17	1722.50	1930.97	19
湖南	Hunan	883.60	993.09	12	1624.60	1915.50	20
广东	Guangdong	1245.30	1401.95	4	3020.20	3296.50	6
广西	Guangxi	672.50	710.99	27	1445.70	1541.56	30
海南	Hainan	697.90	704.26	28	1783.10	1762.16	22
重庆	Chongqing	1064.30	1145.76	8	1746.40	1941.63	18
四川	Sichuan	918.40	967.24	13	1629.20	1850.32	21
贵州	Guizhou	636.20	751.31	25	1321.60	1610.64	26
云南	Yunnan	644.30	682.11	29	1632.60	1723.53	23
西藏	Tibet	394.90	500.81	31	1025.90	989.95	31
陕西	Shaanxi	887.30	953.37	16	1537.10	1664.11	25
甘肃	Gansu	708.80	802.96	22	1214.70	1572.96	28
青海	Qinghai	793.40	873.83	20	2263.30	2287.01	12
宁夏	Ningxia	885.40	924.56	18	1806.10	2748.55	8
新疆	Xinjiang	788.80	911.64	19	1842.40	2052.38	15

7-9 全体居民人均教育、文化娱乐和医疗保健消费支出情况

Consumption and Expenditure of Education, Culture and Recreation, and Health Care and Medical Services

单位：元 (yuan)

地区	Region	教育、文化和娱乐 Education, Culture and Recreation			医疗保健 Health Care and Medical Services		
		2015	2016	2016排名 Ranking	2015	2016	2016排名 Ranking
全　国	**National Total**	**1723.10**	**1915.26**		**1164.50**	**1307.45**	
北　京	Beijing	3634.60	3686.57	2	2228.60	2455.73	2
天　津	Tianjin	2096.00	2403.97	7	1757.10	2022.90	3
河　北	Hebei	1338.60	1449.24	25	1192.00	1225.37	18
山　西	Shanxi	1628.00	1810.72	12	1102.00	1227.50	17
内蒙古	Inner Mongolia	2067.10	2165.75	9	1384.30	1569.95	7
辽　宁	Liaoning	1973.30	2422.13	6	1522.40	1912.10	4
吉　林	Jilin	1683.60	1850.12	11	1527.50	1681.70	6
黑龙江	Heilongjiang	1526.20	1688.28	18	1577.00	1694.66	5
上　海	Shanghai	3718.10	4174.55	1	2268.30	2720.69	1
江　苏	Jiangsu	2423.80	2514.53	4	1409.60	1453.70	13
浙　江	Zhejiang	2428.30	2794.30	3	1433.00	1506.54	10
安　徽	Anhui	1339.30	1558.78	21	932.30	1092.06	24
福　建	Fujian	1784.70	1905.39	10	1028.60	1053.86	25
江　西	Jiangxi	1354.00	1424.44	29	698.80	764.47	29
山　东	Shandong	1557.30	1754.62	15	1180.10	1339.03	15
河　南	Henan	1337.20	1439.45	27	1023.10	1113.36	23
湖　北	Hubei	1577.60	1739.53	17	1252.50	1528.15	9
湖　南	Hunan	2049.70	2392.66	8	998.30	1164.96	20
广　东	Guangdong	2117.30	2451.16	5	976.10	1144.87	21
广　西	Guangxi	1280.10	1444.05	26	778.10	907.44	28
海　南	Hainan	1278.00	1544.93	22	987.00	1020.96	26
重　庆	Chongqing	1513.40	1745.89	16	1117.90	1344.45	14
四　川	Sichuan	1207.90	1284.78	30	1071.20	1172.64	19
贵　州	Guizhou	1401.20	1602.47	19	604.60	724.70	30
云　南	Yunnan	1281.50	1429.76	28	875.70	976.43	27
西　藏	Tibet	314.10	370.14	31	229.20	257.69	31
陕　西	Shaanxi	1608.40	1785.24	13	1363.50	1528.16	8
甘　肃	Gansu	1315.90	1502.08	23	949.50	1122.73	22
青　海	Qinghai	1383.40	1568.24	20	1318.20	1503.91	11
宁　夏	Ningxia	1707.90	1772.08	14	1482.90	1473.18	12
新　疆	Xinjiang	1282.10	1471.20	24	1078.30	1333.17	16

7-10 全体居民人均现金和食品烟酒现金消费支出情况

Consumption and Expenditure of Cash Consumption Expenditure, and Food, Alcohol and Tobacco

单位：元 (yuan)

地区	Region	现金消费支出 Cash Consumption Expenditure 2014	2015	2015排名 Ranking	食品烟酒 Food, Alcohol and Tobacco 2014	2015	2015排名 Ranking
全　国	**National Total**	**11975.70**	**12988.70**		**4185.60**	**4505.00**	
北　京	Beijing	23254.60	25262.70	1	7370.60	7447.70	3
天　津	Tianjin	18677.40	20215.90	3	7187.40	7552.50	2
河　北	Hebei	10128.30	10995.80	22	3150.10	3417.40	25
山　西	Shanxi	9234.30	10025.10	26	2746.00	2909.00	29
内蒙古	Inner Mongolia	14495.70	15285.20	7	4492.00	4702.20	10
辽　宁	Liaoning	13486.20	14564.90	9	4317.50	4621.20	11
吉　林	Jilin	11374.30	11920.20	14	3363.30	3489.10	22
黑龙江	Heilongjiang	11178.00	11793.40	15	3474.00	3628.40	20
上　海	Shanghai	23375.00	24389.50	2	8750.00	9020.50	1
江　苏	Jiangsu	15660.00	16780.70	6	5333.80	5695.60	7
浙　江	Zhejiang	18014.80	19278.30	4	6361.70	6741.20	5
安　徽	Anhui	9677.20	10665.30	23	3755.40	4148.70	13
福　建	Fujian	14389.10	15273.10	8	5759.60	6170.60	6
江　西	Jiangxi	8917.90	10047.40	25	3397.90	3795.60	17
山　东	Shandong	11383.50	12465.10	11	3795.60	4042.80	16
河　南	Henan	9480.20	10213.50	24	3085.60	3263.70	26
湖　北	Hubei	10587.50	11707.00	17	3743.00	4103.90	14
湖　南	Hunan	11099.40	11997.40	13	3752.50	4068.80	15
广　东	Guangdong	16224.60	17567.80	5	6199.80	6799.90	4
广　西	Guangxi	8147.60	9174.10	28	3150.10	3474.00	24
海　南	Hainan	10423.90	11372.80	18	4680.80	5125.20	8
重　庆	Chongqing	11383.90	12603.50	10	4476.70	4817.30	9
四　川	Sichuan	10111.90	11123.30	21	3891.40	4276.90	12
贵　州	Guizhou	7491.50	8484.40	30	2551.20	2857.00	30
云　南	Yunnan	7911.20	8860.10	29	2728.70	3054.30	28
西　藏	Tibet	5296.90	6193.10	31	2322.00	2841.80	31
陕　西	Shaanxi	10487.40	11236.20	19	3203.30	3485.70	23
甘　肃	Gansu	8342.80	9278.90	27	2862.00	3116.60	27
青　海	Qinghai	10769.00	11783.90	16	3398.00	3629.40	19
宁　夏	Ningxia	10873.50	12074.60	12	3331.60	3504.10	21
新　疆	Xinjiang	10309.70	11164.90	20	3534.40	3737.70	18

7-11 全体居民人均衣着和居住现金消费支出情况
Consumption and Expenditure of Clothing and Residence

单位：元 (yuan)

地区	Region	衣着 Clothing 2014	衣着 Clothing 2015	2015排名 Ranking	居住 Residence 2014	居住 Residence 2015	2015排名 Ranking
全　国	**National Total**	**1098.60**	**1163.50**		**1215.70**	**1251.90**	
北　京	Beijing	2358.60	2424.50	1	2092.10	2426.00	1
天　津	Tianjin	1859.10	1949.10	2	1780.30	1903.30	3
河　北	Hebei	971.20	1054.30	21	1188.80	1252.40	12
山　西	Shanxi	1081.80	1143.10	15	1021.30	1005.70	22
内蒙古	Inner Mongolia	1687.40	1759.40	3	1438.20	1426.90	8
辽　宁	Liaoning	1477.30	1561.10	6	1438.80	1424.60	9
吉　林	Jilin	1228.80	1254.90	12	1224.20	1242.20	13
黑龙江	Heilongjiang	1290.40	1288.20	9	1319.50	1218.50	15
上　海	Shanghai	1612.00	1622.60	5	2430.70	2322.50	2
江　苏	Jiangsu	1384.60	1414.80	7	1304.70	1444.00	7
浙　江	Zhejiang	1586.60	1645.60	4	1616.20	1762.70	5
安　徽	Anhui	868.90	923.60	26	962.80	944.60	24
福　建	Fujian	1097.20	1134.40	17	1558.70	1554.90	6
江　西	Jiangxi	853.10	928.90	25	899.70	924.50	26
山　东	Shandong	1167.70	1275.40	10	1145.30	1106.20	18
河　南	Henan	1111.60	1141.90	16	967.40	1063.80	19
湖　北	Hubei	1008.70	1072.40	19	1097.60	1109.00	17
湖　南	Hunan	913.80	1027.50	22	1176.20	1161.70	16
广　东	Guangdong	1014.10	1102.90	18	1865.50	1863.50	4
广　西	Guangxi	460.30	503.00	31	910.50	1006.20	21
海　南	Hainan	549.60	567.60	30	950.70	954.90	23
重　庆	Chongqing	1275.50	1334.50	8	832.90	906.60	27
四　川	Sichuan	973.80	1070.70	20	823.80	856.90	29
贵　州	Guizhou	666.20	719.00	28	728.00	887.20	28
云　南	Yunnan	566.90	625.50	29	686.70	722.80	30
西　藏	Tibet	732.80	763.70	27	385.10	448.60	31
陕　西	Shaanxi	944.40	989.10	23	1294.90	1386.60	11
甘　肃	Gansu	884.10	967.50	24	940.20	929.10	25
青　海	Qinghai	1152.90	1231.90	14	1356.50	1235.80	14
宁　夏	Ningxia	1169.90	1237.10	13	1104.10	1405.50	10
新　疆	Xinjiang	1203.90	1272.80	11	1123.30	1063.20	20

7-12 全体居民人均生活用品及服务、交通和通信现金消费支出情况

Consumption and Expenditure of Household Facilities, Articles and Services, and Transport and Communications

单位：元 (yuan)

地区	Region	生活用品及服务 Household Facilities, Articles and Services 2014	2015	2015排名 Ranking	交通和通信 Transport and Communications 2014	2015	2015排名 Ranking
全　国	**National Total**	**882.60**	**943.80**		**1866.20**	**2083.70**	
北　京	Beijing	2027.50	2094.40	1	3575.00	4485.20	1
天　津	Tianjin	1293.80	1510.70	2	2867.00	3149.30	4
河　北	Hebei	770.50	829.60	18	1746.60	1806.70	14
山　西	Shanxi	610.30	667.30	27	1214.10	1500.30	25
内蒙古	Inner Mongolia	1008.30	1030.80	9	2405.10	2568.80	7
辽　宁	Liaoning	908.30	1015.80	11	1937.10	2266.40	9
吉　林	Jilin	685.70	713.90	22	1631.10	1807.10	13
黑龙江	Heilongjiang	670.20	672.00	25	1587.30	1674.40	19
上　海	Shanghai	1525.90	1481.20	3	3576.20	4183.30	2
江　苏	Jiangsu	1094.00	1220.90	5	2865.00	2982.00	6
浙　江	Zhejiang	1097.50	1136.60	6	3666.60	3956.00	3
安　徽	Anhui	691.30	692.40	24	1323.80	1620.60	23
福　建	Fujian	1026.10	1042.90	8	2064.50	2299.70	8
江　西	Jiangxi	678.80	736.30	21	1164.10	1444.10	26
山　东	Shandong	988.60	1029.10	10	1821.50	2103.60	11
河　南	Henan	874.80	909.80	12	1224.70	1355.10	28
湖　北	Hubei	810.00	866.80	17	1338.80	1721.30	18
湖　南	Hunan	793.00	880.20	15	1597.00	1622.50	22
广　东	Guangdong	1104.60	1236.80	4	2789.70	3016.00	5
广　西	Guangxi	606.60	662.80	28	1197.60	1441.50	27
海　南	Hainan	652.50	669.20	26	1437.30	1782.60	16
重　庆	Chongqing	975.10	1060.50	7	1475.70	1743.70	17
四　川	Sichuan	868.60	898.10	13	1434.40	1627.50	21
贵　州	Guizhou	600.60	632.00	30	1079.80	1321.10	29
云　南	Yunnan	561.60	637.20	29	1513.00	1631.40	20
西　藏	Tibet	398.30	393.10	31	796.00	1025.90	31
陕　西	Shaanxi	792.40	882.10	14	1533.50	1535.20	24
甘　肃	Gansu	649.60	697.50	23	1071.50	1214.20	30
青　海	Qinghai	708.50	791.00	19	1790.10	2263.30	10
宁　夏	Ningxia	783.00	871.80	16	1759.60	1793.10	15
新　疆	Xinjiang	667.80	787.40	20	1624.50	1842.30	12

7-13 全体居民人均教育、文化娱乐和医疗保健现金消费支出情况

Consumption and Expenditure of Education, Culture and Recreation, and Health Care and Medical Services

单位：元 (yuan)

地区	Region	教育、文化和娱乐 Education, Culture and Recreation 2014	2015	2015排名 Ranking	医疗保健 Health Care and Medical Services 2014	2015	2015排名 Ranking
全　国	**National Total**	**1534.90**	**1722.00**		**838.30**	**933.30**	
北　京	Beijing	3267.50	3633.60	2	1593.00	1763.20	1
天　津	Tianjin	1832.00	2094.00	6	1257.60	1356.80	3
河　北	Hebei	1144.30	1338.20	23	884.80	1005.40	12
山　西	Shanxi	1484.20	1627.90	13	773.90	886.50	18
内蒙古	Inner Mongolia	1812.90	2066.60	7	1176.30	1203.80	6
辽　宁	Liaoning	1833.40	1961.50	9	1073.20	1221.30	5
吉　林	Jilin	1550.70	1683.50	12	1320.90	1335.90	4
黑龙江	Heilongjiang	1406.60	1526.20	17	1107.50	1447.90	2
上　海	Shanghai	3298.00	3713.40	1	1200.70	1145.40	8
江　苏	Jiangsu	2237.40	2422.40	4	930.30	1007.60	11
浙　江	Zhejiang	2167.90	2426.20	3	1022.80	1066.30	10
安　徽	Anhui	1155.80	1338.90	22	656.50	731.60	25
福　建	Fujian	1665.80	1784.60	10	729.70	818.00	23
江　西	Jiangxi	1151.00	1354.00	21	530.90	590.30	29
山　东	Shandong	1302.50	1556.80	16	872.20	1003.10	13
河　南	Henan	1160.70	1337.20	24	768.50	837.70	22
湖　北	Hubei	1478.80	1577.20	15	835.40	944.80	14
湖　南	Hunan	1764.90	2048.90	8	813.60	854.30	20
广　东	Guangdong	1961.90	2114.80	5	763.50	839.60	21
广　西	Guangxi	1115.00	1279.40	28	526.10	609.20	28
海　南	Hainan	1357.90	1277.50	29	549.20	727.80	26
重　庆	Chongqing	1319.20	1513.10	18	765.00	937.30	16
四　川	Sichuan	1060.40	1207.30	30	776.80	857.00	19
贵　州	Guizhou	1221.80	1401.20	19	481.40	499.70	30
云　南	Yunnan	1096.70	1281.50	27	606.00	698.50	27
西　藏	Tibet	266.70	314.10	31	154.50	183.30	31
陕　西	Shaanxi	1500.00	1607.80	14	963.70	1084.60	9
甘　肃	Gansu	1092.30	1315.80	25	642.30	816.90	24
青　海	Qinghai	1292.70	1382.60	20	737.10	942.30	15
宁　夏	Ningxia	1416.10	1707.80	11	1006.00	1179.20	7
新　疆	Xinjiang	1100.80	1282.00	26	814.10	899.60	17

7-14 城镇居民年人均可支配收入和消费支出
Per Capita Disposable Income and Consumption Expenditure of Urban Households

单位：元 (yuan)

地区	Region	可支配收入 Disposable Income 2010	2015	2016	2016排名 Ranking	消费支出 Consumption Expenditure 2015	2016	2016排名 Ranking
全 国	**National Total**	**19109.44**	**31194.83**	**33616.25**		**21392.36**	**23078.90**	
北 京	Beijing	29072.93	52859.17	57275.31	2	36642.00	38255.52	2
天 津	Tianjin	24292.60	34101.35	37109.57	6	26229.52	28344.58	5
河 北	Hebei	16263.43	26152.16	28249.39	22	17586.62	19105.89	24
山 西	Shanxi	15647.66	25827.72	27352.33	24	15818.61	16992.82	31
内蒙古	Inner Mongolia	17698.15	30594.10	32974.95	9	21876.47	22744.45	9
辽 宁	Liaoning	17712.58	31125.73	32876.09	10	21556.72	24995.89	8
吉 林	Jilin	15411.47	24900.86	26530.42	29	17972.62	19166.38	23
黑龙江	Heilongjiang	13856.51	24202.62	25736.43	30	17152.07	18145.16	27
上 海	Shanghai	31838.08	52961.86	57691.67	1	36946.12	39856.76	1
江 苏	Jiangsu	22944.26	37173.48	40151.59	4	24966.04	26432.93	6
浙 江	Zhejiang	27359.02	43714.48	47237.18	3	28661.27	30067.66	3
安 徽	Anhui	15788.17	26935.76	29155.98	14	17233.53	19606.25	18
福 建	Fujian	21781.31	33275.34	36014.26	7	23520.19	25005.52	7
江 西	Jiangxi	15481.12	26500.12	28673.28	15	16731.81	17695.65	29
山 东	Shandong	19945.83	31545.27	34012.08	8	19853.77	21495.29	10
河 南	Henan	15930.26	25575.61	27232.92	25	17154.30	18087.79	28
湖 北	Hubei	16058.37	27051.47	29385.80	13	18192.28	20040.03	17
湖 南	Hunan	16565.70	28838.07	31283.89	11	19501.37	21419.99	11
广 东	Guangdong	23897.80	34757.16	37684.25	5	25673.08	28613.33	4
广 西	Guangxi	17063.89	26415.87	28324.43	21	16321.16	17268.45	30
海 南	Hainan	15581.05	26356.42	28453.47	18	18448.35	19015.47	25
重 庆	Chongqing	17532.43	27238.84	29609.96	12	19742.29	21030.94	13
四 川	Sichuan	15461.16	26205.25	28335.30	20	19276.85	20659.81	15
贵 州	Guizhou	14142.74	24579.64	26742.61	28	16914.20	19201.68	22
云 南	Yunnan	16064.54	26373.23	28610.57	16	17674.99	18622.40	26
西 藏	Tibet	14980.47	25456.63	27802.39	23	17022.01	19440.48	20
陕 西	Shaanxi	15695.21	26420.21	28440.09	19	18463.87	19368.90	21
甘 肃	Gansu	13188.55	23767.08	25693.49	31	17450.86	19539.22	19
青 海	Qinghai	13854.99	24542.35	26757.41	27	19200.65	20853.17	14
宁 夏	Ningxia	15344.49	25186.01	27153.01	26	18983.88	20364.23	16
新 疆	Xinjiang	13643.77	26274.66	28463.43	17	19414.74	21228.50	12

7-15 城镇居民年人均工资性收入和经营净收入

Per Capita Annual Income from Wages and Salaries and Net Business Income of Urban Households

单位：元 (yuan)

地区	Region	工资性收入 Income from Wages and Salaries 2010	2015	2016	2016排名 Ranking	经营净收入 Net Business Income 2010	2015	2016	2016排名 Ranking
全　国	**National Total**	**13707.68**	**19337.10**	**20664.99**		**1713.51**	**3476.08**	**3770.10**	
北　京	Beijing	23099.09	32568.00	35701.13	1	1170.65	1336.47	1291.93	30
天　津	Tianjin	16780.41	21060.43	23206.82	6	931.81	2457.85	2665.57	21
河　北	Hebei	10566.30	16705.34	18031.94	18	1043.72	1828.55	1983.29	27
山　西	Shanxi	10784.74	16561.81	16954.36	21	1044.85	2789.82	2659.14	22
内蒙古	Inner Mongolia	12614.46	18989.33	20354.92	10	2013.77	4801.08	5465.90	2
辽　宁	Liaoning	11712.68	17126.74	18315.81	14	1797.82	3611.94	3950.81	12
吉　林	Jilin	10621.43	14791.80	15837.76	27	1363.73	2655.45	2518.90	23
黑龙江	Heilongjiang	9087.59	14371.77	15008.56	31	1266.72	2526.75	2670.72	20
上　海	Shanghai	25439.97	32009.96	34338.67	2	1628.22	1302.55	1400.14	29
江　苏	Jiangsu	14816.87	22460.48	24213.93	5	2519.06	4133.72	4411.12	7
浙　江	Zhejiang	18313.60	24947.73	26655.90	4	3640.87	6645.62	7126.02	1
安　徽	Anhui	11442.43	16928.73	18277.89	15	1172.36	4172.24	4420.45	6
福　建	Fujian	15682.48	20714.28	22213.41	8	2135.92	4571.46	4919.35	3
江　西	Jiangxi	10613.83	16834.91	18135.90	16	1266.21	2108.09	2384.69	24
山　东	Shandong	15731.23	20386.07	21812.27	9	1703.72	4375.21	4778.40	5
河　南	Henan	10804.88	15624.35	15829.02	28	1478.06	3539.44	3754.51	13
湖　北	Hubei	11460.49	15571.59	16517.54	24	1391.83	3792.21	4150.24	11
湖　南	Hunan	10782.04	15902.75	17274.86	19	1880.90	3993.56	4339.18	8
广　东	Guangdong	18902.43	26136.85	27965.30	3	2666.53	3823.19	4203.91	10
广　西	Guangxi	12061.82	15163.07	16492.82	25	1474.90	3665.05	4804.78	4
海　南	Hainan	10957.92	17214.87	18891.85	12	1716.74	2927.42	2914.63	18
重　庆	Chongqing	12738.20	15936.19	17043.05	20	1263.20	2974.06	3347.76	15
四　川	Sichuan	11310.70	15242.25	16219.06	26	1198.69	3054.36	3326.73	16
贵　州	Guizhou	9627.99	14166.15	15351.45	30	1174.02	3729.81	4282.05	9
云　南	Yunnan	10845.21	14658.99	15543.86	29	1122.89	3173.83	3490.46	14
西　藏	Tibet	14707.14	20560.50	22397.96	7	395.66	728.06	723.33	31
陕　西	Shaanxi	12078.35	15742.46	16876.80	22	573.19	2139.58	2013.89	25
甘　肃	Gansu	9882.50	15189.33	16751.22	23	687.96	1805.09	1960.55	28
青　海	Qinghai	10061.58	16899.17	18740.93	13	943.96	1765.25	2007.65	26
宁　夏	Ningxia	10821.22	16884.69	18032.88	17	2238.13	2699.59	2824.41	19
新　疆	Xinjiang	11327.91	17943.27	19173.37	11	1131.78	2693.15	2940.52	17

7-16 城镇居民年人均财产净收入和转移净收入

Per Capita Net Income from Properties and Income from Transfers of Urban Households

单位：元 (yuan)

地区	Region	财产净收入 Net Income from Properties				转移净收入 Net Income from Transfers			
		2010	2015	2016	2016排名 Ranking	2010	2015	2016	2016排名 Ranking
全　国	**National Total**	**520.33**	**3041.93**	**3271.33**		**5091.90**	**5339.72**	**5909.82**	
北　京	Beijing	655.91	8492.34	9309.77	1	8434.77	10462.37	10972.48	2
天　津	Tianjin	333.17	3400.28	3721.16	8	8896.61	7182.78	7516.02	4
河　北	Hebei	323.97	2322.64	2512.55	12	5400.43	5295.63	5721.61	15
山　西	Shanxi	198.59	1788.57	2003.46	22	4864.81	4687.51	5735.37	14
内蒙古	Inner Mongolia	432.82	1869.66	1732.91	25	3953.19	4934.03	5421.23	18
辽　宁	Liaoning	249.59	2149.29	1832.59	24	6254.48	8237.76	8776.87	3
吉　林	Jilin	163.83	1368.49	1388.09	28	4645.45	6085.12	6785.67	9
黑龙江	Heilongjiang	102.05	1340.82	1305.33	29	4639.19	5963.29	6751.82	10
上　海	Shanghai	512.12	7915.35	8487.04	2	8158.20	11734.00	13465.82	1
江　苏	Jiangsu	471.04	3681.80	4151.16	6	7308.57	6897.48	7375.39	6
浙　江	Zhejiang	1470.13	6048.34	6381.06	3	6710.19	6072.78	7074.19	7
安　徽	Anhui	427.01	1881.90	2079.92	20	4584.91	3952.89	4377.73	29
福　建	Fujian	1420.84	3822.24	4199.43	5	4910.35	4167.37	4682.07	24
江　西	Jiangxi	344.77	2591.75	2619.25	11	4333.20	4965.37	5533.42	17
山　东	Shandong	490.22	2475.48	2740.20	10	3811.78	4308.51	4681.22	25
河　南	Henan	222.07	1990.31	2411.84	13	4636.80	4421.52	5237.55	19
湖　北	Hubei	378.34	1985.26	2299.27	16	4342.17	5702.40	6418.75	13
湖　南	Hunan	541.11	2800.98	3009.64	9	4453.02	6140.78	6660.21	11
广　东	Guangdong	956.60	3799.54	4374.77	4	4371.30	997.58	1140.27	31
广　西	Guangxi	576.87	2307.89	2229.18	17	4628.62	5279.86	4797.66	23
海　南	Hainan	559.76	2198.67	2170.33	19	3695.21	4015.47	4476.66	28
重　庆	Chongqing	312.64	2174.71	2221.49	18	4676.51	6153.88	6997.67	8
四　川	Sichuan	378.08	2168.96	2363.48	14	4241.43	5739.68	6426.03	12
贵　州	Guizhou	213.83	1868.13	1940.70	23	4122.96	4815.55	5168.41	20
云　南	Yunnan	1162.12	4036.10	4021.47	7	4348.70	4504.31	5554.78	16
西　藏	Tibet	233.04	1657.25	1705.99	26	1203.14	2510.82	2975.12	30
陕　西	Shaanxi	187.39	2273.87	2056.51	21	4225.78	6264.30	7492.89	5
甘　肃	Gansu	72.23	2294.53	2355.81	15	3664.59	4478.14	4625.90	26
青　海	Qinghai	73.90	1330.84	1451.03	27	4401.37	4547.09	4557.80	27
宁　夏	Ningxia	189.52	1081.46	1255.37	31	4287.91	4520.28	5040.34	22
新　疆	Xinjiang	151.94	1267.84	1279.28	30	2809.96	4370.39	5070.26	21

7-17　城镇居民年人均食品与其他用品及服务支出

Per Capita Consumption Expenditure for Food and Miscellaneous Goods and Services of Urban Households

单位：元　　(yuan)

地区	Region	食品（元） Food				其他用品及服务 Miscellaneous Goods and Services		
		2010	2015	2016	2016排名 Ranking	2015	2016	2016排名 Ranking
全　国	**National Total**	**4804.71**	**6359.68**	**6762.41**		**577.5**	**594.7**	
北　京	Beijing	6392.90	8091.12	8070.38	7	1117.4	1140.6	1
天　津	Tianjin	5940.44	8447.71	8679.65	4	803.4	892.2	3
河　北	Hebei	3335.23	4581.13	4991.56	28	413.1	460.4	20
山　西	Shanxi	3052.57	3981.03	3862.79	31	414.9	450.1	21
内蒙古	Inner Mongolia	4211.48	6210.34	6445.77	13	739.9	699.9	7
辽　宁	Liaoning	4658.00	6092.46	6901.64	11	673.6	802.8	5
吉　林	Jilin	3767.85	4640.58	4975.74	29	551.7	534.9	14
黑龙江	Heilongjiang	3784.72	4749.65	5019.31	27	474.5	468.3	19
上　海	Shanghai	7776.98	9690.68	10014.76	1	968.9	1102.1	2
江　苏	Jiangsu	5243.14	7003.78	7389.21	9	747.2	736.6	6
浙　江	Zhejiang	6118.46	8092.03	8467.28	5	682.0	645.3	8
安　徽	Anhui	4369.63	5802.05	6381.73	15	389.5	432.9	26
福　建	Fujian	5790.72	7759.14	8299.57	6	622.1	492.8	16
江　西	Jiangxi	4195.38	5407.85	5667.46	23	418.8	449.6	22
山　东	Shandong	4205.88	5527.45	5929.43	21	543.5	526.9	15
河　南	Henan	3575.75	4818.75	5067.71	26	533.1	492.8	17
湖　北	Hubei	4429.30	5828.55	6294.26	16	389.0	435.6	24
湖　南	Hunan	4322.09	6075.50	6407.71	14	526.6	437.4	23
广　东	Guangdong	6746.62	8533.35	9421.58	2	771.4	870.1	4
广　西	Guangxi	4372.75	5610.15	5937.18	20	323.1	299.3	31
海　南	Hainan	4895.96	7051.76	7419.69	8	355.6	341.0	30
重　庆	Chongqing	5012.56	6627.56	6883.85	12	404.2	434.4	25
四　川	Sichuan	4779.60	6783.10	7118.40	10	556.4	577.1	12
贵　州	Guizhou	4013.67	5282.68	6010.29	18	304.5	374.6	29
云　南	Yunnan	4593.49	5346.39	5528.20	24	421.6	414.3	27
西　藏	Tibet	4847.58	7237.53	8727.76	3	514.6	596.5	10
陕　西	Shaanxi	4381.40	5146.37	5422.04	25	402.6	409.0	28
甘　肃	Gansu	3702.18	5345.88	5777.33	22	395.5	479.9	18
青　海	Qinghai	3784.81	5502.58	5975.67	19	439.0	614.9	9
宁　夏	Ningxia	3768.09	4883.35	4889.22	30	604.5	546.6	13
新　疆	Xinjiang	3694.81	5954.87	6179.44	17	501.6	581.5	11

7-18 城镇居民年人均衣着和居住支出

Per Capita Consumption Expenditure for Clothing and Residence of Urban Households

单位：元 (yuan)

地区	Region	衣着 Clothing 2010	2015	2016	2016排名 Ranking	居住 Residence 2010	2015	2016	2016排名 Ranking
全国	**National Total**	**1444.34**	**1701.13**	**1739.01**		**1332.14**	**4725.98**	**5113.71**	
北京	Beijing	2087.91	2651.28	2643.05	1	1577.35	11252.02	12128.04	2
天津	Tianjin	1567.58	2144.43	2113.97	4	1615.57	5667.17	6187.34	6
河北	Hebei	1225.94	1544.24	1614.41	20	1344.47	4111.59	4483.24	9
山西	Shanxi	1205.89	1705.09	1602.96	21	1245.00	3019.53	3633.80	26
内蒙古	Inner Mongolia	2203.59	2474.00	2543.26	2	1384.45	3710.27	4006.13	12
辽宁	Liaoning	1586.81	2065.55	2321.27	3	1314.79	4416.13	4632.83	8
吉林	Jilin	1570.68	1812.94	1818.96	11	1344.41	3532.25	3611.95	28
黑龙江	Heilongjiang	1608.37	1773.49	1804.37	14	1128.14	3416.44	3352.35	31
上海	Shanghai	1794.06	1711.59	1834.79	10	2166.22	12136.95	13216.02	1
江苏	Jiangsu	1465.54	1781.40	1809.51	13	1234.05	5644.72	6140.57	7
浙江	Zhejiang	1802.29	2041.30	1903.94	9	1418.00	7230.52	7385.39	3
安徽	Anhui	1225.56	1403.29	1490.99	26	1229.64	3460.05	3931.17	13
福建	Fujian	1281.25	1489.82	1443.55	28	1606.27	5811.38	6530.52	4
江西	Jiangxi	1138.84	1478.34	1472.19	27	1109.82	3619.92	3915.86	15
山东	Shandong	1745.20	1943.04	1977.66	5	1408.64	4058.38	4473.10	10
河南	Henan	1444.63	1797.63	1746.62	17	1080.10	3391.14	3753.39	23
湖北	Hubei	1415.68	1523.08	1557.43	23	1187.54	3742.72	4176.70	11
湖南	Hunan	1277.47	1638.14	1666.36	19	1182.33	3519.57	3918.65	14
广东	Guangdong	1230.72	1453.68	1583.42	22	1925.21	5715.35	6410.37	5
广西	Guangxi	926.42	845.80	886.27	30	1166.85	3629.33	3784.29	20
海南	Hainan	636.14	828.64	859.61	31	1103.76	3679.83	3527.74	30
重庆	Chongqing	1697.55	1931.70	1939.22	8	1275.96	3679.61	3801.14	18
四川	Sichuan	1259.49	1703.84	1767.47	16	1126.65	3335.46	3756.46	22
贵州	Guizhou	1102.41	1346.73	1525.45	25	890.75	3468.42	3793.14	19
云南	Yunnan	1158.82	1138.24	1195.48	29	835.45	3612.37	3814.35	16
西藏	Tibet	1158.60	1611.56	1812.49	12	726.59	3588.89	3614.52	27
陕西	Shaanxi	1428.20	1500.47	1542.19	24	1126.92	3823.44	3681.52	25
甘肃	Gansu	1255.69	1758.55	1776.94	15	910.34	3539.94	3752.60	24
青海	Qinghai	1185.56	1902.48	1963.53	7	923.52	3340.12	3809.42	17
宁夏	Ningxia	1417.47	1786.99	1726.72	18	1181.71	3608.31	3770.48	21
新疆	Xinjiang	1513.42	2013.11	1966.05	6	898.38	3166.92	3543.90	29

7-19 城镇居民年人均生活用品及服务和医疗保健支出

Per Capita Household Facilities Articles and Services and Health Care and Medical Services of Urban Households

单位：元 (yuan)

地区	Region	生活用品及服务 Household Facilities Articles and Services		医疗保健 Health Care and Medical Services			
		2016	2016排名 Ranking	2010	2015	2016	2016排名 Ranking
全　国	**National Total**	**1426.81**		**871.77**	**1443.37**	**1630.79**	
北　京	Beijing	2511.03	1	1327.22	2369.50	2629.82	2
天　津	Tianjin	1663.79	4	1275.64	1888.09	2172.16	4
河　北	Hebei	1351.11	16	923.83	1500.63	1549.85	19
山　西	Shanxi	951.65	31	774.89	1394.09	1651.55	15
内蒙古	Inner Mongolia	1565.15	7	1126.03	1575.70	1840.17	10
辽　宁	Liaoning	1558.19	8	1079.81	1761.91	2313.64	3
吉　林	Jilin	1107.08	25	1171.25	1924.20	2059.25	5
黑龙江	Heilongjiang	1018.86	28	948.44	1924.29	2007.54	7
上　海	Shanghai	1868.16	2	1005.54	2361.66	2839.93	1
江　苏	Jiangsu	1616.21	5	805.73	1594.26	1624.49	16
浙　江	Zhejiang	1420.68	12	1033.70	1538.97	1691.87	14
安　徽	Anhui	1118.38	24	737.05	1073.34	1269.26	26
福　建	Fujian	1393.43	13	617.36	1165.30	1178.47	27
江　西	Jiangxi	1028.59	27	524.22	841.37	887.45	30
山　东	Shandong	1576.50	6	885.79	1416.10	1610.01	17
河　南	Henan	1430.23	11	941.32	1365.49	1524.52	21
湖　北	Hubei	1163.77	22	709.58	1482.05	1792.04	11
湖　南	Hunan	1384.10	14	776.85	1174.63	1362.56	24
广　东	Guangdong	1721.85	3	929.50	1096.42	1304.48	25
广　西	Guangxi	1032.75	26	625.45	866.24	1065.92	28
海　南	Hainan	953.99	30	579.89	1307.10	1399.85	23
重　庆	Chongqing	1466.00	10	1021.48	1394.06	1700.04	13
四　川	Sichuan	1311.10	19	661.03	1369.30	1423.36	22
贵　州	Guizhou	1270.19	20	546.84	872.24	1050.11	29
云　南	Yunnan	1135.15	23	637.89	1351.91	1526.73	20
西　藏	Tibet	983.04	29	385.63	534.43	585.28	31
陕　西	Shaanxi	1367.68	15	935.38	1783.61	2016.74	6
甘　肃	Gansu	1329.06	17	828.57	1390.75	1583.36	18
青　海	Qinghai	1322.06	18	718.78	1459.27	1750.38	12
宁　夏	Ningxia	1245.07	21	890.05	2015.95	1874.00	9
新　疆	Xinjiang	1543.79	9	708.16	1517.11	1934.80	8

7-20 城镇居民年人均交通通信和文教娱乐支出

Per Capita Consumption Expenditure on Transportation, Communications, Education, Culture and Recreation of Urban Households

单位：元 (yuan)

地区	Region	交通通信 Transport and Communications 2010	2015	2016	2016排名 Ranking	文教娱乐 Education, Culture and Recreation 2010	2015	2016	2016排名 Ranking
全　国	**National Total**	**1983.70**	**2895.38**	**3173.86**		**1220.68**	**2382.84**	**2637.63**	
北　京	Beijing	3420.91	4860.42	5077.90	2	2068.79	4027.56	4054.73	2
天　津	Tianjin	2454.38	3403.04	3991.90	5	1331.92	2282.65	2643.57	8
河　北	Hebei	1398.35	2386.40	2664.06	20	732.96	1870.83	1991.28	28
山　西	Shanxi	1340.90	2148.07	2401.01	26	942.04	2207.93	2438.96	13
内蒙古	Inner Mongolia	1768.66	3231.27	3045.22	12	1185.23	2504.74	2598.89	9
辽　宁	Liaoning	1773.26	2768.95	3446.97	8	1145.78	2418.70	3018.52	7
吉　林	Jilin	1363.91	2322.47	2691.01	18	981.11	2161.81	2367.54	17
黑龙江	Heilongjiang	1191.32	2058.89	2462.89	24	771.95	1846.72	2011.55	25
上　海	Shanghai	4076.46	4457.22	4447.49	3	2307.37	4046.00	4533.53	1
江　苏	Jiangsu	1935.07	3619.76	3952.43	6	1575.36	3058.38	3163.91	5
浙　江	Zhejiang	3437.14	4753.15	5100.85	1	2055.78	2962.79	3452.32	3
安　徽	Anhui	1356.57	2265.65	2748.42	16	1158.98	1913.27	2233.35	20
福　建	Fujian	2196.88	3021.53	3205.69	9	1335.05	2314.00	2461.45	12
江　西	Jiangxi	1270.28	2083.66	2310.58	28	901.22	1874.41	1963.93	29
山　东	Shandong	2140.42	2747.73	3002.48	13	979.16	2141.11	2399.25	16
河　南	Henan	1374.76	1874.12	1993.75	31	792.67	1991.87	2078.78	24
湖　北	Hubei	1205.48	2155.38	2391.87	27	1034.22	1972.20	2228.38	22
湖　南	Hunan	1541.40	2430.22	2837.11	14	1117.69	2934.13	3406.13	4
广　东	Guangdong	3419.74	3905.05	4198.09	4	1843.19	2671.54	3103.40	6
广　西	Guangxi	1973.04	2249.48	2259.80	29	854.39	1844.98	2002.96	27
海　南	Hainan	1805.10	2643.41	2582.33	21	778.42	1617.76	1931.30	30
重　庆	Chongqing	1384.27	2383.24	2573.87	22	1064.04	1951.29	2232.41	21
四　川	Sichuan	1674.15	2414.36	2697.60	17	906.72	1862.96	2008.36	26
贵　州	Guizhou	1270.49	2248.35	2684.39	19	985.21	2312.69	2493.55	10
云　南	Yunnan	2039.66	2663.96	2791.15	15	767.63	2079.03	2217.02	23
西　藏	Tibet	1230.93	2037.50	2198.45	30	333.32	757.91	922.48	31
陕　西	Shaanxi	1194.77	2308.37	2455.73	25	1217.45	2201.09	2474.00	11
甘　肃	Gansu	1076.62	1850.48	2517.88	23	823.33	2044.89	2322.12	19
青　海	Qinghai	1116.56	3354.78	3064.31	11	633.13	2022.50	2352.94	18
宁　夏	Ningxia	1574.57	2509.59	3896.47	7	915.04	2389.75	2415.66	14
新　疆	Xinjiang	1255.87	2869.35	3074.08	10	706.98	2105.41	2404.95	15

7-21 城市家庭户住房间数和面积
Number and Area of Rooms of Urban Household in Cities

地区	Region	城市家庭户平均每户住房间数（间/户） Number Between Urban Housing Average per Household (room/household) 2010	2010排名 Ranking	城市家庭户人均住房面积（平方米/人） Urban Family per Capita Housing Area (sq.m/person) 2010	2010排名 Ranking
全　国	**National Total**	**2.37**		**29.15**	
北　京	Beijing	2.04	25	27.81	19
天　津	Tianjin	1.88	30	25.51	26
河　北	Hebei	2.71	6	30.10	12
山　西	Shanxi	2.33	18	25.77	24
内蒙古	Inner Mongolia	1.95	27	24.86	30
辽　宁	Liaoning	1.96	26	25.76	25
吉　林	Jilin	1.93	28	25.21	28
黑龙江	Heilongjiang	1.90	29	23.72	31
上　海	Shanghai	1.86	31	25.11	29
江　苏	Jiangsu	2.55	10	33.86	2
浙　江	Zhejiang	2.26	23	30.97	8
安　徽	Anhui	2.41	14	29.42	15
福　建	Fujian	2.48	11	30.29	11
江　西	Jiangxi	2.71	6	29.76	14
山　东	Shandong	2.96	3	32.41	5
河　南	Henan	3.17	1	34.02	1
湖　北	Hubei	2.57	9	33.22	4
湖　南	Hunan	2.87	4	33.45	3
广　东	Guangdong	2.17	24	26.37	22
广　西	Guangxi	2.75	5	30.71	9
海　南	Hainan	2.40	15	25.42	27
重　庆	Chongqing	2.31	20	29.77	13
四　川	Sichuan	2.45	12	30.70	10
贵　州	Guizhou	2.34	17	25.94	23
云　南	Yunnan	2.66	8	31.27	7
西　藏	Tibet	2.97	2	31.81	6
陕　西	Shaanxi	2.40	15	28.81	16
甘　肃	Gansu	2.32	19	26.69	21
青　海	Qinghai	2.43	13	27.77	20
宁　夏	Ningxia	2.28	21	28.38	17
新　疆	Xinjiang	2.28	21	28.00	18

注：本表基于2010年全国人口普查数据。

Note: The table is based on the data from the National Population Census in 2010.

7-22 农村居民年人均可支配收入和消费支出

Per Capita Disposable Income and Consumption Expenditure of Rural Households

单位：元 (yuan)

地区	Region	可支配收入（元） Disposable Income				消费支出 Consumption Expenditure			
		2010	2015	2016	2016排名 Ranking	2010	2015	2016	2016排名 Ranking
全　国	**National Total**	**5919.01**	**11421.71**	**12363.41**		**4381.80**	**9222.59**	**10129.78**	
北　京	Beijing	13262.29	20568.72	22309.52	3	9254.80	15811.22	17329.03	2
天　津	Tianjin	10074.86	18481.63	20075.64	4	4936.70	14739.44	15912.06	4
河　北	Hebei	5957.98	11050.51	11919.35	14	3844.90	9022.84	9798.28	15
山　西	Shanxi	4736.25	9453.91	10082.45	24	3663.90	7421.16	8028.77	27
内蒙古	Inner Mongolia	5529.59	10775.89	11609.00	19	4460.80	10637.39	11462.59	8
辽　宁	Liaoning	6907.93	12056.87	12880.71	9	4489.50	8872.84	9953.15	14
吉　林	Jilin	6237.44	11326.17	12122.94	12	4147.40	8783.31	9521.43	16
黑龙江	Heilongjiang	6210.72	11095.22	11831.85	16	4391.20	8391.48	9423.83	18
上　海	Shanghai	13977.96	23205.20	25520.40	1	10210.50	16152.29	17070.85	3
江　苏	Jiangsu	9118.24	16256.70	17605.64	5	6542.90	12882.55	14428.21	5
浙　江	Zhejiang	11302.55	21125.00	22866.07	2	8928.90	16107.72	17358.93	1
安　徽	Anhui	5285.17	10820.73	11720.47	17	4013.30	8975.21	10287.30	11
福　建	Fujian	7426.86	13792.70	14999.19	6	5498.30	11960.79	12910.84	6
江　西	Jiangxi	5788.56	11139.08	12137.72	11	3911.60	8485.59	9128.27	21
山　东	Shandong	6990.28	12930.37	13954.06	8	4807.20	8747.63	9518.88	17
河　南	Henan	5523.73	10852.86	11696.74	18	3682.20	7887.45	8586.59	23
湖　北	Hubei	5832.27	11843.89	12724.97	10	4090.80	9803.15	10938.30	9
湖　南	Hunan	5621.96	10992.55	11930.41	13	4310.40	9690.64	10629.94	10
广　东	Guangdong	7890.25	13360.44	14512.15	7	5515.60	11103.03	12414.84	7
广　西	Guangxi	4543.41	9466.58	10359.47	22	3455.30	7581.98	8351.25	25
海　南	Hainan	5275.37	10857.55	11842.86	15	3446.20	8210.25	8921.15	22
重　庆	Chongqing	5276.66	10504.71	11548.79	20	3624.60	8937.71	9954.36	13
四　川	Sichuan	5086.89	10247.35	11203.13	21	3897.50	9250.65	10191.58	12
贵　州	Guizhou	3471.93	7386.87	8090.28	30	2852.50	6644.93	7533.29	28
云　南	Yunnan	3952.03	8242.08	9019.81	28	3398.30	6830.14	7330.51	30
西　藏	Tibet	4138.71	8243.68	9093.85	27	2666.90	5579.71	6070.32	31
陕　西	Shaanxi	4104.98	8688.91	9396.45	26	3793.80	7900.71	8567.69	24
甘　肃	Gansu	3424.65	6936.21	7456.85	31	2942.00	6829.79	7487.03	29
青　海	Qinghai	3862.68	7933.41	8664.36	29	3774.50	8566.49	9222.15	19
宁　夏	Ningxia	4674.89	9118.69	9851.63	25	4013.20	8414.87	9138.40	20
新　疆	Xinjiang	4642.67	9425.08	10183.18	23	3457.90	7697.95	8277.00	26

注：本表绝对数按当年价格计算，指数按可比价格计算。

Note: The absolute data Level in this table are calculated at current prices, while indices are calculated at comparable prices.

7-23 农村居民年人均工资性收入和家庭经营净收入

Per Capita Net Income of Rural Households from Wages and Salaries and Net Business Incomes

单位：元 (yuan)

地区	Region	工资性收入 Income from Wages and Salaries				经营净收入 Net Business Income			
		2010	2015	2016	2016排名 Ranking	2010	2015	2016	2016排名 Ranking
全　国	**National Total**	**2431.05**	**4600.31**	**5021.85**		**2832.80**	**4503.58**	**4741.28**	
北　京	Beijing	8229.19	15491.08	16637.49	2	1816.84	1958.54	2061.92	30
天　津	Tianjin	5261.97	11031.43	12048.11	4	3895.19	4949.40	5309.44	11
河　北	Hebei	2653.42	5811.87	6263.25	8	2729.80	3682.73	3970.00	22
山　西	Shanxi	2108.60	4921.83	5204.45	10	2028.46	2624.36	2729.85	29
内蒙古	Inner Mongolia	1036.78	2249.66	2448.94	27	3669.93	6185.41	6215.74	4
辽　宁	Liaoning	2649.97	4730.09	5071.23	11	3486.14	5573.69	5635.51	7
吉　林	Jilin	1072.14	2097.36	2363.14	29	4085.92	7878.07	7558.94	1
黑龙江	Heilongjiang	1241.59	2246.96	2430.54	28	3941.65	7049.82	6425.93	2
上　海	Shanghai	9605.73	17482.54	18947.87	1	589.74	1462.32	1387.91	31
江　苏	Jiangsu	4896.39	8014.95	8731.75	5	3215.02	5045.61	5283.08	12
浙　江	Zhejiang	5822.48	13086.94	14204.26	3	4307.13	5364.28	5621.89	8
安　徽	Anhui	2203.94	3983.12	4291.40	15	2626.42	4214.42	4596.10	18
福　建	Fujian	3094.60	6187.00	6785.20	7	3558.44	5455.57	5821.46	5
江　西	Jiangxi	2394.62	4393.04	4954.66	12	2919.42	4431.28	4692.30	16
山　东	Shandong	2958.06	5139.46	5569.10	9	3456.89	5856.44	6266.55	3
河　南	Henan	1943.86	3728.36	4227.98	16	3240.43	4462.22	4643.18	17
湖　北	Hubei	2186.11	3682.91	4023.04	17	3234.94	5281.41	5534.01	9
湖　南	Hunan	2655.59	4515.20	4946.24	13	2463.90	3911.72	4138.58	21
广　东	Guangdong	4799.52	6724.01	7255.30	6	2203.74	3590.14	3883.59	24
广　西	Guangxi	1707.18	2549.08	2848.09	23	2510.15	4359.38	4759.20	15
海　南	Hainan	1261.86	4251.10	4764.92	14	3563.31	5013.15	5315.69	10
重　庆	Chongqing	2335.23	3583.36	3965.65	18	2323.51	3774.67	4150.05	20
四　川	Sichuan	2248.18	3463.46	3737.63	21	2263.34	4197.30	4525.17	19
贵　州	Guizhou	1303.85	2897.14	3211.03	22	1706.33	2878.71	3115.83	27
云　南	Yunnan	930.00	2315.50	2553.88	24	2510.12	4600.81	5043.68	14
西　藏	Tibet	1108.84	1872.87	2204.93	30	2308.78	4937.66	5237.95	13
陕　西	Shaanxi	1734.48	3548.29	3916.02	19	1882.21	2908.62	3057.87	28
甘　肃	Gansu	1199.45	1974.86	2124.96	31	1855.99	3025.23	3261.43	25
青　海	Qinghai	1269.81	2234.66	2464.34	26	1973.12	3058.47	3197.01	26
宁　夏	Ningxia	1788.28	3614.27	3906.05	20	2421.50	3837.00	3937.47	23
新　疆	Xinjiang	556.26	2131.37	2527.11	25	3649.98	5397.48	5641.98	6

7-24 农村居民年人均财产净收入和转移净收入

Per Capita Net Income of Rural Households from Properties and Income from Transfers

单位：元 (yuan)

地区	Region	财产净收入 Net Income from Properties				转移净收入 Net Income from Transfers			
		2010	2015	2016	2016排名 Ranking	2010	2015	2016	2016排名 Ranking
全　国	**National Total**	**202.25**	**251.53**	**272.05**		**452.92**	**2066.30**	**2328.23**	
北　京	Beijing	1339.88	1203.83	1350.14	1	1876.38	1915.27	2259.98	17
天　津	Tianjin	368.41	775.05	893.73	2	549.29	1725.75	1824.35	23
河　北	Hebei	182.45	235.91	257.47	15	392.31	1320.00	1428.64	30
山　西	Shanxi	214.17	141.75	149.02	26	385.01	1765.97	1999.14	19
内蒙古	Inner Mongolia	164.26	425.30	452.57	7	658.61	1915.51	2491.75	12
辽　宁	Liaoning	234.15	231.75	257.60	14	537.67	1521.34	1916.38	22
吉　林	Jilin	377.45	198.63	231.76	17	701.93	1152.10	1969.10	20
黑龙江	Heilongjiang	344.10	524.93	572.74	6	683.39	1273.51	2402.64	13
上　海	Shanghai	970.25	775.23	859.59	3	2812.24	3485.11	4325.03	1
江　苏	Jiangsu	398.94	545.15	606.04	5	607.89	2650.98	2984.78	5
浙　江	Zhejiang	525.38	607.86	661.81	4	647.57	2065.92	2378.10	14
安　徽	Anhui	141.95	161.78	186.74	20	312.86	2461.41	2646.24	10
福　建	Fujian	245.10	232.46	255.68	16	528.71	1917.68	2136.85	18
江　西	Jiangxi	100.21	184.55	204.37	19	374.31	2130.20	2286.39	15
山　东	Shandong	238.29	326.34	358.72	9	337.04	1608.13	1759.69	25
河　南	Henan	59.29	156.96	167.97	21	280.14	2505.33	2657.61	9
湖　北	Hubei	106.92	160.78	158.60	23	304.30	2718.79	3009.32	3
湖　南	Hunan	101.58	174.11	143.11	28	400.89	2391.52	2702.48	6
广　东	Guangdong	401.15	337.01	365.76	8	485.85	2709.27	3007.50	4
广　西	Guangxi	33.78	115.98	149.15	25	292.30	2442.13	2603.03	11
海　南	Hainan	107.77	194.76	139.11	29	342.43	1398.54	1623.14	28
重　庆	Chongqing	90.50	278.11	295.77	11	527.41	2868.57	3137.33	2
四　川	Sichuan	144.01	223.61	268.52	13	431.36	2362.98	2671.82	8
贵　州	Guizhou	117.19	83.70	67.10	31	344.56	1527.32	1696.32	27
云　南	Yunnan	176.84	147.86	152.19	24	335.07	1177.91	1270.06	31
西　藏	Tibet	169.12	146.87	148.66	27	551.97	1286.28	1502.31	29
陕　西	Shaanxi	97.02	152.44	158.96	22	391.27	2079.55	2263.60	16
甘　肃	Gansu	39.87	127.99	128.41	30	329.34	1808.13	1942.04	21
青　海	Qinghai	120.68	325.72	325.24	10	499.07	2314.56	2677.79	7
宁　夏	Ningxia	98.66	189.95	291.82	12	366.45	1477.48	1716.28	26
新　疆	Xinjiang	126.53	209.49	222.75	18	309.91	1686.74	1791.33	24

7-25 农村居民年人均食品和其他用品及服务支出

Per Capita Consumption Expenditure of Rural Households on Food and the Miscellaneous Goods and Services

单位：元 (yuan)

地区	Region	食品 Food				其他用品及服务 Miscellaneous Goods and Services			
		2010	2015	2016	2016排名 Ranking	2010	2015	2016	2016排名 Ranking
全　国	**National Total**	**1800.67**	**3048.00**	**3266.09**		**94.02**	**173.96**	**186.02**	
北　京	Beijing	2994.66	4372.08	4667.06	6	193.21	193.22	217.05	9
天　津	Tianjin	2060.83	4346.31	4980.90	4	98.50	298.74	273.54	5
河　北	Hebei	1351.41	2578.07	2745.42	19	78.87	188.43	206.47	12
山　西	Shanxi	1372.49	2150.25	2272.44	31	80.40	161.53	143.25	25
内蒙古	Inner Mongolia	1675.04	3122.99	3362.88	13	97.41	235.07	252.08	6
辽　宁	Liaoning	1714.15	2498.80	2678.65	22	112.87	174.76	194.90	15
吉　林	Jilin	1523.32	2550.80	2721.87	20	104.47	206.77	203.87	13
黑龙江	Heilongjiang	1483.95	2306.66	2609.07	24	101.86	159.77	174.72	18
上　海	Shanghai	3806.82	5660.03	5731.93	1	209.66	347.64	299.48	2
江　苏	Jiangsu	2491.51	4078.27	4254.69	7	146.87	334.47	355.96	1
浙　江	Zhejiang	3055.59	5008.41	5520.21	2	172.34	312.99	273.92	4
安　徽	Anhui	1632.96	3212.02	3523.03	11	82.11	162.63	176.79	17
福　建	Fujian	2537.15	4493.83	4818.30	5	141.23	248.87	242.78	8
江　西	Jiangxi	1812.66	3071.83	3221.71	15	75.48	145.80	147.54	24
山　东	Shandong	1804.45	2661.56	2832.77	18	84.51	141.76	153.27	22
河　南	Henan	1371.17	2301.27	2447.29	26	90.14	136.45	148.54	23
湖　北	Hubei	1763.05	2952.69	3295.30	14	116.73	229.48	245.94	7
湖　南	Hunan	2087.85	3188.95	3370.74	12	96.23	170.73	194.61	16
广　东	Guangdong	2630.05	4511.34	5010.47	3	177.27	239.09	279.81	3
广　西	Guangxi	1675.41	2680.58	2880.37	17	62.30	105.71	104.71	28
海　南	Hainan	1724.47	3506.35	3854.30	9	90.49	172.97	155.70	20
重　庆	Chongqing	1750.01	3571.07	3850.69	10	50.70	145.39	158.46	19
四　川	Sichuan	1881.18	3618.44	3886.60	8	69.59	157.54	199.48	14
贵　州	Guizhou	1319.43	2270.16	2316.53	29	44.21	91.20	102.08	29
云　南	Yunnan	1604.50	2486.71	2585.96	25	43.11	79.92	85.00	31
西　藏	Tibet	1325.71	2912.00	3183.31	16	75.77	134.51	99.37	30
陕　西	Shaanxi	1299.22	2199.49	2306.97	30	75.77	140.21	153.52	21
甘　肃	Gansu	1315.25	2244.13	2342.60	28	46.09	118.08	120.85	26
青　海	Qinghai	1442.88	2564.22	2715.45	21	62.55	193.56	212.93	10
宁　夏	Ningxia	1541.77	2452.68	2419.10	27	101.22	172.87	208.73	11
新　疆	Xinjiang	1394.38	2622.52	2624.19	23	59.94	106.11	108.78	27

7-26 农村居民年人均衣着和居住支出

Per Capita Consumption Expenditure of Rural Households on Clothing and Residence

单位：元 (yuan)

地区	Region	衣着 Clothing				居住 Residence			
		2010	2015	2016	2016排名 Ranking	2010	2015	2016	2016排名 Ranking
全　国	**National Total**	**264.03**	**550.48**	**575.44**		**835.19**	**1926.17**	**2147.08**	
北　京	Beijing	699.42	996.13	1095.00	1	1990.21	4635.97	5198.83	1
天　津	Tianjin	365.86	1060.48	1088.36	2	888.32	3278.83	3198.30	6
河　北	Hebei	250.92	625.26	650.23	10	839.66	2014.16	2206.87	12
山　西	Shanxi	315.78	558.51	565.25	21	614.70	1536.77	1798.29	19
内蒙古	Inner Mongolia	317.71	765.07	814.02	6	751.99	1817.07	1995.85	14
辽　宁	Liaoning	369.15	598.56	636.75	14	745.03	1666.41	1906.45	16
吉　林	Jilin	309.75	594.56	606.20	16	752.79	1698.29	1817.15	18
黑龙江	Heilongjiang	387.17	639.91	647.52	11	793.80	1554.78	1618.39	27
上　海	Shanghai	554.13	857.13	877.06	4	2070.25	4161.31	4170.70	2
江　苏	Jiangsu	350.01	777.86	815.74	5	1170.88	2649.92	3257.73	4
浙　江	Zhejiang	551.53	950.79	952.81	3	2044.32	3732.34	3881.76	3
安　徽	Anhui	232.20	503.44	538.77	22	867.51	1899.77	2248.30	11
福　建	Fujian	310.14	610.58	567.48	20	865.50	2907.57	3203.95	5
江　西	Jiangxi	174.61	431.90	453.65	26	782.72	2026.30	2319.52	10
山　东	Shandong	305.56	539.99	576.41	18	832.95	1626.55	1766.78	21
河　南	Henan	261.52	655.17	677.41	8	765.18	1643.28	1767.81	20
湖　北	Hubei	217.61	549.14	568.71	19	816.42	2150.27	2407.90	8
湖　南	Hunan	209.85	494.54	508.28	24	719.20	2191.02	2369.40	9
广　东	Guangdong	215.51	367.13	411.96	27	986.70	2494.84	2761.88	7
广　西	Guangxi	110.46	237.13	252.02	31	692.51	1729.87	1903.77	17
海　南	Hainan	117.36	281.68	299.37	30	609.77	1470.03	1652.35	24
重　庆	Chongqing	224.13	530.18	591.07	17	548.00	1481.83	1660.20	23
四　川	Sichuan	226.62	580.39	640.60	13	625.28	1675.43	1918.52	15
贵　州	Guizhou	137.49	355.36	378.19	28	621.80	1442.02	1746.86	22
云　南	Yunnan	160.72	304.90	302.57	29	638.09	1228.60	1396.06	29
西　藏	Tibet	326.65	506.91	642.59	12	352.88	701.90	851.46	31
陕　西	Shaanxi	237.87	496.32	510.88	23	837.54	1785.51	2026.53	13
甘　肃	Gansu	184.23	466.30	482.47	25	551.63	1221.13	1341.06	30
青　海	Qinghai	255.19	626.86	635.61	15	944.23	1461.71	1486.61	28
宁　夏	Ningxia	302.61	664.04	672.92	9	776.44	1561.22	1631.42	26
新　疆	Xinjiang	303.66	691.27	710.28	7	695.17	1486.55	1643.39	25

7-27 农村居民年人均生活用品及服务和交通通信支出

Per Capita Consumption Expenditure of Rural Households on Household Facilities Articles and Services, Transportation and Communications

单位：元 (yuan)

地区	Region	生活用品及服务 Household Facilities Articles and Services		交通通信 Transport and Communications			
		2016	2016排名 Ranking	2010	2015	2016	2016排名 Ranking
全 国	**National Total**	**595.67**		**461.10**	**1163.10**	**1359.93**	
北 京	Beijing	1156.50	1	1112.44	2140.03	2305.95	5
天 津	Tianjin	1090.98	2	467.48	2196.21	2646.62	2
河 北	Hebei	597.17	14	464.80	1298.46	1511.06	10
山 西	Shanxi	385.88	29	357.74	820.27	961.76	25
内蒙古	Inner Mongolia	506.80	19	598.61	1646.84	1790.28	6
辽 宁	Liaoning	459.17	21	448.97	1351.22	1663.86	7
吉 林	Jilin	375.63	30	368.64	1203.56	1334.49	16
黑龙江	Heilongjiang	386.72	28	455.90	1162.19	1468.07	12
上 海	Shanghai	794.87	5	1459.45	2046.09	2366.58	3
江 苏	Jiangsu	910.19	3	785.53	1879.91	2333.62	4
浙 江	Zhejiang	870.31	4	1145.99	2565.66	3075.96	1
安 徽	Anhui	643.21	11	338.99	1056.28	1276.27	17
福 建	Fujian	687.94	9	638.07	1248.58	1452.10	13
江 西	Jiangxi	519.70	18	331.81	865.75	893.92	28
山 东	Shandong	604.35	13	649.21	1393.02	1545.12	9
河 南	Henan	588.10	15	401.44	970.34	1210.89	19
湖 北	Hubei	669.01	10	331.35	1218.42	1381.37	14
湖 南	Hunan	639.95	12	343.82	920.24	1083.14	21
广 东	Guangdong	718.56	6	637.08	1160.44	1370.48	15
广 西	Guangxi	455.83	23	310.30	821.82	971.97	24
海 南	Hainan	422.19	25	312.53	836.04	835.74	30
重 庆	Chongqing	702.53	7	281.73	888.23	1066.57	22
四 川	Sichuan	692.74	8	360.70	1019.79	1173.96	20
贵 州	Guizhou	437.39	24	229.66	784.23	961.04	26
云 南	Yunnan	388.73	27	337.85	986.99	1032.17	23
西 藏	Tibet	346.04	31	282.43	718.55	602.11	31
陕 西	Shaanxi	542.93	17	336.22	793.16	879.85	29
甘 肃	Gansu	458.68	22	256.70	811.70	954.61	27
青 海	Qinghai	464.39	20	369.60	1278.07	1576.97	8
宁 夏	Ningxia	578.63	16	444.02	1070.92	1509.59	11
新 疆	Xinjiang	400.63	26	382.14	1031.63	1226.48	18

7-28 农村居民年人均文教娱乐和医疗保健支出

Per Capita Consumption Expenditure of Rural Households on Education, Culture and Recreation, Health Care and Medical Services

单位：元 (yuan)

地区	Region	文教娱乐 Education, Culture and Recreation				医疗保健 Health Care and Medical Services			
		2010	2015	2016	2016排名 Ranking	2010	2015	2016	2016排名 Ranking
全　国	**National Total**	**366.72**	**969.31**	**1070.31**		**326.04**	**845.97**	**929.25**	
北　京	Beijing	950.61	1144.87	1341.69	5	840.61	1336.03	1346.96	2
天　津	Tianjin	462.25	1245.30	1298.86	6	360.47	1159.86	1334.50	3
河　北	Hebei	296.11	870.43	952.85	23	344.25	920.54	928.22	18
山　西	Shanxi	420.21	1017.11	1132.31	11	328.92	794.33	769.58	26
内蒙古	Inner Mongolia	374.19	1457.70	1553.00	2	467.97	1117.71	1187.67	8
辽　宁	Liaoning	500.28	1122.01	1274.17	7	413.83	1064.54	1139.21	11
吉　林	Jilin	454.05	1117.70	1231.73	9	462.42	1058.10	1230.49	6
黑龙江	Heilongjiang	560.71	1097.94	1249.43	8	443.16	1112.77	1269.91	5
上　海	Shanghai	997.65	893.29	1123.11	12	584.51	1464.29	1707.12	1
江　苏	Jiangsu	908.10	1319.87	1352.25	4	362.28	1088.22	1148.02	10
浙　江	Zhejiang	839.19	1486.37	1610.76	1	709.30	1246.32	1173.20	9
安　徽	Anhui	363.92	834.39	949.06	24	264.39	808.20	931.89	17
福　建	Fujian	462.17	1003.87	1071.34	17	251.36	826.94	866.95	19
江　西	Jiangxi	285.23	882.87	922.24	26	243.84	569.67	649.98	27
山　东	Shandong	421.91	912.10	1012.92	20	383.89	919.18	1027.26	14
河　南	Henan	250.47	851.38	948.76	25	287.83	768.98	797.80	24
湖　北	Hubei	288.12	1118.15	1156.60	10	295.24	985.09	1213.47	7
湖　南	Hunan	315.93	1276.39	1477.32	3	293.59	844.07	986.49	15
广　东	Guangdong	326.53	952.41	1057.80	19	307.43	723.15	803.88	23
广　西	Guangxi	182.55	841.69	1000.81	21	228.99	709.65	781.76	25
海　南	Hainan	318.04	904.07	1108.51	13	138.35	634.54	593.00	29
重　庆	Chongqing	239.03	923.45	1072.54	16	270.31	745.86	852.31	20
四　川	Sichuan	218.62	699.36	707.17	30	276.06	839.81	972.51	16
贵　州	Guizhou	186.19	872.71	1063.38	18	178.07	449.46	527.83	30
云　南	Yunnan	206.45	782.31	919.95	27	239.94	577.63	620.07	28
西　藏	Tibet	51.06	179.27	192.88	31	71.16	136.42	152.56	31
陕　西	Shaanxi	397.61	1036.59	1102.88	14	376.20	958.25	1044.13	12
甘　肃	Gansu	238.03	853.67	965.46	22	203.13	669.80	821.29	22
青　海	Qinghai	198.53	806.60	851.43	28	307.92	1190.87	1278.77	4
宁　夏	Ningxia	241.08	995.36	1077.45	15	417.92	925.95	1040.56	13
新　疆	Xinjiang	170.15	632.02	716.41	29	314.73	731.85	846.84	21

7-29 每百户城镇居民拥有摩托车和家用汽车
Ownership of Motorcycle and Automobile Per 100 Urban Households

地区	Region	摩托车（辆） Motorcycle (unit)				家用汽车（台） Automobile (set)			
		2010	2015	2016	2016排名 Ranking	2010	2015	2016	2016排名 Ranking
全 国	**National Total**	**22.51**	**22.70**	**20.91**		**13.07**	**30.00**	**35.48**	
北 京	Beijing		2.90	2.39	31	33.83	46.80	48.58	3
天 津	Tianjin	1.70	6.20	3.43	30	15.96	37.30	42.52	6
河 北	Hebei	28.85	14.40	13.02	21	12.46	36.90	40.56	7
山 西	Shanxi	27.54	18.90	16.82	15	11.53	30.30	35.26	12
内蒙古	Inner Mongolia		24.70	19.29	11	11.17	32.10	38.48	8
辽 宁	Liaoning		8.40	8.86	28	9.00	21.10	27.92	23
吉 林	Jilin		17.00	14.75	19	7.11	20.90	23.05	30
黑龙江	Heilongjiang	8.00	10.50	9.48	26	3.60	11.80	15.96	31
上 海	Shanghai		4.10	3.65	29	16.81	25.60	30.22	20
江 苏	Jiangsu		18.40	14.65	20	13.83	39.10	45.84	4
浙 江	Zhejiang	25.82	13.70	11.09	24	26.37	47.90	53.29	2
安 徽	Anhui	23.00	19.7	14.8888	17	4.95	21.9	26.6482	25
福 建	Fujian	51.30	46.00	45.34	1	10.97	28.30	33.18	15
江 西	Jiangxi	20.77	28.70	30.74	7	5.31	23.10	29.51	22
山 东	Shandong		22.70	18.10	13	19.82	49.40	55.58	1
河 南	Henan	19.97	25.60	19.56	10	6.75	24.10	30.30	18
湖 北	Hubei		30.40	30.50	8	5.53	17.70	23.63	28
湖 南	Hunan		32.00	34.40	6	7.69	25.40	32.02	16
广 东	Guangdong	44.90	40.10	41.38	3	26.58	29.70	34.65	13
广 西	Guangxi	48.11	46.30	43.81	2	13.26	30.90	36.06	9
海 南	Hainan	45.27	37.60	34.71	4	11.76	22.90	26.99	24
重 庆	Chongqing		17.60	16.83	14	6.60	20.90	25.43	27
四 川	Sichuan	9.78	21.00	19.90	9	8.60	23.80	30.06	21
贵 州	Guizhou	5.79	17.90	14.76	18	5.96	23.70	33.61	14
云 南	Yunnan		31.40	34.47	5	18.26	40.00	45.73	5
西 藏	Tibet	12.00	11.80	8.98	27	16.46	32.50	36.03	10
陕 西	Shaanxi		17.40	12.83	22	7.07	21.70	26.29	26
甘 肃	Gansu	7.75	20.10	18.75	12	3.53	18.20	23.62	29
青 海	Qinghai	4.00	16.00	12.50	23	5.49	25.00	30.27	19
宁 夏	Ningxia	19.19	21.40	16.23	16	7.00	30.00	35.66	11
新 疆	Xinjiang	18.53	13.90	9.74	25	8.63	26.50	31.61	17

7-30 每百户城镇居民拥有洗衣机和电冰箱
Ownership of Washing Machine and Refrigerator Per 100 Urban Households

单位：台　　　　(set)

地区	Region	洗衣机 Washing Machine 2010	2015	2016	2016排名 Ranking	电冰箱 Refrigerator 2010	2015	2016	2016排名 Ranking
全　国	**National Total**	**96.92**	**92.30**	**94.21**		**96.61**	**94.00**	**96.44**	
北　京	Beijing		95.90	95.15	21		98.30	97.21	20
天　津	Tianjin	100.20	95.00	96.59	14	107.50	97.70	99.45	8
河　北	Hebei	97.66	98.40	98.91	6	98.28	97.50	99.13	9
山　西	Shanxi	100.73	99.50	98.94	5	90.19	93.40	95.36	25
内蒙古	Inner Mongolia		95.00	95.65	18		94.70	97.23	19
辽　宁	Liaoning		91.90	94.56	24		95.60	98.66	11
吉　林	Jilin		95.30	95.53	19		94.00	95.78	24
黑龙江	Heilongjiang	94.00	92.50	92.58	26	86.00	91.90	93.73	28
上　海	Shanghai		91.60	94.83	23		97.40	99.94	6
江　苏	Jiangsu		99.40	100.39	1		101.10	103.03	1
浙　江	Zhejiang	94.26	88.00	90.23	28	100.36	96.40	97.88	16
安　徽	Anhui	97.35	94.10	95.50	20	96.61	97.20	98.23	12
福　建	Fujian	101.46	84.50	87.57	29	105.49	94.30	97.43	17
江　西	Jiangxi	93.84	93.70	94.90	22	96.57	96.90	97.38	18
山　东	Shandong		96.10	97.12	13		98.20	100.11	5
河　南	Henan	97.43	98.60	100.23	2	90.70	94.00	98.04	14
湖　北	Hubei		91.00	94.17	25		95.20	98.10	13
湖　南	Hunan		96.50	99.18	4		98.90	101.40	4
广　东	Guangdong	97.68	70.90	75.32	31	96.62	75.30	79.17	31
广　西	Guangxi	97.77	92.60	96.51	15	97.41	94.70	97.97	15
海　南	Hainan	69.69	80.00	85.35	30	77.93	89.30	92.96	29
重　庆	Chongqing		95.40	97.18	12		99.80	101.41	3
四　川	Sichuan	96.09	96.70	97.92	10	95.36	96.80	98.77	10
贵　州	Guizhou	99.23	97.90	98.40	7	94.56	93.90	97.13	21
云　南	Yunnan		95.30	97.41	11		91.50	95.03	26
西　藏	Tibet	84.00	89.30	92.06	27	81.00	92.60	99.56	7
陕　西	Shaanxi		95.20	96.22	16		89.50	92.19	30
甘　肃	Gansu	98.09	99.00	100.05	3	85.84	92.80	96.56	23
青　海	Qinghai	97.00	94.70	96.09	17	92.00	93.80	94.68	27
宁　夏	Ningxia	94.32	95.30	98.16	8	88.65	93.40	96.58	22
新　疆	Xinjiang	93.43	97.30	98.08	9	90.20	96.00	102.28	2

7-31 每百户城镇居民拥有微波炉和助力车

Ownership of Microwave Oven and Powered Bicycle Per 100 Urban Households

地区	Region	微波炉（台） Microwave Oven （set）				助力车（辆） Powered Bicycle （unit）			
		2010	2015	2016	2016排名 Ranking	2010	2015	2016	2016排名 Ranking
全 国	**National Total**	**59.00**	**53.80**	**55.35**			**45.80**	**49.75**	
北 京	Beijing		81.10	80.50	3		18.90	19.34	24
天 津	Tianjin	88.50	72.50	73.28	4	28.50	34.80	36.51	15
河 北	Hebei	50.13	58.40	59.72	10	49.98	73.50	75.83	6
山 西	Shanxi	32.66	40.40	42.28	25		39.40	43.16	14
内蒙古	Inner Mongolia		37.90	37.12	28		46.10	49.71	11
辽 宁	Liaoning		55.10	59.47	11		15.20	15.00	26
吉 林	Jilin		44.70	45.41	21		7.00	9.01	27
黑龙江	Heilongjiang	36.00	36.10	35.64	31		8.40	8.33	28
上 海	Shanghai		86.80	89.03	2		50.50	56.48	10
江 苏	Jiangsu		88.70	89.77	1		107.50	110.70	1
浙 江	Zhejiang	71.28	59.10	60.16	9	45.73	70.80	74.31	7
安 徽	Anhui	57.77	59.70	62.73	8	31.84	67.90	70.97	8
福 建	Fujian	79.65	63.10	63.76	7	37.76	40.80	48.54	12
江 西	Jiangxi	55.86	54.00	55.48	13		55.70	59.89	9
山 东	Shandong		50.10	51.54	16		86.40	89.26	3
河 南	Henan	38.88	40.10	44.27	23	48.96	90.30	105.71	2
湖 北	Hubei		47.60	50.25	17		24.30	27.35	17
湖 南	Hunan		44.30	45.05	22		20.60	22.61	22
广 东	Guangdong	69.90	39.40	41.49	26		20.20	24.00	21
广 西	Guangxi	66.82	64.90	65.39	5		70.50	81.04	5
海 南	Hainan	31.26	36.30	36.85	29		63.80	82.49	4
重 庆	Chongqing		62.90	64.61	6		4.50	6.22	31
四 川	Sichuan	54.50	45.10	48.12	19	13.56	22.80	25.05	20
贵 州	Guizhou	45.71	42.80	46.03	20		5.90	8.02	29
云 南	Yunnan		57.10	55.53	12		31.90	33.65	16
西 藏	Tibet	27.00	40.30	43.26	24	5.00	15.80	17.47	25
陕 西	Shaanxi		36.90	36.58	30		23.80	26.13	19
甘 肃	Gansu	36.18	47.30	50.06	18	8.21	18.30	20.67	23
青 海	Qinghai	47.00	52.60	53.76	14		6.90	6.92	30
宁 夏	Ningxia	42.10	48.20	52.02	15	24.71	42.60	48.28	13
新 疆	Xinjiang	34.84	39.40	37.34	27	8.60	24.80	26.70	18

7-32 每百户城镇居民拥有热水器和空调机
Ownership of Water Heater and Air Conditioner Per 100 Urban Households

单位：台 （set）

地区	Region	热水器 Water Heater 2010	2015	2016	2016排名 Ranking	空调机 Air Conditioner 2010	2015	2016	2016排名 Ranking
全　国	**National Total**	**84.82**	**85.60**	**88.67**		**112.07**	**114.60**	**123.70**	
北　京	Beijing		92.60	92.71	14		160.80	166.35	5
天　津	Tianjin	96.40	92.20	92.27	16	143.00	131.30	140.63	11
河　北	Hebei	78.09	88.50	91.19	18	90.39	117.90	123.77	15
山　西	Shanxi		65.10	68.13	26	34.90	38.10	39.59	20
内蒙古	Inner Mongolia		56.40	59.65	27		12.10	12.78	25
辽　宁	Liaoning		72.00	76.87	24		30.50	35.25	21
吉　林	Jilin		53.70	56.40	28		10.30	11.64	27
黑龙江	Heilongjiang	36.00	47.30	50.12	29	9.00	9.80	10.22	28
上　海	Shanghai		91.00	94.60	10		190.90	205.23	2
江　苏	Jiangsu		104.50	105.99	1		194.30	205.96	1
浙　江	Zhejiang	101.19	91.70	94.69	9	186.62	185.00	199.01	3
安　徽	Anhui	86.78	96.60	101.78	2	120.04	144.40	156.02	7
福　建	Fujian	110.48	97.50	100.17	4	184.55	157.20	165.54	6
江　西	Jiangxi	92.28	93.90	94.73	8	107.67	128.10	134.44	13
山　东	Shandong		93.90	95.47	6		109.40	121.61	17
河　南	Henan	66.83	82.80	87.41	20	120.28	135.70	155.11	9
湖　北	Hubei		87.40	92.68	15		128.40	139.62	12
湖　南	Hunan		90.10	95.99	5		140.50	154.97	10
广　东	Guangdong		83.50	85.34	22	206.86	144.30	155.97	8
广　西	Guangxi	104.28	95.50	100.43	3	112.40	121.10	128.57	14
海　南	Hainan	86.19	87.60	93.87	11	72.26	97.60	120.38	18
重　庆	Chongqing		93.10	95.06	7		170.10	181.14	4
四　川	Sichuan	88.66	91.20	93.51	13	101.47	108.20	122.69	16
贵　州	Guizhou	72.42	82.30	87.93	19	17.00	27.80	31.12	22
云　南	Yunnan		92.10	93.61	12		3.60	3.90	30
西　藏	Tibet	26.00	42.20	41.65	31	6.00	9.30	9.43	29
陕　西	Shaanxi		72.60	78.30	23		88.40	93.15	19
甘　肃	Gansu	62.34	71.50	75.87	25	5.43	10.50	11.67	26
青　海	Qinghai	44.00	48.90	49.90	30		2.20	1.27	31
宁　夏	Ningxia	75.07	87.40	91.52	17	10.19	13.10	14.00	24
新　疆	Xinjiang	74.27	81.60	86.08	21	12.42	16.50	24.20	23

7-33 每百户城镇居民拥有彩色电视机和家用计算机
Ownership of Color TV Set and Computer Per 100 Urban Households

单位：台 （set）

地区	Region	彩色电视机 Color TV Set				家用计算机 Computer			
		2010	2015	2016	2016排名 Ranking	2010	2015	2016	2016排名 Ranking
全国	**National Total**	**137.43**	**122.30**	**122.32**		**71.16**	**78.50**	**79.99**	
北京	Beijing		129.90	126.77	9	103.93	106.60	103.41	2
天津	Tianjin	130.80	109.60	110.89	15	90.68	73.50	78.00	10
河北	Hebei	117.97	111.10	109.95	16	61.32	76.60	76.11	12
山西	Shanxi	111.75	106.00	104.84	23	54.08	76.60	76.58	11
内蒙古	Inner Mongolia		102.40	101.48	28	46.76	58.40	61.56	28
辽宁	Liaoning		108.00	108.48	18	67.72	65.70	71.26	18
吉林	Jilin		105.40	103.48	24	54.18	68.50	66.18	25
黑龙江	Heilongjiang	109.00	102.00	100.46	30	47.21	56.80	59.92	30
上海	Shanghai		177.40	184.93	1	128.19	126.10	140.53	1
江苏	Jiangsu		170.60	173.86	2	81.36	91.40	94.22	3
浙江	Zhejiang	185.70	173.80	173.79	3	89.84	95.70	93.01	4
安徽	Anhui	141.50	129.60	129.22	8	63.79	74.00	71.24	19
福建	Fujian	180.19	138.70	140.82	4	94.81	88.70	89.23	5
江西	Jiangxi	148.00	141.10	137.07	5	59.91	77.50	75.47	15
山东	Shandong		108.00	106.66	20	77.21	79.30	80.24	8
河南	Henan	126.51	118.20	121.28	11	56.98	74.40	74.62	16
湖北	Hubei		116.90	117.66	12	58.53	74.00	74.43	17
湖南	Hunan		116.20	117.21	13	52.68	77.00	78.29	9
广东	Guangdong	142.99	99.50	99.57	31	96.80	84.50	86.96	7
广西	Guangxi	136.07	115.90	112.90	14	78.98	88.20	88.69	6
海南	Hainan	119.79	104.60	105.64	22	52.88	67.00	76.03	13
重庆	Chongqing		129.80	129.84	7	69.03	72.10	75.94	14
四川	Sichuan	137.97	124.20	123.82	10	61.35	63.20	66.92	22
贵州	Guizhou	121.93	106.20	107.22	19	56.79	64.40	62.72	27
云南	Yunnan		109.00	108.57	17	53.64	62.20	66.78	24
西藏	Tibet	129.00	133.70	134.24	6	39.08	54.40	59.93	29
陕西	Shaanxi		105.70	103.46	25	68.06	67.30	66.83	23
甘肃	Gansu	109.99	104.60	105.72	21	42.90	64.70	69.34	21
青海	Qinghai	106.00	100.20	100.88	29	39.94	60.20	56.75	31
宁夏	Ningxia	105.24	101.80	102.42	26	51.32	65.60	71.22	20
新疆	Xinjiang	105.61	100.20	101.59	27	47.68	62.50	64.59	26

7-34 每百户城镇居民拥有照相机和移动电话
Ownership of Camera and Mobile Phone Per 100 Urban Households

地区	Region	照相机（架） Camera （unit）				移动电话（部） Mobile Phone （unit）			
		2010	2015	2016	2016排名 Ranking	2010	2015	2016	2016排名 Ranking
全　国	**National Total**	**43.70**	**33.00**	**28.55**		**188.86**	**223.80**	**231.35**	
北　京	Beijing		65.00	58.44	1		219.90	223.43	21
天　津	Tianjin	63.20	35.20	32.73	6	205.20	219.50	228.32	17
河　北	Hebei	39.28	34.70	31.15	8	173.70	220.50	223.38	22
山　西	Shanxi	29.34	24.50	22.65	20	146.61	219.20	224.92	19
内蒙古	Inner Mongolia		24.00	23.15	18		216.90	222.21	26
辽　宁	Liaoning		32.90	29.50	10		198.80	210.70	30
吉　林	Jilin		24.40	19.90	26		219.00	223.31	23
黑龙江	Heilongjiang	25.00	20.00	17.17	29	171.00	197.60	204.27	31
上　海	Shanghai		54.90	52.14	2		221.00	230.23	15
江　苏	Jiangsu		38.20	34.89	4		234.90	240.97	10
浙　江	Zhejiang	50.07	38.70	32.91	5	198.01	228.60	234.79	12
安　徽	Anhui	29.71	27.50	20.56	24	168.46	216.70	221.93	27
福　建	Fujian	46.45	29.80	23.01	19	223.74	240.10	249.07	5
江　西	Jiangxi	33.82	26.40	21.11	23	181.18	224.00	228.54	16
山　东	Shandong		43.80	38.95	3		220.40	222.38	25
河　南	Henan	33.61	25.00	21.85	21	175.12	225.30	234.39	13
湖　北	Hubei		25.40	18.80	28		223.10	233.48	14
湖　南	Hunan		28.70	24.78	16		237.40	249.52	4
广　东	Guangdong		37.10	32.15	7	222.12	221.50	228.18	18
广　西	Guangxi	43.52	33.40	24.98	15	210.37	249.90	260.09	1
海　南	Hainan	21.85	16.60	14.74	31	174.02	235.00	254.98	2
重　庆	Chongqing		31.30	27.09	12		237.70	251.89	3
四　川	Sichuan	33.05	23.40	20.06	25	191.82	228.10	241.30	9
贵　州	Guizhou	28.03	18.90	16.13	30	183.54	236.50	248.35	8
云　南	Yunnan		33.10	27.15	11		234.10	248.78	7
西　藏	Tibet	37.00	37.80	30.38	9	156.00	212.30	223.16	24
陕　西	Shaanxi		29.10	23.42	17		225.00	224.15	20
甘　肃	Gansu	26.49	29.80	26.85	13	159.58	224.50	237.16	11
青　海	Qinghai	25.00	23.30	19.77	27	153.00	210.90	220.32	28
宁　夏	Ningxia	20.31	21.60	21.27	22	185.48	237.30	248.79	6
新　疆	Xinjiang	26.83	29.90	26.77	14	159.79	209.10	215.40	29

7-35 每百户农村居民拥有摩托车和家用汽车
Ownership of Motorcycles and Automobile Per 100 Rural Households

地区	Region	摩托车（辆） Motorcycle (unit)				家用汽车（台） Automobile (set)			
		2010	2015	2016	2016排名 Ranking	2010	2015	2016	2016排名 Ranking
全　国	**National Total**	**59.02**	**67.50**	**65.07**			**13.30**	**17.40**	
北　京	Beijing	29.20	11.60	9.70	30		32.00	37.81	2
天　津	Tianjin	51.67	41.50	34.11	28	14.00	39.90	46.42	1
河　北	Hebei	61.43	66.40	58.69	19		23.60	29.39	5
山　西	Shanxi	56.57	57.50	50.86	23	1.86	10.10	13.18	21
内蒙古	Inner Mongolia	68.16	75.20	72.97	14		23.10	27.29	7
辽　宁	Liaoning	59.21	63.90	63.16	17	1.43	11.60	16.59	15
吉　林	Jilin	60.94	74.10	69.97	15	1.25	16.90	19.10	11
黑龙江	Heilongjiang	52.86	58.90	56.14	21		9.00	11.51	26
上　海	Shanghai	45.50	11.40	9.61	31		13.80	20.99	10
江　苏	Jiangsu	63.26	43.70	42.06	25	3.00	18.00	23.66	8
浙　江	Zhejiang	53.11	31.30	30.71	29	7.80	25.40	30.17	4
安　徽	Anhui	55.61	47.00	41.22	26		8.50	11.22	28
福　建	Fujian	92.58	91.50	91.78	4	3.24	12.90	16.22	16
江　西	Jiangxi	60.49	77.10	75.46	13		10.00	13.24	20
山　东	Shandong	72.62	68.90	59.74	18		23.60	29.38	6
河　南	Henan	54.88	65.20	58.12	20	1.76	12.00	18.10	12
湖　北	Hubei	64.12	77.90	78.47	11		7.20	10.15	29
湖　南	Hunan	45.76	75.00	77.80	12		8.10	11.25	27
广　东	Guangdong	107.11	117.00	122.27	1		10.70	14.63	18
广　西	Guangxi	76.04	100.50	101.77	2	0.26	6.80	9.98	30
海　南	Hainan	100.56	102.30	98.56	3	1.10	6.20	7.13	31
重　庆	Chongqing	27.06	40.20	38.28	27		8.00	11.84	25
四　川	Sichuan	37.88	51.50	49.50	24		8.60	12.46	23
贵　州	Guizhou	30.76	54.90	55.72	22		9.20	12.43	24
云　南	Yunnan	46.63	76.10	81.54	7		11.80	15.49	17
西　藏	Tibet	43.13	80.30	80.19	8		15.90	16.75	14
陕　西	Shaanxi	49.68	66.20	63.52	16		9.10	12.60	22
甘　肃	Gansu	58.00	88.60	83.76	6		10.00	13.45	19
青　海	Qinghai	79.33	90.50	86.93	5		23.50	30.70	3
宁　夏	Ningxia	85.83	83.00	79.21	10		18.40	22.36	9
新　疆	Xinjiang	62.84	87.90	79.91	9		12.60	17.89	13

7-36 每百户农村居民拥有洗衣机和电冰箱
Ownership of Washing Machine and Refrigerator Per 100 Rural Households

单位：台 (set)

地区	Region	洗衣机 Washing Machine				电冰箱 Refrigerator			
		2010	2015	2016	2016排名 Ranking	2010	2015	2016	2016排名 Ranking
全　国	**National Total**	**57.32**	**78.80**	**84.03**		**45.19**	**82.60**	**89.55**	
北　京	Beijing		90.30	93.92	8		94.70	100.72	5
天　津	Tianjin	101.00	101.70	102.27	1	103.00	100.10	104.33	1
河　北	Hebei	86.33	96.70	97.83	4	50.45	90.10	94.83	10
山　西	Shanxi	81.05	82.00	87.30	17	29.19	57.90	67.76	28
内蒙古	Inner Mongolia		85.70	90.65	13		89.60	97.19	8
辽　宁	Liaoning	76.24	80.10	85.89	18	58.73	86.00	97.32	7
吉　林	Jilin	77.75	89.40	92.18	10	44.88	89.10	93.70	13
黑龙江	Heilongjiang	82.60	86.70	88.97	15	54.00	86.30	91.39	19
上　海	Shanghai		70.20	81.28	19		84.00	90.93	20
江　苏	Jiangsu	91.50	91.90	96.16	5	59.30	95.20	101.53	2
浙　江	Zhejiang	68.30	74.70	79.30	21	89.40	94.50	100.72	4
安　徽	Anhui	56.52	73.60	79.09	22	63.26	90.60	94.78	11
福　建	Fujian	63.85	73.20	79.32	20	72.53	93.80	100.12	6
江　西	Jiangxi		42.10	48.36	30		84.00	89.50	21
山　东	Shandong		86.80	91.74	11		90.80	96.20	9
河　南	Henan	84.64	92.90	95.15	6	46.12	79.10	87.63	22
湖　北	Hubei	47.97	65.00	73.13	27	51.48	84.80	93.01	15
湖　南	Hunan		71.90	77.04	24		87.40	91.61	17
广　东	Guangdong	45.78	64.80	74.43	26	49.10	78.30	84.90	24
广　西	Guangxi	15.17	54.70	65.40	28	30.71	79.60	86.23	23
海　南	Hainan	8.50	23.60	31.80	31	15.00	55.80	67.23	29
重　庆	Chongqing		74.80	78.07	23		90.30	93.62	14
四　川	Sichuan	65.75	82.10	87.52	16	49.38	82.70	92.45	16
贵　州	Guizhou	55.20	85.50	89.84	14	27.20	69.20	77.61	26
云　南	Yunnan		68.10	75.36	25		52.30	62.44	30
西　藏	Tibet	10.41	45.40	61.28	29	14.73	45.30	54.37	31
陕　西	Shaanxi		88.00	92.30	9		68.80	78.52	25
甘　肃	Gansu	60.06	86.00	91.40	12	17.39	55.30	67.81	27
青　海	Qinghai	75.00	97.10	98.62	3	44.80	95.00	100.80	3
宁　夏	Ningxia		98.20	99.97	2		85.20	91.58	18
新　疆	Xinjiang	47.94	87.80	94.38	7	43.48	85.60	94.47	12

7-37 每百户农村居民拥有微波炉和抽油烟机

Ownership of Microwave Oven and Smoke Exhauster Per 100 Rural Households

单位：台 （set）

地区	Region	微波炉 Microwave Oven				抽油烟机 Smoke Exhauster			
		2010	2015	2016	2016排名 Ranking	2010	2015	2016	2016排名 Ranking
全　国	**National Total**		**15.00**	**16.11**		**11.11**	**15.30**	**18.36**	
北　京	Beijing		50.50	54.98	3		66.60	72.93	1
天　津	Tianjin	37.00	32.60	31.35	6	28.00	44.10	49.47	3
河　北	Hebei	4.48	15.80	17.00	10	8.05	17.20	21.71	9
山　西	Shanxi	3.38	5.70	5.87	25		7.10	8.94	23
内蒙古	Inner Mongolia		6.00	5.84	26		12.10	13.73	17
辽　宁	Liaoning	7.25	8.70	11.66	14	10.74	12.50	16.62	11
吉　林	Jilin	2.31	6.50	7.04	23	2.94	8.30	8.42	26
黑龙江	Heilongjiang	5.20	6.00	5.20	29	9.00	10.40	11.65	19
上　海	Shanghai		64.80	73.33	1		37.70	44.04	4
江　苏	Jiangsu		61.50	67.71	2	24.10	31.60	36.20	5
浙　江	Zhejiang	23.00	32.30	33.51	5	52.70	55.10	57.85	2
安　徽	Anhui		15.40	19.45	8	7.19	10.90	14.25	16
福　建	Fujian	26.54	33.50	35.32	4	20.38	27.40	32.94	7
江　西	Jiangxi		8.00	8.49	20		13.30	16.58	12
山　东	Shandong		12.30	13.21	12		22.80	27.07	8
河　南	Henan	5.12	9.00	8.75	19	3.02	6.30	10.45	20
湖　北	Hubei		9.20	10.13	17	10.03	14.90	14.86	13
湖　南	Hunan		6.90	7.58	22		14.60	18.69	10
广　东	Guangdong		19.10	21.14	7		29.50	34.32	6
广　西	Guangxi	3.72	15.40	16.63	11	1.34	6.30	8.62	25
海　南	Hainan	12.80	12.30	11.75	13	1.50	6.60	7.54	28
重　庆	Chongqing		16.30	17.45	9		8.60	9.60	22
四　川	Sichuan		9.50	11.28	15		6.20	9.62	21
贵　州	Guizhou		8.30	7.85	21		3.90	5.64	29
云　南	Yunnan		10.70	10.56	16		3.30	4.42	30
西　藏	Tibet		1.30	1.27	31		0.20	0.19	31
陕　西	Shaanxi		6.00	5.06	30		6.90	8.85	24
甘　肃	Gansu		6.10	5.87	24		5.80	7.94	27
青　海	Qinghai		6.50	5.32	28	2.20	9.00	14.80	14
宁　夏	Ningxia		9.00	9.19	18		9.80	14.66	15
新　疆	Xinjiang	1.81	5.90	5.43	27	2.77	9.00	12.79	18

7-38 每百户农村居民拥有热水器和空调机

Ownership of Water Heater and Air Conditioner Per 100 Rural Households

单位：台 （set）

地区 Region	热水器 Water Heater				空调机 Air Conditioner			
	2010	2015	2016	2016排名 Ranking	2010	2015	2016	2016排名 Ranking
全　国 National Total		**52.50**	**59.67**		**16.00**	**38.80**	**47.58**	
北　京 Beijing		92.60	98.53	1		118.40	135.43	1
天　津 Tianjin	58.00	95.20	92.41	3	77.00	85.40	99.94	5
河　北 Hebei		56.40	62.66	14		55.30	65.92	9
山　西 Shanxi		18.10	20.27	28	4.62	9.60	11.71	20
内蒙古 Inner Mongolia		16.70	21.47	26		0.80	1.30	25
辽　宁 Liaoning	10.26	16.30	21.12	27	1.01	2.10	3.51	22
吉　林 Jilin	3.44	9.50	9.18	29		0.30	0.93	27
黑龙江 Heilongjiang	5.00	6.50	7.27	30		0.50	0.39	30
上　海 Shanghai		66.20	76.31	8		100.70	128.62	2
江　苏 Jiangsu	62.60	87.70	92.69	2	47.40	107.70	125.19	3
浙　江 Zhejiang	69.90	80.10	86.87	5	78.60	100.20	113.59	4
安　徽 Anhui	43.87	66.40	74.72	9	26.16	58.40	72.35	7
福　建 Fujian	65.55	81.60	88.88	4	33.02	54.30	62.33	10
江　西 Jiangxi		54.70	63.47	13		38.60	43.97	14
山　东 Shandong		72.10	80.07	7		38.80	51.83	12
河　南 Henan	16.26	48.30	57.94	17	22.86	54.80	70.37	8
湖　北 Hubei	32.00	61.70	68.63	11	18.36	43.50	56.47	11
湖　南 Hunan		44.60	54.48	19		36.20	42.39	15
广　东 Guangdong	57.89	77.70	84.93	6	36.17	62.20	81.17	6
广　西 Guangxi	20.24	50.50	62.33	15	4.33	16.90	24.40	19
海　南 Hainan	24.40	41.40	53.28	20	3.10	23.70	34.57	16
重　庆 Chongqing		54.40	57.89	18		42.80	45.22	13
四　川 Sichuan		50.00	60.78	16		22.40	33.30	17
贵　州 Guizhou	6.20	29.00	37.39	22		2.50	4.34	21
云　南 Yunnan		57.00	66.92	12		0.30	0.57	29
西　藏 Tibet		1.50	1.73	31		0.10		
陕　西 Shaanxi		41.50	49.07	21		23.10	29.85	18
甘　肃 Gansu	8.30	20.30	24.41	25		0.70	0.83	28
青　海 Qinghai		23.80	28.24	24		0.30	1.49	24
宁　夏 Ningxia		54.30	69.98	10		0.80	1.22	26
新　疆 Xinjiang		21.50	28.80	23	0.65	1.10	1.75	23

7-39 每百户农村居民拥有彩色电视机和家用计算机
Ownership of Color TV Set and Computer Per 100 Rural Households

单位：台　　　　(set)

地区	Region	彩色电视机 Color TV Set				家用计算机 Computer			
		2010	2015	2016	2016排名 Ranking	2010	2015	2016	2016排名 Ranking
全　国	**National Total**	**111.79**	**116.90**	**118.76**		**10.37**	**25.70**	**27.94**	
北　京	Beijing		131.00	138.23	5	59.33	69.40	73.65	1
天　津	Tianjin	131.00	121.60	125.62	7	15.17	38.20	47.02	4
河　北	Hebei	116.55	120.80	120.28	9	9.69	37.80	39.18	6
山　西	Shanxi	109.00	104.70	104.80	28	8.71	28.70	31.09	13
内蒙古	Inner Mongolia		104.60	105.88	27	3.69	20.80	22.91	17
辽　宁	Liaoning	111.69	111.00	111.98	19	9.95	28.90	34.46	10
吉　林	Jilin	108.56	111.70	108.26	23	7.81	31.80	33.73	11
黑龙江	Heilongjiang	109.40	105.40	106.02	26	11.38	24.40	25.59	15
上　海	Shanghai		148.50	166.29	2	59.83	46.50	51.41	2
江　苏	Jiangsu	142.10	146.80	154.46	3	10.97	42.30	44.99	5
浙　江	Zhejiang	161.40	161.30	170.40	1	38.41	45.50	49.31	3
	Anhui	112.13	121.30	124.59	8	7.94	19.40	20.34	22
福　建	Fujian	128.85	139.30	141.09	4	23.57	34.90	34.55	9
江　西	Jiangxi		126.10	129.10	6	5.22	22.30	20.47	21
山　东	Shandong		109.50	109.15	21	16.69	34.80	37.55	8
河　南	Henan	106.26	112.60	115.08	12	7.50	26.60	31.13	12
湖　北	Hubei	109.18	118.50	120.09	10	7.39	26.20	27.04	14
湖　南	Hunan		112.60	114.33	15	4.39	19.80	20.66	19
广　东	Guangdong	119.26	117.20	119.49	11	19.53	33.90	37.73	7
广　西	Guangxi	99.22	111.10	112.33	18	4.50	17.30	20.24	23
海　南	Hainan	102.10	104.90	106.75	25	1.94	11.60	11.85	29
重　庆	Chongqing		111.30	112.83	17	4.06	18.90	21.54	18
四　川	Sichuan	102.95	112.40	114.61	14	4.85	13.20	16.24	25
贵　州	Guizhou	91.10	101.80	103.13	29	1.65	9.70	13.04	28
云　南	Yunnan		101.70	102.83	30	2.38	6.20	7.03	30
西　藏	Tibet	73.45	103.90	108.53	22	0.21	0.30	0.27	31
陕　西	Shaanxi		113.20	114.31	16	6.69	22.00	24.75	16
甘　肃	Gansu	104.00	109.00	109.59	20	4.42	14.20	15.87	26
青　海	Qinghai	99.50	111.10	107.31	24	2.00	11.90	14.12	27
宁　夏	Ningxia		117.50	115.04	13	7.17	22.00	20.54	20
新　疆	Xinjiang	89.87	99.90	101.22	31	2.90	14.30	16.99	24

7-40 每百户农村居民拥有照相机和移动电话

Ownership of Camera and Mobile Phone Per 100 Rural Households

地区	Region	照相机（架） Camera （unit）				移动电话（部） Mobile Phone （unit）			
		2010	2015	2016	2016排名 Ranking	2010	2015	2016	2016排名 Ranking
全　国	**National Total**	**5.17**	**4.10**	**3.42**		**136.54**	**226.10**	**240.75**	
北　京	Beijing		20.80	19.58	1		230.00	243.13	12
天　津	Tianjin	25.00	8.20	4.87	7	182.00	219.60	241.04	15
河　北	Hebei	4.24	4.50	4.20	8		226.20	236.27	19
山　西	Shanxi	4.57	2.10	1.53	25	107.71	195.50	208.29	29
内蒙古	Inner Mongolia		4.50	3.75	11		220.60	231.97	22
辽　宁	Liaoning	7.30	4.10	3.88	10	117.72	191.20	208.78	27
吉　林	Jilin	2.69	2.90	2.32	19	157.63	240.60	241.62	14
黑龙江	Heilongjiang	2.50	3.20	2.70	17	140.40	202.80	212.77	26
上　海	Shanghai		12.10	12.35	2		187.30	208.32	28
江　苏	Jiangsu	12.50	9.50	8.31	3	171.00	217.60	236.22	21
浙　江	Zhejiang	12.60	8.10	6.98	4	189.10	216.40	230.05	23
安　徽	Anhui	3.71	3.50	2.76	16	136.90	205.30	221.59	24
福　建	Fujian	5.99	6.30	4.91	6	195.88	246.40	250.09	11
江　西	Jiangxi		3.40	1.65	24		232.70	240.60	16
山　东	Shandong		5.10	5.24	5		207.80	218.59	25
河　南	Henan	2.83	3.10	2.28	20	151.67	221.00	242.07	13
湖　北	Hubei	2.64	3.80	2.97	14	152.27	232.20	236.26	20
湖　南	Hunan		4.30	2.78	15		242.10	260.05	8
广　东	Guangdong		4.50	4.11	9	203.83	267.20	279.89	3
广　西	Guangxi	2.42	1.80	1.21	28	140.35	262.00	274.12	5
海　南	Hainan	0.80	2.10	1.14	30	125.10	235.70	253.99	10
重　庆	Chongqing		2.90	3.14	13		225.00	237.77	18
四　川	Sichuan		2.60	2.48	18	168.75	216.50	238.17	17
贵　州	Guizhou		1.50	1.16	29	102.10	245.40	274.26	4
云　南	Yunnan		1.40	1.27	27		235.90	257.12	9
西　藏	Tibet	0.95	0.90	0.57	31	98.04	172.10	187.23	31
陕　西	Shaanxi		3.80	3.14	12		251.30	266.58	6
甘　肃	Gansu	2.05	2.50	1.77	23	112.39	244.60	263.82	7
青　海	Qinghai	3.20	2.40	2.25	21	143.80	262.30	281.18	2
宁　夏	Ningxia		2.50	1.29	26		281.50	288.06	1
新　疆	Xinjiang	3.29	2.60	1.87	22	84.32	174.40	188.64	30

8

城市建设

Urban Construction

8-1 城市城区面积和城区人口
Urban Area and Population

地区	Region	城区面积（平方公里） Urban Area (sq.km) 2010	2015	2016	2016排名 Ranking	城区人口（万人） Urban Population (10 000 persons) 2010	2015	2016	2016排名 Ranking
全　国	**National Total**	**178691.73**	**191775.54**	**198178.59**		**35373.54**	**39437.84**	**40299.17**	
北　京	Beijing	12187.00	12187.00	16410.00	3	1685.90	1877.70	1879.60	8
天　津	Tianjin	2236.12	2506.11	2583.28	24	587.40	676.84	719.20	23
河　北	Hebei	6521.74	6398.70	6613.44	10	1454.60	1575.07	1628.57	10
山　西	Shanxi	3348.34	2837.08	2893.26	22	896.05	1017.56	1019.40	17
内蒙古	Inner Mongolia	8537.05	5372.72	4871.72	15	704.37	687.75	685.28	24
辽　宁	Liaoning	11655.67	14316.30	15148.08	5	1981.97	2109.28	2076.05	5
吉　林	Jilin	7376.83	3668.37	5111.52	14	989.47	1058.08	1029.35	16
黑龙江	Heilongjiang	2589.48	2578.26	2735.61	23	1293.52	1310.58	1325.69	13
上　海	Shanghai	6340.50	6340.50	6340.50	11	2301.91	2415.27	2419.70	4
江　苏	Jiangsu	12462.84	15110.50	15277.57	4	2390.58	2745.30	2802.05	3
浙　江	Zhejiang	10256.38	11326.51	11311.75	6	1408.04	1547.58	1578.27	11
安　徽	Anhui	5041.16	6059.40	6100.40	12	1108.37	1172.58	1179.35	14
福　建	Fujian	4361.84	4368.15	4440.87	17	750.41	869.77	903.96	20
江　西	Jiangxi	1719.32	2178.89	2369.32	25	762.29	945.00	972.69	18
山　东	Shandong	19631.65	21567.91	22424.21	1	2581.23	2880.07	2974.35	2
河　南	Henan	4101.39	4810.01	4822.78	16	1798.62	2038.81	2013.39	6
湖　北	Hubei	9057.18	8114.59	8334.17	7	1618.09	1719.90	1745.76	9
湖　南	Hunan	4121.85	4582.33	4373.14	18	1151.41	1362.09	1408.30	12
广　东	Guangdong	18130.10	16825.74	17086.28	2	3478.55	3758.88	3831.21	1
广　西	Guangxi	5656.72	5728.04	5752.04	13	701.58	848.35	875.30	21
海　南	Hainan	833.03	1427.88	1428.18	29	203.37	212.48	209.14	29
重　庆	Chongqing	5695.83	7026.55	7438.45	9	831.69	1032.63	1102.70	15
四　川	Sichuan	5772.84	10777.66	7872.65	8	1500.15	1797.09	1951.39	7
贵　州	Guizhou	1658.36	2679.97	3104.81	20	483.09	529.39	577.89	26
云　南	Yunnan	1929.97	3029.44	3127.68	19	577.70	798.76	846.56	22
西　藏	Tibet	782.00	432.60	449.83	31	25.68	40.45	69.43	31
陕　西	Shaanxi	1430.60	2311.70	2334.76	26	754.86	883.04	924.93	19
甘　肃	Gansu	1426.32	1569.92	1580.08	28	494.90	521.79	533.29	27
青　海	Qinghai	512.28	688.15	688.15	30	109.83	166.86	168.07	30
宁　夏	Ningxia	2049.72	2119.18	2119.18	27	198.79	235.47	229.76	28
新　疆	Xinjiang	1267.62	2835.38	3034.88	21	549.12	603.42	618.54	25

注：城市建设的统计范围为该市的城区(以下有关各表同)。

Note: The statistical range of urban construction is the city's urban district. The same applies to the relevant tables followed.

8-2 城市建成区面积和人口密度
Area of Built District and Population Density

地区	Region	建成区面积（平方公里） Area of Built District (sq.km) 2010	2015	2016	2016排名 Ranking	人口密度（人/平方公里） Population Density (person/sq.km) 2010	2015	2016	2016排名 Ranking
全　国	**National Total**	**40058.01**	**52102.31**	**54331.47**		**2209**	**2399**	**2408**	
北　京	Beijing		1401.01	1419.66	15	1383	1541	1145	31
天　津	Tianjin	686.71	885.43	1007.91	24	2752	3492	3639	8
河　北	Hebei	1619.67	1944.42	2056.45	9	2354	2646	2659	15
山　西	Shanxi	864.73	1123.46	1157.63	21	2890	3920	3908	6
内蒙古	Inner Mongolia	1038.32	1225.21	1241.59	19	981	1629	1822	27
辽　宁	Liaoning	2220.53	2461.95	2798.20	4	1814	1590	1485	29
吉　林	Jilin	1237.38	1399.07	1425.83	14	1449	3193	2231	20
黑龙江	Heilongjiang	1637.98	1772.24	1810.17	11	5239	5504	5244	1
上　海	Shanghai	998.75	998.75	998.75	25	3630	3809	3816	7
江　苏	Jiangsu	3271.09	4189.17	4299.26	3	2027	2034	2057	23
浙　江	Zhejiang	2128.96	2590.74	2673.33	5	1773	1914	2059	22
安　徽	Anhui	1491.32	1926.36	2001.68	10	2469	2458	2487	17
福　建	Fujian	1059.00	1413.54	1469.16	13	2290	2704	2758	13
江　西	Jiangxi	933.78	1295.65	1370.95	16	4786	4822	4613	3
山　东	Shandong	3566.15	4609.32	4795.47	2	1389	1452	1502	28
河　南	Henan	2014.40	2503.08	2544.27	7	5178	5155	5056	2
湖　北	Hubei	1701.03	2197.00	2248.94	8	1929	2430	2475	18
湖　南	Hunan	1321.05	1572.52	1625.64	12	2992	3261	3523	9
广　东	Guangdong	4618.07	5633.19	5808.12	1	2428	3060	3193	10
广　西	Guangxi	940.47	1275.16	1333.80	18	1498	1823	1891	26
海　南	Hainan	221.32	337.81	320.98	29	2739	2045	2050	24
重　庆	Chongqing	870.23	1329.45	1350.66	17	1860	1904	1953	25
四　川	Sichuan	1629.73	2281.64	2615.59	6	2743	1902	2901	12
贵　州	Guizhou	463.96	789.06	844.56	27	3266	2396	2182	21
云　南	Yunnan	751.34	1060.14	1131.34	22	3795	2943	2995	11
西　藏	Tibet	84.88	144.52	145.18	31	575	1750	2624	16
陕　西	Shaanxi	758.48	1073.36	1127.35	23	5506	4031	4240	4
甘　肃	Gansu	632.80	834.39	870.42	26	3793	4049	4076	5
青　海	Qinghai	113.88	194.26	197.41	30	2320	2692	2710	14
宁　夏	Ningxia	343.79	455.05	441.80	28	1093	1336	1343	30
新　疆	Xinjiang	838.21	1185.36	1199.37	20	4977	2557	2456	19

8-3 城市建设用地面积和居住用地面积
Area of Urban Construction Land and Residential

单位：平方公里 (sq.km)

地区	Region	城市建设用地面积 Area of Urban Construction Land				居住用地 Residential			
		2010	2015	2016	2016排名 Ranking	2010	2015	2016	2016排名 Ranking
全　国	**National Total**	**39758.42**	**51584.10**	**52761.30**		**12404.04**	**16282.49**	**16373.91**	
北　京	Beijing		1454.69	1463.79	14		417.17	420.91	16
天　津	Tianjin	686.71	870.18	961.65	25	186.53	222.34	258.55	25
河　北	Hebei	1571.72	1816.10	1944.93	10	507.37	628.93	690.64	8
山　西	Shanxi	847.15	1079.30	1129.04	22	260.94	339.09	343.65	22
内蒙古	Inner Mongolia	1123.44	1164.76	1146.87	21	332.55	341.14	333.86	23
辽　宁	Liaoning	2171.23	2405.24	2718.20	4	729.12	814.59	839.15	4
吉　林	Jilin	1171.77	1330.14	1379.46	15	413.19	486.51	494.67	14
黑龙江	Heilongjiang	1737.50	1788.87	1821.81	12	625.94	634.56	642.40	10
上　海	Shanghai		2915.56	1913.30	11		1058.89	545.51	12
江　苏	Jiangsu	3424.75	4207.60	4367.41	3	1024.54	1269.08	1307.34	3
浙　江	Zhejiang	2245.93	2469.74	2573.37	5	614.53	700.45	750.66	6
安　徽	Anhui	1539.96	1920.12	1959.72	9	488.33	609.43	619.23	11
福　建	Fujian	1019.07	1346.58	1365.57	16	316.42	456.66	457.22	15
江　西	Jiangxi	966.32	1231.02	1279.29	18	278.27	373.26	381.88	19
山　东	Shandong	3526.37	4407.70	4539.96	2	1040.88	1308.03	1373.97	2
河　南	Henan	1947.18	2363.14	2424.64	7	578.68	699.13	726.83	7
湖　北	Hubei	1968.81	2045.85	2111.75	8	580.36	637.25	655.36	9
湖　南	Hunan	1458.58	1483.37	1511.06	13	475.45	513.48	535.29	13
广　东	Guangdong	4774.76	4958.73	5266.61	1	1446.64	1535.05	1573.23	1
广　西	Guangxi	908.64	1229.79	1292.58	17	283.69	374.68	388.37	18
海　南	Hainan	260.73	398.70	302.05	29	83.03	115.17	110.46	29
重　庆	Chongqing	855.67	1115.93	1179.57	20	282.15	350.77	370.90	21
四　川	Sichuan	1610.31	2226.67	2468.48	6	526.12	719.08	769.88	5
贵　州	Guizhou	477.07	702.18	776.85	27	128.29	222.23	255.23	26
云　南	Yunnan	832.86	975.18	1027.24	24	353.74	353.51	377.72	20
西　藏	Tibet	82.51	143.36	186.83	30	28.97	39.82	60.02	31
陕　西	Shaanxi	704.86	1037.89	1096.26	23	217.69	246.20	266.18	24
甘　肃	Gansu	594.35	771.42	805.97	26	168.15	209.50	216.87	27
青　海	Qinghai	113.45	173.10	175.97	31	43.93	75.69	76.99	30
宁　夏	Ningxia	284.37	384.45	384.07	28	104.13	126.65	125.51	28
新　疆	Xinjiang	852.35	1166.74	1187.00	19	284.41	404.15	405.43	17

注：从2012年起，城市建设用地面积按新标准进行分类。

Note: Since 2012 onwards, the urban construction land area has been classified in accordance with the new standard.

8-4 城市公共管理与公共服务设施用地面积和工业用地面积
Administration and Public Services, and Industrial, Manufacturing

单位：平方公里 (sq.km)

地区	Region	公共管理与公共服务设施用地 Administration and Public Services				工业用地 Industrial, Manufacturing			
		2010	2015	2016	2016排名 Ranking	2010	2015	2016	2016排名 Ranking
全　国	**National Total**	**4832.57**	**4848.13**	**4975.48**		**8689.49**	**10298.65**	**10525.24**	
北　京	Beijing		173.45	174.88	11		263.55	263.32	14
天　津	Tianjin	81.54	64.93	78.40	26	155.66	208.89	231.21	18
河　北	Hebei	190.41	172.92	170.95	12	314.84	279.52	314.34	12
山　西	Shanxi	98.68	127.45	129.37	18	171.35	176.59	174.67	21
内蒙古	Inner Mongolia	147.57	103.96	100.15	24	205.62	164.37	165.33	23
辽　宁	Liaoning	216.03	176.47	182.60	8	506.75	565.04	711.73	4
吉　林	Jilin	125.90	101.46	105.48	23	242.87	260.58	274.71	13
黑龙江	Heilongjiang	181.71	167.00	175.14	10	338.80	350.60	357.51	10
上　海	Shanghai		161.73	151.11	14		733.11	555.75	6
江　苏	Jiangsu	402.94	357.07	369.14	3	896.33	973.83	1009.40	2
浙　江	Zhejiang	242.27	212.12	223.85	6	573.55	562.29	565.74	5
安　徽	Anhui	196.13	145.71	152.85	13	327.39	349.00	357.01	11
福　建	Fujian	135.19	138.03	142.40	15	219.32	247.46	237.21	17
江　西	Jiangxi	142.49	114.53	140.41	16	193.07	220.45	240.05	16
山　东	Shandong	491.44	458.04	482.62	1	775.69	1044.10	997.09	3
河　南	Henan	287.38	272.03	271.26	4	338.30	370.70	378.44	9
湖　北	Hubei	271.19	202.68	205.27	7	434.55	443.59	460.41	7
湖　南	Hunan	223.37	182.07	182.11	9	257.27	198.07	201.98	20
广　东	Guangdong	406.95	412.16	425.66	2	1364.34	1298.28	1375.75	1
广　西	Guangxi	124.11	132.17	137.48	17	171.89	199.84	204.10	19
海　南	Hainan	44.54	89.32	41.15	29	20.47	25.63	22.25	29
重　庆	Chongqing	88.63	98.38	106.80	21	200.94	235.96	246.83	15
四　川	Sichuan	218.19	218.81	240.80	5	344.84	410.56	441.83	8
贵　州	Guizhou	65.53	69.76	77.61	27	86.25	122.19	122.86	26
云　南	Yunnan	84.59	104.95	112.21	19	121.51	106.74	111.20	27
西　藏	Tibet	21.64	32.76	32.16	30	7.95	13.45	19.70	30
陕　西	Shaanxi	124.85	106.62	109.50	20	136.29	129.50	132.41	24
甘　肃	Gansu	68.73	78.43	82.21	25	99.73	122.61	129.70	25
青　海	Qinghai	6.17	14.51	14.94	31	17.94	13.14	13.18	31
宁　夏	Ningxia	43.24	50.55	50.20	28	26.21	38.56	41.08	28
新　疆	Xinjiang	101.16	108.06	106.77	22	139.77	170.45	168.45	22

注：2012年以前城市公共管理与公共服务设施用地面积的统计口径为城市公共设施用地面积。

Note: Before 2012, the statistical caliber of urban public administration and public service facilities land area is urban facilities land area.

8-5 城市物流仓储用地面积和道路交通设施用地面积

Logistics and Warehouse, and Road, Street and Transportation

单位：平方公里 (sq.km)

地区	Region	物流仓储用地 Logistics and Warehouse 2010	2015	2016	2016排名 Ranking	道路交通设施用地 Road, Street and Transportation 2010	2015	2016	2016排名 Ranking
全　国	**National Total**	**1186.99**	**1585.82**	**1617.31**		**4679.90**	**7452.98**	**7785.66**	
北　京	Beijing		51.64	51.51	14		269.06	270.85	11
天　津	Tianjin	23.46	62.76	66.01	7	70.00	154.03	138.03	23
河　北	Hebei	60.53	60.00	64.06	9	177.82	251.32	283.17	10
山　西	Shanxi	30.13	39.35	38.92	20	78.23	138.93	173.59	21
内蒙古	Inner Mongolia	42.73	38.11	39.91	19	164.75	235.01	221.25	14
辽　宁	Liaoning	77.03	67.71	71.90	6	215.83	286.46	379.62	7
吉　林	Jilin	40.76	41.97	45.85	17	128.79	190.38	201.39	17
黑龙江	Heilongjiang	81.83	74.18	72.41	5	176.36	261.40	269.64	12
上　海	Shanghai		85.54	58.55	12		418.86	133.71	25
江　苏	Jiangsu	95.52	115.36	116.00	3	387.86	562.84	599.21	2
浙　江	Zhejiang	47.34	61.83	61.80	10	307.88	354.37	405.95	4
安　徽	Anhui	37.29	56.18	54.15	13	192.74	299.02	307.75	9
福　建	Fujian	22.05	34.34	34.77	21	120.34	188.15	205.31	16
江　西	Jiangxi	24.23	28.33	28.81	24	129.16	191.46	197.06	18
山　东	Shandong	110.87	136.93	143.46	1	414.24	537.44	578.22	3
河　南	Henan	61.54	79.78	78.02	4	249.34	372.29	388.32	5
湖　北	Hubei	59.36	64.84	61.00	11	231.58	303.48	322.22	8
湖　南	Hunan	54.99	45.66	44.86	18	167.82	183.84	190.15	19
广　东	Guangdong	102.92	126.66	140.45	2	571.60	680.25	815.27	1
广　西	Guangxi	30.17	45.95	50.23	15	107.57	220.76	234.60	13
海　南	Hainan	3.58	6.25	6.26	30	33.79	72.64	54.07	29
重　庆	Chongqing	16.87	25.88	29.08	23	131.55	192.59	213.71	15
四　川	Sichuan	34.97	47.07	64.41	8	203.11	334.59	383.90	6
贵　州	Guizhou	17.57	21.12	25.36	26	45.74	101.60	110.39	27
云　南	Yunnan	22.34	30.59	29.99	22	66.28	126.22	136.25	24
西　藏	Tibet	2.60	4.64	4.88	31	8.75	17.31	28.61	30
陕　西	Shaanxi	22.76	23.97	24.64	27	80.09	172.47	182.00	20
甘　肃	Gansu	22.14	28.05	28.66	25	73.49	111.26	118.55	26
青　海	Qinghai	5.02	19.12	19.21	28	5.34	16.98	17.47	31
宁　夏	Ningxia	10.64	13.45	13.87	29	35.58	65.04	64.83	28
新　疆	Xinjiang	28.75	48.56	48.28	16	104.27	142.93	160.57	22

注：2012年以前城市道路交通设施用地面积的统计口径为城市道路广场用地面积。

Note: Before 2012, the statistical caliber of urban road traffic facilities land area is the area of urban road and square.

8-6　城市商业服务业设施、公用设施和绿地与广场用地面积

Commercial and Business Facilities, Municipal Utilities, and Green Space and Square

单位：平方公里　(sq.km)

地区	Region	商业服务业设施用地面积 Commercial and Business Facilities	排名 Ranking	公用设施用地面积 Municipal Utilities	排名 Ranking	绿地与广场用地面积 Green Space and Square	排名 Ranking
全　国	**National Total**	**3775.90**		**1998.63**		**5709.17**	
北　京	Beijing	135.13	9	31.71	25	115.48	22
天　津	Tianjin	69.30	25	26.47	26	93.68	27
河　北	Hebei	135.03	10	70.54	11	216.20	10
山　西	Shanxi	71.76	24	81.89	7	115.19	23
内蒙古	Inner Mongolia	93.63	17	37.70	22	155.04	13
辽　宁	Liaoning	195.17	5	64.65	13	273.38	6
吉　林	Jilin	89.82	19	57.93	16	109.61	24
黑龙江	Heilongjiang	87.57	20	63.04	14	154.10	14
上　海	Shanghai	116.09	12	212.86	1	139.72	17
江　苏	Jiangsu	347.68	1	132.50	4	486.14	2
浙　江	Zhejiang	218.66	4	77.82	9	268.89	7
安　徽	Anhui	176.09	7	60.61	15	232.03	9
福　建	Fujian	102.62	14	51.45	18	134.59	20
江　西	Jiangxi	98.37	15	46.48	19	146.23	15
山　东	Shandong	312.51	3	151.35	3	500.74	1
河　南	Henan	130.34	11	99.10	5	352.33	4
湖　北	Hubei	139.79	8	78.87	8	188.83	11
湖　南	Hunan	104.71	13	87.87	6	164.09	12
广　东	Guangdong	341.20	2	153.43	2	441.62	3
广　西	Guangxi	78.49	22	53.49	17	145.82	16
海　南	Hainan	24.64	28	13.61	29	29.61	29
重　庆	Chongqing	74.82	23	33.10	23	104.33	25
四　川	Sichuan	189.68	6	74.43	10	303.55	5
贵　州	Guizhou	62.03	26	25.28	27	98.09	26
云　南	Yunnan	90.66	18	33.06	24	136.15	19
西　藏	Tibet	22.00	29	12.25	30	7.21	31
陕　西	Shaanxi	86.40	21	39.12	21	256.01	8
甘　肃	Gansu	59.95	27	41.37	20	128.66	21
青　海	Qinghai	8.93	31	6.75	31	18.50	30
宁　夏	Ningxia	17.91	30	14.52	28	56.15	28
新　疆	Xinjiang	94.92	16	65.38	12	137.20	18

8-7 城市征用土地面积和征用耕地面积
Area of Urban Land Requisition and Farm Land Requisition

单位：平方公里 (sq.km)

地区	Region	征用土地面积 Area of Urban Land Requisition This Year				征用耕地面积 Farm Land Requisition			
		2010	2015	2016	2016排名 Ranking	2010	2015	2016	2016排名 Ranking
全　国	**National Total**	**1641.57**	**1548.53**	**1713.62**		**708.95**	**707.86**	**775.76**	
北　京	Beijing	46.48	8.73	15.72	27	17.53	2.43	8.67	25
天　津	Tianjin	43.96	22.95	20.32	24	18.65	10.82	8.79	24
河　北	Hebei	37.08	38.54	50.37	14	12.86	16.64	14.70	18
山　西	Shanxi	16.61	24.84	19.47	25	8.02	15.15	13.83	20
内蒙古	Inner Mongolia	14.12	19.57	28.38	19	1.39	11.55	11.93	23
辽　宁	Liaoning	128.20	67.87	28.18	20	60.24	41.21	16.66	15
吉　林	Jilin	59.00	34.37	68.10	11	40.73	25.41	34.34	10
黑龙江	Heilongjiang	28.30	14.66	17.71	26	3.37	6.76	5.46	28
上　海	Shanghai		24.52	24.46	22		12.43	14.65	19
江　苏	Jiangsu	195.45	141.26	155.56	1	88.21	70.49	76.38	1
浙　江	Zhejiang	107.36	99.58	100.01	6	65.94	52.81	50.18	4
安　徽	Anhui	109.30	114.14	130.18	2	61.18	64.32	67.20	2
福　建	Fujian	23.79	100.22	90.14	9	7.41	25.23	23.33	13
江　西	Jiangxi	20.97	53.07	60.56	13	4.16	28.98	26.05	12
山　东	Shandong	98.71	86.39	114.08	5	38.05	39.09	48.18	6
河　南	Henan	67.01	46.85	28.18	20	27.02	24.71	13.01	21
湖　北	Hubei	79.94	83.99	90.55	8	15.23	41.33	50.70	3
湖　南	Hunan	48.92	52.63	61.67	12	11.65	11.64	12.95	22
广　东	Guangdong	95.74	138.68	126.90	3	26.43	44.92	48.16	7
广　西	Guangxi	101.44	74.77	117.99	4	40.43	28.12	49.83	5
海　南	Hainan	0.10	7.84	3.55	30		1.11	1.26	30
重　庆	Chongqing	48.02	85.36	91.29	7	14.23	41.39	42.56	8
四　川	Sichuan	86.33	49.45	79.32	10	45.58	23.19	40.49	9
贵　州	Guizhou	5.26	21.05	33.82	18	0.28	10.73	14.84	17
云　南	Yunnan	85.23	18.82	34.65	17	43.95	9.31	15.15	16
西　藏	Tibet	2.94	5.05	5.05	29	0.71	2.50	2.50	29
陕　西	Shaanxi	41.52	31.11	44.17	15	30.59	11.21	22.59	14
甘　肃	Gansu	23.83	31.90	37.24	16	12.62	21.73	27.98	11
青　海	Qinghai	0.01	6.68	3.31	31		0.20	0.20	31
宁　夏	Ningxia	8.30	5.95	9.51	28	6.70	4.77	6.68	26
新　疆	Xinjiang	17.65	37.69	23.18	23	5.80	7.68	6.51	27

8-8 城市维护建设资金总收入

National Revenue of Urban Maintenance and Construction Funds

单位：万元 (10 000 yuan)

地区	Region	城市维护建设资金总收入 Total National Revenue				其他财政资金收入 Others			
		2010	2015	2016	2016排名 Ranking	2010	2015	2016	2016排名 Ranking
全　国	**National Total**	**85704996**	**160735509**	**180194600**		**4437068**	**9652471**	**8675715**	
北　京	Beijing	5886970	21002851	14498063	3				
天　津	Tianjin	1516602	2206103	2564052	19	158352	374384	523035	8
河　北	Hebei	3115491	3936578	4854346	13	190621	27370	69324	15
山　西	Shanxi	1890382	2431823	2485140	20	163886	31476	2404	26
内蒙古	Inner Mongolia	2016567	2081355	1671906	23	15937	371105	27460	20
辽　宁	Liaoning	4617395	4726607	3834031	16	196935	63768	26400	21
吉　林	Jilin	883223	1685380	2471417	21	70925	15672	68120	16
黑龙江	Heilongjiang	1186674	1530215	1566287	25	55217	156625	246898	9
上　海	Shanghai	1960933	3657873	3612954	17	423300	2588	4920	24
江　苏	Jiangsu	8008899	17545425	24456256	1	346908	718029	1117081	2
浙　江	Zhejiang	6108113	8761243	9799144	7	65425	1305108	725316	4
安　徽	Anhui	2902962	7915597	12834316	4	78092	171809	126962	12
福　建	Fujian	4656971	6735656	10975204	6	153802	21321	49269	18
江　西	Jiangxi	2422959	4875877	4516160	14	126116	81058	48443	19
山　东	Shandong	10377521	10534867	12532299	5	196407	431822	589341	6
河　南	Henan	2381809	2553620	2290629	22	910317	302867	2445	25
湖　北	Hubei	1561968	5886705	8385902	8	18309	608442	1014323	3
湖　南	Hunan	2004494	3468328	5852679	12	134696	105936	131319	11
广　东	Guangdong	9315084	14880108	17873815	2	45358	429737	619620	5
广　西	Guangxi	2722649	5248781	6392932	10	684385	230821	79033	14
海　南	Hainan	245421	1295332	540732	30	18604	48139	8950	23
重　庆	Chongqing	1950298	5384683	3857157	15	58961	43961	1211	27
四　川	Sichuan	1929600	7613624	7556552	9	76623	2400346	2242069	1
贵　州	Guizhou	389972	1967186	521421	31	4146	5236	626	29
云　南	Yunnan	1923960	2137330	2924784	18	22365	35686	236081	10
西　藏	Tibet	13138	608748	609348	28		638	638	28
陕　西	Shaanxi	2060164	5893677	6343524	11	192888	1534374	534941	7
甘　肃	Gansu	421293	570054	1363493	26	9884	29323	10848	22
青　海	Qinghai	154783	664297	871316	27		1600		
宁　夏	Ningxia	385876	551251	545264	29	186	13393	62316	17
新　疆	Xinjiang	692825	2384335	1593477	24	18423	89837	106322	13

8-9 城市维护建设资金中央与地方财政拨款

Financial Allocation from Central Government Budget and Provincial Government Budget

单位：万元 (10 000 yuan)

地区	Region	中央预算资金 Central Budgetary Fund				省级预算资金 Provincial Budgetary Fund			
		2010	2015	2016	2016排名 Ranking	2010	2015	2016	2016排名 Ranking
全　国	**National Total**	**1747961**	**3132417**	**2968916**		**985885**	**4616060**	**4056263**	
北　京	Beijing								
天　津	Tianjin	21370	23149	54147	17	91831	22660	238319	5
河　北	Hebei	76838	45009	194213	5	1628	141391	158585	7
山　西	Shanxi	12479	3882	11849	28	41203	3871	16428	23
内蒙古	Inner Mongolia	13990	25227	26998	24	63709	28302	35176	19
辽　宁	Liaoning	132097	131978	219171	4	30880	62948	53594	13
吉　林	Jilin	61824	71842	103731	12	34222	90587	88807	11
黑龙江	Heilongjiang	144233	113193	176563	6	14078	71628	38342	18
上　海	Shanghai	20066	19965	105015	11				
江　苏	Jiangsu	56721	113644	164696	7	46993	126915	239639	4
浙　江	Zhejiang	36762	105714	63674	15	28884	96875	102271	9
安　徽	Anhui	40377	86829	59685	16	12905	38285	39347	17
福　建	Fujian	48560	14162	8070	29	9879	24014	24436	22
江　西	Jiangxi	191414	632936	17266	27	5779	213934	12497	24
山　东	Shandong	46488	54450	328036	1	24649	30536	42439	16
河　南	Henan	24252	56126	19825	26	5163	2724	4226	28
湖　北	Hubei	62865	49680	92392	13	14744	42559	29388	21
湖　南	Hunan	52700	125882	108606	10	29279	38062	51532	14
广　东	Guangdong	18395	9046	44070	20	90933	20203	4868	27
广　西	Guangxi	46031	127605	127460	8	61881	75843	68728	12
海　南	Hainan	13549	7358	1904	30	2796	37838	9697	25
重　庆	Chongqing	20332	41849	21629	25	256541	1880642	1478885	1
四　川	Sichuan	326065	47504	31745	23	7699	637464	110265	8
贵　州	Guizhou	23103	237269	49485	19	5314	94371	8125	26
云　南	Yunnan	123495	306249	296359	3	29114	237901	459172	2
西　藏	Tibet		322401	322701	2		174452	174452	6
陕　西	Shaanxi	26728	120008	112587	9	1713	129151	97404	10
甘　肃	Gansu	37086	74072	83141	14	21114	74325	45539	15
青　海	Qinghai	24652	78834	51807	18	32376	194629	393412	3
宁　夏	Ningxia	29098	2929	31797	22	15402	15359	30360	20
新　疆	Xinjiang	16391	83625	40294	21	5176	8591	330	29

8-10 城市市级预算资金和城市维护建设税
City-level Budgetary Fund and Urban Maintenance and Construction Tax

单位：万元 (10 000 yuan)

地区	Region	市级预算资金 City-level Budgetary Fund				城市维护建设税 Urban Maintenance and Construction Tax			
		2010	2015	2016	2016排名 Ranking	2010	2015	2016	2016排名 Ranking
全　国	**National Total**	**78534082**	**143334561**	**164493706**		**9970340**	**19421884**	**22429127**	
北　京	Beijing	5886970	21002851	14498063	3	800033	2043646	2216399	3
天　津	Tianjin	1245049	1785910	1748551	22	219462	333232	304243	22
河　北	Hebei	2846404	3722808	4432224	14	650837	618111	722014	12
山　西	Shanxi	1672814	2392594	2454459	17	166345	244651	1187751	6
内蒙古	Inner Mongolia	1922931	1656721	1582272	23	464352	187652	208560	24
辽　宁	Liaoning	4257483	4467913	3534866	15	508321	947238	1014438	7
吉　林	Jilin	716252	1507279	2210759	20	201091	478579	527214	14
黑龙江	Heilongjiang	973146	1188769	1104484	26	293437	411685	397005	17
上　海	Shanghai	1517567	3635320	3503019	16				
江　苏	Jiangsu	7558277	16586837	22934840	1	946046	2453305	2603947	2
浙　江	Zhejiang	5977042	7253546	8907883	7	595049	885450	925057	8
安　徽	Anhui	2771588	7618674	12608322	4	352397	674800	832987	11
福　建	Fujian	4444730	6676159	10893429	6	293621	707889	590278	13
江　西	Jiangxi	2099650	3947949	4437954	13	151139	228932	311105	21
山　东	Shandong	10109977	10018059	11572483	5	872852	1376123	1841087	4
河　南	Henan	1442077	2191903	2264133	19	290618	450329	456767	16
湖　北	Hubei	1466050	5186024	7249799	8	312893	710345	1479890	5
湖　南	Hunan	1787819	3198448	5561222	11	540596	864522	884184	10
广　东	Guangdong	9160398	14421122	17205257	2	992008	2518498	2671707	1
广　西	Guangxi	1930352	4814512	6117711	9	185171	319638	341182	18
海　南	Hainan	210472	1201997	520181	27	22576	133461	110887	28
重　庆	Chongqing	1614464	3418231	2355432	18	185504	371117	325812	20
四　川	Sichuan	1519213	4528310	5172473	12	265853	832864	913341	9
贵　州	Guizhou	357409	1630310	463185	28	52592	303641	116675	27
云　南	Yunnan	1748986	1557494	1933172	21	155802	290618	326558	19
西　藏	Tibet	13138	111257	111557	31	522	20024	20174	30
陕　西	Shaanxi	1838835	4110144	5598592	10	176260	374949	474776	15
甘　肃	Gansu	353209	392334	1223965	25	72190	71681	165901	25
青　海	Qinghai	97755	389234	426097	29	29031	137503	141196	26
宁　夏	Ningxia	341190	519570	420791	30	38166	51224	47229	29
新　疆	Xinjiang	652835	2202282	1446531	24	135576	380177	270763	23

8-11 城市公用事业附加和城市基础设施配套费

Extra-charges for Municipal Utilities and Fees for Supporting Urban Infrastructure

单位：万元 (10 000 yuan)

地区	Region	城市公用事业附加 Extra-charges for Municipal Utilities 2010	2015	2016	2016排名 Ranking	城市基础设施配套费 Fees for Supporting Urban Infrastructure 2010	2015	2016	2016排名 Ranking
全　国	**National Total**	**1090649**	**2255346**	**2100389**		**4912066**	**9748759**	**9583838**	
北　京	Beijing	114083	206880	78753	11		449609	337615	11
天　津	Tianjin					224637	278175	265026	13
河　北	Hebei	55948	98247	78833	10	61658	155031	139473	18
山　西	Shanxi	19163	23348	19558	23	97285	116169	123075	21
内蒙古	Inner Mongolia	6838	17408	31432	19	16711	209517	132802	19
辽　宁	Liaoning	47117	151024	94819	5	294515	242901	348744	9
吉　林	Jilin	18483	18077	24030	21	88608	214119	181566	15
黑龙江	Heilongjiang	23961	18362	29302	20	110537	88176	89936	26
上　海	Shanghai		277074	305012	1	73040	8975	45000	27
江　苏	Jiangsu	121506	208348	211271	3	651844	837679	871142	3
浙　江	Zhejiang	27724	72718	87245	8	81205	172460	211781	14
安　徽	Anhui	22589	59538	58567	13	142277	351825	355511	8
福　建	Fujian	42294	61776	83534	9	179790	114199	106617	23
江　西	Jiangxi	8849	20433	20954	22	75209	745803	95942	25
山　东	Shandong	91045	190486	143894	4	941781	1395285	1600119	1
河　南	Henan	48536	86965	91973	6	263666	441133	486413	6
湖　北	Hubei	17800	87202	16223	24	86137	183380	346059	10
湖　南	Hunan	32262	50655	44911	15	114259	415681	274291	12
广　东	Guangdong	221774	325310	300216	2	417934	858982	1062901	2
广　西	Guangxi	55109	55827	56974	14	28064	123091	166871	16
海　南	Hainan	909	3753	8653	27	47181	170254	110729	22
重　庆	Chongqing	14655	41363	36893	18	333255	590993	759969	4
四　川	Sichuan	34963	53283	43481	16	178489	471417	631692	5
贵　州	Guizhou	17061	13723	9741	26	24374	39935	38169	29
云　南	Yunnan	256	2706	42306	17	79857	207561	129365	20
西　藏	Tibet		80	115	30	90	8998	8998	30
陕　西	Shaanxi	16574	21448	90251	7	176429	538953	380637	7
甘　肃	Gansu	1782	2009	2831	29	32924	85797	96430	24
青　海	Qinghai	4879	62160	65494	12	14158	6170	8346	31
宁　夏	Ningxia	16984	8855	7290	28	10427	21665	38901	28
新　疆	Xinjiang	7505	16288	15833	25	65725	204826	139718	17

8-12 城市国有土地使用权出让收入和市政公用设施有偿使用费

Income Generated from The Transfer of State-owned Land-use Right and Fee for Use of Municipal Utilities

单位：万元 (10 000 yuan)

地区	Region	国有土地使用权出让收入 Income Generated from The Transfer of State-owned Land-use Right 2010	2015	2016	2016排名 Ranking	市政公用设施有偿使用费 Fee for Use of Municipal Utilities 2010	2015	2016	2016排名 Ranking
全 国	**National Total**	**40710682**	**87057559**	**100031030**		**3049903**	**4427311**	**4463162**	
北 京	Beijing		18150065	11699540	2	80974	152651	165756	9
天 津	Tianjin	100000	885176	1040500	17	3625			
河 北	Hebei	1479224	2016625	3084107	11	52199	141390	130824	12
山 西	Shanxi	1045718	1328324	548795	22	22846	50734	46348	22
内蒙古	Inner Mongolia	1000816	269104	273698	25	11755	17896	27858	28
辽 宁	Liaoning	3054536	1965787	1458084	15	56479	72628	100088	15
吉 林	Jilin	235761	684808	1015328	18	23093	36367	57642	19
黑龙江	Heilongjiang	326007	336753	329478	24	36995	34307	32246	27
上 海	Shanghai	334500	535293	786057	20	311198	30000		
江 苏	Jiangsu	3626033	10068527	15996152	1	409667	512407	496809	3
浙 江	Zhejiang	3586522	4246882	5878748	6	412077	389077	509150	2
安 徽	Anhui	1857775	5633122	10595606	4	67770	138536	146782	11
福 建	Fujian	3308164	5417085	5402792	7	166226	144523	163437	10
江 西	Jiangxi	1490022	2304128	2762414	12	26680	65028	98418	16
山 东	Shandong	6759864	5924841	7084303	5	154169	255694	298384	4
河 南	Henan	480751	729258	531481	23	78701	111913	115370	13
湖 北	Hubei	671479	2926831	4758784	8	94853	261462	250899	7
湖 南	Hunan	700093	1481133	3632527	10	83485	107624	252409	5
广 东	Guangdong	5993365	9386411	11323602	3	497859	596129	594867	1
广 西	Guangxi	1115757	3703726	4301459	9	75742	121883	188269	8
海 南	Hainan	45910	514515	105876	30	2297	41651	54412	20
重 庆	Chongqing	587589	1841547	884916	19	35920	53118	53622	21
四 川	Sichuan	437148	1745719	2125212	13	137212	207369	251449	6
贵 州	Guizhou	44750	650468	185725	27	13272	45828	40762	23
云 南	Yunnan	1176207	805541	1077836	16	30855	96510	113929	14
西 藏	Tibet	985	17700	17815	31	310	1058	1058	29
陕 西	Shaanxi	831441	1720028	1946129	14	57670	585851	91456	17
甘 肃	Gansu	78690	145129	206696	26	18397	43378	32764	26
青 海	Qinghai	20367	117513	117098	29	8922	60491	71567	18
宁 夏	Ningxia	144706	128931	129658	28	7224	12048	36215	25
新 疆	Xinjiang	176502	1376589	730614	21	71431	39760	40372	24

8-13 城市污水处理费和垃圾处理费
Wastewater Treatment Fee and Garbage Treatment Fee

单位：万元 (10 000 yuan)

地区	Region	污水处理费 Wastewater Treatment Fee			垃圾处理费 Garbage Treatment Fee		
		2015	2016	2016排名 Ranking	2015	2016	2016排名 Ranking
全 国	**National Total**	**2636962**	**2937537**		**793824**	**963049**	
北 京	Beijing	152367	165510	5	284	246	29
天 津	Tianjin						
河 北	Hebei	60935	69802	16	9921	7535	21
山 西	Shanxi	18044	30679	18	18837	14458	18
内蒙古	Inner Mongolia	11751	22267	24	6065	4092	26
辽 宁	Liaoning	60935	72584	15	11342	20691	15
吉 林	Jilin	10595	35312	17	6355	3379	27
黑龙江	Heilongjiang	21534	22444	23	5217	5102	24
上 海	Shanghai						
江 苏	Jiangsu	386525	366888	3	109550	112733	2
浙 江	Zhejiang	312894	393161	1	40344	99495	3
安 徽	Anhui	102005	95868	12	30216	43035	7
福 建	Fujian	105435	103809	10	28839	44163	6
江 西	Jiangxi	48787	76582	14	6696	8717	20
山 东	Shandong	177393	245275	4	59188	39570	9
河 南	Henan	78498	87169	13	15595	16972	17
湖 北	Hubei	126726	146894	6	62338	82965	4
湖 南	Hunan	82182	126146	7	22617	26109	11
广 东	Guangdong	385724	390838	2	185444	167971	1
广 西	Guangxi	94694	113431	9	22203	72707	5
海 南	Hainan	28044	25957	19	11651	22180	14
重 庆	Chongqing	25173	22568	22	25167	28317	10
四 川	Sichuan	103586	120035	8	40319	42597	8
贵 州	Guizhou	40245	15242	26	4239	6548	22
云 南	Yunnan	86398	98972	11	8963	12892	19
西 藏	Tibet	160	160	29	446	446	28
陕 西	Shaanxi	47025	24162	21	34831	26044	12
甘 肃	Gansu	31033	25293	20	5938	6148	23
青 海	Qinghai	6958	7408	28	5159	4860	25
宁 夏	Ningxia	10355	13008	27	1692	23205	13
新 疆	Xinjiang	20961	20073	25	14368	19872	16

8-14 城市维护建设资金总支出和城乡社区规划与管理

Total Expenditure and Planning and Management of Urban and Rural Communities

单位：万元 (10 000 yuan)

地区	Region	城市维护建设资金总支出 Total Expenditure 2010	2015	2016	2016排名 Ranking	城乡社区规划与管理 Planning and Management of Urban and Rural Communities 2015	2016	2016排名 Ranking
全　国	**National Total**	**75080799**	**124386269**	**138326496**		**5734301**	**6975100**	
北　京	Beijing	6215691	15536209	16270965	1	113014	100887	13
天　津	Tianjin	1592922	2283693	2506578	16			
河　北	Hebei	3043449	1980683	2432049	18	56933	98782	14
山　西	Shanxi	2080377	2183414	2018859	20	97122	23312	27
内蒙古	Inner Mongolia	1755347	1729153	1504520	24	66341	157775	10
辽　宁	Liaoning	2429628	3246034	2674859	15	168993	69441	17
吉　林	Jilin	953627	1173123	1955238	21	343391	401931	4
黑龙江	Heilongjiang	1185874	1454195	1624997	22	31536	44461	21
上　海	Shanghai	3503084	1281899	1572074	23			
江　苏	Jiangsu	7679303	11364807	14541824	2	1528735	3185058	1
浙　江	Zhejiang	5732752	6525407	6448045	9	84163	90589	15
安　徽	Anhui	2677535	7138710	12531596	4	189673	168983	8
福　建	Fujian	3355289	5992877	6513434	8	295015	189028	7
江　西	Jiangxi	2405355	4094343	2941002	13	624369	635550	2
山　东	Shandong	5474926	6363538	7087718	7	169047	243119	6
河　南	Henan	2078148	2219983	2277488	19	153429	163593	9
湖　北	Hubei	1307256	5750513	7273500	5	538138	249620	5
湖　南	Hunan	2028183	3392782	2448537	17	117658	124031	12
广　东	Guangdong	6977019	11421946	14237522	3	408651	449270	3
广　西	Guangxi	2694094	5045918	5969872	10	64795	45470	20
海　南	Hainan	249151	1154630	524396	27	81594	82295	16
重　庆	Chongqing	1917066	5099675	3821347	12	65884	38159	23
四　川	Sichuan	1818786	5343109	5783915	11	198263	144822	11
贵　州	Guizhou	447265	247842	239421	30	42004	32738	25
云　南	Yunnan	1685076	1638290	2802549	14	49809	33186	24
西　藏	Tibet	11353	62845	62940	31	1135	1215	29
陕　西	Shaanxi	2239864	7108004	7226650	6	44627	66858	18
甘　肃	Gansu	442365	517791	490358	28	22463	8057	28
青　海	Qinghai	154783	650757	878715	26	20366	40165	22
宁　夏	Ningxia	305836	467400	413073	29	106546	54592	19
新　疆	Xinjiang	639395	1916699	1252455	25	50607	32113	26

8-15 城市市政公用行业市场监督和市政公用设施建设维护与管理

Market Supervision of Municipal Public Utilities Industry and Construction, Maintenance and Management of Municipal Public Utilities Facilities

单位：万元 (10 000 yuan)

地区	Region	市政公用行业市场监督 Market Supervision of Municipal Public Utilities Industry 2015	2016	2016排名 Ranking	市政公用设施建设维护与管理 Construction, Maintenance and Management of Municipal Public Utilities Facilities 2015	2016	2016排名 Ranking
全　国	**National Total**	**1598777**	**2094661**		**83245685**	**91895627**	
北　京	Beijing	3579	2416	27	9858195	10704397	2
天　津	Tianjin				2279386	2505964	12
河　北	Hebei	82930	72437	9	1637367	1433167	18
山　西	Shanxi	19426	10111	25	1976809	1963990	14
内蒙古	Inner Mongolia	11876	66103	10	1069767	735632	23
辽　宁	Liaoning	61580	75036	8	2802905	2325119	13
吉　林	Jilin	17374	16092	24	706414	775551	22
黑龙江	Heilongjiang	22414	16400	23	1074753	1301741	20
上　海	Shanghai				219581	262787	27
江　苏	Jiangsu	150392	257494	3	6961333	8040835	4
浙　江	Zhejiang	39283	32472	16	5461099	5146228	8
安　徽	Anhui	46178	50902	14	6707977	12162877	1
福　建	Fujian	30771	28186	18	2626786	2643410	11
江　西	Jiangxi	46105	57174	13	1279075	1424140	19
山　东	Shandong	121418	172364	4	5672413	6127519	6
河　南	Henan	73876	80099	7	1664707	1777653	15
湖　北	Hubei	66650	153834	5	4683436	5355900	7
湖　南	Hunan	118659	86293	6	2271051	1606300	16
广　东	Guangdong	57730	39501	15	6701361	8331671	3
广　西	Guangxi	24608	18834	21	2799061	2896713	10
海　南	Hainan	65120	22906	20	201819	240365	28
重　庆	Chongqing	9599	9221	26	4059817	3386733	9
四　川	Sichuan	182658	362830	1	1647109	1484670	17
贵　州	Guizhou	19145	18453	22	129044	99565	30
云　南	Yunnan	12012	26967	19	393786	483371	25
西　藏	Tibet	510	515	28	2775	2785	31
陕　西	Shaanxi	57397	59821	11	5971170	6653326	5
甘　肃	Gansu	65543	57510	12	250793	231313	29
青　海	Qinghai	151417	268051	2	478876	570499	24
宁　夏	Ningxia	5210	301	29	333274	285405	26
新　疆	Xinjiang	35317	32338	17	1323746	936001	21

8-16　城市风景名胜区规划与保护和其他支出
Planning and Protection of National Parks and Others

单位：万元　　(10 000 yuan)

地区	Region	风景名胜区规划与保护 Planning and Protection of National Parks 2015	2016	2016排名 Ranking	其他支出 Others 2015	2016	2016排名 Ranking
全　国	**National Total**	**1252328**	**1583481**		**32555178**	**35777627**	
北　京	Beijing	29			5561392	5463265	1
天　津	Tianjin				4307	614	30
河　北	Hebei	9626	7928	22	193827	819735	11
山　西	Shanxi	8262	12981	18	81795	8465	29
内蒙古	Inner Mongolia	724	544	26	580445	544466	15
辽　宁	Liaoning	6668	42417	11	205888	162846	23
吉　林	Jilin	30525	63640	6	75419	698024	13
黑龙江	Heilongjiang	3468	2087	25	322024	260308	18
上　海	Shanghai				1062318	1309287	9
江　苏	Jiangsu	672352	483632	1	2051995	2574805	6
浙　江	Zhejiang	12148	53001	7	928714	1125755	10
安　徽	Anhui	33374	32908	12	161508	115926	25
福　建	Fujian	22165	7888	23	3018140	3644922	4
江　西	Jiangxi	85809	83822	5	2058985	740316	12
山　东	Shandong	73802	147896	3	326858	396820	16
河　南	Henan	14537	28501	13	313434	227642	21
湖　北	Hubei	48533	52483	8	413756	1461663	8
湖　南	Hunan	26869	25644	14	858545	606269	14
广　东	Guangdong	38474	43728	10	4215730	5373352	2
广　西	Guangxi	6978	12207	19	2150476	2996648	5
海　南	Hainan	18	22018	15	806079	156812	24
重　庆	Chongqing	9568	8240	21	954807	378994	17
四　川	Sichuan	33713	141967	4	3281366	3649626	3
贵　州	Guizhou	756	4526	24	56893	84139	26
云　南	Yunnan	23830	18611	17	1158853	2240414	7
西　藏	Tibet	49664	49664	9	8761	8761	28
陕　西	Shaanxi	11130	207893	2	1023680	238752	19
甘　肃	Gansu	10636	10270	20	168356	183208	22
青　海	Qinghai	98					
宁　夏	Ningxia	660			21710	72775	27
新　疆	Xinjiang	17912	18985	16	489117	233018	20

8-17 城市市政公用设施建设固定资产投资和新增固定资产

Fixed Assets Investment in Urban Service Facilities and Newly Added Fixed Assets

单位：万元 (10 000 yuan)

地区	Region	本年完成固定资产投资 Completed Investment of This Year 2010	2015	2016	2016排名 Ranking	本年新增固定资产 Newly Added Fixed Assets of This Year 2010	2015	2016	2016排名 Ranking
全 国	**National Total**	**143058687**	**162044401**	**174599733.6**		**88147149**	**102570410**	**106211811**	
北 京	Beijing	8541126	10215405	12010583	3	3345022	3275026	3455933	13
天 津	Tianjin	6009490	4548928	2927208	25	1901462	2199016	347085	28
河 北	Hebei	8526761	3738577	3607251	20	5136977	2848573	2736588	16
山 西	Shanxi	2258567	2375634	4744357	16	1208573	2109369	4437885	7
内蒙古	Inner Mongolia	3663044	4989745	4774236	15	2683104	4266219	4135308	10
辽 宁	Liaoning	6746292	3148514	2724690	26	5310915	1927006	1646059	22
吉 林	Jilin	2152685	2377965	3486458	22	1590440	1498963	1028985	26
黑龙江	Heilongjiang	3048439	1790461	2274993	27	1872650	1410809	1497972	25
上 海	Shanghai	4769428	6583404	5538842	13	3704836	399803	1591880	23
江 苏	Jiangsu	13299989	14853651	14627229	1	11141951	14450222	9650628	3
浙 江	Zhejiang	5339364	9376203	11040682	4	3446333	7121697	9856234	2
安 徽	Anhui	4756917	6324122	7417525	9	2577343	4115453	5820475	6
福 建	Fujian	3850761	6485406	6261545	11	2069601	2794024	2587911	17
江 西	Jiangxi	4210145	4874121	4052364	19	2843733	4472737	2464463	18
山 东	Shandong	7896810	8610951	10060204	6	4620312	6847832	5954745	5
河 南	Henan	2242336	4606411	5313308	14	1294903	3725710	3656270	11
湖 北	Hubei	6148789	10827794	12298694	2	4540902	10459941	12157018	1
湖 南	Hunan	5197309	7261671	7543709	8	3650309	3254763	3090855	14
广 东	Guangdong	20425281	8496440	7828858	7	12204434	1220513	2763129	15
广 西	Guangxi	4391407	5762041	6030884	12	2023461	2489033	6502404	4
海 南	Hainan	296222	1091047	1228866	28	102202	518458	221322	29
重 庆	Chongqing	5756056	6524147	7315367	10	2798739	4086323	4139750	9
四 川	Sichuan	3664555	7360790	10975335	5	2078176	4429091	4319673	8
贵 州	Guizhou	911371	5528630	3427637	24	758257	1832959	1681916	21
云 南	Yunnan	2908548	2636462	4083331	18	1803397	1655954	2417370	19
西 藏	Tibet	28344	208258	261333	31	20019	13471	70371	31
陕 西	Shaanxi	3457448	3759642	4459883	17	1946436	3055094	2010933	20
甘 肃	Gansu	944242	3093449	3455914	23	363108	1904784	1499190	24
青 海	Qinghai	265163	648225	825079	29	238657	638046	786227	27
宁 夏	Ningxia	356655	338736	409678	30	227034	343998	208338	30
新 疆	Xinjiang	995143	3607571	3593692	21	643863	3205523	3474894	12

8-18 城市市政公用设施建设固定资产投资城市供水投资和燃气投资
Fixed Assets Investment in Urban Service Facilities, and Investment in Water and Gas

单位：万元 (10 000 yuan)

地区	Region	供水投资 Water Supply				燃气投资 Gas Supply			
		2010	2015	2016	2016排名 Ranking	2010	2015	2016	2016排名 Ranking
全　国	**National Total**	**4268294**	**6199335**	**5458498**		**2907816**	**3504671**	**4089062**	
北　京	Beijing	259746	569714	267709	10	182583	280908	201160	5
天　津	Tianjin	83758	17683	8834	28	133368	363637	12834	26
河　北	Hebei	82966	130175	159073	15	240440	132275	107030	11
山　西	Shanxi	48653	109651	63882	24	97264	62658	94991	12
内蒙古	Inner Mongolia	116720	311513	285536	7	84233	204297	108486	10
辽　宁	Liaoning	328914	180863	99076	22	123984	93507	58514	20
吉　林	Jilin	53759	339170	122457	20	108001	71552	66746	17
黑龙江	Heilongjiang	49260	77272	81738	23	53238	67883	90568	13
上　海	Shanghai	397909	455936	338037	3	187926	144078	152172	8
江　苏	Jiangsu	635100	424910	583393	1	209311	246037	661849	2
浙　江	Zhejiang	240451	331623	332774	4	119041	184223	173643	7
安　徽	Anhui	93108	173678	283582	8	82614	158247	187576	6
福　建	Fujian	92791	435599	123451	19	60834	101746	44356	21
江　西	Jiangxi	95408	104708	131803	18	66967	39997	43437	22
山　东	Shandong	384331	290861	332467	5	355215	245872	241359	3
河　南	Henan	40624	150949	164687	14	85960	129078	83415	15
湖　北	Hubei	49351	328605	150719	16	144094	109387	989356	1
湖　南	Hunan	116825	218300	294984	6	64237	62026	42132	23
广　东	Guangdong	569854	74290	182619	13	110079	117418	116849	9
广　西	Guangxi	79997	147395	136308	17	31474	86374	66433	18
海　南	Hainan	11967	22054	4009	31	7896	5152	10361	29
重　庆	Chongqing	100880	204551	226840	12	86081	141110	85177	14
四　川	Sichuan	88770	342683	227127	11	47388	114080	64809	19
贵　州	Guizhou	7795	46499	39931	26	6085	32203		
云　南	Yunnan	41916	56995	47836	25	11054	8277	33160	25
西　藏	Tibet		4925	4925	30				
陕　西	Shaanxi	47115	74720	116204	21	34435	123684	73716	16
甘　肃	Gansu	20839	205805	349892	2	12261	31081	36686	24
青　海	Qinghai	33422	18632	6414	29	3729	19329	12664	27
宁　夏	Ningxia	40224	7912	12543	27	100133	3852	11942	28
新　疆	Xinjiang	55841	341664	279648	9	57891	124703	217641	4

8-19 城市市政公用设施建设固定资产投资城市集中供热投资和轨道交通投资

Fixed Assets Investment in Urban Service Facilities, and Investment of Central Heating and Urban Rail Transit System

单位：万元 (10 000 yuan)

地区	Region	集中供热投资 Central Heating				轨道交通投资 Urban Rail Transit System			
		2010	2015	2016	2016排名 Ranking	2010	2015	2016	2016排名 Ranking
全 国	**National Total**	**4332455**	**5168328**	**4818675**		**18125781**	**37071463**	**40794785**	
北 京	Beijing	496568	397765	354824	7	3914519	3559098	2728037	7
天 津	Tianjin	70439	11761	42449	15	702058	1240588	1526261	11
河 北	Hebei	768645	495832	640138	2		660019	542296	22
山 西	Shanxi	224561	547565	196100	10			32000	26
内蒙古	Inner Mongolia	374920	554270	592177	3			564786	21
辽 宁	Liaoning	717638	474938	394082	5	1301484	809092	877804	17
吉 林	Jilin	294835	158395	215432	8	239493	722844	742517	19
黑龙江	Heilongjiang	239959	523843	504787	4	252769	164804	481049	24
上 海	Shanghai					2296190	2959246	2872092	4
江 苏	Jiangsu	2033	350	1145	18	1317628	4120230	3221844	3
浙 江	Zhejiang	5131	2115			928898	2510178	2809488	6
安 徽	Anhui	12092	55164	46548	14	57493	582264	791297	18
福 建	Fujian					354200	984429	1669656	10
江 西	Jiangxi					112894	491755	500561	23
山 东	Shandong	643338	929793	874471	1	156160	1194009	2229388	9
河 南	Henan	141445	284885	214890	9	280000	958167	1196446	13
湖 北	Hubei	759				1012900	3112908	3557428	2
湖 南	Hunan			29749	16	183386	1614384	900918	16
广 东	Guangdong					2816178	4371904	4071694	1
广 西	Guangxi					10393	949096	1171528	14
海 南	Hainan								
重 庆	Chongqing	16025				1169406	2275772	2503057	8
四 川	Sichuan			6000	17	392454	1963654	2816708	5
贵 州	Guizhou		4468				688752	123555	25
云 南	Yunnan					176370	806770	1236629	12
西 藏	Tibet								
陕 西	Shaanxi	79313	138830	82302	13	450908		1019046	15
甘 肃	Gansu	66474	220814	150431	11		331500	608700	20
青 海	Qinghai	433	500						
宁 夏	Ningxia	33403	72563	96059	12				
新 疆	Xinjiang	144444	294477	377091	6				

8-20 城市市政公用设施建设固定资产投资城市道路桥梁投资和排水投资

Fixed Assets Investment in Urban Service Facilities, and Investment of Road and Bridge and Sewerage

单位：万元 (10 000 yuan)

地区	Region	道路桥梁投资 Road and Bridge 2010	2015	2016	2016排名 Ranking	排水投资 Sewerage 2010	2015	2016	2016排名 Ranking
全 国	**National Total**	**66956858**	**74140045**	**75643268**		**9015609**	**9826842**	**12225062**	
北 京	Beijing	1778292	1460356	2495652	13	172688	1489182	2802488	1
天 津	Tianjin	4120952	2208205	933712	24	249114	164808	67110	27
河 北	Hebei	4671358	1538339	1268116	23	538504	201583	348204	11
山 西	Shanxi	1297255	1203984	3613988	7	201559	245324	124172	21
内蒙古	Inner Mongolia	1789918	2063927	1332945	22	398943	378320	301177	15
辽 宁	Liaoning	2447279	1216988	636112	28	135585	84271	91965	22
吉 林	Jilin	1127066	588301	599148	29	113705	197636	75106	26
黑龙江	Heilongjiang	1511906	596479	656891	27	228375	132143	131325	20
上 海	Shanghai	1022470	1731030	1438768	21	342661	84236	219363	17
江 苏	Jiangsu	7862161	5978148	6379826	1	847735	1233404	1370344	2
浙 江	Zhejiang	2786719	4677155	5135535	4	343652	653121	698714	5
安 徽	Anhui	3065935	3340719	4188478	5	241288	466515	387047	10
福 建	Fujian	2394391	3524341	3433823	10	145390	302962	313970	14
江 西	Jiangxi	2539040	3219824	2270926	16	177934	191042	325463	13
山 东	Shandong	3924985	3093927	3469677	9	592851	692349	803192	4
河 南	Henan	1193887	2096765	2373259	14	200684	244412	346845	12
湖 北	Hubei	3064360	5251137	5275133	3	244247	511357	1190260	3
湖 南	Hunan	3430888	3832413	4013792	6	195493	454725	404501	8
广 东	Guangdong	3279124	3034333	2328169	15	2123562	253136	392110	9
广 西	Guangxi	3221009	3491588	3362547	11	392515	387012	447080	6
海 南	Hainan	135874	875903	908655	25	62734	62408	86687	24
重 庆	Chongqing	3128742	3146054	3600390	8	71549	58782	91019	23
四 川	Sichuan	2373445	3574396	5395016	2	121658	269771	429878	7
贵 州	Guizhou	835059	4074884	2631582	12	25876	207214	26156	29
云 南	Yunnan	1808022	1090327	1517437	20	436480	124968	165620	19
西 藏	Tibet	15203	110203	161957	30		51327	39069	28
陕 西	Shaanxi	996486	2736904	2126911	17	150391	153874	187401	18
甘 肃	Gansu	494608	1889317	1538445	19	100885	139324	75806	25
青 海	Qinghai	147522	494729	668454	26	32691	36579	16513	31
宁 夏	Ningxia	75452	77463	65682	31	16544	15806	24242	30
新 疆	Xinjiang	417450	1921906	1822242	18	110316	339251	242235	16

8-21 城市市政公用设施建设固定资产投资城市再生水利用投资和园林绿化投资
Fixed Assets Investment in Urban Service Facilities, and Investment of Wastewater Recycled and Reused and Landscaping

单位：万元 (10 000 yuan)

地区	Region	再生水利用投资 Wastewater Recycled and Reused			园林绿化投资 Landscaping			
		2015	2016	2016排名 Ranking	2010	2015	2016	2016排名 Ranking
全 国	**National Total**	**1340923**	**810312**		**22970392**	**15946541**	**16701452**	
北 京	Beijing	1015118	625659	1	654687	996539	1533299	2
天 津	Tianjin	9404	2853	11	140439	259163	243369	21
河 北	Hebei	2850	5964	7	1139362	302232	404283	15
山 西	Shanxi	407			297291	143721	490217	14
内蒙古	Inner Mongolia	24203	4625	9	784633	1248593	929130	7
辽 宁	Liaoning				288607	171034	352034	17
吉 林	Jilin				120506	257406	125424	26
黑龙江	Heilongjiang	7239	2300	12	172685	58141	100001	28
上 海	Shanghai				282119	574111	144300	23
江 苏	Jiangsu	22770	25739	4	1792150	2219972	1825643	1
浙 江	Zhejiang	3722	990	15	389492	728576	1459554	3
安 徽	Anhui	4680	1391	14	908628	1329214	1144171	4
福 建	Fujian				360633	511158	256728	20
江 西	Jiangxi				948889	490477	562062	13
山 东	Shandong	3668	63601	2	1083450	1293530	1034175	5
河 南	Henan	9724	3369	10	252500	654183	734343	9
湖 北	Hubei		1500	13	312204	631924	748762	8
湖 南	Hunan				228165	582928	362413	16
广 东	Guangdong	735			9805087	127455	200669	22
广 西	Guangxi				482261	642129	672628	11
海 南	Hainan	4513	5805	8	26765	112304	141681	24
重 庆	Chongqing	1098	465	16	1060050	598251	616945	12
四 川	Sichuan				227904	431576	982705	6
贵 州	Guizhou	3600	10388	5	21513	294829	300506	19
云 南	Yunnan	3700	124	17	106647	214697	119905	27
西 藏	Tibet				2923	4900	11180	30
陕 西	Shaanxi	10330	9423	6	758271	346312	710188	10
甘 肃	Gansu	9764			152514	177664	130596	25
青 海	Qinghai				17796	39506	7244	31
宁 夏	Ningxia				43094	150794	54881	29
新 疆	Xinjiang	203398	46116	3	109127	353222	302416	18

8-22 城市市政公用设施建设固定资产投资城市市容环境卫生投资和其他投资

Fixed Assets Investment in Urban Service Facilities, and Investment of Environmental Sanitation and Others

单位：万元 (10 000 yuan)

地区	Region	市容环境卫生投资 Environmental Sanitation				其他投资 Other			
		2010	2015	2016	2016排名 Ranking	2010	2015	2016	2016排名 Ranking
全　国	**National Total**	**3015940**	**3980393**	**4452116**		**9521895**	**6206783**	**7469710**	
北　京	Beijing	223438	669182	1613451	1	744187	792661	1000	29
天　津	Tianjin	64495	14869	18518	27	444867	268214	73121	19
河　北	Hebei	111998	104103	37254	25	450410	174019	99225	17
山　西	Shanxi	40630	45731	52686	22	51354	17000	63164	20
内蒙古	Inner Mongolia	113277	174420	205772	6		54405	287100	7
辽　宁	Liaoning	150367	69955	70792	15	1227652	47866	82239	18
吉　林	Jilin	70564	24961	45098	24	24696	17700	1118015	2
黑龙江	Heilongjiang	33730	120896	47346	23	505052	49000	2759	27
上　海	Shanghai	58236	285577	65828	16	88800	349190	282113	8
江　苏	Jiangsu	149205	506206	309026	2	381150	124394	209609	13
浙　江	Zhejiang	95147	210375	130461	8	218743	78837	260378	10
安　徽	Anhui	79827	165838	231760	5	162739	52483	109091	16
福　建	Fujian	213498	89560	87892	11	207110	535611	275251	9
江　西	Jiangxi	61536	100327	58820	20	33942	235991	116707	15
山　东	Shandong	171077	320802	279392	3	439851	549808	605286	5
河　南	Henan	29467	61069	86281	14	9035	26903	1269	28
湖　北	Hubei	198154	116729	178334	7	1116426	765747	61454	21
湖　南	Hunan	133458	163517	87810	12	726633	333378	1281012	1
广　东	Guangdong	588574	181566	263960	4	979638	336338	211922	12
广　西	Guangxi	84073	54397	102905	9	26175	4050	728	30
海　南	Hainan	18106	13226	2287	30	11970		12119	23
重　庆	Chongqing	12527	33305	55194	21	60966	66322	135185	14
四　川	Sichuan	46199	79921	64074	17	346745	584709	952744	3
贵　州	Guizhou	14000	30682	60826	19	1043	149099	8231	25
云　南	Yunnan	39905	16697	12606	29	281513	317731	622610	4
西　藏	Tibet		13060	13060	28	10218	23843	31142	22
陕　西	Shaanxi	68258	130008	95939	10	868941	55310		
甘　肃	Gansu	88815	64491	63646	18	3450	33453	298652	6
青　海	Qinghai	8789	35230	23803	26		3720	4427	26
宁　夏	Ningxia	7910	998	620	31	39195	9348	8692	24
新　疆	Xinjiang	40680	82695	86675	13	59394	149653	254465	11

8-23 城市综合生产能力和供水管道长度

Integrated Production Capacity and Length of Water Supply Pipelines in Cities

地区	Region	综合生产能力（万立方米 / 日） Integrated Production Capacity (10 000 cu.m/day)				供水管道长度（公里） c (km)			
		2010	2015	2016	2016排名 Ranking	2010	2015	2016	2016排名 Ranking
全　国	**National Total**	**27601.5**	**29678.3**	**30320.7**		**539778.0**	**710206.4**	**756623.5**	
北　京	Beijing	1604.1	2496.7	2452.5	3	25147.0	27622.8	27927.5	9
天　津	Tianjin	405.2	456.6	454.6	22	10744.0	16619.6	18249.4	15
河　北	Hebei	888.9	855.6	814.6	13	14288.0	16445.0	19025.0	13
山　西	Shanxi	356.0	460.1	494.4	20	7414.0	10715.0	11377.5	21
内蒙古	Inner Mongolia	341.6	410.2	422.8	24	8561.0	9213.8	9485.9	25
辽　宁	Liaoning	1391.1	1289.3	1238.3	7	29123.0	38264.6	39312.7	5
吉　林	Jilin	735.5	653.5	631.0	17	8935.0	12155.1	11359.5	22
黑龙江	Heilongjiang	830.2	828.4	806.9	14	11413.0	14355.3	14491.2	19
上　海	Shanghai	1465.6	1137.0	1152.0	9	32462.0	36383.2	36641.7	7
江　苏	Jiangsu	2714.7	3104.1	3369.7	2	63807.0	78585.1	83470.1	2
浙　江	Zhejiang	1519.9	1794.0	1833.5	4	38982.0	56455.7	60406.3	3
安　徽	Anhui	1992.8	1094.8	1111.6	10	14730.0	23842.2	25535.4	10
福　建	Fujian	676.4	710.0	737.0	15	14650.0	15981.9	18824.4	14
江　西	Jiangxi	459.2	473.1	494.3	21	9807.0	15629.7	16916.1	17
山　东	Shandong	1477.6	1776.7	1807.8	5	37313.0	48910.9	50553.4	4
河　南	Henan	1010.3	1121.4	1180.3	8	17299.0	21338.2	22233.9	12
湖　北	Hubei	1326.3	1393.8	1467.4	6	22827.0	30579.0	33725.2	8
湖　南	Hunan	979.4	1038.4	1014.2	12	14400.0	21393.1	24376.8	11
广　东	Guangdong	3497.4	3913.8	3971.7	1	79816.0	99921.5	102717.8	1
广　西	Guangxi	604.4	676.0	684.7	16	12843.0	16957.8	17493.3	16
海　南	Hainan	173.0	168.4	156.2	29	2525.0	4149.9	4202.7	28
重　庆	Chongqing	412.3	529.9	566.1	19	9190.0	15054.3	16629.4	18
四　川	Sichuan	804.5	970.0	1056.6	11	20656.0	30058.2	37829.7	6
贵　州	Guizhou	241.1	257.6	290.0	27	5979.0	9765.9	11214.5	23
云　南	Yunnan	299.3	381.4	394.8	25	6559.0	10577.8	12714.3	20
西　藏	Tibet	31.2	56.5	81.4	31	753.0	1396.4	1340.7	31
陕　西	Shaanxi	371.1	405.0	445.2	23	4926.0	8068.1	8552.1	26
甘　肃	Gansu	398.2	392.1	342.2	26	4357.0	5625.3	5319.3	27
青　海	Qinghai	84.6	98.5	97.4	30	1383.0	2455.5	2464.6	30
宁　夏	Ningxia	136.4	161.4	160.8	28	2382.0	2355.5	2532.3	29
新　疆	Xinjiang	373.1	574.3	590.8	18	6507.0	9330.2	9701.1	24

8-24 城市供水总量和生活用水

Total Quantity of Water Supply and Domestic Water Use in Cities

单位：万立方米 (10 000 cu.m)

地区	Region	供水总量 Total Quantity of Water Supply				生活用水 Domestic Water Use			
		2010	2015	2016	2016排名 Ranking	2010	2015	2016	2016排名 Ranking
全　国	**National Total**	**5078745.0**	**5604728.4**	**5806911.2**		**2387525.1**	**2872695.0**	**3031376.4**	
北　京	Beijing	155557.0	182517.3	191370.8	11	107635.2	125978.8	131953.9	8
天　津	Tianjin	68970.0	85260.4	87040.5	23	29654.7	38202.5	39103.6	25
河　北	Hebei	166430.0	179177.5	168877.2	14	68889.9	73300.9	84304.6	15
山　西	Shanxi	76772.0	83613.6	89141.5	22	36549.4	45120.5	46932.8	21
内蒙古	Inner Mongolia	62757.0	74789.0	77591.7	25	23798.9	33577.3	33163.5	26
辽　宁	Liaoning	261879.0	251064.5	265147.6	7	90968.2	111309.9	118880.3	9
吉　林	Jilin	100743.0	106201.8	105306.1	19	42308.1	48950.9	48402.5	20
黑龙江	Heilongjiang	164235.0	148852.6	142260.4	16	54236.1	58571.4	59767.8	18
上　海	Shanghai	336637.0	312224.4	320384.5	5	146891.1	167669.5	177384.8	3
江　苏	Jiangsu	482821.0	506719.4	533098.1	2	202342.6	235951.9	246697.9	2
浙　江	Zhejiang	270044.0	327216.7	329034.1	4	122840.5	155160.0	159058.8	6
安　徽	Anhui	160816.0	174263.4	186543.0	12	70183.2	90691.6	98979.3	12
福　建	Fujian	132627.0	161598.2	164602.6	15	67698.5	75944.2	85224.3	14
江　西	Jiangxi	91278.0	110874.4	119864.8	18	53948.3	64069.0	66785.1	17
山　东	Shandong	290866.0	355902.6	373321.9	3	128361.9	158151.4	162958.6	5
河　南	Henan	179122.0	196710.0	203936.4	10	76986.2	93594.5	96129.5	13
湖　北	Hubei	253421.0	277995.3	293887.1	6	131676.9	146054.0	152463.1	7
湖　南	Hunan	189223.0	197922.1	215426.6	9	94413.9	110285.0	118195.3	10
广　东	Guangdong	806144.0	852512.3	870035.5	1	395034.3	460655.6	480617.4	1
广　西	Guangxi	147291.0	173265.7	176718.6	13	73080.4	94998.5	99436.1	11
海　南	Hainan	33546.0	43652.9	44211.2	28	19703.4	27725.3	26339.7	28
重　庆	Chongqing	86926.0	121493.8	128327.1	17	49741.5	71896.6	78096.5	16
四　川	Sichuan	173858.0	220009.5	246980.7	8	103223.4	142103.4	166544.0	4
贵　州	Guizhou	44117.0	60111.8	65624.0	26	24274.7	36625.6	40838.6	24
云　南	Yunnan	66444.0	81875.0	86889.6	24	37726.2	42058.0	43626.7	23
西　藏	Tibet	7681.0	15606.7	16814.7	31	3499.0	9821.9	10686.9	31
陕　西	Shaanxi	81335.0	97663.5	104173.6	20	47350.1	51434.5	55022.4	19
甘　肃	Gansu	62713.0	55844.1	48670.7	27	28051.3	29792.5	28839.6	27
青　海	Qinghai	18572.0	25674.2	25387.5	30	7755.4	11303.6	11498.0	30
宁　夏	Ningxia	28656.0	31870.6	33184.0	29	14266.1	17103.4	18481.5	29
新　疆	Xinjiang	77263.0	92245.4	93059.5	21	34435.5	44593.0	44963.7	22

8-25 城市人均日生活用水量和用水普及率
Daily Water Consumption Per Capita and Water Coverage Rate in Cities

地区	Region	人均日生活用水量（升） Daily Water Consumption Per Capita (liter)				用水普及率（%） Water Coverage Rate (%)			
		2010	2015	2016	2016排名 Ranking	2010	2015	2016	2016排名 Ranking
全 国	**National Total**	**171.43**	**174.46**	**176.86**		**96.68**	**98.07**	**98.42**	
北 京	Beijing	174.92	183.81	173.10	14	100.00	100.00	100.00	1
天 津	Tianjin	132.04	119.58	113.96	30	100.00	100.00	100.00	1
河 北	Hebei	122.96	119.13	132.00	23	99.97	99.56	99.52	7
山 西	Shanxi	106.39	112.44	114.52	29	97.26	98.85	99.29	9
内蒙古	Inner Mongolia	88.49	106.71	103.44	31	87.97	98.47	98.98	13
辽 宁	Liaoning	120.96	135.50	146.26	21	97.44	98.84	98.96	14
吉 林	Jilin	121.03	122.27	124.51	26	89.60	93.64	93.40	29
黑龙江	Heilongjiang	123.87	116.34	117.38	27	88.43	97.20	97.25	21
上 海	Shanghai	174.83	190.19	200.85	9	100.00	100.00	100.00	1
江 苏	Jiangsu	220.37	210.66	215.39	6	99.56	99.83	99.86	5
浙 江	Zhejiang	185.43	196.18	187.17	12	99.79	99.95	99.97	4
安 徽	Anhui	160.83	168.90	180.19	13	96.06	98.79	99.20	11
福 建	Fujian	186.62	176.93	191.52	10	99.50	99.55	99.52	7
江 西	Jiangxi	184.35	171.28	171.37	16	97.43	97.55	97.69	19
山 东	Shandong	129.52	138.47	132.84	22	99.57	99.95	99.78	6
河 南	Henan	109.10	111.07	115.61	28	91.03	93.10	93.42	28
湖 北	Hubei	211.54	205.32	204.26	8	97.59	98.83	99.12	12
湖 南	Hunan	220.38	207.79	217.12	5	95.17	97.30	96.81	23
广 东	Guangdong	249.96	248.95	246.14	4	98.37	98.46	98.06	16
广 西	Guangxi	249.70	255.65	256.38	2	94.65	97.50	97.70	18
海 南	Hainan	264.50	263.78	253.06	3	89.43	98.64	97.41	20
重 庆	Chongqing	136.75	151.97	151.60	20	94.05	96.87	97.13	22
四 川	Sichuan	196.69	204.13	214.64	7	90.80	93.05	93.07	30
贵 州	Guizhou	130.47	163.78	171.98	15	94.10	95.43	96.03	25
云 南	Yunnan	146.24	132.77	131.99	24	96.50	97.33	96.66	24
西 藏	Tibet	218.86	403.62	367.04	1	97.42	88.06	67.57	31
陕 西	Shaanxi	165.70	155.71	159.27	19	99.39	97.12	95.61	26
甘 肃	Gansu	155.12	132.00	125.28	25	91.57	97.28	97.93	17
青 海	Qinghai	179.03	168.76	170.30	17	99.87	99.06	99.21	10
宁 夏	Ningxia	177.55	171.67	187.77	11	98.23	96.40	94.75	27
新 疆	Xinjiang	150.79	170.55	167.20	18	99.17	98.81	98.86	15

8-26 城市人工煤气全年供气总量和人工煤气用气户数

Total Coal Gas Supply and Number of Household with Access to Coal Gas in Cities

地区	Region	人工煤气全年供气总量（万立方米） Total Coal Gas Supply (10 000 cu.m)				人工煤气用气户数（万户） Number of Household with Access to Coal Gas (10 000 households)			
		2010	2015	2016	2016排名 Ranking	2010	2015	2016	2016排名 Ranking
全　国	**National Total**	**2799380**	**471378**	**440944**		**896.14**	**466.17**	**398.17**	
北　京	Beijing								
天　津	Tianjin								
河　北	Hebei	89834	53538	73300	2	52.96	54.15	29.49	3
山　西	Shanxi	87203	39450	30742	5	67.91	12.79	11.98	8
内蒙古	Inner Mongolia	3069	3090	6800	9	14.84	13.92	5.17	13
辽　宁	Liaoning	55177	57394	48835	3	190.48	204.16	208.08	1
吉　林	Jilin	16727	7945	3868	11	54.05	13.00	13.29	6
黑龙江	Heilongjiang	7587	7202	6832	8	16.46	19.25	19.93	4
上　海	Shanghai	142167	5309			135.09			
江　苏	Jiangsu	1931995				29.72			
浙　江	Zhejiang	484	488	421	17	1.55	1.49	1.43	16
安　徽	Anhui								
福　建	Fujian	2673	3000	3000	13	4.22	6.45	6.40	12
江　西	Jiangxi	58208	25097	19362	7	44.39	5.69	4.79	14
山　东	Shandong	35730	59			49.61	0.04		
河　南	Henan	109500	53100	40302	4	44.78	4.80	1.08	17
湖　北	Hubei	12042				13.12			
湖　南	Hunan	3044	2767	3032	12	7.96	8.00	8.64	10
广　东	Guangdong	7037				3.90			
广　西	Guangxi	4517	4439	4428	10	12.17	12.55	11.41	9
海　南	Hainan								
重　庆	Chongqing								
四　川	Sichuan	159719	165604	166428	1	12.71	17.45	18.05	5
贵　州	Guizhou	26963	5540	2705	14	52.83	10.95	12.04	7
云　南	Yunnan	33818	33959	27293	6	75.83	71.39	36.81	2
西　藏	Tibet								
陕　西	Shaanxi								
甘　肃	Gansu	9438	1644	1845	15	7.59	7.59	7.09	11
青　海	Qinghai								
宁　夏	Ningxia	697				1.50			
新　疆	Xinjiang	1752	1752	1752	16	2.50	2.50	2.50	15

8-27 城市天然气全年供气总量和天然气用气户数
Total Natural Gas Supply and Number of Household with Access to Natural Gas in Cities

地区	Region	天然气全年供气总量（万立方米） Total Natural Gas Supply (10 000 cu.m)				天然气用气户数（万户） Number of Household with Access to Natural Gas (10 000 households)			
		2010	2015	2016	2016排名 Ranking	2010	2015	2016	2016排名 Ranking
全　国	**National Total**	**4875808**	**10407906**	**11717186**		**5695.47**	**10775.61**	**12043.09**	
北　京	Beijing	719740	1444924	1622393	2	458.71	594.94	604.48	6
天　津	Tianjin	169453	306630	341705	14	252.53	371.16	393.27	15
河　北	Hebei	106740	314237	366439	11	220.70	453.23	542.68	9
山　西	Shanxi	141440	247397	261057	16	119.74	289.46	310.90	18
内蒙古	Inner Mongolia	69531	133207	152198	22	65.08	171.43	201.39	21
辽　宁	Liaoning	66173	170434	204093	19	273.97	428.76	474.70	12
吉　林	Jilin	43462	111432	130251	24	92.65	233.64	297.85	20
黑龙江	Heilongjiang	72497	113245	121539	25	190.06	292.88	321.96	16
上　海	Shanghai	450032	734776	770332	4	410.04	660.78	686.50	4
江　苏	Jiangsu	472309	969799	962542	3	461.82	908.14	1012.03	1
浙　江	Zhejiang	118884	319276	386397	8	166.98	362.23	414.83	13
安　徽	Anhui	112190	234585	285424	15	207.71	432.25	484.85	11
福　建	Fujian	51101	148807	159641	21	69.13	130.23	146.97	23
江　西	Jiangxi	11263	73570	90645	26	41.48	160.27	179.15	22
山　东	Shandong	326931	633917	675242	6	458.36	890.26	977.18	3
河　南	Henan	158928	332808	366133	12	234.76	508.44	551.20	8
湖　北	Hubei	152833	330397	377102	10	211.99	402.82	490.31	10
湖　南	Hunan	111757	215488	225562	17	115.07	300.20	313.62	17
广　东	Guangdong	170266	1232938	1662579	1	288.59	609.29	651.33	5
广　西	Guangxi	10320	38789	48713	27	35.60	109.39	130.36	25
海　南	Hainan	14264	29004	23611	29	24.39	47.66	57.47	29
重　庆	Chongqing	254021	349378	384521	9	328.27	498.34	562.98	7
四　川	Sichuan	525686	627976	688686	5	503.10	834.61	987.57	2
贵　州	Guizhou	3546	32906	39822	28	3.15	93.70	117.21	27
云　南	Yunnan	119	7345	16799	30	4.29	47.12	126.68	26
西　藏	Tibet		1346	1346	31		6.50	6.50	31
陕　西	Shaanxi	164654	311286	342797	13	192.53	366.62	396.27	14
甘　肃	Gansu	72917	161907	168571	20	63.80	133.86	142.63	24
青　海	Qinghai	61557	133022	136733	23	8.70	47.19	50.06	30
宁　夏	Ningxia	108485	199279	214980	18	40.00	88.61	101.96	28
新　疆	Xinjiang	134711	447797	489334	7	152.28	301.59	308.22	19

8-28 城市液化石油气全年供气总量和液化石油气用气户数
Total LPG Supply and Number of Household with Access to LPG in Cities

地区	Region	液化石油气全年供气总量（万吨） Total LPG Supply (10 000 tons)				液化石油气用气户数（万户） Number of Household with Access to LPG (10 000 households)			
		2010	2015	2016	2016排名 Ranking	2010	2015	2016	2016排名 Ranking
全　国	**National Total**	**1268.01**	**1039.22**	**1078.80**		**5344.86**	**4892.75**	**4866.24**	
北　京	Beijing	32.31	57.63	50.02	5	183.66	299.91	306.14	4
天　津	Tianjin	5.34	5.05	5.60	26	8.26	12.65	22.85	26
河　北	Hebei	20.50	16.64	17.07	19	134.10	108.36	82.84	17
山　西	Shanxi	6.33	6.62	3.36	28	45.74	37.88	27.25	25
内蒙古	Inner Mongolia	7.43	5.80	6.92	23	99.17	76.63	77.35	18
辽　宁	Liaoning	39.51	46.89	49.25	6	228.19	215.53	206.63	7
吉　林	Jilin	21.48	15.78	17.79	17	139.69	112.62	111.14	16
黑龙江	Heilongjiang	21.98	21.05	19.75	16	164.97	127.43	117.36	14
上　海	Shanghai	39.84	42.41	39.79	7	320.30	339.45	336.84	3
江　苏	Jiangsu	76.66	59.36	51.56	4	412.27	264.82	242.46	5
浙　江	Zhejiang	87.80	69.59	75.97	2	486.79	446.19	415.60	2
安　徽	Anhui	61.58	73.63	73.11	3	157.25	87.47	74.74	19
福　建	Fujian	33.38	28.69	27.74	10	227.22	191.13	188.35	9
江　西	Jiangxi	18.88	22.89	24.29	13	132.40	127.04	131.21	13
山　东	Shandong	76.03	36.67	34.37	9	376.38	190.74	213.51	6
河　南	Henan	24.16	21.74	21.51	14	163.65	149.85	148.93	12
湖　北	Hubei	42.15	35.21	34.79	8	263.86	165.05	166.76	11
湖　南	Hunan	25.29	24.15	24.39	12	189.99	163.87	171.81	10
广　东	Guangdong	505.60	334.04	390.19	1	1003.08	1171.76	1205.37	1
广　西	Guangxi	30.38	26.23	25.59	11	186.91	194.12	192.92	8
海　南	Hainan	6.40	8.22	8.26	21	27.98	54.39	56.17	21
重　庆	Chongqing	9.28	7.64	8.16	22	31.14	30.92	29.46	24
四　川	Sichuan	19.11	17.37	17.46	18	49.11	51.30	50.75	22
贵　州	Guizhou	6.38	8.87	9.49	20	54.14	68.64	70.15	20
云　南	Yunnan	16.61	21.01	20.71	15	84.13	100.24	114.53	15
西　藏	Tibet	0.55	6.67	6.67	24	10.11	6.74	6.74	30
陕　西	Shaanxi	4.34	2.88	2.44	29	40.51	19.52	20.18	28
甘　肃	Gansu	18.55	8.53	4.96	27	46.99	32.84	32.28	23
青　海	Qinghai	0.71	0.64	0.68	31	7.11	5.85	5.68	31
宁　夏	Ningxia	1.50	1.32	0.91	30	22.54	18.78	19.54	29
新　疆	Xinjiang	7.96	6.02	6.01	25	47.23	21.05	20.73	27

8-29 城市燃气普及率和城市轨道交通线路长度
Gas Coverage Rate and Total Length of Urban Rail Transit

地区	Region	燃气普及率（%） Gas Coverage Rate (%)				轨道交通线路长度（公里） Total Length of Lines (km)			
		2010	2015	2016	2016排名 Ranking	2010	2015	2016	2016排名 Ranking
全 国	**National Total**	**92.04**	**95.30**	**95.75**		**1428.87**	**3069.23**	**3586.34**	
北 京	Beijing	100.00	100.00	100.00	1	336.00	554.00	574.00	3
天 津	Tianjin	100.00	100.00	100.00	1	79.40	147.14	174.12	7
河 北	Hebei	99.07	98.81	98.88	7				
山 西	Shanxi	89.94	97.31	97.92	9				
内蒙古	Inner Mongolia	79.26	94.09	94.90	19				
辽 宁	Liaoning	94.19	94.76	96.07	16	114.67	136.63	142.15	9
吉 林	Jilin	85.64	92.46	93.00	22	31.96	47.17	47.17	13
黑龙江	Heilongjiang	84.67	86.61	86.66	28			17.73	20
上 海	Shanghai	100.00	100.00	100.00	1	450.44	614.23	614.23	2
江 苏	Jiangsu	99.12	99.56	99.54	5	83.46	370.47	350.29	4
浙 江	Zhejiang	99.07	99.91	99.95	4		133.80	156.54	8
安 徽	Anhui	90.52	97.55	98.05	8			24.47	19
福 建	Fujian	98.92	98.56	97.21	13			24.89	18
江 西	Jiangxi	92.36	94.83	95.31	18		28.75		
山 东	Shandong	99.30	99.37	99.51	6		8.77	33.55	16
河 南	Henan	73.43	86.02	88.93	25		26.20	46.85	14
湖 北	Hubei	91.75	94.49	96.30	14	28.68	125.64	181.16	6
湖 南	Hunan	86.50	92.28	93.28	21		26.79	68.88	11
广 东	Guangdong	95.75	97.60	97.43	11	286.84	447.92	677.67	1
广 西	Guangxi	92.35	94.46	95.85	17			32.10	17
海 南	Hainan	82.44	97.77	97.34	12				
重 庆	Chongqing	92.02	95.34	96.11	15	17.42	201.87	212.86	5
四 川	Sichuan	84.39	92.46	91.78	23		88.12	108.46	10
贵 州	Guizhou	69.72	84.06	85.66	29				
云 南	Yunnan	76.40	76.79	78.78	30		60.07	60.07	12
西 藏	Tibet	79.83	79.98	52.99	31				
陕 西	Shaanxi	90.39	94.73	94.66	20		51.66	39.15	15
甘 肃	Gansu	74.29	85.77	88.15	26				
青 海	Qinghai	90.79	85.96	87.55	27				
宁 夏	Ningxia	88.01	87.26	90.69	24				
新 疆	Xinjiang	95.80	97.63	97.89	10				

8-30 城市集中供热情况
Urban Central Heating

单位：万平方米 (10 000 sq.m)

地区	Region	集中供热面积 Heated Area 2010	2015	2016	2016排名 Ranking	住宅供热面积 Residential Heating Area 2010	2015	2016	2016排名 Ranking
全　国	**National Total**	**435668**	**672205**	**738663**		**307773**	**494771**	**552170**	
北　京	Beijing	46715	58465	61136	5	32305	39031	41084	6
天　津	Tianjin	24034	37678	41833	9	18186	28485	31808	8
河　北	Hebei	38683	58751	68067	3	27913	43228	51089	3
山　西	Shanxi	28739	54059	57432	6	17933	42506	46455	5
内蒙古	Inner Mongolia	25340	44869	50537	8	16312	29903	30977	9
辽　宁	Liaoning	74526	104543	108760	1	57297	78041	84261	2
吉　林	Jilin	31718	47990	51864	7	23774	34037	36902	7
黑龙江	Heilongjiang	37513	62457	67781	4	25924	42750	48643	4
上　海	Shanghai								
江　苏	Jiangsu	9946				1191			
浙　江	Zhejiang	3992	4429			39	29		
安　徽	Anhui	2464	2684	2891	15	906	1040	1090	15
福　建	Fujian								
江　西	Jiangxi								
山　东	Shandong	54710	90150	107113	2	43779	73893	86365	1
河　南	Henan	10738	22375	26506	12	7963	17396	22028	12
湖　北	Hubei	978	2396	1797	16	824	1691	1075	16
湖　南	Hunan								
广　东	Guangdong								
广　西	Guangxi								
海　南	Hainan								
重　庆	Chongqing								
四　川	Sichuan	14				5			
贵　州	Guizhou			49	18			19	18
云　南	Yunnan								
西　藏	Tibet		22	22	19				
陕　西	Shaanxi	9263	24030	27919	11	7111	20650	24277	10
甘　肃	Gansu	10544	16137	17435	13	7763	11940	12873	13
青　海	Qinghai	208	461	462	17	146	347	349	17
宁　夏	Ningxia	6380	9979	11011	14	5107	7905	8652	14
新　疆	Xinjiang	19162	30728	36050	10	13298	21901	24224	11

8-31 城市道路长度和道路面积
Length of Roads and Surface Area of Roads in Cities

地区	Region	道路长度（公里） Length of Roads (km)				道路面积（万平方米） Surface Area of Roads (10 000 sq.m)			
		2010	2015	2016	2016排名 Ranking	2010	2015	2016	2016排名 Ranking
全　国	**National Total**	**294443**	**364978**	**382454**		**521322**	**717675**	**753819**	
北　京	Beijing	6355	8104	8086	19	9395	14302	14316	23
天　津	Tianjin	5439	7636	7888	20	9159	14019	14466	22
河　北	Hebei	11639	13402	14418	8	26639	31570	33252	6
山　西	Shanxi	5733	7323	7671	22	10312	15039	16705	19
内蒙古	Inner Mongolia	6447	9281	9728	14	12476	19793	20808	12
辽　宁	Liaoning	14238	16914	16394	6	23658	30585	29277	10
吉　林	Jilin	8543	8854	10669	13	13243	17010	17084	18
黑龙江	Heilongjiang	10091	12364	12750	11	13569	18651	19667	13
上　海	Shanghai	4713	4989	5129	25	9299	10317	10582	25
江　苏	Jiangsu	31899	40749	44999	1	53723	75052	79733	2
浙　江	Zhejiang	15550	20475	21215	4	30381	39293	41286	4
安　徽	Anhui	10157	13375	14154	9	19927	31010	33100	7
福　建	Fujian	6756	8415	8656	16	12560	16303	17657	17
江　西	Jiangxi	5742	8185	8977	15	11330	17436	18936	14
山　东	Shandong	32944	40426	40685	2	60615	80847	83011	1
河　南	Henan	9414	12318	13140	10	21768	29915	31621	8
湖　北	Hubei	14168	17920	18622	5	24599	31852	33293	5
湖　南	Hunan	8585	11437	12292	12	15972	21333	22477	11
广　东	Guangdong	40847	38894	38930	3	55869	70003	71204	3
广　西	Guangxi	6439	8187	8585	17	12118	17003	18555	15
海　南	Hainan	1435	2350	2503	28	3152	5070	5195	29
重　庆	Chongqing	5130	7712	8498	18	9931	16128	17776	16
四　川	Sichuan	9584	13378	14835	7	18743	27937	31352	9
贵　州	Guizhou	2257	3538	4022	27	3604	7201	8208	27
云　南	Yunnan	4049	6166	5995	24	7983	12690	14768	21
西　藏	Tibet	341	1037	1134	30	596	1891	1986	31
陕　西	Shaanxi	4810	6508	6783	23	10537	14602	15265	20
甘　肃	Gansu	3399	4489	4668	26	6599	9650	9933	26
青　海	Qinghai	711	987	1019	31	1357	1970	2059	30
宁　夏	Ningxia	1852	2146	2214	29	3889	6376	6578	28
新　疆	Xinjiang	5178	7418	7791	21	8323	12827	13673	24

8-32 城市人均道路面积和桥梁数
Road Surface Area Per Capita and Number of Bridges in Cities

地区	Region	人均道路面积（平方米） Road Surface Area Per Capita (sq.m)				桥梁数（座） Number of Bridges (unit)			
		2010	2015	2016	2016排名 Ranking	2010	2015	2016	2016排名 Ranking
全 国	**National Total**	**13.21**	**15.60**	**15.80**		**52548**	**64512**	**67737**	
北 京	Beijing	5.57	7.62	7.62	30	1855	2271	2282	7
天 津	Tianjin	14.89	16.02	15.39	17	530	953	987	17
河 北	Hebei	17.35	18.65	18.91	6	1455	1410	1470	13
山 西	Shanxi	10.66	13.52	14.77	19	482	657	1124	15
内蒙古	Inner Mongolia	14.89	22.61	23.45	3	319	349	382	27
辽 宁	Liaoning	11.19	13.43	13.01	25	1514	1637	1862	9
吉 林	Jilin	12.39	14.52	14.98	18	626	776	861	20
黑龙江	Heilongjiang	10.00	13.14	13.71	23	767	1065	1121	16
上 海	Shanghai	4.04	4.27	4.37	31	2073	2524	2596	5
江 苏	Jiangsu	21.26	24.42	25.37	1	13093	14630	15117	1
浙 江	Zhejiang	16.70	18.12	17.73	9	7761	10283	10633	2
安 徽	Anhui	16.01	20.82	21.82	5	1104	1620	1748	11
福 建	Fujian	12.58	13.80	14.41	21	1233	1816	1841	10
江 西	Jiangxi	13.77	16.60	17.33	10	565	827	850	21
山 东	Shandong	22.23	25.82	24.65	2	4316	5212	5481	4
河 南	Henan	10.25	12.06	12.97	26	1026	1374	1421	14
湖 北	Hubei	14.08	16.15	16.14	13	1697	1952	1972	8
湖 南	Hunan	12.95	14.27	14.59	20	588	827	894	19
广 东	Guangdong	12.69	13.60	13.05	24	5608	6259	6319	3
广 西	Guangxi	14.31	16.28	17.06	11	584	832	896	18
海 南	Hainan	13.81	17.37	17.75	8	148	226	200	28
重 庆	Chongqing	9.37	12.05	12.23	27	1136	1433	1663	12
四 川	Sichuan	11.84	13.63	13.73	22	1573	2081	2355	6
贵 州	Guizhou	6.65	11.22	12.11	28	385	683	714	24
云 南	Yunnan	10.90	14.23	15.76	14	549	693	731	23
西 藏	Tibet	13.25	24.98	16.82	12	38	18	18	31
陕 西	Shaanxi	13.38	15.67	15.42	15	545	743	764	22
甘 肃	Gansu	12.20	15.18	15.42	15	358	540	587	25
青 海	Qinghai	11.42	10.63	11.04	29	68	144	144	30
宁 夏	Ningxia	17.35	22.52	23.11	4	168	188	193	29
新 疆	Xinjiang	13.19	17.69	18.35	7	384	489	511	26

8-33 城市污水排放量和排水管道长度

Annual Quantity of Wastewater Discharged and Length of Drainage Pipelines in Cities

地区	Region	污水排放量（万立方米） Annual Quantity of Wastewater Discharged (10 000 cu.m)				排水管道长度（公里） Length of Drainage Pipelines (km)			
		2010	2015	2016	2016排名 Ranking	2010	2015	2016	2016排名 Ranking
全 国	**National Total**	**3786983**	**4666210**	**4803049**		**369553**	**539567**	**576617**	
北 京	Beijing	141651	164231	169540	12	10172	15528	16901	13
天 津	Tianjin	65235	93979	99693	18	15140	19543	20951	9
河 北	Hebei	132798	167057	171190	11	14576	16964	17954	12
山 西	Shanxi	60181	72746	74553	23	5459	7860	8169	24
内蒙古	Inner Mongolia	46543	59052	63261	25	8514	12542	12971	19
辽 宁	Liaoning	204370	243528	256798	5	14070	17074	18275	11
吉 林	Jilin	75270	86386	86821	22	7738	10319	8445	23
黑龙江	Heilongjiang	108443	122699	121854	16	7504	10345	10722	21
上 海	Shanghai	231374	230423	236248	6	11483	16920	19508	10
江 苏	Jiangsu	363096	412277	427570	2	46867	70048	72823	1
浙 江	Zhejiang	206415	269386	277096	4	26367	38203	40550	4
安 徽	Anhui	124449	150642	159297	13	13136	24399	26388	6
福 建	Fujian	95884	119392	122965	15	9686	13340	14329	15
江 西	Jiangxi	70453	88945	88768	20	7340	11983	13326	17
山 东	Shandong	244417	302131	320102	3	34301	52183	56796	2
河 南	Henan	147413	194710	185413	9	14733	20467	21376	8
湖 北	Hubei	169150	203363	209620	7	16577	23042	23922	7
湖 南	Hunan	153696	165003	175059	10	8882	13199	13846	16
广 东	Guangdong	506546	671363	689202	1	42507	53587	56323	3
广 西	Guangxi	115256	130447	136471	14	6417	10588	11480	20
海 南	Hainan	27811	32054	32641	28	2946	3792	4192	28
重 庆	Chongqing	64622	96951	104129	17	7073	12961	15553	14
四 川	Sichuan	136520	186332	199603	8	14498	22486	26486	5
贵 州	Guizhou	32533	49075	54056	26	3327	5895	6060	26
云 南	Yunnan	58711	85425	88280	21	4419	11477	13133	18
西 藏	Tibet	6770	12991	9047	31	293	1422	1422	31
陕 西	Shaanxi	68104	96977	92129	19	5666	8026	8678	22
甘 肃	Gansu	41940	41331	34688	27	3092	5558	5802	27
青 海	Qinghai	12889	18579	18484	30	1014	1668	1744	29
宁 夏	Ningxia	28047	27751	28009	29	1384	1608	1626	30
新 疆	Xinjiang	46396	70984	70462	24	4372	6538	6864	25

8-34 城市污水处理总量和污水处理率

Total Quantity of Wastewater Treated and Wastewater Treatment Rate in Cities

地区	Region	污水处理总量（万立方米） Total Quantity of Wastewater Treated (10 000 cu.m)				污水处理率（%） Wastewater Treatment Rate (%)			
		2010	2015	2016	2016排名 Ranking	2010	2015	2016	2016排名 Ranking
全　国	**National Total**	**3117032**	**4288251**	**4487944**		**82.31**	**91.90**	**93.44**	
北　京	Beijing	116288	145189	153564	13	82.09	88.41	90.58	24
天　津	Tianjin	55645	86030	91798	18	85.30	91.54	92.08	19
河　北	Hebei	122567	159274	163264	11	92.30	95.34	95.37	5
山　西	Shanxi	51111	64891	67176	23	84.93	89.20	90.11	25
内蒙古	Inner Mongolia	39.5	55003	59769	25	80.55	93.14	94.48	9
辽　宁	Liaoning	153131	226685	240381	5	74.93	93.08	93.61	16
吉　林	Jilin	55641	78072	79667	21	73.92	90.38	91.76	20
黑龙江	Heilongjiang	61513	103566	111401	16	56.72	84.41	91.42	21
上　海	Shanghai	192714	213946	222751	6	83.29	92.85	94.29	11
江　苏	Jiangsu	317926	387207	404428	2	87.56	93.92	94.59	7
浙　江	Zhejiang	170781	247695	260176	4	82.74	91.95	93.89	13
安　徽	Anhui	110082	145634	155093	12	88.46	96.68	97.36	1
福　建	Fujian	80960	106819	112226	15	84.44	89.47	91.27	23
江　西	Jiangxi	56948	78041	79612	22	80.83	87.74	89.69	26
山　东	Shandong	222691	289341	307956	3	91.11	95.77	96.21	3
河　南	Henan	129134	182194	177826	9	87.60	93.57	95.91	4
湖　北	Hubei	137043	189957	199231	7	81.02	93.41	95.04	6
湖　南	Hunan	115194	153025	165155	10	74.95	92.74	94.34	10
广　东	Guangdong	436041	628706	647773	1	86.08	93.65	93.99	12
广　西	Guangxi	96160	117426	125707	14	83.43	90.02	92.11	18
海　南	Hainan	15260	23798	25136	29	54.87	74.24	77.01	31
重　庆	Chongqing	59229	91887	100745	17	91.65	94.78	96.75	2
四　川	Sichuan	102163	164938	178962	8	74.83	88.52	89.66	27
贵　州	Guizhou	28249	46706	51133	26	86.83	95.17	94.59	7
云　南	Yunnan	54829	77763	81479	20	93.39	91.03	92.30	17
西　藏	Tibet		2478	7819	31		19.07	86.43	28
陕　西	Shaanxi	50522	88779	84168	19	74.18	91.55	91.36	22
甘　肃	Gansu	26250	37040	32544	27	62.59	89.62	93.82	14
青　海	Qinghai	5611	11143	14379	30	43.53	59.98	77.79	30
宁　夏	Ningxia	21876	25822	26242	28	78.00	93.05	93.69	15
新　疆	Xinjiang	33983	59196	60383	24	73.25	83.39	85.70	29

8-35 城市绿化覆盖面积和绿地面积

Green Coverage Area and Area of Parks and Green Space in Cities

单位：公顷 (hectare)

地区	Region	绿化覆盖面积 Green Coverage Area 2010	2015	2016	2016排名 Ranking	绿地面积 Area of Parks and Green Space 2010	2015	2016	2016排名 Ranking
全 国	**National Total**	**2452658**	**3074461**	**3186157**		**2134339**	**2669567**	**2786080**	
北 京	Beijing	65348	86809	87450	13	62672	81305	82113	13
天 津	Tianjin	23265	32208	37513	26	19221	28406	33398	26
河 北	Hebei	81819	90724	97669	11	68958	81346	85426	10
山 西	Shanxi	34607	48150	49595	23	31061	42033	42986	24
内蒙古	Inner Mongolia	41059	67322	69683	19	38143	63090	65552	16
辽 宁	Liaoning	106020	198213	193200	4	92751	124193	116601	6
吉 林	Jilin	43820	54180	52315	22	37895	47251	46595	22
黑龙江	Heilongjiang	78727	85963	85756	14	69581	76501	77048	14
上 海	Shanghai	130160	138810	143029	6	120148	127332	128847	5
江 苏	Jiangsu	258969	307000	316310	2	227584	274071	281855	2
浙 江	Zhejiang	91111	155192	172242	5	79459	138039	154314	4
安 徽	Anhui	85281	112303	117411	7	71463	93786	98555	8
福 建	Fujian	55914	72093	75097	15	47904	64466.02	67247.5	15
江 西	Jiangxi	58924	58510	61259	21	42288	54147	56768	21
山 东	Shandong	179333	240024	253328	3	156243	213517	225794	3
河 南	Henan	78108	102700	108676	9	66790	89952	95410	9
湖 北	Hubei	80294	104844	97856	10	57883	80309	82242	12
湖 南	Hunan	54509	68156	73186	16	46028	59359	61453	18
广 东	Guangdong	488980	503411	503797	1	420370	438376	452666	1
广 西	Guangxi	65692	89662	92506	12	60225	82382	84484	11
海 南	Hainan	50564	16968	16574	29	49029	14883	15265	29
重 庆	Chongqing	41244	61327	65420	20	37695	55934	59758	19
四 川	Sichuan	80157	96795	113198	8	72259	87096	100557	7
贵 州	Guizhou	34190	40698	44966	25	28675	36739	40808	25
云 南	Yunnan	31903	43608	48029	24	28126	39416	43101	23
西 藏	Tibet	2778	6334	7270	30	2090	5332	6224	30
陕 西	Shaanxi	33232	67334	70160	17	26063	56108	58679	20
甘 肃	Gansu	19898	27708	29484	27	15275	23560	26339	27
青 海	Qinghai	3409	6011	6230	31	3387	5732	6151	31
宁 夏	Ningxia	19672	25923	27220	28	17387	24132	25088	28
新 疆	Xinjiang	43671	65480	69726	18	37686	60775	64755	17

8-36 城市公园绿地面积和公园面积

Area of Public Recreational Green Space and Park Area in Cities

单位：公顷 (hectare)

地区	Region	公园绿地面积 Area of Public Recreational Green Space				公园面积 Park Area			
		2010	2015	2016	2016排名 Ranking	2010	2015	2016	2016排名 Ranking
全　国	**National Total**	**441276**	**614090**	**653555**		**258177**	**383805**	**416881**	
北　京	Beijing	19020	29503	30069	5	9960	29448	30069	3
天　津	Tianjin	5266	8865	9959	25	1666	2299	2211	28
河　北	Hebei	21849	24014	25160	9	12164	17339	19022	5
山　西	Shanxi	9061	12910	13411	20	5698	9552	10395	16
内蒙古	Inner Mongolia	10352	16876	17541	14	7715	13725	13821	9
辽　宁	Liaoning	21593	26233	25500	7	11005	13629	14595	8
吉　林	Jilin	10974	14650	15244	19	4402	6446	6957	22
黑龙江	Heilongjiang	15284	16997	17083	15	9066	9777	9816	17
上　海	Shanghai	16053	18395	18957	13	1915	2407	2655	26
江　苏	Jiangsu	33585	44713	46476	3	12433	25935	29076	4
浙　江	Zhejiang	20090	28593	30675	4	12631	16655	18213	6
安　徽	Anhui	13630	19913	21265	12	8685	12043	12670	11
福　建	Fujian	10972	15327	16017	17	8819	11913	12426	13
江　西	Jiangxi	10733	14663	15475	18	6442	8764	9467	18
山　东	Shandong	43191	54345	60336	2	21350	34112	36771	2
河　南	Henan	18361	25201	25429	8	9296	12653	11877	15
湖　北	Hubei	16818	21719	22681	11	8078	11997	12890	10
湖　南	Hunan	10969	14930	16292	16	6763	10145	11975	14
广　东	Guangdong	58514	89591	97514	1	58341	65318	74092	1
广　西	Guangxi	8331	12111	12799	21	5842	8579	8928	19
海　南	Hainan	2561	3784	3518	29	1863	1972	2103	29
重　庆	Chongqing	14032	22733	24505	10	5532	11502	12620	12
四　川	Sichuan	16133	24512	28479	6	7900	13343	15762	7
贵　州	Guizhou	3969	8308	10150	24	3645	7021	7963	21
云　南	Yunnan	6811	9427	10611	23	5246	7558	8179	20
西　藏	Tibet	260	882	926	31	681	978	978	31
陕　西	Shaanxi	8402	11714	12178	22	2924	5877	6116	23
甘　肃	Gansu	4392	7773	8976	27	2451	4335	5752	24
青　海	Qinghai	1014	1942	2011	30	478	1350	1365	30
宁　夏	Ningxia	3626	5126	5209	28	2030	2411	2485	27
新　疆	Xinjiang	5430	8338	9110	26	3156	4721	5633	25

8-37 城市人均公园绿地面积和每万人拥有公共厕所

Public Green Areas Per Capita and Number of Public Lavatories Per 10 000 Population in Cities

地区	Region	人均公园绿地面积（平方米）Public Green Areas Per Capita (sq.m)				每万人拥有公共厕所（座）Number of Public Lavatories Per 10 000 Population (unit)			
		2010	2015	2016	2016排名 Ranking	2010	2015	2016	2016排名 Ranking
全 国	**National Total**	**11.18**	**13.35**	**13.70**		**3.02**	**2.75**	**2.72**	
北 京	Beijing	11.28	16.00	16.01	6	3.54	2.88	2.87	13
天 津	Tianjin	8.56	10.13	10.59	27	2.01	1.52	1.44	30
河 北	Hebei	14.23	14.18	14.31	9	4.22	3.72	3.15	10
山 西	Shanxi	9.36	11.61	11.86	21	3.32	2.93	3.14	12
内蒙古	Inner Mongolia	12.36	19.28	19.77	1	4.73	4.76	4.69	1
辽 宁	Liaoning	10.21	11.52	11.33	23	2.99	2.22	2.40	21
吉 林	Jilin	10.27	12.51	13.37	13	4.53	3.11	3.14	11
黑龙江	Heilongjiang	11.27	11.98	11.91	20	6.56	4.66	4.28	3
上 海	Shanghai	6.97	7.62	7.83	31	2.62	2.57	2.57	18
江 苏	Jiangsu	13.29	14.55	14.79	8	3.75	3.82	3.86	4
浙 江	Zhejiang	11.05	13.19	13.17	14	4.01	3.78	3.50	6
安 徽	Anhui	10.95	13.37	14.02	11	2.55	2.16	2.25	23
福 建	Fujian	10.99	12.98	13.08	15	2.64	2.70	2.15	25
江 西	Jiangxi	13.04	13.96	14.16	10	2.17	1.80	1.90	29
山 东	Shandong	15.84	17.36	17.91	3	2.05	2.03	2.04	26
河 南	Henan	8.65	10.16	10.43	29	3.32	3.04	3.25	9
湖 北	Hubei	9.62	11.01	10.99	25	2.91	2.78	2.64	15
湖 南	Hunan	8.89	9.99	10.57	28	2.35	2.26	2.32	22
广 东	Guangdong	13.29	17.40	17.87	4	2.06	1.90	1.95	28
广 西	Guangxi	9.83	11.60	11.77	22	1.76	1.43	1.38	31
海 南	Hainan	11.22	12.96	12.02	19	1.73	1.57	2.44	19
重 庆	Chongqing	13.24	16.99	16.86	5	1.55	2.40	2.43	20
四 川	Sichuan	10.19	11.96	12.47	16	2.93	2.14	2.18	24
贵 州	Guizhou	7.33	12.94	14.98	7	2.21	2.24	2.01	27
云 南	Yunnan	9.30	10.57	11.33	23	2.26	2.94	3.46	7
西 藏	Tibet	5.78	11.65	7.84	30	4.16	4.19	2.69	14
陕 西	Shaanxi	10.67	12.57	12.30	17	3.13	4.58	4.47	2
甘 肃	Gansu	8.12	12.23	13.94	12	2.17	2.39	2.58	17
青 海	Qinghai	8.53	10.48	10.78	26	4.65	3.73	3.74	5
宁 夏	Ningxia	16.18	18.11	18.30	2	4.18	2.63	2.62	16
新 疆	Xinjiang	8.61	11.50	12.22	18	3.23	3.44	3.28	8

8-38 城市道路清扫保洁面积和生活垃圾清运量

Surface Area of Roads Cleaned and Maintained and Consumption Wastes Collected and Transported in Cities

地区	Region	道路清扫保洁面积（万平方米）Surface Area of Roads Cleaned and Maintained (10 000 sq.m)				生活垃圾清运量（万吨）Consumption Wastes Collected and Transported (10 000 tons)			
		2010	2015	2016	2016排名 Ranking	2010	2015	2016	2016排名 Ranking
全　国	**National Total**	**485033**	**730333**	**794923**		**15804.80**	**19141.87**	**20362.01**	
北　京	Beijing	13804	15122	14678	24	632.98	790.33	872.61	9
天　津	Tianjin	7322	11769	13124	25	183.71	240.68	269.03	26
河　北	Hebei	20050	26358	29921	9	589.28	635.88	725.18	10
山　西	Shanxi	10609	16083	16659	20	361.22	446.97	469.38	19
内蒙古	Inner Mongolia	9674	19799	21383	13	333.96	329.12	345.27	24
辽　宁	Liaoning	28122	36637	38296	5	837.26	933.20	933.05	5
吉　林	Jilin	13037	16957	18880	16	499.43	490.25	534.12	16
黑龙江	Heilongjiang	14937	23484	24843	12	782.35	523.00	541.94	14
上　海	Shanghai	15879	17366	18253	17	732.00	613.20	629.37	13
江　苏	Jiangsu	44088	57992	62827	3	1017.05	1456.07	1562.32	2
浙　江	Zhejiang	27805	39195	43224	4	959.01	1332.63	1433.52	4
安　徽	Anhui	17339	29216	30833	8	435.25	491.94	539.95	15
福　建	Fujian	11433	14881	16336	21	417.30	608.06	656.96	12
江　西	Jiangxi	9911	14019	17380	19	284.00	329.25	399.48	22
山　东	Shandong	48528	68631	72533	2	992.00	1377.47	1466.25	3
河　南	Henan	20892	29490	32248	7	694.61	891.83	915.39	6
湖　北	Hubei	16941	33304	28609	10	711.12	832.15	880.10	8
湖　南	Hunan	12331	19979	25742	11	505.22	638.15	681.59	11
广　东	Guangdong	62768	92161	101629	1	1938.55	2320.40	2390.95	1
广　西	Guangxi	11005	18189	19713	14	245.06	385.46	411.15	21
海　南	Hainan	4076	5289	7711	29	97.66	160.06	188.69	28
重　庆	Chongqing	6136	15313	17850	18	256.68	440.03	494.13	18
四　川	Sichuan	15173	30196	36723	6	656.03	823.57	886.67	7
贵　州	Guizhou	3405	7098	9773	26	213.26	268.34	293.98	25
云　南	Yunnan	9726	16769	18986	15	265.47	371.04	432.05	20
西　藏	Tibet	539	5714	5811	30	16.30	32.92	46.09	31
陕　西	Shaanxi	10546	15884	15388	22	388.32	522.74	532.79	17
甘　肃	Gansu	5816	8294	9556	27	278.25	262.68	257.18	27
青　海	Qinghai	1951	2699	2944	31	86.31	82.24	81.99	30
宁　夏	Ningxia	3347	7956	8048	28	91.89	132.24	112.15	29
新　疆	Xinjiang	7843	14489	15022	23	303.27	380.04	378.66	23

8-39 城市生活垃圾处理量和生活垃圾处理率

Volume of Domestic Garbage Treated and Domestic Garbage Treatment in Cities

地区	Region	生活垃圾处理量（万吨） Volume of Domestic Garbage Treated (10 000 tons)				生活垃圾处理率（%） Domestic Garbage Treatment (%)			
		2010	2015	2016	2016排名 Ranking	2010	2015	2016	2016排名 Ranking
全　国	**National Total**	**14337.98**	**18750.36**	**20045.97**		**90.72**	**97.95**	**98.45**	
北　京	Beijing	613.67	788.73	871.20	8	96.95	99.80	99.84	10
天　津	Tianjin	183.71	223.21	253.30	27	100.00	92.74	94.16	29
河　北	Hebei	571.28	620.35	710.80	10	96.95	97.56	98.02	21
山　西	Shanxi	265.77	434.33	467.65	19	73.58	97.17	99.63	12
内蒙古	Inner Mongolia	310.52	322.37	341.36	24	92.98	97.95	98.87	15
辽　宁	Liaoning	752.29	913.05	886.27	6	89.85	97.84	94.99	26
吉　林	Jilin	457.35	482.07	506.29	16	91.57	98.33	94.79	27
黑龙江	Heilongjiang	315.74	458.18	483.45	18	40.36	87.61	89.21	31
上　海	Shanghai	599.22	613.20	629.37	13	81.86	100.00	100.00	1
江　苏	Jiangsu	1016.75	1456.07	1562.32	2	99.97	100.00	100.00	1
浙　江	Zhejiang	958.41	1332.63	1433.52	4	99.94	100.00	100.00	1
安　徽	Anhui	416.07	489.74	539.64	14	95.59	99.55	99.94	8
福　建	Fujian	416.52	603.14	646.68	12	99.81	99.19	98.44	19
江　西	Jiangxi	284.00	329.06	399.46	22	100.00	99.94	100.00	1
山　东	Shandong	955.31	1377.47	1466.25	3	96.30	100.00	100.00	1
河　南	Henan	616.46	856.08	903.93	5	88.75	95.99	98.75	17
湖　北	Hubei	677.08	818.22	854.59	9	95.21	98.33	97.10	22
湖　南	Hunan	464.09	636.89	680.82	11	91.86	99.80	99.89	9
广　东	Guangdong	1764.21	2265.41	2363.65	1	91.01	97.63	98.86	16
广　西	Guangxi	227.92	380.27	406.89	21	93.01	98.65	98.96	14
海　南	Hainan	77.66	159.81	188.69	28	79.52	99.84	100.00	1
重　庆	Chongqing	254.44	435.77	494.05	17	99.13	99.03	99.98	7
四　川	Sichuan	619.84	801.15	883.92	7	94.48	97.28	99.69	11
贵　州	Guizhou	203.59	251.73	278.25	25	95.47	93.81	94.65	28
云　南	Yunnan	253.03	361.33	416.45	20	95.31	97.38	96.39	24
西　藏	Tibet	14.23	4.17	42.01	31	87.30	12.66	91.15	30
陕　西	Shaanxi	334.02	512.38	524.99	15	86.02	98.02	98.53	18
甘　肃	Gansu	272.25	261.00	255.74	26	97.84	99.36	99.44	13
青　海	Qinghai	71.07	79.11	78.94	30	82.34	96.19	96.28	25
宁　夏	Ningxia	85.03	118.91	110.23	29	92.53	89.92	98.28	20
新　疆	Xinjiang	286.45	364.53	365.26	23	94.45	95.92	96.46	23

8-40 城市年末公共交通车辆运营数和公共交通运营线路总长度

Number of Public Vehicles under Operation at Year-end and Length of Public Transportation under Operation in Cities

地区	Region	年末公共交通车辆运营数（辆） Number of Public Vehicles under Operation at Year-end (unit)				公共交通运营线路总长度（公里） Length of Public Transportation under Operation (km)			
		2010	2015	2016	2016排名 Ranking	2010	2015	2016	2016排名 Ranking
全　国	**National Total**	**383161**	**502916**	**538842**		**490283**	**669639**	**729418**	
北　京	Beijing	24011	28311	27892	5	19079	20740	20392	12
天　津	Tianjin	7413	12245	13655	16	12320	16013	17932	15
河　北	Hebei	14630	18927	21479	9	14869	22940	26077	6
山　西	Shanxi	6609	8153	8895	23	12200	13176	13813	21
内蒙古	Inner Mongolia	5771	6877	8000	25	9272	10731	16495	17
辽　宁	Liaoning	19770	22358	22950	8	19219	25344	26222	5
吉　林	Jilin	10421	12057	11670	19	10175	12312	13267	22
黑龙江	Heilongjiang	13567	16365	16939	13	11956	19390	20256	13
上　海	Shanghai	20297	20328	20718	11	23583	24645	24787	8
江　苏	Jiangsu	27561	38598	41131	3	41351	58796	62726	4
浙　江	Zhejiang	21589	29700	32551	4	39989	60102	70040	3
安　徽	Anhui	9626	13916	14605	15	8948	13709	14785	18
福　建	Fujian	10306	15065	16238	14	13555	21757	23563	9
江　西	Jiangxi	6266	7665	8136	24	9934	13467	14311	20
山　东	Shandong	27752	39782	47419	2	39470	70922	82149	2
河　南	Henan	16096	22063	22955	7	16362	19697	20840	10
湖　北	Hubei	16544	19705	20915	10	16735	20773	18826	14
湖　南	Hunan	12344	17365	19363	12	14791	15981	17779	16
广　东	Guangdong	41933	58747	63670	1	69785	96224	102707	1
广　西	Guangxi	6839	8094	9093	22	8099	11465	13143	23
海　南	Hainan	1964	2938	3080	29	3818	5856	5866	28
重　庆	Chongqing	7660	12491	12810	17	11200	13544	14565	19
四　川	Sichuan	15288	21998	23583	6	15258	22831	24910	7
贵　州	Guizhou	4584	6168	6565	26	5143	6990	8656	25
云　南	Yunnan	7135	10108	11166	20	13218	19883	20821	11
西　藏	Tibet	940	544	580	31	949	1035	1035	31
陕　西	Shaanxi	9953	11940	12696	18	8697	9883	10542	24
甘　肃	Gansu	4382	5275	5233	27	4173	5935	6429	27
青　海	Qinghai	2175	2071	2248	30	1554	2276	3039	30
宁　夏	Ningxia	2382	3475	3357	28	4325	5036	5019	29
新　疆	Xinjiang	7353	9587	9250	21	10258	8184	8429	26

8-41 城市出租汽车数和每万人拥有公共交通车辆

Number of Taxi and Number of Public Transportation Vehicles Per 10 000 Population in Cities

地区	Region	出租汽车数（辆） Number of Taxi (unit)				每万人拥有公共交通车辆（标台） Number of Public Transportation Vehicles Per 10 000 Population (unit)			
		2010	2015	2016	2016排名 Ranking	2010	2015	2016	2016排名 Ranking
全 国	**National Total**	**986190**	**1092083**	**1102563**		**9.71**	**13.29**	**13.84**	
北 京	Beijing	66646	68284	68484	3	14.24	24.58	24.31	1
天 津	Tianjin	31940	31940	31940	17	12.05	16.30	18.09	2
河 北	Hebei	46016	51407	53034	8	9.53	12.94	13.68	12
山 西	Shanxi	28848	30696	30690	18	6.83	8.53	9.42	28
内蒙古	Inner Mongolia	37131	39359	45499	11	6.89	9.10	10.26	26
辽 宁	Liaoning	79890	80997	80743	1	9.35	12.30	12.91	16
吉 林	Jilin	54933	56447	56413	6	9.75	10.62	10.26	25
黑龙江	Heilongjiang	61129	65421	64158	4	10.00	13.11	13.58	13
上 海	Shanghai	50007	49586	47271	9	8.82	12.36	12.70	19
江 苏	Jiangsu	46075	53399	53376	7	10.91	15.81	16.57	3
浙 江	Zhejiang	32532	37416	37781	13	11.87	15.99	16.27	4
安 徽	Anhui	36681	39190	39199	12	7.73	11.39	11.95	20
福 建	Fujian	16782	21449	21727	22	10.32	14.44	15.26	7
江 西	Jiangxi	10854	13587	13712	27	7.61	8.69	8.86	30
山 东	Shandong	57687	61231	61314	5	10.18	14.43	15.88	6
河 南	Henan	44525	46342	46598	10	7.58	10.14	10.88	23
湖 北	Hubei	31325	36127	36415	14	9.47	11.84	12.76	18
湖 南	Hunan	23778	25945	26173	19	10.01	13.64	15.13	9
广 东	Guangdong	59972	68137	68504	2	9.53	13.52	14.20	11
广 西	Guangxi	13566	17025	17337	26	8.07	9.10	9.77	27
海 南	Hainan	3978	6296	6683	30	8.61	11.25	11.35	22
重 庆	Chongqing	14021	20631	21100	23	7.23	11.03	10.70	24
四 川	Sichuan	27022	35342	33394	15	9.65	13.52	12.90	17
贵 州	Guizhou	9091	17399	19021	25	8.46	11.27	11.36	21
云 南	Yunnan	15164	18793	19130	24	9.74	12.62	13.17	15
西 藏	Tibet	1357	1882	1882	31	20.91	9.05	6.20	31
陕 西	Shaanxi	21288	24052	24458	20	12.64	15.51	16.01	5
甘 肃	Gansu	19309	21422	23395	21	8.10	9.00	9.16	29
青 海	Qinghai	7119	8006	8344	29	18.30	13.25	14.49	10
宁 夏	Ningxia	12978	12571	12504	28	10.63	13.97	13.47	14
新 疆	Xinjiang	24546	31704	32284	16	11.66	16.08	15.24	8

9

资源、能源和环境

Resources, Energy and Environment

9-1 石油和天然气基础储量
Basic Reserves of Petroleum and Natural Gas

地区	Region	石油（万吨） Petroleum (10 000 tons)				天然气（亿立方米） Natural Gas (100 million cu.m)			
		2010	2015	2016	2016排名 Ranking	2010	2015	2016	2016排名 Ranking
全国	**National Total**	**317435.27**	**349610.70**	**350120.30**		**37793.20**	**51939.50**	**54365.46**	
北京	Beijing								
天津	Tianjin	3415.91	3005.60	3349.90	12	288.64	274.30	274.91	13
河北	Hebei	27780.80	26422.20	26576.40	6	359.32	317.00	338.03	10
山西	Shanxi						419.10	413.75	9
内蒙古	Inner Mongolia	7643.80	8208.50	8381.30	9	7149.44	8149.10	9630.49	3
辽宁	Liaoning	18799.01	15052.80	14351.60	8	209.43	149.90	154.54	15
吉林	Jilin	18861.77	17798.70	17500.60	7	681.26	685.00	731.25	8
黑龙江	Heilongjiang	54516.41	44048.70	42665.80	2	1454.98	1317.90	1302.33	7
上海	Shanghai								
江苏	Jiangsu	2689.35	2906.90	2729.50	13	23.66	23.20	23.31	19
浙江	Zhejiang								
安徽	Anhui	186.73	247.00	238.50	19	0.06	0.30	0.25	24
福建	Fujian								
江西	Jiangxi								
山东	Shandong	34310.68	31123.50	29412.20	4	366.99	342.40	334.93	11
河南	Henan	5051.21	4631.10	4427.00	11	99.21	72.20	74.77	16
湖北	Hubei	1307.97	1241.60	1185.90	15	4.68	47.40	46.87	17
湖南	Hunan								
广东	Guangdong	8.16	13.70	16.40	21	0.31	0.50	0.59	22
广西	Guangxi	146.41	128.90	154.00	20	3.39	1.40	1.58	21
海南	Hainan	-17.27	326.60	452.30	17	0.70	3.10	24.35	18
重庆	Chongqing	160.44	267.10	266.90	18	1921.02	2641.80	2726.90	5
四川	Sichuan	514.74	648.40	623.40	16	6763.11	12654.50	13191.61	1
贵州	Guizhou					10.61	6.10	6.10	20
云南	Yunnan	12.21	12.20	12.20	22	2.41	0.50	0.47	23
西藏	Tibet								
陕西	Shaanxi	24947.67	38445.30	38375.60	3	5628.11	7587.10	7802.50	4
甘肃	Gansu	16085.39	24109.80	28261.70	5	191.80	272.00	318.03	12
青海	Qinghai	5635.18	7955.80	8252.30	10	1321.89	1396.90	1354.44	6
宁夏	Ningxia	202.77	2370.60	2432.40	14	2.75	272.90	274.44	14
新疆	Xinjiang	51163.47	60112.70	59576.30	1	8616.43	10202.00	10251.78	2

9-2 煤炭和铁矿石基础储量
Basic Reserves of Coal and Iron

地区	Region	煤炭（亿吨） Coal (100 million tons)				铁矿（矿石，亿吨） Iron (Ore, 100 million tons)			
		2010	2015	2016	2016排名 Ranking	2010	2015	2016	2016排名 Ranking
全 国	**National Total**	**2793.93**	**2440.10**	**2492.26**		**222.32**	**207.60**	**201.20**	
北 京	Beijing	3.79	3.90	2.66	25	0.89	1.50	1.45	18
天 津	Tianjin	2.97	3.00	2.97	24				
河 北	Hebei	60.59	42.50	43.27	12	37.49	27.30	26.59	3
山 西	Shanxi	844.01	921.30	916.19	1	12.13	16.80	16.47	5
内蒙古	Inner Mongolia	769.86	492.80	510.27	2	12.12	25.20	18.17	4
辽 宁	Liaoning	46.63	26.80	26.73	15	75.46	51.60	50.96	1
吉 林	Jilin	12.40	9.80	9.71	19	2.31	4.80	5.02	9
黑龙江	Heilongjiang	68.17	61.60	62.28	9	0.42	0.40	0.34	23
上 海	Shanghai								
江 苏	Jiangsu	14.23	10.50	10.39	18	1.72	1.70	1.62	17
浙 江	Zhejiang	0.49	0.40	0.43	28	0.16	0.60	0.59	22
安 徽	Anhui	81.93	84.00	82.37	7	8.19	8.70	8.59	7
福 建	Fujian	4.06	4.10	3.98	21	3.54	3.10	3.07	14
江 西	Jiangxi	6.74	3.40	3.36	22	1.91	1.50	1.42	19
山 东	Shandong	77.56	77.60	75.67	8	10.31	9.20	9.60	6
河 南	Henan	113.49	86.00	85.58	6	1.65	1.40	1.69	16
湖 北	Hubei	3.30	3.20	3.20	23	3.73	4.30	4.35	10
湖 南	Hunan	18.76	6.60	6.62	20	1.63	1.80	2.00	15
广 东	Guangdong	1.89	0.20	0.23	29	1.59	1.00	0.92	20
广 西	Guangxi	7.74	0.90	0.90	27	1.10	0.30	0.30	24
海 南	Hainan	0.90	1.20	1.19	26	1.04	0.90	0.84	21
重 庆	Chongqing	22.49	17.60	18.03	16	0.01	0.20	0.12	27
四 川	Sichuan	54.37	53.80	53.21	11	28.73	25.60	27.02	2
贵 州	Guizhou	118.46	101.70	110.93	5	0.51	0.20	0.17	25
云 南	Yunnan	62.47	59.60	59.58	10	3.82	4.10	4.24	11
西 藏	Tibet	0.12	0.10	0.12	30	0.27	0.20	0.17	25
陕 西	Shaanxi	119.89	126.60	162.93	3	4.04	4.00	3.97	12
甘 肃	Gansu	58.05	32.50	27.32	14	3.91	3.30	3.24	13
青 海	Qinghai	16.22	12.50	12.39	17	0.07		0.03	28
宁 夏	Ningxia	54.03	37.40	37.45	13				
新 疆	Xinjiang	148.31	158.70	162.31	4	3.57	8.30	8.26	8

9-3 锰矿石和铬矿石基础储量

Basic Reserves of Manganese Ore and Chromites Ore

单位：矿石，万吨 (Ore, 10 000 tons)

地区	Region	锰矿 Manganese Ore 2010	2015	2016	2016排名 Ranking	铬矿 Chromites Ore 2010	2015	2016	2016排名 Ranking
全　国	**National Total**	**19515.64**	**27626.20**	**31033.58**		**442.10**	**419.80**	**407.18**	
北　京	Beijing								
天　津	Tianjin								
河　北	Hebei	4.80	7.10	7.05	16	6.90	4.60	4.64	5
山　西	Shanxi	12.90	20.10	20.09	15				
内蒙古	Inner Mongolia	566.00	567.60	567.55	8	60.35	56.30	56.29	3
辽　宁	Liaoning	1412.41	1410.60	1410.60	4				
吉　林	Jilin	0.40	0.40	0.40	19				
黑龙江	Heilongjiang								
上　海	Shanghai								
江　苏	Jiangsu								
浙　江	Zhejiang								
安　徽	Anhui	8.80	4.10	4.06	17				
福　建	Fujian	64.48	118.90	111.78	13				
江　西	Jiangxi								
山　东	Shandong								
河　南	Henan		3.60	3.62	18				
湖　北	Hubei	807.10	649.00	607.45	7				
湖　南	Hunan	5711.10	2056.00	1957.92	3				
广　东	Guangdong	215.81	75.20	76.25	14				
广　西	Guangxi	4033.44	14019.50	17388.59	1				
海　南	Hainan								
重　庆	Chongqing	2252.62	1414.80	1380.14	5				
四　川	Sichuan	97.74	131.50	206.34	12				
贵　州	Guizhou	2468.87	4841.10	4886.87	2				
云　南	Yunnan	905.86	1196.80	1196.81	6				
西　藏	Tibet					199.49	169.20	158.47	1
陕　西	Shaanxi	279.74	288.40	288.11	11	1.10			
甘　肃	Gansu	263.14	259.00	357.52	10	124.83	141.20	141.24	2
青　海	Qinghai					0.48	3.70	3.68	6
宁　夏	Ningxia								
新　疆	Xinjiang	410.43	562.40	562.43	9	48.95	44.70	42.86	4

9-4 钒矿和原生钛铁矿基础储量
Basic Reserves of Vanadium Ore and Titanium Ore

单位；万吨 (10 000 tons)

地区	Region	钒矿 Vanadium Ore				原生钛铁矿 Titanium Ore			
		2010	2015	2016	2016排名 Ranking	2010	2015	2016	2016排名 Ranking
全 国	**National Total**	**1242.63**	**887.30**	**951.77**		**23042.96**	**21434.00**	**23065.10**	
北 京	Beijing								
天 津	Tianjin		10.00						
河 北	Hebei	13.18		6.66	7	361.05	275.30	212.94	4
山 西	Shanxi		0.80						
内蒙古	Inner Mongolia	0.77		0.77	12				
辽 宁	Liaoning								
吉 林	Jilin								
黑龙江	Heilongjiang								
上 海	Shanghai								
江 苏	Jiangsu	2.48	4.30	4.13	9				
浙 江	Zhejiang		3.80	3.76	10				
安 徽	Anhui	8.27	6.60	7.32	5				
福 建	Fujian								
江 西	Jiangxi	2.16	6.50	6.52	8				
山 东	Shandong					99.67	899.40	899.82	3
河 南	Henan					0.46	0.50	0.46	7
湖 北	Hubei	40.49	29.90	29.94	4		1053.20	1053.23	2
湖 南	Hunan	226.03	2.90	2.90	11				
广 东	Guangdong								
广 西	Guangxi	171.49	171.50	171.49	2				
海 南	Hainan								
重 庆	Chongqing								
四 川	Sichuan	686.77	553.80	598.55	1	22534.64	19157.10	20850.86	1
贵 州	Guizhou								
云 南	Yunnan	0.07	0.10	0.07	14		3.10	3.12	6
西 藏	Tibet								
陕 西	Shaanxi	0.89	7.20	7.18	6				
甘 肃	Gansu	89.87	89.90	112.32	3				
青 海	Qinghai								
宁 夏	Ningxia								
新 疆	Xinjiang	0.16	0.20	0.16	13	47.14	45.30	44.67	5

9-5 铜和铅基础储量

Basic Reserves of Copper Ore and Lead Ore

地区	Region	铜矿(铜，万吨) Copper Ore (Metal, 10 000 tons)				铅矿（铅，万吨） Lead Ore (Metal, 10 000 tons)			
		2010	2015	2016	2016排名 Ranking	2010	2015	2016	2016排名 Ranking
全　国	**National Total**	**2870.69**	**2721.80**	**2620.99**		**1272.04**	**1738.80**	**1808.62**	
北　京	Beijing	0.02		0.02	27				
天　津	Tianjin								
河　北	Hebei	15.29	13.70	13.41	18	18.66	23.30	21.75	16
山　西	Shanxi	215.67	152.70	149.16	7	0.55	0.60	0.46	27
内蒙古	Inner Mongolia	365.93	421.20	437.83	2	301.12	593.20	647.65	1
辽　宁	Liaoning	16.13	28.40	27.92	13	13.62	13.40	13.20	19
吉　林	Jilin	20.44	20.30	21.82	14	10.19	13.80	13.72	17
黑龙江	Heilongjiang	119.61	111.40	111.35	9	5.35	6.30	6.28	23
上　海	Shanghai								
江　苏	Jiangsu	5.50	5.60	4.02	23	15.03	23.50	22.56	15
浙　江	Zhejiang	8.44	5.00	5.17	22	41.26	7.90	8.68	21
安　徽	Anhui	192.53	162.10	154.70	6	5.09	12.50	12.26	20
福　建	Fujian	83.11	65.20	62.35	11	24.28	27.50	27.41	14
江　西	Jiangxi	698.58	557.90	475.70	1	58.25	51.70	49.23	10
山　东	Shandong	29.60	8.30	6.49	21	7.11	0.60	0.63	26
河　南	Henan	14.15	11.30	11.58	19	36.29	59.20	61.13	8
湖　北	Hubei	120.71	94.30	89.58	10	1.49	5.10	5.31	24
湖　南	Hunan	39.31	10.10	9.92	20	111.64	48.90	46.88	11
广　东	Guangdong	58.14	18.30	17.59	17	105.66	110.80	103.09	3
广　西	Guangxi	14.41	3.20	3.12	25	17.72	34.10	52.74	9
海　南	Hainan	2.67	3.50	3.52	24	1.15	6.70	6.68	22
重　庆	Chongqing					3.94	2.50	2.52	25
四　川	Sichuan	75.61	51.80	49.07	12	82.95	100.80	99.63	5
贵　州	Guizhou	0.34	0.20	0.17	26	6.32	12.40	13.45	18
云　南	Yunnan	274.25	297.00	298.99	3	191.01	221.80	240.98	2
西　藏	Tibet	199.38	274.30	272.32	4		92.50	89.51	6
陕　西	Shaanxi	16.03	20.00	19.93	15	14.82	36.60	36.94	13
甘　肃	Gansu	171.98	138.60	132.45	8	84.15	82.50	79.63	7
青　海	Qinghai	41.19	20.60	18.04	16	79.38	48.00	43.68	12
宁　夏	Ningxia								
新　疆	Xinjiang	71.67	226.70	224.76	5	35.01	102.60	102.62	4

9-6 锌和铝土矿石基础储量
Basic Reserves of Zinc Ore and Bauxite Ore

地区	Region	锌矿（锌，万吨）Zinc Ore (Metal, 10 000 tons)				铝土矿（矿石，万吨）Bauxite Ore (Ore, 10 000 tons)			
		2010	2015	2016	2016排名 Ranking	2010	2015	2016	2016排名 Ranking
全 国	**National Total**	**3251.42**	**4102.70**	**4439.11**		**89732.66**	**99758.20**	**100955.33**	
北 京	Beijing								
天 津	Tianjin								
河 北	Hebei	154.62	71.10	79.66	11	393.80	28.00	28.01	11
山 西	Shanxi	0.32	0.60	0.55	27	13592.14	14467.90	14205.54	4
内蒙古	Inner Mongolia	588.89	1248.50	1444.45	1				
辽 宁	Liaoning	39.83	46.70	45.88	17				
吉 林	Jilin	13.55	18.60	18.29	22				
黑龙江	Heilongjiang	21.55	26.50	26.53	20				
上 海	Shanghai								
江 苏	Jiangsu	24.80	39.10	38.10	19				
浙 江	Zhejiang	67.37	17.70	61.16	14				
安 徽	Anhui	12.07	11.60	11.28	24				
福 建	Fujian	48.65	60.40	59.57	15	65.00			
江 西	Jiangxi	85.91	75.40	70.28	13				
山 东	Shandong	2.58	0.80	0.75	26	412.70	158.90	158.90	9
河 南	Henan	38.58	47.00	46.77	16	21525.87	14514.90	14325.73	3
湖 北	Hubei	4.02	20.20	20.97	21	244.20	502.90	502.87	7
湖 南	Hunan	178.99	70.90	70.76	12	174.10	311.40	311.43	8
广 东	Guangdong	192.26	200.00	186.26	7				
广 西	Guangxi	149.25	105.50	188.26	6	27236.89	48722.30	49178.83	1
海 南	Hainan	0.61	17.00	16.99	23				
重 庆	Chongqing	14.78	8.80	8.75	25	3639.10	6409.20	6409.21	5
四 川	Sichuan	222.40	230.20	206.45	4	14.40	54.60	54.60	10
贵 州	Guizhou	15.62	108.00	114.96	8	20157.04	13189.90	14382.18	2
云 南	Yunnan	682.05	928.20	982.69	2	1551.84	1397.10	1397.14	6
西 藏	Tibet		43.10	40.27	18				
陕 西	Shaanxi	84.92	97.40	100.53	9	725.58	0.90	0.89	12
甘 肃	Gansu	379.51	316.70	304.81	3				
青 海	Qinghai	137.76	104.50	97.79	10				
宁 夏	Ningxia								
新 疆	Xinjiang	90.53	188.30	196.35	5				

9-7 菱镁矿和硫铁矿石基础储量
Basic Reserves of Magnesite Ore and Pyrite Ore

单位：矿石，万吨 (Ore, 10 000 tons)

地区	Region	菱镁矿 Magnesite Ore				硫铁矿 Pyrite Ore			
		2010	2015	2016	2016排名 Ranking	2010	2015	2016	2016排名 Ranking
全　国	**National Total**	**182936.82**	**103923.60**	**100772.52**		**159152.07**	**131101.30**	**127809.00**	
北　京	Beijing								
天　津	Tianjin								
河　北	Hebei	866.26	872.80	838.83	3	1765.86	1083.60	1083.61	14
山　西	Shanxi					614.98	1058.10	1058.11	15
内蒙古	Inner Mongolia					15745.76	12428.20	12377.14	4
辽　宁	Liaoning	165672.68	88019.80	84901.71	1	2504.88	1262.30	1261.74	13
吉　林	Jilin	1.10	1.10	1.10	6	728.39	730.70	727.20	17
黑龙江	Heilongjiang					48.20	48.20	48.20	23
上　海	Shanghai								
江　苏	Jiangsu					412.78	536.70	508.77	19
浙　江	Zhejiang					717.64	434.10	405.08	20
安　徽	Anhui					14912.71	14604.30	14497.38	3
福　建	Fujian					1011.72	1034.90	1018.67	16
江　西	Jiangxi					14892.60	13655.30	8071.20	5
山　东	Shandong	16158.28	14793.50	14793.49	2	311.70	3.20	3.18	24
河　南	Henan	2.11				8726.70	5961.50	5953.72	8
湖　北	Hubei					3841.20	4717.40	4717.38	10
湖　南	Hunan					6303.31	713.60	670.05	18
广　东	Guangdong					27903.63	12591.50	14819.44	2
广　西	Guangxi					4556.91	6025.00	6002.52	7
海　南	Hainan								
重　庆	Chongqing					1976.80	1453.10	1456.70	12
四　川	Sichuan	186.49	186.50	186.49	4	42807.04	38052.90	38272.70	1
贵　州	Guizhou					5623.90	5893.60	6043.09	6
云　南	Yunnan					3099.18	4878.90	4878.86	9
西　藏	Tibet								
陕　西	Shaanxi					577.62	108.30	108.30	21
甘　肃	Gansu					1.00	1.00	1.00	25
青　海	Qinghai	49.90	49.90	49.90	5	50.20	50.10	50.08	22
宁　夏	Ningxia								
新　疆	Xinjiang					17.36	3774.90	3774.87	11

9-8 磷矿石和高岭土石基础储量

Basic Reserves of Phosphorus Ore and Kaolin Ore

地区	Region	磷矿（矿石，亿吨） Phosphorus Ore (Ore, 100 million tons)				高岭土（矿石，万吨） Kaolin Ore (Ore, 10 000 tons)			
		2010	2015	2016	2016排名 Ranking	2010	2015	2016	2016排名 Ranking
全　国	**National Total**	**29.63**	**33.10**	**32.41**		**63933.24**	**57402.80**	**69285.05**	
北　京	Beijing								
天　津	Tianjin								
河　北	Hebei	2.12	1.90	1.85	5	58.30	58.30	58.30	17
山　西	Shanxi		0.20	0.17	11	160.20	160.20	160.20	14
内蒙古	Inner Mongolia	0.02	0.10	0.11	13	433.18	4586.90	4586.92	4
辽　宁	Liaoning	0.81	0.80	0.81	6	525.00	536.90	537.07	9
吉　林	Jilin					50.38	47.70	47.25	19
黑龙江	Heilongjiang								
上　海	Shanghai								
江　苏	Jiangsu	0.25	0.10	0.13	12	749.44	250.20	234.59	12
浙　江	Zhejiang					750.87	820.60	819.41	8
安　徽	Anhui	0.38	0.20	0.20	10	303.37	176.50	172.11	13
福　建	Fujian	0.04				5608.66	5311.70	5262.70	3
江　西	Jiangxi	0.72	0.60	0.62	7	3137.89	3037.70	3075.47	5
山　东	Shandong	0.67				533.96	314.10	314.08	11
河　南	Henan	0.07		0.03	15	31.31			
湖　北	Hubei	7.17	10.40	10.03	1	467.03	418.40	418.37	10
湖　南	Hunan	2.79	0.30	0.24	9	2109.18	2004.40	2012.01	7
广　东	Guangdong					27853.43	5375.10	5295.26	2
广　西	Guangxi					18733.32	31925.50	43180.03	1
海　南	Hainan	0.04				1872.60	1907.00	2814.74	6
重　庆	Chongqing						0.40	0.40	22
四　川	Sichuan	3.45	4.80	4.85	4	71.87	56.10	56.10	18
贵　州	Guizhou	3.62	6.70	6.44	2	11.45	15.00	15.00	20
云　南	Yunnan	6.66	6.30	6.27	3	390.70	311.10	136.10	15
西　藏	Tibet								
陕　西	Shaanxi	0.21	0.10	0.06	14	81.10	81.10	81.10	16
甘　肃	Gansu								
青　海	Qinghai	0.60	0.60	0.60	8				
宁　夏	Ningxia	0.01		0.01	16				
新　疆	Xinjiang						7.80	7.84	21

9-9 草原建设利用情况和湿地面积
Construction and Use of Grassland and Area of Wetlands

单位：千公顷 (1 000 hectares)

地区	Region	草原建设利用情况 Grassland Construction				湿地面积（1995-2003） Area of Wetlands (1995-2003)			
		草原总面积 Area of Grassland	可利用草原面积 Grassland Available	累计种草保留面积 Accumulated Grass Land Reserved	当年新增种草面积 Newly Increased Grassland This Year	湿地面积 Area of Wetlands	天然湿地 Natural Wetlands	人工湿地 Man-made Wetlands	湿地面积占辖区面积比重（%） Proportion of Wetlands in Total Area of Territory (%)
全　国	**National Total**	**392832.67**	**330995.40**	**20867.09**	**6915.29**	**53602.60**	**46674.70**	**6745.90**	**5.56**
北　京	Beijing	394.82	336.31	19.58	18.25	48.10	24.20	23.90	2.86
天　津	Tianjin	146.60	135.40	8.98	8.29	295.60	151.10	144.50	23.94
河　北	Hebei	4712.14	4085.32	626.04	147.69	941.90	694.60	247.30	5.04
山　西	Shanxi	4552.00	4552.00	434.89	147.90	151.90	108.10	43.80	0.97
内蒙古	Inner Mongolia	78804.48	63591.09	4499.41	1926.41	6010.60	5878.80	131.80	5.08
辽　宁	Liaoning	3388.85	3239.29	725.51	366.79	1394.80	1077.70	317.10	9.42
吉　林	Jilin	5842.18	4378.99	663.56	263.27	997.60	862.90	134.70	5.32
黑龙江	Heilongjiang	7531.77	6081.65	462.08	195.95	5143.30	4953.80	189.50	11.31
上　海	Shanghai	73.33	37.33	47.74	41.28	464.60	409.00	55.60	73.27
江　苏	Jiangsu	412.71	325.67	115.25	70.54	2822.80	1948.80	874.00	27.51
浙　江	Zhejiang	3169.85	2075.18	55.00	30.47	1110.10	843.30	266.80	10.91
安　徽	Anhui	1663.18	1485.18	233.03	132.28	1041.80	713.60	328.20	7.46
福　建	Fujian	2047.96	1957.06	168.19	68.77	871.00	711.20	159.80	7.18
江　西	Jiangxi	4442.33	3847.56	235.83	150.44	910.10	710.70	199.40	5.45
山　东	Shandong	1637.97	1329.16	238.52	97.83	1737.50	1103.00	634.50	11.07
河　南	Henan	4433.79	4043.25	224.43	42.55	627.90	380.70	247.20	3.76
湖　北	Hubei	6352.22	5071.54	48.42	36.98	1445.00	764.20	680.80	7.77
湖　南	Hunan	6372.67	5666.31	89.15	24.19	1019.70	813.50	206.20	4.81
广　东	Guangdong	3266.24	2677.24	18.32	0.31	1753.40	1158.10	595.30	9.76
广　西	Guangxi	8698.34	6500.35	94.73	42.84	754.30	536.60	217.70	3.20
海　南	Hainan	949.77	843.27	2183.37		320.00	242.00	78.00	9.14
重　庆	Chongqing	2158.44	1867.23	620.67	158.67	207.20	87.70	119.50	2.51
四　川	Sichuan	20380.38	17753.08	974.89	315.73	1747.80	1665.60	82.20	3.61
贵　州	Guizhou	4287.26	3759.74	154.41	64.76	209.70	151.60	58.10	1.19
云　南	Yunnan	15308.43	11925.59	856.33	136.87	563.50	392.50	171.00	1.43
西　藏	Tibet	82051.94	70846.78	2828.53	537.27	6529.00	6524.00	5.00	5.35
陕　西	Shaanxi	5206.18	4349.22	1560.86	826.39	308.50	276.20	32.30	1.50
甘　肃	Gansu	17904.21	16071.61	732.93	281.87	1693.90	1642.40	51.50	3.73
青　海	Qinghai	36369.75	31530.67	1712.88	731.02	8143.60	8001.00	142.60	11.27
宁　夏	Ningxia	3014.07	2625.56	233.56	49.69	207.20	169.50	37.70	4.00
新　疆	Xinjiang	57258.80	48006.80	1767.55	586.91	3948.20	3678.30	269.90	2.38

注：湿地面积为中国首次湿地调查(1995-2003)资料，不包括台湾省、香港和澳门特别行政区；湿地面积不包括水稻田湿地。

Note: Area of wetlands is the figures of China First Wetlands Survey (1995-2003), excluding the wetlands of Taiwan province, Hong Kong SAR and Macao SAR. Area of wetlands excludes the wetland of paddyfield.

9-10 水资源总量和人均水资源量

Total Amount of Water Resources and Per Capita Water Resources

地区	Region	水资源总量（亿立方米） Total Amount of Water Resources (100 million cu.m)				人均水资源量（立方米/人） Per Capita Water Resources (cu.m/person)			
		2010	2015	2016	2016排名 Ranking	2010	2015	2016	2016排名 Ranking
全　国	**National Total**	**30906.41**	**27962.60**	**32466.40**		**2310.41**	**2039.25**	**2354.92**	
北　京	Beijing	23.08	26.80	35.10	29	124.19	124.01	161.60	29
天　津	Tianjin	9.20	12.80	18.90	30	72.80	83.56	121.58	31
河　北	Hebei	138.92	135.10	208.30	25	195.28	182.46	279.69	26
山　西	Shanxi	91.55	94.00	134.10	27	261.52	257.11	365.10	24
内蒙古	Inner Mongolia	388.54	537.00	426.50	20	1576.08	2141.21	1695.49	19
辽　宁	Liaoning	606.67	179.00	331.60	22	1392.10	408.05	757.08	21
吉　林	Jilin	686.68	331.30	488.80	19	2503.32	1203.48	1781.99	18
黑龙江	Heilongjiang	853.48	814.10	843.70	14	2228.59	2129.84	2217.05	15
上　海	Shanghai	36.81	64.10	61.00	28	163.13	264.82	252.33	27
江　苏	Jiangsu	383.53	582.10	741.70	15	489.21	730.53	928.58	20
浙　江	Zhejiang	1398.55	1407.10	1323.30	10	2608.75	2547.48	2378.11	13
安　徽	Anhui	922.82	914.10	1245.20	11	1526.87	1495.28	2018.15	16
福　建	Fujian	1652.71	1325.90	2109.00	7	4491.74	3468.67	5468.69	3
江　西	Jiangxi	2275.49	2001.20	2221.10	4	5116.68	4394.48	4850.62	5
山　东	Shandong	309.12	168.40	220.30	24	324.40	171.52	222.59	28
河　南	Henan	534.89	287.20	337.30	21	566.25	303.66	354.83	25
湖　北	Hubei	1268.72	1015.60	1498.00	9	2216.51	1740.90	2552.61	12
湖　南	Hunan	1906.61	1919.30	2196.60	5	2938.66	2839.14	3229.11	9
广　东	Guangdong	1998.79	1933.40	2458.60	2	1943.31	1792.43	2250.64	14
广　西	Guangxi	1823.57	2433.60	2178.60	6	3852.88	5096.54	4522.73	7
海　南	Hainan	479.82	198.20	489.90	18	5538.66	2184.86	5359.96	4
重　庆	Chongqing	464.30	456.20	604.90	17	1616.75	1518.65	1994.72	17
四　川	Sichuan	2575.29	2220.50	2340.90	3	3173.51	2717.17	2843.31	11
贵　州	Guizhou	956.54	1153.70	1066.10	13	2726.76	3278.70	3009.46	10
云　南	Yunnan	1941.45	1871.90	2088.90	8	4233.15	3959.30	4391.67	8
西　藏	Tibet	4592.95	3853.00	4642.20	1	153681.9	120121.0	141746.6	1
陕　西	Shaanxi	507.50	333.40	271.50	23	1360.25	881.06	713.91	22
甘　肃	Gansu	215.25	164.80	168.40	26	841.66	635.03	646.45	23
青　海	Qinghai	741.11	589.30	612.70	16	13225.01	10057.60	10375.95	2
宁　夏	Ningxia	9.32	9.20	9.60	31	148.18	138.41	142.96	30
新　疆	Xinjiang	1113.14	930.30	1093.40	12	5125.24	3994.25	4596.05	6

9-11 供水总量和地表水供应量

Total Water Supply and Surface Water Supply

单位：亿立方米 (100 million cu.m)

地区	Region	供水总量 Water Supply				其中：地表水供应量 Surface Water Supply			
		2010	2015	2016	2016排名 Ranking	2010	2015	2016	2016排名 Ranking
全　国	**National Total**	**6021.99**	**6103.20**	**6040.16**		**4881.57**	**4971.50**	**4912.40**	
北　京	Beijing	35.20	38.20	38.81	28	7.21	10.50	11.29	31
天　津	Tianjin	22.49	25.70	27.23	30	16.17	17.90	19.07	30
河　北	Hebei	193.68	187.20	182.57	15	36.14	48.70	51.50	25
山　西	Shanxi	63.78	73.60	75.53	25	29.29	37.10	39.51	27
内蒙古	Inner Mongolia	181.90	185.80	190.29	13	92.59	95.20	98.27	17
辽　宁	Liaoning	143.67	140.80	135.39	18	72.07	78.00	74.23	22
吉　林	Jilin	120.04	133.60	132.54	19	75.87	88.90	87.22	20
黑龙江	Heilongjiang	325.00	355.30	352.64	4	178.86	196.70	184.78	10
上　海	Shanghai	126.29	103.80	104.84	21	126.09	103.80	104.80	16
江　苏	Jiangsu	552.19	574.50	577.40	1	543.52	558.00	561.03	1
浙　江	Zhejiang	203.04	186.10	181.15	16	198.14	183.40	178.48	12
安　徽	Anhui	293.12	288.70	290.65	6	265.62	253.90	256.10	7
福　建	Fujian	202.45	201.30	189.06	14	197.54	194.70	182.81	11
江　西	Jiangxi	239.75	245.80	245.36	10	229.84	235.60	235.13	9
山　东	Shandong	222.47	212.80	213.99	12	127.15	122.00	123.26	14
河　南	Henan	224.61	222.80	227.64	11	88.60	100.60	105.01	15
湖　北	Hubei	287.99	301.30	281.97	8	278.15	292.20	273.14	6
湖　南	Hunan	325.17	330.40	330.36	5	304.03	314.20	315.08	4
广　东	Guangdong	469.01	443.10	434.96	3	446.40	426.00	418.83	3
广　西	Guangxi	301.58	299.30	290.57	7	289.32	286.40	277.98	5
海　南	Hainan	44.35	45.80	44.96	27	41.04	42.90	41.88	26
重　庆	Chongqing	86.39	79.00	77.48	24	84.56	77.40	75.97	21
四　川	Sichuan	230.27	265.50	267.26	9	210.74	250.40	253.85	8
贵　州	Guizhou	101.45	97.50	100.31	22	93.75	94.50	96.46	18
云　南	Yunnan	147.47	150.10	150.24	17	139.01	144.70	145.29	13
西　藏	Tibet	35.20	30.80	31.12	29	32.43	27.70	28.57	28
陕　西	Shaanxi	83.40	91.20	90.83	23	49.51	56.00	55.52	24
甘　肃	Gansu	121.82	119.20	118.35	20	96.14	90.10	90.51	19
青　海	Qinghai	30.77	26.80	26.40	31	25.63	22.20	21.48	29
宁　夏	Ningxia	72.37	70.40	64.89	26	66.95	65.00	59.37	23
新　疆	Xinjiang	535.08	577.20	565.38	2	439.19	456.90	445.91	2

9-12 用水总量和人均用水量
Total Water Use and Per Capita Water Use

地区	Region	用水总量（亿立方米） Water Use (100 million cu.m)				人均用水量（立方米/人） Per Capita Water Use (cu.m/person)			
		2010	2015	2016	2016排名 Ranking	2010	2015	2016	2016排名 Ranking
全　国	**National Total**	**6021.99**	**6103.20**	**6040.20**		**450.17**	**445.09**	**438.12**	
北　京	Beijing	35.20	38.20	38.80	28	189.39	176.77	178.64	30
天　津	Tianjin	22.49	25.70	27.20	30	177.93	167.77	174.98	31
河　北	Hebei	193.68	187.20	182.60	15	272.25	252.82	245.18	25
山　西	Shanxi	63.78	73.60	75.50	25	182.18	201.31	205.55	29
内蒙古	Inner Mongolia	181.90	185.80	190.30	13	737.89	740.85	756.51	5
辽　宁	Liaoning	143.67	140.80	135.40	18	329.67	320.97	309.13	22
吉　林	Jilin	120.04	133.60	132.50	19	437.61	485.32	483.05	12
黑龙江	Heilongjiang	325.00	355.30	352.60	4	848.64	929.53	926.55	4
上　海	Shanghai	126.29	103.80	104.80	21	559.67	428.84	433.51	17
江　苏	Jiangsu	552.19	574.50	577.40	1	704.36	720.99	722.88	6
浙　江	Zhejiang	203.04	186.10	181.10	16	378.73	336.92	325.46	19
安　徽	Anhui	293.12	288.70	290.70	6	484.99	472.25	471.15	14
福　建	Fujian	202.45	201.30	189.10	14	550.23	526.62	490.34	10
江　西	Jiangxi	239.75	245.80	245.40	10	539.09	539.76	535.92	8
山　东	Shandong	222.47	212.80	214.00	12	233.46	216.74	216.23	28
河　南	Henan	224.61	222.80	227.60	11	237.77	235.57	239.43	26
湖　北	Hubei	287.99	301.30	282.00	8	503.14	516.48	480.53	13
湖　南	Hunan	325.17	330.40	330.40	5	501.19	488.75	485.70	11
广　东	Guangdong	469.01	443.10	435.00	3	455.99	410.79	398.21	18
广　西	Guangxi	301.58	299.30	290.60	7	637.18	626.81	603.28	7
海　南	Hainan	44.35	45.80	45.00	27	511.94	504.88	492.34	9
重　庆	Chongqing	86.39	79.00	77.50	24	300.81	262.98	255.56	24
四　川	Sichuan	230.27	265.50	267.30	9	283.76	324.89	324.67	20
贵　州	Guizhou	101.45	97.50	100.30	22	289.19	277.09	283.13	23
云　南	Yunnan	147.47	150.10	150.20	17	321.56	317.48	315.78	21
西　藏	Tibet	35.20	30.80	31.10	29	1177.67	960.22	949.62	3
陕　西	Shaanxi	83.40	91.20	90.80	23	223.53	241.01	238.76	27
甘　肃	Gansu	121.82	119.20	118.40	20	476.35	459.32	454.51	15
青　海	Qinghai	30.77	26.80	26.40	31	549.15	457.40	447.08	16
宁　夏	Ningxia	72.37	70.40	64.90	26	1150.41	1059.11	966.49	2
新　疆	Xinjiang	535.08	577.20	565.40	2	2463.66	2478.21	2376.63	1

9-13 农业用水量和工业用水量
Water Consumption of Agriculture and Industry

单位：亿立方米 (100 million cu.m)

地区	Region	农业 Agriculture 2010	2015	2016	2016排名 Ranking	工业 Industry 2010	2015	2016	2016排名 Ranking
全　国	**National Total**	**3689.14**	**3851.50**	**3768.00**		**1447.30**	**1334.80**	**1308.00**	
北　京	Beijing	10.83	6.40	6.00	31	5.06	3.80	3.80	28
天　津	Tianjin	10.97	12.50	12.00	30	4.83	5.30	5.50	26
河　北	Hebei	143.77	135.30	128.00	13	23.06	22.50	21.90	16
山　西	Shanxi	37.98	45.10	46.70	24	12.58	13.70	12.90	23
内蒙古	Inner Mongolia	134.52	140.10	139.20	11	22.58	18.80	17.40	21
辽　宁	Liaoning	89.82	88.80	84.90	18	24.99	21.40	19.60	20
吉　林	Jilin	73.84	90.20	91.10	17	26.12	23.20	20.90	18
黑龙江	Heilongjiang	249.60	312.50	313.80	2	56.02	23.80	20.60	19
上　海	Shanghai	16.76	14.30	14.50	29	84.85	64.60	64.40	7
江　苏	Jiangsu	304.23	279.10	270.80	3	191.85	239.00	248.50	1
浙　江	Zhejiang	94.64	84.70	81.00	20	59.70	51.60	48.40	12
安　徽	Anhui	166.70	157.50	158.60	7	94.01	93.50	93.10	3
福　建	Fujian	97.19	93.30	84.20	19	81.26	72.50	68.60	6
江　西	Jiangxi	151.02	154.10	154.20	9	57.35	61.60	60.50	8
山　东	Shandong	154.76	143.30	141.50	10	26.84	29.60	30.60	14
河　南	Henan	125.59	125.90	125.60	14	55.57	52.50	50.30	10
湖　北	Hubei	138.29	158.10	137.00	12	117.10	93.30	91.40	4
湖　南	Hunan	185.79	195.20	195.10	6	89.75	90.20	89.00	5
广　东	Guangdong	227.47	227.00	220.50	4	138.76	112.50	109.20	2
广　西	Guangxi	194.57	201.70	198.30	5	55.23	55.50	49.80	11
海　南	Hainan	33.88	34.40	33.10	25	3.83	3.20	3.10	29
重　庆	Chongqing	19.84	25.80	25.50	27	47.40	32.50	30.70	13
四　川	Sichuan	127.26	156.70	155.90	8	62.92	55.40	55.80	9
贵　州	Guizhou	50.05	54.30	56.40	22	34.32	25.50	25.70	15
云　南	Yunnan	95.32	104.60	105.20	15	25.48	23.00	21.10	17
西　藏	Tibet	31.72	27.20	26.90	26	1.47	1.40	1.50	31
陕　西	Shaanxi	55.47	57.90	57.60	21	12.06	14.20	13.70	22
甘　肃	Gansu	94.28	96.20	94.70	16	13.75	11.60	11.10	25
青　海	Qinghai	23.19	20.90	19.90	28	3.26	2.90	2.60	30
宁　夏	Ningxia	65.05	62.00	56.30	23	4.12	4.40	4.40	27
新　疆	Xinjiang	484.64	546.40	533.30	1	11.20	11.80	11.70	24

9-14 生活用水量和生态环境补水

Water Consumption for Residential Use and Environmental Water Supplement

单位：亿立方米 (100 million cu.m)

地区	Region	生活 Consumption 2010	2015	2016	2016排名 Ranking	生态 Ecological Protection 2010	2015	2016	2016排名 Ranking
全　国	**National Total**	**765.83**	**794.20**	**821.60**		**119.77**	**122.70**	**142.60**	
北　京	Beijing	15.30	17.50	17.80	18	3.97	10.40	11.10	3
天　津	Tianjin	5.48	4.90	5.60	28	1.22	2.90	4.10	13
河　北	Hebei	23.98	24.40	25.90	13	2.87	5.00	6.70	5
山　西	Shanxi	10.57	12.30	12.60	24	2.65	2.30	3.30	15
内蒙古	Inner Mongolia	15.02	10.40	10.60	25	9.78	16.40	23.10	1
辽　宁	Liaoning	25.48	25.00	25.30	14	3.38	5.60	5.60	9
吉　林	Jilin	16.36	12.80	14.30	22	3.72	7.40	6.30	7
黑龙江	Heilongjiang	17.61	16.20	15.60	21	1.76	2.60	2.50	21
上　海	Shanghai	23.46	24.10	25.10	15	1.22	0.80	0.80	29
江　苏	Jiangsu	52.91	54.40	56.10	2	3.21	2.00	2.00	23
浙　江	Zhejiang	39.40	44.30	46.30	5	9.30	5.50	5.50	11
安　徽	Anhui	30.19	32.80	33.40	10	2.22	4.90	5.60	9
福　建	Fujian	22.70	32.20	33.10	11	1.29	3.30	3.10	16
江　西	Jiangxi	27.49	27.90	28.50	12	3.89	2.10	2.20	22
山　东	Shandong	36.23	33.00	34.20	9	4.64	6.90	7.60	4
河　南	Henan	36.11	35.40	38.70	8	7.34	9.10	13.00	2
湖　北	Hubei	32.40	49.20	52.40	3	0.21	0.80	1.10	25
湖　南	Hunan	46.43	42.20	43.50	6	3.20	2.70	2.80	18
广　东	Guangdong	94.23	98.30	99.90	1	8.55	5.30	5.40	12
广　西	Guangxi	46.45	39.70	39.70	7	5.32	2.40	2.70	20
海　南	Hainan	6.53	8.00	8.30	26	0.09	0.30	0.50	30
重　庆	Chongqing	18.63	19.60	20.20	17	0.53	1.00	1.10	25
四　川	Sichuan	37.98	48.30	49.80	4	2.11	5.10	5.80	8
贵　州	Guizhou	16.47	17.00	17.40	19	0.62	0.70	0.90	28
云　南	Yunnan	22.79	20.20	21.10	16	3.88	2.30	2.80	18
西　藏	Tibet	2.01	2.00	2.50	30		0.10	0.30	31
陕　西	Shaanxi	14.83	16.10	16.40	20	1.03	2.90	3.10	16
甘　肃	Gansu	10.76	8.20	8.30	26	3.03	3.10	4.10	13
青　海	Qinghai	3.50	2.60	2.80	29	0.82	0.50	1.10	25
宁　夏	Ningxia	1.78	1.80	2.20	31	1.42	2.20	2.00	23
新　疆	Xinjiang	12.75	13.20	13.90	23	26.48	5.80	6.50	6

注：1.生态用水仅包括部分河湖、湿地人工补水和城市环境用水。

2. 2012年起，生活用水量中的畜牧用水量调整至农业用水量中。

Notes: 1. Water use by ecological protection only includes artficial supplement of rivers, lakes, wetlands and city entironment.

2. Since 2012 livestock, water use for animal husbandry in domestic water consumption has been adjusted to agricultural water consumption.

9-15 焦炭生产量和原油生产量
Coke and Crude Oil Production

单位：万吨 (10 000 tons)

地区 Region	焦炭生产量 Coke Production				原油生产量 Crude Oil Production			
	2010	2015	2016	2016排名 Ranking	2010	2015	2016	2016排名 Ranking
全 国 National Total	**38864**	**44918**			**20301.4**	**21455.6**		
北 京 Beijing	161							
天 津 Tianjin	238	196	205	25	3332.7	3496.8	3273.3	3
河 北 Hebei	5046	5481	5312	2	599.0	580.1	546.0	9
山 西 Shanxi	8505	8040	8186	1				
内蒙古 Inner Mongolia	2034	3041	2817	6		45.8	44.9	15
辽 宁 Liaoning	1876	2097	2131	8	950.0	1037.1	1017.3	7
吉 林 Jilin	411	372	315	23	702.3	665.5	610.7	8
黑龙江 Heilongjiang	957	687	675	17	4004.9	3838.6	3656.0	1
上 海 Shanghai	631	634	543	20	8.3	6.8	6.5	19
江 苏 Jiangsu	1394	2433	2527	7	186.0	190.5	166.0	12
浙 江 Zhejiang	282	294	228	24				
安 徽 Anhui	875	958	973	12				
福 建 Fujian	143	152	127	28				
江 西 Jiangxi	799	815	749	15				
山 东 Shandong	3429	4365	4420	3	2786.0	2608.0	2295.3	5
河 南 Henan	2572	2942	2920	5	497.9	412.1	315.7	10
湖 北 Hubei	947	920	892	13	86.5	71.0	58.1	13
湖 南 Hunan	582	657	667	18				
广 东 Guangdong	195	244	483	22	1287.1	1572.6	1556.3	6
广 西 Guangxi	392	586	678	16	2.7	50.5	47.4	14
海 南 Hainan					20.0	30.0	29.4	17
重 庆 Chongqing	359	218	134	26				
四 川 Sichuan	1159	1304	1275	10	15.1	15.4	10.8	18
贵 州 Guizhou	713	729	659	19				
云 南 Yunnan	1607	1150	1090	11				
西 藏 Tibet								
陕 西 Shaanxi	1571	3658	3921	4	3017.3	3736.7	3502.4	2
甘 肃 Gansu	244	525	509	21	58.2	66.6	40.4	16
青 海 Qinghai	130		134	26	186.1	223.0	221.0	11
宁 夏 Ningxia	424	758	768	14	3.1	13.4	6.2	20
新 疆 Xinjiang	1188	1662	1574	9	2558.2	2795.1	2564.9	4

9-16 天然气生产量和发电量
Natural Gas Production and Power Generation

地区	Region	天然气生产量（亿立方米）Natrual Gas Production (100 million cu.m) 2010	2015	2016	2016排名 Ranking	发电量（亿千瓦时）Power Generation (100 million kW·h) 2010	2015	2016	2016排名 Ranking
全国	**National Total**	**948.50**	**1346.07**			**42072**	**57149**		
北京	Beijing		16.88	21.68	9	269	421	434	29
天津	Tianjin	17.20	20.54	19.69	11	589	623	618	27
河北	Hebei	12.70	10.43	7.78	12	1993	2498	2631	10
山西	Shanxi		43.08	43.22	7	2151	2449	2535	11
内蒙古	Inner Mongolia		9.24	0.27	22	2489	3929	3950	4
辽宁	Liaoning	8.00	6.59	5.52	13	1295	1665	1779	16
吉林	Jilin	13.70	20.31	19.77	10	605	731	760	25
黑龙江	Heilongjiang	30.00	35.82	38.04	8	777	874	900	23
上海	Shanghai	3.30	1.88	2.02	18	876	793	807	24
江苏	Jiangsu	0.60	0.37	1.33	20	3359	4361	4709	2
浙江	Zhejiang					2568	3011	3198	6
安徽	Anhui			3.38	16	1444	2062	2253	13
福建	Fujian					1356	1901	2007	14
江西	Jiangxi		0.35	0.23	23	664	982	1085	22
山东	Shandong	5.33	4.57	4.22	14	3043	4685	5329	1
河南	Henan	6.72	4.19	3.30	17	2192	2625	2653	9
湖北	Hubei	2.00	1.35	1.31	21	2043	2341	2479	12
湖南	Hunan					1226	1314	1385	18
广东	Guangdong	78.40	96.57	79.25	4	3237	4035	4264	3
广西	Guangxi		0.16	0.20	24	1032	1300	1347	19
海南	Hainan	1.80	1.88	1.37	19	153	261	288	30
重庆	Chongqing	1.20	33.32	51.75	6	504	680	701	26
四川	Sichuan	237.65	267.22	296.91	2	1795	3130	3274	5
贵州	Guizhou	0.12	0.93	3.41	15	1386	1815	1904	15
云南	Yunnan	0.06		0.02	26	1365	1553	2693	8
西藏	Tibet					21	45	54	31
陕西	Shaanxi	223.50	415.92	411.91	1	1112	1623	1757	17
甘肃	Gansu	0.20	0.08	0.06	25	792	1242	1214	20
青海	Qinghai	56.10	61.37	60.81	5	468	566	553	28
宁夏	Ningxia					587	1155	1144	21
新疆	Xinjiang	249.90	293.02	291.21	3	679	2479	2719	7

9-17 能源消费总量
Energy Consumption

单位:万吨标准煤 (10 000 tce)

地区	Region	2009	2010	2011	2012	2013	2015	2016	2016排名 Ranking
全 国	**National Total**	**336126**	**360648**	**387043**	**402138**	**416913**	**429905**	**436000**	
北 京	Beijing	6570	6954	6995	7178	6724	6853	6962	27
天 津	Tianjin	5874	6818	7598	8208	7882	8260	8245	24
河 北	Hebei	25419	27531	29498	30250	29664	29395	29794	4
山 西	Shanxi	15576	16808	18315	19336	19761	19384	19401	10
内蒙古	Inner Mongolia	15344	16820	18737	19786	17681	18927	19457	9
辽 宁	Liaoning	19112	20947	22712	23526	21721	21667	21031	6
吉 林	Jilin	7698	8297	9103	9443	8645	8142	8014	25
黑龙江	Heilongjiang	10467	11234	12119	12758	11853	12126	12280	16
上 海	Shanghai	10367	11201	11270	11362	11346	11387	11712	18
江 苏	Jiangsu	23709	25774	27589	28850	29205	30235	31054	3
浙 江	Zhejiang	15567	16865	17827	18076	18640	19610	20276	8
安 徽	Anhui	8896	9707	10570	11358	11696	12332	12695	14
福 建	Fujian	8916	9809	10653	11185	11190	12180	12358	15
江 西	Jiangxi	5813	6355	6928	7233	7583	8440	8747	23
山 东	Shandong	32420	34808	37132	38899	35358	37945	38723	1
河 南	Henan	19751	21438	23062	23647	21909	23161	23117	5
湖 北	Hubei	13708	15138	16579	17675	15703	16404	16850	11
湖 南	Hunan	13331	14880	16161	16744	14919	15469	15804	13
广 东	Guangdong	24654	26908	28480	29144	28480	30145	31241	2
广 西	Guangxi	7075	7919	8591	9155	9100	9761	10092	21
海 南	Hainan	1233	1359	1601	1688	1720	1938	2006	30
重 庆	Chongqing	7030	7856	8792	9278	8049	8934	9204	22
四 川	Sichuan	16322	17892	19696	20575	19212	19888	20362	7
贵 州	Guizhou	7566	8175	9068	9878	9299	9948	10227	20
云 南	Yunnan	8032	8674	9540	10434	10072	10357	10656	19
西 藏	Tibet								
陕 西	Shaanxi	8044	8882	9761	10626	10610	11716	12120	17
甘 肃	Gansu	5482	5923	6496	7007	7287	7523	7334	26
青 海	Qinghai	2348	2568	3189	3524	3768	4134	4111	29
宁 夏	Ningxia	3388	3681	4316	4562	4781	5405	5592	28
新 疆	Xinjiang	7526	8290	9927	11831	13632	15651	16302	12

注：由于折算系数的不同，各地区相加数与全国数不等。

Note: As the conversion factors,the sum of the data by region is not equaltothe total.

9-18 煤炭消费量和原油消费量
Coal and Crude Oil Consumption

单位：万吨 (10 000 tons)

地区	Region	煤炭消费量 Coal 2010	2015	2016	2016排名 Ranking	原油消费量 Crude Oil 2010	2015	2016	2016排名 Ranking
全　国	**National Total**	**312237**	**397014**	**384560**		**42875**	**54088**	**56026**	
北　京	Beijing	2635	1165	848	30	1116	992	821	20
天　津	Tianjin	4807	4539	4230	27	1567	1617	1434	12
河　北	Hebei	27465	28943	28106	4	1397	1667	1762	11
山　西	Shanxi	29865	37115	35621	3				
内蒙古	Inner Mongolia	27004	36500	36675	2	141	384	420	25
辽　宁	Liaoning	16908	17336	16944	9	6559	6440	7057	2
吉　林	Jilin	9583	9805	9417	17	940	960	1051	17
黑龙江	Heilongjiang	12219	13433	14034	12	2107	2124	2210	8
上　海	Shanghai	5876	4728	4626	26	2127	2526	2474	6
江　苏	Jiangsu	23100	27209	28048	5	2999	3823	4092	4
浙　江	Zhejiang	13950	13826	13948	13	2835	2847	2667	5
安　徽	Anhui	13376	15671	15729	11	478	691	539	24
福　建	Fujian	7026	7660	6827	22	1142	2165	2089	9
江　西	Jiangxi	6246	7698	7618	20	470	556	726	21
山　东	Shandong	37328	40927	40939	1	5593	8607	10203	1
河　南	Henan	26050	23720	23227	6	835	847	707	22
湖　北	Hubei	13470	11766	11686	15	1034	1299	1240	15
湖　南	Hunan	11323	11142	11444	16	588	878	842	19
广　东	Guangdong	15984	16587	16135	10	4455	4900	5044	3
广　西	Guangxi	6207	6047	6518	23	396	1429	1340	14
海　南	Hainan	647	1072	1015	29	859	1116	1119	16
重　庆	Chongqing	6397	6047	5674	25				
四　川	Sichuan	11520	9289	8869	18	352	990	903	18
贵　州	Guizhou	10908	12833	13643	14		0.02	0.02	28
云　南	Yunnan	9349	7713	7461	21		0.03	0.04	27
西　藏	Tibet								
陕　西	Shaanxi	11639	18374	19671	7	2105	2101	1824	10
甘　肃	Gansu	5390	6557	6378	24	1400	1447	1367	13
青　海	Qinghai	1271	1508	1962	28	128	154	149	26
宁　夏	Ningxia	5765	8907	8665	19	176	477	576	23
新　疆	Xinjiang	8106	17359	18985	8	2308	2489	2453	7

9-19 汽油消费量和柴油消费量
Gasoline and Diesel Oil Consumption

单位：万吨 (10 000 tons)

地区	Region	汽油消费量 Gasoline				柴油消费量 Diesel Oil			
		2010	2015	2016	2016排名 Ranking	2010	2015	2016	2016排名 Ranking
全国	**National Total**	**6886.21**	**11368.46**	**11866.04**		**14633.80**	**17360.31**	**16839.03**	
北京	Beijing	371.53	462.75	470.37	14	237.42	182.35	172.69	27
天津	Tianjin	205.12	263.73	274.49	22	333.54	353.43	370.35	23
河北	Hebei	238.75	475.32	494.86	12	691.94	749.18	843.59	6
山西	Shanxi	228.35	208.48	228.29	24	474.38	517.22	536.11	17
内蒙古	Inner Mongolia	325.68	305.76	353.24	16	863.56	475.13	426.62	21
辽宁	Liaoning	593.17	742.72	786.21	5	963.90	1109.26	1008.72	3
吉林	Jilin	166.61	178.01	178.68	27	363.30	347.19	343.73	24
黑龙江	Heilongjiang	363.79	342.07	316.18	19	598.38	510.02	330.34	25
上海	Shanghai	415.37	607.69	637.85	9	509.04	561.87	562.20	14
江苏	Jiangsu	749.84	1003.89	1012.31	2	727.96	819.38	821.31	7
浙江	Zhejiang	586.70	754.05	796.92	4	958.33	968.37	881.91	4
安徽	Anhui	157.40	456.60	509.87	11	365.75	611.80	622.69	12
福建	Fujian	333.20	465.09	494.76	13	510.57	445.30	429.53	20
江西	Jiangxi	155.23	284.00	294.63	20	368.75	537.51	546.71	15
山东	Shandong	802.40	726.02	739.35	7	1448.12	1335.26	1368.78	2
河南	Henan	297.49	676.63	700.29	8	561.22	835.30	808.01	8
湖北	Hubei	457.80	699.92	743.19	6	648.96	859.02	865.85	5
湖南	Hunan	262.36	514.65	575.76	10	502.98	686.59	712.97	10
广东	Guangdong	1086.12	1229.09	1502.44	1	1668.56	1587.87	1676.09	1
广西	Guangxi	247.68	290.89	379.03	15	442.37	573.34	538.43	16
海南	Hainan	52.63	92.77	102.18	28	139.98	116.82	108.26	30
重庆	Chongqing	102.63	199.98	219.05	25	338.51	491.21	514.22	18
四川	Sichuan	541.82	894.98	940.07	3	525.10	814.78	800.93	9
贵州	Guizhou	143.36	293.99	343.65	17	264.66	453.96	490.80	19
云南	Yunnan	232.49	312.95	340.03	18	562.04	582.87	601.52	13
西藏	Tibet								
陕西	Shaanxi	255.23	249.51	257.31	23	531.50	465.71	409.63	22
甘肃	Gansu	56.57	158.20	199.30	26	210.64	335.60	307.01	26
青海	Qinghai	26.19	44.96	56.00	29	89.89	114.53	128.92	28
宁夏	Ningxia	22.68	36.08	28.99	30	105.82	122.75	124.03	29
新疆	Xinjiang	131.17	254.50	276.02	21	363.72	637.14	651.13	11

9-20 天然气消费量和电力消费量
Natural Gas and Electricity Consumption

地区	Region	天然气消费量（亿立方米）Natural Gas (100 million cu.m)				电力消费量（亿千瓦时）Electricity (100 million kw·h)			
		2010	2015	2016	2016排名 Ranking	2010	2015	2016	2016排名 Ranking
全　国	**National Total**	**1069.41**	**1931.75**	**2078.06**		**41935**	**58020**	**61297**	
北　京	Beijing	74.79	146.88	162.31	4	831	951	1020	23
天　津	Tianjin	23.10	63.98	74.53	12	675	851	862	27
河　北	Hebei	29.74	72.97	70.45	13	2692	3176	3265	5
山　西	Shanxi	28.93	64.92	69.35	14	1460	1737	1797	13
内蒙古	Inner Mongolia	45.32	39.15	45.06	18	1537	2543	2605	7
辽　宁	Liaoning	19.06	55.35	50.63	15	1715	1985	2083	10
吉　林	Jilin	22.01	21.34	21.51	26	577	652	668	28
黑龙江	Heilongjiang	29.90	35.82	38.04	22	763	869	897	25
上　海	Shanghai	45.08	77.41	79.04	11	1296	1406	1486	16
江　苏	Jiangsu	72.14	165.02	172.73	2	3864	5115	5459	3
浙　江	Zhejiang	32.62	80.35	87.78	10	2821	3554	3873	4
安　徽	Anhui	12.54	34.83	39.18	21	1078	1640	1795	14
福　建	Fujian	29.10	45.38	48.55	16	1315	1879	1997	11
江　西	Jiangxi	5.27	18.02	20.04	27	701	1087	1183	21
山　东	Shandong	47.75	82.32	98.61	6	3298	5182	5561	2
河　南	Henan	47.21	78.77	92.75	8	2464	3248	3215	6
湖　北	Hubei	19.64	40.26	41.50	19	1418	1862	1971	12
湖　南	Hunan	11.88	26.51	28.32	23	1353	1533	1583	15
广　东	Guangdong	95.71	145.16	167.79	3	4060	5311	5610	1
广　西	Guangxi	1.82	8.37	12.89	29	993	1334	1360	19
海　南	Hainan	29.72	46.00	41.29	20	158	272	287	30
重　庆	Chongqing	56.59	88.37	89.32	9	625	875	919	24
四　川	Sichuan	175.39	170.98	181.57	1	1549	2013	2101	9
贵　州	Guizhou	4.19	13.32	17.11	28	836	1174	1242	20
云　南	Yunnan	3.64	6.34	7.71	30	1004	1439	1411	18
西　藏	Tibet								
陕　西	Shaanxi	59.19	82.69	98.22	7	859	1222	1457	17
甘　肃	Gansu	14.42	26.04	26.40	24	804	1099	1065	22
青　海	Qinghai	23.72	44.38	46.25	17	465	658	638	29
宁　夏	Ningxia	15.48	20.65	22.40	25	547	878	887	26
新　疆	Xinjiang	80.15	145.84	132.38	5	662	2191	2363	8

9-21 能源工业投资和国有经济能源工业固定资产投资
Investment and Fixed Asset Investment in Energy Industry

单位：亿元 (100 million yuan)

地区	Region	能源工业投资 Investment in Energy Industry 2010	2015	2016	2016排名 Ranking	国有经济能源工业固定资产投资 Investment in Fixed Assets in Energy Industry 2010	2015	2016	2016排名 Ranking
全　国	**National Total**	**21627**	**32562**			**11219**	**15419**		
北　京	Beijing	134	181	223	28	94	140	182	24
天　津	Tianjin	546	591	422	27	235	224	173	25
河　北	Hebei	882	1643	2053	4	370	584	567	8
山　西	Shanxi	1521	2582	2121	3	797	1194	608	7
内蒙古	Inner Mongolia	2093	2133	2232	2	906	766	982	1
辽　宁	Liaoning	1191	701	451	26	407	286	104	30
吉　林	Jilin	774	785	736	18	321	314	230	20
黑龙江	Heilongjiang	1014	680	625	23	586	444	110	29
上　海	Shanghai	199	145	163	30	140	127	142	27
江　苏	Jiangsu	479	1455	1584	9	294	681	392	11
浙　江	Zhejiang	430	919	998	13	326	509	419	10
安　徽	Anhui	527	757	910	14	321	424	312	13
福　建	Fujian	637	862	1010	11	268	401	438	9
江　西	Jiangxi	281	464	710	19	150	195	205	22
山　东	Shandong	972	2332	2950	1	407	675	654	6
河　南	Henan	773	1154	1662	7	298	268	263	15
湖　北	Hubei	512	643	760	16	334	327	262	16
湖　南	Hunan	496	733	744	17	195	276	245	18
广　东	Guangdong	966	1282	1349	10	691	812	686	4
广　西	Guangxi	368	662	811	15	256	296	241	19
海　南	Hainan	61	127	115	31	27	65	33	31
重　庆	Chongqing	316	633	463	25	151	452	193	23
四　川	Sichuan	1050	1603	1660	8	513	901	806	2
贵　州	Guizhou	467	622	648	22	263	319	145	26
云　南	Yunnan	832	1364	1005	12	348	722	374	12
西　藏	Tibet	53	154	189	29	44	107	125	28
陕　西	Shaanxi	1043	1697	1803	6	667	1021	745	3
甘　肃	Gansu	667	826	683	20	416	401	256	17
青　海	Qinghai	141	511	497	24	57	344	209	21
宁　夏	Ningxia	351	786	673	21	199	398	280	14
新　疆	Xinjiang	988	2998	1886	5	277	1210	673	5

9-22 废水排放总量和工业废水排放量

Total Volume of Waste Water Discharged and Industrial Waste Water

单位：万吨 (10 000 tons)

地区	Region	废水排放总量 Total Volume of Waste Water Discharged			工业废水排放量 Industrial Waste Water		
		2015	2016	2016排名 Ranking	2010	2015	2015排名 Ranking
全 国	**National Total**	**7353227**	**7110954**		**2374732**	**1994983**	
北 京	Beijing	151733	166419	19	8198	8978	28
天 津	Tianjin	93008	91534	26	19680	18973	25
河 北	Hebei	310568	288795	8	114232	94110	6
山 西	Shanxi	145252	139291	20	49881	41356	17
内蒙古	Inner Mongolia	110861	104696	22	39536	35753	21
辽 宁	Liaoning	260045	228202	12	71521	83140	8
吉 林	Jilin	126908	97073	24	38656	38772	18
黑龙江	Heilongjiang	148595	138335	21	38921	36410	20
上 海	Shanghai	224147	220759	14	36696	46939	15
江 苏	Jiangsu	621303	616624	2	263760	206427	1
浙 江	Zhejiang	433822	430857	4	217426	147353	4
安 徽	Anhui	280626	240666	10	70971	71436	13
福 建	Fujian	256868	237016	11	124168	90741	7
江 西	Jiangxi	223232	221092	13	72526	76412	11
山 东	Shandong	559908	507591	3	208257	186440	2
河 南	Henan	433487	402055	5	150406	129809	5
湖 北	Hubei	313785	274787	9	94593	80817	9
湖 南	Hunan	314107	298757	7	95605	76888	10
广 东	Guangdong	911523	938261	1	187031	161455	3
广 西	Guangxi	220066	193186	16	165211	63253	14
海 南	Hainan	39123	44097	28	5782	6879	30
重 庆	Chongqing	149799	202061	15	45180	35524	22
四 川	Sichuan	341607	352826	6	93444	71647	12
贵 州	Guizhou	112803	100720	23	14130	29174	23
云 南	Yunnan	173333	181089	17	30926	45933	16
西 藏	Tibet	5883	6143	31	736	481	31
陕 西	Shaanxi	168122	166565	18	45487	37730	19
甘 肃	Gansu	67072	66325	27	15352	18760	26
青 海	Qinghai	23663	27275	30	9031	8546	29
宁 夏	Ningxia	32025	33949	29	21977	16443	27
新 疆	Xinjiang	99952	93907	25	25413	28402	24

9-23 城镇生活污水排放量和集中式污染治理设施排放量
Household Waste Water and Centralized Pollution Control Facilities in Cities

单位：万吨 (10 000 tons)

地区	Region	城镇生活污水排放量 Household Waste Water			集中式污染治理设施排放量 Centralized Pollution Control Facilities	
		2010	2015	2015排名 Ranking	2015	2015排名 Ranking
全 国	**National Total**	**3797830**	**5352038**		**6206**	
北 京	Beijing	128217	142555	16	200	13
天 津	Tianjin	48516	73972	25	63	22
河 北	Hebei	148311	216342	9	115	18
山 西	Shanxi	68418	103854	21	43	25
内蒙古	Inner Mongolia	53012	75070	24	38	27
辽 宁	Liaoning	146668	176707	12	197	14
吉 林	Jilin	75775	88027	22	110	19
黑龙江	Heilongjiang	79654	112126	20	59	23
上 海	Shanghai	211554	176800	11	408	4
江 苏	Jiangsu	291740	414514	2	361	6
浙 江	Zhejiang	177402	285848	5	622	2
安 徽	Anhui	113729	208928	10	263	10
福 建	Fujian	114334	165861	13	266	9
江 西	Jiangxi	88135	146450	15	370	5
山 东	Shandong	228115	373129	3	338	7
河 南	Henan	208273	303540	4	138	17
湖 北	Hubei	176162	232730	8	238	11
湖 南	Hunan	172505	236795	7	425	3
广 东	Guangdong	535947	749300	1	767	1
广 西	Guangxi	147419	156653	14	160	15
海 南	Hainan	30907	32206	28	39	26
重 庆	Chongqing	82933	114118	19	157	16
四 川	Sichuan	162651	269725	6	235	12
贵 州	Guizhou	46693	83576	23	53	24
云 南	Yunnan	61066	127082	18	318	8
西 藏	Tibet	3089	5398	31	4	31
陕 西	Shaanxi	70186	130303	17	90	20
甘 肃	Gansu	35889	48275	27	36	28
青 海	Qinghai	13578	15109	30	8	30
宁 夏	Ningxia	18676	15573	29	9	29
新 疆	Xinjiang	58277	71473	26	78	21

9-24 工业废水治理设施数和处理能力
Number and Capacity of Industrial Waste Water Treatment Facilities

地区	Region	工业废水治理设施数（套） Number of Industrial Waste Water Treatment Facilities (set)			工业废水治理设施处理能力（万吨/日） Capacity of Industrial Waste Water Treatment Facilities (10 000 tons/day)		
		2010	2015	2015排名 Ranking	2010	2015	2015排名 Ranking
全　国	**National Total**	**80332**	**83227**		**24762.0**	**24728.0**	
北　京	Beijing	481	609	27	170.0	65.0	29
天　津	Tianjin	912	1085	22	273.0	152.0	26
河　北	Hebei	4008	4668	5	2750.0	3625.0	1
山　西	Shanxi	2633	2818	11	798.0	607.0	16
内蒙古	Inner Mongolia	956	1170	21	465.0	500.0	20
辽　宁	Liaoning	2793	2248	16	1331.0	1393.0	4
吉　林	Jilin	659	674	25	234.0	274.0	23
黑龙江	Heilongjiang	1192	1060	23	940.0	659.0	15
上　海	Shanghai	1749	1728	19	510.0	330.0	22
江　苏	Jiangsu	6973	7844	3	1801.0	2009.0	2
浙　江	Zhejiang	8214	7894	2	1265.0	1290.0	5
安　徽	Anhui	2084	2811	12	1064.0	961.0	11
福　建	Fujian	3153	3547	8	1135.0	661.0	14
江　西	Jiangxi	2014	3655	7	597.0	933.0	12
山　东	Shandong	5142	5672	4	1864.0	1852.0	3
河　南	Henan	3105	3483	9	933.0	1137.0	8
湖　北	Hubei	2093	2562	13	1037.0	1052.0	10
湖　南	Hunan	3155	3044	10	1198.0	1217.0	7
广　东	Guangdong	9651	9733	1	1394.0	1269.0	6
广　西	Guangxi	2405	2318	15	1455.0	1089.0	9
海　南	Hainan	278	319	29	40.0	40.0	30
重　庆	Chongqing	1498	1879	18	221.0	245.0	24
四　川	Sichuan	4437	4043	6	990.0	913.0	13
贵　州	Guizhou	1755	1601	20	539.0	586.0	17
云　南	Yunnan	2044	2423	14	738.0	540.0	19
西　藏	Tibet	16	42	31	1.0	9.0	31
陕　西	Shaanxi	4827	2105	17	373.0	372.0	21
甘　肃	Gansu	672	666	26	148.0	164.0	25
青　海	Qinghai	103	177	30	40.0	91.0	28
宁　夏	Ningxia	359	359	28	145.0	130.0	27
新　疆	Xinjiang	971	990	24	313.0	565.0	18

9-25 工业废水处理量和治理设施运行费用
Industrial Waste Water Treated and Expenditure of Industrial Waste Water Treatment Facilities

地区	Region	工业废水处理量（万吨）Industrial Waste Water Treated (10 000 tons)		工业废水治理设施运行费用（万元）Expenditure of Industrial Waste Water Treatment Facilities (10 000 yuan)		
		2015	2015排名 Ranking	2010	2015	2015排名 Ranking
全　国	**National Total**	**4445821**		**5453464**	**6853282**	
北　京	Beijing	9932	29	68059	39938	28
天　津	Tianjin	34268	24	69321	107517	22
河　北	Hebei	598193	1	388592	571309	4
山　西	Shanxi	93437	17	200390	166770	17
内蒙古	Inner Mongolia	70141	19	69555	159595	18
辽　宁	Liaoning	340623	3	271325	326341	6
吉　林	Jilin	48128	22	51562	59117	25
黑龙江	Heilongjiang	102629	16	140588	284951	7
上　海	Shanghai	61220	20	157318	181476	13
江　苏	Jiangsu	418384	2	549108	883032	1
浙　江	Zhejiang	226421	7	437506	627685	2
安　徽	Anhui	191980	8	184235	258602	8
福　建	Fujian	143089	14	126817	173625	16
江　西	Jiangxi	173597	11	129042	201138	12
山　东	Shandong	333680	4	487353	598018	3
河　南	Henan	181597	10	208840	239467	9
湖　北	Hubei	226840	6	137920	224053	10
湖　南	Hunan	253798	5	129125	175233	15
广　东	Guangdong	188722	9	516684	532992	5
广　西	Guangxi	173493	12	123368	177572	14
海　南	Hainan	6474	30	43135	33571	29
重　庆	Chongqing	33998	25	56492	73667	23
四　川	Sichuan	145827	13	328447	211703	11
贵　州	Guizhou	83512	18	137058	67897	24
云　南	Yunnan	128343	15	94573	114237	21
西　藏	Tibet	1089	31	234	1241	31
陕　西	Shaanxi	60562	21	89129	125581	20
甘　肃	Gansu	19917	28	32770	44914	27
青　海	Qinghai	26513	26	7806	12932	30
宁　夏	Ningxia	21605	27	47493	46585	26
新　疆	Xinjiang	47807	23	169622	132525	19

9-26 二氧化硫排放总量和工业二氧化硫排放量

Total Volume of Sulphur Dioxide Emission and Industry Total Volume of Sulphur Dioxide Emission

单位：万吨 (10 000 tons)

地区	Region	二氧化硫排放总量 Total Volume of Sulphur Dioxide Emission			工业二氧化硫排放量 Industry Total Volume of Sulphur Dioxide Emission		
		2010	2015	2015排名 Ranking	2010	2015	2015排名 Ranking
全　国	**National Total**	**2185.10**	**1859.12**		**1864.40**	**1556.74**	
北　京	Beijing	11.50	7.12	29	5.70	2.21	30
天　津	Tianjin	23.50	18.59	26	21.80	15.46	26
河　北	Hebei	123.40	110.84	5	99.40	82.94	6
山　西	Shanxi	124.90	112.06	4	114.70	90.08	4
内蒙古	Inner Mongolia	139.40	123.09	2	119.30	106.10	2
辽　宁	Liaoning	102.20	96.88	6	85.90	86.93	5
吉　林	Jilin	35.60	36.29	23	30.10	30.21	24
黑龙江	Heilongjiang	49.00	45.63	21	41.70	28.10	25
上　海	Shanghai	35.80	17.08	27	22.10	10.49	28
江　苏	Jiangsu	105.00	83.51	8	100.20	79.47	7
浙　江	Zhejiang	67.80	53.78	17	65.40	52.40	13
安　徽	Anhui	53.20	48.01	20	48.40	42.00	20
福　建	Fujian	40.90	33.79	25	39.10	31.71	22
江　西	Jiangxi	55.70	52.81	18	47.10	51.57	16
山　东	Shandong	153.80	152.57	1	138.30	122.09	1
河　南	Henan	133.90	114.43	3	116.30	91.50	3
湖　北	Hubei	63.30	55.14	16	51.60	47.07	17
湖　南	Hunan	80.10	59.55	13	62.70	51.59	15
广　东	Guangdong	105.10	67.83	12	98.90	64.90	8
广　西	Guangxi	90.40	42.12	22	84.80	38.55	21
海　南	Hainan	2.90	3.23	30	2.80	3.17	29
重　庆	Chongqing	71.90	49.58	19	57.30	42.68	19
四　川	Sichuan	113.10	71.76	11	93.80	62.24	9
贵　州	Guizhou	114.90	85.30	7	63.80	59.89	12
云　南	Yunnan	50.10	58.37	14	44.00	52.38	14
西　藏	Tibet	0.40	0.54	31	0.10	0.16	31
陕　西	Shaanxi	77.90	73.50	10	70.70	59.93	11
甘　肃	Gansu	55.20	57.06	15	45.20	46.70	18
青　海	Qinghai	14.30	15.08	28	13.30	11.64	27
宁　夏	Ningxia	31.10	35.76	24	28.00	30.38	23
新　疆	Xinjiang	58.80	77.83	9	51.80	62.21	10

9-27 生活二氧化硫排放量和集中式污染治理设施二氧化硫排放量

Household Sulphur Dioxide Emission and Centralized Pollution Control Facilities Emission

单位：万吨 (10 000 tons)

地区	Region	生活二氧化硫排放量 Household Sulphur Dioxide Emission			集中式污染治理设施二氧化硫排放量 Centralized Pollution Control Facilities Emission	
		2010	2015	2015排名 Ranking	2015	2015排名 Ranking
全 国	**National Total**	**320.70**	**296.87**		**0.1673**	
北 京	Beijing	5.80	4.91	20	0.0038	11
天 津	Tianjin	1.80	1.38	27	0.0128	5
河 北	Hebei	24.00	27.89	2	0.0026	14
山 西	Shanxi	10.20	21.99	5	0.0021	16
内蒙古	Inner Mongolia	20.10	16.99	7	0.0001	30
辽 宁	Liaoning	16.30	9.93	11	0.0113	7
吉 林	Jilin	5.60	6.08	16	0.0100	8
黑龙江	Heilongjiang	7.30	17.54	6	0.0009	23
上 海	Shanghai	13.70	2.99	24	0.0015	18
江 苏	Jiangsu	4.80	4.03	21	0.0127	6
浙 江	Zhejiang	2.40	1.37	28	0.0140	4
安 徽	Anhui	4.80	6.00	17	0.0038	11
福 建	Fujian	1.80	2.08	26	0.0011	21
江 西	Jiangxi	8.60	1.24	29	0.0013	19
山 东	Shandong	15.50	30.45	1	0.0218	2
河 南	Henan	17.60	22.92	4	0.0044	10
湖 北	Hubei	11.70	8.07	13	0.0009	23
湖 南	Hunan	17.40	7.95	14	0.0031	13
广 东	Guangdong	6.10	2.90	25	0.0359	1
广 西	Guangxi	5.60	3.56	22	0.0069	9
海 南	Hainan	0.10	0.06	31	0.0005	27
重 庆	Chongqing	14.70	6.90	15	0.0010	22
四 川	Sichuan	19.30	9.50	12	0.0161	3
贵 州	Guizhou	51.10	25.41	3	0.0007	25
云 南	Yunnan	6.10	6.00	18	0.0019	17
西 藏	Tibet	0.30	0.37	30	0.0001	30
陕 西	Shaanxi	7.20	13.57	9	0.0007	25
甘 肃	Gansu	9.90	10.36	10	0.0002	29
青 海	Qinghai	1.00	3.44	23	0.0012	20
宁 夏	Ningxia	3.00	5.38	19	0.0022	15
新 疆	Xinjiang	7.00	15.62	8	0.0005	27

9-28 氮氧化物排放总量和工业氮氧化物排放量

Nitrogen Oxides Emission and Industrial Nitrogen Oxides Emission

单位：万吨 (10 000 tons)

地区	Region	氮氧化物排放总量 Nitrogen Oxides Emission 2015	2015排名 Ranking	工业氮氧化物排放量 Industrial Nitrogen Oxides Emission 2015	2015排名 Ranking
全　国	**National Total**	**1851.0**		**1190.9**	
北　京	Beijing	13.8	28	2.7	30
天　津	Tianjin	24.7	27	15.0	26
河　北	Hebei	135.1	2	80.0	3
山　西	Shanxi	93.1	7	64.8	6
内蒙古	Inner Mongolia	113.9	4	86.5	2
辽　宁	Liaoning	82.8	8	55.4	8
吉　林	Jilin	50.2	16	33.3	14
黑龙江	Heilongjiang	64.5	11	35.0	13
上　海	Shanghai	30.1	26	12.1	27
江　苏	Jiangsu	106.8	5	75.4	4
浙　江	Zhejiang	60.8	13	45.9	10
安　徽	Anhui	72.1	10	48.9	9
福　建	Fujian	37.9	22	28.0	20
江　西	Jiangxi	49.3	18	27.9	21
山　东	Shandong	142.4	1	94.8	1
河　南	Henan	126.2	3	72.0	5
湖　北	Hubei	51.4	15	31.9	16
湖　南	Hunan	49.7	17	31.4	17
广　东	Guangdong	99.7	6	58.8	7
广　西	Guangxi	37.3	23	24.0	24
海　南	Hainan	9.0	30	6.0	29
重　庆	Chongqing	32.1	25	15.9	25
四　川	Sichuan	52.6	14	32.8	15
贵　州	Guizhou	41.9	20	30.0	18
云　南	Yunnan	44.9	19	25.3	22
西　藏	Tibet	5.3	31	0.6	31
陕　西	Shaanxi	62.7	12	43.4	11
甘　肃	Gansu	38.7	21	24.7	23
青　海	Qinghai	11.8	29	7.9	28
宁　夏	Ningxia	36.8	24	29.2	19
新　疆	Xinjiang	73.7	9	41.5	12

9-29 生活氮氧化物排放量和机动车氮氧化物排放量
Household Nitrogen Oxides Emission and Motor Vehicle Nitrogen Oxides Emission

单位：万吨 (10 000 tons)

地区	Region	生活氮氧化物排放量 Household Nitrogen Oxides Emission		机动车氮氧化物排放量 Motor Vehicle Nitrogen Oxides Emission	
		2015	2015排名 Ranking	2015	2015排名 Ranking
全　国	**National Total**	**65.1**		**580.1**	
北　京	Beijing	1.9	10	6.7	27
天　津	Tianjin	1.0	20	4.9	28
河　北	Hebei	7.7	1	47.3	2
山　西	Shanxi	4.7	5	23.6	9
内蒙古	Inner Mongolia	3.8	6	23.7	8
辽　宁	Liaoning	3.1	8	24.3	7
吉　林	Jilin	1.4	15	15.4	18
黑龙江	Heilongjiang	6.7	3	22.8	10
上　海	Shanghai	1.0	18	8.3	25
江　苏	Jiangsu	0.9	22	30.5	5
浙　江	Zhejiang	0.3	28	14.5	19
安　徽	Anhui	1.4	17	21.9	11
福　建	Fujian	0.3	29	9.6	24
江　西	Jiangxi	0.4	27	20.9	12
山　东	Shandong	7.2	2	40.4	3
河　南	Henan	5.1	4	49.2	1
湖　北	Hubei	1.5	14	18.1	15
湖　南	Hunan	1.4	16	16.9	16
广　东	Guangdong	0.8	23	40.1	4
广　西	Guangxi	0.4	26	12.9	20
海　南	Hainan			2.9	31
重　庆	Chongqing	0.5	25	10.8	22
四　川	Sichuan	1.6	12	18.1	14
贵　州	Guizhou	1.7	11	10.2	23
云　南	Yunnan	0.9	21	18.8	13
西　藏	Tibet			4.6	29
陕　西	Shaanxi	3.4	7	15.9	17
甘　肃	Gansu	1.6	13	12.5	21
青　海	Qinghai	1.0	19	2.9	30
宁　夏	Ningxia	0.8	24	6.8	26
新　疆	Xinjiang	2.9	9	29.3	6

9-30 烟(粉)尘排放总量和工业烟(粉)尘排放量
Soot (Dust) Emission and Industrial Soot (Dust) Emission

单位：万吨 (10 000 tons)

地区	Region	烟(粉)尘排放总量 Soot (Dust) Emission 2010	2015	2015排名 Ranking	工业烟(粉)尘排放量 Industrial Soot (Dust) Emission 2010	2015	2015排名 Ranking
全　国	**National Total**	**829.1**	**1538.0**		**603.2**	**1232.6**	
北　京	Beijing	4.9	4.9	29	2.1	1.3	30
天　津	Tianjin	6.5	10.1	28	5.4	7.4	28
河　北	Hebei	50.0	157.5	1	32.3	111.1	1
山　西	Shanxi	62.1	144.9	2	43.2	107.3	2
内蒙古	Inner Mongolia	64.7	87.9	5	47.6	65.7	6
辽　宁	Liaoning	63.3	100.0	4	39.8	83.7	4
吉　林	Jilin	30.1	44.7	14	21.0	33.8	16
黑龙江	Heilongjiang	42.2	64.4	8	29.7	37.3	15
上　海	Shanghai	10.2	12.1	27	4.2	11.1	27
江　苏	Jiangsu	33.5	65.5	7	29.9	61.2	7
浙　江	Zhejiang	17.4	33.0	20	16.5	31.1	19
安　徽	Anhui	25.5	54.6	11	20.7	47.8	8
福　建	Fujian	13.9	34.2	19	10.0	32.2	18
江　西	Jiangxi	16.4	48.1	12	13.9	44.6	11
山　东	Shandong	39.2	108.2	3	29.1	90.3	3
河　南	Henan	54.7	84.6	6	47.4	66.6	5
湖　北	Hubei	19.3	44.7	15	14.5	37.8	13
湖　南	Hunan	31.2	45.4	13	23.5	41.2	12
广　东	Guangdong	31.1	34.8	18	25.3	30.0	20
广　西	Guangxi	26.2	35.6	17	25.0	32.9	17
海　南	Hainan	0.8	2.0	30	0.7	1.6	29
重　庆	Chongqing	20.8	20.9	26	10.2	19.6	24
四　川	Sichuan	34.1	41.3	16	26.0	37.6	14
贵　州	Guizhou	25.2	28.6	23	11.3	23.1	22
云　南	Yunnan	13.8	31.3	21	8.9	26.1	21
西　藏	Tibet	0.2	1.7	31	0.1	1.1	31
陕　西	Shaanxi	16.3	60.4	9	11.5	45.5	10
甘　肃	Gansu	16.3	29.5	22	9.8	20.8	23
青　海	Qinghai	7.7	24.6	24	5.2	18.0	26
宁　夏	Ningxia	17.2	23.0	25	13.6	18.5	25
新　疆	Xinjiang	34.4	59.6	10	24.8	46.3	9

9-31 生活烟(粉)尘排放量和机动车烟(粉)尘排放量

Household Soot (Dust) Emission and Motor Vehicle Soot (Dust) Emission

单位：万吨 (10 000 tons)

地区	Region	生活烟(粉)尘排放量 Household Soot (Dust) Emission			机动车烟(粉)尘排放量 Motor Vehicle Soot (Dust) Emission	
		2010	2015	2015排名 Ranking	2015	2015排名 Ranking
全　国	**National Total**	**225.9**	**249.7**		**55.5**	
北　京	Beijing	2.7	3.4	17	0.2	31
天　津	Tianjin	1.1	2.1	21	0.6	26
河　北	Hebei	17.7	41.9	1	4.5	2
山　西	Shanxi	18.9	35.4	2	2.1	12
内蒙古	Inner Mongolia	17.1	19.3	4	2.9	5
辽　宁	Liaoning	23.5	13.9	6	2.5	7
吉　林	Jilin	9.1	9.2	10	1.7	14
黑龙江	Heilongjiang	12.5	24.7	3	2.4	8
上　海	Shanghai	6.0	0.4	29	0.5	27
江　苏	Jiangsu	3.6	1.9	22	2.3	11
浙　江	Zhejiang	0.9	0.6	27	1.3	19
安　徽	Anhui	4.8	4.4	14	2.3	9
福　建	Fujian	3.9	1.2	24	0.8	24
江　西	Jiangxi	2.5	0.9	26	2.6	6
山　东	Shandong	10.0	14.1	5	3.8	3
河　南	Henan	7.3	13.0	8	5.0	1
湖　北	Hubei	4.8	5.2	13	1.7	15
湖　南	Hunan	7.7	2.6	19	1.7	16
广　东	Guangdong	5.8	1.1	25	3.7	4
广　西	Guangxi	1.1	1.4	23	1.3	20
海　南	Hainan	0.2	0.1	31	0.4	29
重　庆	Chongqing	10.6	0.5	28	0.7	25
四　川	Sichuan	8.2	2.2	20	1.5	17
贵　州	Guizhou	13.9	4.4	15	1.1	21
云　南	Yunnan	4.9	3.3	18	1.8	13
西　藏	Tibet	0.2	0.2	30	0.5	28
陕　西	Shaanxi	4.8	13.5	7	1.3	18
甘　肃	Gansu	6.5	7.9	11	0.9	22
青　海	Qinghai	2.5	6.4	12	0.3	30
宁　夏	Ningxia	3.6	3.6	16	0.8	23
新　疆	Xinjiang	9.6	11.0	9	2.3	10

9-32 工业废气排放量和工业废气治理设施数

Industrial Waste Gas Emission and Number of Industrial Waste Gas Treatment Facilities

地区	Region	工业废气排放量（亿立方米） Industrial Waste Gas Emission (100 million cu.m)			工业废气治理设施数（套） Number of Industrial Waste Gas Treatment Facilities (set)		
		2010	2015	2015排名 Ranking	2010	2015	2015排名 Ranking
全　国	**National Total**	**519168**	**685190**		**187401**	**290886**	
北　京	Beijing	4750	3676	29	2468	3996	27
天　津	Tianjin	7686	8355	27	3126	5140	23
河　北	Hebei	56324	78570	1	13743	22095	2
山　西	Shanxi	35190	33721	7	9517	16943	6
内蒙古	Inner Mongolia	27488	35855	5	5183	10070	9
辽　宁	Liaoning	26955	34017	6	9641	16449	7
吉　林	Jilin	8240	10524	24	3144	4022	26
黑龙江	Heilongjiang	10111	10843	23	4396	5177	21
上　海	Shanghai	12969	12802	22	4319	6171	18
江　苏	Jiangsu	31213	57883	2	11631	22037	3
浙　江	Zhejiang	20434	26841	10	21702	20108	5
安　徽	Anhui	17849	30794	8	4933	9646	11
福　建	Fujian	13507	17204	15	6470	9016	12
江　西	Jiangxi	9812	17055	16	4141	8615	13
山　东	Shandong	43837	56808	3	11886	21612	4
河　南	Henan	22709	36286	4	9079	12821	8
湖　北	Hubei	13865	23643	11	5478	8174	15
湖　南	Hunan	14673	15320	20	5154	7048	16
广　东	Guangdong	24092	30547	9	12789	25673	1
广　西	Guangxi	14520	16773	17	6017	6743	17
海　南	Hainan	1360	2339	30	472	1032	30
重　庆	Chongqing	10943	9928	25	3511	5250	20
四　川	Sichuan	20107	16538	18	7346	9851	10
贵　州	Guizhou	10192	18288	13	2910	5160	22
云　南	Yunnan	10978	15549	19	5649	8388	14
西　藏	Tibet	16	183	31	46	288	31
陕　西	Shaanxi	13510	17303	14	3983	4578	25
甘　肃	Gansu	6252	13293	21	2769	4669	24
青　海	Qinghai	3952	5405	28	981	1583	29
宁　夏	Ningxia	16324	8760	26	1370	2551	28
新　疆	Xinjiang	9310	20087	12	3547	5980	19

9-33 工业废气治理设施处理能力和运行费用

Capacity and Annual Expenditure of Industrial Waste Gas Treatment Facilities

地区	Region	工业废气治理设施处理能力（万立方米/时） Capacity of Industrial Waste Gas Treatment Facilities (10 000 cu.m/hour)		工业废气治理设施运行费用（万元） Annual Expenditure of Industrial Waste Gas Treatment Facilities (10 000 yuan)		
		2015	2015排名 Ranking	2010	2015	2015排名 Ranking
全　国	**National Total**	**1688675**		**10545256**	**18660243**	
北　京	Beijing	12752	28	90590	43155	30
天　津	Tianjin	19085	26	185777	335052	21
河　北	Hebei	181189	1	901331	1741038	2
山　西	Shanxi	89937	7	501017	889202	7
内蒙古	Inner Mongolia	109913	5	439299	841783	8
辽　宁	Liaoning	123883	3	426449	811169	9
吉　林	Jilin	25083	25	88059	239065	25
黑龙江	Heilongjiang	38524	19	283756	175191	27
上　海	Shanghai	35471	20	288713	432503	14
江　苏	Jiangsu	114055	4	931675	1628453	3
浙　江	Zhejiang	67908	9	598701	1046056	4
安　徽	Anhui	49889	12	230684	753021	10
福　建	Fujian	39819	16	237265	432124	15
江　西	Jiangxi	33006	21	243783	454686	12
山　东	Shandong	137540	2	1039839	1843486	1
河　南	Henan	77580	8	490262	956014	5
湖　北	Hubei	59074	10	315735	578526	11
湖　南	Hunan	39197	17	223270	926564	6
广　东	Guangdong	93504	6	973400	101595	29
广　西	Guangxi	32684	22	183402	405485	17
海　南	Hainan	4197	30	26069	175295	26
重　庆	Chongqing	25966	24	163085	248907	24
四　川	Sichuan	44001	14	564881	453603	13
贵　州	Guizhou	44463	13	218128	392874	18
云　南	Yunnan	38940	18	277464	336865	20
西　藏	Tibet	438	31	1712	2882	31
陕　西	Shaanxi	41347	15	181976	425819	16
甘　肃	Gansu	27894	23	131994	284692	23
青　海	Qinghai	9646	29	55217	103226	28
宁　夏	Ningxia	18148	27	129330	309836	22
新　疆	Xinjiang	53538	11	122396	348176	19

9-34 一般工业固体废物生产量和综合利用量

Common Industrial Solid Wastes Produced and Common Industrial Solid Wastes Utilized

单位：万吨 (10 000 tons)

地区	Region	一般工业固体废物生产量 Common Industrial Solid Wastes Produced				一般工业固体废物综合利用量 Common Industrial Solid Wastes Utilized			
		2010	2015	2016	2016排名 Ranking	2010	2015	2016	2016排名 Ranking
全 国	**National Total**	**240944**	**327079**	**309210**		**161772**	**198807**	**184096**	
北 京	Beijing	1269	710	629	29	835	592	543	29
天 津	Tianjin	1862	1546	1490	28	1845	1524	1475	28
河 北	Hebei	31688	35372	33236	1	17973	19900	18455	2
山 西	Shanxi	18270	31794	28845	2	12059	17617	13950	3
内蒙古	Inner Mongolia	16996	26669	24762	3	9562	12306	11359	4
辽 宁	Liaoning	17273	32434	22822	4	8210	10029	9363	8
吉 林	Jilin	4642	5385	4006	24	3114	2986	2234	24
黑龙江	Heilongjiang	5405	7495	6940	17	4169	4308	3582	21
上 海	Shanghai	2448	1868	1680	27	2367	1796	1608	27
江 苏	Jiangsu	9064	10701	11649	12	8761	10207	10662	6
浙 江	Zhejiang	4268	4486	4263	23	4033	4263	3951	20
安 徽	Anhui	9158	13059	12653	10	7849	11763	10830	5
福 建	Fujian	7487	4956	4449	22	6215	3784	3091	22
江 西	Jiangxi	9407	10777	12665	9	4379	6152	4909	12
山 东	Shandong	16039	19798	22510	5	15297	18309	18976	1
河 南	Henan	10714	14722	14256	7	8380	11456	10486	7
湖 北	Hubei	6813	7750	8193	15	5521	5253	4715	14
湖 南	Hunan	5773	7126	5320	20	4797	4683	3994	19
广 东	Guangdong	5456	5609	5610	19	4953	5103	4904	13
广 西	Guangxi	6232	6977	6938	18	4231	4388	4487	17
海 南	Hainan	212	422	330	31	178	268	211	30
重 庆	Chongqing	2837	2828	2344	26	2317	2424	1848	26
四 川	Sichuan	11239	12316	11765	11	6159	5507	4612	15
贵 州	Guizhou	8188	7055	7753	16	4174	4289	4530	16
云 南	Yunnan	9392	14109	13122	8	4798	7198	6690	10
西 藏	Tibet	11	400	426	30	0	12	13	31
陕 西	Shaanxi	6892	9330	8648	13	3753	6102	6639	11
甘 肃	Gansu	3746	5824	5091	21	1783	3079	2628	23
青 海	Qinghai	1783	14868	14669	6	759	7247	7325	9
宁 夏	Ningxia	2466	3430	3618	25	1422	2131	1886	25
新 疆	Xinjiang	3914	7263	8530	14	1877	4133	4140	18

9-35 一般工业固体废物处置量和贮存量

Common Industrial Solid Wastes Disposed and Stock of Common Industrial Solid Wastes

单位：万吨 (10 000 tons)

地区	Region	一般工业固体废物处置量 Common Industrial Solid Wastes Disposed				一般工业固体废物贮存量 Stock of Common Industrial Solid Wastes			
		2010	2015	2016	2016排名 Ranking	2010	2015	2016	2016排名 Ranking
全　国	**National Total**	**57264**	**73034**	**65522**		**23918**	**58365**	**62599**	
北　京	Beijing	780	118	87	26	40		0.2	30
天　津	Tianjin	27	22	15	30			0.1	31
河　北	Hebei	12007	14729	13818	1	1831	884	1287	13
山　西	Shanxi	5273	11305	11835	2	997	2956	3104	7
内蒙古	Inner Mongolia	5295	7554	6245	3	2152	6921	7329	3
辽　宁	Liaoning	6767	8067	3253	7	2535	14630	10286	1
吉　林	Jilin	578	1571	1069	17	952	843	734	18
黑龙江	Heilongjiang	445	1273	1675	9	835	1979	1685	12
上　海	Shanghai	94	72	73	27	1	1	1	29
江　苏	Jiangsu	139	407	742	20	215	98	283	23
浙　江	Zhejiang	175	205	312	24	69	25	27	28
安　徽	Anhui	916	1049	1182	14	518	518	1113	15
福　建	Fujian	1181	1157	1166	15	108	87	247	24
江　西	Jiangxi	4487	272	866	19	557	4363	6907	4
山　东	Shandong	475	737	1390	13	384	945	2352	9
河　南	Henan	1770	2786	3254	6	722	561	541	21
湖　北	Hubei	1097	2078	1588	10	238	488	2138	11
湖　南	Hunan	448	2014	543	22	769	468	907	17
广　东	Guangdong	351	439	550	21	177	74	174	25
广　西	Guangxi	1563	546	281	25	439	2668	2268	10
海　南	Hainan	0	42	61	28	33	117	65	27
重　庆	Chongqing	155	383	395	23	288	57	157	26
四　川	Sichuan	3759	4177	3838	5	1323	2745	3584	5
贵　州	Guizhou	2498	1902	2044	8	1473	1052	1221	14
云　南	Yunnan	2911	4163	4083	4	1845	2894	2765	8
西　藏	Tibet		41	42	29	7	367	391	22
陕　西	Shaanxi	2177	1977	1441	12	1030	1265	579	20
甘　肃	Gansu	1150	2260	1554	11	1012	914	964	16
青　海	Qinghai	1	4	3	31	1035	7636	7352	2
宁　夏	Ningxia	490	929	1135	16	564	439	610	19
新　疆	Xinjiang	256	755	983	18	1771	2368	3527	6

9-36 环境污染治理投资总额和城镇环境基础设施建设投资

Total Investment in Treatment of Environmental Pollution and Investment in Urban Environment Infrastructure Facilities

单位：亿元 (100 million yuan)

地区	Region	环境污染治理投资总额 Total Investment in Treatment of Environmental Pollution				城镇环境基础设施建设投资 Investment in Urban Environment Infrastructure Facilities			
		2010	2015	2016	2016排名 Ranking	2010	2015	2016	2016排名 Ranking
全　国	**National Total**	**6654.2**	**8806.4**	**9219.8**		**4224.2**	**4946.8**	**5412.0**	
北　京	Beijing	231.4	412.5	674.2	3	173.0	343.4	650.5	1
天　津	Tianjin	109.7	126.4	53.5	29	65.8	82.3	38.4	27
河　北	Hebei	370.9	397.5	399.6	9	279.9	218.1	264.2	8
山　西	Shanxi	206.9	257.6	525.7	5	86.1	155.7	157.1	14
内蒙古	Inner Mongolia	238.9	536.4	456.0	8	175.6	374.0	298.9	7
辽　宁	Liaoning	206.5	291.1	176.2	20	141.6	101.0	107.9	18
吉　林	Jilin	124.2	110.8	84.1	27	70.8	77.5	58.2	25
黑龙江	Heilongjiang	131.3	156.9	173.6	21	72.8	119.0	108.4	17
上　海	Shanghai	134.0	220.3	205.3	16	87.1	108.8	58.2	25
江　苏	Jiangsu	466.4	952.5	765.6	2	300.0	452.1	453.2	2
浙　江	Zhejiang	333.7	439.7	650.6	4	95.2	219.6	300.1	6
安　徽	Anhui	179.9	439.7	498.2	6	132.4	324.7	335.1	4
福　建	Fujian	129.7	229.7	189.6	19	78.0	139.4	102.6	19
江　西	Jiangxi	156.5	235.5	313.3	13	125.5	157.1	178.2	12
山　东	Shandong	483.9	693.2	780.8	1	284.6	425.1	402.4	3
河　南	Henan	132.2	295.8	359.8	11	71.0	193.4	213.1	9
湖　北	Hubei	146.8	246.8	464.7	7	89.9	152.5	322.7	5
湖　南	Hunan	106.6	537.6	200.4	18	62.1	161.3	133.9	16
广　东	Guangdong	1416.2	292.6	367.5	10	1262.7	70.7	99.8	20
广　西	Guangxi	164.1	261.2	204.2	17	99.0	148.5	160.2	13
海　南	Hainan	23.6	22.2	30.3	30	11.6	20.4	25.0	29
重　庆	Chongqing	176.3	139.0	144.2	23	124.6	94.8	94.5	21
四　川	Sichuan	89.0	216.0	290.4	15	44.3	133.4	210.8	10
贵　州	Guizhou	30.0	137.5	118.4	24	6.7	87.7	94.0	22
云　南	Yunnan	106.2	140.8	145.8	22	59.4	70.0	70.3	23
西　藏	Tibet	0.3	8.4	14.1	31	0.3	7.7	13.8	31
陕　西	Shaanxi	179.2	240.4	317.4	12	109.1	169.9	190.3	11
甘　肃	Gansu	63.9	122.6	117.6	25	42.1	82.3	69.6	24
青　海	Qinghai	17.0	34.9	56.3	28	6.3	20.9	18.3	30
宁　夏	Ningxia	34.5	86.9	101.2	26	20.1	35.1	27.2	28
新　疆	Xinjiang	78.4	288.7	312.8	14	46.2	160.4	154.7	15

9-37 工业污染源治理投资和当年完成环保验收项目环保投资

Investment in Treatment of Industrial Pollution Sources and Environmental Protection Investment in the Environmental Protection Acceptance Projects in the Year

单位：亿元 (100 million yuan)

地区	Region	工业污染源治理投资 Investment in Treatment of Industrial Pollution Sources				当年完成环保验收项目环保投资 Environmental Protection Investment in the Environmental Protection Acceptance Projects in the Year		
		2010	2015	2016	2016排名 Ranking	2015	2016	2016排名 Ranking
全　国	**National Total**	**397.0**	**773.7**	**819.0**		**3085.8**	**2988.8**	
北　京	Beijing	1.9	10.0	9.9	25	19.1	13.8	28
天　津	Tianjin	16.5	24.0	10.4	23	20.2	4.7	29
河　北	Hebei	10.9	54.2	24.8	11	125.3	110.6	10
山　西	Shanxi	28.0	27.9	30.1	9	74.1	338.6	1
内蒙古	Inner Mongolia	13.2	43.9	40.6	7	118.5	116.5	9
辽　宁	Liaoning	14.8	19.0	19.4	15	171.1	48.9	20
吉　林	Jilin	6.3	12.1	9.8	26	21.1	16.1	27
黑龙江	Heilongjiang	4.9	19.3	17.4	16	18.5	47.8	21
上　海	Shanghai	9.4	21.2	51.9	5	90.3	95.2	13
江　苏	Jiangsu	18.6	62.2	74.8	2	438.2	237.6	5
浙　江	Zhejiang	12.0	58.6	60.2	4	161.5	290.3	2
安　徽	Anhui	5.9	17.9	41.5	6	97.1	121.6	8
福　建	Fujian	15.3	44.7	22.6	13	45.6	64.4	16
江　西	Jiangxi	6.4	14.8	10.4	23	63.6	124.7	7
山　东	Shandong	45.7	94.6	126.4	1	173.6	251.9	3
河　南	Henan	12.5	33.0	65.2	3	69.4	81.5	14
湖　北	Hubei	27.7	15.8	36.9	8	78.5	105.0	12
湖　南	Hunan	13.8	26.1	12.7	19	350.1	53.8	18
广　东	Guangdong	31.1	34.7	26.5	10	187.2	241.2	4
广　西	Guangxi	9.3	24.7	13.0	18	88.0	34.0	24
海　南	Hainan	0.4	1.3	1.6	30	0.5	3.7	30
重　庆	Chongqing	7.8	6.0	3.7	29	38.2	46.0	22
四　川	Sichuan	7.2	11.8	11.6	21	70.8	67.9	15
贵　州	Guizhou	6.8	10.7	5.7	28	39.1	18.7	26
云　南	Yunnan	10.6	21.6	12.7	19	49.2	62.8	17
西　藏	Tibet		0.3	0.1	31	0.4	0.1	31
陕　西	Shaanxi	33.7	28.0	19.5	14	42.5	107.6	11
甘　肃	Gansu	14.6	4.1	11.0	22	36.2	36.9	23
青　海	Qinghai	1.0	4.9	9.6	27	9.0	28.4	25
宁　夏	Ningxia	4.1	10.4	24.2	12	41.4	49.7	19
新　疆	Xinjiang	6.7	15.8	14.6	17	112.5	143.4	6

10

农　业

Agriculture

10-1 耕地面积和森林资源情况（2008年）

Farmland Area and Forest Resources (2008)

地区	Region	耕地面积（万公顷） Farmland (10 000 hectares)	人均耕地面积（亩） Farmland per Capita (a unit of area)	林地面积（万公顷） Area of Afforested Land (10 000 hectares)	森林面积（万公顷） Forest Resources (10 000 hectares)	森林覆盖率（%） Forest Coverage Rate (%)	活立木总蓄积量（万立方米） Total Standing Forest Stock (10 000 cu.m)	森林蓄积量（万立方米） Stock Volume of Forest (10 000 cu.m)	耕地面积排名 Arable Land Ranking
全　国	**National Total**	**12171.60**	**1.37**	**30590.41**	**19545.22**	**20.36**	**1491268.19**	**1372080.36**	
北　京	Beijing	23.20	0.21	101.46	52.05	31.72	1291.29	1038.58	31
天　津	Tianjin	44.10	0.56	14.22	9.32	8.24	277.01	198.89	28
河　北	Hebei	631.70	1.36	705.37	418.33	22.29	10183.91	8374.08	5
山　西	Shanxi	405.60	1.78	754.58	221.11	14.12	8846.96	7643.67	17
内蒙古	Inner Mongolia	714.70	4.44	4394.93	2366.40	20.00	136073.62	117720.51	4
辽　宁	Liaoning	408.50	1.42	666.28	511.98	35.13	21174.91	20226.85	16
吉　林	Jilin	553.50	3.04	848.73	736.57	38.93	88244.21	84412.29	9
黑龙江	Heilongjiang	1183.00	4.64	2184.16	1926.97	42.39	165191.60	152104.96	1
上　海	Shanghai	24.40	0.19	7.46	5.97	9.41	275.20	100.95	30
江　苏	Jiangsu	476.40	0.93	128.64	107.51	10.48	5022.59	3501.75	10
浙　江	Zhejiang	192.10	0.56	667.97	584.42	57.41	19382.93	17223.14	23
安　徽	Anhui	573.00	1.40	439.40	360.07	26.06	16258.35	13755.41	8
福　建	Fujian	133.00	0.55	914.81	766.65	63.10	53226.01	48436.28	24
江　西	Jiangxi	282.70	0.96	1054.92	973.63	58.32	45045.51	39529.64	21
山　东	Shandong	751.50	1.20	342.12	254.46	16.72	8627.99	6338.53	3
河　南	Henan	792.60	1.26	502.02	336.59	20.16	18051.16	12936.12	2
湖　北	Hubei	466.40	1.23	822.01	578.82	31.14	23121.55	20942.49	11
湖　南	Hunan	378.90	0.89	1234.21	948.17	44.76	38177.20	34906.67	19
广　东	Guangdong	283.10	0.44	1073.07	873.98	49.44	32160.74	30183.37	20
广　西	Guangxi	421.80	1.31	1496.45	1252.50	52.71	51056.78	46875.18	14
海　南	Hainan	72.80	1.28	208.73	176.26	51.98	7940.93	7274.23	26
重　庆	Chongqing	223.60	1.18	400.18	286.92	34.85	13803.63	11331.85	22
四　川	Sichuan	594.70	1.10	2311.66	1659.52	34.31	168753.49	159572.37	7
贵　州	Guizhou	448.50	1.77	841.23	556.92	31.61	27911.53	24007.96	13
云　南	Yunnan	607.20	2.00	2476.11	1817.73	47.50	171216.68	155380.09	6
西　藏	Tibet	36.20	1.89	1746.63	1462.65	11.91	227271.36	224550.91	29
陕　西	Shaanxi	405.00	1.61	1205.80	767.56	37.26	36144.16	33820.54	18
甘　肃	Gansu	465.90	2.66	955.44	468.78	10.42	21708.26	19363.83	12
青　海	Qinghai	54.30	1.47	634.00	329.56	4.57	4413.80	3915.64	27
宁　夏	Ningxia	110.70	2.69	179.03	51.10	9.84	625.93	492.14	25
新　疆	Xinjiang	412.50	2.90	1066.57	661.65	4.02	33914.50	30100.54	15

注：前两列为2008年底数，其余均为第七次全国森林资源清查(2004-2008)资料。

Note: The first two columns of data are at the end of 2008, and the rest is the Seventh National Forest Resources Inventory (2004-2008) data.

10-2 农林牧渔业总产值和指数

Gross Output Value of Agriculture, Forestry, Animal Husbandry and Fishery and Related Indices

地区	Region	农林牧渔业总产值（亿元） Gross Output Value (100 million yuan)				指数（上年=100） Indices (preceding year=100)			
		2010	2015	2016	2016排名 Ranking	2010	2015	2016	2016排名 Ranking
全　国	**National Total**	**69319.8**	**107056.4**	**112091.3**		**104.4**	**103.9**	**103.5**	
北　京	Beijing	328.0	368.2	338.1	29	98.3	88.3	90.1	31
天　津	Tianjin	317.3	467.4	494.4	26	103.5	102.6	103.3	21
河　北	Hebei	4309.4	5978.9	6083.9	6	103.5	102.7	103.5	19
山　西	Shanxi	1047.8	1522.6	1534.0	24	106.2	101.1	103.2	24
内蒙古	Inner Mongolia	1843.6	2751.6	2794.2	20	106.2	102.4	103.1	25
辽　宁	Liaoning	3106.5	4686.7	4421.8	12	105.8	103.8	97.4	29
吉　林	Jilin	1850.3	2880.6	2724.9	21	103.6	104.3	103.2	23
黑龙江	Heilongjiang	2536.3	5044.9	5197.8	9	105.8	105.2	105.5	5
上　海	Shanghai	287.0	302.6	285.1	30	94.9	93.3	90.8	30
江　苏	Jiangsu	4297.1	7030.8	7235.1	3	104.4	102.6	100.8	28
浙　江	Zhejiang	2172.9	2933.4	3146.1	15	102.9	101.2	102.5	27
安　徽	Anhui	2955.4	4390.8	4655.5	10	104.5	104.2	103.4	20
福　建	Fujian	2307.1	3717.9	4155.7	13	103.5	103.9	103.7	17
江　西	Jiangxi	1900.6	2859.1	3130.3	16	104.0	104.0	104.1	14
山　东	Shandong	6650.9	9549.6	9325.9	1	103.6	104.3	104.4	11
河　南	Henan	5734.2	7641.3	7799.7	2	104.6	104.6	104.5	9
湖　北	Hubei	3502.0	5728.6	6278.4	5	104.5	105.4	104.9	7
湖　南	Hunan	3787.5	5630.7	6081.9	7	104.3	103.7	103.6	18
广　东	Guangdong	3754.9	5520.0	6078.4	8	104.3	103.1	102.9	26
广　西	Guangxi	2721.0	4197.1	4591.4	11	104.7	103.7	103.3	22
海　南	Hainan	821.3	1323.9	1470.4	25	106.1	105.5	104.3	12
重　庆	Chongqing	1021.1	1738.1	1968.3	22	105.9	104.6	104.5	8
四　川	Sichuan	4081.8	6377.8	6831.1	4	104.5	103.6	104.0	16
贵　州	Guizhou	997.8	2738.7	3097.2	17	105.2	106.8	106.2	2
云　南	Yunnan	1810.5	3383.1	3633.1	14	104.7	106.0	105.8	4
西　藏	Tibet	100.8	149.5	173.0	31	103.5	104.5	112.6	1
陕　西	Shaanxi	1666.1	2813.5	2985.8	18	105.8	105.0	104.1	15
甘　肃	Gansu	1057.0	1722.1	1778.0	23	105.7	105.7	104.2	13
青　海	Qinghai	201.3	319.3	338.8	28	106.7	101.8	105.4	6
宁　夏	Ningxia	305.9	483.0	493.6	27	107.8	104.4	104.4	10
新　疆	Xinjiang	1846.2	2804.4	2969.7	19	104.9	106.3	106.0	3

注：本表绝对数按当年价格计算，指数按可比价格计算。

Note: The absolute numbers in this table are calculated at current prices, while the indices are calculated at comparable prices.

10-3 农业总产值和林业总产值
Gross Output Value of Farming and Forestry

单位：亿元 (100 million yuan)

地区	Region	农业总产值 Gross Output Value of Farming				林业总产值 Gross Output Value of Forestry			
		2010	2015	2016	2016排名 Ranking	2010	2015	2016	2016排名 Ranking
全　国	**National Total**	**36941.1**	**57635.8**	**59287.8**		**2595.5**	**4436.4**	**4631.6**	
北　京	Beijing	154.2	154.5	145.2	30	16.8	57.3	52.2	24
天　津	Tianjin	168.3	238.0	244.3	27	2.4	7.7	8.4	29
河　北	Hebei	2470.1	3441.4	3459.4	5	51.3	121.5	132.3	15
山　西	Shanxi	669.0	969.5	958.1	24	65.0	97.4	100.3	19
内蒙古	Inner Mongolia	900.4	1418.3	1415.1	20	76.6	99.4	98.6	21
辽　宁	Liaoning	1140.3	2068.6	1859.5	16	82.5	166.1	143.7	14
吉　林	Jilin	866.9	1400.4	1232.0	22	68.3	109.8	107.2	18
黑龙江	Heilongjiang	1369.2	2911.9	2873.9	9	95.5	204.2	219.9	8
上　海	Shanghai	155.3	162.0	148.5	29	7.5	12.2	13.2	27
江　苏	Jiangsu	2269.6	3722.1	3714.6	3	78.1	129.1	129.3	16
浙　江	Zhejiang	1041.3	1434.7	1521.2	18	119.4	151.6	158.1	12
安　徽	Anhui	1544.4	2174.6	2234.1	11	135.3	290.1	291.1	7
福　建	Fujian	976.6	1618.6	1782.0	17	189.4	314.3	315.1	5
江　西	Jiangxi	801.4	1326.9	1446.9	19	186.8	293.7	324.6	2
山　东	Shandong	3670.1	4929.9	4641.3	1	86.5	139.9	147.5	13
河　南	Henan	3540.8	4610.7	4577.2	2	115.3	134.3	121.3	17
湖　北	Hubei	1921.7	2780.4	2921.3	8	65.4	180.6	203.4	10
湖　南	Hunan	2059.6	3043.5	3255.1	6	207.4	317.4	321.6	4
广　东	Guangdong	1760.2	2793.8	3134.4	7	176.3	296.7	314.7	6
广　西	Guangxi	1339.6	2146.4	2347.9	10	173.5	313.9	323.5	3
海　南	Hainan	341.7	613.9	695.6	25	123.8	99.2	100.0	20
重　庆	Chongqing	623.3	1033.7	1151.8	23	30.4	60.4	73.4	23
四　川	Sichuan	2069.3	3335.5	3711.0	4	112.9	205.8	219.1	9
贵　州	Guizhou	587.3	1772.6	1888.6	15	41.0	137.7	195.0	11
云　南	Yunnan	925.6	1841.5	1943.6	14	184.2	317.1	330.4	1
西　藏	Tibet	46.1	68.0	52.2	31	2.5	2.1	2.4	31
陕　西	Shaanxi	1107.2	1910.7	2027.6	13	35.2	75.8	85.5	22
甘　肃	Gansu	757.6	1252.5	1274.7	21	18.5	28.6	30.8	26
青　海	Qinghai	92.1	145.0	155.5	28	3.8	7.4	8.3	30
宁　夏	Ningxia	195.1	311.0	311.9	26	8.7	11.6	10.1	28
新　疆	Xinjiang	1376.9	2005.4	2163.1	12	35.3	53.2	50.3	25

10-4 牧业总产值和渔业总产值

Gross Output Value of Animal Husbandry and Fishery

单位：亿元 (100 million yuan)

地区	Region	牧业总产值 Gross Output Value of Animal Husbandry 2010	2015	2016	2016排名 Ranking	渔业总产值 Gross Output Value of Fishery 2010	2015	2016	2016排名 Ranking
全　国	**National Total**	**20825.7**	**29780.4**	**31703.2**		**6422.4**	**10880.6**	**11602.9**	
北　京	Beijing	139.6	135.9	122.7	29	11.5	11.9	9.2	28
天　津	Tianjin	87.5	130.2	140.9	27	50.3	80.4	89.0	18
河　北	Hebei	1443.8	1904.1	1939.2	4	142.5	198.7	211.0	14
山　西	Shanxi	250.8	359.0	376.2	23	6.1	9.9	9.9	27
内蒙古	Inner Mongolia	822.4	1160.9	1202.9	14	15.9	30.8	33.0	23
辽　宁	Liaoning	1270.6	1561.4	1575.7	8	491.0	689.8	639.6	7
吉　林	Jilin	831.5	1244.9	1252.8	12	25.3	39.9	43.0	22
黑龙江	Heilongjiang	965.8	1704.8	1854.8	5	53.7	117.6	129.2	15
上　海	Shanghai	62.9	65.6	62.6	31	52.6	51.8	50.2	21
江　苏	Jiangsu	923.3	1262.1	1331.5	10	805.2	1517.5	1621.9	1
浙　江	Zhejiang	448.4	426.2	434.3	22	522.2	855.9	962.0	6
安　徽	Anhui	865.0	1259.0	1375.7	9	294.8	475.1	513.2	8
福　建	Fujian	380.3	571.3	681.7	19	674.2	1082.3	1235.5	3
江　西	Jiangxi	584.1	719.8	788.6	17	255.6	420.0	458.9	10
山　东	Shandong	1774.5	2523.2	2540.8	3	847.4	1524.7	1485.6	2
河　南	Henan	1805.9	2445.3	2611.3	1	71.2	123.6	128.3	16
湖　北	Hubei	925.0	1503.3	1715.2	7	458.6	922.8	1030.0	5
湖　南	Hunan	1118.2	1601.7	1762.7	6	232.7	366.9	396.7	11
广　东	Guangdong	947.2	1117.1	1221.8	13	741.4	1117.2	1195.6	4
广　西	Guangxi	870.7	1140.3	1266.4	11	247.2	429.8	464.2	9
海　南	Hainan	158.6	238.5	267.1	25	173.5	324.9	353.8	12
重　庆	Chongqing	326.6	542.9	627.4	21	27.2	74.9	85.3	19
四　川	Sichuan	1705.2	2515.6	2551.7	2	129.8	210.5	223.9	13
贵　州	Guizhou	304.2	665.2	797.2	16	13.8	55.9	68.7	20
云　南	Yunnan	588.8	1031.0	1141.8	15	48.1	81.7	94.2	17
西　藏	Tibet	48.9	75.3	113.8	30	0.2	0.2	0.2	31
陕　西	Shaanxi	435.0	665.5	695.9	18	8.3	23.6	26.2	24
甘　肃	Gansu	181.8	279.4	299.7	24	1.2	2.2	2.2	30
青　海	Qinghai	101.5	158.4	165.7	26	0.1	2.8	3.3	29
宁　夏	Ningxia	82.1	122.9	131.7	28	8.0	15.8	17.0	26
新　疆	Xinjiang	375.8	649.5	653.2	20	12.7	21.8	22.2	25

10-5 农林牧渔业增加值和指数

Added Value of Agriculture, Forestry, Animal Husbandry and Fishery and Indices

地区	Region	农林牧渔业增加值（亿元） The Added Value (100 million yuan)				指数（上年=100） Indices (preceding year=100)		
		2010	2015	2016	2016排名 Ranking	2010	2011	2011排名 Ranking
全　国	**National Total**	**40533.6**	**62904.1**	**65967.9**		**104.3**	**104.5**	
北　京	Beijing	124.5	142.6	132.0	29	98.4	103.2	27
天　津	Tianjin	145.6	210.5	222.0	28	103.3	103.0	28
河　北	Hebei	2562.8	3578.7	3644.8	8	103.5	104.0	24
山　西	Shanxi	554.5	824.1	827.3	25	106.1	106.3	6
内蒙古	Inner Mongolia	1095.3	1642.5	1663.9	20	106.1	105.6	10
辽　宁	Liaoning	1631.1	2505.1	2296.6	13	105.8	105.1	16
吉　林	Jilin	1050.2	1644.6	1549.3	21	103.7	105.3	13
黑龙江	Heilongjiang	1302.9	2687.8	2731.7	10	106.2	106.5	5
上　海	Shanghai	114.7	114.0	113.5	31	93.4	100.5	31
江　苏	Jiangsu	2540.1	4209.5	4323.5	3	104.9	104.6	19
浙　江	Zhejiang	1360.6	1865.3	2000.2	15	103.2	102.0	30
安　徽	Anhui	1729.0	2550.3	2693.2	11	104.6	105.5	12
福　建	Fujian	1363.7	2194.1	2444.8	12	103.3	104.2	23
江　西	Jiangxi	1207.0	1827.8	1962.4	16	104	104.6	19
山　东	Shandong	3588.3	5182.9	5171.1	1	103.6	104.7	17
河　南	Henan	3258.1	4348.4	4440.0	2	104.5	104.5	21
湖　北	Hubei	2147.0	3417.3	3780.8	6	104.6	104.7	17
湖　南	Hunan	2325.5	3462.0	3725.9	7	104.3	103.0	28
广　东	Guangdong	2287.0	3426.1	3781.8	5	104.5	103.8	25
广　西	Guangxi	1675.1	2633.0	2873.5	9	104.6	105.6	10
海　南	Hainan	539.8	880.5	977.6	24	106.3	106.3	6
重　庆	Chongqing	685.4	1168.7	1324.7	22	106.1	105.3	13
四　川	Sichuan	2482.9	3745.3	4005.4	4	104.4	104.5	21
贵　州	Guizhou	625.0	1712.7	1944.3	17	104.7	108.6	1
云　南	Yunnan	1108.4	2098.3	2242.2	14	104.2	106.7	4
西　藏	Tibet	68.7	100.8	118.7	30	103.2	103.4	26
陕　西	Shaanxi	988.5	1673.2	1776.3	18	105.8	106.0	8
甘　肃	Gansu	599.3	995.5	1027.7	23	105.5	106.8	3
青　海	Qinghai	134.9	212.2	224.7	27	105.9	105.2	15
宁　夏	Ningxia	159.3	251.7	256.3	26	107.4	105.8	9
新　疆	Xinjiang	1078.6	1598.7	1691.8	19	104.5	107.0	2

注：本表绝对数按当年价格计算，指数按不变价格计算。

Note: The absolute numbers in this table are calculated at current prices while indices at constant prices.

10-6 农业增加值和林业增加值
Added Value of Agriculture and Forestry

单位：亿元 (100 million yuan)

地区	Region	农业增加值 Added Value of Agriculture				林业增加值 Added Value of Forestry			
		2010	2015	2016	2016排名 Ranking	2010	2015	2016	2016排名 Ranking
全　国	**National Total**	**23684.5**	**37029.7**	**38152.4**		**1744.2**	**2895.8**	**3025.3**	
北　京	Beijing	71.6	70.3	66.0	29	7.2	26.5	25.0	25
天　津	Tianjin	81.9	116.1	121.0	27	1.4	4.6	5.0	27
河　北	Hebei	1670.5	2337.5	2359.8	5	36.7	86.2	93.1	14
山　西	Shanxi	374.5	553.8	545.0	24	25.0	41.8	43.2	23
内蒙古	Inner Mongolia	586.4	926.9	923.1	20	53.8	68.2	68.0	18
辽　宁	Liaoning	675.5	1212.2	1051.0	18	48.1	86.3	80.3	15
吉　林	Jilin	577.0	926.3	812.6	22	43.0	66.8	65.4	19
黑龙江	Heilongjiang	876.3	1852.8	1823.6	9	44.3	95.0	100.8	13
上　海	Shanghai	66.9	66.7	63.2	30	2.5	3.9	4.3	29
江　苏	Jiangsu	1556.2	2566.2	2569.4	3	43.9	72.4	72.7	17
浙　江	Zhejiang	747.7	1032.6	1094.5	17	86.9	109.2	114.2	10
安　徽	Anhui	952.5	1333.2	1361.3	11	94.2	200.6	201.2	7
福　建	Fujian	616.3	1017.1	1119.6	16	122.1	201.6	201.9	6
江　西	Jiangxi	534.5	869.1	933.8	19	145.0	220.3	233.9	4
山　东	Shandong	2146.6	2900.8	2834.9	1	60.7	98.4	103.7	11
河　南	Henan	2080.8	2704.7	2693.5	2	69.5	84.4	79.1	16
湖　北	Hubei	1244.7	1795.5	1942.2	8	37.6	92.6	102.3	12
湖　南	Hunan	1432.9	2130.4	2276.6	6	153.4	234.6	237.8	2
广　东	Guangdong	1229.3	1949.8	2189.7	7	131.4	221.1	234.5	3
广　西	Guangxi	911.3	1478.7	1617.6	10	136.8	235.0	242.2	1
海　南	Hainan	219.8	407.3	462.6	25	85.6	64.1	65.3	20
重　庆	Chongqing	465.3	771.5	862.3	21	22.2	44.3	53.6	21
四　川	Sichuan	1436.7	2296.7	2390.7	4	79.7	131.7	145.0	8
贵　州	Guizhou	385.6	1096.5	1189.0	15	28.1	92.9	133.3	9
云　南	Yunnan	609.2	1231.3	1305.6	12	129.0	215.8	217.0	5
西　藏	Tibet	30.5	44.3	25.8	31	1.6	1.3	1.4	31
陕　西	Shaanxi	684.9	1178.6	1251.6	13	22.4	47.0	51.9	22
甘　肃	Gansu	441.3	753.8	764.4	23	7.8	12.9	14.2	26
青　海	Qinghai	55.1	85.6	91.8	28	2.5	4.5	5.0	27
宁　夏	Ningxia	110.5	175.7	175.9	26	3.1	4.1	3.6	30
新　疆	Xinjiang	812.4	1147.6	1234.6	14	18.7	27.7	26.1	24

10-7 牧业增加值和渔业增加值
Added Value of Animal Husbandry and Fishery

单位：亿元 (100 million yuan)

地区	Region	牧业增加值 Added Value of Animal Husbandry				渔业增加值 Added Value of Fishery			
		2010	2015	2016	2016排名 Ranking	2010	2015	2016	2016排名 Ranking
全　国	**National Total**	**10022.1**	**14360.0**	**15492.0**		**3903.8**	**6569.1**	**6995.6**	
北　京	Beijing	40.0	38.9	35.4	30	4.0	4.4	3.3	28
天　津	Tianjin	36.8	50.0	54.0	29	24.1	38.1	40.2	20
河　北	Hebei	681.7	898.1	915.2	5	84.2	117.6	124.7	14
山　西	Shanxi	125.7	182.1	191.2	24	3.0	5.5	5.4	27
内蒙古	Inner Mongolia	427.7	602.0	624.4	10	10.6	20.3	21.9	22
辽　宁	Liaoning	513.4	639.0	640.6	9	320.3	446.4	401.1	7
吉　林	Jilin	381.5	578.5	594.1	13	15.6	24.6	26.4	21
黑龙江	Heilongjiang	335.7	641.5	697.6	7	20.2	44.3	48.4	18
上　海	Shanghai	21.8	20.2	21.4	31	20.2	19.0	20.6	23
江　苏	Jiangsu	373.4	515.9	543.6	15	444.9	831.6	891.5	2
浙　江	Zhejiang	202.2	190.4	193.8	23	303.4	500.7	562.8	6
安　徽	Anhui	430.3	610.0	667.3	8	194.3	312.9	337.9	8
福　建	Fujian	198.5	297.4	355.2	20	376.4	602.0	686.6	4
江　西	Jiangxi	307.1	289.7	422.8	17	179.8	293.9	314.0	10
山　东	Shandong	727.0	1043.7	1061.9	3	521.4	936.2	928.7	1
河　南	Henan	993.8	1337.0	1427.9	1	48.4	83.4	85.7	15
湖　北	Hubei	539.9	875.0	1005.3	4	283.6	546.7	609.4	5
湖　南	Hunan	514.4	727.8	805.4	6	151.5	238.8	258.6	12
广　东	Guangdong	429.5	506.7	554.8	14	443.3	668.0	715.4	3
广　西	Guangxi	423.0	560.6	622.6	11	168.6	291.1	314.5	9
海　南	Hainan	91.4	142.0	158.5	25	130.1	241.3	261.9	11
重　庆	Chongqing	167.0	275.9	320.7	21	21.2	58.5	66.6	16
四　川	Sichuan	844.1	1121.9	1258.7	2	82.7	127.0	134.9	13
贵　州	Guizhou	179.5	415.9	480.1	16	9.0	35.3	43.8	19
云　南	Yunnan	317.1	559.7	616.2	12	28.8	48.9	56.2	17
西　藏	Tibet	34.3	52.3	88.4	27	0.1	0.1	0.2	31
陕　西	Shaanxi	233.7	358.8	375.6	19	4.7	13.3	14.8	24
甘　肃	Gansu	123.9	185.8	203.1	22	0.8	1.5	1.6	30
青　海	Qinghai	74.9	116.6	121.9	26	0.1	2.2	2.6	29
宁　夏	Ningxia	34.9	51.9	55.7	28	3.1	6.1	6.5	26
新　疆	Xinjiang	218.0	374.5	378.7	18	5.4	9.3	9.5	25

10-8 农业机械总动力和有效灌溉面积
Total Power of Agricultural Machinery and Irrigation Area

地区	Region	农业机械总动力（万千瓦） Total Power of Agricultural Machinery (10 000 kw)				有效灌溉面积（千公顷） Irrigation Area (1 000 hectares)			
		2010	2015	2016	2016排名 Ranking	2010	2015	2016	2016排名 Ranking
全　国	**National Total**	**92780.5**	**111728.1**	**97245.6**		**60347.7**	**65872.6**	**67140.6**	
北　京	Beijing	276.0	186.1	144.5	30	211.4	137.4	128.5	31
天　津	Tianjin	587.8	546.9	470.0	28	344.6	308.9	306.6	26
河　北	Hebei	10151.3	11102.8	7402.0	3	4548.0	4448.0	4457.6	5
山　西	Shanxi	2809.2	3351.7	1744.3	22	1274.2	1460.3	1487.3	18
内蒙古	Inner Mongolia	3033.6	3805.1	3331.1	12	3027.5	3086.9	3131.5	9
辽　宁	Liaoning	2248.7	2813.9	2168.5	18	1537.5	1520.3	1573.0	17
吉　林	Jilin	2145.0	3152.5	3105.3	13	1726.8	1790.9	1832.2	13
黑龙江	Heilongjiang	3736.3	5442.3	5634.3	6	3875.2	5530.8	5932.7	1
上　海	Shanghai	104.1	119.0	122.3	31	201.0	188.2	189.8	30
江　苏	Jiangsu	3937.3	4825.5	4906.6	7	3819.7	3952.5	4054.1	7
浙　江	Zhejiang	2427.5	2360.7	2136.7	19	1451.0	1432.2	1446.3	19
安　徽	Anhui	5409.8	6581.0	6867.5	4	3519.8	4400.3	4437.5	6
福　建	Fujian	1206.2	1384.1	1269.1	24	967.5	1061.7	1055.4	23
江　西	Jiangxi	3805.0	2260.8	2201.6	16	1852.4	2027.7	2036.8	12
山　东	Shandong	11629.0	13353.0	9797.6	2	4955.3	4964.4	5161.2	3
河　南	Henan	10195.9	11710.1	9855.0	1	5081.0	5210.6	5242.9	2
湖　北	Hubei	3371.0	4468.1	4187.8	9	2379.8	2899.1	2905.6	10
湖　南	Hunan	4651.5	5894.1	6097.5	5	2739.0	3113.3	3132.4	8
广　东	Guangdong	2345.3	2696.8	2390.5	15	1872.5	1771.3	1771.7	15
广　西	Guangxi	2767.7	3803.2	3527.3	10	1523.0	1618.8	1646.1	16
海　南	Hainan	425.2	511.6	516.6	27	243.8	264.0	290.0	27
重　庆	Chongqing	1071.1	1299.7	1318.7	23	685.3	687.2	690.6	24
四　川	Sichuan	3155.1	4404.5	4267.3	8	2553.1	2735.1	2813.6	11
贵　州	Guizhou	1730.3	2575.2	2041.1	20	1131.7	1065.4	1088.1	22
云　南	Yunnan	2411.1	3333.0	3440.6	11	1588.4	1757.7	1809.4	14
西　藏	Tibet	378.1	619.7	635.1	25	237.0	247.8	251.5	28
陕　西	Shaanxi	2000.0	2667.3	2171.9	17	1284.9	1236.8	1251.4	21
甘　肃	Gansu	1977.6	2685.0	1903.9	21	1278.4	1306.7	1317.5	20
青　海	Qinghai	421.3	453.9	458.6	29	251.7	197.0	202.4	29
宁　夏	Ningxia	729.1	831.3	580.5	26	464.6	506.5	515.2	25
新　疆	Xinjiang	1643.7	2489.3	2552.2	14	3721.6	4944.9	4982.0	4

10-9 化肥施用量和农村用电量

Consumption of Chemical Fertilizers and Electricity Consumption in Rural Areas

地区	Region	化肥施用量（万吨） Consumption of Chemical Fertilizers (10 000 tons)				农村用电量（亿千瓦时） Electricity Consumption in Rural Areas (100 million kwh)			
		2010	2015	2016	2016排名 Ranking	2010	2015	2016	2016排名 Ranking
全　国	**National Total**	**5561.7**	**6022.6**	**5984.1**		**6632.3**	**9026.9**	**9238.3**	
北　京	Beijing	13.7	10.5	9.7	28	44.4	51.7	54.7	25
天　津	Tianjin	25.5	21.8	21.4	27	51.0	102.4	92.2	20
河　北	Hebei	322.9	335.5	331.8	3	511.8	611.8	600.8	5
山　西	Shanxi	110.4	118.5	117.1	20	81.2	96.8	97.5	17
内蒙古	Inner Mongolia	177.2	229.4	234.6	14	48.4	72.3	71.1	24
辽　宁	Liaoning	140.1	152.1	148.1	17	359.5	457.8	489.8	6
吉　林	Jilin	182.8	231.2	233.6	15	39.5	49.6	51.1	27
黑龙江	Heilongjiang	214.9	255.3	252.8	9	55.7	72.6	77.5	23
上　海	Shanghai	11.8	9.9	9.2	29	195.5	919.2	983.2	3
江　苏	Jiangsu	341.1	320.0	312.5	6	1472.9	1836.2	1869.3	1
浙　江	Zhejiang	92.2	87.5	84.5	24	765.1	905.6	926.1	4
安　徽	Anhui	319.8	338.7	327.0	5	107.4	156.7	161.6	11
福　建	Fujian	121.0	123.8	123.8	19	257.5	381.1	384.4	8
江　西	Jiangxi	137.6	143.6	142.0	18	71.6	99.9	104.6	16
山　东	Shandong	475.3	463.5	456.5	2	439.0	482.3	488.8	7
河　南	Henan	655.2	716.1	715.0	1	269.4	321.0	317.2	9
湖　北	Hubei	350.8	333.9	328.0	4	109.8	149.1	152.9	12
湖　南	Hunan	236.6	246.5	246.4	12	98.6	123.9	126.7	13
广　东	Guangdong	237.3	256.5	261.0	8	1044.3	1326.2	1334.8	2
广　西	Guangxi	237.2	259.9	262.1	7	50.2	83.9	95.4	18
海　南	Hainan	46.4	51.1	50.6	25	5.9	13.0	13.9	29
重　庆	Chongqing	91.8	97.7	96.2	22	64.8	78.1	78.7	22
四　川	Sichuan	248.0	249.8	249.0	11	141.7	174.8	183.1	10
贵　州	Guizhou	86.5	103.7	103.7	21	41.7	80.1	85.3	21
云　南	Yunnan	184.6	231.9	235.6	13	61.7	91.4	95.3	19
西　藏	Tibet	4.7	6.0	5.9	31	0.8	1.3	1.2	31
陕　西	Shaanxi	196.8	231.9	233.1	16	121.0	110.2	118.7	14
甘　肃	Gansu	85.3	97.9	93.4	23	42.9	54.0	54.2	26
青　海	Qinghai	8.8	10.1	8.8	30	3.8	5.9	5.9	30
宁　夏	Ningxia	37.9	40.1	40.7	26	11.0	13.8	14.2	28
新　疆	Xinjiang	167.6	248.1	250.2	10	64.3	104.1	108.2	15

10-10 水库总库容量和除涝面积
Capacity of Reservoirs and Area with Flood Prevention Measures

地区 Region	水库总库容量（亿立方米） Capacity of Reservoirs (100 million cu.m)				除涝面积（千公顷） Area with Flood Prevention Measures (1 000 hectares)			
	2010	2015	2016	2016排名 Ranking	2010	2015	2016	2016排名 Ranking
全 国 National Total	**7162.4**	**8580.8**	**8993.2**		**21691.7**	**22712.7**	**23066.7**	
北 京 Beijing	93.9	52.2	52.2	26	149.8	1.2	1.2	28
天 津 Tianjin	26.2	26.5	26.5	30	377.2	369.3	369.3	14
河 北 Hebei	161.4	206.0	206.4	17	1648.6	1641.1	1641.2	6
山 西 Shanxi	57.5	69.2	69.4	25	89.1	89.1	89.1	23
内蒙古 Inner Mongolia	167.9	103.1	103.5	22	277.0	277.0	277.0	16
辽 宁 Liaoning	359.3	364.0	366.6	10	985.3	911.5	931.2	9
吉 林 Jilin	320.4	325.3	325.4	11	1021.4	1031.1	1032.7	8
黑龙江 Heilongjiang	178.7	268.1	267.6	15	3334.9	3385.2	3394.0	1
上 海 Shanghai					55.4	60.2	60.7	24
江 苏 Jiangsu	189.2	35.4	35.4	27	2802.5	3017.7	3125.6	2
浙 江 Zhejiang	398.1	444.2	444.6	7	496.7	537.7	548.3	10
安 徽 Anhui	326.5	325.1	325.1	12	2269.1	2334.3	2357.7	4
福 建 Fujian	185.4	193.5	193.0	19	129.6	145.6	156.5	19
江 西 Jiangxi	293.7	306.2	319.9	14	375.7	404.8	411.5	13
山 东 Shandong	227.6	211.9	214.4	16	2651.8	2930.2	2955.2	3
河 南 Henan	402.2	419.7	422.6	9	1959.0	2074.6	2108.1	5
湖 北 Hubei	992.1	1262.9	1263.2	1	1219.2	1313.9	1390.6	7
湖 南 Hunan	402.3	496.6	513.7	4	486.3	425.4	430.2	12
广 东 Guangdong	429.0	448.3	448.3	6	514.5	536.5	542.7	11
广 西 Guangxi	378.4	658.2	679.5	3	209.6	234.5	237.4	18
海 南 Hainan	100.0	75.0	111.7	21	17.5	13.3	21.7	26
重 庆 Chongqing	74.1	120.1	121.4	20				
四 川 Sichuan	214.9	381.0	476.2	5	94.0	103.1	103.7	21
贵 州 Guizhou	354.3	291.8	437.5	8	54.0	97.6	99.3	22
云 南 Yunnan	131.7	741.6	795.9	2	254.0	270.8	276.1	17
西 藏 Tibet	12.9	29.1	34.0	28	22.3	338.7	336.0	15
陕 西 Shaanxi	77.1	86.8	89.9	24	130.8	132.7	133.6	20
甘 肃 Gansu	103.1	96.1	102.4	23	12.5	13.6	13.6	27
青 海 Qinghai	341.9	318.8	320.0	13			0.8	29
宁 夏 Ningxia	26.9	29.1	27.7	29	10.5			
新 疆 Xinjiang	135.7	195.0	199.4	18	43.6	21.7	21.7	25

10-11 农作物总播种面积和粮食播种面积
Total Sown Areas and Sown Areas of Grain Crops

单位：千公顷 (1 000 hectares)

地区	Region	农作物总播种面积 Total Sown Areas				粮食作物播种面积 Sown Areas of Grain Crops			
		2010	2015	2016	2016排名 Ranking	2010	2015	2016	2016排名 Ranking
全　国	**National Total**	**160674.8**	**166373.8**	**166649.5**		**109876.1**	**113342.9**	**113034.5**	
北　京	Beijing	317.3	173.7	151.4	31	223.5	104.5	87.3	31
天　津	Tianjin	459.3	469.0	479.2	28	311.8	350.0	357.3	27
河　北	Hebei	8718.4	8739.8	8716.6	7	6282.2	6392.5	6327.4	6
山　西	Shanxi	3763.9	3767.7	3720.8	21	3239.2	3287.2	3241.4	14
内蒙古	Inner Mongolia	7002.5	7567.9	7921.9	8	5498.7	5726.7	5784.8	7
辽　宁	Liaoning	4073.8	4219.9	4064.1	20	3179.3	3297.4	3231.4	15
吉　林	Jilin	5221.4	5679.1	5676.3	14	4492.2	5078.0	5021.7	9
黑龙江	Heilongjiang	12156.2	12294.0	12426.5	2	11454.7	11765.2	11804.7	1
上　海	Shanghai	401.2	340.2	294.7	29	179.2	161.9	140.1	30
江　苏	Jiangsu	7619.6	7745.0	7676.9	10	5282.4	5424.6	5432.7	8
浙　江	Zhejiang	2484.7	2290.5	2274.4	24	1275.8	1277.8	1255.4	23
安　徽	Anhui	9053.4	8950.5	8893.6	5	6616.4	6632.9	6644.5	4
福　建	Fujian	2270.8	2331.3	2327.3	23	1232.3	1193.2	1176.7	24
江　西	Jiangxi	5457.7	5579.1	5560.7	16	3639.1	3705.6	3686.2	13
山　东	Shandong	10818.2	11026.5	10973.2	3	7084.8	7492.1	7511.5	3
河　南	Henan	14248.7	14425.0	14472.3	1	9740.2	10267.2	10286.2	2
湖　北	Hubei	7997.6	7952.4	7843.5	9	4068.4	4466.0	4436.9	12
湖　南	Hunan	8216.1	8717.0	8793.3	6	4809.1	4944.7	4890.6	10
广　东	Guangdong	4524.5	4784.7	4830.8	17	2531.9	2505.8	2509.3	20
广　西	Guangxi	5896.9	6134.7	6145.3	12	3061.1	3059.3	3023.6	18
海　南	Hainan	833.7	845.3	823.3	26	437.2	375.6	360.4	26
重　庆	Chongqing	3359.4	3575.8	3600.7	22	2243.9	2234.0	2250.1	22
四　川	Sichuan	9478.8	9689.9	9728.6	4	6402.0	6453.9	6453.9	5
贵　州	Guizhou	4889.1	5542.2	5596.8	15	3039.5	3114.9	3113.3	16
云　南	Yunnan	6437.3	7185.6	7164.5	11	4274.4	4487.3	4481.2	11
西　藏	Tibet	240.2	252.8	257.9	30	170.2	178.9	182.9	29
陕　西	Shaanxi	4185.6	4284.5	4276.9	18	3159.7	3073.5	3068.7	17
甘　肃	Gansu	3995.2	4229.3	4253.8	19	2799.8	2849.6	2814.0	19
青　海	Qinghai	546.9	558.4	561.3	27	274.5	277.1	281.1	28
宁　夏	Ningxia	1247.9	1264.6	1275.2	25	844.1	770.4	778.3	25
新　疆	Xinjiang	4758.6	5757.3	5867.5	13	2028.6	2395.0	2401.1	21

10-12 棉花和油料播种面积
Sown Areas of Cotton and Oil-bearing Crops

单位：千公顷 (1 000 hectares)

地区	Region	棉花播种面积 Sown Areas of Cotton				油料播种面积 Sown Areas of Oil-bearing Crops			
		2010	2015	2016	2016排名 Ranking	2010	2015	2016	2016排名 Ranking
全　国	**National Total**	**4848.7**	**3796.7**	**3344.7**		**13889.6**	**14034.6**	**14138.4**	
北　京	Beijing	0.4	0.1	0.1	23	5.4	2.1	2.2	31
天　津	Tianjin	51.8	18.8	14.2	11	2.2	1.3	6.7	29
河　北	Hebei	581.6	359.3	288.6	3	464.4	461.6	468.3	10
山　西	Shanxi	58.7	10.6	7.1	15	157.0	121.2	114.7	24
内蒙古	Inner Mongolia	0.9	0.1	0.1	19	693.6	913.4	1026.8	5
辽　宁	Liaoning	0.4	0.1	0.1	21	347.4	285.3	289.0	18
吉　林	Jilin	3.3				303.1	269.2	317.1	16
黑龙江	Heilongjiang					167.2	94.6	112.5	25
上　海	Shanghai	2.4	0.4	0.3	18	10.3	5.1	4.2	30
江　苏	Jiangsu	235.7	94.3	63.4	8	574.4	475.5	438.6	11
浙　江	Zhejiang	20.8	13.8	11.2	13	208.8	146.1	141.1	22
安　徽	Anhui	344.4	232.5	183.4	5	944.3	772.1	731.1	7
福　建	Fujian	0.1	0.1	0.1	20	111.7	119.0	120.1	23
江　西	Jiangxi	79.7	81.1	49.3	9	731.7	739.9	729.2	8
山　东	Shandong	766.4	515.5	465.2	2	815.9	758.3	757.1	6
河　南	Henan	467.3	120.0	100.1	7	1564.1	1600.8	1624.8	1
湖　北	Hubei	480.1	264.7	202.5	4	1448.7	1524.2	1452.9	2
湖　南	Hunan	175.0	113.7	103.6	6	1211.4	1445.1	1438.0	3
广　东	Guangdong					337.4	375.6	379.1	12
广　西	Guangxi	2.2	2.3	2.2	16	192.9	248.4	257.2	19
海　南	Hainan					40.7	40.1	40.0	27
重　庆	Chongqing	0.1				255.0	309.3	320.0	15
四　川	Sichuan	16.2	10.1	9.1	14	1218.9	1298.3	1307.1	4
贵　州	Guizhou	1.5	1.6	1.6	17	529.1	591.0	594.5	9
云　南	Yunnan	0.3	0.1	0.1	22	333.3	356.0	355.8	13
西　藏	Tibet					24.0	23.8	22.6	28
陕　西	Shaanxi	50.9	27.4	24.1	10	301.2	298.8	304.6	17
甘　肃	Gansu	47.9	25.7	13.3	12	345.7	320.2	332.0	14
青　海	Qinghai					177.9	144.9	142.6	21
宁　夏	Ningxia					98.8	75.4	68.4	26
新　疆	Xinjiang	1460.6	1904.3	1805.2	1	273.4	218.3	240.2	20

10-13 糖料和蔬菜播种面积
Sown Areas of Sugar Crops and Vegetables

单位：千公顷 (1 000 hectares)

地区	Region	糖料播种面积 Sown Areas of Sugar Crops 2010	2015	2016	2016排名 Ranking	蔬菜播种面积 Sown Areas of Vegetables 2010	2015	2016	2016排名 Ranking
全　国	**National Total**	**1905.0**	**1736.5**	**1696.2**		**18999.9**	**21999.7**	**22328.3**	
北　京	Beijing					67.5	54.3	47.5	30
天　津	Tianjin					84.9	86.1	83.2	28
河　北	Hebei	14.1	17.1	19.3	8	1138.6	1242.1	1236.2	9
山　西	Shanxi	4.9	1.2	0.7	22	228.5	256.7	257.0	23
内蒙古	Inner Mongolia	36.8	49.9	63.6	5	263.6	277.3	291.6	21
辽　宁	Liaoning	1.1	1.8	1.9	20	430.2	500.0	419.3	19
吉　林	Jilin	3.3	0.6	0.3	23	245.5	200.5	200.4	25
黑龙江	Heilongjiang	77.9	2.1	3.3	17	184.5	245.3	241.3	24
上　海	Shanghai	0.4	0.1	0.1	25	132.1	114.3	107.9	27
江　苏	Jiangsu	1.8	1.6	1.5	21	1229.8	1431.4	1430.4	3
浙　江	Zhejiang	12.0	10.0	9.5	12	618.6	618.1	633.2	15
安　徽	Anhui	5.7	5.1	5.3	15	774.2	899.8	920.2	12
福　建	Fujian	9.8	7.5	6.8	14	666.9	755.8	767.4	13
江　西	Jiangxi	13.6	14.5	14.5	9	521.2	585.4	606.6	16
山　东	Shandong					1770.8	1888.6	1869.3	1
河　南	Henan	3.9	3.5	3.4	16	1704.1	1751.7	1772.5	2
湖　北	Hubei	8.1	8.5	9.0	13	1020.8	1212.9	1248.0	8
湖　南	Hunan	15.3	13.3	13.4	10	1133.1	1372.9	1420.3	4
广　东	Guangdong	154.9	162.4	161.9	3	1179.8	1382.0	1414.8	5
广　西	Guangxi	1069.3	973.7	951.0	1	1007.6	1221.0	1269.7	7
海　南	Hainan	60.1	45.5	32.3	6	214.6	264.0	267.8	22
重　庆	Chongqing	3.1	2.4	2.4	19	589.1	731.7	747.1	14
四　川	Sichuan	19.7	13.5	12.9	11	1166.2	1349.6	1379.4	6
贵　州	Guizhou	13.7	26.8	20.9	7	647.9	980.2	1050.4	10
云　南	Yunnan	295.2	311.5	282.2	2	671.3	1004.0	1040.1	11
西　藏	Tibet					21.3	23.1	23.0	31
陕　西	Shaanxi	0.1	0.1	0.1	24	444.0	521.4	527.0	18
甘　肃	Gansu	5.1	2.9	2.9	18	395.0	527.2	547.0	17
青　海	Qinghai		0.0	0.0	26	43.5	49.7	50.4	29
宁　夏	Ningxia					101.4	129.3	132.5	26
新　疆	Xinjiang	75.3	61.2	77.1	4	303.6	323.7	326.6	20

10-14 果园播种面积和粮食产量
Sown Areas of Orchards and Output of Grain

地区	Region	果园播种面积（千公顷）Sown Areas of Orchards (1 000 hectares)				粮食产量（万吨）Output of Grain (10 000 tons)			
		2010	2015	2016	2016排名 Ranking	2010	2015	2016	2016排名 Ranking
全　国	**National Total**	**11543.9**	**12816.7**	**12981.5**		**54647.7**	**62143.9**	**61625.0**	
北　京	Beijing	64.9	57.1	52.5	25	115.7	62.6	53.7	31
天　津	Tianjin	34.4	33.3	33.6	28	159.7	181.7	196.4	26
河　北	Hebei	1064.4	1094.2	1090.1	4	2975.9	3363.8	3460.2	7
山　西	Shanxi	294.4	362.8	355.8	16	1085.1	1259.6	1318.5	18
内蒙古	Inner Mongolia	65.9	75.8	75.9	24	2158.2	2827.0	2780.3	10
辽　宁	Liaoning	354.2	405.5	380.3	15	1765.4	2002.5	2100.6	13
吉　林	Jilin	58.7	48.0	46.6	26	2842.5	3647.0	3717.2	4
黑龙江	Heilongjiang	36.2	33.9	34.2	27	5012.8	6324.0	6058.5	1
上　海	Shanghai	23.2	19.0	16.8	29	118.4	112.1	99.2	30
江　苏	Jiangsu	191.5	209.4	210.0	20	3235.1	3561.3	3466.0	6
浙　江	Zhejiang	320.9	332.5	327.7	17	770.7	752.2	752.2	23
安　徽	Anhui	107.1	128.1	132.4	23	3080.5	3538.1	3417.4	8
福　建	Fujian	536.2	545.7	541.7	8	661.9	661.1	650.9	24
江　西	Jiangxi	373.6	414.7	410.9	14	1954.7	2148.7	2138.1	12
山　东	Shandong	581.0	652.6	653.3	7	4335.7	4712.7	4700.7	3
河　南	Henan	455.3	455.6	447.5	12	5437.1	6067.1	5946.6	2
湖　北	Hubei	375.7	413.4	423.4	13	2315.8	2703.3	2554.1	11
湖　南	Hunan	519.7	533.1	536.4	9	2847.5	3002.9	2953.2	9
广　东	Guangdong	1084.8	1136.6	1130.6	3	1316.5	1358.1	1360.2	17
广　西	Guangxi	938.1	1165.5	1232.6	2	1412.3	1524.8	1521.3	15
海　南	Hainan	174.5	162.2	160.2	21	180.4	184.0	177.9	27
重　庆	Chongqing	248.7	295.5	308.4	19	1156.1	1154.9	1166.0	21
四　川	Sichuan	552.3	646.1	663.2	6	3222.9	3442.8	3483.5	5
贵　州	Guizhou	151.8	300.5	324.2	18	1112.3	1180.0	1192.4	20
云　南	Yunnan	315.2	472.3	515.6	10	1531.0	1876.4	1902.9	14
西　藏	Tibet	1.9	3.2	3.2	31	91.2	100.6	101.9	29
陕　西	Shaanxi	1083.3	1243.5	1263.8	1	1164.9	1226.8	1228.3	19
甘　肃	Gansu	420.0	458.7	472.9	11	958.3	1171.1	1140.6	22
青　海	Qinghai	5.1	8.2	7.6	30	102.0	102.7	103.5	28
宁　夏	Ningxia	119.5	137.8	136.3	22	356.5	372.6	370.6	25
新　疆	Xinjiang	991.7	971.8	993.8	5	1170.7	1521.3	1512.3	16

10-15 棉花和油料产量
Output of Cotton and Oil-bearing Crops

单位：万吨 (10 000 tons)

地区	Region	棉花产量 Output of Cotton				油料产量 Output of Oil-bearing Crops			
		2010	2015	2016	2016排名 Ranking	2010	2015	2016	2016排名 Ranking
全　国	**National Total**	**596.1**	**560.3**	**529.9**		**3230.1**	**3537.0**	**3629.5**	
北　京	Beijing			0.01	23	1.6	0.6	0.6	31
天　津	Tianjin	6.3	2.6	2.3	11	0.6	0.4	1.6	29
河　北	Hebei	57.0	37.3	30.0	3	140.3	151.5	156.5	8
山　西	Shanxi	6.9	1.4	1.0	14	17.6	15.3	15.4	25
内蒙古	Inner Mongolia	0.1		0.02	19	128.1	193.6	220.0	6
辽　宁	Liaoning	0.1		0.01	20	99.6	46.1	81.3	14
吉　林	Jilin	0.5				70.4	76.4	82.5	13
黑龙江	Heilongjiang					27.5	18.3	21.7	24
上　海	Shanghai	0.4		0.03	18	2.3	1.2	0.9	30
江　苏	Jiangsu	26.1	11.7	7.4	8	152.0	143.1	131.9	9
浙　江	Zhejiang	2.9	2.0	1.7	13	39.5	31.3	29.1	23
安　徽	Anhui	31.6	23.4	18.5	5	227.6	227.9	214.8	7
福　建	Fujian			0.01	22	26.6	30.7	31.0	21
江　西	Jiangxi	13.1	11.5	7.3	9	107.6	124.0	122.0	10
山　东	Shandong	72.4	53.7	54.8	2	342.2	324.1	326.8	3
河　南	Henan	44.7	12.6	9.8	7	540.7	599.7	619.1	1
湖　北	Hubei	47.2	29.8	18.8	4	311.8	339.6	329.8	2
湖　南	Hunan	22.7	14.5	12.3	6	195.3	242.9	242.9	5
广　东	Guangdong					88.2	110.3	113.3	11
广　西	Guangxi	0.2	0.3	0.3	16	45.8	64.7	68.9	17
海　南	Hainan					9.5	11.3	11.2	27
重　庆	Chongqing					44.4	59.9	62.7	20
四　川	Sichuan	1.4	1.0	0.9	15	268.5	307.6	311.3	4
贵　州	Guizhou	0.1	0.1	0.1	17	60.3	101.3	103.4	12
云　南	Yunnan			0.01	21	34.2	65.9	68.5	18
西　藏	Tibet					5.9	6.4	6.2	28
陕　西	Shaanxi	6.9	3.9	3.4	10	56.1	62.7	63.8	19
甘　肃	Gansu	7.6	4.3	2.0	12	64.1	71.6	76.0	15
青　海	Qinghai					34.4	30.5	30.0	22
宁　夏	Ningxia					20.8	15.3	14.7	26
新　疆	Xinjiang	247.9	350.3	359.4	1	66.6	62.9	71.4	16

10-16 糖料和水果产量
Output of Sugar Crops and Fruits

单位：万吨 (10 000 tons)

地区	Region	糖料产量 Output of Sugar Crops				水果产量 Output of Fruits			
		2010	2015	2016	2016排名 Ranking	2010	2015	2016	2016排名 Ranking
全国	**National Total**	**12008.5**	**12500.0**	**12340.7**		**21401.4**	**27375.0**	**28351.1**	
北京	Beijing					115.2	87.9	79.0	27
天津	Tianjin					60.0	62.7	61.5	28
河北	Hebei	49.0	89.2	93.1	8	1612.4	2117.2	2138.5	3
山西	Shanxi	22.6	5.5	3.3	22	474.9	842.6	840.8	14
内蒙古	Inner Mongolia	161.0	230.1	267.4	5	278.2	296.7	316.3	22
辽宁	Liaoning	4.9	5.2	9.4	20	733.1	882.0	802.3	15
吉林	Jilin	7.7	1.3	1.4	23	218.0	209.0	241.1	26
黑龙江	Heilongjiang	175.0	7.3	11.4	18	279.6	213.5	259.9	24
上海	Shanghai	2.7	0.6	0.6	24	101.9	61.5	50.6	29
江苏	Jiangsu	10.3	9.5	9.0	21	738.6	914.8	893.0	12
浙江	Zhejiang	74.3	62.2	62.1	11	701.3	740.9	724.3	18
安徽	Anhui	22.4	20.3	20.4	16	805.3	1029.8	1043.5	9
福建	Fujian	61.6	43.6	37.0	14	642.8	837.0	853.8	13
江西	Jiangxi	59.1	65.8	65.8	10	468.4	663.4	617.4	19
山东	Shandong					2793.8	3218.6	3255.4	1
河南	Henan	26.1	24.3	23.5	15	2394.0	2665.1	2871.3	2
湖北	Hubei	32.4	32.0	37.5	13	778.5	966.3	1010.4	10
湖南	Hunan	76.6	66.0	66.2	9	788.4	981.0	1048.2	8
广东	Guangdong	1300.1	1452.9	1479.3	3	1235.9	1648.5	1717.0	7
广西	Guangxi	7119.6	7504.9	7461.3	1	1094.4	1720.0	1882.5	5
海南	Hainan	385.4	264.8	204.6	6	375.1	405.9	395.4	21
重庆	Chongqing	11.7	9.8	9.7	19	238.5	375.9	408.7	20
四川	Sichuan	93.6	54.2	49.6	12	722.9	934.2	979.3	11
贵州	Guizhou	52.2	156.1	117.8	7	123.5	224.9	243.9	25
云南	Yunnan	1750.9	1930.1	1738.4	2	397.9	726.5	759.1	16
西藏	Tibet					2.2	1.5	1.5	31
陕西	Shaanxi	0.2	0.2	0.2	25	1476.5	1930.9	2017.8	4
甘肃	Gansu	22.0	16.0	16.6	17	488.5	679.0	738.0	17
青海	Qinghai			0.1	26	3.8	3.6	4.0	30
宁夏	Ningxia					228.9	298.9	305.8	23
新疆	Xinjiang	487.0	448.3	555.0	4	1028.8	1635.0	1790.9	6

10-17 茶叶和木材产量
Output of Tea and Timber

地区	Region	茶叶产量（万吨）Output of Tea (10 000 tons) 2010	2015	2016	2016排名 Ranking	木材产量（万立方米）Output of Timber (10 000 cu.m) 2010	2015	2016	2016排名 Ranking
全 国	**National Total**	**147.5**	**224.9**	**240.5**		**8089.6**	**7200.3**	**7775.9**	
北 京	Beijing					9.7	12.9	15.4	25
天 津	Tianjin					21.5	17.0	18.0	24
河 北	Hebei					71.3	80.4	82.3	19
山 西	Shanxi			0.001	20	4.8	14.1	21.5	23
内蒙古	Inner Mongolia					320.6	142.6	81.7	20
辽 宁	Liaoning					194.6	165.9	187.0	12
吉 林	Jilin					475.9	287.9	185.3	13
黑龙江	Heilongjiang					571.4	156.8	116.4	17
上 海	Shanghai								
江 苏	Jiangsu	1.5	1.4	1.4	16	150.9	131.8	156.1	15
浙 江	Zhejiang	16.3	17.3	17.2	6	198.2	123.7	108.2	18
安 徽	Anhui	8.3	11.3	11.2	8	458.2	458.0	447.3	4
福 建	Fujian	27.3	40.2	42.7	1	684.6	497.0	575.8	3
江 西	Jiangxi	3.0	5.2	5.8	13	340.7	232.2	228.0	9
山 东	Shandong	1.2	1.9	2.2	15	301.3	364.0	356.1	6
河 南	Henan	4.3	6.5	6.9	10	238.0	228.9	274.0	7
湖 北	Hubei	16.6	26.9	29.6	3	221.1	227.1	193.1	11
湖 南	Hunan	11.8	17.6	18.6	5	557.6	262.7	273.7	8
广 东	Guangdong	5.3	7.9	8.7	9	654.9	790.8	756.0	2
广 西	Guangxi	3.9	6.4	6.8	11	1270.4	2105.7	2686.5	1
海 南	Hainan	0.1	0.1	0.1	18	95.7	106.6	150.1	16
重 庆	Chongqing	2.5	3.5	3.7	14	26.1	50.1	55.2	21
四 川	Sichuan	16.9	24.8	26.8	4	162.6	169.7	201.6	10
贵 州	Guizhou	5.2	11.8	14.1	7	181.1	175.3	165.2	14
云 南	Yunnan	20.7	36.6	38.4	2	532.2	348.5	391.6	5
西 藏	Tibet			0.01	19	69.9	4.2		
陕 西	Shaanxi	2.5	5.4	6.2	12	32.7	6.8	11.7	26
甘 肃	Gansu	0.1	0.1	0.1	17	3.0	3.4	1.7	27
青 海	Qinghai					1.6	1.2		
宁 夏	Ningxia						1.0		
新 疆	Xinjiang					36.5	33.9	36.3	22

10-18 谷物和棉花每公顷产量
Output of Cereals and Cotton Per Hectare

单位：公斤/公顷 (kg/hectare)

地区	Region	谷物 Cereals				棉花 Cotton			
		2010	2015	2016	2016排名 Ranking	2010	2015	2016	2016排名 Ranking
全　国	**National Total**	**5524**	**5984**	**5990**		**1229**	**1476**	**1584**	
北　京	Beijing	5297	6174	6296	9	1150	1045	1164	14
天　津	Tianjin	5311	5245	5538	23	1211	1357	1641	2
河　北	Hebei	4877	5415	5627	21	979	1039	1038	17
山　西	Shanxi	3813	4290	4539	28	1180	1365	1464	7
内蒙古	Inner Mongolia	4912	5697	5605	22	1261	1493	1493	4
辽　宁	Liaoning	5688	6217	6780	3	1523	1621	1355	9
吉　林	Jilin	6867	7494	7804	1	1566			
黑龙江	Heilongjiang	5744	6376	6362	8				
上　海	Shanghai	6739	7042	7190	2	1454	1088	1098	16
江　苏	Jiangsu	6365	6819	6624	5	1107	1240	1165	13
浙　江	Zhejiang	6641	6489	6689	4	1412	1446	1470	6
安　徽	Anhui	5367	6021	5804	17	918	1005	1006	18
福　建	Fujian	5823	5998	5978	16	436	804	769	22
江　西	Jiangxi	5581	6025	6028	15	1640	1421	1486	5
山　东	Shandong	6154	6327	6287	10	945	1042	1178	12
河　南	Henan	5837	6214	6068	14	957	1053	974	20
湖　北	Hubei	6036	6437	6177	12	983	1124	931	21
湖　南	Hunan	6135	6311	6262	11	1297	1272	1185	11
广　东	Guangdong	5348	5636	5636	20				
广　西	Guangxi	5032	5403	5476	24	928	1109	1127	15
海　南	Hainan	4272	5120	5157	25				
重　庆	Chongqing	6229	6339	6394	7	628			
四　川	Sichuan	5557	6033	6122	13	876	970	977	19
贵　州	Guizhou	4978	4571	4710	27	660	714	754	23
云　南	Yunnan	4172	4733	4816	26	1237	1441	1341	10
西　藏	Tibet	5430	5669	5663	19				
陕　西	Shaanxi	3992	4386	4371	30	1361	1407	1405	8
甘　肃	Gansu	3772	4520	4490	29	1578	1656	1502	3
青　海	Qinghai	3756	3893	3832	31				
宁　夏	Ningxia	5411	5806	5721	18				
新　疆	Xinjiang	5969	6454	6420	6	1697	1840	1991	1

10-19 花生和油菜籽每公顷产量
Output of Peanuts and Rapeseeds Per Hectare

单位：公斤/公顷 (kg/hectare)

地区	Region	花生 Peanuts				油菜籽 Rapeseeds			
		2010	2015	2016	2016排名 Ranking	2010	2015	2016	2016排名 Ranking
全 国	**National Total**	**3455**	**3562**	**3657**		**1775**	**1982**	**1984**	
北 京	Beijing	2990	2905	2982	14	440			
天 津	Tianjin	3573	3512	3398	9		1814	2299	9
河 北	Hebei	3517	3716	3790	6	1312	1683	1653	22
山 西	Shanxi	2332	1819	2074	28	1048	1563	1763	20
内蒙古	Inner Mongolia	1751	2527	2570	24	1003	1323	1362	25
辽 宁	Liaoning	2893	1612	2764	19	1950	1723	1876	19
吉 林	Jilin	2739	3223	3232	10				
黑龙江	Heilongjiang	2175	3090	2485	25	2251		10918	1
上 海	Shanghai	2762	2753	2721	21	2195	2277	2042	15
江 苏	Jiangsu	3646	3871	3910	5	2444	2831	2785	2
浙 江	Zhejiang	2827	2906	2888	16	1803	2053	1951	18
安 徽	Anhui	4440	4941	4955	2	1935	2372	2333	7
福 建	Fujian	2527	2728	2733	20	1293	1479	1506	24
江 西	Jiangxi	2677	2827	2839	17	1167	1357	1344	26
山 东	Shandong	4212	4314	4347	4	2792	2596	2572	5
河 南	Henan	4322	4516	4513	3	2260	2473	2518	6
湖 北	Hubei	3405	3410	3481	8	2005	2071	2100	13
湖 南	Hunan	2413	2579	2586	23	1530	1604	1611	23
广 东	Guangdong	2652	2980	3033	13	1171	1263	1252	27
广 西	Guangxi	2554	2832	2931	15	943	1059	1044	28
海 南	Hainan	2420	2848	2838	18				
重 庆	Chongqing	1836	2098	2117	27	1784	1927	1952	17
四 川	Sichuan	2373	2579	2601	22	2166	2322	2332	8
贵 州	Guizhou	1882	2046	2155	26	1077	1686	1703	21
云 南	Yunnan	1430	1659	1659	29	963	1912	2002	16
西 藏	Tibet	2450	2704	3092	12	2442	2690	2746	4
陕 西	Shaanxi	2884	2992	3144	11	1847	2114	2080	14
甘 肃	Gansu	2522	3667	3588	7	1816	2102	2109	12
青 海	Qinghai					1948	2116	2115	11
宁 夏	Ningxia	1575				1782	2495	2279	10
新 疆	Xinjiang	4350	5953	5827	1	2158	2471	2760	3

10-20 甘蔗和甜菜每公顷产量
Output of Sugarcane and Beetroots Per Hectare

单位：公斤/公顷 (kg/hectare)

地区	Region	甘蔗 Sugarcane 2010	2015	2016	2016排名 Ranking	甜菜 Beetroots 2010	2015	2016	2016排名 Ranking
全　国	**National Total**	**65700**	**73121**	**74550**		**42498**	**58680**	**57703**	
北　京	Beijing								
天　津	Tianjin								
河　北	Hebei					34810	52015	48363	5
山　西	Shanxi					46169	46467	50980	3
内蒙古	Inner Mongolia					43707	46147	44191	7
辽　宁	Liaoning					45970	29701	50628	4
吉　林	Jilin					23479	23440	47908	6
黑龙江	Heilongjiang					22476	35541	34273	8
上　海	Shanghai	66951	51996	54201	10				
江　苏	Jiangsu	59848	61360	61327	7	11775	15967	10000	12
浙　江	Zhejiang	61700	62432	65419	4				
安　徽	Anhui	39074	39689	39733	15	8000			
福　建	Fujian	62491	58090	54533	9				
江　西	Jiangxi	43583	45553	45298	12				
山　东	Shandong							14000	11
河　南	Henan	66622	68742	68826	3				
湖　北	Hubei	40204	37818	41959	13		2500	2250	15
湖　南	Hunan	49997	49741	49365	11				
广　东	Guangdong	83956	89484	91396	1				
广　西	Guangxi	66583	77073	78455	2				
海　南	Hainan	64172	58214	63307	5				
重　庆	Chongqing	37315	40962	41055	14				
四　川	Sichuan	47920	40182	38368	16	13461	15449	23923	9
贵　州	Guizhou	38133	58258	56281	8	6806	3636	2400	14
云　南	Yunnan	59328	61966	61609	6	10248	1000		
西　藏	Tibet								
陕　西	Shaanxi	28814	35775	21467	17		1840	8600	13
甘　肃	Gansu					43594		57340	2
青　海	Qinghai					14633	30000	21914	10
宁　夏	Ningxia					12433			
新　疆	Xinjiang					64688	73218	71956	1

10-21 造林面积
Area of Afforestation

单位：公顷 (hectare)

地区	Region	造林总面积 Total Area of Afforestation				其中：人工造林 Manual Planting			
		2010	2015	2016	2016排名 Ranking	2010	2015	2016	2016排名 Ranking
全 国	**National Total**	**5909919**	**7683695**	**7203509**		**3872762**	**4362589**	**3823656**	
北 京	Beijing	13887	20331	19064	28	7765	8133	10012	28
天 津	Tianjin	11315	8032	9291	30	11315	8032	9291	29
河 北	Hebei	283878	366523	583361	2	138365	284083	345625	2
山 西	Shanxi	282371	285944	266694	11	156785	220945	199696	7
内蒙古	Inner Mongolia	655180	704054	618484	1	229930	360896	311052	3
辽 宁	Liaoning	190669	215277	142438	21	102903	102615	55332	21
吉 林	Jilin	82584	199851	157905	18	39329	112003	88646	18
黑龙江	Heilongjiang	233777	134972	92999	23	166411	41093	41262	23
上 海	Shanghai	1349	3241	3941	31	1349	3241	3941	31
江 苏	Jiangsu	86256	45216	30625	27	73234	42576	27214	24
浙 江	Zhejiang	15214	71595	55648	25	12999	20985	12837	26
安 徽	Anhui	48711	236941	128042	22	28465	146000	91380	17
福 建	Fujian	29875	253824	228675	14	29125	33919	10300	27
江 西	Jiangxi	200778	233694	289560	10	170875	141678	94933	16
山 东	Shandong	205131	221207	146684	20	198998	206552	115179	12
河 南	Henan	231700	216820	149002	19	178850	154749	97647	15
湖 北	Hubei	192213	288117	245705	13	119075	186022	171735	10
湖 南	Hunan	213448	559829	503235	4	178146	215728	197453	8
广 东	Guangdong	95144	401331	305404	8	91952	118463	100658	13
广 西	Guangxi	143254	197575	193341	16	125341	100764	82410	19
海 南	Hainan	14166	23385	14521	29	14166	11003	8325	30
重 庆	Chongqing	255235	246695	226333	15	173188	150853	100600	14
四 川	Sichuan	382225	408942	568532	3	206421	264567	425550	1
贵 州	Guizhou	206603	483246	478701	6	72714	329509	228138	6
云 南	Yunnan	661500	582529	496451	5	596879	350510	308415	4
西 藏	Tibet	62299	82786	55277	26	42010	29436	42864	22
陕 西	Shaanxi	364312	379086	297642	9	199534	222564	184108	9
甘 肃	Gansu	232761	319364	325580	7	148567	254308	260144	5
青 海	Qinghai	117804	112668	178414	17	33720	53042	16051	25
宁 夏	Ningxia	94932	81313	91531	24	71001	37895	58960	20
新 疆	Xinjiang	251601	279615	263903	12	203603	149553	118105	11

10-22 按造林方式分飞播造林和新封山育林面积
Area of Airplane Planting and New Closing Hillsides for Afforestation

单位：公顷 (hectare)

地区	Region	飞播造林 Airplane Planting 2015	2016	2016排名 Ranking	新封山育林 New Closing Hillsides for Afforestation 2015	2016	2016排名 Ranking
全　国	**National Total**	**128390**	**162322**		**2152877**	**1953638**	
北　京	Beijing				7798	4000	25
天　津	Tianjin						
河　北	Hebei		33333	3	58840	135107	6
山　西	Shanxi				59999	59998	14
内蒙古	Inner Mongolia	79389	74094	1	227733	136006	5
辽　宁	Liaoning				100257	55337	16
吉　林	Jilin				4667	2333	26
黑龙江	Heilongjiang				67038	36814	17
上　海	Shanghai						
江　苏	Jiangsu				400	333	27
浙　江	Zhejiang				31739	4784	24
安　徽	Anhui				80002	31747	18
福　建	Fujian				139412	141936	4
江　西	Jiangxi				59368	78344	10
山　东	Shandong				1333		
河　南	Henan	13332	13429	4	31931	22417	22
湖　北	Hubei				98177	66747	11
湖　南	Hunan				188577	167464	2
广　东	Guangdong				124885	97347	8
广　西	Guangxi				47959	28135	20
海　南	Hainan						
重　庆	Chongqing				88921	62400	13
四　川	Sichuan		1600	6	59496	31519	19
贵　州	Guizhou				153737	250563	1
云　南	Yunnan				151574	97272	9
西　藏	Tibet				53350	12413	23
陕　西	Shaanxi	34670	33602	2	69799	63865	12
甘　肃	Gansu				62283	57438	15
青　海	Qinghai				59626	159734	3
宁　夏	Ningxia				36743	22938	21
新　疆	Xinjiang	999	6264	5	87233	126647	7

10-23 按造林方式分退化林修复和人工更新面积

Aera of Restoration of Degraded Forest and Artificial Regeneration

单位：公顷 (hectare)

地区	Region	退化林修复 Restoration of Degraded Forest 2015	2016	2016排名 Ranking	人工更新 Artificial Regeneration 2015	2016	2016排名 Ranking
全 国	**National Total**	**739334**	**991088**		**300505**	**272805**	
北 京	Beijing	4338	3999	22	62	1053	19
天 津	Tianjin						
河 北	Hebei	18338	65653	6	5262	3643	13
山 西	Shanxi	5000	7000	21			
内蒙古	Inner Mongolia	26774	90382	5	9262	6950	8
辽 宁	Liaoning	840	25069	11	11565	6700	9
吉 林	Jilin	59633	53291	9	23548	13635	4
黑龙江	Heilongjiang	24775	14923	16	2066		
上 海	Shanghai						
江 苏	Jiangsu	299	299	26	1941	2779	15
浙 江	Zhejiang	6931	27398	10	11940	10629	6
安 徽	Anhui	7954	3316	23	2985	1599	17
福 建	Fujian	26308	19540	13	54185	56899	2
江 西	Jiangxi	27129	109669	2	5519	6614	10
山 东	Shandong	10417	22282	12	2905	9223	7
河 南	Henan	16808	15376	15		133	20
湖 北	Hubei		2763	24	3918	4460	12
湖 南	Hunan	134710	124874	1	20814	13444	5
广 东	Guangdong	76846	59791	8	81137	47608	3
广 西	Guangxi	7185	8180	19	41667	74616	1
海 南	Hainan	1493	133	27	10889	6063	11
重 庆	Chongqing	6921	63333	7			
四 川	Sichuan	82328	106629	3	2551	3234	14
贵 州	Guizhou						
云 南	Yunnan	74864	90667	4	5581	97	21
西 藏	Tibet						
陕 西	Shaanxi	521	16067	14			
甘 肃	Gansu	2773	7998	20			
青 海	Qinghai		2629	25			
宁 夏	Ningxia	6675	8298	18		1335	18
新 疆	Xinjiang	39122	10796	17	2708	2091	16

10-24 大牲畜年底头数和肉类总产量
Large Animals at Year-end and Output of Meat

地区	Region	大牲畜年底头数（万头）Large Animals at year-end (10 000 heads)				肉类总产量（万吨）Output of Meat (10 000 tons)			
		2010	2015	2016	2016排名 Ranking	2010	2015	2016	2016排名 Ranking
全　国	**National Total**	**12238.5**	**12195.7**	**11906.4**		**7925.8**	**8625.0**	**8537.8**	
北　京	Beijing	21.9	18.1	16.7	29	46.3	36.4	30.4	29
天　津	Tianjin	29.6	30.0	30.7	28	42.6	45.8	45.5	26
河　北	Hebei	503.9	493.2	467.7	13	416.7	462.5	457.7	5
山　西	Shanxi	127.6	122.0	125.5	23	72.4	85.6	84.4	24
内蒙古	Inner Mongolia	883.4	884.6	854.9	4	238.7	245.7	258.9	15
辽　宁	Liaoning	525.9	499.7	462.0	15	406.7	429.4	430.9	6
吉　林	Jilin	537.6	501.0	475.1	12	238.9	261.1	260.4	14
黑龙江	Heilongjiang	573.6	543.5	524.2	9	197.9	228.7	231.2	16
上　海	Shanghai	6.8	5.9	5.4	31	26.2	20.3	17.4	31
江　苏	Jiangsu	40.9	34.2	33.5	27	365.8	369.4	355.6	12
浙　江	Zhejiang	19.9	15.0	14.5	30	175.1	131.1	118.1	21
安　徽	Anhui	151.5	165.0	168.2	20	376.9	419.4	411.4	9
福　建	Fujian	70.2	67.3	66.6	26	180.2	216.6	225.6	17
江　西	Jiangxi	277.1	313.3	301.7	18	289.9	336.5	330.9	13
山　东	Shandong	502.4	518.4	510.2	11	704.4	774.0	777.5	1
河　南	Henan	1044.8	955.3	899.9	3	638.4	711.1	697.0	2
湖　北	Hubei	327.5	362.2	356.0	17	379.3	433.3	425.2	7
湖　南	Hunan	440.3	478.0	463.2	14	494.8	540.1	529.8	4
广　东	Guangdong	229.3	242.3	234.1	19	441.1	424.2	415.5	8
广　西	Guangxi	495.6	479.6	448.6	16	387.8	417.3	411.2	10
海　南	Hainan	92.6	84.2	76.5	25	68.5	78.0	76.3	25
重　庆	Chongqing	131.4	151.4	147.8	22	192.5	213.8	210.8	18
四　川	Sichuan	1085.0	1082.8	1066.3	1	656.6	706.8	696.3	3
贵　州	Guizhou	627.6	609.2	586.3	7	179.1	201.9	199.3	19
云　南	Yunnan	923.1	922.4	947.8	2	321.4	378.3	375.6	11
西　藏	Tibet	662.2	654.2	648.5	5	25.0	28.0	27.7	30
陕　西	Shaanxi	186.4	163.9	163.8	21	102.6	116.2	111.7	22
甘　肃	Gansu	595.0	614.1	608.6	6	84.4	96.3	97.3	23
青　海	Qinghai	485.7	485.5	512.5	10	28.3	34.7	36.0	27
宁　夏	Ningxia	103.0	114.4	118.9	24	25.7	29.2	30.9	28
新　疆	Xinjiang	536.8	584.9	570.8	8	121.7	153.2	161.0	20

10-25 猪牛羊肉产量和猪肉产量

Output of Pork, Beef and Mutton and Output of Pork

单位：万吨 (10 000 tons)

地区	Region	猪牛羊肉产量 Output of Pork, Beef and Mutton				其中：猪肉产量 Output of Pork			
		2010	2015	2016	2016排名 Ranking	2010	2015	2016	2016排名 Ranking
全　国	**National Total**	**6123.1**	**6627.5**	**6475.3**		**5071.2**	**5486.5**	**5299.1**	
北　京	Beijing	27.5	25.2	24.4	30	24.1	22.5	21.8	27
天　津	Tianjin	32.6	34.2	34.3	27	28.0	29.2	29.2	26
河　北	Hebei	332.6	359.9	352.0	6	245.2	275.0	265.4	7
山　西	Shanxi	63.6	73.0	70.9	24	53.1	60.3	57.5	22
内蒙古	Inner Mongolia	210.8	216.3	226.7	14	71.9	70.8	72.1	21
辽　宁	Liaoning	277.9	275.8	269.5	10	228.4	227.1	219.2	12
吉　林	Jilin	166.9	187.4	182.5	16	119.8	136.0	130.6	18
黑龙江	Heilongjiang	165.7	192.3	193.5	15	114.5	138.4	138.2	16
上　海	Shanghai	18.4	16.7	14.1	31	17.9	16.1	13.5	28
江　苏	Jiangsu	223.9	237.2	227.7	13	213.1	225.8	216.4	13
浙　江	Zhejiang	134.9	106.3	93.9	22	131.9	103.3	90.7	19
安　徽	Anhui	271.3	291.9	278.7	8	238.8	259.1	244.9	10
福　建	Fujian	150.7	140.0	141.7	19	146.6	134.5	136.0	17
江　西	Jiangxi	233.4	268.3	258.6	12	221.1	253.5	242.9	11
山　东	Shandong	454.5	502.4	488.9	3	353.2	397.4	383.5	4
河　南	Henan	516.5	576.5	560.1	1	408.3	468.0	450.6	2
湖　北	Hubei	312.7	363.3	354.2	5	287.0	331.5	322.2	5
湖　南	Hunan	439.3	479.5	467.2	4	412.4	448.0	434.8	3
广　东	Guangdong	282.6	282.0	272.3	9	275.5	274.2	264.4	8
广　西	Guangxi	258.5	276.4	267.7	11	241.5	258.8	249.8	9
海　南	Hainan	44.6	49.4	46.5	25	41.2	45.8	42.9	24
重　庆	Chongqing	156.3	168.8	164.6	18	147.6	156.2	151.3	15
四　川	Sichuan	546.4	574.1	558.2	2	492.2	512.4	494.5	1
贵　州	Guizhou	163.5	181.7	177.3	17	148.1	160.7	155.0	14
云　南	Yunnan	285.3	337.8	334.1	7	242.5	288.6	283.7	6
西　藏	Tibet	24.7	26.3	26.0	29	1.3	1.5	1.5	31
陕　西	Shaanxi	93.7	106.1	101.9	21	79.1	90.4	85.9	20
甘　肃	Gansu	78.0	89.2	90.0	23	46.3	50.8	49.0	23
青　海	Qinghai	27.4	33.4	34.7	26	9.2	10.3	10.5	29
宁　夏	Ningxia	23.3	26.9	28.4	28	8.5	7.1	7.5	30
新　疆	Xinjiang	105.5	129.0	134.7	20	23.0	33.1	33.9	25

10-26 牛肉产量和羊肉产量
Output of Beef and Output of Mutton

单位：万吨 (10 000 tons)

地区	Region	其中：牛肉产量 Output of Beef 2010	2015	2016	2016排名 Ranking	其中：羊肉产量 Output of Mutton 2010	2015	2016	2016排名 Ranking
全　国	**National Total**	**653.1**	**700.1**	**716.8**		**398.9**	**440.8**	**459.4**	
北　京	Beijing	2.0	1.5	1.4	29	1.4	1.2	1.2	28
天　津	Tianjin	3.1	3.4	3.5	25	1.5	1.6	1.6	26
河　北	Hebei	58.1	53.2	54.3	4	29.3	31.7	32.4	4
山　西	Shanxi	4.9	5.9	5.9	24	5.6	6.9	7.4	19
内蒙古	Inner Mongolia	49.7	52.9	55.6	3	89.2	92.6	99.0	1
辽　宁	Liaoning	41.6	40.3	41.6	8	7.9	8.5	8.7	15
吉　林	Jilin	43.2	46.6	47.1	5	3.8	4.8	4.8	20
黑龙江	Heilongjiang	39.0	41.6	42.5	6	12.1	12.3	12.8	10
上　海	Shanghai		0.1	0.1	31	0.5	0.6	0.5	31
江　苏	Jiangsu	3.5	3.2	3.1	27	7.4	8.1	8.3	16
浙　江	Zhejiang	1.1	1.2	1.3	30	1.9	1.8	1.9	25
安　徽	Anhui	18.3	16.2	16.5	15	14.2	16.6	17.3	8
福　建	Fujian	2.3	3.1	3.2	26	1.8	2.4	2.5	24
江　西	Jiangxi	11.2	13.6	14.4	18	1.1	1.2	1.3	27
山　东	Shandong	68.7	67.9	67.0	2	32.7	37.1	38.4	3
河　南	Henan	83.0	82.6	83.0	1	25.2	25.9	26.4	6
湖　北	Hubei	17.7	23.0	23.2	11	8.1	8.8	8.9	14
湖　南	Hunan	16.3	19.9	20.4	12	10.6	11.6	12.0	12
广　东	Guangdong	6.3	7.0	7.1	23	0.9	0.9	0.9	30
广　西	Guangxi	13.7	14.4	14.7	17	3.3	3.2	3.3	23
海　南	Hainan	2.2	2.6	2.6	28	1.1	1.0	1.1	29
重　庆	Chongqing	6.3	8.8	9.2	21	2.4	3.8	4.1	22
四　川	Sichuan	29.4	35.4	36.9	9	24.8	26.3	26.9	5
贵　州	Guizhou	12.0	16.8	17.9	14	3.4	4.2	4.5	21
云　南	Yunnan	29.9	34.3	35.2	10	12.9	15.0	15.1	9
西　藏	Tibet	14.8	16.5	16.2	16	8.7	8.2	8.2	17
陕　西	Shaanxi	7.3	7.9	8.0	22	7.3	7.8	8.0	18
甘　肃	Gansu	16.1	18.8	20.0	13	15.6	19.6	21.1	7
青　海	Qinghai	8.5	11.5	12.2	19	9.8	11.6	12.0	11
宁　夏	Ningxia	7.5	9.7	10.4	20	7.3	10.1	10.5	13
新　疆	Xinjiang	35.5	40.4	42.5	7	47.0	55.4	58.3	2

10-27 奶类和禽蛋总产量

Output of Milk and Poultry Eggs

单位：万吨 (10 000 tons)

地区	Region	奶类总产量 Output of Milk				禽蛋总产量 Output of Poultry Eggs			
		2010	2015	2016	2016排名 Ranking	2010	2015	2016	2016排名 Ranking
全　国	**National Total**	**3748.0**	**3870.3**	**3712.1**		**2762.7**	**2999.2**	**3094.9**	
北　京	Beijing	64.1	57.2	45.7	16	15.1	19.6	18.3	24
天　津	Tianjin	69.3	68.0	68.0	11	18.7	20.2	20.6	23
河　北	Hebei	449.1	480.9	448.0	3	339.1	373.6	388.5	3
山　西	Shanxi	74.9	92.7	95.9	10	70.5	87.2	89.0	12
内蒙古	Inner Mongolia	945.7	812.2	741.3	1	50.0	56.4	58.0	14
辽　宁	Liaoning	126.7	142.6	144.2	8	275.7	276.5	287.6	4
吉　林	Jilin	44.6	52.8	53.4	15	95.6	107.3	114.4	9
黑龙江	Heilongjiang	558.8	574.4	548.6	2	105.3	99.9	106.3	10
上　海	Shanghai	24.7	27.7	26.0	21	6.3	4.9	3.5	29
江　苏	Jiangsu	57.3	59.6	59.0	14	190.6	196.2	198.5	5
浙　江	Zhejiang	20.3	16.5	15.3	24	44.3	33.3	30.8	19
安　徽	Anhui	20.5	30.6	32.7	20	119.0	134.7	139.5	8
福　建	Fujian	15.7	15.4	15.9	23	26.3	25.5	27.8	20
江　西	Jiangxi	11.9	13.0	13.5	25	42.0	49.3	51.7	15
山　东	Shandong	271.6	284.9	276.8	5	384.3	423.9	440.6	1
河　南	Henan	307.9	352.3	336.6	4	388.6	410.0	422.5	2
湖　北	Hubei	30.4	16.9	16.9	22	132.6	165.3	167.8	6
湖　南	Hunan	7.8	9.7	10.1	27	91.7	101.5	104.7	11
广　东	Guangdong	14.5	12.9	13.0	26	34.4	33.8	33.3	18
广　西	Guangxi	8.2	10.1	9.7	28	20.0	22.9	23.1	22
海　南	Hainan	0.2	0.2	0.2	31	3.5	4.4	4.8	28
重　庆	Chongqing	8.0	5.4	5.5	30	37.2	45.4	47.4	16
四　川	Sichuan	70.3	67.5	62.8	13	144.4	146.7	148.1	7
贵　州	Guizhou	4.6	6.2	6.4	29	12.5	17.3	18.3	25
云　南	Yunnan	54.1	62.5	64.1	12	20.8	26.0	26.4	21
西　藏	Tibet	29.4	35.0	34.7	18	0.3	0.5	0.5	31
陕　西	Shaanxi	177.6	189.9	189.1	6	47.1	58.1	59.3	13
甘　肃	Gansu	36.3	39.9	40.7	17	13.8	15.3	15.1	26
青　海	Qinghai	26.3	32.7	34.2	19	1.6	2.3	2.4	30
宁　夏	Ningxia	84.5	136.5	139.5	9	7.2	8.8	9.7	27
新　疆	Xinjiang	132.8	163.8	164.4	7	24.4	32.6	36.1	17

10-28 水产养殖面积和水产品总产量
Aquaculture Area and Total Aquatic Products

地区	Region	水产养殖面积（千公顷） Aquaculture Area (1 000 hectares)				水产品总产量（万吨） Total Aquatic Products (10 000 tons)			
		2010	2015	2016	2016排名 Ranking	2010	2015	2016	2016排名 Ranking
全　国	**National Total**	**7645.2**	**8465.0**	**8346.3**		**5373.0**	**6699.6**	**6901.3**	
北　京	Beijing	5.0	3.6	3.5	30	6.3	6.6	5.4	27
天　津	Tianjin	41.5	39.9	38.4	26	34.5	40.1	39.4	19
河　北	Hebei	198.8	194.0	190.5	16	106.3	129.7	136.9	14
山　西	Shanxi	14.8	15.7	15.9	28	3.2	5.2	5.2	28
内蒙古	Inner Mongolia	108.6	119.6	115.6	18	11.4	15.4	15.8	26
辽　宁	Liaoning	961.2	1152.2	999.9	1	430.4	531.3	550.1	5
吉　林	Jilin	273.8	316.9	318.9	10	16.6	19.5	20.1	22
黑龙江	Heilongjiang	308.8	388.8	392.7	9	40.0	54.2	57.3	17
上　海	Shanghai	25.3	19.4	18.6	27	29.0	32.4	29.6	20
江　苏	Jiangsu	750.1	753.4	753.2	3	460.4	521.0	520.7	6
浙　江	Zhejiang	312.9	298.9	290.9	12	478.0	597.8	604.5	4
安　徽	Anhui	528.7	580.2	584.7	5	193.3	230.4	235.8	11
福　建	Fujian	231.5	267.9	277.1	13	587.0	733.9	767.8	3
江　西	Jiangxi	425.5	437.5	438.2	8	215.3	264.2	271.6	9
山　东	Shandong	757.7	846.2	838.0	2	783.8	931.3	950.2	1
河　南	Henan	209.8	276.6	291.7	11	57.9	102.4	128.4	15
湖　北	Hubei	656.7	688.7	698.9	4	353.1	455.9	470.8	7
湖　南	Hunan	394.0	467.7	475.0	7	198.0	259.4	269.6	10
广　东	Guangdong	563.4	565.7	555.1	6	729.0	858.2	873.8	2
广　西	Guangxi	221.7	239.2	238.6	14	275.5	345.9	361.8	8
海　南	Hainan	54.2	54.7	55.5	22	149.5	204.9	214.6	12
重　庆	Chongqing	76.4	96.7	99.6	19	22.4	48.1	50.8	18
四　川	Sichuan	183.2	211.5	214.9	15	105.1	138.7	145.4	13
贵　州	Guizhou	29.9	59.9	60.8	21	8.8	25.0	29.0	21
云　南	Yunnan	107.8	142.2	149.0	17	29.8	69.7	74.4	16
西　藏	Tibet					0.1	0.03	0.09	31
陕　西	Shaanxi	39.8	50.6	50.5	23	6.0	15.5	15.9	25
甘　肃	Gansu	12.6	15.5	15.5	29	1.2	1.5	1.5	29
青　海	Qinghai	38.0	42.4	42.4	25	0.2	1.1	1.2	30
宁　夏	Ningxia	40.4	46.8	47.5	24	9.0	17.0	17.5	23
新　疆	Xinjiang	73.3	72.7	75.1	20	10.1	15.1	16.2	24

10-29 海水产品和淡水产品产量

Output of Seawater and Freshwater Products

单位：万吨 (10 000 tons)

地区	Region	海水产品 Seawater Aquatic Products				淡水产品 Freshwater Aquatic Products			
		2010	2015	2016	2016排名 Ranking	2010	2015	2016	2016排名 Ranking
全　国	**National Total**	**2797.5**	**3409.6**	**3490.1**		**2575.5**	**3290.0**	**3411.1**	
北　京	Beijing	0.9	1.7	1.4	12	5.4	4.9	4.1	28
天　津	Tianjin	3.9	7.6	7.0	11	30.6	32.5	32.5	19
河　北	Hebei	58.3	76.1	80.7	9	48.1	53.6	56.2	16
山　西	Shanxi					3.2	5.2	5.2	27
内蒙古	Inner Mongolia					11.4	15.4	15.8	25
辽　宁	Liaoning	349.7	432.0	447.0	5	80.6	99.3	103.1	12
吉　林	Jilin					16.6	19.5	20.1	21
黑龙江	Heilongjiang					40.0	54.2	57.3	15
上　海	Shanghai	12.1	17.0	14.2	10	16.8	15.4	15.4	26
江　苏	Jiangsu	136.4	148.2	147.3	8	324.0	372.9	373.4	3
浙　江	Zhejiang	381.2	487.0	490.3	3	96.7	110.8	114.3	11
安　徽	Anhui					193.3	230.4	235.8	6
福　建	Fujian	512.8	636.3	665.3	2	74.2	97.6	102.5	13
江　西	Jiangxi					215.3	264.2	271.6	4
山　东	Shandong	646.3	774.7	795.0	1	137.5	156.6	155.2	8
河　南	Henan					57.9	102.4	128.4	10
湖　北	Hubei					353.1	455.9	470.8	1
湖　南	Hunan					198.0	259.4	269.6	5
广　东	Guangdong	401.5	459.2	466.4	4	327.5	399.0	407.4	2
广　西	Guangxi	154.4	179.7	187.3	6	121.1	166.2	174.4	7
海　南	Hainan	117.9	162.0	168.7	7	31.6	42.9	45.9	18
重　庆	Chongqing					22.4	48.1	50.8	17
四　川	Sichuan					105.1	138.7	145.4	9
贵　州	Guizhou					8.8	25.0	29.0	20
云　南	Yunnan					29.8	69.7	74.4	14
西　藏	Tibet					0.1	0.0	0.1	31
陕　西	Shaanxi					6.0	15.5	15.9	24
甘　肃	Gansu					1.2	1.5	1.5	29
青　海	Qinghai					0.2	1.1	1.2	30
宁　夏	Ningxia					9.0	17.0	17.5	22
新　疆	Xinjiang					10.1	15.1	16.2	23

10-30 水产品捕捞和养殖产量
Output of Fishing and Aquaculture

单位：万吨 (10 000 tons)

地区	Region	水产品捕捞产量 Fishing 2010	2015	2016	2016排名 Ranking	水产品养殖产量 Aquaculture 2010	2015	2016	2016排名 Ranking
全　国	**National Total**	**1544.17**	**1761.75**	**1758.86**		**3828.84**	**4937.90**	**5142.39**	
北　京	Beijing	1.32	2.11	1.69	23	5.02	4.50	3.74	28
天　津	Tianjin	3.44	7.74	7.06	15	31.05	32.36	32.37	19
河　北	Hebei	34.55	35.72	39.81	9	71.78	93.99	97.12	14
山　西	Shanxi	0.08	0.11	0.11	27	3.09	5.14	5.12	27
内蒙古	Inner Mongolia	3.07	2.94	2.93	20	8.31	12.42	12.90	26
辽　宁	Liaoning	123.95	143.38	142.10	6	306.43	387.90	407.97	6
吉　林	Jilin	1.98	1.97	1.95	22	14.62	17.55	18.12	21
黑龙江	Heilongjiang	4.69	5.72	5.46	19	35.28	48.52	51.84	17
上　海	Shanghai	12.72	17.31	14.42	13	16.25	15.13	15.20	23
江　苏	Jiangsu	91.17	91.37	88.61	7	369.28	429.67	432.14	5
浙　江	Zhejiang	307.88	402.54	397.64	1	170.08	195.29	206.90	10
安　徽	Anhui	31.59	31.64	30.88	10	161.72	198.79	204.92	11
福　建	Fujian	217.09	240.95	241.78	3	369.87	492.94	526.00	3
江　西	Jiangxi	29.25	26.40	27.54	11	186.09	237.84	244.08	9
山　东	Shandong	263.16	285.40	293.77	2	520.67	645.87	656.42	2
河　南	Henan	3.24	5.11	7.06	16	54.62	97.26	121.29	13
湖　北	Hubei	26.37	19.10	19.02	12	326.73	436.79	451.82	4
湖　南	Hunan	9.67	10.89	10.83	14	188.33	248.48	258.74	8
广　东	Guangdong	165.29	168.44	164.86	4	563.74	689.78	708.93	1
广　西	Guangxi	78.39	79.34	80.33	8	197.11	266.58	281.44	7
海　南	Hainan	101.42	138.40	143.05	5	48.06	66.49	71.59	15
重　庆	Chongqing	1.10	2.04	2.04	21	21.33	46.05	48.80	18
四　川	Sichuan	5.80	5.96	5.86	18	99.26	132.72	139.58	12
贵　州	Guizhou	1.21	1.39	1.41	24	7.58	23.59	27.58	20
云　南	Yunnan	2.31	5.81	6.69	17	27.46	63.90	67.68	16
西　藏	Tibet	0.04	0.03	0.08	28	0.007	0.006	0.008	31
陕　西	Shaanxi	0.42	0.72	0.72	26	5.61	14.80	15.18	24
甘　肃	Gansu						1.49	1.53	29
青　海	Qinghai	0.004				0.16	1.06	1.21	30
宁　夏	Ningxia	0.02	0.04	0.04	29	8.98	16.93	17.42	22
新　疆	Xinjiang	1.02	1.08	1.40	25	9.09	14.06	14.76	25

10-31 受灾面积和成灾面积
Total Areas Covered and Affected by Disasters

单位：千公顷 (1 000 hectares)

地区	Region	受灾面积 Areas Covered				成灾面积 Areas Affected			
		2010	2015	2016	2016排名 Ranking	2010	2015	2016	2016排名 Ranking
全　国	**National Total**	**37426**	**21770**	**26221**		**18538**	**12380**	**13670**	
北　京	Beijing	3	6	35	28	2	5	26	28
天　津	Tianjin	33		24	29	7		21	29
河　北	Hebei	1527	1799	1447	4	833	968	562	6
山　西	Shanxi	1396	1143	504	18	891	548	207	17
内蒙古	Inner Mongolia	2033	2701	3630	2	1290	1740	2278	2
辽　宁	Liaoning	756	1483	582	14	567	973	123	22
吉　林	Jilin	896	846	748	11	563	415	457	9
黑龙江	Heilongjiang	1432	1175	4224	1	974	844	2664	1
上　海	Shanghai		12	3	31		5	2	31
江　苏	Jiangsu	648	616	301	24	193	285	67	27
浙　江	Zhejiang	283	393	456	19	61	184	172	20
安　徽	Anhui	1752	967	1341	7	485	556	558	7
福　建	Fujian	605	203	387	22	302	116	194	18
江　西	Jiangxi	2075	455	786	10	993	331	394	11
山　东	Shandong	2582	1379	552	15	1052	664	228	16
河　南	Henan	1568	225	519	16	585	73	238	15
湖　北	Hubei	2466	1116	2741	3	897	515	1506	3
湖　南	Hunan	2841	765	1376	5	1405	420	582	5
广　东	Guangdong	724	846	631	13	183	495	188	19
广　西	Guangxi	1665	546	301	24	869	252	92	26
海　南	Hainan	306	41	509	17	83	20	98	25
重　庆	Chongqing	575	71	190	26	186	42	119	23
四　川	Sichuan	2324	563	411	20	851	228	242	13
贵　州	Guizhou	1681	224	331	23	1146	118	170	21
云　南	Yunnan	3215	1028	868	8	2137	607	437	10
西　藏	Tibet	51	12	14	30	22	5	11	30
陕　西	Shaanxi	1122	744	633	12	536	465	365	12
甘　肃	Gansu	1304	1011	1343	6	663	584	815	4
青　海	Qinghai	111	221	135	27	58	164	110	24
宁　夏	Ningxia	145	219	390	21	56	167	240	14
新　疆	Xinjiang	1307	960	808	9	649	589	506	8

10-32 受灾面积中旱灾和洪涝灾面积
Drought and Flood Covered Area

单位：千公顷 (1 000 hectares)

地区	Region	旱灾受灾面积 Drought Covered Area				洪涝灾受灾面积 Flood Covered Area			
		2010	2015	2016	2016排名 Ranking	2010	2015	2016	2016排名 Ranking
全 国	**National Total**	**13259**	**10610**	**9873**		**17525**	**5620**	**85311**	
北 京	Beijing					1	1	16	26
天 津	Tianjin							24	25
河 北	Hebei	596	1113	217	9	285	282	954	4
山 西	Shanxi	728	1023	77	15	209	31	257	8
内蒙古	Inner Mongolia	1434	2172	2771	2	216	185	256	9
辽 宁	Liaoning	18	1430	401	5	708	7	96	18
吉 林	Jilin	349	700	524	4	373	24	71	23
黑龙江	Heilongjiang	1012	484	2955	1	221	482	284	7
上 海	Shanghai						4		
江 苏	Jiangsu	70		134	13	528	200	93	19
浙 江	Zhejiang	2				245	24	76	21
安 徽	Anhui	41		180	11	1277	691	1107	3
福 建	Fujian	5				310	77	50	24
江 西	Jiangxi			35	19	1813	399	417	6
山 东	Shandong	586	883	212	10	1545	239	106	15
河 南	Henan	50		173	12	1130	53	207	11
湖 北	Hubei	204	118	342	6	1999	874	1870	1
湖 南	Hunan	352		12	23	2279	753	1142	2
广 东	Guangdong	120	148			466	78	73	22
广 西	Guangxi	1079	160	35	19	467	222	86	20
海 南	Hainan	42	4	16	22	254	1		
重 庆	Chongqing	176		47	17	321	61	128	14
四 川	Sichuan	628	223	113	14	1508	258	139	13
贵 州	Guizhou	1271	19	7	24	363	161	198	12
云 南	Yunnan	2957	515	48	16	168	231	225	10
西 藏	Tibet	40	1	1	25	4	8	13	27
陕 西	Shaanxi	421	562	240	8	391	91	98	17
甘 肃	Gansu	715	533	998	3	223	81	104	16
青 海	Qinghai	46	127	38	18	22	10	13	27
宁 夏	Ningxia	16	172	279	7	17	5	12	29
新 疆	Xinjiang	300	224	20	21	183	90	419	5

10-33 受灾面积中风雹灾和冷冻灾面积
Hail Storms and Frozen Covered Area

单位：千公顷 (1 000 hectares)

地区	Region	风雹灾受灾面积 The Wind Hail Covered Area				冷冻灾受灾面积 Frozen Disaster Covered Area			
		2010	2015	2016	2016排名 Ranking	2010	2015	2016	2016排名 Ranking
全　国	**National Total**	**2180**	**2918**	**2908**		**4121**	**900**	**2885**	
北　京	Beijing		5	19	23	3			
天　津	Tianjin			0.4	29	33			
河　北	Hebei	236	347	262	4	411	57	15	20
山　西	Shanxi	80	56	104	10	379	32	66	13
内蒙古	Inner Mongolia	268	302	419	1	115	42	185	5
辽　宁	Liaoning	31	47	39	18				
吉　林	Jilin	115	122	61	15	58		19	17
黑龙江	Heilongjiang	109	17	211	5	91	63	100	10
上　海	Shanghai								
江　苏	Jiangsu	20	97	70	13	30	59	4	25
浙　江	Zhejiang	4	1	0.4	29	19		266	4
安　徽	Anhui	41	119	35	20	393	58	19	17
福　建	Fujian	35		2	24	150		156	8
江　西	Jiangxi	120	16	35	20	143		291	3
山　东	Shandong	76	208	209	6	376	43	27	16
河　南	Henan	101	153	139	8	287	20	0.1	27
湖　北	Hubei	33	51	37	19	229	74	492	1
湖　南	Hunan	78	12	45	17	133	1	173	6
广　东	Guangdong	1	4	2	24	11		148	9
广　西	Guangxi	18	3	51	16	14		94	11
海　南	Hainan			1	27			34	15
重　庆	Chongqing	75	10	2	24	3		14	21
四　川	Sichuan	50	72	72	12	138	10	87	12
贵　州	Guizhou	43	41	111	9	4	4	12	22
云　南	Yunnan	63	112	158	7	27	170	418	2
西　藏	Tibet	6	1	1	27	1	2	0.3	26
陕　西	Shaanxi	13	76	287	3	296	16	8	24
甘　肃	Gansu	73	263	77	11	292	135	164	7
青　海	Qinghai	43	50	66	14		34	16	19
宁　夏	Ningxia	58	38	33	22	54	7	66	13
新　疆	Xinjiang	392	569	360	2	431	77	10	23

10-34 成灾面积中旱灾和洪涝灾面积
Droughts and Floods Affected Area

单位：千公顷 (1 000 hectares)

地区	Region	旱灾成灾面积 Drought Affected Area				洪涝成灾面积 Flood Affected Area			
		2010	2015	2016	2016排名 Ranking	2010	2015	2016	2016排名 Ranking
全　国	**National Total**	**8987**	**5863**	**6131**		**7024**	**3327**	**4338**	
北　京	Beijing						1	13	26
天　津	Tianjin							21	25
河　北	Hebei	432	533	21	17	49	236	372	4
山　西	Shanxi	543	478	44	13	33	23	78	11
内蒙古	Inner Mongolia	1059	1347	1958	2	87	133	61	16
辽　宁	Liaoning	13	928	49	12	531	2	57	18
吉　林	Jilin	225	330	337	4	266	16	43	21
黑龙江	Heilongjiang	776	371	2166	1	125	320	65	14
上　海	Shanghai						3		
江　苏	Jiangsu	39		10	21	140	93	44	20
浙　江	Zhejiang	1				58	9	36	22
安　徽	Anhui			127	7	365	442	405	3
福　建	Fujian	1				175	49	29	24
江　西	Jiangxi			30	14	919	294	264	6
山　东	Shandong	332	405	85	9	703	106	59	17
河　南	Henan	25		74	10	445	17	125	8
湖　北	Hubei	98	59	158	6	739	410	1230	1
湖　南	Hunan	218		5	22	1084	411	483	2
广　东	Guangdong	5	104			90	30	33	23
广　西	Guangxi	748	52	20	18	92	127	49	19
海　南	Hainan	9	2	4	23	73			
重　庆	Chongqing	44		30	14	113	36	78	11
四　川	Sichuan	384	54	68	11	423	128	83	10
贵　州	Guizhou	1025	8	3	24	111	85	108	9
云　南	Yunnan	2051	301	15	20	59	164	143	7
西　藏	Tibet	21	1	0.04	25		2	10	28
陕　西	Shaanxi	272	335	111	8	172	63	62	15
甘　肃	Gansu	428	253	595	3	83	64	74	13
青　海	Qinghai	29	79	28	16	7	63	9	29
宁　夏	Ningxia	0	139	175	5	14	3	11	27
新　疆	Xinjiang	209	85	19	19	71	55	290	5

10-35　成灾面积中风雹灾和冷冻灾面积
Hailstorms and Frozen Affected Area

单位：千公顷　　　　(1 000 hectares)

地区	Region	风雹灾成灾面积 Wind Hailstorm Affected Area				冷冻灾成灾面积 Frozen Disaster Affected Area			
		2010	2015	2016	2016排名 Ranking	2010	2015	2016	2016排名 Ranking
全　国	**National Total**	**916**	**1825**	**1424**		**1444**	**474**	**1179**	
北　京	Beijing		4	13	17	2			
天　津	Tianjin			0.2	28	7			
河　北	Hebei	81	167	157	3	271	31	12	16
山　西	Shanxi	67	20	71	8	248	28	14	15
内蒙古	Inner Mongolia	89	221	96	5	56	40	162	2
辽　宁	Liaoning	23	43	10	20				
吉　林	Jilin	72	69	41	12			11	18
黑龙江	Heilongjiang	58	100	151	4	15	53	97	5
上　海	Shanghai								
江　苏	Jiangsu	5	50	11	19	8	27	1	25
浙　江	Zhejiang		1			2		78	8
安　徽	Anhui	20	44	10	20	100	14	15	14
福　建	Fujian	11		1	25	54		79	7
江　西	Jiangxi	16	12	10	20	58		83	6
山　东	Shandong	9	144	79	7	8	9	5	21
河　南	Henan	73	54	39	13	42	2		
湖　北	Hubei	22	26	20	16	37	21	98	4
湖　南	Hunan	45	9	22	15	58	1	71	9
广　东	Guangdong		1	2	24	2		24	12
广　西	Guangxi	4	2	5	23	7		6	20
海　南	Hainan			0.2	28			16	13
重　庆	Chongqing	28	6	1	25	2		10	19
四　川	Sichuan	28	46	44	11	15		48	10
贵　州	Guizhou	10	25	53	10	1	1	4	23
云　南	Yunnan	24	76	95	6	4	66	175	1
西　藏	Tibet	1	1	0.4	27		1	0.1	26
陕　西	Shaanxi	5	53	188	2	87	14	4	23
甘　肃	Gansu	63	181	39	13	89	86	107	3
青　海	Qinghai	22	49	61	9		30	12	16
宁　夏	Ningxia	38	22	13	17	4	3	41	11
新　疆	Xinjiang	103	400	192	1	267	49	5	21

11

工 业

Industry

11-1 规模以上工业企业单位数和平均用工人数

Number of Enterprise and Average Number of Employed Persons of Industrial Enterprises above Designated Size

地区	Region	企业单位数（个） Number of Enterprise （unit）			平均用工人数（万人） Average Number of Employed Persons (10 000 persons)		
		2015	2016	2016排名 Ranking	2015	2016	2016排名 Ranking
全　国	**National Total**	**383148**	**378599**		**9775.02**	**9475.57**	
北　京	Beijing	3548	3340	25	110.44	104.45	23
天　津	Tianjin	5525	5203	19	159.83	146.98	19
河　北	Hebei	15295	14764	9	380.64	367.32	7
山　西	Shanxi	3845	3548	24	198.14	190.72	16
内蒙古	Inner Mongolia	4404	4289	21	124.57	120.71	21
辽　宁	Liaoning	12304	8025	14	297.23	228.05	13
吉　林	Jilin	5682	6003	16	149.01	143.47	20
黑龙江	Heilongjiang	4162	3946	23	124.92	117.40	22
上　海	Shanghai	8994	8351	13	233.71	215.34	14
江　苏	Jiangsu	48488	47900	1	1138.22	1111.84	2
浙　江	Zhejiang	41167	40128	3	705.17	690.30	5
安　徽	Anhui	19077	19838	6	339.84	330.49	11
福　建	Fujian	17240	17262	7	436.17	421.66	6
江　西	Jiangxi	9941	10931	12	263.41	269.13	12
山　东	Shandong	41485	39567	4	950.75	905.76	3
河　南	Henan	22892	23679	5	717.31	724.19	4
湖　北	Hubei	16413	16296	8	355.71	343.86	8
湖　南	Hunan	13992	14386	10	330.29	336.31	10
广　东	Guangdong	42113	42688	2	1463.80	1435.86	1
广　西	Guangxi	5518	5464	18	171.86	174.62	18
海　南	Hainan	380	337	30	11.64	10.87	30
重　庆	Chongqing	6608	6782	15	191.99	194.95	15
四　川	Sichuan	13525	13819	11	355.35	338.15	9
贵　州	Guizhou	4482	5123	20	102.18	103.41	24
云　南	Yunnan	3876	4194	22	94.71	90.18	25
西　藏	Tibet	104	108	31	1.99	2.00	31
陕　西	Shaanxi	5413	5862	17	176.55	175.01	17
甘　肃	Gansu	2148	2105	27	63.83	59.71	27
青　海	Qinghai	575	593	29	20.94	20.13	29
宁　夏	Ningxia	1245	1174	28	32.80	31.12	28
新　疆	Xinjiang	2707	2894	26	72.01	71.57	26

11-2 规模以上工业企业工业销售产值
Sales Value of Industrial Enterprises Above Designated Size

单位：亿元 (100 million yuan)

地区	Region	工业销售产值（当年价格）Sales Value (current prices)				其中：出口交货值 Among Them:Value of Export Delivery			
		2010	2015	2016	2016排名 Ranking	2010	2015	2016	2016排名 Ranking
全 国	**National Total**	**684735.20**	**1104026.70**	**1151950.07**		**89910.12**	**116013.09**	**117842.74**	
北 京	Beijing	13526.57	17279.27	17837.50	21	1641.68	1078.39	956.80	17
天 津	Tianjin	16571.45	27460.49	26654.45	14	2161.99	2665.89	2473.24	9
河 北	Hebei	30437.94	45407.38	46906.78	7	1154.22	1548.57	1537.93	15
山 西	Shanxi	12006.55	12566.97	12757.28	22	281.81	650.98	921.76	18
内蒙古	Inner Mongolia	13095.32	18702.20	19884.28	20	252.05	162.96	154.83	25
辽 宁	Liaoning	35441.68	32926.82	21035.90	19	2921.89	2340.75	2102.26	13
吉 林	Jilin	12911.00	22529.20	23412.38	16	227.37	395.52	402.09	21
黑龙江	Heilongjiang	9269.34	11523.87	11103.56	24	199.15	155.99	126.55	26
上 海	Shanghai	29838.11	31214.32	31056.80	13	8204.27	7595.16	7286.15	5
江 苏	Jiangsu	90804.96	147391.94	155820.09	1	18563.78	23214.06	23299.50	2
浙 江	Zhejiang	50196.32	64279.38	66628.47	5	10642.80	11440.24	11540.13	3
安 徽	Anhui	18277.48	38798.25	42329.72	9	818.50	2177.81	2321.04	10
福 建	Fujian	21410.83	40216.04	43309.15	8	4699.23	6722.12	6961.63	6
江 西	Jiangxi	13741.58	30618.43	32928.80	12	1124.91	2113.21	2132.85	12
山 东	Shandong	82652.14	144233.55	148872.26	2	6638.05	8389.55	8612.67	4
河 南	Henan	34532.45	73367.30	79404.82	4	632.48	4004.25	3747.01	7
湖 北	Hubei	21118.44	44113.44	47295.43	6	958.14	1688.02	1905.07	14
湖 南	Hunan	18731.35	36231.56	39319.29	11	494.65	1411.32	1439.57	16
广 东	Guangdong	83646.51	121049.68	129840.69	3	25919.08	32035.16	32240.68	1
广 西	Guangxi	9150.03	21412.39	23406.97	17	385.26	804.24	843.22	19
海 南	Hainan	1354.09	1833.26	1765.10	30	96.99	177.11	193.55	23
重 庆	Chongqing	8970.37	20944.81	23497.42	15	425.09	2666.32	2924.89	8
四 川	Sichuan	22634.86	39213.22	42103.39	10	862.20	1411.95	2234.36	11
贵 州	Guizhou	4014.54	9821.08	11550.45	23	90.06	140.15	181.99	24
云 南	Yunnan	6247.87	9667.86	10080.39	25	115.14	172.50	269.81	22
西 藏	Tibet	60.06	126.12	163.73	31	0.03	0.03	0.03	31
陕 西	Shaanxi	10853.25	20248.22	21788.47	18	244.01	580.13	757.01	20
甘 肃	Gansu	4691.45	6942.06	6527.42	27	47.54	97.99	111.95	27
青 海	Qinghai	1455.89	2358.69	2663.51	29	1.42	15.51	2.91	30
宁 夏	Ningxia	1866.09	3604.23	3899.68	28	52.14	93.79	94.84	28
新 疆	Xinjiang	5226.66	7944.66	8105.79	26	54.19	62.97	66.41	29

11-3 规模以上工业企业资产总计和利润总额

Total Assets and Total Profits of Industrial Enterprises Above Designated Size

单位：亿元 (100 million yuan)

地区	Region	资产总计 Total Assets				利润总额 Total Profits			
		2010	2015	2016	2016排名 Ranking	2010	2015	2016	2016排名 Ranking
全　国	**National Total**	**592881.89**	**1023398.12**	**1085865.94**		**53049.66**	**66187.07**	**71921.43**	
北　京	Beijing	22750.58	38609.76	43093.68	7	1028.34	1597.71	1608.26	16
天　津	Tianjin	14584.31	25242.98	25075.09	18	1552.05	2221.82	2046.69	13
河　北	Hebei	24943.75	42717.82	44562.88	6	2141.47	2360.99	2815.11	8
山　西	Shanxi	18505.94	32068.45	33621.95	12	958.25	-30.69	294.78	26
内蒙古	Inner Mongolia	14691.38	29458.05	30900.83	15	1688.44	1048.55	1344.41	19
辽　宁	Liaoning	29076.78	38573.04	36106.92	11	2371.35	1069.66	575.39	22
吉　林	Jilin	10196.15	17993.28	18969.47	23	843.21	1208.47	1268.49	20
黑龙江	Heilongjiang	10471.17	15407.96	14951.92	25	1248.82	465.09	295.54	25
上　海	Shanghai	27555.88	37306.95	39838.24	9	2299.66	2680.53	2913.91	6
江　苏	Jiangsu	66134.06	107061.73	114536.32	1	5970.56	9686.84	10574.40	1
浙　江	Zhejiang	47282.79	66626.71	69468.91	4	3174.75	3839.99	4469.42	5
安　徽	Anhui	15930.28	31359.95	33563.37	13	1445.57	2000.12	2242.26	12
福　建	Fujian	16058.70	29647.54	32081.30	14	1754.18	2359.82	2889.26	7
江　西	Jiangxi	8637.45	19217.51	21811.92	19	909.77	2114.65	2443.93	10
山　东	Shandong	53761.28	101343.50	105046.32	3	6107.99	8660.48	8820.02	2
河　南	Henan	23467.42	55710.97	60454.73	5	3302.22	4900.60	5240.61	4
湖　北	Hubei	20894.32	35399.12	37942.33	10	1668.55	2456.00	2713.46	9
湖　南	Hunan	13038.95	23575.75	25518.07	17	1451.45	1808.70	2028.59	14
广　东	Guangdong	62626.90	95411.22	105604.17	2	6239.64	7723.16	8383.04	3
广　西	Guangxi	8667.45	15122.30	16023.46	24	771.59	1279.06	1393.35	18
海　南	Hainan	1621.38	2788.06	2764.18	30	140.04	103.61	101.87	28
重　庆	Chongqing	8099.01	17846.08	20214.63	20	518.59	1411.86	1648.36	15
四　川	Sichuan	22564.76	40401.38	41514.58	8	1661.85	2171.26	2339.82	11
贵　州	Guizhou	5960.13	13540.06	14319.98	26	317.63	732.76	847.02	21
云　南	Yunnan	9611.09	18180.58	19474.18	22	599.34	465.53	334.98	24
西　藏	Tibet	315.24	895.00	1110.65	31	10.82	6.93	16.94	31
陕　西	Shaanxi	14688.70	28227.39	30828.91	16	1469.57	1441.30	1589.00	17
甘　肃	Gansu	6487.35	11918.33	12263.36	27	231.51	-91.89	72.68	30
青　海	Qinghai	3053.61	5781.41	6143.77	29	182.02	67.85	80.02	29
宁　夏	Ningxia	3293.16	7801.07	8521.18	28	138.00	85.34	143.23	27
新　疆	Xinjiang	7911.97	18164.16	19538.65	21	852.43	340.97	386.59	23

11-4 规模以上工业企业固定资产合计和流动资产合计

Total Fixed Assets and Total Current Assets of Industrial Enterprises Above Designated Size

单位：亿元 (100 million yuan)

地区	Region	固定资产合计 Total Fixed Assets			流动资产合计 Total Current Assets		
		2015	2016	2016排名 Ranking	2015	2016	2016排名 Ranking
全　国	**National Total**	**377568.47**	**390279.36**		**469207.26**	**500852.80**	
北　京	Beijing	6660.18	6833.06	23	15221.43	16643.16	11
天　津	Tianjin	8452.57	9191.81	18	13068.21	12253.46	15
河　北	Hebei	19745.87	20087.82	5	16589.33	17327.05	7
山　西	Shanxi	12749.59	12901.36	11	12771.27	13290.44	14
内蒙古	Inner Mongolia	12880.19	13292.94	10	9824.82	9876.95	18
辽　宁	Liaoning	14251.63	12038.00	12	17661.38	17310.89	8
吉　林	Jilin	7366.03	7611.72	22	7872.21	8288.32	21
黑龙江	Heilongjiang	6975.82	6752.10	24	6246.43	5968.87	24
上　海	Shanghai	8680.63	8612.13	19	21374.44	23414.82	6
江　苏	Jiangsu	36790.78	38880.97	2	55376.44	59354.58	2
浙　江	Zhejiang	18480.92	18993.74	6	36808.14	38196.89	4
安　徽	Anhui	12386.88	11782.43	13	13988.02	15615.35	13
福　建	Fujian	9657.01	9931.69	16	14767.63	16286.10	12
江　西	Jiangxi	8292.85	9333.45	17	8047.34	9053.18	20
山　东	Shandong	39913.79	41145.21	1	45503.77	47511.50	3
河　南	Henan	24065.68	25763.17	4	25075.84	27043.59	5
湖　北	Hubei	13328.90	13642.50	9	15976.10	17265.72	9
湖　南	Hunan	9903.94	10202.62	15	10247.43	11064.34	17
广　东	Guangdong	26943.69	27217.90	3	54715.38	61612.78	1
广　西	Guangxi	5749.81	6018.15	25	6981.52	7449.36	22
海　南	Hainan	1222.10	1315.46	30	968.46	999.55	30
重　庆	Chongqing	7092.53	8000.15	21	8094.98	9237.93	19
四　川	Sichuan	16768.95	17881.21	7	16015.98	17075.54	10
贵　州	Guizhou	5440.98	5541.54	27	5623.13	5933.96	25
云　南	Yunnan	8350.96	8422.86	20	6365.64	6700.95	23
西　藏	Tibet	466.60	529.86	31	188.51	239.35	31
陕　西	Shaanxi	12874.63	15087.70	8	10097.67	11198.33	16
甘　肃	Gansu	5833.88	5922.68	26	4246.87	4322.62	27
青　海	Qinghai	3412.13	3411.35	29	1518.32	1644.90	29
宁　夏	Ningxia	9421.34	3689.09	28	2623.56	2814.31	28
新　疆	Xinjiang		10244.70	14	5347.02	5858.03	26

11-5 规模以上工业企业负债合计和流动负债合计

Total Liabilities and Current Liabilities of Industrial Enterprises above Designated Size

单位：亿元 (100 million yuan)

地区	Region	负债合计 Total Liabilities				流动负债合计 Total Current Liabilities		
		2010	2015	2016	2016排名 Ranking	2015	2016	2016排名 Ranking
全　国	**National Total**	**340396.39**	**579310.47**	**606641.53**		**431884.87**	**456468.84**	
北　京	Beijing	11548.07	18102.44	19798.13	11	12228.18	14050.59	13
天　津	Tianjin	8825.23	15863.30	15385.02	17	13034.02	11738.25	16
河　北	Hebei	15136.72	23988.85	24449.56	7	18693.91	19199.53	6
山　西	Shanxi	12142.27	24358.13	25579.36	6	16309.47	17901.16	7
内蒙古	Inner Mongolia	8642.76	18677.23	19445.75	13	11399.13	11824.43	15
辽　宁	Liaoning	16896.14	23787.06	23272.90	9	17819.97	17665.87	8
吉　林	Jilin	5474.03	9862.29	9932.67	23	6968.30	7621.57	22
黑龙江	Heilongjiang	5776.59	8688.38	8399.97	26	6399.12	6153.88	25
上　海	Shanghai	14500.46	18111.05	19588.27	12	16057.96	17055.98	9
江　苏	Jiangsu	37878.51	56888.77	59466.56	1	48699.63	50761.99	1
浙　江	Zhejiang	28681.36	38086.78	38304.18	4	32484.81	32847.10	4
安　徽	Anhui	9565.86	18028.15	19039.87	14	13295.40	14394.37	12
福　建	Fujian	8469.33	15879.22	16779.94	16	11302.15	12568.01	14
江　西	Jiangxi	4840.00	9599.03	10549.25	22	7249.48	7810.81	21
山　东	Shandong	28969.89	54979.47	56837.87	3	40400.28	41789.30	3
河　南	Henan	12960.96	26189.58	28805.88	5	19615.51	22229.09	5
湖　北	Hubei	12259.18	19459.99	20355.90	10	14914.59	15643.54	11
湖　南	Hunan	7504.26	12240.94	13343.81	18	8477.96	8991.62	19
广　东	Guangdong	35073.74	54747.90	59318.72	2	44295.88	48935.74	2
广　西	Guangxi	5413.29	9402.81	9825.40	24	6983.02	7236.24	24
海　南	Hainan	861.92	1544.97	1538.21	30	976.37	977.68	30
重　庆	Chongqing	4879.66	11053.75	12374.58	21	8244.91	9179.80	18
四　川	Sichuan	13889.83	24238.90	24234.79	8	15127.72	15879.88	10
贵　州	Guizhou	3865.34	8600.79	9074.84	25	5410.11	5856.70	26
云　南	Yunnan	5735.24	11782.30	12431.16	20	7092.18	7547.10	23
西　藏	Tibet	91.89	447.88	550.52	31	274.16	333.02	31
陕　西	Shaanxi	8348.75	15940.52	17380.70	15	10275.98	11531.85	17
甘　肃	Gansu	4060.57	7790.62	8076.14	27	4894.72	4994.55	27
青　海	Qinghai	1946.26	3999.09	4203.12	29	2188.74	2313.75	29
宁　夏	Ningxia	2139.47	5325.38	5773.39	28	3268.85	3619.63	28
新　疆	Xinjiang	4018.78	11644.88	12525.08	19	7502.39	7815.82	20

11-6 规模以上工业企业所有者权益合计和实收资本
Total Owner's Equity and Paid-in Capital of Industrial Enterprises Above Designated Size

单位：亿元 (100 million yuan)

地区	Region	所有者权益合计 Total Owner's Equity 2010	2015	2016	2016排名 Ranking	实收资本 Paid-in Capital 2015	2016	2016排名 Ranking
全　国	**National Total**	**251160.35**	**440932.66**	**476105.14**		**213182.37**	**239844.82**	
北　京	Beijing	11202.50	20480.19	23272.45	6	10808.95	13661.07	5
天　津	Tianjin	5759.04	9344.82	10095.20	18	5190.85	5610.71	18
河　北	Hebei	9687.76	18575.56	19977.44	8	8740.72	10613.79	7
山　西	Shanxi	6330.97	7675.51	8041.22	20	4629.72	4841.97	20
内蒙古	Inner Mongolia	5982.08	10728.44	11370.20	16	6655.77	8016.66	12
辽　宁	Liaoning	12082.43	14743.93	12286.17	14	7792.61	7211.59	15
吉　林	Jilin	4678.85	8105.08	9022.79	19	4045.90	3096.70	24
黑龙江	Heilongjiang	4668.40	6707.89	6542.24	24	2651.73	8813.72	10
上　海	Shanghai	13055.42	19088.40	20004.96	7	9227.39	9489.46	8
江　苏	Jiangsu	28255.55	50021.44	54939.31	1	24200.23	26361.83	1
浙　江	Zhejiang	18601.43	28430.76	30863.45	5	13569.82	16395.05	4
安　徽	Anhui	6308.09	13082.98	14403.25	12	6124.05	8764.19	11
福　建	Fujian	7567.00	13587.42	15169.60	11	7363.48	7180.14	16
江　西	Jiangxi	3752.06	9537.70	11192.47	17	4354.48	4525.55	21
山　东	Shandong	24552.79	45789.90	47850.60	2	15633.94	16583.80	3
河　南	Henan	10362.25	28872.96	31347.06	4	13071.82	13572.93	6
湖　北	Hubei	8577.11	15875.33	17502.70	9	7132.11	9120.27	9
湖　南	Hunan	5534.59	11311.45	12171.52	15	5257.40	6527.28	17
广　东	Guangdong	27461.84	40239.01	45694.31	3	18754.95	20609.92	2
广　西	Guangxi	3211.63	5693.82	6185.34	25	2915.26	2562.16	26
海　南	Hainan	757.79	1242.62	1225.97	30	627.97	776.66	30
重　庆	Chongqing	3205.78	6754.15	7709.01	21	2863.37	3320.05	23
四　川	Sichuan	8571.93	16075.60	17167.51	10	7037.99	7365.94	14
贵　州	Guizhou	2081.15	4927.23	5238.94	26	3358.27	2303.60	27
云　南	Yunnan	3857.72	6386.35	7031.04	22	3783.35	4001.10	22
西　藏	Tibet	223.22	447.12	554.21	31	141.17	181.16	31
陕　西	Shaanxi	6311.19	12329.59	13368.89	13	6734.26	7657.30	13
甘　肃	Gansu	2393.97	4117.45	4187.87	27	2436.36	2575.33	25
青　海	Qinghai	1084.12	1781.25	1937.98	29	812.45	961.72	29
宁　夏	Ningxia	1153.29	2459.99	2745.60	28	2298.71	1658.39	28
新　疆	Xinjiang	3888.40	6518.53	7005.82	23	4967.29	5484.79	19

11-7 规模以上工业企业主营业务收入和主营业务成本

Revenue from Principal Business and Cost of Principal Business of Industrial Enterprises Above Designated Size

单位：亿元 (100 million yuan)

地区	Region	主营业务收入 Revenue from Principal Business				主营业务成本 Cost of Principal Business			
		2010	2015	2016	2016排名 Ranking	2010	2015	2016	2016排名 Ranking
全　国	**National Total**	**697744.00**	**1109852.97**	**1158998.52**		**585256.80**	**944857.26**	**984668.37**	
北　京	Beijing	14807.11	18864.90	19746.96	21	12611.21	15710.97	16395.61	21
天　津	Tianjin	17319.62	27969.58	25888.20	14	14774.72	23673.83	21780.75	14
河　北	Hebei	31628.93	45648.10	47318.60	6	27049.79	39832.04	41042.99	6
山　西	Shanxi	12712.50	14624.14	14226.45	22	10235.84	12663.46	11915.83	22
内蒙古	Inner Mongolia	13387.83	18925.61	20056.67	20	10247.67	15677.20	16611.56	20
辽　宁	Liaoning	36049.59	33243.29	22038.95	18	30578.87	28635.12	18553.13	18
吉　林	Jilin	12647.34	22321.96	23431.37	16	10447.58	18762.02	19565.11	16
黑龙江	Heilongjiang	9899.14	11719.03	11347.77	23	7412.20	9877.42	9711.00	23
上　海	Shanghai	32084.08	34172.22	34315.15	13	26937.73	27596.43	27370.45	13
江　苏	Jiangsu	91077.41	147074.45	156591.04	1	78460.64	126043.56	134083.08	1
浙　江	Zhejiang	50536.31	63214.41	65453.88	5	43300.73	53346.93	54833.47	5
安　徽	Anhui	18164.60	39064.41	42190.46	9	15208.67	33753.80	36471.84	8
福　建	Fujian	21479.37	39591.28	42537.24	8	18223.27	33757.32	36204.57	9
江　西	Jiangxi	14250.47	32954.82	35961.32	12	12145.77	29005.57	31474.76	12
山　东	Shandong	83663.00	145628.87	150641.21	2	71239.28	127729.85	132154.88	2
河　南	Henan	36163.12	73365.96	79657.15	4	30316.67	63992.81	69652.46	4
湖　北	Hubei	21151.56	43179.21	45850.64	7	17730.34	36564.31	38963.66	7
湖　南	Hunan	18669.79	35410.45	39134.64	11	14925.93	28807.96	32024.84	11
广　东	Guangdong	84114.85	119157.86	129151.31	3	71251.44	100383.91	108582.42	3
广　西	Guangxi	9235.85	20442.50	22231.30	17	7707.42	17198.14	18773.30	17
海　南	Hainan	1322.83	1661.72	1668.92	30	1008.13	1299.18	1306.37	30
重　庆	Chongqing	9039.03	20902.24	23467.03	15	7593.51	17665.06	19890.24	15
四　川	Sichuan	23062.82	38645.91	41529.25	10	19003.96	32514.83	34935.31	10
贵　州	Guizhou	3926.01	9876.81	11172.44	24	3042.80	7723.95	8855.99	24
云　南	Yunnan	6356.24	9829.69	10149.03	25	4853.23	7585.45	7908.07	25
西　藏	Tibet	59.71	136.38	171.82	31	48.31	108.99	129.87	31
陕　西	Shaanxi	10888.80	19690.66	21027.90	19	7982.21	15798.81	17014.27	19
甘　肃	Gansu	5148.40	8689.37	7850.29	27	4196.71	7756.67	6869.23	26
青　海	Qinghai	1525.08	2170.66	2244.47	29	1182.27	1810.00	1870.95	29
宁　夏	Ningxia	1879.99	3472.75	3646.10	28	1590.95	2990.59	3062.10	28
新　疆	Xinjiang	5492.61	8203.73	8300.96	26	3948.96	6591.07	6660.28	27

11-8 规模以上工业企业销售费用和管理费用

Sales Expenses and Administrative Expenses of Industrial Enterprises Above Designated Size

单位：亿元 (100 million yuan)

地区	Region	销售费用 Sales Expenses 2015	2016	2016排名 Ranking	管理费用 Administrative Expenses 2010	2015	2016	2016排名 Ranking
全 国	**National Total**	**29150.24**	**31174.87**		**28872.99**	**43125.30**	**45490.74**	
北 京	Beijing	925.25	1025.00	12	644.83	956.61	1044.41	15
天 津	Tianjin	655.37	673.42	16	561.06	890.93	894.88	18
河 北	Hebei	823.61	874.75	14	932.51	1333.33	1346.48	12
山 西	Shanxi	521.41	494.79	21	803.45	766.10	787.12	21
内蒙古	Inner Mongolia	464.04	481.47	22	489.45	727.95	722.02	22
辽 宁	Liaoning	819.88	689.18	15	1550.11	1438.35	1157.77	13
吉 林	Jilin	864.07	955.80	13	658.00	990.54	1069.02	14
黑龙江	Heilongjiang	303.55	284.90	24	495.93	629.63	566.18	23
上 海	Shanghai	1313.33	1316.87	7	1561.91	2217.88	2314.24	5
江 苏	Jiangsu	3619.25	3901.02	2	3022.39	5484.02	5833.08	2
浙 江	Zhejiang	1707.04	1867.57	4	2066.04	3102.22	3353.74	4
安 徽	Anhui	954.71	1049.68	11	845.21	1371.02	1469.05	11
福 建	Fujian	1005.30	1068.95	10	860.64	1458.55	1572.72	10
江 西	Jiangxi	561.68	619.26	18	384.24	765.09	833.24	20
山 东	Shandong	2909.33	3088.26	3	3191.97	3825.63	3920.82	3
河 南	Henan	1368.46	1498.86	5	956.14	1653.82	1824.73	7
湖 北	Hubei	1281.28	1346.46	6	1178.03	1811.39	1933.94	6
湖 南	Hunan	1064.86	1208.14	9	1002.13	1565.74	1792.75	8
广 东	Guangdong	4068.63	4472.71	1	3280.67	5901.68	6545.21	1
广 西	Guangxi	473.07	518.31	20	648.30	846.80	878.19	19
海 南	Hainan	67.04	71.08	29	47.93	64.15	66.67	30
重 庆	Chongqing	604.36	668.17	17	486.63	899.71	979.19	16
四 川	Sichuan	1157.77	1296.99	8	1215.96	1592.69	1674.17	9
贵 州	Guizhou	329.40	378.52	23	228.56	496.23	514.46	24
云 南	Yunnan	275.24	280.90	25	371.07	450.86	460.75	25
西 藏	Tibet	6.29	6.97	31	5.97	10.11	12.26	31
陕 西	Shaanxi	501.52	544.33	19	712.14	926.23	972.06	17
甘 肃	Gansu	135.24	129.20	27	245.17	283.67	269.97	27
青 海	Qinghai	68.17	61.25	30	82.88	83.35	91.12	29
宁 夏	Ningxia	72.44	77.81	28	81.95	136.78	144.86	28
新 疆	Xinjiang	228.65	224.23	26	261.70	444.24	445.62	26

11-9 规模以上工业企业财务费用和营业利润
Financial Expenses and Operating Profits of Industrial Enterprises Above Designated Size

单位：亿元 (100 million yuan)

地区	Region	财务费用 Financial Expenses				营业利润 Operating Profits			
		2010	2015	2016	2016排名 Ranking	2010	2015	2016	2016排名 Ranking
全　国	**National Total**	**7024.68**	**13494.24**	**12650.57**		**55537.22**	**63925.89**	**69612.16**	
北　京	Beijing	125.23	211.66	215.38	22	956.01	1381.06	1407.36	18
天　津	Tianjin	111.20	203.63	170.39	25	1503.75	2204.16	1993.42	14
河　北	Hebei	341.92	585.37	535.17	8	2551.59	2311.85	2781.79	7
山　西	Shanxi	279.87	604.28	609.69	7	1035.50	-89.39	271.70	24
内蒙古	Inner Mongolia	203.60	446.97	426.33	12	2106.84	1254.41	1459.80	17
辽　宁	Liaoning	312.58	577.03	493.80	9	2458.90	896.30	429.81	22
吉　林	Jilin	103.97	247.39	243.17	18	924.94	1145.24	1224.04	20
黑龙江	Heilongjiang	80.24	145.14	130.43	27	1256.31	397.66	250.56	26
上　海	Shanghai	110.07	146.28	106.15	29	2234.34	2526.52	2753.94	8
江　苏	Jiangsu	745.18	1289.71	1220.37	2	6526.75	9636.43	10498.66	1
浙　江	Zhejiang	753.30	938.52	807.87	3	3092.69	3590.24	4190.36	5
安　徽	Anhui	199.97	460.12	425.32	13	1621.28	2003.22	2249.75	11
福　建	Fujian	218.12	431.07	389.26	14	1855.04	2364.93	2871.59	6
江　西	Jiangxi	107.69	203.63	208.00	24	920.32	2071.25	2414.69	10
山　东	Shandong	856.21	1667.65	1586.10	1	6355.76	8467.69	8637.56	2
河　南	Henan	385.65	775.26	804.81	4	3402.23	4917.87	5217.23	4
湖　北	Hubei	285.89	516.99	467.38	10	1817.98	2313.30	2517.81	9
湖　南	Hunan	217.43	426.25	430.13	11	1633.53	1868.56	2092.38	13
广　东	Guangdong	445.93	728.79	660.83	5	6199.89	7247.08	7934.52	3
广　西	Guangxi	134.77	240.28	218.55	21	799.89	1230.02	1349.37	19
海　南	Hainan	17.07	36.04	40.30	30	135.53	95.43	92.38	28
重　庆	Chongqing	97.26	217.20	220.54	20	571.19	1307.87	1526.64	16
四　川	Sichuan	292.99	690.41	616.15	6	1764.24	2028.11	2245.89	12
贵　州	Guizhou	96.56	248.47	228.70	19	301.28	669.03	820.19	21
云　南	Yunnan	128.93	363.41	317.93	16	602.64	406.64	252.54	25
西　藏	Tibet	0.29	4.90	4.55	31	2.90	5.23	16.42	31
陕　西	Shaanxi	121.35	329.96	341.49	15	1495.83	1473.14	1587.45	15
甘　肃	Gansu	74.69	241.99	211.30	23	236.07	-149.78	38.19	30
青　海	Qinghai	54.20	108.11	109.78	28	211.70	32.05	55.87	29
宁　夏	Ningxia	50.74	128.88	138.27	26	131.70	65.63	112.97	27
新　疆	Xinjiang	71.80	278.88	272.43	17	830.60	254.15	317.28	23

11-10 规模以上工业企业投资收益和亏损企业亏损额
Investment Income and Loss Ratio of Unprofitable Firms of Industrial Enterprises Above Designated Size

单位：亿元 (100 million yuan)

地区	Region	投资收益（损失以"-"号记） Investment Income (Loss is Marked as "-") 2015	2016	2016排名 Ranking	亏损企业亏损额 Loss Ratio of Unprofitable Firms 2015	2016	2016排名 Ranking
全 国	**National Total**	**3027.94**	**2906.60**		**9366.84**	**8289.55**	
北 京	Beijing	636.00	635.55	1	214.26	261.84	15
天 津	Tianjin	-18.16	-6.52	27	209.40	222.28	17
河 北	Hebei	-293.86	-229.49	31	480.84	265.90	14
山 西	Shanxi	42.96	92.52	9	619.52	398.70	9
内蒙古	Inner Mongolia	-6.15	29.95	19	532.28	443.52	6
辽 宁	Liaoning	71.12	77.04	11	608.97	643.41	1
吉 林	Jilin	126.08	95.45	8	274.24	226.80	16
黑龙江	Heilongjiang	11.04	7.67	23	220.92	327.68	11
上 海	Shanghai	697.99	604.70	2	320.60	297.90	12
江 苏	Jiangsu	148.66	215.01	5	715.73	621.14	2
浙 江	Zhejiang	245.32	326.89	4	347.72	284.13	13
安 徽	Anhui	100.19	45.46	15	279.73	98.08	26
福 建	Fujian	-3.98	40.51	16	259.40	149.87	22
江 西	Jiangxi	15.52	31.24	18	73.66	73.45	27
山 东	Shandong	211.81	189.58	6	525.14	579.37	3
河 南	Henan	58.93	87.93	10	444.67	469.29	5
湖 北	Hubei	192.19	185.24	7	310.78	183.93	19
湖 南	Hunan	31.02	16.73	21	185.89	167.98	20
广 东	Guangdong	580.99	463.62	3	510.18	418.14	8
广 西	Guangxi	-63.80	-163.42	30	154.97	108.94	25
海 南	Hainan	12.30	10.52	22	23.45	25.59	30
重 庆	Chongqing	69.98	56.99	14	164.58	166.81	21
四 川	Sichuan	1.65	-56.51	29	387.99	473.23	4
贵 州	Guizhou	15.33	18.63	20	152.72	114.79	24
云 南	Yunnan	68.86	66.62	13	298.25	440.42	7
西 藏	Tibet	0.91	0.56	26	17.49	14.50	31
陕 西	Shaanxi	90.39	70.87	12	181.43	140.00	23
甘 肃	Gansu	-41.48	-46.23	28	329.94	193.03	18
青 海	Qinghai	-8.44	1.95	25	76.22	37.45	29
宁 夏	Ningxia	7.28	5.53	24	88.83	60.46	28
新 疆	Xinjiang	27.29	32.02	17	357.04	380.90	10

11-11 大型工业企业工业销售产值和资产总计

Sales Value and Total Assets of Large Industrial Enterprises

单位：亿元 (100 million yuan)

地区	Region	工业销售产值（当年价格） Sales Value (current prices) 2010	2015	2016	2016排名 Ranking	资产总计 Total Assets 2010	2015	2016	2016排名 Ranking
全　国	**National Total**	**226845.40**	**405225.93**	**419158.05**		**236257.00**	**476028.20**	**508070.40**	
北　京	Beijing	6489.42	11305.66	11459.41	13	7465.36	27499.75	30685.83	4
天　津	Tianjin	7236.53	13985.58	12612.80	11	6579.94	14154.03	12646.46	16
河　北	Hebei	11996.53	16211.60	16983.61	5	13426.10	21328.24	21980.33	6
山　西	Shanxi	5933.79	6241.38	6171.01	21	9826.62	17178.07	18204.95	12
内蒙古	Inner Mongolia	3539.24	5335.58	5247.84	22	5431.41	12662.04	12681.25	15
辽　宁	Liaoning	11080.37	11212.85	10657.45	14	13746.01	19326.19	18894.79	10
吉　林	Jilin	5884.90	8047.90	8172.11	18	4941.41	9190.74	9637.98	20
黑龙江	Heilongjiang	4618.18	4519.17	4067.18	25	5902.77	8499.36	7858.63	24
上　海	Shanghai	12776.78	16674.77	16147.31	7	11233.08	19997.96	21279.05	7
江　苏	Jiangsu	28449.35	55513.92	56785.28	2	22294.86	45579.93	48758.57	3
浙　江	Zhejiang	9344.65	15299.49	16059.37	8	7814.47	16519.47	17742.32	13
安　徽	Anhui	6348.04	12296.54	12955.26	10	6832.07	15159.91	15963.16	14
福　建	Fujian	4892.53	11234.99	11559.40	12	3806.52	10104.12	11659.16	17
江　西	Jiangxi	3259.50	6830.62	7117.16	20	3241.51	6986.96	7918.33	23
山　东	Shandong	26034.07	49563.77	51844.26	3	24163.79	48482.24	51745.29	1
河　南	Henan	9922.56	24383.03	26412.41	4	10750.10	23223.45	26429.87	5
湖　北	Hubei	8479.37	15460.32	16357.11	6	10988.42	17866.20	19497.27	8
湖　南	Hunan	4694.59	9548.97	9867.57	16	5075.53	10465.31	10956.39	18
广　东	Guangdong	27955.07	53844.12	58401.91	1	23503.23	43265.74	50032.81	2
广　西	Guangxi	2557.77	7369.49	7884.53	19	2531.13	5585.74	5859.42	27
海　南	Hainan	167.29	362.13	237.04	30	375.30	717.69	570.90	30
重　庆	Chongqing	3049.87	9082.64	9771.15	17	3164.98	8492.02	9370.76	21
四　川	Sichuan	5859.28	13061.50	13850.75	9	8112.69	18116.10	18639.52	11
贵　州	Guizhou	1463.11	2320.18	2961.43	27	2515.53	5345.24	5904.84	26
云　南	Yunnan	2233.43	4203.25	4168.03	24	3032.25	7952.51	8939.83	22
西　藏	Tibet	8.19	13.47	21.83	31	128.75	411.57	430.49	31
陕　西	Shaanxi	5202.64	9884.73	10300.07	15	8487.24	17976.23	18978.09	9
甘　肃	Gansu	2901.18	4131.51	3623.98	26	3694.90	6870.65	6911.87	25
青　海	Qinghai	767.10	899.97	987.70	29	1814.96	3153.84	3326.08	29
宁　夏	Ningxia	756.72	1836.88	2055.72	28	1330.60	4080.94	4520.04	28
新　疆	Xinjiang	2943.35	4549.93	4417.37	23	4045.49	9835.96	10046.13	19

11-12 大型工业企业固定资产合计和流动资产合计
Total Fixed Assets and Total Current Assets of Large Industrial Enterprises

单位：亿元 (100 million yuan)

地区	Region	固定资产合计 Total Fixed Assets			流动资产合计 Total Current Assets		
		2015	2016	2016排名 Ranking	2015	2016	2016排名 Ranking
全　国	**National Total**	**171743.14**	**176090.89**		**212169.27**	**229886.23**	
北　京	Beijing	4968.61	5189.53	15	8459.57	9165.82	7
天　津	Tianjin	5224.50	5294.33	14	6797.99	5642.21	16
河　北	Hebei	10108.17	9889.30	5	7662.89	7916.00	11
山　西	Shanxi	6374.21	6167.01	10	7544.84	8091.88	10
内蒙古	Inner Mongolia	5132.19	5359.02	13	4377.07	3956.82	20
辽　宁	Liaoning	6487.17	6406.30	9	8918.78	8887.62	8
吉　林	Jilin	3636.15	3643.69	20	4141.86	4380.95	18
黑龙江	Heilongjiang	3960.59	3824.66	18	3341.99	2960.45	23
上　海	Shanghai	5021.40	5099.81	16	10159.64	11365.94	5
江　苏	Jiangsu	15524.70	16100.19	2	22767.75	24522.70	3
浙　江	Zhejiang	4015.92	4021.04	17	9149.01	9925.76	6
安　徽	Anhui	6379.87	5550.44	11	6150.26	6806.48	13
福　建	Fujian	3328.76	3413.73	22	4942.47	6006.07	15
江　西	Jiangxi	2731.83	3154.45	25	3471.41	3738.30	21
山　东	Shandong	17515.33	18087.54	1	22928.63	24622.58	2
河　南	Henan	9415.63	9613.39	6	11125.26	13143.47	4
湖　北	Hubei	6911.15	7120.83	8	7479.63	8395.61	9
湖　南	Hunan	3719.89	3575.94	21	5363.37	5589.66	17
广　东	Guangdong	11379.71	12187.26	3	25735.38	30205.04	1
广　西	Guangxi	2085.49	2119.92	26	2653.69	2740.90	25
海　南	Hainan	362.20	270.44	31	243.55	220.48	30
重　庆	Chongqing	3155.55	3655.68	19	3959.17	4374.45	19
四　川	Sichuan	7153.00	7824.28	7	7064.71	7863.91	12
贵　州	Guizhou	2117.28	2001.55	27	2251.82	2640.82	26
云　南	Yunnan	3334.17	3323.74	24	2816.06	3029.17	22
西　藏	Tibet	262.66	282.31	30	51.76	37.49	31
陕　西	Shaanxi	8784.93	10304.33	4	5893.21	6470.48	14
甘　肃	Gansu	3289.72	3367.61	23	2375.78	2376.65	27
青　海	Qinghai	2138.88	1987.69	28	656.62	680.73	29
宁　夏	Ningxia	1756.67	1844.48	29	1115.85	1297.13	28
新　疆	Xinjiang	5466.82	5410.39	12	2569.25	2830.67	24

11-13 大型工业企业负债合计和流动负债合计
Total Liabilities and Current Liability Assets of Large Industrial Enterprises

单位：亿元 (100 million yuan)

地区	Region	负债合计 Total Liabilities 2010	2015	2016	2016排名 Ranking	流动负债合计 Current Liability Assets 2015	2016	2016排名 Ranking
全　国	**National Total**	**138521.92**	**281147.08**	**295918.12**		**207775.02**	**221921.73**	
北　京	Beijing	3962.04	12456.57	13507.39	7	7434.44	8726.70	9
天　津	Tianjin	4125.85	9262.62	7873.82	15	7551.60	6367.57	15
河　北	Hebei	8629.08	13346.21	13553.78	5	10632.24	10884.84	5
山　西	Shanxi	6290.80	12715.27	13524.25	6	7823.89	8998.84	7
内蒙古	Inner Mongolia	3087.60	7742.28	7816.61	16	5017.57	5000.80	16
辽　宁	Liaoning	8714.62	13064.42	12880.20	8	9639.84	9522.25	6
吉　林	Jilin	2811.54	5184.09	5182.10	21	3931.93	4000.47	20
黑龙江	Heilongjiang	3015.58	4745.03	4295.16	25	3557.60	3224.76	23
上　海	Shanghai	5735.42	9276.34	10191.44	12	8315.99	8884.96	8
江　苏	Jiangsu	13107.30	24864.64	25888.86	3	20888.72	21647.14	3
浙　江	Zhejiang	4355.30	8435.98	8760.45	14	7136.86	7355.98	12
安　徽	Anhui	4380.28	9503.44	9843.52	13	6630.42	7195.91	13
福　建	Fujian	2237.58	5818.99	6546.87	18	3793.18	4523.98	19
江　西	Jiangxi	2055.37	4260.81	4717.04	23	3369.98	3603.84	22
山　东	Shandong	13761.62	28855.37	30589.85	1	21422.40	22318.91	2
河　南	Henan	6760.49	14036.07	16485.44	4	11110.82	13514.19	4
湖　北	Hubei	6580.95	10502.12	10997.79	10	8231.50	8642.30	10
湖　南	Hunan	3235.25	6482.16	6740.71	17	4544.23	4758.80	17
广　东	Guangdong	12800.06	25805.22	29523.60	2	21725.29	24999.71	1
广　西	Guangxi	1701.37	3677.12	3835.02	26	2879.59	2941.58	26
海　南	Hainan	235.43	413.10	325.08	30	274.91	235.58	30
重　庆	Chongqing	1942.91	5446.37	6083.32	20	4052.47	4671.05	18
四　川	Sichuan	5124.58	11427.76	11129.82	9	7229.15	7664.22	11
贵　州	Guizhou	1611.55	3194.08	3493.65	27	2019.35	2408.74	27
云　南	Yunnan	1499.38	4739.36	4976.36	22	2745.24	2959.55	25
西　藏	Tibet	19.95	154.14	164.48	31	62.99	74.45	31
陕　西	Shaanxi	4690.18	10195.09	10858.12	11	6284.82	7056.55	14
甘　肃	Gansu	2272.82	4464.00	4564.78	24	3037.74	2999.43	24
青　海	Qinghai	1196.11	2179.89	2260.73	29	952.22	980.77	29
宁　夏	Ningxia	866.01	2868.08	3214.55	28	1743.71	1993.62	28
新　疆	Xinjiang	1714.87	6030.46	6093.34	19	3734.33	3764.24	21

11-14 大型工业企业所有者权益合计和实收资本
Total Owner's Equity and Paid-in Capital of Large Industrial Enterprises

单位：亿元 (100 million yuan)

地区	Region	所有者权益合计 Total Owner's Equity				实收资本 Paid-in Capital		
		2010	2015	2016	2016排名 Ranking	2015	2016	2016排名 Ranking
全　国	**National Total**	**97415.22**	**194826.78**	**212333.96**		**81128.91**	**89556.96**	
北　京	Beijing	3503.32	15043.18	17178.44	4	8270.93	10940.70	1
天　津	Tianjin	2454.08	4877.29	5064.37	15	2367.58	2426.82	16
河　北	Hebei	4757.36	7982.03	8426.55	9	3123.52	3436.93	8
山　西	Shanxi	3534.96	4462.80	4680.70	17	1955.26	2094.45	18
内蒙古	Inner Mongolia	2333.18	4919.76	4864.64	16	2274.09	2458.42	14
辽　宁	Liaoning	5017.71	6254.71	6001.39	13	3480.47	3344.04	9
吉　林	Jilin	2113.11	4010.47	4455.89	18	1002.43	1035.74	25
黑龙江	Heilongjiang	2878.30	3754.32	3563.47	22	1244.12	1195.75	23
上　海	Shanghai	5497.65	10680.80	11062.50	5	4635.71	4781.78	5
江　苏	Jiangsu	9187.57	20715.28	22869.71	1	8518.72	9551.68	2
浙　江	Zhejiang	3459.16	8083.49	8976.81	7	2997.89	3330.98	10
安　徽	Anhui	2451.77	5622.32	6121.61	12	2279.68	2457.99	15
福　建	Fujian	1568.90	4285.13	5106.55	14	1906.04	2264.40	17
江　西	Jiangxi	1165.07	2726.15	3201.30	24	992.78	1177.08	24
山　东	Shandong	10323.27	19626.87	21155.44	2	5128.37	5571.35	4
河　南	Henan	3929.89	9187.38	9887.23	6	3467.26	3842.52	7
湖　北	Hubei	4402.11	7364.08	8499.47	8	2280.24	2933.46	12
湖　南	Hunan	1840.28	3983.15	4215.68	19	1401.47	1546.23	19
广　东	Guangdong	10690.24	17453.68	20514.39	3	6643.68	7640.20	3
广　西	Guangxi	824.76	1908.63	2024.40	27	746.34	771.03	27
海　南	Hainan	139.86	304.60	245.82	31	172.05	163.70	30
重　庆	Chongqing	1219.95	3046.93	3287.44	23	1221.22	1396.20	21
四　川	Sichuan	2970.20	6688.34	7509.70	11	2455.17	2838.54	13
贵　州	Guizhou	37.66	2147.43	2411.18	25	638.03	587.56	28
云　南	Yunnan	1532.72	3213.15	3963.46	20	1322.49	1407.17	20
西　藏	Tibet	108.80	257.43	266.01	30	47.60	47.60	31
陕　西	Shaanxi	3796.03	7828.42	8110.11	10	4304.91	4515.73	6
甘　肃	Gansu	1410.95	2406.65	2346.54	26	1295.54	1314.66	22
青　海	Qinghai	605.35	973.95	1065.35	29	344.66	413.35	29
宁　夏	Ningxia	464.59	1212.87	1305.50	28	1528.29	771.13	26
新　疆	Xinjiang	2330.62	3805.49	3952.33	21	3082.37	3299.78	11

11-15 大型工业企业主营业务收入和主营业务成本
Revenue from Principal Business and Cost of Principal Business of Large Industrial Enterprises

单位：亿元 (100 million yuan)

地区	Region	主营业务收入 Revenue from Principal Business				主营业务成本 Cost of Principal Business			
		2010	2015	2016	2016排名 Ranking	2010	2015	2016	2016排名 Ranking
全　国	**National Total**	**238016.82**	**421567.32**	**436444.53**		**198078.38**	**354972.97**	**364999.38**	
北　京	Beijing	7200.85	12017.79	12452.92	11	6362.47	10243.44	10577.97	11
天　津	Tianjin	7570.35	14232.19	12002.65	12	6293.19	11865.76	9788.37	12
河　北	Hebei	13134.42	17070.58	17844.08	6	11501.62	15118.36	15447.90	5
山　西	Shanxi	6550.60	8442.60	7812.22	20	5216.20	7313.88	6529.42	20
内蒙古	Inner Mongolia	3789.85	5609.53	5752.36	22	2864.52	4606.55	4542.41	23
辽　宁	Liaoning	11620.77	11638.10	10932.22	14	9779.19	9669.01	8920.51	14
吉　林	Jilin	5704.11	8735.02	8959.72	19	4750.45	7128.84	7170.24	19
黑龙江	Heilongjiang	5142.44	4827.90	4332.88	26	3511.74	3908.46	3604.11	24
上　海	Shanghai	14198.13	18776.75	18397.83	5	12096.62	15062.37	14538.29	6
江　苏	Jiangsu	28653.42	55800.22	57641.93	2	24839.95	48052.10	49361.19	1
浙　江	Zhejiang	9573.37	15001.54	15792.12	8	8075.40	12187.50	12681.25	8
安　徽	Anhui	6417.61	13224.00	13869.54	10	5301.60	11323.25	11775.64	10
福　建	Fujian	4946.43	11184.70	11553.54	13	4199.90	9289.22	9472.81	13
江　西	Jiangxi	3676.81	8642.02	9749.67	18	3167.34	7607.29	8461.50	15
山　东	Shandong	27316.67	51666.73	54516.52	3	22992.76	44937.52	47419.29	3
河　南	Henan	11122.44	25831.88	27566.27	4	9463.51	22889.73	24412.65	4
湖　北	Hubei	8665.21	15881.60	16431.11	7	7268.03	13316.35	13675.54	7
湖　南	Hunan	4770.85	9298.45	9817.60	17	3782.15	7317.54	7840.97	18
广　东	Guangdong	28450.38	52877.20	58286.75	1	23956.89	43439.36	47687.68	2
广　西	Guangxi	2639.06	7174.42	7692.50	21	2194.74	6068.83	6501.99	21
海　南	Hainan	159.53	350.35	237.73	30	116.05	272.72	195.44	30
重　庆	Chongqing	3117.76	9093.01	9837.27	16	2623.82	7729.60	8353.39	16
四　川	Sichuan	6370.42	12855.59	14220.33	9	5155.93	10735.35	11797.85	9
贵　州	Guizhou	1511.71	2982.30	3076.16	27	1116.11	2099.85	2148.24	27
云　南	Yunnan	2289.78	4437.80	4407.73	25	1590.71	3041.03	3094.76	26
西　藏	Tibet	9.26	25.93	34.99	31	17.77	36.69	44.35	31
陕　西	Shaanxi	5215.81	10003.63	10366.33	15	3653.55	7894.73	8284.09	17
甘　肃	Gansu	3494.35	6398.11	5523.56	23	2846.38	5765.51	4830.29	22
青　海	Qinghai	835.39	994.55	987.12	29	644.61	776.87	777.40	29
宁　夏	Ningxia	757.83	1727.22	1807.03	28	616.74	1483.13	1463.88	28
新　疆	Xinjiang	3111.21	4765.61	4541.86	24	2078.44	3792.13	3599.94	25

11-16 大型工业企业销售费用和管理费用

Sales Expenses and Administrative Expenses of Large Industrial Enterprises

单位：亿元　　(100 million yuan)

地区	Region	销售费用 Sales Expenses 2015	2016	2016排名 Ranking	管理费用 Administrative Expenses 2010	2015	2016	2016排名 Ranking
全　国	**National Total**	**12192.79**	**13239.69**		**9870.73**	**17176.93**	**18115.52**	
北　京	Beijing	533.31	582.35	5	183.00	394.95	432.39	17
天　津	Tianjin	391.55	399.84	11	187.34	414.81	401.04	19
河　北	Hebei	307.66	344.12	14	414.08	602.94	610.55	8
山　西	Shanxi	348.15	319.23	16	465.91	430.81	436.91	16
内蒙古	Inner Mongolia	212.58	204.27	22	155.56	280.84	247.92	24
辽　宁	Liaoning	342.73	372.38	12	602.34	640.53	608.58	9
吉　林	Jilin	444.52	494.15	7	264.10	395.64	438.24	15
黑龙江	Heilongjiang	102.87	91.41	26	301.80	355.23	297.10	20
上　海	Shanghai	547.02	539.46	6	450.41	1017.26	1053.98	4
江　苏	Jiangsu	1382.70	1528.20	2	784.24	1845.98	1947.08	2
浙　江	Zhejiang	532.23	617.66	4	287.17	750.96	829.58	5
安　徽	Anhui	339.33	365.66	13	425.03	552.53	561.15	11
福　建	Fujian	333.66	336.03	15	228.45	419.29	456.51	14
江　西	Jiangxi	182.16	219.99	19	121.48	259.58	288.39	21
山　东	Shandong	1135.80	1274.57	3	1225.86	1533.10	1624.13	3
河　南	Henan	435.30	479.81	9	407.45	673.78	751.85	6
湖　北	Hubei	469.45	482.69	8	528.05	664.72	701.53	7
湖　南	Hunan	248.36	250.40	18	215.35	432.34	459.81	13
广　东	Guangdong	2371.20	2677.63	1	1059.08	2848.10	3280.10	1
广　西	Guangxi	199.18	210.20	21	107.33	268.29	267.29	22
海　南	Hainan	16.51	16.22	30	6.42	12.69	12.85	30
重　庆	Chongqing	276.50	299.97	17	150.94	408.68	423.35	18
四　川	Sichuan	392.06	474.03	10	334.04	579.87	606.69	10
贵　州	Guizhou	94.30	99.74	25	77.80	140.41	137.24	27
云　南	Yunnan	112.05	104.61	24	124.60	197.92	188.69	25
西　藏	Tibet	0.04	0.06	31		1.12	1.03	31
陕　西	Shaanxi	201.86	219.55	20	396.16	493.87	504.56	12
甘　肃	Gansu	69.84	58.98	27	143.81	182.17	162.89	26
青　海	Qinghai	35.94	30.59	29	35.35	40.27	43.71	29
宁　夏	Ningxia	28.37	35.25	28	40.11	71.25	82.68	28
新　疆	Xinjiang	105.57	110.61	23	147.45	266.97	257.69	23

11-17 大型工业企业财务费用和营业利润

Financial Expenses and Operating Profit of Large Industrial Enterprises

单位：亿元 (100 million yuan)

地区	Region	财务费用 Financial Expenses				营业利润 Operating Profit			
		2010	2015	2016	2016排名 Ranking	2010	2015	2016	2016排名 Ranking
全　国	**National Total**	**2259.68**	**5563.80**	**5024.10**		**18425.16**	**22063.23**	**25378.64**	
北　京	Beijing	49.15	133.00	139.87	14	294.88	970.16	943.04	9
天　津	Tianjin	50.19	93.78	68.72	25	817.16	1279.47	1115.48	7
河　北	Hebei	173.82	298.58	264.52	6	774.71	333.49	757.14	11
山　西	Shanxi	133.74	325.16	320.35	4	529.09	-51.39	162.27	23
内蒙古	Inner Mongolia	55.59	177.30	167.44	11	635.86	187.88	412.56	19
辽　宁	Liaoning	123.39	330.69	279.15	5	549.65	-11.06	123.00	24
吉　林	Jilin	34.43	77.69	68.94	24	502.75	484.49	536.76	16
黑龙江	Heilongjiang	25.92	59.28	45.05	28	828.67	60.37	-83.40	31
上　海	Shanghai	-2.19	46.34	21.16	29	1036.13	1624.69	1761.79	4
江　苏	Jiangsu	222.01	466.22	416.70	2	2058.00	3433.84	3737.25	2
浙　江	Zhejiang	107.39	145.04	121.11	16	629.36	1165.30	1440.58	5
安　徽	Anhui	73.88	229.25	196.43	8	549.85	431.22	625.02	14
福　建	Fujian	45.33	135.79	114.15	18	422.32	672.48	942.54	10
江　西	Jiangxi	34.44	67.80	66.93	26	190.70	336.75	466.43	17
山　东	Shandong	320.98	784.12	737.08	1	2187.17	2799.25	2939.85	3
河　南	Henan	160.25	359.06	373.10	3	653.74	1123.52	1184.15	6
湖　北	Hubei	115.61	209.73	174.94	10	737.11	741.61	984.06	8
湖　南	Hunan	64.00	167.00	147.95	13	405.21	304.72	302.23	21
广　东	Guangdong	113.92	210.84	165.03	12	1820.12	3535.72	3859.15	1
广　西	Guangxi	41.58	75.19	73.84	22	169.87	399.50	466.02	18
海　南	Hainan	4.09	14.16	10.40	30	23.81	34.41	2.96	29
重　庆	Chongqing	28.95	74.76	83.69	20	149.76	479.25	561.72	15
四　川	Sichuan	72.75	257.39	202.52	7	388.39	503.12	646.15	13
贵　州	Guizhou	36.91	90.26	78.35	21	134.71	319.08	358.06	20
云　南	Yunnan	21.02	141.66	120.79	17	222.05	223.78	207.80	22
西　藏	Tibet	-0.13	1.34	1.06	31	-8.54	-13.20	-11.57	30
陕　西	Shaanxi	42.10	192.26	190.98	9	811.45	724.68	708.08	12
甘　肃	Gansu	34.91	140.53	113.78	19	151.80	-163.47	41.70	27
青　海	Qinghai	36.18	58.50	62.40	27	98.39	28.51	27.96	28
宁　夏	Ningxia	16.33	59.47	71.42	23	76.96	16.78	48.39	26
新　疆	Xinjiang	23.15	140.71	126.23	15	584.04	88.28	111.44	25

11-18 大型工业企业利润总额和平均用工人数

Total Profit and Value Added Tax Payable of Large Industrial Enterprises

地区	Region	利润总额（亿元） Total Profit (100 million yuan)				平均用工人数（万人） Average Number of Employed Persons (10 000 persons)		
		2010	2015	2016	2016排名 Ranking	2015	2016	2016排名 Ranking
全　国	**National Total**	**17630.35**	**23582.32**	**26787.79**		**2951.81**	**3197.69**	
北　京	Beijing	299.89	1070.90	1035.76	9	31.34	44.25	22
天　津	Tianjin	848.13	1297.12	1150.89	7	42.33	65.50	18
河　北	Hebei	619.61	380.39	804.98	11	101.55	138.03	5
山　西	Shanxi	513.33	-16.95	202.12	23	59.65	107.33	10
内蒙古	Inner Mongolia	573.32	199.85	415.60	19	34.46	44.13	23
辽　宁	Liaoning	523.12	85.02	193.94	24	72.74	95.03	12
吉　林	Jilin	431.00	551.56	569.46	16	28.57	55.59	20
黑龙江	Heilongjiang	825.55	98.58	-73.73	31	29.17	57.95	19
上　海	Shanghai	1049.72	1709.19	1830.93	4	66.66	75.84	14
江　苏	Jiangsu	1815.78	3412.59	3717.92	2	313.60	359.46	2
浙　江	Zhejiang	631.99	1263.29	1525.31	5	214.50	130.65	6
安　徽	Anhui	442.79	451.46	663.87	14	75.84	102.47	11
福　建	Fujian	416.17	668.56	950.22	10	159.11	108.18	9
江　西	Jiangxi	192.37	370.96	493.21	17	95.31	72.25	15
山　东	Shandong	2143.19	2925.77	3048.83	3	234.10	303.07	3
河　南	Henan	646.72	1083.60	1188.43	6	251.03	252.58	4
湖　北	Hubei	684.44	831.85	1120.44	8	97.22	114.00	8
湖　南	Hunan	311.99	334.74	346.25	21	121.86	70.66	16
广　东	Guangdong	1869.17	3902.18	4143.08	1	523.67	534.30	1
广　西	Guangxi	181.61	416.12	485.61	18	71.52	51.33	21
海　南	Hainan	25.09	35.60	4.43	29	5.11	2.53	30
重　庆	Chongqing	128.46	544.94	634.74	15	61.79	66.63	17
四　川	Sichuan	374.85	593.98	712.58	12	110.13	114.23	7
贵　州	Guizhou	140.04	356.72	371.02	20	31.52	29.58	26
云　南	Yunnan	224.40	243.45	247.33	22	33.90	26.22	27
西　藏	Tibet	-1.97	-12.91	-12.23	30	0.69	0.53	31
陕　西	Shaanxi	813.67	694.54	711.99	13	40.93	84.92	13
甘　肃	Gansu	141.03	-123.57	59.23	27	13.09	33.00	24
青　海	Qinghai	98.81	52.20	38.97	28	5.45	10.27	29
宁　夏	Ningxia	73.49	24.65	64.68	26	7.81	15.55	28
新　疆	Xinjiang	592.58	135.93	141.93	25	17.14	31.60	25

11-19 大型工业企业投资收益和亏损企业亏损额

Return on Investment Income and Amount of Loss of Large-sized Industrial Enterprises

单位：亿元 (100 million yuan)

地区	Region	投资收益（损失以“-”号记） Investment Income (Loss is Marked as "-") 2015	2016	2016排名 Ranking	亏损企业亏损额 Loss Ratio of Unprofitable Firms 2015	2016	2016排名 Ranking
全　国	**National Total**	**2977.33**	**2572.20**		**4419.14**	**3780.28**	
北　京	Beijing	511.98	456.50	2	48.07	62.98	20
天　津	Tianjin	22.53	20.18	21	71.67	105.54	12
河　北	Hebei	-38.42	-35.91	30	290.34	106.68	11
山　西	Shanxi	32.09	86.21	8	253.11	130.63	10
内蒙古	Inner Mongolia	38.27	43.02	17	246.38	188.88	8
辽　宁	Liaoning	89.47	57.95	12	406.08	427.32	1
吉　林	Jilin	94.00	75.29	10	194.12	160.24	9
黑龙江	Heilongjiang	2.15	2.08	25	133.17	250.00	5
上　海	Shanghai	588.89	503.03	1	89.45	85.79	16
江　苏	Jiangsu	92.74	119.03	7	234.39	209.28	7
浙　江	Zhejiang	121.45	149.64	6	48.79	48.61	22
安　徽	Anhui	97.30	53.24	16	187.06	18.96	26
福　建	Fujian	41.67	53.43	15	105.02	37.42	24
江　西	Jiangxi	18.47	25.95	19	36.69	45.30	23
山　东	Shandong	223.20	193.90	4	225.72	348.04	3
河　南	Henan	54.62	81.84	9	299.39	354.07	2
湖　北	Hubei	194.17	189.48	5	207.10	86.55	15
湖　南	Hunan	41.86	27.87	18	100.03	87.14	14
广　东	Guangdong	501.64	323.53	3	126.83	72.74	19
广　西	Guangxi	17.79	-1.39	28	38.74	17.13	28
海　南	Hainan	3.44	0.61	26	2.43	9.54	30
重　庆	Chongqing	62.05	54.63	14	88.02	81.63	17
四　川	Sichuan	27.32	-32.03	29	199.32	320.98	4
贵　州	Guizhou	12.22	18.47	22	25.52	17.61	27
云　南	Yunnan	63.78	55.98	13	113.86	79.34	18
西　藏	Tibet	0.02	0.02	27	13.05	12.82	29
陕　西	Shaanxi	87.08	66.70	11	85.91	56.94	21
甘　肃	Gansu	-43.89	-50.65	31	244.85	88.32	13
青　海	Qinghai	1.21	8.63	23	30.58	6.19	31
宁　夏	Ningxia	5.58	3.02	24	45.29	26.66	25
新　疆	Xinjiang	12.64	21.95	20	228.18	236.98	6

11-20 中型工业企业工业销售产值和资产总计
Sales Value and Total Assets of Medium-sized Industrial Enterprises

单位：亿元 (100 million yuan)

地区	Region	工业销售产值（当年价格）Sales Value (current prices) 2010	2015	2016	2016排名 Ranking	资产总计 Total Assets 2010	2015	2016	2016排名 Ranking
全　国	**National Total**	**199057.02**	**275163.79**	**289440.19**		**191194.55**	**242810.41**	**258989.44**	
北　京	Beijing	3879.69	3075.64	3397.45	22	11607.66	5481.19	6205.45	17
天　津	Tianjin	5254.66	6483.39	6656.67	14	4320.15	5184.44	6530.17	14
河　北	Hebei	7760.96	10739.87	10740.12	10	6113.44	9207.52	9683.61	9
山　西	Shanxi	4032.00	3390.56	3524.56	20	6060.32	9557.48	10162.14	7
内蒙古	Inner Mongolia	4573.75	5814.32	6370.15	17	5527.96	8515.40	9729.78	8
辽　宁	Liaoning	6971.18	6396.45	4140.26	19	6372.92	8157.00	7590.64	12
吉　林	Jilin	2235.40	3485.93	3452.12	21	2340.49	2929.92	3399.41	24
黑龙江	Heilongjiang	2096.43	2249.41	2290.34	24	2505.92	2841.25	2869.60	26
上　海	Shanghai	9146.95	6542.37	6551.19	15	8550.34	7896.06	8314.31	11
江　苏	Jiangsu	25363.62	36925.42	39599.85	1	21845.14	26542.62	28421.06	1
浙　江	Zhejiang	18462.54	20061.78	20998.17	5	18337.41	20502.39	21957.37	3
安　徽	Anhui	4679.31	7522.98	7887.07	13	4520.48	5891.16	6445.78	15
福　建	Fujian	7927.10	11897.00	13476.60	6	6572.93	9034.98	10360.92	6
江　西	Jiangxi	2901.53	10871.45	11338.78	7	2438.38	5805.70	6388.12	16
山　东	Shandong	21425.29	28736.23	29389.67	3	15102.49	20382.66	20813.99	4
河　南	Henan	10829.48	23761.95	26125.18	4	7077.57	16290.04	17148.08	5
湖　北	Hubei	5710.47	9821.25	10918.90	9	5370.46	6630.87	7369.11	13
湖　南	Hunan	3880.14	9127.16	9788.41	11	3687.13	5325.13	6018.33	18
广　东	Guangdong	27446.62	31941.74	33357.94	2	22246.28	26211.64	27080.59	2
广　西	Guangxi	3164.26	6979.94	7943.35	12	3458.33	5239.44	5697.92	19
海　南	Hainan	896.58	1105.95	1129.56	27	913.55	1288.17	1471.76	29
重　庆	Chongqing	2882.05	5630.86	6471.68	16	2816.22	4391.22	4989.85	21
四　川	Sichuan	7511.92	10281.72	11000.68	8	7828.10	8560.60	8563.41	10
贵　州	Guizhou	1294.76	2411.33	2816.90	23	2168.69	3896.09	3948.18	23
云　南	Yunnan	2450.18	2213.19	2205.14	25	4101.00	4003.37	4065.96	22
西　藏	Tibet	23.62	47.87	57.60	31	96.75	173.97	236.91	31
陕　西	Shaanxi	2891.40	4185.13	4298.16	18	3576.36	5123.70	5555.78	20
甘　肃	Gansu	1008.24	994.69	967.28	28	1375.55	1677.47	1791.43	27
青　海	Qinghai	435.43	588.68	650.80	30	781.43	1201.55	1132.75	30
宁　夏	Ningxia	660.90	781.96	737.66	29	1391.26	1621.64	1662.96	28
新　疆	Xinjiang	1260.60	1097.59	1157.95	26	2089.85	3245.73	3384.04	25

11-21 中型工业企业固定资产合计和流动资产合计

Total Fixed Assets and Total Current Assets of Medium-sized Industrial Enterprises

单位：亿元 (100 million yuan)

地区	Region	固定资产合计 Total Fixed Assets 2015	2016	2016排名 Ranking	流动资产合计 Total Current Assets 2015	2016	2016排名 Ranking
全　国	**National Total**	**90770.92**	**96200.02**		**113295.12**	**120769.47**	
北　京	Beijing	870.92	859.56	26	3283.34	3726.86	11
天　津	Tianjin	1639.50	2289.01	17	2689.67	3059.91	14
河　北	Hebei	4214.46	4327.58	7	3871.79	4176.11	8
山　西	Shanxi	4215.88	4526.60	6	2951.57	3031.80	15
内蒙古	Inner Mongolia	3751.75	3943.01	8	2726.00	3193.34	13
辽　宁	Liaoning	3016.94	2375.08	15	4047.40	3963.42	9
吉　林	Jilin	1246.87	1455.56	24	1171.85	1422.16	23
黑龙江	Heilongjiang	1256.99	1218.01	25	1182.57	1229.17	25
上　海	Shanghai	1603.80	1491.68	23	5034.50	5286.17	6
江　苏	Jiangsu	9520.47	10285.44	1	13517.70	14485.98	2
浙　江	Zhejiang	6096.87	6624.77	5	10609.24	11237.85	3
安　徽	Anhui	2294.19	2352.43	16	2625.91	3006.88	16
福　建	Fujian	2871.30	3595.60	9	4594.99	4786.59	7
江　西	Jiangxi	2924.49	3149.41	11	2013.85	2269.56	19
山　东	Shandong	7737.66	7703.05	4	10018.36	10688.80	4
河　南	Henan	7852.95	8675.98	2	6850.72	6821.91	5
湖　北	Hubei	2411.28	2663.00	13	3351.72	3646.16	12
湖　南	Hunan	2627.91	2820.13	12	2006.82	2238.27	20
广　东	Guangdong	7634.50	7717.82	3	14508.15	15234.46	1
广　西	Guangxi	2126.59	2223.39	18	2314.02	2621.29	17
海　南	Hainan	628.71	779.23	28	413.75	471.46	29
重　庆	Chongqing	1767.99	1991.79	19	2024.81	2350.13	18
四　川	Sichuan	3210.96	3458.74	10	3920.44	3865.44	10
贵　州	Guizhou	1806.02	1833.38	20	1379.20	1414.55	24
云　南	Yunnan	1633.65	1623.60	21	1501.08	1539.72	22
西　藏	Tibet	44.75	71.29	31	48.87	70.64	31
陕　西	Shaanxi	2215.80	2510.12	14	1905.62	2054.58	21
甘　肃	Gansu	829.78	805.95	27	645.23	702.39	27
青　海	Qinghai	483.97	507.39	30	432.89	405.20	30
宁　夏	Ningxia	754.88	757.58	29	624.65	647.44	28
新　疆	Xinjiang	1479.09	1563.81	22	1028.42	1121.22	26

11-22 中型工业企业负债合计和流动负债合计

Total Liabilities and Current Liability Assets of Medium-sized Industrial Enterprises

单位：亿元 (100 million yuan)

地区	Region	负债合计 Total Liabilities 2010	2015	2016	2016排名 Ranking	流动负债合计 Current Liability Assets 2015	2016	2016排名 Ranking
全　国	**National Total**	**111326.24**	**135561.25**	**142524.09**		**104357.48**	**119348.01**	
北　京	Beijing	5518.13	2792.99	3261.53	17	2284.11	2647.81	15
天　津	Tianjin	2592.72	2986.48	3927.47	14	2486.92	2413.25	17
河　北	Hebei	3732.70	4844.21	5017.03	9	3753.00	3979.60	8
山　西	Shanxi	4088.82	7730.07	8185.26	5	5706.33	6178.34	5
内蒙古	Inner Mongolia	3238.87	5588.33	6256.77	7	3218.40	3664.23	10
辽　宁	Liaoning	3840.18	4935.07	4831.65	10	3817.76	3829.13	9
吉　林	Jilin	1363.68	1645.28	1865.11	25	1243.38	1504.68	24
黑龙江	Heilongjiang	1598.29	1719.22	1836.53	26	1286.32	1315.93	26
上　海	Shanghai	4626.81	3982.70	4100.61	12	3494.84	3622.51	11
江　苏	Jiangsu	12439.74	13819.70	14460.48	1	11799.02	12379.03	1
浙　江	Zhejiang	11089.94	11589.64	11951.33	3	9804.88	10109.54	3
安　徽	Anhui	2755.84	3238.91	3559.03	15	2497.20	2746.13	14
福　建	Fujian	3346.54	4608.73	5382.33	8	3544.47	4212.20	7
江　西	Jiangxi	1385.14	2466.19	2545.46	23	1826.48	1852.34	22
山　东	Shandong	8849.18	11492.95	11657.63	4	8982.89	9294.92	4
河　南	Henan	3955.06	6656.65	6652.21	6	4733.40	4759.86	6
湖　北	Hubei	3338.37	3571.64	3929.21	13	2772.54	3078.02	13
湖　南	Hunan	2219.91	2428.78	2772.01	22	1729.54	1888.14	21
广　东	Guangdong	12503.93	14218.85	14149.62	2	11539.73	11747.09	2
广　西	Guangxi	2099.02	3126.60	3342.77	16	2263.00	2424.34	16
海　南	Hainan	460.53	742.58	852.08	29	435.48	492.83	30
重　庆	Chongqing	1678.99	2668.49	2912.36	20	2101.11	2245.74	18
四　川	Sichuan	4832.34	4748.37	4498.64	11	3578.67	3240.05	12
贵　州	Guizhou	1454.93	2850.45	2865.39	21	1778.74	1768.39	23
云　南	Yunnan	2623.32	2861.12	3065.72	19	2069.67	2064.31	20
西　藏	Tibet	45.29	77.45	124.34	31	44.29	61.45	31
陕　西	Shaanxi	2209.69	2962.22	3164.10	18	2102.02	2195.28	19
甘　肃	Gansu	868.97	1121.80	1167.62	27	718.68	792.69	27
青　海	Qinghai	465.84	833.34	828.87	30	587.97	599.36	29
宁　夏	Ningxia	908.38	1093.93	1087.75	28	725.69	774.91	28
新　疆	Xinjiang	1195.10	2158.51	2273.20	24	1430.94	1465.88	25

11-23 中型工业企业所有者权益合计和实收资本
Total Owner's Equity and Paid-in Capital of Medium-sized Industrial Enterprises

单位：亿元 (100 million yuan)

地区	Region	所有者权益合计 Total Owner's Equity				实收资本 Paid-in Capital		
		2010	2015	2016	2016排名 Ranking	2015	2016	2016排名 Ranking
全　国	**National Total**	**79401.38**	**107120.92**	**116507.61**		**51803.53**	**54538.70**	
北　京	Beijing	6089.54	2688.20	2943.88	14	1212.15	1259.29	19
天　津	Tianjin	1727.43	2192.43	2735.08	17	1202.30	1441.45	17
河　北	Hebei	2340.08	4340.10	4663.64	7	1719.78	2042.71	7
山　西	Shanxi	1949.82	1817.22	1974.67	21	1469.10	1565.61	12
内蒙古	Inner Mongolia	2251.21	2927.08	3473.01	11	1523.15	1695.31	9
辽　宁	Liaoning	2511.63	3238.24	2763.52	16	1557.11	1574.51	11
吉　林	Jilin	970.10	1291.26	1534.30	22	525.29	657.21	25
黑龙江	Heilongjiang	899.67	1122.04	1033.07	25	513.41	578.88	26
上　海	Shanghai	3923.53	3904.17	4161.05	8	1937.39	1928.70	8
江　苏	Jiangsu	9405.40	12722.92	13962.10	1	6123.51	6654.52	1
浙　江	Zhejiang	7247.47	8911.77	9985.19	4	4155.60	4207.09	3
安　徽	Anhui	1746.27	2621.64	2889.14	15	1408.84	1509.33	16
福　建	Fujian	3208.98	4424.99	4975.51	6	2084.75	2290.62	6
江　西	Jiangxi	1042.88	3334.92	3841.34	10	1360.36	1526.49	14
山　东	Shandong	6175.34	8881.06	9156.36	5	3441.51	3610.73	5
河　南	Henan	3080.49	9623.53	10493.10	3	4292.50	4176.30	4
湖　北	Hubei	2010.92	3059.10	3439.66	12	1395.07	1560.66	13
湖　南	Hunan	1467.21	2899.29	3272.24	13	1639.93	1656.14	10
广　东	Guangdong	9702.49	11946.54	12900.27	2	6102.81	6345.53	2
广　西	Guangxi	1341.53	2112.08	2353.98	19	1373.30	956.82	20
海　南	Hainan	452.85	545.60	619.69	28	315.48	349.36	28
重　庆	Chongqing	1132.86	1720.78	2077.42	20	732.00	872.22	21
四　川	Sichuan	2965.32	3811.22	4064.77	9	1518.29	1525.85	15
贵　州	Guizhou	705.18	1045.71	1082.79	24	716.69	724.34	23
云　南	Yunnan	1467.49	1142.25	999.26	26	785.80	814.87	22
西　藏	Tibet	51.46	96.53	112.57	31	46.03	72.68	31
陕　西	Shaanxi	1356.96	2161.48	2391.23	18	1109.08	1282.64	18
甘　肃	Gansu	492.44	555.66	623.73	27	308.57	395.06	27
青　海	Qinghai	308.83	368.20	303.88	30	210.45	216.01	30
宁　夏	Ningxia	482.71	527.71	575.22	29	325.89	340.71	29
新　疆	Xinjiang	893.27	1087.22	1105.95	23	697.40	707.06	24

11-24 中型工业企业主营业务收入和主营业务成本

Revenue from Principal Business and Cost of Principal Business of Medium-sized Industrial Enterprises

单位：亿元 (100 million yuan)

地区	Region	主营业务收入 Revenue from Principal Business				主营业务成本 Cost of Principal Business			
		2010	2015	2016	2016排名 Ranking	2010	2015	2016	2016排名 Ranking
全　国	**National Total**	**200996.90**	**272360.51**	**286489.86**		**167138.16**	**230665.36**	**242783.33**	
北　京	Beijing	4186.60	3522.90	3903.22	20	3386.33	2765.21	3126.31	20
天　津	Tianjin	5454.09	6720.86	6667.24	15	4699.16	5667.82	5600.81	14
河　北	Hebei	7796.98	10546.00	10595.43	9	6478.53	8950.89	9036.94	8
山　西	Shanxi	4094.92	3312.17	3482.50	21	3245.19	2813.80	2822.73	21
内蒙古	Inner Mongolia	4647.36	5843.28	6309.81	17	3485.25	4893.50	5302.07	17
辽　宁	Liaoning	7042.25	6392.93	4324.00	18	5955.22	5396.52	3628.84	18
吉　林	Jilin	2273.33	3151.32	3244.22	22	1746.20	2603.38	2701.13	22
黑龙江	Heilongjiang	2232.77	2280.26	2295.50	24	1772.17	1881.33	1901.73	24
上　海	Shanghai	9619.98	6933.27	6954.81	14	7918.91	5507.64	5481.52	15
江　苏	Jiangsu	25405.22	37014.00	40134.65	1	21258.96	31156.28	33930.43	1
浙　江	Zhejiang	18647.45	19676.02	20520.76	5	15815.82	16898.63	17441.99	5
安　徽	Anhui	4615.46	7347.30	7545.60	12	3739.01	6220.18	6426.15	12
福　建	Fujian	7933.81	11749.87	13346.98	6	6631.91	9994.55	11409.79	6
江　西	Jiangxi	2943.53	11026.42	11491.83	7	2485.76	9637.08	10006.42	7
山　东	Shandong	21507.20	28927.98	29481.26	3	18524.86	25334.75	25801.11	3
河　南	Henan	11028.25	23411.80	25783.50	4	9343.99	20334.42	22478.21	4
湖　北	Hubei	5608.34	9427.55	10272.27	10	4657.10	7910.31	8762.01	10
湖　南	Hunan	3841.55	8807.73	9586.95	11	3102.17	7157.40	7790.48	11
广　东	Guangdong	27623.46	31367.20	32859.42	2	23170.48	26567.83	27808.87	2
广　西	Guangxi	3201.47	6602.00	7438.62	13	2653.94	5429.61	6187.24	13
海　南	Hainan	868.19	950.66	1033.70	27	664.51	728.60	785.82	27
重　庆	Chongqing	2882.78	5719.66	6513.64	16	2427.81	4824.78	5475.79	16
四　川	Sichuan	7484.54	10044.76	10708.67	8	6084.93	8453.92	9008.03	9
贵　州	Guizhou	1241.25	2183.98	2565.68	23	991.08	1761.62	2096.39	23
云　南	Yunnan	2471.16	2219.20	2149.73	25	1946.74	1919.61	1820.05	25
西　藏	Tibet	22.71	46.73	57.84	31	13.21	30.81	36.64	31
陕　西	Shaanxi	2945.20	3891.51	3968.48	19	2243.49	3050.89	3139.28	19
甘　肃	Gansu	956.48	840.33	811.49	28	788.21	741.98	718.17	28
青　海	Qinghai	439.75	499.25	500.55	30	328.06	444.85	443.04	30
宁　夏	Ningxia	665.11	789.76	750.64	29	572.52	678.23	662.62	29
新　疆	Xinjiang	1315.71	1113.82	1190.88	26	1006.64	908.92	952.72	26

11-25 中型工业企业销售费用和管理费用

Sales Expenses and of Administrative Expenses Medium-sized Industrial Enterprises

单位：亿元 (100 million yuan)

地区	Region	销售费用 Sales Expenses			管理费用 Administrative Expenses			
		2015	2016	2016排名 Ranking	2010	2015	2016	2016排名 Ranking
全　国	**National Total**	**7373.18**	**7663.18**		**9037.52**	**11193.02**	**11723.38**	
北　京	Beijing	222.24	234.74	11	231.26	270.70	300.78	13
天　津	Tianjin	116.29	116.05	21	207.44	208.18	219.97	20
河　北	Hebei	199.28	199.56	13	260.00	319.16	315.34	12
山　西	Shanxi	82.30	90.18	23	255.39	230.58	245.75	17
内蒙古	Inner Mongolia	121.61	130.02	18	180.86	211.57	222.25	19
辽　宁	Liaoning	202.36	157.09	16	301.88	329.03	248.81	16
吉　林	Jilin	124.16	126.48	20	140.75	167.66	173.94	22
黑龙江	Heilongjiang	91.91	90.90	22	102.24	124.82	122.84	24
上　海	Shanghai	409.08	398.64	6	579.70	536.21	549.11	5
江　苏	Jiangsu	1058.44	1086.74	1	977.38	1520.17	1605.27	2
浙　江	Zhejiang	521.32	561.08	4	778.98	928.84	1020.49	3
安　徽	Anhui	185.68	204.02	12	190.54	268.25	290.06	14
福　建	Fujian	303.55	324.18	9	294.61	441.26	486.47	8
江　西	Jiangxi	181.23	179.46	15	109.73	236.36	245.73	18
山　东	Shandong	606.13	623.68	3	841.11	802.87	797.24	4
河　南	Henan	436.79	466.93	5	282.04	503.19	540.75	6
湖　北	Hubei	287.17	303.88	10	340.83	446.48	477.43	9
湖　南	Hunan	314.32	366.28	7	250.54	454.14	526.67	7
广　东	Guangdong	861.56	889.79	2	1159.18	1564.71	1612.35	1
广　西	Guangxi	127.46	136.59	17	274.94	315.77	337.43	11
海　南	Hainan	36.67	35.00	27	26.95	31.35	31.54	28
重　庆	Chongqing	157.78	186.95	14	190.90	231.81	273.05	15
四　川	Sichuan	326.65	347.42	8	458.16	440.08	452.50	10
贵　州	Guizhou	77.35	87.46	24	79.28	127.08	139.16	23
云　南	Yunnan	82.74	84.73	25	160.31	119.25	122.32	25
西　藏	Tibet	1.68	1.58	31	2.44	3.88	5.79	31
陕　西	Shaanxi	124.51	129.51	19	178.44	191.70	195.30	21
甘　肃	Gansu	27.58	30.25	28	67.07	44.78	47.28	27
青　海	Qinghai	19.81	16.64	29	31.81	23.13	21.23	30
宁　夏	Ningxia	19.92	16.06	30	24.88	30.04	25.58	29
新　疆	Xinjiang	45.61	41.31	26	57.87	69.96	70.96	26

11-26 中型工业企业财务费用和营业利润

Financial Expenses and Operating Profit of Medium-sized Industrial Enterprises

单位：亿元 (100 million yuan)

地区	Region	财务费用 Financial Expenses				营业利润 Operating Profit			
		2010	2015	2016	2016排名 Ranking	2010	2015	2016	2016排名 Ranking
全 国	**National Total**	**2418.07**	**3305.70**	**3182.62**		**17965.42**	**17511.70**	**18813.44**	
北 京	Beijing	58.20	45.80	43.68	24	477.76	251.15	269.42	19
天 津	Tianjin	35.53	51.66	47.69	23	443.28	592.37	560.79	12
河 北	Hebei	85.98	115.33	110.14	10	767.97	800.93	776.81	8
山 西	Shanxi	107.14	187.65	201.53	6	402.62	-70.35	35.00	26
内蒙古	Inner Mongolia	84.02	135.61	131.18	9	795.58	431.48	443.33	17
辽 宁	Liaoning	83.45	108.32	104.97	12	603.14	260.86	127.71	23
吉 林	Jilin	27.29	47.15	50.39	22	150.97	175.28	173.64	20
黑龙江	Heilongjiang	31.67	39.64	39.65	25	212.62	131.37	130.60	22
上 海	Shanghai	60.00	31.97	25.75	27	676.67	503.20	536.72	13
江 苏	Jiangsu	229.44	321.49	308.79	2	2173.02	2829.16	3085.98	1
浙 江	Zhejiang	294.48	291.66	252.34	3	1322.17	1056.59	1291.40	5
安 徽	Anhui	61.23	74.07	71.36	18	556.62	531.51	483.15	16
福 建	Fujian	82.40	130.37	138.09	7	803.59	804.72	899.94	7
江 西	Jiangxi	30.38	64.39	66.69	19	214.48	835.75	926.96	6
山 东	Shandong	249.12	342.81	317.18	1	1582.35	1577.19	1709.84	4
河 南	Henan	117.35	216.35	219.26	4	1070.47	1780.94	1938.55	3
湖 北	Hubei	89.73	106.38	97.74	13	571.06	617.70	571.95	11
湖 南	Hunan	66.13	96.58	105.19	11	391.66	520.71	585.51	10
广 东	Guangdong	182.65	231.20	209.28	5	2394.18	1890.84	2086.59	2
广 西	Guangxi	46.33	83.51	76.05	16	306.30	452.29	513.52	14
海 南	Hainan	10.79	15.58	22.04	29	73.38	37.04	65.84	24
重 庆	Chongqing	37.53	59.43	58.47	20	212.68	418.09	490.07	15
四 川	Sichuan	108.52	141.38	132.03	8	716.94	589.69	667.19	9
贵 州	Guizhou	41.96	85.12	80.81	14	91.38	108.97	141.64	21
云 南	Yunnan	67.66	80.99	73.48	17	262.02	5.10	-155.14	31
西 藏	Tibet	0.35	0.33	0.45	31	6.58	9.33	12.28	28
陕 西	Shaanxi	47.16	71.69	76.76	15	370.16	355.21	387.40	18
甘 肃	Gansu	18.33	28.99	25.75	27	51.12	-14.60	-18.80	30
青 海	Qinghai	12.24	19.54	16.76	30	81.05	-12.69	0.49	29
宁 夏	Ningxia	24.72	31.50	27.77	26	35.49	21.93	18.34	27
新 疆	Xinjiang	26.29	49.21	51.36	21	148.13	19.94	56.70	25

11-27 中型工业企业利润总额和平均用工人数

Total Profit and Average Number of Employed Persons of Medium-sized Industrial Enterprises

地区	Region	利润总额（亿元） Total Profit (100 million yuan)				平均用工人数（万人） Average Number of Employed Persons (10 000 persons)		
		2010	2015	2016	2016排名 Ranking	2015	2016	2016排名 Ranking
全　国	**National Total**	**17346.83**	**17982.59**	**19405.01**		**2951.81**	**2853.87**	
北　京	Beijing	514.34	305.27	329.30	19	31.34	29.85	23
天　津	Tianjin	459.37	597.43	569.11	12	42.33	38.45	19
河　北	Hebei	646.41	799.68	765.09	8	101.55	95.63	9
山　西	Shanxi	368.25	-57.01	4.02	29	59.65	57.66	16
内蒙古	Inner Mongolia	656.92	385.75	430.68	17	34.46	38.41	20
辽　宁	Liaoning	590.74	319.47	177.53	21	72.74	55.97	17
吉　林	Jilin	153.95	182.07	194.36	20	28.57	29.66	24
黑龙江	Heilongjiang	216.34	147.88	146.43	23	29.17	27.61	25
上　海	Shanghai	700.79	535.70	571.30	11	66.66	61.10	15
江　苏	Jiangsu	2044.47	2868.08	3142.97	1	313.60	312.16	2
浙　江	Zhejiang	1366.01	1113.21	1374.88	5	214.50	209.66	5
安　徽	Anhui	522.39	487.25	497.94	16	75.84	74.35	12
福　建	Fujian	773.90	796.88	899.73	7	159.11	154.69	6
江　西	Jiangxi	212.64	849.56	931.07	6	95.31	92.47	11
山　东	Shandong	1459.59	1635.14	1756.16	4	234.10	217.30	4
河　南	Henan	1019.36	1795.13	1952.29	3	251.03	261.43	3
湖　北	Hubei	516.24	650.79	612.75	10	97.22	93.27	10
湖　南	Hunan	379.35	497.37	556.02	13	121.86	120.25	7
广　东	Guangdong	2444.39	1960.27	2185.63	2	523.67	498.74	1
广　西	Guangxi	295.74	476.06	529.55	14	71.52	74.05	13
海　南	Hainan	74.88	43.34	70.58	25	5.11	5.26	29
重　庆	Chongqing	191.74	431.05	506.66	15	61.79	61.68	14
四　川	Sichuan	694.20	613.90	694.64	9	110.13	101.80	8
贵　州	Guizhou	100.85	118.88	149.93	22	31.52	29.93	22
云　南	Yunnan	257.80	21.05	-132.68	31	33.90	30.21	21
西　藏	Tibet	7.11	9.67	12.48	27	0.69	0.65	31
陕　西	Shaanxi	357.38	350.11	385.04	18	40.93	39.83	18
甘　肃	Gansu	55.66	-7.78	-13.41	30	13.09	12.53	27
青　海	Qinghai	65.86	-6.20	4.24	28	5.45	5.04	30
宁　夏	Ningxia	42.35	24.74	25.50	26	7.81	7.22	28
新　疆	Xinjiang	157.81	37.85	75.19	24	17.14	17.03	26

11-28 中型工业企业投资收益和亏损企业亏损额

Return on Investment Income and Amount of Loss of Medium-sized Industrial Enterprises

单位：亿元 (100 million yuan)

地区	Region	投资收益（损失以"-"号记） Investment Income (Loss is Marked as "-") 2015	2016	2016排名 Ranking	亏损企业亏损额 Loss Ratio of Unprofitable Firms 2015	2016	2016排名 Ranking
全　国	**National Total**	**179.18**	**248.09**		**2434.61**	**2296.66**	
北　京	Beijing	88.86	121.97	1	107.81	121.19	6
天　津	Tianjin	-19.92	-31.62	29	47.69	43.13	20
河　北	Hebei	-136.94	-133.52	31	90.36	83.58	9
山　西	Shanxi	7.07	3.60	15	248.87	189.72	2
内蒙古	Inner Mongolia	6.61	2.14	18	181.15	180.31	3
辽　宁	Liaoning	3.40	10.08	7	97.19	102.45	8
吉　林	Jilin	16.99	11.27	6	40.53	33.95	26
黑龙江	Heilongjiang	7.60	4.43	14	41.23	40.95	23
上　海	Shanghai	64.31	66.46	3	80.93	72.14	11
江　苏	Jiangsu	37.43	61.57	4	180.26	152.35	4
浙　江	Zhejiang	72.05	111.91	2	83.48	64.61	12
安　徽	Anhui	3.60	-10.29	27	36.59	35.97	24
福　建	Fujian	-15.78	-0.49	23	91.27	63.64	13
江　西	Jiangxi	-0.72	2.81	16	14.31	10.36	29
山　东	Shandong	14.43	9.92	8	163.73	107.29	7
河　南	Henan	1.90	6.01	12	96.62	78.08	10
湖　北	Hubei	5.96	0.20	21	42.17	46.49	19
湖　南	Hunan	-5.87	-2.30	25	47.99	35.13	25
广　东	Guangdong	18.39	48.88	5	162.49	150.49	5
广　西	Guangxi	-11.86	-51.92	30	62.99	54.94	16
海　南	Hainan	4.99	7.15	11	11.37	7.14	30
重　庆	Chongqing	7.90	-2.80	26	31.30	42.07	21
四　川	Sichuan	-11.97	-13.68	28	89.84	55.52	15
贵　州	Guizhou	2.59	1.85	20	69.28	58.52	14
云　南	Yunnan	3.22	8.79	10	112.69	284.08	1
西　藏	Tibet	0.17	0.02	22	0.12		
陕　西	Shaanxi	5.35	4.47	13	48.52	41.18	22
甘　肃	Gansu	1.29	2.58	17	45.13	53.95	17
青　海	Qinghai	-3.30	-2.22	24	31.41	20.16	27
宁　夏	Ningxia	1.15	1.94	19	23.01	15.85	28
新　疆	Xinjiang	10.27	8.87	9	54.27	51.44	18

11-29 小型工业企业工业销售产值和资产总计
Sales Value and Total Assets of Small Industrial Enterprises

单位：亿元 (100 million yuan)

地区	Region	工业销售产值（当年价格） Sales Value (current prices)				资产总计 Total Assets			
		2010	2015	2016	2016排名 Ranking	2010	2015	2016	2016排名 Ranking
全　国	**National Total**	**258832.78**	**423636.98**	**443351.84**		**165430.34**	**304559.51**	**318806.10**	
北　京	Beijing	3157.45	2897.97	2980.64	25	3677.55	5628.83	6202.40	18
天　津	Tianjin	4080.26	6991.52	7384.97	17	3684.22	5904.51	5898.46	21
河　北	Hebei	10680.45	18455.91	19183.04	9	5404.20	12182.07	12898.93	7
山　西	Shanxi	2040.77	2935.03	3061.70	24	2618.99	5332.90	5254.86	23
内蒙古	Inner Mongolia	4982.34	7552.31	8266.40	15	3732.00	8280.60	8489.80	14
辽　宁	Liaoning	17390.13	15317.51	6238.19	20	8957.86	11089.86	9621.49	12
吉　林	Jilin	4790.71	10995.38	11788.15	13	2914.25	5872.62	5932.07	20
黑龙江	Heilongjiang	2554.73	4755.29	4746.04	22	2062.48	4067.35	4223.69	26
上　海	Shanghai	7914.38	7997.18	8358.30	14	7772.46	9412.93	10244.87	10
江　苏	Jiangsu	36992.00	54952.60	59434.96	2	21994.06	34939.18	37356.69	1
浙　江	Zhejiang	22389.13	28918.12	29570.93	4	21130.91	29604.85	29769.22	3
安　徽	Anhui	7250.13	18978.73	21487.39	6	4577.74	10308.88	11154.44	8
福　建	Fujian	8591.20	17084.05	18273.15	10	5679.26	10508.43	10061.22	11
江　西	Jiangxi	7580.56	12916.35	14472.86	12	2957.57	6424.85	7505.47	15
山　东	Shandong	35192.78	65933.55	67638.34	1	14495.00	32478.60	32487.04	2
河　南	Henan	13780.41	25222.32	26867.23	5	5639.75	16197.47	16876.77	5
湖　北	Hubei	6928.60	18831.87	20019.42	7	4535.43	10902.06	11075.96	9
湖　南	Hunan	10156.62	17555.44	19663.31	8	4276.30	7785.31	8543.35	13
广　东	Guangdong	28244.82	35263.82	38080.84	3	16877.38	25933.84	28490.77	4
广　西	Guangxi	3428.01	7062.96	7579.09	16	2677.99	4297.12	4466.12	25
海　南	Hainan	290.22	365.18	398.50	30	332.54	782.20	721.52	30
重　庆	Chongqing	3038.46	6231.32	7254.59	18	2117.81	4962.84	5854.02	22
四　川	Sichuan	9263.65	15870.00	17251.96	11	6623.96	13724.69	14311.66	6
贵　州	Guizhou	1256.68	5089.56	5772.11	21	1275.91	4298.73	4466.96	24
云　南	Yunnan	1564.27	3251.41	3707.22	23	2477.84	6224.70	6468.40	16
西　藏	Tibet	28.25	64.78	84.29	31	89.74	309.46	443.25	31
陕　西	Shaanxi	2759.21	6178.37	7190.24	19	2625.10	5217.46	6295.04	17
甘　肃	Gansu	782.03	1815.87	1936.17	27	1416.89	3370.21	3560.06	27
青　海	Qinghai	253.36	870.03	1025.02	29	457.22	1426.02	1684.95	29
宁　夏	Ningxia	448.47	985.39	1106.30	28	571.30	2098.49	2338.17	28
新　疆	Xinjiang	1022.71	2297.15	2530.47	26	1776.62	5082.47	6108.49	19

11-30 小型工业企业固定资产合计和流动资产合计
Total Fixed Assets and Total Current Assets of Small-sized Industrial Enterprises

单位：亿元 (100 million yuan)

地区	Region	固定资产合计 Total Fixed Assets 2015	2016	2016排名 Ranking	流动资产合计 Total Current Assets 2015	2016	2016排名 Ranking
全　国	**National Total**	**115054.41**	**117988.45**		**143742.87**	**150197.10**	
北　京	Beijing	820.65	783.97	29	3478.52	3750.48	13
天　津	Tianjin	1588.56	1608.47	26	3580.55	3551.34	14
河　北	Hebei	5423.24	5870.93	7	5054.65	5234.93	10
山　西	Shanxi	2159.50	2207.75	20	2274.86	2166.76	21
内蒙古	Inner Mongolia	3996.25	3990.90	8	2721.75	2726.80	17
辽　宁	Liaoning	4747.51	3256.62	14	4695.20	4459.85	12
吉　林	Jilin	2483.01	2512.46	17	2558.50	2485.21	20
黑龙江	Heilongjiang	1758.24	1709.43	23	1721.86	1779.25	26
上　海	Shanghai	2055.43	2020.64	21	6180.29	6762.70	6
江　苏	Jiangsu	11745.61	12495.34	2	19090.99	20345.90	1
浙　江	Zhejiang	8368.12	8347.93	3	17049.89	17033.28	2
安　徽	Anhui	3712.83	3879.56	9	5211.85	5801.99	7
福　建	Fujian	3456.95	2922.36	16	5230.16	5493.44	8
江　西	Jiangxi	2636.53	3029.59	15	2562.08	3045.31	16
山　东	Shandong	14660.81	15354.62	1	12556.78	12200.11	4
河　南	Henan	6797.09	7473.81	4	7099.86	7078.21	5
湖　北	Hubei	4006.47	3858.66	10	5144.74	5223.96	11
湖　南	Hunan	3556.15	3806.55	11	2877.25	3236.42	15
广　东	Guangdong	7929.48	7312.81	5	14471.85	16173.28	3
广　西	Guangxi	1537.73	1674.84	25	2013.81	2087.18	23
海　南	Hainan	231.19	265.79	30	311.17	307.61	30
重　庆	Chongqing	2168.99	2352.69	18	2111.00	2513.35	19
四　川	Sichuan	6405.00	6598.18	6	5030.83	5346.19	9
贵　州	Guizhou	1517.68	1706.61	24	1992.10	1878.59	25
云　南	Yunnan	3383.14	3475.52	12	2048.51	2132.06	22
西　藏	Tibet	159.19	176.26	31	87.88	131.22	31
陕　西	Shaanxi	1873.90	2273.26	19	2298.84	2673.27	18
甘　肃	Gansu	1714.38	1749.12	22	1225.87	1243.57	27
青　海	Qinghai	789.28	916.27	28	428.80	558.97	29
宁　夏	Ningxia	896.06	1087.02	27	883.07	869.74	28
新　疆	Xinjiang	2475.42	3270.50	13	1749.35	1906.14	24

11-31 小型工业企业负债合计和流动负债合计

Total Liabilities and Current Liability Assets of Small-sized Industrial Enterprises

单位：亿元 (100 million yuan)

地区	Region	负债合计 Total Liabilities				流动负债合计 Current Liability Assets		
		2010	2015	2016	2016排名 Ranking	2015	2016	2016排名 Ranking
全　国	**National Total**	**90548.23**	**162602.13**	**168199.31**		**119752.38**	**125199.11**	
北　京	Beijing	2067.91	2852.88	3029.21	22	2509.63	2676.08	16
天　津	Tianjin	2106.66	3614.20	3583.73	18	2995.51	2957.43	14
河　北	Hebei	2774.93	5798.43	5878.75	6	4308.67	4335.10	8
山　西	Shanxi	1762.65	3912.79	3869.85	16	2779.25	2723.98	15
内蒙古	Inner Mongolia	2316.29	5346.62	5372.37	11	3163.16	3159.40	13
辽　宁	Liaoning	4341.34	5787.56	5561.06	9	4362.37	4314.49	9
吉　林	Jilin	1298.81	3032.91	2885.46	23	1793.00	2116.42	23
黑龙江	Heilongjiang	1162.71	2224.13	2268.28	27	1555.20	1613.18	26
上　海	Shanghai	4138.22	4852.01	5296.22	12	4247.13	4548.51	6
江　苏	Jiangsu	12331.48	18204.43	19117.22	1	16011.89	16735.82	1
浙　江	Zhejiang	13236.12	18061.16	17592.40	2	15543.06	15381.58	2
安　徽	Anhui	2429.74	5285.81	5637.32	8	4167.78	4452.33	7
福　建	Fujian	2885.21	5451.51	4850.74	13	3964.50	3831.83	12
江　西	Jiangxi	1399.50	2872.03	3286.76	21	2053.02	2354.63	19
山　东	Shandong	6359.09	14631.14	14590.90	4	9994.99	10175.46	4
河　南	Henan	2245.41	5496.85	5668.23	7	3771.29	3955.04	10
湖　北	Hubei	2339.86	5386.23	5428.89	10	3910.54	3923.21	11
湖　南	Hunan	2049.10	3330.00	3831.09	17	2204.19	2344.67	20
广　东	Guangdong	9769.75	14723.84	15645.50	3	11030.86	12188.94	3
广　西	Guangxi	1612.91	2599.10	2647.61	25	1840.43	1870.63	24
海　南	Hainan	165.96	389.29	361.06	30	265.98	249.28	30
重　庆	Chongqing	1257.76	2938.90	3378.90	19	2091.32	2263.01	22
四　川	Sichuan	3932.91	8062.78	8606.33	5	4319.90	4975.61	5
贵　州	Guizhou	798.86	2556.26	2715.80	24	1612.01	1679.57	25
云　南	Yunnan	1612.54	4181.82	4389.07	14	2277.27	2523.24	18
西　藏	Tibet	26.65	216.29	261.70	31	166.88	197.12	31
陕　西	Shaanxi	1448.88	2783.20	3358.48	20	1889.14	2280.03	21
甘　肃	Gansu	918.79	2204.82	2343.74	26	1138.30	1202.42	27
青　海	Qinghai	284.31	985.86	1113.52	29	648.54	733.62	29
宁　夏	Ningxia	365.08	1363.38	1471.10	28	799.45	851.09	28
新　疆	Xinjiang	1108.81	3455.91	4158.54	15	2337.12	2585.70	17

11-32 小型工业企业所有者权益合计和实收资本
Total Owner's Equity and Paid-in Capital of Small-sized Industrial Enterprises

单位：亿元 (100 million yuan)

地区	Region	所有者权益合计 Total Owner's Equity 2010	2015	2016	2016排名 Ranking	实收资本 Paid-in Capital 2015	2016	2016排名 Ranking
全　国	**National Total**	**74343.74**	**138984.95**	**147263.57**		**80249.93**	**95749.15**	
北　京	Beijing	1609.65	2748.82	3150.13	15	1325.87	1461.08	21
天　津	Tianjin	1577.52	2275.11	2295.76	20	1620.98	1742.45	19
河　北	Hebei	2590.32	6253.43	6887.25	6	3897.43	5134.14	7
山　西	Shanxi	846.19	1395.49	1385.85	26	1205.36	1181.91	23
内蒙古	Inner Mongolia	1397.68	2881.60	3032.54	17	2858.52	3862.93	10
辽　宁	Liaoning	4553.09	5250.98	3521.25	14	2755.03	2293.05	15
吉　林	Jilin	1595.64	2803.35	3032.60	16	2518.18	1403.75	22
黑龙江	Heilongjiang	890.43	1831.53	1945.70	23	894.20	7039.09	4
上　海	Shanghai	3634.24	4503.44	4781.42	11	2654.29	2778.97	13
江　苏	Jiangsu	9662.58	16583.23	18107.50	1	9558.00	10155.64	1
浙　江	Zhejiang	7894.80	11435.49	11901.45	4	6416.33	8856.98	2
安　徽	Anhui	2110.05	4839.02	5392.51	9	2435.52	4796.87	8
福　建	Fujian	2789.12	4877.30	5087.54	10	3372.69	2625.12	14
江　西	Jiangxi	1544.11	3476.83	4149.83	13	2001.35	1821.97	17
山　东	Shandong	8054.18	17281.97	17538.80	2	7064.06	7401.72	3
河　南	Henan	3351.88	10062.05	10966.74	5	5312.06	5554.11	6
湖　北	Hubei	2164.07	5452.15	5563.57	8	3456.80	4626.15	9
湖　南	Hunan	2227.10	4429.01	4683.59	12	2216.00	3324.91	11
广　东	Guangdong	7069.10	10838.79	12279.65	3	6008.47	6624.19	5
广　西	Guangxi	1045.35	1673.11	1806.97	24	795.62	834.31	27
海　南	Hainan	165.08	392.43	360.46	30	140.43	263.60	30
重　庆	Chongqing	852.97	1986.44	2344.15	19	910.15	1051.63	24
四　川	Sichuan	2636.40	5576.04	5593.04	7	3064.52	3001.56	12
贵　州	Guizhou	472.52	1734.09	1744.97	25	2003.55	991.70	25
云　南	Yunnan	857.51	2030.95	2068.32	21	1675.05	1779.06	18
西　藏	Tibet	62.97	93.16	175.63	31	47.55	60.88	31
陕　西	Shaanxi	1158.19	2339.68	2867.56	18	1320.28	1858.93	16
甘　肃	Gansu	490.58	1155.14	1217.61	27	832.25	865.60	26
青　海	Qinghai	169.93	439.10	568.76	29	257.34	332.37	29
宁　夏	Ningxia	205.99	719.41	864.88	28	444.53	546.54	28
新　疆	Xinjiang	664.51	1625.82	1947.54	22	1187.52	1477.95	20

11-33 小型工业企业主营业务收入和主营业务成本

Revenue from Principal Business and Cost of Principal Business of Small Industrial Enterprises

单位：亿元 (100 million yuan)

地区	Region	主营业务收入 Revenue from Principal Business				主营业务成本 Cost of Principal Business			
		2010	2015	2016	2016排名 Ranking	2010	2015	2016	2016排名 Ranking
全　国	**National Total**	**258730.27**	**415925.14**	**436064.14**		**220040.26**	**359218.93**	**376885.67**	
北　京	Beijing	3419.66	3324.21	3390.82	24	2862.42	2702.32	2691.34	24
天　津	Tianjin	4295.17	7016.53	7218.30	16	3782.37	6140.25	6391.56	16
河　北	Hebei	10697.53	18031.52	18879.09	9	9069.64	15762.79	16558.15	7
山　西	Shanxi	2066.98	2869.36	2931.73	25	1774.45	2535.77	2563.69	25
内蒙古	Inner Mongolia	4950.62	7472.80	7994.49	15	3897.90	6177.15	6767.08	15
辽　宁	Liaoning	17386.56	15212.26	6782.72	19	14844.45	13569.59	6003.78	19
吉　林	Jilin	4669.90	10435.62	11227.44	13	3950.93	9029.80	9693.75	13
黑龙江	Heilongjiang	2523.93	4610.87	4719.40	22	2128.29	4087.63	4205.16	22
上　海	Shanghai	8265.98	8462.21	8962.51	14	6922.21	7026.42	7350.64	14
江　苏	Jiangsu	37018.78	54260.23	58814.46	2	32361.72	46835.17	50791.45	2
浙　江	Zhejiang	22315.49	28536.84	29141.01	4	19409.51	24260.80	24710.22	4
安　徽	Anhui	7131.53	18493.11	20775.32	6	6168.06	16210.37	18270.06	6
福　建	Fujian	8599.13	16656.71	17636.71	10	7391.47	14473.55	15321.96	10
江　西	Jiangxi	7630.13	13286.37	14719.82	12	6492.67	11761.20	13006.84	12
山　东	Shandong	34839.13	65034.16	66643.42	1	29721.66	57457.58	58934.48	1
河　南	Henan	14012.43	24122.27	26307.39	5	11509.16	20768.66	22761.60	5
湖　北	Hubei	6878.01	17870.07	19147.26	8	5805.21	15337.65	16526.11	8
湖　南	Hunan	10057.39	17304.28	19730.09	7	8041.61	14333.02	16393.39	9
广　东	Guangdong	28041.02	34913.46	38005.14	3	24124.07	30376.71	33085.86	3
广　西	Guangxi	3395.32	6666.09	7100.17	18	2858.74	5699.70	6084.06	17
海　南	Hainan	295.12	360.71	397.50	30	227.56	297.87	325.11	30
重　庆	Chongqing	3038.48	6089.58	7116.13	17	2541.87	5110.68	6061.06	18
四　川	Sichuan	9207.85	15745.56	16600.26	11	7763.10	13325.56	14129.42	11
贵　州	Guizhou	1173.05	4710.53	5530.60	21	935.61	3862.48	4611.36	21
云　南	Yunnan	1595.30	3172.69	3591.56	23	1315.78	2624.81	2993.26	23
西　藏	Tibet	27.74	63.72	79.00	31	17.33	41.49	48.87	31
陕　西	Shaanxi	2727.79	5795.52	6693.09	20	2085.17	4853.18	5590.90	20
甘　肃	Gansu	697.57	1450.92	1515.24	27	562.12	1249.18	1320.76	27
青　海	Qinghai	249.94	676.87	756.81	29	209.60	588.28	650.50	29
宁　夏	Ningxia	457.05	955.78	1088.44	28	401.69	829.23	935.61	28
新　疆	Xinjiang	1065.69	2324.31	2568.21	26	863.88	1890.02	2107.62	26

11-34 小型工业企业销售费用和管理费用

Sales Expenses and Administrative Expenses of Small Industrial Enterprises

单位：亿元 (100 million yuan)

地区	Region	销售费用 Sales Expenses			管理费用 Administrative Expenses			
		2015	2016	2016排名 Ranking	2010	2015	2016	2016排名 Ranking
全　国	**National Total**	**9584.27**	**10271.99**		**9964.74**	**14755.35**	**15651.83**	
北　京	Beijing	169.70	207.90	15	230.57	290.96	311.24	14
天　津	Tianjin	147.53	157.53	21	166.27	267.94	273.87	18
河　北	Hebei	316.68	331.06	13	258.43	411.22	420.60	13
山　西	Shanxi	90.96	85.38	25	82.15	104.70	104.45	26
内蒙古	Inner Mongolia	129.85	147.18	22	153.03	235.54	251.84	21
辽　宁	Liaoning	274.79	159.71	20	645.89	468.79	300.38	15
吉　林	Jilin	295.39	335.16	12	253.14	427.24	456.85	12
黑龙江	Heilongjiang	108.77	102.59	23	91.89	149.59	146.25	24
上　海	Shanghai	357.23	378.77	11	531.80	664.41	711.15	7
江　苏	Jiangsu	1178.11	1286.07	1	1260.77	2117.88	2280.74	1
浙　江	Zhejiang	653.50	688.83	4	999.89	1422.42	1503.67	3
安　徽	Anhui	429.69	480.00	8	229.64	550.24	617.83	9
福　建	Fujian	368.08	408.74	10	337.58	597.99	629.74	8
江　西	Jiangxi	198.30	219.82	14	153.02	269.14	299.12	16
山　东	Shandong	1167.40	1190.02	2	1125.01	1489.66	1499.44	4
河　南	Henan	496.38	552.12	7	266.65	476.85	532.12	11
湖　北	Hubei	524.65	559.89	6	309.15	700.19	754.98	6
湖　南	Hunan	502.19	591.46	5	536.24	679.26	806.27	5
广　东	Guangdong	835.87	905.29	3	1062.42	1488.87	1652.77	2
广　西	Guangxi	146.43	171.52	19	266.03	262.74	273.47	19
海　南	Hainan	13.86	19.86	29	14.56	20.11	22.29	30
重　庆	Chongqing	170.08	181.25	18	144.79	259.23	282.80	17
四　川	Sichuan	439.06	475.55	9	423.76	572.74	614.98	10
贵　州	Guizhou	157.76	191.32	17	71.48	228.74	238.06	22
云　南	Yunnan	80.45	91.56	24	86.16	133.69	149.74	23
西　藏	Tibet	4.56	5.33	31	3.53	5.11	5.45	31
陕　西	Shaanxi	175.14	195.27	16	137.53	240.67	272.20	20
甘　肃	Gansu	37.83	39.97	27	34.30	56.71	59.80	27
青　海	Qinghai	12.42	14.02	30	15.71	19.95	26.18	29
宁　夏	Ningxia	24.15	26.50	28	16.95	35.48	36.60	28
新　疆	Xinjiang	77.47	72.31	26	56.38	107.31	116.96	25

11-35 小型工业企业财务费用和营业利润

Financial Expenses and Operating Profit of Small Industrial Enterprises

单位：亿元 (100 million yuan)

地区	Region	财务费用 Financial Expenses				营业利润 Operating Profit			
		2010	2015	2016	2016排名 Ranking	2010	2015	2016	2016排名 Ranking
全　国	**National Total**	**2346.93**	**4624.75**	**4443.85**		**19146.63**	**24350.96**	**25420.07**	
北　京	Beijing	17.88	31.96	31.84	28	183.38	159.74	194.90	23
天　津	Tianjin	25.48	58.20	53.97	25	243.31	332.32	317.15	20
河　北	Hebei	82.12	171.46	160.50	9	1008.90	1177.42	1247.84	6
山　西	Shanxi	38.99	91.46	87.81	17	103.79	32.35	74.43	26
内蒙古	Inner Mongolia	63.99	134.06	127.70	12	675.41	635.06	603.91	13
辽　宁	Liaoning	105.73	138.02	109.68	15	1306.12	646.51	179.11	24
吉　林	Jilin	42.26	122.55	123.83	13	271.22	485.48	513.63	14
黑龙江	Heilongjiang	22.65	46.23	45.74	26	215.02	205.91	203.35	21
上　海	Shanghai	52.25	67.97	59.25	24	521.54	398.62	455.43	17
江　苏	Jiangsu	293.74	502.00	494.87	2	2295.72	3373.43	3675.42	2
浙　江	Zhejiang	351.43	501.82	434.41	3	1141.17	1368.35	1458.37	5
安　徽	Anhui	64.85	156.79	157.53	10	514.82	1040.49	1141.58	8
福　建	Fujian	90.39	164.91	137.03	11	629.13	887.73	1029.11	9
江　西	Jiangxi	42.87	71.45	74.39	19	515.13	898.76	1021.30	10
山　东	Shandong	286.10	540.72	531.84	1	2586.24	4091.25	3987.87	1
河　南	Henan	108.06	199.85	212.44	6	1678.03	2013.40	2094.52	3
湖　北	Hubei	80.55	200.88	194.70	7	509.81	953.99	961.80	11
湖　南	Hunan	87.31	162.66	176.99	8	836.66	1043.14	1204.64	7
广　东	Guangdong	149.36	286.75	286.53	4	1985.59	1820.52	1988.78	4
广　西	Guangxi	46.87	81.58	68.66	23	323.72	378.24	369.83	18
海　南	Hainan	2.19	6.30	7.86	30	38.34	23.98	23.58	29
重　庆	Chongqing	30.77	83.01	78.39	18	208.76	410.54	474.84	16
四　川	Sichuan	111.72	291.63	281.59	5	658.91	935.30	932.55	12
贵　州	Guizhou	17.69	73.09	69.53	22	75.20	240.98	320.49	19
云　南	Yunnan	40.24	140.77	123.66	14	118.57	177.75	199.88	22
西　藏	Tibet	0.07	3.23	3.04	31	4.86	9.10	15.71	30
陕　西	Shaanxi	32.10	66.01	73.75	20	314.22	393.24	491.97	15
甘　肃	Gansu	21.45	72.46	71.77	21	33.15	28.29	15.29	31
青　海	Qinghai	5.78	30.07	30.61	29	32.26	16.22	27.41	28
宁　夏	Ningxia	9.68	37.92	39.08	27	19.25	26.92	46.24	27
新　疆	Xinjiang	22.36	88.96	94.84	16	98.43	145.94	149.14	25

11-36 小型工业企业利润总额和平均用工人数
Total Profit and Average Number of Employed Persons of Small Industrial Enterprises

地区	Region	利润总额（亿元） Total Profit (100 million yuan)				平均用工人数（万人） Average Number of Employed Persons (10 000 persons)			
		2010	2015	2016	2016排名 Ranking		2015	2016	2016排名 Ranking
全　国	**National Total**	**18072.48**	**24622.16**	**25728.63**			**3529.79**	**3424.01**	
北　京	Beijing	214.11	221.53	243.20	21		31.86	30.34	24
天　津	Tianjin	244.56	327.27	326.69	19		45.80	43.03	20
河　北	Hebei	875.45	1180.92	1245.05	6		139.44	133.66	10
山　西	Shanxi	76.66	43.26	88.63	26		29.35	25.73	25
内蒙古	Inner Mongolia	458.21	462.95	498.14	16		42.66	38.17	21
辽　宁	Liaoning	1257.50	665.17	203.92	24		115.73	77.05	14
吉　林	Jilin	258.26	474.84	504.67	15		58.65	58.22	16
黑龙江	Heilongjiang	206.93	218.63	222.85	22		32.70	31.84	23
上　海	Shanghai	549.15	435.64	511.68	13		83.02	78.40	13
江　苏	Jiangsu	2110.31	3406.17	3713.51	2		447.37	440.22	1
浙　江	Zhejiang	1176.74	1463.49	1569.23	5		361.35	349.99	4
安　徽	Anhui	480.39	1061.41	1080.45	8		153.81	153.67	7
福　建	Fujian	564.11	894.38	1039.30	9		164.78	158.79	6
江　西	Jiangxi	504.76	894.13	1019.64	10		97.87	104.41	12
山　东	Shandong	2505.21	4099.57	4015.03	1		401.59	385.39	3
河　南	Henan	1636.13	2021.87	2099.88	3		215.71	210.17	5
湖　北	Hubei	467.87	973.37	980.28	11		141.37	136.59	9
湖　南	Hunan	760.11	976.59	1126.32	7		143.38	145.40	8
广　东	Guangdong	1926.07	1860.71	2054.32	4		405.27	402.82	2
广　西	Guangxi	294.24	386.88	378.19	18		50.78	49.24	18
海　南	Hainan	40.07	24.67	26.86	30		3.47	3.07	30
重　庆	Chongqing	198.39	435.87	506.96	14		63.80	66.64	15
四　川	Sichuan	592.80	963.39	932.60	12		123.24	122.12	11
贵　州	Guizhou	76.74	257.16	326.06	20		41.74	43.90	19
云　南	Yunnan	117.14	201.02	220.33	23		33.15	33.76	22
西　藏	Tibet	5.69	10.17	16.70	31		0.80	0.82	31
陕　西	Shaanxi	298.53	396.65	491.97	17		49.16	50.26	17
甘　肃	Gansu	34.82	39.46	26.87	29		15.24	14.18	27
青　海	Qinghai	17.34	21.84	36.81	28		4.92	4.82	29
宁　夏	Ningxia	22.16	35.95	53.06	27		8.95	8.35	28
新　疆	Xinjiang	102.04	167.19	169.46	25		22.83	22.94	26

11-37 小型工业企业投资收益和亏损企业亏损额

Return on Investment Income and Amount of Loss of Small-sized Industrial Enterprises

单位：亿元 (100 million yuan)

地区	Region	投资收益（损失以"-"号记） Investment Income (Loss is Marked as "-") 2015	2016	2016排名 Ranking	亏损企业亏损额 Loss Ratio of Unprofitable Firms 2015	2016	2016排名 Ranking
全　国	**National Total**	**-128.57**	**86.31**		**2513.09**	**2212.61**	
北　京	Beijing	35.15	57.08	3	58.38	77.68	10
天　津	Tianjin	-20.77	4.91	9	90.04	73.62	14
河　北	Hebei	-118.51	-60.06	30	100.15	75.64	12
山　西	Shanxi	3.80	2.71	11	117.54	78.35	9
内蒙古	Inner Mongolia	-51.03	-15.21	29	104.75	74.33	13
辽　宁	Liaoning	-21.74	9.01	6	105.70	113.64	6
吉　林	Jilin	15.10	8.90	7	39.59	32.61	26
黑龙江	Heilongjiang	1.28	1.17	17	46.53	36.73	25
上　海	Shanghai	44.79	35.21	4	150.22	139.98	4
江　苏	Jiangsu	18.48	34.42	5	301.08	259.51	1
浙　江	Zhejiang	51.81	65.34	2	215.45	170.91	3
安　徽	Anhui	-0.71	2.50	12	56.09	43.15	19
福　建	Fujian	-29.87	-12.43	27	63.11	48.81	17
江　西	Jiangxi	-2.24	2.49	13	22.66	17.79	28
山　东	Shandong	-25.82	-14.24	28	135.68	124.05	5
河　南	Henan	2.41	0.08	20	48.66	37.14	23
湖　北	Hubei	-7.94	-4.43	23	61.51	50.90	15
湖　南	Hunan	-4.97	-8.85	25	37.86	45.71	18
广　东	Guangdong	60.96	91.21	1	220.86	194.92	2
广　西	Guangxi	-69.73	-110.11	31	53.24	36.87	24
海　南	Hainan	3.87	2.76	10	9.65	8.91	30
重　庆	Chongqing	0.03	5.16	8	45.26	43.12	20
四　川	Sichuan	-13.70	-10.80	26	98.83	96.73	7
贵　州	Guizhou	0.53	-1.69	22	57.92	38.66	22
云　南	Yunnan	1.87	1.84	14	71.70	76.99	11
西　藏	Tibet	1.72	0.52	19	4.33	1.68	31
陕　西	Shaanxi	-2.04	-0.31	21	47.00	41.89	21
甘　肃	Gansu	1.12	1.84	14	39.96	50.76	16
青　海	Qinghai	-6.34	-4.46	24	14.23	11.11	29
宁　夏	Ningxia	0.55	0.57	18	20.53	17.96	27
新　疆	Xinjiang	4.37	1.20	16	74.60	92.47	8

11-38 采掘业工业企工业销售产值和资产总计
Sales Value and Total Assets of Extractive Industry

单位：亿元 (100 million yuan)

地区	Region	工业销售产值（当年价格） Sales Value (current prices) 2015	2016	2016排名 Ranking	资产总计 Total Assets 2015	2016	2016排名 Ranking
全 国	**National Total**	**49498.49**	**46200.00**		**97632.54**	**95769.18**	
北 京	Beijing	296.42	235.36	27	3211.23	3227.87	11
天 津	Tianjin	2005.05	948.59	17	3021.90	2139.66	14
河 北	Hebei	3021.61	2844.23	6	4957.46	4812.60	6
山 西	Shanxi	4472.69	4487.84	2	17127.22	17666.19	1
内蒙古	Inner Mongolia	5064.54	5549.87	1	7713.29	7951.83	4
辽 宁	Liaoning	1751.92	735.37	21	3036.28	2678.91	12
吉 林	Jilin	1150.82	1002.61	16	1810.07	1760.20	15
黑龙江	Heilongjiang	1482.43	1293.13	10	4000.89	3996.94	10
上 海	Shanghai	6.42	5.96	31	34.24	33.79	31
江 苏	Jiangsu	607.97	586.27	22	1269.31	1216.69	20
浙 江	Zhejiang	177.56	179.60	28	207.08	232.40	29
安 徽	Anhui	1328.90	1414.95	9	4111.39	4078.37	8
福 建	Fujian	558.79	583.91	23	332.89	351.39	27
江 西	Jiangxi	1018.57	1078.26	14	793.68	779.06	23
山 东	Shandong	4679.73	4147.11	4	10219.37	9497.52	2
河 南	Henan	4002.52	3722.06	5	5301.44	5275.51	5
湖 北	Hubei	1209.93	1088.68	13	1052.05	812.88	22
湖 南	Hunan	1337.65	1247.04	11	837.28	762.79	24
广 东	Guangdong	1113.49	1008.63	15	1456.38	1433.14	19
广 西	Guangxi	797.10	797.77	20	638.65	617.97	26
海 南	Hainan	31.69	27.72	30	192.39	115.02	30
重 庆	Chongqing	566.95	525.99	24	966.32	980.61	21
四 川	Sichuan	2711.74	2756.66	7	4220.09	4041.75	9
贵 州	Guizhou	1900.72	1987.55	8	2606.35	2465.20	13
云 南	Yunnan	753.58	801.11	19	1697.87	1581.54	17
西 藏	Tibet	19.16	33.53	29	222.54	317.54	28
陕 西	Shaanxi	4414.88	4320.61	3	8486.02	8939.65	3
甘 肃	Gansu	811.04	844.85	18	1474.15	1454.36	18
青 海	Qinghai	271.70	240.14	26	630.50	625.29	25
宁 夏	Ningxia	468.58	485.66	25	1494.40	1615.14	16
新 疆	Xinjiang	1464.34	1218.95	12	4509.90	4307.29	7

11-39 采掘业工业企业固定资产合计和流动资产合计
Total Fixed Assets and Total Current Assets of Extractive Industry

单位：亿元 (100 million yuan)

地区	Region	固定资产合计 Total Fixed Assets 2015	2016	2016排名 Ranking	流动资产合计 Total Current Assets 2015	2016	2016排名 Ranking
全　国	**National Total**	**43443.24**	**41646.06**		**31858.34**	**30504.37**	
北　京	Beijing	557.56	548.77	19	1188.53	1093.56	9
天　津	Tianjin	1489.03	1335.94	11	1258.36	570.11	15
河　北	Hebei	2081.23	1919.67	9	1803.62	1717.96	6
山　西	Shanxi	5940.52	5861.80	1	6946.38	6963.56	1
内蒙古	Inner Mongolia	2760.30	2681.31	5	2926.49	2741.93	3
辽　宁	Liaoning	1383.63	1217.93	12	1047.05	973.27	10
吉　林	Jilin	1186.56	1137.59	13	447.98	424.28	16
黑龙江	Heilongjiang	2427.86	2367.90	6	1025.29	1114.80	8
上　海	Shanghai	0.08	0.07	31	21.85	22.57	31
江　苏	Jiangsu	644.72	636.38	17	340.90	322.92	19
浙　江	Zhejiang	47.89	48.03	30	92.87	107.29	28
安　徽	Anhui	2187.28	1395.43	10	870.91	789.02	13
福　建	Fujian	143.75	138.57	27	107.49	112.58	27
江　西	Jiangxi	325.88	329.49	24	258.88	261.63	22
山　东	Shandong	4388.10	3946.08	3	3222.70	3227.03	2
河　南	Henan	2454.85	2336.64	7	1985.90	1975.74	5
湖　北	Hubei	433.35	325.26	25	383.90	326.14	18
湖　南	Hunan	440.75	388.33	22	237.21	225.89	25
广　东	Guangdong	713.55	691.30	16	236.95	249.56	23
广　西	Guangxi	198.29	166.50	26	286.32	272.21	21
海　南	Hainan	38.93	68.79	28	32.37	32.40	30
重　庆	Chongqing	495.86	545.67	20	234.77	233.82	24
四　川	Sichuan	1751.70	2151.84	8	1210.05	1232.06	7
贵　州	Guizhou	906.30	810.93	15	962.97	841.82	12
云　南	Yunnan	492.90	438.73	21	703.22	654.89	14
西　藏	Tibet	50.41	68.49	29	41.98	66.81	29
陕　西	Shaanxi	5122.89	5469.40	2	2173.54	2211.25	4
甘　肃	Gansu	933.91	889.52	14	379.31	371.72	17
青　海	Qinghai	353.86	354.95	23	182.62	170.64	26
宁　夏	Ningxia	606.28	586.51	18	295.19	295.46	20
新　疆	Xinjiang	2885.04	2788.23	4	952.71	901.44	11

11-40 采掘业工业企业负债合计和流动负债合计

Total Liabilities and Current Liabilities Assets of Extractive Industry

单位：亿元 (100 million yuan)

地区	Region	负债合计 Total Liabilities 2015	2016	2016排名 Ranking	流动负债合计 Current Liability Assets 2015	2016	2016排名 Ranking
全　国	**National Total**	**59154.06**	**58222.69**		**37764.78**	**37217.32**	
北　京	Beijing	1686.63	1734.83	10	1038.02	1026.15	12
天　津	Tianjin	2193.47	1254.14	14	1737.63	791.38	14
河　北	Hebei	2826.08	2706.41	7	2025.33	1913.73	6
山　西	Shanxi	13142.40	13754.68	1	8496.48	9333.81	1
内蒙古	Inner Mongolia	4134.35	4140.54	4	2391.66	2328.73	5
辽　宁	Liaoning	1761.29	1686.28	12	1180.13	1183.51	10
吉　林	Jilin	1001.14	975.00	16	674.81	636.23	16
黑龙江	Heilongjiang	1466.67	1492.79	13	893.67	927.03	13
上　海	Shanghai	7.70	6.92	31	2.79	1.78	31
江　苏	Jiangsu	762.68	720.92	20	512.16	465.66	20
浙　江	Zhejiang	135.39	154.97	29	111.02	124.53	27
安　徽	Anhui	2997.24	2922.44	6	1691.92	1809.40	7
福　建	Fujian	143.00	159.23	28	113.97	114.94	28
江　西	Jiangxi	408.32	406.08	23	273.42	283.26	23
山　东	Shandong	6452.19	6210.12	2	3666.95	3382.84	2
河　南	Henan	3045.18	3179.63	5	2238.03	2464.21	4
湖　北	Hubei	601.08	434.76	22	497.64	322.50	22
湖　南	Hunan	365.64	352.90	25	234.00	209.04	25
广　东	Guangdong	1116.29	916.69	18	696.10	608.72	18
广　西	Guangxi	371.93	354.80	24	283.65	258.08	24
海　南	Hainan	32.98	37.80	30	25.21	30.64	30
重　庆	Chongqing	528.48	568.01	21	343.62	404.19	21
四　川	Sichuan	2069.27	1948.29	9	1425.54	1267.95	9
贵　州	Guizhou	1773.24	1703.53	11	1137.98	1159.16	11
云　南	Yunnan	1021.10	966.56	17	853.06	770.77	15
西　藏	Tibet	130.06	188.47	27	47.52	67.75	29
陕　西	Shaanxi	4285.97	4601.70	3	2426.23	2661.01	3
甘　肃	Gansu	838.60	811.42	19	516.38	499.92	19
青　海	Qinghai	320.92	320.80	26	186.14	181.54	26
宁　夏	Ningxia	1055.49	1166.67	15	569.98	613.18	17
新　疆	Xinjiang	2479.30	2345.31	8	1473.71	1375.70	8

11-41 采掘业工业企业所有者权益合计和实收资本
Total Owner's Equities and Paid-in Capital of Extractive Industry

单位：亿元 (100 million yuan)

地区	Region	所有者权益合计 Total Owner's Equity			实收资本 Paid-in Capital		
		2015	2016	2016排名 Ranking	2015	2016	2016排名 Ranking
全　国	**National Total**	**38315.82**	**37404.36**		**18045.41**	**17965.42**	
北　京	Beijing	1524.60	1493.05	10	609.56	610.05	10
天　津	Tianjin	830.01	947.62	13	330.56	464.97	13
河　北	Hebei	2123.73	2092.73	6	642.62	831.32	7
山　西	Shanxi	3973.39	3912.76	2	2068.99	1971.04	3
内蒙古	Inner Mongolia	3574.67	3809.60	3	1090.07	1132.38	5
辽　宁	Liaoning	1272.04	976.80	12	783.40	632.63	8
吉　林	Jilin	802.89	784.18	14	268.31	300.57	18
黑龙江	Heilongjiang	2533.94	2504.15	5	623.77	624.60	9
上　海	Shanghai	26.55	26.88	31	9.00	9.00	31
江　苏	Jiangsu	505.49	492.84	19	268.98	262.68	19
浙　江	Zhejiang	71.69	77.18	30	46.40	45.74	29
安　徽	Anhui	1106.47	1146.93	11	581.43	597.69	12
福　建	Fujian	187.87	189.65	27	65.34	71.06	27
江　西	Jiangxi	383.87	367.25	24	172.35	193.67	23
山　东	Shandong	3728.45	3223.59	4	1204.51	1302.49	4
河　南	Henan	2212.61	2061.66	8	837.20	832.67	6
湖　北	Hubei	447.89	375.07	23	170.06	154.26	24
湖　南	Hunan	466.64	409.54	21	294.10	257.16	20
广　东	Guangdong	332.19	510.95	18	186.76	360.94	15
广　西	Guangxi	262.44	261.18	26	61.27	74.97	26
海　南	Hainan	159.21	77.21	29	22.40	22.58	30
重　庆	Chongqing	430.78	391.59	22	153.83	226.93	22
四　川	Sichuan	2139.41	2077.72	7	599.06	607.63	11
贵　州	Guizhou	830.13	759.34	15	362.65	320.65	17
云　南	Yunnan	674.77	613.78	17	366.70	332.58	16
西　藏	Tibet	92.48	129.07	28	62.20	92.98	25
陕　西	Shaanxi	4208.82	4333.66	1	2625.30	2825.15	1
甘　肃	Gansu	634.56	642.84	16	409.41	420.53	14
青　海	Qinghai	309.58	305.11	25	66.64	64.50	28
宁　夏	Ningxia	438.25	448.47	20	1041.08	244.73	21
新　疆	Xinjiang	2030.38	1961.98	9	2021.45	2077.26	2

11-42 采掘业工业企业主营业务收入和主营业务成本
Revenue from Principal Business and Cost of Principal Business of Extractive Industry

单位：亿元 (100 million yuan)

地区	Region	主营业务收入 Revenue from Principal Business			主营业务成本 Cost of Principal Business		
		2015	2016	2016排名 Ranking	2015	2016	2016排名 Ranking
全　国	**National Total**	**52300.39**	**48077.57**		**42690.30**	**39603.66**	
北　京	Beijing	420.36	363.12	24	387.26	343.68	25
天　津	Tianjin	2130.63	938.80	17	1673.80	724.74	18
河　北	Hebei	3537.84	3113.47	6	3048.38	2614.42	6
山　西	Shanxi	6106.38	5759.15	1	5110.66	4527.47	1
内蒙古	Inner Mongolia	5092.82	5565.10	2	3955.86	4278.38	3
辽　宁	Liaoning	1866.98	883.00	18	1684.07	947.51	13
吉　林	Jilin	1165.34	1011.09	14	1049.89	940.32	14
黑龙江	Heilongjiang	1495.74	1314.37	10	1102.55	1120.82	10
上　海	Shanghai	6.42	5.96	31	8.25	5.11	31
江　苏	Jiangsu	623.84	606.00	21	531.29	519.93	21
浙　江	Zhejiang	177.14	177.88	28	142.16	141.95	27
安　徽	Anhui	1744.14	1857.30	8	1591.27	1547.58	8
福　建	Fujian	546.64	568.28	22	462.42	488.89	22
江　西	Jiangxi	1033.13	1058.87	13	889.08	906.67	15
山　东	Shandong	5007.83	4912.02	3	4199.68	4283.40	2
河　南	Henan	4689.45	4091.19	4	4179.36	3678.79	4
湖　北	Hubei	1134.96	1001.50	15	943.09	849.25	16
湖　南	Hunan	1310.40	1252.38	12	1072.94	1021.67	12
广　东	Guangdong	1083.78	985.00	16	778.30	731.11	17
广　西	Guangxi	817.87	781.77	19	661.38	624.86	19
海　南	Hainan	29.20	27.20	30	19.95	22.44	29
重　庆	Chongqing	561.60	252.16	26	452.62	414.71	23
四　川	Sichuan	2692.00	2644.45	7	2185.81	2264.32	7
贵　州	Guizhou	1631.85	1717.62	9	1305.25	1382.48	9
云　南	Yunnan	722.47	740.09	20	581.53	601.26	20
西　藏	Tibet	26.75	35.23	29	16.84	20.66	30
陕　西	Shaanxi	3902.91	3821.29	5	2725.76	2761.90	5
甘　肃	Gansu	576.87	453.68	23	365.36	376.62	24
青　海	Qinghai	245.74	217.95	27	129.66	130.30	28
宁　夏	Ningxia	346.39	345.92	25	290.68	261.59	26
新　疆	Xinjiang	1572.91	1302.71	11	1145.15	1070.84	11

11-43 采掘业工业企业销售费用和管理费用
Sales Expenses and Administrative Expenses of Extractive Industry

单位：亿元 (100 million yuan)

地区	Region	销售费用 Sales Expenses 2015	2016	2016排名 Ranking	管理费用 Administrative Expenses 2015	2016	2016排名 Ranking
全　国	**National Total**	**1166.94**	**1063.65**		**3248.28**	**3115.79**	
北　京	Beijing	2.35	1.90	28	29.51	28.98	25
天　津	Tianjin	3.89	2.42	27	43.30	31.08	24
河　北	Hebei	46.48	40.65	9	159.96	138.52	9
山　西	Shanxi	306.16	271.65	1	422.13	408.46	1
内蒙古	Inner Mongolia	130.99	124.35	2	252.35	256.40	3
辽　宁	Liaoning	26.40	14.94	21	132.67	97.10	12
吉　林	Jilin	22.56	20.34	15	72.57	67.18	14
黑龙江	Heilongjiang	18.70	18.06	16	183.34	172.62	7
上　海	Shanghai	0.02	0.03	31	0.66	0.57	31
江　苏	Jiangsu	14.86	14.30	22	66.30	58.41	15
浙　江	Zhejiang	3.92	3.84	25	11.15	11.84	28
安　徽	Anhui	35.71	33.41	10	133.22	114.02	10
福　建	Fujian	17.04	17.28	19	31.89	31.42	23
江　西	Jiangxi	17.30	17.92	17	32.36	31.55	22
山　东	Shandong	78.75	61.68	3	373.85	379.33	2
河　南	Henan	57.45	54.79	4	193.68	192.71	5
湖　北	Hubei	35.55	32.95	11	60.02	53.62	17
湖　南	Hunan	40.36	40.93	8	72.72	72.32	13
广　东	Guangdong	18.15	17.34	18	42.16	39.67	20
广　西	Guangxi	26.54	29.82	12	47.47	45.06	18
海　南	Hainan	0.65	0.64	29	5.22	5.68	29
重　庆	Chongqing	18.86	16.48	20	40.85	35.68	21
四　川	Sichuan	59.12	51.59	7	139.89	160.55	8
贵　州	Guizhou	49.51	54.73	5	105.80	107.59	11
云　南	Yunnan	21.67	21.17	14	56.67	56.58	16
西　藏	Tibet	0.46	0.36	30	4.03	5.01	30
陕　西	Shaanxi	61.14	52.91	6	261.27	244.10	4
甘　肃	Gansu	10.56	12.03	23	32.52	24.91	26
青　海	Qinghai	3.50	2.83	26	23.52	23.41	27
宁　夏	Ningxia	9.93	10.24	24	35.02	40.50	19
新　疆	Xinjiang	28.38	22.07	13	182.19	180.93	6

11-44　采掘业工业企业财务费用和营业利润
Financial Expenses and Operating Profit of Extractive Industry

单位：亿元　　(100 million yuan)

地区	Region	财务费用 Financial Expenses 2015	2016	2016排名 Ranking	营业利润 Operating Profit 2015	2016	2016排名 Ranking
全　国	**National Total**	**1311.57**	**1257.98**		**2410.93**	**1750.62**	
北　京	Beijing	19.14	35.09	12	20.51	-12.82	25
天　津	Tianjin	32.86	-12.99	31	340.93	169.15	4
河　北	Hebei	77.03	70.18	7	153.87	202.63	3
山　西	Shanxi	305.92	336.36	1	-140.41	110.96	6
内蒙古	Inner Mongolia	77.30	70.80	6	539.53	680.66	1
辽　宁	Liaoning	44.09	39.81	11	-78.12	-248.08	31
吉　林	Jilin	27.78	25.62	13	-54.78	-65.01	28
黑龙江	Heilongjiang	14.22	11.66	21	77.08	-87.70	29
上　海	Shanghai	-0.54	-0.14	30	-2.08	0.32	22
江　苏	Jiangsu	11.74	14.05	17	-17.77	-35.57	26
浙　江	Zhejiang	3.40	3.42	26	10.88	10.75	19
安　徽	Anhui	97.76	95.03	3	-89.78	49.32	12
福　建	Fujian	3.13	2.77	27	25.10	18.91	15
江　西	Jiangxi	6.00	6.42	24	78.69	62.86	10
山　东	Shandong	139.33	134.20	2	93.47	-43.53	27
河　南	Henan	88.00	86.34	4	103.45	14.81	18
湖　北	Hubei	15.52	13.05	19	55.16	28.45	14
湖　南	Hunan	11.58	11.35	22	68.90	66.10	9
广　东	Guangdong	18.78	13.79	18	175.69	146.45	5
广　西	Guangxi	9.56	10.83	23	68.57	59.34	11
海　南	Hainan	0.38	0.64	28	1.74	-3.51	23
重　庆	Chongqing	10.52	12.58	20	30.20	34.14	13
四　川	Sichuan	48.68	43.33	9	185.44	69.50	8
贵　州	Guizhou	44.12	40.19	10	81.73	91.45	7
云　南	Yunnan	25.53	20.91	14	25.96	-4.81	24
西　藏	Tibet	0.49	0.48	29	4.34	7.53	20
陕　西	Shaanxi	87.64	81.12	5	548.11	515.42	2
甘　肃	Gansu	19.97	18.74	15	36.18	16.12	17
青　海	Qinghai	4.98	5.51	25	47.29	17.98	16
宁　夏	Ningxia	17.24	18.19	16	-18.10	1.40	21
新　疆	Xinjiang	49.39	48.64	8	39.16	-122.58	30

11-45 采掘业工业企业利润总额和平均用工人数
Total Profit and Average Number of Employed Persons of Extractive Industry

地区	Region	利润总额（亿元） Total Profit (100 million yuan) 2015	2016	2016排名 Ranking	平均用工人数（万人） Average Number of Employed Persons (10 000 persons) 2015	2016	2016排名 Ranking
全　国	**National Total**	**2541.21**	**1801.55**		**710.93**	**641.94**	
北　京	Beijing	31.72	-18.42	25	5.64	4.76	26
天　津	Tianjin	340.48	169.25	4	6.41	7.30	21
河　北	Hebei	179.02	210.46	3	37.40	35.24	5
山　西	Shanxi	-121.05	134.84	6	99.20	95.78	1
内蒙古	Inner Mongolia	495.87	651.08	1	33.06	31.11	8
辽　宁	Liaoning	-57.90	-220.85	31	35.33	29.76	10
吉　林	Jilin	-40.48	-55.91	28	17.48	15.98	14
黑龙江	Heilongjiang	87.88	-92.69	29	33.08	32.23	7
上　海	Shanghai	-1.96	0.36	22	0.02	0.02	31
江　苏	Jiangsu	-13.78	-29.87	26	11.83	10.20	20
浙　江	Zhejiang	11.99	12.31	19	1.52	1.40	28
安　徽	Anhui	-58.05	47.93	13	35.30	30.40	9
福　建	Fujian	25.16	19.30	16	7.49	6.65	23
江　西	Jiangxi	72.32	54.20	12	13.91	12.09	16
山　东	Shandong	106.50	-29.99	27	73.79	62.64	2
河　南	Henan	103.87	12.38	18	68.24	61.87	3
湖　北	Hubei	55.23	27.17	14	13.12	10.92	18
湖　南	Hunan	64.14	61.01	10	23.88	19.26	12
广　东	Guangdong	180.52	151.67	5	5.36	5.13	25
广　西	Guangxi	70.18	62.93	9	7.18	6.79	22
海　南	Hainan	1.84	-3.20	24	0.65	0.50	29
重　庆	Chongqing	49.54	55.32	11	14.89	11.62	17
四　川	Sichuan	201.22	81.43	8	38.52	34.44	6
贵　州	Guizhou	84.57	92.17	7	31.59	29.37	11
云　南	Yunnan	28.78	-2.09	23	14.80	12.86	15
西　藏	Tibet	4.89	7.43	20	0.46	0.48	30
陕　西	Shaanxi	507.84	481.78	2	39.40	36.78	4
甘　肃	Gansu	34.74	15.70	17	12.18	10.61	19
青　海	Qinghai	51.87	21.08	15	3.98	3.49	27
宁　夏	Ningxia	-18.74	5.64	21	6.64	5.80	24
新　疆	Xinjiang	62.97	-120.84	30	18.57	16.46	13

11-46 采掘业工业企业投资收益和亏损企业亏损额
Return on Investment Income and Amount of Loss of Extractive Industry

单位：亿元 (100 million yuan)

地区	Region	投资收益（损失以"-"号记） Investment Income (Loss is Marked as "-") 2015	2016	2016排名 Ranking	亏损企业亏损额 Loss Ratio of Unprofitable Firms 2015	2016	2016排名 Ranking
全 国	**National Total**	**148.70**	**106.73**		**1840.74**	**2129.99**	
北 京	Beijing	44.34	43.51	2	4.60	28.65	18
天 津	Tianjin	-6.16	0.68	14	30.70	54.23	12
河 北	Hebei	13.95	3.76	9	142.40	90.86	9
山 西	Shanxi	41.71	71.49	1	315.51	186.07	5
内蒙古	Inner Mongolia	4.28	1.55	12	119.20	98.10	7
辽 宁	Liaoning	3.91	2.94	10	151.59	252.53	3
吉 林	Jilin	-0.07	-1.87	25	88.04	94.60	8
黑龙江	Heilongjiang	-0.08	6.81	7	53.59	134.35	6
上 海	Shanghai				1.96		
江 苏	Jiangsu	4.49	2.13	11	39.81	57.46	10
浙 江	Zhejiang	0.11	0.17	20	3.76	2.09	28
安 徽	Anhui	56.11	19.30	3	108.00	15.73	20
福 建	Fujian	0.09	-0.10	22	5.24	7.86	23
江 西	Jiangxi	0.93	0.33	17	9.56	31.24	17
山 东	Shandong	29.26	8.72	6	155.16	306.36	1
河 南	Henan	8.39	9.46	5	206.93	279.74	2
湖 北	Hubei	-0.23	-0.80	23	23.85	32.89	16
湖 南	Hunan	-1.58	-2.21	26	12.74	8.96	22
广 东	Guangdong	0.19			3.51	2.16	27
广 西	Guangxi	5.39	0.61	15	8.87	11.84	21
海 南	Hainan	0.22	0.01	21	0.57	3.76	26
重 庆	Chongqing	1.73	0.48	16	5.74	7.02	24
四 川	Sichuan	1.02	-1.57	24	30.60	50.75	13
贵 州	Guizhou	0.03	4.90	8	44.04	33.70	15
云 南	Yunnan	6.24	-2.58	27	32.02	55.27	11
西 藏	Tibet	0.22	0.25	18	0.71	0.31	30
陕 西	Shaanxi	10.44	14.74	4	46.45	44.41	14
甘 肃	Gansu	-73.26	-74.32	29	20.46	19.15	19
青 海	Qinghai	-3.60	-2.72	28	4.56	4.88	25
宁 夏	Ningxia	0.16	0.18	19	22.04	1.24	29
新 疆	Xinjiang	0.49	0.87	13	148.55	213.90	4

11-47 制造业工业企工业销售产值和资产总计
Sales Value and Total Assets of Manufacturing

单位：亿元 (100 million yuan)

地区	Region	工业销售产值（当年价格）Sales Value (current prices) 2015	2016	2016排名 Ranking	资产总计 Total Assets 2015	2016	2016排名 Ranking
全　国	**National Total**	**989362.24**	**1041824.16**		**782521.90**	**835602.89**	
北　京	Beijing	12424.97	13040.70	20	17791.34	20408.14	15
天　津	Tianjin	24481.92	24707.19	14	19988.77	20603.66	14
河　北	Hebei	39384.87	41546.25	7	33284.38	34990.48	7
山　西	Shanxi	6453.58	6650.15	25	11324.74	11887.22	22
内蒙古	Inner Mongolia	11208.03	11689.83	21	14432.83	14615.91	20
辽　宁	Liaoning	29462.66	18558.25	18	31391.49	29048.11	9
吉　林	Jilin	20393.03	21345.32	17	14282.71	15247.40	19
黑龙江	Heilongjiang	8809.30	8576.53	22	8690.95	8074.96	26
上　海	Shanghai	29700.41	29537.84	13	33579.17	35921.56	6
江　苏	Jiangsu	141770.96	150132.65	1	97321.32	104200.47	1
浙　江	Zhejiang	59216.72	61463.79	5	59201.92	61714.81	4
安　徽	Anhui	35437.74	39189.61	9	24151.54	26286.14	12
福　建	Fujian	37140.31	40234.33	8	24870.84	27032.30	11
江　西	Jiangxi	28382.42	31361.46	12	16805.69	19344.49	16
山　东	Shandong	134249.83	139903.15	2	84192.46	88151.11	3
河　南	Henan	66031.84	72751.28	4	46127.01	50445.57	5
湖　北	Hubei	41134.69	44392.28	6	29915.36	32103.75	8
湖　南	Hunan	33365.69	36567.94	11	19631.12	21271.51	13
广　东	Guangdong	112357.51	120975.12	3	81676.43	90886.30	2
广　西	Guangxi	19303.77	21366.55	16	11925.61	12566.49	21
海　南	Hainan	1555.85	1475.90	30	1868.24	1837.60	30
重　庆	Chongqing	19419.76	21972.88	15	14634.08	16828.49	18
四　川	Sichuan	33622.89	36659.24	10	25884.83	27906.26	10
贵　州	Guizhou	7057.55	8229.47	23	7774.07	8406.49	25
云　南	Yunnan	7483.72	7860.58	24	9640.28	10671.32	23
西　藏	Tibet	86.23	105.05	31	196.02	282.96	31
陕　西	Shaanxi	14454.86	16062.64	19	16768.26	18442.97	17
甘　肃	Gansu	5339.69	4950.07	27	7746.14	7879.95	27
青　海	Qinghai	1738.55	1992.90	29	3503.87	3628.53	29
宁　夏	Ningxia	2465.39	2734.25	28	4295.84	4575.94	28
新　疆	Xinjiang	5427.52	5790.95	26	9624.59	10341.97	24

11-48 制造业工业企业固定资产合计和流动资产合计
Total Fixed Assets and Total Current Assets of Manufacturing

单位：亿元 (100 million yuan)

地区	Region	固定资产合计 Total Fixed Assets 2015	2016	2016排名 Ranking	流动资产合计 Total Current Assets 2015	2016	2016排名 Ranking
全 国	**National Total**	**247274.94**	**257172.48**		**413777.81**	**444882.47**	
北 京	Beijing	2728.14	2839.45	24	11085.91	12531.08	13
天 津	Tianjin	5578.78	6457.88	15	11278.07	11120.55	14
河 北	Hebei	14491.12	15014.10	5	14027.72	14763.93	11
山 西	Shanxi	4114.59	4209.59	20	5238.02	5646.79	21
内蒙古	Inner Mongolia	5459.19	5750.38	18	5485.62	5331.61	23
辽 宁	Liaoning	10110.94	7746.69	11	15854.33	15522.80	8
吉 林	Jilin	4731.10	5055.21	19	7120.53	7519.70	19
黑龙江	Heilongjiang	2909.33	2670.80	26	4588.72	4295.32	25
上 海	Shanghai	6622.58	6427.18	16	20796.93	22780.04	6
江 苏	Jiangsu	30846.99	32730.03	1	53448.82	57341.04	2
浙 江	Zhejiang	13966.48	13983.23	6	35436.13	36852.83	4
安 徽	Anhui	7788.20	7970.19	9	12744.86	14379.91	12
福 建	Fujian	6723.45	6783.24	14	13936.83	15372.19	9
江 西	Jiangxi	6935.08	7847.55	10	7472.40	8590.07	17
山 东	Shandong	31534.51	32705.38	2	40936.50	42837.42	3
河 南	Henan	18553.23	20112.14	3	22208.39	24122.89	5
湖 北	Hubei	9563.76	9886.50	7	15122.60	16433.20	7
湖 南	Hunan	7158.99	7386.81	12	9621.19	10406.72	15
广 东	Guangdong	18383.46	19181.60	4	52178.92	58723.71	1
广 西	Guangxi	3954.18	4053.03	22	6262.84	6692.76	20
海 南	Hainan	690.10	622.70	30	866.21	871.75	30
重 庆	Chongqing	5129.30	5924.34	17	7438.68	8599.87	16
四 川	Sichuan	8363.42	8981.59	8	13720.62	14876.56	10
贵 州	Guizhou	2421.89	2383.51	27	4175.55	4561.37	24
云 南	Yunnan	2710.35	2732.78	25	5013.30	5346.36	22
西 藏	Tibet	51.99	62.90	31	97.52	130.51	31
陕 西	Shaanxi	5646.58	7370.91	13	7398.53	8366.37	18
甘 肃	Gansu	2889.62	2852.57	23	3488.09	3486.37	27
青 海	Qinghai	1796.63	1665.90	28	1109.35	1172.90	29
宁 夏	Ningxia	1513.99	1561.33	29	1928.49	2129.13	28
新 疆	Xinjiang	3906.98	4203.00	21	3696.15	4076.74	26

11-49 制造业工业企业负债合计和流动负债合计
Total Liabilities and Current Liabilities Assets of Manufacturing

单位：亿元 (100 million yuan)

地区	Region	负债合计 Total Liabilities			流动负债合计 Current Liability Assets		
		2015	2016	2016排名 Ranking	2015	2016	2016排名 Ranking
全　国	**National Total**	**432015.01**	**453692.42**		**353206.31**	**372390.41**	
北　京	Beijing	9520.66	10914.79	14	8353.82	9444.53	14
天　津	Tianjin	12268.41	12660.87	13	10381.99	9942.61	13
河　北	Hebei	18342.47	18635.71	7	15030.25	15437.85	7
山　西	Shanxi	8530.42	8805.43	20	6516.85	7043.69	18
内蒙古	Inner Mongolia	9305.21	9210.98	18	6808.04	6630.47	20
辽　宁	Liaoning	19287.99	18686.24	6	15176.61	14919.47	8
吉　林	Jilin	7618.00	7655.90	21	5684.73	6298.55	21
黑龙江	Heilongjiang	5225.51	4815.36	26	4369.45	4063.80	25
上　海	Shanghai	16769.10	18171.10	8	15068.77	15989.07	6
江　苏	Jiangsu	51140.27	53239.36	1	44980.65	46771.17	1
浙　江	Zhejiang	33728.47	33780.21	4	30268.64	30504.20	4
安　徽	Anhui	13111.29	14158.92	11	10569.13	11455.27	11
福　建	Fujian	12905.28	13655.66	12	10159.45	11200.36	12
江　西	Jiangxi	8099.45	9011.32	19	6373.52	6913.86	19
山　东	Shandong	44082.37	45882.38	3	34163.65	35530.67	3
河　南	Henan	20184.93	22301.31	5	15747.34	17698.89	5
湖　北	Hubei	16466.69	17311.93	9	13084.54	13725.67	9
湖　南	Hunan	9777.07	10568.87	15	7338.67	7726.36	16
广　东	Guangdong	47206.36	51598.88	2	40861.88	45094.14	2
广　西	Guangxi	7376.88	7635.52	22	5964.89	6167.75	22
海　南	Hainan	960.34	886.06	30	750.99	709.53	30
重　庆	Chongqing	9055.13	10237.64	17	7106.99	8040.04	15
四　川	Sichuan	14873.32	15463.91	10	11446.88	12124.65	10
贵　州	Guizhou	4302.59	4674.21	27	3210.84	3565.86	27
云　南	Yunnan	5654.85	5898.48	24	4746.64	5044.50	23
西　藏	Tibet	82.67	106.36	31	64.01	83.48	31
陕　西	Shaanxi	9501.66	10345.17	16	6742.21	7551.76	17
甘　肃	Gansu	4972.67	5073.86	25	3711.82	3689.56	26
青　海	Qinghai	2474.32	2564.12	29	1566.61	1636.86	29
宁　夏	Ningxia	2912.59	3062.92	28	2181.56	2407.61	28
新　疆	Xinjiang	3278.03	6678.98	23	4774.91	4978.15	24

11-50 制造业工业企业所有者权益合计和实收资本
Total Owner's Equity and Paid-in Capital of Manufacturing

单位：亿元 (100 million yuan)

地区	Region	所有者权益合计 Total Owner's Equity 2015	2016	2016排名 Ranking	实收资本 Paid-in Capital 2015	2016	2016排名 Ranking
全　国	**National Total**	**347577.73**	**379028.44**		**160903.53**	**180074.13**	
北　京	Beijing	8244.21	9480.11	15	3661.24	4133.57	18
天　津	Tianjin	7684.82	8285.41	16	4254.50	4472.53	15
河　北	Hebei	14811.73	16239.85	7	7164.57	8713.41	6
山　西	Shanxi	2771.53	3079.17	26	1872.96	1921.23	25
内蒙古	Inner Mongolia	5079.51	5322.55	20	4113.72	4145.44	17
辽　宁	Liaoning	12064.47	9834.97	14	5934.11	5397.49	13
吉　林	Jilin	6645.64	7578.51	18	3414.84	2335.03	22
黑龙江	Heilongjiang	3454.03	3249.89	25	1557.05	7665.43	8
上　海	Shanghai	16702.56	17510.08	6	7403.18	7490.84	9
江　苏	Jiangsu	46032.50	50835.14	1	22123.35	23827.78	1
浙　江	Zhejiang	25364.28	27635.24	5	11698.49	13823.47	4
安　徽	Anhui	10794.31	12002.35	11	4816.68	6510.40	10
福　建	Fujian	11787.17	13247.40	9	6299.24	6024.69	11
江　西	Jiangxi	8628.47	10269.26	13	3873.56	3954.57	19
山　东	Shandong	39595.00	41974.87	2	13115.71	13862.21	3
河　南	Henan	25339.80	27878.93	4	11469.25	11842.04	5
湖　北	Hubei	13388.15	14711.14	8	6168.56	8014.79	7
湖　南	Hunan	9835.67	10709.27	12	4387.36	5541.77	12
广　东	Guangdong	34079.15	38725.42	3	15411.02	16991.37	2
广　西	Guangxi	4527.70	4921.63	21	2370.78	1966.13	24
海　南	Hainan	907.63	951.54	30	468.05	605.15	29
重　庆	Chongqing	5549.26	6519.87	19	2299.34	2593.20	20
四　川	Sichuan	10936.56	12347.67	10	4659.91	4917.94	14
贵　州	Guizhou	3462.42	3728.41	23	1574.88	1443.63	27
云　南	Yunnan	3975.51	4762.07	22	2119.21	2293.13	23
西　藏	Tibet	113.35	170.69	31	41.49	47.31	31
陕　西	Shaanxi	7297.34	8022.94	17	3574.68	4187.12	16
甘　肃	Gansu	2765.20	2806.86	27	1447.75	1496.25	26
青　海	Qinghai	1028.49	1061.12	29	488.59	522.38	30
宁　夏	Ningxia	1368.20	1510.83	28	872.61	942.26	28
新　疆	Xinjiang	3343.05	3655.24	24	2246.87	2391.56	21

11-51 制造业工业企业主营业务收入和主营业务成本
Revenue from Principal Business and Cost of Principal Business of Manufacture

单位：亿元 (100 million yuan)

地区	Region	主营业务收入 Revenue from Principal Business			主营业务成本 Cost of Principal Business		
		2015	2016	2016排名 Ranking	2015	2016	2016排名 Ranking
全　国	**National Total**	**992673.81**	**1047710.97**		**846178.78**	**889816.96**	
北　京	Beijing	13853.44	14795.55	20	10999.32	11757.87	20
天　津	Tianjin	24846.64	23954.99	14	21106.17	20152.70	14
河　北	Hebei	39130.87	41698.35	7	34175.26	36229.98	7
山　西	Shanxi	6852.71	6799.05	25	6136.77	5975.36	25
内蒙古	Inner Mongolia	11346.25	11904.90	21	9622.46	10118.48	21
辽　宁	Liaoning	29650.17	19398.53	18	25408.19	16024.21	18
吉　林	Jilin	20157.45	21373.15	16	16795.08	17667.44	16
黑龙江	Heilongjiang	8891.59	8684.96	22	7523.41	7328.03	22
上　海	Shanghai	32572.16	32760.34	13	26129.29	25949.36	13
江　苏	Jiangsu	141448.16	150898.52	1	121243.02	129143.93	1
浙　江	Zhejiang	58159.19	60276.30	5	48943.13	50271.57	5
安　徽	Anhui	35320.25	38618.50	9	30453.75	33409.03	9
福　建	Fujian	36825.39	39797.38	8	31435.51	33855.43	8
江　西	Jiangxi	30686.80	33831.89	12	27025.53	29612.95	12
山　东	Shandong	135995.38	141779.54	2	119554.82	124423.41	2
河　南	Henan	65700.03	72630.04	4	57157.66	63288.90	4
湖　北	Hubei	40287.07	43032.83	6	34231.05	36641.70	6
湖　南	Hunan	32571.02	36307.43	10	26463.19	29686.87	11
广　东	Guangdong	110548.00	120392.32	3	93081.85	101046.25	3
广　西	Guangxi	18339.30	20240.88	17	15436.95	17115.59	17
海　南	Hainan	1389.00	1378.58	30	1092.94	1062.05	30
重　庆	Chongqing	19383.20	21957.62	15	16355.47	18593.21	15
四　川	Sichuan	32771.20	36297.60	11	27853.06	30688.34	10
贵　州	Guizhou	6893.84	8173.87	23	5334.23	6368.60	23
云　南	Yunnan	7722.75	8076.36	24	5927.19	6216.47	24
西　藏	Tibet	80.68	96.51	31	51.89	61.69	31
陕　西	Shaanxi	14350.12	15727.86	19	11869.84	12992.16	19
甘　肃	Gansu	7357.11	6700.62	26	6715.80	5849.79	26
青　海	Qinghai	1516.02	1598.48	29	1358.58	1387.92	29
宁　夏	Ningxia	2439.30	2606.85	28	2114.65	2206.29	28
新　疆	Xinjiang	5588.70	5921.17	27	4582.70	4691.41	27

11-52 制造业工业企业销售费用和管理费用
Sales Expenses and Administrative Expenses of Manufacture

单位：亿元 (100 million yuan)

地区	Region	销售费用 Sales Expenses 2015	2016	2016排名 Ranking	管理费用 Administrative Expenses 2015	2016	2016排名 Ranking
全　国	**National Total**	**27589.02**	**29707.24**		**38466.51**	**41036.76**	
北　京	Beijing	918.08	1013.36	11	880.89	966.36	15
天　津	Tianjin	647.55	666.31	15	824.71	841.43	17
河　北	Hebei	768.32	823.87	14	1107.98	1161.92	12
山　西	Shanxi	205.95	210.72	25	310.67	321.31	25
内蒙古	Inner Mongolia	313.29	334.77	21	416.14	414.41	21
辽　宁	Liaoning	781.78	662.77	16	1256.44	1009.67	13
吉　林	Jilin	827.51	920.69	13	887.14	972.85	14
黑龙江	Heilongjiang	275.11	256.22	23	407.76	356.10	24
上　海	Shanghai	1299.35	1300.18	6	2196.49	2293.54	5
江　苏	Jiangsu	3564.66	3842.32	2	5337.01	5697.00	2
浙　江	Zhejiang	1681.02	1839.32	4	2980.88	3228.04	4
安　徽	Anhui	909.02	1007.07	12	1199.26	1326.55	11
福　建	Fujian	978.07	1040.04	10	1372.23	1409.39	10
江　西	Jiangxi	538.35	594.96	18	711.54	786.29	19
山　东	Shandong	2810.43	2998.38	3	3315.93	3456.77	3
河　南	Henan	1294.13	1428.42	5	1393.11	1566.92	8
湖　北	Hubei	1235.15	1299.49	7	1713.57	1840.54	6
湖　南	Hunan	1010.85	1152.62	9	1448.61	1672.46	7
广　东	Guangdong	4001.98	4425.63	1	5728.99	6369.88	1
广　西	Guangxi	441.66	480.75	19	757.68	791.90	18
海　南	Hainan	64.26	67.59	28	55.39	56.10	30
重　庆	Chongqing	577.09	643.25	17	839.04	921.24	16
四　川	Sichuan	1056.77	1216.64	8	1366.04	1439.58	9
贵　州	Guizhou	273.42	315.66	22	363.42	375.30	22
云　南	Yunnan	246.35	252.81	24	351.40	368.90	23
西　藏	Tibet	5.77	6.55	31	5.73	6.83	31
陕　西	Shaanxi	428.29	478.76	20	629.47	686.37	20
甘　肃	Gansu	122.60	114.98	27	236.73	231.73	27
青　海	Qinghai	64.20	57.69	30	55.28	62.84	29
宁　夏	Ningxia	60.34	65.78	29	87.10	90.91	28
新　疆	Xinjiang	187.69	189.62	26	229.86	232.64	26

11-53　制造业工业企业财务费用和营业利润
Financial Expenses and Operating Profit of Manufacture

单位：亿元　　(100 million yuan)

地区	Region	财务费用 Financial Expenses			营业利润 Operating Profit		
		2015	2016	2016排名 Ranking	2015	2016	2016排名 Ranking
全　国	**National Total**	**9668.48**	**9058.90**		**56396.91**	**63497.96**	
北　京	Beijing	108.61	113.11	24	840.04	944.35	19
天　津	Tianjin	149.02	164.66	19	1816.18	1786.58	14
河　北	Hebei	440.83	399.01	6	1933.28	2385.84	8
山　西	Shanxi	209.48	186.12	15	-66.40	65.33	28
内蒙古	Inner Mongolia	221.12	210.07	13	552.67	637.61	22
辽　宁	Liaoning	463.92	385.37	7	919.99	639.78	21
吉　林	Jilin	174.54	178.78	16	1216.71	1285.62	16
黑龙江	Heilongjiang	84.87	77.80	27	328.50	357.26	24
上　海	Shanghai	126.37	89.06	26	2425.73	2648.42	7
江　苏	Jiangsu	1180.50	1116.22	2	9078.98	10022.64	1
浙　江	Zhejiang	802.59	682.71	3	3210.64	3825.68	5
安　徽	Anhui	310.87	284.06	12	1886.54	2075.01	11
福　建	Fujian	344.36	309.59	11	2164.87	2691.07	6
江　西	Jiangxi	166.87	173.37	17	1904.25	2283.69	9
山　东	Shandong	1426.93	1359.78	1	7893.34	8330.58	2
河　南	Henan	597.19	636.96	4	4662.97	5105.80	4
湖　北	Hubei	420.04	384.54	8	1993.95	2266.55	10
湖　南	Hunan	332.18	333.30	10	1703.75	1930.24	12
广　东	Guangdong	496.18	456.97	5	6422.15	7120.82	3
广　西	Guangxi	172.93	146.49	20	1075.53	1225.10	17
海　南	Hainan	27.52	22.65	30	52.03	80.22	26
重　庆	Chongqing	165.56	171.25	18	1236.38	1450.83	15
四　川	Sichuan	396.56	361.00	9	1519.63	1885.65	13
贵　州	Guizhou	99.11	99.31	25	522.34	684.61	20
云　南	Yunnan	162.06	141.02	21	295.19	219.02	25
西　藏	Tibet	0.43	0.67	31	16.34	20.44	30
陕　西	Shaanxi	185.48	201.49	14	798.18	974.32	18
甘　肃	Gansu	146.74	119.92	23	-171.04	59.80	29
青　海	Qinghai	54.31	53.61	29	-43.28	18.28	31
宁　夏	Ningxia	64.46	72.26	28	39.92	73.35	27
新　疆	Xinjiang	136.83	127.76	22	167.54	403.43	23

11-54 制造业工业企业利润总额和平均用工人数

Total Profit and Average Number of Employed Persons of Manufacture

地区	Region	利润总额（亿元） Total Profit (100 million yuan) 2015	2016	2016排名 Ranking	平均用工人数（万人） Average Number of Employed Persons (10 000 persons) 2015	2016	2016排名 Ranking
全　国	**National Total**	**57974.69**	**65280.82**		**8710.93**	**8472.26**	
北　京	Beijing	940.87	1076.25	18	97.05	91.54	20
天　津	Tianjin	1828.70	1835.44	14	149.19	135.75	17
河　北	Hebei	1947.43	2400.02	9	324.18	316.83	8
山　西	Shanxi	-40.80	91.11	27	88.49	83.58	21
内蒙古	Inner Mongolia	358.66	521.44	22	77.06	71.15	22
辽　宁	Liaoning	1047.03	733.64	20	246.18	182.36	14
吉　林	Jilin	1241.85	1310.79	16	119.99	116.45	19
黑龙江	Heilongjiang	360.69	387.88	24	73.58	66.75	24
上　海	Shanghai	2574.33	2797.71	6	229.96	211.54	13
江　苏	Jiangsu	9110.88	10080.62	1	1111.63	1086.72	2
浙　江	Zhejiang	3440.81	4070.12	5	690.62	675.69	4
安　徽	Anhui	1848.66	2062.07	11	293.03	290.89	10
福　建	Fujian	2151.45	2697.11	7	420.11	406.29	6
江　西	Jiangxi	1950.68	2318.46	10	240.91	248.73	12
山　东	Shandong	8061.41	8478.72	2	851.87	819.60	3
河　南	Henan	4639.26	5105.56	4	627.61	640.67	5
湖　北	Hubei	2106.38	2441.71	8	330.05	318.04	7
湖　南	Hunan	1641.46	1864.88	13	296.71	299.92	9
广　东	Guangdong	6844.73	7513.00	3	1430.36	1401.97	1
广　西	Guangxi	1105.19	1253.88	17	152.63	155.54	16
海　南	Hainan	59.18	87.31	28	9.09	8.47	30
重　庆	Chongqing	1315.83	1546.20	15	170.10	175.60	15
四　川	Sichuan	1603.52	1942.05	12	297.74	286.84	11
贵　州	Guizhou	576.23	701.96	21	59.92	63.16	25
云　南	Yunnan	322.91	284.87	25	70.39	67.91	23
西　藏	Tibet	17.24	21.39	31	1.04	1.02	31
陕　西	Shaanxi	787.94	993.25	19	125.05	125.88	18
甘　肃	Gansu	-123.73	81.24	29	42.60	40.14	27
青　海	Qinghai	-14.00	38.79	30	15.02	14.65	29
宁　夏	Ningxia	58.63	92.37	26	22.82	22.33	28
新　疆	Xinjiang	211.29	450.99	23	45.93	46.26	26

11-55 制造业工业企业投资收益和亏损企业亏损额

Return on Investment and Amount of Loss Ratio of Manufacturing

单位：亿元 (100 million yuan)

地区	Region	投资收益（损失以“-”号记） Investment Income (Loss is Marked as "-")			亏损企业亏损额 Loss Ratio of Unprofitable Firms		
		2015	2016	2016排名 Ranking	2015	2016	2016排名 Ranking
全 国	**National Total**	**2115.39**	**2158.85**		**6926.53**	**5395.16**	
北 京	Beijing	182.27	280.08	4	206.01	228.13	9
天 津	Tianjin	-15.05	-10.22	28	164.87	155.11	14
河 北	Hebei	-309.70	-240.01	31	321.26	161.10	13
山 西	Shanxi	-1.17	18.55	19	287.68	174.54	11
内蒙古	Inner Mongolia	-32.12	20.90	18	302.41	211.87	10
辽 宁	Liaoning	63.21	71.75	10	440.23	365.99	4
吉 林	Jilin	124.93	97.08	8	159.28	110.59	22
黑龙江	Heilongjiang	8.91	-0.51	27	141.02	142.10	16
上 海	Shanghai	676.67	583.89	1	314.58	292.49	6
江 苏	Jiangsu	112.13	177.26	5	670.53	558.02	1
浙 江	Zhejiang	234.01	299.09	3	322.48	261.25	7
安 徽	Anhui	30.02	16.49	21	168.62	80.58	24
福 建	Fujian	-17.73	27.53	15	241.91	128.85	19
江 西	Jiangxi	12.04	27.16	17	61.39	41.30	28
山 东	Shandong	100.96	119.82	7	344.65	243.74	8
河 南	Henan	46.89	73.13	9	217.56	167.46	12
湖 北	Hubei	166.92	169.80	6	278.95	137.84	18
湖 南	Hunan	29.81	16.65	20	164.53	148.57	15
广 东	Guangdong	514.52	386.06	2	475.63	396.85	2
广 西	Guangxi	-77.69	-166.26	30	136.00	78.74	25
海 南	Hainan	10.63	8.63	23	20.88	16.79	30
重 庆	Chongqing	63.30	54.03	12	142.23	141.63	17
四 川	Sichuan	-5.40	-62.54	29	329.08	388.96	3
贵 州	Guizhou	9.99	9.39	22	85.28	54.16	27
云 南	Yunnan	59.02	66.67	11	211.03	302.29	5
西 藏	Tibet	0.69	0.31	26	0.94	0.90	31
陕 西	Shaanxi	76.19	52.20	13	125.14	81.32	23
甘 肃	Gansu	30.72	27.23	16	273.19	118.75	21
青 海	Qinghai	-5.72	3.71	24	70.32	30.71	29
宁 夏	Ningxia	2.14	2.02	25	62.89	54.46	26
新 疆	Xinjiang	23.99	28.96	14	185.93	120.02	20

11-56 电力、热力、燃气及水生产和供应业工业销售产值和资产总计

Sales Value and Total Assets of Production and Supply of Electricity, Heat, Gas and Water

单位：亿元 (100 million yuan)

地区	Region	工业销售产值（当年价格） Sales Value (current prices) 2015	2016	2016排名 Ranking	资产总计 Total Assets 2015	2016	2016排名 Ranking
全 国	**National Total**	**65165.97**	**63925.92**		**143243.68**	**154493.87**	
北 京	Beijing	4557.88	4561.43	5	17607.19	19457.67	1
天 津	Tianjin	973.51	998.67	24	2232.42	2331.77	25
河 北	Hebei	3000.91	2516.30	9	4475.98	4759.80	11
山 西	Shanxi	1640.71	1619.29	14	3616.49	4068.54	15
内蒙古	Inner Mongolia	2429.63	2644.69	8	7311.93	8333.09	5
辽 宁	Liaoning	1712.23	1742.28	12	4145.28	4379.89	14
吉 林	Jilin	985.35	1064.45	23	1900.51	1961.87	27
黑龙江	Heilongjiang	1232.14	1233.90	21	2716.12	2880.01	22
上 海	Shanghai	1507.49	1513.00	15	3693.54	3882.88	16
江 苏	Jiangsu	5013.02	5101.17	2	8471.10	9119.15	4
浙 江	Zhejiang	4885.11	4985.08	3	7217.70	7521.69	6
安 徽	Anhui	2031.61	1725.16	13	3097.02	3198.86	20
福 建	Fujian	2516.94	2490.91	10	4443.80	4697.60	13
江 西	Jiangxi	1217.44	489.09	28	1618.14	1688.36	29
山 东	Shandong	5303.99	4822.01	4	6931.66	7397.70	7
河 南	Henan	3332.93	2931.49	6	4282.52	4733.65	12
湖 北	Hubei	1768.82	1814.47	11	4431.71	5025.70	9
湖 南	Hunan	1528.22	1504.31	16	3107.35	3483.70	17
广 东	Guangdong	7578.69	7856.95	1	12278.42	13284.73	2
广 西	Guangxi	1311.52	1242.65	20	2558.04	2839.01	23
海 南	Hainan	245.72	261.47	30	727.43	811.56	30
重 庆	Chongqing	958.10	998.55	25	2245.68	2405.53	24
四 川	Sichuan	2878.59	2687.48	7	10296.47	9566.57	3
贵 州	Guizhou	862.81	1333.42	19	3159.64	3448.29	18
云 南	Yunnan	1430.56	1418.70	17	6842.42	7221.32	8
西 藏	Tibet	20.73	25.15	31	476.43	510.15	31
陕 西	Shaanxi	1378.49	1405.22	18	2973.11	3446.29	19
甘 肃	Gansu	791.34	732.50	26	2698.05	2929.05	21
青 海	Qinghai	348.43	430.47	29	1647.03	1889.95	28
宁 夏	Ningxia	670.25	679.76	27	2010.84	2330.10	26
新 疆	Xinjiang	1052.80	1095.89	22	4029.67	4889.40	10

11-57 电力、热力、燃气及水生产和供应业固定资产合计和流动资产合计

Total Fixed Assets and Total Current Assets of Production and Supply of Electricity, Heat, Gas and Water

单位：亿元 (100 million yuan)

地区	Region	固定资产合计 Total Fixed Assets			流动资产合计 Total Current Assets		
		2015	2016	2016排名 Ranking	2015	2016	2016排名 Ranking
全 国	**National Total**	**86850.29**	**91460.81**		**23571.11**	**25465.95**	
北 京	Beijing	3374.48	3444.84	8	2946.99	3018.51	1
天 津	Tianjin	1384.76	1397.98	27	531.77	562.80	17
河 北	Hebei	3173.52	3154.05	12	757.99	845.15	10
山 西	Shanxi	2694.48	2829.96	15	586.87	680.09	14
内蒙古	Inner Mongolia	4660.70	4861.25	6	1412.72	1803.40	3
辽 宁	Liaoning	2757.06	3073.38	13	760.00	814.82	11
吉 林	Jilin	1448.37	1418.92	26	303.70	344.35	27
黑龙江	Heilongjiang	1638.63	1713.40	23	632.42	558.75	18
上 海	Shanghai	2057.97	2184.87	20	555.65	612.20	16
江 苏	Jiangsu	5299.08	5514.56	3	1586.72	1690.62	4
浙 江	Zhejiang	4466.54	4962.49	5	1279.14	1236.77	6
安 徽	Anhui	2411.41	2416.80	17	372.24	446.43	23
福 建	Fujian	2789.81	3009.88	14	723.31	801.33	12
江 西	Jiangxi	1031.89	1156.40	29	316.06	201.48	29
山 东	Shandong	3991.19	4493.76	7	1344.57	1447.05	5
河 南	Henan	3057.59	3314.40	10	881.55	944.96	8
湖 北	Hubei	3331.79	3430.74	9	469.59	506.39	20
湖 南	Hunan	2304.20	2427.49	16	389.03	431.73	24
广 东	Guangdong	7846.68	7345.00	1	2299.51	2639.51	2
广 西	Guangxi	1597.34	1798.63	22	432.36	484.40	21
海 南	Hainan	493.08	623.98	30	69.88	95.41	30
重 庆	Chongqing	1467.37	1530.15	25	421.52	404.24	25
四 川	Sichuan	6653.83	6747.78	2	1085.31	966.92	7
贵 州	Guizhou	2112.79	2347.10	18	484.61	530.77	19
云 南	Yunnan	5147.72	5251.35	4	649.12	699.70	13
西 藏	Tibet	364.19	398.47	31	49.01	42.03	31
陕 西	Shaanxi	2105.16	2247.39	19	525.60	620.72	15
甘 肃	Gansu	2010.35	2180.58	21	379.47	464.52	22
青 海	Qinghai	1261.63	1390.50	28	226.35	301.36	28
宁 夏	Ningxia	1287.34	1541.26	24	399.89	389.71	26
新 疆	Xinjiang	2629.32	3253.47	11	698.16	879.85	9

11-58 电力、热力、燃气及水生产和供应业负债合计和流动负债合计

Total Liabilities and Current Liability Assets of Production and Supply of Electricity, Heat, Gas and Water

单位：亿元 (100 million yuan)

地区	Region	负债合计 Total Liabilities 2015	2016	2016排名 Ranking	流动负债合计 Current Liability Assets 2015	2016	2016排名 Ranking
全 国	**National Total**	**88141.39**	**94726.42**		**40913.78**	**46861.11**	
北 京	Beijing	6895.16	7148.52	1	2836.34	3579.91	1
天 津	Tianjin	1401.42	1470.01	25	914.40	1004.27	22
河 北	Hebei	2820.30	3107.43	11	1638.32	1847.96	9
山 西	Shanxi	2685.31	3019.24	12	1296.14	1523.65	13
内蒙古	Inner Mongolia	5237.68	6094.23	4	2199.43	2865.24	5
辽 宁	Liaoning	2737.77	2900.39	14	1463.24	1562.89	12
吉 林	Jilin	1243.14	1301.77	28	608.76	686.79	26
黑龙江	Heilongjiang	1996.20	2091.81	20	1136.01	1163.04	17
上 海	Shanghai	1334.26	1410.25	26	986.40	1065.13	20
江 苏	Jiangsu	4985.82	5506.28	6	3206.82	3525.16	2
浙 江	Zhejiang	4222.92	4369.00	8	2105.15	2218.38	7
安 徽	Anhui	1919.63	1958.51	21	1034.35	1129.70	19
福 建	Fujian	2830.94	2965.06	13	1028.73	1252.72	16
江 西	Jiangxi	1091.26	1131.86	29	602.54	613.68	27
山 东	Shandong	4444.91	4745.37	7	2569.69	2875.79	4
河 南	Henan	2959.47	3324.94	10	1630.13	2065.99	8
湖 北	Hubei	2392.22	2609.21	16	1332.41	1595.37	11
湖 南	Hunan	2098.22	2422.05	18	905.29	1056.21	21
广 东	Guangdong	6425.25	6803.15	3	2737.89	3232.88	3
广 西	Guangxi	1654.00	1835.09	22	734.47	810.40	23
海 南	Hainan	551.65	614.35	30	200.17	237.52	30
重 庆	Chongqing	1470.14	1568.92	23	794.31	735.58	25
四 川	Sichuan	7296.31	6822.58	2	2255.30	2487.28	6
贵 州	Guizhou	2524.96	2697.09	15	1061.29	1131.68	18
云 南	Yunnan	5106.35	5566.12	5	1492.47	1731.83	10
西 藏	Tibet	235.15	255.69	31	162.63	181.79	31
陕 西	Shaanxi	2152.88	2433.83	17	1107.54	1319.08	15
甘 肃	Gansu	1979.35	2190.86	19	666.52	805.06	24
青 海	Qinghai	1203.85	1318.20	27	435.99	495.34	29
宁 夏	Ningxia	1357.31	1543.80	24	517.31	598.84	28
新 疆	Xinjiang	2887.56	3500.80	9	1253.76	1461.97	14

11-59 电力、热力、燃气及水生产和供应业所有者权益合计和实收资本

Total Owner's Equity and Paid-in Capital of Production and Supply of Electricity, Heat, Gas and Water

单位：亿元 (100 million yuan)

地区	Region	所有者权益合计 Total Owner's Equity 2015	2016	2016排名 Ranking	实收资本 Paid-in Capital 2015	2016	2016排名 Ranking
全　国	**National Total**	**55039.10**	**59672.34**		**34233.42**	**41805.26**	
北　京	Beijing	10711.37	12299.29	1	6538.15	8917.45	1
天　津	Tianjin	829.99	862.17	21	605.79	673.20	19
河　北	Hebei	1640.10	1644.86	12	933.53	1069.06	13
山　西	Shanxi	930.58	1049.29	18	687.78	949.70	16
内蒙古	Inner Mongolia	2074.25	2238.05	9	1451.98	2738.84	3
辽　宁	Liaoning	1407.41	1474.39	13	1075.10	1181.47	11
吉　林	Jilin	656.56	660.10	27	362.75	461.10	27
黑龙江	Heilongjiang	719.92	788.20	23	470.91	523.69	23
上　海	Shanghai	2359.29	2468.01	7	1815.21	1989.62	6
江　苏	Jiangsu	3483.45	3611.33	3	1807.89	2271.37	5
浙　江	Zhejiang	2994.78	3151.03	4	1824.93	2525.83	4
安　徽	Anhui	1182.20	1253.98	16	725.94	1656.10	8
福　建	Fujian	1612.38	1732.55	10	998.90	1084.39	12
江　西	Jiangxi	525.57	555.96	29	308.57	377.31	28
山　东	Shandong	2466.45	2652.14	6	1313.72	1419.09	9
河　南	Henan	1320.54	1406.48	14	765.37	898.21	17
湖　北	Hubei	2039.28	2416.49	8	793.48	951.22	15
湖　南	Hunan	1009.13	1052.70	17	575.94	728.35	18
广　东	Guangdong	5827.67	6457.95	2	3157.17	3257.60	2
广　西	Guangxi	903.68	1002.54	20	483.21	521.06	24
海　南	Hainan	175.78	197.21	31	137.52	148.93	30
重　庆	Chongqing	774.11	797.56	22	410.20	499.92	25
四　川	Sichuan	2999.63	2742.13	5	1779.02	1840.37	7
贵　州	Guizhou	634.68	751.20	25	1420.74	539.31	22
云　南	Yunnan	1736.07	1655.20	11	1297.43	1375.39	10
西　藏	Tibet	241.28	254.45	30	37.48	40.88	31
陕　西	Shaanxi	823.43	1012.30	19	534.28	645.03	21
甘　肃	Gansu	717.69	738.18	26	579.20	658.55	20
青　海	Qinghai	443.18	571.75	28	257.22	374.84	29
宁　夏	Ningxia	653.53	786.26	24	385.02	471.40	26
新　疆	Xinjiang	1145.10	1388.60	15	698.97	1015.97	14

11-60 电力、热力、燃气及水生产和供应业主营业务收入和主营业务成本
Revenue from Principal Business and Cost of Principal Business of Production and Supply of Electricity, Heat, Gas and Water

单位：亿元 (100 million yuan)

地区	Region	主营业务收入 Revenue from Principal Business			主营业务成本 Cost of Principal Business		
		2015	2016	2016排名 Ranking	2015	2016	2016排名 Ranking
全 国	**National Total**	**64878.78**	**63209.98**		**55988.17**	**55247.75**	
北 京	Beijing	4591.09	4588.29	4	4324.39	4294.06	4
天 津	Tianjin	992.31	994.40	25	893.86	903.31	24
河 北	Hebei	2979.38	2506.78	9	2608.39	2198.59	8
山 西	Shanxi	1665.05	1668.25	14	1416.03	1413.00	15
内蒙古	Inner Mongolia	2486.54	2586.67	8	2098.88	2214.71	7
辽 宁	Liaoning	1726.15	1757.42	12	1542.86	1581.41	11
吉 林	Jilin	999.17	1047.13	24	917.05	957.35	22
黑龙江	Heilongjiang	1331.70	1348.45	18	1251.46	1262.15	17
上 海	Shanghai	1593.65	1548.84	16	1458.89	1415.98	14
江 苏	Jiangsu	5002.45	5086.52	2	4269.24	4419.21	3
浙 江	Zhejiang	4878.09	4999.70	3	4261.64	4419.95	2
安 徽	Anhui	2000.01	1714.66	13	1708.79	1515.23	12
福 建	Fujian	2219.25	2171.57	10	1859.39	1860.25	10
江 西	Jiangxi	1234.89	1070.57	23	1090.96	955.14	23
山 东	Shandong	4625.65	3949.65	5	3975.36	3448.06	5
河 南	Henan	2976.48	2935.92	6	2655.79	2684.77	6
湖 北	Hubei	1757.18	1816.31	11	1390.16	1472.71	13
湖 南	Hunan	1529.04	1574.82	15	1271.83	1316.30	16
广 东	Guangdong	7526.07	7773.98	1	6523.77	6805.06	1
广 西	Guangxi	1285.33	1208.66	21	1099.81	1032.85	21
海 南	Hainan	243.52	263.14	30	186.30	221.88	30
重 庆	Chongqing	957.45	984.25	26	856.96	882.32	26
四 川	Sichuan	3182.71	2587.20	7	2475.95	1982.64	9
贵 州	Guizhou	1351.11	1280.95	20	1084.48	1104.91	19
云 南	Yunnan	1384.47	1332.57	19	1076.73	1090.34	20
西 藏	Tibet	28.96	40.08	31	40.27	47.52	31
陕 西	Shaanxi	1437.64	1478.75	17	1203.21	1260.21	18
甘 肃	Gansu	755.38	695.99	27	675.50	642.82	27
青 海	Qinghai	408.89	428.04	29	321.75	352.73	29
宁 夏	Ningxia	687.06	693.33	28	585.26	594.23	28
新 疆	Xinjiang	1042.12	1077.07	22	863.23	898.04	25

11-61 电力、热力、燃气及水生产和供应业销售费用和管理费用

Sales Expenses and Administrative Expenses of Production and Supply of Electricity, Heat, Gas and Water

单位：亿元 (100 million yuan)

地区	Region	销售费用 Sales Expenses 2015	2016	2016排名 Ranking	管理费用 Administrative Expenses 2015	2016	2016排名 Ranking
全　国	**National Total**	**394.28**	**403.98**		**1410.51**	**1338.19**	
北　京	Beijing	4.82	9.74	19	46.20	49.08	11
天　津	Tianjin	3.92	4.69	26	22.92	22.38	23
河　北	Hebei	8.81	10.22	18	65.38	46.04	13
山　西	Shanxi	9.30	12.42	14	33.29	57.35	7
内蒙古	Inner Mongolia	19.77	22.34	6	59.46	51.21	8
辽　宁	Liaoning	11.70	11.48	16	49.25	51.00	9
吉　林	Jilin	14.00	14.76	9	30.82	28.99	21
黑龙江	Heilongjiang	9.75	10.62	17	38.53	37.46	17
上　海	Shanghai	13.96	16.66	7	20.73	20.13	25
江　苏	Jiangsu	39.72	44.40	1	80.72	77.67	4
浙　江	Zhejiang	22.11	24.41	5	110.20	113.86	2
安　徽	Anhui	9.98	9.20	20	38.53	28.47	22
福　建	Fujian	10.18	11.63	15	54.43	50.91	10
江　西	Jiangxi	6.04	6.38	25	21.20	15.40	26
山　东	Shandong	20.15	28.21	4	135.86	84.72	3
河　南	Henan	16.89	15.66	8	67.03	65.10	6
湖　北	Hubei	10.58	14.02	11	37.80	39.78	16
湖　南	Hunan	13.66	14.59	10	44.41	47.96	12
广　东	Guangdong	48.51	29.74	2	130.52	135.66	1
广　西	Guangxi	4.87	7.74	23	41.65	41.23	15
海　南	Hainan	2.13	2.85	27	3.54	4.89	29
重　庆	Chongqing	8.42	8.45	21	19.82	22.28	24
四　川	Sichuan	41.88	28.77	3	86.76	74.04	5
贵　州	Guizhou	6.47	8.12	22	27.02	31.58	20
云　南	Yunnan	7.22	6.92	24	42.79	35.28	18
西　藏	Tibet	0.06	0.06	31	0.35	0.42	31
陕　西	Shaanxi	12.09	12.66	12	35.48	41.60	14
甘　肃	Gansu	2.08	2.20	28	14.42	13.34	28
青　海	Qinghai	0.47	0.72	30	4.54	4.87	30
宁　夏	Ningxia	2.17	1.79	29	14.66	13.44	27
新　疆	Xinjiang	12.58	12.54	13	32.19	32.05	19

11-62 电力、热力、燃气及水生产和供应业财务费用和营业利润

Financial Expenses and Operating Profit of Production and Supply of Electricity, Heat, Gas and Water

单位：亿元 (100 million yuan)

地区	Region	财务费用 Financial Expenses 2015	2016	2016排名 Ranking	营业利润 Operating Profit 2015	2016	2016排名 Ranking
全　国	**National Total**	**2514.20**	**2333.68**		**5118.05**	**4363.58**	
北　京	Beijing	83.91	67.18	17	520.50	475.83	3
天　津	Tianjin	21.76	18.72	28	47.05	37.68	24
河　北	Hebei	67.50	65.98	18	224.70	193.32	8
山　西	Shanxi	88.88	87.21	10	117.42	95.41	16
内蒙古	Inner Mongolia	148.55	145.46	4	162.21	141.53	10
辽　宁	Liaoning	69.02	68.63	16	54.43	38.11	23
吉　林	Jilin	45.06	38.76	25	-16.69	3.43	28
黑龙江	Heilongjiang	46.05	40.96	24	-7.92	-19.00	30
上　海	Shanghai	20.45	17.24	29	102.87	105.20	12
江　苏	Jiangsu	97.48	90.09	8	575.21	511.59	2
浙　江	Zhejiang	132.54	121.73	5	368.73	353.93	4
安　徽	Anhui	51.48	46.23	23	206.46	125.43	11
福　建	Fujian	83.57	76.91	13	174.96	161.60	9
江　西	Jiangxi	30.76	28.21	27	88.32	68.13	17
山　东	Shandong	101.38	92.12	7	480.89	350.51	5
河　南	Henan	90.06	81.51	12	151.45	96.62	14
湖　北	Hubei	81.42	69.78	15	264.19	222.82	7
湖　南	Hunan	82.48	85.48	11	95.91	96.04	15
广　东	Guangdong	213.83	190.07	2	649.25	667.25	1
广　西	Guangxi	57.79	61.23	19	85.92	64.93	18
海　南	Hainan	8.13	17.01	30	41.65	15.67	27
重　庆	Chongqing	41.11	36.71	26	41.30	41.67	20
四　川	Sichuan	245.18	211.81	1	323.04	290.74	6
贵　州	Guizhou	105.25	89.20	9	64.96	44.13	19
云　南	Yunnan	175.82	156.00	3	85.48	38.33	21
西　藏	Tibet	3.98	3.41	31	-15.45	-11.56	29
陕　西	Shaanxi	56.84	58.88	20	126.84	97.71	13
甘　肃	Gansu	75.27	72.63	14	-14.92	-37.74	31
青　海	Qinghai	48.81	50.66	21	28.04	19.61	26
宁　夏	Ningxia	47.19	47.83	22	43.81	38.22	22
新　疆	Xinjiang	92.66	96.03	6	47.45	36.42	25

11-63 电力、热力、燃气及水生产和供应业利润总额和平均用工人数

Total Profit and Average Number of Employed Persons of Production and Supply of Electricity, Heat, Gas and Water

地区	Region	利润总额（亿元） Total Profit (100 million yuan)			平均用工人数（万人） Average Number of Employed Persons (10 000 persons)		
		2015	2016	2016排名 Ranking	2015	2016	2016排名 Ranking
全国	**National Total**	**5671.18**	**4839.06**		**353.15**	**361.37**	
北京	Beijing	625.12	550.44	2	7.74	8.14	24
天津	Tianjin	52.64	42.00	25	4.23	3.93	26
河北	Hebei	234.55	204.64	8	19.06	15.25	9
山西	Shanxi	131.16	68.83	18	10.45	11.36	15
内蒙古	Inner Mongolia	194.02	171.89	10	14.45	18.45	4
辽宁	Liaoning	80.53	62.61	19	15.72	15.94	8
吉林	Jilin	7.11	13.61	28	11.54	11.03	16
黑龙江	Heilongjiang	16.52	0.36	29	18.26	18.41	5
上海	Shanghai	108.16	115.83	13	3.73	3.78	27
江苏	Jiangsu	589.74	523.65	3	14.76	14.92	10
浙江	Zhejiang	387.20	386.99	4	13.03	13.22	12
安徽	Anhui	209.51	132.26	11	11.51	9.20	19
福建	Fujian	183.22	172.85	9	8.57	8.72	22
江西	Jiangxi	91.66	71.28	17	8.59	8.32	23
山东	Shandong	492.56	371.30	5	25.08	23.52	2
河南	Henan	157.47	122.66	12	21.45	21.66	3
湖北	Hubei	294.40	244.58	7	12.54	14.90	11
湖南	Hunan	103.10	102.70	15	9.69	17.13	6
广东	Guangdong	697.92	718.37	1	28.07	28.75	1
广西	Guangxi	103.68	76.54	16	12.04	12.29	14
海南	Hainan	42.59	17.76	27	1.91	1.90	30
重庆	Chongqing	46.49	46.84	23	7.00	7.72	25
四川	Sichuan	366.51	316.33	6	19.08	16.87	7
贵州	Guizhou	71.96	52.89	21	10.67	10.88	17
云南	Yunnan	113.84	52.19	22	9.52	9.42	18
西藏	Tibet	-15.21	-11.87	30	0.49	0.50	31
陕西	Shaanxi	145.52	113.98	14	12.10	12.36	13
甘肃	Gansu	-2.90	-24.26	31	9.05	8.96	20
青海	Qinghai	29.97	20.14	26	1.94	1.99	29
宁夏	Ningxia	45.45	45.23	24	3.34	3.00	28
新疆	Xinjiang	66.71	56.44	20	7.51	8.85	21

11-64 电力、热力、燃气及水生产和供应业投资收益和亏损企业亏损额

Return on Investment Income and Amount of Loss of Production and Supply of Electricity, Heat, Gas and Water

单位：亿元 (100 million yuan)

地区	Region	投资收益（损失以“-”号记）Investment Income (Loss is Marked as "-") 2015	2016	2016排名 Ranking	亏损企业亏损额 Loss Ratio of Unprofitable Firms 2015	2016	2016排名 Ranking
全　国	**National Total**	**763.85**	**641.02**		**599.57**	**764.41**	
北　京	Beijing	409.38	311.96	1	3.65	5.06	26
天　津	Tianjin	3.05	3.02	18	13.83	12.94	23
河　北	Hebei	1.88	6.76	12	17.18	13.94	19
山　西	Shanxi	2.42	2.48	20	16.33	38.09	7
内蒙古	Inner Mongolia	21.68	7.51	11	110.68	133.64	1
辽　宁	Liaoning	4.00	2.35	22	17.15	24.90	11
吉　林	Jilin	1.23	0.24	30	26.92	21.61	13
黑龙江	Heilongjiang	2.21	1.38	27	26.31	51.22	5
上　海	Shanghai	21.33	20.81	6	4.06	51.41	4
江　苏	Jiangsu	32.03	35.62	4	5.39	5.66	25
浙　江	Zhejiang	11.19	27.63	5	21.48	20.79	14
安　徽	Anhui	14.06	9.67	9	3.11	1.77	30
福　建	Fujian	13.66	13.08	8	12.25	13.16	22
江　西	Jiangxi	2.55	3.75	16	2.72	0.91	31
山　东	Shandong	81.59	61.03	3	25.33	29.28	9
河　南	Henan	3.65	5.34	13	20.19	22.08	12
湖　北	Hubei	25.50	16.24	7	7.98	13.20	21
湖　南	Hunan	2.79	2.29	23	8.61	10.45	24
广　东	Guangdong	66.29	77.56	2	31.04	19.13	15
广　西	Guangxi	8.50	2.23	24	10.10	18.36	16
海　南	Hainan	1.45	1.89	26	2.00	5.04	27
重　庆	Chongqing	4.95	2.48	20	16.60	18.16	17
四　川	Sichuan	6.03	7.60	10	28.31	33.52	8
贵　州	Guizhou	5.31	4.33	14	23.39	26.92	10
云　南	Yunnan	3.61	2.52	19	55.20	82.85	2
西　藏	Tibet				15.84	13.29	20
陕　西	Shaanxi	3.76	3.93	15	9.85	14.27	18
甘　肃	Gansu	1.06	0.87	29	36.29	55.13	3
青　海	Qinghai	0.89	0.96	28	1.34	1.86	29
宁　夏	Ningxia	4.98	3.33	17	3.90	4.76	28
新　疆	Xinjiang	2.81	2.18	25	22.56	46.98	6

11-65 煤炭开采和洗选业工业销售产值和资产总计
Sales Value and Total Assets of Mining and Washing of Coal

单位：亿元 (100 million yuan)

地区	Region	工业销售产值（当年价格）Sales Value (current prices)				资产总计 Total Assets			
		2010	2015	2016	2016排名 Ranking	2010	2015	2016	2016排名 Ranking
全　国	**National Total**	**21538.61**	**20793.30**	**19843.01**		**29941.66**	**53788.48**	**53371.26**	
北　京	Beijing	572.96	21.20	19.49	25	150.15	140.56	139.66	21
天　津	Tianjin	633.28	717.99	9.63	26	429.27	739.13	65.87	25
河　北	Hebei	1046.56	944.71	882.05	7	1293.76	1957.54	1984.86	8
山　西	Shanxi	4513.96	4149.65	4178.77	1	8179.38	16406.84	16995.20	1
内蒙古	Inner Mongolia	2514.55	2931.13	3330.77	2	3561.74	6310.94	6508.17	2
辽　宁	Liaoning	447.69	257.19	203.30	18	695.70	1008.50	1009.04	10
吉　林	Jilin	291.33	241.83	212.91	17	226.14	329.01	341.44	18
黑龙江	Heilongjiang	602.19	272.66	256.11	13	681.11	783.87	739.37	13
上　海	Shanghai								
江　苏	Jiangsu	277.59	207.84	192.28	19	459.83	720.70	680.03	14
浙　江	Zhejiang	6.85	0.54	0.40	27	10.52	0.38	0.36	27
安　徽	Anhui	918.93	617.73	657.76	9	2258.80	3236.55	3205.77	6
福　建	Fujian	150.93	120.07	110.46	21	85.45	107.94	109.20	23
江　西	Jiangxi	198.17	173.12	123.24	20	137.71	228.89	184.37	20
山　东	Shandong	2417.75	1918.76	1654.46	4	3279.84	6675.23	6131.50	3
河　南	Henan	1937.21	1421.84	1272.17	6	2498.48	3328.68	3430.59	5
湖　北	Hubei	59.18	104.67	60.55	22	45.81	60.13	37.61	26
湖　南	Hunan	646.55	465.47	385.62	11	278.13	303.41	251.16	19
广　东	Guangdong								
广　西	Guangxi	21.53	52.17	56.21	23	35.44	81.09	87.63	24
海　南	Hainan								
重　庆	Chongqing	320.55	348.29	250.56	14	270.59	607.85	575.84	17
四　川	Sichuan	1050.45	823.75	833.47	8	595.90	862.35	831.78	12
贵　州	Guizhou	633.68	1577.22	1572.98	5	912.83	2426.80	2249.20	7
云　南	Yunnan	244.15	317.28	334.89	12	346.15	636.55	577.46	16
西　藏	Tibet								
陕　西	Shaanxi	1371.62	2161.41	2284.46	3	1915.96	3746.73	4055.46	4
甘　肃	Gansu	172.01	243.72	249.62	15	292.09	629.34	598.62	15
青　海	Qinghai	85.24	17.07	23.24	24	182.73	107.12	111.20	22
宁　夏	Ningxia	265.57	454.29	471.19	10	712.55	1478.65	1594.15	9
新　疆	Xinjiang	138.14	231.71	216.43	16	405.60	873.68	875.72	11

11-66 煤炭开采和洗选业固定资产合计和流动资产合计
Total Fixed Assets and Total Current Assets of Mining and Washing of Coal

单位：亿元 (100 million yuan)

地区	Region	固定资产合计 Total Fixed Assets 2015	2016	2016排名 Ranking	流动资产合计 Total Current Assets 2015	2016	2016排名 Ranking
全　国	**National Total**	**20122.63**	**18925.61**		**19852.98**	**18929.41**	
北　京	Beijing	4.15	3.36	26	60.44	58.91	19
天　津	Tianjin	116.82	15.12	24	599.79	27.38	25
河　北	Hebei	643.21	635.03	8	793.58	835.64	6
山　西	Shanxi	5700.80	5623.78	1	6657.41	6733.34	1
内蒙古	Inner Mongolia	2101.52	2079.30	2	2426.99	2229.90	3
辽　宁	Liaoning	365.71	505.52	10	359.68	338.24	9
吉　林	Jilin	182.01	187.19	18	104.91	105.21	18
黑龙江	Heilongjiang	321.86	317.74	15	268.79	252.36	12
上　海	Shanghai						
江　苏	Jiangsu	338.97	335.16	14	215.89	171.17	16
浙　江	Zhejiang	0.13	0.11	27	0.21	0.14	27
安　徽	Anhui	1908.79	1119.42	6	623.96	552.86	8
福　建	Fujian	41.71	38.57	21	36.26	35.88	22
江　西	Jiangxi	120.71	114.87	20	56.85	48.74	21
山　东	Shandong	2078.85	1776.43	3	2450.94	2512.56	2
河　南	Henan	1536.61	1432.35	5	1179.74	1240.06	5
湖　北	Hubei	27.14	13.93	25	20.64	13.47	26
湖　南	Hunan	181.82	153.78	19	67.61	58.48	20
广　东	Guangdong						
广　西	Guangxi	28.88	15.14	23	23.97	30.60	24
海　南	Hainan						
重　庆	Chongqing	233.72	246.52	16	173.21	160.49	17
四　川	Sichuan	355.23	354.11	11	317.10	289.57	10
贵　州	Guizhou	856.07	746.60	7	879.16	734.70	7
云　南	Yunnan	195.58	200.71	17	240.02	227.35	14
西　藏	Tibet						
陕　西	Shaanxi	1408.47	1709.40	4	1563.28	1538.83	4
甘　肃	Gansu	405.04	343.86	13	186.92	177.87	15
青　海	Qinghai	20.33	30.70	22	34.50	34.53	23
宁　夏	Ningxia	598.91	575.00	9	287.04	288.16	11
新　疆	Xinjiang	349.58	351.92	12	224.09	232.96	13

11-67 煤炭开采和洗选业负债合计和流动负债合计

Total Liabilities and Current Liability of Mining and Washing of Coal

单位：亿元 (100 million yuan)

地区	Region	负债合计 Total Liabilities 2010	2015	2016	2016排名 Ranking	流动负债合计 Current Liability Assets 2015	2016	2016排名 Ranking
全　国	**National Total**	**17418.53**	**36955.15**	**37110.00**		**23178.99**	**23896.02**	
北　京	Beijing	47.23	72.61	71.02	21	40.72	24.94	24
天　津	Tianjin	358.72	626.93	53.51	25	574.79	1.39	26
河　北	Hebei	760.59	1356.92	1374.59	8	997.48	970.90	8
山　西	Shanxi	4924.82	12673.54	13312.90	1	8143.82	9024.91	1
内蒙古	Inner Mongolia	1705.03	3466.26	3465.50	3	1919.41	1854.24	3
辽　宁	Liaoning	358.33	667.22	675.42	11	485.56	499.62	11
吉　林	Jilin	132.07	270.51	286.39	18	214.17	208.30	17
黑龙江	Heilongjiang	577.94	688.32	679.13	10	621.16	618.22	9
上　海	Shanghai							
江　苏	Jiangsu	271.21	466.86	414.30	14	289.56	239.88	16
浙　江	Zhejiang	6.57	0.24	0.29	27	0.24	0.29	27
安　徽	Anhui	1548.29	2520.56	2431.52	4	1332.00	1436.72	5
福　建	Fujian	40.31	51.28	55.37	24	42.26	45.99	22
江　西	Jiangxi	71.95	162.17	155.66	19	120.81	116.30	19
山　东	Shandong	2037.28	4641.88	4399.80	2	2293.68	2203.38	2
河　南	Henan	1441.72	2221.95	2403.98	5	1561.80	1838.70	4
湖　北	Hubei	22.64	26.40	16.25	26	18.83	10.31	25
湖　南	Hunan	122.32	122.63	106.52	20	91.36	75.02	20
广　东	Guangdong							
广　西	Guangxi	16.43	50.31	57.70	23	30.32	25.19	23
海　南	Hainan							
重　庆	Chongqing	140.87	313.75	319.88	17	163.43	189.61	18
四　川	Sichuan	358.24	570.66	548.28	13	377.60	335.94	13
贵　州	Guizhou	499.50	1677.87	1593.86	7	1070.87	1078.04	7
云　南	Yunnan	189.92	369.87	356.22	16	296.09	287.88	15
西　藏	Tibet							
陕　西	Shaanxi	799.00	1809.97	2082.28	6	1101.14	1363.55	6
甘　肃	Gansu	183.29	386.70	371.70	15	294.53	290.80	14
青　海	Qinghai	91.90	62.84	64.94	22	51.45	56.24	21
宁　夏	Ningxia	460.76	1045.52	1154.56	9	560.01	601.14	10
新　疆	Xinjiang	251.60	631.38	658.42	12	485.91	498.53	12

11-68 煤炭开采和洗选业所有者权益合计和实收资本
Total Owner's Equity and Paid-in Capital of Mining and Washing of Coal

单位：亿元 (100 million yuan)

地区	Region	所有者权益合计 Total Owner's Equity 2015	2016	2016排名 Ranking	实收资本 Paid-in Capital 2015	2016	2016排名 Ranking
全　国	**National Total**	**16771.88**	**16149.45**		**7182.22**	**6232.97**	
北　京	Beijing	67.95	68.64	18	12.00	12.00	23
天　津	Tianjin	112.19	12.36	26	16.89	3.70	26
河　北	Hebei	600.62	610.19	8	264.76	263.30	8
山　西	Shanxi	3722.42	3684.39	1	1874.57	1802.27	1
内蒙古	Inner Mongolia	2844.23	3042.06	2	813.80	814.53	2
辽　宁	Liaoning	341.22	331.75	10	94.49	96.72	15
吉　林	Jilin	57.37	55.05	20	59.35	50.04	20
黑龙江	Heilongjiang	95.27	60.24	19	108.46	107.47	13
上　海	Shanghai						
江　苏	Jiangsu	253.42	265.70	12	58.95	61.88	18
浙　江	Zhejiang	0.15	0.07	27	0.06	0.06	27
安　徽	Anhui	714.93	772.86	6	364.54	367.58	5
福　建	Fujian	56.60	52.75	21	22.93	22.91	22
江　西	Jiangxi	66.47	24.39	24	50.68	50.67	19
山　东	Shandong	2011.10	1679.45	4	316.41	287.76	6
河　南	Henan	1099.87	1016.92	5	425.68	389.00	4
湖　北	Hubei	31.92	19.16	25	15.84	9.52	24
湖　南	Hunan	176.28	144.20	17	114.23	88.64	16
广　东	Guangdong						
广　西	Guangxi	30.78	29.05	23	6.39	6.55	25
海　南	Hainan						
重　庆	Chongqing	287.43	236.33	13	130.79	118.35	12
四　川	Sichuan	283.31	269.90	11	119.09	123.12	11
贵　州	Guizhou	746.47	654.18	7	332.21	271.48	7
云　南	Yunnan	264.51	220.04	15	114.86	106.93	14
西　藏	Tibet						
陕　西	Shaanxi	1946.48	1969.71	3	529.86	608.89	3
甘　肃	Gansu	242.06	226.92	14	69.29	80.29	17
青　海	Qinghai	44.29	46.26	22	42.72	42.72	21
宁　夏	Ningxia	432.47	439.59	9	1039.56	240.90	9
新　疆	Xinjiang	242.07	217.31	16	183.83	205.69	10

11-69 煤炭开采和洗选业主营业务收入和主营业务成本

Revenue from Principal Business and Cost of Principal Business of Mining and Washing of Coal

单位：亿元 (100 million yuan)

地区	Region	主营业务收入 Revenue from Principal Business 2015	2016	2016排名 Ranking	主营业务成本 Cost of Principal Business 2010	2015	2016	2016排名 Ranking
全国	**National Total**	**23770.31**	**22328.52**		**16788.74**	**19766.74**	**17670.71**	
北京	Beijing	21.20	20.17	25	510.18	15.20	13.70	25
天津	Tianjin	819.04	10.60	26	584.65	724.69	8.33	26
河北	Hebei	1485.15	1193.74	7	1489.91	1409.02	1059.04	7
山西	Shanxi	5792.41	5462.94	1	3323.45	4839.84	4274.40	1
内蒙古	Inner Mongolia	2989.36	3357.78	2	1588.08	2168.98	2398.73	2
辽宁	Liaoning	258.96	219.63	15	337.54	214.66	169.72	17
吉林	Jilin	236.83	216.47	17	245.07	223.98	209.33	15
黑龙江	Heilongjiang	279.42	277.52	13	480.53	275.98	264.10	12
上海	Shanghai							
江苏	Jiangsu	205.60	196.68	18	191.35	168.15	150.01	18
浙江	Zhejiang	0.58	0.41	27	8.07	0.47	0.35	27
安徽	Anhui	1052.02	1152.89	8	698.91	1001.24	960.45	8
福建	Fujian	120.86	110.71	21	114.57	98.80	94.28	21
江西	Jiangxi	162.45	117.87	20	145.70	138.22	97.44	20
山东	Shandong	2259.93	2324.29	3	1931.32	1793.71	1884.05	3
河南	Henan	2178.95	1712.08	5	1879.75	2012.38	1504.61	4
湖北	Hubei	102.20	59.85	22	45.98	83.66	49.94	23
湖南	Hunan	456.15	393.60	10	484.16	383.93	329.73	10
广东	Guangdong							
广西	Guangxi	48.98	55.76	23	11.44	47.20	52.59	22
海南	Hainan							
重庆	Chongqing	344.55	251.22	14	256.80	287.74	210.99	14
四川	Sichuan	772.30	781.31	9	817.50	665.20	680.93	9
贵州	Guizhou	1327.55	1347.35	6	364.53	1071.88	1094.94	6
云南	Yunnan	299.40	318.84	12	172.84	245.18	264.17	11
西藏	Tibet							
陕西	Shaanxi	1814.66	2012.28	4	668.00	1275.10	1307.52	5
甘肃	Gansu	149.58	150.90	19	105.14	140.37	141.86	19
青海	Qinghai	23.36	32.55	24	53.48	19.82	27.16	24
宁夏	Ningxia	332.16	331.61	11	187.23	279.29	249.15	13
新疆	Xinjiang	236.64	219.46	16	92.53	182.01	173.20	16

11-70 煤炭开采和洗选业销售费用和管理费用
Sales Expenses and Administrative Expenses of Mining and Washing of Coal

单位：亿元 (100 million yuan)

地区	Region	销售费用 Sales Expenses			管理费用 Administrative Expenses			
		2015	2016	2016排名 Ranking	2010	2015	2016	2016排名 Ranking
全　国	**National Total**	**708.95**	**624.96**		**2083.52**	**1667.45**	**1573.91**	
北　京	Beijing	0.77	1.05	23	5.48	3.28	2.90	23
天　津	Tianjin	0.52	0.07	26	4.23	11.01	0.44	26
河　北	Hebei	24.45	19.66	7	93.89	69.56	55.30	8
山　西	Shanxi	303.33	269.16	1	480.07	399.10	384.58	1
内蒙古	Inner Mongolia	106.70	96.41	2	145.41	197.12	195.80	3
辽　宁	Liaoning	6.08	4.28	16	54.85	54.14	48.00	9
吉　林	Jilin	3.90	3.55	19	29.57	14.37	17.73	16
黑龙江	Heilongjiang	4.65	4.13	17	70.28	38.06	37.05	12
上　海	Shanghai							
江　苏	Jiangsu	4.84	4.05	18	45.70	30.21	26.26	14
浙　江	Zhejiang	0.01			1.62	0.02	0.03	27
安　徽	Anhui	13.50	12.11	9	233.98	98.91	79.42	7
福　建	Fujian	3.57	3.48	20	15.20	12.75	11.89	20
江　西	Jiangxi	2.98	2.58	21	10.50	8.05	7.19	21
山　东	Shandong	49.09	36.26	5	299.86	190.96	197.92	2
河　南	Henan	24.60	22.87	6	133.00	103.34	97.29	5
湖　北	Hubei	2.31	1.25	22	5.69	4.99	3.53	22
湖　南	Hunan	11.15	9.04	12	39.12	19.86	15.97	17
广　东	Guangdong							
广　西	Guangxi	0.26	0.28	25	4.00	2.59	2.58	24
海　南	Hainan							
重　庆	Chongqing	9.86	6.58	14	26.50	23.16	15.92	18
四　川	Sichuan	17.44	15.29	8	87.02	46.24	43.80	10
贵　州	Guizhou	39.44	41.20	3	66.46	87.79	84.94	6
云　南	Yunnan	8.99	9.56	11	28.92	25.69	27.05	13
西　藏	Tibet							
陕　西	Shaanxi	46.10	38.20	4	134.59	148.10	142.70	4
甘　肃	Gansu	6.22	8.06	13	20.54	19.16	14.13	19
青　海	Qinghai	1.01	1.01	24	6.60	2.82	2.46	25
宁　夏	Ningxia	9.23	9.68	10	23.71	34.11	39.85	11
新　疆	Xinjiang	7.96	5.15	15	16.75	22.06	19.16	15

11-71 煤炭开采和洗选业财务费用和营业利润

Financial Expenses and Operating Profit of Mining and Washing of Coal

单位：亿元 (100 million yuan)

地区	Region	财务费用 Financial Expenses				营业利润 Operating Profit			
		2010	2015	2016	2016排名 Ranking	2010	2015	2016	2016排名 Ranking
全国	**National Total**	**328.63**	**847.09**	**849.12**		**3599.29**	**327.03**	**1092.39**	
北京	Beijing	0.55	0.80	0.92	22	47.36	0.76	1.05	13
天津	Tianjin	3.61	9.27	0.78	23	38.64	67.94	0.89	14
河北	Hebei	17.67	33.75	33.64	8	81.77	-45.32	9.96	8
山西	Shanxi	98.92	296.23	328.23	1	787.55	-147.46	107.48	3
内蒙古	Inner Mongolia	29.51	58.13	53.64	5	708.12	340.70	479.22	1
辽宁	Liaoning	4.20	20.20	18.47	9	46.59	-36.01	-26.00	25
吉林	Jilin	2.96	3.33	4.78	18	13.58	-10.61	-20.65	23
黑龙江	Heilongjiang	6.70	11.02	9.54	13	56.65	-55.63	-32.09	26
上海	Shanghai								
江苏	Jiangsu	1.46	4.22	5.71	17	29.72	-6.31	3.92	11
浙江	Zhejiang	0.08	0.02	0.01	27	0.06	0.04		
安徽	Anhui	31.67	85.31	81.98	3	90.05	-130.83	6.44	10
福建	Fujian	0.54	0.71	0.48	24	18.82	3.17	-1.48	19
江西	Jiangxi	1.32	1.69	1.68	20	19.70	11.27	-10.58	21
山东	Shandong	46.32	98.66	94.18	2	385.34	68.47	98.99	4
河南	Henan	30.95	68.19	68.87	4	349.43	-42.10	-4.47	20
湖北	Hubei	0.57	0.56	0.26	26	5.77	8.92	3.90	12
湖南	Hunan	2.75	3.40	2.50	19	79.59	26.06	25.73	6
广东	Guangdong								
广西	Guangxi	0.26	0.48	0.41	25	2.21	-2.27	-1.20	18
海南	Hainan								
重庆	Chongqing	2.67	5.44	6.63	16	33.13	16.04	7.24	9
四川	Sichuan	8.55	16.08	14.25	11	89.31	21.81	20.94	7
贵州	Guizhou	10.23	41.28	36.26	7	85.65	50.89	58.36	5
云南	Yunnan	4.14	8.57	6.71	15	34.54	3.59	-23.38	24
西藏	Tibet								
陕西	Shaanxi	11.42	42.39	41.30	6	475.08	224.22	401.32	2
甘肃	Gansu	2.33	8.45	7.77	14	19.65	-15.35	-13.28	22
青海	Qinghai	1.71	0.92	1.13	21	26.14	-2.11	-0.44	17
宁夏	Ningxia	4.75	17.14	18.13	10	57.73	-19.08	0.87	15
新疆	Xinjiang	2.79	10.86	10.82	12	17.09	-3.79	-0.36	16

11-72 煤炭开采和洗选业利润总额和平均用工人数

Total Profit and Average Number of Employed Persons of Mining and Washing of Coal

地区	Region	利润总额（亿元） Total Profit (100 million yuan) 2010	2015	2016	2016排名 Ranking	平均用工人数（万人） Average Number of Employed Persons (10 000 persons) 2015	2016	2016排名 Ranking
全　国	**National Total**	**3446.52**	**405.07**	**1159.53**		**443.21**	**397.11**	
北　京	Beijing	47.52	0.71	1.91	14	1.05	0.75	24
天　津	Tianjin	44.17	67.33	0.90	15	1.13	0.16	26
河　北	Hebei	85.34	-33.73	17.17	9	18.95	18.60	9
山　西	Shanxi	753.93	-134.99	121.16	3	95.86	92.86	1
内蒙古	Inner Mongolia	634.41	318.47	467.10	1	21.82	20.43	6
辽　宁	Liaoning	52.89	-30.61	-13.47	23	14.91	14.25	11
吉　林	Jilin	13.20	-6.78	-8.75	21	7.76	6.82	15
黑龙江	Heilongjiang	58.10	-39.64	-25.68	26	19.58	18.89	8
上　海	Shanghai							
江　苏	Jiangsu	30.67	-4.88	7.05	11	7.17	6.02	17
浙　江	Zhejiang	0.14	0.04					
安　徽	Anhui	91.91	-90.57	22.76	8	27.46	23.89	4
福　建	Fujian	16.77	3.30	-1.07	19	3.79	3.07	21
江　西	Jiangxi	20.15	9.43	-17.12	24	6.88	5.11	19
山　东	Shandong	378.19	80.90	113.77	4	47.15	38.20	3
河　南	Henan	323.66	-39.89	-5.40	20	45.76	42.31	2
湖　北	Hubei	4.44	8.97	3.92	13	2.33	1.44	22
湖　南	Hunan	75.75	27.45	26.86	6	12.33	8.91	13
广　东	Guangdong							
广　西	Guangxi	2.24	-1.24	-1.05	18	0.87	1.19	23
海　南	Hainan							
重　庆	Chongqing	31.54	22.85	13.28	10	12.70	9.26	12
四　川	Sichuan	81.88	27.51	25.01	7	20.26	17.74	10
贵　州	Guizhou	84.22	53.74	59.93	5	25.01	22.53	5
云　南	Yunnan	36.07	3.67	-20.66	25	8.99	7.96	14
西　藏	Tibet							
陕　西	Shaanxi	468.93	200.54	379.46	2	21.43	19.30	7
甘　肃	Gansu	19.53	-13.67	-12.13	22	7.13	6.60	16
青　海	Qinghai	25.75	-1.66	0.20	16	0.78	0.60	25
宁　夏	Ningxia	53.51	-19.71	5.10	12	6.47	5.64	18
新　疆	Xinjiang	11.59	-2.46	-0.76	17	5.62	4.59	20

11-73 煤炭开采和洗选业投资收益和亏损企业亏损额

Return on Investment and Amount of Loss of Mining and Washing of Coal

单位：亿元 (100 million yuan)

地区	Region	投资收益（损失以“-”号记）Investment Income (Loss is Marked as "-")			亏损企业亏损额 Loss Ratio of Unprofitable Firms		
		2015	2016	2016排名 Ranking	2015	2016	2016排名 Ranking
全　国	**National Total**	**138.33**	**133.59**		**989.37**	**618.62**	
北　京	Beijing	0.44	0.01	21			
天　津	Tianjin	-4.99	0.05	19			
河　北	Hebei	11.32	2.95	9	55.60	8.52	15
山　西	Shanxi	40.72	71.75	1	303.65	177.12	1
内蒙古	Inner Mongolia	4.64	3.29	8	88.06	69.68	3
辽　宁	Liaoning	2.34	1.74	10	32.20	15.64	10
吉　林	Jilin	0.11	0.09	16	12.03	13.77	12
黑龙江	Heilongjiang	-0.33	6.81	5	48.83	41.05	4
上　海	Shanghai						
江　苏	Jiangsu	3.59	1.63	11	8.12	0.17	24
浙　江	Zhejiang					0.02	25
安　徽	Anhui	40.55	17.78	2	95.38	6.42	17
福　建	Fujian	0.81	0.08	17	3.89	6.98	16
江　西	Jiangxi	0.20	-0.02	22	4.44	27.32	8
山　东	Shandong	26.53	5.22	6	46.56	28.50	7
河　南	Henan	7.66	8.80	4	106.39	79.95	2
湖　北	Hubei				0.45	0.18	23
湖　南	Hunan	-1.43	-1.20	23	3.89	2.70	19
广　东	Guangdong						
广　西	Guangxi				2.29	2.57	20
海　南	Hainan						
重　庆	Chongqing	1.63	0.12	15	4.79	5.85	18
四　川	Sichuan	-3.59	-5.18	24	16.60	15.70	9
贵　州	Guizhou	-0.38	4.73	7	42.96	32.52	6
云　南	Yunnan	0.01	0.19	13	17.77	39.90	5
西　藏	Tibet						
陕　西	Shaanxi	8.41	13.93	3	39.51	14.43	11
甘　肃	Gansu	-0.03	0.56	12	14.90	13.14	14
青　海	Qinghai	0.26	0.03	20	2.22	1.87	21
宁　夏	Ningxia	0.16	0.18	14	21.63	1.07	22
新　疆	Xinjiang	0.21	0.07	18	17.20	13.57	13

11-74 石油和天然气开采业工业销售产值和资产总计
Sales Value and Total Assets of Extraction of Petroleum and Natural Gas

单位：亿元 (100 million yuan)

地区	Region	工业销售产值（当年价格） Sales Value (current prices) 2010	2015	2016	2016排名 Ranking	资产总计 Total Assets 2010	2015	2016	2016排名 Ranking
全　国	**National Total**	**9819.15**	**8042.76**	**6774.18**		**16692.05**	**20570.46**	**19995.66**	
北　京	Beijing	167.11	22.96	23.70	19	413.70	157.20	161.94	18
天　津	Tianjin	1392.40	742.02	615.71	5	1521.57	1422.90	1324.34	6
河　北	Hebei	228.53	165.37	119.63	13	620.25	664.76	638.24	9
山　西	Shanxi	18.60	51.90	42.68	16	76.42	247.74	285.77	13
内蒙古	Inner Mongolia	85.27	715.34	757.23	3	167.73	288.88	279.67	14
辽　宁	Liaoning	334.34	204.86	168.27	11	807.10	636.61	434.93	11
吉　林	Jilin	354.76	319.49	181.71	10	784.22	905.51	848.51	8
黑龙江	Heilongjiang	1574.98	933.57	766.36	2	2499.18	2826.47	2866.61	2
上　海	Shanghai	11.79	6.42	5.96	22	37.63	34.24	33.79	22
江　苏	Jiangsu	67.02	43.24	35.36	17	176.53	208.17	187.26	17
浙　江	Zhejiang								
安　徽	Anhui								
福　建	Fujian								
江　西	Jiangxi								
山　东	Shandong	1021.87	642.63	498.83	7	1250.86	1678.53	1585.29	5
河　南	Henan	406.54	162.13	111.48	14	537.13	340.99	239.58	16
湖　北	Hubei	180.93	40.08	31.46	18	265.32	149.26	104.91	19
湖　南	Hunan								
广　东	Guangdong	598.91	518.92	424.11	8	535.86	1054.27	992.14	7
广　西	Guangxi		10.04	9.38	20		32.69	36.88	21
海　南	Hainan	9.25	8.92	7.32	21	25.65	39.87	39.96	20
重　庆	Chongqing	71.78	61.10	80.70	15	18.88	236.27	273.76	15
四　川	Sichuan	510.44	540.75	544.27	6	1520.97	1806.21	1726.97	4
贵　州	Guizhou								
云　南	Yunnan								
西　藏	Tibet								
陕　西	Shaanxi	1189.54	1408.76	1103.03	1	2724.16	4096.19	4259.01	1
甘　肃	Gansu	273.50	363.69	395.76	9	316.67	514.86	555.64	10
青　海	Qinghai	177.23	192.57	154.77	12	259.89	388.48	398.36	12
宁　夏	Ningxia	1.41	3.55	1.49	23	3.01	5.07	5.52	23
新　疆	Xinjiang	1142.94	884.44	694.97	4	2129.32	2835.27	2716.55	3

11-75 石油和天然气开采业固定资产合计和流动资产合计

Total Fixed Assets and Total Current Assets of Extraction of Petroleum and Natural Gas

单位：亿元 (100 million yuan)

地区	Region	固定资产合计 Total Fixed Assets 2015	2016	2016排名 Ranking	流动资产合计 Total Current Assets 2015	2016	2016排名 Ranking
全国	**National Total**	**15390.20**	**15048.87**		**2632.28**	**2909.66**	
北京	Beijing	40.83	48.00	19	21.02	24.50	16
天津	Tianjin	1242.03	1123.21	6	83.78	118.03	7
河北	Hebei	553.45	507.42	9	75.87	69.92	12
山西	Shanxi	73.99	94.76	17	85.51	86.37	10
内蒙古	Inner Mongolia	165.82	109.50	16	101.68	90.59	8
辽宁	Liaoning	531.42	387.80	11	105.19	47.13	14
吉林	Jilin	710.37	683.37	7	172.17	146.07	6
黑龙江	Heilongjiang	1861.11	1813.04	3	680.57	778.92	1
上海	Shanghai	0.08	0.07	23	21.85	22.57	17
江苏	Jiangsu	158.41	126.62	15	4.08	22.05	19
浙江	Zhejiang						
安徽	Anhui						
福建	Fujian						
江西	Jiangxi						
山东	Shandong	1538.17	1390.76	4	134.39	180.43	5
河南	Henan	187.11	170.69	14	66.19	44.26	15
湖北	Hubei	96.94	79.64	18	39.08	11.23	20
湖南	Hunan						
广东	Guangdong	562.28	516.92	8	69.25	71.27	11
广西	Guangxi	11.60	8.22	21	3.41	3.87	21
海南	Hainan	26.71	27.06	20	1.63	1.53	23
重庆	Chongqing	221.45	249.51	13	13.00	22.06	18
四川	Sichuan	931.48	1298.16	5	160.76	245.14	4
贵州	Guizhou						
云南	Yunnan						
西藏	Tibet						
陕西	Shaanxi	3486.39	3526.60	1	283.24	387.71	2
甘肃	Gansu	420.38	426.01	10	39.03	56.74	13
青海	Qinghai	291.69	281.57	12	88.25	89.47	9
宁夏	Ningxia	2.17	1.15	22	2.89	2.98	22
新疆	Xinjiang	2276.32	2178.77	2	379.44	386.81	3

11-76 石油和天然气开采业负债合计和流动负债合计

Total Liabilities and Total Current Liabilities Assets of Extraction of Petroleum and Natural Gas

单位：亿元

地区	Region	负债合计 Total Liabilities				流动负债合计 Current Liability Assets		
		2010	2015	2016	2016排名 Ranking	2015	2016	2016排名 Ranking
全　国	**National Total**	**7292.66**	**9639.93**	**9204.61**		**4887.62**	**4550.32**	
北　京	Beijing	170.62	68.88	58.92	18	16.94	14.84	19
天　津	Tianjin	787.72	935.60	869.02	3	560.01	488.58	4
河　北	Hebei	277.00	258.44	254.56	10	52.06	51.32	15
山　西	Shanxi	37.30	141.75	175.04	14	112.70	120.40	9
内蒙古	Inner Mongolia	59.93	60.29	68.17	17	22.38	23.88	18
辽　宁	Liaoning	412.16	323.51	286.16	9	37.83	40.54	16
吉　林	Jilin	384.52	360.74	316.62	8	147.85	110.87	11
黑龙江	Heilongjiang	597.29	605.72	638.57	7	158.43	196.97	7
上　海	Shanghai	7.34	7.70	6.92	21	2.79	1.78	21
江　苏	Jiangsu	68.51	105.71	112.45	16	92.53	101.94	12
浙　江	Zhejiang							
安　徽	Anhui							
福　建	Fujian							
江　西	Jiangxi							
山　东	Shandong	149.24	793.35	777.97	4	577.80	571.37	2
河　南	Henan	280.48	192.69	145.65	15	171.49	117.63	10
湖　北	Hubei	139.60	113.17	47.73	19	101.41	35.85	17
湖　南	Hunan							
广　东	Guangdong	451.71	929.31	711.75	5	561.70	463.91	5
广　西	Guangxi		4.05	4.67	22			
海　南	Hainan	1.60	6.80	7.07	20	4.51	4.93	20
重　庆	Chongqing	2.82	147.30	187.75	12	128.01	164.83	8
四　川	Sichuan	862.14	715.61	647.74	6	407.83	333.48	6
贵　州	Guizhou							
云　南	Yunnan							
西　藏	Tibet							
陕　西	Shaanxi	1535.41	2129.04	2203.10	1	1051.75	1069.22	1
甘　肃	Gansu	157.77	240.27	249.32	11	58.10	56.01	14
青　海	Qinghai	143.51	178.86	182.73	13	71.28	73.43	13
宁　夏	Ningxia	1.08	0.08	0.03	23	0.08	0.03	22
新　疆	Xinjiang	764.90	1321.06	1252.69	2	550.12	508.51	3

11-77 石油和天然气开采业所有者权益合计和实收资本
Total Owner's Equity and Paid-in Capital of Extraction of Petroleum and Natural Gas

单位：亿元 (100 million yuan)

地区	Region	所有者权益合计 Total Owner's Equity				实收资本 Paid-in Capital		
		2010	2015	2016	2016排名 Ranking	2015	2016	2016排名 Ranking
全　国	**National Total**	**9389.69**	**10925.90**	**10791.05**		**6110.79**	**6715.72**	
北　京	Beijing	243.08	88.32	103.02	15	23.11	23.11	17
天　津	Tianjin	733.85	487.30	455.33	7	174.87	138.62	9
河　北	Hebei	343.25	406.32	383.68	8		238.15	7
山　西	Shanxi	39.11	105.98	110.74	14	90.52	77.65	14
内蒙古	Inner Mongolia	107.30	228.58	211.50	12	68.97	115.05	11
辽　宁	Liaoning	394.89	313.11	148.78	13	313.11	148.67	8
吉　林	Jilin	394.78	540.14	531.90	6	33.96	26.35	16
黑龙江	Heilongjiang	1898.98	2220.75	2228.04	1	475.00	475.00	4
上　海	Shanghai	30.28	26.55	26.88	22	9.00	9.00	18
江　苏	Jiangsu	108.02	102.46	74.81	18	135.60	120.91	10
浙　江	Zhejiang							
安　徽	Anhui							
福　建	Fujian							
江　西	Jiangxi							
山　东	Shandong	1101.63	885.18	807.32	5	659.76	805.04	3
河　南	Henan	256.64	148.30	93.94	16	94.43	111.08	12
湖　北	Hubei	125.67	36.09	57.18	19			
湖　南	Hunan							
广　东	Guangdong	84.14	124.96	280.38	10	118.55	267.74	6
广　西	Guangxi		28.65	32.21	21			
海　南	Hainan	24.05	33.07	32.89	20	0.50	0.50	19
重　庆	Chongqing	16.06	88.97	86.01	17	2.65	83.56	13
四　川	Sichuan	658.83	1090.60	1079.23	4	81.37	75.77	15
贵　州	Guizhou							
云　南	Yunnan							
西　藏	Tibet							
陕　西	Shaanxi	1187.51	1967.15	2055.91	2	1998.73	2109.91	1
甘　肃	Gansu	158.90	274.59	306.32	9	263.11	278.70	5
青　海	Qinghai	116.36	209.62	215.63	11			
宁　夏	Ningxia	1.93	4.98	5.49	23	0.10	0.10	20
新　疆	Xinjiang	1364.42	1514.21	1463.86	3	1567.46	1610.83	2

11-78 石油和天然气开采业主营业务收入和主营业务成本

Revenue from Principal Business and Cost of Principal Business of Extraction of Petroleum and Natural Gas

单位：亿元 (100 million yuan)

地区	Region	主营业务收入 Revenue from Principal Business				主营业务成本 Cost of Principal Business			
		2010	2015	2016	2016排名 Ranking	2010	2015	2016	2016排名 Ranking
全　国	**National Total**	**10617.59**	**7908.52**	**6469.96**		**5729.87**	**5503.62**	**5579.96**	
北　京	Beijing	177.97	15.52	16.91	20	160.11	11.22	14.06	19
天　津	Tianjin	1348.81	733.37	601.38	5	791.71	429.83	379.30	7
河　北	Hebei	235.85	161.70	118.72	13	115.37	138.06	133.37	12
山　西	Shanxi	19.29	58.12	46.15	16	11.96	44.31	39.07	18
内蒙古	Inner Mongolia	88.04	703.06	761.04	4	56.84	616.91	677.04	2
辽　宁	Liaoning	339.83	199.04	165.49	10	247.87	225.69	334.88	8
吉　林	Jilin	381.23	304.11	172.51	9	255.90	283.47	186.54	10
黑龙江	Heilongjiang	1973.95	942.43	769.60	3	867.60	607.21	644.13	4
上　海	Shanghai	11.79	6.42	5.96	22	7.41	8.25	5.11	21
江　苏	Jiangsu	71.51	56.28	43.10	17	33.60	53.13	55.67	15
浙　江	Zhejiang								
安　徽	Anhui								
福　建	Fujian								
江　西	Jiangxi								
山　东	Shandong	1048.33	639.06	528.76	6	477.91	557.50	567.00	5
河　南	Henan	456.88	134.18	95.55	14	347.58	139.99	173.11	11
湖　北	Hubei	225.32	40.09	31.42	18	169.82	42.86	41.80	17
湖　南	Hunan								
广　东	Guangdong	747.71	493.02	406.36	8	336.06	310.15	266.59	9
广　西	Guangxi		22.28	17.99	19		16.00	13.07	20
海　南	Hainan	9.25	8.92	7.32	21	2.15	4.45	4.94	22
重　庆	Chongqing	71.16	61.10	80.53	15	47.26	42.94	49.62	16
四　川	Sichuan	609.63	587.65	510.43	7	467.16	363.33	394.92	6
贵　州	Guizhou								
云　南	Yunnan								
西　藏	Tibet								
陕　西	Shaanxi	1175.25	1314.78	1039.14	1	591.94	775.77	786.87	1
甘　肃	Gansu	201.87	277.22	144.95	11	72.77	97.16	100.50	13
青　海	Qinghai	137.45	160.94	131.55	12	62.62	60.67	63.18	14
宁　夏	Ningxia	1.49	3.55	1.49	23	0.74	1.38	0.42	23
新　疆	Xinjiang	1284.96	985.67	773.62	2	605.48	673.35	648.75	3

11-79 石油和天然气开采业销售费用和管理费用

Sales Expenses and Administrative Expenses of Extraction of Petroleum and Natural Gas

单位：亿元　　(100 million yuan)

地区	Region	销售费用 Sales Expenses			管理费用 Administrative Expenses			
		2015	2016	2016排名 Ranking	2010	2015	2016	2016排名 Ranking
全　国	**National Total**	**46.14**	**38.05**		**677.94**	**692.98**	**704.24**	
北　京	Beijing				8.40	4.19	3.79	16
天　津	Tianjin	2.05	1.67	6	23.70	18.21	18.37	9
河　北	Hebei	0.33	0.25	16	33.45	29.03	30.25	7
山　西	Shanxi	0.39	0.38	15	2.88	4.12	3.51	19
内蒙古	Inner Mongolia	1.33	1.33	8	2.30	4.12	3.58	18
辽　宁	Liaoning	0.81	0.90	10	31.79	26.69	30.10	8
吉　林	Jilin	5.47	4.82	3	21.20	21.46	16.26	10
黑龙江	Heilongjiang	10.61	10.35	1	113.29	125.67	118.70	2
上　海	Shanghai	0.02	0.03	20	0.46	0.66	0.57	21
江　苏	Jiangsu	0.53	0.52	13	17.47	18.91	15.76	12
浙　江	Zhejiang							
安　徽	Anhui							
福　建	Fujian							
江　西	Jiangxi							
山　东	Shandong	3.24	3.11	4	72.97	98.52	99.87	3
河　南	Henan	1.94	1.62	7	39.68	36.45	38.75	6
湖　北	Hubei	0.86	0.67	12	16.69	8.28	8.28	15
湖　南	Hunan							
广　东	Guangdong	1.05	1.02	9	7.45	9.90	9.57	14
广　西	Guangxi	0.03	0.03	20		0.15	0.12	23
海　南	Hainan				0.44	1.79	1.56	20
重　庆	Chongqing	0.82	0.24	17	1.00	9.16	10.81	13
四　川	Sichuan	4.44	2.75	5	28.42	36.89	66.33	5
贵　州	Guizhou							
云　南	Yunnan							
西　藏	Tibet							
陕　西	Shaanxi	1.47	0.84	11	141.86	79.84	68.53	4
甘　肃	Gansu	0.43	0.16	18	12.91	6.32	3.59	17
青　海	Qinghai	0.59	0.48	14	8.77	16.13	16.26	10
宁　夏	Ningxia	0.19	0.05	19	0.19	0.62	0.46	22
新　疆	Xinjiang	9.56	6.84	2	92.62	135.88	139.21	1

11-80 石油和天然气开采业财务费用和营业利润
Financial Expenses and Operating Profit of Extraction of Petroleum and Natural Gas

单位：亿元 (100 million yuan)

地区	Region	财务费用 Financial Expenses				营业利润 Operating Profit			
		2010	2015	2016	2016排名 Ranking	2010	2015	2016	2016排名 Ranking
全　国	**National Total**	**42.11**	**180.96**	**165.02**		**3028.51**	**656.59**	**-561.89**	
北　京	Beijing	2.49	1.67	0.99	18	4.39	-1.23	-1.84	12
天　津	Tianjin	3.27	16.23	13.08	5	538.47	237.71	163.16	1
河　北	Hebei	0.83	7.38	5.73	10	38.63	-49.25	-61.30	18
山　西	Shanxi	0.77	3.28	3.06	12	3.20	6.37	-1.94	13
内蒙古	Inner Mongolia	0.40	2.35	2.88	13	33.12	75.03	72.90	3
辽　宁	Liaoning	3.12	8.53	8.30	6	-13.75	-99.60	-223.53	22
吉　林	Jilin	2.98	11.15	8.25	7	38.65	-50.95	-55.64	17
黑龙江	Heilongjiang	-5.04	-0.73	-1.18	22	705.95	112.74	-79.89	19
上　海	Shanghai	-0.50	-0.54	-0.14	21	3.40	-2.08	0.32	11
江　苏	Jiangsu	0.26	2.30	2.72	14	8.31	-25.31	-55.35	16
浙　江	Zhejiang								
安　徽	Anhui								
福　建	Fujian								
江　西	Jiangxi								
山　东	Shandong	6.21	16.33	16.86	3	303.52	-92.19	-227.33	23
河　南	Henan	3.18	1.07	1.50	16	-2.69	-86.94	-146.96	21
湖　北	Hubei	2.11	0.98	1.34	17	7.83	-19.42	-24.30	15
湖　南	Hunan								
广　东	Guangdong	2.03	11.67	7.41	8	364.68	119.09	95.10	2
广　西	Guangxi		0.25	0.14	19		5.19	4.10	8
海　南	Hainan	-0.25	-0.02	0.01	20	6.61	2.21	0.38	10
重　庆	Chongqing	0.03	2.51	3.42	11	0.60	3.22	12.86	7
四　川	Sichuan	9.49	17.68	16.17	4	42.03	112.47	-3.73	14
贵　州	Guizhou								
云　南	Yunnan								
西　藏	Tibet								
陕　西	Shaanxi	2.94	39.93	37.51	1	368.70	284.87	68.35	4
甘　肃	Gansu	1.09	6.52	5.83	9	68.88	46.71	22.43	5
青　海	Qinghai	0.34	2.52	2.25	15	42.68	46.05	13.72	6
宁　夏	Ningxia	-0.01				0.44	1.30	0.54	9
新　疆	Xinjiang	6.36	29.90	28.88	2	464.84	30.60	-133.93	20

11-81 石油和天然气开采业利润总额和平均用工人数

Total Profit and Average Number of Employed Persons of Extraction of Petroleum and Natural Gas

地区	Region	利润总额（亿元）Total Profit (100 million yuan) 2010	2015	2016	2016排名 Ranking	平均用工人数（万人）Average Number of Employed Persons (10 000 persons) 2015	2016	2016排名 Ranking
全　国	**National Total**	**3026.76**	**692.37**	**-567.05**		**73.52**	**70.50**	
北　京	Beijing	5.69	4.07	3.26	10	0.20	0.20	18
天　津	Tianjin	543.20	229.49	154.04	1	2.09	2.02	12
河　北	Hebei	36.01	-42.06	-65.16	18	2.84	2.79	9
山　西	Shanxi	3.29	13.90	7.93	8	0.50	0.54	17
内蒙古	Inner Mongolia	29.73	74.84	72.74	3	0.72	0.81	15
辽　宁	Liaoning	-22.52	-94.95	-220.10	22	4.78	4.77	5
吉　林	Jilin	41.18	-49.07	-63.63	17	3.74	3.67	7
黑龙江	Heilongjiang	698.97	108.01	-89.92	19	11.32	11.33	2
上　海	Shanghai	3.44	-1.96	0.36	14	0.02	0.02	20
江　苏	Jiangsu	7.86	-25.18	-55.36	16	1.07	0.95	14
浙　江	Zhejiang							
安　徽	Anhui							
福　建	Fujian							
江　西	Jiangxi							
山　东	Shandong	303.03	-93.81	-231.69	23	10.53	10.55	3
河　南	Henan	-2.72	-88.77	-148.77	21	5.50	4.36	6
湖　北	Hubei	6.95	-19.62	-25.81	15	1.76	1.49	13
湖　南	Hunan							
广　东	Guangdong	364.74	124.53	99.76	2	0.57	0.59	16
广　西	Guangxi		5.19	4.10	9	0.01	0.01	22
海　南	Hainan	6.60	2.09	0.38	13			
重　庆	Chongqing	0.47	15.83	28.11	5	0.15	0.15	19
四　川	Sichuan	43.20	117.10	1.06	11	3.66	3.58	8
贵　州	Guizhou							
云　南	Yunnan							
西　藏	Tibet							
陕　西	Shaanxi	370.20	267.72	56.64	4	11.98	11.64	1
甘　肃	Gansu	68.80	43.43	20.22	6	2.6	2.08	11
青　海	Qinghai	42.54	49.55	16.01	7	2.38	2.28	10
宁　夏	Ningxia	0.44	1.30	0.54	12	0.02	0.02	20
新　疆	Xinjiang	475.67	50.74	-131.79	20	7.07	6.64	4

11-82 石油和天然气开采业投资收益和亏损企业亏损额

Return on Investment and Amount of Loss of Unprofitable Firms of Extraction of Petroleum and Natural Gas

单位：亿元 (100 million yuan)

地区	Region	投资收益（损失以"-"号记） Investment Income (Loss is Marked as "-")			亏损企业亏损额 Loss Ratio of Unprofitable Firms		
		2015	2016	2016排名 Ranking	2015	2016	2016排名 Ranking
全　国	**National Total**	**-68.61**	**-70.87**		**592.03**	**1212.95**	
北　京	Beijing	0.04	0.08	8			
天　津	Tianjin				26.81	49.72	9
河　北	Hebei	0.15	0.10	7	42.06	65.16	7
山　西	Shanxi	0.99			1.17	1.76	14
内蒙古	Inner Mongolia				15.56	16.06	13
辽　宁	Liaoning	-0.02	1.15	3	94.95	220.13	2
吉　林	Jilin	-0.66	-0.51	12	58.77	66.22	6
黑龙江	Heilongjiang	0.02				89.92	5
上　海	Shanghai				1.96		
江　苏	Jiangsu				25.18	55.36	8
浙　江	Zhejiang						
安　徽	Anhui						
福　建	Fujian						
江　西	Jiangxi						
山　东	Shandong	0.03	0.13	6	96.68	233.17	1
河　南	Henan	0.49	1.17	2	88.86	148.84	4
湖　北	Hubei				19.62	25.81	11
湖　南	Hunan						
广　东	Guangdong	0.09	0.14	5			
广　西	Guangxi						
海　南	Hainan		0.01	9			
重　庆	Chongqing	0.02	0.01	9			
四　川	Sichuan	4.14	2.08	1		24.85	12
贵　州	Guizhou						
云　南	Yunnan						
西　藏	Tibet						
陕　西	Shaanxi	0.22	-0.14	11	1.59	27.94	10
甘　肃	Gansu	-74.35	-75.74	13		0.62	15
青　海	Qinghai						
宁　夏	Ningxia						
新　疆	Xinjiang	0.23	0.65	4	118.83	187.43	3

11-83 黑色金属矿采选业工业销售产值和资产总计

Sales Value and Total Assets of Mining and Processing of Ferrous Metal Ores

单位：亿元 (100 million yuan)

地区	Region	工业销售产值（当年价格） Sales Value (current prices)				资产总计 Total Assets			
		2010	2015	2016	2016排名 Ranking	2010	2015	2016	2016排名 Ranking
全　国	**National Total**	**5803.16**	**7216.98**	**6213.82**		**5985.13**	**10558.32**	**9674.29**	
北　京	Beijing	189.72	80.31	72.81	20	1694.61	2362.52	2483.55	1
天　津	Tianjin	36.43	456.47	95.01	18	77.67	575.03	189.37	11
河　北	Hebei	1586.27	1753.43	1678.15	1	1032.52	2185.22	2064.07	2
山　西	Shanxi	145.81	246.76	240.99	7	155.85	412.18	348.57	8
内蒙古	Inner Mongolia	342.36	555.50	612.51	2	260.82	457.60	467.02	6
辽　宁	Liaoning	977.84	631.29	139.47	13	394.91	731.43	622.54	3
吉　林	Jilin	121.79	263.91	240.57	8	116.41	210.65	201.90	10
黑龙江	Heilongjiang	28.77	41.93	41.15	23	23.21	61.53	52.96	23
上　海	Shanghai								
江　苏	Jiangsu	60.85	56.97	39.77	24	48.76	44.06	40.37	24
浙　江	Zhejiang	16.67	10.98	7.67	28	36.89	15.85	14.96	29
安　徽	Anhui	181.28	372.46	421.50	4	301.48	640.41	615.01	4
福　建	Fujian	232.65	152.90	159.90	12	116.35	94.18	96.69	18
江　西	Jiangxi	131.53	193.25	183.98	11	46.60	87.28	76.12	20
山　东	Shandong	429.64	406.66	339.42	5	391.99	578.08	463.47	7
河　南	Henan	156.65	157.14	131.11	14	75.23	144.95	137.37	16
湖　北	Hubei	211.70	326.66	277.14	6	88.85	133.71	139.07	15
湖　南	Hunan	105.88	130.59	110.73	17	43.50	71.04	57.67	22
广　东	Guangdong	169.41	121.83	113.29	16	142.21	139.92	145.11	14
广　西	Guangxi	101.78	195.21	200.35	9	45.44	111.10	101.32	17
海　南	Hainan	28.81	12.45	9.01	27	42.83	60.28	63.82	21
重　庆	Chongqing	18.08	10.74	12.07	25	45.33	22.14	17.02	28
四　川	Sichuan	256.31	522.22	550.99	3	244.38	503.62	477.49	5
贵　州	Guizhou	7.01	56.25	61.70	22	8.33	16.58	22.62	27
云　南	Yunnan	115.81	128.29	124.30	15	295.17	337.52	308.64	9
西　藏	Tibet	3.64	1.94	2.28	30	15.78	26.88	32.23	25
陕　西	Shaanxi	32.85	166.71	195.63	10	58.83	145.22	145.96	13
甘　肃	Gansu	19.55	66.06	64.66	21	20.02	96.60	85.04	19
青　海	Qinghai	6.55	5.29	2.87	29	8.23	28.81	28.03	26
宁　夏	Ningxia	2.09	9.36	9.85	26	1.06	9.66	7.11	30
新　疆	Xinjiang	85.46	83.40	74.92	19	151.87	254.29	169.18	12

11-84 黑色金属矿采选业固定资产合计和流动资产合计

Total Fixed Assets and Total Current Assets of Mining and Processing of Ferrous Metal Ores

单位：亿元 (100 million yuan)

地区	Region	固定资产合计 Total Fixed Assets 2015	2016	2016排名 Ranking	流动资产合计 Total Current Assets 2015	2016	2016排名 Ranking
全　国	**National Total**	**3209.91**	**2895.26**		**4188.27**	**3483.81**	
北　京	Beijing	395.98	389.56	2	827.79	809.46	1
天　津	Tianjin	80.50	64.44	11	380.07	55.25	13
河　北	Hebei	817.08	710.02	1	883.51	763.05	2
山　西	Shanxi	149.83	132.73	7	167.37	129.11	9
内蒙古	Inner Mongolia	202.35	204.79	4	191.80	195.72	5
辽　宁	Liaoning	223.82	125.67	8	308.11	302.57	3
吉　林	Jilin	92.60	74.37	9	53.80	45.86	18
黑龙江	Heilongjiang	26.78	32.76	21	10.21	10.48	25
上　海	Shanghai						
江　苏	Jiangsu	23.02	18.39	24	16.73	19.82	22
浙　江	Zhejiang	3.24	3.16	29	8.21	8.85	27
安　徽	Anhui	193.55	183.82	5	146.82	133.28	8
福　建	Fujian	49.21	39.38	17	27.62	28.49	19
江　西	Jiangxi	33.95	37.45	19	25.15	24.76	21
山　东	Shandong	251.60	224.51	3	203.89	135.29	7
河　南	Henan	58.44	50.60	14	57.46	54.61	14
湖　北	Hubei	64.55	54.56	13	52.78	61.18	11
湖　南	Hunan	36.42	29.46	23	23.04	18.54	23
广　东	Guangdong	37.45	48.87	15	63.60	65.26	10
广　西	Guangxi	44.16	34.51	20	51.43	49.39	16
海　南	Hainan	9.27	39.04	18	25.39	24.78	20
重　庆	Chongqing	8.36	6.10	26	10.11	7.36	28
四　川	Sichuan	138.26	166.30	6	233.29	211.38	4
贵　州	Guizhou	3.27	4.59	28	9.47	11.03	24
云　南	Yunnan	84.11	44.99	16	163.97	145.36	6
西　藏	Tibet	1.37	1.24	30	4.52	7.11	29
陕　西	Shaanxi	55.99	57.86	12	52.43	50.36	15
甘　肃	Gansu	35.87	32.56	22	53.11	46.96	17
青　海	Qinghai	13.47	13.96	25	9.96	9.95	26
宁　夏	Ningxia	4.88	4.93	27	4.56	2.06	30
新　疆	Xinjiang	70.51	64.63	10	122.07	56.50	12

11-85 黑色金属矿采选业负债合计和流动负债合计

Total Liabilities and Current Liability Assets of Mining and Processing of Ferrous Metal Ores

单位：亿元 (100 million yuan)

地区	Region	负债合计 Total Liabilities 2010	2015	2016	2016排名 Ranking	流动负债合计 Current Liability Assets 2015	2016	2016排名 Ranking
全 国	**National Total**	**3007.82**	**6126.44**	**5467.77**		**4627.45**	**4052.13**	
北 京	Beijing	864.59	1323.97	1475.23	1	770.53	864.49	1
天 津	Tianjin	50.06	508.44	139.82	10	485.22	117.70	10
河 北	Hebei	545.82	1123.01	1009.46	2	913.58	851.32	2
山 西	Shanxi	77.47	274.84	237.83	7	191.75	161.44	7
内蒙古	Inner Mongolia	130.87	263.17	254.74	6	201.82	199.44	6
辽 宁	Liaoning	181.82	436.35	384.28	3	357.08	346.20	3
吉 林	Jilin	64.62	119.39	112.04	12	93.46	88.65	12
黑龙江	Heilongjiang	11.59	37.64	36.30	20	15.64	18.16	24
上 海	Shanghai							
江 苏	Jiangsu	26.29	33.95	27.19	22	27.15	26.33	21
浙 江	Zhejiang	22.83	5.88	5.17	30	5.69	5.36	29
安 徽	Anhui	124.15	362.29	353.97	4	271.65	262.12	4
福 建	Fujian	36.27	47.45	50.82	18	35.48	31.21	20
江 西	Jiangxi	22.32	45.22	34.17	21	31.47	50.54	17
山 东	Shandong	192.79	296.43	218.27	8	212.61	154.65	8
河 南	Henan	24.65	55.14	57.41	17	42.37	45.16	18
湖 北	Hubei	37.25	71.14	78.79	15	55.80	59.42	14
湖 南	Hunan	17.24	29.57	22.68	25	16.67	12.93	26
广 东	Guangdong	75.23	75.75	87.05	14	48.59	52.83	16
广 西	Guangxi	18.85	56.86	50.66	19	41.54	44.81	19
海 南	Hainan	17.05	16.59	23.52	24	12.61	19.31	23
重 庆	Chongqing	19.12	18.09	14.92	26	15.69	14.19	25
四 川	Sichuan	151.54	304.27	286.74	5	245.06	234.56	5
贵 州	Guizhou	4.50	9.81	9.69	27	8.30	7.81	27
云 南	Yunnan	151.28	215.35	191.41	9	184.45	154.03	9
西 藏	Tibet	3.22	4.64	5.25	29	2.43	4.73	30
陕 西	Shaanxi	30.81	93.25	87.61	13	71.88	66.73	13
甘 肃	Gansu	8.50	76.33	69.01	16	65.40	57.30	15
青 海	Qinghai	4.69	22.86	24.97	23	19.29	19.49	22
宁 夏	Ningxia	0.58	9.29	6.64	28	9.29	6.64	28
新 疆	Xinjiang	91.84	189.48	112.11	11	174.94	104.61	11

11-86 黑色金属矿采选业所有者权益合计和实收资本
Total Owner's Equity and Paid-in Capital of Mining and Processing of Ferrous Metal Ores

单位：亿元 (100 million yuan)

地区	Region	所有者权益合计 Total Owner's Equity 2010	2015	2016	2016排名 Ranking	实收资本 Paid-in Capital 2015	2016	2016排名 Ranking
全　国	**National Total**	**2954.03**	**4400.47**	**4232.08**		**1663.76**	**1586.41**	
北　京	Beijing	830.02	1038.55	1008.32	2	290.24	291.24	2
天　津	Tianjin	27.61	68.54	116.31	9	28.42	25.13	14
河　北	Hebei	478.36	1055.08	1041.23	1	352.35	310.05	1
山　西	Shanxi	77.78	136.80	109.91	10	96.90	83.18	6
内蒙古	Inner Mongolia	129.25	192.98	212.28	6	86.95	78.39	8
辽　宁	Liaoning	209.72	293.24	238.30	4	73.93	81.39	7
吉　林	Jilin	50.66	91.22	89.86	11	44.32	40.98	10
黑龙江	Heilongjiang	11.55	23.89	16.66	23	11.81	10.59	23
上　海	Shanghai							
江　苏	Jiangsu	22.47	9.78	12.77	25	7.42	12.69	21
浙　江	Zhejiang	14.05	9.98	9.54	27	3.00	2.83	28
安　徽	Anhui	172.62	277.18	256.02	3	167.86	169.79	3
福　建	Fujian	80.08	46.73	45.46	18	11.08	18.71	16
江　西	Jiangxi	24.18	40.84	41.53	19	11.84	13.18	20
山　东	Shandong	198.62	269.03	234.47	5	108.70	86.25	5
河　南	Henan	48.62	86.75	73.98	12	29.04	27.98	13
湖　北	Hubei	51.23	62.13	59.42	13	35.14	37.54	12
湖　南	Hunan	26.27	41.16	34.99	21	27.36	18.47	18
广　东	Guangdong	66.76	62.30	57.14	15	17.11	16.13	19
广　西	Guangxi	26.20	54.10	49.69	17	8.29	12.50	22
海　南	Hainan	25.78	43.49	40.30	20	18.79	18.67	17
重　庆	Chongqing	26.21	3.99	2.09	29	2.89	1.90	29
四　川	Sichuan	92.57	198.65	190.75	7	56.27	54.78	9
贵　州	Guizhou	3.83	6.76	12.60	26	2.36	4.99	27
云　南	Yunnan	143.61	122.60	117.23	8	88.06	87.94	4
西　藏	Tibet	12.55	22.24	26.98	22	6.76	7.21	25
陕　西	Shaanxi	27.91	51.05	58.35	14	15.15	19.51	15
甘　肃	Gansu	11.51	20.28	16.03	24	10.64	8.70	24
青　海	Qinghai	3.54	5.96	2.33	28	7.13	5.85	26
宁　夏	Ningxia	0.48	0.36	0.46	30	1.20	1.00	30
新　疆	Xinjiang	60.00	64.81	57.07	16	42.74	38.83	11

11-87 黑色金属矿采选业主营业务收入和主营业务成本

Revenue from Principal Business and Cost of Principal Business of Mining and Processing of Ferrous Metal Ores

单位：亿元　　　(100 million yuan)

地区	Region	主营业务收入 Revenue from Principal Business				主营业务成本 Cost of Principal Business			
		2010	2015	2016	2016排名 Ranking	2010	2015	2016	2016排名 Ranking
全　国	**National Total**	**6135.22**	**7207.49**	**6085.83**		**4722.34**	**6120.29**	**5152.42**	
北　京	Beijing	502.27	217.71	201.93	9	469.69	213.67	196.81	8
天　津	Tianjin	47.86	489.65	96.73	19	33.12	425.63	73.71	19
河　北	Hebei	1589.50	1728.39	1637.22	1	1155.04	1364.16	1282.34	1
山　西	Shanxi	148.17	232.21	225.25	8	108.63	206.39	193.57	9
内蒙古	Inner Mongolia	343.03	555.75	599.27	2	263.29	478.55	522.01	2
辽　宁	Liaoning	974.84	643.65	152.27	13	787.57	553.59	125.54	13
吉　林	Jilin	118.06	253.65	226.37	7	93.71	225.25	205.13	7
黑龙江	Heilongjiang	28.74	42.89	42.37	22	22.83	37.37	37.02	23
上　海	Shanghai								
江　苏	Jiangsu	58.86	53.23	39.79	24	48.34	48.60	35.67	24
浙　江	Zhejiang	17.81	10.69	6.43	28	13.94	10.44	6.11	28
安　徽	Anhui	178.74	356.98	382.57	4	136.38	314.99	325.14	4
福　建	Fujian	231.73	149.47	157.32	12	164.92	133.89	143.75	12
江　西	Jiangxi	131.58	203.49	187.86	11	101.86	176.18	164.71	11
山　东	Shandong	437.85	410.56	359.88	5	344.45	356.31	317.34	5
河　南	Henan	155.88	153.97	125.83	14	129.86	129.80	106.74	15
湖　北	Hubei	208.73	315.65	267.97	6	177.04	275.99	235.65	6
湖　南	Hunan	103.85	128.85	109.01	18	79.06	106.58	92.00	17
广　东	Guangdong	160.37	119.37	112.05	17	109.29	94.50	91.44	18
广　西	Guangxi	101.43	195.31	195.94	10	76.16	170.30	169.80	10
海　南	Hainan	30.36	11.02	9.08	27	10.78	7.23	7.77	27
重　庆	Chongqing	26.01	11.26	11.93	25	17.10	7.09	8.23	26
四　川	Sichuan	251.80	480.06	503.95	3	194.35	415.26	444.46	3
贵　州	Guizhou	8.31	52.87	58.28	21	6.26	42.59	51.63	21
云　南	Yunnan	122.01	127.61	122.87	16	77.39	105.81	101.84	16
西　藏	Tibet	4.64	2.90	2.15	30	2.43	2.44	1.08	30
陕　西	Shaanxi	32.65	124.60	124.36	15	25.37	107.71	106.75	14
甘　肃	Gansu	18.26	36.14	40.47	23	7.47	32.80	38.22	22
青　海	Qinghai	9.36	5.60	3.54	29	7.35	4.41	3.01	29
宁　夏	Ningxia	1.98	9.34	9.89	26	1.79	9.08	9.80	25
新　疆	Xinjiang	90.57	84.60	73.28	20	56.87	63.67	55.14	20

11-88 黑色金属矿采选业销售费用和管理费用

Sales Expenses and Administrative Expenses of Mining and Processing of Ferrous Metal Ores

单位：亿元 (100 million yuan)

地区	Region	销售费用 Sales Expenses 2015	2016	2016排名 Ranking	管理费用 Administrative Expenses 2010	2015	2016	2016排名 Ranking
全　国	**National Total**	**117.74**	**97.89**		**266.08**	**279.49**	**229.39**	
北　京	Beijing	0.89	0.27	26	9.84	14.17	15.69	6
天　津	Tianjin	1.15	0.31	25	1.75	8.52	2.94	22
河　北	Hebei	17.11	15.92	1	53.19	52.62	44.19	1
山　西	Shanxi	1.27	1.55	17	8.06	17.62	19.09	2
内蒙古	Inner Mongolia	5.91	5.99	5	11.46	17.27	18.92	3
辽　宁	Liaoning	4.27	1.23	20	24.53	25.98	3.01	20
吉　林	Jilin	4.39	3.19	9	7.15	10.13	8.50	9
黑龙江	Heilongjiang	0.92	0.85	22	1.02	1.57	1.23	25
上　海	Shanghai							
江　苏	Jiangsu	0.75	0.81	23	3.56	2.49	2.08	23
浙　江	Zhejiang	0.30	0.22	27	1.13	1.06	0.93	27
安　徽	Anhui	6.58	5.92	6	15.11	19.03	18.77	4
福　建	Fujian	3.32	3.04	11	5.87	6.60	5.70	13
江　西	Jiangxi	3.13	3.00	12	3.76	3.72	3.05	19
山　东	Shandong	4.39	1.64	16	31.36	14.38	10.79	7
河　南	Henan	2.37	2.03	15	4.48	5.08	4.16	16
湖　北	Hubei	10.96	10.20	3	13.00	10.02	10.05	8
湖　南	Hunan	3.55	3.26	8	5.06	5.37	4.68	15
广　东	Guangdong	3.60	3.13	10	6.64	6.40	6.70	11
广　西	Guangxi	2.23	2.17	13	11.71	6.07	5.76	12
海　南	Hainan	0.13	0.09	28	2.59	3.01	3.87	18
重　庆	Chongqing	1.98	2.11	14	3.16	2.08	1.38	24
四　川	Sichuan	19.39	14.61	2	16.64	19.82	16.35	5
贵　州	Guizhou	1.09	0.91	21	0.94	2.84	2.97	21
云　南	Yunnan	6.68	5.05	7	13.20	8.48	7.04	10
西　藏	Tibet	0.02	0.03	30	0.61	0.52	0.54	29
陕　西	Shaanxi	2.20	1.42	19	1.84	5.66	4.05	17
甘　肃	Gansu	1.84	1.46	18	2.48	1.68	1.22	26
青　海	Qinghai	0.56	0.35	24	0.58	0.65	0.84	28
宁　夏	Ningxia	0.19	0.08	29	0.04	0.25	0.12	30
新　疆	Xinjiang	6.54	7.09	4	5.32	6.38	4.77	14

11-89 黑色金属矿采选业财务费用和营业利润

Financial Expenses and Operating Profit of Mining and Processing of Ferrous Metal Ores

单位：亿元 (100 million yuan)

地区	Region	财务费用 Financial Expenses 2010	2015	2016	2016排名 Ranking	营业利润 Operating Profit 2010	2015	2016	2016排名 Ranking
全 国	**National Total**	**57.33**	**131.46**	**132.92**		**929.01**	**522.31**	**441.59**	
北 京	Beijing	7.67	15.76	34.87	1	22.88	12.26	-8.34	30
天 津	Tianjin	0.91	7.63	2.92	11	11.53	44.67	16.28	5
河 北	Hebei	17.22	34.18	29.10	2	320.22	239.03	246.06	1
山 西	Shanxi	1.30	5.88	4.69	7	27.92	-0.29	4.27	15
内蒙古	Inner Mongolia	3.10	7.09	6.03	6	53.67	40.94	40.28	2
辽 宁	Liaoning	2.59	9.20	9.57	3	137.99	38.79	7.85	11
吉 林	Jilin	1.37	4.59	3.80	9	13.82	6.62	3.82	16
黑龙江	Heilongjiang	0.25	0.21	0.18	27	2.88	2.68	2.87	18
上 海	Shanghai								
江 苏	Jiangsu	0.34	0.53	0.64	21	4.76	-2.53	0.22	22
浙 江	Zhejiang	-0.38	0.12	0.06	28	3.14	-1.25	-0.90	26
安 徽	Anhui	0.72	8.03	7.99	5	30.39	20.30	22.75	4
福 建	Fujian	0.54	0.69	0.66	20	54.73	4.19	3.28	17
江 西	Jiangxi	0.26	0.51	0.43	24	13.98	14.90	12.63	8
山 东	Shandong	6.44	4.31	3.32	10	55.01	24.65	23.65	3
河 南	Henan	1.09	1.67	1.53	16	17.01	13.33	10.12	9
湖 北	Hubei	1.39	3.62	2.66	13	13.85	11.31	6.87	13
湖 南	Hunan	0.69	1.11	0.92	19	8.59	8.30	5.78	14
广 东	Guangdong	2.61	2.54	2.06	14	29.36	10.79	7.70	12
广 西	Guangxi	0.74	1.10	1.15	18	18.11	14.20	15.89	6
海 南	Hainan	0.33	0.26	0.50	23	14.89	-0.39	-3.97	29
重 庆	Chongqing	0.25	0.51	0.40	25	1.51	-0.18	-0.44	25
四 川	Sichuan	3.63	8.99	8.21	4	27.26	12.70	14.75	7
贵 州	Guizhou	0.02	0.31	0.30	26	0.87	3.18	1.93	20
云 南	Yunnan	0.70	5.27	4.15	8	19.55	-1.49	2.22	19
西 藏	Tibet	0.01	0.12	0.05	30	2.13	-0.01	0.43	21
陕 西	Shaanxi	0.63	1.69	1.25	17	2.63	6.09	10.02	10
甘 肃	Gansu	0.85	1.83	1.99	15	1.74	-2.48	-2.49	28
青 海	Qinghai	0.21	0.59	0.59	22	1.12	-0.76	-1.39	27
宁 夏	Ningxia	0.03	0.09	0.06	28	0.01	-0.38	-0.15	23
新 疆	Xinjiang	1.82	3.04	2.84	12	17.46	3.14	-0.39	24

11-90 黑色金属矿采选业利润总额和平均用工人数

Total Profit and Average Number of Employed Persons of Mining and Processing of Ferrous Metal Ores

地区	Region	利润总额（亿元） Total Profit (100 million yuan)				平均用工人数（万人） Average Number of Employed Persons (10 000 persons)		
		2010	2015	2016	2016排名 Ranking	2015	2016	2016排名 Ranking
全　国	**National Total**	**893.05**	**519.26**	**410.91**		**57.80**	**47.14**	
北　京	Beijing	22.63	16.46	-21.63	30	2.36	1.89	9
天　津	Tianjin	11.53	44.76	16.38	4	0.73	0.23	26
河　北	Hebei	310.91	242.35	246.06	1	13.63	11.89	1
山　西	Shanxi	21.60	-0.85	4.79	15	2.45	2.05	8
内蒙古	Inner Mongolia	40.44	35.91	36.66	2	4.37	3.84	2
辽　宁	Liaoning	137.73	38.63	8.27	10	4.84	2.44	6
吉　林	Jilin	13.36	7.45	4.48	16	1.62	1.33	11
黑龙江	Heilongjiang	2.99	2.68	2.87	18	0.35	0.27	25
上　海	Shanghai							
江　苏	Jiangsu	4.34	-2.43	0.17	22	0.54	0.32	22
浙　江	Zhejiang	3.21	-1.17	-0.02	23	0.16	0.15	27
安　徽	Anhui	22.84	12.92	7.39	12	4.39	3.69	3
福　建	Fujian	59.32	4.22	3.23	17	0.93	0.90	17
江　西	Jiangxi	14.04	14.93	12.63	7	1.35	1.23	12
山　东	Shandong	54.46	25.13	23.90	3	3.96	3.16	4
河　南	Henan	16.59	13.35	10.23	8	1.36	1.07	15
湖　北	Hubei	13.13	11.09	6.58	13	2.35	2.16	7
湖　南	Hunan	7.89	8.01	5.24	14	1.78	1.36	10
广　东	Guangdong	29.00	10.53	7.78	11	0.92	0.75	19
广　西	Guangxi	17.85	14.00	15.83	5	1.12	1.08	14
海　南	Hainan	14.88	-0.11	-3.67	29	0.51	0.44	21
重　庆	Chongqing	1.36	-0.18	-0.50	25	0.40	0.29	24
四　川	Sichuan	26.24	13.18	14.85	6	2.90	2.53	5
贵　州	Guizhou	1.01	3.18	1.94	19	0.53	0.56	20
云　南	Yunnan	19.55	-0.73	1.74	20	1.18	0.97	16
西　藏	Tibet	2.16	-0.02	0.45	21	0.10	0.09	29
陕　西	Shaanxi	2.50	6.11	9.73	9	1.29	1.23	12
甘　肃	Gansu	1.75	-2.41	-1.92	28	0.45	0.31	23
青　海	Qinghai	1.17	-0.59	-1.52	27	0.09	0.06	30
宁　夏	Ningxia	0.02	-0.38	-0.16	24	0.15	0.10	28
新　疆	Xinjiang	18.53	3.25	-0.86	26	0.99	0.76	18

11-91 黑色金属矿采选业投资收益和亏损企业亏损额

Return on Investment and Amount of Loss of Mining and Processing of Ferrous Metal Ores

单位：亿元 (100 million yuan)

地区	Region	投资收益（损失以"-"号记） Investment Income (Loss is Marked as "-") 2015	2016	2016排名 Ranking	亏损企业亏损额 Loss Ratio of Unprofitable Firms 2015	2016	2016排名 Ranking
全　国	**National Total**	**61.49**	**48.28**		**145.73**	**111.78**	
北　京	Beijing	43.01	43.83	1	2.94	21.64	1
天　津	Tianjin	-1.87	0.03	13	0.54	1.42	16
河　北	Hebei	2.55	0.60	5	43.10	16.42	2
山　西	Shanxi	-0.11			9.99	6.80	7
内蒙古	Inner Mongolia	0.05	0.09	10	10.72	8.78	3
辽　宁	Liaoning	1.53	-0.28	18	11.99	7.81	4
吉　林	Jilin	-0.12	-0.03	16	3.61	5.30	9
黑龙江	Heilongjiang				0.39	0.09	28
上　海	Shanghai						
江　苏	Jiangsu	-0.39			5.63	0.97	18
浙　江	Zhejiang	0.06	0.02	14	1.28	0.20	24
安　徽	Anhui	15.14	1.10	3	11.10	7.01	6
福　建	Fujian	0.15	0.32	6	0.73	0.47	23
江　西	Jiangxi		0.01	15	0.28	0.49	22
山　东	Shandong	0.50	1.47	2	7.30	3.33	12
河　南	Henan	0.20	0.14	8	1.57	0.75	20
湖　北	Hubei	0.09			1.49	1.70	14
湖　南	Hunan	-0.01			0.21	0.17	26
广　东	Guangdong				1.81	0.51	21
广　西	Guangxi	-0.28	0.13	9	1.04	0.08	29
海　南	Hainan	0.22			0.22	3.67	11
重　庆	Chongqing				0.65	0.93	19
四　川	Sichuan	-0.03	0.80	4	8.25	7.25	5
贵　州	Guizhou				0.57	0.20	24
云　南	Yunnan	0.10	0.08	11	7.53	4.92	10
西　藏	Tibet	0.17	0.22	7	0.12		
陕　西	Shaanxi	0.01	0.05	12	3.50	1.15	17
甘　肃	Gansu				2.98	2.43	13
青　海	Qinghai				0.63	1.52	15
宁　夏	Ningxia				0.38	0.16	27
新　疆	Xinjiang	0.52	-0.04	17	5.17	5.62	8

11-92 有色金属矿采选业工业销售产值和资产总计

Sales Value and Total Assets of Mining and Processing of Non-Ferrous Metal Ores

单位：亿元 (100 million yuan)

地区	Region	工业销售产值（当年价格） Sales Value (current prices)				资产总计 Total Assets			
		2010	2015	2016	2016排名 Ranking	2010	2015	2016	2016排名 Ranking
全　国	**National Total**	**3695.82**	**6344.87**	**6322.35**		**3083.47**	**5829.68**	**5884.61**	
北　京	Beijing								
天　津	Tianjin								
河　北	Hebei	37.17	42.73	48.43	18	34.88	52.64	51.65	19
山　西	Shanxi	12.28	20.91	23.64	23	24.06	56.02	32.12	23
内蒙古	Inner Mongolia	339.23	613.17	593.83	3	321.25	519.40	563.03	3
辽　宁	Liaoning	231.13	208.00	60.05	16	135.30	155.98	128.21	14
吉　林	Jilin	70.33	135.48	186.34	10	75.02	139.71	148.87	13
黑龙江	Heilongjiang	8.14	25.13	27.32	22	20.84	81.81	89.49	16
上　海	Shanghai								
江　苏	Jiangsu	6.57	7.40	8.78	26	7.87	11.56	10.06	25
浙　江	Zhejiang	26.39	23.67	17.13	24	25.80	32.03	30.61	24
安　徽	Anhui	57.43	93.42	98.12	11	49.20	85.56	91.59	15
福　建	Fujian	57.76	60.79	66.07	14	46.47	32.46	36.04	22
江　西	Jiangxi	190.37	386.24	444.69	5	139.78	277.60	298.45	6
山　东	Shandong	551.09	1105.02	1150.90	2	349.29	873.73	961.64	2
河　南	Henan	880.53	1687.47	1614.44	1	367.41	1017.24	992.37	1
湖　北	Hubei	46.41	52.67	48.18	19	30.79	54.75	54.21	18
湖　南	Hunan	295.99	374.71	363.74	6	169.40	272.97	262.15	10
广　东	Guangdong	120.54	70.93	59.67	17	67.18	54.43	50.74	20
广　西	Guangxi	122.58	302.74	254.61	8	97.88	294.84	262.31	9
海　南	Hainan	9.45	9.06	9.67	25	9.01	8.48	10.05	26
重　庆	Chongqing	4.37	5.69	5.47	27	5.11	5.07	4.54	27
四　川	Sichuan	165.67	238.09	236.74	9	183.02	364.96	314.05	5
贵　州	Guizhou	11.05	63.24	65.74	15	10.11	38.77	50.05	21
云　南	Yunnan	119.33	220.20	257.31	7	251.65	456.07	420.60	4
西　藏	Tibet	9.85	17.13	31.15	21	69.44	194.67	283.87	7
陕　西	Shaanxi	122.63	414.55	467.26	4	100.55	283.17	279.41	8
甘　肃	Gansu	41.89	68.46	68.83	13	103.98	165.05	159.88	12
青　海	Qinghai	113.02	42.12	43.82	20	274.24	74.57	57.24	17
宁　夏	Ningxia								
新　疆	Xinjiang	44.61	55.87	70.41	12	113.94	226.13	241.40	11

11-93 有色金属矿采选业固定资产合计和流动资产合计

Total Fixed Assets and Total Current Assets of Mining and Processing of Non-Ferrous Metal Ores

单位：亿元 (100 million yuan)

地区	Region	固定资产合计 Total Fixed Assets 2015	2016	2016排名 Ranking	流动资产合计 Total Current Assets 2015	2016	2016排名 Ranking
全　国	**National Total**	**2212.02**	**2285.72**		**2153.30**	**2090.49**	
北　京	Beijing						
天　津	Tianjin						
河　北	Hebei	35.87	36.08	15	11.53	13.59	22
山　西	Shanxi	14.97	9.30	23	32.81	13.14	23
内蒙古	Inner Mongolia	221.70	219.02	3	151.67	176.31	3
辽　宁	Liaoning	51.56	32.75	17	71.41	74.67	9
吉　林	Jilin	72.13	79.09	10	35.75	45.48	15
黑龙江	Heilongjiang	49.27	47.52	14	8.38	17.20	20
上　海	Shanghai						
江　苏	Jiangsu	5.12	5.18	25	4.51	3.60	26
浙　江	Zhejiang	7.36	6.00	24	15.03	14.80	21
安　徽	Anhui	26.30	34.54	16	44.43	48.13	14
福　建	Fujian	14.29	20.52	20	9.93	10.28	24
江　西	Jiangxi	106.96	107.02	7	110.95	113.41	7
山　东	Shandong	324.18	373.69	2	265.39	268.45	2
河　南	Henan	443.47	447.39	1	469.85	435.99	1
湖　北	Hubei	15.53	23.61	18	18.47	18.73	18
湖　南	Hunan	142.77	130.99	5	71.21	64.93	11
广　东	Guangdong	19.24	17.76	22	22.55	21.25	17
广　西	Guangxi	69.03	60.20	13	151.85	126.18	5
海　南	Hainan	2.54	2.43	26	4.74	5.78	25
重　庆	Chongqing	1.80	2.04	27	2.09	2.50	27
四　川	Sichuan	87.29	86.13	9	118.99	109.53	8
贵　州	Guizhou	12.63	19.02	21	17.00	23.34	16
云　南	Yunnan	158.50	144.52	4	191.04	159.36	4
西　藏	Tibet	48.97	66.83	11	36.97	59.00	13
陕　西	Shaanxi	113.01	119.69	6	138.12	119.19	6
甘　肃	Gansu	50.81	65.16	12	59.20	59.84	12
青　海	Qinghai	19.61	22.51	19	31.95	17.69	19
宁　夏	Ningxia						
新　疆	Xinjiang	97.12	106.74	8	57.46	68.15	10

11-94 有色金属矿采选业负债合计和流动负债合计

Total Liabilities and Current Liability Assets of Mining and Processing of Non-Ferrous Metal Ores

单位：亿元 (100 million yuan)

地区	Region	负债合计 Total Liabilities 2010	2015	2016	2016排名 Ranking	流动负债合计 Current Liability Assets 2015	2016	2016排名 Ranking
全　国	**National Total**	**1445.01**	**3055.33**	**3140.91**		**2278.65**	**2088.83**	
北　京	Beijing							
天　津	Tianjin							
河　北	Hebei	18.06	21.01	20.39	22	12.40	13.96	24
山　西	Shanxi	18.03	48.14	24.88	20	44.18	23.02	18
内蒙古	Inner Mongolia	139.53	267.27	277.72	3	188.90	195.26	4
辽　宁	Liaoning	62.82	93.49	90.37	12	80.54	79.86	11
吉　林	Jilin	31.41	72.49	80.20	14	53.93	60.77	14
黑龙江	Heilongjiang	6.78	66.72	69.59	15	39.41	38.80	16
上　海	Shanghai							
江　苏	Jiangsu	4.11	7.62	7.57	25	7.12	7.12	25
浙　江	Zhejiang	17.17	18.09	17.77	24	15.86	15.43	22
安　徽	Anhui	19.30	45.87	50.27	16	37.56	42.74	15
福　建	Fujian	24.47	13.84	18.18	23	11.16	15.42	23
江　西	Jiangxi	60.44	130.26	143.12	9	84.81	100.19	8
山　东	Shandong	141.57	494.40	595.76	1	384.02	252.94	2
河　南	Henan	152.10	379.97	351.39	2	293.30	280.31	1
湖　北	Hubei	18.60	26.61	28.16	18	21.55	21.51	19
湖　南	Hunan	62.85	126.75	130.81	11	64.63	81.95	10
广　东	Guangdong	37.83	35.11	32.82	17	30.80	29.14	17
广　西	Guangxi	42.45	193.75	162.38	7	160.76	125.46	5
海　南	Hainan	5.37	6.21	6.50	26	5.89	6.33	26
重　庆	Chongqing	2.82	4.15	3.85	27	3.50	3.85	27
四　川	Sichuan	106.74	181.81	173.29	6	146.22	119.77	6
贵　州	Guizhou	5.53	21.59	22.45	21	11.86	18.86	21
云　南	Yunnan	135.69	275.39	257.02	4	246.72	210.53	3
西　藏	Tibet	39.61	125.07	182.33	5	44.75	62.54	13
陕　西	Shaanxi	52.00	134.60	132.84	10	97.97	84.49	9
甘　肃	Gansu	53.66	93.21	88.25	13	70.37	71.86	12
青　海	Qinghai	133.98	35.96	27.11	19	27.27	20.14	20
宁　夏	Ningxia							
新　疆	Xinjiang	52.09	135.97	145.88	8	93.18	106.56	7

11-95 有色金属矿采选业所有者权益合计和实收资本

Total Owner's Equity and Paid-in Capital of Mining and Processing of Non-Ferrous Metal Ores

单位：亿元 (100 million yuan)

地区	Region	所有者权益合计 Total Owner's Equity				实收资本 Paid-in Capital		
		2010	2015	2016	2016排名 Ranking	2015	2016	2016排名 Ranking
全　国	**National Total**	**1622.68**	**2729.46**	**2721.98**		**1028.03**	**1074.39**	
北　京	Beijing							
天　津	Tianjin							
河　北	Hebei	16.82	31.63	31.26	16	5.78	5.56	23
山　西	Shanxi	6.03	7.88	7.24	24	6.05	7.00	22
内蒙古	Inner Mongolia	181.60	249.98	284.96	3	94.20	105.49	2
辽　宁	Liaoning	72.17	61.83	37.09	15	26.96	15.57	15
吉　林	Jilin	43.46	67.21	67.65	13	30.71	30.14	13
黑龙江	Heilongjiang	14.06	15.09	19.90	20	10.62	12.56	16
上　海	Shanghai							
江　苏	Jiangsu	3.75	3.95	2.49	26	2.05	1.43	26
浙　江	Zhejiang	8.64	13.94	12.84	23	8.44	7.14	21
安　徽	Anhui	28.90	38.39	40.72	14	12.51	17.07	14
福　建	Fujian	21.97	16.90	17.85	22	7.35	8.47	19
江　西	Jiangxi	78.25	147.33	155.08	5	40.57	46.93	9
山　东	Shandong	207.72	378.15	365.41	2	70.30	76.06	7
河　南	Henan	215.67	605.68	623.64	1	203.40	202.54	1
湖　北	Hubei	11.85	27.38	26.04	19	8.87	8.56	18
湖　南	Hunan	106.55	146.15	131.33	8	84.76	84.87	5
广　东	Guangdong	29.21	19.30	17.92	21	4.46	4.57	24
广　西	Guangxi	52.89	98.15	99.93	10	30.29	37.47	11
海　南	Hainan	3.60	2.27	3.55	25	2.28	2.96	25
重　庆	Chongqing	2.28	0.63	0.69	27	0.20	0.20	27
四　川	Sichuan	75.21	181.25	140.01	7	75.77	76.26	6
贵　州	Guizhou	4.56	17.18	27.60	18	7.26	9.54	17
云　南	Yunnan	115.66	180.40	163.57	4	87.23	86.73	3
西　藏	Tibet	29.83	69.60	101.54	9	55.28	85.60	4
陕　西	Shaanxi	48.25	148.57	146.38	6	35.41	37.42	12
甘　肃	Gansu	49.26	71.85	71.62	12	53.99	43.46	10
青　海	Qinghai	132.78	38.61	30.12	17	9.75	8.06	20
宁　夏	Ningxia							
新　疆	Xinjiang	61.71	90.17	95.52	11	53.54	52.74	8

11-96 有色金属矿采选业主营业务收入和主营业务成本
Revenue from Principal Business and Cost of Principal Business of Mining and Processing of Non-ferrous Metal Ores

单位：亿元 (100 million yuan)

地区	Region	主营业务收入 Revenue from Principal Business 2010	2015	2016	2016排名 Ranking	主营业务成本 Cost of Principal Business 2010	2015	2016	2016排名 Ranking
全　国	**National Total**	**3836.10**	**6234.91**	**6174.77**		**2921.12**	**5277.44**	**5205.85**	
北　京	Beijing								
天　津	Tianjin								
河　北	Hebei	36.51	46.56	45.80	18	25.83	36.47	35.43	18
山　西	Shanxi	13.46	20.47	22.14	23	10.45	17.44	18.20	23
内蒙古	Inner Mongolia	338.66	597.10	594.56	3	246.94	488.20	472.13	3
辽　宁	Liaoning	236.05	211.34	67.89	13	189.54	175.44	51.30	13
吉　林	Jilin	68.74	141.22	181.35	10	46.03	111.59	150.46	10
黑龙江	Heilongjiang	8.32	24.94	24.80	22	6.28	21.32	19.16	22
上　海	Shanghai								
江　苏	Jiangsu	6.61	7.35	10.39	25	4.16	6.54	9.68	25
浙　江	Zhejiang	26.07	23.81	17.25	24	20.73	19.83	13.72	24
安　徽	Anhui	57.70	94.55	96.35	11	43.75	77.59	79.98	11
福　建	Fujian	56.36	54.83	61.94	16	45.12	48.34	54.03	12
江　西	Jiangxi	191.72	396.95	422.97	5	157.67	352.75	371.30	5
山　东	Shandong	573.96	1082.20	1179.44	2	457.24	955.96	1037.16	2
河　南	Henan	891.24	1664.99	1581.89	1	701.24	1424.47	1373.43	1
湖　北	Hubei	46.14	44.42	43.56	19	33.34	31.98	31.64	19
湖　南	Hunan	293.62	361.01	360.33	6	227.16	286.19	285.43	6
广　东	Guangdong	118.90	76.08	62.31	15	80.47	62.88	47.82	15
广　西	Guangxi	124.65	318.41	248.07	7	93.69	261.77	196.64	7
海　南	Hainan	9.35	8.10	9.29	26	7.57	7.36	8.52	26
重　庆	Chongqing	6.16	6.08	6.17	27	4.43	5.69	5.38	27
四　川	Sichuan	162.18	220.67	228.04	8	107.81	189.29	195.83	8
贵　州	Guizhou	11.23	61.43	62.41	14	8.95	45.34	46.61	16
云　南	Yunnan	120.43	199.76	212.95	9	81.17	168.27	178.49	9
西　藏	Tibet	9.91	23.75	32.70	21	4.30	14.31	19.46	21
陕　西	Shaanxi	122.16	394.68	431.67	4	89.19	350.97	384.66	4
甘　肃	Gansu	41.72	57.49	61.39	17	25.81	48.55	48.52	14
青　海	Qinghai	219.19	40.90	36.05	20	183.82	32.49	24.76	20
宁　夏	Ningxia								
新　疆	Xinjiang	45.04	55.83	73.06	12	18.42	36.42	46.11	17

11-97 有色金属矿采选业销售费用和管理费用

Sales Expenses and Administrative Expenses of Mining and Processing of Non-ferrous Metal Ores

单位：亿元 (100 million yuan)

地区	Region	销售费用 Sales Expenses			管理费用 Administrative Expenses			
		2015	2016	2016排名 Ranking	2010	2015	2016	2016排名 Ranking
全　国	**National Total**	**83.27**	**80.71**		**224.40**	**280.51**	**273.20**	
北　京	Beijing							
天　津	Tianjin							
河　北	Hebei	0.47	0.37	23	2.91	2.93	2.91	20
山　西	Shanxi	1.08	0.39	22	1.07	1.17	1.11	24
内蒙古	Inner Mongolia	9.59	12.19	2	24.04	26.35	30.43	2
辽　宁	Liaoning	4.77	2.24	12	9.85	11.57	7.15	12
吉　林	Jilin	3.71	4.72	6	4.73	10.50	11.27	9
黑龙江	Heilongjiang	0.46	0.41	21	1.02	2.24	1.96	22
上　海	Shanghai							
江　苏	Jiangsu	0.26	0.44	19	0.73	0.72	0.49	25
浙　江	Zhejiang	0.34	0.26	25	1.86	1.76	1.66	23
安　徽	Anhui	3.67	3.48	8	3.50	6.23	5.79	13
福　建	Fujian	0.57	0.58	16	3.50	2.74	3.07	18
江　西	Jiangxi	2.94	3.16	9	8.11	13.93	13.51	7
山　东	Shandong	6.09	6.85	4	26.71	46.89	50.10	1
河　南	Henan	19.34	18.08	1	19.19	32.61	30.14	3
湖　北	Hubei	0.65	0.55	17	3.20	4.81	4.32	16
湖　南	Hunan	7.85	8.22	3	20.56	27.54	27.56	4
广　东	Guangdong	0.51	0.55	17	4.73	3.44	2.96	19
广　西	Guangxi	7.06	4.94	5	19.30	19.80	14.84	6
海　南	Hainan	0.22	0.32	24	0.67	0.18	0.16	26
重　庆	Chongqing	0.02	0.05	27	0.28	0.05	0.05	27
四　川	Sichuan	3.72	3.55	7	19.78	13.76	10.63	10
贵　州	Guizhou	2.60	2.68	10	0.69	4.59	4.47	14
云　南	Yunnan	1.89	1.84	13	12.87	12.48	12.20	8
西　藏	Tibet	0.43	0.24	26	1.76	3.47	4.39	15
陕　西	Shaanxi	2.57	2.29	11	13.81	17.36	17.73	5
甘　肃	Gansu	0.82	0.78	15	4.33	3.90	4.02	17
青　海	Qinghai	0.56	0.43	20	10.43	2.50	2.68	21
宁　夏	Ningxia							
新　疆	Xinjiang	1.07	1.09	14	4.79	6.97	7.58	11

11-98 有色金属矿采选业财务费用和营业利润
Financial Expenses and Operating Profit of Mining and Processing of Non-ferrous Metal Ores

单位：亿元 (100 million yuan)

地区	Region	财务费用 Financial Expenses				营业利润 Operating Profit			
		2010	2015	2016	2016排名 Ranking	2010	2015	2016	2016排名 Ranking
全　国	**National Total**	**35.14**	**79.68**	**77.46**		**595.38**	**460.74**	**467.10**	
北　京	Beijing								
天　津	Tianjin								
河　北	Hebei	0.29	0.90	1.08	17	6.99	5.40	5.62	17
山　西	Shanxi	0.04	0.39	0.35	23	1.55	0.89	1.19	22
内蒙古	Inner Mongolia	3.09	7.83	6.87	4	74.02	60.15	66.34	3
辽　宁	Liaoning	1.43	2.56	1.93	14	22.97	14.93	4.42	20
吉　林	Jilin	0.28	1.55	2.49	11	13.19	8.60	9.58	11
黑龙江	Heilongjiang	0.07	2.96	2.51	10	1.17	-3.67	-0.78	27
上　海	Shanghai								
江　苏	Jiangsu	0.05	0.08	0.08	26	1.53	-0.38	-0.36	26
浙　江	Zhejiang	0.59	0.62	0.52	20	3.99	0.98	0.84	23
安　徽	Anhui	0.36	2.36	2.43	12	7.69	4.09	4.77	18
福　建	Fujian	0.45	0.44	0.61	19	6.53	2.07	1.94	21
江　西	Jiangxi	1.11	2.26	2.85	9	21.89	27.51	29.77	4
山　东	Shandong	6.60	14.29	15.24	1	77.23	58.51	67.07	2
河　南	Henan	5.50	11.91	10.15	2	149.06	169.10	142.59	1
湖　北	Hubei	0.56	0.36	0.40	22	7.97	6.54	6.03	14
湖　南	Hunan	2.10	3.95	4.44	6	30.63	13.43	17.18	7
广　东	Guangdong	1.22	1.29	1.11	16	29.74	6.97	8.40	12
广　西	Guangxi	0.90	5.90	7.06	3	19.64	24.97	18.80	6
海　南	Hainan	0.05	0.11	0.12	25	0.63	0.24	0.15	25
重　庆	Chongqing	0.08				0.36	0.27	0.52	24
四　川	Sichuan	1.96	4.20	3.27	8	30.46	7.90	12.93	8
贵　州	Guizhou	0.10	0.67	1.04	18	1.41	5.19	4.66	19
云　南	Yunnan	2.49	6.19	5.30	5	21.99	12.15	12.28	9
西　藏	Tibet	0.24	0.36	0.43	21	3.47	4.39	7.03	13
陕　西	Shaanxi	0.61	2.50	0.15	24	11.32	17.80	22.34	5
甘　肃	Gansu	1.44	2.59	2.22	13	6.91	2.05	6.03	14
青　海	Qinghai	2.93	0.60	1.27	15	22.91	4.50	5.94	16
宁　夏	Ningxia								
新　疆	Xinjiang	0.59	2.82	3.55	7	20.14	6.16	11.82	10

11-99 有色金属矿采选业利润总额和平均用工人数

Total Profit and Average Number of Employed Persons of Mining and Processing of Non-ferrous Metal Ores

地区	Region	利润总额（亿元） Total Profit (100 million yuan)				平均用工人数（万人） Average Number of Employed Persons (10 000 persons)		
		2010	2015	2016	2016排名 Ranking	2015	2016	2016排名 Ranking
全　国	**National Total**	**572.05**	**450.82**	**458.75**		**49.90**	**44.45**	
北　京	Beijing							
天　津	Tianjin							
河　北	Hebei	6.77	5.59	5.89	16	0.38	0.36	19
山　西	Shanxi	1.48	0.82	1.00	22	0.32	0.29	20
内蒙古	Inner Mongolia	62.83	51.95	60.03	3	3.84	3.69	4
辽　宁	Liaoning	24.65	15.10	4.91	18	2.51	1.73	10
吉　林	Jilin	13.16	9.43	10.44	10	1.58	1.48	11
黑龙江	Heilongjiang	1.43	-3.17	-1.09	27	0.27	0.25	24
上　海	Shanghai							
江　苏	Jiangsu	1.81	-0.06	-0.28	26	0.16	0.12	25
浙　江	Zhejiang	3.75	1.01	0.86	23	0.32	0.26	22
安　徽	Anhui	7.11	4.09	2.74	20	1.21	1.09	12
福　建	Fujian	5.84	2.11	1.94	21	0.48	0.48	17
江　西	Jiangxi	22.17	23.77	28.23	4	3.62	3.49	5
山　东	Shandong	73.84	58.93	69.13	2	5.14	5.00	2
河　南	Henan	146.19	169.94	143.89	1	8.60	7.57	1
湖　北	Hubei	7.85	6.44	5.82	17	0.73	0.65	16
湖　南	Hunan	26.02	8.39	12.25	8	5.48	4.77	3
广　东	Guangdong	29.98	7.00	8.90	12	0.78	0.71	15
广　西	Guangxi	18.97	25.92	22.45	6	2.89	2.25	9
海　南	Hainan	0.79	0.20	0.16	25	0.04	0.04	26
重　庆	Chongqing	0.32	0.27	0.52	24	0.13	0.04	26
四　川	Sichuan	29.83	8.20	12.84	7	2.70	2.43	7
贵　州	Guizhou	1.39	5.27	4.22	19	0.40	0.29	20
云　南	Yunnan	22.03	13.72	12.24	9	3.35	2.81	6
西　藏	Tibet	3.35	4.95	6.91	13	0.35	0.38	18
陕　西	Shaanxi	10.66	17.98	22.53	5	2.33	2.29	8
甘　肃	Gansu	7.34	2.15	6.15	14	0.98	0.86	14
青　海	Qinghai	22.34	4.75	6.14	15	0.34	0.26	22
宁　夏	Ningxia							
新　疆	Xinjiang	20.14	6.09	9.94	11	0.95	0.87	13

11-100 有色金属矿采选业投资收益和亏损企业亏损额

Return on Investment and Amount of Loss Ratio of Mining and Processing of Non-ferrous Metal Ores

单位：亿元 (100 million yuan)

地区	Region	投资收益（损失以“-”号记） Investment Income (Loss is Marked as "-")			亏损企业亏损额 Loss Ratio of Unprofitable Firms		
		2015	2016	2016排名 Ranking	2015	2016	2016排名 Ranking
全　国	**National Total**	**12.14**	**-1.06**		**62.88**	**48.99**	
北　京	Beijing						
天　津	Tianjin						
河　北	Hebei	-0.01	0.07	11	0.40	0.34	19
山　西	Shanxi	0.10	-0.26	17	0.58	0.31	21
内蒙古	Inner Mongolia	1.31	-0.31	18	3.35	2.64	7
辽　宁	Liaoning	0.08	0.40	6	3.22	1.63	11
吉　林	Jilin	0.60	-1.42	22	1.17	0.45	17
黑龙江	Heilongjiang	0.23			3.46	2.44	8
上　海	Shanghai						
江　苏	Jiangsu		-0.01	14	0.21	0.41	18
浙　江	Zhejiang	0.03	0.06	12	0.57	0.23	23
安　徽	Anhui	0.36	0.35	7	0.96	1.27	12
福　建	Fujian	-0.60	-0.50	19	0.51	0.32	20
江　西	Jiangxi	0.57	0.21	8	4.83	3.33	6
山　东	Shandong	2.94	1.93	1	1.23	2.14	10
河　南	Henan	0.04	-0.65	20	8.19	5.77	3
湖　北	Hubei	-0.07			0.70	0.08	25
湖　南	Hunan	-0.30	-0.03	16	7.55	4.51	4
广　东	Guangdong	0.03	0.12	9	1.32	0.77	15
广　西	Guangxi	5.73	0.84	3	4.80	6.46	1
海　南	Hainan						
重　庆	Chongqing	0.10					
四　川	Sichuan	-0.05	0.42	5	4.41	1.26	13
贵　州	Guizhou	0.01	-0.01	14	0.17	0.11	24
云　南	Yunnan	2.73	0.08	10	5.61	5.92	2
西　藏	Tibet	0.05	0.03	13	0.56	0.31	21
陕　西	Shaanxi	1.78	0.89	2	1.45	0.47	16
甘　肃	Gansu	1.08	0.84	3	2.37	2.41	9
青　海	Qinghai	-3.34	-3.07	23	1.10	1.03	14
宁　夏	Ningxia						
新　疆	Xinjiang	-1.25	-1.01	21	4.16	4.40	5

11-101 非金属矿采选业工业销售产值和资产总计

Sales Value and Total Assets of Mining and Processing of Non-metal Ores

单位：亿元 (100 million yuan)

地区	Region	工业销售产值（当年价格） Sales Value (current prices)				资产总计 Total Assets			
		2010	2015	2016	2016排名 Ranking	2010	2015	2016	2016排名 Ranking
全　国	**National Total**	**2994.72**	**5539.19**	**5603.91**		**1882.30**	**4110.94**	**3995.55**	
北　京	Beijing	3.65	1.11	0.76	29	16.17	6.30	2.91	28
天　津	Tianjin	11.49	12.84	14.24	24	77.89	183.27	185.48	11
河　北	Hebei	67.66	115.36	115.97	17	56.13	97.31	73.77	19
山　西	Shanxi	2.89	3.47	1.76	27	6.05	4.44	4.53	27
内蒙古	Inner Mongolia	144.66	237.46	243.62	12	76.80	130.74	127.94	16
辽　宁	Liaoning	269.49	316.89	60.31	20	105.26	199.84	164.50	12
吉　林	Jilin	72.19	107.25	106.67	18	25.07	33.29	36.57	21
黑龙江	Heilongjiang	16.87	41.90	44.54	21	10.66	30.33	34.93	22
上　海	Shanghai								
江　苏	Jiangsu	154.63	289.81	306.47	8	161.07	280.45	294.59	3
浙　江	Zhejiang	104.24	142.37	154.39	15	83.15	158.82	186.47	10
安　徽	Anhui	101.11	240.36	232.80	13	60.44	143.93	161.55	13
福　建	Fujian	94.88	225.03	247.48	11	52.10	98.31	109.46	17
江　西	Jiangxi	109.58	265.48	326.35	7	50.68	199.58	220.12	6
山　东	Shandong	360.26	484.33	421.07	3	192.37	251.66	217.73	7
河　南	Henan	263.13	465.76	512.19	2	78.52	309.06	333.97	2
湖　北	Hubei	221.32	621.25	611.45	1	166.27	537.54	376.31	1
湖　南	Hunan	216.41	364.12	384.43	6	70.15	189.33	191.34	9
广　东	Guangdong	257.70	374.31	387.86	5	95.17	160.60	191.57	8
广　西	Guangxi	77.87	232.42	270.41	10	49.72	117.48	128.54	15
海　南	Hainan	2.48	1.26	1.72	28	51.93	83.75	1.19	30
重　庆	Chongqing	76.23	140.91	177.19	14	50.70	94.91	109.45	18
四　川	Sichuan	228.95	370.21	396.08	4	151.48	266.55	270.14	5
贵　州	Guizhou	27.49	204.01	286.89	9	23.05	124.21	143.16	14
云　南	Yunnan	60.23	87.81	84.36	19	117.26	267.73	274.36	4
西　藏	Tibet	0.28	0.10	0.09	30	0.56	1.00	1.45	29
陕　西	Shaanxi	20.72	117.21	144.30	16	13.96	51.61	65.69	20
甘　肃	Gansu	9.34	42.16	38.50	22	9.84	29.06	26.36	24
青　海	Qinghai	4.99	14.66	15.43	23	17.59	31.51	30.46	23
宁　夏	Ningxia	0.98	1.38	3.13	26	1.32	1.02	8.37	26
新　疆	Xinjiang	13.00	17.95	13.46	25	10.96	27.32	22.65	25

11-102 非金属矿采选业固定资产合计和流动资产合计

Total Fixed Assets and Total Current Assets of Mining and Processing of Non-metal Ores

单位：亿元 (100 million yuan)

地区	Region	固定资产合计 Total Fixed Assets 2015	2016	2016排名 Ranking	流动资产合计 Total Current Assets 2015	2016	2016排名 Ranking
全 国	**National Total**	**1449.39**	**1421.86**		**1636.12**	**1692.52**	
北 京	Beijing	0.59	0.13	30	3.72	1.37	28
天 津	Tianjin	10.57	35.58	18	140.73	140.36	2
河 北	Hebei	31.61	31.12	19	39.13	35.77	19
山 西	Shanxi	0.92	1.23	27	3.27	1.61	27
内蒙古	Inner Mongolia	65.27	65.72	9	52.81	47.90	16
辽 宁	Liaoning	93.10	53.86	11	60.72	61.01	14
吉 林	Jilin	18.07	18.03	21	12.74	14.19	23
黑龙江	Heilongjiang	14.49	14.54	22	12.91	15.28	22
上 海	Shanghai						
江 苏	Jiangsu	116.77	148.61	2	97.75	104.33	6
浙 江	Zhejiang	37.17	38.76	17	69.41	83.50	8
安 徽	Anhui	57.19	56.85	10	52.21	51.11	15
福 建	Fujian	38.54	40.10	16	33.68	37.94	18
江 西	Jiangxi	64.12	70.16	8	65.79	74.72	10
山 东	Shandong	100.43	91.16	4	101.39	82.73	9
河 南	Henan	161.47	172.47	1	121.98	124.84	3
湖 北	Hubei	187.59	108.17	3	186.00	170.88	1
湖 南	Hunan	79.49	73.82	7	75.08	83.66	7
广 东	Guangdong	68.07	76.80	6	63.16	73.04	11
广 西	Guangxi	44.02	48.10	13	54.83	61.19	13
海 南	Hainan	0.42	0.30	29	0.62	0.31	30
重 庆	Chongqing	30.51	41.49	14	36.30	41.41	17
四 川	Sichuan	86.55	90.40	5	117.09	112.98	5
贵 州	Guizhou	34.32	40.61	15	57.34	72.71	12
云 南	Yunnan	54.70	48.32	12	108.19	122.52	4
西 藏	Tibet	0.08	0.42	28	0.49	0.70	29
陕 西	Shaanxi	22.41	25.66	20	21.57	29.19	20
甘 肃	Gansu	11.78	10.74	23	14.55	13.37	24
青 海	Qinghai	8.76	6.21	25	17.96	19.00	21
宁 夏	Ningxia	0.31	5.42	26	0.70	2.26	26
新 疆	Xinjiang	10.08	7.09	24	14.00	12.65	25

11-103　非金属矿采选业负债合计和流动负债合计

Total Liabilities and Current Liability Assets of Mining and Processing of Non-metal Ores

单位：亿元　　(100 million yuan)

地区	Region	负债合计 Total Liabilities 2010	2015	2016	2016排名 Ranking	流动负债合计 Current Liability Assets 2015	2016	2016排名 Ranking
全　国	**National Total**	**868.74**	**1903.75**	**1881.99**		**1410.39**	**1297.44**	
北　京	Beijing	5.07	3.38	2.25	28	3.38	2.24	28
天　津	Tianjin	32.76	58.76	61.96	15	57.92	60.73	9
河　北	Hebei	36.12	66.70	47.41	17	49.81	26.24	18
山　西	Shanxi	4.35	4.14	4.04	27	4.04	4.04	27
内蒙古	Inner Mongolia	43.21	75.69	72.75	14	57.60	54.35	11
辽　宁	Liaoning	40.64	54.27	56.31	16	36.39	28.29	17
吉　林	Jilin	6.29	11.39	11.41	25	6.79	7.87	25
黑龙江	Heilongjiang	6.03	15.53	19.52	22	12.55	16.36	21
上　海	Shanghai							
江　苏	Jiangsu	76.90	145.38	156.27	3	93.00	87.58	5
浙　江	Zhejiang	52.97	111.19	131.75	5	89.23	103.45	3
安　徽	Anhui	27.90	65.98	84.26	9	48.47	65.76	7
福　建	Fujian	16.63	30.43	34.86	19	25.07	22.32	19
江　西	Jiangxi	19.12	70.56	73.13	13	36.23	46.23	14
山　东	Shandong	90.24	113.85	92.11	7	87.80	76.05	6
河　南	Henan	18.10	86.91	90.78	8	60.55	52.28	13
湖　北	Hubei	94.15	275.33	189.00	1	212.32	121.90	1
湖　南	Hunan	28.04	86.41	92.62	6	61.15	39.06	15
广　东	Guangdong	35.54	68.17	74.82	12	47.26	52.76	12
广　西	Guangxi	24.84	66.70	79.32	10	50.82	62.57	8
海　南	Hainan	0.92	3.37	0.71	30	2.19	0.07	30
重　庆	Chongqing	21.21	45.12	41.61	18	32.92	31.70	16
四　川	Sichuan	90.41	142.67	137.99	4	100.02	96.46	4
贵　州	Guizhou	11.17	63.97	77.48	11	46.96	54.39	10
云　南	Yunnan	59.18	160.48	161.50	2	125.80	117.93	2
西　藏	Tibet	0.02	0.35	0.89	29	0.35	0.48	29
陕　西	Shaanxi	6.70	21.57	28.49	20	15.70	21.56	20
甘　肃	Gansu	3.51	14.33	15.90	24	9.79	11.66	24
青　海	Qinghai	10.11	20.40	21.05	21	16.85	12.25	23
宁　夏	Ningxia	0.87	0.59	5.45	26	0.59	5.37	26
新　疆	Xinjiang	5.74	20.12	16.36	23	18.81	15.49	22

11-104 非金属矿采选业所有者权益合计和实收资本

Total Owner's Equity and Paid-in Capital of Mining and Processing of Non-metal Ores

单位：亿元 (100 million yuan)

地区	Region	所有者权益合计 Total Owner's Equity				实收资本 Paid-in Capital		
		2010	2015	2016	2016排名 Ranking	2015	2016	2016排名 Ranking
全 国	**National Total**	**1004.75**	**2187.69**	**2080.38**		**867.61**	**886.34**	
北 京	Beijing	11.10	2.91	0.66	27	0.62	0.75	28
天 津	Tianjin	45.13	124.51	118.85	7	22.32	18.29	15
河 北	Hebei	19.96	30.09	26.36	20	19.74	14.26	20
山 西	Shanxi	1.70	0.30	0.48	29	0.96	0.95	27
内蒙古	Inner Mongolia	33.37	54.84	54.45	17	24.58	17.34	17
辽 宁	Liaoning	64.08	145.17	95.08	11	24.97	16.89	18
吉 林	Jilin	18.69	21.65	25.16	21	8.35	10.66	21
黑龙江	Heilongjiang	4.41	14.80	15.41	22	8.17	8.68	22
上 海	Shanghai							
江 苏	Jiangsu	84.17	134.68	135.85	4	63.43	64.23	5
浙 江	Zhejiang	30.18	47.63	54.72	16	34.90	35.71	11
安 徽	Anhui	32.43	74.06	75.31	13	35.64	42.19	9
福 建	Fujian	35.35	67.64	93.59	12	23.98	20.97	14
江 西	Jiangxi	31.37	129.02	146.25	3	69.14	82.88	2
山 东	Shandong	101.63	135.12	125.34	6	41.36	39.33	10
河 南	Henan	58.09	220.02	241.99	1	77.63	95.07	1
湖 北	Hubei	71.54	262.14	187.31	2	94.61	80.70	3
湖 南	Hunan	42.10	102.82	98.71	10	67.50	64.89	4
广 东	Guangdong	59.24	86.43	112.21	9	33.88	51.14	7
广 西	Guangxi	24.41	49.58	49.06	18	15.41	17.57	16
海 南	Hainan	51.00	80.38	0.48	29	0.82	0.46	29
重 庆	Chongqing	29.39	49.74	66.45	14	17.28	22.92	13
四 川	Sichuan	58.72	123.46	130.74	5	53.03	56.51	6
贵 州	Guizhou	11.81	59.72	64.84	15	20.82	34.54	12
云 南	Yunnan	58.08	107.26	112.87	8	76.54	50.88	8
西 藏	Tibet	0.55	0.65	0.56	28	0.16	0.17	30
陕 西	Shaanxi	7.21	30.00	37.19	19	12.84	15.35	19
甘 肃	Gansu	5.90	14.32	10.47	24	4.52	5.93	25
青 海	Qinghai	7.45	11.10	10.77	23	7.05	7.87	23
宁 夏	Ningxia	0.45	0.44	2.93	26	0.23	2.73	26
新 疆	Xinjiang	5.22	7.20	6.30	25	7.13	6.50	24

11-105 非金属矿采选业主营业务收入和主营业务成本

Revenue from Principal Business and Cost of Principal Business of Mining and Processing of Non-metal Ores

单位：亿元 (100 million yuan)

地区	Region	主营业务收入 Revenue from Principal Business				主营业务成本 Cost of Principal Business			
		2010	2015	2016	2016排名 Ranking	2010	2015	2016	2016排名 Ranking
全　国	**National Total**	**3005.11**	**5414.60**	**5435.47**		**2360.56**	**4397.04**	**4407.50**	
北　京	Beijing	4.06	2.03	0.81	29	3.53	1.48	0.61	29
天　津	Tianjin	10.40	11.56	14.66	23	8.13	10.17	13.72	23
河　北	Hebei	68.25	116.05	117.99	17	52.97	100.67	104.24	17
山　西	Shanxi	3.17	3.17	2.68	27	2.81	2.68	2.24	26
内蒙古	Inner Mongolia	142.65	236.17	241.06	11	111.35	194.39	200.08	9
辽　宁	Liaoning	274.44	310.74	76.74	20	226.64	266.80	61.94	19
吉　林	Jilin	72.24	104.38	104.12	18	59.84	91.05	90.18	18
黑龙江	Heilongjiang	17.90	41.22	44.25	21	13.98	34.62	36.57	21
上　海	Shanghai								
江　苏	Jiangsu	159.19	298.67	312.45	8	126.35	252.75	266.05	8
浙　江	Zhejiang	104.72	142.06	153.79	15	85.87	111.43	121.77	15
安　徽	Anhui	100.26	235.95	220.79	13	78.01	193.27	177.90	13
福　建	Fujian	94.88	221.49	238.31	12	73.99	181.39	196.82	10
江　西	Jiangxi	109.73	269.76	330.17	7	91.35	221.51	273.22	7
山　东	Shandong	362.51	487.16	434.51	3	288.79	415.68	364.99	3
河　南	Henan	265.02	450.61	493.10	2	211.57	375.94	407.87	2
湖　北	Hubei	218.25	563.80	533.50	1	160.73	450.92	430.17	1
湖　南	Hunan	214.04	361.63	387.92	4	165.84	294.26	313.46	5
广　东	Guangdong	259.47	367.80	380.71	6	203.89	290.74	304.25	6
广　西	Guangxi	75.25	228.35	257.24	9	58.20	162.91	187.28	12
海　南	Hainan	2.74	1.16	1.51	28	1.71	0.90	1.20	28
重　庆	Chongqing	72.16	138.38	175.32	14	58.74	108.93	140.49	14
四　川	Sichuan	224.94	363.71	386.39	5	173.29	294.15	314.74	4
贵　州	Guizhou	28.86	190.00	249.33	10	19.63	145.44	189.12	11
云　南	Yunnan	67.75	95.69	85.18	19	46.18	62.27	56.55	20
西　藏	Tibet	0.28	0.10	0.38	30	0.10	0.09	0.12	30
陕　西	Shaanxi	20.59	109.76	136.44	16	16.04	84.79	107.18	16
甘　肃	Gansu	10.95	28.41	25.51	22	8.50	23.34	21.35	22
青　海	Qinghai	5.67	14.94	14.27	24	3.10	12.27	12.20	24
宁　夏	Ningxia	1.43	1.34	2.94	26	0.86	0.93	2.22	27
新　疆	Xinjiang	13.31	18.52	13.43	25	8.56	11.28	8.96	25

11-106 非金属矿采选业销售费用和管理费用

Sales Expenses and Administrative Expenses of Mining and Processing of Non-metal Ores

单位：亿元 (100 million yuan)

地区	Region	销售费用 Sales Expenses 2015	2016	2016排名 Ranking	管理费用 Administrative Expenses 2010	2015	2016	2016排名 Ranking
全　国	**National Total**	**204.11**	**214.91**		**160.03**	**245.62**	**252.19**	
北　京	Beijing	0.09	0.07	30	0.41	0.35	0.15	27
天　津	Tianjin	0.14	0.27	26	2.99	3.55	3.56	21
河　北	Hebei	4.12	4.46	18	4.04	5.83	5.88	18
山　西	Shanxi	0.10	0.18	28	0.10	0.12	0.17	26
内蒙古	Inner Mongolia	6.84	7.58	14	4.49	6.85	6.47	17
辽　宁	Liaoning	9.99	5.85	16	10.62	10.40	4.64	19
吉　林	Jilin	2.95	2.71	20	4.35	3.98	4.35	20
黑龙江	Heilongjiang	1.94	2.22	21	0.82	1.79	1.84	22
上　海	Shanghai							
江　苏	Jiangsu	8.45	8.45	13	8.38	13.72	13.59	7
浙　江	Zhejiang	3.27	3.36	19	6.72	8.30	9.22	13
安　徽	Anhui	11.79	11.58	7	4.68	8.85	9.91	12
福　建	Fujian	9.58	10.18	8	4.90	9.80	10.75	9
江　西	Jiangxi	8.23	9.18	12	3.08	6.65	7.80	14
山　东	Shandong	15.87	13.70	5	17.24	15.17	12.73	8
河　南	Henan	9.02	9.97	9	6.37	8.48	10.40	10
湖　北	Hubei	20.73	20.05	3	13.11	26.97	22.56	2
湖　南	Hunan	17.49	20.25	2	14.02	19.61	23.96	1
广　东	Guangdong	12.74	12.47	6	9.35	20.67	19.41	4
广　西	Guangxi	16.66	22.25	1	9.74	18.58	21.56	3
海　南	Hainan	0.29	0.22	27	0.29	0.24	0.09	28
重　庆	Chongqing	6.19	7.50	15	4.64	6.40	7.52	16
四　川	Sichuan	14.02	15.24	4	15.08	18.25	18.72	5
贵　州	Guizhou	6.38	9.94	10	2.27	10.57	15.20	6
云　南	Yunnan	4.11	4.72	17	7.46	10.03	10.27	11
西　藏	Tibet		0.10	29	0.04	0.04	0.09	28
陕　西	Shaanxi	8.33	9.28	11	1.54	6.18	7.77	15
甘　肃	Gansu	1.09	0.95	23	0.53	0.65	0.63	25
青　海	Qinghai	0.78	0.57	24	1.13	1.42	1.16	24
宁　夏	Ningxia	0.32	0.42	25	0.05	0.03	0.08	30
新　疆	Xinjiang	2.59	1.21	22	1.60	2.12	1.69	23

11-107 非金属矿采选业财务费用和营业利润

Financial Expenses and Operating Profit of Mining and Processing of Non-metal Ores

单位：亿元 (100 million yuan)

地区	Region	财务费用 Financial Expenses				营业利润 Operating Profit			
		2010	2015	2016	2016排名 Ranking	2010	2015	2016	2016排名 Ranking
全 国	**National Total**	**29.83**	**59.21**	**56.48**		**296.60**	**429.04**	**408.37**	
北 京	Beijing		0.03	0.03	27	0.41	0.19	-0.09	30
天 津	Tianjin	-0.05	0.16	0.29	23	1.79	0.67	0.56	24
河 北	Hebei	0.45	0.82	0.63	20	7.80	4.01	2.29	21
山 西	Shanxi	0.12	0.14	0.04	26	0.03	0.08	-0.03	28
内蒙古	Inner Mongolia	1.66	1.81	1.26	15	18.02	21.69	21.23	8
辽 宁	Liaoning	2.57	1.86	0.41	21	23.03	17.69	3.07	20
吉 林	Jilin	0.27	0.73	0.85	18	3.61	4.58	4.67	17
黑龙江	Heilongjiang	0.06	0.21	0.22	25	1.61	2.48	3.30	19
上 海	Shanghai								
江 苏	Jiangsu	2.07	4.58	4.87	2	12.83	16.53	15.57	11
浙 江	Zhejiang	1.03	2.64	2.82	9	5.91	11.10	10.81	15
安 徽	Anhui	0.78	2.06	2.63	10	6.19	16.57	15.20	12
福 建	Fujian	0.45	1.29	1.02	16	8.67	15.66	15.17	13
江 西	Jiangxi	0.71	1.54	1.46	14	8.49	24.98	31.04	5
山 东	Shandong	3.22	4.05	3.08	8	34.05	37.13	32.98	4
河 南	Henan	1.89	3.27	3.77	5	36.66	50.52	57.26	1
湖 北	Hubei	4.61	9.11	7.88	1	29.78	42.99	39.75	2
湖 南	Hunan	2.05	3.10	3.48	6	14.74	21.04	17.33	10
广 东	Guangdong	1.18	3.09	3.23	7	32.22	34.21	34.15	3
广 西	Guangxi	0.73	1.81	2.03	13	6.48	25.78	20.91	9
海 南	Hainan	0.01	0.03	0.01	28	0.44	-0.33	-0.07	29
重 庆	Chongqing	0.79	2.07	2.12	12	7.75	10.85	13.96	14
四 川	Sichuan	2.83	5.17	4.79	3	20.56	24.59	26.29	7
贵 州	Guizhou	0.26	1.86	2.59	11	4.23	22.47	26.46	6
云 南	Yunnan	1.57	5.50	4.75	4	7.23	11.71	4.06	18
西 藏	Tibet	0.01	0.01			0.07	-0.03	0.07	27
陕 西	Shaanxi	0.19	1.04	0.98	17	1.39	8.02	9.29	16
甘 肃	Gansu	0.07	0.33	0.64	19	0.87	2.78	1.75	22
青 海	Qinghai	0.22	0.36	0.27	24	0.26	-0.39	0.16	25
宁 夏	Ningxia		0.01	0.01	28	0.06	0.05	0.15	26
新 疆	Xinjiang	0.08	0.53	0.32	22	1.39	1.42	1.08	23

11-108 非金属矿采选业利润总额和平均用工人数

Total Profit and Average Number of Employed Persons of Mining and Processing of Non-metal Ores

地区	Region	利润总额（亿元） Total Profit (100 million yuan)				平均用工人数（万人） Average Number of Employed Persons (10 000 persons)		
		2010	2015	2016	2016排名 Ranking	2015	2016	2016排名 Ranking
全 国	**National Total**	**276.16**	**422.24**	**405.70**		**57.06**	**53.12**	
北 京	Beijing	0.58	0.20	-0.09	30	0.03	0.02	28
天 津	Tianjin	1.89	0.75	0.60	24	0.79	0.74	20
河 北	Hebei	8.23	6.86	6.47	17	1.60	1.61	14
山 西	Shanxi	0.01	0.08	-0.04	28	0.05	0.05	26
内蒙古	Inner Mongolia	6.78	13.97	13.92	13	2.23	2.25	9
辽 宁	Liaoning	25.30	16.71	3.35	20	3.01	1.52	16
吉 林	Jilin	3.57	4.46	4.54	19	0.59	0.57	21
黑龙江	Heilongjiang	1.56	2.45	3.19	21	0.48	0.47	22
上 海	Shanghai							
江 苏	Jiangsu	12.58	18.53	18.12	9	2.86	2.76	8
浙 江	Zhejiang	6.22	12.10	11.47	15	1.04	0.99	19
安 徽	Anhui	5.83	15.44	14.90	12	2.07	1.54	15
福 建	Fujian	7.55	15.52	15.19	11	2.29	2.20	12
江 西	Jiangxi	8.38	24.16	30.46	5	2.05	2.25	9
山 东	Shandong	33.40	37.46	33.07	4	4.11	2.92	6
河 南	Henan	36.60	49.05	55.87	1	4.33	4.31	3
湖 北	Hubei	24.56	43.09	40.06	2	4.91	4.36	2
湖 南	Hunan	13.30	20.22	16.57	10	4.27	4.19	4
广 东	Guangdong	31.53	33.39	33.93	3	2.84	2.85	7
广 西	Guangxi	5.79	25.61	20.76	8	2.25	2.23	11
海 南	Hainan	0.48	-0.34	-0.08	29	0.09	0.02	28
重 庆	Chongqing	7.46	10.78	13.90	14	1.51	1.88	13
四 川	Sichuan	18.97	25.15	26.39	6	4.41	4.17	5
贵 州	Guizhou	4.16	22.38	26.04	7	5.65	5.98	1
云 南	Yunnan	7.26	12.13	4.58	18	1.28	1.12	18
西 藏	Tibet	0.07	-0.04	0.07	27	0.01	0.01	30
陕 西	Shaanxi	1.38	8.00	9.26	16	1.17	1.20	17
甘 肃	Gansu	0.87	2.80	1.72	22	0.42	0.30	23
青 海	Qinghai	0.39	-0.18	0.25	25	0.37	0.28	24
宁 夏	Ningxia	0.05	0.05	0.16	26	0.01	0.04	27
新 疆	Xinjiang	1.41	1.43	1.08	23	0.31	0.28	24

11-109 非金属矿采选业投资收益和亏损企业亏损额

Return on Investment and Amount of Loss of Mining and Processing of Non-metal Ores

单位：亿元 (100 million yuan)

地区	Region	投资收益（损失以“-”号记） Investment Income (Loss is Marked as "-")			亏损企业亏损额 Loss Ratio of Unprofitable Firms		
		2015	2016	2016排名 Ranking	2015	2016	2016排名 Ranking
全　国	**National Total**	**3.18**	**-3.40**		**17.88**	**23.01**	
北　京	Beijing	0.05			0.07	0.09	23
天　津	Tianjin	0.72	0.55	1	0.06		
河　北	Hebei	-0.06	0.05	11	1.24	0.43	17
山　西	Shanxi				0.11	0.08	26
内蒙古	Inner Mongolia	-1.73	-1.54	21	1.50	0.88	9
辽　宁	Liaoning	0.02	0.02	12	1.26	1.08	7
吉　林	Jilin				0.01	0.03	27
黑龙江	Heilongjiang		0.01	14	0.18	0.21	20
上　海	Shanghai						
江　苏	Jiangsu	1.30	0.51	2	0.68	0.56	13
浙　江	Zhejiang	0.02	0.08	7	1.90	1.65	4
安　徽	Anhui	0.06	0.07	9	0.55	1.03	8
福　建	Fujian	-0.26	0.01	14	0.11	0.09	23
江　西	Jiangxi	0.16	0.14	6	0.02	0.10	22
山　东	Shandong	-0.85	-0.06	17	1.03	0.75	11
河　南	Henan				0.50	0.68	12
湖　北	Hubei	-0.25	0.08	7	1.38	1.43	6
湖　南	Hunan	0.15	-0.98	20	1.09	1.58	5
广　东	Guangdong	0.01	-0.28	19	0.37	0.55	14
广　西	Guangxi	-0.06	-0.10	18	0.75	2.74	2
海　南	Hainan				0.35	0.09	23
重　庆	Chongqing	-0.03	0.36	3	0.31	0.23	19
四　川	Sichuan	0.13	0.07	9	1.34	1.68	3
贵　州	Guizhou	0.40	0.19	5	0.34	0.87	10
云　南	Yunnan	3.39	-2.94	22	1.11	4.53	1
西　藏	Tibet				0.04		
陕　西	Shaanxi	0.01	0.01	14	0.14	0.21	20
甘　肃	Gansu				0.20	0.55	14
青　海	Qinghai	-0.01	0.32	4	0.60	0.47	16
宁　夏	Ningxia				0.02	0.01	28
新　疆	Xinjiang		0.02	12	0.63	0.42	18

11-110 农副食品加工业销售产值和主营业务收入

Sales Value and Revenue from Principal Business of Processing of Food from Agricultural Products

单位：亿元 (100 million yuan)

地区	Region	工业销售产值(当年价格) Sales Value (current prices)				主营业务收入 Revenue from Principal Business			
		2010	2015	2016	2016排名 Ranking	2010	2015	2016	2016排名 Ranking
全 国	**National Total**	**34228.93**	**65835.97**	**68857.76**		**34668.26**	**65378.24**	**68825.16**	
北 京	Beijing	277.43	354.15	384.30	24	312.95	513.23	453.96	23
天 津	Tianjin	374.51	960.69	966.94	20	402.00	934.42	871.26	20
河 北	Hebei	1340.13	2179.64	2279.77	12	1347.52	2162.30	2268.88	12
山 西	Shanxi	184.97	311.70	330.30	26	192.29	317.73	310.91	27
内蒙古	Inner Mongolia	961.00	1615.77	1772.46	15	955.44	1576.07	1677.99	15
辽 宁	Liaoning	2716.43	2870.84	1534.56	16	2744.94	2871.83	1673.39	16
吉 林	Jilin	1577.63	3276.98	3191.15	8	1554.44	3070.03	3001.20	8
黑龙江	Heilongjiang	1164.15	2691.78	2727.29	11	1266.67	2777.23	2838.19	11
上 海	Shanghai	259.86	335.46	323.51	27	279.28	378.42	405.44	24
江 苏	Jiangsu	2226.68	4614.11	5073.24	4	2258.84	4615.55	5100.74	3
浙 江	Zhejiang	748.76	1019.13	1062.91	18	761.33	1004.88	1063.10	18
安 徽	Anhui	1276.12	2959.61	3196.71	7	1270.53	2899.21	3143.30	7
福 建	Fujian	1203.21	2648.00	2954.80	9	1205.35	2651.50	2933.32	9
江 西	Jiangxi	659.01	1964.27	2181.06	14	667.26	1966.98	2185.69	13
山 东	Shandong	7379.64	12473.75	12835.96	1	7287.00	12666.43	13086.79	1
河 南	Henan	2743.19	5845.17	6528.28	2	3024.34	6009.86	6830.48	2
湖 北	Hubei	1494.91	4705.89	5097.57	3	1488.45	4513.03	4865.69	4
湖 南	Hunan	1396.04	3006.88	3258.50	6	1385.23	2953.49	3267.30	6
广 东	Guangdong	1779.18	3004.60	3280.33	5	1786.01	3006.57	3365.54	5
广 西	Guangxi	1067.53	2141.65	2265.79	13	1064.13	2025.66	2156.79	14
海 南	Hainan	91.89	117.25	122.01	29	94.27	114.92	117.67	29
重 庆	Chongqing	346.96	891.94	1052.97	19	348.81	883.07	1038.17	19
四 川	Sichuan	1803.04	2720.55	2928.88	10	1838.16	2680.06	2848.67	10
贵 州	Guizhou	78.92	323.22	379.89	25	79.32	300.69	372.24	25
云 南	Yunnan	235.85	595.86	738.73	21	242.57	589.16	730.74	21
西 藏	Tibet	1.85	3.78	4.35	31	2.00	3.75	3.95	31
陕 西	Shaanxi	393.27	1084.54	1193.27	17	381.76	989.15	1121.34	17
甘 肃	Gansu	161.44	398.12	411.91	23	129.40	300.17	334.70	26
青 海	Qinghai	21.44	91.47	106.11	30	22.74	67.77	72.39	30
宁 夏	Ningxia	45.56	133.19	134.05	28	47.94	127.54	129.93	28
新 疆	Xinjiang	218.32	495.97	540.16	22	227.31	507.53	555.40	22

11-111 农副食品加工业主营业务成本和利润总额
Cost of Principal Business and Total Profit of Processing of Food from Agricultural Products

单位：亿元 (100 million yuan)

地区	Region	主营业务成本 Cost of Principal Business 2010	2015	2016	2016排名 Ranking	利润总额 Total Profit 2010	2015	2016	2016排名 Ranking
全　国	**National Total**	**30338.53**	**58042.50**	**61117.80**		**2343.61**	**3423.92**	**3623.58**	
北　京	Beijing	278.71	342.48	377.72	23	7.99	14.19	22.12	22
天　津	Tianjin	373.18	805.01	760.00	20	11.61	7.67	14.94	25
河　北	Hebei	1173.02	1934.71	2021.89	12	80.36	97.66	104.85	12
山　西	Shanxi	168.45	283.62	279.16	27	15.69	19.66	15.80	24
内蒙古	Inner Mongolia	791.36	1350.25	1457.32	16	74.33	86.41	89.87	15
辽　宁	Liaoning	2405.88	2589.58	1523.44	15	215.29	120.02	49.18	19
吉　林	Jilin	1357.36	2762.78	2673.37	8	73.00	115.37	98.79	14
黑龙江	Heilongjiang	1129.40	2531.63	2601.05	10	80.30	105.78	100.12	13
上　海	Shanghai	245.73	331.45	354.25	24	11.44	12.41	14.38	26
江　苏	Jiangsu	2029.03	4075.62	4488.09	3	125.09	290.93	325.18	3
浙　江	Zhejiang	687.88	916.78	961.20	18	31.46	37.03	43.90	20
安　徽	Anhui	1132.86	2631.34	2862.30	6	93.21	129.27	128.62	11
福　建	Fujian	1067.05	2368.37	2603.77	9	79.82	142.03	174.10	5
江　西	Jiangxi	587.92	1771.31	1950.17	13	38.91	113.00	141.17	8
山　东	Shandong	6416.13	11432.66	11795.04	1	440.10	642.18	664.47	1
河　南	Henan	2599.30	5255.47	6006.83	2	291.53	452.20	525.33	2
湖　北	Hubei	1300.77	3979.87	4319.48	4	125.25	234.01	233.07	4
湖　南	Hunan	1150.24	2507.51	2763.82	7	93.04	140.94	160.86	7
广　东	Guangdong	1605.18	2716.56	3043.99	5	115.08	136.41	163.17	6
广　西	Guangxi	883.84	1717.00	1861.34	14	124.37	145.60	130.35	10
海　南	Hainan	82.97	106.67	109.83	29	6.34	0.10	2.25	29
重　庆	Chongqing	299.57	761.29	891.76	19	23.08	62.28	71.28	17
四　川	Sichuan	1610.63	2349.15	2510.54	11	102.00	140.50	136.47	9
贵　州	Guizhou	71.88	266.43	328.25	25	4.15	14.79	19.60	23
云　南	Yunnan	191.52	519.39	646.15	21	32.37	24.46	36.65	21
西　藏	Tibet	1.61	2.92	3.03	31	0.25	0.42	0.40	31
陕　西	Shaanxi	332.57	861.57	974.18	17	21.13	73.23	80.79	16
甘　肃	Gansu	106.21	268.64	302.75	26	9.46	8.08	11.87	27
青　海	Qinghai	20.99	62.26	66.22	30	1.33	2.46	2.00	30
宁　夏	Ningxia	43.45	113.83	116.32	28	1.92	6.41	5.68	28
新　疆	Xinjiang	193.83	426.34	464.53	22	13.70	48.43	56.32	18

11-112 农副食品加工业销售费用和管理费用

Sales Expenses and Administrative Expenses of Processing of Food from Agricultural Products

单位：亿元 (100 million yuan)

地区	Region	销售费用 Sales Expenses			管理费用 Administrative Expenses			
		2015	2016	2016排名 Ranking	2010	2015	2016	2016排名 Ranking
全　国	**National Total**	**1375.55**	**1461.46**		**1016.33**	**1513.49**	**1624.29**	
北　京	Beijing	28.92	30.18	18	10.83	20.15	20.37	21
天　津	Tianjin	15.23	15.20	24	8.17	17.56	17.09	22
河　北	Hebei	40.17	42.72	12	24.82	37.59	38.90	16
山　西	Shanxi	5.13	5.30	27	4.12	5.87	6.42	27
内蒙古	Inner Mongolia	26.25	31.40	17	21.71	37.59	43.61	13
辽　宁	Liaoning	54.83	39.13	13	70.43	63.21	43.54	15
吉　林	Jilin	65.44	74.67	7	64.08	82.11	92.46	5
黑龙江	Heilongjiang	54.53	54.19	11	22.61	61.23	59.00	11
上　海	Shanghai	25.18	21.66	21	8.01	15.61	16.05	24
江　苏	Jiangsu	91.43	100.89	5	39.73	94.33	106.32	4
浙　江	Zhejiang	22.24	23.06	20	20.61	29.64	31.71	17
安　徽	Anhui	62.17	65.21	8	30.80	54.08	57.17	12
福　建	Fujian	53.48	56.93	10	27.16	60.24	67.62	10
江　西	Jiangxi	32.58	37.96	14	14.14	36.07	43.59	14
山　东	Shandong	221.60	232.99	1	238.88	227.16	239.96	1
河　南	Henan	106.34	114.12	2	48.24	84.76	90.42	6
湖　北	Hubei	103.84	109.23	3	53.54	138.10	143.98	2
湖　南	Hunan	90.05	106.68	4	73.57	113.68	139.25	3
广　东	Guangdong	58.71	64.18	9	40.71	70.23	73.83	9
广　西	Guangxi	37.67	37.49	15	61.52	77.43	80.82	8
海　南	Hainan	2.06	1.99	29	3.50	4.19	3.39	29
重　庆	Chongqing	28.73	33.42	16	14.07	24.51	30.28	18
四　川	Sichuan	73.29	79.79	6	74.96	76.31	83.70	7
贵　州	Guizhou	7.45	9.12	25	2.08	8.95	11.79	25
云　南	Yunnan	17.34	19.53	22	12.75	19.90	22.99	20
西　藏	Tibet	0.08	0.12	31	0.18	0.34	0.35	31
陕　西	Shaanxi	22.75	26.25	19	9.52	22.08	27.40	19
甘　肃	Gansu	8.95	8.09	26	3.50	9.50	9.25	26
青　海	Qinghai	1.27	1.38	30	1.42	1.82	2.27	30
宁　夏	Ningxia	3.15	2.99	28	1.65	3.61	3.91	28
新　疆	Xinjiang	14.68	15.57	23	9.04	15.65	16.84	23

11-113 农副食品加工业财务费用和营业利润

Financial Expenses and Operating Profit of Processing of Food from Agricultural Products

单位：亿元 (100 million yuan)

地区	Region	财务费用 Financial Expenses 2010	2015	2016	2016排名 Ranking	营业利润 Operating Profit 2010	2015	2016	2016排名 Ranking
全 国	**National Total**	**271.09**	**554.71**	**544.34**		**2560.32**	**3469.13**	**3649.92**	
北 京	Beijing	1.59	4.36	3.28	25	5.46	12.39	20.05	22
天 津	Tianjin	0.48	8.32	5.37	20	12.46	5.87	13.30	25
河 北	Hebei	4.99	14.47	16.50	14	116.19	96.52	103.18	14
山 西	Shanxi	2.57	4.72	4.60	24	15.01	18.51	14.97	24
内蒙古	Inner Mongolia	7.03	10.91	11.12	16	114.05	122.68	120.29	12
辽 宁	Liaoning	15.01	28.71	22.07	9	236.35	115.23	44.58	19
吉 林	Jilin	14.75	25.38	29.96	5	73.60	113.08	108.98	13
黑龙江	Heilongjiang	10.69	21.34	18.55	12	76.17	100.58	94.52	15
上 海	Shanghai	1.32	2.29	2.08	27	10.48	10.49	12.78	26
江 苏	Jiangsu	12.66	36.79	40.29	3	137.20	294.22	328.41	3
浙 江	Zhejiang	9.99	14.24	12.64	15	29.86	31.45	38.51	20
安 徽	Anhui	9.04	21.35	19.86	11	93.04	126.71	124.57	11
福 建	Fujian	9.25	21.79	21.67	10	88.16	138.36	171.05	6
江 西	Jiangxi	3.29	10.27	10.99	17	39.48	112.26	141.46	8
山 东	Shandong	67.58	106.18	103.00	1	481.14	638.86	661.09	1
河 南	Henan	17.26	41.90	47.64	2	294.75	495.75	547.81	2
湖 北	Hubei	17.54	38.97	37.81	4	145.98	233.29	232.10	4
湖 南	Hunan	13.09	27.52	28.07	6	102.12	162.26	178.98	5
广 东	Guangdong	5.53	26.30	24.89	8	111.42	133.61	161.06	7
广 西	Guangxi	13.00	27.43	25.30	7	130.93	142.23	124.68	10
海 南	Hainan	1.31	2.56	1.61	29	5.56	0.02	1.51	29
重 庆	Chongqing	1.66	4.08	5.00	22	24.97	61.13	70.26	17
四 川	Sichuan	15.67	20.16	18.32	13	123.99	140.04	138.02	9
贵 州	Guizhou	0.55	2.60	2.90	26	3.50	13.46	17.76	23
云 南	Yunnan	4.26	10.53	10.34	18	30.70	20.01	32.34	21
西 藏	Tibet	0.01	0.04	0.04	31	0.19	0.36	0.38	31
陕 西	Shaanxi	3.46	7.63	7.94	19	32.19	71.55	79.01	16
甘 肃	Gansu	2.49	5.43	4.74	23	9.44	6.33	9.29	27
青 海	Qinghai	0.15	0.69	0.84	30	2.12	1.59	1.03	30
宁 夏	Ningxia	0.86	2.34	1.81	28	1.32	4.74	4.54	28
新 疆	Xinjiang	3.99	5.40	5.12	21	12.53	45.53	53.40	18

11-114 农副食品加工业资产总计和负债合计

Total Assets and Liabilities of Processing of Food from Agricultural Products

单位：亿元 (100 million yuan)

地区	Region	资产总计 Total Assets 2015	2016	2016排名 Ranking	负债合计 Total Liabilities 2015	2016	2016排名 Ranking
全　国	**National Total**	**32888.25**	**33924.50**		**16637.94**	**16672.25**	
北　京	Beijing	428.11	471.27	22	241.73	254.73	22
天　津	Tianjin	709.57	609.18	18	520.40	426.36	16
河　北	Hebei	1239.20	1174.46	12	629.43	581.79	11
山　西	Shanxi	258.00	254.50	26	126.90	127.92	26
内蒙古	Inner Mongolia	696.58	737.90	17	309.26	322.56	19
辽　宁	Liaoning	1677.04	1401.51	9	911.83	809.99	7
吉　林	Jilin	1208.98	1221.17	11	665.49	661.08	10
黑龙江	Heilongjiang	1499.03	1518.70	6	900.70	920.93	6
上　海	Shanghai	263.44	278.96	25	135.12	138.72	25
江　苏	Jiangsu	1713.83	1908.19	4	885.13	1002.25	4
浙　江	Zhejiang	799.91	831.75	16	499.09	493.29	14
安　徽	Anhui	1105.70	1151.70	13	507.67	522.42	13
福　建	Fujian	1360.03	1421.73	8	764.01	735.71	8
江　西	Jiangxi	716.57	871.44	15	317.96	345.98	18
山　东	Shandong	5876.39	5918.24	1	2714.11	2642.63	1
河　南	Henan	3307.10	3578.35	2	1084.80	1222.46	2
湖　北	Hubei	1711.59	1819.30	5	692.44	719.05	9
湖　南	Hunan	1075.21	1255.93	10	403.59	447.70	15
广　东	Guangdong	2039.54	1956.69	3	1379.62	1217.84	3
广　西	Guangxi	1479.92	1517.18	7	932.02	970.12	5
海　南	Hainan	149.06	95.07	30	124.30	68.16	28
重　庆	Chongqing	342.17	412.53	24	139.56	174.42	24
四　川	Sichuan	1012.05	1069.06	14	501.33	526.73	12
贵　州	Guizhou	149.93	184.14	27	74.05	94.37	27
云　南	Yunnan	540.06	574.38	19	350.38	360.50	17
西　藏	Tibet	5.67	6.06	31	2.24	2.74	31
陕　西	Shaanxi	451.66	513.88	20	226.36	256.35	21
甘　肃	Gansu	422.95	438.77	23	218.98	217.95	23
青　海	Qinghai	88.01	106.24	29	45.24	52.74	30
宁　夏	Ningxia	120.96	118.19	28	59.64	53.69	29
新　疆	Xinjiang	440.00	508.03	21	274.55	301.08	20

11-115 食品制造业工业销售产值和主营业务收入

Sales Value and Revenue from Principal Businesses of Manufacture of Foods

单位：亿元 (100 million yuan)

地区	Region	工业销售产值(当年价格) Sales Value (current prices) 2010	2015	2016	2016排名 Ranking	主营业务收入 Revenue from Principal Businesses 2010	2015	2016	2016排名 Ranking
全 国	**National Total**	**11049.45**	**21871.59**	**23544.40**		**11133.50**	**21957.58**	**23955.38**	
北 京	Beijing	189.05	281.77	291.50	20	245.69	500.83	511.09	17
天 津	Tianjin	328.69	1347.53	1540.05	4	331.54	1300.77	1468.67	4
河 北	Hebei	413.41	1022.72	1108.83	9	439.29	1030.70	1128.01	8
山 西	Shanxi	76.66	117.97	125.16	27	74.84	101.94	117.24	27
内蒙古	Inner Mongolia	614.57	680.96	694.50	12	612.35	922.50	1000.50	11
辽 宁	Liaoning	471.92	441.95	242.72	22	478.29	424.10	225.89	23
吉 林	Jilin	202.86	460.30	523.64	18	205.59	408.16	472.80	19
黑龙江	Heilongjiang	414.58	649.73	539.01	16	409.42	535.68	540.47	16
上 海	Shanghai	437.28	598.65	584.83	14	484.58	706.29	705.05	13
江 苏	Jiangsu	405.48	946.01	1152.39	7	414.24	944.87	1162.85	7
浙 江	Zhejiang	381.39	534.74	528.26	17	382.93	264.10	563.40	15
安 徽	Anhui	214.58	661.64	745.09	11	230.24	627.89	729.88	12
福 建	Fujian	541.24	1258.45	1380.48	5	535.02	1250.96	1416.76	5
江 西	Jiangxi	241.54	536.63	602.64	13	241.57	550.68	614.26	14
山 东	Shandong	1854.51	2637.18	2737.05	2	1843.02	2620.73	2739.98	2
河 南	Henan	1177.84	2803.26	3181.03	1	1131.84	2772.49	3229.61	1
湖 北	Hubei	373.76	1172.91	1289.00	6	378.52	1153.13	1251.21	6
湖 南	Hunan	429.74	1020.43	1145.08	8	425.20	941.98	1073.27	9
广 东	Guangdong	1073.96	1751.52	1860.80	3	1074.73	1775.40	1892.49	3
广 西	Guangxi	117.16	363.58	425.26	19	116.13	353.87	421.69	20
海 南	Hainan	37.92	43.71	41.42	30	38.33	44.81	42.74	29
重 庆	Chongqing	99.32	232.13	255.42	21	110.34	241.24	266.13	21
四 川	Sichuan	436.56	971.35	1071.07	10	428.73	940.98	1036.93	10
贵 州	Guizhou	55.00	157.05	179.72	25	54.94	150.60	164.90	25
云 南	Yunnan	65.18	201.29	228.96	23	64.97	200.70	225.97	22
西 藏	Tibet	0.87	5.92	7.01	31	0.92	5.90	7.00	31
陕 西	Shaanxi	192.25	487.94	539.21	15	184.68	445.04	492.22	18
甘 肃	Gansu	40.82	77.90	81.92	28	34.46	66.52	70.12	28
青 海	Qinghai	18.04	32.68	44.25	29	17.66	18.90	31.98	30
宁 夏	Ningxia	45.72	154.76	177.65	26	43.88	137.42	155.87	26
新 疆	Xinjiang	97.57	218.92	220.46	24	99.59	218.41	196.42	24

11-116 食品制造业主营业务成本和利润总额
Cost of Principal Businesses and Total Profit of Manufacture of Foods

单位：亿元 (100 million yuan)

地区	Region	主营业务成本 Cost of Principal Business				利润总额 Total Profit			
		2010	2015	2016	2016排名 Ranking	2010	2015	2016	2016排名 Ranking
全　国	**National Total**	**8760.31**	**17453.11**	**19133.10**		**1015.45**	**1876.57**	**2083.43**	
北　京	Beijing	172.03	325.32	319.42	20	8.86	24.26	34.84	18
天　津	Tianjin	257.52	889.28	1012.53	6	50.15	210.59	247.12	3
河　北	Hebei	351.66	841.89	934.00	7	30.04	77.30	84.08	7
山　西	Shanxi	62.30	83.06	93.48	27	6.68	2.70	9.11	27
内蒙古	Inner Mongolia	481.04	730.94	793.54	11	80.61	89.05	95.90	6
辽　宁	Liaoning	411.07	359.91	182.88	22	44.78	31.63	18.77	22
吉　林	Jilin	169.16	351.00	402.38	17	11.59	22.88	23.83	21
黑龙江	Heilongjiang	302.36	423.92	434.47	16	38.39	41.43	41.51	15
上　海	Shanghai	329.76	459.55	456.12	14	32.22	44.26	43.53	14
江　苏	Jiangsu	336.55	713.93	910.91	8	27.25	70.87	82.71	8
浙　江	Zhejiang	295.43	443.22	443.59	15	29.99	46.88	37.89	17
安　徽	Anhui	189.81	537.97	630.12	12	18.08	32.43	38.97	16
福　建	Fujian	436.33	1037.13	1173.58	4	41.62	99.23	147.56	5
江　西	Jiangxi	193.16	462.77	520.21	13	17.94	45.16	50.81	13
山　东	Shandong	1537.74	2234.11	2321.84	2	144.46	190.88	197.06	4
河　南	Henan	915.88	2362.34	2778.77	1	138.33	259.01	286.14	1
湖　北	Hubei	305.61	957.84	1056.16	5	32.97	71.10	73.88	9
湖　南	Hunan	340.42	782.15	894.61	9	34.09	46.03	53.67	11
广　东	Guangdong	714.42	1211.48	1281.80	3	136.65	233.69	262.52	2
广　西	Guangxi	90.52	277.84	332.16	19	12.41	26.91	31.66	19
海　南	Hainan	24.05	29.36	27.74	29	4.71	4.02	3.46	29
重　庆	Chongqing	87.29	192.61	212.90	21	9.79	19.91	24.10	20
四　川	Sichuan	355.99	766.71	855.90	10	27.93	67.37	71.41	10
贵　州	Guizhou	41.96	116.68	131.47	25	8.89	18.75	17.51	24
云　南	Yunnan	50.68	156.93	177.54	23	4.70	16.25	18.07	23
西　藏	Tibet	0.74	4.55	5.49	31	0.03	0.95	0.96	31
陕　西	Shaanxi	147.74	349.75	386.31	18	13.32	44.56	52.41	12
甘　肃	Gansu	27.76	52.11	55.68	28	0.77	6.08	6.07	28
青　海	Qinghai	15.67	14.89	25.69	30	1.30	1.41	1.82	30
宁　夏	Ningxia	36.08	108.90	123.18	26	3.47	11.68	13.47	25
新　疆	Xinjiang	79.60	174.97	158.60	24	3.43	19.29	12.58	26

11-117 食品制造业销售费用和管理费用
Sales Expenses and Administrative Expenses of Manufacture of Foods

单位：亿元 (100 million yuan)

地区	Region	销售费用 Sales Expenses 2015	销售费用 Sales Expenses 2016	2016排名 Ranking	管理费用 Administrative Expenses 2010	管理费用 Administrative Expenses 2015	管理费用 Administrative Expenses 2016	2016排名 Ranking
全 国	**National Total**	**1575.42**	**1684.70**		**446.05**	**819.41**	**870.25**	
北 京	Beijing	124.21	127.29	4	19.21	26.77	29.13	14
天 津	Tianjin	135.74	143.61	3	13.65	38.93	38.75	9
河 北	Hebei	78.42	78.72	8	11.58	27.32	29.60	12
山 西	Shanxi	6.43	7.46	27	4.22	4.86	5.67	27
内蒙古	Inner Mongolia	83.86	109.52	6	19.49	27.84	29.21	13
辽 宁	Liaoning	15.17	12.59	24	16.59	14.88	11.42	21
吉 林	Jilin	18.88	19.46	20	11.09	21.18	18.52	18
黑龙江	Heilongjiang	53.10	51.89	13	13.53	15.92	14.27	20
上 海	Shanghai	153.12	153.07	2	27.15	50.43	53.11	4
江 苏	Jiangsu	110.38	118.70	5	15.57	45.75	49.08	8
浙 江	Zhejiang	40.11	44.09	15	16.94	32.38	33.92	11
安 徽	Anhui	29.87	31.12	16	7.67	21.63	23.99	16
福 建	Fujian	58.35	63.07	10	19.65	44.89	50.51	7
江 西	Jiangxi	19.51	19.94	19	8.46	14.57	15.96	19
山 东	Shandong	86.90	91.83	7	61.28	71.89	79.14	2
河 南	Henan	71.97	77.93	9	22.47	47.50	52.82	5
湖 北	Hubei	59.15	58.88	11	18.66	54.38	54.01	3
湖 南	Hunan	42.89	46.19	14	22.47	41.40	50.66	6
广 东	Guangdong	208.30	235.80	1	59.43	94.28	96.52	1
广 西	Guangxi	21.55	24.17	18	7.22	21.37	24.47	15
海 南	Hainan	10.61	10.98	26	1.68	1.88	2.00	30
重 庆	Chongqing	15.40	16.18	22	4.11	9.85	10.77	22
四 川	Sichuan	53.76	57.45	12	20.84	37.07	38.49	10
贵 州	Guizhou	7.04	7.39	28	2.13	5.65	6.28	26
云 南	Yunnan	16.50	19.02	21	2.66	8.11	9.52	23
西 藏	Tibet	0.51	0.56	31	0.05	0.24	0.26	31
陕 西	Shaanxi	23.49	26.85	17	8.88	19.09	20.51	17
甘 肃	Gansu	4.15	4.54	29	1.43	2.79	2.97	28
青 海	Qinghai	1.15	1.60	30	1.39	1.26	2.65	29
宁 夏	Ningxia	10.30	11.02	25	2.11	6.10	6.79	25
新 疆	Xinjiang	14.57	13.76	23	4.45	9.21	9.24	24

11-118 食品制造业财务费用和营业利润

Financial Expenses and Operating Profit of Manufacture of Foods

单位：亿元 (100 million yuan)

地区	Region	财务费用 Financial Expenses 2010	2015	2016	2016排名 Ranking	营业利润 Operating Profit 2010	2015	2016	2016排名 Ranking
全　国	**National Total**	**83.64**	**152.89**	**144.85**		**1053.99**	**1843.67**	**2035.71**	
北　京	Beijing	1.41	1.45	1.11	25	7.40	22.46	33.38	18
天　津	Tianjin	1.57	-1.79	-1.72	31	49.39	209.08	242.18	3
河　北	Hebei	2.36	5.03	4.88	13	36.63	74.30	81.39	7
山　西	Shanxi	0.79	1.80	1.28	23	7.03	5.77	8.51	27
内蒙古	Inner Mongolia	2.51	3.59	-0.43	30	86.34	87.93	93.83	6
辽　宁	Liaoning	2.57	3.30	4.95	12	45.41	30.82	17.17	23
吉　林	Jilin	2.66	8.43	5.28	10	11.84	22.21	23.21	21
黑龙江	Heilongjiang	2.02	2.56	2.97	17	43.60	38.37	35.46	16
上　海	Shanghai	1.49	3.16	3.31	16	31.54	43.25	40.91	14
江　苏	Jiangsu	2.57	7.48	8.37	5	29.44	68.38	80.32	8
浙　江	Zhejiang	3.99	6.07	5.72	8	27.85	44.55	34.64	17
安　徽	Anhui	1.67	4.39	4.48	14	19.63	32.49	37.27	15
福　建	Fujian	4.38	8.83	6.18	7	45.39	97.42	145.70	5
江　西	Jiangxi	1.69	2.76	2.87	18	18.29	45.06	50.78	13
山　东	Shandong	18.28	23.17	22.84	1	146.09	185.72	193.15	4
河　南	Henan	10.91	19.84	21.91	2	138.01	257.90	283.86	1
湖　北	Hubei	3.78	9.10	7.89	6	36.66	70.23	72.36	9
湖　南	Hunan	3.03	9.37	9.08	3	35.77	46.61	54.64	11
广　东	Guangdong	2.50	5.20	5.50	9	138.33	232.11	259.96	2
广　西	Guangxi	1.37	3.64	5.05	11	12.02	25.76	31.03	19
海　南	Hainan	-0.04	-0.20	-0.18	29	4.69	3.88	3.45	29
重　庆	Chongqing	0.74	2.01	1.70	22	10.19	19.19	23.58	20
四　川	Sichuan	4.07	8.65	8.40	4	28.88	66.64	71.73	10
贵　州	Guizhou	0.57	1.21	0.96	26	8.54	18.62	17.47	22
云　南	Yunnan	0.83	3.31	2.87	18	4.52	15.18	16.87	24
西　藏	Tibet	0.01	0.02	0.04	28	0.03	0.55	0.61	31
陕　西	Shaanxi	1.04	2.09	1.90	21	22.13	44.82	51.91	12
甘　肃	Gansu	1.19	1.29	1.22	24	0.34	5.59	5.55	28
青　海	Qinghai	0.11	0.23	0.21	27	2.04	1.18	1.72	30
宁　夏	Ningxia	0.66	2.05	2.39	20	2.93	10.65	12.60	25
新　疆	Xinjiang	2.91	4.84	3.83	15	3.03	16.95	10.47	26

11-119 食品制造业资产总计和负债总计

Total Assets and Liabilities of Food Manufacturing Industry

单位：亿元 (100 million yuan)

地区	Region	资产总计 Total Assets 2015	2016	2016排名 Ranking	负债合计 Total Liabilities 2015	2016	2016排名 Ranking
全　国	**National Total**	**14677.48**	**15496.83**		**6570.94**	**6830.50**	
北　京	Beijing	408.75	411.25	15	224.37	211.85	14
天　津	Tianjin	544.91	515.81	12	238.34	269.38	9
河　北	Hebei	632.54	691.68	8	244.06	267.62	10
山　西	Shanxi	117.33	121.48	26	61.22	56.83	27
内蒙古	Inner Mongolia	907.30	971.41	4	477.93	491.10	4
辽　宁	Liaoning	385.30	372.30	16	204.33	229.05	12
吉　林	Jilin	284.23	294.53	20	129.57	123.48	20
黑龙江	Heilongjiang	429.01	426.12	14	170.97	167.39	17
上　海	Shanghai	689.57	756.49	7	411.55	446.64	5
江　苏	Jiangsu	709.93	783.35	6	334.53	362.00	6
浙　江	Zhejiang	626.38	668.04	9	295.65	315.44	7
安　徽	Anhui	309.72	343.58	17	151.86	158.67	18
福　建	Fujian	674.66	801.70	5	284.53	291.98	8
江　西	Jiangxi	264.23	299.37	19	86.61	104.52	22
山　东	Shandong	1596.78	1527.42	2	673.49	627.31	1
河　南	Henan	1656.82	1777.91	1	594.21	627.09	2
湖　北	Hubei	550.76	577.60	10	223.77	258.15	11
湖　南	Hunan	423.04	457.62	13	160.43	188.78	15
广　东	Guangdong	1342.13	1431.61	3	589.95	581.00	3
广　西	Guangxi	253.86	264.36	22	114.52	126.54	19
海　南	Hainan	47.14	50.83	30	23.11	22.19	30
重　庆	Chongqing	149.20	163.89	25	69.44	70.24	25
四　川	Sichuan	521.29	556.31	11	205.60	212.84	13
贵　州	Guizhou	87.33	105.76	27	45.62	63.44	26
云　南	Yunnan	178.67	197.96	23	86.31	89.15	24
西　藏	Tibet	9.21	10.33	31	1.86	2.05	31
陕　西	Shaanxi	232.35	277.15	21	91.33	106.88	21
甘　肃	Gansu	95.19	93.18	28	47.82	45.16	28
青　海	Qinghai	44.45	58.33	29	17.58	22.69	29
宁　夏	Ningxia	181.96	176.78	24	103.17	102.82	23
新　疆	Xinjiang	323.43	312.68	18	207.23	188.23	16

11-120 酒、饮料和精制茶制造业工业销售产值和主营业务收入
Sales Value and Revenue from Principal Business of Manufacture of Liquor, Beverages and Refined Tea

单位：亿元 (100 million yuan)

地区	Region	工业销售产值(当年价格) Sales Value（current prices）				主营业务收入 Revenue from Principal Business			
		2010	2015	2016	2016排名 Ranking	2010	2015	2016	2016排名 Ranking
全　国	**National Total**	**8915.26**	**17626.59**	**19034.28**		**9165.70**	**17373.35**	**18538.03**	
北　京	Beijing	161.48	183.40	164.61	23	185.47	194.81	185.22	23
天　津	Tianjin	101.91	159.53	214.25	21	113.81	168.20	186.57	22
河　北	Hebei	264.84	492.55	510.07	14	257.35	493.29	509.03	13
山　西	Shanxi	87.23	114.84	117.44	26	109.64	200.16	206.26	21
内蒙古	Inner Mongolia	184.01	289.94	319.67	17	182.71	282.79	304.94	18
辽　宁	Liaoning	339.18	338.02	192.16	22	329.35	323.40	181.32	24
吉　林	Jilin	280.83	546.48	604.30	11	267.66	534.69	591.57	11
黑龙江	Heilongjiang	189.43	315.46	294.85	19	194.53	319.99	291.19	19
上　海	Shanghai	159.76	108.74	98.21	27	170.59	135.52	128.52	26
江　苏	Jiangsu	594.71	1080.26	1158.53	5	584.19	1068.28	1154.51	5
浙　江	Zhejiang	417.35	452.01	464.45	15	480.23	451.39	465.03	15
安　徽	Anhui	284.52	654.62	697.86	10	280.18	618.77	658.04	10
福　建	Fujian	368.82	854.28	910.26	8	367.04	894.65	918.50	8
江　西	Jiangxi	125.76	305.63	335.09	16	129.65	320.47	342.45	16
山　东	Shandong	925.94	1457.08	1503.81	4	991.36	1504.47	1528.25	4
河　南	Henan	668.63	1530.25	1667.72	3	672.84	1480.15	1619.49	3
湖　北	Hubei	553.44	1685.20	1894.47	2	549.84	1634.74	1744.17	2
湖　南	Hunan	293.77	663.48	726.26	9	289.38	640.18	713.78	9
广　东	Guangdong	635.80	1112.79	1122.74	6	639.98	1062.76	1057.14	6
广　西	Guangxi	185.81	482.55	532.87	13	179.05	446.10	485.73	14
海　南	Hainan	16.31	19.03	18.52	31	19.62	20.57	19.62	31
重　庆	Chongqing	104.70	191.44	225.66	20	104.71	195.62	228.70	20
四　川	Sichuan	1287.44	2592.07	2925.88	1	1413.32	2597.99	2880.79	1
贵　州	Guizhou	192.01	831.87	1029.79	7	184.25	739.75	927.98	7
云　南	Yunnan	90.60	249.74	303.12	18	92.10	248.06	308.28	17
西　藏	Tibet	9.98	22.29	26.62	30	9.37	21.42	22.45	30
陕　西	Shaanxi	222.12	532.14	599.53	12	199.23	483.32	578.03	12
甘　肃	Gansu	73.61	145.05	140.96	24	73.06	104.64	101.18	27
青　海	Qinghai	16.24	46.51	54.86	28	15.76	32.24	36.41	28
宁　夏	Ningxia	17.08	40.26	47.05	29	15.84	32.32	34.26	29
新　疆	Xinjiang	61.96	129.08	132.66	25	63.56	122.66	128.62	25

11-121 酒、饮料和精制茶制造业主营业务成本和利润总额

Cost of Principal Business and Total Profit of Manufacture of Liquor, Beverages and Refined Tea

单位：亿元 (100 million yuan)

地区	Region	主营业务成本 Cost of Principal Business 2010	2015	2016	2016排名 Ranking	利润总额 Total Profit 2010	2015	2016	2016排名 Ranking
全　国	**National Total**	**6669.36**	**13006.73**	**13886.78**		**991.33**	**1779.65**	**1908.52**	
北　京	Beijing	126.77	138.21	127.41	24	14.32	6.84	6.00	26
天　津	Tianjin	85.82	133.96	153.32	22	4.83	2.53	2.18	30
河　北	Hebei	191.59	361.61	380.61	13	23.72	62.84	67.26	11
山　西	Shanxi	72.70	152.91	157.14	21	12.12	9.35	9.62	24
内蒙古	Inner Mongolia	135.03	204.96	244.00	17	17.34	21.65	17.46	21
辽　宁	Liaoning	263.48	254.99	129.52	23	32.13	26.75	16.98	22
吉　林	Jilin	218.64	440.55	495.87	9	10.63	23.00	25.81	17
黑龙江	Heilongjiang	153.17	257.57	231.82	19	15.62	21.89	18.36	20
上　海	Shanghai	91.98	86.96	82.59	26	7.49	16.23	10.11	23
江　苏	Jiangsu	429.05	774.28	844.74	5	60.25	160.22	178.96	3
浙　江	Zhejiang	366.35	328.81	333.91	15	35.55	38.59	49.27	13
安　徽	Anhui	192.04	428.18	457.40	10	35.00	71.05	75.96	9
福　建	Fujian	271.87	697.72	730.75	7	42.12	81.81	80.00	8
江　西	Jiangxi	91.64	254.37	266.82	16	13.99	30.27	35.62	15
山　东	Shandong	756.14	1207.64	1229.68	4	95.92	135.79	124.26	5
河　南	Henan	533.53	1238.63	1359.13	3	79.01	117.58	129.55	4
湖　北	Hubei	392.18	1311.18	1402.61	2	53.61	114.08	116.37	6
湖　南	Hunan	228.22	511.34	563.47	8	27.13	37.43	40.32	14
广　东	Guangdong	467.55	726.28	742.52	6	40.77	92.04	82.55	7
广　西	Guangxi	127.58	331.94	368.57	14	28.03	54.50	52.33	12
海　南	Hainan	12.83	14.95	13.98	30	3.14	0.12	0.78	31
重　庆	Chongqing	75.05	145.21	171.15	20	9.31	15.91	20.95	19
四　川	Sichuan	1007.07	1952.32	2145.02	1	189.12	246.05	279.83	2
贵　州	Guizhou	49.78	301.02	394.19	12	91.24	279.72	326.89	1
云　南	Yunnan	64.48	185.00	234.64	18	11.93	25.45	28.50	16
西　藏	Tibet	5.58	12.62	13.33	31	1.89	5.33	5.03	27
陕　西	Shaanxi	144.82	350.45	406.21	11	17.40	67.63	69.92	10
甘　肃	Gansu	51.48	76.72	71.54	27	4.98	4.85	6.51	25
青　海	Qinghai	10.71	23.34	25.15	28	-0.77	4.77	4.87	28
宁　夏	Ningxia	11.00	20.82	22.32	29	2.08	3.79	3.70	29
新　疆	Xinjiang	41.24	82.18	87.36	25	11.44	21.25	22.56	18

11-122 酒、饮料和精制茶制造业销售费用和管理费用

Sales Expenses and Administrative Expenses of Manufacture of Liquor, Beverages and Refined Tea

单位：亿元 (100 million yuan)

地区	Region	销售费用 Sales Expenses			管理费用 Administrative Expenses			
		2015	2016	2016排名 Ranking	2010	2015	2016	2016排名 Ranking
全　国	**National Total**	**1292.13**	**1404.18**		**444.21**	**765.92**	**822.31**	
北　京	Beijing	31.56	32.68	14	11.44	14.05	14.09	17
天　津	Tianjin	22.81	22.82	17	5.40	7.86	7.86	25
河　北	Hebei	38.36	40.11	12	10.01	17.60	16.52	15
山　西	Shanxi	15.67	13.89	24	7.37	11.44	11.68	20
内蒙古	Inner Mongolia	9.43	9.17	26	6.66	10.95	11.23	21
辽　宁	Liaoning	15.88	15.00	23	14.81	12.61	10.30	23
吉　林	Jilin	25.20	23.21	16	14.78	26.30	26.56	13
黑龙江	Heilongjiang	18.58	17.23	20	8.89	15.24	13.96	18
上　海	Shanghai	23.89	25.06	15	18.34	9.68	8.84	24
江　苏	Jiangsu	60.92	68.46	5	19.70	47.62	51.71	4
浙　江	Zhejiang	58.95	62.48	6	17.84	20.49	22.63	14
安　徽	Anhui	51.81	57.91	8	14.52	29.31	30.02	11
福　建	Fujian	63.08	59.14	7	20.80	42.31	42.25	6
江　西	Jiangxi	14.63	15.04	22	5.42	9.71	10.48	22
山　东	Shandong	95.41	99.31	4	35.97	42.01	41.13	7
河　南	Henan	52.01	55.81	9	15.38	35.50	39.70	8
湖　北	Hubei	121.17	122.17	3	25.44	71.92	77.70	2
湖　南	Hunan	32.85	40.96	11	17.32	30.44	39.69	9
广　东	Guangdong	209.13	225.21	1	28.22	48.97	47.95	5
广　西	Guangxi	21.45	22.26	18	12.56	25.31	27.89	12
海　南	Hainan	2.72	2.67	31	2.61	2.17	1.79	30
重　庆	Chongqing	14.90	17.16	21	6.11	10.43	11.74	19
四　川	Sichuan	174.88	216.97	2	79.78	113.68	124.57	1
贵　州	Guizhou	40.98	51.03	10	18.48	61.01	67.16	3
云　南	Yunnan	18.16	21.15	19	5.22	12.49	15.41	16
西　藏	Tibet	2.02	2.84	29	0.60	1.46	1.16	31
陕　西	Shaanxi	29.85	39.90	13	12.32	21.50	32.55	10
甘　肃	Gansu	9.98	10.10	25	2.72	5.09	5.13	27
青　海	Qinghai	2.44	2.77	30	1.84	1.91	2.97	28
宁　夏	Ningxia	3.26	3.14	28	0.87	2.02	2.10	29
新　疆	Xinjiang	10.13	8.56	27	2.79	4.93	5.53	26

11-123 酒、饮料和精制茶制造业财务费用和营业利润

Financial Expenses and Operating Profit of Manufacture of Liquor, Beverages and Refined Tea

单位：亿元 (100 million yuan)

地区	Region	财务费用 Financial Expenses				营业利润 Operating Profit			
		2010	2015	2016	2016排名 Ranking	2010	2015	2016	2016排名 Ranking
全 国	**National Total**	**66.19**	**140.12**	**133.30**		**1018.43**	**1782.00**	**1888.87**	
北 京	Beijing	1.76	0.26	0.11	29	12.42	6.08	4.77	28
天 津	Tianjin	0.35	1.47	1.05	25	4.34	2.37	1.61	30
河 北	Hebei	1.97	5.03	4.76	9	22.97	62.32	66.54	11
山 西	Shanxi	1.46	1.59	1.26	23	12.30	9.23	9.55	24
内蒙古	Inner Mongolia	2.21	3.03	2.47	17	32.69	30.08	27.37	16
辽 宁	Liaoning	1.39	3.31	1.50	22	32.30	26.61	17.01	21
吉 林	Jilin	3.09	5.65	6.82	6	10.90	24.72	25.49	18
黑龙江	Heilongjiang	1.50	2.56	2.40	18	15.56	16.95	16.85	22
上 海	Shanghai	0.32	0.41	0.17	27	7.24	15.78	9.86	23
江 苏	Jiangsu	2.81	10.24	11.00	4	65.30	159.38	176.47	3
浙 江	Zhejiang	3.97	5.23	4.09	12	34.13	34.82	42.85	13
安 徽	Anhui	1.63	4.65	4.38	11	34.44	68.46	72.72	9
福 建	Fujian	1.83	4.02	3.47	16	42.21	77.25	73.98	8
江 西	Jiangxi	0.79	2.48	2.13	20	13.86	29.16	34.40	15
山 东	Shandong	6.82	10.14	9.36	5	95.84	132.25	122.38	5
河 南	Henan	7.40	17.08	16.77	1	78.56	116.60	127.16	4
湖 北	Hubei	4.78	14.37	14.13	3	69.35	112.52	117.04	6
湖 南	Hunan	2.06	5.51	6.02	7	28.28	39.16	42.46	14
广 东	Guangdong	3.21	4.78	3.75	14	38.28	91.72	83.00	7
广 西	Guangxi	1.37	3.88	3.73	15	27.67	53.54	51.21	12
海 南	Hainan	0.07	-0.07	-0.02	30	3.50	-0.05	0.68	31
重 庆	Chongqing	1.02	2.43	2.27	19	9.29	15.93	20.21	20
四 川	Sichuan	8.50	15.10	14.50	2	190.26	249.47	276.13	2
贵 州	Guizhou	-0.74	4.43	5.39	8	91.08	279.89	332.47	1
云 南	Yunnan	1.84	4.29	4.75	10	12.09	23.56	26.76	17
西 藏	Tibet	0.05	0.02	0.17	27	1.69	5.06	4.82	27
陕 西	Shaanxi	1.84	3.74	3.81	13	17.78	65.96	68.86	10
甘 肃	Gansu	1.46	2.69	1.77	21	4.79	4.34	6.10	25
青 海	Qinghai	0.05	-0.02	-0.07	31	-0.82	4.74	4.88	26
宁 夏	Ningxia	0.38	0.95	1.13	24	1.86	3.28	3.20	29
新 疆	Xinjiang	0.98	0.87	0.22	26	8.26	20.78	22.06	19

11-124 酒、饮料和精制茶制造业利润总额和应交增值税

Total Assets and Liabilities of Manufacture of Liquor, Beverages and Refined Tea

单位：亿元 (100 million yuan)

地区	Region	资产总计 Total Assets 2015	资产总计 Total Assets 2016	资产总计 Total Assets 2016排名 Ranking	负债合计 Total Liabilities 2015	负债合计 Total Liabilities 2016	负债合计 Total Liabilities 2016排名 Ranking
全　国	**National Total**	**15599.80**	**16761.53**		**7054.92**	**7361.05**	
北　京	Beijing	416.24	418.35	13	164.07	169.13	15
天　津	Tianjin	154.93	169.29	25	96.67	114.46	21
河　北	Hebei	492.03	573.08	10	251.39	278.85	8
山　西	Shanxi	223.08	224.52	21	105.27	108.86	22
内蒙古	Inner Mongolia	257.23	279.23	20	139.64	141.29	18
辽　宁	Liaoning	267.80	216.92	22	124.57	93.16	23
吉　林	Jilin	353.05	356.14	15	173.61	183.72	14
黑龙江	Heilongjiang	301.92	306.13	17	165.15	162.43	16
上　海	Shanghai	130.21	147.16	27	63.53	72.43	27
江　苏	Jiangsu	1110.66	1170.85	5	559.96	469.03	5
浙　江	Zhejiang	568.63	578.29	9	283.63	276.34	9
安　徽	Anhui	576.91	619.07	8	262.04	266.75	10
福　建	Fujian	516.29	546.95	11	202.19	224.79	11
江　西	Jiangxi	289.28	283.59	19	159.03	148.03	17
山　东	Shandong	1091.37	1166.84	6	436.83	460.29	6
河　南	Henan	1197.31	1182.50	3	488.51	480.16	4
湖　北	Hubei	1129.17	1179.18	4	673.02	691.04	2
湖　南	Hunan	333.73	349.72	16	134.56	133.65	20
广　东	Guangdong	807.35	837.41	7	441.17	453.81	7
广　西	Guangxi	276.61	295.23	18	129.16	136.80	19
海　南	Hainan	34.75	28.93	31	19.75	14.62	31
重　庆	Chongqing	151.35	169.42	24	82.33	90.73	24
四　川	Sichuan	2214.72	2477.70	1	860.75	955.05	1
贵　州	Guizhou	1475.36	1821.03	2	384.38	540.81	3
云　南	Yunnan	328.65	366.10	14	174.64	193.54	13
西　藏	Tibet	69.26	86.89	28	35.34	48.26	29
陕　西	Shaanxi	367.35	419.03	12	184.36	200.25	12
甘　肃	Gansu	167.03	167.13	26	96.57	83.39	26
青　海	Qinghai	65.85	64.15	30	30.51	29.72	30
宁　夏	Ningxia	76.13	84.35	29	48.00	55.25	28
新　疆	Xinjiang	155.55	176.37	23	84.29	84.42	25

11-125 烟草制品业工业销售产值和主营业务收入

Sales Value and Revenue from Principal Business of Tobacco Manufacturing Industry

单位：亿元 (100 million yuan)

地区	Region	工业销售产值（当年价格）Sales Value (current prices) 2010	2015	2016	2016排名 Ranking	主营业务收入 Revenue from Principal Business 2010	2015	2016	2016排名 Ranking
全国	**National Total**	**5846.40**	**9620.49**	**8855.80**		**5628.19**	**9340.79**	**8686.38**	
北京	Beijing	36.86	50.13	48.97	25	36.56	50.16	48.99	25
天津	Tianjin	26.61	52.01	52.77	24	26.61	52.01	52.77	24
河北	Hebei	116.45	176.17	149.46	17	113.54	170.93	148.05	17
山西	Shanxi	26.06	47.61	42.27	26	26.36	47.53	42.07	26
内蒙古	Inner Mongolia	50.41	44.49	99.29	21	49.96	98.12	99.08	21
辽宁	Liaoning	50.98	86.16	69.22	23	50.91	86.07	69.23	23
吉林	Jilin	96.14	150.74	132.11	19	88.77	149.37	130.35	19
黑龙江	Heilongjiang	63.64	104.31	93.88	22	63.34	104.21	93.85	22
上海	Shanghai	539.69	1001.53	904.03	2	538.16	999.37	903.13	2
江苏	Jiangsu	345.17	550.67	530.20	6	345.16	546.71	533.47	5
浙江	Zhejiang	280.69	470.12	530.38	5	279.33	453.03	482.84	6
安徽	Anhui	225.41	347.01	297.47	10	225.04	346.24	297.19	10
福建	Fujian	164.43	254.44	238.16	12	167.77	254.59	233.79	12
江西	Jiangxi	94.12	197.56	180.37	16	94.00	197.41	181.04	16
山东	Shandong	355.69	454.09	287.65	11	259.14	324.75	287.47	11
河南	Henan	281.22	467.48	410.59	8	280.93	468.38	411.57	7
湖北	Hubei	360.60	610.48	615.45	4	359.47	592.38	609.93	4
湖南	Hunan	526.12	874.91	831.73	3	520.78	873.00	831.45	3
广东	Guangdong	376.97	563.61	525.29	7	312.16	434.68	411.17	8
广西	Guangxi	118.69	224.33	202.41	13	118.99	223.77	201.83	13
海南	Hainan	13.43	29.72	27.18	28	13.43	29.72	27.18	28
重庆	Chongqing	99.83	156.41	129.09	20	97.56	144.92	125.65	20
四川	Sichuan	171.95	252.30	190.83	14	171.16	227.76	185.27	15
贵州	Guizhou	206.76	374.61	341.25	9	212.11	375.28	342.96	9
云南	Yunnan	990.79	1637.65	1529.33	1	949.58	1649.40	1539.79	1
西藏	Tibet								
陕西	Shaanxi	121.24	216.14	188.91	15	120.59	214.97	188.28	14
甘肃	Gansu	78.14	161.10	147.27	18	78.47	161.15	147.76	18
青海	Qinghai								
宁夏	Ningxia	4.69	17.03	20.35	29	4.69	17.18	20.35	29
新疆	Xinjiang	23.60	47.69	39.92	27	23.60	47.69	39.85	27

11-126 烟草制品业主营业务成本和利润总额
Cost, Tax and Total Profit of Tobacco Manufacturing Industry

单位：亿元 (100 million yuan)

地区	Region	主营业务成本 Cost of Principal Business				利润总额 Total Profit			
		2010	2015	2016	2016排名 Ranking	2010	2015	2016	2016排名 Ranking
全　国	**National Total**	**1737.77**	**2542.90**	**2480.64**		**734.00**	**1199.60**	**1038.05**	
北　京	Beijing	13.02	16.17	15.64	25	3.40	3.95	3.89	23
天　津	Tianjin	10.87	18.05	18.57	24	1.91	6.60	6.39	19
河　北	Hebei	42.44	62.14	57.53	17	11.06	10.88	3.11	26
山　西	Shanxi	10.09	16.07	15.40	27	2.89	7.32	5.22	20
内蒙古	Inner Mongolia	16.98	31.31	31.62	22	5.47	10.22	7.83	17
辽　宁	Liaoning	18.16	27.73	26.52	23	3.44	2.97	-0.87	29
吉　林	Jilin	33.08	52.56	47.07	18	6.92	12.86	7.03	18
黑龙江	Heilongjiang	26.71	47.05	44.69	20	9.41	8.03	4.45	21
上　海	Shanghai	68.14	106.14	103.72	10	141.76	246.49	232.85	1
江　苏	Jiangsu	78.36	112.33	113.92	6	65.15	91.35	85.42	5
浙　江	Zhejiang	58.45	92.36	108.57	8	19.44	38.08	35.16	8
安　徽	Anhui	72.69	106.04	95.09	11	25.53	21.93	9.86	15
福　建	Fujian	52.84	76.74	73.81	12	16.69	19.19	13.48	13
江　西	Jiangxi	33.37	66.55	65.29	16	8.65	27.19	19.39	10
山　东	Shandong	96.64	117.70	113.77	7	20.73	32.62	17.86	11
河　南	Henan	110.06	146.84	136.22	3	27.36	71.60	50.26	7
湖　北	Hubei	104.64	117.97	130.37	4	18.89	73.83	90.76	3
湖　南	Hunan	202.29	171.76	173.65	2	68.47	108.21	90.44	4
广　东	Guangdong	97.90	131.29	129.39	5	47.21	46.59	50.39	6
广　西	Guangxi	42.30	69.40	68.14	14	11.75	24.81	13.51	12
海　南	Hainan	5.67	11.43	10.86	28	1.03	3.84	4.15	22
重　庆	Chongqing	35.86	53.57	45.93	19	8.59	5.96	2.95	27
四　川	Sichuan	63.64	84.22	65.90	15	15.04	0.04	0.55	28
贵　州	Guizhou	78.32	107.92	104.53	9	17.71	38.82	28.69	9
云　南	Yunnan	283.47	553.08	546.76	1	156.20	247.04	226.63	2
西　藏	Tibet								
陕　西	Shaanxi	45.24	77.50	70.69	13	11.42	17.61	11.36	14
甘　肃	Gansu	25.06	44.88	44.47	21	5.99	13.47	9.85	16
青　海	Qinghai								
宁　夏	Ningxia	2.57	6.15	6.98	29	-0.43	2.81	3.78	24
新　疆	Xinjiang	8.89	17.96	15.51	26	2.34	5.28	3.65	25

11-127 烟草制品业销售费用和管理费用

Sales Expenses and Administrative Expenses of Tobacco Manufacturing Industry

单位：亿元 (100 million yuan)

地区	Region	销售费用 Sales Expenses 2015	2016	2016排名 Ranking	管理费用 Administrative Expenses 2010	2015	2016	2016排名 Ranking
全　国	**National Total**	**149.15**	**152.37**		**363.92**	**497.80**	**482.41**	
北　京	Beijing	1.37	1.24	23	2.32	3.59	3.82	24
天　津	Tianjin	0.89	0.78	25	1.79	3.62	3.46	25
河　北	Hebei	1.19	1.35	21	8.58	13.00	12.20	13
山　西	Shanxi	0.38	0.51	26	1.90	2.83	2.67	26
内蒙古	Inner Mongolia	1.26	1.38	20	3.37	5.69	5.84	22
辽　宁	Liaoning	1.33	1.28	22	5.31	7.99	7.49	21
吉　林	Jilin	3.24	3.33	15	7.19	11.07	10.94	17
黑龙江	Heilongjiang	1.58	1.20	24	6.24	8.72	8.85	20
上　海	Shanghai	5.46	5.14	11	25.35	42.51	41.53	3
江　苏	Jiangsu	7.07	6.45	10	17.98	20.67	19.92	9
浙　江	Zhejiang	13.25	13.34	2	14.64	18.54	19.38	11
安　徽	Anhui	6.96	6.57	9	15.16	22.58	21.47	7
福　建	Fujian	2.70	2.43	18	8.65	12.78	12.16	14
江　西	Jiangxi	2.61	2.91	17	5.90	10.87	10.93	18
山　东	Shandong	8.80	8.50	7	18.64	22.69	21.28	8
河　南	Henan	13.71	12.58	3	18.20	24.47	25.85	5
湖　北	Hubei	7.34	9.40	6	22.47	19.24	19.70	10
湖　南	Hunan	11.97	11.57	4	31.98	46.90	41.99	2
广　东	Guangdong	9.85	10.24	5	24.73	30.19	27.82	4
广　西	Guangxi	4.22	4.08	14	7.48	11.53	11.74	15
海　南	Hainan	0.20	0.21	29	0.82	1.69	1.62	28
重　庆	Chongqing	0.49	3.15	16	6.67	9.58	10.32	19
四　川	Sichuan	1.17	5.00	12	9.36	13.87	14.16	12
贵　州	Guizhou	7.19	6.66	8	15.49	24.68	23.38	6
云　南	Yunnan	27.57	26.00	1	66.79	87.49	84.50	1
西　藏	Tibet							
陕　西	Shaanxi	4.91	4.70	13	11.38	13.25	11.47	16
甘　肃	Gansu	1.88	1.78	19	3.55	4.73	4.69	23
青　海	Qinghai							
宁　夏	Ningxia	0.22	0.23	28	0.43	0.76	0.86	29
新　疆	Xinjiang	0.34	0.36	27	1.55	2.28	2.37	27

11-128 烟草制品业财务费用和营业利润

Financial Expenses and Operating Profit of Tobacco Manufacturing Industry

单位：亿元 (100 million yuan)

地区	Region	财务费用 Financial Expenses 2010	2015	2016	2016排名 Ranking	营业利润 Operating Profit 2010	2015	2016	2016排名 Ranking
全　国	**National Total**	**-2.94**	**-16.78**	**-19.17**		**739.13**	**1212.74**	**1046.54**	
北　京	Beijing	0.16	-0.06	-0.12	16	3.72	3.96	3.88	23
天　津	Tianjin	-0.01	-0.28	-0.28	21	1.90	6.60	6.37	19
河　北	Hebei	0.07	-0.03	0.04	11	11.04	10.95	3.00	27
山　西	Shanxi	-0.04	-0.45	-0.45	23	2.86	7.40	5.24	20
内蒙古	Inner Mongolia		-0.78	-0.35	22	6.10	10.41	8.03	17
辽　宁	Liaoning	0.03	-0.15	-0.11	15	3.29	3.01	-0.88	29
吉　林	Jilin	0.67	0.92	0.76	6	7.21	13.41	7.46	18
黑龙江	Heilongjiang	0.08	-0.15	-0.12	16	9.65	8.14	4.59	21
上　海	Shanghai	-4.96	-12.62	-15.35	29	142.41	247.16	231.43	1
江　苏	Jiangsu	-2.39	-4.00	-6.56	28	63.91	90.63	84.68	5
浙　江	Zhejiang	-1.15	-0.06	0.25	8	20.23	39.78	38.89	8
安　徽	Anhui	-0.31	1.33	1.59	2	25.27	21.99	9.76	16
福　建	Fujian	0.20	1.23	1.53	3	17.16	19.04	13.69	13
江　西	Jiangxi	0.52	-0.14	-0.20	19	8.80	26.99	19.25	10
山　东	Shandong	0.88	0.59	1.17	5	21.06	33.25	17.65	11
河　南	Henan	1.56	0.04	1.22	4	25.77	71.42	50.05	7
湖　北	Hubei	1.98	-0.60	-0.79	24	19.54	74.86	91.52	4
湖　南	Hunan	-0.87	-1.26	-0.84	25	70.62	111.64	92.19	3
广　东	Guangdong	-0.06	1.58	1.81	1	45.12	47.28	50.76	6
广　西	Guangxi	-0.07	-0.38	-0.07	14	12.14	24.91	13.86	12
海　南	Hainan	-0.05	0.01	-0.05	13	1.05	2.83	4.02	22
重　庆	Chongqing	0.59	1.97	0.70	7	9.08	6.08	3.08	26
四　川	Sichuan	0.02	0.47	0.12	10	15.30	0.04	0.63	28
贵　州	Guizhou	0.81	-1.44	-1.05	26	18.56	39.34	29.46	9
云　南	Yunnan	-1.03	-2.25	-1.80	27	157.81	251.42	229.26	2
西　藏	Tibet								
陕　西	Shaanxi	0.28	-0.19	-0.21	20	11.55	18.25	11.41	14
甘　肃	Gansu	0.18	0.20	0.21	9	6.05	13.75	9.87	15
青　海	Qinghai								
宁　夏	Ningxia		-0.03	-0.03	12	-0.43	2.81	3.78	24
新　疆	Xinjiang	-0.04	-0.23	-0.16	18	2.37	5.38	3.62	25

11-129 烟草制品业资产总计和负债合计

Total Assets and Liabilities of Tobacco Manufacturing Industry

单位：亿元 (100 million yuan)

地区	Region	资产总计 Total Assets 2015	2016	2016排名 Ranking	负债合计 Total Liabilities 2015	2016	2016排名 Ranking
全　国	**National Total**	**9190.25**	**10210.17**		**2341.17**	**2625.08**	
北　京	Beijing	34.05	34.60	26	5.88	4.88	28
天　津	Tianjin	38.95	32.12	27	38.95	32.12	21
河　北	Hebei	137.03	143.24	19	45.79	53.58	19
山　西	Shanxi	38.88	41.90	25	6.19	5.15	27
内蒙古	Inner Mongolia	67.38	72.39	22	14.74	18.87	23
辽　宁	Liaoning	58.79	60.50	23	55.25	56.41	18
吉　林	Jilin	181.32	182.52	16	103.38	105.93	11
黑龙江	Heilongjiang	89.64	87.58	21	13.43	13.80	24
上　海	Shanghai	1232.39	1238.31	2	156.84	129.35	8
江　苏	Jiangsu	577.33	601.52	4	64.63	66.56	15
浙　江	Zhejiang	457.19	496.42	6	114.43	133.85	7
安　徽	Anhui	345.03	342.87	9	101.32	95.58	12
福　建	Fujian	263.13	256.01	12	91.36	82.69	13
江　西	Jiangxi	195.97	191.03	15	48.11	52.77	20
山　东	Shandong	362.45	338.73	10	114.33	127.97	9
河　南	Henan	442.72	442.60	8	144.78	149.97	3
湖　北	Hubei	422.51	443.30	7	136.67	137.44	6
湖　南	Hunan	779.96	817.35	3	118.92	142.64	4
广　东	Guangdong	527.29	554.58	5	137.43	158.06	2
广　西	Guangxi	194.63	197.54	14	50.83	57.92	17
海　南	Hainan	24.98	23.68	28	6.34	4.36	29
重　庆	Chongqing	117.12	140.99	20	62.49	81.11	14
四　川	Sichuan	165.47	219.17	13	92.69	141.34	5
贵　州	Guizhou	296.46	335.84	11	73.68	112.23	10
云　南	Yunnan	1776.88	2528.99	1	442.52	542.87	1
西　藏	Tibet						
陕　西	Shaanxi	156.11	165.75	17	23.82	29.78	22
甘　肃	Gansu	146.25	155.50	18	56.01	64.34	16
青　海	Qinghai						
宁　夏	Ningxia	9.77	14.77	29	6.77	10.69	26
新　疆	Xinjiang	50.57	50.37	24	13.58	12.82	25

11-130 纺织业工业销售产值和主营业务收入
Sales Value and Revenue from Principal Business of Textile Manufacturing Industry

单位：亿元 (100 million yuan)

地区	Region	工业销售产值(当年价格) Sales Value (current prices) 2010	2015	2016	2016排名 Ranking	主营业务收入 Revenue from Principal Business 2010	2015	2016	2016排名 Ranking
全　国	**National Total**	**27972.91**	**39392.98**	**40287.42**		**28110.07**	**39986.96**	**40844.21**	
北　京	Beijing	68.78	13.01	12.18	29	78.76	25.52	21.95	28
天　津	Tianjin	82.06	116.67	83.59	22	88.33	156.24	137.28	21
河　北	Hebei	948.99	1652.26	1729.16	8	948.53	1727.33	1836.00	8
山　西	Shanxi	26.07	37.77	36.12	24	25.75	36.95	36.27	24
内蒙古	Inner Mongolia	415.11	428.76	404.33	13	414.44	420.65	391.68	13
辽　宁	Liaoning	361.12	227.72	82.85	23	364.11	221.07	112.17	22
吉　林	Jilin	69.00	163.26	203.50	18	62.05	163.18	197.18	19
黑龙江	Heilongjiang	30.99	95.04	102.82	21	31.02	90.98	100.54	23
上　海	Shanghai	410.15	219.66	194.83	20	434.43	232.24	207.63	18
江　苏	Jiangsu	5894.61	6976.34	7163.73	2	5920.56	7029.56	7244.84	2
浙　江	Zhejiang	5441.13	5826.30	5833.13	3	5472.51	5767.25	5737.40	3
安　徽	Anhui	474.20	975.23	1036.21	10	477.05	976.09	1038.17	10
福　建	Fujian	1090.91	2305.57	2579.03	6	1086.81	2266.72	2548.97	6
江　西	Jiangxi	532.51	1131.10	1188.89	9	538.88	1161.81	1223.57	9
山　东	Shandong	5695.91	9129.65	8895.84	1	5768.25	9746.07	9474.83	1
河　南	Henan	1297.53	2582.18	2722.72	4	1316.69	2583.99	2670.71	4
湖　北	Hubei	924.53	2211.36	2373.36	7	918.17	2153.37	2300.71	7
湖　南	Hunan	412.45	644.58	679.62	12	404.29	614.59	660.25	12
广　东	Guangdong	2524.23	2579.36	2650.87	5	2490.56	2530.24	2616.84	5
广　西	Guangxi	110.50	257.79	261.89	16	108.58	254.19	255.54	16
海　南	Hainan	3.29	4.39	4.84	30	3.17	4.23	4.36	30
重　庆	Chongqing	166.10	190.17	195.23	19	168.91	187.64	197.02	20
四　川	Sichuan	617.85	894.86	969.97	11	616.42	879.84	955.32	11
贵　州	Guizhou	4.58	17.03	22.48	28	4.56	16.53	19.35	29
云　南	Yunnan	10.60	24.98	28.76	26	11.27	25.38	26.08	26
西　藏	Tibet	0.66	0.72	1.07	31	0.37	0.48	0.74	31
陕　西	Shaanxi	120.87	261.57	273.99	14	114.54	256.98	269.84	14
甘　肃	Gansu	14.71	26.64	24.22	27	14.00	23.71	22.86	27
青　海	Qinghai	20.58	38.20	32.99	25	20.22	39.38	33.07	25
宁　夏	Ningxia	83.35	221.66	265.06	15	80.92	246.87	256.11	15
新　疆	Xinjiang	119.56	139.14	234.16	17	125.92	147.93	246.93	17

11-131 纺织业主营业务成本和利润总额
Cost, Tax and Total Profit of Textile Manufacturing Industry

单位：亿元 (100 million yuan)

地区	Region	主营业务成本 Cost of Principal Business				利润总额 Total Profit			
		2010	2015	2016	2016排名 Ranking	2010	2015	2016	2016排名 Ranking
全　国	**National Total**	**24709.88**	**35584.19**	**36392.68**		**1697.91**	**2224.26**	**2285.63**	
北　京	Beijing	60.59	21.45	17.55	28	5.04	0.02	0.91	25
天　津	Tianjin	78.72	131.79	122.89	21	2.89	9.77	5.21	21
河　北	Hebei	823.65	1531.03	1633.26	8	69.63	120.71	125.64	7
山　西	Shanxi	23.45	34.05	33.68	24	0.22	0.07	-0.15	31
内蒙古	Inner Mongolia	344.13	359.08	338.79	13	40.37	37.57	31.92	12
辽　宁	Liaoning	316.52	199.27	102.60	22	25.49	8.85	2.05	23
吉　林	Jilin	53.51	142.84	177.59	18	2.93	4.94	7.03	20
黑龙江	Heilongjiang	27.05	80.32	92.36	23	1.11	5.84	5.15	22
上　海	Shanghai	367.37	193.80	170.44	20	25.01	14.06	14.95	17
江　苏	Jiangsu	5312.30	6261.09	6444.18	2	282.48	360.00	381.87	2
浙　江	Zhejiang	4864.16	5085.61	5047.67	3	268.74	308.35	324.12	3
安　徽	Anhui	420.73	877.59	933.11	10	35.25	49.59	51.20	10
福　建	Fujian	955.28	2012.01	2261.11	6	74.76	118.06	140.95	5
江　西	Jiangxi	459.76	1032.66	1092.97	9	34.18	85.14	88.49	9
山　东	Shandong	5057.55	8879.86	8688.65	1	395.32	508.06	472.04	1
河　南	Henan	1120.75	2269.71	2339.25	4	128.60	197.84	209.84	4
湖　北	Hubei	783.24	1873.55	1992.77	7	66.88	103.48	121.23	8
湖　南	Hunan	337.09	532.61	575.70	12	15.50	23.99	25.59	14
广　东	Guangdong	2199.86	2223.13	2308.56	5	140.75	135.84	140.45	6
广　西	Guangxi	96.17	228.32	233.75	14	4.97	8.99	7.71	19
海　南	Hainan	2.44	3.56	3.59	30	0.08	0.07	0.94	24
重　庆	Chongqing	147.87	163.43	172.57	19	10.15	14.87	15.85	16
四　川	Sichuan	538.85	786.29	859.55	11	37.35	43.97	46.37	11
贵　州	Guizhou	4.20	14.33	17.37	29	0.16	0.79	0.88	26
云　南	Yunnan	9.32	23.33	24.41	26	0.78	-0.06	0.22	29
西　藏	Tibet	0.27	0.39	0.64	31	0.02	0.06	0.05	30
陕　西	Shaanxi	98.81	215.53	227.35	15	7.76	30.17	29.93	13
甘　肃	Gansu	11.27	20.90	20.80	27	0.42	-0.12	0.46	27
青　海	Qinghai	18.88	37.74	31.98	25	0.62	0.50	0.42	28
宁　夏	Ningxia	68.28	215.30	205.81	17	9.53	20.74	14.02	18
新　疆	Xinjiang	107.80	133.64	221.72	16	10.93	12.09	20.29	15

11-132 纺织业销售费用和管理费用
Sales Expenses and Administration Expenses of Textile Manufacturing Industry

单位：亿元 (100 million yuan)

地区	Region	销售费用 Sales Expenses			管理费用 Administrative Expenses			
		2015	2016	2016排名 Ranking	2010	2015	2016	2016排名 Ranking
全 国	**National Total**	**573.18**	**599.37**		**859.91**	**1026.58**	**1053.88**	
北 京	Beijing	0.56	0.58	24	6.53	2.87	2.98	23
天 津	Tianjin	2.19	1.55	22	4.26	5.19	4.34	21
河 北	Hebei	24.35	25.04	8	20.21	28.86	28.73	8
山 西	Shanxi	0.61	0.47	25	1.32	1.26	1.05	25
内蒙古	Inner Mongolia	6.00	4.81	15	9.88	9.58	7.93	17
辽 宁	Liaoning	3.23	2.01	19	14.43	6.35	5.26	19
吉 林	Jilin	3.39	3.94	17	4.45	10.55	7.98	16
黑龙江	Heilongjiang	1.65	1.12	23	1.72	2.66	1.83	24
上 海	Shanghai	9.50	9.08	13	27.94	15.69	14.77	13
江 苏	Jiangsu	105.43	114.14	1	161.46	200.79	214.42	1
浙 江	Zhejiang	72.14	73.97	3	181.37	199.47	210.84	2
安 徽	Anhui	15.23	17.59	10	14.88	24.35	27.46	9
福 建	Fujian	32.42	35.99	7	30.43	66.49	73.66	6
江 西	Jiangxi	13.74	15.13	11	19.31	19.45	19.05	12
山 东	Shandong	88.36	83.74	2	125.16	143.59	130.20	3
河 南	Henan	40.42	42.03	6	22.71	41.35	43.87	7
湖 北	Hubei	52.84	59.41	4	42.53	77.23	85.28	5
湖 南	Hunan	18.35	21.10	9	23.97	22.07	24.92	10
广 东	Guangdong	51.18	52.62	5	91.33	94.38	91.64	4
广 西	Guangxi	2.11	1.79	20	8.22	10.64	9.83	14
海 南	Hainan	0.13	0.18	29	0.45	0.51	0.48	29
重 庆	Chongqing	2.25	1.71	21	6.65	3.80	3.62	22
四 川	Sichuan	14.38	14.77	12	27.23	19.89	20.30	11
贵 州	Guizhou	0.49	0.38	27	0.25	0.66	0.65	28
云 南	Yunnan	0.17	0.24	28	0.92	1.23	0.84	26
西 藏	Tibet	0.02	0.02	31	0.02	0.02	0.03	31
陕 西	Shaanxi	2.80	2.99	18	4.47	5.55	5.25	20
甘 肃	Gansu	0.97	0.47	25	1.35	1.30	0.83	27
青 海	Qinghai	0.19	0.13	30	0.64	0.41	0.25	30
宁 夏	Ningxia	3.38	4.20	16	1.62	4.61	6.40	18
新 疆	Xinjiang	4.68	8.18	14	4.20	5.79	9.19	15

11-133 纺织业财务费用和营业利润

Financial Expenses and Operating Profit of Textile Manufacturing Industry

单位：亿元 (100 million yuan)

地区	Region	财务费用 Financial Expenses				营业利润 Operating Profit			
		2010	2015	2016	2016排名 Ranking	2010	2015	2016	2016排名 Ranking
全　国	**National Total**	**335.74**	**473.98**	**437.81**		**1736.57**	**2194.04**	**2231.98**	
北　京	Beijing	1.01	0.57	0.38	26	3.05	0.07	0.67	25
天　津	Tianjin	1.08	2.44	2.64	17	2.74	9.70	5.38	20
河　北	Hebei	6.92	11.21	10.66	9	76.73	122.02	126.55	7
山　西	Shanxi	0.73	1.08	0.79	22	0.67	-0.02	0.23	28
内蒙古	Inner Mongolia	7.96	8.25	9.43	10	54.03	41.21	33.63	12
辽　宁	Liaoning	3.23	2.06	1.78	19	26.49	7.50	0.14	29
吉　林	Jilin	0.30	1.01	1.11	21	3.04	4.96	6.06	19
黑龙江	Heilongjiang	0.39	0.48	0.40	25	1.12	5.82	5.16	21
上　海	Shanghai	2.99	0.44	0.20	29	22.41	12.86	12.60	16
江　苏	Jiangsu	64.41	73.47	66.96	3	299.10	359.05	378.88	2
浙　江	Zhejiang	101.02	98.65	80.03	2	262.88	299.46	317.80	3
安　徽	Anhui	5.81	9.31	9.26	12	36.03	48.83	50.49	10
福　建	Fujian	13.75	27.89	27.88	5	79.00	117.85	140.86	5
江　西	Jiangxi	3.42	5.50	5.26	14	34.83	85.04	88.17	9
山　东	Shandong	63.78	130.19	115.22	1	394.68	500.93	455.54	1
河　南	Henan	13.33	21.96	21.66	6	130.76	197.18	211.16	4
湖　北	Hubei	14.06	28.65	28.65	4	65.60	103.40	116.13	8
湖　南	Hunan	4.96	7.54	7.19	13	18.24	25.42	25.66	14
广　东	Guangdong	11.27	15.37	15.53	7	143.19	135.69	139.51	6
广　西	Guangxi	1.12	2.01	1.83	18	5.04	9.10	7.47	18
海　南	Hainan	0.07	0.07	0.13	30	0.03	0.04	0.90	23
重　庆	Chongqing	1.17	1.44	1.56	20	11.07	14.89	15.79	15
四　川	Sichuan	6.09	8.52	9.31	11	39.50	45.04	45.97	11
贵　州	Guizhou	0.01	0.24	0.27	28	0.16	0.79	0.83	24
云　南	Yunnan	0.22	0.85	0.60	24	0.59	-0.27	-0.11	31
西　藏	Tibet		0.01			0.10	0.05	0.05	30
陕　西	Shaanxi	1.41	2.61	2.73	16	7.44	28.60	29.33	13
甘　肃	Gansu	0.16	0.43	0.69	23	0.09	-0.15	0.34	27
青　海	Qinghai	0.40	0.54	0.29	27	1.33	0.49	0.42	26
宁　夏	Ningxia	2.47	9.29	11.69	8	8.41	16.09	11.79	17
新　疆	Xinjiang	2.21	1.89	3.67	15	8.24	2.41	4.61	22

11-134　纺织业资产总计和负债合计
Total Assets and Liabilities of Textile Manufacturing Industry

单位：亿元 (100 million yuan)

地区	Region	资产总计 Total Assets 2015	2016	2016排名 Ranking	负债合计 Total Liabilities 2015	2016	2016排名 Ranking
全　国	**National Total**	**24304.04**	**24522.83**		**12686.46**	**12680.72**	
北　京	Beijing	47.44	46.84	25	24.21	23.20	24
天　津	Tianjin	146.81	126.41	20	84.79	74.30	20
河　北	Hebei	762.79	793.00	8	335.24	353.31	8
山　西	Shanxi	60.83	53.78	24	40.35	35.08	23
内蒙古	Inner Mongolia	390.78	405.59	14	230.75	236.25	13
辽　宁	Liaoning	190.80	138.62	19	97.07	77.05	19
吉　林	Jilin	97.30	99.13	21	42.15	51.87	21
黑龙江	Heilongjiang	61.41	61.75	23	24.93	22.91	25
上　海	Shanghai	217.03	203.09	16	94.26	85.79	18
江　苏	Jiangsu	4408.05	4528.64	2	2449.15	2430.38	2
浙　江	Zhejiang	5178.87	4956.41	1	3172.15	2954.33	1
安　徽	Anhui	576.98	591.72	10	267.41	280.56	11
福　建	Fujian	1464.33	1499.38	5	718.41	727.61	4
江　西	Jiangxi	521.35	599.73	9	236.39	272.32	12
山　东	Shandong	4123.27	4044.48	3	1968.03	1988.80	3
河　南	Henan	1767.45	1811.63	4	689.50	706.88	6
湖　北	Hubei	900.06	919.97	7	415.98	413.39	7
湖　南	Hunan	341.05	324.11	15	159.76	155.93	15
广　东	Guangdong	1376.94	1401.47	6	729.83	720.29	5
广　西	Guangxi	141.76	147.17	18	99.54	101.16	16
海　南	Hainan	12.49	12.10	30	3.70	3.22	30
重　庆	Chongqing	88.02	91.16	22	37.45	37.46	22
四　川	Sichuan	416.46	432.50	13	191.99	190.78	14
贵　州	Guizhou	14.29	17.21	29	8.02	8.71	29
云　南	Yunnan	43.79	29.29	27	26.56	18.62	26
西　藏	Tibet	1.76	1.72	31	0.96	0.94	31
陕　西	Shaanxi	157.97	168.34	17	85.06	91.09	17
甘　肃	Gansu	29.95	31.98	26	16.95	18.30	27
青　海	Qinghai	29.92	22.41	28	14.72	11.07	28
宁　夏	Ningxia	466.42	514.57	11	261.11	303.97	9
新　疆	Xinjiang	267.65	448.62	12	160.00	285.15	10

11-135 造纸和纸制品业工业销售产值和主营业务收入
Sales Value and Revenue from Principal Business of Manufacture of Paper and Paper Products

单位：亿元 (100 million yuan)

地区	Region	工业销售产值(当年价格) Sales Value (current prices) 2010	2015	2016	2016排名 Ranking	主营业务收入 Revenue from Principal Business 2010	2015	2016	2016排名 Ranking
全　国	**National Total**	**10246.30**	**14215.55**	**14832.74**		**10201.82**	**13942.34**	**14622.82**	
北　京	Beijing	66.89	61.96	57.88	25	73.73	63.45	63.53	24
天　津	Tianjin	126.61	229.42	235.46	15	125.37	226.43	233.42	16
河　北	Hebei	343.15	501.68	472.03	10	339.21	486.39	473.56	10
山　西	Shanxi	10.92	15.56	17.42	29	10.55	14.84	17.72	27
内蒙古	Inner Mongolia	83.16	92.92	102.20	21	80.96	82.52	89.04	22
辽　宁	Liaoning	287.11	216.75	93.36	22	287.19	212.34	99.06	21
吉　林	Jilin	84.40	150.04	163.76	17	79.78	147.47	160.99	17
黑龙江	Heilongjiang	58.80	71.34	61.04	24	64.25	70.14	60.20	25
上　海	Shanghai	257.19	245.04	233.64	16	269.01	262.24	265.78	15
江　苏	Jiangsu	1106.38	1556.01	1633.00	3	1099.29	1538.07	1637.92	3
浙　江	Zhejiang	1033.06	1264.91	1331.15	4	1025.74	1174.44	1236.82	4
安　徽	Anhui	184.77	359.84	420.63	11	183.80	359.61	413.59	11
福　建	Fujian	526.95	900.03	1024.10	6	525.77	881.21	969.71	6
江　西	Jiangxi	168.26	330.86	367.77	13	168.36	341.51	373.66	12
山　东	Shandong	1840.30	2524.65	2530.83	1	1838.69	2551.33	2532.38	1
河　南	Henan	808.73	1012.73	1081.39	5	807.64	998.80	1071.83	5
湖　北	Hubei	235.37	545.34	566.77	8	230.05	521.03	534.78	8
湖　南	Hunan	453.49	665.07	692.43	7	455.83	624.58	661.93	7
广　东	Guangdong	1617.33	1913.75	2050.10	2	1595.57	1893.14	2075.45	2
广　西	Guangxi	161.43	364.50	369.39	12	160.73	324.05	346.80	13
海　南	Hainan	80.05	124.22	114.45	19	75.20	124.53	117.48	19
重　庆	Chongqing	134.81	268.21	292.18	14	138.16	266.84	284.39	14
四　川	Sichuan	373.78	436.15	490.49	9	367.85	426.52	486.17	9
贵　州	Guizhou	23.61	82.87	105.98	20	24.75	81.45	107.51	20
云　南	Yunnan	47.15	65.10	76.90	23	46.36	64.34	73.61	23
西　藏	Tibet		3.04	3.46	30		3.45	3.46	30
陕　西	Shaanxi	62.54	136.82	163.46	18	58.64	131.52	154.86	18
甘　肃	Gansu	8.93	20.29	18.29	27	9.63	16.69	14.52	29
青　海	Qinghai		0.25	0.33	31		0.26	0.46	31
宁　夏	Ningxia	42.80	21.42	17.56	28	41.63	19.63	17.10	28
新　疆	Xinjiang	18.35	34.76	45.31	26	18.07	33.51	45.08	26

11-136 造纸和纸制品业主营业务成本和利润总额
Cost of Principal Business Tax and Total Profit of Manufacture of Paper and Paper Products

单位：亿元 (100 million yuan)

地区	Region	主营业务成本 Cost of Principal Business				利润总额 Total Profit			
		2010	2015	2016	2016排名 Ranking	2010	2015	2016	2016排名 Ranking
全　国	**National Total**	**8727.67**	**12036.71**	**12617.13**		**727.08**	**792.82**	**866.87**	
北　京	Beijing	60.68	49.60	49.56	25	7.16	8.38	6.06	20
天　津	Tianjin	111.25	195.83	201.08	16	5.93	14.07	14.31	14
河　北	Hebei	285.34	422.85	411.28	10	25.98	36.80	34.53	7
山　西	Shanxi	9.61	13.32	16.05	27	0.24	0.27	0.22	30
内蒙古	Inner Mongolia	65.04	65.77	69.54	22	7.61	8.90	10.82	17
辽　宁	Liaoning	248.50	183.36	83.63	21	23.94	14.18	5.81	22
吉　林	Jilin	71.32	128.96	140.53	17	1.76	7.73	8.58	19
黑龙江	Heilongjiang	53.89	58.80	51.05	24	2.79	3.95	2.12	25
上　海	Shanghai	217.39	212.76	202.12	15	15.08	7.78	13.20	15
江　苏	Jiangsu	924.59	1328.91	1405.90	3	79.49	81.06	97.49	3
浙　江	Zhejiang	894.17	1010.72	1067.09	4	58.08	56.60	66.97	6
安　徽	Anhui	156.99	319.39	367.94	11	14.45	19.38	21.78	12
福　建	Fujian	455.41	740.22	811.59	6	45.58	70.20	81.67	4
江　西	Jiangxi	141.83	301.24	327.36	12	12.13	24.30	27.10	9
山　东	Shandong	1589.06	2235.96	2220.28	1	141.18	130.34	134.55	1
河　南	Henan	677.52	868.53	935.58	5	89.01	78.69	74.75	5
湖　北	Hubei	195.82	455.72	469.53	8	15.37	24.74	25.18	11
湖　南	Hunan	372.43	516.01	546.72	7	25.23	26.76	32.13	8
广　东	Guangdong	1398.01	1650.21	1812.49	2	98.13	92.23	120.64	2
广　西	Guangxi	141.98	278.92	297.48	13	8.97	11.77	8.68	18
海　南	Hainan	55.54	102.40	97.92	19	9.45	6.44	5.90	21
重　庆	Chongqing	114.33	222.96	244.18	14	7.53	24.82	27.10	9
四　川	Sichuan	320.61	375.32	429.20	9	22.54	20.71	21.58	13
贵　州	Guizhou	21.45	69.94	93.63	20	0.29	4.58	5.72	24
云　南	Yunnan	36.13	55.66	63.23	23	4.24	0.37	1.19	26
西　藏	Tibet		2.85	3.02	30		0.36	0.27	29
陕　西	Shaanxi	50.51	110.63	132.85	18	3.47	9.90	11.73	16
甘　肃	Gansu	8.06	15.02	13.06	29	0.16	0.45	0.39	28
青　海	Qinghai		0.23	0.42	31		0.02	0.03	31
宁　夏	Ningxia	34.93	17.55	15.27	28	-0.05	2.35	0.57	27
新　疆	Xinjiang	15.28	27.06	37.54	26	1.32	4.68	5.76	23

11-137 造纸和纸制品业销售费用和管理费用

Sales Expenses and Administrative Expenses of Manufacture of Paper and Paper Products

单位：亿元 (100 million yuan)

地区	Region	销售费用 Sales Expenses 2015	2016	2016排名 Ranking	管理费用 Administrative Expenses 2010	2015	2016	2016排名 Ranking
全 国	**National Total**	**378.56**	**418.33**		**375.83**	**495.64**	**521.85**	
北 京	Beijing	2.40	1.91	24	3.56	3.38	3.84	21
天 津	Tianjin	4.11	4.46	17	4.58	8.21	8.87	15
河 北	Hebei	7.72	8.15	13	8.33	13.59	12.64	12
山 西	Shanxi	0.35	0.49	27	0.35	0.46	0.66	28
内蒙古	Inner Mongolia	2.17	1.60	25	3.62	3.62	4.42	19
辽 宁	Liaoning	5.30	3.06	20	10.71	7.40	5.27	18
吉 林	Jilin	3.89	4.60	16	4.27	5.49	6.21	17
黑龙江	Heilongjiang	3.00	2.26	22	3.01	3.16	3.04	24
上 海	Shanghai	20.77	34.36	4	14.80	18.40	17.20	10
江 苏	Jiangsu	53.63	55.36	3	36.32	55.72	57.01	3
浙 江	Zhejiang	29.25	33.39	5	37.05	52.74	53.30	4
安 徽	Anhui	6.27	7.14	14	5.18	9.93	11.81	13
福 建	Fujian	24.25	27.51	6	18.43	31.44	36.77	6
江 西	Jiangxi	4.62	5.78	15	3.44	7.33	8.20	16
山 东	Shandong	56.62	58.42	1	65.21	66.31	69.75	2
河 南	Henan	22.06	24.09	7	13.42	16.42	18.57	8
湖 北	Hubei	16.89	17.14	9	9.00	19.96	17.45	9
湖 南	Hunan	21.85	23.42	8	33.16	37.08	37.68	5
广 东	Guangdong	51.78	56.64	2	56.43	79.75	86.98	1
广 西	Guangxi	10.42	11.58	11	9.51	18.58	20.57	7
海 南	Hainan	5.63	4.45	18	1.91	1.94	1.77	25
重 庆	Chongqing	7.33	9.61	12	3.65	9.20	9.78	14
四 川	Sichuan	9.24	12.78	10	19.53	14.76	15.87	11
贵 州	Guizhou	2.40	2.89	21	1.25	2.76	3.21	23
云 南	Yunnan	2.12	2.17	23	3.64	3.99	3.76	22
西 藏	Tibet	0.10	0.07	30		0.13	0.09	30
陕 西	Shaanxi	3.28	3.75	19	2.53	3.93	4.37	20
甘 肃	Gansu	0.29	0.35	29	0.42	0.52	0.46	29
青 海	Qinghai						0.01	31
宁 夏	Ningxia	0.43	0.39	28	1.33	1.58	1.32	26
新 疆	Xinjiang	0.40	0.53	26	1.21	0.86	0.99	27

11-138 造纸和纸制品业财务费用和营业利润
Financial Expenses and Operating Profit of Manufacture of Paper and Paper Products

单位：亿元 (100 million yuan)

地区	Region	财务费用 Financial Expenses				营业利润 Operating Profit			
		2010	2015	2016	2016排名 Ranking	2010	2015	2016	2016排名 Ranking
全　国	**National Total**	**142.68**	**257.71**	**230.06**		**739.77**	**752.25**	**804.47**	
北　京	Beijing	-0.07	0.05	0.04	29	7.01	8.25	8.23	19
天　津	Tianjin	2.09	4.03	4.24	13	5.99	14.10	13.58	14
河　北	Hebei	2.86	3.75	3.24	16	31.84	35.97	35.14	7
山　西	Shanxi	0.25	0.48	0.45	25	0.32	0.25	0.04	29
内蒙古	Inner Mongolia	0.31	0.20	0.06	28	10.98	10.28	12.85	15
辽　宁	Liaoning	2.34	1.53	1.67	19	24.26	13.73	5.42	23
吉　林	Jilin	0.83	1.50	1.87	18	0.91	7.02	7.17	20
黑龙江	Heilongjiang	0.62	1.48	0.92	23	2.94	3.42	1.37	25
上　海	Shanghai	1.64	2.85	1.26	22	14.24	8.19	12.44	16
江　苏	Jiangsu	16.70	27.50	28.50	2	82.62	77.28	92.08	2
浙　江	Zhejiang	23.56	32.66	28.18	3	55.86	50.87	55.04	6
安　徽	Anhui	3.07	5.77	5.88	10	14.26	18.19	19.97	12
福　建	Fujian	6.87	12.77	14.16	5	42.68	67.89	79.18	4
江　西	Jiangxi	1.55	2.50	3.82	14	13.31	24.12	26.27	9
山　东	Shandong	29.09	59.98	47.51	1	141.68	127.99	132.01	1
河　南	Henan	6.05	11.23	12.84	6	89.95	74.94	73.97	5
湖　北	Hubei	2.04	5.37	5.32	11	16.57	23.84	23.17	11
湖　南	Hunan	11.42	14.62	12.83	7	25.82	24.78	30.86	8
广　东	Guangdong	12.37	29.63	20.81	4	99.11	78.64	90.35	3
广　西	Guangxi	2.23	15.50	12.59	8	8.61	12.01	10.04	18
海　南	Hainan	4.37	10.15	9.34	9	8.35	6.18	5.37	24
重　庆	Chongqing	1.27	2.70	3.26	15	8.54	24.19	25.81	10
四　川	Sichuan	4.34	4.66	5.18	12	24.53	20.75	19.83	13
贵　州	Guizhou	1.41	1.24	1.30	21	0.15	4.54	5.69	21
云　南	Yunnan	0.93	2.90	2.34	17	3.97		0.98	26
西　藏	Tibet		0.01	0.01	30		0.36	0.27	28
陕　西	Shaanxi	0.60	1.37	1.43	20	3.72	9.79	11.59	17
甘　肃	Gansu	0.09	0.34	0.23	27	0.17	0.43	0.37	27
青　海	Qinghai						0.02	0.03	30
宁　夏	Ningxia	3.54	0.67	0.47	24	0.14	-0.56	-0.28	31
新　疆	Xinjiang	0.29	0.27	0.27	26	1.22	4.81	5.62	22

11-139 造纸和纸制品业资产总计和负债合计
Total Assets and Liabilities of Manufacture of Paper and Paper Products

单位：亿元 (100 million yuan)

地区	Region	资产总计 Total Assets 2015	2016	2016排名 Ranking	负债合计 Total Liabilities 2015	2016	2016排名 Ranking
全 国	**National Total**	**14024.04**	**14117.32**		**7962.71**	**7735.49**	
北 京	Beijing	55.33	54.15	24	29.42	26.23	25
天 津	Tianjin	240.32	237.77	17	159.76	140.10	15
河 北	Hebei	356.22	333.72	12	170.42	164.31	14
山 西	Shanxi	22.51	20.76	28	15.27	14.45	28
内蒙古	Inner Mongolia	45.17	50.29	25	21.77	27.00	24
辽 宁	Liaoning	155.95	130.13	18	79.23	61.46	19
吉 林	Jilin	104.90	99.39	20	60.58	56.84	20
黑龙江	Heilongjiang	87.52	72.16	23	38.43	34.72	22
上 海	Shanghai	283.15	281.67	15	137.49	130.73	16
江 苏	Jiangsu	1797.87	1702.61	3	911.37	868.19	4
浙 江	Zhejiang	1558.71	1543.64	4	948.47	905.09	3
安 徽	Anhui	337.32	368.01	10	169.80	172.92	12
福 建	Fujian	733.70	739.17	6	422.23	406.55	6
江 西	Jiangxi	239.53	267.90	16	111.47	127.43	17
山 东	Shandong	2714.81	2575.78	1	1711.41	1486.48	1
河 南	Henan	733.99	748.58	5	288.75	294.67	8
湖 北	Hubei	336.97	377.63	9	182.72	194.05	11
湖 南	Hunan	542.80	518.93	8	311.44	303.13	7
广 东	Guangdong	1908.63	1982.90	2	1099.04	1076.22	2
广 西	Guangxi	569.65	636.88	7	392.72	445.98	5
海 南	Hainan	360.51	355.67	11	231.21	218.08	9
重 庆	Chongqing	263.40	320.19	14	142.96	171.30	13
四 川	Sichuan	257.59	326.74	13	154.24	207.26	10
贵 州	Guizhou	59.36	76.89	22	25.87	48.43	21
云 南	Yunnan	107.06	112.11	19	72.65	76.91	18
西 藏	Tibet	3.62	3.88	30	1.09	1.86	30
陕 西	Shaanxi	69.16	84.01	21	26.71	31.77	23
甘 肃	Gansu	18.16	14.98	29	9.32	5.82	29
青 海	Qinghai	0.23	0.17	31	0.16	0.11	31
宁 夏	Ningxia	32.09	45.73	26	24.97	17.72	27
新 疆	Xinjiang	27.82	34.91	27	14.76	19.66	26

11-140 石油加工、炼焦和核燃料加工业工业销售产值和主营业务收入

Sales Value and Revenue from Principal Business of Processing of Petroleum, Coking and Processing of Nuclear Fuel

单位：亿元 (100 million yuan)

地区	Region	工业销售产值（当年价格）Sales Value（current prices）				主营业务收入 Revenue from Principal Business			
		2010	2015	2016	2016排名 Ranking	2010	2015	2016	2016排名 Ranking
全　国	**National Total**	**28901.13**	**34304.56**	**34077.50**		**29310.73**	**34604.49**	**34532.38**	
北　京	Beijing	839.01	592.14	494.42	24	854.50	626.11	526.88	22
天　津	Tianjin	949.70	1316.02	1245.13	7	980.31	1276.23	1232.70	7
河　北	Hebei	1513.84	1738.95	1741.81	5	1560.61	1665.22	1742.31	5
山　西	Shanxi	1399.73	785.03	903.89	13	1450.06	780.50	912.15	13
内蒙古	Inner Mongolia	354.56	592.90	586.87	20	356.35	556.10	606.81	20
辽　宁	Liaoning	3116.24	3276.77	2958.61	2	3153.72	3343.92	2985.38	2
吉　林	Jilin	128.55	185.06	162.07	26	128.68	180.54	150.56	26
黑龙江	Heilongjiang	1230.00	976.01	948.80	12	1258.64	1000.32	955.15	12
上　海	Shanghai	1358.26	1147.07	1024.34	11	1389.42	1166.06	1041.23	11
江　苏	Jiangsu	1473.74	2152.04	2056.11	4	1463.77	2170.61	2113.41	4
浙　江	Zhejiang	1330.69	1348.84	1421.16	6	1386.65	1191.08	1212.18	8
安　徽	Anhui	330.78	459.18	379.38	25	338.59	455.10	371.21	25
福　建	Fujian	647.90	1047.78	858.38	14	648.04	1046.51	845.92	15
江　西	Jiangxi	360.93	479.13	542.88	22	365.94	480.53	557.05	21
山　东	Shandong	4029.42	7092.44	8096.68	1	4063.78	7415.25	8495.41	1
河　南	Henan	946.18	1026.54	1158.62	9	994.53	973.56	1111.43	10
湖　北	Hubei	605.91	744.47	788.04	16	618.81	765.49	870.16	14
湖　南	Hunan	488.81	673.92	635.72	19	501.25	638.24	617.79	18
广　东	Guangdong	2752.55	2313.11	2188.90	3	2771.35	2321.45	2175.94	3
广　西	Guangxi	217.95	620.76	637.21	18	218.09	591.67	613.91	19
海　南	Hainan	472.53	549.73	503.93	23	426.47	387.59	391.72	24
重　庆	Chongqing	43.15	67.74	66.60	29	43.02	66.29	68.59	29
四　川	Sichuan	423.83	780.43	809.45	15	408.01	768.29	795.68	16
贵　州	Guizhou	57.25	194.09	121.67	28	55.06	176.95	73.63	28
云　南	Yunnan	207.41	156.42	144.85	27	202.46	155.47	140.48	27
西　藏	Tibet								
陕　西	Shaanxi	1265.25	1446.79	1215.63	8	1285.41	1875.05	1541.78	6
甘　肃	Gansu	882.31	831.35	686.46	17	880.59	803.79	677.19	17
青　海	Qinghai	21.64	6.14	14.85	30	16.61	5.49	14.96	30
宁　夏	Ningxia	213.78	503.19	553.48	21	211.40	495.17	515.96	23
新　疆	Xinjiang	1239.22	1200.52	1131.56	10	1278.61	1225.92	1174.80	9

11-141 石油加工、炼焦和核燃料加工业主营业务成本和利润总额

Cost of Principal Business and Total Profit of Processing of Petroleum, Coking and Processing of Nuclear Fuel

单位：亿元 (100 million yuan)

地区	Region	主营业务成本 Cost of Principal Business				利润总额 Total Profit			
		2010	2015	2016	2016排名 Ranking	2010	2015	2016	2016排名 Ranking
全　国	**National Total**	**24200.53**	**27668.51**	**26680.70**		**1221.11**	**732.49**	**1884.97**	
北　京	Beijing	688.80	475.89	395.50	22	49.86	29.19	20.48	19
天　津	Tianjin	828.82	1010.07	957.22	7	29.65	85.42	105.06	7
河　北	Hebei	1344.66	1430.78	1413.14	5	49.23	-11.63	54.56	11
山　西	Shanxi	1311.76	741.40	805.01	10	14.30	-74.19	-14.90	30
内蒙古	Inner Mongolia	277.49	452.44	456.91	17	13.76	-47.98	1.71	27
辽　宁	Liaoning	2603.75	2623.23	2162.65	2	79.08	-11.85	126.29	4
吉　林	Jilin	113.70	153.89	129.39	27	4.80	2.91	3.67	25
黑龙江	Heilongjiang	962.75	730.51	623.31	15	84.86	-3.50	74.07	10
上　海	Shanghai	1153.16	821.37	681.24	13	70.16	50.29	96.17	9
江　苏	Jiangsu	1246.98	1815.35	1737.66	3	65.67	79.35	111.32	6
浙　江	Zhejiang	1142.80	852.88	836.53	9	75.58	105.96	166.66	3
安　徽	Anhui	278.52	333.41	262.18	25	1.45	2.63	10.85	23
福　建	Fujian	548.55	768.68	576.03	16	16.25	36.83	112.42	5
江　西	Jiangxi	306.52	371.24	406.09	21	-3.97	4.77	26.29	17
山　东	Shandong	3475.03	6556.43	7440.73	1	151.31	263.60	398.90	1
河　南	Henan	821.41	826.71	928.82	8	52.32	28.79	51.03	12
湖　北	Hubei	509.61	598.51	689.55	12	9.15	2.58	19.89	21
湖　南	Hunan	394.69	477.64	444.25	18	20.62	5.14	20.18	20
广　东	Guangdong	2298.42	1698.20	1485.00	4	132.63	125.92	209.62	2
广　西	Guangxi	190.30	412.72	420.57	19	-3.18	1.21	35.16	15
海　南	Hainan	325.69	286.67	272.63	24	29.10	6.45	26.25	18
重　庆	Chongqing	35.11	57.87	60.34	29	3.45	3.69	3.79	24
四　川	Sichuan	336.74	634.81	625.28	14	25.35	14.23	45.71	13
贵　州	Guizhou	42.80	155.44	63.81	28	3.34	13.08	1.94	26
云　南	Yunnan	182.83	150.06	132.49	26	10.33	-15.75	13.79	22
西　藏	Tibet								
陕　西	Shaanxi	878.21	1458.05	1128.00	6	167.02	2.44	41.73	14
甘　肃	Gansu	711.66	567.57	411.24	20	0.64	-41.08	-9.76	29
青　海	Qinghai	11.78	5.07	12.28	30	3.77	-0.54	-2.55	28
宁　夏	Ningxia	172.23	379.14	376.91	23	4.53	16.78	32.02	16
新　疆	Xinjiang	1005.76	822.47	745.93	11	60.03	57.73	102.63	8

11-142 石油加工、炼焦和核燃料加工业销售费用和管理费用

Sales Expenses and Administrative Expenses of Processing of Petroleum, Coking and Processing of Nuclear Fuel

单位：亿元 (100 million yuan)

地区	Region	销售费用 Sales Expenses			管理费用 Administrative Expenses			
		2015	2016	2016排名 Ranking	2010	2015	2016	2016排名 Ranking
全国	**National Total**	**357.81**	**376.45**		**758.30**	**852.56**	**866.06**	
北京	Beijing	5.73	4.89	19	21.73	16.22	22.64	17
天津	Tianjin	5.78	9.41	13	24.48	34.21	37.35	9
河北	Hebei	16.28	19.56	6	26.43	30.49	31.95	13
山西	Shanxi	50.69	54.89	2	59.48	30.53	32.72	12
内蒙古	Inner Mongolia	14.45	15.45	10	13.87	35.00	32.98	11
辽宁	Liaoning	25.34	21.99	4	87.38	110.33	111.86	1
吉林	Jilin	1.82	1.41	30	4.97	7.50	4.67	27
黑龙江	Heilongjiang	10.77	11.58	11	51.17	51.61	47.14	4
上海	Shanghai	8.93	10.13	12	40.46	42.66	45.97	6
江苏	Jiangsu	21.09	21.17	5	20.26	40.47	38.27	8
浙江	Zhejiang	3.92	4.62	21	17.01	19.48	26.69	14
安徽	Anhui	1.82	2.15	26	9.51	10.94	11.76	23
福建	Fujian	7.76	9.12	14	7.77	13.58	16.34	18
江西	Jiangxi	6.99	5.28	17	8.74	13.65	13.12	21
山东	Shandong	48.23	55.24	1	89.76	102.79	102.17	2
河南	Henan	15.14	17.95	7	15.43	23.96	24.29	15
湖北	Hubei	3.88	3.79	23	13.51	12.95	14.96	19
湖南	Hunan	4.71	4.70	20	20.49	21.38	24.14	16
广东	Guangdong	16.94	17.91	8	42.89	45.63	48.35	3
广西	Guangxi	4.16	4.41	22	40.50	11.86	12.08	22
海南	Hainan	1.49	1.94	27	4.64	6.63	6.84	25
重庆	Chongqing	1.59	1.66	28	2.17	1.77	1.74	29
四川	Sichuan	8.20	7.25	15	8.87	14.99	13.46	20
贵州	Guizhou	2.49	2.34	25	2.20	2.84	2.67	28
云南	Yunnan	2.22	1.55	29	6.35	6.08	5.43	26
西藏	Tibet							
陕西	Shaanxi	41.20	36.82	3	23.40	33.66	36.74	10
甘肃	Gansu	5.48	5.44	16	45.63	44.03	41.56	7
青海	Qinghai	0.40	2.77	24	0.41	0.37	1.49	30
宁夏	Ningxia	3.53	4.93	18	7.81	10.96	10.17	24
新疆	Xinjiang	16.78	16.09	9	40.98	55.98	46.49	5

11-143 石油加工、炼焦和核燃料加工业财务费用和营业利润

Financial Expenses and Operating Profit of Processing of Petroleum, Coking and Processing of Nuclear Fuel

单位：亿元 (100 million yuan)

地区	Region	财务费用 Financial Expenses				营业利润 Operating Profit			
		2010	2015	2016	2016排名 Ranking	2010	2015	2016	2016排名 Ranking
全　国	**National Total**	**199.19**	**416.86**	**390.28**		**1366.33**	**753.02**	**1881.39**	
北　京	Beijing	3.26	2.37	1.65	26	49.72	29.17	21.45	19
天　津	Tianjin	4.08	9.01	4.43	19	28.20	76.67	104.98	7
河　北	Hebei	15.14	21.82	19.93	7	57.65	-8.58	52.04	12
山　西	Shanxi	39.80	44.22	43.15	2	18.63	-76.78	-15.02	29
内蒙古	Inner Mongolia	6.41	25.38	22.94	5	32.38	-42.30	1.52	26
辽　宁	Liaoning	9.31	38.71	37.51	4	81.11	-5.68	136.82	4
吉　林	Jilin	0.84	1.53	1.20	27	4.67	2.85	3.49	24
黑龙江	Heilongjiang	4.91	10.31	7.56	13	86.12	0.16	74.65	11
上　海	Shanghai	2.64	4.55	0.18	30	70.30	48.82	98.23	9
江　苏	Jiangsu	5.51	10.80	10.41	10	68.27	73.43	110.83	6
浙　江	Zhejiang	4.39	3.34	6.92	16	71.41	104.73	164.83	3
安　徽	Anhui	2.16	3.78	3.07	21	3.84	3.81	15.73	22
福　建	Fujian	9.68	32.86	20.52	6	15.24	36.09	112.06	5
江　西	Jiangxi	3.57	6.98	8.67	11	-4.06	4.61	25.86	17
山　东	Shandong	38.11	87.77	86.04	1	201.75	257.22	397.52	1
河　南	Henan	6.48	14.89	13.57	8	74.92	28.11	50.85	13
湖　北	Hubei	1.52	1.06	2.45	23	9.50	1.90	20.25	20
湖　南	Hunan	2.35	4.86	4.13	20	21.03	4.51	20.02	21
广　东	Guangdong	9.37	8.08	7.18	15	147.70	121.87	196.33	2
广　西	Guangxi	0.28	2.42	1.93	25	1.00	-0.18	34.94	16
海　南	Hainan	2.51	3.03	2.12	24	29.29	4.80	25.02	18
重　庆	Chongqing	0.33	0.54	0.54	29	3.71	3.68	3.64	23
四　川	Sichuan	3.47	11.82	7.93	12	27.29	14.33	45.22	14
贵　州	Guizhou	0.83	2.59	2.81	22	3.37	13.00	1.76	25
云　南	Yunnan	4.33	7.40	6.24	17	10.70	-15.89	-34.07	30
西　藏	Tibet								
陕　西	Shaanxi	10.51	27.28	42.00	3	174.93	34.20	78.12	10
甘　肃	Gansu	0.96	10.04	7.45	14	7.84	-38.58	-3.74	28
青　海	Qinghai	0.55	0.29	0.95	28	3.61	-0.57	-2.59	27
宁　夏	Ningxia	3.20	11.31	11.23	9	5.21	20.33	35.18	15
新　疆	Xinjiang	2.67	7.80	5.63	18	61.02	57.30	102.47	8

11-144 石油加工、炼焦和核燃料加工业资产总计和负债合计

Total Assets and Liabilities of Processing of Petroleum, Coking and Processing of Nuclear Fuel

单位：亿元 (100 million yuan)

地区	Region	资产总计 Total Assets 2015	2016	2016排名 Ranking	负债合计 Total Liabilities 2015	2016	2016排名 Ranking
全　国	**National Total**	**24795.95**	**26508.18**		**16461.74**	**17296.94**	
北　京	Beijing	274.28	263.65	23	153.20	130.29	24
天　津	Tianjin	766.89	703.66	13	444.02	385.04	13
河　北	Hebei	1137.38	1266.50	6	917.29	909.19	6
山　西	Shanxi	2224.15	2342.27	3	1957.36	2095.42	3
内蒙古	Inner Mongolia	1076.74	985.57	9	820.22	811.61	7
辽　宁	Liaoning	1777.02	1928.24	4	1264.42	1414.50	4
吉　林	Jilin	73.39	74.78	28	44.14	45.82	28
黑龙江	Heilongjiang	661.56	594.74	16	436.00	358.45	16
上　海	Shanghai	420.75	634.87	14	169.81	238.40	19
江　苏	Jiangsu	941.51	990.34	8	549.53	570.53	8
浙　江	Zhejiang	665.36	824.47	11	340.77	441.37	12
安　徽	Anhui	175.74	198.43	26	114.39	124.14	25
福　建	Fujian	771.19	865.29	10	518.64	536.00	10
江　西	Jiangxi	391.18	407.49	19	276.04	284.20	17
山　东	Shandong	4235.83	4632.10	1	2897.44	3059.01	1
河　南	Henan	556.03	602.40	15	370.48	362.30	15
湖　北	Hubei	228.11	290.99	21	120.71	170.74	20
湖　南	Hunan	272.87	289.99	22	150.54	157.38	23
广　东	Guangdong	1185.06	1291.40	5	870.99	917.04	5
广　西	Guangxi	373.51	402.34	20	142.09	158.34	21
海　南	Hainan	200.09	200.67	25	119.00	91.99	26
重　庆	Chongqing	28.23	31.47	30	15.01	17.76	30
四　川	Sichuan	583.82	537.42	18	348.89	253.57	18
贵　州	Guizhou	128.88	90.46	27	100.68	81.50	27
云　南	Yunnan	280.03	217.28	24	218.72	157.65	22
西　藏	Tibet						
陕　西	Shaanxi	3005.47	3446.17	2	1743.97	2101.22	2
甘　肃	Gansu	567.50	558.22	17	351.79	374.68	14
青　海	Qinghai	17.90	40.41	29	11.10	32.31	29
宁　夏	Ningxia	750.16	798.55	12	519.15	559.78	9
新　疆	Xinjiang	1025.34	998.00	7	475.34	456.70	11

11-145 化学原料和化学制品制造业工业销售产值和主营业务收入

Sales Value and Revenue from Principal Business of Manufacture of Raw Chemical Materials and Chemical Products

单位：亿元 (100 million yuan)

地区	Region	工业销售产值(当年价格) Sales Value (current prices) 2010	2015	2016	2016排名 Ranking	主营业务收入 Revenue from Principal Business 2010	2015	2016	2016排名 Ranking
全 国	**National Total**	**46854.79**	**83256.38**	**86789.56**		**47452.35**	**83564.54**	**87293.98**	
北 京	Beijing	353.27	308.21	294.36	28	377.96	353.69	328.21	27
天 津	Tianjin	896.15	1333.29	1412.52	15	909.64	1325.79	1419.26	16
河 北	Hebei	1462.91	2685.58	2619.73	9	1441.50	2585.18	2548.15	10
山 西	Shanxi	490.51	513.76	432.22	26	530.39	350.73	504.49	25
内蒙古	Inner Mongolia	740.48	1369.99	1374.72	16	752.67	1377.92	1460.88	15
辽 宁	Liaoning	2047.53	2028.99	1346.85	17	2046.49	2034.77	1372.87	17
吉 林	Jilin	1058.99	1522.42	1571.41	14	1097.60	1455.74	1526.78	14
黑龙江	Heilongjiang	310.02	517.85	533.80	24	339.86	526.03	529.57	24
上 海	Shanghai	2290.54	2500.57	2457.02	11	2386.91	2652.47	2680.77	8
江 苏	Jiangsu	9009.41	16573.10	17707.77	2	9087.43	16591.41	17957.37	2
浙 江	Zhejiang	3431.85	5134.07	5206.54	4	3550.41	5265.47	5450.05	4
安 徽	Anhui	1115.32	2204.64	2371.29	12	1030.77	2092.45	2255.00	12
福 建	Fujian	766.54	1537.24	1655.39	13	780.74	1521.20	1619.60	13
江 西	Jiangxi	1221.48	2292.34	2517.02	10	1235.08	2344.49	2545.94	11
山 东	Shandong	8137.34	16792.06	17717.46	1	8213.79	17045.50	18036.73	1
河 南	Henan	1744.77	3961.32	4261.18	5	1832.32	4069.44	4355.69	5
湖 北	Hubei	1546.84	4091.64	4246.99	6	1532.32	4033.29	4085.00	6
湖 南	Hunan	1529.96	2927.25	3029.60	7	1515.02	2851.72	2949.43	7
广 东	Guangdong	3961.39	6085.91	6198.59	3	3972.36	5862.76	6059.96	3
广 西	Guangxi	520.82	1128.82	1205.66	19	528.96	1089.05	1135.98	19
海 南	Hainan	81.80	181.60	183.41	30	85.31	194.99	188.15	30
重 庆	Chongqing	520.90	880.59	928.43	20	517.48	885.13	909.34	21
四 川	Sichuan	1558.17	2510.61	2853.65	8	1570.72	2400.43	2664.29	9
贵 州	Guizhou	328.91	741.73	825.64	21	390.14	967.30	1039.81	20
云 南	Yunnan	536.20	818.39	784.03	22	539.47	822.77	755.32	22
西 藏	Tibet	0.75	3.07	1.70	31	1.08	2.57	3.66	31
陕 西	Shaanxi	330.15	1033.00	1259.64	18	341.42	991.22	1200.70	18
甘 肃	Gansu	247.19	267.89	276.85	29	249.70	261.99	225.60	29
青 海	Qinghai	144.61	287.33	359.93	27	134.39	293.02	307.70	28
宁 夏	Ningxia	162.35	356.01	444.00	25	156.65	360.32	443.46	26
新 疆	Xinjiang	307.66	667.12	712.17	23	303.74	655.69	734.24	23

11-146 化学原料和化学制品制造业主营业务成本和利润总额

Cost of Principal Business and Total Profit of Manufacture of Raw Chemical Materials and Chemical Products

单位：亿元 (100 million yuan)

地区	Region	主营业务成本 Cost of Principal Business				利润总额 Total Profit			
		2010	2015	2016	2016排名 Ranking	2010	2015	2016	2016排名 Ranking
全　国	**National Total**	**39710.50**	**71617.13**	**74454.83**		**3638.41**	**4669.98**	**5180.30**	
北　京	Beijing	298.87	278.06	248.96	27	23.34	12.41	10.14	25
天　津	Tianjin	797.19	1105.44	1170.36	17	62.07	97.18	121.34	13
河　北	Hebei	1201.23	2219.19	2177.42	10	125.53	168.90	183.44	8
山　西	Shanxi	471.20	596.67	466.73	25	10.45	-19.49	-34.00	30
内蒙古	Inner Mongolia	603.34	1140.49	1219.08	16	65.65	39.01	31.48	20
辽　宁	Liaoning	1770.92	1858.47	1234.15	14	94.49	29.12	14.81	24
吉　林	Jilin	926.92	1220.45	1232.96	15	26.91	0.34	50.57	17
黑龙江	Heilongjiang	289.69	465.16	470.52	24	27.08	21.95	19.71	22
上　海	Shanghai	1953.38	2078.38	2060.59	11	180.10	178.05	223.90	6
江　苏	Jiangsu	7713.79	14275.34	15377.07	2	673.48	1101.25	1303.15	1
浙　江	Zhejiang	2961.07	4508.72	4632.68	4	326.43	282.87	358.23	4
安　徽	Anhui	864.41	1763.12	1908.40	12	104.36	129.23	147.36	11
福　建	Fujian	658.92	1346.47	1405.98	13	70.27	38.97	67.75	16
江　西	Jiangxi	1013.77	2025.38	2191.46	9	111.76	180.21	215.68	7
山　东	Shandong	7098.67	15103.38	15923.99	1	588.69	1035.91	1116.41	2
河　南	Henan	1566.34	3581.87	3841.72	5	144.46	254.15	283.29	5
湖　北	Hubei	1305.71	3524.66	3595.93	6	121.91	196.40	175.40	9
湖　南	Hunan	1196.97	2328.81	2400.53	7	104.48	156.66	143.22	12
广　东	Guangdong	3012.19	4574.99	4752.65	3	409.19	478.76	490.46	3
广　西	Guangxi	450.14	927.12	961.96	19	45.01	65.02	73.63	14
海　南	Hainan	62.12	172.14	172.21	30	20.11	11.86	6.53	26
重　庆	Chongqing	435.54	767.21	790.69	21	32.58	16.40	23.31	21
四　川	Sichuan	1318.31	2075.15	2277.01	8	112.87	93.07	169.54	10
贵　州	Guizhou	336.68	847.93	914.30	20	18.59	35.55	44.04	18
云　南	Yunnan	444.64	707.05	657.19	22	37.29	-9.84	-180.41	31
西　藏	Tibet	0.63	1.49	2.27	31	0.25	0.61	0.59	27
陕　西	Shaanxi	294.30	813.50	982.51	18	7.18	58.71	68.71	15
甘　肃	Gansu	225.51	245.69	202.03	29	6.39	-8.72	-4.12	29
青　海	Qinghai	67.66	194.93	206.12	28	39.97	12.01	17.42	23
宁　夏	Ningxia	141.13	329.08	402.05	26	4.39	0.33	-2.49	28
新　疆	Xinjiang	229.23	540.80	575.27	23	43.12	13.10	41.21	19

11-147 化学原料和化学制品制造业销售费用和管理费用

Sales Expenses and Administrative Expenses of Manufacture of Raw Chemical Materials and Chemical Products

单位：亿元 (100 million yuan)

地区	Region	销售费用 Sales Expenses			管理费用 Administrative Expenses			
		2015	2016	2016排名 Ranking	2010	2015	2016	2016排名 Ranking
全　国	**National Total**	**2506.92**	**2596.26**		**1923.48**	**3067.57**	**3240.35**	
北　京	Beijing	30.57	28.93	22	25.95	28.90	36.09	23
天　津	Tianjin	29.72	32.06	20	44.51	61.87	67.14	14
河　北	Hebei	65.74	64.78	11	58.17	93.39	83.29	11
山　西	Shanxi	17.25	17.97	26	27.07	35.11	31.63	24
内蒙古	Inner Mongolia	50.80	45.84	12	27.43	65.37	76.35	13
辽　宁	Liaoning	41.21	38.21	16	88.30	68.70	54.15	18
吉　林	Jilin	31.77	32.98	19	57.18	78.78	79.84	12
黑龙江	Heilongjiang	9.87	8.77	27	12.80	18.62	17.14	28
上　海	Shanghai	209.23	215.04	4	117.52	164.58	176.82	5
江　苏	Jiangsu	343.10	375.77	2	301.22	560.65	603.40	1
浙　江	Zhejiang	168.93	171.39	5	141.67	242.62	255.98	4
安　徽	Anhui	75.43	77.63	10	49.82	98.52	98.64	10
福　建	Fujian	42.39	45.21	13	25.07	61.43	63.65	15
江　西	Jiangxi	37.08	39.09	15	30.53	55.45	55.04	17
山　东	Shandong	268.37	295.03	3	254.79	362.71	397.46	2
河　南	Henan	71.83	77.70	9	49.22	93.39	100.29	9
湖　北	Hubei	110.29	115.34	7	60.33	134.44	151.26	6
湖　南	Hunan	104.06	116.31	6	90.34	134.78	149.70	7
广　东	Guangdong	477.44	476.97	1	176.50	291.39	304.94	3
广　西	Guangxi	28.05	28.11	23	36.70	45.54	45.90	19
海　南	Hainan	4.74	4.38	30	2.58	4.13	4.49	30
重　庆	Chongqing	29.84	31.21	21	41.55	49.27	44.74	21
四　川	Sichuan	75.65	80.85	8	88.11	110.01	119.24	8
贵　州	Guizhou	19.12	22.94	25	17.98	32.89	28.14	25
云　南	Yunnan	51.40	39.80	14	31.23	40.32	44.92	20
西　藏	Tibet	0.15	0.17	31	0.15	0.26	0.53	31
陕　西	Shaanxi	33.41	34.23	18	21.82	51.27	56.01	16
甘　肃	Gansu	7.20	8.72	28	13.94	15.66	15.40	29
青　海	Qinghai	34.80	27.08	24	11.35	15.97	19.29	26
宁　夏	Ningxia	7.20	8.05	29	5.19	17.36	18.42	27
新　疆	Xinjiang	30.29	35.71	17	14.47	34.21	40.48	22

11-148 化学原料和化学制品制造业财务费用和营业利润

Financial Expenses and Operating Profit of Manufacture of Raw Chemical Materials and Chemical Products

单位：亿元 (100 million yuan)

地区	Region	财务费用 Financial Expenses				营业利润 Operating Profit			
		2010	2015	2016	2016排名 Ranking	2010	2015	2016	2016排名 Ranking
全　国	**National Total**	**516.97**	**1266.03**	**1175.96**		**3792.42**	**4529.21**	**5049.83**	
北　京	Beijing	3.20	5.47	4.88	28	22.12	10.90	9.42	23
天　津	Tianjin	9.77	24.02	21.37	21	63.24	99.44	122.30	13
河　北	Hebei	16.46	35.79	25.86	15	121.67	171.29	189.46	8
山　西	Shanxi	13.94	29.51	22.80	20	9.80	-21.99	-37.68	30
内蒙古	Inner Mongolia	15.24	71.18	66.84	4	93.92	49.92	37.87	19
辽　宁	Liaoning	24.30	42.54	46.17	7	82.73	-4.15	-7.76	29
吉　林	Jilin	5.70	14.05	13.85	25	26.45	0.62	52.22	17
黑龙江	Heilongjiang	3.67	6.36	6.18	27	29.92	22.96	20.26	21
上　海	Shanghai	15.77	25.60	20.45	22	176.64	166.25	214.19	7
江　苏	Jiangsu	76.05	189.26	169.36	2	753.98	1088.47	1280.75	1
浙　江	Zhejiang	43.35	98.92	79.68	3	314.09	268.64	336.33	4
安　徽	Anhui	12.17	28.26	24.54	18	103.88	119.22	136.52	12
福　建	Fujian	9.35	28.73	28.30	14	70.93	36.13	66.14	16
江　西	Jiangxi	6.98	16.53	17.66	23	112.87	181.76	216.80	6
山　东	Shandong	91.38	206.88	197.95	1	606.39	1010.90	1099.96	2
河　南	Henan	21.62	54.29	52.90	5	146.62	251.31	281.30	5
湖　北	Hubei	20.42	58.60	50.70	6	164.98	190.79	165.08	10
湖　南	Hunan	14.11	32.01	32.41	12	123.19	170.53	157.46	11
广　东	Guangdong	16.74	39.63	40.68	9	406.86	474.27	479.37	3
广　西	Guangxi	7.83	10.61	9.11	26	48.02	62.91	71.87	14
海　南	Hainan	0.51	4.93	3.79	30	20.15	11.57	6.26	25
重　庆	Chongqing	10.50	22.55	22.83	19	36.38	13.36	20.14	22
四　川	Sichuan	22.83	44.73	36.07	11	115.50	89.57	169.84	9
贵　州	Guizhou	9.07	28.67	28.83	13	18.47	23.59	42.70	18
云　南	Yunnan	14.45	31.43	24.75	17	40.07	-11.91	-180.75	31
西　藏	Tibet	0.01	0.03	0.06	31	0.26	0.60	0.58	26
陕　西	Shaanxi	7.79	34.70	43.22	8	6.50	57.12	70.09	15
甘　肃	Gansu	2.69	4.99	4.01	29	-0.44	-10.35	-6.25	28
青　海	Qinghai	7.79	23.40	25.42	16	33.53	1.98	7.85	24
宁　夏	Ningxia	3.28	9.67	17.44	24	3.32	-0.91	-4.22	27
新　疆	Xinjiang	10.02	42.68	37.87	10	40.42	4.43	31.74	20

11-149 化学原料和化学制品制造业资产总计和负债合计

Total Assets and Liabilities of Manufacture of Raw Chemical Materials and Chemical Products

单位：亿元 (100 million yuan)

地区	Region	资产总计 Total Assets			负债合计 Total Liabilities		
		2015	2016	2016排名 Ranking	2015	2016	2016排名 Ranking
全　国	**National Total**	**72573.12**	**76073.78**		**41378.31**	**42165.23**	
北　京	Beijing	455.95	442.86	27	244.67	242.57	28
天　津	Tianjin	1445.93	1454.25	18	856.02	839.40	20
河　北	Hebei	2170.25	2072.68	12	1205.44	1047.82	14
山　西	Shanxi	1265.49	1161.90	21	987.01	963.02	18
内蒙古	Inner Mongolia	2960.35	3271.97	6	2111.37	2185.45	5
辽　宁	Liaoning	2316.87	1991.17	13	1576.37	1314.74	11
吉　林	Jilin	882.40	975.94	24	433.16	495.27	25
黑龙江	Heilongjiang	487.06	437.50	28	304.51	270.31	27
上　海	Shanghai	2661.52	2782.59	8	1210.68	1221.63	12
江　苏	Jiangsu	10802.19	11579.04	2	5476.66	5586.44	2
浙　江	Zhejiang	5393.68	5737.99	3	2939.97	2925.56	3
安　徽	Anhui	1738.57	1907.35	14	974.92	1069.74	13
福　建	Fujian	1472.93	1553.21	16	888.07	921.67	19
江　西	Jiangxi	1564.44	1699.66	15	796.46	830.97	21
山　东	Shandong	10984.16	11837.31	1	6082.06	6514.23	1
河　南	Henan	3559.23	3638.89	5	1822.38	1777.68	6
湖　北	Hubei	2978.76	3037.93	7	1763.67	1746.08	7
湖　南	Hunan	1354.29	1336.79	19	557.83	530.91	24
广　东	Guangdong	4274.18	4786.42	4	2078.06	2317.30	4
广　西	Guangxi	724.37	766.35	26	418.98	415.52	26
海　南	Hainan	310.42	307.30	30	114.87	113.56	30
重　庆	Chongqing	1086.98	1056.53	23	740.04	723.65	22
四　川	Sichuan	2333.81	2512.12	9	1334.15	1320.00	10
贵　州	Guizhou	1339.44	1332.64	20	1013.69	979.89	16
云　南	Yunnan	1257.43	1104.81	22	925.48	965.33	17
西　藏	Tibet	7.34	11.94	31	1.96	3.11	31
陕　西	Shaanxi	2141.40	2381.59	10	1389.60	1525.59	8
甘　肃	Gansu	359.95	347.28	29	227.60	222.86	29
青　海	Qinghai	1455.35	1483.92	17	1032.18	1044.63	15
宁　夏	Ningxia	795.58	845.01	25	513.92	569.13	23
新　疆	Xinjiang	1992.82	2218.86	11	1356.56	1481.16	9

11-150 医药制造业工业销售产值和主营业务收入

Sales Value and Revenue from Principal Business of Medicine Manufacturing Industry

单位：亿元 (100 million yuan)

地区	Region	工业销售产值（当年价格）Sales Value（current prices）				主营业务收入 Revenue from Principal Business			
		2010	2015	2016	2016排名 Ranking	2010	2015	2016	2016排名 Ranking
全 国	**National Total**	**11168.50**	**25738.22**	**28417.72**		**11417.30**	**25729.53**	**28206.11**	
北 京	Beijing	350.52	689.40	785.08	13	369.16	715.68	809.03	13
天 津	Tianjin	282.78	486.20	519.40	17	314.66	571.25	567.41	17
河 北	Hebei	441.12	773.68	815.43	12	524.97	905.32	945.78	11
山 西	Shanxi	91.27	171.60	180.70	25	91.75	173.81	179.02	25
内蒙古	Inner Mongolia	156.86	316.53	313.62	22	165.62	262.45	276.33	24
辽 宁	Liaoning	369.58	604.01	376.68	20	428.15	617.97	396.97	19
吉 林	Jilin	564.92	1769.95	1996.11	4	516.49	1639.18	1850.92	4
黑龙江	Heilongjiang	211.29	301.12	315.22	21	281.97	389.68	385.20	20
上 海	Shanghai	385.89	623.80	672.43	14	409.89	659.35	716.44	14
江 苏	Jiangsu	1376.63	3449.67	3838.94	2	1394.29	3479.50	3870.28	2
浙 江	Zhejiang	731.02	1163.08	1297.53	7	732.24	1158.12	1248.64	8
安 徽	Anhui	235.06	713.25	835.99	11	259.92	715.57	823.81	12
福 建	Fujian	138.15	276.19	298.11	24	138.10	263.23	289.44	23
江 西	Jiangxi	458.92	1126.07	1231.63	8	466.26	1148.29	1254.61	7
山 东	Shandong	1582.76	4179.30	4673.67	1	1564.42	4161.66	4546.81	1
河 南	Henan	722.60	2008.37	2292.39	3	707.04	1976.15	2265.50	3
湖 北	Hubei	392.44	1068.16	1202.71	9	405.49	1067.38	1196.91	9
湖 南	Hunan	369.41	938.99	1103.73	10	363.31	924.54	1077.47	10
广 东	Guangdong	729.32	1412.55	1548.21	5	741.46	1407.88	1553.00	5
广 西	Guangxi	157.51	395.17	449.01	18	153.08	354.81	408.75	18
海 南	Hainan	60.81	138.64	148.53	26	58.67	137.63	147.25	26
重 庆	Chongqing	170.42	522.84	609.46	15	170.32	518.64	602.73	15
四 川	Sichuan	596.77	1193.56	1315.73	6	593.07	1164.59	1300.08	6
贵 州	Guizhou	146.49	351.35	391.29	19	136.93	334.58	381.89	21
云 南	Yunnan	127.83	262.66	300.36	23	130.93	255.31	291.57	22
西 藏	Tibet	6.20	11.74	12.06	31	5.13	9.91	9.71	31
陕 西	Shaanxi	214.01	538.33	607.19	16	195.77	507.53	576.98	16
甘 肃	Gansu	47.19	120.05	129.94	27	47.86	109.14	105.33	27
青 海	Qinghai	19.03	63.53	63.58	28	19.10	35.43	37.16	30
宁 夏	Ningxia	21.62	38.77	54.84	29	21.77	36.62	50.29	28
新 疆	Xinjiang	10.07	29.66	38.16	30	9.49	38.32	40.80	29

11-151 医药制造业主营业务成本和利润总额
Cost of Principal Business and Total Profit of Medicine Manufacturing Industry

单位：亿元 (100 million yuan)

地区	Region	主营业务成本 Cost of Principal Business				利润总额 Total Profit			
		2010	2015	2016	2016排名 Ranking	2010	2015	2016	2016排名 Ranking
全　国	**National Total**	**7902.42**	**18207.88**	**19773.72**		**1331.09**	**2717.35**	**3114.99**	
北　京	Beijing	176.97	330.57	379.49	16	58.49	131.88	153.48	7
天　津	Tianjin	201.50	353.43	343.99	17	40.48	63.16	72.37	14
河　北	Hebei	390.08	699.80	717.35	11	55.32	75.71	85.02	12
山　西	Shanxi	59.36	109.08	112.22	25	9.65	17.44	16.69	26
内蒙古	Inner Mongolia	123.81	194.12	217.87	21	25.94	30.69	23.77	24
辽　宁	Liaoning	314.81	417.38	210.87	22	36.73	72.90	64.62	17
吉　林	Jilin	361.13	1095.45	1262.56	4	49.26	170.55	174.76	6
黑龙江	Heilongjiang	183.02	250.37	247.47	19	41.50	55.40	60.28	18
上　海	Shanghai	247.66	366.26	389.64	14	57.08	108.39	118.73	9
江　苏	Jiangsu	881.70	2261.51	2502.18	2	146.97	362.89	419.34	2
浙　江	Zhejiang	486.82	725.74	752.78	10	92.50	135.52	190.44	5
安　徽	Anhui	212.93	581.66	670.52	12	20.86	60.79	66.63	16
福　建	Fujian	96.96	177.49	190.89	23	17.99	34.27	38.53	22
江　西	Jiangxi	348.15	892.48	971.90	6	33.54	91.41	105.35	10
山　东	Shandong	1167.88	3194.11	3396.54	1	184.24	426.52	486.17	1
河　南	Henan	560.67	1653.61	1896.60	3	87.74	176.53	204.83	4
湖　北	Hubei	309.39	801.90	894.94	8	42.32	89.71	100.61	11
湖　南	Hunan	267.93	718.03	834.85	9	37.77	63.15	74.95	13
广　东	Guangdong	490.42	957.70	1036.91	5	102.28	175.97	223.20	3
广　西	Guangxi	97.27	250.06	297.69	18	23.97	39.19	46.20	21
海　南	Hainan	32.49	81.45	81.36	26	13.08	21.13	22.73	25
重　庆	Chongqing	117.52	394.60	448.72	13	13.18	47.69	58.15	19
四　川	Sichuan	437.88	861.05	952.40	7	64.46	108.59	128.54	8
贵　州	Guizhou	77.03	194.56	226.96	20	20.48	38.43	51.14	20
云　南	Yunnan	69.84	158.48	177.78	24	17.65	29.70	35.85	23
西　藏	Tibet	1.83	3.24	3.01	31	2.14	3.69	3.47	28
陕　西	Shaanxi	122.77	336.05	388.52	15	20.19	60.01	67.24	15
甘　肃	Gansu	28.68	73.13	73.03	27	8.56	19.51	15.45	27
青　海	Qinghai	15.91	22.29	27.39	30	0.95	6.12	2.79	29
宁　夏	Ningxia	13.93	31.59	37.82	28	4.78	-0.03	1.32	31
新　疆	Xinjiang	6.06	20.70	29.45	29	1.00	0.44	2.36	30

11-152 医药制造业销售费用和管理费用

Sales Expenses and Administration Expenses of Medicine Manufacturing Industry

单位：亿元 (100 million yuan)

地区	Region	销售费用 Sales Expenses 2015	2016	2016排名 Ranking	管理费用 Administrative Expenses 2010	2015	2016	2016排名 Ranking
全　国	**National Total**	**2959.88**	**3323.95**		**810.39**	**1594.53**	**1775.31**	
北　京	Beijing	191.48	206.51	4	37.63	71.43	80.64	7
天　津	Tianjin	104.57	112.89	10	25.65	48.56	47.71	12
河　北	Hebei	81.42	89.14	12	36.27	41.29	44.08	14
山　西	Shanxi	25.21	27.17	24	9.36	17.36	18.55	24
内蒙古	Inner Mongolia	13.48	15.77	26	8.26	14.63	13.44	26
辽　宁	Liaoning	73.15	76.43	16	29.35	42.08	36.04	18
吉　林	Jilin	265.74	276.81	3	41.40	105.21	120.86	4
黑龙江	Heilongjiang	40.33	33.75	22	24.41	39.94	41.39	15
上　海	Shanghai	135.14	148.51	7	38.58	68.71	77.48	9
江　苏	Jiangsu	574.73	650.07	1	107.65	258.36	272.80	1
浙　江	Zhejiang	174.60	202.90	5	67.72	122.56	131.31	3
安　徽	Anhui	34.27	41.06	20	13.34	32.47	39.71	16
福　建	Fujian	28.30	34.30	21	11.26	21.22	23.84	21
江　西	Jiangxi	112.16	119.21	8	21.49	42.50	47.05	13
山　东	Shandong	319.25	396.54	2	75.47	163.79	193.62	2
河　南	Henan	64.67	73.21	17	22.65	54.09	67.17	10
湖　北	Hubei	89.62	104.95	11	31.48	70.54	87.45	6
湖　南	Hunan	70.61	82.52	13	25.17	51.87	65.64	11
广　东	Guangdong	155.62	184.08	6	52.57	95.32	104.91	5
广　西	Guangxi	31.51	31.33	23	16.09	24.50	27.48	20
海　南	Hainan	23.34	26.72	25	5.54	12.73	15.02	25
重　庆	Chongqing	41.12	52.21	18	17.77	32.85	38.11	17
四　川	Sichuan	98.86	114.83	9	49.20	74.17	79.83	8
贵　州	Guizhou	76.44	76.45	15	8.41	20.16	21.79	23
云　南	Yunnan	45.23	51.66	19	9.97	20.26	23.51	22
西　藏	Tibet	1.56	1.75	30	0.89	1.53	1.40	31
陕　西	Shaanxi	73.09	79.37	14	11.82	28.96	32.88	19
甘　肃	Gansu	5.94	6.17	27	5.26	7.02	7.88	27
青　海	Qinghai	3.96	2.09	29	2.49	3.06	4.72	29
宁　夏	Ningxia	0.85	1.19	31	1.97	3.91	4.80	28
新　疆	Xinjiang	3.63	4.36	28	1.26	3.46	4.19	30

11-153 医药制造业财务费用和营业利润
Financial Expenses and Operating Profit of Medicine Manufacturing Industry

单位：亿元 (100 million yuan)

地区	Region	财务费用 Financial Expenses 2010	2015	2016	2016排名 Ranking	营业利润 Operating Profit 2010	2015	2016	2016排名 Ranking
全 国	**National Total**	**115.12**	**244.47**	**238.51**		**1349.98**	**2653.09**	**3021.61**	
北 京	Beijing	4.67	13.39	12.96	7	57.97	128.64	148.98	7
天 津	Tianjin	3.25	6.79	5.84	15	39.27	63.32	65.10	15
河 北	Hebei	8.20	9.25	7.95	11	55.31	75.49	83.76	12
山 西	Shanxi	2.64	4.92	3.96	20	10.47	16.62	15.32	26
内蒙古	Inner Mongolia	0.83	3.34	3.63	21	31.05	30.60	23.60	24
辽 宁	Liaoning	3.87	6.54	5.65	16	37.76	70.92	62.16	16
吉 林	Jilin	3.84	13.14	12.15	8	52.47	182.58	182.25	5
黑龙江	Heilongjiang	0.99	2.49	1.93	26	40.87	52.18	56.60	18
上 海	Shanghai	1.74	4.15	4.60	18	54.08	104.66	105.55	9
江 苏	Jiangsu	7.26	14.99	13.42	5	145.25	354.01	415.14	2
浙 江	Zhejiang	11.90	13.19	11.45	9	88.79	125.99	177.51	6
安 徽	Anhui	2.34	5.25	6.12	14	20.40	57.95	62.06	17
福 建	Fujian	2.06	2.34	1.97	25	17.41	33.06	37.37	22
江 西	Jiangxi	3.39	7.07	6.40	12	36.00	85.68	103.41	10
山 东	Shandong	16.19	43.24	39.30	1	184.53	421.54	476.90	1
河 南	Henan	9.13	21.14	23.10	2	87.88	174.86	199.03	4
湖 北	Hubei	4.43	12.66	13.14	6	50.88	80.53	97.83	11
湖 南	Hunan	3.08	6.93	9.31	10	38.88	63.82	73.75	13
广 东	Guangdong	4.05	11.15	13.62	4	108.18	169.03	213.71	3
广 西	Guangxi	2.28	2.58	2.06	24	25.71	38.33	45.36	21
海 南	Hainan	0.12	1.03	1.59	27	12.37	20.27	21.19	25
重 庆	Chongqing	3.20	6.45	6.25	13	13.43	44.38	53.79	19
四 川	Sichuan	7.27	15.54	15.34	3	65.24	106.65	127.49	8
贵 州	Guizhou	2.08	3.75	3.29	22	19.84	36.58	49.09	20
云 南	Yunnan	0.85	3.55	4.01	19	19.15	28.00	34.04	23
西 藏	Tibet	-0.05	0.05	0.04	31	1.69	3.62	3.46	28
陕 西	Shaanxi	3.72	5.08	5.54	17	19.28	60.02	66.48	14
甘 肃	Gansu	0.45	1.51	1.02	28	8.13	18.80	14.82	27
青 海	Qinghai	0.18	0.17	0.06	30	2.03	5.69	2.73	29
宁 夏	Ningxia	0.96	2.08	2.11	23	4.89	-0.67	1.11	31
新 疆	Xinjiang	0.19	0.69	0.65	29	0.78	-0.06	2.01	30

11-154 医药制造业资产总计和负债合计

Total Assets and Liabilities of Medicine Manufacturing Industry

单位：亿元 (100 million yuan)

地区	Region	资产总计 Total Assets 2015	2016	2016排名 Ranking	负债合计 Total Liabilities 2015	2016	2016排名 Ranking
全　国	**National Total**	**25071.09**	**28789.11**		**10399.81**	**11604.91**	
北　京	Beijing	1151.50	1290.11	7	476.86	536.02	7
天　津	Tianjin	845.13	940.70	12	323.53	370.51	12
河　北	Hebei	1019.47	1052.37	11	503.18	509.89	9
山　西	Shanxi	335.51	372.34	22	196.64	188.43	22
内蒙古	Inner Mongolia	321.61	363.22	23	179.42	208.04	20
辽　宁	Liaoning	784.69	587.03	16	302.32	303.62	15
吉　林	Jilin	1286.07	1531.32	6	473.46	500.28	10
黑龙江	Heilongjiang	542.32	582.95	17	230.03	229.53	18
上　海	Shanghai	1036.23	1216.88	9	387.43	426.23	11
江　苏	Jiangsu	2458.47	2826.06	2	979.16	1024.38	3
浙　江	Zhejiang	1781.80	1975.32	4	749.06	803.15	4
安　徽	Anhui	557.43	719.97	14	266.29	358.51	13
福　建	Fujian	285.54	304.32	25	94.92	95.42	26
江　西	Jiangxi	630.58	909.41	13	254.82	304.65	14
山　东	Shandong	3243.32	3728.96	1	1259.36	1425.39	1
河　南	Henan	1379.09	1542.53	5	495.06	512.97	8
湖　北	Hubei	979.15	1235.78	8	459.72	546.54	5
湖　南	Hunan	497.80	564.78	19	180.57	207.65	21
广　东	Guangdong	1975.89	2561.02	3	795.49	1049.48	2
广　西	Guangxi	291.27	307.66	24	138.86	132.17	24
海　南	Hainan	209.31	240.46	27	68.58	89.95	27
重　庆	Chongqing	506.72	609.74	15	244.25	273.61	17
四　川	Sichuan	1097.99	1155.44	10	512.06	545.61	6
贵　州	Guizhou	372.27	441.09	21	145.89	152.17	23
云　南	Yunnan	466.67	575.69	18	223.24	286.05	16
西　藏	Tibet	33.89	33.21	31	10.24	9.05	31
陕　西	Shaanxi	429.81	507.31	20	189.52	218.85	19
甘　肃	Gansu	233.47	258.73	26	87.01	96.39	25
青　海	Qinghai	78.75	86.59	30	24.14	27.66	30
宁　夏	Ningxia	113.23	123.60	29	79.80	87.48	28
新　疆	Xinjiang	126.12	144.54	28	68.88	85.24	29

11-155　化学纤维制造业工业销售产值和主营业务收入

Sales Value and Revenue from Principal Business of Manufacture of Chemical Fibers

单位：亿元　　(100 million yuan)

地区	Region	工业销售产值（当年价格） Sales Value（current prices）				主营业务收入 Revenue from Principal Business			
		2010	2015	2016	2016排名 Ranking	2010	2015	2016	2016排名 Ranking
全　国	**National Total**	**4868.20**	**7320.83**	**7879.83**		**5020.29**	**7206.21**	**7782.48**	
北　京	Beijing	2.56	0.51	3.71	21	2.64	0.52	3.45	21
天　津	Tianjin	6.47	19.13	4.84	20	6.88	18.79	4.13	20
河　北	Hebei	55.38	91.47	265.83	5	55.64	92.31	247.80	6
山　西	Shanxi	1.01				1.01			
内蒙古	Inner Mongolia		0.52	0.07	26		0.51	0.71	25
辽　宁	Liaoning	39.12	40.62	30.48	16	49.62	40.85	30.11	16
吉　林	Jilin	78.62	57.58	72.41	13	67.85	51.68	58.08	13
黑龙江	Heilongjiang	0.54	1.98	2.14	22	0.53	2.00	2.18	22
上　海	Shanghai	40.79	31.03	36.08	14	40.83	32.04	37.59	14
江　苏	Jiangsu	1668.15	2597.88	2786.86	1	1695.08	2561.72	2778.87	1
浙　江	Zhejiang	1831.74	2443.02	2418.13	2	1863.90	2408.29	2376.88	2
安　徽	Anhui	52.99	91.38	94.81	10	53.95	99.45	96.49	10
福　建	Fujian	314.30	960.56	1050.96	3	312.14	895.27	1005.57	3
江　西	Jiangxi	34.21	86.15	87.83	11	38.56	86.62	88.05	11
山　东	Shandong	152.51	256.97	297.74	4	155.76	261.66	301.92	4
河　南	Henan	118.52	93.30	109.97	8	164.20	93.07	109.05	8
湖　北	Hubei	32.13	74.84	73.58	12	32.67	73.62	74.41	12
湖　南	Hunan	29.13	30.58	32.79	15	29.37	27.07	31.71	15
广　东	Guangdong	180.22	124.85	129.78	7	187.08	122.87	129.98	7
广　西	Guangxi	0.12	0.86	0.99	24	0.12	0.85	1.01	24
海　南	Hainan	5.23				5.26			
重　庆	Chongqing	6.87	10.64	17.46	17	5.86	10.83	17.45	17
四　川	Sichuan	96.65	200.08	226.10	6	107.99	222.60	253.19	5
贵　州	Guizhou		0.19	1.56	23		0.28	1.51	23
云　南	Yunnan	12.22	15.23	14.20	19	12.22	15.23	14.20	19
西　藏	Tibet								
陕　西	Shaanxi	10.99	15.90	15.28	18	11.10	15.88	15.18	18
甘　肃	Gansu	7.01	1.68	0.41	25	15.06	1.21	0.35	26
青　海	Qinghai								
宁　夏	Ningxia								
新　疆	Xinjiang	90.74	73.91	105.17	9	104.93	70.96	102.62	9

11-156 化学纤维制造业主营业务成本和利润总额
Cost of Principal Business and Total Profit of Manufacture of Chemical Fibers

单位：亿元 (100 million yuan)

地区	Region	主营业务成本 Cost of Principal Business 2010	2015	2016	2016排名 Ranking	利润总额 Total Profit 2010	2015	2016	2016排名 Ranking
全　国	National Total	4456.75	6505.03	6956.84		359.31	306.79	388.75	
北　京	Beijing	2.06	0.45	2.41	21	0.03	-0.02	0.45	21
天　津	Tianjin	6.15	15.35	3.05	20	0.43	2.27	0.55	19
河　北	Hebei	49.11	83.11	198.75	6	3.18	4.02	14.01	4
山　西	Shanxi	0.93				0.01			
内蒙古	Inner Mongolia		0.44	0.63	25			0.01	26
辽　宁	Liaoning	45.24	35.51	26.15	16	1.80	2.36	1.33	18
吉　林	Jilin	59.04	44.37	51.56	13	0.47	1.78	1.59	17
黑龙江	Heilongjiang	0.44	1.65	1.88	22	0.02	0.07	0.07	22
上　海	Shanghai	34.10	25.73	28.74	15	3.11	0.77	4.17	12
江　苏	Jiangsu	1474.52	2319.84	2500.70	1	141.11	102.53	124.40	1
浙　江	Zhejiang	1692.42	2224.68	2185.64	2	126.80	96.21	118.65	2
安　徽	Anhui	46.06	83.06	79.98	10	3.68	5.24	5.89	10
福　建	Fujian	277.37	796.48	876.25	3	27.53	29.10	51.15	3
江　西	Jiangxi	32.79	78.46	78.20	11	2.90	4.59	5.54	11
山　东	Shandong	138.26	231.20	270.18	4	6.52	15.09	12.77	5
河　南	Henan	147.13	79.22	95.72	8	11.03	7.37	6.45	9
湖　北	Hubei	30.40	64.85	66.59	12	1.81	5.74	3.11	14
湖　南	Hunan	26.02	24.33	28.99	14	1.43	0.92	0.50	20
广　东	Guangdong	165.07	101.99	109.08	7	11.89	10.85	11.46	6
广　西	Guangxi	0.09	0.80	0.86	24		-0.02	0.07	22
海　南	Hainan	4.68				0.04			
重　庆	Chongqing	5.22	8.78	14.44	17	0.48	1.15	1.74	15
四　川	Sichuan	96.14	199.32	226.16	5	4.83	7.62	9.63	7
贵　州	Guizhou		0.29	1.41	23		-0.02	0.06	24
云　南	Yunnan	8.04	10.25	9.43	19	3.27	4.18	3.98	13
西　藏	Tibet								
陕　西	Shaanxi	9.48	12.70	12.43	18	1.30	2.14	1.67	16
甘　肃	Gansu	13.58	1.13	0.31	26	-0.34	0.03	0.02	25
青　海	Qinghai								
宁　夏	Ningxia								
新　疆	Xinjiang	92.40	61.04	87.28	9	5.99	2.80	9.48	8

11-157 化学纤维制造业销售费用和管理费用

Sales Expenses and Administration Expenses of Manufacture of Chemical Fibers

单位：亿元 (100 million yuan)

地区	Region	销售费用 Sales Expenses			管理费用 Administrative Expenses			
		2015	2016	2016排名 Ranking	2010	2015	2016	2016排名 Ranking
全　国	**National Total**	**82.08**	**101.61**		**113.64**	**207.28**	**241.22**	
北　京	Beijing	0.02	0.20	18	0.38	0.08	0.36	21
天　津	Tianjin	0.20	0.12	19	0.39	0.71	0.56	19
河　北	Hebei	1.58	9.32	3	2.37	2.37	15.58	4
山　西	Shanxi				0.03			
内蒙古	Inner Mongolia					0.06	0.06	23
辽　宁	Liaoning	0.65	0.62	15	1.88	1.34	1.62	15
吉　林	Jilin	1.70	1.96	12	3.64	2.69	2.79	12
黑龙江	Heilongjiang	0.08	0.05	21	0.05	0.16	0.12	22
上　海	Shanghai	2.24	2.87	8	2.15	4.57	2.95	11
江　苏	Jiangsu	31.94	36.86	1	32.17	71.45	81.49	1
浙　江	Zhejiang	13.84	15.18	2	28.05	47.33	47.99	2
安　徽	Anhui	2.08	2.68	9	2.43	5.73	6.29	8
福　建	Fujian	6.62	8.74	4	6.52	37.15	45.20	3
江　西	Jiangxi	0.98	0.89	14	1.53	1.70	1.85	14
山　东	Shandong	4.64	4.67	6	5.14	6.93	8.34	5
河　南	Henan	2.32	2.14	11	4.08	3.52	4.00	9
湖　北	Hubei	1.38	1.44	13	4.12	4.30	2.50	13
湖　南	Hunan	0.47	0.62	15	2.20	0.62	0.81	16
广　东	Guangdong	2.23	2.59	10	6.41	6.02	7.01	6
广　西	Guangxi	0.03	0.03	23	0.02	0.02	0.03	24
海　南	Hainan				0.04			
重　庆	Chongqing	0.19	0.51	17	0.18	0.51	0.68	18
四　川	Sichuan	5.56	6.18	5	3.63	5.22	6.49	7
贵　州	Guizhou	0.01	0.02	24		0.01	0.02	25
云　南	Yunnan	0.05	0.04	22	0.60	0.73	0.75	17
西　藏	Tibet							
陕　西	Shaanxi	0.09	0.12	19	0.31	0.54	0.50	20
甘　肃	Gansu	0.01			1.12	0.03	0.02	25
青　海	Qinghai							
宁　夏	Ningxia							
新　疆	Xinjiang	3.17	3.74	7	4.16	3.50	3.22	10

11-158 化学纤维制造业财务费用和营业利润

Financial Expenses and Operating Profit of Manufacture of Chemical Fibers

单位：亿元 (100 million yuan)

地区	Region	财务费用 Financial Expenses				营业利润 Operating Profit			
		2010	2015	2016	2016排名 Ranking	2010	2015	2016	2016排名 Ranking
全国	**National Total**	**71.07**	**132.71**	**124.95**		**363.85**	**287.82**	**374.83**	
北京	Beijing	0.08		0.01	21	0.01	-0.02	0.43	21
天津	Tianjin	0.05	0.09	0.12	19	0.42	2.29	0.55	19
河北	Hebei	0.40	0.65	6.41	5	3.65	4.10	13.36	4
山西	Shanxi	0.03				0.01			
内蒙古	Inner Mongolia							0.01	26
辽宁	Liaoning	0.60	1.07	0.91	14	1.73	2.25	1.13	18
吉林	Jilin	2.35	2.42	1.84	8	0.56	0.74	1.27	17
黑龙江	Heilongjiang		0.04	0.03	20	0.02	0.07	0.07	22
上海	Shanghai	0.36	0.28	0.27	17	2.44	0.54	3.93	13
江苏	Jiangsu	25.09	46.34	43.65	1	147.94	96.81	121.18	1
浙江	Zhejiang	23.41	39.47	31.36	2	125.57	89.54	115.41	2
安徽	Anhui	1.51	2.33	1.00	12	3.53	4.71	5.55	11
福建	Fujian	4.95	19.93	18.19	3	27.74	28.22	49.70	3
江西	Jiangxi	0.38	2.10	1.60	10	2.84	4.72	5.69	10
山东	Shandong	3.79	3.73	4.60	6	6.86	14.67	12.68	5
河南	Henan	1.58	1.68	1.26	11	10.95	7.21	6.46	9
湖北	Hubei	0.39	1.09	0.93	13	1.63	5.55	3.02	14
湖南	Hunan	0.31	0.21	0.34	16	1.73	0.93	0.46	20
广东	Guangdong	1.51	1.81	1.74	9	11.59	10.30	11.14	6
广西	Guangxi		0.01	0.01	21		-0.01	0.07	22
海南	Hainan					0.04			
重庆	Chongqing	0.03	0.04	0.14	18	0.52	1.10	1.64	16
四川	Sichuan	1.68	6.79	7.02	4	4.60	7.00	8.91	7
贵州	Guizhou						-0.03	0.02	24
云南	Yunnan	-0.07	-0.09	-0.06	23	3.26	4.18	3.98	12
西藏	Tibet								
陕西	Shaanxi	0.02	0.27	0.44	15	1.33	2.12	1.66	15
甘肃	Gansu	0.48	0.01			-0.40	0.03	0.02	24
青海	Qinghai								
宁夏	Ningxia								
新疆	Xinjiang	2.16	2.46	3.15	7	5.26	0.81	6.49	8

11-159 化学纤维制造业资产总计和负债合计

Total Assets and Liabilities of Manufacture of Chemical Fibers

单位：亿元 (100 million yuan)

地区	Region	资产总计 Total Assets 2015	2016	2016排名 Ranking	负债合计 Total Liabilities 2015	2016	2016排名 Ranking
全 国	**National Total**	**6695.12**	**7148.68**		**4018.15**	**4073.37**	
北 京	Beijing	0.65	3.85	21	0.31	1.95	20
天 津	Tianjin	6.05	5.72	20	3.88	3.68	19
河 北	Hebei	66.72	274.01	4	34.80	174.50	4
山 西	Shanxi						
内蒙古	Inner Mongolia	0.37	0.37	23	0.29	0.30	23
辽 宁	Liaoning	50.39	49.17	15	34.69	31.06	13
吉 林	Jilin	73.79	97.71	11	47.71	56.96	10
黑龙江	Heilongjiang	3.34	3.32	22	1.31	1.28	22
上 海	Shanghai	48.48	59.00	14	21.17	26.19	14
江 苏	Jiangsu	2136.46	2313.85	1	1268.26	1304.03	1
浙 江	Zhejiang	2343.54	2252.36	2	1415.22	1244.80	2
安 徽	Anhui	144.38	136.72	9	75.57	85.18	8
福 建	Fujian	807.55	820.01	3	522.04	510.68	3
江 西	Jiangxi	98.98	81.65	12	63.65	41.57	12
山 东	Shandong	219.36	252.06	5	117.27	142.34	6
河 南	Henan	107.35	115.23	10	45.42	42.05	11
湖 北	Hubei	62.56	62.81	13	26.43	25.87	15
湖 南	Hunan	19.23	21.85	17	11.25	14.06	17
广 东	Guangdong	121.47	160.34	8	55.50	59.44	9
广 西	Guangxi	0.43	0.26	25	0.43	0.20	24
海 南	Hainan						
重 庆	Chongqing	21.65	29.89	16	9.15	15.77	16
四 川	Sichuan	195.56	210.12	6	156.44	166.03	5
贵 州	Guizhou	0.16	0.21	26	0.08	0.13	25
云 南	Yunnan	10.95	10.72	19	1.76	1.80	21
西 藏	Tibet						
陕 西	Shaanxi	18.42	19.01	18	10.13	11.57	18
甘 肃	Gansu	2.01	0.31	24	1.38	0.06	26
青 海	Qinghai						
宁 夏	Ningxia						
新 疆	Xinjiang	135.27	168.11	7	94.02	111.87	7

11-160 非金属矿物制品业工业销售产值和主营业务收入
Sales Value and Revenue from Principal Business of Manufacture of Non-metallic Mineral Products

单位：亿元 (100 million yuan)

地区	Region	工业销售产值(当年价格) Sales Value (current prices) 2010	2015	2016	2016排名 Ranking	主营业务收入 Revenue from Principal Business 2010	2015	2016	2016排名 Ranking
全　国	**National Total**	**31326.46**	**59988.20**	**63057.45**		**31267.20**	**58877.11**	**62002.04**	
北　京	Beijing	384.26	391.99	425.68	25	404.19	451.13	462.77	23
天　津	Tianjin	253.43	400.21	437.56	24	258.79	382.11	417.48	25
河　北	Hebei	1269.84	1969.25	2026.24	11	1242.78	1910.93	1986.55	11
山　西	Shanxi	281.81	326.59	364.57	27	277.37	321.56	362.75	26
内蒙古	Inner Mongolia	551.91	720.54	785.59	18	546.61	718.01	808.39	18
辽　宁	Liaoning	2246.73	2216.83	701.03	19	2260.90	2243.78	785.86	19
吉　林	Jilin	709.32	1635.35	1692.01	14	732.81	1552.30	1611.46	14
黑龙江	Heilongjiang	278.55	507.62	521.37	22	277.29	493.44	511.19	22
上　海	Shanghai	520.79	543.90	547.60	21	535.19	569.60	581.10	20
江　苏	Jiangsu	2579.88	4723.32	5129.70	3	2565.95	4668.92	5097.54	3
浙　江	Zhejiang	1431.08	1938.82	1851.90	12	1442.83	1874.60	1793.15	12
安　徽	Anhui	906.73	2323.27	2556.89	10	890.25	2284.37	2516.81	10
福　建	Fujian	1308.76	2843.77	3097.84	7	1318.47	2851.72	3089.41	6
江　西	Jiangxi	1040.35	2691.47	2947.62	9	1051.91	2705.88	3019.12	9
山　东	Shandong	4601.28	7927.89	8121.10	2	4594.94	7978.30	8160.18	2
河　南	Henan	3729.01	8780.77	9765.63	1	3775.69	8618.09	9478.62	1
湖　北	Hubei	1052.67	3138.38	3371.79	5	1004.77	2944.03	3236.63	5
湖　南	Hunan	1153.56	2759.45	3038.82	8	1129.04	2735.39	3026.57	8
广　东	Guangdong	2931.62	4826.13	5112.67	4	2917.90	4697.52	5000.85	4
广　西	Guangxi	580.70	1640.68	1808.87	13	569.06	1548.59	1683.21	13
海　南	Hainan	82.69	126.48	114.41	30	80.72	113.44	122.76	28
重　庆	Chongqing	451.37	1118.61	1241.41	16	445.10	1103.35	1230.93	16
四　川	Sichuan	1635.94	2765.85	3117.51	6	1620.94	2710.50	3031.24	7
贵　州	Guizhou	166.82	985.78	1238.82	17	159.60	941.83	1169.30	17
云　南	Yunnan	235.72	453.69	554.73	20	233.01	436.80	526.55	21
西　藏	Tibet	12.41	28.35	41.19	31	11.76	26.77	39.65	31
陕　西	Shaanxi	395.35	1159.11	1311.98	15	381.05	1077.42	1254.59	15
甘　肃	Gansu	162.33	365.09	394.93	26	156.51	300.27	306.89	27
青　海	Qinghai	66.83	159.02	172.07	28	70.60	100.62	118.99	30
宁　夏	Ningxia	106.91	123.35	126.43	29	108.82	115.56	122.43	29
新　疆	Xinjiang	197.81	396.65	439.50	23	202.36	400.27	449.07	24

11-161 非金属矿物制品业主营业务成本和利润总额
Cost of Principal Business and Total Profit of Manufacture of Non-metallic Mineral Products

单位：亿元 (100 million yuan)

地区	Region	主营业务成本 Cost of Principal Business				利润总额 Total Profit			
		2010	2015	2016	2016排名 Ranking	2010	2015	2016	2016排名 Ranking
全 国	**National Total**	**25862.07**	**50230.86**	**52773.86**		**2858.59**	**3789.36**	**4243.65**	
北 京	Beijing	342.83	387.76	396.60	23	26.64	14.82	13.58	25
天 津	Tianjin	218.66	322.08	354.58	25	21.51	22.60	25.05	23
河 北	Hebei	1018.75	1648.35	1711.58	11	118.42	83.46	106.85	13
山 西	Shanxi	236.90	284.54	314.59	26	11.36	-11.64	2.23	30
内蒙古	Inner Mongolia	431.59	597.56	674.55	18	48.70	25.79	39.63	19
辽 宁	Liaoning	1903.55	1958.03	674.09	19	193.68	100.38	18.64	24
吉 林	Jilin	629.45	1351.96	1394.02	13	44.33	56.13	69.84	17
黑龙江	Heilongjiang	226.11	421.84	435.24	22	27.76	33.48	33.26	21
上 海	Shanghai	449.31	476.64	481.45	20	31.65	29.30	44.72	18
江 苏	Jiangsu	2170.20	4020.32	4407.46	3	183.18	295.55	319.83	3
浙 江	Zhejiang	1206.25	1585.69	1497.06	12	110.50	109.12	124.84	12
安 徽	Anhui	718.79	1942.41	2129.11	10	101.31	151.83	179.14	9
福 建	Fujian	1102.96	2409.73	2620.87	6	129.69	201.56	231.99	6
江 西	Jiangxi	825.66	2319.15	2571.97	8	93.09	234.87	274.52	5
山 东	Shandong	3844.91	6940.13	7097.03	2	437.50	556.64	569.54	2
河 南	Henan	3020.42	7380.30	8137.50	1	487.16	734.24	794.94	1
湖 北	Hubei	831.23	2465.62	2712.34	5	79.13	191.41	213.23	7
湖 南	Hunan	904.53	2209.76	2454.81	9	82.78	154.39	184.61	8
广 东	Guangdong	2474.70	4036.36	4286.31	4	251.09	291.65	317.58	4
广 西	Guangxi	456.99	1257.01	1382.25	14	66.80	148.54	149.98	11
海 南	Hainan	62.91	97.98	101.47	29	11.15	2.78	9.76	28
重 庆	Chongqing	360.91	909.14	1017.80	16	33.51	83.12	99.59	14
四 川	Sichuan	1366.47	2318.35	2590.28	7	125.91	139.16	170.38	10
贵 州	Guizhou	135.62	800.27	966.29	17	6.14	40.07	77.93	16
云 南	Yunnan	191.81	377.58	435.62	21	17.92	6.13	34.82	20
西 藏	Tibet	8.15	18.35	25.73	31	2.75	5.22	10.20	27
陕 西	Shaanxi	302.04	918.40	1071.16	15	47.68	64.38	81.75	15
甘 肃	Gansu	119.23	253.74	255.29	27	16.68	8.86	11.96	26
青 海	Qinghai	58.48	79.60	98.75	30	7.39	3.06	1.48	31
宁 夏	Ningxia	85.22	98.08	101.78	28	12.57	2.45	4.03	29
新 疆	Xinjiang	157.44	344.11	376.27	24	30.60	9.99	27.74	22

11-162 非金属矿物制品业销售费用和管理费用

Sales Expenses and Administrative Expenses of Manufacture of Non-metallic Mineral Products

单位：亿元 (100 million yuan)

地区	Region	销售费用 Sales Expenses			管理费用 Administrative Expenses			
		2015	2016	2016排名 Ranking	2010	2015	2016	2016排名 Ranking
全　国	**National Total**	**1637.60**	**1741.05**		**1230.53**	**2124.96**	**2227.76**	
北　京	Beijing	19.89	20.07	20	27.00	36.13	36.01	21
天　津	Tianjin	10.06	11.53	27	10.71	19.99	21.10	25
河　北	Hebei	48.01	49.29	13	50.68	85.57	80.25	11
山　西	Shanxi	12.43	13.47	25	13.57	21.54	19.98	26
内蒙古	Inner Mongolia	16.32	19.41	21	26.92	36.96	37.35	20
辽　宁	Liaoning	62.74	30.52	18	69.08	79.85	44.18	18
吉　林	Jilin	42.49	46.12	14	35.48	65.16	69.61	14
黑龙江	Heilongjiang	12.71	14.07	24	14.24	21.62	21.85	24
上　海	Shanghai	23.34	24.02	19	32.87	44.07	44.18	18
江　苏	Jiangsu	112.29	119.11	5	97.78	171.53	179.11	4
浙　江	Zhejiang	65.13	64.42	10	59.97	90.63	90.84	10
安　徽	Anhui	73.31	82.04	9	33.46	87.34	98.66	9
福　建	Fujian	89.59	97.32	7	54.71	113.92	121.18	7
江　西	Jiangxi	52.89	61.18	11	24.94	64.99	75.38	12
山　东	Shandong	167.80	171.23	2	145.89	204.46	208.27	1
河　南	Henan	206.74	221.00	1	85.71	171.52	189.96	3
湖　北	Hubei	103.32	114.20	6	48.51	118.28	132.27	6
湖　南	Hunan	107.49	125.17	4	61.71	122.43	139.78	5
广　东	Guangdong	123.58	133.80	3	106.84	183.48	203.22	2
广　西	Guangxi	47.38	53.24	12	38.29	67.80	70.80	13
海　南	Hainan	4.53	4.30	30	2.96	4.90	4.33	30
重　庆	Chongqing	32.36	34.60	17	23.31	50.42	52.23	15
四　川	Sichuan	81.06	91.47	8	92.08	100.77	106.75	8
贵　州	Guizhou	32.51	40.62	15	10.28	41.97	51.21	16
云　南	Yunnan	15.11	18.47	22	13.20	23.74	26.93	22
西　藏	Tibet	1.25	0.95	31	0.76	1.28	2.54	31
陕　西	Shaanxi	31.24	35.39	16	16.13	41.38	45.47	17
甘　肃	Gansu	13.75	13.44	26	10.93	18.57	18.94	27
青　海	Qinghai	5.86	8.13	29	4.02	5.46	5.45	29
宁　夏	Ningxia	7.11	8.33	28	5.47	6.62	6.08	28
新　疆	Xinjiang	15.30	14.11	23	13.00	22.57	23.19	23

11-163 非金属矿物制品业财务费用和营业利润

Financial Expenses and Operating Profit of Manufacture of Non-metallic Mineral Products

单位：亿元 (100 million yuan)

地区	Region	财务费用 Financial Expenses				营业利润 Operating Profit			
		2010	2015	2016	2016排名 Ranking	2010	2015	2016	2016排名 Ranking
全　国	**National Total**	**357.60**	**741.67**	**701.58**		**2907.53**	**3682.09**	**4159.31**	
北　京	Beijing	2.50	6.06	6.08	25	15.11	9.49	8.08	28
天　津	Tianjin	2.35	4.91	3.87	27	19.37	21.56	24.55	23
河　北	Hebei	17.95	42.86	37.08	7	122.00	73.70	95.09	14
山　西	Shanxi	7.60	15.78	12.15	21	10.60	-14.37	0.63	30
内蒙古	Inner Mongolia	8.05	13.17	12.95	20	69.56	41.60	52.48	18
辽　宁	Liaoning	18.26	24.21	19.06	14	220.84	99.04	15.16	24
吉　林	Jilin	9.65	29.56	25.74	11	44.08	55.02	61.10	17
黑龙江	Heilongjiang	2.19	6.86	6.81	24	26.61	28.11	29.03	21
上　海	Shanghai	4.25	3.63	2.14	30	28.02	26.84	39.11	19
江　苏	Jiangsu	28.31	55.26	52.53	3	192.63	281.72	308.18	4
浙　江	Zhejiang	31.22	39.79	32.22	9	100.99	101.25	117.01	12
安　徽	Anhui	12.24	27.71	26.97	10	98.88	138.00	169.75	10
福　建	Fujian	13.81	24.67	21.41	12	132.94	202.80	232.02	6
江　西	Jiangxi	7.32	19.39	19.21	13	93.13	231.58	271.86	5
山　东	Shandong	50.59	82.42	78.47	2	439.70	543.15	568.18	2
河　南	Henan	34.32	73.34	81.98	1	488.34	722.76	789.77	1
湖　北	Hubei	17.38	41.22	40.19	5	82.64	183.23	209.03	7
湖　南	Hunan	12.32	34.07	35.95	8	92.75	157.52	188.15	8
广　东	Guangdong	18.06	40.55	39.43	6	255.65	287.12	315.33	3
广　西	Guangxi	5.08	14.16	13.52	18	67.35	147.19	148.54	11
海　南	Hainan	0.93	2.41	2.30	29	10.34	1.82	9.35	27
重　庆	Chongqing	7.81	21.06	18.87	15	36.37	80.23	97.98	13
四　川	Sichuan	20.27	44.81	43.05	4	131.55	140.10	172.02	9
贵　州	Guizhou	3.45	19.01	18.52	16	5.36	38.61	75.32	16
云　南	Yunnan	4.79	13.80	8.92	22	17.32	3.53	32.98	20
西　藏	Tibet	0.14	0.22	0.25	31	2.51	5.24	9.92	26
陕　西	Shaanxi	4.97	12.07	13.08	19	43.14	61.56	80.86	15
甘　肃	Gansu	3.08	6.25	7.29	23	14.29	6.08	10.23	25
青　海	Qinghai	1.23	3.85	5.37	26	7.85	1.44	-0.01	31
宁　夏	Ningxia	2.58	3.18	2.60	28	9.83	-0.37	2.39	29
新　疆	Xinjiang	4.93	15.38	13.58	17	27.78	6.55	25.22	22

11-164 非金属矿物制品业资产总计和负债合计

Total Assets and Liabilities of Manufacture of Non-metallic Mineral Products

单位：亿元 (100 million yuan)

地区	Region	资产总计 Total Assets 2015	2016	2016排名 Ranking	负债合计 Total Liabilities 2015	2016	2016排名 Ranking
全　国	**National Total**	**49076.71**	**50865.83**		**25725.10**	**23923.82**	
北　京	Beijing	956.49	1044.37	18	586.65	627.14	18
天　津	Tianjin	497.82	478.07	27	298.84	280.83	27
河　北	Hebei	2278.78	2321.40	6	1301.99	1307.95	6
山　西	Shanxi	678.33	659.93	24	515.34	503.87	21
内蒙古	Inner Mongolia	844.18	816.16	21	537.68	554.37	19
辽　宁	Liaoning	1834.77	1621.45	13	1026.94	992.49	10
吉　林	Jilin	1172.05	1218.23	14	692.57	714.50	14
黑龙江	Heilongjiang	608.56	624.62	25	375.97	385.37	25
上　海	Shanghai	728.75	740.28	23	417.99	432.54	23
江　苏	Jiangsu	3658.19	3756.79	4	2040.62	2032.15	4
浙　江	Zhejiang	2459.62	2459.53	5	1487.17	1465.72	5
安　徽	Anhui	2116.69	2147.26	9	1093.96	1059.82	8
福　建	Fujian	2101.29	2238.44	8	993.00	1014.68	9
江　西	Jiangxi	1789.15	1987.60	11	772.84	846.43	12
山　东	Shandong	5007.49	5110.29	2	2348.19	2397.02	1
河　南	Henan	6074.14	6152.76	1	2279.74	2110.57	2
湖　北	Hubei	1912.18	2063.72	10	866.33	900.29	11
湖　南	Hunan	1633.76	1963.82	12	741.92	760.46	13
广　东	Guangdong	3577.27	3774.12	3	2024.45	2064.93	3
广　西	Guangxi	1013.39	1070.84	17	505.64	500.24	22
海　南	Hainan	184.81	202.73	30	83.77	97.82	30
重　庆	Chongqing	1125.64	1186.25	15	708.34	713.31	15
四　川	Sichuan	2141.23	2252.90	7	1132.97	1170.64	7
贵　州	Guizhou	922.64	1023.12	19	606.76	628.23	17
云　南	Yunnan	726.38	784.67	22	510.91	535.58	20
西　藏	Tibet	46.16	67.98	31	20.27	29.36	31
陕　西	Shaanxi	794.19	880.40	20	386.60	419.82	24
甘　肃	Gansu	583.78	573.34	26	327.94	305.18	26
青　海	Qinghai	282.34	311.02	28	204.75	239.23	28
宁　夏	Ningxia	231.89	238.03	29	131.71	130.77	29
新　疆	Xinjiang	1094.75	1095.70	16	703.26	702.53	16

11-165 黑色金属冶炼和压延加工业销售产值和主营业务收入

Sales Value and Revenue from Principal Business of Smelting and Pressing of Ferrous Metals

单位：亿元 (100 million yuan)

地区	Region	工业销售产值（当年价格）Sales Value（current prices）				主营业务收入 Revenue from Principal Business			
		2010	2015	2016	2016排名 Ranking	2010	2015	2016	2016排名 Ranking
全　国	**National Total**	**51167.55**	**61257.31**	**60343.78**		**54490.93**	**63001.33**	**61986.59**	
北　京	Beijing	433.36	101.64	104.23	28	453.40	106.76	110.13	28
天　津	Tianjin	2723.47	4156.11	4112.48	4	3105.95	4493.92	3605.72	5
河　北	Hebei	8890.02	10131.21	10370.26	1	9171.74	10075.51	10627.62	1
山　西	Shanxi	1970.61	1767.75	1672.21	13	2055.38	1938.73	1685.90	13
内蒙古	Inner Mongolia	1239.37	1454.53	1540.51	16	1282.27	1431.18	1578.99	15
辽　宁	Liaoning	3982.40	3179.54	2078.87	10	4506.83	3315.82	2290.25	9
吉　林	Jilin	525.25	712.53	523.45	23	497.47	548.08	515.26	24
黑龙江	Heilongjiang	264.80	134.21	101.17	29	281.07	140.30	100.89	29
上　海	Shanghai	1711.90	1182.83	1106.93	17	2086.98	1423.86	1385.78	17
江　苏	Jiangsu	7085.40	9153.52	8954.96	2	7197.18	9554.59	9447.20	2
浙　江	Zhejiang	1848.92	2129.15	2121.55	9	1871.45	2054.99	2057.07	10
安　徽	Anhui	1349.12	1911.77	1861.39	11	1462.44	1965.09	1908.10	11
福　建	Fujian	933.52	1560.84	1663.22	14	954.55	1557.20	1630.86	14
江　西	Jiangxi	928.12	1068.03	1095.10	18	1007.39	1258.42	1314.33	18
山　东	Shandong	3742.99	4564.07	4924.61	3	4218.89	4809.38	5159.96	3
河　南	Henan	1923.33	3484.17	3590.70	5	2022.26	3453.35	3640.40	4
湖　北	Hubei	2409.21	2054.82	1787.44	12	2662.94	2046.69	1806.41	12
湖　南	Hunan	1194.71	1411.36	1541.32	15	1249.43	1374.44	1513.99	16
广　东	Guangdong	1903.59	2250.01	2523.77	7	1932.55	2143.78	2341.60	7
广　西	Guangxi	1033.23	2397.21	2625.16	6	1046.44	2283.89	2513.74	6
海　南	Hainan	5.35	12.21	10.44	30	5.77	8.58	8.24	30
重　庆	Chongqing	486.40	690.05	582.63	22	484.61	662.51	559.10	23
四　川	Sichuan	1628.47	2132.65	2202.01	8	1761.41	2283.16	2327.45	8
贵　州	Guizhou	390.07	631.29	623.77	20	394.43	581.05	614.17	22
云　南	Yunnan	753.50	630.91	606.33	21	781.15	650.64	681.27	21
西　藏	Tibet		0.56	0.47	31		0.56	0.47	31
陕　西	Shaanxi	409.81	908.15	945.49	19	465.86	962.76	917.43	19
甘　肃	Gansu	596.45	706.38	312.87	25	704.57	1131.00	904.79	20
青　海	Qinghai	144.86	169.75	153.34	27	153.11	172.04	163.38	27
宁　夏	Ningxia	113.77	243.78	253.18	26	119.03	232.26	228.24	26
新　疆	Xinjiang	545.54	326.29	353.96	24	554.38	340.79	347.92	25

11-166 黑色金属冶炼和压延加工业主营业务成本和利润总额
Cost of Principal Business and Total Profit of Smelting and Pressing of Ferrous Metals

单位：亿元 (100 million yuan)

地区	Region	主营业务成本 Cost of Principal Business				利润总额 Total Profit			
		2010	2015	2016	2016排名 Ranking	2010	2015	2016	2016排名 Ranking
全　国	**National Total**	**49814.60**	**58497.93**	**56267.67**		**2149.03**	**589.94**	**1773.76**	
北　京	Beijing	440.33	105.82	104.41	28	-5.50	-8.03	-1.98	25
天　津	Tianjin	2912.19	4164.47	3285.84	5	139.01	223.20	195.71	3
河　北	Hebei	8370.94	9331.41	9695.03	1	307.10	103.20	319.98	2
山　西	Shanxi	1905.83	1859.26	1503.09	13	52.38	-81.32	15.44	16
内蒙古	Inner Mongolia	1162.32	1370.91	1470.72	15	55.08	-54.53	12.19	20
辽　宁	Liaoning	3941.23	3066.32	2026.94	9	191.33	-39.97	13.48	19
吉　林	Jilin	485.07	525.57	472.64	24	-10.80	-2.46	13.98	18
黑龙江	Heilongjiang	259.14	130.78	94.99	29	4.67	-7.61	-7.78	27
上　海	Shanghai	1887.21	1325.01	1214.33	17	154.93	16.61	82.62	9
江　苏	Jiangsu	6548.25	8634.03	8486.73	2	350.05	333.65	400.13	1
浙　江	Zhejiang	1724.38	1900.12	1869.12	10	78.09	53.86	90.40	8
安　徽	Anhui	1367.93	1841.05	1722.94	11	71.60	13.22	76.36	10
福　建	Fujian	876.23	1472.17	1490.56	14	39.34	9.87	67.24	11
江　西	Jiangxi	916.72	1180.37	1205.19	18	34.87	24.85	57.78	12
山　东	Shandong	3844.44	4480.14	4751.13	3	165.60	116.05	162.66	5
河　南	Henan	1848.68	3142.22	3293.56	4	98.44	147.79	182.70	4
湖　北	Hubei	2602.41	1931.46	1636.22	12	68.78	-88.59	37.33	14
湖　南	Hunan	1132.31	1231.00	1345.84	16	40.79	14.66	49.17	13
广　东	Guangdong	1754.19	1962.46	2136.55	7	89.29	62.33	96.56	7
广　西	Guangxi	951.57	2061.85	2236.49	6	38.56	62.24	114.01	6
海　南	Hainan	4.79	8.53	8.39	30	0.63	-0.65	-0.76	24
重　庆	Chongqing	440.63	637.76	531.03	23	11.62	-6.44	-16.73	29
四　川	Sichuan	1581.49	2139.84	2119.78	8	48.62	-52.72	-180.62	31
贵　州	Guizhou	367.31	556.92	578.77	22	6.40	0.27	11.22	21
云　南	Yunnan	708.37	654.84	651.70	21	47.12	-47.79	-11.33	28
西　藏	Tibet		0.51	0.45	31		0.01	0.01	23
陕　西	Shaanxi	404.12	896.73	836.71	19	14.91	4.81	13.99	17
甘　肃	Gansu	624.34	1127.70	800.79	20	17.94	-108.02	15.87	15
青　海	Qinghai	141.98	168.36	153.01	27	10.02	-18.64	0.51	22
宁　夏	Ningxia	110.06	225.80	216.24	26	0.44	-7.15	-4.27	26
新　疆	Xinjiang	500.12	364.53	328.46	25	27.71	-72.76	-32.11	30

11-167 黑色金属冶炼和压延加工业销售费用和管理费用

Sales Expenses and Administrative Expenses of Smelting and Pressing of Ferrous Metals

单位：亿元 (100 million yuan)

地区	Region	销售费用 Sales Expenses			管理费用 Administrative Expenses			
		2015	2016	2016排名 Ranking	2010	2015	2016	2016排名 Ranking
全　国	**National Total**	**796.38**	**810.97**		**1549.07**	**1663.40**	**1635.47**	
北　京	Beijing	4.04	4.11	27	13.20	3.15	3.30	29
天　津	Tianjin	15.49	13.34	18	38.02	53.51	56.45	11
河　北	Hebei	60.64	66.55	3	147.90	207.46	232.55	1
山　西	Shanxi	31.99	30.09	9	70.91	70.58	76.80	7
内蒙古	Inner Mongolia	29.45	29.06	10	38.85	42.97	44.40	16
辽　宁	Liaoning	75.22	56.33	5	212.81	144.21	111.70	3
吉　林	Jilin	5.32	8.49	23	11.74	16.58	20.11	22
黑龙江	Heilongjiang	4.45	3.81	29	5.43	6.05	4.26	28
上　海	Shanghai	12.97	11.90	19	39.93	61.18	55.08	12
江　苏	Jiangsu	126.20	129.57	1	109.17	214.94	221.21	2
浙　江	Zhejiang	18.50	20.97	14	34.98	56.01	58.95	10
安　徽	Anhui	25.37	25.31	13	22.34	38.96	42.75	17
福　建	Fujian	14.05	14.55	16	17.58	27.72	26.55	19
江　西	Jiangxi	9.71	9.52	22	26.58	29.08	28.41	18
山　东	Shandong	55.55	57.95	4	198.20	101.26	98.32	4
河　南	Henan	45.47	48.86	6	38.57	65.77	67.39	9
湖　北	Hubei	36.32	28.21	11	171.42	89.96	70.43	8
湖　南	Hunan	25.58	25.36	12	45.35	46.23	51.18	13
广　东	Guangdong	32.12	33.07	8	36.77	45.58	46.72	14
广　西	Guangxi	39.14	41.70	7	63.66	98.00	91.94	5
海　南	Hainan	0.11	0.07	30	0.33	0.21	0.19	30
重　庆	Chongqing	7.35	6.73	24	27.69	13.52	23.74	20
四　川	Sichuan	40.76	76.59	2	81.26	94.74	82.94	6
贵　州	Guizhou	5.77	5.89	25	11.45	12.91	14.25	24
云　南	Yunnan	10.24	10.24	21	16.16	18.47	11.73	25
西　藏	Tibet					0.04		
陕　西	Shaanxi	13.45	13.52	17	17.80	21.54	20.69	21
甘　肃	Gansu	28.73	19.74	15	32.84	52.88	44.61	15
青　海	Qinghai	4.84	3.82	28	6.60	5.83	5.96	26
宁　夏	Ningxia	5.09	5.19	26	3.71	5.90	5.83	27
新　疆	Xinjiang	12.48	10.44	20	7.84	18.17	17.04	23

11-168 黑色金属冶炼及压延加工业财务费用和营业利润

Financial Expenses and Operating Profit of Smelting and Pressing of Ferrous Metals

单位：亿元 (100 million yuan)

地区	Region	财务费用 Financial Expenses				营业利润 Operating Profit			
		2010	2015	2016	2016排名 Ranking	2010	2015	2016	2016排名 Ranking
全　国	**National Total**	**635.34**	**1142.59**	**996.69**		**2753.13**	**588.56**	**1795.60**	
北　京	Beijing	3.32	1.77	1.50	29	-5.44	-8.90	-3.46	25
天　津	Tianjin	31.41	51.50	50.98	7	138.63	224.35	177.74	4
河　北	Hebei	97.93	158.89	143.67	1	553.51	113.67	310.74	2
山　西	Shanxi	33.46	55.73	51.38	6	71.58	-84.41	10.79	17
内蒙古	Inner Mongolia	18.79	37.04	39.49	9	112.01	-58.17	4.79	21
辽　宁	Liaoning	61.89	128.74	85.19	4	226.50	-75.92	7.34	20
吉　林	Jilin	8.82	6.82	11.57	22	-6.32	-6.42	9.32	18
黑龙江	Heilongjiang	6.20	5.34	6.17	26	4.82	-8.58	-8.09	27
上　海	Shanghai	7.46	22.18	14.66	20	151.76	15.96	77.80	10
江　苏	Jiangsu	81.56	122.80	107.16	2	408.38	411.67	487.20	1
浙　江	Zhejiang	23.34	26.64	20.86	16	82.19	51.11	88.34	8
安　徽	Anhui	9.61	17.82	16.72	17	100.92	1.77	69.53	11
福　建	Fujian	13.67	22.28	15.82	18	44.77	18.83	78.73	9
江　西	Jiangxi	8.80	10.81	8.36	24	36.64	22.74	59.34	12
山　东	Shandong	57.06	101.84	92.83	3	199.18	89.81	153.16	5
河　南	Henan	20.03	41.67	35.09	11	107.62	144.57	180.24	3
湖　北	Hubei	33.53	71.36	45.47	8	73.43	-96.95	18.23	15
湖　南	Hunan	16.66	30.90	26.13	13	113.27	14.42	50.52	13
广　东	Guangdong	19.89	29.41	29.52	12	92.99	62.30	92.41	7
广　西	Guangxi	12.92	24.04	21.77	15	45.42	61.94	115.30	6
海　南	Hainan	0.01	0.38	0.35	30	0.67	-0.64	-0.76	23
重　庆	Chongqing	5.92	7.94	15.68	19	15.39	-8.80	-22.89	29
四　川	Sichuan	25.76	53.52	56.67	5	47.38	-58.51	-170.30	31
贵　州	Guizhou	2.83	5.51	5.30	28	5.72	-3.57	8.15	19
云　南	Yunnan	6.63	16.71	13.13	21	46.93	-48.37	-17.27	28
西　藏	Tibet						0.01	0.01	22
陕　西	Shaanxi	5.06	12.33	11.57	22	26.15	28.33	44.05	14
甘　肃	Gansu	12.64	40.25	36.05	10	17.13	-109.39	14.28	16
青　海	Qinghai	4.02	8.73	5.45	27	12.47	-19.15	-1.07	24
宁　夏	Ningxia	1.66	6.52	6.35	25	0.25	-9.13	-5.72	26
新　疆	Xinjiang	4.44	23.09	21.82	14	29.20	-76.02	-32.83	30

11-169 黑色金属冶炼和压延加工业资产总计和负债合计

Total Assets and Liabilities of Smelting and Pressing of Ferrous Metals

单位：亿元 (100 million yuan)

地区	Region	资产总计 Total Assets			负债合计 Total Liabilities		
		2015	2016	2016排名 Ranking	2015	2016	2016排名 Ranking
全　国	**National Total**	**64748.32**	**63537.39**		**43762.63**	**42176.72**	
北　京	Beijing	110.56	110.65	29	102.81	108.00	29
天　津	Tianjin	4768.77	4469.43	5	3726.08	3367.04	4
河　北	Hebei	10883.52	11276.87	1	6968.34	7080.23	1
山　西	Shanxi	2672.85	2759.01	7	2131.27	1972.99	7
内蒙古	Inner Mongolia	3305.10	3188.36	6	2175.17	2144.68	6
辽　宁	Liaoning	5795.51	5158.00	3	3972.60	3468.58	3
吉　林	Jilin	783.10	792.47	21	608.38	608.13	20
黑龙江	Heilongjiang	432.46	388.16	27	400.45	358.86	25
上　海	Shanghai	2224.19	2513.28	9	929.99	1103.13	12
江　苏	Jiangsu	6444.10	6601.97	2	3951.61	3992.68	2
浙　江	Zhejiang	1571.95	1505.30	13	966.46	850.88	16
安　徽	Anhui	1550.19	1419.21	14	895.80	846.78	17
福　建	Fujian	1018.39	922.35	19	680.81	565.79	21
江　西	Jiangxi	764.61	751.49	22	493.50	476.91	23
山　东	Shandong	5068.53	4604.73	4	3302.19	3034.44	5
河　南	Henan	2423.33	2532.69	8	1207.08	1281.20	11
湖　北	Hubei	2705.68	2496.78	10	1933.12	1630.31	9
湖　南	Hunan	1115.02	1081.98	17	822.38	791.37	18
广　东	Guangdong	1818.16	1949.87	12	1240.35	1282.40	10
广　西	Guangxi	1152.02	1220.56	16	819.59	855.07	15
海　南	Hainan	11.34	9.36	30	8.14	7.79	30
重　庆	Chongqing	723.53	661.02	23	553.11	554.87	22
四　川	Sichuan	2446.46	2288.60	11	2012.08	1955.52	8
贵　州	Guizhou	414.84	416.81	26	303.37	302.34	27
云　南	Yunnan	887.71	833.09	20	664.83	617.99	19
西　藏	Tibet	0.26	0.30	31	0.25	0.28	31
陕　西	Shaanxi	603.28	591.91	24	463.96	466.84	24
甘　肃	Gansu	1274.69	1251.78	15	920.33	942.97	13
青　海	Qinghai	365.29	366.81	28	311.70	293.13	28
宁　夏	Ningxia	398.81	435.67	25	323.40	349.95	26
新　疆	Xinjiang	1014.06	938.89	18	873.48	865.58	14

11-170 有色金属冶炼和压延加工业销售产值和主营业务收入

Sales Value and Revenue from Principal Business of Smelting and Pressing of Non-ferrous Metals

单位：亿元 (100 million yuan)

地区	Region	工业销售产值(当年价格) Sales Value (current prices)				主营业务收入 Revenue from Principal Business			
		2010	2015	2016	2016排名 Ranking	2010	2015	2016	2016排名 Ranking
全　国	**National Total**	**27557.16**	**46480.99**	**48879.02**		**29175.20**	**51367.23**	**53393.18**	
北　京	Beijing	71.56	64.21	70.72	28	72.07	70.63	76.11	28
天　津	Tianjin	456.19	892.73	914.55	17	473.58	978.57	948.95	17
河　北	Hebei	369.73	502.73	538.57	22	369.67	494.69	529.97	23
山　西	Shanxi	385.41	577.54	651.84	21	394.30	577.54	660.39	20
内蒙古	Inner Mongolia	1251.56	1447.92	1637.32	9	1271.94	1458.36	1621.70	10
辽　宁	Liaoning	913.34	799.11	537.18	24	929.35	766.23	562.70	22
吉　林	Jilin	106.57	179.87	165.91	27	91.62	201.53	175.21	27
黑龙江	Heilongjiang	41.05	36.01	39.92	29	42.87	36.86	38.93	29
上　海	Shanghai	434.97	379.49	379.62	25	440.64	398.02	417.10	25
江　苏	Jiangsu	2876.35	4029.72	4034.17	4	2880.62	4054.26	4149.75	4
浙　江	Zhejiang	1790.11	2443.47	2347.70	7	1806.88	2434.97	2324.53	9
安　徽	Anhui	1164.09	2077.95	2247.34	8	1291.20	2795.34	2921.03	7
福　建	Fujian	465.20	1412.29	1512.99	11	468.14	1369.14	1496.53	12
江　西	Jiangxi	2484.57	4635.24	4653.89	3	2784.00	6110.57	6373.18	2
山　东	Shandong	2757.16	6607.06	7102.25	1	2830.77	6597.52	7061.75	1
河　南	Henan	2733.72	4914.65	5152.94	2	2885.99	5018.82	5350.12	3
湖　北	Hubei	572.45	837.39	937.51	16	725.75	1502.29	1382.22	14
湖　南	Hunan	1676.85	2802.51	2869.21	6	1668.08	2771.27	2911.27	8
广　东	Guangdong	2256.27	3112.68	3385.58	5	2244.17	2943.67	3263.09	5
广　西	Guangxi	596.97	1129.49	1406.45	13	620.97	929.23	1139.29	15
海　南	Hainan	1.03	3.50	3.64	30	0.99	3.62	3.57	30
重　庆	Chongqing	394.02	736.86	802.50	18	384.35	702.49	814.72	18
四　川	Sichuan	567.04	643.86	754.34	19	598.57	632.39	715.88	19
贵　州	Guizhou	216.52	421.45	538.51	23	212.41	361.75	440.28	24
云　南	Yunnan	968.70	1295.96	1212.83	14	1063.94	1525.51	1449.52	13
西　藏	Tibet								
陕　西	Shaanxi	606.18	1288.83	1485.40	12	669.52	1411.53	1556.05	11
甘　肃	Gansu	815.54	1468.88	1548.64	10	1342.12	3447.27	3143.25	6
青　海	Qinghai	301.48	638.82	712.18	20	302.00	580.15	585.94	21
宁　夏	Ningxia	217.55	296.53	287.48	26	241.65	313.22	290.50	26
新　疆	Xinjiang	64.99	804.25	947.83	15	67.02	879.79	989.65	16

11-171 有色金属冶炼和压延加工工业主营业务成本和利润总额

Cost of Principal Business and Total Profit of Smelting and Pressing of Non-ferrous Metals

单位：亿元 (100 million yuan)

地区	Region	主营业务成本 Cost of Principal Business				利润总额 Total Profit			
		2010	2015	2016	2016排名 Ranking	2010	2015	2016	2016排名 Ranking
全　国	**National Total**	**26124.85**	**47469.62**	**48839.63**		**1620.62**	**1459.53**	**1991.69**	
北　京	Beijing	64.96	63.36	67.41	28	2.65	1.94	2.81	24
天　津	Tianjin	447.18	876.12	861.21	16	20.28	79.22	68.02	10
河　北	Hebei	324.12	447.01	478.65	22	25.88	16.17	17.62	20
山　西	Shanxi	353.70	513.16	600.12	20	12.61	17.88	18.99	18
内蒙古	Inner Mongolia	1106.02	1346.14	1466.19	10	127.05	20.77	60.53	11
辽　宁	Liaoning	780.78	655.75	475.98	23	89.25	51.10	43.39	13
吉　林	Jilin	75.38	178.96	150.92	27	7.47	-25.21	-10.45	30
黑龙江	Heilongjiang	36.00	30.53	34.01	29	1.25	1.10	-1.20	27
上　海	Shanghai	408.95	363.00	376.63	25	12.10	9.12	13.35	21
江　苏	Jiangsu	2651.87	3688.94	3785.65	4	112.66	171.43	182.54	4
浙　江	Zhejiang	1677.53	2296.50	2172.14	9	72.06	57.48	80.99	9
安　徽	Anhui	1107.63	2521.20	2654.55	7	39.84	17.19	35.60	16
福　建	Fujian	394.39	1240.96	1352.52	12	66.39	46.72	39.14	15
江　西	Jiangxi	2536.87	5745.90	5946.70	2	157.57	240.68	275.11	2
山　东	Shandong	2537.17	6011.93	6456.05	1	197.00	389.33	411.15	1
河　南	Henan	2625.31	4681.75	4922.02	3	140.35	129.79	197.00	3
湖　北	Hubei	681.34	1439.03	1311.74	14	23.28	3.87	11.33	22
湖　南	Hunan	1377.60	2429.78	2482.17	8	133.56	78.56	90.64	8
广　东	Guangdong	2040.53	2681.55	2976.89	6	136.02	110.88	127.31	5
广　西	Guangxi	537.51	856.82	1069.59	15	40.83	13.07	22.92	17
海　南	Hainan	0.83	2.21	1.91	30	0.11	1.30	1.63	26
重　庆	Chongqing	353.32	628.74	725.86	18	16.94	34.11	52.23	12
四　川	Sichuan	539.14	588.85	646.09	19	21.41	12.90	40.10	14
贵　州	Guizhou	198.76	330.88	383.45	24	6.05	20.57	17.96	19
云　南	Yunnan	956.64	1450.09	1333.74	13	60.63	-17.00	-1.45	28
西　藏	Tibet								
陕　西	Shaanxi	604.86	1268.51	1395.65	11	24.65	77.60	95.07	7
甘　肃	Gansu	1168.58	3420.70	3036.18	5	41.37	-63.95	-10.27	29
青　海	Qinghai	263.67	594.69	566.19	21	18.42	-29.10	2.78	25
宁　夏	Ningxia	218.81	305.21	281.33	26	5.70	-14.40	9.00	23
新　疆	Xinjiang	55.37	811.34	828.08	17	7.26	6.36	97.82	6

11-172 有色金属冶炼和压延加工业销售费用和管理费用

Sales Expenses and Administrative Expenses of Smelting and Pressing of Non-ferrous Metals

单位：亿元 (100 million yuan)

地区	Region	销售费用 Sales Expenses 2015	2016	2016排名 Ranking	管理费用 Administrative Expenses 2010	2015	2016	2016排名 Ranking
全　国	**National Total**	**425.97**	**425.64**		**747.89**	**912.06**	**961.23**	
北　京	Beijing	1.12	1.21	28	3.25	4.58	5.30	28
天　津	Tianjin	3.02	2.96	27	4.96	11.08	11.95	23
河　北	Hebei	4.07	4.48	25	7.72	10.70	11.50	24
山　西	Shanxi	10.22	7.76	19	12.57	12.89	17.44	19
内蒙古	Inner Mongolia	21.32	13.23	10	24.44	35.83	31.01	11
辽　宁	Liaoning	9.11	5.60	22	27.30	27.34	24.30	16
吉　林	Jilin	4.77	4.22	26	7.70	11.17	10.81	25
黑龙江	Heilongjiang	0.80	0.82	29	3.64	3.33	3.79	29
上　海	Shanghai	5.92	6.23	21	12.77	16.58	18.61	17
江　苏	Jiangsu	41.59	42.32	2	47.91	93.03	97.09	1
浙　江	Zhejiang	12.79	13.77	9	31.61	43.59	45.89	7
安　徽	Anhui	9.84	10.72	14	15.42	30.95	29.75	14
福　建	Fujian	10.15	12.24	12	13.31	28.64	30.04	13
江　西	Jiangxi	22.49	22.15	7	34.79	60.59	61.29	6
山　东	Shandong	39.99	39.88	3	41.60	66.25	62.96	5
河　南	Henan	42.00	48.46	1	54.46	78.09	89.54	2
湖　北	Hubei	7.08	8.00	18	27.24	30.36	30.18	12
湖　南	Hunan	29.36	31.87	5	76.52	72.07	87.25	3
广　东	Guangdong	30.18	31.90	4	39.67	59.91	64.77	4
广　西	Guangxi	13.33	11.87	13	73.65	26.31	26.78	15
海　南	Hainan				0.04	0.44	0.47	30
重　庆	Chongqing	9.79	10.62	15	11.78	14.31	17.76	18
四　川	Sichuan	7.17	7.54	20	16.22	14.95	15.20	21
贵　州	Guizhou	7.60	10.55	16	6.98	11.26	14.25	22
云　南	Yunnan	13.19	13.17	11	54.77	42.23	44.44	8
西　藏	Tibet							
陕　西	Shaanxi	11.89	10.43	17	42.63	37.45	40.30	9
甘　肃	Gansu	19.24	17.97	8	29.89	33.86	35.87	10
青　海	Qinghai	6.64	5.27	24	15.70	12.22	8.81	26
宁　夏	Ningxia	5.81	5.39	23	6.81	7.40	7.61	27
新　疆	Xinjiang	25.40	25.03	6	2.54	14.64	16.27	20

11-173 有色金属冶炼和压延加工业财务费用和营业利润

Financial Expenses and Operating Profit of Smelting and Pressing of Non-ferrous Metals

单位：亿元 (100 million yuan)

地区	Region	财务费用 Financial Expenses				营业利润 Operating Profit			
		2010	2015	2016	2016排名 Ranking	2010	2015	2016	2016排名 Ranking
全　国	**National Total**	**317.58**	**742.75**	**675.18**		**1914.82**	**1576.68**	**2146.94**	
北　京	Beijing	0.49	0.27	0.28	29	2.43	1.45	2.59	24
天　津	Tianjin	2.81	5.16	4.69	26	20.45	79.36	67.75	12
河　北	Hebei	3.53	6.49	7.35	24	32.13	15.78	17.26	17
山　西	Shanxi	10.77	23.82	21.68	14	16.34	15.76	16.63	19
内蒙古	Inner Mongolia	13.26	27.09	26.78	7	143.55	30.90	64.06	13
辽　宁	Liaoning	15.48	19.32	15.23	17	87.91	54.25	42.13	15
吉　林	Jilin	2.87	25.97	22.18	13	12.03	-26.63	-14.75	29
黑龙江	Heilongjiang	0.50	1.34	2.06	28	1.56	0.85	-1.96	27
上　海	Shanghai	3.29	5.60	4.04	27	11.26	6.90	12.54	21
江　苏	Jiangsu	22.21	35.34	31.27	5	154.92	185.02	190.39	5
浙　江	Zhejiang	19.07	32.10	28.16	6	75.42	54.29	74.26	10
安　徽	Anhui	11.42	32.91	22.32	11	153.90	185.45	197.43	3
福　建	Fujian	4.90	15.05	13.07	18	70.98	75.20	71.53	11
江　西	Jiangxi	14.30	28.57	25.69	9	159.02	240.47	275.83	2
山　东	Shandong	34.75	90.17	89.59	2	198.83	387.32	409.46	1
河　南	Henan	40.12	85.73	95.09	1	159.39	120.11	194.38	4
湖　北	Hubei	5.29	9.79	8.24	23	25.03	1.83	10.03	22
湖　南	Hunan	16.10	23.35	23.36	10	142.93	83.69	97.38	7
广　东	Guangdong	14.51	25.75	22.22	12	153.87	111.46	127.05	6
广　西	Guangxi	17.11	26.07	19.85	16	40.65	1.40	16.02	20
海　南	Hainan	0.01	0.01			0.09	0.89	1.19	25
重　庆	Chongqing	4.58	11.73	10.46	20	19.35	31.24	48.98	14
四　川	Sichuan	8.27	8.21	6.27	25	29.79	12.27	39.06	16
贵　州	Guizhou	3.40	10.98	8.92	22	5.05	2.63	17.14	18
云　南	Yunnan	17.97	57.05	52.15	3	68.25	-28.78	4.49	23
西　藏	Tibet								
陕　西	Shaanxi	5.14	21.94	21.43	15	24.13	72.40	90.71	9
甘　肃	Gansu	10.26	61.46	43.31	4	50.43	-81.46	-16.89	30
青　海	Qinghai	7.22	14.45	12.51	19	43.94	-43.45	-2.92	28
宁　夏	Ningxia	7.35	11.02	10.25	21	4.06	-16.79	0.34	26
新　疆	Xinjiang	0.59	26.00	26.74	8	7.16	2.86	94.84	8

11-174 有色金属冶炼和压延加工业资产总计和负债合计
Total Assets and Liabilities of Smelting and Pressing of Non-ferrous Metals

单位：亿元 (100 million yuan)

地区	Region	资产总计 Total Assets			负债合计 Total Liabilities		
		2015	2016	2016排名 Ranking	2015	2016	2016排名 Ranking
全　国	**National Total**	**37996.29**	**40157.03**		**24594.53**	**25449.77**	
北　京	Beijing	79.67	98.40	28	34.76	48.06	29
天　津	Tianjin	348.83	630.34	21	237.94	338.00	25
河　北	Hebei	296.68	291.89	27	167.41	184.06	27
山　西	Shanxi	854.14	1035.61	17	637.25	742.53	15
内蒙古	Inner Mongolia	1592.09	1656.84	8	1037.04	1073.31	9
辽　宁	Liaoning	1292.86	1117.99	16	783.24	705.09	16
吉　林	Jilin	638.34	569.39	24	489.32	450.56	20
黑龙江	Heilongjiang	88.40	94.57	29	60.75	60.03	28
上　海	Shanghai	300.57	327.20	26	170.92	200.19	26
江　苏	Jiangsu	1951.50	2099.00	5	1161.97	1189.65	7
浙　江	Zhejiang	1487.96	1506.26	10	989.96	926.51	11
安　徽	Anhui	1265.03	1338.23	12	901.95	939.20	10
福　建	Fujian	1237.67	1398.73	11	729.36	892.02	13
江　西	Jiangxi	2937.63	3036.14	3	1572.73	1510.17	4
山　东	Shandong	4467.69	4548.66	2	2453.07	2383.90	2
河　南	Henan	4238.31	4892.53	1	2760.60	3258.64	1
湖　北	Hubei	597.92	574.15	23	406.70	361.52	23
湖　南	Hunan	1219.46	1330.01	13	661.56	752.79	14
广　东	Guangdong	1916.58	1894.38	7	1341.25	1331.93	5
广　西	Guangxi	1166.15	1136.82	15	960.21	907.01	12
海　南	Hainan	5.30	5.64	30	2.71	1.01	30
重　庆	Chongqing	538.97	587.38	22	362.19	379.59	21
四　川	Sichuan	600.34	672.21	20	354.66	374.12	22
贵　州	Guizhou	471.99	496.52	25	335.28	347.28	24
云　南	Yunnan	1829.23	1972.16	6	1277.30	1313.72	6
西　藏	Tibet						
陕　西	Shaanxi	1148.92	1183.08	14	661.33	633.33	18
甘　肃	Gansu	2541.37	2519.88	4	1792.56	1758.37	3
青　海	Qinghai	827.97	828.32	18	659.75	659.70	17
宁　夏	Ningxia	666.82	714.81	19	578.22	558.21	19
新　疆	Xinjiang	1387.92	1599.88	9	1012.54	1169.26	8

11-175 金属制品业工业销售产值和主营业务收入
Sales Value and Revenue from Principal Business of Manufacture of Metal Products

单位：亿元 (100 million yuan)

地区	Region	工业销售产值（当年价格） Sales Value（current prices）				主营业务收入 Revenue from Principal Business			
		2010	2015	2016	2016排名 Ranking	2010	2015	2016	2016排名 Ranking
全　国	**National Total**	**19649.67**	**37671.69**	**39334.97**		**19642.38**	**37257.26**	**39917.07**	
北　京	Beijing	235.32	295.96	275.42	21	272.03	336.62	320.81	20
天　津	Tianjin	667.47	1309.14	1411.68	9	703.80	1411.34	1442.08	9
河　北	Hebei	1064.85	2742.49	3200.76	4	1069.34	2686.89	3046.76	4
山　西	Shanxi	48.30	112.82	99.68	26	47.21	112.21	102.82	25
内蒙古	Inner Mongolia	153.77	470.50	307.76	20	160.74	492.16	311.09	21
辽　宁	Liaoning	1226.12	1132.26	492.46	16	1156.33	1158.14	553.41	16
吉　林	Jilin	175.77	349.19	426.49	18	175.98	340.08	414.63	19
黑龙江	Heilongjiang	71.32	168.58	153.42	23	71.39	159.18	136.83	24
上　海	Shanghai	891.69	889.75	865.71	13	922.05	926.53	917.94	13
江　苏	Jiangsu	3480.20	6101.35	6367.55	1	3492.25	6080.31	6355.02	1
浙　江	Zhejiang	1911.19	2373.74	2375.03	5	1896.40	2330.45	2331.49	5
安　徽	Anhui	477.44	1259.68	1424.04	8	470.82	1226.88	1380.78	10
福　建	Fujian	435.16	1042.84	1158.37	11	430.91	1030.77	1144.62	11
江　西	Jiangxi	251.90	711.04	833.53	14	253.07	720.25	835.40	14
山　东	Shandong	1939.46	5670.21	5758.46	3	1941.20	5613.50	5696.46	3
河　南	Henan	616.66	1976.86	2253.05	6	625.44	1916.14	2221.64	6
湖　北	Hubei	512.68	1439.85	1556.08	7	517.90	1331.21	1471.79	8
湖　南	Hunan	400.28	1112.85	1246.88	10	387.72	1099.88	2036.06	7
广　东	Guangdong	3974.03	5645.02	5980.48	2	3929.27	5535.43	5920.16	2
广　西	Guangxi	97.74	389.11	428.66	17	96.39	369.46	414.93	18
海　南	Hainan	22.55	21.76	15.20	30	22.45	21.24	14.82	29
重　庆	Chongqing	157.24	579.28	649.43	15	158.24	575.09	652.69	15
四　川	Sichuan	529.86	1047.58	1134.04	12	522.31	1034.30	1113.04	12
贵　州	Guizhou	43.23	181.72	207.82	22	42.69	171.32	451.20	17
云　南	Yunnan	48.90	98.86	137.65	24	53.09	100.27	137.47	23
西　藏	Tibet			0.03	31			0.03	31
陕　西	Shaanxi	74.10	298.81	313.06	19	88.96	279.00	291.26	22
甘　肃	Gansu	63.28	123.29	128.72	25	51.92	76.00	83.55	26
青　海	Qinghai	7.10	14.80	16.49	29	7.19	8.62	6.24	30
宁　夏	Ningxia	20.98	35.23	42.64	28	21.98	33.49	38.89	28
新　疆	Xinjiang	51.07	77.11	74.39	27	53.32	80.48	73.17	27

11-176 金属制品业主营业务成本和利润总额

Cost of principal Business and Total Profit of Manufacture of Metal Products

单位：亿元 (100 million yuan)

地区	Region	主营业务成本 Cost of Principal Business 2010	2015	2016	2016排名 Ranking	利润总额 Total Profit 2010	2015	2016	2016排名 Ranking
全　国	**National Total**	**16835.48**	**32283.47**	**34709.35**		**1364.73**	**2239.34**	**2392.88**	
北　京	Beijing	229.86	280.72	263.94	21	15.66	25.61	23.43	17
天　津	Tianjin	633.20	1230.52	1257.31	9	42.56	113.84	119.05	8
河　北	Hebei	903.59	2388.46	2739.39	4	72.87	130.03	136.35	6
山　西	Shanxi	42.60	98.11	90.38	25	0.85	2.43	1.93	27
内蒙古	Inner Mongolia	136.74	430.69	279.42	20	14.21	20.49	11.00	22
辽　宁	Liaoning	980.03	1009.41	472.72	16	93.03	43.34	22.22	18
吉　林	Jilin	144.14	289.40	360.85	18	12.37	18.81	20.07	19
黑龙江	Heilongjiang	59.88	138.33	118.51	24	5.10	6.70	8.41	23
上　海	Shanghai	789.64	769.63	767.21	13	58.95	52.90	49.34	15
江　苏	Jiangsu	3019.61	5251.74	5495.34	1	220.08	389.58	390.16	1
浙　江	Zhejiang	1641.54	2000.62	1986.37	5	103.73	117.53	127.42	7
安　徽	Anhui	401.83	1068.09	1206.58	10	40.97	71.29	84.46	10
福　建	Fujian	373.63	880.90	973.50	11	33.04	77.88	91.90	9
江　西	Jiangxi	212.77	635.32	732.99	14	17.27	47.69	58.59	13
山　东	Shandong	1675.82	4950.30	5020.86	3	139.87	335.01	335.41	3
河　南	Henan	524.22	1661.72	1922.76	6	66.20	143.89	167.82	4
湖　北	Hubei	426.91	1126.67	1274.15	8	42.24	69.58	65.82	11
湖　南	Hunan	317.01	903.64	1738.06	7	37.49	78.38	154.24	5
广　东	Guangdong	3379.43	4803.67	5174.36	2	277.43	342.87	338.33	2
广　西	Guangxi	80.18	308.60	348.42	19	9.35	27.02	29.31	16
海　南	Hainan	20.16	18.48	12.50	29	1.09	0.40	1.19	28
重　庆	Chongqing	131.44	490.95	555.72	15	10.55	45.35	53.30	14
四　川	Sichuan	437.65	893.51	960.97	12	35.52	52.00	62.52	12
贵　州	Guizhou	36.12	149.00	409.04	17	1.30	5.94	12.22	21
云　南	Yunnan	47.86	86.61	121.50	23	2.26	3.80	5.80	24
西　藏	Tibet			0.01	31				
陕　西	Shaanxi	75.82	242.92	248.07	22	4.85	8.29	15.97	20
甘　肃	Gansu	39.69	68.34	74.64	26	2.80	1.02	2.45	26
青　海	Qinghai	6.22	7.70	5.44	30	0.47	0.24	0.13	29
宁　夏	Ningxia	19.86	29.27	34.63	28	0.31	1.27	-0.72	30
新　疆	Xinjiang	48.02	70.15	63.71	27	2.29	6.16	4.75	25

11-177 金属制品业销售费用和管理费用

Sales Expenses and Administrative Expenses of Manufacture of Metal Products

单位：亿元 (100 million yuan)

地区	Region	销售费用 Sales Expenses 2015	2016	2016排名 Ranking	管理费用 Administrative Expenses 2010	2015	2016	2016排名 Ranking
全　国	**National Total**	**775.02**	**819.90**		**775.25**	**1417.26**	**1489.80**	
北　京	Beijing	10.68	9.63	19	16.82	27.23	29.42	15
天　津	Tianjin	14.52	15.15	13	20.85	38.59	39.71	14
河　北	Hebei	38.45	42.27	7	32.46	53.31	52.35	8
山　西	Shanxi	2.91	2.79	23	3.15	7.15	6.50	22
内蒙古	Inner Mongolia	4.66	2.71	24	4.14	22.39	6.39	23
辽　宁	Liaoning	25.63	14.83	14	57.79	61.81	42.89	12
吉　林	Jilin	8.74	10.48	17	8.81	16.29	16.21	20
黑龙江	Heilongjiang	3.87	2.02	25	3.46	8.62	4.71	25
上　海	Shanghai	30.23	28.26	10	52.33	72.95	74.08	6
江　苏	Jiangsu	130.64	135.35	1	121.60	233.45	250.44	1
浙　江	Zhejiang	55.70	61.97	4	80.97	119.56	127.64	4
安　徽	Anhui	23.15	27.51	11	17.98	41.73	44.34	10
福　建	Fujian	21.40	24.45	12	17.79	39.02	43.68	11
江　西	Jiangxi	10.84	12.96	16	6.42	17.55	21.27	18
山　东	Shandong	92.86	93.17	3	65.58	143.88	153.97	3
河　南	Henan	43.70	55.23	5	13.67	39.35	46.93	9
湖　北	Hubei	47.10	49.32	6	25.32	63.98	65.09	7
湖　南	Hunan	29.58	38.89	8	17.90	50.43	78.07	5
广　东	Guangdong	114.96	117.42	2	149.48	235.70	248.36	2
广　西	Guangxi	8.24	8.92	20	7.54	22.72	23.62	16
海　南	Hainan	0.80	0.55	29	0.39	0.66	0.61	29
重　庆	Chongqing	10.97	13.28	15	6.74	19.93	23.10	17
四　川	Sichuan	28.12	29.07	9	28.07	40.27	42.08	13
贵　州	Guizhou	5.13	10.32	18	2.43	8.58	15.55	21
云　南	Yunnan	2.65	2.85	22	2.87	4.78	5.79	24
西　藏	Tibet		0.01	31			0.01	31
陕　西	Shaanxi	5.80	6.40	21	4.78	18.05	16.94	19
甘　肃	Gansu	1.55	1.74	26	2.42	3.41	3.69	26
青　海	Qinghai	0.25	0.24	30	0.46	0.26	0.35	30
宁　夏	Ningxia	0.90	1.13	27	0.99	2.05	2.52	28
新　疆	Xinjiang	0.99	0.99	28	2.04	3.54	3.47	27

11-178 金属制品业财务费用和营业利润
Financial Expenses and Operating Profit of Manufacture of Metal Products

单位：亿元 (100 million yuan)

地区	Region	财务费用 Financial Expenses 2010	2015	2016	2016排名 Ranking	营业利润 Operating Profit 2010	2015	2016	2016排名 Ranking
全　国	**National Total**	**167.93**	**322.97**	**300.13**		**1470.82**	**2213.14**	**2370.68**	
北　京	Beijing	1.88	3.65	3.25	19	14.48	24.18	21.84	17
天　津	Tianjin	3.96	6.90	6.45	13	41.56	113.71	118.54	8
河　北	Hebei	6.36	16.91	15.82	6	101.57	133.19	143.30	6
山　西	Shanxi	0.79	1.37	1.21	25	0.87	2.26	1.67	27
内蒙古	Inner Mongolia	0.71	5.10	1.41	24	18.27	23.55	18.16	19
辽　宁	Liaoning	10.33	11.57	10.12	10	101.91	38.52	13.30	21
吉　林	Jilin	1.88	4.33	5.38	15	12.12	18.51	19.70	18
黑龙江	Heilongjiang	0.30	1.24	0.98	28	5.61	6.44	9.43	23
上　海	Shanghai	5.79	8.30	4.24	16	57.15	51.10	46.08	15
江　苏	Jiangsu	35.40	57.54	54.06	1	246.70	387.96	387.08	1
浙　江	Zhejiang	32.06	35.78	29.07	3	105.66	113.12	122.41	7
安　徽	Anhui	4.77	12.34	13.26	8	40.47	68.85	84.98	10
福　建	Fujian	3.29	5.45	6.48	12	42.29	77.43	91.09	9
江　西	Jiangxi	1.36	2.92	3.59	17	17.71	47.65	58.87	13
山　东	Shandong	17.13	53.19	50.52	2	152.96	335.44	335.78	2
河　南	Henan	4.65	15.12	16.72	5	67.12	142.96	166.78	4
湖　北	Hubei	5.49	16.31	15.13	7	41.92	63.39	59.30	12
湖　南	Hunan	3.36	7.58	9.92	11	38.33	78.97	155.40	5
广　东	Guangdong	17.85	23.22	21.34	4	284.27	341.79	335.40	3
广　西	Guangxi	0.82	2.79	3.18	20	9.55	25.64	28.00	16
海　南	Hainan	0.02	0.67	0.27	29	1.09	0.28	1.13	28
重　庆	Chongqing	1.44	5.49	5.83	14	11.86	43.68	51.95	14
四　川	Sichuan	5.10	12.64	11.50	9	42.53	51.45	62.19	11
贵　州	Guizhou	0.42	1.67	1.62	21	1.20	5.40	12.12	22
云　南	Yunnan	0.47	1.16	1.46	22	2.24	3.83	5.57	24
西　藏	Tibet								
陕　西	Shaanxi	0.50	5.78	3.55	18	5.72	6.44	14.76	20
甘　肃	Gansu	0.76	1.43	1.07	27	2.61	0.77	2.12	26
青　海	Qinghai	0.06	0.06	0.09	30	0.35	0.19	0.09	29
宁　夏	Ningxia	0.57	1.24	1.42	23	0.31	1.08	-0.89	30
新　疆	Xinjiang	0.41	1.20	1.19	26	2.37	5.38	4.54	25

11-179 金属制品业资产总计和负债合计

Total Assets and Liabilities of Manufacture of Metal Products

单位：亿元 (100 million yuan)

地区	Region	资产总计 Total Assets 2015	2016	2016排名 Ranking	负债合计 Total Liabilities 2015	2016	2016排名 Ranking
全国	**National Total**	**25889.81**	**26725.62**		**13367.84**	**13326.98**	
北京	Beijing	589.56	629.14	14	319.64	323.59	13
天津	Tianjin	898.16	903.45	9	515.56	495.31	9
河北	Hebei	1873.43	1938.98	5	772.71	817.18	5
山西	Shanxi	152.90	168.93	22	92.84	102.29	21
内蒙古	Inner Mongolia	454.90	133.19	24	337.81	82.28	23
辽宁	Liaoning	1028.48	841.63	10	576.48	500.39	8
吉林	Jilin	187.38	209.53	21	86.52	88.71	22
黑龙江	Heilongjiang	143.40	106.98	26	88.59	55.71	27
上海	Shanghai	999.05	1051.65	7	516.07	528.78	7
江苏	Jiangsu	4071.68	4290.81	1	2121.28	2168.21	1
浙江	Zhejiang	2237.91	2258.97	4	1336.31	1317.52	4
安徽	Anhui	738.97	814.60	11	373.44	397.24	11
福建	Fujian	651.94	753.01	12	295.33	321.90	14
江西	Jiangxi	292.18	385.33	18	100.17	125.36	20
山东	Shandong	3136.61	3150.25	3	1559.48	1493.23	3
河南	Henan	1286.10	1404.92	6	397.54	424.30	10
湖北	Hubei	958.88	1004.17	8	549.14	561.74	6
湖南	Hunan	507.39	583.06	15	204.60	244.86	16
广东	Guangdong	3207.61	3495.59	2	1692.49	1816.59	2
广西	Guangxi	217.12	225.89	20	120.30	130.56	19
海南	Hainan	21.07	19.19	29	10.63	8.02	29
重庆	Chongqing	437.41	441.68	16	275.86	249.92	15
四川	Sichuan	704.68	751.18	13	379.28	395.71	12
贵州	Guizhou	145.78	295.16	19	77.43	198.08	18
云南	Yunnan	123.02	135.03	23	86.20	81.31	24
西藏	Tibet		0.98	31		0.71	31
陕西	Shaanxi	515.28	431.38	17	298.66	220.54	17
甘肃	Gansu	102.50	108.03	25	55.35	58.37	26
青海	Qinghai	16.78	14.00	30	4.61	4.75	30
宁夏	Ningxia	71.79	76.49	28	49.02	53.63	28
新疆	Xinjiang	117.85	102.42	27	74.50	60.20	25

11-180 通用设备制造业工业销售产值和主营业务收入
Sales Value and Revenue from Principal Business of Manufacture of General Purpose Machinery

单位：亿元 (100 million yuan)

地区	Region	工业销售产值（当年价格） Sales Value（current prices） 2010	2015	2016	2016排名 Ranking	主营业务收入 Revenue from Principal Business 2010	2015	2016	2016排名 Ranking
全 国	**National Total**	**34262.90**	**47172.70**	**48337.12**		**34400.11**	**47039.64**	**48200.40**	
北 京	Beijing	527.30	480.24	473.80	19	560.63	537.60	527.82	17
天 津	Tianjin	724.47	1163.24	1232.79	12	768.19	1187.93	1234.28	12
河 北	Hebei	1149.57	1362.47	1529.95	10	1147.98	1332.05	1525.19	10
山 西	Shanxi	222.02	133.22	142.21	23	220.08	137.16	134.54	23
内蒙古	Inner Mongolia	165.03	247.34	267.05	22	167.42	251.65	259.47	22
辽 宁	Liaoning	3507.53	2302.20	1181.16	13	3527.61	2259.09	1198.89	13
吉 林	Jilin	267.32	477.98	485.48	18	266.54	464.29	471.95	19
黑龙江	Heilongjiang	443.85	344.41	337.05	21	431.93	341.82	330.78	20
上 海	Shanghai	2353.13	2491.97	2452.92	6	2409.32	2586.10	2583.21	6
江 苏	Jiangsu	6064.09	8678.36	9088.57	1	6076.90	8676.20	9117.19	1
浙 江	Zhejiang	3657.86	4141.88	4226.41	3	3681.07	4101.17	4153.00	3
安 徽	Anhui	856.77	2111.98	2297.91	7	861.73	2061.47	2260.67	7
福 建	Fujian	602.51	97.00	1065.17	14	609.70	985.56	1080.33	14
江 西	Jiangxi	245.00	732.95	787.68	15	249.61	773.83	809.95	15
山 东	Shandong	5773.77	8174.48	8281.56	2	5756.39	8243.74	8353.42	2
河 南	Henan	1612.16	3165.79	3477.39	5	1654.90	3193.61	3463.49	5
湖 北	Hubei	772.36	1303.16	1386.33	11	726.89	1208.35	1269.58	11
湖 南	Hunan	818.68	1579.55	1723.11	9	818.51	1546.95	1682.80	9
广 东	Guangdong	1857.51	3514.43	3787.14	4	1853.75	3448.07	3744.00	4
广 西	Guangxi	175.64	328.41	351.06	20	180.14	306.97	327.89	21
海 南	Hainan	7.64	0.47	0.36	30	7.88	0.38	0.36	30
重 庆	Chongqing	424.14	661.60	786.78	16	438.91	662.04	780.52	16
四 川	Sichuan	1474.25	1939.47	2114.26	8	1439.11	1971.38	2107.01	8
贵 州	Guizhou	30.21	109.77	125.47	24	29.26	100.88	118.34	24
云 南	Yunnan	72.17	49.21	53.71	27	74.99	48.16	51.51	26
西 藏	Tibet								
陕 西	Shaanxi	329.72	533.58	523.14	17	314.00	472.72	484.84	18
甘 肃	Gansu	55.15	64.71	71.93	25	51.92	46.00	47.57	27
青 海	Qinghai	19.29	17.87	18.19	28	19.18	14.29	15.56	28
宁 夏	Ningxia	41.12	61.69	54.93	26	41.74	59.25	52.60	25
新 疆	Xinjiang	12.64	23.27	13.63	29	13.84	20.33	13.65	29

11-181 通用设备制造业主营业务成本和利润总额

Cost of Principal Business and Total Profit of Manufacture of General Purpose Machinery

单位：亿元 (100 million yuan)

地区	Region	主营业务成本 Cost of Principal Business				利润总额 Total Profit			
		2010	2015	2016	2016排名 Ranking	2010	2015	2016	2016排名 Ranking
全　国	**National Total**	**28726.15**	**39563.09**	**40593.57**		**2710.67**	**3142.93**	**3178.66**	
北　京	Beijing	435.49	410.88	409.98	17	65.78	58.09	67.94	13
天　津	Tianjin	623.00	972.67	1024.31	12	85.25	105.89	98.92	10
河　北	Hebei	956.14	1136.69	1321.27	10	103.89	99.46	102.87	8
山　西	Shanxi	191.81	110.61	112.65	23	11.58	9.91	7.97	22
内蒙古	Inner Mongolia	143.63	203.80	232.89	22	10.62	6.06	6.38	23
辽　宁	Liaoning	2967.86	1923.18	1011.02	13	249.22	104.68	24.87	19
吉　林	Jilin	229.09	397.38	402.11	19	15.91	30.79	26.18	18
黑龙江	Heilongjiang	370.87	293.00	285.02	20	23.05	9.55	8.89	21
上　海	Shanghai	1976.13	2061.81	2055.82	6	174.69	161.54	159.84	6
江　苏	Jiangsu	5090.76	7181.22	7555.55	1	468.95	669.88	705.87	1
浙　江	Zhejiang	3074.08	3361.94	3365.03	3	269.35	275.13	299.84	3
安　徽	Anhui	713.73	1787.94	1978.36	7	88.61	129.29	109.76	7
福　建	Fujian	516.90	814.10	903.40	14	46.97	71.84	79.44	11
江　西	Jiangxi	206.57	667.89	692.33	15	18.38	59.27	64.17	16
山　东	Shandong	4857.24	7186.87	7248.81	2	436.40	528.56	547.79	2
河　南	Henan	1383.23	2778.14	3031.16	5	166.55	231.77	241.74	5
湖　北	Hubei	580.27	1022.75	1075.92	11	72.55	58.12	64.89	15
湖　南	Hunan	654.41	1260.11	1407.03	9	75.74	90.27	99.06	9
广　东	Guangdong	1576.71	2909.91	3143.11	4	135.63	235.39	257.01	4
广　西	Guangxi	150.85	252.06	268.95	21	13.49	17.02	19.03	20
海　南	Hainan	7.34	0.34	0.32	30	0.35	-0.05	-0.03	30
重　庆	Chongqing	355.25	542.24	638.30	16	37.14	47.61	65.19	14
四　川	Sichuan	1223.88	1646.42	1773.58	8	99.81	103.90	76.03	12
贵　州	Guizhou	22.55	84.42	98.25	24	3.35	4.31	5.54	24
云　南	Yunnan	61.19	41.21	45.12	25	6.27	0.71	1.80	26
西　藏	Tibet								
陕　西	Shaanxi	253.01	398.52	406.94	18	25.57	30.03	32.27	17
甘　肃	Gansu	43.03	37.57	38.61	27	2.06	0.86	0.98	28
青　海	Qinghai	16.15	11.31	11.90	28	0.79	0.19	1.41	27
宁　夏	Ningxia	33.61	50.97	44.75	26	1.75	1.46	2.09	25
新　疆	Xinjiang	11.36	17.13	11.10	29	0.99	1.37	0.90	29

11-182 通用设备制造业销售费用和管理费用

Sales Expenses and Administrative Expenses of Manufacture of General Purpose Machinery

单位：亿元 (100 million yuan)

地区	Region	销售费用 Sales Expenses 2015	2016	2016排名 Ranking	管理费用 Administrative Expenses 2010	2015	2016	2016排名 Ranking
全 国	**National Total**	**1350.04**	**1398.30**		**1752.90**	**2434.38**	**2498.28**	
北 京	Beijing	32.87	32.95	14	38.02	49.47	48.32	15
天 津	Tianjin	36.49	36.40	12	45.48	70.76	68.17	12
河 北	Hebei	31.92	33.73	13	39.93	44.90	49.34	14
山 西	Shanxi	4.53	4.16	23	11.66	9.84	9.54	22
内蒙古	Inner Mongolia	2.84	3.14	24	8.08	7.08	7.15	24
辽 宁	Liaoning	68.44	45.79	10	166.12	119.44	90.43	7
吉 林	Jilin	11.12	12.59	20	16.80	19.79	23.81	19
黑龙江	Heilongjiang	9.39	8.16	21	22.54	24.99	23.65	20
上 海	Shanghai	112.09	109.97	5	174.16	242.79	242.85	4
江 苏	Jiangsu	260.51	269.65	1	287.88	479.72	489.90	1
浙 江	Zhejiang	129.60	138.83	3	208.61	298.37	319.31	2
安 徽	Anhui	42.34	48.56	9	42.32	84.13	89.86	8
福 建	Fujian	29.93	31.94	15	23.27	49.31	55.22	13
江 西	Jiangxi	14.61	15.40	17	10.18	28.30	29.92	17
山 东	Shandong	184.64	187.34	2	244.92	261.38	262.29	3
河 南	Henan	64.93	68.25	7	43.53	82.78	83.29	9
湖 北	Hubei	37.47	39.39	11	55.18	66.38	69.40	11
湖 南	Hunan	46.89	56.93	8	47.30	73.97	81.45	10
广 东	Guangdong	108.83	117.20	4	93.36	196.80	221.92	5
广 西	Guangxi	14.26	14.81	19	15.62	20.04	22.53	21
海 南	Hainan	0.02	0.02	30	0.33	0.05	0.04	30
重 庆	Chongqing	21.50	24.63	16	26.65	38.46	42.44	16
四 川	Sichuan	59.48	71.12	6	83.69	107.77	114.88	6
贵 州	Guizhou	3.18	4.45	22	3.88	7.04	8.97	23
云 南	Yunnan	2.03	2.11	26	4.38	3.51	4.01	26
西 藏	Tibet							
陕 西	Shaanxi	14.10	15.15	18	26.68	36.91	29.36	18
甘 肃	Gansu	2.39	2.23	25	4.08	4.24	4.51	25
青 海	Qinghai	0.73	0.82	28	2.83	1.60	1.88	28
宁 夏	Ningxia	2.32	2.09	27	4.33	3.53	2.91	27
新 疆	Xinjiang	0.57	0.50	29	1.07	1.04	0.93	29

11-183 通用设备制造业财务费用和营业利润

Financial Expenses and Operating Profit of Manufacture of General Purpose Machinery

单位：亿元 (100 million yuan)

地区	Region	财务费用 Financial Expenses 2010	2015	2016	2016排名 Ranking	营业利润 Operating Profit 2010	2015	2016	2016排名 Ranking
全　国	**National Total**	**268.15**	**407.54**	**376.61**		**2816.42**	**3076.53**	**3091.74**	
北　京	Beijing	2.22	3.85	5.71	15	62.36	56.27	62.04	13
天　津	Tianjin	1.43	3.52	3.55	18	85.24	105.86	96.16	10
河　北	Hebei	8.67	10.65	10.85	11	115.87	98.93	102.85	9
山　西	Shanxi	2.34	1.91	2.10	20	12.05	9.10	7.40	23
内蒙古	Inner Mongolia	2.58	1.70	1.09	25	17.24	34.41	13.01	21
辽　宁	Liaoning	29.30	35.67	33.09	4	264.84	96.23	14.87	20
吉　林	Jilin	1.29	3.69	4.89	16	16.69	30.45	25.93	18
黑龙江	Heilongjiang	1.20	1.80	1.59	21	24.44	7.43	8.48	22
上　海	Shanghai	9.07	17.24	14.46	9	166.61	153.35	151.19	6
江　苏	Jiangsu	41.61	81.82	64.89	1	496.64	663.34	698.26	1
浙　江	Zhejiang	53.10	50.81	42.93	3	267.29	258.34	282.12	3
安　徽	Anhui	6.99	15.85	15.07	8	87.03	119.91	103.87	8
福　建	Fujian	5.23	8.08	8.35	12	52.44	69.59	76.66	12
江　西	Jiangxi	1.40	2.61	2.95	19	19.04	56.99	61.76	15
山　东	Shandong	46.51	66.06	62.45	2	454.88	519.39	539.64	2
河　南	Henan	11.98	24.63	24.46	5	171.01	225.58	238.86	5
湖　北	Hubei	8.34	17.57	21.28	6	75.84	50.91	58.49	16
湖　南	Hunan	6.37	11.33	13.12	10	77.72	98.07	105.16	7
广　东	Guangdong	8.57	8.14	6.60	14	137.35	211.49	242.49	4
广　西	Guangxi	1.90	1.87	1.44	23	16.70	16.49	18.14	19
海　南	Hainan	-0.03	0.02	0.03	30	0.24	-0.05	-0.03	29
重　庆	Chongqing	3.05	7.51	6.63	13	39.54	42.61	61.77	14
四　川	Sichuan	10.85	20.62	19.66	7	119.81	115.35	87.38	11
贵　州	Guizhou	0.33	1.33	1.22	24	2.62	4.03	4.69	24
云　南	Yunnan	0.67	0.96	0.87	26	6.05	0.08	-1.16	30
西　藏	Tibet								
陕　西	Shaanxi	1.28	4.87	4.28	17	21.98	29.36	28.27	17
甘　肃	Gansu	0.76	1.64	1.55	22	1.62	0.70	0.58	27
青　海	Qinghai	0.20	0.31	0.38	28	0.78	0.12	0.34	28
宁　夏	Ningxia	0.90	1.10	0.83	27	1.55	1.10	1.73	25
新　疆	Xinjiang	0.05	0.38	0.28	29	0.96	1.10	0.79	26

11-184 通用设备制造业资产总计和负债合计
Total Assets and Liabilities of Manufacture of General Purpose Machinery

单位：亿元 (100 million yuan)

地区	Region	资产总计 Total Assets 2015	2016	2016排名 Ranking	负债合计 Total Liabilities 2015	2016	2016排名 Ranking
全　国	**National Total**	**41842.85**	**43335.59**		**21855.18**	**22481.10**	
北　京	Beijing	1004.02	1100.20	11	452.54	510.07	12
天　津	Tianjin	1046.83	1043.61	12	589.70	577.61	11
河　北	Hebei	998.65	1198.00	10	428.51	478.60	14
山　西	Shanxi	192.20	212.84	22	131.54	142.37	21
内蒙古	Inner Mongolia	157.16	147.10	23	96.84	85.86	24
辽　宁	Liaoning	2530.84	2269.81	6	1438.76	1415.25	6
吉　林	Jilin	216.98	222.29	21	101.97	105.46	23
黑龙江	Heilongjiang	707.10	651.81	18	496.08	488.70	13
上　海	Shanghai	3496.83	3628.21	4	2049.04	2120.63	4
江　苏	Jiangsu	7624.66	7832.77	1	3877.40	3938.23	1
浙　江	Zhejiang	4862.59	4981.34	3	2586.67	2556.75	2
安　徽	Anhui	1525.61	1590.60	8	792.81	835.27	9
福　建	Fujian	745.50	756.90	14	320.71	317.24	18
江　西	Jiangxi	444.35	493.23	19	212.68	225.73	19
山　东	Shandong	5274.44	5484.98	2	2350.37	2496.32	3
河　南	Henan	2065.79	2109.69	7	791.38	786.29	10
湖　北	Hubei	1386.09	1482.04	9	869.94	895.97	8
湖　南	Hunan	878.31	906.47	13	415.72	424.15	15
广　东	Guangdong	2948.46	3368.30	5	1591.51	1816.49	5
广　西	Guangxi	322.23	331.07	20	178.12	181.65	20
海　南	Hainan	0.75	0.77	30	0.56	0.60	30
重　庆	Chongqing	577.89	668.39	17	341.78	376.88	16
四　川	Sichuan	1642.22	671.45	15	1049.11	1030.90	7
贵　州	Guizhou	96.21	125.31	25	63.45	72.10	25
云　南	Yunnan	81.37	84.72	27	49.50	52.52	27
西　藏	Tibet						
陕　西	Shaanxi	698.02	669.06	16	371.46	343.13	17
甘　肃	Gansu	132.81	144.59	24	100.31	112.92	22
青　海	Qinghai	46.12	39.89	28	18.92	22.74	28
宁　夏	Ningxia	99.17	97.51	26	57.62	53.89	26
新　疆	Xinjiang	39.63	22.61	29	30.13	16.78	29

11-185 专用设备制造业工业销售产值主营业务收入
Sales Value and Revenue from Principal Business of Manufacture of Special Purpose Machinery

单位：亿元 (100 million yuan)

地区	Region	工业销售产值(当年价格) Sales Value（current prices）				主营业务收入 Revenue from Principal Business			
		2010	2015	2016	2016排名 Ranking	2010	2015	2016	2016排名 Ranking
全　国	**National Total**	**20878.51**	**36185.03**	**37672.91**		**21312.97**	**35873.75**	**37414.51**	
北　京	Beijing	495.36	540.86	499.09	19	551.60	620.60	608.35	15
天　津	Tianjin	494.44	1066.03	977.13	12	496.85	1075.65	934.00	12
河　北	Hebei	723.11	1482.14	1503.13	8	728.04	1455.09	1478.45	8
山　西	Shanxi	355.75	209.65	185.58	23	364.15	245.14	199.05	23
内蒙古	Inner Mongolia	206.92	221.46	228.12	22	350.76	213.64	214.43	22
辽　宁	Liaoning	1532.35	1514.03	608.47	16	1500.31	1476.75	608.09	16
吉　林	Jilin	272.46	632.67	687.30	14	259.13	620.76	664.08	14
黑龙江	Heilongjiang	306.67	274.02	238.73	21	281.24	269.15	227.13	21
上　海	Shanghai	1067.13	1039.54	1104.48	11	1103.38	1084.52	1147.72	10
江　苏	Jiangsu	3256.24	5845.96	6451.61	1	3260.62	5833.51	6449.34	1
浙　江	Zhejiang	1280.60	1583.49	1616.59	6	1270.80	1551.98	1593.31	6
安　徽	Anhui	517.39	1437.77	1590.88	7	478.03	1401.12	1554.25	7
福　建	Fujian	468.87	768.16	845.34	13	492.30	768.57	833.97	13
江　西	Jiangxi	172.84	513.67	554.00	17	172.20	518.99	562.37	18
山　东	Shandong	2963.97	6193.86	6309.68	2	3049.14	6190.26	6334.54	2
河　南	Henan	1586.16	3567.56	3962.01	3	1678.41	3585.70	4012.28	3
湖　北	Hubei	345.73	1094.62	1184.92	10	333.99	1020.52	1114.69	11
湖　南	Hunan	1571.66	2694.40	2862.86	4	1533.84	2600.60	2780.85	4
广　东	Guangdong	1419.70	2402.00	2768.09	5	1404.86	2367.23	2717.33	5
广　西	Guangxi	316.90	488.00	514.67	18	350.49	478.87	513.72	19
海　南	Hainan	1.90	2.30	2.49	30	2.04	2.26	2.45	30
重　庆	Chongqing	206.74	392.07	483.96	20	207.85	375.28	465.32	20
四　川	Sichuan	748.25	1236.19	1376.30	9	872.32	1194.35	1377.38	9
贵　州	Guizhou	33.58	108.40	127.22	24	32.43	102.31	119.81	25
云　南	Yunnan	67.18	100.92	98.41	26	66.09	104.23	101.74	26
西　藏	Tibet		0.22	0.21	31		0.22	0.21	31
陕　西	Shaanxi	350.62	571.33	676.07	15	350.79	508.44	567.94	17
甘　肃	Gansu	59.75	122.43	114.87	25	64.24	129.77	135.18	24
青　海	Qinghai	2.22	4.62	12.47	29	1.24	3.54	2.80	29
宁　夏	Ningxia	33.55	39.95	52.70	27	33.75	37.07	53.72	27
新　疆	Xinjiang	20.47	36.74	35.53	28	22.08	37.65	40.05	28

11-186 专用设备制造业主营业务成本和利润总额
Cost of principal Business and Total Profit of Manufacture of Special Purpose Machinery

单位：亿元 (100 million yuan)

地区	Region	主营业务成本 Cost of Principal Business				利润总额 Total Profit			
		2010	2015	2016	2016排名 Ranking	2010	2015	2016	2016排名 Ranking
全　国	**National Total**	**17475.24**	**30181.76**	**31360.52**		**1855.05**	**2186.65**	**2280.04**	
北　京	Beijing	430.30	453.19	433.64	17	50.50	53.75	81.07	10
天　津	Tianjin	410.32	941.74	804.23	11	34.52	57.81	29.59	18
河　北	Hebei	583.47	1240.76	1249.81	7	66.60	97.93	107.61	6
山　西	Shanxi	313.91	205.47	175.87	22	14.38	3.72	-14.79	29
内蒙古	Inner Mongolia	308.71	165.85	171.01	23	12.32	8.54	13.40	20
辽　宁	Liaoning	1257.54	1301.74	526.98	14	117.28	-9.49	-22.83	30
吉　林	Jilin	214.78	534.87	577.28	13	16.25	31.65	33.63	17
黑龙江	Heilongjiang	214.07	234.98	206.35	21	38.64	-12.04	-49.59	31
上　海	Shanghai	877.54	843.57	884.97	10	106.83	60.60	94.37	7
江　苏	Jiangsu	2685.21	4821.69	5317.17	2	276.36	436.49	484.83	1
浙　江	Zhejiang	1031.05	1257.15	1273.96	6	108.67	104.61	119.38	5
安　徽	Anhui	401.54	1201.17	331.49	20	56.71	81.63	90.17	9
福　建	Fujian	406.55	646.06	700.99	12	45.38	43.23	56.61	12
江　西	Jiangxi	143.22	448.19	486.14	15	11.13	40.51	42.80	15
山　东	Shandong	2562.52	5359.84	5507.69	1	247.04	405.73	400.48	2
河　南	Henan	1407.18	3133.81	3450.82	3	158.29	230.93	236.63	4
湖　北	Hubei	269.07	868.18	959.74	9	29.53	49.69	45.79	14
湖　南	Hunan	1162.22	2188.43	2343.32	4	193.79	96.08	62.28	11
广　东	Guangdong	1151.79	1906.24	2161.09	5	117.14	194.67	243.64	3
广　西	Guangxi	284.31	394.48	428.38	18	37.59	27.33	22.09	19
海　南	Hainan	1.50	1.39	1.50	30	0.19	0.38	0.38	26
重　庆	Chongqing	174.33	294.36	375.79	19	10.42	39.48	46.41	13
四　川	Sichuan	721.85	990.61	1152.35	8	64.37	86.38	93.83	8
贵　州	Guizhou	25.74	76.88	93.86	25	2.84	5.32	5.60	22
云　南	Yunnan	56.36	92.26	86.27	26	6.06	4.07	4.83	23
西　藏	Tibet		0.18	0.21	31		0.02	-0.01	28
陕　西	Shaanxi	283.56	405.56	458.14	16	23.56	32.11	38.42	16
甘　肃	Gansu	51.52	113.16	121.23	24	2.88	7.42	8.06	21
青　海	Qinghai	0.83	3.12	2.44	29	0.45	-0.01	0.16	27
宁　夏	Ningxia	26.50	27.93	45.19	27	3.70	3.68	2.49	25
新　疆	Xinjiang	17.71	28.87	32.60	28	1.61	4.43	2.73	24

11-187 专用设备制造业销售费用和管理费用

Sales Expenses and Administrative Expenses of Manufacture of Special Purpose Machinery

单位：亿元 (100 million yuan)

地区	Region	销售费用 Sales Expenses			管理费用 Administrative Expenses			
		2015	2016	2016排名 Ranking	2010	2015	2016	2016排名 Ranking
全　国	**National Total**	**1073.80**	**1177.79**		**1231.44**	**1930.17**	**2016.29**	
北　京	Beijing	39.41	43.13	8	56.60	74.69	74.26	8
天　津	Tianjin	24.43	25.24	13	43.30	70.25	62.50	11
河　北	Hebei	37.69	36.77	11	39.25	57.79	58.80	12
山　西	Shanxi	7.03	6.39	23	27.75	23.18	20.77	21
内蒙古	Inner Mongolia	6.56	7.26	22	13.89	12.80	13.37	23
辽　宁	Liaoning	32.66	20.72	16	93.43	81.63	52.35	14
吉　林	Jilin	16.82	16.87	18	15.92	29.38	27.34	18
黑龙江	Heilongjiang	8.46	9.75	21	23.69	25.72	21.79	20
上　海	Shanghai	60.17	63.58	6	91.52	119.70	118.47	7
江　苏	Jiangsu	174.12	196.77	1	168.20	340.98	367.65	1
浙　江	Zhejiang	53.15	54.99	7	82.06	125.99	136.89	5
安　徽	Anhui	35.85	40.85	9	23.15	62.06	69.76	10
福　建	Fujian	22.20	22.62	15	22.48	43.19	41.47	15
江　西	Jiangxi	9.49	10.97	20	4.75	13.51	15.04	22
山　东	Shandong	143.79	147.98	2	134.63	195.27	193.69	3
河　南	Henan	74.29	86.50	5	61.24	104.78	128.74	6
湖　北	Hubei	29.32	34.84	12	21.07	56.09	58.69	13
湖　南	Hunan	99.86	118.72	4	77.32	120.26	142.86	4
广　东	Guangdong	98.15	121.70	3	88.16	182.89	210.74	2
广　西	Guangxi	16.05	19.87	17	21.79	31.30	33.65	17
海　南	Hainan	0.26	0.41	29	0.23	0.33	0.36	29
重　庆	Chongqing	12.11	14.03	19	19.45	20.89	23.30	19
四　川	Sichuan	36.39	40.29	10	48.76	70.25	74.15	9
贵　州	Guizhou	4.82	5.98	24	3.27	7.05	8.71	24
云　南	Yunnan	2.43	1.75	27	5.57	5.13	5.23	26
西　藏	Tibet						0.01	31
陕　西	Shaanxi	22.22	23.60	14	33.14	41.97	40.24	16
甘　肃	Gansu	2.60	2.76	25	6.48	8.18	8.26	25
青　海	Qinghai	0.06	0.02	30	0.10	0.15	0.21	30
宁　夏	Ningxia	1.62	2.03	26	2.62	3.49	3.49	27
新　疆	Xinjiang	1.80	1.40	28	1.61	3.06	3.48	28

11-188 专用设备制造业财务费用和营业利润

Financial Expenses and Operating Profit of Manufacture of Special Purpose Machinery

单位：亿元 (100 million yuan)

地区	Region	财务费用 Financial Expenses				营业利润 Operating Profit			
		2010	2015	2016	2016排名 Ranking	2010	2015	2016	2016排名 Ranking
全　国	**National Total**	**166.06**	**351.79**	**360.56**		**1901.09**	**2061.32**	**2156.32**	
北　京	Beijing	2.58	14.68	11.43	9	46.57	47.98	72.61	10
天　津	Tianjin	2.87	-16.58	8.05	15	33.01	57.75	29.89	19
河　北	Hebei	5.93	11.80	11.24	10	76.74	95.38	104.28	6
山　西	Shanxi	3.63	9.67	10.52	12	18.32	0.89	-16.30	30
内蒙古	Inner Mongolia	1.86	1.31	1.48	25	14.55	22.81	19.63	21
辽　宁	Liaoning	11.43	25.23	18.67	5	118.03	-13.41	-29.02	31
吉　林	Jilin	1.59	5.91	6.05	18	16.64	30.92	33.47	17
黑龙江	Heilongjiang	3.32	9.88	9.48	13	33.61	-13.79	52.49	13
上　海	Shanghai	6.39	3.99	2.64	23	98.36	53.85	84.66	8
江　苏	Jiangsu	26.33	48.79	50.64	1	295.47	420.60	475.40	1
浙　江	Zhejiang	17.43	22.04	17.95	6	105.35	95.71	109.92	5
安　徽	Anhui	4.09	11.11	10.82	11	56.57	71.89	81.51	9
福　建	Fujian	3.76	8.01	7.72	16	49.07	41.68	55.95	12
江　西	Jiangxi	0.81	3.34	3.33	22	11.33	39.76	42.35	16
山　东	Shandong	21.93	51.58	49.02	2	255.56	402.34	392.10	2
河　南	Henan	9.19	28.85	43.68	3	160.82	223.76	230.97	3
湖　北	Hubei	3.52	12.14	11.72	8	29.78	46.53	42.53	15
湖　南	Hunan	14.68	47.02	42.92	4	214.37	87.46	57.51	11
广　东	Guangdong	6.48	7.33	6.59	17	115.17	182.29	214.63	4
广　西	Guangxi	1.55	5.06	3.44	21	37.74	25.60	20.58	20
海　南	Hainan		0.01	0.02	30	0.15	0.26	0.21	27
重　庆	Chongqing	2.54	3.12	3.55	20	11.85	38.17	45.07	14
四　川	Sichuan	9.11	20.35	13.07	7	64.20	53.45	89.39	7
贵　州	Guizhou	0.24	2.56	1.97	24	1.87	5.23	5.07	23
云　南	Yunnan	0.86	0.73	0.96	26	5.65	3.54	4.49	24
西　藏	Tibet						0.02	-0.01	29
陕　西	Shaanxi	3.22	9.71	8.90	14	22.45	28.97	31.01	18
甘　肃	Gansu	0.52	3.20	4.05	19	2.39	4.73	6.80	22
青　海	Qinghai	0.02	0.17	0.06	29	0.45	-0.02	0.14	28
宁　夏	Ningxia	0.05	0.52	0.40	27	3.46	3.14	1.99	25
新　疆	Xinjiang	0.16	0.26	0.19	28	1.57	3.80	1.97	26

11-189　专用设备制造业资产总计和负债合计

Total Assets and Liabilities of Manufacture of Special Purpose Machinery

单位：亿元 (100 million yuan)

地区	Region	资产总计 Total Assets 2015	资产总计 Total Assets 2016	2016排名 Ranking	负债合计 Total Liabilities 2015	负债合计 Total Liabilities 2016	2016排名 Ranking
全　国	**National Total**	**35455.17**	**36841.47**		**18817.64**	**19218.40**	
北　京	Beijing	1667.21	1832.61	7	864.36	957.73	9
天　津	Tianjin	1361.04	1054.21	13	718.63	618.91	11
河　北	Hebei	1488.38	1667.74	9	615.22	594.01	14
山　西	Shanxi	654.07	615.85	18	488.68	471.54	16
内蒙古	Inner Mongolia	147.65	174.17	24	67.43	76.35	25
辽　宁	Liaoning	2253.12	1647.23	10	1538.93	1171.37	5
吉　林	Jilin	266.23	272.61	23	120.16	120.64	23
黑龙江	Heilongjiang	728.60	664.38	17	400.64	389.40	18
上　海	Shanghai	1619.40	1735.96	8	914.73	968.24	8
江　苏	Jiangsu	4889.78	5363.59	1	2520.69	2731.24	1
浙　江	Zhejiang	1995.01	2063.87	6	1102.47	1084.61	6
安　徽	Anhui	1008.42	1119.41	12	550.82	600.43	13
福　建	Fujian	690.14	724.08	16	364.69	391.48	17
江　西	Jiangxi	269.49	320.78	22	120.22	133.64	22
山　东	Shandong	3961.74	4124.95	2	1862.70	1930.62	2
河　南	Henan	2521.10	2694.11	5	1040.13	1079.89	7
湖　北	Hubei	1032.23	1021.88	15	619.56	576.12	15
湖　南	Hunan	2842.88	2925.52	3	1650.84	1680.46	3
广　东	Guangdong	2470.00	2830.36	4	1244.80	1396.99	4
广　西	Guangxi	478.62	491.82	19	256.19	258.52	19
海　南	Hainan	6.71	8.73	29	3.03	4.57	30
重　庆	Chongqing	325.40	413.13	20	175.75	219.20	21
四　川	Sichuan	1117.20	1226.97	11	648.88	674.38	10
贵　州	Guizhou	112.35	117.61	26	74.08	76.50	24
云　南	Yunnan	95.38	95.62	27	70.01	63.43	26
西　藏	Tibet	0.45	0.44	31	0.42	0.42	31
陕　西	Shaanxi	921.58	1046.36	14	494.83	611.76	12
甘　肃	Gansu	330.53	375.95	21	204.17	247.46	20
青　海	Qinghai	7.13	8.00	30	5.08	5.12	29
宁　夏	Ningxia	80.08	81.21	28	39.67	38.76	28
新　疆	Xinjiang	113.25	122.32	25	39.81	44.62	27

11-190 汽车制造业工业销售产值、主营业务收入、主营业务成本和利润总额（2016年）

Manufacturing of Automobiles Industry Sales Value, Revenue from Principal Business, Cost of Principal Business, and Total Profit

单位：亿元 (100 million yuan)

地区	Region	工业销售产值（当年价格） Sales Value (current prices)	排名 Ranking	主营业务收入 Revenue from Principal Business	排名 Ranking	主营业务成本 Cost of Principal Business	排名 Ranking	利润总额 Total Profit	排名 Ranking
全　国	**National Total**	**80440.37**		**81347.16**		**67756.31**		**6853.77**	
北　京	Beijing	4678.46	8	4802.00	8	3977.93	8	380.13	9
天　津	Tianjin	2474.62	16	2342.80	16	1955.65	16	215.93	13
河　北	Hebei	2570.63	15	2597.23	14	2140.29	14	244.93	10
山　西	Shanxi	147.32	25	147.08	25	125.56	24	8.58	24
内蒙古	Inner Mongolia	156.74	24	152.86	24	123.87	25	-11.11	30
辽　宁	Liaoning	2670.55	13	2725.16	12	2128.85	15	194.39	14
吉　林	Jilin	5955.68	5	6629.04	5	5356.35	5	594.15	2
黑龙江	Heilongjiang	236.38	23	236.57	22	202.53	23	16.73	21
上　海	Shanghai	5821.11	6	7213.54	2	5739.46	3	1081.97	1
江　苏	Jiangsu	7790.50	1	7470.38	1	6192.32	2	589.94	4
浙　江	Zhejiang	4447.86	9	4420.38	9	3583.98	9	421.66	7
安　徽	Anhui	3043.20	11	2799.21	11	2477.61	11	125.90	15
福　建	Fujian	1171.67	19	1162.78	19	968.09	19	87.79	17
江　西	Jiangxi	1379.93	18	1463.44	18	1248.46	18	85.15	18
山　东	Shandong	7030.35	2	7078.50	3	6266.09	1	412.46	8
河　南	Henan	3173.55	10	3140.77	10	2727.27	10	216.33	12
湖　北	Hubei	6675.43	4	6237.58	6	5244.32	6	592.01	3
湖　南	Hunan	1803.58	17	1770.54	17	1463.32	17	79.76	19
广　东	Guangdong	6792.37	3	6709.58	4	5618.58	4	542.10	6
广　西	Guangxi	2601.08	14	2529.18	15	2160.77	13	115.16	16
海　南	Hainan	62.55	26	60.55	26	58.21	26	-4.70	29
重　庆	Chongqing	5331.08	7	5429.03	7	4348.27	7	567.82	5
四　川	Sichuan	2751.10	12	2680.58	13	2264.29	12	242.73	11
贵　州	Guizhou	248.90	21	240.84	21	215.07	21	10.87	23
云　南	Yunnan	237.07	22	229.15	23	207.20	22	12.63	22
西　藏	Tibet								
陕　西	Shaanxi	1148.88	20	1041.50	20	929.36	20	31.02	20
甘　肃	Gansu	12.22	28	12.15	28	11.11	28	0.24	25
青　海	Qinghai	5.70	29	0.34	30	0.32	30	-0.03	27
宁　夏	Ningxia	2.20	30	2.20	29	2.06	29	0.03	26
新　疆	Xinjiang	19.66	27	22.22	27	19.11	27	-0.82	28

11-191 汽车制造业销售、管理费用、资产总计和负债合计（2016年）

Manufacturing of Automobiles Sales Expenses, Administrative Expenses, Total Assets, and Total Liabilities

单位：亿元 (100 million yuan)

地区	Region	销售费用 Sales Expenses	排名 Ranking	管理费用 Administrative Expenses	排名 Ranking	资产总计 Total Assets	排名 Ranking	负债合计 Total Liabilities	排名 Ranking
全　国	**National Total**	**2307.62**		**3876.55**		**68536.75**		**39986.24**	
北　京	Beijing	190.44	5	177.63	9	4607.03	8	2764.01	7
天　津	Tianjin	30.74	19	101.43	14	1632.23	16	939.99	17
河　北	Hebei	57.53	14	117.71	12	2249.60	12	1215.52	13
山　西	Shanxi	5.45	21	9.74	22	236.44	23	172.35	23
内蒙古	Inner Mongolia	4.73	22	8.06	24	399.99	21	357.02	21
辽　宁	Liaoning	191.08	4	127.20	11	2899.47	10	1986.38	10
吉　林	Jilin	304.91	1	302.00	5	5218.36	5	2373.43	9
黑龙江	Heilongjiang	3.16	25	12.58	21	296.26	22	258.45	22
上　海	Shanghai	113.65	9	563.80	1	6666.50	1	3159.10	3
江　苏	Jiangsu	191.83	3	357.71	2	5574.78	3	3343.00	2
浙　江	Zhejiang	88.13	11	267.32	6	4654.81	7	2907.42	5
安　徽	Anhui	84.72	12	140.11	10	2619.97	11	1715.29	11
福　建	Fujian	40.88	18	52.44	19	894.54	20	509.29	20
江　西	Jiangxi	54.39	15	81.32	17	1182.92	18	719.74	18
山　东	Shandong	132.92	7	183.01	8	5224.14	4	3146.44	4
河　南	Henan	78.15	13	96.28	15	2026.40	13	967.38	16
湖　北	Hubei	182.45	6	327.39	4	6390.78	2	3438.15	1
湖　南	Hunan	50.08	16	95.83	16	1580.67	17	1120.06	14
广　东	Guangdong	114.16	8	341.85	3	4691.78	6	2899.06	6
广　西	Guangxi	93.79	10	102.58	13	1688.30	15	1246.97	12
海　南	Hainan	0.47	26	4.90	26	96.16	26	43.79	26
重　庆	Chongqing	214.30	2	266.75	7	4358.72	9	2708.82	8
四　川	Sichuan	42.32	17	79.57	18	1813.50	14	1006.59	15
贵　州	Guizhou	4.29	23	9.40	23	178.26	25	108.63	25
云　南	Yunnan	4.02	24	7.22	25	220.46	24	133.88	24
西　藏	Tibet								
陕　西	Shaanxi	28.77	20	39.84	20	1063.02	19	686.95	19
甘　肃	Gansu	0.05	28	0.51	28	34.22	27	27.20	27
青　海	Qinghai			0.04	30	6.27	29	4.01	29
宁　夏	Ningxia	0.02	29	0.05	29	1.96	30	1.15	30
新　疆	Xinjiang	0.23	27	2.29	27	29.19	28	26.18	28

11-192 铁路、船舶、航空航天和其他运输设备制造业工业销售产值、主营业务收入、主营业务成本和利润总额（2016年）

Sales Value, Revenue from Principal Business, Cost of Principal Business, and Total Profit of Railroad, Ship, Aviation and Others

单位：亿元 (100 million yuan)

地区	Region	工业销售产值（当年价格） Sales Value(current prices)	排名 Ranking	主营业务收入 Revenue from Principal Business	排名 Ranking	主营业务成本 Cost of Principal Business	排名 Ranking	利润总额 Total Profit	排名 Ranking
全　国	**National Total**	**20293.17**		**19324.92**		**16487.78**		**1175.70**	
北　京	Beijing	381.23	16	405.54	16	325.74	15	34.80	13
天　津	Tianjin	1308.40	6	1299.93	4	1095.45	4	78.09	6
河　北	Hebei	531.01	14	540.41	14	456.41	14	38.60	12
山　西	Shanxi	90.08	22	95.02	22	76.49	22	4.84	20
内蒙古	Inner Mongolia	25.00	25	26.09	25	22.39	25	0.67	24
辽　宁	Liaoning	955.86	9	917.89	8	808.02	8	42.70	9
吉　林	Jilin	388.99	15	407.18	15	319.97	16	42.00	10
黑龙江	Heilongjiang	69.36	23	71.44	23	60.96	23	-0.67	29
上　海	Shanghai	741.09	12	711.57	11	617.52	11	-21.40	30
江　苏	Jiangsu	3770.80	1	3680.22	1	3129.28	1	311.66	1
浙　江	Zhejiang	1406.74	4	1009.43	7	905.01	7	20.65	14
安　徽	Anhui	331.41	18	319.68	18	285.06	18	16.58	16
福　建	Fujian	369.68	17	354.48	17	307.69	17	14.31	18
江　西	Jiangxi	134.97	21	145.67	21	132.47	21	8.60	19
山　东	Shandong	2168.51	2	2129.34	2	1816.67	2	140.57	2
河　南	Henan	1064.08	7	1053.20	6	917.94	6	79.71	5
湖　北	Hubei	752.67	11	648.92	12	570.09	12	18.59	15
湖　南	Hunan	984.07	8	893.66	9	695.87	10	90.28	3
广　东	Guangdong	1354.94	5	1244.22	5	1080.21	5	62.36	7
广　西	Guangxi	193.64	19	195.04	19	158.97	19	15.38	17
海　南	Hainan	0.26	30	1.07	27	0.70	28	-0.08	28
重　庆	Chongqing	1526.22	3	1471.59	3	1269.27	3	85.03	4
四　川	Sichuan	634.55	13	632.27	13	526.00	13	39.48	11
贵　州	Guizhou	175.61	20	168.36	20	135.53	20	4.00	21
云　南	Yunnan	64.40	24	41.66	24	34.64	24	3.32	22
西　藏	Tibet								
陕　西	Shaanxi	848.81	10	844.29	10	727.36	9	44.18	8
甘　肃	Gansu	15.93	26	14.55	26	10.31	26	1.34	23
青　海	Qinghai	3.43	27	0.75	29	0.58	29	0.01	27
宁　夏	Ningxia	0.55	29	0.54	30	0.38	30	0.07	25
新　疆	Xinjiang	0.90	28	0.93	28	0.82	27	0.03	26

11-193 铁路、船舶、航空航天和其他运输设备制造业销售、管理费用、资产总计和负债合计（2016年）

Sales Expenses, Administrative Expenses, Total Assets, and Total Liabilities of Railroad, Ship, Aviation and Others

单位：亿元 (100 million yuan)

地区	Region	销售费用 Sales Expenses	排名 Ranking	管理费用 Administrative Expenses	排名 Ranking	资产总计 Total Assets	排名 Ranking	负债合计 Total Liabilities	排名 Ranking
全　国	**National Total**	**331.22**		**1061.29**		**23662.54**		**14955.46**	
北　京	Beijing	7.28	16	36.97	12	695.79	15	424.03	14
天　津	Tianjin	10.38	12	46.68	10	1774.26	4	1376.52	3
河　北	Hebei	10.58	11	27.62	15	706.58	13	437.11	13
山　西	Shanxi	2.83	20	10.61	21	203.95	20	146.34	19
内蒙古	Inner Mongolia	0.52	24	2.91	24	42.16	25	15.29	26
辽　宁	Liaoning	7.99	15	58.13	7	2138.37	2	1457.74	2
吉　林	Jilin	10.21	13	31.00	14	566.62	16	374.28	15
黑龙江	Heilongjiang	1.67	22	9.20	22	134.82	21	77.91	21
上　海	Shanghai	12.52	10	66.66	6	1589.94	5	1281.76	4
江　苏	Jiangsu	58.39	1	153.59	1	3431.90	1	1904.20	1
浙　江	Zhejiang	13.66	8	49.42	9	1472.70	7	981.06	6
安　徽	Anhui	4.60	18	11.95	20	208.07	19	124.04	20
福　建	Fujian	6.48	17	14.84	19	348.04	18	233.90	17
江　西	Jiangxi	0.99	23	2.90	25	110.05	23	53.15	23
山　东	Shandong	44.39	2	99.28	2	1900.89	3	1240.88	5
河　南	Henan	22.79	5	25.79	16	696.42	14	190.30	18
湖　北	Hubei	9.49	14	34.62	13	867.75	11	625.66	10
湖　南	Hunan	21.86	6	79.70	4	1102.73	10	585.27	11
广　东	Guangdong	23.71	4	73.68	5	1291.76	9	825.49	8
广　西	Guangxi	2.30	21	16.13	18	122.58	22	58.90	22
海　南	Hainan	0.01	29	0.13	27	8.31	27	7.82	27
重　庆	Chongqing	26.29	3	84.91	3	1516.13	6	928.95	7
四　川	Sichuan	15.19	7	40.20	11	796.06	12	458.70	12
贵　州	Guizhou	2.98	19	20.37	17	402.68	17	302.76	16
云　南	Yunnan	0.48	25	3.78	23	81.13	24	20.08	24
西　藏	Tibet								
陕　西	Shaanxi	13.06	9	58.06	8	1419.84	8	805.92	9
甘　肃	Gansu	0.48	25	1.97	26	30.08	26	16.44	25
青　海	Qinghai	0.06	27	0.06	29	1.21	28	0.17	30
宁　夏	Ningxia	0.02	28	0.06	29	0.87	29	0.48	28
新　疆	Xinjiang	0.01	29	0.07	28	0.87	29	0.33	29

11-194 电气机械和器材制造业工业销售产值和主营业务收入

Sales Value and Revenue from Principal Business of Manufacture of Electrical Machinery and Apparatus

单位：亿元 (100 million yuan)

地区	Region	工业销售产值(当年价格) Sales Value（current prices）				主营业务收入 Revenue from Principal Business			
		2010	2015	2016	2016排名 Ranking	2010	2015	2016	2016排名 Ranking
全 国	**National Total**	**42057.21**	**69558.22**	**74163.80**		**42152.59**	**69183.18**	**73642.26**	
北 京	Beijing	685.65	767.83	669.84	19	718.89	838.33	738.78	19
天 津	Tianjin	650.54	1118.71	1286.63	14	656.63	1115.02	1268.76	14
河 北	Hebei	1208.91	2032.97	2252.86	8	1301.56	2049.59	2246.42	8
山 西	Shanxi	86.13	171.18	173.32	25	90.12	131.18	128.01	26
内蒙古	Inner Mongolia	173.62	308.35	313.62	22	178.69	311.11	301.26	22
辽 宁	Liaoning	1733.72	1301.50	700.27	18	1713.20	1372.20	760.46	18
吉 林	Jilin	162.90	385.22	412.85	21	160.36	380.28	410.72	21
黑龙江	Heilongjiang	170.13	216.87	215.38	24	158.90	219.38	213.84	24
上 海	Shanghai	1935.83	2147.24	2039.15	9	2013.26	2215.65	2183.95	9
江 苏	Jiangsu	8606.24	16014.64	17216.82	1	8553.34	15871.35	17185.11	1
浙 江	Zhejiang	4578.09	6087.13	6475.26	3	4604.48	5992.42	6377.90	3
安 徽	Anhui	1936.58	4624.86	5157.44	5	1757.56	4445.51	4824.38	5
福 建	Fujian	935.77	1698.17	1855.60	12	927.74	1671.63	1830.46	12
江 西	Jiangxi	896.29	2615.76	3001.63	7	913.81	2743.68	3099.98	7
山 东	Shandong	4190.32	6472.58	6231.69	4	4352.35	6518.35	6321.91	4
河 南	Henan	1121.24	3059.70	3638.37	6	1127.12	3050.42	3540.01	6
湖 北	Hubei	781.44	1813.06	1934.82	10	743.65	1700.57	1865.58	11
湖 南	Hunan	738.42	1686.76	1874.90	11	727.19	1701.57	1881.69	10
广 东	Guangdong	8898.77	11869.62	12974.31	2	9024.15	11757.43	12911.72	2
广 西	Guangxi	259.69	849.00	961.03	16	255.94	829.97	928.18	16
海 南	Hainan	30.01	60.17	58.59	30	30.12	63.81	60.88	30
重 庆	Chongqing	486.69	1093.04	1150.73	15	475.16	1152.75	1219.89	15
四 川	Sichuan	752.03	1286.73	1442.46	13	730.24	1238.55	1395.43	13
贵 州	Guizhou	72.44	196.45	266.76	23	57.96	176.80	236.51	23
云 南	Yunnan	73.93	114.45	123.82	27	74.25	115.61	130.05	25
西 藏	Tibet	0.10	1.17	0.74	31	0.09	0.72	0.34	31
陕 西	Shaanxi	392.33	783.42	906.88	17	345.31	730.27	813.42	17
甘 肃	Gansu	197.96	123.88	140.50	26	150.43	100.96	101.20	27
青 海	Qinghai	9.40	70.39	114.42	28	9.12	62.45	84.09	29
宁 夏	Ningxia	46.84	65.23	85.84	29	48.54	70.02	88.19	28
新 疆	Xinjiang	245.20	522.15	487.26	20	252.43	555.61	493.14	20

11-195　电气机械和器材制造业主营业务成本和利润总额

Cost of Principal Business and Total Profit of Manufacture of Electrical Machinery and Apparatus

单位：亿元　　(100 million yuan)

地区	Region	主营业务成本 Cost of Principal Business				利润总额 Total Profit			
		2010	2015	2016	2016排名 Ranking	2010	2015	2016	2016排名 Ranking
全　国	National Total	35494.98	58624.13	62185.11		3116.20	4524.31	5150.27	
北　京	Beijing	584.99	665.97	579.69	19	81.94	33.20	35.59	19
天　津	Tianjin	546.44	984.41	1143.67	14	64.77	65.62	62.11	16
河　北	Hebei	1048.15	1768.37	1925.63	8	139.60	111.44	165.30	10
山　西	Shanxi	72.42	110.93	104.22	26	7.60	4.09	3.33	26
内蒙古	Inner Mongolia	150.56	258.66	256.28	22	12.20	12.84	15.74	22
辽　宁	Liaoning	1453.70	1201.39	647.58	18	115.38	58.07	29.51	20
吉　林	Jilin	131.29	335.70	357.89	21	10.00	14.65	21.49	21
黑龙江	Heilongjiang	119.69	192.81	185.75	24	21.84	5.08	0.99	29
上　海	Shanghai	1677.40	1809.85	1761.76	9	148.63	151.84	169.06	9
江　苏	Jiangsu	7264.34	13596.89	14742.03	1	587.22	1095.77	1223.68	1
浙　江	Zhejiang	3922.78	5015.47	5285.55	4	277.42	360.97	421.57	3
安　徽	Anhui	1457.92	3730.43	4065.90	5	172.00	292.28	321.07	5
福　建	Fujian	783.35	1366.44	1468.29	12	79.53	150.43	180.23	8
江　西	Jiangxi	790.17	2419.69	2719.95	7	67.56	191.03	230.02	7
山　东	Shandong	3607.10	5547.50	5332.97	3	304.34	413.79	408.08	4
河　南	Henan	928.30	2617.48	3045.83	6	108.25	227.14	269.53	6
湖　北	Hubei	620.61	1448.94	1603.40	10	69.41	102.20	96.33	12
湖　南	Hunan	602.72	1402.23	1557.30	11	52.05	79.05	90.61	13
广　东	Guangdong	7724.63	9828.31	10689.24	2	585.99	820.83	1049.70	2
广　西	Guangxi	215.63	702.43	787.76	16	26.54	68.12	70.89	14
海　南	Hainan	22.58	54.71	51.35	30	3.41	-2.33	2.38	28
重　庆	Chongqing	423.91	984.62	1033.02	15	26.28	81.85	96.39	11
四　川	Sichuan	603.39	1048.13	1178.42	13	50.87	60.24	65.40	15
贵　州	Guizhou	48.75	150.24	197.24	23	1.79	7.87	14.28	23
云　南	Yunnan	62.19	102.09	112.14	25	4.93	2.77	5.19	24
西　藏	Tibet	0.03	0.57	0.31	31	0.01	0.19	0.12	30
陕　西	Shaanxi	272.79	612.64	692.84	17	26.98	49.88	37.74	18
甘　肃	Gansu	130.60	90.81	90.81	27	4.91	0.65	-0.88	31
青　海	Qinghai	8.62	57.34	74.37	29	0.43	1.74	3.64	25
宁　夏	Ningxia	41.80	62.70	79.37	28	3.37	1.96	3.10	27
新　疆	Xinjiang	178.12	456.41	414.55	20	60.93	61.06	58.11	17

11-196 电气机械和器材制造业销售费用和管理费用

Sales Expenses and Administrative Expenses of Manufacture of Electrical Machinery and Apparatus

单位：亿元 (100 million yuan)

地区	Region	销售费用 Sales Expenses 2015	2016	2016排名 Ranking	管理费用 Administrative Expenses 2010	2015	2016	2016排名 Ranking
全　国	**National Total**	**2378.88**	**2539.90**		**1844.36**	**3076.89**	**3329.63**	
北　京	Beijing	54.08	58.69	10	37.62	58.88	64.39	14
天　津	Tianjin	21.15	20.35	19	32.82	44.58	45.68	18
河　北	Hebei	42.23	44.40	13	46.61	73.26	76.78	11
山　西	Shanxi	3.15	3.53	27	8.22	11.56	12.61	23
内蒙古	Inner Mongolia	5.62	5.27	24	7.20	12.87	10.97	24
辽　宁	Liaoning	35.88	24.86	17	96.07	62.60	49.59	15
吉　林	Jilin	9.29	9.92	21	10.57	15.25	16.62	21
黑龙江	Heilongjiang	8.11	6.89	23	12.54	13.74	13.42	22
上　海	Shanghai	87.64	90.24	6	116.52	174.10	169.05	6
江　苏	Jiangsu	409.55	439.14	2	305.82	617.33	660.36	1
浙　江	Zhejiang	211.72	238.62	4	238.57	368.73	403.54	3
安　徽	Anhui	181.80	196.42	5	56.42	163.30	173.63	5
福　建	Fujian	55.09	58.71	9	37.81	92.82	107.19	7
江　西	Jiangxi	41.47	45.70	12	20.55	67.09	76.62	12
山　东	Shandong	257.35	256.45	3	199.43	242.45	274.10	4
河　南	Henan	79.60	87.23	7	31.88	88.12	106.38	8
湖　北	Hubei	49.92	54.91	11	37.26	90.48	102.36	9
湖　南	Hunan	56.82	66.72	8	42.95	75.20	88.07	10
广　东	Guangdong	618.46	665.37	1	379.78	582.65	636.80	2
广　西	Guangxi	13.18	13.74	20	19.31	25.57	26.02	19
海　南	Hainan	2.99	3.61	26	1.64	3.98	3.44	29
重　庆	Chongqing	29.79	33.34	15	15.39	45.14	45.83	17
四　川	Sichuan	33.86	40.35	14	43.21	64.80	70.85	13
贵　州	Guizhou	6.56	8.77	22	2.91	8.63	10.95	25
云　南	Yunnan	3.81	4.03	25	4.57	6.10	7.44	26
西　藏	Tibet	0.04	0.02	31	0.05	0.07	0.05	31
陕　西	Shaanxi	27.18	32.56	16	25.81	40.66	47.02	16
甘　肃	Gansu	3.15	3.29	28	4.54	5.57	6.10	27
青　海	Qinghai	0.67	0.07	30	1.00	2.28	3.57	28
宁　夏	Ningxia	1.85	2.08	29	2.01	2.46	3.02	30
新　疆	Xinjiang	26.86	23.96	18	5.29	16.61	17.17	20

11-197 电气机械和器材制造业财务费用和营业利润

Financial Expenses and Operating Profit of Manufacture of Electrical Machinery and Apparatus

单位：亿元 (100 million yuan)

地区	Region	财务费用 Financial Expenses 2010	2015	2016	2016排名 Ranking	营业利润 Operating Profit 2010	2015	2016	2016排名 Ranking
全　国	**National Total**	**353.68**	**501.50**	**449.64**		**3210.31**	**4433.36**	**5030.59**	
北　京	Beijing	2.66	5.10	5.08	16	78.00	32.88	34.39	18
天　津	Tianjin	5.49	5.47	7.14	15	61.72	69.30	61.92	15
河　北	Hebei	23.42	25.47	22.93	5	159.41	110.36	164.22	9
山　西	Shanxi	1.12	3.57	4.83	17	7.96	3.83	2.71	26
内蒙古	Inner Mongolia	0.41	1.19	1.62	24	15.33	26.65	22.38	21
辽　宁	Liaoning	10.37	12.31	11.67	11	118.57	51.72	26.14	20
吉　林	Jilin	1.83	3.74	4.27	19	10.23	15.69	21.05	22
黑龙江	Heilongjiang	0.35	1.76	2.10	21	22.20	5.13	0.03	30
上　海	Shanghai	12.74	10.18	9.59	12	145.31	144.27	159.95	10
江　苏	Jiangsu	73.88	131.13	123.87	1	650.65	1090.56	1200.63	1
浙　江	Zhejiang	66.61	73.72	62.82	2	262.35	341.25	396.06	4
安　徽	Anhui	12.51	24.53	22.44	6	180.32	293.13	321.01	5
福　建	Fujian	6.35	9.22	7.33	14	86.07	147.66	176.88	8
江　西	Jiangxi	6.84	15.89	16.49	8	66.73	188.35	226.57	7
山　东	Shandong	37.70	64.68	60.72	3	308.95	397.84	397.28	3
河　南	Henan	11.68	28.71	27.03	4	107.00	222.91	265.53	6
湖　北	Hubei	7.29	14.11	13.89	10	73.91	95.24	89.63	13
湖　南	Hunan	6.36	20.69	19.16	7	58.28	85.48	101.75	11
广　东	Guangdong	42.46	5.95	-14.59	30	574.87	790.01	1020.15	2
广　西	Guangxi	2.93	5.00	4.76	18	26.64	67.18	69.82	14
海　南	Hainan	0.38	2.10	1.21	27	3.32	-2.51	2.07	28
重　庆	Chongqing	3.91	8.59	7.92	13	29.63	80.29	95.97	12
四　川	Sichuan	7.06	17.05	15.29	9	48.13	57.73	61.89	16
贵　州	Guizhou	0.37	1.48	1.86	22	1.67	7.85	14.15	23
云　南	Yunnan	1.28	1.65	1.47	26	4.51	2.11	3.67	25
西　藏	Tibet					0.01	0.20	0.14	29
陕　西	Shaanxi	4.67	3.72	3.19	20	27.43	46.79	34.31	19
甘　肃	Gansu	0.37	0.90	1.84	23	5.69	0.04	-1.51	31
青　海	Qinghai	0.06	0.87	1.53	25	1.60	0.78	3.86	24
宁　夏	Ningxia	0.75	1.14	1.02	29	3.30	1.62	2.62	27
新　疆	Xinjiang	1.84	1.58	1.16	28	60.53	59.00	55.31	17

11-198 电气机械和器材制造业资产总计和负债合计

Total Assets and Liabilities of Manufacture of Electrical Machinery and Apparatus

单位：亿元 (100 million yuan)

地区	Region	资产总计 Total Assets 2015	2016	2016排名 Ranking	负债合计 Total Liabilities 2015	2016	2016排名 Ranking
全　国	**National Total**	**57153.76**	**63139.09**		**32322.06**	**35099.69**	
北　京	Beijing	1221.56	1183.84	14	722.41	698.05	13
天　津	Tianjin	841.49	939.50	18	448.68	517.94	18
河　北	Hebei	1694.28	1904.97	8	905.13	977.36	8
山　西	Shanxi	241.00	256.48	22	175.69	191.64	22
内蒙古	Inner Mongolia	362.97	227.37	24	206.27	137.86	25
辽　宁	Liaoning	1237.54	1157.87	15	660.59	653.34	15
吉　林	Jilin	198.99	219.54	25	98.19	97.22	26
黑龙江	Heilongjiang	432.07	374.20	20	237.16	213.28	20
上　海	Shanghai	2329.55	2317.90	7	1271.43	1244.21	6
江　苏	Jiangsu	11715.49	12718.58	1	6343.06	6753.25	2
浙　江	Zhejiang	6248.31	6738.31	3	3582.33	3728.18	3
安　徽	Anhui	2857.04	3200.69	5	1579.58	1756.08	5
福　建	Fujian	1370.31	1633.98	10	711.07	799.60	12
江　西	Jiangxi	1447.55	1745.03	9	711.16	831.85	9
山　东	Shandong	5207.98	5854.83	4	3093.71	3576.59	4
河　南	Henan	2189.60	2652.74	6	972.90	1221.41	7
湖　北	Hubei	1283.99	1452.51	11	697.08	811.31	11
湖　南	Hunan	1307.00	1320.97	12	741.76	695.26	14
广　东	Guangdong	10079.31	11742.62	2	6225.76	6922.63	1
广　西	Guangxi	347.42	373.09	21	171.73	195.15	21
海　南	Hainan	105.57	97.39	29	52.24	55.88	29
重　庆	Chongqing	756.98	855.37	19	453.85	517.83	19
四　川	Sichuan	1047.39	1206.76	13	674.69	816.61	10
贵　州	Guizhou	162.37	232.84	23	115.70	166.89	23
云　南	Yunnan	155.03	161.18	27	98.52	92.43	27
西　藏	Tibet	3.32	41.32	31	1.40	1.16	31
陕　西	Shaanxi	938.24	1033.02	17	499.16	522.67	17
甘　肃	Gansu	173.57	214.67	26	126.90	155.85	24
青　海	Qinghai	89.21	110.03	28	59.81	74.43	28
宁　夏	Ningxia	67.14	80.60	30	38.48	43.53	30
新　疆	Xinjiang	1041.49	1090.89	16	645.64	630.17	16

11-199 计算机、通信和其他电子设备制造业工业销售产值和主营业务收入

Sales Value and Revenue from Principal Business of Manufacture of Computers, Communication and Other Electronic Equipment

单位：亿元 (100 million yuan)

地区	Region	工业销售产值(当年价格) Sales Value（current prices）				主营业务收入 Revenue from Principal Business			
		2010	2015	2016	2016排名 Ranking	2010	2015	2016	2016排名 Ranking
全 国	**National Total**	**54190.95**	**91378.86**	**98457.24**		**55161.16**	**91606.58**	**99629.48**	
北 京	Beijing	2184.16	2042.25	1983.62	13	2549.87	2519.79	2715.14	10
天 津	Tianjin	1718.70	2537.73	1907.53	14	1740.11	2586.43	1932.92	14
河 北	Hebei	267.28	514.10	521.86	19	265.30	520.51	518.22	20
山 西	Shanxi	114.33	636.31	777.22	18	123.42	654.81	775.87	18
内蒙古	Inner Mongolia	48.25	61.27	60.78	25	54.97	60.07	43.90	25
辽 宁	Liaoning	866.54	573.34	476.22	21	861.93	606.57	537.64	19
吉 林	Jilin	73.06	88.58	91.67	23	73.58	89.10	92.80	23
黑龙江	Heilongjiang	18.02	22.75	23.37	26	17.06	22.72	24.38	26
上 海	Shanghai	5961.72	5335.03	5077.34	4	6132.25	5706.66	5420.79	4
江 苏	Jiangsu	12856.41	18390.31	18864.38	2	12859.82	18200.18	18881.07	2
浙 江	Zhejiang	1921.05	2789.03	3177.37	9	1937.53	2854.30	3226.89	9
安 徽	Anhui	283.66	1991.25	2322.01	11	263.68	1949.73	2242.64	12
福 建	Fujian	2263.04	3150.37	3404.37	8	2281.22	3102.85	3372.60	8
江 西	Jiangxi	376.41	1282.33	1786.57	15	379.77	1374.65	1797.07	15
山 东	Shandong	3084.47	5431.80	5725.62	3	3128.52	5483.17	5769.76	3
河 南	Henan	194.87	3668.27	3898.30	6	207.87	3642.94	3873.05	7
湖 北	Hubei	747.46	1917.46	2261.27	12	734.35	1962.16	2310.99	11
湖 南	Hunan	309.23	1816.85	2563.18	10	311.56	1853.43	2001.30	13
广 东	Guangdong	18914.36	29731.72	32656.77	1	19217.10	29421.29	33121.04	1
广 西	Guangxi	214.68	1241.82	1555.80	16	201.10	1262.61	1502.30	16
海 南	Hainan	18.80	11.31	6.66	27	18.05	11.31	6.66	27
重 庆	Chongqing	215.55	3260.74	3995.01	5	216.36	3253.21	3971.07	6
四 川	Sichuan	1226.95	3908.93	3838.23	7	1260.23	3481.09	4068.74	5
贵 州	Guizhou	42.67	322.82	493.21	20	41.27	307.66	434.65	21
云 南	Yunnan	12.63	30.39	95.21	22	14.43	39.35	107.41	22
西 藏	Tibet								
陕 西	Shaanxi	217.71	55.47	805.51	17	233.90	578.25	801.68	17
甘 肃	Gansu	21.73	60.23	80.48	24	20.07	55.06	75.39	24
青 海	Qinghai	1.28	4.89	5.33	28	1.28	3.57	1.12	29
宁 夏	Ningxia								
新 疆	Xinjiang	15.93	1.50	2.33	29	14.56	3.13	2.41	28

11-200 计算机、通信和其他电子设备制造业主营业务成本和利润总额

Cost of Principal Business and Total Profit of Manufacture of Computers, Communication and Other Electronic Equipment

单位：亿元 (100 million yuan)

地区	Region	主营业务成本 Cost of Principal Business				利润总额 Total Profit			
		2010	2015	2016	2016排名 Ranking	2010	2015	2016	2016排名 Ranking
全　国	**National Total**	**48920.84**	**80532.58**	**87279.81**		**2873.03**	**4563.74**	**5070.17**	
北　京	Beijing	2335.16	2215.90	2421.35	10	71.05	63.76	88.65	17
天　津	Tianjin	1551.32	2260.18	1677.08	14	67.23	184.52	147.09	8
河　北	Hebei	225.60	433.29	455.12	19	22.06	54.64	35.12	19
山　西	Shanxi	114.66	574.16	734.79	17	0.88	34.55	28.80	20
内蒙古	Inner Mongolia	40.64	56.89	36.04	25	4.93	-1.40	-0.50	29
辽　宁	Liaoning	730.85	510.09	437.12	20	71.49	38.88	58.04	18
吉　林	Jilin	56.22	70.97	74.29	23	4.95	9.23	9.06	22
黑龙江	Heilongjiang	12.19	17.33	18.82	26	2.21	2.23	2.51	25
上　海	Shanghai	5777.55	5311.82	4992.56	4	142.68	121.27	132.45	10
江　苏	Jiangsu	11645.60	16514.44	17042.64	2	639.82	882.16	964.59	2
浙　江	Zhejiang	1632.77	2289.04	2583.05	9	145.32	279.24	301.16	4
安　徽	Anhui	217.51	1701.98	1969.35	12	28.08	116.64	124.56	12
福　建	Fujian	2026.57	2760.05	2976.32	8	167.40	106.66	192.46	6
江　西	Jiangxi	331.52	1239.44	1608.21	15	19.24	77.50	109.23	13
山　东	Shandong	2771.09	4870.06	5121.85	3	156.97	302.57	323.94	3
河　南	Henan	175.40	3391.52	3617.46	7	15.41	164.72	146.20	9
湖　北	Hubei	605.71	1734.71	2060.02	11	98.21	60.68	105.07	14
湖　南	Hunan	255.53	1541.43	1701.98	13	28.42	82.45	95.32	15
广　东	Guangdong	16815.07	24921.36	27936.79	1	1039.83	1680.27	1579.01	1
广　西	Guangxi	166.61	1115.42	1308.05	16	28.40	115.37	163.74	7
海　南	Hainan	14.31	6.28	2.69	27	1.44	1.24	0.45	26
重　庆	Chongqing	196.54	3007.56	3672.02	5	2.87	96.66	127.89	11
四　川	Sichuan	965.95	3176.13	3624.03	6	72.47	34.20	214.14	5
贵　州	Guizhou	32.73	244.42	373.38	21	2.78	5.82	8.12	23
云　南	Yunnan	10.51	33.08	90.54	22	2.55	2.91	11.53	21
西　藏	Tibet								
陕　西	Shaanxi	187.58	484.70	679.34	18	31.54	40.92	94.41	16
甘　肃	Gansu	14.06	43.86	61.79	24	1.99	6.11	7.29	24
青　海	Qinghai	1.06	3.50	0.90	29	0.03		0.02	27
宁　夏	Ningxia								
新　疆	Xinjiang	10.54	2.97	2.23	28	2.80	-0.07	-0.15	28

11-201 计算机、通信和其他电子设备制造业销售费用和管理费用

Sales Expenses and Administrative Expenses of Manufacture of Computers, Communication and Other Electronic Equipment

单位：亿元　　　　(100 million yuan)

地区	Region	销售费用 Sales Expenses			管理费用 Administrative Expenses			
		2015	2016	2016排名 Ranking	2010	2015	2016	2016排名 Ranking
全　国	**National Total**	**2075.40**	**2380.14**		**2176.90**	**4423.17**	**4932.56**	
北　京	Beijing	109.00	145.41	3	90.86	148.71	171.24	6
天　津	Tianjin	54.79	44.13	11	57.73	78.17	73.03	13
河　北	Hebei	10.49	10.51	20	11.55	24.34	20.20	20
山　西	Shanxi	0.97	1.17	24	9.44	14.30	15.87	21
内蒙古	Inner Mongolia	0.95	1.03	26	0.71	2.56	4.80	24
辽　宁	Liaoning	16.25	14.67	17	41.12	43.15	40.47	17
吉　林	Jilin	2.66	2.90	21	4.93	6.63	6.77	23
黑龙江	Heilongjiang	0.52	0.55	27	2.09	2.71	2.71	26
上　海	Shanghai	93.71	79.02	7	157.52	218.27	222.65	4
江　苏	Jiangsu	186.94	203.87	2	365.16	595.12	647.25	2
浙　江	Zhejiang	95.83	123.87	5	112.22	221.97	261.00	3
安　徽	Anhui	27.35	37.49	12	20.32	75.28	91.39	11
福　建	Fujian	73.72	76.59	8	161.58	134.22	143.26	7
江　西	Jiangxi	13.03	15.32	16	10.39	38.63	54.52	16
山　东	Shandong	125.27	137.13	4	103.98	167.81	177.44	5
河　南	Henan	21.51	26.18	14	9.14	52.44	69.79	14
湖　北	Hubei	63.94	63.16	9	41.81	111.13	125.53	9
湖　南	Hunan	40.74	36.05	13	15.04	81.92	82.12	12
广　东	Guangdong	957.80	1183.89	1	844.34	2040.55	2355.15	1
广　西	Guangxi	9.84	11.56	18	11.53	20.10	22.90	18
海　南	Hainan	2.52	2.64	22	1.28	1.85	1.42	27
重　庆	Chongqing	47.32	48.63	10	14.25	90.60	110.67	10
四　川	Sichuan	90.10	82.08	6	62.75	144.17	141.29	8
贵　州	Guizhou	18.19	18.88	15	3.49	47.82	22.22	19
云　南	Yunnan	0.74	1.18	23	1.17	3.00	4.35	25
西　藏	Tibet							
陕　西	Shaanxi	10.17	10.96	19	19.50	51.29	57.15	15
甘　肃	Gansu	0.88	1.09	25	2.25	6.09	6.96	22
青　海	Qinghai	0.02	0.03	29	0.01	0.04	0.14	29
宁　夏	Ningxia							
新　疆	Xinjiang	0.12	0.15	28	0.78	0.24	0.27	28

11-202 计算机、通信和其他电子设备制造业财务费用和营业利润

Financial Expenses and Operating Profit of Manufacture of Computers, Communication and Other Electronic Equipment

单位：亿元 (100 million yuan)

地区	Region	财务费用 Financial Expenses				营业利润 Operating Profit			
		2010	2015	2016	2016排名 Ranking	2010	2015	2016	2016排名 Ranking
全国	**National Total**	**153.25**	**328.69**	**305.23**		**2946.15**	**4143.94**	**4497.49**	
北京	Beijing	8.78	19.75	18.87	4	63.79	43.90	31.20	19
天津	Tianjin	5.05	4.76	3.48	16	64.46	183.45	139.68	9
河北	Hebei	1.05	2.95	-0.32	27	22.52	49.28	34.22	18
山西	Shanxi	0.29	3.08	-1.41	29	2.81	29.18	25.53	20
内蒙古	Inner Mongolia	0.03	1.31	2.35	17	10.43	-1.51	-1.10	29
辽宁	Liaoning	4.51	4.04	2.08	18	70.26	32.30	48.59	15
吉林	Jilin	0.75	0.71	1.04	19	4.85	8.42	8.02	22
黑龙江	Heilongjiang	0.23	0.43	0.22	22	2.06	2.01	2.19	25
上海	Shanghai	-0.33	13.66	12.90	8	135.64	89.83	102.52	14
江苏	Jiangsu	36.42	41.91	47.70	2	759.93	867.51	946.99	2
浙江	Zhejiang	17.36	11.36	10.75	11	133.05	242.33	262.55	4
安徽	Anhui	2.20	19.42	15.55	6	31.71	102.67	103.18	13
福建	Fujian	5.95	14.30	10.86	10	164.22	111.18	172.99	6
江西	Jiangxi	1.32	5.51	8.09	13	19.99	73.61	105.14	11
山东	Shandong	5.16	18.66	19.85	3	172.85	287.88	307.59	3
河南	Henan	3.66	15.07	13.95	7	15.12	164.32	142.74	8
湖北	Hubei	1.20	6.94	5.76	14	95.75	43.07	47.27	16
湖南	Hunan	2.15	7.18	4.95	15	29.82	91.70	104.32	12
广东	Guangdong	45.62	94.25	87.42	1	998.08	1473.84	1388.15	1
广西	Guangxi	0.45	-0.63	-0.33	28	28.41	117.40	160.30	7
海南	Hainan		0.08	0.02	25	1.08	0.93	0.04	26
重庆	Chongqing	2.39	1.27	12.63	9	4.12	89.63	119.48	10
四川	Sichuan	6.28	29.48	17.50	5	75.32	12.04	181.94	5
贵州	Guizhou	0.02	-1.09	0.80	20	2.40	-4.58	4.25	24
云南	Yunnan	0.11	0.17	0.52	21	2.35	2.60	10.81	21
西藏	Tibet								
陕西	Shaanxi	2.04	13.26	9.78	12	30.03	26.97	42.97	17
甘肃	Gansu	0.46	0.71	0.09	24	2.13	4.29	6.28	23
青海	Qinghai	0.01	0.01	0.01	26	0.43	-0.01	0.04	26
宁夏	Ningxia								
新疆	Xinjiang	0.15	0.12	0.14	23	2.53	-0.33	-0.37	28

11-203 计算机、通信和其他电子设备制造业资产总计和负债合计

Total Assets and Liabilities of Manufacture of Computers, Communication and Other Electronic Equipment

单位：亿元 (100 million yuan)

地区	Region	资产总计 Total Assets 2015	2016	2016排名 Ranking	负债合计 Total Liabilities 2015	2016	2016排名 Ranking
全　国	**National Total**	**67231.29**	**79055.49**		**38631.60**	**45503.52**	
北　京	Beijing	3065.73	3931.91	5	1602.21	2074.90	5
天　津	Tianjin	1348.47	1429.71	13	661.42	696.51	15
河　北	Hebei	767.48	489.65	19	424.84	218.67	20
山　西	Shanxi	691.79	878.77	18	461.03	616.58	17
内蒙古	Inner Mongolia	70.25	380.18	21	33.77	121.03	22
辽　宁	Liaoning	834.00	951.67	17	376.49	455.98	18
吉　林	Jilin	95.35	99.15	24	41.82	42.34	24
黑龙江	Heilongjiang	39.95	42.90	26	18.42	20.52	26
上　海	Shanghai	3835.42	4302.06	3	2222.97	2566.52	4
江　苏	Jiangsu	11180.05	12632.15	2	5596.48	6230.15	2
浙　江	Zhejiang	3266.00	3757.27	6	1630.90	1871.10	6
安　徽	Anhui	2094.94	2367.26	11	1222.58	1347.97	12
福　建	Fujian	2050.22	2825.41	8	1151.83	1525.90	9
江　西	Jiangxi	893.37	1306.99	14	517.56	772.40	13
山　东	Shandong	2600.46	2815.55	9	1347.32	1535.56	8
河　南	Henan	2886.64	4132.63	4	2160.84	3193.50	3
湖　北	Hubei	1875.95	2390.98	10	1115.34	1439.40	10
湖　南	Hunan	853.40	1058.31	16	437.07	698.56	14
广　东	Guangdong	22256.73	25623.37	1	13660.42	15721.81	1
广　西	Guangxi	341.10	428.31	20	205.87	265.00	19
海　南	Hainan	21.83	18.19	27	13.50	11.09	27
重　庆	Chongqing	1445.56	2020.17	12	967.42	1355.91	11
四　川	Sichuan	2825.18	3492.38	7	1793.44	1867.98	7
贵　州	Guizhou	535.97	225.62	22	222.55	135.14	21
云　南	Yunnan	64.30	90.91	25	27.38	38.02	25
西　藏	Tibet						
陕　西	Shaanxi	1146.92	1212.32	15	670.70	629.36	16
甘　肃	Gansu	137.83	143.65	23	43.74	46.55	23
青　海	Qinghai	1.70	2.37	29	1.10	0.96	29
宁　夏	Ningxia						
新　疆	Xinjiang	4.72	5.97	28	2.59	4.11	28

11-204 仪器仪表制造业工业销售产值和主营业务收入

Sales Value and Revenue from Principal Business of Manufacture of Measuring Instruments and Machinery

单位：亿元 (100 million yuan)

地区	Region	工业销售产值(当年价格) Sales Value（current prices）				主营业务收入 Revenue from Principal Business			
		2010	2015	2016	2016排名 Ranking	2010	2015	2016	2016排名 Ranking
全 国	**National Total**	**6267.36**	**8749.31**	**9441.41**		**6322.87**	**8741.75**	**9536.29**	
北 京	Beijing	224.15	256.11	253.83	7	254.54	307.38	304.63	7
天 津	Tianjin	143.51	76.84	64.13	18	161.77	86.26	87.35	18
河 北	Hebei	70.57	104.51	108.53	16	70.73	105.12	105.87	16
山 西	Shanxi	18.25	23.06	21.96	24	18.02	23.00	21.75	23
内蒙古	Inner Mongolia	3.21	8.89	9.53	26	3.14	9.40	9.34	26
辽 宁	Liaoning	179.03	160.21	125.27	15	184.16	160.70	129.02	15
吉 林	Jilin	29.36	53.23	52.05	20	27.50	49.97	50.83	20
黑龙江	Heilongjiang	27.54	28.11	25.93	22	23.13	29.55	27.32	22
上 海	Shanghai	355.63	331.04	344.63	6	372.79	354.44	372.14	6
江 苏	Jiangsu	1701.41	3355.86	3711.33	1	1707.57	3341.22	3774.83	1
浙 江	Zhejiang	709.21	791.65	784.21	4	707.01	784.78	762.78	4
安 徽	Anhui	90.53	199.40	227.51	9	91.18	194.49	225.15	10
福 建	Fujian	212.27	191.99	226.78	10	213.24	190.26	225.64	9
江 西	Jiangxi	56.92	132.97	160.28	14	64.26	131.98	158.65	13
山 东	Shandong	340.75	864.08	877.43	3	335.41	845.14	856.08	3
河 南	Henan	177.55	393.31	458.38	5	174.47	393.14	460.15	5
湖 北	Hubei	61.94	184.84	193.08	11	58.67	181.95	187.01	11
湖 南	Hunan	183.46	233.34	228.26	8	184.81	225.25	237.17	8
广 东	Guangdong	1373.58	841.10	979.62	2	1363.85	837.92	979.70	2
广 西	Guangxi	23.19	46.67	60.01	19	21.70	45.99	56.88	19
海 南	Hainan	0.61	1.56	2.24	29	0.61	2.24	2.79	28
重 庆	Chongqing	111.16	162.24	167.37	12	109.06	154.71	163.56	12
四 川	Sichuan	61.51	78.24	100.49	17	59.81	73.80	93.91	17
贵 州	Guizhou	8.39	12.89	15.61	25	8.32	12.06	13.04	25
云 南	Yunnan	14.73	39.12	49.63	21	14.70	37.83	50.32	21
西 藏	Tibet								
陕 西	Shaanxi	74.85	158.21	162.17	13	79.01	144.39	154.49	14
甘 肃	Gansu	2.11	5.38	3.46	27	2.12	5.23	4.56	27
青 海	Qinghai	1.03	3.17	3.02	28	0.91	3.01	0.85	30
宁 夏	Ningxia	9.80	10.06	23.92	23	9.25	9.09	19.06	24
新 疆	Xinjiang	1.11	1.22	0.75	30	1.11	1.47	1.42	29

11-205 仪器仪表制造业主营业务成本和利润总额
Cost of Principal Business and Total Profit of Manufacture of Measuring Instruments and Machinery

单位：亿元 (100 million yuan)

地区	Region	主营业务成本 Cost of Principal Business 2010	2015	2016	2016排名 Ranking	利润总额 Total Profit 2010	2015	2016	2016排名 Ranking
全 国	**National Total**	**5209.71**	**6962.59**	**7726.09**		**538.01**	**743.75**	**820.70**	
北 京	Beijing	189.58	217.41	215.97	7	32.38	39.19	37.37	7
天 津	Tianjin	139.10	67.02	69.23	18	9.10	4.57	4.59	18
河 北	Hebei	53.80	77.75	80.52	16	10.32	13.72	10.85	15
山 西	Shanxi	13.36	17.85	17.36	23	2.19	1.85	0.71	23
内蒙古	Inner Mongolia	2.97	6.56	7.06	26	0.13	0.24	0.18	26
辽 宁	Liaoning	148.41	124.57	95.56	15	19.08	16.34	13.59	14
吉 林	Jilin	20.88	42.10	43.00	21	2.61	4.16	4.00	19
黑龙江	Heilongjiang	16.13	23.31	21.72	22	2.19	2.20	0.41	25
上 海	Shanghai	286.74	258.06	269.93	6	39.25	37.73	43.08	5
江 苏	Jiangsu	1434.82	2737.72	3162.73	1	137.05	288.95	329.57	1
浙 江	Zhejiang	565.96	596.34	559.65	4	57.86	77.42	85.04	2
安 徽	Anhui	64.22	152.03	181.35	10	17.22	22.15	21.57	8
福 建	Fujian	179.62	158.62	186.36	8	15.23	5.76	19.10	9
江 西	Jiangxi	53.96	110.35	133.60	12	4.84	13.86	15.44	11
山 东	Shandong	279.40	717.03	730.08	3	28.32	59.19	52.84	4
河 南	Henan	142.88	326.95	385.68	5	16.60	33.17	39.02	6
湖 北	Hubei	43.00	144.07	149.99	11	8.08	15.16	14.55	13
湖 南	Hunan	138.04	175.19	184.31	9	19.74	17.15	16.72	10
广 东	Guangdong	1198.77	673.98	785.98	2	89.23	61.63	71.69	3
广 西	Guangxi	16.43	37.94	48.25	19	3.87	3.32	3.20	20
海 南	Hainan	0.29	0.24	0.25	30	0.22	0.60	0.80	22
重 庆	Chongqing	83.92	122.96	129.66	13	7.67	10.93	10.34	16
四 川	Sichuan	47.10	56.15	71.46	17	5.62	5.89	9.03	17
贵 州	Guizhou	6.23	9.84	10.77	25	1.13	0.41	0.49	24
云 南	Yunnan	11.06	35.11	45.67	20	1.32	-2.18	-0.55	29
西 藏	Tibet								
陕 西	Shaanxi	62.45	58.40	119.20	14	4.67	9.19	15.41	12
甘 肃	Gansu	1.61	3.85	3.36	27	0.24	0.11	0.18	26
青 海	Qinghai	0.69	2.73	0.66	29	0.22	0.02	0.04	28
宁 夏	Ningxia	7.54	7.29	15.40	24	1.19	0.89	1.43	21
新 疆	Xinjiang	0.73	1.19	1.34	28	0.44	0.12		

11-206 仪器仪表制造业销售费用和管理费用

Sales Expenses and Administrative Expenses of Manufacture of Measuring Instruments and Machinery

单位：亿元 (100 million yuan)

地区	Region	销售费用 Sales Expenses			管理费用 Administrative Expenses			
		2015	2016	2016排名 Ranking	2010	2015	2016	2016排名 Ranking
全　国	**National Total**	**351.30**	**356.89**		**395.03**	**608.87**	**642.59**	
北　京	Beijing	22.59	23.26	5	26.54	35.27	36.49	6
天　津	Tianjin	6.35	4.56	16	7.93	9.41	9.68	15
河　北	Hebei	4.41	4.66	15	4.31	8.16	7.62	17
山　西	Shanxi	1.21	1.36	21	2.16	2.15	2.41	23
内蒙古	Inner Mongolia	0.16	0.13	28	0.05	0.17	0.26	28
辽　宁	Liaoning	6.31	6.29	11	14.39	13.94	14.32	11
吉　林	Jilin	1.25	1.22	23	2.77	2.55	2.70	22
黑龙江	Heilongjiang	1.58	1.40	20	3.21	3.38	3.78	20
上　海	Shanghai	21.40	21.04	6	37.20	42.87	44.93	4
江　苏	Jiangsu	120.36	105.51	1	76.27	176.21	170.44	1
浙　江	Zhejiang	38.63	43.38	3	54.35	77.00	81.66	3
安　徽	Anhui	6.02	5.88	13	5.84	13.27	15.27	10
福　建	Fujian	5.28	6.01	12	12.96	12.46	13.50	14
江　西	Jiangxi	3.40	4.03	17	3.19	5.19	5.83	18
山　东	Shandong	25.07	26.31	4	15.27	35.88	38.62	5
河　南	Henan	10.34	11.27	8	9.13	21.12	22.91	7
湖　北	Hubei	7.61	8.11	10	6.03	14.37	14.14	12
湖　南	Hunan	10.47	14.09	7	17.02	15.56	18.02	8
广　东	Guangdong	38.75	44.52	2	64.18	73.89	87.74	2
广　西	Guangxi	1.34	1.63	19	1.63	3.07	3.36	21
海　南	Hainan	0.94	1.26	22	0.08	0.60	0.77	27
重　庆	Chongqing	8.26	9.46	9	10.33	12.65	13.73	13
四　川	Sichuan	3.41	3.88	18	5.55	7.01	8.82	16
贵　州	Guizhou	0.44	0.48	26	0.76	1.24	1.29	25
云　南	Yunnan	0.88	0.88	25	2.07	3.77	4.21	19
西　藏	Tibet							
陕　西	Shaanxi	4.07	4.88	14	10.58	15.46	17.41	9
甘　肃	Gansu	0.21	0.32	27	0.20	0.98	0.98	26
青　海	Qinghai	0.11	0.05	30	0.10	0.15	0.15	29
宁　夏	Ningxia	0.39	0.96	24	0.78	0.60	1.47	24
新　疆	Xinjiang	0.07	0.07	29	0.14	0.16	0.08	30

11-207 仪器仪表制造业财务费用和营业利润

Financial Expenses and Operating Profit of Manufacture of Measuring Instruments and Machinery

单位：亿元　　(100 million yuan)

地区	Region	财务费用 Financial Expenses 2010	2015	2016	2016排名 Ranking	营业利润 Operating Profit 2010	2015	2016	2016排名 Ranking
全　国	**National Total**	**35.53**	**52.52**	**47.24**		**534.16**	**704.76**	**767.13**	
北　京	Beijing	0.75	1.12	1.24	10	29.55	33.81	32.44	7
天　津	Tianjin	0.44	0.23	0.28	18	7.95	3.33	5.15	18
河　北	Hebei	0.36	0.49	0.56	14	9.78	12.60	12.20	14
山　西	Shanxi	0.23	0.15	0.13	22	2.14	1.14	0.11	25
内蒙古	Inner Mongolia	0.40	0.02	0.02	26	0.15	2.48	1.85	21
辽　宁	Liaoning	1.28	1.73	1.34	8	17.87	14.17	11.04	15
吉　林	Jilin	0.19	0.31	0.36	17	2.47	3.74	3.72	19
黑龙江	Heilongjiang	0.16	0.34	0.45	16	2.22	1.48	-0.14	28
上　海	Shanghai	1.27	0.47	-0.95	30	38.15	35.62	40.75	5
江　苏	Jiangsu	8.48	19.47	20.02	1	141.91	281.20	319.05	1
浙　江	Zhejiang	9.91	6.89	3.35	3	52.21	67.03	74.37	2
安　徽	Anhui	0.45	1.21	1.27	9	16.78	21.81	20.91	8
福　建	Fujian	0.68	0.92	0.99	11	25.70	8.65	18.41	9
江　西	Jiangxi	0.33	0.38	0.50	15	4.71	12.65	14.34	11
山　东	Shandong	2.25	7.59	6.91	2	30.48	58.08	50.68	4
河　南	Henan	1.68	2.23	2.06	6	16.40	31.91	36.66	6
湖　北	Hubei	0.67	1.76	1.72	7	7.60	13.87	12.64	12
湖　南	Hunan	1.49	3.18	2.93	4	18.30	17.34	15.61	10
广　东	Guangdong	1.55	0.12	0.06	24	84.75	55.75	63.59	3
广　西	Guangxi	0.19	0.21	0.10	23	3.85	3.30	3.04	20
海　南	Hainan	0.01	-0.01	-0.03	28	0.21	0.48	0.52	23
重　庆	Chongqing	1.53	1.29	2.21	5	7.56	10.10	9.54	16
四　川	Sichuan	0.36	0.74	0.58	13	5.63	5.45	8.45	17
贵　州	Guizhou	0.04	0.21	0.19	19	1.01	0.19	0.30	24
云　南	Yunnan	0.11	0.73	0.64	12	1.23	-2.62	-1.13	30
西　藏	Tibet								
陕　西	Shaanxi	0.45	0.78	-0.08	29	3.92	10.28	12.57	13
甘　肃	Gansu	0.02	0.18	0.17	20	0.23	0.02	-0.15	29
青　海	Qinghai	0.01		0.01	27	0.11	0.02	0.01	26
宁　夏	Ningxia	0.25	0.09	0.15	21	1.06	0.81	0.70	22
新　疆	Xinjiang	0.01	0.02	0.03	25	0.22	0.08	-0.10	27

11-208 仪器仪表制造业资产总计和负债合计

Total Assets and Liabilities of Manufacture of Measuring Instruments and Machinery

单位：亿元　(100 million yuan)

地区	Region	资产总计 Total Assets 2015	2016	2016排名 Ranking	负债合计 Total Liabilities 2015	2016	2016排名 Ranking
全　国	**National Total**	**8024.43**	**8832.94**		**3609.18**	**3875.70**	
北　京	Beijing	502.44	551.40	4	234.48	245.43	4
天　津	Tianjin	116.88	119.60	18	65.29	63.48	15
河　北	Hebei	123.35	124.64	17	38.58	36.68	19
山　西	Shanxi	43.33	47.09	21	21.66	24.76	21
内蒙古	Inner Mongolia	0.37	1.26	30	0.15	0.43	29
辽　宁	Liaoning	236.66	228.64	9	89.90	71.85	12
吉　林	Jilin	34.96	35.96	22	12.45	12.44	25
黑龙江	Heilongjiang	60.06	47.21	20	24.55	27.91	20
上　海	Shanghai	380.49	421.06	6	165.77	167.81	6
江　苏	Jiangsu	2422.79	2662.43	1	1110.12	1192.37	1
浙　江	Zhejiang	1056.04	1128.79	2	482.09	459.70	2
安　徽	Anhui	138.66	158.51	13	57.46	67.45	14
福　建	Fujian	117.31	143.94	14	43.85	57.43	17
江　西	Jiangxi	107.66	133.17	16	40.76	56.46	18
山　东	Shandong	520.01	523.47	5	236.67	237.37	5
河　南	Henan	338.96	384.27	7	119.23	138.93	7
湖　北	Hubei	201.63	175.68	12	101.48	89.36	10
湖　南	Hunan	176.45	200.68	10	68.14	80.51	11
广　东	Guangdong	804.62	990.44	3	351.58	451.80	3
广　西	Guangxi	27.85	31.51	23	12.60	13.42	23
海　南	Hainan	3.41	5.92	27	1.36	1.76	28
重　庆	Chongqing	166.46	177.63	11	92.61	96.07	9
四　川	Sichuan	84.08	134.21	15	41.83	68.38	13
贵　州	Guizhou	18.54	20.99	26	11.35	12.88	24
云　南	Yunnan	65.88	80.41	19	47.21	59.64	16
西　藏	Tibet						
陕　西	Shaanxi	233.53	240.29	8	119.73	115.13	8
甘　肃	Gansu	20.48	27.49	25	8.14	7.24	26
青　海	Qinghai	5.35	2.34	29	0.25	0.27	30
宁　夏	Ningxia	8.57	31.24	24	4.36	16.78	22
新　疆	Xinjiang	7.61	2.66	28	5.53	1.93	27

11-209 电力、热力生产和供应业工业销售产值和主营业务收入

Sales Value and Revenue from Principal Business of Production and Supply of Electric Power and Heat Power

单位：亿元 (100 million yuan)

地区	Region	工业销售产值（当年价格）Sales Value（current prices）				主营业务收入 Revenue from Principal Business			
		2010	2015	2016	2016排名 Ranking	2010	2015	2016	2016排名 Ranking
全　国	**National Total**	**40449.23**	**57451.07**	**55760.64**		**40561.29**	**56625.81**	**55006.77**	
北　京	Beijing	2119.89	4084.68	4103.96	5	2127.93	4102.65	4112.34	4
天　津	Tianjin	593.12	822.66	829.13	24	593.39	828.54	838.35	25
河　北	Hebei	2127.60	2771.30	2289.26	7	2125.35	2744.01	2277.07	7
山　西	Shanxi	1068.48	1481.52	1456.03	14	1063.87	1501.24	1511.83	14
内蒙古	Inner Mongolia	1379.77	2080.69	2148.96	9.00	1269.16	2113.18	2084.16	8
辽　宁	Liaoning	1436.64	1586.94	1616.59	11	1445.19	1600.84	1630.63	11
吉　林	Jilin	574.33	861.82	938.59	23	676.84	878.59	912.53	23
黑龙江	Heilongjiang	884.45	1146.10	1157.07	20	914.81	1238.74	1265.51	18
上　海	Shanghai	1454.74	1105.79	1118.91	21	1454.05	1126.70	1139.70	20
江　苏	Jiangsu	3164.94	4413.86	4489.06	2	3184.93	4412.72	4488.40	2
浙　江	Zhejiang	3306.64	4313.88	4408.80	3	3302.63	4299.12	4419.86	3
安　徽	Anhui	1445.52	1847.67	1530.72	13	1454.10	1812.90	1528.38	13
福　建	Fujian	1246.36	2235.22	2224.70	8	1240.83	1936.27	1904.90	10
江　西	Jiangxi	685.77	1058.24	311.78	29	685.46	1066.39	880.43	24
山　东	Shandong	3149.80	4898.66	4391.51	4	3177.91	4204.65	3503.19	5
河　南	Henan	2243.02	3028.66	2585.07	6	2320.35	2650.44	2573.44	6
湖　北	Hubei	1459.12	1559.07	1606.25	12	1475.29	1546.58	1595.15	12
湖　南	Hunan	947.20	1337.04	1290.44	16	975.31	1322.68	1356.57	15
广　东	Guangdong	4452.04	6405.77	6565.62	1	4444.99	6374.43	6507.13	1
广　西	Guangxi	875.00	1241.38	1159.95	19	911.27	1214.63	1131.89	21
海　南	Hainan	115.69	215.82	226.85	30	115.50	212.19	224.52	30
重　庆	Chongqing	450.31	746.90	756.94	25	446.79	740.97	745.19	26
四　川	Sichuan	1365.77	2195.90	2015.93	10	1349.83	2155.50	1927.80	9
贵　州	Guizhou	911.23	816.18	1279.69	17	831.25	1300.19	1222.76	19
云　南	Yunnan	803.42	1352.64	1350.11	15	786.57	1311.39	1268.20	17
西　藏	Tibet	9.23	19.96	24.27	31	10.11	28.19	39.21	31
陕　西	Shaanxi	800.66	1184.89	1192.68	18	801.23	1247.41	1283.39	16
甘　肃	Gansu	508.02	737.19	685.45	26	498.24	712.79	654.09	27
青　海	Qinghai	229.25	342.59	424.47	28	228.18	403.17	422.58	29
宁　夏	Ningxia	303.37	618.45	603.70	27	302.90	610.31	598.85	28
新　疆	Xinjiang	337.85	939.62	978.16	22	347.00	928.38	958.75	22

11-210 电力、热力生产和供应业主营业务成本和利润总额

Cost of Principal Business and Total Profit of Production and Supply of Electric Power and Heat Power

单位：亿元 (100 million yuan)

地区	Region	主营业务成本 Cost of Principal Business 2010	2015	2016	2016排名 Ranking	利润总额 Total Profit 2010	2015	2016	2016排名 Ranking
全　国	**National Total**	**36755.16**	**49063.35**	**48394.00**		**1968.48**	**4976.28**	**4126.41**	
北　京	Beijing	1982.46	3887.05	3873.53	4	220.48	558.24	490.59	2
天　津	Tianjin	564.23	737.97	752.98	25	8.30	51.06	41.36	22
河　北	Hebei	1991.78	2413.94	2012.11	7	39.37	219.81	183.42	8
山　西	Shanxi	1022.67	1278.34	1281.39	14	-19.71	122.70	61.76	17
内蒙古	Inner Mongolia	929.14	1762.99	1747.04	8	199.26	177.54	171.66	9
辽　宁	Liaoning	1362.62	1436.44	1476.21	11	25.66	74.90	61.76	17
吉　林	Jilin	517.60	815.80	842.40	22	9.59	6.57	9.97	28
黑龙江	Heilongjiang	864.79	1173.77	1193.58	15	13.48	11.49	-3.00	29
上　海	Shanghai	1405.88	1027.91	1047.12	19	32.05	93.85	92.01	13
江　苏	Jiangsu	2908.51	3808.60	3959.57	2	172.08	510.38	435.58	3
浙　江	Zhejiang	3001.14	3744.95	3903.10	3	179.69	364.32	363.62	4
安　徽	Anhui	1248.77	1557.64	1364.86	12	88.20	189.87	113.56	11
福　建	Fujian	1109.20	1621.39	1633.00	9	63.17	158.85	148.44	10
江　西	Jiangxi	652.81	953.64	800.34	24	3.10	73.12	47.58	20
山　东	Shandong	3022.54	3614.47	3070.07	5	41.06	463.20	336.68	5
河　南	Henan	2226.22	2391.44	2388.32	6	-16.55	127.42	86.48	14
湖　北	Hubei	1242.91	1221.28	1292.31	13	128.07	270.99	225.98	6
湖　南	Hunan	845.45	1113.55	1149.85	16	29.89	86.39	83.50	15
广　东	Guangdong	3960.77	5575.87	5763.33	1	395.42	586.55	592.79	1
广　西	Guangxi	793.23	1046.58	976.13	21	55.24	93.92	63.58	16
海　南	Hainan	100.89	463.34	190.46	30	1.47	38.27	16.75	27
重　庆	Chongqing	409.07	660.90	659.80	26	15.52	34.25	38.68	25
四　川	Sichuan	1107.25	1648.58	1478.65	10	121.20	244.90	217.29	7
贵　州	Guizhou	766.87	1045.14	1062.70	18	14.27	69.78	48.95	19
云　南	Yunnan	745.31	1021.00	1043.35	20	54.85	104.72	39.20	24
西　藏	Tibet	19.25	39.73	46.95	31	-2.48	-15.18	-11.90	30
陕　西	Shaanxi	727.89	1048.77	1102.25	17	39.35	128.83	97.39	12
甘　肃	Gansu	459.35	638.19	607.64	27	1.02	-5.93	-27.45	31
青　海	Qinghai	192.67	318.30	349.52	29	3.51	28.58	18.85	26
宁　夏	Ningxia	277.67	521.85	512.29	28	22.32	41.34	39.52	23
新　疆	Xinjiang	296.23	773.96	813.20	23	29.59	65.55	41.84	21

11-211 电力、热力生产和供应业销售费用和管理费用

Sales Expenses and Administrative Expenses of Production and Supply of Electric Power and Heat Power

单位：亿元 (100 million yuan)

地区	Region	销售费用 Sales Expenses			管理费用 Administrative Expenses			
		2015	2016	2016排名 Ranking	2010	2015	2016	2016排名 Ranking
全 国	**National Total**	**117.63**	**110.26**		**979.28**	**982.60**	**896.37**	
北 京	Beijing	1.05	1.21	23	14.47	24.66	25.80	18
天 津	Tianjin	2.17	2.58	16	10.91	14.04	12.91	23
河 北	Hebei	1.36	1.59	19	40.02	48.30	28.78	15
山 西	Shanxi	1.10	3.33	14	11.46	25.16	48.02	4
内蒙古	Inner Mongolia	14.91	16.73	1	35.68	45.56	35.53	10
辽 宁	Liaoning	2.04	1.58	21	23.46	33.16	34.36	11
吉 林	Jilin	7.52	7.74	4	14.71	22.74	21.00	21
黑龙江	Heilongjiang	3.68	4.44	9	21.54	31.32	30.51	12
上 海	Shanghai	0.01	0.01	29	51.48	8.19	5.86	28
江 苏	Jiangsu	2.04	2.09	18	35.50	47.55	42.55	6
浙 江	Zhejiang	8.63	9.01	3	75.42	83.26	85.65	1
安 徽	Anhui	2.53	1.09	24	45.58	27.28	17.22	22
福 建	Fujian	1.29	1.59	19	31.85	45.33	41.20	7
江 西	Jiangxi	1.44	0.58	26	14.82	13.30	6.34	27
山 东	Shandong	6.65	13.22	2	116.71	108.76	55.71	3
河 南	Henan	4.54	2.39	17	56.83	50.67	46.88	5
湖 北	Hubei	1.19	3.41	13	48.28	22.90	26.87	17
湖 南	Hunan	4.50	4.65	7	32.15	27.72	27.82	16
广 东	Guangdong	23.39	3.46	12	70.70	85.08	83.26	2
广 西	Guangxi	2.67	4.82	6	40.95	36.55	35.55	9
海 南	Hainan	0.02			4.78	1.18	2.30	30
重 庆	Chongqing	1.64	1.23	22	10.67	10.38	11.84	24
四 川	Sichuan	7.32	5.74	5	42.16	38.50	37.51	8
贵 州	Guizhou	3.91	4.56	8	15.05	21.13	25.11	19
云 南	Yunnan	3.24	4.13	11	44.01	36.94	29.92	13
西 藏	Tibet				0.10	0.14	0.20	31
陕 西	Shaanxi	3.80	4.30	10	27.64	24.49	29.37	14
甘 肃	Gansu	0.72	0.52	27	20.92	10.55	9.48	26
青 海	Qinghai	0.20	0.46	28	2.58	3.39	3.62	29
宁 夏	Ningxia	0.77	0.73	25	5.00	11.11	10.47	25
新 疆	Xinjiang	3.31	3.06	15	13.83	23.27	24.71	20

11-212 电力、热力生产和供应业财务费用和营业利润

Financial Expenses and Operating Profit of Production and Supply of Electric Power and Heat Power

单位：亿元 (100 million yuan)

地区	Region	财务费用 Financial Expenses				营业利润 Operating Profit			
		2010	2015	2016	2016排名 Ranking	2010	2015	2016	2016排名 Ranking
全　国	**National Total**	**1414.64**	**2326.81**	**2145.55**		**1922.55**	**4534.93**	**3776.63**	
北　京	Beijing	61.60	80.13	60.90	17	211.76	476.54	433.99	2
天　津	Tianjin	14.93	17.01	14.96	29	9.12	50.03	42.60	20
河　北	Hebei	54.79	63.26	60.28	18	37.51	210.99	173.47	8
山　西	Shanxi	51.63	84.67	82.63	9	-17.87	109.61	90.40	13
内蒙古	Inner Mongolia	69.14	141.33	130.75	4	204.14	147.58	143.33	9
辽　宁	Liaoning	42.59	64.52	64.30	16	23.64	60.91	48.18	18
吉　林	Jilin	19.33	43.04	36.67	25	7.09	-17.32	1.39	28
黑龙江	Heilongjiang	30.24	43.94	38.48	24	6.90	-9.97	-19.65	30
上　海	Shanghai	18.52	15.48	13.83	30	35.86	92.61	90.57	12
江　苏	Jiangsu	71.33	84.26	79.73	10	165.11	502.62	430.12	3
浙　江	Zhejiang	71.67	117.23	105.53	5	179.69	354.47	343.51	4
安　徽	Anhui	36.88	50.11	44.27	23	92.51	187.72	108.23	11
福　建	Fujian	47.28	78.55	72.18	13	68.07	149.29	140.91	10
江　西	Jiangxi	22.88	27.96	25.14	27	3.08	70.92	46.61	19
山　东	Shandong	76.13	94.01	85.77	8	40.02	459.03	323.08	5
河　南	Henan	73.76	85.17	75.70	12	-17.71	124.18	63.07	16
湖　北	Hubei	89.73	77.67	65.83	15	165.94	242.44	205.88	6
湖　南	Hunan	55.25	77.68	78.73	11	33.39	79.88	80.02	15
广　东	Guangdong	118.88	163.42	141.62	3	345.15	546.18	553.44	1
广　西	Guangxi	46.95	55.00	58.32	19	45.66	78.42	55.44	17
海　南	Hainan	6.11	7.92	15.07	28	1.23	37.75	15.15	27
重　庆	Chongqing	20.65	40.24	35.58	26	18.65	30.78	35.39	22
四　川	Sichuan	77.07	228.30	202.87	1	125.40	215.69	195.25	7
贵　州	Guizhou	52.79	103.67	86.86	7	7.02	62.88	40.77	21
云　南	Yunnan	57.32	174.75	154.99	2	51.61	78.57	29.11	24
西　藏	Tibet	-0.13	3.98	3.41	31	-9.15	-15.42	-11.58	29
陕　西	Shaanxi	38.25	53.10	54.29	20	36.39	110.72	81.80	14
甘　肃	Gansu	28.34	75.28	71.89	14	1.33	-17.73	-40.36	31
青　海	Qinghai	26.43	48.82	50.61	21	3.75	26.79	18.44	26
宁　夏	Ningxia	14.52	42.43	44.47	22	19.96	40.00	33.01	23
新　疆	Xinjiang	19.78	83.92	89.88	6	27.32	48.79	25.05	25

11-213 电力、热力生产和供应业资产总计和负债合计

Total Assets and Liabilities of Production and Supply of Electric Power and Heat Power

单位：亿元 (100 million yuan)

地区	Region	资产总计 Total Assets 2015	2016	2016排名 Ranking	负债合计 Total Liabilities 2015	2016	2016排名 Ranking
全　国	**National Total**	**124622.83**	**134531.39**		**77834.19**	**83572.31**	
北　京	Beijing	16183.69	17854.58	1	6323.05	6491.22	1
天　津	Tianjin	1778.06	1872.57	26	1120.16	1185.20	26
河　北	Hebei	3971.89	4211.85	11	2498.95	2745.62	11
山　西	Shanxi	3253.40	3625.96	15	2438.57	2709.45	12
内蒙古	Inner Mongolia	6748.50	7481.13	4	4865.21	5481.84	3
辽　宁	Liaoning	3609.52	3775.15	14	2474.29	2586.28	14
吉　林	Jilin	1732.14	1773.23	28	1148.96	1182.85	27
黑龙江	Heilongjiang	2511.95	2664.34	22	1873.84	1957.24	20
上　海	Shanghai	2605.43	2706.35	21	919.38	955.57	28
江　苏	Jiangsu	6728.00	7325.42	5	3881.94	4388.57	6
浙　江	Zhejiang	5746.40	6031.43	8	3343.12	3501.61	8
安　徽	Anhui	2746.05	2808.47	20	1723.94	1741.52	21
福　建	Fujian	3964.07	4181.65	12	2577.06	2689.68	13
江　西	Jiangxi	1342.96	1329.33	29	943.01	930.39	29
山　东	Shandong	6034.78	6419.72	7	3944.78	4198.51	7
河　南	Henan	3694.23	4054.68	13	2625.96	2964.41	10
湖　北	Hubei	3895.48	4461.95	9	2078.52	2271.51	16
湖　南	Hunan	2691.47	3029.50	18	1825.58	2123.33	19
广　东	Guangdong	9965.13	10894.04	2	5062.88	5391.15	4
广　西	Guangxi	2370.82	2627.20	23	1547.25	1719.50	22
海　南	Hainan	593.15	663.46	30	484.04	533.41	30
重　庆	Chongqing	1866.01	1981.79	25	1261.36	1332.21	24
四　川	Sichuan	8895.91	8375.30	3	6638.08	6165.06	2
贵　州	Guizhou	2912.63	3148.08	16	2356.43	2508.69	15
云　南	Yunnan	6228.91	6573.12	6	4899.97	5344.06	5
西　藏	Tibet	474.25	508.02	31	235.13	255.61	31
陕　西	Shaanxi	2609.76	3035.35	17	1927.12	2201.16	17
甘　肃	Gansu	2609.42	2824.36	19	1938.27	2137.66	18
青　海	Qinghai	1622.33	1858.36	27	1193.30	1301.90	25
宁　夏	Ningxia	1685.00	2085.81	24	1135.96	1409.96	23
新　疆	Xinjiang	3551.46	4349.21	10	2548.07	3167.15	9

11-214 燃气生产和供应业工业销售产值、主营业务收入、主营业务成本和利润总额（2016年）

Sales Value, Revenue from Principal Business, Cost of Principal Business, and Total Profit of Gas Production and Supply

单位：亿元 (100 million yuan)

地区	Region	工业销售产值（当年价格） Sales Value(current prices)	排名 Ranking	主营业务收入 Revenue from Principal Business	排名 Ranking	主营业务成本 Cost of Principal Business	排名 Ranking	利润总额 Total Profit	排名 Ranking
全　国	**National Total**	**6097.73**		**6061.34**		**5244.09**		**504.39**	
北　京	Beijing	382.33	6	382.71	6	350.08	6	38.81	4
天　津	Tianjin	120.93	17	102.01	20	99.70	18	2.41	24
河　北	Hebei	178.57	13	180.89	12	149.98	12	19.20	9
山　西	Shanxi	144.89	14	137.50	15	114.40	15	9.99	17
内蒙古	Inner Mongolia	452.65	3	458.49	3	435.17	2	-0.86	30
辽　宁	Liaoning	65.99	23	67.35	23	56.02	24	1.81	27
吉　林	Jilin	85.65	21	95.34	21	82.74	20	2.96	23
黑龙江	Heilongjiang	60.67	24	66.84	24	57.83	23	4.08	21
上　海	Shanghai	328.00	7	323.95	7	298.14	7	15.52	12
江　苏	Jiangsu	449.44	4	436.50	4	353.83	5	64.04	2
浙　江	Zhejiang	401.30	5	401.57	5	368.08	4	19.52	8
安　徽	Anhui	143.18	15	133.22	16	109.05	16	14.76	13
福　建	Fujian	217.13	10	216.67	10	188.68	11	21.56	7
江　西	Jiangxi	111.83	19	120.48	18	101.81	17	11.43	16
山　东	Shandong	290.19	8	294.33	8	246.47	8	27.86	5
河　南	Henan	263.37	9	274.09	9	228.40	9	26.77	6
湖　北	Hubei	142.38	16	149.13	14	121.08	14	16.61	10
湖　南	Hunan	118.74	18	123.34	17	95.08	19	14.08	14
广　东	Guangdong	858.75	1	835.52	1	749.28	1	59.45	3
广　西	Guangxi	50.72	25	44.34	25	36.89	25	7.23	19
海　南	Hainan	25.55	29	28.15	29	25.03	29	-0.78	29
重　庆	Chongqing	206.66	11	204.73	11	196.81	10	2.17	25
四　川	Sichuan	546.37	2	529.92	2	414.88	3	76.61	1
贵　州	Guizhou	26.35	28	31.78	28	25.36	27	1.85	26
云　南	Yunnan	34.81	27	32.75	27	25.16	28	8.89	18
西　藏	Tibet								
陕　西	Shaanxi	181.75	12	165.96	13	134.64	13	15.95	11
甘　肃	Gansu	37.61	26	32.98	26	27.53	26	3.98	22
青　海	Qinghai	3.65	30	2.96	30	1.94	30	0.73	28
宁　夏	Ningxia	67.56	22	85.41	22	75.75	21	4.68	20
新　疆	Xinjiang	100.70	20	102.42	19	74.31	22	13.07	15

11-215 燃气生产和供应业销售、管理费用、资产总计和负债合计（2016年）

Sales Expenses, Admistrative Expenses, Total Assets, and Total Liabilities of Production and Supply of Gas

单位：亿元 (100 million yuan)

地区	Region	销售费用 Sales Expenses	排名 Ranking	管理费用 Administrative Expenses	排名 Ranking	资产总计 Total Assets	排名 Ranking	负债合计 Total Liabilities	排名 Ranking
全　国	**National Total**	**166.57**		**209.15**		**8287.77**		**4623.02**	
北　京	Beijing	3.66	20	15.69	3	550.07	4	174.69	12
天　津	Tianjin	0.54	28	3.49	22	171.38	21	84.79	21
河　北	Hebei	6.27	10	9.09	9	359.32	11	250.73	5
山　西	Shanxi	8.21	7	5.51	14	356.87	12	267.67	4
内蒙古	Inner Mongolia	2.81	22	9.24	7	595.87	2	445.56	1
辽　宁	Liaoning	5.40	14	6.79	13	224.23	15	124.36	17
吉　林	Jilin	4.98	15	3.55	21	99.31	25	73.65	22
黑龙江	Heilongjiang	4.80	16	2.78	23	66.81	27	33.98	27
上　海	Shanghai	9.45	6	9.17	8	400.48	9	198.77	11
江　苏	Jiangsu	16.17	2	16.35	2	591.32	3	303.72	3
浙　江	Zhejiang	5.74	11	8.88	11	429.87	7	233.39	8
安　徽	Anhui	4.59	18	5.40	15	203.88	19	131.82	15
福　建	Fujian	5.44	13	3.92	19	212.10	17	121.67	18
江　西	Jiangxi	3.10	21	3.64	20	108.38	23	60.65	24
山　东	Shandong	10.40	3	14.16	5	437.88	5	227.95	9
河　南	Henan	9.83	5	10.98	6	419.67	8	247.34	6
湖　北	Hubei	5.59	12	5.21	18	215.09	16	136.84	14
湖　南	Hunan	4.78	17	7.78	12	134.73	22	89.28	20
广　东	Guangdong	10.00	4	15.19	4	599.76	1	349.12	2
广　西	Guangxi	1.55	23	1.33	29	53.95	29	31.55	29
海　南	Hainan	1.49	24	1.45	28	107.53	24	67.12	23
重　庆	Chongqing	3.75	19	5.38	16	211.85	18	129.70	16
四　川	Sichuan	18.61	1	21.76	1	430.06	6	218.16	10
贵　州	Guizhou	1.42	25	2.06	25	87.53	26	51.49	25
云　南	Yunnan	1.06	27	1.72	27	382.76	10	43.81	26
西　藏	Tibet								
陕　西	Shaanxi	7.18	9	8.92	10	263.26	14	148.10	13
甘　肃	Gansu	1.41	26	2.16	24	54.01	28	33.15	28
青　海	Qinghai	0.15	30	0.34	30	5.78	30	2.64	30
宁　夏	Ningxia	0.53	29	1.93	26	187.33	20	107.60	19
新　疆	Xinjiang	7.64	8	5.27	17	326.65	13	233.68	7

11-216 水的生产和供应业工业销售产值、主营业务收入、主营业务成本和利润总额（2016年）

Sales Value, Revenue from Principal Business, Cost of Principal Business, and Total Profit of Production and Supply of Water

单位：亿元 (100 million yuan)

地区	Region	工业销售产值（当年价格） Sales Value(current prices)	排名 Ranking	主营业务收入 Revenue from Principal Business	排名 Ranking	主营业务成本 Cost of Principal Business	排名 Ranking	利润总额 Total Profit	排名 Ranking
全　国	**National Total**	**2067.55**		**2141.88**		**1609.66**		**208.26**	
北　京	Beijing	75.14	8	93.24	7	70.45	8	21.03	4
天　津	Tianjin	48.62	15	54.04	13	50.63	12	-1.76	30
河　北	Hebei	48.47	16	48.82	16	36.51	16	2.02	17
山　西	Shanxi	18.36	24	18.93	24	17.22	23	-2.92	31
内蒙古	Inner Mongolia	43.08	17	44.02	17	32.51	17	1.08	21
辽　宁	Liaoning	59.70	12	59.45	12	49.18	13	-0.96	29
吉　林	Jilin	40.21	18	39.26	18	32.21	18	0.68	23
黑龙江	Heilongjiang	16.16	26	16.11	25	10.74	25	-0.72	27
上　海	Shanghai	66.09	9	85.20	9	70.73	7	8.30	7
江　苏	Jiangsu	162.66	3	161.62	3	105.81	4	24.03	2
浙　江	Zhejiang	174.98	2	178.27	2	148.78	2	3.85	14
安　徽	Anhui	51.26	13	53.07	14	41.31	14	3.95	13
福　建	Fujian	49.08	14	50.00	15	38.58	15	2.85	15
江　西	Jiangxi	65.47	11	69.65	11	53.00	11	12.26	5
山　东	Shandong	140.31	4	152.13	4	131.53	3	6.76	8
河　南	Henan	83.05	7	88.39	8	68.05	9	9.42	6
湖　北	Hubei	65.84	10	72.03	10	59.33	10	2.00	18
湖　南	Hunan	95.13	6	94.92	6	71.37	6	5.12	11
广　东	Guangdong	432.58	1	431.34	1	292.46	1	66.13	1
广　西	Guangxi	31.98	21	32.43	20	19.84	22	5.73	10
海　南	Hainan	9.07	28	10.47	27	6.39	28	1.79	19
重　庆	Chongqing	34.96	19	34.33	19	25.70	19	6.00	9
四　川	Sichuan	125.18	5	129.48	5	89.12	5	22.44	3
贵　州	Guizhou	27.39	23	26.41	23	16.85	24	2.09	16
云　南	Yunnan	33.78	20	31.62	21	21.83	21	4.10	12
西　藏	Tibet	0.88	31	0.88	31	0.57	31	0.02	26
陕　西	Shaanxi	30.78	22	29.40	22	23.32	20	0.63	24
甘　肃	Gansu	9.45	27	8.92	29	7.64	27	-0.79	28
青　海	Qinghai	2.36	30	2.50	30	1.27	30	0.56	25
宁　夏	Ningxia	8.50	29	9.07	28	6.20	29	1.03	22
新　疆	Xinjiang	17.04	25	15.90	26	10.53	26	1.53	20

11-217 水的生产和供应业销售、管理费用、资产总计和负债合计（2016年）

Sales Expenses, Admistrative Expenses, Total Assets, and Total Liabilities of Production and Supply of Water

单位：亿元 (100 million yuan)

地区	Region	销售费用 Cost of Sales	排名 Ranking	管理费用 Administrative Cost	排名 Ranking	资产总计 Total Assets	排名 Ranking	负债合计 Total Liabilities	排名 Ranking
全　国	**National Total**	**127.16**		**232.67**		**11674.71**		**6531.09**	
北　京	Beijing	4.87	7	7.59	10	1053.02	4	482.61	4
天　津	Tianjin	1.57	22	5.97	13	287.82	12	200.02	10
河　北	Hebei	2.36	17	8.17	8	188.63	20	111.08	18
山　西	Shanxi	0.87	27	3.82	23	85.70	26	42.12	26
内蒙古	Inner Mongolia	2.80	15	6.43	12	256.09	15	166.82	13
辽　宁	Liaoning	4.50	10	9.84	7	380.51	8	189.76	11
吉　林	Jilin	2.04	19	4.43	19	89.33	25	45.27	25
黑龙江	Heilongjiang	1.38	23	4.18	22	148.84	23	100.59	20
上　海	Shanghai	7.20	4	5.10	17	776.05	5	255.91	7
江　苏	Jiangsu	26.14	1	18.77	3	1202.41	2	813.99	2
浙　江	Zhejiang	9.66	3	19.33	2	1060.39	3	634.00	3
安　徽	Anhui	3.51	12	5.86	14	186.51	21	85.17	22
福　建	Fujian	4.61	8	5.80	15	303.85	11	153.72	14
江　西	Jiangxi	2.70	16	5.42	16	250.65	16	140.81	15
山　东	Shandong	4.59	9	14.84	4	540.10	7	318.90	6
河　南	Henan	3.43	14	7.25	11	259.29	14	113.19	17
湖　北	Hubei	5.02	6	7.70	9	348.66	9	200.85	9
湖　南	Hunan	5.15	5	12.36	6	319.47	10	209.43	8
广　东	Guangdong	16.29	2	37.22	1	1790.92	1	1062.88	1
广　西	Guangxi	1.37	24	4.35	21	157.85	22	84.03	24
海　南	Hainan	1.35	25	1.14	28	40.57	29	13.83	29
重　庆	Chongqing	3.47	13	5.05	18	211.89	19	107.01	19
四　川	Sichuan	4.42	11	14.77	5	761.20	6	439.36	5
贵　州	Guizhou	2.14	18	4.41	20	212.68	18	136.91	16
云　南	Yunnan	1.73	21	3.63	24	265.45	13	178.25	12
西　藏	Tibet	0.06	31	0.22	31	2.13	31	0.09	31
陕　西	Shaanxi	1.19	26	3.31	25	147.68	24	84.57	23
甘　肃	Gansu	0.26	29	1.70	27	50.68	28	20.05	28
青　海	Qinghai	0.12	30	0.91	30	25.81	30	13.66	30
宁　夏	Ningxia	0.54	28	1.03	29	56.95	27	26.24	27
新　疆	Xinjiang	1.83	20	2.07	26	213.54	17	99.96	21

11-218 规模以上工业企业主要经济效益指标

Main Indicators on Economic Benefit of Industrial Enterprises above Designated Size

单位：%　　(%)

地区	Region	工业企业总资产贡献率 Ratio of Profits,Tax and Interests to Average Assets 2010	2013	2014	2014排名 Ranking	工业企业产品销售率 Sales Ratio of Products 2012	2012排名 Ranking
全　国	**National Total**	**15.68**	**15.00**	**13.69**		**98.00**	
北　京	Beijing	7.64	7.66	7.70	27	99.04	4
天　津	Tianjin	17.30	16.09	15.73	8	98.89	6
河　北	Hebei	14.75	13.56	11.33	21	97.79	15
山　西	Shanxi	11.20	7.33	5.19	30	97.34	23
内蒙古	Inner Mongolia	18.22	13.92	9.94	25	97.10	24
辽　宁	Liaoning	14.84	14.14	11.89	20	97.79	15
吉　林	Jilin	16.30	17.47	17.04	3	98.28	11
黑龙江	Heilongjiang	22.05	19.08	15.41	9	97.52	20
上　海	Shanghai	13.85	13.71	12.99	17	98.94	5
江　苏	Jiangsu	15.10	16.22	15.87	6	98.82	7
浙　江	Zhejiang	12.21	11.83	11.33	21	97.45	21
安　徽	Anhui	16.22	14.46	13.15	15	97.74	18
福　建	Fujian	17.21	15.97	15.02	11	97.83	14
江　西	Jiangxi	18.70	24.38	22.69	1	99.27	3
山　东	Shandong	19.45	20.21	16.85	4	98.61	8
河　南	Henan	22.43	18.49	15.78	7	98.32	10
湖　北	Hubei	15.38	15.00	14.93	12	97.08	25
湖　南	Hunan	23.18	21.64	19.05	2	98.45	9
广　东	Guangdong	15.63	13.85	13.97	14	98.07	12
广　西	Guangxi	16.76	15.70	16.51	5	95.49	27
海　南	Hainan	18.28	12.89	11.07	23	103.00	1
重　庆	Chongqing	13.57	15.57	15.37	10	97.84	13
四　川	Sichuan	14.43	14.10	12.49	18	97.40	22
贵　州	Guizhou	12.84	13.96	13.00	16	94.30	29
云　南	Yunnan	16.28	14.59	12.32	19	95.21	28
西　藏	Tibet	5.40	3.66	3.56	31	101.96	2
陕　西	Shaanxi	17.11	16.97	14.75	13	96.34	26
甘　肃	Gansu	10.24	9.54	8.75	26	93.14	30
青　海	Qinghai	11.57	8.23	6.48	28	92.99	31
宁　夏	Ningxia	8.87	8.06	5.89	29	97.77	17
新　疆	Xinjiang	18.21	12.82	10.95	24	97.55	19

12

建筑业

Construction

12-1 建筑业企业单位数和从业人员
Number of Enterprises and Employed Persons of Construction Enterprises

地区	Region	企业单位数（个） Number of Construction Enterprises (unit) 2010	2015	2016	2016排名 Ranking	从业人员（万人） Number of Employed Persons (10 000 persons) 2010	2015	2016	2016排名 Ranking
全　国	**National Total**	**71863**	**80911**	**83017**		**4160.44**	**5093.67**	**5184.54**	
北　京	Beijing	3262	2909	2858	11	59.38	58.57	58.14	22
天　津	Tianjin	1438	1551	1500	22	47.84	78.66	73.64	20
河　北	Hebei	2132	2375	2467	16	128.47	130.45	130.88	13
山　西	Shanxi	1727	2285	2532	15	75.16	76.45	75.43	19
内蒙古	Inner Mongolia	787	841	870	27	43.56	29.51	29.70	27
辽　宁	Liaoning	4612	5563	5238	4	165.07	148.26	126.14	14
吉　林	Jilin	932	2270	2191	17	40.99	62.97	57.02	23
黑龙江	Heilongjiang	1945	1601	1566	21	56.19	46.89	37.36	26
上　海	Shanghai	2983	2779	2662	12	95.73	110.78	104.02	18
江　苏	Jiangsu	8893	8909	8770	1	591.50	752.48	763.75	2
浙　江	Zhejiang	5052	6133	6174	2	566.00	783.19	770.28	1
安　徽	Anhui	2432	2763	2929	10	157.82	168.69	168.00	11
福　建	Fujian	2180	3402	3608	8	185.04	294.81	325.27	3
江　西	Jiangxi	1276	1739	1873	20	85.80	142.18	152.57	12
山　东	Shandong	6135	5945	6013	3	314.29	300.14	293.19	4
河　南	Henan	4294	4684	5123	5	234.95	259.51	260.90	7
湖　北	Hubei	2846	3218	3368	9	155.52	261.46	269.64	6
湖　南	Hunan	1822	2022	2067	19	150.34	209.86	219.96	9
广　东	Guangdong	4249	4311	4437	6	188.24	220.12	228.57	8
广　西	Guangxi	977	1071	1139	25	59.00	95.64	120.02	15
海　南	Hainan	104	148	155	31	11.00	7.43	7.42	30
重　庆	Chongqing	2326	2492	2577	13	139.22	192.75	209.08	10
四　川	Sichuan	3414	3449	3809	7	305.18	273.63	282.87	5
贵　州	Guizhou	550	742	891	26	33.77	56.12	67.53	21
云　南	Yunnan	1932	2417	2544	14	74.75	97.28	115.63	17
西　藏	Tibet	175	167	173	30	4.49	2.80	2.84	31
陕　西	Shaanxi	982	1878	2114	18	104.67	115.00	118.32	16
甘　肃	Gansu	757	1264	1323	23	45.30	56.47	56.58	24
青　海	Qinghai	369	366	371	29	8.91	10.88	11.44	28
宁　夏	Ningxia	474	503	531	28	9.69	12.60	9.93	29
新　疆	Xinjiang	806	1114	1144	24	22.57	38.06	38.41	25

12-2 建筑业总产值和建筑业增加值

Gross Output Value and Value-added of Construction Enterprises

单位：亿元 (100 million yuan)

地区	Region	建筑业总产值 Gross Output Value of Construction				建筑业增加值 Value-added of Construction			
		2010	2015	2016	2016排名 Ranking	2010	2015	2016	2016排名 Ranking
全　国	**National Total**	**96031.13**	**180757.47**	**193566.78**		**18983.54**	**36064.66**	**37626.82**	
北　京	Beijing	5196.02	8436.73	8841.19	7	578.71	1237.42	1199.27	12
天　津	Tianjin	2424.49	4488.90	4891.81	17	302.22	663.37	581.93	20
河　北	Hebei	3231.46	5252.57	5517.69	14	524.89	754.96	769.90	16
山　西	Shanxi	2143.46	2931.26	3318.47	21	339.11	461.34	480.24	22
内蒙古	Inner Mongolia	1125.58	1123.47	1220.81	27	326.08	252.42	270.59	26
辽　宁	Liaoning	4690.31	5413.76	3926.71	18	989.75	1065.38	738.61	17
吉　林	Jilin	1348.78	2216.31	2283.56	23	263.25	374.16	355.57	23
黑龙江	Heilongjiang	1769.70	1680.39	1716.61	26	507.06	247.11	251.38	27
上　海	Shanghai	4300.19	5652.47	6046.19	13	583.10	834.17	835.15	15
江　苏	Jiangsu	12405.92	24785.81	25791.76	1	2698.05	5996.52	6277.79	1
浙　江	Zhejiang	12007.89	23980.59	24989.37	2	2304.12	4713.14	4807.23	2
安　徽	Anhui	2864.96	5695.94	6047.29	12	683.96	1206.51	1248.35	11
福　建	Fujian	2935.94	7605.81	8531.45	9	874.25	2270.88	2333.70	3
江　西	Jiangxi	1690.02	4602.49	5179.03	16	292.83	841.22	858.11	14
山　东	Shandong	5496.59	9381.72	10087.43	4	1231.89	2078.52	2209.30	5
河　南	Henan	4400.61	8047.65	8807.99	8	1003.92	1618.36	2271.72	4
湖　北	Hubei	4345.20	10592.86	11862.40	3	767.98	1960.37	2065.89	7
湖　南	Hunan	3161.73	6630.82	7304.22	10	585.09	1277.14	1321.50	10
广　东	Guangdong	4715.46	8865.68	9652.31	6	953.47	1962.72	2096.02	6
广　西	Guangxi	1222.31	2953.42	3449.19	20	227.47	535.19	583.74	19
海　南	Hainan	199.48	278.63	307.76	30	21.61	52.99	56.72	30
重　庆	Chongqing	2534.36	6256.94	7035.81	11	634.55	1501.25	1572.99	8
四　川	Sichuan	4163.07	8768.24	9959.68	5	816.24	1373.79	1392.01	9
贵　州	Guizhou	622.96	1947.74	2362.95	22	121.29	274.90	347.96	24
云　南	Yunnan	1510.96	3268.93	3867.22	19	243.70	551.65	646.31	18
西　藏	Tibet	122.07	106.92	111.28	31	27.69	23.74	25.47	31
陕　西	Shaanxi	3063.61	4752.61	5329.23	15	606.51	903.27	997.79	13
甘　肃	Gansu	751.99	1849.02	1947.24	25	156.56	328.03	345.84	25
青　海	Qinghai	279.61	409.51	410.62	29	53.81	79.54	88.53	29
宁　夏	Ningxia	342.69	524.53	511.25	28	71.56	91.94	92.53	28
新　疆	Xinjiang	963.72	2255.74	2258.24	24	192.82	532.66	504.67	21

12-3 按建筑业总产值和增加值计算的劳动生产率

Labor Productivity in Terms of Total Output Value and Value-added of Construction Enterprises

单位：元/人 (yuan/person)

地区	Region	按建筑业总产值计算的劳动生产率 Overall Labor Productivity in Terms of Total Output Value				按建筑业增加值计算的劳动生产率 Overall Labor Productivity in Terms of Value-added			
		2010	2015	2016	2016排名 Ranking	2010	2015	2016	2016排名 Ranking
全 国	**National Total**	**203962**	**324026**	**336991**		**40319**	**64650**	**65507**	
北 京	Beijing	254836	519350	533880	1	28382	76173	72419	9
天 津	Tianjin	370312	495814	492879	2	46160	73271	58633	18
河 北	Hebei	236052	377267	379815	7	38342	54225	52996	22
山 西	Shanxi	222319	294641	295590	23	35172	46372	42777	30
内蒙古	Inner Mongolia	151321	276794	295574	24	43838	62191	65514	15
辽 宁	Liaoning	173666	316831	300927	22	36647	62350	56604	20
吉 林	Jilin	170603	251269	285207	27	33297	42420	44409	28
黑龙江	Heilongjiang	183395	228326	256076	31	52547	33577	37500	31
上 海	Shanghai	344720	447075	479451	3	46744	65978	66225	13
江 苏	Jiangsu	207116	297437	304925	20	45044	71960	74220	5
浙 江	Zhejiang	214019	306583	321476	14	41067	60256	61843	16
安 徽	Anhui	177486	340948	356743	9	42372	72219	73643	6
福 建	Fujian	157807	259016	265043	30	46991	77335	72500	8
江 西	Jiangxi	187612	277758	307509	18	32508	50767	50951	24
山 东	Shandong	159439	301452	312707	16	35733	66787	68488	12
河 南	Henan	183664	287718	323100	13	41900	57859	83333	2
湖 北	Hubei	268719	454961	458776	4	47494	84197	79898	3
湖 南	Hunan	193661	299667	318758	15	35838	57718	57671	19
广 东	Guangdong	246971	395039	419268	5	49938	87455	91045	1
广 西	Guangxi	212407	299354	302337	21	39528	54246	51167	23
海 南	Hainan	175249	359672	378997	8	18981	68399	69846	11
重 庆	Chongqing	175245	312848	323617	12	43878	75063	72351	10
四 川	Sichuan	148526	295780	307129	19	29121	46342	42926	29
贵 州	Guizhou	196170	349670	330753	11	38196	49351	48705	26
云 南	Yunnan	192488	287764	292428	26	31046	48562	48873	25
西 藏	Tibet	209126	308317	335094	10	47429	68448	76692	4
陕 西	Shaanxi	269631	373123	389771	6	53380	70915	72976	7
甘 肃	Gansu	149820	303636	309965	17	31193	53868	55052	21
青 海	Qinghai	221885	319874	284248	28	42700	62128	61281	17
宁 夏	Ningxia	148544	266856	267566	29	31019	46773	48425	27
新 疆	Xinjiang	179823	284124	295359	25	35979	67092	66006	14

12-4 建筑业企业利税总额和利润总额
Total Pre-Tax Profits and Total Profits of Construction Enterprises

单位：亿元 (100 million yuan)

地区	Region	利税总额 Total Pre-Tax Profits 2010	2015	2016	2016排名 Ranking	其中：利润总额 Total Profits 2010	2015	2016	2016排名 Ranking
全　国	**National Total**	**6760.39**	**12124.64**	**12963.50**		**3409.07**	**6451.23**	**6986.05**	
北　京	Beijing	373.26	734.96	891.71	3	198.62	479.38	675.32	2
天　津	Tianjin	144.12	279.97	189.38	19	66.05	159.41	97.58	19
河　北	Hebei	211.88	316.88	315.45	16	104.93	155.67	154.65	16
山　西	Shanxi	118.71	179.15	187.52	20	48.38	93.81	97.21	20
内蒙古	Inner Mongolia	130.75	87.64	104.14	26	82.67	46.62	60.63	24
辽　宁	Liaoning	341.15	355.59	245.77	18	173.96	168.79	121.14	18
吉　林	Jilin	95.11	169.90	170.62	21	46.06	96.96	91.15	21
黑龙江	Heilongjiang	178.14	100.99	103.31	27	56.49	46.53	51.24	26
上　海	Shanghai	298.20	385.06	397.95	12	159.79	194.46	217.74	12
江　苏	Jiangsu	875.39	1741.26	1815.29	1	496.63	985.39	992.63	1
浙　江	Zhejiang	711.12	1186.02	1225.19	2	348.22	550.88	573.78	3
安　徽	Anhui	209.98	360.58	392.10	13	98.25	186.87	203.62	13
福　建	Fujian	190.85	523.95	561.77	8	87.35	263.11	279.45	9
江　西	Jiangxi	116.03	324.37	369.48	14	56.19	162.89	186.80	14
山　东	Shandong	453.99	696.53	725.56	6	266.40	407.13	415.28	7
河　南	Henan	323.44	607.69	832.33	5	161.51	337.46	438.53	5
湖　北	Hubei	335.88	858.18	872.39	4	180.84	472.61	475.72	4
湖　南	Hunan	228.88	454.65	502.97	11	104.79	216.34	230.30	11
广　东	Guangdong	392.40	682.57	722.54	7	204.94	384.88	418.28	6
广　西	Guangxi	69.77	148.00	167.50	22	25.76	54.32	67.75	22
海　南	Hainan	10.08	20.98	25.13	30	4.78	11.40	12.12	30
重　庆	Chongqing	208.75	504.70	555.69	9	120.18	306.93	326.57	8
四　川	Sichuan	275.34	477.37	530.84	10	125.60	221.50	266.44	10
贵　州	Guizhou	34.02	104.82	124.01	25	10.56	45.61	60.11	25
云　南	Yunnan	105.59	219.27	267.54	17	50.53	123.53	147.02	17
西　藏	Tibet	14.92	11.73	15.11	31	9.15	7.84	11.58	31
陕　西	Shaanxi	167.19	285.79	321.93	15	58.30	128.64	163.42	15
甘　肃	Gansu	55.39	122.31	128.28	24	26.00	62.10	64.37	23
青　海	Qinghai	15.48	26.68	30.22	29	6.25	14.17	15.51	29
宁　夏	Ningxia	21.04	37.08	41.52	28	8.92	17.87	19.95	28
新　疆	Xinjiang	53.55	119.96	130.26	23	20.97	48.13	50.15	27

12-5 建筑业企业施工机械设备总台数和总功率技术装备情况

Number of Machinery and Equipment, and Power of Machinery and Equipment of Building Industry

地区	Region	施工机械设备总台数（万台） Number of Machinery and Equipment (10 000 set)				施工机械设备总功率（万千瓦） Power of Machinery and Equipment (10 000 kw)			
		2010	2015	2016	2016排名 Ranking	2010	2015	2016	2016排名 Ranking
全　国	**National Total**	**1120.95**	**964.37**	**957.93**		**19386.4**	**26736.8**	**25365.3**	
北　京	Beijing	16.07	9.93	9.92	22	429.3	375.5	366.8	20
天　津	Tianjin	12.85	14.27	10.25	21	418.5	478.4	521.6	16
河　北	Hebei	96.69	53.05	53.47	8	1034.0	1250.5	1028.8	8
山　西	Shanxi	20.59	19.31	19.73	15	526.5	692.0	697.0	14
内蒙古	Inner Mongolia	9.41	8.61	7.94	25	207.6	188.9	198.8	27
辽　宁	Liaoning	37.09	32.51	23.96	13	948.6	1550.4	1011.2	10
吉　林	Jilin	7.07	6.69	6.62	27	163.6	234.7	255.8	25
黑龙江	Heilongjiang	14.33	13.06	12.31	20	327.8	332.1	324.1	22
上　海	Shanghai	17.28	9.71	9.17	23	362.0	228.1	270.0	24
江　苏	Jiangsu	143.18	142.65	128.89	1	3056.7	3975.2	3671.8	1
浙　江	Zhejiang	96.19	108.03	105.92	2	1591.4	2085.5	2188.4	3
安　徽	Anhui	41.55	33.80	37.37	9	663.5	786.0	753.7	12
福　建	Fujian	28.48	29.24	30.35	11	577.5	1014.6	1047.6	7
江　西	Jiangxi	18.56	21.61	22.67	14	261.2	525.9	531.6	15
山　东	Shandong	74.87	71.35	75.67	3	1519.6	1742.1	2177.0	4
河　南	Henan	70.99	64.75	64.55	4	1267.5	3257.5	2263.3	2
湖　北	Hubei	54.24	58.32	59.55	7	1291.9	1321.9	1233.7	6
湖　南	Hunan	52.06	73.89	60.15	6	841.3	1108.3	1009.5	11
广　东	Guangdong	62.42	47.99	63.09	5	877.4	1639.5	1666.9	5
广　西	Guangxi	18.12	14.83	14.75	19	290.6	279.0	291.8	23
海　南	Hainan	0.92	0.92	1.01	30	23.2	28.7	30.9	30
重　庆	Chongqing	17.75	17.93	19.72	16	337.3	416.6	456.3	18
四　川	Sichuan	29.51	30.85	33.30	10	681.5	1018.6	1014.8	9
贵　州	Guizhou	7.97	8.13	8.25	24	142.8	217.3	341.5	21
云　南	Yunnan	15.15	16.82	17.63	18	289.8	520.3	508.7	17
西　藏	Tibet	0.61	0.49	0.58	31	25.5	20.4	19.8	31
陕　西	Shaanxi	21.00	23.78	28.10	12	598.5	688.4	716.5	13
甘　肃	Gansu	14.80	18.28	18.26	17	245.8	365.4	372.2	19
青　海	Qinghai	108.16	2.93	4.19	28	67.0	96.7	109.0	28
宁　夏	Ningxia	3.32	2.86	2.67	29	80.3	60.9	53.0	29
新　疆	Xinjiang	9.75	7.78	7.92	26	238.1	237.3	233.1	26

12-6 建筑业企业施工机械设备年末净值和技术装备率情况

Net Value of Machinery and Equipment, and Value of Machines per Laborer of Building Industry

地区	Region	施工机械设备年末净值（亿元） Net Value of Machinery and Equipment （100 million yuan）				技术装备率（元/人） Value of Machines per Laborer (yuan/person)			
		2010	2015	2016	2016排名 Ranking	2010	2015	2016	2016排名 Ranking
全　国	**National Total**	**3971.99**	**5662.00**	**5602.11**		**9547**	**11116**	**10805**	
北　京	Beijing	98.75	102.14	101.72	21	16630	17439	17494	7
天　津	Tianjin	198.01	213.50	308.75	7	41391	27140	41928	1
河　北	Hebei	181.01	208.84	172.71	11	14090	16009	13196	13
山　西	Shanxi	109.87	139.05	146.89	14	14618	18189	19473	5
内蒙古	Inner Mongolia	50.41	70.02	51.62	26	11572	23725	17377	8
辽　宁	Liaoning	192.41	173.98	138.01	15	11657	11735	10941	20
吉　林	Jilin	44.26	88.40	130.10	17	10798	14039	22815	2
黑龙江	Heilongjiang	74.99	82.14	75.62	22	13347	17519	20243	3
上　海	Shanghai	144.42	103.05	118.88	20	15087	9302	11429	19
江　苏	Jiangsu	507.20	781.90	768.00	1	8575	10391	10056	22
浙　江	Zhejiang	364.84	478.07	475.01	2	6446	6104	6167	29
安　徽	Anhui	146.62	146.82	152.94	13	9290	8703	9104	23
福　建	Fujian	115.30	231.36	239.44	9	6231	7848	7361	27
江　西	Jiangxi	56.75	117.80	120.73	19	6614	8285	7913	26
山　东	Shandong	256.22	362.80	352.48	4	8152	12088	12022	17
河　南	Henan	238.91	416.50	329.79	6	10168	16049	12640	15
湖　北	Hubei	231.86	312.86	274.37	8	14909	11966	10175	21
湖　南	Hunan	139.60	276.33	375.65	3	9286	13168	17079	9
广　东	Guangdong	223.34	317.80	338.55	5	11864	14437	14811	10
广　西	Guangxi	41.79	57.82	60.38	25	7083	6045	5031	31
海　南	Hainan	3.38	4.22	4.58	31	3069	5683	6170	28
重　庆	Chongqing	84.71	133.44	121.28	18	6085	6923	5801	30
四　川	Sichuan	144.79	318.98	225.51	10	4745	11657	7972	25
贵　州	Guizhou	27.82	44.45	61.38	24	8239	7920	9089	24
云　南	Yunnan	74.10	127.74	132.44	16	9913	13131	11454	18
西　藏	Tibet	6.10	5.15	4.98	30	13581	18374	17526	6
陕　西	Shaanxi	104.79	190.30	161.96	12	10011	16548	13689	11
甘　肃	Gansu	35.62	76.12	72.15	23	7864	13479	12753	14
青　海	Qinghai	20.51	22.13	22.37	28	23034	20347	19548	4
宁　夏	Ningxia	15.28	14.03	12.49	29	15756	11128	12577	16
新　疆	Xinjiang	38.32	44.27	51.34	27	16980	11631	13364	12

12-7 建筑业企业主营业务收入和建筑业企业其他业务收入情况

Revenue from Principal Business, and Revenue from Other Businesses of Building Industry

单位：亿元 (100 million yuan)

地区	Region	建筑业企业主营业务收入 Revenue from Principal Business				建筑业企业其他业务收入 Revenue from Other Businesses			
		2010	2015	2016	2016排名 Ranking	2010	2015	2016	2016排名 Ranking
全　国	**National Total**	**92196.4**	**168392.2**	**179421.3**		**1440.2**	**2313.2**	**2349.4**	
北　京	Beijing	6483.3	10895.0	11615.9	3	128.2	62.0	57.4	15
天　津	Tianjin	2646.9	4283.9	4084.6	17	52.1	38.3	61.6	13
河　北	Hebei	2972.8	4778.8	5016.4	15	90.7	103.6	52.3	17
山　西	Shanxi	2123.9	2893.9	3302.9	20	33.4	52.5	31.1	24
内蒙古	Inner Mongolia	1112.5	1110.8	1193.2	27	22.6	22.9	22.7	27
辽　宁	Liaoning	4420.9	5483.7	3891.2	18	34.0	460.9	176.3	3
吉　林	Jilin	1282.1	2052.4	2112.7	24	21.1	79.8	57.3	16
黑龙江	Heilongjiang	1594.6	1452.9	1522.8	26	13.7	14.7	10.9	28
上　海	Shanghai	4871.7	7242.8	7884.2	8	62.9	47.2	37.5	23
江　苏	Jiangsu	10103.5	20671.5	22256.2	1	218.1	144.3	141.2	6
浙　江	Zhejiang	10285.3	18225.6	18836.2	2	73.6	73.2	87.2	10
安　徽	Anhui	2716.4	4946.2	5352.8	14	37.9	78.6	41.2	21
福　建	Fujian	2680.4	6700.4	7309.0	10	14.3	19.3	49.0	18
江　西	Jiangxi	1354.0	4073.5	4625.2	16	10.2	121.1	254.1	1
山　东	Shandong	5170.9	8929.6	9728.2	6	114.0	131.2	126.2	7
河　南	Henan	4185.6	7450.7	8292.5	7	34.0	151.4	147.0	5
湖　北	Hubei	4449.4	11017.9	11534.2	4	204.2	121.7	125.7	8
湖　南	Hunan	2995.8	6090.5	6806.6	11	12.3	16.5	200.5	2
广　东	Guangdong	5487.5	9801.1	10629.0	5	82.9	63.6	105.4	9
广　西	Guangxi	1170.8	2610.7	2881.4	21	11.8	42.1	69.5	12
海　南	Hainan	175.2	266.1	302.7	30	0.2	6.2	1.4	31
重　庆	Chongqing	2430.4	5445.7	5911.1	12	23.3	93.5	84.3	11
四　川	Sichuan	3959.8	7521.9	7710.1	9	49.3	173.3	157.8	4
贵　州	Guizhou	637.0	1821.8	2383.0	22	9.5	33.9	24.3	26
云　南	Yunnan	1392.4	2739.9	3320.8	19	22.7	57.0	57.9	14
西　藏	Tibet	118.0	104.6	114.2	31	0.9	0.7	2.0	30
陕　西	Shaanxi	3085.6	4723.8	5565.1	13	19.1	17.0	44.9	20
甘　肃	Gansu	696.9	1763.2	1841.0	25	11.0	31.0	30.8	25
青　海	Qinghai	275.1	461.3	475.7	29	3.8	18.1	37.7	22
宁　夏	Ningxia	362.8	610.0	652.9	28	4.6	5.3	6.4	29
新　疆	Xinjiang	954.8	2221.9	2269.6	23	23.6	32.6	48.1	19

12-8 建筑业企业主营业务成本和税金及附加收入情况

Costs of Principal Business, and Tax and Extra Charges on Project Settlement Accounts of Building Industry

单位：亿元 (100 million yuan)

地区	Region	主营业务成本 Costs of Principal Business				主营业务税金及附加 Tax and Extra Charges on Project Settlement Accounts			
		2010	2015	2016	2016排名 Ranking	2010	2015	2016	2016排名 Ranking
全　国	**National Total**	**81929.5**	**148559.4**	**160040.3**		**3192.7**	**5425.2**	**3811.0**	
北　京	Beijing	5956.3	9921.6	10769.5	3	169.5	249.8	96.2	15
天　津	Tianjin	2407.8	3807.3	3690.0	17	75.6	116.5	41.2	22
河　北	Hebei	2659.3	4227.9	4532.3	15	101.9	155.6	108.1	13
山　西	Shanxi	1913.3	2552.4	2937.9	19	68.2	82.2	47.7	21
内蒙古	Inner Mongolia	923.4	945.3	1037.5	27	45.4	38.7	27.6	27
辽　宁	Liaoning	3847.1	4697.5	3362.7	18	155.4	171.6	73.2	17
吉　林	Jilin	1127.4	1766.6	1781.4	24	45.6	68.0	53.7	20
黑龙江	Heilongjiang	1369.6	1274.0	1361.5	26	114.4	50.4	34.8	25
上　海	Shanghai	4432.9	6598.7	7270.7	7	134.9	186.2	99.0	14
江　苏	Jiangsu	8791.0	18090.8	19761.8	1	357.4	721.8	591.1	1
浙　江	Zhejiang	9291.9	16495.5	17281.7	2	351.5	616.9	427.6	2
安　徽	Anhui	2393.5	4348.1	4699.2	14	104.4	166.7	120.2	12
福　建	Fujian	2396.8	5964.5	6469.3	10	99.7	248.6	198.4	6
江　西	Jiangxi	1190.0	3577.7	4054.5	16	57.0	153.4	137.7	11
山　东	Shandong	4478.5	7701.1	8586.8	6	175.4	272.8	204.5	5
河　南	Henan	3654.3	6423.6	7151.8	8	151.3	253.5	235.9	4
湖　北	Hubei	3920.7	9575.1	10238.0	4	148.3	371.0	251.7	3
湖　南	Hunan	2667.4	5360.4	6082.1	11	119.5	227.1	192.1	7
广　东	Guangdong	4905.3	8716.5	9407.6	5	179.5	285.3	185.7	8
广　西	Guangxi	1060.2	2355.4	2579.6	21	42.3	89.3	59.2	19
海　南	Hainan	161.6	239.6	276.1	30	5.2	9.4	6.5	29
重　庆	Chongqing	2129.7	4611.0	5067.7	13	83.1	187.8	156.1	10
四　川	Sichuan	3495.1	6618.7	6770.1	9	142.4	243.6	174.3	9
贵　州	Guizhou	582.6	1644.6	2095.2	22	22.7	57.6	33.0	26
云　南	Yunnan	1232.0	2340.9	2906.3	20	52.6	91.0	70.0	18
西　藏	Tibet	99.7	84.7	94.8	31	5.0	3.8	2.4	31
陕　西	Shaanxi	2785.7	4152.2	5086.9	12	105.5	149.8	90.8	16
甘　肃	Gansu	603.9	1487.4	1581.4	25	27.1	56.7	38.4	23
青　海	Qinghai	251.1	408.3	420.6	29	8.9	11.8	6.1	30
宁　夏	Ningxia	331.8	547.6	590.3	28	11.7	18.3	10.9	28
新　疆	Xinjiang	869.7	2024.3	2094.8	23	31.5	69.9	37.0	24

12-9 建筑业企业营业额

Turnover of Construction Enterprises

单位：亿元　　　　(100 million yuan)

地区	Region	建筑业企业营业额 Turnover of Construction Enterprise				其中：在境外完成的营业额 Among Them: Complete Turnover Overseas			
		2010	2012	2013	2013排名 Ranking	2010	2012	2013	2013排名 Ranking
全　国	**National Total**	**103516.44**	**154517.06**	**208068.17**		**2784.85**	**3127.10**	**3479.99**	
北　京	Beijing	6672.48	7721.47	9273.91	6	1088.81	743.47	939.78	1
天　津	Tianjin	2699.45	3529.32	3984.84	17	113.60	102.53	98.31	11
河　北	Hebei	3435.76	5148.20	5542.19	11	57.98	28.97	46.23	17
山　西	Shanxi	2256.69	2795.80	3154.41	19	30.08	24.46	20.99	24
内蒙古	Inner Mongolia	1226.74	1517.78	1607.37	26	17.77	9.66	18.06	25
辽　宁	Liaoning	4817.55	7726.87	9455.29	3	40.51	87.49	50.18	16
吉　林	Jilin	1357.56	2056.32	2282.66	23	0.62	21.33	25.71	23
黑龙江	Heilongjiang	1855.70	2525.96	2628.72	21	55.92	75.42	56.97	15
上　海	Shanghai	4991.16	5784.00	6195.22	10	77.89	117.56	99.04	9
江　苏	Jiangsu	13278.84	21889.22	58824.89	1	81.13	368.67	445.46	2
浙　江	Zhejiang	12411.87	17746.28	20702.76	2	114.33	76.22	66.56	14
安　徽	Anhui	2987.44	4457.07	5308.50	14	43.29	104.08	165.91	5
福　建	Fujian	2984.49	4499.53	5536.62	12	27.71	24.83	28.55	21
江　西	Jiangxi	1771.39	2924.44	3613.32	18	35.30	47.10	44.04	19
山　东	Shandong	6136.09	8320.64	9426.15	4	260.16	244.86	240.77	4
河　南	Henan	4747.86	6335.56	7540.25	9	126.26	116.03	120.21	7
湖　北	Hubei	4845.92	7856.10	9324.60	5	198.66	269.27	328.11	3
湖　南	Hunan	3307.99	4578.97	5475.88	13	79.49	101.63	106.90	8
广　东	Guangdong	5071.34	6871.98	8374.50	7	61.00	91.35	98.48	10
广　西	Guangxi	1345.31	1942.67	2399.97	22	29.61	14.00	32.05	20
海　南	Hainan	204.64	287.83	305.16	30			1.16	29
重　庆	Chongqing	2634.51	4145.25	4990.25	15	6.25	43.98	27.51	22
四　川	Sichuan	4399.72	6668.50	7981.48	8	85.16	162.99	157.70	6
贵　州	Guizhou	641.45	1055.48	1398.46	27	8.47	4.63	7.69	28
云　南	Yunnan	1649.35	2542.07	3096.37	20	45.74	74.48	95.67	12
西　藏	Tibet	122.57	92.57	82.15	31		0.52	0.19	30
陕　西	Shaanxi	3147.46	3806.37	4310.79	16	45.01	89.59	83.56	13
甘　肃	Gansu	781.16	7050.37	1952.02	25	12.22	8.57	15.74	26
青　海	Qinghai	351.86	401.12	445.33	29	9.97	20.72	13.89	27
宁　夏	Ningxia	348.95	476.05	580.77	28			0.17	31
新　疆	Xinjiang	1033.17	1763.28	2273.32	24	31.89	52.72	44.41	18

12-10 建筑业企业费用情况
Cost of Construction Enterprises

单位：亿元 (100 million yuan)

地区	Region	管理费用 Administrative Expenses 2010	2015	2016	2016排名 Ranking	财务费用 Finance Charges 2010	2015	2016	2016排名 Ranking
全　国	**National Total**	**2960.10**	**5386.58**	**5686.34**		**437.02**	**1239.82**	**1166.05**	
北　京	Beijing	230.82	398.54	427.99	2	20.32	78.35	68.57	6
天　津	Tianjin	89.18	172.43	175.81	14	14.55	34.18	28.15	16
河　北	Hebei	90.40	156.19	143.70	18	13.57	32.77	30.28	13
山　西	Shanxi	89.18	139.72	156.50	16	5.49	19.06	21.49	19
内蒙古	Inner Mongolia	40.01	48.86	50.82	27	8.07	14.27	14.26	24
辽　宁	Liaoning	175.74	251.71	199.51	12	15.59	40.75	31.42	12
吉　林	Jilin	46.34	76.01	71.99	22	3.88	16.27	15.16	23
黑龙江	Heilongjiang	52.76	59.68	58.06	24	4.94	6.61	5.13	27
上　海	Shanghai	165.93	262.35	310.86	7	14.00	24.99	18.72	22
江　苏	Jiangsu	343.89	601.60	630.91	1	56.13	167.88	151.63	1
浙　江	Zhejiang	218.54	368.14	388.59	3	61.98	126.98	116.42	2
安　徽	Anhui	91.93	156.96	172.17	15	10.23	34.87	38.71	10
福　建	Fujian	71.84	184.77	201.98	11	7.01	28.54	29.14	14
江　西	Jiangxi	37.12	102.45	122.14	19	6.92	24.02	22.13	18
山　东	Shandong	183.36	298.43	311.96	6	38.42	82.48	77.18	4
河　南	Henan	141.78	261.25	296.44	8	19.76	57.10	55.90	8
湖　北	Hubei	163.97	376.66	379.71	4	28.93	74.75	83.79	3
湖　南	Hunan	83.44	193.45	208.10	10	13.47	27.71	29.01	15
广　东	Guangdong	187.38	332.23	365.72	5	17.90	84.33	71.62	5
广　西	Guangxi	37.48	70.74	79.75	21	3.95	20.73	20.91	20
海　南	Hainan	2.83	6.06	6.35	30	0.01	0.38	0.54	31
重　庆	Chongqing	69.40	172.88	180.74	13	12.23	53.76	50.64	9
四　川	Sichuan	118.18	241.62	254.37	9	21.97	77.83	66.04	7
贵　州	Guizhou	19.52	44.96	54.12	26	2.70	13.10	20.38	21
云　南	Yunnan	47.01	105.62	120.85	20	9.28	39.64	37.25	11
西　藏	Tibet	3.49	5.15	5.64	31	0.35	0.53	0.60	30
陕　西	Shaanxi	81.74	144.82	154.06	17	14.82	18.92	25.92	17
甘　肃	Gansu	25.24	57.92	54.57	25	5.09	15.84	13.67	26
青　海	Qinghai	7.30	16.34	22.68	28	0.85	3.36	2.29	29
宁　夏	Ningxia	10.13	16.93	18.79	29	1.64	5.09	4.97	28
新　疆	Xinjiang	34.19	62.10	61.44	23	2.98	14.72	14.12	25

12-11 建筑业企业应收工程款及企业亏损情况

Payment Receivable and Loss Case of Construction Enterprises

地区	Region	建筑业企业应收工程款(亿元) Payment Receivable (100 million yuan)				亏损企业的比重(%) Proportion of Loss-making Enterprise (%)			
		2010	2015	2016	2016排名 Ranking	2010	2015	2016	2016排名 Ranking
全 国	**National Total**	**13898.77**	**36163.29**	**42504.90**		**10.90**	**14.50**	**14.80**	
北 京	Beijing	1113.44	2268.84	2788.62	3	22.20	21.70	22.70	5
天 津	Tianjin	462.71	1368.54	1557.12	10	15.50	19.00	20.10	10
河 北	Hebei	509.62	1216.07	1363.23	15	9.50	11.90	12.70	23
山 西	Shanxi	471.01	1157.46	1604.79	9	17.20	22.10	22.50	6
内蒙古	Inner Mongolia	217.24	475.92	531.45	25	3.60	18.70	17.00	16
辽 宁	Liaoning	697.87	1758.40	1469.03	12	11.60	19.00	22.30	7
吉 林	Jilin	213.46	691.80	801.32	20	9.30	14.90	15.10	18
黑龙江	Heilongjiang	236.31	457.16	533.24	24	19.70	21.30	22.30	7
上 海	Shanghai	891.70	1567.83	1920.14	7	16.20	20.70	20.90	9
江 苏	Jiangsu	1474.56	4874.72	5521.19	1	4.30	5.20	6.20	31
浙 江	Zhejiang	1037.08	2288.85	2589.88	4	6.70	12.50	13.00	21
安 徽	Anhui	406.11	1138.34	1349.20	16	9.10	10.90	11.40	26
福 建	Fujian	272.40	726.53	898.58	19	9.90	13.20	13.40	20
江 西	Jiangxi	118.61	542.11	745.99	22	7.30	8.10	8.50	30
山 东	Shandong	1211.68	2640.46	3093.41	2	7.50	13.40	12.80	22
河 南	Henan	280.92	1262.35	1545.03	11	7.20	10.20	10.80	28
湖 北	Hubei	599.86	2010.66	2174.13	6	8.30	11.40	11.80	25
湖 南	Hunan	379.42	811.39	1038.00	18	8.20	9.60	9.90	29
广 东	Guangdong	759.52	2056.59	2469.36	5	15.80	16.80	17.10	15
广 西	Guangxi	132.29	288.39	375.07	27	20.80	20.50	17.70	12
海 南	Hainan	12.82	43.99	64.14	30	3.80	18.90	15.50	17
重 庆	Chongqing	326.83	1189.91	1402.71	14	10.30	16.10	12.70	23
四 川	Sichuan	524.92	1440.06	1746.56	8	9.60	15.20	14.20	19
贵 州	Guizhou	105.71	447.68	575.84	23	20.70	23.70	23.20	4
云 南	Yunnan	336.99	809.66	1189.71	17	16.50	18.70	17.70	12
西 藏	Tibet	16.13	29.15	43.72	31	4.60	11.40	11.00	27
陕 西	Shaanxi	626.26	1181.74	1449.49	13	5.70	18.60	17.50	14
甘 肃	Gansu	143.84	459.50	500.05	26	15.70	16.90	18.10	11
青 海	Qinghai	43.39	113.34	126.85	29	35.20	26.50	29.90	1
宁 夏	Ningxia	89.44	240.39	286.58	28	18.60	25.00	26.20	2
新 疆	Xinjiang	186.65	605.49	750.46	21	25.20	27.10	25.20	3

12-12 建筑业企业房屋建筑面积
Floor Space of Buildings Constructed by Construction Enterprises

单位：万平方米 (10 000 sq.m)

地区	Region	建筑业施工面积 Floor Space under Construction				建筑业竣工面积 Floor Space Completed			
		2010	2015	2016	2016排名 Ranking	2010	2015	2016	2016排名 Ranking
全　国	**National Total**	**708024**	**1239718**	**1264216**		**277450**	**420785**	**422382**	
北　京	Beijing	29440	59777	61098	6	5933	9886	10703	14
天　津	Tianjin	7564	15645	17036	21	2419	3547	3429	24
河　北	Hebei	23471	35616	34616	13	9101	11613	11145	13
山　西	Shanxi	7290	13943	14621	22	2585	3634	3353	25
内蒙古	Inner Mongolia	7578	6975	6296	26	3805	3103	2539	27
辽　宁	Liaoning	26807	28937	20391	18	13003	10398	6852	18
吉　林	Jilin	5901	12237	10634	24	4273	5603	5211	20
黑龙江	Heilongjiang	7171	5524	5404	27	3620	2968	2747	26
上　海	Shanghai	22997	36660	36020	12	6217	7259	7481	16
江　苏	Jiangsu	119036	215592	221494	1	48560	76824	74990	1
浙　江	Zhejiang	123587	201542	198401	2	45099	68316	68819	2
安　徽	Anhui	23296	41476	40126	11	10512	15554	14591	11
福　建	Fujian	28407	59277	62921	5	9096	16631	18121	8
江　西	Jiangxi	13670	28895	28446	15	6488	14256	14836	10
山　东	Shandong	44829	69479	72091	4	19180	23657	23721	4
河　南	Henan	28677	53132	55784	7	13156	17964	19426	6
湖　北	Hubei	25047	62205	72835	3	12813	26829	28613	3
湖　南	Hunan	27680	47504	50329	10	10537	17390	18629	7
广　东	Guangdong	33140	50462	54358	8	10164	14373	15662	9
广　西	Guangxi	10742	23432	26532	16	4094	7721	7998	15
海　南	Hainan	1430	2132	2085	29	509	745	652	29
重　庆	Chongqing	19489	32802	32077	14	8292	13543	13752	12
四　川	Sichuan	29441	52795	54048	9	12086	20667	21089	5
贵　州	Guizhou	5756	16770	19355	19	1350	3196	4112	22
云　南	Yunnan	8872	15437	17053	20	4393	6941	7102	17
西　藏	Tibet	272	295	244	31	128	174	144	31
陕　西	Shaanxi	11491	23991	24528	17	3781	7087	6759	19
甘　肃	Gansu	5033	10757	10422	25	2014	4083	3915	23
青　海	Qinghai	693	909	887	30	273	350	302	30
宁　夏	Ningxia	2597	3285	2771	28	1076	1227	1018	28
新　疆	Xinjiang	6620	12233	11313	23	2891	5247	4670	21

13

运输和邮电

Transport, Postal and Telecommunication Services

13-1 交通运输、邮政业和铁路运输业就业人员

Total Number of Employed Persons of Transportation, Postal Service, and Railway Transport

单位：人 (person)

地区	Region	交通运输和邮政业就业人员合计 Total Number of Employed Persons 2010	2015	2016	2016排名 Ranking	其中：铁路运输业 Railway Transport 2010	2015	2016	2016排名 Ranking
全　国	**National Total**	**4937171**	**8543893**	**8495076**		**1756385**	**1874448**	**1874131**	
北　京	Beijing	278660	600266	582306	2	116901	111210	110033	5
天　津	Tianjin	92056	150084	146712	25	19804	20890	14834	29
河　北	Hebei	212911	291791	286719	11	60233	58150	55748	17
山　西	Shanxi	178096	241216	234470	16	107817	120233	114877	3
内蒙古	Inner Mongolia	144157	206365	227777	19	92318	104535	123971	2
辽　宁	Liaoning	253710	361120	351628	8	102274	113752	109380	6
吉　林	Jilin	115048	165889	160708	24	69227	65815	63592	13
黑龙江	Heilongjiang	219521	274955	271327	13	118915	134674	132249	1
上　海	Shanghai	189108	514541	510827	3	27223	41758	40590	19
江　苏	Jiangsu	260603	492318	496425	4	61423	23299	23204	26
浙　江	Zhejiang	196872	319560	315270	10	25788	28719	27957	25
安　徽	Anhui	121312	222641	229305	18	37140	40261	40208	20
福　建	Fujian	132004	245012	234009	17	33765	38941	39513	21
江　西	Jiangxi	134045	211666	202987	20	64038	61409	60672	15
山　东	Shandong	274927	483949	493858	5	70233	82517	83083	9
河　南	Henan	228642	452694	458357	6	103114	110423	113594	4
湖　北	Hubei	207653	344077	349680	9	88502	86920	86669	8
湖　南	Hunan	178582	244052	239892	15	76653	79466	78233	10
广　东	Guangdong	412839	827938	811332	1	60660	60949	61613	14
广　西	Guangxi	158083	200340	194274	21	53163	62758	64134	12
海　南	Hainan	39255	65287	69683	28	4253	5672	6224	30
重　庆	Chongqing	118098	271210	264857	14	25009	29220	29767	24
四　川	Sichuan	193069	407058	404335	7	54950	67264	67132	11
贵　州	Guizhou	78473	116431	119890	27	29146	34325	35094	23
云　南	Yunnan	117098	171272	173100	22	41108	38976	39099	22
西　藏	Tibet	6291	8927	8570	31	162	71	69	31
陕　西	Shaanxi	165354	279930	283123	12	101513	105059	103082	7
甘　肃	Gansu	84978	125717	127973	26	45864	55377	57970	16
青　海	Qinghai	26998	42732	42837	29	13108	21604	20256	27
宁　夏	Ningxia	24265	37757	36718	30	12046	16849	17333	28
新　疆	Xinjiang	94463	167098	166127	23	40035	53352	53951	18

注：2014年部分行业就业人员增加较多，系将原属于乡镇企业的规模以上法人单位纳入劳动工资统计范围所致。

Note: The new inclusion of the town and township enterprises above the designated size in the labour and wages statistics leads to large increases of employment in some industries in 2014.

13-2 道路运输业和水上运输业就业人员

Number of Employed Persons of Road Transport, and Water Transport

单位：人 (person)

地区	Region	其中：道路运输业 Road Transport 2010	2015	2016	2016排名 Ranking	其中：水上运输业 Water Transport 2010	2015	2016	2016排名 Ranking
全　国	**National Total**	**1616625**	**3879657**	**3855896**		**444930**	**466509**	**460259**	
北　京	Beijing	51532	288787	279180	2	95	279	248	22
天　津	Tianjin	17526	56129	57471	24	23780	19046	18034	8
河　北	Hebei	90642	150198	148054	11	26909	24393	23851	7
山　西	Shanxi	45638	84688	83031	18	42	70	70	27
内蒙古	Inner Mongolia	33012	66565	69790	23	178	23	26	28
辽　宁	Liaoning	65815	134523	122195	13	31549	39813	48621	5
吉　林	Jilin	26025	56383	52935	26	181	143	159	23
黑龙江	Heilongjiang	64412	74505	72898	22	3235	3751	3617	18
上　海	Shanghai	24698	206868	196395	6	55668	54707	53610	3
江　苏	Jiangsu	81189	253790	259038	3	58536	79482	77294	1
浙　江	Zhejiang	89728	165240	165609	10	22970	31376	25711	6
安　徽	Anhui	51578	123153	128272	12	8283	11675	12734	11
福　建	Fujian	41650	107797	104685	15	12716	16678	16310	9
江　西	Jiangxi	48205	104811	103024	16	3475	8554	7363	14
山　东	Shandong	104576	224541	224205	5	50869	64010	62645	2
河　南	Henan	93380	249899	254487	4	1386	4441	4219	17
湖　北	Hubei	62321	160326	166210	9	18351	15410	16154	10
湖　南	Hunan	62099	103606	102405	17	4368	2809	2857	19
广　东	Guangdong	171423	385321	393904	1	72695	51963	50296	4
广　西	Guangxi	59559	78600	75405	21	16439	7150	7179	15
海　南	Hainan	11895	19668	21705	28	4969	6454	6257	16
重　庆	Chongqing	49304	179925	172431	8	21585	12775	11446	12
四　川	Sichuan	78388	192997	191317	7	4665	10410	10341	13
贵　州	Guizhou	25472	55655	55171	25	1212	637	626	20
云　南	Yunnan	44379	80384	79584	19	504	262	264	21
西　藏	Tibet	2840	5685	5255	31	24			
陕　西	Shaanxi	45847	112248	115492	14	139	79	137	24
甘　肃	Gansu	28393	48834	48593	27	60	24	95	25
青　海	Qinghai	9204	15041	16308	29		4		
宁　夏	Ningxia	8188	12640	11387	30	47	91	95	25
新　疆	Xinjiang	27707	80850	79460	20				

13-3 航空运输业和管道运输业就业人员
Number of Employed Persons of Air Transport, and Pipeline Transport

单位：人 (person)

地区	Region	其中：航空运输业 Air Transport				其中：管道运输业 Pipeline Transport			
		2010	2015	2016	2016排名 Ranking	2010	2015	2016	2016排名 Ranking
全　国	**National Total**	**272023**	**553358**	**595301**		**27341**	**38536**	**36444**	
北　京	Beijing	37309	70708	75996	3	2325	6249	2465	6
天　津	Tianjin	3868	9768	8836	17	216	414	517	13
河　北	Hebei	1943	5538	4766	24	1694	1235	1186	8
山　西	Shanxi	3373	5121	5994	23		438	291	15
内蒙古	Inner Mongolia	3746	4241	4486	25			90	23
辽　宁	Liaoning	9949	19728	19450	7	2418	3227	3148	5
吉　林	Jilin	4700	6397	6212	22	1245	1084	1079	9
黑龙江	Heilongjiang	4188	7161	8445	19	521	632	606	12
上　海	Shanghai	36763	73429	83947	2		1345	4383	2
江　苏	Jiangsu	8574	14552	15805	10	11291	11043	10626	1
浙　江	Zhejiang	8385	11490	15276	11		171	124	20
安　徽	Anhui	2601	4139	4386	26				
福　建	Fujian	11707	16818	18111	8		12	20	26
江　西	Jiangxi	2587	2872	2917	28		78	116	21
山　东	Shandong	11033	16125	17820	9	1507	3768	3442	4
河　南	Henan	281	10391	11194	14		205	220	17
湖　北	Hubei	5853	7232	7067	21	1035	546	818	10
湖　南	Hunan	3954	8452	8517	18	124	208	209	18
广　东	Guangdong	44182	114637	129470	1	176	287	250	16
广　西	Guangxi	4140	9496	7757	20		35		
海　南	Hainan	9634	20715	22461	6		28	28	25
重　庆	Chongqing	7093	10157	13173	13	1027	12	39	24
四　川	Sichuan	17673	42815	36664	4	735	627	670	11
贵　州	Guizhou	4043	7649	9635	16		192	176	19
云　南	Yunnan	11519	20870	23817	5	222	345	328	14
西　藏	Tibet	870	807	844	31				
陕　西	Shaanxi	604	12082	10763	15	2066	2592	1862	7
甘　肃	Gansu	1153	2433	2850	29		88	95	22
青　海	Qinghai	162	2045	2129	30	549			
宁　夏	Ningxia	1253	2726	2942	27				
新　疆	Xinjiang	8883	12764	13571	12	190	3675	3656	3

13-4 装卸搬运和运输代理业和邮政业就业人员

Number of Employed Persons of Loading, Unloading and Forwarding Agency, and Post

单位：人 (person)

地区	Region	其中：装卸搬运和运输代理业 Loading,Unloading and Forwarding Agency				其中：邮政业 Post			
		2010	2015	2016	2016排名 Ranking	2010	2015	2016	2016排名 Ranking
全　国	**National Total**	**285980**	**431191**	**432424**		**533887**	**974473**	**930745**	
北　京	Beijing	32614	41671	42288	3	37884	69749	61513	3
天　津	Tianjin	23111	15829	18072	9	3751	8728	10841	27
河　北	Hebei	4152	10666	10902	13	27338	30125	30525	12
山　西	Shanxi	4455	2437	2557	23	16771	21476	21148	19
内蒙古	Inner Mongolia	1659	3165	2343	24	13244	21968	21491	18
辽　宁	Liaoning	22876	18292	18225	8	18829	20694	20334	21
吉　林	Jilin	1862	1093	944	28	11808	18841	18296	22
黑龙江	Heilongjiang	6706	4279	3536	21	21544	29652	30037	13
上　海	Shanghai	18208	70974	72452	1	26548	33369	31065	11
江　苏	Jiangsu	8714	35368	34174	5	30876	56177	57103	4
浙　江	Zhejiang	16084	23056	21792	6	33917	48106	47346	6
安　徽	Anhui	3539	6154	4876	19	18171	27512	29540	14
福　建	Fujian	13263	24111	21296	7	18903	34541	29113	15
江　西	Jiangxi	2341	1765	1442	26	13399	24635	20346	20
山　东	Shandong	12770	28567	35753	4	23939	44323	46938	7
河　南	Henan	7023	12535	12486	11	23458	35353	34570	10
湖　北	Hubei	13801	8824	8962	15	17790	53781	53161	5
湖　南	Hunan	13100	6407	5166	18	18284	38096	37672	8
广　东	Guangdong	28095	56017	54347	2	35608	126622	93163	1
广　西	Guangxi	7972	13238	9649	14	16810	23579	25013	17
海　南	Hainan	5296	4852	4551	20	3208	7329	7968	28
重　庆	Chongqing	3112	7279	6744	17	10968	28330	28099	16
四　川	Sichuan	11679	10518	14955	10	24979	75827	76449	2
贵　州	Guizhou	5144	2465	2622	22	13456	13051	14178	24
云　南	Yunnan	6900	12142	11299	12	12466	16192	16569	23
西　藏	Tibet		15	15	31	2395	2061	2125	31
陕　西	Shaanxi	2688	5694	6968	16	12497	32737	35356	9
甘　肃	Gansu	84	870	1049	27	9424	13021	12738	25
青　海	Qinghai	1744	239	433	29	2231	2893	2866	30
宁　夏	Ningxia	719	478	321	30	2012	4069	3971	29
新　疆	Xinjiang	6269	2191	2205	25	11379	11636	11211	26

13-5 铁路营业里程和内河航道里程
Length of Railways in Operation and Length of Navigable Inland Waterways

单位：公里 (km)

地区	Region	铁路营业里程 Length of Railways in Operation 2010	2015	2016	2016排名 Ranking	内河航道里程 Length of Navigable Inland Waterways 2010	2015	2016	2016排名 Ranking
全　国	**National Total**	**91178.5**	**120970.4**	**123991.9**		**124241.8**	**127001.1**	**127098.6**	
北　京	Beijing	1169.4	1284.8	1264.3	27				
天　津	Tianjin	781.5	1043.7	1060.9	28	88.5	88.5	88.5	27
河　北	Hebei	4916.4	6958.1	6956.0	2				
山　西	Shanxi	3752.4	5085.8	5293.4	8	467.1	467.1	467.1	23
内蒙古	Inner Mongolia	8947.1	12094.2	12338.8	1	2402.8	2402.8	2402.8	15
辽　宁	Liaoning	4278.6	5773.4	5558.9	6	413.0	413.0	413.0	24
吉　林	Jilin	4024.4	5052.7	5052.7	10	1456.3	1456.3	1456.3	17
黑龙江	Heilongjiang	5785.0	6233.8	6233.8	3	5097.5	5097.5	5097.5	10
上　海	Shanghai	422.4	465.1	465.1	31	2226.1	2175.8	2175.9	16
江　苏	Jiangsu	1921.2	2723.8	2767.4	22	24228.1	24388.8	24383.0	1
浙　江	Zhejiang	1774.6	2563.7	2576.9	23	9703.3	9765.0	9765.0	5
安　徽	Anhui	2849.9	4168.8	4242.6	14	5595.7	5641.1	5641.1	8
福　建	Fujian	2111.4	3200.8	3201.0	21	3245.3	3245.3	3245.3	14
江　西	Jiangxi	2834.5	4009.7	4010.5	18	5637.9	5637.9	5637.9	9
山　东	Shandong	3833.4	5434.5	5452.3	7	1150.2	1117.3	1117.3	20
河　南	Henan	4282.0	5296.2	5570.8	5	1266.7	1402.7	1402.7	18
湖　北	Hubei	3360.3	4062.3	4138.2	16	8259.9	8433.3	8433.3	6
湖　南	Hunan	3695.1	4539.6	4719.8	11	11495.4	11496.4	11496.4	3
广　东	Guangdong	2726.9	4035.2	4157.9	15	11843.7	12151.4	12151.4	2
广　西	Guangxi	3205.0	5117.2	5192.1	9	5432.5	5707.5	5707.5	7
海　南	Hainan	693.7	1033.4	1033.4	29	343.0	343.0	343.0	25
重　庆	Chongqing	1396.2	1922.8	2102.1	25	4331.5	4331.5	4352.5	11
四　川	Sichuan	3549.2	4442.2	4622.7	13	10720.4	10817.9	10817.9	4
贵　州	Guizhou	2001.9	2810.1	3269.5	20	3442.3	3664.0	3664.0	13
云　南	Yunnan	2473.4	2929.4	3651.5	19	2877.2	3938.7	3979.1	12
西　藏	Tibet	531.5	786.3	786.3	30				
陕　西	Shaanxi	4079.0	4549.2	4632.6	12	1065.7	1145.6	1145.6	19
甘　肃	Gansu	2441.4	3847.2	4102.1	17	913.8	913.8	910.7	21
青　海	Qinghai	1863.3	2349.5	2349.2	24	421.1	629.4	674.4	22
宁　夏	Ningxia	1248.4	1289.5	1320.1	26	116.9	129.9	129.9	26
新　疆	Xinjiang	4228.8	5867.6	5869.0	4				

13-6 公路里程和高速里程

Total Length of Highways and Express way

单位：公里 (km)

地区	Region	公路里程 Total Length of Highways				其中：高速 Express way			
		2010	2015	2016	2016排名 Ranking	2010	2015	2016	2016排名 Ranking
全　国	**National Total**	**4008229**	**4577296**	**4696263**		**74113**	**123523**	**130973**	
北　京	Beijing	21114	21885	22026	29	903	982	1013	28
天　津	Tianjin	14832	16550	16764	30	982	1130	1208	27
河　北	Hebei	154344	184553	188431	11	4307	6333	6502	3
山　西	Shanxi	131644	140960	142066	19	3003	5028	5265	10
内蒙古	Inner Mongolia	157994	175374	196061	9	2365	5016	5153	12
辽　宁	Liaoning	101545	120365	120613	20	3056	4195	4195	20
吉　林	Jilin	90437	97326	102484	24	1850	2630	3113	23
黑龙江	Heilongjiang	151945	163233	164502	14	1357	4346	4350	19
上　海	Shanghai	11974	13195	13292	31	775	825	825	29
江　苏	Jiangsu	150307	158805	157304	16	4059	4539	4657	15
浙　江	Zhejiang	110177	118015	119053	22	3383	3917	4062	22
安　徽	Anhui	149382	186940	197588	8	2925	4249	4543	17
福　建	Fujian	91015	104585	106757	23	2351	4813	4831	13
江　西	Jiangxi	140597	156625	161909	15	3051	5058	5894	7
山　东	Shandong	229859	263447	265720	3	4285	5348	5710	8
河　南	Henan	245089	250584	267441	2	5016	6305	6448	4
湖　北	Hubei	206211	252980	260179	4	3674	6204	6204	5
湖　南	Hunan	227998	236886	238273	5	2386	5653	6080	6
广　东	Guangdong	190144	216023	218085	7	4839	7021	7683	1
广　西	Guangxi	101782	117993	120547	21	2574	4288	4603	16
海　南	Hainan	21236	26860	28217	28	660	803	795	30
重　庆	Chongqing	116949	140551	142921	18	1861	2525	2817	25
四　川	Sichuan	266082	315582	324138	1	2682	6020	6523	2
贵　州	Guizhou	151644	186407	191626	10	1507	5128	5434	9
云　南	Yunnan	209231	236007	238052	6	2630	4006	4134	21
西　藏	Tibet	60810	78348	82096	25		38	38	31
陕　西	Shaanxi	147461	170069	172471	13	3403	5094	5181	11
甘　肃	Gansu	118879	140052	143039	17	1993	3522	4827	14
青　海	Qinghai	62185	75593	78585	26	235	2662	2878	24
宁　夏	Ningxia	22518	33240	33940	27	1159	1527	1609	26
新　疆	Xinjiang	152843	178263	182085	12	843	4316	4395	18

13-7 客运总量和铁路客运量

Total Passenger Traffic and Railway Passenger Traffic

单位：万人 (10 000 persons)

地区	Region	客运总量 Total Passenger Traffic				铁路客运量 Railway Passenger Traffic			
		2010	2015	2016	2016排名 Ranking	2010	2015	2016	2016排名 Ranking
全　国	**National Total**	**3269508**	**1943271**	**1900194**		**167609**	**253484**	**281405**	
北　京	Beijing	135045	62849	61519	14	8915	12918	13479	7
天　津	Tianjin	24525	18345	18377	25	2594	4054	4543	24
河　北	Hebei	90847	53274	50701	17	7558	9706	10771	11
山　西	Shanxi	38424	29612	26374	24	5754	7418	7530	20
内蒙古	Inner Mongolia	24043	16125	15735	26	4213	5108	5388	21
辽　宁	Liaoning	101525	73692	73632	10	13336	12919	14040	5
吉　林	Jilin	64486	36359	34910	22	5770	7158	7567	19
黑龙江	Heilongjiang	46895	42869	39386	21	10602	9865	10480	14
上　海	Shanghai	10233	13844	14416	27	6095	9692	10609	12
江　苏	Jiangsu	226073	138308	133580	1	9711	16116	17814	3
浙　江	Zhejiang	226946	111369	105018	6	8083	15224	18035	2
安　徽	Anhui	159388	86810	81106	9	5552	8553	10370	15
福　建	Fujian	75798	51646	51649	16	3640	9256	10496	13
江　西	Jiangxi	76447	62418	62876	13	5588	8458	9249	16
山　东	Shandong	249358	60356	63463	12	6679	11397	12639	8
河　南	Henan	167223	125015	120528	5	8338	12200	13825	6
湖　北	Hubei	103268	102035	102990	7	6013	13508	14197	4
湖　南	Hunan	156404	131311	121760	4	7250	10511	11518	9
广　东	Guangdong	456139	123926	130345	2	11674	23149	25603	1
广　西	Guangxi	75751	49101	48699	18	3148	7046	8388	17
海　南	Hainan	44209	13728	13912	28	84	1651	2292	28
重　庆	Chongqing	126066	62282	61255	15	2664	3994	4911	23
四　川	Sichuan	241868	135969	123746	3	8148	9207	11456	10
贵　州	Guizhou	70819	87541	89464	8	3437	4901	5169	22
云　南	Yunnan	39407	48794	46519	19	2446	3949	4056	25
西　藏	Tibet	8165	1092	1155	31	99	221	265	31
陕　西	Shaanxi	93171	69680	69820	11	5411	7866	8302	18
甘　肃	Gansu	53771	40453	41626	20	2273	3123	3604	26
青　海	Qinghai	10951	5602	5934	30	474	936	994	29
宁　夏	Ningxia	13560	9300	8757	29	539	661	659	30
新　疆	Xinjiang	31937	35948	32148	23	1524	2719	3155	27

13-8 公路客运量和水运客运量
Highway Passenger Traffic and Waterway Passenger Traffic

单位：万人 (10 000 persons)

地区	Region	公路客运量 Highway Passenger Traffic				水运客运量 Waterway Passenger Traffic			
		2010	2015	2016	2016排名 Ranking	2010	2015	2016	2016排名 Ranking
全　国	**National Total**	**3052738**	**1619097**	**1542759**		**22392**	**27072**	**27234**	
北　京	Beijing	126130	49931	48040	15				
天　津	Tianjin	21883	14219	13741	25	48	72	93	24
河　北	Hebei	83289	43563	39925	17		5	5	27
山　西	Shanxi	32606	22085	18702	24	64	109	142	23
内蒙古	Inner Mongolia	19830	11017	10347	26				
辽　宁	Liaoning	87699	60269	59054	11	490	504	538	14
吉　林	Jilin	58577	29013	27186	23	139	188	156	22
黑龙江	Heilongjiang	36001	32632	28550	22	292	372	355	17
上　海	Shanghai	3634	3766	3402	30	504	386	404	16
江　苏	Jiangsu	215850	119800	113494	1	512	2392	2272	4
浙　江	Zhejiang	215708	92304	83033	7	3155	3841	3950	1
安　徽	Anhui	153697	78072	70523	9	139	185	213	20
福　建	Fujian	70714	40394	39137	19	1444	1996	2016	6
江　西	Jiangxi	70628	53687	53366	13	231	273	261	19
山　东	Shandong	240044	46960	48823	14	2635	1999	2000	7
河　南	Henan	158630	112535	106415	4	255	280	289	18
湖　北	Hubei	96873	87953	88221	6	382	574	572	12
湖　南	Hunan	148235	119266	108627	3	919	1534	1615	9
广　东	Guangdong	442224	98050	102094	5	2241	2727	2648	2
广　西	Guangxi	72208	41522	39750	18	395	533	561	13
海　南	Hainan	42785	10363	9920	27	1340	1714	1699	8
重　庆	Chongqing	122125	57556	55594	12	1277	732	750	11
四　川	Sichuan	230988	124014	109716	2	2732	2748	2573	3
贵　州	Guizhou	65452	80621	82199	8	1930	2019	2096	5
云　南	Yunnan	36230	43688	41208	16	731	1157	1255	10
西　藏	Tibet	8066	871	889	31				
陕　西	Shaanxi	87457	61436	61093	10	303	378	425	15
甘　肃	Gansu	51404	37240	37932	20	94	90	90	25
青　海	Qinghai	10439	4596	4873	29	38	70	66	26
宁　夏	Ningxia	12919	8444	7910	28	102	195	188	21
新　疆	Xinjiang	30413	33229	28993	21				

13-9 旅客周转量总计和铁路旅客周转量
Total Passenger-Kilometers and Railway Passenger-Kilometers

单位：亿人公里 (100 million passenger-km)

地区	Region	旅客周转量总计 Total Passenger-Kilometers 2010	2015	2016	2016排名 Ranking	铁路旅客周转量 Railway Passenger-Kilometers 2010	2015	2016	2016排名 Ranking
全　国	**National Total**	**27894.3**	**30058.9**	**31258.5**		**8762.2**	**11960.6**	**12579.3**	
北　京	Beijing	390.2	279.4	268.5	25	99.5	149.3	150.8	25
天　津	Tianjin	269.0	252.3	262.0	26	136.9	170.5	183.5	23
河　北	Hebei	1172.9	1213.2	1238.1	5	730.6	944.4	993.6	1
山　西	Shanxi	371.8	380.0	360.6	24	156.0	215.4	219.3	22
内蒙古	Inner Mongolia	388.5	371.1	375.0	23	170.3	210.8	222.2	21
辽　宁	Liaoning	905.3	923.8	936.1	12	510.2	604.7	623.4	10
吉　林	Jilin	475.7	430.3	431.3	22	205.9	252.2	262.3	18
黑龙江	Heilongjiang	503.0	487.5	471.1	19	259.5	257.6	270.6	17
上　海	Shanghai	181.0	215.2	214.4	27	60.2	89.0	98.7	27
江　苏	Jiangsu	1549.5	1453.7	1468.5	4	351.6	625.5	686.1	9
浙　江	Zhejiang	1250.7	1092.5	1075.0	9	362.7	541.9	604.0	11
安　徽	Anhui	1478.5	1218.2	1187.4	8	468.1	642.9	695.7	7
福　建	Fujian	486.5	575.5	593.3	17	137.7	305.3	338.6	16
江　西	Jiangxi	895.6	953.8	970.7	10	564.8	668.7	688.0	8
山　东	Shandong	1658.3	1147.3	1188.9	7	434.9	664.3	704.5	6
河　南	Henan	1797.7	1630.6	1684.3	2	766.0	886.1	923.1	2
湖　北	Hubei	1064.7	1218.7	1232.3	6	430.5	726.1	741.6	5
湖　南	Hunan	1402.6	1527.5	1500.8	3	717.3	888.8	920.6	3
广　东	Guangdong	2203.4	1796.5	1887.4	1	458.8	751.1	797.3	4
广　西	Guangxi	879.1	731.8	743.8	14	182.0	318.2	351.1	14
海　南	Hainan	154.9	112.9	120.4	29	2.1	30.2	41.5	30
重　庆	Chongqing	461.7	533.6	506.3	18	100.4	151.0	164.4	24
四　川	Sichuan	1066.1	987.8	941.6	11	261.6	313.5	341.3	15
贵　州	Guizhou	475.0	658.2	674.9	15	189.4	229.9	226.0	20
云　南	Yunnan	439.9	456.6	446.1	21	86.1	123.9	123.4	26
西　藏	Tibet	32.2	38.3	39.8	31	9.4	14.1	16.0	31
陕　西	Shaanxi	747.1	758.3	755.7	13	362.6	464.4	464.2	12
甘　肃	Gansu	539.7	619.7	613.4	16	319.3	370.7	360.0	13
青　海	Qinghai	94.9	119.2	125.1	28	44.6	74.4	77.5	28
宁　夏	Ningxia	98.8	115.5	109.7	30	33.4	47.4	45.2	29
新　疆	Xinjiang	420.8	477.3	458.1	20	149.7	228.0	244.6	19

13-10 公路旅客周转量和水运旅客周转量
Highway Passenger-Kilometers and Waterway Passenger-Kilometers

单位：亿人公里 (100 million passenger-km)

地区	Region	公路旅客周转量 Highway Passenger-Kilometers				水运旅客周转量 Waterway Passenger-Kilometers			
		2010	2015	2016	2016排名 Ranking	2010	2015	2016	2016排名 Ranking
全 国	**National Total**	**15020.8**	**10742.7**	**10228.7**		**72.3**	**73.1**	**72.3**	
北 京	Beijing	290.6	130.1	117.7	25				
天 津	Tianjin	131.8	81.7	78.4	27	0.3	0.1	0.1	24
河 北	Hebei	442.2	268.4	244.2	19		0.3	0.4	20
山 西	Shanxi	215.7	164.5	141.1	24		0.1	0.1	25
内蒙古	Inner Mongolia	218.2	160.3	152.7	23				
辽 宁	Liaoning	388.8	313.1	306.7	14	6.4	6.0	6.0	3
吉 林	Jilin	269.6	177.8	168.7	22	0.2	0.3	0.2	22
黑龙江	Heilongjiang	243.2	229.6	200.1	21	0.3	0.4	0.4	19
上 海	Shanghai	115.4	125.5	115.0	26	5.4	0.8	0.7	15
江 苏	Jiangsu	1196.6	825.5	780.0	2	1.4	2.7	2.4	14
浙 江	Zhejiang	882.0	544.8	465.1	9	6.0	5.8	5.8	4
安 徽	Anhui	1010.2	574.9	491.3	6	0.3	0.4	0.4	18
福 建	Fujian	346.7	267.3	251.9	18	2.1	2.8	2.7	10
江 西	Jiangxi	330.5	284.7	282.3	16	0.3	0.3	0.3	21
山 东	Shandong	1211.5	471.4	472.4	8	11.9	11.6	12.0	1
河 南	Henan	1031.2	743.9	760.6	3	0.6	0.5	0.6	17
湖 北	Hubei	631.4	489.3	487.3	7	2.8	3.3	3.4	8
湖 南	Hunan	683.6	635.6	577.0	5	1.7	3.1	3.2	9
广 东	Guangdong	1736.3	1034.9	1079.8	1	8.3	10.5	10.3	2
广 西	Guangxi	695.3	410.8	390.1	11	1.8	2.7	2.7	12
海 南	Hainan	150.0	79.3	75.4	28	2.7	3.5	3.5	7
重 庆	Chongqing	351.0	376.4	336.7	12	10.2	6.1	5.1	6
四 川	Sichuan	802.2	671.6	597.8	4	2.3	2.6	2.4	13
贵 州	Guizhou	281.0	422.8	443.1	10	4.6	5.5	5.8	5
云 南	Yunnan	352.1	330.2	320.0	13	1.8	2.5	2.7	11
西 藏	Tibet	22.8	24.2	23.7	31				
陕 西	Shaanxi	384.0	293.2	290.8	15	0.4	0.6	0.7	16
甘 肃	Gansu	220.1	248.7	253.3	17	0.2	0.2	0.2	23
青 海	Qinghai	50.2	44.6	47.5	30	0.1	0.1	0.1	27
宁 夏	Ningxia	65.3	68.0	64.4	29	0.1	0.1	0.1	26
新 疆	Xinjiang	271.1	249.3	213.5	20				

13-11 货运总量和铁路货运量

Total Freight Traffic and Railway Freight Traffic

单位：万吨 (10 000 tons)

地区	Region	货运总量 Total Freight Traffic 2010	2015	2016	2016排名 Ranking	铁路货运量 Railway Freight Traffic 2010	2015	2016	2016排名 Ranking
全国	**National Total**	**3241807**	**4175886**	**4386763**		**364271**	**335801**	**333186**	
北京	Beijing	21762	20078	20734	29	1578	1034	762	29
天津	Tianjin	40013	48779	50506	25	7242	8378	8150	11
河北	Hebei	156596	198024	210586	5	18508	17843	16313	5
山西	Shanxi	124367	161765	167076	11	63530	70509	64861	1
内蒙古	Inner Mongolia	137231	175112	186726	10	52069	55612	56113	2
辽宁	Liaoning	158484	202021	207064	6	20689	16442	16230	6
吉林	Jilin	40729	43333	45060	26	7490	4432	3944	23
黑龙江	Heilongjiang	59314	54478	53569	24	17717	9033	9542	8
上海	Shanghai	87256	90893	88324	21	959	496	482	30
江苏	Jiangsu	179014	198998	202070	9	6812	5304	5590	18
浙江	Zhejiang	171038	201231	215558	4	4386	3887	3913	24
安徽	Anhui	228104	345756	364567	2	12091	10158	9265	9
福建	Fujian	66083	111041	120352	17	3705	2820	2918	25
江西	Jiangxi	100635	130349	138118	16	5677	4019	4357	20
山东	Shandong	301313	261849	285386	3	21314	19191	20574	4
河南	Henan	202962	192859	206087	8	14721	9969	10287	7
湖北	Hubei	93422	153904	162460	12	6249	4135	4088	22
湖南	Hunan	149540	199716	206527	7	6094	4407	4114	21
广东	Guangdong	192343	339225	366839	1	8562	8117	8380	10
广西	Guangxi	115476	149714	160761	14	9092	5779	5898	14
海南	Hainan	22455	22287	21786	28	542	779	793	28
重庆	Chongqing	81377	103833	107966	19	2279	1862	1928	27
四川	Sichuan	134305	154597	160970	13	8051	7287	6794	13
贵州	Guizhou	39735	84540	89526	20	7991	5736	5635	17
云南	Yunnan	51564	107608	115505	18	5497	5108	5372	19
西藏	Tibet	982	2125	1971	31	30	48	65	31
陕西	Shaanxi	104414	140900	149046	15	27121	32951	35459	3
甘肃	Gansu	30270	58251	60661	23	6188	5936	5866	15
青海	Qinghai	11057	15962	16881	30	3095	2729	2834	26
宁夏	Ningxia	32325	42626	43260	27	6872	5631	5839	16
新疆	Xinjiang	48459	70673	71961	22	6777	6168	6822	12

13-12 公路货运量和水运货运量
Highway Freight Traffic and Waterway Freight Traffic

单位：万吨 (10 000 tons)

地区	Region	公路货运量 Highway Freight Traffic 2010	2015	2016	2016排名 Ranking	水运货运量 Waterway Freight Traffic 2010	2015	2016	2016排名 Ranking
全　国	**National Total**	**2448052**	**3150019**	**3341259**		**378949**	**613567**	**638238**	
北　京	Beijing	20184	19044	19972	28				
天　津	Tianjin	20855	30551	32841	27	11916	9850	9515	16
河　北	Hebei	135938	175637	189822	4	2150	4544	4451	18
山　西	Shanxi	60819	91240	102200	17	18	16	16	25
内蒙古	Inner Mongolia	85162	119500	130613	10				
辽　宁	Liaoning	127361	172140	177371	7	10434	13439	13464	12
吉　林	Jilin	33013	38708	40777	24	226	193	339	22
黑龙江	Heilongjiang	40582	44200	42897	23	1015	1245	1130	20
上　海	Shanghai	40890	40627	39055	25	45407	49770	48787	5
江　苏	Jiangsu	123500	113351	117166	14	48702	80343	79314	3
浙　江	Zhejiang	103394	122547	133999	9	63258	74797	77646	4
安　徽	Anhui	183658	230649	244526	3	32355	104949	110776	1
福　建	Fujian	45575	79802	85770	19	16803	28419	31664	7
江　西	Jiangxi	88445	115436	122872	12	6513	10894	10889	14
山　东	Shandong	264366	227934	249752	2	15633	14724	15060	11
河　南	Henan	183291	172431	184255	5	4950	10459	11544	13
湖　北	Hubei	71020	115801	122656	13	16153	33968	35716	6
湖　南	Hunan	127635	172248	178968	6	15811	23061	23445	9
广　东	Guangdong	140689	255995	272826	1	43092	75113	85633	2
广　西	Guangxi	93552	119194	128247	11	12832	24741	26615	8
海　南	Hainan	13947	11279	10879	30	7966	10229	10114	15
重　庆	Chongqing	69438	86931	89390	18	9660	15040	16648	10
四　川	Sichuan	121017	138622	146046	8	5237	8688	8131	17
贵　州	Guizhou	30834	77341	82237	20	910	1463	1654	19
云　南	Yunnan	45665	101993	109487	16	402	507	646	21
西　藏	Tibet	952	2077	1906	31				
陕　西	Shaanxi	77123	107731	113363	15	170	218	224	23
甘　肃	Gansu	24050	52281	54761	22	32	34	34	24
青　海	Qinghai	7962	13233	14047	29				
宁　夏	Ningxia	25453	36995	37421	26				
新　疆	Xinjiang	41682	64505	65139	21				

13-13 货物周转量总计和铁路货物周转量

Total Freight Ton-kilometers and Railway Freight Ton-kilometers

单位：亿吨公里 (100 million ton-km)

地区	Region	货物周转量总计 Total Freight Ton-kilometers				铁路货物周转量 Railway Freight Ton-kilometers			
		2010	2015	2016	2016排名 Ranking	2010	2015	2016	2016排名 Ranking
全 国	**National Total**	**141837.4**	**178355.9**	**186629.5**		**27644.1**	**23754.3**	**23792.3**	
北 京	Beijing	876.9	901.4	825.4	28	775.3	745.1	664.1	15
天 津	Tianjin	10065.1	2519.2	2302.3	20	509.5	444.8	399.8	20
河 北	Hebei	8071.1	12007.3	12332.7	3	3618.4	3633.0	3704.5	1
山 西	Shanxi	2840.0	3438.5	3565.5	16	1870.1	2063.7	2113.3	2
内蒙古	Inner Mongolia	4712.9	4190.3	4341.7	12	2451.8	1950.3	1918.1	3
辽 宁	Liaoning	9029.1	11711.9	12113.5	4	1403.0	898.1	900.9	8
吉 林	Jilin	1282.2	1425.3	1478.5	26	597.8	373.5	393.1	21
黑龙江	Heilongjiang	1826.2	1545.3	1532.5	24	1056.7	608.0	620.5	16
上 海	Shanghai	18918.2	19495.9	19317.8	2	25.8	10.8	10.2	31
江 苏	Jiangsu	5589.5	8270.2	7653.8	8	344.7	310.5	288.9	22
浙 江	Zhejiang	7117.1	9869.7	9789.3	6	342.2	213.2	212.0	26
安 徽	Anhui	7153.4	10402.3	10896.4	5	1016.5	739.4	719.7	11
福 建	Fujian	2976.7	5447.5	6070.6	10	179.5	128.7	129.4	28
江 西	Jiangxi	2719.5	3753.5	3897.8	15	686.9	497.2	515.0	18
山 东	Shandong	11832.5	8418.0	8884.3	7	1533.2	1161.2	1225.5	6
河 南	Henan	7202.5	6948.1	7383.5	9	2041.6	1700.1	1736.4	4
湖 北	Hubei	3097.3	5674.1	5922.9	11	872.6	762.6	735.7	10
湖 南	Hunan	2926.8	3895.5	4056.9	14	1045.3	761.7	750.8	9
广 东	Guangdong	5711.4	14882.2	21801.6	1	333.8	258.9	259.4	23
广 西	Guangxi	2926.8	4061.8	4260.4	13	891.3	674.5	679.0	14
海 南	Hainan	995.0	1181.7	1060.8	27	6.6	12.1	12.1	30
重 庆	Chongqing	2015.6	2709.5	2968.3	18	186.0	158.2	156.7	27
四 川	Sichuan	1807.9	2387.4	2504.1	19	747.7	723.4	716.1	12
贵 州	Guizhou	1005.9	1379.0	1482.3	25	706.5	561.3	566.7	17
云 南	Yunnan	947.3	1500.3	1600.1	23	391.9	410.0	411.8	19
西 藏	Tibet	38.5	119.6	124.6	31	12.0	23.5	30.1	29
陕 西	Shaanxi	2464.6	3263.5	3444.9	17	1267.9	1435.9	1518.3	5
甘 肃	Gansu	1763.8	2225.8	2170.0	21	1239.8	1313.6	1220.3	7
青 海	Qinghai	419.7	445.6	475.8	30	192.2	223.4	239.8	25
宁 夏	Ningxia	818.6	816.9	819.9	29	280.4	245.1	242.4	24
新 疆	Xinjiang	1358.9	1772.9	1803.9	22	705.9	712.5	701.7	13

13-14 公路货物周转量和水运货物周转量
Highway Freight Ton-kilometers and Waterway Freight Ton-kilometers

单位：亿吨公里 (100 million ton-km)

地区	Region	公路货物周转量 Highway Freight Ton-kilometers 2010	2015	2016	2016排名 Ranking	水运货物周转量 Waterway Freight Ton-kilometers 2010	2015	2016	2016排名 Ranking
全 国	**National Total**	**43389.7**	**57955.7**	**61080.1**		**68427.5**	**91772.5**	**97338.8**	
北 京	Beijing	101.6	156.4	161.3	29				
天 津	Tianjin	231.2	345.2	372.5	26	9324.3	1729.2	1530.0	11
河 北	Hebei	4011.2	6821.5	7294.6	1	441.5	1552.8	1333.6	12
山 西	Shanxi	969.9	1374.8	1452.1	16	0.1	0.1	0.1	24
内蒙古	Inner Mongolia	2261.1	2240.0	2423.6	10				
辽 宁	Liaoning	1930.3	2850.7	2936.8	7	5695.7	7963.2	8275.8	3
吉 林	Jilin	683.1	1051.2	1084.8	20	1.3	0.6	0.6	23
黑龙江	Heilongjiang	762.4	929.3	904.8	23	7.0	8.1	7.3	21
上 海	Shanghai	265.9	289.6	282.0	27	18626.4	19195.5	19025.6	1
江 苏	Jiangsu	1149.1	2073.0	2140.3	12	4095.7	5886.7	5224.6	6
浙 江	Zhejiang	1298.7	1513.9	1626.8	14	5476.2	8142.6	7950.6	4
安 徽	Anhui	5004.9	4721.9	4915.7	3	1132.0	4941.0	5261.0	5
福 建	Fujian	578.3	1020.3	1094.7	19	2218.9	4298.5	4846.4	7
江 西	Jiangxi	1850.2	3022.7	3147.5	6	182.4	233.6	235.3	17
山 东	Shandong	6216.8	5877.0	6071.4	2	4082.5	1379.9	1587.4	10
河 南	Henan	4860.6	4542.7	4838.5	4	300.3	705.3	808.6	15
湖 北	Hubei	1079.1	2380.6	2506.9	9	1145.6	2530.9	2680.3	8
湖 南	Hunan	1539.4	2553.5	2686.6	8	342.1	580.3	619.5	16
广 东	Guangdong	1735.4	3108.8	3381.9	5	3642.2	11514.5	18160.3	2
广 西	Guangxi	1173.4	2122.6	2248.5	11	862.0	1264.7	1332.9	13
海 南	Hainan	90.8	78.7	76.1	31	897.6	1090.9	972.5	14
重 庆	Chongqing	610.3	851.2	935.4	22	1219.3	1700.1	1876.1	9
四 川	Sichuan	985.1	1480.6	1565.3	15	75.1	183.5	222.7	18
贵 州	Guizhou	286.7	782.5	873.2	24	12.7	35.3	42.4	19
云 南	Yunnan	548.5	1077.9	1173.1	17	6.9	12.4	15.2	20
西 藏	Tibet	26.6	96.1	94.5	30				
陕 西	Shaanxi	1195.9	1826.8	1925.8	13	0.8	0.8	0.8	22
甘 肃	Gansu	524.1	912.1	949.6	21		0.1	0.1	25
青 海	Qinghai	227.5	222.1	236.0	28				
宁 夏	Ningxia	538.3	571.8	577.6	25				
新 疆	Xinjiang	653.0	1060.5	1102.2	18				

13-15 民用汽车和私人汽车拥有量
Possession of Civil Vehicles and Private Vehicles

单位：万辆 (10 000 units)

地区	Region	民用汽车 Civil Vehicles 2010	2015	2016	2016排名 Ranking	私人汽车 Private Vehicles 2010	2015	2016	2016排名 Ranking
全 国	**National Total**	**7801.83**	**16284.45**	**18574.54**		**5938.71**	**14099.10**	**16330.22**	
北 京	Beijing	449.72	533.81	547.44	13	371.51	439.33	452.04	14
天 津	Tianjin	158.24	273.62	273.69	27	125.70	234.68	234.39	26
河 北	Hebei	492.88	1075.03	1245.89	5	404.16	978.65	1143.78	4
山 西	Shanxi	247.89	468.97	526.39	14	186.60	414.68	472.94	13
内蒙古	Inner Mongolia	187.80	373.61	418.53	18	147.47	334.90	379.95	17
辽 宁	Liaoning	296.32	582.50	659.41	8	198.81	478.94	553.39	8
吉 林	Jilin	152.89	313.74	352.93	21	114.49	275.21	315.00	21
黑龙江	Heilongjiang	194.79	351.75	394.19	20	139.65	299.11	344.29	20
上 海	Shanghai	175.51	282.23	322.87	25	103.71	208.65	242.66	25
江 苏	Jiangsu	550.80	1240.91	1427.91	3	418.13	1070.12	1245.83	3
浙 江	Zhejiang	542.05	1120.58	1257.35	4	431.52	976.99	1104.23	5
安 徽	Anhui	209.81	498.70	600.81	9	136.85	411.36	511.45	11
福 建	Fujian	197.08	435.37	493.64	15	151.93	377.95	435.31	16
江 西	Jiangxi	137.43	338.94	399.29	19	87.38	286.21	349.06	19
山 东	Shandong	705.89	1510.81	1723.34	1	577.11	1351.83	1550.65	1
河 南	Henan	399.73	952.01	1104.47	6	294.76	836.73	992.37	6
湖 北	Hubei	207.49	498.63	588.69	11	148.65	428.31	519.69	10
湖 南	Hunan	211.06	507.88	595.80	10	169.24	457.79	544.16	9
广 东	Guangdong	782.26	1471.40	1674.64	2	628.12	1292.68	1485.17	2
广 西	Guangxi	152.06	363.82	424.90	17	108.33	314.12	375.81	18
海 南	Hainan	39.24	83.29	96.32	29	28.09	70.69	82.87	29
重 庆	Chongqing	114.30	278.61	327.47	23	74.15	231.64	278.64	23
四 川	Sichuan	354.97	767.13	880.80	7	280.95	676.09	786.03	7
贵 州	Guizhou	115.76	292.61	348.70	22	87.81	254.41	310.62	22
云 南	Yunnan	233.91	484.23	552.05	12	185.57	429.86	498.07	12
西 藏	Tibet	16.62	33.18	37.48	31	11.03	26.74	31.16	31
陕 西	Shaanxi	190.64	438.12	491.23	16	144.11	386.02	440.26	15
甘 肃	Gansu	85.04	239.36	277.25	26	52.74	171.12	207.41	27
青 海	Qinghai	30.99	78.18	88.65	30	19.95	63.12	72.96	30
宁 夏	Ningxia	41.52	100.94	115.34	28	30.94	88.87	103.63	28
新 疆	Xinjiang	127.14	294.47	327.06	24	79.25	232.32	266.39	24

13-16 载客汽车拥有量
Possession of Passenger Vehicles

单位：万辆 (10 000 units)

地区	Region	民用载客汽车 Civil Passenger Vehicles 2010	2015	2016	2016排名 Ranking	私人载客汽车 Private Passenger Vehicles 2010	2015	2016	2016排名 Ranking
全　国	**National Total**	**6124.13**	**14095.88**	**16278.24**		**4989.50**	**12737.23**	**14896.27**	
北　京	Beijing	425.74	498.13	509.39	11	363.13	429.39	440.95	12
天　津	Tianjin	137.64	244.22	242.50	26	112.99	214.27	214.24	26
河　北	Hebei	365.36	923.33	1077.06	5	323.27	873.23	1026.86	5
山　西	Shanxi	189.93	409.41	464.57	13	154.14	374.45	431.41	13
内蒙古	Inner Mongolia	137.19	322.04	364.68	17	115.59	298.28	341.79	17
辽　宁	Liaoning	225.67	496.09	568.46	8	170.75	437.35	509.57	8
吉　林	Jilin	118.78	271.03	309.27	21	94.20	245.20	283.92	21
黑龙江	Heilongjiang	143.66	288.69	330.13	20	110.24	256.50	299.95	20
上　海	Shanghai	146.24	256.26	293.85	23	103.57	208.22	242.06	24
江　苏	Jiangsu	472.78	1143.57	1326.73	3	383.94	1022.22	1197.17	3
浙　江	Zhejiang	450.83	1012.46	1140.31	4	376.53	910.40	1032.90	4
安　徽	Anhui	140.99	408.16	505.88	12	107.82	367.07	464.46	11
福　建	Fujian	150.30	367.79	427.11	16	122.57	330.87	388.69	16
江　西	Jiangxi	95.65	276.48	336.39	19	69.63	250.41	312.75	19
山　东	Shandong	566.09	1339.12	1529.79	1	485.36	1243.55	1429.56	1
河　南	Henan	304.90	817.06	966.58	6	244.76	751.37	903.95	6
湖　北	Hubei	151.52	424.70	515.17	10	115.37	379.67	470.46	10
湖　南	Hunan	161.23	437.81	524.72	9	130.65	399.96	485.12	9
广　东	Guangdong	629.30	1290.57	1485.65	2	536.79	1181.29	1370.06	2
广　西	Guangxi	113.13	302.56	360.24	18	88.01	274.28	332.77	18
海　南	Hainan	30.23	70.07	82.34	29	21.57	60.33	71.87	29
重　庆	Chongqing	78.54	239.43	286.85	24	59.86	211.82	257.95	23
四　川	Sichuan	281.60	673.91	785.30	7	234.22	614.51	723.03	7
贵　州	Guizhou	82.19	240.35	294.26	22	64.14	214.86	268.75	22
云　南	Yunnan	169.08	400.17	462.96	14	135.87	360.89	423.94	14
西　藏	Tibet	10.15	20.88	24.03	31	6.28	16.67	19.94	31
陕　西	Shaanxi	151.64	383.03	435.70	15	121.01	346.05	399.82	15
甘　肃	Gansu	57.52	167.55	202.09	27	36.74	139.66	173.15	27
青　海	Qinghai	21.45	63.16	72.90	30	14.37	52.79	62.05	30
宁　夏	Ningxia	27.23	75.77	88.21	28	21.14	68.57	81.30	28
新　疆	Xinjiang	87.56	232.10	265.10	25	64.98	203.11	235.85	25

13-17 载货汽车拥有量
Possession of Trucks

单位：万辆 (10 000 units)

地区	Region	民用载货汽车 Civil Trucks 2010	2015	2016	2016排名 Ranking	私人载货汽车 Private Trucks 2010	2015	2016	2016排名 Ranking
全　国	**National Total**	**1597.55**	**2065.62**	**2171.89**		**931.52**	**1330.65**	**1401.16**	
北　京	Beijing	19.39	30.59	33.01	25	7.56	8.96	10.19	30
天　津	Tianjin	19.15	27.63	29.47	26	12.38	19.88	19.62	26
河　北	Hebei	121.50	146.64	163.32	3	79.08	103.41	114.68	2
山　西	Shanxi	55.82	57.18	59.51	17	31.96	39.34	40.64	17
内蒙古	Inner Mongolia	48.51	49.23	51.42	21	31.12	35.68	37.18	19
辽　宁	Liaoning	67.42	82.66	87.12	9	27.53	40.65	42.82	14
吉　林	Jilin	32.85	41.00	41.91	23	19.98	29.45	30.48	22
黑龙江	Heilongjiang	48.98	60.31	61.37	15	29.02	41.92	43.63	13
上　海	Shanghai	23.81	19.49	21.86	28	0.11	0.25	0.40	31
江　苏	Jiangsu	72.50	90.39	94.17	6	32.87	45.55	46.22	10
浙　江	Zhejiang	87.29	104.00	112.87	5	54.46	65.76	70.45	6
安　徽	Anhui	66.34	87.56	91.86	7	28.50	43.21	45.82	12
福　建	Fujian	45.11	65.50	64.43	13	29.04	46.41	45.91	11
江　西	Jiangxi	40.17	59.96	60.33	16	17.43	35.20	35.66	20
山　东	Shandong	134.45	165.06	186.74	1	90.03	105.41	118.03	1
河　南	Henan	90.75	129.72	132.91	4	48.67	83.00	86.12	4
湖　北	Hubei	53.29	70.16	69.71	11	32.75	47.35	47.84	9
湖　南	Hunan	48.22	67.40	68.37	12	38.04	56.51	57.63	8
广　东	Guangdong	147.53	174.90	183.02	2	90.06	109.32	112.96	3
广　西	Guangxi	36.82	58.71	62.12	14	20.00	38.99	42.11	15
海　南	Hainan	8.58	12.66	13.35	30	6.42	10.16	10.79	28
重　庆	Chongqing	34.03	37.42	38.86	24	14.00	19.41	20.23	25
四　川	Sichuan	70.45	89.57	91.86	8	45.98	60.23	61.57	7
贵　州	Guizhou	32.73	50.33	52.40	19	23.44	38.88	41.11	16
云　南	Yunnan	63.39	81.72	86.63	10	49.27	68.02	73.09	5
西　藏	Tibet	6.32	12.05	13.18	31	4.75	9.97	11.12	27
陕　西	Shaanxi	36.32	51.42	51.87	20	22.42	38.75	39.20	18
甘　肃	Gansu	26.37	45.39	48.65	22	15.77	30.87	33.61	21
青　海	Qinghai	8.99	14.24	14.94	29	5.48	10.06	10.62	29
宁　夏	Ningxia	13.52	24.11	26.09	27	9.54	19.82	21.84	24
新　疆	Xinjiang	36.96	58.64	58.55	18	13.86	28.22	29.59	23

13-18 其他汽车拥有量
Possession of Other Private Vehicles

单位：万辆 (10 000 units)

地区	Region	民用其他汽车 Other Civil Vehicles				私人其他汽车 Other Private Vehicles			
		2010	2015	2016	2016排名 Ranking	2010	2015	2016	2016排名 Ranking
全　国	**National Total**	**80.14**	**122.95**	**124.41**		**17.69**	**31.22**	**32.79**	
北　京	Beijing	4.59	5.09	5.03	7	0.82	0.99	0.90	16
天　津	Tianjin	1.45	1.77	1.71	27	0.33	0.53	0.53	25
河　北	Hebei	6.02	5.06	5.51	6	1.81	2.01	2.25	4
山　西	Shanxi	2.15	2.39	2.31	22	0.50	0.89	0.89	17
内蒙古	Inner Mongolia	2.09	2.35	2.43	21	0.77	0.94	0.99	13
辽　宁	Liaoning	3.22	3.75	3.83	10	0.54	0.94	1.01	12
吉　林	Jilin	1.26	1.71	1.74	26	0.31	0.57	0.60	24
黑龙江	Heilongjiang	2.15	2.75	2.69	17	0.39	0.69	0.71	20
上　海	Shanghai	5.46	6.47	7.16	2	0.02	0.18	0.20	30
江　苏	Jiangsu	5.52	6.95	7.01	3	1.32	2.35	2.44	2
浙　江	Zhejiang	3.93	4.13	4.18	9	0.53	0.83	0.88	18
安　徽	Anhui	2.48	2.98	3.07	15	0.52	1.07	1.17	10
福　建	Fujian	1.67	2.08	2.10	23	0.33	0.67	0.71	21
江　西	Jiangxi	1.61	2.50	2.57	18	0.32	0.60	0.65	23
山　东	Shandong	5.35	6.63	6.81	4	1.73	2.87	3.05	1
河　南	Henan	4.08	5.23	4.98	8	1.33	2.36	2.31	3
湖　北	Hubei	2.69	3.78	3.82	11	0.53	1.29	1.39	8
湖　南	Hunan	1.61	2.67	2.71	16	0.56	1.32	1.42	7
广　东	Guangdong	5.43	5.93	5.96	5	1.27	2.08	2.16	5
广　西	Guangxi	2.11	2.55	2.54	19	0.32	0.85	0.94	15
海　南	Hainan	0.44	0.57	0.63	30	0.10	0.20	0.22	29
重　庆	Chongqing	1.72	1.77	1.76	25	0.29	0.41	0.45	27
四　川	Sichuan	2.93	3.65	3.64	13	0.76	1.35	1.42	6
贵　州	Guizhou	0.84	1.93	2.05	24	0.23	0.67	0.76	19
云　南	Yunnan	1.44	2.34	2.47	20	0.42	0.95	1.05	11
西　藏	Tibet	0.15	0.25	0.27	31		0.09	0.10	31
陕　西	Shaanxi	2.68	3.67	3.67	12	0.68	1.22	1.24	9
甘　肃	Gansu	1.15	26.43	26.51	1	0.23	0.59	0.65	22
青　海	Qinghai	0.54	0.77	0.81	29	0.10	0.27	0.29	28
宁　夏	Ningxia	0.76	1.06	1.04	28	0.25	0.48	0.49	26
新　疆	Xinjiang	2.62	3.74	3.40	14	0.41	0.99	0.95	14

13-19 新注册民用汽车数量和载客汽车数量
New Registrated Number of Civil Vehicles and Passenger Vehicles

单位：万辆 (10 000 units)

地区	Region	新注册民用汽车数量 Total Civil Vehicles				其中：载客汽车 Passenger Vehicles			
		2010	2015	2016	2016排名 Ranking	2010	2015	2016	2016排名 Ranking
全　国	**National Total**	**1528.82**	**2331.75**	**2566.54**		**1254.69**	**2120.28**	**2320.97**	
北　京	Beijing	86.95	54.35	57.35	18	83.29	50.20	53.31	18
天　津	Tianjin	31.09	22.61	30.40	26	27.38	18.10	26.28	26
河　北	Hebei	13.27	163.64	184.19	5	10.88	147.34	164.46	5
山　西	Shanxi	47.71	60.24	69.16	15	37.39	55.05	61.77	15
内蒙古	Inner Mongolia	39.85	39.53	46.77	22	31.35	36.56	42.63	22
辽　宁	Liaoning	54.58	67.32	76.50	11	42.31	62.64	69.66	11
吉　林	Jilin	30.98	39.23	42.89	23	24.85	36.43	39.38	23
黑龙江	Heilongjiang	36.31	42.24	50.10	21	27.44	38.02	44.88	21
上　海	Shanghai	34.57	44.93	54.79	19	31.22	41.22	50.69	19
江　苏	Jiangsu	122.26	185.18	221.66	3	108.60	176.07	206.24	2
浙　江	Zhejiang	122.47	150.99	17.21	27	106.30	136.01	16.11	27
安　徽	Anhui	48.20	87.90	114.69	7	35.46	78.72	101.43	7
福　建	Fujian	40.43	60.42	72.63	12	32.04	54.50	64.71	13
江　西	Jiangxi	32.49	57.82	72.28	13	24.51	52.09	64.46	14
山　东	Shandong	140.07	204.45	223.58	2	116.00	183.70	199.38	3
河　南	Henan	88.99	153.23	189.49	4	70.57	140.26	169.41	4
湖　北	Hubei	42.85	91.76	106.15	8	33.24	85.03	97.47	8
湖　南	Hunan	46.94	85.26	103.29	9	37.38	79.12	96.11	9
广　东	Guangdong	131.94	208.87	254.78	1	112.51	185.61	231.82	1
广　西	Guangxi	32.88	51.61	62.99	17	25.17	46.03	56.09	17
海　南	Hainan	8.90	12.54	1.61	31	6.97	11.25	1.44	31
重　庆	Chongqing	27.54	50.29	54.35	20	21.59	46.47	50.52	20
四　川	Sichuan	80.56	124.65	138.01	6	67.23	116.67	128.15	6
贵　州	Guizhou	25.25	49.87	64.93	16	19.47	45.35	58.70	16
云　南	Yunnan	48.49	66.95	79.37	10	37.47	60.45	69.98	10
西　藏	Tibet	2.39	4.33	4.18	30	1.60	2.78	2.66	30
陕　西	Shaanxi	47.42	62.52	70.56	14	37.97	58.08	64.90	12
甘　肃	Gansu	22.04	33.40	39.51	24	15.22	28.90	34.16	24
青　海	Qinghai	7.05	10.92	12.15	29	5.09	9.42	10.37	29
宁　夏	Ningxia	10.24	13.65	15.15	28	6.97	11.14	12.21	28
新　疆	Xinjiang	24.13	31.05	35.84	25	17.21	27.06	31.61	25

13-20 新注册载货汽车数量和其他汽车数量
New Registrated Number of Trucks and Others

单位：万辆 (10 000 units)

地区	Region	其中:载货汽车 Trucks 2010	2015	2016	2016排名 Ranking	其中：其他汽车 Others 2010	2015	2016	2016排名 Ranking
全　国	**National Total**	**263.76**	**204.33**	**237.19**		**10.37**	**7.14**	**8.38**	
北　京	Beijing	3.14	3.91	3.64	24	0.53	0.23	0.40	8
天　津	Tianjin	3.54	4.29	3.96	22	0.17	0.21	0.15	22
河　北	Hebei	2.34	15.91	19.24	4	0.05	0.39	0.49	6
山　西	Shanxi	10.05	5.07	7.26	12	0.26	0.12	0.14	26
内蒙古	Inner Mongolia	8.10	2.87	3.99	21	0.40	0.10	0.16	20
辽　宁	Liaoning	11.86	4.52	6.65	15	0.41	0.16	0.19	17
吉　林	Jilin	5.94	2.67	3.36	25	0.19	0.13	0.15	23
黑龙江	Heilongjiang	8.59	4.06	5.03	19	0.28	0.16	0.19	16
上　海	Shanghai	2.56	3.06	3.26	26	0.79	0.66	0.84	1
江　苏	Jiangsu	12.29	8.63	14.75	5	1.37	0.49	0.67	2
浙　江	Zhejiang	15.72	14.57	1.06	30	0.45	0.41	0.04	29
安　徽	Anhui	12.42	8.98	12.90	6	0.32	0.21	0.35	9
福　建	Fujian	8.21	5.79	7.74	10	0.17	0.13	0.18	18
江　西	Jiangxi	7.75	5.38	7.61	11	0.23	0.35	0.21	14
山　东	Shandong	23.51	20.28	23.68	1	0.56	0.47	0.51	4
河　南	Henan	17.97	12.64	19.41	3	0.45	0.34	0.66	3
湖　北	Hubei	9.25	6.40	8.22	9	0.36	0.33	0.46	7
湖　南	Hunan	9.34	5.90	6.92	13	0.22	0.24	0.25	12
广　东	Guangdong	18.87	22.80	22.44	2	0.55	0.45	0.51	5
广　西	Guangxi	7.51	5.43	6.73	14	0.20	0.15	0.17	19
海　南	Hainan	1.86	1.25	0.16	31	0.07	0.04	0.01	31
重　庆	Chongqing	5.62	3.69	3.69	23	0.33	0.13	0.14	25
四　川	Sichuan	12.94	7.76	9.58	7	0.39	0.22	0.28	10
贵　州	Guizhou	5.64	4.36	6.03	16	0.14	0.17	0.20	15
云　南	Yunnan	10.73	6.31	9.15	8	0.29	0.18	0.24	13
西　藏	Tibet	0.79	1.52	1.49	29	0.01	0.03	0.03	30
陕　西	Shaanxi	9.03	4.18	5.40	17	0.41	0.25	0.27	11
甘　肃	Gansu	6.62	4.36	5.19	18	0.20	0.14	0.15	21
青　海	Qinghai	1.86	1.44	1.69	28	0.10	0.06	0.08	27
宁　夏	Ningxia	3.13	2.45	2.88	27	0.13	0.05	0.06	28
新　疆	Xinjiang	6.59	3.84	4.08	20	0.33	0.15	0.15	24

13-21 机动车驾驶员数
Number of Motor Drivers

单位：万人 (10 000 persons)

地区	Region	机动车驾驶员数 Number of Motor Drivers 2010	2015	2016	2016排名 Ranking	其中：汽车驾驶员 Automobile Drivers 2010	2015	2016	2016排名 Ranking
全 国	**National Total**	**20068.47**	**32853.05**	**35876.98**		**15129.89**	**28012.99**	**30328.77**	
北 京	Beijing	625.30	977.59	1034.53	16	607.24	973.55	1030.68	11
天 津	Tianjin	252.00	389.25	412.13	27	245.42	388.58	411.54	26
河 北	Hebei	1058.89	1746.31	1901.41	7	952.95	1680.15	1843.73	5
山 西	Shanxi	455.92	763.92	857.58	18	417.01	745.80	840.81	15
内蒙古	Inner Mongolia	332.77	628.09	682.92	23	280.67	571.20	630.68	20
辽 宁	Liaoning	748.26	1134.22	1214.62	13	624.25	1054.22	1138.14	8
吉 林	Jilin	461.41	651.55	693.04	22	360.77	583.44	629.65	21
黑龙江	Heilongjiang	455.96	725.67	788.35	19	407.12	685.31	749.91	18
上 海	Shanghai	448.48	650.67	679.12	24	412.56	631.09	663.82	19
江 苏	Jiangsu	1531.46	2385.62	2568.27	3	1045.89	2072.50	2284.68	3
浙 江	Zhejiang	1086.94	1776.09	1939.83	6	824.22	1632.06	1814.35	6
安 徽	Anhui	692.42	1121.82	1261.57	11	475.65	977.45	1135.52	9
福 建	Fujian	692.10	1014.52	1102.05	15	395.26	743.58	838.86	16
江 西	Jiangxi	695.35	1137.39	1238.46	12	391.19	822.18	942.91	12
山 东	Shandong	1579.00	2467.52	2645.82	2	1280.41	2340.45	2532.44	2
河 南	Henan	1243.31	1996.80	2277.89	4	958.96	1813.99	2114.20	4
湖 北	Hubei	795.49	1284.95	1437.85	8	555.54	1058.33	343.34	27
湖 南	Hunan	690.78	1239.67	1377.23	9	444.21	957.96	1104.36	10
广 东	Guangdong	1956.02	2874.75	3133.51	1	1343.29	2379.73	2656.11	1
广 西	Guangxi	429.97	1205.75	1289.22	10	400.82	768.18	872.39	14
海 南	Hainan	138.72	204.98	222.66	28	86.37	145.16	163.33	29
重 庆	Chongqing	321.43	660.77	742.39	21	210.32	496.15	586.04	22
四 川	Sichuan	1137.66	1791.39	1965.61	5	767.82	1362.60	1549.00	7
贵 州	Guizhou	313.33	699.19	786.47	20	239.15	477.31	559.73	23
云 南	Yunnan	716.08	1115.94	1211.33	14	407.30	739.79	832.93	17
西 藏	Tibet	18.16	27.36	31.61	31	16.04	25.30	29.19	31
陕 西	Shaanxi	507.35	885.36	947.15	17	424.02	807.97	873.31	13
甘 肃	Gansu	200.66	489.56	554.08	25	172.59	381.06	439.28	24
青 海	Qinghai	81.77	131.91	143.42	30	62.64	113.04	125.40	30
宁 夏	Ningxia	90.42	175.70	193.62	29	76.39	152.83	170.49	28
新 疆	Xinjiang	311.07	498.75	543.23	26	243.82	432.07	421.94	25

13-22 道路交通事故发生数和道路交通事故死亡人数
Number of Traffic Accidents and Number of Deaths

地区	Region	道路交通事故发生数（起） Number of Traffic Accidents (case)				道路交通事故死亡人数（人） Number of Deaths (person)			
		2010	2015	2016	2016排名 Ranking	2010	2015	2016	2016排名 Ranking
全 国	**National Total**	**219521**	**187781**	**212846**		**65225**	**58022**	**63093**	
北 京	Beijing	4279	2637	3163	25	974	922	1359	21
天 津	Tianjin	3165	5358	5912	12	950	826	821	26
河 北	Hebei	5959	4852	4919	19	2693	2498	2500	8
山 西	Shanxi	6962	5099	5088	16	2449	2015	2131	12
内蒙古	Inner Mongolia	4780	3215	3172	24	1375	973	972	24
辽 宁	Liaoning	6781	5150	4878	20	2129	1993	1954	14
吉 林	Jilin	4438	2779	5564	14	1454	1301	1843	17
黑龙江	Heilongjiang	3466	3276	3614	23	1395	1151	1140	23
上 海	Shanghai	2176	1070	795	30	1009	869	760	27
江 苏	Jiangsu	13793	12999	13299	4	5031	4642	4601	2
浙 江	Zhejiang	21698	16270	14791	3	5382	4275	4187	4
安 徽	Anhui	7901	13770	12933	6	2877	2651	2651	7
福 建	Fujian	12714	7943	8867	8	2822	1890	1888	16
江 西	Jiangxi	4126	3058	4932	18	1603	1439	2102	13
山 东	Shandong	14560	13376	13163	5	4268	3652	3614	5
河 南	Henan	7890	6171	5825	13	1825	1776	1950	15
湖 北	Hubei	6543	4624	16908	2	1944	1695	4511	3
湖 南	Hunan	8413	9044	7359	10	2162	1792	1572	20
广 东	Guangdong	30370	24676	24773	1	6203	5562	5501	1
广 西	Guangxi	4351	3978	3842	22	2342	2099	2246	11
海 南	Hainan	1488	2103	2045	27	471	629	636	28
重 庆	Chongqing	5908	4829	4724	21	1017	969	953	25
四 川	Sichuan	13072	8571	7527	9	2931	2640	2352	9
贵 州	Guizhou	1764	1035	12579	7	1136	741	2274	10
云 南	Yunnan	4739	5375	5375	15	1886	3036	3002	6
西 藏	Tibet	781	334	308	31	409	168	146	31
陕 西	Shaanxi	6004	5406	5914	11	1944	1615	1575	19
甘 肃	Gansu	3090	3063	2899	26	1506	1396	1357	22
青 海	Qinghai	1206	1036	1023	29	573	531	529	29
宁 夏	Ningxia	1806	1692	1606	28	442	395	372	30
新 疆	Xinjiang	5298	4992	5049	17	2023	1881	1594	18

13-23 道路交通事故受伤人数和道路交通事故直接经济损失
Number of Injuries and Direct Property Losses for Traffic Accidents

地区	Region	道路交通事故受伤人数（人） Number of Injuries (person)				道路交通事故直接经济损失（万元） Direct Property Losses (10 000 yuan)			
		2010	2015	2016	2016排名 Ranking	2010	2015	2016	2016排名 Ranking
全　国	**National Total**	**254075**	**199880**	**226430**		**92633.5**	**103691.7**	**120759.9**	
北　京	Beijing	4857	2617	2784	26	2431.3	2088.4	2819.4	19
天　津	Tianjin	3671	5954	6398	11	1987.1	3925.5	4488.8	13
河　北	Hebei	5785	4319	4433	21	3890.8	3995.3	5008.3	12
山　西	Shanxi	8200	5495	5278	18	3593.7	3646.8	3975.6	16
内蒙古	Inner Mongolia	5202	3121	3297	24	2359.8	1587.2	1402.6	25
辽　宁	Liaoning	6428	4774	4491	20	3124.9	1914.2	1849.6	23
吉　林	Jilin	5178	2697	6068	13	2666.1	3188.1	5326.4	11
黑龙江	Heilongjiang	3740	3442	3906	22	2456.6	3824.6	4217	15
上　海	Shanghai	1862	454	235	31	956.6	469.6	370.8	30
江　苏	Jiangsu	13234	11698	12009	7	4951.1	6680.4	6390	4
浙　江	Zhejiang	23589	16157	14369	5	9047.2	6355.4	5983	8
安　徽	Anhui	9596	15382	14852	4	2417.7	6176.4	6323	6
福　建	Fujian	15430	8737	9665	8	4839.2	2703.9	2410	20
江　西	Jiangxi	4938	3136	5207	19	4184.0	5120.3	5425.6	10
山　东	Shandong	14611	13002	12573	6	5261.2	5276.8	6276.9	7
河　南	Henan	8710	6129	5383	17	3186.8	3524.4	4376.1	14
湖　北	Hubei	7884	4638	16775	3	3436.5	5174.9	8832.1	2
湖　南	Hunan	11621	11615	9094	9	4104.4	7253.7	6383	5
广　东	Guangdong	36518	27754	26825	1	8048.8	6783.4	7380.5	3
广　西	Guangxi	5375	4009	3592	23	1678.4	2145.2	1854	22
海　南	Hainan	2205	2903	2748	27	552.6	1123.1	1515	24
重　庆	Chongqing	8728	6577	6233	12	1225.9	1844.7	2147.9	21
四　川	Sichuan	16980	10188	8395	10	5398.5	6317.4	5760.5	9
贵　州	Guizhou	2906	1150	18108	2	1296.0	1197	9475.1	1
云　南	Yunnan	5900	5914	5519	16	2530.2	3414	2905.9	18
西　藏	Tibet	969	435	349	30	620.4	301.6	290.5	31
陕　西	Shaanxi	6144	5137	5777	15	3319.8	3741.9	3810.7	17
甘　肃	Gansu	3728	3553	3177	25	1116.2	1236.3	1065.4	27
青　海	Qinghai	1494	1183	1124	29	390.4	614.2	750.7	29
宁　夏	Ningxia	2564	1963	1778	28	658.0	803.6	754.9	28
新　疆	Xinjiang	6028	5747	5988	14	903.3	1263.4	1190.5	26

13-24 邮政业网点和邮电业务总量

Number of Postal Offices and Business Volume of Postal and Telecommunication Services

地区	Region	邮政业营业网点（处） Number of Postal Offices (unit)				邮电业务总量（亿元） Business Volume of Postal and Telecommunication Services (100 million yuan)			
		2010	2015	2016	2016排名 Ranking	2010	2015	2016	2016排名 Ranking
全　国	**National Total**	**75739**	**188637**	**216708**		**31978.48**	**28425.02**	**23014.19**	
北　京	Beijing	2205	6121	7156	12	1227.34	1181.88	979.08	7
天　津	Tianjin	749	1831	1956	27	433.30	321.05	269.61	26
河　北	Hebei	2353	5663	6537	14	1351.63	997.93	819.99	10
山　西	Shanxi	1502	5906	5972	19	735.93	515.93	385.60	21
内蒙古	Inner Mongolia	1733	3562	4150	24	601.37	400.30	276.89	25
辽　宁	Liaoning	2172	5301	5937	20	1171.63	804.47	614.15	14
吉　林	Jilin	1302	4081	3748	26	613.17	387.26	310.34	23
黑龙江	Heilongjiang	1974	4348	4714	22	745.58	511.44	389.00	20
上　海	Shanghai	4210	7796	7629	9	1275.24	1164.51	1074.22	5
江　苏	Jiangsu	4808	10898	12951	3	2328.76	2316.49	1870.29	3
浙　江	Zhejiang	3734	11959	11948	4	2101.84	2424.55	2367.23	2
安　徽	Anhui	2309	7229	7528	10	887.55	823.46	664.45	13
福　建	Fujian	2256	6467	7418	11	1214.39	1077.84	889.21	9
江　西	Jiangxi	2046	4724	6561	13	692.00	620.07	486.86	17
山　东	Shandong	4206	8605	10221	7	1960.68	1474.59	1164.99	4
河　南	Henan	3908	7434	10827	6	1473.45	1328.15	990.89	6
湖　北	Hubei	2422	9198	11812	5	1039.03	965.75	707.39	11
湖　南	Hunan	3095	7249	8004	8	1057.99	906.66	699.12	12
广　东	Guangdong	8526	22018	21602	1	4553.38	4378.78	3877.56	1
广　西	Guangxi	1739	4849	6166	17	821.89	651.53	452.66	18
海　南	Hainan	488	1516	1740	28	224.66	183.92	142.84	28
重　庆	Chongqing	3016	3725	4955	21	581.30	554.56	428.23	19
四　川	Sichuan	5286	13220	16532	2	1450.69	1297.59	913.97	8
贵　州	Guizhou	1796	4982	6074	18	512.47	515.16	378.92	22
云　南	Yunnan	2235	4802	6306	16	773.04	792.58	551.03	16
西　藏	Tibet	302	888	965	31	64.34	56.38	36.07	31
陕　西	Shaanxi	1934	4801	6435	15	857.24	760.97	557.02	15
甘　肃	Gansu	1282	4016	4635	23	423.15	365.61	254.24	27
青　海	Qinghai	226	877	986	30	114.30	105.38	72.04	30
宁　夏	Ningxia	462	1004	1297	29	135.20	135.42	109.93	29
新　疆	Xinjiang	1463	3567	3946	25	555.95	404.80	280.35	24

注：邮电业务总量2010年数据按2000年不变价格计算；从2001年开始按2010年不变价格计算，按可比价格比上年增长16.3%(下表同)。

Note: The business volume of postal and telecommunication services before 2010 was calculated at 2000 constant prices and that from 2001 to 2010 was calculated at 2000 constant prices. The rate of increase at constant prices in 2010 was 16.3%. The same applies to the table followed.

13-25 邮政业务总量和电信业务总量

Business Volume of Postal Services and Business Volume of Telecommunication Services

单位:亿元 (100 million yuan)

地区	Region	邮政业务总量 Business Volume of Postal Services				电信业务总量 Business Volume of Telecommunication Services			
		2010	2015	2016	2016排名 Ranking	2010	2015	2016	2016排名 Ranking
全　国	National Total	1985.30	5078.72	7397.24		29993.18	23346.30	15616.95	
北　京	Beijing	107.34	258.52	386.00	5	1120.00	923.36	593.08	8
天　津	Tianjin	33.84	60.05	86.52	17	399.46	261.00	183.09	27
河　北	Hebei	58.12	131.47	196.79	10	1293.51	866.46	623.20	7
山　西	Shanxi	39.24	43.13	56.87	21	696.69	472.80	328.73	21
内蒙古	Inner Mongolia	16.62	23.23	27.25	26	584.75	377.07	249.64	25
辽　宁	Liaoning	58.41	75.07	101.44	14	1113.22	729.40	512.71	12
吉　林	Jilin	25.77	36.13	46.03	23	587.40	351.13	264.31	23
黑龙江	Heilongjiang	47.71	52.15	68.72	19	697.87	459.29	320.28	22
上　海	Shanghai	176.45	385.75	564.25	4	1098.79	778.76	509.97	13
江　苏	Jiangsu	188.34	516.02	663.69	3	2140.42	1800.47	1206.60	2
浙　江	Zhejiang	154.07	811.01	1250.75	2	1947.77	1613.54	1116.48	3
安　徽	Anhui	45.93	116.19	174.91	12	841.62	707.27	489.54	15
福　建	Fujian	69.06	217.23	300.69	7	1145.33	860.61	588.52	9
江　西	Jiangxi	36.85	69.70	100.32	15	655.15	550.37	386.54	18
山　东	Shandong	104.82	205.53	301.61	6	1855.86	1269.06	863.38	4
河　南	Henan	89.80	163.78	233.22	8	1383.65	1164.37	757.67	5
湖　北	Hubei	55.71	137.41	192.10	11	983.32	828.34	515.29	11
湖　南	Hunan	49.05	104.15	143.37	13	1008.94	802.51	555.75	10
广　东	Guangdong	378.00	1228.75	1886.25	1	4175.38	3150.03	1991.31	1
广　西	Guangxi	28.58	43.64	63.70	20	793.31	607.89	388.96	17
海　南	Hainan	9.90	12.61	16.89	28	214.76	171.31	125.95	28
重　庆	Chongqing	30.72	61.01	79.22	18	550.58	493.55	349.01	19
四　川	Sichuan	69.99	138.57	199.04	9	1380.70	1159.02	714.93	6
贵　州	Guizhou	15.50	33.77	42.69	24	496.97	481.39	336.23	20
云　南	Yunnan	18.91	35.30	50.05	22	754.13	757.28	500.98	14
西　藏	Tibet	1.88	2.59	3.12	31	62.46	53.79	32.95	31
陕　西	Shaanxi	37.42	61.48	92.03	16	819.82	699.49	464.99	16
甘　肃	Gansu	11.32	16.32	22.19	27	411.83	349.29	232.05	26
青　海	Qinghai	3.23	3.73	4.83	30	111.07	101.65	67.21	30
宁　夏	Ningxia	4.10	12.19	15.20	29	131.10	123.23	94.73	29
新　疆	Xinjiang	18.63	22.25	27.50	25	537.32	382.55	252.85	24

13-28 邮路总长度和农村投递路线长度
Length of Postal Routes and Rural Delivery Routes

单位：公里 (km)

地区	Region	邮路总长度 Length of Postal Routes 2010	2015	2016	2016排名 Ranking	农村投递路线长度 Rural Delivery Routes 2010	2015	2016	2016排名 Ranking
全　国	National Total	4635569	6376429	6585049		3690561	3756043	3767660	
北　京	Beijing	342767	273171	597079	2	17373	19429	19732	30
天　津	Tianjin	75097	110688	141418	20	16872	20311	19879	29
河　北	Hebei	113496	170096	149981	19	200437	180440	191529	6
山　西	Shanxi	92499	93321	96086	25	113916	102496	108813	17
内蒙古	Inner Mongolia	92391	222550	266580	8	114545	114098	114414	15
辽　宁	Liaoning	198335	277348	278423	6	95582	112625	113454	16
吉　林	Jilin	84349	92147	126118	22	95524	95231	92792	21
黑龙江	Heilongjiang	101025	160630	152970	18	115499	123120	120742	14
上　海	Shanghai	137618	242349	234650	10	23554	22992	26899	28
江　苏	Jiangsu	223253	405531	205555	13	261298	260729	255754	2
浙　江	Zhejiang	234673	618999	694120	1	179456	181748	184694	8
安　徽	Anhui	84200	150960	61376	29	150902	148849	141849	12
福　建	Fujian	218405	203778	227354	11	89432	92262	93164	20
江　西	Jiangxi	98020	86390	94041	27	97950	90019	89872	22
山　东	Shandong	252049	369063	439671	4	271512	266895	281238	1
河　南	Henan	142133	158490	153231	17	193690	194476	190288	7
湖　北	Hubei	243416	163136	178815	16	194656	205502	194241	5
湖　南	Hunan	134386	183302	96802	24	199222	214428	212358	4
广　东	Guangdong	550662	413740	448236	3	214877	229473	234641	3
广　西	Guangxi	159853	251304	252893	9	112713	104185	107556	18
海　南	Hainan	62316	96833	91151	28	22155	28895	28861	27
重　庆	Chongqing	108976	191486	137210	21	63126	54061	51129	25
四　川	Sichuan	185703	255526	272761	7	176657	181600	182810	9
贵　州	Guizhou	96174	99684	100813	23	58872	66344	67222	23
云　南	Yunnan	145715	269144	278529	5	159623	170368	170917	10
西　藏	Tibet	20085	56211	57598	30	117612	103768	104031	19
陕　西	Shaanxi	151470	208078	209355	12	134262	124903	124306	13
甘　肃	Gansu	87997	192349	192557	15	110385	148872	144652	11
青　海	Qinghai	30065	87978	95136	26	10451	34993	35253	26
宁　夏	Ningxia	34074	12541	52782	31	14290	9805	9008	31
新　疆	Xinjiang	134367	259607	201760	14	64120	53126	55564	24

13-29 城市固定电话用户
Urban Fixed Telephone Subscribers

单位:万户 (10 000 subscribers)

地区	Region	城市固定电话用户 Urban Fixed Telephone Subscribers				其中：住宅电话用户 Household Fixed Telephone Subscribers			
		2010	2015	2016	2016排名 Ranking	2010	2015	2016	2016排名 Ranking
全　国	**National Total**	**19658.1**	**17320.8**	**15619.2**		**11973.4**	**9240.8**	**8012.3**	
北　京	Beijing	696.4	638.0	561.3	9	416.7	323.4	271.9	12
天　津	Tianjin	363.0	340.7	309.1	21	259.4	171.4	120.9	23
河　北	Hebei	811.8	766.7	694.2	7	541.8	500.9	411.4	6
山　西	Shanxi	488.0	354.2	287.7	22	374.5	183.9	108.3	25
内蒙古	Inner Mongolia	353.8	277.6	233.0	26	237.8	141.3	107.1	27
辽　宁	Liaoning	985.8	906.5	771.9	5	779.5	643.3	463.0	4
吉　林	Jilin	433.1	448.6	404.9	18	299.8	278.1	234.1	17
黑龙江	Heilongjiang	620.4	503.8	430.7	16	464.1	404.7	314.6	8
上　海	Shanghai	920.1	797.3	731.6	6	574.5	456.8	419.0	5
江　苏	Jiangsu	1527.8	1218.0	1097.0	2	861.9	552.9	500.1	3
浙　江	Zhejiang	1200.0	1095.6	1036.1	3	584.3	457.2	411.0	7
安　徽	Anhui	612.9	505.3	432.0	15	366.5	282.9	229.4	18
福　建	Fujian	661.2	563.9	512.2	13	353.9	284.8	240.4	15
江　西	Jiangxi	439.7	363.8	337.4	20	235.6	183.6	167.6	20
山　东	Shandong	1162.6	774.1	678.2	8	720.2	323.0	237.0	16
河　南	Henan	926.5	679.5	543.2	10	688.7	302.6	242.4	14
湖　北	Hubei	670.7	632.5	531.7	11	388.7	322.5	282.5	11
湖　南	Hunan	735.2	559.2	470.3	14	417.4	296.7	243.6	13
广　东	Guangdong	2236.1	2131.3	1991.3	1	1187.2	984.0	901.0	1
广　西	Guangxi	430.3	312.0	244.4	24	243.4	130.0	107.9	26
海　南	Hainan	124.9	122.5	116.2	28	66.5	66.4	63.5	28
重　庆	Chongqing	376.4	431.2	420.2	17	247.7	297.2	303.1	9
四　川	Sichuan	895.4	939.1	981.3	4	551.4	601.9	650.6	2
贵　州	Guizhou	246.8	249.6	210.4	27	149.3	149.2	122.7	22
云　南	Yunnan	357.7	294.1	267.1	23	193.7	137.6	119.7	24
西　藏	Tibet	41.9	34.7	38.8	31	22.2	22.3	25.9	31
陕　西	Shaanxi	519.6	558.0	524.2	12	270.6	292.3	295.3	10
甘　肃	Gansu	265.4	261.9	241.2	25	145.8	143.2	135.5	21
青　海	Qinghai	80.8	91.5	89.2	29	48.8	48.0	50.3	29
宁　夏	Ningxia	77.9	73.8	61.8	30	44.2	37.2	29.5	30
新　疆	Xinjiang	395.9	395.8	370.8	19	237.3	221.4	203.0	19

13-30 农村固定电话用户
Rural Fixed Telephone Subscribers

单位：万户 (10 000 subscribers)

地区	Region	农村固定电话用户 Rural Fixed Telephone Subscribers 2010	2015	2016	2016排名 Ranking	其中：住宅电话用户 Household Fixed Telephone Subscribers 2010	2015	2016	2016排名 Ranking
全 国	**National Total**	**9776.1**	**5778.9**	**5043.3**		**8325.0**	**4659.0**	**3982.7**	
北 京	Beijing	189.3	146.7	133.7	14	151.8	111.6	86.3	16
天 津	Tianjin	3.8	3.1	2.3	29	0.6	0.8	0.6	29
河 北	Hebei	439.5	211.5	156.5	12	391.7	177.4	113.2	13
山 西	Shanxi	232.6	90.4	55.9	23	208.7	62.8	37.0	25
内蒙古	Inner Mongolia	60.3	47.0	35.1	26	52.3	37.7	27.2	26
辽 宁	Liaoning	442.2	129.8	118.7	16	429.8	116.9	106.8	15
吉 林	Jilin	162.2	123.7	115.4	17	150.9	94.4	77.7	18
黑龙江	Heilongjiang	193.1	92.2	66.8	22	177.1	88.6	61.3	21
上 海	Shanghai	11.7							
江 苏	Jiangsu	971.0	755.0	611.4	2	809.9	606.1	500.6	1
浙 江	Zhejiang	785.5	375.4	251.1	7	588.8	272.2	183.3	7
安 徽	Anhui	618.1	234.1	181.9	10	561.7	197.9	149.8	11
福 建	Fujian	384.5	324.7	303.5	4	312.7	237.6	218.8	4
江 西	Jiangxi	269.9	204.6	180.1	11	233.9	182.4	161.8	10
山 东	Shandong	829.6	343.9	292.2	5	746.9	254.9	187.7	5
河 南	Henan	500.4	330.1	255.4	6	424.4	253.6	184.8	6
湖 北	Hubei	355.7	240.0	199.9	9	315.0	209.6	171.1	9
湖 南	Hunan	341.7	227.8	212.4	8	280.4	196.1	181.5	8
广 东	Guangdong	933.1	675.8	618.4	1	695.6	514.0	460.4	3
广 西	Guangxi	278.6	127.7	104.6	18	250.3	109.7	85.9	17
海 南	Hainan	54.9	48.5	53.0	24	43.6	38.1	42.0	24
重 庆	Chongqing	206.3	128.3	121.4	15	186.3	115.2	107.9	14
四 川	Sichuan	523.6	414.4	508.8	3	467.5	368.2	460.6	2
贵 州	Guizhou	184.4	62.9	48.3	25	166.8	56.3	42.4	23
云 南	Yunnan	204.8	83.4	67.9	21	164.7	61.2	46.6	22
西 藏	Tibet	2.0	0.2	0.1	30	0.8	0.2	0.1	30
陕 西	Shaanxi	262.3	165.2	155.7	13	227.9	140.2	130.4	12
甘 肃	Gansu	146.5	64.1	71.1	20	126.0	54.9	63.7	20
青 海	Qinghai	22.4	12.7	12.9	27	19.9	10.5	10.8	27
宁 夏	Ningxia	34.0	10.6	8.8	28	29.8	8.0	6.3	28
新 疆	Xinjiang	132.1	105.4	100.1	19	109.2	82.2	76.2	19

13-31 移动电话用户和移动短信业务量

Number of Mobile Telephone Subscribers and Short Message Services

地区	Region	移动电话用户（万户） Number of Mobile Telephone Subscribers (10 000 subscribers)				移动短信业务量（亿条） Short Message Services (100 milloin messages)			
		2010	2015	2016	2016排名 Ranking	2010	2015	2016	2016排名 Ranking
全　国	**National Total**	**85900.3**	**127139.7**	**132193.4**		**8277.5**	**6991.8**	**6670.9**	
北　京	Beijing	2129.8	3944.4	3869.0	14	369.6	517.2	541.7	5
天　津	Tianjin	1089.8	1369.7	1499.8	27	124.9	47.4	38.5	28
河　北	Hebei	4353.6	6135.6	7121.0	7	352.5	220.5	173.4	12
山　西	Shanxi	2205.2	3241.4	3365.7	18	219.8	197.2	201.3	11
内蒙古	Inner Mongolia	2034.0	2377.1	2470.8	24	181.9	106.1	83.3	23
辽　宁	Liaoning	3341.8	4289.8	4427.1	10	257.9	141.2	153.9	15
吉　林	Jilin	1805.4	2511.5	2654.8	23	177.5	101.6	59.8	26
黑龙江	Heilongjiang	2072.0	3329.8	3445.6	17	177.6	76.5	62.1	25
上　海	Shanghai	2361.6	3132.4	3156.1	19	369.0	211.9	220.4	9
江　苏	Jiangsu	5923.1	7993.1	8198.8	3	680.8	512.0	619.7	4
浙　江	Zhejiang	5047.4	7283.7	7225.9	6	621.6	731.4	902.0	1
安　徽	Anhui	2798.7	4188.3	4343.0	11	317.2	177.4	135.0	17
福　建	Fujian	3021.8	4154.0	4159.0	12	306.6	614.7	643.8	2
江　西	Jiangxi	1811.3	3030.4	3140.7	20	160.5	122.8	110.9	20
山　东	Shandong	6190.4	9088.8	9594.5	2	447.8	380.1	306.4	6
河　南	Henan	4402.0	7537.4	7889.0	4	317.2	212.0	157.8	14
湖　北	Hubei	3454.7	4530.5	4683.8	9	253.5	160.3	127.3	19
湖　南	Hunan	3257.0	4692.0	4993.6	8	251.9	229.5	201.8	10
广　东	Guangdong	9624.6	14479.7	14349.0	1	931.5	821.5	639.3	3
广　西	Guangxi	2214.5	3594.9	3774.2	16	188.2	145.3	128.8	18
海　南	Hainan	594.3	894.1	942.3	28	49.5	46.6	42.1	27
重　庆	Chongqing	1664.4	2737.7	2880.1	22	128.7	104.3	90.6	22
四　川	Sichuan	4156.4	6798.3	7294.5	5	406.4	271.0	241.9	7
贵　州	Guizhou	1800.6	2941.5	3082.7	21	120.8	116.7	97.2	21
云　南	Yunnan	2244.5	3740.1	3942.8	13	270.0	187.2	145.9	16
西　藏	Tibet	157.6	268.7	284.4	31	15.8	17.6	15.1	31
陕　西	Shaanxi	2518.2	3567.1	3813.3	15	230.2	184.5	233.5	8
甘　肃	Gansu	1390.1	2105.3	2203.8	25	180.7	190.1	164.9	13
青　海	Qinghai	397.8	517.1	539.8	30	27.5	24.5	20.1	30
宁　夏	Ningxia	437.3	636.6	716.4	29	44.1	37.7	32.7	29
新　疆	Xinjiang	1359.9	2028.4	2132.1	26	96.4	85.1	79.6	24

13-32 互联网宽带接入用户和上网人数

Broadband Subscribers of Internet and Number of Internet Users

地区	Region	互联网宽带接入用户（万户） Broadband Subscribers of Internet (10 000 subscribers)				互联网上网人数（万人） Number of Internet Users (10 000 persons)			
		2010	2015	2016	2016排名 Ranking	2010	2015	2016	2016排名 Ranking
全　国	**National Total**	**12629.1**	**25946.6**	**29720.7**		**45730**	**68826**	**73125**	
北　京	Beijing	498.4	491.9	475.8	21	1218	1647	1690	20
天　津	Tianjin	173.0	249.8	283.9	27	648	956	999	27
河　北	Hebei	667.0	1317.2	1612.0	7	2197	3731	3956	5
山　西	Shanxi	353.1	723.9	747.2	16	1250	1975	2035	14
内蒙古	Inner Mongolia	190.5	365.7	417.2	25	747	1259	1311	24
辽　宁	Liaoning	595.6	860.5	971.7	12	1916	2731	2741	10
吉　林	Jilin	285.1	427.3	440.0	24	882	1313	1402	23
黑龙江	Heilongjiang	326.1	519.5	575.1	20	1127	1707	1835	18
上　海	Shanghai	486.7	568.8	635.7	19	1239	1773	1791	19
江　苏	Jiangsu	1048.4	2346.3	2685.2	2	3306	4416	4513	3
浙　江	Zhejiang	869.5	1906.8	2159.7	4	2786	3596	3632	6
安　徽	Anhui	341.9	913.3	1075.0	10	1392	2395	2721	11
福　建	Fujian	471.6	1044.8	1144.6	8	1848	2648	2678	12
江　西	Jiangxi	253.4	710.9	822.5	13	950	1759	2035	14
山　东	Shandong	966.9	1980.8	2366.5	3	3332	4789	5207	2
河　南	Henan	642.5	1489.0	1767.2	6	2417	3703	4110	4
湖　北	Hubei	459.4	1014.4	1131.9	9	1902	2723	3009	9
湖　南	Hunan	374.5	910.5	1066.9	11	1747	2685	3013	8
广　东	Guangdong	1400.0	2682.7	2779.4	1	5324	7768	8024	1
广　西	Guangxi	330.1	715.8	790.0	15	1226	2033	2213	13
海　南	Hainan	67.6	149.5	186.5	28	303	466	470	28
重　庆	Chongqing	263.1	602.7	704.7	17	990	1445	1556	21
四　川	Sichuan	521.8	1424.0	1851.2	5	1998	3260	3575	7
贵　州	Guizhou	149.7	386.8	459.5	23	751	1346	1524	22
云　南	Yunnan	224.1	537.3	655.3	18	1021	1761	1892	17
西　藏	Tibet	10.4	29.6	40.2	31	81	142	149	31
陕　西	Shaanxi	308.3	689.9	803.0	14	1295	1886	1989	16
甘　肃	Gansu	112.2	302.7	392.9	26	655	1005	1101	26
青　海	Qinghai	34.9	82.3	99.7	30	188	318	320	30
宁　夏	Ningxia	43.0	92.5	111.9	29	175	326	339	29
新　疆	Xinjiang	160.4	409.5	468.4	22	819	1262	1296	25

13-33 固定长途电话交换机容量和移动电话交换机容量

Capacity of Long-distance Telephone Exchanges and Capacity of Mobile Telephone Exchanges

地区	Region	固定长途电话交换机容量（万路端） Capacity of Long-distance Telephone Exchanges (10 000 circuit)				移动电话交换机容量（万户） Capacity of Mobile Telephone Exchanges (10 000 subscribers)			
		2010	2015	2016	2016排名 Ranking	2010	2015	2016	2016排名 Ranking
全 国	**National Total**	**1641.46**	**811.08**	**681.08**		**150284.9**	**218150.0**	**218540.0**	
北 京	Beijing	55.08	51.47	45.83	4	4134.0	5102.0	5230.0	17
天 津	Tianjin	13.72	11.78	11.78	19	1910.0	2435.0	2585.0	27
河 北	Hebei	34.30	26.95	25.44	10	8080.0	11781.7	11930.7	5
山 西	Shanxi	32.21	30.24	21.52	13	3772.5	5021.2	5096.5	20
内蒙古	Inner Mongolia	20.25	12.79	10.08	20	3565.4	6257.3	6294.1	15
辽 宁	Liaoning	43.32	48.57	23.36	11	5425.0	13111.2	6775.2	13
吉 林	Jilin	28.67	8.63	8.63	22	3340.0	3731.0	3851.5	25
黑龙江	Heilongjiang	48.91	36.00	27.85	9	4493.1	7318.7	8546.9	9
上 海	Shanghai	73.04	71.63	46.35	3	3995.0	4424.0	4424.0	22
江 苏	Jiangsu	109.67	37.56	37.56	6	8795.1	10633.1	10863.1	7
浙 江	Zhejiang	93.23	85.15	85.15	1	8666.2	11423.7	11698.7	6
安 徽	Anhui	71.67	14.41	5.37	27	6058.6	8407.8	8407.8	10
福 建	Fujian	65.03	9.51	9.51	21	6282.2	8203.6	7963.6	11
江 西	Jiangxi	55.48	20.75	20.75	14	3333.0	4085.9	4183.9	23
山 东	Shandong	45.66	31.25	23.21	12	10477.7	11970.4	12667.9	3
河 南	Henan	150.75	32.90	18.80	17	7948.0	11713.0	12357.0	4
湖 北	Hubei	49.28	17.00	7.43	23	5862.7	8753.3	8748.7	8
湖 南	Hunan	50.36	46.37	40.97	5	4719.0	7276.4	7257.5	12
广 东	Guangdong	269.11	64.00	58.11	2	14766.9	22025.8	21982.3	1
广 西	Guangxi	62.03	28.73	27.96	8	3567.1	5181.1	5191.1	18
海 南	Hainan	9.16	4.11	4.11	28	1099.4	1572.4	1612.4	29
重 庆	Chongqing	21.90	6.50	6.50	25	2746.2	3887.6	4037.0	24
四 川	Sichuan	52.86	37.39	37.38	7	9624.1	15691.3	16408.3	2
贵 州	Guizhou	28.54	6.28	2.73	30	2724.5	4908.0	4908.0	21
云 南	Yunnan	32.09	19.90	19.90	15	4812.7	5894.1	5759.5	16
西 藏	Tibet	3.45	1.29	1.29	31	199.0	448.0	2423.0	28
陕 西	Shaanxi	39.49	19.97	19.83	16	3724.1	5105.5	5111.5	19
甘 肃	Gansu	25.36	7.20	7.20	24	1940.0	2997.0	3128.0	26
青 海	Qinghai	13.32	9.26	13.13	18	549.0	1308.0	1308.0	31
宁 夏	Ningxia	7.36	6.14	5.99	26	823.4	1224.0	1414.0	30
新 疆	Xinjiang	31.60	2.79	2.79	29	2851.0	6258.0	6375.0	14

13-34 长途光缆线路长度和互联网宽带接入端口

Length of Long Distance Optical Cable Lines and Broadband Access Port of Internet

地区	Region	长途光缆线路长度（公里） Length of Long Distance Optical Cable Lines (km)				互联网宽带接入端口（万个） Broadband Access Port of Internet (10 000 ports)			
		2010	2015	2016	2016排名 Ranking	2010	2015	2016	2016排名 Ranking
全　国	**National Total**	**818133**	**965283**	**994092**		**18781.1**	**57709.4**	**71276.9**	
北　京	Beijing	4142	4088	4465	29	633.4	1580.5	1784.0	17
天　津	Tianjin	3106	3714	3776	30	230.0	470.2	724.3	27
河　北	Hebei	30471	36794	36970	12	924.3	2948.5	3841.1	6
山　西	Shanxi	27681	30891	31629	19	502.8	1345.9	1582.9	21
内蒙古	Inner Mongolia	46831	71490	77483	1	267.0	916.0	1200.7	24
辽　宁	Liaoning	23922	24636	24114	23	793.4	2710.8	3239.5	8
吉　林	Jilin	21810	23877	23397	24	362.2	987.2	1560.7	22
黑龙江	Heilongjiang	39785	46513	50222	5	498.4	1308.8	1964.9	16
上　海	Shanghai	4670	5142	5565	28	819.1	1464.8	1595.7	20
江　苏	Jiangsu	33034	38840	39083	9	1806.4	4697.3	5676.8	2
浙　江	Zhejiang	23534	26300	26273	21	1316.6	4768.9	4720.6	3
安　徽	Anhui	24866	30944	32222	18	609.5	2211.5	2527.3	10
福　建	Fujian	21061	23278	24282	22	747.1	2335.3	2482.3	11
江　西	Jiangxi	21201	21115	21496	25	358.9	1693.2	2055.6	15
山　东	Shandong	30060	36737	39093	8	1424.0	4003.4	4680.0	4
河　南	Henan	36672	33578	32533	16	875.8	3241.9	4345.8	5
湖　北	Hubei	27035	31706	32372	17	588.4	2061.1	2594.7	9
湖　南	Hunan	36189	40875	41526	7	468.7	1931.8	2395.3	12
广　东	Guangdong	46289	56136	58120	3	2185.8	4765.5	6515.6	1
广　西	Guangxi	34379	38953	38877	10	494.1	1530.9	2094.9	13
海　南	Hainan	3256	3376	3376	31	111.3	398.4	522.9	28
重　庆	Chongqing	11054	7606	8309	27	401.1	1349.4	1643.6	19
四　川	Sichuan	47849	60268	61204	2	767.8	3117.9	3709.6	7
贵　州	Guizhou	30178	35562	36500	13	228.9	875.8	1113.9	25
云　南	Yunnan	34510	49361	51175	4	325.9	1151.1	1674.4	18
西　藏	Tibet	22488	33073	35713	14	17.8	51.0	107.2	31
陕　西	Shaanxi	26595	29199	29949	20	484.9	1539.3	2083.1	14
甘　肃	Gansu	29358	32446	33409	15	172.4	820.5	946.0	26
青　海	Qinghai	27971	40560	42470	6	51.6	208.1	262.2	30
宁　夏	Ningxia	10110	10848	10910	26	56.6	200.8	307.1	29
新　疆	Xinjiang	38026	37375	37579	11	256.7	1023.8	1323.9	23

13-35 电话普及率和移动电话普及率
Popularization Rate of Telephone and Mobile Telephone

单位：部/百人 (set/100 persons)

地区	Region	电话普及率(包括移动电话) Popularization Rate of Telephone (Include Mobile Telephone)				移动电话普及率 Popularization Rate of Mobile Telephone			
		2010	2015	2016	2016排名 Ranking	2010	2015	2016	2016排名 Ranking
全　国	**National Total**	**86.41**	**109.30**	**110.55**		**64.36**	**92.49**	**95.60**	
北　京	Beijing	171.82	217.88	210.04	1	121.36	181.73	178.06	1
天　津	Tianjin	118.62	110.77	115.94	12	88.75	88.54	96.01	14
河　北	Hebei	79.68	95.81	106.72	17	61.89	82.63	95.33	15
山　西	Shanxi	85.38	100.60	100.75	21	64.35	88.46	91.42	17
内蒙古	Inner Mongolia	101.08	107.59	108.68	14	83.98	94.66	98.04	11
辽　宁	Liaoning	110.43	121.53	121.47	7	77.37	97.89	101.13	9
吉　林	Jilin	87.61	112.00	116.18	11	65.89	91.22	97.14	12
黑龙江	Heilongjiang	75.42	102.99	103.79	20	54.16	87.36	90.69	19
上　海	Shanghai	171.43	162.70	160.67	2	122.93	129.69	130.44	3
江　苏	Jiangsu	109.02	124.95	123.86	6	76.67	100.21	102.50	8
浙　江	Zhejiang	135.77	158.05	152.29	4	97.44	131.50	129.27	4
安　徽	Anhui	65.73	80.21	80.01	30	45.65	68.17	70.10	30
福　建	Fujian	112.14	131.35	128.41	5	83.31	108.20	107.36	5
江　西	Jiangxi	56.88	78.82	79.66	31	40.87	66.37	68.39	31
山　东	Shandong	86.41	103.65	106.22	19	65.37	92.30	96.46	13
河　南	Henan	61.44	90.16	91.14	26	46.40	79.51	82.76	25
湖　北	Hubei	78.34	92.34	92.02	25	60.40	77.42	79.59	27
湖　南	Hunan	67.65	80.78	83.21	29	50.84	69.17	73.20	29
广　东	Guangdong	132.74	159.34	154.18	3	99.86	133.47	130.46	2
广　西	Guangxi	60.20	84.12	85.22	28	45.60	74.96	78.01	28
海　南	Hainan	89.60	116.93	121.19	8	68.79	98.16	102.75	7
重　庆	Chongqing	78.60	109.31	112.25	13	58.22	90.76	94.48	16
四　川	Sichuan	68.12	99.36	106.32	18	50.78	82.87	88.29	21
贵　州	Guizhou	58.76	92.20	93.99	24	47.41	83.34	86.71	22
云　南	Yunnan	61.41	86.84	89.67	27	49.10	78.87	82.65	26
西　藏	Tibet	69.49	93.71	97.65	22	54.36	82.93	85.90	23
陕　西	Shaanxi	87.49	113.11	117.85	9	66.76	94.04	100.02	10
甘　肃	Gansu	68.38	93.53	96.40	23	52.75	80.99	84.44	24
青　海	Qinghai	89.94	105.58	108.15	16	71.42	87.88	90.95	18
宁　夏	Ningxia	87.87	107.95	116.60	10	69.97	95.32	106.15	6
新　疆	Xinjiang	87.44	107.20	108.55	15	62.99	85.96	88.91	20

13-36 互联网普及率和平均每一营业网点服务人口

Popularization Rate of Internet and Average People Served by Each Postal Office

地区	Region	互联网普及率（%） Popularization Rate of Internet (%)				平均每一营业网点服务人口（万人） Average People Served by Each Postal Office (10 000 persons)			
		2010	2015	2016	2016排名 Ranking	2010	2015	2016	2016排名 Ranking
全　国	**National Total**	**34.3**	**50.3**	**53.2**		**1.77**	**0.73**	**0.64**	
北　京	Beijing	69.4	76.5	77.8	1	0.89	0.35	2.77	1
天　津	Tianjin	52.7	63.0	64.6	6	1.73	0.84	0.80	8
河　北	Hebei	31.2	50.5	53.3	12	3.05	1.31	1.14	4
山　西	Shanxi	36.5	54.2	55.5	9	2.38	0.62	0.60	17
内蒙古	Inner Mongolia	30.8	50.3	52.2	15	1.43	0.70	0.60	17
辽　宁	Liaoning	44.4	62.2	62.6	7	2.01	0.83	0.74	13
吉　林	Jilin	32.2	47.7	50.9	19	2.11	0.67	0.70	14
黑龙江	Heilongjiang	29.5	44.5	48.1	21	1.94	0.88	0.80	8
上　海	Shanghai	64.5	73.1	74.1	2	0.55	0.31	0.30	31
江　苏	Jiangsu	42.8	55.5	56.6	8	1.64	0.73	0.60	17
浙　江	Zhejiang	53.8	65.3	65.6	5	1.46	0.46	0.47	29
安　徽	Anhui	22.7	39.4	44.3	26	2.58	0.85	0.80	8
福　建	Fujian	50.9	69.6	69.7	4	1.64	0.59	0.52	24
江　西	Jiangxi	20.2	38.7	44.6	24	2.18	0.97	0.70	14
山　东	Shandong	35.2	48.9	52.9	13	2.28	1.14	0.96	6
河　南	Henan	25.5	39.2	43.4	28	2.41	1.28	1.00	5
湖　北	Hubei	33.3	46.8	51.4	18	2.36	0.64	0.50	26
湖　南	Hunan	27.3	39.9	44.4	25	2.12	0.94	0.85	7
广　东	Guangdong	55.3	72.4	74.0	3	1.22	0.49	0.50	26
广　西	Guangxi	25.2	42.8	46.1	22	2.65	0.99	0.78	11
海　南	Hainan	35.1	51.6	51.6	16	1.78	0.60	0.53	23
重　庆	Chongqing	34.6	48.3	51.6	16	0.96	0.81	0.60	17
四　川	Sichuan	24.4	40.0	43.6	27	1.52	0.62	0.50	26
贵　州	Guizhou	19.8	38.4	43.2	29	1.93	0.71	0.58	22
云　南	Yunnan	22.3	37.4	39.9	31	2.06	0.99	0.75	12
西　藏	Tibet	27.9	44.6	46.1	22	0.99	0.36	0.34	30
陕　西	Shaanxi	34.3	50.0	52.4	14	1.93	0.79	0.59	21
甘　肃	Gansu	24.8	38.8	42.4	30	1.99	0.65	1.78	2
青　海	Qinghai	33.6	54.5	54.5	11	2.49	0.67	1.30	3
宁　夏	Ningxia	28.0	49.3	50.7	20	1.36	0.67	0.52	24
新　疆	Xinjiang	37.9	54.9	54.9	10	1.49	0.66	0.61	16

14

贸易和旅游

Trade and Tourism

14-1 社会消费品零售总额和增长率
Total Retail Sales and Growth Rate of Consumer Goods

地区 Region	社会消费品零售总额（亿元）Total Retail Sales of Consumer Goods (100 million yuan)				增长率（%）Growth Rate (%)			
	2010	2015	2016	2016排名 Ranking	2010	2015	2016	2016排名 Ranking
全 国 National Total	**156998.4**	**300930.8**	**332316.3**		**18.3**	**10.7**	**10.4**	
北 京 Beijing	6229.3	10338.0	11005.1	12	17.3	7.3	6.5	30
天 津 Tianjin	2860.2	5257.3	5635.8	24	19.4	10.9	7.2	29
河 北 Hebei	6821.8	12990.7	14364.7	8	18.3	9.9	10.6	17
山 西 Shanxi	3318.2	6033.7	6480.5	22	18.1	5.5	7.4	28
内蒙古 Inner Mongolia	3384.0	6107.7	6700.8	20	18.5	8.0	9.7	22
辽 宁 Liaoning	6887.6	12787.2	13414.1	10	18.5	7.8	4.9	31
吉 林 Jilin	3504.9	6651.9	7310.4	17	18.5	9.4	9.9	21
黑龙江 Heilongjiang	4039.2	7640.2	8402.5	15	18.7	8.9	10.0	20
上 海 Shanghai	6070.5	10131.5	10946.6	13	17.3	8.9	8.0	26
江 苏 Jiangsu	13606.8	25876.8	28707.1	3	18.5	10.3	10.9	15
浙 江 Zhejiang	10245.4	19784.7	21970.8	4	18.8	10.9	11.0	12
安 徽 Anhui	4197.7	8908.0	10000.2	14	19.0	12.0	12.3	4
福 建 Fujian	5310.0	10505.9	11674.5	11	18.5	12.4	11.1	11
江 西 Jiangxi	2956.2	5925.5	6634.6	21	19.0	12.0	12.0	6
山 东 Shandong	14620.3	27761.4	30645.8	2	18.3	10.6	10.4	18
河 南 Henan	8004.2	15740.4	17618.4	5	18.6	12.4	11.9	7
湖 北 Hubei	7013.9	14003.2	15649.2	6	18.3	12.5	11.8	8
湖 南 Hunan	5839.5	12024.0	13436.5	9	18.8	12.1	11.7	9
广 东 Guangdong	17458.4	31517.6	34739.1	1	17.2	10.7	10.2	19
广 西 Guangxi	3312.0	6348.1	7027.3	19	18.7	10.0	10.7	16
海 南 Hainan	639.3	1325.1	1453.7	28	18.9	8.2	9.7	22
重 庆 Chongqing	2938.6	6424.0	7271.4	18	18.5	12.5	13.2	1
四 川 Sichuan	6810.1	13877.7	15601.9	7	18.3	12.0	11.7	9
贵 州 Guizhou	1482.7	3283.0	3709.0	25	18.9	11.8	13.0	2
云 南 Yunnan	2542.4	5103.2	5722.9	23	21.9	10.2	12.1	5
西 藏 Tibet	185.3	408.5	459.4	31	18.3	12.1	12.5	3
陕 西 Shaanxi	3195.7	6578.1	7367.6	16	18.4	11.1	11.0	12
甘 肃 Gansu	1394.5	2907.2	3184.4	26	17.9	9.0	9.5	24
青 海 Qinghai	350.8	691.0	767.3	30	16.8	11.3	11.0	12
宁 夏 Ningxia	403.6	789.6	850.1	29	19.0	7.1	7.7	27
新 疆 Xinjiang	1375.1	2606.0	2825.9	27	16.8	7.0	8.4	25

14-2 城乡社会消费品零售总额构成
Total Urban and Rural Retail Sales of Consumer Goods

单位：亿元 (100 million yuan)

地区	Region	城市社会消费品零售额 Urban Retail Sales of Consumer Goods				乡村社会消费品零售额 Rural Retail Sales of Consumer Goods			
		2010	2015	2016	2016排名 Ranking	2010	2015	2016	2016排名 Ranking
全　国	**National Total**	**136123.3**	**258998.7**	**285813.7**		**20875.1**	**41932.1**	**46502.6**	
北　京	Beijing	6128.9	10012.8	10676.1	11	100.4	325.2	329.0	25
天　津	Tianjin	2749.6	5033.3	5422.0	22	153.0	224.0	213.8	28
河　北	Hebei	5203.0	9975.4	11055.7	10	1618.8	3015.2	3309.0	4
山　西	Shanxi	2669.9	4917.2	5284.5	23	648.3	1116.4	1196.0	12
内蒙古	Inner Mongolia	2961.3	5343.0	5855.4	20	422.7	764.7	845.4	18
辽　宁	Liaoning	6358.3	11588.6	12112.4	9	529.3	1198.6	1301.7	10
吉　林	Jilin	3107.2	5875.6	6454.5	18	397.7	776.3	855.9	17
黑龙江	Heilongjiang	3585.9	6685.9	7349.0	15	453.3	954.3	1053.5	15
上　海	Shanghai	5677.0	9690.0	10480.5	13	393.5	441.5	466.1	23
江　苏	Jiangsu	12090.0	23252.3	25768.0	2	1516.8	2624.5	2939.1	7
浙　江	Zhejiang	9013.9	16522.6	18280.6	4	1231.5	3262.2	3690.2	3
安　徽	Anhui	3527.2	7188.3	8064.7	14	670.5	1719.8	1935.5	9
福　建	Fujian	4735.9	9448.6	10501.8	12	574.1	1057.4	1172.8	13
江　西	Jiangxi	2466.0	4915.1	5491.8	21	490.2	1010.4	1142.8	14
山　东	Shandong	11797.1	22179.4	24447.9	3	2823.2	5582.0	6197.9	1
河　南	Henan	6906.9	12886.6	14399.9	5	1097.3	2853.8	3218.5	5
湖　北	Hubei	5937.8	11775.4	13149.6	6	1076.1	2227.9	2499.6	8
湖　南	Hunan	5268.6	10883.8	12146.6	8	570.9	1140.2	1289.9	11
广　东	Guangdong	14896.9	27610.4	30418.3	1	2561.5	3907.1	4320.8	2
广　西	Guangxi	2898.7	5600.3	6193.5	19	413.3	747.8	833.8	19
海　南	Hainan	570.8	1102.9	1229.2	28	68.5	222.2	224.5	27
重　庆	Chongqing	2779.3	6105.6	6905.7	16	159.3	318.4	365.6	24
四　川	Sichuan	5493.4	11151.7	12535.4	7	1316.7	2726.1	3066.5	6
贵　州	Guizhou	1217.1	2691.7	3030.7	25	265.6	591.4	678.3	21
云　南	Yunnan	2138.9	4405.8	4936.7	24	361.2	697.3	786.2	20
西　藏	Tibet	137.7	336.4	381.4	31	47.6	72.1	78.0	30
陕　西	Shaanxi	2780.3	5794.9	6490.2	17	415.4	783.2	877.3	16
甘　肃	Gansu	1123.3	2316.8	2535.9	27	271.2	590.4	648.5	22
青　海	Qinghai	304.4	600.2	666.3	30	46.4	90.8	101.0	29
宁　夏	Ningxia	366.3	726.7	780.9	29	37.3	62.8	69.2	31
新　疆	Xinjiang	1231.9	2373.8	2569.1	26	143.2	232.2	256.8	26

14-3 限额以上批发和零售业法人企业数和年末从业人员

Number of Corporation Enterprises and Engaged Persons at Year-end of Enterprises above Designated Size in Wholesale and Retail Trades

地区	Region	法人企业数（个） Number of Corporation Enterprises (unit)				年末从业人员（万人） Engaged Persons at Year-end (10 000 persons)			
		2010	2015	2016	2016排名 Ranking	2010	2015	2016	2016排名 Ranking
全　国	**National Total**	**111770**	**183077**	**193371**		**852.2**	**1173.6**	**1193.6**	
北　京	Beijing	8935	6245	6029	11	59.5	72.9	73.2	7
天　津	Tianjin	3802	5167	5320	14	16.6	22.1	22.7	18
河　北	Hebei	2548	3947	4059	17	26.6	35.7	35.9	13
山　西	Shanxi	2214	2993	2981	21	24.0	24.1	23.5	17
内蒙古	Inner Mongolia	1353	1976	2034	25	13.4	13.4	13.3	25
辽　宁	Liaoning	4785	6020	4954	15	30.1	35.9	30.0	15
吉　林	Jilin	1124	1714	2446	23	10.8	11.7	13.4	24
黑龙江	Heilongjiang	1547	1933	2002	26	15.5	14.1	14.1	23
上　海	Shanghai	5530	5795	5688	13	53.6	81.5	79.6	4
江　苏	Jiangsu	12374	19043	19423	2	71.7	96.6	94.4	3
浙　江	Zhejiang	10053	16574	17317	3	51.7	75.7	74.6	5
安　徽	Anhui	2451	6530	6923	8	26.2	37.5	37.6	12
福　建	Fujian	3924	10554	11820	6	28.1	42.7	44.9	10
江　西	Jiangxi	1187	2594	3258	19	12.1	21.4	22.3	20
山　东	Shandong	11792	17157	16894	4	85.5	98.1	96.3	2
河　南	Henan	6305	10251	12217	5	44.5	63.2	74.3	6
湖　北	Hubei	3479	8178	8030	7	36.0	52.9	53.0	8
湖　南	Hunan	2625	5834	6657	10	23.7	36.7	38.1	11
广　东	Guangdong	11343	21270	23594	1	88.8	138.7	150.0	1
广　西	Guangxi	1465	2920	3178	20	12.3	18.0	18.9	21
海　南	Hainan	626	357	363	30	3.9	4.2	4.4	28
重　庆	Chongqing	2585	5554	5883	12	22.2	33.5	33.3	14
四　川	Sichuan	3001	6537	6820	9	30.2	47.8	47.9	9
贵　州	Guizhou	800	2429	2866	22	7.9	14.1	14.9	22
云　南	Yunnan	1842	3088	3289	18	16.3	22.5	22.4	19
西　藏	Tibet	60	99	109	31	0.6	1.1	1.0	31
陕　西	Shaanxi	1569	3764	4401	16	19.5	28.7	29.6	16
甘　肃	Gansu	705	1595	1718	27	6.7	10.0	10.4	27
青　海	Qinghai	179	335	377	29	1.7	2.8	2.9	30
宁　夏	Ningxia	392	443	444	28	3.0	3.9	3.9	29
新　疆	Xinjiang	1175	2181	2277	24	9.5	12.0	12.7	26

注：限额以上批发和零售业统计单位是指：批发业，年主营业务收入2000万元及以上；零售业，年主营业务收入500万元及以上（以下有关各表同）。

Note: The criteria for wholesale and retail sale trades above designated size are as follows: wholesale trade with annual principal sales over 20 million yuan; retail trade, with annual principal business sales over 5 million yuan.The same applies to the table followed.

14-4 限额以上批发和零售业商品购进总额和商品销售总额
Total Purchases Value and Total Sales Value of Enterprises above Designated Size in Wholesale and Retail Trades

单位：亿元 (100 million yuan)

地区	Region	商品购进总额 Total Purchases Value				商品销售总额 Total Sales Value			
		2010	2015	2016	2016排名 Ranking	2010	2015	2016	2016排名 Ranking
全　国	**National Total**	**248040.9**	**468071.7**	**506309.4**		**276635.7**	**515567.5**	**558877.6**	
北　京	Beijing	34438.7	47822.3	50144.7	3	37203.9	51224.6	53396.8	3
天　津	Tianjin	12346.0	30510.4	32440.1	6	13642.5	32840.4	34970.4	6
河　北	Hebei	4745.7	9061.2	9521.9	14	5463.5	9857.8	10362.0	15
山　西	Shanxi	4206.9	9440.5	8256.9	17	5549.5	10097.5	8987.9	18
内蒙古	Inner Mongolia	2710.1	3282.7	3629.5	26	2951.5	3811.7	4145.6	26
辽　宁	Liaoning	9688.4	13203.1	12538.9	11	10630.0	14577.1	13640.6	11
吉　林	Jilin	1846.9	3066.9	3578.9	27	2230.4	3500.6	3840.8	27
黑龙江	Heilongjiang	2486.8	4032.7	4262.3	22	3034.1	4728.2	4893.8	23
上　海	Shanghai	28876.3	62677.4	68220.0	1	31678.2	70318.1	76031.6	1
江　苏	Jiangsu	24076.0	39521.2	42937.0	4	26994.9	41992.9	46807.1	4
浙　江	Zhejiang	21399.6	38432.7	40668.7	5	23472.2	42058.1	44594.7	5
安　徽	Anhui	4653.8	8389.5	9385.4	15	5144.8	9454.9	10682.4	14
福　建	Fujian	7707.1	18567.8	20947.9	8	8304.1	20516.4	23004.0	8
江　西	Jiangxi	1585.0	3183.2	3739.5	25	2019.3	3875.1	4522.0	25
山　东	Shandong	13833.6	27089.1	29289.7	7	16105.6	29650.1	32129.2	7
河　南	Henan	6179.8	11713.9	14301.2	10	6340.3	13191.7	16121.6	10
湖　北	Hubei	7022.5	15199.8	16566.1	9	8013.1	16659.3	18358.7	9
湖　南	Hunan	3426.2	7567.9	8311.4	16	3764.5	8427.1	9271.1	17
广　东	Guangdong	28553.6	59007.8	65871.3	2	31759.8	64201.0	71691.0	2
广　西	Guangxi	2439.3	4863.1	5640.0	21	2589.3	5743.4	6403.2	21
海　南	Hainan	1202.0	2401.9	2063.1	28	1406.7	2609.1	2294.5	28
重　庆	Chongqing	5133.1	8925.2	10245.1	13	5610.1	10275.2	11911.5	13
四　川	Sichuan	4674.8	10891.7	11883.4	12	5508.6	12176.4	13313.8	12
贵　州	Guizhou	1200.1	3553.0	3771.8	24	1582.7	4711.7	5027.2	22
云　南	Yunnan	3623.1	6406.9	7468.0	19	4295.5	7450.5	8886.0	19
西　藏	Tibet	77.3	160.1	175.2	31	92.1	209.6	227.2	31
陕　西	Shaanxi	3544.2	7326.2	7687.1	18	4224.1	8334.2	9288.5	16
甘　肃	Gansu	1727.2	3570.9	4223.8	23	2021.4	4232.7	4802.3	24
青　海	Qinghai	315.1	884.2	883.9	30	409.8	1029.9	1136.7	30
宁　夏	Ningxia	614.9	1015.7	1107.6	29	652.4	1055.9	1201.6	29
新　疆	Xinjiang	3706.8	6302.6	6549.0	20	3941.1	6756.2	6933.6	20

14-5 限额以上批发和零售业期末商品库存额

Stock of Enterprises above Designated Size in Wholesale and Retail Trades

单位：亿元 (100 million yuan)

地区	Region	批发业期末商品库存额 Wholesale Stock				零售业期末商品库存额 Retail Stock			
		2010	2015	2016	2016排名 Ranking	2010	2015	2016	2016排名 Ranking
全 国	**National Total**	**14712.2**	**25378.5**	**27295.7**		**5104.6**	**11213.2**	**11092.9**	
北 京	Beijing	3197.5	4913.4	4785.6	1	451.2	635.8	627.1	7
天 津	Tianjin	520.9	1115.9	1367.1	6	103.4	168.0	161.4	21
河 北	Hebei	264.5	296.4	367.8	19	135.0	444.6	305.7	14
山 西	Shanxi	213.0	255.1	240.0	24	124.8	217.2	241.7	17
内蒙古	Inner Mongolia	108.4	333.5	439.9	18	132.8	146.4	131.0	25
辽 宁	Liaoning	429.7	473.2	523.0	14	190.9	735.8	276.1	16
吉 林	Jilin	137.6	365.1	471.6	15	76.9	114.4	144.9	23
黑龙江	Heilongjiang	205.6	338.2	367.2	20	94.2	126.9	140.5	24
上 海	Shanghai	1780.0	3281.7	3711.0	3	480.2	808.8	955.8	3
江 苏	Jiangsu	1154.3	1636.2	1874.8	4	382.8	806.1	1017.4	2
浙 江	Zhejiang	954.1	1545.5	1628.8	5	347.8	800.6	770.7	4
安 徽	Anhui	236.4	431.5	471.5	16	161.1	325.6	340.0	12
福 建	Fujian	487.8	830.6	844.1	8	169.6	297.8	333.1	13
江 西	Jiangxi	70.5	215.8	181.2	26	44.7	165.0	374.6	11
山 东	Shandong	608.0	1015.5	1001.3	7	417.1	685.8	684.9	5
河 南	Henan	388.0	498.6	558.8	12	188.6	380.7	424.4	9
湖 北	Hubei	306.4	1039.9	636.9	9	192.3	641.2	644.6	6
湖 南	Hunan	172.9	1251.2	587.3	10	102.9	499.5	526.0	8
广 东	Guangdong	1394.7	2767.0	4181.7	2	541.4	1440.9	1168.7	1
广 西	Guangxi	122.1	232.3	258.4	23	66.7	146.9	212.4	19
海 南	Hainan	42.3	50.9	57.2	29	27.6	48.5	51.8	28
重 庆	Chongqing	215.8	366.7	366.9	21	100.6	249.2	231.1	18
四 川	Sichuan	275.8	459.1	458.4	17	164.3	434.2	393.3	10
贵 州	Guizhou	93.5	239.5	270.9	22	42.1	177.5	145.2	22
云 南	Yunnan	594.5	584.7	566.0	11	100.1	188.7	199.5	20
西 藏	Tibet	3.3	10.1	59.9	28	11.3	14.2	16.4	31
陕 西	Shaanxi	170.6	189.6	228.0	25	119.0	234.6	302.2	15
甘 肃	Gansu	161.3	158.9	169.1	27	44.5	81.7	90.9	27
青 海	Qinghai	31.8	34.0	39.0	31	9.0	24.8	20.9	30
宁 夏	Ningxia	30.8	29.0	45.3	30	26.4	52.3	38.6	29
新 疆	Xinjiang	340.1	419.4	537.1	13	55.2	119.7	121.9	26

14-6 限额以上批发和零售业主营业务收入和主营业务成本 Revenue from Principal Business and Cost of Principal Business for Wholesale and Retail Trade

单位：亿元 (100 million yuan)

地区	Region	主营业务收入 Revenue from Principal Business				主营业务成本 Cost of Principal Business			
		2010	2015	2016	2016排名 Ranking	2010	2015	2016	2016排名 Ranking
全　国	**National Total**	**248874.4**	**457933.9**	**495009.1**		**228663.1**	**421738.6**	**454702.5**	
北　京	Beijing	31933.8	43964.0	45516.4	3	29474.2	40772.7	42052.6	3
天　津	Tianjin	11864.6	28566.9	29954.0	6	11371.5	27285.5	28570.4	6
河　北	Hebei	4979.3	9421.5	9850.6	14	4633.5	8797.9	9219.6	14
山　西	Shanxi	5312.1	8914.4	7743.5	19	4860.0	8501.5	7334.8	18
内蒙古	Inner Mongolia	2937.8	3592.0	3763.1	26	2481.6	3272.7	3439.9	26
辽　宁	Liaoning	9294.0	13154.5	12366.1	11	8696.6	12331.1	11732.1	11
吉　林	Jilin	2129.9	3082.3	3328.2	27	1948.5	2777.3	2983.1	27
黑龙江	Heilongjiang	2741.9	4498.4	4507.2	23	2409.2	4056.6	4088.5	23
上　海	Shanghai	28823.0	62098.5	66568.5	1	26622.3	57228.8	61002.5	1
江　苏	Jiangsu	24034.3	36870.5	40240.2	4	22184.2	33773.1	36801.2	5
浙　江	Zhejiang	20927.1	37314.0	39951.4	5	19729.8	35200.4	37552.6	4
安　徽	Anhui	4438.7	8407.4	9349.3	15	4050.9	7578.1	8464.9	15
福　建	Fujian	7548.2	17702.5	20346.4	8	7006.5	16488.0	18956.3	8
江　西	Jiangxi	1847.0	3554.1	4228.1	25	1642.6	3142.0	3726.7	25
山　东	Shandong	15634.9	27511.0	29950.8	7	13939.2	24785.2	27097.3	7
河　南	Henan	5724.8	12069.1	14338.6	10	5240.9	10698.3	12656.3	10
湖　北	Hubei	6982.2	13876.7	15274.5	9	6345.6	12395.6	13671.6	9
湖　南	Hunan	3537.5	7647.0	8433.4	16	3033.1	6734.8	7369.0	17
广　东	Guangdong	28695.5	57257.2	64763.3	2	26555.7	52933.9	59729.9	2
广　西	Guangxi	2303.5	5055.3	5637.3	21	2097.3	4695.3	5222.4	21
海　南	Hainan	1255.4	2341.5	2087.5	28	1167.6	2168.3	1883.9	28
重　庆	Chongqing	5079.9	9506.5	11002.6	13	4573.1	8494.4	9907.1	13
四　川	Sichuan	5113.3	11005.9	12012.4	12	4594.7	9886.7	10780.4	12
贵　州	Guizhou	1411.1	4299.9	4655.0	22	1159.1	3535.8	3759.2	24
云　南	Yunnan	3939.2	6748.4	7931.3	18	3512.7	6026.7	7119.6	19
西　藏	Tibet	88.8	192.7	210.5	31	72.3	154.6	168.5	31
陕　西	Shaanxi	3927.3	7571.5	8274.6	17	3293.1	6933.6	7503.8	16
甘　肃	Gansu	1992.0	3693.6	4497.1	24	1852.5	3493.8	4216.2	22
青　海	Qinghai	353.0	1038.1	1087.3	29	325.5	961.0	982.0	30
宁　夏	Ningxia	531.4	960.1	1048.1	30	488.6	892.1	983.0	29
新　疆	Xinjiang	3492.9	6018.3	6091.8	20	3300.6	5742.8	5727.1	20

14-7 限额以上批发和零售业主营业务税金及附加和主营业务利润
Tax and Other Charges on Principal Business and Profits from Principal Business for Wholesale and Retail Trade

单位：亿元 (100 million yuan)

地区	Region	主营业务税金及附加 Tax and Other Charges on Principal Business				主营业务利润 Profits from Principal Business			
		2010	2015	2016	2016排名 Ranking	2010	2015	2016	2016排名 Ranking
全　国	**National Total**	**1050.2**	**2702.0**	**3011.8**		**18202.6**	**33493.3**	**37294.7**	
北　京	Beijing	52.4	101.2	98.2	13	2407.2	3090.1	3365.5	3
天　津	Tianjin	15.6	181.4	164.4	6	475.8	1099.9	1219.2	10
河　北	Hebei	23.5	70.1	79.1	16	304.4	553.6	551.9	19
山　西	Shanxi	38.2	46.0	51.3	23	354.8	366.9	357.4	23
内蒙古	Inner Mongolia	25.3	40.4	50.5	24	306.6	278.9	272.6	26
辽　宁	Liaoning	36.2	77.9	66.8	20	488.3	745.4	567.2	18
吉　林	Jilin	12.5	33.9	37.8	25	151.8	271.1	307.2	25
黑龙江	Heilongjiang	36.9	52.3	51.5	22	261.8	389.5	367.2	21
上　海	Shanghai	41.3	111.3	123.1	11	2159.3	4758.5	5442.9	1
江　苏	Jiangsu	84.0	178.2	199.0	3	1681.1	2919.2	3240.1	4
浙　江	Zhejiang	63.7	154.0	177.5	5	1134.7	1959.6	2221.4	6
安　徽	Anhui	31.8	76.9	94.4	14	343.8	752.5	790.0	15
福　建	Fujian	32.8	89.7	102.8	12	503.8	1124.7	1287.3	9
江　西	Jiangxi	23.1	62.0	70.6	19	150.3	350.1	430.8	20
山　东	Shandong	106.4	233.5	231.1	2	1536.3	2492.2	2622.3	5
河　南	Henan	59.7	155.9	183.7	4	424.3	1215.0	1498.6	7
湖　北	Hubei	40.1	119.7	134.9	8	521.3	1361.4	1468.0	8
湖　南	Hunan	40.8	124.7	141.0	7	275.2	787.6	923.3	13
广　东	Guangdong	78.1	231.8	275.6	1	2045.2	4091.5	4757.9	2
广　西	Guangxi	15.8	46.8	55.8	21	169.2	313.3	359.1	22
海　南	Hainan	5.3	16.1	21.0	28	75.6	157.0	182.6	28
重　庆	Chongqing	39.2	111.4	126.8	10	360.1	900.8	968.6	12
四　川	Sichuan	41.1	107.9	132.9	9	477.5	1011.2	1099.2	11
贵　州	Guizhou	18.2	65.7	77.9	17	220.6	698.5	817.9	14
云　南	Yunnan	23.3	60.2	74.5	18	404.4	661.6	737.3	16
西　藏	Tibet	1.2	6.4	8.5	31	15.3	31.6	33.5	31
陕　西	Shaanxi	35.6	72.0	88.0	15	588.9	565.8	682.7	17
甘　肃	Gansu	10.8	25.8	33.1	27	129.1	174.0	247.8	27
青　海	Qinghai	5.9	15.1	15.7	29	25.3	62.0	89.6	29
宁　夏	Ningxia	3.1	8.1	9.5	30	38.9	60.0	55.5	30
新　疆	Xinjiang	8.3	25.7	34.5	26	171.7	249.8	330.2	24

14-8 限额以上批发和零售业其他业务利润和销售费用
Profits from Other Business and Sales Expenses for Wholesale and Retail Trade

单位：亿元 (100 million yuan)

地区	Region	其他业务利润 Profits from Other Business				销售费用 Sales Expenses			
		2010	2015	2016	2016排名 Ranking	2010	2015	2016	2016排名 Ranking
全　国	**National Total**	**1114.29**	**1807.66**	**1902.04**		**8057.61**	**15619.40**	**17390.77**	
北　京	Beijing	227.81	362.49	515.82	1	1170.17	1887.00	1962.09	3
天　津	Tianjin	32.20	99.04	43.03	11	207.37	409.15	485.16	10
河　北	Hebei	20.21	34.15	44.77	10	151.41	246.05	259.65	18
山　西	Shanxi	26.31	20.51	25.46	18	149.92	186.14	188.25	19
内蒙古	Inner Mongolia	8.10	13.60	11.64	24	78.24	124.39	129.05	26
辽　宁	Liaoning	25.54	37.07	29.75	16	259.56	311.30	284.64	16
吉　林	Jilin	8.03	20.38	25.40	19	67.10	120.61	140.46	25
黑龙江	Heilongjiang	15.75	14.66	14.05	23	121.03	130.51	141.17	24
上　海	Shanghai	163.29	193.11	204.10	2	1198.06	2966.65	3284.48	1
江　苏	Jiangsu	98.56	145.34	135.48	4	664.61	1275.64	1371.48	4
浙　江	Zhejiang	79.69	101.49	116.09	5	546.72	982.08	1103.55	5
安　徽	Anhui	15.38	30.72	25.63	17	180.62	374.39	396.75	12
福　建	Fujian	22.67	53.76	42.17	13	218.45	503.61	542.03	8
江　西	Jiangxi	5.21	24.28	15.81	22	61.49	150.19	184.29	20
山　东	Shandong	50.96	83.04	84.18	6	474.28	791.52	853.33	6
河　南	Henan	24.19	44.45	45.80	9	161.05	362.85	440.71	11
湖　北	Hubei	26.73	86.83	84.03	7	214.51	591.19	688.61	7
湖　南	Hunan	11.83	21.73	17.83	20	164.45	338.88	386.85	13
广　东	Guangdong	132.79	167.41	196.76	3	931.84	1899.22	2305.34	2
广　西	Guangxi	9.65	23.66	17.09	21	79.22	150.98	163.67	22
海　南	Hainan	7.29	5.82	6.43	28	36.60	71.66	83.70	28
重　庆	Chongqing	19.30	97.69	36.12	14	178.64	325.06	358.56	14
四　川	Sichuan	23.19	45.22	49.88	8	212.85	464.47	526.24	9
贵　州	Guizhou	8.81	10.42	9.72	27	64.96	159.08	164.51	21
云　南	Yunnan	11.74	10.99	42.77	12	146.66	237.38	273.74	17
西　藏	Tibet	0.27	0.95	1.32	31	7.35	20.21	19.24	31
陕　西	Shaanxi	20.88	22.40	31.71	15	120.73	245.10	310.96	15
甘　肃	Gansu	2.52	13.22	10.99	25	71.19	87.56	114.33	27
青　海	Qinghai	1.77	7.79	3.42	30	8.15	23.35	32.18	30
宁　夏	Ningxia	3.95	4.95	4.99	29	17.40	33.71	34.82	29
新　疆	Xinjiang	9.65	10.51	9.80	26	92.96	149.48	160.96	23

14-9 限额以上批发和零售业管理费用和财务费用
Administrative Expenses and Financial Expenses for Wholesale and Retail Trade

单位：亿元 (100 million yuan)

地区	Region	管理费用 Administrative Expenses				财务费用 Financial Expenses			
		2010	2015	2016	2016排名 Ranking	2010	2015	2016	2016排名 Ranking
全　国	**National Total**	**4418.02**	**8094.37**	**8844.99**		**855.22**	**2500.55**	**2474.08**	
北　京	Beijing	655.67	834.66	949.39	3	69.88	313.11	273.30	1
天　津	Tianjin	97.52	216.22	243.08	11	40.71	180.61	183.03	6
河　北	Hebei	83.53	149.53	151.20	16	18.49	60.33	55.95	13
山　西	Shanxi	95.20	121.28	122.74	18	28.76	53.69	53.05	14
内蒙古	Inner Mongolia	46.70	81.76	81.81	26	8.45	31.08	36.16	22
辽　宁	Liaoning	149.40	249.38	203.36	14	31.90	79.66	65.99	11
吉　林	Jilin	41.45	89.49	101.00	21	9.13	36.84	43.83	17
黑龙江	Heilongjiang	79.79	91.46	94.13	24	10.60	42.85	49.33	16
上　海	Shanghai	497.21	1131.59	1206.78	2	49.14	220.05	210.51	3
江　苏	Jiangsu	384.35	704.15	745.87	4	83.24	201.48	195.43	5
浙　江	Zhejiang	293.83	558.07	582.54	5	114.34	189.63	201.34	4
安　徽	Anhui	88.14	167.20	177.47	15	15.93	46.66	43.53	18
福　建	Fujian	117.64	272.99	309.77	8	28.78	106.58	108.97	8
江　西	Jiangxi	35.38	90.19	106.68	20	4.84	18.41	19.26	26
山　东	Shandong	342.91	520.72	537.07	6	77.81	184.80	172.75	7
河　南	Henan	131.56	252.51	308.77	9	23.61	75.05	94.11	9
湖　北	Hubei	128.41	296.81	335.05	7	22.51	72.38	75.51	10
湖　南	Hunan	133.92	198.75	218.93	12	17.22	48.64	49.83	15
广　东	Guangdong	433.76	1038.26	1234.39	1	98.40	224.21	234.68	2
广　西	Guangxi	48.84	90.22	94.35	23	8.77	33.92	32.36	24
海　南	Hainan	19.52	28.00	29.64	28	1.64	11.53	14.28	28
重　庆	Chongqing	113.37	177.20	207.99	13	17.24	41.25	42.66	19
四　川	Sichuan	107.03	229.31	246.54	10	21.55	65.41	61.30	12
贵　州	Guizhou	49.97	87.77	97.77	22	2.36	22.23	20.43	25
云　南	Yunnan	81.55	114.92	121.43	19	11.57	40.89	34.63	23
西　藏	Tibet	3.45	7.33	8.24	31	0.18	-0.06	-0.08	31
陕　西	Shaanxi	77.18	134.22	145.08	17	16.84	37.73	36.75	21
甘　肃	Gansu	24.37	50.95	63.58	27	6.33	15.09	16.87	27
青　海	Qinghai	6.59	14.45	16.33	29	0.84	3.59	2.64	30
宁　夏	Ningxia	9.24	16.35	15.78	30	2.16	7.53	8.05	29
新　疆	Xinjiang	40.55	78.63	88.21	25	12.01	35.39	37.66	20

14-10 限额以上批发和零售业营业利润和利润总额
Operating Profits and Total Profits for Wholesale and Retail Trade

单位：亿元 (100 million yuan)

地区	Region	营业利润 Operating Profits				利润总额 Total Profits			
		2010	2015	2016	2016排名 Ranking	2010	2015	2016	2016排名 Ranking
全　国	**National Total**	**6897.73**	**9856.55**	**11314.79**		**7023.82**	**10075.43**	**12842.62**	
北　京	Beijing	943.55	714.88	940.26	5	1122.11	874.08	1079.97	6
天　津	Tianjin	166.86	259.33	272.43	14	183.31	277.35	304.36	14
河　北	Hebei	77.35	107.06	133.94	18	91.63	99.52	131.42	20
山　西	Shanxi	125.97	19.45	16.95	29	118.38	28.73	33.82	28
内蒙古	Inner Mongolia	205.56	44.51	47.90	26	158.40	58.84	82.18	25
辽　宁	Liaoning	149.16	137.91	80.96	22	149.09	136.12	96.06	22
吉　林	Jilin	56.53	51.99	53.44	24	59.18	75.47	104.58	21
黑龙江	Heilongjiang	129.71	218.68	115.28	20	83.53	124.46	155.16	18
上　海	Shanghai	581.11	876.70	1164.25	2	692.79	1011.56	1289.15	2
江　苏	Jiangsu	705.28	951.12	1115.67	4	634.27	991.86	1149.82	3
浙　江	Zhejiang	292.86	481.05	267.92	15	376.72	545.83	699.10	8
安　徽	Anhui	89.04	182.19	224.95	17	103.27	180.16	236.41	16
福　建	Fujian	176.41	408.61	398.76	9	197.62	416.80	426.69	10
江　西	Jiangxi	62.96	111.61	132.39	19	70.90	131.64	146.95	19
山　东	Shandong	704.09	1088.45	1147.32	3	601.31	956.90	1111.68	5
河　南	Henan	132.12	545.01	700.57	6	137.30	538.02	1128.74	4
湖　北	Hubei	196.42	435.71	399.43	8	198.92	422.28	394.49	11
湖　南	Hunan	154.98	243.20	298.16	13	125.38	231.31	277.68	15
广　东	Guangdong	772.87	1160.62	1322.60	1	720.63	1169.31	1405.51	1
广　西	Guangxi	60.02	60.24	83.40	21	55.32	70.05	92.84	23
海　南	Hainan	27.16	67.04	52.53	25	31.67	70.47	53.76	27
重　庆	Chongqing	128.11	383.69	382.51	10	118.58	358.64	798.79	7
四　川	Sichuan	159.24	294.36	320.76	12	165.18	283.33	318.83	13
贵　州	Guizhou	128.50	441.38	541.19	7	135.42	449.36	541.19	9
云　南	Yunnan	158.25	293.38	338.50	11	176.48	304.40	354.57	12
西　藏	Tibet	4.58	5.01	7.06	31	6.29	6.66	7.87	31
陕　西	Shaanxi	395.94	189.93	226.82	16	380.35	162.70	221.11	17
甘　肃	Gansu	29.81	35.62	67.99	23	27.76	34.63	73.42	26
青　海	Qinghai	11.75	31.00	42.71	28	18.52	29.32	26.49	29
宁　夏	Ningxia	14.02	5.23	7.29	30	14.94	7.07	8.15	30
新　疆	Xinjiang	57.51	11.55	45.74	27	68.59	28.54	91.84	24

14-11 限额以上批发和零售业应交所得税和应付职工薪酬
Income Tax Payable and Salaries Payable for Wholesale and Retail Trade

单位：亿元 (100 million yuan)

地区	Region	应交所得税 Income Tax Payable 2010	2015	2016	2016排名 Ranking	应付职工薪酬 Salaries Payable 2010	2015	2016	2016排名 Ranking
全　国	**National Total**	**1313.54**	**2139.93**	**2417.22**		**79.63**	**7769.23**	**8477.39**	
北　京	Beijing	220.79	233.96	230.71	3	9.47	713.92	942.52	3
天　津	Tianjin	44.44	63.29	59.71	12	1.99	169.87	193.32	14
河　北	Hebei	18.67	30.94	25.68	20	2.60	146.41	168.98	16
山　西	Shanxi	26.29	18.57	15.29	24	1.51	105.10	108.50	22
内蒙古	Inner Mongolia	15.39	11.26	12.80	28	1.21	65.52	69.45	27
辽　宁	Liaoning	29.86	34.33	28.04	18	4.56	192.38	157.17	17
吉　林	Jilin	10.81	13.73	13.38	27	0.85	59.82	78.30	25
黑龙江	Heilongjiang	20.34	17.36	16.85	22	1.54	95.05	77.48	26
上　海	Shanghai	151.91	281.72	343.73	2	7.33	1001.40	1077.92	2
江　苏	Jiangsu	112.34	208.21	222.06	4	11.24	556.36	592.48	4
浙　江	Zhejiang	87.21	138.64	145.78	6	4.70	518.75	580.96	5
安　徽	Anhui	22.68	37.11	37.71	16	1.75	252.88	183.68	15
福　建	Fujian	39.28	70.05	68.15	10	1.61	263.20	296.08	9
江　西	Jiangxi	14.17	25.52	26.42	19	0.39	125.92	123.37	19
山　东	Shandong	86.62	158.62	154.05	5	4.56	459.95	465.96	6
河　南	Henan	28.09	61.18	67.04	11	3.72	260.44	297.67	8
湖　北	Hubei	47.37	85.58	77.00	8	1.86	292.13	334.11	7
湖　南	Hunan	23.10	43.99	44.58	15	2.55	177.06	201.27	13
广　东	Guangdong	129.44	249.94	411.33	1	5.98	938.49	1157.50	1
广　西	Guangxi	12.40	5.57	21.22	21	1.04	93.19	109.29	21
海　南	Hainan	6.26	10.77	14.45	26	0.29	29.55	32.98	28
重　庆	Chongqing	17.78	45.23	44.99	14	1.11	186.24	206.20	12
四　川	Sichuan	31.35	55.52	57.79	13	3.37	241.83	272.82	10
贵　州	Guizhou	31.28	106.40	128.59	7	1.34	94.35	101.81	24
云　南	Yunnan	43.11	65.17	76.23	9	1.01	158.74	220.91	11
西　藏	Tibet	0.45	0.97	0.96	31	0.04	8.68	10.31	31
陕　西	Shaanxi	22.47	29.23	29.48	17	0.70	149.41	148.32	18
甘　肃	Gansu	6.00	9.35	14.66	25	0.40	56.88	109.77	20
青　海	Qinghai	1.88	8.35	9.00	29	0.16	39.34	32.24	29
宁　夏	Ningxia	2.26	3.18	2.96	30	0.14	19.14	22.33	30
新　疆	Xinjiang	9.52	16.20	16.55	23	0.59	97.25	103.70	23

14-12 连锁零售企业总店数和门店总数
Number of Head Stores and Number of Stores

单位：个 (unit)

地区	Region	总店数 Number of Head Stores				门店总数 Number of Stores			
		2010	2015	2016	2016排名 Ranking	2010	2015	2016	2016排名 Ranking
全　国	**National Total**	**2361**	**2690**	**2726**		**176792**	**209812**	**232444**	
北　京	Beijing	149	152	156	4	6875	7577	7732	11
天　津	Tianjin	39	37	37	22	1924	2237	2084	22
河　北	Hebei	92	84	85	15	4168	4750	4935	16
山　西	Shanxi	41	60	60	20	2029	3727	4001	20
内蒙古	Inner Mongolia	19	18	18	27	1775	628	613	29
辽　宁	Liaoning	91	94	92	14	5629	6136	6584	13
吉　林	Jilin	25	25	26	25	852	995	1572	24
黑龙江	Heilongjiang	30	36	36	23	1082	1895	1978	23
上　海	Shanghai	99	97	107	11	19196	18080	18211	3
江　苏	Jiangsu	172	168	172	3	17822	17868	18172	4
浙　江	Zhejiang	230	227	223	2	24147	26453	26359	2
安　徽	Anhui	66	72	68	17	8120	9818	9664	9
福　建	Fujian	125	142	148	6	2942	5782	6619	12
江　西	Jiangxi	66	87	84	16	2793	4574	4576	17
山　东	Shandong	116	151	149	5	9224	11383	12130	8
河　南	Henan	153	135	127	10	6277	5368	5590	14
湖　北	Hubei	99	133	131	7	4919	7765	8665	10
湖　南	Hunan	90	113	129	8	3775	8294	17446	5
广　东	Guangdong	206	299	302	1	23096	21970	27716	1
广　西	Guangxi	52	62	67	18	3391	3989	4426	18
海　南	Hainan	4	6	6	30	224	766	791	28
重　庆	Chongqing	83	94	98	12	10672	12570	12714	7
四　川	Sichuan	91	125	128	9	6401	12094	14209	6
贵　州	Guizhou	25	27	29	24	672	1267	1366	25
云　南	Yunnan	43	41	40	21	3265	5120	5388	15
西　藏	Tibet	1	1	1	31	13	3	3	31
陕　西	Shaanxi	26	61	61	19	586	2407	2531	21
甘　肃	Gansu	27	16	16	28	867	782	938	27
青　海	Qinghai	11	10	10	29	94	214	194	30
宁　夏	Ningxia	18	22	25	26	1491	854	939	26
新　疆	Xinjiang	72	95	95	13	2471	4446	4298	19

14-13 连锁零售企业营业面积和商品销售额
Operating Area of Retail Enterprises and Total Sales of Commodities

地区	Region	零售营业面积（万平方米） Operating Area of Retail Enterprises (10 000 sq.m)				商品销售额（亿元） Total Sales of Commodities (100 million yuan)			
		2010	2015	2016	2016排名 Ranking	2010	2015	2016	2016排名 Ranking
全　国	**National Total**	**12756.8**	**16862.4**	**17960.1**		**27385.4**	**35400.4**	**35922.9**	
北　京	Beijing	595.7	748.2	953.4	7	1964.8	2733.3	2896.5	4
天　津	Tianjin	256.2	198.5	190.1	22	619.0	613.6	499.9	21
河　北	Hebei	528.5	606.6	612.0	11	839.1	989.0	939.8	13
山　西	Shanxi	115.6	262.6	296.6	19	229.5	514.7	442.8	22
内蒙古	Inner Mongolia	37.4	27.7	25.3	29	467.5	31.0	35.9	29
辽　宁	Liaoning	352.7	463.2	400.4	15	690.4	787.1	694.8	19
吉　林	Jilin	155.8	30.2	55.7	26	104.7	141.8	159.4	25
黑龙江	Heilongjiang	57.7	93.3	97.5	24	170.2	238.7	227.4	23
上　海	Shanghai	895.7	1061.6	1079.6	5	3071.7	2991.1	3114.4	3
江　苏	Jiangsu	1734.2	1933.0	2397.9	2	4392.6	4475.4	4695.6	2
浙　江	Zhejiang	1022.2	1147.9	1151.3	4	1700.5	2004.9	2031.2	6
安　徽	Anhui	382.9	559.9	545.3	12	1038.6	1571.5	1561.8	8
福　建	Fujian	457.2	889.3	993.1	6	707.3	1234.7	1236.9	9
江　西	Jiangxi	240.9	326.4	336.2	18	713.4	1174.8	1149.5	10
山　东	Shandong	983.2	1702.8	1836.8	3	2098.5	2017.9	2040.2	5
河　南	Henan	513.6	657.8	625.9	10	589.1	855.4	876.8	15
湖　北	Hubei	492.2	718.2	711.6	9	914.5	1882.5	1863.8	7
湖　南	Hunan	405.2	571.9	837.9	8	734.6	1087.2	1142.9	11
广　东	Guangdong	2015.7	2610.1	2467.8	1	3502.1	4969.4	5076.3	1
广　西	Guangxi	339.5	426.9	429.0	14	567.3	772.3	790.0	17
海　南	Hainan	2.8	41.4	39.1	27	1.9	151.2	130.9	27
重　庆	Chongqing	287.3	424.4	433.7	13	614.8	904.9	956.2	12
四　川	Sichuan	191.7	358.4	397.5	16	346.1	721.2	821.3	16
贵　州	Guizhou	8.5	34.3	34.2	28	19.9	63.5	71.6	28
云　南	Yunnan	179.1	196.3	205.0	21	346.4	513.9	507.4	20
西　藏	Tibet	0.4	2.2	3.0	31	0.6	3.6	3.6	31
陕　西	Shaanxi	49.6	290.6	258.4	20	194.4	909.5	918.1	14
甘　肃	Gansu	90.5	67.8	70.2	25	234.5	183.4	161.9	24
青　海	Qinghai	11.3	22.1	20.9	30	14.2	27.2	29.1	30
宁　夏	Ningxia	55.6	49.9	104.9	23	127.0	126.2	135.0	26
新　疆	Xinjiang	297.7	339.1	350.1	17	370.3	709.5	712.0	18

14-14 亿元以上商品交易市场数量和总摊位数

Total Number of Booths and Number of Commodity Exchange Markets Over 100 Million Yuan

单位：个 (unit)

地区	Region	商品交易市场数量 Number of Markets 2010	2015	2016	2016排名 Ranking	商品交易市场总摊位数 Total Number of Booths 2010	2015	2016	2016排名 Ranking
全　国	**National Total**	**4940**	**4952**	**4861**		**3547581**	**3946112**	**3983807**	
北　京	Beijing	135	125	136	12	129132	113312	119956	11
天　津	Tianjin	81	56	55	23	56419	42197	44125	23
河　北	Hebei	281	236	225	6	338928	362252	348754	4
山　西	Shanxi	44	36	32	28	34993	30049	26999	28
内蒙古	Inner Mongolia	71	73	70	20	41272	40116	37788	25
辽　宁	Liaoning	222	206	200	7	196337	189662	187633	8
吉　林	Jilin	71	57	56	22	71979	53504	54307	22
黑龙江	Heilongjiang	89	82	81	19	61628	61420	58256	20
上　海	Shanghai	179	155	150	10	76560	71932	62479	19
江　苏	Jiangsu	553	513	501	3	362831	394860	392772	3
浙　江	Zhejiang	695	751	756	1	444617	496206	501894	1
安　徽	Anhui	135	136	131	14	96722	134502	136233	10
福　建	Fujian	159	135	125	15	62956	56598	54702	21
江　西	Jiangxi	93	93	101	16	69195	76737	103730	13
山　东	Shandong	543	595	554	2	373177	434074	413743	2
河　南	Henan	170	151	144	11	125237	149380	151444	9
湖　北	Hubei	160	157	151	8	86895	87244	86427	16
湖　南	Hunan	290	328	327	5	194601	196945	197245	7
广　东	Guangdong	378	336	336	4	220384	258026	258692	5
广　西	Guangxi	89	91	95	18	68918	75320	88771	15
海　南	Hainan	7	7	5	30	4089	4656	3106	31
重　庆	Chongqing	119	153	151	8	89250	111651	109271	12
四　川	Sichuan	105	134	132	13	110280	194735	200053	6
贵　州	Guizhou	33	60	58	21	20835	41342	63888	18
云　南	Yunnan	53	49	47	25	56245	59108	65648	17
西　藏	Tibet			3	31			3267	30
陕　西	Shaanxi	41	54	51	24	25620	40969	38748	24
甘　肃	Gansu	42	40	41	26	43686	35359	36731	26
青　海	Qinghai	9	9	9	29	7314	6952	7882	29
宁　夏	Ningxia	26	36	40	27	21555	30056	30553	27
新　疆	Xinjiang	67	98	98	17	55926	96948	98710	14

14-15　亿元以上商品交易市场营业面积和成交额
Operating Area and Turnover of Commodity Exchange Markets Over 100 Million Yuan

地区	Region	商品交易市场营业面积（万平方米） Operating Area (10 000 sq.m)				商品交易市场成交额（亿元） Market Turnover (10 000 yuan)			
		2010	2015	2016	2016排名 Ranking	2010	2015	2016	2016排名 Ranking
全　国	**National Total**	**24832.3**	**30065.7**	**30023.4**		**72703.53**	**100133.8**	**102139.7**	
北　京	Beijing	689.9	692.3	724.2	14	2489.75	3482.49	3999.61	7
天　津	Tianjin	537.0	413.7	359.4	22	2671.86	1598.36	1430.31	18
河　北	Hebei	2599.0	2621.2	2656.6	4	4125.16	5365.62	5540.40	5
山　西	Shanxi	254.3	272.3	255.3	27	487.45	630.37	634.55	24
内蒙古	Inner Mongolia	692.5	763.2	757.1	13	632.81	606.53	570.34	26
辽　宁	Liaoning	821.2	905.5	856.7	11	3465.98	3761.36	3635.85	8
吉　林	Jilin	298.3	294.1	322.3	25	534.03	668.62	656.07	22
黑龙江	Heilongjiang	307.2	343.4	365.1	21	852.78	1064.20	1086.18	19
上　海	Shanghai	784.7	788.7	517.5	18	6479.87	9113.90	8598.60	4
江　苏	Jiangsu	2965.8	3183.7	3211.6	2	11754.31	15973.11	16900.81	1
浙　江	Zhejiang	2511.5	3062.3	3142.1	3	11592.24	16131.44	16540.55	2
安　徽	Anhui	778.5	1293.0	1273.2	8	1737.32	2566.88	2710.35	12
福　建	Fujian	351.6	360.5	332.4	24	1333.95	1582.61	1612.21	17
江　西	Jiangxi	337.3	413.5	593.9	16	1237.87	1808.73	2066.16	15
山　东	Shandong	3447.6	4150.2	3991.2	1	6676.18	9866.29	9751.47	3
河　南	Henan	1019.1	1274.1	1289.3	7	1539.79	3348.90	3573.04	10
湖　北	Hubei	593.2	623.6	625.5	15	1268.77	2030.37	2210.42	14
湖　南	Hunan	883.8	1092.8	1135.2	10	2074.56	3256.24	3346.50	11
广　东	Guangdong	1897.1	2012.0	1882.9	5	4827.40	5576.63	5512.94	6
广　西	Guangxi	338.8	437.3	414.6	20	960.93	913.67	954.68	21
海　南	Hainan	9.7	76.6	70.4	29	16.30	52.57	43.08	30
重　庆	Chongqing	586.0	827.7	803.9	12	2457.95	3412.87	3586.53	9
四　川	Sichuan	545.9	1189.8	1224.7	9	1152.01	2748.93	2426.75	13
贵　州	Guizhou	131.1	285.9	528.1	17	289.62	686.34	1026.16	20
云　南	Yunnan	269.2	352.0	286.9	26	602.64	613.74	578.11	25
西　藏	Tibet			3.5	31			15.09	31
陕　西	Shaanxi	98.4	332.7	337.7	23	199.44	691.19	651.84	23
甘　肃	Gansu	209.4	181.7	191.0	28	375.17	410.64	362.73	27
青　海	Qinghai	44.5	53.8	54.3	30	30.88	63.34	65.74	29
宁　夏	Ningxia	300.1	424.8	451.1	19	203.48	314.25	313.41	28
新　疆	Xinjiang	529.6	1343.5	1365.6	6	633.03	1793.61	1739.21	16

14-16 限额以上住宿和餐饮业法人企业数和年末从业人员

Number of Corporation Enterprises and Engaged Persons at Year-end of Enterprises above Designated Size in Hotels and Catering Services

地区	Region	法人企业数（个） Number of Corporation Enterprises (unit)				年末从业人员（万人） Engaged Persons at Year-end (10 000 persons)			
		2010	2015	2016	2016排名 Ranking	2010	2015	2016	2016排名 Ranking
全　国	**National Total**	**37308**	**44884**	**45855**		**431.1**	**413.2**	**407.4**	
北　京	Beijing	3377	2395	2288	9	38.0	36.1	35.7	2
天　津	Tianjin	613	606	622	24	8.0	6.4	6.3	21
河　北	Hebei	833	916	883	17	10.7	8.5	8.0	16
山　西	Shanxi	878	841	804	21	12.2	8.2	7.4	18
内蒙古	Inner Mongolia	787	691	683	22	7.7	5.8	5.5	23
辽　宁	Liaoning	1189	1061	859	18	11.3	8.4	7.2	19
吉　林	Jilin	438	366	430	25	3.8	2.9	3.0	27
黑龙江	Heilongjiang	479	379	369	26	4.7	2.9	2.6	28
上　海	Shanghai	1856	2509	2402	8	27.9	31.3	30.7	3
江　苏	Jiangsu	2461	3122	3091	3	29.5	29.4	28.9	4
浙　江	Zhejiang	2161	2831	2804	5	29.5	26.4	26.1	5
安　徽	Anhui	1021	1780	1791	13	10.2	12.6	12.5	14
福　建	Fujian	1073	1770	1833	12	14.7	15.2	15.4	9
江　西	Jiangxi	733	732	820	20	7.0	6.4	6.5	20
山　东	Shandong	4130	3211	3138	2	31.2	23.0	23.1	6
河　南	Henan	2295	2617	2870	4	16.8	16.7	17.0	8
湖　北	Hubei	1409	2479	2423	7	14.7	16.2	15.4	10
湖　南	Hunan	1205	1438	1562	14	14.1	13.7	13.7	12
广　东	Guangdong	3910	4981	5119	1	61.0	58.6	57.8	1
广　西	Guangxi	581	828	841	19	7.1	7.6	7.4	17
海　南	Hainan	412	305	306	28	6.6	5.9	5.8	22
重　庆	Chongqing	833	1675	1871	11	10.3	12.3	12.6	13
四　川	Sichuan	1532	2464	2546	6	17.6	19.6	19.0	7
贵　州	Guizhou	368	879	1084	16	3.5	4.8	5.2	24
云　南	Yunnan	603	917	1086	15	7.1	8.5	8.8	15
西　藏	Tibet	46	68	78	31	0.5	0.5	0.6	31
陕　西	Shaanxi	1182	1767	1926	10	14.9	15.2	15.1	11
甘　肃	Gansu	399	629	678	23	4.4	4.6	4.7	25
青　海	Qinghai	90	120	141	30	1.1	1.1	1.2	30
宁　夏	Ningxia	140	159	143	29	1.7	1.4	1.2	29
新　疆	Xinjiang	274	348	364	27	3.4	3.3	3.1	26

注：限额以上住宿和餐饮业统计单位为：年主营业务收入200万元及以上（以下有关各表同）。

Note: The statistical unit of the enterprises of hotel and catering services above the designated size is the annual income of main business at and over 2 million yuan. The same applies to the tables followed.

14-17 限额以上住宿和餐饮业营业额

Business Revenue of Enterprises above Designated Size in Hotels and Catering Services

单位：亿元 (100 million yuan)

地区	Region	营业额 Business Revenue 2010	2015	2016	2016排名 Ranking	其中：餐费收入 From Meals 2010	2015	2016	2016排名 Ranking
全国	**National Total**	**5992.9**	**8512.2**	**8938.2**		**4037.1**	**5709.5**	**5968.0**	
北京	Beijing	698.9	883.2	945.7	3	469.2	604.8	645.5	3
天津	Tianjin	109.5	134.7	138.0	17	83.8	101.6	100.9	16
河北	Hebei	101.3	101.5	103.0	21	63.8	59.7	60.1	20
山西	Shanxi	121.1	80.9	80.6	24	79.1	50.8	51.0	22
内蒙古	Inner Mongolia	87.4	89.4	92.8	22	58.0	58.9	61.2	19
辽宁	Liaoning	189.2	219.5	171.7	15	134.5	154.9	117.6	15
吉林	Jilin	46.8	60.0	61.5	26	28.5	36.8	37.1	26
黑龙江	Heilongjiang	62.7	51.4	48.6	28	39.7	25.2	23.4	28
上海	Shanghai	557.5	889.4	952.0	2	392.3	674.8	709.4	2
江苏	Jiangsu	423.3	589.5	609.6	4	302.8	418.2	427.3	4
浙江	Zhejiang	470.1	571.8	606.5	5	318.5	377.7	405.8	5
安徽	Anhui	106.7	191.5	215.4	14	67.6	132.0	146.7	14
福建	Fujian	197.7	320.8	352.6	11	138.4	215.4	239.9	10
江西	Jiangxi	76.7	123.9	108.1	20	44.4	81.7	62.6	18
山东	Shandong	480.7	547.3	561.5	6	347.6	374.7	381.2	6
河南	Henan	199.0	326.9	354.0	10	129.7	203.4	221.8	11
湖北	Hubei	169.3	386.7	371.3	8	117.2	275.3	264.8	9
湖南	Hunan	178.0	269.0	285.6	12	108.5	162.1	173.7	13
广东	Guangdong	843.6	1181.5	1231.0	1	582.4	783.7	814.0	1
广西	Guangxi	67.6	100.4	108.4	19	37.2	53.0	56.4	21
海南	Hainan	88.7	107.6	109.8	18	33.9	35.6	37.7	25
重庆	Chongqing	134.4	302.9	358.6	9	98.0	229.8	270.7	7
四川	Sichuan	215.1	379.3	398.5	7	144.3	253.7	268.7	8
贵州	Guizhou	32.1	74.5	92.2	23	17.9	34.8	45.2	24
云南	Yunnan	73.7	128.4	145.6	16	36.4	65.0	75.8	17
西藏	Tibet	4.4	7.3	8.7	31	1.5	2.2	2.7	31
陕西	Shaanxi	156.8	246.0	271.7	13	102.0	160.4	180.0	12
甘肃	Gansu	37.1	71.7	78.0	25	23.8	42.7	46.0	23
青海	Qinghai	9.0	13.0	13.5	30	4.9	6.4	6.6	30
宁夏	Ningxia	16.0	15.7	15.1	29	10.0	9.8	9.3	29
新疆	Xinjiang	38.9	46.8	48.6	27	21.3	24.5	24.7	27

14-18 限额以上住宿业和餐饮业主营业务收入和主营业务成本

Revenue from Principal Business and Cost of Principal Business for Hotel Industry and Catering Industry

单位：亿元 (100 million yuan)

地区	Region	主营业务收入 Revenue from Principal Business				主营业务成本 Cost of Principal Business			
		2010	2015	2016	2016排名 Ranking	2010	2015	2016	2016排名 Ranking
全 国	**National Total**	**5991.95**	**8421.68**	**8643.27**		**2577.94**	**3880.24**	**4054.66**	
北 京	Beijing	702.04	883.15	907.00	2	257.57	313.76	321.66	3
天 津	Tianjin	108.11	133.22	133.61	17	45.74	61.45	60.71	17
河 北	Hebei	100.93	99.56	100.47	21	47.22	45.41	46.22	21
山 西	Shanxi	120.41	80.07	77.02	24	56.40	37.46	35.68	24
内蒙古	Inner Mongolia	88.70	88.59	91.80	22	44.98	45.17	48.69	19
辽 宁	Liaoning	187.58	218.10	168.75	15	85.05	108.37	73.24	15
吉 林	Jilin	46.48	58.89	61.09	26	22.87	28.70	30.57	25
黑龙江	Heilongjiang	62.71	51.40	47.37	28	25.54	23.47	21.45	28
上 海	Shanghai	554.14	872.97	896.09	3	197.65	342.06	354.39	2
江 苏	Jiangsu	420.19	576.57	590.52	4	186.46	271.35	279.34	5
浙 江	Zhejiang	506.89	567.94	587.53	5	227.66	235.05	253.18	6
安 徽	Anhui	105.45	190.57	209.62	14	49.85	101.17	112.87	14
福 建	Fujian	195.90	313.40	342.23	10	84.83	157.64	181.06	11
江 西	Jiangxi	74.07	141.98	106.54	19	39.35	76.93	52.97	18
山 东	Shandong	473.94	543.68	555.16	6	242.05	297.04	309.42	4
河 南	Henan	197.88	319.38	340.20	11	108.70	183.29	198.95	8
湖 北	Hubei	166.67	363.01	357.36	8	78.97	190.82	194.31	9
湖 南	Hunan	174.52	263.47	276.84	12	79.05	136.04	148.05	12
广 东	Guangdong	840.87	1164.21	1197.57	1	337.68	503.97	530.71	1
广 西	Guangxi	66.92	98.40	103.73	20	23.82	39.75	42.89	22
海 南	Hainan	88.78	109.91	110.20	18	23.53	28.76	28.97	26
重 庆	Chongqing	131.28	322.45	346.37	9	72.84	182.66	201.41	7
四 川	Sichuan	212.96	371.90	385.45	7	85.01	178.13	190.44	10
贵 州	Guizhou	31.58	73.10	88.72	23	12.53	36.06	47.55	20
云 南	Yunnan	73.25	122.58	137.29	16	28.40	58.76	67.19	16
西 藏	Tibet	4.35	7.33	8.51	31	1.29	2.24	2.42	31
陕 西	Shaanxi	155.30	240.65	264.21	13	68.47	124.26	144.03	13
甘 肃	Gansu	37.05	69.93	76.61	25	16.58	36.21	41.59	23
青 海	Qinghai	8.83	13.12	13.06	30	3.41	5.93	6.14	30
宁 夏	Ningxia	15.83	15.55	14.75	29	6.81	6.81	6.65	29
新 疆	Xinjiang	38.35	46.60	47.60	27	17.64	21.50	21.92	27

14-19 限额以上住宿业和餐饮业主营业务税金及附加和主营业务利润

Tax and Other Charges on Principal Business and Profits from Principal Business for Hotel Industry and Catering Industry

单位：亿元 (100 million yuan)

地区	Region	主营业务税金及附加 Tax and Other Charges on Principal Business				主营业务利润 Profits from Principal Business			
		2010	2015	2016	2016排名 Ranking	2010	2015	2016	2016排名 Ranking
全　国	**National Total**	**314.88**	**437.14**	**224.04**		**3029.39**	**4104.30**	**4364.57**	
北　京	Beijing	37.05	47.70	20.39	2	407.36	521.69	564.95	2
天　津	Tianjin	5.82	6.94	2.84	20	56.40	64.83	70.07	17
河　北	Hebei	5.64	5.45	2.66	22	46.93	48.70	51.59	20
山　西	Shanxi	8.27	4.26	2.03	24	49.69	38.35	39.32	23
内蒙古	Inner Mongolia	4.34	3.81	1.97	25	40.03	39.61	41.14	22
辽　宁	Liaoning	9.53	10.70	4.13	15	83.76	99.03	91.38	14
吉　林	Jilin	2.33	2.58	1.63	26	20.56	27.61	28.89	26
黑龙江	Heilongjiang	4.58	2.69	1.47	27	31.34	25.24	24.45	28
上　海	Shanghai	28.95	46.61	19.78	3	327.54	484.30	521.92	3
江　苏	Jiangsu	21.42	29.29	14.43	5	206.42	275.93	296.75	5
浙　江	Zhejiang	25.72	30.86	14.17	6	253.44	302.03	320.18	4
安　徽	Anhui	5.76	9.33	5.69	14	48.32	80.07	91.05	15
福　建	Fujian	10.84	15.05	8.44	13	96.68	140.71	152.73	8
江　西	Jiangxi	4.37	7.39	3.18	18	51.34	57.67	50.39	21
山　东	Shandong	22.51	25.22	14.63	4	207.67	221.43	231.11	6
河　南	Henan	8.94	13.92	10.53	9	80.23	122.16	130.72	11
湖　北	Hubei	8.50	26.31	11.10	7	75.46	145.87	151.95	9
湖　南	Hunan	8.43	12.66	9.02	12	46.13	114.77	119.77	12
广　东	Guangdong	46.45	61.67	29.49	1	458.79	598.57	637.36	1
广　西	Guangxi	3.75	5.37	2.92	19	36.31	53.27	57.93	19
海　南	Hainan	4.85	6.17	3.22	17	53.95	74.98	78.00	16
重　庆	Chongqing	4.90	14.03	9.15	11	48.07	125.76	135.81	10
四　川	Sichuan	11.68	18.55	10.64	8	116.28	175.22	184.37	7
贵　州	Guizhou	1.86	3.86	2.53	23	16.89	33.17	38.65	24
云　南	Yunnan	3.93	6.26	4.07	16	40.84	57.56	66.03	18
西　藏	Tibet	0.24	0.43	0.22	31	2.82	4.67	5.87	31
陕　西	Shaanxi	8.45	12.47	9.16	10	77.83	103.93	111.03	13
甘　肃	Gansu	2.24	3.54	2.72	21	18.23	30.18	32.30	25
青　海	Qinghai	0.48	0.61	0.27	30	4.72	6.58	6.66	30
宁　夏	Ningxia	0.85	0.82	0.42	29	8.13	7.93	7.68	29
新　疆	Xinjiang	2.20	2.60	1.15	28	17.19	22.49	24.53	27

14-20 限额以上住宿业和餐饮业其他业务利润和销售费用

Profits from Other Business and Sales Expenses for Hotel Industry and Catering Industry

单位：亿元 (100 million yuan)

地区	Region	其他业务利润 Profits from Other Business				销售费用 Sales Expenses			
		2010	2015	2016	2016排名 Ranking	2010	2015	2016	2016排名 Ranking
全　国	**National Total**	**33.36**	**136.85**	**136.68**		**1707.93**	**2371.63**	**2429.53**	
北　京	Beijing	3.44	8.21	7.19	5	239.42	331.14	342.60	2
天　津	Tianjin	1.52	1.20	3.41	10	35.09	45.66	46.08	16
河　北	Hebei	0.37	1.54	1.59	21	30.17	34.69	35.78	17
山　西	Shanxi	0.74	1.41	1.85	19	39.35	30.04	29.59	21
内蒙古	Inner Mongolia	0.29	1.80	1.18	27	17.30	23.16	22.91	23
辽　宁	Liaoning	0.27	23.59	23.31	2	48.07	57.23	54.82	13
吉　林	Jilin	0.14	1.07	2.80	12	10.20	14.58	15.54	25
黑龙江	Heilongjiang	0.12	0.70	1.38	24	11.28	13.73	13.36	28
上　海	Shanghai	3.30	21.22	28.74	1	188.40	307.83	324.06	3
江　苏	Jiangsu	1.31	6.25	3.48	9	119.36	157.88	162.07	5
浙　江	Zhejiang	4.34	9.50	11.86	4	139.95	175.48	180.30	4
安　徽	Anhui	0.57	1.93	3.01	11	28.52	45.17	49.20	15
福　建	Fujian	1.57	2.27	2.73	14	54.72	79.02	82.91	8
江　西	Jiangxi	0.11	1.46	1.29	26	14.73	37.77	24.85	22
山　东	Shandong	2.27	5.79	3.76	7	88.86	103.08	103.97	6
河　南	Henan	0.96	3.49	2.48	15	37.86	49.56	51.28	14
湖　北	Hubei	0.66	5.28	1.92	17	45.71	76.96	78.22	9
湖　南	Hunan	1.00	3.48	3.53	8	33.82	54.53	55.72	12
广　东	Guangdong	4.67	14.76	12.19	3	279.33	366.15	378.56	1
广　西	Guangxi	0.85	1.59	1.86	18	23.14	33.80	34.09	18
海　南	Hainan	0.24	2.43	1.84	20	24.43	31.04	34.05	19
重　庆	Chongqing	0.55	1.56	2.13	16	24.18	60.52	56.70	11
四　川	Sichuan	1.26	6.77	4.53	6	64.67	94.93	97.34	7
贵　州	Guizhou	0.20	1.67	1.37	25	9.93	14.30	15.52	26
云　南	Yunnan	1.02	2.43	1.40	23	22.01	30.03	32.32	20
西　藏	Tibet	0.10	0.17	0.23	31	1.69	3.34	3.83	31
陕　西	Shaanxi	0.96	4.06	2.78	13	43.78	59.14	61.51	10
甘　肃	Gansu	0.10	1.92	1.40	22	11.03	15.60	16.93	24
青　海	Qinghai	0.08	0.39	0.44	29	3.03	4.14	4.51	30
宁　夏	Ningxia	0.07	0.40	0.26	30	5.55	5.85	5.45	29
新　疆	Xinjiang	0.27	0.55	0.74	28	12.35	15.30	15.44	27

14-21 限额以上住宿业和餐饮业管理费用和财务费用
Administrative Expenses and Financial Expenses for Hotel Industry and Catering Industry

单位：亿元 (100 million yuan)

地区	Region	管理费用 Administrative Expenses				财务费用 Financial Expenses			
		2010	2015	2016	2016排名 Ranking	2010	2015	2016	2016排名 Ranking
全　国	**National Total**	**1069.56**	**1547.61**	**1610.39**		**143.47**	**280.50**	**251.38**	
北　京	Beijing	151.19	185.95	191.88	2	15.05	25.86	22.67	3
天　津	Tianjin	17.51	26.65	27.27	18	1.47	3.34	2.88	23
河　北	Hebei	19.77	26.94	26.15	19	3.35	6.64	5.88	15
山　西	Shanxi	30.76	20.77	20.46	23	3.39	3.18	2.59	24
内蒙古	Inner Mongolia	14.29	20.14	20.56	22	1.51	2.36	3.20	22
辽　宁	Liaoning	35.81	38.67	39.07	15	3.34	6.33	6.67	14
吉　林	Jilin	9.02	13.29	14.05	25	1.04	2.10	2.12	25
黑龙江	Heilongjiang	7.97	11.66	11.17	28	0.60	1.06	1.06	28
上　海	Shanghai	101.23	149.43	152.35	3	11.92	17.80	12.78	7
江　苏	Jiangsu	77.83	116.90	122.57	5	11.20	19.18	18.22	4
浙　江	Zhejiang	91.96	123.78	127.74	4	18.02	28.22	24.77	2
安　徽	Anhui	18.00	31.75	34.66	16	3.49	8.07	8.00	13
福　建	Fujian	35.23	54.71	58.63	8	5.07	8.83	9.02	10
江　西	Jiangxi	9.53	20.82	21.05	21	1.68	5.21	4.89	18
山　东	Shandong	61.12	78.19	80.54	6	10.00	14.81	15.48	5
河　南	Henan	26.13	41.72	43.56	12	4.35	9.38	9.10	8
湖　北	Hubei	25.49	48.13	57.35	9	4.26	9.03	8.98	11
湖　南	Hunan	28.98	47.91	48.50	10	5.94	10.93	9.03	9
广　东	Guangdong	139.47	198.44	211.47	1	17.40	42.57	33.89	1
广　西	Guangxi	15.63	23.43	23.55	20	2.10	5.44	4.84	19
海　南	Hainan	24.93	40.79	44.77	11	1.85	5.31	3.88	21
重　庆	Chongqing	16.49	40.63	40.74	14	2.46	7.12	8.08	12
四　川	Sichuan	39.79	64.30	64.12	7	5.96	13.42	12.84	6
贵　州	Guizhou	7.28	15.96	17.47	24	0.99	4.45	4.72	20
云　南	Yunnan	17.80	32.12	32.44	17	1.72	8.17	5.73	16
西　藏	Tibet	0.87	3.13	3.45	30	0.05	0.05	0.09	31
陕　西	Shaanxi	26.87	41.54	43.34	13	3.01	6.91	5.46	17
甘　肃	Gansu	6.05	10.90	12.38	26	0.62	1.72	1.91	26
青　海	Qinghai	2.08	2.87	3.09	31	0.53	0.57	0.35	30
宁　夏	Ningxia	3.05	4.37	4.06	29	0.67	0.88	0.80	29
新　疆	Xinjiang	7.43	11.70	11.96	27	0.44	1.58	1.44	27

14-22 限额以上住宿业和餐饮业营业利润和利润总额
Operating Profits and Total Profits for Hotel Industry and Catering Industry

单位：亿元 (100 million yuan)

地区	Region	营业利润 Operating Profits				利润总额 Total Profits			
		2010	2015	2016	2016排名 Ranking	2010	2015	2016	2016排名 Ranking
全 国	**National Total**	**243.20**	**30.55**	**185.90**		**244.33**	**47.25**	**204.89**	
北 京	Beijing	8.41	-5.88	28.83	4	10.27	-1.91	31.40	3
天 津	Tianjin	4.01	-10.58	-3.62	27	3.82	-9.87	-3.06	26
河 北	Hebei	-4.70	-18.34	-13.42	31	-4.47	-15.48	-11.76	30
山 西	Shanxi	0.72	-14.77	-13.07	30	-0.84	-12.28	-11.52	29
内蒙古	Inner Mongolia	8.75	-5.06	-4.59	28	6.59	-6.50	-5.65	28
辽 宁	Liaoning	8.69	-3.25	-12.67	29	7.55	-1.62	-11.87	31
吉 林	Jilin	1.34	-1.54	-2.63	23	2.04	-1.94	-2.95	25
黑龙江	Heilongjiang	12.80	0.01	-0.69	16	11.41	-0.82	-0.59	17
上 海	Shanghai	29.29	20.42	44.21	1	35.12	25.80	51.62	1
江 苏	Jiangsu	4.03	15.96	-1.77	20	5.96	18.64	-1.08	20
浙 江	Zhejiang	8.52	-16.40	-0.93	17	14.09	-11.32	2.83	12
安 徽	Anhui	0.10	-2.90	1.48	12	1.28	-2.07	3.59	11
福 建	Fujian	7.29	0.47	6.50	10	7.79	0.52	7.75	9
江 西	Jiangxi	5.14	-5.67	0.43	15	4.28	-7.05	0.22	16
山 东	Shandong	52.31	27.12	33.39	2	47.79	25.86	34.92	2
河 南	Henan	12.86	22.87	28.34	5	11.35	24.76	28.27	5
湖 北	Hubei	3.81	14.22	18.15	8	3.06	11.29	15.91	8
湖 南	Hunan	18.91	2.52	7.93	9	7.28	-0.44	6.41	10
广 东	Guangdong	30.74	2.75	22.84	7	31.97	4.62	25.86	6
广 西	Guangxi	-0.38	-7.00	-2.90	25	-0.64	-7.22	-2.10	22
海 南	Hainan	9.97	-0.30	-1.82	21	9.54	0.33	-3.44	27
重 庆	Chongqing	8.90	25.11	31.80	3	7.46	15.53	28.69	4
四 川	Sichuan	7.12	9.50	25.86	6	16.07	8.98	25.02	7
贵 州	Guizhou	0.12	-0.54	2.13	11	0.12	0.23	1.93	14
云 南	Yunnan	0.68	-8.62	-2.79	24	1.27	0.28	-2.69	24
西 藏	Tibet	0.30	-1.42	-0.94	18	0.28	-1.31	-0.99	18
陕 西	Shaanxi	5.65	-1.92	1.20	14	4.83	-3.79	1.36	15
甘 肃	Gansu	0.63	2.11	1.27	13	0.59	1.40	1.94	13
青 海	Qinghai	-0.12	-0.91	-1.12	19	-0.09	-0.81	-1.03	19
宁 夏	Ningxia	-1.01	-2.91	-2.54	22	-0.82	-2.79	-2.44	23
新 疆	Xinjiang	-1.64	-4.49	-2.97	26	-0.61	-3.76	-1.69	21

14-23 限额以上住宿业和餐饮业应交所得税和应付职工薪酬
Income Tax Payable and Salaries Payable for Hotel Industry and Catering Industry

单位：亿元 (100 million yuan)

地区	Region	应交所得税 Income Tax Payable 2010	2015	2016	2016排名 Ranking	应付职工薪酬 Salaries Payable 2010	2015	2016	2016排名 Ranking
全　国	**National Total**	**75.71**	**85.66**	**91.87**		**900.97**	**1776.37**	**1774.28**	
北　京	Beijing	9.88	10.26	13.85	2	117.80	232.94	244.36	2
天　津	Tianjin	1.74	0.90	1.33	14	15.96	30.46	31.39	17
河　北	Hebei	0.53	0.58	0.36	24	18.46	28.72	29.44	18
山　西	Shanxi	2.15	0.28	0.23	26	18.17	22.35	21.48	21
内蒙古	Inner Mongolia	1.07	0.42	0.23	27	15.15	21.21	18.99	23
辽　宁	Liaoning	2.74	1.11	1.35	13	22.95	32.83	24.90	19
吉　林	Jilin	0.31	0.35	0.22	28	6.96	10.23	12.05	27
黑龙江	Heilongjiang	0.46	1.47	0.32	25	9.13	11.82	8.62	28
上　海	Shanghai	8.68	12.11	15.58	1	72.68	156.41	170.68	3
江　苏	Jiangsu	4.81	12.51	6.62	5	64.12	112.77	115.34	5
浙　江	Zhejiang	6.36	4.52	6.45	6	64.03	118.73	127.65	4
安　徽	Anhui	1.14	1.18	1.45	12	17.19	40.89	39.79	14
福　建	Fujian	2.78	2.47	2.76	9	29.38	62.96	64.94	7
江　西	Jiangxi	0.58	1.78	0.73	23	10.99	39.71	20.88	22
山　东	Shandong	8.15	7.54	7.84	4	57.80	87.13	90.82	6
河　南	Henan	2.49	1.94	2.00	11	24.96	50.80	55.01	10
湖　北	Hubei	1.70	3.24	3.59	7	25.73	80.37	60.93	9
湖　南	Hunan	1.83	1.12	1.03	18	26.47	47.22	50.39	12
广　东	Guangdong	10.56	10.31	13.10	3	140.32	262.19	270.86	1
广　西	Guangxi	0.52	0.37	0.88	20	11.95	23.36	23.54	20
海　南	Hainan	0.56	1.47	1.11	17	13.38	29.99	31.94	15
重　庆	Chongqing	1.17	2.53	2.26	10	17.85	54.38	50.30	13
四　川	Sichuan	2.72	3.18	3.47	8	17.48	66.44	64.63	8
贵　州	Guizhou	0.19	0.47	0.75	22	6.06	15.51	17.33	24
云　南	Yunnan	0.87	0.65	0.97	19	13.52	29.98	31.46	16
西　藏	Tibet	0.02	0.02	0.04	30	1.01	2.67	3.61	31
陕　西	Shaanxi	1.05	1.09	1.28	15	26.24	51.54	52.46	11
甘　肃	Gansu	0.22	1.46	0.78	21	6.76	28.35	16.26	25
青　海	Qinghai	0.02	0.02	0.02	31	1.90	4.43	6.69	29
宁　夏	Ningxia	0.09	0.04	0.04	29	3.09	4.37	4.09	30
新　疆	Xinjiang	0.34	0.28	1.23	16	7.08	15.60	13.45	26

14-24 连锁餐饮企业总店数和门店总数

Number of Head Stores and Number of Stores

单位：个 (unit)

地区	Region	总店数 Number of Head Stores 2010	2015	2016	2016排名 Ranking	门店总数 Number of Stores 2010	2015	2016	2016排名 Ranking
全　国	**National Total**	**415**	**455**	**459**		**15333**	**23721**	**25634**	
北　京	Beijing	78	79	81	1	2316	4239	4734	1
天　津	Tianjin	12	8	7	16	307	497	517	14
河　北	Hebei	1	1	1	26	7	6	6	28
山　西	Shanxi	7	5	5	20	93	109	107	22
内蒙古	Inner Mongolia	7	5	5	20	1153	162	130	21
辽　宁	Liaoning	9	12	12	12	394	706	715	10
吉　林	Jilin	1	1	1	26	14	23	18	25
黑龙江	Heilongjiang	8	7	7	16	69	67	66	23
上　海	Shanghai	27	28	38	3	1773	3127	3603	3
江　苏	Jiangsu	23	22	21	7	1065	1491	1527	6
浙　江	Zhejiang	34	30	26	5	1289	1736	1741	5
安　徽	Anhui	7	9	9	15	186	650	690	11
福　建	Fujian	16	12	12	12	764	548	567	13
江　西	Jiangxi	8	7	6	19	69	113	133	20
山　东	Shandong	15	12	16	10	290	466	579	12
河　南	Henan	17	19	19	9	183	205	214	16
湖　北	Hubei	25	30	30	4	310	784	906	9
湖　南	Hunan	9	21	21	7	160	844	1101	7
广　东	Guangdong	56	73	70	2	1990	3706	3984	2
广　西	Guangxi	2	3	3	23	63	176	187	18
海　南	Hainan		1	1	26		5	7	27
重　庆	Chongqing	18	25	26	5	2038	2360	2411	4
四　川	Sichuan	10	14	13	11	369	959	951	8
贵　州	Guizhou	1	2	2	25	10	17	13	26
云　南	Yunnan	7	11	11	14	213	319	319	15
西　藏	Tibet	1	1	1	26	3	3	3	29
陕　西	Shaanxi	4	6	5	20	77	199	202	17
甘　肃	Gansu	1	3	3	23	4	35	36	24
青　海	Qinghai	4				12			
宁　夏	Ningxia	1				6			
新　疆	Xinjiang	6	8	7	16	106	169	167	19

14-25　连锁餐饮企业营业面积和营业额
Operating Area of Catering Enterprises and Business Revenue

地区	Region	餐饮营业面积（万平方米） Operating Area of Catering Enterprises (10 000 sq.m)				营业额（亿元） Business Revenue (100 million yuan)			
		2010	2015	2016	2016排名 Ranking	2010	2015	2016	2016排名 Ranking
全　国	**National Total**	**742.65**	**970.89**	**1036.90**		**955.42**	**1526.61**	**1635.15**	
北　京	Beijing	130.33	174.86	197.77	1	160.82	301.99	330.42	1
天　津	Tianjin	6.74	20.13	19.90	13	31.03	38.86	38.92	12
河　北	Hebei	1.49	2.46	2.08	24	1.78	0.59	0.67	28
山　西	Shanxi	8.37	6.40	6.29	20	8.44	7.50	7.18	21
内蒙古	Inner Mongolia	62.23	8.12	7.80	17	49.16	12.69	13.69	16
辽　宁	Liaoning	15.83	26.65	26.02	12	38.48	58.46	57.14	10
吉　林	Jilin	0.63	1.29	0.96	27	0.44	0.86	0.70	27
黑龙江	Heilongjiang	5.18	3.19	3.12	23	3.61	3.72	3.33	23
上　海	Shanghai	42.24	89.68	103.46	4	104.18	191.27	222.52	3
江　苏	Jiangsu	38.82	49.71	49.12	8	64.06	91.34	93.67	7
浙　江	Zhejiang	87.03	81.87	76.96	5	85.09	93.71	98.24	6
安　徽	Anhui	26.14	40.52	40.51	10	7.77	16.58	18.49	14
福　建	Fujian	18.07	15.43	15.92	14	37.78	22.46	27.10	13
江　西	Jiangxi	4.55	5.90	6.44	19	5.56	8.29	8.57	20
山　东	Shandong	14.46	25.05	36.99	11	21.91	43.16	45.89	11
河　南	Henan	9.24	9.74	7.52	18	8.58	10.58	10.60	19
湖　北	Hubei	29.06	36.48	54.77	7	32.76	55.39	62.19	8
湖　南	Hunan	8.10	56.38	61.88	6	12.37	52.84	59.29	9
广　东	Guangdong	71.42	102.68	113.46	3	133.82	247.38	259.82	2
广　西	Guangxi	2.40	4.04	4.71	21	4.65	9.81	11.17	18
海　南	Hainan		0.19	0.26	28		0.64	0.78	25
重　庆	Chongqing	128.66	129.66	131.31	2	99.23	115.80	125.70	4
四　川	Sichuan	14.14	45.84	44.24	9	21.70	98.11	102.37	5
贵　州	Guizhou	2.21	2.20	1.97	25	1.60	0.92	0.73	26
云　南	Yunnan	7.95	17.72	8.10	16	8.72	22.72	15.21	15
西　藏	Tibet	0.05	0.05	0.05	29	0.03	0.06	0.08	29
陕　西	Shaanxi	3.19	8.97	9.70	15	7.50	12.59	12.53	17
甘　肃	Gansu	0.54	1.10	1.35	26	0.60	3.00	3.12	24
青　海	Qinghai	1.10				0.57			
宁　夏	Ningxia	0.21				0.07			
新　疆	Xinjiang	2.28	4.57	4.25	22	3.09	5.29	5.00	22

14-26 货物进出口总额
Total Value of Imports and Exports of Goods

单位：亿美元 （100 million USD）

地区	Region	按经营单位所在地分货物进出口总额 By Location of Imports/Exports				按境内目的地和货源地分货物进出口总额 By Place of Destination or Origin in China			
		2010	2014	2015	2015排名 Ranking	2010	2015	2016	2016排名 Ranking
全　国	**National Total**	**29739.98**	**43015.27**	**39530.33**		**29739.98**	**39530.33**	**36855.57**	
北　京	Beijing	3017.22	4155.19	3194.41	5	1106.94	1307.75	1223.22	7
天　津	Tianjin	821.00	1338.86	1142.83	8	916.12	1189.60	1069.74	8
河　北	Hebei	420.60	598.77	515.14	12	620.52	802.49	749.91	10
山　西	Shanxi	125.76	162.33	146.81	24	138.60	174.47	188.39	22
内蒙古	Inner Mongolia	87.30	145.56	127.31	26	116.82	139.06	132.25	25
辽　宁	Liaoning	807.12	1139.98	959.47	9	952.92	1070.73	961.28	9
吉　林	Jilin	168.45	263.81	188.77	23	170.23	199.79	192.41	21
黑龙江	Heilongjiang	255.15	389.01	210.12	21	183.39	163.24	139.42	24
上　海	Shanghai	3689.51	4664.00	4492.41	3	3654.43	4230.37	4046.14	3
江　苏	Jiangsu	4657.99	5635.53	5455.60	2	4987.83	5809.73	5471.36	2
浙　江	Zhejiang	2535.35	3550.40	3467.84	4	2872.50	3590.59	3434.49	4
安　徽	Anhui	242.73	491.77	478.45	15	233.80	424.93	409.69	15
福　建	Fujian	1087.83	1774.08	1688.46	7	1105.50	1475.66	1368.04	6
江　西	Jiangxi	216.19	427.31	424.00	17	209.53	406.51	353.62	17
山　东	Shandong	1891.56	2769.29	2406.08	6	2251.60	2783.74	2733.96	5
河　南	Henan	178.32	649.72	737.81	11	200.15	769.57	741.14	11
湖　北	Hubei	259.32	430.40	455.53	16	260.29	445.63	390.15	16
湖　南	Hunan	146.56	308.32	293.02	19	156.08	293.04	231.54	20
广　东	Guangdong	7848.96	10765.84	10224.96	1	8340.06	11651.88	10601.24	1
广　西	Guangxi	177.39	405.49	510.91	14	195.49	462.12	439.05	14
海　南	Hainan	86.49	158.63	139.67	25	103.71	155.15	121.74	26
重　庆	Chongqing	124.27	954.32	744.67	10	118.29	587.12	518.51	12
四　川	Sichuan	326.94	702.03	511.89	13	262.96	469.42	480.57	13
贵　州	Guizhou	31.47	107.71	122.21	27	34.58	78.30	52.04	27
云　南	Yunnan	134.30	296.07	244.91	20	103.33	189.91	174.14	23
西　藏	Tibet	8.36	22.55	9.14	31	5.89	6.65	5.92	30
陕　西	Shaanxi	121.02	273.64	304.99	18	117.04	298.77	294.69	18
甘　肃	Gansu	74.03	86.41	79.52	28	73.88	43.63	44.70	28
青　海	Qinghai	7.89	17.18	19.34	30	8.18	5.91	5.20	31
宁　夏	Ningxia	19.60	54.35	37.39	29	25.67	33.89	31.03	29
新　疆	Xinjiang	171.30	276.72	196.69	22	213.63	270.68	249.99	19

14-27 按经营单位所在地分货物进出口总额构成
Composition of Total Imports and Exports by Location of Business Unit

单位：亿美元 （100 million USD）

地区	Region	货物出口总额 Total Exports 2010	2014	2015	2015排名 Ranking	货物进口总额 Total Imports 2010	2014	2015	2015排名 Ranking
全　国	**National Total**	**15777.54**	**23422.93**	**22734.68**		**13962.44**	**19592.35**	**16795.64**	
北　京	Beijing	554.36	623.38	546.67	8	2462.85	3531.80	2647.74	2
天　津	Tianjin	374.85	525.91	511.63	9	446.15	812.95	631.20	7
河　北	Hebei	225.56	357.10	329.33	14	195.04	241.67	185.81	13
山　西	Shanxi	47.03	89.41	84.21	23	78.73	72.92	62.61	25
内蒙古	Inner Mongolia	33.34	63.94	56.50	26	53.95	81.63	70.81	24
辽　宁	Liaoning	430.99	587.45	507.11	10	376.13	552.53	452.36	9
吉　林	Jilin	44.76	57.78	46.14	27	123.69	206.03	142.64	18
黑龙江	Heilongjiang	162.81	173.35	80.35	24	92.35	215.66	129.77	19
上　海	Shanghai	1807.14	2101.34	1959.13	4	1882.37	2562.66	2533.28	3
江　苏	Jiangsu	2705.39	3418.33	3386.45	2	1952.60	2217.21	2069.16	4
浙　江	Zhejiang	1804.65	2733.27	2763.32	3	730.70	817.13	704.52	6
安　徽	Anhui	124.13	314.85	322.70	15	118.60	176.92	155.74	17
福　建	Fujian	714.93	1134.52	1126.80	6	372.90	639.56	561.66	8
江　西	Jiangxi	134.16	320.25	331.17	12	82.03	107.06	92.83	22
山　东	Shandong	1042.26	1447.09	1439.26	5	849.31	1322.21	966.82	5
河　南	Henan	105.29	393.83	430.61	11	73.02	255.89	307.19	10
湖　北	Hubei	144.42	266.42	292.12	16	114.90	163.97	163.41	15
湖　南	Hunan	79.56	199.43	191.37	18	67.00	108.89	101.65	21
广　东	Guangdong	4531.91	6460.87	6431.72	1	3317.05	4304.97	3793.24	1
广　西	Guangxi	96.03	243.27	279.34	17	81.36	162.21	231.57	11
海　南	Hainan	23.20	44.17	37.43	28	63.28	114.46	102.24	20
重　庆	Chongqing	74.89	634.01	551.87	7	49.38	320.31	192.80	12
四　川	Sichuan	188.41	448.39	330.93	13	138.53	253.64	180.96	14
贵　州	Guizhou	19.20	93.97	99.49	22	12.27	13.74	22.73	26
云　南	Yunnan	76.06	187.87	166.16	20	58.24	108.20	78.76	23
西　藏	Tibet	7.71	21.01	5.87	31	0.65	1.54	3.27	30
陕　西	Shaanxi	62.08	139.30	147.89	21	58.93	134.35	157.10	16
甘　肃	Gansu	16.38	53.29	58.12	25	57.65	33.11	21.40	28
青　海	Qinghai	4.66	11.28	16.42	30	3.23	5.90	2.93	31
宁　夏	Ningxia	11.70	43.03	29.63	29	7.90	11.32	7.76	29
新　疆	Xinjiang	129.69	234.81	174.96	19	41.61	41.92	21.73	27

14-28 按境内目的地和货源地分货物进出口总额构成

Composition of Total Imports and Exports by Place of Destination or Origin in China

单位：亿美元 （100 million USD）

地区	Region	货物出口总额 Total Exports				货物进口总额 Total Imports			
		2010	2015	2016	2016排名 Ranking	2010	2015	2016	2016排名 Ranking
全　国	**National Total**	**15777.54**	**22734.68**	**20976.31**		**13962.44**	**16795.64**	**15879.26**	
北　京	Beijing	307.17	290.01	254.56	14	799.77	1017.74	968.66	5
天　津	Tianjin	377.71	483.60	416.57	10	538.41	706.00	653.17	7
河　北	Hebei	279.74	476.56	439.98	9	340.79	325.93	309.93	11
山　西	Shanxi	67.41	114.39	125.27	21	71.19	60.08	63.12	26
内蒙古	Inner Mongolia	43.57	61.34	51.96	23	73.25	77.72	80.29	25
辽　宁	Liaoning	429.43	511.00	448.14	8	523.49	559.73	513.15	8
吉　林	Jilin	45.07	53.63	49.07	25	125.17	146.16	143.34	16
黑龙江	Heilongjiang	85.06	63.17	49.20	24	98.33	100.06	90.22	21
上　海	Shanghai	1732.55	1786.99	1663.81	4	1921.89	2443.39	2382.33	2
江　苏	Jiangsu	2814.49	3488.33	3309.59	2	2173.34	2321.40	2161.77	3
浙　江	Zhejiang	2009.44	2830.03	2734.50	3	863.06	760.56	699.99	6
安　徽	Anhui	109.27	276.54	259.66	13	124.53	148.39	150.03	15
福　建	Fujian	666.19	937.95	872.30	6	439.31	537.71	495.74	9
江　西	Jiangxi	118.07	301.40	241.49	16	91.46	105.10	112.13	19
山　东	Shandong	1103.01	1484.94	1443.13	5	1148.60	1298.80	1290.83	4
河　南	Henan	121.94	457.79	453.23	7	78.21	311.78	287.91	12
湖　北	Hubei	139.10	270.98	247.63	15	121.19	174.65	142.52	17
湖　南	Hunan	85.78	190.85	142.75	18	70.31	102.19	88.79	22
广　东	Guangdong	4671.77	7301.88	6541.37	1	3668.29	4350.01	4059.87	1
广　西	Guangxi	65.25	140.56	126.26	20	130.24	321.57	312.79	10
海　南	Hainan	21.62	42.68	34.69	27	82.09	112.47	87.06	23
重　庆	Chongqing	69.94	399.38	335.55	11	48.35	187.74	182.95	14
四　川	Sichuan	124.03	283.87	262.02	12	138.93	185.55	218.55	13
贵　州	Guizhou	20.16	54.50	39.92	26	14.43	23.80	12.12	28
云　南	Yunnan	51.08	106.65	88.55	22	52.25	83.26	85.59	24
西　藏	Tibet	5.38	5.27	4.72	30	0.52	1.38	1.20	31
陕　西	Shaanxi	56.35	146.22	158.03	17	60.69	152.55	136.65	18
甘　肃	Gansu	12.75	21.59	19.16	29	61.13	22.04	25.54	27
青　海	Qinghai	3.18	3.67	3.58	31	5.00	2.24	1.62	30
宁　夏	Ningxia	15.52	23.69	20.53	28	10.15	10.20	10.51	29
新　疆	Xinjiang	125.55	125.23	139.10	19	88.09	145.45	110.89	20

14-29 外商投资企业进出口额构成
Composition of Imports and Exports of foreign-funded Enterprises

单位：亿美元 （100 million USD）

地区	Region	出口额 Exports				进口额 Imports			
		2010	2015	2016	2016排名 Ranking	2010	2015	2016	2016排名 Ranking
全 国	**National Total**	**8622.29**	**10046.14**	**9167.67**		**7383.86**	**8288.66**	**7707.70**	
北 京	Beijing	221.52	147.54	123.33	12	476.77	504.08	520.46	4
天 津	Tianjin	264.38	321.28	265.58	8	323.71	351.07	299.27	6
河 北	Hebei	92.16	76.89	60.54	17	82.93	62.94	51.24	19
山 西	Shanxi	8.80	44.20	65.09	15	13.26	31.86	37.34	21
内蒙古	Inner Mongolia	9.60	7.01	4.91	24	6.51	6.17	5.14	24
辽 宁	Liaoning	206.40	187.30	179.21	10	183.52	226.05	208.34	9
吉 林	Jilin	12.78	13.99	13.42	21	63.27	79.63	79.95	14
黑龙江	Heilongjiang	6.99	6.43	5.32	23	4.14	5.72	5.57	23
上 海	Shanghai	1259.33	1310.31	1235.99	3	1239.86	1696.72	1626.62	2
江 苏	Jiangsu	1923.14	1938.81	1865.38	2	1548.90	1434.17	1394.21	3
浙 江	Zhejiang	581.37	566.50	503.87	5	342.60	274.93	248.99	7
安 徽	Anhui	32.53	81.19	77.09	14	48.66	46.55	54.61	17
福 建	Fujian	349.52	399.57	363.26	6	233.84	265.61	226.56	8
江 西	Jiangxi	49.95	69.73	60.75	16	69.36	57.93	55.65	16
山 东	Shandong	565.63	561.29	504.84	4	397.62	364.92	319.81	5
河 南	Henan	25.56	294.48	294.41	7	19.64	226.43	200.70	10
湖 北	Hubei	56.95	67.47	60.16	18	53.59	55.38	46.29	20
湖 南	Hunan	12.92	35.58	32.70	20	18.10	26.80	30.07	22
广 东	Guangdong	2818.47	3329.96	2887.20	1	2026.45	2097.52	1815.65	1
广 西	Guangxi	20.33	44.29	42.94	19	28.90	59.12	54.46	18
海 南	Hainan	12.77	24.27	11.13	22	49.60	81.16	61.13	15
重 庆	Chongqing	16.51	264.19	232.43	9	31.06	96.72	100.90	13
四 川	Sichuan	44.43	152.80	158.98	11	83.41	114.57	153.29	11
贵 州	Guizhou	1.05	1.41	1.82	27	0.69	1.25	1.22	28
云 南	Yunnan	3.30	3.22	3.50	25	3.15	1.82	1.38	26
西 藏	Tibet			0.001	31			0.00002	31
陕 西	Shaanxi	21.57	92.80	110.01	13	29.05	116.42	105.93	12
甘 肃	Gansu	0.98	0.24	0.14	29	0.47	0.13	0.12	29
青 海	Qinghai	0.10	0.03	0.03	30	1.25	0.10	0.01	30
宁 夏	Ningxia	1.49	2.61	2.98	26	1.72	1.12	1.50	25
新 疆	Xinjiang	1.79	0.74	0.67	28	1.76	1.77	1.28	27

14-30 中外合资企业进出口额构成
Composition of Imports and Exports of Sino-foreign Joint Ventures

单位：亿美元 （100 million USD）

地区	Region	出口额 Exports 2010	2015	2016	2016排名 Ranking	进口额 Imports 2010	2015	2016	2016排名 Ranking
全　国	**National Total**	**2375.82**	**2824.49**	**2541.66**		**2097.87**	**2450.71**	**2238.58**	
北　京	Beijing	147.44	66.88	45.25	11	107.06	101.13	106.51	9
天　津	Tianjin	120.67	158.25	120.71	7	139.49	164.91	135.18	6
河　北	Hebei	52.70	38.57	28.68	14	39.00	30.79	29.20	19
山　西	Shanxi	4.34	42.55	63.88	10	10.13	30.77	36.35	14
内蒙古	Inner Mongolia	3.78	2.13	1.64	25	4.94	4.65	3.84	23
辽　宁	Liaoning	107.83	84.64	71.71	9	101.68	151.96	125.11	7
吉　林	Jilin	6.73	5.25	4.32	22	54.97	70.17	70.34	11
黑龙江	Heilongjiang	4.92	4.11	3.72	23	2.32	2.49	2.56	24
上　海	Shanghai	194.14	203.63	202.57	6	203.52	204.55	199.23	3
江　苏	Jiangsu	379.21	401.10	377.56	2	374.27	325.92	312.71	2
浙　江	Zhejiang	317.59	283.23	243.55	4	156.28	133.61	111.64	8
安　徽	Anhui	15.68	35.95	32.44	13	28.23	33.06	39.00	13
福　建	Fujian	80.17	98.38	89.52	8	56.87	99.14	79.21	10
江　西	Jiangxi	17.04	14.90	12.57	18	53.36	33.55	33.82	17
山　东	Shandong	267.22	253.39	227.80	5	184.31	164.04	144.50	5
河　南	Henan	15.30	281.56	280.77	3	13.64	221.11	195.09	4
湖　北	Hubei	39.05	45.26	40.17	12	43.11	44.54	35.79	15
湖　南	Hunan	5.89	20.53	17.55	16	11.59	17.69	22.25	20
广　东	Guangdong	547.47	712.33	604.43	1	400.26	447.97	405.27	1
广　西	Guangxi	6.58	24.04	22.97	15	8.70	34.30	34.55	16
海　南	Hainan	6.92	9.34	8.12	20	48.26	76.20	57.10	12
重　庆	Chongqing	10.14	15.43	17.10	17	23.30	30.70	30.50	18
四　川	Sichuan	10.05	11.07	12.12	19	17.12	15.33	13.87	21
贵　州	Guizhou	0.42	0.36	0.81	27	0.48	0.40	0.66	26
云　南	Yunnan	1.56	0.89	1.31	26	1.31	1.11	0.96	25
西　藏	Tibet			0.001	31				
陕　西	Shaanxi	9.76	8.32	7.81	21	9.81	9.40	12.63	22
甘　肃	Gansu	0.61	0.17	0.07	29	0.40	0.04	0.02	29
青　海	Qinghai	0.10	0.02	0.01	30	1.24	0.10	0.01	30
宁　夏	Ningxia	0.97	1.76	2.07	24	0.91	0.14	0.43	27
新　疆	Xinjiang	1.53	0.46	0.42	28	1.26	0.92	0.24	28

14-31 外商独资企业进出口额构成

Composition of Imports and Exports of Foreign-owned Enterprises

单位：亿美元 （100 million USD）

地区	Region	出口额 Exports				进口额 Imports			
		2010	2015	2016	2016排名 Ranking	2010	2015	2016	2016排名 Ranking
全　国	**National Total**	**6081.77**	**7107.85**	**6527.49**		**5212.18**	**5775.61**	**5426.24**	
北　京	Beijing	73.30	80.20	77.76	12	369.10	402.40	413.34	4
天　津	Tianjin	141.17	162.26	144.33	9	181.15	184.55	162.27	6
河　北	Hebei	37.62	36.28	30.43	15	39.43	25.43	21.33	14
山　西	Shanxi	4.28	1.47	1.06	25	2.98	1.08	0.98	26
内蒙古	Inner Mongolia	5.81	4.87	3.27	21	1.57	1.52	1.30	24
辽　宁	Liaoning	93.73	99.96	104.82	10	80.70	73.36	82.60	11
吉　林	Jilin	5.46	7.91	8.50	20	8.19	9.20	9.26	18
黑龙江	Heilongjiang	2.04	2.32	1.60	24	1.82	3.22	3.01	23
上　海	Shanghai	1040.19	1089.48	1018.71	3	1019.09	1483.40	1419.21	1
江　苏	Jiangsu	1535.29	1527.62	1475.92	2	1166.26	1091.65	1065.35	3
浙　江	Zhejiang	258.30	279.24	257.42	6	184.46	138.87	135.89	9
安　徽	Anhui	16.39	44.84	44.22	14	19.97	13.45	15.59	16
福　建	Fujian	267.73	299.95	272.31	5	175.37	165.19	146.28	7
江　西	Jiangxi	32.67	54.42	47.81	13	15.94	24.29	21.81	13
山　东	Shandong	293.91	303.25	273.39	4	211.06	199.08	173.88	5
河　南	Henan	10.16	12.72	13.51	19	5.68	4.72	5.57	21
湖　北	Hubei	17.74	20.35	19.81	16	10.48	10.76	10.49	17
湖　南	Hunan	7.01	15.03	15.14	18	6.48	9.03	7.76	19
广　东	Guangdong	2168.12	2553.51	2227.99	1	1594.68	1630.00	1401.12	2
广　西	Guangxi	13.46	20.07	19.78	17	20.19	24.74	19.85	15
海　南	Hainan	1.68	13.71	2.10	22	1.14	4.95	4.02	22
重　庆	Chongqing	6.36	248.23	214.72	7	7.76	66.01	70.40	12
四　川	Sichuan	34.31	141.63	146.73	8	66.20	99.06	139.11	8
贵　州	Guizhou	0.61	1.01	1.00	26	0.19	0.85	0.55	27
云　南	Yunnan	1.57	1.88	1.75	23	1.84	0.25	0.21	28
西　藏	Tibet			0.0003	31			0.00002	31
陕　西	Shaanxi	11.79	84.44	102.18	11	19.22	107.03	93.31	10
甘　肃	Gansu	0.37	0.07	0.07	29	0.06	0.09	0.10	29
青　海	Qinghai			0.01	30			0.0002	30
宁　夏	Ningxia	0.46	0.84	0.91	27	0.81	0.98	1.06	25
新　疆	Xinjiang	0.26	0.28	0.25	28	0.39	0.46	5.79	20

14-32 外商直接投资情况
Direct Foreign Investment

地区	Region	外商直接投资当年新签项目（合同）数（个） Number of Projects (Contracts) new signed （unit）				外商直接投资实际使用额（亿美元） Amount of Foreign Capital Actually Utilized （100 million USD）			
		2010	2015	2016	2016排名 Ranking	2010	2015	2016	2016排名 Ranking
全　国	**National Total**	**27406**	**26575**	**27900**		**1057.35**	**1262.67**	**1260.01**	
北　京	Beijing	1629	1386	1073	3	63.64	129.96	130.29	3
天　津	Tianjin	592	1035	1106	2	108.49	211.34	308.26	1
河　北	Hebei	246	683			38.31	65.89		
山　西	Shanxi	133	39			12.83	27.14		
内蒙古	Inner Mongolia	95	57			33.40	33.44		
辽　宁	Liaoning	1511	476			207.50	51.85		
吉　林	Jilin	228	51			19.23	80.18		
黑龙江	Heilongjiang	184	276			16.46	55.32		
上　海	Shanghai	3906	6007	5153	1	111.21	184.59	185.14	2
江　苏	Jiangsu	4663	2689			295.81	243.29		
浙　江	Zhejiang	2075	1857			109.89	169.63		
安　徽	Anhui	294	325			55.14	136.19		
福　建	Fujian	1139	1424			56.99	75.87		
江　西	Jiangxi	1095	646			59.02	96.66		
山　东	Shandong	1630	1509			93.77	162.89		
河　南	Henan	492	294			61.73	157.99		
湖　北	Hubei	479	272			50.72	101.35		
湖　南	Hunan	650	559			52.08	115.58		
广　东	Guangdong	5637	7032			203.54	268.75		
广　西	Guangxi	189	147			12.00	17.22		
海　南	Hainan	47	46			9.14	4.41		
重　庆	Chongqing	232	242	260	4	63.44	107.65	113.42	4
四　川	Sichuan	381	340			59.11	90.18		
贵　州	Guizhou	26	980			2.07	16.77		
云　南	Yunnan	103	97			11.54	25.97		
西　藏	Tibet								
陕　西	Shaanxi	487	438			18.43	42.80		
甘　肃	Gansu	445	20			1.32	1.87		
青　海	Qinghai	11	7			0.10	0.61		
宁　夏	Ningxia	23	20			0.55	1.67		
新　疆	Xinjiang	30	22			1.39	2.87		

注：本表全国数据来自商务部，各地区数据来自各省。

Note: The national total data in this table come from the Ministry of Commerce, other data are from each region.

14-33 外商投资企业数年底注册登记情况和外商投资企业投资总额
Number of Foreign-invested Enterprises and Total Investment

地区	Region	外商投资企业数（户）Number of Enterprises (unit)				外商投资企业投资总额（亿美元）Total Investment (100 million USD)			
		2010	2015	2016	2016排名 Ranking	2010	2015	2016	2016排名 Ranking
全　国	**National Total**	**445244**	**481179**	**505151**		**27059**	**45390**	**51240**	
北　京	Beijing	24853	29396	30401	5	1192	3810	4274	4
天　津	Tianjin	12918	12278	13339	9	1096	1813	2226	8
河　北	Hebei	9531	6867	7286	13	403	736	848	13
山　西	Shanxi	3665	3606	3699	23	229	411	422	21
内蒙古	Inner Mongolia	3693	2967	3362	24	232	351	411	22
辽　宁	Liaoning	18377	17745	16949	8	1476	2066	2133	9
吉　林	Jilin	4309	4437	3853	22	223	352	356	23
黑龙江	Heilongjiang	5814	4149	4227	20	196	223	283	25
上　海	Shanghai	55666	74885	79410	2	3394	6613	7342	3
江　苏	Jiangsu	51666	53551	55938	3	5081	7822	8799	1
浙　江	Zhejiang	28769	32778	34442	4	1832	2918	3199	5
安　徽	Anhui	5633	5063	5549	18	303	1065	673	17
福　建	Fujian	23463	25895	28351	7	1248	1967	2263	7
江　西	Jiangxi	7574	7094	6918	14	439	726	777	15
山　东	Shandong	29486	27240	28527	6	1245	2193	2519	6
河　南	Henan	10254	8316	8058	12	379	687	822	14
湖　北	Hubei	7486	8646	8976	11	429	892	993	10
湖　南	Hunan	5410	5865	6677	15	324	521	580	18
广　东	Guangdong	93756	111169	119688	1	4213	6443	7816	2
广　西	Guangxi	5327	4215	4485	19	280	425	437	20
海　南	Hainan	4171	3111	2660	25	259	312	760	16
重　庆	Chongqing	4827	5009	5555	17	349	788	881	12
四　川	Sichuan	12050	10594	10370	10	544	884	942	11
贵　州	Guizhou	1936	1662	1511	27	41	181	237	26
云　南	Yunnan	3833	3901	4087	21	179	327	330	24
西　藏	Tibet	264	221	236	31	5	20	23	31
陕　西	Shaanxi	5378	6017	5953	16	180	516	561	19
甘　肃	Gansu	2116	2130	2079	26	63	77	75	29
青　海	Qinghai	499	404	440	30	23	74	75	30
宁　夏	Ningxia	529	584	651	29	40	90	87	28
新　疆	Xinjiang	1751	1384	1474	28	52	85	97	27

14-34 外商投资企业注册资本和外方注册资本年底注册登记情况
Status of Registration of Registered Capital and Foreign Registered Capital

单位：亿美元 （100 million USD）

地区	Region	外商投资企业注册资本 Registered Capital				其中：外方注册资本 Foreign Registered Capital			
		2010	2015	2016	2016排名 Ranking	2010	2015	2016	2016排名 Ranking
全　国	**National Total**	**15738**	**26682**	**31243**		**12590**	**20757**	**23918**	
北　京	Beijing	715	2457	2755	4	579	1722	1895	4
天　津	Tianjin	620	1120	1485	6	521	881	1092	7
河　北	Hebei	217	380	427	16	159	280	320	16
山　西	Shanxi	111	228	229	21	69	109	111	23
内蒙古	Inner Mongolia	122	173	197	22	91	106	126	22
辽　宁	Liaoning	975	1264	1318	9	802	1029	1057	8
吉　林	Jilin	123	167	121	26	84	104	76	26
黑龙江	Heilongjiang	120	127	149	24	91	97	110	24
上　海	Shanghai	2009	4497	5087	1	1640	3515	3922	2
江　苏	Jiangsu	2739	4229	4718	3	2326	3573	3952	1
浙　江	Zhejiang	1069	1714	1921	5	825	1364	1519	5
安　徽	Anhui	173	309	346	17	129	223	255	17
福　建	Fujian	694	1109	1321	8	594	900	1051	9
江　西	Jiangxi	281	481	551	12	243	416	439	11
山　东	Shandong	729	1272	1476	7	545	993	1152	6
河　南	Henan	205	348	449	15	149	248	332	15
湖　北	Hubei	243	482	544	14	181	359	420	13
湖　南	Hunan	161	281	309	19	115	201	221	18
广　东	Guangdong	2495	3906	5086	2	2091	3081	3728	3
广　西	Guangxi	155	215	230	20	125	176	190	20
海　南	Hainan	145	180	607	10	98	117	549	10
重　庆	Chongqing	204	494	549	13	157	388	427	12
四　川	Sichuan	335	510	553	11	259	385	411	14
贵　州	Guizhou	25	102	131	25	19	83	100	25
云　南	Yunnan	105	177	187	23	78	103	133	21
西　藏	Tibet	3	16	17	31	3	10	12	31
陕　西	Shaanxi	110	284	310	18	83	194	209	19
甘　肃	Gansu	28	33	32	29	19	23	22	29
青　海	Qinghai	14	28	29	30	9	13	13	30
宁　夏	Ningxia	18	52	53	28	10	27	31	28
新　疆	Xinjiang	33	48	56	27	25	36	41	27

14-35 签订对外承包工程合同数及金额
Number of Contracts and Contracted Value of Contracts Signed for Foreign Engineering Projects

地区	Region	签订对外承包工程合同数（份）Number of Contracts (unit)				签订对外承包工程合同金额（亿美元）Contracted Value (100 million USD)			
		2010	2015	2016	2016排名 Ranking	2010	2015	2016	2016排名 Ranking
全　国	**National Total**	**9544**	**8662**	**19157**		**1343.67**	**2100.74**	**2440.10**	
北　京	Beijing	170	209	229	8	25.11	46.48	51.42	8
天　津	Tianjin	74	215	78	18	17.38	31.08	26.48	15
河　北	Hebei	190	185	130	14	29.46	38.65	46.74	9
山　西	Shanxi	1	26	20	25	4.75	3.49	2.23	26
内蒙古	Inner Mongolia	3	2	4	27	0.07	0.07	0.17	28
辽　宁	Liaoning	137	129	165	11	17.24	27.61	23.52	16
吉　林	Jilin	9	19	20	25	3.82	6.83	3.72	25
黑龙江	Heilongjiang	22	121	101	15	1.76	23.46	32.41	12
上　海	Shanghai	3397	323	7341	1	101.03	111.00	118.45	4
江　苏	Jiangsu	967	875	1543	3	54.47	77.96	72.87	6
浙　江	Zhejiang	337	1276	3377	2	24.15	59.86	54.22	7
安　徽	Anhui	42	136	63	20	15.11	30.70	30.76	13
福　建	Fujian	21	35	36	24	0.86	5.77	5.81	23
江　西	Jiangxi	102	230	198	10	13.57	40.41	28.91	14
山　东	Shandong	257	352	306	7	100.84	119.83	126.65	2
河　南	Henan	156	151	151	13	23.75	37.69	36.47	10
湖　北	Hubei	64	80	159	12	76.55	114.54	126.35	3
湖　南	Hunan	28	89	65	19	6.26	19.38	22.42	17
广　东	Guangdong	605	1937	1503	4	98.67	207.24	219.87	1
广　西	Guangxi	38	59	61	21	6.10	6.56	7.95	21
海　南	Hainan	2	4			0.19	0.01		
重　庆	Chongqing	20	40	448	6	7.90	6.99	18.63	20
四　川	Sichuan	544	189	489	5	68.49	59.69	99.82	5
贵　州	Guizhou	24	36	55	22	3.24	5.76	5.96	22
云　南	Yunnan	24	95	48	23	10.61	12.86	19.19	19
西　藏	Tibet								
陕　西	Shaanxi	96	221	209	9	8.88	32.89	35.32	11
甘　肃	Gansu	31	75	91	17	4.11	8.48	4.72	24
青　海	Qinghai		1				0.24	0.002	29
宁　夏	Ningxia	2	1	3	28	0.30	0.02	0.51	27
新　疆	Xinjiang	54	122	98	16	4.69	8.93	20.77	18

14-36　对外承包工程营业额
Turnover of Foreign Contracted Projects

单位：亿美元　　(100 million USD)

地区	Region	2010	2011	2012	2013	2014	2015	2016	2016排名 Ranking
全　国	**National Total**	**921.70**	**1034.24**	**1165.97**	**1371.43**	**1424.11**	**1540.74**	**1594.17**	
北　京	Beijing	22.25	24.81	28.99	33.59	35.74	35.49	24.96	15
天　津	Tianjin	24.52	29.91	31.02	31.29	40.33	47.63	62.92	6
河　北	Hebei	28.54	24.36	28.63	43.46	40.87	35.99	25.76	11
山　西	Shanxi	7.20	6.97	4.46	7.65	7.35	7.38	6.86	23
内蒙古	Inner Mongolia	0.32	0.00	0.09	0.45	0.17	0.07	0.03	29
辽　宁	Liaoning	13.23	15.08	18.47	23.73	23.66	24.38	17.81	18
吉　林	Jilin	2.64	2.95	4.67	5.13	5.65	3.68	3.83	25
黑龙江	Heilongjiang	10.51	10.92	9.50	6.25	8.98	25.34	24.29	17
上　海	Shanghai	68.96	59.41	68.12	80.69	74.02	74.55	66.56	5
江　苏	Jiangsu	51.67	60.01	64.68	72.63	79.54	87.61	91.11	3
浙　江	Zhejiang	27.51	28.99	37.13	44.16	51.76	61.87	66.73	4
安　徽	Anhui	19.27	23.67	28.11	29.14	32.27	26.93	30.94	10
福　建	Fujian	2.35	5.04	6.42	6.49	7.16	9.27	9.50	21
江　西	Jiangxi	10.43	15.85	18.41	22.73	28.51	35.11	39.43	9
山　东	Shandong	52.38	74.73	81.14	85.01	92.50	101.71	109.30	2
河　南	Henan	20.71	29.13	22.86	29.18	29.97	28.00	25.71	13
湖　北	Hubei	38.13	40.67	45.62	52.07	57.96	52.34	51.11	7
湖　南	Hunan	10.91	14.60	17.28	22.11	25.79	31.15	25.65	14
广　东	Guangdong	82.08	113.42	160.53	228.65	124.11	198.78	181.64	1
广　西	Guangxi	5.64	6.53	7.50	8.30	8.77	9.40	8.48	22
海　南	Hainan	0.08	0.14	0.11	0.04	0.01			
重　庆	Chongqing	3.60	4.18	5.84	6.38	10.32	6.28	9.64	20
四　川	Sichuan	39.93	49.87	56.36	63.48	70.63	55.96	40.94	8
贵　州	Guizhou	2.20	3.00	4.00	4.59	5.01	6.81	6.81	24
云　南	Yunnan	9.92	11.45	15.48	18.17	20.70	23.42	25.75	12
西　藏	Tibet			0.05					
陕　西	Shaanxi	8.10	13.63	16.79	17.87	17.88	22.04	24.29	16
甘　肃	Gansu	2.24	2.97	2.62	3.09	3.39	2.92	2.69	27
青　海	Qinghai		0.46	2.21	1.16	1.55	1.25	3.09	26
宁　夏	Ningxia	0.17	0.18	0.16	14.48	0.52	0.19	0.24	28
新　疆	Xinjiang	6.29	6.32	10.14	5.42	15.91	15.82	12.39	19

14-37 在境外从事承包工程人数和劳务合作人数

Personnel Abroad for Engineering Projects Classified and Labor Services Classified

单位：人 （person）

地区	Region	年末在境外从事承包工程人数 Foreign Engineering Projects Classified				年末在境外从事劳务合作人数 Foreign Labor Services Classified			
		2010	2015	2016	2016排名 Ranking	2010	2015	2016	2016排名 Ranking
全 国	**National Total**	**376510**	**408565**	**372880**		**470095**	**618295**	**595976**	
北 京	Beijing	17145	19287	13176	7	5354	14896	7260	13
天 津	Tianjin	5911	12428	13307	6	6772	6865	5507	16
河 北	Hebei	8791	8414	6277	18	4533	2340	3159	21
山 西	Shanxi	4943	4998	7575	14	1204	12	12	28
内蒙古	Inner Mongolia	362	206	163	28	4344	1716	1251	23
辽 宁	Liaoning	7374	6993	6605	17	34074	40213	38335	6
吉 林	Jilin	9500	3284	2708	22	57066	28275	27533	8
黑龙江	Heilongjiang	3152	10339	10767	10	9733	8609	8769	11
上 海	Shanghai	9430	10565	12546	8	17417	23002	21980	9
江 苏	Jiangsu	36285	37907	32403	1	60051	63911	55371	5
浙 江	Zhejiang	18485	26008	27323	3	7776	6226	6490	15
安 徽	Anhui	11727	14082	11220	9	8509	9609	7977	12
福 建	Fujian	367	3714	3967	20	23873	55499	56392	4
江 西	Jiangxi	7467	9072	6859	15	7148	6188	5011	17
山 东	Shandong	26176	31452	30546	2	75737	84648	89109	1
河 南	Henan	16349	16032	18151	4	39707	85257	81404	2
湖 北	Hubei	21968	22629	15429	5	7510	10895	9345	10
湖 南	Hunan	3989	7505	6827	16	16381	29113	37262	7
广 东	Guangdong	4554	3633	4350	19	33901	81600	80468	3
广 西	Guangxi	5526	3656	3843	21	432	1295	751	24
海 南	Hainan	2	10						
重 庆	Chongqing	2220	1712	1597	24	1846	3963	2473	22
四 川	Sichuan	11249	10968	8888	12	10734	7041	6797	14
贵 州	Guizhou	1789	4857	2068	23		63	48	26
云 南	Yunnan	14560	8629	9351	11	2629	1831	3208	20
西 藏	Tibet								
陕 西	Shaanxi	3959	8488	7890	13	4594	5950	4930	18
甘 肃	Gansu	824	2068	1080	26	87	3702	4042	19
青 海	Qinghai		970	752	27	51	71	40	27
宁 夏	Ningxia	265	158	132	29	427	576	749	25
新 疆	Xinjiang	3077	2941	1485	25				

14-38　旅行社单位数和旅游业从业人员
Number of Travel Agencies and Tourism Employees

地区	Region	旅行社单位数（家） Number of Travel Agencies (number)				旅游业从业人员（万人） Tourism Employees (10 000 persons)			
		2010	2015	2016	2016排名 Ranking	2010	2015	2016	2016排名 Ranking
全　国	**National Total**	**22784**	**27621**	**27939**		**185.82**	**290.78**	**283.05**	
北　京	Beijing	905	1397	1344	6	14.73	15.96	13.97	6
天　津	Tianjin	310	400	396	26	2.23	2.80	2.91	28
河　北	Hebei	1148	1360	1373	5	3.72	11.17	11.28	8
山　西	Shanxi	755	783	778	16	5.03	4.55	4.94	22
内蒙古	Inner Mongolia	677	953	956	12	3.05	4.83	3.98	26
辽　宁	Liaoning	1145	1253	1258	8	5.79	12.37	9.85	11
吉　林	Jilin	521	651	634	20	2.58	3.02	2.96	27
黑龙江	Heilongjiang	601	672	693	19	2.47	4.68	4.97	21
上　海	Shanghai	867	1225	1261	7	8.61	8.91	9.65	14
江　苏	Jiangsu	1805	2160	2241	1	12.60	17.06	18.17	4
浙　江	Zhejiang	1639	2028	2051	3	13.32	16.89	15.23	5
安　徽	Anhui	904	1068	1070	9	5.45	8.48	8.13	17
福　建	Fujian	718	846	844	14	6.96	9.84	9.76	12
江　西	Jiangxi	699	750	744	17	3.30	8.85	9.74	13
山　东	Shandong	1842	2109	2115	2	13.83	24.38	24.75	1
河　南	Henan	1096	1082	1009	11	6.58	6.57	10.45	10
湖　北	Hubei	931	1037	1057	10	5.96	10.45	9.41	15
湖　南	Hunan	681	835	838	15	6.99	21.24	21.91	3
广　东	Guangdong	1247	1901	2028	4	22.18	27.86	23.69	2
广　西	Guangxi	428	539	586	21	4.83	10.18	7.05	18
海　南	Hainan	299	363	304	28	3.07	4.01	4.36	25
重　庆	Chongqing	379	522	546	22	4.22	6.10	5.78	19
四　川	Sichuan	730	502	485	23	6.16	12.05	11.31	7
贵　州	Guizhou	261	306	348	27	2.36	4.35	4.72	23
云　南	Yunnan	531	766	855	13	5.31	11.71	10.81	9
西　藏	Tibet	78	196	205	30	0.59	0.84	0.93	31
陕　西	Shaanxi	596	680	696	18	5.07	9.69	9.09	16
甘　肃	Gansu	352	445	463	24	3.15	4.41	4.61	24
青　海	Qinghai	197	238	231	29	1.00	1.45	1.60	29
宁　夏	Ningxia	86	111	115	31	0.86	1.15	1.28	30
新　疆	Xinjiang	356	443	415	25	3.83	4.91	5.76	20

14-39 星级饭店数和营业收入总额
Number and Total Revenue of Star-Rated Hotels

地区	Region	星级饭店数（家） Number of Star-Rated Hotels (number)				星级饭店营业收入总额（亿元） Total Revenue (100 million yuan)			
		2010	2015	2016	2016排名 Ranking	2010	2015	2016	2016排名 Ranking
全　国	**National Total**	**11779**	**10550**	**9861**		**21226.55**	**2106.75**	**2027.26**	
北　京	Beijing	644	509	416	7	2529.20	271.90	253.60	1
天　津	Tianjin	99	87	84	29	232.49	23.69	24.76	23
河　北	Hebei	198	377	350	11	286.64	52.54	49.54	11
山　西	Shanxi	255	196	194	24	372.43	22.31	22.03	26
内蒙古	Inner Mongolia	239	278	175	25	272.03	27.63	22.51	25
辽　宁	Liaoning	432	382	349	13	655.58	57.42	45.61	14
吉　林	Jilin	207	164	169	26	269.50	17.24	15.38	28
黑龙江	Heilongjiang	246	206	198	22	197.85	19.89	18.49	27
上　海	Shanghai	291	228	227	21	1904.73	192.47	200.01	3
江　苏	Jiangsu	702	608	561	4	1607.77	165.59	158.03	5
浙　江	Zhejiang	814	688	651	2	2261.03	200.41	194.81	4
安　徽	Anhui	417	339	312	15	492.01	50.25	49.47	12
福　建	Fujian	374	352	334	14	715.43	90.01	86.29	7
江　西	Jiangxi	311	311	290	18	258.90	35.91	34.09	21
山　东	Shandong	895	650	622	3	1422.37	115.59	110.59	6
河　南	Henan	386	303	411	8	519.21	36.95	56.19	9
湖　北	Hubei	455	361	364	10	439.28	46.48	47.28	13
湖　南	Hunan	433	429	419	6	662.45	64.44	63.06	8
广　东	Guangdong	1008	735	723	1	2534.98	211.28	211.20	2
广　西	Guangxi	379	400	410	9	392.55	39.56	39.52	18
海　南	Hainan	186	123	124	27	362.77	43.64	43.93	15
重　庆	Chongqing	246	212	197	23	388.96	42.96	41.19	17
四　川	Sichuan	395	395	298	17	653.18	70.99	55.74	10
贵　州	Guizhou	324	298	266	20	185.07	25.53	25.65	22
云　南	Yunnan	560	614	559	5	367.49	45.37	37.16	19
西　藏	Tibet	105	55	68	31	41.39	51.31	5.58	31
陕　西	Shaanxi	269	353	275	19	459.30	49.67	41.90	16
甘　肃	Gansu	311	296	299	16	210.41	26.17	23.37	24
青　海	Qinghai	105	158	76	30	64.31	9.56	6.69	30
宁　夏	Ningxia	57	86	90	28	68.96	7.82	7.62	29
新　疆	Xinjiang	436	357	350	11	398.26	38.26	35.99	20

14-40 接待入境过夜游客人数和接待外国人游客人数
Number of Overnight Tourists and Foreigners

单位：万人次 (10 000 person-times)

地区	Region	接待入境过夜游客人数 Overnight Tourists				其中：接待外国人 Foreigners			
		2010	2015	2016	2016排名 Ranking	2010	2015	2016	2016排名 Ranking
全　国	**National Total**	**5566.45**	**5688.57**	**5926.73**		**2612.69**	**2598.54**	**2815.12**	
北　京	Beijing	490.07	419.96	416.53	7	421.63	357.56	354.76	5
天　津	Tianjin	166.07	78.48	82.43	23	153.05	69.03	71.89	21
河　北	Hebei	97.74	76.64	83.79	22	85.31	59.89	65.99	22
山　西	Shanxi	130.29	59.38	62.98	26	82.09	38.04	40.42	26
内蒙古	Inner Mongolia	142.80	160.78	177.91	17	140.02	153.35	168.19	15
辽　宁	Liaoning	361.80	264.01	273.67	14	307.01	204.64	212.21	13
吉　林	Jilin	82.01	148.10	161.95	19	72.16	129.21	142.17	16
黑龙江	Heilongjiang	172.42	83.47	95.70	21	164.83	78.68	90.87	20
上　海	Shanghai	733.72	653.59	690.43	2	593.12	540.69	572.57	2
江　苏	Jiangsu	653.55	305.01	329.77	10	473.50	200.84	218.00	12
浙　江	Zhejiang	684.71	459.02	525.59	5	447.41	333.96	387.30	4
安　徽	Anhui	198.42	291.12	313.43	12	117.40	171.17	184.46	14
福　建	Fujian	368.14	332.71	611.48	3	115.27	133.73	254.12	7
江　西	Jiangxi	113.97	155.88	164.83	18	39.92	44.88	49.80	24
山　东	Shandong	366.79	312.22	328.82	11	277.87	226.44	237.66	9
河　南	Henan	146.84	135.30	149.93	20	96.09	84.36	95.81	19
湖　北	Hubei	181.74	311.76	337.56	9	138.55	239.79	254.65	6
湖　南	Hunan	189.87	226.05	240.81	15	103.30	118.19	127.41	17
广　东	Guangdong	3140.93	3450.35	3507.21	1	733.28	783.58	909.49	1
广　西	Guangxi	250.24	450.06	482.52	6	141.39	239.23	251.98	8
海　南	Hainan	66.33	60.84	74.89	24	47.40	35.60	46.98	25
重　庆	Chongqing	137.02	148.10	180.89	16	103.96	98.98	119.00	18
四　川	Sichuan	104.93	273.20	308.79	13	74.97	193.44	219.23	11
贵　州	Guizhou	50.01	68.59	72.29	25	18.61	29.89	31.86	27
云　南	Yunnan	329.15	570.08	600.38	4	231.23	420.00	450.69	3
西　藏	Tibet	22.83	29.26	32.19	28	21.41	14.26	21.12	28
陕　西	Shaanxi	212.17	293.03	338.20	8	155.24	194.15	228.52	10
甘　肃	Gansu	7.02	5.45	7.15	29	4.99	3.16	3.96	30
青　海	Qinghai	4.67	6.53	7.01	30	3.39	4.52	5.03	29
宁　夏	Ningxia	1.80	3.73	5.12	31	1.29	1.84	2.35	31
新　疆	Xinjiang	50.94	53.14	58.21	27	45.44	45.94	51.56	23

14-41 接待入境过夜港澳同胞和台湾同胞
Number of Oversea and Overnight Tourists Arrivals

单位：万人次 (10 000 person-times)

地区	Region	其中：港澳同胞 Hongkong and Macao Compatriots				其中：台湾同胞 Taiwan Compatriots			
		2010	2015	2016	2016排名 Ranking	2010	2015	2016	2016排名 Ranking
全　国	**National Total**	**2994.20**	**3553.74**			**1253.66**	**1218.03**		
北　京	Beijing	41.66	37.05	36.92	14	26.79	25.54	24.85	17
天　津	Tianjin	5.66	4.74	5.58	26	7.36	4.71	4.96	24
河　北	Hebei	6.30	10.26	11.15	23	6.13	6.49	6.65	23
山　西	Shanxi	30.34	12.70	13.36	21	17.85	8.64	9.20	21
内蒙古	Inner Mongolia	1.78	4.52	6.11	25	1.00	2.91	3.53	28
辽　宁	Liaoning	30.87	32.41	33.88	15	23.92	26.96	27.57	16
吉　林	Jilin	6.59	10.57	11.17	22	3.26	8.32	8.61	22
黑龙江	Heilongjiang	3.99	0.77	1.05	30	3.60	4.02	3.78	27
上　海	Shanghai	66.40	47.32	49.65	11	74.20	65.57	68.21	7
江　苏	Jiangsu	64.12	14.75	16.20	19	115.93	89.42	95.58	4
浙　江	Zhejiang	108.54	52.45	59.18	8	128.77	72.62	79.11	5
安　徽	Anhui	36.37	53.59	59.15	9	44.65	66.37	69.82	6
福　建	Fujian	95.94	82.91	149.07	2	156.92	116.07	208.29	2
江　西	Jiangxi	53.39	83.14	85.05	5	20.65	27.86	29.98	15
山　东	Shandong	48.93	47.95	50.92	10	39.99	37.83	40.24	12
河　南	Henan	25.98	27.78	30.18	16	24.77	23.15	23.94	18
湖　北	Hubei	24.14	37.71	39.08	13	19.05	34.26	43.84	10
湖　南	Hunan	49.36	273.57	76.81	6	37.21	37.90	36.59	14
广　东	Guangdong	2090.81	2385.53	2332.64	1	316.84	281.24	265.08	1
广　西	Guangxi	50.59	119.08	131.29	3	58.26	91.74	99.25	3
海　南	Hainan	12.10	12.93	14.31	20	6.83	12.32	13.60	20
重　庆	Chongqing	17.97	15.79	22.05	18	15.10	33.33	39.84	13
四　川	Sichuan	15.11	43.49	48.48	12	14.85	36.27	41.08	11
贵　州	Guizhou	13.64	21.21	22.08	17	17.76	17.49	18.35	19
云　南	Yunnan	56.17	50.04	86.77	4	41.75	31.22	62.91	8
西　藏	Tibet	0.82	8.55	6.15	24	0.60	6.45	4.92	25
陕　西	Shaanxi	32.90	58.08	63.86	7	24.04	40.80	45.82	9
甘　肃	Gansu	0.80	0.70	1.16	29	1.23	1.59	2.03	30
青　海	Qinghai	0.42	1.17	1.22	28	0.86	0.84	0.76	31
宁　夏	Ningxia	0.25	0.48	0.46	31	0.26	1.42	2.30	29
新　疆	Xinjiang	2.25	2.51	1.99	27	3.25	4.69	4.66	26

14-42 国际旅游（外汇）收入
International Tourism Receipts

单位：百万美元 (USD million)

地区	Region	2009	2010	2011	2012	2013	2015	2016	2016排名 Ranking
全　国	**National Total**	**39675.00**	**45814.00**	**48464.00**	**50028.00**	**51664.00**	**113650.00**	**120000.00**	
北　京	Beijing	4356.68	5044.61	5416.00	5149.00	4794.68	4605.00	5070.00	4
天　津	Tianjin	1182.64	1419.51	1755.53	2226.41	2591.28	3298.11	3556.87	6
河　北	Hebei	307.81	350.71	447.65	544.94	585.78	501.91	552.41	22
山　西	Shanxi	377.94	464.60	567.19	720.24	822.68	297.10	317.38	26
内蒙古	Inner Mongolia	558.31	601.90	670.97	771.96	962.29	962.49	1139.03	17
辽　宁	Liaoning	1856.21	2259.33	2713.14	3263.69	3477.14	1636.50	1823.92	14
吉　林	Jilin	242.94	304.92	385.28	494.77	552.37	724.14	791.21	19
黑龙江	Heilongjiang	638.68	762.50	917.62	835.48	604.36	395.33	458.05	24
上　海	Shanghai	4744.02	6340.92	5751.18	5493.23	5244.70	5860.44	6419.20	3
江　苏	Jiangsu	4016.01	4783.43	5652.97	6299.72	2379.89	3527.29	3803.62	5
浙　江	Zhejiang	3223.58	3930.20	4541.73	5151.74	5392.93	6788.47	3127.59	7
安　徽	Anhui	565.84	708.98	1179.18	1562.67	1660.42	2262.87	2542.36	10
福　建	Fujian	2599.23	2978.24	3634.44	4225.67	4573.38	5561.40	6625.69	2
江　西	Jiangxi	289.75	346.03	415.00	484.73	525.08	567.00	584.54	21
山　东	Shandong	1765.30	2155.04	2550.76	2923.65	2731.20	2896.48	3063.42	9
河　南	Henan	433.03	498.77	549.03	611.41	659.98	623.60	646.50	20
湖　北	Hubei	510.20	751.16	940.18	1202.97	1218.92	1671.90	1872.39	13
湖　南	Hunan	672.70	906.22	1014.34	928.36	822.69	857.72	1004.57	18
广　东	Guangdong	10028.13	12382.6	13906.2	15610.67	16278.07	17884.66	18577.13	1
广　西	Guangxi	643.34	806.15	1051.88	1278.87	1547.30	1916.86	2164.27	12
海　南	Hainan	276.66	322.36	376.15	348.02	337.48	248.52	349.89	25
重　庆	Chongqing	537.21	703.20	968.06	1168.32	1268.31	1468.57	1686.82	15
四　川	Sichuan	288.56	354.09	593.83	798.15	764.76	1180.87	1581.68	16
贵　州	Guizhou	110.44	129.58	135.07	168.94	201.43	231.33	252.71	27
云　南	Yunnan	1172.21	1323.65	1608.61	1947.08	2418.18	2875.50	3074.77	8
西　藏	Tibet	78.73	103.59	129.63	105.70	127.86	176.66	194.39	28
陕　西	Shaanxi	771.07	1015.96	1295.05	1597.47	1676.19	2000.22	2338.55	11
甘　肃	Gansu	12.54	14.81	17.40	22.35	20.39	14.18	19.14	31
青　海	Qinghai	15.42	20.45	26.59	24.32	19.42	38.76	44.16	29
宁　夏	Ningxia	4.43	5.99	6.20	5.45	12.08	20.84	40.58	30
新　疆	Xinjiang	136.63	185.42	465.19	550.57	585.02	555.89	518.73	23

14-43 接待国内过夜游客人数和旅游收入
Number of Domestic Overnight Tourists and Earnings

地区	Region	接待国内过夜游客人数（亿人次） Number of Domestic Overnight Tourists (100 million person-times)				国内旅游收入（亿元） Earnings (100 million yuan)			
		2010	2013	2014	2014排名 Ranking	2010	2013	2014	2014排名 Ranking
全　国	**National Total**	**21.03**	**32.62**	**36.11**		**12579.77**	**26276.12**	**30311.86**	
北　京	Beijing	1.79	2.50	2.60	17	2425.10	3666.30	3997.00	6
天　津	Tianjin	0.92				1151.90			
河　北	Hebei	1.49	2.70	3.10	12	890.68	1973.80	2528.70	14
山　西	Shanxi	1.25	2.50	3.00	13	1052.26	2253.70	2829.30	12
内蒙古	Inner Mongolia	0.45	0.66	0.74	22	692.92	1343.73	1745.00	20
辽　宁	Liaoning	2.83	4.04	4.59	6	2533.40	4432.80	5190.20	4
吉　林	Jilin	0.64	1.02	1.20	20	712.39	1441.64	1766.55	19
黑龙江	Heilongjiang	1.57	2.90	1.05	21	831.55	1348.50	1031.50	21
上　海	Shanghai	2.15	2.60	2.68	16	2522.94	2968.00	2950.13	10
江　苏	Jiangsu	3.55	5.20	5.70	2	4287.90	6940.10	7863.50	2
浙　江	Zhejiang	2.95	4.34	4.79	4	3045.50	5202.00	5947.00	3
安　徽	Anhui	1.53	3.36	3.80	8	1094.81	2903.20	3309.70	8
福　建	Fujian	1.14	1.95	2.29	18	1135.07	2003.41	2405.84	18
江　西	Jiangxi	1.07	2.48	3.11	11		1863.60	2615.20	13
山　东	Shandong	3.49				2915.80			
河　南	Henan								
湖　北	Hubei		4.06	4.69	5		3130.13	3675.98	7
湖　南	Hunan	2.01	3.60	4.10	7	1365.54	2630.90	3001.50	9
广　东	Guangdong	3.95	5.97	6.58	1	2964.59	7297.00	8220.00	1
广　西	Guangxi	1.40	2.43	2.86	14	898.10	1961.32	2494.99	16
海　南	Hainan	0.25	0.37	0.41	24	235.61	408.05	506.50	24
重　庆	Chongqing	1.60				868.40			
四　川	Sichuan	2.71	4.90	5.40	3	1862.03	3830.00	4838.30	5
贵　州	Guizhou	1.28	2.67	3.20	10	1052.64	2358.18	2882.66	11
云　南	Yunnan	1.38	2.40	2.81	15	916.82	1961.55	2516.87	15
西　藏	Tibet	0.07	0.13	0.15	27	71.40	165.18	204.00	25
陕　西	Shaanxi	1.44	2.82	3.29	9	915.92	2031.10	2435.00	17
甘　肃	Gansu	0.43	1.01	1.27	19	236.20	618.90	779.60	22
青　海	Qinghai	0.12	0.18	0.20	25	69.63	157.34	200.31	26
宁　夏	Ningxia	0.10	0.08	0.17	26	67.30	126.55	141.56	27
新　疆	Xinjiang	0.30	0.50	0.48	23	281.13	637.38	619.53	23

14-44 旅行社外联和接待入境游客人数
Number of Tourists Liaised and Received by Travel Agencies

单位：万人 (10 000 persons)

地区	Region	旅行社外联入境游客人数 Liaised Persons 2010	2015	2016	2016排名 Ranking	旅行社接待入境游客人数 Received Persons 2010	2015	2016	2016排名 Ranking
全　国	National Total	1352.04	1416.34	1445.69		2408.06	1978.83	1942.94	
北　京	Beijing	161.00	129.69	125.26	4	183.94	109.72	125.94	5
天　津	Tianjin	8.25	4.54	6.47	24	10.85	7.16	11.16	23
河　北	Hebei	11.53	11.40	9.30	21	14.34	11.74	9.21	25
山　西	Shanxi	1.21	8.13	9.42	20	5.63	11.90	12.32	21
内蒙古	Inner Mongolia	37.70	7.52	10.03	18	40.32	8.92	12.10	22
辽　宁	Liaoning	143.50	117.47	146.55	2	272.67	114.24	143.93	4
吉　林	Jilin	20.66	12.82	16.48	14	34.14	24.98	21.61	19
黑龙江	Heilongjiang	32.79	12.58	11.68	17	48.41	27.64	28.83	14
上　海	Shanghai	76.34	60.50	53.09	9	103.87	74.00	55.12	12
江　苏	Jiangsu	40.50	46.91	42.06	11	259.64	201.82	186.55	2
浙　江	Zhejiang	100.77	85.71	62.97	7	116.52	106.58	73.10	10
安　徽	Anhui	6.69	12.73	9.88	19	20.93	34.07	26.72	16
福　建	Fujian	37.62	105.18	116.38	5	44.15	84.73	91.46	9
江　西	Jiangxi	2.14	2.39	7.19	23	4.39	7.45	5.91	26
山　东	Shandong	107.95	166.73	145.94	3	139.52	183.16	154.52	3
河　南	Henan	14.85	17.83	19.82	13	34.84	23.50	24.57	17
湖　北	Hubei	11.00	31.57	42.33	10	120.35	138.99	122.10	7
湖　南	Hunan	49.21	61.22	62.33	8	101.70	120.54	125.89	6
广　东	Guangdong	297.82	363.68	377.52	1	406.20	401.31	402.60	1
广　西	Guangxi	30.70	14.06	15.66	15	54.27	26.74	27.74	15
海　南	Hainan	11.31	3.17	3.41	26	21.38	8.39	11.10	24
重　庆	Chongqing	43.69	15.73	13.25	16	130.67	61.64	61.56	11
四　川	Sichuan	47.46	39.55	31.15	12	82.18	50.23	40.48	13
贵　州	Guizhou	1.64	3.72	7.63	22	4.74	4.72	12.97	20
云　南	Yunnan	18.36	6.41	5.49	25	68.62	21.69	22.46	18
西　藏	Tibet	4.01	1.36	1.29	29	7.00	3.34	2.22	31
陕　西	Shaanxi	30.10	68.58	86.97	6	67.58	95.00	117.21	8
甘　肃	Gansu	0.84	0.85	2.74	27	2.72	3.81	4.00	27
青　海	Qinghai	0.37	1.06	0.69	30	1.98	2.63	2.80	30
宁　夏	Ningxia	0.03	0.27	0.52	31	0.93	1.97	2.93	29
新　疆	Xinjiang	1.98	2.98	2.19	28	3.60	6.23	3.81	28

14-45 旅行社组团和接待国内游客人数

Domestic Tourist Groups Organized and Received by Travel Agencies

单位：万人 (10 000 persons)

地区	Region	旅行社组团人数 Organized 2010	2015	2016	2016排名 Ranking	旅行社接待国内游客人数 Received 2010	2015	2016	2016排名 Ranking
全　国	**National Total**	**11953.31**	**13676.14**	**15604.86**		**14147.25**	**15335.46**	**17088.61**	
北　京	Beijing	375.43	303.24	523.89	11	360.61	296.90	331.29	18
天　津	Tianjin	139.03	172.13	156.87	20	79.89	114.46	80.77	26
河　北	Hebei	250.83	377.84	320.49	14	234.73	231.61	1250.75	5
山　西	Shanxi	124.23	161.86	177.78	17	166.89	168.28	149.56	23
内蒙古	Inner Mongolia	54.72	48.58	55.23	25	69.23	138.79	150.11	22
辽　宁	Liaoning	386.84	525.08	624.20	9	482.78	391.48	423.26	14
吉　林	Jilin	74.10	78.58	78.54	24	84.46	66.93	62.98	29
黑龙江	Heilongjiang	76.28	85.00	84.67	23	88.69	125.52	114.75	24
上　海	Shanghai	1086.07	1080.12	1404.25	4	1060.89	703.50	707.19	9
江　苏	Jiangsu	1334.87	1524.83	2145.29	2	1848.53	2118.16	2005.42	1
浙　江	Zhejiang	1363.94	1447.66	1576.11	3	1220.67	1566.12	1700.77	2
安　徽	Anhui	377.99	394.74	504.53	12	454.71	587.66	675.42	11
福　建	Fujian	255.91	712.75	818.82	6	433.42	1164.30	1279.04	4
江　西	Jiangxi	158.78	130.79	160.14	19	223.02	169.24	193.86	20
山　东	Shandong	822.26	1119.54	1103.63	5	760.80	907.45	980.57	7
河　南	Henan	297.85	220.01	237.38	16	313.09	159.70	172.55	21
湖　北	Hubei	464.25	743.75	791.82	8	564.03	1018.85	1051.63	6
湖　南	Hunan	424.03	549.89	551.71	10	519.18	551.17	701.63	10
广　东	Guangdong	1874.98	2078.88	2169.27	1	1701.30	1403.45	1336.91	3
广　西	Guangxi	178.09	109.56	138.21	21	347.98	370.74	397.27	15
海　南	Hainan	127.87	15.55	38.86	28	246.61	552.93	663.97	12
重　庆	Chongqing	264.46	761.40	798.62	7	323.64	465.07	335.79	17
四　川	Sichuan	964.87	453.38	403.64	13	1528.08	499.61	452.88	13
贵　州	Guizhou	55.60	66.83	160.98	18	51.13	121.81	321.35	19
云　南	Yunnan	173.67	120.14	125.10	22	623.56	920.66	861.75	8
西　藏	Tibet	4.15	12.31	3.89	31	20.04	27.37	21.24	31
陕　西	Shaanxi	139.84	273.28	312.60	15	176.13	314.72	380.79	16
甘　肃	Gansu	40.93	34.75	42.60	27	46.72	46.22	74.69	27
青　海	Qinghai	9.83	16.51	25.83	29	27.42	50.39	81.88	25
宁　夏	Ningxia	23.62	18.09	21.64	30	41.88	46.36	54.78	30
新　疆	Xinjiang	27.97	39.08	48.27	26	47.13	36.00	73.75	28

14-46 旅行社营业收入和营业税金及附加
Operating Income, Taxes and Extra Charges of Travel Agencies

单位：亿元 (100 million yuan)

地区	Region	旅行社营业收入 Operating Income 2010	2015	2016	2016排名 Ranking	旅行社营业税金及附加 Taxes and Extra Charges 2010	2015	2016	2016排名 Ranking
全　国	**National Total**	**23566.74**	**4189.01**	**4643.14**		**197.01**	**16.12**	**10.44**	
北　京	Beijing	4006.86	710.28	612.09	3	20.15	3.04	1.10	3
天　津	Tianjin	196.75	41.02	50.34	18	1.99	0.17	0.10	20
河　北	Hebei	258.17	34.24	42.45	20	2.81	0.14	0.11	18
山　西	Shanxi	211.83	58.41	84.74	13	1.75	0.11	0.16	14
内蒙古	Inner Mongolia	135.81	21.35	21.05	27	1.46	0.12	0.06	27
辽　宁	Liaoning	520.22	125.04	124.97	9	4.22	0.49	0.40	8
吉　林	Jilin	97.60	18.80	22.33	26	2.07	0.11	0.06	28
黑龙江	Heilongjiang	218.75	31.62	32.15	23	3.26	0.13	0.08	22
上　海	Shanghai	2979.86	702.22	827.28	1	20.28	2.42	2.15	1
江　苏	Jiangsu	1839.75	324.62	598.20	4	18.12	0.85	0.62	5
浙　江	Zhejiang	2056.69	258.53	54.40	17	18.32	1.13	0.15	16
安　徽	Anhui	433.18	70.95	85.15	12	5.95	0.24	0.17	12
福　建	Fujian	759.14	205.18	260.13	5	7.21	0.76	0.52	7
江　西	Jiangxi	183.01	37.89	38.85	21	1.53	0.15	0.07	24
山　东	Shandong	1063.18	170.54	169.73	6	12.98	0.74	0.58	6
河　南	Henan	534.86	23.76	38.40	22	6.36	0.10	0.09	21
湖　北	Hubei	592.35	131.14	120.86	10	9.30	0.64	0.77	4
湖　南	Hunan	933.98	119.25	146.92	7	5.80	0.42	0.29	11
广　东	Guangdong	3499.54	607.73	720.60	2	29.98	2.76	1.53	2
广　西	Guangxi	337.21	39.88	64.38	16	1.52	0.15	0.07	23
海　南	Hainan	286.63	40.63	49.95	19	1.17	0.14	0.16	13
重　庆	Chongqing	552.12	127.31	131.03	8	5.49	0.35	0.15	15
四　川	Sichuan	348.43	74.11	84.30	14	2.70	0.24	0.30	10
贵　州	Guizhou	111.68	24.24	26.93	24	0.56	0.10	0.06	26
云　南	Yunnan	679.40	71.60	93.96	11	4.32	0.27	0.31	9
西　藏	Tibet	27.45	9.21	10.07	29	0.21	0.03	0.03	29
陕　西	Shaanxi	350.90	63.48	71.42	15	1.51	0.17	0.10	19
甘　肃	Gansu	132.83	7.63	14.64	28	4.59	0.02	0.14	17
青　海	Qinghai	33.79	8.16	9.51	30	0.19	0.02	0.01	30
宁　夏	Ningxia	51.38	8.60	9.42	31	0.26	0.02	0.01	31
新　疆	Xinjiang	133.41	21.65	26.90	25	0.96	0.09	0.07	25

14-47 旅游景区总数和旅游景区接待游客总数
Number of Tourist Attractions and Visitors Received

地区	Region	旅游景区总数（家）Number of Tourist Attractions (number)				旅游景区接待游客总数（亿人次）Visitors Received (100 million person-times)			
		2010	2015	2016	2016排名 Ranking	2010	2015	2016	2016排名 Ranking
全　国	**National Total**	**4521**	**7951**	**8659**		**22.43**	**37.77**	**44.32**	
北　京	Beijing	194	193	193	22	2.12	1.67	2.01	7
天　津	Tianjin	43	102	101	26	0.25	0.45	0.42	26
河　北	Hebei	240	329	339	9	0.85	0.98	1.14	16
山　西	Shanxi	78	106	143	25	0.33	0.47	0.63	22
内蒙古	Inner Mongolia	164	294	288	16	0.18	0.43	0.44	25
辽　宁	Liaoning	195	281	309	12	1.16	1.00	1.05	18
吉　林	Jilin	103	230	227	19	0.18	0.36	0.36	29
黑龙江	Heilongjiang	155	410	359	6	0.27	0.60	0.63	22
上　海	Shanghai	55	89	96	27	0.55	0.73	0.86	21
江　苏	Jiangsu	366	622	632	2	3.28	4.72	5.14	1
浙　江	Zhejiang	257	445	490	3	1.96	2.99	3.47	3
安　徽	Anhui	276	443	461	4	0.71	1.89	2.29	5
福　建	Fujian	83	188	182	23	0.46	1.15	1.21	15
江　西	Jiangxi	99	212	255	17	0.54	1.46	1.60	10
山　东	Shandong	408	795	878	1	2.34	3.39	3.89	2
河　南	Henan	192	249	368	5	0.98	1.32	1.86	9
湖　北	Hubei	193	301	316	11	0.53	1.21	1.44	13
湖　南	Hunan	184	257	290	15	0.81	1.54	1.60	10
广　东	Guangdong	136	286	309	12	1.34	1.97	2.21	6
广　西	Guangxi	128	249	347	8	0.59	1.07	1.50	12
海　南	Hainan	33	55	53	30	0.19	0.33	0.42	26
重　庆	Chongqing	91	198	210	20	0.51	0.87	1.06	17
四　川	Sichuan	188	327	354	7	0.64	2.38	2.58	4
贵　州	Guizhou	80	135	172	24	0.18	0.84	1.34	14
云　南	Yunnan	137	199	205	21	0.64	1.01	1.04	19
西　藏	Tibet		4	79	28			0.39	28
陕　西	Shaanxi	93	313	336	10	0.29	1.46	1.89	8
甘　肃	Gansu	133	217	255	17	0.28	0.71	0.91	20
青　海	Qinghai	10	79	74	29	0.03	0.20	0.23	30
宁　夏	Ningxia	31	40	42	31	0.07	0.17	0.18	31
新　疆	Xinjiang	176	303	296	14	0.14	0.40	0.53	24

14-48 旅游景区营业收入和旅游景区门票收入
Total Revenue and Tickets of Tourist Trade

单位：亿元 (100 million yuan)

地区	Region	旅游景区营业收入 Total Revenue 2010	2015	2016	2016排名 Ranking	旅游景区门票收入 Tickets 2010	2015	2016	2016排名 Ranking
全　国	**National Total**	**3960.81**	**3479.08**	**3858.20**		**874.50**	**801.16**	**906.20**	
北　京	Beijing	47.73	50.56	50.33	21	32.69	22.70	26.85	15
天　津	Tianjin	13.49	16.74	18.40	29	0.76	6.09	7.85	26
河　北	Hebei	19.34	84.18	86.98	16	5.73	19.50	20.40	19
山　西	Shanxi	36.11	96.88	105.38	13	7.88	15.38	17.74	20
内蒙古	Inner Mongolia	11.54	31.77	39.40	24	2.14	7.05	7.15	28
辽　宁	Liaoning	317.03	97.83	89.69	15	8.02	44.93	34.73	12
吉　林	Jilin	52.37	28.67	34.49	27	5.81	7.44	8.61	25
黑龙江	Heilongjiang	12.58	48.75	51.42	20	2.87	12.11	11.39	24
上　海	Shanghai	24.01	31.47	35.35	26	10.35	18.23	21.71	17
江　苏	Jiangsu	13.44	212.92	202.64	8	6.38	51.63	56.23	4
浙　江	Zhejiang	120.05	178.56	209.80	7	35.19	62.11	74.99	2
安　徽	Anhui	93.24	233.33	254.81	3	18.40	33.96	39.35	10
福　建	Fujian	20.81	60.12	41.64	23	8.16	22.24	21.88	16
江　西	Jiangxi	126.14	537.09	538.58	1	15.55	47.03	47.81	7
山　东	Shandong	137.78	226.36	234.04	5	33.88	41.97	76.84	1
河　南	Henan	32.54	82.91	101.06	14	17.13	29.11	45.15	8
湖　北	Hubei	75.08	143.12	185.44	9	12.04	34.26	39.44	9
湖　南	Hunan	33.54	213.25	231.95	6	18.25	47.46	50.09	6
广　东	Guangdong	55.61	137.14	146.23	10	25.93	59.92	65.00	3
广　西	Guangxi	22.01	52.88	56.41	18	10.42	18.91	21.71	17
海　南	Hainan	11.52	26.38	30.45	28	8.21	12.35	14.49	22
重　庆	Chongqing	467.98	91.32	111.13	12	454.54	13.42	16.38	21
四　川	Sichuan	1832.53	367.66	407.13	2	92.04	47.99	52.88	5
贵　州	Guizhou	15.13	121.24	245.56	4	1.92	17.91	28.68	14
云　南	Yunnan	32.07	82.63	85.08	17	18.47	29.05	30.05	13
西　藏	Tibet		0.03	4.32	31			1.83	31
陕　西	Shaanxi	12.35	82.29	111.74	11	8.87	30.58	38.91	11
甘　肃	Gansu	30.55	54.18	56.33	19	4.71	12.43	11.52	23
青　海	Qinghai	0.35	29.75	38.27	25	0.17	4.12	4.70	29
宁　夏	Ningxia	191.11	10.40	10.42	30	1.89	4.67	4.11	30
新　疆	Xinjiang	102.77	48.67	43.73	22	6.09	6.61	7.73	27

15

金融业

Financial Intermediation

15-1 金融机构本外币和人民币住户存款余额

Loan Balance of Renminbi and Foreign Currencies, and Deposits in All Items of Financial Institutions

单位：亿元 (100 million yuan)

地区	Region	金融机构本外币住户存款余额 Loan Balance in Foreign Currency 2016	2016排名 Ranking	金融机构人民币住户存款余额 Loan Balance in RMB 2016	2016排名 Ranking
全　国	**National Total**	**606522.23**		**597751.05**	
北　京	Beijing	29505.68	8	28012.03	8
天　津	Tianjin	9341.88	24	9125.38	24
河　北	Hebei	32870.97	5	32710.86	5
山　西	Shanxi	17231.12	14	17128.05	14
内蒙古	Inner Mongolia	10012.36	23	9960.13	23
辽　宁	Liaoning	25882.12	9	25494.92	9
吉　林	Jilin	10666.06	22	10553.35	22
黑龙江	Heilongjiang	13591.95	18	13448.38	18
上　海	Shanghai	25112.99	10	23639.80	10
江　苏	Jiangsu	44544.05	2	43900.50	2
浙　江	Zhejiang	38755.05	4	38077.05	4
安　徽	Anhui	18957.09	13	18857.63	13
福　建	Fujian	15412.31	16	15122.76	16
江　西	Jiangxi	14065.67	17	13980.95	17
山　东	Shandong	41754.94	3	41350.93	3
河　南	Henan	29578.94	7	29421.19	7
湖　北	Hubei	22065.17	11	21876.55	11
湖　南	Hunan	21242.12	12	21125.96	12
广　东	Guangdong	59768.75	1	58618.89	1
广　西	Guangxi	12606.56	20	12548.64	20
海　南	Hainan	3417.20	28	3388.32	28
重　庆	Chongqing	13480.84	19	13399.44	19
四　川	Sichuan	32184.28	6	31950.42	6
贵　州	Guizhou	8556.56	25	8531.81	25
云　南	Yunnan	12012.49	21	11936.21	21
西　藏	Tibet	786.55	31	785.89	31
陕　西	Shaanxi	17212.82	15	17084.52	15
甘　肃	Gansu	8530.60	26	8492.87	26
青　海	Qinghai	2010.33	30	2002.42	30
宁　夏	Ningxia	2562.23	29	2550.04	29
新　疆	Xinjiang	7543.08	27	7498.27	27

15-2 金融机构本外币短期和中长期贷款余额

Short-term Loans and Medium & Long-term Loans in All Items of Financial Institutions

单位：亿元 (100 million yuan)

地区	Region	本外币短期贷款余额 Short-term Loans				本外币中长期贷款余额 Medium & Long-term Loans			
		2010	2015	2016	2016排名 Ranking	2010	2015	2016	2016排名 Ranking
全　国	**National Total**	**166233.38**				**288930.43**			
北　京	Beijing	8597.00	17907.00	18693.80	5	26180.20	33671.30	37471.30	4
天　津	Tianjin	3016.51	6762.10	7443.99	15	9264.71	14452.48	16070.29	16
河　北	Hebei	6142.44	12527.80			9100.01	17903.50		
山　西	Shanxi	3742.52	7535.00	7851.45	13	5409.30	9496.17	10868.09	22
内蒙古	Inner Mongolia	2709.41	6798.63	7145.45	16	5136.53	9628.15	11492.25	21
辽　宁	Liaoning	6303.00	13669.00	14276.00	8	11901.00	20319.00	21575.00	10
吉　林	Jilin	2815.66	6123.30	7099.70	17	4310.84	8425.70	9342.20	24
黑龙江	Heilongjiang	2916.10	7982.90	1412.80	27	4098.40	7189.10		
上　海	Shanghai	9278.11	14182.34	14618.46	7	21693.69	30416.78	34310.54	5
江　苏	Jiangsu	16951.69	30678.41	30969.02	3	23367.87	42744.42	55345.53	2
浙　江	Zhejiang	26044.53	40254.91	38652.00	1	18800.18	31641.68	37586.80	3
安　徽	Anhui	4142.00	8515.50	9285.90	11	7175.00	15477.10	18766.60	13
福　建	Fujian	6614.90	12861.00	13058.36	9	8485.90	18873.30	21936.14	9
江　西	Jiangxi	2851.89	7347.31	7662.04	14	4753.75	10329.74	13127.57	20
山　东	Shandong	14592.64	28192.48	28035.52	4	15864.26	26168.76	31272.23	6
河　南	Henan	6995.81	13763.70	14706.40	6	7806.31	16416.30	20645.20	11
湖　北	Hubei	4197.92	8896.22	8505.56	12	9130.98	18291.14	22620.54	8
湖　南	Hunan	3540.80	6569.90	6528.60	18	7585.55	16674.90	19647.50	12
广　东	Guangdong	15169.58	30072.55	32345.63	2	46698.23	58053.36	69158.10	1
广　西	Guangxi	1720.22	4774.00	4593.91	23	7057.58	12406.05	14719.49	18
海　南	Hainan	397.99	1057.61	1165.98	28	2062.76	5374.72	6210.31	26
重　庆	Chongqing	1686.11	5539.43	5981.46	20	8705.32	15394.18	17787.71	14
四　川	Sichuan	4948.04	10909.90	10469.22	10	14040.82	26274.13	31080.27	7
贵　州	Guizhou	1018.05	3162.81	3439.29	25	4585.34	11680.51	14116.25	19
云　南	Yunnan	2702.92	6225.97	6099.10	19	7771.89	13485.73	15449.73	17
西　藏	Tibet	58.71	333.32	586.56	30	213.60	1619.93	2462.08	29
陕　西	Shaanxi	2513.90	5481.10	5270.83	21	7273.10	15355.00	17235.39	15
甘　肃	Gansu	1690.32	4662.34	4841.31	22	2728.71	8066.60	9993.09	23
青　海	Qinghai	401.70	1823.02	817.28	29	1347.95	2950.32	3581.89	27
宁　夏	Ningxia	704.25	1801.13	1854.81	26	1611.99	3025.24	3433.18	28
新　疆	Xinjiang	1849.44	4089.96	4169.41	24	3132.26	7653.69	8619.53	25

15-3　金融机构本外币农林牧渔业贷款余额和同比增长统计

Loan Balance of RMB and Foreign Currencies in Agriculture, Forestry, Animal husbandry, and Side Fisheries, and Year-on-Year Growth

地区	Region	农林牧渔业贷款余额统计（亿元）Loan Balance (100 million yuan)		农林牧渔业贷款同比增长统计（%）Year-on-Year Growth (%)	
		2016	2016排名 Ranking	2016	2016排名 Ranking
全　国	**National Total**	**36627.28**		**4.24**	
北　京	Beijing	415.51	24	13.89	8
天　津	Tianjin	190.68	28	15.41	7
河　北	Hebei	892.82	19	-19.58	31
山　西	Shanxi	847.57	20	2.29	20
内蒙古	Inner Mongolia	1893.96	5	6.49	12
辽　宁	Liaoning	1717.52	8	4.55	18
吉　林	Jilin	781.37	23	1.25	22
黑龙江	Heilongjiang	1495.71	11	-0.59	25
上　海	Shanghai	106.33	31	2.50	19
江　苏	Jiangsu	2105.28	4	5.00	17
浙　江	Zhejiang	1376.66	13	2.18	21
安　徽	Anhui	846.14	21	-0.45	24
福　建	Fujian	1030.33	18	6.17	15
江　西	Jiangxi	2120.77	3	10.62	10
山　东	Shandong	1758.84	7	-11.57	30
河　南	Henan	3195.46	1	-4.07	27
湖　北	Hubei	1250.85	14	8.48	11
湖　南	Hunan	1446.65	12	-3.88	26
广　东	Guangdong	842.86	22	-5.05	28
广　西	Guangxi	1713.75	9	24.54	3
海　南	Hainan	237.67	27	13.17	9
重　庆	Chongqing	282.14	26	-11.42	29
四　川	Sichuan	1869.34	6	0.66	23
贵　州	Guizhou	1089.88	17	35.71	2
云　南	Yunnan	1091.72	16	5.06	16
西　藏	Tibet	148.94	29	68.47	1
陕　西	Shaanxi	1138.05	15	6.19	14
甘　肃	Gansu	2507.23	2	19.57	5
青　海	Qinghai	147.28	30	20.54	4
宁　夏	Ningxia	385.32	25	18.78	6
新　疆	Xinjiang	1681.71	10	6.46	13

15-4 金融机构本外币农村（县及县以下）贷款余额和同比增长统计

Loan Balance of RMB and Foreign Currencies (in County Areas) and Year-on-Year Growth

地区	Region	农村（县及县以下）贷款余额统计（亿元） Loan Balance (100 million yuan) 2016	2016排名 Ranking	农村（县及县以下）贷款同比增长统计（%） Year-on-Year Growth (%) 2016	2016排名 Ranking
全　国	**National Total**	**230091.83**		**6.50**	
北　京	Beijing	824.59	30	-20.41	29
天　津	Tianjin	914.07	29	-21.66	31
河　北	Hebei	11906.06	6	-4.07	27
山　西	Shanxi	7587.84	8	3.19	23
内蒙古	Inner Mongolia	5917.64	16	14.39	7
辽　宁	Liaoning	5832.77	18	1.80	25
吉　林	Jilin	4956.05	21	16.39	4
黑龙江	Heilongjiang	5586.26	19	11.76	12
上　海	Shanghai	974.82	27	-10.47	28
江　苏	Jiangsu	24750.37	2	7.83	18
浙　江	Zhejiang	27547.77	1	-1.72	26
安　徽	Anhui	7161.80	12	12.16	10
福　建	Fujian	10646.51	7	3.52	22
江　西	Jiangxi	7175.52	11	16.45	3
山　东	Shandong	21714.72	3	6.03	20
河　南	Henan	12744.91	4	8.79	15
湖　北	Hubei	6273.49	15	15.60	6
湖　南	Hunan	7564.01	9	13.88	9
广　东	Guangdong	7391.93	10	2.10	24
广　西	Guangxi	4527.93	23	14.01	8
海　南	Hainan	915.41	28	-20.84	30
重　庆	Chongqing	3347.11	24	8.27	16
四　川	Sichuan	12023.51	5	7.97	17
贵　州	Guizhou	6356.52	14	23.06	1
云　南	Yunnan	6435.97	13	11.99	11
西　藏	Tibet	259.29	31	21.19	2
陕　西	Shaanxi	4819.60	22	5.97	21
甘　肃	Gansu	5164.78	20	16.24	5
青　海	Qinghai	1298.29	26	9.48	13
宁　夏	Ningxia	1517.82	25	7.69	19
新　疆	Xinjiang	5863.98	17	8.83	14

15-5 金融机构本外币农户贷款余额和同比增长统计
Farm Loan Balance of RMB and Foreign Currencies and Year-on-Year Growth

地区	Region	金融机构本外币农户贷款余额统计（亿元） Loan Balance (100 million yuan) 2016	2016排名 Ranking	金融机构人民币农户贷款同比增长统计（%） Year-on-Year Growth (%) 2016	2016排名 Ranking
全　国	**National Total**	**70845.85**		**15.22**	
北　京	Beijing	22.02	31	-84.18	31
天　津	Tianjin	178.62	26	14.33	17
河　北	Hebei	3489.95	7	18.38	10
山　西	Shanxi	1573.86	19	6.84	26
内蒙古	Inner Mongolia	1574.29	18	14.85	16
辽　宁	Liaoning	1350.57	20	6.54	27
吉　林	Jilin	721.08	24	-0.29	30
黑龙江	Heilongjiang	1209.24	23	3.79	29
上　海	Shanghai	173.85	28	56.99	1
江　苏	Jiangsu	5066.82	2	21.32	5
浙　江	Zhejiang	9388.12	1	17.26	11
安　徽	Anhui	3067.22	11	22.53	4
福　建	Fujian	3094.58	10	10.93	24
江　西	Jiangxi	3249.12	8	20.85	7
山　东	Shandong	4318.38	3	12.53	20
河　南	Henan	4114.35	5	15.84	14
湖　北	Hubei	2000.92	16	24.40	3
湖　南	Hunan	3652.72	6	13.05	19
广　东	Guangdong	3140.47	9	21.32	5
广　西	Guangxi	2249.79	14	28.48	2
海　南	Hainan	163.99	29	17.07	12
重　庆	Chongqing	1335.83	21	12.42	21
四　川	Sichuan	4254.44	4	11.31	23
贵　州	Guizhou	2447.77	13	20.12	9
云　南	Yunnan	1943.13	17	12.06	22
西　藏	Tibet	178.36	27	14.86	15
陕　西	Shaanxi	2174.65	15	4.80	28
甘　肃	Gansu	2647.30	12	15.96	13
青　海	Qinghai	160.56	30	20.70	8
宁　夏	Ningxia	581.43	25	13.39	18
新　疆	Xinjiang	1322.00	22	7.60	25

15-6 金融机构本外币涉农贷款余额和同比增长统计

Agriculture-Related Loan Balance of RMB and Foreign Currencies and Year-on-Year Growth

地区	Region	金融机构本外币涉农贷款余额统计（亿元） Loan Balance (100 million yuan)		金融机构本外币涉农贷款同比增长统计（%） Year-on-Year Growth (%)	
		2016	2016排名 Ranking	2016	2016排名 Ranking
全　国	**National Total**	**282335.67**		**7.14**	
北　京	Beijing	1958.44	28	-26.36	31
天　津	Tianjin	2649.84	25	-9.02	30
河　北	Hebei	13053.66	6	-2.46	28
山　西	Shanxi	8690.95	12	5.42	22
内蒙古	Inner Mongolia	7492.16	17	14.22	7
辽　宁	Liaoning	7677.05	16	3.80	24
吉　林	Jilin	6110.17	22	14.55	6
黑龙江	Heilongjiang	7992.52	15	9.27	15
上　海	Shanghai	2037.15	26	-6.94	29
江　苏	Jiangsu	28271.21	2	8.21	17
浙　江	Zhejiang	30079.08	1	-0.97	27
安　徽	Anhui	9665.46	9	13.42	9
福　建	Fujian	11700.17	7	3.42	25
江　西	Jiangxi	8432.00	13	17.32	4
山　东	Shandong	24687.80	3	5.62	21
河　南	Henan	14912.56	5	10.41	12
湖　北	Hubei	9026.79	10	17.15	5
湖　南	Hunan	8960.44	11	13.62	8
广　东	Guangdong	9732.72	8	5.00	23
广　西	Guangxi	6765.03	19	12.65	10
海　南	Hainan	1429.14	30	-0.45	26
重　庆	Chongqing	4676.89	24	6.85	20
四　川	Sichuan	15199.34	4	10.07	13
贵　州	Guizhou	7258.35	18	20.92	2
云　南	Yunnan	8006.10	14	12.23	11
西　藏	Tibet	859.80	31	108.16	1
陕　西	Shaanxi	5857.86	23	7.36	19
甘　肃	Gansu	6265.82	21	18.78	3
青　海	Qinghai	1995.09	27	9.32	14
宁　夏	Ningxia	1816.57	29	7.81	18
新　疆	Xinjiang	6359.31	20	9.24	16

15-7 金融精准扶贫贷款本期余额和同比增长专项统计
Current Loan Balance of Targeted Poverty Alleviation and Year-on-Year Growth

地区	Region	金融精准扶贫贷款本期余额专项统计（亿元）Loan Balance (100 million yuan) 2016	2016排名 Ranking	金融精准扶贫贷款同比增长专项统计（%）Year-on-Year Growth (%) 2016	2016排名 Ranking
全　国	**National Total**	**24878**		**49.00**	
北　京	Beijing	13	30	60.40	15
天　津	Tianjin	6	31	167.90	1
河　北	Hebei	929	10	79.90	9
山　西	Shanxi	740	14	22.00	31
内蒙古	Inner Mongolia	1027	9	48.10	21
辽　宁	Liaoning	83	27	53.90	17
吉　林	Jilin	504	20	75.50	11
黑龙江	Heilongjiang	1077	8	78.50	10
上　海	Shanghai	57	28	93.40	6
江　苏	Jiangsu	405	22	33.40	27
浙　江	Zhejiang	28	29	124.50	3
安　徽	Anhui	620	18	56.60	16
福　建	Fujian	123	25	91.20	7
江　西	Jiangxi	839	12	83.70	8
山　东	Shandong	278	23	121.50	4
河　南	Henan	577	19	70.90	13
湖　北	Hubei	1216	6	38.60	24
湖　南	Hunan	1081	7	50.70	19
广　东	Guangdong	84	26	109.60	5
广　西	Guangxi	1581	5	50.90	18
海　南	Hainan	171	24	38.00	25
重　庆	Chongqing	704	16	67.40	14
四　川	Sichuan	2743	1	22.20	30
贵　州	Guizhou	2496	2	48.60	20
云　南	Yunnan	1666	4	36.00	26
西　藏	Tibet	706	15	146.30	2
陕　西	Shaanxi	779	13	75.20	12
甘　肃	Gansu	1944	3	39.30	23
青　海	Qinghai	923	11	22.40	29
宁　夏	Ningxia	477	21	40.20	22
新　疆	Xinjiang	678	17	26.70	28

15-8 金融精准扶贫贷款当年累计发放和同比增长专项统计

The Cumulative Distribution of Loan Balance of Targeted Poverty Alleviation and Year-on-Year Growth

地区	Region	金融精准扶贫贷款当年累计发放专项统计（亿元） Loan Balance (100 million yuan) 2016	2016排名 Ranking	当年累计发放同比增长专项统计（%） Year-on-Year Growth (%) 2016	2016排名 Ranking
全　国	**National Total**	**12759**		**58.60**	
北　京	Beijing	8	30	-3.20	30
天　津	Tianjin	5	31	265.40	2
河　北	Hebei	556	7	124.10	7
山　西	Shanxi	283	20	35.00	24
内蒙古	Inner Mongolia	482	11	-4.50	31
辽　宁	Liaoning	59	28	85.30	14
吉　林	Jilin	285	19	70.40	17
黑龙江	Heilongjiang	519	8	6.20	28
上　海	Shanghai	78	27	169.00	5
江　苏	Jiangsu	449	14	40.00	22
浙　江	Zhejiang	27	29	113.30	9
安　徽	Anhui	326	18	137.00	6
福　建	Fujian	87	26	96.50	12
江　西	Jiangxi	463	13	114.60	8
山　东	Shandong	244	22	222.10	3
河　南	Henan	427	15	71.40	16
湖　北	Hubei	477	12	75.40	15
湖　南	Hunan	492	10	31.40	25
广　东	Guangdong	102	24	69.10	18
广　西	Guangxi	912	2	103.60	10
海　南	Hainan	93	25	58.50	19
重　庆	Chongqing	427	15	180.70	4
四　川	Sichuan	851	3	41.20	21
贵　州	Guizhou	1179	1	49.60	20
云　南	Yunnan	716	5	25.70	26
西　藏	Tibet	590	6	303.60	1
陕　西	Shaanxi	503	9	103.40	11
甘　肃	Gansu	815	4	12.20	27
青　海	Qinghai	264	21	1.00	29
宁　夏	Ningxia	198	23	37.40	23
新　疆	Xinjiang	392	17	91.10	13

15-9 小额贷款公司机构数量和从业人员数基本情况统计
Number of Microfinance Institution and Employed Persons

地区	Region	小额贷款公司机构数量（家） Number of Microfinance Institutions (household)		小额贷款公司从业人员数（人） Number of Employed Persons (person)	
		2016	2016排名 Ranking	2016	2016排名 Ranking
全　国	**National Total**	**8673**		**108881**	
北　京	Beijing	87	28	1131	28
天　津	Tianjin	110	27	1455	27
河　北	Hebei	450	3	6134	3
山　西	Shanxi	311	13	3624	16
内蒙古	Inner Mongolia	400	7	3777	13
辽　宁	Liaoning	559	2	5196	6
吉　林	Jilin	440	5	4032	12
黑龙江	Heilongjiang	266	20	2308	22
上　海	Shanghai	119	25	1562	26
江　苏	Jiangsu	629	1	5941	5
浙　江	Zhejiang	332	12	3697	15
安　徽	Anhui	445	4	5183	7
福　建	Fujian	118	26	1591	25
江　西	Jiangxi	209	22	2756	21
山　东	Shandong	335	10	4317	8
河　南	Henan	296	15	4237	10
湖　北	Hubei	283	17	4049	11
湖　南	Hunan	128	24	1903	23
广　东	Guangdong	440	5	9070	1
广　西	Guangxi	309	14	4256	9
海　南	Hainan	55	30	729	30
重　庆	Chongqing	259	21	6095	4
四　川	Sichuan	341	8	6800	2
贵　州	Guizhou	283	17	2884	19
云　南	Yunnan	338	9	3758	14
西　藏	Tibet	16	31	143	31
陕　西	Shaanxi	273	19	3065	18
甘　肃	Gansu	334	11	3600	17
青　海	Qinghai	77	29	881	29
宁　夏	Ningxia	147	23	1903	23
新　疆	Xinjiang	284	16	2804	20

15-10 小额贷款公司实收资本和贷款余额基本情况统计
Paid in Capital of Microfinance Institution and Basic Loan Balance

单位：亿元 (100 million yuan)

地区	Region	小额贷款公司实收资本 Paid in Capital		小额贷款公司贷款余额 Basic Loan Balance	
		2016	2016排名 Ranking	2016	2016排名 Ranking
全国	**National Total**	**8233.90**		**9272.80**	
北京	Beijing	123.52	24	142.01	21
天津	Tianjin	130.67	23	131.68	22
河北	Hebei	255.45	12	254.67	13
山西	Shanxi	194.58	17	183.26	19
内蒙古	Inner Mongolia	282.43	10	287.79	12
辽宁	Liaoning	366.40	8	316.95	9
吉林	Jilin	107.24	25	75.35	27
黑龙江	Heilongjiang	137.66	22	116.66	24
上海	Shanghai	187.00	18	196.14	18
江苏	Jiangsu	832.06	1	958.71	2
浙江	Zhejiang	620.24	3	700.44	3
安徽	Anhui	372.12	7	443.40	8
福建	Fujian	262.85	11	295.17	11
江西	Jiangxi	213.17	16	234.23	15
山东	Shandong	441.21	6	481.28	7
河南	Henan	216.50	15	226.32	16
湖北	Hubei	313.68	9	311.66	10
湖南	Hunan	100.98	26	104.11	25
广东	Guangdong	604.39	4	676.22	4
广西	Guangxi	250.04	14	501.39	6
海南	Hainan	52.59	29	60.02	29
重庆	Chongqing	623.46	2	991.40	1
四川	Sichuan	578.86	5	645.67	5
贵州	Guizhou	88.84	27	83.19	26
云南	Yunnan	162.98	20	161.74	20
西藏	Tibet	13.25	31	8.96	31
陕西	Shaanxi	253.41	13	246.65	14
甘肃	Gansu	146.44	21	120.69	23
青海	Qinghai	48.18	30	45.00	30
宁夏	Ningxia	71.01	28	63.78	28
新疆	Xinjiang	182.72	19	208.27	17

15-11 境内上市公司数和股票市价总值

Number of Domestic Listed Companies and Total Market Capitalization

地区	Region	境内上市公司数（家） Number of Listed Companies in Mainland (household)				股票市价总值（亿元） Total Market Capitalization (100 million yuan)			
		2010	2015	2016	2016排名 Ranking	2010	2015	2016	2016排名 Ranking
全　国	**National Total**	**2063**				**265423.00**			
北　京	Beijing	164	264	281	4	114891.60	133059.03	122303.30	1
天　津	Tianjin	36	42	45	16	3953.00	6221.40	5285.14	21
河　北	Hebei	42	53	52	14	3482.97	8038.74	7840.49	14
山　西	Shanxi	31	37	38	20	6249.15	5863.70	5629.70	20
内蒙古	Inner Mongolia	20	26	26	27	3570.68	5357.45	5094.23	22
辽　宁	Liaoning	61	79	76	12	4501.90	9016.83	8869.25	13
吉　林	Jilin	35	41	41	19	2291.09	4948.60	51240.00	4
黑龙江	Heilongjiang	30	35	35	23	2122.50	4910.70	4481.36	23
上　海	Shanghai	177	224	240	5	24286.00	61384.00	55556.00	3
江　苏	Jiangsu	169	276	317	3	13000.00	36720.48	37174.10	6
浙　江	Zhejiang	186	299	329	2	13815.20	41217.53	41172.56	5
安　徽	Anhui	65	88	93	10	5337.30	11527.00	11218.50	11
福　建	Fujian	73	99	107	8	6568.78	15561.32	14594.52	8
江　西	Jiangxi	30	35	36	21	3670.22	4004.30	4327.90	24
山　东	Shandong	124	162	173	6	11111.21	18893.91	19622.14	7
河　南	Henan	51	73	74	13	4351.00	6549.12	6591.84	17
湖　北	Hubei	73	87	96	9	5123.99	11092.03	11361.08	10
湖　南	Hunan	63	82	86	11	4965.14	10142.40	8988.80	12
广　东	Guangdong	443	445	474	1	55354.20	82645.74	86529.66	2
广　西	Guangxi	27	35	36	21	1521.95	4074.52	3762.80	27
海　南	Hainan	22	27	28	26	1506.68	3551.45	3878.36	26
重　庆	Chongqing	34	43	44	18	2645.10	6495.93	6691.25	16
四　川	Sichuan	83	103	111	7	7492.84	13787.10	13499.10	9
贵　州	Guizhou	19	20	23	28	3075.80	5245.97	6839.13	15
云　南	Yunnan	28	30	32	24	2791.58	3875.95	3928.65	25
西　藏	Tibet	9	11	14	29	801.90	1407.61	1528.48	29
陕　西	Shaanxi	36	43	45	16	1258.22	6946.30	6437.80	18
甘　肃	Gansu	22	27	30	25	1303.00	2846.62	2767.86	28
青　海	Qinghai	10	10	12	30	2082.03	963.38	857.78	31
宁　夏	Ningxia	12	12	12	30	535.67	817.34	1057.13	30
新　疆	Xinjiang	37	43	47	15	3703.07	6141.01	6310.47	19

15-12 保险机构原保险费收入和财产险业务收入
Premium Income of Primary Insurance and Property Insurance

单位：亿元 (100 million yuan)

地区	Region	保险机构原保险费收入 Premium of Primary Insurance				保险机构财产险业务收入 Property Insurance			
		2010	2015	2016	2016排名 Ranking	2010	2015	2016	2016排名 Ranking
全　国	**National Total**	**14527.97**	**24282.52**	**30904.15**		**3895.64**	**7994.97**	**8724.17**	
北　京	Beijing	966.46	1403.89	1834.25	4	212.30	344.66	369.25	9
天　津	Tianjin	214.01	398.34	527.99	22	65.13	120.28	127.56	26
河　北	Hebei	365.30	586.73	698.20	16	92.94	159.55	174.15	18
山　西	Shanxi	746.40	1163.10	1491.49	9	192.91	399.50	442.13	6
内蒙古	Inner Mongolia	215.54	395.48	487.04	23	96.27	149.28	162.73	21
辽　宁	Liaoning	453.81	708.01	837.76	13	118.58	206.90	221.76	14
吉　林	Jilin	239.25	431.32	557.12	20	60.89	120.57	133.23	25
黑龙江	Heilongjiang	343.22	591.77	685.53	17	71.86	133.57	148.91	24
上　海	Shanghai	883.86	1125.16	1528.79	7	189.22	355.40	371.59	8
江　苏	Jiangsu	1162.67	1989.92	2679.68	2	311.91	672.19	733.44	1
浙　江	Zhejiang	690.34	1207.08	1527.65	8	259.47	525.42	569.35	3
安　徽	Anhui	438.25	698.92	873.70	12	119.62	273.35	312.79	10
福　建	Fujian	346.07	631.22	754.91	14	99.89	199.26	211.13	15
江　西	Jiangxi	253.26	508.43	608.72	18	69.24	162.02	183.65	17
山　东	Shandong	876.22	1543.49	1963.32	3	241.57	473.76	520.32	4
河　南	Henan	793.28	1248.76	1551.82	6	134.72	320.16	372.95	7
湖　北	Hubei	500.33	843.63	1047.79	10	98.21	238.24	263.22	12
湖　南	Hunan	438.53	712.18	884.98	11	100.70	243.21	273.05	11
广　东	Guangdong	1231.76	2166.82	2982.11	1	309.06	665.32	707.69	2
广　西	Guangxi	190.94	385.75	469.17	24	65.76	147.14	165.71	19
海　南	Hainan	47.95	114.25	133.21	29	17.85	44.28	47.60	28
重　庆	Chongqing	321.08	514.58	600.33	19	65.96	155.93	165.23	20
四　川	Sichuan	765.77	1267.30	1703.52	5	191.56	421.44	457.21	5
贵　州	Guizhou	122.63	257.80	320.69	26	46.92	133.95	153.15	23
云　南	Yunnan	235.68	434.60	529.23	21	94.22	201.19	224.43	13
西　藏	Tibet	5.06	17.36	22.25	31	4.11	11.14	13.90	31
陕　西	Shaanxi	333.81	572.45	713.97	15	85.42	176.75	191.38	16
甘　肃	Gansu	146.34	256.89	307.66	27	38.82	90.30	100.61	27
青　海	Qinghai	25.70	56.30	68.75	30	10.38	26.12	29.64	30
宁　夏	Ningxia	52.75	103.31	133.89	28	17.50	41.01	46.09	29
新　疆	Xinjiang	190.92	367.43	439.29	25	63.00	142.96	153.16	22

15-13 保险机构人身险业务收入和保险机构保险赔付支出
Premium Income of Life Insurance and Total Payment of Compensation Expenses

单位：亿元 (100 million yuan)

地区	Region	保险机构人身险业务收入 Life Insurance				保险机构保险赔付支出 Total Payment			
		2010	2015	2016	2016排名 Ranking	2010	2015	2016	2016排名 Ranking
全　国	**National Total**	**10632.33**	**16287.55**	**22179.99**		**3200.43**	**8674.14**	**10515.68**	
北　京	Beijing	754.15	1059.23	1465.00	3	199.65	506.62	596.66	4
天　津	Tianjin	148.87	278.06	400.43	21	54.19	139.53	177.70	21
河　北	Hebei	272.36	427.18	524.05	16	79.85	200.22	239.04	16
山　西	Shanxi	553.50	763.61	1049.35	8	147.64	461.92	548.24	6
内蒙古	Inner Mongolia	119.27	246.20	324.31	22	61.70	124.54	137.80	25
辽　宁	Liaoning	335.24	501.11	616.00	11	110.27	289.69	288.50	13
吉　林	Jilin	178.36	310.75	423.89	20	56.27	126.38	161.22	22
黑龙江	Heilongjiang	271.36	458.20	536.62	15	77.55	169.25	237.75	18
上　海	Shanghai	694.64	769.77	1157.19	7	194.54	473.59	528.28	8
江　苏	Jiangsu	850.77	1317.72	1946.24	2	251.78	732.59	915.07	1
浙　江	Zhejiang	430.87	681.66	958.30	9	177.94	452.22	517.92	9
安　徽	Anhui	318.63	425.57	560.91	13	104.63	276.90	357.47	11
福　建	Fujian	246.17	431.95	543.79	14	85.34	192.34	242.85	15
江　西	Jiangxi	184.01	346.41	425.08	19	61.91	178.06	207.10	19
山　东	Shandong	634.64	1069.72	1443.00	4	189.81	534.07	673.21	3
河　南	Henan	658.56	928.60	1178.87	6	153.91	447.71	548.00	7
湖　北	Hubei	402.12	605.38	784.57	10	87.01	283.26	372.29	10
湖　南	Hunan	337.83	468.97	611.93	12	84.73	256.99	339.81	12
广　东	Guangdong	922.70	1501.50	2274.42	1	252.41	705.57	816.94	2
广　西	Guangxi	125.17	238.60	303.46	24	45.13	132.77	158.95	23
海　南	Hainan	30.10	69.97	85.61	29	11.34	38.87	49.24	28
重　庆	Chongqing	255.12	358.65	435.10	18	62.10	220.19	250.16	14
四　川	Sichuan	574.21	845.87	1246.31	5	150.94	454.08	554.36	5
贵　州	Guizhou	75.71	123.85	167.55	27	31.81	106.97	131.52	26
云　南	Yunnan	141.46	233.41	304.80	23	66.31	173.23	206.19	20
西　藏	Tibet	0.95	6.22	8.35	31	2.22	8.05	9.84	31
陕　西	Shaanxi	248.38	395.70	522.58	17	69.61	193.96	238.45	17
甘　肃	Gansu	107.51	166.59	207.04	26	31.18	92.75	109.38	27
青　海	Qinghai	15.32	30.18	39.11	30	6.66	20.32	27.38	30
宁　夏	Ningxia	35.24	62.31	87.80	28	11.68	34.21	42.84	29
新　疆	Xinjiang	127.92	224.47	286.13	25	50.13	136.85	154.97	24

15-14 保险机构财产险和人身险业务赔付支出

Property Insurance Payment and Compensation Expenses of Life Insurance

单位：亿元 (100 million yuan)

地区	Region	保险机构财产险业务赔付支出 Property Insurance Payment				保险机构人身险业务赔付支出 Life Insurance Payment			
		2010	2015	2016	2016排名 Ranking	2010	2015	2016	2016排名 Ranking
全　国	**National Total**	**1756.03**	**4194.17**	**4729.48**		**1444.40**	**4479.97**	**5786.20**	
北　京	Beijing	93.71	206.63	229.31	5	105.94	299.98	367.36	4
天　津	Tianjin	31.93	66.46	94.40	18	22.26	73.07	83.30	22
河　北	Hebei	41.33	89.37	92.48	20	38.53	110.85	146.56	15
山　西	Shanxi	84.10	201.32	215.52	8	63.54	260.60	332.72	7
内蒙古	Inner Mongolia	42.04	75.55	78.91	24	19.66	48.99	58.89	25
辽　宁	Liaoning	55.83	129.17	124.99	13	54.43	160.51	163.51	13
吉　林	Jilin	28.72	61.44	72.87	26	27.55	64.94	88.35	21
黑龙江	Heilongjiang	33.05	66.98	95.02	16	44.50	102.27	142.73	17
上　海	Shanghai	84.26	191.38	222.05	6	110.28	282.22	306.23	8
江　苏	Jiangsu	134.41	403.04	437.64	1	117.37	329.56	477.42	1
浙　江	Zhejiang	116.48	301.56	335.25	3	61.46	150.66	182.67	11
安　徽	Anhui	57.91	140.16	175.06	10	46.72	136.75	182.42	12
福　建	Fujian	51.52	102.98	116.96	14	33.83	89.36	125.88	18
江　西	Jiangxi	30.97	81.31	94.99	17	30.94	96.75	112.11	19
山　东	Shandong	107.80	238.94	271.13	4	82.01	295.13	402.08	3
河　南	Henan	70.72	156.14	184.31	9	83.19	291.57	363.69	5
湖　北	Hubei	45.13	114.38	141.74	12	41.87	168.88	230.55	9
湖　南	Hunan	43.87	125.02	143.24	11	40.87	131.97	196.58	10
广　东	Guangdong	141.86	330.85	349.41	2	110.55	374.73	467.53	2
广　西	Guangxi	25.73	72.34	75.98	25	19.40	60.43	82.97	23
海　南	Hainan	6.74	26.23	26.53	28	4.60	12.64	22.71	28
重　庆	Chongqing	32.05	84.65	90.36	21	30.05	135.54	159.79	14
四　川	Sichuan	85.90	218.86	216.89	7	65.04	235.22	337.47	6
贵　州	Guizhou	19.49	66.64	79.47	23	12.32	40.33	52.06	27
云　南	Yunnan	37.96	99.27	110.76	15	28.35	73.96	95.43	20
西　藏	Tibet	1.93	5.82	6.97	31	0.30	2.23	2.87	31
陕　西	Shaanxi	38.24	92.30	93.43	19	31.37	101.66	145.02	16
甘　肃	Gansu	16.32	45.68	51.43	27	14.86	47.07	57.95	26
青　海	Qinghai	4.39	12.09	14.89	30	2.27	8.23	12.49	30
宁　夏	Ningxia	7.65	20.87	24.82	29	4.03	13.35	18.02	29
新　疆	Xinjiang	29.21	76.91	83.62	22	20.91	59.95	71.35	24

15-15 保险机构保险金额和全部业务保险密度

Insurance Coverage of Insurance Institution and Density of All Insurance Services

地区	Region	保险机构保险金额（亿元） Insurance Institution (100 million yuan)		保险机构全部业务保险密度 Insurance Density	
		2016	2016排名 Ranking	2016	2016排名 Ranking
全　国	**National Total**				
北　京	Beijing	2350000.00	2	8441.60	1
天　津	Tianjin	155543.42	21	3389.54	3
河　北	Hebei	423356.18	10	2007.75	12
山　西	Shanxi	145684.67	23	1901.53	16
内蒙古	Inner Mongolia	138953.29	24	1931.94	15
辽　宁	Liaoning	218174.41	19	2615.77	7
吉　林	Jilin	124639.08	26	2105.92	10
黑龙江	Heilongjiang	81775.09	28	1881.47	17
上　海	Shanghai	3086640.00	1	6320.03	2
江　苏	Jiangsu	906484.86	4	3363.39	4
浙　江	Zhejiang	1658851.87	3	3180.26	5
安　徽	Anhui	386067.94	11	1408.28	23
福　建	Fujian	248912.91	17	2168.28	9
江　西	Jiangxi	254562.16	16	1325.50	24
山　东	Shandong	503691.57	8	2179.62	8
河　南	Henan	519515.40	7	1631.50	21
湖　北	Hubei	289452.27	14	1740.12	20
湖　南	Hunan	453496.90	9	1299.41	25
广　东	Guangdong	874942.73	5	3044.17	6
广　西	Guangxi	320431.44	12	969.77	29
海　南	Hainan	25832.53	30	1452.43	22
重　庆	Chongqing	295000.00	13	1968.07	14
四　川	Sichuan	560000.00	6	2038.44	11
贵　州	Guizhou	153877.47	22	901.88	30
云　南	Yunnan	242395.02	18	1109.67	28
西　藏	Tibet	14904.89	31	673.10	31
陕　西	Shaanxi	185281.25	20	1873.53	18
甘　肃	Gansu	287524.45	15	1178.78	26
青　海	Qinghai	26715.67	29	1158.09	27
宁　夏	Ningxia	88512.69	27	1994.28	13
新　疆	Xinjiang	126945.28	25	1834.38	19

15-16 保险机构财产保险和人身保险密度

Insurance Institution of Property Insurance and Insurance Density of Personal Insurance

单位：元 (yuan)

地区	Region	保险机构财产保险密度 Property Insurance 2016	2016排名 Ranking	保险机构人身保险密度 Personal Insurance 2016	2016排名 Ranking
全　国	**National Total**				
北　京	Beijing	1699.47	1	6742.13	1
天　津	Tianjin	816.58	6	2572.96	3
河　北	Hebei	593.67	12	1414.08	14
山　西	Shanxi	472.25	21	1429.28	13
内蒙古	Inner Mongolia	645.73	9	1286.21	19
辽　宁	Liaoning	955.36	4	1660.41	7
吉　林	Jilin	503.60	17	1602.31	9
黑龙江	Heilongjiang	408.68	26	1472.79	12
上　海	Shanghai	1533.87	2	4786.16	2
江　苏	Jiangsu	916.95	5	2446.44	4
浙　江	Zhejiang	1185.22	3	1994.74	6
安　徽	Anhui	503.11	18	905.17	24
福　建	Fujian	606.33	11	1561.95	10
江　西	Jiangxi	399.90	28	925.60	23
山　东	Shandong	576.78	13	1602.84	8
河　南	Henan	391.26	29	1240.24	20
湖　北	Hubei	433.47	23	1306.65	18
湖　南	Hunan	400.24	27	899.17	25
广　东	Guangdong	722.08	7	2322.09	5
广　西	Guangxi	342.52	31	627.24	29
海　南	Hainan	519.00	16	933.43	22
重　庆	Chongqing	576.61	14	1410.47	15
四　川	Sichuan	550.42	15	1488.02	11
贵　州	Guizhou	430.53	24	471.34	30
云　南	Yunnan	470.45	22	639.22	28
西　藏	Tibet	420.63	25	252.48	31
陕　西	Shaanxi	501.49	19	1372.03	16
甘　肃	Gansu	385.51	30	793.28	26
青　海	Qinghai	499.47	20	658.62	27
宁　夏	Ningxia	686.46	8	1307.82	17
新　疆	Xinjiang	639.60	10	1194.78	21

15-17 保险机构全部业务、财产保险和人身保险深度

Insurance Penetration of Institution Services, Property Insurance, and Personal Insurance

单位：%　　(%)

地区	Region	全部业务保险深度 All Insurance 2016	2016排名 Ranking	财产保险深度 Property Insurance 2016	2016排名 Ranking	人身保险深度 Personal Insurance 2016	2016排名 Ranking
全　国	**National Total**						
北　京	Beijing	7.36	1	1.48	5	5.88	1
天　津	Tianjin	2.96	25	0.71	31	2.25	22
河　北	Hebei	4.70	7	1.39	8	3.31	8
山　西	Shanxi	5.36	5	1.33	10	4.03	4
内蒙古	Inner Mongolia	2.61	28	0.87	27	1.74	27
辽　宁	Liaoning	5.95	2	2.17	1	3.78	5
吉　林	Jilin	3.74	14	0.89	26	2.85	12
黑龙江	Heilongjiang	4.31	9	0.94	22	3.37	7
上　海	Shanghai	5.57	4	1.35	9	4.22	3
江　苏	Jiangsu	3.54	18	0.96	21	2.57	15
浙　江	Zhejiang	4.02	12	1.50	4	2.52	17
安　徽	Anhui	3.69	16	1.32	12	2.37	19
福　建	Fujian	3.05	24	0.85	29	2.20	23
江　西	Jiangxi	3.31	21	1.00	18	2.31	21
山　东	Shandong	3.44	19	0.91	24	2.53	16
河　南	Henan	3.87	13	0.93	23	2.94	10
湖　北	Hubei	3.09	23	0.77	30	2.32	20
湖　南	Hunan	2.84	26	0.87	27	1.96	26
广　东	Guangdong	5.60	3	1.33	10	4.27	2
广　西	Guangxi	2.57	29	0.91	24	1.66	28
海　南	Hainan	3.29	22	1.18	15	2.12	24
重　庆	Chongqing	3.42	20	0.97	20	2.45	18
四　川	Sichuan	4.85	6	1.31	13	3.54	6
贵　州	Guizhou	2.48	30	1.18	15	1.29	30
云　南	Yunnan	3.56	17	1.51	3	2.05	25
西　藏	Tibet	1.93	31	1.21	14	0.73	31
陕　西	Shaanxi	3.73	15	1.00	18	2.73	14
甘　肃	Gansu	4.30	10	1.41	7	2.89	11
青　海	Qinghai	2.67	27	1.15	17	1.52	29
宁　夏	Ningxia	4.25	11	1.46	6	2.79	13
新　疆	Xinjiang	4.57	8	1.59	2	2.98	9

15-18 地方财政收入和支出
Local Financial Revenue and Expenditure

单位：亿元 (100 million yuan)

地区	Region	地方财政收入 Local Financial Revenue				地方财政支出 Local Financial Expenditure			
		2010	2015	2016	2016排名 Ranking	2010	2015	2016	2016排名 Ranking
全　国	**National Total**								
北　京	Beijing	2353.90	4723.90	5081.30	6	2716.00	5751.40	6406.70	9
天　津	Tianjin	1068.81	2666.99	2723.46	12	1315.30	3231.40	3700.68	24
河　北	Hebei	1330.80	2648.50	2850.80	11	2778.90	5675.30	6038.00	11
山　西	Shanxi	969.66	1642.21	1556.96	23	1928.38	3443.41	3441.70	26
内蒙古	Inner Mongolia	1738.13	1964.40	2016.47	19	2280.47	4290.10	4526.29	16
辽　宁	Liaoning	2004.80	2125.60	2199.30	17	3194.40	4617.80	4582.40	15
吉　林	Jilin	602.40	1229.30	1263.80	25	1787.20	3217.10	3586.10	25
黑龙江	Heilongjiang	1223.30	1165.20	1148.40	26	2690.70	4022.10	4228.00	21
上　海	Shanghai	2873.58	5519.50	6406.13	3	3302.89	6191.56	6918.94	7
江　苏	Jiangsu	4079.86	8028.59	8121.23	2	4843.80	9681.47	9990.13	2
浙　江	Zhejiang	2608.47	4809.53	5301.81	5	3208.41	6648.09	6976.33	6
安　徽	Anhui	2063.80	2454.20	2673.00	13	2566.90	5230.40	5530.00	12
福　建	Fujian	1151.49	2544.10	2654.78	14	1678.71	3995.80	4287.41	19
江　西	Jiangxi	777.90	2165.50	2151.40	18	1911.00	4419.90	4619.50	14
山　东	Shandong	2749.31	5529.30	5860.20	4	4144.50	8249.20	8749.60	3
河　南	Henan	1381.01	4426.96	4706.96	7	3413.22	6806.46	7456.64	5
湖　北	Hubei	1011.23	3005.39	3102.02	10	2465.18	6094.21	6453.00	8
湖　南	Hunan	1862.88	4008.10	4252.10	8	2702.50	5684.50	6337.00	10
广　东	Guangdong	5623.86	8060.06	10390.33	1	6686.81	16321.59	13447.42	1
广　西	Guangxi	772.30	2332.96	2454.05	15	1994.42	4076.42	4472.48	17
海　南	Hainan	271.06	627.69	637.50	28	578.45	1009.99	1378.38	30
重　庆	Chongqing	1990.62	2155.10	2227.90	16	2749.53	3793.80	4001.90	23
四　川	Sichuan	1561.00	3329.10	3389.40	9	4242.50	7511.70	8011.90	4
贵　州	Guizhou	533.89	1503.35	1561.33	22	1640.17	3930.21	4261.68	20
云　南	Yunnan	871.19	1808.14	1812.26	21	2285.72	4712.90	5019.62	13
西　藏	Tibet	42.47	175.83	206.37	31	562.58	1424.81	1640.98	28
陕　西	Shaanxi	957.90	2059.95	1833.93	20	2217.60	4376.06	4390.57	18
甘　肃	Gansu	745.25	1386.32	786.81	27	1466.66	2964.63	3152.72	27
青　海	Qinghai	110.22	381.13	359.96	30	743.40	1505.54	1522.55	29
宁　夏	Ningxia	153.64	373.74	387.65	29	555.87	1138.18	1257.69	31
新　疆	Xinjiang	500.58	1330.85	1298.95	24	1698.91	3804.87	4138.25	22

16

房地产业

Real Estate

16-1 房地产开发企业个数和内资企业个数
Number of Enterprises and Domestic Funded Enterprises

单位：个 (unit)

地区	Region	企业个数 Number of Enterprises				其中：内资企业 Domestic Funded Enterprises			
		2010	2015	2016	2016排名 Ranking	2010	2015	2016	2016排名 Ranking
全 国	**National Total**	**85218**	**93426**	**94948**		**79489**	**88773**	**90408**	
北 京	Beijing	3173	2784	2654	14	2888	2545	2431	16
天 津	Tianjin	1279	1267	1291	27	1169	1164	1190	27
河 北	Hebei	2997	3181	3279	10	2933	3130	3228	10
山 西	Shanxi	1990	2430	2485	17	1968	2410	2465	15
内蒙古	Inner Mongolia	2119	2048	1989	22	2109	2043	1984	22
辽 宁	Liaoning	4181	3514	3257	11	3725	3166	2935	11
吉 林	Jilin	1352	1727	1791	25	1319	1702	1768	25
黑龙江	Heilongjiang	1890	2041	1956	23	1848	2012	1931	23
上 海	Shanghai	3247	2758	2682	13	2773	2354	2286	19
江 苏	Jiangsu	6070	6642	6626	4	5450	6056	6053	4
浙 江	Zhejiang	5577	6252	6274	5	5279	5911	5935	5
安 徽	Anhui	3281	3620	3768	9	3149	3537	3688	8
福 建	Fujian	3634	3151	3177	12	2926	2773	2817	12
江 西	Jiangxi	2141	2187	2297	20	1989	2095	2214	20
山 东	Shandong	5798	6606	6928	2	5536	6395	6705	2
河 南	Henan	4176	6158	6687	3	4039	6069	6598	3
湖 北	Hubei	3558	4212	4200	6	3397	4107	4095	6
湖 南	Hunan	3437	3710	3769	8	3286	3623	3677	9
广 东	Guangdong	6527	7341	7658	1	5567	6451	6792	1
广 西	Guangxi	3212	2423	2474	18	3035	2329	2381	17
海 南	Hainan	545	1103	1189	28	504	1037	1126	28
重 庆	Chongqing	2391	2585	2467	19	2275	2450	2332	18
四 川	Sichuan	3915	4032	4061	7	3762	3903	3934	7
贵 州	Guizhou	1876	2633	2638	15	1832	2595	2597	13
云 南	Yunnan	2344	2649	2618	16	2303	2610	2581	14
西 藏	Tibet	61	45	49	31	61	45	49	31
陕 西	Shaanxi	1274	2070	2177	21	1243	2031	2135	21
甘 肃	Gansu	1185	1533	1664	26	1158	1516	1649	26
青 海	Qinghai	395	330	353	30	382	329	352	30
宁 夏	Ningxia	360	539	563	29	357	535	558	29
新 疆	Xinjiang	1233	1855	1927	24	1227	1850	1922	24

16-2 房地产开发国有企业和集体企业个数
Number of State-owned Enterprises and Collective-owned Enterprises

单位：个 (unit)

地区	Region	其中：国有企业 State-owned Enterprises				其中：集体企业 Collective-owned Enterprises			
		2010	2015	2016	2016排名 Ranking	2010	2015	2016	2016排名 Ranking
全 国	**National Total**	**3685**	**1329**	**1093**		**1220**	**409**	**364**	
北 京	Beijing	83	60	53	8	23	16	17	4
天 津	Tianjin	270	56	49	11	19	6	5	14
河 北	Hebei	50	9	7	26	6			
山 西	Shanxi	117	66	63	3	21	7	7	12
内蒙古	Inner Mongolia	27	7	6	27	4	1		
辽 宁	Liaoning	108	19	14	23	28	4	3	19
吉 林	Jilin	25	6	6	27	6	1	1	24
黑龙江	Heilongjiang	97	39	31	18	9	1	1	24
上 海	Shanghai	316	54	39	13	91	15	13	6
江 苏	Jiangsu	227	69	50	9	103	32	29	3
浙 江	Zhejiang	162	51	40	12	52	15	9	9
安 徽	Anhui	130	46	36	14	23	6	5	14
福 建	Fujian	216	71	62	5	52	17	15	5
江 西	Jiangxi	132	37	36	14	20	5	2	20
山 东	Shandong	240	104	89	2	161	59	55	2
河 南	Henan	120	66	58	6	35	6	4	17
湖 北	Hubei	166	75	63	3	45	14	12	7
湖 南	Hunan	165	65	55	7	28	6	5	14
广 东	Guangdong	261	103	92	1	327	146	136	1
广 西	Guangxi	159	52	35	16	42	11	10	8
海 南	Hainan	23	24	19	22	2	1	2	20
重 庆	Chongqing	101	31	14	23	10	2	2	20
四 川	Sichuan	131	43	32	17	34	8	6	13
贵 州	Guizhou	78	29	26	21	16	3	2	20
云 南	Yunnan	83	37	28	20	11	4	4	17
西 藏	Tibet	9	1	1	29	1			
陕 西	Shaanxi	90	62	50	9	23	10	9	9
甘 肃	Gansu	60	30	29	19	24	12	9	9
青 海	Qinghai	14	3			1			
宁 夏	Ningxia	1	1	1	29	2			
新 疆	Xinjiang	24	13	9	25	1	1	1	24

16-3 房地产开发港、澳、台投资企业和外商投资企业个数

Enterprises with Funds from Hong Kong, Macao and Taiwan and Foreign Funded Enterprises

单位：个 (unit)

地区	Region	其中：港、澳、台投资企业 Enterprises with Funds from Hong Kong, Macao and Taiwan				其中：外商投资企业 Foreign Funded Enterprises			
		2010	2015	2016	2016排名 Ranking	2010	2015	2016	2016排名 Ranking
全　国	**National Total**	**3677**	**3235**	**3232**		**2052**	**1418**	**1308**	
北　京	Beijing	174	141	129	8	111	98	94	6
天　津	Tianjin	58	58	58	15	52	45	43	10
河　北	Hebei	34	33	32	19	30	18	19	17
山　西	Shanxi	16	13	13	25	6	7	7	24
内蒙古	Inner Mongolia	6	2	3	28	4	3	2	27
辽　宁	Liaoning	245	233	223	6	211	115	99	5
吉　林	Jilin	23	17	18	23	10	8	5	25
黑龙江	Heilongjiang	23	19	15	24	19	10	10	21
上　海	Shanghai	305	273	279	3	169	131	117	3
江　苏	Jiangsu	352	396	395	2	268	190	178	2
浙　江	Zhejiang	163	225	232	5	135	116	107	4
安　徽	Anhui	78	55	54	17	54	28	26	14
福　建	Fujian	529	283	273	4	179	95	87	7
江　西	Jiangxi	109	71	67	13	43	21	16	18
山　东	Shandong	157	145	159	7	105	66	64	8
河　南	Henan	70	60	62	14	67	29	27	13
湖　北	Hubei	106	78	82	10	55	27	23	15
湖　南	Hunan	98	62	69	12	53	25	23	15
广　东	Guangdong	737	689	677	1	223	201	189	1
广　西	Guangxi	99	57	58	15	78	37	35	11
海　南	Hainan	27	51	49	18	14	15	14	19
重　庆	Chongqing	77	99	102	9	39	36	33	12
四　川	Sichuan	79	75	76	11	74	54	51	9
贵　州	Guizhou	29	29	32	19	15	9	9	22
云　南	Yunnan	36	30	29	21	5	9	8	23
西　藏	Tibet								
陕　西	Shaanxi	17	23	28	22	14	16	14	19
甘　肃	Gansu	16	12	11	26	11	5	4	26
青　海	Qinghai	10				3	1	1	29
宁　夏	Ningxia		2	3	28	3	2	2	27
新　疆	Xinjiang	4	4	4	27	2	1	1	29

16-4 房地产企业待开发土地面积和本年土地购置面积
Land Space Pending Development and Land Space Purchased This Year

单位：万平方米 (10 000 sq.m)

地区	Region	待开发土地面积 Land Space Pending Development				本年土地购置面积 Land Space Purchased This Year			
		2010	2015	2016	2016排名 Ranking	2010	2015	2016	2016排名 Ranking
全　国	**National Total**	**31458.00**	**36638.48**	**35121.01**		**39953.10**	**22810.79**	**22025.25**	
北　京	Beijing	401.30	520.51	444.23	24	858.70	390.96	268.50	23
天　津	Tianjin	617.20	425.77	634.78	20	652.50	173.98	476.91	17
河　北	Hebei	630.40	861.99	1122.37	11	3024.20	756.86	929.93	10
山　西	Shanxi	588.80	840.31	603.29	22	874.40	431.66	351.74	21
内蒙古	Inner Mongolia	614.00	468.63	511.55	23	1993.00	316.27	230.28	24
辽　宁	Liaoning	1415.30	1033.88	989.65	13	3134.60	957.02	654.52	13
吉　林	Jilin	97.80	380.71	293.70	26	861.30	793.19	699.59	12
黑龙江	Heilongjiang	172.40	192.66	101.12	29	1174.30	270.40	161.20	27
上　海	Shanghai	315.40	682.12	440.17	25	432.40	263.39	229.11	25
江　苏	Jiangsu	3798.80	4044.91	3445.47	2	2055.70	1693.35	1736.90	4
浙　江	Zhejiang	1488.90	1302.72	1125.34	9	1959.90	1012.58	1302.96	6
安　徽	Anhui	1235.10	2472.35	2560.32	4	2451.00	1805.94	2142.70	1
福　建	Fujian	1577.40	995.97	865.47	16	1540.40	1056.72	969.81	8
江　西	Jiangxi	983.40	646.01	668.27	19	777.20	542.89	443.13	18
山　东	Shandong	2206.80	2831.90	2637.90	3	2850.10	1787.97	2093.90	2
河　南	Henan	1222.10	1627.82	2475.98	5	2864.30	951.41	1108.04	7
湖　北	Hubei	1283.20	1198.60	1091.48	12	1422.10	729.91	648.64	14
湖　南	Hunan	1318.10	2426.46	1871.03	7	1096.00	860.96	811.40	11
广　东	Guangdong	4643.80	4115.09	4101.92	1	1726.30	1478.80	1750.32	3
广　西	Guangxi	823.30	765.61	704.81	18	1198.70	415.94	639.10	15
海　南	Hainan	116.30	1058.17	893.07	15	516.50	252.70	178.72	26
重　庆	Chongqing	2025.70	2020.24	2335.03	6	1354.90	1626.77	959.00	9
四　川	Sichuan	1191.00	1638.12	1369.73	8	1043.00	1061.98	1304.72	5
贵　州	Guizhou	1058.00	1005.77	926.65	14	1004.60	601.20	317.06	22
云　南	Yunnan	407.50	954.21	750.48	17	1031.40	826.89	518.81	16
西　藏	Tibet	27.00	15.62	5.00	31	2.90	30.82	2.94	31
陕　西	Shaanxi	387.80	591.71	1122.93	10	552.40	447.59	357.28	20
甘　肃	Gansu	119.90	219.10	175.37	28	286.70	239.72	131.94	29
青　海	Qinghai	38.70	64.00	29.04	30	107.20	48.35	18.52	30
宁　夏	Ningxia	154.00	383.81	202.60	27	548.80	230.51	158.97	28
新　疆	Xinjiang	498.50	853.72	622.25	21	557.70	754.07	428.60	19

16-5 房地产开发企业本年土地成交价款和土地购置费用
Transaction Value of Land This Year and Total Value of Land Purchased

单位：亿元 (100 million yuan)

地区	Region	本年土地成交价款 Transaction Value of Land This Year				土地购置费用 Total Value of Land Purchased			
		2010	2015	2016	2016排名 Ranking	2010	2015	2016	2016排名 Ranking
全　国	**National Total**	**8206.71**	**7621.61**	**9129.31**		**9999.90**	**17675.44**	**18778.68**	
北　京	Beijing	1040.63	811.13	470.12	7	1292.70	2052.92	1921.89	3
天　津	Tianjin	173.33	74.20	239.88	12	134.10	319.02	579.75	11
河　北	Hebei	462.93	168.45	190.15	15	368.30	405.93	337.84	15
山　西	Shanxi	85.82	84.84	127.99	19	92.50	163.27	169.57	22
内蒙古	Inner Mongolia	164.03	52.62	32.52	28	129.90	87.62	77.89	26
辽　宁	Liaoning	487.88	246.07	127.52	20	508.00	308.16	258.10	19
吉　林	Jilin	108.79	191.72	157.90	17	125.30	150.29	139.52	23
黑龙江	Heilongjiang	87.81	54.11	37.34	26	90.70	99.50	83.27	24
上　海	Shanghai	257.85	179.98	375.12	11	449.30	1004.41	1208.28	5
江　苏	Jiangsu	613.85	530.42	845.47	3	960.40	1505.17	1835.03	4
浙　江	Zhejiang	979.90	574.93	967.78	2	1138.00	2510.48	2634.37	1
安　徽	Anhui	352.31	479.32	660.36	4	517.20	641.99	622.08	10
福　建	Fujian	846.49	490.12	601.17	5	765.20	1072.93	1107.32	6
江　西	Jiangxi	93.54	147.48	121.20	21	109.90	210.54	200.74	20
山　东	Shandong	420.94	473.45	483.35	6	600.40	1035.67	937.66	7
河　南	Henan	269.56	198.21	453.46	8	293.20	362.68	681.51	9
湖　北	Hubei	156.17	238.74	214.93	13	291.00	665.36	570.12	12
湖　南	Hunan	144.42	176.66	165.09	16	176.60	243.42	312.97	16
广　东	Guangdong	435.00	890.97	1399.39	1	634.00	1711.53	2243.98	2
广　西	Guangxi	156.75	108.45	206.53	14	150.60	282.07	398.75	14
海　南	Hainan	29.93	75.32	63.08	23	48.90	345.50	271.50	18
重　庆	Chongqing	232.16	539.12	429.73	9	371.40	733.81	562.48	13
四　川	Sichuan	239.41	332.42	381.60	10	368.90	846.96	832.27	8
贵　州	Guizhou	73.23	83.75	41.54	25	60.90	118.20	82.03	25
云　南	Yunnan	108.41	146.38	146.21	18	121.30	323.51	301.11	17
西　藏	Tibet	1.06	0.95	0.66	31	1.70	0.36	1.98	31
陕　西	Shaanxi	89.76	134.79	77.89	22	107.40	226.76	177.96	21
甘　肃	Gansu	24.57	28.71	33.53	27	29.30	53.95	56.49	29
青　海	Qinghai	9.57	11.14	8.49	30	9.90	50.64	49.83	30
宁　夏	Ningxia	24.59	25.70	24.63	29	21.60	54.58	62.61	27
新　疆	Xinjiang	36.04	71.49	44.68	24	31.40	88.21	59.76	28

16-6 房地产开发企业计划总投资和自开始建设至本年底累计完成投资

Total Investment Planed and Accumulative Investment Actually Completed Since Starting of Construction up to the End of This Year

单位：亿元 (100 million yuan)

地区	Region	计划总投资 Total Investment Planed 2010	2015	2016	2016排名 Ranking	自开始建设至本年底累计完成投资 Accumulative Investment Actually Completed Since Starting of Construction up to the End of This Year 2010	2015	2016	2016排名 Ranking
全　国	**National Total**	**223823.35**	**536853.75**	**587857.24**		**133249.41**	**378089.48**	**427854.38**	
北　京	Beijing	17140.64	23192.24	25006.50	8	11136.25	18036.55	19437.38	7
天　津	Tianjin	5687.35	14094.61	15426.78	17	3287.38	8957.81	10103.55	18
河　北	Hebei	7617.69	17578.58	19475.89	14	4290.04	12001.97	13701.89	14
山　西	Shanxi	2459.70	7902.71	8892.58	23	1434.71	5075.83	6111.23	23
内蒙古	Inner Mongolia	3409.50	8147.17	8580.29	24	2092.96	5449.23	5818.58	24
辽　宁	Liaoning	14469.21	23120.45	21656.15	13	8346.44	17402.30	15792.28	13
吉　林	Jilin	2801.64	6750.58	6917.03	25	1767.27	4531.70	4771.64	25
黑龙江	Heilongjiang	2341.12	6060.52	5983.43	26	1434.82	4287.53	4117.61	26
上　海	Shanghai	12818.48	23212.56	25644.95	7	8530.33	17110.21	18429.60	8
江　苏	Jiangsu	21924.85	50613.49	55012.08	2	12808.76	35253.66	39182.94	2
浙　江	Zhejiang	13296.39	33281.85	34950.04	4	8420.28	26208.77	29107.59	3
安　徽	Anhui	8956.29	25105.30	28041.43	6	5908.60	17167.71	19853.46	6
福　建	Fujian	8649.46	22017.23	23593.01	10	5319.92	18031.78	20590.91	5
江　西	Jiangxi	3297.92	9096.57	10360.79	22	2204.83	5811.08	6963.99	22
山　东	Shandong	13756.20	35191.13	38155.92	3	7947.60	23907.76	26847.39	4
河　南	Henan	8013.13	24450.90	29267.28	5	4371.74	14530.53	17780.99	10
湖　北	Hubei	7185.16	19986.24	22221.03	11	3430.07	14093.70	17028.40	12
湖　南	Hunan	6829.88	17474.36	18797.51	15	3686.42	11552.76	13257.62	15
广　东	Guangdong	21757.06	50293.61	57620.45	1	12925.08	37218.78	44244.39	1
广　西	Guangxi	5253.28	11380.05	13268.79	20	3016.16	8101.75	9698.29	20
海　南	Hainan	1968.15	9834.05	11128.21	21	1132.38	6363.63	7818.03	21
重　庆	Chongqing	9184.45	21344.93	22129.52	12	5080.88	15418.90	17354.14	11
四　川	Sichuan	9739.66	21542.31	23951.76	9	6045.85	15757.12	18000.11	9
贵　州	Guizhou	2915.74	12855.29	14041.72	19	1482.38	8451.48	9967.87	19
云　南	Yunnan	3795.58	13481.11	15310.60	18	2262.83	9357.17	10730.65	16
西　藏	Tibet	49.30	179.73	195.31	31	26.56	119.08	151.84	31
陕　西	Shaanxi	4705.40	14631.80	17024.26	16	2888.91	8916.48	10500.07	17
甘　肃	Gansu	1483.56	3897.53	4342.00	28	653.96	2619.16	2933.71	28
青　海	Qinghai	434.75	1484.32	1696.09	30	217.92	1058.62	1240.28	30
宁　夏	Ningxia	867.71	3652.24	3981.20	29	447.88	2398.71	2903.78	29
新　疆	Xinjiang	1014.09	5000.27	5184.66	27	650.23	2897.73	3414.18	27

16-7 房地产开发企业本年完成投资和建筑安装工程

Investment Completed This Year and Investment for Construction and Installation

单位：亿元 (100 million yuan)

地区	Region	本年完成投资 Investment Completed This Year				其中：建筑安装工程 Construction and Installation		
		2010	2015	2016	2016排名 Ranking	2015	2016	2016排名 Ranking
全　国	**National Total**	**48259.40**	**95978.85**	**102580.61**		**71195.57**	**76302.19**	
北　京	Beijing	2901.07	4177.05	4000.57	11	1297.87	1332.29	22
天　津	Tianjin	866.64	1871.55	2300.01	18	1328.30	1409.94	20
河　北	Hebei	2264.94	4285.27	4695.63	7	3591.35	4045.90	7
山　西	Shanxi	592.24	1494.87	1597.35	23	1176.94	1293.52	23
内蒙古	Inner Mongolia	1119.99	1081.05	1133.48	24	959.70	1006.34	24
辽　宁	Liaoning	3465.76	3558.64	2094.85	20	3109.79	1719.99	18
吉　林	Jilin	921.01	924.24	1016.76	25	717.09	829.57	25
黑龙江	Heilongjiang	843.12	992.15	864.84	27	856.94	754.90	27
上　海	Shanghai	1980.68	3468.94	3709.03	13	2212.04	2220.89	14
江　苏	Jiangsu	4299.38	8153.68	8956.37	2	6186.30	6604.18	2
浙　江	Zhejiang	3025.43	7111.93	7469.37	3	3922.53	4165.81	5
安　徽	Anhui	2251.80	4424.86	4603.56	8	3578.86	3746.99	8
福　建	Fujian	1818.86	4469.61	4588.83	9	3168.04	3275.72	10
江　西	Jiangxi	706.82	1520.10	1770.94	22	1227.03	1471.48	19
山　东	Shandong	3249.37	5892.16	6323.38	4	4607.70	5112.56	3
河　南	Henan	2114.08	4818.93	6179.13	5	4125.77	4974.04	4
湖　北	Hubei	1618.24	4249.23	4296.38	10	3243.50	3377.98	9
湖　南	Hunan	1469.07	2613.75	2957.04	14	2166.15	2442.84	12
广　东	Guangdong	3659.69	8538.47	10307.80	1	6048.40	7325.72	1
广　西	Guangxi	1206.22	1909.09	2397.99	17	1526.23	1867.67	17
海　南	Hainan	467.87	1704.00	1787.60	21	1183.32	1363.62	21
重　庆	Chongqing	1620.26	3751.28	3725.95	12	2632.39	2837.90	11
四　川	Sichuan	2194.63	4813.03	5282.64	6	3685.76	4147.61	6
贵　州	Guizhou	556.69	2205.09	2148.96	19	1900.01	1878.93	16
云　南	Yunnan	900.44	2669.01	2688.34	16	2191.00	2192.80	15
西　藏	Tibet	8.96	50.02	48.54	31	48.05	44.75	31
陕　西	Shaanxi	1159.47	2494.29	2736.75	15	2153.66	2366.16	13
甘　肃	Gansu	266.41	768.06	850.03	28	678.49	736.39	28
青　海	Qinghai	108.19	336.00	396.92	30	266.16	323.78	30
宁　夏	Ningxia	254.37	633.64	728.16	29	553.20	628.54	29
新　疆	Xinjiang	347.72	998.88	923.40	26	853.01	803.40	26

16-8 房地产开发企业设备工器具购置和其他费用
Purchase of Equipment and Instruments and Others

单位：亿元 (100 million yuan)

地区	Region	其中：设备工器具购置 Purchase of Equipment and Instruments			其中：其他费用 Others		
		2015	2016	2016排名 Ranking	2015	2016	2016排名 Ranking
全　国	**National Total**	**1211.52**	**1461.55**		**23571.75**	**24816.87**	
北　京	Beijing	22.97	20.80	22	2856.21	2647.48	3
天　津	Tianjin	13.04	13.13	26	530.21	876.94	10
河　北	Hebei	91.52	110.35	3	602.40	539.38	14
山　西	Shanxi	23.80	22.14	19	294.13	281.70	21
内蒙古	Inner Mongolia	8.77	14.81	24	112.58	112.33	25
辽　宁	Liaoning	44.11	41.12	13	404.74	333.73	19
吉　林	Jilin	8.11	10.12	27	199.04	177.08	24
黑龙江	Heilongjiang	11.41	9.84	28	123.79	100.10	26
上　海	Shanghai	15.15	21.94	20	1241.75	1466.20	5
江　苏	Jiangsu	118.93	141.68	2	1848.46	2210.50	4
浙　江	Zhejiang	62.38	86.69	7	3127.01	3216.87	1
安　徽	Anhui	58.45	89.31	6	787.54	767.26	13
福　建	Fujian	39.87	33.81	15	1261.70	1279.30	6
江　西	Jiangxi	23.15	29.29	16	269.92	270.18	22
山　东	Shandong	58.45	67.98	9	1226.01	1142.85	7
河　南	Henan	117.27	170.72	1	575.89	1034.37	8
湖　北	Hubei	68.09	75.45	8	937.64	842.96	12
湖　南	Hunan	40.17	48.73	10	407.42	465.48	16
广　东	Guangdong	99.21	99.12	5	2390.86	2882.96	2
广　西	Guangxi	23.30	26.72	17	359.57	503.60	15
海　南	Hainan	13.61	13.69	25	507.07	410.29	18
重　庆	Chongqing	38.59	39.65	14	1080.30	848.40	11
四　川	Sichuan	84.85	108.28	4	1042.42	1026.75	9
贵　州	Guizhou	24.67	25.25	18	280.41	244.78	23
云　南	Yunnan	29.46	42.08	12	448.56	453.46	17
西　藏	Tibet	0.78	1.47	31	1.19	2.31	31
陕　西	Shaanxi	24.57	43.97	11	316.05	326.62	20
甘　肃	Gansu	11.17	15.38	23	78.40	98.27	28
青　海	Qinghai	12.34	8.73	29	57.51	64.41	30
宁　夏	Ningxia	6.02	7.93	30	74.43	91.69	29
新　疆	Xinjiang	17.33	21.37	21	128.53	98.63	27

16-9 房地产开发企业从业人员和房地产开发投资额

Number of Employed Persons in Real Estate Enterprises and Investment in Real Estate Development

地区	Region	从业人数（万人） Number of Employed Persons (10 000 persons)				房地产本年完成投资额（亿元） Investment Completed This Year (100 million yuan)			
		2010	2015	2016	2016排名 Ranking	2010	2015	2016	2016排名 Ranking
全　国	**National Total**	**209.11**	**273.85**	**275.23**		**48259.40**	**95978.85**	**102580.61**	
北　京	Beijing	8.92	9.07	8.67	13	2901.07	4177.05	4000.57	11
天　津	Tianjin	3.67	3.74	3.52	28	866.64	1871.55	2300.01	18
河　北	Hebei	7.52	10.71	11.17	9	2264.94	4285.27	4695.63	7
山　西	Shanxi	4.29	5.88	5.63	21	592.24	1494.87	1597.35	23
内蒙古	Inner Mongolia	5.52	4.48	4.22	26	1119.99	1081.05	1133.48	24
辽　宁	Liaoning	7.37	7.95	6.81	19	3465.76	3558.64	2094.85	20
吉　林	Jilin	3.38	4.17	4.65	23	921.01	924.24	1016.76	25
黑龙江	Heilongjiang	4.15	4.36	3.90	27	843.12	992.15	864.84	27
上　海	Shanghai	9.14	6.46	6.36	20	1980.68	3468.94	3709.03	13
江　苏	Jiangsu	13.17	17.96	17.34	4	4299.38	8153.68	8956.37	2
浙　江	Zhejiang	9.66	12.17	11.57	8	3025.43	7111.93	7469.37	3
安　徽	Anhui	7.15	11.01	10.53	10	2251.80	4424.86	4603.56	8
福　建	Fujian	6.33	9.52	9.31	12	1818.86	4469.61	4588.83	9
江　西	Jiangxi	5.25	6.95	7.27	18	706.82	1520.10	1770.94	22
山　东	Shandong	17.30	21.13	22.06	2	3249.37	5892.16	6323.38	4
河　南	Henan	9.38	19.08	20.69	3	2114.08	4818.93	6179.13	5
湖　北	Hubei	9.00	13.25	13.09	6	1618.24	4249.23	4296.38	10
湖　南	Hunan	8.24	11.61	12.06	7	1469.07	2613.75	2957.04	14
广　东	Guangdong	18.96	22.89	23.37	1	3659.69	8538.47	10307.80	1
广　西	Guangxi	5.68	7.78	8.07	16	1206.22	1909.09	2397.99	17
海　南	Hainan	1.77	4.33	4.70	22	467.87	1704.00	1787.60	21
重　庆	Chongqing	9.18	9.64	9.93	11	1620.26	3751.28	3725.95	12
四　川	Sichuan	14.37	14.00	13.85	5	2194.63	4813.03	5282.64	6
贵　州	Guizhou	3.67	7.68	8.28	15	556.69	2205.09	2148.96	19
云　南	Yunnan	4.60	7.93	8.01	17	900.44	2669.01	2688.34	16
西　藏	Tibet	0.49	0.19	0.21	31	8.96	50.02	48.54	31
陕　西	Shaanxi	4.54	8.49	8.43	14	1159.47	2494.29	2736.75	15
甘　肃	Gansu	2.42	4.31	4.48	24	266.41	768.06	850.03	28
青　海	Qinghai	0.44	1.04	1.09	30	108.19	336.00	396.92	30
宁　夏	Ningxia	1.09	1.79	1.72	29	254.37	633.64	728.16	29
新　疆	Xinjiang	2.45	4.28	4.25	25	347.72	998.88	923.40	26

16-10 房地产开发住宅投资和办公楼投资
Investment in Real Estate Development of Residential Buildings and Office Buildings

单位：亿元 (100 million yuan)

地区	Region	其中：住宅投资 Residential Buildings				其中：办公楼投资 Office Buildings			
		2010	2015	2016	2016排名 Ranking	2010	2015	2016	2016排名 Ranking
全　国	**National Total**	**34026.23**	**64595.24**	**68703.87**		**1807.38**	**6209.74**	**6532.60**	
北　京	Beijing	1508.95	1889.54	1925.86	13	259.10	899.07	699.08	2
天　津	Tianjin	565.39	1251.53	1598.27	18	77.18	107.70	124.64	18
河　北	Hebei	1785.76	3162.55	3475.48	6	51.27	175.87	219.26	11
山　西	Shanxi	457.43	1098.32	1141.08	23	12.54	85.50	75.15	20
内蒙古	Inner Mongolia	782.80	758.51	793.70	24	53.44	39.68	31.35	29
辽　宁	Liaoning	2481.35	2603.32	1505.42	19	102.93	116.61	65.25	22
吉　林	Jilin	731.73	648.81	710.69	25	13.87	38.63	41.74	27
黑龙江	Heilongjiang	657.54	681.15	597.96	26	10.92	25.32	24.36	30
上　海	Shanghai	1229.83	1813.32	1965.43	12	224.46	654.54	695.95	3
江　苏	Jiangsu	3158.46	6080.21	6628.87	2	154.61	344.07	363.17	5
浙　江	Zhejiang	2058.19	4450.73	4806.64	3	192.99	513.31	480.98	4
安　徽	Anhui	1595.47	2849.19	3069.36	8	65.61	204.25	202.91	12
福　建	Fujian	975.13	2864.95	2999.29	10	49.67	327.76	339.01	7
江　西	Jiangxi	544.77	1113.09	1247.58	21	11.01	52.11	73.87	21
山　东	Shandong	2511.17	4399.44	4690.22	4	73.40	331.88	346.30	6
河　南	Henan	1685.21	3529.15	4558.07	5	56.74	218.54	230.86	9
湖　北	Hubei	1040.25	3020.54	3012.35	9	32.44	215.70	223.90	10
湖　南	Hunan	1134.56	1802.94	1871.30	15	17.81	120.80	159.65	16
广　东	Guangdong	2539.03	5890.51	6977.66	1	144.54	564.00	852.06	1
广　西	Guangxi	878.89	1407.75	1725.29	16	15.14	72.58	93.53	19
海　南	Hainan	417.11	1246.78	1317.73	20	7.03	20.54	52.70	24
重　庆	Chongqing	1091.49	2390.49	2319.97	11	31.53	203.56	166.04	14
四　川	Sichuan	1535.28	3048.72	3185.64	7	55.31	229.79	278.51	8
贵　州	Guizhou	328.63	1327.77	1243.60	22	8.78	164.06	151.81	17
云　南	Yunnan	654.67	1670.27	1635.38	17	22.21	162.04	159.80	15
西　藏	Tibet	6.99	39.60	39.14	31	0.07	2.49	1.73	31
陕　西	Shaanxi	938.15	1827.80	1916.13	14	36.57	160.95	190.62	13
甘　肃	Gansu	187.93	526.56	563.75	27	5.61	28.01	46.37	26
青　海	Qinghai	75.20	201.38	227.78	30	2.15	37.43	32.51	28
宁　夏	Ningxia	187.29	396.68	435.41	29	8.17	34.29	51.87	25
新　疆	Xinjiang	281.56	603.66	518.83	28	10.29	58.66	57.64	23

16-11 房地产开发商业营业用房投资和其他投资
Investment in Real Estate Development for Business Use and Others

单位：亿元 (100 million yuan)

地区	Region	商业营业用房 Houses for Business Use 2010	2015	2016	2016排名 Ranking	其他 Others 2010	2015	2016	2016排名 Ranking
全　国	**National Total**	**5648.40**	**14607.49**	**15837.53**		**6777.39**	**10566.37**	**11506.61**	
北　京	Beijing	336.29	463.67	484.12	16	796.73	924.77	891.52	3
天　津	Tianjin	127.35	249.01	252.44	22	96.72	263.31	324.66	16
河　北	Hebei	276.01	509.40	651.57	9	151.90	437.45	349.33	14
山　西	Shanxi	60.46	171.21	217.29	23	61.81	139.84	163.83	22
内蒙古	Inner Mongolia	202.46	187.50	188.90	25	81.28	95.37	119.52	24
辽　宁	Liaoning	588.65	608.64	358.80	18	292.83	230.08	165.37	21
吉　林	Jilin	116.02	162.74	189.38	24	59.39	74.07	74.94	27
黑龙江	Heilongjiang	105.34	210.23	171.48	28	69.32	75.44	71.04	28
上　海	Shanghai	244.70	467.67	519.41	14	281.69	533.42	528.24	9
江　苏	Jiangsu	611.08	1130.91	1246.13	2	375.23	598.50	718.20	4
浙　江	Zhejiang	356.36	1021.09	984.91	4	417.88	1126.79	1196.84	1
安　徽	Anhui	292.16	1025.86	970.61	5	298.56	345.55	360.68	13
福　建	Fujian	162.33	670.97	590.95	11	631.72	605.92	659.58	5
江　西	Jiangxi	78.14	239.39	315.81	20	72.90	115.51	133.69	23
山　东	Shandong	378.81	764.96	827.82	6	285.99	395.88	459.05	11
河　南	Henan	192.77	694.23	789.84	7	179.36	377.00	600.36	7
湖　北	Hubei	187.08	593.85	547.69	13	358.47	419.13	512.44	10
湖　南	Hunan	129.74	430.63	598.60	10	186.97	259.38	327.50	15
广　东	Guangdong	389.31	1085.78	1390.28	1	586.82	998.19	1087.79	2
广　西	Guangxi	92.85	243.83	320.21	19	219.34	184.93	258.96	17
海　南	Hainan	20.54	140.99	181.18	26	23.18	295.69	235.99	18
重　庆	Chongqing	134.40	616.19	704.37	8	362.84	541.03	535.57	8
四　川	Sichuan	185.88	928.76	1166.03	3	418.16	605.75	652.47	6
贵　州	Guizhou	57.06	506.74	562.53	12	162.21	206.53	191.02	20
云　南	Yunnan	97.88	508.91	497.36	15	125.67	327.80	395.80	12
西　藏	Tibet	1.86	4.47	5.37	31	0.05	3.46	2.30	31
陕　西	Shaanxi	106.41	346.70	415.95	17	78.34	158.83	214.06	19
甘　肃	Gansu	27.02	162.05	173.48	27	45.85	51.45	66.43	29
青　海	Qinghai	15.83	64.62	96.02	30	15.00	32.58	40.62	30
宁　夏	Ningxia	35.56	129.52	152.45	29	23.35	73.14	88.43	25
新　疆	Xinjiang	38.03	266.97	266.55	21	17.84	69.59	80.39	26

16-12 房地产开发企业本年实际到位资金小计和国内贷款

Actual Funds in Place of Enterprises for Real Estate Development

单位：亿元 (100 million yuan)

地区 Region	本年实际到位资金小计 Total Actual Funds in Place This Year				国内贷款 Domestic Loans			
	2010	2015	2016	2016排名 Ranking	2010	2015	2016	2016排名 Ranking
全　国 National Total	**72944.04**	**125203.06**	**144214.05**		**12563.70**	**20214.38**	**21512.40**	
北　京 Beijing	5790.61	7282.11	8051.29	5	1439.08	1970.97	2148.48	3
天　津 Tianjin	1665.54	3208.66	4397.22	14	539.59	954.00	1066.99	6
河　北 Hebei	2710.89	4666.67	5102.36	12	288.89	456.70	456.10	16
山　西 Shanxi	796.15	1442.67	1588.02	23	88.33	108.82	98.33	25
内蒙古 Inner Mongolia	1166.54	1196.07	1173.88	25	45.94	97.51	74.80	29
辽　宁 Liaoning	5070.81	4231.78	3080.81	17	648.35	551.43	451.39	18
吉　林 Jilin	957.17	1211.74	1254.99	24	68.16	180.82	141.45	24
黑龙江 Heilongjiang	1050.36	1220.96	1061.64	27	48.90	126.46	90.54	28
上　海 Shanghai	3229.29	5531.86	6408.78	8	819.57	1516.59	1446.18	5
江　苏 Jiangsu	8022.33	12039.99	15501.08	2	1515.66	1877.93	2299.18	2
浙　江 Zhejiang	5451.60	8675.58	10859.57	3	1023.60	1274.79	1541.37	4
安　徽 Anhui	2850.13	4990.78	6209.27	9	323.25	564.23	657.62	13
福　建 Fujian	2631.31	5639.33	6067.78	10	432.46	846.73	808.76	10
江　西 Jiangxi	1008.16	2101.33	2517.95	20	146.40	230.82	291.73	21
山　东 Shandong	4452.03	7342.90	8596.12	4	754.80	952.50	1012.41	9
河　南 Henan	2468.79	5076.92	6558.25	7	244.50	475.69	698.56	12
湖　北 Hubei	2219.50	4880.42	5696.35	11	415.43	777.89	1031.66	7
湖　南 Hunan	2002.43	3586.49	4164.90	15	314.06	481.83	523.34	14
广　东 Guangdong	5782.46	14164.30	17666.05	1	1256.11	2577.81	2559.13	1
广　西 Guangxi	1538.56	2339.29	3159.72	16	248.60	332.04	468.38	15
海　南 Hainan	807.28	2139.51	2379.45	21	136.35	339.83	403.36	19
重　庆 Chongqing	2859.53	5024.58	5006.57	13	584.72	1033.07	1012.91	8
四　川 Sichuan	3148.03	6079.00	6635.69	6	436.83	916.21	751.74	11
贵　州 Guizhou	925.49	2248.27	2179.27	22	160.10	220.30	201.46	22
云　南 Yunnan	1300.66	2850.09	2590.37	19	160.82	528.40	453.50	17
西　藏 Tibet	15.02	43.93	53.80	31	0.08	1.20	1.00	31
陕　西 Shaanxi	1683.75	2815.01	3071.81	18	215.17	372.82	379.56	20
甘　肃 Gansu	317.56	939.65	1011.47	28	56.60	153.02	179.05	23
青　海 Qinghai	124.84	361.04	423.25	30	26.90	72.94	71.58	30
宁　夏 Ningxia	359.14	737.39	678.74	29	56.07	96.59	96.80	26
新　疆 Xinjiang	538.07	1134.72	1067.61	26	68.42	124.46	95.00	27

16-13 房地产开发企业利用外资和外商直接投资

Foreign Investment and Foreign Direct Investment of Estate Developments

单位：亿元 (100 million yuan)

地区	Region	利用外资 Foreign Investment				其中：外商直接投资 Foreign Direct Investment			
		2010	2015	2016	2016排名 Ranking	2010	2015	2016	2016排名 Ranking
全　国	**National Total**	**790.68**	**296.53**	**140.44**		**673.45**	**286.08**	**132.53**	
北　京	Beijing	13.90	5.75	1.00	13	13.41	5.75	1.00	12
天　津	Tianjin	8.34	6.54	2.05	9	5.79	4.84	0.02	17
河　北	Hebei	3.00	2.31	1.71	11	0.50	2.31	1.71	10
山　西	Shanxi								
内蒙古	Inner Mongolia	0.16				0.16			
辽　宁	Liaoning	174.28	37.61	2.71	7	140.69	37.32	2.70	7
吉　林	Jilin	0.04	0.02	0.02	19	0.04			
黑龙江	Heilongjiang	1.50	1.32	0.90	14	1.50	1.32	0.90	13
上　海	Shanghai	96.05	33.92	2.31	8	65.52	32.36	2.31	8
江　苏	Jiangsu	92.76	44.91	8.29	6	86.60	41.26	4.29	6
浙　江	Zhejiang	23.96	15.65	32.33	1	19.13	15.65	32.33	1
安　徽	Anhui	6.18	1.02	13.69	4	5.55	0.90	13.69	4
福　建	Fujian	18.17	7.98	1.57	12	15.23	7.98	1.57	11
江　西	Jiangxi	2.90	6.14	0.70	17	2.90	6.14	0.70	14
山　东	Shandong	18.87	15.25	10.22	5	16.18	15.25	10.22	5
河　南	Henan	1.76	3.22	1.76	10	1.71	1.92	1.76	9
湖　北	Hubei	97.29	0.90	0.80	16	92.92	0.70		
湖　南	Hunan	4.35	0.71	0.01	20	1.43	0.60		
广　东	Guangdong	90.85	26.65	30.23	2	72.77	26.38	29.98	2
广　西	Guangxi	8.59	1.57			7.24	1.55		
海　南	Hainan	0.71	1.35			0.71	1.35		
重　庆	Chongqing	83.93	65.90	29.06	3	83.57	64.85	29.06	3
四　川	Sichuan	33.33	0.97	0.88	15	30.99	0.96	0.23	15
贵　州	Guizhou	0.72	0.85			0.72	0.80		
云　南	Yunnan	0.85	9.67	0.19	18		9.57	0.06	16
西　藏	Tibet								
陕　西	Shaanxi	5.62	6.32			5.62	6.32		
甘　肃	Gansu								
青　海	Qinghai	2.32				2.32			
宁　夏	Ningxia	0.25				0.25			
新　疆	Xinjiang								

16-14 房地产开发企业自筹资金和其他资金来源
Self-raising Funds and Others of Estate Developments

单位：亿元 (100 million yuan)

地区	Region	自筹资金 Self-raising Funds				其他资金来源 Others			
		2010	2015	2016	2016排名 Ranking	2010	2015	2016	2016排名 Ranking
全　国	**National Total**	**26637.21**	**49037.56**	**49132.85**		**32952.45**	**55654.60**	**73428.37**	
北　京	Beijing	1762.97	2277.20	1978.50	10	2574.66	3028.19	3923.32	5
天　津	Tianjin	457.74	932.39	899.63	20	659.88	1315.72	2428.54	12
河　北	Hebei	1462.58	3099.11	3224.49	4	956.43	1108.55	1420.07	17
山　西	Shanxi	291.70	809.31	811.06	23	416.12	524.53	678.64	23
内蒙古	Inner Mongolia	939.85	838.47	815.14	22	180.60	260.09	283.94	29
辽　宁	Liaoning	2785.75	2269.32	1351.14	15	1462.43	1373.42	1275.57	18
吉　林	Jilin	591.63	557.72	583.16	25	297.34	473.19	530.37	25
黑龙江	Heilongjiang	651.35	730.67	552.19	26	348.61	362.51	418.00	26
上　海	Shanghai	1070.88	1519.99	1490.78	13	1242.78	2461.37	3469.51	7
江　苏	Jiangsu	2031.38	3416.80	3172.21	5	4382.54	6700.36	10021.40	2
浙　江	Zhejiang	1288.89	2659.44	2672.05	7	3115.16	4725.70	6613.82	3
安　徽	Anhui	1196.59	1860.13	1906.23	11	1324.11	2565.40	3631.73	6
福　建	Fujian	1099.64	2300.58	2263.99	8	1081.04	2484.05	2993.45	9
江　西	Jiangxi	391.29	730.78	790.71	24	467.57	1133.59	1434.81	16
山　东	Shandong	1794.88	3328.96	3451.65	3	1883.48	3046.20	4121.84	4
河　南	Henan	1336.57	2956.20	3671.81	2	885.96	1641.82	2186.12	14
湖　北	Hubei	784.39	2357.67	2175.22	9	922.40	1743.96	2488.67	10
湖　南	Hunan	698.87	1246.05	1229.32	16	985.15	1857.90	2412.23	13
广　东	Guangdong	1580.81	3933.40	4844.00	1	2854.68	7626.44	10232.68	1
广　西	Guangxi	547.42	823.72	1115.04	18	733.96	1181.96	1576.30	15
海　南	Hainan	163.58	1007.98	1034.56	19	506.65	790.36	941.53	22
重　庆	Chongqing	685.00	1666.53	1488.38	14	1505.89	2259.07	2476.21	11
四　川	Sichuan	1208.26	2645.83	2679.98	6	1469.62	2515.99	3203.09	8
贵　州	Guizhou	267.74	898.35	834.77	21	496.94	1128.77	1143.04	19
云　南	Yunnan	461.22	1337.54	1157.71	17	677.78	974.48	978.96	21
西　藏	Tibet	10.75	28.70	36.85	31	4.19	14.03	15.95	31
陕　西	Shaanxi	642.80	1405.06	1550.64	12	820.16	1030.81	1141.62	20
甘　肃	Gansu	132.80	429.93	456.50	27	128.17	356.70	375.92	27
青　海	Qinghai	56.78	153.80	197.17	30	38.83	134.30	154.50	30
宁　夏	Ningxia	103.32	323.68	260.03	29	199.50	317.12	321.91	28
新　疆	Xinjiang	139.80	492.26	437.97	28	329.86	518.00	534.63	24

16-15 房地产开发企业房屋施工面积和竣工面积
Floor Space of Buildings under Construction and Completed by Enterprises of Real Estate Development

单位：万平方米 (10 000 sq.m)

地区	Region	房屋施工面积 Floor Space of Buildings under Construction 2010	2015	2016	2016排名 Ranking	房屋竣工面积 Floor Space of Buildings Completed 2010	2015	2016	2016排名 Ranking
全 国	**National Total**	**405356.4**	**735693.4**	**758974.8**		**78743.9**	**100039.1**	**106127.7**	
北 京	Beijing	10300.9	12993.1	12976.0	22	2386.7	2631.5	2369.9	19
天 津	Tianjin	7160.8	10230.2	9349.8	26	2098.5	2903.6	2914.3	13
河 北	Hebei	20700.0	30434.8	30476.8	9	3614.7	4039.3	4287.8	10
山 西	Shanxi	7599.8	15734.5	17069.3	18	1203.7	2114.5	2683.6	15
内蒙古	Inner Mongolia	11535.3	17641.3	16906.3	19	2297.7	1697.2	1664.0	25
辽 宁	Liaoning	26831.1	29283.2	26364.1	13	4497.4	3237.5	2709.3	14
吉 林	Jilin	7069.5	11566.5	11797.3	23	2030.5	1287.4	1351.6	27
黑龙江	Heilongjiang	7532.9	12410.4	10865.7	25	2645.8	2924.2	2375.6	18
上 海	Shanghai	11295.0	15095.3	15111.2	21	1941.2	2647.2	2550.6	16
江 苏	Jiangsu	35106.9	58118.4	58761.7	3	8696.3	10297.0	10074.0	1
浙 江	Zhejiang	23781.9	41687.3	41609.8	5	4115.8	5892.9	7925.4	3
安 徽	Anhui	17620.0	34244.7	35645.4	7	3026.7	5537.7	5383.0	7
福 建	Fujian	14189.7	30891.1	31064.1	8	2242.5	3436.6	3665.3	11
江 西	Jiangxi	7229.9	15293.6	16427.2	20	1817.7	1907.9	1635.6	26
山 东	Shandong	28081.2	57206.4	59957.1	2	5074.3	8277.8	8253.5	2
河 南	Henan	20394.0	40994.4	47359.6	4	4426.9	5390.3	6299.4	6
湖 北	Hubei	11589.4	28296.3	29879.9	11	2541.2	2785.2	3127.5	12
湖 南	Hunan	16801.9	28322.1	30139.4	10	3347.9	3970.0	4533.7	8
广 东	Guangdong	29301.4	57941.9	64233.8	1	5659.1	6044.4	6593.7	5
广 西	Guangxi	12048.7	18608.4	21134.6	15	1564.3	1675.2	1735.1	22
海 南	Hainan	2699.5	8317.0	8936.8	27	609.1	1068.6	1674.6	24
重 庆	Chongqing	17138.5	28985.7	27363.4	12	2626.6	4630.3	4421.3	9
四 川	Sichuan	21158.5	38981.4	41532.1	6	3966.8	4545.7	7050.2	4
贵 州	Guizhou	7905.5	20877.7	20352.2	17	1048.0	2582.7	1901.4	21
云 南	Yunnan	8785.0	20722.2	20593.2	16	1536.0	2546.7	2115.1	20
西 藏	Tibet	75.3	380.6	348.8	31	12.2	92.3	31.5	31
陕 西	Shaanxi	9947.9	20752.2	22297.5	14	900.1	1681.5	2431.7	17
甘 肃	Gansu	3130.4	8586.2	8933.2	28	598.7	962.2	991.7	29
青 海	Qinghai	1424.2	2585.6	2847.7	30	267.7	454.4	386.7	30
宁 夏	Ningxia	2940.5	7045.7	7110.1	29	936.9	1169.0	1294.5	28
新 疆	Xinjiang	3980.8	11465.4	11530.6	24	1012.9	1608.6	1695.9	23

16-16 房地产开发企业房屋竣工造价
Cost of Buildings Completed by Enterprises of Real Estate Development

地区	Region	房屋竣工价值（亿元） Value of Buildings Completed (100 million yuan)				房屋竣工造价（元/平方米） Cost of Buildings Completed (yuan/sq.m)			
		2010	2015	2016	2016排名 Ranking	2010	2015	2016	2016排名 Ranking
全 国	**National Total**	**17542.73**	**30552.38**	**32252.13**		**2228**	**3054**	**3039**	
北 京	Beijing	575.59	965.55	839.97	15	2412	3669	3544	7
天 津	Tianjin	670.67	885.83	1081.20	12	3196	3051	3710	5
河 北	Hebei	816.11	1253.87	1139.31	11	2258	3104	2657	20
山 西	Shanxi	208.10	571.32	785.57	17	1729	2702	2927	11
内蒙古	Inner Mongolia	442.45	459.82	415.38	24	1926	2709	2496	26
辽 宁	Liaoning	971.14	910.18	788.20	16	2159	2811	2909	12
吉 林	Jilin	340.22	307.85	313.79	28	1676	2391	2322	28
黑龙江	Heilongjiang	454.53	675.33	599.75	20	1718	2309	2525	24
上 海	Shanghai	779.93	1488.32	1472.33	7	4018	5622	5772	1
江 苏	Jiangsu	2307.27	3503.00	3678.24	1	2653	3402	3651	6
浙 江	Zhejiang	1068.33	2301.64	3079.61	2	2596	3906	3886	3
安 徽	Anhui	679.22	1499.29	1544.37	6	2244	2707	2869	14
福 建	Fujian	415.32	938.70	1009.60	13	1852	2732	2755	17
江 西	Jiangxi	301.12	505.90	413.92	25	1657	2652	2531	23
山 东	Shandong	1077.58	1909.34	1873.70	5	2124	2307	2270	30
河 南	Henan	630.25	1079.75	1260.41	9	1424	2003	2001	31
湖 北	Hubei	564.66	798.57	940.66	14	2222	2867	3008	10
湖 南	Hunan	646.81	1221.38	1189.42	10	1932	3077	2623	21
广 东	Guangdong	1587.46	2256.69	2493.40	3	2805	3734	3781	4
广 西	Guangxi	230.69	470.43	433.73	23	1475	2808	2500	25
海 南	Hainan	180.26	514.16	669.52	18	2959	4812	3998	2
重 庆	Chongqing	647.98	1595.40	1411.77	8	2467	3446	3193	9
四 川	Sichuan	742.46	1289.09	2002.50	4	1872	2836	2840	15
贵 州	Guizhou	169.01	890.87	469.47	22	1613	3449	2469	27
云 南	Yunnan	330.24	739.50	586.95	21	2150	2904	2775	16
西 藏	Tibet	2.71	30.68	10.24	31	2225	3324	3247	8
陕 西	Shaanxi	220.12	463.65	648.61	19	2446	2757	2667	18
甘 肃	Gansu	109.45	244.34	254.25	29	1828	2539	2564	22
青 海	Qinghai	49.84	120.36	111.39	30	1862	2649	2881	13
宁 夏	Ningxia	175.51	291.60	344.94	27	1873	2494	2665	19
新 疆	Xinjiang	147.71	370.00	389.95	26	1458	2300	2299	29

16-17 按用途分房地产开发企业住宅和办公楼施工面积
Area of Residential Buildings and Office Buildings

单位：万平方米 (10 000 sq.m)

地区	Region	住宅 Residential Buildings 2010	2015	2016	2016排名 Ranking	办公楼 Office Buildings 2010	2015	2016	2016排名 Ranking
全　国	**National Total**	**314760.12**	**511595.17**	**521310.22**		**12144.40**	**33044.37**	**35029.37**	
北　京	Beijing	6176.02	6261.21	5857.61	28	1054.84	2409.63	2447.26	3
天　津	Tianjin	5117.69	6968.75	6311.70	26	396.61	872.41	723.32	19
河　北	Hebei	17159.60	23674.38	23407.19	8	384.39	641.45	858.69	14
山　西	Shanxi	6254.41	11449.97	12222.32	18	181.34	502.20	607.47	21
内蒙古	Inner Mongolia	8272.86	11554.23	11141.41	20	485.54	624.55	565.76	24
辽　宁	Liaoning	20677.33	21406.76	19104.64	12	582.95	648.78	595.51	22
吉　林	Jilin	5758.87	8282.66	8305.99	21	104.67	423.26	473.76	25
黑龙江	Heilongjiang	6107.45	8784.98	7746.05	23	75.26	249.14	236.71	28
上　海	Shanghai	7313.85	8372.12	8073.94	22	1103.18	1978.49	2180.50	7
江　苏	Jiangsu	26347.13	42315.98	43002.93	3	1169.80	2342.87	2281.90	5
浙　江	Zhejiang	16138.35	25117.15	24709.37	6	1477.65	2963.96	3016.91	2
安　徽	Anhui	13838.54	23233.38	24115.13	7	521.83	1184.59	1205.03	10
福　建	Fujian	10572.53	19558.92	19436.54	11	452.89	2150.88	2262.87	6
江　西	Jiangxi	6064.62	11157.74	12000.47	19	114.25	533.71	574.30	23
山　东	Shandong	22728.09	42276.51	44158.11	2	478.14	2364.71	2434.79	4
河　南	Henan	16901.99	31210.56	35579.02	4	510.84	1568.02	1698.99	8
湖　北	Hubei	9172.43	20906.65	21803.01	9	239.55	921.05	1048.39	12
湖　南	Hunan	13772.56	20807.90	21617.17	10	210.43	746.39	858.57	15
广　东	Guangdong	22253.76	40388.82	44171.00	1	946.33	2607.81	3206.43	1
广　西	Guangxi	9767.64	13750.52	15339.29	15	183.04	536.45	743.68	18
海　南	Hainan	2323.40	6463.07	6685.96	25	35.94	160.35	203.69	29
重　庆	Chongqing	13744.78	19390.32	17932.69	13	247.56	1145.29	1020.20	13
四　川	Sichuan	17289.74	25300.45	26425.45	5	413.26	1489.51	1584.66	9
贵　州	Guizhou	5970.81	13592.65	12847.14	17	149.32	850.35	812.79	16
云　南	Yunnan	7046.37	13867.01	13324.64	16	154.77	770.80	763.01	17
西　藏	Tibet	68.40	259.94	232.59	31	1.31	20.81	15.85	31
陕　西	Shaanxi	8580.55	15558.06	16164.28	14	229.63	1033.44	1171.05	11
甘　肃	Gansu	2557.70	6087.70	6191.65	27	50.96	241.60	276.95	27
青　海	Qinghai	1179.41	1650.31	1753.44	30	23.64	151.72	164.12	30
宁　夏	Ningxia	2285.56	4550.38	4555.28	29	74.17	333.83	368.59	26
新　疆	Xinjiang	3317.68	7370.42	7094.22	24	90.29	576.32	627.61	20

16-18 按用途分房地产开发企业商业营业用房和其他用房施工面积
Area of Houses for Business Use and Others

单位：万平方米 (10 000 sq.m)

地区	Region	商业营业用房 Houses for Business Use 2010	2015	2016	2016排名 Ranking	其他用房 Others 2010	2015	2016	2016排名 Ranking
全　国	**National Total**	**44631.92**	**100111.38**	**104571.86**		**33819.96**	**90968.10**	**98063.36**	
北　京	Beijing	1229.33	1326.24	1354.82	26	1840.67	2996.00	3316.32	11
天　津	Tianjin	1004.47	1163.11	1162.28	28	642.07	1225.95	1152.45	25
河　北	Hebei	1970.08	3183.02	3238.84	16	1185.96	2935.90	2972.06	14
山　西	Shanxi	769.36	1915.07	2150.13	21	394.74	1867.25	2089.34	19
内蒙古	Inner Mongolia	2027.82	3522.03	3295.88	15	749.13	1940.48	1903.24	21
辽　宁	Liaoning	3954.14	4767.07	4445.32	8	1616.66	2460.56	2218.63	18
吉　林	Jilin	810.47	1754.17	1840.53	23	395.46	1106.38	1177.05	23
黑龙江	Heilongjiang	862.27	2113.14	1713.00	24	487.90	1263.09	1170.00	24
上　海	Shanghai	1292.96	1944.02	1990.81	22	1585.04	2800.71	2865.98	16
江　苏	Jiangsu	4867.56	7569.39	7392.75	1	2722.43	5890.21	6084.14	5
浙　江	Zhejiang	2619.51	5198.93	5264.16	7	3546.34	8407.29	8619.34	2
安　徽	Anhui	2307.22	6364.11	6696.89	4	952.42	3462.58	3628.39	9
福　建	Fujian	1273.66	3875.01	3764.97	12	1890.66	5306.33	5599.76	6
江　西	Jiangxi	734.09	2193.82	2368.53	20	316.98	1408.33	1483.95	22
山　东	Shandong	3280.25	7121.65	7239.74	2	1594.69	5443.58	6124.42	4
河　南	Henan	1952.08	4831.74	5630.64	6	1029.07	3384.08	4450.91	7
湖　北	Hubei	1268.35	3747.75	3873.15	11	909.11	2720.83	3155.33	13
湖　南	Hunan	1550.10	3500.32	4104.19	10	1268.77	3267.52	3559.45	10
广　东	Guangdong	2621.92	6208.54	7006.00	3	3479.35	8736.69	9850.38	1
广　西	Guangxi	1110.02	2112.66	2454.80	19	988.03	2208.73	2596.88	17
海　南	Hainan	180.97	783.22	968.43	29	159.16	910.33	1078.70	27
重　庆	Chongqing	1549.77	4111.50	4193.65	9	1596.38	4338.57	4216.86	8
四　川	Sichuan	1593.47	5664.03	6223.91	5	1862.00	6527.36	7298.12	3
贵　州	Guizhou	909.04	3644.04	3755.27	13	876.36	2790.63	2937.04	15
云　南	Yunnan	934.79	3208.14	3320.12	14	649.03	2876.24	3185.42	12
西　藏	Tibet	4.61	58.15	59.39	31	0.93	41.73	40.94	31
陕　西	Shaanxi	707.45	2556.18	3010.38	17	430.26	1604.48	1951.83	20
甘　肃	Gansu	332.15	1395.17	1476.47	25	189.59	861.70	988.16	28
青　海	Qinghai	142.08	472.65	565.63	30	79.09	310.91	364.52	30
宁　夏	Ningxia	360.99	1289.90	1314.02	27	219.81	871.57	872.17	29
新　疆	Xinjiang	410.96	2516.62	2697.18	18	161.87	1002.08	1111.59	26

16-19 按用途分房地产开发企业本年房屋新开工面积和住宅开工面积
Area of Floor Space Started This Year and Residential Buildings

单位：万平方米 (10 000 sq.m)

地区	Region	本年房屋新开工面积 Floor Space Started This Year 2010	2015	2016	2016排名 Ranking	住宅 Residential Buildings 2010	2015	2016	2016排名 Ranking
全　国	**National Total**	**163646.87**	**154453.68**	**166928.13**		**129359.31**	**106651.30**	**115910.60**	
北　京	Beijing	2974.24	2706.91	2795.57	21	2063.40	1158.17	1199.43	28
天　津	Tianjin	2911.67	2817.19	2511.47	23	2026.89	1966.85	1943.39	20
河　北	Hebei	9629.16	7219.81	8161.30	7	7866.40	5542.98	6190.29	6
山　西	Shanxi	2782.05	3700.64	3854.78	16	2270.52	2624.64	2654.28	17
内蒙古	Inner Mongolia	6270.34	2341.67	2563.70	22	4473.39	1683.29	1742.40	21
辽　宁	Liaoning	12647.90	4699.42	3733.61	17	9870.37	3604.71	2800.75	16
吉　林	Jilin	3525.30	2063.66	2115.99	26	2893.52	1457.98	1493.55	24
黑龙江	Heilongjiang	5021.43	2181.79	2006.31	27	4083.52	1475.92	1541.95	23
上　海	Shanghai	3030.59	2605.08	2840.95	20	2111.11	1560.28	1436.13	25
江　苏	Jiangsu	13745.42	11542.56	13670.83	3	10586.39	8819.98	10534.34	2
浙　江	Zhejiang	7841.27	6533.77	7282.02	9	5223.94	3746.31	4516.71	10
安　徽	Anhui	7353.95	7759.35	8586.37	6	5797.58	5254.68	6007.40	7
福　建	Fujian	4679.56	5244.85	4875.06	13	3399.53	3185.57	3168.77	12
江　西	Jiangxi	2344.98	3704.87	3875.01	15	1956.47	2603.26	2855.03	15
山　东	Shandong	12330.21	12043.38	13293.69	4	10241.55	8984.21	9747.12	4
河　南	Henan	8610.57	10974.12	14669.72	2	7299.94	8375.26	10954.03	1
湖　北	Hubei	5725.77	6734.67	6850.10	10	4454.36	5120.37	4946.70	9
湖　南	Hunan	6443.30	6394.58	7472.56	8	5365.96	4747.20	5272.08	8
广　东	Guangdong	9904.38	12676.74	14847.51	1	7826.80	8681.76	10165.64	3
广　西	Guangxi	4750.57	3850.07	4984.18	11	3905.84	2793.57	3577.13	11
海　南	Hainan	1136.12	1644.72	1976.16	28	980.63	1281.55	1382.36	26
重　庆	Chongqing	6312.64	5810.85	4875.16	12	5268.76	3668.92	2998.92	14
四　川	Sichuan	7731.66	9587.21	10825.16	5	6270.79	6026.32	6941.73	5
贵　州	Guizhou	2871.15	4206.12	3467.55	18	2250.29	2381.20	2172.14	19
云　南	Yunnan	3702.76	3841.29	3453.98	19	2960.81	2517.28	2201.34	18
西　藏	Tibet	16.92	119.87	57.01	31	15.30	80.88	35.53	31
陕　西	Shaanxi	3270.32	3964.44	4483.64	14	2859.51	2526.73	3106.22	13
甘　肃	Gansu	1395.98	2312.66	2331.71	24	1169.10	1547.13	1587.23	22
青　海	Qinghai	700.67	785.52	870.10	30	568.91	493.51	524.82	30
宁　夏	Ningxia	1808.73	1391.12	1391.34	29	1444.86	863.70	875.41	29
新　疆	Xinjiang	2177.24	2994.75	2205.57	25	1852.88	1877.08	1337.76	27

16-20 按用途分房地产开发企业别墅高档公寓和办公楼新开工面积
Area of Villas and High-grade Apartments and Office Buildings

单位：万平方米 (10 000 sq.m)

地区	Region	别墅高档公寓 Villas and High-grade Apartments				办公楼 Office Buildings			
		2010	2015	2016	2016排名 Ranking	2010	2015	2016	2016排名 Ranking
全　国	**National Total**	**5080.05**	**3318.41**	**3662.14**		**3668.07**	**6569.12**	**6415.29**	
北　京	Beijing	157.09	65.85	67.51	19	203.29	585.56	464.41	2
天　津	Tianjin	108.31	74.47	106.83	13	206.73	210.63	41.48	27
河　北	Hebei	113.35	58.51	74.82	18	147.43	186.40	342.23	7
山　西	Shanxi	7.72	46.18	18.36	27	58.10	94.04	157.73	17
内蒙古	Inner Mongolia	89.21	26.07	32.11	25	285.83	29.85	20.14	30
辽　宁	Liaoning	310.55	84.40	42.89	23	215.36	55.03	57.01	24
吉　林	Jilin	131.81	35.67	24.75	26	24.38	81.40	87.27	20
黑龙江	Heilongjiang	34.69	24.78	44.21	22	41.16	64.00	24.12	29
上　海	Shanghai	389.84	208.55	322.79	3	147.39	304.87	384.49	5
江　苏	Jiangsu	688.65	430.37	505.60	1	361.57	398.71	385.10	4
浙　江	Zhejiang	378.79	301.46	175.31	6	475.54	449.02	370.04	6
安　徽	Anhui	93.97	79.71	134.41	9	163.39	285.39	238.51	12
福　建	Fujian	198.50	75.74	67.49	20	183.46	345.68	272.90	10
江　西	Jiangxi	54.95	48.13	93.72	16	41.82	98.89	139.22	19
山　东	Shandong	235.30	136.64	210.85	5	161.62	496.60	439.26	3
河　南	Henan	40.39	107.62	101.07	14	171.02	329.73	331.61	8
湖　北	Hubei	111.92	127.90	117.41	10	100.62	178.93	230.77	13
湖　南	Hunan	135.94	110.47	113.91	11	62.36	139.70	214.68	15
广　东	Guangdong	775.58	419.29	422.72	2	160.47	566.83	795.96	1
广　西	Guangxi	59.51	39.36	90.36	17	59.75	141.37	239.56	11
海　南	Hainan	188.29	103.72	175.03	7	14.08	12.58	53.08	25
重　庆	Chongqing	160.28	204.37	98.33	15	57.20	157.43	160.79	16
四　川	Sichuan	135.60	87.43	233.17	4	128.53	337.88	278.00	9
贵　州	Guizhou	9.00	53.95	111.04	12	29.22	206.77	81.06	21
云　南	Yunnan	311.93	163.49	140.07	8	55.87	86.45	144.40	18
西　藏	Tibet	2.48	0.22	2.72	30	0.57	4.81	1.66	31
陕　西	Shaanxi	75.78	57.88	41.45	24	38.08	375.61	225.09	14
甘　肃	Gansu	2.32	1.23	18.32	28	11.53	88.76	40.42	28
青　海	Qinghai		20.22	1.67	31	17.26	47.29	47.97	26
宁　夏	Ningxia	10.61	35.96	15.06	29	21.25	84.24	72.11	23
新　疆	Xinjiang	67.68	88.77	58.17	21	23.16	124.69	74.20	22

16-21 按用途分房地产开发企业商业营业用房和其他用房新开工面积
Area of Houses for Business Use and Others

单位：万平方米 (10 000 sq.m)

地区	Region	商业营业用房 Houses for Business Use				其他用房 Others			
		2010	2015	2016	2016排名 Ranking	2010	2015	2016	2016排名 Ranking
全　国	**National Total**	**17472.58**	**22530.29**	**22316.63**		**13146.91**	**18702.96**	**22285.61**	
北　京	Beijing	242.42	343.62	278.50	25	465.14	619.56	853.23	9
天　津	Tianjin	407.83	292.38	228.70	29	270.21	347.32	297.90	23
河　北	Hebei	993.14	764.65	849.33	10	622.20	725.78	779.45	13
山　西	Shanxi	289.76	484.91	494.28	20	163.68	497.05	548.49	17
内蒙古	Inner Mongolia	1095.04	359.09	525.00	19	416.08	269.44	276.17	24
辽　宁	Liaoning	1834.85	693.15	554.09	16	727.32	346.53	321.76	20
吉　林	Jilin	420.77	349.38	341.48	24	186.63	174.90	193.68	27
黑龙江	Heilongjiang	577.03	461.97	264.28	27	319.72	179.90	175.96	28
上　海	Shanghai	298.10	307.57	401.78	23	473.99	432.36	618.56	14
江　苏	Jiangsu	1742.22	1278.80	1422.47	6	1055.23	1045.07	1328.93	6
浙　江	Zhejiang	856.95	1004.46	838.03	11	1284.85	1333.99	1557.24	5
安　徽	Anhui	966.30	1457.58	1459.81	4	426.68	761.70	880.64	8
福　建	Fujian	454.55	684.68	433.30	22	642.01	1028.91	1000.09	7
江　西	Jiangxi	250.13	663.27	576.39	14	96.56	339.46	304.37	21
山　东	Shandong	1265.47	1357.86	1437.37	5	661.57	1204.71	1669.95	3
河　南	Henan	759.29	1452.39	1791.85	1	380.32	816.74	1592.22	4
湖　北	Hubei	656.98	892.37	872.28	9	513.80	543.00	800.35	12
湖　南	Hunan	557.54	891.77	1171.02	7	457.43	615.92	814.77	11
广　东	Guangdong	688.69	1573.31	1596.87	3	1228.41	1854.85	2289.05	1
广　西	Guangxi	394.85	455.30	556.47	15	390.13	459.83	611.02	15
海　南	Hainan	66.63	154.87	238.61	28	74.78	195.72	302.11	22
重　庆	Chongqing	433.68	1037.72	899.94	8	553.01	946.77	815.51	10
四　川	Sichuan	634.66	1537.60	1649.58	2	697.68	1685.41	1955.85	2
贵　州	Guizhou	304.59	1020.76	732.19	12	287.05	597.38	482.17	18
云　南	Yunnan	391.68	758.45	529.77	18	294.40	479.11	578.47	16
西　藏	Tibet	1.05	16.18	13.46	31		18.00	6.37	31
陕　西	Shaanxi	229.34	685.97	683.84	13	143.40	376.14	468.50	19
甘　肃	Gansu	160.52	443.25	454.64	21	54.83	233.51	249.41	25
青　海	Qinghai	69.48	130.33	191.01	30	45.03	114.39	106.30	30
宁　夏	Ningxia	214.55	254.25	276.92	26	128.07	188.93	166.89	29
新　疆	Xinjiang	214.50	722.41	553.37	17	86.70	270.58	240.23	26

16-22 按用途分房地产开发企业住宅和办公楼竣工面积
Area of Residential Buildings and Office Buildings

单位：万平方米 (10 000 sq.m)

地区	Region	住宅 Residential Buildings 2010	2015	2016	2016排名 Ranking	办公楼 Office Buildings 2010	2015	2016	2016排名 Ranking
全　国	**National Total**	**63443.10**	**73777.36**	**77185.19**		**1815.85**	**3419.49**	**3629.27**	
北　京	Beijing	1498.48	1378.22	1267.06	24	198.42	385.38	343.74	2
天　津	Tianjin	1603.65	2182.99	2189.14	14	102.42	171.18	143.22	10
河　北	Hebei	3130.09	3226.91	3352.61	9	36.30	90.00	101.67	14
山　西	Shanxi	991.31	1574.68	2042.22	15	20.79	52.16	42.04	18
内蒙古	Inner Mongolia	1868.45	1281.45	1203.26	25	29.07	33.44	23.80	26
辽　宁	Liaoning	3691.37	2529.29	2210.06	13	75.29	22.44	26.71	25
吉　林	Jilin	1694.96	1000.75	1008.37	27	12.74	34.57	18.19	28
黑龙江	Heilongjiang	2198.99	2126.82	1757.09	17	24.28	26.21	40.85	19
上　海	Shanghai	1396.05	1588.95	1532.88	18	150.69	219.23	279.31	5
江　苏	Jiangsu	6553.53	7930.21	7602.69	1	318.91	324.46	280.30	4
浙　江	Zhejiang	2798.43	3938.03	5091.95	3	199.70	295.95	473.59	1
安　徽	Anhui	2408.32	4099.21	4047.73	7	49.89	155.24	121.04	11
福　建	Fujian	1715.87	2398.99	2420.45	11	35.20	142.78	182.15	8
江　西	Jiangxi	1550.46	1531.36	1316.26	22	23.41	28.39	37.96	20
山　东	Shandong	4270.80	6185.56	6358.16	2	87.55	355.49	293.08	3
河　南	Henan	3852.60	4237.92	5015.23	4	56.17	143.35	163.38	9
湖　北	Hubei	2129.33	2193.44	2348.38	12	50.86	27.16	67.27	16
湖　南	Hunan	2828.81	3087.42	3358.54	8	34.71	72.14	110.40	13
广　东	Guangdong	4589.22	4435.40	4773.04	5	120.07	237.18	252.67	6
广　西	Guangxi	1342.87	1310.52	1373.27	21	13.01	32.61	29.86	23
海　南	Hainan	515.07	918.87	1444.53	19	19.28	11.74	3.66	31
重　庆	Chongqing	2179.81	3185.90	3084.00	10	30.03	195.72	100.97	15
四　川	Sichuan	3390.01	3149.25	4677.37	6	35.16	109.05	194.08	7
贵　州	Guizhou	826.13	1927.37	1283.25	23	18.36	81.86	113.75	12
云　南	Yunnan	1258.44	1896.56	1433.86	20	16.73	47.71	23.04	27
西　藏	Tibet	11.51	70.54	25.20	31		4.06	6.05	30
陕　西	Shaanxi	799.15	1351.57	1922.84	16	11.79	35.98	48.01	17
甘　肃	Gansu	501.05	765.12	730.25	29	7.94	14.49	10.21	29
青　海	Qinghai	242.12	320.84	231.21	30	3.86	21.56	34.39	22
宁　夏	Ningxia	746.32	746.78	931.25	28	17.34	26.53	28.67	24
新　疆	Xinjiang	859.92	1206.44	1153.02	26	15.87	21.45	35.30	21

16-23 按用途分房地产开发企业商业营业用房和其他用房竣工面积
Area of Houses for Business Use and Others

单位：万平方米 (10 000 sq.m)

地区	Region	商业营业用房 Houses for Business Use				其他用房 Others			
		2010	2015	2016	2016排名 Ranking	2010	2015	2016	2016排名 Ranking
全 国	**National Total**	**8282.63**	**12026.67**	**12518.08**		**5202.30**	**10815.59**	**12795.18**	
北 京	Beijing	271.92	259.92	171.61	25	417.90	607.93	587.53	8
天 津	Tianjin	235.29	247.78	293.59	19	157.19	301.62	288.31	16
河 北	Hebei	298.14	360.64	395.32	12	150.12	361.75	438.19	12
山 西	Shanxi	136.86	242.30	298.42	18	54.77	245.36	300.91	15
内蒙古	Inner Mongolia	307.12	254.27	259.68	21	93.01	128.00	177.28	20
辽 宁	Liaoning	538.56	483.39	307.37	17	192.16	202.41	165.15	21
吉 林	Jilin	224.53	153.09	213.22	23	98.28	98.98	111.86	28
黑龙江	Heilongjiang	303.30	532.74	345.43	14	119.26	238.44	232.24	19
上 海	Shanghai	176.41	306.45	266.06	20	218.09	532.55	472.40	11
江 苏	Jiangsu	1217.78	1141.39	1172.03	1	606.05	900.89	1018.94	3
浙 江	Zhejiang	565.35	566.27	780.45	4	552.35	1092.60	1579.40	1
安 徽	Anhui	429.37	856.80	719.53	6	139.07	426.49	494.64	10
福 建	Fujian	165.39	341.16	457.34	11	326.01	553.64	605.31	6
江 西	Jiangxi	173.97	239.70	165.80	27	69.89	108.45	115.59	27
山 东	Shandong	509.99	981.21	816.36	3	206.00	755.49	785.90	5
河 南	Henan	369.63	688.87	748.05	5	148.54	320.18	372.78	13
湖 北	Hubei	271.57	387.07	466.52	10	89.45	177.49	245.32	18
湖 南	Hunan	284.95	408.82	515.54	9	199.44	401.59	549.26	9
广 东	Guangdong	474.79	504.54	641.07	7	475.01	867.30	926.96	4
广 西	Guangxi	121.89	145.16	189.14	24	86.54	186.89	142.78	25
海 南	Hainan	44.36	70.79	106.11	29	30.41	67.20	120.40	26
重 庆	Chongqing	229.44	606.07	634.46	8	187.31	642.61	601.88	7
四 川	Sichuan	283.94	646.92	923.43	2	257.66	640.49	1255.37	2
贵 州	Guizhou	128.59	409.69	250.17	22	74.90	163.75	254.28	17
云 南	Yunnan	157.72	317.64	313.08	15	103.11	284.83	345.10	14
西 藏	Tibet	0.67	10.94	0.23	31		6.73	0.05	31
陕 西	Shaanxi	61.65	158.91	307.98	16	27.53	135.05	152.87	23
甘 肃	Gansu	60.42	131.51	162.11	28	29.25	51.12	89.16	29
青 海	Qinghai	18.12	70.10	65.94	30	3.57	41.91	55.13	30
宁 夏	Ningxia	122.50	230.67	170.51	26	50.70	165.00	164.12	22
新 疆	Xinjiang	98.40	271.86	361.51	13	38.71	108.83	146.08	24

16-24 按用途分商品房和住宅销售面积
Area of Floor Space of Commercial Buildings Sold and Residential Buildings

单位：万平方米 (10 000 sq.m)

地区	Region	商品房销售面积 Floor Space of Commercial Buildings Sold				住宅 Residential Buildings			
		2010	2015	2016	2016排名 Ranking	2010	2015	2016	2016排名 Ranking
全　国	**National Total**	**104764.65**	**128494.97**	**157348.53**		**93376.60**	**112412.29**	**137539.93**	
北　京	Beijing	1639.53	1554.25	1658.93	27	1201.39	1126.84	981.37	28
天　津	Tianjin	1514.52	1771.07	2711.08	19	1302.61	1674.78	2521.87	19
河　北	Hebei	4662.10	5854.65	6682.29	10	4325.12	5161.65	5899.72	10
山　西	Shanxi	1180.59	1592.55	2061.06	23	1070.54	1481.14	1881.51	22
内蒙古	Inner Mongolia	3057.38	2369.37	2527.85	21	2569.84	1944.92	2073.36	20
辽　宁	Liaoning	6800.45	3916.19	3711.90	16	6013.50	3477.26	3383.08	16
吉　林	Jilin	2382.10	1491.85	1919.30	24	2105.33	1304.82	1630.72	24
黑龙江	Heilongjiang	2720.95	1996.61	2117.29	22	2385.68	1710.60	1797.02	23
上　海	Shanghai	2060.96	2431.36	2705.69	20	1690.82	2009.17	2019.80	21
江　苏	Jiangsu	9485.47	11414.05	13962.09	2	8112.37	10275.95	12657.66	2
浙　江	Zhejiang	4816.53	5985.30	8636.79	6	3833.74	5131.88	7234.19	7
安　徽	Anhui	4154.26	6174.09	8499.65	7	3641.88	5356.81	7506.87	6
福　建	Fujian	2575.62	4037.76	4915.35	12	2139.26	3315.69	4134.46	13
江　西	Jiangxi	2469.73	3478.23	4691.84	13	2265.72	3145.83	4140.55	12
山　东	Shandong	9293.88	9727.04	11789.88	3	8448.26	8526.85	10598.58	3
河　南	Henan	5452.23	8556.34	11306.27	4	5092.49	7645.84	10137.13	4
湖　北	Hubei	3508.61	6244.55	7427.16	9	3236.88	5647.72	6789.21	9
湖　南	Hunan	4469.98	6363.01	8085.36	8	4140.07	5671.19	7190.66	8
广　东	Guangdong	7321.76	11681.01	14611.60	1	6552.81	10497.62	13021.97	1
广　西	Guangxi	2793.92	3523.41	4215.39	14	2607.15	3181.51	3864.01	14
海　南	Hainan	854.73	1052.28	1508.53	28	834.19	984.79	1417.09	27
重　庆	Chongqing	4314.39	5381.37	6257.15	11	3986.31	4477.71	5105.46	11
四　川	Sichuan	6396.92	7671.20	9300.47	5	5849.34	6495.43	7884.09	5
贵　州	Guizhou	1730.69	3559.81	4156.93	15	1596.30	2943.37	3426.96	15
云　南	Yunnan	2959.43	3145.13	3639.75	17	2658.99	2576.80	2933.10	18
西　藏	Tibet	19.28	51.27	74.61	31	18.76	46.32	71.16	31
陕　西	Shaanxi	2590.18	2978.94	3262.70	18	2471.95	2717.98	3012.61	17
甘　肃	Gansu	756.51	1434.96	1679.49	26	692.07	1307.48	1478.81	26
青　海	Qinghai	281.04	392.96	437.85	30	266.43	329.71	373.03	30
宁　夏	Ningxia	935.98	839.16	966.07	29	816.79	708.12	830.22	29
新　疆	Xinjiang	1564.90	1825.18	1828.22	25	1450.02	1536.49	1543.66	25

16-25 按用途分办公楼和商业营业用房销售面积
Area of Houses for Buildings Use and Office Buildings

单位：万平方米 (10 000 sq.m)

地区	Region	办公楼 Office Buildings 2010	2015	2016	2016排名 Ranking	商业营业用房 Houses for Buildings Use 2010	2015	2016	2016排名 Ranking
全 国	**National Total**	**1889.97**	**2912.59**	**3826.22**		**6994.84**	**9254.79**	**10811.96**	
北 京	Beijing	208.15	243.02	413.86	1	142.07	84.81	125.85	25
天 津	Tianjin	35.29	16.26	31.06	25	103.64	59.19	97.03	28
河 北	Hebei	39.20	90.10	126.59	11	209.09	385.34	448.71	11
山 西	Shanxi	10.76	21.49	38.62	21	84.37	59.85	98.69	27
内蒙古	Inner Mongolia	29.88	43.25	18.30	28	353.30	258.33	301.10	16
辽 宁	Liaoning	64.71	37.48	34.64	24	510.03	311.61	216.69	18
吉 林	Jilin	7.75	17.87	37.87	22	220.30	129.23	175.73	21
黑龙江	Heilongjiang	8.38	18.20	26.35	26	234.74	198.28	221.97	17
上 海	Shanghai	162.89	197.41	306.40	4	125.74	113.70	205.87	20
江 苏	Jiangsu	209.88	238.30	265.68	5	988.23	728.02	849.92	1
浙 江	Zhejiang	272.11	205.05	410.07	2	459.29	384.57	529.68	10
安 徽	Anhui	87.28	109.40	185.35	7	389.60	627.40	670.96	5
福 建	Fujian	82.20	155.42	181.16	8	176.35	296.25	305.47	15
江 西	Jiangxi	19.02	50.61	87.53	16	150.85	220.43	361.29	14
山 东	Shandong	82.47	300.04	196.41	6	607.59	635.92	635.69	6
河 南	Henan	60.79	149.50	173.35	9	246.44	639.18	816.65	2
湖 北	Hubei	24.19	61.42	103.73	14	184.41	408.07	393.74	12
湖 南	Hunan	29.27	60.41	99.96	15	247.87	468.94	555.02	8
广 东	Guangdong	163.03	311.12	399.15	3	371.91	479.21	677.93	4
广 西	Guangxi	18.58	38.83	50.27	19	108.21	197.72	170.39	22
海 南	Hainan	5.47	9.05	9.47	29	13.92	38.24	55.99	29
重 庆	Chongqing	62.60	115.84	106.99	13	194.25	463.05	622.18	7
四 川	Sichuan	83.84	123.72	150.58	10	294.25	672.00	728.11	3
贵 州	Guizhou	26.27	78.42	86.08	17	80.91	452.43	542.01	9
云 南	Yunnan	21.50	59.32	108.92	12	182.56	354.33	382.39	13
西 藏	Tibet		2.79	1.07	31	0.52	2.15	2.33	31
陕 西	Shaanxi	40.04	60.50	70.72	18	63.36	149.02	132.40	24
甘 肃	Gansu	5.67	13.24	44.75	20	53.44	96.95	133.98	23
青 海	Qinghai	1.00	23.74	19.13	27	13.21	32.27	34.97	30
宁 夏	Ningxia	15.40	13.05	7.15	30	89.94	102.20	104.82	26
新 疆	Xinjiang	12.35	47.74	35.01	23	94.42	206.10	214.42	19

16-26 按用途分其他用房销售面积和商品房销售额
Total Sale of Commercial Building Sold and Others

地区	Region	其他用房(万平方米) Others (10 000 sq.m) 2010	2015	2016	2016排名 Ranking	商品房销售额（亿元） Total Sale of Commercial Buildings Sold (100 million yuan) 2010	2015	2016	2016排名 Ranking
全　国	**National Total**	**2503.24**	**3915.29**	**5170.43**		**52721.24**	**87280.84**	**117627.05**	
北　京	Beijing	87.92	99.58	137.87	14	2915.36	3517.65	4561.60	10
天　津	Tianjin	72.98	20.84	61.12	23	1246.48	1790.01	3478.22	14
河　北	Hebei	88.69	217.56	207.27	9	1650.00	3371.59	4301.83	12
山　西	Shanxi	14.92	30.08	42.24	25	411.71	775.64	1027.14	26
内蒙古	Inner Mongolia	104.37	122.87	135.09	16	1076.55	1052.18	1149.08	23
辽　宁	Liaoning	212.21	89.84	77.48	20	3063.32	2254.97	2256.91	17
吉　林	Jilin	48.72	39.93	74.98	21	868.80	816.87	1029.58	25
黑龙江	Heilongjiang	92.15	69.53	71.96	22	1011.95	1027.14	1121.04	24
上　海	Shanghai	81.51	111.08	173.63	12	2981.01	5093.55	6695.85	5
江　苏	Jiangsu	174.99	171.78	188.83	10	5540.32	8396.20	12293.02	2
浙　江	Zhejiang	251.38	263.80	462.85	3	4459.04	6299.46	9605.10	3
安　徽	Anhui	35.50	80.48	136.48	15	1746.92	3369.42	5035.55	8
福　建	Fujian	177.81	270.40	294.26	6	1611.32	3585.81	4530.79	11
江　西	Jiangxi	34.15	61.36	102.47	18	776.41	1863.67	2678.37	16
山　东	Shandong	155.57	264.23	359.20	5	3665.12	5408.01	6902.90	4
河　南	Henan	52.51	121.82	179.14	11	1658.79	3945.55	5612.90	6
湖　北	Hubei	63.13	127.34	140.48	13	1313.20	3661.37	4994.05	9
湖　南	Hunan	52.77	162.47	239.73	7	1406.39	2738.92	3751.86	13
广　东	Guangdong	234.01	393.05	512.55	2	5480.77	11442.80	16214.61	1
广　西	Guangxi	59.99	105.34	130.72	17	995.19	1747.77	2207.47	18
海　南	Hainan	1.15	20.21	25.98	27	746.61	982.75	1490.20	22
重　庆	Chongqing	71.23	324.78	422.51	4	1846.94	2952.21	3432.00	15
四　川	Sichuan	169.49	380.05	537.69	1	2647.34	4199.84	5358.91	7
贵　州	Guizhou	27.20	85.58	101.88	19	581.01	1571.68	1790.53	20
云　南	Yunnan	96.38	154.67	215.34	8	934.60	1666.85	1917.76	19
西　藏	Tibet		0.01	0.05	31	5.58	21.08	38.14	31
陕　西	Shaanxi	14.83	51.44	46.97	24	973.69	1597.44	1785.17	21
甘　肃	Gansu	5.33	17.29	21.94	29	230.14	704.93	873.46	27
青　海	Qinghai	0.41	7.24	10.72	30	84.44	206.00	236.44	30
宁　夏	Ningxia	13.86	15.80	23.88	28	309.22	370.30	409.71	29
新　疆	Xinjiang	8.11	34.85	35.13	26	483.04	849.18	846.84	28

16-27 按用途分住宅和办公楼销售额

Sales of Residential Buildings and Office Buildings by Uses

单位：亿元 (100 million yuan)

地区	Region	住宅 Residential Buildings				办公楼 Office Buildings			
		2010	2015	2016	2016排名 Ranking	2010	2015	2016	2016排名 Ranking
全　国	**National Total**	**44120.65**	**72769.82**	**99064.17**		**2155.70**	**3761.42**	**5483.81**	
北　京	Beijing	2060.52	2512.89	2795.81	14	487.34	702.74	1261.90	1
天　津	Tianjin	1034.32	1663.25	3245.60	12	48.89	25.21	44.71	22
河　北	Hebei	1488.78	2854.21	3710.88	11	18.35	84.33	121.80	11
山　西	Shanxi	357.37	702.29	900.79	24	5.91	19.42	33.48	23
内蒙古	Inner Mongolia	766.47	766.06	838.08	25	18.61	26.74	11.83	29
辽　宁	Liaoning	2587.66	1907.63	1988.03	17	52.45	33.48	59.67	18
吉　林	Jilin	735.91	680.26	806.49	26	2.54	12.83	24.43	25
黑龙江	Heilongjiang	833.05	824.21	903.66	23	3.58	13.49	21.39	26
上　海	Shanghai	2416.24	4319.93	5233.29	5	307.67	488.68	903.17	2
江　苏	Jiangsu	4536.63	7374.87	11055.36	2	167.11	222.47	255.37	5
浙　江	Zhejiang	3577.49	5519.27	8280.85	3	300.22	216.35	464.60	4
安　徽	Anhui	1420.06	2714.33	4231.59	9	54.18	80.29	145.68	8
福　建	Fujian	1300.13	2839.76	3793.41	10	71.78	195.07	219.98	6
江　西	Jiangxi	670.34	1606.67	2207.17	16	15.70	34.33	66.82	16
山　东	Shandong	3218.02	4510.76	6070.54	4	54.48	278.74	184.83	7
河　南	Henan	1454.57	3300.33	4839.03	6	50.31	123.18	141.16	9
湖　北	Hubei	1134.94	3198.53	4383.81	7	13.39	48.32	123.33	10
湖　南	Hunan	1247.65	2253.85	3113.62	13	10.95	49.74	89.64	14
广　东	Guangdong	4589.82	9967.32	14240.33	1	248.43	583.87	731.56	3
广　西	Guangxi	881.70	1459.43	1948.23	18	14.54	40.56	47.50	20
海　南	Hainan	734.10	908.60	1385.26	21	3.53	12.23	12.66	28
重　庆	Chongqing	1610.64	2244.43	2635.64	15	59.70	118.02	98.86	13
四　川	Sichuan	2330.85	3269.52	4296.27	8	74.16	88.73	120.53	12
贵　州	Guizhou	501.63	1068.14	1269.43	22	13.73	51.92	60.36	17
云　南	Yunnan	769.32	1236.81	1411.38	20	14.47	67.34	87.68	15
西　藏	Tibet	5.18	16.70	34.70	31		1.48	0.74	31
陕　西	Shaanxi	906.68	1381.27	1585.71	19	22.09	53.77	58.41	19
甘　肃	Gansu	203.32	603.08	712.35	27	2.15	14.86	45.45	21
青　海	Qinghai	77.10	139.83	172.06	30	0.22	22.84	13.06	27
宁　夏	Ningxia	253.76	283.98	325.89	29	8.13	10.18	5.75	30
新　疆	Xinjiang	416.41	641.62	648.94	28	11.10	40.23	27.41	24

16-28 按用途分商业营业用房和其他用房销售额
Sales of Houses for Business Use and Others by Uses

单位：亿元 (100 million yuan)

地区	Region	商业营业用房 Houses for Business Use 2010	2015	2016	2016排名 Ranking	其他用房 Others 2010	2015	2016	2016排名 Ranking
全　国	**National Total**	**5418.90**	**8852.78**	**10580.80**		**1026.08**	**1896.81**	**2498.26**	
北　京	Beijing	318.98	231.62	376.65	14	48.53	70.41	127.25	7
天　津	Tianjin	109.30	81.12	140.06	24	53.96	20.43	47.85	20
河　北	Hebei	118.28	324.03	394.35	12	24.58	109.02	74.80	14
山　西	Shanxi	45.53	45.75	79.83	27	2.90	8.18	13.04	26
内蒙古	Inner Mongolia	253.00	194.74	232.12	18	38.46	64.65	67.05	15
辽　宁	Liaoning	332.90	265.64	174.94	19	90.32	48.23	34.27	23
吉　林	Jilin	111.32	104.84	150.24	23	19.03	18.94	48.42	19
黑龙江	Heilongjiang	136.81	153.00	155.06	22	38.53	36.43	40.92	21
上　海	Shanghai	198.41	227.89	470.49	9	58.69	57.05	88.89	11
江　苏	Jiangsu	779.91	726.30	893.99	2	56.68	72.56	88.29	12
浙　江	Zhejiang	488.09	447.12	653.06	4	93.26	116.73	206.59	2
安　徽	Anhui	260.99	539.29	606.60	5	11.70	35.51	51.67	18
福　建	Fujian	180.56	374.86	353.40	15	58.86	176.13	164.01	4
江　西	Jiangxi	80.58	191.39	347.94	16	9.78	31.28	56.44	16
山　东	Shandong	346.51	507.17	496.30	8	46.11	111.33	151.23	5
河　南	Henan	137.09	457.80	552.52	7	16.82	64.24	80.20	13
湖　北	Hubei	142.22	353.65	380.00	13	22.65	60.87	106.91	8
湖　南	Hunan	130.80	378.70	455.86	10	17.00	56.63	92.74	10
广　东	Guangdong	483.00	624.73	896.03	1	159.52	266.87	346.70	1
广　西	Guangxi	75.54	184.59	159.27	20	23.40	63.18	52.47	17
海　南	Hainan	8.52	39.86	66.31	29	0.46	22.07	25.97	24
重　庆	Chongqing	155.46	483.48	552.77	6	21.13	106.28	144.73	6
四　川	Sichuan	183.05	711.92	741.30	3	59.29	129.67	200.81	3
贵　州	Guizhou	56.76	422.90	426.30	11	8.89	28.72	34.45	22
云　南	Yunnan	118.48	297.13	325.52	17	32.34	65.57	93.18	9
西　藏	Tibet	0.40	2.89	2.69	31		0.00	0.01	31
陕　西	Shaanxi	39.66	137.23	115.77	25	5.25	25.17	25.27	25
甘　肃	Gansu	23.42	77.90	106.32	26	1.25	9.09	9.34	28
青　海	Qinghai	7.00	41.35	46.18	30	0.13	1.98	5.14	30
宁　夏	Ningxia	43.96	70.17	69.75	28	3.36	5.96	8.32	29
新　疆	Xinjiang	52.32	153.70	159.18	21	3.21	13.63	11.31	27

16-29 按用途分商品房和住宅平均销售价格

Sales of Average Selling Price of Commercial Buildings and Residential Buildings

单位：元/平方米 (yuan/sq.m)

地区	Region	商品房平均销售价格 Average Selling Price of Commercial Buildings				住宅 Residential Buildings			
		2010	2015	2016	2016排名 Ranking	2010	2015	2016	2016排名 Ranking
全　国	**National Total**	**5032**	**6793**	**7476**		**4725**	**6473**	**7203**	
北　京	Beijing	17782	22633	27497	1	17151	22300	28489	1
天　津	Tianjin	8230	10107	12830	3	7940	9931	12870	3
河　北	Hebei	3539	5759	6438	10	3442	5530	6290	10
山　西	Shanxi	3487	4870	4984	25	3338	4742	4788	24
内蒙古	Inner Mongolia	3521	4441	4546	29	2983	3939	4042	29
辽　宁	Liaoning	4505	5758	6080	11	4303	5486	5876	11
吉　林	Jilin	3647	5476	5364	19	3495	5213	4946	20
黑龙江	Heilongjiang	3719	5144	5295	20	3492	4818	5029	19
上　海	Shanghai	14464	20949	24747	2	14290	21501	25910	2
江　苏	Jiangsu	5841	7356	8805	8	5592	7177	8734	8
浙　江	Zhejiang	9258	10525	11121	4	9332	10755	11447	4
安　徽	Anhui	4205	5457	5924	12	3899	5067	5637	13
福　建	Fujian	6256	8881	9218	7	6077	8565	9175	7
江　西	Jiangxi	3144	5358	5709	15	2959	5107	5331	15
山　东	Shandong	3944	5560	5855	13	3809	5290	5728	12
河　南	Henan	3042	4611	4964	26	2856	4317	4774	25
湖　北	Hubei	3743	5863	6724	9	3506	5663	6457	9
湖　南	Hunan	3146	4304	4640	27	3014	3974	4330	27
广　东	Guangdong	7486	9796	11097	5	7004	9495	10936	5
广　西	Guangxi	3562	4960	5237	22	3382	4587	5042	18
海　南	Hainan	8735	9339	9878	6	8800	9226	9775	6
重　庆	Chongqing	4281	5486	5485	16	4040	5012	5162	17
四　川	Sichuan	4138	5475	5762	14	3985	5034	5449	14
贵　州	Guizhou	3357	4415	4307	30	3142	3629	3704	31
云　南	Yunnan	3158	5300	5269	21	2893	4800	4812	23
西　藏	Tibet	2896	4111	5112	24	2761	3605	4876	21
陕　西	Shaanxi	3759	5362	5471	17	3668	5082	5264	16
甘　肃	Gansu	3042	4913	5201	23	2938	4613	4817	22
青　海	Qinghai	3005	5242	5400	18	2894	4241	4612	26
宁　夏	Ningxia	3304	4413	4241	31	3107	4010	3925	30
新　疆	Xinjiang	3087	4653	4632	28	2872	4176	4204	28

16-30 按用途分办公楼和商业营业用房平均销售价格
Sales of Office Buildings and Houses for Business Use

单位：元/平方米 (yuan/sq.m)

地区	Region	办公楼 Office Buildings 2010	2015	2016	2016排名 Ranking	商业营业用房 Houses for Business Use 2010	2015	2016	2016排名 Ranking
全　国	**National Total**	**11406**	**12914**	**14332**		**7747**	**9566**	**9786**	
北　京	Beijing	23413	28917	30491	1	22452	27312	29929	1
天　津	Tianjin	13855	15505	14396	5	10546	13705	14434	3
河　北	Hebei	4680	9360	9622	11	5657	8409	8789	17
山　西	Shanxi	5489	9039	8669	17	5397	7644	8089	22
内蒙古	Inner Mongolia	6229	6181	6467	30	7161	7538	7709	27
辽　宁	Liaoning	8106	8931	17226	4	6527	8525	8073	23
吉　林	Jilin	3278	7180	6452	31	5053	8113	8550	19
黑龙江	Heilongjiang	4274	7415	8119	20	5828	7716	6986	29
上　海	Shanghai	18888	24754	29477	2	15779	20043	22854	2
江　苏	Jiangsu	7962	9336	9612	12	7892	9976	10519	10
浙　江	Zhejiang	11033	10551	11330	9	10627	11626	12329	6
安　徽	Anhui	6208	7339	7860	24	6699	8596	9041	15
福　建	Fujian	8732	12551	12143	7	10239	12653	11569	8
江　西	Jiangxi	8256	6785	7634	26	5342	8683	9631	13
山　东	Shandong	6606	9290	9411	14	5703	7975	7807	26
河　南	Henan	8276	8239	8143	19	5563	7162	6766	30
湖　北	Hubei	5534	7867	11889	8	7712	8667	9651	12
湖　南	Hunan	3742	8233	8968	16	5277	8076	8213	21
广　东	Guangdong	15238	18767	18328	3	12987	13037	13217	4
广　西	Guangxi	7828	10447	9450	13	6981	9336	9347	14
海　南	Hainan	6446	13515	13372	6	6124	10423	11842	7
重　庆	Chongqing	9537	10188	9239	15	8003	10441	8884	16
四　川	Sichuan	8845	7172	8005	23	6221	10594	10181	11
贵　州	Guizhou	5228	6620	7012	27	7015	9347	7865	25
云　南	Yunnan	6732	11353	8051	21	6490	8386	8513	20
西　藏	Tibet		5300	6920	28	7740	13455	11546	9
陕　西	Shaanxi	5516	8887	8260	18	6260	9209	8744	18
甘　肃	Gansu	3795	11222	10156	10	4382	8036	7936	24
青　海	Qinghai	2193	9619	6829	29	5296	12814	13207	5
宁　夏	Ningxia	5278	7802	8036	22	4888	6866	6655	31
新　疆	Xinjiang	8989	8427	7829	25	5541	7457	7424	28

16-31 按用途分其他用房平均销售价格和商品房现房销售面积
Selling Area of Completed Buildings and Area of Others

地区	Region	其他（元/平方米） Others (yuan/sq.m)				现房销售面积（万平方米） Selling Area of Completed Buildings (10 000 sq.m)			
		2010	2015	2016	2016排名 Ranking	2010	2015	2016	2016排名 Ranking
全　国	**National Total**	**4099**	**4845**	**4832**		**26669.63**	**31702.61**	**39322.14**	
北　京	Beijing	5520	7070	9230	2	411.28	510.04	661.84	23
天　津	Tianjin	7394	9804	7829	3	423.54	577.72	871.49	18
河　北	Hebei	2772	5011	3609	25	989.24	1632.73	1637.58	8
山　西	Shanxi	1947	2720	3087	30	345.05	477.98	796.95	20
内蒙古	Inner Mongolia	3685	5261	4963	12	1577.34	959.51	1048.08	16
辽　宁	Liaoning	4256	5369	4423	17	2241.30	1326.55	1345.24	12
吉　林	Jilin	3905	4744	6457	6	942.84	424.60	798.32	19
黑龙江	Heilongjiang	4181	5240	5687	7	771.10	904.20	1073.23	15
上　海	Shanghai	7200	5136	5120	11	623.75	944.63	1162.71	13
江　苏	Jiangsu	3239	4224	4676	14	1970.30	2620.43	3329.64	1
浙　江	Zhejiang	3710	4425	4463	16	714.70	1245.96	2302.96	5
安　徽	Anhui	3296	4412	3786	23	689.03	1178.15	1459.15	11
福　建	Fujian	3310	6514	5573	8	346.27	560.41	718.26	22
江　西	Jiangxi	2863	5098	5508	9	872.72	690.79	1006.92	17
山　东	Shandong	2964	4213	4210	20	2537.81	2297.39	2621.10	4
河　南	Henan	3203	5273	4477	15	1910.83	2811.98	3235.83	3
湖　北	Hubei	3588	4780	7610	4	1239.05	1724.62	1603.21	9
湖　南	Hunan	3221	3485	3869	22	1363.92	1766.03	2106.27	6
广　东	Guangdong	6817	6790	6764	5	2344.38	2627.49	3256.49	2
广　西	Guangxi	3901	5998	4014	21	420.31	535.53	602.61	24
海　南	Hainan	4043	10920	9997	1	138.03	284.93	425.98	28
重　庆	Chongqing	2967	3272	3426	27	615.67	1015.77	1476.70	10
四　川	Sichuan	3498	3412	3735	24	1201.19	1350.73	1795.48	7
贵　州	Guizhou	3268	3356	3381	28	219.89	561.28	796.37	21
云　南	Yunnan	3355	4239	4327	18	456.29	824.85	1144.20	14
西　藏	Tibet		2973	2165	31	12.26	23.99	22.53	31
陕　西	Shaanxi	3541	4893	5381	10	319.12	486.12	511.34	26
甘　肃	Gansu	2343	5260	4256	19	252.06	496.03	527.34	25
青　海	Qinghai	3113	2732	4798	13	45.55	79.27	106.21	30
宁　夏	Ningxia	2426	3774	3482	26	298.33	277.40	379.13	29
新　疆	Xinjiang	3957	3911	3218	29	376.49	485.52	498.98	27

16-32 按用途分住宅和办公楼现房销售面积
Areas of Residential Buildings and Office Buildings

单位：万平方米 (10 000 sq.m)

地区	Region	住宅 Residential Buildings 2010	2015	2016	2016排名 Ranking	办公楼 Office Buildings 2010	2015	2016	2016排名 Ranking
全　国	**National Total**	**22048.82**	**25906.29**	**31931.31**		**565.99**	**845.12**	**1108.64**	
北　京	Beijing	218.11	331.17	360.26	28	57.66	78.14	156.59	1
天　津	Tianjin	304.09	524.36	780.05	18	30.11	9.37	11.47	19
河　北	Hebei	879.13	1361.53	1332.63	8	5.92	51.22	63.47	6
山　西	Shanxi	293.39	407.31	704.69	19	4.20	10.19	4.77	26
内蒙古	Inner Mongolia	1301.94	781.80	843.24	16	10.01	15.60	6.85	23
辽　宁	Liaoning	1910.68	1115.78	1191.43	11	22.60	19.58	19.35	16
吉　林	Jilin	806.27	348.54	682.76	20	2.58	7.25	6.86	22
黑龙江	Heilongjiang	618.71	745.24	861.67	15	5.18	8.71	10.40	20
上　海	Shanghai	459.40	722.43	809.79	17	61.21	76.13	95.96	3
江　苏	Jiangsu	1484.88	2197.61	2813.43	1	66.08	88.51	95.79	4
浙　江	Zhejiang	388.96	964.79	1724.10	6	55.15	80.06	143.13	2
安　徽	Anhui	554.44	960.59	1203.46	10	14.62	33.88	56.75	8
福　建	Fujian	202.62	416.00	530.02	23	16.26	20.86	17.33	17
江　西	Jiangxi	791.06	596.69	865.44	14	11.18	11.93	21.42	15
山　东	Shandong	2225.33	1895.06	2237.81	4	27.86	63.61	65.02	5
河　南	Henan	1728.57	2385.34	2717.89	2	14.97	32.96	40.99	11
湖　北	Hubei	1085.25	1429.15	1365.67	7	20.28	23.16	12.57	18
湖　南	Hunan	1197.99	1529.27	1783.25	5	16.63	15.83	30.97	13
广　东	Guangdong	1967.06	2196.49	2684.59	3	54.74	69.59	56.82	7
广　西	Guangxi	360.33	472.04	535.77	22	3.71	7.57	9.16	21
海　南	Hainan	126.51	271.95	403.55	26	3.28	0.57	1.02	30
重　庆	Chongqing	447.48	655.08	995.37	12	27.88	34.38	51.73	9
四　川	Sichuan	1015.31	999.13	1301.38	9	7.09	28.53	38.60	12
贵　州	Guizhou	186.11	418.43	591.95	21	2.54	17.14	26.71	14
云　南	Yunnan	375.89	604.53	897.91	13	7.31	14.11	42.48	10
西　藏	Tibet	11.83	20.59	22.53	31		2.51		
陕　西	Shaanxi	300.55	421.69	466.89	24	2.71	7.51	3.07	29
甘　肃	Gansu	219.75	431.27	456.05	25	3.89	4.37	5.72	25
青　海	Qinghai	39.60	72.18	91.90	30	0.04	1.39	4.25	27
宁　夏	Ningxia	229.11	219.88	292.44	29	7.28	3.23	3.55	28
新　疆	Xinjiang	318.46	410.35	383.42	27	3.03	7.21	5.83	24

16-33 按用途分商业营业用房和其他现房销售面积

Areas of Houses for Business Use and Others

单位：万平方米 (10 000 sq.m)

地区	Region	商业营业用房 Houses for Business Use				其他 Others			
		2010	2015	2016	2016排名 Ranking	2010	2015	2016	2016排名 Ranking
全 国	**National Total**	**3051.96**	**3240.58**	**3993.28**		**1002.86**	**1710.61**	**2288.91**	
北 京	Beijing	76.25	40.50	61.10	23	59.26	60.22	83.89	10
天 津	Tianjin	61.91	30.11	44.85	26	27.43	13.88	35.13	20
河 北	Hebei	70.77	141.61	174.40	10	33.41	78.37	67.08	13
山 西	Shanxi	36.39	41.93	59.98	24	11.07	18.55	27.51	22
内蒙古	Inner Mongolia	202.09	119.81	137.05	14	63.29	42.30	60.95	14
辽 宁	Liaoning	255.12	143.25	97.13	17	52.90	47.93	37.34	18
吉 林	Jilin	111.09	53.17	76.63	21	22.90	15.63	32.07	21
黑龙江	Heilongjiang	112.73	114.74	151.21	12	34.48	35.51	49.96	16
上 海	Shanghai	66.17	59.67	107.86	16	36.98	86.40	149.10	5
江 苏	Jiangsu	362.80	253.22	328.96	2	56.55	81.09	91.45	8
浙 江	Zhejiang	194.25	128.69	229.23	3	76.33	72.42	206.51	4
安 徽	Anhui	105.17	156.02	155.90	11	14.82	27.66	43.05	17
福 建	Fujian	55.05	54.27	82.60	20	72.35	69.28	88.31	9
江 西	Jiangxi	59.03	69.53	95.63	18	11.45	12.64	24.43	23
山 东	Shandong	237.87	255.07	221.71	5	46.75	83.65	96.56	7
河 南	Henan	138.46	332.44	396.83	1	28.84	61.23	80.12	12
湖 北	Hubei	108.26	185.83	174.57	9	25.26	86.47	50.41	15
湖 南	Hunan	125.00	146.43	191.63	8	24.29	74.51	100.42	6
广 东	Guangdong	181.11	144.69	226.72	4	141.47	216.71	288.35	1
广 西	Guangxi	39.51	33.53	39.12	27	16.76	22.40	18.56	25
海 南	Hainan	7.99	6.74	13.15	29	0.25	5.68	8.26	29
重 庆	Chongqing	99.00	138.11	205.49	7	41.30	188.21	224.11	3
四 川	Sichuan	114.23	154.91	206.52	6	64.56	168.16	248.98	2
贵 州	Guizhou	24.92	88.45	140.70	13	6.31	37.26	37.01	19
云 南	Yunnan	54.48	145.80	123.52	15	18.60	60.40	80.29	11
西 藏	Tibet	0.44	0.89						
陕 西	Shaanxi	13.01	47.07	28.79	28	2.86	9.84	12.59	27
甘 肃	Gansu	27.71	51.80	57.08	25	0.70	8.58	8.48	28
青 海	Qinghai	5.69	4.92	6.05	30	0.23	0.78	4.02	30
宁 夏	Ningxia	55.27	46.30	70.25	22	6.67	8.00	12.89	26
新 疆	Xinjiang	50.21	51.08	88.63	19	4.79	16.88	21.10	24

16-34 按用途分商品房和住宅现房销售额
Sales of Commercial Buildings and Residential Buildings

单位：亿元 (100 million yuan)

地区	Region	现房销售额 Sales of Commercial Buildings				住宅 Residential Buildings			
		2010	2015	2016	2016排名 Ranking	2010	2015	2016	2016排名 Ranking
全　国	**National Total**	**11024.01**	**19228.34**	**25154.43**		**8035.21**	**14690.57**	**19239.07**	
北　京	Beijing	624.30	1025.56	1502.14	5	360.72	669.35	912.26	7
天　津	Tianjin	330.32	520.46	895.80	10	225.66	449.65	791.93	8
河　北	Hebei	310.35	924.90	900.11	9	263.82	714.36	670.39	11
山　西	Shanxi	86.24	183.75	315.31	24	66.60	146.34	267.24	22
内蒙古	Inner Mongolia	471.36	393.35	463.67	20	341.51	292.57	311.00	21
辽　宁	Liaoning	888.41	710.89	771.31	14	704.51	570.81	656.19	12
吉　林	Jilin	278.29	189.36	319.90	22	221.40	145.44	255.30	23
黑龙江	Heilongjiang	243.79	417.45	534.20	17	166.71	315.61	402.80	17
上　海	Shanghai	773.95	1513.92	1692.69	4	557.40	1182.10	1190.94	4
江　苏	Jiangsu	950.84	1574.26	2351.98	2	650.83	1236.27	1926.45	2
浙　江	Zhejiang	455.91	1184.93	2136.96	3	219.12	944.69	1684.76	3
安　徽	Anhui	237.12	541.48	672.82	15	165.90	388.83	505.65	14
福　建	Fujian	204.90	392.65	524.35	18	125.85	269.63	375.91	20
江　西	Jiangxi	254.78	339.19	508.84	19	213.86	270.04	402.72	18
山　东	Shandong	891.07	1133.37	1341.89	6	738.86	877.68	1074.69	5
河　南	Henan	438.82	1038.88	1232.67	7	359.00	793.68	942.04	6
湖　北	Hubei	387.51	886.21	840.64	12	291.33	684.86	650.68	13
湖　南	Hunan	366.79	686.95	876.35	11	286.49	551.29	685.89	10
广　东	Guangdong	1396.22	2346.02	2998.30	1	1016.14	1927.73	2496.41	1
广　西	Guangxi	129.28	225.39	279.93	25	96.80	182.28	229.64	24
海　南	Hainan	82.60	244.64	402.45	21	76.53	232.41	383.88	19
重　庆	Chongqing	250.75	542.89	785.24	13	139.80	314.89	465.62	15
四　川	Sichuan	378.47	708.17	1016.85	8	299.10	487.51	687.77	9
贵　州	Guizhou	67.13	227.36	317.76	23	50.57	130.20	192.15	25
云　南	Yunnan	153.88	471.70	607.33	16	107.43	291.47	423.16	16
西　藏	Tibet	3.65	9.45	13.12	31	3.32	7.09	13.12	31
陕　西	Shaanxi	90.99	240.80	214.77	27	81.21	187.23	177.24	27
甘　肃	Gansu	70.06	211.18	225.90	26	55.94	170.17	178.17	26
青　海	Qinghai	12.50	33.59	47.73	30	10.07	28.12	37.91	30
宁　夏	Ningxia	89.10	119.31	159.05	29	59.59	8.50	110.81	29
新　疆	Xinjiang	104.64	190.28	204.37	28	79.15	143.32	136.35	28

16-35 按用途分办公楼和商业营业用房现房销售额
Sales of Office Buildings and Houses for Business Use

单位：亿元 (100 million yuan)

地区	Region	办公楼 Office Buildings				商业营业用房 Houses for Business Use			
		2010	2015	2016	2016排名 Ranking	2010	2015	2016	2016排名 Ranking
全　国	**National Total**	**560.95**	**1045.43**	**1479.06**		**2023.44**	**2717.61**	**3373.33**	
北　京	Beijing	104.85	222.69	406.82	1	128.41	90.96	117.56	12
天　津	Tianjin	41.08	16.58	14.10	18	43.73	38.56	62.52	21
河　北	Hebei	2.45	40.07	60.72	6	34.65	121.24	149.59	9
山　西	Shanxi	2.68	6.45	3.14	26	14.82	25.44	38.29	25
内蒙古	Inner Mongolia	5.34	8.80	4.16	25	103.11	74.14	115.24	15
辽　宁	Liaoning	13.31	18.94	28.34	14	144.13	101.04	71.45	20
吉　林	Jilin	0.51	3.77	4.84	24	48.36	33.28	47.91	23
黑龙江	Heilongjiang	2.47	6.45	7.22	21	60.52	77.90	93.93	17
上　海	Shanghai	102.72	191.86	258.91	2	89.92	100.24	172.34	7
江　苏	Jiangsu	47.11	73.57	86.29	5	235.39	231.82	301.89	1
浙　江	Zhejiang	53.76	83.15	140.92	3	158.70	126.87	231.11	3
安　徽	Anhui	7.05	20.45	36.64	9	58.56	123.39	115.25	14
福　建	Fujian	7.82	19.89	28.64	13	45.19	66.85	77.05	18
江　西	Jiangxi	9.35	8.14	19.09	16	28.90	55.56	75.45	19
山　东	Shandong	19.00	38.56	56.75	7	120.33	178.45	164.89	8
河　南	Henan	6.53	21.88	29.93	12	64.26	196.93	231.99	2
湖　北	Hubei	11.05	17.62	12.03	19	79.03	149.35	146.93	10
湖　南	Hunan	5.28	13.71	22.86	15	66.58	98.78	133.99	11
广　东	Guangdong	80.68	119.75	87.79	4	213.34	161.81	223.34	4
广　西	Guangxi	1.63	4.05	11.20	20	25.53	27.38	31.01	27
海　南	Hainan	1.56	1.19	1.09	30	4.43	8.10	11.70	29
重　庆	Chongqing	16.24	32.60	54.10	8	82.84	133.52	186.24	6
四　川	Sichuan	3.61	25.62	31.65	11	54.93	143.31	192.15	5
贵　州	Guizhou	0.82	9.86	18.16	17	14.22	75.71	95.03	16
云　南	Yunnan	6.59	20.00	35.81	10	33.64	131.97	116.71	13
西　藏	Tibet		1.33			0.33	1.03		
陕　西	Shaanxi	1.26	5.85	1.59	29	7.33	43.19	29.10	28
甘　肃	Gansu	1.22	2.64	5.52	22	12.76	32.11	37.70	26
青　海	Qinghai	0.01	0.53	3.09	27	2.35	4.62	5.06	30
宁　夏	Ningxia	3.27	2.65	2.58	28	24.66	29.24	42.02	24
新　疆	Xinjiang	1.72	6.80	5.09	23	22.50	34.82	55.87	22

16-36 按用途分其他用房现房销售额和商品房期房销售面积
Sales Area of Forward Houses and Areas of Other by Uses

地区	Region	其他用房（亿元） Others (100 million yuan)				期房销售面积（万平方米） Sales Area of Forward Houses (10 000 sq.m)			
		2010	2015	2016	2016排名 Ranking	2010	2015	2016	2016排名 Ranking
全　国	**National Total**	**404.41**	**774.72**	**1062.97**		**78095.01**	**96792.36**	**118026.39**	
北　京	Beijing	30.31	42.56	65.50	6	1228.25	1044.21	997.10	28
天　津	Tianjin	19.85	15.68	27.25	16	1090.98	1193.35	1839.59	19
河　北	Hebei	9.43	49.23	19.42	17	3672.86	4221.92	5044.71	10
山　西	Shanxi	2.14	5.52	6.64	26	835.54	1114.57	1264.10	23
内蒙古	Inner Mongolia	21.40	17.84	33.28	11	1480.05	1409.86	1479.77	21
辽　宁	Liaoning	26.46	20.09	15.33	18	4559.15	2589.64	2366.66	18
吉　林	Jilin	8.02	6.88	11.86	21	1439.26	1067.25	1120.97	25
黑龙江	Heilongjiang	14.09	17.50	30.26	14	1949.84	1092.41	1044.06	27
上　海	Shanghai	23.91	39.72	70.50	5	1437.22	1486.73	1542.98	20
江　苏	Jiangsu	17.52	32.60	37.35	9	7515.17	8793.62	10632.45	2
浙　江	Zhejiang	24.34	30.23	80.16	3	4101.83	4739.35	6333.83	7
安　徽	Anhui	5.60	8.81	15.29	19	3465.23	4995.94	7040.50	6
福　建	Fujian	26.05	36.28	42.76	8	2229.35	3477.35	4197.09	12
江　西	Jiangxi	2.67	5.45	11.58	22	1597.01	2787.44	3684.92	13
山　东	Shandong	12.89	38.69	45.56	7	6756.07	7429.66	9168.78	3
河　南	Henan	9.04	26.39	28.71	15	3541.40	5744.37	8070.44	4
湖　北	Hubei	6.10	34.38	31.00	13	2269.56	4519.93	5823.95	9
湖　南	Hunan	8.45	23.17	33.61	10	3106.06	4596.98	5979.09	8
广　东	Guangdong	86.06	136.73	190.76	1	4977.37	9053.52	11355.12	1
广　西	Guangxi	5.32	11.69	8.08	23	2373.61	2987.87	3612.78	14
海　南	Hainan	0.07	2.94	5.77	27	716.70	767.35	1082.56	26
重　庆	Chongqing	11.88	61.88	79.27	4	3698.73	4365.60	4780.44	11
四　川	Sichuan	20.82	51.73	105.27	2	5195.74	6320.47	7504.99	5
贵　州	Guizhou	1.52	11.59	12.42	20	1510.80	2998.53	3360.56	15
云　南	Yunnan	6.22	28.26	31.65	12	2503.14	2320.28	2495.54	17
西　藏	Tibet					7.02	27.28	52.08	31
陕　西	Shaanxi	1.19	4.53	6.83	25	2271.06	2492.82	2751.36	16
甘　肃	Gansu	0.13	6.26	4.51	28	504.45	938.93	1152.15	24
青　海	Qinghai	0.08	0.33	1.67	30	235.49	313.70	331.64	30
宁　夏	Ningxia	1.57	2.46	3.64	29	637.65	561.76	586.94	29
新　疆	Xinjiang	1.27	5.33	7.06	24	1188.42	1339.66	1329.24	22

16-37 按用途分住宅和办公楼期房销售面积
Areas of Residential Buildings and Office Buildings

单位：万平方米 (10 000 sq.m)

地区	Region	住宅 Residential Buildings				办公楼 Office Buildings			
		2010	2015	2016	2016排名 Ranking	2010	2015	2016	2016排名 Ranking
全　国	**National Total**	**71327.78**	**86505.99**	**105608.62**		**1323.98**	**2067.47**	**2717.58**	
北　京	Beijing	983.28	795.67	621.11	28	150.49	164.88	257.27	3
天　津	Tianjin	998.52	1150.42	1741.83	19	5.18	6.88	19.59	24
河　北	Hebei	3445.99	3800.12	4567.09	10	33.28	38.87	63.12	16
山　西	Shanxi	777.15	1073.82	1176.81	22	6.56	11.30	33.85	21
内蒙古	Inner Mongolia	1267.90	1163.13	1230.12	20	19.86	27.65	11.45	28
辽　宁	Liaoning	4102.82	2361.48	2191.65	17	42.11	17.90	15.29	26
吉　林	Jilin	1299.05	956.29	947.95	26	5.16	10.62	31.01	22
黑龙江	Heilongjiang	1766.97	965.36	935.35	27	3.20	9.48	15.95	25
上　海	Shanghai	1231.42	1286.74	1210.01	21	101.69	121.28	210.44	4
江　苏	Jiangsu	6627.49	8078.33	9844.23	2	143.81	149.79	169.89	5
浙　江	Zhejiang	3444.78	4167.09	5510.09	7	216.96	124.99	266.94	2
安　徽	Anhui	3087.45	4396.21	6303.42	6	72.67	75.52	128.60	9
福　建	Fujian	1936.64	2899.68	3604.44	12	65.95	134.56	163.83	6
江　西	Jiangxi	1474.66	2549.14	3275.11	14	7.83	38.67	66.12	15
山　东	Shandong	6222.93	6631.79	8360.77	3	54.61	236.43	131.39	8
河　南	Henan	3363.92	5260.50	7419.24	4	45.83	116.55	132.37	7
湖　北	Hubei	2151.64	4218.57	5423.54	8	3.91	38.26	91.16	11
湖　南	Hunan	2942.07	4141.92	5407.41	9	12.64	44.59	68.99	12
广　东	Guangdong	4585.74	8301.13	10337.38	1	108.29	241.53	342.33	1
广　西	Guangxi	2246.82	2709.48	3328.24	13	14.86	31.26	41.11	19
海　南	Hainan	707.67	712.84	1013.55	25	2.20	8.48	8.45	29
重　庆	Chongqing	3538.83	3822.63	4110.09	11	34.72	81.46	55.26	18
四　川	Sichuan	4834.03	5496.30	6582.71	5	76.76	95.19	111.97	10
贵　州	Guizhou	1410.19	2524.94	2835.01	15	23.73	61.28	59.37	17
云　南	Yunnan	2283.09	1972.27	2035.19	18	14.18	45.20	66.43	14
西　藏	Tibet	6.93	25.73	48.63	31		0.28	1.07	31
陕　西	Shaanxi	2171.40	2296.29	2545.73	16	37.34	52.99	67.65	13
甘　肃	Gansu	472.31	876.21	1022.76	24	1.78	8.87	39.03	20
青　海	Qinghai	226.83	257.53	281.14	30	0.96	22.36	14.88	27
宁　夏	Ningxia	587.67	488.24	537.79	29	8.11	9.82	3.60	30
新　疆	Xinjiang	1131.57	1126.15	1160.23	23	9.32	40.53	29.18	23

16-38 按用途分商业营业用房和其他用房期房销售面积
Areas of Houses for Business Use and Others

单位：万平方米 (10 000 sq.m)

地区	Region	商业营业用房 Houses for Business Use 2010	2015	2016	2016排名 Ranking	其他 Others 2010	2015	2016	2016排名 Ranking
全 国	**National Total**	**3942.88**	**6014.21**	**6818.68**		**1500.38**	**2204.68**	**2881.52**	
北 京	Beijing	65.82	44.30	64.75	25	28.67	39.36	53.97	18
天 津	Tianjin	41.73	29.08	52.19	26	45.54	6.96	25.99	22
河 北	Hebei	138.32	243.74	274.31	11	55.28	139.19	140.19	7
山 西	Shanxi	47.98	17.92	38.71	28	3.85	11.53	14.73	26
内蒙古	Inner Mongolia	151.21	138.52	164.04	16	41.07	80.56	74.15	16
辽 宁	Liaoning	254.91	168.36	119.56	19	159.31	41.90	40.15	20
吉 林	Jilin	109.22	76.05	99.09	21	25.83	24.30	42.91	19
黑龙江	Heilongjiang	122.00	83.54	70.76	24	57.67	34.02	22.00	24
上 海	Shanghai	59.57	54.03	98.01	22	44.53	24.68	24.53	23
江 苏	Jiangsu	625.43	474.81	520.96	2	118.44	90.69	97.38	12
浙 江	Zhejiang	265.04	255.88	300.45	10	175.05	191.38	256.34	3
安 徽	Anhui	284.43	471.38	515.05	3	20.68	52.83	93.43	13
福 建	Fujian	121.30	241.98	222.86	14	105.46	201.13	205.96	5
江 西	Jiangxi	91.81	150.91	265.66	12	22.70	48.72	78.04	15
山 东	Shandong	369.72	380.85	413.99	7	108.82	180.59	262.63	2
河 南	Henan	107.98	306.74	419.82	5	23.67	60.59	99.01	11
湖 北	Hubei	76.15	222.23	219.17	15	37.87	40.87	90.07	14
湖 南	Hunan	122.87	322.51	363.39	9	28.48	87.96	139.31	8
广 东	Guangdong	190.80	334.52	451.21	4	92.54	176.35	224.20	4
广 西	Guangxi	68.70	164.20	131.28	17	43.23	82.94	112.16	10
海 南	Hainan	5.93	31.51	42.84	27	0.90	14.53	17.72	25
重 庆	Chongqing	95.25	324.94	416.69	6	29.92	136.57	198.40	6
四 川	Sichuan	180.02	517.09	521.59	1	104.93	211.89	288.72	1
贵 州	Guizhou	55.99	363.98	401.31	8	20.89	48.32	64.87	17
云 南	Yunnan	128.08	208.53	258.87	13	77.78	94.28	135.05	9
西 藏	Tibet	0.08	1.26	2.33	31		0.01	0.05	31
陕 西	Shaanxi	50.35	101.95	103.61	20	11.96	41.60	34.37	21
甘 肃	Gansu	25.74	45.14	76.90	23	4.63	8.71	13.46	28
青 海	Qinghai	7.53	27.35	28.92	30	0.18	6.46	6.70	30
宁 夏	Ningxia	34.68	55.90	34.57	29	7.19	7.80	10.99	29
新 疆	Xinjiang	44.21	155.02	125.78	18	3.32	17.97	14.04	27

16-39 按用途分期房销售额和住宅期房销售额
Sales of Forward Houses and Residential Buildings

单位：亿元 (100 million yuan)

地区	Region	期房销售额 Sales of Forward Houses 2010	2015	2016	2016排名 Ranking	住宅 Residential Buildings 2010	2015	2016	2016排名 Ranking
全　国	**National Total**	**41697.23**	**68052.50**	**92472.62**		**36085.44**	**58079.25**	**79825.10**	
北　京	Beijing	2291.07	2492.09	3059.46	12	1699.80	1843.53	1883.55	15
天　津	Tianjin	916.16	1269.55	2582.43	15	808.66	1213.60	2453.67	12
河　北	Hebei	1339.65	2446.69	3401.72	11	1224.96	2139.85	3040.49	11
山　西	Shanxi	325.47	591.89	711.83	23	290.76	555.94	633.55	23
内蒙古	Inner Mongolia	605.20	658.83	685.41	25	424.97	473.49	527.08	26
辽　宁	Liaoning	2174.91	1544.08	1485.60	19	1883.15	1336.81	1331.83	19
吉　林	Jilin	590.51	627.51	709.68	24	514.51	534.82	551.19	24
黑龙江	Heilongjiang	768.16	609.69	586.84	28	666.34	508.61	500.87	28
上　海	Shanghai	2207.06	3579.62	5003.16	5	1858.84	3137.83	4042.36	5
江　苏	Jiangsu	4589.48	6821.94	9941.04	2	3885.80	6138.59	9128.91	2
浙　江	Zhejiang	4003.14	5114.52	7468.14	3	3358.37	4574.58	6596.08	3
安　徽	Anhui	1509.80	2827.95	4362.72	7	1254.15	2325.50	3725.94	8
福　建	Fujian	1406.42	3193.17	4006.44	10	1174.28	2570.13	3417.49	10
江　西	Jiangxi	521.63	1524.48	2169.53	16	456.48	1336.63	1804.45	16
山　东	Shandong	2774.05	4274.63	5561.01	4	2479.17	3633.08	4995.85	4
河　南	Henan	1219.97	2906.67	4380.23	6	1095.57	2506.65	3896.98	6
湖　北	Hubei	925.69	2775.16	4153.41	9	843.62	2513.67	3733.13	7
湖　南	Hunan	1039.60	2051.97	2875.52	13	961.16	1702.56	2427.73	13
广　东	Guangdong	4084.54	9096.78	13216.31	1	3573.68	8039.60	11743.91	1
广　西	Guangxi	865.90	1522.37	1927.54	17	784.90	1277.15	1718.59	17
海　南	Hainan	664.01	738.12	1087.75	22	657.56	676.19	1001.38	21
重　庆	Chongqing	1596.19	2409.33	2646.76	14	1470.85	1929.54	2170.02	14
四　川	Sichuan	2268.87	3491.68	4342.06	8	2031.75	2782.01	3608.50	9
贵　州	Guizhou	513.88	1344.31	1472.77	20	451.06	937.94	1077.28	20
云　南	Yunnan	780.72	1195.15	1310.44	21	661.89	945.34	988.22	22
西　藏	Tibet	1.93	11.63	25.03	31	1.86	9.61	21.58	31
陕　西	Shaanxi	882.69	1356.63	1570.40	18	825.47	1194.04	1408.46	18
甘　肃	Gansu	160.08	493.75	647.56	26	147.38	432.91	534.18	25
青　海	Qinghai	71.94	172.40	188.72	30	67.03	111.71	134.15	30
宁　夏	Ningxia	220.12	250.98	250.65	29	194.18	199.02	215.08	29
新　疆	Xinjiang	378.40	658.91	642.47	27	337.26	498.30	512.59	27

16-40 按用途分办公楼和商业营业用房期房销售额
Sales of Office Buildings and Houses for Business Use

单位：亿元 (100 million yuan)

地区	Region	办公楼 Office Buildings				商业营业用房 Houses for Business Use			
		2010	2015	2016	2016排名 Ranking	2010	2015	2016	2016排名 Ranking
全　国	**National Total**	**1594.75**	**2715.99**	**4004.75**		**3395.38**	**6135.17**	**7207.48**	
北　京	Beijing	382.47	480.05	855.08	1	190.57	140.66	259.09	14
天　津	Tianjin	7.82	8.63	30.61	22	65.58	42.56	77.54	24
河　北	Hebei	15.90	44.26	61.08	13	83.64	202.80	244.76	15
山　西	Shanxi	3.23	12.98	30.34	23	30.71	20.31	41.54	28
内蒙古	Inner Mongolia	13.27	17.94	7.67	29	149.90	120.59	116.88	19
辽　宁	Liaoning	39.15	14.53	31.33	21	188.75	164.59	103.49	20
吉　林	Jilin	2.03	9.07	19.60	25	62.97	71.56	102.33	22
黑龙江	Heilongjiang	1.11	7.04	14.17	26	76.28	75.10	61.14	26
上　海	Shanghai	204.96	296.81	644.26	2	108.49	127.65	298.15	11
江　苏	Jiangsu	119.99	148.90	169.08	6	544.52	494.48	592.11	2
浙　江	Zhejiang	246.46	133.20	323.68	4	329.39	320.25	421.95	5
安　徽	Anhui	47.14	59.84	109.04	10	202.41	415.90	491.36	4
福　建	Fujian	63.96	175.18	191.35	5	135.38	308.00	276.35	12
江　西	Jiangxi	6.35	26.19	47.73	16	51.68	135.83	272.49	13
山　东	Shandong	35.48	240.19	128.08	7	226.19	328.72	331.41	7
河　南	Henan	43.78	101.30	111.24	9	72.83	260.87	320.52	10
湖　北	Hubei	2.34	30.69	111.30	8	63.18	204.30	233.07	16
湖　南	Hunan	5.68	36.03	66.79	12	64.21	279.92	321.87	9
广　东	Guangdong	167.75	464.12	643.77	3	269.66	462.93	672.68	1
广　西	Guangxi	12.91	36.52	36.30	20	50.01	157.21	128.26	18
海　南	Hainan	1.97	11.04	11.57	27	4.09	31.77	54.61	27
重　庆	Chongqing	43.46	85.42	44.75	17	72.62	349.96	366.52	6
四　川	Sichuan	70.55	63.11	88.88	11	128.11	568.61	549.14	3
贵　州	Guizhou	12.91	42.05	42.20	18	42.54	347.19	331.26	8
云　南	Yunnan	7.88	47.34	51.88	15	84.84	165.16	208.81	17
西　藏	Tibet		0.15	0.74	31	0.08	1.87	2.69	31
陕　西	Shaanxi	20.83	47.91	56.82	14	32.33	94.04	86.67	23
甘　肃	Gansu	0.93	12.22	39.93	19	10.65	45.79	68.63	25
青　海	Qinghai	0.21	22.32	9.97	28	4.65	36.73	41.12	29
宁　夏	Ningxia	4.85	7.53	3.17	30	19.30	40.93	27.73	30
新　疆	Xinjiang	9.39	33.43	22.32	24	29.81	118.88	103.32	21

16-41 按用途分其他用房期房销售额和商品房期房销售平均单价
Average Price of Commercial Buildings under Construction and Others by Uses

地区	Region	其他用房（亿元） Others (100 million yuan)				商品房期房销售平均单价（元/平方米） Average Price of Commercial Buildings under Construction (yuan/sq.m)			
		2010	2015	2016	2016排名 Ranking	2010	2015	2016	2016排名 Ranking
全　国	**National Total**	**621.66**	**1122.09**	**1435.29**		**5339**	**7031**	**7835**	
北　京	Beijing	18.23	27.85	61.74	8	18653	23866	30684	2
天　津	Tianjin	34.10	4.75	20.60	20	8398	10639	14038	3
河　北	Hebei	15.15	59.78	55.38	11	3647	5795	6743	10
山　西	Shanxi	0.77	2.66	6.40	26	3895	5310	5631	19
内蒙古	Inner Mongolia	17.06	46.81	33.77	18	4089	4673	4632	29
辽　宁	Liaoning	63.86	28.14	18.94	22	4770	5963	6277	12
吉　林	Jilin	11.01	12.06	36.56	16	4103	5880	6331	11
黑龙江	Heilongjiang	24.43	18.93	10.67	25	3940	5581	5621	20
上　海	Shanghai	34.78	17.33	18.39	24	15357	24077	32425	1
江　苏	Jiangsu	39.16	39.96	50.94	13	6107	7758	9350	8
浙　江	Zhejiang	68.91	86.50	126.43	2	9759	10792	11791	4
安　徽	Anhui	6.10	26.71	36.39	17	4357	5660	6197	13
福　建	Fujian	32.80	139.85	121.25	3	6309	9183	9546	7
江　西	Jiangxi	7.11	25.83	44.86	14	3266	5469	5888	15
山　东	Shandong	33.22	72.65	105.67	4	4106	5753	6065	14
河　南	Henan	7.78	37.86	51.49	12	3445	5060	5427	23
湖　北	Hubei	16.55	26.49	75.91	6	4079	6140	7132	9
湖　南	Hunan	8.55	33.46	59.13	10	3347	4464	4809	27
广　东	Guangdong	73.45	130.14	155.94	1	8206	10048	11639	5
广　西	Guangxi	18.08	51.49	44.39	15	3648	5095	5335	24
海　南	Hainan	0.39	19.12	20.20	21	9265	9619	10048	6
重　庆	Chongqing	9.25	44.41	65.47	7	4316	5519	5537	22
四　川	Sichuan	38.47	77.95	95.54	5	4367	5524	5786	16
贵　州	Guizhou	7.37	17.13	22.03	19	3401	4483	4383	30
云　南	Yunnan	26.11	37.31	61.53	9	3119	5151	5251	25
西　藏	Tibet			0.01	31	2756	4263	4806	28
陕　西	Shaanxi	4.06	20.64	18.44	23	3887	5442	5708	17
甘　肃	Gansu	1.11	2.83	4.82	27	3173	5259	5620	21
青　海	Qinghai	0.05	1.64	3.48	30	3055	5496	5690	18
宁　夏	Ningxia	1.79	3.50	4.68	28	3452	4468	4270	31
新　疆	Xinjiang	1.94	8.30	4.25	29	3184	4918	4833	26

16-42 房地产开发企业主营业务收入和主营业务成本
Revenue and Cost from Principle Business in Enterprises for Real Estate Development

单位：亿元 (100 million yuan)

地区	Region	主营业务收入 Revenue from Principle Business				主营业务成本 Cost from Principle Business			
		2010	2015	2016	2016排名 Ranking	2010	2015	2016	2016排名 Ranking
全 国	**National Total**	**42996.48**	**70174.34**	**90091.51**		**30023.66**	**51449.50**	**68029.53**	
北 京	Beijing	2907.03	3827.48	4611.70	6	1788.74	2407.75	3076.83	7
天 津	Tianjin	933.78	1633.07	1976.34	17	638.36	1240.06	1541.26	16
河 北	Hebei	1199.86	2305.92	2856.33	12	884.83	1775.54	2099.51	12
山 西	Shanxi	286.25	633.52	866.08	25	229.43	493.51	683.89	24
内蒙古	Inner Mongolia	826.59	651.87	815.47	27	619.16	517.53	671.55	26
辽 宁	Liaoning	2059.80	2104.15	2087.72	15	1582.90	1678.58	1780.56	15
吉 林	Jilin	563.85	795.81	950.93	24	443.45	625.54	782.17	23
黑龙江	Heilongjiang	675.57	816.35	1217.42	20	532.26	617.37	940.70	20
上 海	Shanghai	3265.77	4388.06	6505.93	4	1872.32	2783.86	4228.35	5
江 苏	Jiangsu	5384.70	8200.59	10837.62	2	3822.78	6483.66	8668.66	1
浙 江	Zhejiang	3199.94	5442.00	7768.97	3	2165.19	4426.86	6523.87	3
安 徽	Anhui	1315.93	2645.52	3330.94	9	967.29	2024.44	2589.75	9
福 建	Fujian	1261.82	2852.12	3254.62	11	854.62	1886.17	2195.34	11
江 西	Jiangxi	666.49	1414.36	2007.25	16	478.36	1016.76	1505.72	17
山 东	Shandong	2751.52	4662.13	6149.37	5	2047.02	3594.69	4934.31	4
河 南	Henan	1200.56	2839.59	3678.44	7	858.81	1959.13	2652.92	8
湖 北	Hubei	1105.94	2744.21	3278.53	10	787.59	1934.69	2368.96	10
湖 南	Hunan	1115.81	1912.93	2269.11	14	848.18	1493.63	1804.00	14
广 东	Guangdong	4168.07	8238.36	11204.32	1	2671.58	5392.65	7300.78	2
广 西	Guangxi	643.31	1122.11	1371.30	19	447.96	767.52	974.68	19
海 南	Hainan	403.70	593.67	968.27	23	246.80	396.81	668.36	27
重 庆	Chongqing	1473.22	2278.70	2498.85	13	1104.02	1722.28	1924.52	13
四 川	Sichuan	2188.18	3111.54	3479.92	8	1600.67	2333.90	3230.45	6
贵 州	Guizhou	933.21	926.36	1182.03	21	650.43	716.02	920.98	21
云 南	Yunnan	733.91	1034.45	1014.35	22	553.54	841.94	813.94	22
西 藏	Tibet	13.77	21.45	20.23	31	8.42	18.70	13.62	31
陕 西	Shaanxi	889.45	1359.59	1758.52	18	685.78	1051.54	1449.72	18
甘 肃	Gansu	190.68	533.77	649.97	28	147.65	418.61	521.10	28
青 海	Qinghai	47.49	114.23	258.85	30	39.90	89.41	171.91	30
宁 夏	Ningxia	178.35	291.87	368.59	29	141.54	231.47	310.98	29
新 疆	Xinjiang	411.94	678.41	853.52	26	304.07	508.90	680.13	25

16-43 房地产开发企业主营业务税金及附加和其他业务利润

Tax and Other Charges on Principal Business and Other Business Profits in Enterprises for Real Estate Development

单位：亿元 (100 million yuan)

地区	Region	主营业务税金及附加 Tax and Other Charges on Principal Business				其他业务利润 Other Business Profits			
		2010	2015	2016	2016排名 Ranking	2010	2015	2016	2016排名 Ranking
全 国	**National Total**	**3464.66**	**6202.38**	**6651.62**		**251.49**	**176.34**	**194.21**	
北 京	Beijing	310.44	395.34	421.91	5	35.09	35.47	45.08	2
天 津	Tianjin	76.47	131.78	125.53	17	17.40	9.04	11.97	7
河 北	Hebei	92.41	202.28	204.63	12	3.21	3.16	5.06	11
山 西	Shanxi	21.04	50.59	54.36	26	2.04	1.17	54.36	1
内蒙古	Inner Mongolia	55.15	54.24	53.91	27	1.98	0.37	0.25	29
辽 宁	Liaoning	142.15	161.26	125.60	16	12.76	6.31	2.33	18
吉 林	Jilin	32.15	62.58	58.84	24	1.84	-1.15	1.32	24
黑龙江	Heilongjiang	42.30	76.08	94.31	20	0.86	0.89	1.33	23
上 海	Shanghai	300.26	445.41	565.28	3	40.45	12.61	16.73	5
江 苏	Jiangsu	413.99	658.12	711.37	2	18.07	17.16	18.24	4
浙 江	Zhejiang	273.97	455.78	495.81	4	26.28	11.49	12.36	6
安 徽	Anhui	97.23	208.13	213.29	11	3.63	1.42	4.17	12
福 建	Fujian	122.99	299.62	327.98	7	5.19	4.30	1.72	20
江 西	Jiangxi	51.23	118.29	131.72	15	0.65	1.56	0.53	28
山 东	Shandong	193.22	363.26	381.68	6	8.23	7.28	6.73	9
河 南	Henan	89.55	243.62	248.41	8	7.55	2.37	3.54	15
湖 北	Hubei	89.10	264.63	245.84	9	5.28	12.47	9.56	8
湖 南	Hunan	75.97	150.92	131.80	14	3.64	3.51	2.81	17
广 东	Guangdong	399.09	898.40	1119.06	1	22.28	25.17	24.57	3
广 西	Guangxi	51.89	104.12	101.92	18	3.25	2.73	3.53	16
海 南	Hainan	34.69	65.32	88.65	21	1.46	7.26	3.92	14
重 庆	Chongqing	96.71	179.71	155.19	13	6.80	5.42	4.02	13
四 川	Sichuan	160.45	239.52	228.26	10	10.51	5.30	6.61	10
贵 州	Guizhou	69.93	68.60	75.49	22	2.01	-3.70	0.96	26
云 南	Yunnan	56.13	83.93	62.29	23	3.98	5.21	2.17	19
西 藏	Tibet	0.82	1.78	1.35	31	0.26	2.467	0.002	30
陕 西	Shaanxi	57.43	92.76	99.15	19	1.53	3.05	1.71	21
甘 肃	Gansu	13.78	41.78	36.83	28	1.51	1.63	1.19	25
青 海	Qinghai	2.61	9.48	15.61	30	0.11	-11.91	-1.89	31
宁 夏	Ningxia	12.02	20.39	20.24	29	0.78	2.83	1.48	22
新 疆	Xinjiang	29.50	54.67	55.29	25	2.86	1.47	0.85	27

16-44 房地产开发企业销售费用和管理费用
Sales and Administrative Cost in Enterprises for Real Estate Development

单位：亿元 (100 million yuan)

地区	Region	销售费用 Sales Cost				管理费用 Administration Cost			
		2010	2015	2016	2016排名 Ranking	2010	2015	2016	2016排名 Ranking
全　国	**National Total**	**1280.60**	**2585.06**	**3138.05**		**2161.86**	**3579.61**	**3710.83**	
北　京	Beijing	104.92	126.53	142.58	8	212.54	289.57	305.06	2
天　津	Tianjin	33.07	57.18	76.65	15	54.15	78.39	79.63	17
河　北	Hebei	49.09	74.39	83.22	14	56.74	96.98	97.29	15
山　西	Shanxi	7.98	22.25	30.11	23	20.02	37.20	40.76	27
内蒙古	Inner Mongolia	12.03	16.19	19.05	26	29.77	44.44	42.25	26
辽　宁	Liaoning	59.56	77.82	75.68	16	89.75	117.00	105.29	13
吉　林	Jilin	9.40	28.96	33.29	22	34.61	49.60	61.33	23
黑龙江	Heilongjiang	10.94	27.06	24.41	25	26.09	42.82	61.12	24
上　海	Shanghai	104.60	146.30	194.21	4	195.60	224.10	245.77	4
江　苏	Jiangsu	131.72	243.96	295.49	2	184.02	293.27	300.23	3
浙　江	Zhejiang	82.95	179.92	234.41	3	168.32	229.85	232.83	6
安　徽	Anhui	32.64	93.45	119.42	9	53.92	118.43	121.17	9
福　建	Fujian	28.87	87.35	105.64	11	56.83	113.84	114.84	11
江　西	Jiangxi	14.75	50.57	62.09	18	24.96	52.97	61.45	22
山　东	Shandong	59.97	138.60	168.79	5	117.97	214.73	238.33	5
河　南	Henan	35.13	117.86	143.76	7	69.80	159.20	188.26	7
湖　北	Hubei	36.69	100.77	9.56	29	60.71	115.52	119.13	10
湖　南	Hunan	28.38	86.47	94.19	12	52.75	105.24	103.28	14
广　东	Guangdong	137.90	346.32	492.60	1	229.67	463.79	430.81	1
广　西	Guangxi	22.71	55.55	70.33	17	42.47	71.64	70.73	19
海　南	Hainan	18.13	59.24	92.29	13	20.38	68.63	76.17	18
重　庆	Chongqing	41.71	101.45	109.62	10	57.97	124.45	113.88	12
四　川	Sichuan	92.75	142.59	161.65	6	113.14	137.94	164.93	8
贵　州	Guizhou	56.70	42.21	45.01	20	70.77	59.70	66.12	20
云　南	Yunnan	20.84	41.57	39.48	21	40.89	85.51	84.74	16
西　藏	Tibet	0.40	0.88	0.91	31	1.13	1.41	1.89	31
陕　西	Shaanxi	25.93	53.37	53.81	19	29.31	66.53	66.10	21
甘　肃	Gansu	5.18	13.79	16.66	27	11.75	27.43	31.61	28
青　海	Qinghai	1.22	4.25	4.59	30	2.41	8.98	10.35	30
宁　夏	Ningxia	4.35	11.26	11.09	28	10.84	22.61	23.43	29
新　疆	Xinjiang	10.09	36.94	27.16	24	22.57	57.82	52.06	25

16-45 房地产开发企业财务费用和营业利润

Financial Cost and Operating Profit in Enterprises for Real Estate Development

单位：亿元 (100 million yuan)

地区	Region	财务费用 Financial Cost 2010	2015	2016	2016排名 Ranking	营业利润 Operating Profit 2010	2015	2016	2016排名 Ranking
全　国	**National Total**	**763.09**	**2350.95**	**2528.19**		**6111.48**	**6165.54**	**8673.23**	
北　京	Beijing	107.39	270.76	275.23	2	545.91	720.33	794.31	3
天　津	Tianjin	31.42	93.89	159.40	5	141.65	191.67	145.39	15
河　北	Hebei	18.18	55.80	49.09	18	101.79	138.58	353.46	7
山　西	Shanxi	4.84	21.06	21.79	25	4.97	8.68	30.48	24
内蒙古	Inner Mongolia	8.83	19.97	20.34	26	116.01	4.39	10.07	27
辽　宁	Liaoning	25.43	64.74	69.60	13	198.83	39.18	-61.86	31
吉　林	Jilin	5.25	23.66	26.79	24	40.30	35.28	28.24	25
黑龙江	Heilongjiang	5.70	30.46	35.18	20	67.08	27.39	67.68	18
上　海	Shanghai	94.02	213.29	215.90	3	973.74	885.02	1461.04	2
江　苏	Jiangsu	45.92	154.70	170.68	4	793.91	433.33	738.65	4
浙　江	Zhejiang	45.11	153.85	152.65	6	545.19	97.71	289.22	10
安　徽	Anhui	16.65	61.07	67.56	14	153.45	165.78	238.53	11
福　建	Fujian	16.42	66.91	73.38	12	193.96	538.36	543.26	5
江　西	Jiangxi	11.09	31.96	30.80	22	76.45	151.31	202.03	12
山　东	Shandong	42.15	116.23	132.57	7	310.75	301.73	347.23	9
河　南	Henan	21.00	99.33	115.71	8	135.17	327.39	349.50	8
湖　北	Hubei	19.34	110.39	82.29	11	123.03	305.91	400.20	6
湖　南	Hunan	19.93	58.31	62.35	16	95.74	33.46	64.05	19
广　东	Guangdong	93.96	270.85	287.77	1	676.31	1279.88	2032.07	1
广　西	Guangxi	7.61	28.21	29.71	23	70.92	80.37	124.74	16
海　南	Hainan	1.47	36.23	52.39	17	83.41	-15.91	41.47	21
重　庆	Chongqing	24.60	113.95	92.59	10	164.34	162.05	150.59	14
四　川	Sichuan	54.81	107.16	114.17	9	214.87	130.43	154.98	13
贵　州	Guizhou	6.04	24.28	34.58	21	81.02	12.22	60.45	20
云　南	Yunnan	17.22	53.43	67.32	15	48.08	-44.59	-41.29	30
西　藏	Tibet	0.10	0.38	0.25	31	3.41	-0.96	2.10	28
陕　西	Shaanxi	6.96	28.10	36.43	19	85.48	83.65	67.96	17
甘　肃	Gansu	5.25	16.02	19.79	27	11.12	30.26	34.36	23
青　海	Qinghai	0.45	2.58	3.14	30	1.20	0.98	15.03	26
宁　夏	Ningxia	2.79	7.59	10.12	29	7.62	1.17	-5.71	29
新　疆	Xinjiang	3.17	15.78	18.61	28	45.77	40.50	34.99	22

16-46 房地产开发企业利润总额和应交所得税

Total Profit and Income Tax Payable in Enterprises for Real Estate Development

单位：亿元 (100 million yuan)

地区	Region	利润总额 Total Profit 2010	2015	2016	2016排名 Ranking	应交所得税 Income Tax Payable 2010	2015	2016	2016排名 Ranking
全　国	**National Total**	**6235.77**	**6473.12**	**8971.41**		**1358.82**	**1728.91**	**2169.21**	
北　京	Beijing	570.25	750.21	802.55	3	156.23	195.85	179.88	4
天　津	Tianjin	161.16	229.28	171.53	14	39.90	34.77	49.60	14
河　北	Hebei	101.78	132.29	354.35	8	28.43	41.12	52.43	12
山　西	Shanxi	3.47	9.49	29.04	25	7.15	12.14	19.00	21
内蒙古	Inner Mongolia	122.10	7.58	10.54	27	19.93	8.68	8.69	28
辽　宁	Liaoning	186.57	41.70	-54.46	31	50.65	32.26	25.95	19
吉　林	Jilin	44.71	35.93	31.34	24	10.93	16.50	12.73	25
黑龙江	Heilongjiang	65.00	42.06	85.71	17	13.53	15.66	20.54	20
上　海	Shanghai	989.12	936.62	1495.17	2	181.98	206.87	281.51	2
江　苏	Jiangsu	785.66	479.19	791.05	4	150.66	124.53	186.94	3
浙　江	Zhejiang	557.24	115.18	310.31	10	119.02	76.62	114.43	5
安　徽	Anhui	133.47	199.43	291.90	11	27.01	56.73	62.82	10
福　建	Fujian	196.19	547.63	537.67	5	44.98	102.82	112.28	6
江　西	Jiangxi	72.83	157.92	204.70	12	16.99	45.54	50.65	13
山　东	Shandong	306.64	307.78	368.79	7	59.88	80.11	95.59	7
河　南	Henan	132.89	332.29	348.06	9	33.80	64.41	71.97	9
湖　北	Hubei	125.31	311.40	413.68	6	35.47	72.38	84.14	8
湖　南	Hunan	92.80	51.43	73.25	19	16.50	33.05	27.74	18
广　东	Guangdong	755.06	1266.63	2024.59	1	169.19	296.31	468.80	1
广　西	Guangxi	68.91	80.77	121.58	16	15.21	34.81	38.76	16
海　南	Hainan	76.72	-17.97	39.33	21	11.28	12.18	28.97	17
重　庆	Chongqing	158.81	181.82	180.94	13	35.78	37.96	42.59	15
四　川	Sichuan	219.63	136.72	160.21	15	52.26	52.92	57.78	11
贵　州	Guizhou	82.15	14.03	58.83	20	12.24	11.76	14.66	23
云　南	Yunnan	62.96	-40.65	-40.49	30	18.29	14.28	11.02	26
西　藏	Tibet	0.75	-0.83	2.97	28	0.08	0.26	0.54	31
陕　西	Shaanxi	100.27	87.99	73.81	18	14.14	22.73	16.74	22
甘　肃	Gansu	10.09	29.52	36.72	23	2.09	9.01	9.70	27
青　海	Qinghai	-0.01	0.67	14.56	26	0.33	1.70	4.53	30
宁　夏	Ningxia	7.76	3.68	-5.26	29	3.47	2.90	4.61	29
新　疆	Xinjiang	45.48	43.31	38.41	22	11.41	12.05	13.61	24

16-47 建设用地土地供应总面积和新增土地供应面积
Total Land Area and Newly Increased Area of Construction-used Land Supplied

单位：公顷 (hectare)

地区	Region	土地供应总面积 Total Land Supplied Area				新增土地供应面积 Newly Increased Area			
		2010	2015	2016	2016排名 Ranking	2010	2015	2016	2016排名 Ranking
全 国	**National Total**	**432561.42**	**504327.28**	**531180.71**		**171368.54**	**252438.22**	**283258.69**	
北 京	Beijing	2412.63	6463.50	1296.92	31	1130.34	879.07	792.88	30
天 津	Tianjin	6655.00	8380.65	5703.74	27	2382.25	3061.81	2924.41	26
河 北	Hebei	18126.85	19440.49	21624.70	11	5547.48	10854.94	11260.79	10
山 西	Shanxi	7114.75	10360.45	12364.34	22	2746.97	3599.37	4585.46	24
内蒙古	Inner Mongolia	21938.08	21021.25	17999.24	14	7674.26	9137.37	9578.38	12
辽 宁	Liaoning	29268.68	18038.31	15446.23	16	9525.07	6554.78	4895.06	22
吉 林	Jilin	9310.63	11218.04	7222.64	25	2876.76	4624.24	3978.15	25
黑龙江	Heilongjiang	14530.55	10437.74	8287.05	23	3247.91	4713.33	4653.16	23
上 海	Shanghai	2926.14	3090.37	3511.53	29	324.60	944.23	1037.93	29
江 苏	Jiangsu	37873.85	41764.09	40123.68	1	24696.91	25476.37	25324.58	2
浙 江	Zhejiang	27932.57	21240.07	22993.80	9	21372.30	13885.38	14381.48	5
安 徽	Anhui	17524.25	26673.76	28507.52	6	6055.72	10000.90	11278.83	9
福 建	Fujian	12391.84	14003.78	16927.33	15	5038.62	11717.88	13899.76	6
江 西	Jiangxi	17908.29	18040.89	18985.45	12	6079.74	11004.86	9448.55	13
山 东	Shandong	45372.12	30251.22	29640.89	4	17218.03	17620.98	17272.37	4
河 南	Henan	17546.75	24617.74	18670.73	13	6235.64	10087.79	8275.38	16
湖 北	Hubei	16872.89	23711.97	23822.84	8	8096.48	11853.80	9959.23	11
湖 南	Hunan	13425.50	21709.46	26904.46	7	3424.41	9323.22	12946.18	7
广 东	Guangdong	16395.55	16150.87	34590.01	2	4939.61	11902.47	29722.57	1
广 西	Guangxi	10399.88	15931.52	15132.89	17	2154.61	5832.24	7364.93	18
海 南	Hainan	2646.82	1950.24	5359.86	28	674.85	829.02	1314.62	28
重 庆	Chongqing	11240.07	12182.19	13917.65	21	3221.62	5007.45	6518.32	19
四 川	Sichuan	14630.73	47857.38	31029.97	3	5276.08	17928.88	12735.55	8
贵 州	Guizhou	16492.75	16153.80	15109.67	18	4230.89	6509.99	6033.87	20
云 南	Yunnan	9979.03	18052.74	21864.56	10	4478.90	6622.70	7780.20	17
西 藏	Tibet	1121.91	513.80	1379.80	30	987.97	276.16	623.90	31
陕 西	Shaanxi	7544.49	12282.21	14834.53	19	2764.83	6142.80	8336.94	15
甘 肃	Gansu	6135.91	16172.94	14504.75	20	2566.13	8225.22	9016.40	14
青 海	Qinghai	2026.61	8576.02	7217.09	26	924.68	1359.13	2765.68	27
宁 夏	Ningxia	6324.18	10719.38	7533.16	24	2050.58	4886.13	5378.49	21
新 疆	Xinjiang	8492.12	33320.44	28673.67	5	3424.28	11575.75	19174.65	3

16-48 土地划拨面积和土地出让面积
Land Area of Allocation and Granting

单位：公顷 (hectare)

地区	Region	土地划拨面积 Allocation 2010	2015	2016	2016排名 Ranking	土地出让面积 Granting 2010	2015	2016	2016排名 Ranking
全　国	**National Total**	**138267.34**	**314535.83**	**313212.79**		**293717.81**	**224885.95**	**211850.82**	
北　京	Beijing	260.10	5672.81	584.77	31	2152.53	790.69	712.15	30
天　津	Tianjin	1372.41	6040.13	3194.88	28	5282.59	2340.51	2508.87	26
河　北	Hebei	2408.36	7307.09	9220.86	15	15710.71	12133.40	12401.18	4
山　西	Shanxi	2337.87	7289.05	8870.81	16	4768.03	3070.26	3491.22	23
内蒙古	Inner Mongolia	6777.34	12879.79	11174.09	11	15160.56	8024.76	6813.09	13
辽　宁	Liaoning	7100.75	9767.16	9685.87	13	22160.40	8254.10	5724.33	17
吉　林	Jilin	2543.82	7998.39	3681.47	27	6750.32	3179.42	3535.44	22
黑龙江	Heilongjiang	7116.18	5581.70	4906.83	24	7350.06	4652.46	3313.29	24
上　海	Shanghai	992.20	1984.58	2710.85	29	1933.94	1105.79	800.69	29
江　苏	Jiangsu	8570.35	17409.60	18960.39	4	29262.40	24085.29	21109.52	1
浙　江	Zhejiang	9992.24	12826.22	13442.01	8	17607.47	8384.74	9539.58	7
安　徽	Anhui	4936.19	14070.12	15545.95	7	12588.06	12603.65	12961.57	3
福　建	Fujian	4069.25	8886.89	12133.91	9	8278.63	5112.61	4793.25	19
江　西	Jiangxi	8858.34	8162.53	11523.27	10	9049.66	9878.36	7453.86	12
山　东	Shandong	7424.50	9193.66	8735.39	18	37945.58	21057.05	20896.52	2
河　南	Henan	5543.79	12660.01	7621.54	21	11992.83	11957.73	11049.18	6
湖　北	Hubei	3695.44	10825.16	7516.31	22	13176.29	12868.75	11293.08	5
湖　南	Hunan	5065.29	13359.18	18790.27	5	8354.97	8350.28	8114.20	11
广　东	Guangdong	3454.49	5137.85	25216.61	1	12937.06	11010.96	9373.41	8
广　西	Guangxi	4074.59	10085.86	9480.89	14	6325.14	5845.65	5652.01	18
海　南	Hainan	837.53	893.05	3957.42	26	1809.29	991.48	1402.44	28
重　庆	Chongqing	5746.01	4860.37	7936.34	20	5494.06	7321.82	5981.31	14
四　川	Sichuan	3358.72	38116.80	22086.92	2	11272.01	9738.66	8941.33	9
贵　州	Guizhou	13139.45	10014.52	8463.38	19	3353.30	6030.98	5878.72	16
云　南	Yunnan	3994.05	14829.48	17606.85	6	5984.99	3223.25	4257.71	20
西　藏	Tibet	781.77	237.06	782.91	30	338.81	276.74	587.17	31
陕　西	Shaanxi	3487.35	6939.53	8841.93	17	4057.15	5342.68	5976.60	15
甘　肃	Gansu	3374.86	11297.65	10390.78	12	2761.05	4875.29	4113.97	21
青　海	Qinghai	1085.02	7430.48	5294.56	23	931.69	1130.93	1922.53	27
宁　夏	Ningxia	2931.69	7575.46	4499.62	25	3392.49	3143.92	3033.54	25
新　疆	Xinjiang	2937.41	25203.66	20355.12	3	5535.74	8103.74	8219.06	10

16-49 按用地类型分工矿仓储用地和商服用地供应面积

Areas of Land for Industry, Mining and Warehousing and Land for Commercial and Service by Types of Land

单位：公顷 (hectare)

地区	Region	工矿仓储用地 Land for Industry, Mining and Warehousing				商服用地 Land for Commercial and Service			
		2010	2015	2016	2016排名 Ranking	2010	2015	2016	2016排名 Ranking
全 国	**National Total**	**153977.63**	**127269.96**	**123088.56**		**38905.15**	**36949.57**	**35146.78**	
北 京	Beijing	844.49	110.11	224.83	30	400.08	152.63	284.95	27
天 津	Tianjin	2642.73	1646.85	1449.46	27	590.24	138.46	149.87	30
河 北	Hebei	8679.30	6657.17	6784.58	5	1694.86	1421.58	1554.37	10
山 西	Shanxi	2460.12	1603.24	1700.30	26	743.08	524.92	608.88	22
内蒙古	Inner Mongolia	7779.21	5349.48	4925.83	10	3154.32	1167.42	835.20	18
辽 宁	Liaoning	10274.76	4255.65	2986.88	17	3260.02	1333.06	830.09	19
吉 林	Jilin	3344.29	2079.53	2117.01	24	892.22	496.61	772.90	21
黑龙江	Heilongjiang	3066.40	3301.50	2390.68	23	1040.96	881.48	569.88	23
上 海	Shanghai	692.58	289.22	305.47	28	561.45	142.61	114.76	31
江 苏	Jiangsu	16100.98	12255.13	10864.44	2	3699.52	4413.86	3990.34	1
浙 江	Zhejiang	10505.67	4521.11	5042.80	9	1830.49	1315.47	1391.14	11
安 徽	Anhui	7437.57	6231.03	6435.71	6	1761.66	2542.69	1800.13	4
福 建	Fujian	5439.26	3226.75	3058.36	16	935.02	625.48	472.09	24
江 西	Jiangxi	5694.95	5569.02	4299.06	11	1084.78	1455.65	1130.52	12
山 东	Shandong	19632.25	11134.15	10340.96	3	5069.53	3354.25	3378.24	2
河 南	Henan	6645.83	6952.26	6048.06	7	1069.34	1634.92	1597.36	9
湖 北	Hubei	7664.18	7158.30	11221.77	1	1666.36	2282.38	1789.88	5
湖 南	Hunan	3386.83	3758.82	3632.90	14	1238.49	1950.75	1714.76	7
广 东	Guangdong	6453.45	6442.37	5358.88	8	1385.03	1291.68	1614.54	8
广 西	Guangxi	3083.94	2860.16	2868.65	19	769.25	888.18	797.27	20
海 南	Hainan	463.33	137.75	252.31	29	437.10	294.81	367.20	25
重 庆	Chongqing	2891.81	3290.32	3068.98	15	354.89	917.96	857.00	17
四 川	Sichuan	5493.80	4614.13	3669.68	12	1362.91	1767.09	1726.38	6
贵 州	Guizhou	1792.53	2413.87	2730.37	20	452.82	1480.80	1862.33	3
云 南	Yunnan	2646.93	1420.98	1971.44	25	1005.05	790.61	1126.60	13
西 藏	Tibet	101.92	172.60	156.89	31	113.63	71.81	238.31	28
陕 西	Shaanxi	2532.25	3157.69	3656.45	13	353.29	751.91	1044.83	15
甘 肃	Gansu	1520.82	2614.04	2982.31	18	320.69	1201.43	877.16	16
青 海	Qinghai	606.41	3977.59	2441.82	22	108.35	212.30	204.18	29
宁 夏	Ningxia	1632.91	2558.47	2501.42	21	774.78	356.96	344.91	26
新 疆	Xinjiang	2466.15	7510.67	7600.29	4	774.96	1089.81	1100.70	14

16-50 按用地类型分住宅用地和其他用地土地供应面积

Areas of Land for Residential Uses and Others by Types of Land

单位：公顷 (hectare)

地区	Region	住宅用地 Land for Residential Uses				其他用地 Others			
		2010	2015	2016	2016排名 Ranking	2010	2015	2016	2016排名 Ranking
全　国	**National Total**	**115272.54**	**83782.66**	**74539.39**		**124406.10**	**292325.10**	**298405.98**	
北　京	Beijing	786.19	575.36	298.88	29	381.87	5625.40	488.26	31
天　津	Tianjin	2571.90	940.37	1036.24	23	850.13	5654.97	3068.18	28
河　北	Hebei	5413.39	4210.33	4196.76	5	2339.31	7151.41	9088.98	15
山　西	Shanxi	1816.40	1055.75	1245.80	20	2095.15	7176.54	8809.36	17
内蒙古	Inner Mongolia	4940.09	1584.22	1235.19	21	6064.46	12920.14	11003.02	10
辽　宁	Liaoning	9105.20	2042.06	1355.23	17	6628.70	10407.53	10274.03	12
吉　林	Jilin	2837.72	967.46	914.33	25	2236.40	7674.44	3418.40	27
黑龙江	Heilongjiang	4624.75	1402.80	1157.37	22	5798.43	4851.95	4169.12	24
上　海	Shanghai	704.13	700.16	360.32	28	967.99	1958.38	2730.98	29
江　苏	Jiangsu	10874.29	9759.48	7404.39	1	7199.06	15335.61	17864.52	4
浙　江	Zhejiang	7466.36	3576.97	4026.92	7	8130.05	11826.52	12532.95	8
安　徽	Anhui	4766.31	5470.75	5392.08	3	3558.71	12429.30	14879.60	7
福　建	Fujian	2112.92	1433.25	1350.64	18	3904.64	8718.30	12046.25	9
江　西	Jiangxi	2891.21	3425.75	2664.85	12	8237.35	7590.47	10891.03	11
山　东	Shandong	12857.15	7025.38	7107.92	2	7813.19	8737.44	8813.77	16
河　南	Henan	5174.84	4359.32	4220.34	4	4656.74	11671.25	6804.96	22
湖　北	Hubei	4278.38	5110.83	3612.44	9	3263.97	9160.46	7198.75	21
湖　南	Hunan	3869.41	3740.05	3593.64	10	4930.77	12259.84	17963.17	3
广　东	Guangdong	4818.47	3313.82	4029.95	6	3738.61	5103.00	23586.65	1
广　西	Guangxi	2876.33	2280.64	2328.73	13	3670.36	9902.53	9138.25	14
海　南	Hainan	1017.90	622.08	579.98	26	728.49	895.61	4160.37	25
重　庆	Chongqing	2958.44	3306.60	2182.44	15	5034.92	4667.30	7809.23	19
四　川	Sichuan	4669.47	4413.30	4010.78	8	3104.55	37062.85	21623.13	2
贵　州	Guizhou	1635.32	3194.13	2829.72	11	12612.08	9065.01	7687.25	20
云　南	Yunnan	2429.46	1314.58	1280.47	19	3897.59	14526.57	17486.06	6
西　藏	Tibet	133.46	57.14	247.74	30	772.91	212.25	736.87	30
陕　西	Shaanxi	1583.05	1831.37	1903.08	16	3075.90	6541.24	8230.17	18
甘　肃	Gansu	1285.37	1613.67	965.76	24	3009.03	10743.80	9679.52	13
青　海	Qinghai	545.06	245.68	231.60	31	766.78	4140.45	4339.50	23
宁　夏	Ningxia	1479.34	949.64	561.90	27	2437.16	6854.30	4124.92	26
新　疆	Xinjiang	2750.22	3259.71	2213.91	14	2500.79	21460.24	17758.78	5

16-51 按用地类型分普通商品住房和中低价位、中小套型用地住宅供应面积

Areas of Ordinary Commercial House and Medium-and Low-price, Medium-and Small-sized Ordinary Commercial Houses by Types of Book

单位：公顷 (hectare)

地区	Region	普通商品住房 Ordinary Commercial House				其中：中低价位、中小套型 Medium-and Low-price, Medium-and Small-sized Ordinary Commercial Houses			
		2010	2015	2016	2016排名 Ranking	2010	2015	2016	2016排名 Ranking
全　国	**National Total**	**97887.90**	**62868.57**	**59810.38**		**20749.97**	**20126.39**	**17725.46**	
北　京	Beijing	684.65	440.96	123.15	30	8.46	60.20	37.46	27
天　津	Tianjin	2010.94	407.43	746.60	23	118.55	8.01		
河　北	Hebei	5045.79	3681.26	3877.02	4	680.84	811.47	693.47	7
山　西	Shanxi	1217.12	671.72	955.44	20	162.80	196.23	94.72	25
内蒙古	Inner Mongolia	4231.72	1199.67	972.79	19	1676.99	532.26	203.42	18
辽　宁	Liaoning	8353.39	1884.69	1324.64	15	1757.28	770.01	493.00	13
吉　林	Jilin	2376.41	791.77	769.03	22	234.45	201.88	210.28	17
黑龙江	Heilongjiang	3602.05	894.93	709.20	24	655.18	274.70	175.39	20
上　海	Shanghai	669.40	597.17	341.94	27	181.89	329.88	164.92	21
江　苏	Jiangsu	8908.12	7292.26	5569.72	2	1136.82	3011.01	2439.44	3
浙　江	Zhejiang	6100.29	1979.61	2547.77	9	710.61	1979.61	2547.77	2
安　徽	Anhui	3409.49	3836.79	4316.07	3	835.06	903.38	954.62	5
福　建	Fujian	1960.82	1398.32	1316.04	16	231.43	593.69	557.19	11
江　西	Jiangxi	2421.31	2916.71	2198.75	12	316.30	381.15	434.82	14
山　东	Shandong	11986.78	6177.95	6566.79	1	5677.91	3034.07	2885.02	1
河　南	Henan	4062.05	3464.54	3577.82	6	1008.41	786.65	595.13	10
湖　北	Hubei	3976.82	3794.28	3129.08	8	879.72	1088.77	648.00	9
湖　南	Hunan	3420.62	2432.47	2487.13	10	200.38	122.76	150.09	23
广　东	Guangdong	4571.79	3060.29	3854.08	5	722.30	447.00	522.81	12
广　西	Guangxi	2520.83	1635.40	1874.57	14	415.02	629.83	797.80	6
海　南	Hainan	804.20	512.06	459.46	26	31.90	122.04	91.85	26
重　庆	Chongqing	2148.40	2880.13	1880.03	13	123.34	642.06	342.49	15
四　川	Sichuan	4297.51	3455.50	3470.28	7	534.41	632.33	670.00	8
贵　州	Guizhou	1135.41	2412.99	2401.35	11	809.95	1428.39	1205.43	4
云　南	Yunnan	2325.93	1092.14	981.18	18	232.63	83.09	121.09	24
西　藏	Tibet	108.84	30.35	205.48	29	108.84	3.21	13.65	29
陕　西	Shaanxi	1099.94	1373.03	1244.86	17	226.16	205.50	196.12	19
甘　肃	Gansu	961.17	1101.24	631.28	25	268.39	328.63	155.98	22
青　海	Qinghai	231.12	116.55	79.25	31	38.53	7.72	8.30	30
宁　夏	Ningxia	1140.24	306.47	330.13	28	99.16	138.86	26.39	28
新　疆	Xinjiang	2104.74	1029.89	869.45	21	666.29	371.97	288.79	16

16-52 按用地类型分经济适用住房和廉租住房用地住宅供应面积
Areas of Economically Affordable House and Cheap Rent House by Types of Land

单位：公顷 (hectare)

地区 Region	经济适用住房 Economically Affordable House				廉租住房用地 Cheap Rent House			
	2010	2015	2016	2016排名 Ranking	2010	2015	2016	2016排名 Ranking
全 国 National Total	**13292.14**	**16143.80**	**11553.28**		**3380.87**	**1605.30**	**1071.78**	
北 京 Beijing	96.83	107.54	144.42	22	0.63			
天 津 Tianjin	560.77	532.83	273.55	13				
河 北 Hebei	272.30	342.14	272.67	14	92.67	55.90	4.90	22
山 西 Shanxi	241.84	260.04	229.77	16	311.66	70.40	33.90	12
内蒙古 Inner Mongolia	516.50	226.07	151.19	21	191.02	74.88	22.15	13
辽 宁 Liaoning	738.51	136.22	20.19	28	13.30	0.68		
吉 林 Jilin	407.77	147.42	118.64	24	53.27	11.97	14.32	17
黑龙江 Heilongjiang	829.79	392.28	430.52	9	191.29	57.21	14.95	16
上 海 Shanghai	31.08	85.73	15.00	29				
江 苏 Jiangsu	1380.63	2316.37	1708.53	1	430.88	129.50	84.97	5
浙 江 Zhejiang	1290.01	1572.34	1472.59	2	41.10	8.28	0.32	27
安 徽 Anhui	1274.11	1310.54	826.89	4	82.72	60.99	11.96	18
福 建 Fujian	78.65	14.34	1.72	30	52.96	9.95	15.07	15
江 西 Jiangxi	278.88	248.37	266.06	15	167.18	70.25	52.10	7
山 东 Shandong	775.92	733.20	470.47	8	85.92	31.93	9.97	21
河 南 Henan	973.82	599.50	343.44	12	138.97	93.36	36.52	11
湖 北 Hubei	243.49	1017.14	387.75	11	48.44	132.72	11.07	19
湖 南 Hunan	338.93	875.26	769.42	5	66.68	193.46	182.94	1
广 东 Guangdong	151.50	168.25	71.56	27	14.73	7.57	39.53	10
广 西 Guangxi	304.59	581.47	416.16	10	50.91	24.77	2.02	25
海 南 Hainan	124.48	96.84	114.14	25	52.25	10.89	4.19	23
重 庆 Chongqing	542.87	327.30	222.52	17	136.50	35.90	46.68	8
四 川 Sichuan	274.83	795.73	488.79	7	72.37	69.92	20.67	14
贵 州 Guizhou	411.83	374.29	218.19	18	88.08	118.14	116.41	3
云 南 Yunnan	38.37	107.56	95.21	26	64.20	12.34	69.32	6
西 藏 Tibet	5.39	0.12	0.68	31	19.23	26.67	41.58	9
陕 西 Shaanxi	279.65	216.40	510.69	6	127.41	117.34	90.50	4
甘 肃 Gansu	204.86	224.03	206.06	19	119.35	11.69	3.34	24
青 海 Qinghai	48.77	82.35	136.30	23	265.17	21.29	10.55	20
宁 夏 Ningxia	269.27	420.15	188.56	20	62.44	25.48	1.93	26
新 疆 Xinjiang	305.91	1831.95	981.52	3	339.57	121.83	129.92	2

16-53 按用地类型分公共租赁住房和高档住宅用地住宅供应面积
Areas of Public Rental Housing and High-grade Residence by Types of Land

单位：公顷 (hectare)

地区	Region	公共租赁住房 Public Rental Housing			高档住宅用地 High-grade Residence			
		2015	2016	2016排名 Ranking	2010	2015	2016	2016排名 Ranking
全　国	**National Total**	**2927.73**	**1799.15**		**711.63**	**237.27**	**304.79**	
北　京	Beijing	26.86	31.32	17	4.08			
天　津	Tianjin		15.98	23	0.19	0.11	0.12	12
河　北	Hebei	121.35	42.18	13	2.61	9.67		
山　西	Shanxi	53.59	26.69	21	45.78			
内蒙古	Inner Mongolia	83.60	89.03	9	0.86		0.02	15
辽　宁	Liaoning	4.56	10.39	25		15.91		
吉　林	Jilin	16.30	12.34	24	0.28			
黑龙江	Heilongjiang	45.89	2.70	29	1.63	12.48		
上　海	Shanghai	17.26	3.38	28	3.65			
江　苏	Jiangsu	20.15	41.13	14	154.65	1.20	0.05	14
浙　江	Zhejiang	15.06	4.93	27	34.96	1.67	1.31	10
安　徽	Anhui	191.75	175.40	1		70.68	61.76	3
福　建	Fujian	6.10	17.79	22	20.50	4.53	0.01	16
江　西	Jiangxi	185.41	143.96	5	23.85	5.01	3.98	6
山　东	Shandong	72.08	60.04	11	8.52	10.20	0.65	11
河　南	Henan	201.92	153.28	4			109.28	1
湖　北	Hubei	163.34	65.02	10	9.63	3.35	19.52	5
湖　南	Hunan	238.86	154.15	3	43.18			
广　东	Guangdong	36.78	27.42	20	80.46	40.92	37.36	4
广　西	Guangxi	39.01	35.98	16				
海　南	Hainan	2.29	2.19	30	36.97			
重　庆	Chongqing	63.26	30.30	19	130.67		2.91	7
四　川	Sichuan	92.15	31.05	18	24.75			
贵　州	Guizhou	272.61	93.77	8		16.10		
云　南	Yunnan	96.99	134.68	6	0.96	5.55	0.07	13
西　藏	Tibet							
陕　西	Shaanxi	124.58	54.26	12	76.06	0.02	2.77	8
甘　肃	Gansu	276.71	125.08	7				
青　海	Qinghai	23.17	5.50	26		2.32		
宁　夏	Ningxia	192.75	39.85	15	7.38	4.80	1.42	9
新　疆	Xinjiang	243.32	169.36	2		32.72	63.56	2

16-54 土地出让成交价款和平均单价
Transaction Price Value and Average Unit Price of Land Granting

地区	Region	土地出让成交价款（亿元） Transaction Price Value (100 million yuan)				土地出让平均单价（万元/公顷） Average Unit Price (10 000 yuan/hectare)			
		2010	2015	2016	2016排名 Ranking	2010	2015	2016	2016排名 Ranking
全 国	**National Total**	**27464.48**	**31220.65**	**36461.68**		**935.06**	**1388.29**	**1721.10**	
北 京	Beijing	1318.87	2059.78	909.87	16	6127.08	26050.37	12776.41	2
天 津	Tianjin	852.96	580.89	1117.95	12	1614.67	2481.88	4455.98	3
河 北	Hebei	1076.32	1140.07	1313.97	11	685.09	939.61	1059.56	19
山 西	Shanxi	265.95	273.36	421.67	21	557.78	890.35	1207.81	17
内蒙古	Inner Mongolia	487.98	220.25	230.40	25	321.88	274.46	338.17	28
辽 宁	Liaoning	1916.70	665.29	550.00	18	864.92	806.01	960.80	20
吉 林	Jilin	406.22	227.18	289.59	23	601.78	714.54	819.11	23
黑龙江	Heilongjiang	356.43	220.21	208.56	27	484.94	473.32	629.46	25
上 海	Shanghai	880.09	1608.81	1541.50	7	4550.78	14549.00	19252.17	1
江 苏	Jiangsu	3821.81	4652.37	6343.60	1	1306.05	1931.62	3005.09	6
浙 江	Zhejiang	3640.02	1951.03	3619.01	2	2067.32	2326.88	3793.68	4
安 徽	Anhui	1092.93	1516.02	2406.32	5	868.23	1202.85	1856.50	8
福 建	Fujian	1138.42	1186.87	1389.33	9	1375.14	2321.46	2898.51	7
江 西	Jiangxi	602.72	1013.49	966.58	15	666.01	1025.97	1296.76	14
山 东	Shandong	2544.35	1977.98	2459.83	4	670.53	939.34	1177.15	18
河 南	Henan	651.35	1141.80	1558.12	6	543.12	954.86	1410.17	12
湖 北	Hubei	765.88	1483.84	1425.42	8	581.26	1153.06	1262.21	15
湖 南	Hunan	499.59	971.18	1065.03	13	597.95	1163.05	1312.55	13
广 东	Guangdong	1350.02	2970.13	3391.58	3	1043.53	2697.43	3618.30	5
广 西	Guangxi	424.68	607.76	686.01	17	671.42	1039.68	1213.74	16
海 南	Hainan	202.50	214.32	258.63	24	1119.20	2161.65	1844.11	9
重 庆	Chongqing	732.88	1436.22	1055.01	14	1333.96	1961.56	1763.85	10
四 川	Sichuan	1116.80	1316.07	1353.03	10	990.77	1351.39	1513.23	11
贵 州	Guizhou	197.34	534.23	497.34	19	588.50	885.81	846.00	22
云 南	Yunnan	438.16	282.32	385.70	22	732.10	875.88	905.89	21
西 藏	Tibet	6.67	10.08	30.62	31	196.97	364.21	521.45	27
陕 西	Shaanxi	265.33	407.60	459.51	20	653.99	762.90	768.85	24
甘 肃	Gansu	135.47	238.33	221.19	26	490.64	488.85	537.66	26
青 海	Qinghai	47.54	34.32	35.51	30	510.25	303.46	184.68	31
宁 夏	Ningxia	89.92	90.23	87.29	29	265.05	287.01	287.75	29
新 疆	Xinjiang	138.55	188.62	183.51	28	250.27	232.75	223.27	30

16-55 土地协议出让面积和成交价款

Land Area and Transaction Price Value of Granting through Agreement

地区	Region	土地协议出让面积（公顷） Area (hectare)				土地协议出让成交价款（亿元） Transaction Price Value (100 million yuan)			
		2010	2015	2016	2016排名 Ranking	2010	2015	2016	2016排名 Ranking
全　国	**National Total**	**34206.94**	**17555.67**	**16891.66**		**1101.06**	**1465.14**	**1348.02**	
北　京	Beijing	569.02	205.17	265.54	22	48.86	67.61	75.82	4
天　津	Tianjin	278.68	67.80	88.86	28	15.50	4.07	10.06	23
河　北	Hebei	3303.35	727.44	879.03	6	75.76	33.29	37.45	10
山　西	Shanxi	667.34	430.67	420.70	17	24.93	14.40	16.18	20
内蒙古	Inner Mongolia	3115.71	798.61	488.71	13	25.33	11.21	13.85	22
辽　宁	Liaoning	2251.16	1839.46	1152.94	3	49.57	54.44	31.72	12
吉　林	Jilin	933.17	458.57	505.00	12	10.80	7.61	10.02	24
黑龙江	Heilongjiang	911.27	980.73	566.23	9	17.01	22.05	48.07	6
上　海	Shanghai	46.52	11.33	26.54	31	28.29	3.96	17.80	19
江　苏	Jiangsu	1233.79	530.51	461.72	14	74.66	19.70	39.29	9
浙　江	Zhejiang	1092.22	678.87	448.48	15	80.46	62.64	44.98	7
安　徽	Anhui	1132.72	533.99	536.93	10	60.66	36.55	24.35	15
福　建	Fujian	506.34	507.03	591.39	8	20.45	125.57	125.08	3
江　西	Jiangxi	216.60	153.13	202.17	24	3.69	13.71	19.73	18
山　东	Shandong	5147.62	2577.23	2846.21	1	142.11	105.21	127.02	2
河　南	Henan	2036.17	767.60	439.22	16	58.60	47.70	44.26	8
湖　北	Hubei	766.05	464.18	992.68	4	22.96	34.96	72.10	5
湖　南	Hunan	1636.38	498.47	297.98	21	56.62	42.02	24.15	16
广　东	Guangdong	1986.03	1626.24	1616.31	2	76.72	515.46	401.47	1
广　西	Guangxi	1218.38	675.79	353.00	20	51.60	96.61	27.58	14
海　南	Hainan	115.89	6.71	30.83	30	3.70	0.08	2.93	30
重　庆	Chongqing	70.76	150.63	78.56	29	1.49	6.97	6.95	27
四　川	Sichuan	1219.99	738.88	505.29	11	68.24	30.32	35.53	11
贵　州	Guizhou	346.91	142.49	125.65	26	6.08	11.52	8.62	25
云　南	Yunnan	669.42	250.68	409.89	18	11.59	12.13	21.09	17
西　藏	Tibet	127.09	112.56	177.93	25	2.00	1.00	3.32	29
陕　西	Shaanxi	704.81	290.36	407.84	19	41.82	18.13	15.53	21
甘　肃	Gansu	410.53	351.15	656.39	7	4.25	35.59	29.81	13
青　海	Qinghai	250.19	344.08	958.08	5	2.15	4.07	3.81	28
宁　夏	Ningxia	272.07	94.12	96.59	27	5.51	11.88	1.88	31
新　疆	Xinjiang	970.75	541.21	264.94	23	9.64	14.68	7.57	26

16-56 土地协议出让平均单价和土地“招拍挂”出让面积

Average Unit Price of Land Granting through Agreement and Land Area of Granting through Bidding, Auction and Listing

地区	Region	土地协议出让平均单价（万元/公顷） Average Unit Price of Land Granting through Agreement (10 000 yuan/hectare)				土地"招拍挂"出让面积（公顷） Land Area of Granting through Bidding, Auction and Listing (hectare)			
		2010	2015	2016	2016排名 Ranking	2010	2015	2016	2016排名 Ranking
全　国	**National Total**	**321.88**	**834.57**	**798.04**		**259510.87**	**207330.28**	**194959.16**	
北　京	Beijing	858.64	3295.20	2855.36	2	1583.50	585.52	446.61	30
天　津	Tianjin	556.17	600.28	1132.06	5	5003.92	2272.72	2420.01	26
河　北	Hebei	229.36	457.67	426.04	22	12407.36	11405.95	11522.15	4
山　西	Shanxi	373.64	334.40	384.52	23	4100.69	2639.59	3070.51	22
内蒙古	Inner Mongolia	81.31	140.42	283.41	26	12044.85	7226.16	6324.38	13
辽　宁	Liaoning	220.20	295.94	275.09	27	19909.24	6414.63	4571.39	18
吉　林	Jilin	115.69	165.86	198.46	28	5817.14	2720.85	3030.44	23
黑龙江	Heilongjiang	186.70	224.82	849.01	12	6438.80	3671.73	2747.06	25
上　海	Shanghai	6081.66	3494.55	6705.00	1	1887.42	1094.47	774.15	29
江　苏	Jiangsu	605.09	371.25	850.96	11	28028.60	23554.78	20647.80	1
浙　江	Zhejiang	736.64	922.69	1002.84	7	16515.25	7705.87	9091.10	7
安　徽	Anhui	535.56	684.49	453.54	20	11455.34	12069.65	12424.64	3
福　建	Fujian	403.78	2476.61	2115.03	4	7772.29	4605.58	4201.86	19
江　西	Jiangxi	170.33	895.37	976.09	8	8833.06	9725.23	7251.69	12
山　东	Shandong	276.07	408.25	446.27	21	32797.97	18479.82	18050.30	2
河　南	Henan	287.78	621.41	1007.61	6	9956.66	11190.13	10609.96	5
湖　北	Hubei	299.72	753.26	726.28	15	12410.24	12404.57	10300.40	6
湖　南	Hunan	346.00	842.99	810.30	13	6718.59	7851.81	7816.22	10
广　东	Guangdong	386.30	3169.62	2483.89	3	10951.03	9384.72	7757.09	11
广　西	Guangxi	423.53	1429.55	781.36	14	5106.77	5169.87	5299.00	17
海　南	Hainan	319.42	125.02	951.98	9	1693.40	984.78	1371.61	27
重　庆	Chongqing	211.01	463.05	885.17	10	5423.29	7171.19	5902.75	14
四　川	Sichuan	559.36	410.35	703.25	16	10052.02	8999.78	8436.04	8
贵　州	Guizhou	175.29	808.55	685.76	17	3006.38	5888.49	5753.07	15
云　南	Yunnan	173.09	483.96	514.51	18	5315.56	2972.58	3847.82	20
西　藏	Tibet	157.57	88.74	186.81	30	211.72	164.18	409.24	31
陕　西	Shaanxi	593.40	624.32	380.88	24	3352.33	5052.32	5568.76	16
甘　肃	Gansu	103.48	1013.39	454.17	19	2350.52	4524.14	3457.58	21
青　海	Qinghai	85.87	118.18	39.73	31	681.51	786.85	964.46	28
宁　夏	Ningxia	202.45	1262.41	194.15	29	3120.42	3049.80	2936.95	24
新　疆	Xinjiang	99.32	271.31	285.67	25	4564.99	7562.53	7954.12	9

16-57 土地“招拍挂”出让成交价款和平均单价

Transaction Price Value of Land Granting through Bidding, Auction and Listing and Average Unit Price

地区	Region	土地“招拍挂”出让成交价款（亿元） Transaction Price (100 million yuan)				土地“招拍挂”出让平均单价（万元/公顷） Average Unit Price (10 000 yuan/hectare)			
		2010	2015	2016	2016排名 Ranking	2010	2015	2016	2016排名 Ranking
全　国	**National Total**	**26363.42**	**29755.50**	**35113.66**		**1015.89**	**1435.17**	**1801.08**	
北　京	Beijing	1270.01	1992.17	834.05	16	8020.30	34023.93	18675.15	2
天　津	Tianjin	837.46	576.82	1107.89	12	1673.61	2538.01	4578.03	3
河　北	Hebei	1000.56	1106.78	1276.52	10	806.42	970.35	1107.89	20
山　西	Shanxi	241.02	258.96	405.50	21	587.75	981.06	1320.62	14
内蒙古	Inner Mongolia	462.65	209.04	216.55	25	384.11	289.28	342.40	28
辽　宁	Liaoning	1867.13	610.85	518.28	18	937.82	952.28	1133.74	19
吉　林	Jilin	395.42	219.58	279.57	23	679.76	807.01	922.54	22
黑龙江	Heilongjiang	339.42	198.16	160.49	28	527.15	539.70	584.21	26
上　海	Shanghai	851.80	1604.86	1523.71	6	4513.05	14663.31	19682.32	1
江　苏	Jiangsu	3747.15	4632.68	6304.31	1	1336.90	1966.77	3053.26	6
浙　江	Zhejiang	3559.57	1888.39	3574.03	2	2155.32	2450.59	3931.35	4
安　徽	Anhui	1032.26	1479.47	2381.96	4	901.12	1225.78	1917.13	8
福　建	Fujian	1117.98	1061.30	1264.25	11	1438.42	2304.37	3008.78	7
江　西	Jiangxi	599.03	999.78	946.85	15	678.17	1028.03	1305.70	16
山　东	Shandong	2402.24	1872.77	2332.81	5	732.43	1013.41	1292.40	17
河　南	Henan	592.76	1094.10	1513.87	7	595.34	977.74	1426.84	12
湖　北	Hubei	742.92	1448.88	1353.32	8	598.64	1168.02	1313.86	15
湖　南	Hunan	442.97	929.16	1040.88	14	659.32	1183.36	1331.70	13
广　东	Guangdong	1273.30	2454.68	2990.11	3	1162.72	2615.61	3854.68	5
广　西	Guangxi	373.08	511.15	658.43	17	730.56	988.72	1242.55	18
海　南	Hainan	198.79	214.24	255.69	24	1173.93	2175.51	1864.17	9
重　庆	Chongqing	731.39	1429.24	1048.06	13	1348.61	1993.03	1775.54	10
四　川	Sichuan	1048.56	1285.75	1317.50	9	1043.14	1428.65	1561.75	11
贵　州	Guizhou	191.26	522.71	488.73	19	636.18	887.68	849.50	23
云　南	Yunnan	426.57	270.18	364.61	22	802.50	908.92	947.58	21
西　藏	Tibet	4.67	9.08	27.29	31	220.63	553.07	666.95	25
陕　西	Shaanxi	223.51	389.47	443.98	20	666.73	770.87	797.27	24
甘　肃	Gansu	131.22	202.74	191.38	26	558.25	448.14	553.51	27
青　海	Qinghai	45.39	30.25	31.70	30	666.03	384.48	328.68	29
宁　夏	Ningxia	84.41	78.35	85.41	29	270.51	256.91	290.82	30
新　疆	Xinjiang	128.90	173.93	175.94	27	282.38	229.99	221.19	31

17

科学技术

Science and Technology

17-1 研究与试验发展(R&D)人员
R&D Personnel

单位：万人 (10 000 persons)

地区	Region	研究与试验发展人员 R&D Personnel 2010	2015	2016	2016排名 Ranking	研究与开发机构人员 Personnel in R&D Instituions 2010	2015	2016	2016排名 Ranking
全　国	**National Total**	**354.22**	**548.25**	**583.07**		**34.15**	**43.63**	**44.99**	
北　京	Beijing	26.99	35.07	37.34	5	9.20	11.13	11.37	1
天　津	Tianjin	8.64	17.77	17.72	13	0.72	1.03	1.09	12
河　北	Hebei	9.18	16.40	17.56	14	0.66	0.94	1.01	13
山　西	Shanxi	6.70	6.61	6.87	23	0.64	0.55	0.56	22
内蒙古	Inner Mongolia	3.29	5.07	5.46	24	0.40	0.35	0.39	26
辽　宁	Liaoning	12.64	13.88	14.00	16	1.30	1.48	1.55	8
吉　林	Jilin	6.54	8.09	8.00	20	0.82	0.91	0.91	14
黑龙江	Heilongjiang	8.31	8.09	8.07	19	0.76	0.78	0.71	19
上　海	Shanghai	17.75	24.27	25.48	6	2.66	3.39	3.38	3
江　苏	Jiangsu	40.62	69.96	76.10	1	2.01	2.53	2.60	5
浙　江	Zhejiang	28.68	48.96	51.67	3	0.53	0.86	0.90	15
安　徽	Anhui	9.46	20.48	21.11	10	0.60	1.15	1.23	11
福　建	Fujian	10.14	18.28	20.11	11	0.34	0.50	0.54	23
江　西	Jiangxi	5.35	7.88	9.51	18	0.46	0.60	0.61	20
山　东	Shandong	27.54	44.72	47.64	4	1.12	1.27	1.52	10
河　南	Henan	14.40	24.12	24.99	7	1.15	1.54	1.54	9
湖　北	Hubei	14.29	22.10	21.83	8	1.34	1.63	1.60	7
湖　南	Hunan	10.97	17.35	19.11	12	0.69	0.84	0.77	17
广　东	Guangdong	44.66	68.02	73.52	2	0.95	1.57	1.75	6
广　西	Guangxi	5.25	6.48	6.91	22	0.40	0.53	0.52	24
海　南	Hainan	0.72	1.29	1.35	29	0.11	0.12	0.21	28
重　庆	Chongqing	5.89	9.78	11.19	17	0.36	0.49	0.61	21
四　川	Sichuan	13.04	19.87	21.48	9	2.20	3.73	3.84	2
贵　州	Guizhou	2.34	4.05	4.52	25	0.24	0.35	0.33	27
云　南	Yunnan	3.78	6.75	7.46	21	0.60	0.83	0.89	16
西　藏	Tibet	0.16	0.21	0.23	31	0.05	0.06	0.05	31
陕　西	Shaanxi	9.87	13.25	14.32	15	2.72	3.15	3.14	4
甘　肃	Gansu	3.13	4.08	3.98	26	0.69	0.74	0.75	18
青　海	Qinghai	0.76	0.67	0.74	30	0.08	0.09	0.09	29
宁　夏	Ningxia	1.04	1.61	1.65	28	0.05	0.06	0.07	30
新　疆	Xinjiang	2.11	3.08	3.17	27	0.34	0.43	0.45	25

17-2 规模以上工业企业和高等学校(R&D)人员

R&D Personnel in Industrial Enterprises above Designated Size and Institutions of Higher Education

单位：万人 (10 000 persons)

地区	Region	规模以上工业企业(R&D)人员 R&D Personnel in Industrial Enterprises above Designated Size				高等学校(R&D)人员 R&D Personnel in Higher Education			
		2010	2015	2016	2016排名 Ranking	2010	2015	2016	2016排名 Ranking
全　国	**National Total**	**175.85**	**364.59**	**386.73**		**59.36**	**83.88**	**85.18**	
北　京	Beijing	3.87	7.28	7.07	17	6.20	8.07	7.74	1
天　津	Tianjin	3.88	11.72	11.13	12	1.81	2.45	2.34	19
河　北	Hebei	5.11	11.34	12.23	10	1.68	2.76	3.04	12
山　西	Shanxi	3.93	3.94	4.28	20	1.27	1.52	1.46	22
内蒙古	Inner Mongolia	1.64	3.59	3.84	21	0.66	0.68	0.74	27
辽　宁	Liaoning	6.33	7.65	7.46	14	3.04	3.71	3.86	8
吉　林	Jilin	2.22	3.38	3.39	22	2.65	3.27	3.26	11
黑龙江	Heilongjiang	4.17	4.29	4.51	19	2.28	2.63	2.52	17
上　海	Shanghai	6.64	12.48	11.95	11	3.82	4.36	4.40	5
江　苏	Jiangsu	23.94	57.12	61.00	1	3.58	6.00	6.32	2
浙　江	Zhejiang	13.82	40.26	41.47	3	3.12	4.49	4.94	4
安　徽	Anhui	4.81	14.65	15.49	6	1.96	2.77	2.65	15
福　建	Fujian	5.41	13.41	14.51	8	1.23	2.60	2.90	13
江　西	Jiangxi	2.59	5.18	6.65	18	1.08	1.31	1.45	23
山　东	Shandong	17.29	35.46	37.45	4	2.71	4.30	4.33	6
河　南	Henan	9.04	18.51	18.78	5	1.54	2.63	2.48	18
湖　北	Hubei	6.43	14.04	14.96	7	2.76	3.41	3.45	10
湖　南	Hunan	4.95	11.78	13.03	9	2.58	3.46	3.68	9
广　东	Guangdong	31.42	53.43	58.51	2	3.39	5.73	5.70	3
广　西	Guangxi	1.61	2.70	2.90	24	1.94	2.45	2.64	16
海　南	Hainan	0.10	0.56	0.42	29	0.16	0.32	0.39	29
重　庆	Chongqing	3.10	6.51	7.39	15	1.59	2.00	2.15	20
四　川	Sichuan	5.05	9.44	11.05	13	2.95	4.93	4.12	7
贵　州	Guizhou	1.13	2.25	2.77	25	0.68	1.22	1.18	25
云　南	Yunnan	1.13	2.85	3.13	23	1.13	1.80	1.90	21
西　藏	Tibet		0.02	0.03	31	0.07	0.11	0.13	31
陕　西	Shaanxi	3.67	6.61	7.08	16	1.97	2.37	2.67	14
甘　肃	Gansu	1.25	1.89	1.82	26	0.58	0.96	0.97	26
青　海	Qinghai	0.26	0.21	0.31	30	0.14	0.13	0.15	30
宁　夏	Ningxia	0.37	0.97	1.01	28	0.23	0.30	0.39	28
新　疆	Xinjiang	0.68	1.11	1.13	27	0.55	1.13	1.20	24

17-3 研发(R&D)经费内部支出合计和基础研究支出
Total Internal Expenditure on R&D and Basic Research

单位：亿元 (100 million yuan)

地区	Region	研发(R&D)经费内部支出合计 Total Internal Expenditure on R&D				其中：基础研究支出 Basic Research			
		2010	2015	2016	2016排名 Ranking	2010	2015	2016	2016排名 Ranking
全　国	**National Total**	**7062.58**	**14169.88**	**15676.75**		**324.49**	**716.12**	**822.89**	
北　京	Beijing	821.82	1384.02	1484.58	4	95.61	190.99	211.17	1
天　津	Tianjin	229.56	510.18	537.32	9	9.42	20.77	30.27	8
河　北	Hebei	155.45	350.87	383.43	15	5.28	6.63	8.08	23
山　西	Shanxi	89.88	132.53	132.62	23	2.28	7.22	8.78	22
内蒙古	Inner Mongolia	63.72	136.06	147.51	20	1.12	2.61	3.01	28
辽　宁	Liaoning	287.47	363.40	372.72	16	7.30	26.66	23.76	11
吉　林	Jilin	75.80	141.41	139.67	21	6.17	12.35	12.98	17
黑龙江	Heilongjiang	123.04	157.67	152.50	19	9.59	17.77	15.77	13
上　海	Shanghai	481.70	936.14	1049.32	6	31.05	76.95	77.63	3
江　苏	Jiangsu	857.95	1801.23	2026.87	2	22.51	47.25	51.96	4
浙　江	Zhejiang	494.23	1011.18	1130.63	5	11.34	26.62	32.06	6
安　徽	Anhui	163.72	431.75	475.13	11	12.24	24.31	27.20	9
福　建	Fujian	170.90	392.93	454.29	13	4.19	10.00	11.83	20
江　西	Jiangxi	87.15	173.18	207.31	18	2.44	4.99	4.68	27
山　东	Shandong	672.00	1427.19	1566.09	3	13.28	29.75	36.44	5
河　南	Henan	211.17	435.04	494.19	10	3.10	8.05	10.76	21
湖　北	Hubei	264.12	561.74	600.04	7	10.25	23.06	25.86	10
湖　南	Hunan	186.56	412.67	468.84	12	6.91	13.60	13.10	16
广　东	Guangdong	808.75	1798.17	2035.14	1	16.72	54.21	86.02	2
广　西	Guangxi	62.87	105.91	117.75	24	3.60	10.83	12.05	19
海　南	Hainan	7.02	16.97	21.71	29	1.07	0.97	5.32	26
重　庆	Chongqing	100.27	247.00	302.18	17	6.50	8.96	12.77	18
四　川	Sichuan	264.27	502.88	561.42	8	15.42	29.73	31.17	7
贵　州	Guizhou	29.97	62.32	73.40	26	2.18	7.78	7.43	24
云　南	Yunnan	44.17	109.36	132.76	22	5.52	13.17	15.56	14
西　藏	Tibet	1.46	3.12	2.22	31	0.20	1.25	0.71	31
陕　西	Shaanxi	217.50	393.17	419.56	14	10.14	19.68	22.35	12
甘　肃	Gansu	41.94	82.72	86.99	25	5.65	12.78	13.53	15
青　海	Qinghai	9.94	11.58	14.00	30	0.98	1.75	2.63	29
宁　夏	Ningxia	11.51	25.48	29.93	28	0.99	1.82	2.44	30
新　疆	Xinjiang	26.65	52.00	56.63	27	1.43	3.58	5.58	25

17-4 应用研究支出和试验发展支出
Expenditure of Applied Research and Experimental Development

单位：亿元 (100 million yuan)

地区	Region	其中：应用研究支出 Applied Research				其中：试验发展支出 Experimental Development			
		2010	2015	2016	2016排名 Ranking	2010	2015	2016	2016排名 Ranking
全　国	**National Total**	**893.79**	**1528.64**	**1610.49**		**5844.30**	**11925.13**	**13243.36**	
北　京	Beijing	216.86	318.26	348.06	1	509.35	874.77	925.34	5
天　津	Tianjin	37.82	75.36	59.44	10	182.32	414.05	447.61	10
河　北	Hebei	23.09	29.87	33.39	14	127.08	314.37	341.95	14
山　西	Shanxi	16.43	14.55	16.95	20	71.17	110.76	106.90	20
内蒙古	Inner Mongolia	6.03	8.24	10.45	25	56.57	125.21	134.05	19
辽　宁	Liaoning	36.16	61.14	64.77	9	244.01	275.60	284.19	16
吉　林	Jilin	18.05	27.73	21.35	19	51.58	101.33	105.34	21
黑龙江	Heilongjiang	18.92	31.91	38.42	13	94.53	107.98	98.32	23
上　海	Shanghai	68.99	127.84	131.13	3	381.67	731.35	840.56	6
江　苏	Jiangsu	53.23	102.92	115.28	4	782.21	1651.06	1859.63	1
浙　江	Zhejiang	30.25	43.92	41.80	12	452.64	940.65	1056.77	4
安　徽	Anhui	15.66	33.48	31.92	15	135.83	373.96	416.02	11
福　建	Fujian	9.49	20.53	29.96	16	157.22	362.40	412.49	12
江　西	Jiangxi	7.89	11.80	11.05	24	76.82	156.40	191.58	18
山　东	Shandong	36.61	77.42	89.78	5	622.12	1320.02	1439.87	3
河　南	Henan	9.41	21.82	29.49	17	198.66	405.17	453.94	9
湖　北	Hubei	47.25	70.56	73.89	7	206.62	468.12	500.29	7
湖　南	Hunan	24.91	40.04	49.37	11	154.74	359.02	406.37	13
广　东	Guangdong	37.32	165.00	164.50	2	754.71	1578.96	1784.62	2
广　西	Guangxi	9.56	13.18	14.86	22	49.71	81.90	90.84	24
海　南	Hainan	2.48	2.60	5.20	28	3.47	13.39	11.19	29
重　庆	Chongqing	13.18	24.24	29.31	18	80.59	213.79	260.10	17
四　川	Sichuan	83.00	83.89	71.04	8	165.85	389.25	459.21	8
贵　州	Guizhou	3.60	6.67	6.95	27	24.19	47.87	59.03	26
云　南	Yunnan	11.04	12.43	16.72	21	27.61	83.75	100.48	22
西　藏	Tibet	0.53	1.35	0.57	31	0.73	0.52	0.95	31
陕　西	Shaanxi	38.35	73.81	78.23	6	169.01	299.68	318.97	15
甘　肃	Gansu	8.80	12.90	12.09	23	27.49	57.04	61.37	25
青　海	Qinghai	1.56	2.01	1.83	30	7.41	7.82	9.54	30
宁　夏	Ningxia	1.03	2.48	2.58	29	9.49	21.18	24.91	28
新　疆	Xinjiang	6.30	10.69	10.12	26	18.92	37.74	40.93	27

17-5 按支出用途分研发(R&D)经费日常性支出和劳务费支出
Routine Expenses and Labor Cost by Purpose

单位：亿元 (100 million yuan)

地区	Region	研发(R&D)经费日常性支出 Routine Expenses				其中:劳务费支出 Labor Cost			
		2010	2015	2016	2016排名 Ranking	2010	2015	2016	2016排名 Ranking
全　国	**National Total**	**5925.25**	**12311.72**	**13695.26**		**1667.00**	**3988.38**	**4633.94**	
北　京	Beijing	655.93	1167.75	1281.04	4	189.11	388.97	441.49	3
天　津	Tianjin	185.36	417.91	444.86	9	44.34	129.30	136.04	11
河　北	Hebei	125.17	298.57	330.43	16	30.07	88.82	104.92	14
山　西	Shanxi	74.49	111.67	114.86	22	18.26	26.92	31.60	24
内蒙古	Inner Mongolia	54.14	115.03	123.15	21	12.07	27.15	31.82	23
辽　宁	Liaoning	251.27	329.01	334.97	15	47.15	85.22	89.48	16
吉　林	Jilin	66.83	127.22	123.74	20	14.37	37.35	41.07	19
黑龙江	Heilongjiang	104.16	136.03	129.51	19	25.75	37.03	39.97	20
上　海	Shanghai	420.49	838.77	942.91	6	139.12	285.29	345.67	6
江　苏	Jiangsu	729.24	1577.24	1772.93	2	184.65	512.37	595.92	2
浙　江	Zhejiang	432.36	921.46	1042.18	5	145.63	349.02	414.74	4
安　徽	Anhui	134.09	354.21	400.86	12	33.20	117.66	137.38	10
福　建	Fujian	137.70	336.15	386.76	13	42.71	119.14	143.70	7
江　西	Jiangxi	69.79	145.05	178.21	18	17.41	41.16	46.73	18
山　东	Shandong	580.73	1220.64	1342.46	3	135.18	322.91	359.34	5
河　南	Henan	173.98	370.37	419.20	11	44.34	108.36	126.60	13
湖　北	Hubei	225.48	480.74	519.22	7	49.92	126.14	142.94	8
湖　南	Hunan	162.85	366.92	422.56	10	40.42	110.37	130.44	12
广　东	Guangdong	695.77	1636.16	1849.60	1	286.43	693.76	817.92	1
广　西	Guangxi	52.70	91.29	103.07	24	15.03	31.44	34.54	21
海　南	Hainan	5.33	15.55	14.86	29	1.73	5.79	5.79	29
重　庆	Chongqing	77.87	203.86	246.43	17	21.82	69.12	86.32	17
四　川	Sichuan	197.35	427.41	485.70	8	56.10	112.45	140.48	9
贵　州	Guizhou	26.78	51.73	59.38	26	6.09	16.87	17.78	26
云　南	Yunnan	35.10	92.59	111.66	23	9.86	28.24	33.71	22
西　藏	Tibet	1.22	2.89	1.79	31	0.38	1.19	1.00	31
陕　西	Shaanxi	172.37	333.02	355.76	14	33.80	74.90	90.30	15
甘　肃	Gansu	35.88	69.56	72.76	25	9.83	19.93	20.57	25
青　海	Qinghai	8.17	8.81	11.34	30	2.09	2.73	4.70	30
宁　夏	Ningxia	9.30	21.61	25.30	28	2.79	7.68	8.23	28
新　疆	Xinjiang	23.35	42.53	47.74	27	7.34	11.12	12.74	27

17-6 按支出用途分研发(R&D)经费资产性支出和仪器、设备支出
R&D Assets Expenditure and Equipment by Purpose

单位：亿元 (100 million yuan)

地区	Region	研发(R&D)经费资产性支出 Assets Expenditure 2010	2015	2016	2016排名 Ranking	其中：仪器和设备支出 Equipment 2010	2015	2016	2016排名 Ranking
全　国	**National Total**	**1137.32**	**1858.17**	**1981.49**		**934.81**	**1601.18**	**1732.02**	
北　京	Beijing	165.89	216.28	203.54	3	118.79	163.99	156.71	4
天　津	Tianjin	44.21	92.28	92.46	6	34.96	65.50	67.90	9
河　北	Hebei	30.28	52.30	53.00	15	22.44	46.38	48.69	13
山　西	Shanxi	15.40	20.86	17.76	22	13.77	17.55	14.70	22
内蒙古	Inner Mongolia	9.58	21.03	24.36	19	9.17	19.39	21.29	19
辽　宁	Liaoning	36.20	34.39	37.75	17	30.39	26.62	29.59	17
吉　林	Jilin	8.97	14.19	15.93	23	7.29	11.92	14.24	23
黑龙江	Heilongjiang	18.88	21.63	22.99	20	16.45	16.98	17.96	20
上　海	Shanghai	61.22	97.37	106.40	5	50.86	79.15	81.85	6
江　苏	Jiangsu	128.71	223.99	253.94	1	113.04	208.53	240.64	1
浙　江	Zhejiang	61.87	89.72	88.45	7	58.79	83.46	82.97	5
安　徽	Anhui	29.63	77.54	74.28	11	23.30	64.49	66.71	10
福　建	Fujian	33.20	56.78	67.53	12	32.10	52.47	60.04	12
江　西	Jiangxi	17.36	28.13	29.10	18	15.55	26.39	26.55	18
山　东	Shandong	91.28	206.55	223.63	2	80.53	197.82	216.10	2
河　南	Henan	37.18	64.67	74.99	10	32.79	61.51	71.83	7
湖　北	Hubei	38.64	81.00	80.82	8	31.25	70.79	70.18	8
湖　南	Hunan	23.70	45.75	46.28	16	21.04	42.96	43.63	16
广　东	Guangdong	112.98	162.01	185.54	4	103.30	149.17	171.27	3
广　西	Guangxi	10.17	14.63	14.68	24	8.89	12.87	13.21	24
海　南	Hainan	1.70	1.42	6.85	28	1.10	1.23	3.66	29
重　庆	Chongqing	22.39	43.15	55.75	14	19.18	35.32	46.80	14
四　川	Sichuan	66.92	75.46	75.72	9	35.08	57.77	64.04	11
贵　州	Guizhou	3.19	10.59	14.02	26	2.52	7.61	12.10	25
云　南	Yunnan	9.07	16.77	21.11	21	7.39	13.54	17.72	21
西　藏	Tibet	0.24	0.24	0.42	31	0.22	0.21	0.42	31
陕　西	Shaanxi	45.13	60.15	63.79	13	32.76	42.70	44.79	15
甘　肃	Gansu	6.05	13.16	14.23	25	5.12	9.94	11.34	26
青　海	Qinghai	1.77	2.78	2.65	30	1.54	2.14	2.32	30
宁　夏	Ningxia	2.21	3.88	4.62	29	2.14	3.72	4.56	28
新　疆	Xinjiang	3.30	9.47	8.89	27	3.09	9.05	8.21	27

17-7 按资金来源分政府资金和企业资金经费内部支出
Government Funds and Self-raised Funds by Capital Source

单位：亿元 (100 million yuan)

地区	Region	政府资金 Government Funds 2010	2015	2016	2016排名 Ranking	企业资金 Self-raised Funds 2010	2015	2016	2016排名 Ranking
全　国	**National Total**	**1696.30**	**3013.20**	**3140.81**		**5063.14**	**10588.58**	**11923.54**	
北　京	Beijing	472.07	791.64	802.61	1	270.43	472.24	563.67	6
天　津	Tianjin	44.14	104.76	94.02	10	170.20	375.58	413.06	9
河　北	Hebei	27.39	53.61	55.77	14	122.02	285.12	318.95	13
山　西	Shanxi	13.16	24.29	25.14	23	74.87	104.28	103.92	20
内蒙古	Inner Mongolia	9.38	16.10	19.43	25	52.34	115.80	123.27	19
辽　宁	Liaoning	65.59	103.98	108.63	8	214.33	251.82	256.63	15
吉　林	Jilin	29.11	51.20	44.02	19	43.57	88.09	92.98	21
黑龙江	Heilongjiang	37.58	66.55	55.35	15	80.10	84.59	90.59	22
上　海	Shanghai	142.78	340.80	374.76	2	318.28	540.88	630.82	5
江　苏	Jiangsu	114.54	153.34	153.11	6	710.60	1557.34	1746.41	2
浙　江	Zhejiang	48.00	75.29	78.72	12	435.45	911.30	1033.25	4
安　徽	Anhui	36.07	86.42	85.12	11	118.86	331.07	375.02	12
福　建	Fujian	17.61	33.99	49.82	16	148.45	346.51	390.85	11
江　西	Jiangxi	17.31	25.99	23.31	24	67.33	143.22	178.98	18
山　东	Shandong	58.88	111.02	107.59	9	600.17	1287.22	1425.25	3
河　南	Henan	31.71	48.33	49.39	17	172.49	371.97	429.21	8
湖　北	Hubei	61.94	102.39	114.05	7	192.68	440.52	467.78	7
湖　南	Hunan	26.57	50.89	56.32	13	150.98	352.59	404.08	10
广　东	Guangdong	65.76	145.85	186.60	5	708.93	1606.21	1795.78	1
广　西	Guangxi	15.21	24.97	27.26	22	45.19	75.92	85.14	24
海　南	Hainan	4.10	5.39	10.47	28	2.59	11.14	8.26	30
重　庆	Chongqing	20.82	36.45	44.02	18	75.53	204.39	244.18	16
四　川	Sichuan	149.50	230.22	240.42	3	108.90	244.00	293.02	14
贵　州	Guizhou	7.53	16.03	15.29	27	20.27	41.89	53.79	25
云　南	Yunnan	17.46	37.83	37.68	20	24.38	67.81	87.70	23
西　藏	Tibet	1.06	2.67	1.78	31	0.37	0.42	0.40	31
陕　西	Shaanxi	131.00	220.22	223.15	4	76.73	162.95	185.69	17
甘　肃	Gansu	16.27	29.76	30.02	21	24.00	50.01	53.25	26
青　海	Qinghai	3.12	3.93	5.21	30	6.41	7.41	8.59	29
宁　夏	Ningxia	2.67	5.47	6.30	29	8.65	19.65	23.20	28
新　疆	Xinjiang	7.98	13.82	15.44	26	18.05	36.65	39.80	27

17-8 按资金来源分国外资金和其他资金经费内部支出
Foreign Funds and Other Funds by Capital Source

单位：亿元 (100 million yuan)

地区	Region	国外资金 Foreign Funds 2010	2015	2016	2016排名 Ranking	其他资金 Other Funds 2010	2015	2016	2016排名 Ranking
全　国	**National Total**	**92.14**	**105.17**	**103.24**		**210.99**	**462.95**	**509.15**	
北　京	Beijing	30.06	40.32	32.26	1	49.26	79.82	86.03	2
天　津	Tianjin	8.24	15.02	17.61	2	6.99	14.83	12.62	12
河　北	Hebei	0.05	0.18	0.12	20	5.99	11.97	8.59	15
山　西	Shanxi	0.09	0.18	0.04	25	1.77	3.78	3.53	25
内蒙古	Inner Mongolia	1.09	0.10	0.17	18	0.92	4.06	4.63	22
辽　宁	Liaoning	0.64	1.73	0.80	11	6.91	5.87	6.65	18
吉　林	Jilin	0.17	0.16	0.20	17	2.95	1.96	2.46	27
黑龙江	Heilongjiang	0.11	0.93	0.04	24	5.25	5.60	6.53	19
上　海	Shanghai	6.80	15.12	16.19	3	13.83	39.33	27.55	5
江　苏	Jiangsu	11.55	9.16	12.46	4	21.27	81.39	114.89	1
浙　江	Zhejiang	3.27	2.00	2.10	7	7.53	22.60	16.56	8
安　徽	Anhui	0.22	0.77	0.74	12	8.57	13.49	14.25	10
福　建	Fujian	1.38	0.68	1.48	8	3.46	11.74	12.13	13
江　西	Jiangxi	0.24	0.27	0.13	19	2.26	3.70	4.89	21
山　东	Shandong	2.84	5.67	4.82	6	10.10	23.28	28.43	4
河　南	Henan	0.13	0.21	0.004	29	6.83	14.54	15.59	9
湖　北	Hubei	0.90	0.79	0.53	13	8.60	18.04	17.68	7
湖　南	Hunan	1.31	0.30	1.07	9	7.71	8.89	7.37	16
广　东	Guangdong	21.34	8.45	10.07	5	12.71	37.66	42.70	3
广　西	Guangxi	0.09	0.03	0.07	23	2.38	4.99	5.27	20
海　南	Hainan	0.01		0.04	26	0.32	0.43	2.93	26
重　庆	Chongqing	0.31	0.87	0.49	14	3.61	5.29	13.49	11
四　川	Sichuan	0.60	1.29	1.06	10	5.27	27.36	26.91	6
贵　州	Guizhou	0.02	0.01	0.08	22	2.15	4.38	4.25	23
云　南	Yunnan	0.21	0.36	0.27	16	2.12	3.36	7.11	17
西　藏	Tibet					0.03	0.04	0.04	31
陕　西	Shaanxi	0.13	0.21	0.28	15	9.65	9.79	10.44	14
甘　肃	Gansu	0.12	0.28	0.10	21	1.55	2.68	3.62	24
青　海	Qinghai	0.15				0.27	0.24	0.20	30
宁　夏	Ningxia			0.01	27	0.19	0.36	0.42	29
新　疆	Xinjiang	0.07	0.06	0.01	28	0.55	1.47	1.39	28

17-9 研发(R&D)经费外部支出合计和对国内研究机构支出

Total External Expenditure and Expenses to Domestic Research Institutions

单位：亿元 (100 million yuan)

地区	Region	研发(R&D)经费外部支出合计 Total External Expenditure 2011	2015	2016	2016排名 Ranking	其中：对国内研究机构支出 To Domestic Research Institutions 2015	2016	2016排名 Ranking
全　国	**National Total**	**494.34**	**719.37**	**888.09**		**318.25**	**382.01**	
北　京	Beijing	81.21	94.32	108.06	2	42.57	47.68	2
天　津	Tianjin	10.63	22.57	24.87	9	13.83	13.31	7
河　北	Hebei	7.68	11.11	15.60	15	4.53	4.76	15
山　西	Shanxi	6.70	6.93	7.52	20	3.38	3.06	21
内蒙古	Inner Mongolia	3.81	6.15	6.61	22	2.21	1.93	24
辽　宁	Liaoning	11.04	19.37	23.24	10	5.85	6.51	11
吉　林	Jilin	4.34	9.16	8.97	19	3.26	3.07	20
黑龙江	Heilongjiang	11.06	10.04	12.13	17	4.62	5.98	12
上　海	Shanghai	31.16	72.05	70.58	5	7.12	12.82	8
江　苏	Jiangsu	51.47	70.83	70.93	4	30.60	25.80	4
浙　江	Zhejiang	36.24	48.11	80.46	3	20.59	26.62	3
安　徽	Anhui	15.39	19.08	21.35	11	8.75	5.48	13
福　建	Fujian	11.35	18.37	19.90	14	5.89	3.41	19
江　西	Jiangxi	9.21	8.02	7.27	21	3.04	3.46	18
山　东	Shandong	48.17	59.42	67.31	6	22.53	21.49	5
河　南	Henan	11.00	9.20	11.73	18	4.48	4.56	16
湖　北	Hubei	9.27	30.64	35.31	7	15.66	19.47	6
湖　南	Hunan	8.68	13.04	21.30	12	7.15	8.47	10
广　东	Guangdong	65.58	104.28	182.47	1	72.20	132.36	1
广　西	Guangxi	4.29	4.31	5.13	24	2.30	2.83	22
海　南	Hainan	0.84	2.53	3.24	27	2.29	2.76	23
重　庆	Chongqing	7.90	9.14	13.97	16	2.91	3.67	17
四　川	Sichuan	12.78	28.31	32.31	8	14.45	10.53	9
贵　州	Guizhou	1.41	3.28	3.45	26	1.64	1.79	26
云　南	Yunnan	3.00	4.82	5.14	23	2.23	1.43	27
西　藏	Tibet	0.09	0.14	0.06	31	0.08	0.04	31
陕　西	Shaanxi	15.81	17.30	20.54	13	5.74	4.96	14
甘　肃	Gansu	5.45	13.21	3.80	25	6.68	1.82	25
青　海	Qinghai	2.54	0.47	0.81	30	0.19	0.30	30
宁　夏	Ningxia	0.71	1.20	1.21	29	0.43	0.59	29
新　疆	Xinjiang	5.55	1.99	2.82	28	1.03	1.05	28

17-10 研究与试验发展对国内高等学校支出和对国内企业支出

Expenses to Domestic Higher Education and Domestic Enterprises

单位：亿元 (100 million yuan)

地区	Region	其中：对国内高等学校支出 To Domestic Higher Education				其中：对国内企业支出 To Domestic Enterprises			
		2011	2015	2016	2016排名 Ranking	2011	2015	2016	2016排名 Ranking
全　国	**National Total**	**101.25**	**109.13**	**110.90**		**113.91**	**185.65**	**283.11**	
北　京	Beijing	9.94	11.16	11.32	3	19.46	28.15	36.66	3
天　津	Tianjin	1.12	2.82	3.15	15	2.29	3.54	6.78	14
河　北	Hebei	2.38	3.27	3.44	13	0.99	2.72	6.10	16
山　西	Shanxi	2.11	1.72	1.91	19	1.19	1.49	2.27	20
内蒙古	Inner Mongolia	1.13	0.90	0.98	24	0.91	0.36	1.02	26
辽　宁	Liaoning	1.79	4.47	4.18	10	3.36	5.10	6.73	15
吉　林	Jilin	1.15	1.32	1.71	20	0.28	3.11	3.06	17
黑龙江	Heilongjiang	2.98	1.59	2.33	16	3.02	2.59	2.90	18
上　海	Shanghai	2.80	3.79	3.89	12	7.84	32.96	38.19	2
江　苏	Jiangsu	11.25	13.72	11.63	2	11.68	14.86	22.00	5
浙　江	Zhejiang	6.61	6.27	5.93	6	10.91	16.66	42.13	1
安　徽	Anhui	2.78	3.84	4.25	9	4.77	3.01	9.40	7
福　建	Fujian	2.11	2.53	2.11	18	1.83	5.39	8.95	9
江　西	Jiangxi	1.47	1.24	1.45	22	0.85	3.18	2.07	22
山　东	Shandong	15.75	15.07	15.11	1	8.16	15.35	19.69	6
河　南	Henan	2.62	3.26	3.91	11	2.21	1.22	2.79	19
湖　北	Hubei	3.03	5.87	6.01	4	2.51	6.35	7.37	11
湖　南	Hunan	2.30	3.28	5.02	8	1.12	2.25	7.02	12
广　东	Guangdong	12.79	5.61	5.87	7	20.24	12.28	25.91	4
广　西	Guangxi	1.11	0.59	0.81	25	0.93	0.98	1.06	24
海　南	Hainan	0.04	0.08	0.10	30	0.01	0.12	0.30	29
重　庆	Chongqing	1.22	1.73	2.25	17	0.35	3.72	6.99	13
四　川	Sichuan	4.31	6.02	5.94	5	2.45	6.97	9.33	8
贵　州	Guizhou	0.57	0.75	0.59	26	0.12	0.89	1.04	25
云　南	Yunnan	0.68	1.04	1.11	23	0.63	1.50	2.19	21
西　藏	Tibet	0.05	0.06	0.01	31				
陕　西	Shaanxi	2.57	3.09	3.32	14	1.06	7.30	8.94	10
甘　肃	Gansu	1.38	2.95	1.52	21	0.44	2.71	0.43	27
青　海	Qinghai	2.21	0.21	0.14	29	0.01	0.07	0.34	28
宁　夏	Ningxia	0.33	0.33	0.34	28	0.03	0.42	0.28	30
新　疆	Xinjiang	0.69	0.54	0.56	27	4.25	0.41	1.18	23

17-11 研究与试验发展对国外机构支出和研究与试验发展（R&D）项目（课题）数
Number of R&D To Foreign Institutions and R&D Projects

地区	Region	对国外机构支出(亿元) To Foreign Institutions (100 million yuan)				研究与试验发展（R&D）项目（课题）数（项） R&D Projects (item)			
		2011	2015	2016	2016排名 Ranking	2011	2015	2016	2016排名 Ranking
全　国	**National Total**	**60.78**	**89.99**	**92.42**		**953124**	**1304534**	**1413445**	
北　京	Beijing	1.03	2.63	3.48	8	103526	136969	135387	3
天　津	Tianjin	1.75	2.19	1.62	12	28882	37267	39415	15
河　北	Hebei	0.68	0.58	1.30	14	22603	30693	35207	16
山　西	Shanxi	0.21	0.14	0.21	23	11823	13711	13631	25
内蒙古	Inner Mongolia	0.09	2.69	2.54	9	8211	9990	11691	27
辽　宁	Liaoning	1.28	3.52	5.58	6	31235	38098	41979	13
吉　林	Jilin	0.46	1.46	1.13	16	19356	25060	25977	20
黑龙江	Heilongjiang	1.11	1.04	0.70	19	21374	24341	22614	22
上　海	Shanghai	10.79	27.82	15.27	2	61757	75575	75608	6
江　苏	Jiangsu	10.77	10.57	11.26	3	79100	122629	138251	1
浙　江	Zhejiang	3.79	4.47	5.77	5	74091	112206	129607	4
安　徽	Anhui	2.85	3.33	2.18	10	32520	46455	47830	11
福　建	Fujian	2.87	4.55	5.34	7	26138	43264	50270	9
江　西	Jiangxi	2.51	0.43	0.20	24	17722	25100	28175	18
山　东	Shandong	4.81	6.44	9.91	4	59183	75572	82245	5
河　南	Henan	0.26	0.24	0.47	20	28422	39956	41513	14
湖　北	Hubei	0.24	1.38	1.82	11	45457	56218	58613	8
湖　南	Hunan	0.88	0.34	0.78	18	37020	43373	45423	12
广　东	Guangdong	9.80	12.91	18.26	1	78772	112680	135652	2
广　西	Guangxi	0.30	0.43	0.42	21	20350	24771	26046	19
海　南	Hainan		0.03	0.08	25	3466	4744	5414	29
重　庆	Chongqing	2.74	0.76	1.05	17	19375	30181	34864	17
四　川	Sichuan	0.61	0.66	1.33	13	41012	56338	60416	7
贵　州	Guizhou	0.06	0.00	0.03	28	10975	16912	17573	23
云　南	Yunnan	0.01	0.05	0.36	22	14363	23446	24597	21
西　藏	Tibet					564	1137	1177	31
陕　西	Shaanxi	0.13	0.45	1.25	15	32166	45017	49311	10
甘　肃	Gansu	0.69	0.87	0.04	26	11545	14036	14394	24
青　海	Qinghai	0.02		0.03	27	1357	2028	2143	30
宁　夏	Ningxia	0.05	0.02	0.002	30	4053	5306	6078	28
新　疆	Xinjiang	0.01	0.01	0.02	29	6706	11461	12344	26

17-12 研究与试验发展(R&D)项目情况
R&D Projects Condition

地区	Region	R&D项目（课题）参加人员折合全时当量(人年) Participants (man-year)				R&D项目（课题）经费内部支出(亿元) Expenditure (100 million yuan)			
		2010	2015	2016	2016排名 Ranking	2010	2015	2016	2016排名 Ranking
全　国	**National Total**	**2553829**	**3388926**	**3533128**		**7062.58**	**12202.55**	**13680.77**	
北　京	Beijing	193718	223637	226138	5	821.82	1049.80	1148.73	4
天　津	Tianjin	58771	113560	107966	13	229.56	440.42	465.84	8
河　北	Hebei	62305	95188	99414	14	155.45	290.96	327.94	15
山　西	Shanxi	46279	38408	39453	20	89.88	103.21	106.50	22
内蒙古	Inner Mongolia	24765	32746	33595	24	63.72	122.32	130.10	19
辽　宁	Liaoning	84654	73239	77135	16	287.47	295.09	305.59	16
吉　林	Jilin	45313	41169	36549	22	75.80	110.86	94.22	24
黑龙江	Heilongjiang	61854	48296	49710	18	123.04	131.63	130.06	20
上　海	Shanghai	134952	155817	168494	6	481.70	805.55	916.13	6
江　苏	Jiangsu	315831	478788	504178	1	857.95	1640.75	1858.81	2
浙　江	Zhejiang	223484	345470	360174	3	494.23	944.03	1061.00	5
安　徽	Anhui	64169	121291	125307	8	163.72	391.05	426.42	11
福　建	Fujian	76737	113736	120950	9	170.90	342.50	405.44	12
江　西	Jiangxi	34823	39636	46055	19	87.15	156.39	198.63	18
山　东	Shandong	190329	266570	273917	4	672.00	1239.77	1369.34	3
河　南	Henan	101467	144023	151035	7	211.17	389.86	443.74	10
湖　北	Hubei	97924	115759	119239	10	264.12	450.45	493.02	7
湖　南	Hunan	72637	101294	108887	12	186.56	341.84	403.24	13
广　东	Guangdong	344692	452244	476730	2	808.75	1660.53	1902.05	1
广　西	Guangxi	33987	34079	35765	23	62.87	87.60	96.14	23
海　南	Hainan	4893	6509	5229	29	7.02	13.81	12.76	29
重　庆	Chongqing	37078	55964	62271	17	100.27	212.17	257.94	17
四　川	Sichuan	83800	101507	111666	11	264.27	380.86	449.83	9
贵　州	Guizhou	15087	21361	21679	25	29.97	49.73	67.31	25
云　南	Yunnan	22552	36115	36941	21	44.17	91.23	111.99	21
西　藏	Tibet	1259	812	880	31	1.46	2.06	1.46	31
陕　西	Shaanxi	73218	82918	85626	15	217.50	328.47	355.42	14
甘　肃	Gansu	21661	22189	21341	26	41.94	63.17	63.19	26
青　海	Qinghai	4858	3455	3472	30	9.94	9.13	9.97	30
宁　夏	Ningxia	6378	8281	8398	28	11.51	22.05	25.07	28
新　疆	Xinjiang	14382	14870	14935	27	26.65	39.90	42.90	27

17-13 国家产业化计划项目
Projects of National Industrialization Program

地区	Region	项目数（项）Number of Projects (item)				当年落实资金（亿元）Funds Arranged (100 million yuan)			
		2010	2012	2013	2013排名 Ranking	2010	2012	2013	2013排名 Ranking
全　国	**National Total**	**8238**	**9585**	**10481**		**865.04**	**1045.31**	**1022.06**	
北　京	Beijing	256	241	307	6	15.25	12.01	15.38	14
天　津	Tianjin	117	151	159	16	6.04	20.24	14.55	15
河　北	Hebei	132	112	107	26	37.07	15.81	6.06	26
山　西	Shanxi	125	112	130	18	11.98	11.06	14.23	17
内蒙古	Inner Mongolia	73	78	87	27	35.40	12.35	8.99	22
辽　宁	Liaoning	209	229	248	9	37.62	41.28	43.16	7
吉　林	Jilin	162	137	124	21	24.53	16.65	11.35	20
黑龙江	Heilongjiang	198	150	153	17	13.36	14.20	12.42	19
上　海	Shanghai	146	172	161	15	9.31	14.07	10.63	21
江　苏	Jiangsu	1542	2194	2171	2	172.58	242.71	216.49	1
浙　江	Zhejiang	1575	2036	2266	1	91.85	101.64	106.97	3
安　徽	Anhui	313	448	528	5	39.34	57.97	97.38	4
福　建	Fujian	223	262	249	8	13.54	13.33	14.29	16
江　西	Jiangxi	167	153	188	13	17.09	14.96	20.72	10
山　东	Shandong	787	862	962	3	132.94	175.25	137.73	2
河　南	Henan	173	216	205	11	21.30	58.67	53.98	5
湖　北	Hubei	246	241	274	7	27.22	39.33	42.96	8
湖　南	Hunan	147	89	121	23	23.89	10.12	18.75	11
广　东	Guangdong	448	472	631	4	30.68	38.00	37.91	9
广　西	Guangxi	83	98	124	21	10.95	6.91	6.06	27
海　南	Hainan	50	44	55	29	1.98	3.49	4.16	30
重　庆	Chongqing	118	106	110	25	15.74	9.50	8.33	23
四　川	Sichuan	231	171	182	14	22.76	28.02	43.61	6
贵　州	Guizhou	75	97	128	20	3.20	8.81	5.62	28
云　南	Yunnan	114	131	117	24	12.25	24.76	14.11	18
西　藏	Tibet	13	21	24	31	0.21	0.31	0.35	31
陕　西	Shaanxi	186	180	231	10	12.16	13.22	16.79	13
甘　肃	Gansu	124	112	130	18	3.49	4.63	4.90	29
青　海	Qinghai	42	50	63	28	7.85	13.22	7.79	25
宁　夏	Ningxia	63	46	49	30	6.86	5.47	7.86	24
新　疆	Xinjiang	100	174	197	12	6.59	17.31	18.52	12

17-14 国内专利和发明申请受理数
Number of Domestic Patent Applications Accepted and Number of Invention

单位：件 (piece)

地区	Region	国内专利申请受理数 Number of Domestic Patent Applications Accepted				其中：发明 Invention			
		2010	2015	2016	2016排名 Ranking	2010	2015	2016	2016排名 Ranking
全　国	**National Total**	**1109428**	**2639446**	**3305225**		**293066**	**968251**	**1204981**	
北　京	Beijing	57296	156312	189129	5	33466	88930	104643	3
天　津	Tianjin	25973	79963	106514	10	7347	28510	38153	11
河　北	Hebei	12295	44060	54838	18	3270	11259	14141	18
山　西	Shanxi	7927	14948	20031	24	3046	5680	8208	21
内蒙古	Inner Mongolia	2912	8876	10672	27	932	2254	2878	27
辽　宁	Liaoning	34216	42153	52603	19	9884	19332	25561	14
吉　林	Jilin	6445	14800	18922	25	2789	6154	7537	24
黑龙江	Heilongjiang	10269	34611	35293	20	4070	14663	13177	19
上　海	Shanghai	71196	100006	119937	9	26165	46976	54339	7
江　苏	Jiangsu	235873	428337	512429	1	50298	154608	184632	1
浙　江	Zhejiang	120742	307264	393147	3	18027	67674	93254	5
安　徽	Anhui	47128	127709	172552	6	6396	68314	95963	4
福　建	Fujian	21994	83146	130376	8	5117	17663	27041	13
江　西	Jiangxi	6307	36936	60494	15	1968	5722	8202	22
山　东	Shandong	80856	193220	212911	4	17259	93475	88359	6
河　南	Henan	25149	74373	94669	12	6408	21338	28582	12
湖　北	Hubei	31311	74240	95157	11	7411	30204	43789	9
湖　南	Hunan	22381	54501	67779	14	6438	19499	25524	15
广　东	Guangdong	152907	355939	505667	2	40866	103941	155581	2
广　西	Guangxi	5117	43696	59239	17	1574	30815	43078	10
海　南	Hainan	1019	3127	3658	29	572	1211	1278	30
重　庆	Chongqing	22825	82791	59518	16	5150	35086	19981	17
四　川	Sichuan	40230	110746	142522	7	8342	40437	54277	8
贵　州	Guizhou	4414	18295	25315	21	1322	7538	10953	20
云　南	Yunnan	5645	17603	23709	22	2333	6301	7907	23
西　藏	Tibet	162	309	712	31	76	128	176	31
陕　西	Shaanxi	22949	74904	69611	13	8138	17322	22565	16
甘　肃	Gansu	3558	14584	20276	23	1412	5504	6114	25
青　海	Qinghai	602	2590	3284	30	193	1103	1381	29
宁　夏	Ningxia	739	4394	6149	28	268	2626	2510	28
新　疆	Xinjiang	3560	12250	14105	26	914	3024	3598	26

17-15 实用新型和外观设计申请受理数

Number of Processing Applications of Utility Model and Design

单位：件 (piece)

地区	Region	其中：实用新型 Utility Model				其中：外观设计 Design			
		2010	2015	2016	2016排名 Ranking	2010	2015	2016	2016排名 Ranking
全　国	**National Total**	**407238**	**1119714**	**1468295**		**409124**	**551481**	**631949**	
北　京	Beijing	18637	53243	64496	7	5193	14139	19990	6
天　津	Tianjin	11064	46845	63589	8	7562	4608	4772	17
河　北	Hebei	7089	24646	30253	15	1936	8155	10444	13
山　西	Shanxi	3533	7911	10079	24	1348	1357	1744	25
内蒙古	Inner Mongolia	1406	5609	6401	27	574	1013	1393	27
辽　宁	Liaoning	14994	19554	22996	18	9338	3267	4046	19
吉　林	Jilin	2993	7345	9647	25	663	1301	1738	26
黑龙江	Heilongjiang	4815	16914	18856	19	1384	3034	3260	22
上　海	Shanghai	23188	41736	51836	10	21843	11294	13762	11
江　苏	Jiangsu	51436	154281	192636	3	134139	119448	135161	2
浙　江	Zhejiang	50231	150172	199244	2	52484	89418	100649	3
安　徽	Anhui	17367	51559	67031	6	23365	7836	9558	14
福　建	Fujian	10846	44339	78176	5	6031	21144	25159	5
江　西	Jiangxi	2947	18620	32631	13	1392	12594	19661	8
山　东	Shandong	43441	85872	106100	4	20156	13873	18452	9
河　南	Henan	13856	40778	51358	11	4885	12257	14729	10
湖　北	Hubei	12791	35676	42181	12	11109	8360	9187	15
湖　南	Hunan	9601	23641	29635	16	6342	11361	12620	12
广　东	Guangdong	47706	135717	203609	1	64335	116281	146477	1
广　西	Guangxi	2512	9740	11599	21	1031	3141	4562	18
海　南	Hainan	312	1521	1854	29	135	395	526	28
重　庆	Chongqing	11985	38533	32099	14	5690	9172	7438	16
四　川	Sichuan	16671	41859	58088	9	15217	28450	30157	4
贵　州	Guizhou	2441	8317	11081	22	651	2440	3281	21
云　南	Yunnan	2212	9147	13549	20	1100	2155	2253	24
西　藏	Tibet	33	90	410	31	53	91	126	31
陕　西	Shaanxi	7939	21449	27149	17	6872	36133	19897	7
甘　肃	Gansu	1592	6825	10272	23	554	2255	3890	20
青　海	Qinghai	129	1184	1569	30	280	303	334	29
宁　夏	Ningxia	397	1591	3329	28	74	177	310	30
新　疆	Xinjiang	2272	6354	7999	26	374	2872	2508	23

17-16 国内专利和发明申请授权数
Number of Domestic Patents Applications Granted and Number of Invention

单位：件 (piece)

地区	Region	国内专利申请授权数 Number of Domestic Patents Applications Granted				其中：发明 Invention			
		2010	2015	2016	2016排名 Ranking	2010	2015	2016	2016排名 Ranking
全　国	**National Total**	**740620**	**1596977**	**1628881**		**79767**	**263436**	**302136**	
北　京	Beijing	33511	94031	100578	4	11209	35308	40602	2
天　津	Tianjin	11006	37342	39734	14	1930	4624	5185	15
河　北	Hebei	10061	30130	31826	16	954	3840	4247	19
山　西	Shanxi	4752	10020	10062	23	739	2432	2411	21
内蒙古	Inner Mongolia	2096	5522	5846	27	262	797	871	27
辽　宁	Liaoning	17093	25182	25104	18	2357	6569	6731	14
吉　林	Jilin	4343	8878	9995	24	785	2240	2428	20
黑龙江	Heilongjiang	6780	18943	18046	19	1512	4024	4345	18
上　海	Shanghai	48215	60623	64230	7	6867	17601	20086	5
江　苏	Jiangsu	138382	250290	231033	2	7210	36015	40952	1
浙　江	Zhejiang	114643	234983	221456	3	6410	23345	26576	4
安　徽	Anhui	16012	59039	60983	9	1111	11180	15292	7
福　建	Fujian	18063	61621	67142	6	1224	5730	7170	11
江　西	Jiangxi	4349	24161	31472	17	411	1639	1914	24
山　东	Shandong	51490	98101	98093	5	4106	16881	19404	6
河　南	Henan	16539	47766	49145	10	1498	5384	6811	13
湖　北	Hubei	17362	38781	41822	13	2025	7766	8517	9
湖　南	Hunan	13873	34075	34050	15	1920	6776	6967	12
广　东	Guangdong	119343	241176	259032	1	13691	33477	38626	3
广　西	Guangxi	3647	13573	14858	20	426	4017	5159	16
海　南	Hainan	714	2061	1939	29	190	417	383	29
重　庆	Chongqing	12080	38914	42738	12	1143	3964	5044	17
四　川	Sichuan	32212	64953	62445	8	2204	9105	10350	8
贵　州	Guizhou	3086	14115	10425	22	441	1501	2036	23
云　南	Yunnan	3823	11658	12032	21	652	2079	2125	22
西　藏	Tibet	124	198	245	31	16	40	33	31
陕　西	Shaanxi	10034	33350	48455	11	1887	6812	7503	10
甘　肃	Gansu	1868	6912	7975	25	349	1238	1308	25
青　海	Qinghai	264	1217	1357	30	41	207	271	30
宁　夏	Ningxia	1081	1865	2677	28	61	442	560	28
新　疆	Xinjiang	2562	8761	7116	26	189	950	910	26

17-17　实用新型和外观设计申请授权数

Number of Applications of Utility Model and Design

单位：件　(piece)

地区	Region	其中：实用新型 Utility Model				其中：外观设计 Design			
		2010	2015	2016	2016排名 Ranking	2010	2015	2016	2016排名 Ranking
全　国	**National Total**	**342256**	**868734**	**897035**		**318597**	**464807**	**429710**	
北　京	Beijing	16579	45773	44710	5	5723	12950	15266	7
天　津	Tianjin	6718	28486	31046	11	2358	4232	3503	17
河　北	Hebei	6838	19103	19762	14	2269	7187	7817	13
山　西	Shanxi	3096	6037	6532	22	917	1551	1119	26
内蒙古	Inner Mongolia	1276	3757	3981	27	558	968	994	27
辽　宁	Liaoning	12067	15706	15515	18	2669	2907	2858	19
吉　林	Jilin	2806	5638	6179	24	752	1000	1388	24
黑龙江	Heilongjiang	4391	12502	11707	19	877	2417	1994	20
上　海	Shanghai	21821	33131	34101	8	19527	9891	10043	11
江　苏	Jiangsu	41161	119513	117827	3	90011	94762	72254	2
浙　江	Zhejiang	47617	124465	123744	1	60616	87173	71136	3
安　徽	Anhui	8839	41094	38773	7	6062	6765	6918	15
福　建	Fujian	9664	34086	42110	6	7175	21805	17862	6
江　西	Jiangxi	2588	13408	17939	16	1350	9114	11619	9
山　东	Shandong	36391	68776	66068	4	10993	12444	12621	8
河　南	Henan	11048	32592	32197	9	3993	9790	10137	10
湖　北	Hubei	10431	25298	27209	13	4906	5717	6096	16
湖　南	Hunan	7861	18467	18452	15	4092	8832	8631	12
广　东	Guangdong	43900	105254	118157	2	61752	102445	102249	1
广　西	Guangxi	2167	7091	6535	21	1054	2465	3164	18
海　南	Hainan	305	1148	1171	29	219	496	385	28
重　庆	Chongqing	6704	25444	30428	12	4233	9506	7266	14
四　川	Sichuan	12724	31420	31813	10	17284	24428	20282	5
贵　州	Guizhou	1936	7007	6525	23	709	5607	1864	21
云　南	Yunnan	2026	7437	8063	20	1145	2142	1844	22
西　藏	Tibet	49	51	154	31	59	107	58	31
陕　西	Shaanxi	6093	16151	17084	17	2054	10387	23868	4
甘　肃	Gansu	1131	4478	5075	25	388	1196	1592	23
青　海	Qinghai	134	687	883	30	89	323	203	29
宁　夏	Ningxia	307	1267	1947	28	713	156	170	30
新　疆	Xinjiang	2012	5049	4828	26	361	2762	1378	25

17-18 国内有效专利数和发明专利数
Number of Domestic Patents in Force and Number of Invention

单位：件 (piece)

地区	Region	国内有效专利数 Number of Domestic Patents in Force 2010	2015	2016	2016排名 Ranking	其中：发明 Invention 2010	2015	2016	2016排名 Ranking
全　国	**National Total**	**1825403**	**4792356**	**5527183**		**257893**	**921757**	**1158203**	
北　京	Beijing	100623	344916	417666	4	38996	133040	166722	2
天　津	Tianjin	29672	103775	124443	12	6516	18493	22663	14
河　北	Hebei	27472	86360	105490	16	3122	12279	15755	18
山　西	Shanxi	11998	34009	38702	22	2473	8104	9896	20
内蒙古	Inner Mongolia	5935	16799	20007	27	838	3051	3734	27
辽　宁	Liaoning	45241	90970	101657	17	8155	23242	27915	10
吉　林	Jilin	13201	29046	34101	24	2954	7705	9255	21
黑龙江	Heilongjiang	21010	58789	61245	19	4362	12955	16137	17
上　海	Shanghai	126178	251157	285877	6	23843	69982	85049	5
江　苏	Jiangsu	273249	674053	740215	2	19682	113160	146859	3
浙　江	Zhejiang	268471	668889	732438	3	17955	70981	91373	4
安　徽	Anhui	32460	162177	188240	9	2972	26075	39104	7
福　建	Fujian	44116	162451	197393	7	3295	17868	23793	13
江　西	Jiangxi	10931	51824	73745	18	1322	5322	6896	24
山　东	Shandong	111295	270920	312937	5	11080	47694	62005	6
河　南	Henan	39972	126381	148862	10	4501	17571	22601	15
湖　北	Hubei	40580	119345	143802	11	6315	24998	31567	9
湖　南	Hunan	32516	107088	122584	13	6289	22183	27863	11
广　东	Guangdong	325566	802493	940138	1	41891	138878	168480	1
广　西	Guangxi	10503	37215	45928	20	1332	9418	14222	19
海　南	Hainan	2097	6416	7366	28	446	2111	2394	28
重　庆	Chongqing	30947	94975	116201	15	3136	12810	16737	16
四　川	Sichuan	66644	169203	193737	8	6533	28723	36815	8
贵　州	Guizhou	8995	34909	37562	23	1616	5428	7019	23
云　南	Yunnan	11363	34045	40583	21	2344	7608	9011	22
西　藏	Tibet	529	724	989	31	60	298	394	31
陕　西	Shaanxi	24158	86053	116270	14	5604	22662	27599	12
甘　肃	Gansu	5318	18580	22593	26	1143	4093	5022	25
青　海	Qinghai	857	2975	3962	30	159	655	904	30
宁　夏	Ningxia	2790	5317	7220	29	256	1148	1680	29
新　疆	Xinjiang	7225	21681	24531	25	665	3072	3762	26

17-19 实用新型和外观设计有效专利数
Number of Patents in Force of Utility Model and Design

单位：件 (piece)

地区	Region	其中：实用新型 Utility Model				其中：外观设计 Design			
		2010	2015	2016	2016排名 Ranking	2010	2015	2016	2016排名 Ranking
全 国	**National Total**	**849454**	**2700833**	**3118410**		**718056**	**1169766**	**1250570**	
北 京	Beijing	46830	175610	203533	5	14797	36266	47411	6
天 津	Tianjin	17341	73557	89667	12	5815	11725	12113	17
河 北	Hebei	18375	57744	68809	15	5975	16337	20926	15
山 西	Shanxi	7460	21773	24638	21	2065	4132	4168	25
内蒙古	Inner Mongolia	3367	10769	12936	27	1730	2979	3337	26
辽 宁	Liaoning	30790	58904	63929	16	6296	8824	9813	18
吉 林	Jilin	7931	17693	20395	24	2316	3648	4451	24
黑龙江	Heilongjiang	14075	37013	38405	19	2573	8821	6703	21
上 海	Shanghai	57406	144098	160744	6	44929	37077	40084	8
江 苏	Jiangsu	92315	370168	419226	2	161252	190725	174130	3
浙 江	Zhejiang	105336	363027	410069	3	145180	234881	230996	2
安 徽	Anhui	17357	114736	126067	7	12131	21366	23069	14
福 建	Fujian	22496	93335	118556	8	18325	51248	55044	4
江 西	Jiangxi	6315	29514	42845	18	3294	16988	24004	12
山 东	Shandong	73761	186544	208963	4	26454	36682	41969	7
河 南	Henan	25431	87001	100870	10	10040	21809	25391	10
湖 北	Hubei	23873	79125	94161	11	10392	15222	18074	16
湖 南	Hunan	17900	63061	70435	14	8327	21844	24286	11
广 东	Guangdong	125237	370988	443368	1	158438	292627	328290	1
广 西	Guangxi	6041	20921	23297	22	3130	6876	8409	19
海 南	Hainan	918	2953	3693	29	733	1352	1279	28
重 庆	Chongqing	15732	59821	76390	13	12079	22344	23074	13
四 川	Sichuan	26264	90146	105859	9	33847	50334	51063	5
贵 州	Guizhou	5564	19428	22725	23	1815	10053	7818	20
云 南	Yunnan	5461	20543	25196	20	3558	5894	6376	22
西 藏	Tibet	112	161	292	31	357	265	303	31
陕 西	Shaanxi	14325	48040	55903	17	4229	15351	32768	9
甘 肃	Gansu	3235	12013	14398	26	940	2474	3173	27
青 海	Qinghai	366	1557	2247	30	332	763	811	29
宁 夏	Ningxia	1026	3612	4935	28	1508	557	605	30
新 疆	Xinjiang	5211	13936	16165	25	1349	4673	4604	23

17-20 商标注册申请数和核准注册量

Number of Registrations Applications and Approved of Trademark

单位：件 (piece)

地区	Region	商标注册申请数 Registrations Applications				商标核准注册量 Registrations Approved			
		2010	2015	2016	2016排名 Ranking	2010	2015	2016	2016排名 Ranking
全　国	**National Total**	**973460**	**2658674**	**3526827**		**1211428**	**2077037**	**2119032**	
北　京	Beijing	74954	302456	372387	2	101093	164964	213587	2
天　津	Tianjin	13683	28289	34933	21	12014	25896	22504	20
河　北	Hebei	24400	66580	96475	10	32496	56160	55139	10
山　西	Shanxi	8209	19380	25980	26	11101	18117	15127	26
内蒙古	Inner Mongolia	9325	20811	28847	25	11319	17074	17121	25
辽　宁	Liaoning	18854	45481	59860	15	25262	35367	36150	16
吉　林	Jilin	8851	24637	30794	24	11942	18308	19948	21
黑龙江	Heilongjiang	10862	31094	42109	19	16860	23262	24615	19
上　海	Shanghai	60243	207394	257616	4	70417	131545	158380	4
江　苏	Jiangsu	66306	155670	209900	5	83666	127553	125314	5
浙　江	Zhejiang	123739	231125	327572	3	173403	210905	193348	3
安　徽	Anhui	19527	60054	88042	11	22861	48570	47643	13
福　建	Fujian	56931	123930	175392	7	67586	107259	102858	7
江　西	Jiangxi	14443	38971	57838	17	16194	32036	31563	18
山　东	Shandong	49941	132613	184490	6	66944	109015	109047	6
河　南	Henan	32475	89253	129946	8	36282	70922	74276	8
湖　北	Hubei	19863	59331	79095	13	24744	45516	47821	12
湖　南	Hunan	21018	63638	87800	12	25709	51095	52348	11
广　东	Guangdong	171352	512877	689434	1	213550	395539	410207	1
广　西	Guangxi	9490	25338	35229	20	10907	18864	19616	23
海　南	Hainan	3810	10343	13454	28	4371	10505	8637	27
重　庆	Chongqing	20082	54040	67024	14	19373	51577	45777	14
四　川	Sichuan	32688	94289	126300	9	39488	75105	73986	9
贵　州	Guizhou	6968	22846	33404	23	6859	19352	17904	24
云　南	Yunnan	15102	46850	54969	18	15958	33271	37991	15
西　藏	Tibet	494	3469	4388	31	820	1769	2572	31
陕　西	Shaanxi	21562	45857	59416	16	18107	43672	36041	17
甘　肃	Gansu	2975	10112	17958	27	3856	8145	7580	28
青　海	Qinghai	1609	4091	6716	30	2600	3362	3303	30
宁　夏	Ningxia	2418	7443	9439	29	2228	4678	5932	29
新　疆	Xinjiang	7632	25305	34136	22	10898	17949	19648	22

17-21 技术市场成交合同数和合同金额

Number of Contract Deals and Value of Contract Deals in Domestic Technical Markets

地区	Region	技术市场成交合同数（项） Number of Contract Deals (item)				技术市场成交合同金额（亿元） Value of Contract Deals (100 million yuan)			
		2010	2015	2016	2016排名 Ranking	2010	2015	2016	2016排名 Ranking
全　国	**National Total**	**229601**	**307132**	**320437**		**3906.58**	**9835.79**	**11406.98**	
北　京	Beijing	50847	72306	74983	1	1579.54	3453.89	3940.98	1
天　津	Tianjin	9540	12456	12934	11	119.34	503.44	552.64	7
河　北	Hebei	4517	3298	3846	18	19.29	39.54	59.00	19
山　西	Shanxi	835	698	804	27	18.49	51.20	42.56	24
内蒙古	Inner Mongolia	1231	498	605	29	27.15	15.39	12.05	27
辽　宁	Liaoning	15589	11878	13004	9	130.68	267.49	323.22	9
吉　林	Jilin	3424	2420	5673	13	18.81	26.47	116.42	16
黑龙江	Heilongjiang	1983	1857	1738	23	52.91	127.26	125.81	15
上　海	Shanghai	25945	22119	20843	6	431.44	663.78	780.99	4
江　苏	Jiangsu	19815	32508	29430	2	249.34	572.92	635.64	6
浙　江	Zhejiang	12826	11273	14808	8	60.35	98.10	198.37	12
安　徽	Anhui	4831	12488	12966	10	46.15	190.47	217.37	11
福　建	Fujian	5120	4132	5115	15	35.66	52.14	43.22	23
江　西	Jiangxi	2250	1137	1985	21	23.05	64.85	79.01	18
山　东	Shandong	7865	20422	22068	4	100.68	307.55	395.95	8
河　南	Henan	4611	3482	4270	16	27.20	45.04	58.71	20
湖　北	Hubei	6638	22532	23964	3	90.72	789.34	903.84	2
湖　南	Hunan	5137	3704	3980	17	40.09	105.06	105.63	17
广　东	Guangdong	17493	17316	17322	7	235.89	662.58	758.17	5
广　西	Guangxi	258	1577	1832	22	4.14	7.31	33.99	25
海　南	Hainan	213	257	311	30	3.27	2.19	3.44	30
重　庆	Chongqing	2201	2638	2053	20	79.44	57.24	147.19	14
四　川	Sichuan	9003	11228	11563	12	54.74	282.32	299.30	10
贵　州	Guizhou	650	650	974	26	7.72	25.96	20.44	26
云　南	Yunnan	1047	2666	2607	19	10.88	51.84	58.26	21
西　藏	Tibet								
陕　西	Shaanxi	9470	22508	21037	5	102.41	721.82	802.79	3
甘　肃	Gansu	2503	4712	5255	14	43.08	129.70	150.66	13
青　海	Qinghai	460	952	986	25	11.41	46.88	56.92	22
宁　夏	Ningxia	501	661	990	24	1.00	3.52	4.05	29
新　疆	Xinjiang	1700	658	705	28	4.52	3.03	4.28	28

17-22 技术市场技术流向地域的合同数和合同金额

Number and Value of Contract Inflows and Value of Contract Inflows to Domestic Technical Markets

地区	Region	技术流向地域合同数（项） Contract Inflows to Domestic Technical Markets (item)				技术流向地域合同金额（亿元） Value of Contract Inflows to Domestic Technical Markets (100 million yuan)			
		2010	2015	2016	2016排名 Ranking	2010	2015	2016	2016排名 Ranking
全 国	**National Total**	**229601**	**307132**	**320437**		**3906.58**	**9835.79**	**11406.98**	
北 京	Beijing	33370	50140	55480	1	497.95	1147.53	1753.24	1
天 津	Tianjin	7291	9439	9612	12	103.85	330.71	389.20	8
河 北	Hebei	5664	5989	6956	13	129.17	145.31	184.29	17
山 西	Shanxi	2627	2999	3104	24	50.92	97.24	234.08	13
内蒙古	Inner Mongolia	2901	2609	2656	27	86.26	188.60	142.71	23
辽 宁	Liaoning	12691	10883	10884	11	184.06	231.27	200.03	15
吉 林	Jilin	3529	3446	4916	17	41.40	54.52	93.11	26
黑龙江	Heilongjiang	2824	3161	3733	20	56.24	107.68	175.51	18
上 海	Shanghai	24162	22689	22589	5	329.12	510.13	431.99	7
江 苏	Jiangsu	19463	36607	27370	2	327.79	1016.34	905.59	2
浙 江	Zhejiang	15313	14999	18120	6	106.40	201.91	288.32	11
安 徽	Anhui	5318	12687	13011	9	51.63	169.67	201.67	14
福 建	Fujian	5305	5629	6334	14	44.22	367.60	278.70	12
江 西	Jiangxi	2774	2356	3112	23	31.51	107.71	188.10	16
山 东	Shandong	9993	21874	23121	4	126.90	386.56	505.24	6
河 南	Henan	5410	5082	5762	16	44.05	127.60	154.05	22
湖 北	Hubei	6591	14831	15038	7	137.04	494.95	642.03	4
湖 南	Hunan	5124	4291	4597	18	38.25	151.61	102.08	24
广 东	Guangdong	19910	22396	24833	3	243.54	652.11	792.56	3
广 西	Guangxi	1351	3299	3466	22	14.81	57.66	68.77	28
海 南	Hainan	756	1404	1329	30	19.30	28.18	39.76	30
重 庆	Chongqing	2310	3340	3525	21	88.49	184.34	524.89	5
四 川	Sichuan	8331	11195	11564	10	72.33	293.26	331.79	10
贵 州	Guizhou	1849	2346	2777	25	21.88	176.10	167.38	21
云 南	Yunnan	2824	4278	4564	19	37.72	173.58	171.44	20
西 藏	Tibet	211	382	511	31	3.24	16.98	19.51	31
陕 西	Shaanxi	6775	12657	14626	8	59.75	298.52	359.10	9
甘 肃	Gansu	2462	4869	5772	15	30.77	118.10	172.73	19
青 海	Qinghai	882	1997	1958	28	24.52	47.10	79.26	27
宁 夏	Ningxia	1012	1451	1717	29	12.61	28.61	42.72	29
新 疆	Xinjiang	3103	2673	2691	26	27.60	121.26	93.61	25

17-23 国外技术引进合同数和合同金额
Number and Value of Foreign Technology Contracts Imported

地区	Region	国外技术引进合同数（项）Number of Contracts Imported (item)				国外技术引进合同金额（亿美元）Value of Contracts Imported（100 million USD）			
		2010	2015	2016	2016排名 Ranking	2010	2015	2016	2016排名 Ranking
全　国	**National Total**	**11253**	**7676**	**6806**		**256.36**	**281.54**	**307.28**	
北　京	Beijing	1359	634	543	5	29.95	27.23	22.10	5
天　津	Tianjin	510	245	202	12	12.20	11.50	10.39	8
河　北	Hebei	97	68	42	17	1.13	1.27	1.23	19
山　西	Shanxi	41	17	6	26	1.85	0.29	0.13	26
内蒙古	Inner Mongolia	17	5	4	27	0.53	0.37	0.35	23
辽　宁	Liaoning	767	306	220	8	12.21	7.18	3.92	14
吉　林	Jilin	400	119	186	13	4.55	2.55	7.11	11
黑龙江	Heilongjiang	23	15	15	23	1.07	1.02	2.25	17
上　海	Shanghai	2548	1792	1668	1	34.11	37.47	42.79	2
江　苏	Jiangsu	907	754	755	3	33.89	53.27	30.76	3
浙　江	Zhejiang	866	644	610	4	9.30	9.75	9.09	9
安　徽	Anhui	207	203	237	7	5.41	7.12	4.33	13
福　建	Fujian	276	134	158	14	6.68	3.27	13.69	6
江　西	Jiangxi	95	132	127	15	1.01	1.71	1.42	18
山　东	Shandong	738	849	418	6	8.00	9.60	8.42	10
河　南	Henan	60	53	42	17	2.71	0.54	0.44	22
湖　北	Hubei	142	212	212	9	2.84	11.30	13.52	7
湖　南	Hunan	61	47	57	16	1.52	1.16	3.11	15
广　东	Guangdong	1059	720	769	2	33.04	79.02	91.69	1
广　西	Guangxi	76	38	29	19	1.68	0.24	0.30	24
海　南	Hainan	31	41	8	24	0.68	0.74	0.73	21
重　庆	Chongqing	276	280	210	11	20.54	10.19	29.03	4
四　川	Sichuan	434	278	211	10	4.04	3.61	6.42	12
贵　州	Guizhou	10	14	7	25	0.05	0.17	2.69	16
云　南	Yunnan	104	39	23	21	0.93	0.19	0.13	26
西　藏	Tibet								
陕　西	Shaanxi	51	10	16	22	1.40	0.31	0.20	25
甘　肃	Gansu	6	3	1	29	0.07	0.01	0.03	30
青　海	Qinghai	13	2	2	28	0.51	0.07	0.05	29
宁　夏	Ningxia	7	2	1	29	0.18	0.13	0.80	20
新　疆	Xinjiang	16	18	26	20	0.60	0.16	0.13	26

17-24 规模以上工业企业R&D经费内部支出和项目经费支出

Intramural Expenditure on R&D and Expenditure on R&D Project in Industrial Enterprises above Designated Size

单位：亿元 (100 million yuan)

地区	Region	R&D经费内部支出 Intramural Expenditure on R&D				R&D项目经费支出 Expenditure on R&D Project			
		2010	2015	2016	2016排名 Ranking	2010	2015	2016	2016排名 Ranking
全　国	**National Total**	**4015.40**	**10013.93**	**10944.66**		**3446.22**	**9146.71**	**10064.33**	
北　京	Beijing	106.14	244.09	254.84	14	84.32	204.07	206.82	16
天　津	Tianjin	139.22	352.67	349.96	11	108.92	327.85	316.54	11
河　北	Hebei	107.89	285.81	308.66	12	92.65	249.30	275.93	12
山　西	Shanxi	67.57	100.89	97.63	20	53.14	85.24	83.69	20
内蒙古	Inner Mongolia	47.43	118.63	127.99	19	39.13	111.46	118.18	19
辽　宁	Liaoning	191.34	241.88	242.06	15	144.51	211.46	211.58	15
吉　林	Jilin	35.54	86.15	90.86	21	32.53	73.99	66.25	24
黑龙江	Heilongjiang	72.85	88.04	88.49	22	53.94	80.31	80.14	21
上　海	Shanghai	237.75	474.24	490.08	5	214.64	451.95	465.96	5
江　苏	Jiangsu	551.35	1506.51	1657.54	2	486.43	1409.70	1554.96	2
浙　江	Zhejiang	272.34	853.57	935.79	4	258.59	816.58	900.28	4
安　徽	Anhui	104.02	322.14	370.92	10	82.47	295.23	346.42	9
福　建	Fujian	116.12	346.98	388.26	9	95.23	311.29	365.34	8
江　西	Jiangxi	58.94	147.50	179.76	18	48.82	137.80	179.44	17
山　东	Shandong	526.92	1291.77	1415.00	3	451.94	1156.78	1260.43	3
河　南	Henan	148.59	368.83	409.70	7	134.36	339.05	375.75	6
湖　北	Hubei	142.90	407.27	445.96	6	119.38	333.80	375.62	7
湖　南	Hunan	113.77	352.55	392.96	8	101.54	300.22	339.01	10
广　东	Guangdong	626.88	1520.55	1676.27	1	584.72	1456.49	1632.55	1
广　西	Guangxi	35.89	76.92	82.72	23	30.42	73.78	76.65	22
海　南	Hainan	1.83	11.18	7.98	29	1.47	10.44	7.45	29
重　庆	Chongqing	67.24	199.66	237.49	16	53.30	184.10	218.23	13
四　川	Sichuan	80.98	223.81	257.26	13	59.94	176.43	211.69	14
贵　州	Guizhou	21.78	45.73	55.69	25	16.95	40.56	55.57	25
云　南	Yunnan	18.07	61.96	74.18	24	12.72	58.79	73.97	23
西　藏	Tibet	0.12	0.26	0.40	31	0.09	0.15	0.25	31
陕　西	Shaanxi	71.02	172.58	184.42	17	47.26	154.58	165.32	18
甘　肃	Gansu	20.87	48.61	50.92	26	15.43	41.28	40.51	26
青　海	Qinghai	6.02	6.50	7.79	30	3.96	5.88	6.12	30
宁　夏	Ningxia	7.30	20.05	23.96	28	6.09	18.52	21.56	28
新　疆	Xinjiang	16.73	36.62	39.09	27	11.33	29.65	32.12	27

注：2010年数据为大中型工业企业数据，从2011年起，规模以上工业企业的统计范围为年主营业务收入为2000万元及以上的法人工业企业(以下各有关表同）。

Note: Before 2000, data only included large and medium-sized industrial enterprises. From 2011, the statistics range of the enterprises above designated size change from the industrial enterprises with the sales revenue above 5 million RMB to the industrial enterprises with the sales revenue above 20 million RMB. The same applies to the followed table.

17-25 规模以上工业企业R&D项目情况

R&D Projects in Industrial Enterprises above Designated Size

地区	Region	R&D项目数（项） R&D Projects (item)				项目人员折合全时当量（人年） FTE of R&D Personnel (man-year)			
		2010	2015	2016	2016排名 Ranking	2010	2015	2016	2016排名 Ranking
全　国	**National Total**	**145589**	**309895**	**360997**		**1548555**	**2366856**	**2467758**	
北　京	Beijing	4194	7554	7262	15	33696	44112	44066	14
天　津	Tianjin	5665	11393	12019	8	33177	75435	69869	12
河　北	Hebei	4346	8358	9533	11	42893	70791	73685	11
山　西	Shanxi	2194	2232	2471	22	34882	25547	26012	20
内蒙古	Inner Mongolia	1030	1801	2260	23	14077	25018	25801	21
辽　宁	Liaoning	6063	5422	6399	16	54077	39964	41842	16
吉　林	Jilin	1621	2014	2253	24	16091	17986	14532	24
黑龙江	Heilongjiang	4113	3080	3068	20	34970	25169	28812	19
上　海	Shanghai	6397	11089	10909	9	57973	85158	90111	8
江　苏	Jiangsu	17826	51720	59535	1	213469	404744	421046	1
浙　江	Zhejiang	11046	51940	59088	2	129429	299772	308175	3
安　徽	Anhui	4446	14100	15697	5	42393	87197	92101	7
福　建	Fujian	3309	10929	12849	6	47161	89475	93787	6
江　西	Jiangxi	1917	4403	6351	17	20902	26182	32277	18
山　东	Shandong	17192	30778	35835	4	155932	214490	219388	4
河　南	Henan	6082	11764	12562	7	80271	119200	120467	5
湖　北	Hubei	4602	8647	10363	10	55542	73187	83436	9
湖　南	Hunan	3982	6646	7899	13	44563	73836	78116	10
广　东	Guangdong	22117	37375	50740	3	280259	371511	394607	2
广　西	Guangxi	1747	2397	2664	21	14412	17225	17929	22
海　南	Hainan	197	570	552	29	844	2284	2387	29
重　庆	Chongqing	3230	6544	7612	14	26526	41025	43759	15
四　川	Sichuan	4392	6609	8869	12	43426	47792	52638	13
贵　州	Guizhou	1018	1619	2145	25	9342	13449	13958	25
云　南	Yunnan	1082	3017	3441	19	9912	15225	15761	23
西　藏	Tibet	9	21	29	31	16	36	203	31
陕　西	Shaanxi	3419	4054	4487	18	30265	38498	39611	17
甘　肃	Gansu	1090	1572	1465	26	10899	10780	10277	26
青　海	Qinghai	151	150	296	30	2097	1005	1394	30
宁　夏	Ningxia	433	1125	1342	27	3321	4821	5267	28
新　疆	Xinjiang	679	972	1002	28	5738	5943	6444	27

17-26 规模以上工业企业办研发机构数和人员数
R&D Institutions and Personnel in Industrial Enterprises above Designated Size

地区	Region	研发机构数（个）R&D Institutions (unit)				研发机构人员数（人）Personnel (person)			
		2010	2015	2016	2016排名 Ranking	2010	2015	2016	2016排名 Ranking
全　国	**National Total**	**16717**	**62954**	**72963**		**1485379**	**2668376**	**2923953**	
北　京	Beijing	305	809	749	15	30691	56246	52325	13
天　津	Tianjin	320	1062	951	14	25813	54701	46300	15
河　北	Hebei	365	1245	1385	9	39860	79049	82305	7
山　西	Shanxi	178	243	323	22	18729	21158	22932	19
内蒙古	Inner Mongolia	144	238	278	23	13661	19499	18754	22
辽　宁	Liaoning	358	560	552	19	39362	50325	45546	16
吉　林	Jilin	95	199	198	27	16028	14672	18995	21
黑龙江	Heilongjiang	155	247	207	26	22496	23817	21712	20
上　海	Shanghai	638	738	666	16	68273	73884	69153	10
江　苏	Jiangsu	2702	21542	23564	1	165658	571930	593391	2
浙　江	Zhejiang	2733	9737	10137	3	155730	319500	332719	3
安　徽	Anhui	692	3986	4536	4	46769	115523	125596	5
福　建	Fujian	551	1595	1618	8	42374	73032	76665	8
江　西	Jiangxi	184	838	1260	10	15843	32304	42692	17
山　东	Shandong	1548	3971	4528	5	152607	216493	226979	4
河　南	Henan	852	1997	2229	6	65262	108784	110713	6
湖　北	Hubei	457	1333	1212	11	50091	64287	61352	12
湖　南	Hunan	471	1765	1874	7	33295	69090	70765	9
广　东	Guangdong	2092	6553	11834	2	305027	477750	675436	1
广　西	Guangxi	211	367	324	21	12892	17793	16018	24
海　南	Hainan	34	43	26	30	1849	2015	1813	30
重　庆	Chongqing	280	896	1077	12	23761	42105	49663	14
四　川	Sichuan	460	1022	1066	13	61410	66631	63728	11
贵　州	Guizhou	109	242	474	20	11407	15446	17264	23
云　南	Yunnan	154	479	554	18	10950	14512	14641	25
西　藏	Tibet	2	2	5	31	20	30	50	31
陕　西	Shaanxi	299	552	626	17	28931	35860	34233	18
甘　肃	Gansu	127	284	263	24	10653	12113	11948	26
青　海	Qinghai	35	41	46	29	2526	2132	2271	29
宁　夏	Ningxia	82	160	181	28	5516	6942	7390	28
新　疆	Xinjiang	84	208	220	25	7895	10753	10604	27

17-27 规模以上工业企业办研发机构硕博人数和经费支出
Number of Doctors and Masters and Expenditure on S&T Institutions in Industrial Enterprises above Designated Size

地区	Region	博士和硕士数（人） Doctor and Master (person)				机构经费支出（亿元） Expenditure on S&T Institutions (100 million yuan)			
		2010	2015	2016	2016排名 Ranking	2010	2015	2016	2016排名 Ranking
全　国	**National Total**	**178095**	**359859**	**411715**		**3276.88**	**6793.87**	**7664.48**	
北　京	Beijing	7149	13602	13333	8	81.05	203.97	191.29	8
天　津	Tianjin	2866	6938	6694	17	68.58	126.26	101.93	17
河　北	Hebei	4355	9478	10512	11	73.72	151.42	155.47	11
山　西	Shanxi	1942	3330	3380	21	28.87	33.98	33.35	24
内蒙古	Inner Mongolia	1457	3262	2932	22	36.57	33.58	34.94	22
辽　宁	Liaoning	4907	7568	7826	14	92.17	105.51	104.02	16
吉　林	Jilin	1981	2010	3745	20	31.77	35.28	52.52	19
黑龙江	Heilongjiang	2838	4114	4271	19	32.67	37.17	27.83	25
上　海	Shanghai	12387	19258	18977	5	220.69	328.22	330.41	5
江　苏	Jiangsu	15617	55967	65675	2	417.05	1393.99	1507.54	2
浙　江	Zhejiang	10413	20242	25493	4	309.42	709.45	819.25	3
安　徽	Anhui	4576	12934	15763	6	108.99	256.40	299.35	6
福　建	Fujian	3293	7126	8110	13	93.80	164.35	174.37	9
江　西	Jiangxi	1343	4335	5775	18	30.33	74.54	115.08	14
山　东	Shandong	16581	33462	38740	3	430.53	705.83	702.89	4
河　南	Henan	6179	12710	13780	7	110.28	203.64	216.12	7
湖　北	Hubei	7365	10993	12324	10	103.16	148.68	145.09	13
湖　南	Hunan	5529	11850	13228	9	62.92	178.63	173.77	10
广　东	Guangdong	52004	87421	104811	1	583.18	1433.80	1993.57	1
广　西	Guangxi	971	2092	2127	24	26.09	42.45	34.36	23
海　南	Hainan	141	343	269	30	3.33	3.79	2.60	30
重　庆	Chongqing	2059	5398	7096	16	61.00	123.34	150.92	12
四　川	Sichuan	4849	8908	10466	12	115.17	113.86	109.07	15
贵　州	Guizhou	726	1695	1913	26	18.88	33.06	35.83	21
云　南	Yunnan	762	1837	1793	27	21.87	33.52	36.45	20
西　藏	Tibet	5	9	23	31	0.03	0.02	0.06	31
陕　西	Shaanxi	3072	8131	7128	15	66.56	65.49	65.94	18
甘　肃	Gansu	1083	1704	2021	25	9.75	16.79	10.52	27
青　海	Qinghai	140	329	396	29	8.39	4.57	4.19	29
宁　夏	Ningxia	434	706	749	28	10.78	9.20	9.93	28
新　疆	Xinjiang	1071	2107	2365	23	19.31	23.09	25.82	26

17-28 规模以上工业企业新产品开发项目数和经费支出

New Products Development and Expenditure of Industrial Enterprises above Designated Size

地区	Region	新产品开发项目数（项）New Products (unit)				新产品开发经费支出（亿元）Expenditure on New Products Development (100 million yuan)			
		2010	2015	2016	2016排名 Ranking	2010	2015	2016	2016排名 Ranking
全　国	**National Total**	**159637**	**326286**	**391872**		**4420.69**	**10270.83**	**11766.27**	
北　京	Beijing	4848	10580	10304	11	126.92	305.39	322.64	11
天　津	Tianjin	6181	9800	10767	8	122.38	268.46	285.62	13
河　北	Hebei	4048	7489	8428	14	98.38	246.54	262.69	14
山　西	Shanxi	1927	1910	2206	24	69.10	68.17	68.97	24
内蒙古	Inner Mongolia	936	1228	1509	25	35.41	64.07	72.79	22
辽　宁	Liaoning	5997	5494	6910	17	196.68	244.20	239.15	16
吉　林	Jilin	895	2548	2470	22	21.98	116.79	124.40	19
黑龙江	Heilongjiang	3280	2760	2677	21	70.24	72.23	69.62	23
上　海	Shanghai	8573	14378	15046	6	302.45	571.62	622.77	5
江　苏	Jiangsu	20817	57204	64029	2	719.96	1711.74	1909.03	2
浙　江	Zhejiang	13842	55123	63124	3	349.64	898.93	1004.16	4
安　徽	Anhui	5919	17025	19920	5	166.77	380.44	443.21	6
福　建	Fujian	3708	9737	11833	7	127.19	297.40	351.69	9
江　西	Jiangxi	2084	4635	8371	15	57.50	144.51	222.79	17
山　东	Shandong	17019	28306	32952	4	506.91	1122.14	1252.17	3
河　南	Henan	5762	9780	10385	10	144.96	306.55	337.08	10
湖　北	Hubei	5856	8934	10450	9	176.10	364.44	407.65	7
湖　南	Hunan	4145	6402	7632	16	113.82	331.51	358.53	8
广　东	Guangdong	24443	43456	66843	1	591.68	1831.04	2309.73	1
广　西	Guangxi	2150	2781	3217	20	38.72	90.40	90.55	20
海　南	Hainan	228	500	512	29	5.07	10.58	11.77	29
重　庆	Chongqing	3264	7352	9243	12	84.02	238.85	302.58	12
四　川	Sichuan	5718	6971	8846	13	104.42	214.57	252.37	15
贵　州	Guizhou	1344	1623	2231	23	26.43	42.42	55.05	25
云　南	Yunnan	806	2503	3834	19	25.89	63.20	88.43	21
西　藏	Tibet		16	24	31		0.30	0.36	31
陕　西	Shaanxi	3809	4434	4506	18	83.62	163.79	189.82	18
甘　肃	Gansu	1014	1291	1222	26	19.79	39.30	39.77	27
青　海	Qinghai	83	121	126	30	4.75	9.88	6.21	30
宁　夏	Ningxia	567	981	1102	28	10.35	18.23	20.20	28
新　疆	Xinjiang	374	924	1153	27	19.57	33.14	44.48	26

17-29 规模以上工业企业新产品销售收入

Sales Revenue of New Products in Industrial Enterprises above Designated Size

单位：亿元 (100 million yuan)

地区	Region	新产品销售收入 Sales Revenue of New Products				其中：出口销售收入 Exports			
		2010	2015	2016	2016排名 Ranking	2010	2015	2016	2016排名 Ranking
全 国	**National Total**	**72863.90**	**150856.55**	**174604.15**		**14773.64**	**29132.68**	**32713.10**	
北 京	Beijing	2495.53	3564.04	4085.86	12	674.23	243.90	277.28	16
天 津	Tianjin	3170.50	5727.77	5642.83	10	840.51	1130.88	1037.62	8
河 北	Hebei	1306.22	3476.24	3923.14	14	142.81	326.89	432.90	12
山 西	Shanxi	597.09	833.34	1085.01	21	42.14	158.36	160.73	18
内蒙古	Inner Mongolia	526.14	664.84	779.61	22	39.72	57.11	46.39	24
辽 宁	Liaoning	2161.04	3337.35	3387.24	15	267.41	343.09	511.28	11
吉 林	Jilin	1654.17	1822.75	2627.61	18	62.88	40.56	65.26	21
黑龙江	Heilongjiang	551.93	511.05	502.62	25	28.47	35.39	71.23	20
上 海	Shanghai	6180.81	7470.93	9033.47	5	1023.11	1079.84	1241.08	7
江 苏	Jiangsu	9387.21	24463.27	28084.67	2	2196.55	5810.42	6583.75	2
浙 江	Zhejiang	6282.62	18839.14	21396.83	3	1775.97	3728.68	4210.39	3
安 徽	Anhui	1997.12	5882.23	7321.05	7	140.61	466.52	555.69	10
福 建	Fujian	1985.34	3525.55	4052.66	13	647.18	1102.20	1254.13	6
江 西	Jiangxi	762.04	2058.60	3136.80	16	100.20	216.56	303.20	14
山 东	Shandong	8905.67	14698.43	16313.42	4	1307.70	1794.81	2085.05	5
河 南	Henan	1828.74	5789.42	6115.41	9	117.95	2873.03	2801.47	4
湖 北	Hubei	2330.16	5676.92	6713.20	8	150.45	193.95	300.76	15
湖 南	Hunan	2350.13	7349.80	8098.47	6	115.90	509.69	362.28	13
广 东	Guangdong	11301.70	22642.50	28671.41	1	4656.20	7484.14	9231.58	1
广 西	Guangxi	951.58	1633.37	1980.88	19	40.50	45.77	77.79	19
海 南	Hainan	94.05	133.09	126.59	29	1.24	15.35	12.71	28
重 庆	Chongqing	2478.03	4535.12	5014.35	11	120.81	1073.20	714.99	9
四 川	Sichuan	1435.78	2892.48	3044.73	17	134.56	150.81	162.09	17
贵 州	Guizhou	310.65	394.48	575.20	24	21.79	47.39	61.33	22
云 南	Yunnan	232.88	513.20	628.45	23	17.94	19.89	30.25	26
西 藏	Tibet		5.64	7.87	31				
陕 西	Shaanxi	868.28	1040.99	1236.49	20	57.98	103.10	53.47	23
甘 肃	Gansu	344.24	574.10	303.11	27	25.10	50.72	27.75	27
青 海	Qinghai	17.07	22.82	37.94	30	0.06	0.09	0.77	30
宁 夏	Ningxia	101.20	282.69	202.68	28	22.66	25.99	32.13	25
新 疆	Xinjiang	255.98	494.39	474.55	26	1.04	4.35	7.73	29

17-30 规模以上工业企业引进技术经费支出和消化吸收经费支出

Expenditure for Acquisition of Foreign Technology and Expenditure for Assimilation of Technology

单位：亿元 (100 million yuan)

地区	Region	引进技术经费支出 Expenditure for Acquisition of Foreign Technology				消化吸收经费支出 Expenditure for Assimilation of Technology			
		2010	2015	2016	2016排名 Ranking	2010	2015	2016	2016排名 Ranking
全　国	**National Total**	**386.13**	**414.06**	**475.42**		**165.20**	**108.39**	**109.25**	
北　京	Beijing	19.86	30.02	32.07	5	0.73	7.52	7.18	5
天　津	Tianjin	23.31	8.26	6.02	11	7.02	2.22	1.14	17
河　北	Hebei	13.30	4.20	2.12	20	18.96	1.66	1.33	15
山　西	Shanxi	7.10	5.58	4.68	14	8.59	0.81	0.63	20
内蒙古	Inner Mongolia	3.08	10.19	7.48	10	2.22	2.77	2.00	11
辽　宁	Liaoning	6.39	5.58	2.82	18	4.59	3.31	2.80	9
吉　林	Jilin	1.16	26.84	5.14	12	0.57	0.68	14.47	2
黑龙江	Heilongjiang	5.99	2.57	0.93	22	3.86	1.66	0.55	22
上　海	Shanghai	61.09	50.44	135.00	1	28.68	25.96	36.85	1
江　苏	Jiangsu	36.05	36.21	33.27	4	13.10	12.47	9.49	3
浙　江	Zhejiang	21.33	12.16	9.33	9	10.59	3.57	3.53	7
安　徽	Anhui	4.47	4.18	3.25	17	3.34	2.60	2.22	10
福　建	Fujian	23.32	14.71	13.79	8	2.40	3.22	2.98	8
江　西	Jiangxi	7.35	5.84	4.88	13	0.71	1.91	0.37	23
山　东	Shandong	25.00	17.82	17.49	6	16.10	8.58	9.47	4
河　南	Henan	6.09	3.74	0.88	24	3.09	1.50	0.84	18
湖　北	Hubei	19.04	16.51	14.27	7	2.97	1.75	1.78	14
湖　南	Hunan	5.96	3.42	3.67	15	6.62	4.03	1.83	13
广　东	Guangdong	55.66	87.30	131.60	2	7.77	5.23	4.75	6
广　西	Guangxi	0.39	0.57	0.42	25	0.57	0.26	0.20	25
海　南	Hainan	0.00	0.34			0.17	0.03		
重　庆	Chongqing	14.17	36.05	37.60	3	2.10	2.97	0.63	19
四　川	Sichuan	7.55	3.19	3.32	16	4.03	1.55	1.87	12
贵　州	Guizhou	1.35	0.66	0.10	28	0.28	0.39	0.15	26
云　南	Yunnan	5.48	0.47	1.54	21	0.92	2.50	0.22	24
西　藏	Tibet								
陕　西	Shaanxi	3.47	2.33	2.46	19	1.08	1.97	1.24	16
甘　肃	Gansu	5.99	2.14	0.13	27	12.18	6.91	0.59	21
青　海	Qinghai	0.74	0.00	0.18	26	0.84		0.0004	29
宁　夏	Ningxia	1.39	22.21	0.09	29	0.84	0.21	0.03	28
新　疆	Xinjiang	0.06	0.52	0.88	23	0.29	0.16	0.09	27

17-31 规模以上工业企业购买国内技术经费支出和技术改造经费支出

Expenditure for Purchase of Domestic Technology and Expenditure for Technical Renovation

单位：亿元 (100 million yuan)

地区	Region	购买国内技术经费支出 Expenditure for Purchase of Domestic Technology				技术改造经费支出 Expenditure for Technical Renovation			
		2010	2015	2016	2016排名 Ranking	2010	2015	2016	2016排名 Ranking
全　国	**National Total**	**221.41**	**229.94**	**208.00**		**3638.49**	**3147.64**	**3016.61**	
北　京	Beijing	2.53	4.54	5.64	7	102.49	42.06	57.72	17
天　津	Tianjin	5.66	1.21	0.49	24	85.97	31.86	27.65	24
河　北	Hebei	3.10	2.11	1.54	20	170.14	123.60	105.99	11
山　西	Shanxi	3.55	1.99	1.47	21	118.31	73.87	45.53	21
内蒙古	Inner Mongolia	35.25	0.77	1.27	22	120.72	41.14	23.21	27
辽　宁	Liaoning	15.84	6.18	4.24	13	208.70	131.21	112.78	9
吉　林	Jilin	1.48	8.65	0.13	29	24.48	28.63	41.46	22
黑龙江	Heilongjiang	0.94	0.33	0.46	25	73.78	30.24	23.62	25
上　海	Shanghai	22.65	26.04	26.09	2	123.21	122.06	141.55	8
江　苏	Jiangsu	14.78	20.16	17.38	3	483.95	507.20	521.95	1
浙　江	Zhejiang	10.70	20.63	14.41	5	226.64	233.72	191.90	6
安　徽	Anhui	3.87	5.19	3.64	15	83.23	143.32	143.14	7
福　建	Fujian	8.67	11.77	11.84	6	73.62	106.30	192.49	5
江　西	Jiangxi	4.14	9.05	4.76	9	45.57	63.98	58.62	16
山　东	Shandong	12.32	15.91	16.94	4	301.26	276.65	240.73	2
河　南	Henan	3.66	2.18	2.01	19	136.39	105.02	109.37	10
湖　北	Hubei	2.16	5.26	3.15	17	132.65	88.60	55.17	19
湖　南	Hunan	3.91	3.40	2.56	18	278.03	267.78	229.40	3
广　东	Guangdong	10.83	40.90	62.56	1	180.95	172.02	204.99	4
广　西	Guangxi	0.74	1.16	0.70	23	99.09	91.59	79.52	13
海　南	Hainan	0.75	0.29	0.36	26	1.58	1.79	1.49	30
重　庆	Chongqing	3.80	4.89	4.59	11	55.11	63.03	70.67	15
四　川	Sichuan	11.54	3.44	4.07	14	246.21	95.97	81.46	12
贵　州	Guizhou	1.97	0.82	3.35	16	54.37	82.01	71.30	14
云　南	Yunnan	4.62	0.63	4.90	8	45.16	34.80	28.77	23
西　藏	Tibet						0.05	0.01	31
陕　西	Shaanxi	25.63	3.99	4.70	10	82.72	56.92	57.59	18
甘　肃	Gansu	4.20	3.60	0.27	27	37.17	57.18	47.64	20
青　海	Qinghai	0.03	0.01	0.02	30	4.07	8.84	5.31	29
宁　夏	Ningxia	1.77	24.27	4.34	12	27.07	25.65	23.22	26
新　疆	Xinjiang	0.33	0.57	0.14	28	15.85	40.56	22.35	28

17-32 研究与开发机构R&D课题数和人员
R&D Projects and Input of Personnel of R&D Institutions

地区	Region	R&D课题数（项） R&D Projects (item)				R&D课题投入人员（人年） Input of Personnel (man-year)			
		2010	2015	2016	2016排名 Ranking	2010	2015	2016	2016排名 Ranking
全　国	**National Total**	**67050**	**99559**	**100925**		**253719**	**348699**	**343624**	
北　京	Beijing	21075	28534	28437	1	66961	91376	87397	1
天　津	Tianjin	890	1614	1584	19	6132	9783	9927	11
河　北	Hebei	572	857	864	25	5690	7958	8132	13
山　西	Shanxi	935	1256	1274	23	4469	3999	3527	23
内蒙古	Inner Mongolia	658	667	716	28	2546	2305	2203	27
辽　宁	Liaoning	1466	2292	2237	14	9947	11640	12000	7
吉　林	Jilin	1726	2539	2394	13	5722	5856	5960	16
黑龙江	Heilongjiang	1785	2045	1838	17	6205	6133	5125	19
上　海	Shanghai	5933	8946	8764	2	18799	26267	25828	4
江　苏	Jiangsu	3823	6490	6817	4	14139	22252	22035	5
浙　江	Zhejiang	1738	3060	3019	8	4028	6890	6503	15
安　徽	Anhui	888	1563	1387	21	5061	9219	10385	10
福　建	Fujian	2113	2703	3057	7	2326	3272	3598	22
江　西	Jiangxi	684	1016	805	27	3807	5092	5059	20
山　东	Shandong	3227	4469	4425	5	7600	11180	10992	9
河　南	Henan	672	900	1095	24	7832	10021	9766	12
湖　北	Hubei	2305	3161	3544	6	11190	13413	12883	6
湖　南	Hunan	1100	1422	1402	20	5926	7201	6590	14
广　东	Guangdong	3499	6172	7163	3	6424	11693	11273	8
广　西	Guangxi	1729	1996	1836	18	2993	3211	3255	24
海　南	Hainan	662	572	830	26	914	982	1292	28
重　庆	Chongqing	868	2014	2060	16	2504	3282	3680	21
四　川	Sichuan	1661	2729	2970	9	16431	29178	31440	2
贵　州	Guizhou	841	1397	1288	22	1577	2532	2454	26
云　南	Yunnan	1486	3091	2907	10	3875	6092	5607	17
西　藏	Tibet	91	129	106	31	321	338	338	31
陕　西	Shaanxi	1492	2407	2446	12	22171	27808	27126	3
甘　肃	Gansu	1545	2637	2607	11	5033	5632	5349	18
青　海	Qinghai	229	453	522	29	466	492	412	30
宁　夏	Ningxia	153	358	409	30	268	433	496	29
新　疆	Xinjiang	1204	2070	2122	15	2362	3170	2990	25

17-33 研究与开发机构R&D课题投入经费和发表科技论文
Input of Funds and Scientific Papers Published by R&D Institutions

地区	Region	R&D课题投入经费（亿元） Input of Funds (100 million yuan)				发表科技论文（篇） Scientific Papers Issued (piece)			
		2010	2015	2016	2016排名 Ranking	2010	2015	2016	2016排名 Ranking
全　国	**National Total**	**681.47**	**1513.79**	**1592.54**		**140818**	**169989**	**175169**	
北　京	Beijing	224.49	517.69	516.43	1	44537	57061	57698	1
天　津	Tianjin	16.95	29.07	34.65	10	2447	2781	2757	20
河　北	Hebei	10.61	26.65	24.98	13	1935	2352	2568	22
山　西	Shanxi	5.55	7.73	7.75	20	2390	2493	2410	23
内蒙古	Inner Mongolia	3.19	5.14	5.06	26	828	1126	1510	27
辽　宁	Liaoning	24.84	36.82	42.97	7	4312	4228	4841	10
吉　林	Jilin	11.38	16.41	14.89	16	4204	3548	4477	11
黑龙江	Heilongjiang	6.22	14.52	7.43	21	3332	2959	3004	19
上　海	Shanghai	58.99	201.17	219.77	2	7896	10107	9569	3
江　苏	Jiangsu	47.59	107.29	127.32	5	7915	9895	10548	2
浙　江	Zhejiang	9.60	17.22	21.19	14	3775	4754	5393	9
安　徽	Anhui	12.50	33.84	37.28	9	2695	3077	3269	17
福　建	Fujian	4.12	6.83	6.65	23	2895	4147	3404	14
江　西	Jiangxi	5.46	7.62	8.50	19	1638	1829	1875	26
山　东	Shandong	10.43	26.51	26.28	11	6509	7007	6891	6
河　南	Henan	16.84	23.52	25.41	12	3498	3454	3294	16
湖　北	Hubei	26.31	44.76	51.35	6	4988	6741	6160	7
湖　南	Hunan	8.66	14.38	18.46	15	1653	2332	2110	24
广　东	Guangdong	10.16	36.93	42.48	8	5305	7703	8392	4
广　西	Guangxi	3.47	5.03	6.00	24	2850	3302	3051	18
海　南	Hainan	2.07	1.46	3.07	27	1080	1675	1510	27
重　庆	Chongqing	4.28	6.16	7.25	22	1301	1795	2618	21
四　川	Sichuan	68.47	156.61	168.62	3	5548	6697	7652	5
贵　州	Guizhou	1.66	3.33	3.01	28	1454	2063	2009	25
云　南	Yunnan	6.64	11.84	11.61	18	2591	3951	3815	13
西　藏	Tibet	0.40	1.26	0.80	31	246	206	184	31
陕　西	Shaanxi	70.00	131.81	131.22	4	4594	5296	5817	8
甘　肃	Gansu	6.97	14.85	14.57	17	5147	4121	3827	12
青　海	Qinghai	0.54	0.94	0.87	30	550	448	553	30
宁　夏	Ningxia	0.29	0.74	1.11	29	337	485	608	29
新　疆	Xinjiang	2.81	5.67	5.53	25	2368	2356	3355	15

17-34 研究与开发机构国外发表科技论文和出版科技著作

Scientific Papers or Works Published in Foreign Periodicals or Presses by R&D Institutions

地区	Region	国外发表科技论文(篇) Published in Foreign Periodicals (piece)				出版科技著作(种) Publication on S&T (kind)			
		2010	2015	2016	2016排名 Ranking	2010	2015	2016	2016排名 Ranking
全　国	**National Total**	**26862**	**47301**	**50010**		**3922**	**5662**	**5714**	
北　京	Beijing	12123	19988	20751	1	1626	2385	2529	1
天　津	Tianjin	88	344	322	23	101	62	69	20
河　北	Hebei	82	167	204	25	35	124	82	16
山　西	Shanxi	218	338	349	21	99	53	57	27
内蒙古	Inner Mongolia	21	28	48	29	24	59	75	18
辽　宁	Liaoning	1334	1602	1868	6	73	60	133	12
吉　林	Jilin	704	1356	1346	10	94	24	69	20
黑龙江	Heilongjiang	133	271	390	17	70	111	52	28
上　海	Shanghai	2758	4253	3994	2	197	218	276	2
江　苏	Jiangsu	1161	2556	2866	4	148	147	194	4
浙　江	Zhejiang	526	1160	1396	9	100	162	164	7
安　徽	Anhui	760	959	1043	13	32	31	58	25
福　建	Fujian	333	1097	1106	12	62	61	64	22
江　西	Jiangxi	450	99	108	28	38	76	64	22
山　东	Shandong	982	2001	2172	5	191	222	178	6
河　南	Henan	168	254	345	22	123	174	144	8
湖　北	Hubei	720	1578	1624	8	114	154	134	11
湖　南	Hunan	137	312	359	18	35	84	63	24
广　东	Guangdong	883	2777	3228	3	186	565	260	3
广　西	Guangxi	146	363	350	20	70	86	108	14
海　南	Hainan	137	330	359	18	46	33	29	29
重　庆	Chongqing	56	161	197	26	41	45	93	15
四　川	Sichuan	742	1301	1777	7	85	139	139	10
贵　州	Guizhou	151	277	196	27	21	56	76	17
云　南	Yunnan	640	899	861	14	61	163	140	9
西　藏	Tibet	7	16	31	30	40	19	15	31
陕　西	Shaanxi	475	592	717	15	72	89	113	13
甘　肃	Gansu	691	1631	1199	11	67	121	186	5
青　海	Qinghai	86	167	249	24	15	11	21	30
宁　夏	Ningxia	1	24	9	31	3	44	58	25
新　疆	Xinjiang	149	400	546	16	53	84	71	19

17-35 研究与开发机构科技产出
S&T Output of R&D Institutions

地区	Region	专利所有权转让及许可收入（万元） Revenue from Transfer and Licensing of Patent Ownership (10 000 yuan)				形成国家或行业标准数（项） Number of National and Industrial Standard (item)			
		2010	2015	2016	2016排名 Ranking	2010	2015	2016	2016排名 Ranking
全　国	**National Total**	**290655**	**72435**	**86283**		**3594**	**3813**	**3425**	
北　京	Beijing	110816	19800	35769	1	2138	1857	1394	1
天　津	Tianjin	702	4570	2993	8	89	39	71	13
河　北	Hebei	150	110	479	18	22	15	47	17
山　西	Shanxi		584	290	21	10	43	32	22
内蒙古	Inner Mongolia			120	27	3	39	52	16
辽　宁	Liaoning	68410	7114	5414	4	18	83	54	15
吉　林	Jilin		360	274	22	15	36	13	29
黑龙江	Heilongjiang	90	12	242	23	17	54	102	8
上　海	Shanghai	30664	15597	11059	2	243	232	223	2
江　苏	Jiangsu	3650	3858	5991	3	131	170	165	4
浙　江	Zhejiang	12647	6698	5056	5	39	96	116	7
安　徽	Anhui	1030	2116	739	17	36	95	30	23
福　建	Fujian	160	1249	1774	9	37	35	27	25
江　西	Jiangxi	38	360	375	20	14	21	21	27
山　东	Shandong	17141	1707	1565	10	150	116	151	5
河　南	Henan		438	1020	14	13	45	84	9
湖　北	Hubei	2149	834	137	25	67	103	123	6
湖　南	Hunan	450	330	2	30	25	46	58	14
广　东	Guangdong	11393	1128	1291	12	94	223	178	3
广　西	Guangxi		7	135	26	15	24	45	18
海　南	Hainan	2000	1	1072	13	33	21	44	19
重　庆	Chongqing	507	34	146	24	31	6	8	30
四　川	Sichuan	4443	616	967	15	160	202	78	11
贵　州	Guizhou		20	5	29	21	10	34	20
云　南	Yunnan	1400	216	824	16	6	21	34	20
西　藏	Tibet						3	7	31
陕　西	Shaanxi		1511	3711	6	103	45	77	12
甘　肃	Gansu	19060	3084	1342	11	24	15	26	26
青　海	Qinghai		8	3030	7			29	24
宁　夏	Ningxia		50	60	28	31	30	20	28
新　疆	Xinjiang	3755	25	405	19	9	88	82	10

17-36 高等学校R&D课题数和投入人员
R&D Projects and Input of Personnel of Higher Education Institutions

地区	Region	R&D课题数（项） R&D Projects (item)				R&D课题投入人员（人年） Input of Personnel (man-year)			
		2010	2015	2016	2016排名 Ranking	2010	2015	2016	2016排名 Ranking
全　国	**National Total**	**547717**	**841520**	**894279**		**288940**	**354475**	**359837**	
北　京	Beijing	60477	92243	91089	1	30046	34424	32260	1
天　津	Tianjin	14289	21801	22503	17	8879	11359	10343	17
河　北	Hebei	13301	20395	23567	16	7385	10022	10670	15
山　西	Shanxi	7286	9783	9352	25	5912	6425	6624	22
内蒙古	Inner Mongolia	5031	7071	8223	27	3499	3254	3326	27
辽　宁	Liaoning	20876	29611	32423	11	15657	16741	17497	7
吉　林	Jilin	13040	19913	20804	18	13582	14876	14332	11
黑龙江	Heilongjiang	14632	18634	17317	21	12867	14825	14218	12
上　海	Shanghai	36656	52167	51743	5	21541	23268	23877	4
江　苏	Jiangsu	35481	59887	67670	3	17508	23869	26346	2
浙　江	Zhejiang	38269	54236	63357	4	12991	16139	17706	6
安　徽	Anhui	19706	28685	28913	13	9638	13524	12692	13
福　建	Fujian	15925	27715	32417	12	5889	9912	10668	16
江　西	Jiangxi	12579	18902	20252	20	5036	5723	6042	23
山　东	Shandong	22810	37093	38738	9	14500	20950	20562	5
河　南	Henan	14846	25932	25949	14	5930	7846	7918	20
湖　北	Hubei	30613	42709	43373	7	13965	15276	15024	10
湖　南	Hunan	25253	34304	34770	10	10945	14313	15318	9
广　东	Guangdong	35749	61677	70697	2	16083	23594	23901	3
广　西	Guangxi	11801	19233	20391	19	9790	9785	10218	18
海　南	Hainan	1956	3420	3796	29	522	984	1136	29
重　庆	Chongqing	13415	20651	23569	15	7126	7807	8516	19
四　川	Sichuan	29498	45656	46803	6	14592	17604	17457	8
贵　州	Guizhou	7160	13567	13834	23	2868	4316	4219	24
云　南	Yunnan	10183	15399	16456	22	5072	7087	6951	21
西　藏	Tibet	352	966	1026	31	412	318	253	31
陕　西	Shaanxi	23212	37790	41342	8	9923	10602	11229	14
甘　肃	Gansu	6744	9319	9858	24	2641	3809	3902	26
青　海	Qinghai	688	1225	1143	30	700	629	661	30
宁　夏	Ningxia	2617	3604	4100	28	1100	1420	1940	28
新　疆	Xinjiang	3272	7932	8804	26	2340	3780	4030	25

17-37 高等学校R&D课题投入经费和发表科技论文

Input of Funds and Scientific Papers Issued of Higher Education Institutions

地区	Region	R&D课题投入经费（亿元） Input of Funds (100 million yuan)				发表科技论文（篇） Scientific Papers Issued (piece)			
		2010	2015	2016	2016排名 Ranking	2010	2015	2016	2016排名 Ranking
全　国	**National Total**	**467.00**	**765.64**	**777.22**		**1062512**	**1220467**	**1267881**	
北　京	Beijing	89.38	125.17	121.93	1	104784	118985	118193	1
天　津	Tianjin	17.95	46.44	44.41	5	22861	32619	29977	18
河　北	Hebei	5.50	6.95	8.35	20	30426	30563	36187	15
山　西	Shanxi	4.74	6.14	5.96	25	13896	15600	18488	23
内蒙古	Inner Mongolia	2.12	2.90	3.35	27	9867	14310	16314	26
辽　宁	Liaoning	18.84	36.42	35.72	10	43629	53488	56721	8
吉　林	Jilin	13.14	18.98	11.73	18	28785	34501	37527	14
黑龙江	Heilongjiang	21.98	34.68	40.95	6	36453	38123	36133	16
上　海	Shanghai	32.96	63.61	64.53	4	70290	78275	79481	4
江　苏	Jiangsu	40.80	61.11	70.71	2	90125	114407	114057	2
浙　江	Zhejiang	26.23	40.20	39.99	7	46236	43304	49592	11
安　徽	Anhui	10.52	37.68	16.95	15	31760	39406	37599	13
福　建	Fujian	6.05	11.88	15.40	17	18137	23109	25600	19
江　西	Jiangxi	6.43	9.06	7.90	21	22482	20724	24115	21
山　东	Shandong	14.65	26.81	28.73	12	48926	53793	53770	9
河　南	Henan	7.42	15.65	16.70	16	43718	51017	49332	12
湖　北	Hubei	29.76	44.34	36.95	8	67352	72464	76053	5
湖　南	Hunan	15.00	17.85	19.57	13	48569	48417	50101	10
广　东	Guangdong	19.63	43.38	66.43	3	60176	70934	87373	3
广　西	Guangxi	4.29	6.38	7.77	22	23394	25619	23712	22
海　南	Hainan	0.59	1.43	1.42	29	3766	5466	4921	29
重　庆	Chongqing	11.01	14.66	18.07	14	27482	30373	32273	17
四　川	Sichuan	32.07	34.40	35.75	9	52512	66867	66528	6
贵　州	Guizhou	2.52	4.85	6.07	24	12933	16359	16938	25
云　南	Yunnan	4.10	9.38	9.30	19	18577	24681	25146	20
西　藏	Tibet	0.20	0.39	0.28	31	684	1024	928	31
陕　西	Shaanxi	21.12	33.31	29.27	11	49206	56985	60172	7
甘　肃	Gansu	5.80	5.55	6.17	23	17307	17459	18468	24
青　海	Qinghai	0.28	1.00	1.40	30	2024	2261	2579	30
宁　夏	Ningxia	0.47	1.64	1.67	28	5513	4909	5382	28
新　疆	Xinjiang	1.45	3.37	3.79	26	10642	14425	14221	27

17-38 高等学校国外发表科技论文和出版科技著作
Scientific Papers or Works Published in Foreign Periodicals and Publication by Higher Education Institutions

地区	Region	国外发表科技论文（篇） Scientific Papers or Works Published in Foreign Periodicals (piece)				出版科技著作（种） Publication on S&T (kind)			
		2010	2015	2016	2016排名 Ranking	2010	2015	2016	2016排名 Ranking
全 国	**National Total**	**182247**	**313698**	**355483**		**38101**	**43136**	**44518**	
北 京	Beijing	19170	34855	39384	1	5747	5225	5354	1
天 津	Tianjin	6046	11024	11683	12	959	739	681	24
河 北	Hebei	2926	5039	6815	19	743	1112	1554	13
山 西	Shanxi	1598	3261	3791	22	613	505	704	23
内蒙古	Inner Mongolia	654	930	1483	25	385	885	981	19
辽 宁	Liaoning	5787	11900	14021	11	2536	2590	2411	6
吉 林	Jilin	4013	9077	10672	13	934	963	1008	18
黑龙江	Heilongjiang	11042	14050	14502	10	1234	1267	1142	16
上 海	Shanghai	18418	32095	34235	3	3020	2877	2789	3
江 苏	Jiangsu	20396	35059	38321	2	2017	3236	3055	2
浙 江	Zhejiang	12020	13945	15792	8	1549	1822	2013	8
安 徽	Anhui	4380	9023	10186	15	1457	1177	1242	15
福 建	Fujian	4108	6064	7492	17	706	814	777	22
江 西	Jiangxi	2187	4712	4181	21	621	737	890	20
山 东	Shandong	8671	16497	19158	6	1690	2186	1913	9
河 南	Henan	4196	7668	7466	18	1645	2356	2566	5
湖 北	Hubei	13980	19863	23358	5	2415	2529	2751	4
湖 南	Hunan	4860	9131	10460	14	1621	1683	1748	11
广 东	Guangdong	8898	18400	25571	4	1991	2042	2375	7
广 西	Guangxi	1798	3360	3445	24	481	708	587	26
海 南	Hainan	223	837	592	29	264	325	342	27
重 庆	Chongqing	3905	8281	9042	16	990	1288	1273	14
四 川	Sichuan	10200	16367	17684	7	1361	1828	1755	10
贵 州	Guizhou	372	1131	1303	26	276	514	598	25
云 南	Yunnan	1452	3422	4240	20	696	898	1024	17
西 藏	Tibet	28	78	101	30	31	26	26	31
陕 西	Shaanxi	7687	12914	14961	9	1275	1548	1609	12
甘 肃	Gansu	2494	3170	3534	23	522	848	835	21
青 海	Qinghai	63	76	95	31	64	58	45	30
宁 夏	Ningxia	268	331	772	28	102	99	173	29
新 疆	Xinjiang	407	1138	1143	27	156	251	297	28

17-39 高等学校科技产出
S&T Output of Higher Education Institutions

地区	Region	专利所有权转让及许可收入（万元） Revenue from Transfer and Licensing of Patent Ownership (10 000 yuan)				形成国家或行业标准数（项） Number of National and Industrial Standard (item)			
		2010	2015	2016	2016排名 Ranking	2010	2015	2016	2016排名 Ranking
全　国	**National Total**	**35943**	**66942**	**121543**		**230**	**427**	**571**	
北　京	Beijing	5924	28442	51870	1	64	193	265	1
天　津	Tianjin	4109	297	347	20		23		
河　北	Hebei	1354	276	575	17	9	7	5	18
山　西	Shanxi	205	375	422	19		7	1	23
内蒙古	Inner Mongolia	40	90	5	27		3		
辽　宁	Liaoning	1436	692	5882	6		20	21	6
吉　林	Jilin	598	86	244	21	9			
黑龙江	Heilongjiang	232	424	1641	12	8	11	17	10
上　海	Shanghai	3122	3570	9486	4	1			
江　苏	Jiangsu	3629	6586	13026	2	10	47	34	3
浙　江	Zhejiang	2999	2627	8920	5	9	16	20	7
安　徽	Anhui	212	4996	1974	11	25		20	7
福　建	Fujian	498	1023	9500	3			2	22
江　西	Jiangxi	310	1363	1465	14	1		6	15
山　东	Shandong	890	977	1568	13	6	3	3	21
河　南	Henan	856	1373	1251	15	9	6	1	23
湖　北	Hubei	1368	2969	3139	8	28	1	23	4
湖　南	Hunan	1558	1225	868	16	11	21	23	4
广　东	Guangdong	1575	1705	2216	10		11	20	7
广　西	Guangxi	370	182	227	22	2	3	7	14
海　南	Hainan	49	4						
重　庆	Chongqing	1389	1467	519	18		15	47	2
四　川	Sichuan	1070	3504	2530	9		2	6	15
贵　州	Guizhou	11	120	212	23		8	6	15
云　南	Yunnan	514	52	38	25		1		
西　藏	Tibet								
陕　西	Shaanxi	1517	2432	3404	7			15	11
甘　肃	Gansu	97	73	35	26		5	5	18
青　海	Qinghai					38	7	11	12
宁　夏	Ningxia	10					4	8	13
新　疆	Xinjiang		13	181	24		13	5	18

18

教　育

Education

18-1 6岁及以上、大专及以上受教育程度的人口

Number of People with College and Higher Level Education fro Population Aged 6 and Over

单位：人 (person)

地区	Region	6岁及以上人口 Population Aged 6 and Over				其中：大专及以上人口 College and Higher Level			
		2010	2015	2016	2016排名 Ranking	2010	2015	2016	2016排名 Ranking
全 国	**National Total**	**1242546122**	**19833469**	**1077322**		**118374897**	**1351837**	**139370**	
北 京	Beijing	18813279	316773	17001	26	6177772	42735	7729	4
天 津	Tianjin	12388491	228196	12401	27	2261701	23755	3176	21
河 北	Hebei	66150575	1066111	57884	6	5242511	66187	5966	9
山 西	Shanxi	33521349	536025	29052	18	3114389	42620	3941	15
内蒙古	Inner Mongolia	23362679	368717	19913	23	2522759	31630	3640	17
辽 宁	Liaoning	41873047	652806	35135	14	5234081	54269	6331	7
吉 林	Jilin	26136514	409572	21860	21	2715172	26892	3093	22
黑龙江	Heilongjiang	36619463	572233	30868	15	3492275	38202	4159	14
上 海	Shanghai	22085668	355996	19274	24	5039565	41476	5791	12
江 苏	Jiangsu	74119475	1163203	62953	5	8511408	94557	10458	2
浙 江	Zhejiang	51484414	810517	44145	10	5078506	62059	6705	5
安 徽	Anhui	55103738	884086	48183	8	4006203	57909	4515	13
福 建	Fujian	34366573	546001	29688	17	3084680	33047	3421	18
江 西	Jiangxi	40413800	651438	35394	13	3055988	36854	3177	20
山 东	Shandong	89358154	1423779	77354	2	8328681	94518	9499	3
河 南	Henan	85563558	1353044	73743	3	6016007	69018	5870	10
湖 北	Hubei	53724341	846998	46004	9	5456838	60718	6406	6
湖 南	Hunan	60715957	976881	53099	7	4991904	62297	6184	8
广 东	Guangdong	97649498	1559777	85168	1	8905508	108571	11779	1
广 西	Guangxi	41837842	675146	36994	11	2751201	32652	2954	24
海 南	Hainan	7949791	129047	7037	28	670160	7693	685	29
重 庆	Chongqing	26962605	441611	24087	20	2445439	30627	3038	23
四 川	Sichuan	75277913	1200274	65259	4	5366709	71454	5869	11
贵 州	Guizhou	31837765	501212	27172	19	1853345	21646	1905	27
云 南	Yunnan	42475720	682247	36930	12	2636038	33019	3210	19
西 藏	Tibet	2705849	45898	2512	31	165324	1587	132	31
陕 西	Shaanxi	35187233	549196	29889	16	3940301	43218	3822	16
甘 肃	Gansu	23912906	377237	20445	22	1923282	24794	2191	26
青 海	Qinghai	5184022	84198	4581	30	484794	4396	444	30
宁 夏	Ningxia	5798346	95349	5210	29	587054	7262	801	28
新 疆	Xinjiang	19965557	329900	18087	25	2315302	26173	2483	25

注：1.2010年数据为第六次人口普查数据，2015年和2016年数据为抽样调查数据。

2.为2015年全国人口变动情况抽样调查样本数据，抽样比为0.822(‰)(以下有关各表同)。

3.为2016年全国人口变动情况抽样调查样本数据，抽样比为1.55(‰)(以下有关各表同)。

Notes: 1. 2010's data from comes the sixth census data. Data of 2015 and 2016 is sampling survey data.

2. Data in this table are obtained from the 2015 National Sample Survey on Changes. The sampling fraction is 0.822‰. The same applies to the relevant tables followed.

3. Data in this table are obtained from the 2016 National Sample Survey on Changes. The sampling fraction is 1.55‰. The same applies to the relevant tables followed.

18-2 高中文化和初中文化受教育程度的人口

Number of People with Senior Secondary Education and Junior Secondary Education

单位：人 (person)

地区	Region	其中：高中文化人口 Senior Secondary School				其中：初中文化人口 Junior Secondary School			
		2010	2015	2016	2016排名 Ranking	2010	2015	2016	2016排名 Ranking
全　国	**National Total**	**186646865**	**2434365**	**182171**		**518176222**	**7600489**	**418395**	
北　京	Beijing	4161674	42868	3258	24	6157444	80272	4070	27
天　津	Tianjin	2672387	30811	2821	26	4936137	85899	4169	26
河　北	Hebei	9131670	129334	8625	7	31902985	468196	25765	4
山　西	Shanxi	5618618	81434	5907	12	16115283	230264	12675	15
内蒙古	Inner Mongolia	3740299	46638	3395	22	9689532	138368	7552	22
辽　宁	Liaoning	6469305	74717	5787	13	19829444	293115	15399	12
吉　林	Jilin	4630133	54707	3653	21	11549212	174513	9333	20
黑龙江	Heilongjiang	5756969	70680	4972	16	17245267	257250	13491	14
上　海	Shanghai	4823221	52278	4104	19	8406458	120392	6199	25
江　苏	Jiangsu	12703757	148594	12036	4	30423013	425735	22540	6
浙　江	Zhejiang	7384253	88734	6890	9	19961827	284255	15554	11
安　徽	Anhui	6449846	97055	6226	10	22969845	352751	20802	7
福　建	Fujian	5119371	60067	4570	17	13977601	189992	10337	18
江　西	Jiangxi	5488361	82379	6011	11	16787837	252488	13502	13
山　东	Shandong	13322584	160761	13025	2	38468023	569311	30835	3
河　南	Henan	12423541	191204	12638	3	39925272	579625	32979	2
湖　北	Hubei	9503078	112916	8563	8	22677927	310274	17461	9
湖　南	Hunan	10133885	155211	11213	5	25977062	369554	20403	8
广　东	Guangdong	18267539	245678	18179	1	44075971	630674	33330	1
广　西	Guangxi	5078715	62958	5616	15	17840416	277465	16376	10
海　南	Hainan	1288237	15974	1253	28	3642423	57970	3197	28
重　庆	Chongqing	3814455	55244	4287	18	9646397	146462	8112	21
四　川	Sichuan	9045928	123250	8958	6	28058292	406996	23637	5
贵　州	Guizhou	2617659	36519	2967	25	10506809	174867	9951	19
云　南	Yunnan	3813068	49715	4060	20	12591002	220696	12135	16
西　藏	Tibet	131027	2145	146	31	385793	6639	466	31
陕　西	Shaanxi	5887718	70284	5701	14	14981471	207427	11835	17
甘　肃	Gansu	3244504	44169	3310	23	7982874	112808	6337	24
青　海	Qinghai	586713	6769	540	30	1427740	22619	1390	30
宁　夏	Ningxia	792711	10361	844	29	2130699	32026	1821	29
新　疆	Xinjiang	2545639	30910	2618	27	7906166	121585	6743	23

18-3 小学文化和未上过学受教育程度的人口
Number of People with Primary Education and No Education

单位：人 (person)

地区	Region	其中：小学文化人口 Primary School				其中：未上过学人口 No Schooling			
		2010	2015	2016	2016排名 Ranking	2010	2015	2016	2016排名 Ranking
全　国	**National Total**	**357211733**	**5199574**	**275939**		**62136405**	**1128946**	**61448**	
北　京	Beijing	1952619	32650	1631	27	363770	6180	313	31
天　津	Tianjin	2205954	35688	1902	26	312312	5738	333	29
河　北	Hebei	17719711	274871	14776	5	2153698	44629	2752	10
山　西	Shanxi	7804836	110913	5620	21	868223	17212	909	22
内蒙古	Inner Mongolia	6278818	89268	4312	24	1131271	21579	1013	20
辽　宁	Liaoning	9364681	131839	6838	19	975536	15151	782	24
吉　林	Jilin	6604755	100760	5106	23	637242	12954	675	25
黑龙江	Heilongjiang	9211366	134603	6952	17	913586	18889	1295	18
上　海	Shanghai	3121808	46582	2528	25	694616	11792	651	26
江　苏	Jiangsu	19033077	270803	14012	7	3448220	65122	3908	4
浙　江	Zhejiang	15687367	239672	12079	10	3372461	52902	2916	9
安　徽	Anhui	16518988	245444	13091	9	5158856	59704	3549	5
福　建	Fujian	10994768	160778	9407	14	1190153	38145	1953	13
江　西	Jiangxi	13399357	195947	10875	12	1682257	31679	1830	14
山　东	Shandong	23912234	345693	18766	2	5326632	96731	5230	2
河　南	Henan	22669174	350004	17933	4	4529564	77360	4323	3
湖　北	Hubei	13092079	203950	10885	11	2994419	51048	2690	11
湖　南	Hunan	17600932	259381	13315	8	2012174	36205	1984	12
广　东	Guangdong	23788746	352377	18686	3	2611734	53925	3194	7
广　西	Guangxi	14579571	210679	10350	13	1587939	32658	1697	16
海　南	Hainan	1958821	27457	1570	29	390150	6574	332	30
重　庆	Chongqing	9707595	139391	7581	16	1348719	24737	1070	19
四　川	Sichuan	27846551	399659	21287	1	4960433	97796	5508	1
贵　州	Guizhou	13546008	172357	9233	15	3313944	60459	3117	8
云　南	Yunnan	20042984	255239	14306	6	3392628	63598	3219	6
西　藏	Tibet	1098468	16848	786	31	925237	16503	982	21
陕　西	Shaanxi	8740957	126830	6847	18	1636786	29519	1685	17
甘　肃	Gansu	8313301	115600	6813	20	2448945	41499	1793	15
青　海	Qinghai	1984288	29610	1602	28	700487	13950	605	27
宁　夏	Ningxia	1868716	26334	1394	30	419166	8397	350	28
新　疆	Xinjiang	6563203	98351	5455	22	635247	16311	790	23

18-4 6岁及以上、大专及以上城市受教育程度的人口

Number of People with College and Higher Level Education for Population Aged 6 and Over in Cities

单位：人 (person)

地区	Region	6岁及以上城市人口 Population Aged 6 and Over				其中：大专及以上人口 College and Higher Level			
		2010	2015	2016	2016排名 Ranking	2010	2015	2016	2016排名 Ranking
全　国	**National Total**	**384147858**	**6554785**	**374066**		**82609537**	**838800**	**98568**	
北　京	Beijing	14931905	253293	14009	11	5719710	37537	7330	3
天　津	Tianjin	8557876	166994	9450	16	1955233	20961	2925	14
河　北	Hebei	13610266	232984	14486	9	3252344	35046	3974	10
山　西	Shanxi	8923504	151900	8172	20	1971616	22385	2108	19
内蒙古	Inner Mongolia	7621744	125634	6847	24	1488541	17309	2467	16
辽　宁	Liaoning	21238725	352844	19714	4	4505346	45794	5729	5
吉　林	Jilin	9829437	145594	8341	19	2163396	17112	2073	20
黑龙江	Heilongjiang	13671158	226181	12494	13	2699338	28294	3358	12
上　海	Shanghai	16947917	264847	15200	8	4593448	35799	5307	6
江　苏	Jiangsu	28756641	457066	27121	2	6298307	58825	7455	2
浙　江	Zhejiang	19341538	330475	19468	5	3565320	39627	4381	7
安　徽	Anhui	11570801	203010	11252	15	2421397	30021	2428	17
福　建	Fujian	11811304	200182	12983	12	1989438	21205	2650	15
江　西	Jiangxi	7019212	118515	7976	21	1341937	16704	1843	23
山　东	Shandong	26769277	452772	22965	3	5886987	60479	6537	4
河　南	Henan	17199491	277370	17609	6	3848678	38041	4235	9
湖　北	Hubei	17096493	305346	16382	7	3739648	38385	4337	8
湖　南	Hunan	12056671	224273	12364	14	2793617	30313	2989	13
广　东	Guangdong	49812159	834300	47829	1	7376944	84225	9716	1
广　西	Guangxi	7831847	143638	8998	17	1587538	16934	1738	24
海　南	Hainan	2174301	38312	2337	28	422600	4485	484	29
重　庆	Chongqing	8296022	162814	8807	18	1737668	20775	2296	18
四　川	Sichuan	15241250	269388	14115	10	3139205	36311	3430	11
贵　州	Guizhou	5201758	92813	5805	25	1027308	9580	1105	27
云　南	Yunnan	5969107	124230	7344	23	1259875	15068	2010	21
西　藏	Tibet	261564	5696	382	31	50752	526	48	31
陕　西	Shaanxi	8434216	153534	7897	22	2443851	23719	1985	22
甘　肃	Gansu	5011236	86100	4828	27	1171855	12177	1228	26
青　海	Qinghai	1294462	21526	1246	30	274360	2240	263	30
宁　夏	Ningxia	1938545	34305	1936	29	427952	4798	572	28
新　疆	Xinjiang	5727431	98849	5707	26	1455328	14125	1567	25

18-5 高中文化和初中文化城市受教育程度的人口

Number of People with Senior Secondary Education and Junior Secondary Education in Cities

单位：人 (person)

地区	Region	其中：高中文化人口 Senior Secondary School				其中：初中文化人口 Junior Secondary School			
		2010	2015	2016	2016排名 Ranking	2010	2015	2016	2016排名 Ranking
全　国	**National Total**	**93632752**	**1096187**	**90190**		**138590585**	**2080344**	**118897**	
北　京	Beijing	3419387	35171	2678	14	4276980	52768	2711	18
天　津	Tianjin	2220636	25588	2508	15	3091612	56230	2717	17
河　北	Hebei	3451788	43046	3397	10	4687010	74858	4611	8
山　西	Shanxi	2360499	29605	2273	20	3207370	47941	2625	19
内蒙古	Inner Mongolia	1827275	20781	1717	23	2882167	40458	1838	25
辽　宁	Liaoning	4781286	54576	4561	5	8961344	132013	7057	3
吉　林	Jilin	2959933	32601	2244	21	3404708	49276	2831	16
黑龙江	Heilongjiang	3548928	43865	3166	12	5444782	82223	4333	11
上　海	Shanghai	4099573	43822	3471	8	5952396	78829	4356	10
江　苏	Jiangsu	6792400	71418	6499	2	10057146	138019	7930	2
浙　江	Zhejiang	3639292	41519	3464	9	7240604	108221	6619	5
安　徽	Anhui	2599561	34190	2381	17	4095548	61300	4109	13
福　建	Fujian	2497009	27385	2755	13	4556611	63355	4312	12
江　西	Jiangxi	1826160	21973	1928	22	2370446	37339	2512	21
山　东	Shandong	6545016	68355	5609	3	9319501	146005	6705	4
河　南	Henan	4634895	60618	4780	4	5781643	84304	5530	6
湖　北	Hubei	4781427	53504	4410	6	5823530	84671	4821	7
湖　南	Hunan	3289412	44309	3519	7	3925457	64498	3717	14
广　东	Guangdong	12343702	152370	11870	1	21242368	313573	17630	1
广　西	Guangxi	1990384	22348	2361	18	2794057	46654	3292	15
海　南	Hainan	595567	7357	645	28	787331	13280	816	28
重　庆	Chongqing	1990330	29594	2292	19	2770694	48741	2525	20
四　川	Sichuan	3559631	44048	3237	11	5140166	77441	4410	9
贵　州	Guizhou	1022208	10805	1339	25	1805762	32828	2055	24
云　南	Yunnan	1247478	15176	1254	27	1920826	36328	2339	23
西　藏	Tibet	38621	587	52	31	68162	1058	89	31
陕　西	Shaanxi	2251823	24287	2398	16	2584611	39007	2488	22
甘　肃	Gansu	1312321	16049	1370	24	1550590	23260	1307	27
青　海	Qinghai	269124	2834	291	30	430443	7131	416	30
宁　夏	Ningxia	433639	5138	436	29	684596	10572	615	29
新　疆	Xinjiang	1303447	13270	1282	26	1732124	28165	1583	26

18-6 小学文化和未上过学城市受教育程度的人口

Number of People with Primary Education and No Education in Cities

单位：人 (person)

地区	Region	其中：小学文化人口 Primary School				其中：未上过学人口 No Schooling			
		2010	2015	2016	2016排名 Ranking	2010	2015	2016	2016排名 Ranking
全 国	**National Total**	**61280552**	**993344**	**57425**		**8034432**	**150109**	**8985**	
北 京	Beijing	1315882	22268	1129	21	199946	3341	161	19
天 津	Tianjin	1129187	20251	1123	22	161208	2940	178	16
河 北	Hebei	2018691	33894	2200	9	200433	4094	304	11
山 西	Shanxi	1263763	19158	1024	24	120256	2161	142	22
内蒙古	Inner Mongolia	1236914	16867	738	27	186847	3342	87	27
辽 宁	Liaoning	2694119	42931	2163	10	296630	4475	203	15
吉 林	Jilin	1166861	17818	1054	23	134539	2518	138	24
黑龙江	Heilongjiang	1761028	26856	1416	18	217082	3777	221	12
上 海	Shanghai	1924658	26960	1674	13	377842	5937	391	8
江 苏	Jiangsu	4844314	71320	4436	2	764474	13058	801	2
浙 江	Zhejiang	4204382	72756	4309	3	691940	12207	694	4
安 徽	Anhui	2003675	31160	1994	12	450620	5318	341	10
福 建	Fujian	2509463	39600	2802	5	258783	6808	464	6
江 西	Jiangxi	1336154	21551	1488	16	144515	2995	205	14
山 东	Shandong	4325179	67774	3372	4	692594	13080	740	3
河 南	Henan	2583016	39792	2683	6	351259	6103	380	9
湖 北	Hubei	2371093	40334	2275	8	380795	7437	540	5
湖 南	Hunan	1904464	33721	1999	11	143721	2664	140	23
广 东	Guangdong	8160352	138129	7483	1	688793	15601	1130	1
广 西	Guangxi	1337765	23833	1441	17	122103	2497	166	18
海 南	Hainan	327194	5289	340	28	41609	858	52	29
重 庆	Chongqing	1630161	30160	1542	14	167169	3570	154	20
四 川	Sichuan	3054024	50242	2629	7	348224	6947	409	7
贵 州	Guizhou	1173605	18603	1135	20	172875	3492	170	17
云 南	Yunnan	1362663	24015	1530	15	178265	3676	211	13
西 藏	Tibet	68803	1693	107	31	35226	1212	86	28
陕 西	Shaanxi	1020330	16122	909	25	133601	2589	116	26
甘 肃	Gansu	828420	11970	773	26	148050	2343	150	21
青 海	Qinghai	271588	4295	242	30	48947	1161	34	31
宁 夏	Ningxia	340790	5267	264	29	51568	1010	50	30
新 疆	Xinjiang	1112014	18714	1150	19	124518	2896	125	25

18-7 6岁及以上乡村和大专及以上受教育程度的人口

Number of People with College and Higher Level Education for Population Aged 6 and Over in Rural Areas

单位：人 (person)

地区	Region	6岁及以上乡村人口 Population Aged 6 and Over				其中：大专及以上人口 College and Higher Level			
		2010	2015	2016	2016排名 Ranking	2010	2015	2016	2016排名 Ranking
全 国	**National Total**	**609708623**	**8661427**	**457552**		**12553411**	**198925**	**14207**	
北 京	Beijing	2641925	43851	2365	27	219140	3042	283	22
天 津	Tianjin	2485102	39843	2139	30	69174	1068	133	27
河 北	Hebei	36700056	521958	27260	4	640291	9596	572	11
山 西	Shanxi	17347218	244358	12895	16	364546	8313	528	12
内蒙古	Inner Mongolia	10350768	149044	7901	24	353787	4583	319	20
辽 宁	Liaoning	15686075	215746	11655	18	296321	3762	324	19
吉 林	Jilin	12042553	184715	9774	21	216244	2854	276	24
黑龙江	Heilongjiang	16027742	237652	12736	17	214734	3218	248	25
上 海	Shanghai	2360676	45290	2380	26	112663	1827	180	26
江 苏	Jiangsu	29201895	394126	20623	8	937346	14075	1155	1
浙 江	Zhejiang	19714793	282753	14842	14	527359	10568	757	7
安 徽	Anhui	31033930	438365	23158	7	559587	10043	761	6
福 建	Fujian	14616969	205815	10950	20	408379	4763	343	18
江 西	Jiangxi	22409231	315803	16672	12	482929	6316	443	14
山 东	Shandong	44639307	618832	32195	3	785863	11184	838	4
河 南	Henan	51915505	721119	38203	1	930026	12789	712	8
湖 北	Hubei	26734699	366360	19356	10	767607	11484	642	9
湖 南	Hunan	34067748	482211	25191	6	753244	10352	834	5
广 东	Guangdong	32276810	488021	26260	5	589435	12333	856	2
广 西	Guangxi	24790268	358771	19302	11	363829	5084	380	16
海 南	Hainan	3949076	58492	3073	25	82304	1598	99	28
重 庆	Chongqing	12471632	174542	9151	23	169091	3724	290	21
四 川	Sichuan	44533729	632267	33444	2	642748	13521	843	3
贵 州	Guizhou	20913860	292425	15234	13	292091	5050	363	17
云 南	Yunnan	27544959	389012	20474	9	509007	6553	472	13
西 藏	Tibet	2064821	32922	1763	31	46144	530	62	31
陕 西	Shaanxi	19005704	255359	13456	15	504925	8280	618	10
甘 肃	Gansu	15196092	214822	11332	19	249449	5341	432	15
青 海	Qinghai	2818280	41783	2209	29	45664	748	74	30
宁 夏	Ningxia	2973616	42818	2284	28	73949	1243	90	29
新 疆	Xinjiang	11193584	172351	9274	22	345535	5079	279	23

18-8 高中文化和初中文化乡村受教育程度的人口

Number of People with Senior Secondary Education and Junior Secondary Education in Rural Areas

单位：人 (person)

地区	Region	其中：高中文化人口 Senior Secondary School				其中：初中文化人口 Junior Secondary School			
		2010	2015	2016	2016排名 Ranking	2010	2015	2016	2016排名 Ranking
全　国	**National Total**	**47099999**	**714372**	**47539**		**273812219**	**3662251**	**196739**	
北　京	Beijing	478272	4721	451	25	1339348	20041	1102	27
天　津	Tianjin	242304	2922	238	29	1264472	20531	1048	28
河　北	Hebei	2961138	43907	2632	7	19706145	259508	13499	3
山　西	Shanxi	1713935	27183	1884	11	9514516	122709	6601	13
内蒙古	Inner Mongolia	825317	13216	845	19	4567200	60762	3472	23
辽　宁	Liaoning	865746	11832	795	22	8282585	115585	6180	15
吉　林	Jilin	775385	10057	638	24	6100382	91527	4977	19
黑龙江	Heilongjiang	849808	12278	755	23	8372888	121602	6443	14
上　海	Shanghai	268723	3452	340	27	1146727	21597	1146	26
江　苏	Jiangsu	3031869	37672	2839	6	13249085	163015	8303	10
浙　江	Zhejiang	1769516	23905	1889	10	7664772	103363	5273	18
安　徽	Anhui	1857717	32522	1970	9	13536502	191843	10191	7
福　建	Fujian	1284426	18376	981	17	6122360	74412	3834	21
江　西	Jiangxi	1665126	29707	1878	12	9973006	129777	6838	11
山　东	Shandong	3662693	48419	3922	2	21472686	281337	14469	2
河　南	Henan	4373066	71644	3962	1	26700825	337599	18670	1
湖　北	Hubei	2529312	30773	2056	8	12689777	155332	8427	9
湖　南	Hunan	3631040	59763	3790	3	16034321	203858	11162	6
广　东	Guangdong	3038990	57003	3569	4	15744383	216180	11489	5
广　西	Guangxi	1465786	21661	1641	14	11096978	156255	9383	8
海　南	Hainan	349531	4726	375	26	2024022	29924	1517	25
重　庆	Chongqing	754785	13058	818	20	4473853	58880	3216	24
四　川	Sichuan	2569618	41259	2874	5	16946055	221594	11949	4
贵　州	Guizhou	777015	15628	951	18	6584467	99586	5439	17
云　南	Yunnan	1246725	17254	1384	15	7664553	125134	6604	12
西　藏	Tibet	47960	1011	86	31	239406	4293	260	31
陕　西	Shaanxi	1889394	26722	1646	13	9257241	112091	6150	16
甘　肃	Gansu	1119030	17268	1134	16	5164564	66782	3568	22
青　海	Qinghai	128669	1741	141	30	715823	9716	609	30
宁　夏	Ningxia	218145	3210	252	28	1095114	14617	800	29
新　疆	Xinjiang	708958	11480	804	21	5068163	72799	4120	20

18-9 小学文化和未上过学乡村受教育程度的人口

Number of People with Primary Education and No Education in Rural Areas

单位：人 (person)

地区	Region	其中：小学文化人口 Primary School				其中：未上过学人口 No Schooling			
		2010	2015	2016	2016排名 Ranking	2010	2015	2016	2016排名 Ranking
全　国	**National Total**	**232068330**	**3062787**	**158770**		**44174664**	**749286**	**40296**	
北　京	Beijing	474343	7736	405	31	130822	2340	125	31
天　津	Tianjin	794848	11173	582	29	114304	2015	137	30
河　北	Hebei	11866526	167963	8774	5	1525956	29010	1784	8
山　西	Shanxi	5123519	65794	3316	23	630702	11933	566	23
内蒙古	Inner Mongolia	3850235	52277	2512	24	754229	14132	754	20
辽　宁	Liaoning	5661922	71058	3847	20	579501	8687	508	24
吉　林	Jilin	4552305	68263	3421	22	398237	8204	461	25
黑龙江	Heilongjiang	6057330	84825	4393	17	532982	12021	896	18
上　海	Shanghai	645574	11566	549	30	186989	3870	167	29
江　苏	Jiangsu	10033805	125653	6416	11	1949790	33400	1910	7
浙　江	Zhejiang	7757613	104291	5175	14	1995533	28420	1748	9
安　徽	Anhui	11265233	153407	7712	8	3814891	40229	2523	4
福　建	Fujian	6099939	77894	4641	16	701865	21727	1151	16
江　西	Jiangxi	9092090	119866	6317	12	1196080	21312	1196	15
山　东	Shandong	15041231	197252	10038	3	3676834	60247	2927	3
河　南	Henan	16395156	230574	11615	2	3516432	54432	3244	2
湖　北	Hubei	8621975	122192	6512	10	2126028	34858	1719	10
湖　南	Hunan	12124177	163923	8090	7	1524966	26051	1314	13
广　东	Guangdong	11438862	153784	8705	6	1465140	27885	1641	11
广　西	Guangxi	10641000	141640	6699	9	1222675	24625	1199	14
海　南	Hainan	1224372	15562	870	27	268847	3964	213	28
重　庆	Chongqing	6126264	77729	4148	18	947639	16402	680	21
四　川	Sichuan	20368887	265314	13592	1	4006421	74054	4186	1
贵　州	Guizhou	10488785	118053	6153	13	2771502	46487	2328	6
云　南	Yunnan	15430944	178919	9611	4	2693730	49063	2403	5
西　藏	Tibet	913991	12969	587	28	817320	13450	768	19
陕　西	Shaanxi	6097790	78642	3941	19	1256354	19943	1101	17
甘　肃	Gansu	6568534	85365	4810	15	2094515	33318	1388	12
青　海	Qinghai	1394925	18527	960	25	533199	10048	424	26
宁　夏	Ningxia	1268248	16028	877	26	318160	6216	264	27
新　疆	Xinjiang	4647907	64549	3501	21	423021	10942	570	22

18-10 普通高等学校学校数和招生数
Number of Regular Schools (Institutions) of Higher Education and Entrants

地区	Region	普通高等学校学校数（所） Number of Schools (unit)				普通高等学校学校招生数（万人） Number of Entrants (10 000 persons)			
		2010	2015	2016	2016排名 Ranking	2010	2014	2015	2015排名 Ranking
全　国	**National Total**	**2358**	**2560**	**2596**		**661.76**	**721.40**	**737.85**	
北　京	Beijing	87	91	91	14	15.51	15.69	15.35	22
天　津	Tianjin	55	55	55	24	12.86	13.92	13.86	23
河　北	Hebei	110	118	120	7	33.91	31.82	32.91	8
山　西	Shanxi	73	79	80	17	18.07	20.55	21.35	15
内蒙古	Inner Mongolia	44	53	53	25	11.25	11.56	11.90	26
辽　宁	Liaoning	112	116	116	9	24.75	27.38	26.33	13
吉　林	Jilin	56	58	60	23	15.11	16.89	17.00	20
黑龙江	Heilongjiang	79	81	82	16	19.27	19.71	19.85	18
上　海	Shanghai	67	67	64	21	14.46	13.80	13.68	24
江　苏	Jiangsu	150	162	166	1	44.86	44.49	44.86	4
浙　江	Zhejiang	101	105	107	11	25.36	26.79	26.44	12
安　徽	Anhui	111	119	119	8	28.76	31.03	32.65	9
福　建	Fujian	84	88	88	15	19.87	20.84	20.67	16
江　西	Jiangxi	85	97	98	12	24.85	28.32	28.68	11
山　东	Shandong	132	143	144	3	47.52	53.36	54.08	2
河　南	Henan	107	129	129	4	45.71	47.42	51.47	3
湖　北	Hubei	120	126	128	5	38.76	39.31	38.54	6
湖　南	Hunan	117	124	123	6	30.27	32.66	33.63	7
广　东	Guangdong	131	143	147	2	43.73	53.54	55.06	1
广　西	Guangxi	70	71	73	18	18.26	22.00	23.42	14
海　南	Hainan	17	17	18	28	4.76	5.45	5.24	28
重　庆	Chongqing	53	64	65	20	16.41	19.72	20.55	17
四　川	Sichuan	92	109	109	10	33.21	38.62	41.33	5
贵　州	Guizhou	47	59	64	21	9.93	13.94	15.42	21
云　南	Yunnan	61	69	72	19	14.10	16.82	17.66	19
西　藏	Tibet	6	6	7	31	0.92	0.88	0.99	31
陕　西	Shaanxi	90	92	93	13	26.71	28.83	28.75	10
甘　肃	Gansu	40	45	49	26	11.41	12.93	12.43	25
青　海	Qinghai	9	12	12	30	1.30	1.55	1.80	30
宁　夏	Ningxia	15	18	18	28	2.50	3.28	3.22	29
新　疆	Xinjiang	37	44	46	27	7.36	8.28	8.72	27

注：2010年学生数包括成人高校的普通本专科学生数(下表同)。

Note: The number of students includes normal and short-cycle courses in regular higher education for adults in 2010.

18-11 普通高等学校在校学生数和毕业生数

Number of Enrolment and Graduates in Regular Schools (Institutions) of Higher Education

单位：万人 (10 000 persons)

地区 Region	在校学生数 Enrolment				毕业生数 Graduates			
	2010	2014	2015	2015排名 Ranking	2010	2014	2015	2015排名 Ranking
全国 National Total	**2231.79**	**2547.70**	**2625.30**		**575.42**	**659.37**	**680.89**	
北京 Beijing	58.71	60.46	60.36	21	15.27	14.92	15.44	20
天津 Tianjin	42.92	50.58	51.29	22	10.54	12.35	13.21	22
河北 Hebei	110.51	116.43	117.92	8	29.71	34.45	32.80	7
山西 Shanxi	56.29	71.32	74.02	16	16.55	17.41	19.13	16
内蒙古 Inner Mongolia	37.14	40.64	42.08	26	9.47	11.17	10.79	26
辽宁 Liaoning	88.02	99.83	100.57	11	21.96	24.75	25.83	12
吉林 Jilin	54.44	61.83	63.27	19	13.60	15.18	15.70	19
黑龙江 Heilongjiang	71.91	73.06	73.52	17	18.10	18.54	19.40	15
上海 Shanghai	51.57	50.66	51.16	23	13.37	13.24	12.87	23
江苏 Jiangsu	164.94	169.86	171.57	4	47.89	47.87	48.41	1
浙江 Zhejiang	88.49	97.82	99.11	12	23.37	25.37	26.40	11
安徽 Anhui	93.90	108.05	113.07	9	23.22	29.99	29.25	10
福建 Fujian	64.78	74.85	75.85	14	15.34	19.01	19.47	14
江西 Jiangxi	81.65	91.64	98.45	13	22.59	24.03	23.45	13
山东 Shandong	163.14	179.67	190.06	1	44.40	46.41	47.42	3
河南 Henan	145.67	167.97	176.69	3	38.25	44.53	46.58	4
湖北 Hubei	129.69	141.97	141.06	5	33.13	39.09	38.92	5
湖南 Hunan	104.72	113.63	118.06	7	27.61	29.59	30.05	8
广东 Guangdong	142.66	179.42	185.64	2	33.42	44.10	47.69	2
广西 Guangxi	56.75	70.19	75.12	15	13.81	17.41	18.27	17
海南 Hainan	15.08	18.06	18.29	28	3.68	4.48	4.82	28
重庆 Chongqing	52.27	69.16	71.66	18	12.28	16.58	18.11	18
四川 Sichuan	108.62	132.83	138.79	6	27.86	33.86	36.15	6
贵州 Guizhou	32.33	46.04	50.09	24	7.48	9.86	11.68	25
云南 Yunnan	43.90	57.70	61.46	20	9.54	14.20	14.60	21
西藏 Tibet	3.11	3.35	3.42	31	0.83	0.91	0.95	31
陕西 Shaanxi	92.78	109.96	109.97	10	23.55	27.74	29.97	9
甘肃 Gansu	38.15	45.23	45.05	25	9.22	11.87	12.40	24
青海 Qinghai	4.50	5.29	5.75	30	1.12	1.27	1.34	30
宁夏 Ningxia	8.02	11.14	11.50	29	1.92	2.45	2.82	29
新疆 Xinjiang	25.12	29.04	30.47	27	6.35	6.75	6.97	27

18-12 普通高等学校教职工数和专业教师数

Number of Educational Personnel and Full-time Teachers in Regular Schools (Institutions) of Higher Education

单位：万人 (10 000 persons)

地区	Region	教职工数 Educational Personnel 2010	2015	2016	2016排名 Ranking	其中：专任教师数 Full-time Teachers 2010	2015	2016	2016排名 Ranking
全　国	**National Total**	**215.66**	**236.93**	**240.48**		**134.31**	**157.26**	**160.20**	
北　京	Beijing	13.39	14.24	14.30	4	5.92	6.87	7.00	8
天　津	Tianjin	4.52	4.71	4.62	23	2.81	3.11	3.05	24
河　北	Hebei	9.45	10.28	10.38	8	6.08	6.94	7.04	7
山　西	Shanxi	5.69	5.95	5.98	20	3.65	4.04	4.13	18
内蒙古	Inner Mongolia	3.64	3.86	3.93	25	2.33	2.55	2.59	26
辽　宁	Liaoning	9.32	9.79	9.85	11	5.74	6.52	6.49	11
吉　林	Jilin	5.95	6.30	6.34	19	3.40	3.92	3.98	21
黑龙江	Heilongjiang	7.57	7.61	7.49	15	4.42	4.68	4.68	15
上　海	Shanghai	7.42	7.36	7.34	16	3.92	4.16	4.23	17
江　苏	Jiangsu	15.86	16.23	16.57	1	10.20	10.72	10.98	1
浙　江	Zhejiang	7.98	8.87	9.02	12	5.10	5.95	6.05	12
安　徽	Anhui	7.13	7.94	8.04	13	4.93	5.81	5.95	13
福　建	Fujian	5.87	6.72	6.75	17	3.77	4.48	4.48	16
江　西	Jiangxi	7.08	7.89	7.70	14	4.90	5.73	5.56	14
山　东	Shandong	13.91	14.70	15.03	2	9.14	10.47	10.77	2
河　南	Henan	11.04	13.34	13.88	5	7.75	9.80	10.27	3
湖　北	Hubei	12.35	12.91	13.10	6	7.47	8.34	8.35	6
湖　南	Hunan	9.49	9.87	10.05	10	5.96	6.66	6.87	9
广　东	Guangdong	12.14	14.54	14.94	3	7.86	9.89	10.12	4
广　西	Guangxi	5.07	6.02	6.37	18	3.17	3.86	4.04	20
海　南	Hainan	1.24	1.41	1.47	28	0.78	0.90	0.93	28
重　庆	Chongqing	4.84	5.63	5.75	21	3.11	3.99	4.06	19
四　川	Sichuan	10.05	12.21	12.39	7	6.50	8.44	8.58	5
贵　州	Guizhou	2.97	4.21	4.50	24	2.04	3.05	3.31	23
云　南	Yunnan	3.97	5.03	5.26	22	2.65	3.69	3.89	22
西　藏	Tibet	0.33	0.36	0.37	31	0.22	0.26	0.25	31
陕　西	Shaanxi	9.85	10.39	10.35	9	5.83	6.65	6.61	10
甘　肃	Gansu	3.29	3.86	3.93	26	2.08	2.61	2.67	25
青　海	Qinghai	0.67	0.64	0.66	30	0.37	0.41	0.43	30
宁　夏	Ningxia	0.92	1.15	1.16	29	0.59	0.80	0.80	29
新　疆	Xinjiang	2.68	2.89	2.98	27	1.65	1.94	2.00	27

18-13 普通高中学校数和招生数
Regular Senior Secondary Schools and Entrants

地区	Region	学校数（所）Schools (unit)				招生数（万人）Entrants (10 000 persons)			
		2010	2015	2016	2016排名 Ranking	2010	2015	2016	2016排名 Ranking
全　国	**National Total**	**14058**	**13240**	**13383**		**836.24**	**796.61**	**802.92**	
北　京	Beijing	289	306	305	22	6.56	5.67	5.35	27
天　津	Tianjin	214	180	182	27	6.21	5.38	5.41	26
河　北	Hebei	615	578	598	5	42.02	40.77	43.27	5
山　西	Shanxi	534	505	503	12	28.10	24.84	24.45	16
内蒙古	Inner Mongolia	289	284	289	23	16.64	14.84	14.70	23
辽　宁	Liaoning	419	412	412	18	24.04	20.98	21.20	18
吉　林	Jilin	257	239	241	26	16.30	13.52	13.95	24
黑龙江	Heilongjiang	416	377	372	20	20.75	18.10	18.63	22
上　海	Shanghai	261	253	256	25	5.39	5.34	5.31	28
江　苏	Jiangsu	653	569	571	9	44.03	31.95	31.82	11
浙　江	Zhejiang	569	563	574	8	30.09	25.99	25.89	14
安　徽	Anhui	743	666	672	4	42.41	36.33	35.88	7
福　建	Fujian	575	540	533	10	24.31	21.57	21.71	17
江　西	Jiangxi	452	460	469	15	25.65	32.04	33.02	10
山　东	Shandong	592	555	580	6	52.82	55.37	55.78	3
河　南	Henan	825	770	792	2	62.85	67.98	69.53	1
湖　北	Hubei	603	532	532	11	39.55	27.86	27.71	13
湖　南	Hunan	622	575	579	7	37.05	38.03	39.39	6
广　东	Guangdong	1026	1019	1031	1	75.59	66.44	64.33	2
广　西	Guangxi	463	445	450	16	27.07	31.04	33.85	9
海　南	Hainan	107	106	109	28	5.60	5.74	5.73	25
重　庆	Chongqing	268	261	260	24	22.76	19.86	19.97	19
四　川	Sichuan	747	726	739	3	52.55	49.00	47.60	4
贵　州	Guizhou	444	430	437	17	24.02	34.35	34.26	8
云　南	Yunnan	451	465	480	14	22.90	27.45	28.82	12
西　藏	Tibet	29	30	31	31	1.51	1.96	1.95	31
陕　西	Shaanxi	569	488	485	13	33.84	26.43	25.72	15
甘　肃	Gansu	452	386	379	19	21.96	19.94	19.34	20
青　海	Qinghai	119	101	106	29	3.62	4.00	4.26	30
宁　夏	Ningxia	70	62	62	30	4.74	5.08	4.77	29
新　疆	Xinjiang	385	357	354	21	15.32	18.77	19.30	21

18-14 普通高中在校学生数和毕业生数
Total Enrolment and Graduates in Regular Senior Secondary Schools

单位：万人 (10 000 persons)

地区	Region	在校学生数 Enrolment				毕业生数 Graduates			
		2010	2015	2016	2016排名 Ranking	2010	2015	2016	2016排名 Ranking
全 国	**National Total**	**2427.34**	**2374.40**	**2366.65**		**794.43**	**797.65**	**792.35**	
北 京	Beijing	19.84	16.94	16.31	27	6.23	5.77	5.28	28
天 津	Tianjin	18.52	16.56	16.40	26	6.60	5.84	5.61	27
河 北	Hebei	127.51	115.79	121.33	5	42.66	35.24	36.82	6
山 西	Shanxi	82.29	79.38	75.38	16	25.94	28.36	28.44	12
内蒙古	Inner Mongolia	49.93	46.30	44.90	23	17.48	16.59	16.07	22
辽 宁	Liaoning	71.54	63.48	62.51	18	22.61	22.35	21.61	19
吉 林	Jilin	47.09	40.63	40.42	24	15.22	13.99	13.90	24
黑龙江	Heilongjiang	61.69	55.42	54.98	21	19.55	19.39	19.07	21
上 海	Shanghai	16.89	15.82	15.78	28	6.24	5.12	5.19	29
江 苏	Jiangsu	135.66	97.80	95.15	9	48.64	36.88	33.87	8
浙 江	Zhejiang	88.02	77.34	76.56	15	27.37	27.10	25.99	15
安 徽	Anhui	127.60	113.55	110.70	7	44.38	43.30	38.83	5
福 建	Fujian	70.64	62.63	63.47	17	24.03	20.81	19.70	20
江 西	Jiangxi	73.96	92.91	94.29	10	26.25	28.74	30.20	11
山 东	Shandong	152.51	169.12	166.49	3	54.69	56.89	57.91	3
河 南	Henan	192.16	194.31	199.60	1	70.43	61.05	63.31	2
湖 北	Hubei	123.74	87.60	84.50	12	43.45	31.69	30.57	10
湖 南	Hunan	101.90	107.44	110.91	6	36.18	33.50	34.20	7
广 东	Guangdong	208.95	205.40	197.37	2	56.76	72.67	70.33	1
广 西	Guangxi	75.40	86.57	91.89	11	23.90	25.73	26.85	14
海 南	Hainan	16.05	17.23	16.99	25	5.06	6.06	5.88	25
重 庆	Chongqing	62.64	62.32	60.68	19	16.95	22.36	21.92	17
四 川	Sichuan	146.23	147.06	144.72	4	45.00	49.78	49.66	4
贵 州	Guizhou	62.02	97.89	99.37	8	17.17	28.07	30.74	9
云 南	Yunnan	63.28	78.28	80.58	13	18.44	24.07	24.89	16
西 藏	Tibet	4.07	5.80	5.69	31	1.22	1.81	2.00	31
陕 西	Shaanxi	95.59	80.49	78.31	14	31.03	29.01	27.76	13
甘 肃	Gansu	64.70	62.94	60.35	20	19.50	22.44	21.91	18
青 海	Qinghai	10.77	11.66	12.03	30	3.41	3.59	3.80	30
宁 夏	Ningxia	14.24	15.97	15.20	29	4.49	5.54	5.61	26
新 疆	Xinjiang	41.91	49.79	53.77	22	13.57	13.91	14.43	23

18-15 普通高中教职工数和专任教师数

Educational Personnel and Full-time Teachers in Regular Senior Secondary Schools

单位：万人 (10 000 persons)

地区	Region	教职工数 Educational Personnel				其中：专任教师数 Full-time Teachers			
		2010	2015	2016	2016排名 Ranking	2010	2015	2016	2016排名 Ranking
全　国	**National Total**	**585.93**	**254.32**	**259.19**		**151.82**	**169.54**	**173.35**	
北　京	Beijing	7.04	5.53	5.69	23	1.96	2.13	2.11	25
天　津	Tianjin	5.18	2.93	2.95	27	1.48	1.62	1.64	27
河　北	Hebei	30.53	12.67	13.18	5	8.30	8.54	8.91	6
山　西	Shanxi	20.45	9.72	9.92	9	5.36	6.19	6.33	11
内蒙古	Inner Mongolia	12.31	5.26	5.31	24	3.16	3.41	3.48	23
辽　宁	Liaoning	18.03	6.41	6.44	20	4.47	5.01	5.06	17
吉　林	Jilin	12.11	4.22	4.23	25	2.76	2.88	2.93	24
黑龙江	Heilongjiang	17.12	5.90	5.89	22	4.07	4.23	4.23	20
上　海	Shanghai	6.73	3.09	3.15	26	1.67	1.74	1.77	26
江　苏	Jiangsu	33.56	12.64	12.63	6	9.82	9.54	9.51	5
浙　江	Zhejiang	20.82	8.89	9.07	11	6.23	6.64	6.80	9
安　徽	Anhui	26.26	11.60	11.68	7	6.69	7.63	7.73	7
福　建	Fujian	17.22	9.80	9.82	10	5.21	5.05	5.04	18
江　西	Jiangxi	18.44	8.63	8.46	14	4.69	5.32	5.48	14
山　东	Shandong	43.88	15.68	16.24	3	11.14	12.52	12.96	2
河　南	Henan	43.14	15.07	15.55	4	10.43	11.40	11.79	3
湖　北	Hubei	26.31	8.76	8.76	12	7.11	6.70	6.65	10
湖　南	Hunan	28.17	10.39	10.65	8	6.78	7.00	7.22	8
广　东	Guangdong	44.53	24.80	25.24	1	12.51	15.09	15.16	1
广　西	Guangxi	19.01	7.26	7.55	17	4.21	5.07	5.34	16
海　南	Hainan	4.07	2.49	2.57	28	0.95	1.26	1.28	28
重　庆	Chongqing	12.44	6.71	6.83	18	3.22	3.92	3.99	22
四　川	Sichuan	32.18	15.90	16.37	2	8.03	9.43	9.62	4
贵　州	Guizhou	15.53	7.63	8.06	16	3.31	5.62	6.10	12
云　南	Yunnan	17.95	8.06	8.45	15	4.12	5.15	5.39	15
西　藏	Tibet	1.28	0.54	0.57	31	0.32	0.47	0.50	31
陕　西	Shaanxi	19.85	8.45	8.54	13	5.40	5.71	5.75	13
甘　肃	Gansu	13.27	6.10	6.11	21	3.75	4.48	4.51	19
青　海	Qinghai	2.39	1.29	1.32	30	0.76	0.87	0.89	30
宁　夏	Ningxia	3.05	1.31	1.34	29	0.89	1.05	1.06	29
新　疆	Xinjiang	13.06	6.58	6.62	19	3.02	3.89	4.11	21

注：教职工数为普通初中和普通高中之和。

Note: The staff number is the sum of ordinary junior high school and ordinary high school.

18-16 中等职业学校招生数和在校学生数
Entrants and Enrolment in Secondary Vocational Schools (Institutions)

单位：万人 (10 000 persons)

地区	Region	招生数 Entrants				在校学生数 Enrolment			
		2010	2015	2016	2016排名 Ranking	2010	2015	2016	2016排名 Ranking
全 国	**National Total**	**711.40**	**479.82**	**466.14**		**1816.44**	**1335.24**	**1275.86**	
北 京	Beijing	5.06	2.71	2.34	30	16.18	9.63	8.58	28
天 津	Tianjin	3.87	3.80	3.74	26	11.61	9.77	10.11	27
河 北	Hebei	40.95	24.32	27.43	6	112.05	61.29	65.81	8
山 西	Shanxi	23.65	11.89	11.10	18	57.52	36.68	33.79	16
内蒙古	Inner Mongolia	12.42	7.62	7.18	22	33.47	21.46	20.27	23
辽 宁	Liaoning	14.44	11.12	11.20	16	42.78	32.53	31.89	17
吉 林	Jilin	10.73	4.55	4.70	24	29.24	13.42	12.99	24
黑龙江	Heilongjiang	11.59	7.63	7.10	23	36.00	22.94	21.57	21
上 海	Shanghai	4.89	3.88	3.54	27	16.39	11.97	11.20	26
江 苏	Jiangsu	36.26	22.87	22.09	9	102.04	68.02	65.25	9
浙 江	Zhejiang	24.15	18.71	18.84	11	64.22	52.36	52.07	11
安 徽	Anhui	34.91	30.68	30.58	4	87.27	83.78	78.18	5
福 建	Fujian	20.15	14.08	13.70	13	53.60	39.67	38.05	13
江 西	Jiangxi	22.00	15.71	13.58	14	61.81	43.12	36.17	15
山 东	Shandong	42.70	29.40	28.82	5	113.16	85.73	80.98	4
河 南	Henan	62.56	37.82	37.49	1	163.60	104.04	101.58	2
湖 北	Hubei	28.36	13.26	13.21	15	90.38	36.49	37.56	14
湖 南	Hunan	30.29	23.78	25.13	8	76.48	64.80	66.09	7
广 东	Guangdong	74.13	39.54	35.19	3	154.78	117.21	106.57	1
广 西	Guangxi	38.09	25.69	25.63	7	80.95	73.64	69.86	6
海 南	Hainan	5.47	4.31	4.42	25	13.69	11.71	11.51	25
重 庆	Chongqing	13.25	11.90	11.12	17	39.16	32.80	31.16	18
四 川	Sichuan	51.16	40.08	37.48	2	123.69	98.75	91.44	3
贵 州	Guizhou	15.55	22.81	19.66	10	37.57	60.25	55.09	10
云 南	Yunnan	27.90	17.56	18.36	12	57.53	48.42	48.62	12
西 藏	Tibet	0.73	0.56	0.74	31	2.26	1.58	1.82	31
陕 西	Shaanxi	25.18	10.64	9.33	19	62.83	32.23	27.78	19
甘 肃	Gansu	13.74	8.18	8.05	21	34.74	22.93	21.07	22
青 海	Qinghai	3.07	2.70	2.69	29	7.91	7.64	7.41	30
宁 夏	Ningxia	4.25	3.08	2.81	28	10.19	8.21	7.87	29
新 疆	Xinjiang	9.89	8.95	8.89	20	23.33	22.17	23.51	20

18-17 中等职业学校毕业生数和专任教师数

Number of Graduates and Full-time Teachers in Secondary Vocational Schools (Institutions)

单位：万人 (10 000 persons)

地区	Region	毕业生数 Graduates				专任教师数 Full-time Teachers			
		2010	2015	2016	2016排名 Ranking	2010	2015	2016	2016排名 Ranking
全　国	**National Total**	**543.65**	**473.27**	**440.56**		**68.10**	**65.24**	**64.31**	
北　京	Beijing	5.13	4.14	2.98	28	0.84	0.70	0.67	26
天　津	Tianjin	5.15	3.06	3.11	27	0.79	0.65	0.65	27
河　北	Hebei	34.82	25.41	19.66	9	4.91	4.39	4.49	3
山　西	Shanxi	18.18	13.61	12.96	14	2.33	2.54	2.55	10
内蒙古	Inner Mongolia	8.53	8.29	6.91	22	1.47	1.40	1.38	22
辽　宁	Liaoning	14.26	10.75	10.66	18	2.19	2.04	2.06	14
吉　林	Jilin	9.18	5.35	4.89	24	1.93	1.63	1.45	20
黑龙江	Heilongjiang	12.20	8.43	7.49	20	1.83	1.42	1.41	21
上　海	Shanghai	5.55	4.42	3.84	25	0.81	0.83	0.82	25
江　苏	Jiangsu	28.18	24.25	22.97	6	4.40	4.23	4.17	5
浙　江	Zhejiang	18.74	17.96	16.99	11	3.05	3.35	3.35	7
安　徽	Anhui	29.25	34.10	32.93	4	2.44	3.03	2.86	8
福　建	Fujian	15.53	13.84	13.17	13	1.80	1.71	1.67	16
江　西	Jiangxi	18.84	13.96	11.80	15	2.00	1.49	1.35	23
山　东	Shandong	43.93	32.04	28.67	5	5.55	4.89	4.82	2
河　南	Henan	52.63	38.83	33.90	3	6.04	5.17	5.03	1
湖　北	Hubei	33.58	12.57	11.14	17	2.85	2.06	2.07	13
湖　南	Hunan	28.29	20.41	19.96	8	2.80	2.60	2.56	9
广　东	Guangdong	33.17	41.73	38.92	2	4.35	4.50	4.48	4
广　西	Guangxi	16.36	23.19	22.44	7	2.05	2.03	2.07	12
海　南	Hainan	2.97	3.94	3.61	26	0.38	0.46	0.44	28
重　庆	Chongqing	12.50	10.87	9.97	19	1.39	1.51	1.48	19
四　川	Sichuan	31.41	42.31	40.38	1	3.62	3.96	3.88	6
贵　州	Guizhou	10.10	11.88	17.30	10	1.13	1.78	1.77	15
云　南	Yunnan	12.89	14.99	14.80	12	2.01	2.13	2.15	11
西　藏	Tibet	0.73	0.61	0.42	31	0.06	0.11	0.13	31
陕　西	Shaanxi	19.83	12.51	11.36	16	2.09	1.59	1.55	17
甘　肃	Gansu	10.25	8.76	7.46	21	1.49	1.56	1.54	18
青　海	Qinghai	1.98	1.95	1.93	30	0.24	0.24	0.25	30
宁　夏	Ningxia	2.85	2.59	2.44	29	0.24	0.25	0.27	29
新　疆	Xinjiang	6.64	6.52	5.49	23	1.01	0.99	0.97	24

18-18 初中学校数和在校学生数
Number of Schools and Enrolment in Regular Junior Secondary Schools

地区	Region	学校数（所） Schools (unit) 2010	2015	2016	2016排名 Ranking	在校学生数（万人） Enrolment (10 000 persons) 2010	2015	2016	2016排名 Ranking
全　国	**National Total**	**54823**	**52405**	**52118**		**5275.91**	**4311.95**	**4329.37**	
北　京	Beijing	345	340	341	27	30.99	28.34	26.83	28
天　津	Tianjin	332	329	334	28	27.34	26.15	25.64	29
河　北	Hebei	2649	2378	2379	7	221.23	236.13	243.58	5
山　西	Shanxi	2213	1895	1850	12	171.38	112.68	109.27	16
内蒙古	Inner Mongolia	834	716	693	24	81.47	63.96	61.24	23
辽　宁	Liaoning	1657	1517	1521	17	127.23	101.29	97.83	18
吉　林	Jilin	1209	1181	1172	21	81.75	59.55	60.43	24
黑龙江	Heilongjiang	1758	1564	1451	19	129.09	89.98	90.39	20
上　海	Shanghai	494	537	545	25	42.55	41.23	41.33	25
江　苏	Jiangsu	2123	2091	2121	9	232.95	186.72	194.95	8
浙　江	Zhejiang	1745	1712	1717	14	167.13	147.94	150.31	13
安　徽	Anhui	2995	2858	2800	6	278.99	190.08	194.20	9
福　建	Fujian	1328	1240	1245	20	127.58	113.35	115.48	15
江　西	Jiangxi	2107	2131	2142	8	199.99	176.40	180.28	12
山　东	Shandong	3053	2891	2924	5	348.56	310.81	315.91	3
河　南	Henan	4616	4565	4557	1	469.40	404.81	415.83	1
湖　北	Hubei	2184	2013	2026	11	218.09	136.53	141.49	14
湖　南	Hunan	3311	3331	3322	4	214.92	222.41	225.05	6
广　东	Guangdong	3308	3415	3479	3	500.10	355.32	347.84	2
广　西	Guangxi	1974	1839	1812	13	200.39	196.31	198.75	7
海　南	Hainan	424	391	394	26	42.16	32.89	32.37	26
重　庆	Chongqing	1005	906	860	23	128.17	96.04	96.60	19
四　川	Sichuan	3991	3864	3816	2	343.86	246.39	244.82	4
贵　州	Guizhou	2148	2128	2099	10	213.66	197.97	189.14	10
云　南	Yunnan	1732	1682	1672	16	207.35	189.43	187.32	11
西　藏	Tibet	93	97	98	31	13.90	11.75	12.03	31
陕　西	Shaanxi	1867	1727	1691	15	164.32	107.08	105.10	17
甘　肃	Gansu	1586	1491	1482	18	138.40	90.93	87.62	22
青　海	Qinghai	315	270	268	29	21.95	21.32	20.79	30
宁　夏	Ningxia	267	237	245	30	30.68	27.43	27.47	27
新　疆	Xinjiang	1160	1069	1062	22	100.33	90.74	89.48	21

18-19 初中毕业生数和专任教师数

Number of Graduates and Full-time Teachers in Regular Junior Secondary Schools

单位：万人 (10 000 persons)

地区	Region	毕业生数 Graduates 2010	2015	2016	2016排名 Ranking	专任教师数 Full-time Teachers 2010	2015	2016	2016排名 Ranking
全 国	**National Total**	**1748.57**	**1417.59**	**1423.87**		**352.34**	**347.56**	**348.78**	
北 京	Beijing	10.10	9.28	8.64	28	3.03	3.29	3.35	26
天 津	Tianjin	9.35	8.39	8.49	29	2.59	2.63	2.66	27
河 北	Hebei	87.68	69.19	77.44	5	17.77	17.38	17.92	5
山 西	Shanxi	57.54	42.76	41.10	15	11.92	11.31	11.02	15
内蒙古	Inner Mongolia	26.90	22.24	21.97	23	6.40	5.91	5.71	24
辽 宁	Liaoning	45.53	33.73	34.71	18	10.07	9.88	9.90	17
吉 林	Jilin	29.44	20.14	20.60	24	6.70	6.47	6.47	23
黑龙江	Heilongjiang	40.52	26.71	27.59	22	10.14	9.38	9.04	19
上 海	Shanghai	9.89	9.43	9.18	26	3.40	3.76	3.81	25
江 苏	Jiangsu	91.40	61.21	61.60	10	18.64	17.34	17.66	6
浙 江	Zhejiang	58.60	47.83	48.25	13	12.05	12.02	12.19	13
安 徽	Anhui	92.19	64.09	62.13	9	16.32	15.09	15.19	8
福 建	Fujian	47.85	36.32	37.51	16	9.93	9.80	9.88	18
江 西	Jiangxi	53.68	55.65	57.45	12	12.04	12.07	11.95	14
山 东	Shandong	102.21	99.12	99.70	3	26.07	26.49	26.78	3
河 南	Henan	154.92	123.62	129.50	1	27.67	28.59	28.64	1
湖 北	Hubei	85.44	46.14	44.83	14	15.68	13.13	12.92	9
湖 南	Hunan	69.75	69.98	73.99	6	17.27	16.82	16.93	7
广 东	Guangdong	153.47	129.29	121.32	2	26.64	27.58	27.58	2
广 西	Guangxi	62.66	62.75	64.96	8	11.87	11.90	12.34	12
海 南	Hainan	14.63	10.77	10.83	25	2.51	2.57	2.59	28
重 庆	Chongqing	41.66	32.51	31.91	19	7.71	7.56	7.53	22
四 川	Sichuan	113.76	88.14	83.30	4	20.46	19.88	19.85	4
贵 州	Guizhou	63.58	70.24	69.21	7	10.94	12.37	12.71	10
云 南	Yunnan	64.16	57.72	60.04	11	11.98	12.39	12.65	11
西 藏	Tibet	4.61	4.01	3.72	31	0.89	0.97	1.01	31
陕 西	Shaanxi	62.74	37.95	36.56	17	11.65	10.47	10.19	16
甘 肃	Gansu	45.46	33.24	31.24	20	8.32	8.39	8.24	21
青 海	Qinghai	6.62	6.53	6.97	30	1.43	1.61	1.62	30
宁 夏	Ningxia	8.48	8.88	8.77	27	1.86	1.94	1.97	29
新 疆	Xinjiang	33.75	29.75	30.33	21	8.38	8.57	8.49	20

18-20 普通小学学校数和招生数
Number of Schools and Entrants in Regular Primary Schools

地区	Region	学校数（所） Schools (unit)				招生数（万人） Entrants (10 000 persons)			
		2010	2015	2016	2016排名 Ranking	2010	2015	2016	2016排名 Ranking
全 国	**National Total**	**257410**	**190525**	**177633**		**1691.70**	**1729.04**	**1752.47**	
北 京	Beijing	1104	996	984	27	11.37	14.59	14.53	26
天 津	Tianjin	956	849	857	29	8.26	11.09	11.56	28
河 北	Hebei	13563	12126	11944	2	95.60	109.27	110.88	4
山 西	Shanxi	12776	6403	6043	12	45.14	37.66	38.36	18
内蒙古	Inner Mongolia	2767	1853	1730	24	22.18	22.37	22.76	23
辽 宁	Liaoning	5523	4234	3954	19	34.85	32.55	31.35	21
吉 林	Jilin	5837	4493	4281	17	24.97	20.60	20.49	24
黑龙江	Heilongjiang	6490	2802	1979	23	34.14	24.91	24.64	22
上 海	Shanghai	766	764	753	31	15.05	15.58	16.08	25
江 苏	Jiangsu	4498	4068	4036	18	73.13	91.96	93.46	5
浙 江	Zhejiang	3989	3303	3269	21	60.21	59.88	59.51	14
安 徽	Anhui	13997	9119	8284	8	81.90	74.55	73.64	9
福 建	Fujian	6974	5141	5188	16	42.60	53.63	53.08	15
江 西	Jiangxi	12772	9465	8329	7	74.84	71.59	68.46	10
山 东	Shandong	12405	10404	10027	6	111.30	124.43	123.91	3
河 南	Henan	28603	24673	22822	1	187.76	169.30	173.16	1
湖 北	Hubei	7749	5398	5383	15	68.02	62.56	62.32	13
湖 南	Hunan	12692	8412	8272	9	86.38	88.67	89.99	7
广 东	Guangdong	16806	10126	10178	4	135.92	165.80	171.18	2
广 西	Guangxi	13942	11849	10173	5	74.11	77.08	81.29	8
海 南	Hainan	2313	1556	1509	26	10.36	13.91	13.97	27
重 庆	Chongqing	5544	4170	2979	22	32.97	33.46	33.46	19
四 川	Sichuan	9282	6487	5981	13	96.49	93.48	93.01	6
贵 州	Guizhou	12422	8520	7818	10	65.69	60.77	64.04	12
云 南	Yunnan	14059	12413	11673	3	66.93	63.41	64.46	11
西 藏	Tibet	872	826	805	30	5.07	5.17	5.62	31
陕 西	Shaanxi	9710	5851	5507	14	40.86	42.58	46.24	16
甘 肃	Gansu	11582	8052	6924	11	36.13	31.30	32.67	20
青 海	Qinghai	1792	978	889	28	8.15	7.71	8.18	30
宁 夏	Ningxia	2027	1693	1536	25	10.15	9.42	9.65	29
新 疆	Xinjiang	3598	3501	3526	20	31.19	39.77	40.51	17

18-21 普通小学在校学生数和毕业生数
Number of Student Enrollment and Graduates in Regular Primary Schools

单位：万人 (10 000 persons)

地区	Region	在校学生数 Enrolment 2010	2015	2016	2016排名 Ranking	毕业生数 Graduates 2010	2015	2016	2016排名 Ranking
全　国	**National Total**	**9940.70**	**9692.18**	**9913.01**		**1739.64**	**1509.54**	**1507.45**	
北　京	Beijing	65.33	85.03	86.84	25	10.30	11.34	11.15	27
天　津	Tianjin	50.59	60.21	63.12	28	8.72	8.50	8.41	29
河　北	Hebei	511.59	596.24	620.55	4	72.18	87.24	87.26	4
山　西	Shanxi	291.06	226.95	227.09	17	57.35	38.03	38.03	16
内蒙古	Inner Mongolia	143.08	131.36	133.81	23	26.98	19.83	19.85	24
辽　宁	Liaoning	218.25	199.96	198.87	20	39.75	32.06	31.99	19
吉　林	Jilin	144.46	127.98	126.42	24	25.27	21.96	21.95	23
黑龙江	Heilongjiang	187.96	147.80	143.94	22	36.39	27.86	27.81	22
上　海	Shanghai	70.16	79.87	78.97	27	12.44	14.89	14.69	25
江　苏	Jiangsu	398.78	499.64	522.20	6	70.58	71.80	72.18	7
浙　江	Zhejiang	333.33	356.99	355.02	12	54.13	57.11	56.95	13
安　徽	Anhui	460.44	422.50	430.36	9	87.41	66.94	66.94	9
福　建	Fujian	238.89	288.31	298.67	15	39.61	41.64	41.56	15
江　西	Jiangxi	426.02	422.31	422.76	10	67.85	64.56	63.27	11
山　东	Shandong	629.25	674.63	691.31	3	110.26	107.34	107.15	3
河　南	Henan	1070.53	937.05	965.59	1	165.35	143.95	144.16	1
湖　北	Hubei	365.55	335.81	346.13	14	61.16	50.30	49.93	14
湖　南	Hunan	479.16	488.86	501.81	7	72.81	76.98	76.97	6
广　东	Guangdong	848.55	868.88	905.22	2	174.19	127.16	127.04	2
广　西	Guangxi	430.06	440.10	451.37	8	71.82	69.94	69.85	8
海　南	Hainan	78.05	77.32	79.36	26	14.69	11.36	11.44	26
重　庆	Chongqing	199.94	207.33	209.82	19	39.83	32.16	32.17	18
四　川	Sichuan	592.11	541.74	549.52	5	111.34	84.16	84.24	5
贵　州	Guizhou	433.50	346.31	353.37	13	79.82	60.39	60.40	12
云　南	Yunnan	435.21	377.78	376.61	11	73.69	65.15	65.11	10
西　藏	Tibet	29.94	29.23	30.29	31	5.06	4.46	4.53	31
陕　西	Shaanxi	261.04	233.11	241.79	16	50.59	36.00	35.98	17
甘　肃	Gansu	237.04	180.24	182.16	21	47.43	29.86	29.88	20
青　海	Qinghai	51.90	45.40	45.79	30	8.25	7.26	7.23	30
宁　夏	Ningxia	65.37	58.35	58.29	29	10.97	9.62	9.62	28
新　疆	Xinjiang	193.58	204.89	215.94	18	33.44	29.69	29.71	21

18-22 普通小学教职工数和专任教师数

Number of Educational Personnel and Full-time Teachers in Regular Primary Schools

单位：万人 (10 000 persons)

地区	Region	教职工数 Educational Personnel 2010	2015	2016	2016排名 Ranking	其中：专任教师数 Full-time Teachers 2010	2015	2016	2016排名 Ranking
全　国	**National Total**	**610.98**	**548.94**	**553.73**		**561.71**	**568.51**	**578.91**	
北　京	Beijing	6.00	5.83	5.97	25	4.95	5.93	6.18	25
天　津	Tianjin	4.40	4.31	4.41	28	3.73	4.02	4.15	28
河　北	Hebei	34.24	34.46	35.48	4	31.90	33.89	35.14	4
山　西	Shanxi	20.64	17.36	17.26	15	19.05	17.30	17.15	15
内蒙古	Inner Mongolia	13.85	11.81	11.80	22	11.36	10.17	9.94	24
辽　宁	Liaoning	16.72	13.40	13.20	18	14.69	14.00	14.04	20
吉　林	Jilin	14.78	11.41	11.27	24	12.45	11.01	10.97	23
黑龙江	Heilongjiang	17.27	12.36	11.65	23	15.13	12.59	11.94	22
上　海	Shanghai	5.58	5.10	5.11	26	4.52	5.23	5.34	26
江　苏	Jiangsu	27.57	26.50	27.09	5	24.96	27.79	28.92	6
浙　江	Zhejiang	18.61	18.11	18.21	14	17.19	19.48	20.00	13
安　徽	Anhui	25.62	22.11	22.12	10	24.57	23.83	24.05	8
福　建	Fujian	16.63	16.32	16.55	16	15.66	16.25	16.59	16
江　西	Jiangxi	21.00	19.96	20.04	11	20.29	21.59	21.92	11
山　东	Shandong	41.75	37.92	38.64	3	38.75	39.64	40.89	3
河　南	Henan	51.82	50.20	50.23	1	49.04	50.09	50.61	1
湖　北	Hubei	21.12	19.76	19.65	13	19.61	20.02	20.20	12
湖　南	Hunan	26.69	22.61	22.80	8	25.00	24.91	25.37	7
广　东	Guangdong	48.78	42.51	43.68	2	43.07	46.86	48.66	2
广　西	Guangxi	24.46	23.16	23.90	7	22.02	22.20	23.25	9
海　南	Hainan	5.71	4.59	4.51	27	5.21	4.98	4.91	27
重　庆	Chongqing	12.59	11.88	12.18	21	11.61	11.89	12.31	21
四　川	Sichuan	32.97	26.07	26.38	6	30.57	30.81	31.44	5
贵　州	Guizhou	20.72	19.44	19.71	12	19.79	19.35	19.71	14
云　南	Yunnan	25.01	22.60	22.65	9	23.75	22.48	22.70	10
西　藏	Tibet	1.93	2.09	2.10	31	1.89	2.09	2.11	31
陕　西	Shaanxi	19.05	15.58	15.60	17	17.52	15.61	15.62	17
甘　肃	Gansu	14.46	13.22	13.16	19	14.04	14.03	14.11	19
青　海	Qinghai	2.75	2.24	2.24	30	2.66	2.65	2.64	30
宁　夏	Ningxia	3.38	3.24	3.26	29	3.32	3.38	3.41	29
新　疆	Xinjiang	14.89	12.79	12.90	20	13.40	14.48	14.64	18

18-23 每十万人口高等教育和高中阶段学校平均在校生数

Number of Students at School of Higher Education and Senior Secondary Per 100, 000 Population

单位：人 (person)

地区	Region	高等教育 Higher Education 2010	2015	2016	2016排名 Ranking	高中阶段 Senior Secondary 2010	2015	2016	2016排名 Ranking
全　国	**National Total**	**2189**	**2524**	**2530**		**3499**	**2965**	**2887**	
北　京	Beijing	6196	5218	5028	1	2363	1426	1321	30
天　津	Tianjin	4412	4185	4058	2	2776	1866	1851	29
河　北	Hebei	1951	2141	2191	24	3647	2555	2657	21
山　西	Shanxi	2132	2504	2439	12	4478	3486	3270	11
内蒙古	Inner Mongolia	1884	2035	1937	27	3581	2779	2669	20
辽　宁	Liaoning	2671	2876	2845	9	2900	2334	2297	25
吉　林	Jilin	2716	3169	3048	6	2944	2111	2040	28
黑龙江	Heilongjiang	2447	2518	2427	15	2881	2313	2193	27
上　海	Shanghai	4300	3330	3327	4	1878	1149	1120	31
江　苏	Jiangsu	2819	2896	2937	8	3527	2407	2318	23
浙　江	Zhejiang	2285	2414	2355	16	3189	2647	2589	22
安　徽	Anhui	1841	2309	2259	20	3657	3318	3145	12
福　建	Fujian	2144	2508	2438	13	3655	2889	2787	19
江　西	Jiangxi	2162	2654	2698	10	3469	3308	3125	13
山　东	Shandong	2202	2516	2620	11	3224	2941	2837	17
河　南	Henan	1839	2293	2352	17	4024	3454	3458	7
湖　北	Hubei	2906	3038	2950	7	4155	2294	2239	26
湖　南	Hunan	2051	2215	2251	22	3048	2720	2787	18
广　东	Guangdong	2037	2434	2431	14	4446	3589	3344	9
广　西	Guangxi	1530	2178	2279	19	3432	3611	3602	3
海　南	Hainan	2036	2290	2258	21	3799	3433	3371	8
重　庆	Chongqing	2413	3071	3059	5	4000	3702	3461	6
四　川	Sichuan	1790	2312	2314	18	3496	3162	3025	15
贵　州	Guizhou	1109	1819	2005	26	2716	4683	4583	1
云　南	Yunnan	1391	1819	1889	28	2835	2897	2965	16
西　藏	Tibet	1373	1766	1765	30	2184	2319	2316	24
陕　西	Shaanxi	3208	3628	3540	3	4931	3320	3101	14
甘　肃	Gansu	1882	2194	2189	25	4044	3517	3295	10
青　海	Qinghai	1119	1275	1319	31	3790	3659	3637	2
宁　夏	Ningxia	1868	2244	2225	23	4223	3672	3489	5
新　疆	Xinjiang	1467	1759	1780	29	3249	3385	3565	4

注：1.高等教育包括普通高等学校和成人高等学校。

2.高中阶段合计数据包括普通高中、成人高中、普通中专、职业高中、技工学校和成人中专。

Notes: 1. Institutions of higher education include that of regular institutions of higher education and institutions of higher education for adults.

2. Total of senior schools include that of regular senior schools, adult senior schools, regular secondary technical schools, vocational secondary schools, technical worker school, adult technical secondary schools.

18-24 每十万人口初中阶段和小学学校平均在校生数

Number of Students at School of Junior Secondary and Primary Education Per 100, 000 Population

单位：人 (person)

地区	Region	初中阶段 Junior Secondary				小学 Primary Education			
		2010	2015	2016	2016排名 Ranking	2010	2015	2016	2016排名 Ranking
全　国	**National Total**	**3955**	**3152**	**3150**		**7448**	**7086**	**7211**	
北　京	Beijing	1766	1317	1236	31	3722	3951	4000	29
天　津	Tianjin	2226	1724	1657	30	4119	3969	4080	28
河　北	Hebei	3145	3198	3281	13	7273	8075	8358	9
山　西	Shanxi	5004	3089	2982	20	8492	6221	6198	23
内蒙古	Inner Mongolia	3364	2553	2439	24	5907	5244	5329	25
辽　宁	Liaoning	2946	2307	2233	27	5053	4554	4538	27
吉　林	Jilin	3011	2164	2195	28	5273	4650	4592	26
黑龙江	Heilongjiang	3377	2348	2371	26	4913	3856	3776	30
上　海	Shanghai	2216	1700	1711	29	3652	3292	3270	31
江　苏	Jiangsu	3016	2346	2444	23	5162	6277	6547	20
浙　江	Zhejiang	3226	2686	2714	22	6435	6481	6410	21
安　徽	Anhui	4551	3125	3161	17	7510	6946	7005	17
福　建	Fujian	3517	2978	3008	18	6586	7575	7780	13
江　西	Jiangxi	4514	3884	3948	6	9612	9298	9259	5
山　东	Shandong	3681	3175	3208	14	6644	6892	7021	15
河　南	Henan	4948	4290	4386	2	11284	9931	10186	1
湖　北	Hubei	3813	2348	2418	25	6391	5774	5915	24
湖　南	Hunan	3355	3301	3318	12	7480	7256	7398	14
广　东	Guangdong	5189	3313	3206	15	8804	8102	8344	10
广　西	Guangxi	4127	4129	4144	3	8856	9258	9411	3
海　南	Hainan	4879	3642	3554	9	9033	8563	8711	8
重　庆	Chongqing	4483	3211	3202	16	6993	6932	6955	18
四　川	Sichuan	4207	3027	2984	19	7234	6655	6698	19
贵　州	Guizhou	5654	5643	5358	1	11414	9872	10011	2
云　南	Yunnan	4551	4018	3950	5	9521	8014	7942	11
西　藏	Tibet	4792	3696	3712	8	10323	9192	9349	4
陕　西	Shaanxi	4356	2837	2771	21	6920	6175	6375	22
甘　肃	Gansu	5252	3509	3370	11	8994	6956	7006	16
青　海	Qinghai	3938	3656	3536	10	9313	7787	7787	12
宁　夏	Ningxia	4919	4144	4112	4	10455	8814	8726	7
新　疆	Xinjiang	4648	3949	3792	7	8968	8916	9150	6

注：初中阶段包括普通初中和职业初中。

Note: Junior secondary schools include regular junior schools and junior vocational schools.

18-25 教育经费总收入和国家财政性教育经费

Total Educational Funds and Government Appropriation on Education

单位：亿元 (100 million yuan)

地区	Region	教育经费总收入 Total Educational Funds 2010	2015	2016	2016排名 Ranking	国家财政性教育经费 Government Appropriation on Education 2010	2015	2016	2016排名 Ranking
全 国	**National Total**	**19271.20**	**35617.46**	**38447.85**		**14379.42**	**28709.72**	**30955.71**	
北 京	Beijing	1175.65	2011.58	2148.09	4	889.08	1574.55	1667.75	4
天 津	Tianjin	337.44	640.50	619.30	27	257.23	534.45	509.49	27
河 北	Hebei	736.84	1305.39	1440.05	10	576.25	1087.33	1203.10	9
山 西	Shanxi	451.13	845.19	795.31	23	353.20	724.25	664.35	24
内蒙古	Inner Mongolia	414.99	709.11	763.95	24	359.05	634.29	666.30	23
辽 宁	Liaoning	680.79	963.63	1016.33	19	520.54	770.04	812.29	19
吉 林	Jilin	389.33	672.94	717.31	25	303.74	547.91	591.21	26
黑龙江	Heilongjiang	474.80	804.24	836.37	22	360.88	676.51	703.16	22
上 海	Shanghai	744.09	1280.10	1409.71	11	558.54	989.47	1098.50	11
江 苏	Jiangsu	1455.76	2453.69	2624.78	2	1012.34	1960.04	2080.99	2
浙 江	Zhejiang	1116.39	1861.86	2007.62	5	767.31	1344.13	1480.78	7
安 徽	Anhui	631.59	1215.91	1300.90	12	473.84	1003.48	1080.87	12
福 建	Fujian	564.70	1058.52	1107.02	15	409.60	843.11	876.13	18
江 西	Jiangxi	451.26	974.53	1049.27	17	319.18	815.86	883.94	17
山 东	Shandong	1097.36	2154.97	2341.55	3	839.12	1794.53	1936.30	3
河 南	Henan	912.42	1749.15	1901.75	7	681.15	1374.61	1501.91	6
湖 北	Hubei	731.32	1364.90	1534.72	8	474.16	1053.43	1210.99	8
湖 南	Hunan	685.94	1288.17	1446.55	9	480.57	999.53	1132.47	10
广 东	Guangdong	1598.45	3165.24	3505.81	1	1080.37	2336.58	2564.32	1
广 西	Guangxi	494.79	1012.95	1093.05	16	399.73	848.57	915.33	15
海 南	Hainan	144.43	281.61	307.63	28	115.45	234.05	250.15	28
重 庆	Chongqing	450.12	861.56	955.28	20	312.91	681.12	750.26	21
四 川	Sichuan	995.75	1790.95	1923.70	6	734.42	1425.80	1537.65	5
贵 州	Guizhou	368.85	928.71	1035.02	18	315.66	804.89	892.42	16
云 南	Yunnan	533.73	1049.53	1191.73	13	448.14	907.85	1025.76	13
西 藏	Tibet	66.23	192.03	185.87	31	64.16	189.39	183.09	31
陕 西	Shaanxi	604.16	1119.84	1174.04	14	432.92	879.02	919.86	14
甘 肃	Gansu	329.45	647.80	707.57	26	277.46	577.89	635.78	25
青 海	Qinghai	106.22	207.45	216.79	29	98.59	190.63	192.21	29
宁 夏	Ningxia	103.34	203.90	214.47	30	87.43	176.24	185.58	30
新 疆	Xinjiang	423.87	801.48	876.28	21	376.41	730.18	802.77	20

18-26 民办学校中举办者投入和社会捐赠教育经费

Funds from Investors of Private Schools and Donations and Fund-raising for Running Schools

单位：亿元 (100 million yuan)

地区	Region	民办学校中举办者投入 Funds from Investors of Private Schools				社会捐赠经费 Donations and Fund-raising for Running Schools			
		2010	2015	2016	2016排名 Ranking	2010	2015	2016	2016排名 Ranking
全　国	**National Total**	**105.43**	**187.66**	**203.27**		**107.88**	**87.00**	**81.04**	
北　京	Beijing	0.65	1.07	0.93	24	9.63	14.77	11.45	2
天　津	Tianjin	0.12	0.26	0.22	30	0.77	1.01	1.11	16
河　北	Hebei	1.46	2.98	4.94	14	0.84	0.62	0.74	21
山　西	Shanxi	2.60	2.46	2.15	18	0.93	0.36	0.13	30
内蒙古	Inner Mongolia	0.48	1.72	1.62	20	0.20	0.42	0.38	26
辽　宁	Liaoning	4.06	2.08	1.31	23	0.56	0.43	0.63	23
吉　林	Jilin	0.77	1.93	1.75	19	0.52	0.65	0.82	20
黑龙江	Heilongjiang	1.71	1.96	0.75	25	0.36	0.38	0.38	25
上　海	Shanghai	0.76	0.57	0.60	27	2.96	4.99	5.04	5
江　苏	Jiangsu	1.46	4.51	13.69	3	19.44	9.17	11.01	3
浙　江	Zhejiang	3.38	18.04	14.52	2	14.83	3.97	4.48	7
安　徽	Anhui	6.31	7.12	5.75	12	2.30	1.23	1.44	13
福　建	Fujian	10.05	8.81	5.34	13	4.62	6.96	9.72	4
江　西	Jiangxi	6.56	2.87	4.38	16	2.06	1.43	1.33	14
山　东	Shandong	2.96	6.76	11.42	8	4.46	1.71	2.37	8
河　南	Henan	9.96	20.90	11.75	7	0.83	0.98	0.60	24
湖　北	Hubei	3.11	10.07	12.63	5	1.98	1.71	1.48	12
湖　南	Hunan	3.32	8.96	8.21	9	1.78	2.07	0.94	17
广　东	Guangdong	21.67	32.85	50.59	1	11.26	14.50	11.70	1
广　西	Guangxi	2.38	2.88	3.56	17	1.06	1.17	0.94	18
海　南	Hainan	1.54	2.05	7.20	10	1.36	0.35	0.28	28
重　庆	Chongqing	6.14	6.71	11.78	6	4.72	1.75	1.66	11
四　川	Sichuan	7.04	19.83	12.67	4	11.44	7.41	4.92	6
贵　州	Guizhou	1.59	9.01	4.48	15	0.68	0.91	0.90	19
云　南	Yunnan	1.76	6.24	6.39	11	2.35	1.77	2.21	9
西　藏	Tibet	0.07	0.02	0.02	31	0.12	0.08	0.02	31
陕　西	Shaanxi	1.45	2.02	1.62	21	1.50	1.34	1.95	10
甘　肃	Gansu	0.80	0.61	0.71	26	1.98	0.68	0.69	22
青　海	Qinghai	0.15	0.48	0.50	28	0.26	0.16	0.21	29
宁　夏	Ningxia	0.91	1.60	1.45	22	0.49	0.55	0.32	27
新　疆	Xinjiang	0.23	0.29	0.36	29	1.57	3.43	1.17	15

18-27 教育经费中事业收入和其他教育经费收入

Income from Teaching Research and Other Auxiliary Activity and Other Educational Funds

单位：亿元 (100 million yuan)

地区	Region	教育经费中事业收入 Income from Teaching Research and Other Auxiliary Activity				其他教育经费收入 Other Educational Funds			
		2010	2015	2016	2016排名 Ranking	2010	2015	2016	2016排名 Ranking
全　国	**National Total**	**4106.07**	**5809.72**	**6276.83**		**572.40**	**823.36**	**930.99**	
北　京	Beijing	226.28	338.68	367.61	4	50.00	82.50	100.37	2
天　津	Tianjin	68.43	91.19	95.15	24	10.90	13.58	13.32	23
河　北	Hebei	148.04	198.78	215.36	12	10.25	15.68	15.91	19
山　西	Shanxi	85.49	111.08	122.37	20	8.90	7.04	6.31	28
内蒙古	Inner Mongolia	48.77	59.40	59.84	26	6.49	13.28	35.81	6
辽　宁	Liaoning	143.51	181.90	192.41	14	12.12	9.18	9.69	25
吉　林	Jilin	74.72	109.34	110.12	22	9.58	13.11	13.41	22
黑龙江	Heilongjiang	98.11	113.16	122.13	21	13.74	12.24	9.95	24
上　海	Shanghai	146.98	220.30	245.64	10	34.86	64.77	59.92	4
江　苏	Jiangsu	352.44	410.89	436.89	2	70.08	69.08	82.20	3
浙　江	Zhejiang	264.32	359.76	387.87	3	66.56	135.95	119.96	1
安　徽	Anhui	135.74	187.54	193.41	13	13.40	16.55	19.43	18
福　建	Fujian	128.87	177.05	187.65	15	11.56	22.59	28.18	15
江　西	Jiangxi	107.20	148.64	152.35	18	16.26	5.72	7.26	27
山　东	Shandong	234.18	324.10	361.08	5	16.65	27.88	30.39	12
河　南	Henan	198.20	327.17	360.39	6	22.28	25.49	27.11	17
湖　北	Hubei	213.45	270.88	276.10	8	38.61	28.81	33.52	8
湖　南	Hunan	178.23	252.21	272.45	9	22.04	25.40	32.48	9
广　东	Guangdong	447.89	727.22	825.00	1	37.25	54.10	54.19	5
广　西	Guangxi	84.72	145.97	159.52	17	6.90	14.36	13.69	20
海　南	Hainan	23.48	39.80	44.14	27	2.60	5.36	5.86	30
重　庆	Chongqing	101.37	155.05	163.53	16	24.98	16.94	28.05	16
四　川	Sichuan	226.16	312.92	337.73	7	16.68	25.00	30.73	11
贵　州	Guizhou	45.33	92.35	107.33	23	5.60	21.55	29.90	13
云　南	Yunnan	67.18	109.43	122.74	19	14.29	24.24	34.64	7
西　藏	Tibet	1.86	1.91	2.22	31	0.02	0.63	0.52	31
陕　西	Shaanxi	154.04	213.34	222.26	11	14.25	24.12	28.36	14
甘　肃	Gansu	45.06	59.84	62.15	25	4.16	8.78	8.24	26
青　海	Qinghai	5.94	10.74	10.43	30	1.28	5.44	13.45	21
宁　夏	Ningxia	12.29	19.88	20.94	29	2.22	5.62	6.17	29
新　疆	Xinjiang	37.76	39.21	40.01	28	7.90	28.36	31.96	10

18-28 教育经费总支出和事业性教育经费支出

Total Expenditure on Educational Funds and Expenditure from Educational Funds and Other Auxiliary Activity

单位：亿元 (100 million yuan)

地区	Region	教育经费总支出 Total Expenditure on Educational Funds				事业性教育经费支出 Expenditure from Educational Funds and Other Auxiliary Activity			
		2010	2015	2016	2016排名 Ranking	2010	2011	2013	2013排名 Ranking
全　国	**National Total**	**18796.13**	**34497.39**	**37444.69**		**18183.37**	**22475.29**	**28770.85**	
北　京	Beijing	1102.07	1898.26	2037.57	4	1034.36	1342.74	1628.98	4
天　津	Tianjin	334.03	605.95	592.57	27	329.57	454.45	615.75	24
河　北	Hebei	726.01	1287.19	1433.84	9	716.50	834.08	1016.91	11
山　西	Shanxi	440.41	791.30	797.95	23	425.83	515.64	653.99	21
内蒙古	Inner Mongolia	407.00	695.27	748.60	24	386.23	484.44	595.81	25
辽　宁	Liaoning	664.94	946.33	985.25	18	655.21	793.70	950.16	14
吉　林	Jilin	369.98	632.90	682.13	26	363.31	451.62	557.01	26
黑龙江	Heilongjiang	462.96	779.17	832.24	22	451.75	557.15	680.13	20
上　海	Shanghai	726.65	1243.96	1345.07	11	709.36	839.52	1018.53	10
江　苏	Jiangsu	1431.56	2360.41	2560.68	2	1384.54	1707.74	2118.78	2
浙　江	Zhejiang	1078.51	1794.21	1964.66	5	1064.29	1198.33	1469.60	6
安　徽	Anhui	624.82	1188.40	1278.54	12	603.31	803.64	1048.56	9
福　建	Fujian	538.87	995.44	1047.40	16	521.90	622.55	798.70	16
江　西	Jiangxi	443.37	951.20	1030.26	17	430.19	557.77	795.30	17
山　东	Shandong	1090.22	2142.50	2293.62	3	1077.59	1439.91	1823.29	3
河　南	Henan	884.18	1705.26	1845.99	7	866.08	1131.90	1514.71	5
湖　北	Hubei	700.87	1319.32	1473.00	8	686.82	803.52	1010.31	12
湖　南	Hunan	673.91	1264.87	1430.29	10	658.10	818.23	1101.17	8
广　东	Guangdong	1565.79	3005.45	3403.92	1	1501.93	1783.58	2344.21	1
广　西	Guangxi	479.10	989.03	1074.21	15	469.04	561.76	728.06	18
海　南	Hainan	148.41	272.42	307.63	28	133.41	163.43	217.13	28
重　庆	Chongqing	439.72	838.62	925.46	20	421.58	534.25	687.67	19
四　川	Sichuan	982.50	1765.02	1897.38	6	938.89	1097.22	1435.88	7
贵　州	Guizhou	346.56	897.61	985.17	19	336.97	417.20	630.00	22
云　南	Yunnan	540.93	1038.14	1182.66	13	516.32	613.13	862.42	15
西　藏	Tibet	66.57	189.77	185.38	31	60.68	77.19	99.39	31
陕　西	Shaanxi	595.97	1082.73	1134.74	14	577.20	773.20	974.65	13
甘　肃	Gansu	319.77	620.35	682.34	25	297.88	368.28	476.86	27
青　海	Qinghai	102.74	204.52	213.63	29	92.21	116.72	135.09	30
宁　夏	Ningxia	97.15	198.64	207.73	30	93.02	129.97	154.34	29
新　疆	Xinjiang	410.56	793.16	864.77	21	379.32	482.44	627.49	23

18-29 事业性教育经费支出构成
Composition of Expenditure on Education Funds

单位：亿元 (100 million yuan)

地区	Region	事业性经费支出用于个人部分 Education Expenditure for Individuals 2010	2015	2016	2016排名 Ranking	事业性经费支出用于公用部分 Education Expenditure for Public 2010	2015	2016	2016排名 Ranking
全　国	**National Total**	**10495.03**	**20259.81**	**22867.50**		**7688.35**	**13738.44**	**13984.92**	
北　京	Beijing	422.33	898.21	991.77	7	612.03	964.27	983.90	2
天　津	Tianjin	199.28	333.77	368.21	27	130.29	270.63	220.28	27
河　北	Hebei	451.37	835.44	949.85	8	265.14	444.15	473.79	14
山　西	Shanxi	258.49	492.03	516.43	23	167.33	293.61	275.50	22
内蒙古	Inner Mongolia	237.68	449.49	486.35	24	148.55	232.21	253.63	23
辽　宁	Liaoning	379.49	601.47	649.68	17	275.72	338.48	326.78	19
吉　林	Jilin	215.15	391.73	424.32	26	148.16	237.45	251.15	24
黑龙江	Heilongjiang	260.27	501.75	544.17	21	191.48	271.50	278.56	21
上　海	Shanghai	366.62	574.51	703.91	13	342.74	640.91	611.97	8
江　苏	Jiangsu	817.16	1373.54	1603.99	2	567.39	980.81	948.45	3
浙　江	Zhejiang	627.96	1064.86	1220.78	5	436.33	719.46	718.98	6
安　徽	Anhui	357.26	691.67	756.43	12	246.04	484.65	499.15	11
福　建	Fujian	323.38	596.88	654.44	16	198.51	386.95	386.03	17
江　西	Jiangxi	244.14	538.88	598.15	19	186.05	398.84	474.99	13
山　东	Shandong	612.58	1294.76	1441.00	3	465.02	838.44	842.42	4
河　南	Henan	500.22	931.74	1069.24	6	365.86	749.86	750.83	5
湖　北	Hubei	398.45	771.26	916.63	9	288.37	544.09	550.34	9
湖　南	Hunan	386.76	727.06	869.47	10	271.34	521.83	545.32	10
广　东	Guangdong	870.49	1764.84	2067.82	1	631.43	1173.69	1252.71	1
广　西	Guangxi	301.14	597.87	655.96	15	167.90	368.18	390.66	15
海　南	Hainan	76.51	153.11	168.75	28	56.90	114.34	134.64	28
重　庆	Chongqing	224.94	491.78	532.35	22	196.64	335.09	376.70	18
四　川	Sichuan	555.44	1129.97	1222.18	4	383.45	610.04	643.80	7
贵　州	Guizhou	211.43	571.76	662.38	14	125.54	306.24	307.69	20
云　南	Yunnan	313.25	647.02	778.65	11	203.07	372.40	390.25	16
西　藏	Tibet	39.92	113.05	114.37	31	20.77	62.02	56.36	31
陕　西	Shaanxi	321.42	587.21	637.15	18	255.78	480.13	475.17	12
甘　肃	Gansu	184.95	384.12	444.75	25	112.93	212.04	223.49	26
青　海	Qinghai	52.71	109.18	123.94	29	39.50	66.87	68.16	30
宁　夏	Ningxia	49.25	111.84	121.30	30	43.77	83.06	83.13	29
新　疆	Xinjiang	234.98	529.02	573.06	20	144.34	236.23	250.09	25

18-30 教育经费支出中基本建设支出和普通高等学校生均教育经费支出

Infrastructure Expenditure on Education, and Average Individual Education Expenditure

地区	Region	教育经费支出中基本建设支出（亿元） Infrastructure Expenditure on Education (100 million yuan)				普通高等学校生均教育经费支出（元） Average Individual Education Expenditure (yuan)			
		2010	2015	2016	2016排名 Ranking	2010	2015	2016	2016排名 Ranking
全　国	**National Total**	**612.76**	**499.13**	**592.27**		**20498**	**29471**	**30505**	
北　京	Beijing	67.72	35.78	61.91	2	50070	64997	65789	1
天　津	Tianjin	4.46	1.55	4.08	30	25654	37366	38187	5
河　北	Hebei	9.51	7.60	10.19	19	13961	22111	23765	22
山　西	Shanxi	14.59	5.66	6.02	28	12560	25370	23495	23
内蒙古	Inner Mongolia	20.77	13.56	8.61	23	16726	27362	27226	18
辽　宁	Liaoning	9.73	6.39	8.79	22	19961	26491	26689	21
吉　林	Jilin	6.68	3.71	6.66	26	17881	27260	28479	14
黑龙江	Heilongjiang	11.21	5.92	9.51	21	18259	26007	28249	15
上　海	Shanghai	17.29	28.54	29.18	5	39553	61505	58382	2
江　苏	Jiangsu	47.01	6.06	8.23	24	24009	31976	34422	8
浙　江	Zhejiang	14.22	9.89	24.91	8	30007	36702	39839	4
安　徽	Anhui	21.51	12.08	22.96	9	13532	21640	22247	27
福　建	Fujian	16.98	11.61	6.93	25	19815	28980	29918	12
江　西	Jiangxi	13.17	13.48	17.13	12	13121	18790	19562	30
山　东	Shandong	12.63	9.30	10.19	20	14873	21707	22205	28
河　南	Henan	18.10	23.66	25.92	7	11376	19385	19430	31
湖　北	Hubei	14.05	3.98	6.03	27	20156	30938	31101	10
湖　南	Hunan	15.81	15.98	15.50	14	13504	19656	23281	26
广　东	Guangdong	63.87	66.93	83.39	1	23452	29575	35126	7
广　西	Guangxi	10.06	22.98	27.59	6	13280	22726	21899	29
海　南	Hainan	15.01	4.96	4.24	29	15650	29164	26999	20
重　庆	Chongqing	18.14	11.75	16.41	13	20097	26024	27542	17
四　川	Sichuan	43.61	25.01	31.40	4	20113	26203	27029	19
贵　州	Guizhou	9.59	19.61	15.10	15	14690	25073	23402	25
云　南	Yunnan	24.61	18.73	13.76	18	17368	23248	23475	24
西　藏	Tibet	5.89	14.70	14.64	16	22837	37930	37126	6
陕　西	Shaanxi	18.77	15.38	22.43	10	21475	29380	30593	11
甘　肃	Gansu	21.89	24.19	14.10	17	13924	27253	29013	13
青　海	Qinghai	10.53	28.48	21.53	11	18285	38720	42837	3
宁　夏	Ningxia	4.13	3.74	3.31	31	18340	34781	34365	9
新　疆	Xinjiang	31.24	27.91	41.62	3	19321	29475	27615	16

18-31 中等职业和普通高中学校生均教育经费支出

Expenditure on Educational Funds of Vocational Secondary Schools, and Expenditure on Educational Funds of Regular Senior Secondary Schools

单位：元 (yuan)

地区	Region	中等职业学校生均教育经费支出 Expenditure on Educational Funds of Vocational Secondary Schools				普通高中生均教育经费支出 Expenditure on Educational Funds of Regular Senior Secondary Schools			
		2010	2015	2016	2016排名 Ranking	2010	2015	2016	2016排名 Ranking
全　国	**National Total**	**8962**	**15707**	**16969**		**8101**	**15042**	**16727**	
北　京	Beijing	24502	58512	63025	1	34626	64720	82046	1
天　津	Tianjin	17895	30443	31134	4	17990	37925	36085	3
河　北	Hebei	7109	14730	16813	17	6525	13051	13823	24
山　西	Shanxi	7875	14893	16764	18	7733	12340	13709	26
内蒙古	Inner Mongolia	12357	21760	23230	7	10080	17880	19744	8
辽　宁	Liaoning	10014	16707	17833	14	8721	13728	15142	17
吉　林	Jilin	9609	24101	29684	5	7350	13561	15020	18
黑龙江	Heilongjiang	9244	17000	19638	10	6724	13630	14266	22
上　海	Shanghai	17154	59819	61157	2	33116	53985	65282	2
江　苏	Jiangsu	9545	18276	18939	11	11252	25332	27688	6
浙　江	Zhejiang	12567	24273	25849	6	14036	25893	29864	5
安　徽	Anhui	7398	13070	14925	23	6227	12986	13908	23
福　建	Fujian	8354	17612	20415	8	8998	15841	17060	14
江　西	Jiangxi	5766	9678	11127	29	5695	13053	13788	25
山　东	Shandong	9203	17828	17979	13	8306	14849	15462	16
河　南	Henan	7639	9663	10628	30	4646	8813	9765	31
湖　北	Hubei	5471	15519	18032	12	5947	14291	18325	11
湖　南	Hunan	7465	11753	13079	27	7441	12455	14591	20
广　东	Guangdong	10402	14848	16692	19	9616	15767	18667	10
广　西	Guangxi	9197	12078	13313	25	5701	11925	12649	29
海　南	Hainan	8073	16472	17307	16	9502	17648	20973	7
重　庆	Chongqing	6836	14158	16011	20	7551	14652	17442	13
四　川	Sichuan	9286	11593	12411	28	6271	12218	13168	27
贵　州	Guizhou	5366	9936	9780	31	5242	11246	12992	28
云　南	Yunnan	9567	13568	15416	22	7109	12660	14863	19
西　藏	Tibet	8718	42003	34290	3	11069	35435	32246	4
陕　西	Shaanxi	8779	11756	13264	26	6487	13434	14288	21
甘　肃	Gansu	7327	16433	15898	21	6106	10880	12530	30
青　海	Qinghai	12321	15760	17692	15	12032	19704	19457	9
宁　夏	Ningxia	8386	14246	14094	24	9566	14887	15910	15
新　疆	Xinjiang	13205	17988	19647	9	10100	17700	17952	12

18-32 普通初中和普通小学生均教育经费支出

Expenditure on Educational Funds of Regular Junior Secondary Schools, and Expenditure on Educational Funds of Regular Primary Schools

单位：元 (yuan)

地区	Region	普通初中生均教育经费支出 Expenditure on Educational Funds of Regular Junior Secondary Schools				普通小学生均教育经费支出 Expenditure on Educational Funds of Regular Primary Schools			
		2010	2015	2016	2016排名 Ranking	2010	2015	2016	2016排名 Ranking
全　国	**National Total**	**6527**	**14483**	**16007**		**4932**	**10467**	**11397**	
北　京	Beijing	30791	59472	67770	1	19762	33559	38120	1
天　津	Tianjin	18256	31188	33646	3	12689	19134	20252	4
河　北	Hebei	6428	10765	11713	27	4627	7668	8164	30
山　西	Shanxi	5625	13003	13930	23	4648	10529	10849	21
内蒙古	Inner Mongolia	10161	19081	21672	7	8954	17077	18730	5
辽　宁	Liaoning	8843	15322	16739	17	6533	11143	12033	17
吉　林	Jilin	7460	18206	19433	10	6653	13792	15006	9
黑龙江	Heilongjiang	6277	16115	17629	13	5882	14347	15954	7
上　海	Shanghai	22497	37197	44418	2	18983	25467	31756	2
江　苏	Jiangsu	10362	22824	24705	5	8611	14119	14330	10
浙　江	Zhejiang	11690	19957	22814	6	8974	13787	15585	8
安　徽	Anhui	5041	13771	15200	20	4047	9491	10445	25
福　建	Fujian	7460	16078	17342	14	6240	10715	10938	20
江　西	Jiangxi	4198	11026	11689	28	3049	8338	8793	29
山　东	Shandong	7026	15075	16160	18	4383	9054	9664	26
河　南	Henan	4048	9726	10472	31	2553	5903	6492	31
湖　北	Hubei	5398	15327	18252	12	3757	9332	10630	23
湖　南	Hunan	6519	12168	13571	24	3942	7669	8926	27
广　东	Guangdong	5335	14271	16835	16	4717	11004	12365	15
广　西	Guangxi	5001	10123	10946	30	3858	7998	8796	28
海　南	Hainan	7033	16526	18911	11	6392	12698	13955	12
重　庆	Chongqing	6319	14969	17096	15	5369	12095	13457	13
四　川	Sichuan	5610	13260	14497	22	4725	10210	10711	22
贵　州	Guizhou	3499	9654	11348	29	2962	9373	10557	24
云　南	Yunnan	5449	11665	13294	25	4318	10010	11828	18
西　藏	Tibet	7902	28922	27636	4	9303	28006	27399	3
陕　西	Shaanxi	6212	15213	15406	19	5295	11938	12125	16
甘　肃	Gansu	5187	11873	13199	26	4074	11282	12524	14
青　海	Qinghai	9927	19297	20489	9	6821	15293	16197	6
宁　夏	Ningxia	7434	15121	15074	21	4490	11106	11529	19
新　疆	Xinjiang	9224	18887	20800	8	6570	13826	14301	11

19

卫 生

Public Health

19-1　卫生总费用和政府卫生支出
Total Expenditure on Healthcare and Government Expenditure on Health

单位：亿元　　(100 million yuan)

地区	Region	卫生总费用 Total Expenditure on Healthcare				其中：政府卫生支出 Government Expenditure on Health			
		2010	2014	2015	2015排名 Ranking	2010	2014	2015	2015排名 Ranking
全 国	**National Total**	**19980.39**	**35312.40**	**40974.64**		**5732.49**	**10579.23**	**12475.28**	
北 京	Beijing	813.64	1594.64	1834.75	8	223.98	394.38	445.81	11
天 津	Tianjin	355.65	650.91	752.79	26	82.68	171.18	202.24	27
河 北	Hebei	901.96	1645.80	1861.50	7	266.83	458.64	552.58	6
山 西	Shanxi	463.72	798.49	922.93	21	132.28	250.19	298.09	20
内蒙古	Inner Mongolia	436.95	712.00	829.33	24	139.47	240.81	271.46	23
辽 宁	Liaoning	772.50	1329.95	1411.95	13	176.35	289.38	292.79	21
吉 林	Jilin	454.26	772.53	833.05	23	122.91	212.13	252.11	26
黑龙江	Heilongjiang	605.77	992.15	1043.18	17	151.96	242.60	284.34	22
上 海	Shanghai		1345.50	1536.60	11		275.29	319.94	19
江 苏	Jiangsu	1232.30	2644.65	2974.42	2	293.87	581.99	674.73	5
浙 江	Zhejiang	1143.30	1976.99	2250.21	5	265.40	443.89	500.08	9
安 徽	Anhui	721.12	1321.64	1460.42	12	214.21	434.77	497.29	10
福 建	Fujian	472.74	971.93	1130.61	15	140.62	296.48	357.42	17
江 西	Jiangxi	442.67	850.13	978.66	20	180.17	358.98	421.78	13
山 东	Shandong	1345.30	2484.16	2843.96	3	327.40	619.70	722.22	3
河 南	Henan	1066.57	1878.78	2258.50	4	321.19	612.55	729.70	2
湖 北	Hubei	681.77	1393.90	1649.24	9	207.13	415.91	530.67	7
湖 南	Hunan	738.76	1460.64	1629.32	10	213.19	434.09	506.82	8
广 东	Guangdong	1509.62	2832.33	3301.67	1	359.33	803.78	956.00	1
广 西	Guangxi	514.88	908.06	1008.94	18	191.40	359.27	386.97	14
海 南	Hainan		220.68	262.61	28		88.92	102.70	29
重 庆	Chongqing	432.97	821.53	1000.23	19	120.45	255.09	323.69	18
四 川	Sichuan		1876.97	2164.33	6		592.32	696.24	4
贵 州	Guizhou	329.33	647.85	754.18	25	153.54	310.36	371.70	16
云 南	Yunnan	509.47	927.30	1095.19	16	199.38	359.63	425.76	12
西 藏	Tibet		81.93	103.95	31		57.53	72.39	31
陕 西	Shaanxi		1124.02	1254.37	14		317.92	377.76	15
甘 肃	Gansu	295.38	569.75	654.07	27	116.54	212.32	259.10	25
青 海	Qinghai		175.31	215.82	30		87.25	107.08	28
宁 夏	Ningxia		206.76	227.86	29		67.56	77.14	30
新 疆	Xinjiang	322.62	750.82	870.98	22	120.97	232.50	262.92	24

19-2 社会卫生支出和个人卫生支出
Social Health Expenditure and Personal Health Spending

单位：亿元 (100 million yuan)

地区	Region	其中：社会卫生支出 Social Health Expenditure 2010	2014	2015	2015排名 Ranking	其中：个人卫生支出 Personal Health Spending 2010	2014	2015	2015排名 Ranking
全 国	**National Total**	**7196.61**	**13437.75**	**16506.71**		**7051.29**	**11295.41**	**11992.65**	
北 京	Beijing	386.86	890.57	1069.88	5	202.80	309.69	319.07	16
天 津	Tianjin	145.88	266.71	317.37	22	127.10	213.01	233.19	24
河 北	Hebei	247.58	558.25	622.13	9	387.56	628.90	686.78	5
山 西	Shanxi	152.26	266.84	319.43	21	179.18	281.46	305.40	18
内蒙古	Inner Mongolia	105.91	190.85	255.60	25	191.58	280.34	302.27	19
辽 宁	Liaoning	291.58	561.30	610.70	10	304.57	479.27	508.46	10
吉 林	Jilin	123.77	244.42	274.95	24	207.58	315.98	305.99	17
黑龙江	Heilongjiang	198.04	353.75	383.51	18	255.76	395.79	375.32	13
上 海	Shanghai		791.87	882.39	6		278.34	334.27	14
江 苏	Jiangsu	533.25	1289.48	1496.00	1	405.18	773.18	803.69	3
浙 江	Zhejiang	440.63	910.59	1086.54	4	437.27	622.51	663.60	6
安 徽	Anhui	257.39	440.50	527.68	13	249.52	446.37	435.46	11
福 建	Fujian	186.64	407.52	478.01	14	145.49	267.93	295.19	20
江 西	Jiangxi	112.41	240.42	287.37	23	150.36	250.73	269.51	22
山 东	Shandong	497.02	1039.50	1212.98	3	520.88	824.97	908.75	1
河 南	Henan	272.98	533.89	734.65	8	472.40	732.35	794.14	4
湖 北	Hubei	206.42	465.85	565.72	12	268.22	512.13	552.85	8
湖 南	Hunan	202.03	471.10	573.11	11	323.54	555.45	549.39	9
广 东	Guangdong	539.10	1236.96	1485.88	2	611.20	791.58	859.78	2
广 西	Guangxi	159.53	294.79	353.17	19	163.95	254.00	268.80	23
海 南	Hainan		75.22	93.61	28		56.53	66.31	29
重 庆	Chongqing	137.22	320.20	393.80	16	175.31	246.24	282.74	21
四 川	Sichuan		688.86	825.99	7		595.79	642.10	7
贵 州	Guizhou	73.86	161.37	206.10	26	101.92	176.12	176.37	27
云 南	Yunnan	147.30	271.81	338.20	20	162.79	295.86	331.22	15
西 藏	Tibet		19.11	25.62	31		5.30	5.94	31
陕 西	Shaanxi		423.52	465.24	15		382.58	411.37	12
甘 肃	Gansu	74.22	164.19	199.60	27	104.62	193.24	195.37	26
青 海	Qinghai		46.67	57.17	30		41.38	51.58	30
宁 夏	Ningxia		71.22	75.90	29		67.98	74.82	28
新 疆	Xinjiang	115.51	325.41	390.81	17	86.14	192.91	217.25	25

19-3 卫生总费用占GDP比重和人均卫生总费用

Ration of Health Expenditure on GDP and Expenditure on Healthcare Per Capita

地区	Region	卫生总费用占GDP比重(%) Ration of Health Expenditure on GDP (%)				人均卫生总费用(元) Expenditure on Healthcare Per Capita (yuan)			
		2010	2014	2015	2015排名 Ranking	2010	2014	2015	2015排名 Ranking
全　国	**National Total**	**4.98**	**5.55**	**5.95**		**1490.06**	**2581.66**	**2980.80**	
北　京	Beijing	5.76	7.48	7.99	6	4147.20	7411.41	8453.14	1
天　津	Tianjin	3.90	4.14	4.55	27	2737.28	4291.29	4866.32	3
河　北	Hebei	4.42	5.59	6.25	16	1253.77	2228.95	2507.10	24
山　西	Shanxi	5.04	6.26	7.23	8	1297.45	2188.87	2518.82	22
内蒙古	Inner Mongolia	3.74	4.01	4.65	26	1767.46	2842.54	3302.78	11
辽　宁	Liaoning	4.19	4.65	4.92	25	1765.88	3028.54	3221.86	12
吉　林	Jilin	5.24	5.60	5.92	20	1653.88	2806.76	3025.98	15
黑龙江	Heilongjiang	5.84	6.60	6.92	13	1580.23	2588.44	2736.56	20
上　海	Shanghai		5.71	6.12	17		5546.92	6362.02	2
江　苏	Jiangsu	2.97	4.06	4.24	31	1565.95	3322.40	3729.07	5
浙　江	Zhejiang	4.12	4.92	5.25	24	2098.99	3589.30	4062.49	4
安　徽	Anhui	5.83	6.34	6.64	14	1210.54	2172.67	2376.98	27
福　建	Fujian	3.21	4.04	4.35	30	1280.11	2553.68	2945.07	16
江　西	Jiangxi	4.68	5.41	5.85	21	992.04	1871.65	2143.54	29
山　东	Shandong	3.43	4.18	4.51	29	1403.13	2537.60	2888.09	17
河　南	Henan	4.62	5.38	6.10	18	1134.04	1991.07	2382.38	26
湖　北	Hubei	4.27	5.09	5.58	23	1191.11	2396.66	2818.49	19
湖　南	Hunan	4.61	5.40	5.61	22	1042.05	2168.01	2402.06	25
广　东	Guangdong	3.28	4.18	4.53	28	1445.87	2641.11	3043.29	14
广　西	Guangxi	5.38	5.79	6.00	19	1116.88	1910.10	2103.71	31
海　南	Hainan		6.30	7.09	11		2442.50	2883.25	18
重　庆	Chongqing	5.46	5.76	6.36	15	1500.98	2746.30	3315.82	9
四　川	Sichuan		6.58	7.20	9		2305.81	2638.14	21
贵　州	Guizhou	7.16	6.99	7.18	10	946.61	1846.75	2136.78	30
云　南	Yunnan	7.05	7.24	8.04	5	1107.15	1967.16	2309.65	28
西　藏	Tibet		8.90	10.13	1		2580.03	3208.66	13
陕　西	Shaanxi		6.35	6.96	12		2977.53	3307.08	10
甘　肃	Gansu	7.17	8.34	9.63	2	1153.86	2199.13	2516.10	23
青　海	Qinghai		7.61	8.93	4		3004.89	3667.80	7
宁　夏	Ningxia		7.51	7.83	7		3125.39	3411.75	8
新　疆	Xinjiang	6.91	8.10	9.34	3	1676.79	3266.62	3691.00	6

19-4 城乡居民医疗保健支出
Health Care and Medical Services for Urban and Rural Residents

单位：元 (yuan)

地区	Region	城镇居民人均医疗保健支出 Urban Residents per Capita Health Care Spending 2010	2014	2015	2015排名 Ranking	农村居民人均医疗保健支出 Rural Residents per Capita Health Care Spending 2010	2014	2015	2015排名 Ranking
全国	National Total	871.8	1305.6	1443.4		326.0	753.9	846.0	
北京	Beijing	1327.2	2044.4	2369.5	1	840.6	1088.6	1336.0	2
天津	Tianjin	1275.6	1721.3	1888.1	6	360.5	979.7	1159.9	5
河北	Hebei	923.8	1304.5	1500.6	13	344.3	788.7	920.5	14
山西	Shanxi	774.9	1240.9	1394.1	17	328.9	770.2	794.3	20
内蒙古	Inner Mongolia	1126.0	1470.8	1575.7	10	468.0	1114.4	1117.7	6
辽宁	Liaoning	1079.8	1630.8	1761.9	8	413.8	1026.4	1064.5	9
吉林	Jilin	1171.3	1838.4	1924.2	5	462.4	1008.0	1058.1	10
黑龙江	Heilongjiang	948.4	1457.6	1924.3	4	443.2	992.1	1112.8	7
上海	Shanghai	1005.5	2327.6	2361.7	2	584.5	1330.3	1464.3	1
江苏	Jiangsu	805.7	1616.7	1594.3	9	362.3	845.3	1088.2	8
浙江	Zhejiang	1033.7	1527.0	1539.0	11	709.3	1068.3	1246.3	3
安徽	Anhui	737.1	976.5	1073.3	27	264.4	778.8	808.2	19
福建	Fujian	617.4	1059.0	1165.3	25	251.4	735.9	826.9	18
江西	Jiangxi	524.2	760.7	841.4	30	243.8	525.2	569.7	29
山东	Shandong	885.8	1188.0	1416.1	16	383.9	776.4	919.2	15
河南	Henan	941.3	1204.1	1365.5	21	287.8	731.4	769.0	21
湖北	Hubei	709.6	1187.8	1482.0	14	295.2	907.3	985.1	11
湖南	Hunan	776.9	1209.8	1174.6	24	293.6	771.4	844.1	16
广东	Guangdong	929.5	988.3	1096.4	26	307.4	686.9	723.1	24
广西	Guangxi	625.5	845.9	866.2	29	229.0	553.5	709.7	25
海南	Hainan	579.9	960.3	1307.1	23	138.4	454.1	634.5	27
重庆	Chongqing	1021.5	1187.7	1394.1	17	270.3	677.0	745.9	22
四川	Sichuan	661.0	1283.6	1369.3	20	276.1	723.7	839.8	17
贵州	Guizhou	546.8	927.4	872.2	28	178.1	373.0	449.5	30
云南	Yunnan	637.9	1115.2	1351.9	22	239.9	514.0	577.6	28
西藏	Tibet	385.6	552.5	534.4	31	71.2	91.6	136.4	31
陕西	Shaanxi	935.4	1495.9	1783.6	7	376.2	883.7	958.2	12
甘肃	Gansu	828.6	1048.2	1390.8	19	203.1	546.2	669.8	26
青海	Qinghai	718.8	1213.0	1459.3	15	307.9	944.5	1190.9	4
宁夏	Ningxia	890.1	1616.9	2016.0	3	417.9	856.9	926.0	13
新疆	Xinjiang	708.2	1310.9	1517.1	12	314.7	717.2	731.8	23

19-5 医疗卫生机构总收入和财政补助收入
Gross Income of Medical Institutions and Financial Aid

单位：亿元 (100 million yuan)

地区	Region	医疗卫生机构总收入 Gross Income of Medical Institutions				其中:财政补助收入 Financial Aid			
		2010	2015	2016	2016排名 Ranking	2010	2015	2016	2016排名 Ranking
全　国	**National Total**	**13726.3**	**29537.9**	**33166.1**		**1667.9**	**4321.3**	**4848.6**	
北　京	Beijing	800.3	1678.8	1883.5	5	121.4	248.9	266.9	4
天　津	Tianjin	289.1	573.2	633.0	21	38.8	76.3	87.7	27
河　北	Hebei	525.1	1114.0	1278.9	11	46.9	130.4	135.9	16
山　西	Shanxi	259.1	548.6	614.8	23	40.2	116.3	125.3	20
内蒙古	Inner Mongolia	223.0	463.9	516.8	26	51.6	113.5	122.8	21
辽　宁	Liaoning	473.3	896.6	989.5	13	50.5	87.6	92.3	26
吉　林	Jilin	262.7	542.4	596.6	25	52.0	113.7	122.2	22
黑龙江	Heilongjiang	344.8	695.4	769.2	19	51.6	122.5	129.8	19
上　海	Shanghai	743.1	1404.1	1590.5	8	76.0	191.4	222.4	7
江　苏	Jiangsu	1038.4	2217.4	2463.0	2	80.8	253.1	302.0	2
浙　江	Zhejiang	999.0	1931.0	2172.4	4	102.9	251.2	282.4	3
安　徽	Anhui	405.0	915.6	1019.3	12	46.1	125.9	143.6	14
福　建	Fujian	384.8	781.9	839.9	16	51.6	129.1	138.4	15
江　西	Jiangxi	281.8	673.5	769.6	18	38.6	108.3	131.3	18
山　东	Shandong	913.7	1972.4	2260.1	3	87.3	227.6	257.6	5
河　南	Henan	605.4	1451.4	1615.7	7	52.4	147.6	162.3	10
湖　北	Hubei	523.9	1216.9	1358.0	9	50.9	148.3	170.3	9
湖　南	Hunan	519.3	1168.4	1310.0	10	49.1	136.6	152.1	11
广　东	Guangdong	1385.2	2753.6	3157.2	1	128.0	388.5	477.9	1
广　西	Guangxi	352.8	819.4	901.9	14	46.0	133.4	144.5	13
海　南	Hainan	81.1	178.2	200.4	28	15.4	40.1	45.0	28
重　庆	Chongqing	260.1	667.5	735.8	20	33.2	100.4	105.3	25
四　川	Sichuan	654.8	1594.3	1788.0	6	83.8	227.8	256.7	6
贵　州	Guizhou	201.2	541.1	624.3	22	31.2	98.2	119.6	23
云　南	Yunnan	340.3	777.5	891.2	15	57.6	154.5	173.2	8
西　藏	Tibet	16.2	46.4	56.9	31	7.0	17.6	20.3	31
陕　西	Shaanxi	302.2	715.7	790.2	17	48.3	129.7	135.9	17
甘　肃	Gansu	161.6	373.4	427.1	27	39.8	97.8	106.8	24
青　海	Qinghai	50.4	126.0	136.6	30	13.3	35.5	36.0	30
宁　夏	Ningxia	65.1	150.9	167.8	29	15.6	35.5	37.3	29
新　疆	Xinjiang	263.3	548.6	608.0	24	60.0	133.8	144.6	12

19-6 医疗收入/事业收入和医疗收入/事业收入占总收入比重
Medical Income / Business Income and Medical / Business Revenue Accounts for the Proportion of Total Revenue

地区	Region	其中:医疗收入/事业收入（亿元） Medical Income / Business Income (100 million yuan)				医疗收入/事业收入占总收入比重（%） Medical / Business Revenue Accounts for the Proportion of Total Revenue (%)			
		2010	2015	2016	2016排名 Ranking	2010	2015	2016	2016排名 Ranking
全　国	**National Total**	**11847.2**	**24144.0**	**27099.9**		**86.31**	**81.74**	**81.71**	
北　京	Beijing	663.1	1354.9	1524.3	5	82.85	80.71	80.93	13
天　津	Tianjin	247.9	482.5	524.8	21	85.74	84.18	82.90	9
河　北	Hebei	469.5	955.2	1111.6	11	89.41	85.74	86.92	3
山　西	Shanxi	209.0	413.6	467.7	23	80.68	75.40	76.08	24
内蒙古	Inner Mongolia	168.5	337.4	381.3	26	75.57	72.74	73.79	27
辽　宁	Liaoning	418.2	787.8	873.3	12	88.35	87.86	88.25	1
吉　林	Jilin	206.9	411.7	458.7	24	78.74	75.90	76.88	21
黑龙江	Heilongjiang	283.3	548.3	615.7	19	82.17	78.85	80.04	18
上　海	Shanghai	658.0	1139.5	1294.7	8	88.55	81.15	81.40	12
江　苏	Jiangsu	941.7	1877.1	2051.9	2	90.68	84.65	83.31	7
浙　江	Zhejiang	886.9	1603.1	1801.1	4	88.78	83.02	82.91	8
安　徽	Anhui	350.5	741.3	812.2	13	86.53	80.96	79.69	19
福　建	Fujian	329.9	626.8	676.8	16	85.71	80.17	80.58	16
江　西	Jiangxi	240.4	547.0	619.5	18	85.30	81.22	80.49	17
山　东	Shandong	813.5	1683.9	1939.2	3	89.03	85.37	85.80	4
河　南	Henan	542.9	1256.5	1404.8	7	89.67	86.57	86.95	2
湖　北	Hubei	467.3	1030.5	1143.4	9	89.20	84.68	84.19	6
湖　南	Hunan	463.8	987.8	1111.7	10	89.32	84.54	84.86	5
广　东	Guangdong	1237.5	2260.8	2550.4	1	89.34	82.10	80.78	14
广　西	Guangxi	301.2	656.0	727.4	14	85.38	80.06	80.65	15
海　南	Hainan	64.1	133.5	150.5	28	78.99	74.93	75.07	25
重　庆	Chongqing	224.5	547.5	607.4	20	86.29	82.03	82.55	10
四　川	Sichuan	564.1	1313.6	1472.4	6	86.14	82.39	82.35	11
贵　州	Guizhou	161.8	419.6	479.0	22	80.45	77.55	76.72	23
云　南	Yunnan	278.9	595.8	684.8	15	81.94	76.63	76.83	22
西　藏	Tibet	8.9	24.9	30.1	31	55.00	53.71	52.86	31
陕　西	Shaanxi	246.4	559.7	628.1	17	81.56	78.20	79.49	20
甘　肃	Gansu	118.0	258.2	297.3	27	73.02	69.15	69.63	29
青　海	Qinghai	36.1	83.4	93.1	30	71.71	66.24	68.14	30
宁　夏	Ningxia	48.4	110.3	125.0	29	74.39	73.07	74.50	26
新　疆	Xinjiang	196.0	395.8	442.0	25	74.44	72.15	72.70	28

19-7 医疗卫生机构总支出和业务、事业支出

Total Spending on Medical and Health Institutions and Business Expenditure

单位：亿元　　(100 million yuan)

地区	Region	医疗卫生机构总支出 Total Spending on Medical and Health Institutions 2010	2015	2016	2016排名 Ranking	其中:业务支出和事业支出 Business Expenditure 2010	2015	2016	2016排名 Ranking
全　国	**National Total**	**13108.8**	**28413.4**	**31924.2**		**12311.6**	**22353.8**	**25252.7**	
北　京	Beijing	787.5	1662.9	1844.9	5	710.6	1304.0	1486.4	5
天　津	Tianjin	275.7	545.6	593.8	22	263.7	437.7	478.5	21
河　北	Hebei	506.3	1068.7	1213.5	11	477.1	845.2	977.0	11
山　西	Shanxi	251.8	524.8	586.3	23	234.8	394.1	440.5	24
内蒙古	Inner Mongolia	205.9	455.4	509.2	26	189.8	340.9	386.7	26
辽　宁	Liaoning	462.1	871.5	963.6	12	436.5	707.7	787.6	12
吉　林	Jilin	252.1	519.3	568.0	25	239.4	386.5	432.5	25
黑龙江	Heilongjiang	341.6	673.7	762.2	17	323.1	517.1	585.5	17
上　海	Shanghai	728.5	1375.8	1559.5	7	704.0	1121.8	1273.6	7
江　苏	Jiangsu	999.0	2158.8	2423.1	2	949.9	1742.9	1948.5	2
浙　江	Zhejiang	953.2	1882.3	2120.4	4	902.5	1523.8	1718.8	4
安　徽	Anhui	380.7	862.0	948.4	13	359.2	682.1	755.9	13
福　建	Fujian	355.4	741.3	792.4	16	332.7	587.9	627.9	16
江　西	Jiangxi	268.9	639.5	724.4	19	250.6	504.2	575.0	19
山　东	Shandong	872.5	1911.4	2179.1	3	828.6	1530.7	1762.4	3
河　南	Henan	573.4	1374.9	1535.5	8	544.2	1119.1	1247.2	8
湖　北	Hubei	502.1	1167.3	1300.9	9	475.4	912.2	1025.4	9
湖　南	Hunan	491.0	1128.2	1269.5	10	463.8	890.1	1015.0	10
广　东	Guangdong	1330.2	2648.8	3052.7	1	1264.1	2071.2	2357.7	1
广　西	Guangxi	328.7	789.2	868.4	14	305.5	607.2	674.4	14
海　南	Hainan	76.6	174.4	196.6	28	70.4	131.4	146.4	28
重　庆	Chongqing	244.0	629.1	704.2	20	224.9	487.8	543.5	20
四　川	Sichuan	605.5	1506.9	1699.6	6	559.0	1195.6	1356.8	6
贵　州	Guizhou	178.8	517.2	595.1	21	167.4	384.1	450.4	22
云　南	Yunnan	316.7	730.1	842.6	15	290.7	547.5	637.3	15
西　藏	Tibet	13.5	37.8	44.6	31	11.2	19.2	29.1	31
陕　西	Shaanxi	302.2	675.5	748.0	18	270.4	517.7	575.3	18
甘　肃	Gansu	153.2	349.2	399.4	27	136.1	255.2	289.5	27
青　海	Qinghai	45.8	117.2	130.7	30	42.9	83.6	96.6	30
宁　夏	Ningxia	61.5	145.9	163.1	29	54.5	110.4	126.4	29
新　疆	Xinjiang	244.4	528.9	584.5	24	228.5	394.9	444.7	23

19-8 财政专项支出和人员经费支出
Special Financial Expenditure and Staff Spending

单位：亿元 (100 million yuan)

地区	Region	其中：财政专项支出 Special Financial Expenditure				其中:人员经费支出 Staff Spending			
		2010	2015	2016	2016排名 Ranking	2010	2015	2016	2016排名 Ranking
全　国	**National Total**	**545.4**	**1551.5**	**1773.6**		**3416.6**	**9141.8**	**10569.0**	
北　京	Beijing	65.7	102.3	95.5	5	155.1	493.9	566.5	6
天　津	Tianjin	10.0	30.9	35.2	24	66.1	157.7	180.5	23
河　北	Hebei	17.8	48.6	46.5	14	124.8	296.5	349.4	11
山　西	Shanxi	10.7	37.1	44.3	15	65.1	159.8	180.3	24
内蒙古	Inner Mongolia	10.7	34.1	39.7	20	62.1	158.7	179.6	25
辽　宁	Liaoning	17.5	35.1	39.4	22	125.5	272.0	302.0	14
吉　林	Jilin	9.1	29.9	34.8	25	67.0	163.3	179.5	26
黑龙江	Heilongjiang	13.2	32.5	41.7	19	89.0	193.0	221.6	20
上　海	Shanghai	20.9	86.0	96.3	4	205.1	439.3	498.5	7
江　苏	Jiangsu	32.5	108.4	131.8	2	250.5	650.1	767.3	2
浙　江	Zhejiang	39.3	102.8	110.8	3	247.6	638.1	743.6	3
安　徽	Anhui	12.6	38.4	43.4	16	91.5	276.8	319.9	12
福　建	Fujian	15.3	61.4	64.6	9	91.7	243.7	276.7	16
江　西	Jiangxi	10.0	30.4	39.6	21	67.6	203.6	236.3	18
山　东	Shandong	24.4	75.8	84.8	6	219.2	616.4	724.5	4
河　南	Henan	16.3	48.1	61.2	10	139.3	395.1	448.7	8
湖　北	Hubei	17.7	48.1	53.5	12	140.9	380.2	437.7	9
湖　南	Hunan	16.7	46.9	46.9	13	131.5	371.3	435.0	10
广　东	Guangdong	46.8	154.9	220.3	1	379.8	929.6	1078.5	1
广　西	Guangxi	16.6	59.0	65.6	8	88.5	279.4	314.0	13
海　南	Hainan	5.2	19.3	23.5	28	19.5	56.8	63.2	28
重　庆	Chongqing	14.6	39.5	42.9	17	62.8	207.5	236.0	19
四　川	Sichuan	32.4	69.7	80.8	7	176.4	505.8	596.9	5
贵　州	Guizhou	6.4	27.5	30.8	27	49.2	182.9	218.3	22
云　南	Yunnan	18.4	53.3	57.5	11	77.9	235.5	291.3	15
西　藏	Tibet	1.7	3.3	4.4	31	5.1	15.2	15.4	31
陕　西	Shaanxi	11.7	38.9	37.8	23	80.7	220.3	248.4	17
甘　肃	Gansu	12.2	29.1	31.8	26	41.9	120.1	143.3	27
青　海	Qinghai	1.8	11.0	11.7	30	12.3	39.5	44.0	30
宁　夏	Ningxia	4.8	12.9	14.6	29	15.1	45.2	51.4	29
新　疆	Xinjiang	12.4	36.3	41.9	18	67.7	194.6	221.1	21

19-9　医疗卫生机构数和医院数
Number of Medical Institutions and Hospitals

单位：个 (unit)

地区	Region	医疗卫生机构数 Number of Medical Institutions				其中：医院数 Hospitals			
		2010	2015	2016	2016排名 Ranking	2010	2015	2016	2016排名 Ranking
全　国	**National Total**	**936927**	**983528**	**983394**		**20918**	**27587**	**29140**	
北　京	Beijing	9411	9771	9773	25	544	631	638	21
天　津	Tianjin	4542	5223	5443	28	277	402	421	26
河　北	Hebei	81403	78594	78795	2	1226	1543	1618	4
山　西	Shanxi	41098	41002	42204	7	1198	1274	1393	6
内蒙古	Inner Mongolia	22565	23886	24002	20	467	702	720	18
辽　宁	Liaoning	34805	35236	36131	11	821	1020	1190	10
吉　林	Jilin	19385	20612	20829	21	568	616	662	20
黑龙江	Heilongjiang	22073	20752	20375	22	917	1012	1031	15
上　海	Shanghai	4708	5016	5016	30	306	338	349	27
江　苏	Jiangsu	30956	31925	32117	13	1155	1581	1678	3
浙　江	Zhejiang	29939	31137	31546	14	687	1049	1130	12
安　徽	Anhui	22997	24853	24385	18	728	1018	1039	14
福　建	Fujian	27017	27921	27656	17	455	570	587	23
江　西	Jiangxi	34068	38557	38272	8	504	568	592	22
山　东	Shandong	66967	77259	76997	3	1377	1927	2018	2
河　南	Henan	75741	71394	71271	4	1198	1521	1596	5
湖　北	Hubei	34269	36179	36354	10	602	869	927	16
湖　南	Hunan	59359	62646	61055	5	752	1173	1260	8
广　东	Guangdong	44880	48320	49079	6	1088	1323	1381	7
广　西	Guangxi	32741	34439	34253	12	450	527	543	24
海　南	Hainan	4678	5046	5144	29	188	202	211	28
重　庆	Chongqing	17495	19806	19933	23	417	631	699	19
四　川	Sichuan	74283	80109	79513	1	1261	1942	2066	1
贵　州	Guizhou	25420	28712	28017	16	554	1188	1220	9
云　南	Yunnan	22888	24181	24234	19	780	1101	1187	11
西　藏	Tibet	4960	6814	6835	26	101	139	145	31
陕　西	Shaanxi	35696	37030	36598	9	828	1014	1085	13
甘　肃	Gansu	26673	27799	28197	15	381	443	446	25
青　海	Qinghai	5781	6223	6291	27	129	181	199	29
宁　夏	Ningxia	4129	4288	4254	31	157	168	190	30
新　疆	Xinjiang	16000	18798	18825	24	802	914	919	17

19-10 医院数中三级医院和二级医院
Number of Tertiary and Secondary Hospitals

单位：个 (unit)

地区	Region	三级医院 Tertiary Hospitals				二级医院 Secondary Hospitals			
		2010	2015	2016	2016排名 Ranking	2010	2015	2016	2016排名 Ranking
全　国	**National Total**	**1284**	**2123**	**2232**		**6472**	**7494**	**7944**	
北　京	Beijing	51	87	93	8	91	117	126	25
天　津	Tianjin	34	41	42	24	49	55	58	29
河　北	Hebei	44	72	69	11	419	459	482	3
山　西	Shanxi	46	51	58	19	225	292	341	8
内蒙古	Inner Mongolia	34	63	67	13	208	251	272	15
辽　宁	Liaoning	86	116	124	6	271	275	287	14
吉　林	Jilin	25	46	46	23	206	212	216	20
黑龙江	Heilongjiang	69	91	92	9	325	335	345	7
上　海	Shanghai	35	47	47	22	112	105	105	26
江　苏	Jiangsu	66	140	149	3	272	351	373	6
浙　江	Zhejiang	76	131	132	5	227	223	222	18
安　徽	Anhui	33	65	66	15	237	299	317	12
福　建	Fujian	40	65	64	16	146	181	192	22
江　西	Jiangxi	43	55	59	18	177	206	213	21
山　东	Shandong	77	132	150	2	381	470	495	2
河　南	Henan	44	86	86	10	431	449	456	4
湖　北	Hubei	62	121	121	7	241	269	301	13
湖　南	Hunan	48	65	68	12	287	312	332	11
广　东	Guangdong	79	149	162	1	293	339	390	5
广　西	Guangxi	46	61	63	17	173	203	218	19
海　南	Hainan	6	18	19	28	24	34	35	30
重　庆	Chongqing	16	28	34	27	106	133	127	24
四　川	Sichuan	56	130	144	4	378	488	534	1
贵　州	Guizhou	23	48	49	21	158	222	246	16
云　南	Yunnan	37	63	67	13	232	324	337	9
西　藏	Tibet	2	8	7	31	13	11	11	31
陕　西	Shaanxi	46	54	54	20	275	314	333	10
甘　肃	Gansu	28	39	36	25	163	187	184	23
青　海	Qinghai	10	16	16	29	82	89	92	27
宁　夏	Ningxia	4	7	13	30	59	61	71	28
新　疆	Xinjiang	18	28	35	26	211	228	233	17

19-11 医院数中一级医院和未定级医院
Level 1 Hospitals and Undetermined Level Hospitals

单位：个 (unit)

地区	Region	一级医院 Level 1 Hospitals				未定级医院 Undetermined Level Hospitals			
		2010	2015	2016	2016排名 Ranking	2010	2015	2016	2016排名 Ranking
全　国	**National Total**	**5271**	**8759**	**9282**		**7891**	**9211**	**9682**	
北　京	Beijing	334	406	394	9	68	21	25	30
天　津	Tianjin	117	189	197	20	77	117	124	22
河　北	Hebei	395	774	825	1	368	238	242	16
山　西	Shanxi	172	235	331	12	755	696	663	3
内蒙古	Inner Mongolia	128	257	263	17	97	131	118	25
辽　宁	Liaoning	250	367	438	7	214	262	341	12
吉　林	Jilin	84	89	108	23	253	269	292	13
黑龙江	Heilongjiang	297	342	372	10	226	244	222	19
上　海	Shanghai	11	12	11	30	148	174	186	20
江　苏	Jiangsu	509	664	689	4	308	426	467	8
浙　江	Zhejiang	16	35	43	28	368	660	733	2
安　徽	Anhui	249	396	411	8	209	258	245	15
福　建	Fujian	58	318	313	14	211	6	18	31
江　西	Jiangxi	41	83	90	24	243	224	230	18
山　东	Shandong	384	653	712	3	535	672	661	4
河　南	Henan	417	757	822	2	306	229	232	17
湖　北	Hubei	123	233	251	18	176	246	254	14
湖　南	Hunan	186	333	349	11	231	463	511	6
广　东	Guangdong	211	301	325	13	505	534	504	7
广　西	Guangxi	66	140	142	22	165	123	120	24
海　南	Hainan	24	72	70	26	134	78	87	27
重　庆	Chongqing	68	160	147	21	227	310	391	11
四　川	Sichuan	129	294	266	16	698	1030	1122	1
贵　州	Guizhou	159	486	512	6	214	432	413	9
云　南	Yunnan	84	192	211	19	427	522	572	5
西　藏	Tibet	42	85	87	25	44	35	40	29
陕　西	Shaanxi	173	257	290	15	334	389	408	10
甘　肃	Gansu	16	43	42	29	174	174	184	21
青　海	Qinghai	2	1			35	75	91	26
宁　夏	Ningxia	46	42	44	27	48	58	62	28
新　疆	Xinjiang	480	543	527	5	93	115	124	22

19-12 基层医疗卫生机构和专业公共卫生机构数
Number of Primary and Professional Medical Institutions

单位：个 (unit)

地区	Region	基层医疗卫生机构数 Primary Medical Institutions				专业公共卫生机构数 Professional Medical Institutions			
		2010	2015	2016	2016排名 Ranking	2010	2015	2016	2016排名 Ranking
全 国	**National Total**	**901709**	**920770**	**926518**		**11835**	**31927**	**24866**	
北 京	Beijing	8651	8912	8908	25	114	113	112	30
天 津	Tianjin	4115	4618	4844	28	93	151	126	27
河 北	Hebei	79493	75562	76003	2	592	1264	1089	8
山 西	Shanxi	39351	39196	40288	7	470	460	455	21
内蒙古	Inner Mongolia	21571	22421	22606	18	450	664	600	17
辽 宁	Liaoning	33300	33105	33931	11	487	955	854	12
吉 林	Jilin	18475	19409	19589	21	259	432	428	22
黑龙江	Heilongjiang	20461	18386	18256	23	642	1301	1037	10
上 海	Shanghai	4261	4480	4470	30	101	116	117	29
江 苏	Jiangsu	29095	28841	29099	14	449	1244	1059	9
浙 江	Zhejiang	28642	29431	29811	13	378	483	420	23
安 徽	Anhui	21751	22030	22271	20	440	1721	983	11
福 建	Fujian	26193	25876	26190	15	297	1401	809	13
江 西	Jiangxi	33019	37066	36784	8	471	812	794	14
山 东	Shandong	64797	73041	72904	3	676	2086	1891	2
河 南	Henan	73865	67092	67174	4	547	2471	2223	1
湖 北	Hubei	33164	34563	34703	9	427	578	557	20
湖 南	Hunan	57972	58586	58245	5	523	2778	1493	6
广 东	Guangdong	43018	45013	46033	6	674	1831	1544	5
广 西	Guangxi	31856	32216	32020	12	389	1657	1650	4
海 南	Hainan	4379	4714	4805	29	99	119	119	28
重 庆	Chongqing	16900	18986	19044	22	158	159	156	25
四 川	Sichuan	72244	76214	76619	1	705	1801	744	16
贵 州	Guizhou	24498	26175	26172	16	333	1318	597	18
云 南	Yunnan	21505	21833	22395	19	518	1183	593	19
西 藏	Tibet	4718	6531	6546	26	139	142	142	26
陕 西	Shaanxi	34389	34098	34017	10	375	1804	1390	7
甘 肃	Gansu	25930	25459	25791	17	328	1774	1844	3
青 海	Qinghai	5503	5860	5908	27	143	178	180	24
宁 夏	Ningxia	3878	3981	3968	31	84	129	85	31
新 疆	Xinjiang	14715	17075	17124	24	474	802	775	15

19-13 卫生人员和卫生技术人员数

Number of Health Personnel and Health Technical Personnel

单位：万人 (10 000 persons)

地区	Region	卫生人员数 Health Personnel				其中：卫生技术人员数 Health Technical Personnel			
		2010	2015	2016	2016排名 Ranking	2010	2015	2016	2016排名 Ranking
全　国	**National Total**	**8207502**	**10693881**	**11172945**		**5876158**	**8007537**	**8454403**	
北　京	Beijing	223586	289204	299460	17	171326	225440	233953	15
天　津	Tianjin	96732	118111	122558	27	70460	90748	94952	27
河　北	Hebei	437415	533286	555115	6	292157	372747	393059	7
山　西	Shanxi	275955	294851	311250	15	193891	213995	225880	16
内蒙古	Inner Mongolia	168884	212499	221090	23	125831	162327	170406	24
辽　宁	Liaoning	316828	348525	365729	13	232079	264419	277494	13
吉　林	Jilin	187106	214193	223250	22	138393	158963	166605	25
黑龙江	Heilongjiang	262600	285914	292297	18	192048	215264	221362	17
上　海	Shanghai	171935	208444	217061	25	137131	170125	178196	22
江　苏	Jiangsu	459025	618945	654117	5	328243	487005	516986	4
浙　江	Zhejiang	352871	491008	523598	7	288481	405620	432641	6
安　徽	Anhui	309318	377387	388224	11	211539	280768	293732	10
福　建	Fujian	199519	281330	288205	19	142916	212931	219557	19
江　西	Jiangxi	230945	291574	301651	16	158007	210927	220972	18
山　东	Shandong	645889	855706	874110	1	448861	618192	641701	2
河　南	Henan	591059	771088	796480	3	372818	519939	547001	3
湖　北	Hubei	349495	475747	494077	9	255793	367902	384532	9
湖　南	Hunan	370261	494175	515472	8	269219	370788	392547	8
广　东	Guangdong	592800	768482	819106	2	454799	617975	665257	1
广　西	Guangxi	266138	374817	390601	10	189554	274659	289872	11
海　南	Hainan	51985	71288	74585	28	39520	54710	57522	28
重　庆	Chongqing	160055	227095	242826	21	111079	166708	179354	21
四　川	Sichuan	467126	646542	670444	4	325608	472169	495750	5
贵　州	Guizhou	154246	259144	277380	20	103954	187282	204621	20
云　南	Yunnan	207663	304551	329760	14	143139	227998	249677	14
西　藏	Tibet	16694	29094	29187	31	10083	14341	14829	31
陕　西	Shaanxi	260056	349892	372646	12	181438	265381	288607	12
甘　肃	Gansu	137501	181445	186756	26	98865	129454	134641	26
青　海	Qinghai	35224	48440	49653	30	24909	35422	37010	30
宁　夏	Ningxia	39674	52568	56218	29	29962	41497	44700	29
新　疆	Xinjiang	158917	208536	220039	24	124055	161841	170987	23

19-14 城市卫生人员和城市卫生技术人员数

Number of Urban Health Personnel and Health Technical Personnel

单位：人 (person)

地区	Region	城市卫生人员数 Urban Health Personnel				其中：城市卫生技术人员数 Urban Health Technical Personnel			
		2010	2015	2016	2016排名 Ranking	2010	2015	2016	2016排名 Ranking
全 国	**National Total**	**3647861**	**5127704**	**5487317**		**2954913**	**4220110**	**4527708**	
北 京	Beijing	213652	278510	295770	4	166064	219248	233627	4
天 津	Tianjin	81143	101046	109152	20	60796	80569	87682	21
河 北	Hebei	145772	198083	217819	10	119034	164119	181354	10
山 西	Shanxi	119386	140501	151566	17	98179	116539	125427	17
内蒙古	Inner Mongolia	70764	98772	104620	22	58571	81500	86863	23
辽 宁	Liaoning	193637	220806	239128	8	155139	182863	197368	8
吉 林	Jilin	78015	95914	101652	24	62468	77564	82569	24
黑龙江	Heilongjiang	135960	151988	155814	16	107948	123390	126899	16
上 海	Shanghai	164485	201528	201301	11	131843	164975	173076	11
江 苏	Jiangsu	206509	323765	346369	3	167494	268031	286054	3
浙 江	Zhejiang	160501	252884	272166	7	132646	208265	224095	7
安 徽	Anhui	126152	164017	172052	14	103172	137649	144949	14
福 建	Fujian	84844	130774	135775	19	70172	109608	113533	19
江 西	Jiangxi	74230	102170	108622	21	61328	86621	91987	20
山 东	Shandong	215151	349433	373230	2	180744	294842	314660	2
河 南	Henan	182813	266401	281866	6	147082	217357	231944	6
湖 北	Hubei	155150	215354	227812	9	126326	179612	189786	9
湖 南	Hunan	127153	177300	188406	12	104605	147459	157667	12
广 东	Guangdong	377891	539612	578021	1	306290	446653	481604	1
广 西	Guangxi	101050	155468	163596	15	82269	127204	134482	15
海 南	Hainan	20980	35984	38568	28	16917	28727	30917	28
重 庆	Chongqing	75821	132479	143321	18	61225	106245	114805	18
四 川	Sichuan	172206	265973	288468	5	139034	215391	233624	5
贵 州	Guizhou	46618	77709	87132	25	38418	64807	72786	25
云 南	Yunnan	57810	92032	104385	23	47313	76861	87644	22
西 藏	Tibet	3359	7416	9481	31	2483	5647	7250	31
陕 西	Shaanxi	114563	168317	183402	13	92098	138689	152096	13
甘 肃	Gansu	55724	76030	79488	26	45496	62012	64857	26
青 海	Qinghai	14097	21558	22862	30	11495	18062	19218	30
宁 夏	Ningxia	24578	33889	36127	29	20307	28434	30308	29
新 疆	Xinjiang	47847	51991	60346	27	37957	41167	48577	27

19-15 农村卫生人员和农村卫生技术人员数

Number of Rural Health Personnel and Health Technical Personnel

单位：人 (person)

地区	Region	农村卫生人数 Rural Health Personnel 2010	2015	2016	2016排名 Ranking	其中：农村卫生技术人员数 Rural Health Technical Personnel 2010	2015	2016	2016排名 Ranking
全　国	**National Total**	**4549641**	**5556177**	**5675628**		**2911245**	**3777427**	**3916695**	
北　京	Beijing	9934	10694	3690	31	5262	6192	326	31
天　津	Tianjin	15589	17065	13406	29	9664	10179	7270	29
河　北	Hebei	291643	335203	337296	4	173123	208628	211705	6
山　西	Shanxi	156569	154350	159684	17	95712	97456	100453	18
内蒙古	Inner Mongolia	98120	113727	116470	22	67260	80827	83543	21
辽　宁	Liaoning	123191	127719	126601	20	76940	81556	80126	22
吉　林	Jilin	109091	118279	121598	21	75925	81399	84036	20
黑龙江	Heilongjiang	126640	133926	136483	19	84100	91874	94463	19
上　海	Shanghai	7450	6916	6760	30	5288	5150	5120	30
江　苏	Jiangsu	252516	295180	307748	6	160749	218974	230932	5
浙　江	Zhejiang	192370	238124	251432	8	155835	197355	208546	7
安　徽	Anhui	183166	213370	216172	12	108367	143119	148783	12
福　建	Fujian	114675	150556	152430	18	72744	103323	106024	17
江　西	Jiangxi	156715	189404	193029	13	96679	124306	128985	15
山　东	Shandong	430738	506273	500880	2	268117	323350	327041	1
河　南	Henan	408246	504687	514614	1	225736	302582	315057	2
湖　北	Hubei	194345	260393	266265	7	129467	188290	194746	8
湖　南	Hunan	243108	316875	327066	5	164614	223329	234880	4
广　东	Guangdong	214909	228870	241085	9	148509	171322	183653	9
广　西	Guangxi	165088	219349	227005	10	107285	147455	155390	11
海　南	Hainan	31005	35304	36017	25	22603	25983	26605	25
重　庆	Chongqing	84234	94616	99505	24	49854	60463	64549	24
四　川	Sichuan	294920	380569	381976	3	186574	256778	262126	3
贵　州	Guizhou	107628	181435	190248	14	65536	122475	131835	14
云　南	Yunnan	149853	212519	225375	11	95826	151137	162033	10
西　藏	Tibet	13335	21678	19706	28	7600	8694	7579	28
陕　西	Shaanxi	145493	181575	189244	15	89340	126692	136511	13
甘　肃	Gansu	81777	105415	107268	23	53369	67442	69784	23
青　海	Qinghai	21127	26882	26791	26	13414	17360	17792	26
宁　夏	Ningxia	15096	18679	20091	27	9655	13063	14392	27
新　疆	Xinjiang	111070	156545	159693	16	86098	120674	122410	16

19-16 执业（助理）医师和注册护士数

Number of Occupational Certified (Assistant) Medical Practioners and Registered Nurses

单位：人 (person)

地区	Region	执业（助理）医师数 (Assistant) Practicing Doctors				注册护士数 Registered Nurses			
		2010	2015	2016	2016排名 Ranking	2010	2015	2016	2016排名 Ranking
全 国	**National Total**	**2413259**	**3039135**	**3191005**		**2048071**	**3241469**	**3507166**	
北 京	Beijing	66163	85232	89411	14	67332	94626	98082	15
天 津	Tianjin	28892	35871	37804	27	24199	33804	36088	27
河 北	Hebei	133994	166881	177140	6	87351	132837	143432	9
山 西	Shanxi	88007	90216	91699	13	62628	83344	92112	18
内蒙古	Inner Mongolia	56245	64238	66391	22	38251	61223	66445	24
辽 宁	Liaoning	96862	104552	109800	11	88882	110976	119147	12
吉 林	Jilin	62050	67245	69666	20	45776	60719	65749	25
黑龙江	Heilongjiang	80282	82708	84422	17	62759	80955	85418	20
上 海	Shanghai	53009	62983	65386	23	55866	75436	79373	21
江 苏	Jiangsu	128943	189216	204647	4	122509	203998	221168	4
浙 江	Zhejiang	120440	158056	168178	7	99610	159945	174523	7
安 徽	Anhui	86511	107792	112741	10	77317	119303	126350	10
福 建	Fujian	58630	77984	79685	18	53511	90450	95641	16
江 西	Jiangxi	61887	76807	79187	19	58405	89579	95519	17
山 东	Shandong	185164	237118	244900	1	156692	254170	268379	2
河 南	Henan	154801	198616	206747	3	121384	205366	222123	3
湖 北	Hubei	99542	135997	141741	9	93844	165077	174918	6
湖 南	Hunan	110444	150840	160627	8	92346	149345	161531	8
广 东	Guangdong	174536	228539	243224	2	167882	254098	283793	1
广 西	Guangxi	70816	91585	96673	12	70243	113202	122602	11
海 南	Hainan	14456	19002	19874	28	16319	24662	26495	28
重 庆	Chongqing	47969	60973	64709	24	37611	69954	77463	22
四 川	Sichuan	145194	181480	185414	5	104886	190602	207633	5
贵 州	Guizhou	43389	63384	69007	21	36165	76032	85993	19
云 南	Yunnan	63306	79567	85876	15	49408	93278	105966	14
西 藏	Tibet	4469	6213	6542	31	1988	3190	3833	31
陕 西	Shaanxi	66040	79496	85681	16	61816	104317	116803	13
甘 肃	Gansu	39331	49610	52791	26	29868	47782	50530	26
青 海	Qinghai	10564	13791	13670	30	8339	13194	14364	30
宁 夏	Ningxia	12267	15860	17070	29	10341	16135	18069	29
新 疆	Xinjiang	49056	57283	60302	25	44543	63870	67624	23

19-17 城市执业（助理）医师和城市注册护士数

Number of Occupational Certified (Assistant) Practicing Doctors and Registered Nurses in Urban Areas

单位：人 (person)

地区	Region	城市执业（助理）医师数 (Assistant) Practicing Doctors				城市注册护士数 Registered Nurses			
		2010	2015	2016	2016排名 Ranking	2010	2015	2016	2016排名 Ranking
全　国	**National Total**	**1152103**	**1537630**	**1647676**		**1200343**	**1892835**	**2063019**	
北　京	Beijing	63847	82461	89129	4	65735	92502	98038	6
天　津	Tianjin	24120	30839	34158	21	22229	31072	34179	24
河　北	Hebei	50241	65536	73134	9	47458	72327	79954	10
山　西	Shanxi	40880	45249	47562	15	38873	52238	57848	16
内蒙古	Inner Mongolia	24116	30100	31737	22	21991	35213	38666	22
辽　宁	Liaoning	61373	69994	75594	8	66310	82639	90271	9
吉　林	Jilin	27270	32662	34295	20	23716	32702	35879	23
黑龙江	Heilongjiang	42621	45136	46311	16	42142	53729	56522	17
上　海	Shanghai	49823	60234	62735	11	54571	73785	77729	11
江　苏	Jiangsu	63013	95675	104107	3	68710	121384	132383	3
浙　江	Zhejiang	51993	77743	83538	5	52298	87943	96236	7
安　徽	Anhui	39277	48319	50999	13	45467	66684	70375	13
福　建	Fujian	28042	40457	41539	18	28615	48878	52049	19
江　西	Jiangxi	23165	29180	31050	24	26396	41735	44604	20
山　东	Shandong	73737	111656	117967	2	73239	132804	143337	2
河　南	Henan	57017	75159	79779	7	60372	102292	111477	4
湖　北	Hubei	47929	62566	65779	10	53059	88565	94382	8
湖　南	Hunan	38752	52826	56934	12	46543	71401	77181	12
广　东	Guangdong	112046	158968	171107	1	122216	193102	214189	1
广　西	Guangxi	30490	43759	46150	17	34564	57803	62217	15
海　南	Hainan	6008	9770	10583	29	7547	13746	15085	28
重　庆	Chongqing	24477	37259	39928	19	24237	48630	53493	18
四　川	Sichuan	55631	77408	83251	6	56475	99239	109792	5
贵　州	Guizhou	15000	23338	26570	25	16757	29635	33664	25
云　南	Yunnan	20625	28080	31351	23	17830	34681	40708	21
西　藏	Tibet	1093	2513	3265	31	869	1824	2495	31
陕　西	Shaanxi	33641	44554	47916	14	37292	61733	68837	14
甘　肃	Gansu	18657	23707	25229	26	17457	26626	28221	26
青　海	Qinghai	4280	6643	6601	30	4733	8154	8857	30
宁　夏	Ningxia	7706	10502	11276	28	7638	12032	13282	29
新　疆	Xinjiang	15233	15337	18102	27	15004	17737	21069	27

19-18 农村执业（助理）医师和农村注册护士数
Number of Occupational Certified (Assistant) Practicing Doctors and Registered Nurses in Rural Areas

单位：人 (person)

地区	Region	农村执业（助理）医师数 Rural (Assistant) Practicing Doctors				农村注册护士数 Registered Nurses			
		2010	2015	2016	2016排名 Ranking	2010	2015	2016	2016排名 Ranking
全 国	**National Total**	**1261156**	**1501505**	**1543329**		**847728**	**1348634**	**1444147**	
北 京	Beijing	2316	2771	282	31	1597	2124	44	31
天 津	Tianjin	4772	5032	3646	28	1970	2732	1909	28
河 北	Hebei	83753	101345	104006	3	39893	60510	63478	10
山 西	Shanxi	47127	44967	44137	14	23755	31106	34264	18
内蒙古	Inner Mongolia	32129	34138	34654	21	16260	26010	27779	22
辽 宁	Liaoning	35489	34558	34206	22	22572	28337	28876	21
吉 林	Jilin	34780	34583	35371	20	22060	28017	29870	19
黑龙江	Heilongjiang	37661	37572	38111	18	20617	27226	28896	20
上 海	Shanghai	3186	2749	2651	30	1295	1651	1644	29
江 苏	Jiangsu	65930	93541	100540	6	53799	82614	88785	4
浙 江	Zhejiang	68447	80313	84640	7	47312	72002	78287	7
安 徽	Anhui	47234	59473	61742	10	31850	52619	55975	12
福 建	Fujian	30588	37527	38146	17	24896	41572	43592	17
江 西	Jiangxi	38722	47627	48137	13	32009	47844	50915	14
山 东	Shandong	111427	125462	126933	2	83453	121366	125042	1
河 南	Henan	97784	123457	126968	1	61012	103074	110646	2
湖 北	Hubei	51613	73431	75962	8	40785	76512	80536	6
湖 南	Hunan	71692	98014	103693	4	45803	77944	84350	5
广 东	Guangdong	62490	69571	72117	9	45666	60996	69604	8
广 西	Guangxi	40326	47826	50523	12	35679	55399	60385	11
海 南	Hainan	8448	9232	9291	25	8772	10916	11410	25
重 庆	Chongqing	23492	23714	24781	24	13374	21324	23970	23
四 川	Sichuan	89563	104072	102163	5	48411	91363	97841	3
贵 州	Guizhou	28389	40046	42437	15	19408	46397	52329	13
云 南	Yunnan	42681	51487	54525	11	31578	58597	65258	9
西 藏	Tibet	3376	3700	3277	29	1119	1366	1338	30
陕 西	Shaanxi	32399	34942	37765	19	24524	42584	47966	15
甘 肃	Gansu	20674	25903	27562	23	12411	21156	22309	24
青 海	Qinghai	6284	7148	7069	26	3606	5040	5507	26
宁 夏	Ningxia	4561	5358	5794	27	2703	4103	4787	27
新 疆	Xinjiang	33823	41946	42200	16	29539	46133	46555	16

19-19 农村药师（士）和乡村医生卫生员数
Number of Pharmacists and Medics in Rural Areas

单位：人 (person)

地区	Region	农村药师（士）数 Rural Pharmacists				乡村医生和卫生员数 Rural Medics			
		2010	2015	2016	2016排名 Ranking	2010	2015	2016	2016排名 Ranking
全　国	**National Total**	**184726**	**206828**	**211085**		**1091863**	**1031525**	**1000324**	
北　京	Beijing	427	480			3697	3438	3364	29
天　津	Tianjin	461	514	407	28	4266	5150	5140	27
河　北	Hebei	8458	8853	9081	11	84566	82362	82281	3
山　西	Shanxi	5200	4924	4929	20	45145	38534	38593	9
内蒙古	Inner Mongolia	4602	5197	5315	19	19580	18278	17944	21
辽　宁	Liaoning	5057	4406	4244	22	26787	24599	25095	16
吉　林	Jilin	4727	4356	4365	21	15238	17489	17248	22
黑龙江	Heilongjiang	5573	5735	5729	17	25283	23816	23464	18
上　海	Shanghai	210	258	266	30	1274	885	806	31
江　苏	Jiangsu	11526	12272	12798	6	57443	34615	32520	14
浙　江	Zhejiang	10974	13123	13608	4	10995	8170	8000	25
安　徽	Anhui	5955	7423	7543	13	55733	45914	43290	7
福　建	Fujian	5436	7103	7384	14	28954	26922	26502	15
江　西	Jiangxi	8370	9139	9147	10	43541	46116	45079	6
山　东	Shandong	17297	17980	17957	1	129113	128735	118280	1
河　南	Henan	12822	15184	15535	2	128780	116512	113804	2
湖　北	Hubei	9899	9828	9881	8	41512	40896	40396	8
湖　南	Hunan	14233	13549	13654	3	48324	47932	47058	5
广　东	Guangdong	10984	10882	11452	7	34188	26011	24996	17
广　西	Guangxi	6131	8781	9383	9	36386	36112	34981	11
海　南	Hainan	1150	1381	1399	25	2663	3393	3312	30
重　庆	Chongqing	2594	2857	3007	24	24610	22294	21644	19
四　川	Sichuan	10873	13172	13186	5	73963	70425	65450	4
贵　州	Guizhou	2898	4979	5324	18	31517	35997	34690	12
云　南	Yunnan	4220	6112	6467	15	36194	35749	36038	10
西　藏	Tibet	326	369	362	29	4325	11434	10905	24
陕　西	Shaanxi	5732	7292	7702	12	38847	33173	32706	13
甘　肃	Gansu	2544	3129	3228	23	20351	21364	21121	20
青　海	Qinghai	835	918	940	27	5937	7022	6528	26
宁　夏	Ningxia	761	949	992	26	3998	3632	3559	28
新　疆	Xinjiang	4451	5681	5800	16	8653	14556	15530	23

19-20 医疗卫生机构床位数和医院床位数
Number of Beds in Medical Institutions and Hospitals

单位：张 (piece)

地区	Region	医疗卫生机构床位数 Beds in Medical and Health Institutions				其中：医院床位数 Hospital Beds			
		2010	2015	2016	2016排名 Ranking	2010	2015	2016	2016排名 Ranking
全　国	**National Total**	**4786831**	**7015214**	**7410453**		**3387437**	**5330580**	**5688875**	
北　京	Beijing	92764	111555	117041	26	85775	104644	110073	24
天　津	Tianjin	48828	63693	65832	27	40387	55556	57561	27
河　北	Hebei	249725	342096	360485	8	172956	253825	270831	7
山　西	Shanxi	155885	183209	189689	19	108260	140257	147011	17
内蒙古	Inner Mongolia	93350	133889	139236	23	67016	105185	109676	25
辽　宁	Liaoning	204208	266986	284384	10	160894	222644	239350	10
吉　林	Jilin	115057	144500	151195	22	89341	117699	124837	21
黑龙江	Heilongjiang	159914	212590	220054	15	123928	173642	181514	13
上　海	Shanghai	105083	122813	129166	25	84825	103526	110148	23
江　苏	Jiangsu	269548	413612	443060	5	195340	328500	356188	5
浙　江	Zhejiang	184097	272509	289870	9	150986	239444	254793	9
安　徽	Anhui	188010	267405	281720	11	123427	202713	216281	11
福　建	Fujian	113043	173007	174767	20	80896	129559	131892	20
江　西	Jiangxi	124640	197837	209097	17	77805	134277	143049	18
山　东	Shandong	382254	519369	540994	1	255764	378884	399427	1
河　南	Henan	327569	489621	521546	2	220974	358341	387054	2
湖　北	Hubei	200394	343147	360558	7	135006	243481	256909	8
湖　南	Hunan	233510	396950	425757	6	150141	275881	299251	6
广　东	Guangdong	300083	435666	465142	4	224114	345258	371685	4
广　西	Guangxi	143695	214485	224471	14	88913	140306	148480	16
海　南	Hainan	25981	38698	40324	28	18807	30251	31667	29
重　庆	Chongqing	103624	176549	190850	18	64827	123855	136245	19
四　川	Sichuan	301227	488755	519205	3	184828	345771	375378	3
贵　州	Guizhou	105277	196422	210279	16	69343	148112	159098	15
云　南	Yunnan	157143	237597	253555	12	112493	181269	194727	12
西　藏	Tibet	8838	14013	14456	31	5444	9944	10397	31
陕　西	Shaanxi	142334	211885	225400	13	104819	167248	180316	14
甘　肃	Gansu	90410	127743	134346	24	63773	94596	100638	26
青　海	Qinghai	20451	34546	34749	30	16226	28322	29156	30
宁　夏	Ningxia	23659	33804	36313	29	20258	29566	32027	28
新　疆	Xinjiang	116230	150263	156912	21	89871	118024	123216	22

19-21 基层医疗卫生机构和专业公共卫生机构床位数

Number of Beds in Primary Medical Institutions and Professional Medical Institutions

单位：张 (piece)

地区	Region	基层医疗卫生机构床位数 Beds in Primary Basic Medical and Health Institutions				专业公共卫生机构床位数 Beds in Professional Public Health Institution			
		2010	2015	2016	2016排名 Ranking	2010	2015	2016	2016排名 Ranking
全 国	**National Total**	**1192242**	**1413842**	**1441940**		**164515**	**236342**	**247228**	
北 京	Beijing	4291	4442	4443	29	2190	2469	2525	25
天 津	Tianjin	6970	6990	7101	26	1070	846	874	29
河 北	Hebei	66505	74993	76853	7	8526	12273	11796	8
山 西	Shanxi	40848	37567	37042	15	4525	3535	3786	20
内蒙古	Inner Mongolia	22728	24032	24802	22	2966	3828	4242	19
辽 宁	Liaoning	32288	35256	36720	16	2752	3376	3334	22
吉 林	Jilin	20245	21042	20896	24	2748	3061	3164	23
黑龙江	Heilongjiang	27381	30016	30039	20	5956	7982	7551	12
上 海	Shanghai	18630	17099	16690	25	1363	1465	1465	27
江 苏	Jiangsu	68614	76133	77546	6	3420	6530	6495	16
浙 江	Zhejiang	25053	23393	24605	23	6225	8150	8500	10
安 徽	Anhui	57665	58563	58613	10	5334	5302	6156	17
福 建	Fujian	26210	33518	32833	18	4167	7421	7502	13
江 西	Jiangxi	36336	50074	52240	11	8689	11676	11998	7
山 东	Shandong	107329	116196	115017	2	15301	21208	23404	2
河 南	Henan	91503	109941	111968	3	14187	21194	22379	3
湖 北	Hubei	56850	83932	87662	5	8436	15734	15987	5
湖 南	Hunan	72002	103475	107788	4	11179	17494	18618	4
广 东	Guangdong	58667	63792	65634	8	15535	25031	26787	1
广 西	Guangxi	45701	60853	62207	9	8070	12425	12883	6
海 南	Hainan	5782	6373	6493	27	1042	1427	1477	26
重 庆	Chongqing	35378	48727	50288	13	2499	3242	3612	21
四 川	Sichuan	106996	130741	132023	1	8946	11708	11452	9
贵 州	Guizhou	32488	42050	43758	14	3248	6160	7323	14
云 南	Yunnan	38247	48916	51206	12	5186	6412	6734	15
西 藏	Tibet	3012	3393	3345	30	342	626	674	30
陕 西	Shaanxi	30323	35636	36346	17	5444	7579	7970	11
甘 肃	Gansu	23661	28671	28631	21	2286	3826	4427	18
青 海	Qinghai	4009	5843	5193	28	216	381	400	31
宁 夏	Ningxia	2457	3198	3218	31	844	940	968	28
新 疆	Xinjiang	24073	28987	30740	19	1823	3041	2745	24

19-22 其他医疗卫生机构床位数和医院病床使用率

Number of Beds in Other Medical Institutions and Utilization of Hospital Beds

地区	Region	其他医疗卫生机构床位数（张） Beds in Other Medical Institutions (piece)				医院病床使用率（%） Hospital Bed Utilization Rate (%)			
		2010	2015	2016	2016排名 Ranking	2010	2015	2016	2016排名 Ranking
全　国	**National Total**	**42637**	**34450**	**32410**		**86.7**	**85.4**	**85.3**	
北　京	Beijing	508				84.5	80.6	82.2	21
天　津	Tianjin	401	301	296	22	86.3	81.6	82.1	23
河　北	Hebei	1738	1005	1005	10	82.9	83.6	86.3	10
山　西	Shanxi	2252	1850	1850	7	73.1	76.9	75.9	28
内蒙古	Inner Mongolia	640	844	516	20	78.0	73.2	74.7	29
辽　宁	Liaoning	8274	5710	4980	1	83.2	85.4	83.8	17
吉　林	Jilin	2723	2698	2298	5	70.8	78.5	78.3	25
黑龙江	Heilongjiang	2649	950	950	11	76.7	81.4	82.7	19
上　海	Shanghai	265	723	863	14	98.0	95.7	95.8	1
江　苏	Jiangsu	2174	2449	2831	3	94.3	88.6	87.3	8
浙　江	Zhejiang	1833	1522	1972	6	94.4	88.9	89.4	4
安　徽	Anhui	1584	827	670	18	87.3	85.0	84.8	13
福　建	Fujian	1770	2509	2540	4	89.6	82.6	81.9	24
江　西	Jiangxi	1810	1810	1810	8	87.6	90.4	89.4	4
山　东	Shandong	3860	3081	3146	2	81.6	84.3	85.0	12
河　南	Henan	905	145	145	24	85.4	87.2	87.9	7
湖　北	Hubei	102				96.1	92.4	92.0	2
湖　南	Hunan	188	100	100	25	93.3	86.4	86.0	11
广　东	Guangdong	1767	1585	1036	9	87.2	83.5	84.0	16
广　西	Guangxi	1011	901	901	12	89.9	89.8	88.0	6
海　南	Hainan	350	647	687	17	88.0	79.4	78.2	26
重　庆	Chongqing	920	725	705	16	90.1	86.8	84.4	14
四　川	Sichuan	457	535	352	21	95.1	89.6	90.2	3
贵　州	Guizhou	198	100	100	25	86.4	80.9	78.2	26
云　南	Yunnan	1217	1000	888	13	88.1	82.9	83.0	18
西　藏	Tibet	40	50	40	28	65.3	73.2	74.5	30
陕　西	Shaanxi	1748	1422	768	15	82.2	83.4	82.2	21
甘　肃	Gansu	690	650	650	19	78.6	82.2	82.6	20
青　海	Qinghai					79.6	76.0	74.4	31
宁　夏	Ningxia	100	100	100	25	89.8	83.2	84.4	14
新　疆	Xinjiang	463	211	211	23	89.2	86.9	86.5	9

19-23 医疗卫生机构门诊量和入院人次数

Number of Outpatients and Inpatients of Medical and Health Institutions

单位：万人次 (10 000 person-times)

地区	Region	医疗卫生机构门诊诊疗人次数 Outpatients				医疗卫生机构入院人次数 Inpatients			
		2010	2015	2016	2016排名 Ranking	2010	2015	2016	2016排名 Ranking
全　国	**National Total**	**583761.6**	**769342.5**	**793170.0**		**14173.5**	**21053.8**	**22727.8**	
北　京	Beijing	14637.1	21780.3	23205.0	14	183.2	276.4	311.9	26
天　津	Tianjin	7497.2	11880.7	12003.5	23	109.3	150.8	162.1	27
河　北	Hebei	31317.7	42134.1	43494.3	7	735.9	991.3	1117.7	8
山　西	Shanxi	10903.2	12521.3	12942.4	22	290.1	381.4	430.1	21
内蒙古	Inner Mongolia	8395.3	10024.9	10340.4	27	216.4	295.9	329.5	25
辽　宁	Liaoning	14709.0	18551.0	19294.2	17	447.1	646.4	692.6	14
吉　林	Jilin	8613.7	10469.2	10760.8	26	247.3	341.4	368.8	23
黑龙江	Heilongjiang	10509.9	11474.9	11890.8	24	373.2	514.9	564.1	18
上　海	Shanghai	20039.9	25616.0	25931.9	11	232.5	335.1	366.6	24
江　苏	Jiangsu	38465.6	54579.2	55194.9	5	742.8	1217.6	1309.0	6
浙　江	Zhejiang	36099.8	52973.4	55521.3	4	499.4	791.2	871.3	10
安　徽	Anhui	19854.2	26124.0	26300.2	10	551.1	843.0	897.3	9
福　建	Fujian	16407.5	21190.0	21926.7	15	402.3	523.0	535.0	20
江　西	Jiangxi	15637.8	20838.3	21341.2	16	500.1	712.1	745.5	13
山　东	Shandong	48024.4	61521.3	62163.0	2	1106.7	1521.8	1691.8	1
河　南	Henan	41877.6	55553.0	57777.0	3	1027.8	1501.6	1601.8	3
湖　北	Hubei	23920.4	34839.4	35479.1	8	649.6	1107.5	1197.6	7
湖　南	Hunan	20769.2	25696.1	26430.8	9	797.8	1304.1	1400.9	5
广　东	Guangdong	60210.7	78526.1	81200.7	1	1026.3	1441.5	1546.9	4
广　西	Guangxi	19583.8	25188.4	25423.4	12	590.2	831.2	860.4	11
海　南	Hainan	3356.7	4640.9	4865.7	28	70.0	104.6	110.0	28
重　庆	Chongqing	11623.9	14500.3	14905.7	19	336.6	591.1	631.4	17
四　川	Sichuan	36173.0	45081.9	46424.6	6	1058.3	1546.8	1656.0	2
贵　州	Guizhou	10280.9	13201.2	13844.5	20	420.0	633.9	661.9	16
云　南	Yunnan	17613.2	22836.6	24460.1	13	483.6	748.9	819.4	12
西　藏	Tibet	959.2	1376.2	1394.2	31	16.7	29.0	34.4	31
陕　西	Shaanxi	14331.7	17501.1	18499.8	18	369.8	625.5	680.7	15
甘　肃	Gansu	10044.8	12530.8	13042.1	21	215.4	351.8	400.2	22
青　海	Qinghai	1876.1	2281.7	2356.6	30	54.8	84.1	91.2	30
宁　夏	Ningxia	2591.0	3577.0	3832.2	29	66.2	98.0	106.7	29
新　疆	Xinjiang	7437.3	10333.3	10923.0	25	353.0	512.2	535.1	19

19-24 医院病床工作日和出院者平均住院日
Working Days of Hospital Beds and Average Length of Stay

地区	Region	医院病床工作日（天） Hospital Beds Working Days (day) 2010	2015	2016	2016排名 Ranking	出院者平均住院日（日/人） Average Length of Stay (day/person) 2010	2015	2016	2016排名 Ranking
全国	**National Total**	**316.5**	**311.6**	**311.3**		**10.5**	**9.6**	**9.4**	
北京	Beijing	308.5	294.1	300.1	21	16.2	10.9	10.5	3
天津	Tianjin	314.9	297.9	299.6	23	12.6	10.9	10.3	5
河北	Hebei	302.4	305.3	315.0	10	9.4	9.1	8.8	24
山西	Shanxi	266.9	280.6	277.1	28	11.6	10.8	10.5	3
内蒙古	Inner Mongolia	284.6	267.2	272.7	29	11.0	10.1	9.9	8
辽宁	Liaoning	303.6	311.8	305.9	17	12.2	11.1	10.8	1
吉林	Jilin	258.6	286.7	285.9	25	10.5	9.8	9.6	12
黑龙江	Heilongjiang	279.9	297.1	301.9	19	11.8	10.8	10.7	2
上海	Shanghai	357.9	349.4	349.6	1	13.0	10.6	10.1	6
江苏	Jiangsu	344.4	323.4	318.7	8	11.3	9.8	9.6	12
浙江	Zhejiang	344.7	324.6	326.3	4	11.3	10.1	9.9	8
安徽	Anhui	318.8	310.1	309.7	13	9.7	9.1	8.8	24
福建	Fujian	327.2	301.5	299.1	24	9.4	8.7	8.7	27
江西	Jiangxi	319.8	329.8	326.3	4	9.2	9.1	9.1	20
山东	Shandong	298.0	307.7	310.4	12	9.4	9.4	8.9	23
河南	Henan	311.5	318.3	320.7	7	10.3	9.9	9.7	10
湖北	Hubei	350.7	337.4	335.7	2	10.5	9.8	9.7	10
湖南	Hunan	340.7	315.5	313.9	11	9.9	9.4	9.5	14
广东	Guangdong	318.4	304.9	306.5	16	9.4	8.8	8.8	24
广西	Guangxi	328.2	327.9	321.1	6	9.6	8.8	8.6	29
海南	Hainan	321.3	289.8	285.4	26	10.3	9.3	9.0	22
重庆	Chongqing	328.7	317.0	308.0	15	11.0	9.3	9.2	17
四川	Sichuan	347.0	327.1	329.1	3	10.7	10.1	10.1	6
贵州	Guizhou	315.4	295.2	285.4	26	9.7	8.3	8.5	31
云南	Yunnan	321.7	302.6	303.0	18	10.0	8.8	8.6	29
西藏	Tibet	238.5	267.3	271.8	30	11.3	8.8	9.2	17
陕西	Shaanxi	300.1	304.4	300.1	21	10.5	9.4	9.2	17
甘肃	Gansu	286.9	300.0	301.6	20	10.5	9.7	9.1	20
青海	Qinghai	290.5	277.6	271.5	31	10.3	9.5	9.3	15
宁夏	Ningxia	327.7	303.8	308.1	14	10.8	10.7	9.3	15
新疆	Xinjiang	325.5	317.3	315.8	9	10.3	8.8	8.7	27

19-25 医院门诊病人次均医药费用和医院门诊病人次均医药费用
Average Medical Expenses of Outpatient and Average Medical Expenses of Outpatient

单位：元 (yuan)

地区	Region	医院门诊病人次均医药费用 Average Medical Expenses of Outpatient				医院门诊病人次均医药费用 Average Medical Expenses of Outpatient			
		2010	2015	2016	2016排名 Ranking	2010	2015	2016	2016排名 Ranking
全　国	**National Total**	**173.8**	**233.9**	**245.5**		**88.1**	**110.5**	**111.7**	
北　京	Beijing	337.4	440.9	460.2	1	220.9	261.6	267.3	1
天　津	Tianjin	235.0	290.9	299.3	3	146.2	182.0	176.7	2
河　北	Hebei	168.5	210.2	214.9	24	73.2	93.5	92.5	19
山　西	Shanxi	158.0	230.3	237.7	12	64.9	100.4	102.0	15
内蒙古	Inner Mongolia	148.9	218.0	223.4	18	56.8	88.4	87.7	24
辽　宁	Liaoning	199.8	259.4	272.8	5	92.1	117.9	119.7	5
吉　林	Jilin	164.9	240.3	253.5	7	64.0	95.0	99.0	17
黑龙江	Heilongjiang	178.1	241.2	244.5	9	65.8	92.3	90.2	22
上　海	Shanghai	243.7	316.0	340.4	2	137.0	167.6	172.6	3
江　苏	Jiangsu	183.6	235.5	249.9	8	92.4	111.9	110.0	8
浙　江	Zhejiang	189.6	225.5	238.0	11	108.9	109.7	111.3	7
安　徽	Anhui	157.2	203.2	216.2	22	71.8	89.0	92.5	19
福　建	Fujian	143.1	209.1	220.6	20	75.7	95.8	90.9	21
江　西	Jiangxi	144.6	213.0	227.6	17	73.5	106.2	109.7	9
山　东	Shandong	176.3	229.4	241.0	10	86.5	107.2	106.3	11
河　南	Henan	127.5	164.4	172.2	30	54.7	69.6	73.3	30
湖　北	Hubei	162.1	214.3	221.4	19	82.0	102.7	104.5	12
湖　南	Hunan	191.9	253.6	266.7	6	90.4	111.6	112.5	6
广　东	Guangdong	150.9	216.4	231.8	14	75.7	95.7	100.7	16
广　西	Guangxi	125.5	173.2	181.0	28	59.3	76.0	76.3	29
海　南	Hainan	172.0	215.8	231.9	13	90.7	96.0	104.2	13
重　庆	Chongqing	188.7	266.1	279.4	4	93.5	120.6	123.7	4
四　川	Sichuan	143.4	219.2	229.4	16	63.5	91.3	92.7	18
贵　州	Guizhou	178.7	228.9	229.6	15	74.9	85.8	80.0	27
云　南	Yunnan	125.3	179.7	193.0	26	57.1	78.9	80.5	26
西　藏	Tibet	76.0	123.0	154.4	31	35.2	56.1	73.0	31
陕　西	Shaanxi	156.0	211.5	218.5	21	73.2	89.1	89.9	23
甘　肃	Gansu	100.6	169.7	177.4	29	44.9	79.5	82.0	25
青　海	Qinghai	98.8	181.1	192.0	27	43.0	78.7	77.8	28
宁　夏	Ningxia	153.5	203.9	215.0	23	78.6	103.8	108.6	10
新　疆	Xinjiang	155.3	208.4	212.6	25	72.2	103.3	102.5	14

19-26 医院门诊病人次均检查治疗费和医院住院病人次均医药费用
Expense of Check Treatment of Outpatients and Average Medical Expenses of Inpatients

单位：元 (yuan)

地区	Region	医院门诊病人次均检查治疗费 Expense of Check Treatment of Outpatients				医院住院病人次均医药费用 Average Medical Expenses of Inpatients			
		2010	2015	2016	2016排名 Ranking	2010	2015	2016	2016排名 Ranking
全　国	**National Total**	**53.7**	**42.7**	**45.2**		**6525.6**	**8268.1**	**8604.7**	
北　京	Beijing	67.1	46.0	49.2	12	14740.5	20149.2	20648.2	1
天　津	Tianjin	40.3	20.9	22.5	30	11177.0	15250.2	15684.9	3
河　北	Hebei	65.8	49.9	50.5	9	5534.1	7517.0	7793.8	17
山　西	Shanxi	62.4	50.6	52.2	8	5688.9	8045.5	8065.7	16
内蒙古	Inner Mongolia	61.4	53.4	53.3	7	5483.7	8146.5	8460.2	12
辽　宁	Liaoning	72.7	56.8	58.7	3	7486.4	8604.9	8866.9	9
吉　林	Jilin	73.0	53.9	55.6	4	6839.7	8406.9	8730.2	10
黑龙江	Heilongjiang	74.7	63.8	65.7	1	6480.4	8285.7	8617.1	11
上　海	Shanghai	49.1	34.7	39.3	27	12225.0	16084.6	17111.7	2
江　苏	Jiangsu	56.0	38.1	40.7	23	9073.3	10060.3	10364.1	6
浙　江	Zhejiang	39.6	28.2	30.3	29	9300.5	10578.0	10952.6	4
安　徽	Anhui	58.5	46.0	48.3	13	5664.7	6809.2	6935.2	26
福　建	Fujian	42.3	41.5	46.2	16	6222.5	8173.5	8413.7	13
江　西	Jiangxi	49.2	46.9	48.2	14	5096.0	6956.0	7417.0	21
山　东	Shandong	61.4	51.9	54.2	5	5951.9	8589.7	8943.5	8
河　南	Henan	51.0	40.2	42.0	20	4789.9	6874.4	7085.4	25
湖　北	Hubei	58.1	40.5	41.6	22	6171.8	7823.0	8207.3	14
湖　南	Hunan	67.2	57.1	60.0	2	5789.2	6980.1	7303.2	24
广　东	Guangdong	46.8	39.6	42.7	19	7843.2	9982.2	10537.5	5
广　西	Guangxi	43.3	36.9	39.4	25	5088.5	7154.6	7544.2	20
海　南	Hainan	55.6	47.6	46.9	15	6709.7	8887.9	9472.8	7
重　庆	Chongqing	61.0	43.6	46.0	17	6488.4	7481.8	7714.4	18
四　川	Sichuan	53.1	47.6	50.1	10	5677.7	7091.2	7380.8	22
贵　州	Guizhou	69.6	53.0	53.6	6	4641.3	5387.7	5704.3	30
云　南	Yunnan	46.6	37.1	40.0	24	5007.7	5849.5	6072.5	29
西　藏	Tibet	20.1	18.3	22.2	31	3899.0	5506.8	7311.4	23
陕　西	Shaanxi	57.7	48.0	49.4	11	5361.5	6604.3	6803.5	27
甘　肃	Gansu	34.4	37.6	41.8	21	3792.6	5447.1	5587.5	31
青　海	Qinghai	35.7	36.0	37.3	28	6139.0	7980.2	8151.6	15
宁　夏	Ningxia	46.8	36.8	39.4	25	5537.8	7541.2	7708.9	19
新　疆	Xinjiang	53.7	45.0	46.0	17	4894.1	6318.8	6775.2	28

19-27 医院住院病人次均药费和医院住院病人次均检查治疗费
Average Medical Expenses of Inpatients and Expense of Check Treatment of Inpatients

单位：元 (yuan)

地区	Region	医院住院病人次均药费 Average Medical Expenses of Inpatients				医院住院病人次均检查治疗费 Expense of Check Treatment of Inpatients			
		2010	2015	2016	2016排名 Ranking	2010	2015	2016	2016排名 Ranking
全　国	**National Total**	**2834.4**	**3042.0**	**2977.5**		**1691.5**	**697.2**	**740.7**	
北　京	Beijing	5547.7	6377.3	6455.2	1	5551.5	1346.0	1378.3	1
天　津	Tianjin	4835.9	5810.1	5297.6	3	2720.2	738.6	800.6	7
河　北	Hebei	2581.4	3215.5	3134.3	12	1524.9	665.0	722.1	18
山　西	Shanxi	2453.4	3119.5	2972.8	15	1430.4	751.2	764.4	9
内蒙古	Inner Mongolia	2542.3	3345.2	3222.9	10	1605.4	724.1	755.9	10
辽　宁	Liaoning	3276.8	3370.3	3321.8	9	1853.9	855.4	884.0	4
吉　林	Jilin	3126.4	3419.3	3449.6	8	2041.4	701.2	723.0	17
黑龙江	Heilongjiang	3293.3	3951.7	3939.8	4	1350.9	626.9	685.7	20
上　海	Shanghai	4816.9	5460.0	5520.7	2	1489.8	939.0	1035.3	2
江　苏	Jiangsu	4190.8	4101.7	3828.4	5	2419.0	725.4	737.2	14
浙　江	Zhejiang	4443.8	3536.0	3545.2	6	1209.5	620.2	649.0	23
安　徽	Anhui	2539.9	2389.1	2236.7	28	1510.0	536.0	561.6	30
福　建	Fujian	2939.9	2785.4	2423.5	25	1465.0	793.9	866.8	5
江　西	Jiangxi	2366.6	2876.4	2852.6	16	1333.3	528.3	561.8	29
山　东	Shandong	2797.2	3331.6	3075.4	13	1613.8	676.7	729.2	16
河　南	Henan	2192.9	2605.4	2644.0	21	1400.2	606.8	653.9	22
湖　北	Hubei	2458.8	2789.2	2803.1	17	1888.2	689.9	736.0	15
湖　南	Hunan	2572.6	2558.8	2437.5	23	1353.5	572.2	606.3	26
广　东	Guangdong	2922.3	3130.8	3210.4	11	2397.5	946.3	1010.5	3
广　西	Guangxi	1947.6	2420.0	2425.8	24	1592.0	689.9	747.7	12
海　南	Hainan	2967.9	3418.7	3506.1	7	1783.5	697.1	717.3	19
重　庆	Chongqing	2853.7	2743.9	2684.6	19	1946.0	715.3	750.4	11
四　川	Sichuan	2181.5	2339.1	2285.7	26	1783.9	680.9	744.9	13
贵　州	Guizhou	1802.0	1782.7	1767.2	31	1385.6	569.3	612.5	25
云　南	Yunnan	2133.3	2126.5	2079.0	29	1361.2	594.8	634.5	24
西　藏	Tibet	1709.3	2124.7	2672.5	20	608.9	435.5	597.9	27
陕　西	Shaanxi	2270.5	2504.5	2498.9	22	1156.0	644.3	663.1	21
甘　肃	Gansu	1615.1	2063.9	2060.5	30	891.4	540.9	552.2	31
青　海	Qinghai	3073.3	3165.1	3036.7	14	1187.7	696.7	788.8	8
宁　夏	Ningxia	2511.8	2890.5	2799.6	18	1221.4	556.7	594.8	28
新　疆	Xinjiang	2081.0	2262.5	2259.5	27	1094.9	775.1	831.7	6

20

文化和体育

Culture and Sports

20-1 公共财政预算支出中文化体育与传媒支出额和比例

Expenditure for Culture, Sport and Media and Percentage of Public Budgetary Expenditure

地区	Region	文化体育与传媒支出额（亿元） Expenditure for Culture, Sport and Media (100 million yuan)				文化体育与传媒支出占公共财政支出比例（%） Percentage (%)			
		2010	2015	2016	2016排名 Ranking	2010	2015	2016	2016排名 Ranking
全　国	**National Total**	**1392.57**	**2804.65**	**2915.13**		**1.88**	**1.87**	**1.82**	
北　京	Beijing	79.36	188.50	198.35	2	2.92	3.29	3.10	1
天　津	Tianjin	24.28	51.73	57.16	25	1.76	1.60	1.55	24
河　北	Hebei	37.09	88.34	87.54	13	1.32	1.57	1.45	28
山　西	Shanxi	31.24	73.08	72.64	19	1.62	2.13	2.12	7
内蒙古	Inner Mongolia	52.96	95.81	89.25	12	2.33	2.25	1.98	11
辽　宁	Liaoning	56.76	88.59	84.70	14	1.78	1.98	1.85	16
吉　林	Jilin	32.93	73.01	72.03	20	1.84	2.27	2.01	10
黑龙江	Heilongjiang	39.50	53.17	53.21	26	1.75	1.32	1.26	30
上　海	Shanghai	54.95	108.22	113.34	9	1.66	1.75	1.64	19
江　苏	Jiangsu	88.67	196.06	193.28	3	1.80	2.02	1.94	13
浙　江	Zhejiang	77.15	165.38	158.72	4	2.40	2.49	2.28	3
安　徽	Anhui	51.68	88.19	84.23	15	2.00	1.68	1.53	26
福　建	Fujian	27.10	84.82	81.26	16	1.60	2.12	1.90	14
江　西	Jiangxi	28.38	68.90	70.49	22	1.48	1.56	1.53	25
山　东	Shandong	74.03	137.26	137.47	7	1.79	1.66	1.57	22
河　南	Henan	54.99	105.38	97.33	10	1.61	1.55	1.31	29
湖　北	Hubei	36.67	84.03	96.61	11	1.47	1.37	1.50	27
湖　南	Hunan	39.66	111.74	140.68	6	1.47	1.95	2.22	4
广　东	Guangdong	166.16	194.58	229.71	1	3.06	1.52	1.71	18
广　西	Guangxi	32.77	79.00	71.08	21	1.63	1.94	1.60	20
海　南	Hainan	11.61	25.48	26.90	30	2.00	2.06	1.95	12
重　庆	Chongqing	24.04	47.01	47.98	27	1.41	1.24	1.20	31
四　川	Sichuan	59.37	139.41	145.20	5	1.39	1.86	1.81	17
贵　州	Guizhou	23.98	61.20	67.34	23	1.47	1.55	1.58	21
云　南	Yunnan	35.53	61.66	77.93	17	1.55	1.31	1.55	23
西　藏	Tibet	12.48	34.73	34.85	28	2.26	2.51	2.19	5
陕　西	Shaanxi	47.86	103.09	125.85	8	2.16	2.36	2.87	2
甘　肃	Gansu	29.78	62.76	63.84	24	2.03	2.12	2.03	8
青　海	Qinghai	11.57	33.60	33.32	29	1.56	2.22	2.19	6
宁　夏	Ningxia	16.09	20.97	25.23	31	2.89	1.84	2.01	9
新　疆	Xinjiang	33.92	78.96	77.61	18	2.00	2.08	1.88	15

20-2 艺术表演团体和表演场馆
Art Performance Troupes and Art Performance Places

单位：个 (unit)

地区	Region	艺术表演团体数 Number of Art Performance Troupes 2010	2015	2016	2016排名 Ranking	艺术表演场馆数 Number of Art Performance Places 2010	2015	2016	2016排名 Ranking
全　国	**National Total**	**6864**	**10787**	**12301**		**2112**	**2143**	**2285**	
北　京	Beijing	18	395	485	9	73	54	69	13
天　津	Tianjin	36	86	84	26	37	50	51	17
河　北	Hebei	284	596	712	5	113	108	112	6
山　西	Shanxi	342	456	546	8	103	137	127	4
内蒙古	Inner Mongolia	123	175	186	21	26	25	31	23
辽　宁	Liaoning	239	263	246	17	58	105	123	5
吉　林	Jilin	68	49	54	30	32	49	50	18
黑龙江	Heilongjiang	89	51	57	29	44	38	48	19
上　海	Shanghai	89	180	205	20	96	50	47	21
江　苏	Jiangsu	408	369	444	11	201	207	223	2
浙　江	Zhejiang	471	1024	1245	2	242	308	326	1
安　徽	Anhui	1255	1617	1879	1	60	76	88	9
福　建	Fujian	449	397	429	12	57	56	58	14
江　西	Jiangxi	99	236	304	15	57	57	57	16
山　东	Shandong	119	623	567	7	91	101	100	7
河　南	Henan	371	824	1006	3	150	150	150	3
湖　北	Hubei	204	282	308	14	68	58	58	14
湖　南	Hunan	201	273	452	10	63	71	86	11
广　东	Guangdong	397	391	357	13	124	66	75	12
广　西	Guangxi	141	92	100	24	24	29	34	22
海　南	Hainan	67	66	74	27	10	11	16	28
重　庆	Chongqing	381	730	770	4	46	22	22	25
四　川	Sichuan	348	543	621	6	94	99	88	9
贵　州	Guizhou	52	95	113	23	7	8	12	30
云　南	Yunnan	142	276	221	19	36	40	30	24
西　藏	Tibet	37	87	87	25	21	14	14	29
陕　西	Shaanxi	127	177	281	16	97	88	92	8
甘　肃	Gansu	82	191	227	18	27	24	48	19
青　海	Qinghai	32	54	60	28	20	16	20	26
宁　夏	Ningxia	45	40	34	31	15	3	6	31
新　疆	Xinjiang	132	132	131	22	15	16	17	27

20-3 艺术表演团体国内演出场次和观众人次
Number of Domestic Performances and Domestic Audience

地区	Region	艺术表演团体国内演出场次（万场次） Number of Domestic Performances (10 000 shows)				艺术表演团体国内演出观众人次（万人次） Number of Domestic Audience (10 000 person-times)			
		2010	2015	2016	2016排名 Ranking	2010	2015	2016	2016排名 Ranking
全　国	**National Total**	**127.78**	**209.27**	**229.03**		**88456**	**95799**	**118138**	
北　京	Beijing	0.68	2.70	2.62	18	430	1085	877	21
天　津	Tianjin	0.38	1.72	0.78	26	318	673	398	26
河　北	Hebei	4.70	8.12	9.01	5	4948	4559	5419	4
山　西	Shanxi	5.23	6.07	9.21	4	5755	3952	4642	5
内蒙古	Inner Mongolia	1.83	3.88	2.44	19	1623	1123	1241	18
辽　宁	Liaoning	1.61	2.34	1.74	21	811	906	565	25
吉　林	Jilin	0.81	0.57	0.55	29	886	372	358	29
黑龙江	Heilongjiang	0.89	0.71	0.59	28	818	328	332	30
上　海	Shanghai	1.98	2.87	2.29	20	1037	863	1034	20
江　苏	Jiangsu	7.49	8.51	8.72	7	3941	2809	4051	7
浙　江	Zhejiang	10.23	21.77	28.84	3	10573	15337	18040	2
安　徽	Anhui	38.94	39.04	45.83	2	10786	10686	32968	1
福　建	Fujian	9.47	8.53	8.56	8	4100	2760	2286	16
江　西	Jiangxi	1.86	2.99	4.70	12	1585	1544	1625	17
山　东	Shandong	2.00	13.26	8.33	10	2538	3872	4093	6
河　南	Henan	7.60	35.60	46.25	1	8406	19416	11994	3
湖　北	Hubei	3.57	3.77	3.78	16	3892	2902	3052	11
湖　南	Hunan	3.19	6.55	5.48	11	2174	1911	2443	13
广　东	Guangdong	4.15	4.09	3.84	15	5609	2142	2427	14
广　西	Guangxi	1.49	1.32	1.15	23	1508	1824	848	22
海　南	Hainan	0.84	0.76	0.89	25	683	701	811	24
重　庆	Chongqing	5.28	9.50	8.99	6	2097	2223	3081	10
四　川	Sichuan	5.06	10.25	8.39	9	3304	2012	2304	15
贵　州	Guizhou	0.47	0.76	1.05	24	568	682	817	23
云　南	Yunnan	1.54	4.52	4.40	13	1741	1940	3883	8
西　藏	Tibet	0.22	0.55	0.55	29	380	390	391	27
陕　西	Shaanxi	2.05	3.32	3.84	14	3093	4322	3241	9
甘　肃	Gansu	1.60	2.27	3.12	17	2299	2034	2775	12
青　海	Qinghai	0.32	0.33	0.66	27	226	333	284	31
宁　夏	Ningxia	0.47	0.61	0.53	31	598	493	360	28
新　疆	Xinjiang	1.52	1.72	1.64	22	1052	1207	1190	19

20-4 博物馆和文物藏品
Number of Museums and Collections

地区	Region	博物馆数（个）Number of Museums (unit)				博物馆文物藏品（件/套）Number of Collections (piece/set)			
		2010	2015	2016	2016排名 Ranking	2010	2015	2016	2016排名 Ranking
全　国	**National Total**	**2435**	**3852**	**4109**		**17552482**	**30441422**	**33293561**	
北　京	Beijing	41	40	41	26	1138476	1229829	1235102	8
天　津	Tianjin	18	22	22	28	579740	673291	635938	16
河　北	Hebei	65	107	111	15	232455	406132	427332	23
山　西	Shanxi	89	100	105	16	453355	808896	984459	11
内蒙古	Inner Mongolia	54	84	87	21	408471	505570	645516	15
辽　宁	Liaoning	61	64	65	25	351402	453489	534003	18
吉　林	Jilin	57	76	77	23	237522	416815	437300	22
黑龙江	Heilongjiang	76	158	176	9	192158	750650	991479	10
上　海	Shanghai	27	99	99	17	327455	2152643	2253481	4
江　苏	Jiangsu	213	312	317	2	1527507	1754310	1767257	5
浙　江	Zhejiang	100	224	275	3	676477	1186230	1315047	7
安　徽	Anhui	120	171	171	10	503247	733703	743837	14
福　建	Fujian	94	98	98	18	382327	514057	496026	21
江　西	Jiangxi	108	137	138	12	425788	415473	402972	24
山　东	Shandong	114	312	393	1	692829	1619903	3301398	2
河　南	Henan	111	248	270	5	725093	928893	935827	13
湖　北	Hubei	120	175	183	7	1211525	1602377	1570685	6
湖　南	Hunan	81	113	115	14	443174	531079	576151	17
广　东	Guangdong	169	177	177	8	844627	958465	953330	12
广　西	Guangxi	64	124	125	13	279452	422677	265803	25
海　南	Hainan	16	18	18	29	57299	43375	73945	29
重　庆	Chongqing	37	78	82	22	488955	607418	508431	20
四　川	Sichuan	108	225	239	6	885543	3414417	4199935	1
贵　州	Guizhou	59	73	73	24	74826	95327	105956	28
云　南	Yunnan	120	86	90	19	358457	1206919	1227996	9
西　藏	Tibet	2	7	7	31	32605	68026	67961	30
陕　西	Shaanxi	106	249	274	4	767086	2675637	2409927	3
甘　肃	Gansu	102	150	152	11	439654	558789	522853	19
青　海	Qinghai	18	23	23	27	118984	154674	163393	27
宁　夏	Ningxia	6	12	13	30	66209	77592	47855	31
新　疆	Xinjiang	71	86	90	19	119370	204454	192562	26

20-5 博物馆基本陈列展览和参观人次
Dsiplay Exhibition and Spectators of Museums

地区	Region	基本陈列展览（个）Dsiplay Exhibition (unit) 2015	2016	2016排名 Ranking	参观人次（万人次）Spectators (10 000 person-times) 2010	2015	2016	2016排名 Ranking
全　国	**National Total**	**21154**	**23109**		**406793**	**78112**	**85061**	
北　京	Beijing	269	249	26	4995	579	649	27
天　津	Tianjin	157	180	27	4007	1003	1013	24
河　北	Hebei	607	664	14	12460	2646	2724	11
山　西	Shanxi	352	337	23	10815	1466	1460	21
内蒙古	Inner Mongolia	455	446	18	5839	1150	1124	23
辽　宁	Liaoning	429	426	20	10336	1158	1389	22
吉　林	Jilin	381	352	22	5078	949	943	25
黑龙江	Heilongjiang	749	889	11	7163	2092	2201	17
上　海	Shanghai	835	1094	8	6246	1935	2218	16
江　苏	Jiangsu	1890	1986	2	45568	7850	8512	1
浙　江	Zhejiang	1709	1968	3	19572	4577	5957	3
安　徽	Anhui	862	867	12	12054	2680	2798	10
福　建	Fujian	788	909	10	16002	2412	2545	13
江　西	Jiangxi	510	517	15	20730	2949	3391	9
山　东	Shandong	2172	2474	1	13844	5130	5836	4
河　南	Henan	1073	1133	7	17942	4728	4964	6
湖　北	Hubei	964	988	9	19051	2624	2671	12
湖　南	Hunan	438	424	21	21999	4758	4784	7
广　东	Guangdong	1460	1733	4	25825	4252	4727	8
广　西	Guangxi	445	517	15	7441	1655	1773	19
海　南	Hainan	92	112	28	985	137	104	30
重　庆	Chongqing	449	437	19	15509	2299	2528	14
四　川	Sichuan	928	1161	6	33571	5997	5976	2
贵　州	Guizhou	225	254	25	11771	1581	1654	20
云　南	Yunnan	466	507	17	15291	1700	1912	18
西　藏	Tibet	24	29	31	149	49	55	31
陕　西	Shaanxi	1044	1183	5	14981	4208	5338	5
甘　肃	Gansu	705	702	13	6467	2191	2317	15
青　海	Qinghai	70	65	30	832	147	247	28
宁　夏	Ningxia	80	97	29	740	198	188	29
新　疆	Xinjiang	342	300	24	3664	756	686	26

20-6 公共图书馆和总藏量
Number of Public Libraries and Total Collections

地区	Region	公共图书馆数（个）Number of Public Libraries (unit)				总藏量（万册件）Total Collections (10 000 copies)			
		2010	2015	2016	2016排名 Ranking	2010	2015	2016	2016排名 Ranking
全 国	**National Total**	**2884**	**3139**	**3153**		**61726**	**83844**	**90163**	
北 京	Beijing	24	24	24	29	1715	2425	2594	13
天 津	Tianjin	31	31	31	27	1258	1697	1806	20
河 北	Hebei	165	172	172	2	1611	2200	2340	14
山 西	Shanxi	126	126	127	9	1208	1548	1727	21
内蒙古	Inner Mongolia	113	117	117	11	940	1513	1704	22
辽 宁	Liaoning	128	129	130	8	2953	3736	3929	6
吉 林	Jilin	65	66	66	24	1380	1768	1862	19
黑龙江	Heilongjiang	107	107	108	17	1644	1827	1926	18
上 海	Shanghai	28	25	24	29	6809	7568	7676	2
江 苏	Jiangsu	111	114	114	12	4370	6847	7602	3
浙 江	Zhejiang	97	100	102	20	3761	6250	6969	4
安 徽	Anhui	88	122	123	10	1236	1942	2162	16
福 建	Fujian	86	90	90	22	1682	2821	3051	9
江 西	Jiangxi	108	114	113	14	1520	2159	2178	15
山 东	Shandong	149	154	154	4	3636	4727	5065	5
河 南	Henan	142	158	158	3	1837	2472	2646	12
湖 北	Hubei	107	112	112	15	2361	3003	3318	8
湖 南	Hunan	124	137	137	7	1961	2555	2833	10
广 东	Guangdong	132	140	142	6	4615	7008	7900	1
广 西	Guangxi	108	112	114	12	1881	2606	2720	11
海 南	Hainan	20	21	23	31	285	424	458	29
重 庆	Chongqing	43	43	43	26	1031	1304	1442	24
四 川	Sichuan	161	203	203	1	2599	3328	3518	7
贵 州	Guizhou	93	96	98	21	812	1221	1258	27
云 南	Yunnan	150	151	151	5	1566	1944	2091	17
西 藏	Tibet	4	79	81	23	53	162	177	31
陕 西	Shaanxi	112	110	110	16	1127	1506	1626	23
甘 肃	Gansu	94	103	103	19	1042	1340	1394	26
青 海	Qinghai	44	49	49	25	358	415	451	30
宁 夏	Ningxia	20	26	26	28	462	706	687	28
新 疆	Xinjiang	103	107	107	18	1113	1303	1418	25

20-7 人均公共图书馆藏量和累计发放借书证数

Collections of Public Libraries Owned Per Person and Accumlative Number of Library Cards Distributed

地区	Region	人均拥有公共图书馆藏量（册）Collections of Public Libraries Owned Per Person (copy)				有效借书证数（万个）Accumlative Number of Library Cards Distributed (10 000 units)			
		2010	2015	2016	2016排名 Ranking	2010	2015	2016	2016排名 Ranking
全　国	**National Total**	**0.46**	**0.61**	**0.65**		**2019.52**	**5721.08**	**5592.81**	
北　京	Beijing	0.87	1.12	1.19	3	92.32	103.66	105.28	14
天　津	Tianjin	0.97	1.10	1.16	4	36.43	73.60	80.66	18
河　北	Hebei	0.22	0.30	0.31	30	56.49	89.27	104.73	16
山　西	Shanxi	0.34	0.42	0.47	21	23.35	73.90	109.22	13
内蒙古	Inner Mongolia	0.38	0.60	0.68	11	14.73	28.49	43.04	24
辽　宁	Liaoning	0.68	0.85	0.90	7	86.24	126.15	137.73	9
吉　林	Jilin	0.50	0.64	0.68	11	17.98	88.43	102.93	17
黑龙江	Heilongjiang	0.43	0.48	0.51	18	76.40	61.36	69.61	21
上　海	Shanghai	2.96	3.13	3.17	1	107.99	304.92	204.50	6
江　苏	Jiangsu	0.56	0.86	0.95	6	206.73	1107.32	1100.11	1
浙　江	Zhejiang	0.69	1.13	1.25	2	177.43	1638.60	844.74	2
安　徽	Anhui	0.21	0.32	0.35	28	24.62	96.64	119.59	11
福　建	Fujian	0.46	0.73	0.79	8	47.18	102.49	205.05	5
江　西	Jiangxi	0.34	0.47	0.47	21	50.62	93.04	105.08	15
山　东	Shandong	0.38	0.48	0.51	18	128.42	188.88	359.24	4
河　南	Henan	0.20	0.26	0.28	31	68.03	94.26	117.58	12
湖　北	Hubei	0.41	0.51	0.56	14	104.16	144.32	166.69	7
湖　南	Hunan	0.30	0.38	0.42	27	81.44	106.41	145.91	8
广　东	Guangdong	0.44	0.65	0.72	10	258.40	524.41	620.24	3
广　西	Guangxi	0.41	0.54	0.56	14	26.24	58.42	76.45	19
海　南	Hainan	0.33	0.47	0.50	20	11.28	21.97	16.65	29
重　庆	Chongqing	0.36	0.43	0.47	21	15.99	70.01	72.90	20
四　川	Sichuan	0.32	0.41	0.43	25	48.24	95.30	133.56	10
贵　州	Guizhou	0.23	0.35	0.35	28	18.95	42.23	44.19	23
云　南	Yunnan	0.34	0.41	0.44	24	31.84	44.45	50.40	22
西　藏	Tibet	0.18	0.50	0.53	16	0.55	2.34	3.08	31
陕　西	Shaanxi	0.30	0.40	0.43	25	30.41	35.72	39.44	25
甘　肃	Gansu	0.41	0.52	0.53	16	20.26	31.46	35.98	26
青　海	Qinghai	0.63	0.70	0.76	9	7.73	13.39	14.00	30
宁　夏	Ningxia	0.73	1.06	1.02	5	12.52	14.47	18.36	28
新　疆	Xinjiang	0.51	0.55	0.59	13	22.99	24.11	26.59	27

20-8 公共图书馆总流通人次
Total Number of Circulation of Public Libraries

单位：万人次 (10 000 person-times)

地区	Region	总流通人次 Total Number of Circulation				其中：书刊文献外借人次 Borrowing from Libraries			
		2010	2015	2016	2016排名 Ranking	2010	2015	2016	2016排名 Ranking
全　国	**National Total**	**32823**	**58892**	**66037**		**13934**	**23085**	**24892**	
北　京	Beijing	775	1264	1402	15	360	394	511	17
天　津	Tianjin	606	789	851	22	254	306	311	24
河　北	Hebei	736	1428	1622	14	360	596	585	14
山　西	Shanxi	374	830	981	21	190	305	361	20
内蒙古	Inner Mongolia	312	649	743	24	196	267	296	26
辽　宁	Liaoning	1457	2068	2313	9	601	751	718	13
吉　林	Jilin	503	732	806	23	213	353	357	21
黑龙江	Heilongjiang	622	968	986	20	242	330	310	25
上　海	Shanghai	1853	3931	4170	4	579	1922	1982	3
江　苏	Jiangsu	3006	6001	6489	3	1596	2882	2888	1
浙　江	Zhejiang	3454	7942	9788	1	1376	2253	2706	2
安　徽	Anhui	760	1739	1994	12	383	914	938	10
福　建	Fujian	1193	2396	2604	6	583	981	1220	7
江　西	Jiangxi	639	1258	1375	17	360	691	739	12
山　东	Shandong	1717	2729	3644	5	915	1508	1713	5
河　南	Henan	1026	2233	2539	7	519	1107	1228	6
湖　北	Hubei	1516	1955	2082	10	938	992	1028	8
湖　南	Hunan	1028	1617	1955	13	506	823	833	11
广　东	Guangdong	4540	7855	8335	2	1166	1697	1954	4
广　西	Guangxi	1343	2065	2067	11	356	521	527	16
海　南	Hainan	172	445	377	28	69	81	78	29
重　庆	Chongqing	621	1235	1309	18	340	435	471	18
四　川	Sichuan	1168	2010	2358	8	544	890	995	9
贵　州	Guizhou	369	594	604	26	143	307	314	23
云　南	Yunnan	907	1223	1381	16	403	534	534	15
西　藏	Tibet	3	20	25	31	1	5	5	31
陕　西	Shaanxi	519	982	1156	19	196	389	411	19
甘　肃	Gansu	468	678	724	25	220	344	353	22
青　海	Qinghai	89	112	111	30	20	75	68	30
宁　夏	Ningxia	163	282	319	29	53	152	160	28
新　疆	Xinjiang	350	474	529	27	171	235	260	27

20-9 公共图书馆书刊文献外借册次和阅览室坐席数

Number of Books and Periodicals Lent to Readers and Seats of Reading Rooms in Public Libraries

地区	Region	书刊文献外借册次（万册次） Number of Books and Periodicals Lent to Readers (10 000 copies-times)				阅览室坐席数（个） Seats of Reading Rooms (unit)			
		2010	2015	2016	2016排名 Ranking	2010	2015	2016	2016排名 Ranking
全　国	**National Total**	**26392**	**50896**	**54725**		**630683**	**910679**	**985968**	
北　京	Beijing	804	940	1026	17	12852	15469	17316	26
天　津	Tianjin	572	859	876	19	9072	14500	14805	27
河　北	Hebei	493	972	1054	15	21858	33112	38424	8
山　西	Shanxi	282	547	650	23	15983	26910	31719	14
内蒙古	Inner Mongolia	312	574	705	22	16537	26251	28315	16
辽　宁	Liaoning	1456	1708	1795	9	30220	35125	37772	9
吉　林	Jilin	412	748	737	20	13820	19138	20836	24
黑龙江	Heilongjiang	479	688	647	24	18013	23324	23447	20
上　海	Shanghai	1461	8681	8624	1	19427	22037	22217	21
江　苏	Jiangsu	2542	4980	5088	4	38912	50707	54037	4
浙　江	Zhejiang	2924	5727	6520	2	35068	60777	64909	2
安　徽	Anhui	683	1481	1682	12	15778	32944	35580	11
福　建	Fujian	1097	2465	2659	6	25136	31799	32602	13
江　西	Jiangxi	562	1119	1302	13	22042	31309	34806	12
山　东	Shandong	1514	2331	2810	5	37061	55991	61482	3
河　南	Henan	915	1676	1862	8	23595	42060	49112	6
湖　北	Hubei	1846	1816	1882	7	26814	37098	43357	7
湖　南	Hunan	1059	1540	1701	11	30031	32591	35727	10
广　东	Guangdong	2267	4377	5219	3	59148	89864	93915	1
广　西	Guangxi	733	1155	1142	14	24665	27856	29414	15
海　南	Hainan	86	222	247	29	4173	5557	5570	29
重　庆	Chongqing	706	949	1026	16	13568	21363	24575	18
四　川	Sichuan	924	1617	1751	10	26281	45739	49983	5
贵　州	Guizhou	222	476	493	26	12220	20215	21266	23
云　南	Yunnan	702	1072	973	18	21034	26255	27489	17
西　藏	Tibet	4	7	8	31	295	2910	3011	31
陕　西	Shaanxi	305	681	707	21	14355	20015	21703	22
甘　肃	Gansu	345	588	619	25	13352	18873	20158	25
青　海	Qinghai	42	91	81	30	3108	3962	4171	30
宁　夏	Ningxia	182	302	295	28	5201	8568	8707	28
新　疆	Xinjiang	317	440	486	27	14187	23057	24240	19

20-10　公共广播节目套数和播出时间
Number of Public Radio Programs and Length of Public Radio Programs Broadcasted

地区	Region	公共广播节目套数（套）Number of Public Radio Programs (set)				公共广播节目播出时间（小时）Length of Public Radio Programs Broadcasted (hour)			
		2010	2015	2016	2016排名 Ranking	2010	2015	2016	2016排名 Ranking
全　国	**National Total**	**2549**	**2782**	**2741**		**12660314**	**14218253**	**14565058**	
北　京	Beijing	18	25	26	25	118558	171702	180641	24
天　津	Tianjin	22	22	22	28	133283	147288	139069	27
河　北	Hebei	125	134	134	5	584136	652789	659308	10
山　西	Shanxi	104	111	111	10	371296	413217	415773	18
内蒙古	Inner Mongolia	126	126	126	7	635987	683783	665279	9
辽　宁	Liaoning	118	110	110	12	715680	679549	687995	7
吉　林	Jilin	65	73	73	21	407529	495163	500719	14
黑龙江	Heilongjiang	94	101	111	10	419096	488597	536502	11
上　海	Shanghai	21	21	22	28	131433	136049	145165	26
江　苏	Jiangsu	126	123	123	8	775021	780001	786199	4
浙　江	Zhejiang	107	113	113	9	709854	761835	778581	5
安　徽	Anhui	106	106	104	16	503775	540463	525688	12
福　建	Fujian	88	90	91	18	505775	524134	523401	13
江　西	Jiangxi	103	108	108	14	345482	408004	410494	19
山　东	Shandong	155	162	161	2	839382	938687	957117	1
河　南	Henan	150	154	154	3	626072	675088	679019	8
湖　北	Hubei	85	87	88	19	447360	477551	481302	15
湖　南	Hunan	97	105	106	15	334883	411447	425097	17
广　东	Guangdong	127	206	132	6	764902	747117	815619	3
广　西	Guangxi	62	72	74	20	276734	376961	401239	20
海　南	Hainan	24	24	25	26	107875	122468	131169	28
重　庆	Chongqing	26	31	34	24	108812	167962	179331	25
四　川	Sichuan	119	134	141	4	527030	658195	689517	6
贵　州	Guizhou	27	46	46	23	157799	253308	248677	23
云　南	Yunnan	48	52	54	22	271724	305922	331167	22
西　藏	Tibet	7	10	11	31	38743	58231	63403	31
陕　西	Shaanxi	101	107	109	13	405855	470310	471541	16
甘　肃	Gansu	86	94	96	17	271809	342009	357488	21
青　海	Qinghai	9	15	15	30	56103	94924	95021	30
宁　夏	Ningxia	24	25	25	26	101625	115835	116429	29
新　疆	Xinjiang	155	172	173	1	730236	856699	896529	2

20-11　制作广播节目时间和电视节目时间
Length of Radio Programs Produced and Length of TV Programs Produced

单位：小时 (hour)

地区	Region	全年制作广播节目时间 Length of Radio Programs Produced 2010	2015	2016	2016排名 Ranking	全年制作电视节目时间 Length of TV Programs Produced 2010	2015	2016	2016排名 Ranking
全　国	**National Total**	**6814226**	**7718163**	**7820296**		**2742949**	**3520190**	**3507217**	
北　京	Beijing	143678	178853	222588	17	84255	179737	151490	7
天　津	Tianjin	76124	81689	78416	26	21818	33208	33430	27
河　北	Hebei	310045	355714	357847	6	131228	180765	187711	4
山　西	Shanxi	153874	196004	194532	19	94932	84463	85337	18
内蒙古	Inner Mongolia	227323	244138	250845	13	64697	73302	81357	20
辽　宁	Liaoning	457602	384688	387654	5	188895	173285	180180	5
吉　林	Jilin	227369	265548	260333	11	76906	107843	105993	14
黑龙江	Heilongjiang	170420	219863	239479	15	81482	97437	115121	12
上　海	Shanghai	85262	85966	76685	27	49507	73454	63521	25
江　苏	Jiangsu	569636	589282	608780	2	226743	189430	195036	3
浙　江	Zhejiang	445425	513856	530481	4	143104	162061	155000	6
安　徽	Anhui	228141	169776	162808	22	82427	77470	72526	22
福　建	Fujian	250854	253719	258355	12	55424	73986	68977	23
江　西	Jiangxi	179194	195887	181708	20	67067	99849	93470	16
山　东	Shandong	476527	533480	560249	3	157852	221502	233075	2
河　南	Henan	289526	317586	319152	7	140552	140658	139133	9
湖　北	Hubei	235413	246270	267089	9	94909	107747	109885	13
湖　南	Hunan	158755	191771	208344	18	127606	136246	132719	10
广　东	Guangdong	539670	678389	620864	1	126595	334712	317897	1
广　西	Guangxi	176577	220838	232672	16	80594	97532	82565	19
海　南	Hainan	51869	57383	56554	29	9723	31371	26758	28
重　庆	Chongqing	58279	81073	81990	25	54125	61086	64337	24
四　川	Sichuan	180246	249803	266830	10	109491	161620	143343	8
贵　州	Guizhou	65312	138116	142667	24	43501	42579	38070	26
云　南	Yunnan	164695	171846	165526	21	95029	90818	87003	17
西　藏	Tibet	28060	36552	36601	31	5623	13918	15694	31
陕　西	Shaanxi	197299	245921	241550	14	83275	117762	127760	11
甘　肃	Gansu	107782	133739	142746	23	58860	67384	75297	21
青　海	Qinghai	38636	46490	46387	30	19093	12044	18206	30
宁　夏	Ningxia	41011	58454	61430	28	28362	28428	26604	29
新　疆	Xinjiang	260510	310239	318242	8	76467	93441	96554	15

20-12 公共电视节目套数和节目播出时间
Number of Public TV Programs and Length of TV Programs Broadcasted

地区	Region	公共电视节目套数（套）Number of Public TV Programs (set)				公共电视节目播出时间（万小时）Length of Public TV Programs Broadcasted (10 000 hours)			
		2010	2015	2016	2016排名 Ranking	2010	2015	2016	2016排名 Ranking
全　国	**National Total**	**3272**	**3442**	**3360**		**1635.5**	**1779.6**	**1792.4**	
北　京	Beijing	25	26	26	26	10.8	12.8	13.2	27
天　津	Tianjin	28	24	24	28	15.2	16.9	18.0	24
河　北	Hebei	177	178	178	4	74.2	80.2	81.1	6
山　西	Shanxi	113	116	117	14	46.9	48.8	48.9	21
内蒙古	Inner Mongolia	125	120	119	12	63.2	64.7	63.4	15
辽　宁	Liaoning	118	119	118	13	70.4	74.3	74.4	10
吉　林	Jilin	75	76	76	23	48.8	52.6	53.0	19
黑龙江	Heilongjiang	124	117	121	11	66.1	60.5	63.4	14
上　海	Shanghai	25	25	25	27	17.5	17.8	17.9	25
江　苏	Jiangsu	130	122	122	10	81.1	78.5	77.5	7
浙　江	Zhejiang	113	115	115	17	71.2	75.4	75.6	9
安　徽	Anhui	118	111	107	20	64.1	61.4	59.6	17
福　建	Fujian	101	101	103	21	33.4	36.5	36.9	22
江　西	Jiangxi	113	116	117	14	65.1	67.4	67.1	13
山　东	Shandong	169	224	224	1	95.3	115.5	115.5	1
河　南	Henan	166	167	167	6	86.9	90.9	91.1	4
湖　北	Hubei	114	113	112	18	65.6	67.6	67.4	12
湖　南	Hunan	139	138	137	8	71.4	76.0	76.1	8
广　东	Guangdong	159	222	142	7	66.3	72.8	74.0	11
广　西	Guangxi	116	117	116	16	48.1	57.6	59.6	18
海　南	Hainan	14	16	16	30	8.0	8.9	9.5	29
重　庆	Chongqing	45	46	46	24	25.1	29.6	29.7	23
四　川	Sichuan	205	212	211	3	99.3	114.7	114.0	2
贵　州	Guizhou	101	103	103	21	24.7			
云　南	Yunnan	158	163	173	5	74.4	81.2	83.4	5
西　藏	Tibet	10	14	14	31	4.7	8.1	8.3	30
陕　西	Shaanxi	123	123	123	9	57.8	59.5	60.5	16
甘　肃	Gansu	104	110	111	19	41.5	48.7	50.0	20
青　海	Qinghai	13	17	17	29	7.0	11.2	10.1	28
宁　夏	Ningxia	28	28	28	25	15.3	17.2	16.6	26
新　疆	Xinjiang	196	220	221	2	93.7	109.3	111.1	3

20-13 电视剧播出部数和播出集数

Number of TV Plays Broadcasted

地区	Region	电视剧播出数（部） Number of TV Plays Broadcasted (set)				电视剧播出集数（集） Number of Plays Broadcasted (serie)			
		2010	2015	2016	2016排名 Ranking	2010	2015	2016	2016排名 Ranking
全　国	**National Total**	**249164**	**233105**	**227183**		**6358559**	**6863633**	**6886441**	
北　京	Beijing	812	483	447	31	24076	17834	17810	31
天　津	Tianjin	2200	2844	2612	25	45231	46935	52440	26
河　北	Hebei	13834	13049	13289	5	397004	403590	406529	5
山　西	Shanxi	5458	5758	6192	18	146971	166659	176533	20
内蒙古	Inner Mongolia	13024	11881	10144	9	302297	286006	278661	10
辽　宁	Liaoning	9811	8739	8760	13	267134	262555	268115	11
吉　林	Jilin	7611	6804	6264	17	216969	217219	202364	19
黑龙江	Heilongjiang	4303	4061	3872	21	112131	125578	121301	21
上　海	Shanghai	1420	993	953	28	44811	37476	38034	27
江　苏	Jiangsu	11228	8314	8860	11	296686	270408	251989	13
浙　江	Zhejiang	9614	8996	8796	12	268657	287772	289241	9
安　徽	Anhui	10872	8426	8061	15	285537	248275	251007	15
福　建	Fujian	3600	3021	3025	23	105903	108101	106744	23
江　西	Jiangxi	9318	9273	8933	10	247239	282163	267667	12
山　东	Shandong	12536	13560	13383	4	361233	461437	448089	3
河　南	Henan	13670	14712	14322	3	342965	437697	435523	4
湖　北	Hubei	14147	12800	12393	6	356410	350656	351322	6
湖　南	Hunan	10136	11342	11065	7	264516	303335	300278	8
广　东	Guangdong	7413	4989	5257	20	204161	192886	215309	17
广　西	Guangxi	6367	5666	6096	19	168408	193069	205183	18
海　南	Hainan	647	733	679	29	20852	29329	28580	29
重　庆	Chongqing	3792	3651	3739	22	96239	109372	112525	22
四　川	Sichuan	19094	20465	17671	2	496762	430622	458717	2
贵　州	Guizhou	3003	2381	2658	24	72443	63423	71399	24
云　南	Yunnan	9812	10951	10885	8	251246	301033	302079	7
西　藏	Tibet	495	711	602	30	11245	30320	25436	30
陕　西	Shaanxi	7550	9278	8686	14	176025	282564	251260	14
甘　肃	Gansu	6293	7414	7257	16	172196	228603	227070	16
青　海	Qinghai	1033	1240	1102	27	33297	44603	37599	28
宁　夏	Ningxia	1773	2111	2120	26	43103	64275	61951	25
新　疆	Xinjiang	26705	17092	17964	1	483959	508643	561425	1

20-14 动画电视播出时间和有线广播电视传输干线网络总长

Number of Cartoons Broadcasted and Total Length of Transportantion Trunk for Cable Radios

地区	Region	动画电视播出时间（小时） Number of Cartoons Broadcasted (hour)				有线广播电视传输干线网络总长（万公里） Total Length of Transportantion Trunk for Cable Radios (10 000 km)			
		2011	2015	2016	2016排名 Ranking	2010	2015	2016	2016排名 Ranking
全　国	**National Total**	**280254.62**	**309060.17**	**328864.32**		**356.34**	**426.18**	**477.61**	
北　京	Beijing	3105.00	7604.33	7320.00	19	14.89	23.32	23.80	7
天　津	Tianjin	3803.73	2434.27	3588.90	26	0.65	0.67	0.68	29
河　北	Hebei	7761.83	4894.42	5510.33	23	13.44	18.09	20.43	10
山　西	Shanxi	6156.42	9839.33	9235.70	15	9.33	10.91	10.79	18
内蒙古	Inner Mongolia	7664.93	7285.08	7405.17	18	4.54	3.56	3.56	26
辽　宁	Liaoning	6657.33	4755.42	5782.17	22	11.47	13.37	13.54	16
吉　林	Jilin	1239.67	462.83	672.17	31	8.51	9.69	9.85	19
黑龙江	Heilongjiang	3018.88	3219.27	4820.95	25	16.15	17.86	6.44	21
上　海	Shanghai	12849.83	14262.98	15321.40	8	3.62	5.50	4.71	24
江　苏	Jiangsu	14080.15	15409.82	13763.43	9	45.76	38.77	40.28	2
浙　江	Zhejiang	20203.08	20139.57	19390.83	4	21.45	28.75	29.59	4
安　徽	Anhui	9334.70	6540.27	6470.13	20	4.29	5.95	6.21	22
福　建	Fujian	7399.33	7776.63	10628.83	12	14.41	12.38	14.69	14
江　西	Jiangxi	14956.75	16970.50	16846.50	6	7.61	13.20	15.85	13
山　东	Shandong	11471.70	14901.97	15633.88	7	29.63	36.47	39.14	3
河　南	Henan	6753.33	8721.85	8736.03	16	13.98	18.29	21.73	8
湖　北	Hubei	7381.28	9419.07	9735.47	14	20.91	25.03	27.74	5
湖　南	Hunan	21434.67	24131.65	26406.65	2	10.05	13.17	13.81	15
广　东	Guangdong	21279.32	22600.42	32525.40	1	21.31	18.58	26.70	6
广　西	Guangxi	7863.43	12336.78	11361.33	10	4.03	13.34	16.68	12
海　南	Hainan	2575.22	4350.47	3514.18	27	0.75	0.87	1.31	27
重　庆	Chongqing	7874.72	9161.28	7742.75	17	14.38	15.16	17.56	11
四　川	Sichuan	17890.93	16199.17	17392.98	5	33.16	38.83	58.57	1
贵　州	Guizhou	2733.25	2505.85	2826.67	28	3.29	16.87	21.27	9
云　南	Yunnan	10162.33	9655.87	11024.17	11	7.52	10.37	12.51	17
西　藏	Tibet	514.00	837.00	1265.70	30	0.32	0.43	0.45	31
陕　西	Shaanxi	7503.73	6476.10	6052.58	21	6.32	3.84	3.88	25
甘　肃	Gansu	9121.13	9644.10	9893.78	13	4.35	5.65	8.12	20
青　海	Qinghai	1334.33	2156.83	2100.37	29	0.35	0.59	0.66	30
宁　夏	Ningxia	4857.00	5359.83	5268.25	24	1.29	1.31	1.31	27
新　疆	Xinjiang	16899.22	23819.97	23688.45	3	2.85	5.36	5.80	23

20-15 有线广播电视用户数和电视入户率

Users of Cable Radios and TVs, Popularization Rate of Cable TV Programs

地区	Region	有线广播电视用户数（万户） Users of Cable Radios and TVs (10 000 households)				有线广播电视入户率（%） Popularization Rate of Cable TV Programs (%)			
		2010	2015	2016	2016排名 Ranking	2010	2015	2016	2016排名 Ranking
全　国	**National Total**	**18872.18**	**23566.75**	**22829.53**		**46.40**	**54.63**	**52.75**	
北　京	Beijing	448.12	569.13	580.42	17	91.68	108.88	109.66	1
天　津	Tianjin	262.19	344.44	358.45	24	77.98	97.99	96.73	3
河　北	Hebei	670.38	922.47	857.22	10	31.13	39.19	36.23	21
山　西	Shanxi	424.03	519.80	455.96	21	37.86	39.55	35.14	23
内蒙古	Inner Mongolia	313.93	347.34	339.15	25	41.23	41.61	40.59	20
辽　宁	Liaoning	752.58	934.63	842.14	11	51.08	61.69	55.69	11
吉　林	Jilin	452.41	595.43	526.41	18	48.77	59.06	52.13	13
黑龙江	Heilongjiang	521.30	685.68	651.39	16	42.89	45.71	48.42	16
上　海	Shanghai	573.02	745.45	522.97	19	112.36	139.98	97.43	2
江　苏	Jiangsu	1885.88	2225.85	2068.64	1	78.48	91.40	84.80	6
浙　江	Zhejiang	1183.65	1562.57	1526.08	4	74.13	95.83	92.92	4
安　徽	Anhui	461.10	829.97	878.09	9	22.60	39.10	41.19	19
福　建	Fujian	613.16	730.68	738.89	12	61.39	69.07	69.25	7
江　西	Jiangxi	439.47	669.78	662.66	15	34.00	52.82	52.31	12
山　东	Shandong	1650.88	1806.77	1848.07	3	57.28	58.53	61.49	9
河　南	Henan	725.14	1013.31	1056.49	8	24.28	31.89	32.61	27
湖　北	Hubei	894.07	1067.80	1060.75	7	45.29	52.05	51.45	14
湖　南	Hunan	641.46	1133.61	1267.29	5	30.17	55.47	61.59	8
广　东	Guangdong	1701.53	1972.78	2017.08	2	71.18	90.38	89.44	5
广　西	Guangxi	467.91	669.99	690.42	14	31.22	42.77	43.82	17
海　南	Hainan	79.75	115.31	115.15	28	34.16	43.45	43.71	18
重　庆	Chongqing	492.12	478.02	415.33	22	44.31	38.28	33.11	25
四　川	Sichuan	1299.70	1367.37	1132.53	6	45.19	43.02	35.48	22
贵　州	Guizhou	335.23	421.92	457.00	20	29.97	33.10	35.01	24
云　南	Yunnan	495.99	442.40	405.36	23	40.18	30.95	27.23	30
西　藏	Tibet	17.54	23.51	24.71	31	25.85	31.75	32.64	26
陕　西	Shaanxi	507.43	694.86	720.36	13	43.23	54.90	56.81	10
甘　肃	Gansu	206.89	233.58	206.14	27	27.37	28.19	24.70	31
青　海	Qinghai	39.76	69.16	54.73	30	27.16	39.31	30.67	28
宁　夏	Ningxia	70.57	102.36	104.71	29	37.23	48.77	49.75	15
新　疆	Xinjiang	192.45	270.78	244.90	26	32.76	34.47	29.99	29

20-16 农村和数字电视有线广播电视用户数
Rural and Digital TV Users of Cable Radios and TVs

单位：万户 (10 000 households)

地区	Region	农村 Rural 2015	2016	2016排名 Ranking	数字电视 Digital TV 2015	2016	2016排名 Ranking
全　国	**National Total**	**8250**	**8093**		**19776**	**20157**	
北　京	Beijing	79	85	22	507	529	16
天　津	Tianjin	26	33	27	319	335	24
河　北	Hebei	261	272	12	822	756	9
山　西	Shanxi	173	133	19	382	359	22
内蒙古	Inner Mongolia	46	38	25	306	301	25
辽　宁	Liaoning	230	222	13	783	748	10
吉　林	Jilin	208	190	15	543	493	18
黑龙江	Heilongjiang	162	153	17	620	643	12
上　海	Shanghai	62	40	24	671	492	19
江　苏	Jiangsu	1204	958	2	1761	1754	3
浙　江	Zhejiang	974	974	1	1520	1507	4
安　徽	Anhui	403	411	8	507	585	15
福　建	Fujian	356	429	6	689	715	11
江　西	Jiangxi	326	491	5	573	586	14
山　东	Shandong	837	771	3	1701	1763	1
河　南	Henan	399	400	9	587	777	8
湖　北	Hubei	464	507	4	984	1003	7
湖　南	Hunan	329	413	7	1013	1090	5
广　东	Guangdong	204	185	16	1487	1756	2
广　西	Guangxi	305	314	11	480	510	17
海　南	Hainan	40	32	28	99	106	28
重　庆	Chongqing	131	86	21	386	357	23
四　川	Sichuan	497	395	10	1085	1005	6
贵　州	Guizhou	120	136	18	422	453	20
云　南	Yunnan	146	121	20	427	393	21
西　藏	Tibet	3	3	29	17	18	31
陕　西	Shaanxi	189	210	14	543	598	13
甘　肃	Gansu	29	37	26	192	171	27
青　海	Qinghai	3	1	30	69	54	30
宁　夏	Ningxia				72	105	29
新　疆	Xinjiang	42	54	23	208	193	26

20-17 全年电视节目制作投资额和国内销售额
Investment on Production and Domestic Sales of TV Programs

单位：万元 (10 000 yuan)

地区	Region	全年电视节目制作投资额 Investment on Production of TV Programs			全年电视节目国内销售额 Domestic Sales of TV Programs		
		2015	2016	2016排名 Ranking	2015	2016	2016排名 Ranking
全　国	**National Total**	**3271287**	**3169421**		**2283104**	**2431501**	
北　京	Beijing	727555	864901	1	662575	710168	1
天　津	Tianjin	7678	12055	16	5387	1271	21
河　北	Hebei	11838	25387	12	14900	9322	14
山　西	Shanxi	32926	1361	25	5125	3913	18
内蒙古	Inner Mongolia	786			28		
辽　宁	Liaoning	11726	1765	23	3804	2121	19
吉　林	Jilin	540	6840	20	377	400	23
黑龙江	Heilongjiang	723	1693	24	146	8	25
上　海	Shanghai	174285	236428	3	184422	295954	3
江　苏	Jiangsu	69353	120495	5	105401	117932	4
浙　江	Zhejiang	393719	481238	2	831501	664815	2
安　徽	Anhui	41479	27426	10	41549	30936	9
福　建	Fujian	18938	19176	14	19388	20830	11
江　西	Jiangxi	7677	2885	22	6403	5120	15
山　东	Shandong	54763	62518	8	55446	34934	8
河　南	Henan	28405	23539	13	23	20	24
湖　北	Hubei	67498	42766	9	33465	22200	10
湖　南	Hunan	46942	64484	7	40959	63484	7
广　东	Guangdong	147087	125961	4	108115	102508	6
广　西	Guangxi	11303	12151	15	1057	1598	20
海　南	Hainan	22019	11700	18	236		
重　庆	Chongqing	14381	12041	17	13457	13859	12
四　川	Sichuan	10295	25414	11	4231	13336	13
贵　州	Guizhou	1351	1000	26	199		
云　南	Yunnan	868	10618	19		4985	16
西　藏	Tibet	199	755	27			
陕　西	Shaanxi	22913	89774	6	22155	117576	5
甘　肃	Gansu	4165	5999	21	2250	4411	17
青　海	Qinghai	69	61	30			
宁　夏	Ningxia	284	564	28		541	22
新　疆	Xinjiang	92	93	29			

20-18 电视剧制作投资额和国内销售额
Investment on Production and Domestic Sales of TV Plays

单位：万元 (10 000 yuan)

地区	Region	电视剧制作投资额 Investment on Production of TV Plays			电视剧国内销售额 Domestic Sales of TV Plays		
		2015	2016	2016排名 Ranking	2015	2016	2016排名 Ranking
全　国	**National Total**	**1203629**	**1285293**		**2283104**	**1479586**	
北　京	Beijing	425615	490016	1	662575	395071	2
天　津	Tianjin	458	5383	13	5387	1130	15
河　北	Hebei	3750	15284	9	14900	3819	11
山　西	Shanxi	31720			5125		
内蒙古	Inner Mongolia				28		
辽　宁	Liaoning	10400	500	17	3804	624	16
吉　林	Jilin				377	400	17
黑龙江	Heilongjiang				146		
上　海	Shanghai	127502	182861	3	184422	237082	3
江　苏	Jiangsu	61220	118121	4	105401	116927	4
浙　江	Zhejiang	353456	290022	2	831501	501015	1
安　徽	Anhui	12410	4036	14	41549	7247	10
福　建	Fujian	7044	7405	12	19388	2598	13
江　西	Jiangxi	5200	356	18	6403	222	20
山　东	Shandong	27532	20139	7	55446	33162	6
河　南	Henan				23		
湖　北	Hubei	19162	9609	10	33465	14640	8
湖　南	Hunan	1131	136	21	40959	2007	14
广　东	Guangdong	47085	43700	6	108115	30706	7
广　西	Guangxi	5295	8585	11	1057	258	19
海　南	Hainan	3000			236		
重　庆	Chongqing	4779	2440	15	13457	2845	12
四　川	Sichuan	9553	18240	8	4231	9623	9
贵　州	Guizhou		700	16	199		
云　南	Yunnan	220	240	20			
西　藏	Tibet						
陕　西	Shaanxi	22134	50940	5	22155	62519	5
甘　肃	Gansu	34	283	19	2250	298	18
青　海	Qinghai						
宁　夏	Ningxia					54	21
新　疆	Xinjiang	92	93	22			

20-19 动画电视制作投资额和国内销售额
Investment on Production and Domestic Sales of Animations

单位：万元 (10 000 yuan)

地区	Region	动画电视制作投资额 Investment on Production of Animations 2015	2016	2016排名 Ranking	动画电视国内销售额 Domestic Sales of Animations 2015	2016	2016排名 Ranking
全　国	**National Total**	**129417**	**119386**		**146258**	**116950**	
北　京	Beijing	16320	28483	1	15368	8674	3
天　津	Tianjin						
河　北	Hebei	3161	3282	9	1188	608	15
山　西	Shanxi	9			25	16	19
内蒙古	Inner Mongolia	5					
辽　宁	Liaoning	1206	1075	14	1644	82	18
吉　林	Jilin						
黑龙江	Heilongjiang						
上　海	Shanghai	5299	3705	8	847	2618	10
江　苏	Jiangsu	3379	1654	13	2194	723	14
浙　江	Zhejiang	23941	21347	2	25038	14965	2
安　徽	Anhui	3470	3010	10	6364	7218	4
福　建	Fujian	4403	3886	7	7411	4618	8
江　西	Jiangxi	2062	2528	11	4227	4894	7
山　东	Shandong	1016	147	19	876	748	13
河　南	Henan						
湖　北	Hubei	7273	3930	6	18064	5391	6
湖　南	Hunan	6618	10094	4	3540	2668	9
广　东	Guangdong	32287	14449	3	40357	38779	1
广　西	Guangxi	1743	2295	12	382	798	12
海　南	Hainan						
重　庆	Chongqing	7252	7215	5	6625	6475	5
四　川	Sichuan		967	15		882	11
贵　州	Guizhou						
云　南	Yunnan						
西　藏	Tibet	100	600	16			
陕　西	Shaanxi						
甘　肃	Gansu	264	418	17	427	367	16
青　海	Qinghai	19	8	20			
宁　夏	Ningxia	84	384	18		123	17
新　疆	Xinjiang						

20-20 全国广播电视从业人员和收入情况
Persons Engaged and Revenue of Radio and TV Industry

地区	Region	从业人员(人) Number of Engaged Persons (person)			总收入(万元) Total Revenue (10 000 yuan)		
		2015	2016	2016排名 Ranking	2015	2016	2016排名 Ranking
全　国	**National Total**	**900664**	**919283**		**39522681**	**43224005**	
北　京	Beijing	57243	67953	1	4936097	6914415	1
天　津	Tianjin	8094	8026	27	339906	259935	24
河　北	Hebei	41100	42959	9	588205	626895	14
山　西	Shanxi	21656	20992	15	297452	330005	23
内蒙古	Inner Mongolia	18373	18982	21	212941	208178	25
辽　宁	Liaoning	28165	27725	12	653454	559571	16
吉　林	Jilin	19957	19490	19	351770	341959	21
黑龙江	Heilongjiang	25194	20935	16	481039	529941	18
上　海	Shanghai	32053	29657	11	4420952	5368738	2
江　苏	Jiangsu	53226	53531	3	2819836	2733847	4
浙　江	Zhejiang	51332	52014	5	4346788	4352314	3
安　徽	Anhui	22614	22998	14	716175	750193	11
福　建	Fujian	27073	26966	13	719558	743296	12
江　西	Jiangxi	21005	19647	18	607894	567896	15
山　东	Shandong	58054	59390	2	1549779	1429060	7
河　南	Henan	50209	50544	6	556924	532354	17
湖　北	Hubei	40513	39999	10	893985	912594	9
湖　南	Hunan	43822	45219	8	2324676	2658132	5
广　东	Guangdong	53547	52320	4	2376075	2465378	6
广　西	Guangxi	16974	17690	22	420638	444196	20
海　南	Hainan	5337	5049	29	120978	112021	28
重　庆	Chongqing	11950	12408	26	449309	472815	19
四　川	Sichuan	40028	48584	7	920883	1367903	8
贵　州	Guizhou	16460	17524	23	732505	820961	10
云　南	Yunnan	18470	19165	20	375375	337379	22
西　藏	Tibet	4518	4604	30	16010	14732	31
陕　西	Shaanxi	19499	20049	17	709913	648452	13
甘　肃	Gansu	15878	16049	24	159829	164874	27
青　海	Qinghai	3833	4148	31	48892	40329	30
宁　夏	Ningxia	4834	5241	28	103502	90530	29
新　疆	Xinjiang	15937	15779	25	179611	172041	26

20-21 分地区广告收入和广播电视收入情况

Revenue of Advertising and Radio Advertising Revenue by Region

单位：万元 (10 000 yuan)

地区	Region	广告收入 Revenue of Advertising 2015	2016	2016排名 Ranking	广播广告收入 Radio Advertising Revenue 2015	2016	2016排名 Ranking
全 国	**National Total**	**15295391**	**15472245**		**1564218**	**1458277**	
北 京	Beijing	2153546	2549258	1	127065	82910	5
天 津	Tianjin	128538	82312	22	36609	31199	17
河 北	Hebei	199304	184396	16	48577	52495	12
山 西	Shanxi	96771	75655	24	23703	21438	21
内蒙古	Inner Mongolia	39068	38261	26	11762	13205	25
辽 宁	Liaoning	252207	210433	13	68993	69888	8
吉 林	Jilin	123653	117621	19	30510	26954	19
黑龙江	Heilongjiang	207280	195872	15	60986	60527	10
上 海	Shanghai	1417103	1866406	2	90263	70954	7
江 苏	Jiangsu	1076639	999958	5	121739	124176	1
浙 江	Zhejiang	1474524	1527040	3	132195	120813	2
安 徽	Anhui	349863	346997	8	30217	32823	16
福 建	Fujian	198479	173971	17	40549	37407	15
江 西	Jiangxi	187307	197116	14	38113	60766	9
山 东	Shandong	593335	482582	7	94456	94678	4
河 南	Henan	266741	239503	11	75770	79525	6
湖 北	Hubei	267309	249487	10	45028	49603	13
湖 南	Hunan	1276593	1339770	4	54625	52957	11
广 东	Guangdong	821530	620078	6	125689	119732	3
广 西	Guangxi	106659	80796	23	16796	14328	24
海 南	Hainan	74325	36386	28	6754	4423	28
重 庆	Chongqing	112219	101522	20	22273	17716	23
四 川	Sichuan	256145	262181	9	44538	44356	14
贵 州	Guizhou	215103	217550	12	17840	18190	22
云 南	Yunnan	120809	91583	21	20494	10018	26
西 藏	Tibet	7384	6561	31	227	247	31
陕 西	Shaanxi	204827	118021	18	61035	28663	18
甘 肃	Gansu	46759	37863	27	9452	9623	27
青 海	Qinghai	8301	10371	30	2015	2617	30
宁 夏	Ningxia	27015	23158	29	3244	2846	29
新 疆	Xinjiang	68078	62385	25	21476	21556	20

20-22 分地区电视广告收入和三网融合业务收入情况
TV Advertising Revenue and Revenue of Three-network Convergence by Region

单位：万元 (10 000 yuan)

地区	Region	电视广告收入 TV Advertising Revenue 2015	2016	2016排名 Ranking	三网融合业务收入 Revenue of Three-network Convergence 2015	2016	2016排名 Ranking
全　国	**National Total**	**10651632**	**10048691**		**845340**	**1223967**	
北　京	Beijing	620022	662397	5	57299	91305	3
天　津	Tianjin	87945	49074	24	26094	37221	11
河　北	Hebei	132066	124142	16	23098	33600	13
山　西	Shanxi	70950	51943	23	2205	1739	26
内蒙古	Inner Mongolia	27289	25047	28	150		
辽　宁	Liaoning	181003	138844	13	12366	11460	18
吉　林	Jilin	92697	89750	18	4845	3876	23
黑龙江	Heilongjiang	139565	129980	15	498	10462	20
上　海	Shanghai	586831	712126	4	40227	65680	6
江　苏	Jiangsu	869088	793420	3	52416	89851	4
浙　江	Zhejiang	1054868	1019512	2	145668	167851	1
安　徽	Anhui	301431	291137	8	3191	7940	21
福　建	Fujian	136600	107695	17	9401	13792	17
江　西	Jiangxi	145640	131678	14	2272	3598	24
山　东	Shandong	460370	357905	7	20542	35171	12
河　南	Henan	182605	153319	11	5711	5936	22
湖　北	Hubei	198240	161538	9	42931	49749	8
湖　南	Hunan	1120281	1073454	1	54021	83945	5
广　东	Guangdong	543287	470133	6	49176	40577	10
广　西	Guangxi	85023	62327	22	23250	27743	14
海　南	Hainan	67457	31963	26			
重　庆	Chongqing	86597	80080	20	44958	60642	7
四　川	Sichuan	189284	158163	10	56971	98457	2
贵　州	Guizhou	146241	152227	12	5163	19932	15
云　南	Yunnan	97498	75762	21	18602	17417	16
西　藏	Tibet	7092	6154	31			
陕　西	Shaanxi	143495	88863	19	39000	44488	9
甘　肃	Gansu	35979	26233	27	7860	11039	19
青　海	Qinghai	6139	7559	30	202	248	28
宁　夏	Ningxia	20744	13510	29	7160	1715	27
新　疆	Xinjiang	46490	40629	25	2088	2005	25

20-23 分地区网络收入和广播电视节目销售收入情况
Revenue of Network Services and Revenue of Sales of Radio and TV Programs

单位：万元 (10 000 yuan)

地区	Region	网络收入 Revenue of Network Services 2015	2016	2016排名 Ranking	广播电视节目销售收入 Revenue of Sales of Radio and TV Programs 2015	2016	2016排名 Ranking
全　国	**National Total**	**8660586**	**9102646**		**2805745**	**3650453**	
北　京	Beijing	261703	346539	9	687921	1020516	1
天　津	Tianjin	109488	126165	24	5387	1271	23
河　北	Hebei	277669	300545	10	14900	38907	11
山　西	Shanxi	117476	105947	25	5364	52017	8
内蒙古	Inner Mongolia	163911	161733	23	28		
辽　宁	Liaoning	308468	265324	14	4008	2698	19
吉　林	Jilin	215466	215657	17	377	400	24
黑龙江	Heilongjiang	229525	238142	15	3171	2233	20
上　海	Shanghai	346931	399009	7	184422	320243	3
江　苏	Jiangsu	824628	841073	1	121819	175269	7
浙　江	Zhejiang	705455	746987	3	842390	841514	2
安　徽	Anhui	158029	163092	22	42450	34216	13
福　建	Fujian	261129	288659	11	36476	37297	12
江　西	Jiangxi	203066	192568	19	6403	7937	16
山　东	Shandong	624543	615903	4	69242	43967	9
河　南	Henan	196658	185920	20	23	20	26
湖　北	Hubei	353373	391574	8	31553	26735	14
湖　南	Hunan	353653	408217	6	132768	263109	5
广　东	Guangdong	777572	755638	2	268121	315314	4
广　西	Guangxi	243436	277735	12	1057	1735	22
海　南	Hainan	39370	39321	28	236		
重　庆	Chongqing	249676	269755	13	13606	16310	15
四　川	Sichuan	506303	520796	5	5137	40420	10
贵　州	Guizhou	179608	199568	18	2568	2205	21
云　南	Yunnan	188532	180668	21	6081	4985	17
西　藏	Tibet	5391	5380	31			
陕　西	Shaanxi	206412	226365	16	196069	199269	6
甘　肃	Gansu	83325	95910	27	2478	4474	18
青　海	Qinghai	23650	24799	30			
宁　夏	Ningxia	41049	33742	29	1817	357	25
新　疆	Xinjiang	99513	98931	26			

20-24 分地区有线广播电视收视费收入和付费数字电视收入情况
Revenue of Subscription of Cable Radio and TV and Revenue of Pay Digital TV

单位：万元 (10 000 yuan)

地区	Region	有线广播电视收视费收入 Revenue of Subscription of Cable Radio and TV			付费数字电视收入 Revenue of Pay Digital TV		
		2015	2016	2016排名 Ranking	2015	2016	2016排名 Ranking
全　国	**National Total**	**4751534**	**4579214**		**702337**	**764358**	
北　京	Beijing	115111	109497	18	5704	24982	13
天　津	Tianjin	47921	45407	27	6725	10306	21
河　北	Hebei	185092	167659	10	9359	10153	22
山　西	Shanxi	90350	79408	24	9734	9189	23
内蒙古	Inner Mongolia	112829	108840	19	2405	6003	27
辽　宁	Liaoning	239134	211939	7	14996	7078	26
吉　林	Jilin	123558	123212	13	25260	30463	11
黑龙江	Heilongjiang	148679	189104	9	15118	25495	12
上　海	Shanghai	157111	153782	11	45494	56047	2
江　苏	Jiangsu	400334	393342	2	51973	56368	1
浙　江	Zhejiang	322758	318084	4	44804	50743	6
安　徽	Anhui	97824	95078	22	14156	14624	17
福　建	Fujian	112388	112651	17	40183	51947	3
江　西	Jiangxi	130180	120148	14	14676	8723	24
山　东	Shandong	387906	346219	3	61179	50818	5
河　南	Henan	142515	128945	12	5819	11521	20
湖　北	Hubei	220693	231765	5	22376	31126	10
湖　南	Hunan	202659	190806	8	37707	33193	8
广　东	Guangdong	479533	426188	1	55845	51935	4
广　西	Guangxi	98449	100544	20	12879	13080	19
海　南	Hainan	27410	26299	28	2533	2312	30
重　庆	Chongqing	125457	118966	15	19964	23271	14
四　川	Sichuan	230913	229855	6	38507	45577	7
贵　州	Guizhou	88561	88251	23	31317	31544	9
云　南	Yunnan	104719	98746	21	24721	21810	15
西　藏	Tibet	4820	4966	31	144	82	31
陕　西	Shaanxi	99367	113925	16	19000	18593	16
甘　肃	Gansu	50728	52152	26	7234	5859	28
青　海	Qinghai	15240	15315	30	3779	2839	29
宁　夏	Ningxia	21329	20791	29	7673	7542	25
新　疆	Xinjiang	57789	54142	25	12993	14110	18

20-25 图书出版情况
Number of Books Published

地区	Region	图书出版种数（种） Number of Publication (kind) 2010	2015	2016	2016排名 Ranking	图书总印数（亿册、亿张） Printed Copies of Books Published (100 million copies) 2010	2015	2016	2016排名 Ranking
全　国	**National Total**	**328387**	**475768**	**499884**		**71.7**	**86.6**	**90.4**	
北　京	Beijing	5670	11907	13712	7	0.9	2.2	2.8	8
天　津	Tianjin	4550	6421	6789	21	0.4	0.6	0.6	26
河　北	Hebei	2264	6817	9263	15	1.7	2.2	2.7	10
山　西	Shanxi	2683	3812	3513	25	1.3	1.2	1.0	21
内蒙古	Inner Mongolia	2885	3125	3249	27	0.6	1	1	27
辽　宁	Liaoning	9060	10964	10385	12	1.5	1.3	1.5	19
吉　林	Jilin	15553	23823	26919	3	2.0	2.5	2.4	14
黑龙江	Heilongjiang	3515	6087	7336	20	0.7	0.7	0.8	24
上　海	Shanghai	19256	24492	27481	2	2.8	3.3	4.2	4
江　苏	Jiangsu	14400	26503	27569	1	5.5	6	6	1
浙　江	Zhejiang	8084	13701	14165	6	2.8	3.7	4.0	5
安　徽	Anhui	5646	8902	9441	14	2.4	2.7	2.5	11
福　建	Fujian	3415	3395	3954	23	0.8	0.9	1.0	22
江　西	Jiangxi	3870	6729	7491	18	1.6	1.9	2.1	15
山　东	Shandong	6987	14760	15925	4	3.4	5.3	5.3	2
河　南	Henan	4876	7410	8588	16	2.0	2.3	2.5	12
湖　北	Hubei	10464	15543	15105	5	2.8	2.6	2.7	9
湖　南	Hunan	7395	11815	12618	8	3.1	4.9	5.2	3
广　东	Guangdong	6354	10088	10841	10	2.3	3.1	3.1	6
广　西	Guangxi	7344	7532	7406	19	2.5	3.0	2.9	7
海　南	Hainan	2629	3198	3797	24	0.7	0.6	0.6	28
重　庆	Chongqing	4690	6156	5685	22	1.6	1.5	1.3	20
四　川	Sichuan	6645	10038	10878	9	1.9	2.5	2.4	13
贵　州	Guizhou	823	738	1013	29	0.8	1.0	0.9	23
云　南	Yunnan	4598	8465	8563	17	1.5	1.9	1.5	18
西　藏	Tibet	570	648	588	31	0.1	0.1	0.1	30
陕　西	Shaanxi	6378	10459	10284	13	2.0	2.1	1.9	17
甘　肃	Gansu	1930	3412	3484	26	0.7	0.7	0.8	25
青　海	Qinghai	429	779	613	30	0.1	0.1	0.1	31
宁　夏	Ningxia	905	2686	3098	28	0.2	0.5	0.5	29
新　疆	Xinjiang	4980	11278	10430	11	0.5	2.3	2.1	16

20-26 期刊出版情况
Number of Magazines Published

地区	Region	期刊出版种数（种） Number of Publication (kind)				期刊总印数（亿册） Total Printed Copies (100 million copies)			
		2010	2015	2016	2016排名 Ranking	2010	2015	2016	2016排名 Ranking
全　国	**National Total**	**9884**	**10014**	**10084**		**32.2**	**28.8**	**27.0**	
北　京	Beijing	173	172	174	21	0.4	0.4	0.3	21
天　津	Tianjin	257	254	254	11	0.4	0.3	0.3	22
河　北	Hebei	230	227	227	14	0.5	0.5	0.5	16
山　西	Shanxi	201	201	202	17	0.4	0.3	0.2	24
内蒙古	Inner Mongolia	149	147	147	23	0.1	0.2	0.2	26
辽　宁	Liaoning	326	320	321	6	1.0	0.9	0.9	8
吉　林	Jilin	236	242	240	13	1.0	0.8	0.8	10
黑龙江	Heilongjiang	314	314	314	7	0.5	0.4	0.4	17
上　海	Shanghai	633	637	637	1	1.8	1.3	1.1	5
江　苏	Jiangsu	464	468	470	2	1.0	1.1	1.2	4
浙　江	Zhejiang	221	226	226	15	0.7	0.8	0.8	11
安　徽	Anhui	184	186	186	18	0.6	0.5	0.5	14
福　建	Fujian	179	176	176	20	0.3	0.4	0.4	19
江　西	Jiangxi	160	165	165	22	0.7	0.7	0.7	12
山　东	Shandong	271	270	270	9	1.1	1.1	1.0	6
河　南	Henan	250	248	248	12	0.9	0.9	0.8	9
湖　北	Hubei	423	425	429	3	3.0	2.5	1.9	1
湖　南	Hunan	252	254	256	10	1.3	1.4	1.4	2
广　东	Guangdong	387	389	388	4	2.1	1.4	1.2	3
广　西	Guangxi	185	184	184	19	0.4	0.5	0.4	18
海　南	Hainan	42	44	44	29	0.1	0.1	0.1	28
重　庆	Chongqing	139	138	138	24	0.5	0.5	0.5	15
四　川	Sichuan	349	354	359	5	1.1	0.6	0.5	13
贵　州	Guizhou	89	90	90	27	0.1	0.2	0.2	27
云　南	Yunnan	127	127	127	26	0.4	0.4	0.3	20
西　藏	Tibet	36	35	37	30		0.0	0.0	31
陕　西	Shaanxi	286	287	287	8	0.8	0.4	0.3	23
甘　肃	Gansu	138	134	134	25	1.1	1.0	1.0	7
青　海	Qinghai	48	54	54	28		0.0	0.0	30
宁　夏	Ningxia	36	37	37	30	0.1	0.1	0.1	29
新　疆	Xinjiang	209	213	216	16	0.1	0.2	0.2	25

20-27 报纸出版情况
Number of Newspapers Published

地区	Region	报纸出版种数（种）Number of Publication (kind)				报纸总印数（亿份）Total Printed Copies (100 million copies)			
		2010	2015	2016	2016排名 Ranking	2010	2015	2016	2016排名 Ranking
全　国	**National Total**	**1939**	**1906**	**1894**		**452.1**	**430.1**	**390.1**	
北　京	Beijing	35	35	35	24	8.0	7.9	7.2	17
天　津	Tianjin	28	24	24	29	9.4	6.2	4.9	23
河　北	Hebei	66	65	64	12	14.7	14.6	12.8	8
山　西	Shanxi	60	60	60	13	20.6	20.4	20.2	5
内蒙古	Inner Mongolia	61	58	58	14	2.7	3.3	3.0	26
辽　宁	Liaoning	75	70	68	9	15.7	13.3	10.4	11
吉　林	Jilin	52	52	51	16	8.7	8.1	7.9	16
黑龙江	Heilongjiang	70	68	68	9	7.8	6.6	6.2	19
上　海	Shanghai	72	70	70	8	15.8	10.8	10.0	12
江　苏	Jiangsu	80	81	81	5	27.0	26.4	23.2	4
浙　江	Zhejiang	70	68	67	11	32.5	31.1	26.1	3
安　徽	Anhui	51	51	51	16	11.7	10.5	7.9	15
福　建	Fujian	43	42	42	21	10.0	10.6	9.1	14
江　西	Jiangxi	40	41	41	23	7.0	11.4	10.7	10
山　东	Shandong	88	87	87	3	33.4	29.2	26.2	2
河　南	Henan	79	78	77	6	21.2	20.4	19.2	6
湖　北	Hubei	74	73	73	7	18.2	15.4	12.2	9
湖　南	Hunan	50	48	48	19	12.9	13.4	9.8	13
广　东	Guangdong	100	100	99	2	45.6	32.8	29.9	1
广　西	Guangxi	55	54	53	15	7.0	6.9	6.4	18
海　南	Hainan	14	14	14	30	2.1	2.4	2.2	28
重　庆	Chongqing	26	27	27	26	5.9	5.8	4.4	24
四　川	Sichuan	87	88	85	4	17.0	16.3	15.3	7
贵　州	Guizhou	31	30	30	25	3.7	3.3	3.0	27
云　南	Yunnan	43	42	42	21	6.4	4.6	4.0	25
西　藏	Tibet	23	25	25	28	0.7	0.8	0.8	31
陕　西	Shaanxi	44	43	43	20	6.2	6.0	5.7	20
甘　肃	Gansu	56	50	50	18	4.1	5.1	5.0	22
青　海	Qinghai	25	26	26	27	1.0	1.1	1.0	30
宁　夏	Ningxia	15	14	14	30	1.1	1.1	1.0	29
新　疆	Xinjiang	99	104	104	1	4.6	5.0	5.3	21

20-28 录像制品出版情况
Number of Video Products Published

地区	Region	录像制品出版品种(种) Nunber of Publication of Video Producets (kind) 2015	2016	2016排名 Ranking	录像制品出版数量（万盒、万张） Volume of Publication of Video Producets (10 000 cassettes, 10 000 discs) 2015	2016	2016排名 Ranking
全　国	**National Total**	**5512**	**5671**		**6034.8**	**6226.2**	
北　京	Beijing	53	65	15	25.2	21.2	17
天　津	Tianjin	5	3	29	1.9	1.1	27
河　北	Hebei	18	17	26	11.2	8.7	22
山　西	Shanxi	45	36	22	7.8	6.6	25
内蒙古	Inner Mongolia	20	27	23	4.6	2.2	26
辽　宁	Liaoning	137	127	6	119.3	48.4	11
吉　林	Jilin	109	110	9	21.3	58.3	9
黑龙江	Heilongjiang	20	3	29	2.1	0.1	31
上　海	Shanghai	874	751	1	880.7	1931.7	1
江　苏	Jiangsu	114	92	11	50.7	151.7	2
浙　江	Zhejiang	96	95	10	36.1	40.1	13
安　徽	Anhui	55	43	18	10.4	19.2	18
福　建	Fujian	28	43	18	16.7	7.5	24
江　西	Jiangxi	60	80	13	21.7	43.9	12
山　东	Shandong	190	206	4	109.6	98.5	5
河　南	Henan	137	51	17	43.8	21.5	16
湖　北	Hubei	65	83	12	36.7	23.9	15
湖　南	Hunan	219	223	3	180.7	111.2	4
广　东	Guangdong	165	342	2	109.4	127.4	3
广　西	Guangxi	41	26	24	22.8	13.7	20
海　南	Hainan	3	4	28	0.4	0.6	28
重　庆	Chongqing	47	38	20	12.9	10.7	21
四　川	Sichuan	46	73	14	67.5	54.5	10
贵　州	Guizhou		1	31		0.5	30
云　南	Yunnan	143	149	5	34.4	81.2	7
西　藏	Tibet	41	62	16	18.3	69.3	8
陕　西	Shaanxi	62	111	8	25.8	16.6	19
甘　肃	Gansu	23	37	21	4.2	7.8	23
青　海	Qinghai	30	21	25	13.6	32.9	14
宁　夏	Ningxia	6	6	27	1.6	0.6	28
新　疆	Xinjiang	159	121	7	152.6	91.1	6

20-29 电子出版物出版情况
Number of Electronic Products Published

地区	Region	电子出版物出版品种(种) Electronic Publications (kind) 2015	2016	2016排名 Ranking	电子出版物出版数量(万张) Number of Electronic Publications (10000 discs) 2015	2016	2016排名 Ranking
全　国	**National Total**	**10091**	**9836**		**21438.4**	**29064.7**	
北　京	Beijing	54	51	17	29.3	46.8	14
天　津	Tianjin	42	51	17	13.6	15.7	20
河　北	Hebei		129	11		138.5	9
山　西	Shanxi	156	49	19	11.5	18.2	19
内蒙古	Inner Mongolia	4	22	22	0.4	8.0	21
辽　宁	Liaoning	222	202	8	311.9	292.7	5
吉　林	Jilin	104	93	13	43.3	31.7	17
黑龙江	Heilongjiang						
上　海	Shanghai	754	808	1	1404.0	1545.7	2
江　苏	Jiangsu	472	498	3	2727.7	3066.2	1
浙　江	Zhejiang	282	308	4	141.0	711.7	4
安　徽	Anhui	18	15	23	3.5	3.1	24
福　建	Fujian	41	52	16	24.6	22.5	18
江　西	Jiangxi	10	69	15	8.1	37.6	16
山　东	Shandong	246	543	2	233.3	242.0	6
河　南	Henan	180	149	9	553.0	203.7	8
湖　北	Hubei	224	262	6	248.7	52.0	13
湖　南	Hunan	91	117	12	329.5	203.7	7
广　东	Guangdong	82	304	5	93.9	1178.5	3
广　西	Guangxi	26	25	21	2.7	1.2	25
海　南	Hainan	3	6	25	1.4	5.6	22
重　庆	Chongqing	154	145	10	200.4	96.4	11
四　川	Sichuan	185	218	7	42.5	85.3	12
贵　州	Guizhou						
云　南	Yunnan	29	45	20	52.4	115.2	10
西　藏	Tibet		13	24		5.3	23
陕　西	Shaanxi	33	92	14	44.3	44.0	15
甘　肃	Gansu	11	1	26	17.7	0.1	26
青　海	Qinghai	1			0.6		
宁　夏	Ningxia						
新　疆	Xinjiang	41			109.1		

20-30 技术等级运动员总数和女运动员数
Number of Skill Level Athletes and Female Athletes

单位：人 (person)

地区	Region	技术等级运动员总数 Total				其中：女运动员数 Female			
		2010	2014	2015	2015排名 Ranking	2010	2014	2015	2015排名 Ranking
全　国	**National Total**	**46341**	**45141**	**42264**		**17543**	**16667**	**15023**	
北　京	Beijing	1644	1826	1449	14	682	793	588	10
天　津	Tianjin	1062	1540	740	23	496	592	278	22
河　北	Hebei	2877	2460	2246	5	1107	925	766	8
山　西	Shanxi	1050	1567	1399	15	406	627	549	13
内蒙古	Inner Mongolia	1037	1214	1132	18	435	360	374	20
辽　宁	Liaoning	2193	2099	1669	10	1016	797	625	9
吉　林	Jilin	1464	776	904	22	389	267	254	23
黑龙江	Heilongjiang	1548	1152	1483	12	656	371	390	17
上　海	Shanghai	2265	2157	1913	8	1005	898	790	6
江　苏	Jiangsu	2205	2452	1963	7	880	1067	798	5
浙　江	Zhejiang	1952	2407	2420	2	841	894	1003	3
安　徽	Anhui	1014	1436	1271	17	446	598	409	16
福　建	Fujian	1443	1282	1468	13	497	541	564	12
江　西	Jiangxi	815	1078	1123	19	278	376	379	19
山　东	Shandong	4847	3582	4006	1	1687	1241	1135	1
河　南	Henan	2640	2302	2386	4	812	674	773	7
湖　北	Hubei	1654	3646	2054	6	334	938	535	14
湖　南	Hunan	1269	1415	1524	11	475	585	573	11
广　东	Guangdong	3001	1382	2419	3	1228	619	1035	2
广　西	Guangxi	1711	705	607	24	597	303	251	24
海　南	Hainan	177	323	324	28	64	136	113	28
重　庆	Chongqing	1030	1470	1356	16	414	526	508	15
四　川	Sichuan	2363	2175	1903	9	902	927	841	4
贵　州	Guizhou	437	279	403	27	182	82	141	27
云　南	Yunnan	950	1098	1115	20	268	324	386	18
西　藏	Tibet	1	4	52	31	1	2	22	31
陕　西	Shaanxi	739	753	563	25	282	312	207	25
甘　肃	Gansu	612	590	516	26	191	203	161	26
青　海	Qinghai	42	155	297	29	23	56	76	30
宁　夏	Ningxia	75	440	281	30	24	152	102	29
新　疆	Xinjiang	622	1122	1103	21	231	399	338	21

20-31 国际级运动健将数和女运动员数
Number of International Level Athletes and Female Athletes

单位：人 (person)

地区	Region	国际级运动健将数 International Master of Sports				其中：女运动员数 Female			
		2010	2014	2015	2015排名 Ranking	2010	2014	2015	2015排名 Ranking
全　国	**National Total**	**306**	**127**	**209**		**153**	**62**	**128**	
北　京	Beijing		12	15	7		3	9	6
天　津	Tianjin	7				5			
河　北	Hebei								
山　西	Shanxi	2	4	3	16		3	1	18
内蒙古	Inner Mongolia		1	3	16			3	14
辽　宁	Liaoning		15	23	1		10	17	1
吉　林	Jilin		9	2	18		6	2	15
黑龙江	Heilongjiang		17	11	8		7	5	9
上　海	Shanghai	19	4	17	4	5	1	10	4
江　苏	Jiangsu		17	16	5		9	11	3
浙　江	Zhejiang		3	16	5		2	9	6
安　徽	Anhui		2				1		
福　建	Fujian		15	7	10		5	5	9
江　西	Jiangxi		1	2	18		1		
山　东	Shandong	3		21	2	3		16	2
河　南	Henan			11	8			8	8
湖　北	Hubei	2		4	14	1		2	15
湖　南	Hunan	3	6	6	12		3	4	12
广　东	Guangdong	27		18	3	14		10	4
广　西	Guangxi	7		7	10	5		5	9
海　南	Hainan								
重　庆	Chongqing			1	23			1	18
四　川	Sichuan	2	9	6	12		3	4	12
贵　州	Guizhou		1	4	14		1		
云　南	Yunnan	7		2	18	1			
西　藏	Tibet								
陕　西	Shaanxi	3	5	2	18	3	2	2	15
甘　肃	Gansu								
青　海	Qinghai		1				1		
宁　夏	Ningxia		2				2		
新　疆	Xinjiang			2	18				

20-32 运动健将数和女运动员数

Number of Athletes and Female Athletes

单位：人 (person)

地区	Region	运动健将数 Master of Sports				其中：女运动员数 Female			
		2010	2014	2015	2015排名 Ranking	2010	2014	2015	2015排名 Ranking
全　国	**National Total**	**1712**	**910**	**1663**		**719**	**395**	**744**	
北　京	Beijing		93	118	5		38	62	4
天　津	Tianjin	70				34			
河　北	Hebei	22				3			
山　西	Shanxi	42	15	25	20	18	8	8	21
内蒙古	Inner Mongolia		60	49	13		22	17	14
辽　宁	Liaoning		144	94	7		59	39	7
吉　林	Jilin	4	18	34	15	2	7	16	15
黑龙江	Heilongjiang	21	88	70	8	12	50	36	9
上　海	Shanghai	69	46	61	12	35	28	28	11
江　苏	Jiangsu		113	136	2		45	74	1
浙　江	Zhejiang		5	125	4		2	64	3
安　徽	Anhui	1	37			1	16		
福　建	Fujian	1	62	65	11		27	31	10
江　西	Jiangxi	21	29	30	18	8	9	12	17
山　东	Shandong	4		134	3			49	6
河　南	Henan			70	8			39	7
湖　北	Hubei	21		68	10	10		28	11
湖　南	Hunan	17	28	45	14	5	16	16	15
广　东	Guangdong	183	8	178	1	38	2	66	2
广　西	Guangxi	45		31	17	18		11	18
海　南	Hainan	6		9	25	1		4	24
重　庆	Chongqing		27	21	22		5	11	18
四　川	Sichuan	49	33	100	6	26	16	58	5
贵　州	Guizhou		9	15	24		3		
云　南	Yunnan	24	18	23	21	5	8	8	21
西　藏	Tibet		4				2		
陕　西	Shaanxi	14	30	33	16	5	12	19	13
甘　肃	Gansu		18	17	23		10	7	23
青　海	Qinghai	7	10			3	5		
宁　夏	Ningxia		4	4	26		1	2	25
新　疆	Xinjiang	18		27	19	5		11	18

20-33 一级运动员数和女运动员数
Number of Level One Athletes and Female Athletes

单位：人 (person)

地区	Region	一级运动员数 First Grade				其中：女运动员数 Female			
		2010	2014	2015	2015排名 Ranking	2010	2014	2015	2015排名 Ranking
全　国	**National Total**	**8953**	**11410**	**11277**		**3977**	**5030**	**4355**	
北　京	Beijing	450	528	374	11	193	274	155	12
天　津	Tianjin	148	421	231	22	75	175	99	19
河　北	Hebei	528	592	596	5	259	274	274	3
山　西	Shanxi	150	329	356	13	78	141	164	9
内蒙古	Inner Mongolia	35	306	276	20	18	128	125	16
辽　宁	Liaoning	444	525	437	9	222	216	202	8
吉　林	Jilin	201	239	247	21	69	89	86	21
黑龙江	Heilongjiang	445	299	333	16	194	133	126	15
上　海	Shanghai	679	788	629	3	327	346	287	2
江　苏	Jiangsu	632	754	581	6	347	386	268	4
浙　江	Zhejiang	472	619	922	1	225	256	397	1
安　徽	Anhui	2	354	361	12	1	154	134	14
福　建	Fujian	278	320	405	10	124	171	163	10
江　西	Jiangxi	210	277	322	17	90	118	120	18
山　东	Shandong	1215	1019	907	2	475	479	73	24
河　南	Henan	626	598	613	4	265	229	232	6
湖　北	Hubei	194	388	335	15	66	164	93	20
湖　南	Hunan	277	391	353	14	116	176	161	11
广　东	Guangdong	625	83	568	7	293	31	215	7
广　西	Guangxi	184	214	199	23	84	108	79	23
海　南	Hainan	10	140	117	30		58	48	28
重　庆	Chongqing	145	353	322	17	61	160	144	13
四　川	Sichuan	371	669	523	8	179	312	243	5
贵　州	Guizhou	47	85	155	26	19	34	63	26
云　南	Yunnan	83	177	305	19		46	125	16
西　藏	Tibet	1		22	31	1		11	31
陕　西	Shaanxi	184	382	195	24	78	175	84	22
甘　肃	Gansu	97	122	151	27	26	41	50	27
青　海	Qinghai	26	65	135	28	15	25	30	30
宁　夏	Ningxia	9	107	128	29	1	39	36	29
新　疆	Xinjiang	167	254	177	25	70	89	68	25

20-34 二级运动员数和女运动员数
Number of Level Two Athletes and Female Athletes

单位：人 (person)

地区	Region	二级运动员数 Second Grade				其中：女运动员数 Female			
		2010	2014	2015	2015排名 Ranking	2010	2014	2015	2015排名 Ranking
全　国	**National Total**	**35370**	**32694**	**28834**		**12694**	**11180**	**9683**	
北　京	Beijing	1194	1193	942	16	489	478	362	14
天　津	Tianjin	837	1119	509	23	382	417	179	21
河　北	Hebei	2327	1868	1650	4	845	651	492	6
山　西	Shanxi	856	1219	1015	13	310	475	376	11
内蒙古	Inner Mongolia	1002	847	804	18	417	210	229	19
辽　宁	Liaoning	1749	1415	1115	11	794	512	367	12
吉　林	Jilin	1259	510	621	21	318	165	150	23
黑龙江	Heilongjiang	1082	748	1069	12	450	181	223	20
上　海	Shanghai	1498	1319	1206	9	638	523	465	7
江　苏	Jiangsu	1573	1568	1230	8	533	627	445	8
浙　江	Zhejiang	1480	1780	1357	6	616	634	533	4
安　徽	Anhui	1011	1043	910	17	444	427	275	16
福　建	Fujian	1164	885	991	15	373	338	365	13
江　西	Jiangxi	584	771	769	20	180	248	247	18
山　东	Shandong	3625	2563	2944	1	1209	762	997	1
河　南	Henan	2014	1704	1692	2	547	445	494	5
湖　北	Hubei	1437	3258	1647	5	257	774	412	9
湖　南	Hunan	972	990	1120	10	354	390	392	10
广　东	Guangdong	2166	1291	1655	3	883	586	744	2
广　西	Guangxi	1475	491	370	24	490	195	156	22
海　南	Hainan	161	183	198	28	63	78	61	29
重　庆	Chongqing	885	1090	1012	14	353	361	352	15
四　川	Sichuan	1941	1464	1274	7	697	596	536	3
贵　州	Guizhou	390	184	229	27	163	44	78	27
云　南	Yunnan	836	903	797	19	262	270	253	17
西　藏	Tibet			30	31			11	31
陕　西	Shaanxi	538	336	333	26	196	123	102	26
甘　肃	Gansu	515	450	348	25	165	152	104	25
青　海	Qinghai	9	79	162	29	5	25	46	30
宁　夏	Ningxia	66	327	149	30	23	110	64	28
新　疆	Xinjiang	437	868	604	22	156	310	146	24

20-35 等级教练员总数和女教练员数
Number of Level Coach and Female Coach

单位：人 (person)

地区	Region	等级教练员总数 Total				其中：女教练员数 Female			
		2010	2014	2015	2015排名 Ranking	2010	2014	2015	2015排名 Ranking
全　国	**National Total**	**1451**	**1648**	**1610**		**388**	**475**	**460**	
北　京	Beijing	99	26	27	24	31	7	7	22
天　津	Tianjin	6	40	43	16		9	12	19
河　北	Hebei	8	36	37	21	2	10	13	17
山　西	Shanxi		47	60	9		14	20	6
内蒙古	Inner Mongolia	1	43	29	23		15	10	20
辽　宁	Liaoning	220	112	115	3	56	33	35	3
吉　林	Jilin	11	47	53	12	3	11	8	21
黑龙江	Heilongjiang	215	61	59	10	57	17	15	13
上　海	Shanghai	76	42	40	20	25	16	16	11
江　苏	Jiangsu	178	111	104	5	57	27	27	4
浙　江	Zhejiang	28	65	71	7	12	23	20	6
安　徽	Anhui	29	14	17	26	6	4	6	23
福　建	Fujian	23	131	121	2	8	52	49	1
江　西	Jiangxi	3	45	41	19		14	14	15
山　东	Shandong	22	149	157	1	6	49	42	2
河　南	Henan	74	48	55	11	19	14	15	13
湖　北	Hubei	3	42	42	18	1	6	6	23
湖　南	Hunan	65	50	45	15	17	17	17	9
广　东	Guangdong	46	112	111	4	15	27	26	5
广　西	Guangxi	46	76	47	14	15	27	18	8
海　南	Hainan	1	9	8	29	1	2	3	28
重　庆	Chongqing	15	30	21	25	3	8	6	23
四　川	Sichuan	120	68	61	8	32	17	16	11
贵　州	Guizhou	30	14	9	27	7	4	4	27
云　南	Yunnan	9	85	74	6	4	18	17	9
西　藏	Tibet		6	5	31			1	30
陕　西	Shaanxi	6	39	52	13		11	14	15
甘　肃	Gansu	64	45	43	16	5	13	13	17
青　海	Qinghai	13	15	8	29	1	2	2	29
宁　夏	Ningxia	1	8	9	27		2	1	30
新　疆	Xinjiang	35	32	35	22	5	6	5	26

20-36 国家级教练员数和女教练员数
Number of National Level Coach and Female Coach

单位：人 (person)

地区	Region	国家级教练员数 National Level				其中：女教练员数 Female			
		2010	2014	2015	2015排名 Ranking	2010	2014	2015	2015排名 Ranking
全 国	**National Total**	**74**	**35**	**46**		**24**	**10**	**9**	
北 京	Beijing	1							
天 津	Tianjin	4	2	2	6				
河 北	Hebei	5	1	1	14	1	1	1	2
山 西	Shanxi								
内蒙古	Inner Mongolia	1							
辽 宁	Liaoning	12		4	2	5			
吉 林	Jilin	1	1	1	14	1			
黑龙江	Heilongjiang	9	4	2	6	4	2	1	2
上 海	Shanghai	1	1	1	14		1	1	2
江 苏	Jiangsu	5	3	3	3		2	2	1
浙 江	Zhejiang	7		3	3	3			
安 徽	Anhui	1				1			
福 建	Fujian	3		1	14	1			
江 西	Jiangxi	1	1	1	14				
山 东	Shandong	5	1	2	6	2			
河 南	Henan	1	2	2	6				
湖 北	Hubei			2	6				
湖 南	Hunan	1	2	2	6	1	1	1	2
广 东	Guangdong	10	8	7	1	3	1	1	2
广 西	Guangxi	3	2	3	3	1	1	1	2
海 南	Hainan	1				1			
重 庆	Chongqing								
四 川	Sichuan		1	1	14				
贵 州	Guizhou		1	1	14		1	1	2
云 南	Yunnan		2	2	6				
西 藏	Tibet								
陕 西	Shaanxi		2	2	6				
甘 肃	Gansu								
青 海	Qinghai			1	14				
宁 夏	Ningxia								
新 疆	Xinjiang		1						

20-37 高级教练员数和女教练员数
Number of Senior Coach and Female Coach

单位：人 (person)

地区	Region	高级教练员数 Senior Grade				其中：女教练员数 Female			
		2010	2014	2015	2015排名 Ranking	2010	2014	2015	2015排名 Ranking
全　国	**National Total**	**292**	**293**	**297**		**72**	**81**	**80**	
北　京	Beijing	17	8	12	10	1	1	4	5
天　津	Tianjin		11	12	10		3	4	5
河　北	Hebei		3	2	26				
山　西	Shanxi		9	11	13		2	2	14
内蒙古	Inner Mongolia		7	3	23		3	1	21
辽　宁	Liaoning	68	14	16	5	19	3	3	10
吉　林	Jilin	3	20	21	3	1	5	3	10
黑龙江	Heilongjiang	57	17	16	5	16	5	4	5
上　海	Shanghai	1	10	9	16		2	2	14
江　苏	Jiangsu	57	12	14	8	15	1	2	14
浙　江	Zhejiang	3	19	19	4	1	7	5	3
安　徽	Anhui	4	4	6	19		1	2	14
福　建	Fujian	2	22	22	2	1	12	12	1
江　西	Jiangxi		9	11	13		3	4	5
山　东	Shandong	2	25	25	1	1	6	6	2
河　南	Henan	14	11	14	8	5	3	5	3
湖　北	Hubei	1	3	4	21		2	2	14
湖　南	Hunan	8	5	5	20	1	1	1	21
广　东	Guangdong	6	25	16	5	4	6	2	14
广　西	Guangxi	3	11	3	23	1	5	2	14
海　南	Hainan		1						
重　庆	Chongqing	1	2	2	26		1	1	21
四　川	Sichuan	20	13	11	13	5	4	4	5
贵　州	Guizhou	9	3	2	26				
云　南	Yunnan	1	6	9	16		1	3	10
西　藏	Tibet								
陕　西	Shaanxi	1	4	8	18				
甘　肃	Gansu	9	9	12	10		1	3	10
青　海	Qinghai	2	5	2	26		1		
宁　夏	Ningxia		3	3	23		1	1	21
新　疆	Xinjiang	3	2	4	21	1	1	1	21

21

社会服务和社会保障

Social Services and Social Security

21-1 社会服务经费总支出
Total Expenditure on Social Services

单位：亿元 (100 million Yuan)

地区	Region	2009	2010	2011	2012	2013	2015	2016	2016排名 Ranking
全　国	**National Total**	**2181.94**	**2697.51**	**3229.14**	**3683.74**	**4276.54**	**4926.44**	**5440.15**	
北　京	Beijing	74.54	98.21	103.15	126.05	155.57	222.06	255.89	6
天　津	Tianjin	24.50	31.38	37.50	44.43	55.21	76.91	89.51	27
河　北	Hebei	84.35	96.93	124.42	143.87	167.25	180.52	211.53	10
山　西	Shanxi	56.25	63.40	87.61	93.65	113.04	120.14	129.15	24
内蒙古	Inner Mongolia	57.59	76.85	96.81	112.74	123.66	141.01	140.05	21
辽　宁	Liaoning	88.74	106.65	134.74	156.78	167.29	184.45	184.55	14
吉　林	Jilin	64.28	75.06	80.17	76.53	98.62	105.74	104.13	26
黑龙江	Heilongjiang	80.09	85.44	105.05	115.24	158.96	150.46	152.68	20
上　海	Shanghai	55.72	57.25	66.29	72.79	83.22	96.65	153.23	19
江　苏	Jiangsu	99.64	126.53	171.15	197.10	233.53	260.56	287.23	4
浙　江	Zhejiang	70.41	88.49	106.16	125.39	142.88	167.47	189.94	13
安　徽	Anhui	80.40	97.16	126.31	142.18	160.11	181.22	197.05	12
福　建	Fujian	32.25	42.22	50.32	61.45	72.98	90.32	104.17	25
江　西	Jiangxi	69.37	84.77	98.66	107.51	122.44	157.19	171.73	15
山　东	Shandong	112.27	143.74	169.18	218.36	250.23	287.14	304.88	3
河　南	Henan	103.53	123.08	158.69	174.08	209.75	229.26	246.96	7
湖　北	Hubei	89.74	108.28	140.85	153.13	184.94	226.98	242.33	8
湖　南	Hunan	99.77	116.53	154.56	200.33	199.63	230.55	271.64	5
广　东	Guangdong	102.11	115.43	148.07	166.90	198.17	259.52	305.67	2
广　西	Guangxi	49.28	73.12	97.14	117.40	129.25	149.29	157.80	18
海　南	Hainan	14.23	19.03	22.38	24.03	25.44	29.66	30.07	30
重　庆	Chongqing	51.45	67.49	78.31	90.76	99.94	114.65	129.97	23
四　川	Sichuan	228.95	240.87	216.88	237.57	288.06	315.25	348.64	1
贵　州	Guizhou	56.01	72.82	111.64	124.87	134.15	147.23	160.27	17
云　南	Yunnan	93.02	122.40	143.21	173.05	184.57	231.09	234.88	9
西　藏	Tibet	8.22	8.50	13.03	15.51	15.61	17.50	23.58	31
陕　西	Shaanxi	86.70	113.94	135.64	142.42	183.84	184.79	202.07	11
甘　肃	Gansu	57.72	74.06	100.09	105.18	129.93	136.76	163.13	16
青　海	Qinghai	18.97	33.07	35.98	34.15	37.76	46.26	49.23	28
宁　夏	Ningxia	14.35	16.13	19.52	22.01	26.63	40.98	42.09	29
新　疆	Xinjiang	51.97	69.88	86.28	98.31	110.12	129.24	139.53	22

21-2 社会服务经费占公共财政预算支出比重和每千人口社会服务床位数

Fiscal Expenditure Proportion of Social Services and Per Thousand Population Beds of Social Services

地区	Region	社会服务经费占公共财政预算支出比重（%） Fiscal Expenditure Proportion of Social Services (%)				每千人口社会服务床位数（张/千人） Per Thousand Population Beds of Social Services (piece/1000 peoples)			
		2010	2015	2016	2016排名 Ranking	2010	2015	2016	2016排名 Ranking
全　国	**National Total**	**2.74**	**3.28**	**33.90**		**2.61**	**5.33**	**5.54**	
北　京	Beijing	2.77	3.87	39.90	7	5.00	7.14	7.18	4
天　津	Tianjin	4.39	3.24	24.20	27	2.23	4.44	4.32	21
河　北	Hebei	2.91	3.21	35.00	15	2.18	7.03	6.18	8
山　西	Shanxi	3.05	3.51	37.70	8	1.68	2.69	3.32	29
内蒙古	Inner Mongolia	2.96	3.32	31.00	22	1.90	9.09	9.26	2
辽　宁	Liaoning	3.00	3.42	40.30	6	3.02	5.10	5.22	16
吉　林	Jilin	2.38	3.29	29.00	23	2.84	3.00	5.12	17
黑龙江	Heilongjiang	2.64	3.74	36.10	12	2.03	5.30	5.49	14
上　海	Shanghai	1.77	1.56	22.10	29	4.65	5.69	6.05	11
江　苏	Jiangsu	2.88	2.69	28.80	24	3.38	8.29	8.34	3
浙　江	Zhejiang	3.63	2.12	27.20	25	3.71	9.01	10.17	1
安　徽	Anhui	2.66	3.46	35.70	13	3.74	6.25	6.13	10
福　建	Fujian	4.02	1.94	24.40	26	0.84	3.79	3.79	26
江　西	Jiangxi	2.27	3.56	37.20	11	3.38	4.63	4.64	19
山　东	Shandong	2.88	3.03	34.80	16	3.48	7.15	7.18	4
河　南	Henan	2.78	3.37	33.10	19	2.92	4.06	3.91	23
湖　北	Hubei	2.31	3.70	37.70	8	4.14	5.74	6.15	9
湖　南	Hunan	2.32	4.02	42.90	5	2.22	3.62	4.14	22
广　东	Guangdong	2.70	1.59	22.70	28	1.34	2.51	3.55	27
广　西	Guangxi	2.75	3.67	35.50	14	1.24	4.06	3.88	24
海　南	Hainan	3.06	2.39	21.80	30	0.58	2.41	2.26	31
重　庆	Chongqing	2.53	3.02	32.50	20	3.29	7.00	6.47	7
四　川	Sichuan	1.77	4.20	43.50	4	3.74	6.58	6.89	6
贵　州	Guizhou	2.24	3.74	37.60	10	0.86	5.74	5.71	12
云　南	Yunnan	1.87	4.90	46.80	2	1.11	2.95	2.99	30
西　藏	Tibet	1.48	1.27	14.90	31	2.00	9.66	3.88	24
陕　西	Shaanxi	1.95	4.22	46.00	3	1.85	4.19	4.45	20
甘　肃	Gansu	1.98	4.62	51.80	1	1.05	5.25	5.60	13
青　海	Qinghai	2.25	3.05	32.30	21	1.06	4.20	4.71	18
宁　夏	Ningxia	2.46	3.60	33.50	18	0.95	3.86	5.27	15
新　疆	Xinjiang	2.43	3.40	33.70	17	2.11	3.43	3.34	28

21-3 每千老年人口养老床位和社区服务设施覆盖率
Per Thousand Elderly Endowment Beds and Community Service Facilities Coverage

地区	Region	每千老年人口养老床位（张/千人） Per Thousand Elderly Endowment Beds (piece/1000 peoples)				社区服务设施覆盖率（%） Community Service Facilities Coverage (%)			
		2011	2015	2016	2016排名 Ranking	2010	2015	2016	2016排名 Ranking
全　国	**National Total**	**19.09**	**30.30**	**31.60**		**22.40**	**53.00**	**24.40**	
北　京	Beijing	30.13	29.00	38.20	7	64.60	166.80	95.00	2
天　津	Tianjin	19.32	23.70	23.10	25	24.20	38.70	40.80	8
河　北	Hebei	16.80	40.90	35.00	10	10.50	70.10	4.90	29
山　西	Shanxi	13.79	16.30	22.20	27	6.90	10.60	8.20	27
内蒙古	Inner Mongolia	17.18	56.70	58.30	1	19.80	27.90	13.90	21
辽　宁	Liaoning	16.36	21.10	22.90	26	22.20	42.50	29.70	10
吉　林	Jilin	19.45	14.30	25.60	20	4.30	15.70	15.20	19
黑龙江	Heilongjiang	17.21	27.00	27.30	18	20.70	24.00	15.50	18
上　海	Shanghai	29.41	27.20	28.90	16	54.00	102.10	52.30	6
江　苏	Jiangsu	22.82	41.00	40.30	4	78.10	181.40	85.50	3
浙　江	Zhejiang	28.06	51.70	56.30	2	60.80	94.00	47.30	7
安　徽	Anhui	24.79	36.10	35.20	9	22.20	44.30	24.60	11
福　建	Fujian	9.71	24.90	23.20	24	10.70	33.50	19.20	14
江　西	Jiangxi	28.41	30.90	30.20	14	15.40	16.30	7.20	28
山　东	Shandong	23.75	37.10	38.50	5	24.50	34.40	13.80	22
河　南	Henan	21.47	24.20	23.50	23	7.40	10.40	3.10	30
湖　北	Hubei	26.85	30.10	33.00	12	33.50	41.40	17.10	16
湖　南	Hunan	14.45	19.20	21.80	28	20.90	25.20	14.80	20
广　东	Guangdong	12.16	19.90	28.20	17	62.00	217.60	83.10	4
广　西	Guangxi	8.04	25.80	25.60	20	7.50	80.80	10.40	25
海　南	Hainan	3.92	17.60	18.00	30	3.60	64.10	76.90	5
重　庆	Chongqing	19.84	33.20	29.30	15	29.30	66.90	24.20	12
四　川	Sichuan	21.88	30.70	31.40	13	4.70	35.30	20.20	13
贵　州	Guizhou	8.57	35.30	36.80	8	32.00	115.60	107.10	1
云　南	Yunnan	9.21	19.90	21.60	29	4.00	21.00	10.80	24
西　藏	Tibet	23.79	61.90	14.20	31	0.50	6.00		
陕　西	Shaanxi	14.02	23.60	25.50	22	11.60	26.50	13.00	23
甘　肃	Gansu	9.21	33.80	34.40	11	18.20	47.10	15.60	17
青　海	Qinghai	12.58	31.60	38.40	6	3.60	24.50	10.30	26
宁　夏	Ningxia	13.07	30.40	40.70	3	16.70	36.50	29.80	9
新　疆	Xinjiang	17.02	24.80	26.60	19	16.10	22.40	17.90	15

21-4 城乡低保平均标准

Average Standard of Basic Insurance System for the Rural and Urban Living

单位：元/人，月　　(yuan/person,month)

地区	Region	城市低保平均标准 Urban Low Average Standard				农村低保平均标准 The average Standard of Rural Minimal Needs			
		2010	2015	2016	2016排名 Ranking	2010	2015	2016	2016排名 Ranking
全　国	**National Total**	**183.0**	**451.0**	**495.0**		**72.9**	**365.0**	**312.0**	
北　京	Beijing	365.4	710.0	800.0	2	168.2	710.0	800.0	2
天　津	Tianjin	226.0	705.0	780.0	3	141.4	600.0	755.0	3
河　北	Hebei	164.5	441.0	501.0	13	70.3	223.0	280.0	18
山　西	Shanxi	135.4	413.0	441.0	24	68.7	230.0	271.0	20
内蒙古	Inner Mongolia	256.6	508.0	540.0	8	106.8	324.0	351.0	7
辽　宁	Liaoning	180.5	493.0	523.0	10	73.4	296.0	326.0	9
吉　林	Jilin	199.8	402.0	447.0	22	79.6	227.0	287.0	16
黑龙江	Heilongjiang	230.2	506.0	536.0	9	101.9	298.0	316.0	13
上　海	Shanghai	310.6	790.0	880.0	1	128.5	790.0	870.0	1
江　苏	Jiangsu	192.7	582.0	611.0	6	116.4	502.0	540.0	5
浙　江	Zhejiang	258.3	640.0	674.0	5	140.5	557.0	608.0	4
安　徽	Anhui	178.1	455.0	497.0	14	68.8	260.0	320.0	10
福　建	Fujian	132.4	478.0	515.0	11	66.1	284.0	320.0	10
江　西	Jiangxi	171.3	452.0	481.0	17	74.4	247.0	276.0	19
山　东	Shandong	236.7	470.0	495.0	15	95.5	278.0	315.0	14
河　南	Henan	139.0	374.0	425.0	26	62.4	186.0	257.0	24
湖　北	Hubei	164.7	447.0	488.0	16	61.8	270.0	319.0	12
湖　南	Hunan	162.6	360.0	431.0	25	55.2	204.0	257.0	24
广　东	Guangdong	147.2	514.0	576.0	7	74.4	374.0	445.0	6
广　西	Guangxi	162.3	404.0	458.0	21	51.3	213.0	249.0	27
海　南	Hainan	145.5	453.0	467.0	19	79.1	340.0	347.0	8
重　庆	Chongqing	189.6	419.0	460.0	20	73.4	237.0	308.0	15
四　川	Sichuan	181.7	367.0	420.0	27	75.0	201.0	263.0	23
贵　州	Guizhou	172.1	453.0	507.0	12	66.6	218.0	267.0	21
云　南	Yunnan	158.2	396.0	442.0	23	69.9	195.0	226.0	30
西　藏	Tibet	197.3	591.0	694.0	4	47.6	195.0	218.0	31
陕　西	Shaanxi	260.3	461.0	479.0	18	90.4	221.0	267.0	21
甘　肃	Gansu	127.7	378.0	411.0	29	58.3	218.0	244.0	29
青　海	Qinghai	168.5	370.0	401.0	30	71.8	208.0	248.0	28
宁　夏	Ningxia	105.1	362.0	416.0	28	49.9	217.0	282.0	17
新　疆	Xinjiang	171.8	349.0	384.0	31	73.6	191.0	250.0	26

21-5 养老床位数和养老机构建筑面积

Number of Beds for Elderly Pension and Construction Area of Pension Institutions

地区	Region	养老床位数（张） Endowment of Beds (piece) 2015	2016	2016排名 Ranking	养老机构建筑面积（平方米） Construction Area (sq.m) 2015	2016	2016排名 Ranking
全　国	**National Total**	**3581382**	**3787751**		**71808320**	**78057803**	
北　京	Beijing	132574	135692	12	2224343	1881333	15
天　津	Tianjin	51589	51425	22	981418	1106322	24
河　北	Hebei	160625	162189	8	3867732	4296640	5
山　西	Shanxi	62572	51114	23	1636467	1469865	20
内蒙古	Inner Mongolia	85107	86253	17	1592205	1776355	17
辽　宁	Liaoning	165461	168727	7	2181611	2509127	13
吉　林	Jilin	64551	120214	14	1291949	2427823	14
黑龙江	Heilongjiang	112453	121104	13	1443494	1570937	19
上　海	Shanghai	112249	119009	15	2993716	3328176	9
江　苏	Jiangsu	388561	410441	1	7683736	8638849	2
浙　江	Zhejiang	220440	247782	4	3506186	3642805	7
安　徽	Anhui	142422	149767	10	2485522	2723943	11
福　建	Fujian	47592	47875	24	1051914	1373110	21
江　西	Jiangxi	148315	154230	9	3178884	2863799	10
山　东	Shandong	316651	320724	2	8484214	9205448	1
河　南	Henan	115993	118089	16	2284308	2671297	12
湖　北	Hubei	224556	239052	5	4665990	5037055	3
湖　南	Hunan	126776	140573	11	3386726	3396760	8
广　东	Guangdong	161816	189637	6	3101305	4270571	6
广　西	Guangxi	37983	41779	25	1000230	1013433	25
海　南	Hainan	11371	9954	29	208071	166601	29
重　庆	Chongqing	83473	85511	18	1659996	1708932	18
四　川	Sichuan	302140	319286	3	4767051	4711588	4
贵　州	Guizhou	62428	73966	20	953831	1262172	22
云　南	Yunnan	50684	51504	21	870974	938205	26
西　藏	Tibet	14735	1124	31	317580	21678	31
陕　西	Shaanxi	83976	84430	19	1693221	1815452	16
甘　肃	Gansu	36627	26462	27	539834	517465	27
青　海	Qinghai	5022	5112	30	123903	120561	30
宁　夏	Ningxia	14435	14035	28	486630	469984	28
新　疆	Xinjiang	38205	40691	26	1145277	1121516	23

21-6 年末参加城镇职工基本养老保险人数和城镇职工人数

Urban Employee Basic Pension Insurance Contributors at Year-end and Number of Workers

单位：万人 （10 000 persons）

地区	Region	年末参加城镇职工基本养老保险人数 Urban Employee Basic Pension Insurance Contributors at Year-end				其中：城镇职工人数 Number of Workers			
		2010	2015	2016	2016排名 Ranking	2010	2015	2016	2016排名 Ranking
全　国	**National Total**	**25707.3**	**35361.2**	**37929.7**		**19402.3**	**26219.2**	**27826.3**	
北　京	Beijing	981.3	1424.2	1546.6	8	785.9	1187.5	1271.2	7
天　津	Tianjin	431.5	565.2	639.0	23	287.9	384.2	430.4	21
河　北	Hebei	988.4	1320.5	1403.1	10	728.9	952.0	1011.8	10
山　西	Shanxi	591.0	714.3	760.2	19	443.7	512.9	543.6	19
内蒙古	Inner Mongolia	430.7	579.0	655.0	22	311.5	370.8	418.6	24
辽　宁	Liaoning	1496.9	1780.2	1800.3	7	1024.2	1139.7	1120.5	8
吉　林	Jilin	599.5	693.6	706.8	21	392.9	420.0	420.1	23
黑龙江	Heilongjiang	952.2	1118.0	1144.1	13	589.2	646.9	655.6	15
上　海	Shanghai	1049.5	1493.8	1527.1	9	657.3	1028.4	1050.9	9
江　苏	Jiangsu	2033.0	2779.9	2861.5	2	1583.9	2098.8	2137.3	2
浙　江	Zhejiang	1702.2	2504.3	2506.9	4	1478.6	1934.0	1843.0	4
安　徽	Anhui	669.5	857.5	892.2	17	492.0	610.9	634.3	16
福　建	Fujian	635.5	883.7	979.8	14	522.0	736.6	805.7	13
江　西	Jiangxi	607.6	823.1	957.3	15	462.1	587.9	672.7	14
山　东	Shandong	1773.0	2477.5	2576.4	3	1427.9	1923.1	1969.0	3
河　南	Henan	1079.3	1508.7	1848.4	6	809.0	1149.0	1398.1	5
湖　北	Hubei	1039.8	1315.5	1355.0	11	738.2	874.9	897.1	11
湖　南	Hunan	938.9	1160.1	1186.7	12	673.5	791.1	823.8	12
广　东	Guangdong	3215.2	5086.5	5392.4	1	2875.6	4613.3	4867.9	1
广　西	Guangxi	449.3	576.6	751.9	20	311.2	389.8	511.2	20
海　南	Hainan	180.8	249.8	224.9	28	135.4	187.9	158.5	28
重　庆	Chongqing	584.4	849.3	952.2	16	391.9	544.4	605.9	17
四　川	Sichuan	1300.9	1939.0	2157.6	5	861.9	1250.1	1379.8	6
贵　州	Guizhou	257.3	392.1	423.6	26	190.3	297.3	323.9	26
云　南	Yunnan	317.4	412.9	581.8	25	225.1	291.1	413.8	25
西　藏	Tibet	9.9	16.2	21.1	31	6.8	12.4	15.1	31
陕　西	Shaanxi	550.4	751.7	790.8	18	400.1	544.2	577.3	18
甘　肃	Gansu	242.5	306.2	315.0	27	171.1	197.0	200.9	27
青　海	Qinghai	74.4	100.1	132.3	30	54.4	69.9	90.9	30
宁　夏	Ningxia	107.8	157.5	189.3	29	77.3	111.1	131.5	29
新　疆	Xinjiang	393.8	499.4	625.0	24	274.5	344.7	428.5	22

21-7 城镇职工离退休人员人数和城镇职工基本养老保险基金累计结余

Number of Retiress and Balance of Basic Pension Insurance for Urban Employees

地区	Region	城镇职工离退休人员人数（万人） Number of Retiress (10 000 persons)				城镇职工基本养老保险基金累计结余（亿元） Balance at Year-end (100 million yuan)			
		2010	2015	2016	2016排名 Ranking	2010	2015	2016	2016排名 Ranking
全　国	**National Total**	**6305.0**	**9141.9**	**10103.4**		**15365.3**	**35344.8**	**38580.0**	
北　京	Beijing	195.5	236.7	275.4	16	617.9	2796.6	3566.2	2
天　津	Tianjin	143.6	180.9	208.6	22	203.0	396.4	397.7	24
河　北	Hebei	259.5	368.5	391.3	11	562.9	755.8	707.6	17
山　西	Shanxi	147.3	201.4	216.6	20	637.4	1264.4	1305.6	8
内蒙古	Inner Mongolia	119.2	208.1	236.5	19	257.9	474.2	458.9	23
辽　宁	Liaoning	472.7	640.5	679.7	3	739.3	1170.8	916.6	13
吉　林	Jilin	206.6	273.7	286.7	14	351.8	383.1	342.8	26
黑龙江	Heilongjiang	363.0	471.1	488.5	7	479.0	130.9	-196.1	31
上　海	Shanghai	392.2	465.4	476.3	8	462.0	1451.0	1872.5	7
江　苏	Jiangsu	449.1	681.1	724.2	2	1271.8	3163.7	3402.7	3
浙　江	Zhejiang	223.6	570.3	663.9	4	1162.1	3070.4	3293.5	4
安　徽	Anhui	177.5	246.7	257.9	17	353.0	1042.4	1185.2	9
福　建	Fujian	113.5	147.1	174.0	24	141.2	576.2	701.1	18
江　西	Jiangxi	145.5	235.2	284.6	15	203.6	498.9	526.7	20
山　东	Shandong	345.1	554.4	607.4	5	1077.6	2233.4	2385.7	5
河　南	Henan	270.3	359.8	450.3	10	499.0	997.5	1050.5	10
湖　北	Hubei	301.6	440.6	458.0	9	427.6	850.4	822.3	15
湖　南	Hunan	265.4	369.0	362.9	12	455.9	939.3	1007.0	11
广　东	Guangdong	339.6	473.3	524.6	6	2471.5	6532.8	7652.6	1
广　西	Guangxi	138.1	186.9	240.7	18	379.0	456.5	460.4	22
海　南	Hainan	45.4	62.0	66.5	28	64.9	114.2	134.3	28
重　庆	Chongqing	192.5	304.9	346.3	13	255.6	755.4	834.8	14
四　川	Sichuan	439.0	688.9	777.8	1	928.4	2166.4	2226.3	6
贵　州	Guizhou	67.0	94.8	99.6	27	177.9	480.4	527.8	19
云　南	Yunnan	92.3	121.8	168.0	25	229.3	650.5	813.7	16
西　藏	Tibet	3.2	3.8	6.0	31	9.7	49.8	77.5	29
陕　西	Shaanxi	150.3	207.5	213.6	21	215.8	453.3	474.5	21
甘　肃	Gansu	71.3	109.2	114.1	26	178.2	365.8	376.0	25
青　海	Qinghai	20.0	30.1	41.4	30	50.6	76.4	63.0	30
宁　夏	Ningxia	30.5	46.4	57.8	29	108.7	172.2	196.1	27
新　疆	Xinjiang	119.2	154.8	196.5	23	385.7	861.4	979.5	12

21-8 城镇职工基本养老保险基金收入和城镇职工基本养老保险基金支出 Revenue and Expenses for Basic Pension Insurance for Urban Employees

单位：亿元 (100 million yuan)

地区	Region	城镇职工基本养老保险基金收入 Revenue				城镇职工基本养老保险基金支出 Expenses			
		2010	2015	2016	2016排名 Ranking	2010	2015	2016	2016排名 Ranking
全　国	**National Total**	**13419.5**	**29340.9**	**35057.5**		**10554.9**	**25812.7**	**31853.8**	
北　京	Beijing	658.9	1601.2	2249.0	6	482.4	965.5	1479.4	8
天　津	Tianjin	278.9	594.3	751.4	19	271.8	559.5	750.1	16
河　北	Hebei	584.6	1073.9	1221.3	9	451.8	1137.0	1269.4	10
山　西	Shanxi	404.4	688.6	788.0	18	269.4	657.0	746.9	17
内蒙古	Inner Mongolia	266.9	567.6	612.5	25	212.6	565.0	627.8	23
辽　宁	Liaoning	834.1	1630.2	1676.1	8	755.8	1743.2	1930.3	6
吉　林	Jilin	289.8	569.2	636.0	24	252.8	609.9	676.3	20
黑龙江	Heilongjiang	524.1	1030.7	1005.7	14	500.1	1223.2	1332.7	9
上　海	Shanghai	889.9	2226.1	2579.7	3	847.5	2035.2	2158.2	2
江　苏	Jiangsu	1018.7	2153.9	2324.5	5	753.3	1844.7	2085.6	5
浙　江	Zhejiang	605.1	1958.5	2358.4	4	429.1	1583.7	2157.4	3
安　徽	Anhui	341.6	765.9	815.9	17	269.2	605.5	673.1	21
福　建	Fujian	204.1	519.9	689.7	22	187.7	434.0	586.0	24
江　西	Jiangxi	231.6	605.6	695.9	20	193.0	537.1	668.2	22
山　东	Shandong	942.4	2105.6	2242.5	7	748.2	1845.2	2090.3	4
河　南	Henan	519.8	1027.1	1145.2	11	420.3	961.0	1092.2	12
湖　北	Hubei	501.9	1132.4	1196.9	10	419.8	1103.6	1225.1	11
湖　南	Hunan	452.3	910.1	1086.7	12	355.1	849.4	1019.0	13
广　东	Guangdong	1139.1	2563.6	2818.7	1	627.7	1475.5	1678.7	7
广　西	Guangxi	287.9	479.1	852.8	15	193.5	470.9	849.0	15
海　南	Hainan	80.2	168.0	198.0	29	74.1	157.5	177.8	30
重　庆	Chongqing	310.8	758.1	819.9	16	273.6	664.6	740.5	18
四　川	Sichuan	804.0	1680.6	2739.9	2	608.7	1527.6	2679.9	1
贵　州	Guizhou	144.6	315.4	331.3	27	107.4	242.2	283.9	27
云　南	Yunnan	194.0	406.5	664.3	23	144.2	329.0	501.1	25
西　藏	Tibet	14.1	28.2	79.5	31	7.6	18.8	51.8	31
陕　西	Shaanxi	302.8	604.9	691.1	21	265.0	613.0	678.3	19
甘　肃	Gansu	166.1	312.2	341.8	26	127.2	307.6	331.7	26
青　海	Qinghai	51.8	103.3	174.5	30	43.4	111.2	187.8	28
宁　夏	Ningxia	84.7	143.9	205.8	28	48.8	137.1	181.9	29
新　疆	Xinjiang	287.5	607.0	1052.4	13	211.8	490.4	934.4	14

21-9 年末参加失业保险人数和年末领取失业保险金人数

Unemployment Insurance Contributors at Year-end and Beneficiaries of Unemployment Insurance Fund

单位：万人 （10 000 persons）

地区	Region	年末参加失业保险人数 Unemployment Insurance Contributors at Year-end				年末领取失业保险金人数 Beneficiaries of Unemployment Insurance Fund			
		2010	2015	2016	2016排名 Ranking	2010	2015	2016	2016排名 Ranking
全 国	**National Total**	**13375.6**	**17326.0**	**18088.8**		**209.1**	**226.8**	**230.4**	
北 京	Beijing	774.2	1082.3	1115.0	5	1.6	3.4	3.7	20
天 津	Tianjin	246.1	295.3	302.5	19	3.5	7.1	7.4	11
河 北	Hebei	493.4	511.0	515.9	13	9.0	8.0	7.9	9
山 西	Shanxi	305.7	411.3	415.2	16	4.6	3.1	3.0	22
内蒙古	Inner Mongolia	230.9	242.1	241.1	25	2.1	2.9	3.0	21
辽 宁	Liaoning	626.9	665.3	665.4	9	11.4	9.7	10.7	5
吉 林	Jilin	245.1	261.2	262.0	23	7.8	2.2	2.7	24
黑龙江	Heilongjiang	472.9	312.8	313.2	18	8.8	3.7	3.9	19
上 海	Shanghai	556.2	641.8	947.3	6	11.6	9.5	10.5	6
江 苏	Jiangsu	1153.8	1490.9	1538.1	2	19.7	34.2	34.0	1
浙 江	Zhejiang	875.0	1260.2	1317.0	3	5.8	9.0	9.0	7
安 徽	Anhui	384.0	436.6	448.5	14	7.8	7.7	8.8	8
福 建	Fujian	374.2	546.3	575.5	10	3.2	5.0	5.2	16
江 西	Jiangxi	265.3	281.5	282.6	22	8.2	1.4	1.6	27
山 东	Shandong	931.2	1203.8	1222.9	4	20.7	21.6	22.0	3
河 南	Henan	696.7	783.3	788.1	7	14.7	8.3	7.6	10
湖 北	Hubei	469.7	528.4	541.9	11	6.4	6.0	6.9	13
湖 南	Hunan	399.5	521.2	537.5	12	6.9	6.7	7.0	12
广 东	Guangdong	1627.3	2930.1	3020.1	1	10.6	13.9	15.4	4
广 西	Guangxi	238.4	273.2	283.7	21	6.2	6.2	5.9	14
海 南	Hainan	112.5	164.8	170.2	27	1.6	2.0	2.2	26
重 庆	Chongqing	237.4	439.5	447.1	15	3.7	3.5	4.2	18
四 川	Sichuan	464.7	661.0	702.0	8	9.1	33.2	29.8	2
贵 州	Guizhou	152.5	205.3	218.1	26	1.2	1.7	2.4	25
云 南	Yunnan	209.6	243.3	251.2	24	3.2	5.9	5.6	15
西 藏	Tibet	9.3	11.4	15.2	31		0.009	0.003	31
陕 西	Shaanxi	331.6	347.7	352.2	17	7.5	3.0	2.8	23
甘 肃	Gansu	164.2	162.8	164.3	28	2.4	1.0	1.1	29
青 海	Qinghai	36.6	40.1	40.8	30	0.4	0.4	0.4	30
宁 夏	Ningxia	47.6	76.6	95.6	29	1.0	1.3	1.3	28
新 疆	Xinjiang	242.9	294.9	298.7	20	8.3	4.9	4.5	17

21-10 失业保险基金收入和失业保险基金支出
Revenue and Expenses of Unemployment Insurance

单位：亿元 （100 million yuan）

地区	Region	失业保险基金收入 Revenue 2010	2015	2016	2016排名 Ranking	失业保险基金支出 Expenses 2010	2015	2016	2016排名 Ranking
全　国	**National Total**	**649.8**	**1367.8**	**1228.9**		**423.3**	**736.4**	**976.1**	
北　京	Beijing	30.0	81.7	80.7	7	25.1	42.8	61.7	7
天　津	Tianjin	21.1	30.1	28.8	14	13.5	31.6	27.8	11
河　北	Hebei	27.6	42.9	38.4	10	23.5	27.9	49.6	8
山　西	Shanxi	13.8	30.6	27.5	16	6.7	13.8	11.9	23
内蒙古	Inner Mongolia	11.6	26.2	24.1	19	4.7	9.8	13.8	21
辽　宁	Liaoning	39.3	49.2	46.8	8	16.3	18.2	35.0	9
吉　林	Jilin	12.0	27.1	22.5	21	5.8	7.9	11.7	25
黑龙江	Heilongjiang	13.8	29.8	24.7	18	16.4	16.7	18.3	16
上　海	Shanghai	71.7	98.7	104.5	2	60.7	85.6	93.4	3
江　苏	Jiangsu	68.5	130.1	112.4	1	37.4	76.1	109.8	1
浙　江	Zhejiang	51.8	98.1	89.8	6	23.4	61.4	68.7	6
安　徽	Anhui	16.4	36.7	36.0	11	9.6	22.9	26.7	12
福　建	Fujian	11.6	34.5	29.2	13	5.6	11.1	16.8	17
江　西	Jiangxi	8.1	13.6	10.7	27	4.7	4.2	3.7	28
山　东	Shandong	43.0	71.6	92.4	5	31.3	57.3	70.0	5
河　南	Henan	18.8	43.7	38.6	9	14.8	18.6	22.6	14
湖　北	Hubei	15.9	40.5	31.0	12	8.4	13.7	23.9	13
湖　南	Hunan	14.5	29.0	27.6	15	7.5	12.7	16.8	18
广　东	Guangdong	32.3	155.2	102.0	3	31.0	36.3	95.3	2
广　西	Guangxi	11.1	28.9	22.4	22	6.3	12.8	19.2	15
海　南	Hainan	3.7	6.5	6.5	29	1.8	4.0	4.5	27
重　庆	Chongqing	9.2	28.1	20.0	24	4.9	14.9	15.8	19
四　川	Sichuan	40.8	102.7	95.3	4	17.0	59.5	75.6	4
贵　州	Guizhou	7.6	17.7	17.0	25	5.3	8.5	13.9	20
云　南	Yunnan	8.2	23.9	22.2	23	6.5	13.6	13.1	22
西　藏	Tibet	1.4	2.6	2.7	31	0.8	0.1	0.1	31
陕　西	Shaanxi	16.6	25.8	23.2	20	11.8	10.5	11.8	24
甘　肃	Gansu	8.7	15.6	14.6	26	7.5	5.0	8.2	26
青　海	Qinghai	2.7	6.1	3.6	30	1.0	4.0	3.3	30
宁　夏	Ningxia	2.9	9.4	6.8	28	1.1	5.1	3.6	29
新　疆	Xinjiang	15.4	31.3	26.9	17	13.0	29.8	29.7	10

21-11 失业保险基金累计结余和城镇登记失业人员

Unemployment Insurance Balance at Year-end and Registered Unemployed Person in Urban Areas

地区	Region	失业保险基金累计结余（亿元） Balance at Year-end （100 million yuan）				城镇登记失业人员（万人） Registered Unemployed Person in Urban Areas （10 000 persons）			
		2010	2015	2016	2016排名 Ranking	2010	2015	2016	2016排名 Ranking
全　国	**National Total**	**1749.8**	**5083.0**	**5333.3**		**908.0**			
北　京	Beijing	86.6	202.6	221.5	7	7.7	7.8	8.0	27
天　津	Tianjin	48.7	103.3	104.2	23	16.1	25.1	25.8	16
河　北	Hebei	54.8	169.1	157.9	14	35.1	39.4	39.7	6
山　西	Shanxi	45.2	150.0	165.6	11	20.4	25.6	26.1	15
内蒙古	Inner Mongolia	28.7	108.5	118.8	19	20.8	25.9	26.7	14
辽　宁	Liaoning	62.0	258.4	270.3	6	38.9	46.2	47.3	2
吉　林	Jilin	33.2	105.6	116.4	20	22.7	23.9	25.7	17
黑龙江	Heilongjiang	54.5	158.8	165.2	12	36.2	41.0	39.6	7
上　海	Shanghai	87.4	170.1	181.2	8	27.7	24.8	24.3	18
江　苏	Jiangsu	172.3	437.3	440.0	2	40.6	36.0	35.2	9
浙　江	Zhejiang	156.2	379.9	401.0	3	31.1	33.7	33.9	10
安　徽	Anhui	28.3	106.2	115.6	21	26.9	30.9	30.4	13
福　建	Fujian	52.3	151.5	163.9	13	14.5	15.4	16.3	22
江　西	Jiangxi	25.8	64.5	71.4	27	26.3	29.9	31.3	12
山　东	Shandong	143.2	275.3	297.8	5	59.5	43.7	45.8	3
河　南	Henan	42.9	159.0	175.0	9	38.2	42.5	43.6	5
湖　北	Hubei	47.0	166.2	173.3	10	55.7	33.4	32.9	11
湖　南	Hunan	37.3	115.2	126.1	18	43.2	45.1	44.9	4
广　东	Guangdong	187.5	634.6	641.2	1	39.3	37.0	38.0	8
广　西	Guangxi	43.7	126.5	129.6	16	19.1	18.1	18.1	21
海　南	Hainan	14.3	32.5	34.5	29	4.8	4.8	5.1	29
重　庆	Chongqing	27.7	108.0	112.2	22	13.0	14.3	15.7	23
四　川	Sichuan	71.3	321.8	341.6	4	34.6	54.6	56.3	1
贵　州	Guizhou	32.8	74.6	77.7	26	12.2	14.5	14.8	24
云　南	Yunnan	36.4	118.6	127.7	17	15.7	19.5	20.1	20
西　藏	Tibet	4.7	13.9	16.4	31	2.1	1.8	1.8	31
陕　西	Shaanxi	42.6	145.4	154.4	15	21.4	22.3	22.7	19
甘　肃	Gansu	16.6	72.1	78.5	25	10.7	9.5	9.8	25
青　海	Qinghai	9.4	27.2	27.5	30	4.2	4.4	4.6	30
宁　夏	Ningxia	8.9	31.5	34.8	28	4.8	4.9	5.1	28
新　疆	Xinjiang	47.8	94.8	92.1	24	11.0	10.3	9.7	26

21-12 城镇基本医疗保险年末参保人数和城镇职工参保人数

Number of Medical Care Insurance of Urban staff and Workers and Retires at Year-end

单位：万人 (10 000 persons)

地区	Region	城镇基本医疗保险年末参保人数 Persons Covered at Year-end				其中：城镇职工参保人数 Urban Workers			
		2010	2015	2016	2016排名 Ranking	2010	2015	2016	2016排名 Ranking
全　国	**National Total**	**43262.9**	**66581.6**	**74391.6**		**23734.7**	**28893.1**	**29531.5**	
北　京	Beijing	1207.3	1656.6	1708.8	14	1063.7	1475.7	1517.6	6
天　津	Tianjin	960.9	1054.1	1066.8	23	470.0	522.0	535.7	21
河　北	Hebei	1518.1	1663.7	6672.1	3	848.0	957.0	973.7	10
山　西	Shanxi	923.5	1113.8	1121.2	21	562.0	650.5	660.2	16
内蒙古	Inner Mongolia	886.4	1008.1	1019.8	24	433.5	477.4	488.8	24
辽　宁	Liaoning	2056.2	2396.2	2376.0	9	1408.7	1651.4	1635.6	5
吉　林	Jilin	1333.8	1380.6	1380.9	17	550.1	575.9	576.0	20
黑龙江	Heilongjiang	1560.8	1594.8	1599.9	16	873.7	873.7	879.5	12
上　海	Shanghai	1665.2	1719.2	1806.7	13	1405.9	1446.4	1468.6	7
江　苏	Jiangsu	3249.4	4014.3	3984.4	6	1848.3	2429.0	2490.5	2
浙　江	Zhejiang	1963.8	4964.1	4993.3	5	1344.4	1992.7	2017.5	3
安　徽	Anhui	1529.3	1737.6	1621.5	15	598.5	763.3	782.0	15
福　建	Fujian	1200.6	1301.2	1297.9	18	546.6	759.4	792.1	14
江　西	Jiangxi	1326.4	1530.4	1807.0	12	532.1	585.0	591.6	19
山　东	Shandong	2770.6	9235.8	9188.8	2	1541.3	1904.4	1960.0	4
河　南	Henan	2043.7	2344.9	2360.7	10	957.4	1200.7	1227.3	9
湖　北	Hubei	1860.0	1972.1	1981.8	11	847.8	949.4	961.0	11
湖　南	Hunan	1894.5	2662.3	2646.1	8	777.4	818.8	829.6	13
广　东	Guangdong	5043.2	10136.0	10150.2	1	3000.0	3711.8	3814.1	1
广　西	Guangxi	935.2	1077.6	1096.4	22	413.5	505.5	530.7	22
海　南	Hainan	323.3	389.8	387.2	29	166.9	196.3	201.0	28
重　庆	Chongqing	830.8	3266.3	3259.3	7	406.2	588.5	604.8	17
四　川	Sichuan	2063.1	2650.7	5056.8	4	1051.9	1378.6	1440.6	8
贵　州	Guizhou	602.5	955.5	973.6	25	293.5	372.7	389.8	26
云　南	Yunnan	820.5	1140.8	1163.6	20	414.8	468.3	479.1	25
西　藏	Tibet	38.6	61.8	65.4	31	23.5	34.3	36.8	31
陕　西	Shaanxi	947.2	1247.3	1248.0	19	474.2	580.3	599.6	18
甘　肃	Gansu	588.8	635.0	643.3	27	290.2	307.9	314.4	27
青　海	Qinghai	140.3	195.2	196.7	30	78.7	95.6	97.9	30
宁　夏	Ningxia	188.3	584.8	594.0	28	94.1	114.8	117.5	29
新　疆	Xinjiang	790.5	891.0	923.2	26	417.7	505.9	517.7	23

21-13 城镇职工在岗人员参保人数和城镇职工退休人员参保人数

Number of Medical Care Insurance of Urban staff and Workers and Retires

单位：万人 (10 000 persons)

地区	Region	城镇职工在岗人员参保人数 Staff and Workers				城镇职工退休人员参保人数 Retirees			
		2010	2015	2016	2016排名 Ranking	2010	2015	2016	2016排名 Ranking
全国	**National Total**	**17791.2**	**21362.0**	**21720.0**		**5943.5**	**7531.2**	**7811.6**	
北京	Beijing	848.5	1206.1	1239.9	5	215.1	269.5	277.8	12
天津	Tianjin	312.5	331.6	340.3	24	157.5	190.4	195.4	17
河北	Hebei	610.0	656.8	667.5	10	238.0	300.3	306.2	10
山西	Shanxi	422.0	471.1	474.8	16	140.0	179.4	185.4	19
内蒙古	Inner Mongolia	308.9	336.1	342.7	23	124.7	141.4	146.1	24
辽宁	Liaoning	944.6	1053.7	1022.7	6	464.1	597.7	612.9	2
吉林	Jilin	370.3	376.2	371.1	21	179.9	199.7	204.8	15
黑龙江	Heilongjiang	595.3	543.6	525.5	15	278.4	330.1	354.0	8
上海	Shanghai	1017.1	980.5	991.6	8	388.8	465.8	477.0	3
江苏	Jiangsu	1405.1	1818.2	1849.4	2	443.2	610.8	641.2	1
浙江	Zhejiang	1117.6	1639.0	1634.3	3	226.8	353.7	383.2	7
安徽	Anhui	429.2	542.2	550.9	14	169.3	221.1	231.1	14
福建	Fujian	425.9	612.6	641.9	12	120.7	146.8	150.2	22
江西	Jiangxi	365.6	383.7	388.8	19	166.5	201.3	202.8	16
山东	Shandong	1224.6	1464.5	1494.4	4	316.7	439.9	465.6	4
河南	Henan	698.7	864.1	882.7	9	258.7	336.6	344.6	9
湖北	Hubei	608.0	653.1	660.5	11	239.8	296.3	300.5	11
湖南	Hunan	540.5	551.7	557.1	13	236.9	267.1	272.5	13
广东	Guangdong	2685.6	3272.2	3353.5	1	314.5	439.7	460.6	5
广西	Guangxi	290.5	356.7	375.7	20	123.0	148.8	155.0	21
海南	Hainan	123.7	140.7	143.9	28	43.2	55.6	57.1	28
重庆	Chongqing	280.6	414.5	425.3	17	125.6	174.0	179.5	20
四川	Sichuan	703.6	959.8	1001.3	7	348.3	418.8	439.4	6
贵州	Guizhou	205.3	267.5	281.5	26	88.2	105.2	108.3	26
云南	Yunnan	293.3	327.6	334.7	25	121.4	140.7	144.5	25
西藏	Tibet	16.9	26.2	28.3	31	6.6	8.1	8.6	31
陕西	Shaanxi	322.9	392.9	411.1	18	151.2	187.4	188.5	18
甘肃	Gansu	204.4	208.1	208.5	27	85.9	99.8	106.0	27
青海	Qinghai	53.5	65.1	66.0	30	25.2	30.4	31.8	30
宁夏	Ningxia	67.7	82.6	84.5	29	26.4	32.2	33.0	29
新疆	Xinjiang	298.8	363.3	369.7	22	119.0	142.6	148.0	23

21-14 城镇居民参加基本医疗保险人数和基金累计结余
Urban Contributors and Balance at the Year-end of Medical Care Insurance

地区	Region	城镇居民参加基本医疗保险人数（万人） Contributors (10 000 persons)				城镇基本医疗保险基金累计结余（亿元） Balance at the Year-end (100 million yuan)			
		2010	2015	2016	2016排名 Ranking	2010	2015	2016	2016排名 Ranking
全　国	**National Total**	**19528.3**	**37688.5**	**44860.0**		**5047.1**	**12542.8**	**14964.3**	
北　京	Beijing	143.7	181.0	191.2	28	195.9	319.5	463.8	10
天　津	Tianjin	490.9	532.1	531.1	20	50.5	143.6	199.2	25
河　北	Hebei	670.0	706.7	5698.4	3	189.9	490.2	645.8	7
山　西	Shanxi	361.5	463.3	461.0	24	115.1	268.2	289.0	19
内蒙古	Inner Mongolia	452.8	530.6	531.0	21	87.6	195.6	231.1	24
辽　宁	Liaoning	647.5	744.8	740.4	14	251.8	395.9	425.6	11
吉　林	Jilin	783.7	804.7	804.9	13	100.9	218.4	261.7	23
黑龙江	Heilongjiang	687.1	721.1	720.3	15	189.5	320.9	354.6	13
上　海	Shanghai	259.2	272.9	338.0	26	204.6	1111.4	1410.8	2
江　苏	Jiangsu	1401.2	1585.3	1493.9	8	459.8	1039.4	1187.2	4
浙　江	Zhejiang	619.4	2971.4	2975.8	5	372.9	1118.7	1319.9	3
安　徽	Anhui	930.9	974.3	839.6	12	126.4	278.1	326.5	16
福　建	Fujian	654.0	541.9	505.8	22	174.9	426.8	498.0	8
江　西	Jiangxi	794.3	945.5	1215.4	9	84.6	223.6	276.1	21
山　东	Shandong	1229.3	7331.4	7228.8	1	262.5	752.4	877.6	5
河　南	Henan	1086.4	1144.2	1133.4	10	166.4	400.5	472.8	9
湖　北	Hubei	1012.3	1022.7	1020.8	11	159.0	297.0	351.0	14
湖　南	Hunan	1117.2	1843.6	1816.6	7	148.7	318.3	390.0	12
广　东	Guangdong	2043.2	6424.2	6336.1	2	699.7	1831.6	2145.3	1
广　西	Guangxi	521.7	572.1	565.7	19	117.7	239.1	287.1	20
海　南	Hainan	156.4	193.4	186.2	29	29.8	74.9	91.0	28
重　庆	Chongqing	424.6	2677.8	2654.5	6	92.4	260.6	291.1	18
四　川	Sichuan	1011.2	1272.1	3616.2	4	284.7	671.4	824.2	6
贵　州	Guizhou	309.0	582.7	583.8	18	55.4	117.2	145.4	26
云　南	Yunnan	405.7	672.5	684.5	16	107.6	220.6	263.1	22
西　藏	Tibet	15.1	27.5	28.5	31	12.7	34.4	43.7	31
陕　西	Shaanxi	473.1	667.0	648.4	17	105.1	271.7	300.0	17
甘　肃	Gansu	298.6	327.0	328.9	27	52.8	96.8	115.3	27
青　海	Qinghai	61.6	99.6	98.8	30	33.6	62.1	69.9	30
宁　夏	Ningxia	94.2	470.0	476.6	23	22.9	67.0	74.1	29
新　疆	Xinjiang	372.7	385.2	405.5	25	91.5	276.7	333.7	15

21-15 城镇基本医疗保险基金总收入和总支出
Total Revenue and Expenses of Medical Care Insurance in Cities

单位：亿元 (100 million yuan)

地区	Region	城镇基本医疗保险基金总收入 Revenue 2010	2015	2016	2016排名 Ranking	城镇基本医疗保险基金总支出 Expenses 2010	2015	2016	2016排名 Ranking
全 国	**National Total**	**4308.9**	**11192.9**	**13084.3**		**3538.1**	**9312.1**	**10767.1**	
北 京	Beijing	298.4	811.3	937.9	5	290.4	733.9	793.6	5
天 津	Tianjin	115.2	278.0	310.8	16	103.5	233.3	255.2	16
河 北	Hebei	159.1	337.4	678.1	8	117.4	261.8	587.6	7
山 西	Shanxi	87.1	199.6	211.2	21	69.6	171.2	190.4	21
内蒙古	Inner Mongolia	78.5	179.1	205.5	23	64.2	148.4	170.0	22
辽 宁	Liaoning	215.7	414.9	440.5	9	181.7	394.2	410.8	9
吉 林	Jilin	63.7	162.0	194.1	25	52.7	141.8	150.8	25
黑龙江	Heilongjiang	127.3	266.6	312.9	15	103.7	243.6	287.1	13
上 海	Shanghai	329.7	757.1	903.5	6	300.2	528.5	609.5	6
江 苏	Jiangsu	362.8	875.8	990.5	4	287.7	751.5	843.6	3
浙 江	Zhejiang	301.2	942.6	1031.8	3	242.7	745.9	832.6	4
安 徽	Anhui	99.2	238.8	265.8	18	82.3	205.8	214.4	17
福 建	Fujian	108.9	266.0	330.6	14	91.1	204.8	273.5	15
江 西	Jiangxi	64.5	167.7	210.2	22	49.6	127.2	161.9	23
山 东	Shandong	264.2	942.6	1081.3	2	222.2	820.2	956.5	2
河 南	Henan	132.0	317.1	353.7	13	108.0	268.6	285.0	14
湖 北	Hubei	128.0	316.5	355.1	12	104.4	272.8	301.9	11
湖 南	Hunan	113.0	314.3	368.0	10	105.8	258.9	296.3	12
广 东	Guangdong	419.2	1204.5	1375.8	1	310.8	931.5	1060.0	1
广 西	Guangxi	77.9	171.3	202.4	24	56.6	142.3	153.9	24
海 南	Hainan	26.9	58.3	67.9	29	20.6	47.5	51.9	29
重 庆	Chongqing	76.0	332.7	367.9	11	61.2	301.9	338.4	10
四 川	Sichuan	226.9	587.4	707.3	7	165.0	490.7	567.2	8
贵 州	Guizhou	47.8	135.8	157.8	26	38.0	114.2	129.7	26
云 南	Yunnan	97.9	214.1	243.6	19	85.9	188.6	201.1	19
西 藏	Tibet	9.9	21.4	28.0	31	6.4	17.1	18.7	31
陕 西	Shaanxi	89.1	219.7	226.3	20	63.6	179.6	190.6	20
甘 肃	Gansu	49.2	105.5	119.1	27	37.9	92.8	100.6	27
青 海	Qinghai	25.9	52.7	57.3	30	18.3	45.3	49.5	30
宁 夏	Ningxia	19.2	68.2	83.4	28	15.5	61.4	76.2	28
新 疆	Xinjiang	94.4	234.0	266.0	17	80.9	186.8	208.7	18

21-16 城镇职工基本医疗保险基金收入和基金支出

Revenue and Expenses for Urban Workers of Work Injury Insurance and Maternity Insurance

单位：亿元 (100 million yuan)

地区	Region	城镇职工基本医疗保险基金收入 Revenue for Workers				城镇职工基本医疗保险基金支出 Expenses for Workers			
		2010	2015	2016	2016排名 Ranking	2010	2015	2016	2016排名 Ranking
全　国	**National Total**	**3955.4**	**9083.5**	**10273.7**		**3271.6**	**7531.5**	**8286.7**	
北　京	Beijing	296.8	786.3	912.1	2	285.7	719.4	776.6	1
天　津	Tianjin	105.5	235.2	263.5	13	94.4	203.9	225.8	13
河　北	Hebei	145.8	304.7	351.6	9	109.9	237.0	272.4	9
山　西	Shanxi	80.8	178.5	187.0	21	66.4	154.0	170.1	19
内蒙古	Inner Mongolia	71.4	154.1	179.9	22	58.7	129.2	148.0	22
辽　宁	Liaoning	205.7	383.6	405.0	8	175.6	369.6	383.4	8
吉　林	Jilin	52.9	135.5	163.7	24	45.4	117.1	123.1	24
黑龙江	Heilongjiang	113.3	229.8	258.2	15	95.4	213.0	237.7	12
上　海	Shanghai	316.7	733.1	849.7	4	287.0	501.9	554.0	6
江　苏	Jiangsu	339.8	781.9	868.0	3	270.1	665.7	733.9	2
浙　江	Zhejiang	280.3	687.0	755.0	5	223.9	503.5	565.3	5
安　徽	Anhui	81.4	193.7	218.4	18	69.6	168.8	177.3	18
福　建	Fujian	101.4	243.5	258.8	14	84.1	183.8	206.6	15
江　西	Jiangxi	52.5	126.7	149.2	25	42.6	100.7	120.4	25
山　东	Shandong	248.0	563.2	658.5	6	209.9	507.1	569.1	4
河　南	Henan	119.0	268.0	296.1	11	97.7	227.5	239.6	11
湖　北	Hubei	111.5	265.8	299.1	10	95.1	236.4	259.6	10
湖　南	Hunan	97.2	230.7	275.8	12	94.8	187.0	213.8	14
广　东	Guangdong	377.9	859.3	975.8	1	275.9	653.3	717.4	3
广　西	Guangxi	70.0	147.9	174.0	23	53.0	127.2	137.6	23
海　南	Hainan	24.0	48.9	57.4	28	18.8	39.8	42.9	29
重　庆	Chongqing	69.1	204.1	222.0	17	55.2	185.4	203.1	16
四　川	Sichuan	195.2	434.8	493.1	7	142.6	356.1	386.6	7
贵　州	Guizhou	44.2	112.0	131.3	26	35.2	97.2	111.0	26
云　南	Yunnan	89.7	179.2	204.3	19	79.4	156.8	167.6	20
西　藏	Tibet	9.1	20.3	26.7	31	5.9	14.3	15.9	31
陕　西	Shaanxi	81.6	184.2	190.7	20	58.7	149.6	159.9	21
甘　肃	Gansu	44.8	91.0	103.3	27	34.2	80.6	88.0	27
青　海	Qinghai	24.4	46.7	50.9	30	17.3	38.9	42.4	30
宁　夏	Ningxia	17.3	40.4	53.6	29	13.7	35.6	48.1	28
新　疆	Xinjiang	88.2	213.6	241.1	16	75.6	171.1	189.4	17

21-17 城镇居民基本医疗保险基金收入和基金支出

Revenue for Urban Residents and Expenses for Urban Residents of Work Injury Insurance and Maternity Insurance

单位：亿元 (100 million yuan)

地区	Region	城镇居民基本医疗保险基金收入 Revenue for Urban Residents				城镇居民基本医疗保险基金支出 Expenses for Urban Residents			
		2010	2015	2016	2016排名 Ranking	2010	2015	2016	2016排名 Ranking
全　国	**National Total**	**353.5**	**2109.4**	**2810.5**		**266.5**	**1780.6**	**2480.4**	
北　京	Beijing	1.6	25.0	25.8	24	4.7	14.6	17.0	26
天　津	Tianjin	9.8	42.8	47.4	15	9.1	29.4	29.4	18
河　北	Hebei	13.2	32.8	326.6	3	7.4	24.8	315.2	3
山　西	Shanxi	6.2	21.1	24.2	27	3.3	17.1	20.3	23
内蒙古	Inner Mongolia	7.1	24.9	25.6	25	5.5	19.3	22.0	22
辽　宁	Liaoning	10.0	31.2	35.5	19	6.2	24.6	27.4	21
吉　林	Jilin	10.8	26.5	30.4	20	7.4	24.7	27.7	20
黑龙江	Heilongjiang	14.0	36.8	54.6	13	8.3	30.6	49.4	11
上　海	Shanghai	13.0	24.0	53.8	14	13.2	26.6	55.5	10
江　苏	Jiangsu	23.0	93.8	122.4	7	17.6	85.8	109.7	7
浙　江	Zhejiang	21.0	255.5	276.8	4	18.8	242.4	267.3	4
安　徽	Anhui	17.8	45.1	47.3	16	12.7	37.1	37.1	15
福　建	Fujian	7.5	22.5	71.8	9	7.0	21.0	66.9	9
江　西	Jiangxi	12.0	41.1	61.0	10	7.0	26.5	41.5	14
山　东	Shandong	16.2	379.4	422.8	1	12.4	313.1	387.3	1
河　南	Henan	13.1	49.1	57.6	11	10.3	41.1	45.4	12
湖　北	Hubei	16.5	50.7	56.0	12	9.3	36.4	42.3	13
湖　南	Hunan	15.8	83.6	92.3	8	11.0	71.9	82.5	8
广　东	Guangdong	41.3	345.1	400.0	2	35.0	278.1	342.6	2
广　西	Guangxi	7.9	23.4	28.5	22	3.6	15.1	16.2	27
海　南	Hainan	2.9	9.4	10.5	29	1.9	7.7	9.0	29
重　庆	Chongqing	6.9	128.6	145.9	6	6.0	116.5	135.4	6
四　川	Sichuan	31.7	152.6	214.3	5	22.4	134.6	180.6	5
贵　州	Guizhou	3.6	23.8	26.5	23	2.8	17.1	18.7	25
云　南	Yunnan	8.2	34.8	39.3	17	6.5	31.8	33.4	16
西　藏	Tibet	0.9	1.2	1.3	31	0.5	2.8	2.8	31
陕　西	Shaanxi	7.5	35.5	35.6	18	4.9	30.0	30.8	17
甘　肃	Gansu	4.4	14.5	15.8	28	3.7	12.1	12.6	28
青　海	Qinghai	1.5	6.1	6.3	30	1.0	6.4	7.1	30
宁　夏	Ningxia	1.9	27.8	29.7	21	1.9	25.8	28.2	19
新　疆	Xinjiang	6.2	20.5	24.9	26	5.4	15.7	19.3	24

21-18 城镇职工基本医疗保险基金累计结余和城镇居民基本医疗保险基金累计结余
Balance at the Year-end for Workers, and Balance at the Year-end for Urban Residents

单位：亿元 (100 million yuan)

地区	Region	城镇职工基本医疗保险基金累计结余 Balance at the Year-end for Workers				城镇居民基本医疗保险基金累计结余 Balance at the Year-end for Urban Residents			
		2010	2015	2016	2016排名 Ranking	2010	2015	2016	2016排名 Ranking
全 国	**National Total**	**4741.2**	**10997.1**	**12971.7**		**306.0**	**1545.7**	**1992.6**	
北 京	Beijing	191.6	294.0	429.5	9	4.4	25.5	34.3	20
天 津	Tianjin	48.8	111.6	149.3	25	1.7	32.0	49.9	15
河 北	Hebei	177.4	441.2	512.7	7	12.6	48.9	133.1	4
山 西	Shanxi	106.4	243.5	260.4	18	8.7	24.7	28.5	23
内蒙古	Inner Mongolia	80.2	169.3	201.2	23	7.4	26.3	29.9	22
辽 宁	Liaoning	242.1	358.2	379.8	11	9.8	37.7	45.8	16
吉 林	Jilin	90.3	179.2	219.7	21	10.6	39.2	41.9	17
黑龙江	Heilongjiang	174.9	273.5	294.8	14	14.6	47.4	59.8	12
上 海	Shanghai	203.4	1107.3	1403.0	2	1.1	4.1	7.8	29
江 苏	Jiangsu	439.6	979.6	1111.8	4	20.2	59.8	75.4	8
浙 江	Zhejiang	361.6	1059.6	1249.3	3	11.2	59.1	70.6	11
安 徽	Anhui	105.7	226.1	267.3	15	20.7	52.0	59.2	13
福 建	Fujian	170.0	411.9	464.1	8	4.9	14.9	33.8	21
江 西	Jiangxi	70.4	155.2	184.0	24	14.1	68.4	92.1	5
山 东	Shandong	248.8	582.0	671.4	6	13.8	170.5	206.2	2
河 南	Henan	153.0	337.8	397.9	10	13.4	62.7	75.0	9
湖 北	Hubei	137.8	222.1	262.2	16	21.2	74.9	88.8	6
湖 南	Hunan	133.2	255.5	317.5	12	15.5	62.8	72.5	10
广 东	Guangdong	677.8	1542.9	1801.3	1	22.0	288.7	344.0	1
广 西	Guangxi	108.8	195.8	231.5	20	8.9	43.4	55.6	14
海 南	Hainan	26.2	63.3	77.8	28	3.6	11.7	13.2	28
重 庆	Chongqing	89.6	187.4	206.3	22	2.8	73.2	84.8	7
四 川	Sichuan	257.7	583.2	689.8	5	27.0	88.2	134.4	3
贵 州	Guizhou	51.5	88.0	108.2	26	3.9	29.3	37.1	19
云 南	Yunnan	100.1	204.3	240.9	19	7.6	16.2	22.1	25
西 藏	Tibet	12.0	36.0	46.8	31	0.7	-1.6	-3.1	31
陕 西	Shaanxi	96.7	238.6	262.1	17	8.4	33.1	37.9	18
甘 肃	Gansu	46.8	82.1	97.4	27	6.1	14.7	17.9	27
青 海	Qinghai	32.1	61.6	70.1	29	1.5	0.6	-0.2	30
宁 夏	Ningxia	21.3	50.5	56.1	30	1.6	16.5	18.0	26
新 疆	Xinjiang	85.5	255.8	307.5	13	6.0	20.8	26.2	24

21-19 年末参加工伤保险人数和享受工伤待遇人数
Work Injury Insurance Contributors at Year-end, and Beneficiaries at Year-end

地区	Region	年末参加工伤保险人数（万人） Work Injury Insurance Contributors at Year-end （10 000 persons）				享受工伤待遇人数（万人次） Beneficiaries at Year-end (10 000 person-times)			
		2010	2015	2016	2016排名 Ranking	2010	2015	2016	2016排名 Ranking
全　国	**National Total**	**16160.7**	**21432.5**	**21889.3**		**147.5**	**201.9**	**196.0**	
北　京	Beijing	823.8	1020.1	1060.2	5	4.4	4.7	4.6	17
天　津	Tianjin	304.5	385.6	388.1	21	4.1	3.4	3.4	21
河　北	Hebei	594.4	809.7	840.0	9	7.5	9.6	9.8	8
山　西	Shanxi	292.4	573.1	576.0	14	4.9	10.1	11.4	5
内蒙古	Inner Mongolia	207.5	297.1	303.2	26	1.8	2.4	2.7	23
辽　宁	Liaoning	730.0	918.6	886.6	7	10.0	13.8	13.8	4
吉　林	Jilin	300.5	435.6	440.7	20	3.7	11.3	4.9	15
黑龙江	Heilongjiang	415.1	512.0	522.2	16	6.2	6.5	6.5	14
上　海	Shanghai	961.0	932.9	943.5	6	1.7	7.0	6.5	13
江　苏	Jiangsu	1205.5	1594.1	1633.9	3	9.8	14.7	15.1	2
浙　江	Zhejiang	1475.1	1930.1	1880.7	2	20.2	20.4	18.7	1
安　徽	Anhui	351.1	528.9	544.6	15	4.4	8.3	8.7	9
福　建	Fujian	417.7	691.0	733.8	12	2.4	3.9	4.2	19
江　西	Jiangxi	371.7	500.6	502.1	17	2.7	4.6	4.5	18
山　东	Shandong	1211.2	1473.5	1510.9	4	10.2	11.1	11.1	7
河　南	Henan	551.7	856.7	877.0	8	3.0	5.0	4.8	16
湖　北	Hubei	444.0	640.1	651.1	13	3.1	4.9	7.9	10
湖　南	Hunan	516.0	778.0	773.3	11	7.4	9.3	11.1	6
广　东	Guangdong	2657.8	3122.7	3246.2	1	14.7	16.8	14.5	3
广　西	Guangxi	235.7	360.5	374.1	22	1.4	1.9	1.8	27
海　南	Hainan	95.8	131.5	137.4	28	0.3	0.3	0.3	30
重　庆	Chongqing	266.0	428.5	454.9	18	5.6	7.5	7.0	12
四　川	Sichuan	583.8	753.2	799.1	10	6.0	7.9	7.6	11
贵　州	Guizhou	162.2	290.2	305.0	25	1.9	2.8	2.5	24
云　南	Yunnan	227.4	368.1	372.8	23	4.6	4.3	3.7	20
西　藏	Tibet	8.8	26.9	26.9	31		0.1	0.1	31
陕　西	Shaanxi	278.6	427.3	441.6	19	1.6	3.0	3.0	22
甘　肃	Gansu	130.1	182.6	188.4	27	1.1	2.3	2.5	25
青　海	Qinghai	43.2	58.0	59.8	30	0.5	0.5	0.5	29
宁　夏	Ningxia	48.9	80.8	83.5	29	0.3	0.6	0.5	28
新　疆	Xinjiang	249.3	324.4	331.9	24	2.0	2.9	2.4	26

21-20 工伤保险基金收入和基金支出

Revenue and Expenses of Work Injury Insurance and Maternity Insurance

单位：亿元 (100 million yuan)

地区	Region	工伤保险基金收入 Revenue				工伤保险基金支出 Expenses			
		2010	2015	2016	2016排名 Ranking	2010	2015	2016	2016排名 Ranking
全　国	**National Total**	**284.9**	**754.2**	**736.9**		**192.4**	**598.7**	**610.3**	
北　京	Beijing	13.0	32.9	30.5	10	10.7	26.5	29.3	8
天　津	Tianjin	5.9	11.3	9.9	26	4.7	10.6	11.3	23
河　北	Hebei	16.1	37.8	40.6	5	13.3	34.1	36.0	5
山　西	Shanxi	12.9	32.9	30.8	9	8.0	27.7	28.4	9
内蒙古	Inner Mongolia	5.4	13.9	12.9	22	2.9	8.6	10.2	25
辽　宁	Liaoning	15.4	27.8	33.0	7	10.4	30.1	30.7	6
吉　林	Jilin	4.6	18.6	18.2	15	3.9	10.4	11.9	21
黑龙江	Heilongjiang	11.6	22.3	23.2	13	9.2	21.3	23.4	12
上　海	Shanghai	12.9	36.3	32.8	8	5.2	31.2	29.8	7
江　苏	Jiangsu	18.7	79.1	78.1	1	13.9	61.1	55.2	1
浙　江	Zhejiang	22.0	56.8	52.8	3	14.1	43.1	45.1	3
安　徽	Anhui	6.0	21.6	20.7	14	3.6	16.2	16.4	15
福　建	Fujian	5.9	19.4	17.6	17	2.9	13.0	13.5	16
江　西	Jiangxi	4.6	18.5	16.3	19	2.4	10.8	12.2	18
山　东	Shandong	20.5	51.0	50.2	4	15.1	38.4	39.4	4
河　南	Henan	10.2	22.9	26.6	12	5.8	20.7	19.6	13
湖　北	Hubei	5.1	17.7	16.8	18	2.8	13.3	12.5	17
湖　南	Hunan	10.7	34.0	36.5	6	8.4	28.0	27.7	10
广　东	Guangdong	30.4	68.9	58.9	2	19.8	44.7	47.7	2
广　西	Guangxi	3.4	9.3	10.2	25	1.6	4.7	5.2	27
海　南	Hainan	0.9	2.8	3.8	29	0.5	1.4	1.4	30
重　庆	Chongqing	7.1	17.6	17.9	16	6.2	19.8	19.2	14
四　川	Sichuan	12.4	30.6	29.3	11	8.5	23.3	23.8	11
贵　州	Guizhou	6.4	14.2	12.5	24	5.0	11.5	11.9	20
云　南	Yunnan	5.8	13.5	12.7	23	4.4	12.1	11.8	22
西　藏	Tibet	0.3	1.4	1.3	31	0.1	0.6	0.5	31
陕　西	Shaanxi	5.8	11.9	13.3	21	2.6	11.8	11.9	19
甘　肃	Gansu	2.9	7.8	8.2	27	1.7	6.4	6.8	26
青　海	Qinghai	1.6	3.4	3.3	30	0.9	2.3	2.6	29
宁　夏	Ningxia	1.4	4.0	4.1	28	0.8	3.4	3.9	28
新　疆	Xinjiang	4.8	13.9	13.6	20	3.3	11.4	10.9	24

21-21 工伤保险基金和生育保险基金累计结余

Cumulative Balance at Year-end of Work Injury Insurance and Maternity Insurance

单位：亿元 (100 million yuan)

地区	Region	工伤保险基金累计结余 Work Injury Insurance 2010	2015	2016	2016排名 Ranking	生育保险基金累计结余 Maternity Insurance 2010	2015	2016	2016排名 Ranking
全　国	**National Total**	**561.4**	**1285.3**	**1410.9**		**261.4**	**684.4**	**675.9**	
北　京	Beijing	17.3	42.2	43.4	11	19.7	32.8	36.8	4
天　津	Tianjin	11.2	16.5	15.0	25	10.7	20.0	17.7	16
河　北	Hebei	18.8	23.9	28.5	21	6.8	24.2	22.0	12
山　西	Shanxi	18.4	55.9	58.3	8	4.0	19.6	21.6	13
内蒙古	Inner Mongolia	8.0	36.3	39.0	13	4.0	14.1	17.1	17
辽　宁	Liaoning	23.9	32.1	34.4	17	8.5	14.3	14.6	20
吉　林	Jilin	5.3	27.1	33.4	18	4.3	12.2	13.9	22
黑龙江	Heilongjiang	13.1	32.5	32.3	19	6.4	15.5	15.0	19
上　海	Shanghai	37.8	57.2	60.2	6	0.7	17.2	31.6	6
江　苏	Jiangsu	35.3	87.6	110.5	2	40.0	66.8	45.6	2
浙　江	Zhejiang	37.6	78.7	86.4	3	14.3	40.3	41.4	3
安　徽	Anhui	11.0	37.5	41.8	12	5.0	14.9	14.0	21
福　建	Fujian	22.4	54.1	58.1	9	8.2	25.4	23.1	10
江　西	Jiangxi	9.1	33.0	37.1	14	2.8	10.2	10.5	23
山　东	Shandong	26.9	73.1	83.9	4	19.0	43.8	33.8	5
河　南	Henan	20.9	50.1	56.9	10	8.1	29.3	30.5	7
湖　北	Hubei	10.6	31.7	36.0	15	8.1	23.9	24.8	9
湖　南	Hunan	14.1	49.8	58.6	7	8.5	23.8	26.9	8
广　东	Guangdong	127.1	241.3	252.6	1	30.7	105.3	117.8	1
广　西	Guangxi	12.0	29.4	34.4	16	5.8	17.6	18.0	15
海　南	Hainan	4.3	10.5	12.9	27	2.2	5.2	5.4	27
重　庆	Chongqing	3.4	4.0	2.8	31	4.1	7.3	2.1	30
四　川	Sichuan	21.9	55.4	60.9	5	10.9	25.6	19.0	14
贵　州	Guizhou	7.3	19.5	20.0	24	2.9	8.6	9.1	25
云　南	Yunnan	11.6	23.0	23.9	23	8.1	13.0	9.3	24
西　藏	Tibet	0.7	3.0	3.8	30	0.6	1.3	2.0	31
陕　西	Shaanxi	11.5	30.6	31.1	20	4.3	15.2	15.0	18
甘　肃	Gansu	5.8	12.0	13.5	26	1.9	8.3	8.7	26
青　海	Qinghai	3.0	6.3	7.1	29	0.5	4.3	4.0	28
宁　夏	Ningxia	1.5	9.3	9.6	28	0.7	2.9	2.4	29
新　疆	Xinjiang	9.8	21.8	24.5	22	9.9	21.6	22.3	11

注：工伤保险累计结合中含储备金。

Note: Balance of work injury insurance includes reserves.

21-22 年末参加生育保险人数和享受待遇人数
Maternity Insurance Contributors at Year-end, and Beneficiaries at Year-end

地区	Region	年末参加生育保险人数（万人）Maternity Insurance Contributors at Year-end (10 000 persons)				享受待遇人数（万人次）Beneficiaries at Year-end (10 000 person-times)			
		2010	2015	2016	2016排名 Ranking	2010	2015	2016	2016排名 Ranking
全　国	**National Total**	**12335.9**	**17771.0**	**18451.0**		**210.7**	**641.9**	**913.7**	
北　京	Beijing	372.2	941.6	981.0	5	12.6	52.8	51.9	5
天　津	Tianjin	212.0	269.7	285.0	24	5.6	19.4	28.1	11
河　北	Hebei	561.5	713.0	710.3	9	5.2	18.5	33.8	6
山　西	Shanxi	211.6	456.5	458.5	15	1.7	8.0	8.9	24
内蒙古	Inner Mongolia	233.9	302.6	305.3	21	2.2	7.8	8.5	25
辽　宁	Liaoning	593.0	789.3	790.1	7	13.5	29.6	31.7	8
吉　林	Jilin	310.5	367.5	367.8	16	5.6	14.0	17.1	17
黑龙江	Heilongjiang	290.1	357.1	358.0	18	3.4	6.4	9.4	22
上　海	Shanghai	657.3	735.4	956.1	6	7.7	22.9	28.2	10
江　苏	Jiangsu	1086.4	1471.7	1510.3	2	24.4	95.3	170.3	1
浙　江	Zhejiang	863.7	1285.2	1294.4	3	12.4	51.0	62.1	4
安　徽	Anhui	346.9	499.3	517.6	13	5.0	15.9	21.8	15
福　建	Fujian	374.4	598.3	625.8	11	4.9	14.0	20.9	16
江　西	Jiangxi	170.0	251.3	258.9	26	1.0	4.7	7.8	26
山　东	Shandong	774.1	1111.3	1139.1	4	18.0	48.1	73.4	3
河　南	Henan	412.9	609.5	646.8	10	5.3	16.5	24.5	13
湖　北	Hubei	381.8	500.2	511.9	14	11.0	22.3	30.2	9
湖　南	Hunan	527.1	544.0	542.9	12	12.1	20.5	27.4	12
广　东	Guangdong	2038.5	3081.8	3161.9	1	24.3	67.0	117.8	2
广　西	Guangxi	218.5	307.9	319.6	19	3.6	9.6	13.0	19
海　南	Hainan	92.6	127.1	136.5	28	1.5	4.7	6.0	28
重　庆	Chongqing	175.7	354.3	365.7	17	4.9	18.3	24.3	14
四　川	Sichuan	484.2	670.3	713.1	8	5.9	24.8	31.8	7
贵　州	Guizhou	164.3	263.6	286.3	23	2.3	7.5	10.8	21
云　南	Yunnan	210.2	289.8	295.9	22	4.0	12.0	16.2	18
西　藏	Tibet	14.8	23.8	24.9	31	0.3	0.7	0.9	31
陕　西	Shaanxi	180.1	265.3	283.4	25	2.4	6.4	9.1	23
甘　肃	Gansu	82.0	154.1	162.7	27	1.0	3.5	6.8	27
青　海	Qinghai	6.4	48.0	49.7	30	0.1	5.0	3.7	30
宁　夏	Ningxia	39.8	73.7	76.5	29	0.6	2.6	4.4	29
新　疆	Xinjiang	249.4	307.9	315.0	20	8.4	12.4	13.0	20

21-23 生育保险基金收入和基金支出
Childcare Revenue and Expenses

单位：亿元 (100 million yuan)

地区	Region	基金收入 Revenue 2010	2015	2016	2016排名 Ranking	基金支出 Expenses 2010	2015	2016	2016排名 Ranking
全　国	**National Total**	**159.6**	**501.7**	**521.9**		**109.9**	**411.5**	**530.6**	
北　京	Beijing	12.2	51.0	56.7	3	7.7	52.7	52.7	3
天　津	Tianjin	5.6	11.1	9.1	16	4.6	10.4	11.4	15
河　北	Hebei	4.7	14.5	12.8	11	2.5	10.0	14.2	11
山　西	Shanxi	2.2	8.6	7.6	21	1.2	6.2	5.6	22
内蒙古	Inner Mongolia	2.7	8.0	8.4	19	1.5	5.2	5.4	23
辽　宁	Liaoning	7.4	18.9	20.3	7	5.7	18.5	20.0	8
吉　林	Jilin	2.2	6.5	7.4	22	1.1	4.8	5.8	21
黑龙江	Heilongjiang	3.0	7.1	6.3	23	1.9	4.5	6.9	20
上　海	Shanghai	12.0	48.7	65.1	2	13.3	38.2	50.6	4
江　苏	Jiangsu	19.4	34.8	38.9	4	12.3	43.0	60.1	2
浙　江	Zhejiang	12.5	38.7	37.8	5	9.8	29.8	36.7	6
安　徽	Anhui	3.6	10.8	12.0	13	2.3	8.9	12.9	13
福　建	Fujian	4.3	16.5	13.1	10	2.9	13.8	15.4	9
江　西	Jiangxi	0.8	5.0	4.7	25	0.4	2.7	4.4	26
山　东	Shandong	11.7	36.0	35.8	6	9.1	30.1	45.9	5
河　南	Henan	4.5	15.6	14.8	9	2.4	12.2	14.6	10
湖　北	Hubei	3.8	11.7	11.6	14	2.0	8.0	10.6	16
湖　南	Hunan	4.2	11.8	12.6	12	2.6	8.7	9.5	17
广　东	Guangdong	19.2	71.1	73.3	1	12.2	39.6	60.8	1
广　西	Guangxi	2.5	9.0	8.6	18	1.6	5.5	8.1	19
海　南	Hainan	0.6	2.5	2.6	28	0.3	2.0	2.4	29
重　庆	Chongqing	2.1	7.6	8.3	20	1.6	10.0	13.6	12
四　川	Sichuan	5.0	17.5	16.2	8	3.9	16.7	22.7	7
贵　州	Guizhou	1.3	4.6	5.5	24	0.5	3.4	4.9	24
云　南	Yunnan	3.0	9.2	8.6	17	1.7	8.7	12.3	14
西　藏	Tibet	0.3	0.8	1.7	30	0.2	0.7	1.0	31
陕　西	Shaanxi	2.4	5.1	4.4	26	0.9	3.7	4.6	25
甘　肃	Gansu	1.0	4.3	4.0	27	0.5	2.7	3.6	27
青　海	Qinghai	0.2	2.3	1.6	31	0.1	1.0	2.0	30
宁　夏	Ningxia	0.6	2.3	2.4	29	0.3	1.7	2.8	28
新　疆	Xinjiang	4.6	10.0	9.7	15	2.8	8.2	9.0	18

21-24 城乡居民社会养老保险参保人数和达到领取待遇年龄参保人数

Per Capita Contributors at Year-end, and Number of Participants Who Have Reached the Prescribed Age of Benefit Entilement

单位：万人 (10 000 persons)

地区	Region	参保人数 Contributors at Year-end				其中：达到领取待遇年龄参保人数 Number of Participants Who Have Reached the Prescribed Age of Benefit Entilement			
		2010	2015	2016	2016排名 Ranking	2010	2015	2016	2016排名 Ranking
全　国	**National Total**	**10276.8**	**50472.2**	**50847.1**		**2862.6**	**14800.3**	**15270.3**	
北　京	Beijing	168.5	187.6	215.7	27	17.7	39.5	85.4	25
天　津	Tianjin	79.4	121.1	134.5	30	65.6	74.9	77.5	26
河　北	Hebei	840.3	3440.3	3446.0	3	179.5	927.3	969.4	5
山　西	Shanxi	249.8	1540.3	1549.6	15	68.8	371.0	387.8	17
内蒙古	Inner Mongolia	168.8	734.1	736.1	22	41.8	204.9	211.7	23
辽　宁	Liaoning	146.8	1034.7	1039.6	20	33.6	374.3	385.2	18
吉　林	Jilin	86.7	662.7	667.2	23	32.2	218.0	244.7	22
黑龙江	Heilongjiang	131.2	827.8	837.6	21	27.7	258.1	270.3	21
上　海	Shanghai	28.9	79.5	79.5	31	14.1	48.7	49.3	28
江　苏	Jiangsu	333.5	2339.0	2335.3	8	132.4	1023.0	1045.8	4
浙　江	Zhejiang	290.8	1285.9	1233.1	18	134.2	550.8	536.4	11
安　徽	Anhui	349.3	3396.6	3431.9	4	93.0	895.1	912.8	7
福　建	Fujian	273.9	1480.4	1489.1	16	57.7	404.1	426.9	16
江　西	Jiangxi	272.3	1829.9	1844.1	11	75.2	441.3	457.2	14
山　东	Shandong	919.2	4534.3	4538.6	2	318.0	1401.1	1430.9	1
河　南	Henan	1211.8	4855.2	4893.7	1	251.1	1305.2	1343.8	2
湖　北	Hubei	380.0	2215.0	2219.7	10	115.0	653.9	674.3	9
湖　南	Hunan	581.8	3280.1	3320.5	5	217.8	899.6	915.5	6
广　东	Guangdong	157.6	2499.7	2543.2	7	51.8	776.3	816.7	8
广　西	Guangxi	220.4	1741.5	1770.9	12	59.6	538.1	555.3	10
海　南	Hainan	62.4	281.1	284.0	25	17.7	69.3	70.9	27
重　庆	Chongqing	807.4	1111.1	1115.8	19	265.0	366.7	369.3	19
四　川	Sichuan	669.6	3020.4	3052.4	6	199.6	1095.0	1114.4	3
贵　州	Guizhou	223.9	1649.0	1702.2	14	63.5	433.0	442.3	15
云　南	Yunnan	469.4	2253.3	2257.5	9	91.7	480.7	500.3	12
西　藏	Tibet	80.5	157.7	158.5	29	23.5	24.5	23.2	31
陕　西	Shaanxi	439.7	1714.5	1720.5	13	97.0	441.4	460.1	13
甘　肃	Gansu	185.5	1236.7	1253.7	17	38.0	300.1	304.5	20
青　海	Qinghai	65.1	233.5	235.2	26	16.8	43.3	44.7	29
宁　夏	Ningxia	24.7	183.1	186.2	28	4.7	37.5	38.4	30
新　疆	Xinjiang	357.9	546.1	554.9	24	58.0	103.9	105.6	24

注：2012年8月起，新型农村社会养老保险和城镇居民社会养老保险制度全覆盖工作全面启动，合并为城乡居民社会养老保险。

Note: Since August, 2012, system of new rural old-age insurance and urban basic pension insurance have started completely, and called basic pension insurance for urban and rural residents as total.

21-25 城乡居民社会养老保险基金收入和基金支出
Per Capita Revenue and Expenses

单位：亿元 (100 million yuan)

地区	Region	基金收入 Revenue 2010	2015	2016	2016排名 Ranking	基金支出 Expenses 2010	2015	2016	2016排名 Ranking
全　国	**National Total**	**453.4**	**2854.6**	**2933.3**		**200.4**	**2116.7**	**2150.5**	
北　京	Beijing	21.2	37.3	41.7	24	7.1	26.5	30.2	24
天　津	Tianjin	28.5	46.5	72.5	16	9.7	26.9	30.7	23
河　北	Hebei	24.8	140.3	141.6	7	9.9	98.5	103.6	7
山　西	Shanxi	5.7	67.9	66.9	17	3.4	44.8	43.2	19
内蒙古	Inner Mongolia	5.6	41.4	45.6	23	2.9	36.8	37.7	21
辽　宁	Liaoning	5.5	63.1	59.0	18	2.4	56.3	53.5	15
吉　林	Jilin	2.4	29.6	29.7	25	1.2	25.0	26.4	25
黑龙江	Heilongjiang	7.2	30.8	24.4	28	2.1	27.0	26.2	26
上　海	Shanghai	6.9	48.1	57.5	20	6.8	48.4	54.2	14
江　苏	Jiangsu	27.9	274.8	288.1	2	15.7	213.5	224.8	1
浙　江	Zhejiang	16.5	148.3	149.9	6	7.3	143.3	143.4	5
安　徽	Anhui	13.9	139.6	140.6	8	7.3	95.7	93.2	9
福　建	Fujian	9.4	73.8	79.0	14	3.7	53.6	57.9	13
江　西	Jiangxi	7.0	69.3	73.8	15	3.2	49.3	46.2	18
山　东	Shandong	43.7	289.6	324.4	1	18.2	189.8	204.8	2
河　南	Henan	46.6	204.7	200.1	3	16.2	154.0	144.6	4
湖　北	Hubei	12.4	103.6	112.5	10	6.4	73.4	76.2	10
湖　南	Hunan	17.2	136.4	134.9	9	10.1	95.9	97.2	8
广　东	Guangdong	6.5	206.7	184.8	5	3.5	146.9	157.1	3
广　西	Guangxi	8.5	87.6	85.1	12	3.9	66.4	63.4	12
海　南	Hainan	2.5	21.8	29.0	26	1.1	13.2	13.0	28
重　庆	Chongqing	33.5	53.8	57.0	21	23.6	52.4	50.0	16
四　川	Sichuan	29.6	192.0	190.4	4	14.2	144.1	141.6	6
贵　州	Guizhou	7.1	62.2	58.6	19	3.7	46.1	43.0	20
云　南	Yunnan	11.1	83.5	83.6	13	3.5	51.1	49.2	17
西　藏	Tibet	2.2	6.5	7.7	31	1.7	4.1	4.7	31
陕　西	Shaanxi	23.8	91.7	87.7	11	4.4	65.3	65.1	11
甘　肃	Gansu	15.7	54.3	54.8	22	3.5	36.7	36.6	22
青　海	Qinghai	1.9	12.8	13.7	29	0.5	7.6	8.5	29
宁　夏	Ningxia	0.8	10.0	11.3	30	0.3	6.9	7.2	30
新　疆	Xinjiang	8.0	26.7	27.3	27	2.7	17.1	17.1	27

21-26 城乡居民社会养老保险基金累计结余和开展新型农村合作医疗县（市、区）数 Per Capita Balance at Year-end, and Number of Counties

地区	Region	基金累计结余（亿元） Balance at Year-end (100 million yuan)				开展新型农村合作医疗县（市、区）数（个） Number of Counties (unit)	
		2010	2015	2016	2016排名 Ranking	2012	2012排名 Ranking
全 国	**National Total**	**422.5**	**4592.3**	**5385.2**		**2566**	
北 京	Beijing	57.2	127.5	139.0	15	13	28
天 津	Tianjin	36.4	147.3	202.0	9		
河 北	Hebei	20.9	211.2	249.2	7	164	2
山 西	Shanxi	8.0	122.6	146.3	14	115	7
内蒙古	Inner Mongolia	7.7	67.3	75.3	23	92	15
辽 宁	Liaoning	3.1	57.3	62.8	24	94	12
吉 林	Jilin	1.4	40.1	43.4	28	60	23
黑龙江	Heilongjiang	3.9	54.2	52.5	26	122	6
上 海	Shanghai	25.0	74.0	77.3	22	9	30
江 苏	Jiangsu	53.9	441.2	504.4	2	81	19
浙 江	Zhejiang	16.7	144.3	150.9	13	81	19
安 徽	Anhui	10.1	220.6	268.0	6	94	12
福 建	Fujian	4.6	102.8	123.9	17	74	21
江 西	Jiangxi	4.3	109.7	137.3	16	96	11
山 东	Shandong	52.7	568.2	683.6	1	135	4
河 南	Henan	23.2	293.9	350.7	5	157	3
湖 北	Hubei	7.8	165.7	202.0	10	93	14
湖 南	Hunan	8.6	184.1	221.8	8	111	8
广 东	Guangdong	5.0	357.3	385.2	3	10	29
广 西	Guangxi	4.6	88.9	110.5	19	106	9
海 南	Hainan	1.0	34.9	51.0	27	20	27
重 庆	Chongqing	9.9	94.1	101.1	20	37	25
四 川	Sichuan	21.6	303.0	351.8	4	175	1
贵 州	Guizhou	5.2	75.8	91.4	21	88	17
云 南	Yunnan	7.3	157.1	191.6	11	127	5
西 藏	Tibet	0.2	11.5	14.5	31	73	22
陕 西	Shaanxi	13.4	148.5	171.1	12	104	10
甘 肃	Gansu	0.8	95.9	114.2	18	86	18
青 海	Qinghai	1.4	21.6	26.8	29	39	24
宁 夏	Ningxia	0.7	19.3	23.4	30	21	26
新 疆	Xinjiang	5.8	52.2	62.4	25	89	16

21-27 参加新农合人数和人均筹资
Number of Enrollees, and Per Capita Premiums

地区	Region	参加新农合人数（万人） Number of Enrollees (10 000 persons)				人均筹资（元） Per Capita Premiums (yuan)			
		2010	2013	2014	2014排名 Ranking	2010	2013	2014	2014排名 Ranking
全　国	**National Total**	**83560.0**	**80209.0**	**73627.3**		**156.6**	**370.6**	**410.9**	
北　京	Beijing	278.5	254.4	242.6	27	555.4	893.9	1090.9	2
天　津	Tianjin								
河　北	Hebei	4998.1	5146.4	5235.0	3	140.0	346.2	396.7	18
山　西	Shanxi	2164.6	2193.7	2191.2	14	150.6	346.6	395.1	19
内蒙古	Inner Mongolia	1214.6	1261.5	1289.3	21	157.6	374.3	420.1	10
辽　宁	Liaoning	1953.6	1977.1	1972.6	16	158.4	354.0	407.9	14
吉　林	Jilin	1252.5	1344.3	1321.3	20	150.4	362.8	414.6	12
黑龙江	Heilongjiang	1400.8	1521.1	1530.6	18	151.2	354.3	392.9	21
上　海	Shanghai	149.0	104.7	98.7	28	757.7	1593.7	1710.0	1
江　苏	Jiangsu	4370.6	4055.1	4076.1	7	192.0	394.6	457.5	7
浙　江	Zhejiang	2972.1	2228.3	1374.6	19	251.8	665.9	523.9	3
安　徽	Anhui	4750.2	5149.6	5190.8	4	151.8	368.1	410.3	13
福　建	Fujian	2404.2	2492.1	2531.4	13	152.0	350.2	400.5	16
江　西	Jiangxi	3145.0	3358.0	3407.8	9	150.8	342.3	390.4	23
山　东	Shandong	6548.7	6378.8			135.2	361.5		
河　南	Henan	7651.5	8119.5	8262.0	1	150.6	352.9	380.9	27
湖　北	Hubei	3833.0	3925.3	3951.3	8	150.3	365.1	401.1	15
湖　南	Hunan	4911.5	4729.7	4795.8	5	141.2	350.6	384.6	26
广　东	Guangdong	3891.5				160.7			
广　西	Guangxi	3811.3	4078.9	4159.2	6	150.4	344.2	392.8	22
海　南	Hainan	474.9	490.4	501.6	23	144.2	348.3	386.3	25
重　庆	Chongqing	2200.4	2146.2	2123.4	15	141.5	437.8	499.7	5
四　川	Sichuan	6285.1	6243.8	6227.3	2	149.0	347.3	397.9	17
贵　州	Guizhou	3029.2	3214.0	3247.4	11	146.4	334.0	393.6	20
云　南	Yunnan	3412.2	3250.5	3304.5	10	140.9	346.0	387.1	24
西　藏	Tibet	233.6	242.9	253.0	26	192.6	366.7	418.2	11
陕　西	Shaanxi	2581.4	2550.3	2569.9	12	154.4	374.7	439.0	9
甘　肃	Gansu	1910.3	1930.3	369.0	24	146.3	343.7	514.6	4
青　海	Qinghai	340.8	362.7	1922.9	17	165.5	471.4	378.0	28
宁　夏	Ningxia	372.0	356.9	360.0	25	145.7	434.8	499.3	6
新　疆	Xinjiang	1019.0	1102.7	1118.1	22	158.3	371.7	440.7	8

21-28 新型农村合作医疗本年度筹资总额和新农合补偿受益人次

Premiums This Year, and Number of Beneficiaries from Reimbursement

地区	Region	本年度筹资总额（亿元） Premiums This Year (100 million yuan)				新农合补偿受益人次（万人次） Number of Beneficiaries from Reimbursement (10 000 person-times)			
		2010	2013	2014	2014排名 Ranking	2010	2013	2014	2014排名 Ranking
全　国	**National Total**	**1308.33**	**2972.48**	**3025.28**		**108666.0**	**194218.8**	**165220.6**	
北　京	Beijing	15.47	22.74	26.46	23	694.5	562.9	582.3	26
天　津	Tianjin								
河　北	Hebei	69.95	178.19	207.66	4	6592.9	13350.1	13606.8	5
山　西	Shanxi	32.60	76.02	86.57	15	2570.6	4105.6	4062.0	14
内蒙古	Inner Mongolia	19.14	47.22	54.17	21	894.3	958.7	849.0	23
辽　宁	Liaoning	30.94	69.99	80.46	16	1399.9	2453.3	2734.9	17
吉　林	Jilin	18.83	48.77	54.78	20	627.9	665.0	674.2	25
黑龙江	Heilongjiang	21.18	53.89	60.13	19	1181.6	2457.2	2720.9	18
上　海	Shanghai	11.29	16.69	16.88	27	2035.2	1683.4	1707.3	21
江　苏	Jiangsu	83.90	160.00	186.49	5	8956.7	14449.2	15747.6	2
浙　江	Zhejiang	74.83	148.38	72.02	18	7758.4	12714.2	5263.5	12
安　徽	Anhui	72.11	189.58	212.97	3	4260.2	10382.2	10226.7	6
福　建	Fujian	36.54	87.27	101.37	14	278.5	1441.8	1752.6	20
江　西	Jiangxi	47.42	114.96	133.03	9	1968.4	5114.6	5621.0	10
山　东	Shandong	88.55	230.57			14605.7	24655.5		
河　南	Henan	115.19	286.54	314.67	1	11544.6	27128.6	26640.0	1
湖　北	Hubei	57.62	143.32	158.48	8	8659.9	14256.3	13619.3	4
湖　南	Hunan	69.34	165.84	184.46	6	2685.5	6222.9	5318.9	11
广　东	Guangdong	62.53				2909.0			
广　西	Guangxi	57.31	140.39	163.37	7	2448.3	5564.9	6059.8	8
海　南	Hainan	6.85	17.08	19.37	24	633.3	1095.7	1158.0	22
重　庆	Chongqing	31.13	93.97	106.10	13	2461.0	2243.1	2787.3	16
四　川	Sichuan	93.67	216.86	247.77	2	4905.8	14698.6	15722.8	3
贵　州	Guizhou	44.35	107.34	127.82	11	3949.9	5520.5	5755.3	9
云　南	Yunnan	48.09	112.47	127.91	10	8043.5	10041.2	10040.2	7
西　藏	Tibet	4.50	8.91	10.58	28	393.4	698.8	551.0	27
陕　西	Shaanxi	39.87	95.56	112.83	12	2433.0	4942.6	5229.5	13
甘　肃	Gansu	27.94	66.34	18.99	25	2132.4	3884.3	261.0	28
青　海	Qinghai	5.64	17.10	72.68	17	275.1	300.9	3634.2	15
宁　夏	Ningxia	5.42	15.52	17.97	26	535.8	831.9	830.3	24
新　疆	Xinjiang	16.13	40.99	49.27	22	830.9	1795.1	2064.3	19

主要统计指标解释

行政区域土地面积 是指在该行政区划内的全部土地面积（包括水面面积）。计算土地面积以行政区划为准。

常住人口 包括：（1）住本户，户口在本乡、镇、街道的人（含户口在本户，外出不满半年的人）；（2）住本户半年以上，户口在外乡、镇、街道的人；（3）住本户不满半年，户口在外乡、镇、街道，离开户口登记地半年以上的人；（4）住本户，户口待定的人。

地区生产总值（GRP） 指按市场价格计算的一个地区所有常住单位在一定时期内生产活动的最终成果。

地方财政一般预算收入 包括：（1）税收收入；（2）社会保险基金收入；（3）非税收入；（4）贷款转回收本金收入（5） 转移性收入。

地方财政一般预算内支出 包括：（1）一般公共服务；（2）外交；（3）国防；（4）公共安全；（5）教育；（6）科学技术；（7）文化体育与传媒；（8）社会保障和就业；（9）社会保险基金支出；（10）医疗卫生；（11）环境保护；（12）城乡社区事务；（13）农林水事务；（14）交通运输；（15）工业商业金融等事务；（16）其它支出；（17）转移性支出。

住宅 指专供居住的房屋，包括别墅、公寓、职工家属宿舍和集体宿舍（包括职工单身宿舍和学生宿舍）等，但不包括住宅楼中作为人防用、不住人的地下室等。住宅按照性质可以划分为普通住房、经济使用住房和别墅、高档公寓。

专利申请受理量 指经专利部门初步审查后符合受理条件的专利申请量。

专利申请授权量 指经专利部门审查合格后，一句专利法授予申请人对申请项目专有权的专利申请数量。

中等职业学校 是指按国家规定的设置标准和审批程序批准建立的，招收初中（或部分高中）毕业生或同等学历者，实施中等职业技术教育，培养中等职业技术人才的学校。招收初中毕业生的，修业年限一般为三至四年；招收高中毕业生的，修业年限一般为二年至三年。包括中等专业学校、技工学校、职业中学（高中）等。统计中等职业学校时应注意，已承担培养学生任务的中等职业技术学校和独立设置的高等学校中专部或中专学校计算校数。正在筹建、尚未招生的中等职业学校和高等学校附设的中专班不计校数。

专任教师 指主要从事教学工作的人员。包括临时（一年以内）调去帮助做其它工作的教学人员。高等学校函授部、夜大学的专任教师和承担科研任务，未担任教学工作仍属教师编制的人员，应计入专任教师中。不包括调离教学岗位，担任行政领导工作或其他工作的原教学人员。

医院、卫生院床位数 指各级各类医院本年10月底的固定实有床位（非编制床位）。包括正规床、简易床、监护床和正在消毒、修理的床位及因扩建或大修理而停用的床位（按扩建或大修理前的床位计算），但不包括产科的新生儿床、库存床、临时增设的床位、病人家属的陪床、接产室的待产床等。

公共图书馆图书总藏量 指图书馆已编目的古籍、图书、期刊和报纸的合订本、小册子、手稿以及缩微制品、录像带、录音带、光盘等听视文献资料数量总和。

2017中国省市经济发展年鉴

CHINA PROVINCES AND CITIES ECONOMIC DEVELOPMENT YEARBOOK

《中国省市经济发展年鉴》编委会 编

下册

中国财经出版传媒集团
中国财政经济出版社

图书在版编目（C I P）数据

中国省市经济发展年鉴. 2017 ：全 2 册 / 《中国省市经济发展年鉴》编委会编. --北京 ：中国财政经济出版社，2018.7

ISBN 978-7-5095-8378-4

Ⅰ. ①中… Ⅱ. ①中… Ⅲ. ①区域经济发展－中国－2017－年鉴 Ⅳ. ①F127-54

中国版本图书馆 CIP 数据核字（2018）第 158105 号

责任编辑：罗亚洪

装帧设计：刘志鹏

中国财政经济出版社 出版

URL：http://www.cfeph.cn

E-mail：cfeph@cfeph.cn

地址：北京市海淀区阜成路甲 28 号　邮政编码：100142

北京时捷印刷有限公司印刷　　各地新华书店经销

880×1230 毫米　1/16 开　120.5 印张　2,000,000 字

2018 年 7 月第 1 版　2018 年 7 月北京第 1 次印刷

定价：780.00 元（上、下）

ISBN 978-7-5095-8378-4

（图书出现印装问题，本社负责调换）

本社质量投诉电话：010-88190744

打击盗版举报热线：010-88191661　招商电话：18911081807

《2017 中国省市经济发展年鉴（上、下）》

编委会

主　　编：黄　培

编　　委：满宏军　贺立丽　鲍国伟　程勇　杨东宇
杨桂英　高春雨　李金华　魏勇　杜有为
高晓军　蒋正华　王　志

校　　对：乔　霞

编 者 说 明

一、《2017 中国省市经济发展年鉴（上、下）》是一部全面反映、系统比较中国区域经济和城市经济发展状况的大型统计资料性年刊。本书分为上下册，上册收集整理了 31 个省级行政单位的数据，下册收集整理了 278 个地级及以上城市的数据。

二、本书信息量大，特别突出数据的发展性和比较性。本书包括三年的统计数据以及最近一年数据的位次排列，为了解全国地区发展和城市发展状况提供了重要的参考依据。《2017 中国省市经济发展年鉴（上）》主要内容涵盖：行政区划和人口、就业和工资、国民经济核算、固定资产投资、财政和税收、价格指数、居民生活、城市建设、资源、能源和环境、农业、工业、建筑业、运输和邮电、贸易和旅游、金融业、房地产业、科学技术、教育、卫生、文化和体育、社会服务和社会保障等社会经济发展的各个方面。《2017 中国省市经济发展年鉴（下）》主要内容涵盖：行政区划和人口、就业和工资、国民经济核算、固定资产投资和房地产、财政、居民生活和社会保障、土地资源管理、城市建设、能源和环境、农业、工业、建筑业、运输和邮电、贸易和旅游、金融业、教育、卫生和文化。附录为主要统计指标解释。本书未包括香港特别行政区、澳门特别行政区和台湾省的数据。

三、本书所涉及东部、中部、西部和东北地区的具体划分为：

东部 10 省（市）包括北京、天津、河北、上海、江苏、浙江、福建、山东、广东和海南；

中部 6 省包括山西、安徽、江西、河南、湖北和湖南；

西部 12 省（区、市）包括内蒙古、广西、重庆、四川、贵州、云南、西藏、陕西、甘肃、青海、宁夏和新疆；

东北 3 省包括辽宁、吉林和黑龙江。

四、由于单位取舍不同，本书中部分数据合计数或相对数可能有计算误差，我们均未做调整。书中数据由政府机构、行业协会等公开发布的数据整理而成，数据准确权威。

Editor's Notes

I. "China Provinces and Cities Economic Development Yearbook - 2017(Volumes 1 and 2)" is a large statistical annual book which fully reflects and compares China's regional and urban economy development systematically. This book is divided into two volumes, Volume1 collects data of 31 provincial administrative units, and Volume 2 includes the data of more than 278 prefecture-level cities in China. To facilitate readers, the book contains brief explanation to the major statistical indicators.

II. The yearbook is informative and particularly prominent on its developmental and comparative data which including three consecutive years of statistical data and the ranking on data of the last year. It provides an important reference for comparing the national regional development and city development. In volume 1, the main contents include: population and land, employment and wages, national economic accounting, fixed asset investment, national finances and taxes, price index, the lives of residents, city construction, resources, energy and environment, agriculture, industry, construction, transportation and post and telecommunications, trade and tourism, finance, real estate industry, science and technology, education, health, culture and sports, social service and social security and other aspects of the social and economic development. In volume 2, the main contents include: population and land, employment and wages, national economic accounting, fixed asset investment and real estate industry, national finances, people's living conditions and social security, land resources administration, city construction, resources, energy and environment, agriculture, industry, construction, transportation and post and telecommunications, trade and tourism, finance, education, public health and culture. The data of this book does not include the Hong Kong special administrative region, Macao special administrative region and Taiwan province.

III. The regions involved in the book were divided as follows:

Eastern region including Beijing, Shanghai, Tianjin, Hebei, Jiangsu, Zhejiang, Fujian, Shandong, Guangdong and Hainan;

Central region including Shanxi, Anhui, Jiangxi, Henan, Hubei and Hunan;

Western region including Inner Mongolia, Guangxi, Chongqing, Sichuan, Guizhou, Yunnan, Tibet, Shaanxi, Gansu, Qinghai, Ningxia and Xinjiang;

Northeastern region including Liaoning, Jilin and Heilongjiang.

IV. Some total numbers or relative numbers in the yearbook may have a few calculation errors due to certain units; and we do not make mechanical adjustment. The data is collected by the governmental institutions and professional associations, and all the data is accurate and authoritative.

地级目录

CITIES CONTENTS

一、行政区划和人口
Administrative Division and Population

二、就业和工资
Employment and Wages

三、国民经济核算
National Accounts

四、固定资产投资和房地产
Investment in Fixed Assets and Real Estate

五、财政
Government Finance

六、居民生活和社会保障
People's Living Conditions and Social Security

七、土地资源管理
Land Resources Administration

八、城市建设
Urban Construction

九、能源和环境
Energy and Environment

十、农业
Agriculture

十一、工业
Industry

十二、建筑业
Construction

十三、运输和邮电
Transport, Postal and Telecommunication Services

十四、贸易和旅游
Trade and Tourism

十五、金融业
Financial Intermediation

十六、教育、卫生和文化
Education, Public Health and Culture

附录：

1

行政区划和人口

Administrative Division and Population

1-1 城市行政区划和区域分布
Administrative Division and Regional Distribution of Cities

单位：个 (uint)

地名	City	城市合计 Total	按行政级别分组 Grouped by Administrative Levels(year-end) 直辖市 Municipality Directly under the Central Government	副省级市 Vice-Provincial City	地级市 Prefecture-level City
全国总计	**National Total**	**657**	**4**	**15**	**278**
北 京	Beijing	1	1		
天 津	Tianjin	1	1		
河 北	Hebei	30			
山 西	Shanxi	22			11
内蒙古	Inner Mongolia				11
		20			
辽 宁	Liaoning	30		2	9
吉 林	Jilin	28		1	12
黑龙江	Heilongjiang	31		1	7
					11
上 海	Shanghai	1	1		
江 苏	Jiangsu	34		1	12
浙 江	Zhejiang	30		2	9
安 徽	Anhui	22			16
福 建	Fujian	22		1	8
江 西	Jiangxi	22			11
山 东	Shandong	44		2	15
河 南	Henan	38			17
湖 北	Hubei	36		1	11
湖 南	Hunan	29			13
广 东	Guangdong	41		2	19
广 西	Guangxi	21			14
海 南	Hainan	9			4
重 庆	Chongqing	1	1		
四 川	Sichuan	34		1	17
贵 州	Guizhou	13			6
云 南	Yunnan	23			8
西 藏	Tibet	5			5
陕 西	Shaanxi	13		1	9
甘 肃	Gansu	16			12
青 海	Qinghai	5			2
宁 夏	Ningxia	7			5
新 疆	Xinjiang	28			4

1-2 地级及以上城市一览表
List of City at Prefecture Level and above

单位：个 (uint)

省级单位 Province	地级及以上城市	City at Prefecture Level and above	省级单位 Province	地级及以上城市	City at Prefecture Level and above
北 京 Beijing				抚顺	Fushun
天 津 Tianjin				本溪	Benxi
河 北 Hebei	石家庄	Shijiazhuang		丹东	Dandong
	唐山	Tangshan		锦州	Jinzhou
	秦皇岛	Qinhuangdao		营口	Yingkou
	邯郸	Handan		阜新	Fuxin
	邢台	Xingtai		辽阳	Liaoyang
	保定	Baoding		盘锦	Panjin
	张家口	Zhangjiakou		铁岭	Tieling
	承德	Chengde		朝阳	Chaoyang
	沧州	Cangzhou		葫芦岛	Huludao
	廊坊	Langfang	吉 林 Jilin	长春	Changchun
	衡水	Hengshui		吉林	Jilin
山 西 Shanxi	太原	Taiyuan		四平	Siping
	大同	Datong		辽源	Liaoyuan
	阳泉	Yangquan		通化	Tonghua
	长治	Changzhi		白山	Baishan
	晋城	Jincheng		松原	Songyuan
	朔州	Shuozhou		白城	Baicheng
	晋中	Jinzhong	黑龙江	哈尔滨	Harbin
	运城	Yuncheng	Heilongjiang	齐齐哈尔	Qiqihar
	忻州	Xinzhou		鸡西	Jixi
	临汾	Linfen		鹤岗	Hegang
	吕梁	Luliang		双鸭山	Shuangyashan
内蒙古	呼和浩特	Hohhot		大庆	Daqing
Inner Mongolia	包头	Baotou		伊春	Yichun
	乌海	Wuhai		佳木斯	Jiamusi
	赤峰	Chifeng		七台河	Qitaihe
	通辽	Tongliao		牡丹江	Mudanjiang
	鄂尔多斯	Erdos		黑河	Heihe
	呼伦贝尔	Hulunbuir		绥化	Suihua
	巴彦淖尔	Bayannur	上 海 Shanghai		
	乌兰察布	Ulanqab	江 苏 Jiangsu	南京	Nanjing
辽 宁 Liaoning	沈阳	Shenyang		无锡	Wuxi
	大连	Dalian		徐州	Xuzhou
	鞍山	Anshan		常州	Changzhou

1-2　地级及以上城市一览表　续表 1
List of City at Prefecture Level and above continued 1

单位：个　　　　(uint)

省级单位 Province	地级及以上城市	City at Prefecture Level and above	省级单位 Province	地级及以上城市	City at Prefecture Level and above
	苏州	Suzhou	福　建 Fujian	福州	Fuzhou
	南通	Nantong		厦门	Xiamen
	连云港	Lianyungang		莆田	Putian
	淮安	Huaian		三明	Sanming
	盐城	Yancheng		泉州	Quanzhou
	扬州	Yangzhou		漳州	Zhangzhou
	镇江	Zhenjiang		南平	Nanping
	泰州	Taizhou		龙岩	Longyan
	宿迁	Suqian		宁德	Ningde
浙　江 Zhejiang	杭州	Hangzhou	江　西 Jiangxi	南昌	Nanchang
	宁波	Ningbo		景德镇	Jingdezhen
	温州	Wenzhou		萍乡	Pingxiang
	嘉兴	Jiaxing		九江	Jiujiang
	湖州	Huzhou		新余	Xinyu
	绍兴	Shaoxing		鹰潭	Yingtan
	金华	Jinhua		赣州	Ganzhou
	衢州	Quzhou		吉安	Jian
	舟山	Zhoushan		宜春	Yichun
	台州	Taizhou		抚州	Fuzhou
	丽水	Lishui		上饶	Shangrao
安　徽 Anhui	合肥	Hefei	山　东 Shandong	济南	Jinan
	芜湖	Wuhu		青岛	Qingdao
	蚌埠	Bengbu		淄博	Zibo
	淮南	Huainan		枣庄	Zaozhuang
	马鞍山	Maanshan		东营	Dongying
	淮北	Huaibei		烟台	Yantai
	铜陵	Tongling		潍坊	Weifang
	安庆	Anqing		济宁	Jining
	黄山	Huangshan		泰安	Taian
	滁州	Chuzhou		威海	Weihai
	阜阳	Fuyang		日照	Rizhao
	宿州	Suzhou		莱芜	Laiwu
	六安	Liuan		临沂	Linyi
	亳州	Bozhou		德州	Dezhou
	池州	Chizhou		聊城	Liaocheng
	宣城	Xuancheng		滨州	Binzhou

1-2 地级及以上城市一览表 续表 2

List of City at Prefecture Level and above continued 2

单位：个 (uint)

省级单位 Province	地级及以上城市	City at Prefecture Level and above	省级单位 Province	地级及以上城市	City at Prefecture Level and above
	菏泽	Heze		常德	Changde
河 南 Henan	郑州	Zhengzhou		张家界	Zhangjiajie
	开封	Kaifeng		益阳	Yiyang
	洛阳	Luoyang		郴州	Chenzhou
	平顶山	Pingdingshan		永州	Yongzhou
	安阳	Anyang		怀化	Huaihua
	鹤壁	Hebi		娄底	Loudi
	新乡	Xinxiang	广 东 Guangdong	广州	Guangzhou
	焦作	Jiaozuo		韶关	Shaoguan
	濮阳	Puyang		深圳	Shenzhen
	许昌	Xuchang		珠海	Zhuhai
	漯河	Luohe		汕头	Shantou
	三门峡	Sanmenxia		佛山	Foshan
	南阳	Nanyang		江门	Jiangmen
	商丘	Shangqiu		湛江	Zhanjiang
	信阳	Xinyang		茂名	Maoming
	周口	Zhoukou		肇庆	Zhaoqing
	驻马店	Zhumadian		惠州	Huizhou
湖 北 Hubei	武汉	Wuhan		梅州	Meizhou
	黄石	Huangshi		汕尾	Shanwei
	十堰	Shiyan		河源	Heyuan
	宜昌	Yichang		阳江	Yangjiang
	襄阳	Xiangyang		清远	Qingyuan
	鄂州	Ezhou		东莞	Dongguan
	荆门	Jingmen		中山	Zhongshan
	孝感	Xiaogan		潮州	Chaozhou
	荆州	Jingzhou		揭阳	Jieyang
	黄冈	Huanggang		云浮	Yunfu
	咸宁	Xianning	广 西 Guangxi	南宁	Nanning
	随州	Suizhou		柳州	Liuzhou
湖 南 Hunan	长沙	Changsha		桂林	Guilin
	株洲	Zhuzhou		梧州	Wuzhou
	湘潭	Xiangtan		北海	Beihai
	衡阳	Hengyang		防城港	Fangchenggang
	邵阳	Shaoyang		钦州	Qinzhou
	岳阳	Yueyang		贵港	Guigang

1-2　地级及以上城市一览表　续表 3
List of City at Prefecture Level and above continued 3

单位：个 (uint)

省级单位 Province	地级及以上城市	City at Prefecture Level and above	省级单位 Province	地级及以上城市	City at Prefecture Level and above
	玉林	Yulin		保山	Baoshan
	百色	Baise		昭通	Zhaotong
	贺州	Hezhou		丽江	Lijiang
	河池	Hechi		普洱	Puer
	来宾	Laibin		临沧	Lincang
	崇左	Chongzuo	西　藏 Tibet	拉萨	Lasa
海　南 Hainan	海口	Haikou	陕　西 Shaanxi	西安	Xi'an
	三亚	Sanya		铜川	Tongchuan
	三沙	Sansha		宝鸡	Baoji
重　庆 Chongqing				咸阳	Xianyang
四　川 Sichuan	成都	Chengdu		渭南	Weinan
	自贡	Zigong		延安	Yan'an
	攀枝花	Panzhihua		汉中	Hanzhong
	泸州	Luzhou		榆林	Yulin
	德阳	Deyang		安康	Ankang
	绵阳	Mianyang		商洛	Shangluo
	广元	Guangyuan	甘　肃 Gansu	兰州	Lanzhou
	遂宁	Suining		嘉峪关	Jiayuguan
	内江	Neijiang		金昌	Jinchang
	乐山	Leshan		白银	Baiyin
	南充	Nanchong		天水	Tianshui
	眉山	Meishan		武威	Wuwei
	宜宾	Yibin		张掖	Zhangye
	广安	Guangan		平凉	Pingliang
	达州	Dazhou		酒泉	Jiuquan
	雅安	Yaan		庆阳	Qingyang
	巴中	Bazhong		定西	Dingxi
	资阳	Ziyang		陇南	Longnan
贵　州 Guizhou	贵阳	Guiyang	青　海 Qinghai	西宁	Xining
	六盘水	Liupanshui		海东	Haidong
	遵义	Zunyi	宁　夏 Ningxia	银川	Yinchuan
	安顺	Anshun		石嘴山	Shizuishan
	毕节	Bijie		吴忠	Wuzhong
	铜仁	Tongren		固原	Guyuan
云　南 Yunnan	昆明	Kunming		中卫	Zhongwei
	曲靖	Qujing	新　疆 Xinjiang	乌鲁木齐	Urumqi
	玉溪	Yuxi		克拉玛依	Karamay

1-3 行政区域土地面积
Total Land Area of Administrative Region

单位：平方公里 (sq. km)

地名	City	2010	2015	2016	2016 排名 Ranking
全国	**National Total**	**9600000**	**9600000**	**9600000**	
北京	**Beijing**	**16411**	**16411**	**16411**	
天津	**Tianjin**	**11760**	**11917**	**11917**	
河北	**Hebei**	**187693**	**186535**		
石家庄	Shijiazhuang	15848	13056	13056	128
唐山	Tangshan	13472	13472	13472	120
秦皇岛	Qinhuangdao	7523	7802	7802	208
邯郸	Handan	12062	12065	12065	148
邢台	Xingtai	12486	12433	12433	139
保定	Baoding	20584	22185	22185	50
张家口	Zhangjiakou	36873	36797	36797	18
承德	Chengde	39548	39493	39493	14
沧州	Cangzhou	14053	14035	14035	113
廊坊	Langfang	6429	6382	6382	224
衡水	Hengshui	8815	8815	8815	193
山西	**Shanxi**	**157252**	**156921**		
太原	Taiyuan	6963	6988	6988	220
大同	Datong	14127	14176	14176	112
阳泉	Yangquan	4570	4570	4570	252
长治	Changzhi	13896	13896	13896	114
晋城	Jincheng	9425	9425	9425	184
朔州	Shuozhou	11066	10625	10625	163
晋中	Jinzhong	16392	16392	16444	91
运城	Yuncheng	14181	14183	14183	111
忻州	Xinzhou	25117	25152	25152	40
临汾	Linfen	20275	20275	20275	61
吕梁	Lvliang	21240	21239	21239	52
内蒙古	**Inner Mongolia**	**655315**	**656579**		
呼和浩特	Hohhot	17224	17186	17453	82
包头	Baotou	27768	27768	27768	29
乌海	Wuhai	1754	1669	1669	284
赤峰	Chifeng	90021	90021	90021	3
通辽	Tongliao	59535	59659	59329	7
鄂尔多斯	Erdos	86752	86752	86752	4
呼伦贝尔	Hulunbuir	253356	252777	252777	1
巴彦淖尔	Bayannur	64413	66277	66277	6
乌兰察布	Ulanqab	54492	54500	54500	8
辽宁	**Liaoning**	**147167**	**147256**		
沈阳	Shenyang	12980	12860	12860	131
大连	Dalian	12574	12574	12574	136
鞍山	Anshan	9252	9255	9255	187
抚顺	Fushun	11272	11272	11272	159
本溪	Benxi	8411	8411	8411	199
丹东	Dandong	15290	15290	14967	103
锦州	Jinzhou	9891	10047	10047	173
营口	Yingkou	5242	5242	5242	244
阜新	Fuxin	10355	10355	10355	169
辽阳	Liaoyang	4736	4788	4788	249
盘锦	Panjin	4071	4065	4065	260
铁岭	Tieling	12980	12985	12985	130
朝阳	Chaoyang	19698	19698	19698	65
葫芦岛	Huludao	10415	10414	10414	167
吉林	**Jilin**	**146878**	**147792**		
长春	Changchun	20604	20594	20594	60
吉林	Jilin	27126	27711	27711	31
四平	Siping	14080	14382	14382	107
辽源	Liaoyuan	5140	5140	5140	245
通化	Tonghua	15608	15612	15612	96
白山	Baishan	17485	17505	17505	80
松原	Songyuan	21090	21089	21089	56
白城	Baicheng	25745	25759	25759	38
黑龙江	**Heilongjiang**	**406460**	**390382**		
哈尔滨	Harbin	53068	53100	53100	9
齐齐哈尔	Qiqihar	42469	42469	42496	12
鸡西	Jixi	22531	22531	22531	47
鹤岗	Hegang	14659	14679	14679	106
双鸭山	Shuangyashan	23209	22619	22681	46
大庆	Daqing	21219	21219	21219	54
伊春	Yichun	32759	32800	32800	23
佳木斯	Jiamusi	32704	32704	32704	24
七台河	Qitaihe	6222	6221	6221	228
牡丹江	Mudanjiang	40583	38827	38827	16
黑河	Heihe	82164	68340	69345	5
绥化	Suihua	34873	34873	34873	20
上海	**Shanghai**	**6340**	**6341**	**6341**	225
江苏	**Jiangsu**	**102658**	**105875**		

1-3 行政区域土地面积 续表 1

Total Land Area of Administrative Region continued 1

单位：平方公里 (sq. km)

地名	City	2010	2015	2016	2016 排名 Ranking
南京	Nanjing	6587	6587	6587	222
无锡	Wuxi	4627	4627	4627	250
徐州	Xuzhou	11259	11765	11765	151
常州	Changzhou	4372	4372	4373	255
苏州	Suzhou	8488	8657	8657	195
南通	Nantong	8001	10549	10549	165
连云港	Lianyungang	7500	7615	7615	213
淮安	Huaian	10072	10030	10030	174
盐城	Yancheng	16972	16931	16931	87
扬州	Yangzhou	6591	6591	6591	221
镇江	Zhenjiang	3847	3840	3840	263
泰州	Taizhou	5787	5787	5787	235
宿迁	Suqian	8555	8524	8524	197
浙江	**Zhejiang**	**104141**	**104460**		
杭州	Hangzhou	16596	16596	16596	89
宁波	Ningbo	9816	9816	9816	178
温州	Wenzhou	11786	12083	12083	147
嘉兴	Jiaxing	3915	3915	4223	256
湖州	Huzhou	5818	5820	5820	233
绍兴	Shaoxing	8279	8279	8279	201
金华	Jinhua	10941	10942	10942	162
衢州	Quzhou	8841	8845	8845	192
舟山	Zhoushan	1440	1455	1456	286
台州	Taizhou	9411	9411	9411	185
丽水	Lishui	17298	17298	17298	85
安徽	**Anhui**	**138979**	**140282**		
合肥	Hefei	7047	11445	11445	153
芜湖	Wuhu	3317	6026	6026	229
蚌埠	Bengbu	5941	5951	5951	231
淮南	Huainan	2585	2584	5532	237
马鞍山	Maanshan	1686	4049	4049	261
淮北	Huaibei	2741	2741	2741	272
铜陵	Tongling	1113	1201	2991	270
安庆	Anqing	15318	15402	13538	118
黄山	Huangshan	9807	9678	9678	179
滁州	Chuzhou	13523	13516	13516	119
阜阳	Fuyang	9775	10118	10118	171
宿州	Suzhou	9787	9939	9939	175
六安	Liuan	17976	18399	15451	97
亳州	Bozhou	8374	8521	8521	198

地名	City	2010	2015	2016	2016 排名 Ranking
池州	Chizhou	8272	8399	8399	200
宣城	Xuancheng	12323	12313	12313	142
福建	**Fujian**	**124563**	**124160**		
福州	Fuzhou	13066	12675	12675	134
厦门	Xiamen	1573	1699	1699	283
莆田	Putian	4119	4131	4131	258
三明	Sanming	23094	22965	23095	44
泉州	Quanzhou	11015	11015	11015	161
漳州	Zhangzhou	12873	12880	12554	137
南平	Nanping	26308	26280	26280	37
龙岩	Longyan	19063	19063	19063	70
宁德	Ningde	13452	13452	13247	124
江西	**Jiangxi**	**166985**	**168025**		
南昌	Nanchang	7402	7402	7402	216
景德镇	Jingdezhen	5256	5261	5261	243
萍乡	Pingxiang	3824	3831	3831	264
九江	Jiujiang	18823	19798	19798	63
新余	Xinyu	3178	3178	3178	268
鹰潭	Yingtan	3560	3560	3560	266
赣州	Ganzhou	39379	39363	39363	15
吉安	Jian	25283	25373	25373	39
宜春	Yichun	18669	18669	18669	74
抚州	Fuzhou	18820	18799	18799	72
上饶	Shangrao	22791	22791	22791	45
山东	**Shandong**	**158157**	**158971**		
济南	Jinan	8177	7998	7998	205
青岛	Qingdao	10978	11282	11282	158
淄博	Zibo	5965	5965	5965	230
枣庄	Zaozhuang	4563	4564	4564	253
东营	Dongying	7923	8243	8243	202
烟台	Yantai	13746	13852	13852	115
潍坊	Weifang	16140	16143	16143	93
济宁	Jining	11423	11311	11311	156
泰安	Taian	7762	7762	7762	210
威海	Weihai	5797	5797	5798	234
日照	Rizhao	5348	5359	5359	239
莱芜	Laiwu	2246	2246	2246	276
临沂	Linyi	17191	17191	17191	86
德州	Dezhou	10356	10358	10358	168
聊城	Liaocheng	8703	8984	8984	189

1-3 行政区域土地面积 续表 2

Total Land Area of Administrative Region continued 2

单位：平方公里 (sq. km)

地名	City	2010	2015	2016	2016 排名 Ranking	地名	City	2010	2015	2016	2016 排名 Ranking
滨州	Binzhou	9600	9660	9660	180	常德	Changde	18190	18910	18190	77
菏泽	Heze	12239	12256	12256	144	张家界	Zhangjiajie	9516	9516	9534	182
河南	**Henan**	**164405**	**164696**			益阳	Yiyang	12144	12320	12320	141
郑州	Zhengzhou	7446	7446	7446	214	郴州	Chenzhou	19699	19654	19654	66
开封	Kaifeng	6444	6444	6444	223	永州	Yongzhou	22441	22260	22260	48
洛阳	Luoyang	15200	15236	15236	99	怀化	Huaihua	27624	27756	27758	30
平顶山	Pingdingshan	7904	7882	7882	207	娄底	Loudi	8117	8119	8109	203
安阳	Anyang	7413	7352	7384	218	**广东**	**Guangdong**	**180956**	**179749**		
鹤壁	Hebi	2182	2182	2182	278	广州	Guangzhou	7434	7434	7434	215
新乡	Xinxiang	8169	8666	8666	194	韶关	Shaoguan	18463	18412	18413	76
焦作	Jiaozuo	4071	4071	4071	259	深圳	Shenzhen	1992	1997	1997	279
濮阳	Puyang	4266	4188	4188	257	珠海	Zhuhai	1711	1732	1732	282
许昌	Xuchang	4996	4997	4997	247	汕头	Shantou	2064	2199	2199	277
漯河	Luohe	2716	2692	2617	273	佛山	Foshan	3798	3798	3798	265
三门峡	Sanmenxia	10496	10496	10496	166	江门	Jiangmen	9568	9505	9509	183
南阳	Nanyang	26509	26509	26509	36	湛江	Zhanjiang	13225	13261	13263	123
商丘	Shangqiu	10704	10704	12725	133	茂名	Maoming	11458	11429	11429	154
信阳	Xinyang	18847	18787	18787	73	肇庆	Zhaoqing	15464	14891	14891	104
周口	Zhoukou	11959	11961	11961	149	惠州	Huizhou	11343	11346	11346	155
驻马店	Zhumadian	15083	15083	15087	101	梅州	Meizhou	16089	15819	15865	94
湖北	**Hubei**	**151522**	**151799**			汕尾	Shanwei	5271	4865	4865	248
武汉	Wuhan	8494	8569	8569	196	河源	Heyuan	15642	15654	15654	95
黄石	Huangshi	4586	4583	4583	251	阳江	Yangjiang	7946	7956	7956	206
十堰	Shiyan	23680	23694	23680	41	清远	Qingyuan	19036	19036	19036	71
宜昌	Yichang	21084	21230	21230	53	东莞	Dongguan	2460	2460	2460	274
襄阳	Xiangyang	19724	19728	19728	64	中山	Zhongshan	1800	1784	1784	281
鄂州	Ezhou	1594	1594	1594	285	潮州	Chaozhou	3146	3146	3146	269
荆门	Jingmen	12404	12404	12404	140	揭阳	Jieyang	5266	5240	5265	242
孝感	Xiaogan	8910	8910	8910	190	云浮	Yunfu	7779	7785	7787	209
荆州	Jingzhou	14092	14243	14243	110	**广西**	**Guangxi**	**236549**	**238576**		
黄冈	Huanggang	17457	17457	17457	81	南宁	Nanning	22112	22235	22244	49
咸宁	Xianning	9861	9751	9861	177	柳州	Liuzhou	18617	18597	18597	75
随州	Suizhou	9636	9636	9636	181	桂林	Guilin	27809	27809	27667	32
湖南	**Hunan**	**197025**	**197622**			梧州	Wuzhou	12588	12588	12588	135
长沙	Changsha	11816	11816	11816	150	北海	Beihai	3337	3337	3337	267
株洲	Zhuzhou	11247	11272	11307	157	防城港	Fangchenggang	6222	6238	6238	227
湘潭	Xiangtan	5015	5008	5008	246	钦州	Qinzhou	10843	12162	12187	146
衡阳	Hengyang	15299	15303	15303	98	贵港	Guigang	10602	10602	10602	164
邵阳	Shaoyang	20830	20830	20830	58	玉林	Yulin	12838	12835	12835	132
岳阳	Yueyang	15087	14858	14858	105	百色	Baise	36022	36201	36202	19

1-3 行政区域土地面积 续表 3

Total Land Area of Administrative Region continued 3

单位：平方公里 (sq. km)

地名	City	2010	2015	2016	2016 排名 Ranking	地名	City	2010	2015	2016	2016 排名 Ranking
贺州	Hezhou	11855	11753	11753	152	丽江	Lijiang	21219	21219	20680	59
河池	Hechi	32907	33476	33476	21	普洱	Puer	45385	45385	45385	10
来宾	Laibin	13411	13411	13411	121	临沧	Lincang	24469	23620	23620	42
崇左	Chongzuo	17386	17332	17332	84	**西藏**	**Tibet**		**29518**		
海南	**Hainan**	**4223**	**7632**			拉萨	Lasa		29518	29518	26
海口	Haikou	2305	2304	2304	275	**陕西**	**Shaanxi**	**206140**	**206196**		
三亚	Sanya	1918	1921	1921	280	西安	Xi'an	10108	10097	10106	172
三沙	Sansha		13	13	287	铜川	Tongchuan	3882	3882	3882	262
重庆	**Chongqing**	**82829**	**82374**	**82402**		宝鸡	Baoji	18131	18162	18117	78
四川	**Sichuan**	**193625**	**193156**			咸阳	Xianyang	10196	10189	10189	170
成都	Chengdu	12132	12121	14335	108	渭南	Weinan	13134	13134	13134	126
自贡	Zigong	4373	4381	4381	254	延安	Yan'an	37037	37031	37037	17
攀枝花	Panzhihua	7440	7401	7401	217	汉中	Hanzhong	27246	27246	27246	33
泸州	Luzhou	12228	12236	12236	145	榆林	Yulin	43578	43627	42923	11
德阳	Deyang	5911	5911	5911	232	安康	Ankang	23536	23536	23536	43
绵阳	Mianyang	20249	20248	20248	62	商洛	Shangluo	19292	19292	19292	69
广元	Guangyuan	16319	16311	16319	92	**甘肃**	**Gansu**	**416103**	**415225**		
遂宁	Suining	5325	5322	5322	240	兰州	Lanzhou	13086	13086	13086	127
内江	Neijiang	5386	5386	5385	238	嘉峪关	Jiayuguan	2935	2935	2935	271
乐山	Leshan	12826	12723	13723	117	金昌	Jinchang	8896	8896	8896	191
南充	Nanchong	12479	12477	12477	138	白银	Baiyin	21158	21158	21158	55
眉山	Meishan	7186	7140	7140	219	天水	Tianshui	14359	14277	14277	109
宜宾	Yibin	13271	13271	13271	122	武威	Wuwei	33238	33238	33238	22
广安	Guangan	6344	6341	6339	226	张掖	Zhangye	41924	41924	41924	13
达州	Dazhou	16591	16588	16588	90	平凉	Pingliang	11170	11170	11170	160
雅安	Yaan	15302	15046	15046	102	酒泉	Jiuquan	193974	193974	193974	2
巴中	Bazhong	12301	12293	12293	143	庆阳	Qingyang	27119	27119	27119	34
资阳	Ziyang	7962	7960	5748	236	定西	Dingxi	20330	19609	19609	68
贵州	**Guizhou**	**58028**	**102838**			陇南	Longnan	27914	27839	27839	28
贵阳	Guiyang	8034	8043	8043	204	**青海**	**Qinghai**	**7655**	**20821**		
六盘水	Liupanshui	9965	9914	9914	176	西宁	Xining	7655	7660	7660	212
遵义	Zunyi	30762	30762	30762	25	海东	Haidong		13161	13161	125
安顺	Anshun	9267	9267	9267	186	**宁夏**	**Ningxia**	**62711**	**61588**		
毕节	Bijie		26849	26849	35	银川	Yinchuan	9025	9025	9025	188
铜仁	Tongren		18003	18003	79	石嘴山	Shizuishan	5310	5310	5310	241
云南	**Yunnan**	**198481**	**194910**			吴忠	Wuzhong	20394	16758	16758	88
昆明	Kunming	21015	18419	21026	57	固原	Guyuan	10541	13047	13047	129
曲靖	Qujing	28904	28905	28905	27	中卫	Zhongwei	17441	17448	17448	83
玉溪	Yuxi	15285	15285	15233	100	**新疆**	**Xinjiang**	**23336**	**21523**		
保山	Baoshan	19637	19637	19637	67	乌鲁木齐	Urumqi	13788	13788	13788	116
昭通	Zhaotong	22567	22440	22140	51	克拉玛依	Karamay	9548	7735	7735	211

1-4 市区人口
Urban District Population

单位：万人　　　　(10 000 persons)

地名	City	2015	2016	2016 排名 Ranking
全国	**Nation Total**	**73283.6**	**75481.6**	
北京	**Beijing**	**2170.5**	**2172.9**	
天津	**Tianjin**	**941.2**	**1044.4**	
河北	**Hebei**	**3097.8**	**3279.3**	
石家庄	Shijiazhuang	406.1	407.6	16
唐山	Tangshan	304.8	305.1	27
秦皇岛	Qinhuangdao	140.5	146.2	95
邯郸	Handan	202.9	339.6	22
邢台	Xingtai	88.1	89.0	175
保定	Baoding	282.2	284.6	32
张家口	Zhangjiakou	91.0	124.7	120
承德	Chengde	59.6	59.9	228
沧州	Cangzhou	64.0	65.2	217
廊坊	Langfang	85.1	86.4	179
衡水	Hengshui	54.3	78.3	193
山西	**Shanxi**	**1644.7**	**1652.3**	
太原	Taiyuan	323.0	325.0	25
大同	Datong	157.0	158.8	82
阳泉	Yangquan	71.8	71.5	206
长治	Changzhi	73.5	74.0	201
晋城	Jincheng	233.0	233.0	42
朔州	Shuozhou	67.3	67.4	213
晋中	Jinzhong	62.6	62.1	225
运城	Yuncheng	65.0	65.0	218
忻州	Xinzhou	54.7	54.8	242
临汾	Linfen	88.3	91.0	172
吕梁	Lvliang	33.1	33.1	273
内蒙古	**Inner Mongolia**	**980.0**	**982.3**	
呼和浩特	Hohhot	132.0	131.6	113
包头	Baotou	223.7	223.7	49
乌海	Wuhai	51.8	51.2	248
赤峰	Chifeng	134.3	138.7	104
通辽	Tongliao	84.0	84.3	186
鄂尔多斯	Erdos	31.3	32.1	274
呼伦贝尔	Hulunbuir	30.1	30.4	278
巴彦淖尔	Bayannur	52.0	52.1	245
乌兰察布	Ulanqab	31.6	31.7	276
辽宁	**Liaoning**	**3033.1**	**3066.4**	
沈阳	Shenyang	529.9	580.6	7
大连	Dalian	304.9	380.7	18
鞍山	Anshan	173.0	149.8	91
抚顺	Fushun	140.6	140.5	102
本溪	Benxi	92.5	92.5	169
丹东	Dandong	78.0	78.0	194
锦州	Jinzhou	94.3	94.3	164
营口	Yingkou	92.8	96.9	157
阜新	Fuxin	77.2	76.4	196
辽阳	Liaoyang	87.2	87.0	178
盘锦	Panjin	64.5	84.5	185
铁岭	Tieling	54.6	54.1	244
朝阳	Chaoyang	64.1	65.5	216
葫芦岛	Huludao	69.7	70.1	210
吉林	**Jilin**	**1983.0**	**1961.3**	
长春	Changchun	448.5	427.9	15
吉林	Jilin	181.9	181.9	71
四平	Siping	58.0	58.1	231
辽源	Liaoyuan	46.6	46.6	258
通化	Tonghua	44.1	44.1	261
白山	Baishan	57.3	56.4	238
松原	Songyuan	59.8	59.8	229
白城	Daicheng	49.8	49.3	254
黑龙江	**Heilongjiang**	**2226.4**	**2242.5**	
哈尔滨	Harbin	470.1	551.1	9
齐齐哈尔	Qiqihar	136.6	135.9	110
鸡西	Jixi	83.3	83.2	187
鹤岗	Hegang	66.0	64.9	219
双鸭山	Shuangyashan	47.8	48.0	255
大庆	Daqing	135.9	136.8	108
伊春	Yichun	81.0	81.0	190
佳木斯	Jiamusi	77.6	77.5	195
七台河	Qitaihe	57.4	57.4	233
牡丹江	Mudanjiang	88.3	87.8	177
黑河	Heihe	19.9	19.9	284
绥化	Suihua	83.5	83.1	188
上海	**Shanghai**	**2415.3**	**2419.7**	
江苏	**Jiangsu**	**5578.2**	**5650.1**	

1-4 市区人口 续表 1

Urban District Population continued 1

单位：万人 （10 000 persons）

地名	City	2015	2016	2016 排名 Ranking	地名	City	2015	2016	2016 排名 Ranking
南京	Nanjing	653.4	662.8	5	池州	Chizhou	66.2	66.8	214
无锡	Wuxi	248.5	253.3	37	宣城	Xuancheng	86.3	86.4	179
徐州	Xuzhou	333.2	316.2	26	**福建**	**Fujian**	**2082.2**	**2113.8**	
常州	Changzhou	292.7	294.9	29	福州	Fuzhou	200.0	203.1	60
苏州	Suzhou	341.3	349.1	21	厦门	Xiamen	211.1	220.6	51
南通	Nantong	213.1	213.7	55	莆田	Putian	222.6	229.8	46
连云港	Lianyungang	230.7	231.7	44	三明	Sanming	28.3	28.4	280
淮安	Huaian	293.6	335.7	23	泉州	Quanzhou	242.5	243.5	38
盐城	Yancheng	242.1	243.3	39	漳州	Zhangzhou	59.3	60.4	227
扬州	Yangzhou	228.8	232.5	43	南平	Nanping	84.9	84.9	184
镇江	Zhenjiang	103.2	103.4	153	龙岩	Longyan	99.6	100.6	156
泰州	Taizhou	163.6	164.0	78	宁德	Ningde	44.4	44.6	260
宿迁	Suqian	174.1	176.1	73	**江西**	**Jiangxi**	**1851.2**	**1963.4**	
浙江	**Zhejiang**	**3365.9**	**3395.2**		南昌	Nanchang	300.5	303.0	28
杭州	Hangzhou	517.4	529.5	10	景德镇	Jingdezhen	49.3	47.5	256
宁波	Ningbo	232.1	284.2	33	萍乡	Pingxiang	91.0	91.0	171
温州	Wenzhou	165.9	168.1	76	九江	Jiujiang	67.0	71.0	208
嘉兴	Jiaxing	92.7	94.0	165	新余	Xinyu	90.1	90.4	174
湖州	Huzhou	112.8	112.9	140	鹰潭	Yingtan	23.7	23.9	281
绍兴	Shaoxing	218.4	219.8	52	赣州	Ganzhou	164.4	228.1	47
金华	Jinhua	96.1	96.8	158	吉安	Jian	60.8	62.2	222
衢州	Quzhou	84.6	85.1	183	宜春	Yichun	111.8	111.8	143
舟山	Zhoushan	71.0	71.1	207	抚州	Fuzhou	119.1	122.3	123
台州	Taizhou	158.0	158.4	83	上饶	Shangrao	145.9	146.9	94
丽水	Lishui	40.1	40.6	267	**山东**	**Shandong**	**5701.3**	**5852.2**	
安徽	**Anhui**	**2441.7**	**2501.4**		济南	Jinan	364.5	473.3	12
合肥	Hefei	251.0	259.8	36	青岛	Qingdao	372.8	378.6	19
芜湖	Wuhu	146.0	147.8	92	淄博	Zibo	285.8	288.0	30
蚌埠	Bengbu	113.6	115.0	136	枣庄	Zaozhuang	237.9	241.8	40
淮南	Huainan	184.3	185.9	68	东营	Dongying	85.8	109.9	148
马鞍山	Maanshan	82.2	82.5	189	烟台	Yantai	185.1	187.8	67
淮北	Huaibei	104.8	105.3	151	潍坊	Weifang	187.3	189.8	66
铜陵	Tongling	44.8	73.8	202	济宁	Jining	182.5	184.8	69
安庆	Anqing	73.7	74.1	200	泰安	Taian	162.1	162.4	79
黄山	Huangshan	51.4	51.4	247	威海	Weihai	132.1	133.6	112
滁州	Chuzhou	53.7	54.1	243	日照	Rizhao	133.6	135.6	111
阜阳	Fuyang	222.6	226.4	48	莱芜	Laiwu	128.3	129.1	116
宿州	Suzhou	188.7	190.5	65	临沂	Linyi	281.9	287.4	31
六安	Liuan	190.3	202.0	61	德州	Dezhou	122.0	123.6	122
亳州	Bozhou	163.2	166.0	77	聊城	Liaocheng	123.1	125.3	119

1-4 市区人口 续表 2
Urban District Population continued 2

单位：万人 （10 000 persons）

地名	City	2015	2016	2016 排名 Ranking	地名	City	2015	2016	2016 排名 Ranking
滨州	Binzhou	107.1	108.4	150	常德	Changde	148.0	145.0	97
菏泽	Heze	158.2	231.2	45	张家界	Zhangjiajie	54.2	55.6	241
河南	**Henan**	**4151.7**	**4215.8**		益阳	Yiyang	136.3	137.3	106
郑州	Zhengzhou	549.4	496.8	11	郴州	Chenzhou	79.2	76.3	197
开封	Kaifeng	115.7	116.6	134	永州	Yongzhou	117.2	117.4	132
洛阳	Luoyang	215.3	215.4	53	怀化	Huaihua	38.5	62.1	224
平顶山	Pingdingshan	110.9	112.4	142	娄底	Loudi	54.5	56.4	239
安阳	Anyang	114.5	117.9	131	**广东**	**Guangdong**	**7799.8**	**7920.3**	
鹤壁	Hebi	64.0	64.6	220	广州	Guangzhou	854.5	870.5	2
新乡	Xinxiang	114.8	115.6	135	韶关	Shaoguan	73.4	74.1	199
焦作	Jiaozuo	94.7	95.6	162	深圳	Shenzhen	1137.9	1190.8	1
濮阳	Puyang	68.5	73.2	204	珠海	Zhuhai	112.5	114.8	138
许昌	Xuchang	41.5	118.0	130	汕头	Shantou	543.0	552.0	8
漯河	Luohe	136.8	137.4	105	佛山	Foshan	384.6	394.0	17
三门峡	Sanmenxia	59.4	57.5	232	江门	Jiangmen	140.4	141.5	99
南阳	Nanyang	210.6	212.5	56	湛江	Zhanjiang	181.7	181.7	72
商丘	Shangqiu	155.5	155.5	85	茂名	Maoming	290.2	283.6	34
信阳	Xinyang	154.2	155.0	87	肇庆	Zhaoqing	135.6	138.9	103
周口	Zhoukou	55.0	56.1	240	惠州	Huizhou	145.4	150.5	88
驻马店	Zhumadian	83.3	85.6	181	梅州	Meizhou	96.8	96.8	159
湖北	**Hubei**	**4040.4**	**4079.8**		汕尾	Shanwei	52.2	50.3	252
武汉	Wuhan	829.3	833.8	3	河源	Heyuan	35.2	31.8	275
黄石	Huangshi	84.6	85.1	182	阳江	Yangjiang	120.0	121.7	126
十堰	Shiyan	118.2	118.7	129	清远	Qingyuan	139.6	145.2	96
宜昌	Yichang	128.3	126.8	117	东莞	Dongguan	195.0	201.0	62
襄阳	Xiangyang	194.2	209.9	57	中山	Zhongshan	158.7	161.3	80
鄂州	Ezhou	110.3	111.2	144	潮州	Chaozhou	158.3	155.4	86
荆门	Jingmen	69.5	73.7	203	揭阳	Jieyang	209.3	209.6	58
孝感	Xiaogan	90.0	95.8	161	云浮	Yunfu	328.0	328.2	24
荆州	Jingzhou	108.3	108.6	149	**广西**	**Guangxi**	**2140.4**	**2324.4**	
黄冈	Huanggang	38.7	38.9	269	南宁	Nanning	290.5	441.7	13
咸宁	Xianning	62.6	62.7	221	柳州	Liuzhou	119.5	122.1	124
随州	Suizhou	172.1	172.5	75	桂林	Guilin	128.1	129.9	115
湖南	**Hunan**	**2628.8**	**2663.8**		梧州	Wuzhou	78.6	79.4	191
长沙	Changsha	339.7	351.5	20	北海	Beihai	64.9	66.1	215
株洲	Zhuzhou	123.2	124.4	121	防城港	Fangchenggang	58.9	60.4	226
湘潭	Xiangtan	87.8	88.2	176	钦州	Qinzhou	147.7	147.7	93
衡阳	Hengyang	109.3	95.6	163	贵港	Guigang	198.3	199.6	63
邵阳	Shaoyang	68.3	72.0	205	玉林	Yulin	108.9	110.4	147
岳阳	Yueyang	100.5	103.0	154	百色	Baise	35.4	36.1	271

1-4 市区人口 续表 3
Urban District Population continued 3

单位：万人 （10 000 persons）

地名	City	2015	2016	2016 排名 Ranking
贺州	Hezhou	114.2	119.5	127
河池	Hechi	34.1	42.9	263
来宾	Laibin	112.3	112.6	141
崇左	Chongzuo	37.0	37.5	270
海南	**Hainan**	**597.8**	**599.3**	
海口	Haikou	214.1	214.2	54
三亚	Sanya	57.3	58.2	230
三沙	Sansha	0.2	0.1	286
重庆	**Chongqing**	**2137.0**	**2478.5**	
四川	**Sichuan**	**3691.2**	**3943.4**	
成都	Chengdu	594.2	773.7	4
自贡	Zigong	150.5	150.4	89
攀枝花	Panzhihua	67.7	70.9	209
泸州	Luzhou	150.1	157.0	84
德阳	Deyang	69.2	69.7	211
绵阳	Mianyang	128.1	174.8	74
广元	Guangyuan	93.1	93.7	166
遂宁	Suining	153.6	150.0	90
内江	Neijiang	141.5	141.3	100
乐山	Leshan	117.1	116.7	133
南充	Nanchong	194.5	195.4	64
眉山	Meishan	121.1	121.7	125
宜宾	Yibin	127.3	140.9	101
广安	Guangan	109.9	113.8	139
达州	Dazhou	184.3	182.8	70
雅安	Yaan	62.6	62.2	223
巴中	Bazhong	136.0	136.0	109
资阳	Ziyang	110.5	110.6	146
贵州	**Guizhou**	**1071.7**	**1224.6**	
贵阳	Guiyang	237.0	239.0	41
六盘水	Liupanshui	47.7	50.9	249
遵义	Zunyi	84.1	221.2	50
安顺	Anshun	118.7	118.7	128
毕节	Bijie	158.5	159.2	81
铜仁	Tongren	47.4	49.8	253
云南	**Yunnan**	**1502.2**	**1629.9**	
昆明	Kunming	406.5	437.3	14
曲靖	Qujing	69.8	114.8	137
玉溪	Yuxi	50.0	78.6	192
保山	Baoshan	95.0	93.2	168
昭通	Zhaotong	89.1	90.8	173
丽江	Lijiang	15.4	15.5	285
普洱	Puer	31.1	31.5	277
临沧	Lincang	33.3	33.5	272
西藏	**Tibet**	**55.8**	**128.5**	
拉萨	Lasa	28.7	91.6	170
陕西	**Shaanxi**	**1612.8**	**1594.1**	
西安	Xi'an	701.1	629.2	6
铜川	Tongchuan	74.4	74.3	198
宝鸡	Baoji	142.3	142.1	98
咸阳	Xianyang	92.7	93.6	167
渭南	Weinan	134.3	130.3	114
延安	Yan'an	47.2	67.6	212
汉中	Hanzhong	59.6	57.1	234
榆林	Yulin	57.0	96.4	160
安康	Ankang	100.8	100.8	155
商洛	Shangluo	56.0	56.6	237
甘肃	**Gansu**	**886.6**	**893.4**	
兰州	Lanzhou	204.7	206.1	59
嘉峪关	Jiayuguan	20.3	20.5	283
金昌	Jinchang	20.8	21.3	282
白银	Baiyin	51.3	51.7	246
天水	Tianshui	125.4	126.3	118
武威	Wuwei	104.2	104.8	152
张掖	Zhangye	50.5	50.8	250
平凉	Pingliang	57.0	57.0	235
酒泉	Jiuquan	43.2	43.3	262
庆阳	Qingyang	39.2	39.8	268
定西	Dingxi	46.7	46.7	257
陇南	Longnan	56.4	56.6	236
青海	**Qinghai**	**222.1**	**224.0**	
西宁	Xining	135.1	136.9	107
海东	Haidong	42.3	42.4	264
宁夏	**Ningxia**	**340.2**	**342.9**	
银川	Yinchuan	108.9	110.6	145
石嘴山	Shizuishan	50.4	50.8	251
吴忠	Wuzhong	41.0	40.6	266
固原	Guyuan	45.6	46.0	259
中卫	Zhongwei	40.5	40.9	265
新疆	**Xinjiang**	**892.8**	**921.6**	
乌鲁木齐	Urumqi	261.7	262.1	35
克拉玛依	Karamay	29.9	30.3	279

1-5 市区暂住人口
Urban District Temporary Population

单位：万人 （10 000 persons）

地名	City	2015	2016	2016 排名 Ranking
全国	**Nation Total**	**10050.4**	**11042.3**	
北京	**Beijing**			
天津	**Tianjin**	**297.4**	**316.0**	
河北	**Hebei**	**217.1**	**223.0**	
石家庄	Shijiazhuang	64.7	65.2	24
唐山	Tangshan	4.0	4.0	200
秦皇岛	Qinhuangdao	20.6	23.2	72
邯郸	Handan	13.7	16.1	93
邢台	Xingtai	6.1	6.4	165
保定	Baoding	16.9	19.2	81
张家口	Zhangjiakou	7.7	8.8	136
承德	Chengde	3.9	4.1	198
沧州	Cangzhou	5.0	6.3	166
廊坊	Langfang	15.9	16.4	91
衡水	Hengshui	4.8	5.3	181
山西	**Shanxi**	**152.5**	**172.5**	
太原	Taiyuan	53.0	62.0	28
大同	Datong	5.9	6.6	160
阳泉	Yangquan	1.7	1.5	258
长治	Changzhi	5.7	5.9	170
晋城	Jincheng	7.2	7.5	149
朔州	Shuozhou	6.7	7.0	154
晋中	Jinzhong	3.0	12.2	115
运城	Yuncheng	42.0	42.0	45
忻州	Xinzhou	2.8	2.8	227
临汾	Linfen	7.7	7.9	145
吕梁	Lvliang	3.2	3.2	221
内蒙古	**Inner Mongolia**	**212.2**	**224.1**	
呼和浩特	Hohhot	56.1	62.9	25
包头	Baotou	61.5	61.5	29
乌海	Wuhai	12.6	14.0	95
赤峰	Chifeng	13.8	13.8	98
通辽	Tongliao	3.1	2.5	233
鄂尔多斯	Erdos	24.1	26.0	66
呼伦贝尔	Hulunbuir	5.5	5.5	178
巴彦淖尔	Bayannur	8.1	6.6	159
乌兰察布	Ulanqab	5.4	4.4	192
辽宁	**Liaoning**	**198.6**	**213.1**	
沈阳	Shenyang	52.1	69.1	22
大连	Dalian	25.0	32.1	56
鞍山	Anshan	11.0	5.8	171
抚顺	Fushun	2.4	2.4	235
本溪	Benxi	4.0	4.0	200
丹东	Dandong	5.4	6.9	156
锦州	Jinzhou	10.4	10.4	123
营口	Yingkou	6.2	3.7	206
阜新	Fuxin	0.8	0.8	272
辽阳	Liaoyang	4.4	5.7	175
盘锦	Panjin	8.6	19.0	83
铁岭	Tieling	5.2	5.2	183
朝阳	Chaoyang	3.8	5.7	176
葫芦岛	Huludao	2.3	1.8	253
吉林	**Jilin**	**141.7**	**129.5**	
长春	Changchun	71.1	51.3	37
吉林	Jilin	2.2	2.2	240
四平	Siping	8.0	8.4	141
辽源	Liaoyuan	2.2	2.2	242
通化	Tonghua	2.7	2.2	239
白山	Baishan	3.3	3.4	216
松原	Songyuan	3.2	3.2	220
白城	Baicheng	2.1	2.0	245
黑龙江	**Heilongjiang**	**128.6**	**133.8**	
哈尔滨	Harbin	60.4	69.1	21
齐齐哈尔	Qiqihar	2.1	2.1	243
鸡西	Jixi	2.0	1.9	248
鹤岗	Hegang	0.9	0.9	268
双鸭山	Shuangyashan	0.8	0.6	275
大庆	Daqing	37.0	32.2	55
伊春	Yichun	1.8	1.8	252
佳木斯	Jiamusi	0.5	0.5	277
七台河	Qitaihe	4.6	4.7	189
牡丹江	Mudanjiang	0.7	0.7	274
黑河	Heihe	1.7	1.7	254
绥化	Suihua	2.0	3.0	225
上海	**Shanghai**			
江苏	**Jiangsu**	**857.1**	**875.8**	

1-5 市区暂住人口 续表 1

Urban District Temporary Population continued 1

单位：万人 （10 000 persons）

地名	City	2015	2016	2016 排名 Ranking	地名	City	2015	2016	2016 排名 Ranking
南京	Nanjing	39.6	40.3	47	池州	Chizhou	3.2	3.2	223
无锡	Wuxi	43.7	43.8	44	宣城	Xuancheng	12.5	12.5	111
徐州	Xuzhou	25.7	12.5	110	**福建**	**Fujian**	**689.7**	**754.4**	
常州	Changzhou	42.7	57.0	32	福州	Fuzhou	62.3	72.3	20
苏州	Suzhou	99.3	101.8	16	厦门	Xiamen	282.9	299.5	4
南通	Nantong	61.6	62.7	27	莆田	Putian	39.9	44.5	43
连云港	Lianyungang	14.7	15.0	94	三明	Sanming	1.9	1.1	264
淮安	Huaian	27.3	31.9	57	泉州	Quanzhou	57.5	57.5	31
盐城	Yancheng	24.8	24.9	69	漳州	Zhangzhou	12.3	12.5	109
扬州	Yangzhou	22.5	20.8	75	南平	Nanping	8.2	8.2	142
镇江	Zhenjiang	19.7	19.7	80	龙岩	Longyan	0.8	0.8	270
泰州	Taizhou	22.0	17.6	87	宁德	Ningde	7.4	7.5	151
宿迁	Suqian	3.0	4.2	194	**江西**	**Jiangxi**	**146.8**	**163.6**	
浙江	**Zhejiang**	**1325.4**	**1480.0**		南昌	Nanchang	29.0	34.0	51
杭州	Hangzhou	327.7	370.5	3	景德镇	Jingdezhen	2.2	4.5	191
宁波	Ningbo	101.3	184.6	9	萍乡	Pingxiang	2.8	3.2	223
温州	Wenzhou	50.3	56.9	33	九江	Jiujiang	6.5	6.5	164
嘉兴	Jiaxing	78.4	86.2	18	新余	Xinyu	1.9	1.9	249
湖州	Huzhou	53.2	53.8	35	鹰潭	Yingtan	1.5	1.0	266
绍兴	Shaoxing	137.9	118.3	13	赣州	Ganzhou	49.5	55.8	34
金华	Jinhua	34.7	59.8	30	吉安	Jian	5.5	6.6	161
衢州	Quzhou	10.3	12.9	105	宜春	Yichun	13.2	13.2	103
舟山	Zhoushan	7.5	12.3	114	抚州	Fuzhou	2.8	3.3	217
台州	Taizhou	8.6	20.9	74	上饶	Shangrao	10.9	11.3	119
丽水	Lishui	21.7	20.3	76	**山东**	**Shandong**	**477.6**	**533.1**	
安徽	**Anhui**	**374.9**	**389.4**		济南	Jinan	5.2	8.2	142
合肥	Hefei	189.3	195.7	8	青岛	Qingdao	141.1	147.2	11
芜湖	Wuhu	35.9	32.8	53	淄博	Zibo	21.7	20.3	76
蚌埠	Bengbu	15.2	17.2	89	枣庄	Zaozhuang	6.8	6.2	167
淮南	Huainan	0.3	1.2	263	东营	Dongying	16.5	23.5	70
马鞍山	Maanshan	13.9	19.2	82	烟台	Yantai	35.2	33.0	52
淮北	Huaibei	3.0	7.0	155	潍坊	Weifang	4.3	4.4	193
铜陵	Tongling	8.0	8.6	138	济宁	Jining	20.8	20.2	79
安庆	Anqing	18.4	18.1	84	泰安	Taian	1.8	21.8	73
黄山	Huangshan	4.8	5.2	182	威海	Weihai	24.5	36.4	49
滁州	Chuzhou	6.5	9.1	132	日照	Rizhao	12.3	17.6	86
阜阳	Fuyang	4.5	3.8	205	莱芜	Laiwu	5.3	5.8	171
宿州	Suzhou	16.8	10.6	122	临沂	Linyi	32.1	32.4	54
六安	Liuan	25.8	25.6	67	德州	Dezhou	9.3	8.5	140
亳州	Bozhou	1.6	3.5	212	聊城	Liaocheng	13.4	13.3	101

1-5 市区暂住人口 续表 2
Urban District Temporary Population continued 2

单位：万人 （10 000 persons）

地名	City	2015	2016	2016 排名 Ranking
滨州	Binzhou	17.8	17.1	90
菏泽	Heze	0.7	1.4	260
河南	**Henan**	**511.1**	**513.2**	
郑州	Zhengzhou	278.8	251.5	7
开封	Kaifeng	9.5	6.5	163
洛阳	Luoyang	46.2	45.2	42
平顶山	Pingdingshan	2.5	2.5	232
安阳	Anyang	1.8	2.0	246
鹤壁	Hebi	2.2	2.7	231
新乡	Xinxiang	0.2	0.3	280
焦作	Jiaozuo	4.5	4.6	190
濮阳	Puyang	2.8	3.3	217
许昌	Xuchang	8.9	17.9	85
漯河	Luohe	1.6	1.7	255
三门峡	Sanmenxia	6.2	7.5	149
南阳	Nanyang	37.1	48.7	39
商丘	Shangqiu	3.6	3.6	210
信阳	Xinyang	2.8	2.8	227
周口	Zhoukou	5.3	5.4	180
驻马店	Zhumadian	4.2	4.2	195
湖北	**Hubei**	**361.1**	**412.2**	
武汉	Wuhan	231.5	287.8	5
黄石	Huangshi	1.8	2.1	244
十堰	Shiyan	13.6	13.5	100
宜昌	Yichang	2.8	1.1	265
襄阳	Xiangyang	11.0	9.9	127
鄂州	Ezhou	2.4	2.8	226
荆门	Jingmen	8.5	9.5	129
孝感	Xiaogan	2.2	2.7	230
荆州	Jingzhou	7.8	4.8	187
黄冈	Huanggang	3.9	3.7	206
咸宁	Xianning	4.8	4.9	186
随州	Suizhou	13.1	13.2	102
湖南	**Hunan**	**172.7**	**210.2**	
长沙	Changsha			
株洲	Zhuzhou			
湘潭	Xiangtan	2.9	3.2	222
衡阳	Hengyang	14.8	26.1	65
邵阳	Shaoyang	8.5	9.0	133
岳阳	Yueyang	3.5	3.6	209
常德	Changde	13.0	27.6	62
张家界	Zhangjiajie	1.9	1.9	250
益阳	Yiyang	4.9	8.7	137
郴州	Chenzhou	10.2	10.1	125
永州	Yongzhou	8.8	9.0	135
怀化	Huaihua	23.2	23.2	71
娄底	Loudi	7.3	8.5	139
广东	**Guangdong**	**1943.7**	**2199.7**	
广州	Guangzhou	794.0	889.0	1
韶关	Shaoguan	1.3	1.4	259
深圳	Shenzhen			
珠海	Zhuhai	71.8	110.2	15
汕头	Shantou	21.1	30.0	60
佛山	Foshan	241.6	260.2	6
江门	Jiangmen	26.0	45.7	41
湛江	Zhanjiang			
茂名	Maoming	6.9	5.1	184
肇庆	Zhaoqing	19.1	27.5	63
惠州	Huizhou	79.3	112.7	14
梅州	Meizhou	0.9	3.3	219
汕尾	Shanwei	0.7	0.6	276
河源	Heyuan	7.7	7.7	148
阳江	Yangjiang	8.2	7.7	147
清远	Qingyuan	33.0	28.1	61
东莞	Dongguan	400.8	427.7	2
中山	Zhongshan	128.7	135.0	12
潮州	Chaozhou	14.0	14.0	96
揭阳	Jieyang	6.6	11.7	117
云浮	Yunfu	3.3	3.4	214
广西	**Guangxi**	**217.1**	**234.1**	
南宁	Nanning	86.5	98.1	17
柳州	Liuzhou	52.4	52.8	36
桂林	Guilin	8.5	9.3	130
梧州	Wuzhou	13.7	13.7	99
北海	Beihai	7.7	7.7	146
防城港	Fangchenggang	3.0	4.1	197
钦州	Qinzhou	4.2	4.2	196
贵港	Guigang	2.4	3.4	215
玉林	Yulin	15.4	17.4	88
百色	Baise	5.3	5.7	174

1-5 市区暂住人口 续表 3
Urban District Temporary Population continued 3

单位：万人 （10 000 persons）

地名	City	2015	2016	2016 排名 Ranking
贺州	Hezhou	1.7	1.9	247
河池	Hechi	6.1	3.8	203
来宾	Laibin	0.8	0.4	278
崇左	Chongzuo	0.6	0.7	273
海南	**Hainan**	**93.8**	**99.3**	
海口	Haikou	56.0	48.0	40
三亚	Sanya	18.6	34.3	50
三沙	Sansha	0.1	0.1	281
重庆	**Chongqing**	**367.6**	**428.9**	
四川	**Sichuan**	**393.5**	**491.2**	
成都	Chengdu	108.8	166.9	10
自贡	Zigong	15.5	13.0	104
攀枝花	Panzhihua	16.9	11.3	118
泸州	Luzhou	24.7	30.8	59
德阳	Deyang	10.9	16.3	92
绵阳	Mianyang	37.8	39.9	48
广元	Guangyuan	9.2	9.0	134
遂宁	Suining	7.8	8.0	144
内江	Neijiang	9.2	9.8	128
乐山	Leshan	17.4	20.3	78
南充	Nanchong	17.5	26.5	64
眉山	Meishan	5.5	5.9	169
宜宾	Yibin	18.4	24.9	68
广安	Guangan	2.0	2.8	229
达州	Dazhou	6.4	6.5	162
雅安	Yaan	1.3	1.3	261
巴中	Bazhong	12.7	12.7	107
资阳	Ziyang	5.5	5.5	179
贵州	**Guizhou**	**151.5**	**133.5**	
贵阳	Guiyang	88.0	80.0	19
六盘水	Liupanshui	7.9	3.7	206
遵义	Zunyi	16.9	7.2	152
安顺	Anshun	7.0	7.0	153
毕节	Bijie	3.4	1.5	257
铜仁	Tongren	4.0	3.8	204
云南	**Yunnan**	**126.3**	**130.6**	
昆明	Kunming	0.6	6.1	168
曲靖	Qujing	3.4	5.6	177
玉溪	Yuxi	13.8	12.7	106
保山	Baoshan	5.8	2.2	241
昭通	Zhaotong	5.0	5.0	185
丽江	Lijiang	6.8	6.8	157
普洱	Puer	4.1	3.9	202
临沧	Lincang	3.2	3.5	212
西藏	**Tibet**	**39.6**	**88.2**	
拉萨	Lasa	28.1	67.6	23
陕西	**Shaanxi**	**80.2**	**89.5**	
西安	Xi'an	1.0		
铜川	Tongchuan	1.0	1.0	267
宝鸡	Baoji	6.6	6.6	158
咸阳	Xianyang	13.3	12.4	112
渭南	Weinan	4.8	4.8	188
延安	Yan'an	10.5	13.9	97
汉中	Hanzhong	11.3	11.3	120
榆林	Yulin	19.5	31.0	58
安康	Ankang	1.7	1.9	250
商洛	Shangluo	4.5	0.3	279
甘肃	**Gansu**	**145.5**	**147.6**	
兰州	Lanzhou	64.1	62.7	26
嘉峪关	Jiayuguan	4.0	5.8	173
金昌	Jinchang	4.3	4.1	199
白银	Baiyin	11.8	11.8	116
天水	Tianshui	9.1	9.3	131
武威	Wuwei	2.4	2.4	235
张掖	Zhangye	0.9	0.9	269
平凉	Pingliang	1.9	3.5	211
酒泉	Jiuquan	12.5	12.6	108
庆阳	Qingyang	12.4	12.4	113
定西	Dingxi	1.6	1.6	256
陇南	Longnan	2.5	2.4	237
青海	**Qinghai**	**21.8**	**23.2**	
西宁	Xining	10.0	10.1	126
海东	Haidong	2.3	2.5	233
宁夏	**Ningxia**	**55.3**	**61.4**	
银川	Yinchuan	32.9	41.2	46
石嘴山	Shizuishan	3.9	2.4	238
吴忠	Wuzhong	0.7	0.8	271
固原	Guyuan	8.4	10.3	124
中卫	Zhongwei	2.6	1.3	261
新疆	**Xinjiang**	**149.9**	**171.5**	
乌鲁木齐	Urumqi	50.2	50.2	38
克拉玛依	Karamay	10.1	10.8	121

1-6 城区人口
Urban Population

单位：万人 （10 000 persons）

地名	City	2015	2016	2016 排名 Ranking	地名	City	2015	2016	2016 排名 Ranking
全国	**Nation Total**	**39437.8**	**40299.2**		沈阳	Shenyang	467.5	470.8	6
北京	**Beijing**	**1877.7**	**1879.6**		大连	Dalian	304.9	326.7	14
天津	**Tianjin**	**676.8**	**719.2**		鞍山	Anshan	150.1	131.3	46
河北	**Hebei**	**1575.1**	**1628.6**		抚顺	Fushun	129.3	129.1	48
石家庄	Shijiazhuang	262.9	264.1	18	本溪	Benxi	87.8	87.8	90
唐山	Tangshan	193.7	194.0	30	丹东	Dandong	69.0	60.8	139
秦皇岛	Qinhuangdao	94.8	97.7	76	锦州	Jinzhou	83.9	83.9	95
邯郸	Handan	148.8	171.7	36	营口	Yingkou	92.8	85.7	93
邢台	Xingtai	88.1	89.0	88	阜新	Fuxin	77.2	76.4	113
保定	Baoding	140.7	142.7	41	辽阳	Liaoyang	74.3	74.2	115
张家口	Zhangjiakou	86.0	95.6	79	盘锦	Panjin	64.5	82.0	99
承德	Chengde	53.1	53.4	164	铁岭	Tieling	40.0	40.0	211
沧州	Cangzhou	53.5	54.5	159	朝阳	Chaoyang	54.5	57.8	151
廊坊	Langfang	46.6	47.6	175	葫芦岛	Huludao	48.4	49.7	170
衡水	Hengshui	35.6	55.8	155	**吉林**	**Jilin**	**1058.1**	**1029.4**	
山西	**Shanxi**	**1017.6**	**1019.4**		长春	Changchun	340.5	307.6	16
太原	Taiyuan	308.0	310.0	15	吉林	Jilin	126.2	126.1	50
大同	Datong	119.3	120.9	54	四平	Siping	58.0	58.0	149
阳泉	Yangquan	58.4	55.5	156	辽源	Liaoyuan	46.6	46.6	178
长治	Changzhi	68.4	70.4	122	通化	Tonghua	44.1	44.1	193
晋城	Jincheng	48.0	49.0	172	白山	Baishan	36.7	37.2	220
朔州	Shuozhou	34.1	37.6	219	松原	Songyuan	46.3	46.3	181
晋中	Jinzhong	47.8	39.7	212	白城	Baicheng	28.0	27.2	249
运城	Yuncheng	39.0	39.0	215	**黑龙江**	**Heilongjiang**	**1310.6**	**1325.7**	
忻州	Xinzhou	27.4	27.5	247	哈尔滨	Harbin	406.7	422.0	8
临汾	Linfen	56.5	58.2	146	齐齐哈尔	Qiqihar	108.5	108.0	64
吕梁	Lvliang	25.3	25.5	257	鸡西	Jixi	70.3	70.3	123
内蒙古	**Inner Mongolia**	**687.8**	**685.3**		鹤岗	Hegang	54.5	54.2	161
呼和浩特	Hohhot	132.0	131.6	44	双鸭山	Shuangyashan	47.0	47.2	176
包头	Baotou	143.2	136.3	43	大庆	Daqing	112.5	114.5	57
乌海	Wuhai	44.5	44.5	189	伊春	Yichun	75.8	75.8	114
赤峰	Chifeng	86.4	87.9	89	佳木斯	Jiamusi	59.5	59.4	143
通辽	Tongliao	42.6	43.1	200	七台河	Qitaihe	37.1	37.6	218
鄂尔多斯	Erdos	28.2	30.1	238	牡丹江	Mudanjiang	73.0	73.0	117
呼伦贝尔	Hulunbuir	27.3	29.7	241	黑河	Heihe	13.7	13.7	284
巴彦淖尔	Bayannur	34.0	33.9	228	绥化	Suihua	34.0	35.2	224
乌兰察布	Ulanqab	26.5	25.7	255	**上海**	**Shanghai**	**2415.3**	**2419.7**	
辽宁	**Liaoning**	**2109.3**	**2076.1**		**江苏**	**Jiangsu**	**2745.3**	**2802.1**	

1-6 城区人口 续表 1
Urban Population continued 1

单位：万人 （10 000 persons）

地名	City	2015	2016	2016 排名 Ranking	地名	City	2015	2016	2016 排名 Ranking
南京	Nanjing	581.7	590.6	4	池州	Chizhou	27.1	27.3	248
无锡	Wuxi	211.3	216.0	24	宣城	Xuancheng	23.8	26.5	250
徐州	Xuzhou	170.7	176.8	34	**福建**	**Fujian**	**869.8**	**904.0**	
常州	Changzhou	152.7	154.8	38	福州	Fuzhou	191.6	194.7	29
苏州	Suzhou	256.8	263.1	19	厦门	Xiamen	168.2	186.7	32
南通	Nantong	113.8	114.7	56	莆田	Putian	51.5	53.3	165
连云港	Lianyungang	100.0	100.0	71	三明	Sanming	21.1	21.2	267
淮安	Huaian	124.9	131.5	45	泉州	Quanzhou	98.7	101.7	70
盐城	Yancheng	121.0	121.4	53	漳州	Zhangzhou	40.9	41.9	203
扬州	Yangzhou	95.4	104.7	68	南平	Nanping	29.4	29.4	244
镇江	Zhenjiang	79.4	79.5	106	龙岩	Longyan	41.2	41.3	208
泰州	Taizhou	83.1	83.9	96	宁德	Ningde	18.5	18.6	275
宿迁	Suqian	67.7	69.6	124	**江西**	**Jiangxi**	**945.0**	**972.7**	
浙江	**Zhejiang**	**1547.6**	**1578.3**		南昌	Nanchang	241.8	243.7	21
杭州	Hangzhou	332.1	339.8	12	景德镇	Jingdezhen	49.0	41.0	209
宁波	Ningbo	151.3	178.9	33	萍乡	Pingxiang	42.3	43.2	199
温州	Wenzhou	144.5	150.0	40	九江	Jiujiang	63.7	65.2	132
嘉兴	Jiaxing	45.5	46.6	179	新余	Xinyu	45.1	45.7	184
湖州	Huzhou	52.8	53.5	163	鹰潭	Yingtan	21.5	22.3	265
绍兴	Shaoxing	97.1	98.5	74	赣州	Ganzhou	95.9	111.6	59
金华	Jinhua	47.7	56.0	154	吉安	Jian	38.2	39.3	214
衢州	Quzhou	29.5	29.8	240	宜春	Yichun	44.2	44.2	191
舟山	Zhoushan	50.3	50.6	169	抚州	Fuzhou	53.9	58.0	148
台州	Taizhou	98.2	98.4	75	上饶	Shangrao	65.8	66.4	130
丽水	Lishui	15.4	16.2	279	**山东**	**Shandong**	**2880.1**	**2974.4**	
安徽	**Anhui**	**1172.6**	**1179.4**		济南	Jinan	300.0	329.2	13
合肥	Hefei	209.8	211.0	25	青岛	Qingdao	298.8	298.9	17
芜湖	Wuhu	102.9	104.1	69	淄博	Zibo	159.4	165.8	37
蚌埠	Bengbu	80.8	80.7	101	枣庄	Zaozhuang	92.9	95.3	81
淮南	Huainan	107.5	108.5	63	东营	Dongying	64.4	71.8	120
马鞍山	Maanshan	59.0	58.8	144	烟台	Yantai	145.0	151.3	39
淮北	Huaibei	78.7	68.0	127	潍坊	Weifang	124.9	126.5	49
铜陵	Tongling	41.5	44.1	192	济宁	Jining	125.8	139.5	42
安庆	Anqing	65.6	65.9	131	泰安	Taian	65.5	80.4	103
黄山	Huangshan	33.5	34.3	227	威海	Weihai	78.6	79.3	107
滁州	Chuzhou	36.4	38.2	217	日照	Rizhao	58.4	65.0	133
阜阳	Fuyang	74.0	76.4	112	莱芜	Laiwu	59.2	59.9	141
宿州	Suzhou	48.5	49.1	171	临沂	Linyi	177.4	175.5	35
六安	Liuan	39.1	43.8	195	德州	Dezhou	77.9	79.6	105
亳州	Bozhou	30.5	31.0	237	聊城	Liaocheng	73.5	74.0	116

1-6 城区人口 续表 2
Urban Population continued 2

单位：万人 （10 000 persons）

地名	City	2015	2016	2016 排名 Ranking	地名	City	2015	2016	2016 排名 Ranking
滨州	Binzhou	76.4	76.5	111	常德	Changde	72.2	68.3	126
菏泽	Heze	68.3	83.8	97	张家界	Zhangjiajie	20.8	20.1	270
河南	**Henan**	**2038.8**	**2013.4**		益阳	Yiyang	57.1	57.3	152
郑州	Zhengzhou	382.3	344.9	11	郴州	Chenzhou	55.7	56.3	153
开封	Kaifeng	98.5	98.7	73	永州	Yongzhou	46.4	46.7	177
洛阳	Luoyang	203.1	203.1	26	怀化	Huaihua	33.4	62.0	136
平顶山	Pingdingshan	92.2	93.1	85	娄底	Loudi	43.1	44.3	190
安阳	Anyang	72.1	72.6	119	**广东**	**Guangdong**	**3758.9**	**3831.2**	
鹤壁	Hebi	45.3	45.4	185	广州	Guangzhou	615.1	626.6	2
新乡	Xinxiang	76.5	77.0	110	韶关	Shaoguan	62.1	61.8	138
焦作	Jiaozuo	77.9	78.4	109	深圳	Shenzhen	1137.9	1190.8	1
濮阳	Puyang	49.8	54.4	160	珠海	Zhuhai	112.5	72.7	118
许昌	Xuchang	41.5	42.3	201	汕头	Shantou	239.0	241.0	22
漯河	Luohe	55.8	58.0	149	佛山	Foshan	128.0	129.2	47
三门峡	Sanmenxia	46.8	45.4	186	江门	Jiangmen	92.6	93.7	82
南阳	Nanyang	124.7	125.6	51	湛江	Zhanjiang	89.1	90.8	86
商丘	Shangqiu	96.3	96.3	77	茂名	Maoming	61.6	67.8	129
信阳	Xinyang	51.0	54.0	162	肇庆	Zhaoqing	61.0	59.6	142
周口	Zhoukou	34.0	35.0	225	惠州	Huizhou	101.3	105.4	66
驻马店	Zhumadian	43.6	44.0	194	梅州	Meizhou	43.9	43.4	198
湖北	**Hubei**	**1719.9**	**1745.8**		汕尾	Shanwei	22.8	21.9	266
武汉	Wuhan	474.2	473.5	5	河源	Heyuan	26.9	26.3	251
黄石	Huangshi	84.6	85.1	94	阳江	Yangjiang	43.3	43.8	196
十堰	Shiyan	68.5	69.0	125	清远	Qingyuan	45.0	55.3	158
宜昌	Yichang	89.7	90.3	87	东莞	Dongguan	195.0	201.0	28
襄阳	Xiangyang	108.0	113.3	58	中山	Zhongshan	42.6	43.7	197
鄂州	Ezhou	41.7	41.8	204	潮州	Chaozhou	78.0	86.2	92
荆门	Jingmen	42.4	44.8	188	揭阳	Jieyang	84.0	80.9	100
孝感	Xiaogan	49.0	52.4	166	云浮	Yunfu	31.4	24.0	260
荆州	Jingzhou	70.4	79.7	104	**广西**	**Guangxi**	**848.4**	**875.3**	
黄冈	Huanggang	29.1	29.8	239	南宁	Nanning	208.5	224.7	23
咸宁	Xianning	36.5	36.6	222	柳州	Liuzhou	112.3	114.9	55
随州	Suizhou	46.2	46.6	180	桂林	Guilin	85.5	86.4	91
湖南	**Hunan**	**1362.1**	**1408.3**		梧州	Wuzhou	47.6	48.2	174
长沙	Changsha	339.7	351.5	10	北海	Beihai	36.1	37.0	221
株洲	Zhuzhou	107.7	109.4	62	防城港	Fangchenggang	16.0	16.6	278
湘潭	Xiangtan	78.7	78.8	108	钦州	Qinzhou	32.9	32.9	230
衡阳	Hengyang	99.6	95.6	80	贵港	Guigang	40.8	41.7	206
邵阳	Shaoyang	59.8	60.3	140	玉林	Yulin	54.3	55.4	157
岳阳	Yueyang	69.0	70.9	121	百色	Baise	20.3	20.6	268

1-6 城区人口 续表 3
Urban Population continued 3

单位：万人 （10 000 persons）

地名	City	2015	2016	2016 排名 Ranking	地名	City	2015	2016	2016 排名 Ranking
贺州	Hezhou	22.2	22.6	264	丽江	Lijiang	10.5	10.5	285
河池	Hechi	19.5	20.0	271	普洱	Puer	19.2	19.3	272
来宾	Laibin	29.1	29.7	241	临沧	Lincang	17.8	17.9	276
崇左	Chongzuo	17.0	17.5	277	**西藏**	**Tibet**	**40.5**	**69.4**	
海南	**Hainan**	**212.5**	**209.1**		拉萨	Lasa	24.3	48.7	173
海口	Haikou	108.0	110.0	61	**陕西**	**Shaanxi**	**883.0**	**924.9**	
三亚	Sanya	25.4	26.1	252	西安	Xi'an	423.1	436.0	7
三沙	Sansha	0.2	0.1	286	铜川	Tongchuan	39.4	39.4	213
重庆	**Chongqing**	**1032.6**	**1102.7**		宝鸡	Baoji	80.6	82.3	98
四川	**Sichuan**	**1797.1**	**1951.4**		咸阳	Xianyang	92.7	93.2	84
成都	Chengdu	494.4	617.4	3	渭南	Weinan	51.2	52.1	167
自贡	Zigong	105.7	105.7	65	延安	Yan'an	25.1	29.7	243
攀枝花	Panzhihua	55.7	58.8	145	汉中	Hanzhong	41.4	41.8	205
泸州	Luzhou	96.1	104.9	67	榆林	Yulin	25.4	35.8	223
德阳	Deyang	51.5	46.0	182	安康	Ankang	30.8	32.3	233
绵阳	Mianyang	86.5	93.5	83	商洛	Shangluo	15.2	23.7	261
广元	Guangyuan	36.5	41.4	207	**甘肃**	**Gansu**	**521.8**	**533.3**	
遂宁	Suining	63.7	61.9	137	兰州	Lanzhou	186.6	188.8	31
内江	Neijiang	62.9	62.7	135	嘉峪关	Jiayuguan	18.1	20.5	269
乐山	Leshan	56.8	58.1	147	金昌	Jinchang	15.8	15.9	281
南充	Nanchong	95.0	96.0	78	白银	Baiyin	36.8	38.7	216
眉山	Meishan	45.9	45.9	183	天水	Tianshui	64.3	64.6	134
宜宾	Yibin	71.3	80.6	102	武威	Wuwei	32.0	32.6	232
广安	Guangan	29.1	32.1	234	张掖	Zhangye	24.1	24.2	259
达州	Dazhou	56.9	50.9	168	平凉	Pingliang	31.5	31.8	235
雅安	Yaan	25.4	25.6	256	酒泉	Jiuquan	25.8	26.0	254
巴中	Bazhong	38.6	40.1	210	庆阳	Qingyang	18.5	19.2	273
资阳	Ziyang	28.2	28.2	246	定西	Dingxi	18.6	18.6	274
贵州	**Guizhou**	**529.4**	**577.9**		陇南	Longnan	14.4	14.5	283
贵阳	Guiyang	196.1	202.0	27	**青海**	**Qinghai**	**166.9**	**168.1**	
六盘水	Liupanshui	32.0	33.5	229	西宁	Xining	120.6	122.5	52
遵义	Zunyi	62.6	99.5	72	海东	Haidong	23.0	23.1	262
安顺	Anshun	41.9	41.9	202	**宁夏**	**Ningxia**	**235.5**	**229.8**	
毕节	Bijie	25.9	25.1	258	银川	Yinchuan	108.9	110.6	60
铜仁	Tongren	30.6	32.8	231	石嘴山	Shizuishan	45.0	45.4	186
云南	**Yunnan**	**798.8**	**846.6**		吴忠	Wuzhong	22.6	22.6	263
昆明	Kunming	379.0	391.9	9	固原	Guyuan	21.3	14.7	282
曲靖	Qujing	60.2	67.9	128	中卫	Zhongwei	18.9	16.1	280
玉溪	Yuxi	21.4	34.8	226	**新疆**	**Xinjiang**	**603.4**	**618.5**	
保山	Baoshan	27.7	31.3	236	乌鲁木齐	Urumqi	261.7	262.1	20
昭通	Zhaotong	25.7	26.0	253	克拉玛依	Karamay	28.6	29.1	245

1-7 城区暂住人口
Urban Temporary Population

单位：万人 （10 000 persons）

地名	City	2015	2016	2016 排名 Ranking	地名	City	2015	2016	2016 排名 Ranking
全国	**Nation Total**	**6561.5**	**7414.0**		沈阳	Shenyang	47.8	65.4	15
北京	**Beijing**				大连	Dalian	25.0	25.5	54
天津	**Tianjin**	**198.4**	**220.9**		鞍山	Anshan	8.1	5.8	139
河北	**Hebei**	**118.1**	**129.7**		抚顺	Fushun	1.6	1.6	231
石家庄	Shijiazhuang	19.3	19.5	62	本溪	Benxi	3.6	3.6	180
唐山	Tangshan	4.0	4.0	177	丹东	Dandong	4.2	5.1	153
秦皇岛	Qinhuangdao	13.2	13.5	79	锦州	Jinzhou	10.4	10.4	99
邯郸	Handan	10.0	13.6	78	营口	Yingkou	1.8	3.0	199
邢台	Xingtai	6.1	6.4	132	阜新	Fuxin	0.8	0.8	256
保定	Baoding	16.7	18.4	65	辽阳	Liaoyang	4.0	4.3	168
张家口	Zhangjiakou	3.5	4.5	166	盘锦	Panjin	8.6	11.7	94
承德	Chengde	3.8	4.0	176	铁岭	Tieling	5.1	5.1	152
沧州	Cangzhou	4.5	4.8	161	朝阳	Chaoyang	3.7	5.7	141
廊坊	Langfang	7.4	8.6	110	葫芦岛	Huludao	2.3	1.8	225
衡水	Hengshui	1.3	4.1	174	**吉林**	**Jilin**	**113.3**	**111.0**	
山西	**Shanxi**	**94.6**	**111.4**		长春	Changchun	61.8	48.7	29
太原	Taiyuan	52.1	58.0	19	吉林	Jilin	1.5	1.5	239
大同	Datong	4.3	4.9	160	四平	Siping	8.0	8.4	112
阳泉	Yangquan	1.7	1.5	237	辽源	Liaoyuan	2.2	2.2	216
长治	Changzhi	5.5	5.6	142	通化	Tonghua	2.7	2.2	214
晋城	Jincheng				白山	Baishan	2.8	2.8	202
朔州	Shuozhou	5.5	5.5	143	松原	Songyuan	3.2	3.2	192
晋中	Jinzhong	2.0	11.7	95	白城	Baicheng	0.3	1.0	247
运城	Yuncheng	4.0	4.0	177	**黑龙江**	**Heilongjiang**	**108.4**	**108.8**	
忻州	Xinzhou	2.6	2.6	208	哈尔滨	Harbin	51.2	57.9	20
临汾	Linfen	5.2	5.4	146	齐齐哈尔	Qiqihar	0.4	0.4	272
吕梁	Lvliang	1.7	1.7	229	鸡西	Jixi	2.0	1.9	223
内蒙古	**Inner Mongolia**	**187.7**	**202.1**		鹤岗	Hegang	0.8	0.8	255
呼和浩特	Hohhot	56.1	62.9	17	双鸭山	Shuangyashan	0.8	0.6	263
包头	Baotou	45.3	53.1	23	大庆	Daqing	37.0	31.3	46
乌海	Wuhai	11.6	10.5	97	伊春	Yichun	0.9	0.9	251
赤峰	Chifeng	11.8	12.0	91	佳木斯	Jiamusi	0.5	0.5	268
通辽	Tongliao	2.5	2.1	218	七台河	Qitaihe	3.4	3.4	185
鄂尔多斯	Erdos	24.1	24.0	55	牡丹江	Mudanjiang	0.7	0.7	258
呼伦贝尔	Hulunbuir	4.8	5.4	145	黑河	Heihe	0.8	0.8	256
巴彦淖尔	Bayannur	7.0	5.1	154	绥化	Suihua	1.5	1.5	234
乌兰察布	Ulanqab	5.4	4.1	172	**上海**	**Shanghai**			
辽宁	**Liaoning**	**167.7**	**174.1**		**江苏**	**Jiangsu**	**328.6**	**340.4**	

1-7 城区暂住人口 续表 1
Urban Temporary Population continued 1

单位：万人 （10 000 persons）

地名	City	2015	2016	2016 排名 Ranking	地名	City	2015	2016	2016 排名 Ranking
南京	Nanjing	36.2	36.6	39	池州	Chizhou	3.2	3.2	193
无锡	Wuxi	35.0	35.1	40	宣城	Xuancheng	11.7	9.3	106
徐州	Xuzhou	16.7	6.1	136	**福建**	**Fujian**	**311.5**	**321.0**	
常州	Changzhou	26.3	32.9	42	福州	Fuzhou	50.6	54.6	22
苏州	Suzhou	43.0	49.2	28	厦门	Xiamen	138.9	138.9	8
南通	Nantong	48.7	49.6	27	莆田	Putian	11.2	12.3	89
连云港	Lianyungang	5.1	5.2	151	三明	Sanming	1.1	1.0	246
淮安	Huaian	21.8	30.3	51	泉州	Quanzhou	31.2	32.7	43
盐城	Yancheng	14.9	14.3	75	漳州	Zhangzhou	9.5	9.7	103
扬州	Yangzhou	13.9	11.9	93	南平	Nanping	5.9	5.9	138
镇江	Zhenjiang	9.5	9.5	104	龙岩	Longyan	0.6	0.6	261
泰州	Taizhou	10.0	10.4	98	宁德	Ningde	7.1	7.2	124
宿迁	Suqian	2.4	3.5	183	**江西**	**Jiangxi**	**105.6**	**120.3**	
浙江	**Zhejiang**	**620.5**	**750.6**		南昌	Nanchang	28.6	30.4	50
杭州	Hangzhou	191.7	223.1	5	景德镇	Jingdezhen	1.1	4.5	165
宁波	Ningbo	38.9	105.7	10	萍乡	Pingxiang	2.7	3.2	193
温州	Wenzhou	48.3	55.1	21	九江	Jiujiang	2.9	3.1	197
嘉兴	Jiaxing	40.1	47.5	30	新余	Xinyu	1.8	1.9	224
湖州	Huzhou	37.4	38.0	38	鹰潭	Yingtan	0.6	0.6	260
绍兴	Shaoxing	48.8	51.7	24	赣州	Ganzhou	34.6	40.0	34
金华	Jinhua	17.6	23.0	58	吉安	Jian	5.4	6.5	129
衢州	Quzhou	6.3	6.1	135	宜春	Yichun	13.2	13.2	81
舟山	Zhoushan	7.5	12.3	90	抚州	Fuzhou	2.8	3.3	191
台州	Taizhou	5.2	5.1	155	上饶	Shangrao	4.6	4.9	159
丽水	Lishui	19.1	19.0	64	**山东**	**Shandong**	**250.6**	**393.8**	
安徽	**Anhui**	**316.6**	**337.8**		济南	Jinan	3.0	6.0	137
合肥	Hefei	168.4	189.3	6	青岛	Qingdao	39.5	142.7	7
芜湖	Wuhu	34.9	31.8	44	淄博	Zibo	8.3	7.8	118
蚌埠	Bengbu	14.1	15.0	74	枣庄	Zaozhuang	4.4	4.3	168
淮南	Huainan	0.3	1.0	250	东营	Dongying	3.4	14.2	76
马鞍山	Maanshan	13.2	15.1	72	烟台	Yantai	34.0	31.0	47
淮北	Huaibei	2.9	6.6	127	潍坊	Weifang	3.5	3.6	181
铜陵	Tongling	6.0	7.5	122	济宁	Jining	14.1	15.2	70
安庆	Anqing	5.1	5.1	156	泰安	Taian	1.8	20.6	60
黄山	Huangshan	3.6	4.2	170	威海	Weihai	14.3	15.2	69
滁州	Chuzhou	4.7	6.7	125	日照	Rizhao	9.1	15.2	71
阜阳	Fuyang	3.6	3.3	189	莱芜	Laiwu	2.4	2.9	201
宿州	Suzhou	10.3	8.2	115	临沂	Linyi	31.2	31.6	45
六安	Liuan	20.7	16.5	66	德州	Dezhou	9.2	8.5	111
亳州	Bozhou	1.6	3.2	193	聊城	Liaocheng	12.7	12.4	88

1-7 城区暂住人口 续表 2
Urban Temporary Population continued 2

单位：万人 （10 000 persons）

地名	City	2015	2016	2016 排名 Ranking
滨州	Binzhou	12.4	12.7	83
菏泽	Heze	0.5	0.6	263
河南	**Henan**	**440.9**	**425.0**	
郑州	Zhengzhou	278.8	251.5	3
开封	Kaifeng	9.2	6.5	131
洛阳	Luoyang	38.1	33.8	41
平顶山	Pingdingshan	1.9	1.9	222
安阳	Anyang	0.4	0.5	267
鹤壁	Hebi	1.7	1.8	225
新乡	Xinxiang	0.1	0.1	275
焦作	Jiaozuo			
濮阳	Puyang	2.2	2.6	205
许昌	Xuchang	8.9	12.6	85
漯河	Luohe	0.6	0.7	259
三门峡	Sanmenxia	5.3	5.3	149
南阳	Nanyang	35.9	39.8	35
商丘	Shangqiu	0.1	0.1	276
信阳	Xinyang	2.6	2.6	207
周口	Zhoukou	4.1	4.2	171
驻马店	Zhumadian	3.4	3.4	185
湖北	**Hubei**	**252.2**	**317.4**	
武汉	Wuhan	166.5	232.3	4
黄石	Huangshi	1.8	2.1	220
十堰	Shiyan	12.3	12.0	91
宜昌	Yichang	2.8	1.1	245
襄阳	Xiangyang	8.0	9.4	105
鄂州	Ezhou	1.1	1.2	242
荆门	Jingmen	7.2	8.0	116
孝感	Xiaogan	1.2	2.3	213
荆州	Jingzhou	7.0	4.4	167
黄冈	Huanggang	2.2	2.3	212
咸宁	Xianning	4.6	4.6	163
随州	Suizhou	2.8	2.8	203
湖南	**Hunan**	**132.4**	**132.3**	
长沙	Changsha			
株洲	Zhuzhou			
湘潭	Xiangtan	2.9	2.9	200
衡阳	Hengyang	12.3	12.9	82
邵阳	Shaoyang	8.5	9.0	108
岳阳	Yueyang	2.0	2.1	218
常德	Changde	8.1	22.5	59
张家界	Zhangjiajie	1.6	1.1	243
益阳	Yiyang	4.3	8.6	109
郴州	Chenzhou	7.0	7.5	123
永州	Yongzhou	7.3	7.6	121
怀化	Huaihua	23.2	0.1	278
娄底	Loudi	5.5	5.7	140
广东	**Guangdong**	**1390.1**	**1624.2**	
广州	Guangzhou	631.7	707.5	1
韶关	Shaoguan	1.1	1.0	247
深圳	Shenzhen			
珠海	Zhuhai	71.8	110.2	9
汕头	Shantou	14.4	19.0	63
佛山	Foshan	60.4	81.1	13
江门	Jiangmen	22.4	40.5	33
湛江	Zhanjiang			
茂名	Maoming	5.2	4.0	175
肇庆	Zhaoqing	10.3	13.3	80
惠州	Huizhou	60.8	88.5	12
梅州	Meizhou	0.9	3.1	198
汕尾	Shanwei	0.5	0.5	269
河源	Heyuan	5.5	6.6	128
阳江	Yangjiang	5.1	5.3	147
清远	Qingyuan	15.4	23.7	57
东莞	Dongguan	400.8	427.7	2
中山	Zhongshan	29.8	30.5	49
潮州	Chaozhou	6.5	6.6	126
揭阳	Jieyang	6.5	8.2	114
云浮	Yunfu	1.4	1.8	227
广西	**Guangxi**	**195.8**	**212.3**	
南宁	Nanning	78.5	89.9	11
柳州	Liuzhou	51.1	51.4	25
桂林	Guilin	8.5	9.1	107
梧州	Wuzhou	13.2	13.7	77
北海	Beihai	7.7	7.7	119
防城港	Fangchenggang	2.5	3.5	182
钦州	Qinzhou	3.3	3.3	190
贵港	Guigang	1.6	2.6	206
玉林	Yulin	13.5	15.1	73
百色	Baise	5.0	5.5	144

1-7 城区暂住人口 续表 3
Urban Temporary Population continued 3

单位：万人 (10 000 persons)

地名	City	2015	2016	2016 排名 Ranking
贺州	Hezhou	1.3	1.5	238
河池	Hechi	3.0	0.6	261
来宾	Laibin	0.1	0.4	270
崇左	Chongzuo	0.4	0.4	271
海南	**Hainan**	**79.5**	**83.6**	
海口	Haikou	56.0	42.4	31
三亚	Sanya	11.2	28.9	52
三沙	Sansha	0.1	0.1	277
重庆	**Chongqing**	**305.3**	**350.3**	
四川	**Sichuan**	**252.7**	**332.7**	
成都	Chengdu	32.9	73.0	14
自贡	Zigong	15.5	12.7	84
攀枝花	Panzhihua	16.4	11.3	96
泸州	Luzhou	24.3	30.7	48
德阳	Deyang	1.5	15.3	68
绵阳	Mianyang	37.8	39.3	36
广元	Guangyuan	8.2	7.9	117
遂宁	Suining	7.6	7.7	119
内江	Neijiang	1.5	1.6	233
乐山	Leshan	16.2	20.2	61
南充	Nanchong	15.0	24.0	56
眉山	Meishan	4.1	5.0	158
宜宾	Yibin	18.4	15.8	67
广安	Guangan	0.8	0.9	253
达州	Dazhou	6.0	6.2	134
雅安	Yaan	1.1	1.1	244
巴中	Bazhong	3.9	3.8	179
资阳	Ziyang	5.2	5.3	148
贵州	**Guizhou**	**112.7**	**99.6**	
贵阳	Guiyang	69.9	65.0	16
六盘水	Liupanshui	3.1	3.4	188
遵义	Zunyi	16.1	2.2	215
安顺	Anshun	4.5	4.6	164
毕节	Bijie	2.8	1.5	234
铜仁	Tongren	2.7	1.3	241
云南	**Yunnan**	**92.9**	**90.3**	
昆明	Kunming	0.6	1.7	230
曲靖	Qujing	3.4	4.1	173
玉溪	Yuxi	8.6	6.3	133
保山	Baoshan	3.1	1.4	240
昭通	Zhaotong	4.5	4.7	162
丽江	Lijiang	6.5	6.5	129
普洱	Puer	3.4	3.4	184
临沧	Lincang	1.8	0.6	265
西藏	**Tibet**	**35.3**	**48.6**	
拉萨	Lasa	25.6	38.2	37
陕西	**Shaanxi**	**48.8**	**65.0**	
西安	Xi'an	0.7		
铜川	Tongchuan	1.0	1.0	249
宝鸡	Baoji	3.1	3.1	196
咸阳	Xianyang	13.3	12.4	87
渭南	Weinan	2.8	2.8	204
延安	Yan'an	8.9	9.8	101
汉中	Hanzhong	2.3	2.4	210
榆林	Yulin	11.1	27.2	53
安康	Ankang	1.7	1.7	228
商洛	Shangluo	0.5	0.3	274
甘肃	**Gansu**	**113.9**	**110.8**	
兰州	Lanzhou	63.9	62.5	18
嘉峪关	Jiayuguan	3.8	1.6	231
金昌	Jinchang	3.6	3.4	185
白银	Baiyin	5.4	5.3	149
天水	Tianshui	4.8	5.0	157
武威	Wuwei	0.9	0.9	252
张掖	Zhangye	0.4	0.4	273
平凉	Pingliang	1.9	2.1	217
酒泉	Jiuquan	12.5	12.6	86
庆阳	Qingyang	0.7	0.9	254
定西	Dingxi	1.5	1.5	234
陇南	Longnan	2.1	2.1	221
青海	**Qinghai**	**18.4**	**18.4**	
西宁	Xining	8.1	8.3	113
海东	Haidong	2.3	2.4	209
宁夏	**Ningxia**	**47.7**	**54.9**	
银川	Yinchuan	32.9	41.2	32
石嘴山	Shizuishan	3.4	2.4	211
吴忠	Wuzhong	0.0	0.0	279
固原	Guyuan	8.4	10.3	100
中卫	Zhongwei	1.6	0.6	265
新疆	**Xinjiang**	**121.6**	**126.7**	
乌鲁木齐	Urumqi	50.2	50.2	26
克拉玛依	Karamay	9.1	9.7	102

1-8 年末总人口
Total Population at Year-end

单位：万人 （10 000 persons）

地名	City	2010	2015	2016	2016 排名 Ranking	地名	City	2010	2015	2016	2016 排名 Ranking
全国	**Nation Total**	**134531.4**	**137462.0**	**138271.0**		沈阳	Shenyang	719.6	730.4	734.0	42
北京	**Beijing**	**1261.7**	**1345.2**	**1363.0**		大连	Dalian	586.4	593.6	596.0	66
天津	**Tianjin**	**989.6**	**1547.0**	**1562.0**		鞍山	Anshan	351.8	346.0	346.0	160
河北	**Hebei**	**7298.0**	**7424.9**	**7470.0**		抚顺	Fushun	220.9	215.8	215.0	228
石家庄	Shijiazhuang	989.2	1028.8	1038.0	9	本溪	Benxi	154.6	151.2	150.0	254
唐山	Tangshan	735.0	755.0	760.0	35	丹东	Dandong	241.4	238.1	238.0	214
秦皇岛	Qinhuangdao	288.3	295.6	298.0	184	锦州	Jinzhou	308.3	302.6	302.0	178
邯郸	Handan	963.5	1049.7	1055.0	7	营口	Yingkou	235.5	232.6	233.0	219
邢台	Xingtai	732.0	780.4	788.0	31	阜新	Fuxin	192.4	189.5	189.0	235
保定	Baoding	1161.0	1202.2	1207.0	3	辽阳	Liaoyang	183.4	179.0	179.0	239
张家口	Zhangjiakou	466.0	469.0	470.0	104	盘锦	Panjin	131.3	129.5	130.0	261
承德	Chengde	373.0	382.4	383.0	140	铁岭	Tieling	305.1	300.4	300.0	180
沧州	Cangzhou	730.9	774.4	780.0	33	朝阳	Chaoyang	339.2	340.9	341.0	161
廊坊	Langfang	419.0	461.1	470.0	104	葫芦岛	Huludao	281.8	280.1	280.0	189
衡水	Hengshui	440.2	452.3	455.0	109	**吉林**	**Jilin**	**2723.8**	**2753.0**	**2733.0**	
山西	**Shanxi**	**3473.6**	**3664.0**	**3682.0**		长春	Changchun	758.9	753.8	753.0	36
太原	Taiyuan	420.5	367.4	370.0	149	吉林	Jilin	434.0	426.2	422.0	120
大同	Datong	332.1	316.2	318.0	171	四平	Siping	340.6	326.4	324.0	167
阳泉	Yangquan	136.9	132.2	133.0	259	辽源	Liaoyuan	123.8	120.8	120.0	268
长治	Changzhi	333.7	336.9	339.0	163	通化	Tonghua	226.1	221.1	220.0	224
晋城	Jincheng	228.0	219.4	220.0	224	白山	Baishan	128.7	125.4	122.0	265
朔州	Shuozhou	171.6	161.5	163.0	248	松原	Songyuan	290.1	278.1	278.0	191
晋中	Jinzhong	325.2	329.7	332.0	165	白城	Baicheng	202.6	196.7	193.0	232
运城	Yuncheng	513.9	510.2	531.0	90	**黑龙江**	**Heilongjiang**	**3842.8**	**3812.0**	**3799.0**	
忻州	Xinzhou	307.0	306.5	308.0	173	哈尔滨	Harbin	992.0	961.4	962.0	13
临汾	Linfen	432.1	430.6	434.0	115	齐齐哈尔	Qiqihar	568.1	549.4	544.0	84
吕梁	Lvliang	373.0	387.5	391.0	133	鸡西	Jixi	189.2	181.2	181.0	238
内蒙古	**Inner Mongolia**	**2453.2**	**2511.0**	**2520.0**		鹤岗	Hegang	109.1	105.6	104.0	274
呼和浩特	Hohhot	287.4	238.6	241.0	213	双鸭山	Shuangyashan	151.6	147.4	145.0	257
包头	Baotou	265.5	223.9	224.0	222	大庆	Daqing	279.8	277.5	276.0	192
乌海	Wuhai	53.5	44.5	44.0	283	伊春	Yichun	127.0	121.2	118.0	269
赤峰	Chifeng	433.8	462.6	463.0	107	佳木斯	Jiamusi	252.7	229.2	238.0	214
通辽	Tongliao	314.0	319.4	319.0	170	七台河	Qitaihe	92.9	83.1	80.0	278
鄂尔多斯	Erdos	195.0	157.3	159.0	252	牡丹江	Mudanjiang	268.9	255.0	259.0	204
呼伦贝尔	Hulunbuir	254.6	259.3	259.0	204	黑河	Heihe	173.3	167.9	163.0	248
巴彦淖尔	Bayannur	166.9	174.7	175.0	240	绥化	Suihua	586.2	548.5	543.0	85
乌兰察布	Ulanqab	214.1	273.9	274.0	193	**上海**	**Shanghai**	**1412.3**	**2415.0**	**2420.0**	
辽宁	**Liaoning**	**4251.7**	**4382.0**	**4378.0**		**江苏**	**Jiangsu**	**7466.6**	**7976.0**	**7999.0**	

1-8 年末总人口 续表 1
Total Population at Year-end continued 1

单位：万人 （10 000 persons）

地名	City	2010	2015	2016	2016 排名 Ranking	地名	City	2010	2015	2016	2016 排名 Ranking
南京	Nanjing	632.4	653.4	663.0	51	池州	Chizhou	160.5	161.6	162.0	250
无锡	Wuxi	466.6	480.9	486.0	101	宣城	Xuancheng	278.4	280.0	280.0	189
徐州	Xuzhou	972.9	1028.7	1041.0	8	**福建**	**Fujian**	**3529.7**	**3839.0**	**3874.0**	
常州	Changzhou	360.8	370.9	375.0	144	福州	Fuzhou	645.9	678.4	687.0	48
苏州	Suzhou	637.7	667.0	678.0	50	厦门	Xiamen	180.2	211.2	221.0	223
南通	Nantong	762.9	766.8	767.0	34	莆田	Putian	323.5	344.3	350.0	156
连云港	Lianyungang	497.7	530.6	534.0	88	三明	Sanming	272.7	284.2	287.0	188
淮安	Huaian	538.7	564.5	568.0	74	泉州	Quanzhou	685.3	722.5	730.0	43
盐城	Yancheng	816.1	828.0	831.0	22	漳州	Zhangzhou	473.9	502.1	508.0	98
扬州	Yangzhou	459.1	561.1	462.0	108	南平	Nanping	313.9	319.9	321.0	169
镇江	Zhenjiang	270.7	271.7	272.0	195	龙岩	Longyan	295.7	309.4	314.0	172
泰州	Taizhou	504.6	507.9	508.0	98	宁德	Ningde	338.5	348.9	352.0	154
宿迁	Suqian	546.3	586.3	592.0	69	**江西**	**Jiangxi**	**4693.5**	**4566.0**	**4592.0**	
浙江	**Zhejiang**	**4748.0**	**5539.0**	**5590.0**		南昌	Nanchang	505.3	520.4	523.0	93
杭州	Hangzhou	689.1	723.6	736.0	41	景德镇	Jingdezhen	158.9	166.7	169.0	246
宁波	Ningbo	574.1	586.6	591.0	70	萍乡	Pingxiang	185.6	198.3	200.0	231
温州	Wenzhou	786.8	811.2	818.0	26	九江	Jiujiang	473.2	516.6	520.0	96
嘉兴	Jiaxing	341.6	349.5	352.0	154	新余	Xinyu	114.0	123.5	124.0	264
湖州	Huzhou	260.0	263.7	265.0	202	鹰潭	Yingtan	112.6	127.3	128.0	263
绍兴	Shaoxing	438.9	443.1	445.0	112	赣州	Ganzhou	838.2	960.6	971.0	12
金华	Jinhua	466.7	478.1	481.0	103	吉安	Jian	481.6	530.4	535.0	86
衢州	Quzhou	251.2	256.4	257.0	206	宜春	Yichun	542.3	597.0	602.0	64
舟山	Zhoushan	96.8	97.4	97.0	275	抚州	Fuzhou	391.7	399.3	401.0	126
台州	Taizhou	583.1	597.5	600.0	65	上饶	Shangrao	658.7	774.4	782.0	32
丽水	Lishui	259.7	266.4	268.0	200	**山东**	**Shandong**	**9536.2**	**9847.0**	**9947.0**	
安徽	**Anhui**	**6825.1**	**6144.0**	**6196.0**		济南	Jinan	604.1	625.7	633.0	59
合肥	Hefei	495.0	717.7	730.0	43	青岛	Qingdao	763.6	783.1	791.0	30
芜湖	Wuhu	229.5	384.8	388.0	135	淄博	Zibo	422.4	429.6	432.0	117
蚌埠	Bengbu	362.2	376.4	380.0	142	枣庄	Zaozhuang	391.0	407.8	413.0	123
淮南	Huainan	244.0	383.4	389.0	134	东营	Dongying	184.9	190.6	193.0	232
马鞍山	Maanshan	129.1	228.5	229.0	220	烟台	Yantai	651.1	653.3	655.0	52
淮北	Huaibei	219.6	216.5	217.0	226	潍坊	Weifang	873.8	893.7	901.0	17
铜陵	Tongling	74.0	170.4	171.0	242	济宁	Jining	843.0	867.4	876.0	18
安庆	Anqing	615.6	525.5	529.0	92	泰安	Taian	557.0	565.7	569.0	73
黄山	Huangshan	148.1	147.7	148.0	256	威海	Weihai	253.6	254.8	256.0	207
滁州	Chuzhou	450.8	449.1	454.0	110	日照	Rizhao	287.9	296.0	300.0	180
阜阳	Fuyang	1011.8	1042.7	1062.0	6	莱芜	Laiwu	126.7	128.3	129.0	262
宿州	Suzhou	642.1	649.5	654.0	53	临沂	Linyi	1072.6	1124.0	1141.0	5
六安	Liuan	704.8	580.5	587.0	71	德州	Dezhou	570.2	587.3	593.0	68
亳州	Bozhou	600.8	635.0	647.0	55	聊城	Liaocheng	597.5	622.3	633.0	59

1-8 年末总人口 续表 2
Total Population at Year-end continued 2

单位：万人 （10 000 persons）

地名	City	2010	2015	2016	2016 排名 Ranking	地名	City	2010	2015	2016	2016 排名 Ranking
滨州	Binzhou	377.9	389.1	392.0	131	常德	Changde	623.1	609.2	611.0	62
菏泽	Heze	958.8	1003.1	1015.0	10	张家界	Zhangjiajie	164.8	170.0	171.0	242
河南	**Henan**	**10799.6**	**9480.0**	**9532.0**		益阳	Yiyang	476.4	480.8	484.0	102
郑州	Zhengzhou	732.0	810.5	827.0	24	郴州	Chenzhou	504.1	528.3	535.0	86
开封	Kaifeng	504.0	553.8	559.0	77	永州	Yongzhou	610.7	635.3	645.0	58
洛阳	Luoyang	681.0	728.5	737.0	40	怀化	Huaihua	509.7	518.0	523.0	93
平顶山	Pingdingshan	529.0	562.3	568.0	74	娄底	Loudi	433.0	447.7	453.0	111
安阳	Anyang	569.0	617.5	626.0	61	**广东**	**Guangdong**	**8521.5**	**10849.0**	**10999.0**	
鹤壁	Hebi	159.0	168.7	170.0	245	广州	Guangzhou	806.1	854.2	870.0	19
新乡	Xinxiang	590.0	637.4	646.0	56	韶关	Shaoguan	328.1	330.2	334.0	164
焦作	Jiaozuo	362.0	371.7	374.0	146	深圳	Shenzhen	259.9	369.6	385.0	137
濮阳	Puyang	382.0	429.0	433.0	116	珠海	Zhuhai	104.7	112.5	115.0	270
许昌	Xuchang	477.0	504.8	510.0	97	汕头	Shantou	524.1	550.5	559.0	77
漯河	Luohe	271.0	268.0	269.0	198	佛山	Foshan	370.9	389.0	400.0	128
三门峡	Sanmenxia	225.0	228.3	229.0	220	江门	Jiangmen	392.3	391.4	394.0	129
南阳	Nanyang	1158.0	1188.5	1195.0	4	湛江	Zhanjiang	777.8	823.0	835.0	20
商丘	Shangqiu	886.0	961.1	977.0	11	茂名	Maoming	747.2	785.8	799.0	28
信阳	Xinyang	846.0	898.0	908.0	16	肇庆	Zhaoqing	422.4	438.3	444.0	113
周口	Zhoukou	1115.0	1244.4	1259.0	2	惠州	Huizhou	337.3	357.1	364.0	150
驻马店	Zhumadian	883.0	930.9	949.0	14	梅州	Meizhou	514.7	543.8	551.0	82
湖北	**Hubei**	**6149.0**	**5852.0**	**5885.0**		汕尾	Shanwei	345.0	359.0	362.0	151
武汉	Wuhan	836.7	829.3	834.0	21	河源	Heyuan	358.4	366.4	373.0	147
黄石	Huangshi	260.1	268.0	270.0	196	阳江	Yangjiang	282.8	292.1	296.0	185
十堰	Shiyan	346.5	345.9	348.0	158	清远	Qingyuan	413.5	418.5	432.0	117
宜昌	Yichang	398.6	398.2	394.0	129	东莞	Dongguan	181.8	195.0	201.0	230
襄阳	Xiangyang	591.1	591.6	594.0	67	中山	Zhongshan	149.2	158.7	161.0	251
鄂州	Ezhou	108.5	110.3	111.0	272	潮州	Chaozhou	260.9	272.8	274.0	193
荆门	Jingmen	299.9	299.1	300.0	180	揭阳	Jieyang	661.8	701.7	697.0	46
孝感	Xiaogan	530.7	526.5	523.0	93	云浮	Yunfu	282.8	298.9	301.0	179
荆州	Jingzhou	657.1	643.2	646.0	56	**广西**	**Guangxi**	**5331.4**	**4796.0**	**4838.0**	
黄冈	Huanggang	742.4	744.4	747.0	38	南宁	Nanning	707.4	740.2	752.0	37
咸宁	Xianning	291.0	300.4	304.0	175	柳州	Liuzhou	372.7	381.6	386.0	136
随州	Suizhou	254.6	251.0	252.0	209	桂林	Guilin	519.0	529.0	534.0	88
湖南	**Hunan**	**7069.0**	**6783.0**	**6822.0**		梧州	Wuzhou	326.3	343.9	347.0	159
长沙	Changsha	652.4	680.4	696.0	47	北海	Beihai	166.8	172.0	174.0	241
株洲	Zhuzhou	390.3	402.9	404.0	125	防城港	Fangchenggang	91.2	95.6	97.0	275
湘潭	Xiangtan	289.0	289.3	290.0	186	钦州	Qinzhou	387.7	404.1	409.0	124
衡阳	Hengyang	791.6	799.3	799.0	28	贵港	Guigang	523.8	548.9	555.0	81
邵阳	Shaoyang	794.0	821.4	830.0	23	玉林	Yulin	674.6	710.7	717.0	45
岳阳	Yueyang	565.6	564.4	571.0	72	百色	Baise	382.6	413.2	417.0	122

1-8 年末总人口 续表 3

Total Population at Year-end continued 3

单位：万人 （10 000 persons）

地名	City	2010	2015	2016	2016 排名 Ranking	地名	City	2010	2015	2016	2016 排名 Ranking
贺州	Hezhou	233.4	239.8	243.0	212	丽江	Lijiang	124.5	128.0	122.0	265
河池	Hechi	399.2	424.5	429.0	119	普洱	Puer	248.9	260.5	251.0	210
来宾	Laibin	249.8	265.8	269.0	198	临沧	Lincang	234.9	250.9	237.0	216
崇左	Chongzuo	243.5	248.8	251.0	210	**西藏**	**Tibet**	**294.0**	**324.0**	**331.0**	
海南	**Hainan**	**896.1**	**911.0**	**917.0**		拉萨	Lasa	55.9	53.0	54.0	281
海口	Haikou	160.4	164.8	167.0	247	**陕西**	**Shaanxi**	**3873.9**	**3793.0**	**3813.0**	
三亚	Sanya	57.0	57.8	58.0	280	西安	Xi'an	782.7	815.7	825.0	25
三沙	Sansha		0.0			铜川	Tongchuan	85.4	83.6	84.0	277
重庆	**Chongqing**	**3303.4**	**3017.0**	**3048.0**		宝鸡	Baoji	381.1	384.5	384.0	138
四川	**Sichuan**	**9001.3**	**8204.0**	**8262.0**		咸阳	Xianyang	520.1	527.6	530.0	91
成都	Chengdu	1149.1	1228.1	1399.0	1	渭南	Weinan	560.1	556.7	557.0	79
自贡	Zigong	326.0	327.5	327.0	166	延安	Yan'an	230.2	235.5	237.0	216
攀枝花	Panzhihua	111.3	110.6	111.0	272	汉中	Hanzhong	381.5	385.2	384.0	138
泸州	Luzhou	502.3	505.7	508.0	98	榆林	Yulin	364.5	377.5	382.0	141
德阳	Deyang	389.2	390.0	392.0	131	安康	Ankang	304.3	304.8	304.0	175
绵阳	Mianyang	541.9	545.5	545.0	83	商洛	Shangluo	244.8	251.0	253.0	208
广元	Guangyuan	310.9	305.3	305.0	174	**甘肃**	**Gansu**	**2712.1**	**2600.0**	**2610.0**	
遂宁	Suining	381.4	378.8	378.0	143	兰州	Lanzhou	323.5	321.9	324.0	167
内江	Neijiang	425.5	420.4	420.0	121	嘉峪关	Jiayuguan	19.1	20.3	21.0	285
乐山	Leshan	353.3	353.8	355.0	152	金昌	Jinchang	45.7	45.7	46.0	282
南充	Nanchong	751.7	742.3	741.0	39	白银	Baiyin	180.4	180.8	182.0	237
眉山	Meishan	349.1	349.1	350.0	156	天水	Tianshui	366.7	367.2	371.0	148
宜宾	Yibin	539.0	552.1	556.0	80	武威	Wuwei	191.3	190.0	191.0	234
广安	Guangan	466.2	467.4	467.0	106	张掖	Zhangye	130.8	130.1	131.0	260
达州	Dazhou	685.5	682.8	684.0	49	平凉	Pingliang	230.3	233.1	234.0	218
雅安	Yaan	154.9	154.9	155.0	253	酒泉	Jiuquan	100.3	101.3	112.0	271
巴中	Bazhong	388.0	379.5	375.0	144	庆阳	Qingyang	259.2	267.3	270.0	196
资阳	Ziyang	501.1	503.7	355.0	152	定西	Dingxi	300.4	300.9	303.0	177
贵州	**Guizhou**	**4189.0**	**3530.0**	**3555.0**		陇南	Longnan	281.8	285.8	288.0	187
贵阳	Guiyang	373.2	391.8	401.0	126	**青海**	**Qinghai**	**550.0**	**588.0**	**593.0**	
六盘水	Liupanshui	319.2	333.4	340.0	162	西宁	Xining	196.0	201.2	203.0	229
遵义	Zunyi	764.2	793.4	802.0	27	海东	Haidong		170.2	171.0	242
安顺	Anshun	279.8	296.5	300.0	180	**宁夏**	**Ningxia**	**642.6**	**668.0**	**675.0**	
毕节	Bijie	833.9	904.2	917.0	15	银川	Yinchuan	200.4	179.2	184.0	236
铜仁	Tongren	421.7	436.8	441.0	114	石嘴山	Shizuishan	72.7	74.5	75.0	279
云南	**Yunnan**	**4528.2**	**4742.0**	**4771.0**		吴忠	Wuzhong	128.2	140.4	142.0	258
昆明	Kunming	643.9	667.7	560.0	76	固原	Guyuan	123.3	149.8	150.0	254
曲靖	Qujing	626.4	604.7	653.0	54	中卫	Zhongwei	108.3	120.2	121.0	267
玉溪	Yuxi	214.6	236.2	217.0	226	**新疆**	**Xinjiang**	**2164.4**	**2360.0**	**2398.0**	
保山	Baoshan	250.6	258.1	261.0	203	乌鲁木齐	Urumqi	243.0	266.8	268.0	200
昭通	Zhaotong	574.2	543.0	609.0	63	克拉玛依	Karamay	27.8	30.0	30.0	284

1-9 年末男性人口
Male Population at Year-end

单位：万人　　　　（10 000 persons）

地名	City	2010	2015	2016	2016 排名 Ranking
全国	**National Total**	**69129.0**	**70414.0**	**71477.1**	
北京	**Beijing**	**634.7**	**1113.4**	**680.1**	
天津	**Tianjin**	**497.6**		**523.5**	
河北	**Hebei**	**3718.3**	**3757.2**	**3923.1**	
石家庄	Shijiazhuang	498.1	534.2	545.9	5
唐山	Tangshan	372.8	394.0	395.3	24
秦皇岛	Qinhuangdao	146.9	154.0	157.3	170
邯郸	Handan	493.4	477.6	480.4	12
邢台	Xingtai	374.1	371.6	377.3	36
保定	Baoding	589.7	584.3	591.5	3
张家口	Zhangjiakou	240.9	224.9	223.5	108
承德	Chengde	193.1	177.2	181.4	147
沧州	Cangzhou	374.4	382.6	386.1	29
廊坊	Langfang	212.3	234.5	235.0	98
衡水	Hengshui	222.7	222.5	221.5	112
山西	**Shanxi**	**1780.5**	**1879.1**	**1795.8**	
太原	Taiyuan	215.3	220.7	221.6	111
大同	Datong	169.1	173.3	174.4	155
阳泉	Yangquan	71.1	72.3	71.6	246
长治	Changzhi	171.2	175.1	175.2	153
晋城	Jincheng	115.5	117.0	117.2	208
朔州	Shuozhou	89.6	91.9	91.6	227
晋中	Jinzhong	169.6	173.5	172.8	158
运城	Yuncheng	261.8	268.6	270.9	84
忻州	Xinzhou	158.3	162.0	162.8	164
临汾	Linfen	220.3	226.0	228.5	103
吕梁	Lvliang	193.5	198.6	199.2	130
内蒙古	**Inner Mongolia**	**1252.6**	**1298.7**	**1243.3**	
呼和浩特	Hohhot	146.6	156.0	157.5	169
包头	Baotou	137.2	145.7	146.9	178
乌海	Wuhai	28.3	29.1	29.2	269
赤峰	Chifeng	223.2	220.4	220.6	113
通辽	Tongliao	159.6	158.3	158.6	167
鄂尔多斯	Erdos	111.1	115.2	115.4	211
呼伦贝尔	Hulunbuir	131.0	129.5	129.5	199
巴彦淖尔	Bayannur	88.6	88.4	88.5	231
乌兰察布	Ulanqab	109.3	107.5	107.2	217
辽宁	**Liaoning**	**2144.7**	**2122.7**	**2121.7**	

地名	City	2010	2015	2016	2016 排名 Ranking
沈阳	Shenyang	358.4	361.4	362.6	40
大连	Dalian	294.2	295.4	296.0	62
鞍山	Anshan	178.1	174.2	173.8	156
抚顺	Fushun	110.8	107.5	106.9	218
本溪	Benxi	77.6	75.5	74.9	244
丹东	Dandong	121.5	119.3	119.1	205
锦州	Jinzhou	155.2	151.7	151.4	176
营口	Yingkou	119.7	117.8	117.8	207
阜新	Fuxin	96.1	94.2	93.8	225
辽阳	Liaoyang	93.1	90.4	90.1	230
盘锦	Panjin	66.2	64.8	65.0	250
铁岭	Tieling	155.1	152.1	151.7	175
朝阳	Chaoyang	174.3	174.7	174.7	154
葫芦岛	Huludao	144.4	143.7	143.9	181
吉林	**Jilin**	**1377.7**	**1341.2**	**1332.7**	
长春	Changchun	382.4	379.1	378.7	33
吉林	Jilin	219.7	214.6	212.5	118
四平	Siping	172.6	165.1	164.5	163
辽源	Liaoyuan	63.0	61.4	60.9	254
通化	Tonghua	115.0	112.2	111.4	213
白山	Baishan	66.1	62.9	61.4	253
松原	Songyuan	147.2	140.3	140.3	184
白城	Baicheng	102.5	99.2	97.6	222
黑龙江	**Heilongjiang**	**1943.6**	**1861.5**	**1844.5**	
哈尔滨	Harbin	500.9	483.5	483.5	10
齐齐哈尔	Qiqihar	288.0	277.0	275.5	81
鸡西	Jixi	95.5	91.0	90.7	229
鹤岗	Hegang	54.7	52.8	51.8	263
双鸭山	Shuangyashan	76.7	74.0	72.6	245
大庆	Daqing	140.4	138.7	138.7	185
伊春	Yichun	63.6	60.3	58.5	258
佳木斯	Jiamusi	128.1	115.7	115.5	210
七台河	Qitaihe	47.9	42.8	40.6	266
牡丹江	Mudanjiang	135.2	127.9	126.3	202
黑河	Heihe	88.1	84.8	82.2	239
绥化	Suihua	298.0	281.1	278.0	78
上海	**Shanghai**	**703.6**		**718.6**	
江苏	**Jiangsu**	**3787.7**	**4014.7**	**3934.9**	

1-9 年末男性人口 续表 1

Male Population at Year-end continued 1

单位：万人 （10 000 persons）

地名	City	2010	2015	2016	2016 排名 Ranking	地名	City	2010	2015	2016	2016 排名 Ranking
南京	Nanjing	319.7	326.8	330.9	51	池州	Chizhou	82.0	82.6	83.0	238
无锡	Wuxi	232.3	237.7	240.0	96	宣城	Xuancheng	144.4	144.7	144.8	180
徐州	Xuzhou	502.4	533.1	540.0	6	**福建**	**Fujian**	**1816.7**	**1918.2**	**1942.9**	
常州	Changzhou	180.3	183.6	185.2	142	福州	Fuzhou	333.1	347.8	351.6	44
苏州	Suzhou	314.4	327.4	332.5	50	厦门	Xiamen	90.2	104.6	108.7	216
南通	Nantong	377.4	377.6	377.3	35	莆田	Putian	164.1	175.9	178.8	150
连云港	Lianyungang	259.3	276.9	278.8	77	三明	Sanming	142.2	148.7	150.1	177
淮安	Huaian	276.8	289.9	291.3	67	泉州	Quanzhou	351.0	374.0	379.4	32
盐城	Yancheng	420.1	427.3	428.5	19	漳州	Zhangzhou	243.4	258.0	261.0	86
扬州	Yangzhou	230.2	330.5	230.6	102	南平	Nanping	162.5	165.2	165.9	162
镇江	Zhenjiang	135.2	134.5	134.5	192	龙岩	Longyan	152.0	160.4	162.5	166
泰州	Taizhou	257.7	258.9	259.0	87	宁德	Ningde	178.3	183.6	184.9	143
宿迁	Suqian	282.1	304.3	307.0	58	**江西**	**Jiangxi**	**2459.1**	**2343.7**	**2611.1**	
浙江	**Zhejiang**	**2413.1**	**2462.8**	**2479.2**		南昌	Nanchang	263.9	274.6	277.3	79
杭州	Hangzhou	346.6	360.7	366.5	39	景德镇	Jingdezhen	82.7	84.5	84.9	236
宁波	Ningbo	287.2	291.5	293.4	65	萍乡	Pingxiang	94.0	96.0	96.6	223
温州	Wenzhou	408.7	420.9	424.3	21	九江	Jiujiang	240.4	245.4	246.7	92
嘉兴	Jiaxing	169.1	172.0	173.0	157	新余	Xinyu	59.8	60.5	60.7	255
湖州	Huzhou	129.9	130.7	131.1	198	鹰潭	Yingtan	59.2	59.9	60.1	256
绍兴	Shaoxing	220.5	221.4	221.9	110	赣州	Ganzhou	426.5	436.2	437.9	17
金华	Jinhua	239.1	243.4	244.6	94	吉安	Jian	250.1	251.2	251.9	91
衢州	Quzhou	129.7	131.2	131.6	197	宜春	Yichun	282.6	284.1	285.5	72
舟山	Zhoushan	48.3	48.1	48.0	264	抚州	Fuzhou	203.9	206.1	207.2	119
台州	Taizhou	299.7	305.6	306.8	59	上饶	Shangrao	340.0	345.2	347.2	45
丽水	Lishui	134.5	137.2	138.0	188	**山东**	**Shandong**	**4838.9**	**4999.3**	**5049.6**	
安徽	**Anhui**	**3542.4**	**3615.0**	**3652.5**		济南	Jinan	301.3	310.9	314.3	56
合肥	Hefei	258.0	371.2	376.7	37	青岛	Qingdao	381.9	388.9	392.6	26
芜湖	Wuhu	118.1	198.9	200.2	125	淄博	Zibo	211.2	214.1	215.4	117
蚌埠	Bengbu	187.6	195.3	196.8	135	枣庄	Zaozhuang	203.2	214.5	217.6	114
淮南	Huainan	127.1	201.4	204.3	122	东营	Dongying	93.1	95.1	96.1	224
马鞍山	Maanshan	66.3	117.8	118.2	206	烟台	Yantai	326.1	325.9	326.8	53
淮北	Huaibei	112.5	111.1	111.2	214	潍坊	Weifang	441.4	451.4	455.1	13
铜陵	Tongling	37.8	87.5	87.7	233	济宁	Jining	432.5	447.8	452.2	14
安庆	Anqing	318.2	271.8	273.7	83	泰安	Taian	281.9	286.6	288.0	69
黄山	Huangshan	75.9	75.7	76.0	243	威海	Weihai	127.1	126.9	127.3	201
滁州	Chuzhou	233.1	233.2	235.7	97	日照	Rizhao	146.2	151.0	152.9	174
阜阳	Fuyang	525.8	544.5	553.8	4	莱芜	Laiwu	64.3	64.9	65.3	249
宿州	Suzhou	330.1	337.2	339.6	49	临沂	Linyi	551.3	582.7	591.9	2
六安	Liuan	371.8	307.0	310.3	57	德州	Dezhou	288.4	297.9	300.7	60
亳州	Bozhou	314.9	335.2	340.6	48	聊城	Liaocheng	302.8	320.0	325.5	54

1-9 年末男性人口 续表 2

Male Population at Year-end continued 2

单位：万人 （10 000 persons）

地名	City	2010	2015	2016	2016 排名 Ranking
滨州	Binzhou	190.5	196.3	197.9	134
菏泽	Heze	495.5	524.2	530.3	7
河南	**Henan**	**5576.1**	**4805.0**	**5877.3**	
郑州	Zhengzhou	375.2	482.0	492.0	9
开封	Kaifeng	255.5	232.0	234.0	99
洛阳	Luoyang	343.8	340.0	344.0	47
平顶山	Pingdingshan	272.1	255.0	256.0	88
安阳	Anyang	275.3	250.0	253.0	90
鹤壁	Hebi	81.5	83.0	84.0	237
新乡	Xinxiang	297.0	291.0	292.0	66
焦作	Jiaozuo	183.7	180.0	180.0	149
濮阳	Puyang	190.7	183.0	184.0	146
许昌	Xuchang	244.4	224.0	227.0	105
漯河	Luohe	138.4	138.0	138.0	187
三门峡	Sanmenxia	115.7	115.0	116.0	209
南阳	Nanyang	595.8	518.0	522.0	8
商丘	Shangqiu	443.3	365.0	367.0	38
信阳	Xinyang	424.6	327.0	330.0	52
周口	Zhoukou	551.1	445.0	445.0	15
驻马店	Zhumadian	444.6	349.0	354.0	43
湖北	**Hubei**	**3183.7**	**3190.1**	**3200.4**	
武汉	Wuhan	429.8			
黄石	Huangshi	136.2			
十堰	Shiyan	183.2			
宜昌	Yichang	204.1			
襄阳	Xiangyang	302.6			
鄂州	Ezhou	56.3			
荆门	Jingmen	152.7			
孝感	Xiaogan	276.4			
荆州	Jingzhou	335.7			
黄冈	Huanggang	389.5			
咸宁	Xianning	152.0			
随州	Suizhou	130.5			
湖南	**Hunan**	**3668.5**	**3496.1**	**3797.6**	
长沙	Changsha	331.2	375.4	386.2	28
株洲	Zhuzhou	199.5	204.8	205.6	120
湘潭	Xiangtan	148.3	144.0	144.9	179
衡阳	Hengyang	414.9	380.1	377.5	34
邵阳	Shaoyang	415.8	379.6	382.2	31
岳阳	Yueyang	293.6	291.7	294.3	64

地名	City	2010	2015	2016	2016 排名 Ranking
常德	Changde	318.0	296.4	296.4	61
张家界	Zhangjiajie	85.1	78.2	77.3	242
益阳	Yiyang	244.5	226.9	227.9	104
郴州	Chenzhou	263.5	245.9	245.1	93
永州	Yongzhou	322.1	281.3	285.6	71
怀化	Huaihua	265.3	253.6	255.6	89
娄底	Loudi	225.4	201.9	202.9	124
广东	**Guangdong**	**4388.6**	**4637.1**	**4717.3**	
广州	Guangzhou	409.0	429.3	436.7	18
韶关	Shaoguan	169.5	171.0	172.5	159
深圳	Shenzhen	137.9	190.5	204.8	121
珠海	Zhuhai	53.4	57.3	58.3	259
汕头	Shantou	262.5	276.4	281.0	75
佛山	Foshan	184.7	193.1	198.1	133
江门	Jiangmen	198.0	197.2	198.3	132
湛江	Zhanjiang	412.2	438.1	444.4	16
茂名	Maoming	397.0	420.5	427.3	20
肇庆	Zhaoqing	218.2	227.4	230.6	101
惠州	Huizhou	171.4	181.0	184.3	145
梅州	Meizhou	263.6	279.8	283.9	73
汕尾	Shanwei	180.5	186.6	188.8	139
河源	Heyuan	182.5	187.0	190.7	138
阳江	Yangjiang	149.9	154.6	157.3	171
清远	Qingyuan	212.7	217.2	224.3	106
东莞	Dongguan	92.3	98.7	101.5	221
中山	Zhongshan	74.4	78.6	79.7	240
潮州	Chaozhou	132.1	138.1	138.7	186
揭阳	Jieyang	338.6	357.8	358.3	42
云浮	Yunfu	148.3	156.8	157.9	168
广西	**Guangxi**	**2804.1**	**2913.0**	**2942.6**	
南宁	Nanning	369.8	387.5	393.0	25
柳州	Liuzhou	193.1	197.8	199.6	127
桂林	Guilin	269.9	274.7	277.0	80
梧州	Wuzhou	173.3	182.8	184.6	144
北海	Beihai	87.4	90.4	91.5	228
防城港	Fangchenggang	49.6	51.8	52.6	262
钦州	Qinzhou	211.7	221.0	223.5	107
贵港	Guigang	276.6	291.7	294.7	63
玉林	Yulin	360.2	381.1	384.6	30
百色	Baise	199.4	215.3	217.1	115

1-9 年末男性人口 续表 3

Male Population at Year-end continued 3

单位：万人 （10 000 persons）

地名	City	2010	2015	2016	2016 排名 Ranking	地名	City	2010	2015	2016	2016 排名 Ranking
贺州	Hezhou	122.2	126.5	127.9	200	丽江	Lijiang	64.2	66.1	66.3	248
河池	Hechi	207.3	221.1	223.1	109	普洱	Puer	129.5	137.2	137.8	189
来宾	Laibin	130.4	139.7	141.1	183	临沧	Lincang	121.7	131.6	132.2	196
崇左	Chongzuo	127.5	131.4	132.2	195	**西藏**	**Tibet**	**148.3**	**157.8**	**160.8**	
海南	**Hainan**	**467.7**	**475.5**	**472.2**		拉萨	Lasa	28.7			
海口	Haikou	82.5	84.7	85.8	235	**陕西**	**Shaanxi**	**2008.0**	**2036.9**	**2044.7**	
三亚	Sanya	29.1	29.5	29.6	268	西安	Xi'an	398.8	412.2	416.5	23
三沙	Sansha		0.0	0.0	273	铜川	Tongchuan	44.7	43.4	43.2	265
重庆	**Chongqing**	**1709.0**		**1745.2**		宝鸡	Baoji	197.5	199.2	198.8	131
四川	**Sichuan**	**4640.4**	**4680.1**	**4696.2**		咸阳	Xianyang	269.2	272.7	274.3	82
成都	Chengdu	575.8	610.2	696.3	1	渭南	Weinan	284.8	283.3	283.2	74
自贡	Zigong	166.6	166.8	166.7	161	延安	Yan'an	119.1	122.6	123.3	203
攀枝花	Panzhihua	57.2	56.4	56.3	261	汉中	Hanzhong	200.8	200.5	199.7	126
泸州	Luzhou	260.6	261.8	262.8	85	榆林	Yulin	190.0	197.3	199.5	128
德阳	Deyang	199.7	198.7	199.4	129	安康	Ankang	163.6	163.0	162.7	165
绵阳	Mianyang	279.4	280.3	279.9	76	商洛	Shangluo	129.8	133.0	133.8	193
广元	Guangyuan	160.1	156.9	156.5	172	**甘肃**	**Gansu**	**1399.8**	**1326.8**	**1426.2**	
遂宁	Suining	196.8	195.8	195.4	137	兰州	Lanzhou	165.1	188.5	187.9	140
内江	Neijiang	219.7	214.6	216.6	116	嘉峪关	Jiayuguan	10.1	12.3	12.4	272
乐山	Leshan	180.7	180.4	180.8	148	金昌	Jinchang	23.8	24.0	24.0	270
南充	Nanchong	391.5	388.0	387.5	27	白银	Baiyin	93.3	87.3	87.6	234
眉山	Meishan	178.5	178.1	178.5	151	天水	Tianshui	188.4	168.2	169.2	160
宜宾	Yibin	281.1	287.3	288.9	68	武威	Wuwei	98.7	93.5	93.6	226
广安	Guangan	243.9	244.7	244.4	95	张掖	Zhangye	67.4	62.2	62.0	252
达州	Dazhou	360.1	358.4	358.7	41	平凉	Pingliang	118.5	106.6	106.9	219
雅安	Yaan	79.4	79.2	79.2	241	酒泉	Jiuquan	51.0	57.6	57.8	260
巴中	Bazhong	201.8	198.3	196.0	136	庆阳	Qingyang	134.7	2113.9	114.5	212
资阳	Ziyang	261.0	261.9	185.3	141	定西	Dingxi	156.0	141.9	142.3	182
贵州	**Guizhou**	**2180.4**	**1820.6**	**2324.8**		陇南	Longnan	147.4	133.9	134.6	191
贵阳	Guiyang	190.9	198.8	202.9	123	**青海**	**Qinghai**	**279.8**	**291.0**	**293.6**	
六盘水	Liupanshui	167.6	175.8	178.1	152	西宁	Xining	99.3		102.1	220
遵义	Zunyi	395.9	413.9	418.6	22	海东	Haidong			88.1	232
安顺	Anshun	144.5	153.4	154.6	173	**宁夏**	**Ningxia**	**327.0**	**340.4**	**340.6**	
毕节	Bijie	435.7	474.3	481.5	11	银川	Yinchuan	103.8	110.4	110.3	215
铜仁	Tongren	221.2	229.9	231.5	100	石嘴山	Shizuishan	37.6	40.0	40.2	267
云南	**Yunnan**	**2332.3**	**2461.0**	**2419.4**		吴忠	Wuzhong	65.5	70.2	71.0	247
昆明	Kunming	331.0	343.8	345.9	46	固原	Guyuan	62.2	61.4	62.6	251
曲靖	Qujing	328.2	316.9	318.9	55	中卫	Zhongwei	55.3	58.3	59.1	257
玉溪	Yuxi	107.9	121.1	121.8	204	**新疆**	**Xinjiang**	**1104.3**	**1178.4**	**1164.5**	
保山	Baoshan	128.5	132.3	133.2	194	乌鲁木齐	Urumqi	126.5	136.9	135.9	190
昭通	Zhaotong	302.1	285.2	287.5	70	克拉玛依	Karamay	14.2	15.1	15.3	271

1-10 年末女性人口
Female Population at Year-end

单位：万人 （10 000 persons）

地名	City	2010	2015	2016	2016 排名 Ranking
全国	**National Total**	**65402.4**	**67048.0**	**67736.2**	
北京	**Beijing**	**627.0**	**1057.1**	**679.4**	
天津	**Tianjin**	**492.0**		**520.9**	
河北	**Hebei**	**3579.8**	**3667.7**	**3779.2**	
石家庄	Shijiazhuang	491.1	494.7	532.5	4
唐山	Tangshan	362.2	361.0	389.1	25
秦皇岛	Qinhuangdao	141.4	141.7	152.2	166
邯郸	Handan	470.1	572.1	468.9	11
邢台	Xingtai	357.9	408.8	354.7	35
保定	Baoding	571.4	617.9	571.9	2
张家口	Zhangjiakou	225.0	244.1	219.0	103
承德	Chengde	179.9	205.2	171.8	149
沧州	Cangzhou	356.5	391.7	364.4	33
廊坊	Langfang	206.8	226.6	226.5	96
衡水	Hengshui	217.5	229.8	223.9	98
山西	**Shanxi**	**1693.1**	**1785.0**	**1726.3**	
太原	Taiyuan	205.1	211.2	212.9	109
大同	Datong	163.0	167.3	167.8	154
阳泉	Yangquan	65.9	67.5	68.7	246
长治	Changzhi	162.5	167.0	168.3	153
晋城	Jincheng	112.6	114.4	114.9	205
朔州	Shuozhou	82.0	84.3	85.2	230
晋中	Jinzhong	155.6	160.0	162.0	158
运城	Yuncheng	252.1	259.0	259.6	82
忻州	Xinzhou	148.7	152.1	152.7	165
临汾	Linfen	211.8	217.6	217.3	105
吕梁	Lvliang	179.5	184.6	186.2	131
内蒙古	**Inner Mongolia**	**1200.6**	**1212.3**	**1202.2**	
呼和浩特	Hohhot	140.8	150.0	151.4	167
包头	Baotou	128.4	137.3	138.8	178
乌海	Wuhai	25.1	26.5	26.6	269
赤峰	Chifeng	210.7	209.6	209.9	112
通辽	Tongliao	154.4	153.7	153.9	164
鄂尔多斯	Erdos	83.9	89.4	90.2	226
呼伦贝尔	Hulunbuir	123.6	123.2	123.3	198
巴彦淖尔	Bayannur	78.3	79.4	79.8	238
乌兰察布	Ulanqab	104.8	103.7	103.5	217
辽宁	**Liaoning**	**2107.0**	**2107.0**	**2110.3**	
沈阳	Shenyang	361.2	369.0	371.3	31
大连	Dalian	292.2	298.2	299.6	56
鞍山	Anshan	173.7	171.8	171.9	148
抚顺	Fushun	110.1	108.3	107.9	215
本溪	Benxi	77.0	75.7	75.1	243
丹东	Dandong	119.9	118.8	118.8	201
锦州	Jinzhou	153.1	150.9	150.8	168
营口	Yingkou	115.8	114.8	115.0	204
阜新	Fuxin	96.3	95.3	95.1	223
辽阳	Liaoyang	90.3	88.6	88.5	228
盘锦	Panjin	65.1	64.7	65.1	248
铁岭	Tieling	150.0	148.3	148.2	171
朝阳	Chaoyang	164.9	166.2	166.4	156
葫芦岛	Huludao	137.4	136.4	136.6	184
吉林	**Jilin**	**1346.2**	**1320.9**	**1312.7**	
长春	Changchun	376.5	374.8	374.7	29
吉林	Jilin	214.4	211.6	209.9	111
四平	Siping	168.0	161.4	160.0	162
辽源	Liaoyuan	60.7	59.4	58.9	255
通化	Tonghua	111.2	108.9	108.4	214
白山	Baishan	62.6	62.4	60.3	252
松原	Songyuan	142.9	137.8	138.0	180
白城	Baicheng	100.2	97.5	95.9	222
黑龙江	**Heilongjiang**	**1899.2**	**1828.6**	**1814.5**	
哈尔滨	Harbin	491.1	477.9	478.5	10
齐齐哈尔	Qiqihar	280.1	272.4	269.0	72
鸡西	Jixi	93.7	90.2	90.0	227
鹤岗	Hegang	54.4	52.8	51.8	263
双鸭山	Shuangyashan	74.9	73.4	72.0	245
大庆	Daqing	139.4	138.8	139.1	176
伊春	Yichun	63.4	60.8	59.1	254
佳木斯	Jiamusi	124.6	113.5	113.6	208
七台河	Qitaihe	44.9	40.3	39.5	266
牡丹江	Mudanjiang	133.7	127.2	125.8	195
黑河	Heihe	85.2	83.2	80.6	236
绥化	Suihua	288.2	267.4	265.5	76
上海	**Shanghai**	**708.7**	**726.6**	**729.8**	
江苏	**Jiangsu**	**3678.9**	**3961.7**	**3840.8**	

1-10 年末女性人口 续表 1

Female Population at Year-end continued 1

单位：万人 （10 000 persons）

地名	City	2010	2015	2016	2016 排名 Ranking	地名	City	2010	2015	2016	2016 排名 Ranking
南京	Nanjing	312.8	326.6	331.9	46	池州	Chizhou	78.4	79.0	79.4	239
无锡	Wuxi	234.2	243.2	246.2	88	宣城	Xuancheng	134.0	135.3	135.6	185
徐州	Xuzhou	470.5	495.6	502.4	6	**福建**	**Fujian**	**1713.0**	**1802.5**	**1827.1**	
常州	Changzhou	180.5	187.3	189.7	128	福州	Fuzhou	312.8	330.6	335.4	45
苏州	Suzhou	323.2	339.7	345.7	41	厦门	Xiamen	90.0	106.5	110.8	210
南通	Nantong	385.6	389.2	389.4	24	莆田	Putian	159.5	168.3	171.1	151
连云港	Lianyungang	238.4	253.6	255.2	84	三明	Sanming	130.6	135.5	136.8	182
淮安	Huaian	262.0	274.5	276.3	69	泉州	Quanzhou	334.2	348.4	352.9	38
盐城	Yancheng	396.0	400.7	402.0	19	漳州	Zhangzhou	230.5	244.1	247.2	87
扬州	Yangzhou	228.9	230.7	231.1	95	南平	Nanping	151.4	154.7	155.4	163
镇江	Zhenjiang	135.5	137.2	137.5	181	龙岩	Longyan	143.7	149.0	150.8	169
泰州	Taizhou	246.9	248.9	249.3	86	宁德	Ningde	160.2	165.3	166.7	155
宿迁	Suqian	264.1	282.0	284.7	63	**江西**	**Jiangxi**	**2234.4**	**2221.9**	**2374.5**	
浙江	**Zhejiang**	**2334.8**	**2410.6**	**2431.6**		南昌	Nanchang	241.4	255.7	259.9	81
杭州	Hangzhou	342.6	362.9	369.5	32	景德镇	Jingdezhen	76.2	79.5	80.5	237
宁波	Ningbo	286.9	295.0	297.6	57	萍乡	Pingxiang	91.7	94.1	94.8	224
温州	Wenzhou	378.1	390.3	393.9	21	九江	Jiujiang	232.8	237.2	238.1	92
嘉兴	Jiaxing	172.5	177.5	179.1	143	新余	Xinyu	54.1	56.2	56.7	256
湖州	Huzhou	130.1	133.0	133.8	187	鹰潭	Yingtan	53.5	55.4	55.8	259
绍兴	Shaoxing	218.4	221.7	222.6	101	赣州	Ganzhou	411.7	418.5	421.0	17
金华	Jinhua	227.6	234.7	236.5	93	吉安	Jian	231.5	238.7	239.9	91
衢州	Quzhou	121.5	125.2	125.9	194	宜春	Yichun	259.7	267.1	267.7	73
舟山	Zhoushan	48.5	49.2	49.3	264	抚州	Fuzhou	187.7	193.2	193.9	126
台州	Taizhou	283.5	291.9	293.4	59	上饶	Shangrao	318.7	326.3	328.0	48
丽水	Lishui	125.2	129.1	130.1	189	**山东**	**Shandong**	**4697.3**	**4822.5**	**4871.8**	
安徽	**Anhui**	**3282.7**	**3334.1**	**3374.5**		济南	Jinan	302.8	314.8	318.6	51
合肥	Hefei	237.0	346.5	353.1	37	青岛	Qingdao	381.7	394.2	398.8	20
芜湖	Wuhu	111.4	185.9	187.4	129	淄博	Zibo	211.2	215.5	217.1	106
蚌埠	Bengbu	174.7	181.1	182.7	136	枣庄	Zaozhuang	187.8	193.3	195.7	124
淮南	Huainan	116.9	182.0	184.8	133	东营	Dongying	91.7	95.5	96.7	221
马鞍山	Maanshan	62.8	110.7	111.2	209	烟台	Yantai	325.0	327.4	328.7	47
淮北	Huaibei	107.1	105.4	105.4	216	潍坊	Weifang	432.4	442.3	446.2	12
铜陵	Tongling	36.2	82.9	83.1	233	济宁	Jining	410.6	419.6	423.5	16
安庆	Anqing	297.4	253.7	255.4	83	泰安	Taian	275.1	279.1	280.6	65
黄山	Huangshan	72.2	72.0	72.4	244	威海	Weihai	126.5	127.9	128.6	190
滁州	Chuzhou	217.7	215.8	218.4	104	日照	Rizhao	141.7	145.0	146.9	172
阜阳	Fuyang	486.0	498.2	507.8	5	莱芜	Laiwu	62.4	63.4	63.8	249
宿州	Suzhou	312.0	312.3	314.5	53	临沂	Linyi	521.3	541.3	548.9	3
六安	Liuan	333.0	273.6	277.1	67	德州	Dezhou	281.7	289.4	292.3	60
亳州	Bozhou	285.8	299.7	306.3	55	聊城	Liaocheng	294.7	302.3	307.0	54

1-10 年末女性人口 续表 2
Female Population at Year-end continued 2

单位：万人 （10 000 persons）

地名	City	2010	2015	2016	2016 排名 Ranking	地名	City	2010	2015	2016	2016 排名 Ranking
滨州	Binzhou	187.4	192.7	194.2	125	常德	Changde	305.1	288.0	288.1	62
菏泽	Heze	463.3	478.8	484.3	8	张家界	Zhangjiajie	79.6	74.2	75.6	242
河南	**Henan**	**5223.6**	**4675.0**	**5493.1**		益阳	Yiyang	231.9	214.1	215.4	107
郑州	Zhengzhou	356.8	475.0	481.0	9	郴州	Chenzhou	240.6	227.1	226.1	97
开封	Kaifeng	248.5	222.0	221.0	102	永州	Yongzhou	288.6	261.7	260.9	78
洛阳	Luoyang	337.2	334.0	336.0	44	怀化	Huaihua	244.4	236.6	236.4	94
平顶山	Pingdingshan	256.9	241.0	242.0	90	娄底	Loudi	207.6	185.3	186.6	130
安阳	Anyang	293.7	261.0	260.0	79	**广东**	**Guangdong**	**4132.9**	**4371.3**	**4447.6**	
鹤壁	Hebi	77.5	77.0	77.0	240	广州	Guangzhou	397.1	424.9	433.8	15
新乡	Xinxiang	293.0	281.0	282.0	64	韶关	Shaoguan	158.6	159.2	161.9	159
焦作	Jiaozuo	178.3	174.0	174.0	145	深圳	Shenzhen	122.0	179.2	195.7	122
濮阳	Puyang	191.3	178.0	179.0	144	珠海	Zhuhai	51.3	55.2	56.4	257
许昌	Xuchang	232.6	210.0	211.0	110	汕头	Shantou	261.6	274.0	278.3	66
漯河	Luohe	132.6	124.0	126.0	193	佛山	Foshan	186.2	195.9	202.0	117
三门峡	Sanmenxia	109.3	110.0	110.0	211	江门	Jiangmen	194.3	194.2	195.7	123
南阳	Nanyang	562.2	484.0	485.0	7	湛江	Zhanjiang	365.6	384.8	390.4	23
商丘	Shangqiu	442.7	362.0	361.0	34	茂名	Maoming	350.2	365.3	371.5	30
信阳	Xinyang	421.4	313.0	315.0	52	肇庆	Zhaoqing	204.2	210.8	213.6	108
周口	Zhoukou	563.9	436.0	437.0	13	惠州	Huizhou	165.9	176.1	180.0	141
驻马店	Zhumadian	438.4	346.0	344.0	42	梅州	Meizhou	251.1	264.0	267.5	74
湖北	**Hubei**	**2965.3**	**2948.8**	**2956.3**		汕尾	Shanwei	164.5	172.4	173.1	147
武汉	Wuhan	407.0				河源	Heyuan	175.9	179.4	182.7	138
黄石	Huangshi	123.9				阳江	Yangjiang	132.9	137.5	138.8	179
十堰	Shiyan	163.3				清远	Qingyuan	200.8	201.3	207.8	114
宜昌	Yichang	194.4				东莞	Dongguan	89.5	96.3	99.5	220
襄阳	Xiangyang	288.5				中山	Zhongshan	74.8	80.0	81.5	234
鄂州	Ezhou	52.1				潮州	Chaozhou	128.8	134.7	135.3	186
荆门	Jingmen	147.2				揭阳	Jieyang	323.2	343.9	338.8	43
孝感	Xiaogan	254.4				云浮	Yunfu	134.5	142.1	143.3	174
荆州	Jingzhou	321.4				**广西**	**Guangxi**	**2527.4**	**2605.0**	**2636.0**	
黄冈	Huanggang	352.9				南宁	Nanning	337.6	352.7	393.0	22
咸宁	Xianning	139.0				柳州	Liuzhou	179.6	183.8	199.6	119
随州	Suizhou	124.1				桂林	Guilin	249.1	254.2	277.0	68
湖南	**Hunan**	**3400.5**	**3286.9**	**3521.3**		梧州	Wuzhou	153.0	161.1	184.6	134
长沙	Changsha	321.2	367.8	378.3	28	北海	Beihai	79.4	81.6	91.5	225
株洲	Zhuzhou	190.8	195.3	196.0	121	防城港	Fangchenggang	41.6	43.8	52.6	262
湘潭	Xiangtan	140.7	138.4	138.9	177	钦州	Qinzhou	175.9	183.1	223.5	99
衡阳	Hengyang	376.7	353.6	351.1	39	贵港	Guigang	247.2	257.2	294.7	58
邵阳	Shaoyang	378.2	346.6	350.0	40	玉林	Yulin	314.4	329.6	384.6	26
岳阳	Yueyang	272.0	271.3	273.8	71	百色	Baise	183.2	197.9	200.0	118

1-10 年末女性人口 续表 3
Female Population at Year-end continued 3

单位：万人 （10 000 persons）

地名	City	2010	2015	2016	2016 排名 Ranking
贺州	Hezhou	111.2	113.3	114.7	206
河池	Hechi	191.9	203.5	205.5	115
来宾	Laibin	119.5	126.2	127.5	191
崇左	Chongzuo	116.0	117.4	118.3	202
海南	**Hainan**	**428.4**	**432.2**	**430.0**	
海口	Haikou	78.0	80.1	81.2	235
三亚	Sanya	27.9	28.3	28.6	268
三沙	Sansha		0.0	0.0	273
重庆	**Chongqing**	**1594.4**		**1646.9**	
四川	**Sichuan**	**4360.9**	**4421.9**	**4440.8**	
成都	Chengdu	573.3	617.9	702.6	1
自贡	Zigong	159.4	160.7	160.7	161
攀枝花	Panzhihua	54.1	54.2	54.2	260
泸州	Luzhou	241.7	243.9	245.5	89
德阳	Deyang	189.5	191.3	192.3	127
绵阳	Mianyang	262.5	265.2	265.3	77
广元	Guangyuan	150.8	148.4	148.3	170
遂宁	Suining	184.6	183.0	182.5	139
内江	Neijiang	205.8	205.8	203.4	116
乐山	Leshan	172.7	173.4	173.9	146
南充	Nanchong	360.2	354.3	353.8	36
眉山	Meishan	170.5	171.0	171.7	150
宜宾	Yibin	257.9	264.8	267.0	75
广安	Gu angan	222.2	222.7	222.9	100
达州	Dazhou	325.4	324.4	324.9	50
雅安	Yaan	75.5	75.7	75.8	241
巴中	Bazhong	186.2	181.2	179.3	142
资阳	Ziyang	240.1	241.8	169.2	152
贵州	**Guizhou**	**2008.6**	**1708.9**	**2128.0**	
贵阳	Guiyang	182.3	193.0	198.4	120
六盘水	Liupanshui	151.6	157.6	161.8	160
遵义	Zunyi	368.2	379.5	383.2	27
安顺	Anshun	135.3	143.1	145.3	173
毕节	Bijie	398.2	429.9	435.4	14
铜仁	Tongren	200.5	206.9	209.1	113
云南	**Yunnan**	**2195.9**	**2280.8**	**2268.9**	
昆明	Kunming	312.9	323.9	326.9	49
曲靖	Qujing	298.2	287.8	289.5	61
玉溪	Yuxi	106.6	115.1	115.7	203
保山	Baoshan	122.1	125.8	126.5	192
昭通	Zhaotong	272.1	257.8	260.0	79
丽江	Lijiang	60.2	61.9	62.2	250
普洱	Puer	119.4	123.3	123.9	197
临沧	Lincang	113.2	119.3	119.8	199
西藏	**Tibet**	**145.7**	**156.1**	**160.2**	
拉萨	Lasa	27.2			
陕西	**Shaanxi**	**1865.9**	**1904.2**	**1914.3**	
西安	Xi'an	383.9	403.4	408.4	18
铜川	Tongchuan	40.8	40.3	40.3	265
宝鸡	Baoji	183.6	185.3	185.3	132
咸阳	Xianyang	250.9	254.9	255.2	85
渭南	Weinan	275.3	273.5	273.9	70
延安	Yan'an	111.2	112.9	114.0	207
汉中	Hanzhong	180.8	184.7	184.4	135
榆林	Yulin	174.5	180.2	182.5	140
安康	Ankang	140.7	141.8	141.8	175
商洛	Shangluo	115.0	118.0	119.2	200
甘肃	**Gansu**	**1312.3**	**1272.7**	**1341.2**	
兰州	Lanzhou	158.4	180.8	182.7	137
嘉峪关	Jiayuguan	8.9	12.1	12.2	272
金昌	Jinchang	21.9	23.0	23.0	270
白银	Baiyin	87.1	83.7	84.0	231
天水	Tianshui	178.3	163.0	163.1	157
武威	Wuwei	92.6	88.2	88.4	229
张掖	Zhangye	63.5	59.8	60.4	251
平凉	Pingliang	111.8	103.2	103.4	218
酒泉	Jiuquan	49.3	53.9	54.2	261
庆阳	Qingyang	124.5	109.2	109.7	212
定西	Dingxi	144.4	136.0	136.7	183
陇南	Longnan	134.4	125.2	125.8	196
青海	**Qinghai**	**270.2**	**282.9**	**286.0**	
西宁	Xining	96.7		101.2	219
海东	Haidong			83.2	232
宁夏	**Ningxia**	**315.7**	**327.5**	**331.9**	
银川	Yinchuan	96.7	106.0	108.8	213
石嘴山	Shizuishan	35.1	38.8	39.3	267
吴忠	Wuzhong	62.7	67.1	67.9	247
固原	Guyuan	61.1	59.5	59.4	253
中卫	Zhongwei	52.9	55.9	56.3	258
新疆	**Xinjiang**	**1060.1**	**1143.4**	**1137.8**	
乌鲁木齐	Urumqi	116.5	130.0	132.0	188
克拉玛依	Karamay	13.6	14.9	15.2	271

1-11 年平均人口
Annual Average Population

单位：万人 （10 000 persons）

地名	City	2010	2015	2016	2016 排名 Ranking	地名	City	2010	2015	2016	2016 排名 Ranking
全国	**Nation Total**	**123642.3**	**128743.6**			沈阳	Shenyang	718.1	730.6	732.0	39
北京	**Beijing**	**1251.8**	**1339.3**	**1354.0**		大连	Dalian	585.6	593.9	595.0	65
天津	**Tianjin**	**982.4**	**1021.8**	**1036.0**		鞍山	Anshan	351.9	347.1	346.0	157
河北	**Hebei**	**7257.4**	**7524.9**			抚顺	Fushun	221.8	216.6	215.0	228
石家庄	Shijiazhuang	983.3	1026.9	1033.0	9	本溪	Benxi	155.0	151.6	151.0	253
唐山	Tangshan	734.5	754.1	757.0	34	丹东	Dandong	242.0	238.8	238.0	212
秦皇岛	Qinhuangdao	287.8	295.3	297.0	183	锦州	Jinzhou	309.3	303.9	302.0	175
邯郸	Handan	953.2	1039.6	1052.0	6	营口	Yingkou	235.3	233.0	233.0	216
邢台	Xingtai	725.3	727.5	784.0	30	阜新	Fuxin	192.3	190.2	189.0	234
保定	Baoding	1158.2	1152.1	1159.0	4	辽阳	Liaoyang	183.4	179.4	179.0	238
张家口	Zhangjiakou	464.1	468.8	469.0	103	盘锦	Panjin	130.6	129.4	130.0	260
承德	Chengde	372.4	381.5	383.0	138	铁岭	Tieling	305.6	301.2	300.0	178
沧州	Cangzhou	724.2	771.4	777.0	32	朝阳	Chaoyang	340.9	340.8	341.0	159
廊坊	Langfang	416.2	455.3	465.0	105	葫芦岛	Huludao	282.0	280.4	280.0	188
衡水	Hengshui	438.2	452.4	454.0	108	**吉林**	**Jilin**	**2503.2**	**2452.6**		
山西	**Shanxi**	**3458.5**	**3520.8**			长春	Changchun	757.7	754.2	754.0	35
太原	Taiyuan	365.3	368.6	364.0	148	吉林	Jilin	434.1	427.0	424.0	119
大同	Datong	316.6	317.5	317.0	170	四平	Siping	339.8	327.3	325.0	166
阳泉	Yangquan	130.5	132.7	132.0	258	辽源	Liaoyuan	123.8	121.3	120.0	266
长治	Changzhi	330.6	341.2	338.0	161	通化	Tonghua	226.5	221.7	221.0	222
晋城	Jincheng	216.4	219.2	220.0	223	白山	Baishan	129.2	125.8	123.0	264
朔州	Shuozhou	158.2	175.8	162.0	248	松原	Songyuan	289.2	278.3	278.0	190
晋中	Jinzhong	320.5	330.1	331.0	164	白城	Baicheng	202.9	197.2	195.0	231
运城	Yuncheng	503.7	510.2	531.0	86	**黑龙江**	**Heilongjiang**	**3790.3**	**3696.6**		
忻州	Xinzhou	307.2	313.5	307.0	172	哈尔滨	Harbin	991.8	974.3	962.0	13
临汾	Linfen	437.2	429.8	432.0	114	齐齐哈尔	Qiqihar	569.8	551.3	547.0	82
吕梁	Lvliang	372.4	382.3	384.0	135	鸡西	Jixi	189.2	181.7	181.0	237
内蒙古	**Inner Mongolia**	**2136.4**	**2172.5**			鹤岗	Hegang	109.3	106.3	105.0	273
呼和浩特	Hohhot	228.5	238.3	240.0	211	双鸭山	Shuangyashan	151.2	184.2	146.0	256
包头	Baotou	219.7	223.8	224.0	221	大庆	Daqing	278.0	270.9	271.0	193
乌海	Wuhai	50.5	55.5	56.0	280	伊春	Yichun	127.2	121.6	119.0	267
赤峰	Chifeng	433.5	464.2	463.0	106	佳木斯	Jiamusi	253.0	239.5	238.0	212
通辽	Tongliao	318.8	319.4	319.0	169	七台河	Qitaihe	92.8	85.7	82.0	277
鄂尔多斯	Erdos	150.9	156.6	158.0	251	牡丹江	Mudanjiang	271.0	262.8	261.0	201
呼伦贝尔	Hulunbuir	271.5	262.6	259.0	203	黑河	Heihe	173.9	168.0	166.0	245
巴彦淖尔	Bayannur	174.7	176.7	175.0	239	绥化	Suihua	583.0	550.3	546.0	83
乌兰察布	Ulanqab	288.3	275.4	274.0	191	**上海**	**Shanghai**	**1406.5**	**1440.8**	**1446.0**	
辽宁	**Liaoning**	**4253.8**	**4237.0**			**江苏**	**Jiangsu**	**7442.9**	**7701.2**		

1-11 年平均人口 续表 1

Annual Average Population continued 1

单位：万人 （10 000 persons）

地名	City	2010	2015	2016	2016 排名 Ranking	地名	City	2010	2015	2016	2016 排名 Ranking
南京	Nanjing	631.1	651.1	658.0	51	池州	Chizhou	160.2	161.1	162.0	248
无锡	Wuxi	466.1	479.0	484.0	99	宣城	Xuancheng	278.1	280.0	280.0	188
徐州	Xuzhou	965.3	1026.1	1035.0	8	**福建**	**Fujian**	**3514.8**	**3708.2**		
常州	Changzhou	360.3	369.8	373.0	143	福州	Fuzhou	641.9	676.7	683.0	48
苏州	Suzhou	635.5	664.0	673.0	50	厦门	Xiamen	178.6	207.3	216.0	227
南通	Nantong	762.8	767.2	767.0	33	莆田	Putian	321.6	342.7	347.0	156
连云港	Lianyungang	494.2	528.5	532.0	85	三明	Sanming	271.9	284.1	285.0	187
淮安	Huaian	536.5	562.4	566.0	72	泉州	Quanzhou	683.1	719.3	726.0	41
盐城	Yancheng	814.3	828.3	829.0	21	漳州	Zhangzhou	473.5	499.7	505.0	97
扬州	Yangzhou	459.0	461.2	461.0	107	南平	Nanping	312.0	319.5	321.0	168
镇江	Zhenjiang	270.3	271.9	272.0	192	龙岩	Longyan	294.5	308.3	312.0	171
泰州	Taizhou	504.3	508.2	508.0	94	宁德	Ningde	337.7	350.6	350.0	154
宿迁	Suqian	543.4	583.5	589.0	68	**江西**	**Jiangxi**	**4665.5**	**4863.2**		
浙江	**Zhejiang**	**4732.1**	**4866.3**			南昌	Nanchang	499.8	519.1	522.0	91
杭州	Hangzhou	686.3	719.7	730.0	40	景德镇	Jingdezhen	161.7	167.3	165.0	247
宁波	Ningbo	572.6	585.2	589.0	68	萍乡	Pingxiang	187.5	197.6	199.0	229
温州	Wenzhou	783.0	812.5	815.0	25	九江	Jiujiang	494.5	514.9	519.0	93
嘉兴	Jiaxing	340.6	348.8	351.0	153	新余	Xinyu	117.2	122.9	124.0	263
湖州	Huzhou	259.6	263.8	264.0	199	鹰潭	Yingtan	120.9	126.5	128.0	262
绍兴	Shaoxing	438.3	443.1	444.0	111	赣州	Ganzhou	902.1	957.4	866.0	18
金华	Jinhua	465.2	476.6	480.0	101	吉安	Jian	492.1	489.0	491.0	98
衢州	Quzhou	250.6	256.0	257.0	204	宜春	Yichun	553.9	596.3	600.0	63
舟山	Zhoushan	96.8	97.4	97.0	274	抚州	Fuzhou	401.6	398.5	400.0	125
台州	Taizhou	580.8	597.3	599.0	64	上饶	Shangrao	734.3	773.8	778.0	31
丽水	Lishui	258.5	266.0	267.0	197	**山东**	**Shandong**	**9320.3**	**9853.0**		
安徽	**Anhui**	**6810.5**	**6942.7**			济南	Jinan	603.7	623.7	629.0	58
合肥	Hefei	493.2	715.3	724.0	43	青岛	Qingdao	763.3	781.9	787.0	29
芜湖	Wuhu	229.8	384.7	386.0	132	淄博	Zibo	421.9	428.8	431.0	115
蚌埠	Bengbu	361.4	373.7	378.0	140	枣庄	Zaozhuang	388.9	405.6	411.0	122
淮南	Huainan	243.3	244.8	386.0	132	东营	Dongying	184.7	189.9	192.0	232
马鞍山	Maanshan	128.9	227.9	229.0	219	烟台	Yantai	651.6	653.3	654.0	52
淮北	Huaibei	218.5	215.9	217.0	225	潍坊	Weifang	870.8	890.9	932.0	14
铜陵	Tongling	74.0	73.8	171.0	241	济宁	Jining	837.2	863.8	872.0	17
安庆	Anqing	615.8	621.9	527.0	89	泰安	Taian	556.4	564.0	567.0	71
黄山	Huangshan	148.3	147.7	148.0	255	威海	Weihai	253.3	254.8	255.0	205
滁州	Chuzhou	450.5	449.3	452.0	109	日照	Rizhao	286.8	294.9	298.0	181
阜阳	Fuyang	1006.2	1047.0	1052.0	6	莱芜	Laiwu	128.9	128.1	129.0	261
宿州	Suzhou	638.6	645.9	652.0	53	临沂	Linyi	1004.8	1186.3	1132.0	5
六安	Liuan	705.4	719.1	584.0	70	德州	Dezhou	569.7	585.2	590.0	67
亳州	Bozhou	598.8	634.7	641.0	56	聊城	Liaocheng	594.2	617.2	627.0	59

1-11 年平均人口 续表 2
Annual Average Population continued 2

单位：万人 （10 000 persons）

地名	City	2010	2015	2016	2016 排名 Ranking
滨州	Binzhou	377.4	387.9	391.0	130
菏泽	Heze	826.8	996.8	1009.0	10
河南	**Henan**	**10667.6**	**11033.8**		
郑州	Zhengzhou	738.0	802.3	819.0	24
开封	Kaifeng	530.9	551.3	557.0	76
洛阳	Luoyang	699.2	698.3	703.0	45
平顶山	Pingdingshan	536.0	559.7	565.0	74
安阳	Anyang	581.4	614.4	622.0	60
鹤壁	Hebi	160.9	167.8	169.0	244
新乡	Xinxiang	600.6	634.0	642.0	55
焦作	Jiaozuo	366.4	370.7	373.0	143
濮阳	Puyang	407.0	426.7	431.0	115
许昌	Xuchang	487.6	502.3	507.0	95
漯河	Luohe	277.3	267.4	269.0	195
三门峡	Sanmenxia	229.9	228.2	229.0	219
南阳	Nanyang	1177.1	1179.7	1185.0	3
商丘	Shangqiu	914.4	955.4	969.0	12
信阳	Xinyang	865.6	867.3	873.0	16
周口	Zhoukou	1215.6	1236.6	1251.0	2
驻马店	Zhumadian	879.6	971.9	992.0	11
湖北	**Hubei**	**5319.8**	**5317.2**		
武汉	Wuhan	836.1	828.3	832.0	20
黄石	Huangshi	259.4	266.6	269.0	195
十堰	Shiyan	353.2	337.8	340.0	160
宜昌	Yichang	400.0	411.0	396.0	127
襄阳	Xiangyang	590.0	595.6	593.0	66
鄂州	Ezhou	104.2	105.9	106.0	272
荆门	Jingmen	300.7	299.7	299.0	180
孝感	Xiaogan	529.9	526.1	525.0	90
荆州	Jingzhou	660.1	650.8	645.0	54
黄冈	Huanggang	738.6	742.9	746.0	36
咸宁	Xianning	290.8	298.4	302.0	175
随州	Suizhou	256.9	254.0	252.0	206
湖南	**Hunan**	**6706.8**	**6868.7**		
长沙	Changsha	652.0	675.9	688.0	47
株洲	Zhuzhou	387.2	402.9	404.0	124
湘潭	Xiangtan	295.2	290.4	290.0	185
衡阳	Hengyang	765.7	790.2	803.0	26
邵阳	Shaoyang	779.1	820.2	826.0	22
岳阳	Yueyang	561.3	563.8	566.0	72
常德	Changde	623.9	608.9	610.0	61
张家界	Zhangjiajie	164.1	171.1	170.0	243
益阳	Yiyang	473.5	482.0	483.0	100
郴州	Chenzhou	481.2	471.4	472.0	102
永州	Yongzhou	588.7	631.0	640.0	57
怀化	Huaihua	508.2	514.6	521.0	92
娄底	Loudi	426.8	446.3	450.0	110
广东	**Guangdong**	**8374.0**	**8833.4**		
广州	Guangzhou	800.4	848.3	862.0	19
韶关	Shaoguan	328.1	329.7	332.0	163
深圳	Shenzhen	252.9	343.6	370.0	145
珠海	Zhuhai	103.7	111.3	114.0	269
汕头	Shantou	517.4	548.5	555.0	78
佛山	Foshan	369.3	387.3	395.0	128
江门	Jiangmen	391.9	392.4	393.0	129
湛江	Zhanjiang	699.7	722.7	726.0	41
茂名	Maoming	741.2	779.1	792.0	28
肇庆	Zhaoqing	418.1	436.0	441.0	112
惠州	Huizhou	330.8	352.8	361.0	149
梅州	Meizhou	511.1	536.2	548.0	81
汕尾	Shanwei	342.8	359.0	360.0	150
河源	Heyuan	353.7	365.9	370.0	145
阳江	Yangjiang	279.2	290.8	294.0	184
清远	Qingyuan	410.8	415.4	425.0	118
东莞	Dongguan	180.3	193.2	198.0	230
中山	Zhongshan	148.5	157.4	160.0	250
潮州	Chaozhou	259.4	269.4	264.0	199
揭阳	Jieyang	655.5	697.9	699.0	46
云浮	Yunfu	279.3	296.6	300.0	178
广西	**Guangxi**	**5232.3**	**5449.3**		
南宁	Nanning	702.6	734.9	746.0	36
柳州	Liuzhou	370.1	379.8	384.0	135
桂林	Guilin	515.3	527.7	531.0	86
梧州	Wuzhou	321.2	342.1	346.0	157
北海	Beihai	163.5	172.0	173.0	240
防城港	Fangchenggang	89.1	94.9	96.0	275
钦州	Qinzhou	379.4	403.1	407.0	123
贵港	Guigang	516.8	546.1	552.0	80
玉林	Yulin	664.0	709.3	714.0	44
百色	Baise	402.1	412.6	415.0	121

1-11 年平均人口 续表 3

Annual Average Population continued 3

单位：万人 （10 000 persons）

地名	City	2010	2015	2016	2016 排名 Ranking
贺州	Hezhou	203.5	238.9	241.0	210
河池	Hechi	404.4	422.2	427.0	117
来宾	Laibin	257.5	217.2	219.0	224
崇左	Chongzuo	242.7	248.5	250.0	209
海南	**Hainan**	**215.7**	**319.5**		
海口	Haikou	159.3	165.1	166.0	245
三亚	Sanya	56.4	58.2	58.0	279
三沙	Sansha				
重庆	**Chongqing**	**3289.5**	**3373.5**	**3382.0**	
四川	**Sichuan**	**8317.8**	**8423.0**		
成都	Chengdu	1144.4	1219.4	1314.0	1
自贡	Zigong	327.2	328.7	327.0	165
攀枝花	Panzhihua	111.5	111.3	111.0	271
泸州	Luzhou	499.1	507.3	507.0	95
德阳	Deyang	388.8	391.3	391.0	130
绵阳	Mianyang	543.3	547.1	545.0	84
广元	Guangyuan	311.8	307.7	305.0	173
遂宁	Suining	384.2	379.6	378.0	140
内江	Neijiang	425.6	423.2	420.0	120
乐山	Leshan	353.3	354.8	354.0	152
南充	Nanchong	752.6	750.7	742.0	38
眉山	Meishan	348.6	351.1	350.0	154
宜宾	Yibin	537.0	553.2	554.0	79
广安	Guangan	468.1	469.3	467.0	104
达州	Dazhou	671.5	685.5	683.0	48
雅安	Yaan	155.0	156.1	155.0	252
巴中	Bazhong	394.6	381.3	377.0	142
资阳	Ziyang	501.2	505.5	355.0	151
贵州	**Guizhou**	**1729.0**	**3128.7**		
贵阳	Guiyang	370.1	387.4	397.0	126
六盘水	Liupanshui	314.7	330.9	335.0	162
遵义	Zunyi	767.5	790.2	798.0	27
安顺	Anshun	276.6	293.2	298.0	181
毕节	Bijie		892.5	911.0	15
铜仁	Tongren		434.6	439.0	113
云南	**Yunnan**	**2865.4**	**2901.1**		
昆明	Kunming	579.6	553.0	558.0	75
曲靖	Qujing	621.3	647.2		
玉溪	Yuxi	229.7	235.7	217.0	225
保山	Baoshan	251.5	259.0	260.0	202
昭通	Zhaotong	567.6	596.8	604.0	62

地名	City	2010	2015	2016	2016 排名 Ranking
丽江	Lijiang	120.5	121.0	121.0	265
普洱	Puer	253.9	251.9	251.0	208
临沧	Lincang	241.4	236.6	236.0	214
西藏	**Tibet**		**52.9**		
拉萨	Lasa		52.9	53.0	281
陕西	**Shaanxi**	**3833.4**	**3918.8**		
西安	Xi'an	782.2	815.5	820.0	23
铜川	Tongchuan	83.4	83.8	84.0	276
宝鸡	Baoji	379.9	384.2	384.0	135
咸阳	Xianyang	518.2	527.1	529.0	88
渭南	Weinan	558.5	556.0	557.0	76
延安	Yan'an	228.9	234.9	236.0	214
汉中	Hanzhong	381.5	384.7	385.0	134
榆林	Yulin	361.8	375.7	380.0	139
安康	Ankang	304.0	305.5	305.0	173
商洛	Shangluo	234.9	251.4	252.0	206
甘肃	**Gansu**	**2425.2**	**2440.8**		
兰州	Lanzhou	323.6	321.8	323.0	167
嘉峪关	Jiayuguan	20.3	20.2	24.0	284
金昌	Jinchang	47.0	47.0	46.0	282
白银	Baiyin	180.0	179.3	182.0	235
天水	Tianshui	363.2	365.8	369.0	147
武威	Wuwei	191.0	181.5	191.0	233
张掖	Zhangye	130.6	129.9	131.0	259
平凉	Pingliang	230.4	233.4	233.0	216
酒泉	Jiuquan	97.2	111.5	112.0	270
庆阳	Qingyang	260.1	264.7	270.0	194
定西	Dingxi	299.9	301.1	302.0	175
陇南	Longnan	282.0	284.5	287.0	186
青海	**Qinghai**	**220.7**	**372.9**		
西宁	Xining	220.7	201.9	232.0	218
海东	Haidong		171.0	171.0	241
宁夏	**Ningxia**	**638.4**	**662.9**		
银川	Yinchuan	157.2	177.6	182.0	235
石嘴山	Shizuishan	74.7	78.0	75.0	278
吴忠	Wuzhong	137.8	142.0	141.0	257
固原	Guyuan	151.3	151.6	150.0	254
中卫	Zhongwei	117.4	113.8	115.0	268
新疆	**Xinjiang**	**280.5**	**306.4**		
乌鲁木齐	Urumqi	242.1	266.9	267.0	197
克拉玛依	Karamay	38.4	39.6	41.0	283

1-12 人口自然增长率
Natural Growth Rate

单位：‰ (‰)

地名	City	2010	2015	2016	2016 排名 Ranking	地名	City	2010	2015	2016	2016 排名 Ranking
全国	**Nation Total**	**4.79**	**4.96**	**5.86**		沈阳	Shenyang	-0.59	-1.58	1.17	263
北京	**Beijing**	**3.07**	**3.01**	**4.12**		大连	Dalian	-1.14	0.20	2.73	239
天津	**Tianjin**	**2.60**	**0.23**	**1.83**		鞍山	Anshan	-1.65	-3.05	0.10	273
河北	**Hebei**	**6.81**	**5.56**	**6.06**		抚顺	Fushun	-5.69	-2.04	-0.32	277
石家庄	Shijiazhuang	10.69	11.78	10.05	87	本溪	Benxi	-4.45	-1.71	-4.20	286
唐山	Tangshan	0.57	3.16	8.68	113	丹东	Dandong	-5.12	-2.06	-0.15	275
秦皇岛	Qinhuangdao	2.07	1.77	6.09	179	锦州	Jinzhou	-5.53	-3.09	0.63	268
邯郸	Handan	20.48	17.92	11.99	51	营口	Yingkou	-1.62	0.07	1.00	265
邢台	Xingtai	16.94	13.28	13.08	32	阜新	Fuxin	-2.99	-4.95	-0.89	281
保定	Baoding	3.21	7.46	8.56	117	辽阳	Liaoyang	-0.64	-1.29	0.12	272
张家口	Zhangjiakou	7.68	2.58	5.19	197	盘锦	Panjin	4.38	1.93	3.55	225
承德	Chengde	3.97	5.49	6.63	169	铁岭	Tieling	-1.72	-0.84	0.42	271
沧州	Cangzhou	15.17	10.92	12.60	40	朝阳	Chaoyang	-1.46	4.98	2.83	234
廊坊	Langfang	8.90	10.70	13.09	31	葫芦岛	Huludao	-3.91	0.88	2.19	249
衡水	Hengshui	6.97	-0.12	9.43	99	**吉林**	**Jilin**	**2.03**	**0.34**	**-0.05**	
山西	**Shanxi**	**5.30**	**4.42**	**4.77**		长春	Changchun	3.81	2.15	4.36	213
太原	Taiyuan	5.77	3.39	9.61	96	吉林	Jilin	2.11	-0.39	-0.71	280
大同	Datong	9.16	0.63	5.59	189	四平	Siping	2.59	-0.15	2.58	242
阳泉	Yangquan	4.04	1.45	4.63	211	辽源	Liaoyuan	2.41	-4.44	1.89	254
长治	Changzhi	3.48	2.84	6.75	166	通化	Tonghua	-0.23	0.13	2.31	247
晋城	Jincheng	-1.81	2.80	3.56	223	白山	Baishan	0.79	-1.33	1.13	264
朔州	Shuozhou	8.33	4.72	8.11	132	松原	Songyuan	4.33	5.54	4.98	205
晋中	Jinzhong	2.36	2.26	8.28	127	白城	Baicheng	-1.37	-2.96	1.23	262
运城	Yuncheng	1.67	4.38	5.63	187	**黑龙江**	**Heilongjiang**	**2.32**	**-0.60**	**-0.49**	
忻州	Xinzhou	2.60	1.01	6.97	160	哈尔滨	Harbin	3.21	-0.17	2.26	248
临汾	Linfen	2.89	7.10	7.85	137	齐齐哈尔	Qiqihar	-4.33	-0.72	0.65	266
吕梁	Lvliang	5.87	4.89	5.79	185	鸡西	Jixi	1.03	-5.01	-1.86	282
内蒙古	**Inner Mongolia**	**3.76**	**2.40**	**3.34**		鹤岗	Hegang	-1.07	-3.70	-3.16	284
呼和浩特	Hohhot	4.00	5.35	6.07	180	双鸭山	Shuangyashan	0.38	-2.95	-0.69	279
包头	Baotou	-0.38	3.21	2.59	241	大庆	Daqing	-3.73	1.80	2.42	245
乌海	Wuhai	5.54	3.43	6.07	180	伊春	Yichun	-2.53	-5.44	-3.52	285
赤峰	Chifeng	-2.02	4.53	6.10	177	佳木斯	Jiamusi	2.56	-2.12	0.61	269
通辽	Tongliao	1.66	2.87	3.41	226	七台河	Qitaihe	4.04	-0.96	0.44	270
鄂尔多斯	Erdos	12.73	9.46	13.16	29	牡丹江	Mudanjiang	0.08	-0.25	0.65	266
呼伦贝尔	Hulunbuir	-0.25	-0.38	1.83	255	黑河	Heihe	2.40	-1.89	-0.38	278
巴彦淖尔	Bayannur	5.13	5.46	5.73	186	绥化	Suihua	6.83	0.95	1.30	260
乌兰察布	Ulanqab	4.40	3.53	2.83	234	**上海**	**Shanghai**	**1.98**	**2.45**	**4.00**	
辽宁	**Liaoning**	**0.42**	**-0.42**	**-0.18**		**江苏**	**Jiangsu**	**2.85**	**2.02**	**2.73**	

1-12 人口自然增长率 续表 1

Natural Growth Rate continued 1

单位：‰ (‰)

地名	City	2010	2015	2016	2016 排名 Ranking	地名	City	2010	2015	2016	2016 排名 Ranking
南京	Nanjing	0.89	4.16	6.51	172	池州	Chizhou	1.76	5.50	6.25	175
无锡	Wuxi	0.70	1.43	2.79	237	宣城	Xuancheng	1.51	3.65	5.04	201
徐州	Xuzhou	0.93	9.06	13.93	23	**福建**	**Fujian**	**6.11**	**7.80**	**8.30**	
常州	Changzhou	-0.71	2.66	3.84	220	福州	Fuzhou	14.50	10.70	10.69	73
苏州	Suzhou	2.44	3.05	4.81	208	厦门	Xiamen	4.23	13.07	16.14	14
南通	Nantong	-0.89	-1.38	-0.30	276	莆田	Putian	11.00	12.98	15.62	15
连云港	Lianyungang	4.99	11.08	8.75	110	三明	Sanming	4.82	11.90	13.32	27
淮安	Huaian	6.70	8.95	7.22	152	泉州	Quanzhou	10.01	12.17	13.99	22
盐城	Yancheng	4.23	4.39	4.99	204	漳州	Zhangzhou	8.13	11.92	12.43	44
扬州	Yangzhou	-1.63	1.79	1.93	253	南平	Nanping	12.53	8.25	8.26	130
镇江	Zhenjiang	0.07	1.55	1.77	256	龙岩	Longyan	6.26	11.67	17.44	12
泰州	Taizhou	-1.92	0.83	1.94	252	宁德	Ningde	3.67	10.89	10.47	77
宿迁	Suqian	8.58	13.06	10.93	66	**江西**	**Jiangxi**	**7.66**	**6.96**	**7.29**	
浙江	**Zhejiang**	**4.73**	**5.02**	**5.70**		南昌	Nanchang	14.19	10.07	10.40	79
杭州	Hangzhou	3.40	4.23	7.51	144	景德镇	Jingdezhen	18.73	8.43	7.08	156
宁波	Ningbo	2.34	1.85	2.83	234	萍乡	Pingxiang	5.97	7.74	8.27	128
温州	Wenzhou	10.10	7.04	8.55	119	九江	Jiujiang	10.09	10.91	10.82	70
嘉兴	Jiaxing	0.66	0.89	3.29	228	新余	Xinyu	12.00	11.11	9.98	89
湖州	Huzhou	0.09	0.41	2.91	233	鹰潭	Yingtan	12.63	8.64	8.62	114
绍兴	Shaoxing	0.28	0.43	2.58	242	赣州	Ganzhou	11.11	11.29	12.07	49
金华	Jinhua	3.62	5.78	5.61	188	吉安	Jian	7.47	10.35	6.96	161
衢州	Quzhou	3.54	4.65	5.49	192	宜春	Yichun	5.15	9.89	9.82	92
舟山	Zhoushan	-1.21	-1.35	-0.12	274	抚州	Fuzhou	8.35	17.59	19.00	7
台州	Taizhou	6.20	5.83	4.66	210	上饶	Shangrao	13.32	8.54	11.01	64
丽水	Lishui	7.55	5.76	6.00	183	**山东**	**Shandong**	**5.39**	**5.88**	**10.84**	
安徽	**Anhui**	**6.75**	**6.98**	**7.06**		济南	Jinan	2.78	5.10	8.29	126
合肥	Hefei	6.72	8.12	11.54	60	青岛	Qingdao	0.69		6.65	168
芜湖	Wuhu	0.96	5.61	7.25	149	淄博	Zibo	1.05	4.20	6.80	164
蚌埠	Bengbu	6.70	14.21	9.41	100	枣庄	Zaozhuang	7.36	7.08	12.92	37
淮南	Huainan	7.83	13.47	17.55	11	东营	Dongying	1.81	7.35	10.67	75
马鞍山	Maanshan	3.11	5.04	5.39	193	烟台	Yantai	-2.43	-0.30	2.78	238
淮北	Huaibei	9.78	10.15	12.59	41	潍坊	Weifang	2.83	6.33	8.77	109
铜陵	Tongling	1.99	4.42	5.51	191	济宁	Jining	8.48	9.62	10.44	78
安庆	Anqing	-0.71	7.65	9.05	106	泰安	Taian	2.35	7.26	8.57	115
黄山	Huangshan	-1.44	4.18	5.58	190	威海	Weihai	-1.30	-1.04	1.69	258
滁州	Chuzhou	2.53	8.26	13.11	30	日照	Rizhao	3.46	8.15	11.92	53
阜阳	Fuyang	10.78	18.39	18.92	8	莱芜	Laiwu	0.62	5.70	7.29	148
宿州	Suzhou	7.98	14.07	9.91	90	临沂	Linyi	6.71	12.89	14.78	20
六安	Liuan	-0.69	10.32	13.46	25	德州	Dezhou	2.12	8.59	10.80	71
亳州	Bozhou	3.46	12.26	13.26	28	聊城	Liaocheng	6.65	17.91	17.39	13

1-12 人口自然增长率 续表 2
Natural Growth Rate continued 2

单位：‰ (‰)

地名	City	2010	2015	2016	2016 排名 Ranking	地名	City	2010	2015	2016	2016 排名 Ranking
滨州	Binzhou	-0.21	6.54	8.51	121	常德	Changde	-1.67	4.92	3.57	222
菏泽	Heze	0.23	13.64	12.87	38	张家界	Zhangjiajie	5.19	5.08	3.38	227
河南	**Henan**	**4.95**	**5.65**	**6.15**		益阳	Yiyang	-0.74	8.84	6.84	163
郑州	Zhengzhou	5.46	10.39	10.83	69	郴州	Chenzhou	6.00	6.50	6.66	167
开封	Kaifeng	10.51	12.72	11.77	55	永州	Yongzhou	5.70	7.93	7.02	159
洛阳	Luoyang	6.86	11.45	11.76	56	怀化	Huaihua	7.07	7.61	7.78	139
平顶山	Pingdingshan	8.56	12.65	11.19	63	娄底	Loudi	3.21	11.78	7.44	146
安阳	Anyang	8.07	12.33	12.02	50	**广东**	**Guangdong**	**6.97**	**6.80**	**7.44**	
鹤壁	Hebi	11.65	11.53	12.31	46	广州	Guangzhou	6.72	12.02	10.35	80
新乡	Xinxiang	5.80	9.46	10.34	81	韶关	Shaoguan	8.44	15.55	20.25	5
焦作	Jiaozuo	4.48	11.60	9.58	97	深圳	Shenzhen	12.01	20.13	21.30	4
濮阳	Puyang	6.00	13.23	13.06	34	珠海	Zhuhai	7.45	9.49	10.93	66
许昌	Xuchang	5.29	9.62	10.08	86	汕头	Shantou	4.66	7.22	7.14	154
漯河	Luohe	3.00	3.66	4.01	219	佛山	Foshan	4.53	6.72	10.04	88
三门峡	Sanmenxia	1.62	4.26	5.11	200	江门	Jiangmen	2.49	5.70	7.32	147
南阳	Nanyang	16.18	4.93	4.98	205	湛江	Zhanjiang	19.30	6.01	8.56	117
商丘	Shangqiu	4.59	6.81	7.06	158	茂名	Maoming	11.94	18.42	18.52	9
信阳	Xinyang	7.62	13.34	7.94	135	肇庆	Zhaoqing	18.11	12.06	15.30	16
周口	Zhoukou	7.27	10.54	9.48	98	惠州	Huizhou	6.94	9.36	14.70	21
驻马店	Zhumadian	9.29	10.18	9.87	91	梅州	Meizhou	7.40	17.34	20.04	6
湖北	**Hubei**	**4.34**	**4.91**	**5.07**		汕尾	Shanwei	14.74	19.88	12.41	45
武汉	Wuhan	1.59	6.95	6.02	182	河源	Heyuan	23.06	16.44	24.01	2
黄石	Huangshi	0.91	13.16	8.34	123	阳江	Yangjiang	9.86	26.94	15.25	18
十堰	Shiyan	8.11	13.86	6.48	173	清远	Qingyuan	12.82	8.80	31.09	1
宜昌	Yichang	-4.72	1.24	1.66	259	东莞	Dongguan	6.13	6.48	8.53	120
襄阳	Xiangyang	7.26	9.36	6.36	174	中山	Zhongshan	5.33	11.90	8.57	115
鄂州	Ezhou	5.61	15.93	8.73	112	潮州	Chaozhou	13.38	17.63	9.02	108
荆门	Jingmen	-7.66	5.54	5.12	199	揭阳	Jieyang	17.40	13.83	11.68	58
孝感	Xiaogan	3.93	9.00	7.09	155	云浮	Yunfu	16.16	15.60	10.12	85
荆州	Jingzhou	-4.54	9.96	7.18	153	**广西**	**Guangxi**	**8.65**	**7.90**	**7.87**	
黄冈	Huanggang	5.60	11.29	8.30	125	南宁	Nanning	14.70	6.09	6.18	176
咸宁	Xianning	0.54	22.13	12.10	48	柳州	Liuzhou	13.09	10.54	9.12	105
随州	Suizhou	-3.97	12.26	7.51	144	桂林	Guilin	10.38	10.37	9.81	93
湖南	**Hunan**	**6.40**	**6.72**	**6.56**		梧州	Wuzhou	28.40	13.73	12.86	39
长沙	Changsha	5.41	9.72	10.51	76	北海	Beihai	31.73	14.89	13.02	35
株洲	Zhuzhou	-0.16	8.97	8.12	131	防城港	Fangchenggang	27.99	17.33	14.92	19
湘潭	Xiangtan	3.11	6.57	5.17	198	钦州	Qinzhou	40.78	15.87	13.78	24
衡阳	Hengyang	4.51	8.57	7.24	150	贵港	Guigang	26.14	15.86	13.08	32
邵阳	Shaoyang	14.76	9.53	7.92	136	玉林	Yulin	28.58	15.99	11.75	57
岳阳	Yueyang	6.68	10.20	9.71	94	百色	Baise	12.63	11.53	10.68	74

1-12 人口自然增长率 续表 3
Natural Growth Rate continued 3

单位：‰ (‰)

地名	City	2010	2015	2016	2016 排名 Ranking	地名	City	2010	2015	2016	2016 排名 Ranking
贺州	Hezhou	39.18	12.89	12.25	47	丽江	Lijiang	-0.61	4.60	6.79	165
河池	Hechi	4.24	13.76	11.46	62	普洱	Puer	-2.09	4.22	4.46	212
来宾	Laibin	20.44	12.00	10.95	65	临沧	Lincang	18.71	6.98	7.24	150
崇左	Chongzuo	4.38	11.45	9.31	103	**西藏**	**Tibet**	**10.25**	**10.65**	**10.68**	
海南	**Hainan**	**8.98**	**8.57**	**8.57**		拉萨	Lasa		10.66	12.50	42
海口	Haikou	13.74	10.70	10.70	72	**陕西**	**Shaanxi**	**3.72**	**3.82**	**4.41**	
三亚	Sanya	9.99	13.51	11.95	52	西安	Xi'an	0.68	5.32	9.03	107
三沙	Sansha		16.67	22.00	3	铜川	Tongchuan	2.19	2.50	3.61	221
重庆	**Chongqing**	**2.77**	**3.86**	**4.53**		宝鸡	Baoji	1.13	4.79	4.35	214
四川	**Sichuan**	**2.31**	**3.36**	**3.49**		咸阳	Xianyang	3.32	4.90	6.10	177
成都	Chengdu	-0.16	5.46	4.96	207	渭南	Weinan	4.34	2.14	2.05	251
自贡	Zigong	-5.30	0.74	2.94	232	延安	Yan'an	14.25	4.11	9.39	102
攀枝花	Panzhihua	-0.91	3.32	4.19	216	汉中	Hanzhong	1.36	2.16	2.44	244
泸州	Luzhou	4.39	2.86	5.00	203	榆林	Yulin	11.07	12.14	6.90	162
德阳	Deyang	-1.20	-0.13	4.31	215	安康	Ankang	2.91	2.38	5.35	194
绵阳	Mianyang	-3.59	2.04	2.36	246	商洛	Shangluo	0.74	5.36	7.52	143
广元	Guangyuan	-6.20	-3.72	1.26	261	**甘肃**	**Gansu**	**6.03**	**6.21**	**6.00**	
遂宁	Suining	-4.64	4.14	3.14	230	兰州	Lanzhou	3.05	4.87	7.75	140
内江	Neijiang	2.56	-1.88	2.72	240	嘉峪关	Jiayuguan	3.00	5.30	10.14	83
乐山	Leshan	-0.90	1.31	3.56	223	金昌	Jinchang	6.26	5.02	7.84	138
南充	Nanchong	-0.19	-2.96	-3.03	283	白银	Baiyin	8.89	13.84	10.13	84
眉山	Meishan	1.24	-2.65	3.13	231	天水	Tianshui	13.21	9.18	8.27	128
宜宾	Yibin	2.91	4.05	4.11	218	武威	Wuwei	1.20	4.69	8.35	122
广安	Guangan	2.04	3.22	4.73	209	张掖	Zhangye	4.47	1.91	6.57	170
达州	Dazhou	-0.47	4.10	4.18	217	平凉	Pingliang	6.57	4.95	8.00	134
雅安	Yaan	0.62	-4.53	1.72	257	酒泉	Jiuquan	1.98	4.43	5.21	196
巴中	Bazhong	2.17	3.05	5.04	201	庆阳	Qingyang	-1.53	9.53	10.25	82
资阳	Ziyang	-3.56	-0.84	2.09	250	定西	Dingxi	5.34	6.22	7.60	141
贵州	**Guizhou**	**7.41**	**5.80**	**6.50**		陇南	Longnan	7.94	9.07	8.33	124
贵阳	Guiyang	13.07	19.49	11.47	61	**青海**	**Qinghai**	**8.63**	**8.55**	**8.52**	
六盘水	Liupanshui	17.67	6.93	15.28	17	西宁	Xining	6.49	0.11	7.08	156
遵义	Zunyi	11.80	11.28	10.88	68	海东	Haidong		8.61	9.69	95
安顺	Anshun	10.41	27.75	13.44	26	**宁夏**	**Ningxia**	**9.04**	**8.04**	**8.97**	
毕节	Bijie		25.12	18.10	10	银川	Yinchuan	8.06	2.08	11.58	59
铜仁	Tongren		7.17	9.40	101	石嘴山	Shizuishan	4.82	2.23	3.23	229
云南	**Yunnan**	**6.54**	**6.40**	**6.61**		吴忠	Wuzhong		9.75	12.49	43
昆明	Kunming	5.96	7.53	5.94	184	固原	Guyuan	14.26	0.26	11.86	54
曲靖	Qujing	15.27	7.95	8.74	111	中卫	Zhongwei	14.54	8.21	9.30	104
玉溪	Yuxi	5.61	4.50	6.53	171	**新疆**	**Xinjiang**	**10.56**	**11.08**	**11.08**	
保山	Baoshan	5.46	5.56	5.28	195	乌鲁木齐	Urumqi	4.06	6.08	7.56	142
昭通	Zhaotong	24.13	13.01	12.95	36	克拉玛依	Karamay	3.71	6.00	8.03	133

1-13 人口密度

Population Density

单位：人/平方公里 （person/sq.km）

地名	City	2010	2015	2016	2016 排名 Ranking
全国	**Nation Total**	**139.7**	**143.2**	**144.0**	
北京	**Beijing**	**1195.5**	**1292.0**	**830.5**	
天津	**Tianjin**	**1090.3**	**1406.3**	**1310.7**	
河北	**Hebei**	**381.8**	**390.8**		
石家庄	Shijiazhuang	642.0	788.1	795.0	32
唐山	Tangshan	562.8	560.4	564.1	89
秦皇岛	Qinhuangdao	397.4	379.4	382.0	133
邯郸	Handan	761.7	870.3	874.4	22
邢台	Xingtai	569.8	627.4	633.8	73
保定	Baoding	544.5	541.8	544.1	95
张家口	Zhangjiakou	117.9	127.5	127.7	245
承德	Chengde	87.9	96.7	97.0	255
沧州	Cangzhou	508.3	551.5	555.8	94
廊坊	Langfang	678.8	722.3	736.4	45
衡水	Hengshui	493.0	512.8	516.2	104
山西	**Shanxi**	**228.1**	**244.3**		
太原	Taiyuan	603.9	525.2	529.5	98
大同	Datong	235.1	222.9	224.3	192
阳泉	Yangquan	299.6	288.8	291.0	161
长治	Changzhi	240.1	242.5	244.0	181
晋城	Jincheng	241.9	232.4	233.4	186
朔州	Shuozhou	155.1	152.5	153.4	225
晋中	Jinzhong	198.4	201.3	201.9	203
运城	Yuncheng	362.4	359.6	374.4	135
忻州	Xinzhou	122.2	122.1	122.5	247
临汾	Linfen	213.1	212.6	214.1	195
吕梁	Lvliang	175.6	182.2	184.1	212
内蒙古	**Inner Mongolia**	**21.6**	**22.8**		
呼和浩特	Hohhot	166.9	139.1	138.1	235
包头	Baotou	95.6	80.7	80.7	259
乌海	Wuhai	305.0	263.6	263.6	172
赤峰	Chifeng	48.2	51.4	51.4	275
通辽	Tongliao	52.7	53.5	53.8	273
鄂尔多斯	Erdos	22.5	18.1	18.3	282
呼伦贝尔	Hulunbuir	10.0	10.3	10.2	284
巴彦淖尔	Bayannur	25.9	26.4	26.4	280
乌兰察布	Ulanqab	39.3	50.3	50.3	276
辽宁	**Liaoning**	**295.5**	**292.2**		
沈阳	Shenyang	624.5	567.7	570.8	86
大连	Dalian	532.1	472.4	474.0	110
鞍山	Anshan	394.1	373.9	373.9	136
抚顺	Fushun	189.7	191.6	190.7	208
本溪	Benxi	203.3	179.5	178.3	217
丹东	Dandong	159.9	155.7	159.0	220
锦州	Jinzhou	316.0	301.6	300.6	159
营口	Yingkou	463.2	444.5	444.5	115
阜新	Fuxin	175.7	182.5	182.5	213
辽阳	Liaoyang	392.5	373.9	373.9	137
盘锦	Panjin	341.9	319.8	319.8	154
铁岭	Tieling	209.4	231.0	231.0	187
朝阳	Chaoyang	154.6	173.1	173.1	218
葫芦岛	Huludao	251.9	268.9	268.9	168
吉林	**Jilin**	**143.7**	**153.0**		
长春	Changchun	372.6	366.1	365.6	139
吉林	Jilin	162.8	153.7	152.3	227
四平	Siping	240.5	226.7	225.3	191
辽源	Liaoyuan	229.0	235.4	233.5	185
通化	Tonghua	149.0	141.6	140.9	234
白山	Baishan	74.2	71.4	69.7	265
松原	Songyuan	136.6	131.8	131.8	237
白城	Baicheng	79.0	76.5	74.9	261
黑龙江	**Heilongjiang**	**84.7**	**82.9**		
哈尔滨	Harbin	200.5	181.0	181.2	215
齐齐哈尔	Qiqihar	126.4	129.3	128.0	244
鸡西	Jixi	82.7	80.8	80.3	260
鹤岗	Hegang	72.2	72.2	70.8	264
双鸭山	Shuangyashan	63.0	65.0	63.9	269
大庆	Daqing	137.0	129.6	130.1	239
伊春	Yichun	35.1	36.9	36.0	278
佳木斯	Jiamusi	78.1	72.8	72.8	262
七台河	Qitaihe	148.0	133.4	128.6	242
牡丹江	Mudanjiang	69.0	67.5	66.7	267
黑河	Heihe	20.4	24.6	23.5	281
绥化	Suihua	155.4	157.4	155.7	221
上海	**Shanghai**	**2794.8**	**4164.3**	**3816.4**	
江苏	**Jiangsu**	**737.2**	**797.6**		

注：本表数据为常住人口与行政区域土地面积之比。

Note: Refers to the rotio of the usual residents with the land area of administrative region.

1-13 人口密度 续表 1
Population Density continued 1

单位：人/平方公里 (person/sq.km)

地名	City	2010	2015	2016	2016 排名 Ranking
南京	Nanjing	1215.7	991.4	1006.5	14
无锡	Wuxi	1378.0	1039.6	1050.4	9
徐州	Xuzhou	762.2	874.6	884.8	20
常州	Changzhou	1050.5	848.6	857.5	25
苏州	Suzhou	1233.4	770.5	783.2	35
南通	Nantong	910.1	727.1	727.1	47
连云港	Lianyungang	586.3	697.3	701.2	56
淮安	Huaian	477.0	562.3	566.3	87
盐城	Yancheng	428.0	489.0	490.8	106
扬州	Yangzhou	676.8	699.4	701.0	58
镇江	Zhenjiang	809.7	708.3	708.3	52
泰州	Taizhou	798.5	877.8	877.8	21
宿迁	Suqian	552.1	687.5	694.5	61
浙江	**Zhejiang**	**516.8**	**553.9**		
杭州	Hangzhou	524.5	436.3	443.5	116
宁波	Ningbo	775.4	598.0	602.1	77
温州	Wenzhou	775.1	671.2	677.0	62
嘉兴	Jiaxing	1150.7	891.4	833.5	28
湖州	Huzhou	497.4	453.6	455.3	112
绍兴	Shaoxing	593.4	535.1	537.5	97
金华	Jinhua	490.4	436.9	439.6	118
衢州	Quzhou	240.1	289.4	290.6	162
舟山	Zhoushan	778.5	666.7	666.2	63
台州	Taizhou	634.8	634.4	637.6	72
丽水	Lishui	122.4	153.8	154.9	223
安徽	**Anhui**	**425.1**	**472.6**		
合肥	Hefei	810.0	627.4	637.8	71
芜湖	Wuhu	682.5	638.9	643.9	69
蚌埠	Bengbu	533.4	631.8	638.5	70
淮南	Huainan	904.1	952.0	703.2	55
马鞍山	Maanshan	810.8	565.6	565.6	88
淮北	Huaibei	772.3	791.7	791.7	33
铜陵	Tongling	650.5	616.2	571.7	85
安庆	Anqing	347.0	403.8	390.8	129
黄山	Huangshan	138.7	152.9	152.9	226
滁州	Chuzhou	291.4	332.2	335.9	148
阜阳	Fuyang	778.9	1030.8	1049.6	10
宿州	Suzhou	547.9	654.0	658.0	68
六安	Liuan	312.5	390.2	379.9	134
亳州	Bozhou	580.5	745.2	759.3	40

地名	City	2010	2015	2016	2016 排名 Ranking
池州	Chizhou	169.6	192.9	192.9	207
宣城	Xuancheng	205.6	227.4	227.4	188
福建	**Fujian**	**297.8**	**319.9**		
福州	Fuzhou	544.5	534.9	542.0	96
厦门	Xiamen	2244.8	1241.9	1300.8	4
莆田	Putian	674.7	832.7	847.3	27
三明	Sanming	108.4	126.7	124.3	246
泉州	Quanzhou	738.0	655.5	662.7	67
漳州	Zhangzhou	373.7	389.8	404.7	126
南平	Nanping	100.6	121.8	122.1	248
龙岩	Longyan	134.3	162.1	164.7	219
宁德	Ningde	209.8	259.4	265.7	170
江西	**Jiangxi**	**267.4**	**285.4**		
南昌	Nanchang	682.7	702.5	706.6	53
景德镇	Jingdezhen	302.3	317.4	321.2	152
萍乡	Pingxiang	485.4	516.8	522.1	101
九江	Jiujiang	251.4	261.1	262.7	173
新余	Xinyu	358.7	390.2	390.2	130
鹰潭	Yingtan	316.3	356.7	359.6	140
赣州	Ganzhou	212.9	244.1	246.7	179
吉安	Jian	190.5	208.9	210.9	198
宜春	Yichun	290.5	319.8	322.5	151
抚州	Fuzhou	208.1	212.3	213.3	196
上饶	Shangrao	289.0	339.6	343.1	143
山东	**Shandong**	**610.2**	**656.5**		
济南	Jinan	833.8	782.7	791.4	34
青岛	Qingdao	794.2	694.0	701.1	57
淄博	Zibo	759.9	720.9	724.2	49
枣庄	Zaozhuang	818.3	894.0	904.9	18
东营	Dongying	257.1	231.7	234.1	184
烟台	Yantai	506.9	471.4	472.9	111
潍坊	Weifang	563.3	553.8	558.1	93
济宁	Jining	708.4	766.5	774.5	38
泰安	Taian	708.3	729.2	733.1	46
威海	Weihai	483.9	439.9	441.5	117
日照	Rizhao	524.1	552.3	559.8	90
莱芜	Laiwu	578.4	569.9	574.4	83
临沂	Linyi	585.0	653.8	663.7	65
德州	Dezhou	538.2	566.7	572.5	84
聊城	Liaocheng	666.2	692.3	704.6	54

1-13 人口密度 续表 2
Population Density continued 2

单位：人/平方公里 （person/sq.km）

地名	City	2010	2015	2016	2016 排名 Ranking	地名	City	2010	2015	2016	2016 排名 Ranking
滨州	Binzhou	390.8	402.7	405.8	125	常德	Changde	314.2	322.1	335.9	147
菏泽	Heze	678.3	818.4	828.2	29	张家界	Zhangjiajie	155.3	178.7	179.4	216
河南	**Henan**	**568.2**	**592.5**			益阳	Yiyang	354.7	390.4	392.9	128
郑州	Zhengzhou	1163.2	1087.8	1110.7	6	郴州	Chenzhou	232.7	268.7	272.2	166
开封	Kaifeng	725.8	859.7	867.5	24	永州	Yongzhou	231.5	285.3	289.8	163
洛阳	Luoyang	431.2	477.8	483.7	108	怀化	Huaihua	171.7	186.6	188.4	209
平顶山	Pingdingshan	620.6	713.0	720.6	50	娄底	Loudi	466.3	551.8	558.6	91
安阳	Anyang	697.6	839.2	847.8	26	**广东**	**Guangdong**	**580.7**	**602.7**		
鹤壁	Hebi	720.4	774.5	779.1	37	广州	Guangzhou	1709.7	1148.8	1170.3	5
新乡	Xinxiang	699.1	735.1	745.4	42	韶关	Shaoguan	153.3	179.2	181.4	214
焦作	Jiaozuo	870.3	913.8	918.7	17	深圳	Shenzhen	5206.8	1777.7	1927.9	2
濮阳	Puyang	843.9	1024.4	1033.9	11	珠海	Zhuhai	912.9	646.7	664.0	64
许昌	Xuchang	862.7	1010.6	1020.6	13	汕头	Shantou	2614.3	2501.1	2542.1	1
漯河	Luohe	938.1	995.5	1027.9	12	佛山	Foshan	1895.5	1024.2	1053.2	7
三门峡	Sanmenxia	212.8	217.2	218.2	193	江门	Jiangmen	465.2	411.4	414.3	123
南阳	Nanyang	387.5	448.5	450.8	114	湛江	Zhanjiang	529.6	620.6	629.6	74
商丘	Shangqiu	687.0	897.8	767.8	39	茂名	Maoming	508.5	687.7	699.1	59
信阳	Xinyang	323.7	478.0	483.3	109	肇庆	Zhaoqing	253.6	294.1	298.2	160
周口	Zhoukou	747.5	1040.1	1052.6	8	惠州	Huizhou	405.6	314.7	320.8	153
驻马店	Zhumadian	479.1	617.3	629.0	75	梅州	Meizhou	263.8	343.9	347.3	142
湖北	**Hubei**	**308.1**	**325.1**			汕尾	Shanwei	557.6	737.9	744.1	43
武汉	Wuhan	1152.0	967.4	973.3	16	河源	Heyuan	189.1	233.8	238.3	183
黄石	Huangshi	529.7	584.8	589.1	79	阳江	Yangjiang	305.2	367.0	372.0	138
十堰	Shiyan	141.1	146.0	147.0	229	清远	Qingyuan	194.6	220.1	226.9	189
宜昌	Yichang	192.6	187.5	185.6	211	东莞	Dongguan	3343.5	792.7	817.1	30
襄阳	Xiangyang	278.8	300.1	301.1	158	中山	Zhongshan	1735.0	891.3	902.5	19
鄂州	Ezhou	658.1	690.1	696.4	60	潮州	Chaozhou	849.3	867.8	870.9	23
荆门	Jingmen	231.7	241.1	241.9	182	揭阳	Jieyang	1117.2	1339.7	1323.8	3
孝感	Xiaogan	540.4	590.4	587.0	81	云浮	Yunfu	303.8	384.1	386.5	131
荆州	Jingzhou	403.9	451.5	453.6	113	**广西**	**Guangxi**	**194.1**	**208.5**		
黄冈	Huanggang	353.0	426.2	427.9	119	南宁	Nanning	301.3	332.8	338.1	146
咸宁	Xianning	249.8	307.7	308.3	155	柳州	Liuzhou	201.9	205.4	207.6	200
随州	Suizhou	224.4	260.5	261.5	174	桂林	Guilin	170.7	190.2	193.0	206
湖南	**Hunan**	**310.1**	**323.0**			梧州	Wuzhou	228.9	273.3	275.7	164
长沙	Changsha	595.9	575.5	589.0	80	北海	Beihai	461.2	515.4	521.4	102
株洲	Zhuzhou	342.9	357.5	357.3	141	防城港	Fangchenggang	139.3	153.9	155.5	222
湘潭	Xiangtan	548.8	577.1	579.1	82	钦州	Qinzhou	284.1	332.2	335.6	149
衡阳	Hengyang	467.2	522.1	522.1	100	贵港	Guigang	388.5	517.8	523.5	99
邵阳	Shaoyang	339.5	394.1	398.5	127	玉林	Yulin	427.4	554.0	558.6	92
岳阳	Yueyang	363.0	379.6	384.3	132	百色	Baise	96.2	114.1	115.2	249

1-13 人口密度 续表 3
Population Density continued 3

单位：人/平方公里 (person/sq.km)

地名	City	2010	2015	2016	2016 排名 Ranking
贺州	Hezhou	164.8	204.2	206.8	201
河池	Hechi	102.4	127.0	128.2	243
来宾	Laibin	156.6	198.3	200.6	204
崇左	Chongzuo	114.7	143.7	144.8	230
海南	**Hainan**	**245.7**	**267.9**		
海口	Haikou	887.6	716.2	724.8	48
三亚	Sanya	357.1	301.9	301.9	157
三沙	Sansha				
重庆	**Chongqing**	**350.6**	**366.5**	**369.9**	
四川	**Sichuan**	**166.2**	**170.9**		
成都	Chengdu	1157.9	1013.1	975.9	15
自贡	Zigong	612.6	746.4	746.4	41
攀枝花	Panzhihua	163.2	150.0	150.0	228
泸州	Luzhou	344.9	413.5	415.2	122
德阳	Deyang	611.7	659.8	663.2	66
绵阳	Mianyang	227.9	269.2	269.2	167
广元	Guangyuan	152.2	187.0	186.9	210
遂宁	Suining	610.9	712.1	710.3	51
内江	Neijiang	687.5	779.8	779.9	36
乐山	Leshan	252.3	278.2	258.7	177
南充	Nanchong	503.2	594.7	593.9	78
眉山	Meishan	410.7	488.8	490.2	107
宜宾	Yibin	337.0	415.9	419.0	121
广安	Guangan	505.2	736.5	736.7	44
达州	Dazhou	329.6	411.7	412.3	124
雅安	Yaan	98.5	103.0	103.0	252
巴中	Bazhong	267.0	309.1	305.1	156
资阳	Ziyang	460.3	633.2	617.6	76
贵州	**Guizhou**	**197.5**	**207.6**		
贵阳	Guiyang	538.8	487.4	498.6	105
六盘水	Liupanshui	286.4	335.9	342.9	144
遵义	Zunyi	199.4	257.8	260.7	175
安顺	Anshun	248.2	319.4	323.7	150
毕节	Bijie		336.7	341.5	145
铜仁	Tongren		242.7	245.0	180
云南	**Yunnan**	**120.1**	**124.8**		
昆明	Kunming	306.4	301.9	266.3	169
曲靖	Qujing	202.6	224.2	225.9	190
玉溪	Yuxi	150.9	141.3	142.5	231
保山	Baoshan	127.6	131.9	132.9	236
昭通	Zhaotong	231.0	266.9	275.1	165
丽江	Lijiang	58.0	57.0	59.0	270
普洱	Puer	56.1	55.1	55.3	272
临沧	Lincang	99.4	99.5	100.3	253
西藏	**Tibet**	**2.5**	**2.7**		
拉萨	Lasa		18.0	18.3	283
陕西	**Shaanxi**	**181.5**	**199.6**		
西安	Xi'an	838.3	808.2	816.3	31
铜川	Tongchuan	215.1	216.4	216.4	194
宝鸡	Baoji	205.1	212.0	212.0	197
咸阳	Xianyang	480.4	518.2	520.2	103
渭南	Weinan	402.8	424.1	424.1	120
延安	Yan'an	59.1	63.7	64.0	268
汉中	Hanzhong	125.4	141.3	140.9	233
榆林	Yulin	77.0	86.4	89.0	256
安康	Ankang	111.8	129.6	129.2	241
商洛	Shangluo	121.4	130.1	131.1	238
甘肃	**Gansu**	**63.4**	**66.7**		
兰州	Lanzhou	276.6	246.1	247.6	178
嘉峪关	Jiayuguan	79.0	68.1	71.6	263
金昌	Jinchang	52.2	51.7	51.7	274
白银	Baiyin	80.8	85.6	86.0	257
天水	Tianshui	227.5	257.1	259.9	176
武威	Wuwei	54.7	57.2	57.5	271
张掖	Zhangye	28.6	31.0	31.2	279
平凉	Pingliang	185.3	208.6	209.5	199
酒泉	Jiuquan	5.7	5.8	5.8	285
庆阳	Qingyang	81.6	98.5	99.6	254
定西	Dingxi	132.9	153.5	154.5	224
陇南	Longnan	92.1	102.7	103.5	251
青海	**Qinghai**	**7.9**	**8.2**		
西宁	Xining	288.6	262.4	265.0	171
海东	Haidong		129.2	129.9	240
宁夏	**Ningxia**	**121.8**	**101.2**		
银川	Yinchuan	222.0	198.3	203.9	202
石嘴山	Shizuishan	136.9	141.2	141.2	232
吴忠	Wuzhong	62.9	83.5	84.7	258
固原	Guyuan	117.0	115.0	115.0	250
中卫	Zhongwei	62.1	68.8	69.3	266
新疆	**Xinjiang**	**13.1**	**14.7**		
乌鲁木齐	Urumqi	225.8	193.7	194.4	205
克拉玛依	Karamay	41.0	38.8	38.8	277

2

就业和工资

Employment and Wages

2-1 城镇单位就业人员
Employed Persons in Urban Units

单位：万人 (10 000 persons)

地名	City	2010	2015	2016	2016 排名 Ranking	地名	City	2010	2015	2016	2016 排名 Ranking
全国	**Nation Total**	**13051.5**	**18062.5**	**17888.1**		沈阳	Shenyang	109.9	146.7	129.3	23
北京	**Beijing**	**646.6**	**777.3**	**791.5**		大连	Dalian	96.3	113.7	107.8	30
天津	**Tianjin**	**205.7**	**294.8**	**286.0**		鞍山	Anshan	51.2	56.0	47.9	96
河北	**Hebei**	**519.6**	**643.6**	**639.6**		抚顺	Fushun	40.3	27.4	25.0	192
石家庄	Shijiazhuang	84.2	100.3	99.5	39	本溪	Benxi	32.3	27.6	22.8	208
唐山	Tangshan	84.0	89.4	88.1	47	丹东	Dandong	24.6	25.8	23.0	205
秦皇岛	Qinhuangdao	29.8	32.8	32.5	160	锦州	Jinzhou	32.2	31.7	29.3	172
邯郸	Handan	56.6	77.2	76.1	57	营口	Yingkou	20.8	24.4	25.7	188
邢台	Xingtai	35.1	45.0	44.8	112	阜新	Fuxin	25.6	19.3	15.2	253
保定	Baoding	70.4	99.8	100.6	37	辽阳	Liaoyang	18.9	17.4	15.8	249
张家口	Zhangjiakou	33.7	37.6	37.0	139	盘锦	Panjin	50.3	46.4	44.2	113
承德	Chengde	25.7	29.9	29.6	171	铁岭	Tieling	27.2	24.5	22.8	207
沧州	Cangzhou	43.7	52.6	51.9	88	朝阳	Chaoyang	25.2	26.7	24.3	195
廊坊	Langfang	34.6	44.5	45.9	106	葫芦岛	Huludao	25.4	24.8	21.7	214
衡水	Hengshui	21.8	29.5	28.6	175	**吉林**	**Jilin**	**267.6**	**325.1**	**322.1**	
山西	**Shanxi**	**394.4**	**440.3**	**430.6**		长春	Changchun	92.8	126.1	125.9	25
太原	Taiyuan	77.3	105.0	104.1	33	吉林	Jilin	33.3	40.0	39.0	131
大同	Datong	42.1	40.7	40.2	129	四平	Siping	21.1	19.8	19.2	227
阳泉	Yangquan	23.7	27.3	25.4	190	辽源	Liaoyuan	8.8	12.8	12.7	267
长治	Changzhi	37.3	42.7	42.6	120	通化	Tonghua	19.9	28.1	27.5	180
晋城	Jincheng	27.1	37.3	35.6	142	白山	Baishan	17.2	17.8	17.0	241
朔州	Shuozhou	17.9	19.7	18.9	230	松原	Songyuan	21.5	26.1	26.4	185
晋中	Jinzhong	35.1	35.6	35.0	147	白城	Baicheng	18.5	20.8	20.7	218
运城	Yuncheng	32.0	36.0	35.2	145	**黑龙江**	**Heilongjiang**	**460.0**	**433.5**	**424.9**	
忻州	Xinzhou	22.7	24.6	23.9	199	哈尔滨	Harbin	160.8	133.3	130.4	22
临汾	Linfen	33.8	37.2	36.5	140	齐齐哈尔	Qiqihar	37.3	40.7	37.6	135
吕梁	Lvliang	30.8	36.2	35.2	146	鸡西	Jixi	22.6	20.8	25.8	187
内蒙古	**Inner Mongolia**	**249.2**	**298.3**	**293.2**		鹤岗	Hegang	20.2	16.6	18.8	232
呼和浩特	Hohhot	71.8	41.6	41.1	127	双鸭山	Shuangyashan	16.6	17.4	15.0	255
包头	Baotou	75.0	40.2	38.9	132	大庆	Daqing	69.2	75.5	51.7	89
乌海	Wuhai	15.9	9.5	9.3	278	伊春	Yichun	24.5	25.1	17.0	242
赤峰	Chifeng	53.9	33.9	33.5	155	佳木斯	Jiamusi	22.7	27.9	16.6	246
通辽	Tongliao	37.3	29.3	29.2	173	七台河	Qitaihe	18.6	13.6	8.9	279
鄂尔多斯	Erdos	35.3	33.2	31.3	164	牡丹江	Mudanjiang	38.9	47.0	25.4	189
呼伦贝尔	Hulunbuir	49.8	37.8	43.0	117	黑河	Heihe	15.3	17.0	12.0	268
巴彦淖尔	Bayannur	25.9	14.9	14.6	259	绥化	Suihua	27.8	31.4	26.7	183
乌兰察布	Ulanqab	28.9	16.0	15.8	250	**上海**	**Shanghai**	**392.9**	**637.2**	**627.8**	
辽宁	**Liaoning**	**518.1**	**618.4**	**560.4**		**江苏**	**Jiangsu**	**763.8**	**1552.1**	**1497.3**	

2-1 城镇单位就业人员 续表 1

Employed Persons in Urban Units continued 1

单位：万人 (10 000 persons)

地名	City	2010	2015	2016	2016 排名 Ranking	地名	City	2010	2015	2016	2016 排名 Ranking
南京	Nanjing	125.6	213.1	205.2	9	池州	Chizhou	7.1	10.7	10.7	272
无锡	Wuxi	83.0	118.8	113.3	27	宣城	Xuancheng	12.4	16.0	16.3	247
徐州	Xuzhou	61.8	105.0	99.8	38	**福建**	**Fujian**	**507.1**	**663.1**	**668.8**	
常州	Changzhou	38.2	69.9	68.5	66	福州	Fuzhou	105.5	156.3	156.8	13
苏州	Suzhou	130.9	303.9	288.7	5	厦门	Xiamen	95.3	136.8	139.2	18
南通	Nantong	63.1	209.8	205.3	8	莆田	Putian	28.8	49.7	52.0	87
连云港	Lianyungang	34.0	47.7	47.5	98	三明	Sanming	21.5	24.5	24.0	198
淮安	Huaian	39.3	72.5	68.8	64	泉州	Quanzhou	142.2	150.6	149.6	15
盐城	Yancheng	51.9	89.2	87.4	48	漳州	Zhangzhou	40.1	55.2	56.0	77
扬州	Yangzhou	40.1	108.4	102.1	35	南平	Nanping	23.6	24.8	24.7	193
镇江	Zhenjiang	37.3	50.5	48.0	95	龙岩	Longyan	30.6	30.6	31.4	163
泰州	Taizhou	37.2	107.2	110.0	28	宁德	Ningde	16.6	31.0	31.5	162
宿迁	Suqian	21.5	51.9	48.6	94	**江西**	**Jiangxi**	**297.4**	**480.5**	**471.5**	
浙江	**Zhejiang**	**883.6**	**1083.4**	**1060.9**		南昌	Nanchang	67.8	125.1	126.0	24
杭州	Hangzhou	232.7	288.6	290.1	4	景德镇	Jingdezhen	17.4	19.5	19.2	228
宁波	Ningbo	140.2	166.8	151.9	14	萍乡	Pingxiang	14.1	20.6	21.0	217
温州	Wenzhou	107.9	106.6	104.6	32	九江	Jiujiang	34.0	46.8	43.5	114
嘉兴	Jiaxing	80.4	80.9	80.5	54	新余	Xinyu	10.1	14.3	14.4	261
湖州	Huzhou	37.9	50.1	50.2	92	鹰潭	Yingtan	10.0	15.5	14.7	258
绍兴	Shaoxing	107.1	138.6	136.8	19	赣州	Ganzhou	42.4	57.9	57.7	74
金华	Jinhua	52.5	94.4	92.7	45	吉安	Jian	20.2	38.3	37.3	138
衢州	Quzhou	17.1	20.8	20.7	219	宜春	Yichun	28.1	45.9	45.8	107
舟山	Zhoushan	16.8	46.6	47.0	101	抚州	Fuzhou	21.2	39.0	37.7	134
台州	Taizhou	69.8	101.1	94.1	44	上饶	Shangrao	30.0	46.3	43.4	115
丽水	Lishui	16.8	18.5	18.4	235	**山东**	**Shandong**	**956.2**	**1236.7**	**1215.5**	
安徽	**Anhui**	**372.9**	**513.8**	**517.1**		济南	Jinan	116.9	131.9	135.9	20
合肥	Hefei	71.1	143.9	148.0	16	青岛	Qingdao	124.1	150.1	145.4	17
芜湖	Wuhu	26.7	44.5	45.7	108	淄博	Zibo	62.9	87.1	84.0	51
蚌埠	Bengbu	17.3	26.9	27.4	181	枣庄	Zaozhuang	35.8	47.3	44.9	111
淮南	Huainan	32.7	33.0	30.4	167	东营	Dongying	40.1	43.9	43.2	116
马鞍山	Maanshan	15.4	23.1	22.3	209	烟台	Yantai	90.5	105.2	103.5	34
淮北	Huaibei	20.8	23.2	21.5	215	潍坊	Weifang	74.0	87.0	85.7	49
铜陵	Tongling	11.7	17.3	17.1	240	济宁	Jining	63.2	87.9	85.2	50
安庆	Anqing	24.2	33.4	34.1	149	泰安	Taian	56.3	73.2	69.3	63
黄山	Huangshan	9.4	11.3	11.6	269	威海	Weihai	39.9	57.6	58.7	72
滁州	Chuzhou	17.9	23.8	24.5	194	日照	Rizhao	20.7	31.0	31.1	165
阜阳	Fuyang	29.1	32.3	33.7	152	莱芜	Laiwu	13.8	17.9	16.8	244
宿州	Suzhou	22.1	30.5	77.5	55	临沂	Linyi	56.2	93.9	92.4	46
六安	Liuan	22.2	20.5	109.0	29	德州	Dezhou	38.6	56.3	55.5	79
亳州	Bozhou	16.1	23.4	23.5	201	聊城	Liaocheng	35.4	47.6	47.3	99

2-1 城镇单位就业人员 续表 2
Employed Persons in Urban Units continued 2

单位：万人 (10 000 persons)

地名	City	2010	2015	2016	2016 排名 Ranking
滨州	Binzhou	37.6	52.5	50.6	91
菏泽	Heze	37.2	52.0	52.2	86
河南	**Henan**	**751.7**	**1125.9**	**1145.0**	
郑州	Zhengzhou	108.5	198.6	200.9	10
开封	Kaifeng	33.1	48.9	53.7	82
洛阳	Luoyang	53.9	74.8	75.4	58
平顶山	Pingdingshan	48.5	55.9	55.0	80
安阳	Anyang	43.5	58.6	57.5	75
鹤壁	Hebi	17.8	23.5	23.3	202
新乡	Xinxiang	45.7	68.6	66.3	68
焦作	Jiaozuo	32.3	50.3	54.2	81
濮阳	Puyang	31.4	40.9	41.5	125
许昌	Xuchang	28.7	45.2	48.8	93
漯河	Luohe	23.1	33.2	33.8	151
三门峡	Sanmenxia	24.2	27.3	25.1	191
南阳	Nanyang	70.5	95.9	94.7	42
商丘	Shangqiu	39.7	70.2	77.1	56
信阳	Xinyang	43.2	63.1	63.2	70
周口	Zhoukou	45.2	70.4	72.5	61
驻马店	Zhumadian	41.2	70.7	71.6	62
湖北	**Hubei**	**510.3**	**712.3**	**719.3**	
武汉	Wuhan	178.5	207.3	213.3	7
黄石	Huangshi	27.3	32.1	30.7	166
十堰	Shiyan	35.6	64.1	66.3	69
宜昌	Yichang	78.9	93.4	94.3	43
襄阳	Xiangyang	40.5	99.2	101.0	36
鄂州	Ezhou	30.5	21.6	22.1	211
荆门	Jingmen	42.3	38.7	39.5	130
孝感	Xiaogan	50.4	81.5	82.6	52
荆州	Jingzhou	63.6	42.8	42.4	121
黄冈	Huanggang	33.0	63.8	67.5	67
咸宁	Xianning	32.9	23.3	23.0	206
随州	Suizhou	43.2	14.0	14.8	257
湖南	**Hunan**	**505.7**	**579.1**	**568.4**	
长沙	Changsha	179.9	130.5	120.9	26
株洲	Zhuzhou	64.2	46.5	45.6	109
湘潭	Xiangtan	44.3	30.5	47.2	100
衡阳	Hengyang	136.3	54.1	53.5	83
邵阳	Shaoyang	93.9	38.2	37.4	137
岳阳	Yueyang	92.3	48.3	46.9	102
常德	Changde	60.5	41.4	41.7	124
张家界	Zhangjiajie	15.8	8.7	8.6	281
益阳	Yiyang	38.8	26.6	26.9	182
郴州	Chenzhou	62.2	35.9	35.9	141
永州	Yongzhou	54.7	32.3	32.6	158
怀化	Huaihua	84.6	26.4	26.3	186
娄底	Loudi	53.9	29.1	29.7	170
广东	**Guangdong**	**1118.5**	**1948.0**	**1957.6**	
广州	Guangzhou	246.4	320.3	325.2	3
韶关	Shaoguan	30.6	34.0	33.5	154
深圳	Shenzhen	253.0	460.0	456.2	2
珠海	Zhuhai	63.2	74.3	73.1	59
汕头	Shantou	32.3	54.7	57.5	76
佛山	Foshan	56.1	170.0	171.7	12
江门	Jiangmen	44.9	58.3	59.5	71
湛江	Zhanjiang	40.7	51.0	52.3	85
茂名	Maoming	30.9	45.7	46.5	105
肇庆	Zhaoqing	27.6	42.8	42.3	122
惠州	Huizhou	80.4	91.9	96.1	41
梅州	Meizhou	23.5	29.3	28.9	174
汕尾	Shanwei	15.7	24.0	23.8	200
河源	Heyuan	24.7	27.1	27.9	179
阳江	Yangjiang	18.2	23.6	24.2	196
清远	Qingyuan	27.6	31.5	32.6	159
东莞	Dongguan	23.2	232.3	231.2	6
中山	Zhongshan	29.0	82.9	80.9	53
潮州	Chaozhou	12.5	19.8	20.2	222
揭阳	Jieyang	20.7	41.8	41.3	126
云浮	Yunfu	17.5	22.2	21.8	212
广西	**Guangxi**	**316.7**	**405.4**	**401.4**	
南宁	Nanning	70.5	96.0	97.4	40
柳州	Liuzhou	38.0	61.7	58.5	73
桂林	Guilin	31.6	44.4	42.7	118
梧州	Wuzhou	15.6	19.4	19.9	224
北海	Beihai	11.9	14.7	14.5	260
防城港	Fangchenggang	8.9	10.8	9.7	276
钦州	Qinzhou	13.7	20.8	21.8	213
贵港	Guigang	15.3	18.7	18.4	234
玉林	Yulin	27.3	34.6	33.9	150
百色	Baise	18.2	21.8	22.2	210

2-1 城镇单位就业人员 续表 3
Employed Persons in Urban Units continued 3

单位：万人 (10 000 persons)

地名	City	2010	2015	2016	2016 排名 Ranking
贺州	Hezhou	8.0	9.9	10.2	275
河池	Hechi	18.2	18.8	18.9	229
来宾	Laibin	11.8	13.3	12.7	266
崇左	Chongzuo	14.0	13.7	13.5	262
海南	**Hainan**	**81.3**	**100.4**	**101.2**	
海口	Haikou	77.2	49.2	51.4	90
三亚	Sanya	14.4	12.6	13.1	265
三沙	Sansha				
重庆	**Chongqing**	**266.4**	**415.6**	**412.9**	
四川	**Sichuan**	**570.6**	**795.5**	**787.5**	
成都	Chengdu	172.1	264.7	552.7	1
自贡	Zigong	16.5	21.0	20.3	221
攀枝花	Panzhihua	17.2	19.8	28.0	178
泸州	Luzhou	25.7	37.9	38.4	133
德阳	Deyang	25.7	32.1	31.8	161
绵阳	Mianyang	34.6	51.3	52.6	84
广元	Guangyuan	14.2	16.8	16.9	243
遂宁	Suining	16.2	20.1	33.2	156
内江	Neijiang	21.4	29.8	28.1	177
乐山	Leshan	28.8	26.3	26.5	184
南充	Nanchong	25.9	46.9	45.2	110
眉山	Meishan	15.3	20.3	20.6	220
宜宾	Yibin	33.5	36.2	35.3	144
广安	Guangan	11.4	15.8	15.5	252
达州	Dazhou	25.1	30.8	37.6	136
雅安	Yaan	9.6	11.1	11.3	271
巴中	Bazhong	14.4	24.2	30.1	168
资阳	Ziyang	16.1	26.5	18.2	236
贵州	**Guizhou**	**224.3**	**307.5**	**310.5**	
贵阳	Guiyang	72.0	104.0	105.7	31
六盘水	Liupanshui	22.5	24.1	23.0	204
遵义	Zunyi	30.3	42.4	42.7	119
安顺	Anshun	12.8	18.3	18.9	231
毕节	Bijie	21.7	31.8	32.9	157
铜仁	Tongren	14.6	20.5	21.1	216
云南	**Yunnan**	**322.8**	**414.7**	**419.0**	
昆明	Kunming	92.2	132.8	133.6	21
曲靖	Qujing	33.2	47.2	46.9	103
玉溪	Yuxi	18.8	27.0	28.3	176
保山	Baoshan	14.2	18.9	20.0	223
昭通	Zhaotong	18.1	23.1	24.1	197
丽江	Lijiang	8.4	10.8	10.3	273
普洱	Puer	14.1	17.3	17.2	239
临沧	Lincang	11.0	14.8	15.0	254
西藏	**Tibet**	**22.2**	**33.4**	**31.5**	
拉萨	Lasa	2.5	7.1	47.7	97
陕西	**Shaanxi**	**364.8**	**511.8**	**511.4**	
西安	Xi'an	140.4	198.5	199.2	11
铜川	Tongchuan	9.8	12.0	11.5	270
宝鸡	Baoji	29.8	41.0	41.1	128
咸阳	Xianyang	37.1	54.8	55.8	78
渭南	Weinan	37.4	46.4	46.8	104
延安	Yan'an	23.1	33.6	33.7	153
汉中	Hanzhong	25.0	30.3	30.0	169
榆林	Yulin	25.9	41.7	42.1	123
安康	Ankang	12.9	18.1	18.8	233
商洛	Shangluo	12.9	19.7	19.8	226
甘肃	**Gansu**	**194.3**	**261.8**	**261.0**	
兰州	Lanzhou	57.7	67.2	68.6	65
嘉峪关	Jiayuguan	5.0	7.3	7.8	282
金昌	Jinchang	7.4	11.1	10.2	274
白银	Baiyin	15.3	17.9	16.0	248
天水	Tianshui	18.9	22.8	23.2	203
武威	Wuwei	9.9	12.9	13.4	263
张掖	Zhangye	10.3	13.2	13.2	264
平凉	Pingliang	12.9	18.2	17.7	238
酒泉	Jiuquan	10.2	12.8	14.9	256
庆阳	Qingyang	9.3	18.0	17.7	237
定西	Dingxi	10.6	15.5	15.6	251
陇南	Longnan	11.3	14.3	19.9	225
青海	**Qinghai**	**52.6**	**62.7**	**63.1**	
西宁	Xining	29.0	34.2	34.2	148
海东	Haidong		7.4	7.4	283
宁夏	**Ningxia**	**59.3**	**73.1**	**70.7**	
银川	Yinchuan	53.6	78.7	35.5	143
石嘴山	Shizuishan	16.6	9.1	8.9	280
吴忠	Wuzhong	16.5	9.6	9.6	277
固原	Guyuan	11.8	6.6	6.8	284
中卫	Zhongwei	8.0	6.6	6.5	285
新疆	**Xinjiang**	**255.0**	**317.2**	**320.5**	
乌鲁木齐	Urumqi	49.1	71.4	72.7	60
克拉玛依	Karamay	16.7	17.5	16.7	245

2-2 城镇私营和个体从业人员

Employed Persons in Private Enterprises and Self-Employed Individuals in Urban Areas

单位：万人 (10 000 persons)

地名	City	2015	2016	2016 排名 Ranking
全国	**Nation Total**		**20710.4**	
北京	**Beijing**	**951.7**	**685.2**	
天津	**Tianjin**	**129.9**	**179.1**	
河北	**Hebei**	**439.6**	**510.7**	
石家庄	Shijiazhuang			
唐山	Tangshan	60.4	62.3	84
秦皇岛	Qinhuangdao	17.9	18.0	221
邯郸	Handan	129.7	130.4	29
邢台	Xingtai	20.0	52.5	98
保定	Baoding	45.4	59.2	87
张家口	Zhangjiakou	4.8	5.0	265
承德	Chengde	22.7	24.5	191
沧州	Cangzhou	43.0	45.2	112
廊坊	Langfang	44.5	44.9	115
衡水	Hengshui	21.3	22.3	203
山西	**Shanxi**	**281.2**	**323.1**	
太原	Taiyuan	85.2	83.2	58
大同	Datong	32.1	34.4	152
阳泉	Yangquan	15.9	17.2	228
长治	Changzhi	32.2	36.4	146
晋城	Jincheng	17.4	26.6	180
朔州	Shuozhou	39.3	31.0	161
晋中	Jinzhong	21.3	25.6	183
运城	Yuncheng			
忻州	Xinzhou	9.8		
临汾	Linfen	28.0	27.5	177
吕梁	Lvliang			
内蒙古	**Inner Mongolia**	**354.1**	**427.5**	
呼和浩特	Hohhot	61.9		
包头	Baotou	98.5	92.8	49
乌海	Wuhai	22.6	24.0	193
赤峰	Chifeng	34.5	37.3	140
通辽	Tongliao	30.9	34.2	155
鄂尔多斯	Erdos	51.2	49.5	104
呼伦贝尔	Hulunbuir	35.3	37.0	142
巴彦淖尔	Bayannur	13.9	14.2	243
乌兰察布	Ulanqab	5.5		
辽宁	**Liaoning**	**614.0**	**522.2**	
沈阳	Shenyang	159.4	163.1	19
大连	Dalian	95.7	93.2	48
鞍山	Anshan	22.4	23.5	197
抚顺	Fushun	36.3	34.3	154
本溪	Benxi	20.4	24.8	189
丹东	Dandong	21.2	21.0	211
锦州	Jinzhou	70.4	33.4	157
营口	Yingkou	57.5	59.2	88
阜新	Fuxin	24.3	22.7	199
辽阳	Liaoyang	16.6	17.6	224
盘锦	Panjin	24.6	18.3	220
铁岭	Tieling	18.7	24.6	190
朝阳	Chaoyang	21.9	23.8	195
葫芦岛	Huludao	24.7	24.1	192
吉林	**Jilin**	**440.5**	**439.9**	
长春	Changchun	177.7	155.4	20
吉林	Jilin	81.1	55.0	94
四平	Siping	39.4	37.4	139
辽源	Liaoyuan	23.5	25.2	188
通化	Tonghua	35.5	30.0	163
白山	Baishan	28.9	15.9	235
松原	Songyuan	35.2	46.3	110
白城	Baicheng	19.2	21.3	210
黑龙江	**Heilongjiang**	**243.6**	**313.4**	
哈尔滨	Harbin	115.7	115.9	35
齐齐哈尔	Qiqihar			
鸡西	Jixi	1.5	1.4	268
鹤岗	Hegang	9.3		
双鸭山	Shuangyashan	15.5	17.2	227
大庆	Daqing		45.1	114
伊春	Yichun	15.4	10.9	250
佳木斯	Jiamusi	22.2	22.5	202
七台河	Qitaihe			
牡丹江	Mudanjiang	37.1	29.3	170
黑河	Heihe			
绥化	Suihua	26.8	35.0	151
上海	**Shanghai**	**586.9**	**641.2**	
江苏	**Jiangsu**	**1969.4**	**2296.5**	

2-2 城镇私营和个体从业人员 续表 1

Employed Persons in Private Enterprises and Self-Employed Individuals in Urban Areas continued 1

单位：万人 (10 000 persons)

地名	City	2015	2016	2016 排名 Ranking
南京	Nanjing	320.0	428.9	4
无锡	Wuxi	239.5	272.0	10
徐州	Xuzhou	112.6	134.7	28
常州	Changzhou	197.5	213.0	14
苏州	Suzhou	391.3	440.5	3
南通	Nantong	96.9	109.1	39
连云港	Lianyungang	44.8	65.3	80
淮安	Huaian	76.3	86.0	57
盐城	Yancheng	99.5	114.6	36
扬州	Yangzhou	125.3	135.1	27
镇江	Zhenjiang	79.8	92.4	50
泰州	Taizhou	105.1	116.9	34
宿迁	Suqian	80.8	97.2	45
浙江	**Zhejiang**	**1426.5**	**1605.9**	
杭州	Hangzhou	24.7	182.7	17
宁波	Ningbo	191.8	215.5	13
温州	Wenzhou	241.2	381.3	6
嘉兴	Jiaxing	76.6	92.1	52
湖州	Huzhou	67.9	71.4	69
绍兴	Shaoxing	127.0	140.8	23
金华	Jinhua	270.2	301.2	8
衢州	Quzhou	43.4	49.2	105
舟山	Zhoushan	14.0	16.2	233
台州	Taizhou	100.2	97.4	44
丽水	Lishui	47.4	54.0	96
安徽	**Anhui**	**726.9**	**879.8**	
合肥	Hefei	170.4	168.9	18
芜湖	Wuhu	54.6	63.2	83
蚌埠	Bengbu	35.8		
淮南	Huainan	17.4	25.9	182
马鞍山	Maanshan	41.3	41.8	122
淮北	Huaibei	38.1	40.1	130
铜陵	Tongling	13.7	21.0	212
安庆	Anqing	33.2		
黄山	Huangshan	22.5	25.3	186
滁州	Chuzhou	73.5	66.2	78
阜阳	Fuyang	86.7	105.6	42
宿州	Suzhou	45.5	40.2	128
六安	Liuan	28.7	28.7	172
亳州	Bozhou	26.7	52.0	99
池州	Chizhou		27.2	178
宣城	Xuancheng	38.9	51.0	101
福建	**Fujian**	**673.3**	**846.6**	
福州	Fuzhou	122.8	146.6	22
厦门	Xiamen	171.8	213.0	15
莆田	Putian	59.3	72.2	68
三明	Sanming	40.7	47.9	107
泉州	Quanzhou	120.6	137.3	25
漳州	Zhangzhou	36.9	44.3	117
南平	Nanping	38.5	46.3	111
龙岩	Longyan	35.1	42.8	121
宁德	Ningde	47.6	63.9	81
江西	**Jiangxi**	**552.0**	**547.5**	
南昌	Nanchang	75.1	81.7	59
景德镇	Jingdezhen	18.2	25.6	185
萍乡	Pingxiang	41.5	40.9	125
九江	Jiujiang	54.0	61.2	85
新余	Xinyu	20.9	21.8	207
鹰潭	Yingtan	18.2	15.1	237
赣州	Ganzhou	76.2	57.1	89
吉安	Jian	70.3	69.0	74
宜春	Yichun	59.6	90.7	53
抚州	Fuzhou	71.9	69.6	72
上饶	Shangrao	46.2	71.2	70
山东	**Shandong**	**1568.4**	**915.4**	
济南	Jinan	159.8	190.6	16
青岛	Qingdao	271.5	304.7	7
淄博	Zibo	50.0	43.9	118
枣庄	Zaozhuang	37.2	40.4	127
东营	Dongying	23.6	23.9	194
烟台	Yantai	99.0	106.9	40
潍坊	Weifang	542.6	588.2	1
济宁	Jining	38.4	39.4	132
泰安	Taian	87.5	92.2	51
威海	Weihai	31.9	33.1	159
日照	Rizhao	15.2	14.7	239
莱芜	Laiwu	14.0	16.4	232
临沂	Linyi	62.5	63.5	82
德州	Dezhou	32.2	29.1	171
聊城	Liaocheng	27.4	27.6	176

2-2 城镇私营和个体从业人员 续表 2

Employed Persons in Private Enterprises and Self-Employed Individuals in Urban Areas continued 2

单位：万人 (10 000 persons)

地名	City	2015	2016	2016 排名 Ranking	地名	City	2015	2016	2016 排名 Ranking
滨州	Binzhou	30.8	36.0	149	常德	Changde	115.6	120.1	32
菏泽	Heze	45.0	48.6	106	张家界	Zhangjiajie	8.8	9.8	256
河南	**Henan**	**786.2**	**880.4**		益阳	Yiyang			
郑州	Zhengzhou	122.3	154.2	21	郴州	Chenzhou	55.5	60.3	86
开封	Kaifeng	48.6	44.8	116	永州	Yongzhou	29.6	46.4	109
洛阳	Luoyang	81.0	89.1	55	怀化	Huaihua	44.9	69.7	71
平顶山	Pingdingshan	25.3	34.3	153	娄底	Loudi	22.0	22.0	205
安阳	Anyang	46.0	50.8	102	**广东**	**Guangdong**	**1812.4**	**3071.3**	
鹤壁	Hebi	15.8	19.1	216	广州	Guangzhou	372.9	386.9	5
新乡	Xinxiang	38.8	79.0	63	韶关	Shaoguan	34.8	28.1	174
焦作	Jiaozuo	45.6	47.6	108	深圳	Shenzhen	446.2	470.1	2
濮阳	Puyang	32.2	36.8	145	珠海	Zhuhai	27.6	29.3	168
许昌	Xuchang	34.2	43.0	120	汕头	Shantou			
漯河	Luohe	28.4	17.7	223	佛山	Foshan	136.8	117.3	33
三门峡	Sanmenxia	14.4	20.7	213	江门	Jiangmen	76.1	80.9	61
南阳	Nanyang	55.3	69.1	73	湛江	Zhanjiang			
商丘	Shangqiu	61.4	65.4	79	茂名	Maoming	29.0		
信阳	Xinyang	41.0	35.4	150	肇庆	Zhaoqing		36.4	147
周口	Zhoukou	49.9	51.9	100	惠州	Huizhou	120.6	121.6	31
驻马店	Zhumadian	46.2	28.3	173	梅州	Meizhou	16.4	17.5	226
湖北	**Hubei**	**800.2**	**829.6**		汕尾	Shanwei	24.9	50.6	103
武汉	Wuhan	237.3	224.1	12	河源	Heyuan	35.8	38.3	135
黄石	Huangshi	36.3	36.1	148	阳江	Yangjiang	24.0	29.6	166
十堰	Shiyan	65.7	66.3	77	清远	Qingyuan	33.8	38.0	137
宜昌	Yichang	168.9	93.9	47	东莞	Dongguan	242.0	244.0	11
襄阳	Xiangyang	34.5	36.9	143	中山	Zhongshan	101.6	102.7	43
鄂州	Ezhou	10.9	11.1	249	潮州	Chaozhou	14.4	25.3	187
荆门	Jingmen	37.3	38.0	136	揭阳	Jieyang	53.9	54.4	95
孝感	Xiaogan	70.3	72.3	67	云浮	Yunfu	21.7	22.2	204
荆州	Jingzhou	42.0	113.5	38	**广西**	**Guangxi**	**439.8**	**499.8**	
黄冈	Huanggang	17.7	18.9	217	南宁	Nanning	89.6	114.1	37
咸宁	Xianning	25.1	39.0	133	柳州	Liuzhou	70.0	72.9	66
随州	Suizhou	54.4	31.9	160	桂林	Guilin	49.9	56.1	91
湖南	**Hunan**	**743.8**	**468.5**		梧州	Wuzhou	22.7	23.3	198
长沙	Changsha	104.9	128.1	30	北海	Beihai	29.8	29.8	165
株洲	Zhuzhou	74.3	73.2	65	防城港	Fangchenggang	12.9	11.4	248
湘潭	Xiangtan	13.1	17.0	230	钦州	Qinzhou	8.9	5.1	264
衡阳	Hengyang	102.7	106.2	41	贵港	Guigang	24.4	30.0	164
邵阳	Shaoyang	86.3	90.3	54	玉林	Yulin	26.2	26.0	181
岳阳	Yueyang	86.1	86.1	56	百色	Baise	24.4	27.7	175

2-2 城镇私营和个体从业人员 续表 3

Employed Persons in Private Enterprises and Self-Employed Individuals in Urban Areas continued 3

单位：万人 (10 000 persons)

地名	City	2015	2016	2016 排名 Ranking
贺州	Hezhou	19.6	12.6	247
河池	Hechi	22.2	21.7	208
来宾	Laibin	24.1	27.1	179
崇左	Chongzuo	14.8	17.1	229
海南	**Hainan**	**106.1**	**139.3**	
海口	Haikou	80.6	76.4	64
三亚	Sanya	20.6	19.8	214
三沙	Sansha			
重庆	**Chongqing**	**564.6**	**824.8**	
四川	**Sichuan**	**1000.3**	**1135.1**	
成都	Chengdu	238.9	281.8	9
自贡	Zigong	30.5	38.9	134
攀枝花	Panzhihua	19.0	18.7	218
泸州	Luzhou	37.8	43.2	119
德阳	Deyang	31.0	33.2	158
绵阳	Mianyang		55.8	92
广元	Guangyuan	26.5	21.9	206
遂宁	Suining	19.4	18.4	219
内江	Neijiang	34.6	37.2	141
乐山	Leshan	23.2	22.6	201
南充	Nanchong	66.2	68.8	75
眉山	Meishan	55.3	55.6	93
宜宾	Yibin	49.2	45.1	113
广安	Guangan	270.3		
达州	Dazhou	53.5	56.7	90
雅安	Yaan	4.7	4.3	266
巴中	Bazhong	24.4	17.8	222
资阳	Ziyang	15.9	14.9	238
贵州	**Guizhou**	**190.2**	**193.9**	
贵阳	Guiyang	43.9	37.7	138
六盘水	Liupanshui	14.5	40.2	129
遵义	Zunyi	20.1	21.5	209
安顺	Anshun	19.5	17.6	225
毕节	Bijie	54.7	53.2	97
铜仁	Tongren	37.6	41.6	123
云南	**Yunnan**	**259.9**	**311.2**	
昆明	Kunming	65.3	138.2	24
曲靖	Qujing	72.8	81.5	60
玉溪	Yuxi	34.0	34.0	156
保山	Baoshan	11.6	9.9	255
昭通	Zhaotong	20.3	29.3	169
丽江	Lijiang	7.4	16.6	231
普洱	Puer	24.9	30.3	162
临沧	Lincang	23.6	25.6	184
西藏	**Tibet**	**14.8**	**84.9**	
拉萨	Lasa	14.8	19.1	215
陕西	**Shaanxi**	**347.2**	**440.7**	
西安	Xi'an	129.3	135.9	26
铜川	Tongchuan	7.7	8.5	259
宝鸡	Baoji	40.6	40.7	126
咸阳	Xianyang	18.0	16.2	234
渭南	Weinan	14.5	14.6	241
延安	Yan'an	29.5	29.5	167
汉中	Hanzhong	59.6	68.7	76
榆林	Yulin	14.0	13.9	244
安康	Ankang	24.9	15.5	236
商洛	Shangluo	9.1	14.7	240
甘肃	**Gansu**	**199.7**	**225.0**	
兰州	Lanzhou	74.8	80.4	62
嘉峪关	Jiayuguan	4.9	5.7	263
金昌	Jinchang	9.3	9.9	254
白银	Baiyin	5.3	5.8	262
天水	Tianshui	13.8	14.5	242
武威	Wuwei		22.7	200
张掖	Zhangye	9.6	9.6	257
平凉	Pingliang	21.3	23.8	196
酒泉	Jiuquan	10.3	10.8	251
庆阳	Qingyang	12.8	13.8	246
定西	Dingxi	33.3	36.9	144
陇南	Longnan	4.3	4.3	267
青海	**Qinghai**	**35.4**	**67.6**	
西宁	Xining	30.6	39.7	131
海东	Haidong	4.9	13.9	245
宁夏	**Ningxia**	**76.4**	**107.0**	
银川	Yinchuan	41.5	41.1	124
石嘴山	Shizuishan	9.9	10.5	252
吴忠	Wuzhong	13.4	10.0	253
固原	Guyuan	7.3	7.8	260
中卫	Zhongwei	4.3	6.3	261
新疆	**Xinjiang**	**98.6**	**297.3**	
乌鲁木齐	Urumqi	89.9	95.5	46
克拉玛依	Karamay	8.7	9.5	258

2-3 城镇单位第一产业就业人员
Employed Persons in Primary Industry

单位：万人 (10 000 persons)

地名	City	2010	2015	2016	2016 排名 Ranking	地名	City	2010	2015	2016	2016 排名 Ranking
全国	**Nation Total**	**375.70**	**271.97**	**263.20**		沈阳	Shenyang	0.99	0.30	0.30	105
北京	**Beijing**	**3.23**	**3.89**	**3.69**		大连	Dalian	0.97	0.41	0.59	65
天津	**Tianjin**	**0.71**	**0.53**	**0.85**		鞍山	Anshan	0.74	0.30	0.29	108
河北	**Hebei**	**6.63**	**4.17**	**3.90**		抚顺	Fushun	0.55	0.44	0.40	84
石家庄	Shijiazhuang	0.41	0.20	0.20	140	本溪	Benxi	0.19	0.08	0.08	199
唐山	Tangshan	3.03	1.97	1.77	24	丹东	Dandong	0.30	0.54	0.50	72
秦皇岛	Qinhuangdao	0.20	0.07	0.04	249	锦州	Jinzhou	1.46	0.99	0.87	43
邯郸	Handan	0.25	0.17	0.16	152	营口	Yingkou	0.11	0.06	0.10	189
邢台	Xingtai	0.16	0.07	0.06	220	阜新	Fuxin	0.44	0.32	0.37	92
保定	Baoding	0.28	0.12	0.10	183	辽阳	Liaoyang	0.42	0.29	0.28	112
张家口	Zhangjiakou	0.55	0.44	0.45	80	盘锦	Panjin	18.75	16.56	16.54	1
承德	Chengde	0.52	0.32	0.31	101	铁岭	Tieling	2.02	1.68	1.68	26
沧州	Cangzhou	0.94	0.61	0.60	63	朝阳	Chaoyang	0.61	0.22	0.18	147
廊坊	Langfang	0.16	0.08	0.08	203	葫芦岛	Huludao	0.42	0.28	0.49	74
衡水	Hengshui	0.13	0.11	0.11	173	**吉林**	**Jilin**	**16.70**	**10.04**	**12.50**	
山西	**Shanxi**	**3.23**	**1.82**	**1.70**		长春	Changchun	1.33	1.24	1.19	35
太原	Taiyuan	0.33	0.18	0.17	149	吉林	Jilin	1.64	0.99	0.99	42
大同	Datong	0.21	0.13	0.12	169	四平	Siping	1.03	0.80	0.79	50
阳泉	Yangquan	0.04	0.03	0.03	259	辽源	Liaoyuan	0.36	0.25	0.25	123
长治	Changzhi	0.31	0.14	0.14	164	通化	Tonghua	0.62	0.44	0.43	82
晋城	Jincheng	0.15	0.13	0.13	167	白山	Baishan	2.20	1.96	1.90	21
朔州	Shuozhou	0.87	0.22	0.21	133	松原	Songyuan	2.42	2.05	2.03	18
晋中	Jinzhong	0.18	0.12	0.11	174	白城	Baicheng	3.40	2.29	2.23	15
运城	Yuncheng	0.30	0.21	0.20	137	**黑龙江**	**Heilongjiang**	**92.90**	**57.38**	**66.80**	
忻州	Xinzhou	0.33	0.27	0.24	128	哈尔滨	Harbin	5.50	4.55	3.55	11
临汾	Linfen	0.42	0.32	0.32	100	齐齐哈尔	Qiqihar	7.65	6.88	4.54	9
吕梁	Lvliang	0.09	0.07	0.07	218	鸡西	Jixi	6.70	7.48	6.27	5
内蒙古	**Inner Mongolia**	**26.70**	**20.01**	**22.90**		鹤岗	Hegang	8.55	5.37	5.24	7
呼和浩特	Hohhot	0.36	0.34	0.33	97	双鸭山	Shuangyashan	14.61	0.60	0.66	56
包头	Baotou	0.31	0.26	0.26	117	大庆	Daqing	0.34	0.34	0.30	106
乌海	Wuhai	0.05	0.02	0.02	273	伊春	Yichun	10.23	9.33	9.22	4
赤峰	Chifeng	1.95	1.53	1.50	29	佳木斯	Jiamusi	9.56	2.12	2.00	19
通辽	Tongliao	5.82	5.50	5.51	6	七台河	Qitaihe	0.55	0.44	0.43	81
鄂尔多斯	Erdos	0.47	0.27	0.29	110	牡丹江	Mudanjiang	5.00	3.98	3.91	10
呼伦贝尔	Hulunbuir	11.27	9.92	11.70	2	黑河	Heihe	16.30	14.99	2.45	13
巴彦淖尔	Bayannur	2.24	1.92	1.86	22	绥化	Suihua	1.28	1.29	1.06	41
乌兰察布	Ulanqab	0.36	0.25	0.24	127	**上海**	**Shanghai**	**1.54**	**5.85**	**2.50**	
辽宁	**Liaoning**	**27.97**	**22.47**	**22.70**		**江苏**	**Jiangsu**	**9.92**	**5.83**	**5.60**	

2-3 城镇单位第一产业就业人员 续表 1

Employed Persons in Primary Industry continued 1

单位：万人 (10 000 persons)

地名	City	2010	2015	2016	2016 排名 Ranking	地名	City	2010	2015	2016	2016 排名 Ranking
南京	Nanjing	0.41	0.17	0.16	153	池州	Chizhou	0.13	0.09	0.08	200
无锡	Wuxi	0.24	0.16	0.14	162	宣城	Xuancheng	0.29	0.21	0.21	134
徐州	Xuzhou	1.86	1.38	1.36	32	**福建**	**Fujian**	**6.69**	**4.52**	**4.30**	
常州	Changzhou	0.12	0.06	0.05	239	福州	Fuzhou	0.73	0.25	0.25	124
苏州	Suzhou	0.15	0.25	0.02	271	厦门	Xiamen	0.28	0.17	0.16	154
南通	Nantong	1.13	0.57	0.54	68	莆田	Putian	0.13	0.04	0.07	216
连云港	Lianyungang	1.87	0.84	0.80	48	三明	Sanming	0.57	0.41	0.39	87
淮安	Huaian	1.13	0.55	0.51	71	泉州	Quanzhou	0.38	0.39	0.39	90
盐城	Yancheng	2.42	1.71	1.67	27	漳州	Zhangzhou	2.66	1.83	1.82	23
扬州	Yangzhou	0.09	0.06	0.03	262	南平	Nanping	1.09	0.86	0.76	51
镇江	Zhenjiang	0.15	0.08	0.08	201	龙岩	Longyan	0.52	0.39	0.36	93
泰州	Taizhou	0.24	0.19	0.18	146	宁德	Ningde	0.33	0.18	0.17	148
宿迁	Suqian	0.11	0.05	0.05	239	**江西**	**Jiangxi**	**12.09**	**4.85**	**4.50**	
浙江	**Zhejiang**	**1.44**	**1.53**	**0.40**		南昌	Nanchang	1.73	0.44	0.38	91
杭州	Hangzhou	0.15	0.10	0.09	192	景德镇	Jingdezhen	1.02	0.63	0.61	61
宁波	Ningbo	0.13	0.04	0.04	254	萍乡	Pingxiang	0.07	0.06	0.06	228
温州	Wenzhou	0.11	0.06	0.05	246	九江	Jiujiang	0.89	0.67	0.61	62
嘉兴	Jiaxing	0.09	0.05	0.05	242	新余	Xinyu	0.09	0.05	0.04	253
湖州	Huzhou	0.02	0.01	0.02	269	鹰潭	Yingtan	1.43	0.04	0.03	260
绍兴	Shaoxing	0.03	0.02	0.02	274	赣州	Ganzhou	0.76	0.69	0.57	66
金华	Jinhua	0.10	0.04	0.03	264	吉安	Jian	1.39	0.94	0.83	47
衢州	Quzhou	0.04	0.03	0.02	266	宜春	Yichun	0.78	0.52	0.51	70
舟山	Zhoushan	0.05	1.06	1.20	34	抚州	Fuzhou	0.98	0.27	0.30	104
台州	Taizhou	0.48	0.05	0.05	235	上饶	Shangrao	2.95	0.54	0.53	69
丽水	Lishui	0.24	0.05	0.05	233	**山东**	**Shandong**	**5.10**	**1.53**	**1.60**	
安徽	**Anhui**	**6.13**	**8.34**	**4.20**		济南	Jinan	0.11	0.08	0.08	202
合肥	Hefei	0.10	0.07	0.11	175	青岛	Qingdao	0.52	0.11	0.12	170
芜湖	Wuhu	0.04	0.03	0.03	261	淄博	Zibo	0.25	0.07	0.07	210
蚌埠	Bengbu	0.21	0.03	0.04	255	枣庄	Zaozhuang	0.40	0.04	0.04	258
淮南	Huainan	0.32	0.58	0.57	67	东营	Dongying	0.59	0.05	0.01	278
马鞍山	Maanshan	0.03	0.07	0.08	208	烟台	Yantai	0.34	0.06	0.06	224
淮北	Huaibei					潍坊	Weifang	0.34	0.10	0.09	193
铜陵	Tongling	0.38	0.34	0.34	96	济宁	Jining	0.18	0.15	0.14	163
安庆	Anqing	1.69	1.46	1.45	30	泰安	Taian	0.26	0.24	0.24	125
黄山	Huangshan	0.10	0.09	0.10	181	威海	Weihai	0.15	0.06	0.07	219
滁州	Chuzhou	0.85	0.65	0.65	58	日照	Rizhao	0.11	0.06	0.06	227
阜阳	Fuyang	0.31	0.20	0.19	144	莱芜	Laiwu				
宿州	Suzhou	0.58	2.30	2.10	16	临沂	Linyi	0.70	0.24	0.23	129
六安	Liuan	0.84	2.20	2.08	17	德州	Dezhou	0.52	0.08	0.08	206
亳州	Bozhou	0.05	0.02	0.02	272	聊城	Liaocheng	0.12	0.06	0.05	247

2-3 城镇单位第一产业就业人员 续表 2
Employed Persons in Primary Industry continued 2

单位：万人 (10 000 persons)

地名	City	2010	2015	2016	2016 排名 Ranking
滨州	Binzhou	0.09	0.01	0.01	280
菏泽	Heze	0.42	0.13	0.09	190
河南	**Henan**	**7.10**	**2.73**	**2.10**	
郑州	Zhengzhou	0.23	0.16	0.25	122
开封	Kaifeng	0.73	0.14	0.06	230
洛阳	Luoyang	0.21	0.10	0.10	182
平顶山	Pingdingshan	0.12	0.03	0.04	248
安阳	Anyang	0.13	0.07	0.06	221
鹤壁	Hebi	0.12	0.02	0.01	279
新乡	Xinxiang	0.63	0.05	0.05	243
焦作	Jiaozuo	0.57	0.01	0.05	231
濮阳	Puyang	0.05	0.02	0.01	276
许昌	Xuchang	0.06		0.00	282
漯河	Luohe	0.04		0.00	281
三门峡	Sanmenxia	0.14	0.09	0.07	213
南阳	Nanyang	1.16	0.72	0.48	78
商丘	Shangqiu	0.28	0.06	0.05	232
信阳	Xinyang	0.88	0.32	0.10	188
周口	Zhoukou	1.10	0.41	0.39	86
驻马店	Zhumadian	0.52	0.52	0.48	77
湖北	**Hubei**	**13.80**	**8.71**	**10.30**	
武汉	Wuhan	0.79	0.36	0.35	94
黄石	Huangshi	0.44	0.13	0.11	177
十堰	Shiyan	0.36	0.71	0.72	52
宜昌	Yichang	0.28	0.38	0.39	89
襄阳	Xiangyang	0.60	1.93	1.75	25
鄂州	Ezhou	0.03	0.01	0.02	267
荆门	Jingmen	1.08	0.69	0.69	54
孝感	Xiaogan	1.72	0.76	0.84	45
荆州	Jingzhou	3.97	1.49	1.41	31
黄冈	Huanggang	0.83	2.14	2.26	14
咸宁	Xianning	0.39	0.04	0.05	244
随州	Suizhou	0.06	0.06	0.06	222
湖南	**Hunan**	**5.30**	**2.46**	**2.10**	
长沙	Changsha	0.05	0.11	0.10	185
株洲	Zhuzhou	0.10	0.04	0.04	251
湘潭	Xiangtan		0.13	0.32	99
衡阳	Hengyang	0.03	0.06	0.08	207
邵阳	Shaoyang	0.56	0.36	0.30	102
岳阳	Yueyang	3.23	0.63	0.63	59
常德	Changde	0.10	0.06	0.05	238
张家界	Zhangjiajie	0.07	0.07	0.05	241
益阳	Yiyang	0.15	0.11	0.07	214
郴州	Chenzhou	0.10	0.22	0.17	150
永州	Yongzhou	0.54	0.32	0.28	111
怀化	Huaihua	0.40	0.15	0.14	165
娄底	Loudi	0.41	0.19	0.15	157
广东	**Guangdong**	**8.81**	**5.30**	**4.80**	
广州	Guangzhou	0.60	0.13	0.14	161
韶关	Shaoguan	0.46	0.17	0.17	151
深圳	Shenzhen	0.27	0.07	0.05	244
珠海	Zhuhai	0.74	0.68	0.69	55
汕头	Shantou	0.04	0.05	0.06	226
佛山	Foshan	0.04	0.02	0.02	270
江门	Jiangmen	0.11	0.05	0.05	234
湛江	Zhanjiang	2.34	1.75	1.54	28
茂名	Maoming	1.19	0.79	0.80	49
肇庆	Zhaoqing	0.14	0.09	0.09	195
惠州	Huizhou	0.11	0.09	0.09	194
梅州	Meizhou	0.11	0.06	0.07	211
汕尾	Shanwei	1.02	0.40	0.10	184
河源	Heyuan	0.13	0.09	0.08	204
阳江	Yangjiang	0.57	0.40	0.39	88
清远	Qingyuan	0.21	0.14	0.10	179
东莞	Dongguan	0.07	0.03	0.03	263
中山	Zhongshan				
潮州	Chaozhou	0.02	0.02	0.01	275
揭阳	Jieyang	0.57	0.21	0.20	137
云浮	Yunfu	0.07	0.61	0.06	223
广西	**Guangxi**	**10.77**	**8.14**	**7.80**	
南宁	Nanning	1.54	1.26	1.13	38
柳州	Liuzhou	0.79	0.45	0.46	79
桂林	Guilin	0.64	0.49	0.49	73
梧州	Wuzhou	0.23	0.04	0.04	252
北海	Beihai	0.52	0.54	0.48	75
防城港	Fangchenggang	1.23	1.19	1.16	36
钦州	Qinzhou	0.54	0.30	0.30	103
贵港	Guigang	0.21	0.11	0.10	186
玉林	Yulin	1.14	0.73	0.71	53
百色	Baise	0.48	0.31	0.30	107

2-3 城镇单位第一产业就业人员 续表 3

Employed Persons in Primary Industry continued 3

单位：万人 (10 000 persons)

地名	City	2010	2015	2016	2016 排名 Ranking	地名	City	2010	2015	2016	2016 排名 Ranking
贺州	Hezhou	0.34	0.15	0.15	155	丽江	Lijiang	0.40	0.06	0.06	229
河池	Hechi	0.59	0.34	0.32	98	普洱	Puer	1.37	0.15	0.10	187
来宾	Laibin	0.91	0.90	0.85	44	临沧	Lincang	1.12	1.01	1.09	39
崇左	Chongzuo	1.61	1.34	1.27	33	**西藏**	**Tibet**	**0.90**	**8.93**	**0.30**	
海南	**Hainan**	**12.30**	**29.67**	**7.60**		拉萨	Lasa	0.90	8.93	9.27	3
海口	Haikou	0.13	5.31	4.56	8	**陕西**	**Shaanxi**	**4.40**	**2.19**	**2.40**	
三亚	Sanya	0.08	0.42	0.41	83	西安	Xi'an	0.39	0.21	0.23	130
三沙	Sansha					铜川	Tongchuan	0.06	0.02	0.02	268
重庆	**Chongqing**	**1.90**	**35.02**	**1.10**		宝鸡	Baoji	0.50	0.29	0.28	114
四川	**Sichuan**	**5.00**	**4.62**	**2.80**		咸阳	Xianyang	0.38	0.22	0.19	143
成都	Chengdu	0.23	2.55	3.29	12	渭南	Weinan	1.06	0.56	0.62	60
自贡	Zigong	0.06	0.06	0.06	225	延安	Yan'an	0.45	0.26	0.24	126
攀枝花	Panzhihua	0.12	0.27	0.26	116	汉中	Hanzhong	0.43	0.12	0.15	159
泸州	Luzhou	0.21	0.13	0.10	180	榆林	Yulin	0.62	0.27	0.40	85
德阳	Deyang	0.07	0.04	0.04	257	安康	Ankang	0.13	0.06	0.05	237
绵阳	Mianyang	0.16	0.09	0.09	198	商洛	Shangluo	0.28	0.18	0.20	139
广元	Guangyuan	0.10	0.04	0.04	250	**甘肃**	**Gansu**	**5.30**	**4.94**	**5.00**	
遂宁	Suining	0.01	0.02	0.12	171	兰州	Lanzhou	0.16	0.07	0.07	212
内江	Neijiang	0.19	0.07	0.09	196	嘉峪关	Jiayuguan	0.01	0.82	0.83	46
乐山	Leshan	0.39	0.27	0.26	121	金昌	Jinchang	0.33	0.15	0.26	120
南充	Nanchong	0.26	0.13	0.11	178	白银	Baiyin	0.46	0.24	0.19	145
眉山	Meishan	0.21	0.05	0.07	209	天水	Tianshui	0.48	0.46	0.48	76
宜宾	Yibin	0.10	0.23	0.22	132	武威	Wuwei	1.12	0.27	0.27	115
广安	Guangan	0.12	0.69	0.07	215	张掖	Zhangye	1.15	1.20	1.14	37
达州	Dazhou	0.40	0.24	0.26	119	平凉	Pingliang	0.30	0.19	0.15	156
雅安	Yaan	0.16	0.08	0.08	205	酒泉	Jiuquan	0.61	0.68	0.66	57
巴中	Bazhong	0.43	0.21	0.19	141	庆阳	Qingyang	0.05	0.05	0.05	236
资阳	Ziyang	0.33	0.07	0.07	217	定西	Dingxi	0.25	0.14	0.13	168
贵州	**Guizhou**	**2.10**	**0.58**	**1.10**		陇南	Longnan	0.53	0.67	1.93	20
贵阳	Guiyang	0.30	0.15	0.14	160	**青海**	**Qinghai**	**1.70**	**0.31**	**1.40**	
六盘水	Liupanshui	0.11	0.03	0.03	265	西宁	Xining	0.14	0.11	0.11	172
遵义	Zunyi	0.13	0.09	0.11	176	海东	Haidong		0.20	0.20	135
安顺	Anshun	0.31	0.11	0.14	166	**宁夏**	**Ningxia**	**2.64**	**1.95**	**1.30**	
毕节	Bijie		0.11	0.09	197	银川	Yinchuan	1.22	1.25	0.60	64
铜仁	Tongren		0.09	0.09	191	石嘴山	Shizuishan	0.29	0.04	0.04	256
云南	**Yunnan**	**14.50**	**2.49**	**6.30**		吴忠	Wuzhong	0.42	0.21	0.28	113
昆明	Kunming	0.80	0.30	0.34	95	固原	Guyuan	0.29	0.17	0.15	158
曲靖	Qujing	0.53	0.22	0.22	131	中卫	Zhongwei	0.42	0.28	0.26	118
玉溪	Yuxi	0.29	0.23	0.20	136	**新疆**	**Xinjiang**	**58.30**	**1.17**	**48.80**	
保山	Baoshan	0.54	0.32	0.29	109	乌鲁木齐	Urumqi	1.23	1.11	1.07	40
昭通	Zhaotong	0.32	0.19	0.19	142	克拉玛依	Karamay	0.04	0.06	0.01	277

2-4 城镇单位第二产业就业人员
Employed Persons in Secondary Industry

单位：万人 (10 000 persons)

地名	City	2010	2015	2016	2016 排名 Ranking
全国	**Nation Total**	**5777.20**	**9002.08**		
北京	**Beijing**	**151.24**	**151.04**	**146.46**	
天津	**Tianjin**	**97.74**	**151.34**	**136.35**	
河北	**Hebei**	**203.90**	**265.94**		
石家庄	Shijiazhuang	31.11	35.12	33.50	68
唐山	Tangshan	43.13	42.99	40.54	56
秦皇岛	Qinhuangdao	11.17	11.59	11.06	182
邯郸	Handan	22.31	35.95	35.52	65
邢台	Xingtai	12.23	18.47	18.09	126
保定	Baoding	29.22	53.51	52.59	39
张家口	Zhangjiakou	11.93	10.70	9.80	196
承德	Chengde	8.15	8.92	9.14	203
沧州	Cangzhou	14.62	18.51	17.75	129
廊坊	Langfang	14.58	19.85	20.41	111
衡水	Hengshui	5.45	10.33	9.63	198
山西	**Shanxi**	**181.76**	**205.89**		
太原	Taiyuan	42.75	48.57	47.82	45
大同	Datong	20.64	21.06	20.58	109
阳泉	Yangquan	15.25	17.44	15.86	141
长治	Changzhi	19.70	22.54	22.00	102
晋城	Jincheng	15.44	23.20	21.96	103
朔州	Shuozhou	7.42	8.92	8.06	219
晋中	Jinzhong	17.31	15.25	14.26	155
运城	Yuncheng	12.21	12.28	11.41	179
忻州	Xinzhou	6.14	6.86	6.48	235
临汾	Linfen	12.19	13.02	12.43	169
吕梁	Lvliang	12.71	16.74	15.94	140
内蒙古	**Inner Mongolia**	**69.85**	**84.82**		
呼和浩特	Hohhot	8.83	11.61	11.43	178
包头	Baotou	16.95	21.44	20.56	110
乌海	Wuhai	6.16	5.74	5.47	247
赤峰	Chifeng	10.20	11.43	11.01	184
通辽	Tongliao	5.89	8.45	8.19	217
鄂尔多斯	Erdos	6.87	10.21	14.67	152
呼伦贝尔	Hulunbuir	8.27	9.71	10.91	186
巴彦淖尔	Bayannur	3.88	3.35	3.02	274
乌兰察布	Ulanqab	2.80	2.89	2.81	276
辽宁	**Liaoning**	**227.08**	**277.17**		
沈阳	Shenyang	41.27	65.67	54.78	35
大连	Dalian	47.57	55.04	49.59	43
鞍山	Anshan	21.23	29.04	24.01	94
抚顺	Fushun	15.39	14.41	12.71	167
本溪	Benxi	12.93	14.61	12.18	171
丹东	Dandong	8.01	10.32	9.06	208
锦州	Jinzhou	8.05	12.59	10.44	190
营口	Yingkou	7.48	10.07	9.10	206
阜新	Fuxin	7.95	8.71	5.17	249
辽阳	Liaoyang	8.38	8.07	7.35	223
盘锦	Panjin	19.72	17.81	16.13	139
铁岭	Tieling	8.71	10.14	8.69	212
朝阳	Chaoyang	9.10	8.37	7.15	226
葫芦岛	Huludao	11.29	12.30	8.99	209
吉林	**Jilin**	**88.22**	**131.42**		
长春	Changchun	37.45	60.84	58.92	29
吉林	Jilin	14.26	18.59	17.13	133
四平	Siping	7.38	5.87	5.02	252
辽源	Liaoyuan	3.78	7.06	6.95	230
通化	Tonghua	8.29	15.74	14.96	148
白山	Baishan	6.10	6.98	6.15	238
松原	Songyuan	8.45	11.88	12.13	172
白城	Baicheng	2.51	4.46	4.37	258
黑龙江	**Heilongjiang**	**152.41**	**138.44**		
哈尔滨	Harbin	49.67	44.40	41.43	52
齐齐哈尔	Qiqihar	12.75	110.05	10.10	192
鸡西	Jixi	11.52	9.25	9.10	207
鹤岗	Hegang	10.31	7.79	6.73	233
双鸭山	Shuangyashan	8.21	5.60	5.54	245
大庆	Daqing	27.34	26.29	25.87	87
伊春	Yichun	3.80	2.56	2.20	277
佳木斯	Jiamusi	4.60	4.81	3.87	264
七台河	Qitaihe	9.12	6.74	4.57	256
牡丹江	Mudanjiang	5.98	8.29	7.44	222
黑河	Heihe	2.54	3.83	1.88	279
绥化	Suihua	6.57	7.82	7.47	221
上海	**Shanghai**	**158.16**	**245.71**	**218.40**	
江苏	**Jiangsu**	**413.29**	**1036.32**		

2-4 城镇单位第二产业就业人员 续表 1

Employed Persons in Secondary Industry continued 1

单位：万人 (10 000 persons)

地名	City	2010	2015	2016	2016 排名 Ranking	地名	City	2010	2015	2016	2016 排名 Ranking
南京	Nanjing	59.59	98.82	90.68	15	池州	Chizhou	1.74	3.89	3.67	267
无锡	Wuxi	52.16	77.93	72.62	23	宣城	Xuancheng	3.87	6.24	6.11	240
徐州	Xuzhou	23.85	61.91	56.11	32	**福建**	**Fujian**	**317.60**	**409.86**		
常州	Changzhou	18.83	42.21	41.00	53	福州	Fuzhou	55.90	92.50	91.43	14
苏州	Suzhou	94.69	228.32	214.24	2	厦门	Xiamen	66.02	87.60	87.96	16
南通	Nantong	36.39	171.58	166.77	5	莆田	Putian	18.44	35.38	36.81	61
连云港	Lianyungang	13.67	22.84	22.23	101	三明	Sanming	8.69	9.43	8.65	213
淮安	Huaian	18.82	47.88	44.82	48	泉州	Quanzhou	116.37	116.94	114.77	8
盐城	Yancheng	24.37	55.84	53.69	37	漳州	Zhangzhou	22.39	32.63	32.70	70
扬州	Yangzhou	22.98	81.04	76.14	21	南平	Nanping	9.61	8.57	8.44	215
镇江	Zhenjiang	21.20	30.86	28.84	81	龙岩	Longyan	15.83	11.77	12.24	170
泰州	Taizhou	17.92	82.63	84.90	18	宁德	Ningde	4.35	15.04	14.91	149
宿迁	Suqian	8.82	34.46	31.20	76	**江西**	**Jiangxi**	**119.47**	**247.30**		
浙江	**Zhejiang**	**545.60**	**678.36**			南昌	Nanchang	32.11	77.55	78.64	19
杭州	Hangzhou	125.86	150.75	146.67	6	景德镇	Jingdezhen	8.80	9.26	8.93	211
宁波	Ningbo	92.07	104.58	92.50	13	萍乡	Pingxiang	6.85	11.52	11.71	174
温州	Wenzhou	72.51	60.66	59.27	28	九江	Jiujiang	15.44	23.12	21.17	105
嘉兴	Jiaxing	56.48	53.05	52.16	41	新余	Xinyu	5.79	9.17	9.36	201
湖州	Huzhou	25.07	32.86	32.67	71	鹰潭	Yingtan	4.36	9.55	9.42	200
绍兴	Shaoxing	85.03	112.67	111.00	9	赣州	Ganzhou	16.74	23.32	23.01	99
金华	Jinhua	26.47	62.98	61.09	27	吉安	Jian	3.87	17.98	18.03	127
衢州	Quzhou	7.50	8.98	8.63	214	宜春	Yichun	10.81	23.80	23.44	98
舟山	Zhoushan	6.63	17.94	17.95	128	抚州	Fuzhou	7.38	21.96	20.08	113
台州	Taizhou	42.80	69.48	63.09	25	上饶	Shangrao	7.32	20.11	19.50	120
丽水	Lishui	5.18	4.39	4.08	263	**山东**	**Shandong**	**514.76**	**667.27**		
安徽	**Anhui**	**159.86**	**277.72**			济南	Jinan	61.93	57.29	57.68	30
合肥	Hefei	32.93	85.14	85.99	17	青岛	Qingdao	75.61	82.80	77.45	20
芜湖	Wuhu	15.56	24.30	25.25	91	淄博	Zibo	40.53	58.51	55.06	33
蚌埠	Bengbu	5.89	12.43	12.48	168	枣庄	Zaozhuang	18.86	28.25	26.21	85
淮南	Huainan	20.90	17.73	15.57	144	东营	Dongying	22.90	27.07	26.36	84
马鞍山	Maanshan	9.68	12.84	11.91	173	烟台	Yantai	54.46	57.64	57.20	31
淮北	Huaibei	14.90	15.61	13.63	161	潍坊	Weifang	38.37	44.99	44.02	49
铜陵	Tongling	7.46	9.88	9.48	199	济宁	Jining	32.81	51.03	49.12	44
安庆	Anqing	5.63	13.72	13.92	159	泰安	Taian	34.35	44.77	40.43	57
黄山	Huangshan	2.43	3.45	3.50	270	威海	Weihai	25.21	37.23	38.56	59
滁州	Chuzhou	5.10	9.61	9.81	195	日照	Rizhao	9.54	17.14	16.56	136
阜阳	Fuyang	9.03	9.40	10.03	194	莱芜	Laiwu	9.17	11.93	11.03	183
宿州	Suzhou	7.81	25.80	25.90	86	临沂	Linyi	24.60	48.48	46.82	46
六安	Liuan	6.91	20.26	19.96	117	德州	Dezhou	17.37	25.97	25.48	90
亳州	Bozhou	4.54	7.42	7.21	225	聊城	Liaocheng	14.68	21.31	20.00	115

2-4 城镇单位第二产业就业人员 续表 2
Employed Persons in Secondary Industry continued 2

单位：万人 (10 000 persons)

地名	City	2010	2015	2016	2016 排名 Ranking	地名	City	2010	2015	2016	2016 排名 Ranking
滨州	Binzhou	24.45	34.04	31.74	74	常德	Changde	16.98	17.62	17.47	131
菏泽	Heze	9.92	18.81	18.76	122	张家界	Zhangjiajie	1.70	2.06	1.90	278
河南	**Henan**	**320.09**	**595.59**			益阳	Yiyang	8.03	10.69	11.15	181
郑州	Zhengzhou	50.39	110.21	106.07	11	郴州	Chenzhou	11.00	14.43	13.62	163
开封	Kaifeng	10.34	25.86	29.50	79	永州	Yongzhou	8.92	11.39	10.88	187
洛阳	Luoyang	23.81	38.50	36.97	60	怀化	Huaihua	5.96	6.63	6.15	239
平顶山	Pingdingshan	26.78	32.08	30.43	77	娄底	Loudi	13.12	14.25	14.85	150
安阳	Anyang	24.39	37.17	35.48	66	**广东**	**Guangdong**	**563.19**	**1145.07**		
鹤壁	Hebi	11.68	16.37	15.70	143	广州	Guangzhou	105.73	112.88	107.54	10
新乡	Xinxiang	21.48	43.28	40.79	55	韶关	Shaoguan	15.33	17.40	16.96	134
焦作	Jiaozuo	15.99	29.96	32.21	73	深圳	Shenzhen	138.71	280.59	269.05	1
濮阳	Puyang	16.49	24.98	24.62	92	珠海	Zhuhai	44.17	46.16	43.90	50
许昌	Xuchang	13.32	26.10	29.05	80	汕头	Shantou	13.27	32.92	33.19	69
漯河	Luohe	12.57	20.78	20.68	108	佛山	Foshan	29.14	125.56	126.48	7
三门峡	Sanmenxia	12.86	13.90	13.10	166	江门	Jiangmen	26.99	35.59	35.80	64
南阳	Nanyang	28.03	43.41	43.08	51	湛江	Zhanjiang	13.62	19.00	19.79	118
商丘	Shangqiu	11.61	34.62	36.39	62	茂名	Maoming	9.46	20.22	20.39	112
信阳	Xinyang	13.51	27.72	27.83	83	肇庆	Zhaoqing	12.60	23.36	22.55	100
周口	Zhoukou	12.43	34.87	35.82	63	惠州	Huizhou	60.50	64.47	67.48	24
驻马店	Zhumadian	14.41	35.79	35.29	67	梅州	Meizhou	6.88	11.85	11.00	185
湖北	**Hubei**	**306.65**	**411.72**			汕尾	Shanwei	6.46	14.46	14.32	154
武汉	Wuhan	89.04	104.68	105.31	12	河源	Heyuan	13.11	13.68	13.60	164
黄石	Huangshi	29.70	19.63	18.29	124	阳江	Yangjiang	6.49	11.12	11.49	177
十堰	Shiyan	21.50	31.40	31.72	75	清远	Qingyuan	14.77	15.35	15.82	142
宜昌	Yichang	31.27	51.55	52.13	42	东莞	Dongguan	8.82	191.87	189.77	3
襄阳	Xiangyang	22.77	50.34	52.20	40	中山	Zhongshan	17.99	63.07	61.26	26
鄂州	Ezhou	12.02	14.33	14.70	151	潮州	Chaozhou	5.04	11.14	11.50	176
荆门	Jingmen	15.94	21.12	21.16	106	揭阳	Jieyang	5.91	24.09	23.91	96
孝感	Xiaogan	35.16	46.24	46.08	47	云浮	Yunfu	8.20	10.31	10.57	189
荆州	Jingzhou	18.85	19.03	18.13	125	**广西**	**Guangxi**	**97.16**	**157.90**		
黄冈	Huanggang	18.52	37.26	39.46	58	南宁	Nanning	22.47	39.56	40.90	54
咸宁	Xianning	7.25	9.49	8.96	210	柳州	Liuzhou	16.49	34.70	32.37	72
随州	Suizhou	4.63	6.66	7.09	229	桂林	Guilin	9.07	17.65	16.64	135
湖南	**Hunan**	**215.84**	**245.21**			梧州	Wuzhou	5.19	7.74	8.14	218
长沙	Changsha	50.11	62.64	53.58	38	北海	Beihai	4.42	5.80	5.61	244
株洲	Zhuzhou	19.48	25.83	25.60	88	防城港	Fangchenggang	2.45	3.24	3.00	275
湘潭	Xiangtan	17.07	18.10	20.03	114	钦州	Qinzhou	3.81	9.14	9.65	197
衡阳	Hengyang	23.96	25.04	23.97	95	贵港	Guigang	3.59	5.22	4.73	255
邵阳	Shaoyang	12.04	14.93	14.21	156	玉林	Yulin	8.85	14.33	13.63	162
岳阳	Yueyang	27.47	21.60	19.96	116	百色	Baise	5.16	6.07	5.99	242

2-4 城镇单位第二产业就业人员 续表 3
Employed Persons in Secondary Industry continued 3

单位：万人 (10 000 persons)

地名	City	2010	2015	2016	2016 排名 Ranking
贺州	Hezhou	2.09	1.90	1.77	281
河池	Hechi	5.47	4.63	4.45	257
来宾	Laibin	3.70	4.57	3.60	268
崇左	Chongzuo	4.40	3.37	3.13	273
海南	**Hainan**	**10.88**	**15.23**		
海口	Haikou	10.08	9.47	10.09	193
三亚	Sanya	0.80	1.30	1.29	284
三沙	Sansha				
重庆	**Chongqing**	**116.69**	**429.13**	**201.53**	
四川	**Sichuan**	**248.31**	**426.60**		
成都	Chengdu	90.91	191.37	184.35	4
自贡	Zigong	7.21	9.65	9.20	202
攀枝花	Panzhihua	11.48	17.46	15.02	147
泸州	Luzhou	13.42	20.96	21.35	104
德阳	Deyang	14.10	16.44	16.31	138
绵阳	Mianyang	16.31	24.48	24.01	93
广元	Guangyuan	2.66	4.71	4.83	253
遂宁	Suining	8.02	9.99	19.79	119
内江	Neijiang	10.66	17.26	15.27	146
乐山	Leshan	16.08	14.51	11.58	175
南充	Nanchong	6.87	20.92	18.89	121
眉山	Meishan	6.43	9.20	9.13	205
宜宾	Yibin	18.41	18.05	17.16	132
广安	Guangan	2.88	4.92	4.22	260
达州	Dazhou	8.81	14.08	15.35	145
雅安	Yaan	2.87	3.61	3.52	269
巴中	Bazhong	4.93	17.10	16.43	137
资阳	Ziyang	6.26	11.91	7.92	220
贵州	**Guizhou**	**57.08**	**96.09**		
贵阳	Guiyang	34.12	53.10	53.79	36
六盘水	Liupanshui	11.31	12.48	11.21	180
遵义	Zunyi	8.30	13.44	13.38	165
安顺	Anshun	3.35	6.63	6.45	236
毕节	Bijie		6.89	6.86	231
铜仁	Tongren		3.56	3.34	271
云南	**Yunnan**	**84.00**	**121.14**		
昆明	Kunming	38.86	54.87	55.05	34
曲靖	Qujing	17.34	25.73	25.58	89
玉溪	Yuxi	8.14	13.05	13.94	158
保山	Baoshan	6.12	8.32	9.14	204
昭通	Zhaotong	4.43	5.21	5.50	246
丽江	Lijiang	2.51	2.22	1.88	279
普洱	Puer	4.53	6.75	6.57	234
临沧	Lincang	2.07	4.99	4.80	254
西藏	**Tibet**		**6.48**		
拉萨	Lasa		6.48	5.65	243
陕西	**Shaanxi**	**136.65**	**207.42**		
西安	Xi'an	57.22	78.33	75.48	22
铜川	Tongchuan	4.83	5.64	5.23	248
宝鸡	Baoji	14.50	20.91	20.75	107
咸阳	Xianyang	15.04	27.89	28.51	82
渭南	Weinan	14.43	18.59	18.52	123
延安	Yan'an	8.48	14.46	14.33	153
汉中	Hanzhong	8.97	11.29	10.42	191
榆林	Yulin	7.68	17.36	17.51	130
安康	Ankang	2.12	4.74	5.04	251
商洛	Shangluo	3.38	8.21	8.20	216
甘肃	**Gansu**	**63.97**	**95.60**		
兰州	Lanzhou	24.12	30.52	30.00	78
嘉峪关	Jiayuguan	3.68	4.36	4.12	261
金昌	Jinchang	5.10	7.73	6.77	232
白银	Baiyin	7.29	8.50	7.13	228
天水	Tianshui	6.50	6.94	7.13	227
武威	Wuwei	2.34	4.78	5.10	250
张掖	Zhangye	2.78	3.83	3.78	265
平凉	Pingliang	4.37	7.87	7.26	224
酒泉	Jiuquan	2.96	6.07	6.01	241
庆阳	Qingyang	0.68	6.79	6.30	237
定西	Dingxi	1.92	4.51	4.35	259
陇南	Longnan	2.23	3.70	3.73	266
青海	**Qinghai**	**11.52**	**16.10**		
西宁	Xining	11.52	14.25	13.79	160
海东	Haidong		1.85	1.66	282
宁夏	**Ningxia**	**23.07**	**28.60**		
银川	Yinchuan	13.95	18.75	13.98	157
石嘴山	Shizuishan	5.37	4.09	4.08	262
吴忠	Wuzhong	2.19	3.48	3.33	272
固原	Guyuan	0.54	0.79	0.81	285
中卫	Zhongwei	1.02	1.49	1.42	283
新疆	**Xinjiang**	**28.11**	**35.63**		
乌鲁木齐	Urumqi	16.46	24.30	23.81	97
克拉玛依	Karamay	11.65	11.33	10.77	188

2-5 城镇单位第三产业就业人员

Employed Persons in Tertiary Industry

单位：万人 (10 000 persons)

地名	City	2010	2015	2016	2016 排名 Ranking
全国	**Nation Total**	**8166.10**	**9284.78**		
北京	**Beijing**	**492.16**	**622.41**	**641.38**	
天津	**Tianjin**	**107.20**	**142.91**	**148.85**	
河北	**Hebei**	**309.05**	**368.55**		
石家庄	Shijiazhuang	52.63	65.00	65.85	17
唐山	Tangshan	37.86	44.48	45.76	34
秦皇岛	Qinhuangdao	18.38	21.18	21.37	119
邯郸	Handan	34.01	41.05	40.41	44
邢台	Xingtai	22.69	26.43	26.69	81
保定	Baoding	40.94	46.20	47.91	29
张家口	Zhangjiakou	21.24	26.46	26.71	80
承德	Chengde	17.05	20.70	20.17	129
沧州	Cangzhou	28.14	33.45	33.54	57
廊坊	Langfang	19.90	24.52	25.46	92
衡水	Hengshui	16.21	19.08	18.88	143
山西	**Shanxi**	**204.01**	**234.64**		
太原	Taiyuan	41.56	56.30	56.06	23
大同	Datong	21.27	19.56	19.52	138
阳泉	Yangquan	8.45	9.83	9.48	241
长治	Changzhi	17.29	20.03	20.43	125
晋城	Jincheng	11.56	13.96	13.49	196
朔州	Shuozhou	9.60	10.55	10.62	229
晋中	Jinzhong	17.57	20.28	20.67	124
运城	Yuncheng	19.54	23.49	23.61	103
忻州	Xinzhou	16.23	17.44	17.23	160
临汾	Linfen	23.02	23.83	23.73	101
吕梁	Lvliang	17.92	19.37	19.19	140
内蒙古	**Inner Mongolia**	**117.74**	**151.69**		
呼和浩特	Hohhot	22.31	29.62	29.38	66
包头	Baotou	15.33	18.52	18.04	151
乌海	Wuhai	3.31	3.74	3.82	283
赤峰	Chifeng	18.35	20.99	20.99	121
通辽	Tongliao	12.63	15.38	15.50	175
鄂尔多斯	Erdos	9.97	22.75	16.34	170
呼伦贝尔	Hulunbuir	15.89	18.18	20.39	127
巴彦淖尔	Bayannur	8.49	9.66	9.76	238
乌兰察布	Ulanqab	11.46	12.85	12.72	203
辽宁	**Liaoning**	**257.76**	**312.77**		

地名	City	2010	2015	2016	2016 排名 Ranking
沈阳	Shenyang	68.16	80.78	74.19	14
大连	Dalian	45.66	58.23	57.57	22
鞍山	Anshan	19.00	26.62	23.60	104
抚顺	Fushun	10.82	12.60	11.85	215
本溪	Benxi	10.09	12.95	10.51	232
丹东	Dandong	12.91	14.92	13.43	199
锦州	Jinzhou	14.62	18.12	17.96	152
营口	Yingkou	12.03	14.31	16.46	167
阜新	Fuxin	9.15	10.22	9.72	239
辽阳	Liaoyang	7.81	9.00	8.14	256
盘锦	Panjin	10.90	12.07	11.54	219
铁岭	Tieling	11.40	12.66	12.47	205
朝阳	Chaoyang	14.29	18.07	17.01	162
葫芦岛	Huludao	10.92	12.21	12.20	210
吉林	**Jilin**	**131.88**	**149.91**		
长春	Changchun	54.03	63.98	65.76	18
吉林	Jilin	17.35	20.44	20.90	122
四平	Siping	12.73	13.14	13.44	198
辽源	Liaoyuan	4.69	5.44	5.51	276
通化	Tonghua	10.96	11.88	12.07	211
白山	Baishan	8.90	8.89	8.97	246
松原	Songyuan	10.62	12.12	12.23	209
白城	Baicheng	12.60	14.02	14.14	189
黑龙江	**Heilongjiang**	**214.62**	**221.96**		
哈尔滨	Harbin	80.00	84.36	85.43	10
齐齐哈尔	Qiqihar	21.57	22.81	23.00	108
鸡西	Jixi	9.44	11.54	10.40	233
鹤岗	Hegang	7.03	6.72	6.88	267
双鸭山	Shuangyashan	9.99	7.53	8.76	247
大庆	Daqing	24.21	25.39	25.51	90
伊春	Yichun	4.18	5.51	5.56	275
佳木斯	Jiamusi	13.47	11.08	10.76	228
七台河	Qitaihe	3.76	3.99	3.93	282
牡丹江	Mudanjiang	12.77	14.20	14.05	191
黑河	Heihe	10.62	11.83	7.71	260
绥化	Suihua	17.58	17.01	18.21	150
上海	**Shanghai**	**233.17**	**471.33**	**406.90**	
江苏	**Jiangsu**	**340.54**	**505.72**		

2-5 城镇单位第三产业就业人员 续表 1
Employed Persons in Tertiary Industry continued 1

单位：万人 (10 000 persons)

地名	City	2010	2015	2016	2016 排名 Ranking	地名	City	2010	2015	2016	2016 排名 Ranking
南京	Nanjing	65.64	114.11	114.35	6	池州	Chizhou	5.23	6.74	6.99	266
无锡	Wuxi	30.55	40.70	40.58	43	宣城	Xuancheng	8.18	9.59	9.97	237
徐州	Xuzhou	36.11	41.69	42.35	38	**福建**	**Fujian**	**179.73**	**245.01**		
常州	Changzhou	19.21	27.62	27.45	76	福州	Fuzhou	48.84	63.53	65.15	19
苏州	Suzhou	36.03	75.58	74.43	13	厦门	Xiamen	29.03	49.00	51.03	27
南通	Nantong	25.59	37.67	38.03	47	莆田	Putian	10.21	14.27	15.09	178
连云港	Lianyungang	18.46	23.99	24.45	96	三明	Sanming	12.26	14.68	14.97	179
淮安	Huaian	19.33	24.09	23.42	106	泉州	Quanzhou	25.42	33.23	34.43	54
盐城	Yancheng	25.12	31.67	32.07	60	漳州	Zhangzhou	15.06	20.71	21.48	117
扬州	Yangzhou	17.02	27.33	25.96	85	南平	Nanping	12.84	15.39	15.50	176
镇江	Zhenjiang	15.91	19.56	19.05	142	龙岩	Longyan	14.20	18.41	18.76	146
泰州	Taizhou	18.99	24.35	24.92	94	宁德	Ningde	11.87	15.79	16.43	168
宿迁	Suqian	12.58	17.34	17.33	159	**江西**	**Jiangxi**	**163.71**	**217.04**		
浙江	**Zhejiang**	**332.21**	**433.03**			南昌	Nanchang	33.99	47.07	46.97	32
杭州	Hangzhou	106.70	137.71	143.38	4	景德镇	Jingdezhen	7.62	9.61	9.70	240
宁波	Ningbo	47.99	62.20	59.32	21	萍乡	Pingxiang	7.19	9.03	9.24	243
温州	Wenzhou	35.30	45.85	45.29	36	九江	Jiujiang	17.62	23.03	21.75	116
嘉兴	Jiaxing	23.84	27.80	28.33	73	新余	Xinyu	4.19	5.05	5.03	279
湖州	Huzhou	12.82	17.18	17.54	157	鹰潭	Yingtan	4.30	5.95	5.27	278
绍兴	Shaoxing	22.07	25.93	25.81	87	赣州	Ganzhou	24.93	33.87	34.14	55
金华	Jinhua	25.93	31.40	31.54	61	吉安	Jian	14.89	19.39	18.46	148
衢州	Quzhou	9.56	11.75	12.03	212	宜春	Yichun	16.48	21.63	21.89	115
舟山	Zhoushan	10.12	27.60	27.84	74	抚州	Fuzhou	12.81	16.73	17.34	158
台州	Taizhou	26.50	31.58	31.00	62	上饶	Shangrao	19.69	25.68	23.36	107
丽水	Lishui	11.39	14.03	14.30	184	**山东**	**Shandong**	**434.21**	**553.71**		
安徽	**Anhui**	**206.93**	**362.14**			济南	Jinan	65.76	74.53	78.14	12
合肥	Hefei	38.07	58.66	61.92	20	青岛	Qingdao	47.98	67.20	67.84	15
芜湖	Wuhu	11.11	20.13	20.40	126	淄博	Zibo	22.10	28.55	28.87	68
蚌埠	Bengbu	11.15	14.48	14.83	180	枣庄	Zaozhuang	16.52	19.03	18.65	147
淮南	Huainan	11.48	14.69	14.27	185	东营	Dongying	16.61	16.73	16.83	165
马鞍山	Maanshan	5.71	10.22	10.28	234	烟台	Yantai	35.66	47.50	46.20	33
淮北	Huaibei	5.94	7.60	7.84	259	潍坊	Weifang	35.28	41.93	41.64	40
铜陵	Tongling	3.83	7.04	7.26	265	济宁	Jining	30.25	36.68	35.96	50
安庆	Anqing	16.92	18.26	18.77	145	泰安	Taian	21.71	28.17	28.62	69
黄山	Huangshan	6.88	7.79	7.97	258	威海	Weihai	14.58	20.32	20.05	131
滁州	Chuzhou	11.90	13.49	14.00	192	日照	Rizhao	11.05	13.80	14.44	183
阜阳	Fuyang	19.77	22.68	23.46	105	莱芜	Laiwu	4.77	5.99	5.76	273
宿州	Suzhou	13.66	48.40	49.50	28	临沂	Linyi	30.82	45.16	45.35	35
六安	Liuan	14.42	86.41	87.01	9	德州	Dezhou	20.66	30.29	29.93	64
亳州	Bozhou	11.48	15.94	16.32	171	聊城	Liaocheng	20.57	26.26	27.25	77

2-5 城镇单位第三产业就业人员 续表 2
Employed Persons in Tertiary Industry continued 2

单位：万人 (10 000 persons)

地名	City	2010	2015	2016	2016 排名 Ranking	地名	City	2010	2015	2016	2016 排名 Ranking
滨州	Binzhou	13.02	18.50	18.86	144	常德	Changde	19.73	23.67	24.22	97
菏泽	Heze	26.87	33.06	33.36	58	张家界	Zhangjiajie	6.16	6.54	6.69	268
河南	**Henan**	**403.33**	**501.12**			益阳	Yiyang	15.89	15.75	15.71	173
郑州	Zhengzhou	57.88	88.20	94.54	8	郴州	Chenzhou	17.85	21.27	22.13	111
开封	Kaifeng	22.03	22.95	24.19	99	永州	Yongzhou	19.81	20.59	21.45	118
洛阳	Luoyang	29.90	36.18	38.32	46	怀化	Huaihua	19.26	19.64	20.03	132
平顶山	Pingdingshan	21.55	23.76	24.52	95	娄底	Loudi	13.24	14.69	14.73	181
安阳	Anyang	18.94	21.71	21.95	114	**广东**	**Guangdong**	**546.52**	**787.06**		
鹤壁	Hebi	6.01	7.08	7.58	263	广州	Guangzhou	140.04	207.31	217.55	2
新乡	Xinxiang	23.58	25.27	25.50	91	韶关	Shaoguan	14.82	16.38	16.39	169
焦作	Jiaozuo	15.73	20.36	21.98	113	深圳	Shenzhen	114.04	179.31	187.13	3
濮阳	Puyang	14.88	15.88	16.85	164	珠海	Zhuhai	18.24	27.44	28.53	70
许昌	Xuchang	15.29	19.10	19.74	134	汕头	Shantou	18.97	21.75	24.21	98
漯河	Luohe	10.48	12.40	13.07	201	佛山	Foshan	26.89	44.46	45.22	37
三门峡	Sanmenxia	11.22	13.37	11.89	214	江门	Jiangmen	17.75	22.64	23.68	102
南阳	Nanyang	41.29	51.81	51.13	26	湛江	Zhanjiang	24.72	30.28	30.98	63
商丘	Shangqiu	27.83	35.52	40.64	42	茂名	Maoming	20.29	24.65	25.28	93
信阳	Xinyang	28.80	35.07	35.24	53	肇庆	Zhaoqing	14.84	19.33	19.71	135
周口	Zhoukou	31.69	35.13	36.28	49	惠州	Huizhou	19.78	27.30	28.52	71
驻马店	Zhumadian	26.23	37.33	35.81	51	梅州	Meizhou	16.47	17.41	17.85	154
湖北	**Hubei**	**272.54**	**361.27**			汕尾	Shanwei	8.24	9.16	9.34	242
武汉	Wuhan	88.63	102.24	107.60	7	河源	Heyuan	11.44	13.31	14.22	187
黄石	Huangshi	13.71	12.32	12.34	207	阳江	Yangjiang	11.18	12.10	12.38	206
十堰	Shiyan	21.40	31.98	33.87	56	清远	Qingyuan	12.62	16.00	16.63	166
宜昌	Yichang	24.18	41.51	41.74	39	东莞	Dongguan	14.31	40.38	41.45	41
襄阳	Xiangyang	23.16	46.95	47.05	31	中山	Zhongshan	11.05	19.86	19.69	136
鄂州	Ezhou	6.17	7.21	7.37	264	潮州	Chaozhou	7.39	8.63	8.66	249
荆门	Jingmen	14.42	16.88	17.64	156	揭阳	Jieyang	14.23	17.52	17.22	161
孝感	Xiaogan	22.83	34.51	35.68	52	云浮	Yunfu	9.21	11.84	11.17	225
荆州	Jingzhou	19.90	22.26	22.87	110	**广西**	**Guangxi**	**195.98**	**232.97**		
黄冈	Huanggang	19.97	24.38	25.82	86	南宁	Nanning	46.54	55.14	55.42	24
咸宁	Xianning	11.94	13.77	13.97	193	柳州	Liuzhou	20.71	26.51	25.64	88
随州	Suizhou	6.23	7.26	7.69	261	桂林	Guilin	21.88	26.24	25.58	89
湖南	**Hunan**	**273.68**	**313.89**			梧州	Wuzhou	10.17	11.60	11.76	218
长沙	Changsha	60.40	67.71	67.26	16	北海	Beihai	6.95	8.35	8.45	250
株洲	Zhuzhou	15.95	20.61	20.00	133	防城港	Fangchenggang	5.23	6.41	5.57	274
湘潭	Xiangtan	12.50	25.41	26.90	79	钦州	Qinzhou	9.37	11.39	11.83	216
衡阳	Hengyang	27.70	28.94	29.47	65	贵港	Guigang	11.51	13.39	13.61	195
邵阳	Shaoyang	20.87	22.94	22.92	109	玉林	Yulin	17.31	19.51	19.60	137
岳阳	Yueyang	24.32	26.12	26.32	82	百色	Baise	12.52	15.43	15.90	172

2-5 城镇单位第三产业就业人员 续表 3
Employed Persons in Tertiary Industry continued 3

单位：万人 (10 000 persons)

地名	City	2010	2015	2016	2016 排名 Ranking
贺州	Hezhou	6.41	7.87	8.27	253
河池	Hechi	12.18	13.84	14.14	188
来宾	Laibin	7.24	8.33	8.30	252
崇左	Chongzuo	7.96	8.99	9.09	245
海南	**Hainan**	**28.93**	**57.20**		
海口	Haikou	22.88	34.38	36.76	48
三亚	Sanya	6.05	10.92	11.41	221
三沙	Sansha				
重庆	**Chongqing**	**130.35**	**522.72**	**210.25**	
四川	**Sichuan**	**271.23**	**595.40**		
成都	Chengdu	80.91	342.14	365.09	1
自贡	Zigong	9.27	11.26	11.03	227
攀枝花	Panzhihua	5.58	12.74	12.73	202
泸州	Luzhou	12.10	16.86	16.98	163
德阳	Deyang	11.57	15.66	15.41	177
绵阳	Mianyang	18.09	26.69	28.51	72
广元	Guangyuan	11.46	12.05	12.00	213
遂宁	Suining	8.14	10.13	13.27	200
内江	Neijiang	9.51	12.49	12.69	204
乐山	Leshan	12.37	14.49	14.69	182
南充	Nanchong	18.81	25.82	26.17	83
眉山	Meishan	8.63	11.10	11.39	222
宜宾	Yibin	15.01	17.93	17.94	153
广安	Guangan	8.40	10.78	11.23	224
达州	Dazhou	16.06	20.18	22.00	112
雅安	Yaan	6.76	7.43	7.69	262
巴中	Bazhong	9.08	13.60	13.48	197
资阳	Ziyang	9.48	14.06	10.20	236
贵州	**Guizhou**	**75.14**	**144.49**		
贵阳	Guiyang	35.92	50.77	51.81	25
六盘水	Liupanshui	8.19	11.58	11.81	217
遵义	Zunyi	21.91	28.88	29.17	67
安顺	Anshun	9.12	11.56	12.31	208
毕节	Bijie		24.83	25.97	84
铜仁	Tongren		16.86	17.64	155
云南	**Yunnan**	**126.77**	**168.32**		
昆明	Kunming	59.30	77.66	78.20	11
曲靖	Qujing	15.34	21.29	21.06	120
玉溪	Yuxi	10.39	13.73	14.11	190
保山	Baoshan	7.55	10.26	10.60	230
昭通	Zhaotong	13.36	17.69	18.44	149
丽江	Lijiang	5.81	8.55	8.36	251
普洱	Puer	8.19	10.35	10.52	231
临沧	Lincang	6.83	8.79	9.12	244
西藏	**Tibet**		**29.27**		
拉萨	Lasa		29.27	32.82	59
陕西	**Shaanxi**	**215.17**	**286.51**		
西安	Xi'an	82.76	119.92	123.49	5
铜川	Tongchuan	4.94	6.36	6.24	269
宝鸡	Baoji	16.65	19.81	20.10	130
咸阳	Xianyang	21.68	26.72	27.12	78
渭南	Weinan	21.84	27.25	27.66	75
延安	Yan'an	14.16	18.90	19.08	141
汉中	Hanzhong	15.61	18.91	19.40	139
榆林	Yulin	17.61	24.06	24.15	100
安康	Ankang	10.62	13.26	13.68	194
商洛	Shangluo	9.30	11.32	11.42	220
甘肃	**Gansu**	**102.60**	**13.44**		
兰州	Lanzhou	27.08	36.59	38.50	45
嘉峪关	Jiayuguan	1.32	2.11	2.81	285
金昌	Jinchang	2.01	3.19	3.19	284
白银	Baiyin	7.59	9.18	8.71	248
天水	Tianshui	11.94	15.38	15.62	174
武威	Wuwei	6.43	7.84	8.03	257
张掖	Zhangye	6.34	8.19	8.25	255
平凉	Pingliang	8.26	10.15	10.24	235
酒泉	Jiuquan	6.00	7.72	8.25	254
庆阳	Qingyang	8.66	11.17	11.34	223
定西	Dingxi	8.46	10.87	11.09	226
陇南	Longnan	8.51	11.95	14.25	186
青海	**Qinghai**	**16.99**	**25.14**		
西宁	Xining	16.99	19.81	20.30	128
海东	Haidong		5.34	5.50	277
宁夏	**Ningxia**	**32.13**	**80.15**		
银川	Yinchuan	14.91	58.72	20.89	123
石嘴山	Shizuishan	3.87	5.00	4.75	281
吴忠	Wuzhong	4.93	5.96	5.97	270
固原	Guyuan	4.78	5.69	5.84	272
中卫	Zhongwei	3.64	4.78	4.78	280
新疆	**Xinjiang**	**33.55**	**52.11**		
乌鲁木齐	Urumqi	29.48	46.02	47.79	30
克拉玛依	Karamay	4.07	6.09	5.94	271

2-6 在岗职工平均人数

Average Number of Employed Staff and Workers

单位：万人　　　　（10 000 persons）

地名	City	2015	2016	2016 排名 Ranking
全国	**Nation Total**	**16149.53**		
北京	**Beijing**	**727.40**	**729.00**	
天津	**Tianjin**	**246.36**	**247.00**	
河北	**Hebei**	**588.60**		
石家庄	Shijiazhuang	96.09	91.00	38
唐山	Tangshan	80.56	78.00	47
秦皇岛	Qinhuangdao	32.07	31.00	149
邯郸	Handan	71.56	70.00	54
邢台	Xingtai	41.93	42.00	101
保定	Baoding	86.26	91.00	38
张家口	Zhangjiakou	35.61	35.00	130
承德	Chengde	27.99	27.00	166
沧州	Cangzhou	48.08	47.00	85
廊坊	Langfang	41.29	42.00	101
衡水	Hengshui	27.16	27.00	166
山西	**Shanxi**	**420.98**		
太原	Taiyuan	102.94	100.00	29
大同	Datong	37.65	38.00	120
阳泉	Yangquan	25.89	25.00	177
长治	Changzhi	41.62	40.00	111
晋城	Jincheng	34.69	34.00	136
朔州	Shuozhou	19.37	18.00	213
晋中	Jinzhong	31.51	31.00	149
运城	Yuncheng	35.44	32.00	144
忻州	Xinzhou	23.19	23.00	185
临汾	Linfen	35.02	35.00	130
吕梁	Lvliang	33.66	33.00	139
内蒙古	**Inner Mongolia**	**252.76**		
呼和浩特	Hohhot	41.50	42.00	101
包头	Baotou	38.36	37.00	123
乌海	Wuhai	10.56	9.00	272
赤峰	Chifeng	33.67	33.00	139
通辽	Tongliao	29.10	29.00	158
鄂尔多斯	Erdos	27.34	31.00	149
呼伦贝尔	Hulunbuir	41.95	37.00	123
巴彦淖尔	Bayannur	14.78	14.00	248
乌兰察布	Ulanqab	15.50	15.00	236
辽宁	**Liaoning**	**587.52**		
沈阳	Shenyang	136.64	120.00	23
大连	Dalian	108.24	101.00	27
鞍山	Anshan	55.06	46.00	87
抚顺	Fushun	27.57	25.00	177
本溪	Benxi	25.14	23.00	185
丹东	Dandong	24.15	21.00	196
锦州	Jinzhou	30.66	29.00	158
营口	Yingkou	24.19	26.00	173
阜新	Fuxin	18.10	15.00	236
辽阳	Liaoyang	17.63	16.00	228
盘锦	Panjin	45.16	42.00	101
铁岭	Tieling	24.13	22.00	190
朝阳	Chaoyang	27.53	24.00	181
葫芦岛	Huludao	23.32	20.00	204
吉林	**Jilin**	**283.60**		
长春	Changchun	123.46	121.00	22
吉林	Jilin	41.04	39.00	116
四平	Siping	19.07	18.00	213
辽源	Liaoyuan	12.41	12.00	258
通化	Tonghua	27.37	26.00	173
白山	Baishan	15.88	15.00	236
松原	Songyuan	25.10	25.00	177
白城	Baicheng	19.22	19.00	207
黑龙江	**Heilongjiang**	**368.57**		
哈尔滨	Harbin	125.68	122.00	21
齐齐哈尔	Qiqihar	36.27	35.00	130
鸡西	Jixi	21.50	14.00	248
鹤岗	Hegang	13.60	11.00	263
双鸭山	Shuangyashan	14.22	11.00	263
大庆	Daqing	52.68	52.00	75
伊春	Yichun	15.90	15.00	236
佳木斯	Jiamusi	18.19	16.00	228
七台河	Qitaihe	11.20	9.00	272
牡丹江	Mudanjiang	23.20	21.00	196
黑河	Heihe	11.50	11.00	263
绥化	Suihua	24.63	24.00	181
上海	**Shanghai**	**681.94**	**592.00**	
江苏	**Jiangsu**	**1450.36**		

2-6 在岗职工平均人数 续表 1
Average Number of Employed Staff and Workers continued 1

单位：万人 （10 000 persons）

地名	City	2015	2016	2016 排名 Ranking	地名	City	2015	2016	2016 排名 Ranking
南京	Nanjing	198.86	191.00	8	池州	Chizhou	11.00	10.00	269
无锡	Wuxi	111.35	95.00	32	宣城	Xuancheng	14.17	14.00	248
徐州	Xuzhou	85.47	92.00	35	**福建**	**Fujian**	**584.90**		
常州	Changzhou	67.14	56.00	67	福州	Fuzhou	138.41	139.00	14
苏州	Suzhou	300.44	279.00	3	厦门	Xiamen	115.33	132.00	17
南通	Nantong	195.85	143.00	12	莆田	Putian	44.19	46.00	87
连云港	Lianyungang	43.16	44.00	94	三明	Sanming	21.20	21.00	196
淮安	Huaian	72.46	62.00	62	泉州	Quanzhou	145.41	143.00	12
盐城	Yancheng	80.47	73.00	51	漳州	Zhangzhou	44.46	46.00	87
扬州	Yangzhou	101.84	97.00	30	南平	Nanping	20.64	22.00	190
镇江	Zhenjiang	47.57	45.00	92	龙岩	Longyan	27.83	28.00	162
泰州	Taizhou	97.28	97.00	30	宁德	Ningde	27.43	27.00	166
宿迁	Suqian	48.47	43.00	97	**江西**	**Jiangxi**	**424.29**		
浙江	**Zhejiang**	**929.37**			南昌	Nanchang	106.22	105.00	26
杭州	Hangzhou	264.75	266.00	4	景德镇	Jingdezhen	18.22	18.00	213
宁波	Ningbo	143.15	129.00	19	萍乡	Pingxiang	19.60	19.00	207
温州	Wenzhou	92.27	92.00	35	九江	Jiujiang	42.85	40.00	111
嘉兴	Jiaxing	70.59	70.00	54	新余	Xinyu	13.37	14.00	248
湖州	Huzhou	42.25	44.00	94	鹰潭	Yingtan	14.86	15.00	236
绍兴	Shaoxing	122.19	133.00	16	赣州	Ganzhou	54.94	55.00	70
金华	Jinhua	53.26	52.00	75	吉安	Jian	33.96	35.00	130
衢州	Quzhou	16.95	17.00	220	宜春	Yichun	43.38	43.00	97
舟山	Zhoushan	17.19	17.00	220	抚州	Fuzhou	35.03	36.00	129
台州	Taizhou	89.20	84.00	42	上饶	Shangrao	41.86	38.00	120
丽水	Lishui	17.57	17.00	220	**山东**	**Shandong**	**1162.97**		
安徽	**Anhui**	**471.08**			济南	Jinan	123.37	124.00	20
合肥	Hefei	127.23	130.00	18	青岛	Qingdao	143.00	138.00	15
芜湖	Wuhu	41.86	42.00	101	淄博	Zibo	83.97	80.00	44
蚌埠	Bengbu	20.64	21.00	196	枣庄	Zaozhuang	45.85	43.00	97
淮南	Huainan	31.03	31.00	149	东营	Dongying	42.53	41.00	108
马鞍山	Maanshan	21.79	21.00	196	烟台	Yantai	103.91	101.00	27
淮北	Huaibei	23.93	22.00	190	潍坊	Weifang	77.41	79.00	46
铜陵	Tongling	15.94	16.00	228	济宁	Jining	76.02	77.00	50
安庆	Anqing	28.39	39.00	116	泰安	Taian	70.64	65.00	60
黄山	Huangshan	10.30	11.00	263	威海	Weihai	57.37	58.00	64
滁州	Chuzhou	23.74	23.00	185	日照	Rizhao	29.32	30.00	157
阜阳	Fuyang	32.28	33.00	139	莱芜	Laiwu	17.39	16.00	228
宿州	Suzhou	27.68	28.00	162	临沂	Linyi	93.69	84.00	42
六安	Liuan	20.40	18.00	213	德州	Dezhou	54.42	53.00	73
亳州	Bozhou	20.70	21.00	196	聊城	Liaocheng	44.18	44.00	94

2-6 在岗职工平均人数 续表 2

Average Number of Employed Staff and Workers continued 2

单位：万人 （10 000 persons）

地名	City	2015	2016	2016 排名 Ranking	地名	City	2015	2016	2016 排名 Ranking
滨州	Binzhou	50.33	48.00	83	常德	Changde	38.54	41.00	108
菏泽	Heze	49.57	50.00	79	张家界	Zhangjiajie	8.65	5.00	284
河南	**Henan**	**1015.72**			益阳	Yiyang	22.14	23.00	185
郑州	Zhengzhou	185.28	187.00	10	郴州	Chenzhou	32.44	32.00	144
开封	Kaifeng	38.08	47.00	85	永州	Yongzhou	29.51	29.00	158
洛阳	Luoyang	70.08	71.00	53	怀化	Huaihua	23.74	24.00	181
平顶山	Pingdingshan	53.69	52.00	75	娄底	Loudi	27.37	28.00	162
安阳	Anyang	54.19	52.00	75	**广东**	**Guangdong**	**1886.86**		
鹤壁	Hebi	23.41	22.00	190	广州	Guangzhou	306.45	311.00	2
新乡	Xinxiang	59.82	58.00	64	韶关	Shaoguan	32.12	32.00	144
焦作	Jiaozuo	46.11	50.00	79	深圳	Shenzhen	452.00	445.00	1
濮阳	Puyang	38.03	38.00	120	珠海	Zhuhai	69.05	67.00	57
许昌	Xuchang	43.77	46.00	87	汕头	Shantou	51.87	55.00	70
漯河	Luohe	32.03	32.00	144	佛山	Foshan	168.84	170.00	11
三门峡	Sanmenxia	26.31	24.00	181	江门	Jiangmen	56.12	56.00	67
南阳	Nanyang	94.52	89.00	40	湛江	Zhanjiang	48.89	48.00	83
商丘	Shangqiu	61.41	67.00	57	茂名	Maoming	42.88	43.00	97
信阳	Xinyang	58.51	58.00	64	肇庆	Zhaoqing	41.46	41.00	108
周口	Zhoukou	66.54	70.00	54	惠州	Huizhou	89.52	92.00	35
驻马店	Zhumadian	63.94	65.00	60	梅州	Meizhou	28.18	28.00	162
湖北	**Hubei**	**732.32**			汕尾	Shanwei	23.30	23.00	185
武汉	Wuhan	195.03	198.00	7	河源	Heyuan	26.47	27.00	166
黄石	Huangshi	45.96	46.00	87	阳江	Yangjiang	22.37	22.00	190
十堰	Shiyan	58.95	61.00	63	清远	Qingyuan	31.04	31.00	149
宜昌	Yichang	92.94	94.00	33	东莞	Dongguan	231.26	228.00	6
襄阳	Xiangyang	58.29	56.00	67	中山	Zhongshan	83.20	80.00	44
鄂州	Ezhou	20.90	22.00	190	潮州	Chaozhou	19.69	19.00	207
荆门	Jingmen	37.74	37.00	123	揭阳	Jieyang	40.73	40.00	111
孝感	Xiaogan	76.29	78.00	47	云浮	Yunfu	21.42	21.00	196
荆州	Jingzhou	37.22	37.00	123	**广西**	**Guangxi**	**327.69**		
黄冈	Huanggang	61.24	72.00	52	南宁	Nanning	72.78	88.00	41
咸宁	Xianning	34.19	34.00	136	柳州	Liuzhou	39.65	53.00	73
随州	Suizhou	13.59	13.00	253	桂林	Guilin	40.22	39.00	116
湖南	**Hunan**	**496.82**			梧州	Wuzhou	17.09	18.00	213
长沙	Changsha	123.34	113.00	25	北海	Beihai	12.13	12.00	258
株洲	Zhuzhou	42.45	42.00	101	防城港	Fangchenggang	7.50	8.00	278
湘潭	Xiangtan	26.70	26.00	173	钦州	Qinzhou	19.17	20.00	204
衡阳	Hengyang	50.21	49.00	81	贵港	Guigang	16.70	16.00	228
邵阳	Shaoyang	31.46	31.00	149	玉林	Yulin	32.12	31.00	149
岳阳	Yueyang	40.27	42.00	101	百色	Baise	21.32	21.00	196

2-6 在岗职工平均人数 续表 3

Average Number of Employed Staff and Workers continued 3

单位：万人 （10 000 persons）

地名	City	2015	2016	2016 排名 Ranking	地名	City	2015	2016	2016 排名 Ranking
贺州	Hezhou	8.91	9.00	272	丽江	Lijiang	9.14	9.00	272
河池	Hechi	16.68	16.00	228	普洱	Puer	15.46	15.00	236
来宾	Laibin	11.04	11.00	263	临沧	Lincang	12.65	13.00	253
崇左	Chongzuo	12.38	12.00	258	**西藏**	**Tibet**	**11.92**		
海南	**Hainan**	**64.69**			拉萨	Lasa	11.92	12.00	258
海口	Haikou	49.13	49.00	81	**陕西**	**Shaanxi**	**457.50**		
三亚	Sanya	11.92	12.00	258	西安	Xi'an	190.31	188.00	9
三沙	Sansha				铜川	Tongchuan	10.41	10.00	269
重庆	**Chongqing**	**382.32**	**375.00**		宝鸡	Baoji	37.33	37.00	123
四川	**Sichuan**	**674.21**			咸阳	Xianyang	54.49	55.00	70
成都	Chengdu	246.68	247.00	5	渭南	Weinan	42.26	40.00	111
自贡	Zigong	17.14	15.00	236	延安	Yan'an	27.09	27.00	166
攀枝花	Panzhihua	19.20	18.00	213	汉中	Hanzhong	26.97	26.00	173
泸州	Luzhou	35.24	35.00	130	榆林	Yulin	35.24	35.00	130
德阳	Deyang	30.78	27.00	166	安康	Ankang	16.35	19.00	207
绵阳	Mianyang	46.43	45.00	92	商洛	Shangluo	17.05	17.00	220
广元	Guangyuan	14.77	15.00	236	**甘肃**	**Gansu**	**206.93**		
遂宁	Suining	17.32	17.00	220	兰州	Lanzhou	58.46	66.00	59
内江	Neijiang	26.19	40.00	111	嘉峪关	Jiayuguan	4.82	6.00	281
乐山	Leshan	24.03	27.00	166	金昌	Jinchang	9.43	9.00	272
南充	Nanchong	43.85	39.00	116	白银	Baiyin	16.31	16.00	228
眉山	Meishan	18.51	34.00	136	天水	Tianshui	18.87	19.00	207
宜宾	Yibin	33.36	33.00	139	武威	Wuwei	12.15	13.00	253
广安	Guangan	15.80	13.00	253	张掖	Zhangye	11.30	11.00	263
达州	Dazhou	28.73	29.00	158	平凉	Pingliang	16.92	17.00	220
雅安	Yaan	9.96	10.00	269	酒泉	Jiuquan	12.80	13.00	253
巴中	Bazhong	20.14	19.00	207	庆阳	Qingyang	16.69	16.00	228
资阳	Ziyang	26.08	15.00	236	定西	Dingxi	15.05	15.00	236
贵州	**Guizhou**	**214.62**			陇南	Longnan	14.13	14.00	248
贵阳	Guiyang	93.34	94.00	33	**青海**	**Qinghai**	**38.54**		
六盘水	Liupanshui	20.48	20.00	204	西宁	Xining	31.52	32.00	144
遵义	Zunyi	38.76	37.00	123	海东	Haidong	7.02	7.00	280
安顺	Anshun	16.07	17.00	220	**宁夏**	**Ningxia**	**63.97**		
毕节	Bijie	29.57	31.00	149	银川	Yinchuan	35.05	33.00	139
铜仁	Tongren	16.40	17.00	220	石嘴山	Shizuishan	8.51	8.00	278
云南	**Yunnan**	**299.59**			吴忠	Wuzhong	8.83	9.00	272
昆明	Kunming	116.94	117.00	24	固原	Guyuan	5.78	6.00	281
曲靖	Qujing	42.30			中卫	Zhongwei	5.80	6.00	281
玉溪	Yuxi	65.00	25.00	177	**新疆**	**Xinjiang**	**95.13**		
保山	Baoshan	17.73	18.00	213	乌鲁木齐	Urumqi	79.65	78.00	47
昭通	Zhaotong	20.37	15.00	236	克拉玛依	Karamay	15.48	15.00	236

2-7 在岗职工工资总额

Total Wage of Employed Staff and Workers

单位：万人 （10 000 persons）

地名	City	2015	2016	2016 排名 Ranking
全国	**Nation Total**	**101040.49**		
北京	**Beijing**	**8225.22**		
天津	**Tianjin**	**2074.02**		
河北	**Hebei**	**3034.12**		
石家庄	Shijiazhuang	523.11	555.46	40
唐山	Tangshan	452.17	476.93	50
秦皇岛	Qinhuangdao	174.93	191.92	137
邯郸	Handan	333.10	356.36	61
邢台	Xingtai	196.82	210.96	118
保定	Baoding	435.44	495.36	47
张家口	Zhangjiakou	174.11	180.91	144
承德	Chengde	137.37	144.29	172
沧州	Cangzhou	263.37	274.59	85
廊坊	Langfang	267.22	303.63	74
衡水	Hengshui	76.48	133.49	183
山西	**Shanxi**	**2217.03**		
太原	Taiyuan	622.96	645.96	34
大同	Datong	221.17	208.81	119
阳泉	Yangquan	120.63	119.45	199
长治	Changzhi	205.89	203.00	128
晋城	Jincheng	189.82	186.98	140
朔州	Shuozhou	100.74	943.30	16
晋中	Jinzhong	161.31	165.51	157
运城	Yuncheng	153.79	159.73	164
忻州	Xinzhou	104.08	109.32	208
临汾	Linfen	158.65	164.38	160
吕梁	Lvliang	178.01	180.04	147
内蒙古	**Inner Mongolia**	**1409.18**		
呼和浩特	Hohhot	222.75	234.24	105
包头	Baotou	228.28	237.32	103
乌海	Wuhai	51.81	55.29	271
赤峰	Chifeng	186.43	197.20	132
通辽	Tongliao	154.52	164.94	159
鄂尔多斯	Erdos	200.61	233.04	106
呼伦贝尔	Hulunbuir	201.36	215.02	116
巴彦淖尔	Bayannur	75.73	80.59	247
乌兰察布	Ulanqab	87.69	98.64	220
辽宁	**Liaoning**	**3128.67**		
沈阳	Shenyang	844.83	806.04	24
大连	Dalian	751.04	743.51	28
鞍山	Anshan	240.33	219.75	114
抚顺	Fushun	138.46	129.59	190
本溪	Benxi	110.17	104.90	212
丹东	Dandong	86.44	83.20	246
锦州	Jinzhou	145.37	141.98	175
营口	Yingkou	118.48	123.35	195
阜新	Fuxin	83.16	74.65	254
辽阳	Liaoyang	89.43	86.03	244
盘锦	Panjin	187.78	181.64	142
铁岭	Tieling	102.49	97.40	224
朝阳	Chaoyang	121.00	112.70	205
葫芦岛	Huludao	109.70	99.80	219
吉林	**Jilin**	**1505.28**		
长春	Changchun	771.83	830.16	21
吉林	Jilin	202.06	207.95	121
四平	Siping	87.64	92.61	233
辽源	Liaoyuan	54.45	58.02	267
通化	Tonghua	121.53	124.55	194
白山	Baishan	70.72	71.29	256
松原	Songyuan	121.16	126.63	193
白城	Baicheng	75.89	84.46	245
黑龙江	**Heilongjiang**	**1876.02**		
哈尔滨	Harbin	734.02	765.85	27
齐齐哈尔	Qiqihar	170.52	193.56	135
鸡西	Jixi	79.85	68.80	259
鹤岗	Hegang	49.72	52.99	275
双鸭山	Shuangyashan	54.44	59.86	265
大庆	Daqing	352.13	355.76	62
伊春	Yichun	56.60	56.93	269
佳木斯	Jiamusi	77.84	80.46	249
七台河	Qitaihe	46.24	44.99	280
牡丹江	Mudanjiang	109.99	113.34	203
黑河	Heihe	46.00	55.20	272
绥化	Suihua	98.66	111.23	206
上海	**Shanghai**	**6885.31**		
江苏	**Jiangsu**	**9749.22**		

2-7 在岗职工工资总额 续表 1
Total Wage of Employed Staff and Workers continued 1

单位：万人 （10 000 persons）

地名	City	2015	2016	2016 排名 Ranking	地名	City	2015	2016	2016 排名 Ranking
南京	Nanjing	1612.27	1723.14	6	池州	Chizhou	52.64	53.44	274
无锡	Wuxi	846.51	803.34	25	宣城	Xuancheng	84.68	90.90	235
徐州	Xuzhou	473.32	526.69	42	**福建**	**Fujian**	**3463.08**		
常州	Changzhou	475.70	457.61	51	福州	Fuzhou	864.73	937.85	17
苏州	Suzhou	2171.87	2230.43	4	厦门	Xiamen	762.97	906.83	19
南通	Nantong	1303.10	1022.78	14	莆田	Putian	230.43	261.30	90
连云港	Lianyungang	268.29	267.70	87	三明	Sanming	125.37	134.16	182
淮安	Huaian	400.20	371.77	58	泉州	Quanzhou	785.83	816.92	22
盐城	Yancheng	430.05	427.70	55	漳州	Zhangzhou	253.09	283.69	82
扬州	Yangzhou	650.67	654.28	31	南平	Nanping	131.04	131.86	187
镇江	Zhenjiang	301.42	311.61	70	龙岩	Longyan	154.26	167.76	153
泰州	Taizhou	562.99	594.20	38	宁德	Ningde	155.35	167.66	154
宿迁	Suqian	252.84	242.76	100	**江西**	**Jiangxi**	**2187.37**		
浙江	**Zhejiang**	**6440.14**			南昌	Nanchang	613.23	694.03	30
杭州	Hangzhou	2060.20	2318.46	3	景德镇	Jingdezhen	83.46	88.30	240
宁波	Ningbo	1073.49	1140.13	12	萍乡	Pingxiang	94.29	101.14	215
温州	Wenzhou	594.32	643.03	35	九江	Jiujiang	218.81	226.73	112
嘉兴	Jiaxing	477.82	516.58	43	新余	Xinyu	69.84	75.29	253
湖州	Huzhou	258.60	285.34	80	鹰潭	Yingtan	85.28	87.66	243
绍兴	Shaoxing	717.60	815.51	23	赣州	Ganzhou	276.43	300.33	75
金华	Jinhua	355.73	382.32	57	吉安	Jian	164.05	180.75	145
衢州	Quzhou	127.88	143.72	174	宜春	Yichun	197.41	213.84	117
舟山	Zhoushan	128.41	137.88	178	抚州	Fuzhou	173.54	188.77	138
台州	Taizhou	510.41	544.33	41	上饶	Shangrao	211.02	205.22	126
丽水	Lishui	135.68	145.02	171	**山东**	**Shandong**	**6698.75**		
安徽	**Anhui**	**2692.13**			济南	Jinan	851.23	956.02	15
合肥	Hefei	837.24	922.06	18	青岛	Qingdao	993.01	1055.21	13
芜湖	Wuhu	240.17	257.79	91	淄博	Zibo	476.80	494.09	48
蚌埠	Bengbu	131.21	118.01	201	枣庄	Zaozhuang	227.74	232.81	107
淮南	Huainan	184.41	180.51	146	东营	Dongying	286.92	305.22	71
马鞍山	Maanshan	130.94	135.97	181	烟台	Yantai	622.47	650.18	33
淮北	Huaibei	122.27	105.99	211	潍坊	Weifang	442.37	486.49	49
铜陵	Tongling	90.14	96.25	227	济宁	Jining	414.83	444.08	52
安庆	Anqing	141.40	160.00	163	泰安	Taian	368.36	360.28	60
黄山	Huangshan	57.13	62.39	264	威海	Weihai	306.90	335.40	64
滁州	Chuzhou	133.72	141.66	176	日照	Rizhao	160.47	175.83	150
阜阳	Fuyang	156.82	173.84	151	莱芜	Laiwu	86.43	90.16	236
宿州	Suzhou	126.40	137.34	180	临沂	Linyi	485.54	502.38	46
六安	Liuan	104.79	108.05	209	德州	Dezhou	264.42	289.36	78
亳州	Bozhou	98.17	104.31	214	聊城	Liaocheng	216.80	242.62	101

2-7 在岗职工工资总额 续表 2

Total Wage of Employed Staff and Workers continued 2

单位：万人 （10 000 persons）

地名	City	2015	2016	2016 排名 Ranking	地名	City	2015	2016	2016 排名 Ranking
滨州	Binzhou	271.10	284.18	81	常德	Changde	187.50	206.35	123
菏泽	Heze	223.35	255.10	93	张家界	Zhangjiajie	40.08	30.93	284
河南	**Henan**	**4470.02**			益阳	Yiyang	108.03	129.24	191
郑州	Zhengzhou	981.74	1144.64	10	郴州	Chenzhou	159.25	176.83	148
开封	Kaifeng	166.64	245.12	97	永州	Yongzhou	131.49	153.30	167
洛阳	Luoyang	325.97	362.54	59	怀化	Huaihua	117.32	130.54	188
平顶山	Pingdingshan	241.83	243.53	98	娄底	Loudi	120.39	137.40	179
安阳	Anyang	224.66	239.52	102	**广东**	**Guangdong**	**12445.19**		
鹤壁	Hebi	81.00	91.54	234	广州	Guangzhou	2487.49	2598.02	2
新乡	Xinxiang	244.52	256.80	92	韶关	Shaoguan	176.39	195.91	133
焦作	Jiaozuo	194.35	231.51	108	深圳	Shenzhen	3662.72	3994.05	1
濮阳	Puyang	165.79	176.13	149	珠海	Zhuhai	469.91	505.34	45
许昌	Xuchang	191.69	223.38	113	汕头	Shantou	274.98	305.04	72
漯河	Luohe	132.57	132.58	186	佛山	Foshan	1043.62	1140.40	11
三门峡	Sanmenxia	117.28	110.83	207	江门	Jiangmen	303.65	341.39	63
南阳	Nanyang	389.24	423.68	56	湛江	Zhanjiang	245.31	268.77	86
商丘	Shangqiu	269.25	321.25	68	茂名	Maoming	227.42	247.48	96
信阳	Xinyang	206.44	264.83	89	肇庆	Zhaoqing	225.82	242.78	99
周口	Zhoukou	283.91	324.51	66	惠州	Huizhou	524.63	599.00	37
驻马店	Zhumadian	253.14	290.32	77	梅州	Meizhou	152.00	165.97	156
湖北	**Hubei**	**3526.99**			汕尾	Shanwei	112.21	123.33	196
武汉	Wuhan	1281.74	1423.27	7	河源	Heyuan	136.18	154.39	166
黄石	Huangshi	191.45	205.79	124	阳江	Yangjiang	112.25	121.68	197
十堰	Shiyan	251.57	280.12	84	清远	Qingyuan	185.56	208.66	120
宜昌	Yichang	402.25	442.02	53	东莞	Dongguan	1230.80	1316.05	8
襄阳	Xiangyang	279.90	315.09	69	中山	Zhongshan	489.00	515.29	44
鄂州	Ezhou	77.67	89.26	238	潮州	Chaozhou	95.45	104.63	213
荆门	Jingmen	149.13	161.59	162	揭阳	Jieyang	182.81	194.29	134
孝感	Xiaogan	299.92	332.57	65	云浮	Yunfu	106.96	115.16	202
荆州	Jingzhou	170.39	187.78	139	**广西**	**Guangxi**	**1802.80**		
黄冈	Huanggang	239.85	298.94	76	南宁	Nanning	485.78	603.01	36
咸宁	Xianning	125.94	141.38	177	柳州	Liuzhou	235.08	321.41	67
随州	Suizhou	57.19	65.12	261	桂林	Guilin	216.91	228.51	110
湖南	**Hunan**	**2636.83**			梧州	Wuzhou	81.21	95.06	229
长沙	Changsha	829.66	875.40	20	北海	Beihai	60.41	68.95	258
株洲	Zhuzhou	244.46	248.58	95	防城港	Fangchenggang	38.55	41.58	282
湘潭	Xiangtan	138.15	147.36	169	钦州	Qinzhou	91.38	106.45	210
衡阳	Hengyang	225.87	249.45	94	贵港	Guigang	87.95	89.59	237
邵阳	Shaoyang	150.33	162.81	161	玉林	Yulin	153.06	165.35	158
岳阳	Yueyang	184.29	204.18	127	百色	Baise	106.17	118.44	200

2-7 在岗职工工资总额 续表 3

Total Wage of Employed Staff and Workers continued 3

单位：万人 （10 000 persons）

地名	City	2015	2016	2016 排名 Ranking
贺州	Hezhou	49.74	56.41	270
河池	Hechi	89.45	100.81	216
来宾	Laibin	48.14	66.66	260
崇左	Chongzuo	58.98	65.02	262
海南	**Hainan**	**376.90**		
海口	Haikou	282.26	303.84	73
三亚	Sanya	73.32	80.19	251
三沙	Sansha			
重庆	**Chongqing**	**2373.87**		
四川	**Sichuan**	**3946.02**		
成都	Chengdu	1705.14	1834.13	5
自贡	Zigong	91.43	96.23	228
攀枝花	Panzhihua	118.66	119.79	198
泸州	Luzhou	183.41	198.46	131
德阳	Deyang	182.85	184.24	141
绵阳	Mianyang	274.36	289.26	79
广元	Guangyuan	84.13	92.93	230
遂宁	Suining	86.18	92.91	231
内江	Neijiang	121.59	181.61	143
乐山	Leshan	131.06	144.07	173
南充	Nanchong	220.48	217.85	115
眉山	Meishan	101.32	166.19	155
宜宾	Yibin	184.45	201.19	129
广安	Guangan	69.64	87.93	242
达州	Dazhou	139.86	156.08	165
雅安	Yaan	49.41	59.04	266
巴中	Bazhong	94.84	100.42	218
资阳	Ziyang	107.19	80.51	248
贵州	**Guizhou**	**1340.22**		
贵阳	Guiyang	581.34	651.12	32
六盘水	Liupanshui	117.98	126.93	192
遵义	Zunyi	259.69	280.40	83
安顺	Anshun	98.15	113.17	204
毕节	Bijie	169.21	192.66	136
铜仁	Tongren	113.86	132.82	185
云南	**Yunnan**	**1425.06**		
昆明	Kunming	725.43	799.47	26
曲靖	Qujing	194.71	227.19	111
玉溪	Yuxi	125.04	149.57	168
保山	Baoshan	83.97	97.62	222
昭通	Zhaotong	108.13	97.61	223
丽江	Lijiang	49.72	57.79	268
普洱	Puer	76.05	98.36	221
临沧	Lincang	62.03	75.81	252
西藏	**Tibet**	**136.63**		
拉萨	Lasa	136.63	129.89	189
陕西	**Shaanxi**	**2554.62**		
西安	Xi'an	1202.01	1309.69	9
铜川	Tongchuan	52.39	52.56	276
宝鸡	Baoji	184.47	199.09	130
咸阳	Xianyang	246.88	267.18	88
渭南	Weinan	189.01	206.41	122
延安	Yan'an	165.98	170.77	152
汉中	Hanzhong	138.67	146.41	170
榆林	Yulin	216.05	231.04	109
安康	Ankang	82.43	97.09	225
商洛	Shangluo	76.73	88.59	239
甘肃	**Gansu**	**1124.47**		
兰州	Lanzhou	363.60	439.93	54
嘉峪关	Jiayuguan	27.46	29.29	285
金昌	Jinchang	49.67	47.57	278
白银	Baiyin	83.50	88.06	241
天水	Tianshui	86.32	96.60	226
武威	Wuwei	63.21	70.16	257
张掖	Zhangye	58.67	64.18	263
平凉	Pingliang	90.25	92.71	232
酒泉	Jiuquan	70.39	73.40	255
庆阳	Qingyang	93.45	100.74	217
定西	Dingxi	72.79	80.42	250
陇南	Longnan	65.17	715.68	29
青海	**Qinghai**	**226.54**		
西宁	Xining	183.11	205.30	125
海东	Haidong	43.44	48.08	277
宁夏	**Ningxia**	**396.12**		
银川	Yinchuan	230.07	235.25	104
石嘴山	Shizuishan	48.41	45.97	279
吴忠	Wuzhong	49.95	54.40	273
固原	Guyuan	34.49	43.22	281
中卫	Zhongwei	33.20	37.68	283
新疆	**Xinjiang**	**672.68**		
乌鲁木齐	Urumqi	538.55	571.29	39
克拉玛依	Karamay	134.13	133.19	184

2-8 职工平均工资
Average Wage of Employed Staff and Workers

单位：万人 （10 000 persons）

地名	City	2015	2016	2016 排名 Ranking
全国	**Nation Total**			
北京	**Beijing**	**113073**		
天津	**Tianjin**	**84187**		
河北	**Hebei**			
石家庄	Shijiazhuang	54441	61189	98
唐山	Tangshan	55565	59623	109
秦皇岛	Qinhuangdao	57451	61988	83
邯郸	Handan	46650	50847	217
邢台	Xingtai	46944	50205	227
保定	Baoding	50477	54395	176
张家口	Zhangjiakou	48892	52277	205
承德	Chengde	49071	53449	188
沧州	Cangzhou	54779	58122	125
廊坊	Langfang	64724	72744	27
衡水	Hengshui	47174	50294	225
山西	**Shanxi**			
太原	Taiyuan	60516	64820	62
大同	Datong	58750	55450	154
阳泉	Yangquan	46594	48195	244
长治	Changzhi	49468	51070	213
晋城	Jincheng	54721	55453	153
朔州	Shuozhou	52012	51377	211
晋中	Jinzhong	51189	53196	192
运城	Yuncheng	46807	49912	229
忻州	Xinzhou	44880	47265	254
临汾	Linfen	48051	50482	224
吕梁	Lvliang	52890	55357	157
内蒙古	**Inner Mongolia**			
呼和浩特	Hohhot	53698	56213	139
包头	Baotou	59500	63987	71
乌海	Wuhai	55577	58301	123
赤峰	Chifeng	55377	59602	110
通辽	Tongliao	53093	57029	133
鄂尔多斯	Erdos	73377	74496	20
呼伦贝尔	Hulunbuir	48001	58386	122
巴彦淖尔	Bayannur	51169	54427	174
乌兰察布	Ulanqab	56538	65280	56
辽宁	**Liaoning**			
沈阳	Shenyang	61827	67444	45
大连	Dalian	69390	73764	23
鞍山	Anshan	43652	48164	245
抚顺	Fushun	50225	52708	199
本溪	Benxi	43822	46662	259
丹东	Dandong	35790	38763	284
锦州	Jinzhou	47416	49162	234
营口	Yingkou	48978	46999	256
阜新	Fuxin	45939	49601	232
辽阳	Liaoyang	50716	54507	173
盘锦	Panjin	41579	42944	277
铁岭	Tieling	42473	43596	274
朝阳	Chaoyang	43950	47846	248
葫芦岛	Huludao	47048	50711	219
吉林	**Jilin**			
长春	Changchun	62519	68434	40
吉林	Jilin	49234	53392	189
四平	Siping	45948	50676	221
辽源	Liaoyuan	43872	46910	257
通化	Tonghua	44405	47506	250
白山	Baishan	44532	47294	253
松原	Songyuan	48170	50592	222
白城	Baicheng	39493	44619	270
黑龙江	**Heilongjiang**			
哈尔滨	Harbin	58405	62583	78
齐齐哈尔	Qiqihar	47011	50558	223
鸡西	Jixi	39891	47866	247
鹤岗	Hegang	41066	48745	237
双鸭山	Shuangyashan	42176	52648	200
大庆	Daqing	66839	72459	28
伊春	Yichun	35656	36793	285
佳木斯	Jiamusi	46978	50020	228
七台河	Qitaihe	41301	48695	239
牡丹江	Mudanjiang	47412	55054	165
黑河	Heihe		51422	210
绥化	Suihua	35229	45545	266
上海	**Shanghai**	**100966**		
江苏	**Jiangsu**			

2-8 职工平均工资 续表 1
Average Wage of Employed Staff and Workers continued 1

单位：万人 （10 000 persons）

地名	City	2015	2016	2016 排名 Ranking	地名	City	2015	2016	2016 排名 Ranking
南京	Nanjing	81075	90191	2	池州	Chizhou	49733	55068	164
无锡	Wuxi	76019	84931	9	宣城	Xuancheng	56767	63622	72
徐州	Xuzhou	54310	57228	130	**福建**	**Fujian**			
常州	Changzhou	70850	81058	11	福州	Fuzhou	62478	67630	43
苏州	Suzhou	72291	79870	13	厦门	Xiamen	66930	69218	37
南通	Nantong	66535	71743	30	莆田	Putian	52149	56548	136
连云港	Lianyungang	56154	61262	96	三明	Sanming	59166	64324	67
淮安	Huaian	55232	59642	107	泉州	Quanzhou	54044	57141	131
盐城	Yancheng	53445	58205	124	漳州	Zhangzhou	56931	62093	80
扬州	Yangzhou	63891	67611	44	南平	Nanping	56381	59537	113
镇江	Zhenjiang	63367	68874	38	龙岩	Longyan	55430	59329	115
泰州	Taizhou	57874	61069	100	宁德	Ningde	56625	61309	95
宿迁	Suqian	52161	55844	146	**江西**	**Jiangxi**			
浙江	**Zhejiang**				南昌	Nanchang	57730	65812	54
杭州	Hangzhou	77816	87153	5	景德镇	Jingdezhen	45814	49909	230
宁波	Ningbo	74989	83656	10	萍乡	Pingxiang	48100	52389	203
温州	Wenzhou	64412	70069	35	九江	Jiujiang	51065	56331	138
嘉兴	Jiaxing	67689	73836	22	新余	Xinyu	51639	54602	172
湖州	Huzhou	61201	65051	59	鹰潭	Yingtan	57623	59595	111
绍兴	Shaoxing	58728	61394	92	赣州	Ganzhou	50313	55253	160
金华	Jinhua	66782	72962	26	吉安	Jian	48312	52402	202
衢州	Quzhou	75447	85527	7	宜春	Yichun	45330	49614	231
舟山	Zhoushan	74717	80311	12	抚州	Fuzhou	49522	54607	171
台州	Taizhou	57215	64816	63	上饶	Shangrao	50414	54322	179
丽水	Lishui	77238	85058	8	**山东**	**Shandong**			
安徽	**Anhui**				济南	Jinan	68997	77012	16
合肥	Hefei	65806	71054	32	青岛	Qingdao	69465	76616	17
芜湖	Wuhu	57372	61385	93	淄博	Zibo	56782	61928	84
蚌埠	Bengbu	51146	56015	143	枣庄	Zaozhuang	49673	53793	186
淮南	Huainan	59424	58543	121	东营	Dongying	67466	73129	25
马鞍山	Maanshan	60093	65060	58	烟台	Yantai	59906	64219	70
淮北	Huaibei	51096	48266	242	潍坊	Weifang	57148	61815	85
铜陵	Tongling	56543	61501	88	济宁	Jining	54077	57362	129
安庆	Anqing	49802	52954	196	泰安	Taian	51835	55493	152
黄山	Huangshan	55137	59325	116	威海	Weihai	53494	57812	126
滁州	Chuzhou	56336	61436	90	日照	Rizhao	54734	59095	119
阜阳	Fuyang	48583	52718	198	莱芜	Laiwu	49713	55014	167
宿州	Suzhou	45658	49356	233	临沂	Linyi	56312	60039	105
六安	Liuan	51354	59107	118	德州	Dezhou	48589	54390	177
亳州	Bozhou	47338	50292	226	聊城	Liaocheng	48070	55223	161

2-8 职工平均工资 续表 2
Average Wage of Employed Staff and Workers continued 2

单位：万人 （10 000 persons）

地名	City	2015	2016	2016 排名 Ranking	地名	City	2015	2016	2016 排名 Ranking
滨州	Binzhou	53865	58659	120	常德	Changde	48655	55317	158
菏泽	Heze	45060	50979	215	张家界	Zhangjiajie	46340	65363	55
河南	**Henan**				益阳	Yiyang	48796	55880	144
郑州	Zhengzhou	52987	61149	99	郴州	Chenzhou	49086	55560	150
开封	Kaifeng	43535	48807	236	永州	Yongzhou	44553	53085	194
洛阳	Luoyang	46515	51295	212	怀化	Huaihua	49006	54835	168
平顶山	Pingdingshan	45046	46759	258	娄底	Loudi	43986	48530	241
安阳	Anyang	41379	45734	265	**广东**	**Guangdong**			
鹤壁	Hebi	39646	42424	279	广州	Guangzhou	81171	89096	4
新乡	Xinxiang	40873	44237	272	韶关	Shaoguan	54923	61465	89
焦作	Jiaozuo	42153	46410	261	深圳	Shenzhen	81034	89757	3
濮阳	Puyang	43587	46227	263	珠海	Zhuhai	67958	74931	19
许昌	Xuchang	43792	48235	243	汕头	Shantou	52299	55867	145
漯河	Luohe	41389	41389	281	佛山	Foshan	61810	67187	46
三门峡	Sanmenxia	44573	46479	260	江门	Jiangmen	54106	61366	94
南阳	Nanyang	43082	47468	252	湛江	Zhanjiang	50177	55565	149
商丘	Shangqiu	43845	47508	249	茂名	Maoming	53036	57059	132
信阳	Xinyang	84289	45413	267	肇庆	Zhaoqing	54469	59591	112
周口	Zhoukou	42666	46355	262	惠州	Huizhou	58607	64766	65
驻马店	Zhumadian	37680	44830	269	梅州	Meizhou	54018	60191	104
湖北	**Hubei**				汕尾	Shanwei	48162	54425	175
武汉	Wuhan	65720	71963	29	河源	Heyuan	51456	56513	137
黄石	Huangshi	41655	44549	271	阳江	Yangjiang	50182	54245	180
十堰	Shiyan	42676	46056	264	清远	Qingyuan	59788	66648	51
宜昌	Yichang	43282	47193	255	东莞	Dongguan	53221	57649	128
襄阳	Xiangyang	48022	50677	220	中山	Zhongshan	58776	64790	64
鄂州	Ezhou	37215	41189	282	潮州	Chaozhou	48471	53940	184
荆门	Jingmen	39516	43245	275	揭阳	Jieyang	44878	48156	246
孝感	Xiaogan	39315	42666	278	云浮	Yunfu	49934	54780	169
荆州	Jingzhou	39565	43111	276	**广西**	**Guangxi**			
黄冈	Huanggang	39165	41497	280	南宁	Nanning	66749	68560	39
咸宁	Xianning	36853	41019	283	柳州	Liuzhou	54223	60228	103
随州	Suizhou	39056	44226	273	桂林	Guilin	53925	59129	117
湖南	**Hunan**				梧州	Wuzhou	47517	52479	201
长沙	Changsha	37266	77782	15	北海	Beihai	49773	55502	151
株洲	Zhuzhou	57584	59423	114	防城港	Fangchenggang	51432	55409	155
湘潭	Xiangtan	51472	56619	135	钦州	Qinzhou	46703	52127	209
衡阳	Hengyang	44983	50768	218	贵港	Guigang	52653	55121	163
邵阳	Shaoyang	47249	52334	204	玉林	Yulin	47658	52771	197
岳阳	Yueyang	45757	49009	235	百色	Baise	49809	55364	156

2-8 职工平均工资 续表 3
Average Wage of Employed Staff and Workers continued 3

单位：万人 （10 000 persons）

地名	City	2015	2016	2016 排名 Ranking	地名	City	2015	2016	2016 排名 Ranking
贺州	Hezhou	55799	62110	79	丽江	Lijiang	53866	64304	68
河池	Hechi	53638	61259	97	普洱	Puer	48977	66033	53
来宾	Laibin	43588	59982	106	临沧	Lincang	49045	59626	108
崇左	Chongzuo	47630	53954	183	**西藏**	**Tibet**			
海南	**Hainan**				拉萨	Lasa	114582	111009	1
海口	Haikou	57455	62030	82	**陕西**	**Shaanxi**			
三亚	Sanya	61502	65030	60	西安	Xi'an	63193	69611	36
三沙	Sansha				铜川	Tongchuan	50310	53652	187
重庆	**Chongqing**	**62091**			宝鸡	Baoji	49414	53366	190
四川	**Sichuan**				咸阳	Xianyang	45309	48542	240
成都	Chengdu	69123	74408	21	渭南	Weinan	45775	51057	214
自贡	Zigong	53344	62588	77	延安	Yan'an	61274	63562	74
攀枝花	Panzhihua	61915	68152	42	汉中	Hanzhong	51411	55739	147
泸州	Luzhou	52051	56048	142	榆林	Yulin	51316	65265	57
德阳	Deyang	59411	67166	47	安康	Ankang	50410	52195	208
绵阳	Mianyang	59093	63618	73	商洛	Shangluo	45014	47481	251
广元	Guangyuan	56946	64237	69	**甘肃**	**Gansu**			
遂宁	Suining	49753	55279	159	兰州	Lanzhou	62201	67011	48
内江	Neijiang	46430	45234	268	嘉峪关	Jiayuguan	53998	66925	49
乐山	Leshan	54545	54222	181	金昌	Jinchang	52683	53996	182
南充	Nanchong	50286	55202	162	白银	Baiyin	51196	53848	185
眉山	Meishan	54451	48714	238	天水	Tianshui	45546	50861	216
宜宾	Yibin	55288	61399	91	武威	Wuwei	52009	56148	140
广安	Guangan	44079	66034	52	张掖	Zhangye	51569	57708	127
达州	Dazhou	48672	53081	195	平凉	Pingliang	53028	55693	148
雅安	Yaan	49626	54361	178	酒泉	Jiuquan	54778	56144	141
巴中	Bazhong	43825	52213	206	庆阳	Qingyang	56002	61669	87
资阳	Ziyang	50455	55033	166	定西	Dingxi	4958	54735	170
贵州	**Guizhou**				陇南	Longnan	46132	52205	207
贵阳	Guiyang	63949	70535	34	**青海**	**Qinghai**			
六盘水	Liupanshui	57597	65015	61	西宁	Xining	58099	61069	100
遵义	Zunyi	66991	75480	18	海东	Haidong	62591	64761	66
安顺	Anshun	61092	66742	50	**宁夏**	**Ningxia**			
毕节	Bijie	57225	63487	75	银川	Yinchuan	65643	70840	33
铜仁	Tongren	69440	78809	14	石嘴山	Shizuishan	56881	56989	134
云南	**Yunnan**				吴忠	Wuzhong	54334	62064	81
昆明	Kunming	62033	68375	41	固原	Guyuan	63821	71168	31
曲靖	Qujing	46684	53270	191	中卫	Zhongwei	56173	61689	86
玉溪	Yuxi	49597	60408	102	**新疆**	**Xinjiang**			
保山	Baoshan	47295	53186	193	乌鲁木齐	Urumqi	67617	73254	24
昭通	Zhaotong	53071	63410	76	克拉玛依	Karamay	84559	87001	6

2-9 城镇登记失业人员
Registered Unemployed Persons in Urban Areas

单位：人 (person)

地名	City	2010	2015	2016	2016 排名 Ranking
全国	**Nation Total**	**9080000**	**9660000**		
北京	**Beijing**	**77255**	**78000**	**79928**	
天津	**Tianjin**	**160983**	**251000**	**257729**	
河北	**Hebei**	**351000**	**394000**	**397306**	
石家庄	Shijiazhuang	50929	53409		
唐山	Tangshan	57885	67464	67327	12
秦皇岛	Qinhuangdao	18911	24095	21562	113
邯郸	Handan	50482	59229	261180	2
邢台	Xingtai	21110	20654	20102	124
保定	Baoding	42605	50019	53900	17
张家口	Zhangjiakou	32652	33425	39522	36
承德	Chengde	24604	19124	19146	134
沧州	Cangzhou	18919	23694	22534	104
廊坊	Langfang	11945	10200	9636	216
衡水	Hengshui	21323	22735	23078	99
山西	**Shanxi**	**204000**	**256000**	**260668**	
太原	Taiyuan	41338	48459	49210	21
大同	Datong	52945	56404	42793	26
阳泉	Yangquan	9010	9734	8890	226
长治	Changzhi	11685	13442	14280	171
晋城	Jincheng	6719	6124	7015	245
朔州	Shuozhou	5945	6512	5794	256
晋中	Jinzhong	8730	11445	12061	195
运城	Yuncheng	10500	14361		
忻州	Xinzhou	8210	7142	11252	201
临汾	Linfen	14511	18219	19253	129
吕梁	Lvliang	4820	12200	11900	196
内蒙古	**Inner Mongolia**	**208000**	**259000**	**267134**	
呼和浩特	Hohhot	29749	38355	40686	32
包头	Baotou	39203	51253	53763	18
乌海	Wuhai	8200	7613	8412	231
赤峰	Chifeng	25050	28558	25107	90
通辽	Tongliao	16503	17554	18149	138
鄂尔多斯	Erdos	7901	22831	22690	102
呼伦贝尔	Hulunbuir	27855	28885	31858	55
巴彦淖尔	Bayannur	8966	14728	14486	169
乌兰察布	Ulanqab	33198	7979		
辽宁	**Liaoning**	**389000**	**462000**	**473346**	
沈阳	Shenyang	77198	104223	102166	6
大连	Dalian	71159	95929	100356	7
鞍山	Anshan	19952	30831	30457	63
抚顺	Fushun	39737	27997	27584	75
本溪	Benxi	28989	27288	21830	111
丹东	Dandong	22000	31364	21240	118
锦州	Jinzhou	17111	27962	25719	87
营口	Yingkou	21116	16734	18117	139
阜新	Fuxin	17919	17103	21614	112
辽阳	Liaoyang	11518	15928	15271	164
盘锦	Panjin	14267	17126	19243	130
铁岭	Tieling	18492	17857	20873	121
朝阳	Chaoyang	17161	18041	21352	116
葫芦岛	Huludao	19595	23163	27524	76
吉林	**Jilin**	**227000**	**239000**	**257157**	
长春	Changchun	71208	70148	70263	10
吉林	Jilin	22341	29267	29921	66
四平	Siping	22150	10676	10499	207
辽源	Liaoyuan	9678	11867	11641	199
通化	Tonghua	10949	8400	6400	253
白山	Baishan	13210	12365	12548	186
松原	Songyuan	11120	12940	13033	179
白城	Baicheng	17902	13006	12923	180
黑龙江	**Heilongjiang**	**362000**	**410000**	**395753**	
哈尔滨	Harbin	85100	95411	89602	8
齐齐哈尔	Qiqihar	34225	403054	44000	24
鸡西	Jixi	19020	14766	13899	176
鹤岗	Hegang	16216	17867	16678	154
双鸭山	Shuangyashan	9522	11189	10880	203
大庆	Daqing	29566	40000	41073	31
伊春	Yichun	21556	21743	22058	107
佳木斯	Jiamusi	20083	19161		
七台河	Qitaihe	5809	8169	7993	239
牡丹江	Mudanjiang	17133	21007	27290	77
黑河	Heihe	7092	9380	9671	215
绥化	Suihua	14749	19183	19148	133
上海	**Shanghai**	**276000**	**248000**	**242558**	
江苏	**Jiangsu**	**406000**	**360000**	**352127**	

2-9 城镇登记失业人员 续表 1

Registered Unemployed Persons in Urban Areas continued 1

单位：人 (person)

地名	City	2010	2015	2016	2016 排名 Ranking
南京	Nanjing	63550	66189	65428	13
无锡	Wuxi	45797	40713	39757	34
徐州	Xuzhou	33613	31611	30953	60
常州	Changzhou	31454	33620	32930	51
苏州	Suzhou	45875	39813	39619	35
南通	Nantong	36100	34940	35176	41
连云港	Lianyungang	17976	12801	11752	198
淮安	Huaian	23106	20782	20276	122
盐城	Yancheng	24487	18566	18160	137
扬州	Yangzhou	32398	26177	24413	95
镇江	Zhenjiang	16796	14462	14157	172
泰州	Taizhou	21800	16160	15980	161
宿迁	Suqian	13700	11431	10732	204
浙江	**Zhejiang**	**311000**	**337000**	**338520**	
杭州	Hangzhou	48478	36709	37174	39
宁波	Ningbo	56642	70135	70132	11
温州	Wenzhou	28668	28096	31441	57
嘉兴	Jiaxing	27032	27424	26696	81
湖州	Huzhou	13561	16751	15906	162
绍兴	Shaoxing	32295	39940	38463	38
金华	Jinhua	28027	26435	26344	84
衢州	Quzhou	10450	12537	12589	185
舟山	Zhoushan	5985	7457	8762	228
台州	Taizhou	26501	22738	22315	105
丽水	Lishui	9703	9447	9469	219
安徽	**Anhui**	**269000**	**309000**	**304464**	
合肥	Hefei	50881	103156	275100	1
芜湖	Wuhu	14135	18397	16937	153
蚌埠	Bengbu	22045	37435	42719	27
淮南	Huainan	20254	26068	27274	78
马鞍山	Maanshan	7494	19637		
淮北	Huaibei	17808	24149	20986	120
铜陵	Tongling	9801	9887	9935	213
安庆	Anqing	30320	11557	17775	143
黄山	Huangshan	6208	6111	5777	257
滁州	Chuzhou	13261	22007	21346	117
阜阳	Fuyang	11144	5903	7742	242
宿州	Suzhou	13561	17809	4228	269
六安	Liuan	15400	21998	21998	108
亳州	Bozhou	6587	14096	8729	229

地名	City	2010	2015	2016	2016 排名 Ranking
池州	Chizhou	8205	7569	7007	246
宣城	Xuancheng	9287	10401	12418	190
福建	**Fujian**	**145000**	**154000**	**162628**	
福州	Fuzhou	39125	33513	33644	49
厦门	Xiamen	26517	25500	27100	79
莆田	Putian	7690	7687	8016	238
三明	Sanming	9344	10004	10080	211
泉州	Quanzhou	14762	20947	21903	109
漳州	Zhangzhou	11388	11767	12800	183
南平	Nanping	13565	16965	18508	135
龙岩	Longyan	12911	15162	17143	149
宁德	Ningde	9655	11451	12348	193
江西	**Jiangxi**	**263000**	**299000**	**313295**	
南昌	Nanchang	53000	64727	65000	14
景德镇	Jingdezhen	11200	18169	17119	150
萍乡	Pingxiang	13374	17641	17320	145
九江	Jiujiang	21051	9130	17790	142
新余	Xinyu	14700	13483	13618	178
鹰潭	Yingtan	9458	8527	9451	220
赣州	Ganzhou	34409	27260	27748	74
吉安	Jian	19580	20900	20115	123
宜春	Yichun	28321	22027	24973	91
抚州	Fuzhou	25651	19913	19277	128
上饶	Shangrao	28854	32695	28322	71
山东	**Shandong**	**445000**	**437000**	**458405**	
济南	Jinan	59650	31531	33548	50
青岛	Qingdao	61929	74988	79780	9
淄博	Zibo	27942	30093	31721	56
枣庄	Zaozhuang	21073	18562	19209	131
东营	Dongying	9953	9992	12405	191
烟台	Yantai	48900	53848	57302	16
潍坊	Weifang	39872	38665	39080	37
济宁	Jining	39827	30786	32340	53
泰安	Taian	24797	24598	24836	92
威海	Weihai	7882	8295	8333	233
日照	Rizhao	13260	11160	12422	189
莱芜	Laiwu	6614	6659	6953	247
临沂	Linyi	19196	26430	26424	83
德州	Dezhou	20993	19295	18460	136
聊城	Liaocheng	25413	24712	25556	88

2-9 城镇登记失业人员 续表 2
Registered Unemployed Persons in Urban Areas continued 2

单位：人 (person)

地名	City	2010	2015	2016	2016 排名 Ranking
滨州	Binzhou	15085	11738	11576	200
菏泽	Heze	20174	17616	17154	148
河南	**Henan**	**382000**	**425000**	**435755**	
郑州	Zhengzhou	36223	43364	51032	20
开封	Kaifeng	25407	20478	19198	132
洛阳	Luoyang	33426	45997	48642	22
平顶山	Pingdingshan	21963	25372	24711	93
安阳	Anyang	20852	27899	28476	69
鹤壁	Hebi	9913	4865	4329	268
新乡	Xinxiang	25908	43161	41998	30
焦作	Jiaozuo	21160	31538	30621	62
濮阳	Puyang	9359	15260	17196	147
许昌	Xuchang	43100	30063	31018	59
漯河	Luohe	4014	7778	6778	250
三门峡	Sanmenxia	8999	8052	8369	232
南阳	Nanyang	37047	35876	36070	40
商丘	Shangqiu	25218	27010	28334	70
信阳	Xinyang	10355	8018	7049	244
周口	Zhoukou	31675	36101	34324	46
驻马店	Zhumadian	15033	6289	6339	254
湖北	**Hubei**	**557000**	**334000**	**329149**	
武汉	Wuhan	109465	99077	110600	5
黄石	Huangshi	34711	19245	19621	126
十堰	Shiyan	29238	32541	32055	54
宜昌	Yichang	22986	19430	23896	97
襄阳	Xiangyang	41822	35586	32461	52
鄂州	Ezhou	13000	3410	3519	271
荆门	Jingmen	17707	13035	12463	187
孝感	Xiaogan	21400	27610	25765	86
荆州	Jingzhou	54222	36200	23595	98
黄冈	Huanggang	28393	22817	10254	208
咸宁	Xianning	19959	9119	8275	234
随州	Suizhou	3674	4459	4691	265
湖南	**Hunan**	**432000**	**451000**	**449429**	
长沙	Changsha	41335	34011	40223	33
株洲	Zhuzhou	24436	18962	22549	103
湘潭	Xiangtan	21145	26430	22902	101
衡阳	Hengyang	35126	45383	42139	29
邵阳	Shaoyang	30800	25855	25457	89
岳阳	Yueyang	22236	34453	34101	48

地名	City	2010	2015	2016	2016 排名 Ranking
常德	Changde	35636	22215	26527	82
张家界	Zhangjiajie	5833	4457	5714	260
益阳	Yiyang	16513	12867	14734	166
郴州	Chenzhou	25302	34019	34754	45
永州	Yongzhou	22997	25323	27793	73
怀化	Huaihua	31084	61062	34169	47
娄底	Loudi	29978	28130	26989	80
广东	**Guangdong**	**393000**	**370000**	**379866**	
广州	Guangzhou	306802	251092	236347	3
韶关	Shaoguan	43499	48483	47319	23
深圳	Shenzhen	35302	41697	42583	28
珠海	Zhuhai	12501	11095	11188	202
汕头	Shantou	13127	14788	17816	141
佛山	Foshan	19628	22389	22926	100
江门	Jiangmen	21380	63179	62523	15
湛江	Zhanjiang	23882	20885	21185	119
茂名	Maoming	30504			
肇庆	Zhaoqing	11662		12440	188
惠州	Huizhou	14996	19705	21468	115
梅州	Meizhou	14200	14013	14029	174
汕尾	Shanwei	11314	12621	12856	181
河源	Heyuan	13951	9504	9251	221
阳江	Yangjiang	44404	12506	12832	182
清远	Qingyuan	14257	17432	12362	192
东莞	Dongguan	5303	10143	13822	177
中山	Zhongshan	7068	9276	10672	205
潮州	Chaozhou	8362	9518	8555	230
揭阳	Jieyang	11357	9008	8968	223
云浮	Yunfu	5825	5725	5799	255
广西	**Guangxi**	**191000**	**181000**	**181302**	
南宁	Nanning	35599	28652	28788	68
柳州	Liuzhou	29574	28336	27987	72
桂林	Guilin	24021	25540	26225	85
梧州	Wuzhou	13405	12838	12591	184
北海	Beihai		8777	8923	224
防城港	Fangchenggang	3916	3542	2868	275
钦州	Qinzhou	9680	9279	9217	222
贵港	Guigang	10136	5131	5163	261
玉林	Yulin	18367	22273	14944	165
百色	Baise	8400	8225	8273	235

2-9 城镇登记失业人员 续表 3

Registered Unemployed Persons in Urban Areas continued 3

单位：人 (person)

地名	City	2010	2015	2016	2016 排名 Ranking
贺州	Hezhou	8465	7461	6860	249
河池	Hechi	12550	12544	11812	197
来宾	Laibin	5664	6577	6940	248
崇左	Chongzuo	5303	5894	7843	241
海南	**Hainan**	**48000**	**48000**	**50611**	
海口	Haikou	9257		8922	225
三亚	Sanya	2628	3389	3413	272
三沙	Sansha				
重庆	**Chongqing**	**130000**	**143000**	**156841**	
四川	**Sichuan**	**346000**	**546000**	**562629**	
成都	Chengdu	56214	170500		
自贡	Zigong	16030	24899	24371	96
攀枝花	Panzhihua	11337	12376	19308	127
泸州	Luzhou	16567	14771	15279	163
德阳	Deyang	15027	20645	21551	114
绵阳	Mianyang	30359	35097	34791	44
广元	Guangyuan	12150	14772	14706	167
遂宁	Suining	13786	43711	42895	25
内江	Neijiang	15721	18077	17890	140
乐山	Leshan	21554	24065	24553	94
南充	Nanchong	27115	31152	29847	67
眉山	Meishan	11517	13598	16055	159
宜宾	Yibin	18095	30691	31199	58
广安	Guangan	12495	10100	10100	210
达州	Dazhou	19850	14990	17016	151
雅安	Yaan	21080		5114	262
巴中	Bazhong	11596	14962	16530	157
资阳	Ziyang	13606	29919	13954	175
贵州	**Guizhou**	**122000**	**145000**	**147846**	
贵阳	Guiyang	28353	35281	35103	42
六盘水	Liupanshui	12714	15871	16555	155
遵义	Zunyi	15900	23721	22150	106
安顺	Anshun	6745	7159	8077	237
毕节	Bijie		16294	16078	158
铜仁	Tongren		15111	17558	144
云南	**Yunnan**	**157000**	**195000**	**200999**	
昆明	Kunming	33700	48018	53500	19
曲靖	Qujing	32822	13200	14352	170
玉溪	Yuxi	5884	9206	10237	209
保山	Baoshan	7682	8206	8194	236
昭通	Zhaotong	15109	10649	12245	194
丽江	Lijiang	4366	6664	6553	252
普洱	Puer	10660	11052	10594	206
临沧	Lincang	6942	9270	9538	218
西藏	**Tibet**	**21000**	**18000**	**18446**	
拉萨	Lasa			4603	266
陕西	**Shaanxi**	**214000**	**223000**	**227433**	
西安	Xi'an	120215	107425	112924	4
铜川	Tongchuan	2689	7885	7932	240
宝鸡	Baoji	19367	19485	20000	125
咸阳	Xianyang	22793	20845	21853	110
渭南	Weinan	16300	16677	16552	156
延安	Yan'an	9528	10310	9754	214
汉中	Hanzhong	15000	13592	14545	168
榆林	Yulin	10071	9566	9600	217
安康	Ankang	9300	8847	8766	227
商洛	Shangluo	57000	7206	7346	243
甘肃	**Gansu**	**107000**	**95000**	**97747**	
兰州	Lanzhou	23746	14612	17283	146
嘉峪关	Jiayuguan	2777	2832	2845	276
金昌	Jinchang	3786	5134	4979	263
白银	Baiyin	7305	5457	5766	258
天水	Tianshui	11023	13371	14149	173
武威	Wuwei	8214	5709	5716	259
张掖	Zhangye	4843	47463	30082	65
平凉	Pingliang	26653	9795	10020	212
酒泉	Jiuquan	5500	4635	4700	264
庆阳	Qingyang	11273	14350	16051	160
定西	Dingxi	7780	6114	6728	251
陇南	Longnan	6155	3400	3520	270
青海	**Qinghai**	**42000**	**44000**	**45845**	
西宁	Xining	25600	44346	17000	152
海东	Haidong		5624	4460	267
宁夏	**Ningxia**	**48000**	**49000**	**50999**	
银川	Yinchuan	22645		30324	64
石嘴山	Shizuishan	31198	28432	30633	61
吴忠	Wuzhong	7716	3516	3382	273
固原	Guyuan	9487	3530	3255	274
中卫	Zhongwei	2123	2596	2428	277
新疆	**Xinjiang**	**110000**	**103000**	**96560**	
乌鲁木齐	Urumqi	29794	23189	34835	43
克拉玛依	Karamay	2890	1070	1601	278

3

国民经济核算

National Accounts

3-1 地区生产总值
Gross Regional Product

单位：亿元 (100 million yuan)

地名	City	2010	2015	2016	2016 排名 Ranking	地名	City	2010	2015	2016	2016 排名 Ranking
全国	**Nation Total**	**401512.8**	**643974.0**			沈阳	Shenyang	5017.54	7272.31	5546.45	29
北京	**Beijing**	**14113.60**	**23014.60**	**25669.13**		大连	Dalian	5158.16	7731.64	6810.20	16
天津	**Tianjin**	**9224.46**	**16538.19**	**17885.39**		鞍山	Anshan	2125.01	2337.00	1461.97	142
河北	**Hebei**	**20394.26**	**29806.11**	**32070.45**		抚顺	Fushun	895.16	1216.48	865.07	215
石家庄	Shijiazhuang	3401.02	5440.59	5927.73	26	本溪	Benxi	860.37	1164.69	766.71	226
唐山	Tangshan	4469.16	6103.06	6354.87	20	丹东	Dandong	728.89	984.90	751.24	230
秦皇岛	Qinhuangdao	930.50	1250.44	1349.35	159	锦州	Jinzhou	912.63	1327.33	1032.81	197
邯郸	Handan	2361.56	3145.43	3337.09	55	营口	Yingkou	1002.45	1513.75	1156.25	182
邢台	Xingtai	1212.09	1764.73	1975.75	105	阜新	Fuxin	378.87	525.54	407.82	271
保定	Baoding	2050.30	3300.56	3477.13	53	辽阳	Liaoyang	735.43	1028.58	654.18	242
张家口	Zhangjiakou	966.42	1363.54	1465.99	141	盘锦	Panjin	926.32	1256.54	1007.14	201
承德	Chengde	888.96	1358.73	1438.57	147	铁岭	Tieling	722.13	740.90	588.04	251
沧州	Cangzhou	2203.12	3320.63	3544.68	52	朝阳	Chaoyang	656.41	854.73	716.53	231
廊坊	Langfang	1351.10	2473.86	2706.30	71	葫芦岛	Huludao	531.45	720.17	647.35	243
衡水	Hengshui	781.82	1220.01	1420.18	150	**吉林**	**Jilin**	**8667.58**	**14063.13**	**14776.80**	
山西	**Shanxi**	**9200.86**	**12766.49**	**13050.41**		长春	Changchun	3329.03	5530.03	5986.42	25
太原	Taiyuan	1778.05	2735.34	2955.60	65	吉林	Jilin	1800.64	2394.19	2453.51	81
大同	Datong	695.91	1053.37	1025.80	198	四平	Siping	779.55	1233.25	1193.80	179
阳泉	Yangquan	429.38	595.70	622.86	244	辽源	Liaoyuan	410.14	726.64	765.25	229
长治	Changzhi	920.23	1195.34	1270.48	168	通化	Tonghua	627.08	1001.21	947.59	209
晋城	Jincheng	730.54	1040.24	1049.34	193	白山	Baishan	433.16	668.55	696.62	237
朔州	Shuozhou	670.15	901.13	918.06	212	松原	Songyuan	1102.85	1637.30	1651.69	125
晋中	Jinzhong	763.84	1046.12	1091.10	188	白城	Baicheng	445.18	699.68	700.14	235
运城	Yuncheng	827.43	1174.01	1222.35	174	**黑龙江**	**Heilongjiang**	**10368.60**	**15083.70**	**15386.09**	
忻州	Xinzhou	437.46	681.24	716.14	232	哈尔滨	Harbin	3664.85	5751.20	6101.61	24
临汾	Linfen	890.14	1161.11	1205.18	178	齐齐哈尔	Qiqihar	880.46	1270.30	1325.31	161
吕梁	Lvliang	845.54	955.80	995.31	204	鸡西	Jixi	419.49	514.70	518.38	259
内蒙古	**Inner Mongolia**	**11672.00**	**17831.51**	**18128.10**		鹤岗	Hegang	250.99	265.60	264.10	280
呼和浩特	Hohhot	1865.71	3090.52	3173.59	59	双鸭山	Shuangyashan	396.35	433.30	437.40	268
包头	Baotou	2460.80	3721.93	3867.63	43	大庆	Daqing	2900.06	2983.50	2610.00	74
乌海	Wuhai	391.36	559.83	572.23	254	伊春	Yichun	202.44	248.20	251.22	281
赤峰	Chifeng	1086.23	1861.27	1933.28	108	佳木斯	Jiamusi	512.46	810.20	845.03	218
通辽	Tongliao	1176.62	1877.44	1949.38	107	七台河	Qitaihe	305.22	212.70	216.64	283
鄂尔多斯	Erdos	2643.23	4226.13	4417.93	35	牡丹江	Mudanjiang	764.98	1178.60	1368.12	157
呼伦贝尔	Hulunbuir	932.01	1596.01	1620.85	129	黑河	Heihe	261.10	447.70	470.81	264
巴彦淖尔	Bayannur	603.33	887.43	915.38	213	绥化	Suihua	733.43	1272.20	1316.31	162
乌兰察布	Ulanqab	567.60	913.77	938.87	211	**上海**	**Shanghai**	**17165.98**	**25123.45**	**28178.65**	
辽宁	**Liaoning**	**18457.30**	**28669.02**	**22246.90**		**江苏**	**Jiangsu**	**41425.48**	**70116.38**	**77388.28**	

注：本表按当年价格计算。

Note: Data in this table are calculated at current prices.

3-1　地区生产总值　续表 1
Gross Regional Product continued 1

单位：亿元　　　　(100 million yuan)

地名	City	2010	2015	2016	2016 排名 Ranking
南京	Nanjing	5130.65	9720.77	10503.02	7
无锡	Wuxi	5793.30	8518.26	9210.02	10
徐州	Xuzhou	2942.14	5319.88	5808.52	27
常州	Changzhou	3044.89	5273.15	5773.86	28
苏州	Suzhou	9228.91	14504.07	15475.09	3
南通	Nantong	3465.67	6148.40	6768.20	17
连云港	Lianyungang	1193.31	2160.64	2376.48	86
淮安	Huaian	1388.07	2745.09	3048.00	64
盐城	Yancheng	2332.76	4212.50	4576.08	33
扬州	Yangzhou	2229.49	4016.84	4449.38	34
镇江	Zhenjiang	1987.64	3502.48	3833.84	45
泰州	Taizhou	2048.72	3687.90	4101.78	40
宿迁	Suqian	1064.09	2126.19	2351.12	87
浙江	**Zhejiang**	**27722.31**	**42886.49**	**47251.36**	
杭州	Hangzhou	5949.17	10050.21	11313.72	6
宁波	Ningbo	5163.00	8003.61	8686.49	11
温州	Wenzhou	2925.04	4618.08	5101.56	31
嘉兴	Jiaxing	2300.20	3517.81	3862.11	44
湖州	Huzhou	1301.73	2084.27	2284.37	88
绍兴	Shaoxing	2795.20	4465.97	4789.03	32
金华	Jinhua	2110.04	3402.34	3684.94	51
衢州	Quzhou	755.48	1146.13	1251.59	170
舟山	Zhoushan	644.32	1092.85	1241.20	172
台州	Taizhou	2426.15	3553.85	3898.66	42
丽水	Lishui	663.29	1103.29	1210.24	177
安徽	**Anhui**	**12359.33**	**22005.63**	**24407.62**	
合肥	Hefei	2701.61	5660.27	6274.38	21
芜湖	Wuhu	1108.63	2457.32	2699.44	72
蚌埠	Bengbu	638.05	1253.05	1385.82	156
淮南	Huainan	604.18	901.08	963.84	206
马鞍山	Maanshan	810.72	1365.30	1493.76	137
淮北	Huaibei	461.64	760.39	799.03	222
铜陵	Tongling	466.70	911.60	957.30	208
安庆	Anqing	989.04	1417.43	1531.18	134
黄山	Huangshan	309.45	530.90	576.82	253
滁州	Chuzhou	695.65	1305.70	1422.83	149
阜阳	Fuyang	721.51	1267.45	1401.86	152
宿州	Suzhou	650.57	1235.83	1351.81	158
六安	Liuan	676.11	1016.49	1108.15	185
亳州	Bozhou	512.78	942.61	1046.10	194
池州	Chizhou	300.84	544.74	589.02	250
宣城	Xuancheng	525.96	971.46	1057.82	192
福建	**Fujian**	**14737.12**	**25979.82**	**28810.58**	
福州	Fuzhou	3123.41	5618.08	6197.64	23
厦门	Xiamen	2060.07	3466.03	3784.27	47
莆田	Putian	850.33	1655.60	1823.43	115
三明	Sanming	975.10	1713.05	1860.82	112
泉州	Quanzhou	3564.97	6137.71	6646.63	18
漳州	Zhangzhou	1430.71	2767.35	3125.35	61
南平	Nanping	728.65	1339.43	1457.74	144
龙岩	Longyan	990.90	1738.46	1895.67	110
宁德	Ningde	738.61	1487.36	1623.11	128
江西	**Jiangxi**	**9451.26**	**16723.78**	**18499.00**	
南昌	Nanchang	2207.11	4000.01	4354.99	37
景德镇	Jingdezhen	461.50	772.06	840.15	220
萍乡	Pingxiang	520.39	912.39	998.28	203
九江	Jiujiang	1032.06	1902.68	2096.13	96
新余	Xinyu	631.22	946.80	1036.19	196
鹰潭	Yingtan	344.89	639.26	695.35	238
赣州	Ganzhou	1119.74	1973.87	2207.20	92
吉安	Jian	720.53	1328.52	1461.37	143
宜春	Yichun	870.00	1621.02	1781.95	118
抚州	Fuzhou	630.01	1105.14	1210.91	176
上饶	Shangrao	901.00	1650.81	1817.77	116
山东	**Shandong**	**39169.92**	**63002.33**	**68024.49**	
济南	Jinan	3910.53	6100.23	6536.12	19
青岛	Qingdao	5666.19	9300.07	10011.29	8
淄博	Zibo	2866.75	4130.24	4412.01	36
枣庄	Zaozhuang	1362.04	2031.00	2142.63	95
东营	Dongying	2359.94	3450.64	347.96	274
烟台	Yantai	4358.46	6446.08	6925.66	14
潍坊	Weifang	3090.92	5170.53	5170.60	30
济宁	Jining	2542.81	4013.12	4301.82	38
泰安	Taian	2051.68	3158.39	3316.79	56
威海	Weihai	1944.70	3001.57	3212.20	57
日照	Rizhao	1025.08	1670.80	1802.49	117
莱芜	Laiwu	546.33	665.83	702.76	233
临沂	Linyi	2399.99	3763.17	4026.75	41
德州	Dezhou	1657.82	2750.94	2932.99	67
聊城	Liaocheng	1622.38	2663.62	2859.18	68

3-1 地区生产总值 续表 2

Gross Regional Product continued 2

单位：亿元 (100 million yuan)

地名	City	2010	2015	2016	2016 排名 Ranking	地名	City	2010	2015	2016	2016 排名 Ranking
滨州	Binzhou	1551.52	2355.33	2470.10	79	常德	Changde	1491.57	2709.02	2953.82	66
菏泽	Heze	1227.09	2400.96	2560.24	76	张家界	Zhangjiajie	242.48	447.70	493.10	262
河南	**Henan**	**23092.36**	**37002.16**	**40471.79**		益阳	Yiyang	712.28	1354.41	1493.18	138
郑州	Zhengzhou	4040.89	7311.52	8113.97	13	郴州	Chenzhou	1081.76	2012.07	2204.13	93
开封	Kaifeng	927.16	1605.84	1755.10	120	永州	Yongzhou	767.01	1418.18	1565.81	132
洛阳	Luoyang	2320.25	3469.03	3820.11	46	怀化	Huaihua	674.92	1273.25	1400.34	153
平顶山	Pingdingshan	1310.84	1686.01	1825.14	114	娄底	Loudi	678.71	1291.66	1400.14	154
安阳	Anyang	1315.59	1872.35	2029.85	102	**广东**	**Guangdong**	**46013.06**	**72812.55**	**80854.91**	
鹤壁	Hebi	429.12	715.65	771.79	225	广州	Guangzhou	10748.28	18100.41	19547.44	1
新乡	Xinxiang	1189.94	1975.03	2166.97	94	韶关	Shaoguan	683.10	1149.98	1218.39	175
焦作	Jiaozuo	1245.93	1926.08	2095.08	97	深圳	Shenzhen	9581.51	17502.86	19492.60	2
濮阳	Puyang	775.40	1328.34	1449.56	145	珠海	Zhuhai	1208.60	2025.41	2226.37	91
许昌	Xuchang	1316.49	2171.16	2377.71	85	汕头	Shantou	1208.97	1868.03	2080.97	99
漯河	Luohe	680.49	992.59	1081.93	190	佛山	Foshan	5651.52	8003.92	8630.00	12
三门峡	Sanmenxia	874.42	1251.04	1325.86	160	江门	Jiangmen	1570.42	2240.02	2418.78	82
南阳	Nanyang	1953.36	2866.82	3114.97	62	湛江	Zhanjiang	1405.06	2380.02	2584.43	75
商丘	Shangqiu	1143.79	1812.16	1989.15	104	茂名	Maoming	1492.09	2445.63	2636.74	73
信阳	Xinyang	1091.83	1879.67	2037.80	101	肇庆	Zhaoqing	1085.87	1970.01	2084.02	98
周口	Zhoukou	1228.30	2089.70	2263.86	90	惠州	Huizhou	1729.95	3140.03	3412.17	54
驻马店	Zhumadian	1053.71	1807.69	1972.99	106	梅州	Meizhou	612.85	959.78	1045.57	195
湖北	**Hubei**	**15967.61**	**29550.19**	**32665.38**		汕尾	Shanwei	465.08	762.06	828.49	221
武汉	Wuhan	5515.76	10905.60	11912.61	5	河源	Heyuan	475.14	810.08	898.72	214
黄石	Huangshi	690.12	1228.11	1305.55	165	阳江	Yangjiang	639.84	1250.01	1270.76	167
十堰	Shiyan	736.80	1300.12	1429.15	148	清远	Qingyuan	1088.18	1277.86	1387.71	155
宜昌	Yichang	1547.32	3384.80	3709.36	48	东莞	Dongguan	4246.45	6275.07	6827.69	15
襄阳	Xiangyang	1538.30	3382.12	3694.51	50	中山	Zhongshan	1850.65	3010.03	3202.78	58
鄂州	Ezhou	395.29	730.01	797.82	223	潮州	Chaozhou	559.24	910.11	976.83	205
荆门	Jingmen	730.07	1388.46	1521.00	136	揭阳	Jieyang	1009.51	1890.01	2006.90	103
孝感	Xiaogan	800.67	1457.20	1576.69	131	云浮	Yunfu	400.97	713.14	778.31	224
荆州	Jingzhou	837.10	1590.50	1726.75	122	**广西**	**Guangxi**	**9569.85**	**16803.12**	**18317.64**	
黄冈	Huanggang	862.30	1589.24	1726.17	123	南宁	Nanning	1800.26	3410.08	3703.33	49
咸宁	Xianning	519.94	1030.07	1107.93	186	柳州	Liuzhou	1315.31	2298.20	2476.94	78
随州	Suizhou	401.66	785.26	852.18	217	桂林	Guilin	1103.56	1942.90	2054.82	100
湖南	**Hunan**	**16037.96**	**28902.21**	**31551.37**		梧州	Wuzhou	579.28	1078.65	1175.65	180
长沙	Changsha	4547.06	8510.13	9356.91	9	北海	Beihai	401.41	891.94	1006.65	202
株洲	Zhuzhou	1275.48	2335.11	2488.45	77	防城港	Fangchenggang	320.42	620.71	676.04	239
湘潭	Xiangtan	894.01	1703.10	1866.79	111	钦州	Qinzhou	520.67	944.42	1102.05	187
衡阳	Hengyang	1420.34	2601.58	2853.02	69	贵港	Guigang	544.66	865.20	958.76	207
邵阳	Shaoyang	727.29	1387.00	1530.26	135	玉林	Yulin	840.25	1445.91	1553.83	133
岳阳	Yueyang	1539.36	2886.28	3100.87	63	百色	Baise	573.99	980.42	1114.31	184

3-1 地区生产总值 续表 3

Gross Regional Product continued 3

单位：亿元 (100 million yuan)

地名	City	2010	2015	2016	2016 排名 Ranking	地名	City	2010	2015	2016	2016 排名 Ranking
贺州	Hezhou	296.87	468.11	518.19	260	丽江	Lijiang	143.60	289.61	309.29	279
河池	Hechi	468.74	618.03	657.18	241	普洱	Puer	248.08	514.01	567.54	255
来宾	Laibin	405.22	557.93	589.11	249	临沧	Lincang	216.97	502.12	550.82	256
崇左	Chongzuo	392.37	682.82	766.20	227	**西藏**	**Tibet**	**508.75**	**1026.39**	**1151.41**	
海南	**Hainan**	**2064.50**	**3702.76**	**4053.20**		拉萨	Lasa	178.91	376.73	424.95	269
海口	Haikou	617.19	1161.96	1257.67	169	**陕西**	**Shaanxi**	**10123.48**	**18021.86**	**19399.59**	
三亚	Sanya	242.21	435.82	475.56	263	西安	Xi'an	3241.69	2501.20	6257.18	22
三沙	Sansha					铜川	Tongchuan	187.73	307.16	311.61	278
重庆	**Chongqing**	**7925.58**	**15717.27**	**17740.59**		宝鸡	Baoji	976.09	1787.63	1932.14	109
四川	**Sichuan**	**17185.48**	**30053.10**	**32934.54**		咸阳	Xianyang	1098.68	2152.92	2390.97	84
成都	Chengdu	5551.33	10801.16	12170.23	4	渭南	Weinan	801.42	1430.41	1488.62	139
自贡	Zigong	647.73	1143.11	1234.56	173	延安	Yan'an	885.42	1198.27	1082.91	189
攀枝花	Panzhihua	523.99	925.18	1014.68	199	汉中	Hanzhong	509.70	1059.61	1156.49	181
泸州	Luzhou	714.79	1353.41	1481.91	140	榆林	Yulin	1756.67	2491.88	2773.05	70
德阳	Deyang	921.27	1605.06	1752.45	121	安康	Ankang	327.06	755.05	842.86	219
绵阳	Mianyang	960.22	1700.33	1830.42	113	商洛	Shangluo	285.90	618.52	699.30	236
广元	Guangyuan	321.87	605.43	660.01	240	**甘肃**	**Gansu**	**4120.75**	**6790.32**	**7200.37**	
遂宁	Suining	495.23	915.81	1008.45	200	兰州	Lanzhou	1100.39	2095.99	2264.23	89
内江	Neijiang	690.28	1198.58	1297.67	166	嘉峪关	Jiayuguan	184.32	190.04	153.41	285
乐山	Leshan	743.92	1301.23	1406.58	151	金昌	Jinchang	210.51	224.52	207.82	284
南充	Nanchong	827.82	1516.20	1651.40	126	白银	Baiyin	311.18	434.27	442.21	267
眉山	Meishan	552.25	1029.86	1117.23	183	天水	Tianshui	300.23	553.77	590.51	248
宜宾	Yibin	870.85	1525.90	1653.05	124	武威	Wuwei	228.77	416.19	461.73	265
广安	Guangan	537.22	1005.61	1078.62	191	张掖	Zhangye	212.70	373.53	399.94	272
达州	Dazhou	819.20	1350.76	1447.08	146	平凉	Pingliang	231.89	347.70	367.30	273
雅安	Yaan	286.54	502.58	545.33	257	酒泉	Jiuquan	405.03	544.76	577.93	252
巴中	Bazhong	280.91	501.34	544.66	258	庆阳	Qingyang	357.61	609.43	597.83	247
资阳	Ziyang	657.90	1270.38	943.44	210	定西	Dingxi	156.02	304.92	331.08	277
贵州	**Guizhou**	**4602.16**	**10502.56**	**11776.73**		陇南	Longnan	169.43	315.14	339.89	275
贵阳	Guiyang	1121.82	2891.16	3157.70	60	**青海**	**Qinghai**	**1350.43**	**2417.05**	**2572.49**	
六盘水	Liupanshui	500.63	1201.08	1313.70	163	西宁	Xining	628.28	1131.62	1248.17	171
遵义	Zunyi	908.76	2168.34	2403.94	83	海东	Haidong		384.40	422.80	270
安顺	Anshun	232.90	625.41	701.35	234	**宁夏**	**Ningxia**	**1689.65**	**2911.77**	**3168.59**	
毕节	Bijie	600.85	1461.35	1625.79	127	银川	Yinchuan	792.61	1493.86	1617.71	130
铜仁	Tongren	293.62	770.89	856.97	216	石嘴山	Shizuishan	298.60	482.60	513.57	261
云南	**Yunnan**	**7224.18**	**13619.17**	**14788.42**		吴忠	Wuzhong	217.16	405.60	442.43	266
昆明	Kunming	2120.30	3968.01	4300.08	39	固原	Guyuan	105.80	217.32	239.81	282
曲靖	Qujing	1005.55	1630.26	1775.11	119	中卫	Zhongwei	173.19	316.89	339.13	276
玉溪	Yuxi	736.43	1244.52	1311.88	164	**新疆**	**Xinjiang**	**5437.47**	**9324.80**	**9649.70**	
保山	Baoshan	260.90	551.96	613.39	246	乌鲁木齐	Urumqi	1338.52	2631.64	2458.98	80
昭通	Zhaotong	379.64	708.38	765.53	228	克拉玛依	Karamay	711.35	629.43	621.00	245

3-2 第一产业生产总值
Gross Regional Product by Primary Industry

单位：亿元 (100 million yuan)

地名	City	2010	2015	2016	2016 排名 Ranking	地名	City	2010	2015	2016	2016 排名 Ranking
全国	**Nation Total**	**39362.60**	**60862.10**	**63670.70**		沈阳	Shenyang	232.75	341.43	266.36	75
北京	**Beijing**	**124.40**	**140.20**	**129.79**		大连	Dalian	345.10	453.25	462.78	14
天津	**Tianjin**	**145.58**	**208.82**	**220.22**		鞍山	Anshan	93.01	136.54	100.02	217
河北	**Hebei**	**2562.81**	**3439.45**	**3492.81**		抚顺	Fushun	54.82	98.02	58.30	253
石家庄	Shijiazhuang	369.61	494.43	480.88	9	本溪	Benxi	43.35	67.02	67.76	239
唐山	Tangshan	421.87	569.07	598.98	2	丹东	Dandong	100.09	156.67	127.80	186
秦皇岛	Qinhuangdao	126.72	177.63	195.95	125	锦州	Jinzhou	151.31	211.36	205.59	115
邯郸	Handan	307.95	402.82	417.20	21	营口	Yingkou	77.23	110.80	110.94	203
邢台	Xingtai	189.73	275.57	269.75	73	阜新	Fuxin	92.66	118.28	96.44	220
保定	Baoding	303.65	433.46	452.71	16	辽阳	Liaoyang	45.86	72.62	72.09	235
张家口	Zhangjiakou	152.94	243.67	266.02	76	盘锦	Panjin	81.52	121.07	121.31	196
承德	Chengde	139.41	235.64	237.79	88	铁岭	Tieling	142.18	205.11	139.65	174
沧州	Cangzhou	252.65	319.44	308.62	52	朝阳	Chaoyang	135.80	220.61	179.39	138
廊坊	Langfang	157.48	206.17	198.27	123	葫芦岛	Huludao	71.63	104.35	109.32	205
衡水	Hengshui	154.20	168.89	184.33	135	**吉林**	**Jilin**	**1050.15**	**1596.28**	**1498.52**	
山西	**Shanxi**	**554.48**	**783.16**	**784.78**		长春	Changchun	252.75	343.24	323.53	47
太原	Taiyuan	30.28	37.39	38.77	271	吉林	Jilin	194.42	252.56	240.38	85
大同	Datong	36.26	56.67	59.88	249	四平	Siping	211.47	317.28	301.80	57
阳泉	Yangquan	6.58	9.99	10.31	281	辽源	Liaoyuan	42.77	60.90	59.06	250
长治	Changzhi	40.24	58.19	61.36	247	通化	Tonghua	65.08	92.41	84.45	229
晋城	Jincheng	30.71	49.23	49.86	265	白山	Baishan	44.03	62.40	58.69	251
朔州	Shuozhou	40.54	55.55	56.28	257	松原	Songyuan	191.04	285.01	268.97	74
晋中	Jinzhong	64.96	105.87	108.35	206	白城	Baicheng	83.43	118.15	109.71	204
运城	Yuncheng	141.50	192.54	200.99	118	**黑龙江**	**Heilongjiang**	**1302.90**	**2633.50**	**2670.46**	
忻州	Xinzhou	49.22	63.73	63.30	243	哈尔滨	Harbin	412.72	672.50	691.20	1
临汾	Linfen	66.58	90.98	95.95	221	齐齐哈尔	Qiqihar	192.07	306.50	301.80	56
吕梁	Lvliang	43.70	54.02	53.67	261	鸡西	Jixi	107.17	187.50	184.80	133
内蒙古	**Inner Mongolia**	**1095.28**	**1617.42**	**1637.39**		鹤岗	Hegang	66.37	93.50	90.50	224
呼和浩特	Hohhot	91.33	126.23	113.49	201	双鸭山	Shuangyashan	120.26	165.60	158.50	154
包头	Baotou	66.48	101.05	95.04	223	大庆	Daqing	95.01	194.90	187.10	131
乌海	Wuhai	3.71	4.74	4.88	284	伊春	Yichun	61.42	106.30	106.20	211
赤峰	Chifeng	177.37	276.96	292.41	60	佳木斯	Jiamusi	146.45	267.90	264.00	77
通辽	Tongliao	178.26	269.68	262.64	78	七台河	Qitaihe	22.41	34.20	31.80	273
鄂尔多斯	Erdos	70.81	98.97	107.60	208	牡丹江	Mudanjiang	122.58	222.80	228.20	95
呼伦贝尔	Hulunbuir	182.39	263.66	248.43	84	黑河	Heihe	116.93	214.10	222.90	99
巴彦淖尔	Bayannur	119.06	165.65	158.14	155	绥化	Suihua	267.09	506.00	512.70	6
乌兰察布	Ulanqab	93.96	132.39	127.92	185	**上海**	**Shanghai**	**114.15**	**109.82**	**109.47**	
辽宁	**Liaoning**	**1631.10**	**2384.03**	**2173.06**		**江苏**	**Jiangsu**	**2540.10**	**3986.05**	**4077.18**	

注：本表按当年价格计算。

Note: Data in this table are calculated at current prices.

3-2 第一产业增加值 续表 1

Gross Regional Product by Primary Industry continued 1

单位：亿元 (100 million yuan)

地名	City	2010	2015	2016	2016 排名 Ranking	地名	City	2010	2015	2016	2016 排名 Ranking
南京	Nanjing	142.29	232.39	252.54	82	池州	Chizhou	45.70	70.57	71.15	236
无锡	Wuxi	104.94	137.72	135.19	180	宣城	Xuancheng	88.50	121.30	127.57	187
徐州	Xuzhou	282.82	504.76	542.88	3	**福建**	**Fujian**	**1363.67**	**2118.10**	**2363.22**	
常州	Changzhou	99.78	146.55	152.67	162	福州	Fuzhou	282.73	434.69	492.25	8
苏州	Suzhou	155.79	215.71	221.81	101	厦门	Xiamen	23.06	23.93	23.19	278
南通	Nantong	266.22	354.90	366.66	34	莆田	Putian	87.86	115.12	126.45	191
连云港	Lianyungang	182.60	282.69	301.56	58	三明	Sanming	168.26	252.08	275.59	69
淮安	Huaian	195.97	307.67	324.61	46	泉州	Quanzhou	132.18	178.46	198.49	122
盐城	Yancheng	374.21	516.53	533.91	4	漳州	Zhangzhou	254.70	370.87	415.59	22
扬州	Yangzhou	161.37	241.86	251.39	83	南平	Nanping	159.53	289.23	322.30	48
镇江	Zhenjiang	81.53	132.89	137.78	176	龙岩	Longyan	128.89	200.62	223.39	98
泰州	Taizhou	151.65	218.93	240.00	86	宁德	Ningde	136.61	253.09	285.97	62
宿迁	Suqian	187.09	258.11	275.23	70	**江西**	**Jiangxi**	**1206.98**	**1772.98**	**1904.53**	
浙江	**Zhejiang**	**1360.56**	**1832.91**	**1965.18**		南昌	Nanchang	120.56	171.26	186.28	132
杭州	Hangzhou	208.41		304.21	53	景德镇	Jingdezhen	38.09	57.22	50.77	263
宁波	Ningbo	219.13		302.06	55	萍乡	Pingxiang	42.32	62.83	56.97	254
温州	Wenzhou	93.69		139.56	175	九江	Jiujiang	98.04	140.75	173.35	143
嘉兴	Jiaxing	127.00		136.91	178	新余	Xinyu	37.88	55.95	63.74	242
湖州	Huzhou	104.22		127.42	188	鹰潭	Yingtan	32.81	49.40	50.05	264
绍兴	Shaoxing	149.67		207.66	110	赣州	Ganzhou	211.89	295.56	334.42	43
金华	Jinhua	108.03		148.32	170	吉安	Jian	143.00	217.40	253.95	81
衢州	Quzhou	64.68		88.23	226	宜春	Yichun	164.92	236.04	276.08	68
舟山	Zhoushan	62.02		126.71	190	抚州	Fuzhou	119.84	181.81	221.36	102
台州	Taizhou	160.42		254.14	80	上饶	Shangrao	151.90	222.80	237.56	89
丽水	Lishui	62.93		95.63	222	**山东**	**Shandong**	**3588.28**	**4979.08**	**4929.13**	
安徽	**Anhui**	**1729.02**	**2456.69**	**2567.72**		济南	Jinan	215.17	305.39	317.31	49
合肥	Hefei	132.74	263.43	270.17	72	青岛	Qingdao	276.99	363.98	371.01	31
芜湖	Wuhu	49.04	120.02	126.90	189	淄博	Zibo	105.30	144.88	150.69	167
蚌埠	Bengbu	121.16	188.55	200.01	121	枣庄	Zaozhuang	117.56	154.11	162.06	152
淮南	Huainan	47.59	111.51	118.41	197	东营	Dongying	87.38	117.75	121.89	195
马鞍山	Maanshan	28.53	79.46	83.79	230	烟台	Yantai	334.49	440.85	467.51	13
淮北	Huaibei	40.46	59.33	61.56	246	潍坊	Weifang	330.51	455.15	475.32	11
铜陵	Tongling	9.65	47.24	48.95	267	济宁	Jining	320.41	454.19	480.45	10
安庆	Anqing	156.32	185.93	192.16	126	泰安	Taian	195.31	269.05	280.93	64
黄山	Huangshan	39.44	55.11	56.40	255	威海	Weihai	153.94	217.14	229.34	94
滁州	Chuzhou	148.42	221.53	225.52	96	日照	Rizhao	100.26	140.60	146.97	171
阜阳	Fuyang	197.34	286.28	302.33	54	莱芜	Laiwu	38.61	52.72	55.12	259
宿州	Suzhou	181.46	268.26	260.18	79	临沂	Linyi	264.01	346.49	358.95	36
六安	Liuan	159.36	180.46	189.37	128	德州	Dezhou	210.51	283.71	296.23	59
亳州	Bozhou	137.15	195.04	206.17	112	聊城	Liaocheng	221.64	316.39	338.11	41

3-2 第一产业增加值 续表 2

Gross Regional Product by Primary Industry continued 2

单位：亿元 (100 million yuan)

地名	City	2010	2015	2016	2016 排名 Ranking	地名	City	2010	2015	2016	2016 排名 Ranking
滨州	Binzhou	155.48	217.53	232.21	91	常德	Changde	280.10	355.20	383.24	29
菏泽	Heze	220.18	270.09	280.62	65	张家界	Zhangjiajie	31.23	51.83	56.35	256
河南	**Henan**	**3258.09**	**4209.56**	**4286.21**		益阳	Yiyang	162.36	251.41	272.39	71
郑州	Zhengzhou	124.56	150.92	156.35	157	郴州	Chenzhou	126.75	196.53	216.16	106
开封	Kaifeng	219.31	283.90	287.72	61	永州	Yongzhou	190.56	308.57	326.73	45
洛阳	Luoyang	187.62	236.39	234.00	90	怀化	Huaihua	97.43	184.36	200.49	120
平顶山	Pingdingshan	114.72	167.04	176.75	140	娄底	Loudi	99.80	189.19	206.07	113
安阳	Anyang	159.07	204.71	212.44	109	**广东**	**Guangdong**	**2286.98**	**3345.54**	**3694.37**	
鹤壁	Hebi	48.83	61.85	61.99	244	广州	Guangzhou	188.56	226.84	239.28	87
新乡	Xinxiang	157.15	222.77	222.89	100	韶关	Shaoguan	95.90	151.68	167.61	149
焦作	Jiaozuo	101.30	137.10	133.95	182	深圳	Shenzhen	6.47	6.65	7.17	282
濮阳	Puyang	107.62	157.48	161.87	153	珠海	Zhuhai	32.36	45.11	43.53	269
许昌	Xuchang	149.96	169.58	162.48	150	汕头	Shantou	64.53	96.71	107.23	209
漯河	Luohe	86.66	106.41	113.87	200	佛山	Foshan	105.40	136.45	145.31	172
三门峡	Sanmenxia	70.00	118.47	123.50	194	江门	Jiangmen	117.03	174.50	188.97	129
南阳	Nanyang	401.18	501.65	515.50	5	湛江	Zhanjiang	289.31	454.67	497.58	7
商丘	Shangqiu	299.51	376.97	386.26	28	茂名	Maoming	274.52	387.41	435.94	18
信阳	Xinyang	288.04	453.86	446.05	17	肇庆	Zhaoqing	190.26	288.29	317.07	50
周口	Zhoukou	365.64	454.02	457.63	15	惠州	Huizhou	102.38	151.54	171.66	144
驻马店	Zhumadian	290.67	402.52	412.86	23	梅州	Meizhou	124.24	188.49	207.01	111
湖北	**Hubei**	**2147.00**	**3309.84**	**3659.33**		汕尾	Shanwei	77.59	118.04	129.75	184
武汉	Wuhan	170.04	359.81	390.62	27	河源	Heyuan	60.44	94.01	100.81	214
黄石	Huangshi	53.63	108.56	114.07	199	阳江	Yangjiang	140.28	205.33	219.02	105
十堰	Shiyan	77.80	157.48	173.40	142	清远	Qingyuan	119.98	192.52	213.67	107
宜昌	Yichang	176.50	361.40	398.89	24	东莞	Dongguan	16.57	21.03	24.20	276
襄阳	Xiangyang	234.70	402.14	430.90	19	中山	Zhongshan	50.74	66.48	68.26	238
鄂州	Ezhou	51.45	84.66	97.21	218	潮州	Chaozhou	40.34	64.27	70.41	237
荆门	Jingmen	145.10	200.86	213.15	108	揭阳	Jieyang	110.86	167.69	188.51	130
孝感	Xiaogan	171.18	259.45	281.52	63	云浮	Yunfu	100.74	149.11	156.87	156
荆州	Jingzhou	231.07	353.01	382.72	30	**广西**	**Guangxi**	**1675.06**	**2565.45**	**2796.80**	
黄冈	Huanggang	246.96	379.62	395.30	26	南宁	Nanning	244.43	371.10	395.93	25
咸宁	Xianning	100.98	178.59	184.34	134	柳州	Liuzhou	109.48	167.10	179.46	137
随州	Suizhou	86.57	132.31	140.54	173	桂林	Guilin	203.31	339.59	361.27	35
湖南	**Hunan**	**2325.50**	**3331.62**	**3578.37**		梧州	Wuzhou	79.96	122.44	131.31	183
长沙	Changsha	202.01	341.78	370.95	32	北海	Beihai	87.17	159.35	174.76	141
株洲	Zhuzhou	123.85	179.54	197.17	124	防城港	Fangchenggang	47.43	75.49	82.60	231
湘潭	Xiangtan	96.04	140.63	150.90	166	钦州	Qinzhou	132.21	204.37	220.10	103
衡阳	Hengyang	264.42	395.84	430.61	20	贵港	Guigang	108.05	173.95	190.01	127
邵阳	Shaoyang	173.71	299.38	326.81	44	玉林	Yulin	171.73	259.14	278.16	67
岳阳	Yueyang	215.53	317.33	345.84	38	百色	Baise	105.21	169.38	182.25	136

3-2 第一产业增加值 续表 3
Gross Regional Product by Primary Industry continued 3

单位：亿元 (100 million yuan)

地名	City	2010	2015	2016	2016 排名 Ranking
贺州	Hezhou	63.68	103.14	111.44	202
河池	Hechi	97.87	140.81	150.99	165
来宾	Laibin	97.83	136.83	148.60	169
崇左	Chongzuo	114.85	155.06	167.66	148
海南	**Hainan**	**539.83**	**854.72**	**948.35**	
海口	Haikou	45.99	57.09	63.91	241
三亚	Sanya	38.38	59.85	66.80	240
三沙	Sansha				
重庆	**Chongqing**	**685.38**	**1150.15**	**1303.24**	
四川	**Sichuan**	**2482.89**	**3677.30**	**3929.33**	
成都	Chengdu	285.09	373.15	474.94	12
自贡	Zigong	84.68	127.97	136.13	179
攀枝花	Panzhihua	21.49	31.31	34.25	272
泸州	Luzhou	108.81	167.84	178.07	139
德阳	Deyang	152.39	208.18	219.52	104
绵阳	Mianyang	166.49	260.05	280.29	66
广元	Guangyuan	76.52	99.76	106.44	210
遂宁	Suining	109.39	141.66	153.62	160
内江	Neijiang	112.39	191.15	204.52	116
乐山	Leshan	100.08	142.50	153.27	161
南充	Nanchong	201.62	335.46	354.98	37
眉山	Meishan	103.80	159.64	169.45	147
宜宾	Yibin	133.84	216.35	231.99	93
广安	Guangan	109.91	163.31	170.23	146
达州	Dazhou	194.99	290.82	310.02	51
雅安	Yaan	49.97	72.44	76.58	233
巴中	Bazhong	81.65	83.98	89.92	225
资阳	Ziyang	151.81	250.88	155.34	158
贵州	**Guizhou**	**625.03**	**1640.61**	**1846.19**	
贵阳	Guiyang	57.10	129.89	137.14	177
六盘水	Liupanshui	29.22	114.51	125.49	192
遵义	Zunyi	140.22	349.27	370.48	33
安顺	Anshun	40.30	113.10	124.07	193
毕节	Bijie	124.37	324.71	344.43	40
铜仁	Tongren	95.43	191.10	202.70	117
云南	**Yunnan**	**1108.38**	**2055.78**	**2195.11**	
昆明	Kunming	120.30	188.10	200.51	119
曲靖	Qujing	183.52	317.15	335.56	42
玉溪	Yuxi	69.60	126.60	135.02	181
保山	Baoshan	79.00	141.97	151.32	164
昭通	Zhaotong	74.45	140.65	149.44	168
丽江	Lijiang	26.00	44.57	47.34	268
普洱	Puer	73.66	143.13	152.26	163
临沧	Lincang	71.48	145.34	154.67	159
西藏	**Tibet**	**68.13**	**98.04**	**115.78**	
拉萨	Lasa	9.14	13.80	15.12	280
陕西	**Shaanxi**	**988.45**	**1597.63**	**1693.85**	
西安	Xi'an	140.06	220.20	232.10	92
铜川	Tongchuan	14.18	22.76	23.91	277
宝鸡	Baoji	104.20	165.13	171.46	145
咸阳	Xianyang	203.29	328.78	345.32	39
渭南	Weinan	128.94	213.92	224.81	97
延安	Yan'an	71.19	110.88	117.62	198
汉中	Hanzhong	110.39	191.53	205.74	114
榆林	Yulin	92.16	143.69	162.44	151
安康	Ankang	67.07	96.06	100.12	216
商洛	Shangluo	58.05	91.75	96.65	219
甘肃	**Gansu**	**599.28**	**954.09**	**983.39**	
兰州	Lanzhou	33.79	56.22	60.36	248
嘉峪关	Jiayuguan	2.46	4.18	4.44	285
金昌	Jinchang	11.18	17.98	20.72	279
白银	Baiyin	37.64	59.03	61.98	245
天水	Tianshui	60.18	97.49	100.39	215
武威	Wuwei	60.45	99.79	108.27	207
张掖	Zhangye	62.33	95.02	102.42	213
平凉	Pingliang	50.59	94.21	103.00	212
酒泉	Jiuquan	54.19	78.59	87.19	227
庆阳	Qingyang	51.02	82.25	85.49	228
定西	Dingxi	47.72	76.97	78.75	232
陇南	Longnan	44.55	70.31	73.86	234
青海	**Qinghai**	**134.92**	**208.93**	**221.19**	
西宁	Xining	24.47		39.15	270
海东	Haidong			54.97	260
宁夏	**Ningxia**	**159.29**	**237.76**	**241.60**	
银川	Yinchuan	40.29	58.62	58.61	252
石嘴山	Shizuishan	17.99	26.24	26.09	275
吴忠	Wuzhong	37.18	54.90	55.34	258
固原	Guyuan	30.86	45.27	49.09	266
中卫	Zhongwei	32.97	52.73	52.49	262
新疆	**Xinjiang**	**1078.63**	**1559.08**	**1648.97**	
乌鲁木齐	Urumqi	19.94	31.64	28.14	274
克拉玛依	Karamay	3.52	5.14	5.32	283

3-3 第二产业生产总值
Gross Regional Product by Secondary Industry

单位：亿元 (100 million yuan)

地名	City	2010	2015	2016	2016 排名 Ranking
全国	**Nation Total**	**191629.8**	**2824040.3**	**296236.0**	
北京	**Beijing**	**3388.40**	**4542.60**	**4944.44**	
天津	**Tianjin**	**4840.23**	**7704.22**	**7571.35**	
河北	**Hebei**	**10707.68**	**14386.87**	**15256.93**	
石家庄	Shijiazhuang	1653.76	2452.39	2693.92	22
唐山	Tangshan	2598.40	3364.52	3499.91	15
秦皇岛	Qinhuangdao	367.79	445.09	468.63	198
邯郸	Handan	1280.30	1483.36	1600.22	56
邢台	Xingtai	674.06	793.68	925.80	106
保定	Baoding	1057.87	1645.67	1681.92	52
张家口	Zhangjiakou	415.18	545.58	547.17	173
承德	Chengde	453.70	636.42	658.78	152
沧州	Cangzhou	1115.22	1646.42	1757.78	48
廊坊	Langfang	723.81	1102.41	1203.82	78
衡水	Hengshui	396.00	563.09	668.33	148
山西	**Shanxi**	**5234.00**	**5194.27**	**5028.99**	
太原	Taiyuan	798.49	1020.18	1067.49	89
大同	Datong	338.82	440.02	374.59	223
阳泉	Yangquan	255.31	296.81	299.17	239
长治	Changzhi	601.67	611.12	646.94	154
晋城	Jincheng	464.64	575.68	554.36	171
朔州	Shuozhou	379.01	406.31	395.22	218
晋中	Jinzhong	418.27	458.13	468.65	197
运城	Yuncheng	365.29	400.45	443.85	209
忻州	Xinzhou	195.08	304.50	315.90	235
临汾	Linfen	519.28	563.44	561.11	167
吕梁	Lvliang	585.07	544.01	555.27	170
内蒙古	**Inner Mongolia**	**6367.69**	**9000.58**	**8553.63**	
呼和浩特	Hohhot	678.95	867.08	884.43	112
包头	Baotou	1331.45	1800.64	1822.15	46
乌海	Wuhai	280.52	319.14	323.76	231
赤峰	Chifeng	556.58	882.59	908.57	109
通辽	Tongliao	689.71	948.71	977.68	100
鄂尔多斯	Erdos	1551.43	2400.01	2461.38	27
呼伦贝尔	Hulunbuir	392.60	710.97	724.02	134
巴彦淖尔	Bayannur	339.68	450.55	463.41	200
乌兰察布	Ulanqab	296.74	443.84	460.28	202
辽宁	**Liaoning**	**9976.80**	**13041.97**	**8606.54**	
沈阳	Shenyang	2529.93	3474.18	2151.56	35
大连	Dalian	2624.49	3348.74	2849.85	21
鞍山	Anshan	1154.37	1102.87	523.97	181
抚顺	Fushun	525.46	594.47	435.82	211
本溪	Benxi	536.01	599.02	333.25	230
丹东	Dandong	373.19	402.94	231.14	248
锦州	Jinzhou	434.55	568.78	353.26	227
营口	Yingkou	554.67	727.32	471.46	196
阜新	Fuxin	158.46	200.81	110.79	271
辽阳	Liaoyang	465.14	568.47	272.23	242
盘锦	Panjin	616.49	671.99	449.25	207
铁岭	Tieling	381.03	235.51	192.00	259
朝阳	Chaoyang	332.55	259.57	175.84	264
葫芦岛	Huludao	247.02	296.29	224.99	250
吉林	**Jilin**	**4506.31**	**7005.71**	**7004.95**	
长春	Changchun	1719.90	2770.98	2957.31	20
吉林	Jilin	896.02	1087.52	1055.57	92
四平	Siping	333.24	534.48	468.47	199
辽源	Liaoyuan	230.41	417.29	437.66	210
通化	Tonghua	326.85	512.00	451.99	204
白山	Baishan	260.31	379.11	379.15	222
松原	Songyuan	568.10	721.62	692.06	141
白城	Baicheng	201.50	318.60	312.24	236
黑龙江	**Heilongjiang**	**5204.11**	**4798.10**	**4400.69**	
哈尔滨	Harbin	1384.55	1862.80	1896.70	43
齐齐哈尔	Qiqihar	357.74	394.30	408.80	214
鸡西	Jixi	177.50	133.60	125.80	269
鹤岗	Hegang	116.96	79.40	79.00	279
双鸭山	Shuangyashan	177.48	98.70	96.60	275
大庆	Daqing	2385.06	1935.70	1463.40	61
伊春	Yichun	79.46	51.20	49.50	285
佳木斯	Jiamusi	133.88	178.30	181.50	262
七台河	Qitaihe	201.98	78.20	79.10	278
牡丹江	Mudanjiang	303.15	454.60	472.70	195
黑河	Heihe	44.71	67.90	70.40	282
绥化	Suihua	181.47	334.00	335.60	229
上海	**Shanghai**	**7218.32**	**7991.00**	**8406.28**	
江苏	**Jiangsu**	**21753.93**	**32044.45**	**34619.50**	

注：本表按当年价格计算。

Note: Data in this table are calculated at current prices.

3-3 第二产业生产总值 续表 1

Gross Regional Product by Secondary Industry continued 1

单位：亿元 (100 million yuan)

地名	City	2010	2015	2016	2016 排名 Ranking
南京	Nanjing	2327.86	3919.77	4117.32	12
无锡	Wuxi	3208.79	4197.43	4346.78	9
徐州	Xuzhou	1490.92	2355.06	2513.85	26
常州	Changzhou	1683.68	2516.04	2682.46	23
苏州	Suzhou	5253.81	7045.12	7277.46	2
南通	Nantong	1908.56	2977.53	3170.30	19
连云港	Lianyungang	545.07	959.00	1049.90	94
淮安	Huaian	647.10	1176.66	1268.15	73
盐城	Yancheng	1096.55	1923.47	2050.02	38
扬州	Yangzhou	1229.34	2012.10	2197.63	33
镇江	Zhenjiang	1120.63	1726.96	1870.40	44
泰州	Taizhou	1125.85	1811.04	1933.89	42
宿迁	Suqian	479.14	1031.33	1139.97	83
浙江	**Zhejiang**	**14297.93**	**19711.67**	**21194.61**	
杭州	Hangzhou	2844.07		4120.93	11
宁波	Ningbo	2870.69		4455.34	8
温州	Wenzhou	1533.46		2096.45	37
嘉兴	Jiaxing	1339.57		2010.50	40
湖州	Huzhou	715.01		1099.47	85
绍兴	Shaoxing	1566.61		2398.27	28
金华	Jinhua	1086.02		1643.43	55
衢州	Quzhou	414.46		564.58	166
舟山	Zhoushan	293.29		510.04	187
台州	Taizhou	1254.33		1695.80	50
丽水	Lishui	328.60		543.42	175
安徽	**Anhui**	**6436.62**	**10946.83**	**11821.58**	
合肥	Hefei	1456.64	2977.28	3181.24	17
芜湖	Wuhu	722.79	1405.43	1506.32	58
蚌埠	Bengbu	300.95	600.98	609.12	158
淮南	Huainan	388.82	433.33	454.63	203
马鞍山	Maanshan	563.55	773.62	827.49	117
淮北	Huaibei	298.37	441.57	450.21	206
铜陵	Tongling	339.50	562.93	569.59	165
安庆	Anqing	518.96	685.78	727.18	133
黄山	Huangshan	135.41	211.75	224.23	251
滁州	Chuzhou	342.01	657.01	707.23	137
阜阳	Fuyang	282.76	516.38	557.78	168
宿州	Suzhou	246.43	468.85	512.83	185
六安	Liuan	285.78	468.37	490.63	193
亳州	Bozhou	191.56	370.18	404.93	215
池州	Chizhou	140.23	251.33	257.84	243
宣城	Xuancheng	248.20	473.33	502.17	191
福建	**Fujian**	**7522.83**	**13064.82**	**14093.47**	
福州	Fuzhou	1401.92	2449.55	2590.43	24
厦门	Xiamen	1024.51	1511.28	1544.59	57
莆田	Putian	477.10	949.29	1022.45	97
三明	Sanming	480.22	875.16	932.20	105
泉州	Quanzhou	2144.86	3679.70	3886.68	13
漳州	Zhangzhou	652.04	1343.12	1461.11	63
南平	Nanping	304.79	578.09	614.24	157
龙岩	Longyan	527.69	914.82	966.67	103
宁德	Ningde	317.22	759.96	806.70	120
江西	**Jiangxi**	**5122.88**	**8411.57**	**8829.54**	
南昌	Nanchang	1252.04	2179.96	2307.70	31
景德镇	Jingdezhen	280.51	437.58	461.71	201
萍乡	Pingxiang	329.46	517.29	531.71	177
九江	Jiujiang	579.71	1014.59	1045.08	95
新余	Xinyu	403.36	527.93	539.57	176
鹰潭	Yingtan	216.51	379.57	400.35	216
赣州	Ganzhou	496.70	870.46	918.99	107
吉安	Jian	363.74	657.23	637.12	155
宜春	Yichun	492.22	838.60	803.17	122
抚州	Fuzhou	314.47	549.30	516.78	183
上饶	Shangrao	459.18	803.38	851.16	116
山东	**Shandong**	**21238.49**	**29485.90**	**31343.67**	
济南	Jinan	1637.45	2307.00	2368.90	29
青岛	Qingdao	2758.62	4026.46	4160.67	10
淄博	Zibo	1766.57	2228.83	2315.48	30
枣庄	Zaozhuang	818.37	1070.19	1097.91	86
东营	Dongying	1712.20	2230.61	2163.10	34
烟台	Yantai	2566.49	3323.46	3461.66	16
潍坊	Weifang	1720.28	2490.75	2559.77	25
济宁	Jining	1356.47	1896.13	1949.67	41
泰安	Taian	1099.45	1461.82	1485.50	59
威海	Weihai	1087.03	1422.22	1463.35	62
日照	Rizhao	561.55	813.06	851.94	115
莱芜	Laiwu	330.18	344.16	352.36	228
临沂	Linyi	1206.29	1687.10	1736.25	49
德州	Dezhou	899.55	1358.00	1403.17	66
聊城	Liaocheng	924.09	1360.25	1414.66	65

3-3 第二产业生产总值 续表 2
Gross Regional Product by Secondary Industry continued 2

单位：亿元 (100 million yuan)

地名	City	2010	2015	2016	2016 排名 Ranking	地名	City	2010	2015	2016	2016 排名 Ranking
滨州	Binzhou	847.31	1150.17	1142.77	82	常德	Changde	685.25	1237.48	1257.17	74
菏泽	Heze	648.54	1267.43	1312.55	72	张家界	Zhangjiajie	60.07	101.89	104.76	273
河南	**Henan**	**13226.38**	**17917.37**	**19275.82**		益阳	Yiyang	288.41	570.31	593.67	162
郑州	Zhengzhou	2269.91	3604.15	3796.93	14	郴州	Chenzhou	594.42	1099.69	1147.49	81
开封	Kaifeng	400.65	657.40	712.93	136	永州	Yongzhou	278.63	518.02	550.79	172
洛阳	Luoyang	1396.21	1695.05	1791.32	47	怀化	Huaihua	288.90	532.68	527.24	180
平顶山	Pingdingshan	869.43	853.76	895.05	111	娄底	Loudi	364.86	650.12	668.15	149
安阳	Anyang	809.29	926.81	971.02	102	**广东**	**Guangdong**	**23014.53**	**32613.54**	**35109.66**	
鹤壁	Hebi	301.95	468.25	503.25	189	广州	Guangzhou	4002.27	5726.08	5751.59	3
新乡	Xinxiang	686.48	982.71	1074.01	88	韶关	Shaoguan	285.38	431.06	446.40	208
焦作	Jiaozuo	855.31	1150.96	1241.89	75	深圳	Shenzhen	4523.37	7207.94	7780.45	1
濮阳	Puyang	515.33	751.19	793.85	123	珠海	Zhuhai	662.01	1007.30	1079.89	87
许昌	Xuchang	901.98	1280.89	1398.54	67	汕头	Shantou	678.22	961.70	1051.03	93
漯河	Luohe	474.58	624.75	674.62	147	佛山	Foshan	3542.49	4839.47	5146.02	6
三门峡	Sanmenxia	599.18	727.90	748.93	130	江门	Jiangmen	872.21	1084.73	1150.77	80
南阳	Nanyang	1017.07	1268.72	1364.35	69	湛江	Zhanjiang	577.60	908.06	985.88	99
商丘	Shangqiu	532.13	757.24	823.83	119	茂名	Maoming	590.76	1000.15	1058.68	91
信阳	Xinyang	460.87	750.07	805.87	121	肇庆	Zhaoqing	456.67	990.23	999.43	98
周口	Zhoukou	557.90	959.61	1040.23	96	惠州	Huizhou	1019.57	1726.14	1837.53	45
驻马店	Zhumadian	441.28	720.25	773.94	126	梅州	Meizhou	252.43	351.83	369.13	224
湖北	**Hubei**	**7767.24**	**13503.56**	**14654.38**		汕尾	Shanwei	212.68	348.70	368.69	225
武汉	Wuhan	2532.82	4981.54	5227.05	4	河源	Heyuan	244.45	370.32	391.42	220
黄石	Huangshi	394.91	679.88	721.47	135	阳江	Yangjiang	271.63	564.09	520.84	182
十堰	Shiyan	402.10	636.11	681.59	144	清远	Qingyuan	616.38	484.80	508.30	188
宜昌	Yichang	890.12	1986.37	2122.74	36	东莞	Dongguan	2160.82	2922.05	3173.24	18
襄阳	Xiangyang	798.20	1922.92	2046.77	39	中山	Zhongshan	1074.10	1632.70	1677.26	53
鄂州	Ezhou	231.35	422.44	434.58	212	潮州	Chaozhou	309.34	484.28	502.78	190
荆门	Jingmen	353.13	729.66	789.51	125	揭阳	Jieyang	579.03	1126.51	1118.39	84
孝感	Xiaogan	360.93	705.76	756.40	129	云浮	Yunfu	165.12	303.49	322.08	233
荆州	Jingzhou	325.33	695.12	736.39	132	**广西**	**Guangxi**	**4511.68**	**7717.52**	**8273.66**	
黄冈	Huanggang	328.16	618.42	654.05	153	南宁	Nanning	651.88	1345.15	1426.50	64
咸宁	Xianning	241.96	500.47	527.81	179	柳州	Liuzhou	839.96	1300.11	1361.81	70
随州	Suizhou	181.66	376.20	398.44	217	桂林	Guilin	492.35	900.98	916.74	108
湖南	**Hunan**	**7343.19**	**12810.82**	**13341.17**		梧州	Wuzhou	341.23	623.96	679.35	145
长沙	Changsha	2437.03	4333.58	4513.28	7	北海	Beihai	167.88	450.13	516.14	184
株洲	Zhuzhou	736.86	1337.10	1318.27	71	防城港	Fangchenggang	159.77	353.00	386.26	221
湘潭	Xiangtan	499.38	933.79	976.11	101	钦州	Qinzhou	218.51	381.75	481.90	194
衡阳	Hengyang	645.73	1161.02	1152.16	79	贵港	Guigang	248.25	348.50	393.20	219
邵阳	Shaoyang	278.02	508.05	543.74	174	玉林	Yulin	373.39	635.83	665.03	150
岳阳	Yueyang	834.23	1446.83	1469.10	60	百色	Baise	313.98	511.68	594.73	161

3-3 第二产业生产总值 续表 3
Gross Regional Product by Secondary Industry continued 3

单位：亿元 (100 million yuan)

地名	City	2010	2015	2016	2016 排名 Ranking	地名	City	2010	2015	2016	2016 排名 Ranking
贺州	Hezhou	139.57	188.68	211.55	255	丽江	Lijiang	55.10	115.20	120.34	270
河池	Hechi	216.29	200.01	199.82	257	普洱	Puer	83.78	178.88	195.40	258
来宾	Laibin	192.35	218.05	220.20	252	临沧	Lincang	76.18	169.80	185.77	261
崇左	Chongzuo	149.11	274.61	310.69	237	**西藏**	**Tibet**	**164.03**	**376.19**	**429.17**	
海南	**Hainan**	**571.00**	**875.82**	**905.95**		拉萨	Lasa	55.76	140.95	162.80	266
海口	Haikou	148.81	223.67	233.56	247	**陕西**	**Shaanxi**	**5446.10**	**9082.13**	**9490.72**	
三亚	Sanya	50.22	89.53	94.45	276	西安	Xi'an	1406.72	2126.29	2200.36	32
三沙	Sansha					铜川	Tongchuan	116.50	170.31	159.76	267
重庆	**Chongqing**	**4359.12**	**7069.37**	**7898.92**		宝鸡	Baoji	614.42	1141.43	1227.06	76
四川	**Sichuan**	**8672.18**	**13248.08**	**13448.92**		咸阳	Xianyang	573.27	1230.41	1385.00	68
成都	Chengdu	2480.90	4723.49	5201.99	5	渭南	Weinan	394.55	697.70	685.20	143
自贡	Zigong	370.84	664.42	695.37	140	延安	Yan'an	635.49	724.79	574.20	164
攀枝花	Panzhihua	386.63	661.03	702.72	139	汉中	Hanzhong	199.50	459.02	495.03	192
泸州	Luzhou	403.71	806.74	875.77	114	榆林	Yulin	1205.77	1523.68	1684.69	51
德阳	Deyang	532.72	903.27	946.41	104	安康	Ankang	130.95	403.39	450.64	205
绵阳	Mianyang	468.27	858.93	876.04	113	商洛	Shangluo	117.82	318.60	364.88	226
广元	Guangyuan	125.67	285.53	307.41	238	**甘肃**	**Gansu**	**1984.97**	**2494.77**	**2515.56**	
遂宁	Suining	254.69	514.32	530.18	178	兰州	Lanzhou	529.18	782.65	790.10	124
内江	Neijiang	419.53	717.78	741.62	131	嘉峪关	Jiayuguan	147.76	108.36	60.32	284
乐山	Leshan	442.45	767.05	761.01	127	金昌	Jinchang	166.91	130.70	104.14	274
南充	Nanchong	401.57	741.11	760.63	128	白银	Baiyin	171.12	194.25	178.11	263
眉山	Meishan	303.31	578.14	586.95	163	天水	Tianshui	113.27	185.55	189.98	260
宜宾	Yibin	519.21	889.89	907.17	110	武威	Wuwei	91.54	152.54	170.74	265
广安	Guangan	259.25	520.19	557.01	169	张掖	Zhangye	75.40	109.84	110.13	272
达州	Dazhou	409.39	657.52	601.20	159	平凉	Pingliang	108.79	96.95	91.06	277
雅安	Yaan	157.83	280.92	291.26	240	酒泉	Jiuquan	210.21	201.89	202.22	256
巴中	Bazhong	94.97	233.81	253.94	244	庆阳	Qingyang	214.86	321.26	285.47	241
资阳	Ziyang	348.40	702.93	511.46	186	定西	Dingxi	39.17	66.49	75.44	280
贵州	**Guizhou**	**1800.06**	**4147.83**	**4669.53**		陇南	Longnan	48.51	72.93	73.32	281
贵阳	Guiyang	456.95	1108.52	1218.79	77	**青海**	**Qinghai**	**744.63**	**1207.31**	**1249.98**	
六盘水	Liupanshui	303.22	614.14	660.00	151	西宁	Xining	320.76		595.64	160
遵义	Zunyi	379.69	970.75	1063.00	90	海东	Haidong			211.98	254
安顺	Anshun	88.60	207.62	227.12	249	**宁夏**	**Ningxia**	**827.91**	**1379.60**	**1488.44**	
毕节	Bijie	259.73	566.56	617.87	156	银川	Yinchuan	400.24	780.78	825.61	118
铜仁	Tongren	77.22	221.21	243.41	246	石嘴山	Shizuishan	187.05	308.33	323.56	232
云南	**Yunnan**	**3223.49**	**5416.12**	**5690.16**		吴忠	Wuzhong	110.64	226.95	250.50	245
昆明	Kunming	960.86	1586.38	1660.11	54	固原	Guyuan	22.68	57.20	61.13	283
曲靖	Qujing	526.67	642.23	674.91	146	中卫	Zhongwei	70.66	141.10	149.11	268
玉溪	Yuxi	457.88	683.90	685.34	142	**新疆**	**Xinjiang**	**2592.15**	**3596.40**	**3647.01**	
保山	Baoshan	80.50	192.05	213.03	253	乌鲁木齐	Urumqi	600.41	787.37	704.08	138
昭通	Zhaotong	174.82	308.13	322.06	234	克拉玛依	Karamay	638.42	410.53	431.92	213

3-4　第三产业生产总值

Gross Regional Product by Tertiary Industry

单位：亿元　　　　(100 million yuan)

地名	City	2010	2015	2016	2016 排名 Ranking	地名	City	2010	2015	2016	2016 排名 Ranking
全国	**Nation Total**	**182038.0**	**346149.7**	**384220.5**		沈阳	Shenyang	2254.86	3456.69	3128.54	20
北京	**Beijing**	**10600.80**	**18331.70**	**20594.90**		大连	Dalian	2188.57	3929.64	3497.57	17
天津	**Tianjin**	**4238.65**	**8625.15**	**10093.82**		鞍山	Anshan	877.63	1097.59	837.98	98
河北	**Hebei**	**7123.77**	**11979.79**	**13320.71**		抚顺	Fushun	314.88	523.99	370.95	206
石家庄	Shijiazhuang	1377.66	2493.77	2752.93	26	本溪	Benxi	281.01	498.65	365.70	207
唐山	Tangshan	1448.89	2169.47	2255.98	32	丹东	Dandong	255.61	425.28	392.29	201
秦皇岛	Qinhuangdao	435.99	627.72	684.78	122	锦州	Jinzhou	326.77	547.19	473.97	177
邯郸	Handan	773.31	1259.25	1343.68	61	营口	Yingkou	370.55	675.62	573.85	152
邢台	Xingtai	348.31	695.48	780.20	103	阜新	Fuxin	127.75	206.45	200.59	263
保定	Baoding	688.78	1221.43	1342.50	62	辽阳	Liaoyang	224.43	387.50	322.56	222
张家口	Zhangjiakou	398.30	574.29	652.81	132	盘锦	Panjin	228.31	463.48	441.97	185
承德	Chengde	295.85	486.67	542.01	157	铁岭	Tieling	198.92	300.28	257.58	248
沧州	Cangzhou	835.26	1354.77	1478.28	56	朝阳	Chaoyang	188.06	374.55	361.31	209
廊坊	Langfang	469.80	1165.28	1318.37	63	葫芦岛	Huludao	212.80	319.52	313.04	227
衡水	Hengshui	231.63	488.03	567.53	154	**吉林**	**Jilin**	**3111.12**	**5461.14**	**6273.33**	
山西	**Shanxi**	**3412.38**	**6789.06**	**7236.64**		长春	Changchun	1356.38	2415.81	2705.58	28
太原	Taiyuan	949.28	1677.77	1849.34	47	吉林	Jilin	710.20	1054.10	1157.59	73
大同	Datong	320.83	556.68	591.32	143	四平	Siping	234.84	381.49	423.53	191
阳泉	Yangquan	167.49	288.90	313.39	225	辽源	Liaoyuan	136.96	248.46	268.53	243
长治	Changzhi	278.32	526.03	562.18	155	通化	Tonghua	235.15	396.80	411.15	193
晋城	Jincheng	235.19	415.33	445.13	184	白山	Baishan	128.82	227.04	258.79	247
朔州	Shuozhou	250.60	439.28	466.56	181	松原	Songyuan	343.71	630.66	690.67	121
晋中	Jinzhong	280.60	482.11	514.11	170	白城	Baicheng	160.25	262.94	278.20	240
运城	Yuncheng	320.64	541.03	577.46	148	**黑龙江**	**Heilongjiang**	**3861.59**	**7652.10**	**8314.94**	
忻州	Xinzhou	193.15	313.01	336.93	218	哈尔滨	Harbin	1867.59	3215.90	3513.80	16
临汾	Linfen	304.29	506.68	548.11	156	齐齐哈尔	Qiqihar	330.65	569.50	614.70	135
吕梁	Lvliang	216.76	357.77	386.37	204	鸡西	Jixi	134.83	193.60	207.80	258
内蒙古	**Inner Mongolia**	**4209.03**	**7213.51**	**7937.08**		鹤岗	Hegang	67.65	92.80	94.60	283
呼和浩特	Hohhot	1095.43	2097.21	2175.67	35	双鸭山	Shuangyashan	98.61	169.10	182.30	269
包头	Baotou	1062.87	1820.24	1950.44	38	大庆	Daqing	419.99	852.80	959.50	87
乌海	Wuhai	107.13	235.95	243.58	252	伊春	Yichun	61.57	90.60	95.50	282
赤峰	Chifeng	352.28	701.72	732.30	113	佳木斯	Jiamusi	232.13	364.00	399.50	199
通辽	Tongliao	308.64	659.05	709.06	116	七台河	Qitaihe	80.83	100.20	105.70	281
鄂尔多斯	Erdos	1020.98	1727.15	1848.95	48	牡丹江	Mudanjiang	339.25	501.10	530.30	165
呼伦贝尔	Hulunbuir	357.02	621.38	648.40	133	黑河	Heihe	99.46	165.70	177.50	270
巴彦淖尔	Bayannur	144.59	271.23	293.83	234	绥化	Suihua	284.87	432.20	468.10	180
乌兰察布	Ulanqab	176.90	337.54	350.67	213	**上海**	**Shanghai**	**9833.51**	**17022.63**	**19662.90**	
辽宁	**Liaoning**	**6849.40**	**13243.02**	**11467.30**		**江苏**	**Jiangsu**	**17131.45**	**34085.88**	**38691.60**	

注：本表按当年价格计算。

Note: Data in this table are calculated at current prices.

3-4 第三产业生产总值 续表 1

Gross Regional Product by Tertiary Industry continued 1

单位：亿元 (100 million yuan)

地名	City	2010	2015	2016	2016 排名 Ranking
南京	Nanjing	2660.49	5571.61	6133.16	7
无锡	Wuxi	2479.57	4183.11	4728.05	9
徐州	Xuzhou	1168.40	2460.07	2751.79	27
常州	Changzhou	1261.43	2610.56	2938.73	23
苏州	Suzhou	3819.31	7243.24	7975.82	3
南通	Nantong	1290.89	2815.97	3231.24	19
连云港	Lianyungang	465.64	918.95	1025.02	82
淮安	Huaian	545.00	1260.76	1455.24	58
盐城	Yancheng	862.00	1772.50	1992.15	37
扬州	Yangzhou	838.78	1762.88	2000.36	36
镇江	Zhenjiang	785.48	1642.63	1825.66	49
泰州	Taizhou	771.22	1657.93	1927.89	42
宿迁	Suqian	397.86	836.75	935.92	89
浙江	**Zhejiang**	**12063.82**	**21341.91**	**24091.57**	
杭州	Hangzhou	2896.69		6888.59	4
宁波	Ningbo	2073.18		3929.10	12
温州	Wenzhou	1297.89		2865.55	24
嘉兴	Jiaxing	833.63		1714.70	53
湖州	Huzhou	482.50		1057.49	81
绍兴	Shaoxing	1078.93		2183.11	34
金华	Jinhua	915.99		1893.19	44
衢州	Quzhou	276.34		598.78	142
舟山	Zhoushan	289.00		604.45	140
台州	Taizhou	1011.70		1948.73	39
丽水	Lishui	271.76		571.19	153
安徽	**Anhui**	**4193.68**	**8602.11**	**10018.32**	
合肥	Hefei	1112.23	2419.57	2822.97	25
芜湖	Wuhu	336.80	931.87	1066.22	80
蚌埠	Bengbu	215.94	463.53	576.69	149
淮南	Huainan	167.77	356.24	390.80	203
马鞍山	Maanshan	218.64	512.22	582.48	145
淮北	Huaibei	122.81	259.49	287.26	239
铜陵	Tongling	117.55	301.43	338.72	215
安庆	Anqing	313.76	545.72	611.84	137
黄山	Huangshan	134.60	264.04	296.19	231
滁州	Chuzhou	205.22	427.15	490.08	175
阜阳	Fuyang	241.41	464.79	541.75	158
宿州	Suzhou	222.68	498.72	578.80	146
六安	Liuan	230.97	367.65	428.15	188
亳州	Bozhou	184.07	377.39	435.00	186
池州	Chizhou	114.91	222.84	260.04	246
宣城	Xuancheng	189.26	376.83	428.08	189
福建	**Fujian**	**5850.62**	**10796.90**	**12353.89**	
福州	Fuzhou	1438.76	2733.83	3114.96	21
厦门	Xiamen	1012.50	1930.82	2216.49	33
莆田	Putian	285.36	591.20	674.53	124
三明	Sanming	326.62	585.80	653.03	131
泉州	Quanzhou	1287.93	2279.55	2561.46	29
漳州	Zhangzhou	523.97	1053.36	1248.64	67
南平	Nanping	264.33	472.11	521.19	168
龙岩	Longyan	334.32	623.05	705.61	117
宁德	Ningde	284.78	474.31	530.44	164
江西	**Jiangxi**	**3121.40**	**6539.23**	**7764.93**	
南昌	Nanchang	834.50	1648.79	1907.68	43
景德镇	Jingdezhen	142.91	277.25	337.09	217
萍乡	Pingxiang	148.61	332.27	413.13	192
九江	Jiujiang	354.32	747.34	885.62	93
新余	Xinyu	189.98	362.92	432.89	187
鹰潭	Yingtan	95.57	210.29	263.15	245
赣州	Ganzhou	411.14	807.85	953.78	88
吉安	Jian	213.79	453.89	575.96	150
宜春	Yichun	212.87	546.38	702.71	118
抚州	Fuzhou	195.70	374.02	477.65	176
上饶	Shangrao	289.93	624.62	729.05	114
山东	**Shandong**	**14343.14**	**28537.35**	**31751.69**	
济南	Jinan	2057.90	3487.84	3849.91	14
青岛	Qingdao	2630.58	4909.63	5479.61	8
淄博	Zibo	994.89	1756.53	1945.84	40
枣庄	Zaozhuang	426.10	806.70	882.66	94
东营	Dongying	560.36	1102.28	1194.61	71
烟台	Yantai	1457.48	2681.77	2996.49	22
潍坊	Weifang	1040.13	2224.63	2487.59	30
济宁	Jining	865.94	1662.80	1871.70	46
泰安	Taian	756.92	1427.52	1550.36	54
威海	Weihai	703.73	1362.21	1519.51	55
日照	Rizhao	363.27	717.14	803.58	100
莱芜	Laiwu	177.54	268.95	295.28	232
临沂	Linyi	929.69	1729.58	1931.55	41
德州	Dezhou	547.76	1109.23	1233.59	69
聊城	Liaocheng	476.65	986.98	1106.41	75

3-4 第三产业生产总值 续表 2
Gross Regional Product by Tertiary Industry continued 2

单位：亿元 (100 million yuan)

地名	City	2010	2015	2016	2016 排名 Ranking	地名	City	2010	2015	2016	2016 排名 Ranking
滨州	Binzhou	548.73	987.63	1095.12	78	常德	Changde	526.22	1116.34	1313.41	64
菏泽	Heze	358.37	863.44	967.07	85	张家界	Zhangjiajie	151.18	293.98	332.00	219
河南	**Henan**	**6607.89**	**14875.23**	**16909.76**		益阳	Yiyang	261.51	532.69	627.12	134
郑州	Zhengzhou	1646.43	3556.45	4160.68	11	郴州	Chenzhou	360.59	715.85	840.47	97
开封	Kaifeng	307.20	664.54	754.45	109	永州	Yongzhou	297.82	591.58	693.81	120
洛阳	Luoyang	736.42	1537.58	1794.80	51	怀化	Huaihua	288.59	556.20	660.51	129
平顶山	Pingdingshan	326.68	665.20	753.34	110	娄底	Loudi	214.05	452.34	523.95	167
安阳	Anyang	347.22	740.82	846.39	96	**广东**	**Guangdong**	**20711.55**	**36853.47**	**42050.88**	
鹤壁	Hebi	78.34	185.55	206.55	260	广州	Guangzhou	6557.45	12147.49	13556.57	1
新乡	Xinxiang	346.31	769.55	870.07	95	韶关	Shaoguan	301.82	567.23	604.38	141
焦作	Jiaozuo	289.32	638.02	719.24	115	深圳	Shenzhen	5051.67	10288.28	11704.97	2
濮阳	Puyang	152.45	419.68	493.84	172	珠海	Zhuhai	514.23	973.00	1102.96	76
许昌	Xuchang	264.55	720.69	816.69	99	汕头	Shantou	466.22	809.62	922.72	92
漯河	Luohe	119.26	261.43	293.43	235	佛山	Foshan	2003.63	3028.00	3338.68	18
三门峡	Sanmenxia	205.23	404.67	453.43	183	江门	Jiangmen	581.18	980.80	1079.05	79
南阳	Nanyang	535.11	1096.45	1235.12	68	湛江	Zhanjiang	538.15	1017.29	1100.97	77
商丘	Shangqiu	312.16	677.96	779.06	104	茂名	Maoming	626.81	1058.08	1142.12	74
信阳	Xinyang	342.93	675.74	785.87	102	肇庆	Zhaoqing	438.94	691.49	767.52	106
周口	Zhoukou	304.77	676.07	766.00	107	惠州	Huizhou	608.00	1262.35	1402.98	60
驻马店	Zhumadian	321.77	684.93	786.19	101	梅州	Meizhou	236.19	419.46	469.43	179
湖北	**Hubei**	**6053.37**	**12736.79**	**14351.67**		汕尾	Shanwei	174.81	295.33	330.05	220
武汉	Wuhan	2812.90	5564.25	6294.94	6	河源	Heyuan	170.26	345.75	406.49	195
黄石	Huangshi	241.58	439.67	470.01	178	阳江	Yangjiang	227.93	480.59	530.90	163
十堰	Shiyan	256.90	506.53	574.16	151	清远	Qingyuan	351.83	600.53	665.75	126
宜昌	Yichang	480.70	1037.03	1187.73	72	东莞	Dongguan	2069.07	3332.00	3630.25	15
襄阳	Xiangyang	505.40	1057.06	1216.84	70	中山	Zhongshan	725.81	1310.85	1457.26	57
鄂州	Ezhou	112.49	222.91	266.03	244	潮州	Chaozhou	209.57	361.56	403.64	196
荆门	Jingmen	231.84	457.94	518.34	169	揭阳	Jieyang	319.62	595.82	700.00	119
孝感	Xiaogan	268.56	491.99	538.77	159	云浮	Yunfu	135.11	260.54	299.36	230
荆州	Jingzhou	280.70	542.37	607.64	139	**广西**	**Guangxi**	**3383.11**	**6520.15**	**7247.18**	
黄冈	Huanggang	287.18	591.20	676.82	123	南宁	Nanning	903.94	1693.83	1880.90	45
咸宁	Xianning	177.00	351.01	395.78	200	柳州	Liuzhou	365.87	831.41	935.67	90
随州	Suizhou	133.43	276.75	313.20	226	桂林	Guilin	407.89	702.33	776.81	105
湖南	**Hunan**	**6369.27**	**12759.77**	**14631.83**		梧州	Wuzhou	158.10	332.25	364.99	208
长沙	Changsha	1908.02	3834.77	4472.68	10	北海	Beihai	146.36	282.46	315.75	223
株洲	Zhuzhou	414.77	818.46	973.02	83	防城港	Fangchenggang	113.21	192.23	207.18	259
湘潭	Xiangtan	298.59	628.68	739.78	111	钦州	Qinzhou	169.95	358.31	400.05	198
衡阳	Hengyang	510.19	1044.71	1285.81	66	贵港	Guigang	188.35	342.75	375.55	205
邵阳	Shaoyang	275.56	579.57	659.71	130	玉林	Yulin	295.13	550.94	610.64	138
岳阳	Yueyang	489.60	1122.12	1285.94	65	百色	Baise	154.80	299.36	337.33	216

3-4 第三产业生产总值 续表 3
Gross Regional Product by Tertiary Industry continued 3

单位：亿元 (100 million yuan)

地名	City	2010	2015	2016	2016 排名 Ranking
贺州	Hezhou	93.62	176.29	195.20	264
河池	Hechi	154.58	277.21	306.36	228
来宾	Laibin	115.04	203.05	220.31	255
崇左	Chongzuo	128.41	253.15	287.85	238
海南	**Hainan**	**953.67**	**1972.22**	**2198.90**	
海口	Haikou	422.39	881.21	960.20	86
三亚	Sanya	153.61	286.44	314.30	224
三沙	Sansha				
重庆	**Chongqing**	**2881.08**	**7497.75**	**8538.43**	
四川	**Sichuan**	**6030.41**	**13127.72**	**15556.29**	
成都	Chengdu	2785.34	5704.52	6493.30	5
自贡	Zigong	192.21	350.72	403.06	197
攀枝花	Panzhihua	115.87	232.84	277.71	241
泸州	Luzhou	202.27	378.83	428.07	190
德阳	Deyang	236.16	493.61	586.52	144
绵阳	Mianyang	325.46	581.35	674.09	125
广元	Guangyuan	119.68	220.14	246.16	251
遂宁	Suining	131.15	259.83	324.65	221
内江	Neijiang	158.36	289.65	351.53	211
乐山	Leshan	201.39	391.68	492.30	173
南充	Nanchong	224.63	439.63	535.79	161
眉山	Meishan	145.14	292.08	360.83	210
宜宾	Yibin	217.80	419.66	513.89	171
广安	Guangan	168.06	322.11	351.38	212
达州	Dazhou	214.62	402.42	535.86	160
雅安	Yaan	78.74	149.22	177.49	271
巴中	Bazhong	104.29	183.55	200.80	262
资阳	Ziyang	157.69	316.57	276.64	242
贵州	**Guizhou**	**2177.07**	**4714.12**	**5261.01**	
贵阳	Guiyang	607.77	1652.75	1801.77	50
六盘水	Liupanshui	168.19	472.43	528.21	166
遵义	Zunyi	388.85	848.32	970.46	84
安顺	Anshun	104.00	304.69	350.16	214
毕节	Bijie	216.76	570.07	663.49	127
铜仁	Tongren	120.97	358.59	410.86	194
云南	**Yunnan**	**2892.31**	**6147.27**	**6903.15**	
昆明	Kunming	1039.15	2193.53	2439.46	31
曲靖	Qujing	295.36	670.88	757.94	108
玉溪	Yuxi	208.95	434.02	491.52	174
保山	Baoshan	101.40	217.94	248.04	249
昭通	Zhaotong	130.37	259.60	294.03	233
丽江	Lijiang	62.50	129.84	141.61	276
普洱	Puer	90.64	192.00	219.88	256
临沧	Lincang	69.31	186.98	210.38	257
西藏	**Tibet**	**276.59**	**552.16**	**606.46**	
拉萨	Lasa	114.01	221.98	247.03	250
陕西	**Shaanxi**	**3688.93**	**7342.10**	**8215.02**	
西安	Xi'an	1694.91	3454.71	3850.28	13
铜川	Tongchuan	57.05	114.09	127.94	280
宝鸡	Baoji	257.47	481.07	533.62	162
咸阳	Xianyang	322.12	593.73	660.65	128
渭南	Weinan	277.93	518.79	578.61	147
延安	Yan'an	178.74	362.60	391.09	202
汉中	Hanzhong	199.81	409.06	455.72	182
榆林	Yulin	458.74	824.51	925.92	91
安康	Ankang	129.04	255.60	292.10	236
商洛	Shangluo	110.03	208.17	230.60	253
甘肃	**Gansu**	**1536.50**	**3341.46**	**3701.42**	
兰州	Lanzhou	537.41	1257.11	1413.78	59
嘉峪关	Jiayuguan	34.10	77.51	88.65	284
金昌	Jinchang	32.43	75.84	82.96	285
白银	Baiyin	102.42	181.00	202.12	261
天水	Tianshui	126.77	270.74	300.15	229
武威	Wuwei	76.78	163.86	182.72	268
张掖	Zhangye	74.98	168.67	187.39	266
平凉	Pingliang	72.51	156.54	173.24	273
酒泉	Jiuquan	140.63	264.31	288.53	237
庆阳	Qingyang	91.74	205.92	226.87	254
定西	Dingxi	69.13	161.46	176.89	272
陇南	Longnan	76.36	171.89	192.72	265
青海	**Qinghai**	**470.88**	**1000.81**	**1101.32**	
西宁	Xining	283.05		613.37	136
海东	Haidong			155.85	275
宁夏	**Ningxia**	**702.45**	**1294.41**	**1438.55**	
银川	Yinchuan	352.08	654.46	733.48	112
石嘴山	Shizuishan	93.56	148.03	163.92	274
吴忠	Wuzhong	69.33	123.75	136.60	278
固原	Guyuan	52.26	114.85	129.58	279
中卫	Zhongwei	69.56	123.05	137.53	277
新疆	**Xinjiang**	**1766.69**	**4169.32**	**4353.72**	
乌鲁木齐	Urumqi	718.17	1812.62	1726.76	52
克拉玛依	Karamay	69.41	213.76	183.75	267

3-5 人均地区生产总值

Per Capita Gross Regional Product

单位：元 (yuan)

地名	City	2010	2015	2016	2016 排名 Ranking
全国	**Nation Total**	**30015**	**49992**		
北京	**Beijing**	**75856**	**106497**	**118198**	
天津	**Tianjin**	**72994**	**107960**	**115053**	
河北	**Hebei**	**28668**	**40255**	**43062**	
石家庄	Shijiazhuang	33915	51043	55177	105
唐山	Tangshan	59389	78398	81239	43
秦皇岛	Qinhuangdao	31182	40746	73755	51
邯郸	Handan	26143	33450	35265	191
邢台	Xingtai	17189	24256	27038	241
保定	Baoding	18451	29067	29992	219
张家口	Zhangjiakou	22517	30840	33142	198
承德	Chengde	25698	38505	40741	159
沧州	Cangzhou	31091	44819	47425	135
廊坊	Langfang	31844	54460	58972	94
衡水	Hengshui	18076	27543	31955	207
山西	**Shanxi**	**26283**	**34919**	**35532**	
太原	Taiyuan	46144	63483	68234	60
大同	Datong	21360	30989	30046	218
阳泉	Yangquan	31898	42688	44461	144
长治	Changzhi	27642	35029	37063	176
晋城	Jincheng	32329	44994	45271	139
朔州	Shuozhou	41107	51256	52010	118
晋中	Jinzhong	23575	31434	32646	202
运城	Yuncheng	16170	22304	23106	266
忻州	Xinzhou	14188	21731	22747	268
临汾	Linfen	20841	26239	27102	240
吕梁	Lvliang	23013	25003	25896	247
内蒙古	**Inner Mongolia**	**47347**	**71101**	**72064**	
呼和浩特	Hohhot	65518	101492	103235	21
包头	Baotou	93441	132253	136021	8
乌海	Wuhai	73801	100871	102725	22
赤峰	Chifeng	24967	43269	44936	140
通辽	Tongliao	37489	60138	62424	82
鄂尔多斯	Erdos	138109	207163	215488	1
呼伦贝尔	Hulunbuir	36552	63131	64140	72
巴彦淖尔	Bayannur	36048	52987	54480	110
乌兰察布	Ulanqab	26459	43221	44517	142
辽宁	**Liaoning**	**42355**	**65354**	**50791**	
沈阳	Shenyang	62357	87734	66893	63
大连	Dalian	77704	110682	97470	26
鞍山	Anshan	58426	64710	40532	161
抚顺	Fushun	41810	58597	41741	154
本溪	Benxi	50612	67656	44745	141
丹东	Dandong	29893	40850	31223	211
锦州	Jinzhou	29264	43207	33692	196
营口	Yingkou	41452	61925	47358	136
阜新	Fuxin	20819	29491	22956	267
辽阳	Liaoyang	39686	55674	35476	188
盘锦	Panjin	66976	87351	70110	58
铁岭	Tieling	26556	27885	22178	271
朝阳	Chaoyang	21536	28852	24285	259
葫芦岛	Huludao	20302	28176	25347	255
吉林	**Jilin**	**31599**	**51086**	**53868**	
长春	Changchun	43936	73324	79434	45
吉林	Jilin	41479	56076	57818	97
四平	Siping	22942	37714	36732	181
辽源	Liaoyuan	33137	59855	63480	74
通化	Tonghua	27690	45171	42979	150
白山	Baishan	33524	53136	56411	98
松原	Songyuan	38136	58841	59413	90
白城	Baicheng	21973	35571	35892	186
黑龙江	**Heilongjiang**	**27076**	**39462**	**40432**	
哈尔滨	Harbin	36951	59027	63445	75
齐齐哈尔	Qiqihar	16309	24430	25690	251
鸡西	Jixi	22083	28222	28647	229
鹤岗	Hegang	23044	24981	25244	256
双鸭山	Shuangyashan	26215	29230	29959	220
大庆	Daqing	103576	110115	94690	29
伊春	Yichun	15924	20413	21043	274
佳木斯	Jiamusi	20254	35069	36878	178
七台河	Qitaihe	32891	24823	26500	245
牡丹江	Mudanjiang	27545	44799	49618	129
黑河	Heihe	14994	26575	27889	233
绥化	Suihua	12576	23095	24109	262
上海	**Shanghai**	**76074**	**103796**	**116562**	
江苏	**Jiangsu**	**52840**	**87995**	**96887**	

注：本表按当年价格计算。

Note: Data in this table are calculated at current prices.

3-5 人均地区生产总值 续表 1

Per Capita Gross Regional Product continued 1

单位：元 (yuan)

地名	City	2010	2015	2016	2016 排名 Ranking
南京	Nanjing	65273	118171	127264	10
无锡	Wuxi	92167	130938	141258	6
徐州	Xuzhou	34084	61511	66845	64
常州	Changzhou	67327	112221	122721	13
苏州	Suzhou	93043	136702	145556	4
南通	Nantong	48083	84236	92702	31
连云港	Lianyungang	26987	48416	52987	114
淮安	Huaian	28861	56460	62446	81
盐城	Yancheng	31640	58299	63278	77
扬州	Yangzhou	49786	89647	99151	24
镇江	Zhenjiang	64284	110351	120603	14
泰州	Taizhou	44118	79479	88330	35
宿迁	Suqian	22525	43853	48311	130
浙江	**Zhejiang**	**51711**	**77644**	**84916**	
杭州	Hangzhou	69828	112230	124286	11
宁波	Ningbo	69368	102374	110656	18
温州	Wenzhou	32586	50790	55779	103
嘉兴	Jiaxing	52143	76850	83968	37
湖州	Huzhou	45323	70894	77110	47
绍兴	Shaoxing	57580	90003	96204	28
金华	Jinhua	39897	62480	67158	62
衢州	Quzhou	35500	53847	58281	96
舟山	Zhoushan	58378	95113	107463	20
台州	Taizhou	41172	58917	64287	70
丽水	Lishui	31296	51676	56238	102
安徽	**Anhui**	**20888**	**35997**	**39561**	
合肥	Hefei	48312	73102	80138	44
芜湖	Wuhu	49013	67592	73715	52
蚌埠	Bengbu	20223	38267	41855	153
淮南	Huainan	26287	26398	27990	232
马鞍山	Maanshan	60712	60802	65833	66
淮北	Huaibei	22309	35057	36427	183
铜陵	Tongling	64496	57387	59960	89
安庆	Anqing	18647	31101	33294	197
黄山	Huangshan	22791	38794	41905	152
滁州	Chuzhou	17693	32634	35301	190
阜阳	Fuyang	9528	16121	17642	280
宿州	Suzhou	12195	22415	24270	260
六安	Liuan	12074	21524	23298	265
亳州	Bozhou	10615	18771	20611	276
池州	Chizhou	21476	38014	40919	158
宣城	Xuancheng	20779	37610	40740	160
福建	**Fujian**	**40025**	**67966**	**74707**	
福州	Fuzhou	44000	75259	82251	39
厦门	Xiamen	59323	90379	97282	27
莆田	Putian	30584	57888	63313	76
三明	Sanming	38866	67978	73261	53
泉州	Quanzhou	43963	72421	77784	46
漳州	Zhangzhou	29755	55569	62196	84
南平	Nanping	27450	50929	55009	106
龙岩	Longyan	38603	66865	72354	55
宁德	Ningde	26089	52006	56358	100
江西	**Jiangxi**	**21253**	**36724**	**40400**	
南昌	Nanchang	43961	75879.32	81598	42
景德镇	Jingdezhen	29155	47216	50989	124
萍乡	Pingxiang	28106	48133.284	52330	117
九江	Jiujiang	21863	39504.585	43338	147
新余	Xinyu	55538	81354	88548	34
鹰潭	Yingtan	30769	55568	60136	88
赣州	Ganzhou	13397	23148	25761	250
吉安	Jian	15002	27168	29772	222
宜春	Yichun	16080	29457.031	32269	204
抚州	Fuzhou	16134	27735	30259	216
上饶	Shangrao	13729	24633	26996	242
山东	**Shandong**	**41106**	**64168**	**68733**	
济南	Jinan	57947	85919	90999	32
青岛	Qingdao	65812	102519	109407	19
淄博	Zibo	63384	89235	94587	30
枣庄	Zaozhuang	36817	52692	54984	107
东营	Dongying	116404	163938	164024	3
烟台	Yantai	62254	91979	98388	25
潍坊	Weifang	34260	55824	59275	91
济宁	Jining	31541	48529	51662	120
泰安	Taian	37376	56490	59027	93
威海	Weihai	69187	106922	114220	16
日照	Rizhao	36870	58110	62357	83
莱芜	Laiwu	42392	49377	51533	121
临沂	Linyi	24067	36656	38803	166
德州	Dezhou	29858	48062	50856	125
聊城	Liaocheng	28444	44743	47624	134

3-5 人均地区生产总值 续表 2
Per Capita Gross Regional Product continued 2

单位：元 (yuan)

地名	City	2010	2015	2016	2016 排名 Ranking	地名	City	2010	2015	2016	2016 排名 Ranking
滨州	Binzhou	41643	61189	63745	73	常德	Changde	26551	46408	50543	126
菏泽	Heze	14829	28350	29904	221	张家界	Zhangjiajie	16238	29425	32300	203
河南	**Henan**	**24446**	**39123**	**42575**		益阳	Yiyang	16710	30776	33772	195
郑州	Zhengzhou	47608	77179	84114	36	郴州	Chenzhou	24015	42682	46691	137
开封	Kaifeng	19750	35326	38619	169	永州	Yongzhou	14853	26222	28744	228
洛阳	Luoyang	35762	51696	56410	99	怀化	Huaihua	14371	26060	28515	230
平顶山	Pingdingshan	26730	33991	36708	182	娄底	Loudi	17569	33444	36058	185
安阳	Anyang	25330	36695	39603	163	**广东**	**Guangdong**	**44736**	**67503**	**74016**	
鹤壁	Hebi	28531	44678	47940	133	广州	Guangzhou	87458	136188	141933	5
新乡	Xinxiang	21196	34562	37805	171	韶关	Shaoguan	24050	39380	41388	155
焦作	Jiaozuo	35767	54590	59183	92	深圳	Shenzhen	94296	157985	167411	2
濮阳	Puyang	21787	36842	40059	162	珠海	Zhuhai	77888	124706	134546	9
许昌	Xuchang	30536	50162	54522	109	汕头	Shantou	22776	33732	37390	172
漯河	Luohe	26974	37987	41138	157	佛山	Foshan	80313	108299	115891	15
三门峡	Sanmenxia	39176	55681	58894	95	江门	Jiangmen	35622	49608	53374	112
南阳	Nanyang	19145	28653	31010	212	湛江	Zhanjiang	20161	32933	35612	187
商丘	Shangqiu	15085	24940	27332	238	茂名	Maoming	25496	40324	43211	148
信阳	Xinyang	16936	29351	31733	209	肇庆	Zhaoqing	27987	48670	51178	123
周口	Zhoukou	12944	23728	25682	252	惠州	Huizhou	38650	66231	71605	56
驻马店	Zhumadian	14117	26032	28305	231	梅州	Meizhou	14554	22155	24032	263
湖北	**Hubei**	**27906**	**50654**	**55665**		汕尾	Shanwei	15845	25283	27351	237
武汉	Wuhan	56367	104132	111469	17	河源	Heyuan	16301	26401	29205	226
黄石	Huangshi	28481	50053	53033	113	阳江	Yangjiang	26676	49894	50431	127
十堰	Shiyan	21267	38431	42083	151	清远	Qingyuan	29487	33392	36136	184
宜昌	Yichang	38114	82359	89978	33	东莞	Dongguan	52798	75616	82682	38
襄阳	Xiangyang	27968	60319	65663	67	中山	Zhongshan	60797	94030	99471	23
鄂州	Ezhou	37928	68921	74983	49	潮州	Chaozhou	21107	33954	36956	177
荆门	Jingmen	25614	47999	52470	116	揭阳	Jieyang	17264	31255	33027	200
孝感	Xiaogan	16630	29924	32236	205	云浮	Yunfu	17074	29078	31502	210
荆州	Jingzhou	14707	27781	30305	215	**广西**	**Guangxi**	**20219**	**35190**	**38027**	
黄冈	Huanggang	13421	25321	27373	235	南宁	Nanning	26330	49066	52723	115
咸宁	Xianning	21129	41234	44027	146	柳州	Liuzhou	35230	58869	62855	79
随州	Suizhou	18381	35844	38801	167	桂林	Guilin	22780	39327	41216	156
湖南	**Hunan**	**24719**	**42754**	**46382**		梧州	Wuzhou	19430	36106	39072	164
长沙	Changsha	66464	115443	124122	12	北海	Beihai	25657	55239	61580	86
株洲	Zhuzhou	33604	58661	62081	85	防城港	Fangchenggang	37264	67971	73188	54
湘潭	Xiangtan	32305	60430	65946	65	钦州	Qinzhou	16421	29560	34160	194
衡阳	Hengyang	20419	35538	39020	165	贵港	Guigang	12932	20240	22230	270
邵阳	Shaoyang	10468	19156	20987	275	玉林	Yulin	15011	25440	27111	239
岳阳	Yueyang	28849	51429	54832	108	百色	Baise	16106	27365	30881	213

3-5 人均地区生产总值 续表 3
Per Capita Gross Regional Product continued 3

单位：元 (yuan)

地名	City	2010	2015	2016	2016 排名 Ranking	地名	City	2010	2015	2016	2016 排名 Ranking
贺州	Hezhou	14589	23178	25499	253	丽江	Lijiang	11680	22670	24116	261
河池	Hechi	12991	17841	18842	278	普洱	Puer	9773	19773	21685	273
来宾	Laibin	18385	25677	26885	243	临沧	Lincang	8988	20077	21906	272
崇左	Chongzuo	18734	33355	37161	175	**西藏**	**Tibet**	**17319**	**31999**	**35184**	
海南	**Hainan**	**23831**	**40818**	**44347**		拉萨	Lasa	23775		64804	69
海口	Haikou	38731	52534	56315	101	**陕西**	**Shaanxi**	**27133**	**47626**	**51015**	
三亚	Sanya	42977	58468	63273	78	西安	Xi'an	38343	66938	71357	57
三沙	Sansha					铜川	Tongchuan	22317	36322	36803	179
重庆	**Chongqing**		**52321**	**58502**		宝鸡	Baoji	26201	47565	51262	122
四川	**Sichuan**	**21182**	**36775**	**40003**		咸阳	Xianyang	22469	43365	48016	132
成都	Chengdu	41253	74273	76960	48	渭南	Weinan	15149	26729	27743	234
自贡	Zigong	23613	41447	44481	143	延安	Yan'an	40621	53908	48300	131
攀枝花	Panzhihua	43959	75078	82221	40	汉中	Hanzhong	14907	30849	22597	269
泸州	Luzhou	16698	31714	34497	193	榆林	Yulin	52437	73453	81764	41
德阳	Deyang	25335	45701	49835	128	安康	Ankang	12428	28536	31770	208
绵阳	Mianyang	20053	35754	38202	170	商洛	Shangluo	12197	26274	29574	223
广元	Guangyuan	12313	23263	25072	257	**甘肃**	**Gansu**	**16113**	**26165**	**27643**	
遂宁	Suining	14498	27868	30615	214	兰州	Lanzhou	30672	56972	61207	87
内江	Neijiang	18022	32080	34667	192	嘉峪关	Jiayuguan	83214	78336	62641	80
乐山	Leshan	22490	39973	43110	149	金昌	Jinchang	45374	47739	44202	145
南充	Nanchong	13212	23881	25871	248	白银	Baiyin	17956	25410	25813	249
眉山	Meishan	18586	34379	37227	174	天水	Tianshui	9202	16743	17800	279
宜宾	Yibin	19499	34060	36735	180	武威	Wuwei	12250	22931	25396	254
广安	Guangan	15588	31046	33130	199	张掖	Zhangye	17093	30704	32729	201
达州	Dazhou	14623	24343	25921	246	平凉	Pingliang	11202	16595	17486	281
雅安	Yaan	18881	32523	35335	189	酒泉	Jiuquan	38305	48918	51721	119
巴中	Bazhong	8717	15076	16415	282	庆阳	Qingyang	15095	27366	26734	244
资阳	Ziyang	16644	35702	37308	173	定西	Dingxi	5530	10987	11892	285
贵州	**Guizhou**	**13119**	**29847**	**33246**		陇南	Longnan	6020	12172	13805	284
贵阳	Guiyang	26209	63003	67772	61	**青海**	**Qinghai**	**24115**	**41252**	**43531**	
六盘水	Liupanshui	17462	41618	45325	138	西宁	Xining	28428	49197	53756	111
遵义	Zunyi	14650	35123	38709	168	海东	Haidong		26531	28999	227
安顺	Anshun	10014	27065	30216	217	**宁夏**	**Ningxia**	**26860**	**43805**	**47194**	
毕节	Bijie	9113	22230	24544	258	银川	Yinchuan	42771	69594	74288	50
铜仁	Tongren	9304	24712	27366	236	石嘴山	Shizuishan	41066	61845	64880	68
云南	**Yunnan**	**15752**	**28806**	**31093**		吴忠	Wuzhong	16607	29756	32039	206
昆明	Kunming	33549	59656	64156	71	固原	Guyuan	8187	17819	19720	277
曲靖	Qujing	17236	27045	29266	225	中卫	Zhongwei	15596	27857	29549	224
玉溪	Yuxi	32068	52812	55389	104	**新疆**	**Xinjiang**	**25034**	**40036**	**40564**	
保山	Baoshan	10469	21444	23692	264	乌鲁木齐	Urumqi	43039	74340	69865	59
昭通	Zhaotong	7193	13097	14040	283	克拉玛依	Karamay	121387	131014	137307	7

3-6 地区生产总值增长率
GRP Growth Rate

单位：%

(%)

地名	City	2015	2016	2016 排名 Ranking
全国	**Nation Total**			
北京	**Beijing**	**6.9**		
天津	**Tianjin**	**9.3**		
河北	**Hebei**			
石家庄	Shijiazhuang	7.5	6.8	222
唐山	Tangshan	5.6	6.8	222
秦皇岛	Qinhuangdao	5.5	7.0	210
邯郸	Handan	6.8	6.1	243
邢台	Xingtai	6.0	7.1	205
保定	Baoding	7.0	7.2	194
张家口	Zhangjiakou	5.8	7.0	210
承德	Chengde	5.5	7.0	220
沧州	Cangzhou	7.7	7.9	129
廊坊	Langfang	8.8	8.0	113
衡水	Hengshui	7.6	7.8	141
山西	**Shanxi**			
太原	Taiyuan	8.9	7.5	173
大同	Datong	9.0	1.0	269
阳泉	Yangquan	1.1	3.4	259
长治	Changzhi	-2.90	4.60	252
晋城	Jincheng	3.0	3.9	256
朔州	Shuozhou	-2.30	4.20	253
晋中	Jinzhong	6.4	5.1	247
运城	Yuncheng	1.8	4.0	255
忻州	Xinzhou	2.4	4.7	251
临汾	Linfen	0.3	3.4	258
吕梁	Lvliang	-4.70	4.10	254
内蒙古	**Inner Mongolia**			
呼和浩特	Hohhot	8.3	7.8	154
包头	Baotou	8.1	7.6	165
乌海	Wuhai	7.5	6.8	222
赤峰	Chifeng	8.1	7.3	185
通辽	Tongliao	7.8	7.4	182
鄂尔多斯	Erdos	7.7	7.3	185
呼伦贝尔	Hulunbuir	8.1	7.0	210
巴彦淖尔	Bayannur	7.5	7.0	210
乌兰察布	Ulanqab	8.0	6.8	222
辽宁	**Liaoning**			
沈阳	Shenyang	3.4	-5.60	277
大连	Dalian	4.2	6.50	232
鞍山	Anshan	3.2	-10.30	283
抚顺	Fushun	2.0	-7.10	280
本溪	Benxi	3.6	-8.80	282
丹东	Dandong	-3.00	-2.10	273
锦州	Jinzhou	1.1	-6.55	279
营口	Yingkou	4.5	-7.50	281
阜新	Fuxin	-6.00	-12.30	284
辽阳	Liaoyang	3.9		
盘锦	Panjin	4.0	-4.20	275
铁岭	Tieling	-6.20	-4.60	276
朝阳	Chaoyang	-6.40	-6.00	278
葫芦岛	Huludao	0.1	1.10	268
吉林	**Jilin**			
长春	Changchun	6.5	7.70	158
吉林	Jilin	6.4	3.10	260
四平	Siping	6.4	-0.80	271
辽源	Liaoyuan	7.0	6.40	235
通化	Tonghua	7.2	-3.80	274
白山	Baishan	7.1	7.30	185
松原	Songyuan	6.3	2.60	263
白城	Baicheng	7.3	2.80	262
黑龙江	**Heilongjiang**			
哈尔滨	Harbin	7.1	7.30	185
齐齐哈尔	Qiqihar	6.5	6.15	242
鸡西	Jixi	4.1	6.50	232
鹤岗	Hegang	4.0	-1.20	272
双鸭山	Shuangyashan	3.0	2.60	263
大庆	Daqing	-2.30	1.90	266
伊春	Yichun	-1.90	2.90	261
佳木斯	Jiamusi	6.5	6.40	235
七台河	Qitaihe	4.1	0.60	270
牡丹江	Mudanjiang	6.0	6.60	230
黑河	Heihe	7.1	6.20	240
绥化	Suihua	6.5	6.70	228
上海	**Shanghai**	**6.9**		
江苏	**Jiangsu**			

注：本表按不变价格计算。

Note: Data in this table are calculated at constant prices.

3-6 地区生产总值增长率 续表 1
GRP Growth Rate continued 1

单位：% (%)

地名	City	2015	2016	2016 排名 Ranking	地名	City	2015	2016	2016 排名 Ranking
南京	Nanjing	9.3	8.0	113	池州	Chizhou	8.5	8.1	102
无锡	Wuxi	7.1	7.5	173	宣城	Xuancheng	8.2	8.7	57
徐州	Xuzhou	9.5	8.2	96	**福建**	**Fujian**			
常州	Changzhou	9.2	8.5	70	福州	Fuzhou	9.6	8.5	70
苏州	Suzhou	7.5	7.5	173	厦门	Xiamen	7.2	7.9	129
南通	Nantong	9.6	9.3	26	莆田	Putian	10.5	9.0	48
连云港	Lianyungang	10.8	7.8	141	三明	Sanming	8.5	7.8	141
淮安	Huaian	10.3	9.0	38	泉州	Quanzhou	8.9	8.0	113
盐城	Yancheng	10.5	8.9	49	漳州	Zhangzhou	11.0	9.3	26
扬州	Yangzhou	10.3	9.4	22	南平	Nanping	9.1	6.8	222
镇江	Zhenjiang	9.6	9.3	26	龙岩	Longyan	8.9	8.1	104
泰州	Taizhou	10.2	9.5	19	宁德	Ningde	8.6	7.5	181
宿迁	Suqian	10.0	9.1	33	**江西**	**Jiangxi**			
浙江	**Zhejiang**				南昌	Nanchang	9.6	9.0	38
杭州	Hangzhou	10.2	9.6	18	景德镇	Jingdezhen	8.6	8.6	62
宁波	Ningbo	8.0	7.1	205	萍乡	Pingxiang	8.9	9.1	33
温州	Wenzhou	8.3	8.4	83	九江	Jiujiang	9.7	9.4	25
嘉兴	Jiaxing	7.0	7.1	209	新余	Xinyu	8.5	8.6	62
湖州	Huzhou	8.3	7.6	163	鹰潭	Yingtan	8.5	8.8	54
绍兴	Shaoxing	7.1	5.5	246	赣州	Ganzhou	9.6	9.5	19
金华	Jinhua	7.8	7.5	180	吉安	Jian	9.2	9.2	30
衢州	Quzhou	6.5	7.2	194	宜春	Yichun	9.5	9.0	38
舟山	Zhoushan	9.2	11.4	6	抚州	Fuzhou	9.2	8.8	54
台州	Taizhou	6.4	7.8	141	上饶	Shangrao	9.5	9.0	38
丽水	Lishui	6.4	7.1	204	**山东**	**Shandong**			
安徽	**Anhui**				济南	Jinan	8.1	7.8	152
合肥	Hefei	10.5	9.8	15	青岛	Qingdao	8.1	7.9	129
芜湖	Wuhu	10.3	9.7	17	淄博	Zibo	7.1	7.7	158
蚌埠	Bengbu	10.2	9.4	22	枣庄	Zaozhuang	7.1	7.2	203
淮南	Huainan	3.7	6.6	229	东营	Dongying	6.9	7.0	210
马鞍山	Maanshan	7.9	9.0	38	烟台	Yantai	8.4	8.1	112
淮北	Huaibei	4.4	5.0	249	潍坊	Weifang	8.3	8.0	113
铜陵	Tongling	9.4	9.1	36	济宁	Jining	8.4	8.0	127
安庆	Anqing	7.4	8.0	113	泰安	Taian	8.1	7.2	194
黄山	Huangshan	6.1	7.8	152	威海	Weihai	8.5	8.0	113
滁州	Chuzhou	9.9	9.2	30	日照	Rizhao	7.5	8.1	104
阜阳	Fuyang	9.5	9.0	38	莱芜	Laiwu	6.6	7.2	194
宿州	Suzhou	8.9	9.1	33	临沂	Linyi	7.1	7.6	165
六安	Liuan	6.9	7.2	194	德州	Dezhou	7.6	7.2	202
亳州	Bozhou	9.1	8.9	49	聊城	Liaocheng	8.8	7.3	185

3-6 地区生产总值增长率 续表 2
GRP Growth Rate continued 2

单位：% (%)

地名	City	2015	2016	2016 排名 Ranking	地名	City	2015	2016	2016 排名 Ranking
滨州	Binzhou	7.1	7.2	201	常德	Changde	8.7	8.7	57
菏泽	Heze	9.3	8.5	70	张家界	Zhangjiajie	8.5	8.1	104
河南	**Henan**				益阳	Yiyang	8.4	7.8	141
郑州	Zhengzhou	10.0	8.5	81	郴州	Chenzhou	8.5	8.3	89
开封	Kaifeng	9.0	8.5	70	永州	Yongzhou	9.0	8.0	127
洛阳	Luoyang	5.9	8.6	62	怀化	Huaihua	8.5	8.1	103
平顶山	Pingdingshan	2.2	7.7	157	娄底	Loudi	7.6	7.6	165
安阳	Anyang	6.4	8.0	113	**广东**	**Guangdong**			
鹤壁	Hebi	7.7	7.9	129	广州	Guangzhou	8.4	8.2	96
新乡	Xinxiang	7.4	8.3	95	韶关	Shaoguan	6.2	6.3	238
焦作	Jiaozuo	6.5	8.3	89	深圳	Shenzhen	8.9	9.0	38
濮阳	Puyang	-4.6	8.7	57	珠海	Zhuhai	10.0	8.5	70
许昌	Xuchang	6.7	8.9	49	汕头	Shantou	8.4	8.7	57
漯河	Luohe	9.3	8.1	104	佛山	Foshan	8.5	8.3	89
三门峡	Sanmenxia	7.8	7.5	173	江门	Jiangmen	8.4	7.4	182
南阳	Nanyang	6.0	8.4	83	湛江	Zhanjiang	8.5	7.9	129
商丘	Shangqiu	8.7	8.7	57	茂名	Maoming	8.0	7.1	205
信阳	Xinyang	9.2	8.3	88	肇庆	Zhaoqing	8.2	5.0	248
周口	Zhoukou	7.7	8.5	70	惠州	Huizhou	9.0	8.2	96
驻马店	Zhumadian	8.7	8.5	70	梅州	Meizhou	8.6	7.5	173
湖北	**Hubei**				汕尾	Shanwei	8.1	7.0	210
武汉	Wuhan	8.2	7.8	141	河源	Heyuan	8.1	8.6	62
黄石	Huangshi	4.4	7.2	194	阳江	Yangjiang	7.8	6.0	244
十堰	Shiyan	6.5	8.9	49	清远	Qingyuan	8.2	7.9	139
宜昌	Yichang	7.6	8.8	54	东莞	Dongguan	8.0	8.1	104
襄阳	Xiangyang	8.2	8.5	69	中山	Zhongshan	8.4	7.8	141
鄂州	Ezhou	8.0	8.0	113	潮州	Chaozhou	8.3	7.1	205
荆门	Jingmen	9.2	8.5	70	揭阳	Jieyang	8.0	6.3	238
孝感	Xiaogan	8.9	7.9	129	云浮	Yunfu	8.5	7.9	129
荆州	Jingzhou	8.5	7.3	185	**广西**	**Guangxi**			
黄冈	Huanggang	8.9	7.6	165	南宁	Nanning	8.6	5.9	245
咸宁	Xianning	8.0	7.6	165	柳州	Liuzhou	7.2	7.3	185
随州	Suizhou	8.9	8.0	113	桂林	Guilin	8.0	6.9	221
湖南	**Hunan**				梧州	Wuzhou	8.3	7.6	165
长沙	Changsha	9.9	9.4	22	北海	Beihai	11.4	7.3	193
株洲	Zhuzhou	9.5	7.9	140	防城港	Fangchenggang	10.2	9.1	37
湘潭	Xiangtan	9.6	8.4	83	钦州	Qinzhou	8.4	9.0	38
衡阳	Hengyang	8.7	7.9	129	贵港	Guigang	7.5	7.9	129
邵阳	Shaoyang	9.6	8.0	113	玉林	Yulin	9.0	8.0	113
岳阳	Yueyang	8.7	7.8	141	百色	Baise	8.1	8.8	53

3-6 地区生产总值增长率 续表 3
GRP Growth Rate continued 3

单位：%　　　　(%)

地名	City	2015	2016	2016 排名 Ranking	地名	City	2015	2016	2016 排名 Ranking
贺州	Hezhou	6.9	8.1	104	丽江	Lijiang	9.0	7.0	210
河池	Hechi	4.5	4.9	250	普洱	Puer	9.2	10.2	9
来宾	Laibin	3.4	3.9	256	临沧	Lincang	10.0	10.2	9
崇左	Chongzuo	8.0	8.2	96	**西藏**	**Tibet**			
海南	**Hainan**				拉萨	Lasa	11.2	10.0	12
海口	Haikou	7.5	7.8	154	**陕西**	**Shaanxi**			
三亚	Sanya	8.1	7.8	141	西安	Xi'an	8.2	8.5	70
三沙	Sansha				铜川	Tongchuan	8.8	7.0	210
重庆	**Chongqing**	**11.0**			宝鸡	Baoji	10.4	9.3	26
四川	**Sichuan**				咸阳	Xianyang	8.7	7.7	158
成都	Chengdu	7.9	7.7	158	渭南	Weinan	8.7	7.5	173
自贡	Zigong	8.4	7.7	156	延安	Yan'an	1.7	1.3	267
攀枝花	Panzhihua	8.1	8.0	113	汉中	Hanzhong	9.6	9.0	38
泸州	Luzhou	11.0	9.5	19	榆林	Yulin	4.3	6.5	232
德阳	Deyang	8.2	8.4	83	安康	Ankang	12.3	11.0	8
绵阳	Mianyang	8.6	8.3	89	商洛	Shangluo	11.2	10.0	12
广元	Guangyuan	8.6	8.0	113	**甘肃**	**Gansu**			
遂宁	Suining	13.2	9.1	32	兰州	Lanzhou	9.1	8.3	89
内江	Neijiang	8.0	7.6	164	嘉峪关	Jiayuguan	9.0	7.3	185
乐山	Leshan	9.1	8.2	96	金昌	Jinchang	3.2	6.4	235
南充	Nanchong	7.6	7.2	194	白银	Baiyin	6.8	7.4	182
眉山	Meishan	10.2	8.4	82	天水	Tianshui	9.2	8.6	62
宜宾	Yibin	8.5	8.3	94	武威	Wuwei	8.7	8.5	70
广安	Guangan	10.6	7.9	129	张掖	Zhangye	7.5	8.0	113
达州	Dazhou	3.1	7.5	173	平凉	Pingliang	7.6	7.0	210
雅安	Yaan	9.0	8.1	104	酒泉	Jiuquan	5.3	6.2	240
巴中	Bazhong	8.6	7.8	141	庆阳	Qingyang	9.0	7.7	158
资阳	Ziyang	8.8	7.8	141	定西	Dingxi	8.7	7.0	210
贵州	**Guizhou**				陇南	Longnan	9.2	8.4	83
贵阳	Guiyang	12.5	10.1	11	**青海**	**Qinghai**			
六盘水	Liupanshui	11.8	12.0	4	西宁	Xining	10.9	9.8	15
遵义	Zunyi	13.2	12.4	1	海东	Haidong	11.2	10.0	12
安顺	Anshun	13.6	12.4	1	**宁夏**	**Ningxia**			
毕节	Bijie	12.9	12.1	3	银川	Yinchuan	8.3	8.1	104
铜仁	Tongren	12.7	11.9	5	石嘴山	Shizuishan	6.9	6.6	230
云南	**Yunnan**				吴忠	Wuzhong	7.4	9.0	38
昆明	Kunming	8.0	8.5	70	固原	Guyuan	8.5	8.2	96
曲靖	Qujing	4.3	8.6	62	中卫	Zhongwei	6.2	6.8	222
玉溪	Yuxi	8.5	7.6	165	**新疆**	**Xinjiang**			
保山	Baoshan	11.5	11.1	7	乌鲁木齐	Urumqi	10.5	7.6	165
昭通	Zhaotong	8.0	8.6	62	克拉玛依	Karamay	0.5	2.3	265

3-7 第一产业占GRP的比重
Primary Industry as Percentage to GRP

单位：% (%)

地名	City	2015	2016	2016 排名 Ranking	地名	City	2015	2016	2016 排名 Ranking
全国	**Nation Total**	**7.7**			沈阳	Shenyang	4.7	4.8	238
北京	**Beijing**	**0.6**	**0.5**		大连	Dalian	5.9	6.8	213
天津	**Tianjin**	**1.3**	**1.2**		鞍山	Anshan	5.8	6.8	211
河北	**Hebei**	**11.3**	**10.9**		抚顺	Fushun	8.1	6.7	215
石家庄	Shijiazhuang	9.1	8.1	188	本溪	Benxi	5.8	8.8	180
唐山	Tangshan	9.3	9.4	172	丹东	Dandong	15.9	17.0	62
秦皇岛	Qinhuangdao	14.2	14.5	103	锦州	Jinzhou	15.9	19.9	41
邯郸	Handan	12.8	12.5	128	营口	Yingkou	7.3	9.6	170
邢台	Xingtai	15.6	13.7	115	阜新	Fuxin	22.5	23.7	19
保定	Baoding	11.8	13.0	120	辽阳	Liaoyang	7.1	11.0	151
张家口	Zhangjiakou	17.9	18.2	52	盘锦	Panjin	9.6	12.1	135
承德	Chengde	17.3	16.5	68	铁岭	Tieling	27.7	23.8	17
沧州	Cangzhou	9.6	8.7	184	朝阳	Chaoyang	25.8	25.0	13
廊坊	Langfang	8.3	7.3	203	葫芦岛	Huludao	14.5	16.9	64
衡水	Hengshui	13.8	13.0	122	**吉林**	**Jilin**	**11.0**	**10.1**	
山西	**Shanxi**	**6.2**	**6.0**		长春	Changchun	6.2	5.4	229
太原	Taiyuan	1.4	1.3	278	吉林	Jilin	10.6	9.8	167
大同	Datong	5.4	5.8	223	四平	Siping	25.7	25.3	12
阳泉	Yangquan	1.7	1.7	275	辽源	Liaoyuan	8.4	7.7	197
长治	Changzhi	4.9	4.8	237	通化	Tonghua	9.2	8.9	177
晋城	Jincheng	4.7	4.8	239	白山	Baishan	9.3	8.4	186
朔州	Shuozhou	6.2	6.1	219	松原	Songyuan	17.4	16.3	76
晋中	Jinzhong	10.1	9.9	165	白城	Baicheng	16.9	15.7	83
运城	Yuncheng	16.4	16.5	71	**黑龙江**	**Heilongjiang**	**19.2**	**17.4**	
忻州	Xinzhou	9.4	8.8	180	哈尔滨	Harbin	11.7	11.3	144
临汾	Linfen	7.8	8.0	191	齐齐哈尔	Qiqihar	24.1	22.8	23
吕梁	Lvliang	5.7	5.4	230	鸡西	Jixi	36.4	35.7	5
内蒙古	**Inner Mongolia**	**7.7**	**9.0**		鹤岗	Hegang	35.2	34.3	6
呼和浩特	Hohhot	4.1	3.6	253	双鸭山	Shuangyashan	38.2	36.2	4
包头	Baotou	2.7	2.5	268	大庆	Daqing	6.5	7.2	207
乌海	Wuhai	0.9	0.9	282	伊春	Yichun	42.9	42.3	2
赤峰	Chifeng	14.9	15.1	96	佳木斯	Jiamusi	33.1	31.2	7
通辽	Tongliao	14.4	13.5	117	七台河	Qitaihe	16.1	14.7	102
鄂尔多斯	Erdos	2.3	2.4	269	牡丹江	Mudanjiang	17.1	16.8	65
呼伦贝尔	Hulunbuir	16.5	15.3	89	黑河	Heihe	48.3	47.4	1
巴彦淖尔	Bayannur	18.7	17.3	60	绥化	Suihua	39.8	39.0	3
乌兰察布	Ulanqab	14.5	13.6	116	**上海**	**Shanghai**	**0.4**	**0.4**	
辽宁	**Liaoning**	**8.4**	**9.8**		**江苏**	**Jiangsu**	**4.9**	**5.3**	

注：本表按不变价格计算。

Note: Data in this table are calculated at constant prices.

3-7 第一产业占GRP的比重 续表 1
Primary Industry as Percentage to GRP continued 1

单位：% (%)

地名	City	2015	2016	2016 排名 Ranking	地名	City	2015	2016	2016 排名 Ranking
南京	Nanjing	2.4	2.4	270	池州	Chizhou	13.0	12.1	133
无锡	Wuxi	1.6	1.5	276	宣城	Xuancheng	12.5	12.1	134
徐州	Xuzhou	9.5	9.4	175	**福建**	**Fujian**	**8.2**	**8.2**	
常州	Changzhou	2.8	2.6	267	福州	Fuzhou	7.7	7.9	192
苏州	Suzhou	1.5	1.4	277	厦门	Xiamen	0.7	0.6	283
南通	Nantong	5.8	5.4	228	莆田	Putian	7.0	7.0	210
连云港	Lianyungang	13.1	12.7	124	三明	Sanming	14.7	14.8	100
淮安	Huaian	11.2	10.7	157	泉州	Quanzhou	2.9	3.0	262
盐城	Yancheng	12.3	11.7	141	漳州	Zhangzhou	13.4	13.3	118
扬州	Yangzhou	6.0	5.7	225	南平	Nanping	21.6	22.1	25
镇江	Zhenjiang	3.8	3.6	252	龙岩	Longyan	11.5	11.8	139
泰州	Taizhou	5.9	5.9	222	宁德	Ningde	17.0	17.6	57
宿迁	Suqian	12.1	11.7	140	**江西**	**Jiangxi**	**10.0**	**10.3**	
浙江	**Zhejiang**	**4.2**	**4.2**		南昌	Nanchang	4.3	4.2	245
杭州	Hangzhou	2.9	2.7	265	景德镇	Jingdezhen	7.4	7.4	202
宁波	Ningbo	3.6	3.5	257	萍乡	Pingxiang	6.9	5.7	224
温州	Wenzhou	2.8	2.7	264	九江	Jiujiang	7.4	7.3	204
嘉兴	Jiaxing	4.0	3.6	255	新余	Xinyu	5.9	6.2	218
湖州	Huzhou	5.9	5.6	227	鹰潭	Yingtan	7.7	7.6	200
绍兴	Shaoxing	4.5	4.3	242	赣州	Ganzhou	15.0	15.2	95
金华	Jinhua	4.2	4.0	246	吉安	Jian	16.4	16.0	79
衢州	Quzhou	7.4	7.1	209	宜春	Yichun	14.6	15.5	85
舟山	Zhoushan	10.2	10.2	162	抚州	Fuzhou	16.5	16.3	77
台州	Taizhou	6.5	6.5	216	上饶	Shangrao	13.5	13.1	119
丽水	Lishui	8.3	7.9	194	**山东**	**Shandong**	**7.2**	**7.2**	
安徽	**Anhui**	**10.9**	**10.5**		济南	Jinan	5.0	4.9	236
合肥	Hefei	4.7	4.3	244	青岛	Qingdao	3.9	3.7	249
芜湖	Wuhu	4.9	4.7	240	淄博	Zibo	3.5	3.4	258
蚌埠	Bengbu	15.1	14.4	105	枣庄	Zaozhuang	7.6	7.6	201
淮南	Huainan	12.4	12.3	129	东营	Dongying	3.4	3.5	256
马鞍山	Maanshan	5.8	5.6	226	烟台	Yantai	6.8	6.8	214
淮北	Huaibei	7.8	7.7	198	潍坊	Weifang	8.8	8.8	182
铜陵	Tongling	5.2	5.1	232	济宁	Jining	11.3	11.2	146
安庆	Anqing	13.1	12.5	125	泰安	Taian	8.5	8.5	185
黄山	Huangshan	10.4	9.8	168	威海	Weihai	7.2	7.1	208
滁州	Chuzhou	17.0	15.9	80	日照	Rizhao	8.4	8.2	187
阜阳	Fuyang	22.6	21.6	29	莱芜	Laiwu	7.9	7.8	195
宿州	Suzhou	21.7	19.3	47	临沂	Linyi	9.2	8.9	177
六安	Liuan	17.8	18.3	50	德州	Dezhou	10.3	10.1	163
亳州	Bozhou	20.7	19.7	44	聊城	Liaocheng	11.9	11.8	138

3-7 第一产业占GRP的比重 续表 2

Primary Industry as Percentage to GRP continued 2

单位：%　　(%)

地名	City	2015	2016	2016 排名 Ranking	地名	City	2015	2016	2016 排名 Ranking
滨州	Binzhou	9.2	9.4	173	常德	Changde	13.1	13.0	123
菏泽	Heze	11.3	11.0	152	张家界	Zhangjiajie	11.6	11.4	143
河南	**Henan**	**11.4**	**10.6**		益阳	Yiyang	18.6	18.2	51
郑州	Zhengzhou	2.1	1.9	273	郴州	Chenzhou	9.8	9.8	166
开封	Kaifeng	17.7	16.4	74	永州	Yongzhou	21.8	20.9	36
洛阳	Luoyang	6.8	6.1	219	怀化	Huaihua	14.5	14.3	106
平顶山	Pingdingshan	9.8	9.7	169	娄底	Loudi	14.7	14.7	101
安阳	Anyang	10.9	10.5	159	**广东**	**Guangdong**	**4.3**	**4.6**	
鹤壁	Hebi	8.6	8.0	190	广州	Guangzhou	1.3	1.2	279
新乡	Xinxiang	11.3	10.3	160	韶关	Shaoguan	13.2	13.8	114
焦作	Jiaozuo	7.1	6.4	217	深圳	Shenzhen	0.0	0.0	285
濮阳	Puyang	11.9	11.2	146	珠海	Zhuhai	2.2	2.0	272
许昌	Xuchang	7.8	6.8	212	汕头	Shantou	5.2	5.2	231
漯河	Luohe	10.7	10.5	158	佛山	Foshan	1.7	1.7	274
三门峡	Sanmenxia	9.5	9.3	176	江门	Jiangmen	7.8	7.8	196
南阳	Nanyang	17.5	16.6	67	湛江	Zhanjiang	19.1	19.3	47
商丘	Shangqiu	20.8	19.4	46	茂名	Maoming	15.7	16.5	68
信阳	Xinyang	24.2	21.9	26	肇庆	Zhaoqing	14.6	15.2	93
周口	Zhoukou	21.7	20.2	38	惠州	Huizhou	4.8	5.0	235
驻马店	Zhumadian	22.3	20.9	35	梅州	Meizhou	19.6	19.8	43
湖北	**Hubei**	**10.4**	**11.2**		汕尾	Shanwei	15.5	15.7	84
武汉	Wuhan	3.3	3.3	260	河源	Heyuan	11.6	11.2	145
黄石	Huangshi	8.8	8.7	183	阳江	Yangjiang	16.4	17.2	61
十堰	Shiyan	12.1	12.1	132	清远	Qingyuan	15.1	15.4	88
宜昌	Yichang	10.9	10.8	155	东莞	Dongguan	0.3	0.4	284
襄阳	Xiangyang	11.9	11.7	142	中山	Zhongshan	2.2	2.1	271
鄂州	Ezhou	11.6	12.2	131	潮州	Chaozhou	7.1	7.2	206
荆门	Jingmen	14.5	14.0	112	揭阳	Jieyang	8.9	9.4	174
孝感	Xiaogan	17.8	17.9	54	云浮	Yunfu	20.9	20.2	39
荆州	Jingzhou	22.2	22.2	24	**广西**	**Guangxi**	**15.4**	**15.3**	
黄冈	Huanggang	23.9	22.9	22	南宁	Nanning	10.9	10.7	156
咸宁	Xianning	17.3	16.6	66	柳州	Liuzhou	7.3	7.3	205
随州	Suizhou	16.9	16.5	71	桂林	Guilin	17.5	17.6	58
湖南	**Hunan**	**10.7**	**11.3**		梧州	Wuzhou	11.4	11.2	146
长沙	Changsha	4.0	4.0	247	北海	Beihai	17.9	17.4	59
株洲	Zhuzhou	7.7	7.9	193	防城港	Fangchenggang	12.2	12.2	130
湘潭	Xiangtan	8.3	8.1	189	钦州	Qinzhou	21.7	20.1	40
衡阳	Hengyang	15.2	15.1	98	贵港	Guigang	20.1	19.8	42
邵阳	Shaoyang	21.6	21.4	33	玉林	Yulin	17.9	17.9	53
岳阳	Yueyang	11.0	11.2	149	百色	Baise	17.3	16.4	75

3-7 第一产业占GRP的比重 续表 3

Primary Industry as Percentage to GRP continued 3

单位：% (%)

地名	City	2015	2016	2016 排名 Ranking	地名	City	2015	2016	2016 排名 Ranking
贺州	Hezhou	22.0	21.5	30	丽江	Lijiang	15.4	15.3	90
河池	Hechi	22.8	23.0	21	普洱	Puer	27.8	26.8	10
来宾	Laibin	24.5	25.0	13	临沧	Lincang	29.0	28.1	8
崇左	Chongzuo	22.7	21.9	26	**西藏**	**Tibet**	**3.7**	**10.1**	
海南	**Hainan**	**12.1**	**23.4**		拉萨	Lasa	3.7	3.6	254
海口	Haikou	4.9	5.1	233	**陕西**	**Shaanxi**	**8.9**	**8.7**	
三亚	Sanya	13.7	14.1	108	西安	Xi'an	3.8	3.7	249
三沙	Sansha				铜川	Tongchuan	7.0	7.7	199
重庆	**Chongqing**	**7.3**	**7.3**		宝鸡	Baoji	9.2	8.9	179
四川	**Sichuan**	**11.0**	**11.9**		咸阳	Xianyang	15.3	14.4	104
成都	Chengdu	3.5	3.9	248	渭南	Weinan	14.6	15.1	97
自贡	Zigong	11.2	11.0	150	延安	Yan'an	9.3	10.9	154
攀枝花	Panzhihua	3.4	3.4	259	汉中	Hanzhong	18.0	17.8	55
泸州	Luzhou	12.4	12.0	136	榆林	Yulin	5.5	5.9	221
德阳	Deyang	13.0	12.5	126	安康	Ankang	12.4	11.9	137
绵阳	Mianyang	15.3	15.3	90	商洛	Shangluo	14.8	13.8	113
广元	Guangyuan	16.5	16.1	78	**甘肃**	**Gansu**	**13.0**	**13.7**	
遂宁	Suining	15.5	15.2	92	兰州	Lanzhou	2.7	2.7	266
内江	Neijiang	16.0	15.8	82	嘉峪关	Jiayuguan	2.2	2.9	263
乐山	Leshan	11.0	10.9	153	金昌	Jinchang	8.0	10.0	164
南充	Nanchong	22.1	21.5	31	白银	Baiyin	13.6	14.0	111
眉山	Meishan	15.5	15.2	94	天水	Tianshui	17.6	17.0	63
宜宾	Yibin	14.2	14.0	110	武威	Wuwei	24.0	23.5	20
广安	Guangan	16.2	15.8	81	张掖	Zhangye	25.4	25.6	11
达州	Dazhou	21.5	21.4	32	平凉	Pingliang	27.1	28.0	9
雅安	Yaan	14.4	14.0	109	酒泉	Jiuquan	14.4	15.1	98
巴中	Bazhong	16.8	16.5	70	庆阳	Qingyang	13.5	14.3	107
资阳	Ziyang	19.8	16.5	73	定西	Dingxi	25.2	23.8	16
贵州	**Guizhou**	**13.4**	**15.7**		陇南	Longnan	22.3	21.7	28
贵阳	Guiyang	4.5	4.3	242	**青海**	**Qinghai**	**6.0**	**8.6**	
六盘水	Liupanshui	9.5	9.6	171	西宁	Xining	3.3	3.1	261
遵义	Zunyi	16.1	15.4	87	海东	Haidong	13.9	13.0	121
安顺	Anshun	18.1	17.7	56	**宁夏**	**Ningxia**	**8.1**	**7.6**	
毕节	Bijie	22.2	21.2	34	银川	Yinchuan	3.9	3.6	251
铜仁	Tongren	24.8	23.7	18	石嘴山	Shizuishan	5.4	5.1	233
云南	**Yunnan**	**13.2**	**14.8**		吴忠	Wuzhong	13.4	12.5	127
昆明	Kunming	4.7	4.7	241	固原	Guyuan	20.8	20.5	37
曲靖	Qujing	19.2	18.9	49	中卫	Zhongwei	16.6	15.5	86
玉溪	Yuxi	10.2	10.3	160	**新疆**	**Xinjiang**	**1.1**	**17.1**	
保山	Baoshan	25.7	24.7	15	乌鲁木齐	Urumqi	1.2	1.1	280
昭通	Zhaotong	19.9	19.5	45	克拉玛依	Karamay	0.8	0.9	281

3-8 第二产业占GRP的比重
Secondary Industry as Percentage to GRP

单位：%　　　　(%)

地名	City	2015	2016	2016 排名 Ranking	地名	City	2015	2016	2016 排名 Ranking
全国	**Nation Total**	**45.5**			沈阳	Shenyang	47.8	38.8	222
北京	**Beijing**	**19.7**	**19.3**		大连	Dalian	43.3	41.9	191
天津	**Tianjin**	**46.6**	**42.3**		鞍山	Anshan	47.1	35.8	244
河北	**Hebei**	**47.7**	**47.6**		抚顺	Fushun	48.9	50.4	80
石家庄	Shijiazhuang	45.1	45.5	152	本溪	Benxi	51.4	43.5	177
唐山	Tangshan	55.1	55.1	37	丹东	Dandong	40.9	30.8	263
秦皇岛	Qinhuangdao	35.6	34.7	254	锦州	Jinzhou	42.9	34.2	256
邯郸	Handan	47.2	47.2	125	营口	Yingkou	48.1	40.8	206
邢台	Xingtai	45.0	46.9	134	阜新	Fuxin	38.2	27.2	271
保定	Baoding	50.0	48.4	104	辽阳	Liaoyang	55.3	40.0	211
张家口	Zhangjiakou	40.0	37.3	234	盘锦	Panjin	53.5	45.5	151
承德	Chengde	46.8	45.8	149	铁岭	Tieling	31.8	32.5	258
沧州	Cangzhou	49.6	49.6	92	朝阳	Chaoyang	30.4	24.5	275
廊坊	Langfang	44.6	44.1	168	葫芦岛	Huludao	41.1	34.8	253
衡水	Hengshui	46.2	47.1	130	**吉林**	**Jilin**	**48.5**	**47.4**	
山西	**Shanxi**	**45.2**	**38.5**		长春	Changchun	50.1	49.4	95
太原	Taiyuan	37.3	36.1	243	吉林	Jilin	45.4	43.0	181
大同	Datong	41.8	36.5	238	四平	Siping	43.3	39.2	217
阳泉	Yangquan	49.8	48.0	110	辽源	Liaoyuan	57.4	57.2	20
长治	Changzhi	51.1	50.9	76	通化	Tonghua	51.1	47.7	117
晋城	Jincheng	55.4	52.9	55	白山	Baishan	56.7	54.4	43
朔州	Shuozhou	45.1	43.1	180	松原	Songyuan	44.1	41.9	190
晋中	Jinzhong	43.8	43.0	183	白城	Baicheng	45.5	44.6	161
运城	Yuncheng	37.5	36.3	241	**黑龙江**	**Heilongjiang**	**36.6**	**28.6**	
忻州	Xinzhou	44.7	44.1	167	哈尔滨	Harbin	32.4	31.1	261
临汾	Linfen	48.5	46.6	142	齐齐哈尔	Qiqihar	31.0	30.9	262
吕梁	Lvliang	56.9	55.8	30	鸡西	Jixi	26.0	24.3	276
内蒙古	**Inner Mongolia**	**47.1**	**47.2**		鹤岗	Hegang	29.9	29.9	265
呼和浩特	Hohhot	28.1	27.9	269	双鸭山	Shuangyashan	22.8	22.1	278
包头	Baotou	48.4	47.1	129	大庆	Daqing	64.9	56.1	27
乌海	Wuhai	57.0	56.6	24	伊春	Yichun	18.7	19.7	283
赤峰	Chifeng	47.4	47.0	132	佳木斯	Jiamusi	22.0	21.5	280
通辽	Tongliao	50.5	50.2	82	七台河	Qitaihe	36.8	36.5	238
鄂尔多斯	Erdos	56.8	55.7	32	牡丹江	Mudanjiang	35.8	35.6	245
呼伦贝尔	Hulunbuir	44.5	44.7	159	黑河	Heihe	15.2	15.0	285
巴彦淖尔	Bayannur	50.8	50.6	78	绥化	Suihua	26.3	25.5	272
乌兰察布	Ulanqab	48.6	49.0	98	**上海**	**Shanghai**	**31.8**	**29.8**	
辽宁	**Liaoning**	**45.5**	**38.7**		**江苏**	**Jiangsu**	**46.8**	**44.7**	

注：本表按不变价格计算。

Note: Data in this table are calculated at constant prices.

3-8 第二产业占GRP的比重 续表 1
Secondary Industry as Percentage to GRP continued 1

单位：% (%)

地名	City	2015	2016	2016 排名 Ranking	地名	City	2015	2016	2016 排名 Ranking
南京	Nanjing	40.3	39.2	219	池州	Chizhou	46.1	43.8	173
无锡	Wuxi	49.3	47.2	126	宣城	Xuancheng	48.7	47.5	122
徐州	Xuzhou	44.3	43.3	178	**福建**	**Fujian**	**50.4**	**48.9**	
常州	Changzhou	47.7	46.5	144	福州	Fuzhou	43.6	41.8	192
苏州	Suzhou	48.6	47.0	131	厦门	Xiamen	43.6	40.8	204
南通	Nantong	48.4	46.8	135	莆田	Putian	57.4	56.1	27
连云港	Lianyungang	44.4	44.2	166	三明	Sanming	51.1	50.1	86
淮安	Huaian	42.9	41.6	194	泉州	Quanzhou	60.0	58.5	14
盐城	Yancheng	45.7	44.8	157	漳州	Zhangzhou	48.5	46.8	139
扬州	Yangzhou	50.1	49.4	96	南平	Nanping	43.2	42.1	188
镇江	Zhenjiang	49.3	48.8	100	龙岩	Longyan	52.6	51.0	75
泰州	Taizhou	49.1	47.2	128	宁德	Ningde	51.1	49.7	90
宿迁	Suqian	48.5	48.5	103	**江西**	**Jiangxi**	**52.1**	**47.7**	
浙江	**Zhejiang**	**45.9**	**44.9**		南昌	Nanchang	54.5	53.0	53
杭州	Hangzhou	38.9	36.4	240	景德镇	Jingdezhen	56.7	55.5	33
宁波	Ningbo	51.2	51.3	70	萍乡	Pingxiang	56.7	55.0	38
温州	Wenzhou	43.8	41.1	200	九江	Jiujiang	53.3	52.0	65
嘉兴	Jiaxing	52.6	52.1	63	新余	Xinyu	55.8	52.1	62
湖州	Huzhou	49.3	48.1	109	鹰潭	Yingtan	59.4	58.2	15
绍兴	Shaoxing	50.5	50.1	87	赣州	Ganzhou	44.1	41.6	193
金华	Jinhua	45.5	44.6	161	吉安	Jian	49.5	48.5	101
衢州	Quzhou	46.7	45.1	154	宜春	Yichun	51.7	45.1	155
舟山	Zhoushan	41.1	41.1	200	抚州	Fuzhou	49.7	48.8	99
台州	Taizhou	44.1	43.5	176	上饶	Shangrao	48.7	46.8	136
丽水	Lishui	45.7	44.9	156	**山东**	**Shandong**	**48.3**	**46.1**	
安徽	**Anhui**	**50.4**	**48.4**		济南	Jinan	37.8	36.2	242
合肥	Hefei	52.6	50.7	77	青岛	Qingdao	43.3	41.6	195
芜湖	Wuhu	57.2	56.0	29	淄博	Zibo	54.0	52.5	58
蚌埠	Bengbu	48.0	44.0	170	枣庄	Zaozhuang	52.7	51.2	73
淮南	Huainan	48.1	47.2	127	东营	Dongying	64.6	62.2	7
马鞍山	Maanshan	56.7	55.4	34	烟台	Yantai	51.6	50.0	88
淮北	Huaibei	58.1	56.3	26	潍坊	Weifang	48.2	48.2	107
铜陵	Tongling	61.8	59.5	10	济宁	Jining	47.3	45.3	153
安庆	Anqing	50.4	47.5	121	泰安	Taian	48.3	44.8	158
黄山	Huangshan	39.9	38.9	221	威海	Weihai	47.4	45.6	150
滁州	Chuzhou	53.2	49.7	89	日照	Rizhao	48.7	47.3	124
阜阳	Fuyang	40.7	39.8	213	莱芜	Laiwu	51.7	50.1	83
宿州	Suzhou	37.9	37.9	231	临沂	Linyi	44.8	43.1	179
六安	Liuan	46.1	44.3	164	德州	Dezhou	49.4	47.8	114
亳州	Bozhou	39.3	38.7	223	聊城	Liaocheng	51.1	49.5	94

3-8 第二产业占GRP的比重 续表 2
Secondary Industry as Percentage to GRP continued 2

单位：% (%)

地名	City	2015	2016	2016 排名 Ranking	地名	City	2015	2016	2016 排名 Ranking
滨州	Binzhou	48.8	46.3	145	常德	Changde	45.7	42.6	187
菏泽	Heze	52.8	51.3	71	张家界	Zhangjiajie	22.8	21.2	281
河南	**Henan**	**49.6**	**47.6**		益阳	Yiyang	42.1	39.8	214
郑州	Zhengzhou	49.3	46.8	137	郴州	Chenzhou	54.7	52.1	63
开封	Kaifeng	40.9	40.6	207	永州	Yongzhou	36.5	34.8	252
洛阳	Luoyang	48.9	46.9	133	怀化	Huaihua	41.8	38.2	228
平顶山	Pingdingshan	52.2	49.0	97	娄底	Loudi	50.3	48.3	105
安阳	Anyang	50.6	47.8	114	**广东**	**Guangdong**	**43.8**	**43.4**	
鹤壁	Hebi	65.3	65.2	3	广州	Guangzhou	31.6	29.4	266
新乡	Xinxiang	49.8	49.6	93	韶关	Shaoguan	37.5	36.6	236
焦作	Jiaozuo	59.8	59.3	11	深圳	Shenzhen	41.2	39.9	212
濮阳	Puyang	56.6	54.8	41	珠海	Zhuhai	49.7	48.5	102
许昌	Xuchang	59.0	58.8	13	汕头	Shantou	51.5	50.5	79
漯河	Luohe	62.9	62.4	6	佛山	Foshan	60.5	59.6	9
三门峡	Sanmenxia	58.2	56.5	25	江门	Jiangmen	48.4	47.6	120
南阳	Nanyang	44.3	43.8	172	湛江	Zhanjiang	38.2	38.2	229
商丘	Shangqiu	41.8	41.4	198	茂名	Maoming	41.2	40.2	210
信阳	Xinyang	40.2	39.6	215	肇庆	Zhaoqing	50.3	48.0	112
周口	Zhoukou	45.9	46.0	148	惠州	Huizhou	55.0	53.9	47
驻马店	Zhumadian	40.1	39.2	218	梅州	Meizhou	36.7	35.3	247
湖北	**Hubei**	**49.6**	**44.9**		汕尾	Shanwei	45.8	44.5	163
武汉	Wuhan	45.7	43.9	171	河源	Heyuan	45.7	43.6	175
黄石	Huangshi	55.4	55.3	36	阳江	Yangjiang	45.1	41.0	203
十堰	Shiyan	48.9	47.7	118	清远	Qingyuan	37.9	36.6	237
宜昌	Yichang	58.7	57.2	19	东莞	Dongguan	46.6	46.5	143
襄阳	Xiangyang	56.9	55.4	34	中山	Zhongshan	54.2	52.4	59
鄂州	Ezhou	57.9	54.5	42	潮州	Chaozhou	53.2	51.5	69
荆门	Jingmen	52.6	51.9	66	揭阳	Jieyang	59.6	55.7	31
孝感	Xiaogan	48.4	48.0	111	云浮	Yunfu	42.6	41.4	199
荆州	Jingzhou	43.7	42.7	186	**广西**	**Guangxi**	**46.0**	**45.2**	
黄冈	Huanggang	38.9	37.9	232	南宁	Nanning	39.5	38.5	226
咸宁	Xianning	48.6	47.6	119	柳州	Liuzhou	56.6	55.0	39
随州	Suizhou	47.9	46.8	138	桂林	Guilin	46.4	44.6	160
湖南	**Hunan**	**48.2**	**42.3**		梧州	Wuzhou	57.9	58.0	16
长沙	Changsha	50.9	48.2	106	北海	Beihai	50.5	51.3	71
株洲	Zhuzhou	57.3	53.0	53	防城港	Fangchenggang	56.9	57.1	22
湘潭	Xiangtan	54.8	52.3	60	钦州	Qinzhou	40.4	43.7	174
衡阳	Hengyang	44.6	41.5	197	贵港	Guigang	40.3	41.0	202
邵阳	Shaoyang	36.6	35.5	246	玉林	Yulin	44.0	42.8	184
岳阳	Yueyang	50.1	47.4	123	百色	Baise	52.2	53.4	50

3-8 第二产业占GRP的比重 续表 3
Secondary Industry as Percentage to GRP continued 3

单位：%　　(%)

地名	City	2015	2016	2016 排名 Ranking	地名	City	2015	2016	2016 排名 Ranking
贺州	Hezhou	40.3	40.8	204	丽江	Lijiang	39.8	38.9	220
河池	Hechi	32.4	30.4	264	普洱	Puer	34.8	34.4	255
来宾	Laibin	39.1	37.3	233	临沧	Lincang	33.8	33.7	257
崇左	Chongzuo	40.2	40.6	208	**西藏**	**Tibet**	**37.4**	**37.3**	
海南	**Hainan**	**18.7**	**22.4**		拉萨	Lasa	37.4	38.3	227
海口	Haikou	19.3	18.6	284	**陕西**	**Shaanxi**	**50.7**	**48.9**	
三亚	Sanya	20.5	19.9	282	西安	Xi'an	36.7	35.1	248
三沙	Sansha				铜川	Tongchuan	59.3	51.9	67
重庆	**Chongqing**	**45.0**	**44.5**		宝鸡	Baoji	63.9	63.5	4
四川	**Sichuan**	**51.3**	**40.8**		咸阳	Xianyang	57.5	57.9	17
成都	Chengdu	43.7	43.0	182	渭南	Weinan	50.2	46.0	147
自贡	Zigong	58.1	57.5	18	延安	Yan'an	62.0	53.0	52
攀枝花	Panzhihua	71.5	70.5	1	汉中	Hanzhong	44.0	42.8	184
泸州	Luzhou	59.6	59.1	12	榆林	Yulin	62.5	60.6	8
德阳	Deyang	56.3	54.0	46	安康	Ankang	55.2	53.5	48
绵阳	Mianyang	50.5	47.9	113	商洛	Shangluo	52.0	53.2	51
广元	Guangyuan	47.2	46.6	141	**甘肃**	**Gansu**	**37.8**	**34.9**	
遂宁	Suining	56.2	52.6	56	兰州	Lanzhou	37.3	34.9	250
内江	Neijiang	59.9	57.2	21	嘉峪关	Jiayuguan	57.1	39.3	216
乐山	Leshan	59.0	54.1	45	金昌	Jinchang	58.2	50.1	85
南充	Nanchong	48.9	46.1	146	白银	Baiyin	44.7	40.3	209
眉山	Meishan	56.1	52.5	57	天水	Tianshui	33.5	32.2	260
宜宾	Yibin	58.3	54.9	40	武威	Wuwei	36.7	37.0	235
广安	Guangan	51.7	51.6	68	张掖	Zhangye	29.4	27.5	270
达州	Dazhou	48.7	41.6	196	平凉	Pingliang	27.9	24.8	274
雅安	Yaan	55.9	53.4	49	酒泉	Jiuquan	37.1	35.0	249
巴中	Bazhong	46.6	46.6	140	庆阳	Qingyang	52.7	48.2	107
资阳	Ziyang	55.3	54.2	44	定西	Dingxi	21.8	22.8	277
贵州	**Guizhou**	**40.5**	**39.7**		陇南	Longnan	23.1	21.6	279
贵阳	Guiyang	38.3	38.6	225	**青海**	**Qinghai**	**48.6**	**48.6**	
六盘水	Liupanshui	51.1	50.2	81	西宁	Xining	48.0	47.7	116
遵义	Zunyi	44.8	44.2	165	海东	Haidong	50.2	50.1	83
安顺	Anshun	33.2	32.4	259	**宁夏**	**Ningxia**	**52.3**	**47.0**	
毕节	Bijie	38.8	38.0	230	银川	Yinchuan	52.3	51.0	74
铜仁	Tongren	28.7	28.4	268	石嘴山	Shizuishan	63.9	63.0	5
云南	**Yunnan**	**43.5**	**38.5**		吴忠	Wuzhong	56.1	56.6	23
昆明	Kunming	40.0	38.6	224	固原	Guyuan	27.2	25.5	272
曲靖	Qujing	51.0	49.7	91	中卫	Zhongwei	44.5	44.0	169
玉溪	Yuxi	56.6	52.2	61	**新疆**	**Xinjiang**	**36.7**	**37.8**	
保山	Baoshan	34.8	34.9	250	乌鲁木齐	Urumqi	29.9	28.6	267
昭通	Zhaotong	43.5	42.1	189	克拉玛依	Karamay	65.2	69.6	2

3-9 第三产业占GRP的比重
Tertiary Industry as Percentage to GRP

单位：% (%)

地名	City	2015	2016	2016 排名 Ranking	地名	City	2015	2016	2016 排名 Ranking
全国	**Nation Total**	**53.3**			沈阳	Shenyang	53.1	56.4	23
北京	**Beijing**	**79.7**	**80.2**		大连	Dalian	47.1	51.4	34
天津	**Tianjin**	**52.2**	**56.4**		鞍山	Anshan	52.4	57.3	19
河北	**Hebei**	**48.3**	**41.5**		抚顺	Fushun	46.4	42.9	124
石家庄	Shijiazhuang	57.5	46.4	85	本溪	Benxi	46.1	47.7	67
唐山	Tangshan	38.8	35.5	235	丹东	Dandong	58.9	52.2	31
秦皇岛	Qinhuangdao	54.7	50.8	42	锦州	Jinzhou	53.7	45.9	88
邯郸	Handan	49.8	40.3	156	营口	Yingkou	44.6	49.6	50
邢台	Xingtai	58.5	39.5	174	阜新	Fuxin	39.3	49.2	53
保定	Baoding	34.9	38.6	191	辽阳	Liaoyang	37.7	49.0	55
张家口	Zhangjiakou	48.6	44.5	103	盘锦	Panjin	36.9	42.4	129
承德	Chengde	46.8	37.7	204	铁岭	Tieling	40.5	43.7	112
沧州	Cangzhou	52.4	41.7	138	朝阳	Chaoyang	43.8	50.4	44
廊坊	Langfang	58.6	48.6	58	葫芦岛	Huludao	44.4	48.4	59
衡水	Hengshui	35.4	40.0	164	**吉林**	**Jilin**	**40.4**	**42.5**	
山西	**Shanxi**	**60.2**	**55.5**		长春	Changchun	43.7	45.2	97
太原	Taiyuan	62.9	62.6	7	吉林	Jilin	44.0	47.2	76
大同	Datong	53.5	57.7	17	四平	Siping	30.9	35.5	236
阳泉	Yangquan	53.9	50.3	45	辽源	Liaoyuan	34.2	35.1	239
长治	Changzhi	55.7	44.3	109	通化	Tonghua	39.6	43.4	115
晋城	Jincheng	64.8	42.4	130	白山	Baishan	34.0	37.2	214
朔州	Shuozhou	52.0	50.8	40	松原	Songyuan	38.5	41.8	135
晋中	Jinzhong	59.3	47.1	78	白城	Baicheng	37.6	39.7	170
运城	Yuncheng	64.6	47.2	74	**黑龙江**	**Heilongjiang**	**44.2**	**54.0**	
忻州	Xinzhou	65.9	47.1	79	哈尔滨	Harbin	55.9	57.6	18
临汾	Linfen	74.0	45.5	93	齐齐哈尔	Qiqihar	44.8	46.4	86
吕梁	Lvliang	70.0	38.8	186	鸡西	Jixi	37.6	40.1	161
内蒙古	**Inner Mongolia**	**57.9**	**43.8**		鹤岗	Hegang	34.9	35.8	230
呼和浩特	Hohhot	78.1	68.6	4	双鸭山	Shuangyashan	39.0	41.7	140
包头	Baotou	53.3	50.4	43	大庆	Daqing	28.6	36.8	223
乌海	Wuhai	42.2	42.6	128	伊春	Yichun	38.4	38.0	198
赤峰	Chifeng	45.1	37.9	199	佳木斯	Jiamusi	44.9	47.3	73
通辽	Tongliao	39.6	36.4	225	七台河	Qitaihe	47.1	48.8	56
鄂尔多斯	Erdos	64.0	41.9	134	牡丹江	Mudanjiang	47.1	47.6	69
呼伦贝尔	Hulunbuir	51.5	40.0	162	黑河	Heihe	36.5	37.7	203
巴彦淖尔	Bayannur	37.9	32.1	266	绥化	Suihua	34.0	35.6	233
乌兰察布	Ulanqab	54.0	37.4	211	**上海**	**Shanghai**	**67.8**	**69.8**	
辽宁	**Liaoning**	**49.7**	**51.5**		**江苏**	**Jiangsu**	**48.3**	**50.0**	

注：本表按不变价格计算。

Note: Data in this table are calculated at constant prices.

3-9 第三产业占GRP的比重 续表 1
Tertiary Industry as Percentage to GRP continued 1

单位：% (%)

地名	City	2015	2016	2016 排名 Ranking
南京	Nanjing	57.3	58.4	14
无锡	Wuxi	49.1	51.3	36
徐州	Xuzhou	46.2	47.4	71
常州	Changzhou	49.5	50.9	38
苏州	Suzhou	49.9	51.5	32
南通	Nantong	45.8	47.7	65
连云港	Lianyungang	42.5	43.1	120
淮安	Huaian	45.9	47.7	65
盐城	Yancheng	42.1	43.5	113
扬州	Yangzhou	43.9	45.0	99
镇江	Zhenjiang	46.9	47.6	68
泰州	Taizhou	45.0	47.0	80
宿迁	Suqian	39.4	39.8	169
浙江	**Zhejiang**	**49.9**	**51.0**	
杭州	Hangzhou	58.2	60.9	10
宁波	Ningbo	45.2	45.2	95
温州	Wenzhou	53.4	56.2	24
嘉兴	Jiaxing	43.4	44.4	105
湖州	Huzhou	44.9	46.3	87
绍兴	Shaoxing	45.1	45.6	91
金华	Jinhua	50.3	51.4	33
衢州	Quzhou	46.0	47.8	63
舟山	Zhoushan	48.7	48.7	57
台州	Taizhou	49.4	50.0	47
丽水	Lishui	46.1	47.2	74
安徽	**Anhui**	**38.7**	**41.0**	
合肥	Hefei	42.8	45.0	98
芜湖	Wuhu	37.9	39.3	177
蚌埠	Bengbu	37.0	41.6	141
淮南	Huainan	39.5	40.6	150
马鞍山	Maanshan	37.5	39.0	184
淮北	Huaibei	34.1	36.0	229
铜陵	Tongling	33.1	35.4	237
安庆	Anqing	36.5	40.0	163
黄山	Huangshan	49.7	51.4	35
滁州	Chuzhou	29.8	34.4	245
阜阳	Fuyang	36.7	38.7	190
宿州	Suzhou	40.4	42.8	126
六安	Liuan	36.2	37.4	210
亳州	Bozhou	40.0	41.6	142
池州	Chizhou	40.9	44.2	110
宣城	Xuancheng	38.8	40.5	152
福建	**Fujian**	**41.4**	**42.9**	
福州	Fuzhou	48.7	50.3	46
厦门	Xiamen	55.7	58.6	13
莆田	Putian	35.7	37.0	217
三明	Sanming	34.2	35.1	239
泉州	Quanzhou	37.1	38.5	193
漳州	Zhangzhou	38.1	40.0	165
南平	Nanping	35.3	35.8	231
龙岩	Longyan	35.8	37.2	213
宁德	Ningde	31.9	32.7	260
江西	**Jiangxi**	**37.9**	**42.0**	
南昌	Nanchang	41.2	42.9	125
景德镇	Jingdezhen	35.9	37.1	215
萍乡	Pingxiang	36.4	39.3	179
九江	Jiujiang	39.3	40.8	149
新余	Xinyu	38.3	41.8	136
鹰潭	Yingtan	32.9	34.2	249
赣州	Ganzhou	40.9	43.2	119
吉安	Jian	34.2	35.5	234
宜春	Yichun	33.7	39.4	175
抚州	Fuzhou	33.8	34.9	242
上饶	Shangrao	37.8	40.1	160
山东	**Shandong**	**44.5**	**46.7**	
济南	Jinan	57.2	58.9	12
青岛	Qingdao	52.8	54.7	25
淄博	Zibo	42.5	44.1	111
枣庄	Zaozhuang	39.7	41.2	146
东营	Dongying	31.9	34.3	247
烟台	Yantai	41.6	43.3	118
潍坊	Weifang	43.0	43.0	122
济宁	Jining	41.4	43.5	114
泰安	Taian	45.2	46.7	83
威海	Weihai	45.4	47.3	72
日照	Rizhao	42.9	44.6	102
莱芜	Laiwu	40.7	42.0	132
临沂	Linyi	46.0	48.0	60
德州	Dezhou	40.3	42.1	131
聊城	Liaocheng	37.1	38.7	188

3-9 第三产业占GRP的比重 续表 2

Tertiary Industry as Percentage to GRP continued 2

单位：% (%)

地名	City	2015	2016	2016 排名 Ranking	地名	City	2015	2016	2016 排名 Ranking
滨州	Binzhou	41.9	44.3	106	常德	Changde	41.2	44.5	104
菏泽	Heze	36.0	37.8	201	张家界	Zhangjiajie	65.7	67.3	5
河南	**Henan**	**39.0**	**41.8**		益阳	Yiyang	39.3	42.0	133
郑州	Zhengzhou	48.6	51.3	37	郴州	Chenzhou	35.6	38.1	197
开封	Kaifeng	41.4	43.0	123	永州	Yongzhou	41.7	44.3	108
洛阳	Luoyang	44.3	47.0	81	怀化	Huaihua	43.7	47.5	70
平顶山	Pingdingshan	38.0	41.3	145	娄底	Loudi	35.0	37.0	217
安阳	Anyang	38.6	41.7	138	**广东**	**Guangdong**	**51.9**	**52.0**	
鹤壁	Hebi	26.1	26.8	284	广州	Guangzhou	67.1	69.4	3
新乡	Xinxiang	39.0	40.2	159	韶关	Shaoguan	49.3	49.6	51
焦作	Jiaozuo	33.1	34.3	247	深圳	Shenzhen	58.8	60.1	11
濮阳	Puyang	31.6	34.1	253	珠海	Zhuhai	48.0	49.5	52
许昌	Xuchang	33.2	34.4	246	汕头	Shantou	43.3	44.3	106
漯河	Luohe	26.3	27.1	282	佛山	Foshan	37.8	38.7	189
三门峡	Sanmenxia	32.4	34.2	250	江门	Jiangmen	43.8	44.6	101
南阳	Nanyang	38.3	39.7	171	湛江	Zhanjiang	42.7	42.6	127
商丘	Shangqiu	37.4	39.2	181	茂名	Maoming	43.0	43.3	117
信阳	Xinyang	35.7	38.6	192	肇庆	Zhaoqing	35.1	36.8	221
周口	Zhoukou	32.4	33.8	254	惠州	Huizhou	40.2	41.1	147
驻马店	Zhumadian	37.7	39.9	167	梅州	Meizhou	43.7	44.9	100
湖北	**Hubei**	**40.1**	**43.9**		汕尾	Shanwei	38.8	39.8	168
武汉	Wuhan	51.0	52.8	30	河源	Heyuan	42.7	45.2	95
黄石	Huangshi	35.8	36.0	228	阳江	Yangjiang	38.5	41.8	136
十堰	Shiyan	39.0	40.2	158	清远	Qingyuan	47.0	48.0	60
宜昌	Yichang	30.4	32.0	267	东莞	Dongguan	53.1	53.2	28
襄阳	Xiangyang	31.3	32.9	259	中山	Zhongshan	43.6	45.5	92
鄂州	Ezhou	30.5	33.3	257	潮州	Chaozhou	39.7	41.3	144
荆门	Jingmen	33.0	34.1	252	揭阳	Jieyang	31.5	34.9	243
孝感	Xiaogan	33.8	34.2	251	云浮	Yunfu	36.5	38.5	194
荆州	Jingzhou	34.1	35.2	238	**广西**	**Guangxi**	**38.6**	**39.6**	
黄冈	Huanggang	37.2	39.2	180	南宁	Nanning	49.7	50.8	41
咸宁	Xianning	34.1	35.7	232	柳州	Liuzhou	36.1	37.8	202
随州	Suizhou	35.2	36.8	224	桂林	Guilin	36.2	37.8	200
湖南	**Hunan**	**41.1**	**46.4**		梧州	Wuzhou	30.8	30.9	274
长沙	Changsha	45.1	47.8	64	北海	Beihai	31.7	31.4	271
株洲	Zhuzhou	35.1	39.1	183	防城港	Fangchenggang	30.9	30.7	275
湘潭	Xiangtan	36.9	39.6	172	钦州	Qinzhou	37.9	36.2	226
衡阳	Hengyang	40.2	43.4	116	贵港	Guigang	39.6	39.2	182
邵阳	Shaoyang	41.8	43.1	121	玉林	Yulin	38.1	39.3	177
岳阳	Yueyang	38.9	41.5	143	百色	Baise	30.5	30.3	276

3-9 第三产业占GRP的比重 续表 3
Tertiary Industry as Percentage to GRP continued 3

单位：% (%)

地名	City	2015	2016	2016 排名 Ranking	地名	City	2015	2016	2016 排名 Ranking
贺州	Hezhou	37.7	37.7	205	丽江	Lijiang	44.8	45.8	89
河池	Hechi	44.9	46.6	84	普洱	Puer	37.4	38.7	187
来宾	Laibin	36.4	37.6	206	临沧	Lincang	37.2	38.2	196
崇左	Chongzuo	37.1	37.6	207	**西藏**	**Tibet**	**58.9**	**52.7**	
海南	**Hainan**	**69.2**	**54.3**		拉萨	Lasa	58.9	58.1	15
海口	Haikou	75.8	76.4	1	**陕西**	**Shaanxi**	**40.4**	**42.3**	
三亚	Sanya	65.7	66.1	6	西安	Xi'an	59.6	61.2	9
三沙	Sansha				铜川	Tongchuan	33.7	40.4	154
重庆	**Chongqing**	**47.7**	**48.1**		宝鸡	Baoji	26.9	27.6	281
四川	**Sichuan**	**37.8**	**47.2**		咸阳	Xianyang	27.2	27.6	280
成都	Chengdu	52.8	53.1	29	渭南	Weinan	35.3	38.9	185
自贡	Zigong	30.7	31.4	269	延安	Yan'an	28.8	36.1	227
攀枝花	Panzhihua	25.2	26.1	285	汉中	Hanzhong	38.0	39.4	176
泸州	Luzhou	28.0	28.9	279	榆林	Yulin	32.1	33.5	255
德阳	Deyang	30.8	33.5	256	安康	Ankang	32.3	34.7	244
绵阳	Mianyang	34.2	36.8	221	商洛	Shangluo	33.2	33.0	258
广元	Guangyuan	36.4	37.3	212	**甘肃**	**Gansu**	**49.2**	**51.4**	
遂宁	Suining	28.4	32.2	265	兰州	Lanzhou	60.0	62.4	8
内江	Neijiang	24.2	27.1	283	嘉峪关	Jiayuguan	40.7	57.8	16
乐山	Leshan	30.1	35.0	241	金昌	Jinchang	33.8	39.9	166
南充	Nanchong	29.0	32.4	263	白银	Baiyin	41.7	45.7	90
眉山	Meishan	28.4	32.3	264	天水	Tianshui	48.9	50.8	39
宜宾	Yibin	27.5	31.1	272	武威	Wuwei	39.4	39.6	173
广安	Guangan	32.0	32.6	261	张掖	Zhangye	45.2	46.9	82
达州	Dazhou	29.8	37.0	216	平凉	Pingliang	45.0	47.2	77
雅安	Yaan	26.7	32.6	262	酒泉	Jiuquan	48.5	49.9	49
巴中	Bazhong	36.6	36.9	219	庆阳	Qingyang	33.8	37.5	208
资阳	Ziyang	24.9	29.3	278	定西	Dingxi	53.0	53.4	27
贵州	**Guizhou**	**46.1**	**44.7**		陇南	Longnan	54.6	56.7	22
贵阳	Guiyang	57.2	57.1	20	**青海**	**Qinghai**	**45.5**	**42.8**	
六盘水	Liupanshui	39.3	40.2	157	西宁	Xining	48.7	49.1	54
遵义	Zunyi	39.1	40.4	155	海东	Haidong	36.0	36.9	220
安顺	Anshun	48.7	49.9	48	**宁夏**	**Ningxia**	**39.9**	**45.4**	
毕节	Bijie	39.0	40.8	148	银川	Yinchuan	43.8	45.3	94
铜仁	Tongren	46.5	47.9	62	石嘴山	Shizuishan	30.7	31.9	268
云南	**Yunnan**	**43.3**	**46.7**		吴忠	Wuzhong	30.6	30.9	273
昆明	Kunming	55.3	56.7	21	固原	Guyuan	52.0	54.0	26
曲靖	Qujing	29.8	31.4	270	中卫	Zhongwei	38.8	40.6	150
玉溪	Yuxi	33.3	37.5	209	**新疆**	**Xinjiang**	**62.1**	**45.1**	
保山	Baoshan	39.5	40.4	153	乌鲁木齐	Urumqi	68.9	70.2	2
昭通	Zhaotong	36.7	38.4	195	克拉玛依	Karamay	34.0	29.6	277

4

固定资产投资和房地产

Investment in Fixed Assets and Real Estate

4-1 固定资产投资额（不含农户）
Investment in Fixed Assets (Excluding Rural Households)

单位：亿元 （100 million yuan）

地名	City	2010	2015	2016	2016 排名 Ranking	地名	City	2010	2015	2016	2016 排名 Ranking
全国	**National Total**	**241430.9**	**551590.0**	**596500.8**		沈阳	Shenyang	3271.30	5326.04	1631.62	113
北京	**Beijing**	**4916.53**	**7446.00**	**7888.70**		大连	Dalian	3985.48	4559.28	1436.36	139
天津	**Tianjin**	**5896.52**	**11814.60**	**12756.40**		鞍山	Anshan	1109.29	1581.77	473.69	256
河北	**Hebei**	**12922.66**	**28905.70**	**31340.10**		抚顺	Fushun	674.62	597.40	157.12	279
石家庄	Shijiazhuang	2696.81	5727.49	5678.46	9	本溪	Benxi	461.54	584.53	234.98	272
唐山	Tangshan	2218.43	4619.58	4975.11	17	丹东	Dandong	629.43	583.46	280.20	268
秦皇岛	Qinhuangdao	409.67	892.45	874.66	203	锦州	Jinzhou	658.82	782.15	379.78	261
邯郸	Handan	1596.32	3526.63	3765.20	30	营口	Yingkou	1021.93	906.22	410.19	258
邢台	Xingtai	754.15	1886.62	2025.91	89	阜新	Fuxin	258.83	207.77	88.98	283
保定	Baoding	1320.73	2753.96	2909.51	50	辽阳	Liaoyang	464.32	474.94	197.81	274
张家口	Zhangjiakou	800.93	1574.22	1631.27	114	盘锦	Panjin	783.72	983.06	601.42	241
承德	Chengde	695.07	1535.15	1615.49	116	铁岭	Tieling	904.70	397.49	122.24	281
沧州	Cangzhou	1022.16	3169.85	3481.07	37	朝阳	Chaoyang	491.72	500.15	243.91	270
廊坊	Langfang	856.15	2166.81	2458.52	61	葫芦岛	Huludao	356.87	190.45	178.03	276
衡水	Hengshui	328.77	1129.50	1230.83	161	**吉林**	**Jilin**	**7395.23**	**12508.60**	**13773.20**	
山西	**Shanxi**	**5526.60**	**13744.60**	**13859.40**		长春	Changchun	2579.07	4218.23	4659.04	22
太原	Taiyuan	852.29	2025.61	2027.71	88	吉林	Jilin	1535.89	2542.93	2804.86	56
大同	Datong	524.26	1145.35	1212.82	167	四平	Siping	446.35	799.81	884.19	200
阳泉	Yangquan	271.02	600.67	553.16	250	辽源	Liaoyuan	405.62	598.33	658.47	227
长治	Changzhi	534.01	1441.51	1514.42	130	通化	Tonghua	657.45	964.03	1065.73	183
晋城	Jincheng	389.32	1105.15	1150.37	175	白山	Baishan	324.29	631.46	662.72	225
朔州	Shuozhou	361.00	937.06	637.68	235	松原	Songyuan	624.08	1286.45	1415.73	140
晋中	Jinzhong	465.75	1312.45	1375.84	145	白城	Baicheng	293.63	659.94	729.04	218
运城	Yuncheng	549.88	1370.67	1483.72	132	**黑龙江**	**Heilongjiang**	**6292.67**	**9884.30**	**10432.60**	
忻州	Xinzhou	417.24	1119.63	1167.66	173	哈尔滨	Harbin	2295.56	4595.69	5040.05	16
临汾	Linfen	506.72	1401.22	1394.25	142	齐齐哈尔	Qiqihar	483.53	831.70	916.52	197
吕梁	Lvliang	399.85	1166.40	1118.46	178	鸡西	Jixi	155.49	222.68	238.26	271
内蒙古	**Inner Mongolia**	**8688.00**	**13529.20**	**14894.00**		鹤岗	Hegang	149.10	90.06	96.07	282
呼和浩特	Hohhot	880.37	1604.64	1849.17	99	双鸭山	Shuangyashan	271.73	121.83	129.85	280
包头	Baotou	1774.85	2582.91	2955.82	49	大庆	Daqing	994.84	554.09	565.26	248
乌海	Wuhai	238.72	398.64	165.12	277	伊春	Yichun	148.56	101.01	76.30	285
赤峰	Chifeng	786.18	1272.10	1465.78	135	佳木斯	Jiamusi	242.91	533.89	588.35	245
通辽	Tongliao	634.16	1288.66	1475.51	133	七台河	Qitaihe	188.50	98.51	80.11	284
鄂尔多斯	Erdos	1866.95	2719.17	3050.08	47	牡丹江	Mudanjiang	491.60	1019.87	1217.44	165
呼伦贝尔	Hulunbuir	603.81	925.85	982.33	189	黑河	Heihe	138.40	254.44	275.28	269
巴彦淖尔	Bayannur	549.18	664.50	734.69	216	绥化	Suihua	342.60	696.94	770.58	214
乌兰察布	Ulanqab	271.66	658.82	661.38	226	**上海**	**Shanghai**	**4630.47**	**6349.40**	**6751.70**	
辽宁	**Liaoning**	**15106.33**	**17640.40**	**6436.30**		**江苏**	**Jiangsu**	**17416.47**	**45905.17**	**49370.90**	

4-1 固定资产投资额（不含农户） 续表 1

Investment in Fixed Assets (Excluding Rural Households) continued 1

单位：亿元 (100 million yuan)

地名	City	2010	2015	2016	2016 排名 Ranking
南京	Nanjing	2623.96	5425.98	5533.56	11
无锡	Wuxi	2067.99	4888.55	4793.69	21
徐州	Xuzhou	1646.98	4266.12	4797.33	20
常州	Changzhou	1420.47	3398.97	3605.08	33
苏州	Suzhou	2705.27	5965.44	5648.49	10
南通	Nantong	1281.39	4376.03	4811.95	19
连云港	Lianyungang	920.82	2077.35	2385.16	63
淮安	Huaian	841.22	2203.24	2535.19	59
盐城	Yancheng	1054.95	3372.89	3882.83	29
扬州	Yangzhou	890.68	2856.82	3288.68	40
镇江	Zhenjiang	749.35	2541.07	2873.43	54
泰州	Taizhou	693.01	2693.75	3155.87	44
宿迁	Suqian	554.92	1838.97	2059.58	85
浙江	**Zhejiang**	**8438.08**	**26664.72**	**29571.00**	
杭州	Hangzhou	2138.78	5556.32	5842.42	7
宁波	Ningbo	1118.29	4506.58	4961.39	18
温州	Wenzhou	691.75	3456.39	3905.74	28
嘉兴	Jiaxing	819.02	2513.82	2790.16	57
湖州	Huzhou	358.71	1402.64	1592.18	120
绍兴	Shaoxing	390.90	2582.84	2882.48	52
金华	Jinhua		1836.16	2084.01	81
衢州	Quzhou	385.34	882.04	981.74	190
舟山	Zhoushan	260.78	1134.76	1311.14	153
台州	Taizhou	556.72	1996.03	2272.63	69
丽水	Lishui	242.35	751.52	841.65	208
安徽	**Anhui**	**10281.29**	**23803.90**	**26577.40**	
合肥	Hefei	2950.16	5851.90	6501.17	6
芜湖	Wuhu	1206.80	2709.19	3006.90	48
蚌埠	Bengbu	432.25	1457.97	1666.43	112
淮南	Huainan	350.61	919.73	954.95	193
马鞍山	Maanshan	682.95	1859.84	2064.62	84
淮北	Huaibei	354.08	925.30	958.88	192
铜陵	Tongling	353.41	1062.93	1196.88	170
安庆	Anqing	724.06	1385.58	1521.92	128
黄山	Huangshan	425.02	552.48	597.71	243
滁州	Chuzhou	660.49	1457.60	1699.21	109
阜阳	Fuyang	314.46	1004.98	1292.62	154
宿州	Suzhou	288.93	1133.39	1269.98	157
六安	Liuan	465.15	993.47	1075.00	182
亳州	Bozhou	255.37	767.30	874.89	202
池州	Chizhou	272.21	600.54	652.59	230
宣城	Xuancheng	655.55	1283.36	1414.27	141
福建	**Fujian**	**7385.78**	**20974.00**	**22928.00**	
福州	Fuzhou	2027.33	4853.61	5184.36	13
厦门	Xiamen	904.74	1887.65	2159.81	77
莆田	Putian	367.54	1733.60	1938.08	96
三明	Sanming	558.25	1912.02	2141.72	79
泉州	Quanzhou	1082.79	3406.25	3748.01	32
漳州	Zhangzhou	673.67	2516.08	2827.93	55
南平	Nanping	395.56	1774.95	1694.40	110
龙岩	Longyan	412.63	1900.06	2188.04	75
宁德	Ningde	296.28	1258.48	1225.15	163
江西	**Jiangxi**	**7856.94**	**16993.90**	**19378.70**	
南昌	Nanchang	1816.78	4000.07	4540.26	23
景德镇	Jingdezhen	423.88	690.88	783.64	211
萍乡	Pingxiang	590.46	1026.74	1162.86	174
九江	Jiujiang	856.99	2119.92	2428.58	62
新余	Xinyu	587.12	822.60	921.22	195
鹰潭	Yingtan	216.37	531.56	604.16	240
赣州	Ganzhou	650.07	1892.21	2205.51	73
吉安	Jian	676.54	1486.95	1710.16	106
宜春	Yichun	552.79	1588.14	1821.43	100
抚州	Fuzhou	576.02	1099.67	1251.30	160
上饶	Shangrao	756.82	1560.23	1790.29	102
山东	**Shandong**	**18844.41**	**47381.50**	**52364.50**	
济南	Jinan	1784.27	3498.42	3974.33	26
青岛	Qingdao	2434.66	6555.67	7454.70	2
淄博	Zibo	1175.93	2731.58	3099.80	46
枣庄	Zaozhuang	515.92	1625.93	1788.51	103
东营	Dongying	1185.12	3084.68	2472.55	60
烟台	Yantai	2193.62	4667.14	5297.22	12
潍坊	Weifang	1751.71	4516.70	5112.53	14
济宁	Jining	1116.36	2891.01	3278.97	41
泰安	Taian	980.63	2618.24	2899.62	51
威海	Weihai	1059.18	2543.72	2879.35	53
日照	Rizhao	621.30	1407.81	1597.78	119
莱芜	Laiwu	299.71	619.07	635.67	236
临沂	Linyi	1000.12	3219.19	3603.32	34
德州	Dezhou	1026.27	2237.91	2537.78	58
聊城	Liaocheng	578.30	2100.82	2357.57	64

4-1 固定资产投资额（不含农户） 续表 2
Investment in Fixed Assets (Excluding Rural Households) continued 2

单位：亿元 (100 million yuan)

地名	City	2010	2015	2016	2016 排名 Ranking	地名	City	2010	2015	2016	2016 排名 Ranking
滨州	Binzhou	715.79	1990.24	2156.57	78	常德	Changde	530.22	1857.91	2006.93	90
菏泽	Heze	405.49	1073.35	1218.21	164	张家界	Zhangjiajie	118.79	296.43	305.70	266
河南	**Henan**	**13934.82**	**34951.30**	**39753.90**		益阳	Yiyang	392.26	1223.80	1315.68	151
郑州	Zhengzhou	2421.31	6288.00	6998.64	4	郴州	Chenzhou	731.10	2168.98	2327.36	67
开封	Kaifeng	394.72	1324.52	1351.69	148	永州	Yongzhou	538.60	1541.35	1558.44	122
洛阳	Luoyang	1548.81	3536.96	4082.68	24	怀化	Huaihua	415.92	1008.00	1081.88	181
平顶山	Pingdingshan	580.34	1603.14	1732.74	105	娄底	Loudi	329.00	1108.39	1199.92	169
安阳	Anyang	760.06	1830.98	2074.85	82	**广东**	**Guangdong**	**12599.26**	**29950.50**	**32947.30**	
鹤壁	Hebi	305.30	692.43	809.06	210	广州	Guangzhou	3138.91	5405.95	5703.59	8
新乡	Xinxiang	1085.44	1927.21	2006.86	91	韶关	Shaoguan	384.26	701.67	702.09	219
焦作	Jiaozuo	841.03	1879.95	2198.01	74	深圳	Shenzhen	1944.70	3298.31	4078.16	25
濮阳	Puyang	432.43	1305.28	1523.28	127	珠海	Zhuhai	486.05	1305.14	1389.75	143
许昌	Xuchang	685.59	1931.08	2263.79	70	汕头	Shantou	274.74	1274.32	1579.53	121
漯河	Luohe	351.57	908.53	1060.51	187	佛山	Foshan	959.37	3035.52	3512.04	36
三门峡	Sanmenxia	570.83	1538.77	1773.12	104	江门	Jiangmen	465.13	1307.87	1517.77	129
南阳	Nanyang	1129.95	2911.20	3395.49	38	湛江	Zhanjiang	365.39	1313.69	1531.60	124
商丘	Shangqiu	690.39	1717.25	1991.17	93	茂名	Maoming	140.50	1115.50	1262.76	158
信阳	Xinyang	855.05	2023.88	2217.70	72	肇庆	Zhaoqing	407.78	1330.03	1373.74	146
周口	Zhoukou	592.84	1607.30	1862.15	98	惠州	Huizhou	778.34	1863.93	2039.71	87
驻马店	Zhumadian	496.74	1449.76	1692.71	111	梅州	Meizhou	157.15	568.06	650.36	234
湖北	**Hubei**	**9405.63**	**26086.40**	**29503.90**		汕尾	Shanwei	300.33	585.20	652.45	231
武汉	Wuhan	3651.45	7725.26	7039.79	3	河源	Heyuan	161.83	564.14	652.29	232
黄石	Huangshi	448.42	1380.02	1350.83	149	阳江	Yangjiang	270.33	691.13	503.92	254
十堰	Shiyan	382.76	1307.25	1323.81	150	清远	Qingyuan	621.88	620.63	620.95	239
宜昌	Yichang	825.02	3085.35	3191.15	42	东莞	Dongguan	765.52	1446.52	1557.46	123
襄阳	Xiangyang	752.99	3071.94	3188.64	43	中山	Zhongshan	506.32	1055.41	1149.01	176
鄂州	Ezhou	284.61	823.69	853.26	206	潮州	Chaozhou	116.26	391.95	454.62	257
荆门	Jingmen	395.57	1456.93	1531.46	125	揭阳	Jieyang	440.51	1362.10	1485.54	131
孝感	Xiaogan	488.83	1824.92	1899.43	97	云浮	Yunfu	184.79	794.15	591.51	244
荆州	Jingzhou	530.45	1950.49	2001.67	92	**广西**	**Guangxi**	**6383.26**	**15654.90**	**17652.90**	
黄冈	Huanggang	650.11	2027.25	2041.65	86	南宁	Nanning	1389.30	3366.89	3758.83	31
咸宁	Xianning	366.82	1372.52	1438.29	137	柳州	Liuzhou	929.61	2050.55	2338.61	66
随州	Suizhou	228.95	959.66	974.27	191	桂林	Guilin	758.52	1837.32	2131.62	80
湖南	**Hunan**	**8617.98**	**24324.20**	**27688.40**		梧州	Wuzhou	425.95	1045.51	1168.51	172
长沙	Changsha	2842.75	6363.28	6693.32	5	北海	Beihai	455.44	920.37	1011.10	188
株洲	Zhuzhou	749.04	2181.36	2345.80	65	防城港	Fangchenggang	349.84	526.15	600.14	242
湘潭	Xiangtan	582.20	1805.40	1938.22	95	钦州	Qinzhou	374.04	810.10	950.89	194
衡阳	Hengyang	537.52	2125.93	2282.18	68	贵港	Guigang	301.06	689.67	841.69	207
邵阳	Shaoyang	567.44	1522.60	1627.64	115	玉林	Yulin	535.63	1332.12	1467.10	134
岳阳	Yueyang	733.90	2154.71	2184.42	76	百色	Baise	559.80	1022.05	1061.40	185

4-1 固定资产投资总额（不含农户） 续表 3
Investment in Fixed Assets (Excluding Rural Households) continued 3

单位：亿元 （100 million yuan）

地名	City	2010	2015	2016	2016 排名 Ranking	地名	City	2010	2015	2016	2016 排名 Ranking
贺州	Hezhou	307.53	625.93	650.83	233	丽江	Lijiang	196.01	321.90	345.63	265
河池	Hechi	272.92	395.69	404.02	260	普洱	Puer	207.06	449.75	502.10	255
来宾	Laibin	244.30	449.07	370.91	262	临沧	Lincang	156.16	729.19	917.04	196
崇左	Chongzuo	245.55	691.57	831.41	209	**西藏**	**Tibet**	**404.98**	**1295.70**	**1596.00**	
海南	**Hainan**	**1257.50**	**3355.40**	**3747.00**		拉萨	Lasa	171.99	546.04	582.27	247
海口	Haikou	341.60	1012.05	1271.73	155	**陕西**	**Shaanxi**	**7569.90**	**18231.00**	**20474.90**	
三亚	Sanya	300.30	705.97	783.09	213	西安	Xi'an	2909.74	5165.98	5097.00	15
三沙	Sansha		16.98			铜川	Tongchuan	104.23	383.98	409.86	259
重庆	**Chongqing**	**6170.61**	**14208.10**	**15931.80**		宝鸡	Baoji	664.45	2589.88	3116.18	45
四川	**Sichuan**	**11061.38**	**24965.60**	**28229.80**		咸阳	Xianyang	888.06	3063.20	3596.49	35
成都	Chengdu	4032.63	7006.97	8352.50	1	渭南	Weinan	631.45	2085.21	2233.56	71
自贡	Zigong	255.52	638.95	555.97	249	延安	Yan'an	529.23	1637.17	1203.94	168
攀枝花	Panzhihua	299.18	644.51	663.31	224	汉中	Hanzhong	278.53	1039.40	1061.25	186
泸州	Luzhou	326.24	1463.71	1705.38	108	榆林	Yulin	822.28	1384.37	1257.98	159
德阳	Deyang	535.68	981.31	1099.08	180	安康	Ankang	233.09	758.16	867.70	205
绵阳	Mianyang	698.06	1154.09	1229.97	162	商洛	Shangluo	240.83	767.69	905.20	198
广元	Guangyuan	343.36	583.23	583.35	246	**甘肃**	**Gansu**	**2808.55**	**8626.60**	**9534.10**	
遂宁	Suining	400.44	1011.61	1100.82	179	兰州	Lanzhou	591.98	1803.75	1990.95	94
内江	Neijiang	254.15	803.76	878.52	201	嘉峪关	Jiayuguan	47.37	144.16	160.43	278
乐山	Leshan	470.27	987.81	1064.32	184	金昌	Jinchang	98.21	248.59	229.11	273
南充	Nanchong	579.37	1388.98	1526.31	126	白银	Baiyin	174.55	474.46	528.38	251
眉山	Meishan	349.39	1032.37	1134.55	177	天水	Tianshui	194.43	602.79	671.18	221
宜宾	Yibin	435.21	1295.51	1436.52	138	武威	Wuwei	167.41	620.10	689.22	220
广安	Guangan	235.78	1131.97	1271.46	156	张掖	Zhangye	112.02	312.81	349.72	264
达州	Dazhou	482.58	1331.68	1465.12	136	平凉	Pingliang	229.88	602.95	670.75	222
雅安	Yaan	308.44	531.41	505.83	253	酒泉	Jiuquan	361.77	1104.70	1215.68	166
巴中	Bazhong	161.24	1030.30	1185.25	171	庆阳	Qingyang	300.64	1081.36	1313.38	152
资阳	Ziyang	343.44	1045.65	730.25	217	定西	Dingxi	164.98	555.35	621.20	238
贵州	**Guizhou**	**2609.36**	**10676.70**	**12929.20**		陇南	Longnan	208.63	590.61	654.02	228
贵阳	Guiyang	961.33	2804.45	3380.73	39	**青海**	**Qinghai**	**840.01**	**3144.20**	**3455.50**	
六盘水	Liupanshui	233.30	1112.48	1357.77	147	西宁	Xining	269.94	1268.02	1376.09	144
遵义	Zunyi	430.31	1693.74	2068.88	83	海东	Haidong		568.00	635.43	237
安顺	Anshun	87.81	535.43	652.95	229	**宁夏**	**Ningxia**	**1292.80**	**3426.40**	**3709.00**	
毕节	Bijie	264.62	1344.93	1601.82	118	银川	Yinchuan	625.96	1501.86	1708.19	107
铜仁	Tongren	214.21	717.19	873.89	204	石嘴山	Shizuishan	195.45	427.86	510.06	252
云南	**Yunnan**	**5052.61**	**13069.39**	**15662.50**		吴忠	Wuzhong	183.77	653.08	783.55	212
昆明	Kunming	2121.11	3497.88	3920.07	27	固原	Guyuan	64.00	307.96	296.99	267
曲靖	Qujing	507.79	1378.79	1794.00	101	中卫	Zhongwei	158.78	336.82	362.24	263
玉溪	Yuxi	248.44	667.59	893.69	199	**新疆**	**Xinjiang**	**3065.13**	**10525.40**	**9983.90**	
保山	Baoshan	170.28	501.83	667.33	223	乌鲁木齐	Urumqi	542.76	1607.43	1607.78	117
昭通	Zhaotong	321.62	612.98	739.30	215	克拉玛依	Karamay	180.61	419.95	196.14	275

4-2 房地产开发投资额
Investment in Real Estate Development

单位：亿元

地名	City	2010	2015	2016	2016 排名 Ranking	地名	City	2010	2015	2016	2016 排名 Ranking
全国	**National Total**	**48259.40**	**95978.80**	**102580.6**		沈阳	Shenyang	1481.19	1337.66	709.67	26
北京	**Beijing**	**2901.07**	**4117.00**	**4000.60**		大连	Dalian	780.48	897.46	535.17	41
天津	**Tianjin**	**866.64**	**1871.50**	**2300.00**		鞍山	Anshan	235.86	206.08	149.58	138
河北	**Hebei**	**2264.94**	**4285.30**	**4695.60**		抚顺	Fushun	91.48	77.44	56.57	227
石家庄	Shijiazhuang	538.00	986.27	1015.77	19	本溪	Benxi	60.70	76.40	28.31	264
唐山	Tangshan	338.39	568.68	458.94	47	丹东	Dandong	115.01	85.53	80.05	201
秦皇岛	Qinhuangdao	120.26	257.23	251.69	88	锦州	Jinzhou	117.12	114.03	104.26	175
邯郸	Handan	225.63	341.25	381.72	58	营口	Yingkou	197.94	104.93	95.61	182
邢台	Xingtai	62.39	181.98	191.54	110	阜新	Fuxin	35.89	43.27	25.66	268
保定	Baoding	273.94	538.84	735.77	25	辽阳	Liaoyang	65.41	68.81	38.47	255
张家口	Zhangjiakou	173.15	211.67	326.00	72	盘锦	Panjin	100.34	239.54	87.33	193
承德	Chengde	92.72	131.49	136.57	146	铁岭	Tieling	186.64	121.75	58.13	224
沧州	Cangzhou	112.62	238.10	283.37	78	朝阳	Chaoyang	75.56	88.59	46.19	244
廊坊	Langfang	249.10	670.87	703.64	28	葫芦岛	Huludao	55.96	97.14	79.85	202
衡水	Hengshui	78.73	158.90	190.08	112	**吉林**	**Jilin**	**921.01**	**924.20**	**1016.80**	
山西	**Shanxi**	**592.24**	**1494.90**	**1597.40**		长春	Changchun	543.64	506.02	596.65	34
太原	Taiyuan	241.09	604.22	681.90	29	吉林	Jilin	139.61	139.36	131.83	151
大同	Datong	90.61	139.17	167.73	129	四平	Siping	26.93	24.69	42.79	248
阳泉	Yangquan	43.34	46.64	63.98	215	辽源	Liaoyuan	20.78	16.36	12.15	279
长治	Changzhi	32.76	87.53	67.80	210	通化	Tonghua	75.74	63.20	63.90	216
晋城	Jincheng	32.37	74.60	80.36	199	白山	Baishan	9.21	14.52	13.60	278
朔州	Shuozhou	19.78	67.66	28.07	265	松原	Songyuan	58.57	50.26	35.27	258
晋中	Jinzhong	29.81	118.89	179.04	121	白城	Baicheng	6.58	27.59	24.12	269
运城	Yuncheng	33.25	123.64	116.31	164	**黑龙江**	**Heilongjiang**	**843.12**	**992.10**	**864.80**	
忻州	Xinzhou	18.13	52.39	44.10	246	哈尔滨	Harbin	360.74	697.88	512.13	43
临汾	Linfen	31.37	112.60	97.53	180	齐齐哈尔	Qiqihar	58.75	99.07	76.47	204
吕梁	Lvliang	19.71	67.53	70.53	208	鸡西	Jixi	17.27	38.38	23.21	272
内蒙古	**Inner Mongolia**	**1119.99**	**1081.10**	**1133.50**		鹤岗	Hegang	8.27	21.27	3.80	284
呼和浩特	Hohhot	254.35	509.05	520.52	42	双鸭山	Shuangyashan	22.80	22.40	8.74	281
包头	Baotou	202.83	197.32	184.57	114	大庆	Daqing	119.50	49.10	54.02	233
乌海	Wuhai	24.90	37.01	22.10	274	伊春	Yichun	11.04	14.70	7.45	282
赤峰	Chifeng	83.37	85.71	109.92	171	佳木斯	Jiamusi	47.75	86.83	52.61	236
通辽	Tongliao	57.79	31.57	48.85	239	七台河	Qitaihe	5.44	9.81	6.36	283
鄂尔多斯	Erdos	280.53	58.83	58.84	223	牡丹江	Mudanjiang	63.70	92.99	56.32	228
呼伦贝尔	Hulunbuir	49.79	66.94	87.76	192	黑河	Heihe	18.96	28.11	10.16	280
巴彦淖尔	Bayannur	56.17	25.76	29.59	263	绥化	Suihua	100.49	53.38	37.59	257
乌兰察布	Ulanqab	35.04	23.04			**上海**	**Shanghai**	**1980.68**	**3468.90**	**3709.00**	
辽宁	**Liaoning**	**3465.76**	**3558.60**	**2094.80**		**江苏**	**Jiangsu**	**4299.38**	**8153.70**	**8956.40**	

4-2 房地产开发投资额 续表 1

Investment in Real Estate Development continued 1

单位：亿元

地名	City	2010	2015	2016	2016 排名 Ranking	地名	City	2010	2015	2016	2016 排名 Ranking
南京	Nanjing	748.35	1429.02	1845.60	8	池州	Chizhou	66.49	96.82	82.55	197
无锡	Wuxi	612.67	598.03	1033.62	18	宣城	Xuancheng	82.19	217.76	179.16	119
徐州	Xuzhou	205.32	286.33	549.13	39	**福建**	**Fujian**	**1818.86**	**4469.60**	**4588.80**	
常州	Changzhou	409.91	467.74	446.70	49	福州	Fuzhou	670.69	1381.12	1679.44	10
苏州	Suzhou	935.80	1073.35	2163.24	6	厦门	Xiamen	396.13	774.07	765.80	23
南通	Nantong	272.78	447.87	584.14	35	莆田	Putian	87.91	415.94	353.31	66
连云港	Lianyungang	132.36	144.51	235.41	95	三明	Sanming	94.82	130.22	104.37	174
淮安	Huaian	237.77	190.87	321.41	73	泉州	Quanzhou	203.11	681.59	706.14	27
盐城	Yancheng	165.47	224.71	358.57	63	漳州	Zhangzhou	159.62	502.51	462.85	46
扬州	Yangzhou	165.16	279.18	410.18	52	南平	Nanping	67.13	152.82	157.79	134
镇江	Zhenjiang	114.88	186.78	448.64	48	龙岩	Longyan	80.82	193.30	180.10	118
泰州	Taizhou	152.19	130.00	249.96	89	宁德	Ningde	58.62	238.03	179.04	120
宿迁	Suqian	147.63	135.82	309.76	75	**江西**	**Jiangxi**	**706.82**	**1520.10**	**1770.90**	
浙江	**Zhejiang**	**3025.43**	**7111.93**	**7469.40**		南昌	Nanchang	230.15	593.63	674.60	30
杭州	Hangzhou	956.20	2472.07	2606.41	3	景德镇	Jingdezhen	25.72	33.61	42.88	247
宁波	Ningbo	557.27	1228.84	1270.33	14	萍乡	Pingxiang	16.47	47.86	48.51	240
温州	Wenzhou	270.50	766.29	902.01	21	九江	Jiujiang	46.06	173.39	123.85	158
嘉兴	Jiaxing	270.39	458.41	478.40	44	新余	Xinyu	24.43	78.53	20.07	275
湖州	Huzhou	143.13	323.39	274.22	84	鹰潭	Yingtan	13.04	59.06	62.48	217
绍兴	Shaoxing	297.80	622.65	641.19	32	赣州	Ganzhou	100.48	493.46	291.24	77
金华	Jinhua	163.65	350.22	408.85	54	吉安	Jian	31.85	115.54	93.92	186
衢州	Quzhou	63.71	99.51	124.25	155	宜春	Yichun	49.80	201.32	181.94	116
舟山	Zhoushan	58.98	193.59	171.89	128	抚州	Fuzhou	74.63	125.59	111.57	168
台州	Taizhou	196.08	438.69	424.21	51	上饶	Shangrao	94.19	174.53	119.89	161
丽水	Lishui	47.73	158.27	167.61	130	**山东**	**Shandong**	**3249.37**	**5892.20**	**6323.40**	
安徽	**Anhui**	**2251.80**	**4424.90**	**4603.60**		济南	Jinan	484.50	1014.14	1163.94	17
合肥	Hefei	819.03	1729.40	1352.59	13	青岛	Qingdao	602.44	1122.35	1369.14	12
芜湖	Wuhu	291.16	506.69	408.10	55	淄博	Zibo	166.99	227.69	221.82	99
蚌埠	Bengbu	73.84	467.56	388.58	57	枣庄	Zaozhuang	78.00	186.64	158.92	132
淮南	Huainan	78.35	233.45	121.88	160	东营	Dongying	100.30	193.94	208.81	107
马鞍山	Maanshan	85.05	266.92	218.93	102	烟台	Yantai	383.12	607.06	551.02	38
淮北	Huaibei	42.53	188.65	92.09	190	潍坊	Weifang	367.63	467.91	443.29	50
铜陵	Tongling	73.30	130.20	117.39	163	济宁	Jining	134.60	308.48	278.52	82
安庆	Anqing	92.22	143.54	140.55	144	泰安	Taian	75.10	145.15	181.09	117
黄山	Huangshan	125.76	115.54	111.21	169	威海	Weihai	269.80	313.19	215.07	104
滁州	Chuzhou	131.77	400.21	336.15	71	日照	Rizhao	63.33	108.85	158.50	133
阜阳	Fuyang	50.05	359.61	350.54	67	莱芜	Laiwu	18.34	31.85	47.17	242
宿州	Suzhou	47.14	232.02	235.78	94	临沂	Linyi	158.23	392.93	374.50	59
六安	Liuan	62.41	249.15	236.63	93	德州	Dezhou	90.19	214.57	220.38	100
亳州	Bozhou	43.52	297.58	231.44	96	聊城	Liaocheng	56.45	190.42	248.51	90

4-2 房地产开发投资额 续表 2

Investment in Real Estate Development continued 2

单位：亿元

地名	City	2010	2015	2016	2016 排名 Ranking	地名	City	2010	2015	2016	2016 排名 Ranking
滨州	Binzhou	96.55	108.50	114.67	165	常德	Changde	61.70	121.41	139.96	145
菏泽	Heze	103.82	258.48	282.61	79	张家界	Zhangjiajie	22.49	31.45	39.94	253
河南	**Henan**	**2114.08**	**4818.90**	**6179.10**		益阳	Yiyang	63.00	103.90	108.19	173
郑州	Zhengzhou	775.16	2000.20	2778.95	1	郴州	Chenzhou	68.68	194.36	212.08	105
开封	Kaifeng	57.69	168.21	190.22	111	永州	Yongzhou	72.60	89.48	94.66	184
洛阳	Luoyang	179.90	333.89	372.51	60	怀化	Huaihua	44.73	117.21	126.34	153
平顶山	Pingdingshan	54.28	106.21	148.41	139	娄底	Loudi	40.98	107.94	92.89	189
安阳	Anyang	98.72	223.66	279.80	81	**广东**	**Guangdong**	**3659.69**	**8538.50**	**10307.80**	
鹤壁	Hebi	24.47	68.98	76.20	205	广州	Guangzhou	983.66	2137.59	2540.85	4
新乡	Xinxiang	117.64	257.54	365.86	61	韶关	Shaoguan	63.96	131.89	146.84	140
焦作	Jiaozuo	72.29	98.92	112.60	167	深圳	Shenzhen	458.47	1331.03	1756.52	9
濮阳	Puyang	41.60	95.12	124.13	156	珠海	Zhuhai	179.51	524.12	641.03	33
许昌	Xuchang	71.06	151.67	174.61	126	汕头	Shantou	49.31	245.51	306.38	76
漯河	Luohe	28.93	48.11	61.16	220	佛山	Foshan	485.52	945.37	1229.97	16
三门峡	Sanmenxia	46.60	106.72	114.63	166	江门	Jiangmen	111.72	311.01	353.62	65
南阳	Nanyang	70.32	160.83	184.43	115	湛江	Zhanjiang	75.04	179.05	223.21	98
商丘	Shangqiu	89.98	262.47	565.03	36	茂名	Maoming	37.22	102.67	109.84	172
信阳	Xinyang	136.08	292.50	358.48	64	肇庆	Zhaoqing	91.14	159.77	145.20	142
周口	Zhoukou	125.09	192.29	219.22	101	惠州	Huizhou	267.86	610.45	747.63	24
驻马店	Zhumadian	107.05	232.67	278.45	83	梅州	Meizhou	26.18	168.40	172.53	127
湖北	**Hubei**	**1618.24**	**4249.23**	**4296.40**		汕尾	Shanwei	17.72	26.10	56.77	226
武汉	Wuhan	1017.40	2581.79	2517.44	5	河源	Heyuan	23.19	128.59	175.72	125
黄石	Huangshi	38.36	130.14	132.37	150	阳江	Yangjiang	51.97	104.86	101.38	177
十堰	Shiyan	41.08	83.01	87.28	194	清远	Qingyuan	125.22	213.58	227.52	97
宜昌	Yichang	105.78	241.89	244.18	91	东莞	Dongguan	298.99	575.21	642.76	31
襄阳	Xiangyang	106.52	334.58	340.76	70	中山	Zhongshan	241.79	481.01	543.59	40
鄂州	Ezhou	11.49	21.09	22.88	273	潮州	Chaozhou	18.22	50.80	61.75	218
荆门	Jingmen	52.58	118.11	100.39	178	揭阳	Jieyang	33.25	48.67	53.51	235
孝感	Xiaogan	49.60	171.58	160.02	131	云浮	Yunfu	19.75	62.77	71.18	207
荆州	Jingzhou	35.53	113.33	151.53	135	**广西**	**Guangxi**	**1206.22**	**1909.10**	**2398.00**	
黄冈	Huanggang	43.84	200.05	265.73	86	南宁	Nanning	317.50	657.19	854.00	22
咸宁	Xianning	59.57	59.94	56.99	225	柳州	Liuzhou	165.41	301.64	344.79	69
随州	Suizhou	21.66	28.77	24.05	270	桂林	Guilin	118.01	191.14	280.72	80
湖南	**Hunan**	**1469.33**	**2613.75**	**2957.00**		梧州	Wuzhou	60.05	68.97	64.37	214
长沙	Changsha	684.10	996.58	1260.55	15	北海	Beihai	97.34	133.98	176.31	124
株洲	Zhuzhou	146.49	225.86	269.20	85	防城港	Fangchenggang	90.55	80.20	87.80	191
湘潭	Xiangtan	59.91	145.44	129.61	152	钦州	Qinzhou	65.39	64.31	78.57	203
衡阳	Hengyang	65.31	140.88	150.84	136	贵港	Guigang	45.31	65.79	102.44	176
邵阳	Shaoyang	47.03	135.64	145.72	141	玉林	Yulin	82.72	95.96	136.16	147
岳阳	Yueyang	70.37	151.45	132.95	148	百色	Baise	65.92	73.00	81.73	198

4-2 房地产开发投资额 续表 3
Investment in Real Estate Development continued 3

单位：亿元

地名	City	2010	2015	2016	2016 排名 Ranking	地名	City	2010	2015	2016	2016 排名 Ranking
贺州	Hezhou	13.79	20.33	31.47	262	丽江	Lijiang	25.06	49.01	34.75	259
河池	Hechi	26.32	37.90	55.97	229	普洱	Puer	23.83	60.46	67.19	211
来宾	Laibin	24.67	73.86	39.23	254	临沧	Lincang	20.75	110.09	74.62	206
崇左	Chongzuo	33.25	44.83	64.43	213	**西藏**	**Tibet**	**8.96**	**50.02**	**48.50**	
海南	**Hainan**	**467.87**	**1704.00**	**1787.60**		拉萨	Lasa	7.15	46.13	44.54	245
海口	Haikou	103.79	456.39	551.09	37	**陕西**	**Shaanxi**	**1159.47**	**2494.29**	**2736.80**	
三亚	Sanya	132.84	466.65	410.04	53	西安	Xi'an	842.34	1831.67	1955.82	7
三沙	Sansha					铜川	Tongchuan	14.68	28.30	42.74	249
重庆	**Chongqing**	**1620.26**	**3751.30**	**3725.90**		宝鸡	Baoji	63.70	94.78	132.41	149
四川	**Sichuan**	**2194.63**	**4813.03**	**5282.60**		咸阳	Xianyang	93.84	181.82	178.86	122
成都	Chengdu	1278.34	2441.95	2638.89	2	渭南	Weinan	42.08	97.33	96.95	181
自贡	Zigong	54.00	125.81	123.87	157	延安	Yan'an	8.13	50.98	54.98	232
攀枝花	Panzhihua	34.20	58.94	55.03	231	汉中	Hanzhong	38.22	68.20	85.40	196
泸州	Luzhou	54.52	196.87	239.20	92	榆林	Yulin	28.33	46.99	40.55	252
德阳	Deyang	46.97	115.38	125.78	154	安康	Ankang	16.65	65.50	95.12	183
绵阳	Mianyang	105.84	198.35	205.58	108	商洛	Shangluo	8.22	19.35	20.06	276
广元	Guangyuan	18.72	86.80	94.63	185	**甘肃**	**Gansu**	**266.41**	**768.06**	**850.00**	
遂宁	Suining	67.90	111.91	144.56	143	兰州	Lanzhou	118.28	339.01	391.15	56
内江	Neijiang	41.01	123.88	122.81	159	嘉峪关	Jiayuguan	11.77	25.98	37.91	256
乐山	Leshan	58.79	152.86	212.02	106	金昌	Jinchang	4.83	19.07	23.22	271
南充	Nanchong	102.23	213.22	216.64	103	白银	Baiyin	11.75	29.94	27.48	266
眉山	Meishan	47.77	195.15	194.29	109	天水	Tianshui	23.51	35.99	47.12	243
宜宾	Yibin	60.22	150.42	189.55	113	武威	Wuwei	11.18	28.33	41.62	251
广安	Guangan	29.58	184.26	258.22	87	张掖	Zhangye	8.08	53.53	51.82	237
达州	Dazhou	60.68	82.58	93.28	188	平凉	Pingliang	16.41	66.59	55.76	230
雅安	Yaan	11.91	27.45	53.94	234	酒泉	Jiuquan	13.74	42.10	33.03	261
巴中	Bazhong	27.27	104.49	118.96	162	庆阳	Qingyang	12.29	41.81	47.97	241
资阳	Ziyang	74.65	195.14	150.18	137	定西	Dingxi	18.31	31.12	34.04	260
贵州	**Guizhou**	**556.69**	**2205.09**	**2149.00**		陇南	Longnan	3.14	12.87	17.84	277
贵阳	Guiyang	310.47	1005.00	927.32	20	**青海**	**Qinghai**	**108.19**	**336.00**	**396.90**	
六盘水	Liupanshui	26.25	76.85	68.37	209	西宁	Xining	95.40	280.43	316.50	74
遵义	Zunyi	44.57	341.72	350.21	68	海东	Haidong		43.39	60.92	221
安顺	Anshun	24.11	76.03	80.26	200	**宁夏**	**Ningxia**	**254.37**	**633.60**	**728.20**	
毕节	Bijie	52.61	152.44	177.34	123	银川	Yinchuan	160.82	409.17	474.94	45
铜仁	Tongren	28.14	110.90	110.70	170	石嘴山	Shizuishan	35.71	53.74	42.15	250
云南	**Yunnan**	**900.44**	**2669.01**	**2688.30**		吴忠	Wuzhong	27.31	44.79	64.71	212
昆明	Kunming	440.68	1451.31	1530.50	11	固原	Guyuan	10.89	68.30	86.76	195
曲靖	Qujing	101.56	144.30	93.75	187	中卫	Zhongwei	19.64	57.64	59.61	222
玉溪	Yuxi	57.54	65.59	98.69	179	**新疆**	**Xinjiang**	**347.72**	**998.88**	**923.40**	
保山	Baoshan	16.74	66.07	61.73	219	乌鲁木齐	Urumqi	150.20	381.37	362.50	62
昭通	Zhaotong	17.43	63.34	51.53	238	克拉玛依	Karamay	9.19	23.42	26.49	267

4-3 住宅投资额
Investment in Residential Buildings

单位：亿元

地名	City	2015	2016	2016 排名 Ranking	地名	City	2015	2016	2016 排名 Ranking
全国	**National Total**	**62261.32**	**83660.20**		沈阳	Shenyang	934.97	490.38	27
北京	**Beijing**	**1962.69**	**2124.30**		大连	Dalian	682.22	392.47	38
天津	**Tianjin**	**1250.53**	**1725.80**		鞍山	Anshan	164.26	107.78	139
河北	**Hebei**	**3091.78**	**3965.00**		抚顺	Fushun	53.12	42.19	225
石家庄	Shijiazhuang	654.27	663.78	20	本溪	Benxi	57.75	21.38	261
唐山	Tangshan	407.99	322.10	48	丹东	Dandong	72.56	62.48	191
秦皇岛	Qinhuangdao	191.50	184.33	87	锦州	Jinzhou	89.39	85.25	160
邯郸	Handan	197.75	268.26	58	营口	Yingkou	81.28	67.70	180
邢台	Xingtai	142.25	155.74	101	阜新	Fuxin	23.68	11.65	276
保定	Baoding	369.85	592.80	23	辽阳	Liaoyang	48.60	23.03	258
张家口	Zhangjiakou	154.10	248.13	65	盘锦	Panjin	176.00	67.76	179
承德	Chengde	102.04	97.79	147	铁岭	Tieling	86.75	42.45	223
沧州	Cangzhou	185.36	209.13	79	朝阳	Chaoyang	66.27	33.40	240
廊坊	Langfang	558.44	562.81	24	葫芦岛	Huludao	66.49	57.50	197
衡水	Hengshui	128.23	154.34	104	**吉林**	**Jilin**	**593.30**	**788.30**	
山西	**Shanxi**	**1098.31**	**1882.80**		长春	Changchun	359.05	401.45	37
太原	Taiyuan	443.02	495.54	25	吉林	Jilin	89.15	95.52	151
大同	Datong	102.40	112.43	134	四平	Siping	21.90	26.81	252
阳泉	Yangquan	37.47	51.83	209	辽源	Liaoyuan	13.78	9.58	279
长治	Changzhi	62.00	48.92	212	通化	Tonghua	43.79	50.29	211
晋城	Jincheng	60.28	58.92	195	白山	Baishan	10.41	10.55	277
朔州	Shuozhou	56.06	20.56	265	松原	Songyuan	38.29	26.22	253
晋中	Jinzhong	75.94	130.88	117	白城	Baicheng	16.92	18.98	268
运城	Yuncheng	93.33	88.49	158	**黑龙江**	**Heilongjiang**	**677.11**	**709.20**	
忻州	Xinzhou	33.10	28.60	247	哈尔滨	Harbin	409.54	348.44	41
临汾	Linfen	83.61	68.20	177	齐齐哈尔	Qiqihar	61.91	58.73	196
吕梁	Lvliang	51.11	53.80	205	鸡西	Jixi	15.28	12.04	275
内蒙古	**Inner Mongolia**	**724.57**	**1132.10**		鹤岗	Hegang	2.23	2.79	283
呼和浩特	Hohhot	356.35	369.09	40	双鸭山	Shuangyashan	11.22	6.26	281
包头	Baotou	139.77	123.53	123	大庆	Daqing	33.06	37.01	233
乌海	Wuhai	21.27	16.92	270	伊春	Yichun	6.60	3.79	282
赤峰	Chifeng	61.25	83.43	165	佳木斯	Jiamusi	39.39	38.50	231
通辽	Tongliao	21.42	36.83	235	七台河	Qitaihe	2.13	0.29	284
鄂尔多斯	Erdos	44.77	42.94	221	牡丹江	Mudanjiang	53.97	45.60	216
呼伦贝尔	Hulunbuir	45.71	51.35	210	黑河	Heihe	13.01	7.17	280
巴彦淖尔	Bayannur	19.17	21.26	262	绥化	Suihua	28.21	27.04	249
乌兰察布	Ulanqab	14.86			**上海**	**Shanghai**	**1813.32**	**1979.80**	
辽宁	**Liaoning**	**2603.32**	**1625.10**		**江苏**	**Jiangsu**	**6080.21**	**7161.40**	

4-3 住宅投资额 续表 1

Investment in Residential Buildings continued 1

单位：亿元

地名	City	2015	2016	2016 排名 Ranking	地名	City	2015	2016	2016 排名 Ranking
南京	Nanjing	1080.97	1392.76	7	池州	Chizhou	61.82	68.20	178
无锡	Wuxi	687.15	684.42	18	宣城	Xuancheng	129.36	139.60	112
徐州	Xuzhou	338.80	415.04	36	**福建**	**Fujian**	**2864.95**	**3424.80**	
常州	Changzhou	359.58	316.48	49	福州	Fuzhou	856.65	1123.59	9
苏州	Suzhou	1419.09	1655.24	3	厦门	Xiamen	458.70	428.06	33
南通	Nantong	514.02	425.88	34	莆田	Putian	246.86	232.04	70
连云港	Lianyungang	173.98	192.92	83	三明	Sanming	91.01	69.56	176
淮安	Huaian	200.14	222.99	73	泉州	Quanzhou	436.29	456.55	29
盐城	Yancheng	274.26	273.02	55	漳州	Zhangzhou	367.62	334.86	45
扬州	Yangzhou	298.51	289.28	51	南平	Nanping	96.75	114.94	130
镇江	Zhenjiang	269.80	341.45	44	龙岩	Longyan	135.75	111.38	135
泰州	Taizhou	197.54	194.91	81	宁德	Ningde	175.32	128.88	119
宿迁	Suqian	266.36	225.10	72	**江西**	**Jiangxi**	**1113.18**	**1752.90**	
浙江	**Zhejiang**	**4450.73**	**5945.30**		南昌	Nanchang	360.56	471.85	28
杭州	Hangzhou	1441.68	1559.98	5	景德镇	Jingdezhen	23.85	37.61	232
宁波	Ningbo	747.55	792.68	16	萍乡	Pingxiang	32.30	27.42	248
温州	Wenzhou	518.51	672.17	19	九江	Jiujiang	95.17	80.81	169
嘉兴	Jiaxing	280.07	334.84	46	新余	Xinyu	21.35	14.10	273
湖州	Huzhou	228.04	175.82	89	鹰潭	Yingtan	42.60	42.77	222
绍兴	Shaoxing	427.64	431.35	32	赣州	Ganzhou	179.58	184.07	88
金华	Jinhua	237.53	259.17	62	吉安	Jian	58.70	72.05	173
衢州	Quzhou	64.41	84.07	163	宜春	Yichun	113.44	141.63	110
舟山	Zhoushan	125.90	122.21	124	抚州	Fuzhou	88.48	89.74	157
台州	Taizhou	272.78	263.29	60	上饶	Shangrao	97.15	84.77	161
丽水	Lishui	106.62	111.06	136	**山东**	**Shandong**	**4398.98**	**5806.80**	
安徽	**Anhui**	**2857.92**	**3718.90**		济南	Jinan	725.42	805.57	15
合肥	Hefei	778.73	861.02	14	青岛	Qingdao	756.91	956.18	11
芜湖	Wuhu	280.50	273.58	54	淄博	Zibo	179.78	158.04	99
蚌埠	Bengbu	279.12	272.98	56	枣庄	Zaozhuang	139.12	118.24	128
淮南	Huainan	78.85	91.12	155	东营	Dongying	155.13	157.61	100
马鞍山	Maanshan	145.98	169.08	95	烟台	Yantai	458.12	421.32	35
淮北	Huaibei	91.98	60.79	193	潍坊	Weifang	356.09	341.53	43
铜陵	Tongling	67.46	66.62	183	济宁	Jining	224.10	154.63	103
安庆	Anqing	87.84	94.86	152	泰安	Taian	116.47	150.76	107
黄山	Huangshan	69.06	66.08	185	威海	Weihai	256.62	174.89	91
滁州	Chuzhou	214.43	128.03	121	日照	Rizhao	84.87	119.02	127
阜阳	Fuyang	183.08	230.11	71	莱芜	Laiwu	19.23	32.61	241
宿州	Suzhou	137.51	167.60	96	临沂	Linyi	294.31	282.68	52
六安	Liuan	135.92	167.50	97	德州	Dezhou	177.42	170.49	93
亳州	Bozhou	116.26	140.65	111	聊城	Liaocheng	146.67	192.94	82

4-3 住宅投资额 续表 2

Investment in Residential Buildings continued 2

单位：亿元

地名	City	2015	2016	2016 排名 Ranking	地名	City	2015	2016	2016 排名 Ranking
滨州	Binzhou	91.38	91.36	153	常德	Changde	89.73	91.23	154
菏泽	Heze	217.35	238.47	67	张家界	Zhangjiajie	23.72	24.72	255
河南	**Henan**	**3491.15**	**5629.40**		益阳	Yiyang	71.76	66.95	182
郑州	Zhengzhou	1338.16	1916.40	1	郴州	Chenzhou	23.62	151.05	106
开封	Kaifeng	145.85	147.64	108	永州	Yongzhou	72.59	78.09	172
洛阳	Luoyang	232.45	264.96	59	怀化	Huaihua	80.73	97.03	149
平顶山	Pingdingshan	81.16	109.05	138	娄底	Loudi	68.95	65.17	186
安阳	Anyang	172.07	221.80	75	**广东**	**Guangdong**	**5795.44**	**7472.80**	
鹤壁	Hebi	55.97	57.08	198	广州	Guangzhou	1331.03	1594.44	4
新乡	Xinxiang	216.84	332.52	47	韶关	Shaoguan	92.36	106.59	140
焦作	Jiaozuo	75.84	86.70	159	深圳	Shenzhen	897.13	1044.54	10
濮阳	Puyang	80.61	98.34	146	珠海	Zhuhai	385.37	449.50	30
许昌	Xuchang	121.51	138.42	113	汕头	Shantou	169.26	211.17	78
漯河	Luohe	10.91	55.31	202	佛山	Foshan	644.57	863.21	13
三门峡	Sanmenxia	53.04	66.54	184	江门	Jiangmen	222.65	270.49	57
南阳	Nanyang	128.84	147.00	109	湛江	Zhanjiang	113.21	138.17	114
商丘	Shangqiu	186.13	233.96	68	茂名	Maoming	81.14	84.28	162
信阳	Xinyang	238.21	296.53	50	肇庆	Zhaoqing	16.46	113.16	132
周口	Zhoukou	167.74	169.31	94	惠州	Huizhou	482.91	597.34	22
驻马店	Zhumadian	185.82	233.02	69	梅州	Meizhou	119.92	119.60	125
湖北	**Hubei**	**2906.14**	**3817.50**		汕尾	Shanwei	17.40	45.49	217
武汉	Wuhan	1777.93	1726.79	2	河源	Heyuan	93.92	129.93	118
黄石	Huangshi	95.82	82.71	166	阳江	Yangjiang	89.00	83.55	164
十堰	Shiyan	63.34	60.57	194	清远	Qingyuan	167.49	175.79	90
宜昌	Yichang	190.77	187.29	85	东莞	Dongguan	401.69	439.13	31
襄阳	Xiangyang	230.89	245.18	66	中山	Zhongshan	346.12	377.78	39
鄂州	Ezhou	17.91	18.63	269	潮州	Chaozhou	29.73	45.73	215
荆门	Jingmen	80.91	71.72	174	揭阳	Jieyang	44.57	42.40	224
孝感	Xiaogan	139.65	116.09	129	云浮	Yunfu	49.49	48.39	213
荆州	Jingzhou	86.96	110.07	137	**广西**	**Guangxi**	**1395.32**	**2239.10**	
黄冈	Huanggang	153.80	198.99	80	南宁	Nanning	465.04	602.06	21
咸宁	Xianning	46.82	40.54	228	柳州	Liuzhou	217.96	255.49	63
随州	Suizhou	21.33	20.07	266	桂林	Guilin	150.59	212.99	77
湖南	**Hunan**	**1664.42**	**2661.50**		梧州	Wuzhou	54.55	56.87	199
长沙	Changsha	639.18	689.96	17	北海	Beihai	105.33	134.47	116
株洲	Zhuzhou	154.31	186.94	86	防城港	Fangchenggang	58.48	64.50	187
湘潭	Xiangtan	104.16	79.29	171	钦州	Qinzhou	33.88	56.75	200
衡阳	Hengyang	118.84	113.04	133	贵港	Guigang	53.60	80.76	170
邵阳	Shaoyang	100.63	97.30	148	玉林	Yulin	76.47	113.70	131
岳阳	Yueyang	116.20	96.40	150	百色	Baise	50.86	52.13	207

4-3 住宅投资额 续表 3

Investment in Residential Buildings continued 3

单位：亿元

地名	City	2015	2016	2016 排名 Ranking	地名	City	2015	2016	2016 排名 Ranking
贺州	Hezhou	15.55	23.54	256	丽江	Lijiang	11.99	10.09	278
河池	Hechi	27.28	54.44	203	普洱	Puer	31.57	32.48	242
来宾	Laibin	51.74	26.97	250	临沧	Lincang	62.02	39.65	229
崇左	Chongzuo	33.99	46.47	214	**西藏**	**Tibet**	**36.79**	**71.00**	
海南	**Hainan**	**607.08**	**1476.60**		拉萨	Lasa	36.79	36.63	237
海口	Haikou	276.14	342.22	42	**陕西**	**Shaanxi**	**1746.62**	**2647.40**	
三亚	Sanya	311.42	260.73	61	西安	Xi'an	1312.15	1342.05	8
三沙	Sansha				铜川	Tongchuan	17.09	21.70	259
重庆	**Chongqing**	**2390.49**	**2567.00**		宝鸡	Baoji		104.22	142
四川	**Sichuan**	**2910.69**	**4194.30**		咸阳	Xianyang	163.00	151.44	105
成都	Chengdu	1478.17	1416.42	6	渭南	Weinan	56.21	64.09	189
自贡	Zigong	80.15	90.25	156	延安	Yan'an	42.46	45.21	218
攀枝花	Panzhihua	32.05	36.82	236	汉中	Hanzhong	50.97	54.14	204
泸州	Luzhou	141.13	158.40	98	榆林	Yulin	35.42	32.26	243
德阳	Deyang	75.29	81.07	168	安康	Ankang	53.83	67.41	181
绵阳	Mianyang	127.25	128.22	120	商洛	Shangluo	15.49	15.33	272
广元	Guangyuan	55.01	55.95	201	**甘肃**	**Gansu**	**506.15**	**788.80**	
遂宁	Suining	82.99	102.16	144	兰州	Lanzhou	221.30	250.28	64
内江	Neijiang	95.33	98.36	145	嘉峪关	Jiayuguan	17.77	20.85	264
乐山	Leshan	92.68	119.09	126	金昌	Jinchang	13.14	15.57	271
南充	Nanchong	143.85	155.50	102	白银	Baiyin	28.96	24.83	254
眉山	Meishan	13.43	124.32	122	天水	Tianshui	25.78	32.16	244
宜宾	Yibin	101.69	135.37	115	武威	Wuwei	18.41	23.44	257
广安	Guangan	129.85	187.94	84	张掖	Zhangye	40.63	35.06	239
达州	Dazhou	51.32	64.47	188	平凉	Pingliang	43.39	36.95	234
雅安	Yaan	15.53	30.64	245	酒泉	Jiuquan	34.80	26.96	251
巴中	Bazhong	74.91	82.40	167	庆阳	Qingyang	31.11	35.56	238
资阳	Ziyang	120.07	102.17	143	定西	Dingxi	20.48	21.13	263
贵州	**Guizhou**	**1102.30**	**1535.50**		陇南	Longnan	10.38	13.00	274
贵阳	Guiyang	628.55	493.33	26	**青海**	**Qinghai**	**221.96**	**383.70**	
六盘水	Liupanshui	44.51	40.98	227	西宁	Xining	189.14	173.38	92
遵义	Zunyi	232.02	222.77	74	海东	Haidong	32.82	41.41	226
安顺	Anshun	41.76	44.87	219	**宁夏**	**Ningxia**	**396.68**	**524.90**	
毕节	Bijie	90.64	105.29	141	银川	Yinchuan	254.10	278.16	53
铜仁	Tongren	64.83	71.23	175	石嘴山	Shizuishan	34.72	21.53	260
云南	**Yunnan**	**1225.62**	**2871.50**		吴忠	Wuzhong	27.15	44.36	220
昆明	Kunming	875.87	931.82	12	固原	Guyuan	39.72	51.91	208
曲靖	Qujing	107.71	63.98	190	中卫	Zhongwei	40.99	39.45	230
玉溪	Yuxi	39.13	62.18	192	**新疆**	**Xinjiang**	**1269.00**	**1036.90**	
保山	Baoshan	54.30	53.70	206	乌鲁木齐	Urumqi	259.23	213.91	76
昭通	Zhaotong	43.03	29.29	246	克拉玛依	Karamay	24.34	19.52	267

4-4 商品房销售额

Total Sales of Commercialized Buildings

单位：亿元 （100 million yuan）

地名	City	2010	2015	2016	2016 排名 Ranking
全国	**National Total**	**52721.24**	**87280.84**	**117627.1**	
北京	**Beijing**	**2915.36**	**3517.65**	**4561.60**	
天津	**Tianjin**	**1282.43**	**1790.01**	**3478.22**	
河北	**Hebei**	**1650.00**	**3371.59**	**4301.83**	
石家庄	Shijiazhuang	182.16	668.84	683.70	33
唐山	Tangshan	197.10	417.78	402.05	56
秦皇岛	Qinhuangdao	147.01	149.30	162.55	135
邯郸	Handan	90.33	172.14	269.51	87
邢台	Xingtai	56.16	103.53	139.82	149
保定	Baoding	106.32	236.50	311.64	71
张家口	Zhangjiakou	188.14	205.90	213.92	102
承德	Chengde	104.52	120.35	170.27	126
沧州	Cangzhou	125.26	259.64	335.10	67
廊坊	Langfang	399.87	894.93	1433.19	14
衡水	Hengshui	53.14	142.67	180.07	119
山西	**Shanxi**	**411.71**	**775.64**	**1027.14**	
太原	Taiyuan	187.49	337.16	468.41	46
大同	Datong	23.99	55.51	63.24	203
阳泉	Yangquan	28.03	24.03	38.53	232
长治	Changzhi	32.17	81.20	93.33	181
晋城	Jincheng	18.44	62.35	60.28	206
朔州	Shuozhou	11.87	12.62	24.22	254
晋中	Jinzhong	28.49	57.25	62.16	204
运城	Yuncheng	32.92	61.53	87.16	185
忻州	Xinzhou	14.36	14.59	35.20	237
临汾	Linfen	17.43	48.87	67.62	197
吕梁	Lvliang	16.51	20.54	27.00	250
内蒙古	**Inner Mongolia**	**1076.55**	**1052.18**	**1149.08**	
呼和浩特	Hohhot	193.71	198.29	273.36	83
包头	Baotou	266.57	195.78	219.00	99
乌海	Wuhai	27.23	60.40	50.66	218
赤峰	Chifeng	102.86	120.58	144.52	146
通辽	Tongliao	48.32	51.37	75.44	190
鄂尔多斯	Erdos	251.63	96.66	87.95	184
呼伦贝尔	Hulunbuir	70.69	201.16	155.10	141
巴彦淖尔	Bayannur	41.87	38.69	51.87	216
乌兰察布	Ulanqab	29.99	17.67	5.81	273
辽宁	**Liaoning**	**3063.32**	**2254.97**	**2256.91**	
沈阳	Shenyang	945.05	730.70	844.16	29
大连	Dalian	856.04	569.10	661.78	35
鞍山	Anshan	202.42	144.77	124.86	154
抚顺	Fushun	77.54	50.92	69.54	195
本溪	Benxi	76.16	51.86	31.99	244
丹东	Dandong	109.02	91.71	98.32	178
锦州	Jinzhou	122.20	73.20	63.41	202
营口	Yingkou	184.28	69.70	73.53	191
阜新	Fuxin	33.57	34.24	24.56	253
辽阳	Liaoyang	60.29	55.70	32.54	243
盘锦	Panjin	91.84	144.27	95.50	179
铁岭	Tieling	136.09	114.08	47.93	223
朝阳	Chaoyang	69.34	72.62	37.91	233
葫芦岛	Huludao	99.50	52.10	50.89	217
吉林	**Jilin**	**868.80**	**816.87**	**1029.58**	
长春	Changchun	446.91	534.21	667.37	34
吉林	Jilin	164.79	105.31	121.57	156
四平	Siping	39.62	17.56	31.36	246
辽源	Liaoyuan	19.22	11.69	16.58	264
通化	Tonghua	46.08	57.04	71.53	194
白山	Baishan	26.71	5.02	17.36	262
松原	Songyuan	47.24	23.28	15.88	265
白城	Baicheng	4.81	3.33	9.67	271
黑龙江	**Heilongjiang**	**1011.95**	**1027.14**	**1121.04**	
哈尔滨	Harbin	470.19	564.72	698.28	31
齐齐哈尔	Qiqihar	70.89	90.37	100.76	176
鸡西	Jixi	20.05	10.25	15.72	266
鹤岗	Hegang	17.17	6.68	3.00	275
双鸭山	Shuangyashan	9.60	7.60	11.46	269
大庆	Daqing	128.84	144.87	109.48	164
伊春	Yichun	13.32	5.37	4.43	274
佳木斯	Jiamusi	66.62	32.84	31.42	245
七台河	Qitaihe	10.47	4.16	2.85	276
牡丹江	Mudanjiang	80.68	59.87	55.53	211
黑河	Heihe	18.90	22.60	17.34	263
绥化	Suihua	96.92	58.52	54.88	214
上海	**Shanghai**	**2959.94**	**5093.55**	**6695.85**	
江苏	**Jiangsu**	**5540.32**	**8396.20**	**12293.02**	

4-4 商品房销售额 续表 1
Total Sales of Commercialized Buildings continued 1

单位：亿元 （100 million yuan）

地名	City	2010	2015	2016	2016 排名 Ranking
南京	Nanjing	787.38	1772.89	2766.35	7
无锡	Wuxi	811.45	776.32	1108.03	21
徐州	Xuzhou	232.55	431.29	587.82	40
常州	Changzhou	553.19	496.77	659.13	36
苏州	Suzhou	1248.06	2200.00	3322.54	3
南通	Nantong	357.44	509.86	810.95	30
连云港	Lianyungang	167.70	225.98	273.28	84
淮安	Huaian	232.61	352.56	416.85	52
盐城	Yancheng	224.79	341.43	433.65	50
扬州	Yangzhou	304.73	423.30	529.86	45
镇江	Zhenjiang	203.86	328.96	631.05	37
泰州	Taizhou	248.61	312.59	402.68	55
宿迁	Suqian	164.62	233.74	352.86	65
浙江	**Zhejiang**	**4459.04**	**6299.46**	**9605.10**	
杭州	Hangzhou	1396.77	2136.78	3665.48	1
宁波	Ningbo	778.47	1078.55	1501.14	13
温州	Wenzhou	307.31	661.40	1011.79	25
嘉兴	Jiaxing	378.08	460.23	872.93	27
湖州	Huzhou	258.53	274.81	386.87	60
绍兴	Shaoxing	463.41	548.70	614.19	38
金华	Jinhua	275.53	371.26	406.42	54
衢州	Quzhou	90.57	111.24	184.78	117
舟山	Zhoushan	125.26	96.37	148.01	144
台州	Taizhou	330.47	396.99	605.77	39
丽水	Lishui	53.77	163.12	207.71	105
安徽	**Anhui**	**1732.66**	**3369.42**	**5035.55**	
合肥	Hefei	593.34	1222.90	1966.04	10
芜湖	Wuhu	166.40	324.15	400.76	57
蚌埠	Bengbu	75.20	228.70	320.42	68
淮南	Huainan	82.34	88.96	104.59	170
马鞍山	Maanshan	56.15	132.15	191.91	112
淮北	Huaibei	31.11	58.98	56.50	209
铜陵	Tongling	39.75	75.66	81.80	187
安庆	Anqing	85.07	156.70	202.31	110
黄山	Huangshan	52.83	48.66	63.64	201
滁州	Chuzhou	97.44	240.93	303.56	75
阜阳	Fuyang	71.51	182.07	371.81	63
宿州	Suzhou	49.10	147.37	232.66	94
六安	Liuan	76.29	132.64	308.79	73
亳州	Bozhou	20.37	140.54	192.92	111
池州	Chizhou	64.10	56.91	68.99	196
宣城	Xuancheng	83.74	132.10	168.85	129
福建	**Fujian**	**1611.32**	**3585.81**	**4530.79**	
福州	Fuzhou	502.99	1065.93	1354.29	17
厦门	Xiamen	379.12	920.29	1058.82	23
莆田	Putian	79.55	220.17	284.89	76
三明	Sanming	105.23	132.62	128.88	153
泉州	Quanzhou	225.30	518.56	691.73	32
漳州	Zhangzhou	122.21	344.36	545.73	44
南平	Nanping	62.60	141.56	165.98	132
龙岩	Longyan	64.72	125.67	158.97	139
宁德	Ningde	69.61	116.64	141.50	148
江西	**Jiangxi**	**776.41**	**1863.67**	**2678.37**	
南昌	Nanchang	237.80	642.03	1022.91	24
景德镇	Jingdezhen	25.81	28.29	45.52	228
萍乡	Pingxiang	17.94	43.36	64.35	200
九江	Jiujiang	85.18	150.80	232.43	95
新余	Xinyu	36.54	41.44	59.41	207
鹰潭	Yingtan	11.76	64.63	61.75	205
赣州	Ganzhou	131.45	361.19	452.35	48
吉安	Jian	43.94	92.17	137.91	150
宜春	Yichun	65.00	138.35	203.88	108
抚州	Fuzhou	57.86	164.51	211.70	103
上饶	Shangrao	63.10	136.91	186.16	116
山东	**Shandong**	**3665.12**	**5408.01**	**6902.90**	
济南	Jinan	332.64	915.91	1175.14	20
青岛	Qingdao	894.84	1262.86	1789.95	11
淄博	Zibo	240.37	225.38	282.92	77
枣庄	Zaozhuang	73.75	132.56	172.08	125
东营	Dongying	137.90	153.65	161.75	136
烟台	Yantai	475.71	463.84	560.50	43
潍坊	Weifang	415.69	363.92	431.77	51
济宁	Jining	104.01	303.24	358.89	64
泰安	Taian	99.23	112.32	135.85	151
威海	Weihai	281.85	421.63	464.48	47
日照	Rizhao	41.68	72.84	105.31	169
莱芜	Laiwu	11.88	18.35	25.07	251
临沂	Linyi	128.25	358.41	435.49	49
德州	Dezhou	120.62	177.48	246.71	91
聊城	Liaocheng	73.31	157.67	203.39	109

4-4 商品房销售额 续表 2
Total Sales of Commercialized Buildings continued 2

单位：亿元 （100 million yuan）

地名	City	2010	2015	2016	2016 排名 Ranking
滨州	Binzhou	67.67	130.73	186.26	115
菏泽	Heze	165.71	137.22	167.34	130
河南	**Henan**	**1658.79**	**3945.55**	**5612.90**	
郑州	Zhengzhou	772.70	1430.99	2333.89	8
开封	Kaifeng	41.62	128.26	169.51	128
洛阳	Luoyang	144.24	295.64	350.14	66
平顶山	Pingdingshan	30.94	86.15	129.82	152
安阳	Anyang	74.67	208.89	255.74	88
鹤壁	Hebi	18.98	61.98	71.79	193
新乡	Xinxiang	81.74	188.19	282.57	78
焦作	Jiaozuo	47.78	73.56	113.12	160
濮阳	Puyang	33.60	105.14	162.61	134
许昌	Xuchang	42.26	159.11	219.49	98
漯河	Luohe	24.32	43.45	58.20	208
三门峡	Sanmenxia	18.61	59.06	72.03	192
南阳	Nanyang	56.80	165.24	231.94	96
商丘	Shangqiu	55.85	301.29	393.60	58
信阳	Xinyang	85.35	225.56	270.98	85
周口	Zhoukou	43.33	137.39	161.52	138
驻马店	Zhumadian	74.74	257.05	315.41	70
湖北	**Hubei**	**1313.14**	**3661.37**	**4994.05**	
武汉	Wuhan	694.73	2247.82	3271.20	4
黄石	Huangshi	43.38	86.27	102.91	171
十堰	Shiyan	50.46	63.50	100.56	177
宜昌	Yichang	86.96	274.43	304.79	74
襄阳	Xiangyang	117.11	250.80	280.03	80
鄂州	Ezhou	18.72		32.78	242
荆门	Jingmen	44.74	78.41	107.90	165
孝感	Xiaogan	50.06	96.11	121.18	157
荆州	Jingzhou	39.54	72.98	107.09	166
黄冈	Huanggang	31.83	163.73	174.38	122
咸宁	Xianning	43.74	93.02	106.25	167
随州	Suizhou	30.23		45.96	226
湖南	**Hunan**	**14068.47**	**2738.92**	**3751.86**	
长沙	Changsha	7423.31	1113.26	1661.41	12
株洲	Zhuzhou	1534.59	288.37	310.78	72
湘潭	Xiangtan	577.11	82.61	102.42	173
衡阳	Hengyang	682.32	133.50	184.03	118
邵阳	Shaoyang	208.27	101.53	143.61	147
岳阳	Yueyang	628.67	175.87	215.24	100
常德	Changde	717.54	139.22	175.61	120
张家界	Zhangjiajie	209.93	17.58	23.45	255
益阳	Yiyang	444.30	103.12	120.41	158
郴州	Chenzhou	483.59	178.42	254.97	89
永州	Yongzhou	421.90	155.61	205.00	107
怀化	Huaihua	290.07	145.34	222.98	97
娄底	Loudi	361.77	57.55	88.72	183
广东	**Guangdong**	**5480.77**	**11442.80**	**16214.61**	
广州	Guangzhou	1674.99	2415.52	3193.33	5
韶关	Shaoguan	75.79	137.15	166.28	131
深圳	Shenzhen	892.55	2822.17	3323.64	2
珠海	Zhuhai	293.01	594.47	1215.60	19
汕头	Shantou	73.13	164.80	279.35	81
佛山	Foshan	668.13	1195.89	2117.23	9
江门	Jiangmen	179.17	286.97	410.23	53
湛江	Zhanjiang	62.16	180.41	245.40	92
茂名	Maoming	55.62	127.50	169.82	127
肇庆	Zhaoqing	140.31	249.00	239.33	93
惠州	Huizhou	311.17	800.38	1415.00	16
梅州	Meizhou	31.67	139.80	188.94	113
汕尾	Shanwei	16.43	45.81	93.87	180
河源	Heyuan	25.58	102.25	151.87	142
阳江	Yangjiang	41.91	127.73	144.55	145
清远	Qingyuan	138.14	256.96	375.07	61
东莞	Dongguan	373.77	1019.11	1418.17	15
中山	Zhongshan	350.38	613.53	844.81	28
潮州	Chaozhou	19.70	43.57	55.29	212
揭阳	Jieyang	34.62	46.70	65.60	199
云浮	Yunfu	22.53	73.11	101.24	175
广西	**Guangxi**	**995.19**	**1747.77**	**2207.47**	
南宁	Nanning	342.84	665.08	914.24	26
柳州	Liuzhou	113.30	220.39	275.36	82
桂林	Guilin	115.66	174.10	215.16	101
梧州	Wuzhou	34.26	62.38	47.59	224
北海	Beihai	76.00	91.62	106.13	168
防城港	Fangchenggang	48.82	72.83	90.66	182
钦州	Qinzhou	62.30	64.57	67.02	198
贵港	Guigang	41.96	83.99	111.49	162
玉林	Yulin	59.93	125.98	150.66	143
百色	Baise	32.60	58.43	79.63	189

4-4 商品房销售额 续表 3

Total Sales of Commercialized Buildings continued 3

单位：亿元 （100 million yuan）

地名	City	2010	2015	2016	2016 排名 Ranking
贺州	Hezhou	5.37	22.88	28.19	249
河池	Hechi	21.58	79.83	33.82	239
来宾	Laibin	18.46	38.79	41.51	229
崇左	Chongzuo	23.13	37.73	46.02	225
海南	**Hainan**	**746.61**	**982.75**	**1490.20**	
海口	Haikou	168.12	296.74	391.28	59
三亚	Sanya	243.88	203.61	280.22	79
三沙	Sansha				
重庆	**Chongqing**	**1846.94**	**2952.21**	**3432.00**	
四川	**Sichuan**	**2647.34**	**4199.84**	**5358.91**	
成都	Chengdu	1519.33	2066.19	2950.20	6
自贡	Zigong	60.80	90.26	111.99	161
攀枝花	Panzhihua	28.91	45.97	50.61	219
泸州	Luzhou	98.09	180.40	249.62	90
德阳	Deyang	75.02	81.21	102.03	174
绵阳	Mianyang	127.40	142.71	174.36	123
广元	Guangyuan	28.35	62.06	56.35	210
遂宁	Suining	46.02	151.07	187.63	114
内江	Neijiang	70.75	108.40	124.52	155
乐山	Leshan	85.65	123.83	155.24	140
南充	Nanchong	106.04	183.58	173.69	124
眉山	Meishan	61.17	184.85	175.13	121
宜宾	Yibin	82.77	169.91	207.21	106
广安	Guangan	52.04	127.01	161.63	137
达州	Dazhou	82.40	111.38	117.50	159
雅安	Yaan	10.25	25.84	47.93	222
巴中	Bazhong	26.27	90.61	111.15	163
资阳	Ziyang	70.73	228.37	163.70	133
贵州	**Guizhou**	**581.01**	**1571.68**	**1790.53**	
贵阳	Guiyang	353.46	578.55	587.47	41
六盘水	Liupanshui	27.63		81.68	188
遵义	Zunyi	54.05		316.02	69
安顺	Anshun	17.33			
毕节	Bijie	22.34			
铜仁	Tongren	18.64			
云南	**Yunnan**	**934.60**	**1666.85**	**1917.76**	
昆明	Kunming	455.06	964.83	1069.17	22
曲靖	Qujing	93.97			
玉溪	Yuxi	66.18			
保山	Baoshan	21.95			
昭通	Zhaotong	14.28			
丽江	Lijiang	23.80		33.74	240
普洱	Puer	26.24		39.16	230
临沧	Lincang	14.17			
西藏	**Tibet**	**5.57**	**21.08**	**38.14**	
拉萨	Lasa	3.92			
陕西	**Shaanxi**	**973.69**	**1597.44**	**1785.17**	
西安	Xi'an	707.00	1146.79	1347.08	18
铜川	Tongchuan	10.07	8.56	11.42	270
宝鸡	Baoji	53.98	95.49	102.44	172
咸阳	Xianyang	50.55	101.01	85.93	186
渭南	Weinan	24.70	77.77	54.91	213
延安	Yan'an	5.78	22.05	22.47	257
汉中	Hanzhong	42.89	40.99	50.11	220
榆林	Yulin	34.29	24.46	29.72	247
安康	Ankang	31.39	45.08	45.62	227
商洛	Shangluo	8.79	22.39	22.39	258
甘肃	**Gansu**	**227.81**	**704.93**	**873.46**	
兰州	Lanzhou	96.51	427.26	570.31	42
嘉峪关	Jiayuguan	17.99	20.73	18.97	261
金昌	Jinchang	12.11	13.20	11.99	268
白银	Baiyin	17.13	16.52	25.05	252
天水	Tianshui	19.47	33.43	39.16	231
武威	Wuwei	0.13	8.12	9.13	272
张掖	Zhangye	11.97	31.92	35.89	235
平凉	Pingliang	2.77	31.28	32.96	241
酒泉	Jiuquan	11.27	44.63	47.95	221
庆阳	Qingyang	12.03	24.28	12.78	267
定西	Dingxi	5.67	23.14	34.17	238
陇南	Longnan	1.23	10.03	19.42	260
青海	**Qinghai**	**84.44**	**206.00**	**236.44**	
西宁	Xining	72.25	179.58	208.38	104
海东	Haidong			22.58	256
宁夏	**Ningxia**	**309.22**	**370.30**	**409.71**	
银川	Yinchuan	210.63	262.09	270.57	86
石嘴山	Shizuishan	29.31	21.15	20.27	259
吴忠	Wuzhong	30.51	34.30	52.75	215
固原	Guyuan	15.67	23.99	37.53	234
中卫	Zhongwei	23.10	28.77	28.59	248
新疆	**Xinjiang**	**483.04**	**849.19**	**846.84**	
乌鲁木齐	Urumqi	211.81	367.70	372.76	62
克拉玛依	Karamay	15.28	36.30	35.32	236

4-5 商品住宅销售额

Total Sales of Commercialized Residential Buildings

单位：亿元 （100 million yuan）

地名	City	2010	2015	2016	2016 排名 Ranking	地名	City	2010	2015	2016	2016 排名 Ranking
全国	**National Total**	**44120.65**	**72769.82**	**99064.17**		沈阳	Shenyang	774.55	609.45	751.74	28
北京	**Beijing**	**2060.52**	**2512.89**	**2795.81**		大连	Dalian	761.55	519.75	596.93	32
天津	**Tianjin**	**1070.27**	**1663.25**	**3245.60**		鞍山	Anshan	182.86	119.14	106.79	150
河北	**Hebei**	**1488.78**	**2854.21**	**3710.88**		抚顺	Fushun	69.01	38.50	59.18	192
石家庄	Shijiazhuang	169.97	435.49	500.38	39	本溪	Benxi	37.48	44.01	27.36	239
唐山	Tangshan	170.43	332.97	307.91	62	丹东	Dandong	86.59	77.39	86.61	168
秦皇岛	Qinhuangdao	142.73	142.25	152.44	120	锦州	Jinzhou	105.11	63.85	52.45	203
邯郸	Handan	79.56	152.17	199.71	93	营口	Yingkou	164.34	62.81	61.31	186
邢台	Xingtai	51.44	96.83	131.23	138	阜新	Fuxin	24.06	27.54	20.34	247
保定	Baoding	98.85	209.38	262.15	72	辽阳	Liaoyang	49.85	38.28	30.10	231
张家口	Zhangjiakou	156.34	168.00	192.31	95	盘锦	Panjin	81.24	113.03	78.06	176
承德	Chengde	88.68	106.19	131.45	137	铁岭	Tieling	110.50	96.39	39.17	221
沧州	Cangzhou	111.73	223.41	275.25	68	朝阳	Chaoyang	56.51	57.25	31.79	229
廊坊	Langfang	371.37	861.52	1405.25	13	葫芦岛	Huludao	84.00	40.22	46.19	208
衡水	Hengshui	47.70	125.99	152.80	118	**吉林**	**Jilin**	**735.91**	**680.26**	**806.49**	
山西	**Shanxi**	**357.37**	**702.29**	**900.79**		长春	Changchun	400.72	451.29	502.17	38
太原	Taiyuan	166.92	308.54	409.69	46	吉林	Jilin	138.52	92.53	105.20	152
大同	Datong	20.17	53.48	54.50	199	四平	Siping	33.07	13.44	28.56	235
阳泉	Yangquan	24.45	21.97	34.25	225	辽源	Liaoyuan	15.96	10.51	12.02	257
长治	Changzhi	27.89	63.58	80.08	173	通化	Tonghua	37.44	38.31	59.22	191
晋城	Jincheng	15.23	61.12	58.18	193	白山	Baishan	20.64	4.02	11.87	259
朔州	Shuozhou	8.39	11.90	15.90	252	松原	Songyuan	33.45	18.71	13.98	253
晋中	Jinzhong	25.60	52.31	54.18	200	白城	Baicheng	4.48	2.08	8.65	263
运城	Yuncheng	27.58	52.91	76.82	177	**黑龙江**	**Heilongjiang**	**833.05**	**824.21**	**903.66**	
忻州	Xinzhou	13.67	13.58	32.97	227	哈尔滨	Harbin	420.82	484.07	567.88	35
临汾	Linfen	14.31	43.99	60.14	188	齐齐哈尔	Qiqihar	53.98	66.24	79.59	174
吕梁	Lvliang	13.15	18.91	24.06	241	鸡西	Jixi	12.59	7.84	13.37	255
内蒙古	**Inner Mongolia**	**766.47**	**766.06**	**838.08**		鹤岗	Hegang	14.61	5.78	2.74	268
呼和浩特	Hohhot	144.08	158.97	179.15	102	双鸭山	Shuangyashan	7.63	5.77	7.63	264
包头	Baotou	162.41	145.09	184.68	100	大庆	Daqing	106.23	107.51	90.29	164
乌海	Wuhai	22.48	44.78	33.85	226	伊春	Yichun	12.25	4.09	3.86	267
赤峰	Chifeng	89.74	93.62	106.68	151	佳木斯	Jiamusi	49.12	27.29	28.10	237
通辽	Tongliao	31.96	39.00	53.12	201	七台河	Qitaihe	9.38	2.76	2.15	269
鄂尔多斯	Erdos	173.02	77.56	79.59	175	牡丹江	Mudanjiang	55.90	44.72	44.91	211
呼伦贝尔	Hulunbuir	47.25	105.22	86.04	170	黑河	Heihe	13.87	12.96	12.05	256
巴彦淖尔	Bayannur	37.25	32.91	45.50	209	绥化	Suihua	69.91	39.28	38.61	222
乌兰察布	Ulanqab	25.66	16.26	4.70	266	**上海**	**Shanghai**	**2395.35**	**4319.93**	**5233.29**	
辽宁	**Liaoning**	**2587.66**	**1907.63**	**1988.03**		**江苏**	**Jiangsu**	**4536.63**	**7374.87**	**11055.36**	

4-5 商品住宅销售额 续表 1

Total Sales of Commercialized Residential Buildings continued 1

单位：亿元 (100 million yuan)

地名	City	2010	2015	2016	2016 排名 Ranking	地名	City	2010	2015	2016	2016 排名 Ranking
南京	Nanjing	696.45	1609.31	2514.99	6	池州	Chizhou	40.09	46.31	62.24	185
无锡	Wuxi	656.65	656.02	1000.35	21	宣城	Xuancheng	63.88	104.08	149.28	124
徐州	Xuzhou	197.62	342.57	467.02	42	**福建**	**Fujian**	**1300.13**	**2839.76**	**3793.41**	
常州	Changzhou	444.51	419.90	579.15	34	福州	Fuzhou	418.33	848.81	1129.28	18
苏州	Suzhou	971.53	2005.89	3070.74	1	厦门	Xiamen	276.63	654.71	813.93	24
南通	Nantong	311.69	445.54	737.67	29	莆田	Putian	64.65	185.16	236.93	81
连云港	Lianyungang	129.98	207.08	260.39	73	三明	Sanming	81.31	111.08	111.87	148
淮安	Huaian	194.07	280.69	335.34	57	泉州	Quanzhou	194.65	424.29	599.02	31
盐城	Yancheng	169.69	284.28	0.04	270	漳州	Zhangzhou	105.45	302.45	494.17	40
扬州	Yangzhou	272.50	375.22	473.70	41	南平	Nanping	54.62	97.22	139.12	132
镇江	Zhenjiang	154.94	281.65	584.70	33	龙岩	Longyan	43.87	111.59		
泰州	Taizhou	208.08	276.28	359.33	51	宁德	Ningde	60.62	104.45		
宿迁	Suqian	125.74	199.90	317.95	60	**江西**	**Jiangxi**	**670.34**	**1606.67**	**2207.17**	
浙江	**Zhejiang**	**3577.49**	**5519.27**	**8280.85**		南昌	Nanchang	211.90	567.55	830.65	23
杭州	Hangzhou	1137.29	1905.14	3059.61	2	景德镇	Jingdezhen	23.85	26.40	41.04	216
宁波	Ningbo	580.90	933.46	1321.80	15	萍乡	Pingxiang	16.75	33.71	56.23	196
温州	Wenzhou	266.00	577.16	909.51	22	九江	Jiujiang	80.32	132.27	189.06	96
嘉兴	Jiaxing	274.94	395.65	771.47	27	新余	Xinyu	33.83	34.95	54.63	198
湖州	Huzhou	194.74	237.06	332.08	58	鹰潭	Yingtan	10.37	59.91	55.14	197
绍兴	Shaoxing	372.80	487.26	541.95	36	赣州	Ganzhou	92.03	288.38	350.23	55
金华	Jinhua	243.55	337.56	354.01	53	吉安	Jian	37.14	76.97	116.56	144
衢州	Quzhou	74.01	89.56	152.16	122	宜春	Yichun	59.80	127.38	175.32	105
舟山	Zhoushan	109.82	85.12	133.32	136	抚州	Fuzhou	52.60	146.43	185.65	98
台州	Taizhou	283.00	342.47	528.99	37	上饶	Shangrao	51.75	112.72	152.66	119
丽水	Lishui	47.79	128.82	175.96	104	**山东**	**Shandong**	**3218.02**	**4510.76**	**6070.54**	
安徽	**Anhui**	**1408.41**	**2714.33**	**4231.59**		济南	Jinan	291.14	695.47	1035.72	20
合肥	Hefei	475.17	965.95	1588.35	10	青岛	Qingdao	776.83	1045.28	1576.31	11
芜湖	Wuhu	135.15	237.98	356.65	52	淄博	Zibo	220.52	201.49	255.18	75
蚌埠	Bengbu	62.90	183.01	281.00	66	枣庄	Zaozhuang	64.68	117.91	155.01	115
淮南	Huainan	73.40	71.55	89.39	166	东营	Dongying	132.78	139.86	145.41	126
马鞍山	Maanshan	50.51	117.30	164.90	108	烟台	Yantai	410.83	377.62	465.49	43
淮北	Huaibei	29.00	50.78	51.79	204	潍坊	Weifang	341.70	312.87	375.40	49
铜陵	Tongling	32.34	55.36	57.20	195	济宁	Jining	92.67	254.02	318.29	59
安庆	Anqing	70.30	135.73	179.47	101	泰安	Taian	89.49	103.92	125.67	141
黄山	Huangshan	42.73	40.68	51.67	205	威海	Weihai	261.48	339.70	393.61	47
滁州	Chuzhou	80.27	212.27	265.14	71	日照	Rizhao	36.92	65.45	101.31	156
阜阳	Fuyang	56.42	152.83	310.28	61	莱芜	Laiwu	8.97	16.29	23.65	242
宿州	Suzhou	43.82	122.70	187.80	97	临沂	Linyi	117.90	307.09	379.59	48
六安	Liuan	60.84	113.31	284.03	65	德州	Dezhou	111.35	154.40	222.78	85
亳州	Bozhou	16.34	104.48	152.40	121	聊城	Liaocheng	66.89	134.44	179.09	103

4-5 商品住宅销售额 续表 2

Total Sales of Commercialized Residential Buildings continued 2

单位：亿元 （100 million yuan）

地名	City	2010	2015	2016	2016 排名 Ranking	地名	City	2010	2015	2016	2016 排名 Ranking
滨州	Binzhou	49.01	118.06	164.19	109	常德	Changde	59.68	114.92	142.66	129
菏泽	Heze	144.87	126.90	153.84	116	张家界	Zhangjiajie	13.79	15.75	19.87	248
河南	**Henan**	**1454.57**	**3300.33**	**4839.03**		益阳	Yiyang	34.97	72.09	93.53	162
郑州	Zhengzhou	656.55	1224.37	2081.13	8	郴州	Chenzhou	45.43	155.27	213.85	87
开封	Kaifeng	38.64	109.05	143.15	128	永州	Yongzhou	34.30	130.38	165.48	107
洛阳	Luoyang	122.63	242.51	291.76	64	怀化	Huaihua	22.11	101.10	161.80	110
平顶山	Pingdingshan	28.09	80.95	119.94	143	娄底	Loudi	28.27	49.88	65.60	183
安阳	Anyang	68.14	168.05	206.09	89	**广东**	**Guangdong**	**4589.82**	**9967.32**	**14240.33**	
鹤壁	Hebi	17.54	58.71	61.23	187	广州	Guangzhou	1180.03	1894.01	2654.56	5
新乡	Xinxiang	71.21	178.25	265.25	70	韶关	Shaoguan	68.56	115.57	136.41	134
焦作	Jiaozuo	45.81	68.78	98.91	157	深圳	Shenzhen	784.30	2517.30	3003.22	3
濮阳	Puyang	31.71	98.34	152.86	117	珠海	Zhuhai	263.96	541.31	1096.96	19
许昌	Xuchang	39.23	144.78	196.25	94	汕头	Shantou	65.47	143.64	243.86	79
漯河	Luohe	22.79	36.65	48.64	206	佛山	Foshan	593.72	1048.50	1794.18	9
三门峡	Sanmenxia	16.98	38.80	59.70	189	江门	Jiangmen	167.20	260.42	373.10	50
南阳	Nanyang	51.63	142.53	210.51	88	湛江	Zhanjiang	54.56	169.79	226.16	84
商丘	Shangqiu	51.68	182.93	266.43	69	茂名	Maoming	51.29	118.75	155.93	114
信阳	Xinyang	72.43	195.49	238.65	80	肇庆	Zhaoqing	122.92	193.06	205.16	90
周口	Zhoukou	41.93	116.34	123.89	142	惠州	Huizhou	285.97	758.34	1337.17	14
驻马店	Zhumadian	67.46	196.56	255.03	76	梅州	Meizhou	29.47	118.27	156.92	112
湖北	**Hubei**	**1134.64**	**3198.53**	**4383.81**		汕尾	Shanwei	16.33	45.06	85.45	171
武汉	Wuhan	606.01	2028.53	2878.14	4	河源	Heyuan	22.91	94.83	140.66	131
黄石	Huangshi	37.78	81.25	86.40	169	阳江	Yangjiang	39.99	117.73	135.80	135
十堰	Shiyan	47.19				清远	Qingyuan	124.56	241.06	350.92	54
宜昌	Yichang	73.35	217.12	277.07	67	东莞	Dongguan	334.15	914.50	1222.31	16
襄阳	Xiangyang	88.09	195.99	233.28	83	中山	Zhongshan	312.20	531.52	737.47	30
鄂州	Ezhou	17.77				潮州	Chaozhou	19.28	41.04	52.68	202
荆门	Jingmen	37.19	67.63	97.21	159	揭阳	Jieyang	33.27	41.82	59.47	190
孝感	Xiaogan	48.54	84.95	104.81	153	云浮	Yunfu	19.68	60.79	71.93	181
荆州	Jingzhou	35.36	64.27	97.61	158	**广西**	**Guangxi**	**881.70**	**1459.43**	**1948.23**	
黄冈	Huanggang	27.52	142.77	156.33	113	南宁	Nanning	298.01	547.49	778.35	25
咸宁	Xianning	35.03	72.61	85.03	172	柳州	Liuzhou	97.28	173.76	251.34	77
随州	Suizhou	27.44		40.76	217	桂林	Guilin	106.27	152.89	200.67	91
湖南	**Hunan**	**1248.11**	**2253.85**	**3113.62**		梧州	Wuzhou	30.85	53.57	44.06	212
长沙	Changsha	701.92	932.01	1411.04	12	北海	Beihai	73.23	86.24	101.37	155
株洲	Zhuzhou	123.93	216.75	249.90	78	防城港	Fangchenggang	38.63	62.59	73.53	180
湘潭	Xiangtan	51.93	71.61	89.42	165	钦州	Qinzhou	56.01	52.80	57.46	194
衡阳	Hengyang	58.06	116.95	167.51	106	贵港	Guigang	37.14	77.21	101.70	154
邵阳	Shaoyang	18.88	89.74	112.73	146	玉林	Yulin	7.04	95.10	141.38	130
岳阳	Yueyang	46.57	147.55	185.17	99	百色	Baise	29.48	44.87	65.74	182

4-5　商品住宅销售额　续表 3
Sales of Commercialized Residential Buildings continued 3

单位：亿元　　　　(100 million yuan)

地名	City	2010	2015	2016	2016 排名 Ranking
贺州	Hezhou	4.01	20.83	25.08	240
河池	Hechi	18.22	26.99	32.70	228
来宾	Laibin	15.41	34.50	35.03	224
崇左	Chongzuo	20.98	30.60	39.82	220
海南	**Hainan**	**734.10**	**908.60**	**1385.26**	
海口	Haikou	161.14	252.10	349.66	56
三亚	Sanya	243.82	189.24	256.52	74
三沙	Sansha				
重庆	**Chongqing**	**1610.64**	**2244.43**	**2635.64**	
四川	**Sichuan**	**2330.85**	**3269.52**	**4296.27**	
成都	Chengdu	1334.38	1620.82	2421.32	7
自贡	Zigong	54.16	78.77	93.87	161
攀枝花	Panzhihua	25.02	37.00	43.71	213
泸州	Luzhou	85.92	154.30	200.63	92
德阳	Deyang	66.34	70.14	89.14	167
绵阳	Mianyang	116.75	123.60	149.97	123
广元	Guangyuan	22.39	43.28	45.21	210
遂宁	Suining	42.93	114.98	137.89	133
内江	Neijiang	64.62	96.88	108.91	149
乐山	Leshan	76.24	98.18	116.55	145
南充	Nanchong	97.77	124.50	145.26	127
眉山	Meishan	55.11	138.64	129.93	139
宜宾	Yibin	69.14	136.77	157.49	111
广安	Guangan	45.61	100.05	129.25	140
达州	Dazhou	71.15	97.16	92.42	163
雅安	Yaan	8.89	21.98	19.52	249
巴中	Bazhong	22.19	64.54	76.21	179
资阳	Ziyang	59.25	127.03	112.34	147
贵州	**Guizhou**	**501.63**	**1068.14**	**1269.43**	
贵阳	Guiyang	310.48	392.27	447.97	45
六盘水	Liupanshui	22.92		64.50	184
遵义	Zunyi	46.30		234.95	82
安顺	Anshun	14.63			
毕节	Bijie	18.35			
铜仁	Tongren	15.69			
云南	**Yunnan**	**769.32**	**1236.81**	**1411.38**	
昆明	Kunming	373.99	723.70	773.40	26
曲靖	Qujing	77.04			
玉溪	Yuxi	63.07			
保山	Baoshan	19.21			
昭通	Zhaotong	9.27			
丽江	Lijiang	20.33			
普洱	Puer	20.05			
临沧	Lincang	10.88			
西藏	**Tibet**	**5.17**	**16.70**	**34.70**	
拉萨	Lasa	3.68			
陕西	**Shaanxi**	**906.68**	**1381.27**	**1585.71**	
西安	Xi'an	661.27	985.35	1194.41	17
铜川	Tongchuan	10.05	8.21	9.76	261
宝鸡	Baoji	52.41	89.73	94.01	160
咸阳	Xianyang	47.39	91.85	76.53	178
渭南	Weinan	20.93	55.90	47.55	207
延安	Yan'an	5.66	19.48	20.73	246
汉中	Hanzhong	39.46	35.35	40.24	219
榆林	Yulin	31.01	23.59	28.17	236
安康	Ankang	27.58	39.34	42.95	214
商洛	Shangluo	7.43	20.06	18.99	250
甘肃	**Gansu**	**201.47**	**603.08**	**712.35**	
兰州	Lanzhou	84.04	368.90	459.36	44
嘉峪关	Jiayuguan	16.91	17.86	16.04	251
金昌	Jinchang	11.42	11.32	9.56	262
白银	Baiyin	15.44	11.77	20.94	245
天水	Tianshui	17.71	28.11	35.33	223
武威	Wuwei	0.13	4.03	5.12	265
张掖	Zhangye	10.95	26.59	30.87	230
平凉	Pingliang	1.73	25.08	29.31	232
酒泉	Jiuquan	9.22	38.92	40.55	218
庆阳	Qingyang	9.99	21.00	10.36	260
定西	Dingxi	4.72	21.48	27.84	238
陇南	Longnan	0.77	9.67	13.46	254
青海	**Qinghai**	**77.10**	**139.83**	**172.06**	
西宁	Xining	66.10	985.04	146.25	125
海东	Haidong			20.98	244
宁夏	**Ningxia**	**253.76**	**283.98**	**325.89**	
银川	Yinchuan	171.06	204.42	219.23	86
石嘴山	Shizuishan	23.30	13.90	11.89	258
吴忠	Wuzhong	27.73	25.88	42.74	215
固原	Guyuan	11.40	16.16	28.57	234
中卫	Zhongwei	20.27	23.61	23.46	243
新疆	**Xinjiang**	**416.41**	**641.62**	**648.94**	
乌鲁木齐	Urumqi	182.94	299.72	307.24	63
克拉玛依	Karamay	13.54	30.27	28.84	233

4-6 商品房销售面积
Floor Space of Commercialized Buildings Sold

单位：万平方米 （10 000 sq.m）

地名	City	2010	2015	2016	2016 排名 Ranking	地名	City	2010	2015	2016	2016 排名 Ranking
全国	**National Total**	**104764.7**	**128495.0**	**157348.5**		沈阳	Shenyang	1746.5	1065.1	1184.3	24
北京	**Beijing**	**1639.5**	**1554.7**	**1658.9**		大连	Dalian	1215.3	637.3	707.5	61
天津	**Tianjin**	**1564.5**	**1771.1**	**2711.1**		鞍山	Anshan	553.1	314.0	302.4	149
河北	**Hebei**	**4662.1**	**5854.7**	**6682.3**		抚顺	Fushun	212.3	113.5	156.2	199
石家庄	Shijiazhuang	469.3	804.1	855.7	43	本溪	Benxi	227.6	128.7	72.8	250
唐山	Tangshan	482.0	791.5	852.4	44	丹东	Dandong	332.3	190.7	210.0	185
秦皇岛	Qinhuangdao	326.2	280.0	288.6	152	锦州	Jinzhou	353.0	164.4	161.2	197
邯郸	Handan	275.7	361.7	428.4	107	营口	Yingkou	532.6	161.4	178.2	193
邢台	Xingtai	225.4	259.0	353.8	134	阜新	Fuxin	121.6	89.0	65.5	256
保定	Baoding	399.9	594.7	608.1	76	辽阳	Liaoyang	177.6	124.0	77.9	248
张家口	Zhangjiakou	667.0	448.0	464.5	98	盘锦	Panjin	261.3	327.4	253.5	164
承德	Chengde	329.8	270.8	350.0	137	铁岭	Tieling	485.6	292.5	123.8	223
沧州	Cangzhou	422.6	559.4	662.0	71	朝阳	Chaoyang	298.8	203.6	103.4	232
廊坊	Langfang	819.9	1078.4	1346.5	17	葫芦岛	Huludao	282.8	104.5	115.1	227
衡水	Hengshui	244.4	407.0	472.4	95	**吉林**	**Jilin**	**2382.1**	**1491.8**	**1919.3**	
山西	**Shanxi**	**1180.6**	**1592.6**	**2061.1**		长春	Changchun	863.1	810.7	1017.8	30
太原	Taiyuan	258.8	450.4	613.7	75	吉林	Jilin	496.3	204.9	268.1	158
大同	Datong	80.7	121.0	143.4	210	四平	Siping	175.1	38.3	84.7	243
阳泉	Yangquan	107.7	62.8	95.7	235	辽源	Liaoyuan	87.9	32.7	39.7	268
长治	Changzhi	122.5	213.3	219.0	182	通化	Tonghua	193.4	149.0	188.6	190
晋城	Jincheng	61.4	152.4	130.6	217	白山	Baishan	113.0	18.4	63.2	258
朔州	Shuozhou	57.6	34.8	71.5	252	松原	Songyuan	165.1	55.0	39.0	269
晋中	Jinzhong	114.6	134.7	150.5	207	白城	Baicheng	27.0	14.8	24.2	274
运城	Yuncheng	176.0	191.5	275.8	157	**黑龙江**	**Heilongjiang**	**2720.9**	**1996.6**	**2117.3**	
忻州	Xinzhou	68.9	48.3	113.7	228	哈尔滨	Harbin	881.7	876.0	1043.4	28
临汾	Linfen	67.5	121.1	158.1	198	齐齐哈尔	Qiqihar	241.4	209.8	225.0	178
吕梁	Lvliang	64.8	62.0	89.1	242	鸡西	Jixi	61.0	32.1	43.5	267
内蒙古	**Inner Mongolia**	**3057.4**	**2369.4**	**2527.9**		鹤岗	Hegang	79.6	20.6	10.7	278
呼和浩特	Hohhot	471.9	381.8	425.5	111	双鸭山	Shuangyashan	37.8	28.5	43.7	266
包头	Baotou	597.7	399.7	459.7	100	大庆	Daqing	305.3	263.6	238.0	172
乌海	Wuhai	83.5	110.5	113.1	229	伊春	Yichun	77.2	20.2	15.6	277
赤峰	Chifeng	350.8	251.6	289.0	151	佳木斯	Jiamusi	240.4	91.6	83.8	244
通辽	Tongliao	214.5	144.7	186.1	192	七台河	Qitaihe	39.3	11.6	9.0	279
鄂尔多斯	Erdos	535.5	221.1	213.3	183	牡丹江	Mudanjiang	246.2	156.7	149.5	208
呼伦贝尔	Hulunbuir	253.9	480.3	426.6	108	黑河	Heihe	71.3	70.9	63.8	257
巴彦淖尔	Bayannur	176.9	99.8	121.6	225	绥化	Suihua	404.5	169.6	152.8	202
乌兰察布	Ulanqab	166.7	65.7	23.1	275	**上海**	**Shanghai**	**2055.5**	**2431.4**	**2705.7**	
辽宁	**Liaoning**	**6800.5**	**3916.2**	**3711.9**		**江苏**	**Jiangsu**	**9485.5**	**11414.1**	**13962.1**	

4-6 商品房销售面积 续表 1

Floor Space of Commercialized Buildings Sold continued 1

单位：万平方米 （10 000 sq.m）

地名	City	2010	2015	2016	2016 排名 Ranking	地名	City	2010	2015	2016	2016 排名 Ranking
南京	Nanjing	823.2	1543.2	1558.2	14	池州	Chizhou	181.2	122.9	155.4	200
无锡	Wuxi	1045.1	986.9	1276.4	20	宣城	Xuancheng	258.8	294.7	386.4	125
徐州	Xuzhou	621.8	790.5	1071.4	27	**福建**	**Fujian**	**2575.6**	**4037.8**	**4915.4**	
常州	Changzhou	915.7	784.3	933.2	38	福州	Fuzhou	597.8	914.7	1221.3	22
苏州	Suzhou	1514.0	2133.7	2494.1	6	厦门	Xiamen	426.8	570.8	528.9	87
南通	Nantong	739.5	938.0	1200.8	23	莆田	Putian	164.1	295.7	385.0	126
连云港	Lianyungang	474.2	441.6	524.4	89	三明	Sanming	228.4	232.4	225.2	177
淮安	Huaian	640.8	704.0	869.8	42	泉州	Quanzhou	444.1	830.6	1009.6	32
盐城	Yancheng	581.3	716.5	842.6	47	漳州	Zhangzhou	286.3	551.8	745.1	55
扬州	Yangzhou	628.8	638.3	734.8	59	南平	Nanping	150.8	243.4	294.0	150
镇江	Zhenjiang	374.8	597.9	996.5	34	龙岩	Longyan	139.0	223.0	277.2	156
泰州	Taizhou	524.7	528.4	694.9	63	宁德	Ningde	138.2	175.4	229.0	175
宿迁	Suqian	603.6	610.9	765.1	53	**江西**	**Jiangxi**	**2469.7**	**3478.2**	**4691.8**	
浙江	**Zhejiang**	**4816.7**	**5985.3**	**8636.8**		南昌	Nanchang	520.8	901.0	1244.7	21
杭州	Hangzhou	988.3	1481.4	2326.7	7	景德镇	Jingdezhen	107.8	67.7	100.0	234
宁波	Ningbo	693.6	1007.2	1336.9	18	萍乡	Pingxiang	70.3	89.5	131.7	216
温州	Wenzhou	228.5	525.6	773.8	49	九江	Jiujiang	292.9	354.9	491.9	93
嘉兴	Jiaxing	596.3	640.6	1144.6	26	新余	Xinyu	151.3	99.7	147.1	209
湖州	Huzhou	411.8	399.3	557.0	84	鹰潭	Yingtan	35.5	129.6	154.9	201
绍兴	Shaoxing	610.3	677.8	772.6	50	赣州	Ganzhou	382.2	669.7	835.6	48
金华	Jinhua	147.5	352.4	425.7	110	吉安	Jian	173.1	208.9	305.5	146
衢州	Quzhou	170.9	172.7	244.1	167	宜春	Yichun	274.4	321.9	449.6	102
舟山	Zhoushan	138.2	103.9	152.5	203	抚州	Fuzhou	228.9	356.5	450.1	101
台州	Taizhou	462.9	442.0	662.1	69	上饶	Shangrao	232.6	278.9	380.8	128
丽水	Lishui	91.2	182.4	240.6	170	**山东**	**Shandong**	**9293.9**	**9727.0**	**11789.9**	
安徽	**Anhui**	**4113.9**	**6174.1**	**8499.7**		济南	Jinan	531.5	1191.2	1424.3	16
合肥	Hefei	1004.9	1589.2	2098.3	9	青岛	Qingdao	1360.7	1418.6	1939.2	12
芜湖	Wuhu	320.2	604.5	736.9	57	淄博	Zibo	654.8	412.3	503.3	91
蚌埠	Bengbu	177.9	483.8	676.2	66	枣庄	Zaozhuang	225.8	343.0	418.7	113
淮南	Huainan	213.9	195.6	238.3	171	东营	Dongying	373.6	281.4	310.5	143
马鞍山	Maanshan	128.1	282.0	392.0	123	烟台	Yantai	1163.4	771.4	937.6	37
淮北	Huaibei	107.4	126.5	119.1	226	潍坊	Weifang	1388.7	844.5	1001.5	33
铜陵	Tongling	86.6	143.7	172.3	195	济宁	Jining	351.7	716.2	843.0	46
安庆	Anqing	285.0	328.6	426.2	109	泰安	Taian	282.5	237.9	256.4	162
黄山	Huangshan	153.5	108.1	133.4	215	威海	Weihai	742.3	866.5	912.5	40
滁州	Chuzhou	282.6	564.3	662.1	70	日照	Rizhao	112.3	147.7	209.7	186
阜阳	Fuyang	194.1	352.6	662.6	68	莱芜	Laiwu	44.4	39.4	52.5	264
宿州	Suzhou	176.6	389.6	564.2	83	临沂	Linyi	456.8	874.1	1012.2	31
六安	Liuan	217.4	293.6	663.7	67	德州	Dezhou	457.8	447.3	584.8	81
亳州	Bozhou	71.1	294.3	412.4	116	聊城	Liaocheng	242.4	393.2	468.2	97

4-6 商品房销售面积 续表 2
Floor Space of Commercialized Buildings Sold continued 2

单位：万平方米 (10 000 sq.m)

地名	City	2010	2015	2016	2016 排名 Ranking	地名	City	2010	2015	2016	2016 排名 Ranking
滨州	Binzhou	278.1	349.1	445.5	103	常德	Changde	319.1	299.2	382.4	127
菏泽	Heze	627.1	393.0	470.2	96	张家界	Zhangjiajie	81.0	48.2	59.0	260
河南	**Henan**	**5452.2**	**8556.3**	**11306.3**		益阳	Yiyang	194.3	315.6	324.5	139
郑州	Zhengzhou	1558.7	1898.7	2859.2	4	郴州	Chenzhou	224.4	518.6	694.5	64
开封	Kaifeng	148.0	333.7	415.4	114	永州	Yongzhou	239.5	503.7	594.2	78
洛阳	Luoyang	455.0	687.3	770.4	51	怀化	Huaihua	153.5	402.1	588.1	79
平顶山	Pingdingshan	128.4	219.6	303.6	147	娄底	Loudi	179.9	197.1	242.0	169
安阳	Anyang	339.9	554.1	696.7	62	**广东**	**Guangdong**	**7321.8**	**11681.0**	**14611.6**	
鹤壁	Hebi	77.9	177.0	193.8	189	广州	Guangzhou	1405.1	1653.1	1949.1	11
新乡	Xinxiang	360.5	494.5	740.0	56	韶关	Shaoguan	234.0	314.9	368.7	131
焦作	Jiaozuo	200.7	195.3	278.3	155	深圳	Shenzhen	465.6	831.5	736.2	58
濮阳	Puyang	148.8	282.9	400.4	121	珠海	Zhuhai	282.8	417.7	653.2	73
许昌	Xuchang	166.4	400.7	528.3	88	汕头	Shantou	171.0	223.6	353.5	135
漯河	Luohe	113.9	102.8	143.0	211	佛山	Foshan	885.5	1421.5	2221.5	8
三门峡	Sanmenxia	84.7	158.5	211.8	184	江门	Jiangmen	382.5	504.8	679.8	65
南阳	Nanyang	272.9	485.7	653.9	72	湛江	Zhanjiang	148.3	325.3	405.2	117
商丘	Shangqiu	271.3	705.2	943.7	36	茂名	Maoming	198.9	270.4	321.3	141
信阳	Xinyang	416.9	619.0	724.1	60	肇庆	Zhaoqing	342.2	495.2	500.0	92
周口	Zhoukou	235.2	401.0	460.0	99	惠州	Huizhou	627.3	1299.8	1771.9	13
驻马店	Zhumadian	428.3	790.7	926.6	39	梅州	Meizhou	119.0	302.6	386.6	124
湖北	**Hubei**	**2558.9**	**6244.6**	**7427.2**		汕尾	Shanwei	57.5	96.0	194.7	188
武汉	Wuhan	1208.0	2627.2	3255.7	3	河源	Heyuan	90.1	242.0	342.9	138
黄石	Huangshi	140.2	213.0	232.6	174	阳江	Yangjiang	137.4	284.4	311.2	142
十堰	Shiyan	190.3	149.5	219.6	180	清远	Qingyuan	326.2	537.6	770.3	52
宜昌	Yichang	231.4	559.1	586.9	80	东莞	Dongguan	511.3	1040.7	1024.3	29
襄阳	Xiangyang	382.7	603.1	625.2	74	中山	Zhongshan	670.6	1042.8	1158.2	25
鄂州	Ezhou	64.6	61.8	80.4	245	潮州	Chaozhou	64.3	81.9	100.9	233
荆门	Jingmen	173.3	235.6	306.0	145	揭阳	Jieyang	138.0	114.7	133.5	214
孝感	Xiaogan	249.0	260.6	302.8	148	云浮	Yunfu	64.1	180.8	228.8	176
荆州	Jingzhou	145.6	183.3	243.4	168	**广西**	**Guangxi**	**2793.9**	**3523.4**	**4215.4**	
黄冈	Huanggang	170.0	465.6	487.7	94	南宁	Nanning	666.5	1000.7	1327.5	19
咸宁	Xianning	191.7	292.7	307.0	144	柳州	Liuzhou	291.9	329.2	412.9	115
随州	Suizhou	129.7	65.9	121.9	224	桂林	Guilin	323.6	358.3	439.4	104
湖南	**Hunan**	**4472.5**	**6363.0**	**8085.4**		梧州	Wuzhou	133.5	146.9	126.2	222
长沙	Changsha	1680.2	1897.7	2593.7	5	北海	Beihai	179.6	419.8	222.6	179
株洲	Zhuzhou	513.8	658.6	746.0	54	防城港	Fangchenggang	155.1	185.1	219.4	181
湘潭	Xiangtan	201.6	204.3	254.0	163	钦州	Qinzhou	200.0	170.5	162.5	196
衡阳	Hengyang	284.4	375.5	506.8	90	贵港	Guigang	140.7	212.0	266.9	159
邵阳	Shaoyang	111.1	332.3	437.3	105	玉林	Yulin	253.8	337.2	375.2	130
岳阳	Yueyang	241.4	448.8	534.2	86	百色	Baise	145.9	157.0	186.5	191

4-6 商品房销售面积 续表 3
Floor Space of Commercialized Buildings Sold continued 3

单位：万平方米 （10 000 sq.m）

地名	City	2010	2015	2016	2016 排名 Ranking
贺州	Hezhou	26.7	86.1	94.3	239
河池	Hechi	91.7	79.8	94.9	237
来宾	Laibin	85.7	156.4	152.4	204
崇左	Chongzuo	99.3	108.5	9801.0	1
海南	**Hainan**	**854.7**	**1052.3**	**1508.5**	
海口	Haikou	209.8	373.4	432.7	106
三亚	Sanya	140.8	112.1	151.5	205
三沙	Sansha				
重庆	**Chongqing**	**4314.4**	**5381.4**	**6257.2**	
四川	**Sichuan**	**6396.9**	**7671.2**	**9300.5**	
成都	Chengdu	2559.3	3019.4	3935.3	2
自贡	Zigong	201.8	194.0	233.8	173
攀枝花	Panzhihua	115.0	104.8	126.4	220
泸州	Luzhou	344.3	403.4	540.0	85
德阳	Deyang	226.6	211.3	259.4	160
绵阳	Mianyang	358.1	339.3	394.2	122
广元	Guangyuan	82.5	120.4	129.7	218
遂宁	Suining	197.0	325.4	402.1	119
内江	Neijiang	261.7	260.2	321.3	140
乐山	Leshan	256.8	276.5	359.4	133
南充	Nanchong	353.7	360.1	404.3	118
眉山	Meishan	192.5	425.2	401.9	120
宜宾	Yibin	269.2	343.7	422.7	112
广安	Guangan	215.3	299.5	377.5	129
达州	Dazhou	286.3	237.8	257.0	161
雅安	Yaan	39.8	53.1	68.6	253
巴中	Bazhong	112.4	208.0	251.9	165
资阳	Ziyang	283.5	452.5	364.9	132
贵州	**Guizhou**	**1731.0**	**3559.8**	**4156.9**	
贵阳	Guiyang	860.1	959.6	988.5	35
六盘水	Liupanshui	108.0	205.3	248.8	166
遵义	Zunyi	207.2	664.8	845.2	45
安顺	Anshun	75.6			
毕节	Bijie	82.8			
铜仁	Tongren	91.0			
云南	**Yunnan**	**2959.4**	**3145.1**	**3639.8**	
昆明	Kunming	1242.5	1305.0	1520.9	15
曲靖	Qujing	354.6	271.0	278.5	154
玉溪	Yuxi	211.0			
保山	Baoshan	76.6			
昭通	Zhaotong	49.3	75.5	126.2	221

地名	City	2010	2015	2016	2016 排名 Ranking
丽江	Lijiang	94.2	67.9	37.8	270
普洱	Puer	121.1	61.3	94.9	238
临沧	Lincang	55.5	81.1	79.3	247
西藏	**Tibet**	**19.3**	**51.3**	**74.6**	
拉萨	Lasa	11.4	35.9		
陕西	**Shaanxi**	**2590.2**	**2978.9**	**3262.7**	
西安	Xi'an	1587.8	1763.7	2047.7	10
铜川	Tongchuan	44.0	30.5	34.8	271
宝鸡	Baoji	198.4	262.4	287.8	153
咸阳	Xianyang	164.5	225.5	204.7	187
渭南	Weinan	139.7	221.0	174.5	194
延安	Yan'an	20.3	55.6	66.6	255
汉中	Hanzhong	165.3	124.7	141.8	212
榆林	Yulin	92.3	52.0	55.8	261
安康	Ankang	119.0	127.3	136.0	213
商洛	Shangluo	34.6	76.7	72.7	251
甘肃	**Gansu**	**756.5**	**1435.0**	**1679.5**	
兰州	Lanzhou	228.2	676.6	883.9	41
嘉峪关	Jiayuguan	67.5	55.0	53.8	262
金昌	Jinchang	73.1	36.9	34.4	272
白银	Baiyin	65.3	40.6	52.7	263
天水	Tianshui	84.3	84.5	80.2	246
武威	Wuwei	0.9	15.8	19.3	276
张掖	Zhangye	44.7	98.0	109.0	231
平凉	Pingliang	20.0	80.2	95.2	236
酒泉	Jiuquan	47.0	120.8	127.7	219
庆阳	Qingyang	36.6	59.1	32.2	273
定西	Dingxi	24.9	65.4	91.2	241
陇南	Longnan	5.2	32.8	45.9	265
青海	**Qinghai**	**281.0**	**393.0**	**437.9**	
西宁	Xining	217.1	311.9	352.6	136
海东	Haidong			68.5	254
宁夏	**Ningxia**	**936.0**	**839.2**	**966.1**	
银川	Yinchuan	536.1	529.8	564.9	82
石嘴山	Shizuishan	123.4	62.9	62.8	259
吴忠	Wuzhong	109.8	96.5	151.1	206
固原	Guyuan	64.0	72.4	110.4	230
中卫	Zhongwei	102.7	77.5	76.8	249
新疆	**Xinjiang**	**1564.9**	**1825.2**	**1828.2**	
乌鲁木齐	Urumqi	476.7	578.5	595.4	77
克拉玛依	Karamay	59.6	96.2	91.8	240

4-7 商品住宅销售面积
Floor Space of Commercialized Residential Buildings Sold

单位：万平方米 （10 000 sq.m）

地名	City	2010	2015	2016	2016 排名 Ranking
全国	**National Total**	**93376.6**	**112412.3**	**137539.9**	
北京	**Beijing**	**1201.4**	**1126.8**	**981.4**	
天津	**Tianjin**	**1352.6**	**1674.8**	**2521.9**	
河北	**Hebei**	**4325.1**	**5161.7**	**5899.7**	
石家庄	Shijiazhuang	446.4	581.4	704.7	49
唐山	Tangshan	436.7	667.2	852.4	34
秦皇岛	Qinhuangdao	313.9	267.4	288.6	143
邯郸	Handan	252.2	338.1	428.4	97
邢台	Xingtai	217.9	242.0	353.8	118
保定	Baoding	377.8	537.4	608.1	69
张家口	Zhangjiakou	602.0	384.3	464.5	90
承德	Chengde	296.8	245.8	350.0	122
沧州	Cangzhou	389.9	491.8	662.0	57
廊坊	Langfang	762.7	1038.3	1346.5	15
衡水	Hengshui	228.7	368.0	472.4	89
山西	**Shanxi**	**1070.5**	**1481.1**	**1881.5**	
太原	Taiyuan	235.5	423.8	560.3	74
大同	Datong	73.4	118.9	127.0	211
阳泉	Yangquan	100.6	60.3	87.2	236
长治	Changzhi	113.9	178.2	197.9	176
晋城	Jincheng	55.3	148.7	126.8	212
朔州	Shuozhou	42.2	33.9	53.3	254
晋中	Jinzhong	109.0	126.6	139.8	204
运城	Yuncheng	157.4	176.3	254.0	153
忻州	Xinzhou	67.1	44.8	107.7	225
临汾	Linfen	60.1	111.6	145.7	195
吕梁	Lvliang	56.2	58.0	81.7	238
内蒙古	**Inner Mongolia**	**2569.8**	**1944.9**	**2073.4**	
呼和浩特	Hohhot	394.8	321.4	344.8	123
包头	Baotou	474.0	332.8	404.7	102
乌海	Wuhai	75.4	89.8	93.6	231
赤峰	Chifeng	324.1	202.2	222.8	163
通辽	Tongliao	164.3	122.6	151.0	193
鄂尔多斯	Erdos	448.2	185.0	196.4	178
呼伦贝尔	Hulunbuir	196.9	359.6	301.5	135
巴彦淖尔	Bayannur	166.4	93.6	111.1	222
乌兰察布	Ulanqab	151.8	61.2	19.8	271
辽宁	**Liaoning**	**6013.5**	**3477.3**	**3383.1**	

地名	City	2010	2015	2016	2016 排名 Ranking
沈阳	Shenyang	1516.1	949.9	1099.4	22
大连	Dalian	1126.7	596.7	654.6	60
鞍山	Anshan	512.2	273.6	268.1	151
抚顺	Fushun	197.6	94.1	140.3	202
本溪	Benxi	128.4	112.8	64.8	249
丹东	Dandong	293.0	172.4	197.5	177
锦州	Jinzhou	316.7	151.9	140.4	201
营口	Yingkou	491.1	149.9	154.3	192
阜新	Fuxin	101.2	76.0	57.5	251
辽阳	Liaoyang	159.5	94.6	74.7	244
盘锦	Panjin	239.5	281.5	224.2	162
铁岭	Tieling	414.5	258.1	107.6	226
朝阳	Chaoyang	266.3	171.9	91.8	234
葫芦岛	Huludao	250.7	94.0	107.8	224
吉林	**Jilin**	**2105.3**	**1304.8**	**1630.7**	
长春	Changchun	786.2	713.2	834.5	35
吉林	Jilin	444.7	204.9	234.9	158
四平	Siping	154.4	38.4	80.9	239
辽源	Liaoyuan	80.1	32.7	33.2	265
通化	Tonghua	169.9	115.2	164.5	190
白山	Baishan	99.2	15.8	50.5	255
松原	Songyuan	133.1	48.2	35.8	264
白城	Baicheng	25.4	11.4	22.1	270
黑龙江	**Heilongjiang**	**2385.7**	**1710.6**	**1797.0**	
哈尔滨	Harbin	809.9	787.4	894.5	30
齐齐哈尔	Qiqihar	198.0	165.9	188.6	184
鸡西	Jixi	47.6	26.7	38.7	263
鹤岗	Hegang	73.8	19.1	10.3	274
双鸭山	Shuangyashan	33.2	25.3	31.8	267
大庆	Daqing	283.3	224.2	200.2	175
伊春	Yichun	72.4	16.9	14.3	273
佳木斯	Jiamusi	201.8	83.2	79.1	242
七台河	Qitaihe	35.4	8.8	7.7	275
牡丹江	Mudanjiang	202.0	132.1	129.7	209
黑河	Heihe	59.3	50.8	48.4	257
绥化	Suihua	338.6	132.4	123.9	214
上海	**Shanghai**	**1685.4**	**2009.2**	**2019.8**	
江苏	**Jiangsu**	**8112.4**	**10276.0**	**12657.7**	

4-7 商品住宅销售面积 续表 1

Floor Space of Commercialized Residential Buildings Sold continued 1

单位：万平方米 （10 000 sq.m）

地名	City	2010	2015	2016	2016 排名 Ranking	地名	City	2010	2015	2016	2016 排名 Ranking
南京	Nanjing	754.8	1429.2	1406.3	14	池州	Chizhou	129.1	105.9	143.6	198
无锡	Wuxi	880.0	866.1	1168.4	17	宣城	Xuancheng	214.0	250.8	352.7	120
徐州	Xuzhou	548.7	684.8	917.9	28	**福建**	**Fujian**	**2139.3**	**3315.7**	**4134.5**	
常州	Changzhou	775.1	672.9	810.8	39	福州	Fuzhou	531.1	749.0	1021.2	24
苏州	Suzhou	1182.9	1940.9	2258.6	6	厦门	Xiamen	238.7	345.9	322.3	133
南通	Nantong	664.7	858.1	1115.6	21	莆田	Putian	147.9	263.2	324.9	131
连云港	Lianyungang	401.1	418.3	503.3	82	三明	Sanming	195.8	198.1	193.4	181
淮安	Huaian	560.4	608.2	749.1	45	泉州	Quanzhou	395.7	706.5	881.1	33
盐城	Yancheng	490.5	619.2	751.3	44	漳州	Zhangzhou	259.2	498.3	674.8	54
扬州	Yangzhou	582.2	591.2	682.2	52	南平	Nanping	137.6	193.8	262.0	152
镇江	Zhenjiang	300.7	540.5	947.9	27	龙岩	Longyan	107.9	197.1	233.2	159
泰州	Taizhou	464.3	489.6	641.8	62	宁德	Ningde	125.5	163.8	221.5	164
宿迁	Suqian	508.9	557.0	704.4	50	**江西**	**Jiangxi**	**2265.7**	**3145.8**	**4140.5**	
浙江	**Zhejiang**	**3833.7**	**5131.9**	**7234.2**		南昌	Nanchang	489.3	816.0	1077.8	23
杭州	Hangzhou	797.6	1291.6	1887.1	7	景德镇	Jingdezhen	103.6	65.6	95.0	230
宁波	Ningbo	497.8	846.9	1126.1	20	萍乡	Pingxiang	68.0	79.7	121.9	215
温州	Wenzhou	192.5	456.9	642.8	61	九江	Jiujiang	278.5	327.2	440.6	96
嘉兴	Jiaxing	450.3	550.8	987.6	26	新余	Xinyu	145.2	87.3	140.0	203
湖州	Huzhou	314.1	346.1	489.8	86	鹰潭	Yingtan	33.9	124.7	144.4	196
绍兴	Shaoxing	489.1	594.6	667.7	55	赣州	Ganzhou	309.6	578.5	690.2	51
金华	Jinhua	132.0	325.3	377.4	112	吉安	Jian	156.6	179.7	270.1	149
衢州	Quzhou	135.5	131.4	196.2	179	宜春	Yichun	260.4	304.9	409.4	101
舟山	Zhoushan	115.8	90.5	136.5	205	抚州	Fuzhou	215.3	333.0	411.2	100
台州	Taizhou	390.6	352.1	531.3	79	上饶	Shangrao	205.4	249.2	339.9	125
丽水	Lishui	73.0	145.6	191.8	182	**山东**	**Shandong**	**8448.3**	**8526.9**	**10598.6**	
安徽	**Anhui**	**3604.9**	**5356.8**	**7506.9**		济南	Jinan	477.3	923.5	1231.7	16
合肥	Hefei	863.9	1285.9	1705.7	11	青岛	Qingdao	1209.9	1239.0	1752.1	10
芜湖	Wuhu	285.2	517.0	681.8	53	淄博	Zibo	604.8	373.5	458.8	93
蚌埠	Bengbu	155.6	419.7	630.6	65	枣庄	Zaozhuang	211.3	317.2	398.8	104
淮南	Huainan	202.0	177.4	217.7	166	东营	Dongying	362.6	260.0	280.7	148
马鞍山	Maanshan	118.6	259.6	353.4	119	烟台	Yantai	1039.0	671.4	819.3	38
淮北	Huaibei	102.4	115.1	112.1	220	潍坊	Weifang	1218.7	756.7	890.8	31
铜陵	Tongling	77.0	124.5	143.6	197	济宁	Jining	328.2	633.3	756.7	43
安庆	Anqing	249.5	301.4	394.3	105	泰安	Taian	262.3	224.5	243.5	156
黄山	Huangshan	133.4	95.4	112.7	219	威海	Weihai	696.7	754.2	827.1	37
滁州	Chuzhou	251.1	521.5	604.8	70	日照	Rizhao	101.8	136.6	202.5	174
阜阳	Fuyang	176.2	313.5	575.3	73	莱芜	Laiwu	29.7	34.6	50.4	256
宿州	Suzhou	163.0	357.0	496.7	83	临沂	Linyi	429.4	771.4	894.6	29
六安	Liuan	188.9	266.7	629.7	66	德州	Dezhou	431.7	400.2	533.6	77
亳州	Bozhou	62.3	245.5	352.4	121	聊城	Liaocheng	221.6	344.4	413.3	99

4-7 商品住宅销售面积 续表 2

Floor Space of Commercialized Residential Buildings Sold continued 2

单位：万平方米　　　　　　　　　　（10 000 sq.m）

地名	City	2010	2015	2016	2016 排名 Ranking	地名	City	2010	2015	2016	2016 排名 Ranking
滨州	Binzhou	242.2	316.8	403.0	103	常德	Changde	284.2	277.5	344.7	124
菏泽	Heze	581.1	369.5	441.4	95	张家界	Zhangjiajie	71.9	46.1	53.8	253
河南	**Henan**	**5092.5**	**7645.8**	**10137.1**		益阳	Yiyang	173.2	259.5	288.3	144
郑州	Zhengzhou	1428.6	1695.2	2571.4	4	郴州	Chenzhou	215.6	481.9	634.6	64
开封	Kaifeng	139.9	310.0	371.6	113	永州	Yongzhou	213.9	448.0	528.7	80
洛阳	Luoyang	405.4	608.2	665.0	56	怀化	Huaihua	136.2	346.8	508.8	81
平顶山	Pingdingshan	123.8	213.3	292.7	139	娄底	Loudi	160.2	186.5	213.7	169
安阳	Anyang	322.6	485.9	603.8	71	**广东**	**Guangdong**	**6552.8**	**10497.6**	**13022.0**	
鹤壁	Hebi	74.8	168.6	174.0	188	广州	Guangzhou	1111.7	1344.9	1624.0	13
新乡	Xinxiang	339.5	478.9	709.4	48	韶关	Shaoguan	219.4	285.4	333.4	129
焦作	Jiaozuo	194.6	182.5	251.1	155	深圳	Shenzhen	413.8	747.8	660.1	58
濮阳	Puyang	142.3	268.9	383.1	109	珠海	Zhuhai	251.0	385.8	596.6	72
许昌	Xuchang	158.7	382.0	495.6	84	汕头	Shantou	157.4	200.9	322.7	132
漯河	Luohe	110.2	97.5	132.4	206	佛山	Foshan	776.3	1234.8	1857.0	9
三门峡	Sanmenxia	80.0	119.6	185.3	185	江门	Jiangmen	360.5	466.0	621.9	67
南阳	Nanyang	258.7	445.4	613.2	68	湛江	Zhanjiang	139.9	312.2	379.8	111
商丘	Shangqiu	258.4	561.8	789.0	41	茂名	Maoming	186.4	255.7	303.1	134
信阳	Xinyang	373.8	560.0	657.7	59	肇庆	Zhaoqing	314.7	424.4	444.0	94
周口	Zhoukou	231.0	365.0	393.8	107	惠州	Huizhou	593.7	1246.4	1700.2	12
驻马店	Zhumadian	408.6	656.2	792.9	40	梅州	Meizhou	114.0	269.6	337.8	127
湖北	**Hubei**	**2137.3**	**5647.7**	**6789.2**		汕尾	Shanwei	57.2	95.2	182.5	186
武汉	Wuhan	1091.5	2413.8	2931.1	3	河源	Heyuan	84.7	231.4	325.6	130
黄石	Huangshi	129.2	206.2	209.9	173	阳江	Yangjiang	133.2	269.2	300.6	136
十堰	Shiyan	181.6		210.0	172	清远	Qingyuan	306.5	510.9	733.8	46
宜昌	Yichang	217.0	477.7	550.0	76	东莞	Dongguan	469.9	948.5	887.0	32
襄阳	Xiangyang	352.6	513.3	554.2	75	中山	Zhongshan	606.6	921.8	1015.3	25
鄂州	Ezhou	61.2	56.1	74.3	245	潮州	Chaozhou	62.6	79.5	95.6	229
荆门	Jingmen	157.2	217.7	286.9	145	揭阳	Jieyang	135.1	109.3	124.7	213
孝感	Xiaogan	244.5	241.4	281.1	147	云浮	Yunfu	58.2	157.9	176.3	187
荆州	Jingzhou	134.9	172.5	227.7	161	**广西**	**Guangxi**	**2607.2**	**3181.5**	**3864.0**	
黄冈	Huanggang	157.5	423.7	459.9	91	南宁	Nanning	601.8	878.9	1150.2	18
咸宁	Xianning	171.5	261.3	284.1	146	柳州	Liuzhou	273.1	288.1	388.0	108
随州	Suizhou	122.7		111.9	221	桂林	Guilin	307.2	333.6	419.6	98
湖南	**Hunan**	**4142.6**	**5671.2**	**7190.7**		梧州	Wuzhou	124.6	141.0	120.1	216
长沙	Changsha	1624.0	1677.1	2291.8	5	北海	Beihai	174.1	168.8	215.3	167
株洲	Zhuzhou	445.2	558.0	640.8	63	防城港	Fangchenggang	145.2	170.6	194.0	180
湘潭	Xiangtan	188.7	187.5	230.2	160	钦州	Qinzhou	186.8	154.1	150.9	194
衡阳	Hengyang	264.9	350.2	478.6	87	贵港	Guigang	132.7	200.9	253.0	154
邵阳	Shaoyang	105.2	307.1	381.7	110	玉林	Yulin	26.1	280.4	361.0	117
岳阳	Yueyang	211.7	391.8	476.7	88	百色	Baise	137.1	135.9	166.4	189

4-7 商品住宅销售面积 续表 3

Floor Space of Commercialized Residential Buildings Sold continued 3

单位：万平方米 （10 000 sq.m）

地名	City	2010	2015	2016	2016 排名 Ranking
贺州	Hezhou	21.9	82.2	86.2	237
河池	Hechi	83.5	77.0	93.0	232
来宾	Laibin	78.0	150.9	143.1	199
崇左	Chongzuo	95.7	99.1	6429.0	1
海南	**Hainan**	**834.2**	**984.8**	**1417.1**	
海口	Haikou	199.7	330.1	394.3	106
三亚	Sanya	140.8	105.2	141.5	200
三沙	Sansha				
重庆	**Chongqing**	**3986.3**	**4477.7**	**5105.5**	
四川	**Sichuan**	**5849.3**	**6495.4**	**7884.1**	
成都	Chengdu	2289.9	2474.6	3285.8	2
自贡	Zigong	188.0	177.1	211.0	170
攀枝花	Panzhihua	108.2	92.2	110.6	223
泸州	Luzhou	312.8	361.9	459.4	92
德阳	Deyang	205.1	187.7	237.7	157
绵阳	Mianyang	340.2	308.6	366.0	114
广元	Guangyuan	70.5	103.9	113.9	217
遂宁	Suining	189.5	282.3	338.1	126
内江	Neijiang	246.9	240.2	290.3	142
乐山	Leshan	242.3	247.0	291.9	141
南充	Nanchong	332.4	302.0	364.2	115
眉山	Meishan	180.4	350.5	300.1	137
宜宾	Yibin	242.0	300.0	363.2	116
广安	Guangan	196.4	259.9	334.9	128
达州	Dazhou	266.3	219.6	219.3	165
雅安	Yaan	37.2	48.7	44.8	261
巴中	Bazhong	102.5	178.9	214.5	168
资阳	Ziyang	261.9	327.6	299.4	138
贵州	**Guizhou**	**1596.0**	**2943.4**	**3427.0**	
贵阳	Guiyang	441.9	789.8	832.8	36
六盘水	Liupanshui	98.9	179.3	210.4	171
遵义	Zunyi	193.4	559.1	714.6	47
安顺	Anshun	71.2			
毕节	Bijie	77.2			
铜仁	Tongren	85.7			
云南	**Yunnan**	**2659.0**	**2576.8**	**2933.1**	
昆明	Kunming	1097.4	1008.2	1128.9	19
曲靖	Qujing	327.9			
玉溪	Yuxi	204.6			
保山	Baoshan	71.3			
昭通	Zhaotong	40.6		107.5	227
丽江	Lijiang	88.0			
普洱	Puer	106.4			
临沧	Lincang	50.1			
西藏	**Tibet**	**18.8**	**46.3**	**71.2**	
拉萨	Lasa	11.1			
陕西	**Shaanxi**	**2471.9**	**2718.0**	**3012.6**	
西安	Xi'an	1523.2	1584.1	1877.8	8
铜川	Tongchuan	44.0	29.4	32.3	266
宝鸡	Baoji	193.3	249.2	269.6	150
咸阳	Xianyang	159.3	215.5	189.9	183
渭南	Weinan	127.9	188.8	159.6	191
延安	Yan'an	20.2	52.5	64.7	250
汉中	Hanzhong	157.8	116.6	129.0	210
榆林	Yulin	84.6	51.0	54.4	252
安康	Ankang	107.2	121.0	132.3	207
商洛	Shangluo	32.0	71.2	64.8	248
甘肃	**Gansu**	**692.1**	**1307.5**	**1478.8**	
兰州	Lanzhou	206.8	620.5	763.4	42
嘉峪关	Jiayuguan	64.2	49.3	45.6	260
金昌	Jinchang	70.2	34.4	30.4	268
白银	Baiyin	61.4	33.5	47.4	258
天水	Tianshui	79.0	74.9	75.0	243
武威	Wuwei	0.9	11.5	14.9	272
张掖	Zhangye	42.0	87.4	99.5	228
平凉	Pingliang	12.4	70.9	90.1	235
酒泉	Jiuquan	39.9	110.8	113.3	218
庆阳	Qingyang	33.3	54.7	28.5	269
定西	Dingxi	22.8	63.5	80.3	241
陇南	Longnan	4.1	32.2	42.0	262
青海	**Qinghai**	**266.4**	**329.7**	**373.0**	
西宁	Xining	206.8	260.6	292.1	140
海东	Haidong			65.5	247
宁夏	**Ningxia**	**816.8**	**708.1**	**830.2**	
银川	Yinchuan	456.2	454.5	492.8	85
石嘴山	Shizuishan	110.8	50.2	47.4	259
吴忠	Wuzhong	101.4	80.8	130.6	208
固原	Guyuan	52.1	54.8	92.8	233
中卫	Zhongwei	96.3	67.8	66.5	246
新疆	**Xinjiang**	**1450.0**	**1536.5**	**1543.7**	
乌鲁木齐	Urumqi	437.5	511.7	532.1	78
克拉玛依	Karamay	55.5	84.3	80.9	240

5

财　政

Government Finance

5-1 公共财政预算收入
Public Budgetary Revenue

单位：亿元

地名	City	2010	2015	2016	2016 排名 Ranking	地名	City	2010	2015	2016	2016 排名 Ranking
地方合计	**Region Total**	**40613.04**	**83002.04**	**87239.35**		沈阳	Shenyang	465.35	606.24	620.95	16
北京	**Beijing**	**2353.93**	**4723.86**	**5081.26**		大连	Dalian	500.83	579.91	611.90	18
天津	**Tianjin**	**1068.81**	**2667.11**	**2723.50**		鞍山	Anshan	180.03	129.07	132.96	109
河北	**Hebei**	**1331.85**	**2649.18**	**2849.87**		抚顺	Fushun	81.25	74.00	77.33	191
石家庄	Shijiazhuang	163.63	375.05	410.72	33	本溪	Benxi	74.60	53.77	55.55	228
唐山	Tangshan	195.84	334.98	355.07	42	丹东	Dandong	80.24	66.43	68.49	206
秦皇岛	Qinhuangdao	72.02	114.36	116.01	129	锦州	Jinzhou	81.07	75.52	84.81	179
邯郸	Handan	115.90	190.62	204.50	81	营口	Yingkou	100.11	104.07	105.18	144
邢台	Xingtai	57.10	102.67	111.48	137	阜新	Fuxin	30.07	37.15	35.84	260
保定	Baoding	91.03	212.86	240.10	67	辽阳	Liaoyang	76.48	67.68	70.77	201
张家口	Zhangjiakou	62.45	133.43	141.70	99	盘锦	Panjin	80.59	95.05	100.48	152
承德	Chengde	54.84	97.26	82.13	184	铁岭	Tieling	80.08	50.28	56.58	223
沧州	Cangzhou	91.30	210.91	220.40	73	朝阳	Chaoyang	66.25	54.73	51.02	233
廊坊	Langfang	105.86	303.38	338.72	46	葫芦岛	Huludao	55.94	57.14	60.71	214
衡水	Hengshui	27.97	88.52	95.72	160	**吉林**	**Jilin**	**602.41**	**1229.35**	**1263.78**	
山西	**Shanxi**	**969.67**	**1642.35**	**1557.00**		长春	Changchun	180.85	388.22	415.49	31
太原	Taiyuan	138.48	274.24	282.69	61	吉林	Jilin	73.19	132.84	135.56	105
大同	Datong	55.18	92.40	88.93	174	四平	Siping	27.90	62.28	63.44	212
阳泉	Yangquan	37.69	44.16	41.28	253	辽源	Liaoyuan	17.06	28.12	24.21	275
长治	Changzhi	77.90	96.44	98.53	156	通化	Tonghua	34.02	78.13	82.78	183
晋城	Jincheng	55.49	93.90	89.32	173	白山	Baishan	25.27	44.80	47.03	243
朔州	Shuozhou	55.75	54.30	49.12	239	松原	Songyuan	30.97	50.21	50.71	234
晋中	Jinzhong	64.75	100.24	100.80	151	白城	Baicheng	18.01	40.18	42.04	252
运城	Yuncheng	35.54	56.30	59.11	217	**黑龙江**	**Heilongjiang**	**755.58**	**1165.88**	**1148.41**	
忻州	Xinzhou	42.34	73.65	69.24	204	哈尔滨	Harbin	238.14	407.73	376.24	38
临汾	Linfen	75.44	88.18	85.99	177	齐齐哈尔	Qiqihar	51.36	78.97	76.35	192
吕梁	Lvliang	72.96	90.68	89.60	171	鸡西	Jixi	25.98	34.54	36.34	258
内蒙古	**Inner Mongolia**	**1069.98**	**1964.48**	**2016.43**		鹤岗	Hegang	15.49	15.59	18.87	281
呼和浩特	Hohhot	126.76	247.40	269.65	63	双鸭山	Shuangyashan	20.61	18.55	20.87	279
包头	Baotou	139.18	252.30	271.21	62	大庆	Daqing	95.90	127.23	130.25	113
乌海	Wuhai	33.66	80.48	81.56	186	伊春	Yichun	8.32	14.26	14.05	285
赤峰	Chifeng	56.33	104.58	111.78	136	佳木斯	Jiamusi	20.85	35.98	37.77	257
通辽	Tongliao	64.83	120.48	128.34	116	七台河	Qitaihe	23.32	17.25	15.46	284
鄂尔多斯	Erdos	239.08	445.90	451.03	28	牡丹江	Mudanjiang	42.82	54.53	68.01	209
呼伦贝尔	Hulunbuir	55.98	103.33	106.03	139	黑河	Heihe	15.04	28.94	30.32	267
巴彦淖尔	Bayannur	38.28	65.76	69.95	203	绥化	Suihua	28.53	56.21	55.80	224
乌兰察布	Ulanqab	17.33	55.15	56.68	222	**上海**	**Shanghai**	**2873.58**	**5519.50**	**6406.13**	
辽宁	**Liaoning**	**2004.84**	**2127.39**	**2200.49**		**江苏**	**Jiangsu**	**4079.86**	**8028.59**	**8121.23**	

5-1 公共财政预算收入 续表 1

Public Budgetary Revenue continued 1

单位：亿元

地名	City	2010	2015	2016	2016 排名 Ranking	地名	City	2010	2015	2016	2016 排名 Ranking
南京	Nanjing	518.80	1020.03	1142.60	7	池州	Chizhou	31.21	71.30	71.45	199
无锡	Wuxi	511.89	830.00	875.00	11	宣城	Xuancheng	49.83	131.56	139.32	102
徐州	Xuzhou	222.16	530.68	516.06	26	**福建**	**Fujian**	**1151.49**	**2544.24**	**2654.83**	
常州	Changzhou	286.18	466.28	480.29	27	福州	Fuzhou	247.82	560.46	598.91	20
苏州	Suzhou	900.55	1560.76	1730.04	2	厦门	Xiamen	289.17	606.10	647.94	13
南通	Nantong	290.81	625.64	590.18	21	莆田	Putian	47.63	115.65	115.73	130
连云港	Lianyungang	141.39	291.77	211.47	77	三明	Sanming	49.64	93.68	94.70	164
淮安	Huaian	141.43	350.31	315.51	51	泉州	Quanzhou	181.53	388.30	424.08	30
盐城	Yancheng	191.35	477.50	415.18	32	漳州	Zhangzhou	88.57	179.10	187.64	83
扬州	Yangzhou	167.78	336.75	345.30	44	南平	Nanping	38.59	86.43	82.97	182
镇江	Zhenjiang	138.10	302.85	293.01	59	龙岩	Longyan	66.75	124.61	131.41	111
泰州	Taizhou	170.80	316.56	321.18	49	宁德	Ningde	40.51	104.39	100.97	150
宿迁	Suqian	89.57	235.67	238.08	68	**江西**	**Jiangxi**	**778.09**	**2165.74**	**2151.47**	
浙江	**Zhejiang**	**2608.47**	**4809.94**	**5301.98**		南昌	Nanchang	146.47	389.34	402.18	34
杭州	Hangzhou	671.34	1233.88	1402.38	3	景德镇	Jingdezhen	38.76	90.59	88.72	175
宁波	Ningbo	530.93	1006.41	1114.54	8	萍乡	Pingxiang	41.11	106.07	105.49	140
温州	Wenzhou	228.49	403.07	439.87	29	九江	Jiujiang	71.06	247.20	260.52	64
嘉兴	Jiaxing	176.83	350.35	387.93	37	新余	Xinyu	49.99	98.80	95.74	159
湖州	Huzhou	97.27	191.31	211.18	78	鹰潭	Yingtan	29.51	83.01	81.62	185
绍兴	Shaoxing	193.23	362.89	390.30	36	赣州	Ganzhou	79.01	245.51	243.18	66
金华	Jinhua	155.93	309.69	338.14	47	吉安	Jian	57.10	161.73	157.02	94
衢州	Quzhou	46.98	94.02	102.56	148	宜春	Yichun	66.30	215.04	220.04	74
舟山	Zhoushan	61.04	112.72	120.32	125	抚州	Fuzhou	55.43	126.82	122.80	123
台州	Taizhou	164.88	298.02	343.28	45	上饶	Shangrao	72.56	222.37	227.54	71
丽水	Lishui	44.94	94.51	103.57	147	**山东**	**Shandong**	**2749.38**	**5529.33**	**5860.18**	
安徽	**Anhui**	**1149.40**	**2454.30**	**2672.79**		济南	Jinan	266.13	614.32	641.22	14
合肥	Hefei	259.43	571.54	614.85	17	青岛	Qingdao	452.61	1006.32	1100.03	9
芜湖	Wuhu	94.84	263.47	298.72	56	淄博	Zibo	162.40	317.93	345.38	43
蚌埠	Bengbu	42.90	119.68	133.88	106	枣庄	Zaozhuang	76.71	149.31	147.40	97
淮南	Huainan	51.81	77.31	97.45	158	东营	Dongying	104.88	220.08	221.87	72
马鞍山	Maanshan	69.88	130.81	140.32	101	烟台	Yantai	237.80	542.66	577.11	22
淮北	Huaibei	29.60	60.23	59.18	216	潍坊	Weifang	202.43	484.51	521.54	25
铜陵	Tongling	34.73	66.81	80.72	188	济宁	Jining	169.25	368.62	391.52	35
安庆	Anqing	50.57	106.57	127.99	117	泰安	Taian	116.95	205.31	206.71	79
黄山	Huangshan	30.79	71.60	75.79	194	威海	Weihai	118.27	249.75	260.50	65
滁州	Chuzhou	50.53	143.73	167.31	90	日照	Rizhao	55.61	121.65	128.73	115
阜阳	Fuyang	41.18	120.04	133.44	108	莱芜	Laiwu	35.32	50.17	53.00	231
宿州	Suzhou	26.15	86.02	95.62	162	临沂	Linyi	115.48	283.89	293.92	58
六安	Liuan	42.70	103.33	98.26	157	德州	Dezhou	72.91	182.78	183.51	88
亳州	Bozhou	23.30	81.36	87.02	176	聊城	Liaocheng	70.50	175.93	187.50	84

5-1 公共财政预算收入 续表 2

Public Budgetary Revenue continued 2

单位：亿元

地名	City	2010	2015	2016	2016 排名 Ranking	地名	City	2010	2015	2016	2016 排名 Ranking
滨州	Binzhou	103.99	204.15	220.01	75	常德	Changde	70.02	148.64	157.18	93
菏泽	Heze	84.69	177.66	185.04	87	张家界	Zhangjiajie	14.31	31.58	49.49	238
河南	**Henan**	**1381.32**	**3016.05**	**3153.47**		益阳	Yiyang	24.50	68.58	68.03	208
郑州	Zhengzhou	386.80	942.90	1011.18	10	郴州	Chenzhou	62.71	162.65	235.54	69
开封	Kaifeng	37.03	108.28	113.21	133	永州	Yongzhou	33.01	92.48	102.55	149
洛阳	Luoyang	142.02	286.69	302.66	54	怀化	Huaihua	35.67	73.56	123.15	122
平顶山	Pingdingshan	80.58	117.88	124.46	120	娄底	Loudi	30.01	59.92	68.25	207
安阳	Anyang	65.05	109.64	117.45	127	**广东**	**Guangdong**	**4515.72**	**9366.78**	**10390.35**	
鹤壁	Hebi	22.15	52.86	55.61	227	广州	Guangzhou	872.65	1349.47	1393.64	4
新乡	Xinxiang	70.46	144.57	148.06	96	韶关	Shaoguan	47.81	85.23	85.04	178
焦作	Jiaozuo	63.34	115.11	124.18	121	深圳	Shenzhen	1106.82	2726.85	3136.49	1
濮阳	Puyang	30.17	79.00	72.16	198	珠海	Zhuhai	124.53	269.96	292.37	60
许昌	Xuchang	57.45	138.55	131.89	110	汕头	Shantou	72.65	131.26	137.09	104
漯河	Luohe	26.13	68.28	75.99	193	佛山	Foshan	306.05	557.55	604.50	19
三门峡	Sanmenxia	49.74	93.94	100.12	154	江门	Jiangmen	104.29	199.01	204.17	82
南阳	Nanyang	69.07	157.08	167.07	91	湛江	Zhanjiang	66.23	121.86	112.94	134
商丘	Shangqiu	43.00	110.71	117.43	128	茂名	Maoming	51.95	113.92	121.42	124
信阳	Xinyang	34.10	91.03	94.65	165	肇庆	Zhaoqing	76.80	143.36	91.70	169
周口	Zhoukou	38.31	100.42	103.86	146	惠州	Huizhou	131.23	340.02	361.30	41
驻马店	Zhumadian	36.44	95.98	105.39	143	梅州	Meizhou	38.95	103.59	105.46	142
湖北	**Hubei**	**1011.23**	**3005.53**	**3102.06**		汕尾	Shanwei	26.23	28.83	30.78	265
武汉	Wuhan	390.19	1245.63	1322.10	5	河源	Heyuan	25.09	67.48	68.89	205
黄石	Huangshi	34.10	100.53	105.47	141	阳江	Yangjiang	26.77	67.93	57.99	218
十堰	Shiyan	43.77	93.38	100.27	153	清远	Qingyuan	72.79	108.38	95.64	161
宜昌	Yichang	70.24	339.10	300.04	55	东莞	Dongguan	277.84	517.97	544.75	23
襄阳	Xiangyang	51.01	339.10	320.70	50	中山	Zhongshan	139.38	287.51	295.01	57
鄂州	Ezhou	15.66	47.17	52.91	232	潮州	Chaozhou	23.25	47.20	44.40	247
荆门	Jingmen	23.25	80.43	91.73	168	揭阳	Jieyang	38.65	77.40	73.64	197
孝感	Xiaogan	34.20	122.77	129.23	114	云浮	Yunfu	23.54	58.70	57.42	220
荆州	Jingzhou	27.60	103.95	115.45	132	**广西**	**Guangxi**	**771.99**	**1515.16**	**1556.27**	
黄冈	Huanggang	38.98	112.82	119.52	126	南宁	Nanning	156.10	297.05	312.79	53
咸宁	Xianning	23.34	80.12	83.34	181	柳州	Liuzhou	74.64	146.68	159.16	92
随州	Suizhou	9.53	43.34	45.55	245	桂林	Guilin	67.08	134.53	145.33	98
湖南	**Hunan**	**1081.69**	**2515.43**	**2697.88**		梧州	Wuzhou	32.42	92.37	95.61	163
长沙	Changsha	314.28	718.95	743.70	12	北海	Beihai	17.22	47.61	50.07	235
株洲	Zhuzhou	78.04	191.36	312.81	52	防城港	Fangchenggang	22.69	52.05	55.65	225
湘潭	Xiangtan	47.38	117.39	186.48	86	钦州	Qinzhou	22.36	162.23	49.51	237
衡阳	Hengyang	75.89	194.64	204.67	80	贵港	Guigang	21.44	42.57	47.62	242
邵阳	Shaoyang	31.53	91.71	141.25	100	玉林	Yulin	36.84	97.16	104.81	145
岳阳	Yueyang	51.90	127.98	330.75	48	百色	Baise	33.86	72.98	79.48	189

5-1 公共财政预算收入 续表 3
Public Budgetary Revenue continued 3

单位：亿元

地名	City	2010	2015	2016	2016 排名 Ranking	地名	City	2010	2015	2016	2016 排名 Ranking
贺州	Hezhou	12.13	28.97	32.42	262	丽江	Lijiang	16.46	47.77	48.25	241
河池	Hechi	22.95	31.45	33.36	261	普洱	Puer	30.86	47.49	50.06	236
来宾	Laibin	24.94	30.29	30.32	266	临沧	Lincang	14.51	38.06	38.27	256
崇左	Chongzuo	26.16	50.12	40.76	254	**西藏**	**Tibet**	**32.00**	**137.13**	**155.99**	
海南	**Hainan**	**270.99**	**627.70**	**637.51**		拉萨	Lasa	15.02	62.42	70.79	200
海口	Haikou	50.37	111.50	115.51	131	**陕西**	**Shaanxi**	**958.21**	**2059.95**	**1833.99**	
三亚	Sanya	42.22	88.92	89.58	172	西安	Xi'an	241.86	650.99	641.07	15
三沙	Sansha					铜川	Tongchuan	13.75	23.11	21.51	278
重庆	**Chongqing**	**586.71**	**2154.83**	**2227.91**		宝鸡	Baoji	38.78	84.47	75.16	196
四川	**Sichuan**	**1561.67**	**3355.44**	**3388.85**		咸阳	Xianyang	43.48	85.44	81.54	187
成都	Chengdu	526.94	1157.64	1175.41	6	渭南	Weinan	34.00	72.06	65.69	210
自贡	Zigong	21.84	44.83	48.76	240	延安	Yan'an	105.19	161.17	130.55	112
攀枝花	Panzhihua	38.78	53.34	56.76	221	汉中	Hanzhong	18.62	44.67	45.19	246
泸州	Luzhou	47.59	128.27	138.66	103	榆林	Yulin	125.54	295.58	232.69	70
德阳	Deyang	45.80	88.61	100.07	155	安康	Ankang	13.23	30.84	30.11	268
绵阳	Mianyang	45.21	104.13	107.62	138	商洛	Shangluo	12.01	31.79	26.77	272
广元	Guangyuan	16.73	40.82	40.57	255	**甘肃**	**Gansu**	**353.58**	**743.86**	**786.97**	
遂宁	Suining	17.77	49.32	54.56	229	兰州	Lanzhou	72.76	185.19	215.48	76
内江	Neijiang	20.39	50.27	53.68	230	嘉峪关	Jiayuguan	8.34	15.13	17.09	283
乐山	Leshan	45.77	85.53	93.10	167	金昌	Jinchang	10.22	18.48	20.75	280
南充	Nanchong	32.26	85.07	94.34	166	白银	Baiyin	11.84	25.49	28.72	269
眉山	Meishan	24.69	83.15	90.30	170	天水	Tianshui	14.39	36.69	42.22	251
宜宾	Yibin	55.65	114.97	125.68	119	武威	Wuwei	6.43	26.84	31.10	264
广安	Guangan	21.28	56.75	64.22	211	张掖	Zhangye	7.58	24.14	27.10	271
达州	Dazhou	30.59	79.15	84.66	180	平凉	Pingliang	17.32	24.72	26.55	273
雅安	Yaan	15.65	30.31	32.18	263	酒泉	Jiuquan	11.91	34.56	36.22	259
巴中	Bazhong	7.82	39.05	44.29	248	庆阳	Qingyang	30.02	55.40	42.76	249
资阳	Ziyang	24.47	61.77	46.84	244	定西	Dingxi	7.25	24.35	25.10	274
贵州	**Guizhou**	**533.73**	**1503.38**	**1561.34**		陇南	Longnan	15.32	25.45	55.62	226
贵阳	Guiyang	136.30	374.15	366.32	40	**青海**	**Qinghai**	**110.22**	**267.13**	**238.51**	
六盘水	Liupanshui	49.29	130.26	133.69	107	西宁	Xining	34.52	94.79	75.22	195
遵义	Zunyi	57.59	177.61	187.49	85	海东	Haidong		21.73	17.99	282
安顺	Anshun	19.84	69.86	70.32	202	**宁夏**	**Ningxia**	**153.55**	**373.45**	**387.66**	
毕节	Bijie	62.11	107.62	112.63	135	银川	Yinchuan	64.04	170.98	173.20	89
铜仁	Tongren	18.16	56.61	62.05	213	石嘴山	Shizuishan	21.65	26.75	28.43	270
云南	**Yunnan**	**871.19**	**1808.15**	**1812.29**		吴忠	Wuzhong	15.67	31.97	42.47	250
昆明	Kunming	253.83	502.22	530.00	24	固原	Guyuan	5.26	15.91	22.50	277
曲靖	Qujing	72.43	118.09	126.31	118	中卫	Zhongwei	8.50	21.30	23.15	276
玉溪	Yuxi	64.73	124.82	154.17	95	**新疆**	**Xinjiang**	**500.58**	**1330.85**	**1298.95**	
保山	Baoshan	21.40	52.24	57.51	219	乌鲁木齐	Urumqi	147.99	368.66	369.67	39
昭通	Zhaotong	25.62	55.27	59.80	215	克拉玛依	Karamay	42.43	74.99	79.14	190

5-2 人均公共财政预算收入
Per Capita Public Budgetary Revenue

单位：元/人　　　　（yuan/person）

地名	City	2010	2015	2016	2016 排名 Ranking	地名	City	2010	2015	2016	2016 排名 Ranking
全国平均	**National Average**	**3036.0**	**6038.2**			沈阳	Shenyang	6480.5	8300.1	8482.9	42
北京	**Beijing**	**12668.4**	**35116.4**	**23394.0**		大连	Dalian	8552.1	9769.4	10284.1	30
天津	**Tianjin**	**8476.5**	**17240.5**	**17520.0**		鞍山	Anshan	5115.8	3730.4	3842.8	117
河北	**Hebei**	**1873.3**	**3568.0**	**3827.0**		抚顺	Fushun	3663.9	3428.9	3596.7	126
石家庄	Shijiazhuang	1664.1	3645.4	3976.0	110	本溪	Benxi	4812.0	3556.1	3678.9	123
唐山	Tangshan	2666.5	4437.1	4690.5	90	丹东	Dandong	3315.7	2789.8	2877.8	152
秦皇岛	Qinhuangdao	2502.7	3868.3	3906.0	115	锦州	Jinzhou	2621.3	2495.6	2808.3	155
邯郸	Handan	1215.9	1816.0	1943.9	208	营口	Yingkou	4254.7	4474.1	4514.3	91
邢台	Xingtai	787.2	1315.6	1421.9	247	阜新	Fuxin	1563.5	1960.5	1896.3	213
保定	Baoding	786.0	1770.6	2071.6	195	辽阳	Liaoyang	4170.1	3781.2	3953.9	112
张家口	Zhangjiakou	1345.5	2845.0	3021.3	143	盘锦	Panjin	6169.3	7339.5	7729.5	49
承德	Chengde	1472.5	2543.9	2144.5	191	铁岭	Tieling	2620.4	1673.9	1886.1	215
沧州	Cangzhou	1260.7	2723.6	2836.5	153	朝阳	Chaoyang	1943.4	1605.5	1496.2	241
廊坊	Langfang	2543.6	6579.2	7284.4	55	葫芦岛	Huludao	1983.6	2039.8	2168.4	189
衡水	Hengshui	638.2	1957.2	2108.5	192	**吉林**	**Jilin**	**2196.1**	**4465.5**	**4607.0**	
山西	**Shanxi**	**2771.2**	**4482.4**	**4239.0**		长春	Changchun	2386.8	5149.9	5510.4	74
太原	Taiyuan	3790.8	7464.5	7766.2	46	吉林	Jilin	1686.0	3116.6	3197.2	136
大同	Datong	1743.1	2921.9	2805.2	157	四平	Siping	821.0	1908.2	1952.1	207
阳泉	Yangquan	2887.7	3341.7	3127.1	137	辽源	Liaoyuan	1378.4	2327.6	2017.5	199
长治	Changzhi	2356.5	2862.8	2915.0	148	通化	Tonghua	1502.2	3533.5	3745.7	120
晋城	Jincheng	2564.5	4279.2	4060.1	103	白山	Baishan	1955.7	3573.1	3823.2	118
朔州	Shuozhou	3523.6	3362.0	3032.3	142	松原	Songyuan	1070.9	1805.6	1824.0	220
晋中	Jinzhong	2020.4	3040.8	3045.3	141	白城	Baicheng	887.6	2043.0	2155.9	190
运城	Yuncheng	705.6	1103.4	1113.2	271	**黑龙江**	**Heilongjiang**	**1973.5**	**3058.4**	**3018.0**	
忻州	Xinzhou	1378.1	2402.9	2255.5	185	哈尔滨	Harbin	2401.1	4241.0	3911.0	114
临汾	Linfen	1725.6	2047.9	1990.4	203	齐齐哈尔	Qiqihar	901.3	1437.4	1395.8	251
吕梁	Lvliang	1959.3	2340.2	2333.3	182	鸡西	Jixi	1373.2	1906.3	2007.6	201
内蒙古	**Inner Mongolia**	**4373.8**	**7823.5**	**8016.0**		鹤岗	Hegang	1417.7	1476.0	1797.2	222
呼和浩特	Hohhot	5548.2	10369.8	11235.5	26	双鸭山	Shuangyashan	1363.2	1258.3	1429.2	246
包头	Baotou	6335.0	11270.5	12107.7	24	大庆	Daqing	3449.6	4584.9	4806.1	88
乌海	Wuhai	6665.3	18088.3	14563.4	17	伊春	Yichun	654.0	1176.3	1180.3	265
赤峰	Chifeng	1299.5	2260.5	2414.2	178	佳木斯	Jiamusi	824.0	1570.0	1586.8	233
通辽	Tongliao	2033.7	3772.6	4023.1	105	七台河	Qitaihe	2512.7	2075.7	1885.4	216
鄂尔多斯	Erdos	15840.5	28343.4	28546.0	3	牡丹江	Mudanjiang	1579.9	2138.3	2605.7	164
呼伦贝尔	Hulunbuir	2061.7	3985.0	4093.7	102	黑河	Heihe	864.7	1723.9	1826.4	219
巴彦淖尔	Bayannur	2191.6	3764.3	3997.4	106	绥化	Suihua	489.3	1024.9	1022.0	277
乌兰察布	Ulanqab	601.1	2013.8	2068.6	196	**上海**	**Shanghai**	**13609.5**	**22855.1**	**26499.0**	
辽宁	**Liaoning**	**4612.2**	**4854.8**	**5024.0**		**江苏**	**Jiangsu**	**5233.6**	**10065.9**	**10167.0**	

5-2 人均公共财政预算收入 续表 1
Per Capita Public Budgetary Revenue continued 1

单位：元/人 （yuan/person）

地名	City	2010	2015	2016	2016 排名 Ranking	地名	City	2010	2015	2016	2016 排名 Ranking
南京	Nanjing	8220.6	15611.1	17364.7	12	池州	Chizhou	1948.2	4412.0	4410.7	94
无锡	Wuxi	10982.4	17259.3	18078.5	11	宣城	Xuancheng	1792.0	4699.3	4975.8	87
徐州	Xuzhou	2301.6	5158.7	4986.1	86	**福建**	**Fujian**	**3147.7**	**6627.3**	**6884.0**	
常州	Changzhou	7942.6	12573.3	12876.4	21	福州	Fuzhou	3860.7	8261.9	8768.8	40
苏州	Suzhou	14171.4	23399.3	25706.4	5	厦门	Xiamen	16190.9	28704.5	29997.1	2
南通	Nantong	3812.5	8159.4	7694.7	52	莆田	Putian	1481.2	3359.3	3335.0	129
连云港	Lianyungang	2861.1	5499.3	3975.0	111	三明	Sanming	1825.7	3296.2	3322.7	131
淮安	Huaian	2636.4	6206.2	5574.4	72	泉州	Quanzhou	2657.6	5374.8	5841.3	67
盐城	Yancheng	2350.0	5766.7	5008.2	83	漳州	Zhangzhou	1870.4	3567.2	3715.7	121
扬州	Yangzhou	3655.7	6001.4	7490.2	54	南平	Nanping	1236.9	2702.0	2584.8	167
镇江	Zhenjiang	5109.3	11147.7	10772.4	29	龙岩	Longyan	2266.2	4027.6	4212.0	98
泰州	Taizhou	3386.8	6233.3	6322.4	63	宁德	Ningde	1199.7	2991.8	2884.9	151
宿迁	Suqian	1648.2	4019.8	4042.1	104	**江西**	**Jiangxi**	**1750.7**	**4743.2**	**4699.0**	
浙江	**Zhejiang**	**4911.1**	**8683.8**	**9528.0**		南昌	Nanchang	2930.6	7481.9	7704.7	51
杭州	Hangzhou	9782.7	17053.2	19210.7	8	景德镇	Jingdezhen	2397.2	5433.2	5377.1	77
宁波	Ningbo	9273.1	17157.5	18922.6	9	萍乡	Pingxiang	2192.4	5347.6	5301.1	78
温州	Wenzhou	2918.3	4968.8	5397.2	76	九江	Jiujiang	1437.1	4785.3	5019.6	82
嘉兴	Jiaxing	5191.7	10025.0	11052.3	27	新余	Xinyu	4264.3	7998.9	7721.0	50
湖州	Huzhou	3747.4	7254.6	7999.2	44	鹰潭	Yingtan	2441.5	6522.9	6376.4	62
绍兴	Shaoxing	4408.4	8189.9	8790.6	39	赣州	Ganzhou	875.8	2555.7	2808.1	156
金华	Jinhua	3352.1	6477.7	7044.6	58	吉安	Jian	1160.4	3049.4	3198.0	135
衢州	Quzhou	1875.1	3667.2	3990.5	108	宜春	Yichun	1196.9	3602.0	3667.4	124
舟山	Zhoushan	6307.7	11577.5	12404.6	22	抚州	Fuzhou	1380.4	3176.2	3070.0	139
台州	Taizhou	2838.8	4987.8	5730.9	69	上饶	Shangrao	988.2	2871.5	2924.7	147
丽水	Lishui	1738.4	3547.9	3878.9	116	**山东**	**Shandong**	**2886.6**	**5615.2**	**5921.0**	
安徽	**Anhui**	**1902.8**	**3994.6**	**4332.0**		济南	Jinan	4408.5	9817.6	10194.2	32
合肥	Hefei	5260.2	7963.3	8492.4	41	青岛	Qingdao	5929.8	12850.7	13977.5	18
芜湖	Wuhu	4127.1	6847.1	7738.8	48	淄博	Zibo	3849.4	7400.5	8013.4	43
蚌埠	Bengbu	1186.9	3180.0	3541.8	128	枣庄	Zaozhuang	1972.4	3661.7	3586.4	127
淮南	Huainan	2129.9	2016.6	2524.5	174	东营	Dongying	5677.5	11545.6	11555.5	25
马鞍山	Maanshan	5421.3	5724.9	6127.5	64	烟台	Yantai	3649.6	8306.7	8824.4	38
淮北	Huaibei	1354.7	2782.0	2727.0	162	潍坊	Weifang	2324.6	5421.3	5595.9	71
铜陵	Tongling	4693.2	3920.0	4720.5	89	济宁	Jining	2021.7	4249.5	4489.9	93
安庆	Anqing	821.3	2028.1	2428.7	177	泰安	Taian	2101.9	3629.3	3645.7	125
黄山	Huangshan	2075.8	4847.7	5121.3	80	威海	Weihai	4669.4	9803.6	10215.6	31
滁州	Chuzhou	1121.6	3200.7	3701.5	122	日照	Rizhao	1938.7	4110.5	4319.8	96
阜阳	Fuyang	409.3	1151.3	1268.5	260	莱芜	Laiwu	2741.0	3909.9	4108.6	101
宿州	Suzhou	409.5	1324.3	1466.6	244	临沂	Linyi	1149.3	2525.6	2596.4	166
六安	Liuan	605.4	1780.0	1682.6	225	德州	Dezhou	1279.8	3112.4	3110.3	138
亳州	Bozhou	389.1	1281.4	1357.6	254	聊城	Liaocheng	1186.4	2826.9	2990.4	145

5-2 人均公共财政预算收入 续表 2

Per Capita Public Budgetary Revenue continued 2

单位：元/人 （yuan/person）

地名	City	2010	2015	2016	2016 排名 Ranking	地名	City	2010	2015	2016	2016 排名 Ranking
滨州	Binzhou	2755.4	5247.1	5626.8	70	常德	Changde	1122.3	2440.1	2576.7	169
菏泽	Heze	1024.3	1771.2	1833.9	218	张家界	Zhangjiajie	872.1	1857.7	2911.0	149
河南	**Henan**	**1462.5**	**3181.5**	**3317.0**		益阳	Yiyang	517.5	1426.4	1408.5	250
郑州	Zhengzhou	5241.2	11633.7	12346.6	23	郴州	Chenzhou	1303.2	3078.9	4990.3	85
开封	Kaifeng	697.5	1955.1	2032.5	198	永州	Yongzhou	560.8	1455.7	1602.3	231
洛阳	Luoyang	2031.1	3935.6	4305.2	97	怀化	Huaihua	701.8	1420.0	2363.7	179
平顶山	Pingdingshan	1503.4	2096.4	2202.8	188	娄底	Loudi	703.2	1338.4	1516.6	239
安阳	Anyang	1118.9	1775.7	1888.2	214	**广东**	**Guangdong**	**4501.7**	**8633.8**	**9511.0**	
鹤壁	Hebi	1376.5	3132.6	3290.5	132	广州	Guangzhou	10902.9	15798.2	16167.6	13
新乡	Xinxiang	1173.2	2268.0	2306.2	183	韶关	Shaoguan	1457.2	2581.1	2561.5	170
焦作	Jiaozuo	1728.5	3097.0	3329.1	130	深圳	Shenzhen	43761.7	73770.4	84770.1	1
濮阳	Puyang	741.2	1841.4	1674.3	227	珠海	Zhuhai	12008.7	24007.1	25646.3	6
许昌	Xuchang	1178.1	2744.8	2601.4	165	汕头	Shantou	1404.1	2384.6	2470.2	175
漯河	Luohe	942.4	2547.4	2824.8	154	佛山	Foshan	8288.2	14334.0	15303.8	16
三门峡	Sanmenxia	2163.5	4115.3	4372.1	95	江门	Jiangmen	2661.1	5084.4	5195.3	79
南阳	Nanyang	586.8	1321.7	1409.9	249	湛江	Zhanjiang	946.5	1480.8	1555.6	236
商丘	Shangqiu	470.2	1151.9	1211.9	264	茂名	Maoming	700.9	1449.7	1533.1	238
信阳	Xinyang	393.9	1013.7	1084.2	272	肇庆	Zhaoqing	1837.1	3271.0	2079.4	193
周口	Zhoukou	315.2	807.0	830.2	283	惠州	Huizhou	3966.8	9522.5	10008.4	33
驻马店	Zhumadian	414.3	1031.1	1062.4	273	梅州	Meizhou	762.1	1905.0	1924.5	210
湖北	**Hubei**	**1767.3**	**5135.9**	**5286.0**		汕尾	Shanwei	765.2	803.2	854.9	281
武汉	Wuhan	4666.6	15020.8	15890.6	14	河源	Heyuan	709.4	1841.7	1862.0	217
黄石	Huangshi	1314.8	3751.5	3920.8	113	阳江	Yangjiang	958.7	2325.4	1972.3	205
十堰	Shiyan	1239.2	2699.3	2949.1	146	清远	Qingyuan	1771.8	2589.7	2250.3	186
宜昌	Yichang	1756.2	8516.2	7576.8	53	东莞	Dongguan	15414.1	26561.2	27512.8	4
襄阳	Xiangyang	864.6	5732.1	5408.2	75	中山	Zhongshan	9384.6	18118.9	18438.0	10
鄂州	Ezhou	1503.2	4276.9	4991.0	84	潮州	Chaozhou	896.3	1730.2	1681.9	226
荆门	Jingmen	773.1	2689.2	3067.9	140	揭阳	Jieyang	589.7	1103.1	1053.6	275
孝感	Xiaogan	645.4	2331.9	2461.5	176	云浮	Yunfu	842.9	1963.7	1914.0	212
荆州	Jingzhou	418.1	1616.2	1789.9	223	**广西**	**Guangxi**	**1632.4**	**3159.2**	**3231.0**	
黄冈	Huanggang	527.8	1515.5	1602.2	232	南宁	Nanning	2221.7	4012.9	4192.9	99
咸宁	Xianning	802.6	2667.0	2759.6	159	柳州	Liuzhou	2016.6	3843.6	4144.9	100
随州	Suizhou	371.0	1726.9	1807.5	221	桂林	Guilin	1301.8	2543.2	2736.8	160
湖南	**Hunan**	**1667.4**	**3708.4**	**3966.0**		梧州	Wuzhou	1009.2	2685.8	2763.2	158
长沙	Changsha	4820.2	10567.2	10809.5	28	北海	Beihai	1053.1	2768.5	2894.2	150
株洲	Zhuzhou	2015.7	4749.4	7742.9	47	防城港	Fangchenggang	2547.1	5444.0	5796.5	68
湘潭	Xiangtan	1604.8	4057.7	6430.4	61	钦州	Qinzhou	589.3	4014.6	1216.5	263
衡阳	Hengyang	991.1	2435.2	2548.8	173	贵港	Guigang	414.9	775.5	862.7	280
邵阳	Shaoyang	404.7	1116.6	1710.1	224	玉林	Yulin	554.8	1367.0	1467.9	243
岳阳	Yueyang	924.6	2267.5	5843.7	66	百色	Baise	842.1	1766.3	1915.3	211

5-2 人均公共财政预算收入 续表 3

Per Capita Public Budgetary Revenue continued 3

单位：元/人 （yuan/person）

地名	City	2010	2015	2016	2016 排名 Ranking	地名	City	2010	2015	2016	2016 排名 Ranking
贺州	Hezhou	596.1	1208.1	1345.2	255	丽江	Lijiang	1366.2	3732.0	3987.3	109
河池	Hechi	567.5	740.8	781.2	284	普洱	Puer	1215.7	1823.0	1994.3	202
来宾	Laibin	968.4	1139.4	1384.6	252	临沧	Lincang	601.1	1516.9	1621.8	230
崇左	Chongzuo	1077.7	2014.5	1630.3	228	**西藏**	**Tibet**	**1241.8**	**4232.4**	**4763.0**	
海南	**Hainan**	**3130.8**	**6890.2**	**6975.0**		拉萨	Lasa		11770.7	13356.4	20
海口	Haikou	3161.2	6766.0	6958.2	59	**陕西**	**Shaanxi**	**2553.6**	**5430.9**	**4822.0**	
三亚	Sanya	7491.1	15388.4	15444.3	15	西安	Xi'an	3092.0	7981.2	7817.9	45
三沙	Sansha					铜川	Tongchuan	1648.5	2763.5	2560.4	171
重庆	**Chongqing**	**3315.2**	**7142.3**	**7347.0**		宝鸡	Baoji	1020.7	2196.7	1957.4	206
四川	**Sichuan**	**1924.8**	**4090.0**	**4116.0**		咸阳	Xianyang	839.0	1619.5	1541.4	237
成都	Chengdu	4604.7	9426.3	8945.3	37	渭南	Weinan	608.8	1294.3	1179.4	266
自贡	Zigong	667.4	1368.7	1491.1	242	延安	Yan'an	4596.1	6843.6	5531.6	73
攀枝花	Panzhihua	3478.7	4822.9	5113.3	81	汉中	Hanzhong	488.0	1159.6	1173.8	268
泸州	Luzhou	953.5	2536.4	2735.0	161	榆林	Yulin	3469.8	7830.9	6123.5	65
德阳	Deyang	1178.1	2272.2	2559.2	172	安康	Ankang	435.3	1011.8	987.1	279
绵阳	Mianyang	832.2	1908.9	1974.8	204	商洛	Shangluo	511.2	1266.6	1062.3	274
广元	Guangyuan	536.5	1337.0	1330.0	256	**甘肃**	**Gansu**	**1361.9**	**2861.0**	**3021.0**	
遂宁	Suining	462.5	1301.9	1443.3	245	兰州	Lanzhou	2248.7	5753.1	6671.2	60
内江	Neijiang	479.1	1195.7	1278.1	258	嘉峪关	Jiayuguan	4112.4	7471.6	7122.8	56
乐山	Leshan	1295.5	2417.5	2629.9	163	金昌	Jinchang	2173.1	4045.5	4510.4	92
南充	Nanchong	428.6	1146.1	1271.4	259	白银	Baiyin	657.9	1410.1	1578.0	235
眉山	Meishan	708.3	2381.8	2580.0	168	天水	Tianshui	396.2	999.3	1144.0	269
宜宾	Yibin	1036.4	2082.4	2268.7	184	武威	Wuwei	336.7	1412.4	1628.5	229
广安	Guangan	454.6	1214.2	1375.1	253	张掖	Zhangye	580.4	1855.6	2068.4	197
达州	Dazhou	455.5	1159.3	1239.5	261	平凉	Pingliang	751.7	1060.4	1139.5	270
雅安	Yaan	1009.5	1956.6	2076.1	194	酒泉	Jiuquan	1225.4	3410.9	3233.8	134
巴中	Bazhong	198.2	1029.0	1174.8	267	庆阳	Qingyang	1154.3	2072.5	1583.7	234
资阳	Ziyang	488.2	1226.4	1319.3	257	定西	Dingxi	241.7	809.2	831.0	282
贵州	**Guizhou**	**1467.8**	**4258.9**	**4407.0**		陇南	Longnan	543.2	890.7	1937.8	209
贵阳	Guiyang	3682.6	9549.8	9227.2	36	**青海**	**Qinghai**	**1968.7**	**4543.0**	**4039.0**	
六盘水	Liupanshui	1566.3	3907.0	3990.6	107	西宁	Xining	1564.2	4711.7	3242.1	133
遵义	Zunyi	750.3	2238.7	2349.5	181	海东	Haidong		1276.7	1052.3	276
安顺	Anshun	717.2	2356.2	2359.8	180	**宁夏**	**Ningxia**	**2446.8**	**5590.6**	**5773.0**	
毕节	Bijie		1190.2	1236.4	262	银川	Yinchuan	4074.3	9539.9	9516.3	34
铜仁	Tongren		1295.9	1413.4	248	石嘴山	Shizuishan	2899.4	3589.0	3790.4	119
云南	**Yunnan**	**1900.6**	**3813.1**	**3810.0**		吴忠	Wuzhong	1137.3	2276.5	3012.1	144
昆明	Kunming	4379.7	7521.6	9498.3	35	固原	Guyuan	347.6	1062.2	1500.2	240
曲靖	Qujing	1165.8	1952.9			中卫	Zhongwei	724.1	1772.1	2012.7	200
玉溪	Yuxi	2818.0	5284.5	7104.6	57	**新疆**	**Xinjiang**	**2306.6**	**5639.2**	**5460.0**	
保山	Baoshan	850.9	2024.0	2211.8	187	乌鲁木齐	Urumqi	6112.5	13816.3	13845.4	19
昭通	Zhaotong	451.3	1017.9	990.1	278	克拉玛依	Karamay	11040.9	25022.4	19303.0	7

5-3 公共财政预算支出
Public Budgetary Expenditure

单位：亿元 （100 million yuan）

地名	City	2010	2015	2016	2016 排名 Ranking
地方合计	**Region Total**	**73884.4**	**150335.6**	**160351.4**	
北京	**Beijing**	**2717.32**	**5737.70**	**6406.77**	
天津	**Tianjin**	**1376.84**	**3232.35**	**3699.43**	
河北	**Hebei**	**2820.24**	**5632.19**	**6049.53**	
石家庄	Shijiazhuang	305.16	682.39	746.12	23
唐山	Tangshan	332.43	592.26	642.54	32
秦皇岛	Qinhuangdao	135.74	228.30	245.57	187
邯郸	Handan	263.86	515.63	531.64	47
邢台	Xingtai	172.34	373.67	409.39	89
保定	Baoding	268.90	566.80	612.06	35
张家口	Zhangjiakou	181.73	390.26	415.19	83
承德	Chengde	155.92	292.54	303.75	138
沧州	Cangzhou	213.13	484.83	504.90	55
廊坊	Langfang	179.64	481.94	508.90	53
衡水	Hengshui	112.10	268.93	302.78	140
山西	**Shanxi**	**1931.36**	**3422.97**	**3428.86**	
太原	Taiyuan	189.64	419.99	424.07	77
大同	Datong	132.78	290.80	285.89	151
阳泉	Yangquan	60.07	100.71	95.73	280
长治	Changzhi	135.87	241.56	234.34	191
晋城	Jincheng	89.51	180.11	172.51	242
朔州	Shuozhou	90.13	138.29	127.66	268
晋中	Jinzhong	120.54	241.16	247.17	183
运城	Yuncheng	134.81	276.95	287.84	148
忻州	Xinzhou	128.58	240.66	247.55	182
临汾	Linfen	159.76	287.53	310.96	135
吕梁	Lvliang	151.00	274.01	275.85	155
内蒙古	**Inner Mongolia**	**2273.50**	**4252.96**	**4512.71**	
呼和浩特	Hohhot	177.17	360.65	419.97	79
包头	Baotou	204.96	393.27	414.36	84
乌海	Wuhai	63.54	106.29	133.32	266
赤峰	Chifeng	219.79	415.03	438.85	69
通辽	Tongliao	184.46	349.63	358.08	108
鄂尔多斯	Erdos	318.79	573.05	561.64	41
呼伦贝尔	Hulunbuir	207.90	374.54	412.73	86
巴彦淖尔	Bayannur	123.53	229.49	235.88	190
乌兰察布	Ulanqab	140.03	318.23	303.13	139
辽宁	**Liaoning**	**3195.82**	**4481.61**	**4577.47**	
沈阳	Shenyang	516.62	808.58	825.39	18
大连	Dalian	611.47	910.69	870.28	14
鞍山	Anshan	201.90	244.48	249.92	177
抚顺	Fushun	150.25	164.75	175.18	239
本溪	Benxi	116.48	132.28	137.64	264
丹东	Dandong	134.66	180.43	187.01	231
锦州	Jinzhou	138.45	209.56	217.09	204
营口	Yingkou	137.29	172.00	197.89	225
阜新	Fuxin	88.27	129.99	137.98	263
辽阳	Liaoyang	100.07	148.28	142.57	262
盘锦	Panjin	109.82	173.28	183.12	234
铁岭	Tieling	141.58	208.32	201.13	219
朝阳	Chaoyang	146.75	197.06	215.17	208
葫芦岛	Huludao	109.49	165.81	186.73	233
吉林	**Jilin**	**1787.25**	**3217.10**	**3586.09**	
长春	Changchun	382.93	765.72	770.57	20
吉林	Jilin	213.78	366.54	380.21	100
四平	Siping	113.75	221.11	261.27	169
辽源	Liaoyuan	64.02	110.70	110.56	275
通化	Tonghua	119.91	230.26	258.87	171
白山	Baishan	100.08	157.55	178.81	237
松原	Songyuan	104.28	182.93	223.50	196
白城	Baicheng	92.17	203.05	222.47	199
黑龙江	**Heilongjiang**	**2253.27**	**4020.66**	**4227.34**	
哈尔滨	Harbin	452.97	824.84	876.29	13
齐齐哈尔	Qiqihar	208.09	387.78	663.04	31
鸡西	Jixi	85.56	148.68	171.92	243
鹤岗	Hegang	51.28	89.84	106.33	276
双鸭山	Shuangyashan	70.67	116.80	134.42	265
大庆	Daqing	164.22	267.52	263.53	168
伊春	Yichun	63.73	144.19	126.93	271
佳木斯	Jiamusi	121.81	212.07	236.22	189
七台河	Qitaihe	48.50	72.46	91.68	281
牡丹江	Mudanjiang	136.09	222.75	259.01	170
黑河	Heihe	93.11	162.89	170.38	245
绥化	Suihua	167.18	333.06	379.86	101
上海	**Shanghai**	**3302.89**	**6191.56**	**6918.94**	
江苏	**Jiangsu**	**4914.06**	**9687.58**	**9981.96**	

5-3 公共财政预算支出 续表 1
Public Budgetary Expenditure continued 1

单位：亿元 （100 million yuan）

地名	City	2010	2015	2016	2016 排名 Ranking	地名	City	2010	2015	2016	2016 排名 Ranking
南京	Nanjing	542.18	1045.57	1173.84	10	池州	Chizhou	68.11	147.57	149.00	255
无锡	Wuxi	488.68	821.86	867.36	15	宣城	Xuancheng	104.28	243.21	254.77	173
徐州	Xuzhou	325.72	752.46	797.99	19	**福建**	**Fujian**	**1695.09**	**4001.58**	**4275.40**	
常州	Changzhou	281.44	485.33	508.11	54	福州	Fuzhou	262.42	725.93	829.93	17
苏州	Suzhou	825.67	1527.17	1617.11	3	厦门	Xiamen	306.95	651.17	758.64	21
南通	Nantong	316.75	748.97	749.22	22	莆田	Putian	79.32	188.80	206.91	214
连云港	Lianyungang	202.75	425.92	373.12	103	三明	Sanming	97.01	240.67	253.80	174
淮安	Huaian	206.15	512.47	483.47	57	泉州	Quanzhou	229.64	539.89	597.67	37
盐城	Yancheng	291.90	746.31	730.33	25	漳州	Zhangzhou	147.52	355.82	369.15	104
扬州	Yangzhou	201.68	442.78	478.97	59	南平	Nanping	87.02	239.97	249.82	178
镇江	Zhenjiang	159.07	348.73	362.94	106	龙岩	Longyan	110.81	257.97	274.27	157
泰州	Taizhou	215.73	429.90	448.93	67	宁德	Ningde	86.61	248.01	266.92	166
宿迁	Suqian	168.36	405.78	424.57	75	**江西**	**Jiangxi**	**1923.26**	**4412.55**	**4617.40**	
浙江	**Zhejiang**	**3207.88**	**5818.07**	**6974.26**		南昌	Nanchang	232.03	543.18	583.26	39
杭州	Hangzhou	616.58	1205.48	1404.31	6	景德镇	Jingdezhen	77.87	172.65	173.80	240
宁波	Ningbo	600.66	1252.64	1289.26	9	萍乡	Pingxiang	86.70	185.80	200.02	223
温州	Wenzhou	310.78	569.43	666.75	30	九江	Jiujiang	166.52	442.86	465.46	62
嘉兴	Jiaxing	199.06	424.13	442.19	68	新余	Xinyu	77.69	153.27	152.95	250
湖州	Huzhou	127.12	273.74	288.62	147	鹰潭	Yingtan	57.46	127.74	128.03	267
绍兴	Shaoxing	221.95	421.41	456.10	64	赣州	Ganzhou	239.69	615.08	676.83	29
金华	Jinhua	211.52	464.38	542.36	44	吉安	Jian	158.36	359.64	383.10	98
衢州	Quzhou	107.09	230.67	268.08	160	宜春	Yichun	171.61	403.51	434.85	71
舟山	Zhoushan	105.03	239.65	250.54	176	抚州	Fuzhou	139.45	294.68	312.34	133
台州	Taizhou	222.76	457.21	514.40	51	上饶	Shangrao	191.68	456.96	495.57	56
丽水	Lishui	135.20	279.33	341.67	114	**山东**	**Shandong**	**4145.03**	**8250.01**	**8755.21**	
安徽	**Anhui**	**2587.61**	**5239.01**	**5522.95**		济南	Jinan	336.80	658.18	741.26	24
合肥	Hefei	317.72	772.69	859.85	16	青岛	Qingdao	532.39	1222.87	1352.85	7
芜湖	Wuhu	144.43	393.68	409.44	88	淄博	Zibo	201.87	382.89	418.43	80
蚌埠	Bengbu	106.98	244.72	268.05	161	枣庄	Zaozhuang	128.95	236.41	246.98	184
淮南	Huainan	81.02	153.45	218.00	202	东营	Dongying	141.95	257.64	268.15	159
马鞍山	Maanshan	86.53	203.18	213.70	209	烟台	Yantai	323.86	643.53	679.26	28
淮北	Huaibei	65.93	131.44	142.66	261	潍坊	Weifang	291.04	612.16	637.60	34
铜陵	Tongling	57.32	110.82	151.09	252	济宁	Jining	252.20	515.09	555.64	42
安庆	Anqing	161.83	337.17	337.15	122	泰安	Taian	175.61	326.88	330.59	127
黄山	Huangshan	72.98	159.82	171.03	244	威海	Weihai	167.93	338.38	338.60	120
滁州	Chuzhou	128.12	302.61	334.85	124	日照	Rizhao	94.83	185.37	205.08	217
阜阳	Fuyang	164.35	431.60	435.80	70	莱芜	Laiwu	51.94	83.84	86.58	283
宿州	Suzhou	113.19	294.60	311.35	134	临沂	Linyi	236.46	533.59	574.33	40
六安	Liuan	153.93	362.31	342.13	113	德州	Dezhou	154.91	337.82	330.92	126
亳州	Bozhou	103.34	277.84	278.58	154	聊城	Liaocheng	144.60	346.81	354.91	110

5-3 公共财政预算支出 续表 2

Public Budgetary Expenditure continued 2

单位：亿元 （100 million yuan）

地名	City	2010	2015	2016	2016 排名 Ranking	地名	City	2010	2015	2016	2016 排名 Ranking
滨州	Binzhou	161.84	309.31	320.54	131	常德	Changde	177.30	426.52	463.05	63
菏泽	Heze	186.97	400.44	428.40	73	张家界	Zhangjiajie	55.09	133.98	144.41	259
河南	**Henan**	**3416.14**	**6799.35**	**7453.74**		益阳	Yiyang	116.75	275.01	310.39	136
郑州	Zhengzhou	426.80	1106.02	1321.53	8	郴州	Chenzhou	161.15	378.82	404.07	92
开封	Kaifeng	116.44	264.37	295.78	141	永州	Yongzhou	144.39	353.24	399.23	94
洛阳	Luoyang	230.80	477.76	516.91	50	怀化	Huaihua	145.55	339.93	374.62	102
平顶山	Pingdingshan	148.59	259.42	275.66	156	娄底	Loudi	106.66	237.77	267.58	163
安阳	Anyang	140.65	273.57	291.73	145	**广东**	**Guangdong**	**5421.54**	**12827.80**	**13446.09**	
鹤壁	Hebi	59.13	114.94	115.80	274	广州	Guangzhou	977.32	1727.72	1943.75	2
新乡	Xinxiang	159.53	310.95	325.71	129	韶关	Shaoguan	100.24	287.07	268.02	162
焦作	Jiaozuo	121.55	209.32	217.82	203	深圳	Shenzhen	1266.07	3521.67	4211.04	1
濮阳	Puyang	90.10	218.82	221.62	200	珠海	Zhuhai	166.41	388.77	417.16	82
许昌	Xuchang	117.23	249.56	265.06	167	汕头	Shantou	121.71	280.98	295.74	142
漯河	Luohe	69.97	163.90	179.34	236	佛山	Foshan	363.35	799.93	695.85	26
三门峡	Sanmenxia	95.26	172.83	186.81	232	江门	Jiangmen	132.98	292.90	293.21	144
南阳	Nanyang	247.11	515.84	548.78	43	湛江	Zhanjiang	153.65	412.36	381.11	99
商丘	Shangqiu	179.98	381.70	422.43	78	茂名	Maoming	122.49	346.78	349.73	112
信阳	Xinyang	173.76	374.81	404.87	91	肇庆	Zhaoqing	127.66	267.71	248.16	179
周口	Zhoukou	193.70	433.74	475.52	60	惠州	Huizhou	185.44	486.07	509.08	52
驻马店	Zhumadian	172.30	383.72	414.02	85	梅州	Meizhou	117.98	376.37	384.02	97
湖北	**Hubei**	**2465.18**	**6132.84**	**6422.98**		汕尾	Shanwei	56.51	212.95	206.88	215
武汉	Wuhan	583.55	1338.05	1524.68	5	河源	Heyuan	94.55	268.38	293.95	143
黄石	Huangshi	102.49	225.94	222.53	198	阳江	Yangjiang	64.92	170.91	194.31	226
十堰	Shiyan	143.79	307.65	322.54	130	清远	Qingyuan	132.81	292.59	303.77	137
宜昌	Yichang	195.23	537.53	531.97	46	东莞	Dongguan	289.83	581.24	599.29	36
襄阳	Xiangyang	182.07	584.50	639.74	33	中山	Zhongshan	145.85	355.37	366.90	105
鄂州	Ezhou	42.17	86.80	100.19	277	潮州	Chaozhou	55.99	147.67	146.70	257
荆门	Jingmen	94.58	225.90	246.76	185	揭阳	Jieyang	94.68	276.88	266.94	165
孝感	Xiaogan	88.34	290.38	355.12	109	云浮	Yunfu	69.28	157.42	164.93	246
荆州	Jingzhou	163.15	346.48	384.71	96	**广西**	**Guangxi**	**2007.59**	**4065.51**	**4441.70**	
黄冈	Huanggang	183.08	401.03	452.54	65	南宁	Nanning	261.28	527.69	586.98	38
咸宁	Xianning	94.85	190.85	216.20	205	柳州	Liuzhou	155.03	309.72	339.56	117
随州	Suizhou	54.74	153.10	146.72	256	桂林	Guilin	183.59	356.04	399.03	95
湖南	**Hunan**	**2702.48**	**5728.72**	**6339.16**		梧州	Wuzhou	90.96	214.73	227.99	194
长沙	Changsha	403.33	925.00	1041.43	11	北海	Beihai	63.04	131.76	150.06	254
株洲	Zhuzhou	156.98	350.11	405.23	90	防城港	Fangchenggang	52.57	131.72	127.60	270
湘潭	Xiangtan	106.81	231.14	272.59	158	钦州	Qinzhou	78.00	192.54	194.07	227
衡阳	Hengyang	209.33	491.88	539.42	45	贵港	Guigang	90.80	186.38	212.55	212
邵阳	Shaoyang	161.61	432.13	480.06	58	玉林	Yulin	129.37	285.76	317.55	132
岳阳	Yueyang	165.34	375.80	431.02	72	百色	Baise	137.67	310.99	341.16	115

5-3 公共财政预算支出 续表 3

Public Budgetary Expenditure continued 3

单位：亿元 （100 million yuan）

地名	City	2010	2015	2016	2016 排名 Ranking	地名	City	2010	2015	2016	2016 排名 Ranking
贺州	Hezhou	61.23	154.16	161.15	247	丽江	Lijiang	59.11	144.04	150.07	253
河池	Hechi	120.97	259.12	289.76	146	普洱	Puer	114.11	219.10	245.72	186
来宾	Laibin	89.76	139.33	159.61	249	临沧	Lincang	90.77	202.50	213.39	210
崇左	Chongzuo	85.53	185.10	202.87	218	**西藏**	**Tibet**	**206.64**	**1381.46**	**1587.98**	
海南	**Hainan**	**581.34**	**1239.43**	**1376.48**		拉萨	Lasa	51.35		248.11	180
海口	Haikou	79.84	170.93	200.30	221	**陕西**	**Shaanxi**	**2218.83**	**4376.06**	**4389.37**	
三亚	Sanya	53.50	118.32	125.77	272	西安	Xi'an	371.62	917.24	942.52	12
三沙	Sansha					铜川	Tongchuan	53.96	89.86	96.87	279
重庆	**Chongqing**	**1234.69**	**3792.00**	**4001.81**		宝鸡	Baoji	133.06	264.07	283.04	152
四川	**Sichuan**	**4257.98**	**7497.51**	**8008.89**		咸阳	Xianyang	151.40	300.19	338.92	118
成都	Chengdu	777.38	1468.42	1595.89	4	渭南	Weinan	154.30	336.09	352.51	111
自贡	Zigong	81.16	173.35	179.55	235	延安	Yan'an	192.71	315.60	327.34	128
攀枝花	Panzhihua	75.06	112.65	122.03	273	汉中	Hanzhong	126.79	258.65	280.17	153
泸州	Luzhou	126.54	303.99	337.17	121	榆林	Yulin	237.19	465.36	471.13	61
德阳	Deyang	224.42	219.64	227.13	195	安康	Ankang	110.25	224.60	247.80	181
绵阳	Mianyang	345.32	304.22	335.04	123	商洛	Shangluo	90.20	181.52	192.98	229
广元	Guangyuan	221.32	209.62	230.50	193	**甘肃**	**Gansu**	**1468.58**	**2958.31**	**3150.03**	
遂宁	Suining	88.85	182.84	199.99	224	兰州	Lanzhou	146.93	344.00	424.16	76
内江	Neijiang	92.48	192.44	200.23	222	嘉峪关	Jiayuguan	12.19	25.10	24.28	285
乐山	Leshan	118.51	232.16	257.04	172	金昌	Jinchang	24.52	52.17	57.46	284
南充	Nanchong	185.61	369.64	427.18	74	白银	Baiyin	72.13	130.86	160.75	248
眉山	Meishan	96.53	207.22	216.01	206	天水	Tianshui	111.47	223.92	251.54	175
宜宾	Yibin	143.32	307.83	338.74	119	武威	Wuwei	75.45	171.88	175.93	238
广安	Guangan	97.54	222.62	243.64	188	张掖	Zhangye	58.94	123.48	145.49	258
达州	Dazhou	150.27	324.33	359.12	107	平凉	Pingliang	85.75	161.21	172.90	241
雅安	Yaan	77.49	222.24	151.55	251	酒泉	Jiuquan	59.70	110.20	127.64	269
巴中	Bazhong	103.03	246.02	267.19	164	庆阳	Qingyang	113.66	207.43	215.23	207
资阳	Ziyang	101.10	216.08	188.36	230	定西	Dingxi	90.72	197.85	200.50	220
贵州	**Guizhou**	**1631.48**	**3939.50**	**4262.36**		陇南	Longnan	137.07	195.40	208.44	213
贵阳	Guiyang	204.38	503.52	525.26	48	**青海**	**Qinghai**	**743.40**	**1515.16**	**1524.80**	
六盘水	Liupanshui	111.12	257.27	286.50	150	西宁	Xining	108.70	280.03	287.81	149
遵义	Zunyi	194.20	473.41	522.71	49	海东	Haidong		208.41	205.41	216
安顺	Anshun	78.84	196.99	222.59	197	**宁夏**	**Ningxia**	**557.53**	**1138.49**	**1254.54**	
毕节	Bijie	205.43	409.75	451.07	66	银川	Yinchuan	119.92	287.90	331.07	125
铜仁	Tongren	125.54	301.30	340.96	116	石嘴山	Shizuishan	61.45	79.35	87.77	282
云南	**Yunnan**	**2285.72**	**4712.83**	**5018.86**		吴忠	Wuzhong	78.57	156.81	193.79	228
昆明	Kunming	346.29	615.49	688.40	27	固原	Guyuan	78.66	183.52	219.54	201
曲靖	Qujing	181.59	363.05	400.15	93	中卫	Zhongwei	58.42	119.64	142.96	260
玉溪	Yuxi	107.30	223.30	233.35	192	**新疆**	**Xinjiang**	**1698.91**	**3804.87**	**4138.25**	
保山	Baoshan	82.28	192.13	212.65	211	乌鲁木齐	Urumqi	159.61	446.67	417.56	81
昭通	Zhaotong	146.60	405.29	410.06	87	克拉玛依	Karamay	54.77	89.66	99.56	278

5-4 人均公共财政预算支出
Public Budgetary Expenditure Per Capita

单位：元/人 (yuan/person)

地名	City	2010	2015	2016	2016 排名 Ranking
地方合计	**Region Total**	**5523.22**	**10936.52**		
北京	**Beijing**	**14624.03**	**42653.14**	**29497.00**	
天津	**Tianjin**	**10919.40**	**20894.31**	**23798.00**	
河北	**Hebei**	**3966.75**	**7585.52**	**8123.00**	
石家庄	Shijiazhuang	3103.46	6632.57	7222.83	186
唐山	Tangshan	4526.24	7844.95	8487.99	133
秦皇岛	Qinhuangdao	4716.96	7722.09	8268.39	135
邯郸	Handan	2768.15	4912.17	5053.62	266
邢台	Xingtai	2376.02	4788.26	5221.78	261
保定	Baoding	2321.81	4714.73	5280.89	257
张家口	Zhangjiakou	3915.41	8320.95	8852.71	119
承德	Chengde	4186.56	7651.00	7930.89	153
沧州	Cangzhou	2943.01	6261.03	6498.04	220
廊坊	Langfang	4316.40	10451.37	10944.17	76
衡水	Hengshui	2558.02	5946.34	6669.13	211
山西	**Shanxi**	**5519.59**	**9342.17**	**9335.00**	
太原	Taiyuan	5191.21	11431.75	11650.18	62
大同	Datong	4194.47	9196.22	9018.57	115
阳泉	Yangquan	4602.36	7620.31	7252.30	183
长治	Changzhi	4110.05	7171.23	6933.25	199
晋城	Jincheng	4136.70	8207.89	7841.27	157
朔州	Shuozhou	5696.50	8562.50	7880.29	154
晋中	Jinzhong	3761.23	7315.54	7467.37	171
运城	Yuncheng	2676.66	5428.20	5420.64	252
忻州	Xinzhou	4185.14	7851.40	8063.54	147
临汾	Linfen	3654.33	6677.47	7198.12	188
吕梁	Lvliang	4055.11	7071.67	7183.63	191
内蒙古	**Inner Mongolia**	**10641.93**	**16937.32**	**17940.00**	
呼和浩特	Hohhot	7754.63	15116.31	17498.91	22
包头	Baotou	9329.09	17567.59	18498.08	16
乌海	Wuhai	12582.18	23890.76	23807.73	10
赤峰	Chifeng	5070.59	8971.19	9478.36	103
通辽	Tongliao	5786.44	10947.40	11224.97	70
鄂尔多斯	Erdos	21121.71	36426.01	35546.73	4
呼伦贝尔	Hulunbuir	7656.61	14444.23	15935.47	25
巴彦淖尔	Bayannur	7072.19	13136.18	13478.71	37
乌兰察布	Ulanqab	4856.76	11619.78	11063.04	74
辽宁	**Liaoning**	**7512.82**	**10227.32**	**10451.00**	
沈阳	Shenyang	7194.46	11070.30	11275.87	69
大连	Dalian	10441.41	15341.85	14626.53	29
鞍山	Anshan	5737.26	7065.78	7223.20	185
抚顺	Fushun	6775.34	7634.57	8147.90	143
本溪	Benxi	7513.38	8748.54	9115.48	111
丹东	Dandong	5564.46	7577.70	7857.38	156
锦州	Jinzhou	4476.67	6925.15	7188.54	190
营口	Yingkou	5834.93	7394.67	8493.01	132
阜新	Fuxin	4589.51	6859.79	7300.28	178
辽阳	Liaoyang	5456.38	8283.85	7964.55	151
盘锦	Panjin	8406.95	13380.62	14086.18	32
铁岭	Tieling	4632.85	6934.62	6704.45	209
朝阳	Chaoyang	4304.91	5780.70	6309.94	227
葫芦岛	Huludao	3882.49	5919.81	6668.95	212
吉林	**Jilin**	**7139.86**	**11685.80**	**13074.00**	
长春	Changchun	5053.85	10157.65	10219.82	88
吉林	Jilin	4924.56	8599.31	8967.21	117
四平	Siping	3347.16	6773.87	8039.10	149
辽源	Liaoyuan	5172.50	9163.91	9212.98	107
通化	Tonghua	5294.74	10414.34	11713.46	60
白山	Baishan	7745.53	12566.56	14537.12	30
松原	Songyuan	3605.93	6578.42	8039.63	148
白城	Baicheng	4542.41	10324.45	11408.73	66
黑龙江	**Heilongjiang**	**5944.79**	**10547.36**	**11109.00**	
哈尔滨	Harbin	4567.10	8579.62	9109.09	112
齐齐哈尔	Qiqihar	3651.79	7058.30	12121.30	55
鸡西	Jixi	4522.20	8205.54	9498.42	101
鹤岗	Hegang	4693.39	8507.18	10126.56	89
双鸭山	Shuangyashan	4674.25	7924.24	9206.77	109
大庆	Daqing	5907.19	9640.30	9724.47	99
伊春	Yichun	5009.83	11896.55	10666.71	80
佳木斯	Jiamusi	4814.24	9252.76	9925.13	94
七台河	Qitaihe	5225.73	8719.68	11180.88	71
牡丹江	Mudanjiang	5021.22	8735.42	9923.80	95
黑河	Heihe	5353.00	9701.80	10263.55	87
绥化	Suihua	2867.43	6072.18	6957.05	198
上海	**Shanghai**	**23482.88**	**25637.93**	**28620.00**	
江苏	**Jiangsu**	**6602.35**	**12145.91**	**12497.00**	

5-4 人均公共财政预算支出 续表 1

Public Budgetary Expenditure Per Capita continued 1

单位：元/人 (yuan/person)

地名	City	2010	2015	2016	2016 排名 Ranking
南京	Nanjing	8591.03	16001.99	17839.51	20
无锡	Wuxi	10484.45	17090.04	17920.66	19
徐州	Xuzhou	3374.46	7314.67	7710.05	163
常州	Changzhou	7811.05	13086.96	13622.25	36
苏州	Suzhou	12993.06	22895.76	24028.38	9
南通	Nantong	4152.52	9767.86	9768.19	98
连云港	Lianyungang	4102.76	8027.74	7013.53	196
淮安	Huaian	3842.86	9079.10	8541.87	130
盐城	Yancheng	3584.89	9013.08	8809.77	124
扬州	Yangzhou	4394.28	7891.00	10389.80	84
镇江	Zhenjiang	5885.16	12836.53	13343.38	39
泰州	Taizhou	4277.73	8465.10	8837.20	121
宿迁	Suqian	3098.04	6921.27	7208.32	187
浙江	**Zhejiang**	**6779.02**	**10503.83**	**12533.00**	
杭州	Hangzhou	8984.77	16660.59	19237.08	15
宁波	Ningbo	10490.96	21355.27	21888.97	13
温州	Wenzhou	3969.30	7019.50	8180.98	140
嘉兴	Jiaxing	5844.39	12136.46	12598.08	45
湖州	Huzhou	4897.33	10380.34	10932.46	77
绍兴	Shaoxing	5063.65	9510.52	10272.43	86
金华	Jinhua	4547.15	9713.42	11299.16	68
衢州	Quzhou	4274.20	8997.54	10431.30	83
舟山	Zhoushan	10853.57	24614.28	25829.04	7
台州	Taizhou	3835.33	7652.18	8587.64	127
丽水	Lishui	5229.77	10486.19	12796.69	44
安徽	**Anhui**	**3799.43**	**8527.03**	**8951.00**	
合肥	Hefei	6442.14	10765.93	11876.39	58
芜湖	Wuhu	6285.03	10230.91	10607.27	81
蚌埠	Bengbu	2959.83	6502.38	7091.38	194
淮南	Huainan	3330.73	4002.50	5647.71	246
马鞍山	Maanshan	6712.96	8891.77	9331.70	106
淮北	Huaibei	3017.39	6070.90	6573.98	218
铜陵	Tongling	7745.95	6502.49	8835.91	122
安庆	Anqing	2628.18	6416.46	6397.56	223
黄山	Huangshan	4920.11	10821.25	11555.83	63
滁州	Chuzhou	2843.76	6738.65	7408.28	174
阜阳	Fuyang	1633.42	4139.40	4142.63	281
宿州	Suzhou	1772.39	4535.74	4775.24	269
六安	Liuan	2182.29	6240.94	5858.40	237
亳州	Bozhou	1725.67	4375.75	4345.99	278
池州	Chizhou	4251.56	9131.24	9197.44	110
宣城	Xuancheng	3750.13	8687.44	9099.03	113
福建	**Fujian**	**4822.75**	**10423.49**	**11086.00**	
福州	Fuzhou	4088.11	10701.15	12151.21	53
厦门	Xiamen	17186.45	30839.21	35122.13	5
莆田	Putian	2466.65	5484.17	5962.87	235
三明	Sanming	3567.86	8468.10	8905.33	118
泉州	Quanzhou	3361.93	7473.03	8232.30	137
漳州	Zhangzhou	3115.26	7086.84	7309.83	177
南平	Nanping	2789.10	7502.34	7782.60	161
龙岩	Longyan	3762.14	8338.13	8790.75	125
宁德	Ningde	2565.01	7107.82	7626.30	165
江西	**Jiangxi**	**4122.27**	**9663.93**	**10084.00**	
南昌	Nanchang	4642.55	10438.10	11173.50	72
景德镇	Jingdezhen	4816.01	10354.95	10533.50	82
萍乡	Pingxiang	4623.75	9367.80	10051.24	91
九江	Jiujiang	3367.58	8572.81	8968.46	116
新余	Xinyu	6627.14	12408.60	12334.75	52
鹰潭	Yingtan	4753.87	10037.72	10002.45	93
赣州	Ganzhou	2656.93	6402.89	7815.61	158
吉安	Jian	3218.24	6781.11	7802.47	160
宜春	Yichun	3098.10	6759.02	7247.47	184
抚州	Fuzhou	3472.79	7380.36	7808.39	159
上饶	Shangrao	2610.38	5900.88	6369.86	225
山东	**Shandong**	**4447.30**	**8378.20**	**8846.00**	
济南	Jinan	5579.11	10518.62	11784.80	59
青岛	Qingdao	6975.03	15615.91	17189.98	23
淄博	Zibo	4785.01	8912.72	9708.41	100
枣庄	Zaozhuang	3315.68	5797.61	6009.22	233
东营	Dongying	7684.19	13515.77	13965.89	33
烟台	Yantai	4970.46	9850.77	10386.24	85
潍坊	Weifang	3342.14	6849.59	6841.23	202
济宁	Jining	3012.53	5938.02	6372.07	224
泰安	Taian	3156.13	5778.18	5830.47	239
威海	Weihai	6629.95	13282.81	13278.53	41
日照	Rizhao	3306.02	6263.71	6881.80	200
莱芜	Laiwu	4030.73	6533.95	6711.45	208
临沂	Linyi	2353.40	4747.05	5073.55	264
德州	Dezhou	2719.20	5752.38	5608.82	248
聊城	Liaocheng	2433.48	5572.62	5660.48	245

5-4 人均公共财政预算支出 续表 2

Public Budgetary Expenditure Per Capita continued 2

单位：元/人 (yuan/person)

地名	City	2010	2015	2016	2016 排名 Ranking	地名	City	2010	2015	2016	2016 排名 Ranking
滨州	Binzhou	4288.17	7949.99	8197.97	139	常德	Changde	2841.76	7001.59	7590.94	167
菏泽	Heze	2261.34	3992.18	4245.82	279	张家界	Zhangjiajie	3357.51	7882.54	8494.55	131
河南	**Henan**	**3202.36**	**7172.31**	**7841.00**		益阳	Yiyang	2465.89	5719.66	6426.30	221
郑州	Zhengzhou	5783.20	13646.31	16135.84	24	郴州	Chenzhou	3348.92	7170.91	8560.73	128
开封	Kaifeng	2193.17	4773.40	5310.16	254	永州	Yongzhou	2452.86	5560.32	6237.90	228
洛阳	Luoyang	3300.87	6558.58	7352.95	176	怀化	Huaihua	2863.80	6562.01	7190.40	189
平顶山	Pingdingshan	2772.30	4613.63	4878.95	268	娄底	Loudi	2499.36	5310.97	5946.32	236
安阳	Anyang	2419.16	4430.64	4690.24	272	**广东**	**Guangdong**	**6474.25**	**11823.95**	**12309.00**	
鹤壁	Hebi	3674.50	6811.66	6852.05	201	广州	Guangzhou	12210.70	20226.41	22549.26	12
新乡	Xinxiang	2656.35	4878.11	5073.38	265	韶关	Shaoguan	3055.17	8693.56	8072.83	146
焦作	Jiaozuo	3317.05	5631.73	5839.69	238	深圳	Shenzhen	50058.12	95272.97	113811.97	1
濮阳	Puyang	2213.65	5100.58	5142.07	263	珠海	Zhuhai	16047.25	34572.70	36592.77	3
许昌	Xuchang	2404.08	4944.03	5228.02	260	汕头	Shantou	2352.25	5104.46	5328.68	253
漯河	Luohe	2523.53	6114.76	6667.10	213	佛山	Foshan	9839.95	20565.34	17616.51	21
三门峡	Sanmenxia	4143.54	7571.30	8157.82	142	江门	Jiangmen	3393.21	7483.20	7460.85	172
南阳	Nanyang	2099.31	4340.26	4631.08	274	湛江	Zhanjiang	2195.91	5010.69	5249.40	259
商丘	Shangqiu	1968.20	3971.53	4359.48	277	茂名	Maoming	1652.50	4412.86	4415.78	276
信阳	Xinyang	2007.37	4174.02	4637.65	273	肇庆	Zhaoqing	3053.70	6108.34	5627.10	247
周口	Zhoukou	1593.50	3485.68	3801.10	284	惠州	Huizhou	5605.47	13612.74	14101.80	31
驻马店	Zhumadian	1958.84	4122.12	4173.61	280	梅州	Meizhou	2308.54	6921.24	7007.60	197
湖北	**Hubei**	**4634.01**	**10479.90**	**10945.00**		汕尾	Shanwei	1648.48	5932.42	5746.76	244
武汉	Wuhan	6979.09	16135.28	18325.47	17	河源	Heyuan	2673.24	7324.58	7944.70	152
黄石	Huangshi	3951.80	8431.54	8272.49	134	阳江	Yangjiang	2324.88	5850.68	6609.35	216
十堰	Shiyan	4070.95	8893.16	9486.46	102	清远	Qingyuan	3232.80	6991.23	7147.49	193
宜昌	Yichang	4881.24	13499.67	13433.60	38	东莞	Dongguan	16079.33	29805.65	30267.17	6
襄阳	Xiangyang	3086.04	9880.32	10788.20	78	中山	Zhongshan	9820.23	22395.39	22931.08	11
鄂州	Ezhou	4047.80	7870.16	9451.51	104	潮州	Chaozhou	2158.53	5413.12	5556.69	249
荆门	Jingmen	3145.12	7552.91	8252.84	136	揭阳	Jieyang	1444.50	3945.96	3818.90	283
孝感	Xiaogan	1667.14	5515.50	6764.19	206	云浮	Yunfu	2480.66	5266.12	5497.50	250
荆州	Jingzhou	2471.56	5386.90	5964.42	234	**广西**	**Guangxi**	**3836.92**	**8476.88**	**9221.00**	
黄冈	Huanggang	2478.88	5387.15	6066.24	232	南宁	Nanning	3718.60	7128.73	7868.36	155
咸宁	Xianning	3261.80	6352.98	7158.94	192	柳州	Liuzhou	4188.53	8115.93	8842.61	120
随州	Suizhou	2131.04	6100.33	5822.22	240	桂林	Guilin	3562.85	6730.82	7514.68	169
湖南	**Hunan**	**4029.47**	**8445.70**	**9319.00**		梧州	Wuzhou	2831.53	6243.60	6589.16	217
长沙	Changsha	6186.04	13595.73	15137.11	27	北海	Beihai	3855.42	7661.80	8673.79	126
株洲	Zhuzhou	4054.55	8689.22	10030.42	92	防城港	Fangchenggang	5901.44	13776.80	13291.68	40
湘潭	Xiangtan	3617.73	7990.07	9399.54	105	钦州	Qinzhou	2055.77	4764.66	4768.26	270
衡阳	Hengyang	2733.80	6154.09	6717.56	207	贵港	Guigang	1757.14	3395.27	3850.48	282
邵阳	Shaoyang	2074.42	5261.13	5811.83	241	玉林	Yulin	1948.34	4020.65	4447.47	275
岳阳	Yueyang	2945.66	6658.60	7615.25	166	百色	Baise	3423.78	7526.56	8220.69	138

5-4 人均公共财政预算支出 续表 3
Public Budgetary Expenditure Per Capita continued 3

单位：元/人 (yuan/person)

地名	City	2010	2015	2016	2016 排名 Ranking
贺州	Hezhou	3008.85	6428.96	6686.76	210
河池	Hechi	2991.57	6103.55	6785.93	205
来宾	Laibin	3485.28	5241.12	7288.24	179
崇左	Chongzuo	3523.52	7439.71	8114.80	145
海南	**Hainan**	**26951.32**	**13605.18**	**15060.00**	
海口	Haikou	5010.67	10372.15	12066.27	56
三亚	Sanya	9492.55	20476.27	21683.83	14
三沙	Sansha				
重庆	**Chongqing**	**3753.39**	**12568.78**	**13196.00**	
四川	**Sichuan**	**5119.14**	**9138.85**	**9728.00**	
成都	Chengdu	6793.20	11956.88	12145.32	54
自贡	Zigong	2480.29	5293.22	5490.90	251
攀枝花	Panzhihua	6733.05	10185.34	10993.89	75
泸州	Luzhou	2535.21	6011.23	6650.25	214
德阳	Deyang	5772.56	5631.78	5809.07	242
绵阳	Mianyang	6356.44	5576.97	6147.54	230
广元	Guangyuan	7097.91	6866.07	7557.43	168
遂宁	Suining	2312.36	4826.93	5290.86	256
内江	Neijiang	2173.09	4577.47	4767.33	271
乐山	Leshan	3354.47	6561.76	7260.88	182
南充	Nanchong	2466.22	4979.70	5757.10	243
眉山	Meishan	2769.24	5935.90	6171.70	229
宜宾	Yibin	2669.00	5575.60	6114.49	231
广安	Guangan	2083.79	4762.92	5217.04	262
达州	Dazhou	2237.73	4750.05	5257.91	258
雅安	Yaan	4998.71	14347.29	9777.42	97
巴中	Bazhong	2611.00	6482.72	7087.27	195
资阳	Ziyang	2017.00	4289.89	5306.05	255
贵州	**Guizhou**	**9436.08**	**11160.06**	**12032.00**	
贵阳	Guiyang	5521.99	12851.78	13230.78	42
六盘水	Liupanshui	3530.98	7716.56	8552.11	129
遵义	Zunyi	2530.23	5967.23	6550.23	219
安顺	Anshun	2849.91	6644.07	7469.41	170
毕节	Bijie		4531.63	4951.34	267
铜仁	Tongren		6897.42	7766.83	162
云南	**Yunnan**	**7976.91**	**9938.49**	**10552.00**	
昆明	Kunming	5975.05	9218.06	12337.00	51
曲靖	Qujing	2922.74	6003.80		
玉溪	Yuxi	4671.31	9453.85	10753.56	79
保山	Baoshan	3271.57	7444.01	8178.90	141
昭通	Zhaotong	2582.62	7463.90	6789.10	204
丽江	Lijiang	4906.21	11253.13	12402.68	49
普洱	Puer	4495.17	8410.75	9789.60	96
临沧	Lincang	3760.30	8070.94	9041.96	114
西藏	**Tibet**		**42637.75**	**48488.00**	
拉萨	Lasa			46812.26	2
陕西	**Shaanxi**	**5788.20**	**11537.19**	**11542.00**	
西安	Xi'an	4750.96	11245.51	11494.19	65
铜川	Tongchuan	6469.25	10743.90	11532.29	64
宝鸡	Baoji	3502.13	6867.27	7370.74	175
咸阳	Xianyang	2921.43	5689.96	6406.74	222
渭南	Weinan	2762.96	6037.04	6328.74	226
延安	Yan'an	8420.06	13401.36	13870.48	34
汉中	Hanzhong	3323.11	6714.44	7277.22	180
榆林	Yulin	6555.65	12328.77	12398.17	50
安康	Ankang	3627.12	7368.86	8124.61	144
商洛	Shangluo	3839.28	7231.73	7657.94	164
甘肃	**Gansu**	**6055.43**	**11378.12**	**12092.00**	
兰州	Lanzhou	4541.04	10686.65	13131.88	43
嘉峪关	Jiayuguan	6010.85	12394.57	10115.04	90
金昌	Jinchang	5213.69	11421.41	12491.63	46
白银	Baiyin	4007.89	7239.09	8832.43	123
天水	Tianshui	3069.02	6098.59	6816.69	203
武威	Wuwei	3951.09	9044.47	9211.20	108
张掖	Zhangye	4513.02	9492.82	11106.38	73
平凉	Pingliang	3721.63	6917.79	7420.60	173
酒泉	Jiuquan	6142.61	10876.26	11396.20	67
庆阳	Qingyang	4370.36	7759.95	7971.63	150
定西	Dingxi	3024.91	6575.98	6639.12	215
陇南	Longnan	4859.95	6837.91	7262.87	181
青海	**Qinghai**	**33685.26**	**25768.03**	**25822.00**	
西宁	Xining	4925.46	13919.82	12405.39	48
海东	Haidong		12242.79	12012.32	57
宁夏	**Ningxia**	**8733.92**	**17043.19**	**18683.00**	
银川	Yinchuan	7629.47	16063.05	18190.75	18
石嘴山	Shizuishan	8229.54	10647.12	11702.95	61
吴忠	Wuzhong	5702.57	11167.79	13743.66	35
固原	Guyuan	5197.57	12253.39	14636.25	28
中卫	Zhongwei	4977.00	9955.98	12431.55	47
新疆	**Xinjiang**	**60558.57**	**16122.32**	**17395.00**	
乌鲁木齐	Urumqi	6592.46	16739.87	15639.06	26
克拉玛依	Karamay	14251.89	29917.92	24283.80	8

5-5 公共财政预算支出中教育支出

Public Budgetary Expenditure for Education

单位：亿元 (100 million yuan)

地名	City	2010	2015	2016	2016 排名 Ranking
地方合计	**Region Total**	**11829.06**	**24913.71**	**26625.06**	
北京	**Beijing**	**450.22**	**855.67**	**887.37**	
天津	**Tianjin**	**229.56**	**507.44**	**502.49**	
河北	**Hebei**	**514.30**	**1041.16**	**1134.90**	
石家庄	Shijiazhuang	70.01	136.16	159.19	13
唐山	Tangshan	60.24	123.23	116.71	34
秦皇岛	Qinhuangdao	21.70	42.43	48.42	168
邯郸	Handan	57.92	100.60	106.65	43
邢台	Xingtai	36.07	76.44	82.49	71
保定	Baoding	55.20	122.12	130.76	24
张家口	Zhangjiakou	29.12	64.73	71.32	91
承德	Chengde	29.93	57.04	60.75	122
沧州	Cangzhou	50.05	103.46	106.68	42
廊坊	Langfang	34.55	74.18	78.91	76
衡水	Hengshui	22.34	43.45	50.05	164
山西	**Shanxi**	**328.58**	**602.85**	**606.97**	
太原	Taiyuan	35.95	62.09	70.34	94
大同	Datong	33.23	56.18	54.24	147
阳泉	Yangquan	12.40	21.31	20.54	260
长治	Changzhi	28.04	45.78	45.26	178
晋城	Jincheng	18.89	37.22	33.64	217
朔州	Shuozhou	16.03	26.04	24.02	246
晋中	Jinzhong	23.24	52.03	45.93	174
运城	Yuncheng	28.54	59.44	58.52	126
忻州	Xinzhou	24.93	42.21	44.47	181
临汾	Linfen	30.50	51.53	51.33	158
吕梁	Lvliang	33.52	59.82	59.94	123
内蒙古	**Inner Mongolia**	**322.11**	**536.53**	**554.97**	
呼和浩特	Hohhot	27.32	49.27	52.80	152
包头	Baotou	28.16	50.06	53.42	150
乌海	Wuhai	7.42	12.10	14.26	278
赤峰	Chifeng	46.59	79.08	83.02	69
通辽	Tongliao	31.24	53.27	52.43	155
鄂尔多斯	Erdos	43.85	54.43	56.70	136
呼伦贝尔	Hulunbuir	29.44	47.66	50.19	163
巴彦淖尔	Bayannur	16.26	28.23	28.99	238
乌兰察布	Ulanqab	17.89	36.33	38.35	193
辽宁	**Liaoning**	**405.39**	**610.24**	**633.96**	
沈阳	Shenyang	77.06	107.59	115.13	35
大连	Dalian	75.35	109.41	109.34	36
鞍山	Anshan	21.42	29.90	31.69	224
抚顺	Fushun	13.33	16.64	18.47	269
本溪	Benxi	15.68	19.33	18.92	265
丹东	Dandong	18.24	27.71	30.24	230
锦州	Jinzhou	17.37	29.58	29.34	233
营口	Yingkou	17.37	20.39	21.72	254
阜新	Fuxin	10.21	21.40	23.26	249
辽阳	Liaoyang	11.61	18.80	18.71	266
盘锦	Panjin	12.48	19.16	17.97	272
铁岭	Tieling	18.62	29.71	30.65	228
朝阳	Chaoyang	20.61	31.02	32.85	220
葫芦岛	Huludao	14.10	28.32	30.40	229
吉林	**Jilin**	**250.20**	**477.57**	**499.70**	
长春	Changchun	57.93	106.77	107.61	41
吉林	Jilin	33.08	56.24	59.94	124
四平	Siping	20.61	39.87	42.97	185
辽源	Liaoyuan	9.13	17.43	18.21	271
通化	Tonghua	15.98	34.80	36.17	205
白山	Baishan	11.72	20.73	22.30	252
松原	Songyuan	16.71	32.52	35.15	208
白城	Baicheng	14.65	28.89	29.95	232
黑龙江	**Heilongjiang**	**299.14**	**549.66**	**558.87**	
哈尔滨	Harbin	69.30	124.63	122.17	30
齐齐哈尔	Qiqihar	33.75	61.74	65.44	112
鸡西	Jixi	13.44	19.22	21.26	257
鹤岗	Hegang	8.11	12.72	13.41	279
双鸭山	Shuangyashan	10.00	17.86	18.70	267
大庆	Daqing	25.89	43.47	43.18	184
伊春	Yichun	7.28	9.22	7.35	283
佳木斯	Jiamusi	16.52	24.68	24.38	244
七台河	Qitaihe	7.30	8.71	8.66	281
牡丹江	Mudanjiang	16.38	31.41	34.84	211
黑河	Heihe	11.11	16.77	17.00	276
绥化	Suihua	26.26	56.37	57.53	132
上海	**Shanghai**	**417.28**	**767.32**	**840.97**	
江苏	**Jiangsu**	**865.36**	**1746.22**	**1842.94**	

5-5 公共财政预算支出中教育支出 续表 1

Public Budgetary Expenditure for Education continued 1

单位：亿元 (100 million yuan)

地名	City	2010	2015	2016	2016 排名 Ranking	地名	City	2010	2015	2016	2016 排名 Ranking
南京	Nanjing	76.50	178.17	202.86	8	池州	Chizhou	9.66	19.75	19.77	263
无锡	Wuxi	82.32	126.46	137.34	19	宣城	Xuancheng	15.19	36.35	38.10	196
徐州	Xuzhou	61.24	152.35	165.33	10	**福建**	**Fujian**	**327.77**	**757.51**	**789.11**	
常州	Changzhou	40.62	79.21	83.69	67	福州	Fuzhou	55.99	135.17	153.08	17
苏州	Suzhou	123.11	230.56	262.32	3	厦门	Xiamen	43.38	101.88	109.06	38
南通	Nantong	65.03	164.36	154.87	16	莆田	Putian	27.96	530.03	54.50	145
连云港	Lianyungang	30.71	74.46	73.76	85	三明	Sanming	20.69	49.72	51.45	157
淮安	Huaian	36.57	78.76	77.83	77	泉州	Quanzhou	60.21	122.84	128.68	26
盐城	Yancheng	49.24	127.37	129.76	25	漳州	Zhangzhou	28.61	62.60	66.19	107
扬州	Yangzhou	36.34	75.29	84.73	65	南平	Nanping	17.77	43.66	46.31	173
镇江	Zhenjiang	26.99	64.44	67.05	103	龙岩	Longyan	22.84	55.04	55.08	143
泰州	Taizhou	38.62	68.95	75.59	81	宁德	Ningde	19.32	50.67	50.54	160
宿迁	Suqian	40.10	81.96	69.20	97	**江西**	**Jiangxi**	**297.50**	**793.27**	**848.88**	
浙江	**Zhejiang**	**606.54**	**1264.93**	**1300.03**		南昌	Nanchang	34.83	85.46	90.03	60
杭州	Hangzhou	105.88	223.44	253.01	5	景德镇	Jingdezhen	9.77	25.11	26.27	241
宁波	Ningbo	89.27	190.68	198.37	9	萍乡	Pingxiang	9.32	26.63	29.12	236
温州	Wenzhou	79.34	147.88	162.44	12	九江	Jiujiang	23.97	82.31	82.92	70
嘉兴	Jiaxing	42.93	88.81	89.72	61	新余	Xinyu	8.48	19.92	20.80	259
湖州	Huzhou	25.11	53.35	58.12	129	鹰潭	Yingtan	5.82	17.96	18.58	268
绍兴	Shaoxing	45.06	93.53	97.12	50	赣州	Ganzhou	40.76	118.59	136.77	20
金华	Jinhua	48.37	101.30	98.87	48	吉安	Jian	25.03	76.61	78.97	75
衢州	Quzhou	21.66	42.35	45.30	177	宜春	Yichun	28.65	78.75	84.06	66
舟山	Zhoushan	12.14	26.33	29.17	234	抚州	Fuzhou	20.34	56.22	57.14	134
台州	Taizhou	51.57	98.63	108.47	40	上饶	Shangrao	36.07	92.48	96.51	52
丽水	Lishui	24.00	52.27	58.98	125	**山东**	**Shandong**	**770.45**	**1690.62**	**1825.99**	
安徽	**Anhui**	**386.31**	**856.73**	**910.87**		济南	Jinan	50.33	116.36	130.86	23
合肥	Hefei	37.01	119.29	119.07	33	青岛	Qingdao	86.07	234.09	253.02	4
芜湖	Wuhu	16.45	57.75	58.51	127	淄博	Zibo	40.37	84.91	93.83	55
蚌埠	Bengbu	17.06	45.75	49.55	166	枣庄	Zaozhuang	25.52	46.06	49.10	167
淮南	Huainan	12.79	23.41	37.31	202	东营	Dongying	25.10	49.45	52.56	154
马鞍山	Maanshan	12.06	32.39	31.11	227	烟台	Yantai	56.64	122.69	131.34	22
淮北	Huaibei	10.60	22.23	25.65	243	潍坊	Weifang	73.10	159.93	165.20	11
铜陵	Tongling	6.53	15.52	23.46	247	济宁	Jining	55.89	114.03	124.97	27
安庆	Anqing	35.99	62.83	63.48	116	泰安	Taian	30.61	65.06	64.75	115
黄山	Huangshan	8.22	15.78	17.60	273	威海	Weihai	31.71	69.28	75.12	83
滁州	Chuzhou	20.40	48.20	55.55	142	日照	Rizhao	20.48	40.91	44.94	179
阜阳	Fuyang	30.90	82.67	92.49	57	莱芜	Laiwu	12.28	19.00	20.48	261
宿州	Suzhou	28.16	55.99	61.73	120	临沂	Linyi	51.91	128.24	134.07	21
六安	Liuan	31.40	69.21	65.13	114	德州	Dezhou	28.61	60.98	65.17	113
亳州	Bozhou	20.80	44.89	51.12	159	聊城	Liaocheng	30.07	62.05	68.31	100

5-5 公共财政预算支出中教育支出 续表 2
Public Budgetary Expenditure for Education continued 2

单位：亿元 (100 million yuan)

地名	City	2010	2015	2016	2016 排名 Ranking	地名	City	2010	2015	2016	2016 排名 Ranking
滨州	Binzhou	30.81	58.18	61.79	119	常德	Changde	29.66	58.71	66.33	106
菏泽	Heze	37.45	80.61	92.39	58	张家界	Zhangjiajie	7.50	19.66	21.48	256
河南	**Henan**	**609.37**	**1271.00**	**1343.76**		益阳	Yiyang	19.85	44.28	50.20	162
郑州	Zhengzhou	67.32	147.60	155.53	15	郴州	Chenzhou	31.75	65.14	70.08	95
开封	Kaifeng	19.71	46.96	51.57	156	永州	Yongzhou	30.06	62.32	71.76	89
洛阳	Luoyang	44.50	85.70	94.47	53	怀化	Huaihua	24.37	58.13	65.82	110
平顶山	Pingdingshan	24.69	49.40	50.51	161	娄底	Loudi	16.31	36.70	46.74	171
安阳	Anyang	31.81	55.76	63.05	118	**广东**	**Guangdong**	**921.48**	**2040.65**	**2318.47**	
鹤壁	Hebi	9.41	18.16	18.32	270	广州	Guangzhou	112.63	287.07	321.98	2
新乡	Xinxiang	31.64	65.65	66.44	105	韶关	Shaoguan	18.65	45.91	47.41	169
焦作	Jiaozuo	19.61	36.04	34.79	212	深圳	Shenzhen	47.82	288.55	414.73	1
濮阳	Puyang	21.15	45.05	44.56	180	珠海	Zhuhai	25.97	52.88	57.26	133
许昌	Xuchang	23.86	54.09	54.91	144	汕头	Shantou	30.31	73.71	76.03	80
漯河	Luohe	11.05	26.43	27.14	240	佛山	Foshan	69.11	128.00	124.47	28
三门峡	Sanmenxia	18.11	35.11	36.97	204	江门	Jiangmen	26.30	64.15	67.10	102
南阳	Nanyang	45.18	100.06	108.80	39	湛江	Zhanjiang	35.09	99.67	102.60	44
商丘	Shangqiu	43.58	70.55	69.81	96	茂名	Maoming	31.41	90.13	102.26	45
信阳	Xinyang	40.04	81.79	92.53	56	肇庆	Zhaoqing	26.75	55.22	56.37	139
周口	Zhoukou	45.15	93.21	96.51	51	惠州	Huizhou	32.39	94.94	101.91	46
驻马店	Zhumadian	35.10	76.66	81.66	73	梅州	Meizhou	25.44	68.39	73.23	87
湖北	**Hubei**	**359.44**	**913.05**	**1047.37**		汕尾	Shanwei	13.51	39.70	42.18	187
武汉	Wuhan	75.29	184.20	231.07	6	河源	Heyuan	19.86	45.62	54.26	146
黄石	Huangshi	14.76	31.44	37.04	203	阳江	Yangjiang	13.06	27.85	32.92	219
十堰	Shiyan	17.63	41.16	49.82	165	清远	Qingyuan	27.08	54.58	71.02	93
宜昌	Yichang	26.81	62.92	75.27	82	东莞	Dongguan	65.31	130.93	142.95	18
襄阳	Xiangyang	28.56	79.87	81.07	74	中山	Zhongshan	38.27	62.80	65.49	111
鄂州	Ezhou	6.04	13.87	17.03	275	潮州	Chaozhou	11.30	32.40	35.24	207
荆门	Jingmen	11.41	29.88	31.16	226	揭阳	Jieyang	24.70	68.95	68.42	99
孝感	Xiaogan	21.07	48.59	57.66	130	云浮	Yunfu	12.99	32.52	34.86	210
荆州	Jingzhou	23.31	44.95	63.15	117	**广西**	**Guangxi**	**366.84**	**789.69**	**854.55**	
黄冈	Huanggang	34.94	83.42	88.86	62	南宁	Nanning	42.98	92.49	97.46	49
咸宁	Xianning	13.42	33.04	37.37	200	柳州	Liuzhou	27.91	66.97	68.06	101
随州	Suizhou	9.38	19.69	23.12	250	桂林	Guilin	33.53	66.00	72.75	88
湖南	**Hunan**	**403.10**	**928.54**	**1032.37**		梧州	Wuzhou	21.13	43.04	47.14	170
长沙	Changsha	53.93	144.49	156.78	14	北海	Beihai	11.88	24.95	28.04	239
株洲	Zhuzhou	22.07	44.22	53.31	151	防城港	Fangchenggang	6.15	14.00	15.25	277
湘潭	Xiangtan	14.86	29.09	32.29	222	钦州	Qinzhou	19.48	41.82	45.52	176
衡阳	Hengyang	29.66	75.73	87.68	63	贵港	Guigang	25.95	50.94	56.84	135
邵阳	Shaoyang	27.86	75.64	76.60	79	玉林	Yulin	34.38	73.87	81.73	72
岳阳	Yueyang	26.87	52.76	56.56	137	百色	Baise	26.83	60.16	66.07	109

5-5 公共财政预算支出中教育支出 续表 3
Public Budgetary Expenditure for Education continued 3

单位：亿元 (100 million yuan)

地名	City	2010	2015	2016	2016 排名 Ranking
贺州	Hezhou	14.15	29.41	32.31	221
河池	Hechi	26.22	53.44	57.63	131
来宾	Laibin	14.56	28.73	33.33	218
崇左	Chongzuo	13.70	33.99	34.57	213
海南	**Hainan**	**98.33**	**206.84**	**214.24**	
海口	Haikou	14.20	33.71	31.34	225
三亚	Sanya	8.37	18.93	19.90	262
三沙	Sansha				
重庆	**Chongqing**	**200.43**	**536.24**	**575.18**	
四川	**Sichuan**	**540.65**	**1252.33**	**1301.85**	
成都	Chengdu	97.67	228.34	227.60	7
自贡	Zigong	12.77	30.14	29.99	231
攀枝花	Panzhihua	11.73	26.00	24.20	245
泸州	Luzhou	23.96	60.76	66.81	104
德阳	Deyang	16.37	36.38	34.47	215
绵阳	Mianyang	23.56	53.58	55.64	141
广元	Guangyuan	17.95	35.10	37.33	201
遂宁	Suining	15.58	33.61	34.87	209
内江	Neijiang	16.48	39.55	37.83	199
乐山	Leshan	16.54	38.42	38.48	192
南充	Nanchong	37.65	71.82	73.71	86
眉山	Meishan	14.73	34.28	37.85	197
宜宾	Yibin	25.39	67.90	66.08	108
广安	Guangan	19.47	46.14	54.16	148
达州	Dazhou	26.85	69.66	77.31	78
雅安	Yaan	7.83	17.76	17.31	274
巴中	Bazhong	18.03	43.13	46.61	172
资阳	Ziyang	19.01	40.18	29.10	237
贵州	**Guizhou**	**292.06**	**772.91**	**843.54**	
贵阳	Guiyang	35.30	98.66	99.27	47
六盘水	Liupanshui	23.33	50.37	56.05	140
遵义	Zunyi	42.96	111.37	120.52	31
安顺	Anshun	14.90	41.92	44.26	182
毕节	Bijie	44.93	110.85	122.47	29
铜仁	Tongren	24.81	72.12	83.04	68
云南	**Yunnan**	**374.79**	**767.46**	**871.14**	
昆明	Kunming	47.11	92.71	109.11	37
曲靖	Qujing	44.86	86.83	94.12	54
玉溪	Yuxi	19.52	36.81	41.86	189
保山	Baoshan	16.18	32.87	39.61	190
昭通	Zhaotong	33.03	69.50	84.95	64
丽江	Lijiang	9.83	20.97	23.33	248
普洱	Puer	17.40	34.52	41.90	188
临沧	Lincang	16.50	35.62	37.83	198
西藏	**Tibet**	**45.45**	**167.27**	**169.64**	
拉萨	Lasa	8.95	56.35	34.53	214
陕西	**Shaanxi**	**377.79**	**758.07**	**777.53**	
西安	Xi'an	53.08	118.39	119.63	32
铜川	Tongchuan	7.91	18.10	18.96	264
宝鸡	Baoji	26.21	56.96	60.88	121
咸阳	Xianyang	34.57	64.73	68.81	98
渭南	Weinan	34.33	67.74	71.06	92
延安	Yan'an	30.29	53.35	53.53	149
汉中	Hanzhong	21.74	54.25	58.13	128
榆林	Yulin	49.38	22.47	92.00	59
安康	Ankang	21.87	53.69	56.53	138
商洛	Shangluo	20.13	41.71	39.22	191
甘肃	**Gansu**	**228.23**	**498.33**	**548.95**	
兰州	Lanzhou	29.54	67.11	74.09	84
嘉峪关	Jiayuguan	1.52	3.59	3.84	285
金昌	Jinchang	3.58	7.14	7.46	282
白银	Baiyin	15.37	26.00	29.12	235
天水	Tianshui	20.68	46.54	52.57	153
武威	Wuwei	13.58	27.00	6.28	284
张掖	Zhangye	8.79	19.75	22.73	251
平凉	Pingliang	16.91	36.21	38.13	193
酒泉	Jiuquan	8.72	20.72	22.07	253
庆阳	Qingyang	19.14	42.44	42.89	186
定西	Dingxi	18.22	40.26	45.90	175
陇南	Longnan	16.20	33.57	38.30	194
青海	**Qinghai**	**82.47**	**163.19**	**171.36**	
西宁	Xining	22.33	40.79	44.11	183
海东	Haidong		28.83	34.05	216
宁夏	**Ningxia**	**81.59**	**142.51**	**152.57**	
银川	Yinchuan	17.64	29.61	32.21	223
石嘴山	Shizuishan	9.40	13.47	12.32	280
吴忠	Wuzhong	4.39	24.01	25.82	242
固原	Guyuan	16.49	29.07	35.63	206
中卫	Zhongwei	10.68	20.14	21.54	255
新疆	**Xinjiang**	**313.84**	**647.93**	**664.52**	
乌鲁木齐	Urumqi	26.55	70.42	71.75	90
克拉玛依	Karamay	11.53	21.93	21.25	258

5-6 公共财政预算支出中科学技术支出
Public Budgetary Expenditure for Science and Technology

单位：亿元 (100 million yuan)

地名	City	2010	2015	2016	2016 排名 Ranking
地方合计	**City Total**	**1588.88**	**3384.18**	**3877.86**	
北京	**Beijing**	**178.92**	**287.80**	**285.78**	
天津	**Tianjin**	**43.25**	**120.82**	**125.18**	
河北	**Hebei**	**29.65**	**45.50**	**73.18**	
石家庄	Shijiazhuang	4.50	9.08	12.23	45
唐山	Tangshan	4.77	6.42	8.58	65
秦皇岛	Qinhuangdao	0.78	0.92	2.92	144
邯郸	Handan	2.15	4.13	4.42	111
邢台	Xingtai	0.84	1.38	2.45	160
保定	Baoding	2.17	2.23	3.75	122
张家口	Zhangjiakou	1.20	1.18	2.25	166
承德	Chengde	1.03	1.56	2.41	161
沧州	Cangzhou	1.18	1.85	4.36	112
廊坊	Langfang	2.35	4.16	7.65	72
衡水	Hengshui	0.67	0.85	1.70	191
山西	**Shanxi**	**20.12**	**34.47**	**34.56**	
太原	Taiyuan	4.70	12.80	8.32	66
大同	Datong	0.90	0.78	0.90	235
阳泉	Yangquan	0.72	0.58	0.53	262
长治	Changzhi	1.46	1.62	3.53	127
晋城	Jincheng	1.28	2.24	0.97	226
朔州	Shuozhou	0.73	0.92	0.46	267
晋中	Jinzhong	1.01	1.90	1.51	197
运城	Yuncheng	1.08	1.55	1.34	203
忻州	Xinzhou	0.89	0.92	1.06	220
临汾	Linfen	1.04	0.90	0.94	231
吕梁	Lvliang	1.17	1.07	1.66	194
内蒙古	**Inner Mongolia**	**21.39**	**35.72**	**32.38**	
呼和浩特	Hohhot	1.93	2.55	4.28	113
包头	Baotou	2.92	5.40	5.84	88
乌海	Wuhai	0.78	1.95	1.79	188
赤峰	Chifeng	0.80	1.43	1.39	202
通辽	Tongliao	1.74	1.97	1.32	204
鄂尔多斯	Erdos	2.86	3.71	2.06	175
呼伦贝尔	Hulunbuir	1.59	3.98	3.43	129
巴彦淖尔	Bayannur	0.85	0.69	0.86	240
乌兰察布	Ulanqab	0.56	0.81	0.66	251
辽宁	**Liaoning**	**68.90**	**68.92**	**61.61**	
沈阳	Shenyang	15.35	23.45	22.39	25
大连	Dalian	26.60	18.28	20.55	31
鞍山	Anshan	1.96	2.30	1.16	214
抚顺	Fushun	1.15	1.51	0.43	272
本溪	Benxi	1.14	1.23	0.59	259
丹东	Dandong	0.87	1.43	1.11	218
锦州	Jinzhou	1.23	0.88	0.92	233
营口	Yingkou	2.01	0.85	0.37	275
阜新	Fuxin	0.21	0.40	0.31	279
辽阳	Liaoyang	1.46	0.91	0.60	258
盘锦	Panjin	0.97	1.19	1.26	209
铁岭	Tieling	1.87	1.05	0.83	243
朝阳	Chaoyang	0.98	0.51	0.34	278
葫芦岛	Huludao	0.94	0.65	0.26	280
吉林	**Jilin**	**19.12**	**41.39**	**41.01**	
长春	Changchun	3.49	9.00	9.54	56
吉林	Jilin	2.40	3.48	2.72	151
四平	Siping	0.38	0.58	0.40	274
辽源	Liaoyuan	0.30	0.79	0.35	276
通化	Tonghua	1.95	4.70	6.67	78
白山	Baishan	0.52	0.80	1.15	215
松原	Songyuan	0.15	0.21	0.43	270
白城	Baicheng	0.47	0.94	0.94	230
黑龙江	**Heilongjiang**	**27.69**	**42.91**	**44.92**	
哈尔滨	Harbin	8.94	9.09	7.64	73
齐齐哈尔	Qiqihar	1.48	2.20	0.45	269
鸡西	Jixi	0.33	0.77	0.51	263
鹤岗	Hegang	0.46	0.38	0.35	277
双鸭山	Shuangyashan	0.34	0.37	0.13	283
大庆	Daqing	1.24	1.16	1.21	212
伊春	Yichun	0.34	0.40	0.26	281
佳木斯	Jiamusi	0.42	0.96	0.43	271
七台河	Qitaihe	0.11	0.14	0.08	285
牡丹江	Mudanjiang	2.07	1.25	0.63	254
黑河	Heihe	0.32	1.14	0.64	253
绥化	Suihua	0.64	2.02	0.61	256
上海	**Shanghai**	**202.03**	**271.85**	**341.71**	
江苏	**Jiangsu**	**150.35**	**371.96**	**381.02**	

5-6 公共财政预算支出中科学技术支出 续表 1
Public Budgetary Expenditure for Science and Technology continued 1

单位：亿元 (100 million yuan)

地名	City	2010	2015	2016	2016 排名 Ranking	地名	City	2010	2015	2016	2016 排名 Ranking
南京	Nanjing	16.51	52.03	53.13	8	池州	Chizhou	1.02	1.91	1.79	189
无锡	Wuxi	18.97	35.97	37.24	11	宣城	Xuancheng	2.31	7.69	9.03	62
徐州	Xuzhou	4.54	19.19	20.76	29	**福建**	**Fujian**	**32.31**	**76.60**	**80.28**	
常州	Changzhou	8.71	22.75	24.02	21	福州	Fuzhou	4.18	10.06	11.25	49
苏州	Suzhou	35.71	88.33	95.20	4	厦门	Xiamen	9.60	18.58	21.27	28
南通	Nantong	9.99	24.27	22.83	24	莆田	Putian	1.22	2.75	2.47	157
连云港	Lianyungang	4.26	11.04	10.03	53	三明	Sanming	1.27	4.46	4.43	110
淮安	Huaian	4.48	12.05	9.29	61	泉州	Quanzhou	4.72	12.38	13.24	41
盐城	Yancheng	6.02	28.91	32.36	14	漳州	Zhangzhou	1.80	4.47	4.50	108
扬州	Yangzhou	6.78	13.19	12.28	44	南平	Nanping	1.01	1.93	1.81	187
镇江	Zhenjiang	5.24	12.27	13.48	38	龙岩	Longyan	1.48	5.79	5.58	91
泰州	Taizhou	4.38	11.21	11.65	47	宁德	Ningde	0.96	1.35	1.82	186
宿迁	Suqian	3.19	8.64	8.63	64	**江西**	**Jiangxi**	**18.26**	**74.79**	**83.12**	
浙江	**Zhejiang**	**121.40**	**250.79**	**269.04**		南昌	Nanchang	3.56	8.20	10.14	52
杭州	Hangzhou	28.86	70.15	74.92	6	景德镇	Jingdezhen	0.59	2.61	1.87	183
宁波	Ningbo	22.15	47.31	56.62	7	萍乡	Pingxiang	0.85	3.83	4.49	109
温州	Wenzhou	6.67	12.00	13.41	39	九江	Jiujiang	0.78	5.18	5.89	85
嘉兴	Jiaxing	7.54	16.36	17.94	33	新余	Xinyu	1.08	2.63	2.67	152
湖州	Huzhou	3.67	8.39	9.32	60	鹰潭	Yingtan	0.31	2.90	2.86	146
绍兴	Shaoxing	9.55	20.97	22.87	23	赣州	Ganzhou	1.00	8.34	12.61	43
金华	Jinhua	7.55	16.09	18.22	32	吉安	Jian	0.77	7.52	7.39	75
衢州	Quzhou	2.75	6.79	7.58	74	宜春	Yichun	1.13	8.27	9.88	54
舟山	Zhoushan	2.44	5.10	5.88	86	抚州	Fuzhou	0.85	4.95	5.57	92
台州	Taizhou	5.76	16.70	11.53	48	上饶	Shangrao	1.15	5.27	4.75	104
丽水	Lishui	2.45	5.45	6.36	80	**山东**	**Shandong**	**84.36**	**159.05**	**167.00**	
安徽	**Anhui**	**57.98**	**147.94**	**259.50**		济南	Jinan	6.21	11.48	11.86	46
合肥	Hefei	17.96	37.27	101.70	3	青岛	Qingdao	9.87	28.58	24.14	20
芜湖	Wuhu	10.01	35.73	51.78	9	淄博	Zibo	4.84	9.99	10.53	50
蚌埠	Bengbu	3.46	11.22	13.38	40	枣庄	Zaozhuang	1.55	1.25	1.67	192
淮南	Huainan	1.27	2.34	2.92	143	东营	Dongying	2.02	2.67	2.96	142
马鞍山	Maanshan	2.45	6.65	10.30	51	烟台	Yantai	10.63	18.64	23.31	22
淮北	Huaibei	0.83	1.34	0.96	227	潍坊	Weifang	7.22	13.81	16.61	35
铜陵	Tongling	1.20	7.78	8.31	67	济宁	Jining	5.27	8.03	7.67	71
安庆	Anqing	2.48	7.17	7.88	68	泰安	Taian	2.81	4.12	3.42	130
黄山	Huangshan	1.41	3.69	3.98	120	威海	Weihai	5.62	12.20	12.80	42
滁州	Chuzhou	1.33	6.22	7.75	70	日照	Rizhao	0.94	2.28	2.53	156
阜阳	Fuyang	0.59	3.89	4.97	99	莱芜	Laiwu	1.30	1.89	2.08	174
宿州	Suzhou	0.66	2.25	6.25	82	临沂	Linyi	3.29	4.83	7.25	76
六安	Liuan	0.85	3.28	4.56	106	德州	Dezhou	2.01	7.51	5.96	84
亳州	Bozhou	0.36	2.85	2.67	153	聊城	Liaocheng	2.07	1.98	1.32	205

5-6 公共财政预算支出中科学技术支出 续表 2
Public Budgetary Expenditure for Science and Technology continued 2

单位：亿元 (100 million yuan)

地名	City	2010	2015	2016	2016 排名 Ranking	地名	City	2010	2015	2016	2016 排名 Ranking
滨州	Binzhou	2.40	5.27	6.26	81	常德	Changde	1.03	2.35	2.33	164
菏泽	Heze	1.85	2.40	2.97	141	张家界	Zhangjiajie	0.22	0.30	0.49	266
河南	**Henan**	**44.67**	**83.25**	**96.10**		益阳	Yiyang	0.71	1.96	2.21	168
郑州	Zhengzhou	9.50	17.86	21.72	27	郴州	Chenzhou	2.33	4.58	4.93	102
开封	Kaifeng	1.22	2.54	3.11	137	永州	Yongzhou	0.85	2.17	2.39	163
洛阳	Luoyang	3.31	8.89	9.33	59	怀化	Huaihua	0.63	1.27	1.93	181
平顶山	Pingdingshan	1.64	2.20	3.04	139	娄底	Loudi	0.88	1.11	0.87	239
安阳	Anyang	2.47	3.86	4.19	116	**广东**	**Guangdong**	**214.44**	**569.55**	**742.97**	
鹤壁	Hebi	0.51	1.02	1.27	207	广州	Guangzhou	31.94	88.67	112.95	2
新乡	Xinxiang	2.58	3.18	5.11	96	韶关	Shaoguan	1.42	5.37	4.84	103
焦作	Jiaozuo	2.81	3.51	3.17	135	深圳	Shenzhen	99.84	214.32	403.52	1
濮阳	Puyang	1.09	2.13	2.30	165	珠海	Zhuhai	5.70	28.63	35.24	12
许昌	Xuchang	1.30	2.79	2.83	147	汕头	Shantou	1.45	3.42	5.84	87
漯河	Luohe	0.45	0.90	1.17	213	佛山	Foshan	11.34	30.27	34.96	13
三门峡	Sanmenxia	1.63	1.89	2.08	173	江门	Jiangmen	2.99	7.99	9.46	58
南阳	Nanyang	3.53	6.17	7.07	77	湛江	Zhanjiang	0.58	2.31	4.62	105
商丘	Shangqiu	1.24	1.93	1.94	180	茂名	Maoming	0.44	2.36	1.57	195
信阳	Xinyang	1.16	2.00	2.16	170	肇庆	Zhaoqing	2.30	4.98	4.22	114
周口	Zhoukou	1.38	2.70	2.60	154	惠州	Huizhou	3.57	19.79	21.82	26
驻马店	Zhumadian	1.80	3.30	4.21	115	梅州	Meizhou	0.99	4.07	3.54	126
湖北	**Hubei**	**30.09**	**157.36**	**190.11**		汕尾	Shanwei	0.40	2.25	3.69	124
武汉	Wuhan	11.70	68.19	86.42	5	河源	Heyuan	0.80	4.54	5.41	94
黄石	Huangshi	1.05	2.44	4.07	119	阳江	Yangjiang	0.80	1.78	1.95	178
十堰	Shiyan	0.98	3.51	3.40	131	清远	Qingyuan	1.33	2.86	4.99	98
宜昌	Yichang	2.89	13.72	13.69	37	东莞	Dongguan	7.98	30.83	27.94	16
襄阳	Xiangyang	1.81	20.15	20.69	30	中山	Zhongshan	6.72	16.56	27.88	17
鄂州	Ezhou	0.33	0.81	3.00	140	潮州	Chaozhou	0.44	2.89	1.98	177
荆门	Jingmen	0.72	4.81	5.81	89	揭阳	Jieyang	0.48	1.45	3.37	133
孝感	Xiaogan	1.06	7.80	9.56	55	云浮	Yunfu	1.14	3.64	2.88	145
荆州	Jingzhou	0.57	5.29	8.73	63	**广西**	**Guangxi**	**21.66**	**49.63**	**45.20**	
黄冈	Huanggang	2.09	6.81	7.81	69	南宁	Nanning	2.84	5.82	5.16	95
咸宁	Xianning	0.97	3.02	3.74	123	柳州	Liuzhou	2.09	3.60	4.15	118
随州	Suizhou	0.58	2.14	1.87	182	桂林	Guilin	1.90	3.34	3.57	125
湖南	**Hunan**	**35.04**	**66.26**	**71.44**		梧州	Wuzhou	0.27	1.53	1.03	222
长沙	Changsha	13.33	24.17	24.61	19	北海	Beihai	0.21	0.43	2.39	162
株洲	Zhuzhou	2.10	7.64	6.61	79	防城港	Fangchenggang	0.14	0.67	0.65	252
湘潭	Xiangtan	2.20	2.64	3.33	134	钦州	Qinzhou	0.22	2.42	1.83	185
衡阳	Hengyang	1.24	2.10	2.14	171	贵港	Guigang	0.16	1.16	0.42	273
邵阳	Shaoyang	0.63	1.84	2.17	169	玉林	Yulin	0.58	2.25	2.23	167
岳阳	Yueyang	1.80	3.66	5.47	93	百色	Baise	0.67	2.45	2.46	159

5-6 公共财政预算支出中科学技术支出　续表 3
Public Budgetary Expenditure for Science and Technology continued 3

单位：亿元　　(100 million yuan)

地名	City	2010	2015	2016	2016 排名 Ranking
贺州	Hezhou	0.29	1.16	0.61	257
河池	Hechi	0.65	1.52	1.26	208
来宾	Laibin	0.31	0.68	0.45	268
崇左	Chongzuo	0.47	1.68	1.01	224
海南	**Hainan**	**7.47**	**12.38**	**15.69**	
海口	Haikou	0.96	0.83	2.82	148
三亚	Sanya	1.76	3.72	4.17	117
三沙	Sansha				
重庆	**Chongqing**	**17.90**	**45.67**	**51.62**	
四川	**Sichuan**	**34.71**	**96.69**	**101.09**	
成都	Chengdu	10.70	39.02	46.20	10
自贡	Zigong	0.70	3.45	1.87	184
攀枝花	Panzhihua	0.76	1.69	1.42	199
泸州	Luzhou	0.65	3.52	3.79	121
德阳	Deyang	0.93	2.62	2.09	172
绵阳	Mianyang	1.91	4.67	5.04	97
广元	Guangyuan	0.51	1.04	1.14	216
遂宁	Suining	0.43	0.84	0.99	225
内江	Neijiang	0.31	1.67	1.13	217
乐山	Leshan	1.07	1.85	1.25	210
南充	Nanchong	0.81	1.78	1.54	196
眉山	Meishan	0.35	0.75	0.75	247
宜宾	Yibin	1.55	3.13	2.81	149
广安	Guangan	0.28	1.05	0.81	245
达州	Dazhou	0.73	1.61	1.67	193
雅安	Yaan	0.43	2.45	0.94	229
巴中	Bazhong	0.32	0.82	0.88	237
资阳	Ziyang	0.80	1.59	0.93	232
贵州	**Guizhou**	**16.66**	**58.68**	**69.30**	
贵阳	Guiyang	3.61	14.55	17.26	34
六盘水	Liupanshui	0.62	3.55	4.93	101
遵义	Zunyi	1.40	3.79	6.13	83
安顺	Anshun	0.53	1.77	1.95	179
毕节	Bijie	0.00	2.77	3.16	136
铜仁	Tongren	0.00	2.86	3.39	132
云南	**Yunnan**	**21.43**	**48.56**	**46.86**	
昆明	Kunming	4.44	14.47	15.16	36
曲靖	Qujing	1.45	2.39	2.57	155
玉溪	Yuxi	1.28	2.82	3.10	138
保山	Baoshan	0.34	0.95	0.95	228
昭通	Zhaotong	0.87	0.75	0.81	244
丽江	Lijiang	0.46	0.90	1.05	221
普洱	Puer	0.84	1.31	1.40	200
临沧	Lincang	0.32	0.66	0.54	260
西藏	**Tibet**	**2.71**	**5.41**	**4.81**	
拉萨	Lasa		3.91	0.88	236
陕西	**Shaanxi**	**25.25**	**57.28**	**62.01**	
西安	Xi'an	4.36	25.44	27.48	18
铜川	Tongchuan	0.22	0.70	0.71	249
宝鸡	Baoji	1.27	2.00	3.44	128
咸阳	Xianyang	0.82	1.17	2.02	176
渭南	Weinan	0.54	2.61	2.77	150
延安	Yan'an	1.68	2.24	2.47	158
汉中	Hanzhong	0.70	1.53	1.73	190
榆林	Yulin	3.23	1.99	5.65	90
安康	Ankang	0.47	0.67	1.24	211
商洛	Shangluo	0.44	0.83	0.80	246
甘肃	**Gansu**	**10.89**	**29.85**	**26.23**	
兰州	Lanzhou	2.02	4.14	4.52	107
嘉峪关	Jiayuguan	0.11	0.18	0.08	284
金昌	Jinchang	0.26	0.20	0.15	282
白银	Baiyin	0.30	0.64	0.87	238
天水	Tianshui	0.70	1.04	1.08	219
武威	Wuwei	0.21	0.60	29.13	15
张掖	Zhangye	0.33	0.53	0.85	241
平凉	Pingliang	0.40	0.51	0.49	265
酒泉	Jiuquan	0.45	0.95	0.74	248
庆阳	Qingyang	0.57	1.35	0.90	234
定西	Dingxi	0.59	0.85	0.84	242
陇南	Longnan	0.22	0.58	0.61	255
青海	**Qinghai**	**4.08**	**11.22**	**10.90**	
西宁	Xining	0.66	1.98	1.50	198
海东	Haidong		0.68	0.49	264
宁夏	**Ningxia**	**5.97**	**17.25**	**18.26**	
银川	Yinchuan	1.16	3.25	4.95	100
石嘴山	Shizuishan	0.19	0.66	0.69	250
吴忠	Wuzhong	0.34	0.87	1.02	223
固原	Guyuan	0.39	0.48	0.54	261
中卫	Zhongwei	0.28	1.06	1.28	206
新疆	**Xinjiang**	**20.19**	**41.64**	**44.98**	
乌鲁木齐	Urumqi	2.15	8.81	9.47	57
克拉玛依	Karamay	0.99	1.51	1.40	200

6

居民生活和社会保障

People's Living Conditions and Social Security

6-1 城镇居民人均可支配收入
Annual Per Capita Disposable Income of Urban Households

单位：元 (yuan)

地名	City	2010	2015	2016	2016 排名 Ranking
全国	**Nation Total**	**19109**	**31195**	**33616**	
北京	**Beijing**	**29073**	**52859**	**57275**	
天津	**Tianjin**	**24293**	**34101**	**37110**	
河北	**Hebei**	**16263**	**26152**	**28249**	
石家庄	Shijiazhuang	16263	28168	30459	88
唐山	Tangshan	16263	31272	33725	55
秦皇岛	Qinhuangdao	16263	28158	30348	90
邯郸	Handan	16263	24630	26603	182
邢台	Xingtai	16263	21895	23913	245
保定	Baoding	16263	23663	25680	205
张家口	Zhangjiakou	16263	23841	26069	194
承德	Chengde	16263	22885	24856	226
沧州	Cangzhou	16263	26350	28605	127
廊坊	Langfang	16263	31925	34633	51
衡水	Hengshui	16263	21615	23787	246
山西	**Shanxi**	**15648**	**25828**	**27352**	
太原	Taiyuan	17258	27727	29632	105
大同	Datong	16103	24771	26273	189
阳泉	Yangquan	17084	26414	27801	150
长治	Changzhi	17123	26407	28094	145
晋城	Jincheng	17353	26651	28223	138
朔州	Shuozhou	17558	27500	28989	119
晋中	Jinzhong	17394	27525	29149	116
运城	Yuncheng	14952	24049	25636	206
忻州	Xinzhou	14939	23452	24987	223
临汾	Linfen	16145	25498	27085	170
吕梁	Lvliang	15278	22903	24180	237
内蒙古	**Inner Mongolia**	**17698**	**30594**	**32975**	
呼和浩特	Hohhot	25174	37362	40220	28
包头	Baotou	25862	38098	40955	26
乌海	Wuhai	19741	33968	36515	41
赤峰	Chifeng	14108	25195	27336	162
通辽	Tongliao	14263	25364	27444	160
鄂尔多斯	Erdos	25205	37432	40221	27
呼伦贝尔	Hulunbuir	14857	26844	28885	123
巴彦淖尔	Bayannur	14421	24314	26259	191
乌兰察布	Ulanqab	14202	24597	26565	183
辽宁	**Liaoning**	**17713**	**31126**	**32876**	
沈阳	Shenyang	20541	36643	38995	33
大连	Dalian	21293	35889	38050	36
鞍山	Anshan	18423	29943	31443	72
抚顺	Fushun	15303	26818	28467	132
本溪	Benxi	16775	27720	29137	117
丹东	Dandong	14536	24724	26111	193
锦州	Jinzhou	17375	27040	28484	131
营口	Yingkou	18055	30458	32318	63
阜新	Fuxin	12711	22662	23980	241
辽阳	Liaoyang	16570	26389	28133	142
盘锦	Panjin	21035	32465	34322	53
铁岭	Tieling	13730	20689	21788	276
朝阳	Chaoyang	12961	21211	22381	269
葫芦岛	Huludao	17371	24768	26338	187
吉林	**Jilin**	**15411**	**24901**	**26530**	
长春	Changchun	17922	29090	27195	165
吉林	Jilin	16936	28977	25520	209
四平	Siping	16459	28371	23707	248
辽源	Liaoyuan	16665	28009	23725	247
通化	Tonghua	16704	28430	23929	244
白山	Baishan	16356	28420	21270	279
松原	Songyuan	16800	28950	23947	243
白城	Baicheng	15904	26674	21090	281
黑龙江	**Heilongjiang**	**13857**	**24203**	**25736**	
哈尔滨	Harbin	17557	30978	33190	60
齐齐哈尔	Qiqihar	13377	23022	24629	234
鸡西	Jixi	13005	20132	21227	280
鹤岗	Hegang	12044	18891	20085	285
双鸭山	Shuangyashan	14157	21248	22416	267
大庆	Daqing	20016	34402	36509	42
伊春	Yichun	10317	20844	22189	270
佳木斯	Jiamusi	12186	23033	24632	233
七台河	Qitaihe	15002	20776	22071	272
牡丹江	Mudanjiang	12806	26673	28489	130
黑河	Heihe		22935	24474	236
绥化	Suihua		20664	22060	273
上海	**Shanghai**	**31838**	**52962**	**57692**	
江苏	**Jiangsu**	**22944**	**37173**	**40152**	

6-1 城镇居民人均可支配收入 续表 1

Annual Per Capita Disposable Income of Urban Households continued 1

单位：元 (yuan)

地名	City	2010	2015	2016	2016 排名 Ranking	地名	City	2010	2015	2016	2016 排名 Ranking
南京	Nanjing	27383	46104	49997	6	池州	Chizhou	15997	25907	26261	190
无锡	Wuxi	27750	45129	48628	9	宣城	Xuancheng	15141	34075	30877	75
徐州	Xuzhou	16762	26219	28421	134	**福建**	**Fujian**	**21781**	**33275**	**36014**	
常州	Changzhou	25875	42710	46058	15	福州	Fuzhou	22723	34982	37833	37
苏州	Suzhou	30366	50390	54341	1	厦门	Xiamen	29253	42607	46254	14
南通	Nantong	21825	36291	39247	32	莆田	Putian	19068	29272	31818	68
连云港	Lianyungang	15790	25728	27853	148	三明	Sanming	18194	27393	29677	103
淮安	Huaian	15983	28105	30335	91	泉州	Quanzhou	25155	37275	39656	30
盐城	Yancheng	16935	28200	30496	86	漳州	Zhangzhou	18482	28092	30726	81
扬州	Yangzhou	19537	32946	35659	48	南平	Nanping	17332	26120	27818	149
镇江	Zhenjiang	23224	38666	41794	23	龙岩	Longyan	18406	28218	30408	89
泰州	Taizhou	20255	34092	36828	38	宁德	Ningde	16815	26029	28164	141
宿迁	Suqian	12757	22233	24086	239	**江西**	**Jiangxi**	**15481**	**26500**	**28673**	
浙江	**Zhejiang**	**27359**	**43714**	**47237**		南昌	Nanchang	18276	31942	34619	52
杭州	Hangzhou	30035	48316	52185	2	景德镇	Jingdezhen	16657	29101	31418	73
宁波	Ningbo	30166	47852	51560	3	萍乡	Pingxiang	16381	28335	30630	84
温州	Wenzhou	27250	44026	47785	11	九江	Jiujiang	15764	27635	30011	97
嘉兴	Jiaxing	27487	45499	48926	7	新余	Xinyu	17358	29836	32163	66
湖州	Huzhou	25572	42238	45794	16	鹰潭	Yingtan	15618	26952	29116	118
绍兴	Shaoxing	30164	46747	50305	5	赣州	Ganzhou	14203	25001	27086	169
金华	Jinhua	25029	43193	46554	13	吉安	Jian	15547	27078	29307	113
衢州	Quzhou	21811	33212	36188	44	宜春	Yichun	14333	25381	27452	159
舟山	Zhoushan	26242	44845	48423	10	抚州	Fuzhou	14445	25065	27195	165
台州	Taizhou	27212	43266	47162	12	上饶	Shangrao	15535	26924	29153	115
丽水	Lishui	21093	32875	35968	45	**山东**	**Shandong**	**19946**	**31545**	**34012**	
安徽	**Anhui**	**15788**	**29461**	**29156**		济南	Jinan	25321	39889	43052	21
合肥	Hefei	19051	34174	34852	50	青岛	Qingdao	24998	40370	43598	17
芜湖	Wuhu	18727	32207	32315	64	淄博	Zibo	21784	33793	36436	43
蚌埠	Bengbu	15376	28989	28653	126	枣庄	Zaozhuang	17630	25792	27708	153
淮南	Huainan	15377	31183	28098	144	东营	Dongying	23796	38735	41580	25
马鞍山	Maanshan	23159	38630	38142	35	烟台	Yantai	23288	35907	38744	34
淮北	Huaibei	15191	28204	27248	164	潍坊	Weifang	19675	31060	33609	56
铜陵	Tongling	18690	36223	30633	83	济宁	Jining	19826	27887	29987	98
安庆	Anqing	15147	26249	26502	185	泰安	Taian	19953	28132	30299	92
黄山	Huangshan	15834	30001	28393	135	威海	Weihai	22235	36336	39363	31
滁州	Chuzhou	15104	27443	26286	188	日照	Rizhao	17558	26217	28340	137
阜阳	Fuyang	13981	26691	25483	211	莱芜	Laiwu	20988	30219	32364	62
宿州	Suzhou	14669	25239	25533	208	临沂	Linyi	21038	28627	30859	76
六安	Liuan	14508	24768	24728	231	德州	Dezhou	17410	21039	22760	262
亳州	Bozhou	15538	25489	25053	221	聊城	Liaocheng	17889	21570	23277	257

6-1 城镇居民人均可支配收入 续表 2
Annual Per Capita Disposable Income of Urban Households continued 2

单位：元 (yuan)

地名	City	2010	2015	2016	2016 排名 Ranking	地名	City	2010	2015	2016	2016 排名 Ranking
滨州	Binzhou	19686	28388	30583	85	常德	Changde	15502	24513	26532	184
菏泽	Heze	14419	20370	22122	271	张家界	Zhangjiajie	12705	19473	21030	282
河南	**Henan**	**15930**	**25576**	**27233**		益阳	Yiyang	15398	22571	24745	230
郑州	Zhengzhou	18897	31099	33214	58	郴州	Chenzhou	15342	25534	27730	152
开封	Kaifeng	13695	22923	24596	235	永州	Yongzhou	15041	21938	24026	240
洛阳	Luoyang	17639	28686	30752	79	怀化	Huaihua	12523	20693	22554	265
平顶山	Pingdingshan	16208	25592	27102	167	娄底	Loudi	15025	21838	23669	249
安阳	Anyang	16394	26513	28168	140	**广东**	**Guangdong**	**23898**	**34757**	**37684**	
鹤壁	Hebi	15059	24540	26184	192	广州	Guangzhou	30658	46735	50941	4
新乡	Xinxiang	15752	25349	26892	176	韶关	Shaoguan	18021	23504	25855	202
焦作	Jiaozuo	15781	25236	26876	178	深圳	Shenzhen	32381	44633	48695	8
濮阳	Puyang	15138	24928	26482	186	珠海	Zhuhai	25382	38322	42537	22
许昌	Xuchang	15171	25225	27016	171	汕头	Shantou	15179	23260	25121	220
漯河	Luohe	14769	24755	26618	180	佛山	Foshan	27245	39757	43120	19
三门峡	Sanmenxia	15032	23825	25254	218	江门	Jiangmen	21153	27117	29557	106
南阳	Nanyang	15077	25140	26898	175	湛江	Zhanjiang	15305	23129	24887	224
商丘	Shangqiu	14178	23572	25217	219	茂名	Maoming	14360	21397	23323	256
信阳	Xinyang	13348	22434	23959	242	肇庆	Zhaoqing	16832	23746	25907	201
周口	Zhoukou	12678	21019	22471	266	惠州	Huizhou	23565	30057	33213	59
驻马店	Zhumadian	13702	22608	24158	238	梅州	Meizhou	14728	21810	23642	252
湖北	**Hubei**	**16058**	**27051**	**29386**		汕尾	Shanwei	13915	20616	22389	268
武汉	Wuhan	20806	36436	39737	29	河源	Heyuan	13177	20016	21817	275
黄石	Huangshi	14665	27536	29906	99	阳江	Yangjiang	14641	23088	25281	216
十堰	Shiyan	12653	24057	26030	195	清远	Qingyuan	15768	22907	25267	217
宜昌	Yichang	15557	27275	29735	102	东莞	Dongguan	35690	39793	43096	20
襄阳	Xiangyang	14756	26282	30774	78	中山	Zhongshan	25357	37254	41613	24
鄂州	Ezhou	14788	24774	26986	172	潮州	Chaozhou	13669	20457	21787	277
荆门	Jingmen	15218	26731	28920	122	揭阳	Jieyang	14907	21344	22944	261
孝感	Xiaogan	14878	25753	27939	147	云浮	Yunfu	14613	20154	21888	274
荆州	Jingzhou	14708	25382	27666	154	**广西**	**Guangxi**	**17064**	**26416**	**28324**	
黄冈	Huanggang	12832	22620	24796	228	南宁	Nanning	18032	29106	30728	80
咸宁	Xianning	12968	23505	25839	203	柳州	Liuzhou	17766	28722	30270	93
随州	Suizhou	15280	22791	24799	227	桂林	Guilin	17949	28768	30124	94
湖南	**Hunan**	**16566**	**28838**	**31284**		梧州	Wuzhou	16427	25898	27260	163
长沙	Changsha	22814	39961	43294	18	北海	Beihai	16798	27729	29412	109
株洲	Zhuzhou	19643	33977	36828	38	防城港	Fangchenggang	17831	28433	29758	101
湘潭	Xiangtan	18059	29237	31607	71	钦州	Qinzhou	17356	27281	29360	112
衡阳	Hengyang	15635	26515	28848	124	贵港	Guigang	15531	24890	26771	179
邵阳	Shaoyang	11698	21070	22996	260	玉林	Yulin	17642	28842	30083	95
岳阳	Yueyang	17312	25202	27546	156	百色	Baise	15976	24958	26919	174

6-1 城镇居民人均可支配收入 续表 3

Annual Per Capita Disposable Income of Urban Households continued 3

单位：元 (yuan)

地名	City	2010	2015	2016	2016 排名 Ranking	地名	City	2010	2015	2016	2016 排名 Ranking
贺州	Hezhou	15802	25194	26883	177	丽江	Lijiang	13740		28099	143
河池	Hechi	14889	22752	23660	250	普洱	Puer	13489		24795	229
来宾	Laibin	17334	27077	28962	120	临沧	Lincang	12587		23072	259
崇左	Chongzuo	15620	24668	26605	181	**西藏**	**Tibet**	**14980**	**25457**	**27802**	
海南	**Hainan**	**15581**	**26356**	**28453**		拉萨	Lasa	16567	26908	29383	111
海口	Haikou	16720	28535	30775	77	**陕西**	**Shaanxi**	**15695**	**26420**	**28440**	
三亚	Sanya	17758	28782	31103	74	西安	Xi'an	15884	33188	35630	49
三沙	Sansha					铜川	Tongchuan	18978	25559	27594	155
重庆	**Chongqing**	**17532**	**27239**	**29610**		宝鸡	Baoji	18914	29475	31730	69
四川	**Sichuan**	**15461**	**26205**	**28335**		咸阳	Xianyang	15918	29425	31662	70
成都	Chengdu	19920	33476	35902	46	渭南	Weinan	17880	25472	27485	158
自贡	Zigong	14538	26267	28455	133	延安	Yan'an	14509	28590	30693	82
攀枝花	Panzhihua	16882	30362	32860	61	汉中	Hanzhong	17545	23625	25595	207
泸州	Luzhou	15505	26656	28959	121	榆林	Yulin	14642	27765	29781	100
德阳	Deyang	16202	27049	29159	114	安康	Ankang	14811	23985	25962	199
绵阳	Mianyang	15516	27170	29407	110	商洛	Shangluo	22297	23509	25468	213
广元	Gu angyuan	12509	23628	25762	204	**甘肃**	**Gansu**	**13189**	**23767**	**25693**	
遂宁	Suining	13778	25012	26962	173	兰州	Lanzhou	14062	27088	29661	104
内江	Neijiang	14324	25787	27986	146	嘉峪关	Jiayuguan	16742	30714	33540	57
乐山	Leshan	15237	26361	28583	128	金昌	Jinchang	17679	29670	32073	67
南充	Nanchong	12638	23950	25993	197	白银	Baiyin	14213	23438	25313	214
眉山	Meishan	14644	26395	28691	125	天水	Tianshui	11507	20809	22684	264
宜宾	Yibin	15261	26207	28390	136	武威	Wuwei	11551	21702	23612	253
广安	Guangan	14754	26072	28218	139	张掖	Zhangye	10855	19673	21503	278
达州	Dazhou	12624	23884	26016	196	平凉	Pingliang	11766	21490	23446	254
雅安	Yaan	14906	25318	27352	161	酒泉	Jiuquan	15104	27793	30072	96
巴中	Bazhong	12413	23845	25950	200	庆阳	Qingyang	12453	23426	25300	215
资阳	Ziyang	15298	26424	28501	129	定西	Dingxi	10790	19167	20815	283
贵州	**Guizhou**	**14143**	**23568**	**26743**		陇南	Longnan	10623	18915	20504	284
贵阳	Guiyang	16597	27241	29502	107	**青海**	**Qinghai**	**13855**	**24542**	**26757**	
六盘水	Liupanshui	13919	23327	25473	212	西宁	Xining	14085		27539	157
遵义	Zunyi	15279	24997	27097	168	海东	Haidong			25492	210
安顺	Anshun	14504	22936	24885	225	**宁夏**	**Ningxia**	**15344**	**25186**	**27153**	
毕节	Bijie	14308	23121	25041	222	银川	Yinchuan	16842	28261	30478	87
铜仁	Tongren	11000	22471	24651	232	石嘴山	Shizuishan	15466	24168	25970	198
云南	**Yunnan**	**16065**	**26373**	**28611**		吴忠	Wuzhong	13849	21553	23352	255
昆明	Kunming	18876		36739	40	固原	Guyuan	13044	21144	22717	263
曲靖	Qujing	15940		29485	108	中卫	Zhongwei	13980	21604	23277	258
玉溪	Yuxi	164741		32177	65	**新疆**	**Xinjiang**	**13644**	**26275**	**28463**	
保山	Baoshan	14894		27801	150	乌鲁木齐	Urumqi	14402	31604	34190	54
昭通	Zhaotong	12295		23645	251	克拉玛依	Karamay	17295	33430	35770	47

6-2 城镇居民人均现金消费支出
Annual Per Capita Cash Consumption Expenditure of Urban Households

单位：元 (yuan)

地名	City	2010	2015	2016	2016 排名 Ranking
全国	**Nation Total**	**13471**	**21392**	**23079**	
北京	**Beijing**	**19934**	**36642**	**38256**	
天津	**Tianjin**	**16562**	**26230**	**28345**	
河北	**Hebei**	**10318**	**17587**	**19106**	
石家庄	Shijiazhuang	10568	18165	19182	102
唐山	Tangshan	13522	21973	21014	70
秦皇岛	Qinhuangdao	11081	18517	18959	108
邯郸	Handan	9438	14387	16224	183
邢台	Xingtai	10416	12984	15236	214
保定	Baoding	9626	13759	16450	178
张家口	Zhangjiakou	9874	14594	16723	173
承德	Chengde	9490	15636	17327	150
沧州	Cangzhou	10279	16615	18621	116
廊坊	Langfang	12673	22152	22944	49
衡水	Hengshui	9211	13346	16342	179
山西	**Shanxi**	**9793**	**15819**	**16993**	
太原	Taiyuan	12106	15455	16775	170
大同	Datong	10140	11342	11785	238
阳泉	Yangquan	10256	11605	15077	218
长治	Changzhi	10830	14411	15724	205
晋城	Jincheng	10586	16472	17355	149
朔州	Shuozhou	11713	14096	14364	227
晋中	Jinzhong	11972	13459	14038	230
运城	Yuncheng	9050	11228	11405	239
忻州	Xinzhou	9786	11175	12160	237
临汾	Linfen	9641	12502	13388	235
吕梁	Lvliang	8145	12825	13710	232
内蒙古	**Inner Mongolia**	**13995**	**21877**	**22745**	
呼和浩特	Hohhot	16624	26547	28352	21
包头	Baotou	20994	27269	28632	19
乌海	Wuhai	16680	26827	27578	27
赤峰	Chifeng	10343	14597	15517	211
通辽	Tongliao	10403	17308	17879	138
鄂尔多斯	Erdos	22566	26069	26486	31
呼伦贝尔	Hulunbuir	11877	18565	19066	104
巴彦淖尔	Bayannur	10400	16741	17093	157
乌兰察布	Ulanqab	10875	15392	16300	180
辽宁	**Liaoning**	**13280**	**21557**	**24996**	
沈阳	Shenyang	16961	26532	32549	5
大连	Dalian	16580	25824	27119	28
鞍山	Anshan	13710	18537	21384	65
抚顺	Fushun	10007	18061	20632	77
本溪	Benxi	12119	21294	22763	52
丹东	Dandong	11323	16315	17904	134
锦州	Jinzhou	11802	17630	19203	101
营口	Yingkou	12223	18215	20478	78
阜新	Fuxin	9047	16575	17763	140
辽阳	Liaoyang	11071	17319	20042	82
盘锦	Panjin	13923	20323	21897	60
铁岭	Tieling	10323	13820	14816	222
朝阳	Chaoyang	9318	13219	16114	186
葫芦岛	Huludao	10969	15103	16056	190
吉林	**Jilin**	**11679**		**19166**	
长春	Changchun	14400	23231		
吉林	Jilin	13223	21365		
四平	Siping	10831	18438		
辽源	Liaoyuan	11608	21894		
通化	Tonghua	10940	19807		
白山	Baishan	10722	18920		
松原	Songyuan	12501	21159		
白城	Baicheng	10509	18577		
黑龙江	**Heilongjiang**	**10684**			
哈尔滨	Harbin	13940	22962		
齐齐哈尔	Qiqihar	10044	19780		
鸡西	Jixi	10509			
鹤岗	Hegang	9391	15551		
双鸭山	Shuangyashan	9699	16697		
大庆	Daqing	13051	22280		
伊春	Yichun	8182	14427		
佳木斯	Jiamusi	10586			
七台河	Qitaihe	9345	15438		
牡丹江	Mudanjiang	10672	21868		
黑河	Heihe				
绥化	Suihua				
上海	**Shanghai**	**23200**	**36946**	**39857**	
江苏	**Jiangsu**	**14357**		**26433**	

6-2 城镇居民人均现金消费支出 续表 1
Annual Per Capita Cash Consumption Expenditure of Urban Households continued 1

单位：元 (yuan)

地名	City	2010	2015	2016	2016 排名 Ranking	地名	City	2010	2015	2016	2016 排名 Ranking
南京	Nanjing	17409	27794	29772	17	池州	Chizhou	10777	15904	18084	129
无锡	Wuxi	17068	29466	31438	9	宣城	Xuancheng	11507	17666	18876	110
徐州	Xuzhou	10558	16143	17255	151	**福建**	**Fujian**	**14750**	**23520**	**25006**	
常州	Changzhou	17205	25358	27080	29	福州	Fuzhou	15778	24825	26392	32
苏州	Suzhou	18837	31136	33305	4	厦门	Xiamen	19961	28929	30867	12
南通	Nantong	13506	23680	25217	37	莆田	Putian	12621	20210	21584	62
连云港	Lianyungang	9984	17259	18344	124	三明	Sanming	12273	19900	21183	67
淮安	Huaian	11047	15867	16912	165	泉州	Quanzhou	15955	24016	25210	38
盐城	Yancheng	12026	16539	17546	144	漳州	Zhangzhou	12665	19978	21467	64
扬州	Yangzhou	12842	19780	21064	69	南平	Nanping	11284	17690	18503	120
镇江	Zhenjiang	13324	22859	24388	40	龙岩	Longyan	14483	19626	20784	73
泰州	Taizhou	12317	21008	22480	56	宁德	Ningde	11090	18763	19982	83
宿迁	Suqian	8536	14494	15521	210	**江西**	**Jiangxi**	**10619**	**16732**	**17696**	
浙江	**Zhejiang**	**17858**	**28661**	**30068**		南昌	Nanchang	13899	21396	22532	55
杭州	Hangzhou	20219	33818	35686	3	景德镇	Jingdezhen	11475	18198	19082	103
宁波	Ningbo	19420	29645	31584	8	萍乡	Pingxiang	11775	18928	20325	81
温州	Wenzhou	19832	29434	30965	11	九江	Jiujiang	10823	17483	18273	126
嘉兴	Jiaxing	16559	25544	28313	22	新余	Xinyu	12709	19002	20349	80
湖州	Huzhou	16207	26815	27731	25	鹰潭	Yingtan	10929	17080	18482	121
绍兴	Shaoxing	18267	28355	28858	18	赣州	Ganzhou	10662	16080	16915	164
金华	Jinhua	17386	27701	30311	15	吉安	Jian	8893	16628	17452	146
衢州	Quzhou	14867	19393	20877	72	宜春	Yichun	10098	15888	17030	159
舟山	Zhoushan	16717	30128	30762	13	抚州	Fuzhou	7474	15032	15791	201
台州	Taizhou	17933	28892	30021	16	上饶	Shangrao	10099	15137	15855	200
丽水	Lishui	15366	23556	25296	36	**山东**	**Shandong**	**13118**	**19854**	**21495**	
安徽	**Anhui**	**11513**	**17234**	**19606**		济南	Jinan	15973	26319	28537	20
合肥	Hefei	14012	20049	21805	61	青岛	Qingdao	17531	26052	28285	23
芜湖	Wuhu	12980	17504	19541	90	淄博	Zibo	13724	22120	23697	44
蚌埠	Bengbu	11242	14696	15602	207	枣庄	Zaozhuang	11409	14744	15932	196
淮南	Huainan	10688	16343	16872	166	东营	Dongying	14744	23140	24879	39
马鞍山	Maanshan	14184	23756	25442	35	烟台	Yantai	15792	23410	25737	33
淮北	Huaibei	9733	15918	16739	172	潍坊	Weifang	13819	19325	20976	71
铜陵	Tongling	12877	21936	21226	66	济宁	Jining	12500	17093	18202	127
安庆	Anqing	11026	13639	15030	219	泰安	Taian	13421	16524	17900	135
黄山	Huangshan	11069	15765	16754	171	威海	Weihai	15339	23525	25639	34
滁州	Chuzhou	11499	15620	17472	145	日照	Rizhao	12289	16809	17957	131
阜阳	Fuyang	11178	15127	16191	185	莱芜	Laiwu	13645	17311	18523	118
宿州	Suzhou	9322	13846	15325	212	临沂	Linyi	12325	13398	14468	225
六安	Liuan	10712	14415	16204	184	德州	Dezhou	11628	13051	14131	229
亳州	Bozhou	10273	15614	16639	175	聊城	Liaocheng	12767	12405	13516	233

6-2 城镇居民人均现金消费支出 续表 2

Annual Per Capita Cash Consumption Expenditure of Urban Households continued 2

单位：元 (yuan)

地名	City	2010	2015	2016	2016 排名 Ranking
滨州	Binzhou	13147	19234	20728	75
菏泽	Heze	9765	12648	13767	231
河南	**Henan**	**10838**	**17154**	**18088**	
郑州	Zhengzhou	12790	21692	23210	48
开封	Kaifeng	11378	18949	19947	84
洛阳	Luoyang	12069	20328	22659	54
平顶山	Pingdingshan	11502	16308	17702	141
安阳	Anyang	10559	15596	15764	203
鹤壁	Hebi	9931	15411	16089	188
新乡	Xinxiang	11257	17443	18520	119
焦作	Jiaozuo	11228	17703	19616	87
濮阳	Puyang	10108	14802	16098	187
许昌	Xuchang	10743	17706	18027	130
漯河	Luohe	10913	18633	19456	92
三门峡	Sanmenxia	11193	16942	18556	117
南阳	Nanyang	11087	18156	19414	94
商丘	Shangqiu	8734	14592	16047	191
信阳	Xinyang	9307	14909	16225	182
周口	Zhoukou	9980	16605	16613	176
驻马店	Zhumadian	10183	16664	17950	133
湖北	**Hubei**	**13576**	**18192**	**20040**	
武汉	Wuhan	14490	23943	26535	30
黄石	Huangshi	10988	17241	18979	106
十堰	Shiyan	9216	14000	15544	208
宜昌	Yichang	11638	16959	18728	113
襄阳	Xiangyang	10897	15822	17024	160
鄂州	Ezhou	10349	15565	17103	156
荆门	Jingmen	10393	18245	19539	91
孝感	Xiaogan	10508	16985	18744	112
荆州	Jingzhou	10583	15685	17152	155
黄冈	Huanggang	9282	16184	17890	136
咸宁	Xianning	9791	15234	17201	153
随州	Suizhou	11798	14531	15926	197
湖南	**Hunan**	**11825**	**19501**	**21420**	
长沙	Changsha	16096	29753	31826	7
株洲	Zhuzhou	12269	22646	24348	41
湘潭	Xiangtan	12211	20733	22665	53
衡阳	Hengyang	11654	17592	19615	88
邵阳	Shaoyang	8170	12733	14298	228
岳阳	Yueyang	12177	17614	19355	98
常德	Changde	11253		22416	57
张家界	Zhangjiajie	9258	13854	15105	217
益阳	Yiyang	11279	16613		
郴州	Chenzhou	10386	17069	18445	122
永州	Yongzhou	9945	14095	15788	202
怀化	Huaihua	9013	14302		
娄底	Loudi	9354	14993	16660	174
广东	**Guangdong**	**18490**	**25673**	**28613**	
广州	Guangzhou	25012	35753	38398	1
韶关	Shaoguan	12910	16593	18143	128
深圳	Shenzhen	22807	32359	36481	2
珠海	Zhuhai	20370	28742	32151	6
汕头	Shantou	13218	19352	20721	76
佛山	Foshan	21995	28396	31303	10
江门	Jiangmen	15561	18331	20459	79
湛江	Zhanjiang	11825	17093	18417	123
茂名	Maoming	10182	15295	16266	181
肇庆	Zhaoqing	12164	16361	17883	137
惠州	Huizhou	19741	21581	23779	43
梅州	Meizhou	11008	15295	16835	167
汕尾	Shanwei	10013	15875	17374	148
河源	Heyuan	8371	13431	15123	216
阳江	Yangjiang	10430	17794	19758	85
清远	Qingyuan	10595	15921	17796	139
东莞	Dongguan	25733	29001	30688	14
中山	Zhongshan	18833	24327	27631	26
潮州	Chaozhou	11926	14832	15861	199
揭阳	Jieyang	12164	15089	16061	189
云浮	Yunfu	10535	13927	14730	223
广西	**Guangxi**	**11490**	**16321**	**17269**	
南宁	Nanning	12337	20897	15885	198
柳州	Liuzhou	11318	18314	19360	97
桂林	Guilin	11477	17998	17649	142
梧州	Wuzhou	10998	17008		
北海	Beihai	11695	17121	18861	111
防城港	Fangchenggang	10698	17452	19005	105
钦州	Qinzhou	10594	16446	17173	154
贵港	Guigang	10375	16650	15995	194
玉林	Yulin	10716	17299	17207	152
百色	Baise	10297	15531	16488	177

6-2 城镇居民人均现金消费支出 续表 3

Annual Per Capita Cash Consumption Expenditure of Urban Households continued 3

单位：元 (yuan)

地名	City	2010	2015	2016	2016 排名 Ranking
贺州	Hezhou	9791	14322	15206	215
河池	Hechi	9773	14867	15708	206
来宾	Laibin	11462	16757	17389	147
崇左	Chongzuo	9438	14026	15953	195
海南	**Hainan**	**10927**	**18448**	**19016**	
海口	Haikou	12401	21484		
三亚	Sanya	13081	23572	23436	46
三沙	Sansha				
重庆	**Chongqing**		**19742**	**21031**	
四川	**Sichuan**	**12105**	**19277**	**20660**	
成都	Chengdu	14430	21825	23514	45
自贡	Zigong	10724	18361	19410	95
攀枝花	Panzhihua	12695	19860	20745	74
泸州	Luzhou	11293	17893	19276	100
德阳	Deyang	12706	19971	21534	63
绵阳	Mianyang	12268	18133	19561	89
广元	Guangyuan	9107	15250	16820	168
遂宁	Suining	11111	16923	18665	115
内江	Neijiang	11238	16391	17591	143
乐山	Leshan	11053	17873	19317	99
南充	Nanchong	9634	15742	16780	169
眉山	Meishan	10386	18698	19686	86
宜宾	Yibin	11677	17613	18963	107
广安	Guangan	9585	18400	19428	93
达州	Dazhou	9976	16509	17952	132
雅安	Yaan	10903	15528	16968	162
巴中	Bazhong	9694	17031	18701	114
资阳	Ziyang	12560	17658	19389	96
贵州	**Guizhou**	**10058**	**16914**	**19202**	
贵阳	Guiyang	12940	20020	22362	58
六盘水	Liupanshui	8358	14974	15999	193
遵义	Zunyi	10834	16815	16988	161
安顺	Anshun	10292	15249	17075	158
毕节	Bijie	10407			
铜仁	Tongren	7096			
云南	**Yunnan**	**11074**	**17675**	**18622**	
昆明	Kunming	13244	19241		
曲靖	Qujing	10919	18754		
玉溪	Yuxi	10621	16732		
保山	Baoshan	9484	14633		
昭通	Zhaotong	8369	12429		
丽江	Lijiang	9068	14798		
普洱	Puer	8859	14507	15762	204
临沧	Lincang	9282	14201		
西藏	**Tibet**	**9686**	**17022**	**19441**	
拉萨	Lasa	11687	17666		
陕西	**Shaanxi**	**11822**	**18464**	**19369**	
西安	Xi'an	16543	27712		
铜川	Tongchuan	11181	20289		
宝鸡	Baoji	13258	23138		
咸阳	Xianyang	13845	23633		
渭南	Weinan	10130	17874		
延安	Yan'an	11633	20881		
汉中	Hanzhong	9519	16278		
榆林	Yulin	10315	16726		
安康	Ankang	10469	18505		
商洛	Shangluo	9169	16264		
甘肃	**Gansu**	**9895**	**17451**	**19539**	
兰州	Lanzhou	10930	20156	22893	51
嘉峪关	Jiayuguan	12076	21443	23819	42
金昌	Jinchang	14186	19210	21149	68
白银	Baiyin	10628	13885	14599	224
天水	Tianshui	8300	12371	13221	236
武威	Wuwei	8942	15185	16941	163
张掖	Zhangye	10136	17167	18923	109
平凉	Pingliang	7499	14097	14407	226
酒泉	Jiuquan	12139	21655	23329	47
庆阳	Qingyang	9693	14298	14950	221
定西	Dingxi	8077	12925	15026	220
陇南	Longnan	7714	12190	13389	234
青海	**Qinghai**	**9614**	**19201**	**20853**	
西宁	Xining	9421	20112	21997	59
海东	Haidong				
宁夏	**Ningxia**	**11334**	**18984**	**20364**	
银川	Yinchuan	13589	21694	22898	50
石嘴山	Shizuishan	10870	15005	16013	192
吴忠	Wuzhong	9749	15671	15280	213
固原	Guyuan	8840	13852	15527	209
中卫	Zhongwei	9612	16747	18298	125
新疆	**Xinjiang**	**10197**	**19415**	**21229**	
乌鲁木齐	Urumqi	10239	24748	27915	24
克拉玛依	Karamay	15957	25468		

6-3 城镇居民人均食品消费支出
Annual Per Capita Food Consumption Expenditure of Urban Households

单位：元 (yuan)

地名	City	2010	2015	2016	2016 排名 Ranking	地名	City	2010	2015	2016	2016 排名 Ranking
全国	**Nation Total**	**4805**		**6762**		沈阳	Shenyang	5385	7436	7919	25
北京	**Beijing**	**6393**	**8091**	**8070**		大连	Dalian	6145	7266	7584	35
天津	**Tianjin**	**5940**	**8447**	**8680**		鞍山	Anshan	4671	5462	5796	97
河北	**Hebei**	**3335**		**4992**		抚顺	Fushun	4041		5866	95
石家庄	Shijiazhuang	3661	4461	4719	144	本溪	Benxi	4780	6753	6783	60
唐山	Tangshan	4371	5361	5232	124	丹东	Dandong	4470	5503	5697	100
秦皇岛	Qinhuangdao	3833	4452	5024	130	锦州	Jinzhou	4191	4704	5098	127
邯郸	Handan	3213	3726	4170	165	营口	Yingkou	4511	5558	6051	83
邢台	Xingtai	3835	3273	3885	173	阜新	Fuxin	3463	5049	5502	112
保定	Baoding	3599	3357	3570	177	辽阳	Liaoyang	4202			
张家口	Zhangjiakou	3722	3959	4749	140	盘锦	Panjin	4358	5293	5715	98
承德	Chengde	3647	4821	4973	132	铁岭	Tieling	3567	4146	4445	153
沧州	Cangzhou	3286	4099	4376	156	朝阳	Chaoyang	3479	3956	4432	154
廊坊	Langfang	3775	4920	4956	133	葫芦岛	Huludao	3772	4648	4737	141
衡水	Hengshui	3039	2835	4592	150	**吉林**	**Jilin**	**3768**		**4976**	
山西	**Shanxi**	**3053**		**3863**		长春	Changchun	4642	5545		
太原	Taiyuan	3710				吉林	Jilin	3891	5295		
大同	Datong	3571		3465	178	四平	Siping	3772	4612		
阳泉	Yangquan	3463				辽源	Liaoyuan	3730	5797		
长治	Changzhi	3362		4025	170	通化	Tonghua	4218	6182		
晋城	Jincheng	2915		3818	175	白山	Baishan	3788	5294		
朔州	Shuozhou	1383		3677	176	松原	Songyuan	3536	4800		
晋中	Jinzhong	3121		3931	171	白城	Baicheng	3393	4586		
运城	Yuncheng	2644				**黑龙江**	**Heilongjiang**	**3785**		**5019**	
忻州	Xinzhou	2693		3125	180	哈尔滨	Harbin	4647	7508		
临汾	Linfen	2928		3176	179	齐齐哈尔	Qiqihar	3922			
吕梁	Lvliang	3012				鸡西	Jixi	3908			
内蒙古	**Inner Mongolia**	**4211**		**6446**		鹤岗	Hegang	3201			
呼和浩特	Hohhot	4983	6728	7199	44	双鸭山	Shuangyashan	3188			
包头	Baotou	6639	7868	8106	16	大庆	Daqing	4260			
乌海	Wuhai	4833	7423	7615	33	伊春	Yichun	2971	4873		
赤峰	Chifeng	3299	4235	4249	161	佳木斯	Jiamusi	3932			
通辽	Tongliao	3272	4225	4366	158	七台河	Qitaihe	3597	9395		
鄂尔多斯	Erdos	5876	6272	6326	78	牡丹江	Mudanjiang	3722			
呼伦贝尔	Hulunbuir	3295	5612	5899	90	黑河	Heihe				
巴彦淖尔	Bayannur	3214	4674	4862	137	绥化	Suihua				
乌兰察布	Ulanqab	3666	5553	5643	104	**上海**	**Shanghai**	**7777**	**9691**	**10015**	
辽宁	**Liaoning**	**4658**		**6902**		**江苏**	**Jiangsu**	**5243**		**7389**	

6-3 城镇居民人均食品消费支出 续表 1

Annual Per Capita Food Consumption Expenditure of Urban Households continued 1

单位：元 (yuan)

地名	City	2010	2015	2016	2016 排名 Ranking	地名	City	2010	2015	2016	2016 排名 Ranking
南京	Nanjing	6120	7213	7642	31	池州	Chizhou	4331			
无锡	Wuxi	6357	8333	8818	7	宣城	Xuancheng	4622	5476		
徐州	Xuzhou	3712	4872	5182	125	**福建**	**Fujian**	**5791**		**8300**	
常州	Changzhou	5605	7101	7357	39	福州	Fuzhou	6145	8081	8704	9
苏州	Suzhou	6607	8302	8882	6	厦门	Xiamen	7275	9411	9754	3
南通	Nantong	4803	6794	7227	43	莆田	Putian	5349	7109	7671	30
连云港	Lianyungang	3741	5644	5924	88	三明	Sanming	4948	6947	7424	37
淮安	Huaian	4003	4892	5054	129	泉州	Quanzhou	6059	8134	8511	12
盐城	Yancheng	4302	5219	5532	109	漳州	Zhangzhou	5333	7512	8027	19
扬州	Yangzhou	4782	6171	6551	69	南平	Nanping	4948	6470	6359	76
镇江	Zhenjiang	5318	6530	6939	56	龙岩	Longyan	5456	6996	7270	41
泰州	Taizhou	4518	6133	6470	72	宁德	Ningde	4662	6926	7113	46
宿迁	Suqian	3232	5076	5390	118	**江西**	**Jiangxi**	**4195**		**5668**	
浙江	**Zhejiang**	**6118**		**8467**		南昌	Nanchang	4782	6825		
杭州	Hangzhou	7790	9171	9945	1	景德镇	Jingdezhen	4306			
宁波	Ningbo	6899	8321	9222	5	萍乡	Pingxiang	4404	6719		
温州	Wenzhou	7117	9382	9797	2	九江	Jiujiang	4368			
嘉兴	Jiaxing	5444	8158	7892	26	新余	Xinyu	4471			
湖州	Huzhou	5970	7662	8533	11	鹰潭	Yingtan	4253			
绍兴	Shaoxing	6317	7793	7966	22	赣州	Ganzhou	4645	5548		
金华	Jinhua	5672	7849	8020	20	吉安	Jian	4006			
衢州	Quzhou	5489	5397	5685	101	宜春	Yichun	4049			
舟山	Zhoushan	5972	9179	9555	4	抚州	Fuzhou	3906			
台州	Taizhou	6212	8457	8796	8	上饶	Shangrao	4576	5193		
丽水	Lishui	5389	6504	7009	51	**山东**	**Shandong**	**4206**	**5527**	**5929**	
安徽	**Anhui**	**4370**		**6382**		济南	Jinan	5051	6415	6908	57
合肥	Hefei	5010	6656			青岛	Qingdao	6553	7856	8473	13
芜湖	Wuhu	5012	6284			淄博	Zibo	3918	5598	5993	86
蚌埠	Bengbu	4018	3806			枣庄	Zaozhuang	3923	4634	4736	143
淮南	Huainan	4290	6047			东营	Dongying	4183	5584	5896	91
马鞍山	Maanshan	5273				烟台	Yantai	5116	6969	8018	21
淮北	Huaibei	4056	5250			潍坊	Weifang	3981	4614	4931	136
铜陵	Tongling	4541	7020			济宁	Jining	4562	5089	5478	114
安庆	Anqing	4378	4896			泰安	Taian	4242	4373	4649	147
黄山	Huangshan	4231	5076			威海	Weihai	4415	7410	7625	32
滁州	Chuzhou	4256	5126			日照	Rizhao	3578	5043	5290	122
阜阳	Fuyang	4390				莱芜	Laiwu	4005	4407	4694	145
宿州	Suzhou	3862	4712			临沂	Linyi	3791	3612	3908	172
六安	Liuan	4374	5299			德州	Dezhou	3804	3909	4250	160
亳州	Bozhou	3646	4825			聊城	Liaocheng	3650	3770	4155	166

6-3 城镇居民人均食品消费支出 续表 2

Annual Per Capita Food Consumption Expenditure of Urban Households continued 2

单位：元 (yuan)

地名	City	2010	2015	2016	2016 排名 Ranking	地名	City	2010	2015	2016	2016 排名 Ranking
滨州	Binzhou	3781	5489	5882	93	常德	Changde	3785		6997	53
菏泽	Heze	3538	3818	4119	167	张家界	Zhangjiajie	3225		5582	106
河南	**Henan**	**3576**		**5068**		益阳	Yiyang	4412	5760		
郑州	Zhengzhou	4223	6326	6620	65	郴州	Chenzhou	4051			
开封	Kaifeng	3600	4696	4642	148	永州	Yongzhou	3672	5060	4373	157
洛阳	Luoyang	3802	4728	5088	128	怀化	Huaihua	3341	3506		
平顶山	Pingdingshan	3694	4906	5463	115	娄底	Loudi	3672	4999		
安阳	Anyang	3465	4977	4671	146	**广东**	**Guangdong**	**6747**		**9422**	
鹤壁	Hebi	3054	4275	4070	169	广州	Guangzhou	8325			
新乡	Xinxiang	3539	5350	5394	117	韶关	Shaoguan	5138			
焦作	Jiaozuo	3541	5158	5484	113	深圳	Shenzhen	8105			
濮阳	Puyang	3221	4192	4996	131	珠海	Zhuhai	7124			
许昌	Xuchang	3223	5109	5364	119	汕头	Shantou	6456			
漯河	Luohe	3684	5428	5302	121	佛山	Foshan	7417			
三门峡	Sanmenxia	3386	4400	4558	151	江门	Jiangmen	5849			
南阳	Nanyang	3676	5992	6381	75	湛江	Zhanjiang	5064			
商丘	Shangqiu	3321	4280	4784	139	茂名	Maoming	4134			
信阳	Xinyang	3954	5669	5904	89	肇庆	Zhaoqing	5169			
周口	Zhoukou	3591	5571	5569	108	惠州	Huizhou	6695			
驻马店	Zhumadian	3312	4548	4936	135	梅州	Meizhou	4601			
湖北	**Hubei**	**5254**		**6294**		汕尾	Shanwei	4420			
武汉	Wuhan	5367	7549	8190	15	河源	Heyuan	3511			
黄石	Huangshi	4312	5953	6532	70	阳江	Yangjiang	4415			
十堰	Shiyan	3573	4634	4956	133	清远	Qingyuan	4585			
宜昌	Yichang	4040	5071	5530	110	东莞	Dongguan	8733			
襄阳	Xiangyang	4106	5789	5895	92	中山	Zhongshan	7378			
鄂州	Ezhou	4650	6571	7032	48	潮州	Chaozhou	5270			
荆门	Jingmen	3854	6016	6314	79	揭阳	Jieyang	5110			
孝感	Xiaogan	4110	6858	4085	168	云浮	Yunfu	4452			
荆州	Jingzhou	4448	5672	5934	87	**广西**	**Guangxi**	**4373**		**5937**	
黄冈	Huanggang	3445	5849	6459	74	南宁	Nanning	4789	7918	5708	99
咸宁	Xianning	3880	4861	5325	120	柳州	Liuzhou	4484	7428	7826	27
随州	Suizhou	4716	5060	5524	111	桂林	Guilin	4765	7084	6483	71
湖南	**Hunan**	**4322**		**6408**		梧州	Wuzhou	4789	7198		
长沙	Changsha	5413	7740	7941	24	北海	Beihai	5160		8450	14
株洲	Zhuzhou	4409	6730	6775	61	防城港	Fangchenggang	4348	7145	7795	28
湘潭	Xiangtan	4095	6406	7003	52	钦州	Qinzhou	4601	7500	6079	82
衡阳	Hengyang	4635	5750	6164	81	贵港	Guigang	4110	6920	6607	67
邵阳	Shaoyang	3390	4316	4532	152	玉林	Yulin	4096	6920	6973	54
岳阳	Yueyang	4362		5998	85	百色	Baise	3818	5965	5132	126

6-3 城镇居民人均食品消费支出 续表 3

Annual Per Capita Food Consumption Expenditure of Urban Households continued 3

单位：元 (yuan)

地名	City	2010	2015	2016	2016 排名 Ranking
贺州	Hezhou	3790	5546	5877	94
河池	Hechi	3967	4950	5261	123
来宾	Laibin	4034	6214	6338.28	77
崇左	Chongzuo	3810	5648	6608	66
海南	**Hainan**	**4896**		**7420**	
海口	Haikou	5219		8584	10
三亚	Sanya	5606	6628	6884	58
三沙	Sansha				
重庆	**Chongqing**			**6884**	
四川	**Sichuan**	**4780**	**6783**	**7118**	
成都	Chengdu	5560	7437	8038	18
自贡	Zigong	4588	7207	7604	34
攀枝花	Panzhihua	5081	7078	7416	38
泸州	Luzhou	4691	7090	7425	36
德阳	Deyang	5064	6972	7353	40
绵阳	Mianyang	4749	6731	7016	50
广元	Guangyuan	3932	6133	6742	62
遂宁	Suining	5035	6191	6049	84
内江	Neijiang	4771	6140	6460	73
乐山	Leshan	4664	6743	7188	45
南充	Nanchong	4378	5816	6283	80
眉山	Meishan	4352	6666	6953	55
宜宾	Yibin	4725	6336	6708	63
广安	Guangan	4571	6538	6832	59
达州	Dazhou	4356	6782	7258	42
雅安	Yaan	4084	5105	5648	103
巴中	Bazhong	4024	7101	7694	29
资阳	Ziyang	4950	6826	6595	68
贵州	**Guizhou**	**4014**		**6010**	
贵阳	Guiyang	4905		5435	116
六盘水	Liupanshui	3871		5617	105
遵义	Zunyi	4157			
安顺	Anshun	4780			
毕节	Bijie	3436			
铜仁	Tongren	2753			
云南	**Yunnan**	**4593**		**5528**	
昆明	Kunming	5240			
曲靖	Qujing	4013			
玉溪	Yuxi	3951			
保山	Baoshan	3889			
昭通	Zhaotong	3710			
丽江	Lijiang	3890			
普洱	Puer	4127			
临沧	Lincang	4351			
西藏	**Tibet**	**4848**		**8728**	
拉萨	Lasa	5496			
陕西	**Shaanxi**	**4381**		**5422**	
西安	Xi'an	5177			
铜川	Tongchuan	4006			
宝鸡	Baoji	4994			
咸阳	Xianyang	4642			
渭南	Weinan	3216			
延安	Yan'an	3653			
汉中	Hanzhong	3724			
榆林	Yulin	2948			
安康	Ankang	4192			
商洛	Shangluo	3306			
甘肃	**Gansu**	**3702**		**5777**	
兰州	Lanzhou	4244	6278	7018	49
嘉峪关	Jiayuguan	4222	7171	7955	23
金昌	Jinchang	4840	5183	5652	102
白银	Baiyin	3563	4784	4815	138
天水	Tianshui	2998	3649	3830	174
武威	Wuwei	3519	4971	5579	107
张掖	Zhangye	2937	5293	5802	96
平凉	Pingliang	2902	3947	4196	164
酒泉	Jiuquan	4148	5929	7048	47
庆阳	Qingyang	3440	4574	4737	141
定西	Dingxi	2976	4227	4641	149
陇南	Longnan	3026	3808	4204	163
青海	**Qinghai**	**3785**		**5976**	
西宁	Xining	3863			
海东	Haidong				
宁夏	**Ningxia**	**3768**		**4889**	
银川	Yinchuan	4358	5862	6663	64
石嘴山	Shizuishan	3820	4502		
吴忠	Wuzhong	3262		4278	159
固原	Guyuan	2983	4225	4379	155
中卫	Zhongwei	3109	4231	4209	
新疆	**Xinjiang**	**3695**		**6179**	
乌鲁木齐	Urumqi	3891	7515	8089	17
克拉玛依	Karamay	4850			

6-4 农村居民人均可支配收入
Annual Per Capita Disposable Income of Rural Households

单位：元 (yuan)

地名	City	2010	2015	2016	2016 排名 Ranking	地名	City	2010	2015	2016	2016 排名 Ranking
全国	**Nation Total**	**5919**	**11422**	**12363**		沈阳	Shenyang	10022	13486	14385	81
北京	**Beijing**	**13262**	**20569**	**22310**		大连	Dalian	12317	14667	15664	48
天津	**Tianjin**	**10075**	**18482**	**20076**		鞍山	Anshan	9250	13117	14161	85
河北	**Hebei**	**5958**	**11051**	**11919**		抚顺	Fushun	7203	11766	12545	148
石家庄	Shijiazhuang	6577	11442	12345	158	本溪	Benxi	7845	12667	13574	102
唐山	Tangshan	8310	13935	15023	62	丹东	Dandong	8340	12493	13450	108
秦皇岛	Qinhuangdao	6214	10782	11621	185	锦州	Jinzhou	7756	12599	13539	104
邯郸	Handan	6085	11247	12153	165	营口	Yingkou	8863	13631	14587	74
邢台	Xingtai	4966	9152	10006	227	阜新	Fuxin	6372	11109	11812	176
保定	Baoding	5446	10558	11612	186	辽阳	Liaoyang	8095	12036	12969	123
张家口	Zhangjiakou	4119	8341	9241	252	盘锦	Panjin	9750	13763	14845	67
承德	Chengde	4382	7923	8736	258	铁岭	Tieling	7739	11683	12531	150
沧州	Cangzhou	5528	10389	11340	197	朝阳	Chaoyang	6142	10514	11193	200
廊坊	Langfang	7589	13159	14286	84	葫芦岛	Huludao	6597	10233	10986	206
衡水	Hengshui	4370	9030	10069	226	**吉林**	**Jilin**	**6237**	**11326**	**12123**	
山西	**Shanxi**	**4736**	**9454**	**10083**		长春	Changchun	6665	11749	12576	144
太原	Taiyuan	7611	13626	14591	73	吉林	Jilin	6594	11495	12285	159
大同	Datong	4063	7708	8217	267	四平	Siping	6586	11281	12063	167
阳泉	Yangquan	6560	11494	12172	163	辽源	Liaoyuan	6324	10973	11767	177
长治	Changzhi	5960	11095	11863	174	通化	Tonghua	6572	10117	10877	209
晋城	Jincheng	5899	10914	11635	183	白山	Baishan	6134	9090	9775	239
朔州	Shuozhou	5903	10816	11478	190	松原	Songyuan	6167	9561	10258	223
晋中	Jinzhong	5809	10877	11525	189	白城	Baicheng	4504	7751	8387	264
运城	Yuncheng	4685	8718	9365	249	**黑龙江**	**Heilongjiang**	**6211**	**11095**	**11832**	
忻州	Xinzhou	3446	6550	7025	279	哈尔滨	Harbin	8020	13325	14391	80
临汾	Linfen	5287	9376	10005	228	齐齐哈尔	Qiqihar	6724	12106	12943	126
吕梁	Lvliang	3890	7193	7644	274	鸡西	Jixi	7636	14409	15592	50
内蒙古	**Inner Mongolia**	**5530**	**10776**	**11609**		鹤岗	Hegang	6300	12153	13041	118
呼和浩特	Hohhot	8746	13491	14517	76	双鸭山	Shuangyashan	6882	12206	13035	119
包头	Baotou	8766	13667	14692	71	大庆	Daqing	8045	13204	13909	97
乌海	Wuhai	9245	14402	15475	52	伊春	Yichun	7280	12001	12827	132
赤峰	Chifeng	5010	8812	9517	245	佳木斯	Jiamusi	7111	13125	13912	96
通辽	Tongliao	6002	10757	11585	187	七台河	Qitaihe	6955	10687	11405	193
鄂尔多斯	Erdos	8756	14420	15480	51	牡丹江	Mudanjiang	9363	14711	15688	46
呼伦贝尔	Hulunbuir	6295	11632	12540	149	黑河	Heihe	7046	12177	12969	123
巴彦淖尔	Bayannur	8240	13479	14476	77	绥化	Suihua		11271	12014	171
乌兰察布	Ulanqab	4451	8428	9085	253	**上海**	**Shanghai**	**13978**	**23205**	**25520**	
辽宁	**Liaoning**	**6908**	**12057**	**12881**		**江苏**	**Jiangsu**	**9118**	**16257**	**17606**	

6-4 农村居民人均可支配收入 续表 1

Annual Per Capita Disposable Income of Rural Households continued 1

单位：元 (yuan)

地名	City	2010	2015	2016	2016 排名 Ranking	地名	City	2010	2015	2016	2016 排名 Ranking
南京	Nanjing	11128	19483	21156	19	池州	Chizhou	5827	11511	12409	157
无锡	Wuxi	14002	24155	26158	10	宣城	Xuancheng	6651	12309	13379	111
徐州	Xuzhou	7955	13982	15274	55	**福建**	**Fujian**	**7427**	**13793**	**14999**	
常州	Changzhou	12637	21912	23780	13	福州	Fuzhou	8543	15203	16346	43
苏州	Suzhou	14657	25580	27691	6	厦门	Xiamen	10033	17558	18885	22
南通	Nantong	9914	17267	18741	23	莆田	Putian	7663	13882	15131	60
连云港	Lianyungang	7039	12778	13932	93	三明	Sanming	6949	12806	13918	95
淮安	Huaian	7233	13128	14319	83	泉州	Quanzhou	9296	15861	17179	34
盐城	Yancheng	8751	15748	17172	35	漳州	Zhangzhou	7861	13866	15320	54
扬州	Yangzhou	9462	16619	18057	27	南平	Nanping	6759	12264	13331	115
镇江	Zhenjiang	10874	19214	20922	20	龙岩	Longyan	6931	13274	14429	78
泰州	Taizhou	9324	16410	17861	29	宁德	Ningde	6542	12391	13516	106
宿迁	Suqian	6975	12772	13929	94	**江西**	**Jiangxi**	**5789**	**11139**	**12138**	
浙江	**Zhejiang**	**11303**	**21125**	**22866**		南昌	Nanchang	7193	13693	14952	64
杭州	Hangzhou	13186	25719	27908	4	景德镇	Jingdezhen	6521	12736	13878	98
宁波	Ningbo	14261	26469	28572	2	萍乡	Pingxiang	7219	14046	15274	55
温州	Wenzhou	11416	21235	22985	15	九江	Jiujiang	5584	11143	12157	164
嘉兴	Jiaxing	14365	26838	28997	1	新余	Xinyu	7301	13986	15203	58
湖州	Huzhou	13288	24410	26508	9	鹰潭	Yingtan	6249	12383	13534	105
绍兴	Shaoxing	13651	25648	27744	5	赣州	Ganzhou	4182	7786	8729	259
金华	Jinhua	10201	20297	21896	17	吉安	Jian	5570	10355	11380	196
衢州	Quzhou	8270	16884	18421	26	宜春	Yichun	5799	11621	12643	140
舟山	Zhoushan	14265	25903	28308	3	抚州	Fuzhou	5848	11441	12447	154
台州	Taizhou	11307	21225	23164	14	上饶	Shangrao	5317	10112	11103	204
丽水	Lishui	6537	15000	16459	41	**山东**	**Shandong**	**6990**	**12930**	**13954**	
安徽	**Anhui**	**5285**	**10821**	**11721**		济南	Jinan	8903	14232	15346	53
合肥	Hefei	7117	15733	17059	36	青岛	Qingdao	10550	16730	17969	28
芜湖	Wuhu	7834	12309	17307	33	淄博	Zibo	9195	14531	15674	47
蚌埠	Bengbu	5565	11552	12591	142	枣庄	Zaozhuang	7103	12038	13018	120
淮南	Huainan	5746	10070	10848	210	东营	Dongying	8427	13887	14999	63
马鞍山	Maanshan	9331	15964	17719	30	烟台	Yantai	9916	15540	16721	38
淮北	Huaibei	5337	9882	10653	213	潍坊	Weifang	8872	14890	16098	44
铜陵	Tongling	7266	11169	12054	168	济宁	Jining	7450	12570	13615	101
安庆	Anqing	4985	9985	10814	211	泰安	Taian	7592	13322	14428	79
黄山	Huangshan	6716	11872	12869	130	威海	Weihai	10517	16313	17573	32
滁州	Chuzhou	5915	10070	10956	207	日照	Rizhao	7504	12319	13379	111
阜阳	Fuyang	4187	9001	9776	238	莱芜	Laiwu	8311	13714	14852	65
宿州	Suzhou	4766	9140	9917	233	临沂	Linyi	6761	10828	11646	181
六安	Liuan	4714	9197	9960	230	德州	Dezhou	7028	11269	12248	161
亳州	Bozhou	4689	9138	10576	217	聊城	Liaocheng	6377	10512	11387	195

6-4 农村居民人均可支配收入 续表 2

Annual Per Capita Disposable Income of Rural Households continued 2

单位：元 (yuan)

地名	City	2010	2015	2016	2016 排名 Ranking	地名	City	2010	2015	2016	2016 排名 Ranking
滨州	Binzhou	7194	12727	13736	99	常德	Changde	5635	11744	12758	135
菏泽	Heze	5812	9802	10705	212	张家界	Zhangjiajie	3668	7094	7802	271
河南	**Henan**	**5524**	**10853**	**11697**		益阳	Yiyang	5617	12344	13416	110
郑州	Zhengzhou	9225	17125	18426	25	郴州	Chenzhou	5207	11778	12756	136
开封	Kaifeng	5390	10304	11166	201	永州	Yongzhou	5061	10765	11683	180
洛阳	Luoyang	5680	10667	11457	191	怀化	Huaihua	3520	7203	7961	269
平顶山	Pingdingshan	5504	10450	11244	199	娄底	Loudi	3365	8655	9529	244
安阳	Anyang	6359	11721	12624	141	**广东**	**Guangdong**	**7890**	**13360**	**14512**	
鹤壁	Hebi	6813	12995	14022	89	广州	Guangzhou	12676	19323	21449	18
新乡	Xinxiang	6241	11772	12679	138	韶关	Shaoguan	6317	11607	12790	134
焦作	Jiaozuo	7512	13751	14851	66	深圳	Shenzhen				
濮阳	Puyang	5077	9790	10622	215	珠海	Zhuhai	10187	20510	22889	16
许昌	Xuchang	7197	13355	14357	82	汕头	Shantou	6518	12455	13663	100
漯河	Luohe	6460	11980	12938	127	佛山	Foshan	12202	22063	24159	12
三门峡	Sanmenxia	5787	11084	11982	172	江门	Jiangmen	8589	13817	15226	57
南阳	Nanyang	5666	10777	11701	179	湛江	Zhanjiang	6909	12405	13336	114
商丘	Shangqiu	4674	8885	9605	242	茂名	Maoming	6802	13224	14520	75
信阳	Xinyang	5311	9844	10651	214	肇庆	Zhaoqing	7524	13982	15115	61
周口	Zhoukou	4510	8576	9279	251	惠州	Huizhou	9077	15830	17603	31
驻马店	Zhumadian	4861	9174	9935	232	梅州	Meizhou	6367	11799	12991	122
湖北	**Hubei**	**5832**	**11844**	**12725**		汕尾	Shanwei	6316	11290	12442	155
武汉	Wuhan	8295	17722	19152	21	河源	Heyuan	5645	10803	12046	169
黄石	Huangshi	5525	12004	12925	128	阳江	Yangjiang	6655	12543	13961	90
十堰	Shiyan	3499	7779	8514	263	清远	Qingyuan	6386	11682	12873	129
宜昌	Yichang	5980	12990	14057	87	东莞	Dongguan	20486	24225	26526	8
襄阳	Xiangyang	6365	13650	14762	69	中山	Zhongshan	14928	24405	27529	7
鄂州	Ezhou	6645	13812	14813	68	潮州	Chaozhou	6373	11459	12559	145
荆门	Jingmen	6951	14716	15811	45	揭阳	Jieyang	6128	11333	12551	147
孝感	Xiaogan	5943	12655	13554	103	云浮	Yunfu	6744	12008	13016	121
荆州	Jingzhou	6453	13728	14707	70	**广西**	**Guangxi**	**4543**	**9467**	**10360**	
黄冈	Huanggang	4634	10252	11076	205	南宁	Nanning	5005	9408	11398	194
咸宁	Xianning	5606	11940	12812	133	柳州	Liuzhou	4935	9449	11107	203
随州	Suizhou	6279	13022	14077	86	桂林	Guilin	5487	10365	12176	162
湖南	**Hunan**	**5622**	**10993**	**11930**		梧州	Wuzhou	4879	9051	10142	224
长沙	Changsha	11206	23601	25448	11	北海	Beihai	5415	9923	11622	184
株洲	Zhuzhou	7658	15637	16919	37	防城港	Fangchenggang	5628	10429	12113	166
湘潭	Xiangtan	7817	15347	16576	39	钦州	Qinzhou	5340	9710	10947	208
衡阳	Hengyang	7220	14407	15603	49	贵港	Guigang	5289	10017	11572	188
邵阳	Shaoyang	3760	8716	9721	240	玉林	Yulin	5302	10292	12590	143
岳阳	Yueyang	5988	12091	13119	117	百色	Baise	3461	6766	9348	250

6-4 农村居民人均可支配收入 续表 3

Annual Per Capita Disposable Income of Rural Households continued 3

单位：元 (yuan)

地名	City	2010	2015	2016	2016 排名 Ranking
贺州	Hezhou	4298	8056	9552	243
河池	Hechi	3599	6164	7509	277
来宾	Laibin	4659	8379	9820	234
崇左	Chongzuo	4621	8308	9801	236
海南	**Hainan**	**5275**	**10858**	**11843**	
海口	Haikou	6173	11635	12679	138
三亚	Sanya	6502	12228	13360	113
三沙	Sansha				
重庆	**Chongqing**	**5277**	**10505**	**11549**	
四川	**Sichuan**	**5087**	**10247**	**11203**	
成都	Chengdu	8205	17514	18605	24
自贡	Zigong	5762	12088	13192	116
攀枝花	Panzhihua	6293	12861	14057	87
泸州	Luzhou	5388	11359	12450	153
德阳	Deyang	6486	12787	13951	91
绵阳	Mianyang	5940	11349	13504	107
广元	Guangyuan	4036	8939	9819	235
遂宁	Suining	5390	11379	12423	156
内江	Neijiang	5504	11428	12491	151
乐山	Leshan	5613	11649	12749	137
南充	Nanchong	4814	10292	11273	198
眉山	Meishan	5942	12756	13935	92
宜宾	Yibin	5610	11745	12843	131
广安	Guangan	5377	11371	12479	152
达州	Dazhou	5084	10688	11718	178
雅安	Yaan	5181	10195	11138	202
巴中	Bazhong	3847	9084	9969	229
资阳	Ziyang	5552	12284	13422	109
贵州	**Guizhou**	**3472**		**8090**	
贵阳	Guiyang	5976	11918	12967	125
六盘水	Liupanshui	3601	7522	8230	266
遵义	Zunyi	4207	9249	10109	225
安顺	Anshun	3526	7402	8120	268
毕节	Bijie	3354	6945	7668	273
铜仁	Tongren	3222	6931	7631	275
云南	**Yunnan**	**3952**	**8242**	**9020**	
昆明	Kunming	5810		12555	146
曲靖	Qujing	4130		10380	221
玉溪	Yuxi	5747		11968	173
保山	Baoshan	3626		9426	247
昭通	Zhaotong	2768		7951	270
丽江	Lijiang	3410		8750	257
普洱	Puer	3456		8669	260
临沧	Lincang	3279		8914	255
西藏	**Tibet**	**4139**	**8244**	**9094**	
拉萨	Lasa	5003	10378	11448	192
陕西	**Shaanxi**	**4105**	**8689**	**9396**	
西安	Xi'an	7750	14072	15191	59
铜川	Tongchuan	4789	8739	9478	246
宝鸡	Baoji	5040	9511	10287	222
咸阳	Xianyang	5056	9690	10481	219
渭南	Weinan	4372	8705	9415	248
延安	Yan'an	5173	9789	10568	218
汉中	Hanzhong	4183	8164	8855	256
榆林	Yulin	5113	9802	10582	216
安康	Ankang	3976	7913	8590	262
商洛	Shangluo	3605	7706	8358	265
甘肃	**Gansu**	**3425**	**6936**	**7457**	
兰州	Lanzhou	4588	9621	10391	220
嘉峪关	Jiayuguan	7865	15371	16462	40
金昌	Jinchang	5953	11459	12284	160
白银	Baiyin	3386	7065	7623	276
天水	Tianshui	2825	6007	6499	281
武威	Wuwei	4551	9101	9784	237
张掖	Zhangye	5575	10823	11646	181
平凉	Pingliang	3136	6501	7008	280
酒泉	Jiuquan	7234	13603	14596	72
庆阳	Qingyang	3154	6945	7480	278
定西	Dingxi	2702	5823	6289	282
陇南	Longnan	2299	5405	5859	283
青海	**Qinghai**	**3863**	**7933**	**8664**	
西宁	Xining	5521		9678	241
海东	Haidong			8945	254
宁夏	**Ningxia**	**4675**	**9119**	**9852**	
银川	Yinchuan	6161	11148	12037	170
石嘴山	Shizuishan	6060	10995	11829	175
吴忠	Wuzhong	5041	9150	9938	231
固原	Guyuan	3477	7002	7714	272
中卫	Zhongwei	4439	8002	8626	261
新疆	**Xinjiang**	**4643**	**9425**	**10183**	
乌鲁木齐	Urumqi	7466	15007	16351	42
克拉玛依	Karamay	10296			

6-5　农村居民人均消费支出
Annual Per Capita Consumption Expenditure of Rural Households

单位：元　　　　　　　　　　　　　　　　　　　　　　　　　　　　　　　　(yuan)

地名	City	2010	2015	2016	2016 排名 Ranking	地名	City	2010	2015	2016	2016 排名 Ranking
全国	**Nation Total**	**4382**		**10130**		沈阳	Shenyang	5388	7667		
北京	**Beijing**	**9255**		**17329**		大连	Dalian	6940	8833		
天津	**Tianjin**	**4937**		**15912**		鞍山	Anshan	5188	7474		
河北	**Hebei**	**3845**		**9798**		抚顺	Fushun	4630	753		
石家庄	Shijiazhuang	3956	7476	7894	163	本溪	Benxi	5775	9212		
唐山	Tangshan	5980	11522	10992	67	丹东	Dandong	5029	8577		
秦皇岛	Qinhuangdao	4070	8614	8294	149	锦州	Jinzhou	3861	7255		
邯郸	Handan	2692	7711	8544	141	营口	Yingkou	5591	9304		
邢台	Xingtai	2864	6427	7309	183	阜新	Fuxin	4119	6083		
保定	Baoding	2864	6671	8238	152	辽阳	Liaoyang	3980	7711		
张家口	Zhangjiakou	3110	6411	7052	190	盘锦	Panjin	5012	7563		
承德	Chengde	3672	6536	6865	195	铁岭	Tieling	4982	7286		
沧州	Cangzhou	3525	7716	8165	155	朝阳	Chaoyang	5178	7117		
廊坊	Langfang	3850	10654	11235	55	葫芦岛	Huludao	3906	6027		
衡水	Hengshui	2779	7059	7864	164	**吉林**	**Jilin**	**4147**	**8783**	**9521**	
山西	**Shanxi**	**3664**	**7421**	**8029**		长春	Changchun	3533	7939		
太原	Taiyuan	3879	10124	10929	71	吉林	Jilin	4441	8270		
大同	Datong	2472	5961	6292	207	四平	Siping	4256	7888		
阳泉	Yangquan	4047	6294	8968	133	辽源	Liaoyuan	3892	7260		
长治	Changzhi	2935	8524	9025	132	通化	Tonghua	3506	6103		
晋城	Jincheng	3853	8194	9297	126	白山	Baishan	2826	5868		
朔州	Shuozhou	3293	6837	7698	171	松原	Songyuan	3528	6621		
晋中	Jinzhong	3801	7334	7737	170	白城	Baicheng	3400	6753		
运城	Yuncheng	3067	6838	7513	175	**黑龙江**	**Heilongjiang**	**4391**		**9424**	
忻州	Xinzhou	3041	4170	6650	199	哈尔滨	Harbin	4666	8924		
临汾	Linfen	3381	6623	7664	172	齐齐哈尔	Qiqihar	5331	9020		
吕梁	Lvliang	3327	5572	5940	209	鸡西	Jixi	3956			
内蒙古	**Inner Mongolia**	**4461**	**10637**	**11462**		鹤岗	Hegang				
呼和浩特	Hohhot	5526	13223	14353	27	双鸭山	Shuangyashan		5723		
包头	Baotou	6132	10099	11014	65	大庆	Daqing	4204	4612		
乌海	Wuhai	5115	13734	14537	26	伊春	Yichun				
赤峰	Chifeng	3572	8922	9476	116	佳木斯	Jiamusi	2323			
通辽	Tongliao	4264	9082	10056	98	七台河	Qitaihe		8407		
鄂尔多斯	Erdos	8458	14224	14571	25	牡丹江	Mudanjiang	5205	8875		
呼伦贝尔	Hulunbuir	4522	11745	12476	43	黑河	Heihe				
巴彦淖尔	Bayannur	6325	12551	13647	32	绥化	Suihua		11257		
乌兰察布	Ulanqab	2844	7028	7764	169	**上海**	**Shanghai**	**10210**	**16152**	**17071**	
辽宁	**Liaoning**	**4490**		**9953**		**江苏**	**Jiangsu**	**6543**	**12883**	**14428**	

6-5 农村居民人均消费支出 续表 1

Annual Per Capita Consumption Expenditure of Rural Households continued 1

单位：元 (yuan)

地名	City	2010	2015	2016	2016 排名 Ranking	地名	City	2010	2015	2016	2016 排名 Ranking
南京	Nanjing	8477	14041	15773	23	池州	Chizhou	3968	9489		
无锡	Wuxi	9790	16469	18463	9	宣城	Xuancheng	4522	9432		
徐州	Xuzhou	5216	9873	11059	64	**福建**	**Fujian**	**5498**	**11961**	**12911**	
常州	Changzhou	9924	14764	16567	19	福州	Fuzhou	6071	13152	14033	28
苏州	Suzhou	10397	16761	18820	7	厦门	Xiamen	7523	15262	16300	20
南通	Nantong	7240	12052	13440	35	莆田	Putian	5679	11952	12932	40
连云港	Lianyungang	4766	9052	10113	96	三明	Sanming	4862	9834	10598	81
淮安	Huaian	5216	8615	9633	113	泉州	Quanzhou	6782	12605	13480	34
盐城	Yancheng	5074	11819	13145	39	漳州	Zhangzhou	5524	10055	11006	66
扬州	Yangzhou	6782	12316	13722	31	南平	Nanping	4991	9349	10087	97
镇江	Zhenjiang	7848	14217	15925	22	龙岩	Longyan	5245	9961	10748	76
泰州	Taizhou	6476	11844	13250	38	宁德	Ningde	4469	9820	10646	79
宿迁	Suqian	4684	8444	9395	119	**江西**	**Jiangxi**	**3912**	**8486**	**9128**	
浙江	**Zhejiang**	**8929**	**16108**	**17359**		南昌	Nanchang	3992	8788	9460	117
杭州	Hangzhou	10267	19334	20563	2	景德镇	Jingdezhen	4200	9508	10176	95
宁波	Ningbo	9794	17800	19313	4	萍乡	Pingxiang	4762	10006	10725	77
温州	Wenzhou	8431	15464	16627	18	九江	Jiujiang	4131	8688	9248	129
嘉兴	Jiaxing	9274	17522	18864	6	新余	Xinyu	4879	10190	10942	70
湖州	Huzhou	9139	16112	17609	13	鹰潭	Yingtan	4028	9631	10382	86
绍兴	Shaoxing	9210	17123	17787	11	赣州	Ganzhou	3197	6725	7412	180
金华	Jinhua	7695	14634	16269	21	吉安	Jian	3495	7947	8586	139
衢州	Quzhou	5485	10632	11454	53	宜春	Yichun	3676	9041	9735	109
舟山	Zhoushan	10270	17615	19468	3	抚州	Fuzhou	3331	7488	7984	160
台州	Taizhou	8086	17102	18598	8	上饶	Shangrao	2757	7198	7772	168
丽水	Lishui	4947	12677	13936	29	**山东**	**Shandong**	**4807**	**8748**	**9519**	
安徽	**Anhui**	**4013**	**8975**	**10287**		济南	Jinan	5407	8597	9396	118
合肥	Hefei	4188	9879			青岛	Qingdao	6662	11127	12006	47
芜湖	Wuhu	5231	10353			淄博	Zibo	5676	10372	11225	57
蚌埠	Bengbu	3159	6095			枣庄	Zaozhuang	4209	7991	8573	140
淮南	Huainan	3376	8257			东营	Dongying	4985	10501	11348	54
马鞍山	Maanshan	6339	11368			烟台	Yantai	5175	10675	11651	51
淮北	Huaibei	3881	7224			潍坊	Weifang	5982	9099	10027	100
铜陵	Tongling	5387	12141			济宁	Jining	4216	7818	8812	135
安庆	Anqing	3392	7769			泰安	Taian	4273	8588	9297	126
黄山	Huangshan	4163	9723			威海	Weihai	5728	9938	10780	75
滁州	Chuzhou	4027	6944			日照	Rizhao	4144	6741	7264	186
阜阳	Fuyang	2686	7121			莱芜	Laiwu	4620	9615	10413	85
宿州	Suzhou	3126	5752			临沂	Linyi	3935	6697	7364	181
六安	Liuan	3807	7705			德州	Dezhou	3045	9117	9887	106
亳州	Bozhou	3025	8200			聊城	Liaocheng	3542	7573	8255	151

6-5 农村居民人均消费支出 续表 2

Annual Per Capita Consumption Expenditure of Rural Households continued 2

单位：元 (yuan)

地名	City	2010	2015	2016	2016 排名 Ranking	地名	City	2010	2015	2016	2016 排名 Ranking
滨州	Binzhou	4531	8851	9574	114	常德	Changde	4575		12161	44
菏泽	Heze	3629	7581	8342	148	张家界	Zhangjiajie	3476	7062	7533	174
河南	**Henan**	**3682**	**7887**	**8587**		益阳	Yiyang	4637	8702		
郑州	Zhengzhou	6254	12080	13595	33	郴州	Chenzhou	3511	8434	9387	121
开封	Kaifeng	3352	7297	8073	158	永州	Yongzhou	3951	9342	10614	80
洛阳	Luoyang	4635	8385	9261	128	怀化	Huaihua	3072	6940		
平顶山	Pingdingshan	3168	5601	6446	203	娄底	Loudi	3224	8515	9329	124
安阳	Anyang	3726	7439	7789	167	**广东**	**Guangdong**	**5516**	**11103**	**12415**	
鹤壁	Hebi	3938	8981	9666	111	广州	Guangzhou	8986	14087	17595	14
新乡	Xinxiang	4593	7490	7921	162	韶关	Shaoguan	4930	9657	10825	73
焦作	Jiaozuo	4845	10172	11081	61	深圳	Shenzhen				
濮阳	Puyang	2911	6949	7444	179	珠海	Zhuhai	8071	16047	18373	10
许昌	Xuchang	4222	8579	9173	130	汕头	Shantou	5960	10798	12020	46
漯河	Luohe	3492	6493	7076	189	佛山	Foshan	8539	15050	16736	17
三门峡	Sanmenxia	4126	7946	8639	138	江门	Jiangmen	6412	10324	11584	52
南阳	Nanyang	4012	7804	8397	144	湛江	Zhanjiang	4579	9180	9922	102
商丘	Shangqiu	2890	6328	6845	196	茂名	Maoming	4320	10645	11698	49
信阳	Xinyang	3604	7589	8141	156	肇庆	Zhaoqing	5081	8935	9976	101
周口	Zhoukou	3344	5956	6536	200	惠州	Huizhou	6029	11975	13726	30
驻马店	Zhumadian	3670	7198	7838	166	梅州	Meizhou	5578	9923	11164	58
湖北	**Hubei**	**4091**		**10938**		汕尾	Shanwei	5752	8931	10294	90
武汉	Wuhan	5631	12940	14750	24	河源	Heyuan	4949	8940	10211	94
黄石	Huangshi	4073	9963	17621	12	阳江	Yangjiang	6070	10411	11978	48
十堰	Shiyan	3100	5993	6784	197	清远	Qingyuan	4977	9942	11234	56
宜昌	Yichang	4071	10119	1183	212	东莞	Dongguan	11840	19889	21539	1
襄阳	Xiangyang	4252	10515	11067	62	中山	Zhongshan	9008	16596	19276	5
鄂州	Ezhou	3209	9972	10972	68	潮州	Chaozhou	6027	9889	10825	72
荆门	Jingmen	6951	8770	9381	122	揭阳	Jieyang	4745	9542	10376	88
孝感	Xiaogan	3987	9019	7512	176	云浮	Yunfu	5180	9090	10271	91
荆州	Jingzhou	3964	8441	9505	115	**广西**	**Guangxi**	**3455**	**7582**	**8351**	
黄冈	Huanggang	3511	8438	9162	131	南宁	Nanning	3354	7560	9359	123
咸宁	Xianning	3823	9036	9699	110	柳州	Liuzhou	3663	7872	7855	165
随州	Suizhou	4404	9002	10054	99	桂林	Guilin	3872	7471	7964	161
湖南	**Hunan**	**4310**		**10630**		梧州	Wuzhou	2798	6191		
长沙	Changsha	7533	15954	17574	15	北海	Beihai	3170		8166	154
株洲	Zhuzhou	5466	11537	12746	41	防城港	Fangchenggang	3470	6886	7561	173
湘潭	Xiangtan	5073	12230	13343	37	钦州	Qinzhou	2901	5738	6871	194
衡阳	Hengyang	4843	9834	10945	69	贵港	Guigang	3504	6550	7306	184
邵阳	Shaoyang	2942	7450	8353	146	玉林	Yulin	2910	6106	8751	136
岳阳	Yueyang	4990	10855	12050	45	百色	Baise	2859	6402	7101	188

6-5 农村居民人均消费支出 续表 3

Annual Per Capita Consumption Expenditure of Rural Households continued 3

单位：元 (yuan)

地名	City	2010	2015	2016	2016 排名 Ranking
贺州	Hezhou	2985	6020	7025	191
河池	Hechi	2099	5657	6209	208
来宾	Laibin	3545	7169	8346	147
崇左	Chongzuo	3581	8109	6429	204
海南	**Hainan**	**3446**	**8210**	**8921**	
海口	Haikou	3403	7727		
三亚	Sanya	3905	6856	9770	108
三沙	Sansha				
重庆	**Chongqing**	**3625**	**8938**	**9954**	
四川	**Sichuan**	**3898**	**9251**	**10192**	
成都	Chengdu	5796	12711	13428	36
自贡	Zigong	4300	9331	10577	82
攀枝花	Panzhihua	5439	9903	11092	60
泸州	Luzhou	4174	9375	9919	103
德阳	Deyang	5241	9816	10817	74
绵阳	Mianyang	4607	9787	10684	78
广元	Guangyuan	3416	7397	8122	157
遂宁	Suining	4049	9137	10461	83
内江	Neijiang	3997	8961	9653	112
乐山	Leshan	4394	9685	10449	84
南充	Nanchong	3376	8519	9302	125
眉山	Meishan	3933	10870	11691	50
宜宾	Yibin	4340	9577	10257	92
广安	Guangan	3138	9391	9902	105
达州	Dazhou	3552	7752	8437	143
雅安	Yaan	4507	8483	9393	120
巴中	Bazhong	3910	7721	8354	145
资阳	Ziyang	2924	9444	10358	89
贵州	**Guizhou**	**2853**		**7533**	
贵阳	Guiyang	4741	8384	9830	107
六盘水	Liupanshui	2612	6071	6781	198
遵义	Zunyi	2790	7274	8183	153
安顺	Anshun	2210	6408	7266	185
毕节	Bijie	2499	5879	6520	201
铜仁	Tongren	2594	5705	6504	202
云南	**Yunnan**	**3398**		**7331**	
昆明	Kunming	5701	10253		
曲靖	Qujing	3120	5703		
玉溪	Yuxi	5033	9949		
保山	Baoshan	3214	6659		
昭通	Zhaotong	2314	4761		
丽江	Lijiang	2184	5004		
普洱	Puer	2755	5761	6395	205
临沧	Lincang	2020	5177		
西藏	**Tibet**	**2667**		**6070**	
拉萨	Lasa	2482	6545	6874	193
陕西	**Shaanxi**	**3794**		**8568**	
西安	Xi'an	5633	10720		
铜川	Tongchuan	4402	8548		
宝鸡	Baoji	4466	8211		
咸阳	Xianyang	3867	7855		
渭南	Weinan	3273	7391		
延安	Yan'an	3731	7665		
汉中	Hanzhong	3192	6703		
榆林	Yulin	4298	9066		
安康	Ankang	3536	6485		
商洛	Shangluo	2711	6362		
甘肃	**Gansu**	**2942**	**6830**	**7487**	
兰州	Lanzhou	3686	7940	8717	137
嘉峪关	Jiayuguan	5077	11879	12485	42
金昌	Jinchang	4147	8813	10218	93
白银	Baiyin	2955	5498	5872	210
天水	Tianshui	2413	7074	7359	182
武威	Wuwei	2160	6756	7494	177
张掖	Zhangye	4416	9527	10379	87
平凉	Pingliang	3090	6833	7460	178
酒泉	Jiuquan	6043	10407	11133	59
庆阳	Qingyang	2330	6941	7201	187
定西	Dingxi	2419	5319	6324	206
陇南	Longnan	2341	5143	5674	211
青海	**Qinghai**	**3775**	**8566**	**9222**	
西宁	Xining	5404	8354	8827	134
海东	Haidong		7677	7989	159
宁夏	**Ningxia**	**4013**	**8415**	**9138**	
银川	Yinchuan	5394	10119	11061	63
石嘴山	Shizuishan	4930	9551	9910	104
吴忠	Wuzhong	3763	8022	8487	142
固原	Guyuan	3085	6521	6884	192
中卫	Zhongwei	3877	7676	8271	150
新疆	**Xinjiang**	**3458**		**8277**	
乌鲁木齐	Urumqi		16052	17423	16
克拉玛依	Karamay				

6-6 农村居民人均食品消费支出
Annual Per Capita Food Consumption Expenditure of Rural Households

单位：元 （yuan）

地名	City	2010	2012	2013	2013 排名 Ranking
全国	**Nation Total**	**1801**	**2324**	**2495**	
北京	**Beijing**	**2995**	**3945**	**4696**	
天津	**Tianjin**	**2061**	**3020**	**3540**	
河北	**Hebei**	**1351**	**1817**	**1963**	
石家庄	Shijiazhuang	1405	1809		
唐山	Tangshan	2086	2857		
秦皇岛	Qinhuangdao	1384	1993		
邯郸	Handan	1021	1511		
邢台	Xingtai	1098	1581		
保定	Baoding	1143	1804		
张家口	Zhangjiakou	1440	1891		
承德	Chengde	1697	2361		
沧州	Cangzhou	1289	1866		
廊坊	Langfang	1505	2172		
衡水	Hengshui	1162	1724		
山西	**Shanxi**	**1372**	**1860**	**1921**	
太原	Taiyuan	1312	2219		
大同	Datong	1141	2050		
阳泉	Yangquan	1444	2030		
长治	Changzhi	1167	1830		
晋城	Jincheng	1493	1995		
朔州	Shuozhou	1383	2129		
晋中	Jinzhong	1323	1849		
运城	Yuncheng	1147	1544		
忻州	Xinzhou	1319	1635		
临汾	Linfen	1237	1601		
吕梁	Lvliang	1200	1716		
内蒙古	**Inner Mongolia**	**1675**	**2380**	**2583**	
呼和浩特	Hohhot	2061	2814	2708	91
包头	Baotou	2279	2927	2453	132
乌海	Wuhai	2014	3877	2762	77
赤峰	Chifeng	1479	2284	1842	206
通辽	Tongliao	1615	2376	1641	224
鄂尔多斯	Erdos	2464	3778	2177	172
呼伦贝尔	Hulunbuir	1539	2520	2032	188
巴彦淖尔	Bayannur	2460	3231	2096	177
乌兰察布	Ulanqab	1289	2146	2296	159
辽宁	**Liaoning**	**1714**	**2300**	**2519**	

地名	City	2010	2012	2013	2013 排名 Ranking
沈阳	Shenyang	1991	2510		
大连	Dalian	2746	3139		
鞍山	Anshan	2023	2508		
抚顺	Fushun	1954	2742		
本溪	Benxi	2274	3244		
丹东	Dandong	2314	3266		
锦州	Jinzhou	1412	2052		
营口	Yingkou	2124	2866		
阜新	Fuxin	1474	1915		
辽阳	Liaoyang	1867	2337		
盘锦	Panjin	1964	2576		
铁岭	Tieling	2004	2231		
朝阳	Chaoyang	1931	2298		
葫芦岛	Huludao	1542	1923		
吉林	**Jilin**	**1523**	**2269**	**2438**	
长春	Changchun		2254	2944	62
吉林	Jilin		2337	2921	64
四平	Siping		2216	2538	120
辽源	Liaoyuan		2287	3482	39
通化	Tonghua		2507	2603	109
白山	Baishan		1904	2588	113
松原	Songyuan		1994	2866	70
白城	Baicheng		2364	2309	155
黑龙江	**Heilongjiang**	**1484**	**2165**	**2398**	
哈尔滨	Harbin	1880	2165	2872	68
齐齐哈尔	Qiqihar	1850	2403	2599	111
鸡西	Jixi	1893	2329		
鹤岗	Hegang				
双鸭山	Shuangyashan			1601	228
大庆	Daqing	1610		1479	234
伊春	Yichun				
佳木斯	Jiamusi	1046	1704		
七台河	Qitaihe			2795	75
牡丹江	Mudanjiang	1839			
黑河	Heihe				
绥化	Suihua				
上海	**Shanghai**	**3807**	**4848**	**5335**	
江苏	**Jiangsu**	**2492**	**3049**	**3283**	

6-6 农村居民人均食品消费支出 续表 1

Annual Per Capita Food Consumption Expenditure of Rural Households continued 1

单位：元 （yuan）

地名	City	2010	2012	2013	2013 排名 Ranking	地名	City	2010	2012	2013	2013 排名 Ranking
南京	Nanjing	3110	4147	4554	14	池州	Chizhou	1852	2433	2496	124
无锡	Wuxi	3375	4655	5065	8	宣城	Xuancheng	1811	2468	2819	72
徐州	Xuzhou	1962	2411	2593	112	**福建**	**Fujian**	**2537**	**3403**	**3601**	
常州	Changzhou	3480	4337	4799	13	福州	Fuzhou	2761	3687	4017	25
苏州	Suzhou	3527	4875	5429	4	厦门	Xiamen	3109	4413	4861	11
南通	Nantong	2623	3546	3864	28	莆田	Putian	2648	3521	3760	30
连云港	Lianyungang	1947	2259	2457	130	三明	Sanming	2244	3088	3423	43
淮安	Huaian	2053	2409	2670	100	泉州	Quanzhou	2868	3621	4048	22
盐城	Yancheng	1871	2543	2686	94	漳州	Zhangzhou	2577	3522	3736	31
扬州	Yangzhou	2578	3180	3435	42	南平	Nanping	2268	2937	3199	53
镇江	Zhenjiang	3076	3857	4276	19	龙岩	Longyan	2403	3106	3306	50
泰州	Taizhou	2217	2974	3210	51	宁德	Ningde	2113	2816	3137	55
宿迁	Suqian	2008	2479	2751	81	**江西**	**Jiangxi**	**1813**	**2333**	**2389**	
浙江	**Zhejiang**	**3056**	**3947**	**4191**		南昌	Nanchang	1936	2586	2437	136
杭州	Hangzhou	3333	4455	4820	12	景德镇	Jingdezhen	1948	2456	2588	113
宁波	Ningbo	4049	5293	5503	3	萍乡	Pingxiang	1849	2517	2678	96
温州	Wenzhou	3635	4943	5418	5	九江	Jiujiang	1717	2118	2460	129
嘉兴	Jiaxing	3064	3955	4450	18	新余	Xinyu	2101	2513	2672	99
湖州	Huzhou	3004	3583	3979	26	鹰潭	Yingtan	1853	2531	2635	108
绍兴	Shaoxing	3314	4186	4477	16	赣州	Ganzhou	1459	1791	2064	182
金华	Jinhua	2670	3246	3672	34	吉安	Jian	1669	2003	2073	180
衢州	Quzhou	2229	2720	2881	67	宜春	Yichun	1692	2273	2424	138
舟山	Zhoushan	4071	5183	5913	2	抚州	Fuzhou	1614	2176	1655	221
台州	Taizhou	2980	4021	4455	17	上饶	Shangrao	1414	1919	1944	195
丽水	Lishui	1889	2553	2732	85	**山东**	**Shandong**	**1804**	**2321**	**2554**	
安徽	**Anhui**	**1633**	**2181**	**2270**		济南	Jinan	1818	2465	2641	107
合肥	Hefei	2037	2363	2499	123	青岛	Qingdao	2365	3130	3415	44
芜湖	Wuhu	2175	2838	3136	56	淄博	Zibo	1864	2572	2731	86
蚌埠	Bengbu	1380	1743	1920	200	枣庄	Zaozhuang	1558	2021	2307	156
淮南	Huainan	1486	2184	2376	146	东营	Dongying	1734	2351	2417	140
马鞍山	Maanshan	2483	2612	3353	48	烟台	Yantai	1982	2594	2785	76
淮北	Huaibei	1431	1719	2257	163	潍坊	Weifang	1747	2356	2503	122
铜陵	Tongling	2158	2542	2825	71	济宁	Jining	1596	2137	2339	152
安庆	Anqing	1722	2388	2485	127	泰安	Taian	1572	2052	2269	162
黄山	Huangshan	1874	2404	3209	52	威海	Weihai	2060	2367	2916	65
滁州	Chuzhou	1680	2409	2953	61	日照	Rizhao	1752	1858	1919	201
阜阳	Fuyang	1207	1474	1598	229	莱芜	Laiwu	1753	2200	2448	133
宿州	Suzhou	1446	1615	1924	197	临沂	Linyi	1580	2075	2279	160
六安	Liuan	1816	2461	2550	119	德州	Dezhou	1333	1601	1820	210
亳州	Bozhou	1311	1647	1833	209	聊城	Liaocheng	1418	1926	2054	185

6-6 农村居民人均食品消费支出 续表 2
Annual Per Capita Food Consumption Expenditure of Rural Households continued 2

单位：元 （yuan）

地名	City	2010	2012	2013	2013 排名 Ranking	地名	City	2010	2012	2013	2013 排名 Ranking
滨州	Binzhou	1413	2093	2251	164	常德	Changde	2125	2610	1360	235
菏泽	Heze	1472	1810	2001	189	张家界	Zhangjiajie	1795	2159	978	238
河南	**Henan**	**1371**	**1702**	**1938**		益阳	Yiyang	2119	2790	1565	231
郑州	Zhengzhou	1889	2203	2455	131	郴州	Chenzhou	1705	2199	1598	229
开封	Kaifeng	1140	1555	1797	213	永州	Yongzhou	1882	2391	1815	212
洛阳	Luoyang	1395	1719	1979	192	怀化	Huaihua	1738	2148	1354	236
平顶山	Pingdingshan	1273	1522	1738	217	娄底	Loudi	1688	2371	1652	222
安阳	Anyang	1197	1535	2001	189	**广东**	**Guangdong**	**2630**	**3659**	**3737**	
鹤壁	Hebi	1451	2096	2644	104	广州	Guangzhou	4126	4879	5167	6
新乡	Xinxiang	1457	1806	2199	167	韶关	Shaoguan	2687	3244	3568	37
焦作	Jiaozuo	1479	2018	2402	141	深圳	Shenzhen				
濮阳	Puyang	1051	1584	1630	226	珠海	Zhuhai	3631	4504	5056	9
许昌	Xuchang	1329	1685	2059	183	汕头	Shantou	2865	3480	3781	29
漯河	Luohe	1225	1550	1691	220	佛山	Foshan	3236	4480	4935	10
三门峡	Sanmenxia	1419	1831	1965	194	江门	Jiangmen		3604	4529	15
南阳	Nanyang	1525	2086	2298	158	湛江	Zhanjiang	2285	3539	4032	24
商丘	Shangqiu	1081	1549	1844	205	茂名	Maoming	2065	3067	3537	38
信阳	Xinyang	1780	2068	2495	125	肇庆	Zhaoqing	2517	3137	3653	35
周口	Zhoukou	1250	1542	1632	225	惠州	Huizhou	2715	3671	4174	20
驻马店	Zhumadian	1529	1891	2083	179	梅州	Meizhou	2611	3095	3407	45
湖北	**Hubei**	**1763**	**2154**	**2308**		汕尾	Shanwei	2630	3390	3677	33
武汉	Wuhan	2329	3245	3459	40	河源	Heyuan	2382	3049	3401	46
黄石	Huangshi	1773	2317	2567	118	阳江	Yangjiang		3836	4128	21
十堰	Shiyan	1351	1782	1924	197	清远	Qingyuan	2455	3328	3609	36
宜昌	Yichang	1787	2238	2581	115	东莞	Dongguan	4447	5980	6291	1
襄阳	Xiangyang	1016	2446	2800	74	中山	Zhongshan	3891	4574	5082	7
鄂州	Ezhou	1077	3121	3337	49	潮州	Chaozhou	2750	3444	3698	32
荆门	Jingmen	4786	2172	2870	69	揭阳	Jieyang	2259	2866	3073	58
孝感	Xiaogan	1827	2240	2508	121	云浮	Yunfu	2778	3499	4039	23
荆州	Jingzhou	1788	2616	2676	98	**广西**	**Guangxi**	**1675**	**2086**	**2085**	
黄冈	Huanggang	1525	2075	2345	151	南宁	Nanning	1636	2431	2749	83
咸宁	Xianning	1710	2272	2400	142	柳州	Liuzhou	1820	2520	2749	83
随州	Suizhou	1994	2236	2642	105	桂林	Guilin	1827	2559	2714	88
湖南	**Hunan**	**2088**	**2575**	**2537**		梧州	Wuzhou	1531	2224	2339	152
长沙	Changsha	2838	3756	2059	183	北海	Beihai	1701	2354	2303	157
株洲	Zhuzhou	2382	3039	1733	218	防城港	Fangchenggang	1865	1949	3156	54
湘潭	Xiangtan	2297	2840	1544	233	钦州	Qinzhou	1568	1573	1836	208
衡阳	Hengyang	2444	3076	1647	223	贵港	Guigang	1648	2346	2571	116
邵阳	Shaoyang	1525	1910	1199	237	玉林	Yulin	1418	2088	2155	174
岳阳	Yueyang	1836	2540	1616	227	百色	Baise	1474	1316	2421	139

6-6 农村居民人均食品消费支出 续表 3

Annual Per Capita Food Consumption Expenditure of Rural Households continued 3

单位：元 （yuan）

地名	City	2010	2012	2013	2013 排名 Ranking
贺州	Hezhou	1480	1302	2147	175
河池	Hechi	1297	1281	1940	196
来宾	Laibin	1554	2131	2350	149
崇左	Chongzuo	1432	2346	2709	90
海南	**Hainan**	**1724**	**2410**	**2625**	
海口	Haikou	1505	3093	3070	59
三亚	Sanya	1944	2312	2762	77
三沙	Sansha				
重庆	**Chongqing**	**1750**	**2216**	**2539**	
四川	**Sichuan**	**1881**	**2514**	**2665**	
成都	Chengdu	2429	3284	3441	41
自贡	Zigong	2401	2725	2923	63
攀枝花	Panzhihua	2438	3397	3941	27
泸州	Luzhou	2071	2667	3005	60
德阳	Deyang	2327	2871	3080	57
绵阳	Mianyang	2012	2511	2661	101
广元	Guangyuan	1453	2082	2185	170
遂宁	Suining	1778	2092	2241	165
内江	Neijiang	2077	2490	2717	87
乐山	Leshan	2066	2274	2427	137
南充	Nanchong	1806	2383	2376	146
眉山	Meishan	1861	2237	2659	102
宜宾	Yibin	1941	2860	2712	89
广安	Guangan	1849	2429	2489	126
达州	Dazhou	1865	2422	2570	117
雅安	Yaan	2068	2637	2470	128
巴中	Bazhong	2010	2398	2706	92
资阳	Ziyang	1699	2391	2444	135
贵州	**Guizhou**	**1319**	**1741**	**2036**	
贵阳	Guiyang	1736	2380	2649	103
六盘水	Liupanshui	1370	1976	2690	93
遵义	Zunyi	1323	1792	2381	145
安顺	Anshun	1223	1762	2320	154
毕节	Bijie	1175	1786	2384	144
铜仁	Tongren	1274	1926	2035	187
云南	**Yunnan**	**1605**	**2081**	**2098**	
昆明	Kunming	1781	2539	2750	82
曲靖	Qujing	1396	1856	2139	176
玉溪	Yuxi	1932	2351	2677	97
保山	Baoshan	1541	2109	2158	173
昭通	Zhaotong	1298	1002	1893	202
丽江	Lijiang	1061	1833	2224	166
普洱	Puer	1636	2337	2191	168
临沧	Lincang	1130	1616	1921	199
西藏	**Tibet**	**1326**	**1592**	**1939**	
拉萨	Lasa	970	1370	1870	203
陕西	**Shaanxi**	**1299**	**1520**	**1821**	
西安	Xi'an	1833	2630	2894	66
铜川	Tongchuan	1454	1863	2682	95
宝鸡	Baoji	1365	1620	1769	215
咸阳	Xianyang	1211	1790	2348	150
渭南	Weinan	1035	2060	2274	161
延安	Yan'an	1338	1698	2038	186
汉中	Hanzhong	1390	1883	2180	171
榆林	Yulin	1692	2606	2642	105
安康	Ankang	1575	2073	2186	169
商洛	Shangluo	1060	1439	1554	232
甘肃	**Gansu**	**1315**	**1649**	**1799**	
兰州	Lanzhou	1624	2052	2374	148
嘉峪关	Jiayuguan	2205	3005	2601	110
金昌	Jinchang	1648	2209	2086	178
白银	Baiyin	1338	1845	1991	191
天水	Tianshui	1129	1503	1819	211
武威	Wuwei	730	1475	1869	204
张掖	Zhangye	1770	2380	2758	80
平凉	Pingliang	1282	2261	1741	216
酒泉	Jiuquan	2070	3039	3357	47
庆阳	Qingyang	971	1372	1839	207
定西	Dingxi	1138	1532	1782	214
陇南	Longnan	1261	1375	1693	219
青海	**Qinghai**	**1443**	**1859**	**1872**	
西宁	Xining	1634	2217	2446	134
海东	Haidong				
宁夏	**Ningxia**	**1542**	**1891**	**2022**	
银川	Yinchuan	1931	2188	2807	73
石嘴山	Shizuishan	1904	2034	2762	77
吴忠	Wuzhong	1510	1523	2395	143
固原	Guyuan	1494	1249	1969	193
中卫	Zhongwei	1338	1573	2072	181
新疆	**Xinjiang**	**1394**	**1891**	**2072**	
乌鲁木齐	Urumqi		2754		
克拉玛依	Karamay				

6-7 城乡居民人民币储蓄存款余额
Household Saving Deposits at Year-end

单位：亿元 (100 million yuan)

地名	City	2010	2015	2016	2016 排名 Ranking
全国	**Nation Total**	**303302.5**	**518835.0**		
北京	**Beijing**	**17003.11**	**23913.97**		
天津	**Tianjin**	**5558.23**	**8743.79**		
河北	**Hebei**	**15678.43**	**29056.66**		
石家庄	Shijiazhuang	3272.10	4868.93	5348.20	14
唐山	Tangshan	2716.11	4466.18	4893.16	18
秦皇岛	Qinhuangdao	896.02	1558.88	1741.14	83
邯郸	Handan	1318.74	2707.21	3097.99	38
邢台	Xingtai	814.13	2110.04	2402.35	51
保定	Baoding	1158.32	3743.78	4166.61	25
张家口	Zhangjiakou	918.31	1594.88	1816.61	79
承德	Chengde	766.25	1274.46	1438.66	111
沧州	Cangzhou	894.57	2641.37	2959.34	40
廊坊	Langfang	1322.08	2377.43	2860.26	43
衡水	Hengshui	457.60	1713.50	1924.58	70
山西	**Shanxi**	**9222.97**	**15456.00**		
太原	Taiyuan	5054.75	3432.12	3661.76	30
大同	Datong	597.21	1660.98	1783.45	80
阳泉	Yangquan	369.08	754.90	773.07	204
长治	Changzhi	631.17	1328.17	1420.30	114
晋城	Jincheng	522.92	975.18	1048.09	166
朔州	Shuozhou	197.68	830.19	912.43	186
晋中	Jinzhong	469.64	1436.53	1577.12	98
运城	Yuncheng	499.86	1253.15	1393.87	116
忻州	Xinzhou	352.40	1213.77	1345.65	124
临汾	Linfen	549.93	1370.24	1504.04	104
吕梁	Lvliang	406.11	1200.77	1329.13	125
内蒙古	**Inner Mongolia**	**4618.11**	**8218.40**		
呼和浩特	Hohhot	2522.52	1683.96	1866.01	75
包头	Baotou	1037.29	1307.99	1371.31	121
乌海	Wuhai	279.82	326.34	349.31	268
赤峰	Chifeng	465.93	1049.85	1169.19	148
通辽	Tongliao	464.00	527.85	599.55	231
鄂尔多斯	Erdos	1562.10	1416.40	1574.80	99
呼伦贝尔	Hulunbuir	430.54	778.07	839.38	191
巴彦淖尔	Bayannur	346.36	532.13	610.70	230
乌兰察布	Ulanqab	241.12	595.81	686.43	214
辽宁	**Liaoning**	**13690.27**	**23594.74**		
沈阳	Shenyang	5970.16	5769.30	6145.55	10
大连	Dalian	6159.00	5107.89	5277.66	16
鞍山	Anshan	1079.14	1956.77	2125.41	61
抚顺	Fushun	372.98	1077.78	1161.51	151
本溪	Benxi	504.91	756.32	790.51	203
丹东	Dandong	476.43	1230.15		
锦州	Jinzhou	583.29	1195.30	1376.42	120
营口	Yingkou	813.55	1170.15	1216.93	141
阜新	Fuxin	359.35	617.92	658.55	222
辽阳	Liaoyang	513.99	879.54	955.16	183
盘锦	Panjin	440.22	953.44	1046.84	167
铁岭	Tieling	484.33	875.93	969.54	180
朝阳	Chaoyang	434.80	1032.54	1170.49	147
葫芦岛	Huludao	505.66	971.70	1018.04	174
吉林	**Jilin**	**5147.26**	**8614.01**		
长春	Changchun	4557.44	3792.78	4218.09	24
吉林	Jilin	715.40	1582.58	1722.34	85
四平	Siping	364.58	788.52	889.85	188
辽源	Liaoyuan	171.26	338.66	383.66	264
通化	Tonghua	341.68	721.25	805.93	199
白山	Baishan	243.59	415.99	447.51	253
松原	Songyuan	281.98	590.31	655.23	224
白城	Baicheng	192.58	383.92	421.00	260
黑龙江	**Heilongjiang**	**7254.71**	**12285.41**		
哈尔滨	Harbin	4126.95	4370.42	4671.90	22
齐齐哈尔	Qiqihar	540.40	1114.89	1226.78	139
鸡西	Jixi	224.98	687.18	751.28	207
鹤岗	Hegang	226.68	404.33	435.19	257
双鸭山	Shuangyashan	247.04	523.98	577.30	235
大庆	Daqing	409.78	1379.76	1445.83	108
伊春	Yichun	104.05	406.90	443.07	255
佳木斯	Jiamusi	342.26	840.17	922.15	185
七台河	Qitaihe	164.03	253.93	275.03	279
牡丹江	Mudanjiang	313.06	970.66	1018.51	173
黑河	Heihe	174.76	464.82	498.68	249
绥化	Suihua	301.87	868.37	995.08	177
上海	**Shanghai**	**15650.24**	**23384.73**		
江苏	**Jiangsu**	**23334.48**	**40562.96**		

6-7 城乡居民人民币储蓄存款余额 续表 1
Household Saving Deposits at Year-end continued 1

单位：亿元 (100 million yuan)

地名	City	2010	2015	2016	2016 排名 Ranking	地名	City	2010	2015	2016	2016 排名 Ranking
南京	Nanjing	10384.84	5535.53	5894.47	11	池州	Chizhou	247.69	491.69	545.22	238
无锡	Wuxi	6160.60	4639.66	4867.43	21	宣城	Xuancheng	385.56	715.85	815.57	193
徐州	Xuzhou	1436.44	2780.60	3090.21	39	**福建**	**Fujian**	**8101.02**	**13690.66**		
常州	Changzhou	3011.67	3193.77	3366.85	34	福州	Fuzhou	5005.53	3685.23	4087.54	26
苏州	Suzhou	10133.15	7358.04	7913.85	5	厦门	Xiamen	3621.72	2050.27	2172.00	60
南通	Nantong	2843.14	5115.51	5554.89	13	莆田	Putian	616.71	915.20	1020.14	172
连云港	Lianyungang	946.26	1048.27	1168.71	149	三明	Sanming	697.66	675.84	743.49	208
淮安	Huaian	8426.34	1183.92	1360.51	123	泉州	Quanzhou	2600.56	3103.22	3223.66	37
盐城	Yancheng	1310.40	2397.52	2682.46	47	漳州	Zhangzhou	836.20	1183.38	1260.69	134
扬州	Yangzhou	1486.06	2376.68	2560.98	48	南平	Nanping	617.60	768.73	848.11	190
镇江	Zhenjiang	1563.34	1741.48	1879.10	74	龙岩	Longyan	723.39	727.01	809.30	197
泰州	Taizhou	1460.69	2242.46	2474.71	50	宁德	Ningde	718.56	581.78	668.01	218
宿迁	Suqian	625.61	949.51	1086.33	164	**江西**	**Jiangxi**	**6113.24**	**12377.36**		
浙江	**Zhejiang**	**20612.16**	**34145.23**			南昌	Nanchang	3461.52	2491.39	2722.42	46
杭州	Hangzhou	15078.73	7507.09	8313.13	4	景德镇	Jingdezhen	227.00	508.53	572.02	236
宁波	Ningbo	9414.20	5302.84	5689.44	12	萍乡	Pingxiang	227.96	458.56	513.50	244
温州	Wenzhou	5516.68	4487.04	5135.75	17	九江	Jiujiang	638.02	1193.18	1324.39	126
嘉兴	Jiaxing	2753.64	2949.24	3245.59	36	新余	Xinyu	352.33	402.78	447.54	252
湖州	Huzhou	1461.32	1548.15	1744.76	82	鹰潭	Yingtan	220.03	327.10	363.12	267
绍兴	Shaoxing	3934.27	3113.03	3405.27	33	赣州	Ganzhou	846.37	2014.14	2342.27	55
金华	Jinhua	3096.47	3509.21	3938.67	29	吉安	Jian	373.98	1276.05	1448.72	107
衢州	Quzhou	788.22	893.16	992.76	179	宜春	Yichun	508.67	1324.42	1520.03	103
舟山	Zhoushan	1017.72	661.61	715.86	213	抚州	Fuzhou	325.29	942.63	1060.32	165
台州	Taizhou	3055.82	3145.48	3593.39	31	上饶	Shangrao	577.22	1438.57	1657.66	92
丽水	Lishui	821.46	1028.39	1184.76	144	**山东**	**Shandong**	**19648.21**	**36629.56**		
安徽	**Anhui**	**7788.48**	**16910.30**			济南	Jinan	6319.09	3951.42	4279.95	23
合肥	Hefei	4214.08	3018.54	3281.26	35	青岛	Qingdao	5886.23	5023.59	5326.33	15
芜湖	Wuhu	1033.45	1312.75	1235.68	138	淄博	Zibo	1686.13	2259.77	2478.77	49
蚌埠	Bengbu	386.92	803.31	867.32	189	枣庄	Zaozhuang	727.71	979.77	1100.49	160
淮南	Huainan	644.64	771.35	993.44	178	东营	Dongying	1148.11	1320.02	1248.58	136
马鞍山	Maanshan	523.11	887.04	965.57	181	烟台	Yantai	2511.91	3673.35	3977.12	28
淮北	Huaibei	304.76	583.53	654.91	225	潍坊	Weifang	2514.81	3195.50	4002.00	27
铜陵	Tongling	388.49	376.71	671.68	217	济宁	Jining	1366.43	2451.58	2791.09	45
安庆	Anqing	547.07	1667.57	1593.15	97	泰安	Taian	917.60	1732.08	1922.90	71
黄山	Huangshan	281.01	569.95	629.46	227	威海	Weihai	1121.73	1513.59	1663.69	91
滁州	Chuzhou	473.76	971.61	1099.49	161	日照	Rizhao	960.79	964.15	1105.74	159
阜阳	Fuyang	441.49	1655.79	1902.34	73	莱芜	Laiwu	464.70	489.44	538.66	241
宿州	Suzhou	307.68	1018.23	1143.96	155	临沂	Linyi	1538.21	2662.91	2875.93	42
六安	Liuan	485.25	1200.14	1170.70	146	德州	Dezhou	909.84	1727.50	1935.67	68
亳州	Bozhou	244.78	866.25	1006.35	176	聊城	Liaocheng	919.65	1651.20	1931.69	69

6-7 城乡居民人民币储蓄存款余额 续表 2
Household Saving Deposits at Year-end continued 2

单位：亿元 (100 million yuan)

地名	City	2010	2015	2016	2016 排名 Ranking
滨州	Binzhou	1020.39	1121.42	1282.91	129
菏泽	Heze	797.66	1912.26	2216.64	59
河南	**Henan**	**12883.70**	**25831.15**		
郑州	Zhengzhou	5717.55	5695.49	6297.63	9
开封	Kaifeng	402.49	996.30	1146.39	154
洛阳	Luoyang	1113.88	2064.07	2364.59	53
平顶山	Pingdingshan	694.39	1259.62	1440.62	110
安阳	Anyang	608.50	1373.81	1535.52	100
鹤壁	Hebi	268.43	339.86	388.18	263
新乡	Xinxiang	712.34	1411.54	1600.43	96
焦作	Jiaozuo	470.98	935.21	1031.98	171
濮阳	Puyang	231.60	841.74	959.60	182
许昌	Xuchang	562.35	1117.92	1274.52	132
漯河	Luohe	301.20	579.76	660.36	220
三门峡	Sanmenxia	340.20	655.31	738.40	210
南阳	Nanyang	827.50	2053.10	2344.83	54
商丘	Shangqiu	607.67	1459.20	1682.65	88
信阳	Xinyang	570.09	1706.19	1906.05	72
周口	Zhoukou	563.18	1731.80	1952.17	66
驻马店	Zhumadian	499.44	1610.23	1851.07	76
湖北	**Hubei**	**9798.05**	**17929.08**		
武汉	Wuhan	9093.71	6059.03	6464.88	8
黄石	Huangshi	478.94	731.88	811.60	196
十堰	Shiyan	404.70	1010.13	1142.51	157
宜昌	Yichang	1415.86	1474.44	1682.32	89
襄阳	Xiangyang	688.25	1739.13	1961.96	65
鄂州	Ezhou	141.71	298.84	335.03	272
荆门	Jingmen	317.21	960.26	1097.94	162
孝感	Xiaogan	389.60	1238.43	1389.53	119
荆州	Jingzhou	461.07	1538.07	1761.60	81
黄冈	Huanggang	392.18	1610.61	1841.07	77
咸宁	Xianning	226.88	592.92	684.54	215
随州	Suizhou	172.52	675.35	772.01	205
湖南	**Hunan**	**9022.58**	**17839.26**		
长沙	Changsha	6353.68	4348.55	4868.64	20
株洲	Zhuzhou	550.63	1185.69	1410.53	115
湘潭	Xiangtan	545.91	1043.75	1180.90	145
衡阳	Hengyang	530.71	1691.02	1995.50	64
邵阳	Shaoyang	348.54	1444.12	1656.64	93
岳阳	Yueyang	437.18	1091.39	1236.17	137
常德	Changde	480.70	1443.55	1633.33	95
张家界	Zhangjiajie	188.03	351.86	395.80	262
益阳	Yiyang	313.08	961.39	1088.61	163
郴州	Chenzhou	369.10	1232.84	1366.50	122
永州	Yongzhou	362.66	1118.83	1275.61	131
怀化	Huaihua	356.08	1032.74	1165.72	150
娄底	Loudi	399.32	893.53	1040.06	170
广东	**Guangdong**	**36318.66**	**55033.69**		
广州	Guangzhou	16284.31	13602.38	13995.79	1
韶关	Shaoguan	346.28	925.18	1008.87	175
深圳	Shenzhen	13708.16	9680.24	10391.14	3
珠海	Zhuhai	1472.54	1302.31	1424.21	113
汕头	Shantou	661.52	1918.05	2093.10	62
佛山	Foshan	4868.99	6232.20	6658.46	7
江门	Jiangmen	973.75	2270.52	2401.42	52
湛江	Zhanjiang	714.40	1670.89	1665.86	90
茂名	Maoming	361.30	1413.64	1532.81	101
肇庆	Zhaoqing	642.04	1160.94	1221.75	140
惠州	Huizhou	1097.66	1717.60	1945.23	67
梅州	Meizhou	331.10	1061.20	1142.63	156
汕尾	Shanwei	130.20	388.93	428.34	258
河源	Heyuan	338.69	591.09	660.78	219
阳江	Yangjiang	283.93	663.26	737.60	211
清远	Qingyuan	520.62	1013.87	1123.09	158
东莞	Dongguan	3329.82	4630.69	4882.91	19
中山	Zhongshan	1329.89	2194.47	2309.44	56
潮州	Chaozhou	205.91	738.69	814.54	194
揭阳	Jieyang	400.68	1248.23	1392.73	117
云浮	Yunfu	278.34	609.30	678.95	216
广西	**Guangxi**	**5702.43**	**11392.17**		
南宁	Nanning	4142.30	2700.37	2924.55	41
柳州	Liuzhou	1046.17	1207.59	1313.64	127
桂林	Guilin	789.34	1555.02	1687.93	87
梧州	Wuzhou	321.34	594.87	658.14	223
北海	Beihai	239.03	483.45	524.15	242
防城港	Fangchenggang	178.17	289.11	320.34	275
钦州	Qinzhou	321.45	529.10	586.01	234
贵港	Guigang	279.41	733.37	817.33	192
玉林	Yulin	397.18	1127.09	1253.03	135
百色	Baise	391.03	583.36	659.95	221

6-7 城乡居民人民币储蓄存款余额 续表 3
Household Saving Deposits at Year-end continued 3

单位：亿元 (100 million yuan)

地名	City	2010	2015	2016	2016 排名 Ranking	地名	City	2010	2015	2016	2016 排名 Ranking
贺州	Hezhou	144.51	328.04	378.75	265	丽江	Lijiang	193.92	300.88	330.98	273
河池	Hechi	275.01	551.71	624.90	228	普洱	Puer	232.00	379.41	442.78	256
来宾	Laibin	182.78	307.83	346.75	270	临沧	Lincang	168.14	263.09	305.60	276
崇左	Chongzuo	161.88	401.26	453.17	251	**西藏**	**Tibet**	**267.13**	**341.19**		
海南	**Hainan**	**1667.14**	**1814.45**			拉萨	Lasa		341.19	408.87	261
海口	Haikou	1933.26	1262.06	1445.49	109	**陕西**	**Shaanxi**	**7957.78**	**15209.63**		
三亚	Sanya	228.65	410.63			西安	Xi'an	6591.73	6571.18	7035.81	6
三沙	Sansha					铜川	Tongchuan	79.40	263.25	323.62	274
重庆	**Chongqing**	**5839.66**	**12207.28**			宝鸡	Baoji	436.95	1309.27	1453.04	106
四川	**Sichuan**	**13650.83**	**27418.01**			咸阳	Xianyang	454.66	1456.18	1642.01	94
成都	Chengdu	12139.43	9922.18	10808.00	2	渭南	Weinan	471.52	1279.64	1463.47	105
自贡	Zigong	248.24	814.55	923.57	184	延安	Yan'an	360.97	701.24	795.90	202
攀枝花	Panzhihua	380.31	462.44	522.97	243	汉中	Hanzhong	300.08	1079.17	1216.00	142
泸州	Luzhou	406.72	1141.82	1313.47	128	榆林	Yulin	898.82	1387.57	1527.26	102
德阳	Deyang	592.39	1292.47	1425.36	112	安康	Ankang	211.34	637.44	716.47	212
绵阳	Mianyang	877.28	1640.86	1838.25	78	商洛	Shangluo	156.50	524.69	588.90	233
广元	Guangyuan	238.93	733.81	812.43	195	**甘肃**	**Gansu**	**3598.24**	**7294.74**		
遂宁	Suining	276.37	788.08	910.44	187	兰州	Lanzhou	2359.28	2608.54	2796.24	44
内江	Neijiang	266.90	935.67	1045.62	169	嘉峪关	Jiayuguan	174.45	146.43	154.63	283
乐山	Leshan	585.87	1163.69	1281.45	130	金昌	Jinchang	140.69	178.32	209.21	282
南充	Nanchong	424.82	1723.13	2009.68	63	白银	Baiyin	186.64	378.17	425.06	259
眉山	Meishan	281.58	1020.38	1156.75	152	天水	Tianshui	215.00	719.34	802.49	201
宜宾	Yibin	447.84	1010.17	1150.62	153	武威	Wuwei	161.13	537.64	566.47	237
广安	Guangan	251.60	1062.28	1199.36	143	张掖	Zhangye	132.34	339.50	365.89	266
达州	Dazhou	363.46	1505.90	1739.52	84	平凉	Pingliang	254.96	462.01	509.28	245
雅安	Yaan	238.90	505.29	543.35	239	酒泉	Jiuquan	242.20	502.19	507.08	247
巴中	Bazhong	129.22	634.06	741.94	209	庆阳	Qingyang	139.97	551.91	640.34	226
资阳	Ziyang	281.77	1061.24	808.65	198	定西	Dingxi	143.60	427.84	491.22	250
贵州	**Guizhou**	**3244.99**	**5754.23**			陇南	Longnan	177.80	442.66	499.47	248
贵阳	Guiyang	2588.73	2250.60	2229.76	58	**青海**	**Qinghai**	**868.22**	**1413.76**		
六盘水	Liupanshui	361.68	459.21	543.29	240	西宁	Xining	1542.08	1160.33	1267.18	133
遵义	Zunyi	598.16	1477.95	1698.05	86	海东	Haidong		253.43	284.36	278
安顺	Anshun	229.65	382.95	444.04	254	**宁夏**	**Ningxia**	**1170.25**	**2346.46**		
毕节	Bijie		662.44	804.80	200	银川	Yinchuan	1641.06	1304.97	1391.35	118
铜仁	Tongren		521.08	590.85	232	石嘴山	Shizuishan	270.07	337.98	348.75	269
云南	**Yunnan**	**5719.97**	**6998.78**			吴忠	Wuzhong	243.51	303.16	338.87	271
昆明	Kunming	6498.57	3429.53	3540.71	32	固原	Guyuan	60.83	181.03	216.05	281
曲靖	Qujing	629.93	954.02	1046.82	168	中卫	Zhongwei	160.41	219.32	231.07	280
玉溪	Yuxi	465.66	683.45	752.34	206	**新疆**	**Xinjiang**	**3713.47**	**2427.34**		
保山	Baoshan	228.70	429.52	508.39	246	乌鲁木齐	Urumqi	2074.74	2157.31	2295.69	57
昭通	Zhaotong	286.34	558.88	618.66	229	克拉玛依	Karamay	150.64	270.03	296.05	277

6-8 城乡居民人均储蓄存款余额
Per Capita Household Saving Deposits at Year-end

单位：元/人 （yuan/person）

地名	City	2010	2015	2016	2016 排名 Ranking
全国	**Nation Total**	**22619.2**	**37743.9**		
北京	**Beijing**	**86697.5**	**177772.6**		
天津	**Tianjin**	**42778.7**	**56520.9**		
河北	**Hebei**	**21795.0**	**39134.0**		
石家庄	Shijiazhuang	32158.2	47324.5	51524.1	70
唐山	Tangshan	35823.1	59157.9	64383.7	44
秦皇岛	Qinhuangdao	29967.2	52729.1	58427.4	55
邯郸	Handan	14352.8	25790.3	29364.8	163
邢台	Xingtai	11444.0	27038.3	30486.7	153
保定	Baoding	10334.7	31141.3	34520.4	123
张家口	Zhangjiakou	21115.4	34005.2	38651.4	101
承德	Chengde	22043.9	33332.2	37562.9	106
沧州	Cangzhou	12523.8	34110.3	37940.3	104
廊坊	Langfang	30295.1	51556.5	60856.5	51
衡水	Hengshui	10529.1	37887.5	42298.5	87
山西	**Shanxi**	**25805.0**	**42183.4**		
太原	Taiyuan	120208.1	93419.0	98966.5	11
大同	Datong	17982.7	52526.1	56083.4	58
阳泉	Yangquan	26959.5	57120.2	58125.9	56
长治	Changzhi	18914.2	39429.2	41896.7	89
晋城	Jincheng	22935.0	44439.5	47640.6	73
朔州	Shuozhou	11519.6	51401.7	55977.0	60
晋中	Jinzhong	14441.6	43576.2	47503.6	74
运城	Yuncheng	9726.8	24561.9	26249.9	183
忻州	Xinzhou	11478.8	39598.3	43689.9	84
临汾	Linfen	12726.9	31822.3	34655.3	122
吕梁	Lvliang	10887.7	30989.2	33993.1	127
内蒙古	**Inner Mongolia**	**18680.2**	**32729.6**		
呼和浩特	Hohhot	87770.4	70582.4	77428.0	28
包头	Baotou	39054.5	58429.1	61219.1	49
乌海	Wuhai	52303.1	73351.1	79389.3	26
赤峰	Chifeng	10740.7	22693.1	25252.5	195
通辽	Tongliao	14777.2	16527.9	18794.7	254
鄂尔多斯	Erdos	80107.7	90033.1	99044.0	10
呼伦贝尔	Hulunbuir	16910.5	30006.5	32408.4	139
巴彦淖尔	Bayannur	20752.5	30459.5	34897.1	119
乌兰察布	Ulanqab	11261.9	21755.1	25052.0	198
辽宁	**Liaoning**	**31294.9**	**53844.7**		
沈阳	Shenyang	73651.2	78988.2	83726.8	23
大连	Dalian	92062.8	86049.4	88551.3	18
鞍山	Anshan	29598.0	56554.1	61428.1	48
抚顺	Fushun	17445.2	49943.5	54023.8	63
本溪	Benxi	29526.9	50021.1	52700.6	66
丹东	Dandong	19485.7	51665.2		
锦州	Jinzhou	18659.3	39501.0	45576.7	77
营口	Yingkou	33507.1	50307.4	52228.6	68
阜新	Fuxin	19755.2	32607.9	34843.7	120
辽阳	Liaoyang	27648.9	49136.3	53361.0	65
盘锦	Panjin	31624.9	73624.7	80525.9	25
铁岭	Tieling	17819.5	29158.9	32318.1	140
朝阳	Chaoyang	14279.1	30288.6	34325.1	125
葫芦岛	Huludao	19270.5	34691.3	36358.6	114
吉林	**Jilin**	**18737.8**	**31289.5**		
长春	Changchun	59364.9	50312.8	56017.2	59
吉林	Jilin	16203.9	37128.7	40813.8	93
四平	Siping	10767.2	24157.3	27464.4	171
辽源	Liaoyuan	14550.6	28035.0	31971.4	144
通化	Tonghua	14695.8	32620.8	36633.2	111
白山	Baishan	18781.3	33180.7	36681.2	110
松原	Songyuan	9787.5	21228.9	23569.3	214
白城	Baicheng	9472.9	19521.1	21813.5	231
黑龙江	**Heilongjiang**	**18925.0**	**32228.2**		
哈尔滨	Harbin	38779.9	45458.9	48564.4	72
齐齐哈尔	Qiqihar	10063.3	20292.8	22551.1	224
鸡西	Jixi	12076.1	37924.1	41507.1	92
鹤岗	Hegang	21405.1	38288.4	41845.3	90
双鸭山	Shuangyashan	16885.9	35548.0	39813.6	96
大庆	Daqing	14101.1	49720.9	52385.0	67
伊春	Yichun	9055.9	33572.5	37548.0	107
佳木斯	Jiamusi	13406.0	36656.6	38745.8	100
七台河	Qitaihe	17810.1	30557.3	34378.4	124
牡丹江	Mudanjiang	11180.7	38065.2	39324.6	97
黑河	Heihe	10433.6	27684.6	30594.0	151
绥化	Suihua	5568.6	15831.7	18325.7	256
上海	**Shanghai**	**67964.7**	**96831.2**		
江苏	**Jiangsu**	**29652.5**	**50856.3**		

6-8 城乡居民人均储蓄存款余额 续表 1

Per Capita Household Saving Deposits at Year-end continued 1

单位：元/人 （yuan/person）

地名	City	2010	2015	2016	2016 排名 Ranking
南京	Nanjing	129680.8	84718.8	88906.0	17
无锡	Wuxi	96621.6	96478.8	100152.8	9
徐州	Xuzhou	16737.9	27030.2	29685.0	161
常州	Changzhou	65570.9	86120.3	89782.7	16
苏州	Suzhou	96792.0	110313.8	116723.4	7
南通	Nantong	39043.4	66715.0	72423.6	36
连云港	Lianyungang	21520.6	19757.9	21885.9	229
淮安	Huaian	175402.7	20974.8	23952.7	211
盐城	Yancheng	18039.6	28954.5	32279.9	141
扬州	Yangzhou	33312.3	42356.1	55432.4	62
镇江	Zhenjiang	50187.5	64102.8	69084.7	38
泰州	Taizhou	31609.8	44156.0	48714.8	71
宿迁	Suqian	13246.0	16195.5	18350.2	255
浙江	**Zhejiang**	**37844.8**	**61645.1**		
杭州	Hangzhou	173219.1	103753.6	112950.2	8
宁波	Ningbo	123692.0	90404.2	96268.0	14
温州	Wenzhou	60390.6	55312.9	62784.3	46
嘉兴	Jiaxing	61124.1	84391.7	92204.1	15
湖州	Huzhou	50494.9	58706.4	65840.1	41
绍兴	Shaoxing	80078.7	70255.8	76523.0	30
金华	Jinhua	57705.4	73402.1	81885.0	24
衢州	Quzhou	37127.9	34838.6	38628.6	102
舟山	Zhoushan	90787.2	67952.9	73800.5	34
台州	Taizhou	51152.0	52644.9	59889.9	53
丽水	Lishui	38784.6	38606.9	44207.4	82
安徽	**Anhui**	**13075.2**	**27523.3**		
合肥	Hefei	73827.7	42057.3	44948.8	80
芜湖	Wuhu	45647.0	34116.1	31847.5	146
蚌埠	Bengbu	12209.5	21344.8	22824.1	221
淮南	Huainan	27584.1	20119.2	25538.2	191
马鞍山	Maanshan	38267.2	38820.1	42164.5	88
淮北	Huaibei	14395.9	26952.7	30180.0	156
铜陵	Tongling	53658.6	22103.6	39279.6	98
安庆	Anqing	10293.0	31734.3	30116.3	158
黄山	Huangshan	20662.5	38591.2	42531.4	86
滁州	Chuzhou	12021.3	21636.4	24217.8	208
阜阳	Fuyang	5798.4	15880.6	17912.8	258
宿州	Suzhou	5738.2	15676.9	17491.8	261
六安	Liuan	8637.5	20673.1	19943.8	244
亳州	Bozhou	5035.5	13642.8	15554.1	271
池州	Chizhou	17654.2	30424.2	33655.8	131
宣城	Xuancheng	15215.3	25570.6	29127.6	165
福建	**Fujian**	**21936.1**	**35662.0**		
福州	Fuzhou	70351.8	54324.8	59498.3	54
厦门	Xiamen	102569.3	97100.4	98280.6	13
莆田	Putian	22191.7	26584.4	29146.8	164
三明	Sanming	27873.0	23779.6	25905.4	185
泉州	Quanzhou	31991.1	42954.1	44159.7	83
漳州	Zhangzhou	17384.7	23569.6	24816.7	203
南平	Nanping	23340.7	24033.3	26420.9	181
龙岩	Longyan	28257.4	23498.8	25773.9	187
宁德	Ningde	25462.7	16673.7	18977.7	252
江西	**Jiangxi**	**13700.7**	**27107.7**		
南昌	Nanchang	68504.3	47876.4	52053.9	69
景德镇	Jingdezhen	14285.4	30500.3	33847.5	128
萍乡	Pingxiang	12282.5	23120.0	25674.8	189
九江	Jiujiang	13483.0	23097.1	25469.0	192
新余	Xinyu	30906.2	32608.7	36092.0	116
鹰潭	Yingtan	19540.8	25703.5	28369.0	166
赣州	Ganzhou	10097.5	20966.9	24122.2	209
吉安	Jian	7765.5	24060.0	27078.9	175
宜春	Yichun	9379.9	22185.0	25249.7	196
抚州	Fuzhou	8304.4	23608.3	26441.9	180
上饶	Shangrao	8763.0	18576.5	21197.7	235
山东	**Shandong**	**20492.7**	**37198.7**		
济南	Jinan	92682.5	63148.9	67613.7	39
青岛	Qingdao	67510.3	64150.9	67336.6	40
淄博	Zibo	37196.8	52601.7	57379.0	57
枣庄	Zaozhuang	19488.9	24027.5	26646.3	177
东营	Dongying	56362.9	69249.0	64693.3	43
烟台	Yantai	36049.3	56229.3	60719.4	52
潍坊	Weifang	27659.6	35755.4	44417.3	81
济宁	Jining	16886.2	28262.2	31861.8	145
泰安	Taian	16689.7	30617.9	33794.4	129
威海	Weihai	39990.4	59414.9	64988.0	42
日照	Rizhao	34277.1	32578.2	36858.1	109
莱芜	Laiwu	35773.9	38142.5	41756.3	91
临沂	Linyi	15296.5	23690.5	25205.4	197
德州	Dezhou	16322.9	29415.8	32642.0	138
聊城	Liaocheng	15861.6	26532.1	30516.4	152

6-8　城乡居民人均储蓄存款余额　续表 2

Per Capita Household Saving Deposits at Year-end　continued 2

单位：元/人　　　　　　　　　　　　　　　　　　　　（yuan/person）

地名	City	2010	2015	2016	2016 排名 Ranking	地名	City	2010	2015	2016	2016 排名 Ranking
滨州	Binzhou	27195.8	28823.0	32727.2	137	常德	Changde	8411.3	23696.5	26732.1	176
菏泽	Heze	9608.1	19064.3	21838.8	230	张家界	Zhangjiajie	12722.0	20701.4	23146.3	218
河南	**Henan**	**13698.0**	**27248.0**			益阳	Yiyang	7267.3	19994.7	22491.9	226
郑州	Zhengzhou	66014.9	70272.1	76150.3	31	郴州	Chenzhou	8052.0	23337.3	25542.0	190
开封	Kaifeng	8605.7	17988.9	20507.9	240	永州	Yongzhou	6980.9	17611.7	19776.8	246
洛阳	Luoyang	16995.4	28335.1	32084.0	143	怀化	Huaihua	7509.0	19935.9	22289.2	227
平顶山	Pingdingshan	14156.7	22401.7	25363.1	194	娄底	Loudi	10550.1	19958.3	22959.4	219
安阳	Anyang	11767.6	22249.8	24529.1	207	**广东**	**Guangdong**	**34785.0**	**50727.0**		
鹤壁	Hebi	17075.8	20140.9	22834.2	220	广州	Guangzhou	128122.0	159243.0	160871.1	4
新乡	Xinxiang	12473.1	22143.9	24774.4	204	韶关	Shaoguan	12235.9	28018.0	30205.8	154
焦作	Jiaozuo	13293.2	25161.7	27592.9	169	深圳	Shenzhen	132165.1	261882.9	269899.7	1
濮阳	Puyang	6433.4	19620.5	22161.6	228	珠海	Zhuhai	94272.5	115812.7	123844.7	6
许昌	Xuchang	13047.5	22147.1	24990.6	199	汕头	Shantou	12259.4	34844.4	37443.6	108
漯河	Luohe	11821.1	21629.5	24548.6	206	佛山	Foshan	67634.2	160223.2	166461.4	3
三门峡	Sanmenxia	15228.1	28707.5	32244.5	142	江门	Jiangmen	21877.1	58008.7	60949.7	50
南阳	Nanyang	8055.9	17274.7	19622.0	247	湛江	Zhanjiang	10199.9	20303.4	19950.4	243
商丘	Shangqiu	8263.1	15182.8	17222.6	264	茂名	Maoming	6201.5	17988.9	19184.1	250
信阳	Xinyang	9344.2	19000.8	20991.7	237	肇庆	Zhaoqing	16370.3	26489.2	27516.8	170
周口	Zhoukou	6300.2	13917.3	15505.7	272	惠州	Huizhou	23857.0	48102.5	53440.3	64
驻马店	Zhumadian	6911.7	17297.9	19505.4	248	梅州	Meizhou	7799.7	19514.8	20737.3	238
湖北	**Hubei**	**17118.1**	**30637.5**			汕尾	Shanwei	4430.2	10834.9	11832.7	281
武汉	Wuhan	92935.2	73064.6	77516.6	27	河源	Heyuan	11449.9	16132.0	17715.2	259
黄石	Huangshi	19717.8	27311.8	30059.4	159	阳江	Yangjiang	11708.3	22705.1	24918.9	201
十堰	Shiyan	12113.1	29199.6	32830.6	136	清远	Qingyuan	14055.6	24225.6	25997.5	184
宜昌	Yichang	34873.5	37029.4	42698.5	85	东莞	Dongguan	40484.2	237459.3	242930.7	2
襄阳	Xiangyang	12513.6	29398.0	33029.5	134	中山	Zhongshan	42583.8	138295.4	143443.7	5
鄂州	Ezhou	13508.8	27095.8	30182.9	155	潮州	Chaozhou	7706.1	27078.2	29727.6	160
荆门	Jingmen	11037.2	32106.1	36598.0	112	揭阳	Jieyang	6810.8	17789.1	19981.8	241
孝感	Xiaogan	8091.5	23522.8	26568.4	179	云浮	Yunfu	11779.1	20382.8	22556.5	223
荆州	Jingzhou	8100.4	23913.1	27269.3	172	**广西**	**Guangxi**	**12369.7**	**23753.5**		
黄冈	Huanggang	6364.5	21635.8	24646.2	205	南宁	Nanning	62178.1	36480.1	38890.2	99
咸宁	Xianning	9211.4	19736.9	22517.6	225	柳州	Liuzhou	27831.1	31643.7	34032.2	126
随州	Suizhou	7979.7	26909.6	30635.2	150	桂林	Guilin	16624.7	29397.2	31609.2	148
湖南	**Hunan**	**13732.8**	**26300.0**			梧州	Wuzhou	11150.0	17296.8	18966.7	253
长沙	Changsha	90238.3	63915.4	69951.7	37	北海	Beihai	15531.3	28112.6	30123.8	157
株洲	Zhuzhou	14276.0	29427.5	34914.0	118	防城港	Fangchenggang	20550.5	30238.5	33024.5	135
湘潭	Xiangtan	19837.0	36079.6	40720.7	94	钦州	Qinzhou	10436.6	13093.3	14327.8	277
衡阳	Hengyang	7424.6	21157.0	24975.0	200	贵港	Guigang	6783.5	13359.7	14726.6	274
邵阳	Shaoyang	4928.5	17581.8	19959.5	242	玉林	Yulin	7238.6	15858.1	17476.0	262
岳阳	Yueyang	7983.6	19337.4	21649.1	233	百色	Baise	11278.6	14118.3	15826.2	269

6-8 城乡居民人均储蓄存款余额 续表 3

Per Capita Household Saving Deposits at Year-end continued 3

单位：元/人 （yuan/person）

地名	City	2010	2015	2016	2016 排名 Ranking	地名	City	2010	2015	2016	2016 排名 Ranking
贺州	Hezhou	7395.4	13680.2	15586.4	270	丽江	Lijiang	15753.3	23505.9	27129.5	173
河池	Hechi	8162.9	12995.5	14566.4	275	普洱	Puer	9112.5	14564.6	17640.5	260
来宾	Laibin	8704.0	11579.7	12890.4	280	临沧	Lincang	6913.5	10485.9	12894.6	279
崇左	Chongzuo	8118.5	16127.7	18054.5	257	**西藏**	**Tibet**	**8898.4**	**10530.5**		
海南	**Hainan**	**19193.4**	**19917.2**			拉萨	Lasa		64338.5	75716.7	32
海口	Haikou	94489.7	76581.4	86556.1	19	**陕西**	**Shaanxi**	**21304.8**	**40099.2**		
三亚	Sanya	33378.8	71066.1			西安	Xi'an	77787.7	80563.7	85282.5	22
三沙	Sansha					铜川	Tongchuan	9509.3	31474.2	38526.0	103
重庆	**Chongqing**	**20244.3**	**40461.7**			宝鸡	Baoji	11749.1	34047.7	37839.6	105
四川	**Sichuan**	**16968.1**	**33420.3**			咸阳	Xianyang	9282.5	27601.1	30981.4	149
成都	Chengdu	86413.9	80793.0	77255.2	29	渭南	Weinan	8913.4	22985.8	26274.2	182
自贡	Zigong	9266.3	24871.8	28243.7	167	延安	Yan'an	16490.2	29776.7	33582.4	132
攀枝花	Panzhihua	31327.0	41812.1	47114.4	75	汉中	Hanzhong	8779.3	28015.1	31666.7	147
泸州	Luzhou	9642.4	22578.9	25855.8	186	榆林	Yulin	26798.4	36761.0	39980.6	95
德阳	Deyang	16382.5	33140.2	36361.3	113	安康	Ankang	8032.9	20913.3	23568.2	215
绵阳	Mianyang	19013.5	30079.9	33729.3	130	商洛	Shangluo	6679.5	20903.6	23276.7	217
广元	Guangyuan	9618.7	24035.7	26637.0	178	**甘肃**	**Gansu**	**14055.6**	**28056.7**		
遂宁	Suining	8495.7	20804.6	24085.8	210	兰州	Lanzhou	65191.5	81036.2	86303.9	20
内江	Neijiang	7207.7	22256.7	24895.6	202	嘉峪关	Jiayuguan	75194.1	72311.1	73635.0	35
乐山	Leshan	18104.8	32891.2	36097.3	115	金昌	Jinchang	30321.5	39036.6	45481.1	78
南充	Nanchong	6765.8	23213.4	27121.2	174	白银	Baiyin	10914.7	20920.5	23355.1	216
眉山	Meishan	9541.7	29228.8	33049.9	133	天水	Tianshui	6582.9	19591.4	21630.4	234
宜宾	Yibin	10014.3	18296.8	20694.6	239	武威	Wuwei	8868.0	28290.4	29658.0	162
广安	Guangan	7850.2	22727.5	25682.3	188	张掖	Zhangye	11019.0	26100.5	27930.5	168
达州	Dazhou	6647.0	22054.7	25431.6	193	平凉	Pingliang	12316.9	19822.3	21764.1	232
雅安	Yaan	15852.8	32620.1	35055.0	117	酒泉	Jiuquan	22078.6	49566.2	45274.6	79
巴中	Bazhong	3934.8	16707.7	19784.9	245	庆阳	Qingyang	6322.2	20646.7	23716.1	213
资阳	Ziyang	7688.2	21068.9	22778.8	222	定西	Dingxi	5316.6	14219.8	16212.0	266
贵州	**Guizhou**	**9327.4**	**16300.9**			陇南	Longnan	6918.3	15490.7	17342.6	263
贵阳	Guiyang	59799.7	57444.0	55605.0	61	**青海**	**Qinghai**	**15429.5**	**24043.5**		
六盘水	Liupanshui	12672.9	13773.5	15979.1	268	西宁	Xining	69809.1	57679.0	62422.7	47
遵义	Zunyi	9753.1	18629.2	21172.7	236	海东	Haidong		14887.4	16629.2	265
安顺	Anshun	9985.0	12916.1	14801.5	273	**宁夏**	**Ningxia**	**18487.4**	**35126.6**		
毕节	Bijie		7326.3	8776.5	283	银川	Yinchuan	81889.4	72809.9	75616.7	33
铜仁	Tongren		11928.6	13397.9	278	石嘴山	Shizuishan	37148.2	45347.6	46499.7	76
云南	**Yunnan**	**12430.4**	**14759.1**			吴忠	Wuzhong	18994.4	21591.3	23864.1	212
昆明	Kunming	100925.1	51363.4	63227.0	45	固原	Guyuan	4933.5	12086.9	14403.3	276
曲靖	Qujing	10758.9	15776.7	16030.9	267	中卫	Zhongwei	14811.9	18250.9	19096.8	251
玉溪	Yuxi	20193.3	28935.3	34669.9	121	**新疆**	**Xinjiang**	**16995.3**	**10285.3**		
保山	Baoshan	9126.0	16641.5	19478.6	249	乌鲁木齐	Urumqi	66647.7	80849.6	85660.0	21
昭通	Zhaotong	5491.7	10292.5	10158.6	282	克拉玛依	Karamay	38527.6	90100.8	98683.6	12

6-9 城镇居民人均住房建筑面积

Per Capita Floor Space of Residential Building in Urban Areas

单位：平方米　　（sq.m）

地名	City	2011	2012	2013	2013 排名 Ranking
全国	**Nation Total**	**32.7**	**32.9**		
北京	**Beijing**	**29.4**			
天津	**Tianjin**	**23.3**			
河北	**Hebei**	**32.2**			
石家庄	Shijiazhuang	29.3	29.9		
唐山	Tangshan	25.3	25.6		
秦皇岛	Qinhuangdao	29.3	29.8		
邯郸	Handan	28.9	28.7		
邢台	Xingtai	34.2	33.8		
保定	Baoding	34.2	33.6		
张家口	Zhangjiakou	27.7	26.8		
承德	Chengde	25.2	25.9		
沧州	Cangzhou	32.3	33.1		
廊坊	Langfang	34.4	35.0		
衡水	Hengshui	29.9	30.8		
山西	**Shanxi**	**30.2**			
太原	Taiyuan	28.6	29.0		
大同	Datong	24.3	26.3		
阳泉	Yangquan	29.0	28.8		
长治	Changzhi	33.5	30.1		
晋城	Jincheng	32.5	32.1		
朔州	Shuozhou	28.2	28.0		
晋中	Jinzhong	31.3	31.3		
运城	Yuncheng	36.1	35.8		
忻州	Xinzhou	32.3	23.7		
临汾	Linfen	35.0	35.0		
吕梁	Lvliang	27.6	28.1		
内蒙古	**Inner Mongolia**	**29.4**			
呼和浩特	Hohhot	30.9	31.5	35.4	113
包头	Baotou	33.0	33.1	34.0	124
乌海	Wuhai	31.4	31.5	33.5	134
赤峰	Chifeng	27.9	28.9	30.2	172
通辽	Tongliao	27.1	27.6	27.9	198
鄂尔多斯	Erdos	38.0	38.0	35.1	117
呼伦贝尔	Hulunbuir	27.8	27.8	26.9	202
巴彦淖尔	Bayannur	23.2	31.1	24.2	212
乌兰察布	Ulanqab	23.8	23.8	22.4	216
辽宁	**Liaoning**	**27.3**			
沈阳	Shenyang	28.1	26.3		
大连	Dalian	27.0	27.3		
鞍山	Anshan	25.2	25.9		
抚顺	Fushun	23.8	24.6		
本溪	Benxi	22.7	23.5		
丹东	Dandong	25.1	25.5		
锦州	Jinzhou	30.8	32.1		
营口	Yingkou	29.8	31.9		
阜新	Fuxin	24.9	25.3		
辽阳	Liaoyang	27.5	28.2		
盘锦	Panjin	30.5	31.3		
铁岭	Tieling	29.1	30.3		
朝阳	Chaoyang	27.2	28.1		
葫芦岛	Huludao	28.5	29.8		
吉林	**Jilin**	**28.9**			
长春	Changchun	28.8	29.2	30.1	173
吉林	Jilin	30.3	30.1	29.9	175
四平	Siping	28.2	28.2	29.5	181
辽源	Liaoyuan	24.1	24.8	25.4	208
通化	Tonghua	25.9	26.9	28.1	194
白山	Baishan	27.1	27.6	24.9	209
松原	Songyuan	30.0	30.4	28.8	190
白城	Baicheng	29.5	31.0	33.3	137
黑龙江	**Heilongjiang**	**25.4**			
哈尔滨	Harbin	26.6	27.0	38.2	75
齐齐哈尔	Qiqihar	24.3	25.1	25.8	206
鸡西	Jixi	24.2	25.6	25.5	207
鹤岗	Hegang	22.8	24.2	26.5	203
双鸭山	Shuangyashan	24.9	25.1	24.6	211
大庆	Daqing	28.3	28.1	28.5	191
伊春	Yichun	24.0	24.6	23.1	214
佳木斯	Jiamusi	26.4	26.5	28.5	191
七台河	Qitaihe	26.6	27.0	29.2	185
牡丹江	Mudanjiang	26.9	26.9	29.9	175
黑河	Heihe				
绥化	Suihua				
上海	**Shanghai**				
江苏	**Jiangsu**		**34.7**		

6-9 城镇居民人均住房建筑面积 续表 1

Per Capita Floor Space of Residential Building in Urban Areas continued 1

单位：平方米 (sq.m)

地名	City	2011	2012	2013	2013 排名 Ranking	地名	City	2011	2012	2013	2013 排名 Ranking
南京	Nanjing	31.8	32.3	32.8	144	池州	Chizhou	37.9	38.9	38.3	74
无锡	Wuxi	36.2	36.4	38.0	76	宣城	Xuancheng	30.6	31.3	37.8	80
徐州	Xuzhou	34.7	35.0	37.5	84	**福建**	**Fujian**	**37.9**			
常州	Changzhou	37.0	37.5	41.5	41	福州	Fuzhou	33.2	32.4	37.0	90
苏州	Suzhou	36.1	36.1	43.1	32	厦门	Xiamen	32.6	33.4	32.8	144
南通	Nantong	39.5	39.8	40.1	54	莆田	Putian	38.9	39.3	41.5	41
连云港	Lianyungang	36.9	37.4	39.1	65	三明	Sanming	37.4	37.7	35.3	115
淮安	Huaian	34.9	35.5	37.1	87	泉州	Quanzhou	41.6	40.8	46.0	17
盐城	Yancheng	36.8	37.2	37.2	86	漳州	Zhangzhou	35.3	35.4	39.4	62
扬州	Yangzhou	36.2	37.4	37.6	83	南平	Nanping	34.1	34.9	37.7	82
镇江	Zhenjiang	39.4	39.1	40.4	49	龙岩	Longyan	42.9	43.4	42.6	36
泰州	Taizhou	39.0	39.3	40.4	49	宁德	Ningde	39.1	40.6	43.1	32
宿迁	Suqian	38.9	38.9	39.9	55	**江西**	**Jiangxi**	**39.4**			
浙江	**Zhejiang**	**36.9**				南昌	Nanchang	33.0	34.1		
杭州	Hangzhou	33.9	34.3	31.9	152	景德镇	Jingdezhen	34.6	35.7		
宁波	Ningbo	35.3	35.0	33.6	130	萍乡	Pingxiang	34.9	35.1		
温州	Wenzhou	41.9	41.3	41.7	39	九江	Jiujiang	33.9	34.2		
嘉兴	Jiaxing	35.6	35.6	39.5	61	新余	Xinyu	40.2	40.2		
湖州	Huzhou	38.0	36.5	36.5	95	鹰潭	Yingtan	34.1	34.1		
绍兴	Shaoxing	35.1	35.3	40.2	52	赣州	Ganzhou	40.3	41.0		
金华	Jinhua	47.1	49.3	51.3	6	吉安	Jian	39.9	39.9		
衢州	Quzhou	40.4	39.0	36.8	92	宜春	Yichun	48.3	49.5		
舟山	Zhoushan	32.4	32.4	33.2	139	抚州	Fuzhou	37.9	37.3		
台州	Taizhou	43.0	44.2	44.6	24	上饶	Shangrao	39.8	41.1		
丽水	Lishui	43.4	39.8	41.5	41	**山东**	**Shandong**	**33.2**			
安徽	**Anhui**	**32.1**				济南	Jinan	30.3	30.1		
合肥	Hefei	28.5	28.8	30.9	164	青岛	Qingdao	27.7	27.9	29.1	186
芜湖	Wuhu	29.5	30.4	31.8	153	淄博	Zibo	34.4	34.9	36.4	100
蚌埠	Bengbu	26.7	26.2	34.7	120	枣庄	Zaozhuang	30.7	30.7	32.0	151
淮南	Huainan	25.9	26.9	27.2	201	东营	Dongying	36.7	37.1	37.3	85
马鞍山	Maanshan	29.2	37.5	30.4	169	烟台	Yantai	29.9	30.1	29.9	175
淮北	Huaibei	25.8	26.8	33.1	140	潍坊	Weifang	34.9	35.0	30.3	171
铜陵	Tongling	28.4	30.0	28.0	195	济宁	Jining	31.9	32.2	24.9	209
安庆	Anqing	36.4	33.7	33.9	125	泰安	Taian	32.0	32.0	24.0	213
黄山	Huangshan	36.1	37.2	36.0	104	威海	Weihai	42.8	29.4	29.4	183
滁州	Chuzhou	30.9	32.8	28.0	195	日照	Rizhao	36.6	36.1	37.1	87
阜阳	Fuyang	34.9	36.0	48.7	13	莱芜	Laiwu	38.0	38.2	39.0	66
宿州	Suzhou	30.4	35.1	36.0	104	临沂	Linyi	36.5	36.5	36.5	95
六安	Liuan	38.2	37.5	30.6	167	德州	Dezhou	32.6	33.3	33.4	135
亳州	Bozhou	46.8	46.2	41.7	39	聊城	Liaocheng	34.6	34.7	35.0	118

6-9 城镇居民人均住房建筑面积 续表 2

Per Capita Floor Space of Residential Building in Urban Areas continued 2

单位：平方米 (sq.m)

地名	City	2011	2012	2013	2013 排名 Ranking
滨州	Binzhou	36.8	37.3	38.0	76
菏泽	Heze	35.7	36.1	36.5	95
河南	**Henan**	**34.1**			
郑州	Zhengzhou	30.8	31.0	36.7	94
开封	Kaifeng	35.2	35.4	35.4	113
洛阳	Luoyang	32.8	33.3	36.0	104
平顶山	Pingdingshan	36.0	36.2	38.0	76
安阳	Anyang	33.1	33.1	40.2	52
鹤壁	Hebi	33.1	36.6	39.2	64
新乡	Xinxiang	36.1	37.2	35.7	110
焦作	Jiaozuo	40.4	41.0	41.5	41
濮阳	Puyang	32.4	32.1	32.9	143
许昌	Xuchang	39.5	39.6	49.0	11
漯河	Luohe	43.0	43.0	45.3	19
三门峡	Sanmenxia	35.5	35.8	40.7	47
南阳	Nanyang	43.0	43.4	43.3	30
商丘	Shangqiu	41.8	41.7	40.7	47
信阳	Xinyang	39.0	39.4	38.7	72
周口	Zhoukou	41.3	44.2	38.0	76
驻马店	Zhumadian	34.6	34.1	42.3	37
湖北	**Hubei**	**35.5**			
武汉	Wuhan	32.3	33.5	34.8	119
黄石	Huangshi	31.6	40.6	31.1	159
十堰	Shiyan	29.6	29.5	29.5	181
宜昌	Yichang	35.6	35.6	42.7	35
襄阳	Xiangyang	30.9	35.7	41.9	38
鄂州	Ezhou	37.3	36.8		
荆门	Jingmen	34.9	35.0	38.4	73
孝感	Xiaogan	38.0	39.7	39.9	55
荆州	Jingzhou	35.8	37.1	39.7	59
黄冈	Huanggang	48.0	49.0	37.1	87
咸宁	Xianning	43.0	44.5	45.9	18
随州	Suizhou	40.0	42.7	43.0	34
湖南	**Hunan**	**39.7**			
长沙	Changsha	35.6	34.8	41.4	45
株洲	Zhuzhou	42.6	39.6	49.6	8
湘潭	Xiangtan	35.6	36.3	49.5	9
衡阳	Hengyang	35.5	35.2	43.2	31
邵阳	Shaoyang	38.0	38.7	43.4	28
岳阳	Yueyang	43.8	43.7	43.8	26
常德	Changde	41.1	42.6	47.8	15
张家界	Zhangjiajie	47.9	47.5	63.3	1
益阳	Yiyang	38.5	38.3	44.6	24
郴州	Chenzhou	35.1	35.6	39.7	59
永州	Yongzhou	43.0	43.1	49.2	10
怀化	Huaihua	32.3	32.5	34.5	122
娄底	Loudi	33.0	34.2	48.3	14
广东	**Guangdong**	**34.4**			
广州	Guangzhou	21.9	22.5	22.7	215
韶关	Shaoguan	34.9	35.8	36.2	103
深圳	Shenzhen	27.9	27.9	27.6	200
珠海	Zhuhai	30.1	29.3		
汕头	Shantou	29.1	29.9		
佛山	Foshan	38.4	38.8	38.8	71
江门	Jiangmen	30.4	30.7	30.9	164
湛江	Zhanjiang	34.4	30.1		
茂名	Maoming	32.6	32.7	32.7	147
肇庆	Zhaoqing	27.8	21.1		
惠州	Huizhou	32.7	35.3		
梅州	Meizhou	31.6	32.1		
汕尾	Shanwei	33.2	33.6	34.6	121
河源	Heyuan	33.0	37.5		
阳江	Yangjiang	48.6	48.1		
清远	Qingyuan	30.1	30.3		
东莞	Dongguan	65.8	58.4		
中山	Zhongshan	34.3	34.6		
潮州	Chaozhou	31.4	30.9	30.9	164
揭阳	Jieyang	36.5	36.9		
云浮	Yunfu	31.2	30.6		
广西	**Guangxi**	**29.3**			
南宁	Nanning	33.7	31.6	32.2	150
柳州	Liuzhou	36.6	36.6	36.5	95
桂林	Guilin	38.1	38.5	39.9	55
梧州	Wuzhou	39.1	39.2	47.6	16
北海	Beihai		56.7	45.0	20
防城港	Fangchenggang	43.4	44.1	55.7	4
钦州	Qinzhou	45.1	43.7	43.7	27
贵港	Guigang	57.7	58.6	61.0	2
玉林	Yulin	60.8	62.3		
百色	Baise	39.5	39.4	44.9	22

6-9 城镇居民人均住房建筑面积 续表 3

Per Capita Floor Space of Residential Building in Urban Areas continued 3

单位：平方米 （sq.m）

地名	City	2011	2012	2013	2013 排名 Ranking	地名	City	2011	2012	2013	2013 排名 Ranking
贺州	Hezhou	52.0	49.8	48.9	12	丽江	Lijiang	39.2	41.9	54.6	5
河池	Hechi	53.4	52.6	57.0	3	普洱	Puer	31.3	31.0	29.8	180
来宾	Laibin	34.6	34.6			临沧	Lincang	39.6	40.0	40.3	51
崇左	Chongzuo	38.3	37.7	38.9	70	**西藏**	**Tibet**	**36.6**			
海南	**Hainan**	**29.5**				拉萨	Lasa	36.7	35.8	50.3	7
海口	Haikou	29.9	29.8	30.0	174	**陕西**	**Shaanxi**	**29.3**			
三亚	Sanya	34.4	34.1	25.9	205	西安	Xi'an	27.3	33.0	33.4	135
三沙	Sansha					铜川	Tongchuan	28.7	19.7	34.4	123
重庆	**Chongqing**	**28.4**				宝鸡	Baoji	28.3	31.7	31.0	162
四川	**Sichuan**	**32.2**				咸阳	Xianyang	36.5	36.1	36.0	104
成都	Chengdu	30.7	32.9	32.8	144	渭南	Weinan	36.1	36.7	37.8	80
自贡	Zigong	30.3	31.1	31.3	157	延安	Yan'an	29.3	30.3	31.2	158
攀枝花	Panzhihua	51.0	28.7	29.0	188	汉中	Hanzhong	29.5	30.8	33.0	142
泸州	Luzhou	33.7	33.3	33.8	129	榆林	Yulin	30.2	29.0	29.0	188
德阳	Deyang	34.3	34.7	35.6	111	安康	Ankang	35.5	38.7	39.0	66
绵阳	Mianyang	32.9	32.8	36.5	95	商洛	Shangluo	34.7	38.7	39.0	66
广元	Guangyuan	31.0	33.3	33.3	137	甘肃	Gansu	28.0			
遂宁	Suining	36.9	36.3	36.4	100	兰州	**Lanzhou**		25.4	29.9	175
内江	Neijiang	35.3	35.6	35.9	108	嘉峪关	Jiayuguan		31.2	33.6	130
乐山	Leshan	54.0	35.0	35.2	116	金昌	Jinchang		30.8	33.6	130
南充	Nanchong	52.0	34.0	33.6	130	白银	Baiyin		27.6	32.6	148
眉山	Meishan	39.1		39.3	63	天水	Tianshui		26.3	26.0	204
宜宾	Yibin	36.0	33.0	33.9	125	武威	Wuwei		32.1	31.4	156
广安	Guangan	39.7	41.0	41.3	46	张掖	Zhangye		31.9	29.1	186
达州	Dazhou	34.2	30.1	33.9	125	平凉	Pingliang		30.6	33.9	125
雅安	Yaan		30.2	35.8	109	酒泉	Jiuquan		31.9	31.1	159
巴中	Bazhong	56.0	37.0	32.4	149	庆阳	Qingyang		33.1	30.5	168
资阳	Ziyang	35.0	34.7	36.8	92	定西	Dingxi		29.9	28.4	193
贵州	**Guizhou**	**27.8**				陇南	Longnan		31.9	27.8	199
贵阳	Guiyang	22.3	22.7	31.0	162	**青海**	**Qinghai**	**26.0**		**23.7**	
六盘水	Liupanshui	28.4	29.5	28.0	195	西宁	Xining	25.8	25.8	29.9	175
遵义	Zunyi	32.0	31.1	36.3	102	海东	Haidong				
安顺	Anshun	27.7	27.3	35.5	112	**宁夏**	**Ningxia**	**30.3**			
毕节	Bijie	27.7	28.9	37.0	90	银川	Yinchuan	30.4	30.5	31.1	159
铜仁	Tongren	27.9	27.4	39.9	55	石嘴山	Shizuishan	30.8	30.9	29.4	183
云南	**Yunnan**	**37.4**				吴忠	Wuzhong	29.2	29.8	33.1	140
昆明	Kunming	33.6	35.1	43.4	28	固原	Guyuan	34.5	32.4	31.8	153
曲靖	Qujing	37.4	38.3	45.0	20	中卫	Zhongwei	29.1	30.0	31.6	155
玉溪	Yuxi	43.7	45.2	44.7	23	**新疆**	**Xinjiang**	**28.9**			
保山	Baoshan	37.5	38.0	39.0	66	乌鲁木齐	Urumqi	27.3	27.4		
昭通	Zhaotong	31.2	31.9	30.4	169	克拉玛依	Karamay	30.2	30.4		

6-10 农村居民人均住房面积
Per Capita Living Space of Rural Household

单位：平方米 （sq.m）

地名	City	2010	2012	2013	2013 排名 Ranking	地名	City	2010	2012	2013	2013 排名 Ranking
全国	**Nation Total**	**34.1**	**37.1**			沈阳	Shenyang	26.2	30.7		
北京	**Beijing**	**40.6**	**38.2**			大连	Dalian	30.5	32.3		
天津	**Tianjin**	**28.8**	**30.3**			鞍山	Anshan	27.9	28.5		
河北	**Hebei**	**32.2**	**35.0**			抚顺	Fushun	24.2	26.7		
石家庄	Shijiazhuang	40.0	40.3			本溪	Benxi	24.8	25.5		
唐山	Tangshan	33.4	37.3			丹东	Dandong	27.1	27.0		
秦皇岛	Qinhuangdao	31.1	33.2			锦州	Jinzhou	29.7	30.0		
邯郸	Handan	34.8	36.7			营口	Yingkou	28.4	28.9		
邢台	Xingtai	33.1	34.2			阜新	Fuxin	26.8	28.3		
保定	Baoding	31.0	26.0			辽阳	Liaoyang	27.7	27.7		
张家口	Zhangjiakou	21.7	22.5			盘锦	Panjin	33.5	35.4		
承德	Chengde	23.0	29.1			铁岭	Tieling	27.5	27.7		
沧州	Cangzhou	28.0	32.1			朝阳	Chaoyang	27.1	28.2		
廊坊	Langfang	31.6	38.1			葫芦岛	Huludao	26.4	28.4		
衡水	Hengshui	28.0	30.0			**吉林**	**Jilin**	**22.9**	**24.7**		
山西	**Shanxi**	**28.3**	**30.6**			长春	Changchun		25.8	29.5	190
太原	Taiyuan	32.9	37.5			吉林	Jilin		24.0	22.7	223
大同	Datong	20.3	23.1			四平	Siping		25.5	25.6	209
阳泉	Yangquan	30.9	27.9			辽源	Liaoyuan		22.4	23.8	219
长治	Changzhi	36.5	39.0			通化	Tonghua		24.6	27.5	198
晋城	Jincheng	34.9	36.7			白山	Baishan		22.1	17.9	233
朔州	Shuozhou	21.0	26.0			松原	Songyuan		26.3	25.4	210
晋中	Jinzhong	29.4	28.5			白城	Baicheng		26.4	29.9	188
运城	Yuncheng	31.1	40.2			**黑龙江**	**Heilongjiang**	**22.8**	**24.8**		
忻州	Xinzhou	22.4	24.9			哈尔滨	Harbin	24.4	24.8	26.0	206
临汾	Linfen	30.4	33.0			齐齐哈尔	Qiqihar	28.6	19.5	26.0	206
吕梁	Lvliang	26.0	24.0			鸡西	Jixi	22.0	21.9	21.9	228
内蒙古	**Inner Mongolia**	**22.1**	**24.9**			鹤岗	Hegang				
呼和浩特	Hohhot	27.3	26.7	34.1	162	双鸭山	Shuangyashan				
包头	Baotou	29.6	30.1	31.0	180	大庆	Daqing	28.6			
乌海	Wuhai	29.9	32.2	40.0	106	伊春	Yichun	22.8	22.0		
赤峰	Chifeng	23.1	25.1	26.3	202	佳木斯	Jiamusi	21.9	22.3	28.0	197
通辽	Tongliao	22.1	23.8	25.3	211	七台河	Qitaihe			22.1	225
鄂尔多斯	Erdos	33.8	40.0	42.8	82	牡丹江	Mudanjiang	25.9			
呼伦贝尔	Hulunbuir	22.1	25.0	26.0	206	黑河	Heihe				
巴彦淖尔	Bayannur	27.0	28.0	29.2	194	绥化	Suihua				
乌兰察布	Ulanqab	18.9	16.1	22.0	226	**上海**	**Shanghai**	**59.7**	**60.4**		
辽宁	**Liaoning**	**27.3**	**29.3**			**江苏**	**Jiangsu**	**46.3**	**50.8**		

6-10 农村居民人均住房面积 续表 1

Per Capita Living Space of Rural Household continued 1

单位：平方米 （sq.m）

地名	City	2010	2012	2013	2013 排名 Ranking	地名	City	2010	2012	2013	2013 排名 Ranking
南京	Nanjing	49.9	59.3	59.9	15	池州	Chizhou	39.9	42.9	43.0	78
无锡	Wuxi	58.5	67.6	68.2	6	宣城	Xuancheng	36.8	38.0	39.0	120
徐州	Xuzhou	41.6	45.6	48.0	47	**福建**	**Fujian**	**47.5**	**50.8**		
常州	Changzhou	58.4	60.3	56.0	22	福州	Fuzhou	48.1	48.0	50.0	39
苏州	Suzhou	68.0	68.3	74.0	3	厦门	Xiamen	59.9	60.0	60.0	14
南通	Nantong	53.6	54.6	55.7	25	莆田	Putian	69.5	66.0	57.0	19
连云港	Lianyungang	35.3	42.1	43.0	78	三明	Sanming	46.0	49.0	49.0	44
淮安	Huaian	36.3	43.3	46.4	54	泉州	Quanzhou	51.0	55.0	55.0	28
盐城	Yancheng	39.0	45.1	46.9	52	漳州	Zhangzhou	37.0	41.0	40.0	106
扬州	Yangzhou	42.2	50.1	48.6	45	南平	Nanping	47.8	47.0	48.0	47
镇江	Zhenjiang	48.6	56.2	51.0	35	龙岩	Longyan	49.6	53.0	53.0	30
泰州	Taizhou	49.4	56.9	55.9	24	宁德	Ningde	35.1	43.0	44.0	66
宿迁	Suqian	34.2	42.3	44.0	66	**江西**	**Jiangxi**	**40.3**	**47.0**		
浙江	**Zhejiang**	**60.3**	**62.1**			南昌	Nanchang	45.3	50.1	52.2	32
杭州	Hangzhou	71.2	71.0	70.4	5	景德镇	Jingdezhen	49.7	57.4	61.1	13
宁波	Ningbo	56.0	58.3	58.9	17	萍乡	Pingxiang	49.6	55.5	57.0	19
温州	Wenzhou	43.0	45.8	42.2	86	九江	Jiujiang	40.8	45.8	47.0	50
嘉兴	Jiaxing	69.1	72.4	71.6	4	新余	Xinyu	49.7	55.9	56.0	22
湖州	Huzhou	58.0	68.0	67.9	8	鹰潭	Yingtan	55.6	55.0	52.4	31
绍兴	Shaoxing	67.6	64.8			赣州	Ganzhou	32.5	38.8	38.6	124
金华	Jinhua	63.6	64.6	62.4	11	吉安	Jian	38.9	39.1	43.4	72
衢州	Quzhou	55.8	66.0	66.7	9	宜春	Yichun	41.1	57.3	47.0	50
舟山	Zhoushan	48.6	49.1	49.3	43	抚州	Fuzhou	32.0	42.4	44.0	66
台州	Taizhou	57.0	55.3	55.5	27	上饶	Shangrao	35.9	46.1	45.0	59
丽水	Lishui	48.0	52.7	52.0	33	**山东**	**Shandong**	**34.7**	**38.4**		
安徽	**Anhui**	**32.1**	**35.3**			济南	Jinan	39.8	40.0	43.9	70
合肥	Hefei	33.4	34.2	35.0	150	青岛	Qingdao	31.0	32.3	33.5	167
芜湖	Wuhu	38.2	35.7	37.2	135	淄博	Zibo	35.4	36.9	38.2	127
蚌埠	Bengbu	34.3	37.8	40.1	104	枣庄	Zaozhuang	34.1	40.8	37.0	136
淮南	Huainan	37.2	39.5	40.3	101	东营	Dongying	34.1	37.4	39.4	116
马鞍山	Maanshan	36.8	38.8	36.4	139	烟台	Yantai	35.4	34.6	35.8	145
淮北	Huaibei	40.3	40.2	41.7	90	潍坊	Weifang	38.1	36.8	38.2	127
铜陵	Tongling	38.4	41.5	45.0	59	济宁	Jining	34.7	35.5	37.3	133
安庆	Anqing	36.1	35.0	35.5	148	泰安	Taian	37.7	42.9	43.2	76
黄山	Huangshan	39.0	40.9	41.8	89	威海	Weihai	39.8	39.6	40.3	101
滁州	Chuzhou	31.8	33.6	34.0	163	日照	Rizhao	36.9	36.4	43.5	71
阜阳	Fuyang	29.3	32.6	33.3	168	莱芜	Laiwu	37.0	39.7	41.6	93
宿州	Suzhou	32.0	35.2	37.0	136	临沂	Linyi	31.3	33.7	34.2	161
六安	Liuan	31.8	33.9	34.6	157	德州	Dezhou	34.0	35.4	36.0	143
亳州	Bozhou	32.8	37.4	38.8	122	聊城	Liaocheng	35.7	38.1	39.9	113

6-10 农村居民人均住房面积 续表 2
Per Capita Living Space of Rural Household continued 2

单位：平方米 (sq.m)

地名	City	2010	2012	2013	2013 排名 Ranking
滨州	Binzhou	36.5	41.0	45.1	58
菏泽	Heze	31.9	35.5	36.2	141
河南	**Henan**	**34.5**	**37.9**		
郑州	Zhengzhou	56.0	61.0	58.2	18
开封	Kaifeng	30.5	36.7	38.0	130
洛阳	Luoyang	38.5	41.6	43.3	74
平顶山	Pingdingshan	31.8	37.6	39.4	116
安阳	Anyang	35.6	34.6	41.4	95
鹤壁	Hebi	35.7	41.7	42.3	85
新乡	Xinxiang	38.6	40.1	40.4	100
焦作	Jiaozuo	41.2	44.9	45.3	55
濮阳	Puyang	26.9	31.3	33.0	169
许昌	Xuchang	36.7	41.7	39.0	120
漯河	Luohe	32.9	37.7	39.8	115
三门峡	Sanmenxia	34.9	39.2	36.2	141
南阳	Nanyang	32.3	37.6	34.4	160
商丘	Shangqiu	31.5	39.9	38.8	122
信阳	Xinyang	33.1	33.5	30.5	184
周口	Zhoukou	27.1	35.7	34.0	163
驻马店	Zhumadian	29.7	32.6	30.8	182
湖北	**Hubei**	**41.0**	**45.0**		
武汉	Wuhan	48.8	51.4	47.8	49
黄石	Huangshi	42.3	50.6	50.9	37
十堰	Shiyan	32.8	36.0	34.9	154
宜昌	Yichang	45.7	49.2	49.9	41
襄阳	Xiangyang	38.7	45.2	42.2	86
鄂州	Ezhou	42.5	46.0		
荆门	Jingmen	37.7	44.5	44.6	62
孝感	Xiaogan	34.7	38.6	39.1	119
荆州	Jingzhou	37.1	40.3	45.3	55
黄冈	Huanggang	42.2	43.8	44.2	65
咸宁	Xianning	41.7	49.4	46.5	53
随州	Suizhou	42.3	38.3	40.0	106
湖南	**Hunan**	**42.0**	**46.5**		
长沙	Changsha	59.5	62.6	62.0	12
株洲	Zhuzhou	55.5	58.7	59.9	15
湘潭	Xiangtan	49.8	49.6	68.1	7
衡阳	Hengyang	50.9	49.8	51.3	34
邵阳	Shaoyang	34.0	39.4	44.3	64
岳阳	Yueyang	42.4	45.5	51.0	35

地名	City	2010	2012	2013	2013 排名 Ranking
常德	Changde	47.3	51.5	55.7	25
张家界	Zhangjiajie	35.7	46.6	56.2	21
益阳	Yiyang	42.2	47.2	53.9	29
郴州	Chenzhou	38.2	35.2	41.7	90
永州	Yongzhou	35.0	37.3	48.4	46
怀化	Huaihua	33.4	36.8	43.4	72
娄底	Loudi	40.8	49.3	63.5	10
广东	**Guangdong**	**29.2**	**31.7**		
广州	Guangzhou	43.7	45.3	45.3	55
韶关	Shaoguan	30.1	33.0	35.3	149
深圳	Shenzhen				
珠海	Zhuhai	33.1	37.5	38.6	124
汕头	Shantou	18.7	19.0	19.4	232
佛山	Foshan	48.7	49.9	50.0	39
江门	Jiangmen		29.0	29.5	190
湛江	Zhanjiang	28.5	31.5	32.7	172
茂名	Maoming	38.6	41.8	44.9	61
肇庆	Zhaoqing	25.5	28.5	29.1	195
惠州	Huizhou	28.6	32.8	35.6	147
梅州	Meizhou	31.6	33.9	31.5	178
汕尾	Shanwei	25.5	25.7	26.1	205
河源	Heyuan	27.6	28.8	29.4	192
阳江	Yangjiang		33.0	42.8	82
清远	Qingyuan	30.9	30.3	31.6	176
东莞	Dongguan	52.1	50.3		
中山	Zhongshan	41.8	42.1	42.5	84
潮州	Chaozhou	23.1	23.6	24.3	217
揭阳	Jieyang	22.8	24.4	24.6	214
云浮	Yunfu	27.0	31.6	31.6	176
广西	**Guangxi**	**33.9**	**36.0**		
南宁	Nanning	36.8	40.8	37.4	132
柳州	Liuzhou	29.3	39.5	40.1	104
桂林	Guilin	38.0	42.1	44.6	62
梧州	Wuzhou	29.6	34.4	33.0	169
北海	Beihai	38.5	38.3	23.0	222
防城港	Fangchenggang	30.1	33.6	38.1	129
钦州	Qinzhou	26.8	26.4	26.4	201
贵港	Guigang	32.6	41.1	34.7	155
玉林	Yulin	26.8	33.6		
百色	Baise	28.9	33.0	31.0	180

6-10 农村居民人均住房面积 续表 3

Per Capita Living Space of Rural Household continued 3

单位：平方米 (sq.m)

地名	City	2010	2012	2013	2013 排名 Ranking	地名	City	2010	2012	2013	2013 排名 Ranking
贺州	Hezhou	34.7		30.1	186	丽江	Lijiang	25.3	33.5	40.5	99
河池	Hechi	25.6	35.4	32.3	174	普洱	Puer	22.3	24.8	24.9	212
来宾	Laibin	36.0	38.5			临沧	Lincang	17.6	23.0	24.5	215
崇左	Chongzuo	34.5	41.0	41.5	94	**西藏**	**Tibet**	**25.3**	**28.8**		
海南	**Hainan**	**24.7**	**25.3**			拉萨	Lasa	22.6	30.7	27.2	200
海口	Haikou	31.6	31.8	31.9	175	**陕西**	**Shaanxi**	**31.7**	**36.9**		
三亚	Sanya	28.6	30.3	30.8	182	西安	Xi'an	66.7	78.0	81.0	2
三沙	Sansha					铜川	Tongchuan	32.0	36.1	49.5	42
重庆	**Chongqing**	**37.6**	**41.1**			宝鸡	Baoji	32.7	33.0	35.0	150
四川	**Sichuan**	**36.6**	**37.9**			咸阳	Xianyang	38.5	40.5	43.0	78
成都	Chengdu	48.8	52.2	50.9	37	渭南	Weinan	32.7	35.0	36.0	143
自贡	Zigong	37.0	35.0	36.8	138	延安	Yan'an	24.1	27.8	27.5	198
攀枝花	Panzhihua	34.0	37.0	43.0	78	汉中	Hanzhong	34.7	40.1	40.0	106
泸州	Luzhou	38.0	38.7	40.0	106	榆林	Yulin	26.6	33.6	34.5	159
德阳	Deyang	38.0	36.4	36.3	140	安康	Ankang	35.0	39.5	40.0	106
绵阳	Mianyang	43.0	38.9	40.3	101	商洛	Shangluo	34.6	32.0	35.0	150
广元	Guangyuan	41.0	35.0	39.2	118	**甘肃**	**Gansu**	**21.0**	**24.1**		
遂宁	Suining	35.0	43.3	43.3	74	兰州	Lanzhou	23.8	33.0	31.2	179
内江	Neijiang	34.0	34.4	34.7	155	嘉峪关	Jiayuguan	34.7	37.0	33.9	166
乐山	Leshan	43.0	40.0	39.9	113	金昌	Jinchang	34.4	42.0	83.2	1
南充	Nanchong	35.0	37.0	37.5	131	白银	Baiyin	22.6	25.0	22.6	224
眉山	Meishan	38.0		41.0	97	天水	Tianshui	17.5	20.0	21.3	230
宜宾	Yibin	40.0	40.0	40.8	98	武威	Wuwei	40.0	28.0	24.8	213
广安	Guangan	39.0	40.0	41.7	90	张掖	Zhangye	32.6	36.0	26.3	202
达州	Dazhou	39.0	37.5	37.3	133	平凉	Pingliang	22.4	24.0	23.5	220
雅安	Yaan	38.0	32.2	41.1	96	酒泉	Jiuquan	17.7	40.0	32.8	171
巴中	Bazhong	34.0	32.5	32.7	172	庆阳	Qingyang	21.3	23.0	24.5	215
资阳	Ziyang	40.0	38.0	38.5	126	定西	Dingxi	19.3	19.0	21.6	229
贵州	**Guizhou**	**27.0**	**29.6**			陇南	Longnan	23.6	26.0	22.0	226
贵阳	Guiyang	46.7	57.1	42.2	86	**青海**	**Qinghai**	**21.4**	**29.7**		
六盘水	Liupanshui	27.6	30.2	35.0	150	西宁	Xining	34.3	35.4	40.0	106
遵义	Zunyi	31.0	34.5	34.6	157	海东	Haidng				
安顺	Anshun	27.0	31.1	24.0	218	**宁夏**	**Ningxia**	**24.9**	**25.9**		
毕节	Bijie	23.0	24.8	29.3	193	银川	Yinchuan	38.9	44.7	35.7	146
铜仁	Tongren	29.1	33.0	29.8	189	石嘴山	Shizuishan	31.6	34.8	34.0	163
云南	**Yunnan**	**29.0**	**31.7**			吴忠	Wuzhong	29.7	27.0	30.2	185
昆明	Kunming	45.8	45.7	44.0	66	固原	Guyuan	19.3	19.8	20.2	231
曲靖	Qujing	31.0	31.0	29.0	196	中卫	Zhongwei	24.2	28.6	26.2	204
玉溪	Yuxi	43.5	42.8	43.2	76	**新疆**	**Xinjiang**	**24.0**	**27.2**		
保山	Baoshan	27.4	29.0	30.0	187	乌鲁木齐	Urumqi	38.1	31.0		
昭通	Zhaotong	23.9	26.4	23.1	221	克拉玛依	Karamay				

6-11　私有汽车拥有量
Number of Private Vehicles

单位：辆　　　　　　　　　　　　　　　　　　　　　　　　（unit）

地名	City	2010	2015	2016	2016 排名 Ranking	地名	City	2010	2015	2016	2016 排名 Ranking
全国	**Nation Total**	**59387080**		**163302200**		沈阳	Shenyang	707838	1345700	1566500	22
北京	**Beijing**	**3715068**	**4403000**	**4520400**		大连	Dalian	739675	1051000	1175100	32
天津	**Tianjin**	**1256999**	**2347500**	**2343900**		鞍山	Anshan	264683	338600	354900	131
河北	**Hebei**	**4041575**		**11437800**		抚顺	Fushun	181880	168300	161800	225
石家庄	Shijiazhuang	727466	1416500	1735200	16	本溪	Benxi	100050	138600	107700	254
唐山	Tangshan	696560	1431000	1609000	20	丹东	Dandong	188325	296300	310700	147
秦皇岛	Qinhuangdao	236818	455200	536800	81	锦州	Jinzhou	368610	287700	244000	173
邯郸	Handan	450472	834900	1086000	35	营口	Yingkou	183288	244000	276200	159
邢台	Xingtai	331987	728800	852500	46	阜新	Fuxin	306267	192000	211500	196
保定	Baoding	705993	1326100	1453600	23	辽阳	Liaoyang	227040	189500	160400	226
张家口	Zhangjiakou	248178	436600	515900	85	盘锦	Panjin	136075	199200	216600	193
承德	Chengde	158028	255900	283400	154	铁岭	Tieling	281605	220600	227300	183
沧州	Cangzhou	504005	1024900	1138600	34	朝阳	Chaoyang	427621	260200	223200	188
廊坊	Langfang	408211	795800	911800	43	葫芦岛	Huludao	201642	202200	198700	201
衡水	Hengshui	234985	449200	546400	77	**吉林**	**Jilin**	**1144913**		**3150000**	
山西	**Shanxi**	**1865984**		**4729400**		长春	Changchun	505205	1111500	1280900	27
太原	Taiyuan	459607	992400	1143400	33	吉林	Jilin	216649	404700	448700	100
大同	Datong	196774	384200	499900	87	四平	Siping	121298	279500	303500	148
阳泉	Yangquan	80896	173600	170000	220	辽源	Liaoyuan	45640	89600	104100	255
长治	Changzhi	191173	374000	402000	116	通化	Tonghua	82500	144700	168700	221
晋城	Jincheng	150851	289200	329000	136	白山	Baishan	44842	78900	91700	263
朔州	Shuozhou	54195	127900	168000	223	松原	Songyuan	154431	297900	327900	137
晋中	Jinzhong	231652	455400	474000	90	白城	Baicheng	74302	190800	217500	191
运城	Yuncheng	244802	480500	594000	68	**黑龙江**	**Heilongjiang**	**1396536**		**3442900**	
忻州	Xinzhou	137982	249300	263000	164	哈尔滨	Harbin	468701	1166000	1311700	26
临汾	Linfen	216768	434900	416000	109	齐齐哈尔	Qiqihar	169693		248100	170
吕梁	Lvliang	168513	293600	283000	155	鸡西	Jixi	109816	161000	191000	204
内蒙古	**Inner Mongolia**	**1474731**		**3799500**		鹤岗	Hegang	29858	61700	82400	265
呼和浩特	Hohhot	259185	667000	770300	53	双鸭山	Shuangyashan	39788		158600	229
包头	Baotou	230353	506500	613800	66	大庆	Daqing	230190	425000	469500	94
乌海	Wuhai	70200	140100	168300	222	伊春	Yichun	22401		66700	270
赤峰	Chifeng	291465	585300	661400	63	佳木斯	Jiamusi				
通辽	Tongliao	305015	350300	413200	112	七台河	Qitaihe	32000	52700	69200	268
鄂尔多斯	Erdos	150000	551700	634200	64	牡丹江	Mudanjiang	90120		290100	153
呼伦贝尔	Hulunbuir	101582	216500	278800	156	黑河	Heihe				
巴彦淖尔	Bayannur	80048	253200	317900	143	绥化	Suihua	8231	39600	72900	266
乌兰察布	Ulanqab	105652	257800	319600	141	**上海**	**Shanghai**	**1037051**	**2086500**	**2426600**	
辽宁	**Liaoning**	**1988119**		**5533900**		**江苏**	**Jiangsu**	**4181285**		**12458300**	

6-11 私有汽车拥有量 续表 1
Number of Private Vehicles continued 1

单位：辆 (unit)

地名	City	2010	2015	2016	2016 排名 Ranking
南京	Nanjing	647562	1720600	1927100	8
无锡	Wuxi	521407	1178000	1340800	25
徐州	Xuzhou	356532	763000	926400	42
常州	Changzhou	339434	821500	939300	40
苏州	Suzhou	981650	2284200	2670300	2
南通	Nantong	355328	1028400	1204100	31
连云港	Lianyungang	146448	359500	431600	105
淮安	Huaian	124905	344400	403100	115
盐城	Yancheng	207710	558400	675500	61
扬州	Yangzhou	178389	485900	562700	73
镇江	Zhenjiang	147295	372400	436800	103
泰州	Taizhou	169165	474700	555400	76
宿迁	Suqian	169843	377500	448800	99
浙江	**Zhejiang**	**4315235**		**11042300**	
杭州	Hangzhou	942585	1849100	1922700	9
宁波	Ningbo	532965	1450600	1661600	17
温州	Wenzhou	674836	1433300	1638900	18
嘉兴	Jiaxing	265802	505600	899000	44
湖州	Huzhou	180041	774400	588800	69
绍兴	Shaoxing	346672	848700	972700	37
金华	Jinhua	517447	1198300	1375400	24
衢州	Quzhou	99318	252300	299100	150
舟山	Zhoushan	39063	97100	122100	247
台州	Taizhou	481717	1049600	1208900	30
丽水	Lishui	116539	255200	293600	151
安徽	**Anhui**	**1368463**		**5114500**	
合肥	Hefei	250403	964300	1211800	29
芜湖	Wuhu	90999	321300	390700	119
蚌埠	Bengbu	55918	164800	214500	195
淮南	Huainan	45751	136600	216900	192
马鞍山	Maanshan	41994	150000	180600	213
淮北	Huaibei	65058	154200	181000	212
铜陵	Tongling	24689	72500	120700	249
安庆	Anqing	120980	329700	369800	127
黄山	Huangshan	42833	111500	136700	241
滁州	Chuzhou	91396	192400	244900	172
阜阳	Fuyang	189074	438800	514500	86
宿州	Suzhou	138078	255700	318800	142
六安	Liuan	153224	334900	351200	132
亳州	Bozhou	157249	297700	365800	129
池州	Chizhou	32284	92200	114200	252
宣城	Xuancheng	86395	214700	263800	163
福建	**Fujian**	**1519318**		**4353100**	
福州	Fuzhou	330352	826500	937500	41
厦门	Xiamen	284745	885800	952300	38
莆田	Putian	65608	173300	227000	184
三明	Sanming	73018	159000	181100	211
泉州	Quanzhou	408143	917600	1044000	36
漳州	Zhangzhou	126009	304500	346400	134
南平	Nanping	63093	149200	178300	214
龙岩	Longyan	135368	842100	314500	145
宁德	Ningde	55173	129600	153500	233
江西	**Jiangxi**	**873814**		**3490600**	
南昌	Nanchang	203953	627800	783600	51
景德镇	Jingdezhen	52699	133000	159900	227
萍乡	Pingxiang	38124	121500	158700	228
九江	Jiujiang	105004	318800	418500	107
新余	Xinyu	34088	96300	122900	246
鹰潭	Yingtan	22121	81200	102600	256
赣州	Ganzhou	152701	514600	633800	65
吉安	Jian	74765	226100	273700	160
宜春	Yichun	111507	350900	461100	95
抚州	Fuzhou	52665	190700	223800	186
上饶	Shangrao	99980	307000	394900	117
山东	**Shandong**	**5771075**		**15506500**	
济南	Jinan	670465	1377600	1573900	21
青岛	Qingdao	729966	1667200	1905000	10
淄博	Zibo	373721	710200	802400	48
枣庄	Zaozhuang	233435	389500	447800	101
东营	Dongying	279344	496800	541800	80
烟台	Yantai	631748	1135600	1269600	28
潍坊	Weifang	935879	1652300	1829200	13
济宁	Jining	409787	796000	947500	39
泰安	Taian	259842	510800	584700	70
威海	Weihai	263595	509200	574500	71
日照	Rizhao	176291	410800	477000	89
莱芜	Laiwu	104278	168600	187100	207
临沂	Linyi	652175	1517200	1751900	15
德州	Dezhou	331411	712300	786900	50
聊城	Liaocheng	405537	641700	715100	56

6-11 私有汽车拥有量 续表 2
Number of Private Vehicles continued 2

单位：辆 （unit）

地名	City	2010	2015	2016	2016 排名 Ranking
滨州	Binzhou	309800	608500	690000	59
菏泽	Heze	329045	603100	703500	57
河南	**Henan**	**2947564**		**9923700**	
郑州	Zhengzhou	777605	2150600	2430600	4
开封	Kaifeng	155557	344600	418300	108
洛阳	Luoyang	282820	662800	767400	54
平顶山	Pingdingshan	176333	398700	469900	93
安阳	Anyang	240506	467900	542700	79
鹤壁	Hebi	63004	156400	182200	210
新乡	Xinxiang	239442	597900	693000	58
焦作	Jiaozuo	149803	322400	374000	125
濮阳	Puyang	196863	406000	451100	97
许昌	Xuchang	155659	383400	453800	96
漯河	Luohe	76691	180800	220600	189
三门峡	Sanmenxia	124052	204000	223400	187
南阳	Nanyang	220249	570300	685600	60
商丘	Shangqiu	270906	553400	672900	62
信阳	Xinyang	176704	339700	408400	114
周口	Zhoukou	288892	476900	559700	74
驻马店	Zhumadian	130365	340500	424300	106
湖北	**Hubei**	**1486487**		**5196900**	
武汉	Wuhan	780000	1651800	2073800	6
黄石	Huangshi	54500	123500	150300	235
十堰	Shiyan	99105	212600		
宜昌	Yichang	148146	366700	444800	102
襄阳	Xiangyang	197040	412100	497400	88
鄂州	Ezhou	16223	34200	42000	273
荆门	Jingmen	75509	184200	237100	178
孝感	Xiaogan	30256	578900	205000	200
荆州	Jingzhou	101401	258500	322400	138
黄冈	Huanggang	83439	928500	301800	149
咸宁	Xianning	61996	141600	167800	224
随州	Suizhou	46592	333700	152400	234
湖南	**Hunan**	**1692449**		**5441600**	
长沙	Changsha	546834	1522500	1762000	14
株洲	Zhuzhou	120972	308700	361400	130
湘潭	Xiangtan	84797	222300	260200	166
衡阳	Hengyang	133277	303200	372300	126
邵阳	Shaoyang	120228	324600	384400	121
岳阳	Yueyang	98940	319800	391300	118
常德	Changde	104254	305700	378300	124
张家界	Zhangjiajie	30968	80100	99100	261
益阳	Yiyang	96621	245500	291300	152
郴州	Chenzhou	134137	272300	315900	144
永州	Yongzhou	98152	232500	278800	156
怀化	Huaihua	72780	203300	247300	171
娄底	Loudi	106893	228200	260400	165
广东	**Guangdong**	**6281233**		**14859569**	
广州	Guangzhou	1261160	1806500	1848977	12
韶关	Shaoguan	78230	181200	228586	182
深圳	Shenzhen	1301631	2679300	2650617	3
珠海	Zhuhai	157798	351000	413420	111
汕头	Shantou	223325	461200	520116	84
佛山	Foshan	791313	1632200	1867149	11
江门	Jiangmen	224812	464400	555435	75
湛江	Zhanjiang	115782	277000	340145	135
茂名	Maoming	134923	303700	386203	120
肇庆	Zhaoqing	120318	289700	381551	122
惠州	Huizhou	208425	592400	820089	47
梅州	Meizhou	88353	236500	310742	146
汕尾	Shanwei	22300	61800	99754	260
河源	Heyuan	59198	164700	219641	190
阳江	Yangjiang	72668	197000	241838	175
清远	Qingyuan	104093	314500	415773	110
东莞	Dongguan	740238	1669500	2065584	7
中山	Zhongshan	313775	645300	763724	55
潮州	Chaozhou	96149	199200	233328	181
揭阳	Jieyang	119258	267400	321096	140
云浮	Yunfu	56141	140700	175801	217
广西	**Guangxi**	**1083336**		**3758100**	
南宁	Nanning	292736	850200	883300	45
柳州	Liuzhou	154217	700300	470400	92
桂林	Guilin	132797	367600	436300	104
梧州	Wuzhou	41874	626500	143500	239
北海	Beihai	54637			
防城港	Fangchenggang	29231	77900	91700	263
钦州	Qinzhou	39390	129600	186900	208
贵港	Guigang	58973	170500	207200	198
玉林	Yulin	108945	299900	369200	128
百色	Baise	59973	142000	215900	194

6-11 私有汽车拥有量 续表 3

Number of Private Vehicles continued 3

单位：辆 （unit）

地名	City	2010	2015	2016	2016 排名 Ranking
贺州	Hezhou	34410	100300	121300	248
河池	Hechi	53299	156400	188700	206
来宾	Laibin	37656	100300	125300	245
崇左	Chongzuo	20972	80600	101600	257
海南	**Hainan**	**280903**		**828700**	
海口	Haikou	182623	470000	562900	72
三亚	Sanya	37705	101800		
三沙	Sansha				
重庆	**Chongqing**	**741488**	**2316400**	**2786400**	
四川	**Sichuan**	**2809524**		**7860300**	
成都	Chengdu	1396000	3285000	3727800	1
自贡	Zigong	52244	139000	177000	216
攀枝花	Panzhihua	60087	116000	138900	240
泸州	Luzhou	56693	202000	259600	167
德阳	Deyang	183763	327000	380300	123
绵阳	Mianyang		390000	470600	91
广元	Guangyuan	62707	145000	178200	215
遂宁	Suining	55399	140000	175300	218
内江	Neijiang	52256	136000	170800	219
乐山	Leshan	95347	220000	271900	161
南充	Nanchong	102573	275000	351000	133
眉山	Meishan	74842	189000	235200	180
宜宾	Yibin	68148	196000	243000	174
广安	Guangan	40063	122000	156300	231
达州	Dazhou	52772	173000	224000	185
雅安	Yaan	42071	111000	132000	244
巴中	Bazhong	38901	124000	157000	230
资阳	Ziyang	57786	129000	120000	250
贵州	**Guizhou**	**878065**		**3106200**	
贵阳	Guiyang	512066	726200	800400	49
六盘水	Liupanshui	95366	213300	258000	168
遵义	Zunyi	39483	328000	533200	82
安顺	Anshun	41819	148400		
毕节	Bijie	63019			
铜仁	Tongren				
云南	**Yunnan**	**1855688**		**4980700**	
昆明	Kunming	1173869	1987300	1631700	19
曲靖	Qujing	734549	1042700	449900	98
玉溪	Yuxi	156581	806800	270500	162
保山	Baoshan	70443	689200	136500	242
昭通	Zhaotong	83980	701800	182500	209
丽江	Lijiang	38732	272700	113700	253
普洱	Puer	80336	924100	146200	237
临沧	Lincang		760500	100400	259
西藏	**Tibet**	**110318**		**311600**	
拉萨	Lasa	81988	129800		
陕西	**Shaanxi**	**1441129**		**4402600**	
西安	Xi'an	778902	1972300	2219600	5
铜川	Tongchuan	36492	64200	70000	267
宝鸡	Baoji	93891	199900	241200	176
咸阳	Xianyang	116103	271100	321600	139
渭南	Weinan	205237	361200	411300	113
延安	Yan'an	144707	228300	250400	169
汉中	Hanzhong	79634	176600	209500	197
榆林	Yulin	255161	495800	520700	83
安康	Ankang	47771	96700	116800	251
商洛	Shangluo	40301	59200	68000	269
甘肃	**Gansu**	**527351**		**2074100**	
兰州	Lanzhou	120100	445800	545800	78
嘉峪关	Jiayuguan	15400	43100	51300	272
金昌	Jinchang	21600	50600	57800	271
白银	Baiyin	60500	184400	196300	203
天水	Tianshui	54000	204400	237000	179
武威	Wuwei	46200	134300	154800	232
张掖	Zhangye	40300	120600	143800	238
平凉	Pingliang	45580	166700	190400	205
酒泉	Jiuquan	51100	125300	146700	236
庆阳	Qingyang	60400	211600	240600	177
定西	Dingxi	52200	253000	276800	158
陇南	Longnan	46600	119100	132600	243
青海	**Qinghai**	**199467**		**729600**	
西宁	Xining				
海东	Haidong				
宁夏	**Ningxia**	**309364**		**1036300**	
银川	Yinchuan	177270	517700	606500	67
石嘴山	Shizuishan	45193	83800		
吴忠	Wuzhong	60058	127000	207000	199
固原	Guyuan	53465	111500	196800	202
中卫	Zhongwei	35616	89200	100600	258
新疆	**Xinjiang**	**792548**		**2663900**	
乌鲁木齐	Urumqi		647700	777100	52
克拉玛依	Karamay		89000	98000	262

6-12 城镇职工基本养老保险参保人数
Number of Employees Joining Urban Basic Pension Insurance

单位：万人 (10 000 persons)

地名	City	2011	2015	2016	2016 排名 Ranking
全国	**Nation Total**	**28391.3**	**35361.2**	**37929.7**	
北京	**Beijing**	**1089.4**	**1424.2**	**1546.6**	
天津	**Tianjin**	**458.7**	**565.2**	**639.0**	
河北	**Hebei**	**1059.8**	**1320.5**	**1403.1**	
石家庄	Shijiazhuang	162.3	210.0	229.3	19
唐山	Tangshan	171.8	216.2	222.9	20
秦皇岛	Qinhuangdao	60.1	77.8	81.0	91
邯郸	Handan	104.6	124.3	128.3	47
邢台	Xingtai	54.4	67.2	73.0	106
保定	Baoding	106.8	129.1	103.1	66
张家口	Zhangjiakou	70.9	84.8	49.3	167
承德	Chengde	45.3	59.5	55.3	146
沧州	Cangzhou	70.6	89.2	93.1	72
廊坊	Langfang	56.8	86.4	92.7	74
衡水	Hengshui	41.6	51.4	53.4	156
山西	**Shanxi**	**623.8**	**714.3**	**760.2**	
太原	Taiyuan	119.2	134.1	140.2	42
大同	Datong	40.5	64.3	68.7	114
阳泉	Yangquan	24.8	26.6	28.9	222
长治	Changzhi	32.9	44.7	57.6	142
晋城	Jincheng	28.6	39.8	42.2	182
朔州	Shuozhou	13.1	28.9	27.0	224
晋中	Jinzhong	41.9	47.9	50.7	166
运城	Yuncheng	45.8	51.6	55.1	148
忻州	Xinzhou	35.0	41.4	42.0	183
临汾	Linfen	37.6	55.9	57.6	141
吕梁	Lvliang	13.5	31.0	36.2	204
内蒙古	**Inner Mongolia**	**452.4**	**579.0**	**655.0**	
呼和浩特	Hohhot	42.4	43.8	44.3	175
包头	Baotou	56.2	90.9	94.4	71
乌海	Wuhai	14.8	10.9	18.0	251
赤峰	Chifeng	28.8	36.9	40.1	191
通辽	Tongliao	22.4	41.2	52.1	161
鄂尔多斯	Erdos	23.0	33.4	35.7	206
呼伦贝尔	Hulunbuir	47.5	59.4	68.8	113
巴彦淖尔	Bayannur	27.1	31.1	37.4	198
乌兰察布	Ulanqab	24.9	14.0	42.3	181
辽宁	**Liaoning**	**1556.6**	**1780.2**	**1800.3**	
沈阳	Shenyang	308.0	370.7	380.7	9
大连	Dalian	172.3	195.1	198.1	28
鞍山	Anshan	91.6	116.7	111.6	58
抚顺	Fushun	90.1	92.5	91.8	76
本溪	Benxi	84.2	79.5	80.6	94
丹东	Dandong	73.4	93.8	91.6	77
锦州	Jinzhou	66.4	79.1	80.6	93
营口	Yingkou	66.9	77.5	78.9	95
阜新	Fuxin	46.9	52.4	53.6	154
辽阳	Liaoyang	54.8	65.3	64.6	119
盘锦	Panjin	53.9	62.1	60.6	132
铁岭	Tieling	49.9	44.8	54.7	151
朝阳	Chaoyang	47.6	58.7	41.6	187
葫芦岛	Huludao	46.9	56.1	57.4	144
吉林	**Jilin**	**617.5**	**693.6**	**706.8**	
长春	Changchun	167.5	204.2	211.2	27
吉林	Jilin	99.6	65.1	65.4	118
四平	Siping	52.8	25.1	24.9	228
辽源	Liaoyuan	22.9	25.6	13.5	260
通化	Tonghua	46.9	54.7	46.0	173
白山	Baishan	35.1	21.5	21.0	242
松原	Songyuan	30.2	35.4	36.3	202
白城	Baicheng	17.2	17.6	17.3	254
黑龙江	**Heilongjiang**	**981.0**	**1118.0**	**1144.1**	
哈尔滨	Harbin	121.3	231.3	236.4	18
齐齐哈尔	Qiqihar	47.8	27.8	172.8	34
鸡西	Jixi	18.1	24.8	29.7	219
鹤岗	Hegang	16.3	11.9	19.4	247
双鸭山	Shuangyashan	16.8	20.5	17.3	253
大庆	Daqing	33.6	45.2	40.7	190
伊春	Yichun	25.2	25.0	36.8	199
佳木斯	Jiamusi	23.8	55.6	2.0	283
七台河	Qitaihe	13.5	12.7	9.6	270
牡丹江	Mudanjiang	47.8	33.2	35.1	208
黑河	Heihe	16.8	32.3	4.1	281
绥化	Suihua	25.6	36.3	54.1	152
上海	**Shanghai**	**1382.7**	**1493.8**	**1527.1**	
江苏	**Jiangsu**	**2223.9**	**2779.9**	**2861.5**	

6-12 城镇职工基本养老保险参保人数 续表 1

Number of Employees Joining Urban Basic Pension Insurance continued 1

单位：万人 (10 000 persons)

地名	City	2011	2015	2016	2016 排名 Ranking	地名	City	2011	2015	2016	2016 排名 Ranking
南京	Nanjing	235.8	299.0	303.5	13	池州	Chizhou	11.8	11.0	11.5	266
无锡	Wuxi	212.5	307.1	315.0	12	宣城	Xuancheng	40.2	30.4	45.7	174
徐州	Xuzhou	95.1	59.5	155.6	38	**福建**	**Fujian**	**695.1**	**883.7**	**979.8**	
常州	Changzhou	113.8	103.8	107.3	63	福州	Fuzhou	135.2	176.8	189.8	31
苏州	Suzhou	381.8	511.6	520.7	5	厦门	Xiamen	194.1	212.2	221.1	21
南通	Nantong	119.0	146.9	215.8	22	莆田	Putian	28.3	32.9	39.7	194
连云港	Lianyungang	43.5	78.2	60.7	131	三明	Sanming	46.7	32.7	41.6	186
淮安	Huaian	59.3	88.9	90.3	79	泉州	Quanzhou	87.7	128.5	143.9	40
盐城	Yancheng	88.5	112.1	114.5	55	漳州	Zhangzhou	52.9	62.5	57.5	143
扬州	Yangzhou	83.6	106.0	107.4	62	南平	Nanping	47.6	56.6	36.6	200
镇江	Zhenjiang	74.7	89.4	90.3	78	龙岩	Longyan	34.5	35.9	36.4	201
泰州	Taizhou	71.5	115.6	118.6	49	宁德	Ningde	32.0	35.9	31.8	213
宿迁	Suqian	31.1	46.4	47.5	169	**江西**	**Jiangxi**	**653.0**	**823.1**	**957.3**	
浙江	**Zhejiang**	**1919.2**	**2504.3**	**2506.9**		南昌	Nanchang	116.0	116.2	131.2	46
杭州	Hangzhou	428.1	569.1	576.0	4	景德镇	Jingdezhen	36.2	41.3	42.4	180
宁波	Ningbo	434.4	402.9	412.1	8	萍乡	Pingxiang	31.7	36.6	41.6	185
温州	Wenzhou	217.3	256.9	245.6	16	九江	Jiujiang	72.1	66.4	74.2	103
嘉兴	Jiaxing	167.2	172.2	162.0	36	新余	Xinyu	27.3	30.1	18.9	248
湖州	Huzhou	71.3	133.3	135.6	44	鹰潭	Yingtan	16.7	20.4	23.7	233
绍兴	Shaoxing	155.0	219.7	211.2	26	赣州	Ganzhou	65.4	88.9	114.9	53
金华	Jinhua	117.5	172.2	184.7	33	吉安	Jian	42.9	47.9	67.0	115
衢州	Quzhou	49.1	66.5	71.3	109	宜春	Yichun	61.6	78.7	77.1	96
舟山	Zhoushan	33.2	54.3	59.3	133	抚州	Fuzhou	46.2	62.3	62.7	123
台州	Taizhou	134.1	179.7	193.9	29	上饶	Shangrao	66.9	89.7	107.9	61
丽水	Lishui	41.9	64.0	73.7	104	**山东**	**Shandong**	**1907.1**	**2477.5**	**2576.4**	
安徽	**Anhui**	**729.3**	**857.5**	**892.2**		济南	Jinan	164.7	266.1	284.3	14
合肥	Hefei	113.1	148.2	159.7	37	青岛	Qingdao	285.9	410.5	423.7	7
芜湖	Wuhu	47.5	54.8	80.6	92	淄博	Zibo	98.6	112.4	115.5	52
蚌埠	Bengbu	45.5	38.4	55.0	149	枣庄	Zaozhuang	53.2	80.0	81.9	88
淮南	Huainan	28.8	47.5	53.1	157	东营	Dongying	24.7	51.8	55.2	147
马鞍山	Maanshan	35.8	60.7	62.0	126	烟台	Yantai	127.6	237.0	242.2	17
淮北	Huaibei	33.0	33.1	33.7	209	潍坊	Weifang	149.0	182.3	188.4	32
铜陵	Tongling	16.4	24.9	29.0	221	济宁	Jining	109.0	143.6	115.7	51
安庆	Anqing	47.8	43.3	55.6	145	泰安	Taian	90.6	128.9	132.8	45
黄山	Huangshan	18.9	20.6	20.6	244	威海	Weihai	82.9	114.9	117.1	50
滁州	Chuzhou	38.4	32.5	46.7	170	日照	Rizhao	30.1	64.9	69.6	112
阜阳	Fuyang	31.2	24.5	36.1	205	莱芜	Laiwu	32.9	41.6	43.8	177
宿州	Suzhou	22.9	20.2	28.8	223	临沂	Linyi	109.8	105.5	141.6	41
六安	Liuan	30.6	23.0	31.2	215	德州	Dezhou	52.9	79.0	81.9	89
亳州	Bozhou	14.1	14.6	21.1	240	聊城	Liaocheng	50.2	73.1	76.8	97

6-12 城镇职工基本养老保险参保人数 续表 2

Number of Employees Joining Urban Basic Pension Insurance continued 2

单位：万人 (10 000 persons)

地名	City	2011	2015	2016	2016 排名 Ranking	地名	City	2011	2015	2016	2016 排名 Ranking
滨州	Binzhou	43.5	72.3	74.7	102	常德	Changde		101.0	108.7	60
菏泽	Heze	72.5	84.6	81.4	90	张家界	Zhangjiajie		10.1	16.2	256
河南	**Henan**	**1168.4**	**1508.7**	**1848.4**		益阳	Yiyang		57.2	58.1	139
郑州	Zhengzhou	172.1	334.1	350.6	11	郴州	Chenzhou		41.6	30.9	217
开封	Kaifeng	56.1	70.8	58.6	136	永州	Yongzhou		51.7	51.8	162
洛阳	Luoyang	87.6	115.3	110.9	59	怀化	Huaihua		6.4	23.1	235
平顶山	Pingdingshan	57.5	72.2	69.7	111	娄底	Loudi		33.8	63.4	122
安阳	Anyang	72.9	73.2	85.4	84	**广东**	**Guangdong**		**5086.5**	**5392.4**	
鹤壁	Hebi	16.4	20.3	21.1	241	广州	Guangzhou		1008.2	1102.3	1
新乡	Xinxiang	71.5	88.3	92.3	75	韶关	Shaoguan		45.5	53.6	155
焦作	Jiaozuo	44.9	57.2	60.7	130	深圳	Shenzhen		954.3	1028.9	2
濮阳	Puyang	27.4	32.1	35.4	207	珠海	Zhuhai		100.7	102.3	68
许昌	Xuchang	41.5	48.6	53.7	153	汕头	Shantou		133.4	138.9	43
漯河	Luohe	22.1	28.8	37.8	197	佛山	Foshan		433.0	427.8	6
三门峡	Sanmenxia	27.5	32.0	32.8	212	江门	Jiangmen		192.0	193.6	30
南阳	Nanyang	79.5	86.2	90.0	81	湛江	Zhanjiang		111.2	85.9	83
商丘	Shangqiu	29.2	57.7	39.6	195	茂名	Maoming		81.2	105.0	65
信阳	Xinyang	53.8	60.1	62.2	124	肇庆	Zhaoqing		76.4	82.0	87
周口	Zhoukou	31.9	51.9	58.3	137	惠州	Huizhou		201.9	214.7	23
驻马店	Zhumadian	30.8	41.8	58.2	138	梅州	Meizhou		73.5	75.8	101
湖北	**Hubei**	**1113.4**	**1315.5**	**1355.0**		汕尾	Shanwei		51.9	57.8	140
武汉	Wuhan	333.3	266.0	274.8	15	河源	Heyuan		68.7	71.7	108
黄石	Huangshi	53.9	63.0	64.4	120	阳江	Yangjiang		50.0	51.2	165
十堰	Shiyan	29.6	40.8	41.4	188	清远	Qingyuan		107.1	111.6	57
宜昌	Yichang	88.1	105.5	76.7	98	东莞	Dongguan		662.2	637.5	3
襄阳	Xiangyang	85.3	98.0	99.7	69	中山	Zhongshan		209.2	211.6	25
鄂州	Ezhou	20.7	24.6	25.7	227	潮州	Chaozhou		45.6	46.1	171
荆门	Jingmen	41.4	50.9	52.3	160	揭阳	Jieyang		81.6	83.7	85
孝感	Xiaogan	45.2	58.0	60.9	129	云浮	Yunfu		43.5	43.5	178
荆州	Jingzhou	78.2	109.2	112.4	56	**广西**	**Guangxi**		**576.6**	**751.9**	
黄冈	Huanggang	51.1	60.8	64.1	121	南宁	Nanning		72.3	102.7	67
咸宁	Xianning	17.8	39.2	39.8	192	柳州	Liuzhou		90.7	94.9	70
随州	Suizhou	18.4	22.0	23.0	236	桂林	Guilin		71.3	73.5	105
湖南	**Hunan**	**988.2**	**1160.1**	**1186.7**		梧州	Wuzhou		33.0	41.8	184
长沙	Changsha	155.3	205.2	212.0	24	北海	Beihai		20.7	20.0	246
株洲	Zhuzhou	49.7	59.6	88.1	82	防城港	Fangchenggang		12.2	12.6	262
湘潭	Xiangtan	34.8	39.0	62.1	125	钦州	Qinzhou		16.4	10.8	267
衡阳	Hengyang	78.5	77.1	82.2	86	贵港	Guigang		19.9	20.4	245
邵阳	Shaoyang	62.8	47.4	46.1	172	玉林	Yulin		36.7	51.8	163
岳阳	Yueyang	73.2	77.9	66.0	116	百色	Baise		22.9	23.6	234

6-12 城镇职工基本养老保险参保人数 续表 3
Number of Employees Joining Urban Basic Pension Insurance continued 3

单位：万人 (10 000 persons)

地名	City	2011	2015	2016	2016 排名 Ranking
贺州	Hezhou		12.0	18.2	250
河池	Hechi		23.4	24.1	230
来宾	Laibin		15.3	22.3	238
崇左	Chongzuo		15.8	23.7	232
海南	**Hainan**		**249.8**	**224.9**	
海口	Haikou		53.2	52.4	159
三亚	Sanya		17.5	18.5	249
三沙	Sansha		0.0	0.0	285
重庆	**Chongqing**		**849.3**	**952.2**	
四川	**Sichuan**		**1939.0**	**2157.6**	
成都	Chengdu		417.7		
自贡	Zigong		30.2	33.1	211
攀枝花	Panzhihua		27.0	26.1	225
泸州	Luzhou		78.4	92.7	73
德阳	Deyang		61.4	61.9	127
绵阳	Mianyang		113.3	114.8	54
广元	Guangyuan		43.6	54.7	150
遂宁	Suining		69.1	61.3	128
内江	Neijiang		62.6	71.0	110
乐山	Leshan		50.3	51.8	164
南充	Nanchong		101.9	106.0	64
眉山	Meishan		28.7	30.9	216
宜宾	Yibin		74.5	90.2	80
广安	Guangan		50.2	47.8	168
达州	Dazhou		89.3	76.3	100
雅安	Yaan		34.8	36.2	203
巴中	Bazhong		44.8	40.9	189
资阳	Ziyang		33.2	29.1	220
贵州	**Guizhou**		**392.1**	**423.6**	
贵阳	Guiyang		156.0	170.0	35
六盘水	Liupanshui		28.3	30.3	218
遵义	Zunyi		57.4	65.9	117
安顺	Anshun		18.0	21.7	239
毕节	Bijie		21.7	39.7	193
铜仁	Tongren		10.7	1.3	284
云南	**Yunnan**		**412.9**	**581.8**	
昆明	Kunming		130.9	152.0	39
曲靖	Qujing		27.0	44.1	176
玉溪	Yuxi		30.5	31.3	214
保山	Baoshan		12.6	20.9	243
昭通	Zhaotong		13.2	14.1	259
丽江	Lijiang		8.1	8.3	274
普洱	Puer		16.5	25.8	226
临沧	Lincang		10.4	17.9	252
西藏	**Tibet**		**16.2**	**21.1**	
拉萨	Lasa		3.6	4.1	282
陕西	**Shaanxi**		**751.7**	**790.8**	
西安	Xi'an		335.4	359.0	10
铜川	Tongchuan		15.1	15.3	258
宝鸡	Baoji		57.8	59.3	134
咸阳	Xianyang		57.0	59.1	135
渭南	Weinan		52.4	52.8	158
延安	Yan'an		23.1	23.7	231
汉中	Hanzhong		38.5	39.4	196
榆林	Yulin		31.5	33.2	210
安康	Ankang		16.8	17.2	255
商洛	Shangluo		12.8	13.1	261
甘肃	**Gansu**		**306.2**	**315.0**	
兰州	Lanzhou		68.8	71.7	107
嘉峪关	Jiayuguan		10.1	7.4	276
金昌	Jinchang		6.4	6.7	277
白银	Baiyin		8.6	8.7	272
天水	Tianshui		11.9	12.5	264
武威	Wuwei		12.2	12.5	263
张掖	Zhangye		11.3	11.6	265
平凉	Pingliang		10.3	10.4	268
酒泉	Jiuquan		8.6	9.5	271
庆阳	Qingyang		7.6	7.6	275
定西	Dingxi		10.0	10.3	269
陇南	Longnan		5.3	5.3	280
青海	**Qinghai**		**100.1**	**132.3**	
西宁	Xining		35.6	43.4	179
海东	Haidong		6.0	6.3	278
宁夏	**Ningxia**		**157.5**	**189.3**	
银川	Yinchuan		69.7	76.7	99
石嘴山	Shizuishan		16.7	24.7	229
吴忠	Wuzhong		9.6	22.6	237
固原	Guyuan		7.8	8.5	273
中卫	Zhongwei		14.2	15.4	257
新疆	**Xinjiang**		**499.4**	**625.0**	
乌鲁木齐	Urumqi		112.4	124.2	48
克拉玛依	Karamay		5.6	5.7	279

6-13 城镇基本医疗保险参保人数

Number of Persons Joining Urban Basic Medical Care Insurance

单位：万人 (10 000 persons)

地名	City	2011	2015	2016	2016 排名 Ranking
全国	**Nation Total**	**47343.2**	**66581.6**	**74391.6**	
北京	**Beijing**	**1347.8**	**1656.6**	**1708.8**	
天津	**Tianjin**	**972.8**	**1054.1**	**1066.8**	
河北	**Hebei**	**1562.2**	**1663.7**	**6672.1**	
石家庄	Shijiazhuang	240.7	141.6	145.6	38
唐山	Tangshan	215.8	155.2	156.0	33
秦皇岛	Qinhuangdao	91.4	61.5	62.9	100
邯郸	Handan	175.1	105.5	102.3	59
邢台	Xingtai	148.1	58.7	65.0	94
保定	Baoding	186.6	111.0	112.5	52
张家口	Zhangjiakou	114.3	64.8	65.5	93
承德	Chengde	87.7	43.5	43.6	158
沧州	Cangzhou	103.3	65.3	67.1	91
廊坊	Langfang	89.0	61.4	62.9	99
衡水	Hengshui	59.5	34.8	35.0	194
山西	**Shanxi**	**1005.1**	**1113.8**	**1121.2**	
太原	Taiyuan	220.7	242.2	244.6	14
大同	Datong	128.7	81.7	82.0	69
阳泉	Yangquan	58.2	37.7	37.8	183
长治	Changzhi	50.3	55.5	61.6	103
晋城	Jincheng	54.8	40.0	40.4	169
朔州	Shuozhou	37.4	19.0	19.3	247
晋中	Jinzhong	78.6	53.4	54.3	131
运城	Yuncheng	78.5		0.0	283
忻州	Xinzhou	60.0	39.8	40.6	167
临汾	Linfen	50.4	57.4	58.2	116
吕梁	Lvliang	28.1	33.4	33.7	197
内蒙古	**Inner Mongolia**	**907.3**	**1008.1**	**1019.8**	
呼和浩特	Hohhot	104.6	58.5	61.4	105
包头	Baotou	76.6	80.2	81.3	72
乌海	Wuhai	45.1	21.8	22.2	236
赤峰	Chifeng	98.9	51.3	55.2	127
通辽	Tongliao	86.6	37.6	37.9	182
鄂尔多斯	Erdos	54.1	35.1	35.9	191
呼伦贝尔	Hulunbuir	132.7	57.2	57.5	118
巴彦淖尔	Bayannur	62.0	21.7	21.8	237
乌兰察布	Ulanqab	25.0	27.2	27.6	219
辽宁	**Liaoning**	**2120.1**	**2396.2**	**2376.0**	
沈阳	Shenyang	339.9	351.4	338.5	10
大连	Dalian	433.9	393.6	397.0	7
鞍山	Anshan	113.5	112.3	109.9	55
抚顺	Fushun	103.6	109.8	106.0	57
本溪	Benxi	95.5	78.7	76.9	76
丹东	Dandong	99.8	81.2	80.1	74
锦州	Jinzhou	118.4	100.4	107.5	56
营口	Yingkou	60.9	71.1	69.3	85
阜新	Fuxin	82.2	56.8	55.4	126
辽阳	Liaoyang	79.8	60.6	61.0	108
盘锦	Panjin	98.2	52.6	53.2	133
铁岭	Tieling	102.4	58.2	65.9	92
朝阳	Chaoyang	44.5	46.2	45.3	155
葫芦岛	Huludao	88.1	53.2	53.2	132
吉林	**Jilin**	**1350.6**	**13806.0**	**1380.9**	
长春	Changchun	399.2	161.5	161.5	30
吉林	Jilin	93.0	94.6	94.9	62
四平	Siping	54.7	56.3	56.3	119
辽源	Liaoyuan	26.0	26.4	26.4	223
通化	Tonghua	111.4	115.5	115.5	49
白山	Baishan	42.4	42.9	27.8	218
松原	Songyuan	37.2	40.4	40.4	170
白城	Baicheng	37.0	37.2	37.2	188
黑龙江	**Heilongjiang**	**1578.0**	**1594.8**	**1599.9**	
哈尔滨	Harbin	211.0	220.4	224.6	16
齐齐哈尔	Qiqihar	91.2	94.4	172.4	25
鸡西	Jixi	89.3	23.9	35.3	192
鹤岗	Hegang	48.2	22.7	22.3	235
双鸭山	Shuangyashan	20.9	27.4	19.1	248
大庆	Daqing	137.5		46.8	151
伊春	Yichun	55.0	26.9	32.3	204
佳木斯	Jiamusi	38.0	38.9	39.1	174
七台河	Qitaihe	24.0	18.4	17.6	253
牡丹江	Mudanjiang	96.4	53.8	53.1	134
黑河	Heihe	20.6	21.2		
绥化	Suihua	95.1	35.1	37.3	187
上海	**Shanghai**	**1591.8**	**1719.2**	**1806.7**	
江苏	**Jiangsu**	**3500.5**	**4014.3**	**3984.4**	

6-13 城镇基本医疗保险参保人数 续表 1

Number of Persons Joining Urban Basic Medical Care Insurance continued 1

单位：万人 (10 000 persons)

地名	City	2011	2015	2016	2016 排名 Ranking	地名	City	2011	2015	2016	2016 排名 Ranking
南京	Nanjing	309.0	388.4	400.2	6	池州	Chizhou	13.3	13.7	13.9	266
无锡	Wuxi	258.9	307.5	314.5	12	宣城	Xuancheng	26.9	31.5	32.4	203
徐州	Xuzhou	138.0	156.1	157.0	31	**福建**	**Fujian**	**1217.2**	**1301.2**	**1297.9**	
常州	Changzhou	149.1	188.2	194.0	21	福州	Fuzhou	118.6	152.4	154.9	35
苏州	Suzhou	437.6	538.7	635.1	3	厦门	Xiamen	259.3	212.2	223.2	17
南通	Nantong	150.6	183.0	187.9	22	莆田	Putian	38.4	33.1	34.2	196
连云港	Lianyungang	60.7	84.3	75.1	77	三明	Sanming	82.8	40.3	40.3	171
淮安	Huaian	67.1	84.0	81.4	71	泉州	Quanzhou	166.1	115.1	120.1	46
盐城	Yancheng	115.9	127.5	129.7	42	漳州	Zhangzhou	44.9	57.5	60.5	110
扬州	Yangzhou	101.4	121.0	124.2	44	南平	Nanping	88.2	42.0	42.3	163
镇江	Zhenjiang	80.5	88.1	90.1	66	龙岩	Longyan	35.0	38.0	42.2	164
泰州	Taizhou	100.4	117.7	121.7	45	宁德	Ningde	60.9	32.4	34.7	195
宿迁	Suqian	43.3	54.6	55.7	122	**江西**	**Jiangxi**	**1329.7**	**1530.4**	**1807.0**	
浙江	**Zhejiang**	**2244.1**	**4964.1**	**4993.3**		南昌	Nanchang	79.5	98.2	99.4	60
杭州	Hangzhou	386.3	500.2	529.3	5	景德镇	Jingdezhen	26.1	26.5	32.2	206
宁波	Ningbo	305.0	382.0	386.9	9	萍乡	Pingxiang	86.7	46.3	46.3	152
温州	Wenzhou	139.5	162.9	168.1	28	九江	Jiujiang	58.8	63.8	67.3	89
嘉兴	Jiaxing	146.1	199.3	208.5	20	新余	Xinyu	51.1	27.6	27.6	220
湖州	Huzhou	76.5	111.0	117.0	48	鹰潭	Yingtan	30.3	14.8	15.0	263
绍兴	Shaoxing	141.0	194.2	169.7	26	赣州	Ganzhou	61.7	68.2	69.3	84
金华	Jinhua	100.5	139.2	143.8	39	吉安	Jian	42.6	49.6	49.6	139
衢州	Quzhou	45.5	64.3	63.1	98	宜春	Yichun	66.3	70.5	70.9	79
舟山	Zhoushan	32.4	38.1	38.9	175	抚州	Fuzhou	36.6	38.0	37.1	190
台州	Taizhou	92.6	140.8	129.0	43	上饶	Shangrao	149.4	62.1	62.5	101
丽水	Lishui	29.5	38.3	40.1	172	**山东**	**Shandong**	**2947.8**	**9235.8**	**9188.8**	
安徽	**Anhui**	**1612.9**	**1737.6**	**1621.5**		济南	Jinan	275.2	208.1	214.5	18
合肥	Hefei	112.2	160.1	168.1	27	青岛	Qingdao	267.7	324.4	331.7	11
芜湖	Wuhu	54.6	69.9	71.9	78	淄博	Zibo	195.9	131.6	132.0	41
蚌埠	Bengbu	42.2	46.7	47.3	150	枣庄	Zaozhuang	120.6	59.4	60.1	111
淮南	Huainan	49.0	53.0	57.5	117	东营	Dongying	54.2	66.8	69.9	82
马鞍山	Maanshan	39.8	48.1	49.6	138	烟台	Yantai	253.7	212.2	213.8	19
淮北	Huaibei	41.7	46.1	46.1	153	潍坊	Weifang	137.0	164.2	166.6	29
铜陵	Tongling	25.8	29.2	32.9	199	济宁	Jining	205.9	114.0	114.3	50
安庆	Anqing	39.3	46.1	43.6	159	泰安	Taian	188.5	104.4	104.7	58
黄山	Huangshan	15.8	18.9	19.5	246	威海	Weihai	84.6	91.6	92.1	64
滁州	Chuzhou	36.1	40.2	41.7	165	日照	Rizhao	73.7	38.0	38.8	176
阜阳	Fuyang	34.6	37.3	40.0	173	莱芜	Laiwu	40.3	27.4	27.6	221
宿州	Suzhou	26.8	30.0	31.2	209	临沂	Linyi	198.0	109.4	110.3	54
六安	Liuan	31.3	34.9	32.5	202	德州	Dezhou	135.5	69.4	69.8	83
亳州	Bozhou	18.7	20.5	22.7	231	聊城	Liaocheng	151.5	59.9	61.3	106

6-13 城镇基本医疗保险参保人数 续表 2

Number of Persons Joining Urban Basic Medical Care Insurance continued 2

单位：万人 (10 000 persons)

地名	City	2011	2015	2016	2016 排名 Ranking	地名	City	2011	2015	2016	2016 排名 Ranking
滨州	Binzhou	56.3	55.1	56.1	121	常德	Changde	57.2	55.3	55.7	123
菏泽	Heze	209.6	70.2	70.6	80	张家界	Zhangjiajie	13.4	10.3	13.4	268
河南	**Henan**	**2122.3**	**2344.9**	**2360.7**		益阳	Yiyang	41.7	37.7	35.2	193
郑州	Zhengzhou	116.4	135.2	145.8	37	郴州	Chenzhou	49.4	52.0	52.1	136
开封	Kaifeng	37.6	53.6	54.4	130	永州	Yongzhou	44.2	44.2	42.7	162
洛阳	Luoyang	198.9	109.4	111.3	53	怀化	Huaihua	116.4	42.0	40.8	166
平顶山	Pingdingshan	66.2	99.4	95.2	61	娄底	Loudi	30.4	37.5	37.6	185
安阳	Anyang	121.5	59.1	58.3	114	**广东**	**Guangdong**	**6767.1**	**10136.0**	**10150.2**	
鹤壁	Hebi	38.8	15.6	15.9	258	广州	Guangzhou	724.9	607.6	636.8	2
新乡	Xinxiang	68.3	83.4	80.7	73	韶关	Shaoguan	84.2	54.0	55.6	124
焦作	Jiaozuo	100.5	49.3	48.9	143	深圳	Shenzhen	503.9	1039.1	1093.1	1
濮阳	Puyang	50.1	33.5	33.5	198	珠海	Zhuhai	101.6	110.5	112.6	51
许昌	Xuchang	38.1	43.9	43.9	157	汕头	Shantou	145.4	51.6	54.8	128
漯河	Luohe	32.4	44.3	47.9	147	佛山	Foshan	442.3	277.7	288.7	13
三门峡	Sanmenxia	64.0	27.8	27.9	217	江门	Jiangmen	377.4		0.0	283
南阳	Nanyang	158.3	81.2	82.0	70	湛江	Zhanjiang	53.9	63.4	63.6	97
商丘	Shangqiu	42.0	48.3	49.3	141	茂名	Maoming	66.4	42.2	44.4	156
信阳	Xinyang	132.8	59.0	61.3	107	肇庆	Zhaoqing	94.3	61.8	64.7	95
周口	Zhoukou	51.2	57.3	58.4	113	惠州	Huizhou	134.9	161.8	156.2	32
驻马店	Zhumadian	116.0	46.9	48.0	146	梅州	Meizhou	81.3	43.1	46.0	154
湖北	**Hubei**	**1932.5**	**1972.1**	**1981.8**		汕尾	Shanwei	75.8	28.1	31.5	208
武汉	Wuhan	379.7	390.2	391.9	8	河源	Heyuan	25.4	30.1	31.1	210
黄石	Huangshi	106.4	50.6	51.0	137	阳江	Yangjiang	22.6	27.1	27.5	222
十堰	Shiyan	43.2	49.0	49.5	140	清远	Qingyuan	395.6	55.4	58.2	115
宜昌	Yichang	135.7	80.7	84.3	67	东莞	Dongguan	602.4	601.9	574.6	4
襄阳	Xiangyang	77.7	78.8	79.7	75	中山	Zhongshan	244.9	157.6	155.5	34
鄂州	Ezhou	16.4	17.2	17.4	255	潮州	Chaozhou	29.8	31.9	32.8	200
荆门	Jingmen	85.7	37.4	38.0	180	揭阳	Jieyang	565.8	26.3	37.7	184
孝感	Xiaogan	123.1	36.9	37.6	186	云浮	Yunfu	36.6	22.3	22.3	234
荆州	Jingzhou	59.5	121.3	64.2	96	**广西**	**Guangxi**	**981.3**	**1077.6**	**1096.4**	
黄冈	Huanggang	162.8	48.0	47.5	149	南宁	Nanning	165.9	84.2	93.2	63
咸宁	Xianning	81.2	25.5	26.1	225	柳州	Liuzhou	70.2	81.5	83.6	68
随州	Suizhou	16.5	16.9	17.1	256	桂林	Guilin	116.7	58.7	59.7	112
湖南	**Hunan**	**1941.2**	**2662.3**	**2646.1**		梧州	Wuzhou	63.2	29.2	29.4	215
长沙	Changsha	140.7	166.9	174.6	24	北海	Beihai	45.2	20.7	21.2	241
株洲	Zhuzhou	56.1	58.9	67.4	88	防城港	Fangchenggang	9.6	10.1	11.2	276
湘潭	Xiangtan	49.5	47.2	47.6	148	钦州	Qinzhou	14.7	22.0	48.6	144
衡阳	Hengyang	163.4	134.0	175.2	23	贵港	Guigang	53.2	22.0	22.3	233
邵阳	Shaoyang	88.6	52.7	52.8	135	玉林	Yulin	74.1	33.5	38.6	178
岳阳	Yueyang	205.5	61.0	60.7	109	百色	Baise		29.2	30.0	213

6-13 城镇基本医疗保险参保人数 续表 3

Number of Persons Joining Urban Basic Medical Care Insurance continued 3

单位：万人 (10 000 persons)

地名	City	2011	2015	2016	2016 排名 Ranking
贺州	Hezhou	32.9	13.0	15.2	262
河池	Hechi	54.6	24.3	25.4	227
来宾	Laibin	34.7	11.9	12.0	274
崇左	Chongzuo	43.7	16.0	16.3	257
海南	**Hainan**	**352.4**	**389.8**	**387.2**	
海口	Haikou	39.5	40.6	48.0	145
三亚	Sanya	18.8	17.5	21.5	239
三沙	Sansha		0.0	0.0	282
重庆	**Chongqing**	**1324.8**	**3266.3**	**3259.3**	
四川	**Sichuan**	**2248.4**	**2650.7**	**5056.8**	
成都	Chengdu	476.9	468.7		
自贡	Zigong	79.8	36.8	37.2	189
攀枝花	Panzhihua	65.1	39.4	32.6	201
泸州	Luzhou	81.8	42.0	43.5	160
德阳	Deyang	107.1	66.5	70.3	81
绵阳	Mianyang	115.9	67.6	68.8	86
广元	Guangyuan	67.0	31.3	31.6	207
遂宁	Suining	65.5	24.8	25.4	226
内江	Neijiang	81.2	38.1	38.7	177
乐山	Leshan	55.7	55.0	55.5	125
南充	Nanchong	148.6	55.3	56.2	120
眉山	Meishan	60.6	26.5	28.0	216
宜宾	Yibin	93.3	48.4	49.0	142
广安	Guangan	76.1	18.2	21.6	238
达州	Dazhou	102.1	37.0	40.5	168
雅安	Yaan	30.9	23.1	24.1	229
巴中	Bazhong	52.8	17.6	17.7	252
资阳	Ziyang	73.0	33.0	21.2	240
贵州	**Guizhou**	**629.0**	**955.5**	**973.6**	
贵阳	Guiyang	105.6	126.4	132.0	40
六盘水	Liupanshui	63.0	30.4	30.9	212
遵义	Zunyi	118.2	57.9	61.4	104
安顺	Anshun	38.4	20.4	21.1	243
毕节	Bijie	52.9	28.8	31.1	211
铜仁	Tongren	16.0	10.9	17.6	254
云南	**Yunnan**	**865.8**	**1140.8**	**1163.6**	
昆明	Kunming	325.0	141.6	145.9	36
曲靖	Qujing	89.4	42.9	43.1	161
玉溪	Yuxi	23.5	24.7	26.2	224
保山	Baoshan	31.3	14.8	15.4	260
昭通	Zhaotong	40.4	21.7	22.4	232
丽江	Lijiang	9.9	19.2	19.6	245
普洱	Puer	18.1	20.6	20.8	244
临沧	Lincang	22.2	15.3	15.3	261
西藏	**Tibet**	**43.7**	**61.8**	**65.4**	
拉萨	Lasa	3.2	5.2	5.6	281
陕西	**Shaanxi**	**1090.4**	**1247.3**	**1248.0**	
西安	Xi'an	404.3	214.1	229.8	15
铜川	Tongchuan	36.9	19.0	19.0	249
宝鸡	Baoji	50.7	53.9	54.6	129
咸阳	Xianyang	60.3	63.8	67.3	90
渭南	Weinan	56.4	60.3	61.8	102
延安	Yan'an	75.6	30.9	32.2	205
汉中	Hanzhong	38.2	37.6	37.9	181
榆林	Yulin	62.6	36.5	38.1	179
安康	Ankang	18.6	18.8	18.9	250
商洛	Shangluo	41.4	14.4	14.4	264
甘肃	**Gansu**	**590.8**	**635.0**	**643.3**	
兰州	Lanzhou	79.1	85.7	90.7	65
嘉峪关	Jiayuguan	7.6	8.7	8.9	278
金昌	Jinchang	11.6	12.1	12.1	273
白银	Baiyin	21.1	22.5	23.2	230
天水	Tianshui	58.9	27.7	25.2	228
武威	Wuwei	13.4	13.2	13.3	269
张掖	Zhangye	13.3	11.9	12.2	272
平凉	Pingliang	36.0	12.0	12.4	271
酒泉	Jiuquan	31.3	11.5	11.8	275
庆阳	Qingyang	12.7	14.1	14.3	265
定西	Dingxi	30.8	15.5	15.8	259
陇南	Longnan	30.2	13.4	13.7	267
青海	**Qinghai**	**151.6**	**195.2**	**196.7**	
西宁	Xining	23.2	29.5	29.5	214
海东	Haidong		7.1	7.4	280
宁夏	**Ningxia**	**188.8**	**584.8**	**594.0**	
银川	Yinchuan	53.8	64.4	68.0	87
石嘴山	Shizuishan	65.5	18.7	18.6	251
吴忠	Wuzhong	12.1	13.2	13.3	270
固原	Guyuan	142.5	8.3	8.5	279
中卫	Zhongwei	104.2	8.7	9.0	277
新疆	**Xinjiang**	**825.2**	**891.0**	**923.2**	
乌鲁木齐	Urumqi	99.1	118.6	119.7	47
克拉玛依	Karamay	18.9	20.8	21.2	242

6-14 失业保险参保人数

Persons Covered by Unemployment Insurance

单位：万人 (10 000 persons)

地名	City	2011	2015	2016	2016 排名 Ranking	地名	City	2011	2015	2016	2016 排名 Ranking
全国	**Nation Total**	**14317.1**	**17326.0**	**18088.8**		沈阳	Shenyang	126.5	139.5	140.1	18
北京	**Beijing**	**881.0**	**1082.3**	**11115.0**		大连	Dalian	131.1	145.1	145.5	16
天津	**Tianjin**	**258.8**	**295.3**	**302.5**		鞍山	Anshan	60.5	55.0	54.9	62
河北	**Hebei**	**498.7**	**511.0**	**515.9**		抚顺	Fushun	51.6	48.8	48.8	68
石家庄	Shijiazhuang	89.8	91.6	92.1	36	本溪	Benxi	39.0	40.4	40.1	83
唐山	Tangshan	76.8	81.1	82.8	39	丹东	Dandong	27.0	22.5	22.8	169
秦皇岛	Qinhuangdao	30.7	32.8	33.3	112	锦州	Jinzhou	35.6	33.1	33.2	114
邯郸	Handan	66.1	68.5	68.3	47	营口	Yingkou	22.3	24.1	23.9	161
邢台	Xingtai	34.2	34.8	35.0	105	阜新	Fuxin	22.0	19.8	19.6	189
保定	Baoding	51.9	52.1	52.3	65	辽阳	Liaoyang	21.6	22.7	22.7	170
张家口	Zhangjiakou	38.5	38.6	38.7	89	盘锦	Panjin	27.2	34.9	35.3	103
承德	Chengde	26.1	22.2	22.3	173	铁岭	Tieling	31.5	23.4	25.9	151
沧州	Cangzhou	34.6	36.4	36.6	98	朝阳	Chaoyang	20.5	24.1	23.9	162
廊坊	Langfang	24.8	27.8	29.7	131	葫芦岛	Huludao	25.1	22.8	24.1	159
衡水	Hengshui	18.3	18.4	18.4	194	**吉林**	**Jilin**	**247.2**	**261.2**	**262.0**	
山西	**Shanxi**	**309.4**	**411.3**	**415.2**		长春	Changchun	83.3	95.3	95.9	33
太原	Taiyuan	69.3	86.7	89.9	37	吉林	Jilin	39.8	41.7	42.8	75
大同	Datong	42.5	45.1	45.1	72	四平	Siping	22.2	19.3	19.5	191
阳泉	Yangquan	20.0	25.1	25.1	155	辽源	Liaoyuan	8.3	7.8	7.2	271
长治	Changzhi	26.1	40.7	41.3	80	通化	Tonghua	18.8	14.5	15.8	211
晋城	Jincheng	21.1	30.1	30.3	126	白山	Baishan	13.4	11.5	11.6	235
朔州	Shuozhou	12.5	18.3	18.3	196	松原	Songyuan	14.8	16.2	16.3	208
晋中	Jinzhong	24.1	32.4	30.8	123	白城	Baicheng	14.2	10.9	13.3	224
运城	Yuncheng	24.7	33.9	33.9	110	**黑龙江**	**Heilongjiang**	**474.5**	**312.8**	**313.2**	
忻州	Xinzhou	19.0	20.9	20.9	184	哈尔滨	Harbin	125.8	97.0	97.0	31
临汾	Linfen	26.0	34.9	34.7	107	齐齐哈尔	Qiqihar	48.5	39.1	16.6	205
吕梁	Lvliang	16.6	32.2	32.1	118	鸡西	Jixi	19.8	15.9	15.9	210
内蒙古	**Inner Mongolia**	**232.5**	**242.1**	**241.1**		鹤岗	Hegang	10.1	7.7	7.8	265
呼和浩特	Hohhot	41.4	47.3	47.5	69	双鸭山	Shuangyashan	10.3	12.3	12.5	228
包头	Baotou	43.1	42.5	42.5	77	大庆	Daqing	20.3	17.0	17.1	202
乌海	Wuhai	10.5	9.2	9.0	253	伊春	Yichun	12.2	12.5	12.6	227
赤峰	Chifeng	27.5	26.7	26.7	145	佳木斯	Jiamusi	18.9	13.2	13.7	223
通辽	Tongliao	18.0	18.3	18.2	197	七台河	Qitaihe	9.1	9.9	10.0	247
鄂尔多斯	Erdos	15.1	20.1	20.4	185	牡丹江	Mudanjiang	17.9	15.2	15.3	214
呼伦贝尔	Hulunbuir	30.6	30.6	26.5	147	黑河	Heihe	6.9	7.3	0.4	285
巴彦淖尔	Bayannur	10.6	10.5	10.0	245	绥化	Suihua	30.5	9.9	10.1	242
乌兰察布	Ulanqab	13.5	12.9	13.3	225	**上海**	**Shanghai**	**604.2**	**641.8**	**947.3**	
辽宁	**Liaoning**	**632.3**	**665.3**	**665.4**		**江苏**	**Jiangsu**	**1238.2**	**1490.9**	**1538.1**	

6-14 失业保险参保人数 续表 1

Persons Covered by Unemployment Insurance continued 1

单位：万人 (10 000 persons)

地名	City	2011	2015	2016	2016 排名 Ranking	地名	City	2011	2015	2016	2016 排名 Ranking
南京	Nanjing	218.6	253.6	259.8	8	池州	Chizhou	7.3	7.2	7.2	272
无锡	Wuxi	169.6	200.4	204.3	10	宣城	Xuancheng	14.5	13.9	14.0	218
徐州	Xuzhou	73.8	87.6	89.0	38	**福建**	**Fujian**	**430.9**	**546.3**	**575.5**	
常州	Changzhou	88.9	108.7	111.6	27	福州	Fuzhou	91.5	115.3	119.5	24
苏州	Suzhou	282.1	354.9	446.6	3	厦门	Xiamen	148.7	182.4	192.5	13
南通	Nantong	82.7	100.8	102.5	30	莆田	Putian	26.4	26.6	27.8	140
连云港	Lianyungang	29.7	39.2	39.9	84	三明	Sanming	24.8	30.6	32.0	120
淮安	Huaian	50.3	63.2	64.3	53	泉州	Quanzhou	51.8	65.3	65.7	49
盐城	Yancheng	61.1	72.6	74.4	45	漳州	Zhangzhou	26.4	37.1	39.3	87
扬州	Yangzhou	57.5	63.7	65.5	52	南平	Nanping	26.0	34.1	36.5	99
镇江	Zhenjiang	44.1	51.1	52.9	63	龙岩	Longyan	22.7	33.9	38.3	90
泰州	Taizhou	52.8	63.8	65.5	51	宁德	Ningde	12.1	19.5	22.0	175
宿迁	Suqian	26.9	31.4	32.1	119	**江西**	**Jiangxi**	**263.5**	**281.5**	**282.6**	
浙江	**Zhejiang**	**980.6**	**1260.2**	**1317.0**		南昌	Nanchang	56.7	60.9	62.4	55
杭州	Hangzhou	277.5	349.4	374.2	5	景德镇	Jingdezhen	12.0	13.6	14.0	219
宁波	Ningbo	200.6	252.3	262.5	7	萍乡	Pingxiang	14.0	15.5	15.5	212
温州	Wenzhou	88.2	110.8	112.9	26	九江	Jiujiang	33.0	34.2	35.2	104
嘉兴	Jiaxing	86.3	115.0	118.7	25	新余	Xinyu	12.0	10.8	11.2	237
湖州	Huzhou	47.3	64.5	65.6	50	鹰潭	Yingtan	7.1	7.8	8.1	262
绍兴	Shaoxing	90.0	122.6	127.0	22	赣州	Ganzhou	34.1	35.1	37.0	93
金华	Jinhua	61.3	77.3	80.3	42	吉安	Jian	21.1	22.1	22.7	171
衢州	Quzhou	19.3	25.5	26.6	146	宜春	Yichun	25.0	26.1	26.0	150
舟山	Zhoushan	18.1	21.3	21.4	178	抚州	Fuzhou	19.8	20.3	21.0	182
台州	Taizhou	74.9	99.4	103.6	29	上饶	Shangrao	28.8	30.0	30.0	129
丽水	Lishui	16.9	22.0	22.8	168	**山东**	**Shandong**	**964.9**	**1203.8**	**1222.9**	
安徽	**Anhui**	**397.7**	**436.6**	**448.5**		济南	Jinan	103.7	130.1	135.8	19
合肥	Hefei	89.5	121.5	128.8	21	青岛	Qingdao	155.6	189.8	194.3	11
芜湖	Wuhu	31.3	40.2	41.2	81	淄博	Zibo	67.7	80.3	80.4	41
蚌埠	Bengbu	20.6	21.7	21.9	176	枣庄	Zaozhuang	33.8	42.4	42.8	76
淮南	Huainan	30.0	29.2	30.8	124	东营	Dongying	12.7	27.6	28.6	139
马鞍山	Maanshan	22.8	24.8	25.6	152	烟台	Yantai	95.6	108.3	108.3	28
淮北	Huaibei	24.1	25.2	25.4	154	潍坊	Weifang	69.4	92.7	94.1	34
铜陵	Tongling	14.2	16.2	18.4	195	济宁	Jining	61.4	80.6	81.3	40
安庆	Anqing	25.7	25.4	24.8	157	泰安	Taian	49.6	61.3	61.5	57
黄山	Huangshan	9.0	9.3	9.8	248	威海	Weihai	45.9	56.0	56.4	61
滁州	Chuzhou	22.0	22.4	22.4	172	日照	Rizhao	15.7	26.0	27.1	142
阜阳	Fuyang	27.0	25.3	25.5	153	莱芜	Laiwu	15.6	21.0	21.3	179
宿州	Suzhou	21.6	20.1	20.1	186	临沂	Linyi	48.8	59.3	60.1	58
六安	Liuan	22.5	19.0	17.0	203	德州	Dezhou	27.8	36.0	36.6	96
亳州	Bozhou	15.5	15.2	15.4	213	聊城	Liaocheng	28.4	33.3	33.8	111

6-14 失业保险参保人数 续表 2
Persons Covered by Unemployment Insurance continued 2

单位：万人 (10 000 persons)

地名	City	2011	2015	2016	2016 排名 Ranking	地名	City	2011	2015	2016	2016 排名 Ranking
滨州	Binzhou	20.3	41.8	41.5	79	常德	Changde	23.1	29.2	29.9	130
菏泽	Heze	29.1	35.6	36.7	95	张家界	Zhangjiajie	9.3	10.2	10.0	246
河南	**Henan**	**701.2**	**783.3**	**788.1**		益阳	Yiyang	20.1	22.5	21.0	181
郑州	Zhengzhou	92.7	166.8	181.9	14	郴州	Chenzhou	26.1	30.2	29.3	135
开封	Kaifeng	21.1	35.1	23.8	163	永州	Yongzhou	21.7	30.1	30.4	125
洛阳	Luoyang	30.2	63.6	63.6	54	怀化	Huaihua	23.1	30.1	29.6	132
平顶山	Pingdingshan	47.0	45.6	45.8	71	娄底	Loudi	28.6	33.6	32.0	121
安阳	Anyang	40.3	41.7	41.9	78	**广东**	**Guangdong**	**1875.4**	**2930.1**	**3020.1**	
鹤壁	Hebi	15.5	14.2	14.2	217	广州	Guangzhou	362.5	474.1	502.1	2
新乡	Xinxiang	44.8	44.4	44.3	73	韶关	Shaoguan	27.0	29.1	29.3	136
焦作	Jiaozuo	35.2	35.3	34.9	106	深圳	Shenzhen	300.1	974.7	1026.1	1
濮阳	Puyang	30.3	29.7	30.1	128	珠海	Zhuhai	82.3	89.6	92.2	35
许昌	Xuchang	27.0	27.5	27.5	141	汕头	Shantou	58.2	75.0	72.3	46
漯河	Luohe	17.1	17.5	17.6	198	佛山	Foshan	181.2	222.3	229.8	9
三门峡	Sanmenxia	22.8	23.1	23.1	166	江门	Jiangmen	62.0	74.7	76.9	44
南阳	Nanyang	62.8	61.5	62.1	56	湛江	Zhanjiang	35.3	38.4	39.6	85
商丘	Shangqiu	35.0	34.3	34.2	109	茂名	Maoming	25.3	25.8	26.2	148
信阳	Xinyang	39.4	37.6	35.6	102	肇庆	Zhaoqing	36.6	43.0	43.6	74
周口	Zhoukou	38.1	37.8	37.8	91	惠州	Huizhou	91.0	127.4	124.6	23
驻马店	Zhumadian	36.9	37.8	37.8	92	梅州	Meizhou	22.6	25.6	27.0	143
湖北	**Hubei**	**498.2**	**528.4**	**541.9**		汕尾	Shanwei	13.5	20.0	20.0	187
武汉	Wuhan	146.9	184.1	192.6	12	河源	Heyuan	25.1	28.6	28.9	138
黄石	Huangshi	30.9	27.9	27.0	144	阳江	Yangjiang	17.8	21.1	21.2	180
十堰	Shiyan	21.8	28.0	26.0	149	清远	Qingyuan	29.4	35.4	36.4	100
宜昌	Yichang	44.9	49.8	51.1	66	东莞	Dongguan	299.4	412.1	409.1	4
襄阳	Xiangyang	45.3	41.4	40.9	82	中山	Zhongshan	139.9	141.8	140.2	17
鄂州	Ezhou	7.7	7.3	8.3	259	潮州	Chaozhou	33.9	31.8	32.6	115
荆门	Jingmen	17.5	18.6	18.7	193	揭阳	Jieyang	17.8	22.0	24.0	160
孝感	Xiaogan	24.1	23.9	24.5	158	云浮	Yunfu	14.6	17.5	17.5	199
荆州	Jingzhou	35.2	33.1	33.3	113	**广西**	**Guangxi**	**240.8**	**273.2**	**283.7**	
黄冈	Huanggang	25.5	21.5	22.3	174	南宁	Nanning	40.4	49.3	52.3	64
咸宁	Xianning	12.4	13.4	13.8	220	柳州	Liuzhou	29.4	36.8	39.6	86
随州	Suizhou	11.6	7.1	7.5	269	桂林	Guilin	24.1	28.2	29.1	137
湖南	**Hunan**	**415.6**	**521.2**	**537.5**		梧州	Wuzhou	12.0	13.5	13.7	221
长沙	Changsha	81.9	118.2	129.6	20	北海	Beihai	10.5	10.5	10.8	239
株洲	Zhuzhou	29.1	36.5	36.9	94	防城港	Fangchenggang	5.5	6.9	6.9	275
湘潭	Xiangtan	31.3	32.1	32.2	117	钦州	Qinzhou	8.0	8.8	8.9	254
衡阳	Hengyang	38.6	61.0	60.0	59	贵港	Guigang	10.8	10.0	10.0	243
邵阳	Shaoyang	26.3	31.1	30.1	127	玉林	Yulin	13.8	16.1	16.3	207
岳阳	Yueyang	32.0	37.5	36.1	101	百色	Baise		11.7	12.3	232

6-14 失业保险参保人数 续表 3
Persons Covered by Unemployment Insurance continued 3

单位：万人 (10 000 persons)

地名	City	2011	2015	2016	2016 排名 Ranking
贺州	Hezhou	6.3	7.2	7.7	266
河池	Hechi	12.9	12.1	12.1	233
来宾	Laibin	7.2	7.1	7.2	274
崇左	Chongzuo	7.3	7.8	8.0	263
海南	**Hainan**	**126.0**	**164.8**	**170.2**	
海口	Haikou	31.6	46.8	48.9	67
三亚	Sanya	15.7	20.6	19.0	192
三沙	Sansha		0.0	0.0	286
重庆	**Chongqing**	**268.6**	**439.5**	**447.1**	
四川	**Sichuan**	**536.8**	**661.0**	**702.0**	
成都	Chengdu	249.9	332.3	359.4	6
自贡	Zigong	12.6	12.4	12.4	231
攀枝花	Panzhihua	21.7	21.0	19.5	190
泸州	Luzhou	16.6	20.4	23.1	167
德阳	Deyang	27.2	32.1	32.3	116
绵阳	Mianyang	21.9	26.7	36.6	97
广元	Guangyuan	13.6	14.2	14.3	216
遂宁	Suining	8.0	9.3	9.5	251
内江	Neijiang	12.6	12.6	13.7	222
乐山	Leshan	17.6	21.7	21.4	177
南充	Nanchong	18.6	17.0	17.4	200
眉山	Meishan	7.8	10.9	11.8	234
宜宾	Yibin	22.3	23.6	23.5	164
广安	Guangan	7.7	7.1	10.7	240
达州	Dazhou	15.6	15.8	16.0	209
雅安	Yaan	5.8	6.8	8.3	260
巴中	Bazhong	6.5	7.5	7.9	264
资阳	Ziyang	9.7	9.2	6.7	276
贵州	**Guizhou**	**160.5**	**205.3**	**218.1**	
贵阳	Guiyang	48.1	64.6	66.7	48
六盘水	Liupanshui	9.0	16.3	16.8	204
遵义	Zunyi	18.3	26.0	29.3	134
安顺	Anshun	7.4	9.7	10.1	241
毕节	Bijie	12.4	18.6	21.0	183
铜仁	Tongren	7.5	9.8	10.0	244
云南	**Yunnan**	**216.8**	**243.3**	**251.2**	
昆明	Kunming	78.7	92.5	96.8	32
曲靖	Qujing	22.7	24.0	34.3	108
玉溪	Yuxi	12.7	14.8	15.3	215
保山	Baoshan	7.1	8.5	8.6	258
昭通	Zhaotong	10.5	12.0	12.5	230

地名	City	2011	2015	2016	2016 排名 Ranking
丽江	Lijiang	3.0	3.5	4.6	282
普洱	Puer	9.3	10.2	10.9	238
临沧	Lincang	7.2	8.7	9.0	252
西藏	**Tibet**	**9.6**	**11.4**	**15.2**	
拉萨	Lasa	1.2	1.5	1.5	284
陕西	**Shaanxi**	**332.2**	**347.7**	**352.2**	
西安	Xi'an	134.8	149.6	152.7	15
铜川	Tongchuan	11.4	9.6	9.6	250
宝鸡	Baoji	32.1	32.3	29.5	133
咸阳	Xianyang	40.5	39.2	39.3	88
渭南	Weinan	33.0	30.6	31.7	122
延安	Yan'an	18.5	19.9	20.0	188
汉中	Hanzhong	21.8	23.0	23.2	165
榆林	Yulin	17.0	21.0	24.9	156
安康	Ankang	9.0	9.7	9.6	249
商洛	Shangluo	11.2	11.5	11.4	236
甘肃	**Gansu**	**163.8**	**162.8**	**164.3**	
兰州	Lanzhou	56.1	56.8	56.8	60
嘉峪关	Jiayuguan	4.4	5.6	5.8	280
金昌	Jinchang	7.9	7.5	7.6	268
白银	Baiyin	13.0	12.5	12.5	229
天水	Tianshui	14.9	6.3	6.6	277
武威	Wuwei	6.3	7.1	7.3	270
张掖	Zhangye	6.9	7.3	7.7	267
平凉	Pingliang	9.0	8.7	8.7	257
酒泉	Jiuquan	7.2	6.7	7.2	273
庆阳	Qingyang	8.1	8.3	8.3	261
定西	Dingxi	8.3	8.6	8.8	255
陇南	Longnan	1.0	4.7	4.8	281
青海	**Qinghai**	**37.3**	**40.1**	**40.8**	
西宁	Xining	15.9	16.8	17.2	201
海东	Haidong		4.5	4.6	283
宁夏	**Ningxia**	**60.0**	**76.6**	**95.6**	
银川	Yinchuan	33.4	43.6	47.3	70
石嘴山	Shizuishan	10.5	12.4	12.8	226
吴忠	Wuzhong	7.5	8.8	8.8	256
固原	Guyuan	4.6	6.2	6.6	278
中卫	Zhongwei	4.5	6.2	6.2	279
新疆	**Xinjiang**	**260.2**	**294.9**	**298.7**	
乌鲁木齐	Urumqi	68.0	78.1	78.8	43
克拉玛依	Karamay	15.4	16.0	16.4	206

7

土地资源管理

Land Resources Administration

7-1 建设用地土地供应面积
Area of Construction Use Land Supplied

单位：公顷 (hectare)

地名	City	2010	2015	2016	2016 排名 Ranking
全国	**Nation Total**	**432561.42**	**540327.28**	**531180.71**	
北京	**Beijing**	**2412.63**	**6463.50**	**1296.92**	
天津	**Tianjin**	**6655.00**	**8380.65**	**5703.74**	
河北	**Hebei**	**18126.85**	**19440.49**	**21624.70**	
石家庄	Shijiazhuang	1522.90	1694.79	2095.17	63
唐山	Tangshan	2819.40	2716.39	3623.49	19
秦皇岛	Qinhuangdao	935.75	430.13	1268.27	140
邯郸	Handan	1679.46	2224.43	2180.92	56
邢台	Xingtai	1115.23	1879.59	1572.69	104
保定	Baoding	1596.54	1963.54	2086.53	65
张家口	Zhangjiakou	1392.55	1341.03	1005.56	170
承德	Chengde	896.89	1193.73	2545.18	43
沧州	Cangzhou	3488.43	2512.36	3100.37	29
廊坊	Langfang	1778.33	1561.38	1004.31	171
衡水	Hengshui	901.38	1923.12	1142.21	153
山西	**Shanxi**	**7114.75**	**10360.45**	**12364.34**	
太原	Taiyuan	977.32	813.58	919.92	183
大同	Datong	989.73	652.13	1329.34	133
阳泉	Yangquan	299.55	139.01	326.72	268
长治	Changzhi	431.49	290.52	1224.25	144
晋城	Jincheng	609.38	1755.02	659.71	215
朔州	Shuozhou	706.39	475.75	2135.74	57
晋中	Jinzhong	605.94	554.69	933.87	180
运城	Yuncheng	755.50	810.10	910.11	185
忻州	Xinzhou	368.84	3362.00	824.98	194
临汾	Linfen	689.37	1278.04	980.58	174
吕梁	Lvliang	681.23	229.61	2119.12	60
内蒙古	**Inner Mongolia**	**21938.08**	**21021.25**	**17999.24**	
呼和浩特	Hohhot	981.62	1314.49	1304.56	136
包头	Baotou	1450.38	959.94	1081.53	160
乌海	Wuhai	1014.02	127.74	408.83	260
赤峰	Chifeng	1131.64	2527.43	2134.25	58
通辽	Tongliao	2338.89	2455.86	2694.22	39
鄂尔多斯	Erdos	7210.73	3392.23	1558.63	106
呼伦贝尔	Hulunbuir	1978.07	3302.46	1568.84	105
巴彦淖尔	Bayannur	1650.94	637.67	1224.18	145
乌兰察布	Ulanqab	798.64	2102.55	1110.44	156
辽宁	**Liaoning**	**29268.68**	**18038.31**	**15446.23**	
沈阳	Shenyang	3970.80	2752.98	4667.37	8
大连	Dalian	5316.07	2295.25	1411.80	122
鞍山	Anshan	2405.09	1170.59	678.33	211
抚顺	Fushun	1216.29	223.77	679.08	210
本溪	Benxi	1809.18	993.10	602.52	230
丹东	Dandong	1383.20	775.48	468.35	251
锦州	Jinzhou	1319.57	3342.66	505.70	244
营口	Yingkou	4361.96	1574.05	871.92	188
阜新	Fuxin	886.84	439.09	675.76	212
辽阳	Liaoyang	1067.55	449.92	447.32	253
盘锦	Panjin	1051.22	1730.60	952.65	176
铁岭	Tieling	2379.43	492.30	527.33	242
朝阳	Chaoyang	1031.27	1337.50	1081.62	159
葫芦岛	Huludao	1070.21	461.02	1876.48	82
吉林	**Jilin**	**9310.63**	**11218.04**	**7222.64**	
长春	Changchun	3853.09	1620.72	1650.76	98
吉林	Jilin	1094.60	916.67	1146.95	152
四平	Siping	701.38	1742.06	630.98	225
辽源	Liaoyuan	395.21	133.46	316.76	269
通化	Tonghua	484.28	2318.09	649.01	221
白山	Baishan	1377.07	1107.84	439.52	256
松原	Songyuan	195.47	684.81	1371.92	128
白城	Baicheng	688.73	560.21	469.90	250
黑龙江	**Heilongjiang**	**14530.55**	**10437.74**	**8287.05**	
哈尔滨	Harbin	3514.86	1340.15	1234.64	141
齐齐哈尔	Qiqihar	778.47	1391.49	2038.45	69
鸡西	Jixi	234.43	395.00	425.92	258
鹤岗	Hegang	215.21	301.01	194.33	282
双鸭山	Shuangyashan	384.48	377.35	274.39	276
大庆	Daqing	3358.86	840.33	588.33	232
伊春	Yichun	233.40	237.26	315.45	270
佳木斯	Jiamusi	905.92	1124.97	846.23	191
七台河	Qitaihe	102.14	319.98	190.48	283
牡丹江	Mudanjiang	1014.15	1022.36	474.35	249
黑河	Heihe	685.46	516.70	220.26	281
绥化	Suihua	1232.53	1081.46	681.43	208
上海	**Shanghai**	**2926.14**	**3090.37**	**3511.53**	
江苏	**Jiangsu**	**37873.85**	**41764.09**	**40123.68**	

7-1 建设用地土地供应面积 续表 1

Area of Construction Use Land Supplied continued 1

单位：公顷 (hectare)

地名	City	2010	2015	2016	2016 排名 Ranking	地名	City	2010	2015	2016	2016 排名 Ranking
南京	Nanjing	2979.20	3710.16	4816.08	7	池州	Chizhou	640.51	1072.79	1269.73	139
无锡	Wuxi	5253.22	2080.01	2086.86	64	宣城	Xuancheng	1179.16	1664.48	1070.29	162
徐州	Xuzhou	2793.73	3954.50	3599.32	20	**福建**	**Fujian**	**12391.84**	**14003.78**	**16927.33**	
常州	Changzhou	3647.00	4206.38	2822.60	36	福州	Fuzhou	2162.00	3528.66	2607.89	40
苏州	Suzhou	4827.76	3561.09	3725.07	18	厦门	Xiamen	1967.97	755.78	951.22	177
南通	Nantong	3926.48	6501.05	5066.97	5	莆田	Putian	498.17	1332.69	946.60	178
连云港	Lianyungang	1978.24	2223.34	3055.28	30	三明	Sanming	1464.99	954.82	1783.12	90
淮安	Huaian	2015.36	1904.16	1994.71	74	泉州	Quanzhou	1736.36	2378.55	3727.34	17
盐城	Yancheng	4289.60	4173.83	3783.28	16	漳州	Zhangzhou	1737.54	1867.03	2329.60	49
扬州	Yangzhou	2218.83	2619.28	2083.14	66	南平	Nanping	1024.59	790.76	1790.35	87
镇江	Zhenjiang	542.06	1708.90	1271.81	138	龙岩	Longyan	1084.69	963.43	1279.47	137
泰州	Taizhou	1596.82	2427.41	3010.15	31	宁德	Ningde	715.53	1431.86	1511.74	110
宿迁	Suqian	1805.55	2693.99	2778.40	37	**江西**	**Jiangxi**	**17908.29**	**18040.89**	**18985.45**	
浙江	**Zhejiang**	**27932.57**	**21240.07**	**22993.80**		南昌	Nanchang	3576.07	2180.92	2133.65	59
杭州	Hangzhou	6216.95	2774.79	3920.52	15	景德镇	Jingdezhen	504.20	829.72	313.79	271
宁波	Ningbo	5603.70	3300.18	3308.89	22	萍乡	Pingxiang	476.45	623.55	497.14	247
温州	Wenzhou	1112.55	3109.52	2425.39	47	九江	Jiujiang	1504.40	3338.78	2555.27	42
嘉兴	Jiaxing	3251.48	1833.52	3245.61	24	新余	Xinyu	354.90	259.26	557.95	237
湖州	Huzhou	1451.78	1187.22	2045.07	68	鹰潭	Yingtan	602.77	555.24	262.42	278
绍兴	Shaoxing	2076.69	2019.04	1914.91	79	赣州	Ganzhou	2909.30	2108.05	3141.15	26
金华	Jinhua	1875.53	2534.23	1986.10	76	吉安	Jian	2315.58	1783.51	1884.41	81
衢州	Quzhou	1487.54	894.25	730.87	203	宜春	Yichun	1754.10	3170.45	2246.32	52
舟山	Zhoushan	1459.51	508.92	663.01	214	抚州	Fuzhou	2005.33	1180.43	1374.29	127
台州	Taizhou	2194.95	2253.93	1870.16	83	上饶	Shangrao	1905.20	2010.97	4019.07	14
丽水	Lishui	1201.88	824.47	883.28	187	**山东**	**Shandong**	**45372.12**	**30251.22**	**29640.89**	
安徽	**Anhui**	**17524.25**	**26673.76**	**28507.52**		济南	Jinan	2568.33	2032.26	2521.21	45
合肥	Hefei	2553.61	4005.06	4402.03	9	青岛	Qingdao	5682.46	3780.63	2932.49	33
芜湖	Wuhu	2417.63	1893.89	1387.25	124	淄博	Zibo	2267.17	1142.25	921.85	182
蚌埠	Bengbu	690.12	1026.60	1788.57	88	枣庄	Zaozhuang	1166.67	827.56	626.28	226
淮南	Huainan	845.59	1377.04	839.35	193	东营	Dongying	2264.51	1345.81	1132.29	154
马鞍山	Maanshan	927.90	487.02	578.93	234	烟台	Yantai	5141.95	2032.13	1556.20	107
淮北	Huaibei	913.68	338.43	802.98	195	潍坊	Weifang	7512.94	3953.51	4339.17	11
铜陵	Tongling	703.41	312.37	243.32	279	济宁	Jining	2411.58	1854.10	1460.65	115
安庆	Anqing	896.48	2098.12	1693.86	95	泰安	Taian	1622.13	1076.20	909.12	186
黄山	Huangshan	676.03	397.76	417.73	259	威海	Weihai	2945.89	1758.38	1902.62	80
滁州	Chuzhou	1178.43	2573.80	3459.33	21	日照	Rizhao	1187.84	1353.87	856.85	190
阜阳	Fuyang	668.29	1894.25	2880.44	35	莱芜	Laiwu	754.23	437.21	280.99	274
宿州	Suzhou	879.46	1595.16	2015.37	71	临沂	Linyi	3106.67	2226.71	2885.07	34
六安	Liuan	804.23	2520.31	2467.76	46	德州	Dezhou	1379.74	2461.33	1417.68	119
亳州	Bozhou	752.73	1032.16	1482.58	113	聊城	Liaocheng	1763.47	1076.83	1327.45	134

7-1 建设用地土地供应面积 续表 2
Area of Construction Use Land Supplied continued 2

单位：公顷 (hectare)

地名	City	2010	2015	2016	2016 排名 Ranking	地名	City	2010	2015	2016	2016 排名 Ranking
滨州	Binzhou	1805.18	1399.42	3122.09	27	常德	Changde	1130.99	2141.04	1681.12	96
菏泽	Heze	1791.37	1493.02	1448.99	116	张家界	Zhangjiajie	351.67	279.25	746.39	200
河南	**Henan**	**17546.75**	**24617.74**	**18670.73**		益阳	Yiyang	1165.55	1444.98	1630.88	101
郑州	Zhengzhou	2920.13	5461.05	4077.29	13	郴州	Chenzhou	918.42	2324.34	1203.07	146
开封	Kaifeng	980.55	1244.33	1029.78	169	永州	Yongzhou	591.19	1580.40	4911.66	6
洛阳	Luoyang	1763.85	1960.17	1744.10	91	怀化	Huaihua	1556.79	1753.08	1785.81	89
平顶山	Pingdingshan	1588.16	1395.80	602.23	231	娄底	Loudi	309.95	684.24	640.83	223
安阳	Anyang	1076.78	1201.30	1041.26	167	**广东**	**Guangdong**	**16395.55**	**16150.87**	**34590.01**	
鹤壁	Hebi	519.25	643.55	406.46	261	广州	Guangzhou	3146.23	1858.21	4293.47	12
新乡	Xinxiang	917.40	1495.38	1049.73	165	韶关	Shaoguan	511.81	593.26	3107.97	28
焦作	Jiaozuo	891.31	578.73	685.60	206	深圳	Shenzhen	428.11	475.07	1147.03	151
濮阳	Puyang	373.88	975.75	1050.52	164	珠海	Zhuhai	1031.14	626.38	1375.20	126
许昌	Xuchang	1060.91	858.32	654.19	219	汕头	Shantou	247.59	378.79	681.05	209
漯河	Luohe	452.94	662.40	367.18	264	佛山	Foshan	1430.69	1450.32	1830.86	86
三门峡	Sanmenxia	710.80	320.00	504.21	245	江门	Jiangmen	1299.25	944.75	1640.20	99
南阳	Nanyang	1752.47	1572.26	1513.62	109	湛江	Zhanjiang	737.17	2081.95	1638.30	100
商丘	Shangqiu	775.70	2553.88	1044.95	166	茂名	Maoming	328.94	412.63	2309.51	51
信阳	Xinyang	474.15	983.33	582.23	233	肇庆	Zhaoqing	660.04	864.53	3253.14	23
周口	Zhoukou	458.70	1303.10	655.49	217	惠州	Huizhou	1345.23	758.88	2191.24	55
驻马店	Zhumadian	829.78	1408.39	1661.90	97	梅州	Meizhou	398.93	880.78	2014.02	72
湖北	**Hubei**	**16872.89**	**23711.97**	**23822.84**		汕尾	Shanwei	65.42	300.95	663.08	213
武汉	Wuhan	4707.93	4403.94	9600.92	1	河源	Heyuan	376.46	314.08	2029.60	70
黄石	Huangshi	629.38	1868.70	1076.27	161	阳江	Yangjiang	1003.14	566.94	990.80	172
十堰	Shiyan	681.35	1134.54	655.22	218	清远	Qingyuan	1129.67	811.62	1867.49	84
宜昌	Yichang	2120.13	3386.92	1926.23	78	东莞	Dongguan	793.38	1605.26	792.02	197
襄阳	Xiangyang	1418.78	1845.45	1097.71	158	中山	Zhongshan	974.54	510.50	499.77	246
鄂州	Ezhou	710.66	1039.21	305.96	273	潮州	Chaozhou	38.70	164.04	798.45	196
荆门	Jingmen	910.72	999.22	1847.78	85	揭阳	Jieyang	223.03	301.17	427.31	257
孝感	Xiaogan	1059.99	1339.82	1061.08	163	云浮	Yunfu	226.07	250.75	1039.49	168
荆州	Jingzhou	1374.60	1962.71	2012.54	73	**广西**	**Guangxi**	**10399.88**	**15931.52**	**15132.89**	
黄冈	Huanggang	1030.31	1256.35	1229.88	143	南宁	Nanning	2090.24	2743.45	2988.31	32
咸宁	Xianning	882.67	1290.00	1100.86	157	柳州	Liuzhou	1496.90	2374.14	2313.89	50
随州	Suizhou	329.68	428.44	387.86	262	桂林	Guilin	1174.44	1698.12	487.10	248
湖南	**Hunan**	**13425.00**	**21709.46**	**26904.46**		梧州	Wuzhou	589.56	622.75	732.15	202
长沙	Changsha	3771.49	3325.70	6065.12	2	北海	Beihai	324.09	420.75	272.62	277
株洲	Zhuzhou	761.74	1666.10	1413.98	121	防城港	Fangchenggang	554.18	819.25	1199.93	147
湘潭	Xiangtan	609.16	1284.96	1230.28	142	钦州	Qinzhou	996.40	1273.65	924.29	181
衡阳	Hengyang	829.09	1755.71	1943.29	77	贵港	Guigang	332.76	823.26	705.29	204
邵阳	Shaoyang	504.15	1296.97	1440.70	117	玉林	Yulin	626.72	898.88	955.23	175
岳阳	Yueyang	747.87	1397.72	1355.58	129	百色	Baise	630.99	1222.37	1425.08	118

7-1 建设用地土地供应面积 续表 3

Area of Construction Use Land Supplied continued 3

单位：公顷 (hectare)

地名	City	2010	2015	2016	2016 排名 Ranking
贺州	Hezhou	886.30	1326.89	1417.64	120
河池	Hechi	284.30	513.24	540.39	240
来宾	Laibin	113.13	698.38	641.65	222
崇左	Chongzuo	299.86	496.39	529.33	241
海南	**Hainan**	**2646.82**	**1950.24**	**5359.86**	
海口	Haikou	439.53	506.12	638.81	224
三亚	Sanya	169.34	197.47	353.08	265
三沙	Sansha				
重庆	**Chongqing**	**11240.07**	**12182.19**	**13917.65**	
四川	**Sichuan**	**14630.73**	**47857.38**	**31029.97**	
成都	Chengdu	5114.18	4169.86	5654.91	3
自贡	Zigong	338.73	557.54	1987.67	75
攀枝花	Panzhihua	300.68	622.63	604.76	229
泸州	Luzhou	1232.23	1311.62	1585.52	103
德阳	Deyang	995.81	952.00	939.42	179
绵阳	Mianyang	953.74	1965.31	1739.56	92
广元	Guangyuan	441.29	12394.83	229.97	280
遂宁	Suining	592.84	582.71	1339.60	130
内江	Neijiang	388.87	744.33	695.61	205
乐山	Leshan	770.23	1661.03	605.09	228
南充	Nanchong	562.72	1952.01	563.98	235
眉山	Meishan	460.94	2266.18	1333.61	132
宜宾	Yibin	599.57	2041.83	1523.13	108
广安	Guangan	406.53	1106.88	1497.68	111
达州	Dazhou	368.67	537.67	740.99	201
雅安	Yaan	376.84	7706.79	1182.76	148
巴中	Bazhong	91.47	862.35	918.66	184
资阳	Ziyang	223.17	842.17	441.73	255
贵州	**Guizhou**	**16492.75**	**16153.80**	**15109.67**	
贵阳	Guiyang	2407.94	2349.90	2047.01	67
六盘水	Liupanshui	495.44	824.32	1317.24	135
遵义	Zunyi	2607.17	2645.09	3230.85	25
安顺	Anshun	338.24	1216.40	760.94	198
毕节	Bijie	633.93	1438.95	1614.91	102
铜仁	Tongren	776.86	2342.73	1470.88	114
云南	**Yunnan**	**9979.03**	**18052.74**	**21864.56**	
昆明	Kunming	1346.02	3689.08	2532.95	44
曲靖	Qujing	1293.87	1768.11	1333.91	131
玉溪	Yuxi	662.77	765.21	653.05	220
保山	Baoshan	614.17	450.93	622.31	227
昭通	Zhaotong	283.00	501.26	4358.33	10
丽江	Lijiang	194.51	166.60	1487.46	112
普洱	Puer	218.81	1521.87	752.28	199
临沧	Lincang	197.64	1117.21	189.19	284
西藏	**Tibet**	**1121.91**	**513.80**	**1379.80**	
拉萨	Lasa	319.77	299.33	659.43	216
陕西	**Shaanxi**	**7544.49**	**12282.21**	**14834.53**	
西安	Xi'an	1803.40	1901.97	2394.39	48
铜川	Tongchuan	363.55	220.20	347.23	266
宝鸡	Baoji	417.24	906.39	2110.00	62
咸阳	Xianyang	903.71	2380.47	2764.93	38
渭南	Weinan	470.61	1362.30	1393.01	123
延安	Yan'an	292.34	689.12	549.60	238
汉中	Hanzhong	242.31	706.45	2238.09	54
榆林	Yulin	2215.38	3523.81	1729.33	93
安康	Ankang	649.53	348.79	865.65	189
商洛	Shangluo	186.41	242.71	442.29	254
甘肃	**Gansu**	**6135.91**	**16172.94**	**14504.75**	
兰州	Lanzhou	793.72	1817.84	1701.68	94
嘉峪关	Jiayuguan	711.51	454.79	457.26	252
金昌	Jinchang	420.80	586.48	527.14	243
白银	Baiyin	363.11	928.49	1124.59	155
天水	Tianshui	222.61	1094.53	1177.60	149
武威	Wuwei	460.73	2978.95	1385.55	125
张掖	Zhangye	288.30	1239.04	987.09	173
平凉	Pingliang	187.73	341.34	274.90	275
酒泉	Jiuquan	1233.28	3128.25	5224.50	4
庆阳	Qingyang	340.34	351.43	307.01	272
定西	Dingxi	709.89	558.09	380.59	263
陇南	Longnan	42.15	986.49	15.97	285
青海	**Qinghai**	**2026.61**	**8576.02**	**7217.09**	
西宁	Xining	420.06	903.10	546.56	239
海东	Haidong		517.93	340.52	267
宁夏	**Ningxia**	**6324.18**	**10719.38**	**7533.16**	
银川	Yinchuan	2682.19	3981.51	2598.12	41
石嘴山	Shizuishan	1461.50	619.69	845.09	192
吴忠	Wuzhong	889.27	3224.28	1162.37	150
固原	Guyuan	713.58	1714.84	683.28	207
中卫	Zhongwei	577.63	1179.06	2244.30	53
新疆	**Xinjiang**	**8492.12**	**33320.44**	**28673.67**	
乌鲁木齐	Urumqi	1844.59	4529.83	2115.01	61
克拉玛依	Karamay	265.02	447.76	559.56	236

7-2 建设用地划拨土地面积

Land Area of Construction Use Land Allocated

单位：公顷 (hectare)

地名	City	2010	2015	2016	2016 排名 Ranking
全国	**Nation Total**	**138267.34**	**314535.83**	**313212.79**	
北京	**Beijing**	**260.10**	**5672.81**	**584.77**	
天津	**Tianjin**	**1372.41**	**6040.13**	**3194.88**	
河北	**Hebei**	**2408.36**	**7307.09**	**9220.86**	
石家庄	Shijiazhuang	302.72	472.93	1039.14	88
唐山	Tangshan	380.63	925.85	1616.21	34
秦皇岛	Qinhuangdao	62.63	103.61	912.91	106
邯郸	Handan	318.06	1244.28	1024.54	91
邢台	Xingtai	144.91	719.33	288.11	219
保定	Baoding	271.40	429.71	793.62	117
张家口	Zhangjiakou	249.26	579.03	120.47	266
承德	Chengde	205.56	569.25	1941.76	22
沧州	Cangzhou	357.03	807.42	1232.29	62
廊坊	Langfang	54.41	263.65	50.84	284
衡水	Hengshui	61.76	1192.04	200.97	245
山西	**Shanxi**	**2337.87**	**7289.05**	**8870.81**	
太原	Taiyuan	422.43	285.71	351.90	203
大同	Datong	618.34	500.93	923.06	103
阳泉	Yangquan	43.77	79.63	227.19	235
长治	Changzhi	110.07	89.42	1070.95	80
晋城	Jincheng	239.90	1593.02	466.33	172
朔州	Shuozhou	153.85	344.35	1978.82	21
晋中	Jinzhong	110.18	191.01	311.44	214
运城	Yuncheng	98.16	292.61	544.29	153
忻州	Xinzhou	124.22	2920.04	284.75	221
临汾	Linfen	168.72	958.37	794.38	116
吕梁	Lvliang	248.23	33.97	1917.69	24
内蒙古	**Inner Mongolia**	**6777.34**	**12879.79**	**11174.09**	
呼和浩特	Hohhot	199.40	453.40	596.71	143
包头	Baotou	627.48	738.06	441.64	185
乌海	Wuhai	490.41	53.75	123.27	265
赤峰	Chifeng	237.50	1715.63	1497.54	48
通辽	Tongliao	265.79	1675.01	2130.27	19
鄂尔多斯	Erdos	2664.92	1842.48	644.10	134
呼伦贝尔	Hulunbuir	774.29	2428.67	511.99	162
巴彦淖尔	Bayannur	396.22	160.58	921.82	104
乌兰察布	Ulanqab	165.45	1206.66	592.56	145
辽宁	**Liaoning**	**7100.75**	**9767.16**	**9685.87**	
沈阳	Shenyang	823.81	1494.27	3569.80	7
大连	Dalian	467.12	1227.27	470.96	171
鞍山	Anshan	88.16	369.53	77.62	278
抚顺	Fushun	345.83	52.53	533.41	157
本溪	Benxi	1319.70	501.98	457.13	175
丹东	Dandong	757.01	189.33	73.97	280
锦州	Jinzhou	251.89	2632.14	223.01	236
营口	Yingkou	1162.49	1227.13	328.49	211
阜新	Fuxin	401.21	187.33	523.83	161
辽阳	Liaoyang	349.29	122.81	296.27	217
盘锦	Panjin	80.89	365.71	456.80	177
铁岭	Tieling	487.35	166.28	406.72	189
朝阳	Chaoyang	382.44	981.78	728.90	121
葫芦岛	Huludao	183.56	249.06	1538.96	43
吉林	**Jilin**	**2543.82**	**7998.39**	**3681.47**	
长春	Changchun	1384.08	659.87	576.47	146
吉林	Jilin	185.15	455.13	690.62	129
四平	Siping	55.91	1334.16	211.57	242
辽源	Liaoyuan	136.42	33.26	203.53	244
通化	Tonghua	151.00	2035.32	442.52	183
白山	Baishan	197.82	970.73	130.82	263
松原	Songyuan	12.47	449.62	1139.05	77
白城	Baicheng	232.13	338.42	98.44	271
黑龙江	**Heilongjiang**	**7116.18**	**5581.70**	**4906.83**	
哈尔滨	Harbin	1418.64	452.87	455.36	180
齐齐哈尔	Qiqihar	137.43	887.27	1555.72	40
鸡西	Jixi	49.80	234.03	358.24	202
鹤岗	Hegang	44.75	118.06	91.01	274
双鸭山	Shuangyashan	101.93	192.06	229.77	234
大庆	Daqing	2641.83	665.98	342.77	207
伊春	Yichun	91.13	188.57	282.87	222
佳木斯	Jiamusi	439.84	545.57	628.67	136
七台河	Qitaihe	22.32	81.72	74.79	279
牡丹江	Mudanjiang	189.73	671.40	144.72	260
黑河	Heihe	333.24	301.30	147.01	259
绥化	Suihua	204.12	264.95	257.83	226
上海	**Shanghai**	**992.20**	**1984.58**	**2710.82**	
江苏	**Jiangsu**	**8570.35**	**17409.60**	**18960.39**	

7-2 建设用地划拨土地面积 续表 1
Land Area of Construction Use Land Allocated continued 1

单位：公顷 (hectare)

地名	City	2010	2015	2016	2016 排名 Ranking
南京	Nanjing	1577.68	2144.52	3352.17	8
无锡	Wuxi	2589.17	1052.37	1187.88	67
徐州	Xuzhou	472.29	1924.68	1475.07	49
常州	Changzhou	1264.88	1720.33	827.03	113
苏州	Suzhou	674.71	1167.12	1526.01	47
南通	Nantong	722.65	2919.83	1937.61	23
连云港	Lianyungang	92.22	577.23	1798.10	28
淮安	Huaian	205.78	689.09	500.84	165
盐城	Yancheng	239.63	1073.30	1737.50	30
扬州	Yangzhou	308.90	1087.26	990.57	95
镇江	Zhenjiang	2.10	722.71	315.08	213
泰州	Taizhou	129.23	712.11	1601.19	36
宿迁	Suqian	291.11	1621.04	1711.34	32
浙江	**Zhejiang**	**9992.24**	**12826.22**	**13442.01**	
杭州	Hangzhou	2873.04	1720.13	2842.75	10
宁波	Ningbo	3302.73	2017.09	1531.70	44
温州	Wenzhou	496.92	2440.57	1855.98	27
嘉兴	Jiaxing	633.01	570.47	1462.62	50
湖州	Huzhou	129.13	419.72	1042.34	87
绍兴	Shaoxing	349.68	1059.51	958.09	99
金华	Jinhua	363.31	1735.05	1246.30	61
衢州	Quzhou	362.50	575.57	343.03	206
舟山	Zhoushan	71.65	209.01	457.10	176
台州	Taizhou	754.11	1571.81	1169.92	71
丽水	Lishui	656.15	507.28	532.19	158
安徽	**Anhui**	**4936.19**	**14070.12**	**15545.95**	
合肥	Hefei	1267.46	2623.17	2807.83	11
芜湖	Wuhu	699.25	873.84	623.23	137
蚌埠	Bengbu	154.56	272.33	943.43	102
淮南	Huainan	583.54	842.45	528.02	160
马鞍山	Maanshan	431.78	136.30	184.27	248
淮北	Huaibei	141.91	118.09	474.56	170
铜陵	Tongling	62.04	72.03	112.36	268
安庆	Anqing	81.59	1545.08	1135.69	78
黄山	Huangshan	273.08	175.75	156.19	256
滁州	Chuzhou	85.83	1236.96	2252.67	16
阜阳	Fuyang	68.04	680.56	1309.49	58
宿州	Suzhou	202.98	861.19	1147.73	76
六安	Liuan	183.52	1082.27	1394.64	55
亳州	Bozhou	405.87	213.99	363.53	200
池州	Chizhou	0.17	414.87	972.14	97
宣城	Xuancheng	178.22	1079.87	505.47	164
福建	**Fujian**	**4069.25**	**8886.89**	**12133.91**	
福州	Fuzhou	810.55	2469.23	1591.79	37
厦门	Xiamen	928.58	379.38	713.28	122
莆田	Putian	90.10	826.78	505.77	163
三明	Sanming	728.70	653.58	1526.21	46
泉州	Quanzhou	587.50	1554.43	2784.13	12
漳州	Zhangzhou	125.41	1048.27	1733.73	31
南平	Nanping	520.49	451.30	1428.79	52
龙岩	Longyan	111.42	593.51	1039.09	89
宁德	Ningde	166.51	910.40	1167.13	72
江西	**Jiangxi**	**8858.34**	**8162.53**	**11523.27**	
南昌	Nanchang	1942.99	821.61	1209.89	65
景德镇	Jingdezhen	63.34	337.06	152.86	258
萍乡	Pingxiang	276.77	136.64	240.98	230
九江	Jiujiang	401.71	1550.93	1395.85	54
新余	Xinyu	126.33	88.17	375.49	196
鹰潭	Yingtan	289.71	243.06	105.47	269
赣州	Ganzhou	1826.00	1348.62	2020.41	20
吉安	Jian	1571.94	1079.52	1216.59	64
宜春	Yichun	176.57	1374.42	1130.22	79
抚州	Fuzhou	1006.56	359.28	621.33	139
上饶	Shangrao	1176.41	823.22	3054.19	9
山东	**Shandong**	**7424.50**	**9193.66**	**8735.39**	
济南	Jinan	799.24	674.99	1068.00	81
青岛	Qingdao	1877.42	1360.00	705.84	125
淄博	Zibo	193.20	387.59	336.88	208
枣庄	Zaozhuang	395.65	413.09	233.16	231
东营	Dongying	474.35	294.32	568.13	148
烟台	Yantai	636.09	442.06	232.22	233
潍坊	Weifang	425.94	828.21	1052.19	84
济宁	Jining	173.12	162.71	380.33	193
泰安	Taian	252.29	416.94	350.67	204
威海	Weihai	287.80	441.05	392.27	191
日照	Rizhao	409.50	238.35	451.93	181
莱芜	Laiwu	234.69	108.32	104.04	270
临沂	Linyi	453.75	696.41	974.12	96
德州	Dezhou	112.87	1525.76	372.80	197
聊城	Liaocheng	373.14	243.38	218.46	239

7-2 建设用地划拨土地面积 续表 2
Land Area of Construction Use Land Allocated continued 2

单位：公顷 (hectare)

地名	City	2010	2015	2016	2016 排名 Ranking	地名	City	2010	2015	2016	2016 排名 Ranking
滨州	Binzhou	118.43	721.13	883.98	108	常德	Changde	397.84	1480.88	916.39	105
菏泽	Heze	207.02	239.36	410.37	188	张家界	Zhangjiajie	72.32	199.65	545.54	152
河南	**Henan**	**5543.79**	**12660.01**	**7621.54**		益阳	Yiyang	684.55	976.15	1181.25	69
郑州	Zhengzhou	1468.74	2671.79	1612.86	35	郴州	Chenzhou	226.49	1768.02	816.95	115
开封	Kaifeng	261.76	764.14	442.41	184	永州	Yongzhou	103.82	842.63	4394.02	3
洛阳	Luoyang	406.16	1100.00	1043.85	85	怀化	Huaihua	928.75	1266.74	1219.43	63
平顶山	Pingdingshan	796.66	860.50	72.69	281	娄底	Loudi	37.32	416.31	549.36	151
安阳	Anyang	402.34	563.49	274.89	224	**广东**	**Guangdong**	**3454.49**	**5137.85**	**25216.61**	
鹤壁	Hebi	60.54	172.26	71.17	282	广州	Guangzhou	1372.84	1171.48	3660.79	6
新乡	Xinxiang	73.86	587.37	191.90	247	韶关	Shaoguan	35.21	86.87	2658.29	14
焦作	Jiaozuo	174.57	152.56	305.59	215	深圳	Shenzhen	139.39	38.25	559.14	149
濮阳	Puyang	111.08	639.84	541.57	155	珠海	Zhuhai	288.51	252.15	850.55	110
许昌	Xuchang	270.11	174.92	80.91	277	汕头	Shantou	99.29	180.31	366.49	199
漯河	Luohe	162.77	340.18	84.38	276	佛山	Foshan	180.35	513.24	1043.45	86
三门峡	Sanmenxia	154.95	75.43	335.78	209	江门	Jiangmen	205.88	424.18	1208.07	66
南阳	Nanyang	921.62	859.21	828.97	112	湛江	Zhanjiang	173.89	311.31	1291.27	59
商丘	Shangqiu	145.55	1819.15	456.31	178	茂名	Maoming	188.24	176.03	1869.57	26
信阳	Xinyang	30.78	497.31	167.15	251	肇庆	Zhaoqing	18.65	257.74	2711.00	13
周口	Zhoukou	67.96	867.89	221.20	237	惠州	Huizhou	67.87	112.40	1616.94	33
驻马店	Zhumadian	34.34	514.00	889.92	107	梅州	Meizhou	15.41	57.40	1586.47	39
湖北	**Hubei**	**3695.44**	**10825.16**	**7516.31**		汕尾	Shanwei	42.09	40.80	182.66	249
武汉	Wuhan	1693.19	2261.35	2641.76	15	河源	Heyuan	81.92	33.01	1529.52	45
黄石	Huangshi	96.84	1120.32	540.27	156	阳江	Yangjiang	136.49	229.33	569.16	147
十堰	Shiyan	174.33	547.16	267.78	225	清远	Qingyuan	115.61	103.73	1277.73	60
宜昌	Yichang	194.21	1588.63	428.26	187	东莞	Dongguan	93.86	682.94	91.62	273
襄阳	Xiangyang	465.81	900.00	455.79	179	中山	Zhongshan	96.96	380.42	401.86	190
鄂州	Ezhou	14.31	461.00	157.49	255	潮州	Chaozhou	7.83	12.88	662.56	132
荆门	Jingmen	80.56	204.33	529.09	159	揭阳	Jieyang	74.12	15.01	247.20	228
孝感	Xiaogan	106.42	387.77	232.53	232	云浮	Yunfu	20.08	58.36	831.96	111
荆州	Jingzhou	416.92	653.15	825.56	114	**广西**	**Guangxi**	**4074.59**	**10085.86**	**9480.89**	
黄冈	Huanggang	149.67	395.88	299.39	216	南宁	Nanning	1124.46	1621.63	2214.06	17
咸宁	Xianning	102.21	504.64	500.01	166	柳州	Liuzhou	913.51	1681.45	1543.18	42
随州	Suizhou	14.80	154.70	166.61	252	桂林	Guilin	488.45	1174.10	165.77	253
湖南	**Hunan**	**5065.29**	**13359.18**	**18790.27**		梧州	Wuzhou	46.87	501.66	462.36	173
长沙	Changsha	1721.98	1910.50	4501.85	2	北海	Beihai	31.75	250.58	176.73	250
株洲	Zhuzhou	402.06	1114.47	701.56	127	防城港	Fangchenggang	117.69	432.12	674.30	131
湘潭	Xiangtan	143.96	964.27	863.91	109	钦州	Qinzhou	53.89	896.63	440.52	186
衡阳	Hengyang	121.24	493.86	703.35	126	贵港	Guigang	193.06	454.53	458.37	174
邵阳	Shaoyang	62.26	901.50	1067.56	82	玉林	Yulin	39.19	380.34	257.78	227
岳阳	Yueyang	114.40	472.76	712.71	123	百色	Baise	308.20	714.63	1005.75	94

7-2 建设用地划拨土地面积 续表 3

Land Area of Construction Use Land Allocated continued 3

单位：公顷 (hectare)

地名	City	2010	2015	2016	2016 排名 Ranking	地名	City	2010	2015	2016	2016 排名 Ranking
贺州	Hezhou	625.70	897.20	1062.05	83	丽江	Lijiang	32.07	79.79	1344.93	57
河池	Hechi	38.99	378.52	282.20	223	普洱	Puer	52.15	1402.33	622.33	138
来宾	Laibin	13.18	414.99	492.57	167	临沧	Lincang	45.54	1028.90	135.56	262
崇左	Chongzuo	79.64	287.51	245.24	229	**西藏**	**Tibet**	**781.77**	**237.06**	**289.87**	
海南	**Hainan**	**837.53**	**893.05**	**3957.42**		拉萨	Lasa	65.14	88.59	213.72	240
海口	Haikou	311.86	178.66	317.93	212	**陕西**	**Shaanxi**	**3487.35**	**6939.53**	**8841.93**	
三亚	Sanya	52.38	89.45	212.92	241	西安	Xi'an	1016.21	921.03	1187.78	68
三沙	Sansha					铜川	Tongchuan	205.72	114.96	294.83	218
重庆	**Chongqing**	**5746.01**	**4860.37**	**7936.34**		宝鸡	Baoji	35.47	402.64	1454.29	51
四川	**Sichuan**	**3358.72**	**38116.80**	**22086.92**		咸阳	Xianyang	254.72	1535.04	1588.30	38
成都	Chengdu	1697.00	1663.90	3761.64	5	渭南	Weinan	71.28	656.59	742.76	119
自贡	Zigong	51.97	455.02	1763.24	29	延安	Yan'an	168.42	429.94	199.91	246
攀枝花	Panzhihua	22.97	533.20	558.80	150	汉中	Hanzhong	30.47	231.30	1882.02	25
泸州	Luzhou	145.58	600.65	1013.02	93	榆林	Yulin	1102.03	2363.78	733.53	120
德阳	Deyang	66.42	403.49	332.32	210	安康	Ankang	572.89	147.59	603.93	141
绵阳	Mianyang	181.14	1366.37	712.43	124	商洛	Shangluo	30.13	136.65	154.58	257
广元	Guangyuan	167.13	12077.27	52.54	283	**甘肃**	**Gansu**	**3374.86**	**11297.65**	**10390.78**	
遂宁	Suining	275.33	209.90	956.60	101	兰州	Lanzhou	290.56	663.62	1165.78	73
内江	Neijiang	88.18	495.27	543.06	154	嘉峪关	Jiayuguan	568.39	419.03	361.26	201
乐山	Leshan	58.09	1041.18	139.72	261	金昌	Jinchang	311.12	446.60	382.26	192
南充	Nanchong	47.42	1482.76	94.53	272	白银	Baiyin	111.78	512.74	696.95	128
眉山	Meishan	11.79	1350.80	651.02	133	天水	Tianshui	36.60	958.86	957.05	100
宜宾	Yibin	89.32	1631.73	1175.68	70	武威	Wuwei	265.84	2186.63	689.17	130
广安	Guangan	52.00	682.04	971.29	98	张掖	Zhangye	31.76	499.52	379.13	194
达州	Dazhou	41.72	266.51	477.21	169	平凉	Pingliang	90.81	115.11	129.57	264
雅安	Yaan	42.16	7450.15	1024.36	92	酒泉	Jiuquan	711.96	2589.76	4647.18	1
巴中	Bazhong	17.55	512.04	611.13	140	庆阳	Qingyang	222.11	292.90	220.66	238
资阳	Ziyang	37.80	481.72	117.92	267	定西	Dingxi	470.32	323.52	85.17	275
贵州	**Guizhou**	**13139.45**	**10014.52**	**8463.38**		陇南	Longnan	8.76	940.35	5.57	285
贵阳	Guiyang	1107.04	1377.80	1038.63	90	**青海**	**Qinghai**	**1085.02**	**7430.48**	**5294.56**	
六盘水	Liupanshui	152.21	177.90	347.52	205	西宁	Xining	54.84	503.59	379.10	195
遵义	Zunyi	2155.54	1506.51	2190.31	18	海东	Haidong		365.37	158.20	254
安顺	Anshun	174.88	843.63	484.05	168	**宁夏**	**Ningxia**	**2931.69**	**7575.46**	**4499.62**	
毕节	Bijie	344.58	775.06	632.81	135	银川	Yinchuan	1311.95	2662.69	1545.02	41
铜仁	Tongren	649.53	1529.22	594.09	144	石嘴山	Shizuishan	606.86	392.38	602.17	142
云南	**Yunnan**	**3994.05**	**14829.48**	**17606.85**		吴忠	Wuzhong	344.37	2576.06	750.74	118
昆明	Kunming	122.57	2935.44	1354.75	56	固原	Guyuan	431.30	1535.32	449.62	182
曲靖	Qujing	604.85	1565.64	1163.94	74	中卫	Zhongwei	237.21	409.01	1152.07	75
玉溪	Yuxi	159.65	453.82	210.28	243	**新疆**	**Xinjiang**	**2937.41**	**25203.66**	**20355.12**	
保山	Baoshan	132.92	295.12	369.48	198	乌鲁木齐	Urumqi	770.95	3584.34	1422.67	53
昭通	Zhaotong	78.59	454.20	4195.02	4	克拉玛依	Karamay	122.21	218.06	285.63	220

7-3 建设用地出让土地面积
Land Area of Construction Use Land Granted

单位：公顷 (hectare)

地名	City	2010	2015	2016	2016 排名 Ranking	地名	City	2010	2015	2016	2016 排名 Ranking
全国	**Nation Total**	**293717.81**	**224885.95**	**211850.82**		沈阳	Shenyang	3146.99	1258.71	1097.57	43
北京	**Beijing**	**2152.53**	**790.69**	**712.15**		大连	Dalian	4848.46	1050.93	905.08	73
天津	**Tianjin**	**5282.59**	**2340.51**	**2508.87**		鞍山	Anshan	2316.93	801.06	600.70	114
河北	**Hebei**	**15710.71**	**12133.40**	**12401.18**		抚顺	Fushun	863.42	171.23	145.41	259
石家庄	Shijiazhuang	1220.19	1221.86	1056.03	52	本溪	Benxi	489.47	491.12	145.39	260
唐山	Tangshan	2438.77	1790.54	2007.28	9	丹东	Dandong	626.19	586.15	394.38	171
秦皇岛	Qinhuangdao	873.06	326.52	355.35	185	锦州	Jinzhou	1067.68	710.52	282.69	210
邯郸	Handan	1361.40	980.16	1156.38	38	营口	Yingkou	3199.47	346.92	543.43	132
邢台	Xingtai	970.32	1160.26	1284.58	29	阜新	Fuxin	485.63	251.76	151.93	255
保定	Baoding	1325.14	1533.82	1292.91	28	辽阳	Liaoyang	718.27	327.11	151.05	256
张家口	Zhangjiakou	1143.29	762.00	885.09	75	盘锦	Panjin	970.33	1364.89	495.85	145
承德	Chengde	683.62	624.48	600.76	113	铁岭	Tieling	1892.08	326.01	120.61	268
沧州	Cangzhou	3131.39	1704.94	1868.07	14	朝阳	Chaoyang	648.83	355.73	352.72	187
廊坊	Langfang	1723.92	1297.74	953.47	66	葫芦岛	Huludao	886.65	211.95	337.52	192
衡水	Hengshui	839.62	731.09	941.24	69	**吉林**	**Jilin**	**6750.32**	**3179.42**	**3535.44**	
山西	**Shanxi**	**4768.03**	**3070.26**	**3491.22**		长春	Changchun	2454.87	960.85	1074.29	48
太原	Taiyuan	554.89	527.86	568.08	124	吉林	Jilin	908.42	461.54	456.33	151
大同	Datong	371.39	151.20	403.98	169	四平	Siping	645.48	407.91	419.41	164
阳泉	Yangquan	255.78	59.38	99.53	271	辽源	Liaoyuan	258.79	100.20	113.23	270
长治	Changzhi	321.41	201.10	153.30	253	通化	Tonghua	333.28	242.52	200.76	237
晋城	Jincheng	360.64	160.87	193.37	238	白山	Baishan	1177.93	137.11	308.70	201
朔州	Shuozhou	552.54	131.41	156.92	252	松原	Songyuan	183.00	235.19	232.87	228
晋中	Jinzhong	495.76	363.69	622.43	109	白城	Baicheng	456.59	221.79	371.16	179
运城	Yuncheng	657.34	517.49	365.82	181	**黑龙江**	**Heilongjiang**	**7350.06**	**4652.46**	**3313.29**	
忻州	Xinzhou	244.62	441.95	540.22	134	哈尔滨	Harbin	2095.19	885.39	773.66	83
临汾	Linfen	520.65	319.68	186.20	239	齐齐哈尔	Qiqihar	637.96	500.39	476.04	148
吕梁	Lvliang	433.00	195.64	201.43	235	鸡西	Jixi	184.62	160.95	67.68	279
内蒙古	**Inner Mongolia**	**15160.56**	**8024.76**	**6813.09**		鹤岗	Hegang	129.70	70.51	77.05	277
呼和浩特	Hohhot	782.22	861.09	707.84	92	双鸭山	Shuangyashan	277.92	182.96	39.99	283
包头	Baotou	822.91	221.88	639.89	106	大庆	Daqing	716.44	174.36	245.56	223
乌海	Wuhai	523.61	74.00	285.56	207	伊春	Yichun	139.62	46.77	30.48	284
赤峰	Chifeng	894.09	811.79	636.71	107	佳木斯	Jiamusi	466.09	574.75	206.43	233
通辽	Tongliao	2073.10	780.85	563.95	129	七台河	Qitaihe	70.81	237.15	114.48	269
鄂尔多斯	Erdos	4545.81	1549.76	914.53	72	牡丹江	Mudanjiang	824.42	288.36	329.63	194
呼伦贝尔	Hulunbuir	1203.78	873.79	1056.86	51	黑河	Heihe	352.22	212.33	72.10	278
巴彦淖尔	Bayannur	1254.72	477.09	298.30	203	绥化	Suihua	1027.48	815.62	421.64	162
乌兰察布	Ulanqab	633.19	895.89	517.89	141	**上海**	**Shanghai**	**1933.94**	**1105.79**	**800.69**	
辽宁	**Liaoning**	**22160.40**	**8254.10**	**5724.33**		**江苏**	**Jiangsu**	**29262.40**	**24085.29**	**21109.52**	

7-3 建设用地出让土地面积 续表 1

Land Area of Construction Use Land Granted continued 1

单位：公顷 (hectare)

地名	City	2010	2015	2016	2016 排名 Ranking	地名	City	2010	2015	2016	2016 排名 Ranking
南京	Nanjing	1401.52	1565.64	1493.91	22	池州	Chizhou	640.34	657.91	297.60	204
无锡	Wuxi	2628.46	1008.37	893.71	74	宣城	Xuancheng	1000.94	584.62	564.82	127
徐州	Xuzhou	2321.45	2029.82	2119.51	6	**福建**	**Fujian**	**8278.63**	**5112.61**	**4793.25**	
常州	Changzhou	2382.12	2236.12	1995.37	10	福州	Fuzhou	1351.45	1059.43	1016.10	58
苏州	Suzhou	4153.05	2393.97	2199.07	5	厦门	Xiamen	995.42	376.40	237.94	226
南通	Nantong	3203.83	3581.22	2085.60	7	莆田	Putian	408.07	501.62	440.66	156
连云港	Lianyungang	1886.02	1646.11	1257.18	30	三明	Sanming	736.29	301.24	256.91	219
淮安	Huaian	1809.58	1217.06	1493.87	23	泉州	Quanzhou	1148.86	824.32	943.21	68
盐城	Yancheng	4049.97	3100.53	2045.79	8	漳州	Zhangzhou	1612.14	818.75	951.87	67
扬州	Yangzhou	1904.41	1532.02	1092.57	44	南平	Nanping	504.11	339.46	361.56	182
镇江	Zhenjiang	539.97	986.19	956.72	65	龙岩	Longyan	973.27	369.92	240.39	225
泰州	Taizhou	1467.59	1715.30	1408.97	25	宁德	Ningde	549.02	521.46	344.61	191
宿迁	Suqian	1514.43	1072.95	1067.06	50	**江西**	**Jiangxi**	**9049.66**	**9878.36**	**7453.86**	
浙江	**Zhejiang**	**17607.47**	**8384.74**	**9539.58**		南昌	Nanchang	1632.78	1359.31	923.76	71
杭州	Hangzhou	3011.05	1054.65	1077.77	47	景德镇	Jingdezhen	440.86	492.66	160.93	249
宁波	Ningbo	2300.97	1283.09	1777.19	15	萍乡	Pingxiang	199.67	486.91	256.16	220
温州	Wenzhou	615.64	668.95	567.04	125	九江	Jiujiang	1102.69	1787.86	1156.42	37
嘉兴	Jiaxing	2618.47	1233.93	1773.16	16	新余	Xinyu	228.57	171.09	182.46	240
湖州	Huzhou	1322.65	767.50	1002.73	60	鹰潭	Yingtan	313.06	312.19	156.95	251
绍兴	Shaoxing	1727.01	959.53	956.82	64	赣州	Ganzhou	1083.30	759.44	1112.42	41
金华	Jinhua	1512.22	799.19	739.80	89	吉安	Jian	743.64	703.98	667.82	101
衢州	Quzhou	1125.04	318.67	387.83	173	宜春	Yichun	1577.53	1796.03	1116.10	40
舟山	Zhoushan	1387.86	299.91	205.91	234	抚州	Fuzhou	998.77	821.14	725.96	90
台州	Taizhou	1440.84	682.12	700.25	94	上饶	Shangrao	728.79	1187.75	964.88	63
丽水	Lishui	545.72	317.19	351.09	188	**山东**	**Shandong**	**37945.58**	**21057.05**	**20896.52**	
安徽	**Anhui**	**12588.06**	**12603.65**	**12961.57**		济南	Jinan	1769.09	1357.28	1453.21	24
合肥	Hefei	1286.15	1381.88	1594.20	17	青岛	Qingdao	3805.04	2420.63	2226.65	4
芜湖	Wuhu	1718.39	1020.05	764.01	88	淄博	Zibo	2073.97	754.66	584.96	119
蚌埠	Bengbu	535.56	754.27	845.14	79	枣庄	Zaozhuang	771.02	414.47	393.12	172
淮南	Huainan	262.05	534.59	311.33	200	东营	Dongying	1790.16	1051.49	564.17	128
马鞍山	Maanshan	496.12	350.71	394.66	170	烟台	Yantai	4504.73	1589.55	1322.98	26
淮北	Huaibei	771.76	220.34	328.43	195	潍坊	Weifang	7086.99	3125.31	3279.00	1
铜陵	Tongling	641.37	240.34	130.96	266	济宁	Jining	2238.46	1691.39	1080.32	46
安庆	Anqing	814.89	553.05	558.27	131	泰安	Taian	1369.84	659.26	558.45	130
黄山	Huangshan	402.95	222.01	261.54	217	威海	Weihai	2658.09	1317.32	1510.36	20
滁州	Chuzhou	1092.61	1336.84	1206.66	32	日照	Rizhao	778.35	1115.52	404.92	168
阜阳	Fuyang	600.25	1213.68	1570.94	18	莱芜	Laiwu	519.54	328.89	176.85	244
宿州	Suzhou	676.48	733.97	867.64	77	临沂	Linyi	2652.91	1530.30	1910.94	12
六安	Liuan	620.71	1438.04	1073.12	49	德州	Dezhou	1266.87	935.57	1044.88	54
亳州	Bozhou	346.87	818.17	1119.05	39	聊城	Liaocheng	1389.42	833.45	1108.99	42

7-3 建设用地出让土地面积 续表 2

Land Area of Construction Use Land Granted continued 2

单位：公顷 (hectare)

地名	City	2010	2015	2016	2016 排名 Ranking	地名	City	2010	2015	2016	2016 排名 Ranking
滨州	Binzhou	1686.75	678.29	2238.11	3	常德	Changde	727.91	660.16	764.82	87
菏泽	Heze	1584.35	1253.66	1038.62	56	张家界	Zhangjiajie	279.35	79.60	200.85	236
河南	**Henan**	**11992.83**	**11957.73**	**11049.18**		益阳	Yiyang	480.99	468.83	449.63	153
郑州	Zhengzhou	1441.26	2789.26	2464.13	2	郴州	Chenzhou	691.93	556.31	386.12	175
开封	Kaifeng	718.79	480.19	587.38	118	永州	Yongzhou	487.37	737.77	517.65	142
洛阳	Luoyang	1357.69	860.17	700.25	94	怀化	Huaihua	628.04	486.34	566.38	126
平顶山	Pingdingshan	791.50	535.30	529.54	137	娄底	Loudi	272.63	267.93	91.48	275
安阳	Anyang	674.44	637.81	766.37	86	**广东**	**Guangdong**	**12937.06**	**11010.96**	**9373.41**	
鹤壁	Hebi	458.71	471.29	355.28	186	广州	Guangzhou	1773.39	686.73	632.68	108
新乡	Xinxiang	843.54	908.02	857.84	78	韶关	Shaoguan	476.60	506.40	449.67	152
焦作	Jiaozuo	716.74	426.17	380.01	177	深圳	Shenzhen	288.72	436.81	587.59	117
濮阳	Puyang	262.80	335.91	508.95	143	珠海	Zhuhai	742.63	374.23	524.65	140
许昌	Xuchang	790.80	683.40	573.28	122	汕头	Shantou	148.30	198.48	314.56	199
漯河	Luohe	290.17	322.22	282.80	209	佛山	Foshan	1250.34	937.08	787.41	81
三门峡	Sanmenxia	555.85	244.58	168.43	246	江门	Jiangmen	1093.38	520.57	432.13	159
南阳	Nanyang	830.85	713.05	684.65	99	湛江	Zhanjiang	559.29	1768.58	347.04	190
商丘	Shangqiu	630.15	734.74	588.64	116	茂名	Maoming	140.70	236.60	439.94	157
信阳	Xinyang	443.37	486.02	415.08	166	肇庆	Zhaoqing	641.38	606.79	542.13	133
周口	Zhoukou	390.74	435.21	434.29	158	惠州	Huizhou	1277.36	646.48	574.30	121
驻马店	Zhumadian	795.44	894.39	771.98	84	梅州	Meizhou	383.52	823.38	427.56	161
湖北	**Hubei**	**13176.29**	**12868.75**	**11293.08**		汕尾	Shanwei	23.33	260.16	480.42	147
武汉	Wuhan	3014.74	2128.69	1945.42	11	河源	Heyuan	294.55	281.08	500.08	144
黄石	Huangshi	532.55	748.38	536.00	135	阳江	Yangjiang	866.65	337.61	421.64	162
十堰	Shiyan	507.02	583.22	387.44	174	清远	Qingyuan	1014.06	707.89	589.76	115
宜昌	Yichang	1925.92	1798.29	1497.96	21	东莞	Dongguan	699.52	922.32	700.41	93
襄阳	Xiangyang	952.25	945.45	641.92	105	中山	Zhongshan	877.58	130.09	97.91	272
鄂州	Ezhou	696.35	578.11	148.47	258	潮州	Chaozhou	30.87	151.15	138.89	265
荆门	Jingmen	830.16	794.90	1318.69	27	揭阳	Jieyang	148.91	286.16	180.11	242
孝感	Xiaogan	953.56	952.05	828.55	80	云浮	Yunfu	205.99	192.38	207.53	232
荆州	Jingzhou	957.23	1309.56	1186.98	34	**广西**	**Guangxi**	**6325.14**	**5845.65**	**5652.01**	
黄冈	Huanggang	880.64	860.47	930.49	70	南宁	Nanning	965.78	1121.83	774.25	82
咸宁	Xianning	780.46	785.36	600.86	112	柳州	Liuzhou	583.39	692.69	770.71	85
随州	Suizhou	314.88	273.75	221.25	230	桂林	Guilin	685.84	524.02	321.33	197
湖南	**Hunan**	**8354.97**	**8350.28**	**8114.20**		梧州	Wuzhou	542.68	121.09	269.79	213
长沙	Changsha	2049.51	1415.20	1563.26	19	北海	Beihai	292.34	170.16	95.89	274
株洲	Zhuzhou	359.69	551.62	712.42	91	防城港	Fangchenggang	436.48	387.13	525.63	139
湘潭	Xiangtan	465.19	320.69	366.37	180	钦州	Qinzhou	942.51	377.02	483.76	146
衡阳	Hengyang	707.86	1261.85	1239.94	31	贵港	Guigang	139.70	368.73	246.92	222
邵阳	Shaoyang	441.89	395.47	373.14	178	玉林	Yulin	587.53	518.54	697.45	96
岳阳	Yueyang	633.47	924.97	642.88	104	百色	Baise	322.80	507.74	419.33	165

7-3 建设用地出让土地面积 续表 3
Land Area of Construction Use Land Granted continued 3

单位：公顷 (hectare)

地名	City	2010	2015	2016	2016 排名 Ranking	地名	City	2010	2015	2016	2016 排名 Ranking
贺州	Hezhou	260.60	429.69	355.59	184	丽江	Lijiang	162.44	86.81	142.54	263
河池	Hechi	245.31	134.72	258.18	218	普洱	Puer	166.66	119.54	129.96	267
来宾	Laibin	99.96	283.39	149.08	257	临沧	Lincang	152.10	88.31	53.64	280
崇左	Chongzuo	220.22	208.89	284.09	208	**西藏**	**Tibet**	**338.81**	**276.74**	**587.17**	
海南	**Hainan**	**1809.29**	**991.48**	**1402.44**		拉萨	Lasa	254.63	210.74	444.54	154
海口	Haikou	127.67	261.75	320.88	198	**陕西**	**Shaanxi**	**4057.15**	**5342.68**	**5976.60**	
三亚	Sanya	116.97	108.02	140.15	264	西安	Xi'an	787.19	980.94	1206.61	33
三沙	Sansha					铜川	Tongchuan	157.83	105.24	52.40	281
重庆	**Chongqing**	**5495.06**	**7321.82**	**5981.31**		宝鸡	Baoji	381.77	503.75	655.71	102
四川	**Sichuan**	**11272.01**	**9738.66**	**8941.33**		咸阳	Xianyang	648.99	845.43	1176.64	36
成都	Chengdu	3417.17	2505.96	1893.27	13	渭南	Weinan	399.33	705.71	650.25	103
自贡	Zigong	286.75	102.52	224.44	229	延安	Yan'an	123.91	259.18	333.68	193
攀枝花	Panzhihua	277.71	89.43	45.97	282	汉中	Hanzhong	211.84	475.15	356.07	183
泸州	Luzhou	1086.65	710.98	572.50	123	榆林	Yulin	1113.36	1160.03	995.81	61
德阳	Deyang	929.40	548.51	607.10	111	安康	Ankang	76.64	201.21	261.72	216
绵阳	Mianyang	772.60	598.94	1027.13	57	商洛	Shangluo	156.29	106.06	287.71	206
广元	Guangyuan	274.16	316.64	177.43	243	**甘肃**	**Gansu**	**2761.05**	**4875.29**	**4113.97**	
遂宁	Suining	317.51	372.82	383.01	176	兰州	Lanzhou	503.16	1154.22	535.90	136
内江	Neijiang	300.69	249.06	152.55	254	嘉峪关	Jiayuguan	143.12	35.76	96.00	273
乐山	Leshan	712.13	619.85	465.37	150	金昌	Jinchang	109.67	139.88	144.88	262
南充	Nanchong	515.30	469.25	469.46	149	白银	Baiyin	251.33	415.75	427.64	160
眉山	Meishan	449.15	915.38	682.59	100	天水	Tianshui	186.01	135.68	220.55	231
宜宾	Yibin	510.26	410.10	347.45	189	武威	Wuwei	194.89	792.33	696.37	97
广安	Guangan	354.54	424.84	526.38	138	张掖	Zhangye	256.53	739.52	607.96	110
达州	Dazhou	326.95	271.15	263.77	215	平凉	Pingliang	96.94	226.23	145.32	261
雅安	Yaan	334.68	256.64	158.40	250	酒泉	Jiuquan	521.32	538.50	577.32	120
巴中	Bazhong	73.93	350.32	307.53	202	庆阳	Qingyang	118.23	58.53	86.35	276
资阳	Ziyang	185.37	360.44	323.80	196	定西	Dingxi	239.57	234.57	295.42	205
贵州	**Guizhou**	**3353.30**	**6030.98**	**5878.72**		陇南	Longnan	33.39	46.13	10.40	285
贵阳	Guiyang	1300.90	972.11	1008.38	59	**青海**	**Qinghai**	**931.69**	**1130.93**	**1922.53**	
六盘水	Liupanshui	343.23	555.36	267.17	214	西宁	Xining	365.22	399.07	167.46	247
遵义	Zunyi	451.64	1138.58	1040.54	55	海东	Haidong		152.57	182.32	241
安顺	Anshun	163.36	372.77	276.89	211	**宁夏**	**Ningxia**	**3392.49**	**3143.92**	**3033.54**	
毕节	Bijie	289.35	663.89	982.10	62	银川	Yinchuan	1370.24	1318.82	1053.10	53
铜仁	Tongren	127.33	813.51	879.79	76	石嘴山	Shizuishan	854.64	227.31	242.92	224
云南	**Yunnan**	**5984.99**	**3223.25**	**4257.71**		吴忠	Wuzhong	544.90	648.22	411.64	167
昆明	Kunming	1223.45	753.64	1178.20	35	固原	Guyuan	282.28	179.52	233.67	227
曲靖	Qujing	689.02	202.47	169.97	245	中卫	Zhongwei	340.43	770.05	1092.23	45
玉溪	Yuxi	503.11	311.40	442.76	155	**新疆**	**Xinjiang**	**5535.74**	**8103.74**	**8219.06**	
保山	Baoshan	481.25	155.81	252.83	221	乌鲁木齐	Urumqi	1073.65	945.48	692.33	98
昭通	Zhaotong	204.41	47.05	163.31	248	克拉玛依	Karamay	142.81	229.70	273.92	212

7-4 建设用地新增土地供应面积

Newly Increased Area of Construction Use Land Supplied

单位：公顷 (hectare)

地名	City	2010	2015	2016	2016 排名 Ranking
全国	**Nation Total**	**171369.00**	**252438.22**	**283258.69**	
北京	**Beijing**	**1130.00**	**879.07**	**792.88**	
天津	**Tianjin**	**2382.00**	**3061.81**	**2924.41**	
河北	**Hebei**	**5547.00**	**10854.94**	**11260.79**	
石家庄	Shijiazhuang	724.00	1061.58	1100.32	77
唐山	Tangshan	669.00	1418.86	1584.00	41
秦皇岛	Qinhuangdao	427.00	266.18	321.53	211
邯郸	Handan	697.00	827.58	1051.96	86
邢台	Xingtai	277.00	1524.05	1131.42	72
保定	Baoding	513.00	1242.05	1189.60	64
张家口	Zhangjiakou	457.00	591.64	697.28	128
承德	Chengde	376.00	867.80	1023.97	89
沧州	Cangzhou	513.00	1336.77	1573.18	42
廊坊	Langfang	671.00	1008.97	722.05	125
衡水	Hengshui	224.00	709.46	865.49	103
山西	**Shanxi**	**2747.00**	**3599.37**	**4585.46**	
太原	Taiyuan	306.00	347.44	286.27	231
大同	Datong	242.00	181.33	306.85	216
阳泉	Yangquan	159.00	74.24	281.28	232
长治	Changzhi	184.00	190.04	304.36	217
晋城	Jincheng	213.00	173.09	149.60	265
朔州	Shuozhou	286.00	127.74	1220.44	59
晋中	Jinzhong	210.00	252.74	471.41	178
运城	Yuncheng	373.00	460.51	309.24	214
忻州	Xinzhou	173.00	1161.04	475.37	177
临汾	Linfen	264.00	455.48	621.63	138
吕梁	Lvliang	339.00	175.71	159.01	260
内蒙古	**Inner Mongolia**	**7674.00**	**9137.37**	**9578.38**	
呼和浩特	Hohhot	416.00	797.40	728.21	123
包头	Baotou	734.00	210.14	612.20	142
乌海	Wuhai	327.00	53.39	237.25	241
赤峰	Chifeng	442.00	1258.73	719.67	126
通辽	Tongliao	438.00	522.03	1223.67	58
鄂尔多斯	Erdos	2974.00	1650.54	1053.41	85
呼伦贝尔	Hulunbuir	515.00	929.55	938.49	96
巴彦淖尔	Bayannur	484.00	470.72	1100.82	76
乌兰察布	Ulanqab	357.00	1466.25	608.90	144
辽宁	**Liaoning**	**9525.00**	**6554.78**	**4895.06**	
沈阳	Shenyang	1889.00	1290.09	793.62	111
大连	Dalian	1402.00	1023.76	522.31	164
鞍山	Anshan	1154.00	673.05	524.56	162
抚顺	Fushun	403.00	117.80	122.16	274
本溪	Benxi	241.00	832.82	326.53	210
丹东	Dandong	428.00	156.58	117.36	276
锦州	Jinzhou	294.00	503.21	218.79	243
营口	Yingkou	661.00	233.39	327.15	209
阜新	Fuxin	294.00	259.00	83.14	280
辽阳	Liaoyang	428.00	312.51	187.72	251
盘锦	Panjin	366.00	343.81	370.08	200
铁岭	Tieling	1234.00	310.67	103.12	278
朝阳	Chaoyang	476.00	398.09	659.34	133
葫芦岛	Huludao	256.00	99.99	542.17	158
吉林	**Jilin**	**2877.00**	**4624.24**	**3978.15**	
长春	Changchun	1411.00	868.53	1039.95	88
吉林	Jilin	346.00	398.60	886.74	101
四平	Siping	144.00	776.88	444.72	182
辽源	Liaoyuan	116.00	62.43	265.67	236
通化	Tonghua	53.00	719.15	181.25	252
白山	Baishan	478.00	330.18	273.99	235
松原	Songyuan	50.00	430.20	398.27	192
白城	Baicheng	173.00	391.62	279.72	233
黑龙江	**Heilongjiang**	**3248.00**	**4713.33**	**4653.16**	
哈尔滨	Harbin	1073.00	729.43	659.77	132
齐齐哈尔	Qiqihar	160.00	330.83	1603.68	38
鸡西	Jixi	42.00	105.44	303.04	219
鹤岗	Hegang	89.00	119.26	62.88	283
双鸭山	Shuangyashan	117.00	201.50	128.28	270
大庆	Daqing	190.00	392.69	298.20	223
伊春	Yichun	9.00	75.58	161.35	259
佳木斯	Jiamusi	112.00	306.01	172.65	255
七台河	Qitaihe	38.00	185.74	110.29	277
牡丹江	Mudanjiang	217.00	391.45	289.04	230
黑河	Heihe	219.00	246.91	86.53	279
绥化	Suihua	507.00	754.96	454.43	180
上海	**Shanghai**	**325.00**	**944.23**	**1037.93**	
江苏	**Jiangsu**	**24697.00**	**25476.37**	**25324.58**	

7-4 建设用地新增土地供应面积 续表 1

Newly Increased Area of Construction Use Land Supplied continued 1

单位：公顷 (hectare)

地名	City	2010	2015	2016	2016 排名 Ranking
南京	Nanjing	2292.00	2283.09	3735.37	3
无锡	Wuxi	4195.00	1330.09	1617.41	36
徐州	Xuzhou	1791.00	2024.64	1959.78	24
常州	Changzhou	2845.00	3031.00	1377.57	48
苏州	Suzhou	2313.00	1751.82	2171.42	14
南通	Nantong	2972.00	4544.82	3073.43	5
连云港	Lianyungang	452.00	815.34	1158.37	67
淮安	Huaian	1330.00	1245.42	1315.76	53
盐城	Yancheng	2002.00	2271.78	2456.27	11
扬州	Yangzhou	1646.00	1404.18	1317.58	52
镇江	Zhenjiang	339.00	1135.79	729.25	122
泰州	Taizhou	1312.00	1786.09	2408.72	12
宿迁	Suqian	1207.00	1852.32	2003.65	20
浙江	**Zhejiang**	**21372.00**	**13885.38**	**14381.48**	
杭州	Hangzhou	4986.00	1727.61	2810.82	8
宁波	Ningbo	4281.00	2137.19	1659.13	35
温州	Wenzhou	895.00	2357.39	1391.50	46
嘉兴	Jiaxing	2661.00	1041.71	2048.19	18
湖州	Huzhou	1189.00	725.16	1604.34	37
绍兴	Shaoxing	1461.00	1445.40	1344.39	49
金华	Jinhua	1568.00	1506.19	1058.23	84
衢州	Quzhou	1237.00	581.79	482.73	173
舟山	Zhoushan	482.00	376.68	478.11	175
台州	Taizhou	1529.00	1606.46	1139.41	71
丽水	Lishui	1084.00	379.78	364.63	202
安徽	**Anhui**	**6056.00**	**10000.90**	**11278.83**	
合肥	Hefei	719.00	1375.52	1753.97	31
芜湖	Wuhu	873.00	642.11	562.53	154
蚌埠	Bengbu	226.00	332.51	568.73	152
淮南	Huainan	119.00	400.49	212.57	244
马鞍山	Maanshan	197.00	245.67	248.02	238
淮北	Huaibei	401.00	79.88	345.52	205
铜陵	Tongling	323.00	98.88	126.24	272
安庆	Anqing	458.00	411.72	571.44	151
黄山	Huangshan	214.00	223.06	246.13	239
滁州	Chuzhou	370.00	1293.54	731.06	121
阜阳	Fuyang	393.00	631.00	1018.42	90
宿州	Suzhou	363.00	650.27	1183.05	65
六安	Liuan	305.00	1253.55	974.80	93
亳州	Bozhou	158.00	583.17	805.90	109
池州	Chizhou	368.00	525.43	346.88	204
宣城	Xuancheng	340.00	708.11	638.48	135
福建	**Fujian**	**5039.00**	**11717.88**	**13899.73**	
福州	Fuzhou	776.00	2900.87	2045.77	19
厦门	Xiamen	271.00	421.94	483.79	172
莆田	Putian	241.00	1084.00	755.01	118
三明	Sanming	518.00	770.98	1600.86	39
泉州	Quanzhou	762.00	2055.59	2674.86	10
漳州	Zhangzhou	840.00	1693.60	2129.12	16
南平	Nanping	627.00	712.75	1733.44	32
龙岩	Longyan	607.00	879.85	1154.88	69
宁德	Ningde	394.00	1198.30	1322.31	51
江西	**Jiangxi**	**6080.00**	**11004.86**	**9448.55**	
南昌	Nanchang	834.00	1041.81	913.94	100
景德镇	Jingdezhen	279.00	460.30	147.67	268
萍乡	Pingxiang	143.00	456.61	418.25	188
九江	Jiujiang	650.00	2441.99	1282.86	55
新余	Xinyu	148.00	115.67	416.04	189
鹰潭	Yingtan	206.00	310.96	130.82	269
赣州	Ganzhou	1013.00	690.34	2387.73	13
吉安	Jian	568.00	1206.94	1072.13	83
宜春	Yichun	1079.00	2269.49	1323.49	50
抚州	Fuzhou	654.00	731.18	722.28	124
上饶	Shangrao	507.00	1279.58	633.35	136
山东	**Shandong**	**17218.00**	**17620.98**	**17272.37**	
济南	Jinan	986.00	1160.40	1592.66	40
青岛	Qingdao	1926.00	2159.69	1828.65	30
淄博	Zibo	586.00	702.85	619.71	139
枣庄	Zaozhuang	367.00	334.26	331.14	207
东营	Dongying	1526.00	937.91	561.06	155
烟台	Yantai	1692.00	1190.45	1119.37	74
潍坊	Weifang	2306.00	1859.93	1874.01	27
济宁	Jining	1011.00	1132.60	1156.45	68
泰安	Taian	730.00	584.95	536.46	159
威海	Weihai	824.00	796.89	797.51	110
日照	Rizhao	602.00	1183.01	405.58	190
莱芜	Laiwu	368.00	353.67	173.76	254
临沂	Linyi	1334.00	1460.25	2141.80	15
德州	Dezhou	560.00	985.98	1091.43	78
聊城	Liaocheng	872.00	915.48	1078.32	82

7-4 建设用地新增土地供应面积 续表 2

Newly Increased Area of Construction Use Land Supplied continued 2

单位：公顷 (hectare)

地名	City	2010	2015	2016	2016 排名 Ranking	地名	City	2010	2015	2016	2016 排名 Ranking
滨州	Binzhou	882.00	689.25	854.43	104	常德	Changde	369.00	587.63	592.59	147
菏泽	Heze	645.00	1173.41	1110.02	75	张家界	Zhangjiajie	80.00	69.49	148.79	267
河南	**Henan**	**6236.00**	**10087.79**	**8275.38**		益阳	Yiyang	193.00	660.77	633.00	137
郑州	Zhengzhou	715.00	2706.01	1945.75	26	郴州	Chenzhou	331.00	780.42	484.44	171
开封	Kaifeng	376.00	392.72	517.17	167	永州	Yongzhou	128.00	1044.22	4366.04	1
洛阳	Luoyang	541.00	609.28	421.52	187	怀化	Huaihua	240.00	463.16	615.91	141
平顶山	Pingdingshan	764.00	324.94	337.55	206	娄底	Loudi	106.00	279.27	188.87	250
安阳	Anyang	348.00	655.42	528.41	161	**广东**	**Guangdong**	**4940.00**	**11902.47**	**29722.57**	
鹤壁	Hebi	275.00	242.80	289.64	229	广州	Guangzhou	1204.00	1403.27	3963.11	2
新乡	Xinxiang	305.00	561.75	575.78	150	韶关	Shaoguan	170.00	345.15	2949.95	7
焦作	Jiaozuo	391.00	261.94	192.83	248	深圳	Shenzhen	128.00	67.81	427.79	185
濮阳	Puyang	143.00	203.58	299.58	222	珠海	Zhuhai	61.00	313.46	783.51	112
许昌	Xuchang	448.00	557.79	435.54	183	汕头	Shantou	53.00	269.02	487.32	170
漯河	Luohe	136.00	182.75	161.36	258	佛山	Foshan	106.00	951.37	1265.61	56
三门峡	Sanmenxia	365.00	157.57	121.78	275	江门	Jiangmen	488.00	697.49	1394.90	45
南阳	Nanyang	339.00	541.64	710.04	127	湛江	Zhanjiang	236.00	1847.20	1514.57	44
商丘	Shangqiu	332.00	470.93	392.14	195	茂名	Maoming	43.00	301.14	2096.74	17
信阳	Xinyang	152.00	504.79	263.40	237	肇庆	Zhaoqing	221.00	687.79	3032.86	6
周口	Zhoukou	197.00	1077.13	397.55	194	惠州	Huizhou	162.00	350.92	1833.28	29
驻马店	Zhumadian	410.00	636.74	685.33	129	梅州	Meizhou	84.00	627.51	1660.09	34
湖北	**Hubei**	**8096.00**	**11853.80**	**9959.23**		汕尾	Shanwei		201.81	602.77	146
武汉	Wuhan	1788.00	2117.06	1849.38	28	河源	Heyuan	235.00	247.91	1947.95	25
黄石	Huangshi	205.00	476.48	478.76	174	阳江	Yangjiang	338.00	467.21	919.08	98
十堰	Shiyan	476.00	807.72	487.91	169	清远	Qingyuan	494.00	621.03	1715.17	33
宜昌	Yichang	1331.00	1719.43	916.13	99	东莞	Dongguan	392.00	1414.63	518.16	166
襄阳	Xiangyang	534.00	846.43	566.18	153	中山	Zhongshan	366.00	465.23	459.52	179
鄂州	Ezhou	348.00	667.43	238.30	240	潮州	Chaozhou	6.00	111.63	764.33	116
荆门	Jingmen	626.00	516.59	1153.46	70	揭阳	Jieyang	72.00	274.55	400.85	191
孝感	Xiaogan	475.00	822.42	616.82	140	云浮	Yunfu	83.00	236.33	984.99	92
荆州	Jingzhou	550.00	1120.93	1088.28	79	**广西**	**Guangxi**	**2155.00**	**5832.24**	**7364.93**	
黄冈	Huanggang	584.00	674.48	822.25	107	南宁	Nanning	465.00	1011.32	1084.58	81
咸宁	Xianning	465.00	698.76	746.36	120	柳州	Liuzhou	189.00	872.14	827.49	106
随州	Suizhou	187.00	252.81	178.71	253	桂林	Guilin	176.00	290.30	192.65	249
湖南	**Hunan**	**3424.00**	**9323.22**	**12946.18**		梧州	Wuzhou	235.00	118.78	358.41	203
长沙	Changsha	679.00	1703.46	1987.35	22	北海	Beihai	46.00	111.25	63.21	282
株洲	Zhuzhou	223.00	504.60	581.99	149	防城港	Fangchenggang	168.00	252.59	1124.83	73
湘潭	Xiangtan	97.00	362.21	520.38	165	钦州	Qinzhou	141.00	973.09	590.91	148
衡阳	Hengyang	360.00	1273.02	1204.49	62	贵港	Guigang	31.00	275.48	297.09	224
邵阳	Shaoyang	323.00	421.51	424.12	186	玉林	Yulin	214.00	406.30	522.39	163
岳阳	Yueyang	243.00	939.92	781.01	113	百色	Baise	184.00	546.87	611.95	143

7-4 建设用地新增土地供应面积 续表 3

Newly Increased Area of Construction Use Land Supplied continued 3

单位：公顷 (hectare)

地名	City	2010	2015	2016	2016 排名 Ranking	地名	City	2010	2015	2016	2016 排名 Ranking
贺州	Hezhou	120.00	285.61	876.36	102	丽江	Lijiang	49.00	89.42	1388.51	47
河池	Hechi	65.00	97.03	302.89	220	普洱	Puer	77.00	262.33	125.38	273
来宾	Laibin	16.00	212.18	197.11	246	临沧	Lincang	49.00	757.04	128.21	271
崇左	Chongzuo	104.00	379.29	315.05	212	**西藏**	**Tibet**	**988.00**	**276.16**	**623.90**	
海南	**Hainan**	**675.00**	**829.02**	**1314.62**		拉萨	Lasa	213.00	168.84	391.23	196
海口	Haikou	27.00	172.19	219.22	242	**陕西**	**Shaanxi**	**2765.00**	**6142.80**	**8336.94**	
三亚	Sanya	44.00	125.61	171.87	256	西安	Xi'an	239.00	876.97	1205.74	60
三沙	Sansha					铜川	Tongchuan	101.00	145.21	303.14	218
重庆	**Chongqing**	**3222.00**	**5007.45**	**6518.32**		宝鸡	Baoji	159.00	608.20	939.84	95
四川	**Sichuan**	**5276.00**	**17928.88**	**12735.55**		咸阳	Xianyang	409.00	1353.38	1962.28	23
成都	Chengdu	1741.00	2815.52	3323.26	4	渭南	Weinan	202.00	722.48	657.25	134
自贡	Zigong	111.00	144.53	379.49	199	延安	Yan'an	68.00	244.51	302.05	221
攀枝花	Panzhihua	63.00	256.18	398.24	193	汉中	Hanzhong	110.00	466.32	1294.90	54
泸州	Luzhou	690.00	902.70	809.77	108	榆林	Yulin	844.00	1438.86	1051.55	87
德阳	Deyang	599.00	597.13	435.25	184	安康	Ankang	556.00	140.49	291.68	227
绵阳	Mianyang	345.00	542.50	827.97	105	商洛	Shangluo	76.00	146.36	328.52	208
广元	Guangyuan	16.00	2807.05	70.55	281	**甘肃**	**Gansu**	**2566.00**	**8225.22**	**9016.40**	
遂宁	Suining	57.00	378.53	494.81	168	兰州	Lanzhou	196.00	1207.00	1247.50	57
内江	Neijiang	123.00	294.15	196.14	247	嘉峪关	Jiayuguan	72.00	4.04	289.68	228
乐山	Leshan	192.00	626.58	366.91	201	金昌	Jinchang	307.00	244.33	149.06	266
南充	Nanchong	276.00	452.61	390.53	197	白银	Baiyin	171.00	286.65	555.25	156
眉山	Meishan	359.00	1844.62	1085.79	80	天水	Tianshui	118.00	597.20	755.95	117
宜宾	Yibin	262.00	679.93	445.84	181	武威	Wuwei	172.00	1432.06	1169.84	66
广安	Guangan	138.00	495.92	1193.03	63	张掖	Zhangye	209.00	702.50	671.80	130
达州	Dazhou	97.00	197.50	294.89	226	平凉	Pingliang	32.00	213.73	154.61	263
雅安	Yaan	51.00	602.35	153.39	264	酒泉	Jiuquan	997.00	2037.00	2703.90	9
巴中	Bazhong	0.00	621.56	771.95	115	庆阳	Qingyang	96.00	202.48	209.05	245
资阳	Ziyang	64.00	487.73	279.34	234	定西	Dingxi	113.00	354.06	312.79	213
贵州	**Guizhou**	**4231.00**	**6509.99**	**6033.87**		陇南	Longnan	12.00	326.13	14.34	284
贵阳	Guiyang	837.00	940.34	1004.91	91	**青海**	**Qinghai**	**925.00**	**1359.13**	**2765.68**	
六盘水	Liupanshui	257.00	643.18	671.29	131	西宁	Xining	217.00	378.15	166.98	257
遵义	Zunyi	2020.00	880.27	1205.29	61	海东	Haidong		137.03		
安顺	Anshun	80.00	306.11	157.82	262	**宁夏**	**Ningxia**	**2051.00**	**4886.13**	**5378.49**	
毕节	Bijie	82.00	751.06	780.00	114	银川	Yinchuan	801.00	2036.88	1536.24	43
铜仁	Tongren	39.00	762.47	603.05	145	石嘴山	Shizuishan	525.00	346.55	554.73	157
云南	**Yunnan**	**4479.00**	**6622.70**	**7780.20**		吴忠	Wuzhong	364.00	1253.66	754.52	119
昆明	Kunming	567.00	634.21	934.39	97	固原	Guyuan	141.00	367.69	533.60	160
曲靖	Qujing	287.00	1062.55	947.37	94	中卫	Zhongwei	219.00	881.34	1999.40	21
玉溪	Yuxi	361.00	406.09	295.24	225	**新疆**	**Xinjiang**	**3424.00**	**11575.75**	**19174.65**	
保山	Baoshan	258.00	201.28	384.57	198	乌鲁木齐	Urumqi	307.00	854.01	475.92	176
昭通	Zhaotong	190.00	125.06	158.23	261	克拉玛依	Karamay	36.00	159.47	308.25	215

7-5 建设用地新增划拨土地面积
Newly Increased Area of Construction Use Land Allocated

单位：公顷 (hectare)

地名	City	2010	2015	2016	2016 排名 Ranking
全国	**Nation Total**	**28626.94**	**101669.15**	**142520.41**	
北京	**Beijing**	**14.60**	**168.17**	**245.28**	
天津	**Tianjin**	**22.90**	**1726.22**	**1443.19**	
河北	**Hebei**	**159.55**	**2049.29**	**2390.21**	
石家庄	Shijiazhuang	44.25	80.21	272.27	107
唐山	Tangshan	15.00	508.10	744.30	54
秦皇岛	Qinhuangdao	5.09	11.75	21.30	263
邯郸	Handan	18.13	63.69	110.63	177
邢台	Xingtai		589.70	125.90	170
保定	Baoding	2.38	46.89	83.79	199
张家口	Zhangjiakou	13.75	26.41	26.29	257
承德	Chengde	0.16	378.13	523.68	73
沧州	Cangzhou	56.27	161.87	364.88	90
廊坊	Langfang	2.22	30.57	23.79	259
衡水	Hengshui	2.31	151.97	93.38	190
山西	**Shanxi**	**40.89**	**1270.29**	**2178.57**	
太原	Taiyuan	0.43	1.48	12.63	270
大同	Datong		84.40	30.43	253
阳泉	Yangquan		19.93	184.13	139
长治	Changzhi	7.62	12.75	195.34	134
晋城	Jincheng	13.44	46.47	38.87	238
朔州	Shuozhou		9.35	1085.05	32
晋中	Jinzhong	4.00	10.70	40.52	236
运城	Yuncheng	1.23	74.80	37.94	241
忻州	Xinzhou	4.46	768.47	38.61	239
临汾	Linfen	9.71	220.02	496.11	75
吕梁	Lvliang		21.92	21.93	262
内蒙古	**Inner Mongolia**	**687.29**	**3119.12**	**4185.31**	
呼和浩特	Hohhot		49.56	109.66	179
包头	Baotou	350.45	67.41	120.99	173
乌海	Wuhai	112.39	26.61	26.76	256
赤峰	Chifeng	0.32	644.01	179.19	141
通辽	Tongliao	10.25	18.41	803.22	50
鄂尔多斯	Erdos	0.30	408.85	300.22	100
呼伦贝尔	Hulunbuir	196.28	449.23	150.03	155
巴彦淖尔	Bayannur		49.73	847.23	44
乌兰察布	Ulanqab	4.27	655.81	162.70	150
辽宁	**Liaoning**	**114.14**	**2251.79**	**1734.11**	
沈阳	Shenyang	8.95	318.12	20.89	264
大连	Dalian	5.12	664.90	199.35	130
鞍山	Anshan		42.76	35.56	245
抚顺	Fushun	0.36	20.14	6.35	274
本溪	Benxi		407.58	274.18	106
丹东	Dandong	57.85	36.48	22.85	261
锦州	Jinzhou		203.15	90.07	194
营口	Yingkou		12.91	0.39	283
阜新	Fuxin	2.44	107.67	3.84	279
辽阳	Liaoyang	39.42	107.39	123.86	171
盘锦	Panjin		42.96	134.44	165
铁岭	Tieling		82.71	18.84	266
朝阳	Chaoyang		166.15	424.46	80
葫芦岛	Huludao		38.88	379.02	88
吉林	**Jilin**	**46.33**	**2344.42**	**1339.40**	
长春	Changchun		133.80	147.83	158
吉林	Jilin		59.02	557.52	68
四平	Siping		429.36	97.48	187
辽源	Liaoyuan	45.67	10.96	200.26	129
通化	Tonghua		521.79	45.22	229
白山	Baishan	0.66	261.87	19.88	265
松原	Songyuan		294.67	203.69	127
白城	Baicheng		238.21	16.49	267
黑龙江	**Heilongjiang**	**728.94**	**1803.52**	**2700.17**	
哈尔滨	Harbin	108.89	67.65	89.94	195
齐齐哈尔	Qiqihar	2.32	94.77	1419.22	19
鸡西	Jixi		2.38	255.09	118
鹤岗	Hegang	18.97	76.91	30.80	252
双鸭山	Shuangyashan		65.95	113.70	175
大庆	Daqing	0.10	288.89	137.07	162
伊春	Yichun		59.54	160.08	152
佳木斯	Jiamusi	0.72	40.69	91.62	191
七台河	Qitaihe	5.28	21.69	30.88	251
牡丹江	Mudanjiang		159.70	36.72	243
黑河	Heihe	154.06	105.14	36.99	242
绥化	Suihua	42.11	145.60	114.05	174
上海	**Shanghai**		**334.86**	**414.12**	
江苏	**Jiangsu**	**6977.14**	**13638.53**	**14856.10**	

7-5 建设用地新增划拨土地面积 续表 1

Newly Increased Area of Construction Use Land Allocated continued 1

单位：公顷 (hectare)

地名	City	2010	2015	2016	2016 排名 Ranking
南京	Nanjing	1260.15	1491.13	2707.36	3
无锡	Wuxi	2292.51	712.50	1059.04	33
徐州	Xuzhou	430.19	1045.15	1037.73	34
常州	Changzhou	1134.43	1573.15	671.06	57
苏州	Suzhou	296.32	646.91	1121.99	31
南通	Nantong	566.98	2565.58	1655.22	12
连云港	Lianyungang	49.41	468.01	788.92	52
淮安	Huaian	144.40	640.79	439.96	78
盐城	Yancheng	217.82	1013.13	1472.56	17
扬州	Yangzhou	230.92	825.11	805.63	49
镇江	Zhenjiang	2.10	607.82	196.68	133
泰州	Taizhou	101.30	636.07	1480.53	15
宿迁	Suqian	250.62	1413.19	1419.41	18
浙江	**Zhejiang**	**8418.03**	**9671.68**	**9886.45**	
杭州	Hangzhou	2131.72	1028.40	2163.53	7
宁波	Ningbo	2803.30	1603.18	986.37	36
温州	Wenzhou	439.52	2047.70	1187.41	28
嘉兴	Jiaxing	588.79	330.14	1275.26	24
湖州	Huzhou	87.68	343.96	939.73	39
绍兴	Shaoxing	288.21	928.75	798.02	51
金华	Jinhua	349.08	1133.88	754.42	53
衢州	Quzhou	342.84	435.14	267.32	111
舟山	Zhoushan	54.05	175.49	350.34	91
台州	Taizhou	712.68	1358.93	897.95	42
丽水	Lishui	620.16	286.12	266.09	113
安徽	**Anhui**	**28.99**	**2798.59**	**3770.02**	
合肥	Hefei		679.64	921.00	40
芜湖	Wuhu		30.10	103.92	184
蚌埠	Bengbu		29.93	32.64	248
淮南	Huainan		133.55	61.57	216
马鞍山	Maanshan		21.25	23.25	260
淮北	Huaibei			209.94	126
铜陵	Tongling	1.00		90.48	193
安庆	Anqing		119.82	258.81	115
黄山	Huangshan	1.97	65.73	52.26	223
滁州	Chuzhou		479.90	188.24	136
阜阳	Fuyang		41.38	77.58	205
宿州	Suzhou	11.82	173.10	588.08	66
六安	Liuan	0.90	291.00	432.30	79
亳州	Bozhou		78.82	154.87	153
池州	Chizhou		74.32	148.39	157
宣城	Xuancheng	7.94	358.49	263.37	114
福建	**Fujian**	**1074.07**	**8429.55**	**10725.23**	
福州	Fuzhou	105.29	2355.61	1488.69	14
厦门	Xiamen	123.86	185.84	341.14	94
莆田	Putian	27.66	796.02	491.55	77
三明	Sanming	67.13	611.71	1417.58	20
泉州	Quanzhou	212.50	1529.50	2082.95	8
漳州	Zhangzhou	51.40	1034.33	1370.29	23
南平	Nanping	362.19	443.87	1414.29	21
龙岩	Longyan	68.35	572.28	972.06	38
宁德	Ningde	55.68	900.39	1146.66	30
江西	**Jiangxi**	**443.27**	**4378.11**	**4470.32**	
南昌	Nanchang	11.78	56.81	267.19	112
景德镇	Jingdezhen	2.31	144.02	38.24	240
萍乡	Pingxiang		72.50	199.24	131
九江	Jiujiang		1139.04	404.58	82
新余	Xinyu		21.92	309.10	99
鹰潭	Yingtan		113.35	45.35	228
赣州	Ganzhou	358.25	244.16	1733.65	10
吉安	Jian	13.63	703.82	623.80	62
宜春	Yichun	0.47	1081.01	529.90	71
抚州	Fuzhou	35.07	264.72	176.18	143
上饶	Shangrao	21.77	536.75	143.16	161
山东	**Shandong**	**1016.44**	**2615.34**	**4075.67**	
济南	Jinan	56.49	124.56	492.40	76
青岛	Qingdao	343.54	526.20	274.30	105
淄博	Zibo		164.78	184.31	138
枣庄	Zaozhuang		18.98	94.16	189
东营	Dongying	279.66	88.59	89.20	196
烟台	Yantai	206.54	183.59	74.34	209
潍坊	Weifang	1.64	255.40	592.44	65
济宁	Jining	16.49	67.33	240.33	122
泰安	Taian	0.21	26.59	110.46	178
威海	Weihai		124.42	287.35	104
日照	Rizhao		160.42	108.01	182
莱芜	Laiwu		69.37	60.19	218
临沂	Linyi	5.55	236.55	615.32	63
德州	Dezhou		205.47	299.88	101
聊城	Liaocheng		198.89	113.48	176

7-5 建设用地新增划拨土地面积 续表 2
Newly Increased Area of Construction Use Land Allocated continued 2

单位：公顷 (hectare)

地名	City	2010	2015	2016	2016 排名 Ranking	地名	City	2010	2015	2016	2016 排名 Ranking
滨州	Binzhou	31.43	101.06	258.38	116	常德	Changde	10.19	193.23	64.94	213
菏泽	Heze	74.87	63.16	181.14	140	张家界	Zhangjiajie	2.89	0.22	12.55	271
河南	**Henan**	**484.01**	**1877.01**	**956.48**		益阳	Yiyang	6.55	305.01	222.43	123
郑州	Zhengzhou	80.81	377.11	40.75	234	郴州	Chenzhou	13.22	392.89	153.31	154
开封	Kaifeng			51.91	224	永州	Yongzhou	13.69	476.21	4018.92	1
洛阳	Luoyang	0.42	34.13	6.16	275	怀化	Huaihua	5.12	116.23	169.75	145
平顶山	Pingdingshan	357.02		13.97	269	娄底	Loudi		77.08	109.20	181
安阳	Anyang	1.70	189.93	80.48	203	**广东**	**Guangdong**	**93.25**	**4314.06**	**23426.82**	
鹤壁	Hebi		5.61	6.93	273	广州	Guangzhou	1.05	959.53	3481.87	2
新乡	Xinxiang		66.03	83.86	198	韶关	Shaoguan		79.62	2586.02	4
焦作	Jiaozuo		44.94	24.38	258	深圳	Shenzhen	6.45	4.78	219.24	124
濮阳	Puyang	2.49	15.99	31.38	250	珠海	Zhuhai		145.05	535.00	70
许昌	Xuchang	6.19	1.57	27.32	255	汕头	Shantou		169.66	331.48	95
漯河	Luohe		11.92	2.22	281	佛山	Foshan	41.00	441.53	973.04	37
三门峡	Sanmenxia	28.38		3.52	280	江门	Jiangmen	6.50	391.42	1162.63	29
南阳	Nanyang	3.47		255.61	117	湛江	Zhanjiang		295.33	1260.09	26
商丘	Shangqiu		156.67	33.24	247	茂名	Maoming		148.73	1793.24	9
信阳	Xinyang	3.32	166.45	52.86	222	肇庆	Zhaoqing		210.66	2559.21	5
周口	Zhoukou	0.20	746.48	80.58	202	惠州	Huizhou		51.16	1480.41	16
驻马店	Zhumadian		60.18	161.30	151	梅州	Meizhou	0.22	20.40	1388.21	22
湖北	**Hubei**	**287.17**	**2613.06**	**2437.56**		汕尾	Shanwei		9.61	169.92	144
武汉	Wuhan	170.67	461.29	197.15	132	河源	Heyuan	35.75	23.96	1522.18	13
黄石	Huangshi		122.16	323.10	96	阳江	Yangjiang		169.98	546.28	69
十堰	Shiyan	97.37	303.97	166.21	148	清远	Qingyuan	0.04	83.09	1246.57	27
宜昌	Yichang	0.23	646.77	59.76	219	东莞	Dongguan		682.94	87.62	197
襄阳	Xiangyang		85.17	134.05	166	中山	Zhongshan		344.01	383.02	85
鄂州	Ezhou		104.98	128.40	169	潮州	Chaozhou	2.24	12.47	629.37	61
荆门	Jingmen	7.68	45.96	290.26	103	揭阳	Jieyang		13.54	244.17	120
孝感	Xiaogan		134.64	77.49	207	云浮	Yunfu		56.59	827.24	48
荆州	Jingzhou	10.28	262.81	319.23	98	**广西**	**Guangxi**	**138.89**	**1739.01**	**2980.33**	
黄冈	Huanggang		56.76	202.50	128	南宁	Nanning	112.09	198.65	497.73	74
咸宁	Xianning		28.54	293.94	102	柳州	Liuzhou		421.38	320.21	97
随州	Suizhou		18.83	42.60	231	桂林	Guilin	0.62	0.20	4.29	277
湖南	**Hunan**	**76.01**	**2957.26**	**6623.95**		梧州	Wuzhou	6.73	11.19	148.83	156
长沙	Changsha	3.88	743.42	831.42	45	北海	Beihai				
株洲	Zhuzhou		51.61	39.85	237	防城港	Fangchenggang	0.31		639.93	59
湘潭	Xiangtan		77.98	217.27	125	钦州	Qinzhou		737.43	134.89	164
衡阳	Hengyang	0.44	155.32	187.23	137	贵港	Guigang	2.00		77.56	206
邵阳	Shaoyang	19.56	114.54	102.87	185	玉林	Yulin	1.60		82.41	200
岳阳	Yueyang	0.46	161.74	272.22	108	百色	Baise	4.01	137.97	240.53	121

7-5 建设用地新增划拨土地面积　续表 3

Newly Increased Area of Construction Use Land Allocated continued 3

单位：公顷 (hectare)

地名	City	2010	2015	2016	2016 排名 Ranking
贺州	Hezhou	10.12	0.63	603.73	64
河池	Hechi	1.32	10.61	57.52	221
来宾	Laibin		21.75	102.42	186
崇左	Chongzuo	0.10	202.21	70.27	210
海南	**Hainan**	**29.90**	**172.27**	**477.09**	
海口	Haikou				
三亚	Sanya		37.52	46.64	227
三沙	Sansha				
重庆	**Chongqing**	**54.66**	**828.69**	**3495.67**	
四川	**Sichuan**	**75.45**	**10246.78**	**6041.48**	
成都	Chengdu	12.30	559.39	1715.82	11
自贡	Zigong		50.21	168.90	146
攀枝花	Panzhihua		205.30	370.59	89
泸州	Luzhou	5.07	378.03	386.72	84
德阳	Deyang		192.04	136.22	163
绵阳	Mianyang		110.55	80.14	204
广元	Guangyuan	1.23	2660.52	28.90	254
遂宁	Suining		20.51	167.27	147
内江	Neijiang		147.06	91.31	192
乐山	Leshan		146.10	42.26	232
南充	Nanchong	1.25	95.09	5.54	276
眉山	Meishan	1.83	1148.64	643.21	58
宜宾	Yibin	15.62	324.58	191.85	135
广安	Guangan	1.20	110.07	716.92	55
达州	Dazhou	0.02	23.07	68.51	211
雅安	Yaan		420.25	61.32	217
巴中	Bazhong	0.18	391.38	562.31	67
资阳	Ziyang		211.00	36.62	244
贵州	**Guizhou**	**2331.09**	**2406.36**	**1383.09**	
贵阳	Guiyang	6.20	105.11	133.54	167
六盘水	Liupanshui	4.87	96.42	109.21	180
遵义	Zunyi	1775.71	153.83	382.78	86
安顺	Anshun		126.39	0.66	282
毕节	Bijie		387.48	41.44	233
铜仁	Tongren		335.82	63.31	214
云南	**Yunnan**	**1090.00**	**4398.00**	**4698.04**	
昆明	Kunming	4.39	60.30	95.94	188
曲靖	Qujing	146.34	939.41	830.80	46
玉溪	Yuxi		259.35	32.39	249
保山	Baoshan	0.03	82.18	147.33	159
昭通	Zhaotong	33.91	95.34	34.79	246
丽江	Lijiang	0.42	24.79	1262.77	25
普洱	Puer		184.53	42.78	230
临沧	Lincang		671.76	75.24	208
西藏	**Tibet**	**749.65**	**136.61**	**289.87**	
拉萨	Lasa	52.15	69.90	122.05	172
陕西	**Shaanxi**	**525.44**	**1639.52**	**3176.55**	
西安	Xi'an		80.35	164.64	149
铜川	Tongchuan		66.19	253.21	119
宝鸡	Baoji		122.79	344.01	93
咸阳	Xianyang		555.11	896.99	43
渭南	Weinan	4.37	57.97	105.41	183
延安	Yan'an	14.79	33.96	10.47	272
汉中	Hanzhong		55.20	1004.76	35
榆林	Yulin	6.89	596.63	269.58	110
安康	Ankang	499.39	8.92	62.36	215
商洛	Shangluo		62.40	65.13	212
甘肃	**Gansu**	**1153.76**	**4220.43**	**5844.26**	
兰州	Lanzhou		181.11	827.71	47
嘉峪关	Jiayuguan	43.49		270.61	109
金昌	Jinchang	217.95	130.15	58.15	220
白银	Baiyin	58.95	85.44	412.53	81
天水	Tianshui	2.00	501.82	631.59	60
武威	Wuwei	96.21	761.90	524.20	72
张掖	Zhangye	10.00	28.60	144.51	160
平凉	Pingliang		42.43	48.80	225
酒泉	Jiuquan	661.99	1537.76	2197.12	6
庆阳	Qingyang	5.00	158.36	132.65	168
定西	Dingxi	53.81	146.80	40.74	235
陇南	Longnan	0.28	287.95	3.97	278
青海	**Qinghai**	**376.02**	**444.64**	**1057.51**	
西宁	Xining		39.85	47.81	226
海东	Haidong		8.60	14.76	268
宁夏	**Ningxia**	**2.42**	**2126.85**	**2740.17**	
银川	Yinchuan		890.31	687.92	56
石嘴山	Shizuishan		139.74	381.95	87
吴忠	Wuzhong	2.42	684.89	401.55	83
固原	Guyuan		240.48	347.77	92
中卫	Zhongwei		171.43	920.99	41
新疆	**Xinjiang**	**1386.61**	**4949.09**	**12477.23**	
乌鲁木齐	Urumqi	284.26	260.75	177.39	142
克拉玛依	Karamay	23.54	6.80	82.20	201

7-6 建设用地新增出让土地面积
Newly Increased Area of Construction Use Land Granted

单位：公顷 (hectare)

地名	City	2010	2015	2016	2016 排名 Ranking	地名	City	2010	2015	2016	2016 排名 Ranking
全国	**Nation Total**	**142370.81**	**150266.45**	**140351.07**		沈阳	Shenyang	1880.13	971.97	772.73	44
北京	**Beijing**	**1115.74**	**710.89**	**547.60**		大连	Dalian	1396.66	358.86	322.96	146
天津	**Tianjin**	**2359.35**	**1335.58**	**1481.22**		鞍山	Anshan	1153.99	630.29	489.01	96
河北	**Hebei**	**5387.94**	**8805.65**	**8867.92**		抚顺	Fushun	402.32	97.66	115.82	246
石家庄	Shijiazhuang	679.39	981.37	828.05	38	本溪	Benxi	240.51	425.25	52.35	274
唐山	Tangshan	653.83	910.75	839.70	35	丹东	Dandong	369.86	120.11	94.51	258
秦皇岛	Qinhuangdao	421.85	254.43	300.23	155	锦州	Jinzhou	294.08	300.06	125.72	238
邯郸	Handan	679.09	763.89	941.33	22	营口	Yingkou	660.80	220.48	326.76	143
邢台	Xingtai	277.45	934.35	1005.53	19	阜新	Fuxin	291.35	151.33	79.30	267
保定	Baoding	510.38	1195.16	1105.81	10	辽阳	Liaoyang	388.99	205.12	63.86	271
张家口	Zhangjiakou	443.15	565.23	670.99	55	盘锦	Panjin	365.95	300.84	235.64	187
承德	Chengde	375.86	489.67	497.64	92	铁岭	Tieling	1234.41	227.96	84.28	262
沧州	Cangzhou	456.73	1174.90	1208.29	8	朝阳	Chaoyang	476.07	231.94	234.88	188
廊坊	Langfang	668.58	978.40	698.28	53	葫芦岛	Huludao	255.81	61.12	163.15	217
衡水	Hengshui	221.64	557.49	772.11	45	**吉林**	**Jilin**	**2830.43**	**2279.81**	**2637.78**	
山西	**Shanxi**	**2706.08**	**2327.95**	**2406.89**		长春	Changchun	1411.26	734.73	892.11	28
太原	Taiyuan	305.36	345.96	273.64	165	吉林	Jilin	346.02	339.58	329.22	141
大同	Datong	241.57	96.93	276.42	164	四平	Siping	144.15	347.52	347.25	137
阳泉	Yangquan	159.15	54.31	97.15	256	辽源	Liaoyuan	70.12	51.47	65.40	270
长治	Changzhi	176.07	177.30	109.02	251	通化	Tonghua	53.02	197.36	135.06	234
晋城	Jincheng	199.44	125.49	110.73	248	白山	Baishan	477.72	68.32	254.11	177
朔州	Shuozhou	285.79	118.39	138.39	229	松原	Songyuan	49.62	135.53	194.59	207
晋中	Jinzhong	205.91	242.03	430.89	118	白城	Baicheng	173.34	153.41	263.23	174
运城	Yuncheng	371.30	385.71	271.30	169	**黑龙江**	**Heilongjiang**	**2518.56**	**2884.99**	**1942.49**	
忻州	Xinzhou	168.21	392.57	436.76	114	哈尔滨	Harbin	964.31	661.78	569.83	70
临汾	Linfen	254.10	235.46	125.52	239	齐齐哈尔	Qiqihar	157.55	235.25	180.69	213
吕梁	Lvliang	339.18	153.80	137.08	230	鸡西	Jixi	41.65	103.07	47.95	277
内蒙古	**Inner Mongolia**	**6986.97**	**6018.25**	**5389.01**		鹤岗	Hegang	70.52	31.47	31.13	280
呼和浩特	Hohhot	415.51	747.84	618.56	63	双鸭山	Shuangyashan	116.72	133.22	12.50	283
包头	Baotou	384.04	142.73	491.20	94	大庆	Daqing	190.17	103.80	161.13	219
乌海	Wuhai	214.61	26.78	210.49	201	伊春	Yichun	8.80	16.04	1.27	285
赤峰	Chifeng	441.19	614.72	540.47	79	佳木斯	Jiamusi	110.98	265.32	81.02	264
通辽	Tongliao	427.98	503.62	420.45	123	七台河	Qitaihe	32.69	164.05	79.41	266
鄂尔多斯	Erdos	2973.61	1241.70	753.19	49	牡丹江	Mudanjiang	216.63	227.20	252.31	179
呼伦贝尔	Hulunbuir	319.02	480.31	788.47	42	黑河	Heihe	65.33	141.78	49.55	276
巴彦淖尔	Bayannur	484.19	420.99	249.53	180	绥化	Suihua	464.61	609.36	338.42	139
乌兰察布	Ulanqab	353.10	810.44	446.21	110	**上海**	**Shanghai**	**324.60**	**609.37**	**623.82**	
辽宁	**Liaoning**	**9410.93**	**4302.98**	**3160.96**		**江苏**	**Jiangsu**	**17694.52**	**11639.48**	**10453.23**	

7-6 建设用地新增出让土地面积 续表 1

Newly Increased Area of Construction Use Land Granted continued 1

单位：公顷 (hectare)

地名	City	2010	2015	2016	2016 排名 Ranking	地名	City	2010	2015	2016	2016 排名 Ranking
南京	Nanjing	1032.30	791.96	1028.01	17	池州	Chizhou	368.48	451.11	198.49	206
无锡	Wuxi	1882.61	603.38	554.46	72	宣城	Xuancheng	332.40	349.62	375.11	129
徐州	Xuzhou	1360.72	979.49	917.31	26	**福建**	**Fujian**	**3964.56**	**3284.04**	**3174.33**	
常州	Changzhou	1710.98	1273.71	706.50	52	福州	Fuzhou	671.12	545.26	557.08	71
苏州	Suzhou	2017.04	1104.91	1049.44	14	厦门	Xiamen	147.43	236.09	142.64	228
南通	Nantong	2404.60	1979.24	1411.60	6	莆田	Putian	213.58	283.69	263.29	173
连云港	Lianyungang	403.00	347.32	369.45	132	三明	Sanming	451.25	159.27	183.28	211
淮安	Huaian	1186.10	604.63	875.80	30	泉州	Quanzhou	549.83	526.09	591.60	67
盐城	Yancheng	1783.79	1258.65	983.71	20	漳州	Zhangzhou	788.83	659.27	758.83	48
扬州	Yangzhou	1409.27	579.07	511.95	87	南平	Nanping	265.14	268.88	319.14	149
镇江	Zhenjiang	336.89	527.97	532.58	83	龙岩	Longyan	538.95	307.57	182.82	212
泰州	Taizhou	1210.46	1150.01	928.19	25	宁德	Ningde	338.42	297.91	175.65	214
宿迁	Suqian	956.74	439.14	584.24	69	**江西**	**Jiangxi**	**5636.47**	**6626.75**	**4978.23**	
浙江	**Zhejiang**	**12621.52**	**4186.25**	**4493.20**		南昌	Nanchang	821.95	985.00	646.76	60
杭州	Hangzhou	2521.25	699.21	647.29	59	景德镇	Jingdezhen	276.61	316.28	109.43	250
宁波	Ningbo	1478.18	534.02	672.76	54	萍乡	Pingxiang	142.71	384.11	219.01	197
温州	Wenzhou	455.20	309.69	203.72	205	九江	Jiujiang	650.35	1302.95	878.28	29
嘉兴	Jiaxing	2072.12	684.13	771.46	46	新余	Xinyu	147.87	93.74	106.94	252
湖州	Huzhou	1101.03	381.21	664.61	56	鹰潭	Yingtan	205.63	197.61	85.50	261
绍兴	Shaoxing	1172.63	516.65	546.36	74	赣州	Ganzhou	655.10	446.18	654.08	57
金华	Jinhua	1218.58	372.31	303.81	152	吉安	Jian	554.42	503.13	448.33	108
衢州	Quzhou	894.30	146.66	215.41	198	宜春	Yichun	1078.19	1188.48	793.59	40
舟山	Zhoushan	427.56	201.19	127.77	236	抚州	Fuzhou	618.70	466.45	546.10	75
台州	Taizhou	816.40	247.53	241.46	184	上饶	Shangrao	484.95	742.82	490.22	95
丽水	Lishui	464.27	93.66	98.54	255	**山东**	**Shandong**	**16201.59**	**15005.64**	**13188.72**	
安徽	**Anhui**	**6026.73**	**7202.32**	**7508.63**		济南	Jinan	929.79	1035.84	1100.26	11
合肥	Hefei	718.93	695.88	832.96	37	青岛	Qingdao	1582.28	1633.49	1554.35	4
芜湖	Wuhu	872.75	612.00	458.61	104	淄博	Zibo	586.11	538.07	435.41	115
蚌埠	Bengbu	226.01	302.58	536.09	82	枣庄	Zaozhuang	367.25	315.28	236.99	186
淮南	Huainan	118.63	266.93	150.99	226	东营	Dongying	1246.60	849.32	471.86	101
马鞍山	Maanshan	196.51	224.42	224.77	194	烟台	Yantai	1485.20	1006.86	1045.03	15
淮北	Huaibei	401.03	79.88	135.88	233	潍坊	Weifang	2304.71	1604.53	1273.60	7
铜陵	Tongling	322.39	98.88	35.76	279	济宁	Jining	994.77	1065.27	916.12	27
安庆	Anqing	458.36	291.90	312.33	151	泰安	Taian	729.30	558.36	426.00	120
黄山	Huangshan	212.27	157.34	193.87	208	威海	Weihai	824.15	672.48	510.16	88
滁州	Chuzhou	369.60	813.64	542.83	76	日照	Rizhao	602.07	1022.60	297.58	158
阜阳	Fuyang	393.14	589.62	940.83	23	莱芜	Laiwu	368.30	284.30	113.57	247
宿州	Suzhou	351.49	477.17	594.97	66	临沂	Linyi	1328.25	1223.69	1526.48	5
六安	Liuan	304.12	962.55	542.50	77	德州	Dezhou	560.14	780.51	791.55	41
亳州	Bozhou	157.78	504.36	651.03	58	聊城	Liaocheng	872.38	716.59	964.84	21

7-6 建设用地新增出让土地面积 续表 2

Newly Increased Area of Construction Use Land Granted continued 2

单位：公顷 (hectare)

地名	City	2010	2015	2016	2016 排名 Ranking	地名	City	2010	2015	2016	2016 排名 Ranking
滨州	Binzhou	850.26	588.18	596.05	64	常德	Changde	359.15	394.39	527.65	84
菏泽	Heze	570.04	1110.26	928.88	24	张家界	Zhangjiajie	76.78	69.27	136.24	231
河南	**Henan**	**5751.63**	**8210.78**	**7318.91**		益阳	Yiyang	186.09	355.76	410.57	126
郑州	Zhengzhou	633.98	2328.90	1905.00	1	郴州	Chenzhou	318.25	387.53	331.12	140
开封	Kaifeng	375.52	392.72	465.26	103	永州	Yongzhou	113.93	568.01	347.12	138
洛阳	Luoyang	540.19	575.15	415.36	125	怀化	Huaihua	234.98	346.93	446.16	111
平顶山	Pingdingshan	406.68	324.94	323.59	145	娄底	Loudi	106.46	202.19	79.67	265
安阳	Anyang	346.49	465.49	447.93	109	**广东**	**Guangdong**	**4846.35**	**7588.41**	**6295.76**	
鹤壁	Hebi	275.47	237.19	282.72	162	广州	Guangzhou	1202.77	443.74	481.24	98
新乡	Xinxiang	304.59	495.72	491.93	93	韶关	Shaoguan	169.90	265.53	363.93	133
焦作	Jiaozuo	391.28	217.00	168.44	216	深圳	Shenzhen	121.21	63.03	208.55	204
濮阳	Puyang	140.85	187.59	268.20	171	珠海	Zhuhai	60.88	168.41	248.51	181
许昌	Xuchang	441.83	556.23	408.22	127	汕头	Shantou	53.12	99.36	155.84	224
漯河	Luohe	136.36	170.83	159.14	220	佛山	Foshan	65.45	509.84	292.58	159
三门峡	Sanmenxia	336.91	157.57	118.26	244	江门	Jiangmen	481.01	306.06	232.27	190
南阳	Nanyang	335.14	541.64	454.42	106	湛江	Zhanjiang	235.65	1551.87	254.48	176
商丘	Shangqiu	331.58	314.27	358.90	134	茂名	Maoming	42.61	152.41	303.50	153
信阳	Xinyang	148.91	338.34	210.54	200	肇庆	Zhaoqing	220.56	477.13	473.66	100
周口	Zhoukou	196.30	330.65	316.97	150	惠州	Huizhou	161.71	299.76	352.87	136
驻马店	Zhumadian	409.54	576.55	524.03	86	梅州	Meizhou	83.31	607.11	271.88	168
湖北	**Hubei**	**7809.31**	**9240.74**	**7521.67**		汕尾	Shanwei		192.20	432.85	116
武汉	Wuhan	1617.28	1655.77	1652.23	2	河源	Heyuan	199.69	223.95	425.77	121
黄石	Huangshi	205.23	354.32	155.66	225	阳江	Yangjiang	338.29	297.23	372.81	130
十堰	Shiyan	378.82	503.76	321.69	147	清远	Qingyuan	493.74	537.94	468.60	102
宜昌	Yichang	1330.42	1072.67	856.38	33	东莞	Dongguan	392.08	731.69	430.54	119
襄阳	Xiangyang	533.71	761.26	432.14	117	中山	Zhongshan	366.05	121.23	76.50	268
鄂州	Ezhou	348.27	562.45	109.90	249	潮州	Chaozhou	3.38	99.16	134.96	235
荆门	Jingmen	618.51	470.63	863.21	32	揭阳	Jieyang	71.53	261.01	156.68	223
孝感	Xiaogan	474.89	687.78	539.33	81	云浮	Yunfu	83.41	179.74	157.75	221
荆州	Jingzhou	539.63	858.12	769.05	47	**广西**	**Guangxi**	**2015.72**	**4093.22**	**4384.61**	
黄冈	Huanggang	584.24	617.71	619.75	62	南宁	Nanning	353.00	812.67	586.85	68
咸宁	Xianning	464.55	670.22	452.42	107	柳州	Liuzhou	188.78	450.76	507.28	90
随州	Suizhou	186.96	233.98	136.11	232	桂林	Guilin	175.35	290.11	188.36	209
湖南	**Hunan**	**3348.40**	**6365.96**	**6322.23**		梧州	Wuzhou	228.44	107.59	209.58	203
长沙	Changsha	675.32	960.04	1155.92	9	北海	Beihai	45.61	111.25	63.21	272
株洲	Zhuzhou	223.43	452.99	542.14	78	防城港	Fangchenggang	167.27	252.59	484.90	97
湘潭	Xiangtan	97.42	284.23	303.11	154	钦州	Qinzhou	141.17	235.66	456.02	105
衡阳	Hengyang	359.91	1117.70	1017.26	18	贵港	Guigang	29.31	275.48	219.53	195
邵阳	Shaoyang	303.53	306.97	321.25	148	玉林	Yulin	212.34	406.30	439.98	113
岳阳	Yueyang	242.78	778.17	508.79	89	百色	Baise	180.36	411.90	371.42	131

7-6　建设用地新增出让土地面积　续表 3
Newly Increased Area of Construction Use Land Granted continued 3

单位：公顷　　　　(hectare)

地名	City	2010	2015	2016	2016 排名 Ranking
贺州	Hezhou	110.02	284.97	272.63	166
河池	Hechi	63.52	86.42	278.73	163
来宾	Laibin	16.27	190.42	94.68	257
崇左	Chongzuo	104.39	177.09	244.78	182
海南	**Hainan**	**644.95**	**656.75**	**837.53**	
海口	Haikou	26.75	172.19	219.22	196
三亚	Sanya	43.74	88.09	125.23	240
三沙	Sansha				
重庆	**Chongqing**	**3166.96**	**4178.76**	**3022.65**	
四川	**Sichuan**	**5200.63**	**7680.28**	**6692.35**	
成都	Chengdu	1728.63	2256.13	1607.43	3
自贡	Zigong	110.97	94.31	210.59	199
攀枝花	Panzhihua	63.39	50.88	27.66	281
泸州	Luzhou	684.94	524.66	423.04	122
德阳	Deyang	599.35	405.09	299.03	156
绵阳	Mianyang	345.45	431.95	747.82	50
广元	Guangyuan	15.25	145.61	41.65	278
遂宁	Suining	57.17	358.03	327.55	142
内江	Neijiang	123.50	147.09	104.83	254
乐山	Leshan	191.56	480.48	324.65	144
南充	Nanchong	275.05	357.52	385.00	128
眉山	Meishan	357.58	695.98	442.58	112
宜宾	Yibin	246.20	355.35	253.98	178
广安	Guangan	136.43	385.85	476.11	99
达州	Dazhou	96.93	174.44	226.38	192
雅安	Yaan	51.47	182.10	92.07	259
巴中	Bazhong		230.18	209.64	202
资阳	Ziyang	63.99	276.73	242.72	183
贵州	**Guizhou**	**1899.80**	**4012.57**	**4321.87**	
贵阳	Guiyang	831.19	835.23	871.37	31
六盘水	Liupanshui	251.79	455.70	233.15	189
遵义	Zunyi	244.14	726.44	822.50	39
安顺	Anshun	80.32	179.72	157.16	222
毕节	Bijie	81.65	363.58	738.57	51
铜仁	Tongren	39.09	426.66	539.75	80
云南	**Yunnan**	**3388.90**	**2224.70**	**3082.16**	
昆明	Kunming	562.61	573.91	838.44	36
曲靖	Qujing	270.23	123.14	116.57	245
玉溪	Yuxi	361.00	146.74	262.85	175
保山	Baoshan	257.47	119.10	237.24	185
昭通	Zhaotong	156.49	29.72	123.44	242

地名	City	2010	2015	2016	2016 排名 Ranking
丽江	Lijiang	48.47	64.62	125.74	237
普洱	Puer	77.12	77.80	82.60	263
临沧	Lincang	49.05	85.27	52.96	273
西藏	**Tibet**	**236.98**		**334.03**	
拉萨	Lasa	160.57		269.18	170
陕西	**Shaanxi**	**2239.39**	**4503.28**	**5160.40**	
西安	Xi'an	239.17	796.63	1041.09	16
铜川	Tongchuan	101.07	79.02	49.93	275
宝鸡	Baoji	158.69	485.41	595.83	65
咸阳	Xianyang	409.38	798.26	1065.29	13
渭南	Weinan	197.25	664.52	551.84	73
延安	Yan'an	53.41	210.56	291.58	160
汉中	Hanzhong	109.80	411.12	290.14	161
榆林	Yulin	837.46	842.23	781.97	43
安康	Ankang	56.87	131.58	229.32	191
商洛	Shangluo	76.29	83.96	263.39	172
甘肃	**Gansu**	**1412.38**	**4004.79**	**3172.13**	
兰州	Lanzhou	196.39	1025.89	419.80	124
嘉峪关	Jiayuguan	28.51	4.04	19.07	282
金昌	Jinchang	89.10	114.18	90.90	260
白银	Baiyin	111.59	201.22	142.72	227
天水	Tianshui	116.37	95.38	124.36	241
武威	Wuwei	76.08	670.16	645.65	61
张掖	Zhangye	199.22	673.90	527.29	85
平凉	Pingliang	32.36	171.30	105.80	253
酒泉	Jiuquan	334.70	499.24	506.78	91
庆阳	Qingyang	91.28	44.12	76.40	269
定西	Dingxi	58.98	207.26	272.04	167
陇南	Longnan	11.31	38.18	10.38	284
青海	**Qinghai**	**538.79**	**900.32**	**1708.17**	
西宁	Xining	216.74	338.30	119.17	243
海东	Haidong		128.43	161.16	218
宁夏	**Ningxia**	**2048.16**	**2759.28**	**2638.32**	
银川	Yinchuan	800.52	1146.57	848.32	34
石嘴山	Shizuishan	525.34	206.81	172.78	215
吴忠	Wuzhong	362.01	568.77	352.98	135
固原	Guyuan	140.85	127.21	185.83	210
中卫	Zhongwei	219.44	709.91	1078.42	12
新疆	**Xinjiang**	**2036.49**	**6626.66**	**6684.25**	
乌鲁木齐	Urumqi	23.01	593.26	298.53	157
克拉玛依	Karamay	12.74	152.67	226.05	193

7-7 建设用地出让土地成交价款
Transaction Price Value of Construction Use Land Granted

单位：亿元 (100 million yuan)

地名	City	2010	2015	2016	2016 排名 Ranking
全国	**Nation Total**	**27464.48**	**31220.65**	**36461.68**	
北京	**Beijing**	**1318.87**	**2059.78**	**909.87**	
天津	**Tianjin**	**852.96**	**580.89**	**1117.95**	
河北	**Hebei**	**1076.32**	**1140.07**	**1313.97**	
石家庄	Shijiazhuang	130.02	255.26	334.73	20
唐山	Tangshan	162.06	84.37	100.05	70
秦皇岛	Qinhuangdao	118.16	36.95	40.01	142
邯郸	Handan	121.53	78.97	110.66	63
邢台	Xingtai	48.44	78.56	93.37	78
保定	Baoding	92.47	181.27	147.75	46
张家口	Zhangjiakou	55.87	60.64	100.77	68
承德	Chengde	48.40	47.55	34.14	153
沧州	Cangzhou	73.99	78.15	109.95	65
廊坊	Langfang	193.68	208.96	176.87	39
衡水	Hengshui	31.72	29.39	65.65	98
山西	**Shanxi**	**265.95**	**273.36**	**421.67**	
太原	Taiyuan	63.49	149.31	245.48	30
大同	Datong	62.46	11.28	29.55	164
阳泉	Yangquan	9.63	6.04	5.46	265
长治	Changzhi	8.25	9.79	8.29	254
晋城	Jincheng	26.86	8.94	11.08	239
朔州	Shuozhou	21.90	4.89	5.41	266
晋中	Jinzhong	16.52	26.58	53.42	106
运城	Yuncheng	15.63	15.38	18.92	204
忻州	Xinzhou	10.79	10.75	15.52	214
临汾	Linfen	18.75	22.04	19.43	202
吕梁	Lvliang	11.67	8.36	9.12	248
内蒙古	**Inner Mongolia**	**487.98**	**220.25**	**230.40**	
呼和浩特	Hohhot	59.88	65.32	58.72	101
包头	Baotou	44.89	13.71	31.97	157
乌海	Wuhai	15.02	3.64	6.26	261
赤峰	Chifeng	37.41	26.25	48.66	121
通辽	Tongliao	21.36	16.02	9.43	246
鄂尔多斯	Erdos	215.91	26.57	13.34	221
呼伦贝尔	Hulunbuir	24.32	20.95	22.34	186
巴彦淖尔	Bayannur	18.24	11.15	8.09	255
乌兰察布	Ulanqab	9.74	12.89	11.56	236
辽宁	**Liaoning**	**1916.70**	**665.29**	**550.00**	
沈阳	Shenyang	292.94	156.43	180.17	38
大连	Dalian	870.96	88.89	145.16	47
鞍山	Anshan	218.89	54.45	34.96	149
抚顺	Fushun	41.38	19.82	8.96	251
本溪	Benxi	13.46	12.83	12.72	226
丹东	Dandong	30.31	22.31	11.81	232
锦州	Jinzhou	39.96	68.06	27.84	170
营口	Yingkou	176.76	18.07	28.56	166
阜新	Fuxin	25.89	9.88	7.93	256
辽阳	Liaoyang	48.42	25.92	22.19	187
盘锦	Panjin	47.33	134.36	21.38	192
铁岭	Tieling	56.73	16.86	4.94	268
朝阳	Chaoyang	20.04	22.95	16.41	210
葫芦岛	Huludao	33.62	14.46	26.96	171
吉林	**Jilin**	**406.22**	**227.18**	**289.59**	
长春	Changchun	281.63	117.91	181.77	36
吉林	Jilin	48.61	26.08	20.89	195
四平	Siping	13.24	17.60	19.64	201
辽源	Liaoyuan	6.25	5.72	4.63	270
通化	Tonghua	14.62	13.59	11.68	235
白山	Baishan	22.76	4.46	10.59	241
松原	Songyuan	5.31	10.44	8.97	250
白城	Baicheng	6.35	8.96	12.83	225
黑龙江	**Heilongjiang**	**356.43**	**220.21**	**208.56**	
哈尔滨	Harbin	214.68	135.31	137.42	52
齐齐哈尔	Qiqihar	19.28	18.39	18.09	207
鸡西	Jixi	3.22	2.66	2.95	276
鹤岗	Hegang	1.86	2.41	1.47	281
双鸭山	Shuangyashan	4.74	4.27	1.33	282
大庆	Daqing	42.90	7.48	10.18	244
伊春	Yichun	2.07	1.23	1.01	284
佳木斯	Jiamusi	5.64	8.38	3.81	272
七台河	Qitaihe	1.18	4.39	2.11	279
牡丹江	Mudanjiang	26.88	10.27	11.73	234
黑河	Heihe	6.24	4.03	1.48	280
绥化	Suihua	21.96	15.71	12.08	230
上海	**Shanghai**	**880.09**	**1608.81**	**1541.50**	
江苏	**Jiangsu**	**3821.81**	**4652.37**	**6343.60**	

7-7 建设用地出让土地成交价款 续表 1
Transaction Price Value of Construction Use Land Granted continued 1

单位：亿元 (100 million yuan)

地名	City	2010	2015	2016	2016 排名 Ranking	地名	City	2010	2015	2016	2016 排名 Ranking
南京	Nanjing	521.96	918.70	1759.92	3	池州	Chizhou	37.32	84.71	29.25	165
无锡	Wuxi	626.32	138.29	38.90	143	宣城	Xuancheng	67.94	43.98	44.77	128
徐州	Xuzhou	189.39	269.49	257.22	27	**福建**	**Fujian**	**1138.42**	**1186.87**	**1389.33**	
常州	Changzhou	339.35	607.03	704.00	11	福州	Fuzhou	366.03	489.75	539.74	13
苏州	Suzhou	679.87	778.72	1777.14	2	厦门	Xiamen	329.01	312.76	426.67	16
南通	Nantong	380.85	617.81	448.65	15	莆田	Putian	52.88	63.87	73.71	89
连云港	Lianyungang	87.12	137.96	66.60	97	三明	Sanming	38.14	24.29	23.10	182
淮安	Huaian	209.88	191.23	222.59	31	泉州	Quanzhou	126.84	129.49	112.77	60
盐城	Yancheng	299.22	261.42	149.08	44	漳州	Zhangzhou	82.66	60.22	124.64	55
扬州	Yangzhou	221.98	226.65	169.25	40	南平	Nanping	47.90	16.95	21.00	194
镇江	Zhenjiang	64.63	129.72	121.27	58	龙岩	Longyan	39.75	46.38	37.04	146
泰州	Taizhou	117.24	306.69	181.56	37	宁德	Ningde	55.21	43.18	30.67	160
宿迁	Suqian	83.99	68.67	97.32	74	**江西**	**Jiangxi**	**602.72**	**1013.49**	**966.58**	
浙江	**Zhejiang**	**3640.02**	**1951.03**	**3649.01**		南昌	Nanchang	149.76	179.55	278.60	23
杭州	Hangzhou	1025.21	632.36	1260.18	4	景德镇	Jingdezhen	24.14	34.45	11.15	237
宁波	Ningbo	692.82	295.54	769.03	9	萍乡	Pingxiang	10.42	61.24	42.33	134
温州	Wenzhou	305.66	332.70	398.80	18	九江	Jiujiang	89.41	235.79	78.62	83
嘉兴	Jiaxing	298.71	128.41	414.10	17	新余	Xinyu	11.29	15.43	17.10	208
湖州	Huzhou	161.25	80.61	110.02	64	鹰潭	Yingtan	21.23	14.73	5.63	263
绍兴	Shaoxing	282.96	177.33	213.73	34	赣州	Ganzhou	101.69	70.78	132.89	53
金华	Jinhua	303.36	114.75	156.90	42	吉安	Jian	47.72	36.73	46.23	127
衢州	Quzhou	82.27	28.21	70.04	94	宜春	Yichun	57.02	142.08	94.28	76
舟山	Zhoushan	142.01	19.33	30.31	161	抚州	Fuzhou	41.35	69.69	109.83	66
台州	Taizhou	279.25	110.91	141.87	49	上饶	Shangrao	48.70	153.03	149.92	43
丽水	Lishui	66.52	30.88	54.03	105	**山东**	**Shandong**	**2544.35**	**1977.98**	**2459.83**	
安徽	**Anhui**	**1092.93**	**1516.02**	**2406.32**		济南	Jinan	309.57	383.87	713.13	10
合肥	Hefei	187.61	368.14	1116.55	5	青岛	Qingdao	535.02	329.11	365.29	19
芜湖	Wuhu	199.28	101.42	99.97	71	淄博	Zibo	86.87	70.90	51.37	113
蚌埠	Bengbu	52.04	58.12	94.23	77	枣庄	Zaozhuang	65.05	47.66	46.57	123
淮南	Huainan	27.47	25.53	25.30	176	东营	Dongying	61.06	38.12	24.30	180
马鞍山	Maanshan	52.25	34.85	36.63	147	烟台	Yantai	253.83	120.92	108.18	67
淮北	Huaibei	47.91	10.88	20.61	196	潍坊	Weifang	275.70	222.56	280.71	22
铜陵	Tongling	54.16	57.38	21.48	191	济宁	Jining	294.61	172.12	113.56	59
安庆	Anqing	62.53	44.65	49.43	117	泰安	Taian	71.46	54.44	52.71	108
黄山	Huangshan	44.59	9.19	18.40	205	威海	Weihai	176.29	137.31	207.34	35
滁州	Chuzhou	89.11	86.82	121.29	57	日照	Rizhao	39.67	73.93	51.79	111
阜阳	Fuyang	41.75	181.64	267.51	24	莱芜	Laiwu	16.72	20.29	10.47	243
宿州	Suzhou	39.01	66.56	86.70	80	临沂	Linyi	135.27	97.59	166.20	41
六安	Liuan	43.51	189.68	147.97	45	德州	Dezhou	56.44	47.52	64.63	99
亳州	Bozhou	27.47	117.30	141.62	50	聊城	Liaocheng	57.87	51.87	78.44	84

7-7 建设用地出让土地成交价款 续表 2

Transaction Price Value of Construction Use Land Granted continued 2

单位：亿元 (100 million yuan)

地名	City	2010	2015	2016	2016 排名 Ranking	地名	City	2010	2015	2016	2016 排名 Ranking
滨州	Binzhou	59.54	41.56	42.01	136	常德	Changde	31.61	72.36	98.93	72
菏泽	Heze	49.40	68.23	83.12	81	张家界	Zhangjiajie	17.73	7.60	24.67	178
河南	**Henan**	**651.35**	**1141.80**	**1558.12**		益阳	Yiyang	22.21	41.58	42.57	132
郑州	Zhengzhou	159.51	553.13	944.32	7	郴州	Chenzhou	29.71	44.21	24.55	179
开封	Kaifeng	46.65	47.37	44.47	129	永州	Yongzhou	19.96	88.95	77.61	87
洛阳	Luoyang	57.70	68.40	40.44	141	怀化	Huaihua	41.48	41.86	49.15	119
平顶山	Pingdingshan	32.38	41.40	47.92	122	娄底	Loudi	13.78	36.70	8.97	249
安阳	Anyang	61.26	31.71	42.52	133	**广东**	**Guangdong**	**1350.02**	**2970.13**	**3391.58**	
鹤壁	Hebi	18.54	21.18	19.64	200	广州	Guangzhou	364.28	953.43	697.43	12
新乡	Xinxiang	21.73	40.45	37.64	144	韶关	Shaoguan	19.32	30.39	21.94	188
焦作	Jiaozuo	27.02	19.49	28.35	167	深圳	Shenzhen	50.85	659.94	1040.19	6
濮阳	Puyang	12.17	19.41	32.23	156	珠海	Zhuhai	92.78	201.36	247.52	28
许昌	Xuchang	39.89	42.71	46.53	124	汕头	Shantou	12.34	72.89	112.01	61
漯河	Luohe	9.85	29.30	26.26	173	佛山	Foshan	269.35	374.14	5104.11	1
三门峡	Sanmenxia	22.51	13.13	13.13	223	江门	Jiangmen	38.33	45.33	71.39	92
南阳	Nanyang	42.54	64.63	77.89	86	湛江	Zhanjiang	26.25	54.17	34.50	151
商丘	Shangqiu	26.64	45.48	49.84	115	茂名	Maoming	6.06	34.89	69.16	95
信阳	Xinyang	33.13	30.11	27.92	169	肇庆	Zhaoqing	23.86	30.67	30.16	163
周口	Zhoukou	11.91	24.03	26.18	174	惠州	Huizhou	101.39	72.73	63.45	100
驻马店	Zhumadian	27.92	49.86	52.83	107	梅州	Meizhou	17.68	72.15	49.28	118
湖北	**Hubei**	**765.88**	**1483.84**	**1425.42**		汕尾	Shanwei	0.99	16.02	26.74	172
武汉	Wuhan	363.29	730.62	806.13	8	河源	Heyuan	14.59	14.71	34.52	150
黄石	Huangshi	22.30	49.56	41.21	138	阳江	Yangjiang	38.43	24.04	28.33	168
十堰	Shiyan	34.03	38.39	35.72	148	清远	Qingyuan	41.82	48.29	30.23	162
宜昌	Yichang	71.23	195.15	138.38	51	东莞	Dongguan	135.78	191.12	260.89	25
襄阳	Xiangyang	41.85	79.31	46.42	125	中山	Zhongshan	67.67	12.23	14.18	217
鄂州	Ezhou	27.43	55.40	14.22	216	潮州	Chaozhou	5.77	22.62	15.11	215
荆门	Jingmen	24.01	50.40	72.28	90	揭阳	Jieyang	16.07	20.75	23.02	183
孝感	Xiaogan	34.66	66.99	41.16	139	云浮	Yunfu	6.41	18.25	11.11	238
荆州	Jingzhou	37.58	76.59	97.44	73	**广西**	**Guangxi**	**424.68**	**607.76**	**686.01**	
黄冈	Huanggang	20.12	49.17	48.82	120	南宁	Nanning	183.14	276.20	306.91	21
咸宁	Xianning	32.47	31.99	19.99	198	柳州	Liuzhou	35.17	94.91	143.83	48
随州	Suizhou	18.29	10.10	13.47	219	桂林	Guilin	28.79	55.82	30.94	159
湖南	**Hunan**	**499.59**	**971.18**	**1065.03**		梧州	Wuzhou	33.00	8.65	13.62	218
长沙	Changsha	180.65	235.66	258.25	26	北海	Beihai	23.53	8.21	10.56	242
株洲	Zhuzhou	33.37	53.65	95.28	75	防城港	Fangchenggang	15.77	16.71	15.73	213
湘潭	Xiangtan	23.23	25.35	32.71	154	钦州	Qinzhou	27.23	19.29	21.87	190
衡阳	Hengyang	27.80	177.16	247.11	29	贵港	Guigang	5.61	11.79	15.76	212
邵阳	Shaoyang	25.71	43.83	31.43	158	玉林	Yulin	34.17	39.62	51.77	112
岳阳	Yueyang	28.05	81.54	54.44	104	百色	Baise	14.77	27.75	32.54	155

7-7　建设用地出让土地成交价款　续表 3

Transaction Price Value of Construction Use Land Granted continued 3

单位：亿元　　(100 million yuan)

地名	City	2010	2015	2016	2016 排名 Ranking	地名	City	2010	2015	2016	2016 排名 Ranking
贺州	Hezhou	6.12	15.74	16.92	209	丽江	Lijiang	1.99	3.99	4.67	269
河池	Hechi	6.52	10.82	13.16	222	普洱	Puer	9.30	8.45	6.90	258
来宾	Laibin	3.88	13.76	5.54	264	临沧	Lincang	3.18	4.78	2.41	277
崇左	Chongzuo	6.98	8.49	6.86	259	**西藏**	**Tibet**	**6.67**	**10.08**	**30.62**	
海南	**Hainan**	**202.50**	**214.32**	**258.63**		拉萨	Lasa	5.68	7.05	21.91	189
海口	Haikou	17.00	88.75	100.20	69	**陕西**	**Shaanxi**	**265.33**	**407.60**	**459.51**	
三亚	Sanya	51.49	42.16	54.64	103	西安	Xi'an	130.97	191.49	214.17	33
三沙	Sansha					铜川	Tongchuan	6.76	5.46	2.14	278
重庆	**Chongqing**	**732.88**	**1436.22**	**1055.01**		宝鸡	Baoji	17.25	29.87	43.98	131
四川	**Sichuan**	**1116.80**	**1316.07**	**1353.03**		咸阳	Xianyang	33.96	60.02	72.15	91
成都	Chengdu	535.07	561.97	531.67	14	渭南	Weinan	16.21	29.58	34.34	152
自贡	Zigong	26.03	8.54	42.25	135	延安	Yan'an	7.40	21.26	18.39	206
攀枝花	Panzhihua	21.40	7.26	3.56	274	汉中	Hanzhong	9.71	30.23	25.13	177
泸州	Luzhou	49.59	101.06	87.76	79	榆林	Yulin	34.19	21.97	16.20	211
德阳	Deyang	58.58	16.55	25.50	175	安康	Ankang	2.33	10.93	19.93	199
绵阳	Mianyang	47.97	59.76	124.97	54	商洛	Shangluo	6.56	6.78	13.07	224
广元	Guangyuan	17.87	20.04	12.56	228	**甘肃**	**Gansu**	**135.47**	**238.33**	**221.19**	
遂宁	Suining	41.31	47.25	41.97	137	兰州	Lanzhou	66.53	123.84	124.00	56
内江	Neijiang	26.14	37.46	20.14	197	嘉峪关	Jiayuguan	1.12	1.38	1.19	283
乐山	Leshan	64.04	42.52	44.01	130	金昌	Jinchang	0.76	3.08	3.00	275
南充	Nanchong	64.74	59.33	49.75	116	白银	Baiyin	5.03	18.15	8.41	252
眉山	Meishan	21.00	114.66	82.27	82	天水	Tianshui	13.59	14.99	21.21	193
宜宾	Yibin	36.77	24.27	51.82	110	武威	Wuwei	5.21	11.68	7.69	257
广安	Guangan	27.89	38.25	56.85	102	张掖	Zhangye	8.09	12.67	11.81	233
达州	Dazhou	31.43	38.09	50.97	114	平凉	Pingliang	4.13	18.26	12.41	229
雅安	Yaan	12.24	20.05	18.95	203	酒泉	Jiuquan	5.67	5.25	6.64	260
巴中	Bazhong	8.77	46.79	40.46	140	庆阳	Qingyang	8.20	3.98	4.52	271
资阳	Ziyang	12.32	53.81	46.32	126	定西	Dingxi	9.27	7.33	9.59	245
贵州	**Guizhou**	**197.34**	**534.23**	**497.34**		陇南	Longnan	0.63	2.43	0.48	285
贵阳	Guiyang	99.84	71.78	111.53	62	**青海**	**Qinghai**	**47.54**	**34.32**	**35.51**	
六盘水	Liupanshui	9.70	110.42	37.32	145	西宁	Xining	41.74	21.62	23.54	181
遵义	Zunyi	19.09	86.11	77.98	85	海东	Haidong		7.33	6.16	262
安顺	Anshun	9.51	14.79	22.85	184	**宁夏**	**Ningxia**	**89.92**	**90.23**	**87.29**	
毕节	Bijie	9.98	79.20	76.70	88	银川	Yinchuan	40.49	62.69	52.41	109
铜仁	Tongren	8.89	53.99	70.33	93	石嘴山	Shizuishan	17.85	3.71	3.62	273
云南	**Yunnan**	**438.16**	**282.32**	**385.70**		吴忠	Wuzhong	12.60	7.17	8.32	253
昆明	Kunming	248.00	132.61	217.79	32	固原	Guyuan	10.32	4.74	10.93	240
曲靖	Qujing	28.20	9.45	9.15	247	中卫	Zhongwei	8.65	11.93	12.01	231
玉溪	Yuxi	24.54	19.22	22.77	185	**新疆**	**Xinjiang**	**138.55**	**188.62**	**183.51**	
保山	Baoshan	16.64	11.11	13.42	220	乌鲁木齐	Urumqi	42.80	71.64	68.59	96
昭通	Zhaotong	15.19	3.31	12.59	227	克拉玛依	Karamay	2.67	4.96	5.11	267

7-8 供应工矿仓储用地面积
Area of Land Supplied for Industry, Mining and Warehousing

单位：公顷 (hectare)

地名	City	2010	2015	2016	2016 排名 Ranking	地名	City	2010	2015	2016	2016 排名 Ranking
全国	**Nation Total**	**153977.6**	**127270.0**	**123088.6**		沈阳	Shenyang	1677.98	869.60	624.82	42
北京	**Beijing**	**844.49**	**110.11**	**224.83**		大连	Dalian	2140.55	340.97	471.70	71
天津	**Tianjin**	**2642.73**	**1646.85**	**1449.46**		鞍山	Anshan	942.03	475.93	433.01	80
河北	**Hebei**	**8679.30**	**6657.17**	**6784.58**		抚顺	Fushun	517.48	101.17	82.19	252
石家庄	Shijiazhuang	645.34	595.43	460.33	74	本溪	Benxi	312.30	417.86	22.92	278
唐山	Tangshan	1523.73	1120.95	1371.53	5	丹东	Dandong	285.58	124.10	119.41	220
秦皇岛	Qinhuangdao	315.49	115.06	95.19	241	锦州	Jinzhou	627.19	328.74	160.27	197
邯郸	Handan	619.72	633.72	643.05	39	营口	Yingkou	762.74	240.68	375.39	100
邢台	Xingtai	539.18	701.43	766.08	27	阜新	Fuxin	262.14	163.76	80.61	253
保定	Baoding	638.25	763.70	444.91	77	辽阳	Liaoyang	393.10	176.07	32.13	276
张家口	Zhangjiakou	361.36	219.43	216.40	169	盘锦	Panjin	458.20	516.46	172.17	192
承德	Chengde	288.07	217.22	299.28	125	铁岭	Tieling	966.91	220.24	63.95	261
沧州	Cangzhou	2644.78	1283.10	1558.75	3	朝阳	Chaoyang	470.62	199.95	237.63	156
廊坊	Langfang	669.05	510.98	391.60	94	葫芦岛	Huludao	457.94	80.11	110.69	227
衡水	Hengshui	434.33	496.14	537.45	58	**吉林**	**Jilin**	**3344.29**	**2079.53**	**2117.01**	
山西	**Shanxi**	**2460.12**	**1603.24**	**1700.30**		长春	Changchun	1409.71	644.95	479.89	67
太原	Taiyuan	246.32	220.66	250.35	151	吉林	Jilin	434.55	309.60	315.53	120
大同	Datong	52.18	70.91	237.82	155	四平	Siping	361.53	226.27	293.39	130
阳泉	Yangquan	94.68	24.37	62.34	263	辽源	Liaoyuan	127.74	53.74	74.52	256
长治	Changzhi	260.62	132.61	97.12	239	通化	Tonghua	216.48	208.67	126.05	215
晋城	Jincheng	177.60	78.64	121.88	219	白山	Baishan	77.85	66.43	157.42	201
朔州	Shuozhou	304.12	75.52	102.17	236	松原	Songyuan	73.04	269.59	279.91	135
晋中	Jinzhong	314.83	182.90	325.46	116	白城	Baicheng	480.74	111.03	221.56	164
运城	Yuncheng	329.97	346.81	123.43	217	**黑龙江**	**Heilongjiang**	**3066.40**	**3301.50**	**2390.68**	
忻州	Xinzhou	61.08	210.53	221.45	166	哈尔滨	Harbin	789.36	430.67	310.22	121
临汾	Linfen	318.24	146.84	63.50	262	齐齐哈尔	Qiqihar	366.20	337.18	357.29	108
吕梁	Lvliang	300.48	113.46	94.78	242	鸡西	Jixi	71.84	71.56	45.13	272
内蒙古	**Inner Mongolia**	**7779.21**	**5349.48**	**4925.83**		鹤岗	Hegang	109.42	140.54	85.37	250
呼和浩特	Hohhot	212.64	275.72	401.43	89	双鸭山	Shuangyashan	127.07	101.52	12.55	281
包头	Baotou	450.01	163.78	475.24	70	大庆	Daqing	232.06	324.51	355.55	109
乌海	Wuhai	377.34	41.78	247.63	153	伊春	Yichun	56.77	62.27	9.62	283
赤峰	Chifeng	546.67	570.26	338.31	112	佳木斯	Jiamusi	168.53	531.30	150.05	206
通辽	Tongliao	1721.94	568.23	448.51	76	七台河	Qitaihe	61.36	174.14	100.80	237
鄂尔多斯	Erdos	1237.89	1151.27	806.05	20	牡丹江	Mudanjiang	314.14	226.46	259.03	144
呼伦贝尔	Hulunbuir	848.96	542.21	788.06	24	黑河	Heihe	109.27	151.14	44.50	273
巴彦淖尔	Bayannur	585.46	284.81	153.55	205	绥化	Suihua	460.71	339.55	264.04	141
乌兰察布	Ulanqab	346.71	710.19	359.92	107	**上海**	**Shanghai**	**692.58**	**289.22**	**305.47**	
辽宁	**Liaoning**	**10274.76**	**4255.65**	**2986.88**		**江苏**	**Jiangsu**	**16100.98**	**12255.13**	**10864.44**	

7-8 供应工矿仓储用地面积 续表 1

Area of Land Supplied for Industry, Mining and Warehousing continued 1

单位：公顷 (hectare)

地名	City	2010	2015	2016	2016 排名 Ranking	地名	City	2010	2015	2016	2016 排名 Ranking
南京	Nanjing	866.93	646.03	725.62	32	池州	Chizhou	334.89	271.59	169.13	194
无锡	Wuxi	1161.09	616.48	588.33	53	宣城	Xuancheng	630.17	363.18	302.36	124
徐州	Xuzhou	1283.87	815.93	801.84	21	**福建**	**Fujian**	**5439.26**	**3226.75**	**3058.36**	
常州	Changzhou	1318.63	1381.82	730.10	31	福州	Fuzhou	728.38	574.50	529.72	60
苏州	Suzhou	2486.52	1258.79	1108.89	7	厦门	Xiamen	517.93	162.69	92.59	243
南通	Nantong	1616.74	1600.44	1738.08	2	莆田	Putian	288.16	356.19	319.93	118
连云港	Lianyungang	1064.00	618.13	721.35	33	三明	Sanming	530.60	242.06	154.73	203
淮安	Huaian	747.80	461.80	606.68	45	泉州	Quanzhou	707.27	542.25	621.08	43
盐城	Yancheng	2413.82	1950.96	1160.03	6	漳州	Zhangzhou	1131.82	553.68	595.97	48
扬州	Yangzhou	1043.06	833.73	569.71	57	南平	Nanping	265.36	207.14	229.21	163
镇江	Zhenjiang	360.00	489.34	593.38	49	龙岩	Longyan	841.58	253.28	123.39	218
泰州	Taizhou	887.95	899.53	852.32	18	宁德	Ningde	428.15	334.96	391.73	93
宿迁	Suqian	850.56	682.16	668.11	36	**江西**	**Jiangxi**	**5694.95**	**5569.02**	**4299.06**	
浙江	**Zhejiang**	**10505.67**	**4521.11**	**5042.80**		南昌	Nanchang	853.02	890.18	475.85	69
杭州	Hangzhou	1567.70	456.70	453.79	75	景德镇	Jingdezhen	213.96	281.68	109.55	228
宁波	Ningbo	1143.13	675.66	835.30	19	萍乡	Pingxiang	116.48	213.89	85.92	249
温州	Wenzhou	384.71	291.27	281.32	134	九江	Jiujiang	602.52	778.94	788.25	23
嘉兴	Jiaxing	1766.36	763.05	937.55	16	新余	Xinyu	120.02	93.67	106.26	232
湖州	Huzhou	757.82	392.18	585.27	54	鹰潭	Yingtan	126.60	174.20	84.63	251
绍兴	Shaoxing	1063.46	406.01	469.94	72	赣州	Ganzhou	741.85	371.45	641.86	40
金华	Jinhua	1059.20	497.04	440.51	78	吉安	Jian	521.88	433.72	431.71	81
衢州	Quzhou	899.72	169.42	251.56	150	宜春	Yichun	1205.76	1190.83	792.50	22
舟山	Zhoushan	476.97	215.34	158.86	200	抚州	Fuzhou	768.80	514.49	262.16	142
台州	Taizhou	937.83	435.64	469.10	73	上饶	Shangrao	424.04	625.95	520.37	61
丽水	Lishui	448.78	218.82	159.59	198	**山东**	**Shandong**	**19632.25**	**11134.15**	**10340.96**	
安徽	**Anhui**	**7437.57**	**6231.03**	**6435.71**		济南	Jinan	880.04	590.66	515.61	62
合肥	Hefei	931.55	866.82	896.64	17	青岛	Qingdao	1814.00	1428.94	1092.69	8
芜湖	Wuhu	1119.45	549.86	534.36	59	淄博	Zibo	515.22	455.29	369.00	105
蚌埠	Bengbu	179.03	388.09	426.13	84	枣庄	Zaozhuang	448.33	209.90	174.50	188
淮南	Huainan	212.47	433.08	153.99	204	东营	Dongying	1458.14	757.59	613.24	44
马鞍山	Maanshan	319.02	177.37	172.81	191	烟台	Yantai	1848.04	830.77	737.00	30
淮北	Huaibei	494.13	181.13	250.20	152	潍坊	Weifang	4268.05	1452.66	1027.85	11
铜陵	Tongling	354.08	69.45	48.60	269	济宁	Jining	975.15	409.95	438.26	79
安庆	Anqing	430.25	348.03	318.93	119	泰安	Taian	931.92	335.24	277.40	136
黄山	Huangshan	139.33	95.97	54.75	267	威海	Weihai	986.58	412.50	253.03	148
滁州	Chuzhou	501.47	536.34	591.34	50	日照	Rizhao	603.41	913.31	136.10	211
阜阳	Fuyang	363.92	508.91	604.05	46	莱芜	Laiwu	329.19	206.90	106.53	231
宿州	Suzhou	443.12	310.30	351.44	110	临沂	Linyi	1302.25	905.66	1029.85	10
六安	Liuan	308.24	517.53	427.55	83	德州	Dezhou	672.70	629.46	650.34	38
亳州	Bozhou	146.20	363.79	484.49	66	聊城	Liaocheng	819.25	438.09	598.92	47

7-8　供应工矿仓储用地面积　续表 2

Area of Land Supplied for Industry, Mining and Warehousing continued 2

单位：公顷　　　　(hectare)

地名	City	2010	2015	2016	2016 排名 Ranking
滨州	Binzhou	1073.24	415.37	1394.49	4
菏泽	Heze	706.73	741.87	386.16	96
河南	**Henan**	**6645.83**	**6952.26**	**6048.06**	
郑州	Zhengzhou	687.27	1305.21	952.91	15
开封	Kaifeng	329.70	189.28	290.70	132
洛阳	Luoyang	1073.27	594.80	589.32	52
平顶山	Pingdingshan	530.52	300.66	230.27	162
安阳	Anyang	431.85	323.86	395.20	92
鹤壁	Hebi	309.27	275.49	191.71	178
新乡	Xinxiang	374.26	633.62	590.07	51
焦作	Jiaozuo	480.19	321.56	236.52	158
濮阳	Puyang	123.76	314.48	234.34	160
许昌	Xuchang	349.77	382.90	291.45	131
漯河	Luohe	211.84	171.02	111.85	225
三门峡	Sanmenxia	385.43	140.56	111.32	226
南阳	Nanyang	443.50	570.84	661.63	37
商丘	Shangqiu	311.89	538.26	337.23	113
信阳	Xinyang	91.63	297.22	205.93	173
周口	Zhoukou	206.80	144.89	221.50	165
驻马店	Zhumadian	304.88	447.63	396.10	91
湖北	**Hubei**	**7664.18**	**7158.30**	**11221.77**	
武汉	Wuhan	1355.85	1239.98	6053.98	1
黄石	Huangshi	372.07	593.75	268.20	139
十堰	Shiyan	192.29	258.29	184.24	183
宜昌	Yichang	1431.50	668.56	669.45	35
襄阳	Xiangyang	819.05	689.11	295.43	128
鄂州	Ezhou	234.42	233.45	88.66	246
荆门	Jingmen	482.51	403.56	784.73	25
孝感	Xiaogan	642.95	551.43	570.22	56
荆州	Jingzhou	701.45	860.08	737.72	29
黄冈	Huanggang	668.47	426.26	476.47	68
咸宁	Xianning	161.05	449.45	374.16	101
随州	Suizhou	146.62	170.88	105.35	233
湖南	**Hunan**	**3386.83**	**3758.82**	**3632.90**	
长沙	Changsha	618.82	777.07	984.33	13
株洲	Zhuzhou	74.05	291.05	185.78	182
湘潭	Xiangtan	248.33	209.93	246.80	154
衡阳	Hengyang	334.34	531.02	296.38	127
邵阳	Shaoyang	121.96	169.09	198.64	175
岳阳	Yueyang	358.76	557.69	398.18	90
常德	Changde	427.03	289.79	368.50	106
张家界	Zhangjiajie	53.88	20.72	39.67	275
益阳	Yiyang	288.60	80.75	189.91	179
郴州	Chenzhou	354.12	254.25	237.04	157
永州	Yongzhou	216.89	282.90	174.09	190
怀化	Huaihua	74.77	145.46	199.46	174
娄底	Loudi	140.87	67.22	46.08	271
广东	**Guangdong**	**6453.45**	**6442.37**	**5358.88**	
广州	Guangzhou	1253.84	285.41	384.77	97
韶关	Shaoguan	349.29	330.22	493.25	65
深圳	Shenzhen	62.40	136.71	166.83	196
珠海	Zhuhai	547.12	198.03	252.66	149
汕头	Shantou	83.77	48.24	112.80	224
佛山	Foshan	548.32	437.53	321.86	117
江门	Jiangmen	823.78	382.51	258.42	145
湛江	Zhanjiang	278.33	1436.46	167.25	195
茂名	Maoming	52.90	88.18	221.21	167
肇庆	Zhaoqing	388.31	397.75	410.74	87
惠州	Huizhou	266.16	329.11	327.58	114
梅州	Meizhou	157.60	400.67	159.18	199
汕尾	Shanwei	3.58	179.14	405.02	88
河源	Heyuan	88.33	177.80	289.24	133
阳江	Yangjiang	343.59	253.15	296.84	126
清远	Qingyuan	264.76	298.32	383.54	98
东莞	Dongguan	284.51	534.03	294.90	129
中山	Zhongshan	435.14	128.37	92.54	244
潮州	Chaozhou	16.55	88.58	108.99	229
揭阳	Jieyang	44.13	201.13	87.09	248
云浮	Yunfu	161.04	111.04	124.15	216
广西	**Guangxi**	**3083.94**	**2860.16**	**2868.65**	
南宁	Nanning	632.43	513.54	275.09	138
柳州	Liuzhou	319.59	398.09	326.65	115
桂林	Guilin	285.08	224.20	136.74	209
梧州	Wuzhou	348.56	62.22	175.96	186
北海	Beihai	135.16	118.46	27.48	277
防城港	Fangchenggang	196.52	201.56	412.18	86
钦州	Qinzhou	216.41	239.49	308.50	122
贵港	Guigang	36.59	238.44	150.01	207
玉林	Yulin	324.93	218.79	236.39	159
百色	Baise	171.83	244.09	189.01	180

7-8 供应工矿仓储用地面积 续表 3

Area of Land Supplied for Industry, Mining and Warehousing continued 3

单位：公顷 (hectare)

地名	City	2010	2015	2016	2016 排名 Ranking	地名	City	2010	2015	2016	2016 排名 Ranking
贺州	Hezhou	111.25	200.50	174.35	189	丽江	Lijiang	37.60	24.88	88.75	245
河池	Hechi	179.22	41.44	129.63	214	普洱	Puer	58.69	32.00	77.93	255
来宾	Laibin	21.24	87.34	113.46	223	临沧	Lincang	78.37	25.00	14.80	279
崇左	Chongzuo	105.15	72.01	213.20	171	**西藏**	**Tibet**	**101.92**	**172.60**	**156.89**	
海南	**Hainan**	**463.33**	**137.75**	**252.31**		拉萨	Lasa	66.27	172.40	142.36	208
海口	Haikou	47.49	36.13	69.30	258	**陕西**	**Shaanxi**	**2532.25**	**3157.69**	**3656.45**	
三亚	Sanya	21.34	4.78	1.12	285	西安	Xi'an	378.56	441.46	775.76	26
三沙	Sansha					铜川	Tongchuan	99.48	65.69	39.84	274
重庆	**Chongqing**	**2891.81**	**3290.32**	**3068.98**		宝鸡	Baoji	258.58	309.47	260.04	143
四川	**Sichuan**	**5493.80**	**4614.13**	**3669.68**		咸阳	Xianyang	437.50	358.01	639.65	41
成都	Chengdu	1481.91	1547.59	975.10	14	渭南	Weinan	266.18	366.04	265.84	140
自贡	Zigong	120.93	70.38	52.72	268	延安	Yan'an	76.33	185.63	257.06	146
攀枝花	Panzhihua	164.43	49.52	14.01	280	汉中	Hanzhong	81.40	241.76	114.03	222
泸州	Luzhou	611.38	228.34	208.62	172	榆林	Yulin	868.88	1045.99	994.18	12
德阳	Deyang	536.07	374.88	372.34	103	安康	Ankang	6.52	88.32	134.31	212
绵阳	Mianyang	276.42	208.51	371.35	104	商洛	Shangluo	58.82	55.32	175.72	187
广元	Guangyuan	144.77	122.66	55.86	266	**甘肃**	**Gansu**	**1520.82**	**2614.04**	**2982.31**	
遂宁	Suining	114.14	151.11	197.16	176	兰州	Lanzhou	105.06	317.24	217.47	168
内江	Neijiang	187.16	54.63	64.95	260	嘉峪关	Jiayuguan	82.76	3.31	10.76	282
乐山	Leshan	300.61	241.22	193.81	177	金昌	Jinchang	252.69	82.13	98.99	238
南充	Nanchong	240.29	204.36	170.36	193	白银	Baiyin	168.95	158.53	579.61	55
眉山	Meishan	209.50	286.39	181.37	184	天水	Tianshui	113.32	52.35	186.00	181
宜宾	Yibin	272.63	259.28	132.93	213	武威	Wuwei	161.38	618.02	684.66	34
广安	Guangan	233.97	174.09	157.21	202	张掖	Zhangye	76.68	585.65	374.14	102
达州	Dazhou	115.93	49.90	78.85	254	平凉	Pingliang	22.06	94.25	47.15	270
雅安	Yaan	272.44	248.87	69.77	257	酒泉	Jiuquan	348.40	433.39	429.69	82
巴中	Bazhong	5.27	128.24	60.67	264	庆阳	Qingyang	32.57	74.51	115.85	221
资阳	Ziyang	114.27	146.90	136.42	210	定西	Dingxi	103.41	101.47	176.98	185
贵州	**Guizhou**	**1792.53**	**2413.87**	**2730.37**		陇南	Longnan	22.89	20.00	3.66	284
贵阳	Guiyang	462.68	497.87	422.44	85	**青海**	**Qinghai**	**606.41**	**3977.59**	**2441.82**	
六盘水	Liupanshui	309.77	234.90	504.64	64	西宁	Xining	173.96	279.98	65.74	259
遵义	Zunyi	344.00	381.58	307.62	123	海东	Haidong		65.77	107.78	230
安顺	Anshun	82.31	189.96	95.86	240	**宁夏**	**Ningxia**	**1632.91**	**2558.47**	**2501.42**	
毕节	Bijie	211.80	154.80	376.31	99	银川	Yinchuan	640.26	948.76	754.90	28
铜仁	Tongren	41.90	241.55	253.80	147	石嘴山	Shizuishan	618.91	199.60	214.79	170
云南	**Yunnan**	**2646.93**	**1420.98**	**1971.44**		吴忠	Wuzhong	259.97	599.69	387.37	95
昆明	Kunming	646.04	371.55	507.10	63	固原	Guyuan	64.66	132.37	102.91	235
曲靖	Qujing	358.84	132.59	87.87	247	中卫	Zhongwei	49.11	678.04	1041.46	9
玉溪	Yuxi	208.86	193.53	231.45	161	**新疆**	**Xinjiang**	**2466.15**	**7510.67**	**7600.29**	
保山	Baoshan	86.50	28.93	103.26	234	乌鲁木齐	Urumqi	431.58	409.28	276.33	137
昭通	Zhaotong	44.20	3.08	56.44	265.00	克拉玛依	Karamay	96.23	138.35	345.55	111

7-9 供应商业服务用地面积
Area of Land Supplied for Commercial and Service Uses

单位：公顷 (hectare)

地名	City	2010	2015	2016	2016 排名 Ranking	地名	City	2010	2015	2016	2016 排名 Ranking
全国	**Nation Total**	**38905.15**	**36949.57**	**35146.78**		沈阳	Shenyang	283.42	91.21	83.46	133
北京	**Beijing**	**400.08**	**152.63**	**284.95**		大连	Dalian	441.30	29.29	32.87	225
天津	**Tianjin**	**590.24**	**138.46**	**149.87**		鞍山	Anshan	112.69	85.84	53.32	184
河北	**Hebei**	**1694.86**	**1421.58**	**1554.37**		抚顺	Fushun	110.42	49.69	53.37	183
石家庄	Shijiazhuang	92.64	113.38	98.07	106	本溪	Benxi	132.88	91.56	68.51	159
唐山	Tangshan	322.60	195.44	163.06	51	丹东	Dandong	79.99	35.80	42.03	207
秦皇岛	Qinhuangdao	137.10	76.66	85.42	128	锦州	Jinzhou	100.41	123.75	39.42	214
邯郸	Handan	175.36	175.05	234.05	30	营口	Yingkou	1112.94	47.84	66.27	163
邢台	Xingtai	89.02	103.15	114.58	88	阜新	Fuxin	74.38	41.20	26.03	243
保定	Baoding	123.98	140.68	273.77	21	辽阳	Liaoyang	143.40	74.82	40.62	210
张家口	Zhangjiakou	185.55	127.19	151.79	56	盘锦	Panjin	125.06	498.72	152.24	55
承德	Chengde	144.18	156.86	138.22	64	铁岭	Tieling	285.86	20.53	7.49	281
沧州	Cangzhou	173.73	125.73	86.05	126	朝阳	Chaoyang	49.35	79.09	88.33	121
廊坊	Langfang	140.72	142.51	90.08	117	葫芦岛	Huludao	207.94	63.73	76.14	147
衡水	Hengshui	109.98	64.94	119.28	82	**吉林**	**Jilin**	**892.22**	**496.61**	**772.90**	
山西	**Shanxi**	**743.08**	**524.92**	**608.88**		长春	Changchun	333.77	103.84	287.00	17
太原	Taiyuan	60.47	71.06	57.58	177	吉林	Jilin	99.27	60.17	61.17	174
大同	Datong	99.06	22.44	47.74	197	四平	Siping	72.78	72.11	48.72	195
阳泉	Yangquan	45.10	11.93	20.81	250	辽源	Liaoyuan	44.57	17.45	18.36	256
长治	Changzhi	9.31	21.08	16.46	262	通化	Tonghua	50.87	30.04	33.66	224
晋城	Jincheng	54.56	38.32	21.60	248	白山	Baishan	167.54	45.85	107.70	94
朔州	Shuozhou	97.80	38.72	21.12	249	松原	Songyuan	28.95	19.14	45.12	202
晋中	Jinzhong	73.80	72.38	155.21	54	白城	Baicheng	39.67	46.62	92.01	114
运城	Yuncheng	62.33	87.87	68.98	158	**黑龙江**	**Heilongjiang**	**1040.96**	**881.48**	**569.88**	
忻州	Xinzhou	99.26	53.99	116.18	87	哈尔滨	Harbin	229.02	222.16	212.53	36
临汾	Linfen	81.64	80.56	52.75	186	齐齐哈尔	Qiqihar	57.27	89.90	61.93	173
吕梁	Lvliang	59.75	26.58	30.46	230	鸡西	Jixi	18.88	76.06	17.08	259
内蒙古	**Inner Mongolia**	**3154.32**	**1167.42**	**835.20**		鹤岗	Hegang	9.53	18.58	10.14	274
呼和浩特	Hohhot	165.53	96.91	98.50	105	双鸭山	Shuangyashan	9.18	37.34	19.36	253
包头	Baotou	83.54	27.75	51.67	189	大庆	Daqing	123.84	45.08	38.01	216
乌海	Wuhai	45.07	13.09	11.89	271	伊春	Yichun	24.39	18.58	16.64	260
赤峰	Chifeng	132.45	93.08	123.35	74	佳木斯	Jiamusi	58.38	42.07	13.90	268
通辽	Tongliao	149.90	115.33	70.76	155	七台河	Qitaihe	3.89	36.32	8.54	278
鄂尔多斯	Erdos	1588.16	180.37	50.38	191	牡丹江	Mudanjiang	129.18	53.56	37.57	217
呼伦贝尔	Hulunbuir	147.07	158.66	120.75	77	黑河	Heihe	63.55	24.10	11.88	272
巴彦淖尔	Bayannur	316.77	65.38	81.57	136	绥化	Suihua	117.59	121.02	72.47	153
乌兰察布	Ulanqab	144.78	122.07	65.91	164	**上海**	**Shanghai**	**561.45**	**142.61**	**114.76**	
辽宁	**Liaoning**	**3260.02**	**1333.06**	**830.09**		**江苏**	**Jiangsu**	**3699.52**	**4413.86**	**3990.34**	

7-9 供应商业服务用地面积 续表 1
Area of Land Supplied for Commercial and Service Uses continued 1

单位：公顷 (hectare)

地名	City	2010	2015	2016	2016 排名 Ranking	地名	City	2010	2015	2016	2016 排名 Ranking
南京	Nanjing	108.37	324.84	212.53	36	池州	Chizhou	183.05	239.10	77.52	145
无锡	Wuxi	465.28	283.57	50.16	193	宣城	Xuancheng	192.19	83.81	91.56	116
徐州	Xuzhou	370.47	468.19	418.65	5	**福建**	**Fujian**	**935.02**	**625.48**	**472.09**	
常州	Changzhou	407.08	500.52	801.20	2	福州	Fuzhou	175.60	159.14	63.61	170
苏州	Suzhou	436.56	257.35	223.02	32	厦门	Xiamen	100.23	133.53	44.15	204
南通	Nantong	482.86	628.10	621.78	3	莆田	Putian	28.48	35.32	6.73	283
连云港	Lianyungang	260.68	616.06	375.06	8	三明	Sanming	101.38	33.77	27.27	241
淮安	Huaian	354.59	271.23	322.71	14	泉州	Quanzhou	112.82	81.92	87.93	123
盐城	Yancheng	282.52	535.36	393.70	7	漳州	Zhangzhou	195.48	74.32	150.88	57
扬州	Yangzhou	347.02	195.89	126.59	71	南平	Nanping	127.43	51.88	56.19	178
镇江	Zhenjiang	15.91	140.64	97.16	108	龙岩	Longyan	63.08	20.22	18.21	257
泰州	Taizhou	95.88	107.50	241.98	25	宁德	Ningde	30.50	35.39	17.12	258
宿迁	Suqian	72.30	84.60	105.78	96	**江西**	**Jiangxi**	**1084.78**	**1455.65**	**1130.52**	
浙江	**Zhejiang**	**1830.49**	**1315.47**	**1391.14**		南昌	Nanchang	288.85	134.50	122.11	75
杭州	Hangzhou	483.54	197.76	199.40	38	景德镇	Jingdezhen	76.99	69.04	31.49	228
宁波	Ningbo	373.60	234.53	298.70	16	萍乡	Pingxiang	34.09	48.64	91.87	115
温州	Wenzhou	66.78	119.72	64.21	169	九江	Jiujiang	159.83	298.57	98.58	104
嘉兴	Jiaxing	243.59	136.79	248.44	24	新余	Xinyu	5.40	30.46	13.99	267
湖州	Huzhou	185.04	163.30	196.81	40	鹰潭	Yingtan	44.08	56.81	16.02	263
绍兴	Shaoxing	75.83	97.90	107.89	93	赣州	Ganzhou	122.81	274.07	186.21	44
金华	Jinhua	139.11	143.02	88.27	122	吉安	Jian	117.28	70.97	54.53	182
衢州	Quzhou	76.15	92.18	47.00	199	宜春	Yichun	121.83	192.85	186.07	45
舟山	Zhoushan	55.30	37.22	15.36	265	抚州	Fuzhou	31.94	46.80	89.17	118
台州	Taizhou	98.96	78.08	76.41	146	上饶	Shangrao	81.67	232.94	240.48	26
丽水	Lishui	32.59	14.96	48.65	196	**山东**	**Shandong**	**5069.53**	**3354.25**	**3378.24**	
安徽	**Anhui**	**1761.66**	**2542.69**	**1800.13**		济南	Jinan	179.63	166.79	194.21	42
合肥	Hefei	132.17	286.22	252.48	23	青岛	Qingdao	457.29	257.73	238.65	27
芜湖	Wuhu	120.95	235.66	39.50	213	淄博	Zibo	154.82	127.89	120.25	78
蚌埠	Bengbu	66.56	120.46	117.29	85	枣庄	Zaozhuang	122.83	57.66	62.99	171
淮南	Huainan	15.76	25.42	25.89	244	东营	Dongying	104.53	62.02	26.64	242
马鞍山	Maanshan	31.04	60.16	101.60	101	烟台	Yantai	563.77	194.08	101.07	102
淮北	Huaibei	52.37	9.64	40.45	211	潍坊	Weifang	1213.28	720.97	1016.14	1
铜陵	Tongling	113.44	91.39	35.86	222	济宁	Jining	518.63	565.78	224.05	31
安庆	Anqing	86.51	78.15	98.06	107	泰安	Taian	128.56	182.37	83.80	130
黄山	Huangshan	121.56	90.14	133.98	68	威海	Weihai	346.09	237.53	362.31	11
滁州	Chuzhou	224.56	248.25	104.39	99	日照	Rizhao	35.29	32.32	95.90	110
阜阳	Fuyang	110.24	134.46	165.51	49	莱芜	Laiwu	71.23	30.44	9.26	275
宿州	Suzhou	80.51	183.88	116.63	86	临沂	Linyi	500.60	239.53	371.15	9
六安	Liuan	102.41	399.96	105.67	98	德州	Dezhou	103.17	94.04	123.75	73
亳州	Bozhou	110.13	218.57	190.09	43	聊城	Liaocheng	171.43	96.16	137.54	65

7-9 供应商业服务用地面积 续表 2

Area of Land Supplied for Commercial and Service Uses continued 2

单位：公顷 (hectare)

地名	City	2010	2015	2016	2016 排名 Ranking	地名	City	2010	2015	2016	2016 排名 Ranking
滨州	Binzhou	196.25	63.73	67.79	161	常德	Changde	102.16	169.18	160.78	53
菏泽	Heze	202.13	225.22	142.73	60	张家界	Zhangjiajie	72.86	34.74	113.04	90
河南	**Henan**	**1069.34**	**1634.92**	**1597.36**		益阳	Yiyang	40.12	242.28	132.69	69
郑州	Zhengzhou	88.83	315.59	350.00	13	郴州	Chenzhou	51.57	72.50	39.65	212
开封	Kaifeng	63.26	99.91	119.92	79	永州	Yongzhou	33.23	151.70	105.72	97
洛阳	Luoyang	78.21	149.51	62.58	172	怀化	Huaihua	193.04	157.29	120.86	76
平顶山	Pingdingshan	11.20	65.47	79.39	141	娄底	Loudi	47.66	123.12	27.51	240
安阳	Anyang	85.18	127.94	161.19	52	**广东**	**Guangdong**	**1385.03**	**1291.68**	**1614.54**	
鹤壁	Hebi	23.87	13.67	40.78	209	广州	Guangzhou	164.29	225.66	445.76	4
新乡	Xinxiang	77.55	91.26	75.70	149	韶关	Shaoguan	20.77	56.48	118.20	83
焦作	Jiaozuo	70.84	54.63	27.91	239	深圳	Shenzhen	10.86	64.42	117.38	84
濮阳	Puyang	11.25	67.93	73.79	152	珠海	Zhuhai	98.37	97.78	80.12	140
许昌	Xuchang	70.30	124.80	78.00	144	汕头	Shantou	19.87	3.28	31.04	229
漯河	Luohe	20.19	36.44	53.13	185	佛山	Foshan	212.66	198.76	126.37	72
三门峡	Sanmenxia	43.58	26.40	18.80	254	江门	Jiangmen	30.92	24.25	42.76	205
南阳	Nanyang	113.49	68.97	88.98	119	湛江	Zhanjiang	58.81	16.33	19.47	252
商丘	Shangqiu	67.07	114.31	119.90	80	茂名	Maoming	25.05	52.06	46.02	200
信阳	Xinyang	81.95	78.66	55.82	179	肇庆	Zhaoqing	66.22	97.35	65.55	166
周口	Zhoukou	28.66	85.72	64.27	168	惠州	Huizhou	209.92	100.96	80.87	138
驻马店	Zhumadian	133.93	113.72	127.21	70	梅州	Meizhou	34.02	91.85	83.61	131
湖北	**Hubei**	**1666.36**	**2282.38**	**1789.88**		汕尾	Shanwei	18.85	20.52	52.58	187
武汉	Wuhan	405.14	229.40	314.03	15	河源	Heyuan	55.09	13.26	86.67	125
黄石	Huangshi	48.95	77.24	81.84	135	阳江	Yangjiang	115.12	11.88	80.24	139
十堰	Shiyan	103.65	164.78	104.27	100	清远	Qingyuan	114.55	87.85	75.98	148
宜昌	Yichang	244.35	638.34	395.52	6	东莞	Dongguan	80.15	35.21	32.65	226
襄阳	Xiangyang	97.04	106.37	96.86	109	中山	Zhongshan	29.76	16.52	12.64	269
鄂州	Ezhou	50.63	114.88	14.79	266	潮州	Chaozhou		16.59	0.66	285
荆门	Jingmen	88.42	144.02	214.39	35	揭阳	Jieyang	5.70	16.80	7.02	282
孝感	Xiaogan	108.06	88.59	114.56	89	云浮	Yunfu	14.05	43.89	11.95	270
荆州	Jingzhou	78.92	212.47	99.91	103	**广西**	**Guangxi**	**769.25**	**888.18**	**797.27**	
黄冈	Huanggang	133.93	129.39	140.82	61	南宁	Nanning	138.20	125.80	110.86	91
咸宁	Xianning	130.45	113.31	72.08	154	柳州	Liuzhou	83.30	25.06	119.69	81
随州	Suizhou	34.61	38.87	15.45	264	桂林	Guilin	198.49	140.84	94.34	112
湖南	**Hunan**	**1238.49**	**1950.75**	**1714.76**		梧州	Wuzhou	27.11	20.70	37.08	220
长沙	Changsha	357.31	324.07	282.58	19	北海	Beihai	11.24	16.22	18.54	255
株洲	Zhuzhou	34.62	50.54	163.99	50	防城港	Fangchenggang	59.15	99.80	92.87	113
湘潭	Xiangtan	42.88	62.19	50.66	190	钦州	Qinzhou	103.34	47.80	30.26	231
衡阳	Hengyang	104.68	170.66	259.82	22	贵港	Guigang	9.77	17.46	30.12	232
邵阳	Shaoyang	69.53	116.55	67.98	160	玉林	Yulin	74.03	98.75	65.70	165
岳阳	Yueyang	82.96	203.49	139.16	63	百色	Baise	30.04	83.30	85.58	127

7-9 供应商业服务用地面积 续表 3
Area of Land Supplied for Commercial and Service Uses continued 3

单位：公顷 (hectare)

地名	City	2010	2015	2016	2016 排名 Ranking
贺州	Hezhou	6.57	25.02	38.13	215
河池	Hechi	2.55	26.92	37.02	221
来宾	Laibin	15.93	80.96	8.17	279
崇左	Chongzuo	9.53	79.55	28.90	236
海南	**Hainan**	**437.10**	**294.81**	**367.20**	
海口	Haikou	3.64	113.89	52.44	188
三亚	Sanya	58.34	58.90	94.42	111
三沙	Sansha				
重庆	**Chongqing**	**354.89**	**917.96**	**857.00**	
四川	**Sichuan**	**1362.91**	**1767.09**	**1726.38**	
成都	Chengdu	505.40	343.48	354.45	12
自贡	Zigong	39.17	15.12	81.11	137
攀枝花	Panzhihua	22.66	7.32	11.21	273
泸州	Luzhou	155.69	117.88	78.25	143
德阳	Deyang	76.60	96.30	29.53	233
绵阳	Mianyang	68.01	136.41	283.31	18
广元	Guangyuan	41.63	79.03	34.26	223
遂宁	Suining	63.63	54.94	65.17	167
内江	Neijiang	19.60	63.96	28.01	238
乐山	Leshan	124.00	151.48	86.86	124
南充	Nanchong	77.12	38.76	29.51	234
眉山	Meishan	29.26	155.75	83.57	132
宜宾	Yibin	42.94	61.18	55.63	180
广安	Guangan	21.82	91.20	134.88	66
达州	Dazhou	22.90	108.45	78.41	142
雅安	Yaan	8.23	41.65	28.97	235
巴中	Bazhong	12.54	109.48	106.41	95
资阳	Ziyang	2.24	43.61	54.81	181
贵州	**Guizhou**	**452.82**	**1480.80**	**1862.33**	
贵阳	Guiyang	107.41	186.78	236.02	29
六盘水	Liupanshui	19.30	123.98	362.77	10
遵义	Zunyi	45.78	220.16	236.53	28
安顺	Anshun	40.26	105.40	69.04	157
毕节	Bijie	52.18	119.56	148.02	58
铜仁	Tongren	40.98	302.34	276.64	20
云南	**Yunnan**	**1005.05**	**790.61**	**1126.60**	
昆明	Kunming	181.69	149.17	217.57	34
曲靖	Qujing	50.87	25.90	31.68	227
玉溪	Yuxi	144.74	69.58	181.84	46
保山	Baoshan	223.86	34.39	47.38	198
昭通	Zhaotong	60.16	15.20	42.35	206
丽江	Lijiang	7.21	37.14	25.73	245
普洱	Puer	33.07	41.40	37.50	218
临沧	Lincang	40.90	40.21	25.69	246
西藏	**Tibet**	**113.63**	**71.81**	**238.31**	
拉萨	Lasa	99.67	17.39	110.76	92
陕西	**Shaanxi**	**353.29**	**751.91**	**1044.83**	
西安	Xi'an	69.34	110.36	140.53	62
铜川	Tongchuan	10.66	15.90	7.61	280
宝鸡	Baoji	35.42	68.05	197.63	39
咸阳	Xianyang	33.27	183.21	222.04	33
渭南	Weinan	34.92	127.91	167.27	48
延安	Yan'an	26.21	46.26	74.89	151
汉中	Hanzhong	16.23	65.22	84.20	129
榆林	Yulin	76.42	60.15	44.76	203
安康	Ankang	12.00	59.12	45.65	201
商洛	Shangluo	38.82	15.74	60.24	175
甘肃	**Gansu**	**320.69**	**1201.43**	**877.16**	
兰州	Lanzhou	67.65	427.04	134.54	67
嘉峪关	Jiayuguan	25.66	1.82	70.26	156
金昌	Jinchang	8.77	16.16	19.70	251
白银	Baiyin	10.72	30.10	37.29	219
天水	Tianshui	27.90	18.31	82.10	134
武威	Wuwei	8.53	71.58	58.17	176
张掖	Zhangye	32.17	138.45	145.75	59
平凉	Pingliang	28.50	99.09	24.53	247
酒泉	Jiuquan	39.84	76.50	67.31	162
庆阳	Qingyang	19.09	24.76	16.52	261
定西	Dingxi	38.31	92.10	75.09	150
陇南	Longnan	4.16	18.26	3.34	284
青海	**Qinghai**	**108.35**	**212.30**	**204.18**	
西宁	Xining	54.86	48.64	49.78	194
海东	Haidong		58.62	50.18	192
宁夏	**Ningxia**	**774.78**	**356.96**	**344.91**	
银川	Yinchuan	445.70	181.74	177.69	47
石嘴山	Shizuishan	128.70	17.13	8.78	277
吴忠	Wuzhong	78.79	41.31	28.51	237
固原	Guyuan	59.54	67.22	88.57	120
中卫	Zhongwei	62.04	49.57	41.37	208
新疆	**Xinjiang**	**774.96**	**1089.81**	**1100.70**	
乌鲁木齐	Urumqi	92.14	215.24	196.49	41
克拉玛依	Karamay	27.17	27.33	8.84	276

7-10 供应住宅用地面积
Area of Land Supplied for Residential Uses

单位：公顷 (hectare)

地名	City	2010	2015	2016	2016 排名 Ranking
全国	**Nation Total**	**115272.5**	**83782.66**	**74539.39**	
北京	**Beijing**	**786.19**	**575.36**	**298.88**	
天津	**Tianjin**	**2571.90**	**940.37**	**1036.24**	
河北	**Hebei**	**5413.39**	**4210.33**	**4196.76**	
石家庄	Shijiazhuang	491.72	611.94	612.03	21
唐山	Tangshan	648.85	343.96	353.32	59
秦皇岛	Qinhuangdao	430.84	131.20	201.07	119
邯郸	Handan	655.03	404.01	324.35	67
邢台	Xingtai	357.54	391.91	406.57	40
保定	Baoding	556.56	636.45	623.50	19
张家口	Zhangjiakou	586.48	363.47	493.92	31
承德	Chengde	268.89	217.26	126.02	175
沧州	Cangzhou	326.32	318.78	333.24	64
廊坊	Langfang	824.70	622.09	445.42	35
衡水	Hengshui	266.47	169.26	277.32	84
山西	**Shanxi**	**1816.40**	**1055.75**	**1245.80**	
太原	Taiyuan	300.52	222.52	268.66	91
大同	Datong	480.45	133.78	156.72	146
阳泉	Yangquan	132.98	64.44	37.06	260
长治	Changzhi	56.76	48.25	62.38	231
晋城	Jincheng	100.23	68.61	50.95	242
朔州	Shuozhou	105.68	34.48	48.73	248
晋中	Jinzhong	123.78	101.96	152.84	152
运城	Yuncheng	153.23	107.55	166.17	136
忻州	Xinzhou	93.28	86.13	126.04	174
临汾	Linfen	133.24	149.71	112.86	184
吕梁	Lvliang	136.23	38.32	63.39	230
内蒙古	**Inner Mongolia**	**4940.09**	**1584.22**	**1235.19**	
呼和浩特	Hohhot	420.02	336.82	220.38	112
包头	Baotou	362.41	91.35	159.94	142
乌海	Wuhai	253.87	22.17	50.95	242
赤峰	Chifeng	246.12	117.00	151.36	156
通辽	Tongliao	299.15	103.56	39.35	256
鄂尔多斯	Erdos	1828.43	120.65	78.19	216
呼伦贝尔	Hulunbuir	365.30	285.90	145.64	159
巴彦淖尔	Bayannur	297.11	110.76	71.91	224
乌兰察布	Ulanqab	160.83	129.25	108.85	189
辽宁	**Liaoning**	**9105.20**	**2042.06**	**1355.23**	
沈阳	Shenyang	1108.99	407.82	348.35	62
大连	Dalian	2209.18	216.08	196.49	121
鞍山	Anshan	1221.14	216.71	99.20	199
抚顺	Fushun	310.22	21.26	8.19	284
本溪	Benxi	186.13	43.80	25.60	273
丹东	Dandong	257.93	58.30	18.64	279
锦州	Jinzhou	369.73	261.51	81.81	213
营口	Yingkou	1671.89	68.60	92.32	205
阜新	Fuxin	168.36	110.35	25.72	272
辽阳	Liaoyang	191.74	75.39	77.59	218
盘锦	Panjin	385.73	349.48	215.40	114
铁岭	Tieling	643.95	64.11	26.27	271
朝阳	Chaoyang	117.23	68.15	35.87	262
葫芦岛	Huludao	262.98	80.50	103.78	193
吉林	**Jilin**	**2837.72**	**967.46**	**914.33**	
长春	Changchun	1015.63	236.29	291.34	78
吉林	Jilin	424.48	114.92	93.23	202
四平	Siping	231.50	98.98	71.79	225
辽源	Liaoyuan	134.45	35.26	29.06	267
通化	Tonghua	165.34	49.02	43.14	253
白山	Baishan	543.79	64.11	50.63	244
松原	Songyuan	80.90	56.11	49.65	247
白城	Baicheng	81.00	144.86	110.94	186
黑龙江	**Heilongjiang**	**4624.75**	**1402.80**	**1157.37**	
哈尔滨	Harbin	1322.05	253.84	261.99	95
齐齐哈尔	Qiqihar	279.24	124.84	161.52	140
鸡西	Jixi	97.31	125.07	57.54	234
鹤岗	Hegang	53.16	125.29	38.23	259
双鸭山	Shuangyashan	154.88	135.92	107.87	190
大庆	Daqing	362.03	38.10	71.08	226
伊春	Yichun	93.88	54.89	80.11	215
佳木斯	Jiamusi	376.74	50.74	50.42	245
七台河	Qitaihe	18.18	40.88	32.05	264
牡丹江	Mudanjiang	438.03	103.46	75.58	221
黑河	Heihe	239.28	39.73	19.55	278
绥化	Suihua	531.72	162.39	125.02	177
上海	**Shanghai**	**704.13**	**700.16**	**360.23**	
江苏	**Jiangsu**	**10874.29**	**9759.48**	**7404.39**	

7-10 供应住宅用地面积 续表 1
Area of Land Supplied for Residential Uses continued 1

单位：公顷 (hectare)

地名	City	2010	2015	2016	2016 排名 Ranking	地名	City	2010	2015	2016	2016 排名 Ranking
南京	Nanjing	709.54	678.75	756.31	10	池州	Chizhou	117.59	193.87	100.80	198
无锡	Wuxi	1539.11	233.62	290.58	79	宣城	Xuancheng	189.80	161.14	163.64	137
徐州	Xuzhou	843.72	938.89	997.68	4	**福建**	**Fujian**	**2112.92**	**1433.25**	**1350.64**	
常州	Changzhou	793.48	833.06	477.62	32	福州	Fuzhou	655.81	332.88	324.53	66
苏州	Suzhou	1336.19	1263.97	1053.90	3	厦门	Xiamen	348.12	97.42	92.51	204
南通	Nantong	1058.31	1832.34	738.73	11	莆田	Putian	120.54	196.30	123.70	178
连云港	Lianyungang	560.01	599.15	180.61	129	三明	Sanming	92.51	91.01	68.49	227
淮安	Huaian	764.91	400.54	519.33	28	泉州	Quanzhou	328.04	225.37	313.84	71
盐城	Yancheng	1307.89	663.13	670.89	18	漳州	Zhangzhou	299.43	180.52	183.82	127
扬州	Yangzhou	614.82	643.23	450.01	33	南平	Nanping	104.88	73.75	58.80	233
镇江	Zhenjiang	159.79	315.80	232.86	106	龙岩	Longyan	81.77	127.18	131.87	169
泰州	Taizhou	474.54	721.31	306.74	73	宁德	Ningde	81.83	108.82	53.06	238
宿迁	Suqian	711.98	635.69	729.14	14	**江西**	**Jiangxi**	**2891.21**	**3425.75**	**2664.85**	
浙江	**Zhejiang**	**7466.36**	**3576.97**	**4026.92**		南昌	Nanchang	554.67	424.21	445.99	34
杭州	Hangzhou	1475.00	448.09	687.54	16	景德镇	Jingdezhen	181.64	140.03	16.72	280
宁波	Ningbo	2081.83	685.14	793.69	7	萍乡	Pingxiang	57.48	259.52	84.07	211
温州	Wenzhou	267.38	517.32	418.74	37	九江	Jiujiang	396.17	822.87	301.15	76
嘉兴	Jiaxing	773.47	318.04	617.57	20	新余	Xinyu	116.14	70.47	52.40	240
湖州	Huzhou	395.03	243.85	243.71	101	鹰潭	Yingtan	199.90	86.67	28.68	268
绍兴	Shaoxing	656.96	554.42	398.62	43	赣州	Ganzhou	375.48	208.18	366.50	51
金华	Jinhua	418.29	257.79	263.88	93	吉安	Jian	136.12	220.64	278.98	83
衢州	Quzhou	278.56	69.19	112.46	185	宜春	Yichun	310.92	625.29	350.51	60
舟山	Zhoushan	328.26	41.54	75.40	222	抚州	Fuzhou	234.10	268.19	358.26	57
台州	Taizhou	456.62	271.58	228.13	108	上饶	Shangrao	328.61	299.69	381.58	47
丽水	Lishui	334.96	169.99	187.20	126	**山东**	**Shandong**	**12857.15**	**7025.38**	**7107.92**	
安徽	**Anhui**	**4766.31**	**5470.75**	**5392.08**		济南	Jinan	785.10	659.94	772.27	9
合肥	Hefei	457.23	692.79	733.22	13	青岛	Qingdao	1881.40	761.34	844.53	6
芜湖	Wuhu	910.79	245.60	260.36	96	淄博	Zibo	398.82	238.26	178.87	130
蚌埠	Bengbu	339.35	330.11	410.83	39	枣庄	Zaozhuang	239.06	356.61	139.33	162
淮南	Huainan	351.81	213.43	245.14	100	东营	Dongying	308.12	161.90	109.01	188
马鞍山	Maanshan	189.86	121.79	78.10	217	烟台	Yantai	1813.34	454.22	361.85	54
淮北	Huaibei	315.07	108.14	102.79	194	潍坊	Weifang	1686.46	1110.21	1122.11	2
铜陵	Tongling	196.81	92.95	34.92	263	济宁	Jining	704.86	573.04	394.05	45
安庆	Anqing	328.67	254.50	166.89	135	泰安	Taian	398.14	300.18	272.93	87
黄山	Huangshan	175.20	62.46	84.80	210	威海	Weihai	1379.72	704.17	967.97	5
滁州	Chuzhou	389.66	750.45	503.49	29	日照	Rizhao	184.60	198.54	204.96	117
阜阳	Fuyang	146.73	643.16	735.97	12	莱芜	Laiwu	128.80	103.38	100.93	197
宿州	Suzhou	219.84	333.70	396.02	44	临沂	Linyi	996.66	406.29	499.80	30
六安	Liuan	195.90	616.35	537.79	25	德州	Dezhou	484.52	287.69	315.13	69
亳州	Bozhou	117.21	291.35	413.39	38	聊城	Liaocheng	397.22	275.65	276.88	85

7-10 供应住宅用地面积 续表 2

Area of Land Supplied for Residential Uses continued 2

单位：公顷 (hectare)

地名	City	2010	2015	2016	2016排名 Ranking	地名	City	2010	2015	2016	2016排名 Ranking
滨州	Binzhou	371.13	186.52	241.09	103	常德	Changde	195.82	276.03	232.37	107
菏泽	Heze	699.18	247.43	306.21	74	张家界	Zhangjiajie	151.31	44.03	50.04	246
河南	**Henan**	**5174.84**	**4359.32**	**4220.34**		益阳	Yiyang	147.90	223.36	161.95	139
郑州	Zhengzhou	1070.61	1303.91	1217.11	1	郴州	Chenzhou	275.17	316.03	191.83	124
开封	Kaifeng	347.36	190.44	139.01	163	永州	Yongzhou	230.58	450.91	376.17	48
洛阳	Luoyang	249.76	418.35	364.70	53	怀化	Huaihua	354.74	288.79	314.58	70
平顶山	Pingdingshan	400.61	123.41	195.67	122	娄底	Loudi	81.01	177.04	153.08	151
安阳	Anyang	311.66	117.47	234.17	105	**广东**	**Guangdong**	**4818.47**	**3313.82**	**4029.95**	
鹤壁	Hebi	154.55	206.04	114.41	183	广州	Guangzhou	448.39	355.63	283.84	82
新乡	Xinxiang	390.73	212.44	154.34	148	韶关	Shaoguan	102.23	148.33	154.82	147
焦作	Jiaozuo	193.26	47.32	151.64	155	深圳	Shenzhen	78.31	141.87	125.93	176
濮阳	Puyang	162.35	111.85	248.14	98	珠海	Zhuhai	299.25	89.27	52.51	239
许昌	Xuchang	345.65	142.28	159.11	143	汕头	Shantou	26.15	121.33	83.38	212
漯河	Luohe	72.33	109.38	133.91	165	佛山	Foshan	542.06	353.19	587.92	22
三门峡	Sanmenxia	139.90	72.46	48.69	249	江门	Jiangmen	220.16	101.39	92.75	203
南阳	Nanyang	324.65	224.20	262.86	94	湛江	Zhanjiang	117.71	183.65	163.58	138
商丘	Shangqiu	239.11	413.82	201.45	118	茂名	Maoming	63.11	93.07	265.10	92
信阳	Xinyang	279.15	192.26	175.58	133	肇庆	Zhaoqing	166.80	161.64	205.65	116
周口	Zhoukou	146.58	107.71	144.88	160	惠州	Huizhou	824.72	257.72	347.52	63
驻马店	Zhumadian	346.56	365.96	274.68	86	梅州	Meizhou	193.82	330.03	221.14	111
湖北	**Hubei**	**4278.38**	**5110.83**	**3612.44**		汕尾	Shanwei	0.90	91.19	116.88	181
武汉	Wuhan	1575.88	931.25	707.82	15	河源	Heyuan	151.72	88.20	218.78	113
黄石	Huangshi	114.89	603.25	133.97	164	阳江	Yangjiang	286.34	164.40	312.33	72
十堰	Shiyan	191.09	169.35	129.30	171	清远	Qingyuan	613.99	240.22	360.00	56
宜昌	Yichang	284.18	750.42	439.38	36	东莞	Dongguan	221.08	226.24	241.78	102
襄阳	Xiangyang	187.35	223.63	159.11	143	中山	Zhongshan	334.66	6.93	9.68	283
鄂州	Ezhou	405.60	247.64	60.74	232	潮州	Chaozhou	14.18	45.30	24.80	275
荆门	Jingmen	274.49	320.59	391.86	46	揭阳	Jieyang	80.95	64.02	75.00	223
孝感	Xiaogan	177.62	501.09	237.20	104	云浮	Yunfu	31.94	50.19	86.56	208
荆州	Jingzhou	172.36	266.38	365.19	52	**广西**	**Guangxi**	**2876.33**	**2280.64**	**2328.73**	
黄冈	Huanggang	83.01	326.92	297.24	77	南宁	Nanning	517.25	425.03	331.83	65
咸宁	Xianning	491.07	241.62	188.28	125	柳州	Liuzhou	235.11	271.60	354.85	58
随州	Suizhou	131.17	68.55	102.71	195	桂林	Guilin	173.49	326.52	130.86	170
湖南	**Hunan**	**3869.41**	**3740.05**	**3593.64**		梧州	Wuzhou	171.76	43.30	67.93	228
长沙	Changsha	1221.31	377.74	521.29	27	北海	Beihai	106.08	34.41	76.97	220
株洲	Zhuzhou	257.74	522.06	374.55	49	防城港	Fangchenggang	185.87	254.85	177.80	131
湘潭	Xiangtan	179.03	95.68	94.21	201	钦州	Qinzhou	633.30	82.52	175.79	132
衡阳	Hengyang	302.00	544.77	673.40	17	贵港	Guigang	210.68	63.66	89.45	207
邵阳	Shaoyang	245.97	154.97	196.65	120	玉林	Yulin	181.66	261.34	350.06	61
岳阳	Yueyang	200.03	180.94	151.78	153	百色	Baise	150.94	165.17	153.44	149

7-10 供应住宅用地面积 续表 3

Area of Land Supplied for Residential Uses continued 3

单位：公顷 (hectare)

地名	City	2010	2015	2016	2016 排名 Ranking	地名	City	2010	2015	2016	2016 排名 Ranking
贺州	Hezhou	94.59	45.31	151.75	154	丽江	Lijiang	115.34	39.10	54.58	237
河池	Hechi	44.91	104.85	160.10	141	普洱	Puer	72.30	157.31	38.58	257
来宾	Laibin	62.79	135.59	26.30	270	临沧	Lincang	42.47	23.03	12.06	282
崇左	Chongzuo	107.90	66.50	81.59	214	**西藏**	**Tibet**	**133.46**	**57.14**	**247.74**	
海南	**Hainan**	**1017.90**	**622.08**	**579.98**		拉萨	Lasa	84.47	19.65	247.74	99
海口	Haikou	78.90	141.63	132.17	168	**陕西**	**Shaanxi**	**1583.05**	**1831.37**	**1903.08**	
三亚	Sanya	54.96	57.61	45.48	251	西安	Xi'an	422.37	479.56	549.39	24
三沙	Sansha					铜川	Tongchuan	135.19	45.89	23.97	276
重庆	**Chongqing**	**2958.44**	**3306.60**	**2182.44**		宝鸡	Baoji	96.94	162.92	289.19	80
四川	**Sichuan**	**4669.47**	**4413.30**	**4010.78**		咸阳	Xianyang	236.42	297.17	269.59	89
成都	Chengdu	1530.44	995.04	788.14	8	渭南	Weinan	150.15	295.15	251.26	97
自贡	Zigong	137.17	48.41	141.16	161	延安	Yan'an	84.20	70.01	77.15	219
攀枝花	Panzhihua	95.47	48.24	22.22	277	汉中	Hanzhong	133.17	195.36	123.13	180
泸州	Luzhou	332.61	366.36	269.86	88	榆林	Yulin	208.26	189.11	167.29	134
德阳	Deyang	337.53	159.94	133.07	166	安康	Ankang	60.88	59.16	127.11	173
绵阳	Mianyang	397.94	304.11	360.70	55	商洛	Shangluo	55.47	37.05	25.01	274
广元	Guangyuan	90.65	158.23	94.97	200	**甘肃**	**Gansu**	**1285.37**	**1613.67**	**965.76**	
遂宁	Suining	151.31	222.79	207.05	115	兰州	Lanzhou	361.21	519.48	227.32	109
内江	Neijiang	154.32	183.65	115.69	182	嘉峪关	Jiayuguan	52.51	30.62	14.98	281
乐山	Leshan	284.70	169.96	157.74	145	金昌	Jinchang	45.46	33.42	47.16	250
南充	Nanchong	197.71	263.81	269.38	90	白银	Baiyin	78.21	235.31	43.40	252
眉山	Meishan	210.09	419.96	399.56	42	天水	Tianshui	61.72	111.35	101.75	196
宜宾	Yibin	200.74	106.69	180.93	128	武威	Wuwei	74.34	267.39	147.27	158
广安	Guangan	130.46	183.19	304.83	75	张掖	Zhangye	153.09	131.75	128.59	172
达州	Dazhou	204.24	136.68	148.29	157	平凉	Pingliang	59.23	50.66	55.19	236
雅安	Yaan	54.66	80.54	107.65	191	酒泉	Jiuquan	89.91	36.58	36.71	261
巴中	Bazhong	57.85	167.49	123.64	179	庆阳	Qingyang	70.99	25.41	42.58	255
资阳	Ziyang	71.56	326.03	153.26	150	定西	Dingxi	154.64	29.58	29.10	266
贵州	**Guizhou**	**1635.32**	**3194.13**	**2829.72**		陇南	Longnan	6.30	8.27	4.96	285
贵阳	Guiyang	802.77	424.94	318.27	68	**青海**	**Qinghai**	**545.06**	**245.68**	**231.60**	
六盘水	Liupanshui	16.64	289.37	193.79	123	西宁	Xining	147.31	127.13	65.60	229
遵义	Zunyi	216.13	620.10	526.51	26	海东	Haidong		52.27	38.52	258
安顺	Anshun	70.68	143.12	132.26	167	**宁夏**	**Ningxia**	**1479.34**	**949.64**	**561.90**	
毕节	Bijie	119.76	456.52	558.94	23	银川	Yinchuan	426.63	501.59	287.95	81
铜仁	Tongren	47.95	326.67	400.56	41	石嘴山	Shizuishan	412.42	70.62	30.75	265
云南	**Yunnan**	**2429.46**	**1314.58**	**1280.47**		吴忠	Wuzhong	219.53	195.84	90.71	206
昆明	Kunming	341.83	210.83	373.89	50	固原	Guyuan	188.23	67.77	43.10	254
曲靖	Qujing	332.04	90.60	51.79	241	中卫	Zhongwei	232.52	113.82	109.40	187
玉溪	Yuxi	157.88	60.38	27.90	269	**新疆**	**Xinjiang**	**2750.22**	**3259.71**	**2213.91**	
保山	Baoshan	160.96	95.25	106.82	192	乌鲁木齐	Urumqi	652.35	375.17	225.02	110
昭通	Zhaotong	103.16	28.02	86.39	209	克拉玛依	Karamay	42.43	78.56	55.22	235

7-11 供应普通商品住房用地面积
Area of Land Supplied for Ordinary Commercial Housing

单位：公顷 (hectare)

地名	City	2010	2015	2016	2016 排名 Ranking
全国	**Nation Total**	**97887.9**	**62868.57**	**59810.38**	
北京	**Beijing**	**684.65**	**440.96**	**123.15**	
天津	**Tianjin**	**2010.94**	**407.43**	**746.60**	
河北	**Hebei**	**5045.79**	**3681.26**	**3877.02**	
石家庄	Shijiazhuang	446.83	486.18	492.65	16
唐山	Tangshan	565.78	303.56	348.51	41
秦皇岛	Qinhuangdao	406.30	96.82	128.67	141
邯郸	Handan	558.24	225.56	302.50	59
邢台	Xingtai	341.32	345.25	389.22	32
保定	Baoding	551.28	609.58	581.81	14
张家口	Zhangjiakou	545.57	358.61	485.26	17
承德	Chengde	252.56	193.01	117.88	158
沧州	Cangzhou	312.10	295.98	317.38	54
廊坊	Langfang	811.80	611.25	444.45	25
衡水	Hengshui	254.01	155.45	268.68	68
山西	**Shanxi**	**1217.12**	**671.72**	**955.44**	
太原	Taiyuan	188.49	182.16	239.32	85
大同	Datong	206.20	40.87	117.62	159
阳泉	Yangquan	116.00	23.08	13.14	276
长治	Changzhi	47.30	44.36	35.49	243
晋城	Jincheng	77.31	45.80	43.27	231
朔州	Shuozhou	88.25	24.01	39.24	239
晋中	Jinzhong	91.05	81.43	122.23	151
运城	Yuncheng	142.74	75.56	155.22	119
忻州	Xinzhou	74.21	32.46	72.44	202
临汾	Linfen	120.10	87.75	91.13	178
吕梁	Lvliang	65.48	34.25	26.33	254
内蒙古	**Inner Mongolia**	**4231.72**	**1199.67**	**972.79**	
呼和浩特	Hohhot	385.96	307.41	169.70	113
包头	Baotou	282.31	27.80	90.10	179
乌海	Wuhai	100.66	10.57	11.96	277
赤峰	Chifeng	241.89	107.24	151.36	125
通辽	Tongliao	274.84	96.77	39.29	238
鄂尔多斯	Erdos	1657.44	118.78	55.76	215
呼伦贝尔	Hulunbuir	248.04	170.49	135.92	137
巴彦淖尔	Bayannur	290.06	106.23	71.91	203
乌兰察布	Ulanqab	140.45	58.85	83.29	188
辽宁	**Liaoning**	**8353.39**	**1884.69**	**1324.64**	
沈阳	Shenyang	1079.67	402.46	330.03	48
大连	Dalian	2143.11	210.93	192.71	105
鞍山	Anshan	1220.58	216.71	99.20	170
抚顺	Fushun	264.94	17.27	6.39	281
本溪	Benxi	32.24	27.61	25.11	258
丹东	Dandong	251.78	54.86	18.64	268
锦州	Jinzhou	331.85	241.71	81.81	190
营口	Yingkou	1363.29	58.19	92.32	175
阜新	Fuxin	144.76	44.19	25.72	257
辽阳	Liaoyang	173.53	72.41	77.17	194
盘锦	Panjin	384.81	349.48	215.40	92
铁岭	Tieling	627.91	63.43	26.27	255
朝阳	Chaoyang	115.40	61.99	35.87	242
葫芦岛	Huludao	219.52	63.43	98.00	171
吉林	**Jilin**	**2376.41**	**791.77**	**769.03**	
长春	Changchun	801.51	203.61	258.76	71
吉林	Jilin	367.43	109.62	87.33	183
四平	Siping	229.63	83.28	58.58	213
辽源	Liaoyuan	61.50	28.70	19.01	267
通化	Tonghua	124.67	40.74	42.35	232
白山	Baishan	535.70	25.95	40.09	235
松原	Songyuan	80.90	55.20	48.87	225
白城	Baicheng	64.80	123.72	78.88	191
黑龙江	**Heilongjiang**	**3602.05**	**894.93**	**709.20**	
哈尔滨	Harbin	1098.35	219.70	241.29	84
齐齐哈尔	Qiqihar	210.19	105.75	85.46	187
鸡西	Jixi	93.33	110.03	51.63	218
鹤岗	Hegang	45.93	23.83	7.80	280
双鸭山	Shuangyashan	140.91	44.47	14.08	275
大庆	Daqing	361.13	37.19	59.59	210
伊春	Yichun	23.92	13.20	6.33	282
佳木斯	Jiamusi	313.60	29.42	30.86	250
七台河	Qitaihe	14.73	28.11	8.38	279
牡丹江	Mudanjiang	412.31	70.72	39.68	237
黑河	Heihe	186.51	38.71	16.89	270
绥化	Suihua	430.71	120.58	86.26	185
上海	**Shanghai**	**669.40**	**597.17**	**341.94**	
江苏	**Jiangsu**	**8908.12**	**7292.26**	**5569.72**	

7-11 供应普通商品住房用地面积 续表 1
Area of Land Supplied for Ordinary Commercial Housing continued 1

单位：公顷 (hectare)

地名	City	2010	2015	2016	2016 排名 Ranking	地名	City	2010	2015	2016	2016 排名 Ranking
南京	Nanjing	411.45	450.19	426.41	27	池州	Chizhou	117.59	136.99	32.68	247
无锡	Wuxi	886.23	116.55	216.76	91	宣城	Xuancheng	177.82	137.99	146.41	130
徐州	Xuzhou	658.26	702.01	844.87	4	**福建**	**Fujian**	**1960.82**	**1398.32**	**1316.04**	
常州	Changzhou	646.14	593.64	414.75	28	福州	Fuzhou	625.85	319.95	321.22	53
苏州	Suzhou	991.02	820.16	792.50	5	厦门	Xiamen	331.23	94.63	76.43	196
南通	Nantong	1004.10	1262.66	651.14	9	莆田	Putian	105.63	189.79	123.70	149
连云港	Lianyungang	534.56	561.24	160.55	115	三明	Sanming	80.89	88.48	68.27	206
淮安	Huaian	725.24	400.54	484.64	18	泉州	Quanzhou	295.26	222.72	313.84	55
盐城	Yancheng	1268.58	616.69	447.46	24	漳州	Zhangzhou	291.41	176.89	182.76	109
扬州	Yangzhou	582.69	467.14	356.86	38	南平	Nanping	95.89	73.59	57.13	214
镇江	Zhenjiang	159.79	315.80	232.07	88	龙岩	Longyan	76.93	123.46	122.49	150
泰州	Taizhou	466.21	706.62	258.57	72	宁德	Ningde	57.72	108.82	50.19	222
宿迁	Suqian	573.88	279.02	283.12	64	**江西**	**Jiangxi**	**2421.31**	**2916.71**	**2198.75**	
浙江	**Zhejiang**	**6100.29**	**1979.61**	**2547.77**		南昌	Nanchang	487.48	278.75	282.56	65
杭州	Hangzhou	1294.68	334.64	365.78	34	景德镇	Jingdezhen	146.68	138.50	14.65	274
宁波	Ningbo	1179.08	269.36	571.44	15	萍乡	Pingxiang	47.62	240.73	78.37	192
温州	Wenzhou	228.40	243.51	212.77	93	九江	Jiujiang	386.19	732.26	244.05	81
嘉兴	Jiaxing	694.92	170.65	469.99	21	新余	Xinyu	103.14	45.79	50.22	221
湖州	Huzhou	383.49	157.41	152.30	124	鹰潭	Yingtan	126.75	75.73	24.59	260
绍兴	Shaoxing	631.99	423.26	338.94	45	赣州	Ganzhou	231.25	132.43	327.87	50
金华	Jinhua	353.39	135.90	121.86	152	吉安	Jian	123.84	164.71	235.24	86
衢州	Quzhou	257.05	50.72	72.85	200	宜春	Yichun	277.58	592.17	288.78	62
舟山	Zhoushan	315.09	15.58	28.66	251	抚州	Fuzhou	211.78	247.00	288.41	63
台州	Taizhou	437.99	127.65	127.26	145	上饶	Shangrao	278.99	268.64	364.01	35
丽水	Lishui	324.20	50.93	86.23	186	**山东**	**Shandong**	**11986.78**	**6177.95**	**6566.79**	
安徽	**Anhui**	**3409.49**	**3836.79**	**4316.07**		济南	Jinan	599.04	575.33	726.79	7
合肥	Hefei	229.97	143.36	392.69	30	青岛	Qingdao	1733.28	616.76	746.74	6
芜湖	Wuhu	372.13	225.15	243.23	82	淄博	Zibo	373.46	234.52	176.71	111
蚌埠	Bengbu	279.34	243.06	290.94	61	枣庄	Zaozhuang	225.55	305.61	135.74	138
淮南	Huainan	123.65	92.31	142.84	131	东营	Dongying	301.65	158.86	108.40	164
马鞍山	Maanshan	181.01	113.19	78.10	193	烟台	Yantai	1764.86	449.42	361.85	36
淮北	Huaibei	259.86	28.48	94.13	173	潍坊	Weifang	1683.69	1107.37	1122.11	2
铜陵	Tongling	169.65	68.20	34.20	245	济宁	Jining	689.18	552.15	385.29	33
安庆	Anqing	309.63	136.57	140.21	134	泰安	Taian	302.31	118.21	183.95	107
黄山	Huangshan	152.08	27.64	52.45	217	威海	Weihai	1379.72	659.94	967.88	3
滁州	Chuzhou	363.97	513.61	467.39	23	日照	Rizhao	139.12	112.41	106.18	167
阜阳	Fuyang	117.71	603.36	715.66	8	莱芜	Laiwu	110.08	64.15	91.97	176
宿州	Suzhou	157.85	300.91	390.25	31	临沂	Linyi	833.66	371.18	480.91	20
六安	Liuan	189.22	513.60	469.34	22	德州	Dezhou	470.29	224.18	241.59	83
亳州	Bozhou	90.53	224.81	343.35	44	聊城	Liaocheng	383.45	269.63	272.58	66

7-11 供应普通商品住房用地面积 续表 2

Area of Land Supplied for Ordinary Commercial Housing continued 2

单位：公顷 (hectare)

地名	City	2010	2015	2016	2016 排名 Ranking	地名	City	2010	2015	2016	2016 排名 Ranking
滨州	Binzhou	354.34	157.39	200.81	103	常德	Changde	189.56	188.83	217.50	90
菏泽	Heze	643.10	200.84	257.26	73	张家界	Zhangjiajie	144.76	23.78	47.59	227
河南	**Henan**	**4062.05**	**3464.54**	**3577.82**		益阳	Yiyang	121.97	140.29	119.45	156
郑州	Zhengzhou	566.17	1008.54	1142.79	1	郴州	Chenzhou	254.24	177.65	108.53	163
开封	Kaifeng	324.17	168.50	121.03	153	永州	Yongzhou	225.60	287.52	246.94	78
洛阳	Luoyang	197.95	351.51	252.76	75	怀化	Huaihua	332.95	165.88	205.86	97
平顶山	Pingdingshan	231.33	104.94	193.51	104	娄底	Loudi	76.08	76.01	15.82	272
安阳	Anyang	266.15	100.12	183.84	108	**广东**	**Guangdong**	**4571.79**	**3060.29**	**3854.08**	
鹤壁	Hebi	123.37	141.83	72.47	201	广州	Guangzhou	325.98	226.96	202.91	101
新乡	Xinxiang	385.54	170.91	139.55	135	韶关	Shaoguan	102.11	116.72	152.90	123
焦作	Jiaozuo	164.32	44.88	89.10	182	深圳	Shenzhen	59.48	139.67	124.45	147
濮阳	Puyang	112.09	85.85	165.02	114	珠海	Zhuhai	297.92	73.78	46.65	228
许昌	Xuchang	326.01	135.46	159.11	116	汕头	Shantou	23.32	121.33	82.32	189
漯河	Luohe	57.26	96.75	106.81	166	佛山	Foshan	541.70	352.62	587.68	13
三门峡	Sanmenxia	117.78	70.25	48.44	226	江门	Jiangmen	215.18	95.35	89.44	181
南阳	Nanyang	249.82	197.39	244.75	79	湛江	Zhanjiang	113.48	144.72	149.39	128
商丘	Shangqiu	216.61	248.34	172.97	112	茂名	Maoming	63.11	88.24	249.74	76
信阳	Xinyang	263.46	136.99	158.54	117	肇庆	Zhaoqing	166.66	158.06	205.31	99
周口	Zhoukou	126.35	98.49	120.79	154	惠州	Huizhou	821.03	254.81	313.72	56
驻马店	Zhumadian	333.68	303.78	206.34	96	梅州	Meizhou	190.80	327.45	211.16	94
湖北	**Hubei**	**3976.82**	**3794.28**	**3129.08**		汕尾	Shanwei	0.90	91.19	116.88	160
武汉	Wuhan	1449.79	795.77	628.84	11	河源	Heyuan	71.28	85.01	218.48	89
黄石	Huangshi	106.24	217.37	125.79	146	阳江	Yangjiang	284.64	162.72	311.34	57
十堰	Shiyan	190.68	163.14	128.23	143	清远	Qingyuan	611.71	237.66	335.01	47
宜昌	Yichang	227.65	452.97	358.43	37	东莞	Dongguan	221.08	219.71	234.26	87
襄阳	Xiangyang	174.68	159.12	117.90	157	中山	Zhongshan	334.66	6.93	9.68	278
鄂州	Ezhou	405.60	240.55	60.74	209	潮州	Chaozhou	14.18	44.80	24.22	261
荆门	Jingmen	256.57	277.34	347.48	43	揭阳	Jieyang	80.67	63.43	75.00	198
孝感	Xiaogan	168.71	415.43	156.90	118	云浮	Yunfu	31.91	49.12	86.56	184
荆州	Jingzhou	140.06	251.37	353.78	39	**广西**	**Guangxi**	**2520.83**	**1635.40**	**1874.57**	
黄冈	Huanggang	63.90	288.74	259.04	70	南宁	Nanning	395.06	383.65	327.02	51
咸宁	Xianning	484.80	222.11	128.58	142	柳州	Liuzhou	169.86	213.39	338.33	46
随州	Suizhou	126.60	60.47	97.66	172	桂林	Guilin	148.64	132.97	93.16	174
湖南	**Hunan**	**3420.62**	**2432.47**	**2487.13**		梧州	Wuzhou	165.81	40.22	59.58	211
长沙	Changsha	1003.79	294.41	256.08	74	北海	Beihai	106.08	30.04	76.97	195
株洲	Zhuzhou	241.59	198.24	328.72	49	防城港	Fangchenggang	166.83	21.44	48.94	224
湘潭	Xiangtan	170.83	46.68	71.44	205	钦州	Qinzhou	622.72	48.65	75.84	197
衡阳	Hengyang	259.11	522.74	644.89	10	贵港	Guigang	136.32	63.41	89.45	180
邵阳	Shaoyang	238.45	94.04	101.50	169	玉林	Yulin	174.81	256.25	244.48	80
岳阳	Yueyang	141.02	149.26	74.23	199	百色	Baise	135.57	156.31	150.31	126

7-11 供应普通商品住房用地面积 续表 3
Area of Land Supplied for Ordinary Commercial Housing continued 3

单位：公顷 (hectare)

地名	City	2010	2015	2016	2016 排名 Ranking
贺州	Hezhou	87.42	35.18	140.81	133
河池	Hechi	43.50	66.02	154.25	121
来宾	Laibin	62.78	129.34	26.18	256
崇左	Chongzuo	105.42	58.53	49.24	223
海南	**Hainan**	**804.20**	**512.06**	**459.46**	
海口	Haikou	60.02	141.63	123.76	148
三亚	Sanya	1.88	15.23	23.76	262
三沙	Sansha				
重庆	**Chongqing**	**2148.40**	**2880.13**	**1880.03**	
四川	**Sichuan**	**4297.51**	**3455.50**	**3470.28**	
成都	Chengdu	1373.76	594.04	592.78	12
自贡	Zigong	130.28	16.76	136.47	136
攀枝花	Panzhihua	89.66	37.78	19.42	266
泸州	Luzhou	319.58	331.78	204.89	100
德阳	Deyang	264.52	85.80	132.12	140
绵阳	Mianyang	384.84	249.44	325.83	52
广元	Guangyuan	83.72	155.64	91.20	177
遂宁	Suining	139.74	176.12	201.78	102
内江	Neijiang	127.21	165.97	101.66	168
乐山	Leshan	282.67	161.09	148.02	129
南充	Nanchong	195.52	261.92	269.18	67
眉山	Meishan	210.09	401.89	398.16	29
宜宾	Yibin	178.36	67.92	154.70	120
广安	Guangan	124.87	173.01	247.15	77
达州	Dazhou	193.22	112.59	114.88	161
雅安	Yaan	45.40	40.91	61.10	208
巴中	Bazhong	57.85	159.40	120.78	155
资阳	Ziyang	71.15	215.83	142.44	132
贵州	**Guizhou**	**1135.41**	**2412.99**	**2401.35**	
贵阳	Guiyang	529.96	300.69	294.69	60
六盘水	Liupanshui	12.22	281.38	134.30	139
遵义	Zunyi	145.42	543.95	480.92	19
安顺	Anshun	46.48	115.67	128.20	144
毕节	Bijie	46.25	382.13	444.30	26
铜仁	Tongren	45.30	199.96	351.37	40
云南	**Yunnan**	**2325.93**	**1092.14**	**981.18**	
昆明	Kunming	323.97	191.63	347.85	42
曲靖	Qujing	318.51	65.50	35.41	244
玉溪	Yuxi	156.76	55.01	27.55	253
保山	Baoshan	160.41	80.20	39.06	240
昭通	Zhaotong	99.19	22.86	50.36	220

地名	City	2010	2015	2016	2016 排名 Ranking
丽江	Lijiang	115.34	37.82	53.09	216
普洱	Puer	71.70	143.97	31.42	248
临沧	Lincang	30.92	21.61		
西藏	**Tibet**	**108.84**	**30.35**	**205.48**	
拉萨	Lasa	80.34	19.62	205.48	98
陕西	**Shaanxi**	**1099.94**	**1373.03**	**1244.86**	
西安	Xi'an	319.15	375.26	310.61	58
铜川	Tongchuan	46.69	26.01	5.92	283
宝鸡	Baoji	85.65	114.98	266.70	69
咸阳	Xianyang	226.85	236.81	179.13	110
渭南	Weinan	96.49	184.74	186.07	106
延安	Yan'an	9.99	40.34	33.82	246
汉中	Hanzhong	110.54	176.21	109.11	162
榆林	Yulin	134.62	145.05	61.89	207
安康	Ankang	27.81	37.32	71.48	204
商洛	Shangluo	42.13	36.30	20.12	265
甘肃	**Gansu**	**961.17**	**1101.24**	**631.28**	
兰州	Lanzhou	275.03	373.77	150.31	126
嘉峪关	Jiayuguan	33.09	30.62	14.98	273
金昌	Jinchang	23.06	25.00	24.71	259
白银	Baiyin	50.50	226.12	37.71	241
天水	Tianshui	43.46	76.72	51.26	219
武威	Wuwei	45.74	43.32	59.17	212
张掖	Zhangye	147.60	111.98	107.52	165
平凉	Pingliang	43.27	43.69	40.96	234
酒泉	Jiuquan	61.15	27.46	30.90	249
庆阳	Qingyang	59.83	17.00	21.56	264
定西	Dingxi	112.02	25.97	27.85	252
陇南	Longnan	3.98	7.88	3.40	284
青海	**Qinghai**	**231.12**	**116.55**	**79.25**	
西宁	Xining	137.68	60.48	39.93	236
海东	Haidong		26.82	23.48	263
宁夏	**Ningxia**	**1140.24**	**306.47**	**330.13**	
银川	Yinchuan	276.81	195.19	207.67	95
石嘴山	Shizuishan	281.90	5.89	18.38	269
吴忠	Wuzhong	198.29	18.80	46.12	229
固原	Guyuan	154.72	36.00	41.97	233
中卫	Zhongwei	228.52	50.60	15.98	271
新疆	**Xinjiang**	**2104.74**	**1029.89**	**869.45**	
乌鲁木齐	Urumqi	549.93	322.22	153.79	122
克拉玛依	Karamay	19.41	70.76	45.86	230

7-12 供应经济适用住房用地面积
Area of Land Supplied for Economically Affordable House

单位：公顷 (hectare)

地名	City	2010	2015	2016	2016 排名 Ranking
全国	**Nation Total**	**13292.14**	**16143.80**	**11553.28**	
北京	**Beijing**	**96.83**	**107.54**	**144.42**	
天津	**Tianjin**	**560.77**	**532.83**	**273.55**	
河北	**Hebei**	**272.30**	**342.14**	**272.67**	
石家庄	Shijiazhuang	39.89	112.91	107.11	19
唐山	Tangshan	32.51	40.40	3.35	189
秦皇岛	Qinhuangdao	22.62	30.54	64.58	47
邯郸	Handan	84.04	60.59	19.57	115
邢台	Xingtai	16.10	44.77	15.47	123
保定	Baoding	3.49	18.14	36.23	78
张家口	Zhangjiakou	39.96	0.30	8.33	150
承德	Chengde	15.91	19.21	7.85	156
沧州	Cangzhou	1.76	4.50	7.43	158
廊坊	Langfang	7.50	7.11		
衡水	Hengshui	8.52	3.68	2.73	193
山西	**Shanxi**	**241.84**	**260.04**	**229.77**	
太原	Taiyuan	61.00	30.39	21.26	109
大同	Datong	19.77	1.40	8.59	148
阳泉	Yangquan	15.59	41.36	23.92	102
长治	Changzhi	8.05	0.40	25.34	98
晋城	Jincheng	22.71	21.15	7.68	157
朔州	Shuozhou	16.61	10.44	9.22	142
晋中	Jinzhong	32.73	19.35	23.17	104
运城	Yuncheng	5.19	27.33	9.37	141
忻州	Xinzhou	12.79	47.04	49.63	61
临汾	Linfen	7.42	58.31	14.81	124
吕梁	Lvliang	39.98	2.85	36.77	76
内蒙古	**Inner Mongolia**	**516.50**	**226.07**	**151.19**	
呼和浩特	Hohhot	34.07	29.41	8.83	146
包头	Baotou	77.67	27.69	37.11	74
乌海	Wuhai	43.50	8.34	38.99	73
赤峰	Chifeng	2.99	3.45		
通辽	Tongliao	17.95	0.01	0.03	225
鄂尔多斯	Erdos	155.88	1.87	22.41	106
呼伦贝尔	Hulunbuir	90.76	84.45	9.48	140
巴彦淖尔	Bayannur	3.24			
乌兰察布	Ulanqab	14.11	34.91	17.48	120
辽宁	**Liaoning**	**738.51**	**136.22**	**20.19**	
沈阳	Shenyang	28.15	2.39	8.23	153
大连	Dalian	66.07	4.84	3.78	185
鞍山	Anshan				
抚顺	Fushun	45.28	3.99	1.80	197
本溪	Benxi	148.78	16.19	0.49	215
丹东	Dandong	3.74	3.44		
锦州	Jinzhou	37.89	3.57		
营口	Yingkou	305.75	10.40		
阜新	Fuxin	23.60	66.16		
辽阳	Liaoyang	18.21	2.98	0.42	217
盘锦	Panjin				
铁岭	Tieling	16.05			
朝阳	Chaoyang	1.53	5.20		
葫芦岛	Huludao	43.46	17.06	5.47	172
吉林	**Jilin**	**407.77**	**147.42**	**118.64**	
长春	Changchun	198.08	27.56	21.68	107
吉林	Jilin	52.44	1.95	5.16	173
四平	Siping	1.80	8.77	13.15	127
辽源	Liaoyuan	70.79	6.56	10.04	138
通化	Tonghua	32.70	8.28	0.41	218
白山	Baishan	3.61	35.16	4.54	179
松原	Songyuan				
白城	Baicheng	10.01	20.54	28.08	94
黑龙江	**Heilongjiang**	**829.79**	**392.28**	**430.52**	
哈尔滨	Harbin	217.43	30.92	18.00	119
齐齐哈尔	Qiqihar	61.81	15.66	75.72	38
鸡西	Jixi	3.98	15.05	5.91	165
鹤岗	Hegang	2.63	89.92	30.43	92
双鸭山	Shuangyashan	13.98	76.68	93.79	27
大庆	Daqing	0.82	0.11	7.12	159
伊春	Yichun	7.51	41.69	73.78	40
佳木斯	Jiamusi	58.14	16.69	19.56	116
七台河	Qitaihe		4.94	23.66	103
牡丹江	Mudanjiang		14.94	31.01	91
黑河	Heihe	42.81	1.02		
绥化	Suihua	87.60	6.83	37.01	75
上海	**Shanghai**	**31.08**	**85.73**	**15.00**	
江苏	**Jiangsu**	**1380.63**	**2316.37**	**1708.53**	

7-12 供应经济适用住房用地面积 续表 1

Area of Land Supplied for Economically Affordable House continued 1

单位：公顷 (hectare)

地名	City	2010	2015	2016	2016 排名 Ranking
南京	Nanjing	285.77	214.18	324.75	3
无锡	Wuxi	175.18	78.97	65.16	46
徐州	Xuzhou	175.36	228.22	150.07	13
常州	Changzhou	104.64	200.42	33.70	82
苏州	Suzhou	343.15	438.02	245.04	7
南通	Nantong	53.53	566.82	78.93	36
连云港	Lianyungang	11.91	37.29	20.05	114
淮安	Huaian	39.67		7.99	155
盐城	Yancheng	14.89	35.78	199.05	10
扬州	Yangzhou	31.59	171.65	93.13	28
镇江	Zhenjiang				
泰州	Taizhou	7.10	7.73	48.17	63
宿迁	Suqian	137.85	337.30	442.48	2
浙江	**Zhejiang**	**1290.01**	**1572.34**	**1472.59**	
杭州	Hangzhou	164.43	110.95	319.25	4
宁波	Ningbo	887.69	409.38	222.54	8
温州	Wenzhou	18.89	272.37	204.08	9
嘉兴	Jiaxing	78.55	147.38	147.58	14
湖州	Huzhou	10.97	84.67	91.40	30
绍兴	Shaoxing	6.76	129.83	59.69	52
金华	Jinhua	63.94	118.91	141.17	16
衢州	Quzhou	18.14	18.47	39.61	72
舟山	Zhoushan	12.71	24.49	46.74	65
台州	Taizhou	17.87	140.34	99.56	23
丽水	Lishui	10.06	115.55	100.97	22
安徽	**Anhui**	**1274.11**	**1310.54**	**826.89**	
合肥	Hefei	223.09	547.77	316.74	5
芜湖	Wuhu	514.51	5.93	0.93	207
蚌埠	Bengbu	59.76		12.76	128
淮南	Huainan	226.31	79.06	101.19	21
马鞍山	Maanshan	6.42	8.14		
淮北	Huaibei	55.21	79.66	8.66	147
铜陵	Tongling	22.97	20.77		
安庆	Anqing	8.00	69.25	18.12	118
黄山	Huangshan	11.45	24.89	31.69	89
滁州	Chuzhou	25.69	233.85	36.10	79
阜阳	Fuyang	27.70	27.30	14.70	125
宿州	Suzhou	50.13	19.04	0.22	221
六安	Liuan	1.95	85.47	58.74	53
亳州	Bozhou	23.75	12.49	31.97	87

地名	City	2010	2015	2016	2016 排名 Ranking
池州	Chizhou		50.63	58.50	55
宣城	Xuancheng	10.09	17.28	6.78	160
福建	**Fujian**	**78.65**	**14.34**	**1.72**	
福州	Fuzhou	2.81	7.15		
厦门	Xiamen	16.89	2.79		
莆田	Putian	12.72			
三明	Sanming	0.69	0.87		
泉州	Quanzhou	22.18			
漳州	Zhangzhou	6.19		0.50	214
南平	Nanping		0.17		
龙岩	Longyan	2.79	3.36	1.22	204
宁德	Ningde	14.38			
江西	**Jiangxi**	**278.88**	**248.37**	**266.06**	
南昌	Nanchang	47.98	133.78	142.83	15
景德镇	Jingdezhen	24.36		1.33	203
萍乡	Pingxiang	0.54	6.67	3.58	186
九江	Jiujiang	2.95	13.72	5.62	171
新余	Xinyu				
鹰潭	Yingtan	50.51	2.28		
赣州	Ganzhou	123.35	35.17	11.65	132
吉安	Jian	6.61	21.01	33.32	83
宜春	Yichun	3.59	22.84	57.16	56
抚州	Fuzhou	13.20	7.51	5.67	169
上饶	Shangrao	5.79	5.39	4.90	175
山东	**Shandong**	**775.92**	**733.20**	**470.47**	
济南	Jinan	185.37	77.99	45.48	67
青岛	Qingdao	143.89	128.47	69.97	43
淄博	Zibo	2.38	1.06	0.54	212
枣庄	Zaozhuang	11.52	46.54	0.30	220
东营	Dongying	4.48	0.33		
烟台	Yantai	48.48	2.32		
潍坊	Weifang				
济宁	Jining	9.54		2.23	194
泰安	Taian	95.83	173.81	86.66	32
威海	Weihai		43.49	0.09	223
日照	Rizhao	7.26	59.72	89.07	31
莱芜	Laiwu	18.72	39.23	8.96	145
临沂	Linyi	162.42	28.46	11.68	131
德州	Dezhou	11.70	58.74	73.54	41
聊城	Liaocheng	5.25	1.23		

7-12 供应经济适用住房用地面积 续表 2

Area of Land Supplied for Economically Affordable House continued 2

单位：公顷 (hectare)

地名	City	2010	2015	2016	2016 排名 Ranking
滨州	Binzhou	15.46	25.24	33.00	85
菏泽	Heze	53.62	46.59	48.95	62
河南	**Henan**	**973.82**	**599.50**	**343.44**	
郑州	Zhengzhou	491.54	257.38	65.26	45
开封	Kaifeng	23.19	14.47	60.75	50
洛阳	Luoyang	35.87	58.15	5.67	169
平顶山	Pingdingshan	161.80	7.01	2.17	195
安阳	Anyang	40.03	17.36	42.16	69
鹤壁	Hebi	25.69	41.78	6.03	163
新乡	Xinxiang	2.30		4.17	182
焦作	Jiaozuo	14.37	2.43	52.03	59
濮阳	Puyang	50.27	13.90	69.75	44
许昌	Xuchang	13.55			
漯河	Luohe	11.32	3.63	27.11	95
三门峡	Sanmenxia	1.44	2.21		
南阳	Nanyang	69.02	21.17	6.40	162
商丘	Shangqiu	7.63	106.25	18.18	117
信阳	Xinyang	2.17	49.48	3.52	187
周口	Zhoukou	15.68	1.73	16.45	121
驻马店	Zhumadian	7.94	2.55	6.57	161
湖北	**Hubei**	**243.49**	**1017.14**	**387.75**	
武汉	Wuhan	124.42	132.50	63.87	49
黄石	Huangshi	8.65	366.19	5.90	166
十堰	Shiyan	0.09	2.09		
宜昌	Yichang	50.89	254.69	71.09	42
襄阳	Xiangyang	3.69	13.17	25.04	100
鄂州	Ezhou		0.41		
荆门	Jingmen	14.45	37.45	44.38	68
孝感	Xiaogan	0.36	81.63	75.63	39
荆州	Jingzhou	21.38	3.69	9.08	143
黄冈	Huanggang	8.30	25.52	33.71	81
咸宁	Xianning	2.36	17.95	25.30	99
随州	Suizhou	3.70	4.90	5.04	174
湖南	**Hunan**	**338.93**	**875.26**	**769.42**	
长沙	Changsha	203.02	68.49	261.99	6
株洲	Zhuzhou	16.15	198.67	40.77	71
湘潭	Xiangtan	3.02	12.15	20.09	112
衡阳	Hengyang	32.88	10.39	1.74	198
邵阳	Shaoyang	3.38	29.68	64.50	48
岳阳	Yueyang	15.31	22.00	59.79	51
常德	Changde	2.77	52.10	3.11	191
张家界	Zhangjiajie	3.42	6.87		
益阳	Yiyang	19.09	64.26	22.99	105
郴州	Chenzhou	15.44	78.72	31.83	88
永州	Yongzhou	3.44	145.63	111.28	18
怀化	Huaihua	17.70	88.01	95.03	26
娄底	Loudi	0.64	93.07	35.93	80
广东	**Guangdong**	**151.50**	**168.25**	**71.56**	
广州	Guangzhou	121.48	125.72	41.68	70
韶关	Shaoguan	0.13	31.51	0.83	208
深圳	Shenzhen	13.16			
珠海	Zhuhai	1.33	43.31	4.48	180
汕头	Shantou				
佛山	Foshan	0.36			
江门	Jiangmen	2.02	1.11		
湛江	Zhanjiang	2.29		4.75	177
茂名	Maoming		2.14	2.15	196
肇庆	Zhaoqing	0.05	1.43		
惠州	Huizhou	3.69	0.26	3.50	188
梅州	Meizhou	0.50		8.16	154
汕尾	Shanwei				
河源	Heyuan	3.15			
阳江	Yangjiang	0.78			
清远	Qingyuan	2.28	1.78	6.01	164
东莞	Dongguan				
中山	Zhongshan				
潮州	Chaozhou				
揭阳	Jieyang	0.29			
云浮	Yunfu				
广西	**Guangxi**	**304.59**	**581.47**	**416.16**	
南宁	Nanning	117.19	29.35	0.43	216
柳州	Liuzhou	61.21	54.45	12.42	129
桂林	Guilin	19.47	183.50	36.38	77
梧州	Wuzhou		1.64	8.28	151
北海	Beihai				
防城港	Fangchenggang	10.95	233.41	128.52	17
钦州	Qinzhou	7.59	21.86	80.97	34
贵港	Guigang	74.36	0.19		
玉林	Yulin	3.33	4.09	105.58	20
百色	Baise	4.09	2.33	1.45	200

7-12 供应经济适用住房用地面积 续表 3

Area of Land Supplied for Economically Affordable House continued 3

单位：公顷 (hectare)

地名	City	2010	2015	2016	2016 排名 Ranking	地名	City	2010	2015	2016	2016 排名 Ranking
贺州	Hezhou	3.41	8.84	5.73	168	丽江	Lijiang			1.49	199
河池	Hechi	1.05	32.13	3.95	184	普洱	Puer	0.60	0.37		
来宾	Laibin	0.00	6.25	0.12	222	临沧	Lincang	7.53			
崇左	Chongzuo	1.95	3.43	32.35	86	**西藏**	**Tibet**	**5.39**	**0.12**	**0.68**	
海南	**Hainan**	**124.48**	**96.84**	**114.14**		拉萨	Lasa		0.03	0.68	210
海口	Haikou	16.31		8.41	149	**陕西**	**Shaanxi**	**279.65**	**216.40**	**510.69**	1
三亚	Sanya	37.33	42.38	20.46	111	西安	Xi'an	61.48	74.67	183.41	12
三沙	Sansha					铜川	Tongchuan	57.37	7.84	11.60	133
重庆	**Chongqing**	**542.87**	**327.30**	**222.52**		宝鸡	Baoji	6.08	4.72	4.56	178
四川	**Sichuan**	**274.83**	**795.73**	**488.79**		咸阳	Xianyang	8.57	43.25	83.00	33
成都	Chengdu	125.38	349.06	186.11	11	渭南	Weinan	53.65	29.74	53.05	58
自贡	Zigong	4.40	28.76	0.37	219	延安	Yan'an	13.65	6.67	10.92	134
攀枝花	Panzhihua	2.54	5.22	1.39	201	汉中	Hanzhong	15.03	18.25	10.79	135
泸州	Luzhou	7.32	23.47	58.73	54	榆林	Yulin	62.86	28.42	98.47	24
德阳	Deyang	67.23	73.76	0.95	206	安康	Ankang	0.66	2.10	50.14	60
绵阳	Mianyang	3.41	31.61	25.45	97	商洛	Shangluo	0.30	0.72	4.76	176
广元	Guangyuan	4.37	0.58	1.15	205	**甘肃**	**Gansu**	**204.86**	**224.03**	**206.06**	
遂宁	Suining	6.73	27.22	4.32	181	兰州	Lanzhou	76.60	145.71	77.01	37
内江	Neijiang	16.51	2.67	9.75	139	嘉峪关	Jiayuguan	17.83			
乐山	Leshan	2.03	7.22	5.84	167	金昌	Jinchang	11.59		21.34	108
南充	Nanchong	1.17	1.35			白银	Baiyin	21.31		0.83	208
眉山	Meishan		17.08	1.39	201	天水	Tianshui	6.65	32.25	47.93	64
宜宾	Yibin	17.86	32.66	26.02	96	武威	Wuwei	11.63	1.01	0.58	211
广安	Guangan	0.17	7.86	54.89	57	张掖	Zhangye	4.96	11.08	20.85	110
达州	Dazhou	5.73	22.67	33.12	84	平凉	Pingliang		3.81	3.25	190
雅安	Yaan	6.44	39.63	46.55	66	酒泉	Jiuquan	19.29	4.47	4.12	183
巴中	Bazhong		6.41	2.86	192	庆阳	Qingyang	7.37	6.41	20.06	113
资阳	Ziyang		105.09	8.27	152	定西	Dingxi	21.22	0.63		
贵州	**Guizhou**	**411.83**	**374.29**	**218.19**		陇南	Longnan	2.14		0.53	213
贵阳	Guiyang	262.03	63.75	12.06	130	**青海**	**Qinghai**	**48.77**	**82.35**	**136.30**	
六盘水	Liupanshui	3.73				西宁	Xining	9.58	52.59	24.58	101
遵义	Zunyi	59.96	10.93	31.11	90	海东	Haidong		23.84	10.76	136
安顺	Anshun	7.38	5.69			**宁夏**	**Ningxia**	**269.27**	**420.15**	**188.56**	
毕节	Bijie	58.40	71.72	9.03	144	银川	Yinchuan	135.26	296.26	80.28	35
铜仁	Tongren	1.97	59.82	97.37	25	石嘴山	Shizuishan	130.35	64.41		
云南	**Yunnan**	**38.37**	**107.56**	**95.12**		吴忠	Wuzhong		2.70	16.29	122
昆明	Kunming	13.89	18.62	0.07	224	固原	Guyuan	3.67	8.15		
曲靖	Qujing	6.60	0.46	14.14	126	中卫	Zhongwei		48.62	91.99	29
玉溪	Yuxi		0.37			**新疆**	**Xinjiang**	**305.91**	**1831.95**	**981.62**	
保山	Baoshan					乌鲁木齐	Urumqi	89.32	14.78	10.05	137
昭通	Zhaotong		0.01	28.74	93	克拉玛依	Karamay	22.96	7.80		

7-13 供应廉租住房用地面积
Area of Land Supplied for Cheap Rent House

单位：公顷 (hectare)

地名	City	2010	2015	2016	2016 排名 Ranking	地名	City	2010	2015	2016	2016 排名 Ranking
全国	**Nation Total**	**3380.87**	**1605.30**	**1071.78**		沈阳	Shenyang	1.16			
北京	**Beijing**	**0.63**				大连	Dalian				
天津	**Tianjin**					鞍山	Anshan	0.56			
河北	**Hebei**	**92.67**	**55.90**	**4.90**		抚顺	Fushun				
石家庄	Shijiazhuang	5.00				本溪	Benxi	5.11			
唐山	Tangshan	47.99		1.46	61	丹东	Dandong	2.40			
秦皇岛	Qinhuangdao	1.87	1.17			锦州	Jinzhou				
邯郸	Handan	12.75	37.06	0.93	77	营口	Yingkou	2.85			
邢台	Xingtai	0.11	0.87	0.54	91	阜新	Fuxin				
保定	Baoding	1.79	8.20	0.03	114	辽阳	Liaoyang				
张家口	Zhangjiakou	0.95	3.19	0.16	107	盘锦	Panjin	0.91			
承德	Chengde	0.42	3.67	0.17	106	铁岭	Tieling		0.68		
沧州	Cangzhou	12.46				朝阳	Chaoyang	0.30			
廊坊	Langfang	5.40	1.23	0.48	93	葫芦岛	Huludao				
衡水	Hengshui	3.94	0.52	1.13	70	**吉林**	**Jilin**	**53.27**	**11.97**	**14.32**	
山西	**Shanxi**	**311.66**	**70.40**	**33.90**		长春	Changchun	16.03	5.13	4.25	38
太原	Taiyuan	5.25	2.92	4.06	40	吉林	Jilin	4.61	2.19	0.64	87
大同	Datong	254.48	63.84	25.97	8	四平	Siping	0.07	0.61	0.06	109
阳泉	Yangquan	1.40				辽源	Liaoyuan	2.16			
长治	Changzhi	1.41		1.24	67	通化	Tonghua	7.70		0.38	96
晋城	Jincheng	0.21				白山	Baishan	4.48	1.76	5.48	28
朔州	Shuozhou	0.82	0.03	0.27	100	松原	Songyuan				
晋中	Jinzhong					白城	Baicheng	6.19		2.52	53
运城	Yuncheng	5.30	0.83	1.33	63	**黑龙江**	**Heilongjiang**	**191.29**	**57.21**	**14.95**	
忻州	Xinzhou	6.28	1.35	0.46	94	哈尔滨	Harbin	6.27	1.15	1.40	62
临汾	Linfen	5.73	0.22	0.52	92	齐齐哈尔	Qiqihar	7.24	2.70	0.27	100
吕梁	Lvliang	30.77	1.22	0.05	110	鸡西	Jixi				
内蒙古	**Inner Mongolia**	**191.02**	**74.88**	**22.15**		鹤岗	Hegang	4.59	2.17		
呼和浩特	Hohhot					双鸭山	Shuangyashan		2.29		
包头	Baotou	2.42	2.64	4.28	36	大庆	Daqing	0.09	0.40	4.37	34
乌海	Wuhai	109.71	0.77			伊春	Yichun	62.45			
赤峰	Chifeng	1.24	0.61			佳木斯	Jiamusi	5.00	4.63		
通辽	Tongliao	6.36		0.03	114	七台河	Qitaihe	3.45	5.36		
鄂尔多斯	Erdos	15.12				牡丹江	Mudanjiang	25.72	1.47	4.90	31
呼伦贝尔	Hulunbuir	26.51	26.79	0.23	102	黑河	Heihe	9.96		2.39	55
巴彦淖尔	Bayannur	3.81	1.14			绥化	Suihua	13.42	33.62	1.04	73
乌兰察布	Ulanqab	6.28	22.09			**上海**	**Shanghai**				
辽宁	**Liaoning**	**13.30**	**0.68**			**江苏**	**Jiangsu**	**430.88**	**129.50**	**84.97**	

7-13 供应廉租住房用地面积 续表 1

Area of Land Supplied for Cheap Rent House continued 1

单位：公顷 (hectare)

地名	City	2010	2015	2016	2016 排名 Ranking
南京	Nanjing		9.93		
无锡	Wuxi	411.27	36.85	8.66	21
徐州	Xuzhou	9.65	3.73		
常州	Changzhou	4.02	36.25	29.12	5
苏州	Suzhou	2.02	5.79	15.57	16
南通	Nantong	0.69	2.87	6.99	26
连云港	Lianyungang	0.33			
淮安	Huaian				
盐城	Yancheng	2.64	10.65	20.28	12
扬州	Yangzhou		4.07	0.01	116
镇江	Zhenjiang			0.79	81
泰州	Taizhou				
宿迁	Suqian	0.26	19.37	3.53	43
浙江	**Zhejiang**	**41.10**	**8.28**	**0.32**	
杭州	Hangzhou	15.88			
宁波	Ningbo	15.05			
温州	Wenzhou	2.87	0.84	0.32	98
嘉兴	Jiaxing				
湖州	Huzhou	0.57	0.94		
绍兴	Shaoxing	0.90	1.34		
金华	Jinhua	0.52	2.99		
衢州	Quzhou	3.37			
舟山	Zhoushan	0.46			
台州	Taizhou	0.76	2.13		
丽水	Lishui	0.70	0.05		
安徽	**Anhui**	**82.72**	**60.99**	**11.96**	
合肥	Hefei	4.17			
芜湖	Wuhu	24.15			
蚌埠	Bengbu	0.25	18.47		
淮南	Huainan	1.85	21.73	1.11	72
马鞍山	Maanshan	2.43	0.47		
淮北	Huaibei				
铜陵	Tongling	4.19	3.98	0.71	85
安庆	Anqing	11.04			
黄山	Huangshan	11.67			
滁州	Chuzhou				
阜阳	Fuyang	1.32			
宿州	Suzhou	11.86	1.30	0.10	108
六安	Liuan	4.73	8.90	0.93	77
亳州	Bozhou	2.92		7.78	23

地名	City	2010	2015	2016	2016 排名 Ranking
池州	Chizhou			1.33	63
宣城	Xuancheng	1.88	5.54	3.81	42
福建	**Fujian**	**52.96**	**9.95**	**15.07**	
福州	Fuzhou	27.14	0.80	3.30	45
厦门	Xiamen			11.60	17
莆田	Putian	2.20	6.51		
三明	Sanming	10.93		0.18	104
泉州	Quanzhou	3.88	2.64		
漳州	Zhangzhou	1.83			
南平	Nanping	2.07			
龙岩	Longyan	2.04			
宁德	Ningde	2.87			
江西	**Jiangxi**	**167.18**	**70.25**	**52.10**	
南昌	Nanchang	19.21			
景德镇	Jingdezhen	10.60			
萍乡	Pingxiang	9.23	8.40	2.11	57
九江	Jiujiang	7.03	9.89	27.74	7
新余	Xinyu	13.00	20.18		
鹰潭	Yingtan	22.63			
赣州	Ganzhou	20.88	0.58	4.10	39
吉安	Jian	5.67	26.09	9.83	18
宜春	Yichun	11.47	1.86		
抚州	Fuzhou	9.00		7.20	25
上饶	Shangrao	38.46	3.26	1.12	71
山东	**Shandong**	**85.92**	**31.93**	**9.97**	
济南	Jinan	0.69			
青岛	Qingdao	4.24	1.01		
淄博	Zibo	22.98			
枣庄	Zaozhuang	1.99			
东营	Dongying	1.99	0.07	0.04	112
烟台	Yantai		0.08		
潍坊	Weifang	2.77	0.14		
济宁	Jining	6.13	0.91		
泰安	Taian				
威海	Weihai				
日照	Rizhao	38.22	26.41	9.70	20
莱芜	Laiwu				
临沂	Linyi	0.58		0.23	102
德州	Dezhou	2.53	3.31		
聊城	Liaocheng				

7-13 供应廉租住房用地面积 续表 2

Area of Land Supplied for Cheap Rent House continued 2

单位：公顷 (hectare)

地名	City	2010	2015	2016	2016 排名 Ranking
滨州	Binzhou	1.34			
菏泽	Heze	2.46			
河南	**Henan**	**138.97**	**93.36**	**36.52**	
郑州	Zhengzhou	12.90			
开封	Kaifeng				
洛阳	Luoyang	15.94	5.21	0.04	112
平顶山	Pingdingshan	7.48	3.19		
安阳	Anyang	5.48		2.83	49
鹤壁	Hebi	5.50	13.82	2.51	54
新乡	Xinxiang	2.89	0.67		
焦作	Jiaozuo	14.57			
濮阳	Puyang				
许昌	Xuchang	6.09			
漯河	Luohe	3.75			
三门峡	Sanmenxia	20.69			
南阳	Nanyang	5.82	2.90	2.67	51
商丘	Shangqiu	14.87	54.85	3.06	46
信阳	Xinyang	13.52		0.05	110
周口	Zhoukou	4.55	2.70		
驻马店	Zhumadian	4.94	10.02	4.36	35
湖北	**Hubei**	**48.44**	**132.72**	**11.07**	
武汉	Wuhan	1.67			
黄石	Huangshi				
十堰	Shiyan	0.32	1.01	0.85	80
宜昌	Yichang	5.65	33.31	4.58	33
襄阳	Xiangyang	8.99			
鄂州	Ezhou		5.85		
荆门	Jingmen	3.47	0.35		
孝感	Xiaogan	0.93	4.03		
荆州	Jingzhou	8.90			
黄冈	Huanggang	10.81			
咸宁	Xianning	3.91		0.78	82
随州	Suizhou	0.87			
湖南	**Hunan**	**66.68**	**193.46**	**182.94**	
长沙	Changsha	14.50	1.26	0.61	88
株洲	Zhuzhou		79.36	0.56	90
湘潭	Xiangtan	3.30	21.34	2.68	50
衡阳	Hengyang	6.67	3.68	15.84	15
邵阳	Shaoyang	4.13	10.40	4.64	32
岳阳	Yueyang	6.74	2.17	19.38	13
常德	Changde	3.49	4.26		
张家界	Zhangjiajie	3.13	7.12	1.33	63
益阳	Yiyang	6.85	8.48	1.15	69
郴州	Chenzhou	4.86	39.59	17.19	14
永州	Yongzhou	1.54	4.94		
怀化	Huaihua	4.09	1.58	3.35	44
娄底	Loudi	3.92	4.88	95.83	1
广东	**Guangdong**	**14.73**	**7.57**	**39.53**	
广州	Guangzhou	0.93		38.35	3
韶关	Shaoguan				
深圳	Shenzhen	5.67			
珠海	Zhuhai		2.24		
汕头	Shantou				
佛山	Foshan				
江门	Jiangmen	2.97			
湛江	Zhanjiang	1.94		1.18	68
茂名	Maoming		2.23		
肇庆	Zhaoqing	0.05			
惠州	Huizhou				
梅州	Meizhou	2.24			
汕尾	Shanwei				
河源	Heyuan		2.42		
阳江	Yangjiang		0.68		
清远	Qingyuan	0.92			
东莞	Dongguan				
中山	Zhongshan				
潮州	Chaozhou				
揭阳	Jieyang				
云浮	Yunfu				
广西	**Guangxi**	**50.91**	**24.77**	**2.02**	
南宁	Nanning	5.00	5.48		
柳州	Liuzhou	4.04	0.51		
桂林	Guilin	5.38	8.82		
梧州	Wuzhou	5.95			
北海	Beihai				
防城港	Fangchenggang	8.08		0.34	97
钦州	Qinzhou	2.99			
贵港	Guigang				
玉林	Yulin	3.52	1.00		
百色	Baise	11.29	3.25	0.42	95

7-13 供应廉租住房用地面积 续表 3
Area of Land Supplied for Cheap Rent House continued 3

单位：公顷 (hectare)

地名	City	2010	2015	2016	2016 排名 Ranking
贺州	Hezhou	3.76	1.00		
河池	Hechi	0.36	3.08	1.25	66
来宾	Laibin				
崇左	Chongzuo	0.54	1.63		
海南	**Hainan**	**52.25**	**10.89**	**4.19**	
海口	Haikou	2.57			
三亚	Sanya				
三沙	Sansha				
重庆	**Chongqing**	**136.50**	**35.90**	**46.68**	
四川	**Sichuan**	**72.37**	**69.92**	**20.67**	
成都	Chengdu	11.91	0.96		
自贡	Zigong	2.49			
攀枝花	Panzhihua	3.27	4.80		
泸州	Luzhou	5.71	2.43	6.23	27
德阳	Deyang	5.78	0.37		
绵阳	Mianyang	9.70	20.67	7.23	24
广元	Guangyuan	2.57		1.00	75
遂宁	Suining	4.84	18.45		
内江	Neijiang	5.31	12.89	2.86	48
乐山	Leshan		0.77		
南充	Nanchong	1.02			
眉山	Meishan				
宜宾	Yibin	4.52	4.61	0.18	104
广安	Guangan	5.42		0.61	88
达州	Dazhou	3.28			
雅安	Yaan	2.83			
巴中	Bazhong				
资阳	Ziyang	0.41	2.31	2.56	52
贵州	**Guizhou**	**88.08**	**118.14**	**116.41**	
贵阳	Guiyang	10.78	1.58	8.23	22
六盘水	Liupanshui	0.70	7.36	59.49	2
遵义	Zunyi	10.75	12.48	1.68	60
安顺	Anshun	16.83	5.37		
毕节	Bijie	15.11	1.38	1.98	58
铜仁	Tongren	0.68	47.84	21.35	10
云南	**Yunnan**	**64.20**	**12.34**	**69.32**	
昆明	Kunming	3.96		20.99	11
曲靖	Qujing	6.94	0.30		
玉溪	Yuxi	1.12			
保山	Baoshan	0.56		0.73	84
昭通	Zhaotong	3.97	0.17	5.09	29
丽江	Lijiang				
普洱	Puer				
临沧	Lincang	4.02	1.42		
西藏	**Tibet**	**19.23**	**26.67**	**41.58**	
拉萨	Lasa	4.13		22.86	9
陕西	**Shaanxi**	**127.41**	**117.34**	**90.50**	
西安	Xi'an	41.74	1.72	37.47	4
铜川	Tongchuan	31.13	7.22	3.03	47
宝鸡	Baoji	5.20	23.42	4.03	41
咸阳	Xianyang	1.00	4.29	1.00	75
渭南	Weinan		45.75	9.72	19
延安	Yan'an	23.75	12.34	28.03	6
汉中	Hanzhong	7.60		2.12	56
榆林	Yulin	10.78	3.45		
安康	Ankang	0.07	19.13	5.09	29
商洛	Shangluo	6.13			
甘肃	**Gansu**	**119.35**	**11.69**	**3.34**	
兰州	Lanzhou	9.58			
嘉峪关	Jiayuguan	1.60			
金昌	Jinchang	10.80	0.65		
白银	Baiyin	6.40		0.65	86
天水	Tianshui	11.61			
武威	Wuwei	16.97			
张掖	Zhangye	0.53			
平凉	Pingliang	15.96		0.89	79
酒泉	Jiuquan	9.47	0.47		
庆阳	Qingyang	3.79	0.89	0.77	83
定西	Dingxi	21.39	2.99		
陇南	Longnan	0.19	0.18	1.02	74
青海	**Qinghai**	**265.17**	**21.29**	**10.55**	
西宁	Xining	0.05	0.25	0.31	99
海东	Haidong		1.26	4.28	36
宁夏	**Ningxia**	**62.44**	**25.48**	**1.93**	
银川	Yinchuan	14.56			
石嘴山	Shizuishan	0.17			
吴忠	Wuzhong	13.86	4.67	1.93	59
固原	Guyuan	29.84	20.81		
中卫	Zhongwei	4.00			
新疆	**Xinjiang**	**339.57**	**121.83**	**129.92**	
乌鲁木齐	Urumqi	13.10	2.79		
克拉玛依	Karamay	0.06			

7-14 供应其他用地面积
Area of Land Supplied for Other Uses

单位：公顷 (hectare)

地名	City	2010	2015	2016	2016 排名 Ranking	地名	City	2010	2015	2016	2016 排名 Ranking
全国	**Nation Total**	**124406.1**	**292325.1**	**298406.0**		沈阳	Shenyang	900.42	1384.36	3610.74	5
北京	**Beijing**	**381.87**	**5625.40**	**488.25**		大连	Dalian	525.05	1708.90	710.75	123
天津	**Tianjin**	**850.13**	**5654.97**	**3068.18**		鞍山	Anshan	129.23	392.12	92.80	275
河北	**Hebei**	**2339.31**	**7151.41**	**9088.98**		抚顺	Fushun	278.17	51.64	535.33	151
石家庄	Shijiazhuang	293.20	374.03	924.73	95	本溪	Benxi	1177.87	439.88	485.49	164
唐山	Tangshan	324.22	1056.03	1735.58	28	丹东	Dandong	759.70	557.28	288.26	217
秦皇岛	Qinhuangdao	52.32	107.21	886.59	102	锦州	Jinzhou	222.24	2628.65	224.20	232
邯郸	Handan	229.35	1011.65	979.47	89	营口	Yingkou	814.40	1216.94	337.94	205
邢台	Xingtai	129.50	683.10	285.46	218	阜新	Fuxin	381.96	123.78	543.40	149
保定	Baoding	277.76	422.71	744.35	115	辽阳	Liaoyang	339.32	123.64	296.98	216
张家口	Zhangjiakou	259.16	630.94	143.46	256	盘锦	Panjin	82.23	365.94	412.83	184
承德	Chengde	195.75	602.39	1981.66	20	铁岭	Tieling	482.70	187.42	429.62	178
沧州	Cangzhou	343.60	784.75	1122.32	70	朝阳	Chaoyang	394.07	990.30	719.79	121
廊坊	Langfang	143.86	285.80	77.20	277	葫芦岛	Huludao	141.36	236.67	1585.87	34
衡水	Hengshui	90.60	1192.79	208.15	240	**吉林**	**Jilin**	**2236.40**	**7674.44**	**3418.40**	
山西	**Shanxi**	**2095.15**	**7176.54**	**8809.36**		长春	Changchun	1093.99	635.64	592.53	137
太原	Taiyuan	370.01	299.34	343.33	203	吉林	Jilin	136.30	431.99	677.02	126
大同	Datong	358.04	425.01	887.06	101	四平	Siping	35.57	1344.71	217.08	235
阳泉	Yangquan	26.79	38.27	206.51	241	辽源	Liaoyuan	88.44	27.01	194.82	243
长治	Changzhi	104.79	88.57	1048.28	79	通化	Tonghua	51.58	2030.36	446.16	175
晋城	Jincheng	276.99	1569.45	465.28	166	白山	Baishan	587.88	931.45	123.78	267
朔州	Shuozhou	198.79	327.03	1963.73	22	松原	Songyuan	12.58	339.97	997.24	85
晋中	Jinzhong	93.53	197.46	300.37	215	白城	Baicheng	87.32	257.71	45.09	283
运城	Yuncheng	209.97	267.88	551.54	145	**黑龙江**	**Heilongjiang**	**5798.43**	**4851.95**	**4169.12**	
忻州	Xinzhou	115.23	3011.35	361.32	198	哈尔滨	Harbin	1174.43	433.47	449.90	173
临汾	Linfen	156.25	900.93	751.46	114	齐齐哈尔	Qiqihar	75.76	839.58	1457.70	41
吕梁	Lvliang	184.77	51.25	1930.48	24	鸡西	Jixi	46.40	122.31	306.17	212
内蒙古	**Inner Mongolia**	**6064.46**	**12920.14**	**11003.02**		鹤岗	Hegang	43.09	16.60	60.60	280
呼和浩特	Hohhot	183.41	605.04	584.25	140	双鸭山	Shuangyashan	93.34	102.57	134.61	261
包头	Baotou	554.43	677.06	394.69	189	大庆	Daqing	2640.92	432.64	123.69	268
乌海	Wuhai	337.74	50.71	98.37	271	伊春	Yichun	58.36	101.52	209.09	239
赤峰	Chifeng	206.41	1747.08	1521.22	39	佳木斯	Jiamusi	302.28	500.87	631.86	132
通辽	Tongliao	167.90	1668.73	2135.59	19	七台河	Qitaihe	18.72	68.65	49.10	282
鄂尔多斯	Erdos	2556.25	1939.95	624.01	134	牡丹江	Mudanjiang	132.81	638.87	102.17	269
呼伦贝尔	Hulunbuir	616.74	2315.69	514.39	155	黑河	Heihe	273.36	301.74	144.33	253
巴彦淖尔	Bayannur	451.60	176.73	917.15	99	绥化	Suihua	122.51	458.49	219.90	234
乌兰察布	Ulanqab	146.31	1141.04	575.76	141	**上海**	**Shanghai**	**967.99**	**1958.38**	**2730.98**	
辽宁	**Liaoning**	**6628.70**	**10407.53**	**10274.03**		**江苏**	**Jiangsu**	**7199.06**	**15335.61**	**17864.52**	

7-14　供应其他用地面积　续表 1
Area of Land Supplied for Other Uses continued 1

单位：公顷　　(hectare)

地名	City	2010	2015	2016	2016 排名 Ranking
南京	Nanjing	1294.36	2060.54	3151.62	8
无锡	Wuxi	2087.74	946.33	1157.79	64
徐州	Xuzhou	295.67	1731.49	1381.16	51
常州	Changzhou	1127.81	1490.98	813.69	109
苏州	Suzhou	568.48	780.98	1339.26	56
南通	Nantong	768.57	2440.17	1968.38	21
连云港	Lianyungang	93.55	389.99	1778.26	26
淮安	Huaian	148.06	770.59	545.98	147
盐城	Yancheng	285.38	1024.37	1558.66	35
扬州	Yangzhou	213.94	946.44	936.83	93
镇江	Zhenjiang	6.37	763.13	348.41	202
泰州	Taizhou	138.44	699.07	1609.11	33
宿迁	Suqian	170.70	1291.54	1275.36	59
浙江	**Zhejiang**	**8130.05**	**11826.52**	**12532.95**	
杭州	Hangzhou	2690.71	1672.23	2579.78	11
宁波	Ningbo	2005.14	1704.85	1381.21	50
温州	Wenzhou	393.69	2181.22	1661.11	31
嘉兴	Jiaxing	468.06	615.64	1442.06	43
湖州	Huzhou	113.89	387.90	1019.28	83
绍兴	Shaoxing	280.44	960.71	938.45	92
金华	Jinhua	258.93	1636.37	1193.44	61
衢州	Quzhou	233.11	563.46	319.85	208
舟山	Zhoushan	598.99	214.82	413.40	183
台州	Taizhou	701.54	1168.63	1096.52	73
丽水	Lishui	385.56	420.70	487.84	162
安徽	**Anhui**	**3558.71**	**12429.30**	**14879.60**	
合肥	Hefei	1032.66	2159.24	2519.69	14
芜湖	Wuhu	266.44	862.77	553.04	144
蚌埠	Bengbu	105.19	187.94	834.31	107
淮南	Huainan	265.55	705.11	414.32	181
马鞍山	Maanshan	387.98	127.70	226.42	230
淮北	Huaibei	52.10	39.52	409.54	186
铜陵	Tongling	39.07	58.59	123.94	266
安庆	Anqing	51.05	1417.44	1109.98	72
黄山	Huangshan	239.94	149.20	144.20	254
滁州	Chuzhou	62.75	1038.75	2260.11	17
阜阳	Fuyang	47.39	607.73	1374.94	53
宿州	Suzhou	135.99	767.27	1151.29	66
六安	Liuan	197.67	986.47	1396.75	49
亳州	Bozhou	379.19	158.46	394.16	190
池州	Chizhou	4.98	368.23	922.28	96
宣城	Xuancheng	167.00	1056.35	512.73	156
福建	**Fujian**	**3904.64**	**8718.30**	**12046.25**	
福州	Fuzhou	602.21	2462.14	1690.03	30
厦门	Xiamen	1001.68	362.14	721.98	120
莆田	Putian	60.98	744.88	496.24	158
三明	Sanming	740.50	587.98	1532.63	38
泉州	Quanzhou	588.23	1529.22	2704.47	10
漳州	Zhangzhou	110.82	1058.50	1398.92	48
南平	Nanping	526.92	457.99	1446.14	42
龙岩	Longyan	98.26	562.75	1006.01	84
宁德	Ningde	175.05	952.69	1049.83	78
江西	**Jiangxi**	**8237.35**	**7590.47**	**10891.03**	
南昌	Nanchang	1879.53	732.03	1089.69	74
景德镇	Jingdezhen	31.60	338.98	156.04	248
萍乡	Pingxiang	268.40	101.49	235.28	228
九江	Jiujiang	345.87	1438.40	1367.29	54
新余	Xinyu	113.33	64.65	385.31	192
鹰潭	Yingtan	232.19	237.57	133.08	262
赣州	Ganzhou	1669.16	1254.35	1946.58	23
吉安	Jian	1540.31	1058.18	1119.19	71
宜春	Yichun	115.59	1161.49	917.24	98
抚州	Fuzhou	970.49	350.95	664.70	129
上饶	Shangrao	1070.88	852.40	2876.33	9
山东	**Shandong**	**7813.19**	**8737.44**	**8831.77**	
济南	Jinan	723.55	614.88	1039.11	81
青岛	Qingdao	1529.77	1332.61	756.62	113
淄博	Zibo	1198.30	320.81	253.72	224
枣庄	Zaozhuang	356.45	203.38	249.46	226
东营	Dongying	393.71	364.30	383.40	195
烟台	Yantai	916.79	553.06	356.27	201
潍坊	Weifang	345.14	669.68	1173.07	62
济宁	Jining	212.93	305.33	404.29	188
泰安	Taian	163.52	258.40	275.00	220
威海	Weihai	233.50	404.18	319.32	209
日照	Rizhao	364.54	209.71	419.88	180
莱芜	Laiwu	225.01	96.50	64.17	279
临沂	Linyi	307.16	675.23	984.26	88
德州	Dezhou	119.35	1450.14	328.45	206
聊城	Liaocheng	375.57	266.93	314.11	211

7-14 供应其他用地面积 续表 2
Area of Land Supplied for Other Uses continued 2

单位：公顷 (hectare)

地名	City	2010	2015	2016	2016 排名 Ranking	地名	City	2010	2015	2016	2016 排名 Ranking
滨州	Binzhou	164.56	733.80	878.72	103	常德	Changde	405.98	1406.04	919.55	97
菏泽	Heze	183.33	278.50	613.89	135	张家界	Zhangjiajie	73.62	179.76	543.63	148
河南	**Henan**	**4656.74**	**11671.25**	**6804.96**		益阳	Yiyang	688.92	898.58	1146.33	68
郑州	Zhengzhou	1073.43	2536.34	1557.27	36	郴州	Chenzhou	237.56	1681.55	734.55	117
开封	Kaifeng	240.23	764.70	462.50	169	永州	Yongzhou	110.49	694.90	4255.68	3
洛阳	Luoyang	362.61	797.51	727.50	118	怀化	Huaihua	934.25	1161.53	1150.90	67
平顶山	Pingdingshan	645.84	906.26	96.89	273	娄底	Loudi	40.42	316.86	414.17	182
安阳	Anyang	248.10	632.03	250.70	225	**广东**	**Guangdong**	**3738.61**	**5103.00**	**23586.65**	
鹤壁	Hebi	31.55	148.35	59.56	281	广州	Guangzhou	1279.70	991.51	3179.10	7
新乡	Xinxiang	74.86	558.07	229.62	229	韶关	Shaoguan	39.52	58.23	2341.70	15
焦作	Jiaozuo	147.01	155.21	269.53	221	深圳	Shenzhen	276.54	132.07	736.90	116
濮阳	Puyang	76.51	481.48	494.25	160	珠海	Zhuhai	86.40	241.30	989.91	87
许昌	Xuchang	295.19	208.34	125.64	264	汕头	Shantou	117.80	205.94	453.83	171
漯河	Luohe	148.59	345.57	68.29	278	佛山	Foshan	127.65	460.85	794.71	112
三门峡	Sanmenxia	141.88	80.59	325.39	207	江门	Jiangmen	224.40	436.60	1246.26	60
南阳	Nanyang	870.83	708.26	500.15	157	湛江	Zhanjiang	282.32	445.51	1288.00	58
商丘	Shangqiu	157.63	1487.50	386.37	191	茂名	Maoming	187.88	179.32	1777.19	27
信阳	Xinyang	21.42	415.18	144.91	252	肇庆	Zhaoqing	38.71	207.81	2574.20	12
周口	Zhoukou	76.66	964.78	224.84	231	惠州	Huizhou	44.44	71.10	1435.27	44
驻马店	Zhumadian	44.41	481.08	863.90	105	梅州	Meizhou	13.50	58.23	1550.08	37
湖北	**Hubei**	**3263.97**	**9160.46**	**7198.75**		汕尾	Shanwei	42.09	10.10	88.60	276
武汉	Wuhan	1371.05	2003.31	2524.79	13	河源	Heyuan	81.32	34.81	1434.91	45
黄石	Huangshi	93.47	594.46	592.26	138	阳江	Yangjiang	258.10	137.51	301.38	214
十堰	Shiyan	194.32	542.12	237.41	227	清远	Qingyuan	136.37	185.23	1047.97	80
宜昌	Yichang	160.10	1329.59	421.77	179	东莞	Dongguan	207.64	809.78	222.69	233
襄阳	Xiangyang	315.34	826.33	546.31	146	中山	Zhongshan	174.97	358.68	384.91	193
鄂州	Ezhou	20.00	443.23	141.77	257	潮州	Chaozhou	7.97	13.57	664.00	130
荆门	Jingmen	65.30	131.05	456.81	170	揭阳	Jieyang	92.25	19.21	258.20	222
孝感	Xiaogan	131.36	198.70	139.10	259	云浮	Yunfu	19.05	45.64	816.82	108
荆州	Jingzhou	421.86	623.77	809.71	110	**广西**	**Guangxi**	**3670.36**	**9902.53**	**9138.25**	
黄冈	Huanggang	144.89	373.78	315.35	210	南宁	Nanning	802.36	1679.09	2270.53	16
咸宁	Xianning	100.10	485.64	466.34	165	柳州	Liuzhou	858.89	1679.40	1512.70	40
随州	Suizhou	17.27	150.14	164.35	247	桂林	Guilin	517.38	1006.57	125.16	265
湖南	**Hunan**	**4930.77**	**12259.84**	**17963.17**		梧州	Wuzhou	42.14	496.52	451.17	172
长沙	Changsha	1574.06	1846.81	4276.91	2	北海	Beihai	71.61	251.66	149.64	250
株洲	Zhuzhou	395.32	802.45	689.67	125	防城港	Fangchenggang	112.64	263.04	517.08	154
湘潭	Xiangtan	138.91	917.16	838.61	106	钦州	Qinzhou	43.36	903.83	409.73	185
衡阳	Hengyang	88.09	509.26	713.70	122	贵港	Guigang	75.71	503.70	435.71	176
邵阳	Shaoyang	66.70	856.36	977.43	90	玉林	Yulin	46.11	320.01	303.08	213
岳阳	Yueyang	106.12	455.61	666.47	128	百色	Baise	278.18	729.82	997.04	86

7-14 供应其他用地面积 续表 3
Area of Land Supplied for Other Uses continued 3

单位：公顷 (hectare)

地名	City	2010	2015	2016	2016 排名 Ranking	地名	City	2010	2015	2016	2016 排名 Ranking
贺州	Hezhou	673.89	1056.05	1053.41	76	丽江	Lijiang	34.37	65.48	1318.40	57
河池	Hechi	57.63	340.03	213.64	236	普洱	Puer	54.75	1291.17	598.28	136
来宾	Laibin	13.18	394.49	493.71	161	临沧	Lincang	35.90	1028.97	136.65	260
崇左	Chongzuo	77.28	278.34	205.65	242	**西藏**	**Tibet**	**772.91**	**212.25**	**736.87**	
海南	**Hainan**	**728.49**	**895.61**	**4160.37**		拉萨	Lasa	69.35	89.89	191.41	244
海口	Haikou	309.50	214.47	384.90	194	**陕西**	**Shaanxi**	**3075.90**	**6541.24**	**8230.17**	
三亚	Sanya	34.71	76.19	212.06	237	西安	Xi'an	933.13	870.60	928.70	94
三沙	Sansha					铜川	Tongchuan	118.22	92.73	275.81	219
重庆	**Chongqing**	**5034.92**	**4667.30**	**7809.23**		宝鸡	Baoji	26.29	365.94	1363.13	55
四川	**Sichuan**	**3104.55**	**37062.85**	**21623.13**		咸阳	Xianyang	196.52	1542.09	1633.66	32
成都	Chengdu	1596.43	1283.75	3536.92	6	渭南	Weinan	19.37	573.20	708.64	124
自贡	Zigong	41.45	423.63	1712.68	29	延安	Yan'an	105.60	387.23	140.50	258
攀枝花	Panzhihua	18.12	517.54	557.32	143	汉中	Hanzhong	11.50	204.10	1916.72	25
泸州	Luzhou	132.55	599.04	1028.79	82	榆林	Yulin	1061.83	2228.56	523.10	153
德阳	Deyang	45.62	320.88	404.47	187	安康	Ankang	570.14	142.20	558.58	142
绵阳	Mianyang	211.36	1316.29	724.21	119	商洛	Shangluo	33.30	134.60	181.33	245
广元	Guangyuan	164.24	12034.91	44.88	284	**甘肃**	**Gansu**	**3009.03**	**10743.80**	**9676.52**	
遂宁	Suining	263.76	153.88	870.22	104	兰州	Lanzhou	259.80	554.08	1122.36	69
内江	Neijiang	27.80	442.10	486.97	163	嘉峪关	Jiayuguan	550.58	419.03	361.26	200
乐山	Leshan	60.92	1098.36	165.69	246	金昌	Jinchang	113.88	454.77	361.28	199
南充	Nanchong	47.60	1445.08	94.72	274	白银	Baiyin	105.23	504.56	464.29	167
眉山	Meishan	12.10	1404.07	669.11	127	天水	Tianshui	19.67	912.53	807.76	111
宜宾	Yibin	83.27	1614.69	1153.64	65	武威	Wuwei	216.48	2021.96	495.45	159
广安	Guangan	20.29	658.39	900.75	100	张掖	Zhangye	26.36	383.19	338.61	204
达州	Dazhou	25.60	242.64	435.44	177	平凉	Pingliang	77.96	97.34	148.03	251
雅安	Yaan	41.51	7335.73	976.38	91	酒泉	Jiuquan	755.13	2581.78	4690.79	1
巴中	Bazhong	15.82	457.14	627.94	133	庆阳	Qingyang	217.69	226.75	132.05	263
资阳	Ziyang	35.10	325.63	97.24	272	定西	Dingxi	413.54	334.94	99.43	270
贵州	**Guizhou**	**12612.08**	**9065.01**	**7687.25**		陇南	Longnan	8.80	939.96	4.01	285
贵阳	Guiyang	1035.09	1240.31	1070.29	75	**青海**	**Qinghai**	**766.78**	**4140.45**	**4339.50**	
六盘水	Liupanshui	149.73	176.06	256.05	223	西宁	Xining	43.93	447.35	365.45	196
遵义	Zunyi	2001.26	1423.25	2160.19	18	海东	Haidong		341.27	144.05	255
安顺	Anshun	144.99	777.93	463.77	168	**宁夏**	**Ningxia**	**2437.16**	**6854.30**	**4124.92**	
毕节	Bijie	250.19	708.07	531.65	152	银川	Yinchuan	1169.61	2349.42	1377.58	52
铜仁	Tongren	646.03	1472.18	539.88	150	石嘴山	Shizuishan	301.46	332.34	590.77	139
云南	**Yunnan**	**3897.59**	**14526.57**	**17486.06**		吴忠	Wuzhong	330.98	2387.44	655.78	131
昆明	Kunming	176.46	2957.53	1434.39	46	固原	Guyuan	401.15	1447.49	448.71	174
曲靖	Qujing	552.10	1519.02	1162.57	63	中卫	Zhongwei	233.97	337.62	1052.07	77
玉溪	Yuxi	151.30	441.71	211.85	238	**新疆**	**Xinjiang**	**2500.79**	**21460.24**	**17758.78**	
保山	Baoshan	142.86	292.37	364.85	197	乌鲁木齐	Urumqi	668.52	3530.13	1417.17	47
昭通	Zhaotong	75.47	454.96	4173.15	4	克拉玛依	Karamay	99.18	203.52	149.94	249

7-15 供应公共管理与公共服务用地面积
Area of Land Supplied for Public Management and Public Services

单位：公顷 (hectare)

地名	City	2010	2015	2016	2016 排名 Ranking
全国	**Nation Total**	**52945.57**	**81864.45**	**85071.32**	
北京	**Beijing**	**350.19**	**2542.02**	**361.26**	
天津	**Tianjin**	**356.75**	**795.70**	**651.35**	
河北	**Hebei**	**1372.59**	**1701.58**	**3213.47**	
石家庄	Shijiazhuang	162.14	171.65	480.66	31
唐山	Tangshan	99.20	81.50	394.54	45
秦皇岛	Qinhuangdao	39.68	103.78	339.95	55
邯郸	Handan	174.52	411.35	483.32	30
邢台	Xingtai	129.23	131.04	240.54	103
保定	Baoding	193.71	194.32	246.84	102
张家口	Zhangjiakou	143.93	123.74	125.11	181
承德	Chengde	72.86	104.21	162.22	150
沧州	Cangzhou	163.91	235.72	542.35	23
廊坊	Langfang	114.54	93.33	70.03	226
衡水	Hengshui	78.87	50.94	127.91	179
山西	**Shanxi**	**1287.27**	**977.69**	**1147.05**	
太原	Taiyuan	262.87	291.18	210.14	122
大同	Datong	113.65	28.04	42.11	250
阳泉	Yangquan	17.71	27.79	30.11	264
长治	Changzhi	89.49	27.11	173.12	143
晋城	Jincheng	115.06	57.90	32.74	262
朔州	Shuozhou	124.97	51.16	48.12	245
晋中	Jinzhong	83.08	64.31	86.90	213
运城	Yuncheng	190.34	110.81	142.06	171
忻州	Xinzhou	109.03	102.59	51.44	242
临汾	Linfen	102.73	178.28	256.87	94
吕梁	Lvliang	78.33	38.51	73.42	222
内蒙古	**Inner Mongolia**	**2654.50**	**3618.17**	**2994.65**	
呼和浩特	Hohhot	122.31	222.85	224.52	110
包头	Baotou	157.18	172.82	309.29	69
乌海	Wuhai	316.25	30.63	60.50	232
赤峰	Chifeng	160.19	167.59	199.52	128
通辽	Tongliao	99.88	1237.93	729.19	12
鄂尔多斯	Erdos	763.65	580.46	310.61	68
呼伦贝尔	Hulunbuir	317.29	246.85	231.27	107
巴彦淖尔	Bayannur	137.73	114.01	103.09	198
乌兰察布	Ulanqab	119.74	230.06	126.25	180
辽宁	**Liaoning**	**4117.18**	**2801.47**	**1945.76**	
沈阳	Shenyang	462.63	325.55	418.44	40
大连	Dalian	386.62	292.57	184.23	136
鞍山	Anshan	112.19	74.19	48.88	243
抚顺	Fushun	222.37	35.17	73.14	224
本溪	Benxi	488.34	139.86	158.66	156
丹东	Dandong	430.95	47.99	33.47	260
锦州	Jinzhou	172.91	147.30	122.60	186
营口	Yingkou	812.38	983.10	297.74	74
阜新	Fuxin	210.05	94.76	112.15	192
辽阳	Liaoyang	86.57	28.32	36.13	258
盘锦	Panjin	56.49	304.92	151.15	165
铁岭	Tieling	349.34	135.63	74.34	221
朝阳	Chaoyang	185.57	91.37	101.28	200
葫芦岛	Huludao	140.77	100.74	133.56	176
吉林	**Jilin**	**1531.04**	**948.10**	**1048.92**	
长春	Changchun	663.79	320.63	523.40	27
吉林	Jilin	126.49	115.89	182.13	138
四平	Siping	19.03	131.42	101.94	199
辽源	Liaoyuan	77.21	22.32	6.41	284
通化	Tonghua	48.49	46.47	48.58	244
白山	Baishan	427.36	24.98	37.27	255
松原	Songyuan	7.78	115.70	40.07	253
白城	Baicheng	74.39	69.87	28.45	266
黑龙江	**Heilongjiang**	**1833.35**	**1467.73**	**1161.21**	
哈尔滨	Harbin	784.18	256.41	152.55	162
齐齐哈尔	Qiqihar	62.09	163.63	137.67	174
鸡西	Jixi	35.28	42.81	15.58	279
鹤岗	Hegang	38.00	7.69	57.96	234
双鸭山	Shuangyashan	86.29	50.23	108.89	194
大庆	Daqing	237.13	103.22	79.72	219
伊春	Yichun	58.36	29.98	28.37	267
佳木斯	Jiamusi	37.60	243.12	120.08	189
七台河	Qitaihe	4.66	29.02	12.51	280
牡丹江	Mudanjiang	67.78	303.73	71.23	225
黑河	Heihe	98.32	35.15	19.63	277
绥化	Suihua	112.10	105.91	174.16	142
上海	**Shanghai**	**459.35**	**592.93**	**943.93**	
江苏	**Jiangsu**	**3030.45**	**4858.38**	**6405.87**	

注：2012年开始采用新的土地分类。

Note: These indicators are using the new land use type after 2012.

7-15 供应公共管理与公共服务用地面积 续表 1

Area of Land Supplied for Public Management and Public Services continued 1

单位：公顷 (hectare)

地名	City	2010	2015	2016	2016 排名 Ranking	地名	City	2010	2015	2016	2016 排名 Ranking
南京	Nanjing	370.07	477.28	2144.95	2	池州	Chizhou	3.98	93.33	287.05	78
无锡	Wuxi	663.91	420.02	434.05	35	宣城	Xuancheng	54.28	224.02	188.03	135
徐州	Xuzhou	221.25	451.82	350.21	52	**福建**	**Fujian**	**1474.59**	**1655.94**	**2720.49**	
常州	Changzhou	570.52	433.66	198.97	129	福州	Fuzhou	418.71	641.66	511.77	28
苏州	Suzhou	330.37	589.47	581.44	19	厦门	Xiamen	470.99	173.50	163.67	148
南通	Nantong	159.65	657.75	399.63	43	莆田	Putian	23.35	62.08	142.45	170
连云港	Lianyungang	78.91	185.80	120.96	187	三明	Sanming	98.72	95.75	152.71	161
淮安	Huaian	124.49	224.98	308.21	70	泉州	Quanzhou	161.21	211.07	960.83	8
盐城	Yancheng	183.66	281.78	569.62	21	漳州	Zhangzhou	65.88	176.89	208.87	124
扬州	Yangzhou	77.34	163.36	271.58	87	南平	Nanping	51.02	87.92	189.74	131
镇江	Zhenjiang	6.37	551.01	270.98	88	龙岩	Longyan	70.00	99.36	189.71	132
泰州	Taizhou	123.91	183.69	466.28	33	宁德	Ningde	114.70	107.71	200.73	127
宿迁	Suqian	120.00	237.75	289.00	77	**江西**	**Jiangxi**	**3438.04**	**2610.87**	**2978.34**	
浙江	**Zhejiang**	**3390.07**	**3650.13**	**4738.06**		南昌	Nanchang	1050.19	538.08	355.89	50
杭州	Hangzhou	1304.30	825.41	1588.69	4	景德镇	Jingdezhen	29.60	41.14	37.20	256
宁波	Ningbo	538.03	630.09	501.50	29	萍乡	Pingxiang	29.43	35.35	27.75	268
温州	Wenzhou	229.67	560.93	333.35	58	九江	Jiujiang	99.24	410.41	396.48	44
嘉兴	Jiaxing	312.44	259.86	358.68	49	新余	Xinyu	43.82	32.62	24.21	271
湖州	Huzhou	74.92	173.69	258.72	93	鹰潭	Yingtan	110.53	44.74	91.78	207
绍兴	Shaoxing	126.54	387.38	412.75	41	赣州	Ganzhou	697.96	403.01	610.11	17
金华	Jinhua	113.08	262.32	480.06	32	吉安	Jian	580.51	441.72	523.70	26
衢州	Quzhou	127.79	95.85	172.31	144	宜春	Yichun	42.10	332.64	332.29	60
舟山	Zhoushan	29.98	85.84	55.21	239	抚州	Fuzhou	509.22	115.66	256.23	96
台州	Taizhou	296.45	217.22	281.95	80	上饶	Shangrao	245.43	215.49	322.70	64
丽水	Lishui	236.86	151.52	294.85	75	**山东**	**Shandong**	**4582.66**	**3482.12**	**4303.66**	
安徽	**Anhui**	**1438.72**	**4151.94**	**5221.14**		济南	Jinan	398.84	202.16	189.62	133
合肥	Hefei	225.12	760.76	590.45	18	青岛	Qingdao	799.85	856.71	427.67	36
芜湖	Wuhu	149.71	242.91	350.37	51	淄博	Zibo	1131.42	116.56	151.96	163
蚌埠	Bengbu	92.60	67.62	343.26	53	枣庄	Zaozhuang	76.78	82.32	113.99	190
淮南	Huainan	152.71	98.67	153.00	160	东营	Dongying	253.88	154.89	235.47	106
马鞍山	Maanshan	204.16	11.44	160.75	152	烟台	Yantai	338.11	187.30	193.93	130
淮北	Huaibei	42.82	29.44	131.07	177	潍坊	Weifang	292.69	211.01	549.38	22
铜陵	Tongling	37.24	27.46	17.87	278	济宁	Jining	135.37	238.41	219.59	116
安庆	Anqing	50.68	829.44	289.64	76	泰安	Taian	151.26	133.74	212.97	121
黄山	Huangshan	81.21	50.10	47.67	247	威海	Weihai	195.95	138.78	318.35	67
滁州	Chuzhou	14.60	469.38	932.60	9	日照	Rizhao	201.21	70.23	75.19	220
阜阳	Fuyang	40.76	241.72	342.83	54	莱芜	Laiwu	46.86	94.22	62.24	231
宿州	Suzhou	44.60	116.08	282.77	79	临沂	Linyi	231.73	164.85	574.41	20
六安	Liuan	164.03	306.52	647.91	15	德州	Dezhou	93.94	338.23	277.89	84
亳州	Bozhou	58.93	104.52	226.78	109	聊城	Liaocheng	46.28	124.91	261.52	92

7-15 供应公共管理与公共服务用地面积 续表 2
Area of Land Supplied for Public Management and Public Services continued 2

单位：公顷 (hectare)

地名	City	2010	2015	2016	2016 排名 Ranking	地名	City	2010	2015	2016	2016 排名 Ranking
滨州	Binzhou	37.48	163.20	271.71	86	常德	Changde	91.62	347.46	155.24	158
菏泽	Heze	151.03	204.60	167.75	147	张家界	Zhangjiajie	50.24	87.47	91.10	208
河南	**Henan**	**2056.26**	**4540.84**	**2860.73**		益阳	Yiyang	79.15	100.18	87.12	212
郑州	Zhengzhou	622.39	994.71	321.46	66	郴州	Chenzhou	124.19	225.43	305.53	72
开封	Kaifeng	54.31	163.87	124.12	183	永州	Yongzhou	54.38	276.13	221.04	114
洛阳	Luoyang	75.70	358.92	263.87	91	怀化	Huaihua	48.06	244.08	220.71	115
平顶山	Pingdingshan	142.91	663.19	95.06	205	娄底	Loudi	22.43	93.16	100.56	201
安阳	Anyang	171.31	279.00	175.59	141	**广东**	**Guangdong**	**2272.67**	**2315.67**	**6770.45**	
鹤壁	Hebi	25.21	52.52	57.85	235	广州	Guangzhou	758.78	315.99	1916.02	3
新乡	Xinxiang	55.76	266.87	134.28	175	韶关	Shaoguan	35.46	53.45	627.56	16
焦作	Jiaozuo	131.02	135.86	252.89	98	深圳	Shenzhen	121.09	90.28	180.92	139
濮阳	Puyang	58.06	161.12	155.85	157	珠海	Zhuhai	63.41	74.97	541.04	24
许昌	Xuchang	112.93	85.62	120.30	188	汕头	Shantou	104.76	185.12	107.64	195
漯河	Luohe	80.68	79.43	54.39	240	佛山	Foshan	116.25	89.63	270.47	89
三门峡	Sanmenxia	121.18	27.96	20.99	275	江门	Jiangmen	96.76	94.43	215.23	119
南阳	Nanyang	173.72	184.28	153.59	159	湛江	Zhanjiang	190.96	170.74	162.34	149
商丘	Shangqiu	134.26	494.05	224.25	111	茂名	Maoming	1.51	172.23	182.42	137
信阳	Xinyang	12.77	163.14	81.37	217	肇庆	Zhaoqing	30.99	125.68	222.36	113
周口	Zhoukou	43.61	178.30	144.73	169	惠州	Huizhou	44.32	61.58	420.08	39
驻马店	Zhumadian	40.41	252.00	439.76	34	梅州	Meizhou	12.19	34.55	423.73	38
湖北	**Hubei**	**1272.50**	**2269.71**	**2292.35**		汕尾	Shanwei	13.39	10.10	42.43	249
武汉	Wuhan	635.46	978.08	693.58	13	河源	Heyuan	80.72	31.21	189.44	134
黄石	Huangshi	53.67	244.59	122.86	185	阳江	Yangjiang	164.16	96.81	201.48	126
十堰	Shiyan	69.72	68.74	124.68	182	清远	Qingyuan	53.62	142.05	337.10	57
宜昌	Yichang	56.29	195.67	279.12	82	东莞	Dongguan	186.11	389.04	90.18	210
襄阳	Xiangyang	51.83	45.98	179.70	140	中山	Zhongshan	132.71	122.05	269.45	90
鄂州	Ezhou	18.90	72.54	26.22	269	潮州	Chaozhou	7.97	13.57	128.73	178
荆门	Jingmen	16.39	51.32	84.14	215	揭阳	Jieyang	43.45	19.21	161.99	151
孝感	Xiaogan	24.99	125.79	73.20	223	云浮	Yunfu	14.05	22.97	79.82	218
荆州	Jingzhou	115.34	48.40	169.73	145	**广西**	**Guangxi**	**1819.91**	**3301.84**	**2695.13**	
黄冈	Huanggang	84.64	48.60	159.86	153	南宁	Nanning	387.49	584.65	738.32	11
咸宁	Xianning	60.73	68.81	123.94	184	柳州	Liuzhou	552.41	955.58	741.80	10
随州	Suizhou	10.21	55.13	55.72	238	桂林	Guilin	173.82	647.56	96.67	203
湖南	**Hunan**	**1450.55**	**4241.53**	**6043.25**		梧州	Wuzhou	39.69	83.40	20.08	276
长沙	Changsha	534.50	1200.21	3194.02	1	北海	Beihai	70.28	17.47	31.52	263
株洲	Zhuzhou	179.79	523.20	168.27	146	防城港	Fangchenggang	71.46	57.06	83.56	216
湘潭	Xiangtan	64.69	385.55	253.35	97	钦州	Qinzhou	34.97	75.93	256.27	95
衡阳	Hengyang	49.53	199.72	240.43	104	贵港	Guigang	75.71	49.36	33.22	261
邵阳	Shaoyang	48.33	183.41	322.65	65	玉林	Yulin	43.71	182.16	209.79	123
岳阳	Yueyang	64.56	229.69	373.28	48	百色	Baise	145.61	340.65	158.78	155

7-15 供应公共管理与公共服务用地面积 续表 3

Area of Land Supplied for Public Management and Public Services continued 3

单位：公顷 (hectare)

地名	City	2010	2015	2016	2016 排名 Ranking
贺州	Hezhou	90.69	99.85	146.55	167
河池	Hechi	43.60	90.57	90.23	209
来宾	Laibin	13.18	58.48	41.64	251
崇左	Chongzuo	77.28	59.11	46.70	248
海南	**Hainan**	**572.65**	**198.30**	**734.97**	
海口	Haikou	177.26	33.66	214.87	120
三亚	Sanya	12.27	45.73	56.69	236
三沙	Sansha				
重庆	**Chongqing**	**1702.40**	**1897.61**	**1840.76**	
四川	**Sichuan**	**1573.45**	**6264.35**	**3793.16**	
成都	Chengdu	551.71	610.63	1406.32	6
自贡	Zigong	38.85	27.19	40.77	252
攀枝花	Panzhihua	16.45	175.54	65.29	228
泸州	Luzhou	116.55	229.26	378.86	47
德阳	Deyang	43.82	206.87	217.08	117
绵阳	Mianyang	185.38	349.79	330.66	62
广元	Guangyuan	135.91	2527.47	12.09	281
遂宁	Suining	43.85	99.00	224.04	112
内江	Neijiang	26.52	204.35	63.96	230
乐山	Leshan	32.73	61.29	106.04	196
南充	Nanchong	47.60	96.18	23.45	273
眉山	Meishan	6.64	374.62	56.01	237
宜宾	Yibin	51.08	448.95	278.82	83
广安	Guangan	18.49	61.14	237.80	105
达州	Dazhou	22.21	139.57	47.82	246
雅安	Yaan	31.27	185.67	97.06	202
巴中	Bazhong	15.82	70.28	54.07	241
资阳	Ziyang	9.15	106.00	29.57	265
贵州	**Guizhou**	**1638.85**	**3463.06**	**3479.71**	
贵阳	Guiyang	551.33	617.07	406.99	42
六盘水	Liupanshui	45.40	101.14	147.57	166
遵义	Zunyi	120.26	517.67	1276.11	7
安顺	Anshun	136.57	209.39	21.90	274
毕节	Bijie	88.27	259.07	301.22	73
铜仁	Tongren	285.63	871.66	249.82	99
云南	**Yunnan**	**1383.01**	**1292.43**	**1831.24**	
昆明	Kunming	139.89	184.97	427.20	37
曲靖	Qujing	318.02	190.69	103.46	197
玉溪	Yuxi	46.20	74.29	64.90	229
保山	Baoshan	12.74	71.68	273.40	85
昭通	Zhaotong	40.41	34.68	87.60	211
丽江	Lijiang	7.39	22.86	10.12	283
普洱	Puer	15.82	86.09	159.13	154
临沧	Lincang	31.68	9.71	39.40	254
西藏	**Tibet**	**695.36**	**81.08**	**112.80**	
拉萨	Lasa	69.35	14.61	23.75	272
陕西	**Shaanxi**	**1049.23**	**1119.32**	**2131.58**	
西安	Xi'an	659.84	315.92	389.98	46
铜川	Tongchuan	35.03	2.58	10.42	282
宝鸡	Baoji	26.22	127.20	689.04	14
咸阳	Xianyang	18.05	239.08	246.85	101
渭南	Weinan	19.06	161.08	280.30	81
延安	Yan'an	99.99	44.58	33.72	259
汉中	Hanzhong	7.31	45.81	146.50	168
榆林	Yulin	130.69	94.68	137.78	173
安康	Ankang	25.38	67.80	138.67	172
商洛	Shangluo	27.65	20.58	58.33	233
甘肃	**Gansu**	**1737.82**	**3958.65**	**3691.74**	
兰州	Lanzhou	111.47	110.22	339.14	56
嘉峪关	Jiayuguan	540.58	413.45	330.73	61
金昌	Jinchang	50.05	208.96	307.66	71
白银	Baiyin	34.38	424.21	327.34	63
天水	Tianshui	14.77	86.86	113.03	191
武威	Wuwei	128.59	1180.09	332.96	59
张掖	Zhangye	26.36	156.80	151.85	164
平凉	Pingliang	77.32	82.50	95.36	204
酒泉	Jiuquan	363.00	1178.52	1446.96	5
庆阳	Qingyang	39.19	30.19	84.33	214
定西	Dingxi	103.78	44.08	36.71	257
陇南	Longnan	8.43	9.79	1.65	285
青海	**Qinghai**	**255.18**	**434.18**	**958.11**	
西宁	Xining	15.97	143.83	109.22	193
海东	Haidong		27.76	24.93	270
宁夏	**Ningxia**	**1092.23**	**1962.90**	**1289.65**	
银川	Yinchuan	493.89	768.06	527.52	25
石嘴山	Shizuishan	177.24	114.13	216.93	118
吴忠	Wuzhong	247.90	669.33	247.63	100
固原	Guyuan	101.47	231.13	94.30	206
中卫	Zhongwei	71.73	180.25	203.28	125
新疆	**Xinjiang**	**1056.80**	**8668.23**	**4710.50**	
乌鲁木齐	Urumqi	135.64	291.29	229.82	108
克拉玛依	Karamay	72.65	96.08	65.52	227

8

城市建设

Urban Construction

8-1 城市城区面积（辖区）
Urban Area (Municipal Districts)

单位：平方公里 (sq. km)

地名	City	2010	2015	2016	2016 排名 Ranking
全国	**National Total**	**178691.7**	**191775.5**	**198178.6**	
北京	**Beijing**	**12187.00**	**12187.00**	**16410.00**	
天津	**Tianjin**	**2236.12**	**2506.11**	**2583.28**	
河北	**Hebei**	**6521.74**	**6398.70**	**6613.44**	
石家庄	Shijiazhuang	212.54	518.81	518.81	79
唐山	Tangshan	1230.20	1230.20	1230.20	21
秦皇岛	Qinhuangdao	363.20	248.00	170.75	183
邯郸	Handan	434.00	377.40	556.00	70
邢台	Xingtai	114.80	114.80	114.80	215
保定	Baoding	312.30	344.69	344.93	118
张家口	Zhangjiakou	376.27	376.27	433.77	92
承德	Chengde	760.07	718.34	718.34	47
沧州	Cangzhou	183.00	183.00	183.00	175
廊坊	Langfang	292.00	292.00	292.00	130
衡水	Hengshui	273.40	273.40	401.40	100
山西	**Shanxi**	**3348.34**	**2837.08**	**2893.26**	
太原	Taiyuan	1416.03	1000.00	1000.00	30
大同	Datong	130.20	130.20	130.20	208
阳泉	Yangquan	51.58	55.16	55.97	267
长治	Changzhi	76.20	76.20	76.20	250
晋城	Jincheng	147.00	152.00	152.00	197
朔州	Shuozhou	148.00	159.10	176.00	181
晋中	Jinzhong	53.40	71.58	76.75	249
运城	Yuncheng	44.50	56.00	88.90	235
忻州	Xinzhou	183.00	183.00	183.00	175
临汾	Linfen	43.00	60.00	60.00	263
吕梁	Lvliang	25.10	50.20	50.20	274
内蒙古	**Inner Mongolia**	**8537.05**	**5372.72**	**4871.72**	
呼和浩特	Hohhot	265.05	265.05	265.05	137
包头	Baotou	885.00	885.00	885.00	33
乌海	Wuhai	1754.00	67.17	67.17	256
赤峰	Chifeng	560.00	560.00	560.00	69
通辽	Tongliao	65.80	75.63	75.63	251
鄂尔多斯	Erdos	195.58	199.42	199.42	167
呼伦贝尔	Hulunbuir	209.41	252.00	252.00	144
巴彦淖尔	Bayannur	668.00	80.51	80.51	245
乌兰察布	Ulanqab	404.80	60.00	60.00	263
辽宁	**Liaoning**	**11655.67**	**14316.30**	**15148.08**	
沈阳	Shenyang	1506.00	3471.00	3572.28	2
大连	Dalian	1194.00	1170.00	1512.00	14
鞍山	Anshan	624.29	624.29	625.60	53
抚顺	Fushun	545.39	632.60	605.50	58
本溪	Benxi	1023.84	1518.00	1518.00	13
丹东	Dandong	226.11	226.11	226.11	156
锦州	Jinzhou	436.00	436.00	436.00	91
营口	Yingkou	183.72	183.72	529.49	77
阜新	Fuxin	448.00	448.00	448.00	88
辽阳	Liaoyang	632.51	728.19	728.19	44
盘锦	Panjin	266.00	266.00	664.02	49
铁岭	Tieling	203.65	203.65	216.15	159
朝阳	Chaoyang	533.00	570.00	570.00	66
葫芦岛	Huludao	575.00	575.00	575.00	65
吉林	**Jilin**	**7376.83**	**3668.37**	**5111.52**	
长春	Changchun	422.14	522.99	1855.00	7
吉林	Jilin	1042.75	498.75	498.75	80
四平	Siping	835.00	87.40	118.11	212
辽源	Liaoyuan	442.44	46.30	46.30	277
通化	Tonghua	761.00	64.75	64.75	257
白山	Baishan	100.00	388.11	388.11	102
松原	Songyuan	1000.00	81.50	81.80	243
白城	Baicheng	912.00	67.50	67.50	255
黑龙江	**Heilongjiang**	**2589.48**	**2578.26**	**2735.61**	
哈尔滨	Harbin	359.21	402.90	460.68	87
齐齐哈尔	Qiqihar	139.63	139.63	140.81	201
鸡西	Jixi	79.23	80.61	80.61	244
鹤岗	Hegang	85.00	85.00	85.00	241
双鸭山	Shuangyashan	118.00	118.00	118.00	213
大庆	Daqing	285.81	320.22	321.14	124
伊春	Yichun	171.39	182.78	182.78	177
佳木斯	Jiamusi	93.50	96.98	96.98	228
七台河	Qitaihe	62.37	67.60	191.80	171
牡丹江	Mudanjiang	86.30	92.68	92.68	231
黑河	Heihe	27.88	27.88	27.88	283
绥化	Suihua	51.79	92.77	92.77	230
上海	**Shanghai**	**6340.50**	**6340.50**	**6340.50**	
江苏	**Jiangsu**	**12462.84**	**15110.50**	**15277.57**	

8-1 城市城区面积（辖区） 续表 1
Urban Area (Municipal Districts) continued 1

单位：平方公里 (sq. km)

地名	City	2010	2015	2016	2016 排名 Ranking
南京	Nanjing	3092.71	4226.41	4226.41	1
无锡	Wuxi	1143.35	1261.26	1261.26	20
徐州	Xuzhou	427.45	603.25	604.78	59
常州	Changzhou	384.38	746.11	772.51	41
苏州	Suzhou	1211.93	1523.88	1523.88	12
南通	Nantong	214.67	398.00	398.00	101
连云港	Lianyungang	673.05	718.50	718.50	46
淮安	Huaian	227.00	227.00	309.69	127
盐城	Yancheng	218.28	608.76	608.76	56
扬州	Yangzhou	274.96	415.34	415.34	95
镇江	Zhenjiang	555.43	555.43	555.43	71
泰州	Taizhou	349.74	408.74	441.44	90
宿迁	Suqian	220.00	352.64	352.64	115
浙江	**Zhejiang**	**10256.38**	**11326.51**	**11311.75**	
杭州	Hangzhou	1019.53	1484.96	1484.96	15
宁波	Ningbo	778.00	778.00	1097.00	28
温州	Wenzhou	585.05	849.26	828.03	37
嘉兴	Jiaxing	224.00	228.72	228.72	155
湖州	Huzhou	627.46	640.69	640.69	51
绍兴	Shaoxing	226.04	497.04	497.04	81
金华	Jinhua	379.64	379.64	386.11	103
衢州	Quzhou	200.10	200.10	200.10	163
舟山	Zhoushan	408.52	579.99	579.99	64
台州	Taizhou	749.98	749.98	749.98	43
丽水	Lishui	266.13	266.13	266.13	135
安徽	**Anhui**	**5041.16**	**6059.40**	**6100.40**	
合肥	Hefei	565.50	1126.61	1126.61	27
芜湖	Wuhu	230.00	721.70	721.70	45
蚌埠	Bengbu	284.60	365.48	365.48	109
淮南	Huainan	415.45	486.96	486.96	82
马鞍山	Maanshan	105.85	175.84	175.84	182
淮北	Huaibei	210.00	210.00	210.00	161
铜陵	Tongling	180.60	180.60	205.60	162
安庆	Anqing	311.39	311.50	311.50	126
黄山	Huangshan	445.80	445.80	461.80	86
滁州	Chuzhou	282.60	282.60	282.60	132
阜阳	Fuyang	332.67	338.87	338.87	120
宿州	Suzhou	164.51	164.51	164.51	188
六安	Liuan	136.12	166.12	166.12	185
亳州	Bozhou	66.82	86.90	86.90	237

地名	City	2010	2015	2016	2016 排名 Ranking
池州	Chizhou	252.93	252.93	252.93	143
宣城	Xuancheng	131.17	131.77	131.77	206
福建	**Fujian**	**4361.84**	**4368.15**	**4440.87**	
福州	Fuzhou	1043.00	1043.00	1043.00	29
厦门	Xiamen	230.00	317.10	351.32	116
莆田	Putian	244.00	244.00	244.00	147
三明	Sanming	220.00	220.00	220.00	157
泉州	Quanzhou	529.00	539.00	539.00	74
漳州	Zhangzhou	95.24	95.24	95.24	229
南平	Nanping	165.81	199.51	199.51	166
龙岩	Longyan	185.00	200.00	200.00	164
宁德	Ningde	105.50	107.50	107.50	219
江西	**Jiangxi**	**1719.32**	**2178.89**	**2369.32**	
南昌	Nanchang	215.00	358.90	358.90	113
景德镇	Jingdezhen	160.00	198.50	198.50	168
萍乡	Pingxiang	42.10	85.70	85.70	239
九江	Jiujiang	114.97	109.95	109.95	217
新余	Xinyu	160.00	230.00	230.00	153
鹰潭	Yingtan	57.65	63.00	74.00	252
赣州	Ganzhou	85.13	162.12	328.24	122
吉安	Jian	218.20	230.00	230.00	153
宜春	Yichun	88.00	88.00	88.00	236
抚州	Fuzhou	81.30	85.30	85.30	240
上饶	Shangrao	55.80	92.01	92.01	232
山东	**Shandong**	**19631.65**	**21567.91**	**22424.21**	
济南	Jinan	1210.00	1210.00	1575.87	10
青岛	Qingdao	1405.25	1963.20	2294.09	4
淄博	Zibo	792.70	678.69	678.69	48
枣庄	Zaozhuang	442.13	349.46	349.46	117
东营	Dongying	1089.10	1099.20	1388.20	18
烟台	Yantai	898.33	912.31	912.31	32
潍坊	Weifang	1186.53	1186.54	1186.54	25
济宁	Jining	480.00	883.87	883.87	34
泰安	Taian	272.22	405.82	587.63	61
威海	Weihai	230.00	630.73	630.73	52
日照	Rizhao	362.00	403.70	403.70	99
莱芜	Laiwu	452.40	614.14	614.14	54
临沂	Linyi	1171.65	1277.63	1277.63	19
德州	Dezhou	539.00	602.00	602.00	60
聊城	Liaocheng	412.69	412.69	412.69	96

8-1 城市城区面积（辖区） 续表 2

Urban Area (Municipal Districts) continued 2

单位：平方公里 (sq. km)

地名	City	2010	2015	2016	2016 排名 Ranking	地名	City	2010	2015	2016	2016 排名 Ranking
滨州	Binzhou	534.54	799.90	799.90	38	常德	Changde	339.16	339.16	176.94	180
菏泽	Heze	359.54	389.96	444.56	89	张家界	Zhangjiajie	142.60	136.98	54.08	269
河南	**Henan**	**4101.39**	**4810.01**	**4822.78**		益阳	Yiyang	66.30	109.00	109.00	218
郑州	Zhengzhou	439.07	439.07	423.84	93	郴州	Chenzhou	580.00	580.00	580.00	63
开封	Kaifeng	121.25	192.25	192.25	170	永州	Yongzhou	77.37	100.00	100.00	223
洛阳	Luoyang	331.42	331.42	331.42	121	怀化	Huaihua	52.00	64.72	64.00	259
平顶山	Pingdingshan	260.03	260.03	260.03	138	娄底	Loudi	60.00	62.20	62.20	260
安阳	Anyang	153.00	153.00	153.00	196	**广东**	**Guangdong**	**18130.10**	**16825.74**	**17086.28**	
鹤壁	Hebi	130.42	130.42	130.42	207	广州	Guangzhou	3843.43	2099.18	2099.20	5
新乡	Xinxiang	103.00	140.00	140.00	202	韶关	Shaoguan	1392.50	1392.50	1395.28	17
焦作	Jiaozuo	94.90	140.00	140.00	202	深圳	Shenzhen	1991.64	1997.27	1997.27	6
濮阳	Puyang	50.00	153.56	153.56	195	珠海	Zhuhai	745.38	745.38	790.19	39
许昌	Xuchang	97.00	97.00	97.00	227	汕头	Shantou	607.88	607.88	607.88	57
漯河	Luohe	106.82	106.82	106.82	220	佛山	Foshan	663.10	763.16	763.16	42
三门峡	Sanmenxia	30.00	73.00	73.00	253	江门	Jiangmen	580.06	566.00	566.00	67
南阳	Nanyang	231.81	640.77	640.77	50	湛江	Zhanjiang	92.19	115.50	115.50	214
商丘	Shangqiu	103.00	103.00	103.00	221	茂名	Maoming	116.05	156.69	156.69	193
信阳	Xinyang	259.51	259.51	259.51	139	肇庆	Zhaoqing	392.78	473.40	532.45	75
周口	Zhoukou	100.00	100.00	100.00	223	惠州	Huizhou	999.19	1181.65	1181.65	26
驻马店	Zhumadian	185.00	185.00	185.00	174	梅州	Meizhou	168.00	376.00	376.00	105
湖北	**Hubei**	**9057.18**	**8114.59**	**8334.17**		汕尾	Shanwei	94.21	283.16	283.16	131
武汉	Wuhan	2718.00	1452.00	1452.00	16	河源	Heyuan	28.54	36.11	362.00	112
黄石	Huangshi	237.00	233.80	233.80	152	阳江	Yangjiang	285.00	409.93	409.93	98
十堰	Shiyan	319.00	587.32	587.32	62	清远	Qingyuan	271.30	311.03	325.14	123
宜昌	Yichang	541.00	541.00	541.00	73	东莞	Dongguan	2465.00	2465.00	2465.00	3
襄阳	Xiangyang	337.80	374.30	374.30	106	中山	Zhongshan	167.30	257.78	257.78	140
鄂州	Ezhou	240.67	246.22	247.00	146	潮州	Chaozhou	41.68	241.02	241.02	148
荆门	Jingmen	194.00	248.70	248.70	145	揭阳	Jieyang	181.00	432.10	210.27	160
孝感	Xiaogan	87.10	90.40	110.32	216	云浮	Yunfu	84.00	105.29	133.00	205
荆州	Jingzhou	66.40	82.44	86.17	238	**广西**	**Guangxi**	**5656.72**	**5728.04**	**5752.04**	
黄冈	Huanggang	31.13	52.22	52.22	273	南宁	Nanning	841.08	841.08	865.08	35
咸宁	Xianning	100.00	165.00	165.00	187	柳州	Liuzhou	437.11	464.39	464.39	85
随州	Suizhou	216.00	266.00	266.00	136	桂林	Guilin	565.00	612.63	612.63	55
湖南	**Hunan**	**4121.85**	**4582.33**	**4373.14**		梧州	Wuzhou	307.00	485.01	485.01	83
长沙	Changsha	954.55	1199.84	1199.84	23	北海	Beihai	957.00	957.00	957.00	31
株洲	Zhuzhou	470.33	837.00	862.69	36	防城港	Fangchenggang	233.13	238.33	238.33	149
湘潭	Xiangtan	418.00	168.21	169.02	184	钦州	Qinzhou	96.27	354.38	354.38	114
衡阳	Hengyang	120.00	133.78	124.93	209	贵港	Guigang	301.50	301.50	301.50	129
邵阳	Shaoyang	67.00	75.00	82.00	242	玉林	Yulin	219.04	302.04	302.04	128
岳阳	Yueyang	155.00	155.00	159.00	191	百色	Baise	362.60	362.60	362.60	110

8-1 城市城区面积（辖区） 续表 3
Urban Area (Municipal Districts) continued 3

单位：平方公里 (sq. km)

地名	City	2010	2015	2016	2016 排名 Ranking
贺州	Hezhou	60.65	78.00	78.00	247
河池	Hechi	80.00	80.00	80.00	246
来宾	Laibin	76.52	92.00	92.00	233
崇左	Chongzuo	34.02	50.00	50.00	275
海南	**Hainan**	**833.03**	**1427.88**	**1428.18**	
海口	Haikou	215.00	562.40	562.40	68
三亚	Sanya	60.00	188.00	188.00	172
三沙	Sansha		2.45	2.45	286
重庆	**Chongqing**	**5695.83**	**7026.55**	**7438.45**	
四川	**Sichuan**	**5772.84**	**10777.66**	**7872.65**	
成都	Chengdu	778.73	862.19	1194.43	24
自贡	Zigong	566.50	778.32	778.32	40
攀枝花	Panzhihua	329.18	342.56	373.13	107
泸州	Luzhou	410.38	411.38	411.38	97
德阳	Deyang	57.20	179.70	179.70	178
绵阳	Mianyang	362.10	465.00	479.70	84
广元	Guangyuan	216.70	216.70	216.70	158
遂宁	Suining	284.10	316.00	316.00	125
内江	Neijiang	204.09	278.93	278.93	133
乐山	Leshan	92.83	368.42	368.42	108
南充	Nanchong	420.00	420.00	420.00	94
眉山	Meishan	56.50	292.59	253.56	142
宜宾	Yibin	60.00	1268.00	139.75	204
广安	Guangan	111.31	141.81	141.81	200
达州	Dazhou	89.00	645.99	159.00	191
雅安	Yaan	164.50	196.89	196.89	169
巴中	Bazhong	160.29	160.29	160.29	189
资阳	Ziyang	176.20	186.87	186.87	173
贵州	**Guizhou**	**1658.36**	**2679.97**	**3104.81**	
贵阳	Guiyang	414.77	1230.00	1230.00	22
六盘水	Liupanshui	129.00	129.00	235.37	150
遵义	Zunyi	220.00	220.00	531.51	76
安顺	Anshun	109.48	145.88	145.88	199
毕节	Bijie	43.87	166.09	166.09	186
铜仁	Tongren	23.50	53.30	53.30	270
云南	**Yunnan**	**1929.97**	**3029.44**	**3127.68**	
昆明	Kunming	472.57	1749.00	1782.60	8
曲靖	Qujing	56.00	72.99	89.17	234
玉溪	Yuxi	46.70	88.12	99.70	225
保山	Baoshan	33.10	68.00	68.00	254
昭通	Zhaotong	61.00	61.00	61.00	262
丽江	Lijiang	22.00	26.00	26.00	284
普洱	Puer	48.00	50.00	50.00	275
临沧	Lincang	20.00	35.18	35.18	281
西藏	**Tibet**	**782.00**	**432.60**	**449.83**	
拉萨	Lasa	295.00	351.40	362.47	111
陕西	**Shaanxi**	**1430.60**	**2311.70**	**2334.76**	
西安	Xi'an	331.67	542.00	542.00	72
铜川	Tongchuan	55.00	55.00	55.00	268
宝鸡	Baoji	104.53	156.30	156.30	194
咸阳	Xianyang	74.75	528.20	528.20	78
渭南	Weinan	171.00	267.00	267.00	134
延安	Yan'an	43.25	54.00	62.06	261
汉中	Hanzhong	86.00	100.42	100.42	222
榆林	Yulin	119.00	164.00	179.00	179
安康	Ankang	30.00	160.00	160.00	190
商洛	Shangluo	230.00	40.00	40.00	278
甘肃	**Gansu**	**1426.32**	**1569.92**	**1580.08**	
兰州	Lanzhou	205.74	332.14	340.58	119
嘉峪关	Jiayuguan	120.00	120.00	120.00	210
金昌	Jinchang	42.00	52.30	52.30	272
白银	Baiyin	99.24	99.24	99.50	226
天水	Tianshui	58.61	60.00	60.00	263
武威	Wuwei	28.50	31.00	32.45	282
张掖	Zhangye	33.69	200.00	200.00	164
平凉	Pingliang	255.00	255.00	255.00	141
酒泉	Jiuquan	232.00	235.00	235.00	151
庆阳	Qingyang	25.44	25.44	25.44	285
定西	Dingxi	200.00	35.88	35.89	280
陇南	Longnan	40.00	40.00	40.00	278
青海	**Qinghai**	**512.28**	**688.15**	**688.15**	
西宁	Xining	380.00	380.00	380.00	104
海东	Haidong		147.00	147.00	198
宁夏	**Ningxia**	**2049.72**	**2119.18**	**2119.18**	
银川	Yinchuan	1773.50	1773.50	1773.50	9
石嘴山	Shizuishan	118.20	118.20	118.20	211
吴忠	Wuzhong	29.91	60.00	60.00	263
固原	Guyuan	34.62	52.33	52.33	271
中卫	Zhongwei	52.00	64.70	64.70	258
新疆	**Xinjiang**	**1267.62**	**2835.38**	**3034.88**	
乌鲁木齐	Urumqi	342.67	1469.20	1528.80	11
克拉玛依	Karamay	57.16	72.65	77.92	248

8-2 城市建成区面积（辖区）

Area of Built District (Municipal Districts)

单位：平方公里 (sq. km)

地名	City	2010	2015	2016	2016 排名 Ranking
全国	**National Total**	**40058.01**	**52102.31**	**54331.47**	
北京	**Beijing**		**1401.01**	**1419.66**	
天津	**Tianjin**	**686.71**	**885.43**	**1007.91**	
河北	**Hebei**	**1619.67**	**1944.42**	**2056.45**	
石家庄	Shijiazhuang	202.90	278.05	283.72	30
唐山	Tangshan	234.00	249.00	249.00	38
秦皇岛	Qinhuangdao	89.48	131.45	131.45	86
邯郸	Handan	110.55	127.03	172.27	57
邢台	Xingtai	70.00	90.12	93.54	126
保定	Baoding	132.33	185.70	187.44	54
张家口	Zhangjiakou	84.00	86.00	99.80	119
承德	Chengde	99.75	116.97	117.36	98
沧州	Cangzhou	46.48	70.54	73.16	173
廊坊	Langfang	59.45	66.28	67.76	181
衡水	Hengshui	43.56	46.40	75.59	168
山西	**Shanxi**	**864.73**	**1123.46**	**1157.63**	
太原	Taiyuan	245.00	340.00	340.00	20
大同	Datong	108.00	125.20	125.20	90
阳泉	Yangquan	51.58	55.16	55.97	221
长治	Changzhi	59.30	59.30	59.30	209
晋城	Jincheng	35.40	57.00	57.00	216
朔州	Shuozhou	36.60	41.60	49.70	238
晋中	Jinzhong	39.14	71.58	76.75	159
运城	Yuncheng	30.00	46.00	66.00	187
忻州	Xinzhou	30.10	36.00	36.00	262
临汾	Linfen	37.40	54.00	54.69	225
吕梁	Lvliang	18.00	25.80	25.80	277
内蒙古	**Inner Mongolia**	**1038.32**	**1225.21**	**1241.59**	
呼和浩特	Hohhot	166.20	260.00	260.00	36
包头	Baotou	183.49	195.79	201.35	47
乌海	Wuhai	62.92	62.30	62.30	201
赤峰	Chifeng	81.00	105.00	106.07	109
通辽	Tongliao	65.80	61.20	61.20	204
鄂尔多斯	Erdos	112.58	116.42	116.42	99
呼伦贝尔	Hulunbuir	40.00	59.46	59.46	208
巴彦淖尔	Bayannur	38.00	51.00	51.00	234
乌兰察布	Ulanqab	40.75	60.00	60.00	206
辽宁	**Liaoning**	**2220.53**	**2461.95**	**2798.20**	
沈阳	Shenyang	412.00	465.00	588.26	7
大连	Dalian	390.00	395.50	433.30	18
鞍山	Anshan	158.00	170.90	172.05	58
抚顺	Fushun	130.38	138.03	139.34	80
本溪	Benxi	106.50	109.00	109.00	106
丹东	Dandong	53.40	77.14	77.14	158
锦州	Jinzhou	71.45	77.10	88.30	135
营口	Yingkou	99.24	110.00	188.80	52
阜新	Fuxin	76.50	76.50	76.50	161
辽阳	Liaoyang	97.85	104.87	105.27	111
盘锦	Panjin	60.83	74.94	192.34	50
铁岭	Tieling	43.96	57.00	56.81	217
朝阳	Chaoyang	40.00	57.08	57.08	215
葫芦岛	Huludao	75.15	85.90	87.30	136
吉林	**Jilin**	**1237.38**	**1399.07**	**1425.83**	
长春	Changchun	393.71	506.33	519.04	10
吉林	Jilin	165.63	185.00	189.04	51
四平	Siping	51.42	57.87	58.94	211
辽源	Liaoyuan	46.30	46.30	46.30	243
通化	Tonghua	48.50	53.16	54.81	224
白山	Baishan	40.00	47.02	47.35	242
松原	Songyuan	42.70	50.08	50.80	236
白城	Baicheng	38.11	42.87	43.18	246
黑龙江	**Heilongjiang**	**1637.98**	**1772.24**	**1810.17**	
哈尔滨	Harbin	359.21	402.90	435.28	17
齐齐哈尔	Qiqihar	134.72	139.63	140.81	77
鸡西	Jixi	79.23	80.61	80.61	147
鹤岗	Hegang	43.48	53.22	53.22	229
双鸭山	Shuangyashan	58.80	58.00	58.00	213
大庆	Daqing	213.32	244.79	246.48	39
伊春	Yichun	161.19	156.95	156.95	65
佳木斯	Jiamusi	93.50	96.98	96.98	121
七台河	Qitaihe	62.37	67.60	67.60	183
牡丹江	Mudanjiang	76.08	82.24	82.24	144
黑河	Heihe	20.00	20.00	20.00	284
绥化	Suihua	30.65	37.00	45.00	244
上海	**Shanghai**	**998.78**	**998.75**	**998.75**	
江苏	**Jiangsu**	**3271.09**	**4189.17**	**4299.26**	

8-2 城市建成区面积（辖区） 续表 1
Area of Built District (Municipal Districts) continued 1

单位：平方公里 (sq. km)

地名	City	2010	2015	2016	2016 排名 Ranking	地名	City	2010	2015	2016	2016 排名 Ranking
南京	Nanjing	618.64	755.27	773.79	5	池州	Chizhou	35.00	36.93	36.93	261
无锡	Wuxi	231.30	329.43	332.01	22	宣城	Xuancheng	43.00	52.00	55.00	223
徐州	Xuzhou	239.00	255.20	261.01	35	**福建**	**Fujian**	**1059.00**	**1413.54**	**1469.16**	
常州	Changzhou	153.05	250.31	261.17	34	福州	Fuzhou	220.22	260.05	265.33	32
苏州	Suzhou	329.29	458.29	461.65	12	厦门	Xiamen	230.00	317.10	334.64	21
南通	Nantong	125.21	204.72	215.62	43	莆田	Putian	54.82	86.90	89.88	132
连云港	Lianyungang	120.00	206.00	214.00	44	三明	Sanming	27.84	37.45	38.70	257
淮安	Huaian	120.00	155.00	178.50	56	泉州	Quanzhou	150.00	206.50	214.00	44
盐城	Yancheng	88.50	142.37	147.91	73	漳州	Zhangzhou	50.59	65.65	67.25	185
扬州	Yangzhou	82.00	140.00	148.96	72	南平	Nanping	25.76	41.24	41.24	253
镇江	Zhenjiang	108.60	137.50	139.30	81	龙岩	Longyan	38.00	58.36	61.65	203
泰州	Taizhou	65.00	104.70	114.60	102	宁德	Ningde	19.23	29.81	32.10	270
宿迁	Suqian	65.00	84.70	86.04	138	**江西**	**Jiangxi**	**933.78**	**1295.65**	**1370.95**	
浙江	**Zhejiang**	**2128.96**	**2590.74**	**2673.33**		南昌	Nanchang	201.50	307.30	317.30	27
杭州	Hangzhou	412.59	506.09	541.38	9	景德镇	Jingdezhen	72.84	78.68	86.00	139
宁波	Ningbo	271.59	321.91	330.75	23	萍乡	Pingxiang	42.10	50.87	50.87	235
温州	Wenzhou	174.60	238.40	241.40	40	九江	Jiujiang	89.47	105.63	106.75	108
嘉兴	Jiaxing	93.61	115.78	118.90	96	新余	Xinyu	53.00	76.00	78.44	153
湖州	Huzhou	77.92	102.90	106.00	110	鹰潭	Yingtan	23.68	33.80	39.00	256
绍兴	Shaoxing	100.06	199.40	203.90	46	赣州	Ganzhou	76.30	141.40	166.10	63
金华	Jinhua	71.98	80.20	97.91	120	吉安	Jian	35.03	55.05	56.43	218
衢州	Quzhou	58.21	71.19	71.30	176	宜春	Yichun	50.00	68.00	70.00	179
舟山	Zhoushan	52.39	62.15	63.12	198	抚州	Fuzhou	50.30	59.13	60.10	205
台州	Taizhou	116.19	139.80	139.80	79	上饶	Shangrao	38.28	77.36	77.76	156
丽水	Lishui	31.89	34.90	35.40	263	**山东**	**Shandong**	**3566.15**	**4609.32**	**4795.47**	
安徽	**Anhui**	**1491.32**	**1926.36**	**2001.68**		济南	Jinan	347.00	392.96	447.69	14
合肥	Hefei	325.91	438.20	460.00	13	青岛	Qingdao	282.33	566.37	599.32	6
芜湖	Wuhu	135.00	165.00	172.00	59	淄博	Zibo	224.50	267.01	270.63	31
蚌埠	Bengbu	104.80	138.00	145.00	74	枣庄	Zaozhuang	119.16	149.30	151.20	69
淮南	Huainan	97.45	108.00	110.09	105	东营	Dongying	108.08	118.65	151.15	70
马鞍山	Maanshan	78.50	93.30	95.20	122	烟台	Yantai	265.47	323.95	330.12	24
淮北	Huaibei	62.97	84.60	85.20	142	潍坊	Weifang	140.00	178.00	179.34	55
铜陵	Tongling	47.85	75.88	81.32	146	济宁	Jining	88.90	193.84	198.75	48
安庆	Anqing	77.32	85.27	89.86	133	泰安	Taian	106.80	130.65	154.60	66
黄山	Huangshan	43.92	65.14	67.43	184	威海	Weihai	132.00	192.57	192.77	49
滁州	Chuzhou	60.10	83.84	85.34	141	日照	Rizhao	89.80	100.80	103.70	112
阜阳	Fuyang	76.43	121.50	123.78	92	莱芜	Laiwu	58.00	120.00	120.00	94
宿州	Suzhou	53.23	75.00	79.00	151	临沂	Linyi	165.70	213.00	219.70	41
六安	Liuan	60.80	74.30	76.20	162	德州	Dezhou	60.00	148.90	154.13	67
亳州	Bozhou	36.00	56.00	62.24	202	聊城	Liaocheng	69.00	98.69	101.26	116

8-2 城市建成区面积（辖区） 续表 2
Area of Built District (Municipal Districts) continued 2

单位：平方公里 (sq. km)

地名	City	2010	2015	2016	2016 排名 Ranking
滨州	Binzhou	85.50	138.25	138.82	84
菏泽	Heze	76.60	99.55	124.65	91
河南	**Henan**	**2014.40**	**2503.08**	**2544.27**	
郑州	Zhengzhou	342.66	437.60	422.35	19
开封	Kaifeng	95.05	129.09	129.93	88
洛阳	Luoyang	180.54	209.37	216.37	42
平顶山	Pingdingshan	71.00	73.40	73.40	171
安阳	Anyang	76.00	81.00	82.00	145
鹤壁	Hebi	50.90	64.12	64.12	193
新乡	Xinxiang	97.05	114.79	118.29	97
焦作	Jiaozuo	94.90	111.20	113.30	103
濮阳	Puyang	37.15	56.00	59.00	210
许昌	Xuchang	80.00	90.00	95.00	123
漯河	Luohe	60.00	66.00	67.00	186
三门峡	Sanmenxia	30.00	56.00	56.00	219
南阳	Nanyang	98.52	149.45	150.14	71
商丘	Shangqiu	60.00	63.00	63.00	199
信阳	Xinyang	68.00	89.00	94.00	125
周口	Zhoukou	51.00	68.13	70.20	178
驻马店	Zhumadian	52.90	75.10	80.40	148
湖北	**Hubei**	**1701.03**	**2197.00**	**2248.94**	
武汉	Wuhan	484.01	566.13	585.61	8
黄石	Huangshi	66.00	75.00	79.09	150
十堰	Shiyan	62.14	105.26	107.11	107
宜昌	Yichang	92.23	165.12	167.31	62
襄阳	Xiangyang	90.57	164.04	170.33	61
鄂州	Ezhou	52.30	64.26	64.40	190
荆门	Jingmen	50.50	58.05	63.48	197
孝感	Xiaogan	32.70	50.00	53.47	227
荆州	Jingzhou	66.40	82.44	86.17	137
黄冈	Huanggang	30.03	52.22	52.22	233
咸宁	Xianning	62.60	65.80	65.80	189
随州	Suizhou	43.00	53.00	53.00	230
湖南	**Hunan**	**1321.05**	**1572.52**	**1625.64**	
长沙	Changsha	272.39	312.30	322.73	25
株洲	Zhuzhou	96.77	137.98	142.19	75
湘潭	Xiangtan	73.38	79.81	80.04	149
衡阳	Hengyang	96.00	113.53	115.95	101
邵阳	Shaoyang	48.50	65.00	72.00	175
岳阳	Yueyang	82.50	97.00	100.00	118
常德	Changde	76.22	90.22	93.01	127
张家界	Zhangjiajie	28.21	32.96	32.99	268
益阳	Yiyang	54.00	75.00	76.10	164
郴州	Chenzhou	62.00	77.23	77.50	157
永州	Yongzhou	56.43	62.21	64.30	191
怀化	Huaihua	52.00	64.00	64.00	195
娄底	Loudi	42.00	47.15	49.80	237
广东	**Guangdong**	**4618.07**	**5633.19**	**5808.12**	
广州	Guangzhou	952.03	1237.25	1249.11	1
韶关	Shaoguan	81.83	99.23	102.41	114
深圳	Shenzhen	830.01	900.00	923.25	3
珠海	Zhuhai	123.64	123.64	141.31	76
汕头	Shantou	175.00	253.60	257.66	37
佛山	Foshan	151.53	158.05	158.91	64
江门	Jiangmen	128.66	150.00	152.00	68
湛江	Zhanjiang	81.23	108.95	110.69	104
茂名	Maoming	69.70	120.39	128.32	89
肇庆	Zhaoqing	79.95	117.45	119.84	95
惠州	Huizhou	214.96	238.89	262.67	33
梅州	Meizhou	45.00	53.64	58.32	212
汕尾	Shanwei	14.37	16.89	21.60	283
河源	Heyuan	28.54	36.11	38.04	259
阳江	Yangjiang	48.37	63.52	64.12	193
清远	Qingyuan	56.85	63.22	85.75	140
东莞	Dongguan	820.26	932.05	958.86	2
中山	Zhongshan	87.30	138.89	139.21	82
潮州	Chaozhou	41.68	77.85	77.85	155
揭阳	Jieyang	57.74	129.00	131.00	87
云浮	Yunfu	18.81	28.41	28.41	274
广西	**Guangxi**	**940.47**	**1275.16**	**1333.80**	
南宁	Nanning	215.23	287.40	310.47	28
柳州	Liuzhou	135.06	183.92	188.49	53
桂林	Guilin	63.00	98.51	101.66	115
梧州	Wuzhou	36.10	55.96	57.19	214
北海	Beihai	57.80	73.07	75.80	166
防城港	Fangchenggang	30.63	38.06	40.54	255
钦州	Qinzhou	69.79	89.63	90.50	130
贵港	Guigang	55.72	70.52	73.23	172
玉林	Yulin	56.66	68.20	69.60	180
百色	Baise	33.00	44.67	49.08	240

8-2 城市建成区面积（辖区） 续表 3
Area of Built District (Municipal Districts) continued 3

单位：平方公里 (sq. km)

地名	City	2010	2015	2016	2016 排名 Ranking
贺州	Hezhou	28.85	31.43	31.43	272
河池	Hechi	18.80	22.74	23.85	281
来宾	Laibin	29.00	41.00	43.10	247
崇左	Chongzuo	22.00	28.00	30.00	273
海南	**Hainan**	**221.32**	**337.81**	**320.98**	
海口	Haikou	91.67	152.40	140.59	78
三亚	Sanya	28.20	68.48	55.79	222
三沙	Sansha		0.32	0.32	286
重庆	**Chongqing**	**870.23**	**1329.45**	**1350.66**	
四川	**Sichuan**	**1629.73**	**2281.64**	**2615.59**	
成都	Chengdu	455.56	615.71	837.27	4
自贡	Zigong	80.40	112.08	116.18	100
攀枝花	Panzhihua	54.60	74.08	76.00	165
泸州	Luzhou	82.66	120.07	135.60	85
德阳	Deyang	53.51	74.55	75.10	169
绵阳	Mianyang	102.85	125.00	139.10	83
广元	Guangyuan	38.13	56.34	59.54	207
遂宁	Suining	50.08	75.94	79.00	151
内江	Neijiang	40.45	71.14	76.20	162
乐山	Leshan	53.84	74.34	75.75	167
南充	Nanchong	78.00	115.34	120.30	93
眉山	Meishan	44.50	62.38	63.74	196
宜宾	Yibin	56.60	87.27	94.17	124
广安	Guangan	30.00	50.05	52.60	232
达州	Dazhou	45.00	74.13	76.71	160
雅安	Yaan	21.00	33.14	33.80	266
巴中	Bazhong	17.50	33.66	53.00	230
资阳	Ziyang	36.00	45.20	49.20	239
贵州	**Guizhou**	**463.96**	**789.06**	**844.56**	
贵阳	Guiyang	162.00	299.00	299.00	29
六盘水	Liupanshui	38.50	71.68	72.50	174
遵义	Zunyi	62.00	66.00	100.78	117
安顺	Anshun	32.00	66.30	67.66	182
毕节	Bijie	20.00	42.50	43.00	249
铜仁	Tongren	23.00	34.68	37.55	260
云南	**Yunnan**	**751.34**	**1060.14**	**1131.34**	
昆明	Kunming	295.03	420.50	435.81	16
曲靖	Qujing	56.00	67.99	88.97	134
玉溪	Yuxi	23.23	30.17	38.42	258
保山	Baoshan	21.00	32.00	34.58	265
昭通	Zhaotong	26.48	41.15	41.95	252
丽江	Lijiang	21.79	23.20	24.00	280
普洱	Puer	24.00	26.50	26.50	275
临沧	Lincang	13.30	19.85	22.04	282
西藏	**Tibet**	**84.88**	**144.52**	**145.18**	
拉萨	Lasa	62.88	90.72	82.82	143
陕西	**Shaanxi**	**758.48**	**1073.36**	**1127.35**	
西安	Xi'an	326.53	500.59	517.74	11
铜川	Tongchuan	38.44	44.12	48.85	241
宝鸡	Baoji	92.06	88.73	90.08	131
咸阳	Xianyang	65.00	90.12	90.65	129
渭南	Weinan	40.00	62.70	65.86	188
延安	Yan'an	25.95	36.80	41.00	254
汉中	Hanzhong	33.20	42.40	42.50	250
榆林	Yulin	40.00	63.60	78.38	154
安康	Ankang	30.00	40.00	45.00	244
商洛	Shangluo	13.10	26.00	26.00	276
甘肃	**Gansu**	**632.80**	**834.39**	**870.42**	
兰州	Lanzhou	196.26	305.28	321.75	26
嘉峪关	Jiayuguan	49.50	69.54	70.40	177
金昌	Jinchang	36.69	42.17	43.05	248
白银	Baiyin	55.17	61.50	63.00	199
天水	Tianshui	42.24	56.00	56.00	219
武威	Wuwei	28.50	31.00	32.45	269
张掖	Zhangye	33.69	64.20	64.20	192
平凉	Pingliang	36.00	36.00	42.00	251
酒泉	Jiuquan	38.00	51.50	53.30	228
庆阳	Qingyang	21.30	24.28	24.58	279
定西	Dingxi	23.40	25.00	25.20	278
陇南	Longnan	10.40	10.40	13.80	285
青海	**Qinghai**	**113.88**	**194.26**	**197.41**	
西宁	Xining	66.77	90.00	92.00	128
海东	Haidong		33.78	33.78	267
宁夏	**Ningxia**	**343.79**	**455.05**	**441.80**	
银川	Yinchuan	120.57	166.82	170.70	60
石嘴山	Shizuishan	99.64	102.80	102.80	113
吴忠	Wuzhong	28.21	53.45	53.50	226
固原	Guyuan	34.62	52.33	34.99	264
中卫	Zhongwei	32.04	32.00	32.00	271
新疆	**Xinjiang**	**838.21**	**1185.36**	**1199.37**	
乌鲁木齐	Urumqi	342.67	429.96	436.00	15
克拉玛依	Karamay	57.16	72.48	75.05	170

8-3 城市建设用地面积（辖区）
Area of Urban Construction Land (Municipal Districts)

单位：平方公里 (sq. km)

地名	City	2010	2015	2016	2016 排名 Ranking	地名	City	2010	2015	2016	2016 排名 Ranking
全国	**National Total**	**39758.42**	**51584.10**	**52761.30**		沈阳	Shenyang	412.00	465.00	583.59	6
北京	**Beijing**		**1454.69**	**1463.79**		大连	Dalian	405.70	382.86	421.10	18
天津	**Tianjin**	**686.71**	**870.18**	**961.65**		鞍山	Anshan	158.19	170.90	172.05	57
河北	**Hebei**	**1571.72**	**1816.10**	**1944.93**		抚顺	Fushun	130.38	138.03	139.34	78
石家庄	Shijiazhuang	206.19	263.58	265.55	32	本溪	Benxi	69.90	92.40	92.40	117
唐山	Tangshan	229.79	210.00	223.00	43	丹东	Dandong	53.40	77.14	77.14	145
秦皇岛	Qinhuangdao	95.44	131.43	131.43	83	锦州	Jinzhou	71.45	77.10	88.27	125
邯郸	Handan	117.50	127.03	171.40	58	营口	Yingkou	99.24	110.00	166.70	63
邢台	Xingtai	70.00	90.12	93.54	115	阜新	Fuxin	71.20	76.50	76.50	147
保定	Baoding	132.33	177.08	180.18	55	辽阳	Liaoyang	97.85	104.87	105.27	105
张家口	Zhangjiakou	87.39	85.19	100.44	111	盘锦	Panjin	60.83	74.94	184.55	53
承德	Chengde	54.86	66.77	66.77	177	铁岭	Tieling	43.96	50.00	49.81	227
沧州	Cangzhou	42.17	70.54	73.16	158	朝阳	Chaoyang	31.00	56.21	56.55	203
廊坊	Langfang	59.45	66.28	67.76	174	葫芦岛	Huludao	75.15	77.55	86.62	129
衡水	Hengshui	39.04	42.58	75.37	153	**吉林**	**Jilin**	**1171.77**	**1330.14**	**1379.46**	
山西	**Shanxi**	**847.15**	**1079.30**	**1129.04**		长春	Changchun	388.16	470.05	508.48	8
太原	Taiyuan	218.93	331.00	360.00	20	吉林	Jilin	150.22	185.00	189.04	50
大同	Datong	107.99	125.20	125.20	87	四平	Siping	49.35	59.60	60.67	192
阳泉	Yangquan	40.41	44.40	44.80	235	辽源	Liaoyuan	46.34	46.30	46.30	231
长治	Changzhi	53.88	58.88	58.88	196	通化	Tonghua	44.56	52.92	54.25	208
晋城	Jincheng	50.40	56.60	56.77	202	白山	Baishan	33.99	41.18	41.52	245
朔州	Shuozhou	31.56	40.24	46.87	230	松原	Songyuan	42.70	49.87	50.69	223
晋中	Jinzhong	51.19	63.34	72.78	160	白城	Baicheng	33.89	42.61	42.92	240
运城	Yuncheng	42.96	41.75	41.75	242	**黑龙江**	**Heilongjiang**	**1737.50**	**1788.87**	**1821.81**	
忻州	Xinzhou	28.92	35.50	35.50	257	哈尔滨	Harbin	359.21	393.80	423.42	17
临汾	Linfen	36.55	51.87	53.59	210	齐齐哈尔	Qiqihar	139.63	139.63	140.81	76
吕梁	Lvliang	18.28	24.27	24.47	272	鸡西	Jixi	79.23	78.85	78.85	143
内蒙古	**Inner Mongolia**	**1123.44**	**1164.76**	**1146.87**		鹤岗	Hegang	70.77	53.21	53.21	216
呼和浩特	Hohhot	166.14	229.91	232.95	42	双鸭山	Shuangyashan	54.90	57.21	58.00	200
包头	Baotou	184.05	195.79	195.79	48	大庆	Daqing	285.81	320.22	321.14	23
乌海	Wuhai	56.73	41.60	41.60	243	伊春	Yichun	156.76	156.25	156.25	66
赤峰	Chifeng	87.05	82.05	53.84	209	佳木斯	Jiamusi	93.50	83.40	83.40	134
通辽	Tongliao	65.80	61.20	61.20	188	七台河	Qitaihe	62.37	67.60	67.60	175
鄂尔多斯	Erdos	142.58	116.42	116.42	96	牡丹江	Mudanjiang	75.05	82.24	82.24	135
呼伦贝尔	Hulunbuir	75.32	59.46	59.46	195	黑河	Heihe	27.88	20.00	20.00	279
巴彦淖尔	Bayannur	37.00	61.09	61.09	189	绥化	Suihua	30.65	36.00	37.10	255
乌兰察布	Ulanqab	38.41	52.18	52.18	218	**上海**	**Shanghai**		**2915.56**	**1913.30**	
辽宁	**Liaoning**	**2171.23**	**2405.24**	**2718.20**		**江苏**	**Jiangsu**	**3424.75**	**4207.60**	**4367.41**	

8-3 城市建设用地面积（辖区） 续表 1

Area of Urban Construction Land (Municipal Districts) continued 1

单位：平方公里 (sq. km)

地名	City	2010	2015	2016	2016 排名 Ranking
南京	Nanjing	647.28	735.28	769.95	4
无锡	Wuxi	214.76	286.75	286.59	28
徐州	Xuzhou	184.60	239.27	244.13	39
常州	Changzhou	153.05	250.22	261.01	33
苏州	Suzhou	329.09	455.19	458.06	12
南通	Nantong	179.38	237.01	245.79	37
连云港	Lianyungang	162.62	232.15	240.62	41
淮安	Huaian	203.99	193.90	244.71	38
盐城	Yancheng	87.30	139.82	147.90	72
扬州	Yangzhou	90.00	139.30	147.98	71
镇江	Zhenjiang	108.60	137.50	139.30	79
泰州	Taizhou	88.20	152.74	162.62	64
宿迁	Suqian	69.30	84.49	85.83	132
浙江	**Zhejiang**	**2245.93**	**2469.74**	**2573.37**	
杭州	Hangzhou	374.62	459.48	506.44	9
宁波	Ningbo	307.33	297.44	341.23	22
温州	Wenzhou	148.63	182.26	180.27	54
嘉兴	Jiaxing	101.44	115.78	118.90	92
湖州	Huzhou	142.25	102.22	105.00	106
绍兴	Shaoxing	95.87	219.79	214.04	46
金华	Jinhua	71.65	80.20	97.91	113
衢州	Quzhou	57.15	70.26	71.95	163
舟山	Zhoushan	51.61	57.87	58.84	197
台州	Taizhou	139.63	128.68	129.89	84
丽水	Lishui	31.62	37.21	38.63	250
安徽	**Anhui**	**1539.96**	**1920.12**	**1959.72**	
合肥	Hefei	325.91	420.14	436.00	14
芜湖	Wuhu	135.00	159.00	167.01	62
蚌埠	Bengbu	104.50	137.59	142.55	75
淮南	Huainan	96.72	107.02	110.07	102
马鞍山	Maanshan	92.07	89.43	90.50	121
淮北	Huaibei	77.12	90.10	91.49	120
铜陵	Tongling	47.85	72.89	80.40	138
安庆	Anqing	77.32	93.52	99.53	112
黄山	Huangshan	41.81	48.65	49.70	229
滁州	Chuzhou	68.00	115.74	85.34	133
阜阳	Fuyang	75.76	116.72	118.83	93
宿州	Suzhou	63.58	74.41	77.61	144
六安	Liuan	60.80	74.30	76.20	150
亳州	Bozhou	40.48	62.61	68.73	173
池州	Chizhou	36.79	37.18	37.18	254
宣城	Xuancheng	42.40	50.44	53.53	211
福建	**Fujian**	**1019.07**	**1346.58**	**1365.57**	
福州	Fuzhou	235.11	238.82	243.33	40
厦门	Xiamen	230.00	317.10	351.32	21
莆田	Putian	58.73	123.05	87.21	126
三明	Sanming	27.84	33.80	33.80	260
泉州	Quanzhou	89.70	155.00	156.20	67
漳州	Zhangzhou	50.57	65.35	66.95	176
南平	Nanping	25.76	37.98	37.98	253
龙岩	Longyan	36.85	53.48	58.75	198
宁德	Ningde	23.73	27.90	30.02	267
江西	**Jiangxi**	**966.32**	**1231.02**	**1279.29**	
南昌	Nanchang	201.50	268.07	275.07	30
景德镇	Jingdezhen	67.84	76.33	76.33	148
萍乡	Pingxiang	42.10	62.44	50.55	224
九江	Jiujiang	92.04	103.45	104.56	107
新余	Xinyu	53.00	69.58	71.00	164
鹰潭	Yingtan	29.00	32.10	34.04	259
赣州	Ganzhou	76.30	129.41	158.56	65
吉安	Jian	35.03	50.85	52.12	219
宜春	Yichun	50.00	68.00	70.00	169
抚州	Fuzhou	57.22	59.13	60.10	194
上饶	Shangrao	49.02	73.31	74.25	156
山东	**Shandong**	**3526.37**	**4407.70**	**4539.96**	
济南	Jinan	346.90	392.93	446.20	13
青岛	Qingdao	280.71	469.44	493.42	10
淄博	Zibo	220.76	261.32	268.59	31
枣庄	Zaozhuang	117.99	136.29	138.94	80
东营	Dongying	119.81	116.00	143.30	74
烟台	Yantai	262.70	317.71	282.56	29
潍坊	Weifang	142.46	176.69	176.69	56
济宁	Jining	88.28	184.85	189.72	49
泰安	Taian	106.80	130.65	154.60	68
威海	Weihai	132.00	188.41	188.61	51
日照	Rizhao	89.80	100.80	103.70	108
莱芜	Laiwu	58.00	105.00	105.83	104
临沂	Linyi	158.99	201.20	209.36	47
德州	Dezhou	59.95	146.97	152.35	69
聊城	Liaocheng	60.17	92.99	95.56	114

8-3 城市建设用地面积（辖区） 续表 2

Area of Urban Construction Land (Municipal Districts) continued 2

单位：平方公里 (sq. km)

地名	City	2010	2015	2016	2016 排名 Ranking	地名	City	2010	2015	2016	2016 排名 Ranking
滨州	Binzhou	75.56	135.31	136.38	82	常德	Changde	75.48	88.10	91.98	118
菏泽	Heze	76.50	98.91	122.36	90	张家界	Zhangjiajie	25.46	32.73	31.74	264
河南	**Henan**	**1947.18**	**2363.14**	**2424.64**		益阳	Yiyang	54.00	69.40	70.10	168
郑州	Zhengzhou	315.71	393.30	410.34	19	郴州	Chenzhou	143.90	72.90	73.10	159
开封	Kaifeng	95.04	125.12	125.12	88	永州	Yongzhou	55.36	61.92	64.40	180
洛阳	Luoyang	180.38	209.22	215.22	45	怀化	Huaihua	50.65	63.82	53.51	212
平顶山	Pingdingshan	71.00	73.40	73.40	157	娄底	Loudi	51.70	47.15	49.80	228
安阳	Anyang	75.99	80.69	81.80	136	**广东**	**Guangdong**	**4774.76**	**4958.73**	**5266.61**	
鹤壁	Hebi	49.77	64.06	64.07	182	广州	Guangzhou	657.72	643.52	667.64	5
新乡	Xinxiang	97.05	107.36	110.86	100	韶关	Shaoguan	81.83	99.23	103.41	109
焦作	Jiaozuo	94.69	111.16	113.29	99	深圳	Shenzhen	817.47	895.32	921.45	2
濮阳	Puyang	37.14	55.55	58.55	199	珠海	Zhuhai	341.69	123.64	249.40	36
许昌	Xuchang	78.60	75.00	80.00	139	汕头	Shantou	206.46	248.89	253.66	35
漯河	Luohe	57.46	64.49	64.49	179	佛山	Foshan	166.62	172.43	218.85	44
三门峡	Sanmenxia	29.33	54.71	55.90	205	江门	Jiangmen	150.69	38.16	39.45	249
南阳	Nanyang	91.13	140.75	148.25	70	湛江	Zhanjiang	92.19	107.73	72.06	162
商丘	Shangqiu	60.00	62.71	63.00	185	茂名	Maoming	62.85	119.49	125.89	86
信阳	Xinyang	61.40	75.62	79.84	141	肇庆	Zhaoqing	82.00	109.90	113.40	98
周口	Zhoukou	43.56	49.89	51.96	220	惠州	Huizhou	203.96	214.44	253.92	34
驻马店	Zhumadian	52.00	70.40	70.97	165	梅州	Meizhou	45.00	50.34	51.00	221
湖北	**Hubei**	**1968.81**	**2045.85**	**2111.75**		汕尾	Shanwei	73.40	16.89	18.51	283
武汉	Wuhan	732.21	462.77	481.22	11	河源	Heyuan	28.52	32.07	33.60	261
黄石	Huangshi	65.70	72.21	76.25	149	阳江	Yangjiang	48.34	76.19	81.02	137
十堰	Shiyan	62.14	105.26	107.11	103	清远	Qingyuan	56.85	53.54	60.97	190
宜昌	Yichang	125.61	158.24	167.31	61	东莞	Dongguan	954.82	1045.61	1063.15	1
襄阳	Xiangyang	90.58	163.28	170.30	60	中山	Zhongshan	87.30	115.52	116.57	95
鄂州	Ezhou	51.79	64.26	64.40	180	潮州	Chaozhou	41.68	76.35	57.85	201
荆门	Jingmen	50.50	58.05	63.48	183	揭阳	Jieyang		105.00	147.69	73
孝感	Xiaogan	26.22	50.00	53.46	214	云浮	Yunfu		24.92	26.88	270
荆州	Jingzhou	66.40	82.44	86.17	131	**广西**	**Guangxi**	**908.64**	**1229.79**	**1292.58**	
黄冈	Huanggang	30.03	52.22	52.22	217	南宁	Nanning	215.23	284.88	305.59	25
咸宁	Xianning	65.27	50.50	50.50	225	柳州	Liuzhou	135.06	183.92	188.49	52
随州	Suizhou	38.76	43.74	45.62	233	桂林	Guilin	63.00	97.73	101.16	110
湖南	**Hunan**	**1458.58**	**1483.37**	**1511.06**		梧州	Wuzhou	30.74	53.73	55.71	206
长沙	Changsha	272.39	286.14	296.06	27	北海	Beihai	57.80	70.21	75.60	152
株洲	Zhuzhou	96.77	114.38	118.59	94	防城港	Fangchenggang	30.04	35.67	38.40	251
湘潭	Xiangtan	99.09	79.80	79.94	140	钦州	Qinzhou	64.29	89.02	89.98	123
衡阳	Hengyang	94.00	113.00	110.75	101	贵港	Guigang	55.72	67.42	70.13	167
邵阳	Shaoyang	47.72	59.62	66.44	178	玉林	Yulin	56.41	68.11	69.22	172
岳阳	Yueyang	79.04	92.70	92.70	116	百色	Baise	31.32	41.56	45.97	232

8-3 城市建设用地面积（辖区） 续表 3

Area of Urban Construction Land (Municipal Districts) continued 3

单位：平方公里 (sq. km)

地名	City	2010	2015	2016	2016 排名 Ranking	地名	City	2010	2015	2016	2016 排名 Ranking
贺州	Hezhou	23.20	27.58	30.41	266	丽江	Lijiang	21.39	20.88	20.88	278
河池	Hechi	15.45	22.74	23.85	275	普洱	Puer	21.72	24.12	24.25	273
来宾	Laibin	28.93	41.00	43.10	238	临沧	Lincang	11.41	19.62	21.77	277
崇左	Chongzuo	13.11	18.50	19.21	280	**西藏**	**Tibet**	**82.51**	**143.36**	**186.83**	
海南	**Hainan**	**260.73**	**398.70**	**302.05**		拉萨	Lasa	62.88	90.63	124.69	89
海口	Haikou	112.17	144.16	140.31	77	**陕西**	**Shaanxi**	**704.86**	**1037.89**	**1096.26**	
三亚	Sanya	52.64	146.74	55.05	207	西安	Xi'an	277.31	496.13	513.30	7
三沙	Sansha		0.32	0.32	286	铜川	Tongchuan	46.87	44.11	44.11	237
重庆	**Chongqing**	**855.67**	**1115.93**	**1179.57**		宝鸡	Baoji	82.65	87.80	89.15	124
四川	**Sichuan**	**1610.31**	**2226.67**	**2468.48**		咸阳	Xianyang	65.00	90.03	90.38	122
成都	Chengdu	441.82	604.07	770.78	3	渭南	Weinan	52.11	59.87	63.18	184
自贡	Zigong	80.40	112.08	116.18	97	延安	Yan'an	24.07	36.80	40.97	246
攀枝花	Panzhihua	67.09	73.43	74.85	155	汉中	Hanzhong	21.07	33.50	41.55	244
泸州	Luzhou	81.03	115.18	126.73	85	榆林	Yulin	40.00	54.70	69.52	170
德阳	Deyang	53.51	74.55	75.10	154	安康	Ankang	29.90	39.93	45.00	234
绵阳	Mianyang	102.85	124.84	138.94	80	商洛	Shangluo	12.30	18.00	19.00	281
广元	Guangyuan	33.84	53.19	56.32	204	**甘肃**	**Gansu**	**594.35**	**771.42**	**805.97**	
遂宁	Suining	48.70	75.44	76.80	146	兰州	Lanzhou	184.64	291.98	308.43	24
内江	Neijiang	40.45	71.14	76.20	150	嘉峪关	Jiayuguan	46.30	68.37	72.11	161
乐山	Leshan	51.93	68.52	69.39	171	金昌	Jinchang	36.71	42.17	43.05	239
南充	Nanchong	78.00	115.34	120.30	91	白银	Baiyin	53.42	60.91	62.03	186
眉山	Meishan	42.04	59.82	60.86	191	天水	Tianshui	42.24	47.52	50.82	222
宜宾	Yibin	59.18	74.53	86.94	128	武威	Wuwei	24.31	30.85	31.95	263
广安	Guangan	30.00	47.74	50.16	226	张掖	Zhangye	33.40	37.71	39.81	248
达州	Dazhou	45.00	80.14	86.56	130	平凉	Pingliang	33.11	35.86	38.33	252
雅安	Yaan	17.80	30.17	31.58	265	酒泉	Jiuquan	30.57	42.38	42.83	241
巴中	Bazhong	15.90	31.31	15.62	284	庆阳	Qingyang	20.15	23.72	24.12	274
资阳	Ziyang	36.00	43.63	44.78	236	定西	Dingxi	18.50	23.50	23.76	276
贵州	**Guizhou**	**477.07**	**702.18**	**776.85**		陇南	Longnan	9.20	9.20	9.68	285
贵阳	Guiyang	170.85	274.34	296.62	26	**青海**	**Qinghai**	**113.45**	**173.10**	**175.97**	
六盘水	Liupanshui	58.07	60.54	61.25	187	西宁	Xining	66.77	85.48	87.16	127
遵义	Zunyi	61.59	63.83	91.51	119	海东	Haidong		18.68	18.77	282
安顺	Anshun	26.59	58.88	60.30	193	**宁夏**	**Ningxia**	**284.37**	**384.45**	**384.07**	
毕节	Bijie	32.73	40.36	40.36	247	银川	Yinchuan	120.57	166.82	170.70	59
铜仁	Tongren	23.50	33.59	35.97	256	石嘴山	Shizuishan	37.72	51.84	53.47	213
云南	**Yunnan**	**832.86**	**975.18**	**1027.24**		吴忠	Wuzhong	27.85	50.26	53.29	215
昆明	Kunming	414.83	413.78	429.97	16	固原	Guyuan	29.72	43.19	33.59	262
曲靖	Qujing	54.88	67.73	79.50	142	中卫	Zhongwei	34.01	27.76	27.76	269
玉溪	Yuxi	21.17	29.63	35.13	258	**新疆**	**Xinjiang**	**852.35**	**1166.74**	**1187.00**	
保山	Baoshan	12.48	22.43	24.76	271	乌鲁木齐	Urumqi	342.67	429.96	436.00	14
昭通	Zhaotong	23.07	28.72	29.82	268	克拉玛依	Karamay	49.52	67.67	70.59	166

8-4 城市居住用地面积（辖区）
Area of Urban Residential Land (Municipal Districts)

单位：平方公里 (sq. km)

地名	City	2010	2015	2016	2016 排名 Ranking	地名	City	2010	2015	2016	2016 排名 Ranking
全国	**National Total**	**12404.04**	**16282.49**	**16373.91**		沈阳	Shenyang	133.00	156.40	177.09	7
北京	**Beijing**		**417.17**	**420.91**		大连	Dalian	119.70	109.00	121.39	17
天津	**Tianjin**	**186.53**	**222.34**	**258.55**		鞍山	Anshan	38.54	58.52	58.62	52
河北	**Hebei**	**507.37**	**628.93**	**690.64**		抚顺	Fushun	31.98	34.52	34.73	106
石家庄	Shijiazhuang	58.75	95.51	96.43	23	本溪	Benxi	24.07	27.96	27.96	129
唐山	Tangshan	68.17	71.17	82.17	31	丹东	Dandong	18.29	29.22	29.22	122
秦皇岛	Qinhuangdao	21.43	38.78	38.78	96	锦州	Jinzhou	34.04	34.64	24.00	155
邯郸	Handan	37.42	49.80	68.65	42	营口	Yingkou	31.49	33.45	18.02	198
邢台	Xingtai	29.75	34.50	35.77	103	阜新	Fuxin	26.11	20.73	20.73	181
保定	Baoding	40.07	60.48	61.78	48	辽阳	Liaoyang	34.51	37.46	37.88	97
张家口	Zhangjiakou	25.20	20.58	26.22	137	盘锦	Panjin	24.20	27.19	51.73	62
承德	Chengde	16.16	20.31	21.54	173	铁岭	Tieling	15.96	20.23	19.72	186
沧州	Cangzhou	15.48	26.08	27.28	132	朝阳	Chaoyang	10.00	16.68	16.90	210
廊坊	Langfang	20.12	22.83	23.16	161	葫芦岛	Huludao	19.50	22.50	28.00	128
衡水	Hengshui	9.53	9.90	28.25	127	**吉林**	**Jilin**	**413.19**	**486.51**	**494.67**	
山西	**Shanxi**	**260.94**	**339.09**	**343.65**		长春	Changchun	111.27	144.28	151.73	9
太原	Taiyuan	48.00	68.00	68.00	44	吉林	Jilin	44.29	58.10	58.58	54
大同	Datong	35.20	43.00	44.22	80	四平	Siping	22.43	23.09	23.31	160
阳泉	Yangquan	14.88	16.05	16.10	217	辽源	Liaoyuan	27.61	27.60	27.60	130
长治	Changzhi	14.27	16.70	16.70	212	通化	Tonghua	17.09	18.24	18.03	197
晋城	Jincheng	22.11	31.00	31.00	117	白山	Baishan	15.83	19.94	20.03	185
朔州	Shuozhou	9.28	12.07	12.40	239	松原	Songyuan	14.96	15.75	15.77	221
晋中	Jinzhong	13.67	19.14	24.31	151	白城	Baicheng	10.41	11.77	11.84	243
运城	Yuncheng	16.29	17.50	17.50	204	**黑龙江**	**Heilongjiang**	**625.94**	**634.56**	**642.40**	
忻州	Xinzhou	11.42	14.30	14.30	231	哈尔滨	Harbin	107.76	123.20	133.81	13
临汾	Linfen	16.00	21.98	21.98	168	齐齐哈尔	Qiqihar	44.32	44.32	40.18	91
吕梁	Lvliang	6.23	8.03	8.12	267	鸡西	Jixi	47.80	47.75	47.75	70
内蒙古	**Inner Mongolia**	**332.55**	**341.14**	**333.86**		鹤岗	Hegang	38.96	19.28	19.28	187
呼和浩特	Hohhot	42.33	74.24	75.75	37	双鸭山	Shuangyashan	29.90	16.05	16.05	218
包头	Baotou	51.29	58.60	58.60	53	大庆	Daqing	69.00	77.16	77.35	35
乌海	Wuhai	20.00	10.30	10.30	254	伊春	Yichun	62.40	68.63	68.63	43
赤峰	Chifeng	29.34	17.63	9.78	257	佳木斯	Jiamusi	24.33	27.40	27.40	131
通辽	Tongliao	17.99	14.39	14.39	230	七台河	Qitaihe	22.45	40.70	40.70	87
鄂尔多斯	Erdos	44.78	26.65	26.65	135	牡丹江	Mudanjiang	29.54	32.68	32.68	110
呼伦贝尔	Hulunbuir	17.72	21.69	21.69	172	黑河	Heihe	7.28	5.50	5.50	279
巴彦淖尔	Bayannur	13.00	20.81	20.81	180	绥化	Suihua	12.32	11.56	11.58	244
乌兰察布	Ulanqab	14.20	17.80	17.80	202	**上海**	**Shanghai**		**1058.89**	**545.51**	
辽宁	**Liaoning**	**729.12**	**814.59**	**839.15**		**江苏**	**Jiangsu**	**1024.54**	**1269.08**	**1307.34**	

8-4 城市居住用地面积（辖区） 续表 1

Area of Urban Residential Land (Municipal Districts) continued 1

单位：平方公里 (sq. km)

地名	City	2010	2015	2016	2016 排名 Ranking	地名	City	2010	2015	2016	2016 排名 Ranking
南京	Nanjing	178.41	204.31	214.37	3	池州	Chizhou	13.32	13.98	13.98	232
无锡	Wuxi	62.92	87.73	86.64	29	宣城	Xuancheng	12.10	12.86	13.19	238
徐州	Xuzhou	58.18	58.35	60.46	50	**福建**	**Fujian**	**316.42**	**456.66**	**457.22**	
常州	Changzhou	44.34	64.38	67.16	45	福州	Fuzhou	97.26	100.60	102.80	21
苏州	Suzhou	76.86	128.50	130.97	14	厦门	Xiamen	46.18	85.62	93.22	25
南通	Nantong	55.39	72.82	76.91	36	莆田	Putian	15.99	64.17	46.12	74
连云港	Lianyungang	74.36	92.00	93.07	26	三明	Sanming	7.70	10.50	10.62	250
淮安	Huaian	62.23	57.40	72.68	39	泉州	Quanzhou	29.00	47.00	53.00	59
盐城	Yancheng	27.10	41.14	42.01	83	漳州	Zhangzhou	15.76	18.45	18.60	195
扬州	Yangzhou	26.11	42.48	43.58	81	南平	Nanping	9.32	9.70	9.70	258
镇江	Zhenjiang	25.23	39.30	39.90	92	龙岩	Longyan	8.69	15.73	16.99	209
泰州	Taizhou	33.74	46.5	47.6	71	宁德	Ningde	8.16	11.77	12.01	240
宿迁	Suqian	19.66	21.20	21.40	175	**江西**	**Jiangxi**	**278.27**	**373.26**	**381.88**	
浙江	**Zhejiang**	**614.53**	**700.45**	**750.66**		南昌	Nanchang	50.64	88.00	87.23	28
杭州	Hangzhou	94.74	125.85	139.45	12	景德镇	Jingdezhen	18.76	20.44	20.44	183
宁波	Ningbo	65.86	67.11	85.95	30	萍乡	Pingxiang	12.50	22.92	15.60	224
温州	Wenzhou	34.18	44.29	45.77	75	九江	Jiujiang	29.52	33.07	33.09	108
嘉兴	Jiaxing	28.68	33.25	33.82	107	新余	Xinyu	18.60	25.75	26.02	139
湖州	Huzhou	36.35	29.16	31.94	116	鹰潭	Yingtan	8.65	7.13	9.69	259
绍兴	Shaoxing	36.91	64.87	72.73	38	赣州	Ganzhou	18.59	37.28	44.94	79
金华	Jinhua	19.35	21.39	30.36	119	吉安	Jian	8.84	10.76	11.02	247
衢州	Quzhou	13.32	15.36	15.80	219	宜春	Yichun	11.90	15.65	15.80	219
舟山	Zhoushan	17.79	20.59	20.86	179	抚州	Fuzhou	17.55	18.52	18.87	191
台州	Taizhou	38.20	41.19	41.58	84	上饶	Shangrao	23.85	29.08	29.20	123
丽水	Lishui	10.10	11.42	11.87	242	**山东**	**Shandong**	**1040.88**	**1308.03**	**1373.97**	
安徽	**Anhui**	**488.33**	**609.43**	**619.23**		济南	Jinan	89.52	105.69	118.58	18
合肥	Hefei	103.38	115.20	124.16	16	青岛	Qingdao	81.75	133.09	147.77	11
芜湖	Wuhu	32.20	35.50	37.00	101	淄博	Zibo	73.07	91.06	93.50	24
蚌埠	Bengbu	35.26	47.65	48.45	68	枣庄	Zaozhuang	42.39	53.66	54.51	57
淮南	Huainan	36.70	47.17	48.01	69	东营	Dongying	36.66	38.25	49.01	65
马鞍山	Maanshan	21.67	22.40	22.13	165	烟台	Yantai	73.51	60.86	64.19	46
淮北	Huaibei	21.00	32.13	32.63	111	潍坊	Weifang	49.29	61.32	61.32	49
铜陵	Tongling	13.00	19.98	21.72	170	济宁	Jining	31.11	50.67	52.66	60
安庆	Anqing	27.43	31.92	32.57	112	泰安	Taian	39.70	45.00	50.01	63
黄山	Huangshan	12.20	16.59	16.89	211	威海	Weihai	33.77	48.04	48.51	67
滁州	Chuzhou	18.99	34.86	25.80	142	日照	Rizhao	25.59	30.38	32.00	115
阜阳	Fuyang	38.47	55.80	56.50	56	莱芜	Laiwu	14.69	37.40	37.70	99
宿州	Suzhou	19.41	25.87	26.00	140	临沂	Linyi	44.95	56.41	58.67	51
六安	Liuan	20.57	24.13	24.55	150	德州	Dezhou	9.32	39.77	40.72	85
亳州	Bozhou	15.45	17.48	19.15	188	聊城	Liaocheng	16.31	28.94	29.83	121

8-4 城市居住用地面积（辖区） 续表 2
Area of Urban Residential Land (Municipal Districts) continued 2

单位：平方公里 (sq. km)

地名	City	2010	2015	2016	2016 排名 Ranking	地名	City	2010	2015	2016	2016 排名 Ranking
滨州	Binzhou	27.84	36.46	36.60	102	常德	Changde	20.95	23.20	24.11	154
菏泽	Heze	26.55	33.23	42.38	82	张家界	Zhangjiajie	9.74	10.52	10.53	251
河南	**Henan**	**578.68**	**699.13**	**726.83**		益阳	Yiyang	19.98	28.00	28.30	126
郑州	Zhengzhou	79.73	100.70	105.07	20	郴州	Chenzhou	40.50	25.55	25.60	144
开封	Kaifeng	31.85	40.56	40.56	89	永州	Yongzhou	14.76	15.80	16.29	215
洛阳	Luoyang	61.69	70.23	70.23	40	怀化	Huaihua	14.00	14.00	24.62	148
平顶山	Pingdingshan	27.50	28.50	28.50	124	娄底	Loudi	18.28	16.20	16.50	213
安阳	Anyang	23.18	25.64	25.72	143	**广东**	**Guangdong**	**1446.64**	**1535.05**	**1573.23**	
鹤壁	Hebi	12.57	15.09	15.09	226	广州	Guangzhou	191.84	204.00	212.75	4
新乡	Xinxiang	29.76	31.34	40.43	90	韶关	Shaoguan	26.48	34.02	34.84	105
焦作	Jiaozuo	31.99	40.05	40.67	88	深圳	Shenzhen	213.99	242.21	208.61	5
濮阳	Puyang	10.00	19.20	22.06	166	珠海	Zhuhai	113.64	44.35	56.68	55
许昌	Xuchang	21.19	20.00	22.00	167	汕头	Shantou	84.29	97.85	99.11	22
漯河	Luohe	15.50	16.30	16.30	214	佛山	Foshan	54.23	45.62	81.93	32
三门峡	Sanmenxia	9.39	17.20	17.28	205	江门	Jiangmen	44.47	9.42	9.53	262
南阳	Nanyang	23.06	42.04	45.31	76	湛江	Zhanjiang	30.93	34.22	25.97	141
商丘	Shangqiu	15.44	11.19	11.19	246	茂名	Maoming	23.35	56.91	62.36	47
信阳	Xinyang	18.22	23.61	25.00	145	肇庆	Zhaoqing	21.80	36.88	37.32	100
周口	Zhoukou	12.40	13.74	14.74	227	惠州	Huizhou	63.27	69.80	79.18	34
驻马店	Zhumadian	11.28	17.24	17.24	206	梅州	Meizhou	9.18	21.15	21.70	171
湖北	**Hubei**	**580.36**	**637.25**	**655.36**		汕尾	Shanwei	20.40	7.08	7.59	272
武汉	Wuhan	219.12	160.44	168.39	8	河源	Heyuan	8.56	9.35	10.00	255
黄石	Huangshi	15.21	15.00	21.20	176	阳江	Yangjiang	11.40	22.20	23.72	157
十堰	Shiyan	18.37	32.15	32.34	114	清远	Qingyuan	19.37	16.48	18.72	193
宜昌	Yichang	31.61	43.94	46.74	73	东莞	Dongguan	257.88	282.99	277.17	1
襄阳	Xiangyang	28.82	47.17	49.02	64	中山	Zhongshan	23.86	38.87	39.26	94
鄂州	Ezhou	12.84	17.88	17.93	199	潮州	Chaozhou	14.15	29.00	20.60	182
荆门	Jingmen	13.42	13.10	13.51	236	揭阳	Jieyang		32.90	40.71	86
孝感	Xiaogan	2.13	15.94	15.62	223	云浮	Yunfu		4.16	4.61	282
荆州	Jingzhou	17.73	20.29	20.97	178	**广西**	**Guangxi**	**283.69**	**374.68**	**388.37**	
黄冈	Huanggang	10.17	15.73	15.73	222	南宁	Nanning	69.87	85.77	90.07	27
咸宁	Xianning	20.86	23.95	23.95	156	柳州	Liuzhou	28.43	48.34	48.83	66
随州	Suizhou	13.77	13.97	14.50	229	桂林	Guilin	17.80	29.20	29.91	120
湖南	**Hunan**	**475.45**	**513.48**	**535.29**		梧州	Wuzhou	10.57	18.84	19.01	190
长沙	Changsha	105.91	109.64	112.28	19	北海	Beihai	24.20	25.60	27.00	134
株洲	Zhuzhou	32.52	46.44	47.03	72	防城港	Fangchenggang	8.45	5.18	7.02	276
湘潭	Xiangtan	27.50	27.24	27.11	133	钦州	Qinzhou	18.52	22.78	22.79	163
衡阳	Hengyang	31.00	37.52	35.68	104	贵港	Guigang	17.93	22.20	23.10	162
邵阳	Shaoyang	17.21	21.85	24.56	149	玉林	Yulin	23.43	26.25	26.28	136
岳阳	Yueyang	23.60	25.00	25.00	145	百色	Baise	12.37	14.91	15.27	225

8-4 城市居住用地面积（辖区） 续表 3

Area of Urban Residential Land (Municipal Districts) continued 3

单位：平方公里 (sq. km)

地名	City	2010	2015	2016	2016 排名 Ranking	地名	City	2010	2015	2016	2016 排名 Ranking
贺州	Hezhou	4.54	9.13	9.67	260	丽江	Lijiang	8.20	4.25	4.25	283
河池	Hechi	4.57	6.70	7.06	275	普洱	Puer	4.85	5.21	5.30	281
来宾	Laibin	8.01	11.37	11.43	245	临沧	Lincang	4.06	7.60	8.00	269
崇左	Chongzuo	3.93	6.00	6.40	278	**西藏**	**Tibet**	**28.97**	**39.82**	**60.02**	
海南	**Hainan**	**83.03**	**115.17**	**110.46**		拉萨	Lasa	23.17	26.92	38.92	95
海口	Haikou	39.20	54.50	54.15	58	**陕西**	**Shaanxi**	**217.69**	**246.20**	**266.18**	
三亚	Sanya	10.23	22.86	18.56	196	西安	Xi'an	65.70	119.06	125.53	15
三沙	Sansha		0.02	0.02	286	铜川	Tongchuan	17.74	9.26	9.26	263
重庆	**Chongqing**	**282.15**	**350.77**	**370.90**		宝鸡	Baoji	22.53	10.24	10.44	253
四川	**Sichuan**	**526.12**	**719.08**	**769.88**		咸阳	Xianyang	12.05	18.63	18.65	194
成都	Chengdu	154.43	217.12	257.34	2	渭南	Weinan	20.22	22.92	23.49	159
自贡	Zigong	27.04	35.91	37.81	98	延安	Yan'an	13.71	12.24	13.80	235
攀枝花	Panzhihua	18.60	20.68	21.04	177	汉中	Hanzhong	4.70	5.70	9.80	256
泸州	Luzhou	21.48	31.95	33.09	108	榆林	Yulin	17.10	10.50	17.21	207
德阳	Deyang	16.03	21.38	21.42	174	安康	Ankang	18.60	13.20	13.20	237
绵阳	Mianyang	27.96	35.22	39.72	93	商洛	Shangluo	3.75	3.00	3.10	284
广元	Guangyuan	8.56	13.36	13.84	234	**甘肃**	**Gansu**	**168.15**	**209.50**	**216.87**	
遂宁	Suining	18.71	23.82	24.14	153	兰州	Lanzhou	56.47	66.67	70.05	41
内江	Neijiang	13.79	25.95	28.35	125	嘉峪关	Jiayuguan	10.41	13.50	14.58	228
乐山	Leshan	14.20	22.35	22.58	164	金昌	Jinchang	5.59	7.81	7.82	270
南充	Nanchong	32.50	43.45	45.20	77	白银	Baiyin	15.76	17.50	17.61	203
眉山	Meishan	17.00	23.35	23.63	158	天水	Tianshui	9.21	10.20	11.00	248
宜宾	Yibin	22.23	20.66	19.10	189	武威	Wuwei	8.74	20.00	20.30	184
广安	Guangan	9.22	15.55	17.87	200	张掖	Zhangye	7.61	16.40	17.14	208
达州	Dazhou	13.09	23.01	24.92	147	平凉	Pingliang	12.87	13.33	13.85	233
雅安	Yaan	5.70	7.97	8.07	268	酒泉	Jiuquan	9.47	10.45	10.50	252
巴中	Bazhong	6.00	9.00	1.04	285	庆阳	Qingyang	7.61	7.69	7.69	271
资阳	Ziyang	8.64	10.83	10.86	249	定西	Dingxi	3.94	5.47	5.50	279
贵州	**Guizhou**	**128.29**	**222.23**	**255.23**		陇南	Longnan	6.42	6.42	6.64	277
贵阳	Guiyang	43.22	73.28	81.37	33	**青海**	**Qinghai**	**43.93**	**75.69**	**76.99**	
六盘水	Liupanshui	11.98	18.77	26.22	137	西宁	Xining	30.44	44.01	45.03	78
遵义	Zunyi	13.56	20.90	32.54	113	海东	Haidong		7.39	7.41	273
安顺	Anshun	9.34	18.74	18.77	192	**宁夏**	**Ningxia**	**104.13**	**126.65**	**125.51**	
毕节	Bijie	8.30	12.00	12.00	241	银川	Yinchuan	37.67	50.85	52.16	61
铜仁	Tongren	5.41	15.13	16.11	216	石嘴山	Shizuishan	25.92	21.85	21.86	169
云南	**Yunnan**	**353.74**	**353.51**	**377.72**		吴忠	Wuzhong	11.41	17.28	17.85	201
昆明	Kunming	212.78	175.03	180.88	6	固原	Guyuan	10.28	12.96	9.60	261
曲靖	Qujing	20.61	25.22	30.90	118	中卫	Zhongwei	9.75	8.65	8.66	264
玉溪	Yuxi	6.30	6.15	8.64	265	**新疆**	**Xinjiang**	**284.41**	**404.15**	**405.43**	
保山	Baoshan	3.74	7.20	7.40	274	乌鲁木齐	Urumqi	99.20	146.89	148.80	10
昭通	Zhaotong	8.56	8.13	8.50	266	克拉玛依	Karamay	19.31	23.50	24.21	152

8-5 城市公共管理与公共服务设施用地面积（辖区）
Area of Land for Administration and Public Services (Municipal Districts)

单位：平方公里 (sq. km)

地名	City	2015	2016	2016 排名 Ranking	地名	City	2015	2016	2016 排名 Ranking
全国	**National Total**	**4848.13**	**4975.48**		沈阳	Shenyang	43.74	45.48	13
北京	**Beijing**	**173.45**	**174.88**		大连	Dalian	30.22	32.54	25
天津	**Tianjin**	**64.93**	**78.40**		鞍山	Anshan	7.50	7.69	133
河北	**Hebei**	**172.92**	**170.95**		抚顺	Fushun	9.59	9.82	103
石家庄	Shijiazhuang	26.75	26.89	33	本溪	Benxi	6.80	6.80	151
唐山	Tangshan	26.99	17.07	55	丹东	Dandong	5.33	5.33	190
秦皇岛	Qinhuangdao	9.96	9.96	102	锦州	Jinzhou	8.37	6.65	158
邯郸	Handan	17.20	21.79	42	营口	Yingkou	8.85	11.99	85
邢台	Xingtai	6.45	7.07	143	阜新	Fuxin	3.90	3.90	225
保定	Baoding	15.59	15.51	64	辽阳	Liaoyang	3.37	3.40	237
张家口	Zhangjiakou	6.83	7.67	134	盘锦	Panjin	6.08	9.19	114
承德	Chengde	7.80	7.67	134	铁岭	Tieling	1.70	2.09	268
沧州	Cangzhou	5.01	5.01	196	朝阳	Chaoyang	4.70	4.70	203
廊坊	Langfang	3.49	3.67	230	葫芦岛	Huludao	3.15	4.70	203
衡水	Hengshui	3.87	4.64	207	**吉林**	**Jilin**	**101.46**	**105.48**	
山西	**Shanxi**	**127.45**	**129.37**		长春	Changchun	45.52	47.57	12
太原	Taiyuan	43.00	44.00	15	吉林	Jilin	9.84	10.87	91
大同	Datong	13.30	13.30	74	四平	Siping	4.38	4.39	211
阳泉	Yangquan	1.91	1.91	274	辽源	Liaoyuan	1.86	1.86	275
长治	Changzhi	12.94	12.94	77	通化	Tonghua	4.33	4.43	210
晋城	Jincheng	12.00	12.00	84	白山	Baishan	2.45	2.48	258
朔州	Shuozhou	3.51	4.00	222	松原	Songyuan	3.60	3.66	231
晋中	Jinzhong	4.86	5.72	175	白城	Baicheng	3.13	3.14	243
运城	Yuncheng	1.52	1.52	280	**黑龙江**	**Heilongjiang**	**167.00**	**175.14**	
忻州	Xinzhou	3.49	3.49	236	哈尔滨	Harbin	50.60	52.72	10
临汾	Linfen	4.61	4.71	202	齐齐哈尔	Qiqihar	11.43	17.05	56
吕梁	Lvliang	3.56	3.56	232	鸡西	Jixi	2.07	2.07	270
内蒙古	**Inner Mongolia**	**103.96**	**100.15**		鹤岗	Hegang	1.93	1.93	273
呼和浩特	Hohhot	22.50	23.50	40	双鸭山	Shuangyashan	3.35	3.35	239
包头	Baotou	15.82	15.82	59	大庆	Daqing	33.56	33.73	23
乌海	Wuhai	4.08	4.08	219	伊春	Yichun	14.54	14.54	68
赤峰	Chifeng	7.84	2.64	256	佳木斯	Jiamusi	15.04	15.04	67
通辽	Tongliao	7.34	7.34	139	七台河	Qitaihe	1.60	1.60	278
鄂尔多斯	Erdos	9.30	9.30	110	牡丹江	Mudanjiang	7.05	7.05	145
呼伦贝尔	Hulunbuir	3.75	3.75	226	黑河	Heihe	3.94	3.94	224
巴彦淖尔	Bayannur	4.70	4.70	203	绥化	Suihua	2.93	2.97	246
乌兰察布	Ulanqab	4.11	4.11	216	**上海**	**Shanghai**	**161.73**	**151.11**	
辽宁	**Liaoning**	**176.47**	**182.60**		**江苏**	**Jiangsu**	**357.07**	**369.14**	

8-5 城市公共管理与公共服务设施用地面积（辖区） 续表 1
Area of Land for Administration and Public Services (Municipal Districts) continued 1

单位：平方公里 (sq. km)

地名	City	2015	2016	2016 排名 Ranking	地名	City	2015	2016	2016 排名 Ranking
南京	Nanjing	86.18	90.64	1	池州	Chizhou	3.33	3.33	240
无锡	Wuxi	19.97	20.00	47	宣城	Xuancheng	3.90	4.09	218
徐州	Xuzhou	30.37	30.43	27	**福建**	**Fujian**	**138.03**	**142.40**	
常州	Changzhou	15.50	15.63	62	福州	Fuzhou	30.10	31.23	26
苏州	Suzhou	29.38	30.25	28	厦门	Xiamen	28.39	29.70	29
南通	Nantong	25.90	26.74	34	莆田	Putian	8.75	7.94	129
连云港	Lianyungang	14.93	15.19	66	三明	Sanming	2.63	2.65	255
淮安	Huaian	17.50	19.10	50	泉州	Quanzhou	19.00	20.69	45
盐城	Yancheng	13.97	14.14	70	漳州	Zhangzhou	8.39	8.56	122
扬州	Yangzhou	10.45	11.86	86	南平	Nanping	5.44	5.44	187
镇江	Zhenjiang	9.00	9.10	117	龙岩	Longyan	6.54	6.66	156
泰州	Taizhou	15.04	16.07	58	宁德	Ningde	3.04	3.06	245
宿迁	Suqian	8.7	8.9	118	**江西**	**Jiangxi**	**114.53**	**140.41**	
浙江	**Zhejiang**	**212.12**	**223.85**		南昌	Nanchang	19.64	41.57	18
杭州	Hangzhou	67.31	70.74	5	景德镇	Jingdezhen	5.72	5.72	175
宁波	Ningbo	21.49	24.47	38	萍乡	Pingxiang	5.57	4.52	209
温州	Wenzhou	13.51	14.26	69	九江	Jiujiang	7.31	7.34	139
嘉兴	Jiaxing	6.33	6.45	164	新余	Xinyu	8.49	7.32	141
湖州	Huzhou	8.53	8.53	123	鹰潭	Yingtan	0.94	2.93	248
绍兴	Shaoxing	12.18	12.28	80	赣州	Ganzhou	17.02	19.40	49
金华	Jinhua	6.41	9.80	105	吉安	Jian	7.74	7.93	131
衢州	Quzhou	4.74	4.82	201	宜春	Yichun	5.14	5.24	192
舟山	Zhoushan	7.26	7.31	142	抚州	Fuzhou	5.54	5.65	181
台州	Taizhou	9.07	9.14	115	上饶	Shangrao	6.80	6.83	150
丽水	Lishui	6.07	6.16	168	**山东**	**Shandong**	**458.04**	**482.62**	
安徽	**Anhui**	**145.71**	**152.85**		济南	Jinan	59.84	73.91	4
合肥	Hefei	41.30	42.40	17	青岛	Qingdao	29.42	36.68	20
芜湖	Wuhu	5.00	6.00	171	淄博	Zibo	18.65	19.42	48
蚌埠	Bengbu	9.67	10.56	96	枣庄	Zaozhuang	11.84	12.34	79
淮南	Huainan	8.99	10.61	95	东营	Dongying	15.63	18.25	52
马鞍山	Maanshan	6.71	6.79	152	烟台	Yantai	34.14	35.31	21
淮北	Huaibei	6.53	6.57	160	潍坊	Weifang	12.91	12.91	78
铜陵	Tongling	5.73	6.84	149	济宁	Jining	6.46	6.72	153
安庆	Anqing	8.89	9.26	111	泰安	Taian	14.91	15.68	60
黄山	Huangshan	4.67	4.70	203	威海	Weihai	13.36	13.36	73
滁州	Chuzhou	8.03	5.87	173	日照	Rizhao	5.02	6.92	148
阜阳	Fuyang	6.06	6.10	170	莱芜	Laiwu	17.00	17.10	54
宿州	Suzhou	1.72	2.20	265	临沂	Linyi	23.63	24.40	39
六安	Liuan	4.92	5.19	193	德州	Dezhou	24.86	25.96	35
亳州	Bozhou	4.45	5.72	175	聊城	Liaocheng	9.20	9.61	107

8-5 城市公共管理与公共服务设施用地面积（辖区） 续表 2

Area of Land for Administration and Public Services (Municipal Districts) continued 2

单位：平方公里 (sq. km)

地名	City	2015	2016	2016 排名 Ranking	地名	City	2015	2016	2016 排名 Ranking
滨州	Binzhou	15.41	15.54	63	常德	Changde	12.36	10.62	94
菏泽	Heze	10.10	13.83	71	张家界	Zhangjiajie	7.11	6.11	169
河南	**Henan**	**272.03**	**271.26**		益阳	Yiyang	10.00	10.20	97
郑州	Zhengzhou	57.45	59.94	8	郴州	Chenzhou	6.45	6.53	161
开封	Kaifeng	15.66	15.66	61	永州	Yongzhou	5.07	5.31	191
洛阳	Luoyang	25.09	25.09	36	怀化	Huaihua	5.20	5.90	172
平顶山	Pingdingshan	4.89	4.89	199	娄底	Loudi	7.80	8.10	127
安阳	Anyang	10.00	10.12	99	**广东**	**Guangdong**	**412.16**	**425.66**	
鹤壁	Hebi	6.17	6.17	166	广州	Guangzhou	76.21	76.88	3
新乡	Xinxiang	15.68	9.82	103	韶关	Shaoguan	10.57	10.77	92
焦作	Jiaozuo	13.51	13.39	72	深圳	Shenzhen	59.79	59.65	9
濮阳	Puyang	3.40	3.50	234	珠海	Zhuhai	14.37	29.33	31
许昌	Xuchang	6.30	7.00	147	汕头	Shantou	24.62	24.70	37
漯河	Luohe	4.20	4.20	214	佛山	Foshan	15.23	21.67	43
三门峡	Sanmenxia	8.66	8.77	119	江门	Jiangmen	2.55	2.67	254
南阳	Nanyang	19.88	20.51	46	湛江	Zhanjiang	8.95	6.67	154
商丘	Shangqiu	6.20	6.20	165	茂名	Maoming	13.26	13.26	75
信阳	Xinyang	11.02	11.59	88	肇庆	Zhaoqing	10.13	10.94	90
周口	Zhoukou	5.45	5.50	185	惠州	Huizhou	24.11	16.40	57
驻马店	Zhumadian	10.07	10.07	100	梅州	Meizhou	5.75	5.66	179
湖北	**Hubei**	**202.68**	**205.27**		汕尾	Shanwei	1.50	1.53	279
武汉	Wuhan	66.28	67.21	6	河源	Heyuan	2.10	2.20	265
黄石	Huangshi	8.40	5.57	184	阳江	Yangjiang	7.56	7.94	129
十堰	Shiyan	12.15	12.23	81	清远	Qingyuan	6.42	7.03	146
宜昌	Yichang	11.12	12.16	82	东莞	Dongguan	47.18	48.20	11
襄阳	Xiangyang	14.89	15.24	65	中山	Zhongshan	9.28	9.36	109
鄂州	Ezhou	5.06	5.08	195	潮州	Chaozhou	4.23	2.08	269
荆门	Jingmen	4.90	5.66	179	揭阳	Jieyang	10.80	10.13	98
孝感	Xiaogan	3.75	3.56	232	云浮	Yunfu	3.60	3.75	226
荆州	Jingzhou	8.80	9.23	112	**广西**	**Guangxi**	**132.17**	**137.48**	
黄冈	Huanggang	5.38	5.38	189	南宁	Nanning	40.15	42.91	16
咸宁	Xianning	2.28	2.28	263	柳州	Liuzhou	17.34	17.45	53
随州	Suizhou	4.90	4.90	197	桂林	Guilin	10.96	11.83	87
湖南	**Hunan**	**182.07**	**182.11**		梧州	Wuzhou	5.41	5.46	186
长沙	Changsha	38.82	38.83	19	北海	Beihai	9.40	9.80	105
株洲	Zhuzhou	11.30	11.42	89	防城港	Fangchenggang	3.48	2.70	252
湘潭	Xiangtan	10.63	8.45	124	钦州	Qinzhou	7.45	7.45	137
衡阳	Hengyang	11.40	13.01	76	贵港	Guigang	5.99	6.67	154
邵阳	Shaoyang	7.62	8.20	126	玉林	Yulin	9.56	9.56	108
岳阳	Yueyang	10.00	10.00	101	百色	Baise	3.87	4.32	213

8-5 城市公共管理与公共服务设施用地面积（辖区） 续表 3
Area of Land for Administration and Public Services (Municipal Districts) continued 3

单位：平方公里 (sq. km)

地名	City	2015	2016	2016 排名 Ranking
贺州	Hezhou	4.39	4.62	208
河池	Hechi	2.75	2.81	251
来宾	Laibin	1.66	1.67	276
崇左	Chongzuo	2.01	2.02	271
海南	**Hainan**	**89.32**	**41.15**	
海口	Haikou	26.01	22.01	41
三亚	Sanya	53.06	9.12	116
三沙	Sansha	0.06	0.06	286
重庆	**Chongqing**	**98.38**	**106.80**	
四川	**Sichuan**	**218.81**	**240.80**	
成都	Chengdu	61.47	83.36	2
自贡	Zigong	6.33	6.50	163
攀枝花	Panzhihua	4.03	4.06	221
泸州	Luzhou	7.78	8.69	120
德阳	Deyang	6.16	6.17	166
绵阳	Mianyang	19.26	20.96	44
广元	Guangyuan	6.39	6.52	162
遂宁	Suining	3.70	3.72	228
内江	Neijiang	5.82	7.40	138
乐山	Leshan	8.46	8.57	121
南充	Nanchong	11.69	12.15	83
眉山	Meishan	4.85	4.87	200
宜宾	Yibin	7.39	5.73	174
广安	Guangan	7.61	7.61	136
达州	Dazhou	6.93	7.07	143
雅安	Yaan	3.69	3.70	229
巴中	Bazhong	4.20	0.38	285
资阳	Ziyang	3.25	3.50	234
贵州	**Guizhou**	**69.76**	**77.61**	
贵阳	Guiyang	30.01	34.87	22
六盘水	Liupanshui	7.26	4.08	219
遵义	Zunyi	6.19	8.38	125
安顺	Anshun	4.28	4.35	212
毕节	Bijie	4.00	4.00	222
铜仁	Tongren	2.51	2.55	257
云南	**Yunnan**	**104.95**	**112.21**	
昆明	Kunming	43.69	44.82	14
曲靖	Qujing	4.60	5.72	175
玉溪	Yuxi	1.07	1.39	281
保山	Baoshan	1.00	1.10	282
昭通	Zhaotong	3.40	3.40	237
丽江	Lijiang	2.33	2.33	259
普洱	Puer	8.02	8.02	128
临沧	Lincang	0.95	1.00	283
西藏	**Tibet**	**32.76**	**32.16**	
拉萨	Lasa	18.36	18.36	51
陕西	**Shaanxi**	**106.62**	**109.50**	
西安	Xi'an	63.67	65.01	7
铜川	Tongchuan	2.70	2.70	252
宝鸡	Baoji	7.68	7.78	132
咸阳	Xianyang	9.20	9.20	113
渭南	Weinan	5.27	5.60	182
延安	Yan'an	2.21	2.33	259
汉中	Hanzhong	2.60	2.95	247
榆林	Yulin	2.70	3.29	241
安康	Ankang	1.84	1.65	277
商洛	Shangluo	2.10	2.30	262
甘肃	**Gansu**	**78.43**	**82.21**	
兰州	Lanzhou	30.52	33.51	24
嘉峪关	Jiayuguan	6.50	6.61	159
金昌	Jinchang	2.76	2.84	249
白银	Baiyin	5.60	5.60	182
天水	Tianshui	3.24	3.24	242
武威	Wuwei	2.00	2.20	265
张掖	Zhangye	2.91	3.14	243
平凉	Pingliang	4.90	4.90	197
酒泉	Jiuquan	4.00	4.10	217
庆阳	Qingyang	5.16	5.16	194
定西	Dingxi	2.83	2.84	249
陇南	Longnan	0.86	0.86	284
青海	**Qinghai**	**14.51**	**14.94**	
西宁	Xining	5.31	5.42	188
海东	Haidong	1.95	1.96	272
宁夏	**Ningxia**	**50.55**	**50.20**	
银川	Yinchuan	27.71	28.65	32
石嘴山	Shizuishan	2.21	2.25	264
吴忠	Wuzhong	6.52	6.66	156
固原	Guyuan	5.67	4.20	214
中卫	Zhongwei	2.33	2.33	259
新疆	**Xinjiang**	**108.06**	**106.77**	
乌鲁木齐	Urumqi	29.08	29.40	30
克拉玛依	Karamay	10.89	10.71	93

8-6 城市商业服务业设施用地面积（辖区）
Area of Land for Commercial and Business Facilities (Municipal Districts)

单位：平方公里 (sq. km)

地名	City	2015	2016	2016 排名 Ranking	地名	City	2015	2016	2016 排名 Ranking
全国	**National Total**	**3637.65**	**3775.90**		沈阳	Shenyang	21.24	28.82	16
北京	**Beijing**	**133.45**	**135.13**		大连	Dalian	21.65	23.49	29
天津	**Tianjin**	**47.12**	**69.30**		鞍山	Anshan	8.73	8.90	81
河北	**Hebei**	**123.24**	**135.03**		抚顺	Fushun	6.93	7.21	104
石家庄	Shijiazhuang	17.79	18.28	38	本溪	Benxi	12.72	12.72	59
唐山	Tangshan	10.00	11.15	69	丹东	Dandong	3.85	3.85	184
秦皇岛	Qinhuangdao	16.24	16.24	44	锦州	Jinzhou	2.65	6.52	120
邯郸	Handan	10.00	14.21	52	营口	Yingkou	30.42	8.88	83
邢台	Xingtai	6.15	6.15	126	阜新	Fuxin	6.42	6.42	123
保定	Baoding	9.22	9.29	78	辽阳	Liaoyang	8.14	8.14	93
张家口	Zhangjiakou	6.05	7.37	101	盘锦	Panjin	4.16	29.99	13
承德	Chengde	4.39	4.42	165	铁岭	Tieling	3.60	3.60	191
沧州	Cangzhou	3.68	3.68	188	朝阳	Chaoyang	3.06	3.08	206
廊坊	Langfang	2.92	3.01	208	葫芦岛	Huludao	6.65	3.91	183
衡水	Hengshui	4.86	4.38	167	**吉林**	**Jilin**	**87.38**	**89.82**	
山西	**Shanxi**	**70.60**	**71.76**		长春	Changchun	26.82	27.46	19
太原	Taiyuan	26.00	26.00	24	吉林	Jilin	11.30	12.22	62
大同	Datong	10.10	10.10	73	四平	Siping	7.32	7.60	100
阳泉	Yangquan	0.82	0.82	272	辽源	Liaoyuan	0.79	0.79	274
长治	Changzhi	0.54	0.54	281	通化	Tonghua	10.42	10.50	71
晋城	Jincheng	3.20	3.20	198	白山	Baishan	1.51	1.54	251
朔州	Shuozhou	4.90	5.35	143	松原	Songyuan	1.50	1.60	249
晋中	Jinzhong	5.60	6.03	128	白城	Baicheng	2.69	2.84	218
运城	Yuncheng	1.34	1.34	258	**黑龙江**	**Heilongjiang**	**86.53**	**87.57**	
忻州	Xinzhou	1.44	1.44	254	哈尔滨	Harbin	22.80	25.49	26
临汾	Linfen	4.12	4.12	179	齐齐哈尔	Qiqihar	6.46	4.50	162
吕梁	Lvliang	1.16	1.18	263	鸡西	Jixi	2.61	2.61	224
内蒙古	**Inner Mongolia**	**92.32**	**93.63**		鹤岗	Hegang	3.76	3.76	185
呼和浩特	Hohhot	25.52	25.70	25	双鸭山	Shuangyashan	4.13	4.13	178
包头	Baotou	9.83	9.83	75	大庆	Daqing	13.34	13.35	57
乌海	Wuhai	2.24	2.24	235	伊春	Yichun	8.53	8.53	89
赤峰	Chifeng	0.91	0.71	277	佳木斯	Jiamusi	4.88	4.88	153
通辽	Tongliao	3.64	3.64	189	七台河	Qitaihe	1.00	1.00	269
鄂尔多斯	Erdos	15.45	15.45	48	牡丹江	Mudanjiang	1.18	1.18	263
呼伦贝尔	Hulunbuir	3.19	3.19	199	黑河	Heihe	1.36	1.36	257
巴彦淖尔	Bayannur	4.21	4.21	172	绥化	Suihua	1.16	1.16	266
乌兰察布	Ulanqab	2.56	2.56	227	**上海**	**Shanghai**	**137.54**	**116.09**	
辽宁	**Liaoning**	**181.06**	**195.17**		**江苏**	**Jiangsu**	**334.47**	**347.68**	

8-6 城市商业服务业设施用地面积（辖区） 续表 1

Area of Land for Commercial and Business Facilities (Municipal Districts) continued 1

单位：平方公里 (sq. km)

地名	City	2015	2016	2016 排名 Ranking	地名	City	2015	2016	2016 排名 Ranking
南京	Nanjing	51.10	55.55	5	池州	Chizhou	2.17	2.17	237
无锡	Wuxi	26.30	26.17	22	宣城	Xuancheng	2.75	2.95	214
徐州	Xuzhou	7.27	7.76	98	**福建**	**Fujian**	**96.83**	**102.62**	
常州	Changzhou	15.66	16.01	47	福州	Fuzhou	11.10	12.90	58
苏州	Suzhou	29.46	29.70	14	厦门	Xiamen	23.42	24.19	28
南通	Nantong	59.90	61.17	2	莆田	Putian	3.16	3.16	200
连云港	Lianyungang	20.20	20.83	31	三明	Sanming	1.10	1.12	267
淮安	Huaian	11.00	13.42	55	泉州	Quanzhou	26.00	27.50	18
盐城	Yancheng	7.41	7.61	99	漳州	Zhangzhou	0.74	0.87	271
扬州	Yangzhou	10.57	11.87	64	南平	Nanping	1.78	1.78	246
镇江	Zhenjiang	6.90	7.00	111	龙岩	Longyan	3.44	4.32	170
泰州	Taizhou	11.93	12.47	61	宁德	Ningde	1.62	1.71	247
宿迁	Suqian	5.00	5.30	144	**江西**	**Jiangxi**	**109.47**	**98.37**	
浙江	**Zhejiang**	**212.59**	**218.66**		南昌	Nanchang	33.69	20.06	34
杭州	Hangzhou	45.77	49.67	6	景德镇	Jingdezhen	7.09	7.09	108
宁波	Ningbo	19.48	18.69	37	萍乡	Pingxiang	3.87	0.57	280
温州	Wenzhou	36.32	36.58	8	九江	Jiujiang	6.71	6.75	115
嘉兴	Jiaxing	18.61	18.73	36	新余	Xinyu	1.39	1.39	256
湖州	Huzhou	8.79	8.79	86	鹰潭	Yingtan	1.43	1.98	243
绍兴	Shaoxing	13.79	16.67	42	赣州	Ganzhou	8.20	11.21	68
金华	Jinhua	6.37	5.26	146	吉安	Jian	11.45	11.73	65
衢州	Quzhou	2.90	2.92	216	宜春	Yichun	6.78	6.90	113
舟山	Zhoushan	2.71	2.72	223	抚州	Fuzhou	3.54	3.58	193
台州	Taizhou	5.07	5.14	149	上饶	Shangrao	3.03	3.08	206
丽水	Lishui	2.36	2.45	230	**山东**	**Shandong**	**291.22**	**312.51**	
安徽	**Anhui**	**170.81**	**176.09**		济南	Jinan	23.41	28.94	15
合肥	Hefei	31.30	33.05	12	青岛	Qingdao	19.94	27.02	20
芜湖	Wuhu	14.50	15.01	50	淄博	Zibo	14.78	16.24	44
蚌埠	Bengbu	5.67	5.97	129	枣庄	Zaozhuang	11.33	11.51	67
淮南	Huainan	6.93	8.26	92	东营	Dongying	14.19	13.68	54
马鞍山	Maanshan	4.04	3.98	182	烟台	Yantai	20.05	20.53	33
淮北	Huaibei	8.70	8.80	85	潍坊	Weifang	12.02	12.02	63
铜陵	Tongling	6.26	6.75	115	济宁	Jining	15.92	16.52	43
安庆	Anqing	26.17	26.08	23	泰安	Taian	9.60	14.54	51
黄山	Huangshan	2.95	3.00	210	威海	Weihai	19.92	19.94	35
滁州	Chuzhou	5.02	3.61	190	日照	Rizhao	6.64	7.22	103
阜阳	Fuyang	6.72	6.80	114	莱芜	Laiwu	6.34	6.39	124
宿州	Suzhou	9.80	10.20	72	临沂	Linyi	10.84	11.58	66
六安	Liuan	4.62	4.82	155	德州	Dezhou	0.87	1.04	268
亳州	Bozhou	6.85	7.97	95	聊城	Liaocheng	6.95	6.99	112

8-6 城市商业服务业设施用地面积（辖区） 续表 2

Area of Land for Commercial and Business Facilities (Municipal Districts) continued 2

单位：平方公里 (sq. km)

地名	City	2015	2016	2016 排名 Ranking	地名	City	2015	2016	2016 排名 Ranking
滨州	Binzhou	5.52	5.67	137	常德	Changde	4.65	5.69	135
菏泽	Heze	3.62	5.84	130	张家界	Zhangjiajie	1.42	1.42	255
河南	**Henan**	**128.02**	**130.34**		益阳	Yiyang	3.00	3.00	210
郑州	Zhengzhou	14.52	15.15	49	郴州	Chenzhou	4.83	4.83	154
开封	Kaifeng	8.13	7.01	110	永州	Yongzhou	5.74	6.36	125
洛阳	Luoyang	9.24	9.24	79	怀化	Huaihua	3.00	8.63	87
平顶山	Pingdingshan	4.00	4.00	180	娄底	Loudi	8.10	8.85	84
安阳	Anyang	2.68	2.83	219	**广东**	**Guangdong**	**346.89**	**341.20**	
鹤壁	Hebi	4.16	4.17	176	广州	Guangzhou	52.67	60.24	3
新乡	Xinxiang	5.79	6.54	119	韶关	Shaoguan	5.59	5.70	134
焦作	Jiaozuo	5.53	5.65	138	深圳	Shenzhen	50.69	35.73	10
濮阳	Puyang	5.30	5.30	144	珠海	Zhuhai	13.83	18.21	40
许昌	Xuchang	4.50	5.00	151	汕头	Shantou	33.54	33.70	11
漯河	Luohe	2.10	2.10	240	佛山	Foshan	13.70	16.03	46
三门峡	Sanmenxia	6.50	6.61	118	江门	Jiangmen	1.79	1.79	245
南阳	Nanyang	6.76	7.84	96	湛江	Zhanjiang	9.57	7.13	107
商丘	Shangqiu	1.82	1.82	244	茂名	Maoming	7.33	7.33	102
信阳	Xinyang	2.65	2.80	221	肇庆	Zhaoqing	5.61	5.81	131
周口	Zhoukou	4.42	4.62	159	惠州	Huizhou	15.11	17.32	41
驻马店	Zhumadian	6.67	6.67	117	梅州	Meizhou	5.71	4.38	167
湖北	**Hubei**	**131.96**	**139.79**		汕尾	Shanwei	1.22	1.25	261
武汉	Wuhan	25.93	27.74	17	河源	Heyuan	0.99	1.00	269
黄石	Huangshi	0.79	2.13	239	阳江	Yangjiang	4.26	4.51	161
十堰	Shiyan	4.12	4.14	177	清远	Qingyuan	4.03	4.61	160
宜昌	Yichang	9.31	9.61	76	东莞	Dongguan	57.60	57.38	4
襄阳	Xiangyang	8.44	8.89	82	中山	Zhongshan	5.49	5.54	141
鄂州	Ezhou	3.08	3.09	204	潮州	Chaozhou	3.28	2.96	213
荆门	Jingmen	3.84	4.35	169	揭阳	Jieyang	11.10	7.21	104
孝感	Xiaogan	1.90	4.18	175	云浮	Yunfu	3.69	3.71	187
荆州	Jingzhou	3.70	4.64	157	**广西**	**Guangxi**	**68.14**	**78.49**	
黄冈	Huanggang	4.99	4.99	152	南宁	Nanning	15.60	20.75	32
咸宁	Xianning	1.59	1.59	250	柳州	Liuzhou	11.78	12.54	60
随州	Suizhou	4.65	4.65	156	桂林	Guilin	2.35	2.46	229
湖南	**Hunan**	**94.47**	**104.71**		梧州	Wuzhou	2.80	2.82	220
长沙	Changsha	18.88	18.23	39	北海	Beihai	4.00	4.40	166
株洲	Zhuzhou	4.49	5.17	148	防城港	Fangchenggang	0.63	3.46	194
湘潭	Xiangtan	0.48	5.23	147	钦州	Qinzhou	5.78	5.78	132
衡阳	Hengyang	8.80	4.20	173	贵港	Guigang	2.80	2.97	212
邵阳	Shaoyang	4.43	4.43	164	玉林	Yulin	9.51	9.51	77
岳阳	Yueyang	6.50	6.50	121	百色	Baise	1.11	1.21	262

8-6 城市商业服务业设施用地面积（辖区） 续表 3
Area of Land for Commercial and Business Facilities (Municipal Districts) continued 3

单位：平方公里 (sq. km)

地名	City	2015	2016	2016 排名 Ranking
贺州	Hezhou	2.15	2.47	228
河池	Hechi	0.64	0.65	278
来宾	Laibin	1.46	1.51	253
崇左	Chongzuo	0.44	0.44	282
海南	**Hainan**	**44.93**	**24.64**	
海口	Haikou	13.37	13.37	56
三亚	Sanya	25.74	5.47	142
三沙	Sansha	0.01	0.01	286
重庆	**Chongqing**	**70.07**	**74.82**	
四川	**Sichuan**	**163.36**	**189.68**	
成都	Chengdu	54.04	72.44	1
自贡	Zigong	5.59	5.77	133
攀枝花	Panzhihua	6.37	3.59	192
泸州	Luzhou	5.76	6.09	127
德阳	Deyang	3.15	3.15	201
绵阳	Mianyang	7.53	8.63	87
广元	Guangyuan	2.88	3.30	196
遂宁	Suining	5.63	5.69	135
内江	Neijiang	2.34	4.45	163
乐山	Leshan	7.97	8.00	94
南充	Nanchong	7.88	8.30	91
眉山	Meishan	8.38	8.43	90
宜宾	Yibin	3.50	5.58	140
广安	Guangan	2.76	2.77	222
达州	Dazhou	6.18	7.04	109
雅安	Yaan	2.27	2.39	232
巴中	Bazhong	2.00	0.80	273
资阳	Ziyang	2.10	2.45	230
贵州	**Guizhou**	**54.28**	**62.03**	
贵阳	Guiyang	23.40	25.04	27
六盘水	Liupanshui	1.84	4.63	158
遵义	Zunyi	5.66	7.20	106
安顺	Anshun	3.92	4.28	171
毕节	Bijie	4.20	4.20	173
铜仁	Tongren	1.11	1.31	259
云南	**Yunnan**	**83.56**	**90.66**	
昆明	Kunming	34.85	36.54	9
曲靖	Qujing	8.11	9.08	80
玉溪	Yuxi	0.97	1.53	252
保山	Baoshan	0.60	0.63	279
昭通	Zhaotong	2.10	2.10	240

地名	City	2015	2016	2016 排名 Ranking
丽江	Lijiang	2.10	2.10	240
普洱	Puer	2.54	2.58	226
临沧	Lincang	2.90	3.10	203
西藏	**Tibet**	**20.36**	**22.00**	
拉萨	Lasa	14.13	14.13	53
陕西	**Shaanxi**	**82.66**	**86.40**	
西安	Xi'an	41.39	41.91	7
铜川	Tongchuan	0.72	0.72	276
宝鸡	Baoji	10.50	10.80	70
咸阳	Xianyang	0.78	0.78	275
渭南	Weinan	2.63	2.92	216
延安	Yan'an	2.08	2.37	233
汉中	Hanzhong	5.10	5.60	139
榆林	Yulin	8.37	10.10	73
安康	Ankang	1.17	1.17	265
商洛	Shangluo	2.50	2.60	225
甘肃	**Gansu**	**55.06**	**59.95**	
兰州	Lanzhou	19.27	21.27	30
嘉峪关	Jiayuguan	7.50	7.81	97
金昌	Jinchang	1.55	1.63	248
白银	Baiyin	3.08	3.09	204
天水	Tianshui	2.10	4.00	180
武威	Wuwei	3.00	3.01	208
张掖	Zhangye	2.77	3.15	201
平凉	Pingliang	3.32	3.34	195
酒泉	Jiuquan	5.05	5.06	150
庆阳	Qingyang	0.02	0.03	284
定西	Dingxi	0.02	0.03	284
陇南	Longnan	0.40	0.40	283
青海	**Qinghai**	**8.85**	**8.93**	
西宁	Xining	2.35	2.37	233
海东	Haidong	1.27	1.28	260
宁夏	**Ningxia**	**17.95**	**17.91**	
银川	Yinchuan	2.74	2.93	215
石嘴山	Shizuishan	3.51	3.74	186
吴忠	Wuzhong	3.04	3.26	197
固原	Guyuan	3.00	2.20	236
中卫	Zhongwei	2.17	2.17	237
新疆	**Xinjiang**	**92.46**	**94.92**	
乌鲁木齐	Urumqi	26.32	26.70	21
克拉玛依	Karamay	5.27	6.44	122

8-7 城市工业用地面积（辖区）
Area of Land for Industrial (Municipal Districts)

单位：平方公里 (sq. km)

地名	City	2010	2015	2016	2016 排名 Ranking	地名	City	2010	2015	2016	2016 排名 Ranking
全国	**National Total**	**8689.49**	**10298.65**	**10525.24**		沈阳	Shenyang	82.00	100.60	150.14	5
北京	**Beijing**		**263.55**	**263.32**		大连	Dalian	86.10	100.03	116.36	9
天津	**Tianjin**	**155.66**	**208.89**	**231.21**		鞍山	Anshan	53.95	53.15	53.57	35
河北	**Hebei**	**314.84**	**279.52**	**314.34**		抚顺	Fushun	40.31	46.63	47.22	43
石家庄	Shijiazhuang	31.13	16.05	16.14	136	本溪	Benxi	23.11	21.90	21.90	100
唐山	Tangshan	72.00	31.31	38.31	50	丹东	Dandong	11.50	19.05	19.05	115
秦皇岛	Qinhuangdao	16.45	27.15	27.15	81	锦州	Jinzhou	12.83	12.85	24.23	91
邯郸	Handan	16.78	15.34	19.69	113	营口	Yingkou	28.60	6.30	69.61	24
邢台	Xingtai	16.32	16.37	16.84	130	阜新	Fuxin	11.63	18.97	18.97	117
保定	Baoding	38.29	45.03	46.26	44	辽阳	Liaoyang	26.69	27.06	26.98	83
张家口	Zhangjiakou	18.05	18.05	18.98	116	盘锦	Panjin	10.96	20.21	37.27	53
承德	Chengde	8.64	12.43	12.48	163	铁岭	Tieling	8.33	9.40	10.06	185
沧州	Cangzhou	7.10	11.65	11.65	172	朝阳	Chaoyang	2.50	17.30	17.30	129
廊坊	Langfang	6.03	7.17	7.17	211	葫芦岛	Huludao	19.00	19.98	22.90	97
衡水	Hengshui	4.37	2.14	16.75	131	**吉林**	**Jilin**	**242.87**	**260.58**	**274.71**	
山西	**Shanxi**	**171.35**	**176.59**	**174.67**		长春	Changchun	94.91	106.08	119.58	8
太原	Taiyuan	63.53	80.00	81.00	17	吉林	Jilin	44.13	54.92	55.61	32
大同	Datong	19.51	14.50	14.45	150	四平	Siping	10.70	10.54	10.94	177
阳泉	Yangquan	10.84	10.36	10.36	181	辽源	Liaoyuan	8.82	8.81	8.81	198
长治	Changzhi	11.78	12.97	12.97	159	通化	Tonghua	9.68	5.02	6.27	222
晋城	Jincheng	6.85	3.60	3.60	255	白山	Baishan	5.29	6.28	6.31	221
朔州	Shuozhou	4.57	0.98	0.98	279	松原	Songyuan	7.90	6.80	6.80	216
晋中	Jinzhong	9.68	8.58	8.98	195	白城	Baicheng	5.71	11.58	11.66	171
运城	Yuncheng	5.01	4.89	4.89	235	**黑龙江**	**Heilongjiang**	**338.80**	**350.60**	**357.51**	
忻州	Xinzhou	4.23	4.20	4.20	249	哈尔滨	Harbin	82.98	86.30	94.74	13
临汾	Linfen	3.00	1.30	1.30	275	齐齐哈尔	Qiqihar	39.80	29.72	30.85	69
吕梁	Lvliang	5.11	4.00	4.00	250	鸡西	Jixi	9.94	9.94	9.94	187
内蒙古	**Inner Mongolia**	**205.62**	**164.37**	**165.33**		鹤岗	Hegang	11.89	11.27	11.27	175
呼和浩特	Hohhot	25.85	18.56	18.80	118	双鸭山	Shuangyashan	10.00	11.56	12.35	165
包头	Baotou	52.46	52.50	52.50	38	大庆	Daqing	67.35	74.91	74.99	23
乌海	Wuhai	14.70	1.56	1.56	271	伊春	Yichun	19.17	18.80	18.80	118
赤峰	Chifeng	21.48	15.10	14.74	148	佳木斯	Jiamusi	16.07	17.67	17.67	125
通辽	Tongliao	10.08	8.16	8.16	207	七台河	Qitaihe	13.47	9.23	9.23	192
鄂尔多斯	Erdos	4.56	3.57	3.57	256	牡丹江	Mudanjiang	16.14	17.38	17.38	128
呼伦贝尔	Hulunbuir	21.52	10.61	10.61	179	黑河	Heihe	4.13	2.13	2.13	266
巴彦淖尔	Bayannur	3.00	10.57	10.57	180	绥化	Suihua	4.50	10.78	11.82	169
乌兰察布	Ulanqab	2.60	6.10	6.10	224	**上海**	**Shanghai**		**733.11**	**555.75**	
辽宁	**Liaoning**	**506.75**	**565.04**	**711.73**		**江苏**	**Jiangsu**	**896.33**	**973.83**	**1009.40**	

8-7 城市工业用地面积（辖区） 续表 1

Area of Land for Industrial (Municipal Districts) continued 1

单位：平方公里 (sq. km)

地名	City	2010	2015	2016	2016 排名 Ranking
南京	Nanjing	161.81	159.77	158.86	4
无锡	Wuxi	56.57	68.99	69.15	25
徐州	Xuzhou	35.15	27.64	28.50	74
常州	Changzhou	35.94	70.28	77.30	21
苏州	Suzhou	119.80	129.44	128.62	6
南通	Nantong	52.48	19.33	21.27	105
连云港	Lianyungang	34.10	52.23	54.17	34
淮安	Huaian	46.30	54.00	67.78	26
盐城	Yancheng	21.90	46.49	50.17	39
扬州	Yangzhou	27.75	34.39	36.74	57
镇江	Zhenjiang	35.71	37.50	38.10	51
泰州	Taizhou	25.15	44.04	47.77	41
宿迁	Suqian	16.37	24.29	24.54	90
浙江	**Zhejiang**	**573.55**	**562.29**	**565.74**	
杭州	Hangzhou	51.25	75.81	83.22	16
宁波	Ningbo	118.28	108.76	115.93	10
温州	Wenzhou	34.66	6.93	5.62	227
嘉兴	Jiaxing	27.61	20.03	20.50	109
湖州	Huzhou	35.23	29.57	29.57	72
绍兴	Shaoxing	23.00	64.77	59.58	30
金华	Jinhua	16.07	18.79	23.30	94
衢州	Quzhou	18.47	24.16	24.96	87
舟山	Zhoushan	7.46	7.63	7.63	209
台州	Taizhou	46.29	33.48	33.49	61
丽水	Lishui	3.53	4.36	4.36	246
安徽	**Anhui**	**327.39**	**349.00**	**357.01**	
合肥	Hefei	61.88	77.70	79.05	20
芜湖	Wuhu	26.00	13.50	14.00	153
蚌埠	Bengbu	21.20	23.14	25.21	86
淮南	Huainan	15.50	16.53	20.65	108
马鞍山	Maanshan	28.15	31.95	32.35	65
淮北	Huaibei	19.08	18.53	18.75	120
铜陵	Tongling	9.30	13.23	13.00	158
安庆	Anqing	24.01	5.80	9.11	194
黄山	Huangshan	5.94	8.73	8.92	196
滁州	Chuzhou	19.30	30.86	22.96	96
阜阳	Fuyang	9.02	19.80	19.90	112
宿州	Suzhou	13.19	14.78	15.60	140
六安	Liuan	12.05	13.56	13.47	157
亳州	Bozhou	7.96	12.96	13.95	154
池州	Chizhou	5.27	4.55	4.55	242
宣城	Xuancheng	10.40	15.36	16.25	135
福建	**Fujian**	**219.32**	**247.46**	**237.21**	
福州	Fuzhou	37.85	36.00	35.00	59
厦门	Xiamen	63.00	82.02	84.20	15
莆田	Putian	10.89	26.53	15.23	144
三明	Sanming	10.18	11.35	11.00	176
泉州	Quanzhou	18.00	6.10	6.10	224
漳州	Zhangzhou	13.54	14.96	14.96	146
南平	Nanping	5.73	8.30	8.30	205
龙岩	Longyan	7.55	7.57	7.05	213
宁德	Ningde	2.46	3.79	4.91	234
江西	**Jiangxi**	**193.07**	**220.45**	**240.05**	
南昌	Nanchang	37.45	41.05	41.48	47
景德镇	Jingdezhen	18.93	20.80	20.80	107
萍乡	Pingxiang	7.65	12.41	8.68	199
九江	Jiujiang	23.44	24.22	24.78	88
新余	Xinyu	11.05	14.00	22.10	98
鹰潭	Yingtan	2.85	3.58	6.87	215
赣州	Ganzhou	11.50	24.40	30.16	70
吉安	Jian	7.40	4.45	4.56	241
宜春	Yichun	7.10	9.07	10.17	184
抚州	Fuzhou	6.73	11.89	12.08	167
上饶	Shangrao	5.68	4.35	4.39	244
山东	**Shandong**	**775.69**	**1044.10**	**997.09**	
济南	Jinan	65.33	75.54	86.61	14
青岛	Qingdao	65.67	157.78	124.20	7
淄博	Zibo	66.39	74.71	75.86	22
枣庄	Zaozhuang	16.40	22.72	23.42	93
东营	Dongying	24.80	21.12	27.19	80
烟台	Yantai	60.78	107.85	66.59	27
潍坊	Weifang	36.16	33.10	33.10	62
济宁	Jining	26.04	52.22	53.13	36
泰安	Taian	19.40	31.50	39.42	49
威海	Weihai	39.78	54.98	54.63	33
日照	Rizhao	18.59	22.99	20.86	106
莱芜	Laiwu	7.29	22.94	23.10	95
临沂	Linyi	29.09	35.98	37.66	52
德州	Dezhou	15.62	39.53	40.69	48
聊城	Liaocheng	14.46	18.94	19.93	111

8-7 城市工业用地面积（辖区） 续表 2

Area of Land for Industrial (Municipal Districts) continued 2

单位：平方公里 (sq. km)

地名	City	2010	2015	2016	2016 排名 Ranking
滨州	Binzhou	15.33	31.52	31.74	68
菏泽	Heze	17.36	26.28	28.16	75
河南	**Henan**	**338.30**	**370.70**	**378.44**	
郑州	Zhengzhou	35.73	35.16	36.68	58
开封	Kaifeng	21.28	27.73	25.67	85
洛阳	Luoyang	37.64	36.78	36.78	55
平顶山	Pingdingshan	15.54	15.54	15.54	141
安阳	Anyang	16.56	13.54	12.81	161
鹤壁	Hebi	15.60	16.41	16.41	133
新乡	Xinxiang	22.60	28.16	26.24	84
焦作	Jiaozuo	16.27	26.09	27.32	78
濮阳	Puyang	5.39	5.70	5.70	226
许昌	Xuchang	13.27	10.00	12.00	168
漯河	Luohe	7.55	5.60	5.60	228
三门峡	Sanmenxia	3.55	2.83	2.85	260
南阳	Nanyang	17.47	29.45	30.16	70
商丘	Shangqiu	6.00	1.39	1.39	274
信阳	Xinyang	14.29	14.40	15.18	145
周口	Zhoukou	4.40	4.35	4.75	239
驻马店	Zhumadian	11.78	14.78	14.78	147
湖北	**Hubei**	**434.55**	**443.59**	**460.41**	
武汉	Wuhan	154.85	100.92	102.49	12
黄石	Huangshi	19.44	18.48	20.31	110
十堰	Shiyan	18.01	32.03	32.50	64
宜昌	Yichang	31.72	36.05	36.76	56
襄阳	Xiangyang	26.86	45.90	47.38	42
鄂州	Ezhou	12.89	15.48	15.50	142
荆门	Jingmen	12.35	11.80	12.37	164
孝感	Xiaogan	6.11	14.65	13.74	156
荆州	Jingzhou	16.23	20.83	22.04	99
黄冈	Huanggang	5.47	8.66	8.66	200
咸宁	Xianning	13.03	11.35	11.35	173
随州	Suizhou	9.20	9.20	10.00	186
湖南	**Hunan**	**257.27**	**198.07**	**201.98**	
长沙	Changsha	30.08	26.82	27.28	79
株洲	Zhuzhou	23.66	27.11	27.42	76
湘潭	Xiangtan	31.10	14.00	12.88	160
衡阳	Hengyang	21.60	16.57	27.38	77
邵阳	Shaoyang	3.36	3.73	3.73	254
岳阳	Yueyang	17.20	18.10	18.10	123
常德	Changde	18.67	20.67	18.34	121
张家界	Zhangjiajie	1.02	1.51	1.51	272
益阳	Yiyang	12.85	5.00	5.00	232
郴州	Chenzhou	25.40	6.50	6.56	219
永州	Yongzhou	5.90	7.68	7.80	208
怀化	Huaihua	5.00	5.00	2.20	264
娄底	Loudi	9.92	2.23	2.53	262
广东	**Guangdong**	**1364.34**	**1298.28**	**1375.75**	
广州	Guangzhou	213.48	180.41	186.37	3
韶关	Shaoguan	21.92	21.49	23.49	92
深圳	Shenzhen	296.21	316.11	273.42	2
珠海	Zhuhai	76.20	15.11	80.94	18
汕头	Shantou	38.84	26.79	27.13	82
佛山	Foshan	40.13	43.53	37.18	54
江门	Jiangmen	49.52	12.69	12.71	162
湛江	Zhanjiang	17.04	30.24	14.23	152
茂名	Maoming	12.25	13.79	13.79	155
肇庆	Zhaoqing	17.96	31.01	31.93	66
惠州	Huizhou	65.12	39.23	65.15	28
梅州	Meizhou	7.56	2.96	4.64	240
汕尾	Shanwei	16.90	2.28	3.22	258
河源	Heyuan	6.26	6.30	6.50	220
阳江	Yangjiang	5.93	20.42	21.58	103
清远	Qingyuan	19.64	9.51	10.24	183
东莞	Dongguan	329.44	349.68	367.94	1
中山	Zhongshan	26.85	32.48	32.78	63
潮州	Chaozhou	8.09	15.73	8.89	197
揭阳	Jieyang		31.80	59.30	31
云浮	Yunfu		5.15	5.56	229
广西	**Guangxi**	**171.89**	**199.84**	**204.10**	
南宁	Nanning	20.50	29.85	33.51	60
柳州	Liuzhou	40.27	41.67	43.74	46
桂林	Guilin	14.50	17.80	18.14	122
梧州	Wuzhou	10.38	8.33	8.51	204
北海	Beihai	7.50	4.00	5.20	230
防城港	Fangchenggang	2.19	13.95	8.60	201
钦州	Qinzhou	14.99	21.56	21.68	102
贵港	Guigang	13.13	15.76	16.31	134
玉林	Yulin	8.75	2.18	2.18	265
百色	Baise	6.81	7.12	7.14	212

8-7 城市工业用地面积（辖区） 续表 3
Area of Land for Industrial (Municipal Districts) continued 3

单位：平方公里 (sq. km)

地名	City	2010	2015	2016	2016 排名 Ranking
贺州	Hezhou	5.24	4.36	4.81	237
河池	Hechi	3.57	4.66	5.03	231
来宾	Laibin	3.91	5.92	6.22	223
崇左	Chongzuo	2.38	2.43	2.43	263
海南	**Hainan**	**20.47**	**25.63**	**22.25**	
海口	Haikou	10.20	12.31	12.31	166
三亚	Sanya	0.59	5.94	3.00	259
三沙	Sansha				
重庆	**Chongqing**	**200.94**	**235.96**	**246.83**	
四川	**Sichuan**	**344.84**	**410.56**	**441.83**	
成都	Chengdu	89.93	81.19	114.70	11
自贡	Zigong	20.68	28.29	28.72	73
攀枝花	Panzhihua	24.18	22.17	24.67	89
泸州	Luzhou	14.20	19.61	19.65	114
德阳	Deyang	16.14	21.18	21.31	104
绵阳	Mianyang	27.14	30.10	31.90	67
广元	Guangyuan	6.06	10.78	10.93	178
遂宁	Suining	7.75	14.67	14.73	149
内江	Neijiang	6.98	17.25	14.24	151
乐山	Leshan	10.76	9.63	9.71	189
南充	Nanchong	11.60	17.32	17.90	124
眉山	Meishan	5.56	6.72	6.76	217
宜宾	Yibin	3.43	19.22	9.45	190
广安	Guangan	5.71	4.54	4.54	243
达州	Dazhou	11.40	15.31	15.34	143
雅安	Yaan	2.93	6.93	7.05	213
巴中	Bazhong	0.65	1.20	1.20	276
资阳	Ziyang	9.36	11.58	11.67	170
贵州	**Guizhou**	**86.25**	**122.19**	**122.86**	
贵阳	Guiyang	32.34	46.09	46.09	45
六盘水	Liupanshui	15.02	14.53	9.83	188
遵义	Zunyi	8.00	13.51	16.01	137
安顺	Anshun	5.03	11.30	11.35	173
毕节	Bijie	6.80	8.25	8.25	206
铜仁	Tongren	0.14	4.18	4.38	245
云南	**Yunnan**	**121.51**	**106.74**	**111.20**	
昆明	Kunming	73.27	52.17	52.81	37
曲靖	Qujing	9.20	7.34	8.55	202
玉溪	Yuxi	2.00	2.82	3.82	252
保山	Baoshan	1.23	1.00	1.00	277
昭通	Zhaotong	1.94	4.94	4.94	233
丽江	Lijiang	0.98	2.00	2.00	268
普洱	Puer	2.37	0.49	0.49	284
临沧	Lincang	0.40	1.70	1.70	270
西藏	**Tibet**	**7.95**	**13.45**	**19.70**	
拉萨	Lasa	7.17	9.95	15.71	139
陕西	**Shaanxi**	**136.29**	**129.50**	**132.41**	
西安	Xi'an	61.29	60.25	62.50	29
铜川	Tongchuan	8.41	8.53	8.53	203
宝鸡	Baoji	17.92	15.78	15.98	138
咸阳	Xianyang	15.20	17.37	17.40	127
渭南	Weinan	9.13	4.62	4.84	236
延安	Yan'an	1.53	2.00	2.13	266
汉中	Hanzhong	4.40	4.40	4.80	238
榆林	Yulin	4.68	6.40	6.59	218
安康	Ankang	0.80	1.31	0.79	280
商洛	Shangluo	1.48	0.50	0.60	282
甘肃	**Gansu**	**99.73**	**122.61**	**129.70**	
兰州	Lanzhou	21.36	46.13	49.40	40
嘉峪关	Jiayuguan	7.14	7.20	9.32	191
金昌	Jinchang	14.83	16.94	17.47	126
白银	Baiyin	12.45	21.78	21.78	101
天水	Tianshui	8.40	10.33	10.33	182
武威	Wuwei	4.50	0.54	0.54	283
张掖	Zhangye	5.49	1.92	1.96	269
平凉	Pingliang	4.38	3.48	3.48	257
酒泉	Jiuquan	4.50	2.70	2.82	261
庆阳	Qingyang	1.20	3.80	3.90	251
定西	Dingxi	2.10	3.75	3.78	253
陇南	Longnan	0.40	0.16	0.16	285
青海	**Qinghai**	**17.94**	**13.14**	**13.18**	
西宁	Xining	11.39	4.20	4.23	248
海东	Haidong		0.98	0.99	278
宁夏	**Ningxia**	**26.21**	**38.56**	**41.08**	
银川	Yinchuan	14.78	15.81	16.65	132
石嘴山	Shizuishan	1.19	8.60	9.14	193
吴忠	Wuzhong	1.60	6.22	7.26	210
固原	Guyuan	1.30	1.51	1.51	272
中卫	Zhongwei	2.85	0.79	0.77	281
新疆	**Xinjiang**	**139.77**	**170.45**	**168.45**	
乌鲁木齐	Urumqi	65.90	79.01	80.20	19
克拉玛依	Karamay	4.34	3.79	4.25	247

8-8 城市物流仓储用地面积（辖区）

Area of Land for Logistics and Warehouse (Municipal Districts)

单位：平方公里 (sq. km)

地名	City	2010	2015	2016	2016 排名 Ranking
全国	**National Total**	**1186.99**	**1585.82**	**1617.31**	
北京	**Beijing**		**51.64**	**51.51**	
天津	**Tianjin**	**23.46**	**62.76**	**66.01**	
河北	**Hebei**	**60.53**	**60.00**	**64.06**	
石家庄	Shijiazhuang	7.87	5.76	5.87	53
唐山	Tangshan	7.25	4.36	4.36	73
秦皇岛	Qinhuangdao	5.18	4.62	4.62	69
邯郸	Handan	6.54	11.33	12.07	21
邢台	Xingtai	1.86	2.01	2.01	156
保定	Baoding	2.99	4.27	4.58	70
张家口	Zhangjiakou	6.05	6.05	7.39	43
承德	Chengde	1.19	1.85	1.86	170
沧州	Cangzhou	4.28	2.56	2.56	128
廊坊	Langfang	2.87	2.87	2.87	111
衡水	Hengshui	2.00	1.44	2.05	151
山西	**Shanxi**	**30.13**	**39.35**	**38.92**	
太原	Taiyuan	8.80	12.00	12.00	22
大同	Datong	3.70	6.70	5.20	63
阳泉	Yangquan	1.37	1.31	1.31	213
长治	Changzhi	2.59	2.59	2.59	126
晋城	Jincheng	1.23			
朔州	Shuozhou	0.87	1.85	1.85	171
晋中	Jinzhong	2.57	2.80	3.92	84
运城	Yuncheng	1.80	2.00	2.00	157
忻州	Xinzhou	0.71	0.31	0.31	269
临汾	Linfen	0.96	1.53	1.53	193
吕梁	Lvliang	0.63	0.70	0.70	248
内蒙古	**Inner Mongolia**	**42.73**	**38.11**	**39.91**	
呼和浩特	Hohhot	5.92	8.35	8.46	31
包头	Baotou	6.03	7.50	7.50	40
乌海	Wuhai	1.80	1.02	1.02	227
赤峰	Chifeng	2.01	1.64	1.38	207
通辽	Tongliao	3.26	5.29	5.29	62
鄂尔多斯	Erdos	1.55	0.05	0.05	277
呼伦贝尔	Hulunbuir	6.00	1.13	1.13	222
巴彦淖尔	Bayannur	2.00	1.44	1.44	204
乌兰察布	Ulanqab	1.20	1.10	1.10	223
辽宁	**Liaoning**	**77.03**	**67.71**	**71.90**	
沈阳	Shenyang	8.00	10.07	13.91	17
大连	Dalian	18.10	9.97	10.97	25
鞍山	Anshan	3.41	3.92	3.92	84
抚顺	Fushun	4.91	4.91	4.91	66
本溪	Benxi	1.68	0.93	0.93	234
丹东	Dandong	1.79	1.83	1.83	172
锦州	Jinzhou	1.71	1.71	4.70	68
营口	Yingkou	6.40	6.40	7.38	44
阜新	Fuxin	2.98	3.20	3.20	103
辽阳	Liaoyang	7.05	7.05	7.05	46
盘锦	Panjin	3.71	1.97	2.33	134
铁岭	Tieling	1.17	0.10		
朝阳	Chaoyang	2.00	0.58	0.58	259
葫芦岛	Huludao	2.50	2.52	0.81	243
吉林	**Jilin**	**40.76**	**41.97**	**45.85**	
长春	Changchun	11.47	13.95	16.83	10
吉林	Jilin	3.35	5.09	5.34	61
四平	Siping	1.66			
辽源	Liaoyuan	0.84	0.84	0.84	238
通化	Tonghua	1.01	1.90	1.90	166
白山	Baishan	1.28	1.07	1.07	225
松原	Songyuan	1.11	1.10	1.22	216
白城	Baicheng	2.72	3.51	3.51	96
黑龙江	**Heilongjiang**	**81.83**	**74.18**	**72.41**	
哈尔滨	Harbin	8.26	9.70	11.10	24
齐齐哈尔	Qiqihar	7.60	7.71	5.60	57
鸡西	Jixi	1.93	1.93	1.93	163
鹤岗	Hegang	1.55	1.02	1.02	227
双鸭山	Shuangyashan	1.50	1.95	1.95	162
大庆	Daqing	20.04	21.01	21.02	3
伊春	Yichun	6.78	4.58	4.58	70
佳木斯	Jiamusi	3.78	3.48	3.48	98
七台河	Qitaihe	6.09	0.97	0.97	233
牡丹江	Mudanjiang	3.22	3.24	3.24	101
黑河	Heihe	1.25	1.15	1.15	221
绥化	Suihua	1.60	1.37	1.37	208
上海	**Shanghai**		**85.54**	**58.55**	
江苏	**Jiangsu**	**92.52**	**115.36**	**116.00**	

注：本表2011年及以前年份数据统计口径为仓储用地。

Note: The table data statistics caliber and before the year of 2011 warehouse land.

8-8 城市物流仓储用地面积（辖区） 续表 1

Area of Land for Logistics and Warehouse (Municipal Districts) continued 1

单位：平方公里 (sq. km)

地名	City	2010	2015	2016	2016 排名 Ranking
南京	Nanjing	16.27	17.68	18.33	7
无锡	Wuxi	4.61	6.21	5.89	52
徐州	Xuzhou	4.22	21.58	21.87	2
常州	Changzhou	2.94	6.37	6.38	48
苏州	Suzhou	4.31	7.69	7.72	38
南通	Nantong	5.49	4.23	4.97	65
连云港	Lianyungang	7.78	12.01	13.66	18
淮安	Huaian	4.15	3.80	2.82	115
盐城	Yancheng	4.50	3.53	3.75	91
扬州	Yangzhou	2.15	1.68	1.80	176
镇江	Zhenjiang	7.82	5.30	5.40	60
泰州	Taizhou	2.77	3.82	4.02	78
宿迁	Suqian	2.28	1.40	1.48	199
浙江	**Zhejiang**	**47.34**	**61.83**	**61.80**	
杭州	Hangzhou	6.44	9.28	9.33	29
宁波	Ningbo	11.24	14.15	15.99	12
温州	Wenzhou	3.38	7.42	7.48	41
嘉兴	Jiaxing	1.60	1.93	2.06	150
湖州	Huzhou	2.96	1.22	1.22	216
绍兴	Shaoxing	1.18	3.65	3.68	92
金华	Jinhua	3.39	3.81	1.26	214
衢州	Quzhou	1.06	1.89	2.03	153
舟山	Zhoushan	0.43	0.56	0.56	260
台州	Taizhou	2.44	0.72	0.79	245
丽水	Lishui	0.28	0.35	0.35	268
安徽	**Anhui**	**37.29**	**56.18**	**54.15**	
合肥	Hefei	5.13	5.00	5.15	64
芜湖	Wuhu	3.50	4.00	4.00	80
蚌埠	Bengbu	2.37	9.92	9.95	28
淮南	Huainan	2.20	3.22	1.00	229
马鞍山	Maanshan	3.59	2.22	2.13	146
淮北	Huaibei	0.71	2.92	2.94	108
铜陵	Tongling	3.40	5.23	5.77	55
安庆	Anqing	1.89	3.91	4.00	80
黄山	Huangshan	0.43	0.65	0.72	247
滁州	Chuzhou	2.10	2.34	1.67	181
阜阳	Fuyang	1.12	4.22	4.30	74
宿州	Suzhou	3.55	2.75	2.81	117
六安	Liuan	0.63	1.61	1.67	181
亳州	Bozhou	0.89	2.44	2.28	138
池州	Chizhou	1.33	1.35	1.35	211
宣城	Xuancheng	0.90	0.62	0.62	255
福建	**Fujian**	**22.05**	**34.34**	**34.77**	
福州	Fuzhou	2.50	1.62	1.60	189
厦门	Xiamen	6.41	7.68	7.80	37
莆田	Putian	0.36	1.65	1.65	184
三明	Sanming	1.15	2.00	1.90	166
泉州	Quanzhou	1.20	5.40	5.50	58
漳州	Zhangzhou	0.83	0.83	0.83	240
南平	Nanping	1.03	1.65	1.65	184
龙岩	Longyan	1.50	1.04	0.88	236
宁德	Ningde	0.09	0.10	0.38	266
江西	**Jiangxi**	**24.23**	**28.33**	**28.81**	
南昌	Nanchang	3.32	5.58	3.68	92
景德镇	Jingdezhen	3.05	1.70	1.70	179
萍乡	Pingxiang	1.03	0.70	1.18	220
九江	Jiujiang	1.70	1.92	1.93	163
新余	Xinyu	1.53	0.82	0.84	238
鹰潭	Yingtan	1.00	1.26	1.41	206
赣州	Ganzhou	2.10	2.46	3.81	88
吉安	Jian	1.21	1.67	1.71	178
宜春	Yichun	1.25	3.87	3.89	86
抚州	Fuzhou	1.07	1.22	1.24	215
上饶	Shangrao	0.98	0.38	0.38	266
山东	**Shandong**	**110.87**	**136.93**	**143.46**	
济南	Jinan	7.60	8.41	9.97	27
青岛	Qingdao	14.29	23.22	25.08	1
淄博	Zibo	4.24	6.75	6.88	47
枣庄	Zaozhuang	3.99	4.54	4.74	67
东营	Dongying	2.51	2.31	3.23	102
烟台	Yantai	7.51	15.57	15.57	14
潍坊	Weifang	5.53	5.67	5.67	56
济宁	Jining	6.10	4.40	4.48	72
泰安	Taian	0.75	0.88	1.69	180
威海	Weihai	3.40	3.39	3.39	99
日照	Rizhao	3.80	4.15	1.63	186
莱芜	Laiwu	1.57	3.78	3.80	89
临沂	Linyi	4.46	7.70	7.93	34
德州	Dezhou	3.65	2.90	2.90	110
聊城	Liaocheng	2.92	2.49	2.68	123

8-8 城市物流仓储用地面积（辖区） 续表 2
Area of Land for Logistics and Warehouse (Municipal Districts) continued 2

单位：平方公里 (sq. km)

地名	City	2010	2015	2016	2016 排名 Ranking	地名	City	2010	2015	2016	2016 排名 Ranking
滨州	Binzhou	1.53	2.71	2.82	115	常德	Changde	2.41	3.17	4.08	77
菏泽	Heze	1.39	1.99	5.45	59	张家界	Zhangjiajie	5.74			
河南	**Henan**	**61.54**	**79.78**	**78.02**		益阳	Yiyang	0.73			
郑州	Zhengzhou	13.63	15.78	16.46	11	郴州	Chenzhou	3.30	2.03	2.03	153
开封	Kaifeng	2.30	2.69	2.69	122	永州	Yongzhou	1.90	2.70	2.76	120
洛阳	Luoyang	2.39	11.35	11.35	23	怀化	Huaihua	4.00	2.40	2.02	155
平顶山	Pingdingshan	3.27	3.27	3.27	100	娄底	Loudi	1.36	1.36	1.36	209
安阳	Anyang	2.85	3.20	3.20	103	**广东**	**Guangdong**	**102.92**	**126.66**	**140.45**	
鹤壁	Hebi	1.03	1.03	1.03	226	广州	Guangzhou	18.18	18.89	19.79	5
新乡	Xinxiang	2.76	3.11	1.93	163	韶关	Shaoguan	1.09	3.59	4.02	78
焦作	Jiaozuo	1.23	1.55	1.81	175	深圳	Shenzhen	13.48	18.20	20.32	4
濮阳	Puyang	1.30	1.60	1.60	189	珠海	Zhuhai	15.90	5.85	6.11	50
许昌	Xuchang	3.82	4.00	2.00	157	汕头	Shantou	7.85	14.25	14.28	15
漯河	Luohe	2.03	2.20	2.20	142	佛山	Foshan	4.56	9.41	18.72	6
三门峡	Sanmenxia	0.28	1.53	1.57	191	江门	Jiangmen	2.98	0.82	0.82	241
南阳	Nanyang	2.67	4.05	4.23	76	湛江	Zhanjiang	3.11	4.40	3.65	94
商丘	Shangqiu	1.30	0.70	0.70	248	茂名	Maoming	2.83	2.74	2.74	121
信阳	Xinyang	3.01	2.65	2.80	119	肇庆	Zhaoqing	1.19	1.49	2.17	144
周口	Zhoukou	2.20	2.34	2.54	130	惠州	Huizhou	5.00	5.18	6.10	51
驻马店	Zhumadian	0.37	1.22	1.22	216	梅州	Meizhou	1.89	0.82	0.31	269
湖北	**Hubei**	**59.36**	**64.84**	**61.00**		汕尾	Shanwei	1.20	0.25	0.25	272
武汉	Wuhan	15.94	13.25	13.02	19	河源	Heyuan	0.62	0.98	1.00	229
黄石	Huangshi	1.72	2.10	0.52	261	阳江	Yangjiang	0.50	0.86	0.88	236
十堰	Shiyan	2.40	3.48	3.50	97	清远	Qingyuan	0.21	1.92	2.00	157
宜昌	Yichang	2.73	7.04	7.91	35	东莞	Dongguan	7.74	14.85	15.83	13
襄阳	Xiangyang	1.16	2.59	2.61	125	中山	Zhongshan	0.76	1.45	1.46	201
鄂州	Ezhou	1.37	2.28	2.28	138	潮州	Chaozhou	0.42	0.62	0.66	252
荆门	Jingmen	2.12	1.43	1.51	196	揭阳	Jieyang		1.80	1.20	219
孝感	Xiaogan	1.20	0.25	1.88	168	云浮	Yunfu		1.38	1.78	177
荆州	Jingzhou	1.75	2.14	2.14	145	**广西**	**Guangxi**	**30.17**	**45.95**	**50.23**	
黄冈	Huanggang	0.42	1.08	1.08	224	南宁	Nanning	6.25	7.01	7.54	39
咸宁	Xianning	0.94	0.23	0.23	274	柳州	Liuzhou	4.27	8.16	8.38	32
随州	Suizhou	1.63	1.63	1.63	186	桂林	Guilin	2.54	3.13	3.13	105
湖南	**Hunan**	**54.99**	**45.66**	**44.86**		梧州	Wuzhou	1.57	2.30	2.30	136
长沙	Changsha	7.15	7.92	7.18	45	北海	Beihai	0.47	1.71	2.00	157
株洲	Zhuzhou	2.20	2.66	2.95	107	防城港	Fangchenggang	1.93	1.99	3.96	83
湘潭	Xiangtan	2.99	4.53	4.27	75	钦州	Qinzhou	2.88	8.35	8.35	33
衡阳	Hengyang	3.15	3.09	2.66	124	贵港	Guigang	2.15	2.51	2.52	131
邵阳	Shaoyang	3.00	2.26	2.31	135	玉林	Yulin	1.16	2.19	2.19	143
岳阳	Yueyang	3.10	4.00	4.00	80	百色	Baise	1.41	1.94	2.21	140

8-8 城市物流仓储用地面积（辖区） 续表 3

Area of Land for Logistics and Warehouse (Municipal Districts) continued 3

单位：平方公里 (sq. km)

地名	City	2010	2015	2016	2016 排名 Ranking	地名	City	2010	2015	2016	2016 排名 Ranking
贺州	Hezhou	0.65	0.50	0.50	262	丽江	Lijiang	0.12	2.08	2.08	148
河池	Hechi	1.01	0.62	0.69	250	普洱	Puer	0.40	2.30	2.30	136
来宾	Laibin	1.00	1.83	1.83	172	临沧	Lincang	0.31	0.41	0.45	263
崇左	Chongzuo	0.45	0.60	0.60	256	**西藏**	**Tibet**	**2.60**	**4.64**	**4.88**	
海南	**Hainan**	**3.58**	**6.25**	**6.26**		拉萨	Lasa	1.75	2.83	2.83	114
海口	Haikou	1.26	2.85	2.85	113	**陕西**	**Shaanxi**	**22.76**	**23.97**	**24.64**	
三亚	Sanya	0.40	1.42	1.42	205	西安	Xi'an	11.61	9.88	10.35	26
三沙	Sansha					铜川	Tongchuan	0.37	0.28	0.28	271
重庆	**Chongqing**	**16.87**	**25.88**	**29.08**		宝鸡	Baoji	3.04	2.91	2.91	109
四川	**Sichuan**	**34.97**	**47.07**	**64.41**		咸阳	Xianyang	2.41	2.45	2.52	131
成都	Chengdu	6.60	6.08	17.81	8	渭南	Weinan	0.75	1.50	1.51	196
自贡	Zigong	0.71	1.61	1.82	174	延安	Yan'an	0.25	0.23	0.24	273
攀枝花	Panzhihua	3.60	3.20	3.82	87	汉中	Hanzhong	1.35	1.35	1.45	203
泸州	Luzhou	1.43	1.52	1.52	194	榆林	Yulin	0.80	0.50	0.91	235
德阳	Deyang	0.55	0.78	0.78	246	安康	Ankang	0.20	0.25	0.15	276
绵阳	Mianyang	1.71	1.81	2.11	147	商洛	Shangluo	0.30	2.00	2.00	157
广元	Guangyuan	1.08	1.50	1.50	198	**甘肃**	**Gansu**	**22.14**	**28.05**	**28.66**	
遂宁	Suining	0.73	2.56	2.58	127	兰州	Lanzhou	2.29	7.55	7.89	36
内江	Neijiang	0.69	1.97	2.08	148	嘉峪关	Jiayuguan	1.87	2.84	2.86	112
乐山	Leshan	1.06	1.37	1.35	211	金昌	Jinchang	1.09	1.46	1.46	201
南充	Nanchong	3.74	5.91	6.20	49	白银	Baiyin	3.32	1.36	1.36	209
眉山	Meishan	0.83	1.44	1.47	200	天水	Tianshui	5.79	5.79	5.79	54
宜宾	Yibin	3.08	1.82	3.65	94	武威	Wuwei	0.80			
广安	Guangan	0.48	1.66	1.66	183	张掖	Zhangye	1.29	2.43	2.56	128
达州	Dazhou	0.91	3.47	3.80	89	平凉	Pingliang	0.34	1.87	1.87	169
雅安	Yaan	0.32	0.42	0.42	265	酒泉	Jiuquan	2.50	0.90	1.00	229
巴中	Bazhong	0.20	0.66	0.66	252	庆阳	Qingyang	0.60	0.60	0.60	256
资阳	Ziyang	0.36	0.53	0.65	254	定西	Dingxi	0.40	1.50	1.52	194
贵州	**Guizhou**	**17.57**	**21.12**	**25.36**		陇南	Longnan	0.16	0.02	0.02	278
贵阳	Guiyang	6.17	6.76	9.24	30	**青海**	**Qinghai**	**5.02**	**19.12**	**19.21**	
六盘水	Liupanshui	1.81	1.62	0.82	241	西宁	Xining	3.28	14.21	14.24	16
遵义	Zunyi	1.00	0.60	2.42	133	海东	Haidong		1.60	1.61	188
安顺	Anshun	0.66	1.43	2.05	151	**宁夏**	**Ningxia**	**10.64**	**13.45**	**13.87**	
毕节	Bijie	2.20	2.98	2.98	106	银川	Yinchuan	5.42	7.12	7.43	42
铜仁	Tongren	1.90	2.15	2.21	140	石嘴山	Shizuishan	1.35	0.20	0.20	275
云南	**Yunnan**	**22.34**	**30.59**	**29.99**		吴忠	Wuzhong	0.17	0.32	0.43	264
昆明	Kunming	10.07	11.82	12.09	20	固原	Guyuan	0.41	2.81	2.81	117
曲靖	Qujing	1.33	1.31	1.54	192	中卫	Zhongwei	0.72	0.60	0.60	256
玉溪	Yuxi	0.52	0.02	0.02	278	**新疆**	**Xinjiang**	**28.75**	**48.56**	**48.28**	
保山	Baoshan	0.30	0.80	0.80	244	乌鲁木齐	Urumqi	13.38	17.39	17.60	9
昭通	Zhaotong	0.96	1.00	1.00	229	克拉玛依	Karamay	0.79	0.67	0.67	251

8-9 城市道路交通设施用地面积（辖区）
Area of Land for Roads, Street and Transportation (Municipal Districts)

单位：平方公里 (sq. km)

地名	City	2015	2016	2016 排名 Ranking
全国	**National Total**	**7452.98**	**7785.66**	
北京	**Beijing**	**269.06**	**270.85**	
天津	**Tianjin**	**154.03**	**138.03**	
河北	**Hebei**	**251.32**	**283.17**	
石家庄	Shijiazhuang	41.17	41.24	34
唐山	Tangshan	7.58	31.83	45
秦皇岛	Qinhuangdao	21.68	21.68	73
邯郸	Handan	12.63	13.09	133
邢台	Xingtai	14.81	15.77	103
保定	Baoding	23.40	23.50	67
张家口	Zhangjiakou	15.85	18.09	88
承德	Chengde	9.41	9.18	187
沧州	Cangzhou	15.41	16.21	101
廊坊	Langfang	11.64	11.73	148
衡水	Hengshui	6.83	11.22	156
山西	**Shanxi**	**138.93**	**173.59**	
太原	Taiyuan	23.00	50.00	27
大同	Datong	21.40	21.73	71
阳泉	Yangquan	8.70	9.05	190
长治	Changzhi	8.84	8.84	193
晋城	Jincheng	5.80	5.97	239
朔州	Shuozhou	4.81	7.68	213
晋中	Jinzhong	9.65	10.95	159
运城	Yuncheng	7.62	7.62	215
忻州	Xinzhou	7.89	7.89	208
临汾	Linfen	5.28	6.70	226
吕梁	Lvliang	3.80	3.86	266
内蒙古	**Inner Mongolia**	**235.01**	**221.25**	
呼和浩特	Hohhot	42.92	42.92	32
包头	Baotou	24.40	24.40	65
乌海	Wuhai	16.63	16.63	95
赤峰	Chifeng	23.68	9.70	173
通辽	Tongliao	10.98	10.98	158
鄂尔多斯	Erdos	32.86	32.86	42
呼伦贝尔	Hulunbuir	9.51	9.51	180
巴彦淖尔	Bayannur	11.31	11.31	153
乌兰察布	Ulanqab	9.37	9.37	182
辽宁	**Liaoning**	**286.46**	**379.62**	
沈阳	Shenyang	51.60	72.21	11
大连	Dalian	54.23	56.81	22
鞍山	Anshan	26.91	27.07	54
抚顺	Fushun	8.01	8.01	203
本溪	Benxi	13.76	13.76	124
丹东	Dandong	10.74	10.74	163
锦州	Jinzhou	6.96	9.10	189
营口	Yingkou	15.34	34.99	40
阜新	Fuxin	12.47	12.47	137
辽阳	Liaoyang	14.73	14.74	110
盘锦	Panjin	9.76	43.56	31
铁岭	Tieling	3.80	4.68	255
朝阳	Chaoyang	8.60	8.70	196
葫芦岛	Huludao	8.70	17.10	93
吉林	**Jilin**	**190.38**	**201.39**	
长春	Changchun	70.48	79.59	7
吉林	Jilin	25.71	26.24	57
四平	Siping	6.80	6.95	224
辽源	Liaoyuan	3.40	3.40	267
通化	Tonghua	6.26	6.29	234
白山	Baishan	5.18	5.23	248
松原	Songyuan	9.30	9.66	176
白城	Baicheng	7.91	7.91	207
黑龙江	**Heilongjiang**	**261.40**	**269.64**	
哈尔滨	Harbin	51.00	54.54	23
齐齐哈尔	Qiqihar	17.75	19.18	83
鸡西	Jixi	8.82	8.82	194
鹤岗	Hegang	9.22	9.22	186
双鸭山	Shuangyashan	9.15	9.15	188
大庆	Daqing	68.10	68.20	14
伊春	Yichun	15.42	15.42	105
佳木斯	Jiamusi	8.87	8.87	192
七台河	Qitaihe	10.70	10.70	165
牡丹江	Mudanjiang	11.41	11.41	152
黑河	Heihe	2.12	2.12	277
绥化	Suihua	6.45	6.45	231
上海	**Shanghai**	**418.86**	**133.71**	
江苏	**Jiangsu**	**562.84**	**599.21**	

8-9 城市道路交通设施用地面积（辖区） 续表 1

Area of Land for Roads, Street and Transportation (Municipal Districts) continued 1

单位：平方公里 (sq. km)

地名	City	2015	2016	2016 排名 Ranking	地名	City	2015	2016	2016 排名 Ranking
南京	Nanjing	106.13	113.38	4	池州	Chizhou	7.63	7.63	214
无锡	Wuxi	41.91	42.42	33	宣城	Xuancheng	9.19	10.39	167
徐州	Xuzhou	13.99	14.34	115	**福建**	**Fujian**	**188.15**	**205.31**	
常州	Changzhou	34.80	35.17	39	福州	Fuzhou	32.69	32.80	43
苏州	Suzhou	65.18	64.59	18	厦门	Xiamen	47.41	61.03	19
南通	Nantong	40.74	38.65	35	莆田	Putian	16.76	11.23	155
连云港	Lianyungang	28.67	29.02	50	三明	Sanming	4.25	4.60	257
淮安	Huaian	31.10	51.30	26	泉州	Quanzhou	20.00	21.06	78
盐城	Yancheng	18.98	21.37	75	漳州	Zhangzhou	13.65	14.67	112
扬州	Yangzhou	24.41	25.60	59	南平	Nanping	4.96	4.96	252
镇江	Zhenjiang	18.30	18.40	85	龙岩	Longyan	8.14	11.69	150
泰州	Taizhou	19.1	22.05	70	宁德	Ningde	4.34	4.54	258
宿迁	Suqian	14.00	14.12	119	**江西**	**Jiangxi**	**191.46**	**197.06**	
浙江	**Zhejiang**	**354.37**	**405.95**		南昌	Nanchang	41.73	44.18	29
杭州	Hangzhou	73.28	87.80	6	景德镇	Jingdezhen	10.72	10.72	164
宁波	Ningbo	46.52	56.83	21	萍乡	Pingxiang	8.67	7.59	216
温州	Wenzhou	34.84	35.38	37	九江	Jiujiang	14.93	15.20	107
嘉兴	Jiaxing	5.58	21.70	72	新余	Xinyu	11.49	7.81	211
湖州	Huzhou	8.36	8.36	200	鹰潭	Yingtan	5.83	6.36	233
绍兴	Shaoxing	19.23	24.28	66	赣州	Ganzhou	21.36	25.10	62
金华	Jinhua	16.00	17.87	89	吉安	Jian	6.64	6.81	225
衢州	Quzhou	12.50	12.63	136	宜春	Yichun	11.99	12.02	143
舟山	Zhoushan	9.65	10.06	170	抚州	Fuzhou	9.46	9.56	179
台州	Taizhou	17.58	18.14	86	上饶	Shangrao	14.66	15.16	108
丽水	Lishui	3.41	3.97	264	**山东**	**Shandong**	**537.44**	**578.22**	
安徽	**Anhui**	**299.02**	**307.75**		济南	Jinan	69.98	72.69	10
合肥	Hefei	67.50	68.63	12	青岛	Qingdao	54.25	66.31	15
芜湖	Wuhu	35.00	37.00	36	淄博	Zibo	31.59	32.71	44
蚌埠	Bengbu	22.09	22.40	69	枣庄	Zaozhuang	13.10	13.29	130
淮南	Huainan	16.40	16.89	94	东营	Dongying	4.58	9.70	173
马鞍山	Maanshan	13.50	14.70	111	烟台	Yantai	28.68	29.55	49
淮北	Huaibei	10.85	11.10	157	潍坊	Weifang	25.25	25.25	61
铜陵	Tongling	11.07	13.59	126	济宁	Jining	30.63	31.13	46
安庆	Anqing	7.55	9.23	185	泰安	Taian	18.67	21.51	74
黄山	Huangshan	7.57	7.74	212	威海	Weihai	27.53	27.58	52
滁州	Chuzhou	22.16	16.34	99	日照	Rizhao	13.73	24.91	63
阜阳	Fuyang	16.86	17.33	92	莱芜	Laiwu	3.89	3.92	265
宿州	Suzhou	10.15	11.25	154	临沂	Linyi	23.76	24.53	64
六安	Liuan	11.23	11.55	151	德州	Dezhou	21.02	22.72	68
亳州	Bozhou	12.57	13.14	132	聊城	Liaocheng	19.82	19.82	82

8-9 城市道路交通设施用地面积（辖区） 续表 2

Area of Land for Roads, Street and Transportation (Municipal Districts) continued 2

单位：平方公里 (sq. km)

地名	City	2015	2016	2016 排名 Ranking	地名	City	2015	2016	2016 排名 Ranking
滨州	Binzhou	20.09	20.24	81	常德	Changde	15.16	15.61	104
菏泽	Heze	13.12	14.35	114	张家界	Zhangjiajie	5.00	5.00	251
河南	**Henan**	**372.29**	**388.32**		益阳	Yiyang	2.00	2.00	278
郑州	Zhengzhou	72.65	75.80	9	郴州	Chenzhou	12.00	12.00	144
开封	Kaifeng	16.48	17.60	90	永州	Yongzhou	8.60	9.32	183
洛阳	Luoyang	30.97	30.97	47	怀化	Huaihua	9.00	6.20	237
平顶山	Pingdingshan	10.93	10.93	160	娄底	Loudi	1.80	1.80	280
安阳	Anyang	14.52	15.36	106	**广东**	**Guangdong**	**680.25**	**815.27**	
鹤壁	Hebi	9.69	9.69	175	广州	Guangzhou	77.65	77.86	8
新乡	Xinxiang	10.19	12.27	139	韶关	Shaoguan	11.04	11.74	147
焦作	Jiaozuo	14.17	14.19	118	深圳	Shenzhen	131.63	229.92	1
濮阳	Puyang	7.20	7.22	222	珠海	Zhuhai	9.29	43.74	30
许昌	Xuchang	12.20	14.00	121	汕头	Shantou	33.33	35.18	38
漯河	Luohe	11.78	11.78	146	佛山	Foshan	24.05	10.37	168
三门峡	Sanmenxia	7.07	7.44	220	江门	Jiangmen	6.93	7.96	206
南阳	Nanyang	24.38	25.37	60	湛江	Zhanjiang	11.08	7.43	221
商丘	Shangqiu	9.72	9.72	172	茂名	Maoming	12.97	13.22	131
信阳	Xinyang	13.78	14.55	113	肇庆	Zhaoqing	16.23	16.56	96
周口	Zhoukou	9.36	9.42	181	惠州	Huizhou	25.24	30.92	48
驻马店	Zhumadian	12.13	12.13	141	梅州	Meizhou	7.77	7.85	209
湖北	**Hubei**	**303.48**	**322.22**		汕尾	Shanwei	2.70	2.81	271
武汉	Wuhan	62.54	66.25	16	河源	Heyuan	5.02	5.30	247
黄石	Huangshi	15.88	17.45	91	阳江	Yangjiang	12.21	13.04	134
十堰	Shiyan	8.69	9.58	177	清远	Qingyuan	5.96	7.05	223
宜昌	Yichang	25.61	27.80	51	东莞	Dongguan	170.70	174.89	2
襄阳	Xiangyang	24.34	26.66	55	中山	Zhongshan	20.17	20.33	80
鄂州	Ezhou	5.20	5.21	249	潮州	Chaozhou	9.03	9.02	191
荆门	Jingmen	9.70	11.99	145	揭阳	Jieyang	12.10	16.30	100
孝感	Xiaogan	12.20	10.17	169	云浮	Yunfu	2.36	2.58	273
荆州	Jingzhou	12.92	13.35	128	**广西**	**Guangxi**	**220.76**	**234.60**	
黄冈	Huanggang	10.01	10.01	171	南宁	Nanning	53.92	57.66	20
咸宁	Xianning	5.90	5.90	241	柳州	Liuzhou	33.16	33.72	41
随州	Suizhou	4.90	5.20	250	桂林	Guilin	12.69	14.09	120
湖南	**Hunan**	**183.84**	**190.15**		梧州	Wuzhou	10.07	10.82	162
长沙	Changsha	47.87	53.50	24	北海	Beihai	15.00	16.00	102
株洲	Zhuzhou	11.70	13.67	125	防城港	Fangchenggang	6.98	7.51	217
湘潭	Xiangtan	13.26	12.35	138	钦州	Qinzhou	14.10	14.22	117
衡阳	Hengyang	18.34	18.74	84	贵港	Guigang	12.32	12.71	135
邵阳	Shaoyang	5.26	5.80	243	玉林	Yulin	10.68	10.93	160
岳阳	Yueyang	4.10	4.10	262	百色	Baise	5.95	6.51	230

8-9 城市道路交通设施用地面积（辖区） 续表 3
Area of Land for Roads, Street and Transportation (Municipal Districts) continued 3

单位：平方公里 (sq. km)

地名	City	2015	2016	2016 排名 Ranking	地名	City	2015	2016	2016 排名 Ranking
贺州	Hezhou	3.24	4.53	259	丽江	Lijiang	2.52	2.52	275
河池	Hechi	2.74	2.85	270	普洱	Puer	2.40	2.40	276
来宾	Laibin	8.98	9.31	184	临沧	Lincang	2.99	4.07	263
崇左	Chongzuo	3.00	3.26	268	**西藏**	**Tibet**	**17.31**	**28.61**	
海南	**Hainan**	**72.64**	**54.07**		拉萨	Lasa	11.04	21.34	76
海口	Haikou	26.00	26.50	56	**陕西**	**Shaanxi**	**172.47**	**182.00**	
三亚	Sanya	26.93	8.00	204	西安	Xi'an	84.74	88.76	5
三沙	Sansha	0.20	0.20	286	铜川	Tongchuan	7.82	7.82	210
重庆	**Chongqing**	**192.59**	**213.71**		宝鸡	Baoji	13.46	13.86	123
四川	**Sichuan**	**334.59**	**383.90**		咸阳	Xianyang	21.26	21.33	77
成都	Chengdu	100.06	127.28	3	渭南	Weinan	8.12	8.54	198
自贡	Zigong	12.98	13.33	129	延安	Yan'an	5.16	6.01	238
攀枝花	Panzhihua	5.56	6.38	232	汉中	Hanzhong	3.30	4.35	260
泸州	Luzhou	19.80	26.21	58	榆林	Yulin	10.16	11.71	149
德阳	Deyang	16.20	16.50	97	安康	Ankang	5.40	5.75	244
绵阳	Mianyang	19.50	20.50	79	商洛	Shangluo	2.60	2.80	272
广元	Guangyuan	7.94	9.58	177	**甘肃**	**Gansu**	**111.26**	**118.55**	
遂宁	Suining	15.59	16.37	98	兰州	Lanzhou	63.38	65.90	17
内江	Neijiang	11.83	13.48	127	嘉峪关	Jiayuguan	4.93	4.93	253
乐山	Leshan	7.83	8.00	204	金昌	Jinchang	5.20	5.38	246
南充	Nanchong	17.22	18.10	87	白银	Baiyin	5.24	6.24	236
眉山	Meishan	8.39	8.51	199	天水	Tianshui	6.90	7.50	218
宜宾	Yibin	13.01	13.91	122	武威	Wuwei	3.61	4.20	261
广安	Guangan	7.42	7.48	219	张掖	Zhangye	2.42	2.55	274
达州	Dazhou	12.80	14.30	116	平凉	Pingliang	4.90	6.69	227
雅安	Yaan	5.89	6.60	228	酒泉	Jiuquan	4.60	4.64	256
巴中	Bazhong	0.25	0.77	284	庆阳	Qingyang	0.71	0.80	283
资阳	Ziyang	5.53	5.60	245	定西	Dingxi	0.79	0.84	281
贵州	**Guizhou**	**101.60**	**110.39**		陇南	Longnan	0.70	0.70	285
贵阳	Guiyang	50.49	52.12	25	**青海**	**Qinghai**	**16.98**	**17.47**	
六盘水	Liupanshui	7.83	8.80	195	西宁	Xining	6.47	6.57	229
遵义	Zunyi	10.58	14.86	109	海东	Haidong	0.83	0.84	281
安顺	Anshun	8.55	8.60	197	**宁夏**	**Ningxia**	**65.04**	**64.83**	
毕节	Bijie	1.93	1.93	279	银川	Yinchuan	27.31	27.36	53
铜仁	Tongren	2.48	2.98	269	石嘴山	Shizuishan	11.27	12.06	142
云南	**Yunnan**	**126.22**	**136.25**		吴忠	Wuzhong	7.27	8.13	202
昆明	Kunming	41.52	45.13	28	固原	Guyuan	8.26	6.26	235
曲靖	Qujing	10.20	12.20	140	中卫	Zhongwei	5.96	5.96	240
玉溪	Yuxi	7.47	8.32	201	**新疆**	**Xinjiang**	**142.93**	**160.57**	
保山	Baoshan	4.00	4.80	254	乌鲁木齐	Urumqi	67.41	68.60	13
昭通	Zhaotong	5.10	5.83	242	克拉玛依	Karamay	10.00	10.59	166

8-10 城市公用设施用地面积（辖区）
Area of Land for Municipal Utilities (Municipal Districts)

单位：平方公里 (sq. km)

地名	City	2010	2015	2016	2016 排名 Ranking	地名	City	2010	2015	2016	2016 排名 Ranking
全国	**National Total**	**1387.15**	**1897.50**	**1998.63**		沈阳	Shenyang	10.00	11.45	12.73	17
北京	**Beijing**		**32.05**	**31.71**		大连	Dalian	10.30	11.00	11.69	23
天津	**Tianjin**	**19.88**	**23.35**	**26.47**		鞍山	Anshan	4.84	3.61	3.72	105
河北	**Hebei**	**53.78**	**88.81**	**70.54**		抚顺	Fushun	5.45	5.59	5.59	65
石家庄	Shijiazhuang	11.23	14.73	14.77	14	本溪	Benxi	1.34	1.88	1.88	183
唐山	Tangshan	4.98	26.88	6.58	51	丹东	Dandong	1.14	1.22	1.22	224
秦皇岛	Qinhuangdao	3.78	4.74	4.74	80	锦州	Jinzhou	2.14	2.74	1.69	192
邯郸	Handan	4.50	3.96	6.90	49	营口	Yingkou	4.00	4.32	2.81	137
邢台	Xingtai	1.81	2.06	2.06	174	阜新	Fuxin	1.27	0.69	0.69	265
保定	Baoding	3.18	5.80	5.90	59	辽阳	Liaoyang	2.34	2.52	2.54	153
张家口	Zhangjiakou	1.98	1.98	2.46	157	盘锦	Panjin	2.38	1.17	2.87	135
承德	Chengde	1.67	1.55	1.44	209	铁岭	Tieling	1.76	5.92	4.93	76
沧州	Cangzhou	1.17	1.82	1.82	184	朝阳	Chaoyang	0.50	1.42	1.42	212
廊坊	Langfang	2.46	2.82	3.13	123	葫芦岛	Huludao	2.55	3.15	1.45	208
衡水	Hengshui	1.19	1.19	1.80	186	**吉林**	**Jilin**	**34.42**	**53.78**	**57.93**	
山西	**Shanxi**	**56.94**	**81.69**	**81.89**		长春	Changchun	12.67	27.35	30.09	2
太原	Taiyuan	24.05	44.00	44.00	1	吉林	Jilin	3.96	3.05	3.12	125
大同	Datong	2.70	1.50	1.50	206	四平	Siping	0.24	3.20	3.20	120
阳泉	Yangquan	1.22	1.22	1.22	224	辽源	Liaoyuan	1.41	1.40	1.40	215
长治	Changzhi	2.94	3.05	3.05	127	通化	Tonghua	1.30	1.72	1.73	190
晋城	Jincheng	1.34	1.00	1.00	245	白山	Baishan	0.53	0.92	0.99	246
朔州	Shuozhou	1.26	2.14	2.14	170	松原	Songyuan	0.65	1.17	1.21	226
晋中	Jinzhong	13.42	11.39	11.55	25	白城	Baicheng	1.26	0.71	0.71	261
运城	Yuncheng	1.33	3.30	3.30	119	**黑龙江**	**Heilongjiang**	**41.71**	**62.18**	**63.04**	
忻州	Xinzhou	0.62	0.21	0.21	284	哈尔滨	Harbin	6.47	10.70	10.84	27
临汾	Linfen	1.62	2.73	2.73	141	齐齐哈尔	Qiqihar	3.84	14.07	14.25	15
吕梁	Lvliang	1.19	1.96	1.99	176	鸡西	Jixi	1.44	1.44	1.44	209
内蒙古	**Inner Mongolia**	**30.78**	**38.93**	**37.70**		鹤岗	Hegang	1.01	1.37	1.37	216
呼和浩特	Hohhot	4.83	4.64	4.64	83	双鸭山	Shuangyashan	0.60	1.95	1.95	179
包头	Baotou	2.59	3.49	3.49	113	大庆	Daqing	10.62	10.35	10.67	29
乌海	Wuhai	1.95	0.82	0.82	257	伊春	Yichun	3.00	7.07	7.07	46
赤峰	Chifeng	5.24	6.86	5.00	73	佳木斯	Jiamusi	1.27	2.28	2.28	165
通辽	Tongliao	1.02	3.35	3.35	116	七台河	Qitaihe	1.20	0.70	0.70	262
鄂尔多斯	Erdos	1.64	0.95	0.95	249	牡丹江	Mudanjiang	1.59	1.80	1.80	186
呼伦贝尔	Hulunbuir	1.90	2.24	2.24	167	黑河	Heihe	0.89	0.89	0.89	254
巴彦淖尔	Bayannur	2.00	2.44	2.44	160	绥化	Suihua	2.71	0.45	0.45	281
乌兰察布	Ulanqab	1.50	1.70	1.70	191	**上海**	**Shanghai**		**130.28**	**212.86**	
辽宁	**Liaoning**	**59.10**	**69.69**	**64.65**		**江苏**	**Jiangsu**	**97.84**	**124.99**	**132.50**	

注：本表2011年及以前年份数据统计口径为市政公用设施用地。

Note: The table data statistics caliber and before the year of 2011 green space area.

8-10 城市公用设施用地面积（辖区） 续表 1
Area of Land for Municipal Utilities (Municipal Districts) continued 1

单位：平方公里 (sq. km)

地名	City	2010	2015	2016	2016 排名 Ranking
南京	Nanjing	22.84	18.81	22.58	5
无锡	Wuxi	7.42	3.67	3.71	106
徐州	Xuzhou	5.44	21.61	22.01	6
常州	Changzhou	5.52	7.59	7.65	44
苏州	Suzhou	5.71	9.44	9.70	32
南通	Nantong	3.62	4.06	4.37	85
连云港	Lianyungang	3.08	3.79	5.96	58
淮安	Huaian	4.37	1.50	1.59	199
盐城	Yancheng	4.30	3.32	3.83	100
扬州	Yangzhou	2.45	2.44	2.46	157
镇江	Zhenjiang	3.72	5.3	5.4	67
泰州	Taizhou	3.22	5.33	5.64	63
宿迁	Suqian	1.17	1.20	1.29	220
浙江	**Zhejiang**	**78.48**	**94.11**	**77.82**	
杭州	Hangzhou	19.83	11.16	12.33	19
宁波	Ningbo	6.12	4.53	4.51	84
温州	Wenzhou	8.16	10.13	10.29	30
嘉兴	Jiaxing	2.10	17.60	2.44	160
湖州	Huzhou	4.70	2.10	2.10	173
绍兴	Shaoxing	1.38	9.11	8.10	42
金华	Jinhua	1.77	1.97	1.42	212
衢州	Quzhou	1.76	1.92	1.94	181
舟山	Zhoushan	1.06	1.65	1.66	194
台州	Taizhou	4.46	2.30	2.34	163
丽水	Lishui	1.73	5.02	5.15	72
安徽	**Anhui**	**43.12**	**58.86**	**60.61**	
合肥	Hefei	6.22	6.10	6.40	52
芜湖	Wuhu	1.37	11.50	12.00	20
蚌埠	Bengbu	2.93	10.46	10.84	27
淮南	Huainan	6.40	1.21	1.42	212
马鞍山	Maanshan	6.25	0.94	1.07	236
淮北	Huaibei	0.53	1.55	1.58	200
铜陵	Tongling	2.35	3.74	3.91	97
安庆	Anqing	2.27	2.61	2.72	142
黄山	Huangshan	1.38	0.91	1.11	232
滁州	Chuzhou	1.81	4.63	3.37	115
阜阳	Fuyang	1.24	1.91	2.12	171
宿州	Suzhou	1.84	1.86	1.90	182
六安	Liuan	1.13	2.37	2.57	151
亳州	Bozhou	1.66	1.25	1.65	195
池州	Chizhou	0.77	0.79	0.79	259
宣城	Xuancheng	0.80	0.99	1.06	237
福建	**Fujian**	**32.07**	**53.79**	**51.45**	
福州	Fuzhou	4.66	4.93	5.00	73
厦门	Xiamen	7.07	7.49	13.87	16
莆田	Putian	2.47	0.86	0.81	258
三明	Sanming	0.89	0.96	0.90	252
泉州	Quanzhou	3.50	12.50	3.35	116
漳州	Zhangzhou	1.97	3.76	3.78	102
南平	Nanping	0.88	0.51	0.51	276
龙岩	Longyan	1.78	1.62	1.65	195
宁德	Ningde	0.26	0.29	0.30	283
江西	**Jiangxi**	**30.70**	**44.62**	**46.48**	
南昌	Nanchang	3.96	7.66	6.30	53
景德镇	Jingdezhen	3.07	1.16	1.16	227
萍乡	Pingxiang	2.30	0.50	5.32	68
九江	Jiujiang	2.51	2.87	2.92	132
新余	Xinyu	2.30	1.27	1.27	221
鹰潭	Yingtan	0.55	2.93	1.06	237
赣州	Ganzhou	1.50	3.82	6.68	50
吉安	Jian	1.83	2.88	2.95	130
宜春	Yichun	1.80	3.48	3.95	95
抚州	Fuzhou	1.52	1.07	1.12	231
上饶	Shangrao	1.12	3.98	4.03	94
山东	**Shandong**	**121.76**	**148.81**	**151.35**	
济南	Jinan	12.07	13.83	14.90	13
青岛	Qingdao	8.37	8.45	8.76	37
淄博	Zibo	5.72	5.88	5.71	61
枣庄	Zaozhuang	4.97	5.73	5.74	60
东营	Dongying	5.27	8.87	11.19	26
烟台	Yantai	8.63	11.59	11.68	24
潍坊	Weifang	4.80	6.00	6.00	57
济宁	Jining	3.25	3.70	3.73	104
泰安	Taian	0.90	1.62	2.19	169
威海	Weihai	3.52	5.27	5.27	69
日照	Rizhao	3.60	4.35	0.89	254
莱芜	Laiwu	3.02	0.98	1.02	244
临沂	Linyi	4.91	11.88	12.39	18
德州	Dezhou	2.85	2.17	2.47	155
聊城	Liaocheng	3.34	0.48	0.53	273

8-10 城市公用设施用地面积（辖区） 续表 2

Area of Land for Municipal Utilities (Municipal Districts) continued 2

单位：平方公里 (sq. km)

地名	City	2010	2015	2016	2016 排名 Ranking	地名	City	2010	2015	2016	2016 排名 Ranking
滨州	Binzhou	1.90	3.38	3.51	112	常德	Changde	3.33	3.57	4.35	86
菏泽	Heze	0.90	1.45	2.27	166	张家界	Zhangjiajie	0.27	4.96	4.96	75
河南	**Henan**	**68.42**	**97.05**	**99.10**		益阳	Yiyang	1.60	16.00	16.00	12
郑州	Zhengzhou	13.25	15.80	16.48	11	郴州	Chenzhou	9.70	1.55	1.55	203
开封	Kaifeng	2.25	2.87	4.93	76	永州	Yongzhou	7.60	8.02	8.13	41
洛阳	Luoyang	3.99	4.79	4.79	79	怀化	Huaihua	1.50	1.22	0.57	271
平顶山	Pingdingshan	1.35	1.35	1.35	217	娄底	Loudi	1.02	5.44	6.14	55
安阳	Anyang	2.58	2.96	3.12	125	**广东**	**Guangdong**	**184.28**	**141.00**	**153.43**	
鹤壁	Hebi	1.65	1.96	1.96	178	广州	Guangzhou	71.61	7.01	7.05	47
新乡	Xinxiang	2.38	2.73	2.78	138	韶关	Shaoguan	0.93	4.43	3.94	96
焦作	Jiaozuo	3.45	1.56	1.56	202	深圳	Shenzhen	17.94	20.37	23.11	4
濮阳	Puyang	2.30	2.20	2.20	168	珠海	Zhuhai	8.83	7.97	5.45	66
许昌	Xuchang	5.36	7.00	7.00	48	汕头	Shantou	6.35	7.85	7.96	43
漯河	Luohe	2.03	7.50	7.50	45	佛山	Foshan	2.56	3.53	17.23	9
三门峡	Sanmenxia	0.78	1.30	1.30	219	江门	Jiangmen	3.41	0.51	0.52	274
南阳	Nanyang	4.90	5.34	5.68	62	湛江	Zhanjiang	1.47	1.19	1.04	241
商丘	Shangqiu	2.27	3.13	3.13	123	茂名	Maoming	1.63	5.24	5.24	71
信阳	Xinyang	1.35	0.88	0.93	250	肇庆	Zhaoqing	4.34	1.00	1.03	242
周口	Zhoukou	2.80	3.42	3.53	111	惠州	Huizhou	5.90	7.40	8.46	38
驻马店	Zhumadian	1.25	5.63	5.63	64	梅州	Meizhou	1.00	0.90	0.51	276
湖北	**Hubei**	**72.89**	**80.79**	**78.87**		汕尾	Shanwei	1.90	0.66	0.66	267
武汉	Wuhan	24.44	9.35	9.57	33	河源	Heyuan	1.82	3.35	3.60	110
黄石	Huangshi	3.31	3.50	1.26	222	阳江	Yangjiang	1.20	0.85	0.93	250
十堰	Shiyan	2.56	3.53	3.71	106	清远	Qingyuan	0.92	1.25	2.67	147
宜昌	Yichang	3.30	11.12	11.72	22	东莞	Dongguan	21.51	29.53	26.61	3
襄阳	Xiangyang	2.25	8.08	8.30	39	中山	Zhongshan	5.28	1.04	1.05	239
鄂州	Ezhou	2.59	3.18	3.18	121	潮州	Chaozhou	0.52	1.03	0.69	265
荆门	Jingmen	1.58	4.03	4.31	89	揭阳	Jieyang		1.80	1.03	242
孝感	Xiaogan	1.14	0.60	0.50	279	云浮	Yunfu		2.54	2.74	140
荆州	Jingzhou	1.23	2.61	2.65	148	**广西**	**Guangxi**	**35.24**	**51.44**	**53.49**	
黄冈	Huanggang	1.67	0.56	0.56	272	南宁	Nanning	5.51	9.07	9.14	35
咸宁	Xianning	2.05	0.15	0.15	285	柳州	Liuzhou	9.81	3.80	3.84	99
随州	Suizhou	1.23	1.24	1.24	223	桂林	Guilin	1.33	6.24	6.24	54
湖南	**Hunan**	**60.44**	**82.63**	**87.87**		梧州	Wuzhou	0.84	2.97	2.98	128
长沙	Changsha	6.45	4.19	4.20	91	北海	Beihai	1.00	2.50	2.70	144
株洲	Zhuzhou	2.57	2.33	2.33	164	防城港	Fangchenggang	0.95	1.11	1.11	232
湘潭	Xiangtan	3.16	4.33	4.35	86	钦州	Qinzhou	1.76	1.78	1.79	188
衡阳	Hengyang	3.60	2.32	2.97	129	贵港	Guigang	2.14	2.85	2.85	136
邵阳	Shaoyang	2.82	3.70	4.20	91	玉林	Yulin	1.73	2.38	2.39	162
岳阳	Yueyang	2.20	12.00	12.00	20	百色	Baise	2.72	1.07	1.98	177

8-10 城市公用设施用地面积（辖区） 续表 3
Area of Land for Municipal Utilities (Municipal Districts) continued 3

单位：平方公里 (sq. km)

地名	City	2010	2015	2016	2016 排名 Ranking
贺州	Hezhou	1.88	3.76	3.76	103
河池	Hechi	0.16	2.67	2.72	142
来宾	Laibin	2.00	5.79	6.11	56
崇左	Chongzuo	1.26	1.52	1.53	204
海南	**Hainan**	**6.22**	**13.80**	**13.61**	
海口	Haikou	1.24	2.47	2.47	155
三亚	Sanya	0.53	2.48	2.68	145
三沙	Sansha		0.01	0.01	286
重庆	**Chongqing**	**23.85**	**31.10**	**33.10**	
四川	**Sichuan**	**47.06**	**70.79**	**74.43**	
成都	Chengdu	9.58	10.39	16.57	10
自贡	Zigong	1.83	2.44	2.68	145
攀枝花	Panzhihua	2.02	3.64	3.49	113
泸州	Luzhou	1.51	2.34	2.45	159
德阳	Deyang	0.83	1.04	1.11	232
绵阳	Mianyang	2.32	2.82	3.82	101
广元	Guangyuan	1.79	2.83	2.93	131
遂宁	Suining	0.53	1.45	1.48	207
内江	Neijiang	1.71	1.83	1.65	195
乐山	Leshan	3.65	1.62	1.68	193
南充	Nanchong	2.25	4.53	4.72	82
眉山	Meishan	2.90	3.59	3.62	109
宜宾	Yibin	2.35	2.11	2.12	171
广安	Guangan	1.65	2.76	2.76	139
达州	Dazhou	1.15	2.79	3.34	118
雅安	Yaan	0.67	0.97	0.99	246
巴中	Bazhong	0.68	4.00	0.77	260
资阳	Ziyang	0.72	1.20	1.35	217
贵州	**Guizhou**	**13.38**	**21.22**	**25.28**	
贵阳	Guiyang	5.13	3.56	4.74	80
六盘水	Liupanshui	1.87	4.86	4.86	78
遵义	Zunyi	1.20	0.90	2.53	154
安顺	Anshun	1.03	2.80	2.90	133
毕节	Bijie	1.10	2.00	2.00	175
铜仁	Tongren	0.45	1.77	1.77	189
云南	**Yunnan**	**58.51**	**31.92**	**33.06**	
昆明	Kunming	41.76	8.06	8.18	40
曲靖	Qujing	1.15	0.29	0.37	282
玉溪	Yuxi	0.80	1.61	1.63	198
保山	Baoshan	0.89	0.50	0.70	262
昭通	Zhaotong	1.53	0.63	0.63	268
丽江	Lijiang	1.00	1.58	1.58	200
普洱	Puer	0.45	0.51	0.51	276
临沧	Lincang	1.12	0.97	1.15	228
西藏	**Tibet**	**3.96**	**6.16**	**12.25**	
拉萨	Lasa	2.56	2.86	8.86	36
陕西	**Shaanxi**	**21.27**	**37.64**	**39.12**	
西安	Xi'an	4.97	17.74	17.99	8
铜川	Tongchuan	1.82	1.82	1.82	184
宝鸡	Baoji	4.14	4.33	4.33	88
咸阳	Xianyang	3.16	2.89	2.90	133
渭南	Weinan	0.91	1.49	1.53	204
延安	Yan'an	0.71	0.74	0.90	252
汉中	Hanzhong	0.79	2.00	2.55	152
榆林	Yulin	1.50	0.84	1.15	228
安康	Ankang	1.70	2.56	2.60	150
商洛	Shangluo	0.13	0.50	0.60	270
甘肃	**Gansu**	**23.25**	**40.23**	**41.37**	
兰州	Lanzhou	8.74	9.77	10.01	31
嘉峪关	Jiayuguan	1.33	0.80	0.88	256
金昌	Jinchang	0.83	1.44	1.44	209
白银	Baiyin	2.47	2.65	2.65	148
天水	Tianshui	0.28	4.17	4.17	93
武威	Wuwei	0.26	0.50	0.50	279
张掖	Zhangye	0.28	3.92	4.21	90
平凉	Pingliang	0.63	1.03	1.05	239
酒泉	Jiuquan	1.10	1.08	1.09	235
庆阳	Qingyang	0.74	3.60	3.70	108
定西	Dingxi	0.64	5.24	5.25	70
陇南	Longnan	0.50	0.50	0.70	262
青海	**Qinghai**	**11.80**	**6.37**	**6.75**	
西宁	Xining	10.49	3.53	3.86	98
海东	Haidong		1.14	1.15	228
宁夏	**Ningxia**	**14.02**	**14.17**	**14.52**	
银川	Yinchuan	5.17	9.09	9.33	34
石嘴山	Shizuishan	3.96	0.97	0.99	246
吴忠	Wuzhong	1.25	1.87	1.95	179
固原	Guyuan	1.20	0.52	0.52	274
中卫	Zhongwei	1.57	0.61	0.61	269
新疆	**Xinjiang**	**41.98**	**65.25**	**65.38**	
乌鲁木齐	Urumqi	21.78	21.59	21.90	7
克拉玛依	Karamay	3.24	3.06	3.18	121

8-11 城市绿地与广场用地面积（辖区）

Area of Land for Green Space and Square (Municipal Districts)

单位：平方公里　　　　(sq. km)

地名	City	2010	2015	2016	2016 排名 Ranking
全国	**National Total**	**4060.23**	**5580.88**	**5709.17**	
北京	**Beijing**		**114.32**	**115.48**	
天津	**Tianjin**	**77.01**	**86.76**	**93.68**	
河北	**Hebei**	**154.85**	**211.36**	**216.20**	
石家庄	Shijiazhuang	27.74	45.82	45.93	16
唐山	Tangshan	14.09	31.71	31.53	32
秦皇岛	Qinhuangdao	7.37	8.26	8.26	154
邯郸	Handan	8.70	6.77	15.00	72
邢台	Xingtai	2.25	7.77	7.87	163
保定	Baoding	9.33	13.29	13.36	82
张家口	Zhangjiakou	9.24	9.80	12.26	95
承德	Chengde	7.51	9.03	8.18	155
沧州	Cangzhou	3.37	4.33	4.95	218
廊坊	Langfang	12.11	12.54	13.02	86
衡水	Hengshui	10.19	12.35	6.28	191
山西	**Shanxi**	**87.01**	**105.60**	**115.19**	
太原	Taiyuan	24.00	35.00	35.00	27
大同	Datong	7.60	14.70	14.70	75
阳泉	Yangquan	3.49	4.03	4.03	236
长治	Changzhi	1.24	1.25	1.25	277
晋城	Jincheng	6.68			
朔州	Shuozhou	7.46	9.98	12.47	93
晋中	Jinzhong	1.32	1.32	1.32	274
运城	Yuncheng	3.07	3.58	3.58	248
忻州	Xinzhou	1.61	3.66	3.66	247
临汾	Linfen	2.71	10.32	10.52	115
吕梁	Lvliang	0.34	1.06	1.06	281
内蒙古	**Inner Mongolia**	**139.55**	**150.92**	**155.04**	
呼和浩特	Hohhot	26.57	33.18	33.18	29
包头	Baotou	19.93	23.65	23.65	45
乌海	Wuhai	2.75	4.95	4.95	218
赤峰	Chifeng	9.50	8.39	9.89	121
通辽	Tongliao	5.57	8.05	8.05	157
鄂尔多斯	Erdos	26.22	27.59	27.59	37
呼伦贝尔	Hulunbuir	11.91	7.34	7.34	176
巴彦淖尔	Bayannur	2.00	5.61	5.61	202
乌兰察布	Ulanqab	0.80	9.44	9.44	128
辽宁	**Liaoning**	**214.21**	**244.22**	**273.38**	
沈阳	Shenyang	58.00	69.90	83.21	5
大连	Dalian	38.30	46.76	47.85	15
鞍山	Anshan	17.48	8.56	8.56	149
抚顺	Fushun	21.60	21.85	21.85	48
本溪	Benxi	4.41	6.45	6.45	190
丹东	Dandong	5.96	5.90	5.90	197
锦州	Jinzhou	3.10	7.18	11.38	102
营口	Yingkou	4.42	4.92	13.02	86
阜新	Fuxin	8.20	10.12	10.12	116
辽阳	Liaoyang	3.85	4.54	4.54	228
盘锦	Panjin	5.94	4.40	7.61	172
铁岭	Tieling	4.59	5.25	4.73	223
朝阳	Chaoyang	4.50	3.87	3.87	240
葫芦岛	Huludao	9.40	10.90	7.75	166
吉林	**Jilin**	**100.59**	**108.08**	**109.61**	
长春	Changchun	28.37	35.57	35.63	26
吉林	Jilin	11.46	16.99	17.06	64
四平	Siping	3.03	4.27	4.28	233
辽源	Liaoyuan	1.61	1.60	1.60	273
通化	Tonghua	3.59	5.03	5.10	209
白山	Baishan	4.22	3.83	3.87	240
松原	Songyuan	8.44	10.65	10.77	112
白城	Baicheng	3.02	1.31	1.31	275
黑龙江	**Heilongjiang**	**183.54**	**152.42**	**154.10**	
哈尔滨	Harbin	33.77	39.50	40.18	22
齐齐哈尔	Qiqihar	8.46	8.17	9.20	130
鸡西	Jixi	2.24	4.29	4.29	232
鹤岗	Hegang	4.75	5.36	5.36	207
双鸭山	Shuangyashan	2.10	9.07	9.07	136
大庆	Daqing	15.63	21.79	21.83	49
伊春	Yichun	34.65	18.68	18.68	59
佳木斯	Jiamusi	35.37	3.78	3.78	244
七台河	Qitaihe	4.78	2.70	2.70	263
牡丹江	Mudanjiang	7.49	7.50	7.50	174
黑河	Heihe	4.41	2.91	2.91	262
绥化	Suihua	2.75	1.30	1.30	276
上海	**Shanghai**		**189.61**	**139.72**	
江苏	**Jiangsu**	**344.83**	**469.96**	**486.14**	

注：本表2011年及以前年份数据统计口径为绿地面积。

Note: The table data statistics caliber and before the year of 2011 green space area.

8-11 城市绿地与广场用地面积（辖区） 续表 1

Area of Land for Green Space and Square (Municipal Districts) continued 1

单位：平方公里 (sq. km)

地名	City	2010	2015	2016	2016 排名 Ranking	地名	City	2010	2015	2016	2016 排名 Ranking
南京	Nanjing	65.43	91.30	96.24	2	池州	Chizhou	1.92	3.38	3.38	254
无锡	Wuxi	16.20	31.97	32.61	30	宣城	Xuancheng	4.40	4.77	4.98	217
徐州	Xuzhou	14.38	58.46	58.76	9	**福建**	**Fujian**	**105.95**	**131.32**	**134.59**	
常州	Changzhou	22.84	35.64	35.71	25	福州	Fuzhou	22.01	21.78	22.00	47
苏州	Suzhou	42.60	56.10	56.51	11	厦门	Xiamen	26.94	35.07	37.31	24
南通	Nantong	8.26	10.03	11.71	100	莆田	Putian	5.46	1.17	1.07	280
连云港	Lianyungang	3.14	8.32	8.72	141	三明	Sanming	0.70	1.01	1.01	282
淮安	Huaian	29.05	17.60	16.02	66	泉州	Quanzhou	12.10	19.00	19.00	57
盐城	Yancheng	6.60	4.98	5.02	212	漳州	Zhangzhou	0.83	4.57	4.68	224
扬州	Yangzhou	4.44	12.88	14.07	78	南平	Nanping	2.07	5.64	5.64	201
镇江	Zhenjiang	4.32	15.90	16.00	67	龙岩	Longyan	7.44	9.40	9.51	126
泰州	Taizhou	4.29	6.98	7.00	179	宁德	Ningde	1.70	2.95	3.11	260
宿迁	Suqian	10.15	8.70	8.80	140	**江西**	**Jiangxi**	**106.18**	**148.90**	**146.23**	
浙江	**Zhejiang**	**239.24**	**271.98**	**268.89**		南昌	Nanchang	22.52	30.72	30.57	33
杭州	Hangzhou	61.35	51.02	53.90	12	景德镇	Jingdezhen	5.76	8.70	8.70	142
宁波	Ningbo	14.79	15.40	18.86	58	萍乡	Pingxiang	6.10	7.80	7.09	178
温州	Wenzhou	21.68	28.82	24.89	44	九江	Jiujiang	7.87	12.42	12.55	92
嘉兴	Jiaxing	8.47	12.45	13.20	84	新余	Xinyu	3.10	6.37	4.25	234
湖州	Huzhou	19.53	14.49	14.49	77	鹰潭	Yingtan	8.35	9.00	3.74	245
绍兴	Shaoxing	5.27	32.19	16.72	65	赣州	Ganzhou	8.29	14.87	17.26	63
金华	Jinhua	4.28	5.46	8.64	146	吉安	Jian	2.96	5.26	5.41	206
衢州	Quzhou	4.40	6.79	6.85	182	宜春	Yichun	9.00	12.02	12.03	98
舟山	Zhoushan	6.23	7.82	8.04	158	抚州	Fuzhou	8.48	7.89	8.00	159
台州	Taizhou	15.83	19.27	19.27	56	上饶	Shangrao	5.13	11.03	11.18	104
丽水	Lishui	3.86	4.22	4.32	231	**山东**	**Shandong**	**389.32**	**483.13**	**500.74**	
安徽	**Anhui**	**179.74**	**231.11**	**232.03**		济南	Jinan	35.06	36.23	40.60	21
合肥	Hefei	48.28	76.04	77.16	7	青岛	Qingdao	18.22	43.29	57.60	10
芜湖	Wuhu	37.61	40.00	42.00	20	淄博	Zibo	13.71	17.90	18.27	61
蚌埠	Bengbu	7.96	8.99	9.17	132	枣庄	Zaozhuang	11.87	13.37	13.39	81
淮南	Huainan	9.00	6.57	3.23	256	东营	Dongying	8.89	11.05	11.05	107
马鞍山	Maanshan	5.09	7.67	7.35	175	烟台	Yantai	28.30	38.97	39.14	23
淮北	Huaibei	8.59	8.89	9.12	134	潍坊	Weifang	8.02	20.42	20.42	51
铜陵	Tongling	3.70	7.65	8.82	139	济宁	Jining	3.02	20.85	21.35	50
安庆	Anqing	6.15	6.67	6.56	188	泰安	Taian	7.20	8.47	9.56	124
黄山	Huangshan	5.17	6.58	6.62	187	威海	Weihai	15.69	15.92	15.93	68
滁州	Chuzhou	5.54	7.84	5.72	200	日照	Rizhao	12.58	13.54	9.27	129
阜阳	Fuyang	4.59	5.35	5.78	199	莱芜	Laiwu	11.94	12.67	12.80	91
宿州	Suzhou	5.92	7.48	7.65	170	临沂	Linyi	28.05	31.00	32.20	31
六安	Liuan	9.75	11.86	12.38	94	德州	Dezhou	5.81	15.85	15.85	69
亳州	Bozhou	1.19	4.61	4.87	221	聊城	Liaocheng	7.34	6.17	6.17	193

8-11 城市绿地与广场用地面积（辖区） 续表 2

Area of Land for Green Space and Square (Municipal Districts) continued 2

单位：平方公里 (sq. km)

地名	City	2010	2015	2016	2016 排名 Ranking
滨州	Binzhou	11.71	20.22	20.26	52
菏泽	Heze	6.80	9.12	10.08	117
河南	**Henan**	**250.70**	**344.14**	**352.33**	
郑州	Zhengzhou	64.12	81.24	84.76	4
开封	Kaifeng	6.73	11.00	11.00	108
洛阳	Luoyang	14.81	20.77	26.77	39
平顶山	Pingdingshan	4.52	4.92	4.92	220
安阳	Anyang	7.03	8.15	8.64	146
鹤壁	Hebi	1.83	9.55	9.55	125
新乡	Xinxiang	8.34	10.36	10.85	111
焦作	Jiaozuo	8.75	8.70	8.70	142
濮阳	Puyang	6.00	10.95	10.97	110
许昌	Xuchang	11.72	11.00	11.00	108
漯河	Luohe	12.30	14.81	14.81	73
三门峡	Sanmenxia	5.51	9.62	10.08	117
南阳	Nanyang	6.51	8.85	9.15	133
商丘	Shangqiu	17.49	28.56	28.85	36
信阳	Xinyang	3.04	6.63	6.99	180
周口	Zhoukou	4.90	6.81	6.86	181
驻马店	Zhumadian	0.75	2.66	3.23	256
湖北	**Hubei**	**164.27**	**181.26**	**188.83**	
武汉	Wuhan	48.91	24.06	26.55	41
黄石	Huangshi	7.98	8.06	7.81	164
十堰	Shiyan	4.26	9.11	9.11	135
宜昌	Yichang	9.19	14.05	14.61	76
襄阳	Xiangyang	3.82	11.87	12.20	96
鄂州	Ezhou	8.24	12.10	12.13	97
荆门	Jingmen	8.19	9.25	9.78	122
孝感	Xiaogan	3.20	0.71	3.81	242
荆州	Jingzhou	6.89	11.15	11.15	105
黄冈	Huanggang	2.49	5.81	5.81	198
咸宁	Xianning	4.79	5.05	5.05	211
随州	Suizhou	3.08	3.25	3.50	251
湖南	**Hunan**	**125.65**	**183.15**	**164.09**	
长沙	Changsha	22.32	32.00	34.56	28
株洲	Zhuzhou	5.98	8.35	8.60	148
湘潭	Xiangtan	3.92	5.33	5.30	208
衡阳	Hengyang	4.01	14.96	6.11	194
邵阳	Shaoyang	8.90	10.77	13.21	83
岳阳	Yueyang	10.60	13.00	13.00	88
常德	Changde	4.10	5.32	9.18	131
张家界	Zhangjiajie	0.75	2.21	2.21	269
益阳	Yiyang	2.04	5.40	5.60	203
郴州	Chenzhou	19.70	13.99	14.00	79
永州	Yongzhou	6.76	8.31	8.43	151
怀化	Huaihua	6.00	24.00	3.37	255
娄底	Loudi	3.38	4.22	4.52	230
广东	**Guangdong**	**420.15**	**418.44**	**441.62**	
广州	Guangzhou	26.78	26.68	26.70	40
韶关	Shaoguan	6.81	8.50	8.91	138
深圳	Shenzhen	54.75	56.32	70.69	8
珠海	Zhuhai	15.77	12.87	8.94	137
汕头	Shantou	11.45	10.66	11.60	101
佛山	Foshan	22.98	17.36	15.72	70
江门	Jiangmen	13.64	3.45	3.45	252
湛江	Zhanjiang	8.38	8.08	5.94	196
茂名	Maoming	11.20	7.25	7.95	161
肇庆	Zhaoqing	12.02	7.55	7.64	171
惠州	Huizhou	11.65	28.37	30.39	34
梅州	Meizhou	16.38	5.28	5.95	195
汕尾	Shanwei	8.60	1.20	1.20	278
河源	Heyuan	3.27	3.98	4.00	238
阳江	Yangjiang	17.93	7.83	8.42	152
清远	Qingyuan	4.94	7.97	8.65	145
东莞	Dongguan	84.22	93.08	95.13	3
中山	Zhongshan	7.13	6.74	6.79	184
潮州	Chaozhou	10.19	13.43	12.95	90
揭阳	Jieyang		2.70	11.81	99
云浮	Yunfu		2.04	2.15	270
广西	**Guangxi**	**91.99**	**136.81**	**145.82**	
南宁	Nanning	30.49	43.51	44.01	17
柳州	Liuzhou	7.40	19.67	19.99	53
桂林	Guilin	11.00	15.36	15.36	71
梧州	Wuzhou	0.47	3.01	3.81	242
北海	Beihai	7.00	8.00	8.50	150
防城港	Fangchenggang	8.07	2.35	4.04	235
钦州	Qinzhou	3.71	7.22	7.92	162
贵港	Guigang	2.47	2.99	3.00	261
玉林	Yulin	3.59	5.36	6.18	192
百色	Baise	1.74	5.59	7.33	177

8-11 城市绿地与广场用地面积（辖区） 续表 3

Area of Land for Green Space and Square (Municipal Districts) continued 3

单位：平方公里 (sq. km)

地名	City	2010	2015	2016	2016 排名 Ranking	地名	City	2010	2015	2016	2016 排名 Ranking
贺州	Hezhou	2.02	0.05	0.05	284	丽江	Lijiang	6.80	4.02	4.02	237
河池	Hechi	1.74	1.96	2.04	271	普洱	Puer	1.14	2.65	2.65	264
来宾	Laibin	2.72	3.99	5.02	212	临沧	Lincang	1.66	2.10	2.30	267
崇左	Chongzuo	1.12	2.50	2.53	265	**西藏**	**Tibet**	**4.12**	**8.86**	**7.21**	
海南	**Hainan**	**42.22**	**30.96**	**29.61**		拉萨	Lasa	3.22	4.54	4.54	228
海口	Haikou	7.34	6.65	6.65	186	**陕西**	**Shaanxi**	**58.83**	**238.83**	**256.01**	
三亚	Sanya	18.75	8.31	6.80	183	西安	Xi'an	13.95	99.40	101.25	1
三沙	Sansha		0.02	0.02	285	铜川	Tongchuan	2.44	12.98	12.98	89
重庆	**Chongqing**	**71.50**	**111.18**	**104.33**		宝鸡	Baoji	10.23	22.90	23.05	46
四川	**Sichuan**	**145.27**	**262.41**	**303.55**		咸阳	Xianyang	10.41	17.45	17.60	62
成都	Chengdu	29.49	73.72	81.28	6	渭南	Weinan	4.36	13.32	14.75	74
自贡	Zigong	10.76	18.93	19.55	55	延安	Yan'an	3.12	12.14	13.19	85
攀枝花	Panzhihua	6.68	7.78	7.80	165	汉中	Hanzhong	2.83	9.05	10.05	119
泸州	Luzhou	16.83	26.42	29.03	35	榆林	Yulin	1.60	15.23	18.56	60
德阳	Deyang	2.71	4.66	4.66	225	安康	Ankang	2.60	14.20	19.69	54
绵阳	Mianyang	6.58	8.60	11.30	103	商洛	Shangluo	3.95	4.80	5.00	215
广元	Guangyuan	1.50	7.51	7.72	169	**甘肃**	**Gansu**	**100.03**	**126.28**	**128.66**	
遂宁	Suining	4.78	8.02	8.09	156	兰州	Lanzhou	35.71	48.69	50.40	13
内江	Neijiang	2.39	4.15	4.55	227	嘉峪关	Jiayuguan	13.30	25.10	25.12	43
乐山	Leshan	4.72	9.29	9.50	127	金昌	Jinchang	6.54	5.01	5.01	214
南充	Nanchong	4.50	7.34	7.73	168	白银	Baiyin	7.29	3.70	3.70	246
眉山	Meishan	1.60	3.10	3.57	249	天水	Tianshui	4.53	4.79	4.79	222
宜宾	Yibin	8.52	6.82	27.40	38	武威	Wuwei	0.33	1.20	1.20	278
广安	Guangan	4.04	5.44	5.47	204	张掖	Zhangye	7.61	4.94	5.10	209
达州	Dazhou	4.60	9.65	10.75	113	平凉	Pingliang	3.01	3.03	3.15	259
雅安	Yaan	1.22	2.03	2.36	266	酒泉	Jiuquan	5.70	13.60	13.62	80
巴中	Bazhong	4.64	10.00	10.00	120	庆阳	Qingyang	0.85	2.14	2.24	268
资阳	Ziyang	5.76	8.61	8.70	142	定西	Dingxi	7.12	3.90	4.00	238
贵州	**Guizhou**	**82.86**	**89.78**	**98.09**		陇南	Longnan	0.14	0.14	0.20	283
贵阳	Guiyang	26.54	40.75	43.15	18	**青海**	**Qinghai**	**5.19**	**18.44**	**18.50**	
六盘水	Liupanshui	9.75	3.83	2.01	272	西宁	Xining	1.79	5.40	5.44	205
遵义	Zunyi	20.69	5.49	7.57	173	海东	Haidong		3.52	3.53	250
安顺	Anshun	2.44	7.86	8.00	159	**宁夏**	**Ningxia**	**30.60**	**58.08**	**56.15**	
毕节	Bijie	4.50	5.00	5.00	215	银川	Yinchuan	12.26	26.19	26.19	42
铜仁	Tongren	9.00	4.26	4.66	225	石嘴山	Shizuishan	0.60	3.23	3.23	256
云南	**Yunnan**	**56.26**	**137.69**	**136.15**		吴忠	Wuzhong	3.60	7.74	7.75	166
昆明	Kunming	11.16	46.64	49.52	14	固原	Guyuan	5.12	8.46	6.49	189
曲靖	Qujing	2.50	10.66	11.14	106	中卫	Zhongwei	5.20	6.65	6.66	185
玉溪	Yuxi	1.80	9.52	9.78	122	**新疆**	**Xinjiang**	**88.57**	**134.88**	**137.20**	
保山	Baoshan	1.51	7.33	8.33	153	乌鲁木齐	Urumqi	32.26	42.27	42.80	19
昭通	Zhaotong	0.52	3.42	3.42	253	克拉玛依	Karamay	5.28	10.49	10.54	114

8-12 城市本年征用土地面积（辖区）
Area of Land Requisition This Year (Municipal Districts)

单位：平方公里 (sq. km)

地名	City	2010	2015	2016	2016 排名 Ranking
全国	**National Total**	**1641.57**	**1548.53**	**1713.62**	
北京	**Beijing**	**46.48**	**8.73**	**15.72**	
天津	**Tianjin**	**43.96**	**22.95**	**20.32**	
河北	**Hebei**	**37.08**	**38.54**	**50.37**	
石家庄	Shijiazhuang	2.38	0.12	0.27	185
唐山	Tangshan	2.45			
秦皇岛	Qinhuangdao	4.37	7.98	1.52	145
邯郸	Handan		0.19	21.20	12
邢台	Xingtai	0.13			
保定	Baoding	1.45	4.48	3.98	94
张家口	Zhangjiakou			0.56	174
承德	Chengde		8.42	1.28	150
沧州	Cangzhou	2.15	0.91	2.62	118
廊坊	Langfang	2.14	1.64	3.35	99
衡水	Hengshui	1.26	0.10	0.12	192
山西	**Shanxi**	**16.61**	**24.84**	**19.47**	
太原	Taiyuan	8.69	13.00	13.00	24
大同	Datong				
阳泉	Yangquan	0.10			
长治	Changzhi	2.57	0.35		
晋城	Jincheng				
朔州	Shuozhou	0.50	0.44	0.63	170
晋中	Jinzhong	0.91	1.60		
运城	Yuncheng				
忻州	Xinzhou				
临汾	Linfen		2.15	2.15	131
吕梁	Lvliang	2.05	2.96	1.85	136
内蒙古	**Inner Mongolia**	**14.12**	**19.57**	**28.38**	
呼和浩特	Hohhot		10.15	6.10	60
包头	Baotou				
乌海	Wuhai				
赤峰	Chifeng	4.77			
通辽	Tongliao				
鄂尔多斯	Erdos				
呼伦贝尔	Hulunbuir	0.97			
巴彦淖尔	Bayannur				
乌兰察布	Ulanqab		4.81	4.81	82
辽宁	**Liaoning**	**128.20**	**67.87**	**28.18**	
沈阳	Shenyang	38.90	27.34	5.18	75
大连	Dalian	28.12	17.69	2.31	123
鞍山	Anshan	9.11	4.26	2.10	132
抚顺	Fushun	4.05	1.82	1.31	149
本溪	Benxi	5.11	1.65	1.65	142
丹东	Dandong	4.50	4.80	1.81	137
锦州	Jinzhou	1.56	1.07		
营口	Yingkou	1.59		0.08	194
阜新	Fuxin	14.00			
辽阳	Liaoyang	9.79	2.64	7.49	48
盘锦	Panjin	1.80			
铁岭	Tieling	0.42	0.36	0.04	196
朝阳	Chaoyang				
葫芦岛	Huludao			0.40	182
吉林	**Jilin**	**59.00**	**34.37**	**68.10**	
长春	Changchun	44.33	22.38	18.66	14
吉林	Jilin	5.19			
四平	Siping		1.43	0.78	166
辽源	Liaoyuan				
通化	Tonghua	0.60	0.25	0.25	187
白山	Baishan	0.37			
松原	Songyuan	1.14	1.28	0.41	181
白城	Baicheng	0.65	1.53	0.29	184
黑龙江	**Heilongjiang**	**28.30**	**14.66**	**17.71**	
哈尔滨	Harbin	13.90	2.32	3.27	101
齐齐哈尔	Qiqihar		0.70	1.74	140
鸡西	Jixi		0.60	0.60	172
鹤岗	Hegang	0.66			
双鸭山	Shuangyashan				
大庆	Daqing	6.66	2.36	2.79	113
伊春	Yichun				
佳木斯	Jiamusi				
七台河	Qitaihe		0.60	0.98	159
牡丹江	Mudanjiang	2.63	2.53	2.53	119
黑河	Heihe				
绥化	Suihua		1.70	2.85	109
上海	**Shanghai**		**24.52**	**24.46**	
江苏	**Jiangsu**	**195.45**	**141.26**	**155.56**	

8-12 城市本年征用土地面积（辖区） 续表 1

Area of Land Requisition This Year (Municipal Districts) continued 1

单位：平方公里 (sq. km)

地名	City	2010	2015	2016	2016 排名 Ranking
南京	Nanjing	35.96	32.26	31.71	4
无锡	Wuxi	24.25	11.23	10.87	31
徐州	Xuzhou	1.73	7.24	6.49	56
常州	Changzhou	18.67	10.01	21.37	11
苏州	Suzhou		2.78	16.29	20
南通	Nantong	8.25	5.36	3.69	97
连云港	Lianyungang	12.67	12.44	5.91	64
淮安	Huaian	11.59		9.91	34
盐城	Yancheng	6.53	0.72	4.29	89
扬州	Yangzhou	3.40	1.69	0.93	162
镇江	Zhenjiang	10.99	6.92	4.02	93
泰州	Taizhou	8.79	2.85		
宿迁	Suqian	7.00	9.50	7.16	51
浙江	**Zhejiang**	**107.36**	**99.58**	**100.01**	
杭州	Hangzhou	27.68	12.95	11.97	29
宁波	Ningbo	4.93	1.38	8.89	38
温州	Wenzhou	5.54	6.37	12.46	26
嘉兴	Jiaxing	7.89	3.09	1.80	138
湖州	Huzhou	2.20	3.11	0.35	183
绍兴	Shaoxing	1.16	12.22	10.75	32
金华	Jinhua	3.24	2.40	5.46	68
衢州	Quzhou	4.79	0.22	0.98	159
舟山	Zhoushan	6.52	2.65	2.79	113
台州	Taizhou	5.78	9.12	5.74	65
丽水	Lishui	2.76	3.10	0.61	171
安徽	**Anhui**	**109.30**	**114.14**	**130.18**	
合肥	Hefei	17.96	14.22	16.43	19
芜湖	Wuhu	11.02	8.39	7.11	52
蚌埠	Bengbu	5.00	7.61	5.30	73
淮南	Huainan	12.05	4.53	5.40	69
马鞍山	Maanshan	5.53	2.03	3.92	95
淮北	Huaibei	4.52	3.13	8.75	39
铜陵	Tongling	3.40	6.18	9.62	35
安庆	Anqing	5.20		5.07	77
黄山	Huangshan	1.27	1.13	2.27	126
滁州	Chuzhou	16.01	18.98	13.89	23
阜阳	Fuyang	3.96	15.60	12.48	25
宿州	Suzhou	3.08	5.65	6.35	59
六安	Liuan	3.66	4.64	9.17	37
亳州	Bozhou	8.18	6.59	7.09	53
池州	Chizhou		0.71	0.56	174
宣城	Xuancheng	2.50	2.16	2.20	130
福建	**Fujian**	**23.79**	**100.22**	**90.14**	
福州	Fuzhou		8.73	5.21	74
厦门	Xiamen		17.04	28.45	6
莆田	Putian	1.90	2.80	2.80	112
三明	Sanming		18.90	1.45	146
泉州	Quanzhou		2.50		
漳州	Zhangzhou	3.56	4.30	1.93	135
南平	Nanping	0.27	3.74	5.13	76
龙岩	Longyan	3.46	6.88	4.09	92
宁德	Ningde	1.63	1.11	16.76	17
江西	**Jiangxi**	**20.97**	**53.07**	**60.56**	
南昌	Nanchang		25.83	19.22	13
景德镇	Jingdezhen		1.86	0.96	161
萍乡	Pingxiang		5.93	5.93	63
九江	Jiujiang				
新余	Xinyu	3.60	0.12	0.23	188
鹰潭	Yingtan				
赣州	Ganzhou	3.50	3.78	23.32	9
吉安	Jian	0.08			
宜春	Yichun				
抚州	Fuzhou		6.09	5.60	66
上饶	Shangrao	2.23			
山东	**Shandong**	**98.71**	**86.39**	**114.08**	
济南	Jinan	21.27	25.51	29.84	5
青岛	Qingdao	11.70		16.24	21
淄博	Zibo	7.99	6.73	5.31	71
枣庄	Zaozhuang	1.40	1.99	2.22	129
东营	Dongying	3.11	2.74	5.31	71
烟台	Yantai	12.93	9.09	6.04	61
潍坊	Weifang	1.88			
济宁	Jining				
泰安	Taian			0.84	164
威海	Weihai	3.00	2.94	2.86	108
日照	Rizhao		13.13	17.33	15
莱芜	Laiwu	1.66	1.30	1.20	152
临沂	Linyi	4.05	4.15	3.10	103
德州	Dezhou		0.78	1.36	147
聊城	Liaocheng	1.24	0.09		

8-12 城市本年征用土地面积（辖区） 续表 2

Area of Land Requisition This Year (Municipal Districts) continued 2

单位：平方公里 (sq. km)

地名	City	2010	2015	2016	2016 排名 Ranking	地名	City	2010	2015	2016	2016 排名 Ranking
滨州	Binzhou	3.00	0.79	0.21	189	常德	Changde			3.43	98
菏泽	Heze	2.41	6.39	7.84	43	张家界	Zhangjiajie	0.21	0.98	0.70	167
河南	**Henan**	**67.01**	**46.85**	**28.18**		益阳	Yiyang	2.80	1.40	2.25	128
郑州	Zhengzhou	19.35	9.27	8.36	41	郴州	Chenzhou	10.00	3.86	4.30	88
开封	Kaifeng	8.74	11.11	4.76	84	永州	Yongzhou	1.61	2.22	2.26	127
洛阳	Luoyang	15.73				怀化	Huaihua				
平顶山	Pingdingshan					娄底	Loudi	2.14			
安阳	Anyang	0.38	0.56	0.45	180	**广东**	**Guangdong**	**95.74**	**138.68**	**126.90**	
鹤壁	Hebi	0.43				广州	Guangzhou	33.72	19.69	16.66	18
新乡	Xinxiang					韶关	Shaoguan				
焦作	Jiaozuo					深圳	Shenzhen		2.31		
濮阳	Puyang	4.00				珠海	Zhuhai	1.95	0.07		
许昌	Xuchang					汕头	Shantou				
漯河	Luohe					佛山	Foshan		5.70	6.04	61
三门峡	Sanmenxia	0.12	1.72			江门	Jiangmen	3.63	6.70		
南阳	Nanyang	3.76	6.38	1.12	154	湛江	Zhanjiang	2.14	0.31	5.05	78
商丘	Shangqiu					茂名	Maoming	3.50	22.35	22.35	10
信阳	Xinyang	12.64				肇庆	Zhaoqing		2.43	3.82	96
周口	Zhoukou					惠州	Huizhou	12.04	10.81	4.78	83
驻马店	Zhumadian	1.10	1.00			梅州	Meizhou	0.25	1.99	4.86	81
湖北	**Hubei**	**79.94**	**83.99**	**90.55**		汕尾	Shanwei	0.10	1.19	2.32	122
武汉	Wuhan	44.66	30.42	32.80	3	河源	Heyuan			4.92	80
黄石	Huangshi		6.73			阳江	Yangjiang				
十堰	Shiyan	4.82				清远	Qingyuan	0.41	8.06	5.59	67
宜昌	Yichang	0.48				东莞	Dongguan	8.42	15.72	7.32	50
襄阳	Xiangyang	15.35	28.89	27.12	7	中山	Zhongshan	7.26	0.59	2.40	121
鄂州	Ezhou	1.02	0.08	0.15	191	潮州	Chaozhou		0.79	0.12	192
荆门	Jingmen					揭阳	Jieyang		0.16	0.16	190
孝感	Xiaogan	0.50		6.37	58	云浮	Yunfu	8.81	6.78	0.58	173
荆州	Jingzhou	0.75				**广西**	**Guangxi**	**101.44**	**74.77**	**117.99**	
黄冈	Huanggang	0.90				南宁	Nanning	6.09	30.29	39.43	1
咸宁	Xianning					柳州	Liuzhou	7.34	7.33	6.87	55
随州	Suizhou	0.05	1.70			桂林	Guilin	1.00	2.56	2.84	110
湖南	**Hunan**	**48.92**	**52.63**	**61.67**		梧州	Wuzhou	7.23	3.00	2.88	107
长沙	Changsha					北海	Beihai	4.14	4.91	3.23	102
株洲	Zhuzhou		17.20	17.18	16	防城港	Fangchenggang		0.80	1.06	157
湘潭	Xiangtan	2.11	6.30	4.28	90	钦州	Qinzhou	17.38	7.20	6.38	57
衡阳	Hengyang	6.06	2.50	7.77	44	贵港	Guigang	10.37	1.85	2.91	106
邵阳	Shaoyang	7.96	0.45	2.00	134	玉林	Yulin	4.09	0.77	1.04	158
岳阳	Yueyang	0.10	0.50	0.50	178	百色	Baise	0.47	1.52	14.97	22

8-12 城市本年征用土地面积（辖区） 续表 3
Area of Land Requisition This Year (Municipal Districts) continued 3

单位：平方公里 (sq. km)

地名	City	2010	2015	2016	2016 排名 Ranking
贺州	Hezhou	7.62	8.06	7.70	47
河池	Hechi	0.05	0.45	0.27	185
来宾	Laibin	23.41	1.50	7.33	49
崇左	Chongzuo	3.86	0.23	9.33	36
海南	**Hainan**	**0.10**	**7.84**	**3.55**	
海口	Haikou				
三亚	Sanya		0.14	0.68	168
三沙	Sansha				
重庆	**Chongqing**	**48.02**	**85.36**	**91.29**	
四川	**Sichuan**	**86.33**	**49.45**	**79.32**	
成都	Chengdu	15.91	12.13	8.40	40
自贡	Zigong	8.74		6.96	54
攀枝花	Panzhihua	0.70	0.50	1.07	156
泸州	Luzhou	12.81	2.41	7.76	45
德阳	Deyang	2.17	7.55	10.96	30
绵阳	Mianyang				
广元	Guangyuan	1.97	0.53	0.66	169
遂宁	Suining				
内江	Neijiang	3.25	3.74	7.71	46
乐山	Leshan	0.06			
南充	Nanchong	7.00	2.34	4.96	79
眉山	Meishan	2.30	1.61	2.29	125
宜宾	Yibin	7.03		4.46	87
广安	Guangan				
达州	Dazhou		2.17	4.56	86
雅安	Yaan		0.79	1.59	144
巴中	Bazhong	0.30	0.50		#N/A
资阳	Ziyang	5.52	2.23	2.50	120
贵州	**Guizhou**	**5.26**	**21.05**	**33.82**	
贵阳	Guiyang				
六盘水	Liupanshui			4.64	85
遵义	Zunyi		7.10	10.47	33
安顺	Anshun	2.00	4.08	3.06	105
毕节	Bijie		2.30	2.30	124
铜仁	Tongren			4.27	91
云南	**Yunnan**	**85.23**	**18.82**	**34.65**	
昆明	Kunming	44.73	2.02	12.21	28
曲靖	Qujing			2.66	116
玉溪	Yuxi				
保山	Baoshan	0.55	3.89	8.10	42
昭通	Zhaotong	3.00	1.55	1.10	155
丽江	Lijiang		1.01	0.82	165
普洱	Puer	0.33			
临沧	Lincang	2.12	0.50	0.55	176
西藏	**Tibet**	**2.94**	**5.05**	**5.05**	
拉萨	Lasa	2.94	0.05	0.05	195
陕西	**Shaanxi**	**41.52**	**31.11**	**44.17**	
西安	Xi'an	38.43	27.85	35.82	2
铜川	Tongchuan			2.84	110
宝鸡	Baoji				
咸阳	Xianyang			0.50	178
渭南	Weinan	2.08	1.10	2.10	132
延安	Yan'an				
汉中	Hanzhong				
榆林	Yulin				
安康	Ankang		1.70	1.70	141
商洛	Shangluo				
甘肃	**Gansu**	**23.83**	**31.90**	**37.24**	
兰州	Lanzhou	11.38	22.99	24.33	8
嘉峪关	Jiayuguan				
金昌	Jinchang	1.26	0.13	1.76	139
白银	Baiyin	1.29	1.25	1.25	151
天水	Tianshui			3.30	100
武威	Wuwei	1.00			
张掖	Zhangye	0.16	2.50	2.63	117
平凉	Pingliang		0.52	0.52	177
酒泉	Jiuquan				
庆阳	Qingyang	1.39	2.14	1.20	152
定西	Dingxi	0.50	1.30	1.32	148
陇南	Longnan				
青海	**Qinghai**	**0.01**	**6.68**	**3.31**	
西宁	Xining				
海东	Haidong		0.86	0.87	163
宁夏	**Ningxia**	**8.30**	**5.95**	**9.51**	
银川	Yinchuan				
石嘴山	Shizuishan				
吴忠	Wuzhong	2.70	0.45	2.68	115
固原	Guyuan	0.99	3.07	3.07	104
中卫	Zhongwei	0.91	1.78	1.62	143
新疆	**Xinjiang**	**17.65**	**37.69**	**23.18**	
乌鲁木齐	Urumqi	9.42	8.26	12.38	27
克拉玛依	Karamay	0.30	1.40	5.40	69

8-13 城市本年征用耕地面积（辖区）
Area of Arable Land Requisition This Year (Municipal Districts)

单位：平方公里　　　　(sq. km)

地名	City	2010	2015	2016	2016 排名 Ranking
全国	**National Total**	**708.96**	**707.86**	**775.76**	
北京	**Beijing**	**17.53**	**2.43**	**8.67**	
天津	**Tianjin**	**18.65**	**10.82**	**8.79**	
河北	**Hebei**	**12.86**	**16.64**	**14.70**	
石家庄	Shijiazhuang	2.38		0.14	160
唐山	Tangshan	0.26			
秦皇岛	Qinhuangdao	2.47	2.20	0.75	119
邯郸	Handan		0.01	1.20	98
邢台	Xingtai				
保定	Baoding	1.23	3.47	2.75	60
张家口	Zhangjiakou			0.21	152
承德	Chengde		4.32	0.48	131
沧州	Cangzhou	1.31	0.64	1.39	89
廊坊	Langfang	1.12	0.73	0.84	115
衡水	Hengshui	0.56	0.04	0.07	163
山西	**Shanxi**	**8.02**	**15.15**	**13.83**	
太原	Taiyuan	4.45	12.00	12.00	10
大同	Datong				
阳泉	Yangquan				
长治	Changzhi	1.65			
晋城	Jincheng				
朔州	Shuozhou				
晋中	Jinzhong				
运城	Yuncheng				
忻州	Xinzhou				
临汾	Linfen		1.31	1.31	93
吕梁	Lvliang	0.56	0.62		
内蒙古	**Inner Mongolia**	**1.39**	**11.55**	**11.93**	
呼和浩特	Hohhot		7.29	2.69	63
包头	Baotou				
乌海	Wuhai				
赤峰	Chifeng				
通辽	Tongliao				
鄂尔多斯	Erdos				
呼伦贝尔	Hulunbuir				
巴彦淖尔	Bayannur				
乌兰察布	Ulanqab		3.26	3.26	52
辽宁	**Liaoning**	**60.24**	**41.21**	**16.66**	
沈阳	Shenyang	24.50	20.02	3.23	54
大连	Dalian	7.53	7.04	0.31	141
鞍山	Anshan	4.30	2.80	1.38	90
抚顺	Fushun		1.82	1.31	93
本溪	Benxi	2.91	1.09	1.09	104
丹东	Dandong	4.00	3.70	1.29	95
锦州	Jinzhou	0.87			
营口	Yingkou			0.03	168
阜新	Fuxin	7.30			
辽阳	Liaoyang	6.53	1.42	5.06	31
盘锦	Panjin				
铁岭	Tieling	0.04	0.29	0.04	167
朝阳	Chaoyang				
葫芦岛	Huludao			0.09	162
吉林	**Jilin**	**40.73**	**25.41**	**34.34**	
长春	Changchun	33.64	16.59	13.49	8
吉林	Jilin	2.96			
四平	Siping		1.07	0.73	120
辽源	Liaoyuan				
通化	Tonghua	0.41	0.17	0.17	157
白山	Baishan	0.37			
松原	Songyuan	0.42	0.53	0.25	149
白城	Baicheng		1.33	0.15	159
黑龙江	**Heilongjiang**	**3.37**	**6.76**	**5.46**	
哈尔滨	Harbin			0.38	137
齐齐哈尔	Qiqihar				
鸡西	Jixi		0.35	0.35	139
鹤岗	Hegang	0.43			
双鸭山	Shuangyashan				
大庆	Daqing		0.66		
伊春	Yichun				
佳木斯	Jiamusi				
七台河	Qitaihe		0.37	0.25	149
牡丹江	Mudanjiang	1.54	2.12	2.12	72
黑河	Heihe				
绥化	Suihua		1.24	1.08	105
上海	**Shanghai**		**12.43**	**14.65**	
江苏	**Jiangsu**	**88.21**	**70.49**	**76.38**	

8-13 城市本年征用耕地面积（辖区） 续表 1
Area of Arable Land Requisition This Year (Municipal Districts) continued 1

单位：平方公里 (sq. km)

地名	City	2010	2015	2016	2016 排名 Ranking
南京	Nanjing	14.67	13.92	13.27	9
无锡	Wuxi	10.00	5.78	5.42	29
徐州	Xuzhou	0.71	5.61	3.77	44
常州	Changzhou	11.27	4.35	9.60	13
苏州	Suzhou		0.37	4.63	35
南通	Nantong	4.14	2.56	1.65	80
连云港	Lianyungang	8.53	7.32	3.44	47
淮安	Huaian	6.80		5.85	27
盐城	Yancheng	4.50	0.35	3.40	49
扬州	Yangzhou		0.80	0.32	140
镇江	Zhenjiang	4.27	3.36	1.94	75
泰州	Taizhou		0.59		
宿迁	Suqian		4.42	4.45	37
浙江	**Zhejiang**	**65.94**	**52.81**	**50.18**	
杭州	Hangzhou	18.37	8.29	6.15	26
宁波	Ningbo	2.78	0.62	6.67	23
温州	Wenzhou	4.62	2.21	3.16	57
嘉兴	Jiaxing	6.20	2.29	1.44	88
湖州	Huzhou	0.80	2.07	0.23	151
绍兴	Shaoxing	0.98	7.68	7.02	19
金华	Jinhua	2.17	1.38	1.57	83
衢州	Quzhou	2.01	0.10	0.28	142
舟山	Zhoushan	3.24	1.86	0.99	112
台州	Taizhou	1.19	3.60	3.18	56
丽水	Lishui	1.15	0.88	0.07	163
安徽	**Anhui**	**61.18**	**64.32**	**67.20**	
合肥	Hefei	13.47	7.62	8.75	15
芜湖	Wuhu	5.59	3.65	4.06	42
蚌埠	Bengbu	3.00	5.11	3.10	58
淮南	Huainan	7.66	3.32	3.95	43
马鞍山	Maanshan	2.78	1.47	2.64	65
淮北	Huaibei	2.39	2.09	5.11	30
铜陵	Tongling				
安庆	Anqing			3.41	48
黄山	Huangshan	0.99	0.68	1.35	91
滁州	Chuzhou	10.34	12.12	8.55	16
阜阳	Fuyang	2.01	8.40	6.72	22
宿州	Suzhou	2.96	4.40	3.51	45
六安	Liuan	1.99	2.62	5.00	32
亳州	Bozhou	5.85	5.59	4.16	40
池州	Chizhou		0.31	0.26	147
宣城	Xuancheng				
福建	**Fujian**	**7.41**	**25.23**	**23.33**	2
福州	Fuzhou		2.81	1.33	92
厦门	Xiamen		1.41		
莆田	Putian	1.30	2.00	2.00	74
三明	Sanming		3.74	0.21	152
泉州	Quanzhou		0.70		
漳州	Zhangzhou	0.59	0.59	0.06	166
南平	Nanping	0.03	0.69	1.04	108
龙岩	Longyan	2.09	0.82	0.40	135
宁德	Ningde	0.58	0.55	7.40	18
江西	**Jiangxi**	**4.16**	**28.98**	**26.05**	
南昌	Nanchang		18.60	9.87	12
景德镇	Jingdezhen		0.29	0.60	125
萍乡	Pingxiang		2.38	2.38	67
九江	Jiujiang				
新余	Xinyu	0.31	0.02		
鹰潭	Yingtan				
赣州	Ganzhou	1.80	2.02	10.25	11
吉安	Jian				
宜春	Yichun				
抚州	Fuzhou		2.25	2.27	68
上饶	Shangrao	0.56			
山东	**Shandong**	**38.05**	**39.09**	**48.18**	
济南	Jinan	12.10	16.30	17.88	6
青岛	Qingdao	5.78		8.16	17
淄博	Zibo	4.15	4.60	3.09	59
枣庄	Zaozhuang	0.47	0.85	0.84	115
东营	Dongying	1.10	1.31	2.14	71
烟台	Yantai	2.26	2.50	1.56	84
潍坊	Weifang	0.43			
济宁	Jining				
泰安	Taian			0.46	132
威海	Weihai		0.53	0.28	142
日照	Rizhao				
莱芜	Laiwu		0.68	0.60	125
临沂	Linyi	0.22	1.70	1.56	84
德州	Dezhou		0.65	0.65	123
聊城	Liaocheng				

8-13 城市本年征用耕地面积（辖区） 续表 2

Area of Arable Land Requisition This Year (Municipal Districts) continued 2

单位：平方公里 (sq. km)

地名	City	2010	2015	2016	2016 排名 Ranking
滨州	Binzhou		0.17		
菏泽	Heze	1.66	5.27	3.24	53
河南	**Henan**	**27.02**	**24.71**	**13.01**	
郑州	Zhengzhou				
开封	Kaifeng	6.01	8.79	3.34	50
洛阳	Luoyang	11.79			
平顶山	Pingdingshan				
安阳	Anyang				
鹤壁	Hebi	0.27			
新乡	Xinxiang				
焦作	Jiaozuo				
濮阳	Puyang				
许昌	Xuchang				
漯河	Luohe				
三门峡	Sanmenxia				
南阳	Nanyang	1.66	4.86	0.80	117
商丘	Shangqiu				
信阳	Xinyang	6.03			
周口	Zhoukou				
驻马店	Zhumadian				
湖北	**Hubei**	**15.23**	**41.33**	**50.70**	
武汉	Wuhan	13.40	16.37	18.01	5
黄石	Huangshi		4.10		
十堰	Shiyan				
宜昌	Yichang				
襄阳	Xiangyang		16.73	18.88	4
鄂州	Ezhou	0.51			
荆门	Jingmen				
孝感	Xiaogan			4.36	38
荆州	Jingzhou	0.06			
黄冈	Huanggang				
咸宁	Xianning				
随州	Suizhou				
湖南	**Hunan**	**11.65**	**11.64**	**12.95**	
长沙	Changsha				
株洲	Zhuzhou				
湘潭	Xiangtan	0.92	4.64	2.12	72
衡阳	Hengyang	2.46	1.20	2.72	62
邵阳	Shaoyang	0.21	0.25	0.45	133
岳阳	Yueyang				
常德	Changde			1.69	78
张家界	Zhangjiajie	0.17			
益阳	Yiyang	1.00		0.71	122
郴州	Chenzhou	0.50	1.43	1.87	76
永州	Yongzhou	0.20	0.25	0.26	147
怀化	Huaihua				
娄底	Loudi	1.09			
广东	**Guangdong**	**26.43**	**44.92**	**48.16**	
广州	Guangzhou	11.95	4.86	4.63	35
韶关	Shaoguan				
深圳	Shenzhen		0.21		
珠海	Zhuhai	0.45	0.04		
汕头	Shantou				
佛山	Foshan		1.26	0.72	121
江门	Jiangmen	1.29	1.69		
湛江	Zhanjiang			1.47	86
茂名	Maoming		7.02	7.02	19
肇庆	Zhaoqing		0.93	1.02	109
惠州	Huizhou	1.81	0.38	1.05	107
梅州	Meizhou	0.07	0.85	0.90	113
汕尾	Shanwei		1.15	1.58	82
河源	Heyuan			1.06	106
阳江	Yangjiang				
清远	Qingyuan	0.40	3.00	3.23	54
东莞	Dongguan	2.12	1.90	1.24	97
中山	Zhongshan	2.86	0.02	0.86	114
潮州	Chaozhou		0.16	0.07	163
揭阳	Jieyang				
云浮	Yunfu	3.34	2.02	0.38	137
广西	**Guangxi**	**40.43**	**28.12**	**49.83**	
南宁	Nanning	3.04	12.30	30.29	1
柳州	Liuzhou	5.09	2.94	1.12	102
桂林	Guilin		1.96	0.76	118
梧州	Wuzhou		0.80	0.44	134
北海	Beihai	1.89			
防城港	Fangchenggang			0.19	156
钦州	Qinzhou	0.22			
贵港	Guigang	7.29	0.55	0.50	130
玉林	Yulin	2.06	0.39	0.56	128
百色	Baise				

8-13 城本年征用耕地面积（辖区） 续表 3

Area of Arable Land Requisition This Year (Municipal Districts) continued 3

单位：平方公里 (sq. km)

地名	City	2010	2015	2016	2016 排名 Ranking	地名	City	2010	2015	2016	2016 排名 Ranking
贺州	Hezhou	6.09	6.85	6.54	24	丽江	Lijiang		0.40	0.28	142
河池	Hechi		0.45	0.27	146	普洱	Puer				
来宾	Laibin	9.58	0.20			临沧	Lincang	0.80			
崇左	Chongzuo	3.17				**西藏**	**Tibet**	**0.71**	**2.50**	**2.50**	
海南	**Hainan**		**1.11**	**1.26**		拉萨	Lasa	0.71			
海口	Haikou					**陕西**	**Shaanxi**	**30.59**	**11.21**	**22.59**	
三亚	Sanya			0.16	158	西安	Xi'an	28.15	9.69	17.78	7
三沙	Sansha					铜川	Tongchuan			1.46	87
重庆	**Chongqing**	**14.23**	**41.39**	**42.56**		宝鸡	Baoji				
四川	**Sichuan**	**45.58**	**23.19**	**40.49**		咸阳	Xianyang				
成都	Chengdu	u	5.26	4.14	41	渭南	Weinan	1.73	0.57	1.80	77
自贡	Zigong	5.15		6.96	21	延安	Yan'an				
攀枝花	Panzhihua	0.70	0.01	0.13	161	汉中	Hanzhong				
泸州	Luzhou	8.20	1.54	4.70	34	榆林	Yulin				
德阳	Deyang	2.17	4.79	4.93	33	安康	Ankang		0.65	0.65	123
绵阳	Mianyang					商洛	Shangluo				
广元	Guangyuan		0.10	0.20	154	**甘肃**	**Gansu**	**12.62**	**21.73**	**27.98**	
遂宁	Suining					兰州	Lanzhou	6.50	15.43	18.93	3
内江	Neijiang	2.51	2.44	5.50	28	嘉峪关	Jiayuguan				
乐山	Leshan					金昌	Jinchang	0.57	0.02	0.40	135
南充	Nanchong	1.00	0.50	1.00	111	白银	Baiyin	0.81			
眉山	Meishan	1.14	0.64	1.13	101	天水	Tianshui			3.30	51
宜宾	Yibin	0.95		3.49	46	武威	Wuwei	1.00			
广安	Guangan					张掖	Zhangye	0.13	2.30	2.43	66
达州	Dazhou		0.89	2.17	69	平凉	Pingliang		0.52	0.52	129
雅安	Yaan		0.79	1.27	96	酒泉	Jiuquan				
巴中	Bazhong					庆阳	Qingyang	0.11	2.13	1.20	98
资阳	Ziyang	4.14	0.45	0.58	127	定西	Dingxi	0.20	0.26	0.28	142
贵州	**Guizhou**	**0.28**	**10.73**	**14.84**		陇南	Longnan				
贵阳	Guiyang					**青海**	**Qinghai**		**0.20**	**0.20**	
六盘水	Liupanshui					西宁	Xining				
遵义	Zunyi		4.29	6.35	25	海东	Haidong		0.20	0.20	154
安顺	Anshun	0.20	2.89	2.16	70	**宁夏**	**Ningxia**	**6.70**	**4.77**	**6.68**	
毕节	Bijie		1.02	1.02	109	银川	Yinchuan				
铜仁	Tongren			2.75	60	石嘴山	Shizuishan				
云南	**Yunnan**	**43.95**	**9.31**	**15.15**		吴忠	Wuzhong	2.60	0.45	1.68	79
昆明	Kunming	20.13	0.17	8.78	14	固原	Guyuan	0.70	2.66	2.66	64
曲靖	Qujing			1.15	100	中卫	Zhongwei	0.91	1.33	1.62	81
玉溪	Yuxi					**新疆**	**Xinjiang**	**5.80**	**7.68**	**6.51**	
保山	Baoshan	0.35	1.50			乌鲁木齐	Urumqi	3.83	4.13	4.29	39
昭通	Zhaotong	2.50	1.55	1.10	103	克拉玛依	Karamay				

8-14 城市维护建设资金(财政性资金)收入（辖区）

Revenue of Urban Maintenance and Construction Fund (Fiscal Budget) (Municipal Districts)

单位：万元 (10 000 yuan)

地名	City	2010	2015	2016	2016 排名 Ranking
全国	**Nation Total**	**85704996**	**160735509**	**180194600**	
北京	**Beijing**	**5886970**	**21002851**	**14498063**	
天津	**Tianjin**	**1516602**	**2206103**	**2564052**	
河北	**Hebei**	**3115491**	**3936578**	**4854346**	
石家庄	Shijiazhuang	410377	660851	674450	39
唐山	Tangshan	617009	216926	118348	161
秦皇岛	Qinhuangdao	346299	81700	122482	158
邯郸	Handan	419186	135009	1493695	20
邢台	Xingtai	55600	48033	45000	235
保定	Baoding	296291	1145621	956396	28
张家口	Zhangjiakou	96036	82444	98382	175
承德	Chengde	46963	46248	99671	174
沧州	Cangzhou	95169	76349	70319	192
廊坊	Langfang	107104	120882	151411	137
衡水	Hengshui	23645	54963	126955	153
山西	**Shanxi**	**1890382**	**2431823**	**2485140**	
太原	Taiyuan	690751	1276542	1356874	22
大同	Datong	589139	194050	194975	110
阳泉	Yangquan	86952	36966	54412	217
长治	Changzhi	71849	269294	16388	273
晋城	Jincheng	204	4886	4984	286
朔州	Shuozhou	118346	58615	294294	75
晋中	Jinzhong	84160	164897	254508	87
运城	Yuncheng	33245	18039	13288	278
忻州	Xinzhou	19764	103687	57811	207
临汾	Linfen	72372	57182	40648	245
吕梁	Lvliang	14028	51859	50205	225
内蒙古	**Inner Mongolia**	**2016567**	**2081355**	**1671906**	
呼和浩特	Hohhot	143959	192024	200030	108
包头	Baotou	194937	257853	257853	86
乌海	Wuhai	72670	327668	334179	69
赤峰	Chifeng	173710	496054	132081	150
通辽	Tongliao	87642	31284	31284	257
鄂尔多斯	Erdos	880253	115309	77156	186
呼伦贝尔	Hulunbuir	34567	40380	73284	188
巴彦淖尔	Bayannur	1450	21170	28378	258
乌兰察布	Ulanqab	33975	255234	235946	95
辽宁	**Liaoning**	**4617395**	**4726607**	**3834031**	
沈阳	Shenyang	692324	1499985	1176111	26
大连	Dalian	477648	1078853	848920	32
鞍山	Anshan	1955871	237430	290992	76
抚顺	Fushun	123387	209608	56827	210
本溪	Benxi	99424	55803	55803	212
丹东	Dandong	103943	79954	74039	187
锦州	Jinzhou	72452	43789	54088	218
营口	Yingkou	99609	105982	154963	132
阜新	Fuxin	42632	78074	78940	185
辽阳	Liaoyang	219210	199890	173167	120
盘锦	Panjin	109439	257795	80077	183
铁岭	Tieling	13522	16158	16660	271
朝阳	Chaoyang	40227	28122	26398	262
葫芦岛	Huludao	33656	104127	124445	155
吉林	**Jilin**	**883223**	**1685380**	**2471417**	
长春	Changchun	463853	845876	1278914	23
吉林	Jilin	58000	76000	80000	184
四平	Siping	8913	143551	168189	123
辽源	Liaoyuan	26909	65820	36000	250
通化	Tonghua	21689	29346	26957	261
白山	Baishan	37594	60633	36995	248
松原	Songyuan	8935	25691	25877	263
白城	Baicheng	18307	112536	133395	149
黑龙江	**Heilongjiang**	**1186674**	**1530215**	**1566287**	
哈尔滨	Harbin	345790	543600	614447	42
齐齐哈尔	Qiqihar	103597	97845	64996	195
鸡西	Jixi	16570	43827	116024	164
鹤岗	Hegang	24609	23848	16666	270
双鸭山	Shuangyashan	30149	24828	41012	244
大庆	Daqing	223668	163168	137968	145
伊春	Yichun	62307	45983	41534	243
佳木斯	Jiamusi	91623	41652	39183	246
七台河	Qitaihe	13444	55170	22669	265
牡丹江	Mudanjiang	28419	81653	58257	205
黑河	Heihe	15945	13629	8887	284
绥化	Suihua	14496	25659	54508	216
上海	**Shanghai**	**1960933**	**3657873**	**3612954**	
江苏	**Jiangsu**	**8008899**	**17545425**	**24456256**	

8-14 城市维护建设资金(财政性资金)收入（辖区） 续表 1

Revenue of Urban Maintenance and Construction Fund (Fiscal Budget) (Municipal Districts) continued 1

单位：万元 (10 000 yuan)

地名	City	2010	2015	2016	2016 排名 Ranking	地名	City	2010	2015	2016	2016 排名 Ranking
南京	Nanjing	1737698	3031885	6526413	4	池州	Chizhou	65881	60228	51387	222
无锡	Wuxi	535568	428743	485508	53	宣城	Xuancheng	103185	480000	479000	54
徐州	Xuzhou	169651	654631	611783	43	**福建**	**Fujian**	**4656971**	**6735656**	**10975204**	
常州	Changzhou	297868	586485	874240	30	福州	Fuzhou	2747179	1686960	1768720	18
苏州	Suzhou	1365198	5598418	8150468	2	厦门	Xiamen	546055	3681160	7179109	3
南通	Nantong	363404	1707862	1557412	19	莆田	Putian	53450	39739	47815	232
连云港	Lianyungang	207428	255925	1198282	25	三明	Sanming	8923	36779	48850	228
淮安	Huaian	212091	744031	421663	58	泉州	Quanzhou	345200	164981	437141	56
盐城	Yancheng	82886	305825	258164	85	漳州	Zhangzhou	36867	70251	174469	119
扬州	Yangzhou	201999	336963	262382	83	南平	Nanping	28167	181587	153624	133
镇江	Zhenjiang	646642	855245	434744	57	龙岩	Longyan	115652	198383	249042	88
泰州	Taizhou	117332	236502	307083	71	宁德	Ningde	174527	124423	136053	148
宿迁	Suqian	42294	200923	207767	106	**江西**	**Jiangxi**	**2422959**	**4875877**	**4516160**	
浙江	**Zhejiang**	**6108113**	**8761243**	**9799144**		南昌	Nanchang	125773	229150	855342	31
杭州	Hangzhou	2237771	2476819	2803548	14	景德镇	Jingdezhen	13687	177856	120060	159
宁波	Ningbo	815389	780987	708480	36	萍乡	Pingxiang	51200	263758	296767	73
温州	Wenzhou	94515	1935188	2673902	15	九江	Jiujiang	665900	207984	140523	142
嘉兴	Jiaxing	261755	133978	194255	111	新余	Xinyu	118293	156085	152395	134
湖州	Huzhou	274925	289034	295194	74	鹰潭	Yingtan	113836	297183	59872	202
绍兴	Shaoxing	180767	507910	412931	59	赣州	Ganzhou	174601	245498	510908	52
金华	Jinhua	67290	183711	186942	113	吉安	Jian	167206	195531	160259	129
衢州	Quzhou	98802	138988	207557	107	宜春	Yichun	174159	177312	215923	104
舟山	Zhoushan	146504	431668	240629	92	抚州	Fuzhou	123561	272588	324981	70
台州	Taizhou	126916	148956	162436	127	上饶	Shangrao	142829	807452	837052	33
丽水	Lishui	58456	154001	156474	131	**山东**	**Shandong**	**10377521**	**10534867**	**12532299**	
安徽	**Anhui**	**2902962**	**7915597**	**12834316**		济南	Jinan	951069	1479969	1783279	17
合肥	Hefei	597267	3740523	9183916	1	青岛	Qingdao	4752449	2452163	3820058	9
芜湖	Wuhu	616024	396238	394814	61	淄博	Zibo	145597	209081	198646	109
蚌埠	Bengbu	331579	618612	351599	65	枣庄	Zaozhuang	162441	107173	147145	140
淮南	Huainan	224036	232941	159906	130	东营	Dongying	231469	394487	350242	66
马鞍山	Maanshan	228717	198756	116937	162	烟台	Yantai	429225	587439	583752	47
淮北	Huaibei	81340	189396	139935	144	潍坊	Weifang	162854	254362	246064	89
铜陵	Tongling	29178	458344	269970	82	济宁	Jining	142668	163562	217477	100
安庆	Anqing	79137	128355	115641	165	泰安	Taian	244194	528128	388146	62
黄山	Huangshan	68456	84874	124067	156	威海	Weihai	128946	231317	608195	45
滁州	Chuzhou	138826	173000	178736	117	日照	Rizhao	168122	124018	162065	128
阜阳	Fuyang	56548	153117	246004	90	莱芜	Laiwu	53012	78827	69870	193
宿州	Suzhou	12722	412517	218016	99	临沂	Linyi	252508	630482	939221	29
六安	Liuan	54679	101986	104346	171	德州	Dezhou	97815	134423	116195	163
亳州	Bozhou	51395	118605	180071	115	聊城	Liaocheng	64766	148977	235330	96

8-14 城市维护建设资金(财政性资金)收入(辖区) 续表 2

Revenue of Urban Maintenance and Construction Fund (Fiscal Budget) (Municipal Districts) continued 2

单位：万元 (10 000 yuan)

地名	City	2010	2015	2016	2016 排名 Ranking	地名	City	2010	2015	2016	2016 排名 Ranking
滨州	Binzhou	78755	397836	444915	55	常德	Changde	195847	323696	349315	67
菏泽	Heze	69140	182249	287791	79	张家界	Zhangjiajie	5037	12882	13180	279
河南	**Henan**	**2381809**	**2553620**	**2290629**		益阳	Yiyang	85132	63438	51729	221
郑州	Zhengzhou	1205952	543344	345704	68	郴州	Chenzhou	72418	212511	12787	280
开封	Kaifeng	117063	87744	128620	152	永州	Yongzhou	118929	243485	287677	80
洛阳	Luoyang	38016	77343	72394	190	怀化	Huaihua	17881	432972	214997	105
平顶山	Pingdingshan	130426	57761	56671	211	娄底	Loudi	62196	34617	36030	249
安阳	Anyang	38155	54140	63222	196	**广东**	**Guangdong**	**9315084**	**14880108**	**17873815**	
鹤壁	Hebi	24182	117781	89940	178	广州	Guangzhou	2511190	3276471	3041464	12
新乡	Xinxiang	35676	38401	49536	227	韶关	Shaoguan	89614	191085	115428	166
焦作	Jiaozuo	130885	228387	60578	200	深圳	Shenzhen	132886	209419	216355	102
濮阳	Puyang	60780	87890	148966	139	珠海	Zhuhai	1867958	2049542	4094524	7
许昌	Xuchang	56796	52912	57891	206	汕头	Shantou	33895	663433	556642	48
漯河	Luohe	58325	12400	13520	277	佛山	Foshan	1609100	1837528	1865419	16
三门峡	Sanmenxia	22389	141483	35422	253	江门	Jiangmen	307168	484692	789621	34
南阳	Nanyang	52098	226516	297841	72	湛江	Zhanjiang	296750	415702	240674	91
商丘	Shangqiu	22626	65657	67657	194	茂名	Maoming	50082	51178	27578	259
信阳	Xinyang	23912	44097	35513	252	肇庆	Zhaoqing	267468	546084	271909	81
周口	Zhoukou	49778	87417	50463	223	惠州	Huizhou	226235	594140	618159	41
驻马店	Zhumadian	18700	34332	44637	237	梅州	Meizhou	79121	281066	514111	51
湖北	**Hubei**	**1561968**	**5886705**	**8385902**		汕尾	Shanwei	12680	25728	152386	135
武汉	Wuhan	406770	1667344	3959729	8	河源	Heyuan	22393	196554	100545	173
黄石	Huangshi	62525	91201	288711	78	阳江	Yangjiang	33027	71867	89088	179
十堰	Shiyan	175056	276833	289329	77	清远	Qingyuan	125436	551515	260419	84
宜昌	Yichang	145952	627188	692040	38	东莞	Dongguan	585254	2058155	3768449	10
襄阳	Xiangyang	192652	1061119	642704	40	中山	Zhongshan	113168	182175	238797	94
鄂州	Ezhou	97828	106781	112430	169	潮州	Chaozhou	28604	163914	228643	98
荆门	Jingmen	16944	125536	151724	136	揭阳	Jieyang	20733	85504	70730	191
孝感	Xiaogan	15700	825700	693130	37	云浮	Yunfu	42947	46960	48509	230
荆州	Jingzhou	33135	60479	61330	199	**广西**	**Guangxi**	**2722649**	**5248781**	**6392932**	
黄冈	Huanggang	16480	49520	163647	125	南宁	Nanning	1447620	2289806	2872023	13
咸宁	Xianning	90859	19720	21781	266	柳州	Liuzhou	529239	894448	1263555	24
随州	Suizhou	12300	44460	44658	236	桂林	Guilin	98538	602422	610168	44
湖南	**Hunan**	**2004494**	**3468328**	**5852679**		梧州	Wuzhou	64514	141460	530042	50
长沙	Changsha	602633	899874	3429054	11	北海	Beihai	30724	97505	103315	172
株洲	Zhuzhou	279587	105527	49624	226	防城港	Fangchenggang	100928	118849	112725	168
湘潭	Xiangtan	34150	238011	361218	64	钦州	Qinzhou	71664	36743	14998	275
衡阳	Hengyang	20658	92272	172022	121	贵港	Guigang	21452	64604	118564	160
邵阳	Shaoyang	55792	185501	189560	112	玉林	Yulin	141541	178524	170039	122
岳阳	Yueyang	146356	208650	229510	97	百色	Baise	21082	169594	60273	201

8-14 城市维护建设资金(财政性资金)收入(辖区) 续表 3

Revenue of Urban Maintenance and Construction Fund (Fiscal Budget) (Municipal Districts) continued 3

单位：万元 (10 000 yuan)

地名	City	2010	2015	2016	2016 排名 Ranking
贺州	Hezhou	6091	129638	144157	141
河池	Hechi	37573	129829	130027	151
来宾	Laibin	25666	116086	42578	238
崇左	Chongzuo	35278	54890	55000	215
海南	**Hainan**	**245421**	**1295332**	**540732**	
海口	Haikou	60079	107408	92101	177
三亚	Sanya	47850	807557	81250	182
三沙	Sansha		6245	16540	272
重庆	**Chongqing**	**1950298**	**5384683**	**3857157**	
四川	**Sichuan**	**1929600**	**7613624**	**7556552**	
成都	Chengdu	680325	3884993	4847955	6
自贡	Zigong	29839	39501	41591	242
攀枝花	Panzhihua	35138	65365	55794	213
泸州	Luzhou	45043	522106	531730	49
德阳	Deyang	44274	72994	62329	197
绵阳	Mianyang	116535	69987	175630	118
广元	Guangyuan	107311	123873	140310	143
遂宁	Suining	35286	105067	136612	147
内江	Neijiang	13572	59782	53217	219
乐山	Leshan	77158	40378	56940	209
南充	Nanchong	98170	195200	113760	167
眉山	Meishan	12312	85822	73219	189
宜宾	Yibin	163208	478107	179761	116
广安	Guangan	17070	251439	20675	267
达州	Dazhou	20521	58719	149174	138
雅安	Yaan	2780	126919	123315	157
巴中	Bazhong	53212	396691	55065	214
资阳	Ziyang	9743	101748	59457	204
贵州	**Guizhou**	**389972**	**1967186**	**521421**	
贵阳	Guiyang	259749	185975	7157	285
六盘水	Liupanshui	1837	26194	27037	260
遵义	Zunyi	20583	417186	59832	203
安顺	Anshun	18636	110126	35997	251
毕节	Bijie	590	305249	184818	114
铜仁	Tongren	2451	5221	51818	220
云南	**Yunnan**	**1923960**	**2137330**	**2924784**	
昆明	Kunming	961108	1098749	1417737	21
曲靖	Qujing	76702	74111	126928	154
玉溪	Yuxi	36443	20078	404460	60
保山	Baoshan	12103	2705	32473	256
昭通	Zhaotong	25278	56592	42084	240

地名	City	2010	2015	2016	2016 排名 Ranking
丽江	Lijiang	31757	14403	14403	276
普洱	Puer	50812	12723	10021	283
临沧	Lincang	9430	61231	93480	176
西藏	**Tibet**	**13138**	**608748**	**609348**	
拉萨	Lasa	9345	607028	607028	46
陕西	**Shaanxi**	**2060164**	**5893677**	**6343524**	
西安	Xi'an	1397733	4888828	5177856	5
铜川	Tongchuan	18776	11412	20333	268
宝鸡	Baoji	188268	92184	216401	101
咸阳	Xianyang	44130	100568	111377	170
渭南	Weinan	36219	70419	163318	126
延安	Yan'an	58088	33130	48692	229
汉中	Hanzhong	13262	38446	46502	234
榆林	Yulin	63352	170669	163925	124
安康	Ankang	167400	299361	216150	103
商洛	Shangluo	35158	29127	82877	180
甘肃	**Gansu**	**421293**	**570054**	**1363493**	
兰州	Lanzhou	120222	255783	963578	27
嘉峪关	Jiayuguan	25594	44237	37774	247
金昌	Jinchang	24602	10738	33295	254
白银	Baiyin	17572	46571	56942	208
天水	Tianshui	8432	47620	47189	233
武威	Wuwei	26051	15326	19030	269
张掖	Zhangye	9350	21308	50215	224
平凉	Pingliang	18511	28218	33130	255
酒泉	Jiuquan	16701	5351	15832	274
庆阳	Qingyang	95424	10150	10334	282
定西	Dingxi	5123	26236	23141	264
陇南	Longnan	18066	11210	11769	281
青海	**Qinghai**	**154783**	**664297**	**871316**	
西宁	Xining	120571	493537	745899	35
海东	Haidong		97925	82027	181
宁夏	**Ningxia**	**385876**	**551251**	**545264**	
银川	Yinchuan	111326	307967	239963	93
石嘴山	Shizuishan	71609	52966	62313	198
吴忠	Wuzhong	18896	20484	41729	241
固原	Guyuan	25747	24644	47885	231
中卫	Zhongwei	37044	58208	42305	239
新疆	**Xinjiang**	**692825**	**2384335**	**1593477**	
乌鲁木齐	Urumqi	165227	1077681	379197	63
克拉玛依	Karamay	67373	166234	136730	146

8-15 城市维护建设资金支出（财政性资金）（辖区）

Expenditure of Urban Maintenance and Construction Fund (Fiscal Budget) (Municipal Districts)

单位：万元 (10 000 yuan)

地名	City	2010	2015	2016	2016 排名 Ranking
全国	**Nation Total**	**75080799**	**124386269**	**138326496**	
北京	**Beijing**	**6215691**	**15536209**	**16270965**	
天津	**Tianjin**	**1592922**	**2283693**	**2506578**	
河北	**Hebei**	**3043449**	**1980683**	**2432049**	
石家庄	Shijiazhuang	410507	508159	484827	43
唐山	Tangshan	616009	216926	118348	140
秦皇岛	Qinhuangdao	341328	79950	137506	125
邯郸	Handan	350869	4853	299916	64
邢台	Xingtai	55600	48033	45000	208
保定	Baoding	306844	231896	448184	46
张家口	Zhangjiakou	94369	79200	94485	155
承德	Chengde	46963	41658	32489	231
沧州	Cangzhou	95169	76349	69118	173
廊坊	Langfang	107104	120882	151411	117
衡水	Hengshui	27169	16912	23630	243
山西	**Shanxi**	**2080377**	**2183414**	**2018859**	
太原	Taiyuan	690751	992643	1156873	18
大同	Datong	739492	237358	188987	93
阳泉	Yangquan	92162	42372	77976	164
长治	Changzhi	74075	269280	16676	258
晋城	Jincheng	204	4886	4984	279
朔州	Shuozhou	118346	61365	295818	66
晋中	Jinzhong	87913	162987	30847	232
运城	Yuncheng	33245	17213	13288	266
忻州	Xinzhou	19764	103687	54776	188
临汾	Linfen	74137	57182	2289	281
吕梁	Lvliang	13183	48760	49925	198
内蒙古	**Inner Mongolia**	**1755347**	**1729153**	**1504520**	
呼和浩特	Hohhot	141777	187762	201364	85
包头	Baotou	126522	58456	58456	184
乌海	Wuhai	107846	362635	337341	58
赤峰	Chifeng	100954	443859	110168	143
通辽	Tongliao	72234	30229	202980	84
鄂尔多斯	Erdos	825256	110775	51207	195
呼伦贝尔	Hulunbuir	39578	40380	73284	168
巴彦淖尔	Bayannur	1450		39296	214
乌兰察布	Ulanqab	22940	108803	99476	154
辽宁	**Liaoning**	**2429628**	**3246034**	**2674859**	
沈阳	Shenyang	639209	1372568	1097174	21
大连	Dalian	474880	954194	679189	33
鞍山	Anshan	248074	29382	148910	119
抚顺	Fushun	122116	47864	45596	206
本溪	Benxi	102113	54362	54362	189
丹东	Dandong	104028	80043	73939	167
锦州	Jinzhou	78738	50816	38199	218
营口	Yingkou	99609	10637	110042	145
阜新	Fuxin	32162	27483	15907	262
辽阳	Liaoyang	47757	61686	20953	253
盘锦	Panjin	109731	14911	35002	226
铁岭	Tieling	13522	16158	16660	259
朝阳	Chaoyang	40227	28122	26398	238
葫芦岛	Huludao	33656	104127	37919	219
吉林	**Jilin**	**953627**	**1173123**	**1955238**	
长春	Changchun	467275	550262	1009625	23
吉林	Jilin	58000	76000	80000	162
四平	Siping	7664	31255	19463	255
辽源	Liaoyuan	37200	65820	36000	225
通化	Tonghua	21689	29346	26957	237
白山	Baishan	43429	49088	51897	193
松原	Songyuan	60940	6449	23934	242
白城	Baicheng	18307	114056	126091	134
黑龙江	**Heilongjiang**	**1185874**	**1454195**	**1624997**	
哈尔滨	Harbin	345790	443600	718201	30
齐齐哈尔	Qiqihar	103597	97055	64996	174
鸡西	Jixi	16570	53841	63729	178
鹤岗	Hegang	24613	23909	15748	263
双鸭山	Shuangyashan	30073	27152	41330	212
大庆	Daqing	223668	191683	137968	124
伊春	Yichun	62307	45983	41534	211
佳木斯	Jiamusi	91623	40654	39183	215
七台河	Qitaihe	13060	55170	22669	247
牡丹江	Mudanjiang	28419	87679	71991	171
黑河	Heihe	15945	13333	8920	273
绥化	Suihua	14496	25006	50542	196
上海	**Shanghai**	**3503084**	**1281899**	**1572074**	
江苏	**Jiangsu**	**7679303**	**11364807**	**14541824**	

8-15 城市维护建设资金支出（财政性资金）（辖区） 续表 1

Expenditure of Urban Maintenance and Construction Fund (Fiscal Budget) (Municipal Districts) continued 1

单位：万元 (10 000 yuan)

地名	City	2010	2015	2016	2016 排名 Ranking
南京	Nanjing	1638585	2558589	4513896	3
无锡	Wuxi	535568	428743	485508	42
徐州	Xuzhou	169652	514594	573695	38
常州	Changzhou	297318	470383	872632	28
苏州	Suzhou	1393528	2027297	1543834	12
南通	Nantong	722095	1424649	1381896	16
连云港	Lianyungang	198090	218694	1116633	20
淮安	Huaian	225725	337350	420000	49
盐城	Yancheng	80839	197681	200915	87
扬州	Yangzhou	209471	346832	240123	74
镇江	Zhenjiang	166605	222113	187600	95
泰州	Taizhou	107422	243171	327329	61
宿迁	Suqian	42118	217887	231286	75
浙江	**Zhejiang**	**5732752**	**6525407**	**6448045**	
杭州	Hangzhou	2049529	1260890	940320	25
宁波	Ningbo	811028	723010	649234	34
温州	Wenzhou	71415	1188482	1624355	10
嘉兴	Jiaxing	172941	73725	151955	115
湖州	Huzhou	275789	322489	281192	70
绍兴	Shaoxing	180842	498045	387239	51
金华	Jinhua	71675	182228	171856	102
衢州	Quzhou	98867	138243	207214	82
舟山	Zhoushan	142461	305491	208822	80
台州	Taizhou	110799	157265	162203	107
丽水	Lishui	55404	150707	133184	127
安徽	**Anhui**	**2677535**	**7138710**	**12531596**	
合肥	Hefei	563516	3584263	8635958	1
芜湖	Wuhu	613238	305536	343528	57
蚌埠	Bengbu	107472	393863	317150	63
淮南	Huainan	223663	208057	219090	78
马鞍山	Maanshan	221841	149445	112484	141
淮北	Huaibei	81746	256934	267555	71
铜陵	Tongling	26219	196067	196876	90
安庆	Anqing	79190	133575	110137	144
黄山	Huangshan	69477	86568	151865	116
滁州	Chuzhou	133575	174655	177027	98
阜阳	Fuyang	54310	153117	246004	73
宿州	Suzhou	12090	336134	205304	83
六安	Liuan	54679	101986	104346	148
亳州	Bozhou	51395	99428	177652	97
池州	Chizhou	65533	51965	51782	194
宣城	Xuancheng	101515	361000	411115	50
福建	**Fujian**	**3355289**	**5992877**	**6513434**	
福州	Fuzhou	1486942	1518275	1578334	11
厦门	Xiamen	546055	2832402	3604653	6
莆田	Putian	53450	39740	45733	205
三明	Sanming	8923	36459	47002	201
泉州	Quanzhou	419500	137169	107270	147
漳州	Zhangzhou	26733	37027	53104	191
南平	Nanping	28167	225730	149651	118
龙岩	Longyan	115652	199286	227676	77
宁德	Ningde	76055	121951		
江西	**Jiangxi**	**2405355**	**4094343**	**2941002**	
南昌	Nanchang	120692	814853	550908	40
景德镇	Jingdezhen	135731	11390	21474	249
萍乡	Pingxiang	51200	163180	172863	101
九江	Jiujiang	597745	194330	133794	126
新余	Xinyu	118293	156085	152391	114
鹰潭	Yingtan	80749	30809	12605	267
赣州	Ganzhou	174601	80102	153957	112
吉安	Jian	187130	192098	157111	111
宜春	Yichun	174147	17308	215321	79
抚州	Fuzhou	195127	66971	20060	254
上饶	Shangrao	142829	878908	905095	27
山东	**Shandong**	**5474926**	**6363538**	**7087718**	
济南	Jinan	997725	1475851	1512683	14
青岛	Qingdao	1051964	565007	328524	60
淄博	Zibo	121389	200465	198646	88
枣庄	Zaozhuang	161258	102426	139920	123
东营	Dongying	92815	229132	420447	48
烟台	Yantai	372635	231458	329595	59
潍坊	Weifang	168680	205203	231160	76
济宁	Jining	135119	161320	119236	138
泰安	Taian	245126	285580	318200	62
威海	Weihai	127986	233861	449159	45
日照	Rizhao	166630	102800	152843	113
莱芜	Laiwu	50008	59949	44034	210
临沂	Linyi	246046	624916	940256	26
德州	Dezhou	95430	89584	109609	146
聊城	Liaocheng	56990	135564	131310	130

8-15 城市维护建设资金支出（财政性资金）（辖区） 续表 2

Expenditure of Urban Maintenance and Construction Fund (Fiscal Budget) (Municipal Districts) continued 2

单位：万元 (10 000 yuan)

地名	City	2010	2015	2016	2016 排名 Ranking
滨州	Binzhou	78233	50335	99951	153
菏泽	Heze	69141	182249	196791	91
河南	**Henan**	**2078148**	**2219983**	**2277488**	
郑州	Zhengzhou	1205952	543344	345704	55
开封	Kaifeng	75823	84203	123382	135
洛阳	Luoyang	36694	66637	75424	166
平顶山	Pingdingshan	46307	43953		
安阳	Anyang	37518	53620	62040	180
鹤壁	Hebi	23968	117723	89910	159
新乡	Xinxiang	46443	36974	45516	207
焦作	Jiaozuo	59236	62181	60515	182
濮阳	Puyang	10785	82896	142662	121
许昌	Xuchang	36601	95352	92253	156
漯河	Luohe	45282	12400	12500	268
三门峡	Sanmenxia	22389	80023	80868	161
南阳	Nanyang	48545	205590	287476	68
商丘	Shangqiu	21669	61395	62895	179
信阳	Xinyang	23813	40927	36807	223
周口	Zhoukou	49778	87417	50463	197
驻马店	Zhumadian	18675	35540	46222	203
湖北	**Hubei**	**1307256**	**5750513**	**7273500**	
武汉	Wuhan	320000	1667344	3332418	7
黄石	Huangshi	62525	91447	355629	53
十堰	Shiyan	142639	241920	251182	72
宜昌	Yichang	145952	627188	692043	32
襄阳	Xiangyang	70552	1051253	642704	35
鄂州	Ezhou	97828	106781	122361	137
荆门	Jingmen	16944	116050	159785	109
孝感	Xiaogan	15700	825700	693130	31
荆州	Jingzhou	33135	60479	61330	181
黄冈	Huanggang	16480	49520		
咸宁	Xianning	90630	19720	21746	248
随州	Suizhou	12300	44460	44658	209
湖南	**Hunan**	**2028183**	**3392782**	**2448537**	
长沙	Changsha	569487	899874	944865	24
株洲	Zhuzhou	486537	100383	39808	213
湘潭	Xiangtan	55648	241295	143764	120
衡阳	Hengyang	20000	94992	112154	142
邵阳	Shaoyang	55792	183378	187703	94
岳阳	Yueyang	146356	189710	208681	81

地名	City	2010	2015	2016	2016 排名 Ranking
常德	Changde	20637	323696	4540	280
张家界	Zhangjiajie	5383			
益阳	Yiyang	91752	62555	6541	278
郴州	Chenzhou	79575	198093	12011	269
永州	Yongzhou	104373	238456	282583	69
怀化	Huaihua	17881	389404	7636	275
娄底	Loudi	47395	34617	36030	224
广东	**Guangdong**	**6977019**	**11421946**	**14237522**	
广州	Guangzhou	2450282	3219043	2964699	8
韶关	Shaoguan	24167	117581	64180	176
深圳	Shenzhen	132886	511677	1059550	22
珠海	Zhuhai	1435388	718568	1526846	13
汕头	Shantou	87009	835076	596086	37
佛山	Foshan	183619	1229713	1440986	15
江门	Jiangmen	125286	207062	627392	36
湛江	Zhanjiang	335080	306765	161561	108
茂名	Maoming	16928	30705	25378	240
肇庆	Zhaoqing	348784	355068	167253	104
惠州	Huizhou	228380	489806	508621	41
梅州	Meizhou	64351	244982	422591	47
汕尾	Shanwei	12680	13900	37683	220
河源	Heyuan	22393	196417	100545	152
阳江	Yangjiang	33027	38159	83351	160
清远	Qingyuan	7779	73897	170884	103
东莞	Dongguan	444827	2058155	3768449	5
中山	Zhongshan	133327	235782	164888	106
潮州	Chaozhou	23493	31428	21354	251
揭阳	Jieyang	21741	79956	69612	172
云浮	Yunfu	11853	19194	21121	252
广西	**Guangxi**	**2694094**	**5045918**	**5969872**	
南宁	Nanning	1447620	2112981	2889253	9
柳州	Liuzhou	529239	987071	1150277	19
桂林	Guilin	98538	553216	566078	39
梧州	Wuzhou	64619	137482	298279	65
北海	Beihai	30899	92981	101507	151
防城港	Fangchenggang	97760	108535	102967	149
钦州	Qinzhou	66810	34504	15526	264
贵港	Guigang	19107	60710	118564	139
玉林	Yulin	140599	166448	158283	110
百色	Baise	20320	169594	56240	187

8-15 城市维护建设资金支出（财政性资金）（辖区）续表 3

Expenditure of Urban Maintenance and Construction Fund (Fiscal Budget) (Municipal Districts) continued 3

单位：万元 (10 000 yuan)

地名	City	2010	2015	2016	2016 排名 Ranking	地名	City	2010	2015	2016	2016 排名 Ranking
贺州	Hezhou	6065	119340	132690	129	丽江	Lijiang	31875	34201	34201	229
河池	Hechi	37571	129829	130027	131	普洱	Puer	51182	7407	6606	277
来宾	Laibin	25593	106210	38967	216	临沧	Lincang	9710	12120	17650	257
崇左	Chongzuo	26899	53890	53070	192	**西藏**	**Tibet**	**11353**	**62845**	**62940**	
海南	**Hainan**	**249151**	**1154630**	**524396**		拉萨	Lasa	7581	29415	29415	234
海口	Haikou	74137	107228	92101	157	**陕西**	**Shaanxi**	**2239864**	**7108004**	**7226650**	
三亚	Sanya	33061	670452	77166	165	西安	Xi'an	1396774	4896817	5177856	2
三沙	Sansha		6470	16540	261	铜川	Tongchuan	56061	208847	78999	163
重庆	**Chongqing**	**1917066**	**5099675**	**3821347**		宝鸡	Baoji	188268	84210	343947	56
四川	**Sichuan**	**1818786**	**5343109**	**5783915**		咸阳	Xianyang	162973	811378	467562	44
成都	Chengdu	705868	3560628	4045685	4	渭南	Weinan	32679	141734	176743	99
自贡	Zigong	29839	31006	29401	235	延安	Yan'an	57338	37931	56416	186
攀枝花	Panzhihua	35352	53943	33665	230	汉中	Hanzhong	32541	154847	174232	100
泸州	Luzhou	44463	182284	182933	96	榆林	Yulin	52583	160521	194172	92
德阳	Deyang	44274	72994	64658	175	安康	Ankang	167400	298161	289378	67
绵阳	Mianyang	115391	66044	102787	150	商洛	Shangluo	35038	40583	64060	177
广元	Guangyuan	60415	123282	140248	122	**甘肃**	**Gansu**	**442365**	**517791**	**490358**	
遂宁	Suining	35275	31037	128310	132	兰州	Lanzhou	118655	261313	201290	86
内江	Neijiang	13559	58871	48968	199	嘉峪关	Jiayuguan	26243	39576	16623	260
乐山	Leshan	76323	36685	54204	190	金昌	Jinchang	24602	10407	27652	236
南充	Nanchong	100500	215400	127100	133	白银	Baiyin	17572	2250	13797	265
眉山	Meishan	12312	85822	73219	169	天水	Tianshui	8471	45848	45848	204
宜宾	Yibin	103442	12481	164967	105	武威	Wuwei	24728	14230	18630	256
广安	Guangan	47070	167569	21469	250	张掖	Zhangye	10160	11058	37494	221
达州	Dazhou	18630	16073	24333	241	平凉	Pingliang	45257	33563	34718	228
雅安	Yaan	2780	126919	123315	136	酒泉	Jiuquan	16701	5562		
巴中	Bazhong	10407	11790	38275	217	庆阳	Qingyang	95424	11857	11288	271
资阳	Ziyang	9015	102127	59857	183	定西	Dingxi	5042	26236	23141	245
贵州	**Guizhou**	**447265**	**247842**	**239421**		陇南	Longnan	13814	11212	11771	270
贵阳	Guiyang	330640	40485	7157	276	**青海**	**Qinghai**	**154783**	**650757**	**878715**	
六盘水	Liupanshui	2367	6119	11032	272	西宁	Xining	120571	493537	745898	29
遵义	Zunyi	20123	23242	56892	185	海东	Haidong		97925	90157	158
安顺	Anshun	13055	21691	23547	244	**宁夏**	**Ningxia**	**305836**	**467400**	**413073**	
毕节	Bijie	6110	32396	37204	222	银川	Yinchuan	86109	316360	197537	89
铜仁	Tongren	2186	7103	25778	239	石嘴山	Shizuishan	72893	15611	23052	246
云南	**Yunnan**	**1685076**	**1638290**	**2802549**		吴忠	Wuzhong	18896	20484	34985	227
昆明	Kunming	939165	1007329	1325578	17	固原	Guyuan	24156	23611	47355	200
曲靖	Qujing	68734	52917	133134	128	中卫	Zhongwei	37044	8007	7764	274
玉溪	Yuxi	40792	24912	355421	54	**新疆**	**Xinjiang**	**639395**	**1916699**	**1252455**	
保山	Baoshan	12870	3952	30500	233	乌鲁木齐	Urumqi	165227	1077681	379197	52
昭通	Zhaotong	25278	38775	46743	202	克拉玛依	Karamay	60382	113877	72618	170

8-16 城市市政公用设施建设固定资产投资额（辖区）
Fixed Assets Investment in Urban Service Facilities (Municipal Districts)

单位：万元 (10 000 yuan)

地名	City	2010	2015	2016	2016 排名 Ranking
全国	**Nation Total**	**143058687**	**162044401**	**174599734**	
北京	**Beijing**	**8541126**	**10215405**	**12010583**	
天津	**Tianjin**	**6009490**	**4548928**	**2927208**	
河北	**Hebei**	**8526761**	**3738577**	**3607251**	
石家庄	Shijiazhuang	1494183	1304236	1348468	30
唐山	Tangshan	2190198	469716	185635	122
秦皇岛	Qinhuangdao	429991	170834	247144	98
邯郸	Handan	803804	451269	127645	166
邢台	Xingtai	663984	42702	70376	208
保定	Baoding	294471	67238	103797	185
张家口	Zhangjiakou	492258	77474	134113	158
承德	Chengde	328661	47901	269335	92
沧州	Cangzhou	150126	151028	200291	117
廊坊	Langfang	336604	88467	143486	152
衡水	Hengshui	245370	42310	48678	231
山西	**Shanxi**	**2258567**	**2375634**	**4744357**	
太原	Taiyuan	780811	973200	2863770	8
大同	Datong	672705	27000	296900	84
阳泉	Yangquan	97045	110983	130523	163
长治	Changzhi	61265	280957	184037	123
晋城	Jincheng	2669	173006	110717	174
朔州	Shuozhou	117849	109581	126262	168
晋中	Jinzhong	122303	258746	287304	86
运城	Yuncheng	25193	18191	29399	253
忻州	Xinzhou	54500	34902	67564	209
临汾	Linfen	74137		243613	101
吕梁	Lvliang	10767	101829	148917	148
内蒙古	**Inner Mongolia**	**3663044**	**4989745**	**4774236**	
呼和浩特	Hohhot	355810	1440823	1673255	24
包头	Baotou	869045	1199404	1006220	35
乌海	Wuhai	139354	264885	204100	112
赤峰	Chifeng	174630	444045	576115	45
通辽	Tongliao	94921	222903	161101	142
鄂尔多斯	Erdos	1062387	97683	133733	159
呼伦贝尔	Hulunbuir	196242	312752	144132	151
巴彦淖尔	Bayannur	451700	171175	107466	180
乌兰察布	Ulanqab	79121	160277	47176	234
辽宁	**Liaoning**	**6746292**	**3148514**	**2724690**	
沈阳	Shenyang	3593773	1402088	1355730	29
大连	Dalian	1442714	796583	669982	40
鞍山	Anshan	138845	184871	95376	189
抚顺	Fushun	279218	51543	128477	165
本溪	Benxi	66682	24834		
丹东	Dandong	86162	46043	77633	203
锦州	Jinzhou	122839	82811	60010	218
营口	Yingkou	123291	4795	34166	244
阜新	Fuxin	41812	32890	15240	273
辽阳	Liaoyang	152085	63143	29761	251
盘锦	Panjin	104571	15137	29435	252
铁岭	Tieling	17480	60949	27264	258
朝阳	Chaoyang	41954	87689	31504	246
葫芦岛	Huludao	80069	41135	21218	267
吉林	**Jilin**	**2152685**	**2377965**	**3486458**	
长春	Changchun	1442023	1547649	2459803	13
吉林	Jilin	228767	208672	193841	118
四平	Siping	19564	20096	155125	145
辽源	Liaoyuan	13412	36760	63277	216
通化	Tonghua	70540	50905	120151	171
白山	Baishan	43504	45481	52903	225
松原	Songyuan	60470	39274	22443	265
白城	Baicheng	33085	50853	72397	207
黑龙江	**Heilongjiang**	**3048439**	**1790461**	**2274993**	
哈尔滨	Harbin	2092434	831079	1169242	33
齐齐哈尔	Qiqihar	73425	66008	104863	183
鸡西	Jixi	25718	93444	66207	212
鹤岗	Hegang	50240	32794	84219	199
双鸭山	Shuangyashan	29810	80470	79722	201
大庆	Daqing	214058	67926	45803	235
伊春	Yichun	58727	42547	78870	202
佳木斯	Jiamusi	126985	53396	18584	270
七台河	Qitaihe	22622	45625	16534	272
牡丹江	Mudanjiang	38832	74510	233726	104
黑河	Heihe	18556	9588	7312	279
绥化	Suihua	17096	65662	122978	170
上海	**Shanghai**	**4769428**	**6583404**	**5538842**	
江苏	**Jiangsu**	**13299989**	**14853651**	**14627229**	

8-16 城市市政公用设施建设固定资产投资额（辖区） 续表 1

Fixed Assets Investment in Urban Service Facilities (Municipal Districts) continued 1

单位：万元 (10 000 yuan)

地名	City	2010	2015	2016	2016 排名 Ranking
南京	Nanjing	2764279	4326437	3495392	3
无锡	Wuxi	2816435	546864	407579	67
徐州	Xuzhou	308785	134988	463479	58
常州	Changzhou	1412021	948987	1118839	34
苏州	Suzhou	1145287	2103290	2360287	15
南通	Nantong	1100991	1974118	1519026	28
连云港	Lianyungang	244502	216091	298031	83
淮安	Huaian	305802	152563	256425	94
盐城	Yancheng	225176	511743	514262	50
扬州	Yangzhou	289141	692527	438438	62
镇江	Zhenjiang	747350	1512753	1747889	21
泰州	Taizhou	184213	370783	469237	57
宿迁	Suqian	65332	195522	230723	105
浙江	**Zhejiang**	**5339364**	**9376203**	**11040682**	
杭州	Hangzhou	1414876	3029584	3460703	4
宁波	Ningbo	1503364	1955963	2461195	12
温州	Wenzhou	135005	1213586	1541423	27
嘉兴	Jiaxing	299618	193582	208294	110
湖州	Huzhou	307221	111890	361621	76
绍兴	Shaoxing	162757	683541	622963	41
金华	Jinhua	56815	266797	219781	107
衢州	Quzhou	47708	72632	73795	206
舟山	Zhoushan	81614	189330	164735	138
台州	Taizhou	132233	173944	164733	139
丽水	Lishui	136558	152011	139506	155
安徽	**Anhui**	**4756917**	**6324122**	**7417525**	
合肥	Hefei	844908	1749639	2177000	18
芜湖	Wuhu	622873	380797	411179	66
蚌埠	Bengbu	395255	356451	277859	88
淮南	Huainan	517803	320948	274964	91
马鞍山	Maanshan	417855	355527	373476	73
淮北	Huaibei	225281	287922	381518	70
铜陵	Tongling	150424	170548	219454	108
安庆	Anqing	105324	243741	399670	68
黄山	Huangshan	83976	95575	168577	132
滁州	Chuzhou	304663	250140	313868	82
阜阳	Fuyang	121221	456746	492384	54
宿州	Suzhou	115007	333083	179679	125
六安	Liuan	68388	103186	104663	184
亳州	Bozhou	108304	91642	134323	157
池州	Chizhou	92215	60064	89079	196
宣城	Xuancheng	242763	423760	513418	51
福建	**Fujian**	**3850761**	**6485406**	**6261545**	
福州	Fuzhou	1679485	1530052	1691244	23
厦门	Xiamen	534554	1624310	2186359	17
莆田	Putian	454845	752490	342749	79
三明	Sanming	8440	78008	30136	249
泉州	Quanzhou	229420	438734	243908	100
漳州	Zhangzhou	197180	348980	200302	116
南平	Nanping	40289	206400	23810	261
龙岩	Longyan	91154	223094	373923	72
宁德	Ningde	76055	32254	47889	232
江西	**Jiangxi**	**4210145**	**4874121**	**4052364**	
南昌	Nanchang	283754	2150147	1586626	26
景德镇	Jingdezhen	127913	46006	53370	224
萍乡	Pingxiang	94715	156905	89845	195
九江	Jiujiang	1326866	411469	428371	63
新余	Xinyu	355090	78942	88130	197
鹰潭	Yingtan	55809	14760	2006	284
赣州	Ganzhou	685581	346245	493546	53
吉安	Jian	154704	201240	211268	109
宜春	Yichun	225759	491098	176567	128
抚州	Fuzhou	414079	568613	482234	56
上饶	Shangrao	148379	101158	167419	133
山东	**Shandong**	**7896810**	**8610951**	**10060204**	
济南	Jinan	787538	1576915	1957752	20
青岛	Qingdao	2059597	1601970	2387007	14
淄博	Zibo	373884	272542	525521	48
枣庄	Zaozhuang	174226	164522	165935	135
东营	Dongying	109091	234383	698751	38
烟台	Yantai	485503	937551	538585	47
潍坊	Weifang	200740	190951	279795	87
济宁	Jining	274208	91704	164049	140
泰安	Taian	231505	392851	363786	74
威海	Weihai	218972	371570	447152	61
日照	Rizhao	360650	343675	381406	71
莱芜	Laiwu	151000	113813	106132	181
临沂	Linyi	400196	402198	490476	55
德州	Dezhou	323252	123115	130170	164
聊城	Liaocheng	103398	181771	90757	193

8-16 城市市政公用设施建设固定资产投资额（辖区） 续表 2

Fixed Assets Investment in Urban Service Facilities (Municipal Districts) continued 2

单位：万元 (10 000 yuan)

地名	City	2010	2015	2016	2016 排名 Ranking
滨州	Binzhou	115662	140571	137957	156
菏泽	Heze	94601	111146	35527	242
河南	**Henan**	**2242336**	**4606411**	**5313308**	
郑州	Zhengzhou	1062514	2993453	3050388	7
开封	Kaifeng	104896	176828	165320	136
洛阳	Luoyang	75267	31906	150307	147
平顶山	Pingdingshan	59456	55249	47821	233
安阳	Anyang	76333	80603	119270	172
鹤壁	Hebi	38076	54691	18315	271
新乡	Xinxiang	40486	30423	77150	204
焦作	Jiaozuo	47162	95310	42013	238
濮阳	Puyang	3915	77708	98334	187
许昌	Xuchang	2462	42750	54794	222
漯河	Luohe	45242	16599	158236	144
三门峡	Sanmenxia	27297	10583	28927	255
南阳	Nanyang	139549	189282	289399	85
商丘	Shangqiu	25876	54230	45388	237
信阳	Xinyang	49511	22411	81241	200
周口	Zhoukou	61230	87417	50246	228
驻马店	Zhumadian	29934	71477	107954	179
湖北	**Hubei**	**6148789**	**10827794**	**12298694**	
武汉	Wuhan	4859000	8861396	9760391	1
黄石	Huangshi	214944	131459	241537	103
十堰	Shiyan	114814	80664	105446	182
宜昌	Yichang	125339	563385	585111	44
襄阳	Xiangyang	88129	99553	131457	162
鄂州	Ezhou	97828	122430	90694	194
荆门	Jingmen	100002	81944	348028	78
孝感	Xiaogan	38040	10200	248561	96
荆州	Jingzhou	42315	42537	48822	230
黄冈	Huanggang	34030	52393	36808	241
咸宁	Xianning	10650	44930	40403	239
随州	Suizhou	7048	4656	37664	240
湖南	**Hunan**	**5197309**	**7261671**	**7543709**	
长沙	Changsha	1717959	2605260	1713400	22
株洲	Zhuzhou	386570	635426	1241518	31
湘潭	Xiangtan	367100	275788	165954	134
衡阳	Hengyang	676505	1192449	1225216	32
邵阳	Shaoyang	64948	162117	147946	149
岳阳	Yueyang	213481	269718	171070	130

地名	City	2010	2015	2016	2016 排名 Ranking
常德	Changde	396418	80054	243274	102
张家界	Zhangjiajie	90157	111300	165100	137
益阳	Yiyang	73796	17511	173673	129
郴州	Chenzhou	337507	644737	619247	42
永州	Yongzhou	123713	245995	330344	81
怀化	Huaihua	151380	143912	363687	75
娄底	Loudi	149485	371405	515443	49
广东	**Guangdong**	**20425281**	**8496440**	**7828858**	
广州	Guangzhou	6463223	3495151	3303366	6
韶关	Shaoguan	10727	40390	28876	256
深圳	Shenzhen	2029095	2882198	2655935	10
珠海	Zhuhai	606730	333571	182794	124
汕头	Shantou	53537		53541	223
佛山	Foshan	335628	164762	94931	190
江门	Jiangmen	91581	38299	247508	97
湛江	Zhanjiang	18122	79748	49435	229
茂名	Maoming	2429	16400	20100	268
肇庆	Zhaoqing	288021	302772	169710	131
惠州	Huizhou	194602	294700	133443	160
梅州	Meizhou	50829	28242	65909	214
汕尾	Shanwei	11880	13900	30987	247
河源	Heyuan	212167	12817	12055	277
阳江	Yangjiang	28564	27285	14570	275
清远	Qingyuan	7507	270829	421419	65
东莞	Dongguan	9574959	229181	28406	257
中山	Zhongshan	102769	138899	123048	169
潮州	Chaozhou	9796	4731	10979	278
揭阳	Jieyang	42770	14955	23449	262
云浮	Yunfu	7423	1481	4790	282
广西	**Guangxi**	**4391407**	**5762041**	**6030884**	
南宁	Nanning	1522437	3494530	3305382	5
柳州	Liuzhou	798066	265380	459704	59
桂林	Guilin	400573	422691	447754	60
梧州	Wuzhou	68199	113083	200378	115
北海	Beihai	163878	94856	100669	186
防城港	Fangchenggang	316509	235559	159002	143
钦州	Qinzhou	219420	160001	275344	90
贵港	Guigang	78564	96578	188222	120
玉林	Yulin	270375	303428	262703	93
百色	Baise	140150	34966	108307	178

8-16 城市市政公用设施建设固定资产投资额（辖区） 续表 3

Fixed Assets Investment in Urban Service Facilities (Municipal Districts) continued 3

单位：万元 (10 000 yuan)

地名	City	2010	2015	2016	2016 排名 Ranking
贺州	Hezhou	14145	28485	108856	177
河池	Hechi	34227	47586	23184	264
来宾	Laibin	148769	59336	57225	221
崇左	Chongzuo	25932	113843	66660	210
海南	**Hainan**	**296222**	**1091047**	**1228866**	
海口	Haikou	72131	858835	959491	36
三亚	Sanya	65819	93629	206458	111
三沙	Sansha		3086	6710	280
重庆	**Chongqing**	**5756056**	**6524147**	**7315367**	
四川	**Sichuan**	**3664555**	**7360790**	**10975335**	
成都	Chengdu	1852554	3504082	6606638	2
自贡	Zigong	245890	497764	592912	43
攀枝花	Panzhihua	38507	103807	92848	192
泸州	Luzhou	77770	447885	500458	52
德阳	Deyang	116550	55330	57669	220
绵阳	Mianyang	120165	562572	275774	89
广元	Guangyuan	51665	196661	179645	126
遂宁	Suining	45179	62528	221559	106
内江	Neijiang	44602	192708	164042	141
乐山	Leshan	32970	46033	66118	213
南充	Nanchong	96000	206400	126270	167
眉山	Meishan	12161	135071	93718	191
宜宾	Yibin	114771	121114	689018	39
广安	Guangan	43100	96278	85391	198
达州	Dazhou	19911	18218	19761	269
雅安	Yaan	15665	212152	110502	175
巴中	Bazhong	5535	243275	382160	69
资阳	Ziyang	199923	18429	15009	274
贵州	**Guizhou**	**911371**	**5528630**	**3427637**	
贵阳	Guiyang	821368	3297887	1642340	25
六盘水	Liupanshui	1026	703890	360688	77
遵义	Zunyi	10878	26458	34199	243
安顺	Anshun	9850	761739	251954	95
毕节	Bijie	1889	361659	560490	46
铜仁	Tongren	8808	30600	64461	215
云南	**Yunnan**	**2908549**	**2636462**	**4083331**	
昆明	Kunming	1928961	1334083	2015934	19
曲靖	Qujing	265198	217205	145517	150
玉溪	Yuxi	38647	9256	45754	236
保山	Baoshan	5890	85084	189604	119
昭通	Zhaotong	105486	86690	178169	127
丽江	Lijiang	22515	4652	780	285
普洱	Puer	28172	11922	59264	219
临沧	Lincang	10077	14453	32938	245
西藏	**Tibet**	**28344**	**208258**	**261333**	
拉萨	Lasa	28344	202993	202993	113
陕西	**Shaanxi**	**3457448**	**3759642**	**4459883**	
西安	Xi'an	2748881	1893128	2515403	11
铜川	Tongchuan	69386	201818	132179	161
宝鸡	Baoji	105826	99129	200812	114
咸阳	Xianyang	142536	790308	425658	64
渭南	Weinan	58732	129233	154518	146
延安	Yan'an	47520	33020	109241	176
汉中	Hanzhong	4860	26350	335022	80
榆林	Yulin	28145	163230	142086	154
安康	Ankang	165753	167257	186020	121
商洛	Shangluo	31988	6525	13840	276
甘肃	**Gansu**	**944242**	**3093449**	**3455914**	
兰州	Lanzhou	602895	2605362	2747199	9
嘉峪关	Jiayuguan	15679	15385	29194	254
金昌	Jinchang	29322	24842	23353	263
白银	Baiyin	54979	88631	142770	153
天水	Tianshui	25909	84242	111979	173
武威	Wuwei	39908	17318	95791	188
张掖	Zhangye	14722	81306	21243	266
平凉	Pingliang	43849	44111	50892	226
酒泉	Jiuquan	25579	36570	24600	260
庆阳	Qingyang	46085	5525	66652	211
定西	Dingxi	14090	8379	5460	281
陇南	Longnan	12069	19286	50565	227
青海	**Qinghai**	**265163**	**648225**	**825079**	
西宁	Xining	210203	493537	711859	37
海东	Haidong		101305	60975	217
宁夏	**Ningxia**	**356655**	**338736**	**409678**	
银川	Yinchuan	199242	237054	246359	99
石嘴山	Shizuishan	53474	26710	30514	248
吴忠	Wuzhong	38108	23934	29839	250
固原	Guyuan	18011	13119	4591	283
中卫	Zhongwei	8273	11514	26974	259
新疆	**Xinjiang**	**995143**	**3607571**	**3593692**	
乌鲁木齐	Urumqi	403842	2298575	2316106	16
克拉玛依	Karamay	57041	98373	74278	205

8-17 城市市政供水设施建设投资额（辖区）

Fixed Assets Investment of Water Supply in Urban Service Facilities (Municipal Districts)

单位：万元 (10 000 yuan)

地名	City	2010	2015	2016	2016 排名 Ranking	地名	City	2010	2015	2016	2016 排名 Ranking
全国	**Nation Total**	**4268294**	**6199335**	**5458498**		沈阳	Shenyang	66541	3800	9411	77
北京	**Beijing**	**259746**	**569714**	**267709**		大连	Dalian	154460	122835	43485	21
天津	**Tianjin**	**83758**	**17683**	**8834**		鞍山	Anshan	25090	11202		
河北	**Hebei**	**82966**	**130175**	**159073**		抚顺	Fushun	6820	1450	12417	59
石家庄	Shijiazhuang	4900	21749	10368	66	本溪	Benxi	1393			
唐山	Tangshan	2596	1200	6123	107	丹东	Dandong	4622	1854	1720	166
秦皇岛	Qinhuangdao	2073	702	1091	185	锦州	Jinzhou	3780	4337	1935	163
邯郸	Handan	10286	11129	12585	58	营口	Yingkou	3131		1101	184
邢台	Xingtai	1350		2000	160	阜新	Fuxin	8604	1756	1540	172
保定	Baoding	1300	1270	8283	93	辽阳	Liaoyang	7866	9708	8913	82
张家口	Zhangjiakou	10091		10002	70	盘锦	Panjin	377	461	210	217
承德	Chengde	2880	3062	7228	96	铁岭	Tieling	2152	2020	381	212
沧州	Cangzhou	10721	4685	2056	159	朝阳	Chaoyang	600	490	920	193
廊坊	Langfang		14767	8946	80	葫芦岛	Huludao	11500	11828	10047	69
衡水	Hengshui	8328	8684	9479	76	**吉林**	**Jilin**	**53759**	**339170**	**122457**	
山西	**Shanxi**	**48653**	**109651**	**63882**		长春	Changchun	19472	219417	85162	11
太原	Taiyuan	16020	28300			吉林	Jilin	4258	37931	7005	98
大同	Datong	20000		7000	99	四平	Siping				
阳泉	Yangquan	1564	30636	4700	126	辽源	Liaoyuan		8304	2300	155
长治	Changzhi	1065	13857	8714	85	通化	Tonghua	3000	21660		
晋城	Jincheng			4852	124	白山	Baishan	2330	7010	5000	121
朔州	Shuozhou	5000	2890	14700	54	松原	Songyuan	1050	435		
晋中	Jinzhong	244	727	1579	170	白城	Baicheng	730	8297	1400	175
运城	Yuncheng					**黑龙江**	**Heilongjiang**	**49260**	**77272**	**81738**	
忻州	Xinzhou		550	2000	160	哈尔滨	Harbin	4800		23708	36
临汾	Linfen	3263		3548	135	齐齐哈尔	Qiqihar	583	3246	15339	51
吕梁	Lvliang		27780	8360	91	鸡西	Jixi	13648	21289	3339	141
内蒙古	**Inner Mongolia**	**116720**	**311513**	**285536**		鹤岗	Hegang	534	569	377	213
呼和浩特	Hohhot	4557	113466	159948	4	双鸭山	Shuangyashan	1200	11751	6971	100
包头	Baotou	3518	61000			大庆	Daqing	8937	6178		
乌海	Wuhai	1448	59510	47941	16	伊春	Yichun	7844	6707	1060	186
赤峰	Chifeng	46190	4000	9980	72	佳木斯	Jiamusi	3300	988	554	206
通辽	Tongliao		5425	18801	42	七台河	Qitaihe		10000	796	196
鄂尔多斯	Erdos	9275	684	5424	115	牡丹江	Mudanjiang			1600	169
呼伦贝尔	Hulunbuir	39326	16770	10000	71	黑河	Heihe	500	1100		
巴彦淖尔	Bayannur		17770			绥化	Suihua		1250	2100	157
乌兰察布	Ulanqab	800	4270	400	210	**上海**	**Shanghai**	**397909**	**455936**	**338037**	
辽宁	**Liaoning**	**328914**	**180863**	**99076**		**江苏**	**Jiangsu**	**635100**	**424910**	**583393**	

8-17 城市市政供水设施建设投资额（辖区） 续表 1

Fixed Assets Investment of Water Supply in Urban Service Facilities (Municipal Districts) continued 1

单位：万元 (10 000 yuan)

地名	City	2010	2015	2016	2016 排名 Ranking	地名	City	2010	2015	2016	2016 排名 Ranking
南京	Nanjing	108884	19755	44651	18	池州	Chizhou	1484	2000	5417	116
无锡	Wuxi	53672	24000	10480	65	宣城	Xuancheng	5633	6100	11669	63
徐州	Xuzhou	310	14359	170112	3	**福建**	**Fujian**	**92791**	**435599**	**123451**	
常州	Changzhou	59969	23451	18953	41	福州	Fuzhou		196217	36780	23
苏州	Suzhou	34768	25955	35090	26	厦门	Xiamen	44634	143247	5778	112
南通	Nantong	34671	98626	37542	22	莆田	Putian	8247			
连云港	Lianyungang	5113	17505	8444	89	三明	Sanming	570	16252	11807	61
淮安	Huaian					泉州	Quanzhou	1982	16970	24521	35
盐城	Yancheng		56380	2846	153	漳州	Zhangzhou	765	5149		
扬州	Yangzhou	16896	3906	6642	103	南平	Nanping	2086	38034	112	220
镇江	Zhenjiang	18676	26496	32157	29	龙岩	Longyan	1292	887	3096	147
泰州	Taizhou	1000	11338	24705	34	宁德	Ningde	1300	1442	445	209
宿迁	Suqian	8200	15500	60250	13	**江西**	**Jiangxi**	**95408**	**104708**	**131803**	
浙江	**Zhejiang**	**240451**	**331623**	**332774**		南昌	Nanchang	4882	29621	30643	31
杭州	Hangzhou	72403	36297	98977	9	景德镇	Jingdezhen	1046	4453		
宁波	Ningbo	22580	2850	8445	88	萍乡	Pingxiang	5920	764	3445	138
温州	Wenzhou	481	21342	15159	53	九江	Jiujiang	12300	17900	7120	97
嘉兴	Jiaxing	19566	7280	4367	129	新余	Xinyu	1560	1566	4240	130
湖州	Huzhou	4177	68765	36265	24	鹰潭	Yingtan	2626		50	223
绍兴	Shaoxing	3322	59198	44187	19	赣州	Ganzhou		3446	16514	45
金华	Jinhua	494	1534	17407	43	吉安	Jian	10026	3870	3200	143
衢州	Quzhou	3071	1200	630	201	宜春	Yichun	1218	1000	1514	173
舟山	Zhoushan	1446	11446	5789	111	抚州	Fuzhou	16857	18800	15199	52
台州	Taizhou	9965	11629	3553	134	上饶	Shangrao	10468	5699	14662	55
丽水	Lishui	2500	2271	3347	140	**山东**	**Shandong**	**384331**	**290861**	**332467**	
安徽	**Anhui**	**93108**	**173678**	**283582**		济南	Jinan	94253	55561	102032	8
合肥	Hefei	17246	43023	25638	33	青岛	Qingdao	55481	40070	43732	20
芜湖	Wuhu	10838	4219	3400	139	淄博	Zibo	26198	5169	6764	102
蚌埠	Bengbu	2550	6636	15700	48	枣庄	Zaozhuang	6644	3631	3119	145
淮南	Huainan	4608	5120	15482	49	东营	Dongying		14700	21000	37
马鞍山	Maanshan	2390	16037	31014	30	烟台	Yantai	41328	1670	3220	142
淮北	Huaibei	2531	10020	16900	44	潍坊	Weifang	6393	675	630	201
铜陵	Tongling	4022	16500	50000	14	济宁	Jining	1272	1770	6641	104
安庆	Anqing	3183	6147	10088	68	泰安	Taian	3615	26215	5721	113
黄山	Huangshan	6607	735	8900	83	威海	Weihai	25619	21250	33672	28
滁州	Chuzhou	3079	4005	15448	50	日照	Rizhao	8502	14252	16150	47
阜阳	Fuyang	4072	10947	27039	32	莱芜	Laiwu	1695	9617	11792	62
宿州	Suzhou	4026	2734	1000	189	临沂	Linyi	52373	23002	4890	123
六安	Liuan	1430	4855	8923	81	德州	Dezhou		3000	8850	84
亳州	Bozhou	13847	4011	240	216	聊城	Liaocheng	1850	4364	1840	165

8-17 城市市政供水设施建设投资额（辖区） 续表 2

Fixed Assets Investment of Water Supply in Urban Service Facilities (Municipal Districts) continued 2

单位：万元 (10 000 yuan)

地名	City	2010	2015	2016	2016 排名 Ranking
滨州	Binzhou	2389	4940	3470	137
菏泽	Heze	420	260	564	205
河南	**Henan**	**40624**	**150949**	**164687**	
郑州	Zhengzhou	9896	52581	100	221
开封	Kaifeng	121	1380	5306	118
洛阳	Luoyang	500	1098	5707	114
平顶山	Pingdingshan		2336	3200	143
安阳	Anyang	1700	300	13999	57
鹤壁	Hebi	497	1078	1176	181
新乡	Xinxiang	354	144	472	208
焦作	Jiaozuo	488	1414	763	197
濮阳	Puyang		16400	20600	39
许昌	Xuchang		2580	6341	106
漯河	Luohe	1015		89	222
三门峡	Sanmenxia	98	289	388	211
南阳	Nanyang	3902	3302	3897	132
商丘	Shangqiu	930			
信阳	Xinyang	4000	550	300	214
周口	Zhoukou	3693	21693	19153	40
驻马店	Zhumadian	1210	5908	1025	187
湖北	**Hubei**	**49351**	**328605**	**150719**	
武汉	Wuhan	22376	242003	67906	12
黄石	Huangshi	500	3066	600	203
十堰	Shiyan		981	494	207
宜昌	Yichang	2928	3567	10188	67
襄阳	Xiangyang		4029	2900	150
鄂州	Ezhou	4722	5000	8500	86
荆门	Jingmen	4200	550	1891	164
孝感	Xiaogan	500	1000	4460	128
荆州	Jingzhou	1500	3980	5333	117
黄冈	Huanggang	1100	700		
咸宁	Xianning		20000		
随州	Suizhou			6000	108
湖南	**Hunan**	**116825**	**218300**	**294984**	
长沙	Changsha	40007	18600	131491	7
株洲	Zhuzhou	13676	18938	34739	27
湘潭	Xiangtan	772	1000		
衡阳	Hengyang	829	37317		
邵阳	Shaoyang	795			
岳阳	Yueyang	4181	823		
常德	Changde				
张家界	Zhangjiajie	4450	3000		
益阳	Yiyang	1756		950	192
郴州	Chenzhou	19620	94035	98662	10
永州	Yongzhou		4868	8952	79
怀化	Huaihua	650	8083		
娄底	Loudi	1080	2345	6800	101
广东	**Guangdong**	**569854**	**74290**	**182619**	
广州	Guangzhou	451486	17764	142001	6
韶关	Shaoguan	1705	6840	3000	148
深圳	Shenzhen	15748		14000	56
珠海	Zhuhai	12648	17075	751	198
汕头	Shantou	11117			
佛山	Foshan	9715	395	8	224
江门	Jiangmen	7845	7001	8125	94
湛江	Zhanjiang				
茂名	Maoming	929	1100		
肇庆	Zhaoqing	6295	6145	1623	168
惠州	Huizhou	1120		723	199
梅州	Meizhou				
汕尾	Shanwei				
河源	Heyuan	468	1309	1162	182
阳江	Yangjiang				
清远	Qingyuan	339	6617	6347	105
东莞	Dongguan	41572	118	797	195
中山	Zhongshan	328	3630		
潮州	Chaozhou		187		
揭阳	Jieyang				
云浮	Yunfu	800			
广西	**Guangxi**	**79997**	**147395**	**136308**	
南宁	Nanning	23487	64860	45907	17
柳州	Liuzhou	1306	20968	20983	38
桂林	Guilin	17868	9629	16449	46
梧州	Wuzhou	3121	1206	1418	174
北海	Beihai	3036	2460	5278	119
防城港	Fangchenggang	3014	320	200	218
钦州	Qinzhou	7851	13082	3119	145
贵港	Guigang	3395	2792	2876	152
玉林	Yulin	3049	8114	9576	75
百色	Baise	800	6446	1340	178

8-17 城市市政供水设施建设投资额（辖区） 续表 3

Fixed Assets Investment of Water Supply in Urban Service Facilities (Municipal Districts) continued 3

单位：万元 (10 000 yuan)

地名	City	2010	2015	2016	2016 排名 Ranking
贺州	Hezhou			1393	177
河池	Hechi	888		1216	180
来宾	Laibin	1500	2568	5961	109
崇左	Chongzuo	110	3050	4500	127
海南	**Hainan**	**11967**	**22054**	**4009**	
海口	Haikou	4911	10826	2881	151
三亚	Sanya	1210	10661	1128	183
三沙	Sansha				
重庆	**Chongqing**	**100880**	**204551**	**226840**	
四川	**Sichuan**	**88770**	**342683**	**227127**	
成都	Chengdu	43196	72092	154759	5
自贡	Zigong	5189	4397		
攀枝花	Panzhihua	1762	8070	9400	78
泸州	Luzhou	2069	18970	12200	60
德阳	Deyang	1766		2127	156
绵阳	Mianyang	4556	201839	4763	125
广元	Guangyuan	2861	1413	1991	162
遂宁	Suining	1111	2087		
内江	Neijiang	361	2027	906	194
乐山	Leshan	1175	859	1640	167
南充	Nanchong	4000	2000	2100	157
眉山	Meishan	100	4000	1011	188
宜宾	Yibin	24		10583	64
广安	Guangan	2270	1159		
达州	Dazhou	1900	1044		
雅安	Yaan				
巴中	Bazhong	850	2707	3000	148
资阳	Ziyang	1603			
贵州	**Guizhou**	**7795**	**46499**	**39931**	
贵阳	Guiyang	4815	11969		
六盘水	Liupanshui		22209	8441	90
遵义	Zunyi				
安顺	Anshun			1300	179
毕节	Bijie		7561		
铜仁	Tongren				
云南	**Yunnan**	**41916**	**56995**	**47836**	
昆明	Kunming	26811	18326	9740	74
曲靖	Qujing	2158	9706		
玉溪	Yuxi				
保山	Baoshan				
昭通	Zhaotong		8507	5793	110

地名	City	2010	2015	2016	2016 排名 Ranking
丽江	Lijiang				
普洱	Puer				
临沧	Lincang				
西藏	**Tibet**		**4925**	**4925**	
拉萨	Lasa		4925	4925	122
陕西	**Shaanxi**	**47115**	**74720**	**116204**	
西安	Xi'an	18000	15759	49484	15
铜川	Tongchuan		6747	9760	73
宝鸡	Baoji	16100	11000	5270	120
咸阳	Xianyang	5430	1935	3560	133
渭南	Weinan		23166	35768	25
延安	Yan'an	6205	2813		
汉中	Hanzhong				
榆林	Yulin	500	1000	2722	154
安康	Ankang		7000	8290	92
商洛	Shangluo	580	1500	1000	189
甘肃	**Gansu**	**20839**	**205805**	**349892**	
兰州	Lanzhou	5844	170177	325248	1
嘉峪关	Jiayuguan	375	192	963	191
金昌	Jinchang				
白银	Baiyin	8419	720		
天水	Tianshui	2000	12406	1400	175
武威	Wuwei	2719	1578	156	219
张掖	Zhangye	230	6025	1568	171
平凉	Pingliang	204	6500	7600	95
酒泉	Jiuquan	848	5000		
庆阳	Qingyang		200	600	203
定西	Dingxi		11		
陇南	Longnan	200	996	3500	136
青海	**Qinghai**	**33422**	**18632**	**6414**	
西宁	Xining	26993	9500	650	200
海东	Haidong		1000	300	214
宁夏	**Ningxia**	**40224**	**7912**	**12543**	
银川	Yinchuan	16723			
石嘴山	Shizuishan	16391	7211	8495	87
吴忠	Wuzhong	941			
固原	Guyuan		432		
中卫	Zhongwei		75	4011	131
新疆	**Xinjiang**	**55841**	**341664**	**279648**	
乌鲁木齐	Urumqi	10700	269921	240545	2
克拉玛依	Karamay	5891	215		

8-18 城市市政燃气设施建设投资额（辖区）

Fixed Assets Investment of Gas Supply in Urban Service Facilities (Municipal Districts)

单位：万元 (10 000 yuan)

地名	City	2010	2015	2016	2016 排名 Ranking
全国	**Nation Total**	**2907816**	**3504671**	**4089062**	
北京	**Beijing**	**182583**	**280908**	**201160**	
天津	**Tianjin**	**133368**	**363637**	**12834**	
河北	**Hebei**	**240440**	**132275**	**107030**	
石家庄	Shijiazhuang	16100	18303	2560	136
唐山	Tangshan	49138	19364	20483	19
秦皇岛	Qinhuangdao	10819		810	185
邯郸	Handan	17114	10000	2000	150
邢台	Xingtai	11200		1200	178
保定	Baoding	3026	2585	3265	117
张家口	Zhangjiakou	57588	11047	3664	103
承德	Chengde	4369	2998	5138	75
沧州	Cangzhou	3007	3279	1312	171
廊坊	Langfang	3022	22976	4918	79
衡水	Hengshui	5350	1548	430	202
山西	**Shanxi**	**97264**	**62658**	**94991**	
太原	Taiyuan	28700			
大同	Datong	35000		7000	56
阳泉	Yangquan	1515	518	13200	29
长治	Changzhi	19284	897	2017	149
晋城	Jincheng			1669	159
朔州	Shuozhou		12702	14958	27
晋中	Jinzhong		13300	11850	37
运城	Yuncheng			830	184
忻州	Xinzhou	4980	260	1277	174
临汾	Linfen			1480	164
吕梁	Lvliang		3500	12300	34
内蒙古	**Inner Mongolia**	**84233**	**204297**	**108486**	
呼和浩特	Hohhot	11594	71120	4922	78
包头	Baotou	42264	8520	72000	5
乌海	Wuhai	535	653	114	212
赤峰	Chifeng	7300	3878		
通辽	Tongliao	604	68261	7780	49
鄂尔多斯	Erdos	13043	1186		
呼伦贝尔	Hulunbuir		6050		
巴彦淖尔	Bayannur		1794		
乌兰察布	Ulanqab	3240	1000	150	210
辽宁	**Liaoning**	**123984**	**93507**	**58514**	
沈阳	Shenyang	31920	540	1803	153
大连	Dalian	30671	786	2710	133
鞍山	Anshan	13252	13900	191	208
抚顺	Fushun	1316	2289	5346	70
本溪	Benxi	498	7821		
丹东	Dandong	6814	5697	3718	100
锦州	Jinzhou	4795	7280	4649	82
营口	Yingkou	2227		6095	64
阜新	Fuxin	296	4700	3200	119
辽阳	Liaoyang	4781	2505	3920	98
盘锦	Panjin	580	2347		
铁岭	Tieling	891	32198	18765	20
朝阳	Chaoyang	883			
葫芦岛	Huludao	3633	610		
吉林	**Jilin**	**108001**	**71552**	**66746**	
长春	Changchun	16159	30646	33903	9
吉林	Jilin	68872	1395	1407	166
四平	Siping	200	1893		
辽源	Liaoyuan			476	199
通化	Tonghua		6181	3014	124
白山	Baishan	1204	15800	9500	44
松原	Songyuan	390	3023		
白城	Baicheng		3600	3600	106
黑龙江	**Heilongjiang**	**53238**	**67883**	**90568**	
哈尔滨	Harbin		22174	29280	11
齐齐哈尔	Qiqihar	3105	1721	2790	131
鸡西	Jixi		946	544	197
鹤岗	Hegang	3271	2150	23036	13
双鸭山	Shuangyashan				
大庆	Daqing	31955	5253	2735	132
伊春	Yichun			4496	85
佳木斯	Jiamusi	2250	4000	4000	97
七台河	Qitaihe	50	921	2602	135
牡丹江	Mudanjiang	1000	4666	5000	76
黑河	Heihe		50		
绥化	Suihua		4800	2300	143
上海	**Shanghai**	**187926**	**144078**	**152172**	
江苏	**Jiangsu**	**209311**	**246037**	**661849**	

8-18 城市市政燃气设施建设投资额（辖区） 续表 1

Fixed Assets Investment of Gas Supply in Urban Service Facilities (Municipal Districts) continued 1

单位：万元 (10 000 yuan)

地名	City	2010	2015	2016	2016 排名 Ranking
南京	Nanjing	20382	22935	10722	40
无锡	Wuxi	38678	3829	5718	66
徐州	Xuzhou	5000	2700	13034	30
常州	Changzhou	11196	57823	27391	12
苏州	Suzhou	19254	8697	407484	2
南通	Nantong	14608	15781	12912	32
连云港	Lianyungang	2880	4660	3148	122
淮安	Huaian		3500	4217	92
盐城	Yancheng	4818	2940	4280	91
扬州	Yangzhou	4644	14910	2931	128
镇江	Zhenjiang	10131	7268	6624	60
泰州	Taizhou	1800	5393	4019	96
宿迁	Suqian	9500	3354	3777	99
浙江	**Zhejiang**	**119041**	**184223**	**173643**	
杭州	Hangzhou	24424	53457	53411	7
宁波	Ningbo	18148	33371	10582	41
温州	Wenzhou		16373	14103	28
嘉兴	Jiaxing	31075	12278	5420	69
湖州	Huzhou	14064	100	3628	105
绍兴	Shaoxing	5108	26393	29903	10
金华	Jinhua	973	4664	5161	74
衢州	Quzhou	138	2000		
舟山	Zhoushan	1385	3207	3372	112
台州	Taizhou	539	3414	7703	50
丽水	Lishui	571	1713	2855	130
安徽	**Anhui**	**82614**	**158247**	**187576**	
合肥	Hefei	11237	24396	16228	22
芜湖	Wuhu	2081	11878	8748	48
蚌埠	Bengbu	8040	29276	16000	23
淮南	Huainan	3627	12721	9997	43
马鞍山	Maanshan	4200	2209	5653	67
淮北	Huaibei	7210	3100	11560	38
铜陵	Tongling	7525	5458	28	213
安庆	Anqing	2680		3600	106
黄山	Huangshan	3060	4545	12150	35
滁州	Chuzhou	4880	4288	7288	53
阜阳	Fuyang	2100	8200	11438	39
宿州	Suzhou	3038	453	722	190
六安	Liuan	2119	1799	1833	152
亳州	Bozhou	5159	1834	1380	167
池州	Chizhou	3225	6088	3657	104
宣城	Xuancheng	1862	4392	1357	170
福建	**Fujian**	**60834**	**101746**	**44356**	
福州	Fuzhou	4972	6483	15644	25
厦门	Xiamen	14294	19930	7037	55
莆田	Putian	5671			
三明	Sanming	950	1850	3680	102
泉州	Quanzhou	22000	43725	769	188
漳州	Zhangzhou	4100	2085	4828	80
南平	Nanping	50	2940	362	203
龙岩	Longyan	1429	4147	2467	140
宁德	Ningde	1229		4336	89
江西	**Jiangxi**	**66967**	**39997**	**43437**	
南昌	Nanchang			3304	114
景德镇	Jingdezhen			2400	141
萍乡	Pingxiang	1500	2500		
九江	Jiujiang	37863	4294	1678	158
新余	Xinyu	8087	1381	1201	177
鹰潭	Yingtan		1214	717	191
赣州	Ganzhou		13917	17756	21
吉安	Jian	1383	1741	2705	134
宜春	Yichun	2099	2832	1262	175
抚州	Fuzhou	12070	2256	3500	109
上饶	Shangrao	1235	6057	200	207
山东	**Shandong**	**355215**	**245872**	**241359**	
济南	Jinan	16285	66380	102512	4
青岛	Qingdao	34874	21241	15711	24
淄博	Zibo	44379	15604	11881	36
枣庄	Zaozhuang	7136	2671	6738	58
东营	Dongying	259	1200	1020	182
烟台	Yantai	3189	900		
潍坊	Weifang	4262	870	4560	83
济宁	Jining	10000	12114	1290	173
泰安	Taian	15815	19736	5238	72
威海	Weihai	12874	8117	10007	42
日照	Rizhao	2000	12600	600	194
莱芜	Laiwu	69700	2920	1770	155
临沂	Linyi	41584	5421	15048	26
德州	Dezhou		2700	3270	115
聊城	Liaocheng	830	8021	3037	123

8-18 城市市政燃气设施建设投资额（辖区） 续表 2

Fixed Assets Investment of Gas Supply in Urban Service Facilities (Municipal Districts) continued 2

单位：万元 (10 000 yuan)

地名	City	2010	2015	2016	2016 排名 Ranking
滨州	Binzhou	676	440	784	187
菏泽	Heze	200	1560		
河南	**Henan**	**85960**	**129078**	**83415**	
郑州	Zhengzhou	24584	29440	9224	46
开封	Kaifeng	1064	9683	3314	113
洛阳	Luoyang	190		355	204
平顶山	Pingdingshan	922		800	186
安阳	Anyang	5036	15168	3500	109
鹤壁	Hebi	1803	804	567	196
新乡	Xinxiang	6817	2199	1751	156
焦作	Jiaozuo	2367	2899	934	183
濮阳	Puyang		1600	180	209
许昌	Xuchang		9332	2470	139
漯河	Luohe	945		1700	157
三门峡	Sanmenxia	4170	880	1362	169
南阳	Nanyang	1286	2475	5283	71
商丘	Shangqiu	829	7900		
信阳	Xinyang		5118	1600	161
周口	Zhoukou	5397			
驻马店	Zhumadian	255	5000	6566	61
湖北	**Hubei**	**144094**	**109387**	**989356**	
武汉	Wuhan	45750		936878	1
黄石	Huangshi	11630	1933	1648	160
十堰	Shiyan	31000	6063	5771	65
宜昌	Yichang	5074	6830	7063	54
襄阳	Xiangyang	17104	20575	3200	119
鄂州	Ezhou	6000	3200	3000	125
荆门	Jingmen	804	2100	4500	84
孝感	Xiaogan	200			
荆州	Jingzhou	1291	4699	1525	162
黄冈	Huanggang		4550		
咸宁	Xianning		1724		
随州	Suizhou				
湖南	**Hunan**	**64237**	**62026**	**42132**	
长沙	Changsha	18300			
株洲	Zhuzhou	11312	4176	6482	62
湘潭	Xiangtan	2455			
衡阳	Hengyang	2425			
邵阳	Shaoyang	1200			
岳阳	Yueyang	500	5500		
常德	Changde				
张家界	Zhangjiajie				
益阳	Yiyang	4800			
郴州	Chenzhou		30000	22500	14
永州	Yongzhou		3460	3150	121
怀化	Huaihua	5000			
娄底	Loudi	2000	7300		
广东	**Guangdong**	**110079**	**117418**	**116849**	
广州	Guangzhou	27811	22322	21624	16
韶关	Shaoguan	200			
深圳	Shenzhen	37544	65118	57311	6
珠海	Zhuhai	1047			
汕头	Shantou	3891		4165	94
佛山	Foshan	11032	5000	6720	59
江门	Jiangmen	4138	6934		
湛江	Zhanjiang				
茂名	Maoming	1500	2200		
肇庆	Zhaoqing	6592	1542	1417	165
惠州	Huizhou	2278			
梅州	Meizhou			4685	81
汕尾	Shanwei				
河源	Heyuan		708		
阳江	Yangjiang				
清远	Qingyuan		5437	4170	93
东莞	Dongguan	71			
中山	Zhongshan	11295	2332	3249	118
潮州	Chaozhou				
揭阳	Jieyang	465	355	498	198
云浮	Yunfu	1200	600	700	192
广西	**Guangxi**	**31474**	**86374**	**66433**	
南宁	Nanning	8784	18768	6438	63
柳州	Liuzhou	2466	8776	13016	31
桂林	Guilin	1053	3470	752	189
梧州	Wuzhou	530	1613	1051	181
北海	Beihai	8000		3000	125
防城港	Fangchenggang	4985	5274	1802	154
钦州	Qinzhou	450	3564	5484	68
贵港	Guigang	590	862	291	205
玉林	Yulin	1789	5482	6800	57
百色	Baise	100	5600	3535	108

8-18 城市市政燃气设施建设投资额（辖区） 续表 3

Fixed Assets Investment in Gas Supply of Urban Service Facilities (Municipal Districts) continued 3

单位：万元 (10 000 yuan)

地名	City	2010	2015	2016	2016 排名 Ranking
贺州	Hezhou		1345	1851	151
河池	Hechi		4500	3000	125
来宾	Laibin	200	4257	2335	142
崇左	Chongzuo	1000	3480	2300	143
海南	**Hainan**	**7896**	**5152**	**10361**	
海口	Haikou		1700	7680	51
三亚	Sanya	6000	2773	2081	148
三沙	Sansha				
重庆	**Chongqing**	**86081**	**141110**	**85177**	
四川	**Sichuan**	**47388**	**114080**	**64809**	
成都	Chengdu	13055	20591	21537	17
自贡	Zigong	914	285		
攀枝花	Panzhihua	240	7044	3266	116
泸州	Luzhou	1059	2234	2890	129
德阳	Deyang	4500		2252	146
绵阳	Mianyang	3000	52487	5207	73
广元	Guangyuan	1538	1031	4413	86
遂宁	Suining	1459	858	2248	147
内江	Neijiang	128	1187	4362	88
乐山	Leshan	911	762	1376	168
南充	Nanchong	3000	2100	2300	143
眉山	Meishan	120	6500	1100	180
宜宾	Yibin	1120			
广安	Guangan	2931	4030		
达州	Dazhou	800	1049		
雅安	Yaan				
巴中	Bazhong	601		9100	47
资阳	Ziyang	1524	3949		
贵州	**Guizhou**	**6085**	**32203**		
贵阳	Guiyang	4991	28503		
六盘水	Liupanshui				
遵义	Zunyi				
安顺	Anshun				
毕节	Bijie				
铜仁	Tongren				
云南	**Yunnan**	**11054**	**8277**	**33160**	
昆明	Kunming	4676	2910	20894	18
曲靖	Qujing	4875			
玉溪	Yuxi		960	2486	138
保山	Baoshan				
昭通	Zhaotong	230	1100	2500	137
丽江	Lijiang				
普洱	Puer			142	211
临沧	Lincang				
西藏	**Tibet**				
拉萨	Lasa				
陕西	**Shaanxi**	**34435**	**123684**	**73716**	
西安	Xi'an	17847	33936	36401	8
铜川	Tongchuan	4272			
宝鸡	Baoji	4500	24200	12500	33
咸阳	Xianyang	2800	22608	3468	111
渭南	Weinan		6300	7500	52
延安	Yan'an	1332	3990	1297	172
汉中	Hanzhong				
榆林	Yulin	1500	6000		
安康	Ankang		8000	5000	76
商洛	Shangluo	368	150	1500	163
甘肃	**Gansu**	**12261**	**31081**	**36686**	
兰州	Lanzhou	8129	18288	22199	15
嘉峪关	Jiayuguan	32	868		
金昌	Jinchang		730	4400	87
白银	Baiyin				
天水	Tianshui		2380	700	192
武威	Wuwei		5200	280	206
张掖	Zhangye		350	465	200
平凉	Pingliang	4100	1700	4100	95
酒泉	Jiuquan		1350		
庆阳	Qingyang		45	450	201
定西	Dingxi				
陇南	Longnan		60	600	194
青海	**Qinghai**	**3729**	**19329**	**12664**	
西宁	Xining	2567	4500	1200	178
海东	Haidong		10186	4310	90
宁夏	**Ningxia**	**100133**	**3852**	**11942**	
银川	Yinchuan	99821	1327		
石嘴山	Shizuishan	272			
吴忠	Wuzhong	40	1195	1222	176
固原	Guyuan				
中卫	Zhongwei		90	9400	45
新疆	**Xinjiang**	**57891**	**124703**	**217641**	
乌鲁木齐	Urumqi	22675	83826	151440	3
克拉玛依	Karamay	10865	3594	3693	101

8-19 城市市政集中供热设施建设投资额（辖区）

Fixed Assets Investment of Central Heating in Urban Service Facilities (Municipal Districts)

单位：万元 (10 000 yuan)

地名	City	2010	2015	2016	2016 排名 Ranking
全国	**Nation Total**	**4332455**	**5168328**	**4818675**	
北京	**Beijing**	**496568**	**397765**	**354824**	
天津	**Tianjin**	**70439**	**11761**	**42449**	
河北	**Hebei**	**768645**	**495832**	**640138**	
石家庄	Shijiazhuang	318982	22980	16094	51
唐山	Tangshan	107989	46037	28399	31
秦皇岛	Qinhuangdao	16013	7889		
邯郸	Handan	22300	8700	32615	28
邢台	Xingtai	11600		21888	39
保定	Baoding	1730	26467	22850	37
张家口	Zhangjiakou	97000	40783	63113	12
承德	Chengde	9341	11655	185222	5
沧州	Cangzhou	16357	58282	22392	38
廊坊	Langfang	26549	19167	71688	11
衡水	Hengshui	3700	8255	1808	94
山西	**Shanxi**	**224561**	**547565**	**196100**	
太原	Taiyuan	24961	301200		
大同	Datong	38000	20000		
阳泉	Yangquan	11090	14303	11787	56
长治	Changzhi	8500	47563	51616	16
晋城	Jincheng			4800	74
朔州	Shuozhou	5850	46690	35387	27
晋中	Jinzhong	66310	10000	18000	48
运城	Yuncheng				
忻州	Xinzhou	32000	5669	3029	86
临汾	Linfen	13800		7539	64
吕梁	Lvliang	3350	14311	8057	61
内蒙古	**Inner Mongolia**	**374920**	**554270**	**592177**	
呼和浩特	Hohhot	42240	59825	28211	32
包头	Baotou	67773	96100	27411	33
乌海	Wuhai	8725	13056	13800	54
赤峰	Chifeng	27391	128012	386632	1
通辽	Tongliao	6700	26811	21410	41
鄂尔多斯	Erdos	85022	1350	4400	78
呼伦贝尔	Hulunbuir	27287	37209	7400	65
巴彦淖尔	Bayannur	33000	30782	10960	57
乌兰察布	Ulanqab	5000	28441		
辽宁	**Liaoning**	**717638**	**474938**	**394082**	
沈阳	Shenyang	106568	203490	16950	50
大连	Dalian	206765	74600	151084	6
鞍山	Anshan	3600	22406	73161	10
抚顺	Fushun	35694	16427	38054	25
本溪	Benxi	13728	5315		
丹东	Dandong	6989	26900	44430	19
锦州	Jinzhou	11920	9981	5444	71
营口	Yingkou	35138			
阜新	Fuxin	14053	6500		
辽阳	Liaoyang	64898	4666	4537	76
盘锦	Panjin	14401	6310	6426	68
铁岭	Tieling	890	20869	4179	79
朝阳	Chaoyang	11600	2300	9000	59
葫芦岛	Huludao	5800	9700	8501	60
吉林	**Jilin**	**294835**	**158395**	**215432**	
长春	Changchun	137822	63818	81209	9
吉林	Jilin	35810	29422	105600	8
四平	Siping	13000			
辽源	Liaoyuan	2300	2600	6691	67
通化	Tonghua	28400			
白山	Baishan	445	2000		
松原	Songyuan	11751	3800		
白城	Baicheng	14355	2400	2400	89
黑龙江	**Heilongjiang**	**239959**	**523843**	**504787**	
哈尔滨	Harbin	22477	182027	205603	4
齐齐哈尔	Qiqihar	2362	16142	19275	44
鸡西	Jixi	3500	14320	2000	92
鹤岗	Hegang	1861	16974	41562	24
双鸭山	Shuangyashan	800	16551	7637	63
大庆	Daqing	32719	42710	20210	43
伊春	Yichun	24291	13488	18842	46
佳木斯	Jiamusi	45000	14000	4000	80
七台河	Qitaihe	8830	8302	2326	90
牡丹江	Mudanjiang	9192	10153	2600	88
黑河	Heihe	6000	4750	6205	69
绥化	Suihua	3000	41404	109866	7
上海	**Shanghai**				
江苏	**Jiangsu**	**2033**	**350**	**1145**	

8-19 城市市政集中供热设施建设投资额（辖区） 续表 1

Fixed Assets Investment of Central Heating in Urban Service Facilities (Municipal Districts) continued 1

单位：万元 (10 000 yuan)

地名	City	2010	2015	2016	2016 排名 Ranking
南京	Nanjing				
浙江	**Zhejiang**	**5131**	**2115**		
杭州	Hangzhou	1000			
宁波	Ningbo	1639			
温州	Wenzhou		2000		
绍兴	Shaoxing				
安徽	**Anhui**	**12092**	**55164**	**46548**	
合肥	Hefei	9250	24027	43853	20
淮南	Huainan	1791			
滁州	Chuzhou	551		1700	95
宿州	Suzhou	500			
山东	**Shandong**	**643338**	**929793**	**874471**	
济南	Jinan	133604	292585	335990	2
青岛	Qingdao	67331	37236	46330	18
淄博	Zibo	19504	35711	58877	15
枣庄	Zaozhuang	2900	12349	21786	40
东营	Dongying	6671	1510	18250	47
烟台	Yantai	28069	4190	3859	83
潍坊	Weifang	7500	182	3700	84
济宁	Jining	10000	10686	4434	77
泰安	Taian	9948	134019	47443	17
威海	Weihai	50814	86332	62220	13
日照	Rizhao	55650	8600	36593	26
莱芜	Laiwu	6275	9940	11850	55
临沂	Linyi	12949	48250	23270	36
德州	Dezhou		5100	5391	72
聊城	Liaocheng	3702	24270	21291	42
滨州	Binzhou	12476	12270	7720	62
菏泽	Heze	3500	23400		
河南	**Henan**	**141445**	**284885**	**214890**	
郑州	Zhengzhou	47917	65500	3360	85
开封	Kaifeng	4000	30000	25500	34
洛阳	Luoyang	5300	7289	42142	22
平顶山	Pingdingshan		7600	4800	74
安阳	Anyang	8571	20064	13970	53
鹤壁	Hebi	1205	31485	4892	73
新乡	Xinxiang	1341	5329	18963	45
焦作	Jiaozuo	650	75426		
许昌	Xuchang			2187	91
漯河	Luohe			32300	29
三门峡	Sanmenxia	5000		510	100
南阳	Nanyang	3655	1380	9512	58
商丘	Shangqiu	3300	2300		
驻马店	Zhumadian	4368	3700	5624	70
湖北	**Hubei**	**759**	**2028**		
黄石	Huangshi				
十堰	Shiyan				
襄阳	Xiangyang	759			
重庆	Chongqing	16025			
陕西	**Shaanxi**	**79313**		**82302**	
西安	Xi'an	48513	138830	41930	23
铜川	Tongchuan		50491	17000	49
宝鸡	Baoji	17600			
咸阳	Xianyang	10000		252	101
渭南	Weinan	2700	32356	2000	92
延安	Yan'an		2800		
榆林	Yulin	500		1100	97
甘肃	**Gansu**	**66474**	**700**	**150431**	
兰州	Lanzhou	18983	220814	7000	66
嘉峪关	Jiayuguan	658	106457	2970	87
白银	Baiyin		6286		
天水	Tianshui		42300	30365	30
武威	Wuwei	14675	4364	600	98
张掖	Zhangye	2585		1454	96
平凉	Pingliang		26500	4000	80
酒泉	Jiuquan	10645	5000	24600	35
庆阳	Qingyang	8358	9199	42492	21
定西	Dingxi				
陇南	Longnan	4200	1000	600	98
青海	**Qinghai**	**433**			
西宁	Xining	433	**500**		
海东	Haidong		500		
宁夏	**Ningxia**	**33403**		**96059**	
银川	Yinchuan	15326	72563	60878	14
石嘴山	Shizuishan	8671	47688	3921	82
吴忠	Wuzhong	1300	1210		
固原	Guyuan	2710	7885		
中卫	Zhongwei	1360			
新疆	**Xinjiang**	**144444**		**377091**	
乌鲁木齐	Urumqi	83198	294477	242391	3
克拉玛依	Karamay	7105	188549	14626	52
			8465		

8-20 城市市政轨道交通建设投资额（辖区）

Fixed Assets Investment of Urban Rail Transit System in Urban Service Facilities (Municipal Districts)

单位：万元 (10 000 yuan)

地名	City	2010	2015	2016	2016 排名 Ranking
全国	**Nation Total**	**18125781**	**37071463**	**40794785**	
北京	**Beijing**	**3914519**	**3559098**	**2728037**	
天津	**Tianjin**	**702058**	**1240588**	**1526261**	
河北	**Hebei**		**660019**	**542296**	
石家庄	Shijiazhuang		660019	542296	19
山西	**Shanxi**			**32000**	
阳泉	Yangquan			32000	26
内蒙古	**Inner Mongolia**			**546786**	
包头	Baotou			1586	28
辽宁	**Liaoning**	**1301484**	**809092**	**877804**	
沈阳	Shenyang	618264	457192	646732	18
大连	Dalian	683220	351900	231072	24
吉林	**Jilin**	**239493**	**722844**	**742517**	
长春	Changchun	239493	722844	742517	17
黑龙江	**Heilongjiang**	**252769**	**164804**	**481049**	
哈尔滨	Harbin	252769	164804	481049	21
上海	**Shanghai**	**2296190**	**2959246**	**2872092**	
江苏	**Jiangsu**	**1317628**	**4120230**	**3221844**	
南京	Nanjing	398685	2146415	1290604	7
无锡	Wuxi	401169	355885	225065	25
苏州	Suzhou	517774	1113132	1209712	9
浙江	**Zhejiang**	**928898**	**2510178**	**2809488**	
杭州	Hangzhou	508974	1239026	1409501	6
宁波	Ningbo	419924	1016770	948273	14
安徽	**Anhui**	**57493**	**582264**	**791297**	
合肥	Hefei	57493	582264	791297	16
福建	**Fujian**	**354200**	**984429**	**1669656**	
福州	Fuzhou	354200	310220	408700	22
厦门	Xiamen		674209	1260956	8
江西	**Jiangxi**	**112894**	**491755**	**500561**	
南昌	Nanchang	112894	491755	500561	20
山东	**Shandong**	**156160**	**1194009**	**2229388**	
济南	Jinan		80370	240910	23
青岛	Qingdao	156160	1113639	1988478	4
淄博	Zibo				
河南	**Henan**	**280000**	**958167**	**1196446**	
郑州	Zhengzhou	280000	958167	1196446	10
湖北	**Hubei**	**1012900**	**3112908**	**3557428**	
武汉	Wuhan	1012900	3112908	3557428	1
宜昌	Yichang				
湖南	**Hunan**	**183386**	**1614384**	**900918**	
长沙	Changsha	183386	1614384	900918	15
广东	**Guangdong**	**2816178**	**4371904**	**4071694**	
广州	Guangzhou	1198807	1694899	2083412	3
深圳	Shenzhen	1438442	2256311	1973570	5
珠海	Zhuhai	1100	26539	470	29
佛山	Foshan	149219			
肇庆	Zhaoqing	28610		14242	27
东莞	Dongguan				
广西	**Guangxi**	**10393**	**949096**	**1171528**	
南宁	Nanning	10393	949096	1171528	12
重庆	**Chongqing**	**1169406**	**2275772**	**2503057**	
四川	**Sichuan**	**392454**	**1963654**	**2816708**	
成都	Chengdu	392454	1963654	2766708	2
云南	**Yunnan**	**176370**	**806770**	**1236629**	
昆明	Kunming	176370	741770	1171928	11
陕西	**Shaanxi**	**450908**		**1019046**	
西安	Xi'an	450908		1019046	13

8-21 城市市政道路桥梁建设投资额（辖区）

Fixed Assets Investment of Road and Bridge in Urban Service Facilities (Municipal Districts)

单位：万元 (10 000 yuan)

地名	City	2010	2015	2016	2016 排名 Ranking
全国	**Nation Total**	**66956858**	**74140045**	**75643268**	
北京	**Beijing**	**1778292**	**1460356**	**2495652**	
天津	**Tianjin**	**4120952**	**2208205**	**933712**	
河北	**Hebei**	**4671358**	**1538339**	**1268116**	
石家庄	Shijiazhuang	732042	412476	548332	27
唐山	Tangshan	1219003	337059	99693	132
秦皇岛	Qinhuangdao	322985	85347	139764	99
邯郸	Handan	566038	315860	24365	206
邢台	Xingtai	367682	33810	34001	191
保定	Baoding	156314	19706	4295	265
张家口	Zhangjiakou	271488	9319	29476	201
承德	Chengde	241300	17770	53299	162
沧州	Cangzhou	43143	17032	103568	126
廊坊	Langfang	198133	16944	9834	248
衡水	Hengshui	107654	17203	12085	240
山西	**Shanxi**	**1297255**	**1203984**	**3613988**	
太原	Taiyuan	493308	492900	2490721	2
大同	Datong	410000		232900	70
阳泉	Yangquan	56603	35341	41755	174
长治	Changzhi	14897	200406	66765	149
晋城	Jincheng	2249	151732	76271	147
朔州	Shuozhou	88783	27059	30190	198
晋中	Jinzhong	39040	148987	226511	71
运城	Yuncheng	17550	12125	10890	245
忻州	Xinzhou		18107	41354	177
临汾	Linfen	44015		203043	75
吕梁	Lvliang	3127	44071	83222	140
内蒙古	**Inner Mongolia**	**1789918**	**2063927**	**1332945**	
呼和浩特	Hohhot	140298	702486	298009	52
包头	Baotou	574074	512664	426092	33
乌海	Wuhai	49836	107916	63371	154
赤峰	Chifeng	58355	227947	111227	117
通辽	Tongliao	51165	57758	47788	168
鄂尔多斯	Erdos	460228	36869	16613	228
呼伦贝尔	Hulunbuir	103406	132596	102768	127
巴彦淖尔	Bayannur	209700	15695	22062	210
乌兰察布	Ulanqab	62822	60269	3150	268
辽宁	**Liaoning**	**2447279**	**1216988**	**636112**	

地名	City	2010	2015	2016	2016 排名 Ranking
沈阳	Shenyang	1528363	580661	249902	65
大连	Dalian	265109	226206	197624	76
鞍山	Anshan	77085	93753	15273	231
抚顺	Fushun	54711	26875	23789	208
本溪	Benxi	42515	9099		
丹东	Dandong	60376	5220	13979	235
锦州	Jinzhou	79991	41686	14295	234
营口	Yingkou	12441	2600	20212	216
阜新	Fuxin	13669	10664	9500	250
辽阳	Liaoyang	51877	22289	3278	267
盘锦	Panjin	69002	3505	9209	252
铁岭	Tieling	4520	1540	2315	274
朝阳	Chaoyang	20022	84411	20682	214
葫芦岛	Huludao	53076	10387		
吉林	**Jilin**	**1127066**	**588301**	**599148**	
长春	Changchun	862141	226107	259519	60
吉林	Jilin	99742	113013	66749	150
四平	Siping	6364	10774	16659	227
辽源	Liaoyuan	10070	12510	16960	225
通化	Tonghua	21900	14627	18166	223
白山	Baishan	17376	14008	8927	253
松原	Songyuan	26576	14964	11505	243
白城	Baicheng	9600	18663	28163	202
黑龙江	**Heilongjiang**	**1511906**	**596479**	**656891**	
哈尔滨	Harbin	1177341	356337	188980	78
齐齐哈尔	Qiqihar	11780	38117	43784	171
鸡西	Jixi	5000	12575	57308	157
鹤岗	Hegang	27385	8465	13327	238
双鸭山	Shuangyashan	17000	36048	41624	176
大庆	Daqing	109988	2596	20145	217
伊春	Yichun	18251	8932	29791	199
佳木斯	Jiamusi	58959	15727	3150	268
七台河	Qitaihe	4027	1530		
牡丹江	Mudanjiang	7709	54291	187850	79
黑河	Heihe	9800	960	457	280
绥化	Suihua	2600	2048	5341	259
上海	**Shanghai**	**1022470**	**1731030**	**1438768**	
江苏	**Jiangsu**	**7862161**	**5978148**	**6379826**	

8-21 城市市政道路桥梁建设投资额（辖区） 续表 1

Fixed Assets Investment of Road and Bridge in Urban Service Facilities (Municipal Districts) continued 1

单位：万元 (10 000 yuan)

地名	City	2010	2015	2016	2016 排名 Ranking
南京	Nanjing	1651645	1226720	1571631	4
无锡	Wuxi	1893473	105783	113176	116
徐州	Xuzhou	116341	33300	213784	73
常州	Changzhou	1037268	307068	487582	30
苏州	Suzhou	369920	894452	482743	31
南通	Nantong	788573	1193647	997888	12
连云港	Lianyungang	151324	112403	159510	90
淮安	Huaian	231769	36800	161877	88
盐城	Yancheng	157000	326752	421805	36
扬州	Yangzhou	160796	259393	145806	95
镇江	Zhenjiang	449145	677344	866196	17
泰州	Taizhou	110947	253118	267637	57
宿迁	Suqian	19105	44026	32024	195
浙江	**Zhejiang**	**2786719**	**4677155**	**5135535**	
杭州	Hangzhou	543543	1413108	1401929	8
宁波	Ningbo	954493	811050	980675	13
温州	Wenzhou	53745	675205	847373	18
嘉兴	Jiaxing	172454	128243	108535	124
湖州	Huzhou	76110	31411	242497	67
绍兴	Shaoxing	117330	314750	261489	59
金华	Jinhua	23412	211925	152640	91
衢州	Quzhou	23244	57074	54277	159
舟山	Zhoushan	45034	116760	81161	142
台州	Taizhou	92135	92821	76450	145
丽水	Lishui	92094	118284	100827	130
安徽	**Anhui**	**3065935**	**3340719**	**4188478**	
合肥	Hefei	576735	612277	844856	19
芜湖	Wuhu	399725	244359	261591	58
蚌埠	Bengbu	279116	240604	151567	92
淮南	Huainan	325584	227765	204861	74
马鞍山	Maanshan	239146	231879	196207	77
淮北	Huaibei	155300	132740	257380	61
铜陵	Tongling	117001	49905	102375	128
安庆	Anqing	84157	237594	372630	41
黄山	Huangshan	44490	69275	109249	122
滁州	Chuzhou	161979	129798	150462	93
阜阳	Fuyang	80075	315000	289040	53
宿州	Suzhou	55541	229927	85260	138
六安	Liuan	39510	54209	54145	160
亳州	Bozhou	66483	22417	93782	135

地名	City	2010	2015	2016	2016 排名 Ranking
池州	Chizhou	58372	22577	63989	152
宣城	Xuancheng	156259	160417	424415	35
福建	**Fujian**	**2394391**	**3524341**	**3433823**	
福州	Fuzhou	911657	724232	1021557	11
厦门	Xiamen	383079	484130	721570	22
莆田	Putian	368250	717581	251680	63
三明	Sanming	4599	37350	4980	262
泉州	Quanzhou	190816	290794	115814	113
漳州	Zhangzhou	94825	258899	159612	89
南平	Nanping	28380	155705	18330	222
龙岩	Longyan	53818	181265	323627	47
宁德	Ningde	28801	28812	40991	178
江西	**Jiangxi**	**2539040**	**3219824**	**2270926**	
南昌	Nanchang	110760	1354935	635325	25
景德镇	Jingdezhen	55042	20356	5915	257
萍乡	Pingxiang	68735	115661	52900	163
九江	Jiujiang	850717	311253	338031	43
新余	Xinyu	157839	51558	59641	156
鹰潭	Yingtan	53183	4280	1105	277
赣州	Ganzhou	632024	202837	392847	38
吉安	Jian	61568	94922	128685	104
宜春	Yichun	183128	422799	129280	103
抚州	Fuzhou	100087	346266	254555	62
上饶	Shangrao	95336	57750	101100	129
山东	**Shandong**	**3924985**	**3093927**	**3469677**	
济南	Jinan	275081	674114	735763	21
青岛	Qingdao	1485793	221013	127262	107
淄博	Zibo	149663	75464	313606	50
枣庄	Zaozhuang	108513	59486	82614	141
东营	Dongying	15387	94997	308743	51
烟台	Yantai	272151	708960	335890	44
潍坊	Weifang	91381	61801	65049	151
济宁	Jining	181504	37165	85546	137
泰安	Taian	152283	90172	165561	87
威海	Weihai	41851	110912	119503	110
日照	Rizhao	132755	96087	224968	72
莱芜	Laiwu	50093	49308	41650	175
临沂	Linyi	148706	250736	354433	42
德州	Dezhou	210739	22119	34967	190
聊城	Liaocheng	5189	80136	30826	196

8-21 城市市政道路桥梁建设投资额（辖区） 续表 2

Fixed Assets Investment of Road and Bridge in Urban Service Facilities (Municipal Districts) continued 2

单位：万元 (10 000 yuan)

地名	City	2010	2015	2016	2016 排名 Ranking
滨州	Binzhou	46387	33529	37860	187
菏泽	Heze	34017	21450	32134	194
河南	**Henan**	**1193887**	**2096765**	**2373259**	
郑州	Zhengzhou	610053	1449865	1501661	5
开封	Kaifeng	86431	103154	127682	106
洛阳	Luoyang	42840	14513	76304	146
平顶山	Pingdingshan	39127	37565	36965	188
安阳	Anyang	50233	28470	63791	153
鹤壁	Hebi	16778	12963	9641	249
新乡	Xinxiang	16337	7401	40291	180
焦作	Jiaozuo	38593		5317	260
濮阳	Puyang		32600	38500	184
许昌	Xuchang	2102	20108	7021	255
漯河	Luohe	21130	15999	95547	133
三门峡	Sanmenxia	11349	5927	18485	221
南阳	Nanyang	64548	98315	71601	148
商丘	Shangqiu	3067	23530		
信阳	Xinyang	14051	10525	6310	256
周口	Zhoukou	22737	43849	11764	241
驻马店	Zhumadian	8001	12774	21199	212
湖北	**Hubei**	**3064360**	**5251137**	**5275133**	
武汉	Wuhan	2353455	4019058	3530512	1
黄石	Huangshi	95347	68874	109674	120
十堰	Shiyan	68499	48258	38132	186
宜昌	Yichang	91422	469487	509085	29
襄阳	Xiangyang	38832	69786	100135	131
鄂州	Ezhou	63655	94539	42739	172
荆门	Jingmen	70338	54380	280815	54
孝感	Xiaogan	18200	2700	181725	80
荆州	Jingzhou	7738	13258	13737	236
黄冈	Huanggang	15750	28600	30510	197
咸宁	Xianning	10300	16566	40403	179
随州	Suizhou	6438	594	13422	237
湖南	**Hunan**	**3430888**	**3832413**	**4013792**	
长沙	Changsha	1336900	473028	272165	56
株洲	Zhuzhou	314098	550015	980505	14
湘潭	Xiangtan	150933	255418	132634	102
衡阳	Hengyang	393288	1043664	879187	16
邵阳	Shaoyang	37658	136932	128621	105
岳阳	Yueyang	166060	150297	108610	123
常德	Changde	211668	63705	170424	85
张家界	Zhangjiajie	60577	84800	143500	97
益阳	Yiyang	56576	16672	48644	167
郴州	Chenzhou	258502	229137	246918	66
永州	Yongzhou	112813	177470	279242	55
怀化	Huaihua	8178	57452	145178	96
娄底	Loudi	78785	238950	251613	64
广东	**Guangdong**	**3279124**	**3034333**	**2328169**	
广州	Guangzhou	1679476	1374177	425505	34
韶关	Shaoguan	4150	20000	10580	246
深圳	Shenzhen	274590	539293	594248	26
珠海	Zhuhai	420459	213593	115507	114
汕头	Shantou	10735		20502	215
佛山	Foshan	58038	99993	39532	183
江门	Jiangmen	41250	19731	235963	69
湛江	Zhanjiang	15195	65467	40285	181
茂名	Maoming		13100	19000	220
肇庆	Zhaoqing	164109	83453	147361	94
惠州	Huizhou	136751	172672	52703	164
梅州	Meizhou	28856	19682	38197	185
汕尾	Shanwei	8880		26200	204
河源	Heyuan	155716	10800	10893	244
阳江	Yangjiang	22529	27285	14570	233
清远	Qingyuan	6713	250784	405402	37
东莞	Dongguan	21817	2805	1509	276
中山	Zhongshan	34989	27991	27571	203
潮州	Chaozhou	6962	2463	4906	263
揭阳	Jieyang	21082	14600	15951	229
云浮	Yunfu	1412	881	2010	275
广西	**Guangxi**	**3221009**	**3491588**	**3362547**	
南宁	Nanning	959763	1861272	1438022	7
柳州	Liuzhou	641113	191400	387205	39
桂林	Guilin	298635	309135	321288	48
梧州	Wuzhou	47005	54797	168778	86
北海	Beihai	129340	58494	62178	155
防城港	Fangchenggang	283022	211661	136760	100
钦州	Qinzhou	194633	129641	180662	82
贵港	Guigang	47525	65353	179818	83
玉林	Yulin	231350	235584	113194	115
百色	Baise	125076	10204	52105	165

8-21 城市市政道路桥梁建设投资额（辖区） 续表 3

Fixed Assets Investment of Road and Bridge in Urban Service Facilities (Municipal Districts) continued 3

单位：万元 (10 000 yuan)

地名	City	2010	2015	2016	2016 排名 Ranking
贺州	Hezhou	9473	216	42075	173
河池	Hechi	19500	39501	18158	224
来宾	Laibin	98337	49778	40015	182
崇左	Chongzuo	21430	61544	51088	166
海南	**Hainan**	**135874**	**875903**	**908655**	
海口	Haikou		760873	838559	20
三亚	Sanya	17099	15083	33330	193
三沙	Sansha				
重庆	**Chongqing**	**3128742**	**3146054**	**3600390**	
四川	**Sichuan**	**2373445**	**3574396**	**5395016**	
成都	Chengdu	1201256	1236596	2477031	3
自贡	Zigong	181063	180453	537580	28
攀枝花	Panzhihua	28979	60228	53696	161
泸州	Luzhou	43266	270287	377997	40
德阳	Deyang	72796	49045	46070	169
绵阳	Mianyang	80797	264816	172547	84
广元	Guangyuan	36737	159509	134997	101
遂宁	Suining	22703	45796	116592	112
内江	Neijiang	31665	159894	119956	109
乐山	Leshan	22346	6868	2363	273
南充	Nanchong	35000	141050	79500	144
眉山	Meishan	10446	95323	55842	158
宜宾	Yibin	22335	19252	239501	68
广安	Guangan	14123	74409	83588	139
达州	Dazhou	13700	8833	8118	254
雅安	Yaan	14031	170563	107945	125
巴中	Bazhong	105	196169	327694	46
资阳	Ziyang	131520		15000	232
贵州	**Guizhou**	**835059**	**4074884**	**2631582**	
贵阳	Guiyang	774610	2498090	1498994	6
六盘水	Liupanshui	1026	500025	121773	108
遵义	Zunyi	6500	10024	19300	219
安顺	Anshun	9850	563473	181407	81
毕节	Bijie	1140	299951	459580	32
铜仁	Tongren	6808		2742	271
云南	**Yunnan**	**1808022**	**1090327**	**1517437**	
昆明	Kunming	1349091	483023	672998	23
曲靖	Qujing	19090	59609	140717	98
玉溪	Yuxi	28735	8296	25309	205
保山	Baoshan	2000	15263	4220	266
昭通	Zhaotong	74737	19003	110781	118
丽江	Lijiang	6061	4652	780	278
普洱	Puer	19941	7642	9252	251
临沧	Lincang	1690	13143	19443	218
西藏	**Tibet**	**15203**	**110203**	**161957**	
拉萨	Lasa	15203	110203	109897	119
陕西	**Shaanxi**	**996486**	**2736904**	**2126911**	
西安	Xi'an	776916	1580869	911310	15
铜川	Tongchuan	4442	141455	29661	200
宝鸡	Baoji	23030	23000	119381	111
咸阳	Xianyang	23842	591346	332411	45
渭南	Weinan	38542	44207	46020	170
延安	Yan'an	31967	23575	92100	136
汉中	Hanzhong	4450	22055	315102	49
榆林	Yulin	17024	134804	109294	121
安康	Ankang	34276	61240	94500	134
商洛	Shangluo	16435	350	2840	270
甘肃	**Gansu**	**494608**	**1889317**	**1538445**	
兰州	Lanzhou	330052	1710259	1303118	9
嘉峪关	Jiayuguan	10676	4947	11614	242
金昌	Jinchang	26982	5217	2614	272
白银	Baiyin	6711	9000	15940	230
天水	Tianshui	6033	43702	33787	192
武威	Wuwei	22514	6030	80014	143
张掖	Zhangye	11907	30023	12101	239
平凉	Pingliang	25000	23701	21175	213
酒泉	Jiuquan	4143	14930		
庆阳	Qingyang	25298	3800	5100	261
定西	Dingxi	11333	4940	5460	258
陇南	Longnan	5829	3088	24341	207
青海	**Qinghai**	**147522**	**494729**	**668454**	
西宁	Xining	129457	418765	642000	24
海东	Haidong		66303	16765	226
宁夏	**Ningxia**	**75452**	**77463**	**65682**	
银川	Yinchuan	22921	48080	23184	209
石嘴山	Shizuishan	13951	10111	10126	247
吴忠	Wuzhong	19686	4114	21988	211
固原	Guyuan	8806	6154	4591	264
中卫	Zhongwei		4603	765	279
新疆	**Xinjiang**	**417450**	**1921906**	**1822242**	
乌鲁木齐	Urumqi	193579	1336362	1300433	10
克拉玛依	Karamay	9872	52372	35249	189

8-22 城市市政排水设施建设投资额（辖区）

Fixed Assets Investment of Sewerage in Urban Service Facilities (Municipal Districts)

单位：万元 (10 000 yuan)

地名	City	2010	2015	2016	2016 排名 Ranking
全国	**Nation Total**	**9015609**	**9826842**	**12225062**	
北京	**Beijing**	**172688**	**1489182**	**2802488**	
天津	**Tianjin**	**249114**	**164808**	**67110**	
河北	**Hebei**	**538504**	**201583**	**348204**	
石家庄	Shijiazhuang	91367	22605	86834	19
唐山	Tangshan	207013	1793	22757	64
秦皇岛	Qinhuangdao	6598	58620	97190	17
邯郸	Handan	10305	16580	20916	74
邢台	Xingtai	1232	577	1534	213
保定	Baoding	27682	367	13082	113
张家口	Zhangjiakou	12766	2210	4189	175
承德	Chengde	18836	6416	13500	111
沧州	Cangzhou	34712	6197	23572	61
廊坊	Langfang	29000		4881	167
衡水	Hengshui		6113	9256	131
山西	**Shanxi**	**201559**	**245324**	**124172**	
太原	Taiyuan	70218	150800		
大同	Datong	82585	7000		
阳泉	Yangquan	2427	13777	13530	110
长治	Changzhi	16895	4700	3660	180
晋城	Jincheng			3125	185
朔州	Shuozhou	6000	16980	24344	58
晋中	Jinzhong	5574		450	240
运城	Yuncheng	1623		15762	92
忻州	Xinzhou	500	5817	12304	115
临汾	Linfen	6080		14257	106
吕梁	Lvliang	4290	7352	5875	156
内蒙古	**Inner Mongolia**	**398943**	**378320**	**301177**	
呼和浩特	Hohhot	47953	140611	117373	13
包头	Baotou	60957	83831	70543	22
乌海	Wuhai	150	14343	14456	103
赤峰	Chifeng	26756	49755	21180	70
通辽	Tongliao	4285	8896	14640	101
鄂尔多斯	Erdos	32712	361	719	231
呼伦贝尔	Hulunbuir	18814	25080	11250	118
巴彦淖尔	Bayannur	167000	18168	10513	128
乌兰察布	Ulanqab	1759	3800	2300	200
辽宁	**Liaoning**	**135585**	**84271**	**91965**	
沈阳	Shenyang	32306	27245	31063	43
大连	Dalian	23796	4038	13278	112
鞍山	Anshan	12618	3000		
抚顺	Fushun	2738	2439	1481	216
本溪	Benxi	1644	1317		
丹东	Dandong		92	7830	141
锦州	Jinzhou	1700	6605	1971	207
营口	Yingkou	5520		3298	183
阜新	Fuxin	836	620		
辽阳	Liaoyang	9223	4673	2827	188
盘锦	Panjin	8369	623	5371	162
铁岭	Tieling	292	366	457	239
朝阳	Chaoyang				
葫芦岛	Huludao	5090	5060		
吉林	**Jilin**	**113705**	**197636**	**75106**	
长春	Changchun	42205	98655	11162	119
吉林	Jilin	1060	13095		
四平	Siping		7429	550	237
辽源	Liaoyuan			1930	208
通化	Tonghua	15400	7760		
白山	Baishan	13909	15	7300	142
松原	Songyuan	10348	17052	10938	121
白城	Baicheng	6350	13768	6800	148
黑龙江	**Heilongjiang**	**228375**	**132143**	**131325**	
哈尔滨	Harbin	61923	620	21102	71
齐齐哈尔	Qiqihar	38228	3541	18852	81
鸡西	Jixi	2670	26497	2686	190
鹤岗	Hegang	8687	51		
双鸭山	Shuangyashan	8755	15194	6951	146
大庆	Daqing	7259	5239		
伊春	Yichun	5044	12348	15756	93
佳木斯	Jiamusi	11600	4521	6880	147
七台河	Qitaihe	7925	2688	2000	206
牡丹江	Mudanjiang	380	5400	25200	55
黑河	Heihe		1000		
绥化	Suihua	5683	10610	1865	210
上海	**Shanghai**	**342661**	**84236**	**219363**	
江苏	**Jiangsu**	**847735**	**1233404**	**1370344**	

8-22 城市市政排水设施建设投资额（辖区） 续表 1

Fixed Assets Investment of Sewerage in Urban Service Facilities (Municipal Districts) continued 1

单位：万元 (10 000 yuan)

地名	City	2010	2015	2016	2016 排名 Ranking	地名	City	2010	2015	2016	2016 排名 Ranking
南京	Nanjing	273190	223672	248788	6	池州	Chizhou	3933	14603	4452	173
无锡	Wuxi	124730	4722	20152	77	宣城	Xuancheng	20024	6283	14669	100
徐州	Xuzhou	17471	13002	21980	66	**福建**	**Fujian**	**145390**	**302962**	**313970**	
常州	Changzhou	9571	38525	16793	88	福州	Fuzhou	35322	46173	101167	14
苏州	Suzhou	29458	26709	29700	45	厦门	Xiamen	27521	67763	36231	39
南通	Nantong	112358	355051	193825	10	莆田	Putian	32567	30000	47655	30
连云港	Lianyungang	3900	7713	49975	28	三明	Sanming		4834	2524	193
淮安	Huaian		1192	7205	143	泉州	Quanzhou	2114	11302	17836	83
盐城	Yancheng		24500	29197	47	漳州	Zhangzhou	5573	58077	6447	152
扬州	Yangzhou	521	255905	26847	51	南平	Nanping	3830	500	600	234
镇江	Zhenjiang	32455	110133	490098	2	龙岩	Longyan	2915	5150	19234	80
泰州	Taizhou	4000	24497	21362	69	宁德	Ningde	1772		160	245
宿迁	Suqian	8444		21000	72	**江西**	**Jiangxi**	**177934**	**191042**	**325463**	
浙江	**Zhejiang**	**343652**	**653121**	**698714**		南昌	Nanchang		12490	217896	8
杭州	Hangzhou	51859	44975	84705	20	景德镇	Jingdezhen	3700	20497		
宁波	Ningbo	53171	12499	38570	35	萍乡	Pingxiang	3560			
温州	Wenzhou	14576	102894	98260	15	九江	Jiujiang	44834	38300	22800	63
嘉兴	Jiaxing	23881	14419	28493	48	新余	Xinyu	85270	9787	11429	117
湖州	Huzhou	3050	1500	10930	122	鹰潭	Yingtan		7095	70	247
绍兴	Shaoxing	4404	186319	59402	24	赣州	Ganzhou	17080	12283	24062	59
金华	Jinhua	11994	4913	24568	56	吉安	Jian	1500	8504	6058	155
衢州	Quzhou	6077	590	6752	149	宜春	Yichun	3900	30849	2466	197
舟山	Zhoushan	8045	29369	15408	95	抚州	Fuzhou	8560	29460	8680	135
台州	Taizhou	23955	25084	33585	40	上饶	Shangrao	900	7669	15000	97
丽水	Lishui	6361	11508	20249	76	**山东**	**Shandong**	**592851**	**692349**	**803192**	
安徽	**Anhui**	**241288**	**466515**	**387047**		济南	Jinan	189400	308051	258668	5
合肥	Hefei	43321	124455	96487	18	青岛	Qingdao	34398	43181	17675	86
芜湖	Wuhu	17994	19380	14729	99	淄博	Zibo	14854	6671	10786	126
蚌埠	Bengbu	20488	2396			枣庄	Zaozhuang	10830	3130	7149	144
淮南	Huainan	33852	34662	10843	124	东营	Dongying	968	29200	97668	16
马鞍山	Maanshan	14784	89045	58583	25	烟台	Yantai	18951	20286	15838	91
淮北	Huaibei	8350	16400	29200	46	潍坊	Weifang	14524	1420	36676	37
铜陵	Tongling	5705	33550	23060	62	济宁	Jining	25325	5242	17534	87
安庆	Anqing	3538		755	229	泰安	Taian	13002	17739	54332	27
黄山	Huangshan	7966	4990	6369	153	威海	Weihai	21783	34282	26633	53
滁州	Chuzhou	7030	13336	19537	79	日照	Rizhao	7350	7790	9300	130
阜阳	Fuyang	15221	11547	300	242	莱芜	Laiwu	5300	4169	5800	158
宿州	Suzhou	4075	9948	11150	120	临沂	Linyi	22592	26474	36475	38
六安	Liuan	4869	11865	17821	84	德州	Dezhou	32300	23558	14460	102
亳州	Bozhou	13750	400	1000	222	聊城	Liaocheng	1237	19105	19609	78

8-22 城市市政排水设施建设投资额（辖区） 续表 2

Fixed Assets Investment of Sewerage in Urban Service Facilities (Municipal Districts) continued 2

单位：万元 (10 000 yuan)

地名	City	2010	2015	2016	2016 排名 Ranking
滨州	Binzhou	12772	34424	44317	32
菏泽	Heze	16058	2700	2829	187
河南	**Henan**	**200684**	**244412**	**346845**	
郑州	Zhengzhou	18518	57375	223	243
开封	Kaifeng		32240		
洛阳	Luoyang	20699	2491	181	244
平顶山	Pingdingshan	3660	1848	1200	218
安阳	Anyang	4310	8184	5074	164
鹤壁	Hebi	5610	1194	748	230
新乡	Xinxiang	2427		1889	209
焦作	Jiaozuo	150	13013	3369	182
濮阳	Puyang		19000	13674	108
许昌	Xuchang	60	4280	5700	159
漯河	Luohe	16902	600	17800	85
三门峡	Sanmenxia	70	819	602	233
南阳	Nanyang	48689	25492	171984	12
商丘	Shangqiu	17000		32916	42
信阳	Xinyang	1220	1520	160	245
周口	Zhoukou	12610	8597	2990	186
驻马店	Zhumadian	5631	9634	15000	97
湖北	**Hubei**	**244247**	**511357**	**1190260**	
武汉	Wuhan	129891	354530	1046818	1
黄石	Huangshi	13107	37568	42447	33
十堰	Shiyan	5187	12378	8833	134
宜昌	Yichang	2514	12918	16468	89
襄阳	Xiangyang	6269	5163	5808	157
鄂州	Ezhou	11320	6050	10898	123
荆门	Jingmen	6900		1500	214
孝感	Xiaogan	2200	3800	9796	129
荆州	Jingzhou		1901	856	227
黄冈	Huanggang	4980	17843	610	232
咸宁	Xianning		6400		
随州	Suizhou		846	10562	127
湖南	**Hunan**	**195493**	**454725**	**404501**	
长沙	Changsha	39913	120122	193065	11
株洲	Zhuzhou	16422	6400	6562	151
湘潭	Xiangtan	16204	18959	33320	41
衡阳	Hengyang	6959	5820	1150	220
邵阳	Shaoyang	12760			
岳阳	Yueyang	30360	79298	56960	26

地名	City	2010	2015	2016	2016 排名 Ranking
常德	Changde	21755	13395	15250	96
张家界	Zhangjiajie	800	8500	8200	140
益阳	Yiyang	5262	150	2354	198
郴州	Chenzhou	16161	33604	24424	57
永州	Yongzhou	6000	2173	4500	172
怀化	Huaihua		20311	8309	139
娄底	Loudi	7500	80420	3240	184
广东	**Guangdong**	**2123562**	**253136**	**392110**	
广州	Guangzhou	1818524	107668	274104	4
韶关	Shaoguan	1880	13550	13592	109
深圳	Shenzhen				
珠海	Zhuhai	35377	49952	4677	171
汕头	Shantou	23821		3592	181
佛山	Foshan	43279	4879	2765	189
江门	Jiangmen	18121		2549	192
湛江	Zhanjiang	1042	2081	2345	199
茂名	Maoming			1100	221
肇庆	Zhaoqing	13377	15673	1485	215
惠州	Huizhou	13484	10800	12995	114
梅州	Meizhou	1708			
汕尾	Shanwei	3000	2300	4787	169
河源	Heyuan				
阳江	Yangjiang				
清远	Qingyuan			497	238
东莞	Dongguan	56063	7853	16315	90
中山	Zhongshan	31280	32350	38358	36
潮州	Chaozhou	2834	1984		
揭阳	Jieyang	1100			
云浮	Yunfu	3600		2080	204
广西	**Guangxi**	**392515**	**387012**	**447080**	
南宁	Nanning	263368	158987	282622	3
柳州	Liuzhou	32512	41853	27158	50
桂林	Guilin	13539	18499	21784	68
梧州	Wuzhou	13322	5767	20965	73
北海	Beihai	1965	33529	26659	52
防城港	Fangchenggang	7694	11255	1764	211
钦州	Qinzhou	9683	9552	12260	116
贵港	Guigang	4337	15411	2230	201
玉林	Yulin	5202	21734	5400	161
百色	Baise	5297	6333	21840	67

8-22 城市市政排水设施建设投资额（辖区） 续表 3

Fixed Assets Investment of Sewerage in Urban Service Facilities (Municipal Districts) continued 3

单位：万元 (10 000 yuan)

地名	City	2010	2015	2016	2016 排名 Ranking
贺州	Hezhou	3710	24532	2514	196
河池	Hechi	5513	3206	600	234
来宾	Laibin	4000	1073	4094	176
崇左	Chongzuo		6949	8392	137
海南	**Hainan**	**62734**	**62408**	**86687**	
海口	Haikou	46310	8902	8532	136
三亚	Sanya	6286	29525	68480	23
三沙	Sansha		3086	5360	163
重庆	**Chongqing**	71549	**58782**	**91019**	
四川	**Sichuan**	**121658**	**269771**	**429878**	
成都	Chengdu	22378	48534	223688	7
自贡	Zigong	1800	16446	9199	132
攀枝花	Panzhihua	2287	2058	591	236
泸州	Luzhou	12835	70042	30166	44
德阳	Deyang	6820	4323	6656	150
绵阳	Mianyang	10134	14384	18314	82
广元	Guangyuan	2200	10596	25332	54
遂宁	Suining	2280	1329	9069	133
内江	Neijiang	500	1690	7100	145
乐山	Leshan	5671	12315	2516	195
南充	Nanchong	28000	31200	22400	65
眉山	Meishan	18	520	4900	165
宜宾	Yibin	4778		3674	179
广安	Guangan	4235	700	1365	217
达州	Dazhou				
雅安	Yaan				
巴中	Bazhong	3190	2625	14284	104
资阳	Ziyang		14480		
贵州	**Guizhou**	**25876**	**207214**	**26156**	
贵阳	Guiyang	8172	42164		
六盘水	Liupanshui		117753	4233	174
遵义	Zunyi	2288	7499	4694	170
安顺	Anshun		5136	1160	219
毕节	Bijie	749	15288	3940	177
铜仁	Tongren				
云南	**Yunnan**	**436480**	**124968**	**165620**	
昆明	Kunming	315881	4310	10794	125
曲靖	Qujing	42247		4800	168
玉溪	Yuxi			1560	212
保山	Baoshan	3000		913	225
昭通	Zhaotong	1921	2769		

地名	City	2010	2015	2016	2016 排名 Ranking
丽江	Lijiang	1850			
普洱	Puer	5231	2942	48264	29
临沧	Lincang		420	4895	166
西藏	**Tibet**		**51327**	**39069**	
拉萨	Lasa		46062	39069	34
陕西	**Shaanxi**	**150391**	**153874**	**187401**	
西安	Xi'an	103886	56938	77407	21
铜川	Tongchuan	9436	18086	14283	105
宝鸡	Baoji	20000	13200	20446	75
咸阳	Xianyang	2310	7154		
渭南	Weinan	1190	14400	23900	60
延安	Yan'an	4959	1110	8342	138
汉中	Hanzhong		3920	5420	160
榆林	Yulin	1830			
安康	Ankang		26000	27230	49
商洛	Shangluo	5580	3500	2100	203
甘肃	**Gansu**	**100885**	**139324**	**75806**	
兰州	Lanzhou	73668	104781	45936	31
嘉峪关	Jiayuguan	95	429		
金昌	Jinchang		12078	2050	205
白银	Baiyin	280	3900	860	226
天水	Tianshui	5100	80	14000	107
武威	Wuwei		4510		
张掖	Zhangye		10208	922	224
平凉	Pingliang	8300	2600	2520	194
酒泉	Jiuquan	6694			
庆阳	Qingyang	4629	450	1000	222
定西	Dingxi	199	28		
陇南	Longnan	1250		3800	178
青海	**Qinghai**	**32691**	**36579**	**16513**	
西宁	Xining	21500	7305	840	228
海东	Haidong		6136		
宁夏	**Ningxia**	**16544**	**15806**	**24242**	
银川	Yinchuan	4836	11273	15640	94
石嘴山	Shizuishan	6865	3408	2147	202
吴忠	Wuzhong	3327		349	241
固原	Guyuan	793	665		
中卫	Zhongwei	358		6106	154
新疆	**Xinjiang**	**110316**	**339251**	**242235**	
乌鲁木齐	Urumqi	34200	233105	213316	9
克拉玛依	Karamay	17128	4408	2651	191

8-23 城市市政园林绿化建设投资额（辖区）

Fixed Assets Investment of Landscaping in Urban Service Facilities (Municipal Districts)

单位：万元 (10 000 yuan)

地名	City	2010	2015	2016	2016 排名 Ranking
全国	**Nation Total**	**22970392**	**15946541**	**16701452**	
北京	**Beijing**	**654687**	**996539**	**1533299**	
天津	**Tianjin**	**140439**	**259163**	**243369**	
河北	**Hebei**	**1139362**	**302232**	**404283**	
石家庄	Shijiazhuang	312817	77499	87399	32
唐山	Tangshan	145459	4411	4995	196
秦皇岛	Qinhuangdao	54786	16126	3850	206
邯郸	Handan	117312	6500	16028	137
邢台	Xingtai	32809	8315	6840	180
保定	Baoding	29049	15996	51822	59
张家口	Zhangjiakou	31290	13915	22331	116
承德	Chengde	23198	4954	2277	222
沧州	Cangzhou	34250	18885	46198	64
廊坊	Langfang	40400	11945	31143	96
衡水	Hengshui	119508		3356	210
山西	**Shanxi**	**297291**	**143721**	**490217**	
太原	Taiyuan	131925		328579	5
大同	Datong	87120		50000	60
阳泉	Yangquan	23006	11100	30020	97
长治	Changzhi	624	13534	6449	184
晋城	Jincheng		4274		
朔州	Shuozhou	9612	660	6351	186
晋中	Jinzhong	10835	76978	25410	112
运城	Yuncheng	4100	6066	1560	229
忻州	Xinzhou	2860	4109	6000	190
临汾	Linfen	3677		13479	147
吕梁	Lvliang		1815	2073	223
内蒙古	**Inner Mongolia**	**784633**	**1248593**	**929130**	
呼和浩特	Hohhot	90561	333115	187691	17
包头	Baotou	115761	289859	256985	10
乌海	Wuhai	70000	63512	64209	48
赤峰	Chifeng	7181	29967	44160	69
通辽	Tongliao	31622	42999	31453	93
鄂尔多斯	Erdos	395667	56766	18209	128
呼伦贝尔	Hulunbuir	3700	94397	12014	155
巴彦淖尔	Bayannur	42000	61126	63931	49
乌兰察布	Ulanqab	5000	57716	38826	77
辽宁	**Liaoning**	**288607**	**171034**	**352034**	
沈阳	Shenyang	92922	45613	273240	9
大连	Dalian	21976	11748	27323	105
鞍山	Anshan	6000	40610	3500	209
抚顺	Fushun	3200	2063	7880	170
本溪	Benxi	2800	617		
丹东	Dandong	5049	6050	5569	191
锦州	Jinzhou	20573	5822	2854	215
营口	Yingkou	64422		635	243
阜新	Fuxin	3095	7350	1000	237
辽阳	Liaoyang	13036	8980	5328	193
盘锦	Panjin	5630	1891	6998	178
铁岭	Tieling	8312	1188	967	239
朝阳	Chaoyang	3470			
葫芦岛	Huludao	900	3350	1600	228
吉林	**Jilin**	**120506**	**257406**	**125424**	
长春	Changchun	71909	186162	40758	74
吉林	Jilin	2968	5030		
四平	Siping				
辽源	Liaoyuan	300	1710	1495	230
通化	Tonghua	1840	677	4420	201
白山	Baishan	7848	314	8611	168
松原	Songyuan	6355			
白城	Baicheng	1200	2062	17086	130
黑龙江	**Heilongjiang**	**172685**	**58141**	**100001**	
哈尔滨	Harbin	55844	24370	34018	85
齐齐哈尔	Qiqihar	16000			
鸡西	Jixi	900			
鹤岗	Hegang	7564	2416	2646	219
双鸭山	Shuangyashan	2055	926	16539	132
大庆	Daqing	20608	5250	2713	217
伊春	Yichun	1593		4733	199
佳木斯	Jiamusi	5876	2780		
七台河	Qitaihe	1790	684	310	247
牡丹江	Mudanjiang	14626		9026	167
黑河	Heihe	2256	1200	235	249
绥化	Suihua	5000	1210	1041	236
上海	**Shanghai**	**282119**	**574111**	**144300**	
江苏	**Jiangsu**	**1792150**	**2219972**	**1825643**	

8-23 城市市政园林绿化建设投资额（辖区） 续表 1

Fixed Assets Investment of Landscaping in Urban Service Facilities (Municipal Districts) continued 1

单位：万元 (10 000 yuan)

地名	City	2010	2015	2016	2016 排名 Ranking
南京	Nanjing	291333	508144	213991	13
无锡	Wuxi	204742	45435	32902	87
徐州	Xuzhou	159834	66303	35864	83
常州	Changzhou	76884	43900	44232	68
苏州	Suzhou	157283	33152	32767	89
南通	Nantong	129719	295859	242115	12
连云港	Lianyungang	74027	67620	68609	45
淮安	Huaian	74033	40511	82786	38
盐城	Yancheng	63358	99021	53871	57
扬州	Yangzhou	68738	102612	143167	22
镇江	Zhenjiang	116759	443389	284921	8
泰州	Taizhou	66466	74885	150532	21
宿迁	Suqian	20083	126193	112842	27
浙江	**Zhejiang**	**389492**	**728576**	**1459554**	
杭州	Hangzhou	100772	147927	288295	7
宁波	Ningbo	27300	61177	397162	3
温州	Wenzhou	11358	126408	78335	41
嘉兴	Jiaxing	33734	10644	45612	65
湖州	Huzhou	70760	6044	66139	46
绍兴	Shaoxing	1187	78511	179407	18
金华	Jinhua	19123	38565	15197	140
衢州	Quzhou	8911	6975	7988	169
舟山	Zhoushan	3167	7039	28298	102
台州	Taizhou	4711	39120	42243	71
丽水	Lishui	33950	17975	10665	161
安徽	**Anhui**	**908628**	**1329214**	**1144171**	
合肥	Hefei	94166	304488	297063	6
芜湖	Wuhu	166867	53953	44235	67
蚌埠	Bengbu	63384	77539	88615	31
淮南	Huainan	142537	33845	18656	125
马鞍山	Maanshan	28307	9376	48253	62
淮北	Huaibei	48820	119110	59200	54
铜陵	Tongling	2929	61731	31248	95
安庆	Anqing	5763		1401	232
黄山	Huangshan	17250	12605	16382	135
滁州	Chuzhou	113907	63633	113047	26
阜阳	Fuyang	15860	100000	160648	19
宿州	Suzhou	33597	86978	14582	142
六安	Liuan	19890	23170	14807	141
亳州	Bozhou	7010	33206	37015	80
池州	Chizhou	16867	4374	3206	211
宣城	Xuancheng	58282	246483	19450	120
福建	**Fujian**	**360633**	**511158**	**256728**	
福州	Fuzhou	202776	171403	83656	37
厦门	Xiamen	8007	93592	6610	183
莆田	Putian	23200		40700	75
三明	Sanming	2106	17039	2360	221
泉州	Quanzhou	966	74520	16536	133
漳州	Zhangzhou	34595	23468	10360	162
南平	Nanping	3051	8256	3815	207
龙岩	Longyan	25400	31400	19419	121
宁德	Ningde	11035	2000	1957	226
江西	**Jiangxi**	**948889**	**490477**	**562062**	
南昌	Nanchang	52223	202490	192397	16
景德镇	Jingdezhen	56454		1980	225
萍乡	Pingxiang	15000	9380	33500	86
九江	Jiujiang	360188	30988	32144	91
新余	Xinyu	84635	3950	6899	179
鹰潭	Yingtan		2000	15	251
赣州	Ganzhou	36477	26307	17599	129
吉安	Jian	77367	24628	44640	66
宜春	Yichun	34878	33318	41412	72
抚州	Fuzhou	102172	106381	134530	24
上饶	Shangrao	38204	23900	29327	100
山东	**Shandong**	**1083450**	**1293530**	**1034175**	
济南	Jinan	55383	64560	77409	42
青岛	Qingdao	89368	87316	58989	55
淄博	Zibo	58414	66217	61767	50
枣庄	Zaozhuang	23156	42538	20194	119
东营	Dongying	11999	33387	207733	15
烟台	Yantai	89671	41508	22560	115
潍坊	Weifang	72014	92682	141830	23
济宁	Jining	44680	16380	24510	113
泰安	Taian	29105	63715	34574	84
威海	Weihai	41832	66742	91597	30
日照	Rizhao	123503	76717	15990	138
莱芜	Laiwu	7200	37559	26770	107
临沂	Linyi	63498	40474	18256	126
德州	Dezhou	73013	34500	29822	98
聊城	Liaocheng	14712	41023	13328	150

8-23 城市市政园林绿化建设投资额（辖区） 续表 2

Fixed Assets Investment of Landscaping in Urban Service Facilities (Municipal Districts) continued 2

单位：万元 (10 000 yuan)

地名	City	2010	2015	2016	2016 排名 Ranking
滨州	Binzhou	39417	52103	41068	73
菏泽	Heze	35666	57076		
河南	**Henan**	**252500**	**654183**	**734343**	
郑州	Zhengzhou	59688	347426	212486	14
开封	Kaifeng	12938			
洛阳	Luoyang	5738	6515	18979	122
平顶山	Pingdingshan	14079	5500	856	241
安阳	Anyang	5655	7600	13760	146
鹤壁	Hebi	10848	6917	1179	235
新乡	Xinxiang	12865	15350	13111	151
焦作	Jiaozuo	4853	1347	27397	104
濮阳	Puyang	3915	8108	21174	118
许昌	Xuchang	300	6274	29333	99
漯河	Luohe	4500		10200	165
三门峡	Sanmenxia	6100	998	7416	173
南阳	Nanyang	7522	16224	18221	127
商丘	Shangqiu	750	19100	12472	153
信阳	Xinyang	30240	3573	72250	43
周口	Zhoukou	16593	11204	14361	143
驻马店	Zhumadian	4309	36133	32420	90
湖北	**Hubei**	**312204**	**631924**	**748762**	
武汉	Wuhan	122965	350449	400480	2
黄石	Huangshi	49950	12791	84048	36
十堰	Shiyan	3311	6304	12615	152
宜昌	Yichang	13446	44706	22834	114
襄阳	Xiangyang	24072		16092	136
鄂州	Ezhou	8631	9491	18836	123
荆门	Jingmen	17610	18153	18701	124
孝感	Xiaogan	15700	2700	37629	79
荆州	Jingzhou	17586	17109	25430	111
黄冈	Huanggang	10400	700	3100	212
咸宁	Xianning	350	240		
随州	Suizhou	610	3216	7580	172
湖南	**Hunan**	**228165**	**582928**	**362413**	
长沙	Changsha	25500	115946	79172	40
株洲	Zhuzhou	5425	55897	430	246
湘潭	Xiangtan	27309	120		
衡阳	Hengyang	15900	65320	60442	51
邵阳	Shaoyang	2475	9800	7000	176
岳阳	Yueyang		20600	4500	200
常德	Changde	41381	120	37888	78
张家界	Zhangjiajie		15000	13400	148
益阳	Yiyang	3580	689	6374	185
郴州	Chenzhou	33765	187343	49730	61
永州	Yongzhou	4500	52513	4900	197
怀化	Huaihua	7000	7266	43500	70
娄底	Loudi	6520	17990	5120	195
广东	**Guangdong**	**9805087**	**127455**	**200669**	
广州	Guangzhou	194173	39564	26537	108
韶关	Shaoguan	2792		1000	237
深圳	Shenzhen	16550	3695	13858	145
珠海	Zhuhai	4708	8934	27214	106
汕头	Shantou	706		10830	158
佛山	Foshan	22117	5038	3528	208
江门	Jiangmen	2570	4633	871	240
湛江	Zhanjiang	677	12200	4000	204
茂名	Maoming				
肇庆	Zhaoqing	6354	562	310	247
惠州	Huizhou	34435	31482	31652	92
梅州	Meizhou	10095	7760	9919	166
汕尾	Shanwei				
河源	Heyuan	43898			
阳江	Yangjiang	3632			
清远	Qingyuan		6667		
东莞	Dongguan	9421958	1226	2677	218
中山	Zhongshan	833	3093	47279	63
潮州	Chaozhou			6073	189
揭阳	Jieyang	20123		7000	176
云浮	Yunfu	353			
广西	**Guangxi**	**482261**	**642129**	**672628**	
南宁	Nanning	173616	416027	254861	11
柳州	Liuzhou	114835	830	189	250
桂林	Guilin	52645	80322	84985	34
梧州	Wuzhou	2216	49143	7598	171
北海	Beihai	2727		2481	220
防城港	Fangchenggang	16530	376	2947	214
钦州	Qinzhou	2875	3908	69356	44
贵港	Guigang	13739	1073	2844	216
玉林	Yulin	20671	26022	120000	25
百色	Baise	5660	5273	27996	103

8-23 城市市政园林绿化建设投资额（辖区） 续表 3

Fixed Assets Investment of Landscaping in Urban Service Facilities (Municipal Districts) continued 3

单位：万元 (10 000 yuan)

地名	City	2010	2015	2016	2016 排名 Ranking
贺州	Hezhou	280	660	60206	53
河池	Hechi	6330	213		
来宾	Laibin	41657	1660	4200	203
崇左	Chongzuo	1880	38000		
海南	**Hainan**	**26765**	**112304**	**141681**	
海口	Haikou		66131	36781	81
三亚	Sanya	21047	35587	101439	29
三沙	Sansha				
重庆	**Chongqing**	**1060050**	**598251**	**616945**	
四川	**Sichuan**	**227904**	**431576**	**982705**	
成都	Chengdu	53546	60923	430902	1
自贡	Zigong	46824	17462	5424	192
攀枝花	Panzhihua	4433	7686	10690	160
泸州	Luzhou	12296	42762	65862	47
德阳	Deyang	17792	1962	545	244
绵阳	Mianyang	4958	24653	10253	164
广元	Guangyuan	6053	20756	12451	154
遂宁	Suining	16358	1862	81800	39
内江	Neijiang	2821	22219	31266	94
乐山	Leshan	149	17370	32783	88
南充	Nanchong	18000	24050	16500	134
眉山	Meishan	1335	23435	7180	175
宜宾	Yibin	246		151097	20
广安	Guangan	5636	406	438	245
达州	Dazhou	3088	528	11621	157
雅安	Yaan	165	41589	1800	227
巴中	Bazhong	468	4588	2950	213
资阳	Ziyang	3400			
贵州	**Guizhou**	**21513**	**294829**	**300506**	
贵阳	Guiyang	19138	23444		
六盘水	Liupanshui		53420		
遵义	Zunyi			6120	188
安顺	Anshun		63830	58987	56
毕节	Bijie		29000	84936	35
铜仁	Tongren	2000	30600	60219	52
云南	**Yunnan**	**106647**	**214697**	**119905**	
昆明	Kunming	19383	16929	21838	117
曲靖	Qujing	8510	147890		
玉溪	Yuxi	745			
保山	Baoshan	890	14109		
昭通	Zhaotong	12483	14456		
丽江	Lijiang	7104			
普洱	Puer	3000	1338	1256	234
临沧	Lincang	6898	890	5300	194
西藏	**Tibet**	**2923**	**4900**	**11180**	
拉萨	Lasa	2923	4900	4900	197
陕西	**Shaanxi**	**758271**	**346312**	**710188**	
西安	Xi'an	593417	142227	346112	4
铜川	Tongchuan	18122	21113	52315	58
宝鸡	Baoji	17300	10000	6800	181
咸阳	Xianyang	81571	66399	85267	33
渭南	Weinan	11000	22780	36150	82
延安	Yan'an	93	791	7239	174
汉中	Hanzhong	200		14000	144
榆林	Yulin	4500	19618	25505	110
安康	Ankang	7178	15427		
商洛	Shangluo	6190	825	4000	204
甘肃	**Gansu**	**152514**	**177664**	**130596**	
兰州	Lanzhou	110894	116466	26161	109
嘉峪关	Jiayuguan	3717	2663	1484	231
金昌	Jinchang	1781	2780	13389	149
白银	Baiyin	843	750	1345	233
天水	Tianshui	12704	21310	29027	101
武威	Wuwei			10335	163
张掖	Zhangye			4357	202
平凉	Pingliang	6245	4610	10697	159
酒泉	Jiuquan	3085	1943		
庆阳	Qingyang	7800	1030	12000	156
定西	Dingxi	2558	1200		
陇南	Longnan	120	14660	16900	131
青海	**Qinghai**	**17796**	**39506**	**7244**	
西宁	Xining	5853	22167	2039	224
海东	Haidong		14980		
宁夏	**Ningxia**	**43094**	**150794**	**54881**	
银川	Yinchuan	28167	124698	39840	76
石嘴山	Shizuishan	5800	4374	843	242
吴忠	Wuzhong	8063	10184	6280	187
固原	Guyuan	1064	3029		
中卫	Zhongwei		4179	6692	182
新疆	**Xinjiang**	**109127**	**353222**	**302416**	
乌鲁木齐	Urumqi	26733	133798	112045	28
克拉玛依	Karamay	4189	22772	15414	139

8-24 城市市政市容环境卫生建设投资额（辖区）

Fixed Assets Investment of Environmental Sanitation in Urban Service Facilities (Municipal Districts)

单位：万元 (10 000 yuan)

地名	City	2010	2015	2016	2016 排名 Ranking
全国	**Nation Total**	**3015940**	**3980393**	**4452116**	
北京	**Beijing**	**223438**	**669182**	**1613451**	
天津	**Tianjin**	**64495**	**14869**	**18518**	
河北	**Hebei**	**111998**	**104103**	**37254**	
石家庄	Shijiazhuang	5695	40418	1937	130
唐山	Tangshan	3565	701	117	212
秦皇岛	Qinhuangdao	1622	2150	3734	95
邯郸	Handan		5500	976	158
邢台	Xingtai	1320			
保定	Baoding	1220	589		
张家口	Zhangjiakou	12035	200	1338	146
承德	Chengde	9230	724	519	183
沧州	Cangzhou	6466	40529	1145	152
廊坊	Langfang	4000	2668	12076	48
衡水	Hengshui	830	313	1843	133
山西	**Shanxi**	**40630**	**45731**	**52686**	
太原	Taiyuan	15679			
大同	Datong				
阳泉	Yangquan	840	5308	3931	91
长治	Changzhi			40212	13
晋城	Jincheng				
朔州	Shuozhou	1780	2600	332	196
晋中	Jinzhong		8754	3304	99
运城	Yuncheng	1000			
忻州	Xinzhou	14160	390	1600	141
临汾	Linfen	3302		267	201
吕梁	Lvliang		3000	2400	119
内蒙古	**Inner Mongolia**	**113277**	**174420**	**205772**	
呼和浩特	Hohhot	18207	20200	5784	73
包头	Baotou	4698	94430	84339	6
乌海	Wuhai	8660	5883	209	205
赤峰	Chifeng	1457	486	1673	139
通辽	Tongliao	545	12753	18059	34
鄂尔多斯	Erdos	66440	467	88368	5
呼伦贝尔	Hulunbuir	3709	650	700	172
巴彦淖尔	Bayannur		25840		
乌兰察布	Ulanqab	500	3398	2350	122
辽宁	**Liaoning**	**150367**	**69955**	**70792**	
沈阳	Shenyang	40677	38189	30771	17
大连	Dalian	52318	1962	2372	121
鞍山	Anshan	1200		3251	105
抚顺	Fushun	9226		910	160
本溪	Benxi	2104	665		
丹东	Dandong	2312	230	387	190
锦州	Jinzhou	80	7100	28862	20
营口	Yingkou	412	2195	443	187
阜新	Fuxin	1259	1300		
辽阳	Liaoyang	404	10322	958	159
盘锦	Panjin	6137			
铁岭	Tieling	91	2768	200	206
朝阳	Chaoyang	5379	488	902	161
葫芦岛	Huludao	70	200	1070	154
吉林	**Jilin**	**70564**	**24961**	**45098**	
长春	Changchun	52822		180	207
吉林	Jilin		8786	13080	45
四平	Siping				
辽源	Liaoyuan	742	1536	672	176
通化	Tonghua			1306	147
白山	Baishan	392	234		
松原	Songyuan	4000			
白城	Baicheng		563	1300	148
黑龙江	**Heilongjiang**	**33730**	**120896**	**47346**	
哈尔滨	Harbin	20361	31747	6973	65
齐齐哈尔	Qiqihar	1367	3241	4823	82
鸡西	Jixi		17817	330	197
鹤岗	Hegang	938	2169	3271	104
双鸭山	Shuangyashan				
大庆	Daqing		700		
伊春	Yichun	1425	1072	4192	88
佳木斯	Jiamusi		11380		
七台河	Qitaihe		21500	8500	58
牡丹江	Mudanjiang	470		2450	117
黑河	Heihe		528	415	189
绥化	Suihua	813	4340	465	185
上海	**Shanghai**	**58236**	**285577**	**65828**	
江苏	**Jiangsu**	**149205**	**506206**	**309026**	

8-24 城市市政市容环境卫生建设投资额（辖区） 续表 1

Fixed Assets Investment of Environmental Sanitation in Urban Service Facilities (Municipal Districts) continued 1

单位：万元 (10 000 yuan)

地名	City	2010	2015	2016	2016 排名 Ranking
南京	Nanjing	13108	178796	112355	3
无锡	Wuxi	14940	7210	86	216
徐州	Xuzhou		5300	8660	57
常州	Changzhou	57966	45065	27750	22
苏州	Suzhou	3076	1193	91141	4
南通	Nantong	500	11835	7277	62
连云港	Lianyungang	63	390	6780	66
淮安	Huaian		560	340	195
盐城	Yancheng		2150	2163	123
扬州	Yangzhou	1865	20189	15191	37
镇江	Zhenjiang	19394	172055	1700	137
泰州	Taizhou		1552	982	157
宿迁	Suqian		5067	830	164
浙江	**Zhejiang**	**95147**	**210375**	**130461**	
杭州	Hangzhou	2478	89802	350	193
宁波	Ningbo		16526	21931	27
温州	Wenzhou	4550	14982	35654	15
嘉兴	Jiaxing	4075	14912	7131	64
湖州	Huzhou	221	4070	2162	124
绍兴	Shaoxing	922	1989	2477	116
金华	Jinhua	423	4322	4385	86
衢州	Quzhou	1517	1434	3648	96
舟山	Zhoushan	16194	3526	1934	131
台州	Taizhou	742	1876	1199	151
丽水	Lishui	1082	260	889	162
安徽	**Anhui**	**79827**	**165838**	**231760**	
合肥	Hefei	10929	34709	27943	21
芜湖	Wuhu	1280	7008	5576	75
蚌埠	Bengbu	17977		5977	70
淮南	Huainan	5653	6780	15125	38
马鞍山	Maanshan	1206	6181	29727	19
淮北	Huaibei	3070	3752	6728	67
铜陵	Tongling	13046	1640	140	211
安庆	Anqing	6003		657	177
黄山	Huangshan	4603	3425	14176	42
滁州	Chuzhou	2041	8780	3886	93
阜阳	Fuyang	3893	7673	3919	92
宿州	Suzhou	1030	1743	66965	7
六安	Liuan	570	7288	7134	63
亳州	Bozhou	2055	29774	815	167
池州	Chizhou	542	3200	2758	109
宣城	Xuancheng	703	85	30018	18
福建	**Fujian**	**213498**	**89560**	**87892**	
福州	Fuzhou	89372	11198	4027	90
厦门	Xiamen	33823	57005	50002	10
莆田	Putian	16910	4909	2714	110
三明	Sanming	215	683	1905	132
泉州	Quanzhou	948	1423	3032	107
漳州	Zhangzhou	14000	642		
南平	Nanping	1995	845		
龙岩	Longyan	1800	245	680	174
宁德	Ningde	24480			
江西	**Jiangxi**	**61536**	**100327**	**58820**	
南昌	Nanchang	2526	51803	6000	69
景德镇	Jingdezhen	11671	700	1725	136
萍乡	Pingxiang				
九江	Jiujiang	20964	6284	5598	74
新余	Xinyu	1619	700	705	171
鹰潭	Yingtan			49	218
赣州	Ganzhou		11896	24643	25
吉安	Jian	2600	15284	5860	71
宜春	Yichun	289		483	184
抚州	Fuzhou		12450	7600	60
上饶	Shangrao	336	83	100	215
山东	**Shandong**	**171077**	**320802**	**279392**	
济南	Jinan	8334	13354	18303	33
青岛	Qingdao	27165	12582	4941	81
淄博	Zibo	1387	17296	34236	16
枣庄	Zaozhuang	5810	30029	15121	39
东营	Dongying	22577	6050	5810	72
烟台	Yantai	1995	1050	1263	149
潍坊	Weifang	866	32360	650	178
济宁	Jining	27	5447	18014	35
泰安	Taian	437	20629	14442	41
威海	Weihai	14678	10361	4440	83
日照	Rizhao	16040	49531	3805	94
莱芜	Laiwu	10737		5000	80
临沂	Linyi	740	7841	12228	47
德州	Dezhou	16300	28538	2650	112
聊城	Liaocheng	143	1946	314	198

8-24 城市市政市容环境卫生建设投资额（辖区） 续表 2

Fixed Assets Investment of Environmental Sanitation in Urban Service Facilities (Municipal Districts) continued 2

单位：万元 (10 000 yuan)

地名	City	2010	2015	2016	2016 排名 Ranking
滨州	Binzhou		2865	988	156
菏泽	Heze	740	4700		
河南	**Henan**	**29467**	**61069**	**86281**	
郑州	Zhengzhou	11858	33099	15015	40
开封	Kaifeng	342	371	3518	97
洛阳	Luoyang			5370	76
平顶山	Pingdingshan	1668	400		
安阳	Anyang	828	817	5176	77
鹤壁	Hebi	1335	250	112	213
新乡	Xinxiang	345		673	175
焦作	Jiaozuo	61	1211	4233	87
濮阳	Puyang				
许昌	Xuchang		176	1742	135
漯河	Luohe	750		600	181
三门峡	Sanmenxia		290	164	208
南阳	Nanyang	2169	14391	8901	56
商丘	Shangqiu				
信阳	Xinyang		1125	621	179
周口	Zhoukou	200	2074	1978	128
驻马店	Zhumadian	6160		26120	24
湖北	**Hubei**	**198154**	**116729**	**178334**	
武汉	Wuhan	111706	69460	122619	2
黄石	Huangshi	44410	5087	1693	138
十堰	Shiyan	4300	6432		
宜昌	Yichang	1102	7123	2157	125
襄阳	Xiangyang	383		2912	108
鄂州	Ezhou	3500	4150	6721	68
荆门	Jingmen		741	1810	134
孝感	Xiaogan	1240		10962	52
荆州	Jingzhou	14200	1590	1941	129
黄冈	Huanggang	1800			
咸宁	Xianning				
随州	Suizhou				
湖南	**Hunan**	**133458**	**163517**	**87810**	
长沙	Changsha	3600	21000		
株洲	Zhuzhou	2740			
湘潭	Xiangtan	1658	291		
衡阳	Hengyang	33077	34328	19030	31
邵阳	Shaoyang	8860	11685	1600	141
岳阳	Yueyang	680	5700	1000	155
常德	Changde	42352	2834		
张家界	Zhangjiajie				
益阳	Yiyang	1710		2120	126
郴州	Chenzhou	1559	68118	7414	61
永州	Yongzhou	400	5511	18800	32
怀化	Huaihua	1622		26500	23
娄底	Loudi	880	10400		
广东	**Guangdong**	**588574**	**181566**	**263960**	
广州	Guangzhou	470146	9370	141734	1
韶关	Shaoguan				
深圳	Shenzhen	21110	16290	102	214
珠海	Zhuhai	8321	250	9010	55
汕头	Shantou	2046		14010	43
佛山	Foshan	32211	42008	42008	12
江门	Jiangmen	8762			
湛江	Zhanjiang	250			
茂名	Maoming				
肇庆	Zhaoqing	2571	1166	1207	150
惠州	Huizhou	4302	64714	19437	29
梅州	Meizhou	8600	800	13108	44
汕尾	Shanwei		11600		
河源	Heyuan	3985			
阳江	Yangjiang				
清远	Qingyuan	455	1324		
东莞	Dongguan	5234	16280	4402	85
中山	Zhongshan	8944	7040	3301	100
潮州	Chaozhou				
揭阳	Jieyang				
云浮	Yunfu	58			
广西	**Guangxi**	**84073**	**54397**	**102905**	
南宁	Nanning	20205	21470	56383	8
柳州	Liuzhou	4107	1553	1517	143
桂林	Guilin	13635	1636	2496	115
梧州	Wuzhou		557	568	182
北海	Beihai	10299	373	1073	153
防城港	Fangchenggang	1264	6673	15529	36
钦州	Qinzhou	3026	254	3293	103
贵港	Guigang	2432	11087	163	209
玉林	Yulin	5707	6492	7733	59
百色	Baise	2563	1110	1491	144

8-24 城市市政市容环境卫生建设投资额（辖区） 续表 3

Fixed Assets Investment of Environmental Sanitation in Urban Service Facilities (Municipal Districts) continued 3

单位：万元 (10 000 yuan)

地名	City	2010	2015	2016	2016 排名 Ranking	地名	City	2010	2015	2016	2016 排名 Ranking
贺州	Hezhou	191	1732	817	166	丽江	Lijiang	7500			
河池	Hechi	1796	166	210	204	普洱	Puer			350	193
来宾	Laibin	3075		620	180	临沧	Lincang			3300	101
崇左	Chongzuo	1512	820	380	191	**西藏**	**Tibet**		**13060**	**13060**	
海南	**Hainan**	**18106**	**13226**	**2287**		拉萨	Lasa		13060	13060	46
海口	Haikou		10403	745	169	**陕西**	**Shaanxi**	**68258**	**130008**	**95939**	
三亚	Sanya	7747				西安	Xi'an	33314	8108	20771	28
三沙	Sansha			1350	145	铜川	Tongchuan	6152	14417	9160	54
重庆	**Chongqing**	**12527**	**33305**	**55194**		宝鸡	Baoji	3596	17729	2000	127
四川	**Sichuan**	**46199**	**79921**	**64074**		咸阳	Xianyang	12583	18000	700	172
成都	Chengdu	3633	3152	736	170	渭南	Weinan		15580	3180	106
自贡	Zigong		1954			延安	Yan'an	2834	741	263	202
攀枝花	Panzhihua	286	160	11954	49	汉中	Hanzhong	210	375		
泸州	Luzhou	3545	33905	1655	140	榆林	Yulin	491	1108	3465	98
德阳	Deyang	461				安康	Ankang		49590	51000	9
绵阳	Mianyang	2805	727	2420	118	商洛	Shangluo	2835	200	2400	119
广元	Guangyuan	2276	244	424	188	**甘肃**	**Gansu**	**88815**	**64491**	**63646**	
遂宁	Suining	1217		11850	51	兰州	Lanzhou	51947	47434	44053	11
内江	Neijiang	113	2613	452	186	嘉峪关	Jiayuguan			163	209
乐山	Leshan	2718	385	840	163	金昌	Jinchang	559	1483	50	217
南充	Nanchong	5000	6000	3300	101	白银	Baiyin	34926			
眉山	Meishan	82	1293	22000	26	天水	Tianshui			2700	111
宜宾	Yibin	375				武威	Wuwei			4406	84
广安	Guangan	9915	15574			张掖	Zhangye		8200	376	192
达州	Dazhou	423	35	22	219	平凉	Pingliang			800	168
雅安	Yaan	387		300	200	酒泉	Jiuquan	164	3856		
巴中	Bazhong		11000	305	199	庆阳	Qingyang			5010	79
资阳	Ziyang					定西	Dingxi				
贵州	**Guizhou**	**14000**	**30682**	**60826**		陇南	Longnan		482	824	165
贵阳	Guiyang	9642	4965	9182	53	**青海**	**Qinghai**	**8789**	**35230**	**23803**	
六盘水	Liupanshui		3015			西宁	Xining	7900	30800	19170	30
遵义	Zunyi	1090	8935	4085	89	海东	Haidong				
安顺	Anshun			2500	114	**宁夏**	**Ningxia**	**7910**	**998**	**620**	
毕节	Bijie		7670	11903	50	银川	Yinchuan	2480			
铜仁	Tongren					石嘴山	Shizuishan	752	221	244	203
云南	**Yunnan**	**39905**	**16697**	**12606**		吴忠	Wuzhong	262	556		
昆明	Kunming	27393	600	5113	78	固原	Guyuan	3996	221		
曲靖	Qujing					中卫	Zhongwei				
玉溪	Yuxi	1198				**新疆**	**Xinjiang**	**40680**	**82695**	**86675**	
保山	Baoshan					乌鲁木齐	Urumqi	29757	53014	39118	14
昭通	Zhaotong		8759			克拉玛依	Karamay	1541	6258	2645	113

8-25　城市市政公用设施建设新增固定资产投资额（辖区）

Newly Added Fixed Assets Investment in Urban Service Facilities (Municipal Districts)

单位：万元　　　　(10 000 yuan)

地名	City	2010	2016	2016 排名 Ranking	地名	City	2010	2016	2016 排名 Ranking
全国	**Nation Total**	**88147149**	**106211811**		沈阳	Shenyang	3503328	790798	21
北京	**Beijing**	**3345022**	**3455933**		大连	Dalian	494581	270457	71
天津	**Tianjin**	**1901462**	**347085**		鞍山	Anshan	107474	26856	237
河北	**Hebei**	**5136977**	**2736588**		抚顺	Fushun	269269	124977	132
石家庄	Shijiazhuang	841269	1121481	13	本溪	Benxi	51164		
唐山	Tangshan	554837	177636	96	丹东	Dandong	83959	76646	175
秦皇岛	Qinhuangdao	289265	121703	135	锦州	Jinzhou	56936	35561	220
邯郸	Handan	588252	74573	177	营口	Yingkou	117775	34065	224
邢台	Xingtai	662557	70376	181	阜新	Fuxin	23383	15240	257
保定	Baoding	294451	96292	157	辽阳	Liaoyang	96226	29761	230
张家口	Zhangjiakou	492138	134113	122	盘锦	Panjin	104571	28737	232
承德	Chengde	200950	34244	222	铁岭	Tieling	17480	27264	235
沧州	Cangzhou	73446	81174	165	朝阳	Chaoyang	37004	15808	254
廊坊	Langfang	55871	127585	130	葫芦岛	Huludao	39703	20916	246
衡水	Hengshui	139899	31974	227	**吉林**	**Jilin**	**1590440**	**1028985**	
山西	**Shanxi**	**1208573**	**4437885**		长春	Changchun	1188423	297904	62
太原	Taiyuan	247446	2851300	4	吉林	Jilin	24738	271371	70
大同	Datong	453760	237200	79	四平	Siping	13000	17209	253
阳泉	Yangquan	55040	22821	243	辽源	Liaoyuan	13412		
长治	Changzhi	50688	81111	166	通化	Tonghua	28933	39292	215
晋城	Jincheng		110717	147	白山	Baishan	23440	5237	271
朔州	Shuozhou	10723	121282	137	松原	Songyuan	60470	22443	244
晋中	Jinzhong	67446	287104	66	白城	Baicheng	30945	60749	188
运城	Yuncheng	25193	27712	234	**黑龙江**	**Heilongjiang**	**1872650**	**1497972**	
忻州	Xinzhou	44352	66564	184	哈尔滨	Harbin	1172389	523693	37
临汾	Linfen	57160	243613	77	齐齐哈尔	Qiqihar	27838	73115	179
吕梁	Lvliang	6477	148787	111	鸡西	Jixi	22400	66207	186
内蒙古	**Inner Mongolia**	**2683104**	**4135308**		鹤岗	Hegang	52232	31905	228
呼和浩特	Hohhot	247846	1653620	9	双鸭山	Shuangyashan	29802	80561	167
包头	Baotou	544923	568317	34	大庆	Daqing	214058	48852	201
乌海	Wuhai	118710	171795	101	伊春	Yichun	56919	78870	169
赤峰	Chifeng	91051	464018	42	佳木斯	Jiamusi	16391	18584	250
通辽	Tongliao	73400	159931	108	七台河	Qitaihe	15832	1106	279
鄂尔多斯	Erdos	889980	105175	152	牡丹江	Mudanjiang	38232	222526	81
呼伦贝尔	Hulunbuir	152468	123270	133	黑河	Heihe	18556	7312	268
巴彦淖尔	Bayannur	329000	152171	109	绥化	Suihua	17096	122503	134
乌兰察布	Ulanqab	48420	39412	214	**上海**	**Shanghai**	**3704836**	**1591880**	
辽宁	**Liaoning**	**5310915**	**1646059**		**江苏**	**Jiangsu**	**11141951**	**9650628**	

8-25 城市市政公用设施建设新增固定资产投资额（辖区） 续表 1

Newly Added Fixed Assets Investment in Urban Service Facilities (Municipal Districts) continued 1

单位：万元 (10 000 yuan)

地名	City	2010	2016	2016 排名 Ranking	地名	City	2010	2016	2016 排名 Ranking
南京	Nanjing	1932517	1311125	10	池州	Chizhou	99680	56493	195
无锡	Wuxi	2329882	276182	69	宣城	Xuancheng	180121	238197	78
徐州	Xuzhou	303131	488492	40	**福建**	**Fujian**	**2069601**	**2587911**	
常州	Changzhou	1977722	552052	35	福州	Fuzhou	708744	731656	24
苏州	Suzhou	555204	2097475	6	厦门	Xiamen	100071	49674	200
南通	Nantong	922481	1227651	11	莆田	Putian	454045	342749	57
连云港	Lianyungang	205087	278935	68	三明	Sanming	7576	27256	236
淮安	Huaian	305802	257605	73	泉州	Quanzhou	220464	132317	123
盐城	Yancheng	151304	1058180	14	漳州	Zhangzhou	63234	112173	146
扬州	Yangzhou	316599	395842	50	南平	Nanping	2300	23810	240
镇江	Zhenjiang	354862	58169	193	龙岩	Longyan	88362	368823	56
泰州	Taizhou	138764	194352	90	宁德	Ningde	63996	36504	218
宿迁	Suqian	65332	206635	86	**江西**	**Jiangxi**	**2843733**	**2464463**	
浙江	**Zhejiang**	**3446333**	**9856234**		南昌	Nanchang	27505	37061	217
杭州	Hangzhou	575862	4269302	2	景德镇	Jingdezhen		9105	264
宁波	Ningbo	1188336	877506	17	萍乡	Pingxiang	66890	100000	155
温州	Wenzhou	56881	1149168	12	九江	Jiujiang	1326179	1004021	15
嘉兴	Jiaxing	203450	211549	84	新余	Xinyu	212589	84368	163
湖州	Huzhou	295504	431505	46	鹰潭	Yingtan		41097	212
绍兴	Shaoxing	188088	815609	20	赣州	Ganzhou	469176	87527	161
金华	Jinhua	52189	217779	82	吉安	Jian	151470	205721	87
衢州	Quzhou	40319	77565	171	宜春	Yichun	184337	167169	104
舟山	Zhoushan	64122	165363	106	抚州	Fuzhou	76283	380663	53
台州	Taizhou	58791	119990	139	上饶	Shangrao	116045	148534	112
丽水	Lishui	148948	89780	159	**山东**	**Shandong**	**4620312**	**5954745**	
安徽	**Anhui**	**2577343**	**5820475**		济南	Jinan	260494	728821	25
合肥	Hefei	483825	1746305	8	青岛	Qingdao	403232	579465	33
芜湖	Wuhu	379118	427899	47	淄博	Zibo	303602	456598	43
蚌埠	Bengbu	236251	204647	89	枣庄	Zaozhuang	145228	168099	103
淮南	Huainan	41871	117576	141	东营	Dongying	102362	406885	49
马鞍山	Maanshan	224073	212685	83	烟台	Yantai	218538	536285	36
淮北	Huaibei	47362	381518	52	潍坊	Weifang	178476	108635	148
铜陵	Tongling	25139	136181	120	济宁	Jining	272936	181909	94
安庆	Anqing	68794	328871	59	泰安	Taian	203768	172751	98
黄山	Huangshan	66255	167110	105	威海	Weihai	184988	229068	80
滁州	Chuzhou	208073	206811	85	日照	Rizhao	271331	424369	48
阜阳	Fuyang	127992	492384	39	莱芜	Laiwu	85992	106132	151
宿州	Suzhou	80715	138179	119	临沂	Linyi	399996	454993	44
六安	Liuan	54420	73863	178	德州	Dezhou	214302	107370	150
亳州	Bozhou	108304	82586	164	聊城	Liaocheng	24955	100557	154

8-25 城市市政公用设施建设新增固定资产投资额（辖区） 续表 2

Newly Added Fixed Assets Investment in Urban Service Facilities (Municipal Districts) continued 2

单位：万元 (10 000 yuan)

地名	City	2010	2016	2016 排名 Ranking	地名	City	2010	2016	2016 排名 Ranking
滨州	Binzhou	103846	138707	117	常德	Changde	388782	127797	129
菏泽	Heze	88155	35666	219	张家界	Zhangjiajie		171900	99
河南	**Henan**	**1294903**	**3656270**		益阳	Yiyang	35882	17708	252
郑州	Zhengzhou	259313	1813184	7	郴州	Chenzhou	176107	629487	30
开封	Kaifeng	104896	129020	128	永州	Yongzhou	54590	77000	174
洛阳	Luoyang	40060	171826	100	怀化	Huaihua	55172	311646	61
平顶山	Pingdingshan	47610	74693	176	娄底	Loudi	47090		
安阳	Anyang	76333	101311	153	**广东**	**Guangdong**	**12204434**	**2763129**	
鹤壁	Hebi	19468	18315	251	广州	Guangzhou	1387287	726529	26
新乡	Xinxiang	40486	58187	192	韶关	Shaoguan	4142	34130	223
焦作	Jiaozuo	47162	42013	210	深圳	Shenzhen	46172	118937	140
濮阳	Puyang	3915	121334	136	珠海	Zhuhai	199644	79214	168
许昌	Xuchang	2462	54794	196	汕头	Shantou	42044	33493	225
漯河	Luohe	32989	59516	189	佛山	Foshan	294181	67648	183
三门峡	Sanmenxia	27297	28325	233	江门	Jiangmen	36411	3418	275
南阳	Nanyang	87575	135609	121	湛江	Zhanjiang			
商丘	Shangqiu	19708	45388	205	茂名	Maoming	2682	9100	265
信阳	Xinyang	43195	77051	173	肇庆	Zhaoqing	188024	976360	16
周口	Zhoukou	57230	50246	199	惠州	Huizhou	10612	130736	124
驻马店	Zhumadian	42966	107954	149	梅州	Meizhou		7400	267
湖北	**Hubei**	**4540902**	**12157018**		汕尾	Shanwei	10880	30987	229
武汉	Wuhan	3507596	9662632	1	河源	Heyuan	205739	12480	262
黄石	Huangshi	211124	192344	91	阳江	Yangjiang	28564	4011	274
十堰	Shiyan	41979	58106	194	清远	Qingyuan	9253	377142	55
宜昌	Yichang	91279	694983	27	东莞	Dongguan	9538960	20105	247
襄阳	Xiangyang	87888	129741	126	中山	Zhongshan	74479	23712	241
鄂州	Ezhou	90701	90694	158	潮州	Chaozhou		10979	263
荆门	Jingmen	76434	338953	58	揭阳	Jieyang		3062	277
孝感	Xiaogan	15400	254461	74	云浮	Yunfu	1256	550	281
荆州	Jingzhou	27699	39843	213	**广西**	**Guangxi**	**2023461**	**6502404**	
黄冈	Huanggang	15050	34287	221	南宁	Nanning	528223	4004179	3
咸宁	Xianning	10420	15503	256	柳州	Liuzhou	506987	287949	65
随州	Suizhou	2711	37564	216	桂林	Guilin	391938	311862	60
湖南	**Hunan**	**3650309**	**3090855**		梧州	Wuzhou	26122	77339	172
长沙	Changsha	1441400	288784	64	北海	Beihai	10085	120100	138
株洲	Zhuzhou	192905	469468	41	防城港	Fangchenggang	78671	262381	72
湘潭	Xiangtan	111531	147112	113	钦州	Qinzhou	33117	293446	63
衡阳	Hengyang	676505	382989	51	贵港	Guigang	21598	129025	127
邵阳	Shaoyang	51611	52340	197	玉林	Yulin	192184	246598	76
岳阳	Yueyang	166900	164770	107	百色	Baise	15642	447439	45

8-25 城市市政公用设施建设新增固定资产投资额（辖区） 续表 3

Newly Added Fixed Assets Investment in Urban Service Facilities (Municipal Districts) continued 3

单位：万元 (10 000 yuan)

地名	City	2010	2016	2016 排名 Ranking
贺州	Hezhou	5337	43868	207
河池	Hechi	599	13119	261
来宾	Laibin	52598	45726	203
崇左	Chongzuo	9505	41817	211
海南	**Hainan**	**102202**	**221322**	
海口	Haikou	24288	58935	191
三亚	Sanya	47355	116510	143
三沙	Sansha		4820	272
重庆	**Chongqing**	**2798739**	**4139750**	
四川	**Sichuan**	**2078176**	**4319673**	
成都	Chengdu	895367	628027	31
自贡	Zigong	238580	600649	32
攀枝花	Panzhihua	19235	141834	116
泸州	Luzhou	51973	493996	38
德阳	Deyang	95338	78234	170
绵阳	Mianyang	41083	87015	162
广元	Guangyuan	40450	205651	88
遂宁	Suining	37369	97823	156
内江	Neijiang	10016	113757	144
乐山	Leshan	32995	48465	202
南充	Nanchong	96000	127100	131
眉山	Meishan	3873	130711	125
宜宾	Yibin	143	672007	28
广安	Guangan	46600	44993	206
达州	Dazhou	8735	3118	276
雅安	Yaan		45464	204
巴中	Bazhong	2240	377360	54
资阳	Ziyang	9981	23000	242
贵州	**Guizhou**	**758257**	**1681916**	
贵阳	Guiyang	680865	280600	67
六盘水	Liupanshui			
遵义	Zunyi	12463	15537	255
安顺	Anshun	9850	250329	75
毕节	Bijie	1889	640497	29
铜仁	Tongren	8276	64461	187
云南	**Yunnan**	**1803397**	**2417370**	
昆明	Kunming	1155782	734805	23
曲靖	Qujing	265198	145517	114
玉溪	Yuxi	40538	2486	278
保山	Baoshan	5890	169565	102
昭通	Zhaotong	105486	173616	97
丽江	Lijiang	18777	780	280
普洱	Puer	9870	59264	190
临沧	Lincang	9591	32938	226
西藏	**Tibet**	**20019**	**70371**	
拉萨	Lasa	20019	8209	266
陕西	**Shaanxi**	**1946436**	**2010933**	
西安	Xi'an	1340468	856591	18
铜川	Tongchuan	40896	112529	145
宝鸡	Baoji	102814	180961	95
咸阳	Xianyang	131615	190979	92
渭南	Weinan	58732	71368	180
延安	Yan'an	50197	14016	259
汉中	Hanzhong	4860	150687	110
榆林	Yulin	28145	142086	115
安康	Ankang	165753	186020	93
商洛	Shangluo		13840	260
甘肃	**Gansu**	**363108**	**1499190**	
兰州	Lanzhou	92671	854033	19
嘉峪关	Jiayuguan	15679	29455	231
金昌	Jinchang	29322	25747	238
白银	Baiyin	46545	138505	118
天水	Tianshui	16653	117040	142
武威	Wuwei	39908	68713	182
张掖	Zhangye	14492	21243	245
平凉	Pingliang	13104	19822	248
酒泉	Jiuquan	25579	24600	239
庆阳	Qingyang	42085	66480	185
定西	Dingxi	13790	5460	269
陇南	Longnan	120	43265	208
青海	**Qinghai**	**238657**	**786227**	
西宁	Xining	195203	752258	22
海东	Haidong		5379	270
宁夏	**Ningxia**	**227034**	**208338**	
银川	Yinchuan	147941	87958	160
石嘴山	Shizuishan	1324	19362	249
吴忠	Wuzhong	38108	42493	209
固原	Guyuan	17565	4591	273
中卫	Zhongwei	4203	14687	258
新疆	**Xinjiang**	**643863**	**3474894**	
乌鲁木齐	Urumqi	190942	2384590	5
克拉玛依	Karamay	33932	51220	198

8-26 城市供水综合生产能力（辖区）
Integrated Production Capacity of Urban Water Supply (Municipal Districts)

单位：万立方米/日 (10, 000 m³/day)

地名	City	2010	2015	2016	2016 排名 Ranking
全国	**Nation Total**	**27601.5**	**29678.3**	**30320.7**	
北京	**Beijing**	**1604.1**	**2496.7**	**2452.5**	
天津	**Tianjin**	**405.2**	**456.6**	**454.6**	
河北	**Hebei**	**888.9**	**855.6**	**814.6**	
石家庄	Shijiazhuang	103.7	166.0	122.3	45
唐山	Tangshan	129.0	130.0	113.1	52
秦皇岛	Qinhuangdao	41.7	40.0	40.0	135
邯郸	Handan	98.5	93.5	91.0	63
邢台	Xingtai	53.6	22.4	18.0	229
保定	Baoding	41.0	42.8	46.5	120
张家口	Zhangjiakou	100.3	75.3	79.1	69
承德	Chengde	29.8	30.6	30.7	164
沧州	Cangzhou	25.0	25.0	25.0	187
廊坊	Langfang	22.5	22.9	22.9	196
衡水	Hengshui	10.9	8.3	11.3	256
山西	**Shanxi**	**356.0**	**460.1**	**494.4**	
太原	Taiyuan	111.3	197.3	202.6	22
大同	Datong	56.6	63.0	66.0	80
阳泉	Yangquan	26.8	28.3	43.0	131
长治	Changzhi	41.3	28.8	28.8	172
晋城	Jincheng	13.0	17.0	17.0	234
朔州	Shuozhou	11.7	18.0	18.0	228
晋中	Jinzhong	9.0	20.4	20.4	211
运城	Yuncheng	16.0	10.0	10.0	260
忻州	Xinzhou	6.6	6.6	16.6	237
临汾	Linfen	14.6	12.3	10.0	260
吕梁	Lvliang	4.9	4.5	8.0	271
内蒙古	**Inner Mongolia**	**341.6**	**410.2**	**422.8**	
呼和浩特	Hohhot	55.3	56.6	55.6	98
包头	Baotou	52.7	99.5	103.8	57
乌海	Wuhai	48.4	30.2	38.4	140
赤峰	Chifeng	39.7	43.6	46.6	118
通辽	Tongliao	45.8	45.8	45.8	123
鄂尔多斯	Erdos	10.3	19.8	19.8	214
呼伦贝尔	Hulunbuir	14.0	10.0	8.0	271
巴彦淖尔	Bayannur	4.4	14.4	14.4	247
乌兰察布	Ulanqab	6.1	8.8	9.0	265
辽宁	**Liaoning**	**1391.1**	**1289.3**	**1238.3**	
沈阳	Shenyang	175.4	189.0	201.7	23
大连	Dalian	164.6	163.0	192.7	25
鞍山	Anshan	158.3	170.0	61.6	89
抚顺	Fushun	130.3	129.0	129.0	43
本溪	Benxi	154.5	117.6	117.6	47
丹东	Dandong	93.5	48.3	48.1	117
锦州	Jinzhou	82.6	79.9	79.9	68
营口	Yingkou	50.0	55.7	53.4	102
阜新	Fuxin	38.0	35.0	35.0	149
辽阳	Liaoyang	92.6	44.3	45.5	124
盘锦	Panjin	30.6	29.6	76.5	72
铁岭	Tieling	21.5	22.1	22.1	201
朝阳	Chaoyang	25.3	24.5	27.3	176
葫芦岛	Huludao	37.9	38.0	21.5	204
吉林	**Jilin**	**735.5**	**653.5**	**631.0**	
长春	Changchun	110.4	137.0	138.7	39
吉林	Jilin	411.0	288.0	265.0	14
四平	Siping	19.6	19.0	19.0	222
辽源	Liaoyuan	18.0	21.2	21.2	206
通化	Tonghua	14.0	15.8	16.5	238
白山	Baishan	14.1	12.7	12.9	253
松原	Songyuan	17.1	19.0	19.0	220
白城	Baicheng	14.0	11.0	11.0	257
黑龙江	**Heilongjiang**	**830.2**	**828.4**	**806.9**	
哈尔滨	Harbin	223.4	179.1	180.6	28
齐齐哈尔	Qiqihar	34.9	40.9	41.0	133
鸡西	Jixi	29.0	21.7	21.7	203
鹤岗	Hegang	26.0	19.7	19.4	216
双鸭山	Shuangyashan	26.5	33.5	33.5	152
大庆	Daqing	167.7	206.0	206.0	20
伊春	Yichun	23.9	33.2	32.1	155
佳木斯	Jiamusi	44.5	35.4	35.3	147
七台河	Qitaihe	34.1	31.9	27.3	174
牡丹江	Mudanjiang	130.2	123.0	102.0	59
黑河	Heihe	7.5	7.5	7.5	275
绥化	Suihua	19.9	13.0	13.0	252
上海	**Shanghai**	**1465.6**	**1137.0**	**1152.0**	
江苏	**Jiangsu**	**2714.7**	**3104.1**	**3369.7**	

8-26 城市供水综合生产能力（辖区） 续表 1

Integrated Production Capacity of Urban Water Supply (Municipal Districts) continued 1

单位：万立方米/日 (10, 000 m³/day)

地名	City	2010	2015	2016	2016 排名 Ranking
南京	Nanjing	645.8	645.4	655.4	4
无锡	Wuxi	241.0	280.0	280.0	13
徐州	Xuzhou	94.2	111.9	137.0	40
常州	Changzhou	182.5	202.0	203.0	21
苏州	Suzhou	242.1	417.4	417.7	6
南通	Nantong	137.5	201.7	331.5	10
连云港	Lianyungang	39.1	55.1	65.6	82
淮安	Huaian	50.4	66.0	122.6	44
盐城	Yancheng	30.0	59.8	59.8	93
扬州	Yangzhou	71.0	110.2	115.2	50
镇江	Zhenjiang	54.5	59.0	59.0	94
泰州	Taizhou	57.0	42.0	42.0	132
宿迁	Suqian	23.5	31.0	37.0	143
浙江	**Zhejiang**	**1519.9**	**1794.0**	**1833.5**	
杭州	Hangzhou	320.0	380.0	384.0	7
宁波	Ningbo	247.0	225.0	242.5	15
温州	Wenzhou	110.0	141.0	141.0	38
嘉兴	Jiaxing	49.1	75.5	75.5	74
湖州	Huzhou	47.4	47.4	52.0	106
绍兴	Shaoxing	81.2	287.6	304.2	12
金华	Jinhua	50.8	36.8	61.8	88
衢州	Quzhou	94.0	84.0	79.0	70
舟山	Zhoushan	29.0	31.6	31.6	160
台州	Taizhou	53.8	49.3	49.5	113
丽水	Lishui	20.0	20.0	20.0	212
安徽	**Anhui**	**1992.8**	**1094.8**	**1111.6**	
合肥	Hefei	112.0	175.0	184.5	27
芜湖	Wuhu	92.0	116.0	115.6	49
蚌埠	Bengbu	77.3	76.0	76.0	73
淮南	Huainan	59.0	48.1	48.2	116
马鞍山	Maanshan	930.8	113.5	113.5	51
淮北	Huaibei	41.5	41.8	41.0	133
铜陵	Tongling	403.0	210.1	210.1	17
安庆	Anqing	56.6	66.5	66.5	79
黄山	Huangshan	21.4	21.2	21.2	207
滁州	Chuzhou	18.0	30.0	33.0	154
阜阳	Fuyang	35.5	45.5	45.5	124
宿州	Suzhou	26.5	27.0	27.0	178
六安	Liuan	25.0	21.5	21.5	205
亳州	Bozhou	9.0	14.7	17.1	233
池州	Chizhou	9.5	16.0	16.0	240
宣城	Xuancheng	19.7	22.1	22.1	200
福建	**Fujian**	**676.4**	**710.0**	**737.0**	
福州	Fuzhou	148.5	169.5	167.5	31
厦门	Xiamen	116.0	154.9	156.9	34
莆田	Putian	38.9	32.0	32.0	156
三明	Sanming	74.9	23.0	24.0	189
泉州	Quanzhou	42.0	45.0	60.0	91
漳州	Zhangzhou	32.5	31.5	31.5	161
南平	Nanping	16.5	19.0	19.0	220
龙岩	Longyan	15.8	31.9	31.9	159
宁德	Ningde	7.5	13.7	13.7	251
江西	**Jiangxi**	**459.2**	**473.1**	**494.3**	
南昌	Nanchang	153.0	150.0	150.0	35
景德镇	Jingdezhen	23.9	20.9	20.5	210
萍乡	Pingxiang	23.5	23.5	23.5	190
九江	Jiujiang	34.0	34.0	44.0	129
新余	Xinyu	20.5	20.5	22.0	202
鹰潭	Yingtan	10.0	10.0	10.0	260
赣州	Ganzhou	37.0	47.0	52.0	106
吉安	Jian	21.0	21.0	21.0	208
宜春	Yichun	11.3	16.4	17.8	230
抚州	Fuzhou	22.0	21.0	22.5	197
上饶	Shangrao	15.1	29.1	29.1	170
山东	**Shandong**	**1477.6**	**1776.7**	**1807.8**	
济南	Jinan	175.7	194.7	233.4	16
青岛	Qingdao	130.5	183.8	178.5	29
淄博	Zibo	139.4	177.3	178.0	30
枣庄	Zaozhuang	65.0	54.5	55.0	100
东营	Dongying	64.5	84.5	97.5	62
烟台	Yantai	73.7	113.7	110.0	53
潍坊	Weifang	42.7	73.1	65.6	82
济宁	Jining	63.0	76.0	77.4	71
泰安	Taian	29.6	30.0	27.2	177
威海	Weihai	39.2	51.9	48.7	115
日照	Rizhao	31.7	33.9	39.6	136
莱芜	Laiwu	25.5	23.2	23.2	193
临沂	Linyi	54.2	66.1	65.8	81
德州	Dezhou	28.0	54.0	52.9	104
聊城	Liaocheng	17.9	25.8	32.0	156

8-26 城市供水综合生产能力（辖区） 续表 2

Integrated Production Capacity of Urban Water Supply (Municipal Districts) continued 2

单位：万立方米/日 (10, 000 m³/day)

地名	City	2010	2015	2016	2016 排名 Ranking	地名	City	2010	2015	2016	2016 排名 Ranking
滨州	Binzhou	42.5	58.7	62.3	86	常德	Changde	37.5	43.5	48.8	114
菏泽	Heze	18.7	24.5	29.2	169	张家界	Zhangjiajie	14.5	13.5	18.5	223
河南	**Henan**	**1010.3**	**1121.4**	**1180.3**		益阳	Yiyang	34.0	64.0	32.0	156
郑州	Zhengzhou	124.4	187.4	190.9	26	郴州	Chenzhou	35.7	33.5	33.5	152
开封	Kaifeng	62.5	63.6	63.6	85	永州	Yongzhou	55.3	51.7	46.0	121
洛阳	Luoyang	79.3	85.7	85.7	66	怀化	Huaihua	31.4	39.0	37.0	143
平顶山	Pingdingshan	61.2	60.9	60.9	90	娄底	Loudi	24.0	18.5	22.5	197
安阳	Anyang	79.0	76.0	86.0	65	**广东**	**Guangdong**	**3497.4**	**3913.8**	**3971.7**	
鹤壁	Hebi	38.3	27.9	27.9	173	广州	Guangzhou	684.3	759.8	780.7	1
新乡	Xinxiang	62.0	62.0	62.0	87	韶关	Shaoguan	36.5	36.5	36.5	145
焦作	Jiaozuo	55.6	57.3	52.5	105	深圳	Shenzhen	692.5	674.0	709.0	2
濮阳	Puyang	27.6	35.6	51.6	108	珠海	Zhuhai	107.4	107.0	119.0	46
许昌	Xuchang	30.0	39.0	39.0	138	汕头	Shantou	131.2	120.4	117.2	48
漯河	Luohe	33.4	33.4	34.4	151	佛山	Foshan	294.0	337.8	347.8	9
三门峡	Sanmenxia	14.5	19.2	19.2	217	江门	Jiangmen	87.7	115.5	98.6	60
南阳	Nanyang	54.5	72.4	72.5	76	湛江	Zhanjiang	48.4	46.4	44.9	128
商丘	Shangqiu	37.3	37.3	37.3	142	茂名	Maoming	96.6	26.0	26.0	184
信阳	Xinyang	26.8	26.8	26.8	180	肇庆	Zhaoqing	50.5	63.9	60.0	92
周口	Zhoukou	16.0	19.0	29.0	171	惠州	Huizhou	113.0	137.0	137.0	40
驻马店	Zhumadian	22.5	23.2	23.2	193	梅州	Meizhou	12.0	19.0	21.0	208
湖北	**Hubei**	**1326.3**	**1393.8**	**1467.4**		汕尾	Shanwei	16.5	16.5	17.0	234
武汉	Wuhan	473.3	505.9	574.6	5	河源	Heyuan	19.1	20.0	19.1	219
黄石	Huangshi	86.6	72.7	72.7	75	阳江	Yangjiang	26.0	44.0	44.0	129
十堰	Shiyan	42.7	55.2	55.2	99	清远	Qingyuan	33.8	31.0	38.9	139
宜昌	Yichang	71.2	76.2	98.0	61	东莞	Dongguan	700.0	676.7	676.8	3
襄阳	Xiangyang	102.1	121.7	107.6	54	中山	Zhongshan		26.8	27.0	179
鄂州	Ezhou	23.0	23.0	23.0	195	潮州	Chaozhou	44.0	58.0	58.0	95
荆门	Jingmen	48.2	46.0	46.0	121	揭阳	Jieyang	30.0	45.7	45.0	127
孝感	Xiaogan	28.5	24.7	26.7	181	云浮	Yunfu	14.0	314.0	318.0	11
荆州	Jingzhou	73.5	56.6	56.6	97	**广西**	**Guangxi**	**604.4**	**676.0**	**684.7**	
黄冈	Huanggang	23.0	23.0	17.0	234	南宁	Nanning	135.2	153.9	164.8	32
咸宁	Xianning	16.0	16.0	22.5	197	柳州	Liuzhou	114.3	150.7	149.5	36
随州	Suizhou	28.0	26.0	26.0	185	桂林	Guilin	48.2	46.6	46.6	118
湖南	**Hunan**	**979.4**	**1038.4**	**1014.2**		梧州	Wuzhou	36.5	45.3	45.3	126
长沙	Changsha	180.0	215.0	210.0	18	北海	Beihai	32.7	32.5	36.4	146
株洲	Zhuzhou	128.5	103.5	103.5	58	防城港	Fangchenggang	13.0	17.6	17.6	231
湘潭	Xiangtan	48.7	55.4	50.4	110	钦州	Qinzhou	16.4	31.4	31.4	162
衡阳	Hengyang	74.1	66.5	65.2	84	贵港	Guigang	31.0	35.1	35.1	148
邵阳	Shaoyang	67.5	51.5	51.5	109	玉林	Yulin	17.0	18.5	18.5	223
岳阳	Yueyang	102.6	105.0	107.0	55	百色	Baise	13.2	15.0	15.0	242

8-26 城市供水综合生产能力（辖区） 续表 3

Integrated Production Capacity of Urban Water Supply (Municipal Districts) continued 3

单位：万立方米/日 (10, 000 m³/day)

地名	City	2010	2015	2016	2016 排名 Ranking	地名	City	2010	2015	2016	2016 排名 Ranking
贺州	Hezhou	10.0	8.0	8.0	271	丽江	Lijiang	6.5	7.7	7.7	274
河池	Hechi	53.5	18.5	18.5	223	普洱	Puer	6.5	7.7	7.4	276
来宾	Laibin	11.8	20.2	19.2	218	临沧	Lincang	5.6	9.0	9.0	266
崇左	Chongzuo	5.0	5.0	5.0	280	**西藏**	**Tibet**	**31.2**	**56.5**	**81.4**	
海南	**Hainan**	**173.0**	**168.4**	**156.2**		拉萨	Lasa	29.7	38.0	53.0	103
海口	Haikou	106.0	80.7	84.2	67	**陕西**	**Shaanxi**	**371.1**	**405.0**	**445.2**	
三亚	Sanya	24.0	41.2	23.5	190	西安	Xi'an	185.8	201.4	209.3	19
三沙	Sansha		0.0			铜川	Tongchuan	12.0	14.4	14.4	247
重庆	**Chongqing**	**412.3**	**529.9**	**566.1**		宝鸡	Baoji	26.4	31.0	31.0	163
四川	**Sichuan**	**804.5**	**970.0**	**1056.6**		咸阳	Xianyang	53.9	46.8	69.1	77
成都	Chengdu	225.5	301.8	375.9	8	渭南	Weinan	17.3	25.8	25.8	186
自贡	Zigong	37.0	26.5	26.5	182	延安	Yan'an	5.0	7.0	8.5	267
攀枝花	Panzhihua	56.3	58.7	57.8	96	汉中	Hanzhong	11.0	10.0	10.0	260
泸州	Luzhou	60.9	82.2	87.2	64	榆林	Yulin	9.5	10.0	16.3	239
德阳	Deyang	23.5	32.9	29.7	168	安康	Ankang	13.7	10.5	12.7	254
绵阳	Mianyang	43.2	53.1	54.9	101	商洛	Shangluo	6.2	6.1	6.1	278
广元	Guangyuan	12.2	17.5	18.3	227	**甘肃**	**Gansu**	**398.2**	**392.1**	**342.2**	
遂宁	Suining	16.9	26.9	26.1	183	兰州	Lanzhou	156.5	161.0	156.9	33
内江	Neijiang	20.0	19.7	19.7	215	嘉峪关	Jiayuguan	83.9	51.6	8.5	268
乐山	Leshan	32.5	23.5	23.5	192	金昌	Jinchang	33.0	30.0	30.0	166
南充	Nanchong	25.0	30.6	30.6	165	白银	Baiyin	44.9	48.4	39.1	137
眉山	Meishan	10.0	14.8	15.0	244	天水	Tianshui	9.9	13.0	14.5	246
宜宾	Yibin	22.9	31.3	27.3	175	武威	Wuwei	10.0	20.0	20.0	212
广安	Guangan	6.5	9.8	11.0	257	张掖	Zhangye	12.0	15.7	15.2	241
达州	Dazhou	18.9	32.8	37.8	141	平凉	Pingliang	5.0	4.5	4.7	283
雅安	Yaan	16.5	14.3	14.3	250	酒泉	Jiuquan	10.7	14.4	14.4	247
巴中	Bazhong	5.0	9.5	9.5	264	庆阳	Qingyang	5.3	5.3	5.3	279
资阳	Ziyang	18.8	29.3	30.0	166	定西	Dingxi	5.0	5.0	5.0	280
贵州	**Guizhou**	**241.1**	**257.6**	**290.0**		陇南	Longnan	1.6	1.7	1.7	285
贵阳	Guiyang	126.6	120.4	135.4	42	**青海**	**Qinghai**	**84.6**	**98.5**	**97.4**	
六盘水	Liupanshui	10.0	10.0	15.0	242	西宁	Xining	50.4	50.4	50.4	111
遵义	Zunyi	23.4	30.0	34.5	150	海东	Haidong		6.5	8.5	268
安顺	Anshun	9.7	12.9	18.5	226	**宁夏**	**Ningxia**	**136.4**	**161.4**	**160.8**	
毕节	Bijie	14.9	12.0	12.0	255	银川	Yinchuan	44.0	51.7	50.4	112
铜仁	Tongren	13.5	17.2	17.2	232	石嘴山	Shizuishan	51.7	67.7	67.8	78
云南	**Yunnan**	**299.3**	**381.4**	**394.8**		吴忠	Wuzhong	10.1	11.9	10.7	259
昆明	Kunming	147.9	196.0	199.8	24	固原	Guyuan	6.1	5.1	7.4	277
曲靖	Qujing	18.5	23.4	24.5	188	中卫	Zhongwei	5.2	4.8	4.2	284
玉溪	Yuxi	15.0	12.1	15.0	244	**新疆**	**Xinjiang**	**373.1**	**574.3**	**590.8**	
保山	Baoshan	6.0	8.1	8.1	270	乌鲁木齐	Urumqi	120.4	147.5	147.5	37
昭通	Zhaotong	3.6	5.0	5.0	280	克拉玛依	Karamay	74.4	104.5	104.5	56

8-27 城市供水管道长度（辖区）
Length of Water Supply Pipelines (Municipal Districts)

单位：公里 (km)

地名	City	2010	2015	2016	2016 排名 Ranking
全国	**Nation Total**	**539778**	**710206**	**756623**	
北京	**Beijing**	**25147**	**27623**	**27927**	
天津	**Tianjin**	**10744**	**16620**	**18249**	
河北	**Hebei**	**14288**	**16445**	**19025**	
石家庄	Shijiazhuang	1426	1861	2029	72
唐山	Tangshan	1924	2057	2050	68
秦皇岛	Qinhuangdao	980	1058	1418	105
邯郸	Handan	1047	1253	1519	98
邢台	Xingtai	567	782	822	164
保定	Baoding	807	1206	2351	58
张家口	Zhangjiakou	1098	896	1145	129
承德	Chengde	493	632	643	188
沧州	Cangzhou	496	496	496	223
廊坊	Langfang	584	651	661	185
衡水	Hengshui	265	250	443	237
山西	**Shanxi**	**7414**	**10715**	**11378**	
太原	Taiyuan	1290	2135	2559	51
大同	Datong	1178	1371	1387	107
阳泉	Yangquan	909	1111	1139	132
长治	Changzhi	639	1058	1125	135
晋城	Jincheng	364	665	665	184
朔州	Shuozhou	291	321	341	260
晋中	Jinzhong	410	451	434	234
运城	Yuncheng	200	666	666	183
忻州	Xinzhou	309	474	490	224
临汾	Linfen	381	476	524	214
吕梁	Lvliang	171	211	216	276
内蒙古	**Inner Mongolia**	**8561**	**9214**	**9486**	
呼和浩特	Hohhot	712	811	817	167
包头	Baotou	1548	1750	1776	80
乌海	Wuhai	1860	420	442	238
赤峰	Chifeng	830	1283	1333	110
通辽	Tongliao	540	578	580	201
鄂尔多斯	Erdos	679	808	813	168
呼伦贝尔	Hulunbuir	193	338	382	252
巴彦淖尔	Bayannur	141	463	463	231
乌兰察布	Ulanqab	292	337	347	258
辽宁	**Liaoning**	**29123**	**38265**	**39313**	
沈阳	Shenyang	2815	6762	7061	10
大连	Dalian	4752	5465	6220	12
鞍山	Anshan	2606	3022	2719	46
抚顺	Fushun	2162	2333	2411	55
本溪	Benxi	856	1134	1134	133
丹东	Dandong	1117	1155	1133	134
锦州	Jinzhou	1048	1646	1705	88
营口	Yingkou	1831	2765	2800	43
阜新	Fuxin	1844	2040	2068	67
辽阳	Liaoyang	1259	1206	951	151
盘锦	Panjin	832	1082	1775	81
铁岭	Tieling	839	938	941	152
朝阳	Chaoyang	528	582	601	194
葫芦岛	Huludao	845	1146	1206	125
吉林	**Jilin**	**8935**	**12155**	**11360**	
长春	Changchun	1872	2729	2908	40
吉林	Jilin	1186	1289	1300	116
四平	Siping	431	1148	1189	127
辽源	Liaoyuan	296	508	508	220
通化	Tonghua	525	554	563	205
白山	Baishan	342	379	364	254
松原	Songyuan	408	439	440	240
白城	Baicheng	356	397	411	247
黑龙江	**Heilongjiang**	**11413**	**14355**	**14491**	
哈尔滨	Harbin	1612	2147	2321	60
齐齐哈尔	Qiqihar	1030	1162	1183	128
鸡西	Jixi	629	749	780	172
鹤岗	Hegang	542	590	599	195
双鸭山	Shuangyashan	363	432	458	232
大庆	Daqing	1500	2584	2584	50
伊春	Yichun	1027	1298	1225	122
佳木斯	Jiamusi	578	616	620	192
七台河	Qitaihe	692	747	709	179
牡丹江	Mudanjiang	592	599	599	196
黑河	Heihe	183	184	184	281
绥化	Suihua	384	419	424	243
上海	**Shanghai**	**32462**	**36383**	**36642**	
江苏	**Jiangsu**	**63807**	**78585**	**83470**	

8-27 城市供水管道长度（辖区） 续表 1

Length of Water Supply Pipelines (Municipal Districts) continued 1

单位：公里 (km)

地名	City	2010	2015	2016	2016 排名 Ranking	地名	City	2010	2015	2016	2016 排名 Ranking
南京	Nanjing	8673	11122	11984	7	池州	Chizhou	324	413	440	239
无锡	Wuxi	6293	5755	5839	14	宣城	Xuancheng	494	1714	1733	85
徐州	Xuzhou	2760	2433	2708	47	**福建**	**Fujian**	**14650**	**15982**	**18824**	
常州	Changzhou	7488	10684	11466	8	福州	Fuzhou	1563	2561	3060	36
苏州	Suzhou	6354	8421	8727	9	厦门	Xiamen	3144	3888	3965	23
南通	Nantong	2159	3316	3212	35	莆田	Putian	663	921	2391	56
连云港	Lianyungang	1202	2585	2833	42	三明	Sanming	894	494	524	216
淮安	Huaian	3889	4013	4098	22	泉州	Quanzhou	4217	2870	2898	41
盐城	Yancheng	1899	3032	3232	34	漳州	Zhangzhou	359	491	530	211
扬州	Yangzhou	2042	3413	3569	28	南平	Nanping	207	501	522	218
镇江	Zhenjiang	2034	2501	2557	52	龙岩	Longyan	184	360	864	159
泰州	Taizhou	1206	2329	2371	57	宁德	Ningde	182	297	309	264
宿迁	Suqian	813	1450	1829	78	**江西**	**Jiangxi**	**9807**	**15630**	**16916**	
浙江	**Zhejiang**	**38982**	**56456**	**60406**		南昌	Nanchang	2707	4131	4467	18
杭州	Hangzhou	6510	12081	13051	6	景德镇	Jingdezhen	536	696	738	176
宁波	Ningbo	2688	3715	4487	17	萍乡	Pingxiang	371	550	550	208
温州	Wenzhou	1982	2918	3052	37	九江	Jiujiang	919	1652	1832	77
嘉兴	Jiaxing	762	1051	1093	139	新余	Xinyu	466	540	558	206
湖州	Huzhou	2385	3210	3270	32	鹰潭	Yingtan	127	224	234	273
绍兴	Shaoxing	2012	4730	6063	13	赣州	Ganzhou	1222	2200	2545	53
金华	Jinhua	1108	1440	1526	97	吉安	Jian	499	762	847	160
衢州	Quzhou	977	1229	1265	118	宜春	Yichun	463	704	726	177
舟山	Zhoushan	1154	1457	2093	66	抚州	Fuzhou	606	606	622	191
台州	Taizhou	2036	3498	3535	29	上饶	Shangrao	289	686	744	175
丽水	Lishui	800	1183	1236	121	**山东**	**Shandong**	**37313**	**48911**	**50553**	
安徽	**Anhui**	**14730**	**23842**	**25535**		济南	Jinan	3055	3712	3953	24
合肥	Hefei	2468	4592	5004	16	青岛	Qingdao	4926	6142	6332	11
芜湖	Wuhu	1199	1639	1768	82	淄博	Zibo	2127	2603	2791	44
蚌埠	Bengbu	772	1207	1319	112	枣庄	Zaozhuang	1241	1691	1736	84
淮南	Huainan	1471	1738	1753	83	东营	Dongying	1042	1249	1545	95
马鞍山	Maanshan	1149	1985	1998	73	烟台	Yantai	2715	3700	3511	30
淮北	Huaibei	651	1023	1057	141	潍坊	Weifang	1190	2224	2146	64
铜陵	Tongling	646	1491	1709	87	济宁	Jining	664	1021	1575	93
安庆	Anqing	733	972	1022	143	泰安	Taian	1406	1538	2213	62
黄山	Huangshan	412	769	811	169	威海	Weihai	1726	3414	3329	31
滁州	Chuzhou	465	693	976	148	日照	Rizhao	1229	1661	1677	89
阜阳	Fuyang	996	1324	1444	103	莱芜	Laiwu	684	985	1013	145
宿州	Suzhou	637	783	805	170	临沂	Linyi	1380	2048	2122	65
六安	Liuan	392	428	458	233	德州	Dezhou	649	1978	1367	108
亳州	Bozhou	662	906	938	153	聊城	Liaocheng	916	1138	1208	124

8-27 城市供水管道长度（辖区） 续表 2
Length of Water Supply Pipelines (Municipal Districts) continued 2

单位：公里 (km)

地名	City	2010	2015	2016	2016 排名 Ranking	地名	City	2010	2015	2016	2016 排名 Ranking
滨州	Binzhou	944	1534	1566	94	常德	Changde	824	1331	2039	70
菏泽	Heze	222	293	406	248	张家界	Zhangjiajie	371	455	475	226
河南	**Henan**	**17299**	**21338**	**22234**		益阳	Yiyang	304	471	652	187
郑州	Zhengzhou	2568	2997	2997	38	郴州	Chenzhou	1231	1319	1331	111
开封	Kaifeng	1075	1363	1452	102	永州	Yongzhou	791	952	1013	146
洛阳	Luoyang	1328	1685	1725	86	怀化	Huaihua	879	1045	1032	142
平顶山	Pingdingshan	1174	1217	1217	123	娄底	Loudi	326	391	500	222
安阳	Anyang	755	790	800	171	**广东**	**Guangdong**	**79816**	**99921**	**102718**	
鹤壁	Hebi	546	528	551	207	广州	Guangzhou	15942	21916	22442	1
新乡	Xinxiang	589	813	866	158	韶关	Shaoguan	1666	1830	1908	76
焦作	Jiaozuo	821	1050	1094	138	深圳	Shenzhen	14481	16523	16688	3
濮阳	Puyang	140	283	447	235	珠海	Zhuhai	2745	3180	3238	33
许昌	Xuchang	428	602	633	190	汕头	Shantou	2168	2696	2639	48
漯河	Luohe	473	473	473	227	佛山	Foshan	4396	4992	5180	15
三门峡	Sanmenxia	188	340	344	259	江门	Jiangmen	1925	2101	2321	61
南阳	Nanyang	1000	1431	1482	99	湛江	Zhanjiang	645	1416	1462	101
商丘	Shangqiu	362	566	566	204	茂名	Maoming	820	1558	1592	91
信阳	Xinyang	1296	1308	1313	114	肇庆	Zhaoqing	1379	2381	2533	54
周口	Zhoukou	273	358	360	257	惠州	Huizhou	1450	2264	2347	59
驻马店	Zhumadian	308	505	524	215	梅州	Meizhou	380	759	413	246
湖北	**Hubei**	**22827**	**30579**	**33725**		汕尾	Shanwei	462	482	509	219
武汉	Wuhan	9757	12512	14446	4	河源	Heyuan	757	979	672	182
黄石	Huangshi	745	854	866	157	阳江	Yangjiang	700	990	1017	144
十堰	Shiyan	442	748	777	173	清远	Qingyuan	1937	2409	2043	69
宜昌	Yichang	986	1431	2031	71	东莞	Dongguan	16268	17621	18709	2
襄阳	Xiangyang	688	1092	983	147	中山	Zhongshan	1345	1662	1670	90
鄂州	Ezhou	997	1058	1105	136	潮州	Chaozhou	459	836	842	162
荆门	Jingmen	475	561	576	202	揭阳	Jieyang	466	995	1437	104
孝感	Xiaogan	335	476	527	213	云浮	Yunfu	1000	1585	2158	63
荆州	Jingzhou	1208	1733	1812	79	**广西**	**Guangxi**	**12843**	**16958**	**17493**	
黄冈	Huanggang	239	413	446	236	南宁	Nanning	2733	3411	3691	25
咸宁	Xianning	240	324	416	245	柳州	Liuzhou	2202	2599	2593	49
随州	Suizhou	445	662	697	181	桂林	Guilin	1235	2011	1912	75
湖南	**Hunan**	**14400**	**21393**	**24377**		梧州	Wuzhou	357	486	503	221
长沙	Changsha	2012	3457	3647	26	北海	Beihai	1015	1258	1351	109
株洲	Zhuzhou	1222	2493	2727	45	防城港	Fangchenggang	368	468	468	229
湘潭	Xiangtan	848	1256	1258	119	钦州	Qinzhou	621	920	974	149
衡阳	Hengyang	890	1196	1204	126	贵港	Guigang	967	1123	1144	130
邵阳	Shaoyang	595	820	820	166	玉林	Yulin	639	838	868	156
岳阳	Yueyang	585	956	1528	96	百色	Baise	283	590	611	193

8-27 城市供水管道长度（辖区） 续表 3

Length of Water Supply Pipelines (Municipal Districts) continued 3

单位：公里 (km)

地名	City	2010	2015	2016	2016 排名 Ranking	地名	City	2010	2015	2016	2016 排名 Ranking
贺州	Hezhou	428	490	522	217	丽江	Lijiang	202	493	527	212
河池	Hechi	283	323	325	262	普洱	Puer	231	275	275	269
来宾	Laibin	518	851	902	155	临沧	Lincang	265	336	328	261
崇左	Chongzuo	164	205	205	279	**西藏**	**Tibet**	**753**	**1396**	**1341**	
海南	**Hainan**	**2525**	**4150**	**4203**		拉萨	Lasa	688	918	834	163
海口	Haikou	861	1092	1244	120	**陕西**	**Shaanxi**	**4926**	**8068**	**8552**	
三亚	Sanya	625	899	720	178	西安	Xi'an	1995	4096	4246	20
三沙	Sansha		7	7	286	铜川	Tongchuan	347	401	429	241
重庆	**Chongqing**	**9190**	**15054**	**16629**		宝鸡	Baoji	854	1082	1105	137
四川	**Sichuan**	**20656**	**30058**	**37830**		咸阳	Xianyang	340	350	385	250
成都	Chengdu	5194	7685	13964	5	渭南	Weinan	204	381	382	251
自贡	Zigong	1848	2927	2927	39	延安	Yan'an	145	151	214	277
攀枝花	Panzhihua	1046	1261	1284	117	汉中	Hanzhong	240	298	320	263
泸州	Luzhou	568	1194	1318	113	榆林	Yulin	295	462	592	199
德阳	Deyang	452	581	580	200	安康	Ankang	151	190	218	275
绵阳	Mianyang	1617	2919	3602	27	商洛	Shangluo	85	111	112	284
广元	Guangyuan	281	517	538	209	**甘肃**	**Gansu**	**4357**	**5625**	**5319**	
遂宁	Suining	343	931	922	154	兰州	Lanzhou	871	1161	1303	115
内江	Neijiang	375	526	535	210	嘉峪关	Jiayuguan	554	783	419	244
乐山	Leshan	1000	1506	1583	92	金昌	Jinchang	337	296	296	267
南充	Nanchong	440	810	845	161	白银	Baiyin	284	307	162	282
眉山	Meishan	747	623	637	189	天水	Tianshui	182	238	238	271
宜宾	Yibin	751	851	954	150	武威	Wuwei	194	231	234	272
广安	Guangan	235	375	594	198	张掖	Zhangye	170	413	428	242
达州	Dazhou	430	811	822	165	平凉	Pingliang	293	348	363	255
雅安	Yaan	136	298	468	230	酒泉	Jiuquan	236	306	306	265
巴中	Bazhong	177	274	291	268	庆阳	Qingyang	345	384	390	249
资阳	Ziyang	449	477	487	225	定西	Dingxi	154	208	208	278
贵州	**Guizhou**	**5979**	**9766**	**11215**		陇南	Longnan	63	66	66	285
贵阳	Guiyang	3290	4246	4349	19	**青海**	**Qinghai**	**1383**	**2456**	**2465**	
六盘水	Liupanshui	230	1449	1466	100	西宁	Xining	829	1136	1141	131
遵义	Zunyi	283	322	1394	106	海东	Haidong		188	191	280
安顺	Anshun	143	480	575	203	**宁夏**	**Ningxia**	**2382**	**2355**	**2532**	
毕节	Bijie	363	638	658	186	银川	Yinchuan	841	739	773	174
铜仁	Tongren	109	407	375	253	石嘴山	Shizuishan	559	596	598	197
云南	**Yunnan**	**6559**	**10578**	**12714**		吴忠	Wuzhong	169	246	264	270
昆明	Kunming	2568	3731	4103	21	固原	Guyuan	173	228	228	274
曲靖	Qujing	369	551	697	180	中卫	Zhongwei	98	124	114	283
玉溪	Yuxi	285	354	472	228	**新疆**	**Xinjiang**	**6507**	**9330**	**9701**	
保山	Baoshan	186	290	306	266	乌鲁木齐	Urumqi	1323	1868	1923	74
昭通	Zhaotong	246	340	362	256	克拉玛依	Karamay	1015	1072	1074	140

8-28 城市供水总量（辖区）
Quantity of Urban Water Supply (Municipal Districts)

单位：万立方米 (10 000 m³)

地名	City	2010	2015	2016	2016 排名 Ranking
全国	**Nation Total**	**5078745**	**5604728**	**5806911**	
北京	**Beijing**	**155557**	**182517**	**191371**	
天津	**Tianjin**	**68970**	**85260**	**87040**	
河北	**Hebei**	**166430**	**179178**	**168877**	
石家庄	Shijiazhuang	27629	49410	31169	33
唐山	Tangshan	28932	28841	27781	41
秦皇岛	Qinhuangdao	10308	10659	13320	78
邯郸	Handan	16627	15050	17876	57
邢台	Xingtai	7080	4583	5308	182
保定	Baoding	10000	10472	12152	89
张家口	Zhangjiakou	8226	8352	8824	120
承德	Chengde	5453	6032	6372	158
沧州	Cangzhou	3509	3782	4203	205
廊坊	Langfang	4435	4515	4855	192
衡水	Hengshui	3603	2664	3801	220
山西	**Shanxi**	**76772**	**83614**	**89141**	
太原	Taiyuan	28047	32331	33956	31
大同	Datong	8060	8720	9517	110
阳泉	Yangquan	5888	5338	4661	195
长治	Changzhi	8108	7634	8313	128
晋城	Jincheng	1954	3924	3918	218
朔州	Shuozhou	2506	2481	2634	250
晋中	Jinzhong	2604	5240	5542	174
运城	Yuncheng	2771	2315	2995	241
忻州	Xinzhou	2062	1411	2083	265
临汾	Linfen	2653	2379	3049	237
吕梁	Lvliang	1238	1203	1168	276
内蒙古	**Inner Mongolia**	**62757**	**74789**	**77592**	
呼和浩特	Hohhot	11859	13082	14819	69
包头	Baotou	14587	17909	17979	56
乌海	Wuhai	3168	5260	4907	191
赤峰	Chifeng	9728	11397	11699	92
通辽	Tongliao	5276	5231	5332	180
鄂尔多斯	Erdos	2394	3774	3753	222
呼伦贝尔	Hulunbuir	2296	2572	2905	245
巴彦淖尔	Bayannur	1613	2252	3008	240
乌兰察布	Ulanqab	2029	1746	1935	269
辽宁	**Liaoning**	**261879**	**251064**	**265148**	
沈阳	Shenyang	52461	57167	67181	8
大连	Dalian	40730	36744	43735	19
鞍山	Anshan	31129	29129	14616	71
抚顺	Fushun	16102	18242	20344	48
本溪	Benxi	22778	25192	25192	45
丹东	Dandong	5157	6251	6673	152
锦州	Jinzhou	15052	13596	14094	74
营口	Yingkou	5930	6563	9863	105
阜新	Fuxin	7805	7343	7494	142
辽阳	Liaoyang	15846	6078	7571	140
盘锦	Panjin	7244	6061	9131	118
铁岭	Tieling	4006	3428	3647	226
朝阳	Chaoyang	4321	4004	5387	177
葫芦岛	Huludao	5620	5099	5249	184
吉林	**Jilin**	**100743**	**106202**	**105306**	
长春	Changchun	31315	37596	38588	27
吉林	Jilin	25458	20947	19225	51
四平	Siping	2525	3721	4010	213
辽源	Liaoyuan	2838	2924	3247	233
通化	Tonghua	4860	4151	4077	211
白山	Baishan	2585	2640	2491	254
松原	Songyuan	4800	5369	5466	176
白城	Baicheng	3487	2110	2110	264
黑龙江	**Heilongjiang**	**164235**	**148853**	**142260**	
哈尔滨	Harbin	37652	38750	39362	26
齐齐哈尔	Qiqihar	7462	9494	8795	121
鸡西	Jixi	7880	5767	5693	173
鹤岗	Hegang	4768	4024	3963	216
双鸭山	Shuangyashan	2837	2822	3330	231
大庆	Daqing	28390	28652	29657	35
伊春	Yichun	4270	4511	4140	207
佳木斯	Jiamusi	7805	6040	6171	165
七台河	Qitaihe	5237	5627	5065	187
牡丹江	Mudanjiang	43592	23197	16666	61
黑河	Heihe	659	1013	1005	279
绥化	Suihua	1371	4047	4055	212
上海	**Shanghai**	**336637**	**312224**	**320385**	
江苏	**Jiangsu**	**482821**	**506719**	**533098**	

8-28 城市供水总量（辖区） 续表 1
Quantity of Urban Water Supply (Municipal Districts) continued 1

单位：万立方米 (10 000 m³)

地名	City	2010	2015	2016	2016 排名 Ranking
南京	Nanjing	112326	125255	132652	5
无锡	Wuxi	45907	42493	43838	18
徐州	Xuzhou	19957	24350	26199	43
常州	Changzhou	30031	29537	30825	34
苏州	Suzhou	52348	74925	78279	7
南通	Nantong	21189	28150	29277	37
连云港	Lianyungang	9839	12984	14298	73
淮安	Huaian	25590	16107	17831	58
盐城	Yancheng	6623	10862	10953	97
扬州	Yangzhou	12534	19051	19376	50
镇江	Zhenjiang	16660	17297	17710	59
泰州	Taizhou	5321	9343	10238	101
宿迁	Suqian	5044	7358	8064	134
浙江	**Zhejiang**	**270044**	**327217**	**329034**	
杭州	Hangzhou	53565	66760	65087	9
宁波	Ningbo	43375	55022	59589	11
温州	Wenzhou	25837	27522	28518	39
嘉兴	Jiaxing	11282	11050	11340	95
湖州	Huzhou	8783	9019	9596	107
绍兴	Shaoxing	10640	38029	39493	25
金华	Jinhua	5621	8279	8897	119
衢州	Quzhou	10300	7872	6629	154
舟山	Zhoushan	4524	4757	5240	185
台州	Taizhou	13227	15159	16189	63
丽水	Lishui	3874	4105	4115	208
安徽	**Anhui**	**160816**	**174263**	**186543**	
合肥	Hefei	29453	43568	51369	14
芜湖	Wuhu	15457	18361	19535	49
蚌埠	Bengbu	14918	17252	18100	55
淮南	Huainan	10879	9566	9447	112
马鞍山	Maanshan	22145	14652	12740	87
淮北	Huaibei	5518	5535	5342	179
铜陵	Tongling	13309	6556	7452	144
安庆	Anqing	8721	9850	9187	117
黄山	Huangshan	2968	4283	4276	204
滁州	Chuzhou	3073	6158	6461	155
阜阳	Fuyang	6007	7280	8100	133
宿州	Suzhou	6390	4684	4715	194
六安	Liuan	4625	5548	6246	162
亳州	Bozhou	2426	3417	5470	175
池州	Chizhou	2462	2862	3020	239
宣城	Xuancheng	2337	3019	3170	234
福建	**Fujian**	**132627**	**161598**	**164603**	
福州	Fuzhou	24974	40237	40551	24
厦门	Xiamen	31667	40730	43282	20
莆田	Putian	6200	10211	7833	136
三明	Sanming	6922	3401	3726	223
泉州	Quanzhou	14049	12607	13586	75
漳州	Zhangzhou	4242	5125	7668	139
南平	Nanping	2537	3693	3669	225
龙岩	Longyan	4922	8487	8701	124
宁德	Ningde	1869	2252	2022	268
江西	**Jiangxi**	**91278**	**110874**	**119865**	
南昌	Nanchang	33950	39829	42753	21
景德镇	Jingdezhen	6258	5886	6001	170
萍乡	Pingxiang	3068	3533	3781	221
九江	Jiujiang	8679	7903	8728	123
新余	Xinyu	4609	6066	6423	157
鹰潭	Yingtan	1779	2082	2173	261
赣州	Ganzhou	4887	10982	13020	84
吉安	Jian	3037	3272	3946	217
宜春	Yichun	3508	5106	5315	181
抚州	Fuzhou	3751	5762	6104	168
上饶	Shangrao	3192	6485	6936	150
山东	**Shandong**	**290866**	**355903**	**373322**	
济南	Jinan	27037	34754	42327	22
青岛	Qingdao	36159	46203	47394	16
淄博	Zibo	26741	26611	28325	40
枣庄	Zaozhuang	8046	10541	10855	98
东营	Dongying	9711	9718	13254	79
烟台	Yantai	14693	18789	18184	54
潍坊	Weifang	9116	14728	13113	83
济宁	Jining	10830	14955	15414	67
泰安	Taian	6607	7515	7784	137
威海	Weihai	6017	10493	10825	99
日照	Rizhao	5920	7293	6158	166
莱芜	Laiwu	3751	4767	4427	198
临沂	Linyi	15484	21716	22127	46
德州	Dezhou	7057	12076	11958	90
聊城	Liaocheng	4788	6944	9414	114

8-28 城市供水总量（辖区） 续表 2
Quantity of Urban Water Supply (Municipal Districts) continued 2

单位：万立方米 (10 000 m³)

地名	City	2010	2015	2016	2016 排名 Ranking
滨州	Binzhou	5823	8227	9753	106
菏泽	Heze	4071	7246	8311	129
河南	**Henan**	**179122**	**196710**	**203936**	
郑州	Zhengzhou	37724	35181	37260	29
开封	Kaifeng	7683	10594	11775	91
洛阳	Luoyang	13631	16168	16365	62
平顶山	Pingdingshan	10215	10190	10583	100
安阳	Anyang	11294	9995	10225	102
鹤壁	Hebi	4843	4147	4370	202
新乡	Xinxiang	10863	13392	14803	70
焦作	Jiaozuo	8084	8272	8272	132
濮阳	Puyang	5037	5863	7413	146
许昌	Xuchang	4088	5034	5374	178
漯河	Luohe	9950	9948	8308	130
三门峡	Sanmenxia	1898	3286	3104	235
南阳	Nanyang	6532	9793	9594	108
商丘	Shangqiu	4989	4335	4335	203
信阳	Xinyang	3956	4279	4388	200
周口	Zhoukou	1895	4309	4646	196
驻马店	Zhumadian	4225	6605	6674	151
湖北	**Hubei**	**253421**	**277995**	**293887**	
武汉	Wuhan	111964	134814	143974	4
黄石	Huangshi	13038	11321	10203	103
十堰	Shiyan	11494	11873	12687	88
宜昌	Yichang	9906	11276	15089	68
襄阳	Xiangyang	15433	17174	17046	60
鄂州	Ezhou	6561	4853	5092	186
荆门	Jingmen	7770	7205	7354	147
孝感	Xiaogan	2947	5320	6310	161
荆州	Jingzhou	7595	8722	8434	126
黄冈	Huanggang	3896	3177	3900	219
咸宁	Xianning	3257	3320	4000	214
随州	Suizhou	3318	3879	3964	215
湖南	**Hunan**	**189223**	**197922**	**215427**	
长沙	Changsha	46431	57652	63657	10
株洲	Zhuzhou	16324	17413	18326	53
湘潭	Xiangtan	10480	12386	7670	138
衡阳	Hengyang	20710	16220	18869	52
邵阳	Shaoyang	6733	8590	9438	113
岳阳	Yueyang	16298	14340	15601	65
常德	Changde	6267	7355	11413	94
张家界	Zhangjiajie	2415	2764	3032	238
益阳	Yiyang	4300	7477	4569	197
郴州	Chenzhou	8725	6632	9392	115
永州	Yongzhou	9256	9075	8759	122
怀化	Huaihua	4861	5230	6664	153
娄底	Loudi	4634	5298	5020	188
广东	**Guangdong**	**806144**	**852512**	**870036**	
广州	Guangzhou	190806	221543	228612	1
韶关	Shaoguan	8293	9289	9527	109
深圳	Shenzhen	156470	169698	170142	2
珠海	Zhuhai	26497	34164	38178	28
汕头	Shantou	28500	28051	28803	38
佛山	Foshan	42761	44792	50030	15
江门	Jiangmen	18367	26235	26453	42
湛江	Zhanjiang	9429	13297	13426	77
茂名	Maoming	20242	6303	7957	135
肇庆	Zhaoqing	10507	12990	13224	80
惠州	Huizhou	23735	29341	31349	32
梅州	Meizhou	3943	5967	6011	169
汕尾	Shanwei	3429	3801	4078	210
河源	Heyuan	4818	6581	3628	227
阳江	Yangjiang	3840	5755	5907	171
清远	Qingyuan	9808	7224	8294	131
东莞	Dongguan	165607	144605	144918	3
中山	Zhongshan	13725	15661	15504	66
潮州	Chaozhou	4835	8779	9455	111
揭阳	Jieyang	4578	8132	6108	167
云浮	Yunfu	2274	3690	4107	209
广西	**Guangxi**	**147291**	**173266**	**176719**	
南宁	Nanning	37578	50892	55445	13
柳州	Liuzhou	39445	44143	42019	23
桂林	Guilin	11076	13228	14355	72
梧州	Wuzhou	5148	7029	7032	148
北海	Beihai	4937	6623	6974	149
防城港	Fangchenggang	2672	4147	4390	199
钦州	Qinzhou	4437	5507	5784	172
贵港	Guigang	11010	11205	10003	104
玉林	Yulin	5089	6155	6424	156
百色	Baise	4576	3404	3481	228

8-28 城市供水总量（辖区） 续表 3

Quantity of Urban Water Supply (Municipal Districts) continued 3

单位：万立方米 (10 000 m³)

地名	City	2010	2015	2016	2016 排名 Ranking	地名	City	2010	2015	2016	2016 排名 Ranking
贺州	Hezhou	2148	2379	2546	253	丽江	Lijiang	1355	2113	2252	259
河池	Hechi	3579	2486	2432	255	普洱	Puer	1121	1798	2158	263
来宾	Laibin	2073	2446	2648	249	临沧	Lincang	1062	1319	1273	275
崇左	Chongzuo	1282	1497	1542	274	**西藏**	**Tibet**	**7681**	**15607**	**16815**	
海南	**Hainan**	**33546**	**43653**	**44211**		拉萨	Lasa	6860	13585	13202	82
海口	Haikou	19015	21863	21990	47	**陕西**	**Shaanxi**	**81335**	**97664**	**104174**	
三亚	Sanya	8412	11516	11588	93	西安	Xi'an	39097	53237	57397	12
三沙	Sansha		7	7	286	铜川	Tongchuan	1572	1732	1826	270
重庆	**Chongqing**	**86926**	**121494**	**128327**		宝鸡	Baoji	7179	7127	7486	143
四川	**Sichuan**	**173858**	**220010**	**246981**		咸阳	Xianyang	12670	12587	12977	85
成都	Chengdu	65778	86841	111813	6	渭南	Weinan	4421	6290	6324	160
自贡	Zigong	5639	5948	6225	163	延安	Yan'an	1491	2208	2568	252
攀枝花	Panzhihua	12173	12762	12815	86	汉中	Hanzhong	2221	2735	2939	243
泸州	Luzhou	9063	7966	8412	127	榆林	Yulin	1359	2621	2919	244
德阳	Deyang	5248	5977	6172	164	安康	Ankang	4218	1884	2367	256
绵阳	Mianyang	7731	10357	10986	96	商洛	Shangluo	988	1024	1052	278
广元	Guangyuan	2670	3898	4370	201	**甘肃**	**Gansu**	**62713**	**55844**	**48671**	
遂宁	Suining	2571	5808	5014	189	兰州	Lanzhou	28355	26768	25676	44
内江	Neijiang	3801	4498	4782	193	嘉峪关	Jiayuguan	3322	3746	953	280
乐山	Leshan	4584	5112	5305	183	金昌	Jinchang	8834	2748	2846	246
南充	Nanchong	7100	8550	9330	116	白银	Baiyin	7121	6305	1799	271
眉山	Meishan	2976	4488	4148	206	天水	Tianshui	3635	3265	3266	232
宜宾	Yibin	5166	9069	6355	159	武威	Wuwei	1657	1861	2198	260
广安	Guangan	1211	2470	2834	247	张掖	Zhangye	1704	2349	2302	258
达州	Dazhou	3080	7814	7421	145	平凉	Pingliang	1444	1649	1653	272
雅安	Yaan	3385	2511	2163	262	酒泉	Jiuquan	2576	1972	2044	266
巴中	Bazhong	1451	2695	2956	242	庆阳	Qingyang	657	745	788	283
资阳	Ziyang	2105	2487	2576	251	定西	Dingxi	509	643	644	284
贵州	**Guizhou**	**44117**	**60112**	**65624**		陇南	Longnan	234	481	521	285
贵阳	Guiyang	24398	30872	34038	30	**青海**	**Qinghai**	**18572**	**25674**	**25387**	
六盘水	Liupanshui	2191	3237	3443	229	西宁	Xining	12402	15491	15680	64
遵义	Zunyi	5455	6159	7543	141	海东	Haidong		929	949	281
安顺	Anshun	1757	3401	3710	224	**宁夏**	**Ningxia**	**28656**	**31871**	**33184**	
毕节	Bijie	1339	2316	2324	257	银川	Yinchuan	10525	13414	13562	76
铜仁	Tongren	1498	2655	2766	248	石嘴山	Shizuishan	9127	7871	8615	125
云南	**Yunnan**	**66444**	**81875**	**86890**		吴忠	Wuzhong	2320	3161	3101	236
昆明	Kunming	33459	41524	44968	17	固原	Guyuan	1318	990	1061	277
曲靖	Qujing	4045	4581	5002	190	中卫	Zhongwei	1248	1023	895	282
玉溪	Yuxi	2360	2727	3332	230	**新疆**	**Xinjiang**	**77263**	**92245**	**93059**	
保山	Baoshan	1129	1868	2032	267	乌鲁木齐	Urumqi	29771	29805	29655	36
昭通	Zhaotong	1357	1607	1636	273	克拉玛依	Karamay	11947	13217	13212	81

8-29 城市人均日生活用水量(辖区)

Urban Domestic Water Use per Capita (Districts under City)

单位：升 (liter)

地名	City	2010	2015	2016	2016 排名 Ranking
全国	**Nation Total**	**171.4**	**174.5**	**176.9**	
北京	**Beijing**	**174.9**	**183.8**	**173.1**	
天津	**Tianjin**	**132.0**	**119.6**	**114.0**	
河北	**Hebei**	**123.0**	**119.1**	**132.0**	
石家庄	Shijiazhuang	116.1	156.6	155.5	135
唐山	Tangshan	173.8	137.0	197.5	68
秦皇岛	Qinhuangdao	138.5	123.5	163.6	122
邯郸	Handan	118.5	117.5	129.7	188
邢台	Xingtai	132.0	48.0	50.9	285
保定	Baoding	107.8	95.2	131.1	184
张家口	Zhangjiakou	84.2	82.6	83.3	271
承德	Chengde	137.6	101.7	107.9	238
沧州	Cangzhou	63.5	121.7	136.1	173
廊坊	Langfang	136.2	138.3	146.1	146
衡水	Hengshui	112.3	139.7	89.8	261
山西	**Shanxi**	**106.4**	**112.4**	**114.5**	
太原	Taiyuan	93.5	123.4	123.3	205
大同	Datong	91.6	97.1	100.7	250
阳泉	Yangquan	133.2	127.3	105.4	243
长治	Changzhi	154.9	174.3	184.3	85
晋城	Jincheng	154.8	141.9	137.5	168
朔州	Shuozhou	100.9	102.4	100.6	251
晋中	Jinzhong	110.8	106.1	111.9	231
运城	Yuncheng	141.7	118.6	125.0	198
忻州	Xinzhou	71.8	70.4	87.0	267
临汾	Linfen	98.7	76.7	86.0	268
吕梁	Lvliang	99.8	96.9	93.7	258
内蒙古	**Inner Mongolia**	**88.5**	**106.7**	**103.4**	
呼和浩特	Hohhot	87.6	91.1	88.7	263
包头	Baotou	78.5	89.7	77.4	276
乌海	Wuhai	56.9	134.4	122.1	207
赤峰	Chifeng	107.0	109.4	113.6	225
通辽	Tongliao	104.7	140.4	148.1	144
鄂尔多斯	Erdos	66.6	153.3	127.8	191
呼伦贝尔	Hulunbuir	138.2	141.8	160.9	126
巴彦淖尔	Bayannur	105.0	87.9	107.3	240
乌兰察布	Ulanqab	53.8	97.3	109.4	235
辽宁	**Liaoning**	**121.0**	**135.5**	**146.3**	
沈阳	Shenyang	152.5	188.1	221.3	49
大连	Dalian	106.3	151.5	163.9	120
鞍山	Anshan	163.2	161.6	113.8	223
抚顺	Fushun	73.6	83.5	80.7	273
本溪	Benxi	94.7	116.7	116.7	221
丹东	Dandong	93.7	111.9	118.9	214
锦州	Jinzhou	137.0	118.8	133.3	178
营口	Yingkou	91.4	96.5	112.0	228
阜新	Fuxin	109.0	132.8	142.1	156
辽阳	Liaoyang	165.9	99.1	100.0	253
盘锦	Panjin	116.0	124.4	111.9	230
铁岭	Tieling	115.6	134.0	102.7	247
朝阳	Chaoyang	114.4	77.5	87.3	266
葫芦岛	Huludao	86.9	132.5	180.4	93
吉林	**Jilin**	**121.0**	**122.3**	**124.5**	
长春	Changchun	139.4	144.6	164.6	117
吉林	Jilin	119.5	124.1	117.6	215
四平	Siping	53.2	98.6	100.9	249
辽源	Liaoyuan	64.0	71.0	72.5	279
通化	Tonghua	100.0	89.0	88.9	262
白山	Baishan	78.4	63.9	72.2	280
松原	Songyuan	188.1	159.9	163.3	123
白城	Baicheng	145.2	124.0	124.2	201
黑龙江	**Heilongjiang**	**123.9**	**116.3**	**117.4**	
哈尔滨	Harbin	147.7	135.0	131.6	182
齐齐哈尔	Qiqihar	99.1	100.1	109.4	237
鸡西	Jixi	164.2	100.6	100.3	252
鹤岗	Hegang	87.3	84.9	87.6	265
双鸭山	Shuangyashan	104.8	100.2	116.8	219
大庆	Daqing	169.3	116.4	113.7	224
伊春	Yichun	90.5	93.2	84.4	270
佳木斯	Jiamusi	124.4	112.8	123.7	203
七台河	Qitaihe	79.9	92.5	95.2	256
牡丹江	Mudanjiang	94.2	109.0	116.8	219
黑河	Heihe	72.7	98.5	102.6	248
绥化	Suihua	106.0	195.2	192.2	75
上海	**Shanghai**	**174.8**	**190.2**	**200.9**	
江苏	**Jiangsu**	**220.4**	**210.7**	**215.4**	

8-29 城市人均日生活用水量(辖区) 续表 1

Urban Domestic Water Use per Capita (Municipal Districts) continued 1

单位：升 (liter)

地名	City	2010	2015	2016	2016 排名 Ranking	地名	City	2010	2015	2016	2016 排名 Ranking
南京	Nanjing	314.8	298.4	313.4	6	池州	Chizhou	126.5	147.5	161.7	125
无锡	Wuxi	228.3	216.1	215.9	57	宣城	Xuancheng	135.0	157.2	162.1	124
徐州	Xuzhou	163.9	112.8	124.6	199	**福建**	**Fujian**	**186.6**	**176.9**	**191.5**	
常州	Changzhou	238.7	229.8	232.2	41	福州	Fuzhou	260.1	216.5	251.7	32
苏州	Suzhou	295.1	302.8	297.7	12	厦门	Xiamen	129.7	166.4	178.4	96
南通	Nantong	236.2	174.8	180.7	91	莆田	Putian	179.7	138.8	145.9	147
连云港	Lianyungang	96.2	151.9	165.9	109	三明	Sanming	226.6	205.2	229.0	44
淮安	Huaian	256.7	136.4	128.5	190	泉州	Quanzhou	178.9	140.8	184.5	84
盐城	Yancheng	142.4	138.6	141.0	159	漳州	Zhangzhou	182.8	179.6	181.0	90
扬州	Yangzhou	150.6	234.6	211.7	58	南平	Nanping	161.9	178.6	175.1	100
镇江	Zhenjiang	199.6	181.4	194.7	71	龙岩	Longyan	139.8	162.2	175.8	99
泰州	Taizhou	111.6	130.3	137.7	167	宁德	Ningde	199.1	137.8	125.9	195
宿迁	Suqian	119.6	140.2	158.6	132	**江西**	**Jiangxi**	**184.4**	**171.3**	**171.4**	
浙江	**Zhejiang**	**185.4**	**196.2**	**187.2**		南昌	Nanchang	266.8	230.9	228.6	45
杭州	Hangzhou	255.7	207.9	191.5	76	景德镇	Jingdezhen	183.5	231.7	267.3	21
宁波	Ningbo	290.3	333.3	258.2	28	萍乡	Pingxiang	118.9	121.0	126.5	194
温州	Wenzhou	219.1	180.2	176.9	97	九江	Jiujiang	141.6	157.6	165.9	110
嘉兴	Jiaxing	152.3	170.8	164.2	119	新余	Xinyu	200.1	176.2	184.5	83
湖州	Huzhou	154.2	160.5	165.3	113	鹰潭	Yingtan	184.8	135.9	135.5	174
绍兴	Shaoxing	151.6	172.8	187.5	78	赣州	Ganzhou	138.8	145.0	144.9	152
金华	Jinhua	122.7	230.0	196.9	70	吉安	Jian	178.9	124.0	127.2	193
衢州	Quzhou	185.5	268.3	261.2	26	宜春	Yichun	148.8	160.5	163.9	121
舟山	Zhoushan	130.2	116.3	125.2	197	抚州	Fuzhou	197.4	181.9	165.6	112
台州	Taizhou	185.8	206.8	225.2	48	上饶	Shangrao	149.6	159.1	165.3	113
丽水	Lishui	158.6	177.0	181.7	89	**山东**	**Shandong**	**129.5**	**138.5**	**132.8**	
安徽	**Anhui**	**160.8**	**168.9**	**180.2**		济南	Jinan	111.7	141.0	145.7	148
合肥	Hefei	238.4	216.1	237.7	36	青岛	Qingdao	178.1	201.2	158.7	131
芜湖	Wuhu	152.9	146.7	160.2	128	淄博	Zibo	129.7	126.2	131.1	183
蚌埠	Bengbu	194.2	208.9	227.0	46	枣庄	Zaozhuang	117.5	131.5	136.5	170
淮南	Huainan	121.8	139.6	133.3	179	东营	Dongying	124.0	149.1	159.0	130
马鞍山	Maanshan	219.9	188.6	192.9	73	烟台	Yantai	127.6	148.5	154.1	137
淮北	Huaibei	106.3	101.5	109.4	236	潍坊	Weifang	102.8	125.3	111.0	233
铜陵	Tongling	128.6	210.4	210.6	59	济宁	Jining	183.8	133.3	123.6	204
安庆	Anqing	143.7	115.0	134.1	176	泰安	Taian	170.0	167.7	157.9	133
黄山	Huangshan	139.8	178.7	179.1	95	威海	Weihai	122.3	137.3	136.3	172
滁州	Chuzhou	126.8	135.8	152.0	141	日照	Rizhao	100.0	130.1	115.7	222
阜阳	Fuyang	124.8	138.1	145.6	151	莱芜	Laiwu	129.5	101.7	94.3	257
宿州	Suzhou	183.2	141.5	98.6	254	临沂	Linyi	144.2	177.6	139.4	163
六安	Liuan	78.1	129.7	149.7	143	德州	Dezhou	140.3	103.4	91.9	259
亳州	Bozhou	152.5	156.4	187.1	79	聊城	Liaocheng	133.9	123.1	142.0	157

8-29 城市人均日生活用水量(辖区) 续表 2

Urban Domestic Water Use per Capita (Municipal Districts) continued 2

单位：升 (liter)

地名	City	2010	2015	2016	2016 排名 Ranking	地名	City	2010	2015	2016	2016 排名 Ranking
滨州	Binzhou	101.7	105.2	103.8	246	常德	Changde	155.5	161.8	206.8	63
菏泽	Heze	124.6	138.4	130.7	186	张家界	Zhangjiajie	241.8	202.1	199.3	66
河南	**Henan**	**109.1**	**111.1**	**115.6**		益阳	Yiyang	130.6	191.0	110.1	234
郑州	Zhengzhou	106.0	97.1	87.9	264	郴州	Chenzhou	237.9	175.9	297.9	11
开封	Kaifeng	83.3	112.5	124.4	200	永州	Yongzhou	205.8	194.8	192.5	74
洛阳	Luoyang	89.3	117.0	120.6	209	怀化	Huaihua	240.2	161.8	216.6	55
平顶山	Pingdingshan	106.3	108.5	120.1	212	娄底	Loudi	225.3	208.5	173.1	101
安阳	Anyang	134.2	160.6	172.2	102	**广东**	**Guangdong**	**250.0**	**249.0**	**246.1**	
鹤壁	Hebi	136.6	112.0	120.3	211	广州	Guangzhou	366.4	318.7	297.4	13
新乡	Xinxiang	130.6	127.8	171.8	103	韶关	Shaoguan	255.0	263.6	310.1	7
焦作	Jiaozuo	87.0	117.1	117.1	218	深圳	Shenzhen	216.4	236.0	229.7	43
濮阳	Puyang	128.8	140.0	187.0	80	珠海	Zhuhai	189.4	262.9	278.6	18
许昌	Xuchang	109.7	121.6	123.8	202	汕头	Shantou	190.4	178.1	167.9	107
漯河	Luohe	149.8	144.3	130.0	187	佛山	Foshan	332.3	407.6	406.2	2
三门峡	Sanmenxia	102.3	122.4	113.3	226	江门	Jiangmen	220.5	243.2	236.5	37
南阳	Nanyang	92.5	94.0	111.9	229	湛江	Zhanjiang	247.6	213.6	216.7	54
商丘	Shangqiu	150.5	104.2	104.2	245	茂名	Maoming	247.4	229.8	233.9	38
信阳	Xinyang	141.7	143.8	141.8	158	肇庆	Zhaoqing	273.5	258.3	267.0	22
周口	Zhoukou	115.5	138.1	170.6	105	惠州	Huizhou	229.8	220.1	277.2	19
驻马店	Zhumadian	134.5	114.7	132.8	180	梅州	Meizhou	163.5	250.5	244.8	33
湖北	**Hubei**	**211.5**	**205.3**	**204.3**		汕尾	Shanwei	147.9	197.3	180.5	92
武汉	Wuhan	256.2	305.9	293.4	14	河源	Heyuan	267.0	291.4	185.7	82
黄石	Huangshi	220.3	157.8	145.7	148	阳江	Yangjiang	139.6	140.0	170.9	104
十堰	Shiyan	279.1	185.2	221.2	50	清远	Qingyuan	311.0	284.9	258.9	27
宜昌	Yichang	129.2	161.0	183.5	87	东莞	Dongguan	221.4	230.7	226.2	47
襄阳	Xiangyang	247.5	178.7	168.5	106	中山	Zhongshan	402.7	146.6	266.6	23
鄂州	Ezhou	280.9	218.5	229.8	42	潮州	Chaozhou	160.8	131.9	136.4	171
荆门	Jingmen	201.0	146.3	137.1	169	揭阳	Jieyang	89.0	150.5	138.4	166
孝感	Xiaogan	190.1	184.2	208.9	62	云浮	Yunfu	197.6	164.8	209.1	61
荆州	Jingzhou	169.9	190.7	188.1	77	**广西**	**Guangxi**	**249.7**	**255.7**	**256.4**	
黄冈	Huanggang	260.5	202.6	180.4	94	南宁	Nanning	321.0	345.6	329.8	4
咸宁	Xianning	160.2	119.2	147.5	145	柳州	Liuzhou	219.8	209.8	217.7	51
随州	Suizhou	147.9	110.7	120.7	208	桂林	Guilin	324.2	282.3	298.0	9
湖南	**Hunan**	**220.4**	**207.8**	**217.1**		梧州	Wuzhou	235.9	203.4	209.3	60
长沙	Changsha	364.2	329.0	292.9	15	北海	Beihai	259.7	290.3	306.8	8
株洲	Zhuzhou	266.3	257.3	292.6	16	防城港	Fangchenggang	195.4	273.1	261.8	25
湘潭	Xiangtan	182.5	203.8	165.6	111	钦州	Qinzhou	293.0	260.0	291.0	17
衡阳	Hengyang	167.0	139.7	164.3	118	贵港	Guigang	193.8	245.8	183.9	86
邵阳	Shaoyang	167.7	213.7	232.7	40	玉林	Yulin	177.5	168.2	176.4	98
岳阳	Yueyang	183.3	185.0	216.6	56	百色	Baise	276.3	290.4	298.0	9

8-29 城市人均日生活用水量(辖区） 续表 3

Urban Domestic Water Use per Capita (Municipal Districts) continued 3

单位：升 (liter)

地名	City	2010	2015	2016	2016 排名 Ranking	地名	City	2010	2015	2016	2016 排名 Ranking
贺州	Hezhou	223.8	172.8	203.6	64	丽江	Lijiang	137.4	252.0	275.8	20
河池	Hechi	186.5	231.1	240.7	35	普洱	Puer	153.3	178.1	198.2	67
来宾	Laibin	180.4	185.4	193.5	72	临沧	Lincang	185.1	176.5	160.1	129
崇左	Chongzuo	200.9	203.4	202.0	65	**西藏**	**Tibet**	**218.9**	**403.6**	**367.0**	
海南	**Hainan**	**264.5**	**263.8**	**253.1**		拉萨	Lasa	232.8	474.7	421.9	1
海口	Haikou	299.0	261.3	263.1	24	**陕西**	**Shaanxi**	**165.7**	**155.7**	**159.3**	
三亚	Sanya	285.6	454.0	324.5	5	西安	Xi'an	198.5	192.5	196.9	69
三沙	Sansha		87.0	153.9	138	铜川	Tongchuan	73.6	64.4	69.7	281
重庆	**Chongqing**	**136.8**	**152.0**	**151.6**		宝鸡	Baoji	131.8	151.1	152.1	140
四川	**Sichuan**	**196.7**	**204.1**	**214.6**		咸阳	Xianyang	198.6	101.4	141.0	160
成都	Chengdu	289.9	338.3	351.2	3	渭南	Weinan	125.1	164.1	160.4	127
自贡	Zigong	112.0	110.9	117.3	216	延安	Yan'an	104.8	156.7	155.2	136
攀枝花	Panzhihua	207.5	216.6	217.7	52	汉中	Hanzhong	134.6	151.5	164.9	115
泸州	Luzhou	126.3	126.2	127.5	192	榆林	Yulin	82.1	80.7	69.6	282
德阳	Deyang	167.9	139.8	138.7	165	安康	Ankang	210.3	123.5	125.8	196
绵阳	Mianyang	161.0	160.9	167.6	108	商洛	Shangluo	155.4	116.9	75.4	278
广元	Guangyuan	161.6	159.3	143.2	155	**甘肃**	**Gansu**	**155.1**	**132.0**	**125.3**	
遂宁	Suining	123.3	98.0	105.0	244	兰州	Lanzhou	189.9	160.6	164.7	116
内江	Neijiang	130.3	130.9	139.0	164	嘉峪关	Jiayuguan	157.5	181.9	80.8	272
乐山	Leshan	157.4	141.2	122.9	206	金昌	Jinchang	168.4	242.3	242.8	34
南充	Nanchong	182.7	156.5	156.6	134	白银	Baiyin	264.8	158.9	80.5	274
眉山	Meishan	174.2	165.7	153.9	138	天水	Tianshui	138.6	110.5	107.8	239
宜宾	Yibin	227.1	173.9	134.0	177	武威	Wuwei	119.4	105.7	106.6	241
广安	Guangan	97.2	120.0	139.6	162	张掖	Zhangye	147.2	122.3	128.7	189
达州	Dazhou	178.2	248.0	256.2	29	平凉	Pingliang	85.5	78.2	77.4	277
雅安	Yaan	142.9	160.3	145.6	150	酒泉	Jiuquan	118.8	83.9	84.7	269
巴中	Bazhong	80.5	90.3	105.4	242	庆阳	Qingyang	78.1	77.3	78.4	275
资阳	Ziyang	137.7	131.4	135.0	175	定西	Dingxi	38.8	47.6	47.9	286
贵州	**Guizhou**	**130.5**	**163.8**	**172.0**		陇南	Longnan	51.8	59.8	64.6	283
贵阳	Guiyang	148.5	200.9	233.5	39	**青海**	**Qinghai**	**179.0**	**168.8**	**170.3**	
六盘水	Liupanshui	131.7	146.6	151.4	142	西宁	Xining	175.8	187.7	186.5	81
遵义	Zunyi	154.9	153.6	132.2	181	海东	Haidong		59.8	60.3	284
安顺	Anshun	72.5	90.3	112.6	227	**宁夏**	**Ningxia**	**177.6**	**171.7**	**187.8**	
毕节	Bijie	75.8	137.9	140.7	161	银川	Yinchuan	175.9	173.8	182.6	88
铜仁	Tongren	134.5	122.5	143.9	153	石嘴山	Shizuishan	233.2	226.3	253.2	31
云南	**Yunnan**	**146.2**	**132.8**	**132.0**		吴忠	Wuzhong	181.1	217.3	217.2	53
昆明	Kunming	149.9	124.1	131.0	185	固原	Guyuan	122.4	72.2	90.3	260
曲靖	Qujing	104.4	120.1	117.3	217	中卫	Zhongwei	151.3	77.1	119.4	213
玉溪	Yuxi	203.6	130.5	120.4	210	**新疆**	**Xinjiang**	**150.8**	**170.6**	**167.2**	
保山	Baoshan	100.2	101.9	111.7	232	乌鲁木齐	Urumqi	142.5	144.7	143.2	154
昭通	Zhaotong	92.6	96.9	97.5	255	克拉玛依	Karamay	206.3	271.3	254.0	30

8-30 城市用水普及率(辖区)
Urban Water Coverage Rate (Municipal Districts)

单位：% (%)

地名	City	2010	2015	2016	2016 排名 Ranking
全国	**Nation Total**	**96.68**	**98.07**	**98.42**	
北京	**Beijing**	**100.00**	**100.00**	**100.00**	
天津	**Tianjin**	**100.00**	**100.00**	**100.00**	
河北	**Hebei**	**99.97**	**99.56**	**99.52**	
石家庄	Shijiazhuang	100.00	100.00	100.00	1
唐山	Tangshan	100.00	100.00	100.00	1
秦皇岛	Qinhuangdao	100.00	100.00	100.00	1
邯郸	Handan	100.00	100.00	100.00	1
邢台	Xingtai	100.00	100.00	100.00	1
保定	Baoding	100.00	96.45	96.46	221
张家口	Zhangjiakou	100.00	100.00	100.00	1
承德	Chengde	100.00	100.00	100.00	1
沧州	Cangzhou	100.00	100.00	100.00	1
廊坊	Langfang	100.00	100.00	100.00	1
衡水	Hengshui	100.00	98.86	99.63	130
山西	**Shanxi**	**97.26**	**98.85**	**99.29**	
太原	Taiyuan	100.00	100.00	100.00	1
大同	Datong	100.00	100.00	100.00	1
阳泉	Yangquan	100.00	100.00	100.00	1
长治	Changzhi	95.00	98.48	98.54	177
晋城	Jincheng	100.00	98.00	98.98	159
朔州	Shuozhou	98.11	99.12	98.98	159
晋中	Jinzhong	96.50	100.00	100.00	1
运城	Yuncheng	93.02	95.00	98.49	181
忻州	Xinzhou	90.00	100.00	100.00	1
临汾	Linfen	92.12	99.03	96.62	220
吕梁	Lvliang	94.48	95.33	97.83	200
内蒙古	**Inner Mongolia**	**87.97**	**98.47**	**98.98**	
呼和浩特	Hohhot	95.50	99.96	99.96	107
包头	Baotou	90.86	99.50	99.55	132
乌海	Wuhai	99.84	100.00	100.00	1
赤峰	Chifeng	84.70	96.28	98.60	173
通辽	Tongliao	79.44	97.58	97.90	198
鄂尔多斯	Erdos	97.21	99.77	99.82	115
呼伦贝尔	Hulunbuir	71.92	95.95	97.52	206
巴彦淖尔	Bayannur	80.52	97.00	97.49	207
乌兰察布	Ulanqab	86.96	97.02	97.42	208
辽宁	**Liaoning**	**97.44**	**98.84**	**98.96**	
沈阳	Shenyang	100.00	100.00	99.91	112
大连	Dalian	100.00	100.00	99.76	123
鞍山	Anshan	97.73	100.00	100.00	1
抚顺	Fushun	98.59	98.62	98.62	171
本溪	Benxi	97.56	99.56	99.56	131
丹东	Dandong	94.59	100.00	100.00	1
锦州	Jinzhou	100.00	100.00	100.00	1
营口	Yingkou	86.19	100.00	100.00	1
阜新	Fuxin	99.64	98.96	98.94	164
辽阳	Liaoyang	100.00	100.00	100.00	1
盘锦	Panjin	100.00	100.00	98.58	174
铁岭	Tieling	97.50	98.94	99.00	157
朝阳	Chaoyang	91.18	99.93	91.65	264
葫芦岛	Huludao	100.00	100.00	100.00	1
吉林	**Jilin**	**89.60**	**93.64**	**93.40**	
长春	Changchun	99.46	99.64	99.81	117
吉林	Jilin	97.84	98.55	98.57	176
四平	Siping	65.34	72.42	72.21	283
辽源	Liaoyuan	82.33	95.35	95.35	237
通化	Tonghua	88.26	93.18	94.06	246
白山	Baishan	91.51	90.19	89.24	268
松原	Songyuan	92.24	95.49	96.06	228
白城	Baicheng	92.02	98.31	98.51	179
黑龙江	**Heilongjiang**	**88.43**	**97.20**	**97.25**	
哈尔滨	Harbin	89.17	100.00	100.00	1
齐齐哈尔	Qiqihar	97.68	100.00	100.00	1
鸡西	Jixi	97.23	98.52	98.96	162
鹤岗	Hegang	86.45	99.15	95.78	230
双鸭山	Shuangyashan	99.78	99.16	98.95	163
大庆	Daqing	83.18	93.59	95.91	229
伊春	Yichun	69.53	87.38	86.38	272
佳木斯	Jiamusi	90.21	95.78	96.26	223
七台河	Qitaihe	86.41	95.43	98.17	192
牡丹江	Mudanjiang	92.08	92.74	93.66	249
黑河	Heihe	81.56	96.97	96.97	214
绥化	Suihua	96.31	99.77	98.64	170
上海	**Shanghai**	**100.00**	**100.00**	**100.00**	
江苏	**Jiangsu**	**99.56**	**99.83**	**99.86**	

8-30 城市用水普及率(辖区) 续表 1

Urban Water Coverage Rate (Municipal Districts) continued 1

单位：% (%)

地名	City	2010	2015	2016	2016 排名 Ranking	地名	City	2010	2015	2016	2016 排名 Ranking
南京	Nanjing	100.00	100.00	100.00	1	池州	Chizhou	93.83	99.11	99.51	135
无锡	Wuxi	100.00	100.00	100.00	1	宣城	Xuancheng	98.58	98.68	99.50	137
徐州	Xuzhou	99.44	99.79	99.81	117	**福建**	**Fujian**	**99.50**	**99.55**	**99.52**	
常州	Changzhou	100.00	100.00	100.00	1	福州	Fuzhou	99.86	99.99	99.99	105
苏州	Suzhou	100.00	100.00	100.00	1	厦门	Xiamen	100.00	100.00	99.81	117
南通	Nantong	100.00	100.00	100.00	1	莆田	Putian	99.00	99.76	99.54	133
连云港	Lianyungang	100.00	100.00	100.00	1	三明	Sanming	98.87	99.87	99.86	113
淮安	Huaian	93.94	100.00	100.00	1	泉州	Quanzhou	98.71	99.10	99.11	156
盐城	Yancheng	100.00	100.00	100.00	1	漳州	Zhangzhou	99.39	100.00	100.00	1
扬州	Yangzhou	99.81	100.00	100.00	1	南平	Nanping	99.61	100.00	100.00	1
镇江	Zhenjiang	100.00	100.00	100.00	1	龙岩	Longyan	99.37	99.16	99.28	146
泰州	Taizhou	100.00	100.00	100.00	1	宁德	Ningde	99.13	99.22	99.22	149
宿迁	Suqian	100.00	100.00	100.00	1	**江西**	**Jiangxi**	**97.43**	**97.55**	**97.69**	
浙江	**Zhejiang**	**99.79**	**99.95**	**99.97**		南昌	Nanchang	99.79	98.88	98.88	165
杭州	Hangzhou	100.00	99.90	100.00	1	景德镇	Jingdezhen	99.67	97.46	98.02	197
宁波	Ningbo	100.00	100.00	100.00	1	萍乡	Pingxiang	100.00	100.00	100.00	1
温州	Wenzhou	100.00	100.00	100.00	1	九江	Jiujiang	100.00	99.29	99.30	145
嘉兴	Jiaxing	100.00	99.30	99.27	147	新余	Xinyu	100.00	100.00	100.00	1
湖州	Huzhou	100.00	100.00	100.00	1	鹰潭	Yingtan	94.72	95.15	96.11	227
绍兴	Shaoxing	100.00	100.00	100.00	1	赣州	Ganzhou	100.00	98.44	98.38	183
金华	Jinhua	99.86	100.00	100.00	1	吉安	Jian	94.63	93.72	94.70	243
衢州	Quzhou	100.00	100.00	100.00	1	宜春	Yichun	90.11	95.33	96.97	214
舟山	Zhoushan	99.44	100.00	100.00	1	抚州	Fuzhou	99.88	99.75	99.45	140
台州	Taizhou	99.33	100.00	100.00	1	上饶	Shangrao	99.70	99.69	99.76	123
丽水	Lishui	100.00	100.00	100.00	1	**山东**	**Shandong**	**99.57**	**99.95**	**99.78**	
安徽	**Anhui**	**96.06**	**98.79**	**99.20**		济南	Jinan	100.00	100.00	100.00	1
合肥	Hefei	97.22	99.20	99.25	148	青岛	Qingdao	100.00	100.00	100.00	1
芜湖	Wuhu	100.00	100.00	100.00	1	淄博	Zibo	100.00	100.00	100.00	1
蚌埠	Bengbu	99.67	100.00	100.00	1	枣庄	Zaozhuang	99.10	99.42	99.44	141
淮南	Huainan	97.28	99.46	99.93	109	东营	Dongying	96.30	100.00	100.00	1
马鞍山	Maanshan	100.00	100.00	100.00	1	烟台	Yantai	99.84	100.00	97.75	204
淮北	Huaibei	97.01	99.10	99.15	154	潍坊	Weifang	100.00	100.00	100.00	1
铜陵	Tongling	96.63	100.00	100.00	1	济宁	Jining	100.00	100.00	100.00	1
安庆	Anqing	91.86	100.00	100.00	1	泰安	Taian	100.00	100.00	100.00	1
黄山	Huangshan	99.33	100.00	100.00	1	威海	Weihai	100.00	100.00	100.00	1
滁州	Chuzhou	99.79	99.90	100.00	1	日照	Rizhao	100.00	100.00	100.00	1
阜阳	Fuyang	92.01	93.93	95.55	233	莱芜	Laiwu	100.00	100.00	100.00	1
宿州	Suzhou	98.92	98.37	98.87	166	临沂	Linyi	100.00	100.00	100.00	1
六安	Liuan	99.16	99.48	99.67	128	德州	Dezhou	99.87	100.00	100.00	1
亳州	Bozhou	97.46	98.47	98.83	167	聊城	Liaocheng	100.00	99.99	99.42	142

8-30 城市用水普及率(辖区) 续表 2

Urban Water Coverage Rate (Municipal Districts) continued 2

单位：% (%)

地名	City	2010	2015	2016	2016 排名 Ranking	地名	City	2010	2015	2016	2016 排名 Ranking
滨州	Binzhou	100.00	100.00	100.00	1	常德	Changde	96.59	91.60	96.34	222
菏泽	Heze	94.62	100.00	99.34	144	张家界	Zhangjiajie	97.53	97.58	98.03	196
河南	**Henan**	**91.03**	**93.10**	**93.42**		益阳	Yiyang	84.44	99.36	95.59	232
郑州	Zhengzhou	100.00	100.00	100.00	1	郴州	Chenzhou	92.23	100.00	99.22	149
开封	Kaifeng	97.65	91.14	93.33	254	永州	Yongzhou	98.77	98.81	98.78	169
洛阳	Luoyang	97.78	97.49	98.51	179	怀化	Huaihua	97.33	93.49	91.60	265
平顶山	Pingdingshan	80.69	97.54	97.90	198	娄底	Loudi	97.60	99.40	99.16	153
安阳	Anyang	100.00	100.00	100.00	1	**广东**	**Guangdong**	**98.37**	**98.46**	**98.06**	
鹤壁	Hebi	97.88	96.53	96.65	219	广州	Guangzhou	99.56	100.00	100.00	1
新乡	Xinxiang	97.20	99.06	99.22	149	韶关	Shaoguan	93.88	97.83	93.75	247
焦作	Jiaozuo	99.80	99.83	99.20	152	深圳	Shenzhen	100.00	100.00	100.00	1
濮阳	Puyang	90.62	94.30	98.18	191	珠海	Zhuhai	99.70	99.96	100.00	1
许昌	Xuchang	96.86	97.24	98.16	193	汕头	Shantou	98.57	100.00	100.00	1
漯河	Luohe	91.29	90.94	88.08	269	佛山	Foshan	100.00	99.99	98.97	161
三门峡	Sanmenxia	88.61	90.38	93.61	251	江门	Jiangmen	96.80	99.40	99.50	137
南阳	Nanyang	70.19	76.10	73.81	282	湛江	Zhanjiang	99.37	98.58	93.03	256
商丘	Shangqiu	64.35	67.08	67.10	284	茂名	Maoming	100.00	100.00	100.00	1
信阳	Xinyang	96.00	98.00	98.14	195	肇庆	Zhaoqing	99.94	98.44	98.35	186
周口	Zhoukou	93.70	100.00	100.00	1	惠州	Huizhou	96.57	97.08	98.52	178
驻马店	Zhumadian	63.38	87.18	93.69	248	梅州	Meizhou	96.16	89.29	92.49	260
湖北	**Hubei**	**97.59**	**98.83**	**99.12**		汕尾	Shanwei	95.07	97.69	97.81	202
武汉	Wuhan	100.00	100.00	100.00	1	河源	Heyuan	99.89	100.00	100.00	1
黄石	Huangshi	99.97	100.00	100.00	1	阳江	Yangjiang	100.00	99.79	100.00	1
十堰	Shiyan	88.35	97.04	96.91	217	清远	Qingyuan	99.98	82.22	79.98	280
宜昌	Yichang	100.00	100.00	100.00	1	东莞	Dongguan	99.50	100.00	100.00	1
襄阳	Xiangyang	99.62	100.00	100.00	1	中山	Zhongshan	100.00	99.50	100.00	1
鄂州	Ezhou	100.00	100.00	100.00	1	潮州	Chaozhou	100.00	92.89	84.89	275
荆门	Jingmen	100.00	100.00	100.00	1	揭阳	Jieyang	97.60	87.62	86.54	271
孝感	Xiaogan	97.40	100.00	100.00	1	云浮	Yunfu	98.48	95.92	99.81	117
荆州	Jingzhou	98.27	99.81	99.81	117	**广西**	**Guangxi**	**94.65**	**97.50**	**97.70**	
黄冈	Huanggang	97.21	100.00	100.00	1	南宁	Nanning	95.10	96.47	96.14	225
咸宁	Xianning	84.34	97.25	98.32	188	柳州	Liuzhou	99.80	98.17	98.36	184
随州	Suizhou	94.51	94.25	94.27	245	桂林	Guilin	78.27	97.14	97.17	210
湖南	**Hunan**	**95.17**	**97.30**	**96.81**		梧州	Wuzhou	93.88	96.32	96.17	224
长沙	Changsha	100.00	99.21	99.85	114	北海	Beihai	97.08	99.70	97.76	203
株洲	Zhuzhou	98.89	100.00	100.00	1	防城港	Fangchenggang	100.00	100.00	100.00	1
湘潭	Xiangtan	97.54	98.50	96.12	226	钦州	Qinzhou	99.56	100.00	99.92	111
衡阳	Hengyang	100.00	99.25	99.82	115	贵港	Guigang	91.38	96.09	98.29	189
邵阳	Shaoyang	92.08	95.11	95.22	238	玉林	Yulin	100.00	100.00	100.00	1
岳阳	Yueyang	95.54	100.00	100.00	1	百色	Baise	100.00	100.00	100.00	1

8-30 城市用水普及率(辖区) 续表 3

Urban Water Coverage Rate (Municipal Districts) continued 3

单位：% (%)

地名	City	2010	2015	2016	2016 排名 Ranking	地名	City	2010	2015	2016	2016 排名 Ranking
贺州	Hezhou	99.15	87.53	99.00	157	丽江	Lijiang	99.50	98.24	98.24	190
河池	Hechi	99.26	98.00	100.00	1	普洱	Puer	73.30	98.32	92.59	259
来宾	Laibin	90.55	99.93	99.93	109	临沧	Lincang	94.84	85.95	93.50	252
崇左	Chongzuo	100.00	94.83	94.87	242	**西藏**	**Tibet**	**97.42**	**88.06**	**67.57**	
海南	**Hainan**	**89.43**	**98.64**	**97.41**		拉萨	Lasa	99.22	93.38	58.46	286
海口	Haikou	100.00	100.00	98.46	182	**陕西**	**Shaanxi**	**99.39**	**97.12**	**95.61**	
三亚	Sanya	91.23	98.93	97.82	201	西安	Xi'an	100.00	100.00	100.00	1
三沙	Sansha		100.00	65.00	285	铜川	Tongchuan	95.67	93.43	92.94	257
重庆	**Chongqing**	**94.05**	**96.87**	**97.13**		宝鸡	Baoji	99.85	100.00	91.73	263
四川	**Sichuan**	**90.80**	**93.05**	**93.07**		咸阳	Xianyang	96.00	92.00	92.72	258
成都	Chengdu	95.79	99.22	94.95	241	渭南	Weinan	99.38	98.83	98.62	171
自贡	Zigong	83.93	70.16	77.10	281	延安	Yan'an	86.01	89.65	84.94	274
攀枝花	Panzhihua	96.12	80.39	83.56	276	汉中	Hanzhong	75.70	82.49	81.45	278
泸州	Luzhou	89.68	95.35	95.43	235	榆林	Yulin	95.14	97.73	86.66	270
德阳	Deyang	98.67	99.40	93.65	250	安康	Ankang	84.74	94.61	95.18	239
绵阳	Mianyang	97.96	99.01	99.66	129	商洛	Shangluo	94.94	100.00	99.75	125
广元	Guangyuan	90.94	96.40	98.16	193	**甘肃**	**Gansu**	**91.57**	**97.28**	**97.93**	
遂宁	Suining	76.42	88.78	99.14	155	兰州	Lanzhou	94.96	96.03	97.02	213
内江	Neijiang	78.00	91.10	93.37	253	嘉峪关	Jiayuguan	100.00	100.00	100.00	1
乐山	Leshan	91.28	97.01	97.10	212	金昌	Jinchang	100.00	100.00	100.00	1
南充	Nanchong	96.98	98.18	98.33	187	白银	Baiyin	97.80	99.76	100.00	1
眉山	Meishan	99.58	92.91	96.95	216	天水	Tianshui	76.09	95.01	96.77	218
宜宾	Yibin	100.00	76.94	80.98	279	武威	Wuwei	94.12	97.26	97.32	209
广安	Guangan	72.82	96.75	95.60	231	张掖	Zhangye	99.01	100.00	100.00	1
达州	Dazhou	94.91	96.66	95.39	236	平凉	Pingliang	95.39	99.85	99.73	126
雅安	Yaan	100.00	98.64	99.51	135	酒泉	Jiuquan	100.00	100.00	100.00	1
巴中	Bazhong	94.18	87.02	85.59	273	庆阳	Qingyang	95.88	99.17	100.00	1
资阳	Ziyang	88.32	99.28	99.70	127	定西	Dingxi	86.81	98.15	98.36	184
贵州	**Guizhou**	**94.10**	**95.43**	**96.03**		陇南	Longnan	48.16	95.00	95.04	240
贵阳	Guiyang	96.22	96.21	98.83	167	**青海**	**Qinghai**	**99.87**	**99.06**	**99.21**	
六盘水	Liupanshui	98.32	91.99	90.92	266	西宁	Xining	99.85	99.99	99.99	105
遵义	Zunyi	100.00	96.51	94.30	244	海东	Haidong		98.38	99.49	139
安顺	Anshun	86.21	96.68	99.38	143	**宁夏**	**Ningxia**	**98.23**	**96.40**	**94.75**	
毕节	Bijie	79.59	95.99	97.74	205	银川	Yinchuan	99.48	98.05	92.22	262
铜仁	Tongren	95.65	93.21	92.43	261	石嘴山	Shizuishan	99.29	98.33	99.79	122
云南	**Yunnan**	**96.50**	**97.33**	**96.66**		吴忠	Wuzhong	89.06	94.83	95.45	234
昆明	Kunming	99.69	99.68	98.58	174	固原	Guyuan	99.19	90.34	100.00	1
曲靖	Qujing	100.00	99.72	99.53	134	中卫	Zhongwei	97.99	90.58	90.58	267
玉溪	Yuxi	100.00	99.90	93.31	255	**新疆**	**Xinjiang**	**99.17**	**98.81**	**98.86**	
保山	Baoshan	90.03	87.66	82.64	277	乌鲁木齐	Urumqi	99.93	99.98	99.96	107
昭通	Zhaotong	96.30	97.05	97.13	211	克拉玛依	Karamay	100.00	100.00	100.00	1

8-31 城市人工煤气供气总量(辖区）
Total Urban Man-made Coal Gas Supplied (Municipal Districts)

单位：万立方米 (10 000 m³)

地名	City	2010	2015	2016	2016 排名 Ranking
全国	**Nation Total**	**2799380**	**471378**	**440944**	
北京	**Beijing**				
天津	**Tianjin**				
河北	**Hebei**	**89834**	**53538**	**73300**	
石家庄	Shijiazhuang	1046	5524	9184	9
唐山	Tangshan	53727	24609	47656	2
秦皇岛	Qinhuangdao				
邯郸	Handan	9162	6417		
邢台	Xingtai	14856	5426	5375	13
保定	Baoding				
张家口	Zhangjiakou	5879	5584	5584	12
承德	Chengde	3205	4269	4016	17
沧州	Cangzhou				
廊坊	Langfang				
衡水	Hengshui				
山西	**Shanxi**	**87203**	**39450**	**30742**	
太原	Taiyuan	49764	22827	21806	5
大同	Datong				
阳泉	Yangquan				
长治	Changzhi	11482			
晋城	Jincheng				
朔州	Shuozhou				
晋中	Jinzhong	3928	3320		
运城	Yuncheng				
忻州	Xinzhou	4775	423		
临汾	Linfen	9771	9526	2666	23
吕梁	Lvliang	2838			
内蒙古	**Inner Mongolia**	**3069**	**3090**	**6800**	
呼和浩特	Hohhot				
包头	Baotou	3069	3090	6800	10
乌海	Wuhai				
赤峰	Chifeng				
通辽	Tongliao				
鄂尔多斯	Erdos				
呼伦贝尔	Hulunbuir				
巴彦淖尔	Bayannur				
乌兰察布	Ulanqab				
辽宁	**Liaoning**	**55177**	**57394**	**48835**	
沈阳	Shenyang				
大连	Dalian	22357	25197	24683	4
鞍山	Anshan	13107	19595	13220	8
抚顺	Fushun				
本溪	Benxi	4738			
丹东	Dandong	4024	4170	4255	14
锦州	Jinzhou	8276	8333	6578	11
营口	Yingkou				
阜新	Fuxin				
辽阳	Liaoyang				
盘锦	Panjin				
铁岭	Tieling				
朝阳	Chaoyang	2004			
葫芦岛	Huludao				
吉林	**Jilin**	**16727**	**7945**	**3868**	
长春	Changchun	14327	4193		
吉林	Jilin				
四平	Siping				
辽源	Liaoyuan				
通化	Tonghua	2400	3752	3868	18
白山	Baishan				
松原	Songyuan				
白城	Baicheng				
黑龙江	**Heilongjiang**	**7587**	**7202**	**6832**	
哈尔滨	Harbin				
齐齐哈尔	Qiqihar				
鸡西	Jixi	1055			
鹤岗	Hegang				
双鸭山	Shuangyashan	693	975	975	29
大庆	Daqing				
伊春	Yichun				
佳木斯	Jiamusi				
七台河	Qitaihe	4089	3568	3568	19
牡丹江	Mudanjiang	1750	2659	2289	24
黑河	Heihe				
绥化	Suihua				
上海	**Shanghai**	**142167**	**5309**		
江苏	**Jiangsu**	**1931995**			

8-31 城市人工煤气供气总量(辖区) 续表 1

Total Urban Man-made Coal Gas Supplied (Municipal Districts) continued 1

单位：万立方米 (10 000 m³)

地名	City	2010	2015	2016	2016 排名 Ranking	地名	City	2010	2015	2016	2016 排名 Ranking
南京	Nanjing	1918223				池州	Chizhou				
无锡	Wuxi					宣城	Xuancheng				
徐州	Xuzhou	1662				**福建**	**Fujian**	**2673**	**3000**	**3000**	
常州	Changzhou					福州	Fuzhou				
苏州	Suzhou	7432				厦门	Xiamen				
南通	Nantong	4677				莆田	Putian				
连云港	Lianyungang					三明	Sanming	2673	3000	3000	21
淮安	Huaian					泉州	Quanzhou				
盐城	Yancheng					漳州	Zhangzhou				
扬州	Yangzhou					南平	Nanping				
镇江	Zhenjiang					龙岩	Longyan				
泰州	Taizhou					宁德	Ningde				
宿迁	Suqian					**江西**	**Jiangxi**	**58208**	**25097**	**19362**	
浙江	**Zhejiang**	**484**	**488**	**421**		南昌	Nanchang	16785			
杭州	Hangzhou					景德镇	Jingdezhen	22709	12861	14168	7
宁波	Ningbo					萍乡	Pingxiang	15642	11150	4132	16
温州	Wenzhou					九江	Jiujiang				
嘉兴	Jiaxing					新余	Xinyu	3072	1086	1062	28
湖州	Huzhou					鹰潭	Yingtan				
绍兴	Shaoxing					赣州	Ganzhou				
金华	Jinhua					吉安	Jian				
衢州	Quzhou	447	488	421	30	宜春	Yichun				
舟山	Zhoushan					抚州	Fuzhou				
台州	Taizhou					上饶	Shangrao				
丽水	Lishui					**山东**	**Shandong**	**35730**	**59**		
安徽	**Anhui**					济南	Jinan	5294	59		
合肥	Hefei					青岛	Qingdao	9153			
芜湖	Wuhu					淄博	Zibo	7996			
蚌埠	Bengbu					枣庄	Zaozhuang	4154			
淮南	Huainan					东营	Dongying				
马鞍山	Maanshan					烟台	Yantai				
淮北	Huaibei					潍坊	Weifang	6837			
铜陵	Tongling					济宁	Jining				
安庆	Anqing					泰安	Taian				
黄山	Huangshan					威海	Weihai				
滁州	Chuzhou					日照	Rizhao				
阜阳	Fuyang					莱芜	Laiwu				
宿州	Suzhou					临沂	Linyi				
六安	Liuan					德州	Dezhou				
亳州	Bozhou					聊城	Liaocheng				

8-31 城市人工煤气供气总量(辖区) 续表 2

Total Urban Man-made Coal Gas Supplied (Municipal Districts) continued 2

单位：万立方米 (10 000 m³)

地名	City	2010	2015	2016	2016 排名 Ranking
滨州	Binzhou				
菏泽	Heze				
河南	**Henan**	**109500**	**53100**	**40302**	
郑州	Zhengzhou	520			
开封	Kaifeng				
洛阳	Luoyang	29759			
平顶山	Pingdingshan	4605			
安阳	Anyang	54998	38000	34532	3
鹤壁	Hebi				
新乡	Xinxiang				
焦作	Jiaozuo				
濮阳	Puyang				
许昌	Xuchang				
漯河	Luohe				
三门峡	Sanmenxia				
南阳	Nanyang	3086	8675	2012	25
商丘	Shangqiu				
信阳	Xinyang				
周口	Zhoukou				
驻马店	Zhumadian				
湖北	**Hubei**	**12042**			
武汉	Wuhan	8443			
黄石	Huangshi	499			
十堰	Shiyan				
宜昌	Yichang	3100			
襄阳	Xiangyang				
鄂州	Ezhou				
荆门	Jingmen				
孝感	Xiaogan				
荆州	Jingzhou				
黄冈	Huanggang				
咸宁	Xianning				
随州	Suizhou				
湖南	**Hunan**	**3044**	**2767**	**3032**	
长沙	Changsha				
株洲	Zhuzhou				
湘潭	Xiangtan				
衡阳	Hengyang				
邵阳	Shaoyang	1027			
岳阳	Yueyang				
常德	Changde				
张家界	Zhangjiajie				
益阳	Yiyang				
郴州	Chenzhou				
永州	Yongzhou				
怀化	Huaihua				
娄底	Loudi	2017	2767	3032	20
广东	**Guangdong**	**7037**			
广州	Guangzhou	3432			
韶关	Shaoguan				
深圳	Shenzhen				
珠海	Zhuhai				
汕头	Shantou				
佛山	Foshan				
江门	Jiangmen				
湛江	Zhanjiang				
茂名	Maoming				
肇庆	Zhaoqing				
惠州	Huizhou				
梅州	Meizhou				
汕尾	Shanwei				
河源	Heyuan				
阳江	Yangjiang				
清远	Qingyuan				
东莞	Dongguan				
中山	Zhongshan				
潮州	Chaozhou				
揭阳	Jieyang				
云浮	Yunfu				
广西	**Guangxi**	**4517**	**4439**	**4428**	
南宁	Nanning				
柳州	Liuzhou	4320	4243	4238	15
桂林	Guilin				
梧州	Wuzhou				
北海	Beihai				
防城港	Fangchenggang				
钦州	Qinzhou				
贵港	Guigang				
玉林	Yulin				
百色	Baise				

8-31 城市人工煤气供气总量(辖区) 续表 3

Total Urban Man-made Coal Gas Supplied (Municipal Districts) continued 3

单位：万立方米 (10 000 m³)

地名	City	2010	2015	2016	2016 排名 Ranking
贺州	Hezhou				
河池	Hechi	197	196	190	31
来宾	Laibin				
崇左	Chongzuo				
海南	**Hainan**				
海口	Haikou				
三亚	Sanya				
三沙	Sansha				
重庆	**Chongqing**				
四川	**Sichuan**	**159719**	**165604**	**166428**	
成都	Chengdu				
自贡	Zigong				
攀枝花	Panzhihua	159719	165604	166428	1
泸州	Luzhou				
德阳	Deyang				
绵阳	Mianyang				
广元	Guangyuan				
遂宁	Suining				
内江	Neijiang				
乐山	Leshan				
南充	Nanchong				
眉山	Meishan				
宜宾	Yibin				
广安	Guangan				
达州	Dazhou				
雅安	Yaan				
巴中	Bazhong				
资阳	Ziyang				
贵州	**Guizhou**	**26963**	**5540**	**2705**	
贵阳	Guiyang	22364			
六盘水	Liupanshui	3628	5540	2705	22
遵义	Zunyi				
安顺	Anshun				
毕节	Bijie	98			
铜仁	Tongren				
云南	**Yunnan**	**33818**	**33959**	**27293**	
昆明	Kunming	26975	26777	20110	6
曲靖	Qujing				
玉溪	Yuxi				
保山	Baoshan				
昭通	Zhaotong				
丽江	Lijiang				
普洱	Puer				
临沧	Lincang				
西藏	**Tibet**				
拉萨	Lasa				
陕西	**Shaanxi**				
西安	Xi'an				
铜川	Tongchuan				
宝鸡	Baoji				
咸阳	Xianyang				
渭南	Weinan				
延安	Yan'an				
汉中	Hanzhong				
榆林	Yulin				
安康	Ankang				
商洛	Shangluo				
甘肃	**Gansu**	**9438**	**1644**	**1845**	
兰州	Lanzhou				
嘉峪关	Jiayuguan	1928	1644	1845	26
金昌	Jinchang				
白银	Baiyin	7510			
天水	Tianshui				
武威	Wuwei				
张掖	Zhangye				
平凉	Pingliang				
酒泉	Jiuquan				
庆阳	Qingyang				
定西	Dingxi				
陇南	Longnan				
青海	**Qinghai**				
西宁	Xining				
海东	Haidong				
宁夏	**Ningxia**	**697**			
银川	Yinchuan				
石嘴山	Shizuishan	697			
吴忠	Wuzhong				
固原	Guyuan				
中卫	Zhongwei				
新疆	**Xinjiang**	**1752**	**1752**	**1752**	
乌鲁木齐	Urumqi	1752	1752	1752	27
克拉玛依	Karamay				

8-32 城市天然气供气总量(辖区)

Total Urban Natural Gas Supplied (Municipal Districts)

单位：万立方米 (10 000 m³)

地名	City	2010	2015	2016	2016 排名 Ranking
全国	**Nation Total**	**4875808**	**10407906**	**11717186**	
北京	**Beijing**	**719740**	**1444924**	**1622393**	
天津	**Tianjin**	**169453**	**306630**	**341705**	
河北	**Hebei**	**106740**	**314237**	**366439**	
石家庄	Shijiazhuang	13373	94609	124793	9
唐山	Tangshan	19752	25836	25766	57
秦皇岛	Qinhuangdao	13000	36591	44367	38
邯郸	Handan	11814	14542	22757	68
邢台	Xingtai	7439	15504	14612	100
保定	Baoding	8160	20589	27569	52
张家口	Zhangjiakou	39	121	333	262
承德	Chengde	19	1262	1463	228
沧州	Cangzhou	4800	8172	7036	159
廊坊	Langfang	8125	25884	28446	50
衡水	Hengshui	1110	3259	7104	157
山西	**Shanxi**	**141440**	**247397**	**261057**	
太原	Taiyuan	32323	56753	57566	32
大同	Datong	9212	12815	13973	106
阳泉	Yangquan	58750	80254	88180	19
长治	Changzhi	1856	5895	6569	162
晋城	Jincheng	14735	11774	10988	121
朔州	Shuozhou	4080	5151	5062	176
晋中	Jinzhong	1084	7083	8458	145
运城	Yuncheng	361	8301	8865	139
忻州	Xinzhou	2785	3685	3269	200
临汾	Linfen		2543	6235	167
吕梁	Lvliang		1822	1890	222
内蒙古	**Inner Mongolia**	**69531**	**133207**	**152198**	
呼和浩特	Hohhot	30623	50728	52972	33
包头	Baotou	30831	51000	68000	29
乌海	Wuhai	1440	4298	5014	177
赤峰	Chifeng	140	2313	2364	212
通辽	Tongliao	711	1967	2000	219
鄂尔多斯	Erdos	4809	11131	9706	131
呼伦贝尔	Hulunbuir		524	591	253
巴彦淖尔	Bayannur	52	3686	3759	193
乌兰察布	Ulanqab	730	2970	2988	205
辽宁	**Liaoning**	**66173**	**170434**	**204093**	
沈阳	Shenyang	31889	54847	71726	26
大连	Dalian			464	260
鞍山	Anshan	1459	288	1965	220
抚顺	Fushun	7567	43489	52464	34
本溪	Benxi	28	4059	4059	188
丹东	Dandong	171	1249	1557	226
锦州	Jinzhou	121	911	1051	238
营口	Yingkou	1404	2372	4341	181
阜新	Fuxin	3080	4770	4294	182
辽阳	Liaoyang	1180	8222	8974	136
盘锦	Panjin	1263	2472	3882	191
铁岭	Tieling	3723	4448	7058	158
朝阳	Chaoyang		1123	1251	234
葫芦岛	Huludao	3129	8845	8200	148
吉林	**Jilin**	**43462**	**111432**	**130251**	
长春	Changchun	26282	45882	59306	31
吉林	Jilin	6608	34328	38098	39
四平	Siping	2764	3154	3180	202
辽源	Liaoyuan		1507	1452	229
通化	Tonghua				
白山	Baishan	104	498	769	247
松原	Songyuan	5400	8030	8512	142
白城	Baicheng	260	2201	2301	215
黑龙江	**Heilongjiang**	**72497**	**113245**	**121539**	
哈尔滨	Harbin	29083	58427	65298	30
齐齐哈尔	Qiqihar	18090	20421	23343	65
鸡西	Jixi		35	70	269
鹤岗	Hegang	1046	1017	994	241
双鸭山	Shuangyashan				
大庆	Daqing	22035	27574	24978	59
伊春	Yichun		1	8	274
佳木斯	Jiamusi	2243	4300	4000	189
七台河	Qitaihe		35	7	275
牡丹江	Mudanjiang		60	499	256
黑河	Heihe				
绥化	Suihua		360	465	259
上海	**Shanghai**	**450032**	**734776**	**770332**	
江苏	**Jiangsu**	**472309**	**969799**	**962542**	

8-32 城市天然气供气总量(辖区) 续表 1

Total Urban Natural Gas Supplied (Municipal Districts) continued 1

单位：万立方米 (10 000 m³)

地名	City	2010	2015	2016	2016 排名 Ranking
南京	Nanjing	57891	104382	116394	11
无锡	Wuxi	41635	69963	93030	15
徐州	Xuzhou	13524	26582	31629	45
常州	Changzhou	48099	77578	90685	17
苏州	Suzhou	55899	200918	117130	10
南通	Nantong	810	23415	24440	62
连云港	Lianyungang	7223	12565	13716	109
淮安	Huaian	7433	21042	17766	86
盐城	Yancheng	5696	14459	17377	87
扬州	Yangzhou	6885	18812	21627	74
镇江	Zhenjiang	20497	34581	38058	40
泰州	Taizhou	2559	20363	26687	54
宿迁	Suqian	3735	14776	15261	96
浙江	**Zhejiang**	**118884**	**319276**	**386397**	
杭州	Hangzhou	45839	77842	90781	16
宁波	Ningbo	22464	68377	78600	23
温州	Wenzhou	1063	3947	2800	208
嘉兴	Jiaxing	5109	18456	19658	79
湖州	Huzhou	7573	18210	22221	70
绍兴	Shaoxing	13509	61814	86663	21
金华	Jinhua	790	5565	8294	147
衢州	Quzhou	1074	8316	9756	130
舟山	Zhoushan	1676	2923	3119	203
台州	Taizhou	25	5822	8374	146
丽水	Lishui				
安徽	**Anhui**	**112190**	**234585**	**285424**	
合肥	Hefei	22411	52333	88950	18
芜湖	Wuhu	18677	32568	34131	41
蚌埠	Bengbu	11178	27660	28331	51
淮南	Huainan	7801	8869	10482	124
马鞍山	Maanshan	13136	22237	22953	67
淮北	Huaibei	2398	8108	8120	150
铜陵	Tongling	9596	16836	16703	89
安庆	Anqing	918	6058	7238	156
黄山	Huangshan		1062	1130	237
滁州	Chuzhou	9628	14133	15431	94
阜阳	Fuyang	6400	7040	10405	126
宿州	Suzhou	1709	4664	4904	178
六安	Liuan	2328	6162	6777	160
亳州	Bozhou	1287	4306	5959	170
池州	Chizhou	934	2300	2314	214
宣城	Xuancheng	1188	5641	6315	165
福建	**Fujian**	**51101**	**148807**	**159641**	
福州	Fuzhou	7413	18925	18997	84
厦门	Xiamen	9085	25042	25923	56
莆田	Putian	1502	7284	8478	144
三明	Sanming				
泉州	Quanzhou	2405	5967	6177	168
漳州	Zhangzhou	877	3446	3749	194
南平	Nanping		12	13	273
龙岩	Longyan		523	646	249
宁德	Ningde		603	488	257
江西	**Jiangxi**	**11263**	**73570**	**90645**	
南昌	Nanchang	1407	23932	30735	46
景德镇	Jingdezhen	1586	8538	10561	123
萍乡	Pingxiang	1830	7685	11573	117
九江	Jiujiang	1290	8079	8920	138
新余	Xinyu		3857	4160	186
鹰潭	Yingtan		419	857	244
赣州	Ganzhou	1686	6910	7369	155
吉安	Jian	730	1536	1955	221
宜春	Yichun	1210	5799	6457	163
抚州	Fuzhou	200	2875	3109	204
上饶	Shangrao	488	1261	2105	216
山东	**Shandong**	**326931**	**633917**	**675242**	
济南	Jinan	20814	60793	69347	28
青岛	Qingdao	35681	70311	70586	27
淄博	Zibo	62870	84547	88107	20
枣庄	Zaozhuang	2966	9841	10437	125
东营	Dongying	25240	27931	32071	44
烟台	Yantai	13110	25572	26224	55
潍坊	Weifang	8821	23772	27500	53
济宁	Jining	8673	20930	21467	76
泰安	Taian	17100	21273	25192	58
威海	Weihai	5441	10333	10595	122
日照	Rizhao	2175	14348	15651	92
莱芜	Laiwu	3037	9241	11317	119
临沂	Linyi	12831	52302	51350	35
德州	Dezhou	5685	20387	21650	73
聊城	Liaocheng	10190	13703	14612	101

8-32 城市天然气供气总量(辖区) 续表 2

Total Urban Natural Gas Supplied (Municipal Districts) continued 2

单位：万立方米 (10 000 m³)

地名	City	2010	2015	2016	2016 排名 Ranking
滨州	Binzhou	8190	13076	14031	105
菏泽	Heze	10814	15580	16182	90
河南	**Henan**	**158928**	**332808**	**366133**	
郑州	Zhengzhou	52171	106895	112864	13
开封	Kaifeng	6115	11695	14042	104
洛阳	Luoyang	4165	22306	24518	61
平顶山	Pingdingshan	20951	9321	9855	129
安阳	Anyang	12165	23477	30598	47
鹤壁	Hebi	1821	3832	4193	185
新乡	Xinxiang	8480	14891	15630	93
焦作	Jiaozuo	11750	17922	19093	81
濮阳	Puyang	5120	6252	6659	161
许昌	Xuchang	2149	6236	6306	166
漯河	Luohe	1769	2468	2473	209
三门峡	Sanmenxia	290	11265	11922	116
南阳	Nanyang	139	6991	8826	140
商丘	Shangqiu	789	6971	10404	127
信阳	Xinyang	2363	10995	11118	120
周口	Zhoukou	4241	7518	8195	149
驻马店	Zhumadian	2027	6016	6389	164
湖北	**Hubei**	**152833**	**330397**	**377102**	
武汉	Wuhan	78444	156560	185000	6
黄石	Huangshi	11014	20727	21891	72
十堰	Shiyan		3664	5650	173
宜昌	Yichang	10577	16001	18371	85
襄阳	Xiangyang	10234	19830	22989	66
鄂州	Ezhou	3000	3935	3954	190
荆门	Jingmen	5483	10541	9649	132
孝感	Xiaogan	457	5800	7850	153
荆州	Jingzhou	6803	15602	14834	99
黄冈	Huanggang	978	2720	3300	199
咸宁	Xianning	1452	10391	13019	110
随州	Suizhou	700	2385	3476	195
湖南	**Hunan**	**111757**	**215488**	**225562**	
长沙	Changsha	36000	72731	76628	24
株洲	Zhuzhou	13524	22102	21496	75
湘潭	Xiangtan	8763	15006	15006	97
衡阳	Hengyang	14221	14856	14517	102
邵阳	Shaoyang	598	2912	2912	206
岳阳	Yueyang	6759	16297	19187	80
常德	Changde	10822	30864	33458	42
张家界	Zhangjiajie	85	1095	1032	239
益阳	Yiyang	2500	6118	5677	172
郴州	Chenzhou	270	3044	3200	201
永州	Yongzhou		337	631	250
怀化	Huaihua		473	473	258
娄底	Loudi		395		
广东	**Guangdong**	**170266**	**1232938**	**1662579**	
广州	Guangzhou	61285	174629	191674	5
韶关	Shaoguan	1376	2748	4111	187
深圳	Shenzhen	40425	775225	605018	1
珠海	Zhuhai		12275	12711	111
汕头	Shantou	979	2497	3381	198
佛山	Foshan	17532	95778	100147	14
江门	Jiangmen	375	10664	12273	114
湛江	Zhanjiang	4926	9838	10074	128
茂名	Maoming	36	1439	2336	213
肇庆	Zhaoqing	2001	10474	19004	82
惠州	Huizhou	450	11659	13963	107
梅州	Meizhou	418	979	1362	231
汕尾	Shanwei	3	173	328	264
河源	Heyuan	14	1301	1721	224
阳江	Yangjiang	804	1385	1741	223
清远	Qingyuan	641	6385	9407	134
东莞	Dongguan	23414	73857	74719	25
中山	Zhongshan	5313	10714	9251	135
潮州	Chaozhou	9703	24383	29085	48
揭阳	Jieyang	18	2856	901	243
云浮	Yunfu	22	469	1030	240
广西	**Guangxi**	**10320**	**38789**	**48713**	
南宁	Nanning	4235	18745	22048	71
柳州	Liuzhou	1874	5810	5940	171
桂林	Guilin	1244	4075	5641	174
梧州	Wuzhou	180	1319	2472	210
北海	Beihai	1481	2941	3810	192
防城港	Fangchenggang	17	446	629	251
钦州	Qinzhou	257	952	1304	233
贵港	Guigang	352	804	1193	235
玉林	Yulin	309	2176	2868	207
百色	Baise		110	266	265

8-32 城市天然气供气总量(辖区) 续表 3
Total Urban Natural Gas Supplied (Municipal Districts) continued 3

单位：万立方米 (10 000 m³)

地名	City	2010	2015	2016	2016 排名 Ranking	地名	City	2010	2015	2016	2016 排名 Ranking
贺州	Hezhou		12.73	229.12	266	丽江	Lijiang	25	81	81	268
河池	Hechi		4	14	272	普洱	Puer				
来宾	Laibin		324	628	252	临沧	Lincang				
崇左	Chongzuo		29	48	271	**西藏**	**Tibet**		**1346**	**1346**	
海南	**Hainan**	**14264**	**29004**	**23611**		拉萨	Lasa		1346	1346	232
海口	Haikou	10031	19013	16780	88	**陕西**	**Shaanxi**	**164654**	**311286**	**342797**	
三亚	Sanya	3062	7634	4230	184	西安	Xi'an	105807	193039	201925	4
三沙	Sansha					铜川	Tongchuan	4530	12856	14869	98
重庆	**Chongqing**	**254021**	**349378**	**384521**		宝鸡	Baoji	13049	20744	20645	77
四川	**Sichuan**	**525686**	**627976**	**688686**		咸阳	Xianyang	17441	18040	24092	63
成都	Chengdu	219413	227092	278703	3	渭南	Weinan	4600	12790	13738	108
自贡	Zigong	14908	23146	22565	69	延安	Yan'an	6810	14044	16047	91
攀枝花	Panzhihua	1	153	143	267	汉中	Hanzhong	10	3667	4653	179
泸州	Luzhou	71788	80524	81152	22	榆林	Yulin	10565	24820	32273	43
德阳	Deyang	48194	52238	48222	36	安康	Ankang		922	1162	236
绵阳	Mianyang	36244	39936	46102	37	商洛	Shangluo	268	891	3421	197
广元	Guangyuan	5654	9503	11449	118	**甘肃**	**Gansu**	**72917**	**161907**	**168571**	
遂宁	Suining	8470	14254	14269	103	兰州	Lanzhou	70182	136786	137139	8
内江	Neijiang	5191	11568	12646	112	嘉峪关	Jiayuguan	43	157	1481	227
乐山	Leshan	15107	22802	23918	64	金昌	Jinchang		1670	3474	196
南充	Nanchong	8940	17320	19003	83	白银	Baiyin	134	6270	6004	169
眉山	Meishan	7755	8826	9615	133	天水	Tianshui		2410	4250	183
宜宾	Yibin	7814	13935	15419	95	武威	Wuwei		2516	2445	211
广安	Guangan	2749	7153	7807	154	张掖	Zhangye		1460	1583	225
达州	Dazhou	6619	8641	8536	141	平凉	Pingliang	7	790	832	245
雅安	Yaan	2525	5298	5395	175	酒泉	Jiuquan	366	2010	2063	217
巴中	Bazhong	3007	8774	8942	137	庆阳	Qingyang	116	1648	2039	218
资阳	Ziyang	6485	4867	4516	180	定西	Dingxi		67	67	270
贵州	**Guizhou**	**3546**	**32906**	**39822**		陇南	Longnan		206	358	261
贵阳	Guiyang	1826	21000	24903	60	**青海**	**Qinghai**	**61557**	**133022**	**136733**	
六盘水	Liupanshui					西宁	Xining	54255	113871	114233	12
遵义	Zunyi	880	5719	8004	151	海东	Haidong		7382	8001	152
安顺	Anshun	5	1692	941	242	**宁夏**	**Ningxia**	**108485**	**199279**	**214980**	
毕节	Bijie		620	660	248	银川	Yinchuan	86937	162000	163000	7
铜仁	Tongren					石嘴山	Shizuishan	11852	12111	12516	113
云南	**Yunnan**	**119**	**7345**	**16799**		吴忠	Wuzhong	3507	5422	8499	143
昆明	Kunming		3765	12266	115	固原	Guyuan		241	332	263
曲靖	Qujing		1482	1441	230	中卫	Zhongwei	1280	9599	19901	78
玉溪	Yuxi		438	541	255	**新疆**	**Xinjiang**	**134711**	**447797**	**489334**	
保山	Baoshan	7	531	561	254	乌鲁木齐	Urumqi	66491	277416	307847	2
昭通	Zhaotong	58	295	770	246	克拉玛依	Karamay	3829	28965	28540	49

8-33 城市液化石油气供气总量(辖区)

Total Urban LPG Supplied (Municipal Districts)

单位：吨 (ton)

地名	City	2010	2015	2016	2016 排名 Ranking	地名	City	2010	2015	2016	2016 排名 Ranking
全国	**Nation Total**	**12680054**	**10392169**	**10788042**		沈阳	Shenyang	31800	127590	123342	12
北京	**Beijing**	**323104**	**576306**	**500213**		大连	Dalian	155588	157912	159548	7
天津	**Tianjin**	**53368**	**50494**	**55954**		鞍山	Anshan	5321	5100	5204	166
河北	**Hebei**	**205007**	**166370**	**170737**		抚顺	Fushun	38100	38374	38288	39
石家庄	Shijiazhuang	14106	41695	44340	33	本溪	Benxi	4080	4358	4358	185
唐山	Tangshan	10557	10087	11000	107	丹东	Dandong	5430	13680	13260	94
秦皇岛	Qinhuangdao	8083	1912	1743	238	锦州	Jinzhou	6350	12	4	268
邯郸	Handan	7546	671	4633	182	营口	Yingkou	20000		10000	116
邢台	Xingtai	7335	5677	2409	225	阜新	Fuxin	4910	5221	5200	167
保定	Baoding	6758	8426	7811	133	辽阳	Liaoyang	11606	11315	11315	106
张家口	Zhangjiakou	5633	3134	5576	163	盘锦	Panjin	13504	13503	12817	97
承德	Chengde	4857	3806	5070	170	铁岭	Tieling	2926	2850	3280	207
沧州	Cangzhou	3656	3236	3032	212	朝阳	Chaoyang	5980	5674	5570	164
廊坊	Langfang	2648	2650	2600	220	葫芦岛	Huludao	1000	12665	34598	46
衡水	Hengshui	3996	2850	3465	205	**吉林**	**Jilin**	**214818**	**157752**	**177927**	
山西	**Shanxi**	**63331**	**66168**	**33614**		长春	Changchun	79187	37743	48816	31
太原	Taiyuan	31440	30317	4	267	吉林	Jilin	48000	32913	37575	41
大同	Datong	5000	9157	9157	125	四平	Siping	6100	2230	2130	230
阳泉	Yangquan	1558	750	750	255	辽源	Liaoyuan	7332	2064	2811	217
长治	Changzhi	5557	3774	3772	192	通化	Tonghua	2100	2037	2000	233
晋城	Jincheng	1772	1942	3540	200	白山	Baishan	3732	4215	3645	197
朔州	Shuozhou	1300	1300	1300	246	松原	Songyuan	13300	6434	6024	155
晋中	Jinzhong	1983	1993	2560	222	白城	Baicheng	7612	5004	5005	172
运城	Yuncheng			1800	237	**黑龙江**	**Heilongjiang**	**219784**	**210492**	**197456**	
忻州	Xinzhou	3600	3650	3700	195	哈尔滨	Harbin	82800	72000	74550	19
临汾	Linfen	3800	4200	1333	245	齐齐哈尔	Qiqihar	6070	4700	7285	139
吕梁	Lvliang	1250				鸡西	Jixi	3994	5852	5005	173
内蒙古	**Inner Mongolia**	**74251**	**57950**	**69198**		鹤岗	Hegang	2612	7782	6436	145
呼和浩特	Hohhot	7760				双鸭山	Shuangyashan	3888	3250	3260	208
包头	Baotou	11260	6775	10500	113	大庆	Daqing	13246	7593	5984	157
乌海	Wuhai	1510				伊春	Yichun	6850	14614	14642	86
赤峰	Chifeng	12459	15816	15876	80	佳木斯	Jiamusi	9100	6000	5950	158
通辽	Tongliao	3030	576	555	257	七台河	Qitaihe	22200	1311	1414	244
鄂尔多斯	Erdos	3800	650	2160	228	牡丹江	Mudanjiang	20005	17841	10960	108
呼伦贝尔	Hulunbuir	2945	4120	4420	183	黑河	Heihe	1200	2400	2544	223
巴彦淖尔	Bayannur	15010				绥化	Suihua	4000	12000	10298	114
乌兰察布	Ulanqab	2440	3700	3500	204	**上海**	**Shanghai**	**398427**	**424112**	**397885**	
辽宁	**Liaoning**	**395058**	**468889**	**492499**		**江苏**	**Jiangsu**	**766586**	**593577**	**515611**	

8-33 城市液化石油气供气总量(辖区) 续表 1

Total Urban LPG Supplied (Municipal Districts) continued 1

单位：吨 (ton)

地名	City	2010	2015	2016	2016 排名 Ranking
南京	Nanjing	146476	88285	84795	18
无锡	Wuxi	55005	39995	39446	37
徐州	Xuzhou	29336	26856	20925	64
常州	Changzhou	11037	11069	9450	123
苏州	Suzhou	68005	87259	35905	45
南通	Nantong	37434	23129	19737	72
连云港	Lianyungang	9600	11882	11383	104
淮安	Huaian	24878	28156	29588	53
盐城	Yancheng	26972	27188	25428	58
扬州	Yangzhou	24726	19333	16814	79
镇江	Zhenjiang	31265	15916	19909	71
泰州	Taizhou	19445	21284	13079	96
宿迁	Suqian	7023	8247	8555	126
浙江	**Zhejiang**	**877956**	**695947**	**759710**	
杭州	Hangzhou	114427	123762	131431	10
宁波	Ningbo	222036	110059	126842	11
温州	Wenzhou	108000	44773	72911	20
嘉兴	Jiaxing	28079	28570	30658	52
湖州	Huzhou	10703	4831	4639	181
绍兴	Shaoxing	18371	30104	31904	49
金华	Jinhua	23899	27992	22257	62
衢州	Quzhou	8102	5475	4711	178
舟山	Zhoushan	29786	27158	27789	57
台州	Taizhou	61161	66601	60150	25
丽水	Lishui	11097	15257	13745	91
安徽	**Anhui**	**615770**	**736312**	**731114**	
合肥	Hefei	65284	30000	29245	55
芜湖	Wuhu	29520	17349	17500	77
蚌埠	Bengbu	14010	2000	1980	234
淮南	Huainan	25500	10980	6800	143
马鞍山	Maanshan				
淮北	Huaibei	21550	9865	7658	135
铜陵	Tongling	17945	134	1057	248
安庆	Anqing	361594	597844	597844	3
黄山	Huangshan	10817	11374	11650	103
滁州	Chuzhou	5875	4524	2600	220
阜阳	Fuyang	3940	5415	14076	88
宿州	Suzhou	7500	6000	4880	175
六安	Liuan	7760	6700	6031	153
亳州	Bozhou	14100	3915	3502	203
池州	Chizhou	2783	2755	2675	219
宣城	Xuancheng	3100	3680	4126	189
福建	**Fujian**	**333758**	**286906**	**277437**	
福州	Fuzhou	75234	54509	48828	30
厦门	Xiamen	89954	83869	85560	17
莆田	Putian	19208	16058	14781	82
三明	Sanming	3618	1505	1456	242
泉州	Quanzhou	42150	30955	30755	51
漳州	Zhangzhou	16545	15495	14721	84
南平	Nanping	4500	8480	8021	131
龙岩	Longyan	8942	10002	10118	115
宁德	Ningde	7867	5720	6030	154
江西	**Jiangxi**	**188847**	**228912**	**242942**	
南昌	Nanchang	48731	46283	49607	29
景德镇	Jingdezhen	26177	8360	9830	117
萍乡	Pingxiang	4920	17322	21050	63
九江	Jiujiang	18375	15000	12378	99
新余	Xinyu	1569	1104	1004	249
鹰潭	Yingtan	8000	6315	6287	149
赣州	Ganzhou	5500	15330	18579	75
吉安	Jian	5282	14090	13258	95
宜春	Yichun	11830	20558	19477	73
抚州	Fuzhou	11180	23356	24930	59
上饶	Shangrao	10982	20400	23710	61
山东	**Shandong**	**760332**	**366750**	**343724**	
济南	Jinan	28566	39200	49643	28
青岛	Qingdao	80073	35255	32291	48
淄博	Zibo	59928	36495	13494	93
枣庄	Zaozhuang	11909	6045	8146	129
东营	Dongying	10606	9274	9708	119
烟台	Yantai	29587	27813	28047	56
潍坊	Weifang	15727	8590	8410	128
济宁	Jining	1988	6390	6290	148
泰安	Taian	800	2813	4416	184
威海	Weihai	3318	9440	15712	81
日照	Rizhao	9644	12416	11789	102
莱芜	Laiwu	13141	13353	8104	130
临沂	Linyi	60919	40754	38984	38
德州	Dezhou	2985	6680	7255	140
聊城	Liaocheng	4000	1400	2100	232

8-33 城市液化石油气供气总量(辖区) 续表 2
Total Urban LPG Supplied (Municipal Districts) continued 2

单位：吨 (ton)

地名	City	2010	2015	2016	2016 排名 Ranking
滨州	Binzhou	9100	4812	7512	136
菏泽	Heze	278972	19975	20588	66
河南	**Henan**	**241602**	**217382**	**215099**	
郑州	Zhengzhou	65700	61615	60734	24
开封	Kaifeng	8075	11100	13520	92
洛阳	Luoyang	28005	20316	18865	74
平顶山	Pingdingshan	108			
安阳	Anyang	7657	6890	6255	150
鹤壁	Hebi	4830	1436	1436	243
新乡	Xinxiang	4970	1100	800	254
焦作	Jiaozuo	3578			
濮阳	Puyang				
许昌	Xuchang	8275		7090	141
漯河	Luohe	10685		8510	127
三门峡	Sanmenxia	2985	3323	3639	198
南阳	Nanyang	19219	17758	14667	85
商丘	Shangqiu	14530	14036	14041	89
信阳	Xinyang	10890	9540	9180	124
周口	Zhoukou	4100	4000	4200	187
驻马店	Zhumadian	3260	3270	3570	199
湖北	**Hubei**	**421507**	**352112**	**347891**	
武汉	Wuhan	215200	181891	182900	6
黄石	Huangshi	26326	33822	31092	50
十堰	Shiyan	18055	9610	9539	121
宜昌	Yichang	1664	4317	4691	180
襄阳	Xiangyang	20986	12626	12113	101
鄂州	Ezhou	7700	7110	7013	142
荆门	Jingmen	15657	5808	5890	159
孝感	Xiaogan	3191	9072	4800	177
荆州	Jingzhou	8200	5919	5874	160
黄冈	Huanggang	7699	3138	3050	211
咸宁	Xianning	6000	5131	5128	168
随州	Suizhou	9270			
湖南	**Hunan**	**252906**	**241529**	**243865**	
长沙	Changsha	83000	60876	61620	22
株洲	Zhuzhou	10865	4200	7446	137
湘潭	Xiangtan	11000	9765	14300	87
衡阳	Hengyang	13500	12800	12200	100
邵阳	Shaoyang	3200	4700	4700	179
岳阳	Yueyang	8912	4125	4075	190

地名	City	2010	2015	2016	2016 排名 Ranking
常德	Changde	11605	4154	9482	122
张家界	Zhangjiajie	6650	10106	7383	138
益阳	Yiyang	9700	16500	6430	146
郴州	Chenzhou	14000	18000	18000	76
永州	Yongzhou	17165	10418	10652	110
怀化	Huaihua	18880	37299	37299	42
娄底	Loudi	3500	6270	6360	147
广东	**Guangdong**	**5055955**	**3340353**	**3901892**	
广州	Guangzhou	1087766	970634	857674	2
韶关	Shaoguan	40504	10800	36102	43
深圳	Shenzhen	1406466	808862	1491804	1
珠海	Zhuhai	810000	120000	103000	15
汕头	Shantou	188300	195720	196325	5
佛山	Foshan	84638	107687	117843	13
江门	Jiangmen	80560	64490	72875	21
湛江	Zhanjiang	45000	40100	42000	36
茂名	Maoming	81404	41415	10580	112
肇庆	Zhaoqing	75737	19590	20200	67
惠州	Huizhou	72775	68840	59963	26
梅州	Meizhou	22134	20012	19988	69
汕尾	Shanwei	20400	10075	9625	120
河源	Heyuan	26697	31562	29508	54
阳江	Yangjiang	100003	128574	134301	9
清远	Qingyuan	26964	19975	36083	44
东莞	Dongguan	344762	289410	244381	4
中山	Zhongshan	43488	35926	37606	40
潮州	Chaozhou	212770	96076	96350	16
揭阳	Jieyang	27010	19226	20737	65
云浮	Yunfu	5249	5818	5823	162
广西	**Guangxi**	**303804**	**262313**	**255863**	
南宁	Nanning	86406	53061	61410	23
柳州	Liuzhou	54971	46832	43137	35
桂林	Guilin	22089	20879	19941	70
梧州	Wuzhou	7331	8409	5268	165
北海	Beihai	16500	19502	20002	68
防城港	Fangchenggang	10060	10428	9825	118
钦州	Qinzhou	8394	11023	11380	105
贵港	Guigang	8200	12605	14749	83
玉林	Yulin	29081	29351	24001	60
百色	Baise	5655	5200	5994	156

8-33 城市液化石油气供气总量(辖区) 续表 3
Total Urban LPG Supplied (Municipal Districts) continued 3

单位：吨 (ton)

地名	City	2010	2015	2016	2016 排名 Ranking	地名	City	2010	2015	2016	2016 排名 Ranking
贺州	Hezhou	6000	6850	2292	226	丽江	Lijiang	3100	2996	2801	218
河池	Hechi	5021	5020	5018	171	普洱	Puer	1400	1507	1567	239
来宾	Laibin	7200	4354	3506	202	临沧	Lincang	1902	4120	4300	186
崇左	Chongzuo	2868	3399	3401	206	**西藏**	**Tibet**	**5521**	**66661**	**66661**	
海南	**Hainan**	**63959**	**82189**	**82559**		拉萨	Lasa	5373	44500	44500	32
海口	Haikou	35710	52041	52061	27	**陕西**	**Shaanxi**	**43381**	**28796**	**24423**	
三亚	Sanya	8624	7650	7800	134	西安	Xi'an	8110	1975	1958	235
三沙	Sansha					铜川	Tongchuan	3950			
重庆	**Chongqing**	**92807**	**76435**	**81603**		宝鸡	Baoji	715	200	200	262
四川	**Sichuan**	**191071**	**173652**	**174570**		咸阳	Xianyang	11100	8659	4983	174
成都	Chengdu	121536	104422	107008	14	渭南	Weinan	4554	3180	2947	214
自贡	Zigong					延安	Yan'an	5830	6009	6095	152
攀枝花	Panzhihua	5832	6649	6503	144	汉中	Hanzhong	3900	4000	3734	194
泸州	Luzhou	2161	2149	2147	229	榆林	Yulin				
德阳	Deyang	2185	2590	2875	216	安康	Ankang	2121	2465	2465	224
绵阳	Mianyang	3340		4161	188	商洛	Shangluo	1037			
广元	Guangyuan	2500	1415	1526	241	**甘肃**	**Gansu**	**185523**	**85327**	**49611**	
遂宁	Suining					兰州	Lanzhou	101377	52449	17399	78
内江	Neijiang	9238	15360	14020	90	嘉峪关	Jiayuguan	40	46	57	266
乐山	Leshan	120	120	130	263	金昌	Jinchang	980	315	277	260
南充	Nanchong	5350	5825	5825	161	白银	Baiyin	900	1850	1940	236
眉山	Meishan	3110	1237	836	252	天水	Tianshui	9015	6219	6234	151
宜宾	Yibin		408	408	258	武威	Wuwei	3370	3608	3528	201
广安	Guangan					张掖	Zhangye	4450	3071	2880	215
达州	Dazhou					平凉	Pingliang	2449	3208	2953	213
雅安	Yaan	303				酒泉	Jiuquan	15430	1500	1529	240
巴中	Bazhong	700	400	400	259	庆阳	Qingyang	7785	8262	8004	132
资阳	Ziyang	3010	3909	3745	193	定西	Dingxi	601	648	652	256
贵州	**Guizhou**	**63772**	**88670**	**94902**		陇南	Longnan	567	948	928	251
贵阳	Guiyang	36000	42000	44000	34	**青海**	**Qinghai**	**7142**	**6353**	**6763**	
六盘水	Liupanshui		3000	3650	196	西宁	Xining	5146	3881	3786	191
遵义	Zunyi	10170	11720	12598	98	海东	Haidong		108	108	265
安顺	Anshun	3750	10651	10952	109	**宁夏**	**Ningxia**	**14984**	**13193**	**9145**	
毕节	Bijie	480	2218	3089	210	银川	Yinchuan	7684	6570	5117	169
铜仁	Tongren	1885	2105	2105	231	石嘴山	Shizuishan	425	211	124	264
云南	**Yunnan**	**166108**	**210095**	**207073**		吴忠	Wuzhong	2676	2833	1147	247
昆明	Kunming	124203	167386	155350	8	固原	Guyuan	1472	843	810	253
曲靖	Qujing	8543	4100	4865	176	中卫	Zhongwei	1116	1411	950	250
玉溪	Yuxi	5490	4575	10650	111	**新疆**	**Xinjiang**	**79617**	**60174**	**60103**	
保山	Baoshan	1797	2119	2244	227	乌鲁木齐	Urumqi	19620	35563	32857	47
昭通	Zhaotong	810	285	255	261	克拉玛依	Karamay	22250	2674	3197	209

8-34 城市燃气普及率(辖区）

Urban Gas Coverage Rate (Municipal Districts)

单位：%　　　　(%)

地名	City	2010	2015	2016	2016 排名 Ranking
全国	**Nation Total**	**92.04**	**95.30**	**95.75**	
北京	**Beijing**	**100.00**	**100.00**	**100.00**	
天津	**Tianjin**	**100.00**	**100.00**	**100.00**	
河北	**Hebei**	**99.07**	**98.81**	**98.88**	
石家庄	Shijiazhuang	100.00	100.00	100.00	1
唐山	Tangshan	100.00	100.00	100.00	1
秦皇岛	Qinhuangdao	100.00	88.56	93.60	211
邯郸	Handan	100.00	100.00	98.28	129
邢台	Xingtai	99.06	100.00	100.00	1
保定	Baoding	99.52	99.00	98.99	99
张家口	Zhangjiakou	86.40	99.60	99.59	72
承德	Chengde	99.36	99.89	99.90	59
沧州	Cangzhou	100.00	100.00	100.00	1
廊坊	Langfang	100.00	100.00	100.00	1
衡水	Hengshui	99.47	99.10	99.45	84
山西	**Shanxi**	**89.94**	**97.31**	**97.92**	
太原	Taiyuan	98.64	98.42	99.90	59
大同	Datong	86.79	98.60	98.90	104
阳泉	Yangquan	91.66	97.95	98.11	136
长治	Changzhi	83.00	93.01	93.70	209
晋城	Jincheng	99.79	99.50	99.53	75
朔州	Shuozhou	89.01	96.57	97.54	150
晋中	Jinzhong	96.99	98.49	98.60	117
运城	Yuncheng	97.67	99.00	99.02	96
忻州	Xinzhou	95.00	95.00	94.93	200
临汾	Linfen	89.66	99.47	96.95	161
吕梁	Lvliang	86.71	94.89	95.10	193
内蒙古	**Inner Mongolia**	**79.26**	**94.09**	**94.90**	
呼和浩特	Hohhot	92.40	98.86	98.86	109
包头	Baotou	94.66	96.52	96.72	164
乌海	Wuhai	68.45	88.60	92.80	215
赤峰	Chifeng	94.97	96.66	97.60	148
通辽	Tongliao	87.73	96.23	96.88	162
鄂尔多斯	Erdos	70.33	94.23	95.34	186
呼伦贝尔	Hulunbuir	66.02	89.93	91.77	221
巴彦淖尔	Bayannur	71.07	90.27	90.66	225
乌兰察布	Ulanqab	52.80	85.78	85.93	245
辽宁	**Liaoning**	**94.19**	**94.76**	**96.07**	
沈阳	Shenyang	100.00	100.00	99.94	55
大连	Dalian	99.98	98.53	94.38	204
鞍山	Anshan	97.57	100.00	100.00	1
抚顺	Fushun	95.78	98.47	98.61	115
本溪	Benxi	85.27	98.94	98.94	102
丹东	Dandong	94.59	100.00	100.00	1
锦州	Jinzhou	98.63	99.52	98.91	103
营口	Yingkou	95.38	53.92	84.81	248
阜新	Fuxin	71.90	84.62	86.79	241
辽阳	Liaoyang	89.49	98.62	98.90	104
盘锦	Panjin	100.00	100.00	90.05	232
铁岭	Tieling	97.39	97.56	97.50	152
朝阳	Chaoyang	92.67	99.28	100.00	1
葫芦岛	Huludao	90.40	100.00	100.00	1
吉林	**Jilin**	**85.64**	**92.46**	**93.00**	
长春	Changchun	98.00	98.68	99.94	55
吉林	Jilin	95.55	98.02	98.40	124
四平	Siping	81.09	93.94	95.72	180
辽源	Liaoyuan	70.28	92.47	95.57	181
通化	Tonghua	78.98	98.40	98.90	104
白山	Baishan	78.89	85.50	84.17	249
松原	Songyuan	93.83	96.97	97.19	157
白城	Baicheng	82.59	95.31	95.32	187
黑龙江	**Heilongjiang**	**84.67**	**86.61**	**86.66**	
哈尔滨	Harbin	97.57	100.00	100.00	1
齐齐哈尔	Qiqihar	95.30	98.94	98.99	99
鸡西	Jixi	78.08	27.25	26.43	285
鹤岗	Hegang	48.74	64.37	64.69	275
双鸭山	Shuangyashan	85.21	52.93	52.93	281
大庆	Daqing	97.71	99.97	100.00	1
伊春	Yichun	74.32	80.45	80.66	259
佳木斯	Jiamusi	72.97	93.73	93.76	208
七台河	Qitaihe	86.90	70.59	72.44	272
牡丹江	Mudanjiang	85.85	91.72	92.27	218
黑河	Heihe	70.92	90.78	90.78	223
绥化	Suihua	57.78	65.35	64.03	276
上海	**Shanghai**	**100.00**	**100.00**	**100.00**	
江苏	**Jiangsu**	**99.12**	**99.56**	**99.54**	

8-34 城市燃气普及率(辖区) 续表 1

Urban Gas Coverage Rate (Municipal Districts) continued 1

单位：% (%)

地名	City	2010	2015	2016	2016 排名 Ranking
南京	Nanjing	99.50	99.38	99.53	75
无锡	Wuxi	99.60	100.00	100.00	1
徐州	Xuzhou	99.04	98.51	98.00	140
常州	Changzhou	99.00	100.00	100.00	1
苏州	Suzhou	100.00	100.00	100.00	1
南通	Nantong	100.00	100.00	100.00	1
连云港	Lianyungang	99.73	99.82	98.90	104
淮安	Huaian	96.96	99.63	99.04	95
盐城	Yancheng	99.43	99.45	99.50	79
扬州	Yangzhou	97.01	99.51	99.55	74
镇江	Zhenjiang	100.00	100.00	100.00	1
泰州	Taizhou	97.96	99.79	99.94	55
宿迁	Suqian	93.04	100.00	100.00	1
浙江	**Zhejiang**	**99.07**	**99.91**	**99.95**	
杭州	Hangzhou	100.00	100.00	100.00	1
宁波	Ningbo	100.00	100.00	100.00	1
温州	Wenzhou	96.00	100.00	100.00	1
嘉兴	Jiaxing	98.70	99.53	100.00	1
湖州	Huzhou	99.52	100.00	100.00	1
绍兴	Shaoxing	99.62	99.95	100.00	1
金华	Jinhua	99.52	100.00	100.00	1
衢州	Quzhou	95.02	99.02	99.28	88
舟山	Zhoushan	98.77	99.90	98.55	120
台州	Taizhou	99.02	100.00	100.00	1
丽水	Lishui	100.00	100.00	100.00	1
安徽	**Anhui**	**90.52**	**97.55**	**98.05**	
合肥	Hefei	97.77	99.97	99.97	54
芜湖	Wuhu	100.00	100.00	100.00	1
蚌埠	Bengbu	89.94	100.00	100.00	1
淮南	Huainan	90.18	95.57	99.07	93
马鞍山	Maanshan	100.00	100.00	100.00	1
淮北	Huaibei	92.07	98.52	98.58	118
铜陵	Tongling	98.99	100.00	100.00	1
安庆	Anqing	91.19	98.25	98.27	130
黄山	Huangshan	98.90	100.00	100.00	1
滁州	Chuzhou	99.60	99.85	100.00	1
阜阳	Fuyang	67.24	88.20	88.40	239
宿州	Suzhou	89.25	98.79	98.80	112
六安	Liuan	79.85	98.09	98.11	136
亳州	Bozhou	87.01	94.08	95.03	195

地名	City	2010	2015	2016	2016 排名 Ranking
池州	Chizhou	89.66	99.67	99.31	86
宣城	Xuancheng	83.61	98.42	98.77	113
福建	**Fujian**	**98.92**	**98.56**	**97.21**	
福州	Fuzhou	99.61	99.53	97.18	158
厦门	Xiamen	100.00	97.59	96.37	170
莆田	Putian	97.99	99.52	95.00	197
三明	Sanming	96.99	99.64	99.64	70
泉州	Quanzhou	99.11	97.44	97.45	154
漳州	Zhangzhou	98.12	99.48	99.51	77
南平	Nanping	98.59	99.72	93.09	214
龙岩	Longyan	95.66	99.64	99.67	69
宁德	Ningde	98.83	99.06	99.07	93
江西	**Jiangxi**	**92.36**	**94.83**	**95.31**	
南昌	Nanchang	94.00	93.23	93.88	207
景德镇	Jingdezhen	96.75	97.80	97.58	149
萍乡	Pingxiang	94.68	98.93	99.01	97
九江	Jiujiang	97.30	99.47	99.49	81
新余	Xinyu	98.82	99.45	99.47	83
鹰潭	Yingtan	56.53	98.32	99.34	85
赣州	Ganzhou	97.36	98.07	98.30	128
吉安	Jian	91.17	97.64	97.67	147
宜春	Yichun	95.03	95.12	95.85	177
抚州	Fuzhou	99.09	99.45	99.12	92
上饶	Shangrao	91.33	96.35	96.61	167
山东	**Shandong**	**99.30**	**99.37**	**99.51**	
济南	Jinan	100.00	100.00	100.00	1
青岛	Qingdao	100.00	100.00	100.00	1
淄博	Zibo	100.00	100.00	100.00	1
枣庄	Zaozhuang	99.28	99.50	99.51	77
东营	Dongying	95.48	99.96	100.00	1
烟台	Yantai	99.79	100.00	100.00	1
潍坊	Weifang	99.90	100.00	100.00	1
济宁	Jining	99.38	97.47	97.52	151
泰安	Taian	100.00	100.00	100.00	1
威海	Weihai	99.83	100.00	100.00	1
日照	Rizhao	99.09	99.41	99.60	71
莱芜	Laiwu	99.68	99.85	100.00	1
临沂	Linyi	99.67	95.28	98.23	133
德州	Dezhou	99.95	99.71	99.94	55
聊城	Liaocheng	91.70	99.74	98.26	131

8-34 城市燃气普及率（辖区） 续表 2
Urban Gas Coverage Rate (Municipal Districts) continued 2

单位：% (%)

地名	City	2010	2015	2016	2016 排名 Ranking
滨州	Binzhou	100.00	100.00	100.00	1
菏泽	Heze	99.93	99.11	98.42	123
河南	**Henan**	**73.43**	**86.02**	**88.93**	
郑州	Zhengzhou	88.54	92.06	94.51	203
开封	Kaifeng	82.84	96.64	96.68	166
洛阳	Luoyang	36.34	76.41	83.23	253
平顶山	Pingdingshan	77.69	90.31	93.66	210
安阳	Anyang	97.49	98.27	98.51	121
鹤壁	Hebi	79.97	94.30	95.11	191
新乡	Xinxiang	96.18	98.54	98.56	119
焦作	Jiaozuo	90.98	95.12	95.00	197
濮阳	Puyang	86.70	96.23	98.18	134
许昌	Xuchang	88.94	88.69	90.15	231
漯河	Luohe	92.60	77.71	75.02	268
三门峡	Sanmenxia	52.80	77.02	94.81	201
南阳	Nanyang	69.15	72.34	73.21	271
商丘	Shangqiu	57.82	79.91	81.92	258
信阳	Xinyang	92.09	90.86	90.42	228
周口	Zhoukou	74.30	93.49	97.01	159
驻马店	Zhumadian	57.04	74.41	95.11	191
湖北	**Hubei**	**91.75**	**94.49**	**96.30**	
武汉	Wuhan	92.73	98.95	99.19	90
黄石	Huangshi	98.63	98.77	98.98	101
十堰	Shiyan	93.93	92.16	85.91	246
宜昌	Yichang	92.79	93.00	95.14	190
襄阳	Xiangyang	96.98	99.49	99.98	53
鄂州	Ezhou	89.64	95.45	95.49	184
荆门	Jingmen	100.00	100.00	100.00	1
孝感	Xiaogan	90.15	96.61	100.00	1
荆州	Jingzhou	91.02	99.87	99.87	61
黄冈	Huanggang	95.78	99.97	99.81	64
咸宁	Xianning	89.55	94.63	95.85	177
随州	Suizhou	90.85	91.33	91.39	222
湖南	**Hunan**	**86.50**	**92.28**	**93.28**	
长沙	Changsha	98.96	95.39	99.57	73
株洲	Zhuzhou	95.01	98.82	98.82	110
湘潭	Xiangtan	95.47	95.81	96.26	172
衡阳	Hengyang	97.00	99.25	95.44	185
邵阳	Shaoyang	73.06	97.75	96.38	169
岳阳	Yueyang	94.44	100.00	97.26	156
常德	Changde	98.20	93.48	94.73	202
张家界	Zhangjiajie	95.16	88.28	88.95	237
益阳	Yiyang	81.13	89.14	98.61	115
郴州	Chenzhou	85.00	95.01	96.02	174
永州	Yongzhou	83.25	90.60	90.50	226
怀化	Huaihua	75.02	75.92	77.94	263
娄底	Loudi	94.40	96.54	96.28	171
广东	**Guangdong**	**95.75**	**97.60**	**97.43**	
广州	Guangzhou	99.21	99.75	99.80	65
韶关	Shaoguan	86.51	85.48	86.18	242
深圳	Shenzhen	96.04	99.99	100.00	1
珠海	Zhuhai	99.64	99.20	99.20	89
汕头	Shantou	96.87	99.35	98.40	124
佛山	Foshan	98.49	97.99	98.37	126
江门	Jiangmen	97.46	98.06	96.53	168
湛江	Zhanjiang	98.86	98.23	98.24	132
茂名	Maoming	94.53	100.00	100.00	1
肇庆	Zhaoqing	95.76	99.64	99.82	63
惠州	Huizhou	95.18	96.40	98.43	122
梅州	Meizhou	92.08	96.83	96.99	160
汕尾	Shanwei	95.35	97.69	97.77	145
河源	Heyuan	100.00	100.00	97.99	141
阳江	Yangjiang	99.73	94.25	96.88	162
清远	Qingyuan	98.45	82.73	74.52	269
东莞	Dongguan	97.22	98.72	97.94	142
中山	Zhongshan	100.00	99.01	99.73	68
潮州	Chaozhou	100.00	92.44	86.17	243
揭阳	Jieyang	89.40	86.99	94.14	206
云浮	Yunfu	90.08	89.55	89.78	235
广西	**Guangxi**	**92.35**	**94.46**	**95.85**	
南宁	Nanning	99.26	100.00	99.49	81
柳州	Liuzhou	95.00	94.88	95.27	188
桂林	Guilin	91.97	99.99	99.99	52
梧州	Wuzhou	99.07	95.30	94.18	205
北海	Beihai	99.71	99.70	99.78	66
防城港	Fangchenggang	89.67	97.89	97.91	144
钦州	Qinzhou	94.46	99.92	96.69	165
贵港	Guigang	75.04	91.96	97.70	146
玉林	Yulin	98.22	98.89	98.89	108
百色	Baise	54.01	55.27	58.46	279

8-34 城市燃气普及率(辖区) 续表 3

Urban Gas Coverage Rate (Municipal Districts) continued 3

单位：% (%)

地名	City	2010	2015	2016	2016 排名 Ranking	地名	City	2010	2015	2016	2016 排名 Ranking
贺州	Hezhou	95.04	76.09	90.72	224	丽江	Lijiang	95.51	89.29	89.29	236
河池	Hechi	79.47	83.74	92.11	219	普洱	Puer	53.67	78.83	82.45	256
来宾	Laibin	87.46	98.97	99.00	98	临沧	Lincang	35.84	56.41	83.47	250
崇左	Chongzuo	91.95	75.40	92.08	220	**西藏**	**Tibet**	**79.83**	**79.98**	**52.99**	
海南	**Hainan**	**82.44**	**97.77**	**97.34**		拉萨	Lasa	89.30	95.16	57.03	280
海口	Haikou	99.02	99.57	99.77	67	**陕西**	**Shaanxi**	**90.39**	**94.73**	**94.66**	
三亚	Sanya	81.05	96.17	96.00	175	西安	Xi'an	99.32	100.00	100.00	1
三沙	Sansha					铜川	Tongchuan	73.38	80.00	90.48	227
重庆	**Chongqing**	**92.02**	**95.34**	**96.11**		宝鸡	Baoji	98.56	99.13	97.92	143
四川	**Sichuan**	**84.39**	**92.46**	**91.78**		咸阳	Xianyang	96.48	90.21	98.09	138
成都	Chengdu	94.42	98.34	95.01	196	渭南	Weinan	86.70	92.54	93.21	213
自贡	Zigong	73.03	93.00	83.47	250	延安	Yan'an	93.99	95.47	98.81	111
攀枝花	Panzhihua	87.21	93.97	96.22	173	汉中	Hanzhong	67.64	90.97	89.91	234
泸州	Luzhou	79.68	88.34	88.78	238	榆林	Yulin	77.14	92.55	77.71	264
德阳	Deyang	85.84	95.81	99.31	86	安康	Ankang	59.56	97.87	98.12	135
绵阳	Mianyang	98.18	99.51	99.50	79	商洛	Shangluo	77.82	63.78	50.10	282
广元	Guangyuan	78.71	91.75	94.95	199	**甘肃**	**Gansu**	**74.29**	**85.77**	**88.15**	
遂宁	Suining	73.79	88.67	99.14	91	兰州	Lanzhou	90.37	93.50	95.09	194
内江	Neijiang	72.48	96.49	98.01	139	嘉峪关	Jiayuguan	100.00	100.00	100.00	1
乐山	Leshan	81.32	95.51	95.57	181	金昌	Jinchang	49.86	70.25	73.43	270
南充	Nanchong	95.60	98.18	98.33	127	白银	Baiyin	62.38	86.46	83.39	252
眉山	Meishan	99.84	96.34	95.73	179	天水	Tianshui	57.36	72.37	76.57	266
宜宾	Yibin	90.14	76.82	78.10	262	武威	Wuwei	52.16	74.50	83.21	254
广安	Guangan	74.43	96.75	92.51	217	张掖	Zhangye	98.49	100.00	100.00	1
达州	Dazhou	93.24	72.87	67.60	274	平凉	Pingliang	57.38	76.14	78.15	261
雅安	Yaan	58.62	99.62	98.65	114	酒泉	Jiuquan	99.42	100.00	100.00	1
巴中	Bazhong	92.47	86.55	90.37	229	庆阳	Qingyang	76.37	88.30	90.03	233
资阳	Ziyang	82.48	97.04	95.52	183	定西	Dingxi	43.96	75.26	75.34	267
贵州	**Guizhou**	**69.72**	**84.06**	**85.66**		陇南	Longnan	25.92	54.60	85.96	244
贵阳	Guiyang	95.57	96.24	97.38	155	**青海**	**Qinghai**	**90.79**	**85.96**	**87.55**	
六盘水	Liupanshui	79.29	91.74	87.29	240	西宁	Xining	93.71	95.16	95.27	188
遵义	Zunyi	74.52	79.28	82.65	255	海东	Haidong		56.11	61.90	277
安顺	Anshun	22.54	69.96	77.31	265	**宁夏**	**Ningxia**	**88.01**	**87.26**	**90.69**	
毕节	Bijie	14.53	66.62	82.14	257	银川	Yinchuan	98.28	99.51	97.49	153
铜仁	Tongren	34.78	63.14	61.62	278	石嘴山	Shizuishan	99.29	88.00	93.40	212
云南	**Yunnan**	**76.40**	**76.79**	**78.78**		吴忠	Wuzhong	84.37	95.01	95.89	176
昆明	Kunming	95.97	92.16	92.59	216	固原	Guyuan	67.53	33.67	42.68	284
曲靖	Qujing	80.90	91.50	80.51	260	中卫	Zhongwei	38.82	73.50	90.22	230
玉溪	Yuxi	86.48	59.04	85.02	247	**新疆**	**Xinjiang**	**95.80**	**97.63**	**97.89**	
保山	Baoshan	43.30	47.18	44.78	283	乌鲁木齐	Urumqi	99.60	99.85	99.85	62
昭通	Zhaotong	59.71	69.96	70.01	273	克拉玛依	Karamay	100.00	100.00	100.00	1

8-35 城市集中供热面积（辖区）
Urban Central Heated Area (Municipal Districts)

单位：万立方米 (10 000 m³)

地名	City	2010	2015	2016	2016 排名 Ranking
全国	**Nation Total**	**435668**	**672204.87**	**738663.25**	
北京	**Beijing**	**46715**	**58465**	**61136**	
天津	**Tianjin**	**24034**	**37677.92**	**41832.61**	
河北	**Hebei**	**38683**	**58750.64**	**68066.75**	
石家庄	Shijiazhuang	8031	15841.09	17481.33	8
唐山	Tangshan	4503	6642.17	8636.88	14
秦皇岛	Qinhuangdao	3326	5802.95	5802.95	22
邯郸	Handan	2884	3826.5	4537	30
邢台	Xingtai	1960	2110	2200	68
保定	Baoding	3239	4667	4244.5	32
张家口	Zhangjiakou	2260	2568	3166	46
承德	Chengde	1355	2007.83	2061.83	74
沧州	Cangzhou	1398	2100	2526	58
廊坊	Langfang	1537	2148	2568.05	55
衡水	Hengshui	670	1288	1711	86
山西	**Shanxi**	**28739**	**54059.02**	**57432.22**	
太原	Taiyuan	7483	21216.88	21520	5
大同	Datong	4934	6650.5	6729.5	17
阳泉	Yangquan	1829	2719.48	3250.53	45
长治	Changzhi	2555	3387	3840	37
晋城	Jincheng	1032	2359	2565	56
朔州	Shuozhou	1004	2871.7	3027.34	48
晋中	Jinzhong	1760	2925.41	2951.59	49
运城	Yuncheng	1241	1842.9	1929	77
忻州	Xinzhou	800	990	1130.12	100
临汾	Linfen	1540	1696.16	2664.21	53
吕梁	Lvliang	850	1260	1340.5	95
内蒙古	**Inner Mongolia**	**25340**	**44869.08**	**50537.49**	
呼和浩特	Hohhot	6469	10386	13895	11
包头	Baotou	5256	8014	8795	13
乌海	Wuhai	1275	2109.86	2229.6	65
赤峰	Chifeng	2296	4298	4558	29
通辽	Tongliao	1399	2454.66	2736	52
鄂尔多斯	Erdos	2363	5319.06	4937.25	28
呼伦贝尔	Hulunbuir	902	1587.71	1713.58	85
巴彦淖尔	Bayannur	1020	1680	1731	83
乌兰察布	Ulanqab	703	1785.8	2180	70
辽宁	**Liaoning**	**74526**	**104543.3**	**108759.5**	
沈阳	Shenyang	22500	28000	29826.18	1
大连	Dalian	15496	20089	22576.2	3
鞍山	Anshan	4500	6460	6750	16
抚顺	Fushun	3380	4836	5050	25
本溪	Benxi	2053	2887.44	2924.67	51
丹东	Dandong	2104	3312.13	3476	44
锦州	Jinzhou	2904	3659.44	3544.23	42
营口	Yingkou	1875	4102	3498	43
阜新	Fuxin	2314	3631.05	3805.05	38
辽阳	Liaoyang	2261	3675.08	3588.1	41
盘锦	Panjin	2419	3099	3957.26	34
铁岭	Tieling	1489	2006.21	2128.7	72
朝阳	Chaoyang	2060	2914.29	3050	47
葫芦岛	Huludao	1772	3658.58	2525	59
吉林	**Jilin**	**31718**	**47990.19**	**51864.01**	
长春	Changchun	12166	18663.26	21862.94	4
吉林	Jilin	4231	6378.67	6609.42	18
四平	Siping	984	1781	2360	62
辽源	Liaoyuan	1121	1833.62	1960.2	75
通化	Tonghua	1280	1725	1785	82
白山	Baishan	761	1680	380	119
松原	Songyuan		1670	1836.9	80
白城	Baicheng	1162	1335	1420	93
黑龙江	**Heilongjiang**	**37513**	**62457.22**	**67780.7**	
哈尔滨	Harbin	13058	22100	25900	2
齐齐哈尔	Qiqihar	3187	4752	5026	26
鸡西	Jixi	910	1681	1850	78
鹤岗	Hegang	1143	1932.82	2075	73
双鸭山	Shuangyashan	650	2180.77	2224.15	66
大庆	Daqing	6050	8818	8818	12
伊春	Yichun	1200	2156.55	2254.37	64
佳木斯	Jiamusi	2300	2900	2930	50
七台河	Qitaihe	870	1382.6	1452	92
牡丹江	Mudanjiang	2413	3415	3638	39
黑河	Heihe	652	930	977	103
绥化	Suihua	804	1757.68	1846.09	79
江苏	**Jiangsu**	**9946**			
南京	Nanjing	8			
徐州	Xuzhou	1201			
南通	Nantong	9			
连云港	Lianyungang	224			
扬州	Yangzhou	8330			
浙江	**Zhejiang**	**3992**	**4429**		
杭州	Hangzhou	55			

8-35 城市集中供热面积(辖区) 续表 1

Urban Central Heated Area (Municipal Districts) continued 1

单位：万立方米 (10 000 m³)

地名	City	2010	2015	2016	2016 排名 Ranking	地名	City	2010	2015	2016	2016 排名 Ranking
宁波	Ningbo	122	4320			三门峡	Sanmenxia	330	705	152	126
湖州	Huzhou	164				南阳	Nanyang	346	528.28	761	110
绍兴	Shaoxing	1240				商丘	Shangqiu	117	342	569	117
金华	Jinhua	109	109			驻马店	Zhumadian	120	221	356	123
台州	Taizhou	28				**湖北**	**Hubei**	**978**	**2396**	**360**	122
安徽	**Anhui**	**2464**	**2684**	**2891**		黄石	Huangshi		29	1797	
合肥	Hefei	2300	2100	2300	63	十堰	Shiyan	591	1500	29	130
淮南	Huainan	60	165	165	125	襄阳	Xiangyang	353	368	1400	94
淮北	Huaibei	79	72	72	128	**四川**	**Sichuan**	**14**		**368**	120
安庆	Anqing	1	3	3	133	绵阳	Mianyang	14			
滁州	Chuzhou	16	18	20	131	**陕西**	**Shaanxi**	**9263**	**24030**		
阜阳	Fuyang	2	2			西安	Xi'an	5994	16626	27919	
宿州	Suzhou	6	320	330	124	宝鸡	Baoji	1799	2620	19419	6
山东	**Shandong**	**54710**	**90150**	**107113**		咸阳	Xianyang	559	1468	2625	54
济南	Jinan	6283	12822	14085	10	渭南	Weinan	120	350	1654	88
青岛	Qingdao	7225	12327	18746	7	延安	Yan'an	336	494	364	121
淄博	Zibo	3824	5678	6037	21	榆林	Yulin	427	2162	641	115
枣庄	Zaozhuang	1095	2112	2187	69	**甘肃**	**Gansu**	**10544**	**16137**	**2369**	61
东营	Dongying	2721	3675	4017	33	兰州	Lanzhou	4212	6125	17435	
烟台	Yantai	5520	4770	8298	15	嘉峪关	Jiayuguan	928	1251	6537	19
潍坊	Weifang	2744	3536	3861	36	金昌	Jinchang	452	895	1260	97
济宁	Jining	1615	3854	4248	31	白银	Baiyin	969	1602	929	106
泰安	Taian	1550	1922	2536	57	天水	Tianshui	420	680	1265	96
威海	Weihai	2453	4877	5436	24	武威	Wuwei	833	810	965	104
日照	Rizhao	1147	1510	1645	89	张掖	Zhangye	300	600	1180	99
莱芜	Laiwu	1107	1368	1618	90	平凉	Pingliang	490	830	653	114
临沂	Linyi	1657	4379	4939	27	酒泉	Jiuquan	640	1042	959	105
德州	Dezhou	980	3096	3592	40	庆阳	Qingyang	267	512	1104	101
聊城	Liaocheng	931	2004	2207	67	定西	Dingxi	182	568	720	111
滨州	Binzhou	576	1686	1931	76	陇南	Longnan		16	569	117
菏泽	Heze	412	784	784	109	**青海**	**Qinghai**	**208**	**461**	**50**	129
河南	**Henan**	**10738**	**22375**	**26506**		西宁	Xining	34	138	462	
郑州	Zhengzhou	2261	5270	6050	20	海东	Haidong		10	138	127
开封	Kaifeng	500	1300	1690	87	**宁夏**	**Ningxia**	**6380**	**9979**	**10**	132
洛阳	Luoyang	1640	3290	3870	35	银川	Yinchuan	3452	4663	11011	
平顶山	Pingdingshan	520	689	699	112	石嘴山	Shizuishan	1131	1668	5711	23
安阳	Anyang	920	1540	1836	81	吴忠	Wuzhong	717	1289	1718	84
鹤壁	Hebi	361	500	690	113	固原	Guyuan	225	980	922	107
新乡	Xinxiang	280	977	1233	98	中卫	Zhongwei	390	619	1089	102
焦作	Jiaozuo	652	1856	2131	71	**新疆**	**Xinjiang**	**19162**	**30728**	**622**	116
濮阳	Puyang	620	825	1587	91	乌鲁木齐	Urumqi	8723	12088	36050	
许昌	Xuchang	710	803	803	108	克拉玛依	Karamay	1560	2292	15003	9
漯河	Luohe	28	152							2424	60

8-36 城市轨道交通路线长度(辖区)

Length of Lines of Urban Rail Transit System (Municipal Districts)

单位：公里 (km)

地名	City	2010	2015	2016	2016 排名 Ranking
全国	**All Nation**	**1428.87**	**3069.23**	**3586.34**	
北京	**Beijing**	**336.00**	**554.00**	**574.00**	
天津	**Tianjin**	**79.40**	**147.14**	**174.12**	
辽宁	**Liaoning**	**114.67**	**136.63**	**142.15**	
沈阳	Shenyang	27.90	49.86	55.38	9
大连	Dalian	86.77	86.77	86.77	6
吉林	**Jilin**	**31.96**	**47.17**	**47.17**	
长春	Changchun	31.96	47.17	47.17	10
上海	**Shanghai**	**450.44**	**614.23**	**614.23**	
江苏	**Jiangsu**	**83.46**	**370.47**	**350.29**	
南京	Nanjing	83.46	224.33	184.22	3
苏州	Suzhou		70.35	84.28	7
湖北	**Hubei**	**28.68**	**125.64**	**181.16**	
武汉	Wuhan	28.68	125.64	181.16	4
广东	**Guangdong**	**286.84**	**447.92**	**677.67**	
广州	Guangzhou	235.04	239.26	281.66	2
深圳	Shenzhen	37.00	178.86	286.15	1
佛山	Foshan	14.80	29.80	21.48	12
东莞	Dongguan			37.78	11
重庆	**Chongqing**	**17.42**	**201.87**	**212.86**	
四川	**Sichuan**		**88.12**	**108.46**	
成都	Chengdu		88.12	108.46	5
云南	**Yunnan**		**60.07**	**60.07**	
昆明	Kunming		60.07	60.07	8

8-37 城市道路长度(辖区)
Length of Urban Roads (Municipal Districts)

单位：公里 (km)

地名	City	2010	2015	2016	2016 排名 Ranking	地名	City	2010	2015	2016	2016 排名 Ranking
全国	**Nation Total**	**294443**	**364978**	**382454**		沈阳	Shenyang	2895	3826	2881	16
北京	**Beijing**	**6355**	**8104**	**8086**		大连	Dalian	2899	3059	3284	13
天津	**Tianjin**	**5439**	**7636**	**7888**		鞍山	Anshan	552	677	688	118
河北	**Hebei**	**11639**	**13402**	**14418**		抚顺	Fushun	746	871	877	86
石家庄	Shijiazhuang	1475	1993	2101	28	本溪	Benxi	794	744	744	108
唐山	Tangshan	1577	1612	1594	44	丹东	Dandong	462	499	365	205
秦皇岛	Qinhuangdao	698	850	862	92	锦州	Jinzhou	513	577	620	128
邯郸	Handan	1138	1096	1494	47	营口	Yingkou	536	547	728	110
邢台	Xingtai	510	515	530	151	阜新	Fuxin	339	494	506	156
保定	Baoding	674	1248	1252	62	辽阳	Liaoyang	858	1091	1099	68
张家口	Zhangjiakou	474	552	671	120	盘锦	Panjin	483	479	721	112
承德	Chengde	500	527	532	149	铁岭	Tieling	320	287	277	231
沧州	Cangzhou	307	368	369	204	朝阳	Chaoyang	253	282	283	228
廊坊	Langfang	450	504	504	157	葫芦岛	Huludao	321	421	419	184
衡水	Hengshui	343	363	592	134	**吉林**	**Jilin**	**8543**	**8854**	**10669**	
山西	**Shanxi**	**5733**	**7323**	**7671**		长春	Changchun	3659	3374	5126	7
太原	Taiyuan	1780	2088	2272	27	吉林	Jilin	1030	1066	1086	69
大同	Datong	761	958	981	77	四平	Siping	234	361	369	203
阳泉	Yangquan	430	645	645	124	辽源	Liaoyuan	312	223	225	247
长治	Changzhi	362	386	394	192	通化	Tonghua	218	298	297	222
晋城	Jincheng	165	218	220	249	白山	Baishan	276	326	324	218
朔州	Shuozhou	169	243	296	224	松原	Songyuan	187	274	277	230
晋中	Jinzhong	235	339	378	195	白城	Baicheng	195	210	210	254
运城	Yuncheng	178	256	256	235	**黑龙江**	**Heilongjiang**	**10091**	**12364**	**12750**	
忻州	Xinzhou	134	230	246	239	哈尔滨	Harbin	1427	2823	3120	14
临汾	Linfen	216	232	237	241	齐齐哈尔	Qiqihar	528	594	547	144
吕梁	Lvliang	120	175	182	264	鸡西	Jixi	363	403	423	181
内蒙古	**Inner Mongolia**	**6447**	**9281**	**9728**		鹤岗	Hegang	322	391	398	191
呼和浩特	Hohhot	720	898	950	78	双鸭山	Shuangyashan	361	400	428	180
包头	Baotou	1304	1516	1564	45	大庆	Daqing	2276	2482	2478	21
乌海	Wuhai	480	1002	1002	75	伊春	Yichun	789	883	909	80
赤峰	Chifeng	379	731	861	93	佳木斯	Jiamusi	291	323	325	217
通辽	Tongliao	379	515	539	145	七台河	Qitaihe	528	532	532	150
鄂尔多斯	Erdos	867	1202	1204	66	牡丹江	Mudanjiang	762	805	805	100
呼伦贝尔	Hulunbuir	215	372	376	198	黑河	Heihe	81	83	83	284
巴彦淖尔	Bayannur	372	629	659	121	绥化	Suihua	172	186	188	259
乌兰察布	Ulanqab	263	411	416	186	**上海**	**Shanghai**	**4713**	**4989**	**5129**	
辽宁	**Liaoning**	**14238**	**16914**	**16394**		**江苏**	**Jiangsu**	**31899**	**40749**	**44999**	

8-37 城市道路长度(辖区) 续表 1
Length of Urban Roads (Municipal Districts) continued 1

单位：公里 (km)

地名	City	2010	2015	2016	2016 排名 Ranking	地名	City	2010	2015	2016	2016 排名 Ranking
南京	Nanjing	5599	7771	8012	1	池州	Chizhou	364	429	441	177
无锡	Wuxi	4609	3687	3715	10	宣城	Xuancheng	243	404	443	175
徐州	Xuzhou	1600	2722	2550	20	**福建**	**Fujian**	**6756**	**8415**	**8656**	
常州	Changzhou	1753	2444	2553	19	福州	Fuzhou	1101	1256	1467	49
苏州	Suzhou	2904	3875	7166	3	厦门	Xiamen	1213	1828	1828	33
南通	Nantong	981	2678	2770	18	莆田	Putian	669	850	691	117
连云港	Lianyungang	1023	1357	1432	52	三明	Sanming	280	290	281	229
淮安	Huaian	955	1765	2026	30	泉州	Quanzhou	485	887	890	84
盐城	Yancheng	567	1261	1353	57	漳州	Zhangzhou	301	356	410	188
扬州	Yangzhou	1055	1567	1616	42	南平	Nanping	246	321	341	212
镇江	Zhenjiang	1223	1366	1405	53	龙岩	Longyan	329	430	462	168
泰州	Taizhou	902	1198	1234	64	宁德	Ningde	151	192	202	256
宿迁	Suqian	631	879	898	81	**江西**	**Jiangxi**	**5742**	**8185**	**8977**	
浙江	**Zhejiang**	**15550**	**20475**	**21215**		南昌	Nanchang	965	1659	1613	43
杭州	Hangzhou	2194	2991	3075	15	景德镇	Jingdezhen	350	402	762	103
宁波	Ningbo	1439	1650	2069	29	萍乡	Pingxiang	221	259	259	233
温州	Wenzhou	1059	1543	1617	41	九江	Jiujiang	817	866	868	88
嘉兴	Jiaxing	652	846	892	83	新余	Xinyu	356	473	476	165
湖州	Huzhou	577	717	756	105	鹰潭	Yingtan	127	133	146	274
绍兴	Shaoxing	480	1290	1357	56	赣州	Ganzhou	255	664	875	87
金华	Jinhua	591	710	736	109	吉安	Jian	245	388	403	189
衢州	Quzhou	435	590	618	129	宜春	Yichun	281	376	392	193
舟山	Zhoushan	300	586	620	127	抚州	Fuzhou	379	457	475	167
台州	Taizhou	1937	2261	2281	25	上饶	Shangrao	302	681	701	115
丽水	Lishui	162	175	186	263	**山东**	**Shandong**	**32944**	**40426**	**40685**	
安徽	**Anhui**	**10157**	**13375**	**14154**		济南	Jinan	4498	4854	5118	8
合肥	Hefei	2013	2206	2417	22	青岛	Qingdao	3409	4375	4484	9
芜湖	Wuhu	1147	1470	1493	48	淄博	Zibo	1254	1610	1766	36
蚌埠	Bengbu	663	867	878	85	枣庄	Zaozhuang	790	1177	1204	67
淮南	Huainan	683	768	794	101	东营	Dongying	716	862	1070	72
马鞍山	Maanshan	386	475	491	160	烟台	Yantai	1522	1761	1803	34
淮北	Huaibei	574	674	709	113	潍坊	Weifang	1489	1756	1770	35
铜陵	Tongling	286	304	345	209	济宁	Jining	803	1421	1460	50
安庆	Anqing	470	620	656	123	泰安	Taian	752	843	1326	59
黄山	Huangshan	306	415	446	174	威海	Weihai	746	1342	1374	55
滁州	Chuzhou	300	624	692	116	日照	Rizhao	1252	1495	852	94
阜阳	Fuyang	520	767	821	98	莱芜	Laiwu	768	972	983	76
宿州	Suzhou	459	763	771	102	临沂	Linyi	1913	2550	2277	26
六安	Liuan	268	507	526	154	德州	Dezhou	605	1040	1055	74
亳州	Bozhou	677	842	865	90	聊城	Liaocheng	487	691	706	114

8-37 城市道路长度(辖区) 续表 2
Length of Urban Roads (Municipal Districts) continued 2

单位：公里 (km)

地名	City	2010	2015	2016	2016 排名 Ranking	地名	City	2010	2015	2016	2016 排名 Ranking
滨州	Binzhou	588	1060	1077	70	常德	Changde	480	649	587	137
菏泽	Heze	516	673	864	91	张家界	Zhangjiajie	292	311	311	221
河南	**Henan**	**9414**	**12318**	**13140**		益阳	Yiyang	319	443	458	171
郑州	Zhengzhou	1338	1809	1932	31	郴州	Chenzhou	247	318	114	279
开封	Kaifeng	388	596	632	126	永州	Yongzhou	310	457	476	164
洛阳	Luoyang	552	741	825	96	怀化	Huaihua	220	278	258	234
平顶山	Pingdingshan	261	334	347	207	娄底	Loudi	262	261	374	200
安阳	Anyang	425	459	477	163	**广东**	**Guangdong**	**40847**	**38894**	**38930**	
鹤壁	Hebi	271	334	336	213	广州	Guangzhou	6986	7462	7559	2
新乡	Xinxiang	440	465	477	162	韶关	Shaoguan	562	577	590	136
焦作	Jiaozuo	395	444	487	161	深圳	Shenzhen	12613	6447	6556	4
濮阳	Puyang	209	272	325	216	珠海	Zhuhai	1485	2663	2363	23
许昌	Xuchang	250	308	346	208	汕头	Shantou	1318	1333	1388	54
漯河	Luohe	335	361	377	197	佛山	Foshan	1360	1631	1643	40
三门峡	Sanmenxia	133	248	291	225	江门	Jiangmen	1289	1252	1347	58
南阳	Nanyang	687	1469	1525	46	湛江	Zhanjiang	718	585	585	138
商丘	Shangqiu	346	401	401	190	茂名	Maoming	214	448	459	170
信阳	Xinyang	390	420	421	183	肇庆	Zhaoqing	542	790	893	82
周口	Zhoukou	203	251	253	236	惠州	Huizhou	1305	1427	1227	65
驻马店	Zhumadian	320	350	375	199	梅州	Meizhou	458	506	510	155
湖北	**Hubei**	**14168**	**17920**	**18622**		汕尾	Shanwei	174	197	204	255
武汉	Wuhan	2682	5354	5704	6	河源	Heyuan	126	151	233	243
黄石	Huangshi	685	771	831	95	阳江	Yangjiang	332	528	573	139
十堰	Shiyan	744	822	822	97	清远	Qingyuan	1342	339	450	173
宜昌	Yichang	952	1187	1240	63	东莞	Dongguan	5341	6563	6372	5
襄阳	Xiangyang	680	1022	1057	73	中山	Zhongshan	487	438	435	178
鄂州	Ezhou	613	292	297	223	潮州	Chaozhou	162	554	561	140
荆门	Jingmen	375	501	526	153	揭阳	Jieyang	285	600	537	146
孝感	Xiaogan	341	508	529	152	云浮	Yunfu	72	187	162	269
荆州	Jingzhou	774	859	866	89	**广西**	**Guangxi**	**6439**	**8187**	**8585**	
黄冈	Huanggang	363	448	453	172	南宁	Nanning	1307	1562	1708	38
咸宁	Xianning	207	258	264	232	柳州	Liuzhou	883	1031	1071	71
随州	Suizhou	200	224	230	245	桂林	Guilin	441	658	680	119
湖南	**Hunan**	**8585**	**11437**	**12292**		梧州	Wuzhou	290	453	551	142
长沙	Changsha	1781	2300	2830	17	北海	Beihai	368	424	429	179
株洲	Zhuzhou	893	1626	1653	39	防城港	Fangchenggang	243	308	330	214
湘潭	Xiangtan	490	590	590	135	钦州	Qinzhou	328	468	497	159
衡阳	Hengyang	676	419	594	133	贵港	Guigang	327	355	370	202
邵阳	Shaoyang	356	520	560	141	玉林	Yulin	502	583	603	131
岳阳	Yueyang	592	730	760	104	百色	Baise	173	198	217	251

8-37 城市道路长度(辖区) 续表 3
Length of Urban Roads (Municipal Districts) continued 3

单位：公里 (km)

地名	City	2010	2015	2016	2016 排名 Ranking
贺州	Hezhou	149	173	105	281
河池	Hechi	115	157	161	270
来宾	Laibin	88	195	198	257
崇左	Chongzuo	169	184	196	258
海南	**Hainan**	**1435**	**2350**	**2503**	
海口	Haikou	572	1162	1254	61
三亚	Sanya	214	354	384	194
三沙	Sansha		8	8	286
重庆	**Chongqing**	**5130**	**7712**	**8498**	
四川	**Sichuan**	**9584**	**13378**	**14835**	
成都	Chengdu	2610	2739	3700	11
自贡	Zigong	605	1387	1438	51
攀枝花	Panzhihua	517	735	754	106
泸州	Luzhou	433	726	807	99
德阳	Deyang	237	315	329	215
绵阳	Mianyang	742	834	918	79
广元	Guangyuan	257	391	421	182
遂宁	Suining	290	787	722	111
内江	Neijiang	162	239	245	240
乐山	Leshan	525	632	633	125
南充	Nanchong	415	500	549	143
眉山	Meishan	316	459	462	169
宜宾	Yibin	156	355	360	206
广安	Guangan	105	325	343	210
达州	Dazhou	101	110	139	276
雅安	Yaan	130	209	215	253
巴中	Bazhong	71	124	222	248
资阳	Ziyang	160	221	246	238
贵州	**Guizhou**	**2257**	**3538**	**4022**	
贵阳	Guiyang	872	1307	1306	60
六盘水	Liupanshui	160	230	188	260
遵义	Zunyi	276	276	611	130
安顺	Anshun	158	325	377	196
毕节	Bijie	103	231	217	250
铜仁	Tongren	152	272	289	226
云南	**Yunnan**	**4049**	**6166**	**5995**	
昆明	Kunming	1420	2222	1878	32
曲靖	Qujing	205	330	442	176
玉溪	Yuxi	127	274	318	220
保山	Baoshan	138	177	187	261
昭通	Zhaotong	119	154	157	271
丽江	Lijiang	87	117	118	278
普洱	Puer	73	112	112	280
临沧	Lincang	63	113	119	277
西藏	**Tibet**	**341**	**1037**	**1134**	
拉萨	Lasa	275	751	751	107
陕西	**Shaanxi**	**4810**	**6508**	**6783**	
西安	Xi'an	2428	3323	3435	12
铜川	Tongchuan	278	297	235	242
宝鸡	Baoji	462	526	536	148
咸阳	Xianyang	217	363	415	187
渭南	Weinan	320	367	370	201
延安	Yan'an	105	140	174	266
汉中	Hanzhong	185	208	227	246
榆林	Yulin	215	430	498	158
安康	Ankang	181	227	232	244
商洛	Shangluo	107	136	140	275
甘肃	**Gansu**	**3399**	**4489**	**4668**	
兰州	Lanzhou	906	1584	1739	37
嘉峪关	Jiayuguan	282	336	341	211
金昌	Jinchang	161	173	176	265
白银	Baiyin	396	415	418	185
天水	Tianshui	305	306	321	219
武威	Wuwei	145	157	171	267
张掖	Zhangye	101	209	155	272
平凉	Pingliang	151	207	213	232
酒泉	Jiuquan	279	285	285	227
庆阳	Qingyang	143	165	166	268
定西	Dingxi	69	100	102	282
陇南	Longnan	41	45	58	285
青海	**Qinghai**	**711**	**987**	**1019**	
西宁	Xining	433	512	536	147
海东	Haidong		91	99	283
宁夏	**Ningxia**	**1852**	**2146**	**2214**	
银川	Yinchuan	506	616	657	122
石嘴山	Shizuishan	494	589	597	132
吴忠	Wuzhong	123	178	187	262
固原	Guyuan	324	250	252	237
中卫	Zhongwei	115	152	152	273
新疆	**Xinjiang**	**5178**	**7418**	**7791**	
乌鲁木齐	Urumqi	1632	2237	2314	24
克拉玛依	Karamay	379	471	476	166

8-38 城市道路面积(辖区)
Surface Area of Urban Roads (Municipal Districts)

单位：万平方米 (10 000 m²)

地名	City	2010	2015	2016	2016 排名 Ranking
全国	**Nation Total**	**521322**	**717675**	**753819**	
北京	**Beijing**	**9395**	**14302**	**14316**	
天津	**Tianjin**	**9159**	**14019**	**14466**	
河北	**Hebei**	**26639**	**31570**	**33252**	
石家庄	Shijiazhuang	4147	5366	5562	19
唐山	Tangshan	2981	3098	3083	47
秦皇岛	Qinhuangdao	1752	2137	2159	73
邯郸	Handan	2983	3161	3811	35
邢台	Xingtai	1278	1519	1519	108
保定	Baoding	1714	3250	3261	42
张家口	Zhangjiakou	1241	1375	1534	106
承德	Chengde	693	734	748	200
沧州	Cangzhou	883	968	970	168
廊坊	Langfang	856	987	987	167
衡水	Hengshui	642	742	1174	142
山西	**Shanxi**	**10312**	**15039**	**16705**	
太原	Taiyuan	2432	4140	4903	24
大同	Datong	1767	2058	2151	74
阳泉	Yangquan	581	840	840	189
长治	Changzhi	473	736	762	197
晋城	Jincheng	379	577	584	224
朔州	Shuozhou	477	675	923	174
晋中	Jinzhong	616	965	1095	150
运城	Yuncheng	332	716	716	208
忻州	Xinzhou	238	583	641	219
临汾	Linfen	503	527	660	215
吕梁	Lvliang	243	344	360	265
内蒙古	**Inner Mongolia**	**12476**	**19793**	**20808**	
呼和浩特	Hohhot	1609	2506	2731	56
包头	Baotou	2246	2852	2921	50
乌海	Wuhai	744	1430	1425	113
赤峰	Chifeng	819	2175	2420	67
通辽	Tongliao	865	1189	1226	136
鄂尔多斯	Erdos	2217	2948	2984	48
呼伦贝尔	Hulunbuir	377	999	1005	164
巴彦淖尔	Bayannur	714	1013	1050	157
乌兰察布	Ulanqab	534	887	902	180
辽宁	**Liaoning**	**23658**	**30585**	**29277**	
沈阳	Shenyang	5706	9071	6273	16
大连	Dalian	4135	4553	5031	23
鞍山	Anshan	1282	1705	1724	93
抚顺	Fushun	1189	1403	1416	114
本溪	Benxi	925	1042	1042	159
丹东	Dandong	958	1056	921	175
锦州	Jinzhou	952	1120	1161	143
营口	Yingkou	713	720	1711	95
阜新	Fuxin	461	967	993	166
辽阳	Liaoyang	998	1376	1385	118
盘锦	Panjin	984	952	1285	126
铁岭	Tieling	814	635	640	220
朝阳	Chaoyang	374	422	446	249
葫芦岛	Huludao	528	580	580	227
吉林	**Jilin**	**13243**	**17010**	**17084**	
长春	Changchun	6260	7655	7713	11
吉林	Jilin	1295	1595	1642	99
四平	Siping	354	678	698	209
辽源	Liaoyuan	646	531	538	232
通化	Tonghua	259	414	416	257
白山	Baishan	349	426	425	254
松原	Songyuan	502	928	934	172
白城	Baicheng	254	326	339	266
黑龙江	**Heilongjiang**	**13569**	**18651**	**19667**	
哈尔滨	Harbin	3296	5977	6484	15
齐齐哈尔	Qiqihar	875	1156	1160	144
鸡西	Jixi	543	654	666	213
鹤岗	Hegang	353	457	473	243
双鸭山	Shuangyashan	314	426	473	244
大庆	Daqing	2697	3456	3659	37
伊春	Yichun	734	886	943	171
佳木斯	Jiamusi	468	582	620	223
七台河	Qitaihe	423	487	487	241
牡丹江	Mudanjiang	874	981	1046	158
黑河	Heihe	155	180	180	283
绥化	Suihua	213	254	258	275
上海	**Shanghai**	**9299**	**10317**	**10582**	
江苏	**Jiangsu**	**53723**	**75052**	**79733**	

8-38 城市道路面积(辖区) 续表 1
Surface Area of Urban Roads (Municipal Districts) continued 1

单位：万平方米 (10 000 m²)

地名	City	2010	2015	2016	2016 排名 Ranking
南京	Nanjing	9576	14248	14649	1
无锡	Wuxi	5580	6586	6679	14
徐州	Xuzhou	2467	4484	4463	28
常州	Changzhou	3023	4432	4880	25
苏州	Suzhou	5928	8534	10681	5
南通	Nantong	1871	4882	5064	22
连云港	Lianyungang	1642	2388	2506	64
淮安	Huaian	2091	2977	3506	39
盐城	Yancheng	1350	2895	3122	46
扬州	Yangzhou	1612	2433	2559	61
镇江	Zhenjiang	1823	2183	2313	69
泰州	Taizhou	1413	2421	2525	62
宿迁	Suqian	1266	1942	1995	82
浙江	**Zhejiang**	**30381**	**39293**	**41286**	
杭州	Hangzhou	4754	6540	6932	12
宁波	Ningbo	2379	3119	3954	33
温州	Wenzhou	2339	3003	3203	44
嘉兴	Jiaxing	1196	1568	1601	100
湖州	Huzhou	1882	2348	2462	66
绍兴	Shaoxing	1207	2579	2689	57
金华	Jinhua	1390	1724	1806	90
衢州	Quzhou	771	1149	1210	137
舟山	Zhoushan	520	1193	1205	138
台州	Taizhou	2371	2868	2911	51
丽水	Lishui	411	441	461	245
安徽	**Anhui**	**19927**	**31010**	**33100**	
合肥	Hefei	4323	6348	6820	13
芜湖	Wuhu	2583	3426	3578	38
蚌埠	Bengbu	1186	1896	1925	87
淮南	Huainan	1059	1616	1688	98
马鞍山	Maanshan	968	1385	1416	115
淮北	Huaibei	864	1203	1261	133
铜陵	Tongling	476	530	625	222
安庆	Anqing	937	1168	1326	122
黄山	Huangshan	546	781	879	184
滁州	Chuzhou	792	1910	1969	84
阜阳	Fuyang	1147	1842	2091	79
宿州	Suzhou	840	1574	1599	101
六安	Liuan	447	1402	1462	112
亳州	Bozhou	958	1477	1557	103
池州	Chizhou	654	769	781	196
宣城	Xuancheng	540	1049	1104	149
福建	**Fujian**	**12560**	**16303**	**17657**	
福州	Fuzhou	2327	2834	3228	43
厦门	Xiamen	2994	3835	3835	34
莆田	Putian	784	860	1273	130
三明	Sanming	332	358	326	267
泉州	Quanzhou	932	1957	1959	85
漳州	Zhangzhou	765	1123	1292	125
南平	Nanping	236	388	431	253
龙岩	Longyan	396	591	717	207
宁德	Ningde	284	418	454	246
江西	**Jiangxi**	**11330**	**17436**	**18936**	
南昌	Nanchang	1806	3448	3308	41
景德镇	Jingdezhen	728	808	1283	128
萍乡	Pingxiang	593	727	733	202
九江	Jiujiang	1331	1546	1548	104
新余	Xinyu	814	1133	1139	147
鹰潭	Yingtan	299	307	404	259
赣州	Ganzhou	691	1735	2254	70
吉安	Jian	511	834	861	188
宜春	Yichun	605	833	896	181
抚州	Fuzhou	916	1152	1203	139
上饶	Shangrao	686	1433	1494	111
山东	**Shandong**	**60615**	**80847**	**83011**	
济南	Jinan	5907	8358	9060	8
青岛	Qingdao	5893	7941	8057	9
淄博	Zibo	2523	3924	4171	31
枣庄	Zaozhuang	1668	2481	2565	60
东营	Dongying	1858	2357	2760	54
烟台	Yantai	3034	3815	3986	32
潍坊	Weifang	3094	3666	3715	36
济宁	Jining	1898	4456	4565	27
泰安	Taian	1506	1739	2783	53
威海	Weihai	1801	3105	3179	45
日照	Rizhao	1561	2054	1794	91
莱芜	Laiwu	1367	1791	1827	88
临沂	Linyi	3722	4799	4410	29
德州	Dezhou	1231	2872	2904	52
聊城	Liaocheng	1773	2351	2392	68

8-38 城市道路面积(辖区) 续表 2

Surface Area of Urban Roads (Municipal Districts) continued 2

单位：万平方米 (10 000 m²)

地名	City	2010	2015	2016	2016 排名 Ranking
滨州	Binzhou	1159	1953	1979	83
菏泽	Heze	1056	1531	2145	75
河南	**Henan**	**21768**	**29915**	**31621**	
郑州	Zhengzhou	3158	4720	5125	21
开封	Kaifeng	1010	1611	1720	94
洛阳	Luoyang	1650	2370	2495	65
平顶山	Pingdingshan	958	1230	1283	127
安阳	Anyang	898	1020	1090	151
鹤壁	Hebi	603	755	760	198
新乡	Xinxiang	1028	1110	1149	145
焦作	Jiaozuo	1056	1248	1264	132
濮阳	Puyang	405	723	816	192
许昌	Xuchang	538	628	685	210
漯河	Luohe	761	847	909	178
三门峡	Sanmenxia	207	487	581	225
南阳	Nanyang	1088	2189	2247	71
商丘	Shangqiu	719	944	944	170
信阳	Xinyang	783	891	893	182
周口	Zhoukou	629	820	825	191
驻马店	Zhumadian	868	1118	1185	141
湖北	**Hubei**	**24599**	**31852**	**33293**	
武汉	Wuhan	7273	9495	10154	6
黄石	Huangshi	1227	1585	1742	92
十堰	Shiyan	746	919	920	176
宜昌	Yichang	1368	2004	2036	81
襄阳	Xiangyang	1188	2097	2161	72
鄂州	Ezhou	786	509	514	235
荆门	Jingmen	645	965	1087	153
孝感	Xiaogan	554	1160	1268	131
荆州	Jingzhou	755	1015	1025	162
黄冈	Huanggang	738	975	996	165
咸宁	Xianning	418	554	580	226
随州	Suizhou	383	485	504	237
湖南	**Hunan**	**15972**	**21333**	**22477**	
长沙	Changsha	3618	4200	5400	20
株洲	Zhuzhou	1413	2124	2136	76
湘潭	Xiangtan	1140	1499	1499	109
衡阳	Hengyang	1432	1113	1392	116
邵阳	Shaoyang	775	1180	1250	134
岳阳	Yueyang	807	967	1007	163
常德	Changde	950	1393	914	177
张家界	Zhangjiajie	337	447	447	248
益阳	Yiyang	617	823	829	190
郴州	Chenzhou	321	910	397	262
永州	Yongzhou	709	1095	1061	156
怀化	Huaihua	299	469	498	239
娄底	Loudi	482	493	510	236
广东	**Guangdong**	**55869**	**70003**	**71204**	
广州	Guangzhou	9731	11230	11525	4
韶关	Shaoguan	720	748	791	193
深圳	Shenzhen	8941	11838	11920	3
珠海	Zhuhai	3385	6099	6123	17
汕头	Shantou	2492	2508	2522	63
佛山	Foshan	2339	2656	2952	49
江门	Jiangmen	1942	1937	1945	86
湛江	Zhanjiang	1609	1282	1312	124
茂名	Maoming	487	693	718	206
肇庆	Zhaoqing	869	1444	1498	110
惠州	Huizhou	1882	2977	2732	55
梅州	Meizhou	693	740	750	199
汕尾	Shanwei	244	261	281	272
河源	Heyuan	314	449	495	240
阳江	Yangjiang	597	976	1026	161
清远	Qingyuan	569	921	1316	123
东莞	Dongguan	11853	14244	14200	2
中山	Zhongshan	1089	1092	1072	155
潮州	Chaozhou	399	741	744	201
揭阳	Jieyang	418	1263	1249	135
云浮	Yunfu	86	303	320	269
广西	**Guangxi**	**12118**	**17003**	**18555**	
南宁	Nanning	3205	4105	4633	26
柳州	Liuzhou	1494	1963	2121	77
桂林	Guilin	699	1265	1344	121
梧州	Wuzhou	509	854	1081	154
北海	Beihai	745	907	925	173
防城港	Fangchenggang	507	664	666	212
钦州	Qinzhou	728	1192	1277	129
贵港	Guigang	716	815	906	179
玉林	Yulin	783	1035	1089	152
百色	Baise	311	449	516	234

8-38 城市道路面积(辖区) 续表 3
Surface Area of Urban Roads (Municipal Districts) continued 3

单位：万平方米 (10 000 m²)

地名	City	2010	2015	2016	2016 排名 Ranking	地名	City	2010	2015	2016	2016 排名 Ranking
贺州	Hezhou	276	321	444	250	丽江	Lijiang	224	180	185	281
河池	Hechi	157	262	272	273	普洱	Puer	272	216	216	279
来宾	Laibin	250	632	648	216	临沧	Lincang	150	214	256	276
崇左	Chongzuo	185	222	247	277	**西藏**	**Tibet**	**596**	**1891**	**1986**	
海南	**Hainan**	**3152**	**5070**	**5195**		拉萨	Lasa	519	1541	1541	105
海口	Haikou	1572	2579	2605	59	**陕西**	**Shaanxi**	**10537**	**14602**	**15265**	
三亚	Sanya	383	696	785	195	西安	Xi'an	5342	7747	7990	10
三沙	Sansha		4	4	286	铜川	Tongchuan	438	466	404	260
重庆	**Chongqing**	**9931**	**16128**	**17776**		宝鸡	Baoji	1233	1341	1354	120
四川	**Sichuan**	**18743**	**27937**	**31352**		咸阳	Xianyang	836	1266	1389	117
成都	Chengdu	6460	7710	9590	7	渭南	Weinan	673	551	565	228
自贡	Zigong	794	1566	1693	97	延安	Yan'an	178	245	309	271
攀枝花	Panzhihua	565	829	868	187	汉中	Hanzhong	258	329	402	261
泸州	Luzhou	785	1422	1527	107	榆林	Yulin	447	1015	1147	146
德阳	Deyang	533	684	721	205	安康	Ankang	470	535	539	231
绵阳	Mianyang	1484	1616	1814	89	商洛	Shangluo	184	185	197	280
广元	Guangyuan	376	613	663	214	**甘肃**	**Gansu**	**6599**	**9650**	**9933**	
遂宁	Suining	625	2068	2095	78	兰州	Lanzhou	2162	4035	4276	30
内江	Neijiang	303	523	541	230	嘉峪关	Jiayuguan	334	405	424	255
乐山	Leshan	688	872	875	186	金昌	Jinchang	399	478	484	242
南充	Nanchong	964	1550	1701	96	白银	Baiyin	555	629	629	221
眉山	Meishan	454	874	880	183	天水	Tianshui	596	604	642	218
宜宾	Yibin	311	725	958	169	武威	Wuwei	259	360	408	258
广安	Guangan	286	692	729	203	张掖	Zhangye	321	664	501	238
达州	Dazhou	156	224	225	278	平凉	Pingliang	521	645	669	211
雅安	Yaan	215	350	360	264	酒泉	Jiuquan	429	453	453	247
巴中	Bazhong	45	119	165	284	庆阳	Qingyang	198	307	321	268
资阳	Ziyang	335	545	645	217	定西	Dingxi	161	268	270	274
贵州	**Guizhou**	**3604**	**7201**	**8208**		陇南	Longnan	64	70	100	285
贵阳	Guiyang	1348	2645	2643	58	**青海**	**Qinghai**	**1357**	**1970**	**2059**	
六盘水	Liupanshui	320	566	432	252	西宁	Xining	737	960	1033	160
遵义	Zunyi	385	552	1197	140	海东	Haidong		168	185	282
安顺	Anshun	254	630	877	185	**宁夏**	**Ningxia**	**3889**	**6376**	**6578**	
毕节	Bijie	196	482	442	251	银川	Yinchuan	1652	1898	2083	80
铜仁	Tongren	159	302	313	270	石嘴山	Shizuishan	623	1582	1581	102
云南	**Yunnan**	**7983**	**12690**	**14768**		吴忠	Wuzhong	373	518	521	233
昆明	Kunming	2815	4902	6071	18	固原	Guyuan	398	784	790	194
曲靖	Qujing	698	1095	1374	119	中卫	Zhongwei	350	542	542	229
玉溪	Yuxi	326	668	723	204	**新疆**	**Xinjiang**	**8323**	**12827**	**13673**	
保山	Baoshan	206	373	393	263	乌鲁木齐	Urumqi	2005	3224	3346	40
昭通	Zhaotong	336	410	420	256	克拉玛依	Karamay	823	1101	1121	148

8-39 城市人均道路面积(辖区)

Urban Road Surface Area per Capita (Municipal Districts)

单位：平方米 (m²)

地名	City	2010	2015	2016	2016 排名 Ranking
全国	**Nation Total**	**13.2**	**15.6**	**15.8**	
北京	**Beijing**	**5.6**	**7.6**	**7.6**	
天津	**Tianjin**	**14.9**	**16.0**	**15.4**	
河北	**Hebei**	**17.4**	**18.7**	**18.9**	
石家庄	Shijiazhuang	16.9	19.0	19.6	93
唐山	Tangshan	15.1	15.7	15.6	148
秦皇岛	Qinhuangdao	19.4	19.8	19.4	97
邯郸	Handan	19.6	19.9	20.6	82
邢台	Xingtai	20.0	16.1	15.9	141
保定	Baoding	15.2	20.7	20.2	87
张家口	Zhangjiakou	14.5	15.4	15.3	155
承德	Chengde	13.0	12.9	13.0	203
沧州	Cangzhou	15.2	16.7	16.3	136
廊坊	Langfang	16.5	18.3	17.6	122
衡水	Hengshui	17.2	20.1	19.6	92
山西	**Shanxi**	**10.7**	**13.5**	**14.8**	
太原	Taiyuan	8.1	11.5	13.3	198
大同	Datong	13.8	16.7	17.1	126
阳泉	Yangquan	9.9	14.0	14.7	160
长治	Changzhi	6.7	10.0	10.0	256
晋城	Jincheng	11.5	12.0	11.9	228
朔州	Shuozhou	15.8	17.0	21.4	72
晋中	Jinzhong	15.2	19.4	21.3	74
运城	Yuncheng	7.7	16.7	16.7	132
忻州	Xinzhou	8.8	19.5	21.4	73
临汾	Linfen	11.6	8.6	10.4	250
吕梁	Lvliang	10.5	12.8	13.3	199
内蒙古	**Inner Mongolia**	**14.9**	**22.6**	**23.5**	
呼和浩特	Hohhot	10.2	13.3	14.0	179
包头	Baotou	12.8	15.1	15.4	152
乌海	Wuhai	13.6	25.5	25.9	41
赤峰	Chifeng	9.2	22.1	24.2	51
通辽	Tongliao	17.2	26.4	27.1	31
鄂尔多斯	Erdos	30.9	56.3	55.2	1
呼伦贝尔	Hulunbuir	13.1	31.2	28.6	23
巴彦淖尔	Bayannur	19.2	24.7	27.0	33
乌兰察布	Ulanqab	16.6	27.8	30.3	18
辽宁	**Liaoning**	**11.2**	**13.4**	**13.0**	
沈阳	Shenyang	11.9	17.6	11.7	235
大连	Dalian	14.1	13.8	14.3	171
鞍山	Anshan	8.2	10.8	12.6	210
抚顺	Fushun	9.0	10.7	10.8	244
本溪	Benxi	10.1	11.4	11.4	237
丹东	Dandong	14.3	14.4	14.0	182
锦州	Jinzhou	9.7	11.9	12.3	217
营口	Yingkou	7.5	7.6	19.3	99
阜新	Fuxin	5.9	12.4	12.9	205
辽阳	Liaoyang	12.6	17.6	17.6	119
盘锦	Panjin	15.0	13.0	13.7	188
铁岭	Tieling	18.0	14.1	14.2	175
朝阳	Chaoyang	7.0	7.3	7.0	281
葫芦岛	Huludao	11.4	11.4	11.3	240
吉林	**Jilin**	**12.4**	**14.5**	**15.0**	
长春	Changchun	20.2	19.0	21.7	70
吉林	Jilin	10.1	12.5	12.9	205
四平	Siping	5.5	10.3	10.5	249
辽源	Liaoyuan	13.0	10.9	11.0	242
通化	Tonghua	5.5	8.9	9.0	270
白山	Baishan	9.2	10.8	10.6	247
松原	Songyuan	10.6	18.8	18.9	105
白城	Baicheng	9.0	11.5	12.0	226
黑龙江	**Heilongjiang**	**10.0**	**13.1**	**13.7**	
哈尔滨	Harbin	7.9	13.1	13.5	193
齐齐哈尔	Qiqihar	8.0	10.6	10.7	246
鸡西	Jixi	7.3	9.1	9.2	266
鹤岗	Hegang	6.3	8.3	8.6	272
双鸭山	Shuangyashan	6.8	8.9	9.9	261
大庆	Daqing	20.4	23.1	25.1	45
伊春	Yichun	9.8	11.6	12.3	219
佳木斯	Jiamusi	7.5	9.7	10.4	251
七台河	Qitaihe	11.0	12.1	11.9	229
牡丹江	Mudanjiang	12.4	13.3	14.2	173
黑河	Heihe	11.0	12.4	12.4	216
绥化	Suihua	6.8	7.2	7.0	281
上海	**Shanghai**	**4.0**	**4.3**	**4.4**	
江苏	**Jiangsu**	**21.3**	**24.4**	**25.4**	

8-39 城市人均道路面积(辖区) 续表 1
Urban Road Surface Area per Capita (Municipal Districts) continued 1

单位：平方米 (m²)

地名	City	2010	2015	2016	2016 排名 Ranking	地名	City	2010	2015	2016	2016 排名 Ranking
南京	Nanjing	19.4	23.1	23.4	55	池州	Chizhou	23.7	25.4	25.7	43
无锡	Wuxi	23.5	26.7	26.6	36	宣城	Xuancheng	19.7	29.5	30.9	16
徐州	Xuzhou	16.3	23.9	24.4	49	**福建**	**Fujian**	**12.6**	**13.8**	**14.4**	
常州	Changzhou	22.9	24.8	26.0	39	福州	Fuzhou	11.3	11.7	13.0	204
苏州	Suzhou	27.6	28.5	34.2	5	厦门	Xiamen	10.8	12.5	11.8	230
南通	Nantong	18.9	30.1	30.8	17	莆田	Putian	14.9	13.7	19.4	98
连云港	Lianyungang	22.4	22.7	23.8	54	三明	Sanming	14.5	16.1	14.7	162
淮安	Huaian	17.1	20.3	21.7	69	泉州	Quanzhou	11.6	15.1	14.6	163
盐城	Yancheng	19.2	21.3	23.0	57	漳州	Zhangzhou	17.9	22.3	25.1	46
扬州	Yangzhou	20.8	22.3	21.9	67	南平	Nanping	11.5	11.0	12.2	220
镇江	Zhenjiang	20.8	24.6	26.0	40	龙岩	Longyan	13.2	14.1	17.1	125
泰州	Taizhou	22.2	26.0	26.8	35	宁德	Ningde	12.3	16.4	17.7	117
宿迁	Suqian	26.8	27.7	27.3	30	**江西**	**Jiangxi**	**13.8**	**16.6**	**17.3**	
浙江	**Zhejiang**	**16.7**	**18.1**	**17.7**		南昌	Nanchang	8.5	12.8	12.1	224
杭州	Hangzhou	14.3	12.5	12.3	218	景德镇	Jingdezhen	16.1	16.1	28.2	25
宁波	Ningbo	14.5	16.4	13.9	183	萍乡	Pingxiang	16.0	16.1	15.8	144
温州	Wenzhou	16.0	15.6	15.6	146	九江	Jiujiang	21.1	23.2	22.7	61
嘉兴	Jiaxing	17.5	18.3	17.0	130	新余	Xinyu	21.4	24.1	24.0	53
湖州	Huzhou	22.5	26.0	26.9	34	鹰潭	Yingtan	18.8	13.9	17.7	117
绍兴	Shaoxing	17.1	17.7	17.9	115	赣州	Ganzhou	10.2	13.3	14.9	159
金华	Jinhua	23.9	26.4	22.9	59	吉安	Jian	16.1	19.1	18.8	107
衢州	Quzhou	25.6	32.1	33.7	6	宜春	Yichun	13.8	14.5	15.6	147
舟山	Zhoushan	11.6	20.6	19.2	101	抚州	Fuzhou	18.1	20.3	19.6	93
台州	Taizhou	23.5	27.8	28.1	26	上饶	Shangrao	20.6	20.4	20.9	78
丽水	Lishui	12.7	12.8	13.1	202	**山东**	**Shandong**	**22.2**	**25.8**	**24.7**	
安徽	**Anhui**	**16.0**	**20.8**	**21.8**		济南	Jinan	21.0	27.6	27.0	32
合肥	Hefei	17.5	16.8	17.0	128	青岛	Qingdao	21.3	23.5	18.2	112
芜湖	Wuhu	21.8	24.9	26.3	37	淄博	Zibo	16.3	23.4	24.0	52
蚌埠	Bengbu	13.7	20.0	20.1	88	枣庄	Zaozhuang	18.9	25.5	25.8	42
淮南	Huainan	10.1	15.0	15.4	151	东营	Dongying	28.6	34.8	32.1	13
马鞍山	Maanshan	17.1	19.2	19.1	103	烟台	Yantai	21.0	21.3	21.9	68
淮北	Huaibei	10.3	14.8	16.9	131	潍坊	Weifang	24.6	28.6	28.6	24
铜陵	Tongling	11.5	11.2	12.1	223	济宁	Jining	28.8	31.9	29.5	20
安庆	Anqing	15.7	16.5	18.7	108	泰安	Taian	24.9	25.9	27.6	29
黄山	Huangshan	18.2	21.0	22.8	60	威海	Weihai	30.5	33.4	33.6	7
滁州	Chuzhou	24.3	46.4	43.9	3	日照	Rizhao	25.0	30.4	22.4	63
阜阳	Fuyang	15.5	23.7	26.2	38	莱芜	Laiwu	28.9	29.1	29.1	21
宿州	Suzhou	18.1	26.8	27.9	27	临沂	Linyi	21.8	23.0	21.3	75
六安	Liuan	7.5	23.4	24.2	50	德州	Dezhou	20.2	33.0	33.0	11
亳州	Bozhou	37.4	46.0	45.5	2	聊城	Liaocheng	28.8	27.3	27.7	28

8-39 城市人均道路面积(辖区) 续表 2

Urban Road Surface Area per Capita (Municipal Districts) continued 2

单位：平方米 (m²)

地名	City	2010	2015	2016	2016 排名 Ranking
滨州	Binzhou	16.5	22.0	22.2	65
菏泽	Heze	14.8	22.3	25.4	44
河南	**Henan**	**10.3**	**12.1**	**13.0**	
郑州	Zhengzhou	6.3	7.1	8.6	273
开封	Kaifeng	11.6	15.0	16.4	135
洛阳	Luoyang	6.8	9.8	10.5	248
平顶山	Pingdingshan	9.5	13.1	13.5	194
安阳	Anyang	12.7	14.1	14.9	157
鹤壁	Hebi	14.4	16.1	16.1	139
新乡	Xinxiang	13.7	14.5	14.9	158
焦作	Jiaozuo	14.0	16.0	16.1	138
濮阳	Puyang	9.3	13.9	14.3	168
许昌	Xuchang	12.1	12.5	12.5	213
漯河	Luohe	14.0	15.0	15.5	149
三门峡	Sanmenxia	6.9	9.3	11.5	236
南阳	Nanyang	9.0	13.6	13.6	192
商丘	Shangqiu	7.5	9.8	9.8	263
信阳	Xinyang	16.7	16.6	15.8	145
周口	Zhoukou	21.0	21.5	21.1	76
驻马店	Zhumadian	20.4	23.8	25.0	48
湖北	**Hubei**	**14.1**	**16.2**	**16.1**	
武汉	Wuhan	11.4	14.8	14.4	167
黄石	Huangshi	16.9	18.3	20.0	89
十堰	Shiyan	14.0	11.4	11.4	238
宜昌	Yichang	17.3	21.7	22.3	64
襄阳	Xiangyang	15.4	18.1	17.6	120
鄂州	Ezhou	19.4	11.9	12.0	227
荆门	Jingmen	13.8	19.5	20.6	82
孝感	Xiaogan	19.5	23.1	23.2	56
荆州	Jingzhou	10.6	13.1	12.2	221
黄冈	Huanggang	25.1	31.2	31.0	15
咸宁	Xianning	12.6	13.5	14.1	176
随州	Suizhou	11.7	9.9	10.2	253
湖南	**Hunan**	**13.0**	**14.3**	**14.6**	
长沙	Changsha	14.3	12.4	15.4	154
株洲	Zhuzhou	16.8	19.7	19.5	96
湘潭	Xiangtan	15.4	18.4	18.3	110
衡阳	Hengyang	15.3	10.0	12.8	207
邵阳	Shaoyang	12.9	17.3	18.0	114
岳阳	Yueyang	12.4	13.6	13.8	187
常德	Changde	15.3	17.4	10.1	255
张家界	Zhangjiajie	15.7	20.0	21.0	77
益阳	Yiyang	10.2	13.4	12.6	211
郴州	Chenzhou	6.1	14.5	6.2	283
永州	Yongzhou	13.8	20.4	19.6	95
怀化	Huaihua	9.3	8.3	8.0	276
娄底	Loudi	12.9	10.2	10.2	253
广东	**Guangdong**	**12.7**	**13.6**	**13.1**	
广州	Guangzhou	11.2	9.0	8.6	271
韶关	Shaoguan	13.4	11.8	12.6	209
深圳	Shenzhen	8.6	10.4	10.0	257
珠海	Zhuhai	23.3	33.1	33.5	8
汕头	Shantou	10.8	9.9	9.7	264
佛山	Foshan	12.0	14.1	14.0	179
江门	Jiangmen	17.7	16.9	14.5	164
湛江	Zhanjiang	24.2	14.4	14.5	166
茂名	Maoming	10.1	10.4	10.0	259
肇庆	Zhaoqing	17.1	20.2	20.6	84
惠州	Huizhou	16.1	18.4	14.1	176
梅州	Meizhou	16.8	16.5	16.1	137
汕尾	Shanwei	9.8	11.2	12.5	212
河源	Heyuan	11.6	13.9	15.1	156
阳江	Yangjiang	14.5	20.2	20.9	79
清远	Qingyuan	11.9	15.3	16.7	132
东莞	Dongguan	20.0	23.9	22.6	62
中山	Zhongshan	18.6	15.1	14.5	165
潮州	Chaozhou	10.2	8.8	8.0	276
揭阳	Jieyang	5.3	14.0	14.0	181
云浮	Yunfu	4.0	9.2	12.5	214
广西	**Guangxi**	**14.3**	**16.3**	**17.1**	
南宁	Nanning	14.7	14.3	14.7	161
柳州	Liuzhou	10.6	12.0	12.8	208
桂林	Guilin	8.5	13.5	14.1	178
梧州	Wuzhou	12.2	14.0	17.5	123
北海	Beihai	21.7	20.7	20.7	81
防城港	Fangchenggang	32.6	35.9	33.1	9
钦州	Qinzhou	32.0	32.9	35.2	4
贵港	Guigang	17.7	19.2	20.4	85
玉林	Yulin	14.2	15.3	15.5	150
百色	Baise	14.0	17.7	19.8	90

8-39 城市人均道路面积(辖区) 续表 3

Urban Road Surface Area per Capita (Municipal Districts) continued 3

单位：平方米 (m²)

地名	City	2010	2015	2016	2016 排名 Ranking	地名	City	2010	2015	2016	2016 排名 Ranking
贺州	Hezhou	16.7	13.7	18.5	109	丽江	Lijiang	18.6	10.6	10.9	243
河池	Hechi	6.8	11.7	13.2	200	普洱	Puer	12.6	9.5	9.5	265
来宾	Laibin	9.0	21.6	21.5	71	临沧	Lincang	10.8	11.0	13.9	185
崇左	Chongzuo	14.2	12.7	13.8	186	**西藏**	**Tibet**	**13.3**	**25.0**	**16.8**	
海南	**Hainan**	**13.8**	**17.4**	**17.8**		拉萨	Lasa	13.5	30.8	17.7	116
海口	Haikou	14.2	15.7	17.1	126	**陕西**	**Shaanxi**	**13.4**	**15.7**	**15.4**	
三亚	Sanya	13.5	19.0	14.3	172	西安	Xi'an	15.6	18.3	18.3	110
三沙	Sansha		17.6	20.7	80	铜川	Tongchuan	11.0	11.5	10.0	258
重庆	**Chongqing**	**9.4**	**12.1**	**12.2**		宝鸡	Baoji	15.7	16.0	15.9	142
四川	**Sichuan**	**11.8**	**13.6**	**13.7**		咸阳	Xianyang	10.1	11.9	13.2	201
成都	Chengdu	14.9	14.6	13.9	184	渭南	Weinan	16.8	10.2	10.3	252
自贡	Zigong	8.9	12.9	14.3	170	延安	Yan'an	5.1	7.2	7.8	279
攀枝花	Panzhihua	8.8	11.5	12.4	215	汉中	Hanzhong	6.3	7.5	9.1	269
泸州	Luzhou	9.4	11.8	11.3	239	榆林	Yulin	12.8	27.8	18.2	113
德阳	Deyang	12.4	12.9	11.8	231	安康	Ankang	13.9	16.5	15.8	143
绵阳	Mianyang	17.0	13.0	13.7	191	商洛	Shangluo	14.3	11.8	8.2	275
广元	Guangyuan	11.6	13.7	13.4	197	**甘肃**	**Gansu**	**12.2**	**15.2**	**15.4**	
遂宁	Suining	11.5	29.0	30.1	19	兰州	Lanzhou	10.9	16.1	17.0	129
内江	Neijiang	6.0	8.1	8.4	274	嘉峪关	Jiayuguan	16.8	18.5	19.2	102
乐山	Leshan	12.8	12.0	11.2	241	金昌	Jinchang	22.1	24.7	25.1	46
南充	Nanchong	12.1	14.1	14.2	174	白银	Baiyin	13.7	14.9	14.3	168
眉山	Meishan	14.6	17.5	17.3	124	天水	Tianshui	8.7	8.8	9.2	266
宜宾	Yibin	8.2	8.1	9.9	260	武威	Wuwei	10.2	10.9	12.2	221
广安	Guangan	9.3	23.2	22.1	66	张掖	Zhangye	16.7	27.2	20.4	86
达州	Dazhou	4.7	3.6	4.0	285	平凉	Pingliang	18.7	19.3	19.7	91
雅安	Yaan	8.7	13.2	13.5	195	酒泉	Jiuquan	13.9	11.8	11.8	233
巴中	Bazhong	1.6	2.8	3.8	286	庆阳	Qingyang	11.1	16.0	16.0	140
资阳	Ziyang	11.4	16.3	19.3	100	定西	Dingxi	9.0	13.4	13.5	196
贵州	**Guizhou**	**6.7**	**11.2**	**12.1**		陇南	Longnan	4.2	4.3	6.1	284
贵阳	Guiyang	6.2	9.9	9.9	261	**青海**	**Qinghai**	**11.4**	**10.6**	**11.0**	
六盘水	Liupanshui	10.2	16.1	11.7	234	西宁	Xining	7.4	7.5	7.9	278
遵义	Zunyi	5.3	7.0	11.8	231	海东	Haidong		6.7	7.3	280
安顺	Anshun	5.0	13.6	18.9	105	**宁夏**	**Ningxia**	**17.4**	**22.5**	**23.1**	
毕节	Bijie	8.0	16.8	16.6	134	银川	Yinchuan	15.3	13.4	13.7	188
铜仁	Tongren	6.9	9.1	9.2	268	石嘴山	Shizuishan	15.8	32.7	33.1	9
云南	**Yunnan**	**10.9**	**14.2**	**15.8**		吴忠	Wuzhong	20.1	22.9	23.0	57
昆明	Kunming	8.4	12.9	15.4	152	固原	Guyuan	19.1	26.4	31.6	14
曲靖	Qujing	11.0	17.2	19.1	104	中卫	Zhongwei	19.0	26.5	32.5	12
玉溪	Yuxi	16.2	22.3	17.6	121	**新疆**	**Xinjiang**	**13.2**	**17.7**	**18.4**	
保山	Baoshan	12.4	12.1	12.0	225	乌鲁木齐	Urumqi	7.2	10.3	10.7	245
昭通	Zhaotong	12.9	13.6	13.7	190	克拉玛依	Karamay	23.6	29.2	28.9	22

8-40 城市污水排放量(辖区)

Annual Quantity of Urban Wastewater Discharged (Municipal Districts)

单位：万立方米 (10 000 m³)

地名	City	2010	2015	2016	2016 排名 Ranking
全国	**Nation Total**	**3786983**	**4666210**	**4803049**	
北京	**Beijing**	**141651**	**164231**	**169540**	
天津	**Tianjin**	**65235**	**93979**	**99693**	
河北	**Hebei**	**132798**	**167057**	**171190**	
石家庄	Shijiazhuang	24583	44777	42728	17
唐山	Tangshan	20285	22784	22288	39
秦皇岛	Qinhuangdao	9163	12084	13658	67
邯郸	Handan	12959	12700	15091	57
邢台	Xingtai	4828	3258	3870	199
保定	Baoding	8500	14661	13702	65
张家口	Zhangjiakou	5806	6736	7166	118
承德	Chengde	4635	4866	5412	151
沧州	Cangzhou	2842	4070	4298	182
廊坊	Langfang	3675	3342	3399	210
衡水	Hengshui	3468	2936	4176	187
山西	**Shanxi**	**60181**	**72746**	**74553**	
太原	Taiyuan	22556	28415	28415	29
大同	Datong	5840	7262	6914	126
阳泉	Yangquan	3547	4285	3941	196
长治	Changzhi	6000	7048	7309	114
晋城	Jincheng	2100	3873	3916	198
朔州	Shuozhou	1934	1867	2021	254
晋中	Jinzhong	1953	4233	4434	177
运城	Yuncheng	2700	1997	2580	236
忻州	Xinzhou	1330	1803	1854	258
临汾	Linfen	2449	2565	2820	227
吕梁	Lvliang	750	882	1002	276
内蒙古	**Inner Mongolia**	**46543**	**59052**	**63261**	
呼和浩特	Hohhot	9488	10465	14060	63
包头	Baotou	8232	10657	11070	79
乌海	Wuhai	2534	4218	3945	195
赤峰	Chifeng	6983	9379	9370	88
通辽	Tongliao	4523	5828	5322	155
鄂尔多斯	Erdos	1908	3119	3111	216
呼伦贝尔	Hulunbuir	1923	2586	2734	231
巴彦淖尔	Bayannur	1380	2045	2884	223
乌兰察布	Ulanqab	1853	1564	1636	266
辽宁	**Liaoning**	**204370**	**243528**	**256798**	
沈阳	Shenyang	54429	59689	74921	7
大连	Dalian	28242	38460	40357	18
鞍山	Anshan	19300	21479	17789	48
抚顺	Fushun	9774	20586	18310	46
本溪	Benxi	18731	19434	19434	44
丹东	Dandong	3970	4901	4810	167
锦州	Jinzhou	10536	12071	11372	76
营口	Yingkou	4624	5431	9000	99
阜新	Fuxin	5630	6315	7297	115
辽阳	Liaoyang	9854	8710	8818	101
盘锦	Panjin	5795	6877	7133	120
铁岭	Tieling	3349	3416	3106	217
朝阳	Chaoyang	3351	5277	5357	154
葫芦岛	Huludao	5340	4686	4734	172
吉林	**Jilin**	**75270**	**86386**	**86821**	
长春	Changchun	23555	30331	28930	28
吉林	Jilin	17821	15300	16743	51
四平	Siping	1870	3566	3566	207
辽源	Liaoyuan	2280	3670	2750	230
通化	Tonghua	3509	2085	3776	201
白山	Baishan	2034	2466	2373	242
松原	Songyuan	3680	4948	4774	170
白城	Baicheng	2440	1927	1830	260
黑龙江	**Heilongjiang**	**108443**	**122699**	**121854**	
哈尔滨	Harbin	32016	40910	42832	15
齐齐哈尔	Qiqihar	7265	7299	6711	130
鸡西	Jixi	5500	4040	4080	189
鹤岗	Hegang	3812	3219	3001	220
双鸭山	Shuangyashan	1825	2076	2399	240
大庆	Daqing	19365	20057	20761	42
伊春	Yichun	2563	3277	3987	192
佳木斯	Jiamusi	6020	4230	4320	180
七台河	Qitaihe	3650	3940	3861	200
牡丹江	Mudanjiang	14185	16700	13700	66
黑河	Heihe	540	892	854	280
绥化	Suihua	1300	3600	3620	205
上海	**Shanghai**	**231374**	**230423**	**236248**	
江苏	**Jiangsu**	**363096**	**412277**	**427570**	

8-40 城市污水排放量(辖区) 续表 1

Annual Quantity of Urban Wastewater Discharged (Municipal Districts) continued 1

单位：万立方米 (10 000 m³)

地名	City	2010	2015	2016	2016 排名 Ranking	地名	City	2010	2015	2016	2016 排名 Ranking
南京	Nanjing	80490	95019	99272	4	池州	Chizhou	1620	2640	2804	229
无锡	Wuxi	38685	36120	37262	21	宣城	Xuancheng	1750	2253	2194	247
徐州	Xuzhou	18106	21571	22294	38	**福建**	**Fujian**	**95884**	**119392**	**122965**	
常州	Changzhou	24025	23800	24661	34	福州	Fuzhou	20208	28500	28386	30
苏州	Suzhou	40989	62559	64550	8	厦门	Xiamen	22049	28885	32344	25
南通	Nantong	15792	22680	23421	36	莆田	Putian	4905	8274	7293	116
连云港	Lianyungang	7181	10508	11581	74	三明	Sanming	4225	2381	2609	234
淮安	Huaian	13387	13031	13792	64	泉州	Quanzhou	8953	10334	10868	81
盐城	Yancheng	5299	8690	8762	102	漳州	Zhangzhou	3400	4147	4290	183
扬州	Yangzhou	10121	15275	15068	59	南平	Nanping	1842	2598	2946	221
镇江	Zhenjiang	12495	13837	14167	62	龙岩	Longyan	3931	6005	6273	137
泰州	Taizhou	3768	7474	8189	108	宁德	Ningde	1330	1577	1511	270
宿迁	Suqian	4020	5877	6451	133	**江西**	**Jiangxi**	**70453**	**88945**	**88768**	
浙江	**Zhejiang**	**206415**	**269386**	**277096**		南昌	Nanchang	27297	34447	30705	26
杭州	Hangzhou	43746	56974	57916	9	景德镇	Jingdezhen	3945	4121	4275	184
宁波	Ningbo	32531	44018	50201	13	萍乡	Pingxiang	2450	3067	2827	226
温州	Wenzhou	17802	21605	22812	37	九江	Jiujiang	6238	6082	6423	135
嘉兴	Jiaxing	8027	8839	9062	97	新余	Xinyu	3687	4915	5202	160
湖州	Huzhou	6500	8000	8636	103	鹰潭	Yingtan	1765	1831	1839	259
绍兴	Shaoxing	9789	31811	30638	27	赣州	Ganzhou	3402	7798	9213	93
金华	Jinhua	4216	6955	8274	106	吉安	Jian	2364	3017	3079	219
衢州	Quzhou	8184	6162	5568	147	宜春	Yichun	2456	3849	3936	197
舟山	Zhoushan	3393	3806	4192	186	抚州	Fuzhou	3139	4559	4931	166
台州	Taizhou	8996	12378	13644	68	上饶	Shangrao	2551	4754	5027	165
丽水	Lishui	2711	3284	3334	211	**山东**	**Shandong**	**244417**	**302131**	**320102**	
安徽	**Anhui**	**124449**	**150642**	**159297**		济南	Jinan	22980	29540	35978	22
合肥	Hefei	30856	44433	50342	12	青岛	Qingdao	30735	39273	42796	16
芜湖	Wuhu	9789	13976	14900	60	淄博	Zibo	22730	22620	24076	35
蚌埠	Bengbu	13100	14558	15370	56	枣庄	Zaozhuang	6854	8960	9227	92
淮南	Huainan	10400	7000	7227	117	东营	Dongying	6512	7871	11266	77
马鞍山	Maanshan	15665	11722	9322	89	烟台	Yantai	12489	15971	15456	55
淮北	Huaibei	4348	4637	4738	171	潍坊	Weifang	7408	12519	11146	78
铜陵	Tongling	3143	4877	5289	157	济宁	Jining	9206	12712	13102	70
安庆	Anqing	5596	6895	6432	134	泰安	Taian	5624	6388	6617	131
黄山	Huangshan	2008	3115	3167	215	威海	Weihai	5115	8919	9202	94
滁州	Chuzhou	2766	6093	6052	139	日照	Rizhao	5032	6199	5235	158
阜阳	Fuyang	4500	5694	7128	121	莱芜	Laiwu	3188	4052	3763	203
宿州	Suzhou	5210	4430	4100	188	临沂	Linyi	12414	18458	18808	45
六安	Liuan	3600	4211	4806	168	德州	Dezhou	5998	10265	10164	87
亳州	Bozhou	2358	4316	5379	152	聊城	Liaocheng	4070	5903	8002	109

8-40 城市污水排放量(辖区) 续表 2

Annual Quantity of Urban Wastewater Discharged (Municipal Districts) continued 2

单位：万立方米 (10 000 m³)

地名	City	2010	2015	2016	2016 排名 Ranking
滨州	Binzhou	4949	6993	8290	105
菏泽	Heze	3460	6159	7064	123
河南	**Henan**	**147413**	**194710**	**185413**	
郑州	Zhengzhou	32065	48077	35397	23
开封	Kaifeng	5815	9369	10309	86
洛阳	Luoyang	11383	15979	16339	52
平顶山	Pingdingshan	9398	9795	10516	85
安阳	Anyang	8485	7050	7318	113
鹤壁	Hebi	3390	2903	3473	208
新乡	Xinxiang	8691	10714	10802	83
焦作	Jiaozuo	8106	10052	11019	80
濮阳	Puyang	3826	5480	5540	149
许昌	Xuchang	3270	4027	5313	156
漯河	Luohe	8553	7200	8219	107
三门峡	Sanmenxia	1329	2946	2382	241
南阳	Nanyang	4474	7974	9256	91
商丘	Shangqiu	4777	8135	4300	181
信阳	Xinyang	3326	3930	3949	194
周口	Zhoukou	1432	3835	4411	178
驻马店	Zhumadian	3334	5614	5873	143
湖北	**Hubei**	**169150**	**203363**	**209620**	
武汉	Wuhan	60801	83243	89110	6
黄石	Huangshi	10100	8714	7157	119
十堰	Shiyan	8045	13097	12188	72
宜昌	Yichang	7925	9585	10563	84
襄阳	Xiangyang	12346	15969	17238	50
鄂州	Ezhou	2450	3565	3772	202
荆门	Jingmen	4556	5433	5187	161
孝感	Xiaogan	2618	4609	5048	164
荆州	Jingzhou	7035	6977	6747	129
黄冈	Huanggang	3140	2426	2732	232
咸宁	Xianning	1704	2514	2819	228
随州	Suizhou	2800	3603	3605	206
湖南	**Hunan**	**153696**	**165003**	**175059**	
长沙	Changsha	35927	48018	54210	11
株洲	Zhuzhou	13000	14701	15079	58
湘潭	Xiangtan	13200	14468	14567	61
衡阳	Hengyang	11650	11356	13240	69
邵阳	Shaoyang	6600	7018	6123	138
岳阳	Yueyang	12400	11401	12676	71

地名	City	2010	2015	2016	2016 排名 Ranking
常德	Changde	5680	5237	6993	125
张家界	Zhangjiajie	1925	2270	2321	244
益阳	Yiyang	4300	5973	5453	150
郴州	Chenzhou	4695	6389	6820	127
永州	Yongzhou	6791	6344	7025	124
怀化	Huaihua	4109	3700	4499	175
娄底	Loudi	4850	5146	5544	148
广东	**Guangdong**	**506546**	**671363**	**689202**	
广州	Guangzhou	93847	149182	150867	2
韶关	Shaoguan	5127	7253	7346	111
深圳	Shenzhen	104798	168019	172859	1
珠海	Zhuhai	17285	23966	26773	31
汕头	Shantou	19950	21121	20537	43
佛山	Foshan	36198	36361	38402	20
江门	Jiangmen	10103	19346	21290	41
湛江	Zhanjiang	7530	15049	17594	49
茂名	Maoming	3468	5043	5595	146
肇庆	Zhaoqing	7112	9726	9268	90
惠州	Huizhou	18153	26036	26108	33
梅州	Meizhou	3154	4773	5119	163
汕尾	Shanwei	2091	2661	2855	224
河源	Heyuan	3839	3917	2902	222
阳江	Yangjiang	2558	5103	4726	173
清远	Qingyuan	2556	8169	7680	110
东莞	Dongguan	109527	105113	106667	3
中山	Zhongshan	10431	12260	12154	73
潮州	Chaozhou	3868	6379	6335	136
揭阳	Jieyang	2117	4578	4588	174
云浮	Yunfu	1879	2815	3687	204
广西	**Guangxi**	**115256**	**130447**	**136471**	
南宁	Nanning	30062	36896	40217	19
柳州	Liuzhou	31556	33413	33615	24
桂林	Guilin	7997	10185	10852	82
梧州	Wuzhou	3825	5623	5626	145
北海	Beihai	3226	5299	5928	142
防城港	Fangchenggang	2015	3056	3297	214
钦州	Qinzhou	3386	3871	4055	190
贵港	Guigang	8809	8642	8819	100
玉林	Yulin	3817	5175	5373	153
百色	Baise	3661	2553	2611	233

8-40 城市污水排放量(辖区) 续表 3

Annual Quantity of Urban Wastewater Discharged (Municipal Districts) continued 3

单位：万立方米 （10 000 m³）

地名	City	2010	2015	2016	2016 排名 Ranking
贺州	Hezhou	1503	1680	1789	262
河池	Hechi	3150	1821	1821	261
来宾	Laibin	1762	1742	2066	252
崇左	Chongzuo	961	1048	1120	274
海南	**Hainan**	**27811**	**32054**	**32641**	
海口	Haikou	12914	15370	15862	54
三亚	Sanya	10472	8400	8500	104
三沙	Sansha		29	35	286
重庆	**Chongqing**	**64622**	**96951**	**104129**	
四川	**Sichuan**	**136520**	**186332**	**199603**	
成都	Chengdu	55404	82301	94747	5
自贡	Zigong	4502	5008	4791	169
攀枝花	Panzhihua	9751	8934	9167	95
泸州	Luzhou	7223	5607	6002	141
德阳	Deyang	3761	5014	5217	159
绵阳	Mianyang	6753	8449	9060	98
广元	Guangyuan	2280	3754	3964	193
遂宁	Suining	2397	4370	4041	191
内江	Neijiang	1826	3203	3305	213
乐山	Leshan	3368	3949	4341	179
南充	Nanchong	5660	6280	6551	132
眉山	Meishan	2376	3429	3310	212
宜宾	Yibin	3978	8023	4480	176
广安	Guangan	860	1740	2158	248
达州	Dazhou	2161	5686	5868	144
雅安	Yaan	1600	1784	1630	267
巴中	Bazhong	1510	1960	2130	250
资阳	Ziyang	1478	1870	1880	257
贵州	**Guizhou**	**32533**	**49075**	**54056**	
贵阳	Guiyang	16952	23276	26228	32
六盘水	Liupanshui	1801	1904	1910	256
遵义	Zunyi	3900	5132	6767	128
安顺	Anshun	1493	2502	2597	235
毕节	Bijie	1138	3200	3100	218
铜仁	Tongren	1089	2216	2201	246
云南	**Yunnan**	**58711**	**85425**	**88280**	
昆明	Kunming	37050	48678	49296	14
曲靖	Qujing	3016	3939	4255	185
玉溪	Yuxi	2200	2640	3472	209
保山	Baoshan	890	1832	1925	255
昭通	Zhaotong	1144	2742	2830	225
丽江	Lijiang	1100	1913	2028	253
普洱	Puer	908	1336	1662	264
临沧	Lincang	637	1054	992	277
西藏	**Tibet**	**6770**	**12991**	**9047**	
拉萨	Lasa	6020	10353	6019	140
陕西	**Shaanxi**	**68104**	**96977**	**92129**	
西安	Xi'an	33232	59956	54500	10
铜川	Tongchuan	1169	1273	1614	269
宝鸡	Baoji	6237	6651	7112	122
咸阳	Xianyang	10259	9381	9108	96
渭南	Weinan	3544	5045	5165	162
延安	Yan'an	1342	1784	2136	249
汉中	Hanzhong	2000	3584	2354	243
榆林	Yulin	960	1836	2081	251
安康	Ankang	3900	1948	2270	245
商洛	Shangluo	738	931	953	278
甘肃	**Gansu**	**41940**	**41331**	**34688**	
兰州	Lanzhou	22318	19439	18008	47
嘉峪关	Jiayuguan	2680	2846	670	282
金昌	Jinchang	2040	1981	1510	271
白银	Baiyin	4161	4466	1439	273
天水	Tianshui	2084	2401	2542	238
武威	Wuwei	1576	1321	1733	263
张掖	Zhangye	1363	1648	1618	268
平凉	Pingliang	1070	1475	1652	265
酒泉	Jiuquan	1600	1571	1493	272
庆阳	Qingyang	514	587	1075	275
定西	Dingxi	316	451	428	285
陇南	Longnan	365	348	475	284
青海	**Qinghai**	**12889**	**18579**	**18484**	
西宁	Xining	7799	11417	11578	75
海东	Haidong		651	665	283
宁夏	**Ningxia**	**28047**	**27751**	**28009**	
银川	Yinchuan	10525	15664	15955	53
石嘴山	Shizuishan	5642	2583	2568	237
吴忠	Wuzhong	2261	2722	2450	239
固原	Guyuan	486	693	690	281
中卫	Zhongwei	656	716	933	279
新疆	**Xinjiang**	**46396**	**70984**	**70462**	
乌鲁木齐	Urumqi	18388	21129	21484	40
克拉玛依	Karamay	4876	7277	7329	112

8-41 城市排水管道长度(辖区)

Length of Urban Drainage Pipelines (Municipal Districts)

单位：公里 (km)

地名	City	2010	2015	2016	2016 排名 Ranking
全国	**Nation Total**	**369553**	**539567**	**576617**	
北京	**Beijing**	**10172**	**15528**	**16901**	
天津	**Tianjin**	**15140**	**19543**	**20951**	
河北	**Hebei**	**14576**	**16964**	**17954**	
石家庄	Shijiazhuang	2074	2168	2249	45
唐山	Tangshan	2218	2402	1982	55
秦皇岛	Qinhuangdao	1313	1561	1582	71
邯郸	Handan	1441	1718	2207	46
邢台	Xingtai	745	845	845	131
保定	Baoding	1062	1246	1430	80
张家口	Zhangjiakou	662	676	805	134
承德	Chengde	334	475	508	190
沧州	Cangzhou	404	560	560	179
廊坊	Langfang	402	624	625	165
衡水	Hengshui	361	388	707	150
山西	**Shanxi**	**5459**	**7860**	**8169**	
太原	Taiyuan	1473	1946	1946	56
大同	Datong	488	638	638	162
阳泉	Yangquan	330	420	429	208
长治	Changzhi	254	467	493	193
晋城	Jincheng	327	367	367	222
朔州	Shuozhou	457	522	456	201
晋中	Jinzhong	474	794	938	117
运城	Yuncheng	291	378	378	221
忻州	Xinzhou	132	423	483	194
临汾	Linfen	35	91	110	276
吕梁	Lvliang	200	281	306	236
内蒙古	**Inner Mongolia**	**8514**	**12542**	**12971**	
呼和浩特	Hohhot	962	1996	1997	54
包头	Baotou	1750	2207	2282	42
乌海	Wuhai	260	290	324	230
赤峰	Chifeng	469	840	982	111
通辽	Tongliao	586	737	741	144
鄂尔多斯	Erdos	1823	2169	2173	48
呼伦贝尔	Hulunbuir	318	504	510	189
巴彦淖尔	Bayannur	557	1181	1215	93
乌兰察布	Ulanqab	246	318	330	228
辽宁	**Liaoning**	**14070**	**17074**	**18275**	
沈阳	Shenyang	3738	3909	4580.7	17
大连	Dalian	2459	2744	2995	28
鞍山	Anshan	860	940	794	136
抚顺	Fushun	842	945	954	113
本溪	Benxi	336	362	362	223
丹东	Dandong	684	785	450	202
锦州	Jinzhou	476	516	471	196
营口	Yingkou	526	553	1380	85
阜新	Fuxin	259	597	619	166
辽阳	Liaoyang	742	909	952	115
盘锦	Panjin	555	640	739	145
铁岭	Tieling	461	395	402	214
朝阳	Chaoyang	251	666	667	158
葫芦岛	Huludao	176	685	691	155
吉林	**Jilin**	**7738**	**10319**	**8445**	
长春	Changchun	3801	5358	3208	24
吉林	Jilin	816	1007	1059	105
四平	Siping	206	214	218	257
辽源	Liaoyuan	114	211	219	256
通化	Tonghua	123	165	220	255
白山	Baishan	140	160	179	268
松原	Songyuan	193	238	248	248
白城	Baicheng	240	331	340	226
黑龙江	**Heilongjiang**	**7504**	**10345**	**10722**	
哈尔滨	Harbin	1796	2956	3207	25
齐齐哈尔	Qiqihar	693	861	870	125
鸡西	Jixi	289	320	335	227
鹤岗	Hegang	266	314	320	232
双鸭山	Shuangyashan	238	272	297	239
大庆	Daqing	1297	1528	1543	73
伊春	Yichun	266	474	533	186
佳木斯	Jiamusi	346	509	536	185
七台河	Qitaihe	141	174	177	269
牡丹江	Mudanjiang	387	430	462	199
黑河	Heihe	98	103	103	277
绥化	Suihua	151	204	214	259
上海	**Shanghai**	**11483**	**16920**	**19508**	
江苏	**Jiangsu**	**46867**	**70048**	**72823**	

8-41 城市排水管道长度(辖区) 续表 1
Length of Urban Drainage Pipelines (Municipal Districts) continued 1

单位：公里 (km)

地名	City	2010	2015	2016	2016 排名 Ranking
南京	Nanjing	4948	8308	8657	8
无锡	Wuxi	8880	12963	13105	2
徐州	Xuzhou	1334	2129	2196	47
常州	Changzhou	3627	5503	5880	12
苏州	Suzhou	5360	8883	8678	7
南通	Nantong	1757	4253	4493	18
连云港	Lianyungang	1228	1897	2156	50
淮安	Huaian	1599	2033	2514	37
盐城	Yancheng	786	2016	2157	49
扬州	Yangzhou	1584	2400	2596	36
镇江	Zhenjiang	1646	1954	2016	53
泰州	Taizhou	838	1738	1877	57
宿迁	Suqian	647	1497	1617	69
浙江	**Zhejiang**	**26367**	**38203**	**40550**	
杭州	Hangzhou	3904	5370	5944	11
宁波	Ningbo	3407	4782	5339	14
温州	Wenzhou	1539	3292	3528	21
嘉兴	Jiaxing	727	921	953	114
湖州	Huzhou	1652	2033	2118	51
绍兴	Shaoxing	982	2792	3005	27
金华	Jinhua	1323	1673	1789	63
衢州	Quzhou	952	1290	1384	84
舟山	Zhoushan	703	969	985	110
台州	Taizhou	1567	2274	2345	41
丽水	Lishui	427	557	613	167
安徽	**Anhui**	**13136**	**24399**	**26388**	
合肥	Hefei	3611	5935	6404	10
芜湖	Wuhu	1311	2807	2924	29
蚌埠	Bengbu	763	1193	1225	92
淮南	Huainan	646	738	738	146
马鞍山	Maanshan	595	1501	1526	74
淮北	Huaibei	125	618	643	161
铜陵	Tongling	256	1313	1447	76
安庆	Anqing	624	1035	1140	99
黄山	Huangshan	566	517	539	184
滁州	Chuzhou	589	1537	1814	61
阜阳	Fuyang	458	911	1044	107
宿州	Suzhou	605	839	885	123
六安	Liuan	324	543	692	154
亳州	Bozhou	547	1075	1138	100
池州	Chizhou	414	565	748	140
宣城	Xuancheng	524	758	788	137
福建	**Fujian**	**9686**	**13340**	**14329**	
福州	Fuzhou	1448	2238	2598	35
厦门	Xiamen	1737	2674	2775	33
莆田	Putian	1245	1436	1596	70
三明	Sanming	113	210	228	253
泉州	Quanzhou	1011	1391	1395	83
漳州	Zhangzhou	734	827	856	129
南平	Nanping	72	247	252	247
龙岩	Longyan	219	342	406	213
宁德	Ningde	138	226	248	249
江西	**Jiangxi**	**7340**	**11983**	**13326**	
南昌	Nanchang	1239	2305	2816	32
景德镇	Jingdezhen	646	728	729	148
萍乡	Pingxiang	246	50	50	284
九江	Jiujiang	853	1161	1179	96
新余	Xinyu	591	819	844	132
鹰潭	Yingtan	61	174	174	270
赣州	Ganzhou	463	1402	1813	62
吉安	Jian	317	549	568	173
宜春	Yichun	380	622	682	156
抚州	Fuzhou	569	806	900	121
上饶	Shangrao	531	1032	1056	106
山东	**Shandong**	**34301**	**52183**	**56796**	
济南	Jinan	2177	2634	5460	13
青岛	Qingdao	4708	6993	7146	9
淄博	Zibo	1785	2695	3014	26
枣庄	Zaozhuang	930	1245	1300	90
东营	Dongying	756	1122	1462	75
烟台	Yantai	2328	3837	3438	23
潍坊	Weifang	1433	2208	2263	44
济宁	Jining	969	1780	2033	52
泰安	Taian	797	898	1735	65
威海	Weihai	1043	3691	3805	20
日照	Rizhao	1006	1475	1571	72
莱芜	Laiwu	798	1085	1129	101
临沂	Linyi	1845	3007	2706	34
德州	Dezhou	792	1179	1312	88
聊城	Liaocheng	874	1372	1431	79

8-41　城市排水管道长度（辖区）　续表 2
Length of Urban Drainage Pipelines (Municipal Districts) continued 2

单位：公里　　　　　　　　　　　　　　　　　　　　　　　　（km）

地名	City	2010	2015	2016	2016 排名 Ranking
滨州	Binzhou	590	1760	1821	60
菏泽	Heze	509	870	1105	103
河南	**Henan**	**14733**	**20467**	**21376**	
郑州	Zhengzhou	2939	3812	4065	19
开封	Kaifeng	628	963	1002	108
洛阳	Luoyang	1201	1637	1697	66
平顶山	Pingdingshan	392	514	548	181
安阳	Anyang	768	886	949	116
鹤壁	Hebi	340	424	433	206
新乡	Xinxiang	765	848	864	127
焦作	Jiaozuo	662	912	912	119
濮阳	Puyang	266	456	581	171
许昌	Xuchang	429	531	562	177
漯河	Luohe	451	499	532	188
三门峡	Sanmenxia	159	311	231	252
南阳	Nanyang	811	1415	1424	81
商丘	Shangqiu	237	421	464	198
信阳	Xinyang	285	349	352	225
周口	Zhoukou	450	631	636	163
驻马店	Zhumadian	476	730	737	147
湖北	**Hubei**	**16577**	**23042**	**23922**	
武汉	Wuhan	7543	9202	9316	6
黄石	Huangshi	602	1144	1319	87
十堰	Shiyan	473	1265	1265	91
宜昌	Yichang	582	1067	1157	97
襄阳	Xiangyang	665	1161	1207	94
鄂州	Ezhou	645	643	701	151
荆门	Jingmen	539	816	861	128
孝感	Xiaogan	279	686	741	143
荆州	Jingzhou	385	574	590	169
黄冈	Huanggang	203	384	386	217
咸宁	Xianning	180	267	288	242
随州	Suizhou	236	281	290	241
湖南	**Hunan**	**8882**	**13199**	**13846**	
长沙	Changsha	1274	2172	2270	43
株洲	Zhuzhou	291	1475	1303	89
湘潭	Xiangtan	724	1067	1067	104
衡阳	Hengyang	924	873	936	118
邵阳	Shaoyang	480	544	544	183
岳阳	Yueyang	874	1329	1366	86
常德	Changde	483	539	378	220
张家界	Zhangjiajie	96	233	246	251
益阳	Yiyang	333	363	872	124
郴州	Chenzhou	390	374	420	211
永州	Yongzhou	343	542	546	182
怀化	Huaihua	221	346	415	212
娄底	Loudi	376	474	499	192
广东	**Guangdong**	**42507**	**53587**	**56323**	
广州	Guangzhou	8501	10204	10369	4
韶关	Shaoguan	497	548	588	170
深圳	Shenzhen	12844	13060	13507	1
珠海	Zhuhai	1281	1495	2490	39
汕头	Shantou	1661	1693	1876	58
佛山	Foshan	1672	2678	2818	31
江门	Jiangmen	1242	1011	1778	64
湛江	Zhanjiang	449	643	672	157
茂名	Maoming	291	384	387	216
肇庆	Zhaoqing	568	908	898	122
惠州	Huizhou	1473	2321	2394	40
梅州	Meizhou	298	525	555	180
汕尾	Shanwei	215	245	248	250
河源	Heyuan	206	404	456	200
阳江	Yangjiang		724	747	141
清远	Qingyuan		1020	1000	109
东莞	Dongguan	5857	9290	9399	5
中山	Zhongshan	899	1086	1114	102
潮州	Chaozhou	307	441	560	178
揭阳	Jieyang	212	99	383	219
云浮	Yunfu	57	141	444	203
广西	**Guangxi**	**6417**	**10588**	**11480**	
南宁	Nanning	716	1482	1647	68
柳州	Liuzhou	1012	1316	1436	78
桂林	Guilin	485	724	824	133
梧州	Wuzhou	156	336	439	204
北海	Beihai	308	819	866	126
防城港	Fangchenggang	231	494	562	176
钦州	Qinzhou	449	790	910	120
贵港	Guigang	320	411	426	209
玉林	Yulin	619	743	779	138
百色	Baise	256	339	389	215

8-41 城市排水管道长度(辖区) 续表 3

Length of Urban Drainage Pipelines (Municipal Districts) continued 3

单位：公里 （km）

地名	City	2010	2015	2016	2016 排名 Ranking	地名	City	2010	2015	2016	2016 排名 Ranking
贺州	Hezhou	209	329	267	246	丽江	Lijiang	118	546	566.5	175
河池	Hechi	322	296	309	234	普洱	Puer	221	487	507	191
来宾	Laibin	210	541	567	174	临沧	Lincang	185	253	273	243
崇左	Chongzuo	89	178	210	261	**西藏**	**Tibet**	**293**	**1422**	**1422**	
海南	**Hainan**	**2946**	**3792**	**4192**		拉萨	Lasa	216	964	964	112
海口	Haikou	1154	1603	1650	67	**陕西**	**Shaanxi**	**5666**	**8026**	**8678**	
三亚	Sanya	818	1085	1419	82	西安	Xi'an	3388	4688	4860	15
三沙	Sansha		8	17	286	铜川	Tongchuan	180	260	478	195
重庆	**Chongqing**	**7073**	**12961**	**15553**		宝鸡	Baoji	494	597	612	168
四川	**Sichuan**	**14498**	**22486**	**26486**		咸阳	Xianyang	230	302	362	223
成都	Chengdu	5213	7878	10668	3	渭南	Weinan	289	427	431	207
自贡	Zigong	455	39	49	285	延安	Yan'an	89	98	128	275
攀枝花	Panzhihua	545	630	648	160	汉中	Hanzhong	130	165	210	262
泸州	Luzhou	632	1034	1206	95	榆林	Yulin	364	678	742	142
德阳	Deyang	360	555	578	172	安康	Ankang	110	216	223	254
绵阳	Mianyang	1016	1936	2504	38	商洛	Shangluo	178	89	93	280
广元	Guangyuan	313	601	700	152	**甘肃**	**Gansu**	**3092**	**5558**	**5802**	
遂宁	Suining	487	799	801	135	兰州	Lanzhou	724	2622	2846	30
内江	Neijiang	222	399	425	210	嘉峪关	Jiayuguan	344	382	385	218
乐山	Leshan	456	711	716	149	金昌	Jinchang	87	99	102	278
南充	Nanchong	730	1385	1445	77	白银	Baiyin	153	174	189	266
眉山	Meishan	260	743	758	139	天水	Tianshui	323	315	315	233
宜宾	Yibin	153	645	662	159	武威	Wuwei	138	160	192	265
广安	Guangan	232	273	273	244	张掖	Zhangye	215	338	204	263
达州	Dazhou	415	91	92	281	平凉	Pingliang	286	411	436	205
雅安	Yaan	180	308	309	235	酒泉	Jiuquan	258	297	297	238
巴中	Bazhong	185	268	301	237	庆阳	Qingyang	159	205	215	258
资阳	Ziyang	214	312	325	229	定西	Dingxi	95	138	140	273
贵州	**Guizhou**	**3327**	**5895**	**6060**		陇南	Longnan	56	56	89	282
贵阳	Guiyang	1798	3523	3524	22	**青海**	**Qinghai**	**1014**	**1668**	**1744**	
六盘水	Liupanshui	70	78	84	283	西宁	Xining	619	831	853	130
遵义	Zunyi	222	222	323	231	海东	Haidong		167	168	271
安顺	Anshun	295	527	533	187	**宁夏**	**Ningxia**	**1384**	**1608**	**1626**	
毕节	Bijie	75	203	203	264	银川	Yinchuan	451	689	694	153
铜仁	Tongren	129	207	188	267	石嘴山	Shizuishan	302	130	131	274
云南	**Yunnan**	**4419**	**11477**	**13133**		吴忠	Wuzhong	98	150	150	272
昆明	Kunming	524	4398	4725	16	固原	Guyuan	154	297	296	240
曲靖	Qujing	458	724	1141	98	中卫	Zhongwei	91	97	97	279
玉溪	Yuxi	475	297	626	164	**新疆**	**Xinjiang**	**4372**	**6538**	**6864**	
保山	Baoshan	132	204	212	260	乌鲁木齐	Urumqi	1172	1740	1840	59
昭通	Zhaotong	108	250	272	245	克拉玛依	Karamay	405	456	465	197

8-42 城市污水处理总量(辖区)
Total Quantity of Urban Wastewater Treated (Municipal Districts)

单位：万立方米 (10 000 m²)

地名	City	2010	2015	2016	2016 排名 Ranking	地名	City	2010	2015	2016	2016 排名 Ranking
全国	**Nation Total**	**3117032**	**4288251**	**4487944**		沈阳	Shenyang	40067	56770	71114	7
北京	**Beijing**	**116288**	**145189**	**153564**		大连	Dalian	25531	37833	38230	18
天津	**Tianjin**	**55645**	**86030**	**91798**		鞍山	Anshan	13623	18577	15386	52
河北	**Hebei**	**122567**	**159274**	**163264**		抚顺	Fushun	8899	18383	17983	45
石家庄	Shijiazhuang	23448	42807	41070	16	本溪	Benxi	16310	18867	18867	43
唐山	Tangshan	19088	21645	21752	37	丹东	Dandong	1951	4034	4216	172
秦皇岛	Qinhuangdao	8439	11621	13194	65	锦州	Jinzhou	6339	10910	10211	79
邯郸	Handan	11889	12398	14746	58	营口	Yingkou	3443	5331	7343	108
邢台	Xingtai	4080	3139	3729	187	阜新	Fuxin	3054	5878	7164	109
保定	Baoding	7640	13911	12406	69	辽阳	Liaoyang	8044	8710	8790	91
张家口	Zhangjiakou	5080	6360	6784	116	盘锦	Panjin	3649	6877	6934	114
承德	Chengde	4017	4461	4988	156	铁岭	Tieling	2859	3416	3100	207
沧州	Cangzhou	2418	4070	4294	170	朝阳	Chaoyang	2295	5025	5308	145
廊坊	Langfang	3164	3075	3162	206	葫芦岛	Huludao	4496	4189	4260	171
衡水	Hengshui	3000	2496	3684	190	**吉林**	**Jilin**	**55641**	**78072**	**79667**	
山西	**Shanxi**	**51111**	**64891**	**67176**		长春	Changchun	21072	28848	27035	28
太原	Taiyuan	18916	24437	24690	33	吉林	Jilin	16307	14424	16096	49
大同	Datong	4566	6187	5918	133	四平	Siping	1850	3036	3471	198
阳泉	Yangquan	2944	3770	3409	200	辽源	Liaoyuan	1900	3172	2582	226
长治	Changzhi	5520	6507	6964	113	通化	Tonghua	1800	1853	3577	193
晋城	Jincheng	2001	3679	3720	189	白山	Baishan	450	2070	2059	245
朔州	Shuozhou	1864	1831	1980	248	松原	Songyuan	3000	4745	4593	166
晋中	Jinzhong	1875	4098	4299	169	白城	Baicheng	261	1388	1467	266
运城	Yuncheng	2430	1813	2349	233	**黑龙江**	**Heilongjiang**	**61513**	**103566**	**111401**	
忻州	Xinzhou	1249	1714	1770	256	哈尔滨	Harbin	18307	36875	39492	17
临汾	Linfen	2114	2359	2577	227	齐齐哈尔	Qiqihar	4901	5880	6102	131
吕梁	Lvliang	566	805	942	275	鸡西	Jixi	1825	2288	3030	209
内蒙古	**Inner Mongolia**	**37490**	**55003**	**59769**		鹤岗	Hegang	460	2062	2176	240
呼和浩特	Hohhot	7315	9607	13307	64	双鸭山	Shuangyashan	185	1755	2120	242
包头	Baotou	6785	9616	10010	81	大庆	Daqing	19365	19573	19948	40
乌海	Wuhai	2275	4027	3807	186	伊春	Yichun	570	2341	3444	199
赤峰	Chifeng	5749	8505	8787	92	佳木斯	Jiamusi	3250	3600	3672	191
通辽	Tongliao	3898	5706	5216	147	七台河	Qitaihe		1523	2349	233
鄂尔多斯	Erdos	1766	3042	3026	210	牡丹江	Mudanjiang	6450	13013	13700	62
呼伦贝尔	Hulunbuir	1550	2536	2716	219	黑河	Heihe	540	829	794	278
巴彦淖尔	Bayannur	1191	2018	2847	216	绥化	Suihua	730	1747	3218	203
乌兰察布	Ulanqab	1577	1465	1549	262	**上海**	**Shanghai**	**192714**	**213946**	**222751**	
辽宁	**Liaoning**	**153131**	**226685**	**240381**		**江苏**	**Jiangsu**	**317926**	**387207**	**404428**	

8-42 城市污水处理总量(辖区) 续表 1

Total Quantity of Urban Wastewater Treated (Municipal Districts) continued 1

单位：万立方米　　　　(10 000 m²)

地名	City	2010	2015	2016	2016 排名 Ranking	地名	City	2010	2015	2016	2016 排名 Ranking
南京	Nanjing	71493	90904	95277	4	池州	Chizhou	1458	2462	2633	224
无锡	Wuxi	36818	35025	36194	20	宣城	Xuancheng	1588	2109	2061	244
徐州	Xuzhou	14786	20067	20868	39	**福建**	**Fujian**	**80960**	**106819**	**112226**	
常州	Changzhou	21584	22709	23758	34	福州	Fuzhou	17601	25643	26460	29
苏州	Suzhou	37030	60032	61429	8	厦门	Xiamen	19866	27042	30283	25
南通	Nantong	14430	21206	22042	36	莆田	Putian	4253	7033	6199	130
连云港	Lianyungang	5846	9036	10094	80	三明	Sanming	3424	2048	2270	238
淮安	Huaian	10919	12011	12854	66	泉州	Quanzhou	7700	9361	10325	78
盐城	Yancheng	4345	7830	7930	102	漳州	Zhangzhou	2992	3741	3897	183
扬州	Yangzhou	8998	14385	14227	59	南平	Nanping	1523	2272	2560	228
镇江	Zhenjiang	10762	12943	13389	63	龙岩	Longyan	3539	5381	5630	139
泰州	Taizhou	3154	6555	7470	107	宁德	Ningde	982	1377	1322	273
宿迁	Suqian	3336	5524	6098	132	**江西**	**Jiangxi**	**56948**	**78041**	**79612**	
浙江	**Zhejiang**	**170781**	**247695**	**260176**		南昌	Nanchang	20473	31641	28710	27
杭州	Hangzhou	41733	54137	55061	9	景德镇	Jingdezhen	3942	2988	2914	213
宁波	Ningbo	27720	41429	47895	13	萍乡	Pingxiang	2260	2607	2548	229
温州	Wenzhou	12462	20058	21102	38	九江	Jiujiang	6114	6050	6389	124
嘉兴	Jiaxing	7004	7858	8004	101	新余	Xinyu	3687	4915	5049	154
湖州	Huzhou	5532	7504	8241	99	鹰潭	Yingtan	1375	1786	1796	255
绍兴	Shaoxing	8322	29137	28955	26	赣州	Ganzhou	2832	5667	7858	104
金华	Jinhua	3162	6219	7834	105	吉安	Jian	1898	2762	2832	217
衢州	Quzhou	6191	5562	5332	143	宜春	Yichun	2280	3618	3724	188
舟山	Zhoushan	2548	3330	3997	177	抚州	Fuzhou	2919	4217	4586	167
台州	Taizhou	6807	11391	12711	67	上饶	Shangrao	2302	3812	3959	179
丽水	Lishui	1965	2965	3174	205	**山东**	**Shandong**	**222691**	**289341**	**307956**	
安徽	**Anhui**	**110082**	**145634**	**155093**		济南	Jinan	22211	28721	34973	23
合肥	Hefei	30798	44276	50196	12	青岛	Qingdao	27136	37478	41119	15
芜湖	Wuhu	7342	12806	13941	60	淄博	Zibo	21521	21726	23210	35
蚌埠	Bengbu	11438	14485	15294	53	枣庄	Zaozhuang	6258	8553	8853	89
淮南	Huainan	9027	6768	7044	111	东营	Dongying	5753	7494	10803	74
马鞍山	Maanshan	13787	11258	9288	87	烟台	Yantai	11326	15299	14813	56
淮北	Huaibei	4044	4541	4642	164	潍坊	Weifang	6916	11764	10621	75
铜陵	Tongling	2169	4487	4924	159	济宁	Jining	8047	12064	12591	68
安庆	Anqing	5003	6561	6263	127	泰安	Taian	5067	6149	6395	123
黄山	Huangshan	1936	2937	2994	211	威海	Weihai	4726	8525	8841	90
滁州	Chuzhou	2505	5888	5853	134	日照	Rizhao	4568	5855	5018	155
阜阳	Fuyang	3915	5127	6707	117	莱芜	Laiwu	2933	3796	3544	195
宿州	Suzhou	3246	4393	4020	175	临沂	Linyi	11573	17509	17934	46
六安	Liuan	2910	4139	4730	163	德州	Dezhou	5079	9901	9830	84
亳州	Bozhou	2271	4235	5061	152	聊城	Liaocheng	3856	5617	7617	106

8-42 城市污水处理总量(辖区) 续表 2
Total Quantity of Urban Wastewater Treated (Municipal Districts) continued 2

单位：万立方米 (10 000 m²)

地名	City	2010	2015	2016	2016 排名 Ranking	地名	City	2010	2015	2016	2016 排名 Ranking
滨州	Binzhou	4593	6577	7877	103	常德	Changde	4245	4803	6572	120
菏泽	Heze	2167	5913	6818	115	张家界	Zhangjiajie	1193	1914	2022	247
河南	**Henan**	**129134**	**182194**	**177826**		益阳	Yiyang	3766	5516	5071	151
郑州	Zhengzhou	31167	46173	35333	22	郴州	Chenzhou	2635	5942	6377	125
开封	Kaifeng	5117	8817	9639	86	永州	Yongzhou	3625	5753	6345	126
洛阳	Luoyang	10875	14981	16330	48	怀化	Huaihua	2931	3323	3995	178
平顶山	Pingdingshan	9241	9296	10510	76	娄底	Loudi	3931	4555	5060	153
安阳	Anyang	8289	6889	7152	110	**广东**	**Guangdong**	**436041**	**628706**	**647773**	
鹤壁	Hebi	2797	2696	3212	204	广州	Guangzhou	90993	139070	142232	2
新乡	Xinxiang	7603	9643	9938	82	韶关	Shaoguan	3643	6250	6400	122
焦作	Jiaozuo	6898	9071	10468	77	深圳	Shenzhen	104062	162359	168745	1
濮阳	Puyang	2044	5080	5158	148	珠海	Zhuhai	13623	22936	25779	30
许昌	Xuchang	3170	3906	4810	161	汕头	Shantou	14174	19042	18549	44
漯河	Luohe	5540	6930	8021	100	佛山	Foshan	32209	34333	37130	19
三门峡	Sanmenxia	1320	2166	2282	236	江门	Jiangmen	8123	17725	19608	41
南阳	Nanyang	2791	7793	9152	88	湛江	Zhanjiang	7007	13323	16031	50
商丘	Shangqiu	4777	7435	3388	201	茂名	Maoming	2872	4458	5278	146
信阳	Xinyang	2694	3537	3557	194	肇庆	Zhaoqing	5826	8277	8294	98
周口	Zhoukou	1075	3569	4112	174	惠州	Huizhou	15459	25422	25330	32
驻马店	Zhumadian	3068	5193	5677	138	梅州	Meizhou	2239	4227	4944	158
湖北	**Hubei**	**137043**	**189957**	**199231**		汕尾	Shanwei	1080	2371	2604	225
武汉	Wuhan	57735	80869	86799	6	河源	Heyuan	3429	3640	2685	221
黄石	Huangshi	8202	8113	6634	118	阳江	Yangjiang	1823	4361	4154	173
十堰	Shiyan	5853	11317	12038	71	清远	Qingyuan	1572	7155	6255	128
宜昌	Yichang	7100	8817	9896	83	东莞	Dongguan	92753	101384	99725	3
襄阳	Xiangyang	10788	14691	16031	50	中山	Zhongshan	9538	11770	11704	73
鄂州	Ezhou	2004	3177	3490	197	潮州	Chaozhou	3192	5083	5129	149
荆门	Jingmen	3850	4695	4987	157	揭阳	Jieyang	1220	4113	3592	192
孝感	Xiaogan	2230	4420	4841	160	云浮	Yunfu	1846	2620	2871	215
荆州	Jingzhou	5633	6353	6208	129	**广西**	**Guangxi**	**96160**	**117426**	**125707**	
黄冈	Huanggang	2900	2426	2672	222	南宁	Nanning	28039	32401	35998	21
咸宁	Xianning	1457	2181	2670	223	柳州	Liuzhou	28718	31743	31968	24
随州	Suizhou	1291	3397	3530	196	桂林	Guilin	7690	9200	9772	85
湖南	**Hunan**	**115194**	**153025**	**165155**		梧州	Wuzhou	1613	4988	5077	150
长沙	Changsha	32622	46922	52547	10	北海	Beihai	2615	4774	5762	137
株洲	Zhuzhou	10558	14019	14781	57	防城港	Fangchenggang	716	2335	2879	214
湘潭	Xiangtan	10837	13475	13838	61	钦州	Qinzhou	2754	3670	3888	184
衡阳	Hengyang	7436	9539	12287	70	贵港	Guigang	7606	7779	8776	93
邵阳	Shaoyang	4066	6144	5438	141	玉林	Yulin	3750	5130	5327	144
岳阳	Yueyang	9277	10545	11986	72	百色	Baise	897	2177	2273	237

8-42 城市污水处理总量(辖区) 续表 3

Total Quantity of Urban Wastewater Treated (Municipal Districts) continued 3

单位：万立方米 （10 000 m³）

地名	City	2010	2015	2016	2016 排名 Ranking	地名	City	2010	2015	2016	2016 排名 Ranking
贺州	Hezhou	932	1429	1595	261	丽江	Lijiang	987	1739	1909	250
河池	Hechi	2918	1676	1704	258	普洱	Puer	300	1194	1498	263
来宾	Laibin	1344	1450	1805	254	临沧	Lincang	333	760	913	276
崇左	Chongzuo	178	420	383	284	**西藏**	**Tibet**		**2478**	**7819**	
海南	**Hainan**	**15260**	**23798**	**25136**		拉萨	Lasa		1888	5387	142
海口	Haikou	11290	14240	15067	55	**陕西**	**Shaanxi**	**50522**	**88779**	**84168**	
三亚	Sanya	3133	5703	5782	135	西安	Xi'an	28716	55377	50358	11
三沙	Sansha		11	11	286	铜川	Tongchuan	820	1088	1476	265
重庆	**Chongqing**	**59229**	**91887**	**100745**		宝鸡	Baoji	5813	6195	6483	121
四川	**Sichuan**	**102163**	**164938**	**178962**		咸阳	Xianyang	5329	8793	8381	97
成都	Chengdu	50238	78627	89349	5	渭南	Weinan	2662	4245	4595	165
自贡	Zigong	3831	4834	4543	168	延安	Yan'an	1167	1629	1939	249
攀枝花	Panzhihua	2373	8331	8549	95	汉中	Hanzhong	1950	3213	2159	241
泸州	Luzhou	3347	5057	5522	140	榆林	Yulin	650	1572	1868	252
德阳	Deyang	3150	4588	4800	162	安康	Ankang	460	1733	2049	246
绵阳	Mianyang	6010	7836	8396	96	商洛	Shangluo	589	855	778	279
广元	Guangyuan	1670	3605	3912	182	**甘肃**	**Gansu**	**26250**	**37040**	**32544**	
遂宁	Suining	1986	4331	4005	176	兰州	Lanzhou	12845	17300	17187	47
内江	Neijiang	1419	2851	2975	212	嘉峪关	Jiayuguan	1960	2626	611	281
乐山	Leshan	1789	2980	3810	185	金昌	Jinchang	1914	1899	1437	268
南充	Nanchong	3425	5434	5765	136	白银	Baiyin	2165	3859	1354	272
眉山	Meishan	1791	2901	2831	218	天水	Tianshui	1355	2207	2433	231
宜宾	Yibin	1460	5772	3933	180	武威	Wuwei	1396	1269	1728	257
广安	Guangan	780	1680	2074	243	张掖	Zhangye	1022	1447	1466	267
达州	Dazhou	1314	2777	2713	220	平凉	Pingliang	873	1298	1495	264
雅安	Yaan	1000	1519	1405	269	酒泉	Jiuquan	806	1471	1367	271
巴中	Bazhong	1339	1701	1858	253	庆阳	Qingyang	450	530	984	274
资阳	Ziyang	1266	1619	1667	259	定西	Dingxi	250	410	390	283
贵州	**Guizhou**	**28249**	**46706**	**51133**		陇南	Longnan	365	344	355	285
贵阳	Guiyang	16139	22462	25587	31	**青海**	**Qinghai**	**5611**	**11143**	**14379**	
六盘水	Liupanshui	1655	1809	1382	270	西宁	Xining	4293	8391	8574	94
遵义	Zunyi	2334	4927	6573	119	海东	Haidong		397	519	282
安顺	Anshun	1366	2329	2426	232	**宁夏**	**Ningxia**	**21876**	**25822**	**26242**	
毕节	Bijie	1021	3100	3058	208	银川	Yinchuan	9662	14819	15190	54
铜仁	Tongren	748	1933	1901	251	石嘴山	Shizuishan	2321	2469	2458	230
云南	**Yunnan**	**54829**	**77763**	**81479**		吴忠	Wuzhong	2035	2450	2220	239
昆明	Kunming	37050	46431	46372	14	固原	Guyuan	355	590	622	280
曲靖	Qujing	2520	3650	3924	181	中卫	Zhongwei	656	684	898	277
玉溪	Yuxi	2103	2514	3237	202	**新疆**	**Xinjiang**	**33983**	**59196**	**60383**	
保山	Baoshan	850	1500	1650	260	乌鲁木齐	Urumqi	11153	18753	19418	42
昭通	Zhaotong	900	2323	2293	235	克拉玛依	Karamay	4492	6932	6986	112

8-43 城市建成区排水管道密度(辖区)

Density of Drainage Pipeline in Built District (Municipal Districts)

单位：公里/平方公里　　　　(km/sq.km)

地名	City	2010	2015	2016	2016 排名 Ranking
全国	**Nation Total**	**8.97**	**10.36**	**13.87**	
北京	**Beijing**		**11.08**	**10.08**	
天津	**Tianjin**	**22.05**	**22.07**	**14.35**	
河北	**Hebei**	**9.00**	**8.72**	**16.17**	
石家庄	Shijiazhuang	10.22	7.80	19.60	33
唐山	Tangshan	9.48	9.65	12.38	165
秦皇岛	Qinhuangdao	14.67	11.88	16.42	74
邯郸	Handan	13.03	13.53	22.12	16
邢台	Xingtai	10.64	9.37	16.24	75
保定	Baoding	8.03	6.71	17.40	55
张家口	Zhangjiakou	7.88	7.86	15.37	84
承德	Chengde	3.35	4.06	6.37	277
沧州	Cangzhou	8.69	7.93	13.25	139
廊坊	Langfang	6.76	9.42	14.57	110
衡水	Hengshui	8.29	8.36	15.53	79
山西	**Shanxi**	**6.31**	**7.00**	**14.43**	
太原	Taiyuan	6.01	5.72	14.42	115
大同	Datong	4.52	5.09	17.18	60
阳泉	Yangquan	6.40	7.61	15.02	93
长治	Changzhi	4.28	7.87	12.85	157
晋城	Jincheng	9.24	6.44	10.24	218
朔州	Shuozhou	12.49	12.54	18.57	47
晋中	Jinzhong	12.11	11.09	14.27	117
运城	Yuncheng	9.70	8.21	10.85	206
忻州	Xinzhou	4.39	11.74	17.81	53
临汾	Linfen	0.94	1.69	12.07	172
吕梁	Lvliang	11.11	10.89	13.96	125
内蒙古	**Inner Mongolia**	**8.20**	**10.24**	**16.76**	
呼和浩特	Hohhot	5.79	7.68	10.50	211
包头	Baotou	9.54	11.27	14.51	113
乌海	Wuhai	4.13	4.65	22.87	13
赤峰	Chifeng	5.79	8.00	22.82	14
通辽	Tongliao	8.91	12.04	20.03	30
鄂尔多斯	Erdos	16.19	18.63	25.63	3
呼伦贝尔	Hulunbuir	7.95	8.47	16.91	67
巴彦淖尔	Bayannur	14.66	23.16	20.59	24
乌兰察布	Ulanqab	6.04	5.30	15.04	90
辽宁	**Liaoning**	**6.34**	**6.94**	**10.46**	
沈阳	Shenyang	9.07	8.41	10.66	208
大连	Dalian	6.31	6.94	11.61	187
鞍山	Anshan	5.44	5.50	10.02	223
抚顺	Fushun	6.46	6.84	10.16	221
本溪	Benxi	3.15	3.32	9.56	231
丹东	Dandong	12.81	10.18	11.94	177
锦州	Jinzhou	6.66	6.69	13.15	144
营口	Yingkou	5.30	5.03	9.06	239
阜新	Fuxin	3.39	7.80	12.99	152
辽阳	Liaoyang	7.58	8.66	13.16	143
盘锦	Panjin	9.12	8.55	6.68	274
铁岭	Tieling	10.49	6.92	11.26	198
朝阳	Chaoyang	6.28	11.67	7.81	259
葫芦岛	Huludao	2.34	7.97	6.64	275
吉林	**Jilin**	**6.25**	**7.38**	**11.98**	
长春	Changchun	9.65	10.58	14.86	102
吉林	Jilin	4.93	5.44	8.69	245
四平	Siping	4.01	3.70	11.84	182
辽源	Liaoyuan	2.46	4.56	11.62	186
通化	Tonghua	2.54	3.10	7.59	267
白山	Baishan	3.50	3.40	8.98	241
松原	Songyuan	4.52	4.75	18.39	50
白城	Baicheng	6.30	7.71	7.84	258
黑龙江	**Heilongjiang**	**4.58**	**5.84**	**10.86**	
哈尔滨	Harbin	5.00	7.34	14.90	100
齐齐哈尔	Qiqihar	5.14	6.17	8.24	253
鸡西	Jixi	3.65	3.97	8.26	251
鹤岗	Hegang	6.12	5.90	8.89	242
双鸭山	Shuangyashan	4.05	4.69	8.16	255
大庆	Daqing	6.08	6.24	14.85	103
伊春	Yichun	1.65	3.02	6.01	279
佳木斯	Jiamusi	3.70	5.24	6.40	276
七台河	Qitaihe	2.26	2.57	7.21	271
牡丹江	Mudanjiang	5.09	5.23	12.72	161
黑河	Heihe	4.90	5.13	8.99	240
绥化	Suihua	4.93	5.51	5.73	281
上海	**Shanghai**	**11.50**	**16.94**	**10.60**	
江苏	**Jiangsu**	**14.33**	**16.72**	**18.55**	

8-43 城市建成区排水管道密度(辖区) 续表 1

Density of Drainage Pipeline in Built District (Municipal Districts) continued 1

单位：公里/平方公里 (km/sq.km)

地名	City	2010	2015	2016	2016 排名 Ranking
南京	Nanjing	8.00	11.00	18.93	39
无锡	Wuxi	38.39	39.35	20.12	27
徐州	Xuzhou	5.58	8.34	17.10	63
常州	Changzhou	23.70	21.98	18.69	44
苏州	Suzhou	16.28	19.38	23.14	10
南通	Nantong	14.03	20.77	23.48	7
连云港	Lianyungang	10.23	9.21	11.71	184
淮安	Huaian	13.33	13.11	19.64	32
盐城	Yancheng	8.88	14.16	21.10	20
扬州	Yangzhou	19.32	17.15	17.18	60
镇江	Zhenjiang	15.16	14.21	16.61	70
泰州	Taizhou	12.89	16.60	22.03	17
宿迁	Suqian	9.95	17.67	23.18	9
浙江	**Zhejiang**	**12.38**	**14.75**	**15.44**	
杭州	Hangzhou	9.46	10.61	12.80	158
宁波	Ningbo	12.54	14.85	11.96	176
温州	Wenzhou	8.81	13.81	13.27	138
嘉兴	Jiaxing	7.77	7.96	13.46	133
湖州	Huzhou	21.20	19.75	23.23	8
绍兴	Shaoxing	9.81	14.00	13.19	142
金华	Jinhua	18.38	20.86	18.45	49
衢州	Quzhou	16.35	18.13	16.97	64
舟山	Zhoushan	13.42	15.59	19.09	37
台州	Taizhou	13.49	16.27	20.82	21
丽水	Lishui	13.39	15.95	13.02	149
安徽	**Anhui**	**8.81**	**12.67**	**16.54**	
合肥	Hefei	11.08	13.54	14.83	104
芜湖	Wuhu	9.71	17.01	20.80	22
蚌埠	Bengbu	7.28	8.65	13.28	137
淮南	Huainan	6.63	6.83	15.33	86
马鞍山	Maanshan	7.58	16.08	14.87	101
淮北	Huaibei	1.99	7.30	14.80	106
铜陵	Tongling	5.35	17.30	7.68	265
安庆	Anqing	8.07	12.13	14.75	107
黄山	Huangshan	12.89	7.93	13.03	148
滁州	Chuzhou	9.80	18.33	23.07	11
阜阳	Fuyang	5.99	7.50	16.89	68
宿州	Suzhou	11.37	11.19	20.24	25
六安	Liuan	5.33	7.31	19.19	36
亳州	Bozhou	15.19	19.20	25.02	4
池州	Chizhou	11.83	15.30	21.15	19
宣城	Xuancheng	12.19	14.58	20.07	28
福建	**Fujian**	**9.15**	**9.44**	**12.02**	
福州	Fuzhou	6.58	8.60	12.17	169
厦门	Xiamen	7.55	8.43	11.46	192
莆田	Putian	22.71	16.52	14.17	119
三明	Sanming	4.06	5.60	8.43	249
泉州	Quanzhou	6.74	6.74	9.15	238
漳州	Zhangzhou	14.51	12.60	19.21	34
南平	Nanping	2.80	5.98	10.44	212
龙岩	Longyan	5.76	5.85	11.64	185
宁德	Ningde	7.18	7.57	14.13	121
江西	**Jiangxi**	**7.86**	**9.25**	**13.81**	
南昌	Nanchang	6.15	7.50	10.43	213
景德镇	Jingdezhen	8.87	9.26	14.92	98
萍乡	Pingxiang	5.84	0.98	14.40	116
九江	Jiujiang	9.53	10.99	14.50	114
新余	Xinyu	11.15	10.78	14.52	112
鹰潭	Yingtan	2.58	5.15	10.36	216
赣州	Ganzhou	6.07	9.91	13.57	130
吉安	Jian	9.05	9.98	15.27	88
宜春	Yichun	7.60	9.15	12.79	159
抚州	Fuzhou	11.31	13.64	20.01	31
上饶	Shangrao	13.87	13.34	19.21	34
山东	**Shandong**	**9.62**	**11.32**	**17.31**	
济南	Jinan	6.27	6.70	20.24	25
青岛	Qingdao	16.68	12.35	13.44	134
淄博	Zibo	7.95	10.09	15.41	82
枣庄	Zaozhuang	7.80	8.34	16.96	65
东营	Dongying	6.99	9.45	18.26	51
烟台	Yantai	8.77	11.85	12.07	172
潍坊	Weifang	10.24	12.40	20.72	23
济宁	Jining	10.90	9.18	22.97	12
泰安	Taian	7.46	6.87	18.00	52
威海	Weihai	7.90	19.17	16.49	72
日照	Rizhao	11.20	14.63	17.30	58
莱芜	Laiwu	13.76	9.04	15.23	89
临沂	Linyi	11.13	14.12	20.07	28
德州	Dezhou	13.20	7.92	18.84	41
聊城	Liaocheng	12.67	13.91	23.62	6

8-43 城市建成区排水管道密度(辖区) 续表 2

Density of Drainage Pipeline in Built District (Municipal Districts) continued 2

单位：公里/平方公里 (km/sq.km)

地名	City	2010	2015	2016	2016 排名 Ranking
滨州	Binzhou	6.90	12.73	14.26	118
菏泽	Heze	6.64	8.74	17.21	59
河南	**Henan**	**7.31**	**8.18**	**12.43**	
郑州	Zhengzhou	8.58	8.71	12.14	171
开封	Kaifeng	6.61	7.46	13.24	140
洛阳	Luoyang	6.65	7.82	11.53	190
平顶山	Pingdingshan	5.52	7.01	17.48	54
安阳	Anyang	10.11	10.93	13.30	135
鹤壁	Hebi	6.68	6.62	11.86	180
新乡	Xinxiang	7.88	7.39	9.71	229
焦作	Jiaozuo	6.98	8.20	11.16	203
濮阳	Puyang	7.16	8.14	13.83	128
许昌	Xuchang	5.36	5.90	7.21	271
漯河	Luohe	7.52	7.55	13.56	131
三门峡	Sanmenxia	5.30	5.54	10.37	215
南阳	Nanyang	8.23	9.47	14.96	96
商丘	Shangqiu	3.95	6.68	14.98	95
信阳	Xinyang	4.19	3.92	9.50	234
周口	Zhoukou	8.82	9.26	11.76	183
驻马店	Zhumadian	9.00	9.72	14.74	108
湖北	**Hubei**	**9.75**	**10.49**	**14.80**	
武汉	Wuhan	15.58	16.25	17.34	57
黄石	Huangshi	9.12	15.25	22.02	18
十堰	Shiyan	7.61	12.02	8.59	246
宜昌	Yichang	6.31	6.46	12.17	169
襄阳	Xiangyang	7.34	7.08	12.69	162
鄂州	Ezhou	12.23	10.01	7.98	257
荆门	Jingmen	10.67	14.05	17.12	62
孝感	Xiaogan	8.53	13.73	23.71	5
荆州	Jingzhou	5.80	6.96	11.89	178
黄冈	Huanggang	6.76	7.36	19.06	38
咸宁	Xianning	2.88	4.06	8.82	244
随州	Suizhou	5.49	5.30	9.50	234
湖南	**Hunan**	**6.72**	**8.39**	**13.83**	
长沙	Changsha	4.68	6.96	16.73	69
株洲	Zhuzhou	3.01	10.69	15.02	93
湘潭	Xiangtan	9.87	13.36	18.72	43
衡阳	Hengyang	9.63	7.69	12.00	174
邵阳	Shaoyang	9.90	8.36	17.36	56
岳阳	Yueyang	10.59	13.70	10.07	222
常德	Changde	6.34	5.97	9.83	226
张家界	Zhangjiajie	3.40	7.07	13.54	132
益阳	Yiyang	6.17	4.84	10.89	205
郴州	Chenzhou	6.29	4.85	5.13	284
永州	Yongzhou	6.08	8.71	16.51	71
怀化	Huaihua	4.25	5.41	7.78	261
娄底	Loudi	8.95	10.05	10.24	218
广东	**Guangdong**	**9.20**	**9.51**	**12.26**	
广州	Guangzhou	8.93	8.25	9.23	237
韶关	Shaoguan	6.07	5.53	7.72	262
深圳	Shenzhen	15.47	14.51	12.91	155
珠海	Zhuhai	10.36	12.09	43.33	1
汕头	Shantou	9.49	6.68	9.79	227
佛山	Foshan	11.03	16.94	18.58	46
江门	Jiangmen	9.56	6.74	12.79	159
湛江	Zhanjiang	5.53	5.90	11.85	181
茂名	Maoming	4.18	3.19	5.59	282
肇庆	Zhaoqing	7.10	7.73	12.50	164
惠州	Huizhou	6.85	9.71	10.40	214
梅州	Meizhou	6.62	9.79	12.87	156
汕尾	Shanwei	14.96	14.51	13.00	151
河源	Heyuan	7.22	11.17	13.02	149
阳江	Yangjiang		11.41	16.01	76
清远	Qingyuan		16.14	15.34	85
东莞	Dongguan	7.14	9.97	14.81	105
中山	Zhongshan	10.30	7.82	7.70	264
潮州	Chaozhou	7.37	5.66	9.56	231
揭阳	Jieyang	3.67	0.76	9.53	233
云浮	Yunfu	3.03	4.96	11.28	197
广西	**Guangxi**	**6.82**	**8.30**	**13.91**	
南宁	Nanning	3.33	5.16	14.92	98
柳州	Liuzhou	7.49	7.15	11.25	200
桂林	Guilin	7.70	7.35	13.22	141
梧州	Wuzhou	4.32	6.00	18.90	40
北海	Beihai	5.33	11.20	12.20	167
防城港	Fangchenggang	7.54	12.98	16.43	73
钦州	Qinzhou	6.43	8.81	14.11	123
贵港	Guigang	5.74	5.82	12.37	166
玉林	Yulin	10.92	10.89	15.64	78
百色	Baise	7.76	7.58	10.51	210

8-43 城市建成区排水管道密度(辖区) 续表 3

Density of Drainage Pipeline in Built District (Municipal Districts) continued 3

单位：公里/平方公里 (km/sq.km)

地名	City	2010	2015	2016	2016 排名 Ranking	地名	City	2010	2015	2016	2016 排名 Ranking
贺州	Hezhou	7.24	10.47	14.13	121	丽江	Lijiang	5.42	23.53	7.72	262
河池	Hechi	17.13	13.01	11.40	195	普洱	Puer	9.21	18.36	8.13	256
来宾	Laibin	7.24	13.20	15.03	91	临沧	Lincang	13.91	12.72	11.61	187
崇左	Chongzuo	4.05	6.35	8.24	253	**西藏**	**Tibet**	**3.45**	**9.84**	**13.68**	
海南	**Hainan**	**13.31**	**11.23**	**16.19**		拉萨	Lasa	3.44	10.62	18.60	45
海口	Haikou	12.59	10.52	18.53	48	**陕西**	**Shaanxi**	**7.47**	**7.48**	**13.54**	
三亚	Sanya	29.01	15.84	14.06	124	西安	Xi'an	10.38	9.36	15.43	81
三沙	Sansha		26.25	12.94	154	铜川	Tongchuan	4.68	5.89	8.26	251
重庆	**Chongqing**	**8.13**	**9.75**	**13.16**		宝鸡	Baoji	5.37	6.73	15.03	91
四川	**Sichuan**	**8.90**	**9.86**	**11.99**		咸阳	Xianyang	3.54	3.35	15.32	87
成都	Chengdu	11.44	12.80	11.45	193	渭南	Weinan	7.23	6.80	8.58	247
自贡	Zigong	5.66	0.35	14.57	110	延安	Yan'an	3.43	2.65	7.55	269
攀枝花	Panzhihua	9.98	8.50	11.42	194	汉中	Hanzhong	3.92	3.90	9.45	236
泸州	Luzhou	7.65	8.61	11.26	198	榆林	Yulin	9.10	10.66	14.63	109
德阳	Deyang	6.73	7.44	9.60	230	安康	Ankang	3.67	5.40	11.97	175
绵阳	Mianyang	9.88	15.49	13.04	147	商洛	Shangluo	13.59	3.42	7.56	268
广元	Guangyuan	8.21	10.67	11.13	204	**甘肃**	**Gansu**	**4.89**	**6.66**	**11.41**	
遂宁	Suining	9.72	10.52	26.52	2	兰州	Lanzhou	3.69	8.59	13.29	136
内江	Neijiang	5.49	5.61	7.10	273	嘉峪关	Jiayuguan	6.95	5.49	6.02	278
乐山	Leshan	8.47	9.56	11.56	189	金昌	Jinchang	2.37	2.34	11.25	200
南充	Nanchong	9.36	12.01	14.14	120	白银	Baiyin	2.77	2.83	9.99	225
眉山	Meishan	5.84	11.90	13.80	129	天水	Tianshui	7.65	5.63	11.47	191
宜宾	Yibin	2.70	7.39	10.17	220	武威	Wuwei	4.84	5.17	12.59	163
广安	Guangan	7.73	5.45	13.86	127	张掖	Zhangye	6.38	5.27	7.81	259
达州	Dazhou	9.22	1.23	2.93	286	平凉	Pingliang	7.94	11.42	15.92	77
雅安	Yaan	8.57	9.28	10.66	208	酒泉	Jiuquan	6.79	5.77	8.50	248
巴中	Bazhong	10.57	7.96	3.11	285	庆阳	Qingyang	7.46	8.44	13.06	146
资阳	Ziyang	5.94	6.89	13.11	145	定西	Dingxi	4.06	5.53	10.73	207
贵州	**Guizhou**	**7.17**	**7.47**	**9.72**		陇南	Longnan	5.38	5.38	7.25	270
贵阳	Guiyang	11.10	11.78	8.84	243	**青海**	**Qinghai**	**8.90**	**8.59**	**10.43**	
六盘水	Liupanshui	1.82	1.08	5.96	280	西宁	Xining	9.27	9.24	11.22	202
遵义	Zunyi	3.58	3.36	11.87	179	海东	Haidong		4.95	5.48	283
安顺	Anshun	9.22	7.95	12.96	153	**宁夏**	**Ningxia**	**4.03**	**3.53**	**14.89**	
毕节	Bijie	3.75	4.79	10.28	217	银川	Yinchuan	3.74	4.13	12.20	167
铜仁	Tongren	5.61	5.97	8.32	250	石嘴山	Shizuishan	3.03	1.26	15.38	83
云南	**Yunnan**	**5.88**	**10.83**	**13.05**		吴忠	Wuzhong	3.47	2.81	9.73	228
昆明	Kunming	1.78	10.46	13.93	126	固原	Guyuan	4.45	5.67	22.58	15
曲靖	Qujing	8.18	10.65	15.45	80	中卫	Zhongwei	2.84	3.04	16.94	66
玉溪	Yuxi	20.45	9.85	18.83	42	**新疆**	**Xinjiang**	**5.22**	**5.52**	**11.40**	
保山	Baoshan	6.29	6.39	11.37	196	乌鲁木齐	Urumqi	3.42	4.05	7.67	266
昭通	Zhaotong	4.08	6.08	10.02	223	克拉玛依	Karamay	7.09	6.29	14.94	97

8-44 城市污水处理率(辖区)

Urban Wastewater Treatment Rate (Municipal Districts)

单位：%　　　　(%)

地名	City	2010	2015	2016	2016排名 Ranking	地名	City	2010	2015	2016	2016排名 Ranking
全国	**Nation Total**	**82.31**	**91.90**	**93.44**		沈阳	Shenyang	73.61	95.11	94.92	112
北京	**Beijing**	**82.09**	**88.41**	**90.58**		大连	Dalian	90.40	98.37	94.73	114
天津	**Tianjin**	**85.30**	**91.54**	**92.08**		鞍山	Anshan	70.59	86.49	86.49	255
河北	**Hebei**	**92.30**	**95.34**	**95.37**		抚顺	Fushun	91.05	89.30	98.21	24
石家庄	Shijiazhuang	95.38	95.60	96.12	73	本溪	Benxi	87.07	97.08	97.08	50
唐山	Tangshan	94.10	95.00	97.60	37	丹东	Dandong	49.14	82.31	87.65	241
秦皇岛	Qinhuangdao	92.10	96.17	96.60	60	锦州	Jinzhou	60.17	90.38	89.79	222
邯郸	Handan	91.74	97.62	97.71	34	营口	Yingkou	74.46	98.16	81.59	266
邢台	Xingtai	84.51	96.35	96.36	65	阜新	Fuxin	54.25	93.08	98.18	25
保定	Baoding	89.88	94.88	90.54	205	辽阳	Liaoyang	81.63	100.00	99.68	9
张家口	Zhangjiakou	87.50	94.42	94.67	119	盘锦	Panjin	62.97	100.00	97.21	45
承德	Chengde	86.67	91.68	92.17	178	铁岭	Tieling	85.37	100.00	99.81	6
沧州	Cangzhou	85.08	100.00	99.91	4	朝阳	Chaoyang	68.49	95.22	99.09	17
廊坊	Langfang	86.10	92.01	93.03	163	葫芦岛	Huludao	84.19	89.39	89.99	221
衡水	Hengshui	86.51	85.01	88.22	236	**吉林**	**Jilin**	**73.92**	**90.38**	**91.76**	
山西	**Shanxi**	**84.93**	**89.20**	**90.11**		长春	Changchun	89.46	95.11	93.45	153
太原	Taiyuan	83.86	86.00	86.89	252	吉林	Jilin	91.50	94.27	96.14	71
大同	Datong	78.18	85.20	85.59	260	四平	Siping	98.93	85.14	97.34	43
阳泉	Yangquan	83.00	87.98	86.50	254	辽源	Liaoyuan	83.33	86.43	93.89	142
长治	Changzhi	92.00	92.32	95.28	98	通化	Tonghua	51.30	88.87	94.73	114
晋城	Jincheng	95.29	94.99	94.99	110	白山	Baishan	22.12	83.94	86.77	253
朔州	Shuozhou	96.38	98.07	97.97	29	松原	Songyuan	81.52	95.90	96.21	70
晋中	Jinzhong	96.01	96.81	96.96	53	白城	Baicheng	10.70	72.03	80.16	270
运城	Yuncheng	90.00	90.79	91.05	199	**黑龙江**	**Heilongjiang**	**56.72**	**84.41**	**91.42**	
忻州	Xinzhou	93.91	95.06	95.47	90	哈尔滨	Harbin	57.18	90.14	92.20	177
临汾	Linfen	86.32	91.97	91.38	191	齐齐哈尔	Qiqihar	67.46	80.56	90.93	200
吕梁	Lvliang	75.47	91.27	94.01	138	鸡西	Jixi	33.18	56.63	74.26	277
内蒙古	**Inner Mongolia**	**80.55**	**93.14**	**94.48**		鹤岗	Hegang	12.07	64.06	72.51	279
呼和浩特	Hohhot	77.10	91.80	94.64	120	双鸭山	Shuangyashan	10.14	84.54	88.37	234
包头	Baotou	82.42	90.23	90.42	209	大庆	Daqing	100.00	97.59	96.08	76
乌海	Wuhai	89.78	95.47	96.50	63	伊春	Yichun	22.24	71.44	86.38	256
赤峰	Chifeng	82.33	90.68	93.78	143	佳木斯	Jiamusi	53.99	85.11	85.00	263
通辽	Tongliao	86.18	97.91	98.01	28	七台河	Qitaihe		38.65	60.84	283
鄂尔多斯	Erdos	92.56	97.53	97.27	44	牡丹江	Mudanjiang	45.47	77.92	100.00	1
呼伦贝尔	Hulunbuir	80.60	98.07	99.34	14	黑河	Heihe	100.00	92.94	92.97	167
巴彦淖尔	Bayannur	86.30	98.68	98.72	20	绥化	Suihua	56.15	48.53	88.90	230
乌兰察布	Ulanqab	85.11	93.67	94.68	117	**上海**	**Shanghai**	**83.29**	**92.85**	**94.29**	
辽宁	**Liaoning**	**74.93**	**93.08**	**93.61**		**江苏**	**Jiangsu**	**87.56**	**93.92**	**94.59**	

8-44 城市污水处理率（辖区） 续表 1

Urban Wastewater Treatment Rate (Municipal Districts) continued 1

单位：% (%)

地名	City	2010	2015	2016	2016 排名 Ranking	地名	City	2010	2015	2016	2016 排名 Ranking
南京	Nanjing	88.82	95.67	95.98	79	池州	Chizhou	90.00	93.26	93.90	141
无锡	Wuxi	95.17	96.97	97.13	48	宣城	Xuancheng	90.74	93.61	93.94	140
徐州	Xuzhou	81.66	93.03	93.60	146	**福建**	**Fujian**	**84.44**	**89.47**	**91.27**	
常州	Changzhou	89.84	95.42	96.34	66	福州	Fuzhou	87.10	89.98	93.21	159
苏州	Suzhou	90.34	95.96	95.16	103	厦门	Xiamen	90.10	93.62	93.63	145
南通	Nantong	91.38	93.50	94.11	133	莆田	Putian	86.71	85.00	85.00	263
连云港	Lianyungang	81.41	85.99	87.16	246	三明	Sanming	81.04	86.01	87.01	250
淮安	Huaian	81.56	92.17	93.20	160	泉州	Quanzhou	86.00	90.58	95.00	107
盐城	Yancheng	82.00	90.10	90.50	207	漳州	Zhangzhou	88.00	90.21	90.84	201
扬州	Yangzhou	88.90	94.17	94.42	127	南平	Nanping	82.68	87.45	86.90	251
镇江	Zhenjiang	86.13	93.54	94.51	125	龙岩	Longyan	90.03	89.61	89.75	224
泰州	Taizhou	83.70	87.70	91.22	193	宁德	Ningde	73.83	87.32	87.49	242
宿迁	Suqian	82.99	93.99	94.53	124	**江西**	**Jiangxi**	**80.83**	**87.74**	**89.69**	
浙江	**Zhejiang**	**82.74**	**91.95**	**93.89**		南昌	Nanchang	75.00	91.85	93.50	149
杭州	Hangzhou	95.40	95.02	95.07	105	景德镇	Jingdezhen	99.92	72.51	68.16	281
宁波	Ningbo	85.21	94.12	95.41	93	萍乡	Pingxiang	92.24	85.00	90.13	216
温州	Wenzhou	70.00	92.84	92.50	173	九江	Jiujiang	98.01	99.47	99.47	13
嘉兴	Jiaxing	87.26	88.90	88.32	235	新余	Xinyu	100.00	100.00	97.06	51
湖州	Huzhou	85.11	93.80	95.43	92	鹰潭	Yingtan	77.90	97.54	97.66	35
绍兴	Shaoxing	85.01	91.59	94.51	125	赣州	Ganzhou	83.25	72.67	85.29	262
金华	Jinhua	75.00	89.42	94.68	117	吉安	Jian	80.29	91.55	91.98	186
衢州	Quzhou	75.65	90.26	95.76	87	宜春	Yichun	92.83	94.00	94.61	121
舟山	Zhoushan	75.10	87.49	95.35	94	抚州	Fuzhou	92.99	92.50	93.00	164
台州	Taizhou	75.67	92.05	93.40	155	上饶	Shangrao	90.24	80.19	78.75	272
丽水	Lishui	72.48	90.29	95.20	100	**山东**	**Shandong**	**91.11**	**95.77**	**96.21**	
安徽	**Anhui**	**88.46**	**96.68**	**97.36**		济南	Jinan	96.65	97.23	97.21	45
合肥	Hefei	99.81	99.65	99.71	7	青岛	Qingdao	88.29	95.43	96.08	76
芜湖	Wuhu	75.00	91.63	93.56	148	淄博	Zibo	94.68	96.05	96.40	64
蚌埠	Bengbu	87.31	99.50	99.51	11	枣庄	Zaozhuang	91.30	95.46	95.95	80
淮南	Huainan	86.80	96.69	97.47	40	东营	Dongying	88.34	95.21	95.89	82
马鞍山	Maanshan	88.01	96.04	99.64	10	烟台	Yantai	90.69	95.79	95.84	85
淮北	Huaibei	93.01	97.93	97.97	29	潍坊	Weifang	93.36	93.97	95.29	97
铜陵	Tongling	69.01	92.00	93.10	161	济宁	Jining	87.41	94.90	96.10	75
安庆	Anqing	89.40	95.16	97.37	42	泰安	Taian	90.10	96.26	96.65	59
黄山	Huangshan	96.41	94.29	94.54	123	威海	Weihai	92.39	95.58	96.08	76
滁州	Chuzhou		96.64	96.71	55	日照	Rizhao	90.78	94.45	95.85	84
阜阳	Fuyang	87.00	90.04	94.09	134	莱芜	Laiwu	92.00	93.68	94.18	131
宿州	Suzhou	62.30	99.16	98.05	26	临沂	Linyi	93.23	94.86	95.35	94
六安	Liuan	80.83	98.29	98.42	23	德州	Dezhou	84.68	96.45	96.71	55
亳州	Bozhou	96.31	98.12	94.09	134	聊城	Liaocheng	94.74	95.16	95.19	101

8-44 城市污水处理率(辖区) 续表 2

Urban Wastewater Treatment Rate (Municipal Districts) continued 2

单位：% (%)

地名	City	2010	2015	2016	2016 排名 Ranking	地名	City	2010	2015	2016	2016 排名 Ranking
滨州	Binzhou	92.81	94.05	95.02	106	常德	Changde	74.74	91.71	93.98	139
菏泽	Heze	62.63	96.01	96.52	62	张家界	Zhangjiajie	61.97	84.32	87.12	247
河南	**Henan**	**87.60**	**93.57**	**95.91**		益阳	Yiyang	87.58	92.35	92.99	166
郑州	Zhengzhou	97.20	96.04	99.82	5	郴州	Chenzhou	56.12	93.00	93.50	149
开封	Kaifeng	88.00	94.11	93.50	149	永州	Yongzhou	53.38	90.68	90.32	211
洛阳	Luoyang	95.54	93.75	99.94	2	怀化	Huaihua	71.33	89.81	88.80	232
平顶山	Pingdingshan	98.33	94.91	99.94	2	娄底	Loudi	81.05	88.52	91.27	192
安阳	Anyang	97.69	97.72	97.73	33	**广东**	**Guangdong**	**86.08**	**93.65**	**93.99**	
鹤壁	Hebi	82.51	92.87	92.48	174	广州	Guangzhou	96.96	93.22	94.28	130
新乡	Xinxiang	87.48	90.00	92.00	184	韶关	Shaoguan	71.06	86.17	87.12	247
焦作	Jiaozuo	85.10	90.24	95.00	107	深圳	Shenzhen	99.30	96.63	97.62	36
濮阳	Puyang	53.42	92.70	93.10	161	珠海	Zhuhai	78.81	95.70	96.29	68
许昌	Xuchang	96.94	97.00	90.53	206	汕头	Shantou	71.05	90.16	90.32	211
漯河	Luohe	64.77	96.25	97.59	38	佛山	Foshan	88.98	94.42	96.69	57
三门峡	Sanmenxia	99.32	73.52	95.80	86	江门	Jiangmen	80.40	91.62	92.10	179
南阳	Nanyang	62.38	97.73	98.88	18	湛江	Zhanjiang	93.05	88.53	91.12	197
商丘	Shangqiu	100.00	91.40	78.79	271	茂名	Maoming	82.81	88.40	94.33	128
信阳	Xinyang	81.00	90.00	90.07	218	肇庆	Zhaoqing	81.92	85.10	89.49	227
周口	Zhoukou	75.07	93.06	93.22	158	惠州	Huizhou	85.16	97.64	97.02	52
驻马店	Zhumadian	92.02	92.50	96.66	58	梅州	Meizhou	70.99	88.56	96.58	61
湖北	**Hubei**	**81.02**	**93.41**	**95.04**		汕尾	Shanwei	51.65	89.10	91.21	194
武汉	Wuhan	94.96	97.15	97.41	41	河源	Heyuan	89.32	92.93	92.52	171
黄石	Huangshi	81.21	93.10	92.69	169	阳江	Yangjiang	71.27	85.46	87.90	238
十堰	Shiyan	72.75	86.41	98.77	19	清远	Qingyuan	61.50	87.59	81.45	267
宜昌	Yichang	89.59	91.99	93.69	144	东莞	Dongguan	84.69	96.45	93.49	152
襄阳	Xiangyang	87.38	92.00	93.00	164	中山	Zhongshan	91.44	96.00	96.30	67
鄂州	Ezhou	81.80	89.12	92.52	171	潮州	Chaozhou	82.52	79.68	80.96	269
荆门	Jingmen	84.50	86.42	96.14	71	揭阳	Jieyang	57.63	89.84	78.29	273
孝感	Xiaogan	85.18	95.90	95.90	81	云浮	Yunfu	98.24	93.07	77.87	275
荆州	Jingzhou	80.07	91.06	92.01	182	**广西**	**Guangxi**	**83.43**	**90.02**	**92.11**	
黄冈	Huanggang	92.36	100.00	97.80	32	南宁	Nanning	93.27	87.82	89.51	225
咸宁	Xianning	85.50	86.75	94.71	116	柳州	Liuzhou	91.01	95.00	95.10	104
随州	Suizhou	46.11	94.28	97.92	31	桂林	Guilin	96.16	90.33	90.05	219
湖南	**Hunan**	**74.95**	**92.74**	**94.34**		梧州	Wuzhou	42.17	88.71	90.24	214
长沙	Changsha	90.80	97.72	96.93	54	北海	Beihai	81.06	90.09	97.20	47
株洲	Zhuzhou	81.22	95.36	98.02	27	防城港	Fangchenggang	35.53	76.41	87.32	244
湘潭	Xiangtan	82.10	93.14	95.00	107	钦州	Qinzhou	81.33	94.81	95.88	83
衡阳	Hengyang	63.83	84.00	92.80	168	贵港	Guigang	86.34	90.01	99.51	11
邵阳	Shaoyang	61.61	87.55	88.81	231	玉林	Yulin	98.24	99.13	99.14	15
岳阳	Yueyang	74.81	92.49	94.56	122	百色	Baise	24.50	85.27	87.05	249

8-44 城市污水处理率(辖区) 续表 3

Urban Wastewater Treatment Rate (Municipal Districts) continued 3

单位：% (%)

地名	City	2010	2015	2016	2016 排名 Ranking	地名	City	2010	2015	2016	2016 排名 Ranking
贺州	Hezhou	62.01	85.06	89.16	228	丽江	Lijiang	89.73	90.90	94.13	132
河池	Hechi	92.63	92.04	93.57	147	普洱	Puer	33.04	89.37	90.13	216
来宾	Laibin	76.28	83.24	87.37	243	临沧	Lincang	52.28	72.11	92.04	180
崇左	Chongzuo	18.52	40.08	34.20	285	**西藏**	**Tibet**		**19.07**	**86.43**	
海南	**Hainan**	**54.87**	**74.24**	**77.01**		拉萨	Lasa		18.24	89.50	226
海口	Haikou	87.42	92.65	94.99	110	**陕西**	**Shaanxi**	**74.18**	**91.55**	**91.36**	
三亚	Sanya	29.92	67.89	68.02	282	西安	Xi'an	86.41	92.36	92.40	175
三沙	Sansha		37.93	31.43	286	铜川	Tongchuan	70.15	85.47	91.45	190
重庆	**Chongqing**	**91.65**	**94.78**	**96.75**		宝鸡	Baoji	93.20	93.14	91.16	196
四川	**Sichuan**	**74.83**	**88.52**	**89.66**		咸阳	Xianyang	51.94	93.73	92.02	181
成都	Chengdu	90.68	95.54	94.30	129	渭南	Weinan	75.11	84.14	88.96	229
自贡	Zigong	85.10	96.53	94.82	113	延安	Yan'an	86.96	91.31	90.78	202
攀枝花	Panzhihua	24.34	93.25	93.26	156	汉中	Hanzhong	97.50	89.65	91.72	187
泸州	Luzhou	46.34	90.19	92.00	184	榆林	Yulin	67.71	85.62	89.76	223
德阳	Deyang	83.75	91.50	92.01	182	安康	Ankang	11.79	88.96	90.26	213
绵阳	Mianyang	89.00	92.74	92.67	170	商洛	Shangluo	79.81	91.84	81.64	265
广元	Guangyuan	73.25	96.03	98.69	21	**甘肃**	**Gansu**	**62.59**	**89.62**	**93.82**	
遂宁	Suining	82.85	99.11	99.11	16	兰州	Lanzhou	57.55	89.00	95.44	91
内江	Neijiang	77.71	89.01	90.02	220	嘉峪关	Jiayuguan	73.13	92.27	91.19	195
乐山	Leshan	53.12	75.46	87.77	240	金昌	Jinchang	93.82	95.86	95.17	102
南充	Nanchong	60.51	86.53	88.00	237	白银	Baiyin	52.03	86.41	94.09	134
眉山	Meishan	75.38	84.60	85.53	261	天水	Tianshui	65.02	91.92	95.71	89
宜宾	Yibin	36.70	71.94	87.79	239	武威	Wuwei	88.58	96.06	99.71	7
广安	Guangan	90.70	96.55	96.11	74	张掖	Zhangye	74.98	87.80	90.61	203
达州	Dazhou	60.81	48.84	46.23	284	平凉	Pingliang	81.59	88.00	90.50	207
雅安	Yaan	62.50	85.15	86.20	258	酒泉	Jiuquan	50.38	93.63	91.56	188
巴中	Bazhong	88.68	86.79	87.23	245	庆阳	Qingyang	87.55	90.29	91.53	189
资阳	Ziyang	85.66	86.58	88.67	233	定西	Dingxi	79.11	90.91	91.12	197
贵州	**Guizhou**	**86.83**	**95.17**	**94.59**		陇南	Longnan	100.00	98.85	74.74	276
贵阳	Guiyang	95.20	96.50	97.56	39	**青海**	**Qinghai**	**43.53**	**59.98**	**77.79**	
六盘水	Liupanshui	91.89	95.01	72.36	280	西宁	Xining	55.05	73.50	74.05	278
遵义	Zunyi	59.85	96.01	97.13	48	海东	Haidong		60.98	78.05	274
安顺	Anshun	91.49	93.09	93.42	154	**宁夏**	**Ningxia**	**78.00**	**93.05**	**93.69**	
毕节	Bijie	89.72	96.88	98.65	22	银川	Yinchuan	91.80	94.61	95.21	99
铜仁	Tongren	68.69	87.23	86.37	257	石嘴山	Shizuishan	41.14	95.59	95.72	88
云南	**Yunnan**	**93.39**	**91.03**	**92.30**		吴忠	Wuzhong	90.00	90.01	90.61	203
昆明	Kunming	100.00	95.38	94.07	137	固原	Guyuan	73.05	85.14	90.14	215
曲靖	Qujing	83.55	92.66	92.22	176	中卫	Zhongwei	100.00	95.53	96.25	69
玉溪	Yuxi	95.59	95.23	93.23	157	**新疆**	**Xinjiang**	**73.25**	**83.39**	**85.70**	
保山	Baoshan	95.51	81.88	85.71	259	乌鲁木齐	Urumqi	60.65	88.75	90.38	210
昭通	Zhaotong	78.67	84.72	81.02	268	克拉玛依	Karamay	92.12	95.26	95.32	96

8-45 城市绿化覆盖面积(辖区)
Urban Green Coverage Area (Municipal Districts)

单位：公顷 (hectare)

地名	City	2010	2015	2016	2016 排名 Ranking
全国	**Nation Total**	**2452658**	**3074461**	**3186157**	
北京	**Beijing**	**65348**	**86809**	**87450**	
天津	**Tianjin**	**23265**	**32208**	**37513**	
河北	**Hebei**	**81819**	**90724**	**97669**	
石家庄	Shijiazhuang	9762	13659	13964	36
唐山	Tangshan	11178	10251	9458	61
秦皇岛	Qinhuangdao	5136	5970	5996.23	100
邯郸	Handan	8963	9343	14086.22	35
邢台	Xingtai	5540	3255	3369.34	167
保定	Baoding	5899	7360	7473	76
张家口	Zhangjiakou	3236	3891	4396	137
承德	Chengde	4175	5074	5213	114
沧州	Cangzhou	1942	2608	2704	205
廊坊	Langfang	4484	4707	4817	125
衡水	Hengshui	1806	2074	3774	154
山西	**Shanxi**	**34607**	**48150**	**49595**	
太原	Taiyuan	9089	13702	13889	37
大同	Datong	4046	5016	5133	116
阳泉	Yangquan	3134	3944	3945	147
长治	Changzhi	2847	3523	3523	163
晋城	Jincheng	1600	2642	2642	209
朔州	Shuozhou	1591	1937	2135	230
晋中	Jinzhong	1725	2643	2889	190
运城	Yuncheng	1315	1877	2430	216
忻州	Xinzhou	520	1247	1344	265
临汾	Linfen	1583	2159	2060	240
吕梁	Lvliang	654	993	993	275
内蒙古	**Inner Mongolia**	**41059**	**67322**	**69683**	
呼和浩特	Hohhot	6169	14856	15195	31
包头	Baotou	7845	8777	9956	58
乌海	Wuhai	2168	2659	2672	206
赤峰	Chifeng	2773	4101	4068	144
通辽	Tongliao	2079	2624	2648	208
鄂尔多斯	Erdos	7991	12008	12190	47
呼伦贝尔	Hulunbuir	991	2083	2092	237
巴彦淖尔	Bayannur	1244	2168	2013	241
乌兰察布	Ulanqab	1559	6753	6753	88
辽宁	**Liaoning**	**106020**	**198213**	**193200**	
沈阳	Shenyang	27328	29482	23433	14
大连	Dalian	18666	18796	20323	22
鞍山	Anshan	6097	6844	6783	87
抚顺	Fushun	6164	7122	7174	80
本溪	Benxi	5082	87007	87007	5
丹东	Dandong	4443	3356	3362	168
锦州	Jinzhou	3956	4462	4978	119
营口	Yingkou	4166	4503	4734	128
阜新	Fuxin	2981	3550	3574	160
辽阳	Liaoyang	3809	4410	4467	133
盘锦	Panjin	2401	3051	3640	158
铁岭	Tieling	1726	2246	2102	233
朝阳	Chaoyang	2507	2865	2870	194
葫芦岛	Huludao	2878	3200	3224	173
吉林	**Jilin**	**43820**	**54180**	**52315**	
长春	Changchun	15618	20545	20917	20
吉林	Jilin	8002	8588	7328	77
四平	Siping	1677	1842	1866	247
辽源	Liaoyuan	1643	1854	1723	251
通化	Tonghua	1537	2027	2068	239
白山	Baishan	1204	1307	1340	266
松原	Songyuan	1712	2189	2252	222
白城	Baicheng	1231	1377	1381	262
黑龙江	**Heilongjiang**	**78727**	**85963**	**85756**	
哈尔滨	Harbin	13787	14535	14894	32
齐齐哈尔	Qiqihar	6186	6187	6187	93
鸡西	Jixi	3328	3184	3136	175
鹤岗	Hegang	2358	3105	3112	177
双鸭山	Shuangyashan	2719	2745	2745	203
大庆	Daqing	23386	25542	25588	13
伊春	Yichun	4478	4823	4938	121
佳木斯	Jiamusi	3768	4036	4036	145
七台河	Qitaihe	2546	2986	2991	186
牡丹江	Mudanjiang	5205	5298	5303	111
黑河	Heihe	479	811	811	281
绥化	Suihua	805	1179	1188	272
上海	**Shanghai**	**130160**	**138810**	**143029**	
江苏	**Jiangsu**	**258969**	**307000**	**316310**	

8-45 城市绿化覆盖面积(辖区) 续表 1
Urban Green Coverage Area (Municipal Districts) continued 1

单位：公顷 (hectare)

地名	City	2010	2015	2016	2016 排名 Ranking
南京	Nanjing	84848	96874	101035.8	2
无锡	Wuxi	17988	19503	19688	23
徐州	Xuzhou	14726	16231	16507	29
常州	Changzhou	8139	11856	12451	44
苏州	Suzhou	15415	27443	27380	11
南通	Nantong	5380	9996	10694	54
连云港	Lianyungang	18125	22670	23024	16
淮安	Huaian	7359	9239	10618	55
盐城	Yancheng	4199	6740	7166	81
扬州	Yangzhou	4065	8474	8903	68
镇江	Zhenjiang	6773	8482	8733	70
泰州	Taizhou	6153	8517	8998	67
宿迁	Suqian	8486	10572	10964	52
浙江	**Zhejiang**	**91111**	**155192**	**172242**	
杭州	Hangzhou	17693	36113	37683	7
宁波	Ningbo	10853	12915	13342	38
温州	Wenzhou	3822	9127	9300	62
嘉兴	Jiaxing	4665	5896	6171	94
湖州	Huzhou	4241	5374	5526	107
绍兴	Shaoxing	6178	10771	11110	51
金华	Jinhua	2865	3236	3975	146
衢州	Quzhou	2455	2935	2963	189
舟山	Zhoushan	2109	15571	15735	30
台州	Taizhou	5306	6250	6342	91
丽水	Lishui	1320	1593	1732	250
安徽	**Anhui**	**85281**	**112303**	**117411**	
合肥	Hefei	12737	19072	19477	24
芜湖	Wuhu	5165	6630	7300	78
蚌埠	Bengbu	4600	6215	6653	89
淮南	Huainan	4380	4827	5017	118
马鞍山	Maanshan	5241	6005	6121	96
淮北	Huaibei	3801	4386	4432	135
铜陵	Tongling	2492	5667	6141	95
安庆	Anqing	10783	11621	12218	46
黄山	Huangshan	13190	14262	14339	33
滁州	Chuzhou	3457	4781	4899	122
阜阳	Fuyang	3332	5228	6040	98
宿州	Suzhou	2062	4122	4155	141
六安	Liuan	2720	3440	3740	156
亳州	Bozhou	1520	2700	2880	191
池州	Chizhou	1554	1915	1940.35	244
宣城	Xuancheng	3518	3953	4089	143
福建	**Fujian**	**55914**	**72093**	**75097**	
福州	Fuzhou	10138	11975	12326	45
厦门	Xiamen	16363	20373	21462	18
莆田	Putian	2363	3748	3895	150
三明	Sanming	1418	1908	1964	243
泉州	Quanzhou	6845	8914	9245	63
漳州	Zhangzhou	2121	2802	2871	193
南平	Nanping	1039	1883	1876	246
龙岩	Longyan	1880	2668	2788	200
宁德	Ningde	801	1246	1312	267
江西	**Jiangxi**	**48924**	**58510**	**61259**	
南昌	Nanchang	8619	12635	12961	40
景德镇	Jingdezhen	7469	4093	4418	136
萍乡	Pingxiang	1968	2097	2122	231
九江	Jiujiang	5045	5297	5354	110
新余	Xinyu	2863	3846	3926	148
鹰潭	Yingtan	1121	1526	1611	254
赣州	Ganzhou	3730	5884	6905	85
吉安	Jian	2011	3176	3257	171
宜春	Yichun	2123	3031	3071	181
抚州	Fuzhou	2785	2748	2754	202
上饶	Shangrao	1851	3657	3744	155
山东	**Shandong**	**179333**	**240024**	**253328**	
济南	Jinan	12853	15720	18047	27
青岛	Qingdao	19203	30201	37213	8
淄博	Zibo	15996	18269	18728	25
枣庄	Zaozhuang	4717	9050	9098	65
东营	Dongying	6062	7696	9015	66
烟台	Yantai	11228	15761	14112	34
潍坊	Weifang	8305	10440	10729	53
济宁	Jining	6162	8972	9959	57
泰安	Taian	5141	6150	7229	79
威海	Weihai	6698	9933	10008	56
日照	Rizhao	3740	4596	4944	120
莱芜	Laiwu	3014	6785	6861	86
临沂	Linyi	10593	12780	12980	39
德州	Dezhou	2455	7533	7578	75
聊城	Liaocheng	4272	6366	6499	90

8-45 城市绿化覆盖面积(辖区) 续表 2
Urban Green Coverage Area (Municipal Districts) continued 2

单位：公顷 (hectare)

地名	City	2010	2015	2016	2016 排名 Ranking	地名	City	2010	2015	2016	2016 排名 Ranking
滨州	Binzhou	3446	7017	7106	82	常德	Changde	3304	3949	4126	142
菏泽	Heze	3679	4776	5657	104	张家界	Zhangjiajie	1539	1576	1576	258
河南	**Henan**	**78108**	**102700**	**108676**		益阳	Yiyang	2169	3002	3046	183
郑州	Zhengzhou	13332	19374	20638	21	郴州	Chenzhou	2292	3458	3567	161
开封	Kaifeng	3393	5169	5171	115	永州	Yongzhou	1970	2744	2795	199
洛阳	Luoyang	5955	8239	8598	72	怀化	Huaihua	1918	2434	2552	210
平顶山	Pingdingshan	2940	3213	3226	172	娄底	Loudi	2220	2785	2785	201
安阳	Anyang	2912	3291	3380	165	**广东**	**Guangdong**	**488980**	**503411**	**503797**	
鹤壁	Hebi	2054	2542	2542	212	广州	Guangzhou	140768	152942	154142	1
新乡	Xinxiang	4002	4593	4733	129	韶关	Shaoguan	3774	4557	4725	130
焦作	Jiaozuo	3852	4449	4537	132	深圳	Shenzhen	97592	99841	100123	3
濮阳	Puyang	1651	2223	2396	219	珠海	Zhuhai	32456	33662	22308	17
许昌	Xuchang	3118	3457	3805	151	汕头	Shantou	7113	11091	11333	49
漯河	Luohe	2423	2520	2550	211	佛山	Foshan	11737	9733	9888	59
三门峡	Sanmenxia	1304	1686	2239	223	江门	Jiangmen	9537	12340	12493	43
南阳	Nanyang	3072	6390	7937	73	湛江	Zhanjiang	5565	5956	6032	99
商丘	Shangqiu	2289	2654	2665	207	茂名	Maoming	5188	4354	4445	134
信阳	Xinyang	4345	5065	5277	112	肇庆	Zhaoqing	7834	11920	12097	48
周口	Zhoukou	2249	3013	3030	185	惠州	Huizhou	6528	9299	11294	50
驻马店	Zhumadian	2142	3045	3259	170	梅州	Meizhou	2114	2601	2804	196
湖北	**Hubei**	**80294**	**104844**	**97856**		汕尾	Shanwei	1300	698	708	283
武汉	Wuhan	17991	22445	23217	15	河源	Heyuan	21930	1615	1584	256
黄石	Huangshi	2632	2934	3118	176	阳江	Yangjiang	17560	2759	2878	192
十堰	Shiyan	12468	12954	3780	153	清远	Qingyuan	2281	2594	2801	197
宜昌	Yichang	3770	6833	6927	84	东莞	Dongguan	79446	96606	99490	4
襄阳	Xiangyang	5111	7403	7754	74	中山	Zhongshan	4234	4467	5692	102
鄂州	Ezhou	1935	2086	2092	236	潮州	Chaozhou	1780	3767	3787	152
荆门	Jingmen	2016	2302	2337	220	揭阳	Jieyang	2797	4428	6286	92
孝感	Xiaogan	1482	1804	2103	232	云浮	Yunfu	1194	1531	1534	259
荆州	Jingzhou	2642	2985	3106	178	**广西**	**Guangxi**	**65692**	**89662**	**92506**	
黄冈	Huanggang	1115	1897	1901	245	南宁	Nanning	37125	40782	41515	6
咸宁	Xianning	2664	4054	4175	140	柳州	Liuzhou	7111	8922	9181	64
随州	Suizhou	1400	4801	4850	123	桂林	Guilin	2790	4185	4364	138
湖南	**Hunan**	**54509**	**68156**	**73186**		梧州	Wuzhou	2101	3199	3279	169
长沙	Changsha	9857	12278	12928	41	北海	Beihai	2068	2960	3073	180
株洲	Zhuzhou	4104	5707	5958	101	防城港	Fangchenggang	1092	1242	1382	261
湘潭	Xiangtan	4607	5006	5082	117	钦州	Qinzhou	1549	12634	12751	42
衡阳	Hengyang	4053	4588	4697	131	贵港	Guigang	1464	1678	1683	253
邵阳	Shaoyang	2038	3125	3465	164	玉林	Yulin	2195	2812	2865	195
岳阳	Yueyang	3413	4610	5553	106	百色	Baise	1406	1817	2172	227

8-45 城市绿化覆盖面积（辖区） 续表 3
Urban Green Coverage Area (Municipal Districts) continued 3

单位：公顷 （hectare）

地名	City	2010	2015	2016	2016 排名 Ranking	地名	City	2010	2015	2016	2016 排名 Ranking
贺州	Hezhou	662	1282	1297	269	丽江	Lijiang	778	989	989	276
河池	Hechi	576	908	909	277	普洱	Puer	1346	1032	1041	274
来宾	Laibin	1015	1360	1504	260	临沧	Lincang	546	774	882	278
崇左	Chongzuo	762	1169	1258	271	**西藏**	**Tibet**	**2778**	**6334**	**7270**	
海南	**Hainan**	**50564**	**16968**	**16574**		拉萨	Lasa	2548	3379	3379	166
海口	Haikou	4046	6538	5665	103	**陕西**	**Shaanxi**	**33232**	**67334**	**70160**	
三亚	Sanya	1357	1711	2396	218	西安	Xi'an	13823	23824	25780	12
三沙	Sansha		112	11	286	铜川	Tongchuan	2371	2076	2170	228
重庆	**Chongqing**	**41244**	**61327**	**65420**		宝鸡	Baoji	3527	4701	4794	127
四川	**Sichuan**	**80157**	**96795**	**113198**		咸阳	Xianyang	2669	21017	21049	19
成都	Chengdu	18335	24530	35231	9	渭南	Weinan	1530	2921	2981	188
自贡	Zigong	3071	4613	4818	124	延安	Yan'an	1204	1510	1699	252
攀枝花	Panzhihua	2214	3001	3041	184	汉中	Hanzhong	1400	2157	2212	225
泸州	Luzhou	3830	5471	6117	97	榆林	Yulin	2245	2779	3052	182
德阳	Deyang	2063	2991	3081	179	安康	Ankang	1044	2101	2101	234
绵阳	Mianyang	3932	4838	5453	108	商洛	Shangluo	1382	753	783	282
广元	Guangyuan	1424	2113	2258	221	**甘肃**	**Gansu**	**19898**	**27708**	**29484**	
遂宁	Suining	5866	5938	6980	83	兰州	Lanzhou	5495	7891	8827	69
内江	Neijiang	1405	2854	2987	187	嘉峪关	Jiayuguan	1815	2781	2796	198
乐山	Leshan	2167	3496	3546	162	金昌	Jinchang	1188	1531	1582	257
南充	Nanchong	3263	5281	5605	105	白银	Baiyin	1258	2179	2205	226
眉山	Meishan	1424	2423	2505	213	天水	Tianshui	1487	2142	2160	229
宜宾	Yibin	2360	3955	3589	159	武威	Wuwei	611	737	843	280
广安	Guangan	1253	2054	2082	238	张掖	Zhangye	901	2478	2492	214
达州	Dazhou	1679	2782	3909	149	平凉	Pingliang	1830	2138	2410	217
雅安	Yaan	1689	2204	2236	224	酒泉	Jiuquan	1546	1937	1987	242
巴中	Bazhong	630	1510	2096	235	庆阳	Qingyang	395	820	850	279
资阳	Ziyang	1271	1748	1841	249	定西	Dingxi	596	631	637	284
贵州	**Guizhou**	**34190**	**40698**	**44966**		陇南	Longnan	1252	991	1048	273
贵阳	Guiyang	20952	17146	17795	28	**青海**	**Qinghai**	**3409**	**6011**	**6230**	
六盘水	Liupanshui	1200	3594	4814	126	西宁	Xining	2345	3647	3732	157
遵义	Zunyi	2322	2908	4341	139	海东	Haidong		526	594	285
安顺	Anshun	2187	4996	5371	109	**宁夏**	**Ningxia**	**19672**	**25923**	**27220**	
毕节	Bijie	208	1320	1379	263	银川	Yinchuan	5701	9209	9869	60
铜仁	Tongren	801	1600	1600	255	石嘴山	Shizuishan	8506	8649	8655	71
云南	**Yunnan**	**31903**	**43608**	**48029**		吴忠	Wuzhong	1617	2725	2734	204
昆明	Kunming	12545	17553	18338	26	固原	Guyuan	991	1121	1283	270
曲靖	Qujing	2210	2642	3150	174	中卫	Zhongwei	953	1509	1860	248
玉溪	Yuxi	993	1274	2476	215	**新疆**	**Xinjiang**	**43671**	**65480**	**69726**	
保山	Baoshan	732	1043	1299	268	乌鲁木齐	Urumqi	17316	28712	29315	10
昭通	Zhaotong	821	1169	1372	264	克拉玛依	Karamay	2897	5148	5277	113

8-46 城市建成区绿化覆盖率(辖区)

Green Coverage Rate of Urban Built District (Municipal Districts)

单位：% (%)

地名	City	2010	2015	2016	2016 排名 Ranking
全国	**Nation Total**	**38.62**	**40.12**	**40.30**	
北京	**Beijing**		**48.40**	**48.40**	
天津	**Tianjin**	**32.06**	**36.38**	**37.22**	
河北	**Hebei**	**42.73**	**41.15**	**40.80**	
石家庄	Shijiazhuang	43.03	44.41	44.53	32
唐山	Tangshan	46.00	41.17	37.98	213
秦皇岛	Qinhuangdao	49.97	40.03	40.23	153
邯郸	Handan	47.20	46.63	44.69	31
邢台	Xingtai	40.60	36.12	36.02	248
保定	Baoding	44.58	38.76	39.01	191
张家口	Zhangjiakou	38.52	44.08	42.99	67
承德	Chengde	41.85	42.90	43.94	44
沧州	Cangzhou	41.76	36.96	36.94	233
廊坊	Langfang	46.80	45.34	45.97	15
衡水	Hengshui	41.30	44.70	39.01	191
山西	**Shanxi**	**38.01**	**40.13**	**40.52**	
太原	Taiyuan	35.75	40.30	40.85	127
大同	Datong	37.46	40.02	40.96	121
阳泉	Yangquan	39.74	41.50	41.60	106
长治	Changzhi	48.01	46.23	46.73	10
晋城	Jincheng	44.77	41.96	45.79	19
朔州	Shuozhou	42.84	42.89	42.96	69
晋中	Jinzhong	40.09	36.92	37.65	220
运城	Yuncheng	41.50	40.59	36.66	240
忻州	Xinzhou	17.28	34.64	37.33	224
临汾	Linfen	42.33	39.98	37.66	218
吕梁	Lvliang	36.33	38.37	38.37	207
内蒙古	**Inner Mongolia**	**33.35**	**39.18**	**39.85**	
呼和浩特	Hohhot	35.69	37.00	38.30	209
包头	Baotou	39.98	42.85	44.06	38
乌海	Wuhai	34.46	42.20	42.41	83
赤峰	Chifeng	34.23	39.06	38.35	208
通辽	Tongliao	31.60	42.52	42.91	75
鄂尔多斯	Erdos	36.61	42.26	42.39	84
呼伦贝尔	Hulunbuir	24.78	35.03	35.18	251
巴彦淖尔	Bayannur	32.74	38.79	38.68	200
乌兰察布	Ulanqab	37.89	39.72	39.80	172
辽宁	**Liaoning**	**39.32**	**40.26**	**36.35**	
沈阳	Shenyang	42.01	41.78	36.03	247
大连	Dalian	45.17	44.93	43.14	60
鞍山	Anshan	38.59	40.05	39.43	182
抚顺	Fushun	39.48	44.88	44.52	33
本溪	Benxi	46.96	48.39	48.39	5
丹东	Dandong	37.79	37.70	37.79	215
锦州	Jinzhou	39.02	42.11	42.23	87
营口	Yingkou	41.49	39.88	23.26	278
阜新	Fuxin	38.33	43.30	43.62	53
辽阳	Liaoyang	38.93	42.06	42.44	82
盘锦	Panjin	38.52	40.72	18.78	283
铁岭	Tieling	39.26	39.40	37.00	232
朝阳	Chaoyang	29.73	27.09	27.15	274
葫芦岛	Huludao	38.30	37.25	36.93	234
吉林	**Jilin**	**34.12**	**36.06**	**34.97**	
长春	Changchun	38.58	38.76	38.53	204
吉林	Jilin	45.72	43.72	36.12	244
四平	Siping	31.41	31.57	31.36	268
辽源	Liaoyuan	35.12	40.05	37.21	225
通化	Tonghua	30.60	38.13	37.73	216
白山	Baishan	29.88	27.30	27.81	272
松原	Songyuan	40.05	43.19	43.78	49
白城	Baicheng	31.46	31.35	31.23	269
黑龙江	**Heilongjiang**	**34.89**	**35.82**	**35.35**	
哈尔滨	Harbin	38.38	35.41	33.60	257
齐齐哈尔	Qiqihar	40.01	38.61	38.29	210
鸡西	Jixi	39.13	39.50	38.90	194
鹤岗	Hegang	41.93	42.33	42.39	84
双鸭山	Shuangyashan	42.74	43.70	43.70	50
大庆	Daqing	38.44	45.64	45.51	20
伊春	Yichun	26.71	29.75	30.55	270
佳木斯	Jiamusi	40.30	41.62	41.62	105
七台河	Qitaihe	40.82	43.90	43.98	41
牡丹江	Mudanjiang	38.55	20.62	20.98	282
黑河	Heihe	23.95	40.53	40.54	142
绥化	Suihua	26.26	30.07	24.93	277
上海	**Shanghai**	**38.15**	**38.50**	**38.60**	
江苏	**Jiangsu**	**42.07**	**42.83**	**42.94**	

8-46 城市建成区绿化覆盖率(辖区) 续表 1

Green Coverage Rate of Urban Built District (Municipal Districts) continued 1

单位：% (%)

地名	City	2010	2015	2016	2016 排名 Ranking	地名	City	2010	2015	2016	2016 排名 Ranking
南京	Nanjing	44.38	44.47	44.75	30	池州	Chizhou	39.14	42.43	43.12	61
无锡	Wuxi	42.62	42.98	42.98	68	宣城	Xuancheng	35.12	41.46	41.50	109
徐州	Xuzhou	41.26	43.73	43.81	47	**福建**	**Fujian**	**40.97**	**42.97**	**43.32**	
常州	Changzhou	42.15	43.08	43.10	62	福州	Fuzhou	40.27	43.41	43.87	45
苏州	Suzhou	42.70	42.37	41.99	92	厦门	Xiamen	40.40	41.87	42.93	73
南通	Nantong	40.60	42.77	43.28	56	莆田	Putian	43.10	43.13	43.34	55
连云港	Lianyungang	38.73	40.14	40.23	153	三明	Sanming	40.48	44.03	44.06	38
淮安	Huaian	39.60	41.30	42.05	89	泉州	Quanzhou	40.48	43.16	43.20	58
盐城	Yancheng	39.20	41.10	41.52	107	漳州	Zhangzhou	41.93	42.57	42.59	78
扬州	Yangzhou	43.60	43.71	43.80	48	南平	Nanping	40.33	45.12	44.85	27
镇江	Zhenjiang	42.14	42.78	42.89	76	龙岩	Longyan	42.13	41.48	40.78	130
泰州	Taizhou	40.82	41.43	41.96	93	宁德	Ningde	40.04	40.62	39.78	175
宿迁	Suqian	40.57	42.62	42.93	73	**江西**	**Jiangxi**	**46.62**	**44.09**	**43.63**	
浙江	**Zhejiang**	**38.30**	**40.58**	**41.02**		南昌	Nanchang	42.76	41.11	40.84	128
杭州	Hangzhou	39.95	40.43	40.70	134	景德镇	Jingdezhen	53.57	52.02	51.37	1
宁波	Ningbo	38.04	38.31	39.80	172	萍乡	Pingxiang	46.72	41.22	41.70	103
温州	Wenzhou	21.89	37.18	37.40	223	九江	Jiujiang	56.39	50.14	50.15	2
嘉兴	Jiaxing	41.09	43.33	44.43	34	新余	Xinyu	49.17	50.20	49.66	3
湖州	Huzhou	49.78	48.33	48.35	6	鹰潭	Yingtan	47.34	45.15	41.30	115
绍兴	Shaoxing	40.35	42.54	43.27	57	赣州	Ganzhou	45.09	39.97	40.17	156
金华	Jinhua	39.80	40.12	40.02	165	吉安	Jian	42.22	45.78	45.80	18
衢州	Quzhou	42.17	40.69	41.03	116	宜春	Yichun	42.46	44.57	43.87	45
舟山	Zhoushan	40.24	38.55	40.62	138	抚州	Fuzhou	48.01	46.46	45.81	17
台州	Taizhou	44.27	42.30	42.94	71	上饶	Shangrao	48.35	46.42	47.16	9
丽水	Lishui	41.33	44.84	46.49	12	**山东**	**Shandong**	**41.47**	**42.25**	**42.26**	
安徽	**Anhui**	**37.50**	**41.16**	**41.71**		济南	Jinan	37.04	40.00	40.31	150
合肥	Hefei	38.82	42.93	41.78	101	青岛	Qingdao	43.38	39.44	38.56	201
芜湖	Wuhu	38.20	38.48	40.58	140	淄博	Zibo	42.20	44.92	45.11	23
蚌埠	Bengbu	37.00	38.88	40.02	165	枣庄	Zaozhuang	37.48	42.17	42.32	86
淮南	Huainan	39.83	40.05	40.80	129	东营	Dongying	38.57	44.38	43.49	54
马鞍山	Maanshan	42.73	43.94	44.10	36	烟台	Yantai	42.05	40.50	42.51	79
淮北	Huaibei	43.16	44.86	44.98	26	潍坊	Weifang	40.10	40.83	41.91	95
铜陵	Tongling	40.17	45.80	48.50	4	济宁	Jining	43.64	41.30	42.46	80
安庆	Anqing	38.48	42.99	43.10	62	泰安	Taian	43.81	45.01	45.02	25
黄山	Huangshan	48.82	47.17	46.67	11	威海	Weihai	47.12	46.00	46.01	14
滁州	Chuzhou	36.24	41.77	41.48	110	日照	Rizhao	41.10	44.94	45.45	21
阜阳	Fuyang	33.02	33.99	38.55	202	莱芜	Laiwu	44.22	44.93	45.20	22
宿州	Suzhou	38.02	44.50	42.66	77	临沂	Linyi	46.58	41.30	40.65	137
六安	Liuan	40.79	41.32	41.46	111	德州	Dezhou	40.33	44.87	43.64	51
亳州	Bozhou	39.53	36.51	36.79	236	聊城	Liaocheng	44.20	44.60	44.79	28

8-46 城市建成区绿化覆盖率（辖区） 续表 2

Green Coverage Rate of Urban Built District (Municipal Districts) continued 2

单位：% (%)

地名	City	2010	2015	2016	2016 排名 Ranking	地名	City	2010	2015	2016	2016 排名 Ranking
滨州	Binzhou	38.96	44.68	44.79	28	常德	Changde	43.35	43.77	44.37	35
菏泽	Heze	40.14	41.87	40.11	158	张家界	Zhangjiajie	37.72	39.47	39.98	171
河南	**Henan**	**36.56**	**37.69**	**39.33**		益阳	Yiyang	40.17	40.02	40.03	163
郑州	Zhengzhou	34.88	40.34	43.64	51	郴州	Chenzhou	36.97	44.78	46.02	13
开封	Kaifeng	34.43	32.41	32.22	265	永州	Yongzhou	31.35	41.09	40.40	148
洛阳	Luoyang	32.98	39.29	39.70	176	怀化	Huaihua	30.38	37.69	39.22	187
平顶山	Pingdingshan	38.08	40.68	40.75	131	娄底	Loudi	39.79	40.01	40.03	163
安阳	Anyang	37.49	40.06	40.62	138	**广东**	**Guangdong**	**41.31**	**41.43**	**42.39**	
鹤壁	Hebi	40.08	39.63	39.63	179	广州	Guangzhou	41.96	41.60	41.80	100
新乡	Xinxiang	41.24	40.00	40.00	168	韶关	Shaoguan	46.12	45.92	45.85	16
焦作	Jiaozuo	39.59	40.00	40.04	162	深圳	Shenzhen	45.04	45.10	45.10	24
濮阳	Puyang	44.44	38.05	39.04	190	珠海	Zhuhai	50.25	58.11	47.64	7
许昌	Xuchang	38.93	38.36	40.00	168	汕头	Shantou	40.65	43.73	43.98	41
漯河	Luohe	38.32	36.30	36.21	243	佛山	Foshan	37.11	40.42	40.98	120
三门峡	Sanmenxia	43.47	29.93	39.80	172	江门	Jiangmen	40.74	43.71	44.08	37
南阳	Nanyang	29.51	25.59	37.18	226	湛江	Zhanjiang	45.77	41.82	41.85	98
商丘	Shangqiu	38.15	41.75	41.94	94	茂名	Maoming	44.45	32.81	31.42	267
信阳	Xinyang	42.38	42.46	42.46	80	肇庆	Zhaoqing	36.09	35.80	36.56	242
周口	Zhoukou	38.14	39.35	38.21	211	惠州	Huizhou	30.06	38.93	43.00	66
驻马店	Zhumadian	40.28	40.40	40.40	148	梅州	Meizhou	42.84	42.93	42.94	71
湖北	**Hubei**	**37.74**	**37.47**	**37.60**		汕尾	Shanwei	41.20	41.33	32.78	262
武汉	Wuhan	37.17	39.65	39.65	178	河源	Heyuan	44.11	44.71	41.65	104
黄石	Huangshi	39.88	38.41	38.50	205	阳江	Yangjiang	38.45	40.70	41.71	102
十堰	Shiyan	45.32	33.83	35.29	250	清远	Qingyuan	40.12	41.03	32.66	263
宜昌	Yichang	40.88	41.38	41.40	112	东莞	Dongguan	43.37	44.71	47.58	8
襄阳	Xiangyang	36.38	38.03	38.69	199	中山	Zhongshan	38.97	32.16	40.89	126
鄂州	Ezhou	37.00	32.37	32.38	264	潮州	Chaozhou	42.71	40.11	40.20	155
荆门	Jingmen	39.92	39.66	36.81	235	揭阳	Jieyang	35.21	29.63	40.68	136
孝感	Xiaogan	40.21	36.08	39.32	184	云浮	Yunfu	39.45	39.22	42.05	89
荆州	Jingzhou	39.79	36.21	36.04	246	**广西**	**Guangxi**	**34.96**	**37.60**	**37.62**	
黄冈	Huanggang	32.97	33.55	33.55	258	南宁	Nanning	40.36	42.95	42.12	88
咸宁	Xianning	37.60	38.94	40.29	151	柳州	Liuzhou	38.12	43.63	43.95	43
随州	Suizhou	31.98	37.28	37.66	218	桂林	Guilin	44.29	40.22	40.73	133
湖南	**Hunan**	**36.64**	**39.69**	**40.60**		梧州	Wuzhou	39.14	40.23	40.93	123
长沙	Changsha	36.19	39.31	40.06	160	北海	Beihai	35.78	40.51	40.53	143
株洲	Zhuzhou	42.41	41.36	41.90	96	防城港	Fangchenggang	33.82	31.07	21.18	281
湘潭	Xiangtan	40.38	41.32	41.82	99	钦州	Qinzhou	22.20	37.60	38.54	203
衡阳	Hengyang	38.95	40.41	40.51	144	贵港	Guigang	26.26	22.89	22.11	280
邵阳	Shaoyang	32.97	39.20	40.07	159	玉林	Yulin	33.02	37.05	37.07	230
岳阳	Yueyang	41.37	40.90	40.92	124	百色	Baise	36.70	36.16	40.13	157

8-46 城市建成区绿化覆盖率(辖区) 续表 3

Green Coverage Rate of Urban Built District (Municipal Districts) continued 3

单位：% (%)

地名	City	2010	2015	2016	2016 排名 Ranking	地名	City	2010	2015	2016	2016 排名 Ranking
贺州	Hezhou	22.77	37.05	37.53	221	丽江	Lijiang	35.34	40.63	39.28	185
河池	Hechi	28.30	36.59	34.94	252	普洱	Puer	56.08	38.75	39.09	189
来宾	Laibin	35.00	33.17	33.26	259	临沧	Lincang	37.07	39.00	40.00	168
崇左	Chongzuo	29.82	41.73	38.90	194	**西藏**	**Tibet**	**25.40**	**42.61**	**32.59**	
海南	**Hainan**	**42.63**	**37.70**	**40.30**		拉萨	Lasa	32.25	36.14	39.59	180
海口	Haikou	44.14	42.90	40.29	151	**陕西**	**Shaanxi**	**38.29**	**40.57**	**40.14**	
三亚	Sanya	48.12	24.99	42.95	70	西安	Xi'an	40.43	42.62	43.15	59
三沙	Sansha			8.13	286	铜川	Tongchuan	42.51	43.49	38.79	197
重庆	**Chongqing**	**40.57**	**40.30**	**40.76**		宝鸡	Baoji	14.23	40.61	41.03	116
四川	**Sichuan**	**37.88**	**38.65**	**39.90**		咸阳	Xianyang	40.11	40.27	40.06	160
成都	Chengdu	39.43	39.84	41.39	113	渭南	Weinan	37.10	38.69	37.73	216
自贡	Zigong	38.10	40.20	40.50	145	延安	Yan'an	36.30	40.78	40.43	147
攀枝花	Panzhihua	40.55	39.80	40.01	167	汉中	Hanzhong	37.65	36.66	37.80	214
泸州	Luzhou	39.00	39.89	40.45	146	榆林	Yulin	32.35	37.67	33.65	256
德阳	Deyang	38.27	40.12	41.03	116	安康	Ankang	34.80	43.57	38.73	198
绵阳	Mianyang	37.89	38.70	39.20	188	商洛	Shangluo	39.77	21.96	23.12	279
广元	Guangyuan	36.56	37.15	37.03	231	**甘肃**	**Gansu**	**27.12**	**30.20**	**31.50**	
遂宁	Suining	37.66	33.64	42.04	91	兰州	Lanzhou	25.02	25.80	27.39	273
内江	Neijiang	34.64	35.43	34.83	253	嘉峪关	Jiayuguan	36.67	39.50	39.23	186
乐山	Leshan	37.91	33.12	33.17	261	金昌	Jinchang	32.38	36.29	36.74	237
南充	Nanchong	38.12	43.10	44.00	40	白银	Baiyin	22.73	35.10	34.68	254
眉山	Meishan	31.75	35.09	35.48	249	天水	Tianshui	35.20	38.10	38.43	206
宜宾	Yibin	38.98	38.22	38.11	212	武威	Wuwei	21.40	23.55	25.75	275
广安	Guangan	41.67	39.49	39.46	181	张掖	Zhangye	26.74	30.67	38.82	196
达州	Dazhou	35.76	29.57	39.67	177	平凉	Pingliang	29.94	35.72	37.10	227
雅安	Yaan	39.81	40.80	40.95	122	酒泉	Jiuquan	36.50	37.42	37.09	228
巴中	Bazhong	35.03	39.11	39.00	193	庆阳	Qingyang	18.40	33.36	33.77	255
资阳	Ziyang	35.00	38.67	37.42	222	定西	Dingxi	25.43	25.16	25.19	276
贵州	**Guizhou**	**29.58**	**35.88**	**36.80**		陇南	Longnan	2.69	8.35	10.14	285
贵阳	Guiyang	37.24	38.57	40.74	132	**青海**	**Qinghai**	**29.38**	**29.79**	**31.12**	
六盘水	Liupanshui	24.68	36.24	36.69	238	西宁	Xining	35.12	38.92	40.57	141
遵义	Zunyi	34.61	44.06	43.08	64	海东	Haidong		15.40	17.27	284
安顺	Anshun	14.00	36.75	37.08	229	**宁夏**	**Ningxia**	**38.75**	**37.88**	**40.43**	
毕节	Bijie	8.50	30.54	32.08	266	银川	Yinchuan	43.03	40.89	41.51	108
铜仁	Tongren	34.04	44.38	40.99	119	石嘴山	Shizuishan	41.00	40.64	40.70	134
云南	**Yunnan**	**37.31**	**37.27**	**37.84**		吴忠	Wuzhong	38.53	41.18	41.31	114
昆明	Kunming	41.36	40.64	41.88	97	固原	Guyuan	28.63	21.43	36.68	239
曲靖	Qujing	38.93	36.18	33.21	260	中卫	Zhongwei	26.00	37.04	39.42	183
玉溪	Yuxi	34.35	42.21	36.59	241	**新疆**	**Xinjiang**	**36.42**	**37.47**	**38.51**	
保山	Baoshan	34.86	31.00	36.07	245	乌鲁木齐	Urumqi	34.80	40.30	40.90	125
昭通	Zhaotong	31.00	24.05	28.41	271	克拉玛依	Karamay	42.90	43.05	43.05	65

8-47 城市公园绿地面积（辖区）

Area of Urban Parks and Green Space (Municipal Districts)

单位：公顷 (hectare)

地名	City	2010	2015	2016	2016 排名 Ranking
全国	**Nation Total**	**441276**	**2669567**	**653555**	
北京	**Beijing**	**19020**	**81305**	**30069**	
天津	**Tianjin**	**5266**	**28406**	**9959**	
河北	**Hebei**	**21849**	**81346**	**25160**	
石家庄	Shijiazhuang	3530	12115	4474	15
唐山	Tangshan	2981	9627	3025	40
秦皇岛	Qinhuangdao	1793	5766	2136	58
邯郸	Handan	2988	8159	3435	34
邢台	Xingtai	1006	2966	1103	116
保定	Baoding	1491	6668	1640	73
张家口	Zhangjiakou	946	3456	1194	105
承德	Chengde	1450	4556	1410	88
沧州	Cangzhou	582	2292	653	196
廊坊	Langfang	674	4484	785	164
衡水	Hengshui	424	1887	776	170
山西	**Shanxi**	**9061**	**42033**	**13411**	
太原	Taiyuan	2576	12264	3985	20
大同	Datong	876	4568	1417	87
阳泉	Yangquan	526	2272	659	193
长治	Changzhi	864	3162	924	137
晋城	Jincheng	456	2642	592	210
朔州	Shuozhou	280	1600	610	206
晋中	Jinzhong	431	2354	896	142
运城	Yuncheng	395	1738	613	204
忻州	Xinzhou	58	1080	384	258
临汾	Linfen	592	1974	769	173
吕梁	Lvliang	315	867	361	260
内蒙古	**Inner Mongolia**	**10352**	**63090**	**17541**	
呼和浩特	Hohhot	2422	14077	3831	23
包头	Baotou	2100	8009	2608	45
乌海	Wuhai	522	2572	1103	115
赤峰	Chifeng	746	3785	1735	69
通辽	Tongliao	741	2456	958	132
鄂尔多斯	Erdos	1024	11577	1830	63
呼伦贝尔	Hulunbuir	549	1961	713	182
巴彦淖尔	Bayannur	252	2136	879	145
乌兰察布	Ulanqab	600	5868	1206	103
辽宁	**Liaoning**	**21593**	**124193**	**25500**	
沈阳	Shenyang	6085	28828	6179	10
大连	Dalian	3510	18378	3880	22
鞍山	Anshan	1617	6741	1521	80
抚顺	Fushun	1185	5162	1400	89
本溪	Benxi	828	23191	982	129
丹东	Dandong	560	3001	730	178
锦州	Jinzhou	896	3145	1278	96
营口	Yingkou	959	4146	1042	123
阜新	Fuxin	817	3160	998	127
辽阳	Liaoyang	674	4169	856	151
盘锦	Panjin	488	2831	1083	119
铁岭	Tieling	437	2071	540	217
朝阳	Chaoyang	468	1406	624	201
葫芦岛	Huludao	596	3117	759	176
吉林	**Jilin**	**10974**	**47251**	**15244**	
长春	Changchun	4249	18079	6335	9
吉林	Jilin	1524	7311	1537	77
四平	Siping	461	1801	558	216
辽源	Liaoyuan	363	1816	485	234
通化	Tonghua	429	1871	655	195
白山	Baishan	383	1079	409	254
松原	Songyuan	497	2066	881	144
白城	Baicheng	221	1260	367	259
黑龙江	**Heilongjiang**	**15284**	**76501**	**17083**	
哈尔滨	Harbin	4198	13514	4418	16
齐齐哈尔	Qiqihar	1091	6097	1091	118
鸡西	Jixi	695	2808	780	168
鹤岗	Hegang	842	2897	824	155
双鸭山	Shuangyashan	739	2319	690	187
大庆	Daqing	1779	22410	2183	56
伊春	Yichun	1518	4397	1820	65
佳木斯	Jiamusi	740	3878	849	152
七台河	Qitaihe	457	2679	498	230
牡丹江	Mudanjiang	739	5155	782	166
黑河	Heihe	236	719	194	281
绥化	Suihua	135	1000	313	268
上海	**Shanghai**	**16053**	**127332**	**18957**	
江苏	**Jiangsu**	**33585**	**274071**	**46476**	

8-47 城市公园绿地面积（辖区） 续表 1

Area of Urban Parks and Green Space (Municipal Districts) continued 1

单位：公顷 (hectare)

地名	City	2010	2015	2016	2016 排名 Ranking	地名	City	2010	2015	2016	2016 排名 Ranking
南京	Nanjing	6773	88910	9623.7	5	池州	Chizhou	498	1419	520	225
无锡	Wuxi	3418	18723	3744	28	宣城	Xuancheng	387	3705	503	227
徐州	Xuzhou	2234	15727	2879	42	**福建**	**Fujian**	**10972**	**64466**	**16017**	
常州	Changzhou	1632	10768	2713	43	福州	Fuzhou	2288	11310	3507	32
苏州	Suzhou	3615	22133	4592	14	厦门	Xiamen	2807	18861	3734	29
南通	Nantong	1038	8993	3035	39	莆田	Putian	582	3373	833	154
连云港	Lianyungang	880	22120	1542	76	三明	Sanming	274	1693	328	264
淮安	Huaian	1341	6856	2267	53	泉州	Quanzhou	845	8317	1908	61
盐城	Yancheng	821	6450	1731	70	漳州	Zhangzhou	448	2659	754	177
扬州	Yangzhou	1483	7133	2167	57	南平	Nanping	240	1710	463	239
镇江	Zhenjiang	1397	8194	1689	72	龙岩	Longyan	335	2259	525	221
泰州	Taizhou	594	4047	1008	126	宁德	Ningde	315	1127	402	256
宿迁	Suqian	574	8931	1116	109	**江西**	**Jiangxi**	**10733**	**54147**	**15475**	
浙江	**Zhejiang**	**20090**	**138039**	**30675**		南昌	Nanchang	1915	11963	3237	37
杭州	Hangzhou	5017	33015	8118	7	景德镇	Jingdezhen	709	3924	782	167
宁波	Ningbo	1725	11865	3244	36	萍乡	Pingxiang	447	2000	492	232
温州	Wenzhou	883	7976	2610	44	九江	Jiujiang	1142	5053	1216	102
嘉兴	Jiaxing	883	5486	1258	98	新余	Xinyu	602	3720	856	150
湖州	Huzhou	1277	4624	1520	81	鹰潭	Yingtan	202	1383	350	261
绍兴	Shaoxing	1085	7478	2029	59	赣州	Ganzhou	829	5151	1736	68
金华	Jinhua	707	3042	928	136	吉安	Jian	425	2445	783	165
衢州	Quzhou	394	2583	521	224	宜春	Yichun	637	2864	877	147
舟山	Zhoushan	675	13605	823	156	抚州	Fuzhou	842	2525	901	139
台州	Taizhou	1073	5776	1332	94	上饶	Shangrao	513	3289	1106	114
丽水	Lishui	340	1458	390	257	**山东**	**Shandong**	**43191**	**213517**	**60336**	
安徽	**Anhui**	**13630**	**93786**	**21265**		济南	Jinan	2890	13755	3793	25
合肥	Hefei	3269	17264	5404	11	青岛	Qingdao	4027	29117	8194	6
芜湖	Wuhu	1120	6427	1822	64	淄博	Zibo	2333	17827	3253	35
蚌埠	Bengbu	611	4798	1247	99	枣庄	Zaozhuang	1118	7179	1491	82
淮南	Huainan	1207	4579	1379	91	东营	Dongying	1119	7367	1932	60
马鞍山	Maanshan	792	5706	1107	113	烟台	Yantai	2795	13787	3770	27
淮北	Huaibei	1121	4418	1247	100	潍坊	Weifang	2173	10047	2351	50
铜陵	Tongling	454	5449	913	138	济宁	Jining	892	7500	2279	52
安庆	Anqing	578	3664	990	128	泰安	Taian	1198	5435	2300	51
黄山	Huangshan	435	13264	574	215	威海	Weihai	1443	9005	2467	48
滁州	Chuzhou	413	4175	650	197	日照	Rizhao	1331	4323	1702	71
阜阳	Fuyang	555	4676	1113	110	莱芜	Laiwu	892	6592	1419	86
宿州	Suzhou	489	3125	768	174	临沂	Linyi	3269	11039	4033	19
六安	Liuan	713	3090	895	143	德州	Dezhou	1169	6388	2185	55
亳州	Bozhou	280	1961	458	242	聊城	Liaocheng	705	3818	1119	108

8-47 城市公园绿地面积(辖区) 续表 2
Area of Urban Parks and Green Space (Municipal Districts) continued 2

单位：公顷 (hectare)

地名	City	2010	2015	2016	2016 排名 Ranking	地名	City	2010	2015	2016	2016 排名 Ranking
滨州	Binzhou	1178	6050	1742	67	常德	Changde	876	3949	1237	101
菏泽	Heze	741	3993	946	135	张家界	Zhangjiajie	165	1390	196	280
河南	**Henan**	**18361**	**89952**	**25429**		益阳	Yiyang	458	2914	597	208
郑州	Zhengzhou	3095	16369	5027	13	郴州	Chenzhou	424	3166	773	171
开封	Kaifeng	455	4569	978	131	永州	Yongzhou	290	2455	602	207
洛阳	Luoyang	1743	6971	2477	47	怀化	Huaihua	262	2105	503	228
平顶山	Pingdingshan	863	2679	981	130	娄底	Loudi	340	2046	478	236
安阳	Anyang	606	2796	806	159	**广东**	**Guangdong**	**58514**	**438376**	**97514**	
鹤壁	Hebi	587	2280	688	190	广州	Guangzhou	10319	141041	29473	1
新乡	Xinxiang	714	4261	848	153	韶关	Shaoguan	630	4257	787	163
焦作	Jiaozuo	713	3862	1035	124	深圳	Shenzhen	16987	97850	19588	2
濮阳	Puyang	548	2067	817	158	珠海	Zhuhai	1989	10238	3604	30
许昌	Xuchang	505	3148	705	185	汕头	Shantou	2819	10311	3948	21
漯河	Luohe	825	1962	873	148	佛山	Foshan	2005	9344	2925	41
三门峡	Sanmenxia	482	1555	610	205	江门	Jiangmen	1205	12008	2386	49
南阳	Nanyang	1257	6439	1329	95	湛江	Zhanjiang	846	4186	1270	97
商丘	Shangqiu	509	2332	707	184	茂名	Maoming	486	3781	1182	106
信阳	Xinyang	654	4481	800	160	肇庆	Zhaoqing	1150	9770	1487	83
周口	Zhoukou	301	2716	531	219	惠州	Huizhou	1304	8358	3460	33
驻马店	Zhumadian	399	2639	532	218	梅州	Meizhou	486	2213	790	161
湖北	**Hubei**	**16818**	**80309**	**22681**		汕尾	Shanwei	266	666	315	267
武汉	Wuhan	5685	19356	7333	8	河源	Heyuan	327	1485	415	252
黄石	Huangshi	866	2767	1033	125	阳江	Yangjiang	437	2600	617	203
十堰	Shiyan	532	3477	898	141	清远	Qingyuan	538	2263	790	162
宜昌	Yichang	860	6076	1333	93	东莞	Dongguan	9075	82750	14456	3
襄阳	Xiangyang	829	5561	1526	79	中山	Zhongshan	693	4255	1365	92
鄂州	Ezhou	573	1780	642	199	潮州	Chaozhou	406	3002	901	140
荆门	Jingmen	480	1962	625	200	揭阳	Jieyang	1008	3931	1079	120
孝感	Xiaogan	286	1560	524	222	云浮	Yunfu	263	1344	495	231
荆州	Jingzhou	677	2669	879	146	**广西**	**Guangxi**	**8331**	**82382**	**12799**	
黄冈	Huanggang	327	1668	447	245	南宁	Nanning	2149	39068	3799	24
咸宁	Xianning	310	3852	595	209	柳州	Liuzhou	1804	7746	2238	54
随州	Suizhou	337	4610	469	237	桂林	Guilin	753	3755	1136	107
湖南	**Hunan**	**10969**	**59359**	**16292**		梧州	Wuzhou	379	3192	689	189
长沙	Changsha	2522	10586	3779	26	北海	Beihai	295	2490	489	233
株洲	Zhuzhou	1071	5413	1385	90	防城港	Fangchenggang	162	1042	322	265
湘潭	Xiangtan	646	3027	764	175	钦州	Qinzhou	183	10990	462	240
衡阳	Hengyang	864	4205	1102	117	贵港	Guigang	488	1570	522	223
邵阳	Shaoyang	505	2406	860	149	玉林	Yulin	564	2641	721	179
岳阳	Yueyang	556	4580	690	187	百色	Baise	204	1658	316	266

8-47 城市公园绿地面积(辖区) 续表 3

Area of Urban Parks and Green Space (Municipal Districts) continued 3

单位：公顷 （hectare）

地名	City	2010	2015	2016	2016 排名 Ranking	地名	City	2010	2015	2016	2016 排名 Ranking
贺州	Hezhou	91	1131	205	279	丽江	Lijiang	360	962	424	249
河池	Hechi	117	808	213	278	普洱	Puer	310	985	239	275
来宾	Laibin	184	1321	311	269	临沧	Lincang	544	685	220	277
崇左	Chongzuo	98	979	232	276	**西藏**	**Tibet**	**260**	**5332**	**926**	
海南	**Hainan**	**2561**	**14883**	**3518**		拉萨	Lasa	202	2946	408	255
海口	Haikou	1303	5806	1843	62	**陕西**	**Shaanxi**	**8402**	**56108**	**12178**	
三亚	Sanya	541	1571	716	181	西安	Xi'an	3253	19047	5176	12
三沙	Sansha		2	1	286	铜川	Tongchuan	389	1893	478	235
重庆	**Chongqing**	**14032**	**55934**	**24505**		宝鸡	Baoji	1118	4017	1053	122
四川	**Sichuan**	**16133**	**87096**	**28479**		咸阳	Xianyang	1114	18760	1623	74
成都	Chengdu	5732	21902	9821	4	渭南	Weinan	475	2228	701	186
自贡	Zigong	722	4070	1205	104	延安	Yan'an	338	1444	421	250
攀枝花	Panzhihua	527	2798	771	172	汉中	Hanzhong	577	1667	591	211
泸州	Luzhou	698	4893	1430	85	榆林	Yulin	249	2199	779	169
德阳	Deyang	414	2532	656	194	安康	Ankang	339	1622	452	243
绵阳	Mianyang	908	4501	1530	78	商洛	Shangluo	146	521	169	282
广元	Guangyuan	288	2019	585	212	**甘肃**	**Gansu**	**4392**	**23560**	**8976**	
遂宁	Suining	410	5967	713	183	兰州	Lanzhou	1714	7429	3193	38
内江	Neijiang	327	2549	683	192	嘉峪关	Jiayuguan	330	2672	818	157
乐山	Leshan	382	3120	574	214	金昌	Jinchang	269	1355	441	246
南充	Nanchong	688	4464	1481	84	白银	Baiyin	269	1955	418	251
眉山	Meishan	367	2132	619	202	天水	Tianshui	384	1916	688	190
宜宾	Yibin	602	3774	956	133	武威	Wuwei	97	732	502	229
广安	Guangan	473	1768	719	180	张掖	Zhangye	302	1623	1110	112
达州	Dazhou	482	2849	1066	121	平凉	Pingliang	216	1581	284	272
雅安	Yaan	384	1238	291	270	酒泉	Jiuquan	303	1629	441	247
巴中	Bazhong	258	1501	531	220	庆阳	Qingyang	80	726	150	283
资阳	Ziyang	168	1690	508	226	定西	Dingxi	165	566	332	262
贵州	**Guizhou**	**3969**	**36739**	**10150**		陇南	Longnan	20	167	94	285
贵阳	Guiyang	2186	16615	4319	18	**青海**	**Qinghai**	**1014**	**5732**	**2011**	
六盘水	Liupanshui	77	3402	410	253	西宁	Xining	897	3515	1597	75
遵义	Zunyi	360	2666	1771	66	海东	Haidong		473	147	284
安顺	Anshun	62	4721	950	134	**宁夏**	**Ningxia**	**3626**	**24132**	**5209**	
毕节	Bijie	12	1310	581	213	银川	Yinchuan	1556	9023	2526	46
铜仁	Tongren	84	1439	284	271	石嘴山	Shizuishan	1038	6889	1111	111
云南	**Yunnan**	**6811**	**39416**	**10611**		吴忠	Wuzhong	356	2833	465	238
昆明	Kunming	2796	16077	4354	17	固原	Guyuan	178	1109	251	273
曲靖	Qujing	590	2286	643	198	中卫	Zhongwei	214	1550	435	248
玉溪	Yuxi	204	1095	460	241	**新疆**	**Xinjiang**	**5430**	**60775**	**9110**	
保山	Baoshan	183	881	329	263	乌鲁木齐	Urumqi	2063	27679	3545	31
昭通	Zhaotong	204	765	246	274	克拉玛依	Karamay	315	4682	451	244

8-48　城市人均公园绿地面积（辖区）
Area of Urban Public Recreational Green Space per Capita (Municipal Districts)

单位：平方米　　　　　　　　　　　　　　　　　　　　　　　　　　　　（m²）

地名	City	2010	2015	2016	2016 排名 Ranking
全国	**Nation Total**	**11.2**	**13.4**	**13.7**	
北京	**Beijing**	**11.3**	**16.0**	**16.0**	
天津	**Tianjin**	**8.6**	**10.1**	**10.6**	
河北	**Hebei**	**14.2**	**14.2**	**14.3**	
石家庄	Shijiazhuang	14.4	15.6	15.8	66
唐山	Tangshan	15.1	15.1	15.3	73
秦皇岛	Qinhuangdao	19.9	19.7	19.2	33
邯郸	Handan	19.6	19.0	18.5	40
邢台	Xingtai	15.7	11.7	11.6	194
保定	Baoding	13.3	9.9	10.2	247
张家口	Zhangjiakou	11.0	12.2	11.9	181
承德	Chengde	27.2	24.6	24.6	9
沧州	Cangzhou	10.0	10.4	11.0	220
廊坊	Langfang	13.0	13.7	14.0	116
衡水	Hengshui	11.3	12.2	13.0	142
山西	**Shanxi**	**9.4**	**11.6**	**11.9**	
太原	Taiyuan	8.6	10.9	10.8	225
大同	Datong	6.8	11.0	11.3	205
阳泉	Yangquan	9.0	10.8	11.6	196
长治	Changzhi	12.2	12.5	12.2	168
晋城	Jincheng	13.8	12.0	12.1	175
朔州	Shuozhou	9.3	10.9	14.1	108
晋中	Jinzhong	10.6	17.7	17.5	51
运城	Yuncheng	9.2	10.6	14.3	104
忻州	Xinzhou	2.2	12.4	12.8	148
临汾	Linfen	13.6	12.4	12.1	172
吕梁	Lvliang	13.6	13.4	13.3	134
内蒙古	**Inner Mongolia**	**12.4**	**19.3**	**19.8**	
呼和浩特	Hohhot	15.4	17.3	19.7	30
包头	Baotou	12.0	13.2	13.8	121
乌海	Wuhai	9.5	19.7	20.1	28
赤峰	Chifeng	8.4	18.8	17.4	53
通辽	Tongliao	14.7	21.1	21.2	22
鄂尔多斯	Erdos	14.3	35.0	33.8	4
呼伦贝尔	Hulunbuir	19.1	21.9	20.3	27
巴彦淖尔	Bayannur	6.8	21.5	22.6	16
乌兰察布	Ulanqab	18.6	37.8	40.5	2
辽宁	**Liaoning**	**10.2**	**11.5**	**11.3**	
沈阳	Shenyang	12.7	13.1	11.5	197
大连	Dalian	12.0	11.1	11.0	218
鞍山	Anshan	10.4	12.2	11.1	212
抚顺	Fushun	9.0	10.6	10.7	229
本溪	Benxi	9.0	10.8	10.8	227
丹东	Dandong	8.4	10.0	11.1	215
锦州	Jinzhou	9.2	13.5	13.6	124
营口	Yingkou	10.1	10.9	11.8	191
阜新	Fuxin	10.5	12.6	12.9	144
辽阳	Liaoyang	8.5	10.8	10.9	223
盘锦	Panjin	7.5	12.3	11.6	195
铁岭	Tieling	9.7	12.0	12.0	180
朝阳	Chaoyang	8.8	10.7	9.8	257
葫芦岛	Huludao	12.9	14.8	14.7	90
吉林	**Jilin**	**10.3**	**12.5**	**13.4**	
长春	Changchun	13.7	14.7	17.8	48
吉林	Jilin	11.9	12.0	12.1	178
四平	Siping	7.2	8.4	8.4	273
辽源	Liaoyuan	7.3	9.3	10.0	254
通化	Tonghua	9.2	12.9	14.1	108
白山	Baishan	10.1	10.3	10.2	246
松原	Songyuan	10.5	17.8	17.8	47
白城	Baicheng	7.8	12.9	13.0	141
黑龙江	**Heilongjiang**	**11.3**	**12.0**	**11.9**	
哈尔滨	Harbin	10.1	9.5	9.2	267
齐齐哈尔	Qiqihar	10.0	10.0	10.1	251
鸡西	Jixi	9.3	10.8	10.8	226
鹤岗	Hegang	14.9	14.9	15.0	78
双鸭山	Shuangyashan	16.0	14.4	14.4	101
大庆	Daqing	13.5	14.5	15.0	81
伊春	Yichun	20.2	23.1	23.7	10
佳木斯	Jiamusi	11.9	14.2	14.2	107
七台河	Qitaihe	11.9	12.3	12.1	170
牡丹江	Mudanjiang	10.5	10.6	10.6	235
黑河	Heihe	16.7	13.4	13.4	132
绥化	Suihua	4.3	8.7	8.5	271
上海	**Shanghai**	**7.0**	**7.6**	**7.8**	
江苏	**Jiangsu**	**13.3**	**14.6**	**14.8**	

8-48 城市人均公园绿地面积(辖区) 续表 1

Area of Urban Public Recreational Green Space per Capita (Municipal Districts) continued 1

单位：平方米 (m²)

地名	City	2010	2015	2016	2016 排名 Ranking	地名	City	2010	2015	2016	2016 排名 Ranking
南京	Nanjing	13.7	15.1	15.3	71	池州	Chizhou	18.1	17.1	17.1	56
无锡	Wuxi	14.4	14.9	14.9	84	宣城	Xuancheng	14.1	13.7	14.1	111
徐州	Xuzhou	14.7	15.3	15.7	67	**福建**	**Fujian**	**11.0**	**13.0**	**13.1**	
常州	Changzhou	12.4	13.9	14.5	99	福州	Fuzhou	11.2	13.5	14.1	113
苏州	Suzhou	16.9	15.1	14.7	91	厦门	Xiamen	10.1	11.5	11.5	199
南通	Nantong	10.5	17.0	18.5	41	莆田	Putian	11.0	12.7	12.7	154
连云港	Lianyungang	12.0	14.4	14.7	93	三明	Sanming	11.9	14.6	14.8	88
淮安	Huaian	11.0	13.8	14.0	114	泉州	Quanzhou	10.6	14.1	14.2	106
盐城	Yancheng	11.7	12.4	12.8	150	漳州	Zhangzhou	10.5	14.5	14.6	94
扬州	Yangzhou	19.1	18.4	18.6	38	南平	Nanping	11.7	13.2	13.1	137
镇江	Zhenjiang	16.0	18.9	19.0	35	龙岩	Longyan	11.2	12.4	12.5	160
泰州	Taizhou	9.3	10.0	10.7	231	宁德	Ningde	13.6	15.6	15.6	68
宿迁	Suqian	12.1	15.1	15.3	74	**江西**	**Jiangxi**	**13.0**	**14.0**	**14.2**	
浙江	**Zhejiang**	**11.1**	**13.2**	**13.2**		南昌	Nanchang	9.0	11.8	11.8	189
杭州	Hangzhou	15.1	14.6	14.4	102	景德镇	Jingdezhen	15.7	15.2	17.2	54
宁波	Ningbo	10.5	11.2	11.4	202	萍乡	Pingxiang	12.1	10.7	10.6	234
温州	Wenzhou	6.0	13.4	12.7	152	九江	Jiujiang	18.1	17.8	17.8	46
嘉兴	Jiaxing	12.9	14.1	13.4	132	新余	Xinyu	15.8	18.1	18.0	44
湖州	Huzhou	15.3	16.6	16.6	60	鹰潭	Yingtan	12.7	15.9	15.3	72
绍兴	Shaoxing	15.4	13.5	13.5	125	赣州	Ganzhou	12.2	10.4	11.5	200
金华	Jinhua	12.2	13.0	11.7	192	吉安	Jian	13.4	17.1	17.1	55
衢州	Quzhou	13.1	14.6	14.5	97	宜春	Yichun	14.5	15.3	15.3	74
舟山	Zhoushan	15.1	13.5	13.1	138	抚州	Fuzhou	16.6	15.9	14.7	92
台州	Taizhou	10.6	12.3	12.9	146	上饶	Shangrao	15.4	14.8	15.5	69
丽水	Lishui	10.5	11.0	11.1	212	**山东**	**Shandong**	**15.8**	**17.4**	**17.9**	
安徽	**Anhui**	**11.0**	**13.4**	**14.0**		济南	Jinan	10.3	10.5	11.3	204
合肥	Hefei	13.2	13.4	13.5	126	青岛	Qingdao	14.6	14.2	18.6	39
芜湖	Wuhu	9.5	12.3	13.4	128	淄博	Zibo	15.1	18.4	18.7	36
蚌埠	Bengbu	7.0	12.9	13.0	139	枣庄	Zaozhuang	12.6	15.1	15.0	78
淮南	Huainan	11.5	12.3	12.6	157	东营	Dongying	17.3	25.0	22.5	17
马鞍山	Maanshan	14.0	15.3	15.0	78	烟台	Yantai	19.4	21.1	20.7	23
淮北	Huaibei	13.3	15.2	16.7	58	潍坊	Weifang	17.3	18.0	18.1	43
铜陵	Tongling	10.9	13.9	17.7	50	济宁	Jining	13.6	14.3	14.7	89
安庆	Anqing	9.7	13.3	14.0	117	泰安	Taian	19.8	20.2	22.8	14
黄山	Huangshan	14.5	15.0	14.9	85	威海	Weihai	24.5	26.1	26.1	6
滁州	Chuzhou	12.7	13.6	14.5	98	日照	Rizhao	21.3	23.2	21.2	21
阜阳	Fuyang	7.5	12.3	14.0	118	莱芜	Laiwu	18.9	22.7	22.6	15
宿州	Suzhou	10.5	12.9	13.4	129	临沂	Linyi	19.2	19.1	19.5	32
六安	Liuan	12.0	14.8	14.8	87	德州	Dezhou	19.2	24.9	24.8	8
亳州	Bozhou	10.9	14.0	13.4	130	聊城	Liaocheng	11.5	12.6	13.0	143

8-48 城市人均公园绿地面积(辖区)　续表 2

Area of Urban Public Recreational Green Space per Capita (Municipal Districts) continued 2

单位：平方米　　　　(m²)

地名	City	2010	2015	2016	2016 排名 Ranking	地名	City	2010	2015	2016	2016 排名 Ranking
滨州	Binzhou	16.8	18.9	19.5	31	常德	Changde	14.1	14.5	13.6	122
菏泽	Heze	10.4	12.6	11.2	207	张家界	Zhangjiajie	7.7	10.7	9.2	266
河南	**Henan**	**8.7**	**10.2**	**10.4**		益阳	Yiyang	7.6	9.0	9.1	268
郑州	Zhengzhou	6.2	7.1	8.4	272	郴州	Chenzhou	8.0	11.8	12.1	171
开封	Kaifeng	5.2	9.1	9.3	265	永州	Yongzhou	5.6	12.0	11.1	211
洛阳	Luoyang	7.2	9.2	10.5	238	怀化	Huaihua	8.1	7.9	8.1	276
平顶山	Pingdingshan	8.6	10.4	10.3	242	娄底	Loudi	9.1	9.4	9.6	260
安阳	Anyang	8.6	10.6	11.0	217	**广东**	**Guangdong**	**13.3**	**17.4**	**17.9**	
鹤壁	Hebi	14.0	14.6	14.6	96	广州	Guangzhou	11.9	21.8	22.1	18
新乡	Xinxiang	9.5	10.5	11.0	220	韶关	Shaoguan	11.8	12.5	12.5	159
焦作	Jiaozuo	9.4	11.1	13.2	136	深圳	Shenzhen	16.4	16.9	16.5	63
濮阳	Puyang	12.6	14.3	14.3	103	珠海	Zhuhai	13.7	19.5	19.7	29
许昌	Xuchang	11.4	10.5	12.8	147	汕头	Shantou	12.2	15.0	15.2	76
漯河	Luohe	15.2	14.6	14.9	85	佛山	Foshan	10.2	14.7	13.9	119
三门峡	Sanmenxia	16.1	11.3	12.0	179	江门	Jiangmen	11.0	17.8	17.8	48
南阳	Nanyang	10.3	16.7	8.0	277	湛江	Zhanjiang	12.7	13.9	14.0	115
商丘	Shangqiu	5.3	6.9	7.3	280	茂名	Maoming	10.0	13.7	16.5	62
信阳	Xinyang	13.9	14.1	14.1	108	肇庆	Zhaoqing	22.7	20.7	20.4	26
周口	Zhoukou	10.0	11.3	13.6	123	惠州	Huizhou	11.1	17.8	17.9	45
驻马店	Zhumadian	9.4	11.1	11.2	206	梅州	Meizhou	11.8	16.7	17.0	57
湖北	**Hubei**	**9.6**	**11.0**	**11.0**		汕尾	Shanwei	10.7	13.5	14.1	112
武汉	Wuhan	8.9	11.1	10.4	240	河源	Heyuan	12.1	12.6	12.6	156
黄石	Huangshi	12.0	11.2	11.9	186	阳江	Yangjiang	10.6	11.2	12.6	158
十堰	Shiyan	10.0	8.9	11.1	214	清远	Qingyuan	11.3	13.0	10.0	253
宜昌	Yichang	10.9	14.3	14.6	95	东莞	Dongguan	15.3	19.4	23.0	12
襄阳	Xiangyang	10.8	12.7	12.4	161	中山	Zhongshan	11.9	18.4	18.4	42
鄂州	Ezhou	14.1	14.9	14.9	83	潮州	Chaozhou	10.3	10.6	9.7	258
荆门	Jingmen	10.3	11.6	11.8	188	揭阳	Jieyang	12.9	8.7	12.1	172
孝感	Xiaogan	10.1	9.0	9.6	259	云浮	Yunfu	12.1	12.7	19.2	33
荆州	Jingzhou	9.5	10.1	10.5	239	**广西**	**Guangxi**	**9.8**	**11.6**	**11.8**	
黄冈	Huanggang	11.1	14.2	13.9	120	南宁	Nanning	9.8	12.8	12.1	177
咸宁	Xianning	9.3	13.0	14.5	99	柳州	Liuzhou	12.8	13.4	13.5	127
随州	Suizhou	10.3	9.2	9.5	262	桂林	Guilin	9.2	11.9	11.9	182
湖南	**Hunan**	**8.9**	**10.0**	**10.6**		梧州	Wuzhou	9.1	10.7	11.1	209
长沙	Changsha	10.0	10.4	10.8	227	北海	Beihai	8.6	10.2	10.9	222
株洲	Zhuzhou	12.7	11.6	12.7	155	防城港	Fangchenggang	10.4	7.2	16.0	65
湘潭	Xiangtan	8.7	9.1	9.3	264	钦州	Qinzhou	8.1	10.5	12.8	150
衡阳	Hengyang	9.2	9.5	10.2	249	贵港	Guigang	12.1	12.3	11.8	190
邵阳	Shaoyang	8.4	11.0	12.4	162	玉林	Yulin	10.3	10.0	10.2	244
岳阳	Yueyang	8.5	9.7	9.5	263	百色	Baise	9.2	11.5	12.2	168

8-48 城市人均公园绿地面积(辖区)　续表 3

Area of Urban Public Recreational Green Space per Capita (Municipal Districts) continued 3

单位：平方米　(m²)

地名	City	2010	2015	2016	2016 排名 Ranking	地名	City	2010	2015	2016	2016 排名 Ranking
贺州	Hezhou	5.5	8.3	8.5	270	丽江	Lijiang	29.9	24.9	24.9	7
河池	Hechi	5.1	9.5	10.3	243	普洱	Puer	13.9	10.5	10.5	236
来宾	Laibin	6.6	10.6	10.3	241	临沧	Lincang	2.2	11.2	11.9	182
崇左	Chongzuo	7.5	13.3	12.9	145	**西藏**	**Tibet**	**5.8**	**11.7**	**7.8**	
海南	**Hainan**	**11.2**	**13.0**	**12.0**		拉萨	Lasa	55.3	8.2	4.7	285
海口	Haikou	11.8	12.9	12.1	172	**陕西**	**Shaanxi**	**10.7**	**12.6**	**12.3**	
三亚	Sanya	19.0	19.6	13.0	140	西安	Xi'an	9.5	11.7	11.9	184
三沙	Sansha		2.8	3.3	286	铜川	Tongchuan	9.7	11.7	11.8	187
重庆	**Chongqing**	**13.2**	**17.0**	**16.9**		宝鸡	Baoji	86.8	12.3	12.3	164
四川	**Sichuan**	**10.2**	**12.0**	**12.5**		咸阳	Xianyang	13.4	15.3	15.4	70
成都	Chengdu	13.2	14.6	14.2	105	渭南	Weinan	11.9	12.3	12.8	149
自贡	Zigong	8.1	9.9	10.2	247	延安	Yan'an	9.6	10.4	10.7	232
攀枝花	Panzhihua	8.2	10.6	11.0	219	汉中	Hanzhong	14.1	13.2	13.4	131
泸州	Luzhou	8.3	9.5	10.5	236	榆林	Yulin	7.1	18.7	12.4	163
德阳	Deyang	9.7	10.6	10.7	230	安康	Ankang	10.0	13.9	13.3	135
绵阳	Mianyang	10.4	11.0	11.5	197	商洛	Shangluo	11.4	10.4	7.1	282
广元	Guangyuan	8.9	11.8	11.9	184	**甘肃**	**Gansu**	**8.1**	**12.2**	**13.9**	
遂宁	Suining	7.6	8.3	10.2	244	兰州	Lanzhou	8.6	9.2	12.7	153
内江	Neijiang	6.4	9.3	10.6	233	嘉峪关	Jiayuguan	16.6	37.3	37.0	3
乐山	Leshan	7.1	7.2	7.3	280	金昌	Jinchang	14.9	21.0	22.9	13
南充	Nanchong	8.7	12.1	12.3	164	白银	Baiyin	6.7	9.7	9.5	261
眉山	Meishan	11.8	11.4	12.2	167	天水	Tianshui	5.6	9.8	9.9	256
宜宾	Yibin	16.0	9.3	9.9	255	武威	Wuwei	3.8	14.7	15.0	82
广安	Guangan	15.3	20.1	21.8	20	张掖	Zhangye	15.7	38.1	45.2	1
达州	Dazhou	14.4	16.1	18.7	37	平凉	Pingliang	7.8	7.9	8.4	274
雅安	Yaan	15.5	10.3	10.9	224	酒泉	Jiuquan	9.8	11.5	11.5	200
巴中	Bazhong	8.8	9.9	12.1	175	庆阳	Qingyang	4.5	7.3	7.5	279
资阳	Ziyang	5.7	12.2	15.2	77	定西	Dingxi	9.2	16.4	16.6	61
贵州	**Guizhou**	**7.3**	**12.9**	**15.0**		陇南	Longnan	1.3	5.0	5.7	284
贵阳	Guiyang	10.1	14.2	16.2	64	**青海**	**Qinghai**	**8.5**	**10.5**	**10.8**	
六盘水	Liupanshui	2.4	10.6	11.1	210	西宁	Xining	8.9	12.1	12.2	166
遵义	Zunyi	4.9	15.0	17.4	52	海东	Haidong		5.8	5.8	283
安顺	Anshun	1.2	8.0	20.4	25	**宁夏**	**Ningxia**	**16.2**	**18.1**	**18.3**	
毕节	Bijie	0.5	20.2	21.9	19	银川	Yinchuan	14.4	17.3	16.6	59
铜仁	Tongren	3.7	8.5	8.3	275	石嘴山	Shizuishan	26.4	23.0	23.3	11
云南	**Yunnan**	**9.3**	**10.6**	**11.3**		吴忠	Wuzhong	19.2	20.6	20.6	24
昆明	Kunming	8.4	10.4	11.1	216	固原	Guyuan	8.5	8.4	10.1	251
曲靖	Qujing	9.3	9.1	8.9	269	中卫	Zhongwei	11.6	21.3	26.1	5
玉溪	Yuxi	10.1	10.3	11.2	208	**新疆**	**Xinjiang**	**8.6**	**11.5**	**12.2**	
保山	Baoshan	11.0	7.0	10.1	250	乌鲁木齐	Urumqi	7.4	10.9	11.4	203
昭通	Zhaotong	7.9	7.0	8.0	278	克拉玛依	Karamay	9.0	11.6	11.6	193

8-49 城市道路清扫保洁面积(辖区)

Surface Area of Urban Roads Cleaned and Maintained (Municipal Districts)

单位：万平方米　　　　(10 000m²)

地名	City	2010	2015	2016	2016 排名 Ranking
全国	**Nation Total**	**485033**	**730333**	**794923**	
北京	**Beijing**	**13804**	**15122**	**14678**	
天津	**Tianjin**	**7322**	**11769**	**13124**	
河北	**Hebei**	**20050**	**26358**	**29921**	
石家庄	Shijiazhuang	3283	4357	4928	23
唐山	Tangshan	2014	2544	3083	52
秦皇岛	Qinhuangdao	837	2017	2022	81
邯郸	Handan	1853	1794	2494	65
邢台	Xingtai	1052	822	822	180
保定	Baoding	1449	2717	2771	57
张家口	Zhangjiakou	1045	1045	1447	110
承德	Chengde	517	868	868	177
沧州	Cangzhou	570	950	1092	147
廊坊	Langfang	700	1003	1003	160
衡水	Hengshui	640	821	1143	139
山西	**Shanxi**	**10609**	**16083**	**16659**	
太原	Taiyuan	3551	4145	4166	28
大同	Datong	1164	2600	2600	59
阳泉	Yangquan	479	629	666	213
长治	Changzhi	631	1015	1020	157
晋城	Jincheng	382	618	670	210
朔州	Shuozhou	354	746	892	170
晋中	Jinzhong	750	1034	1034	154
运城	Yuncheng	598	666	669	211
忻州	Xinzhou	238	719	721	196
临汾	Linfen	420	532	626	220
吕梁	Lvliang	296	378	378	263
内蒙古	**Inner Mongolia**	**9674**	**19799**	**21383**	
呼和浩特	Hohhot	1511	2592	3128	51
包头	Baotou	1845	3606	3606	36
乌海	Wuhai	632	837	1214	133
赤峰	Chifeng	681	1700	1791	89
通辽	Tongliao	734	1218	1426	112
鄂尔多斯	Erdos	1396	3943	3787	34
呼伦贝尔	Hulunbuir	346	950	948	163
巴彦淖尔	Bayannur	560	780	790	184
乌兰察布	Ulanqab	243	506	663	214
辽宁	**Liaoning**	**28122**	**36637**	**38296**	
沈阳	Shenyang	11155	8978	8855	9
大连	Dalian	4126	5733	6466	17
鞍山	Anshan	1336	4117	3015	54
抚顺	Fushun	1330	1662	1682	97
本溪	Benxi	598	870	870	176
丹东	Dandong	752	735	763	187
锦州	Jinzhou	925	1363	1405	116
营口	Yingkou	675	761	3155	49
阜新	Fuxin	480	1084	1093	146
辽阳	Liaoyang	902	1075	1028	156
盘锦	Panjin	681	986	1398	120
铁岭	Tieling	762	1074	538	238
朝阳	Chaoyang	562	992	1033	155
葫芦岛	Huludao	638	636	726	195
吉林	**Jilin**	**13037**	**16957**	**18880**	
长春	Changchun	4561	7330	8268	13
吉林	Jilin	1595	1686	1686	96
四平	Siping	520	701	901	168
辽源	Liaoyuan	384	395	395	259
通化	Tonghua	350	604	600	225
白山	Baishan	295	342	377	264
松原	Songyuan	674	848	928	164
白城	Baicheng	330	435	642	217
黑龙江	**Heilongjiang**	**14937**	**23484**	**24843**	
哈尔滨	Harbin	4835	8255	8980	8
齐齐哈尔	Qiqihar	1018	1599	1676	98
鸡西	Jixi	314	610	620	221
鹤岗	Hegang	302	436	448	251
双鸭山	Shuangyashan	199	272	298	270
大庆	Daqing	2200	3542	3542	38
伊春	Yichun	848	1037	1074	150
佳木斯	Jiamusi	842	1301	1301	127
七台河	Qitaihe	389	559	581	229
牡丹江	Mudanjiang	891	1300	1399	119
黑河	Heihe	309	410	410	257
绥化	Suihua	309	649	751	190
上海	**Shanghai**	**15879**	**17366**	**18253**	
江苏	**Jiangsu**	**44088**	**57992**	**62827**	

8-49 城市道路清扫保洁面积(辖区) 续表 1

Surface Area of Urban Roads Cleaned and Maintained (Municipal Districts) continued 1

单位：万平方米 （10 000m²）

地名	City	2010	2015	2016	2016 排名 Ranking	地名	City	2010	2015	2016	2016 排名 Ranking
南京	Nanjing	7393	8507	8557	12	池州	Chizhou	722	702	702	202
无锡	Wuxi	2969	4931	4700	24	宣城	Xuancheng	360	650	720	197
徐州	Xuzhou	2032	2410	2786	56	**福建**	**Fujian**	**11433**	**14881**	**16336**	
常州	Changzhou	2333	3278	3435	42	福州	Fuzhou	2122	2626	3626	35
苏州	Suzhou	8835	11586	11437	6	厦门	Xiamen	2004	3780	3541	39
南通	Nantong	2159	3271	3423	43	莆田	Putian	500	821	1041	153
连云港	Lianyungang	1140	2167	3154	50	三明	Sanming	255	265	265	274
淮安	Huaian	1800	2265	2602	58	泉州	Quanzhou	1955	1950	1980	84
盐城	Yancheng	1135	2162	2299	71	漳州	Zhangzhou	652	1004	1004	159
扬州	Yangzhou	1232	1985	2029	79	南平	Nanping	141	385	414	255
镇江	Zhenjiang	1154	1622	1580	101	龙岩	Longyan	268	473	610	223
泰州	Taizhou	837	2072	2182	78	宁德	Ningde	178	359	376	265
宿迁	Suqian	870	1963	2028	80	**江西**	**Jiangxi**	**9911**	**14019**	**17380**	
浙江	**Zhejiang**	**27805**	**39195**	**43224**		南昌	Nanchang	2447	3099	4421	27
杭州	Hangzhou	4609	7246	8565	11	景德镇	Jingdezhen	364	387	449	249
宁波	Ningbo	2591	3470	4090	30	萍乡	Pingxiang	346	648	648	215
温州	Wenzhou	2400	2825	3519	40	九江	Jiujiang	784	1339	1339	125
嘉兴	Jiaxing	1352	1865	1919	86	新余	Xinyu	845	1063	1080	149
湖州	Huzhou	1072	1535	2463	68	鹰潭	Yingtan	150	175	190	280
绍兴	Shaoxing	615	2500	2593	61	赣州	Ganzhou	647	1059	2500	64
金华	Jinhua	1123	1911	1773	90	吉安	Jian	316	380	380	261
衢州	Quzhou	764	990	1020	157	宜春	Yichun	605	833	896	169
舟山	Zhoushan	549	656	737	193	抚州	Fuzhou	846	1268	1306	126
台州	Taizhou	1882	2408	2438	69	上饶	Shangrao	686	1114	1159	138
丽水	Lishui	660	784	805	183	**山东**	**Shandong**	**48528**	**68631**	**72533**	
安徽	**Anhui**	**17339**	**29216**	**30833**		济南	Jinan	3399	6621	7491	14
合肥	Hefei	3409	7310	7310	15	青岛	Qingdao	3251	5795	5612	19
芜湖	Wuhu	2583	2296	2296	72	淄博	Zibo	2844	3976	4529	26
蚌埠	Bengbu	930	2051	2233	74	枣庄	Zaozhuang	2038	1889	1904	87
淮南	Huainan	1004	2618	2532	62	东营	Dongying	1525	2917	3313	46
马鞍山	Maanshan	900	1200	1400	118	烟台	Yantai	2482	3406	3516	41
淮北	Huaibei	715	908	1000	161	潍坊	Weifang	3219	3190	3302	48
铜陵	Tongling	736	811	904	167	济宁	Jining	861	2692	3051	53
安庆	Anqing	890	1349	1259	130	泰安	Taian	1357	1643	1773	90
黄山	Huangshan	375	658	700	203	威海	Weihai	1263	2575	2599	60
滁州	Chuzhou	704	1461	1693	95	日照	Rizhao	1698	1901	1901	88
阜阳	Fuyang	558	1042	1371	121	莱芜	Laiwu	1212	1420	1425	113
宿州	Suzhou	725	1465	1550	106	临沂	Linyi	2651	5389	5580	20
六安	Liuan	680	868	873	175	德州	Dezhou	900	1509	1462	109
亳州	Bozhou	518	1548	1554	104	聊城	Liaocheng	575	1723	2488	67

8-49 城市道路清扫保洁面积(辖区) 续表 2

Surface Area of Urban Roads Cleaned and Maintained (Municipal Districts) continued 2

单位：万平方米 (10 000m²)

地名	City	2010	2015	2016	2016 排名 Ranking	地名	City	2010	2015	2016	2016 排名 Ranking
滨州	Binzhou	1292	1929	2508	63	常德	Changde	850	898	2417	70
菏泽	Heze	1550	1890	2190	77	张家界	Zhangjiajie	161	359	359	266
河南	**Henan**	**20892**	**29490**	**32248**		益阳	Yiyang	535	1002	1417	115
郑州	Zhengzhou	3338	4720	5125	21	郴州	Chenzhou	630	1364	1428	111
开封	Kaifeng	984	1925	1925	85	永州	Yongzhou	767	1195	1424	114
洛阳	Luoyang	1608	2851	2928	55	怀化	Huaihua	373	925	736	194
平顶山	Pingdingshan	676	1090	1283	128	娄底	Loudi	380	495	49	285
安阳	Anyang	898	1020	1090	148	**广东**	**Guangdong**	**62768**	**92161**	**101629**	
鹤壁	Hebi	722	695	875	174	广州	Guangzhou	9480	19469	22357	2
新乡	Xinxiang	1007	1090	1710	94	韶关	Shaoguan	1182	960	1555	103
焦作	Jiaozuo	1015	1591	1561	102	深圳	Shenzhen	13079	22139	23243	1
濮阳	Puyang	507	668	816	181	珠海	Zhuhai	2542	4602	4950	22
许昌	Xuchang	345	550	550	236	汕头	Shantou	1418	1710	3395	44
漯河	Luohe	548	714	752	189	佛山	Foshan	3204	3751	4075	31
三门峡	Sanmenxia	188	389	411	256	江门	Jiangmen	1264	1968	1773	90
南阳	Nanyang	1575	2249	2249	73	湛江	Zhanjiang	1079	1685	1402	117
商丘	Shangqiu	580	882	887	171	茂名	Maoming	433	451	981	162
信阳	Xinyang	657	671	671	209	肇庆	Zhaoqing	946	1720	1771	93
周口	Zhoukou	488	612	618	222	惠州	Huizhou	2604	3651	3802	33
驻马店	Zhumadian	653	849	907	166	梅州	Meizhou	693	760	760	188
湖北	**Hubei**	**16941**	**33304**	**28609**		汕尾	Shanwei	245	350	350	267
武汉	Wuhan	6640	17730	12486	5	河源	Heyuan	330	540	598	226
黄石	Huangshi	731	757	683	204	阳江	Yangjiang	684	1154	1273	129
十堰	Shiyan	609	872	428	253	清远	Qingyuan	612	1242	1361	124
宜昌	Yichang	840	1118	1253	131	东莞	Dongguan	13467	16604	18407	3
襄阳	Xiangyang	764	2065	2490	66	中山	Zhongshan	1123	1477	1506	108
鄂州	Ezhou	390	452	472	246	潮州	Chaozhou	399	655	881	173
荆门	Jingmen	356	430	668	212	揭阳	Jieyang	477	822	436	252
孝感	Xiaogan	317	536	557	235	云浮	Yunfu	245	637	638	218
荆州	Jingzhou	500	1117	1126	140	**广西**	**Guangxi**	**11005**	**18189**	**19713**	
黄冈	Huanggang	296	407	449	249	南宁	Nanning	3867	5317	5743	18
咸宁	Xianning	390	529	643	216	柳州	Liuzhou	1494	2920	3315	45
随州	Suizhou	218	497	503	242	桂林	Guilin	1254	1666	1997	83
湖南	**Hunan**	**12331**	**19979**	**25742**		梧州	Wuzhou	290	596	680	205
长沙	Changsha	2954	4020	6846	16	北海	Beihai	578	1356	1370	122
株洲	Zhuzhou	705	1124	1124	141	防城港	Fangchenggang	415	636	636	219
湘潭	Xiangtan	905	1046	1046	152	钦州	Qinzhou	499	1114	1116	142
衡阳	Hengyang	831	1750	2202	75	贵港	Guigang	310	489	574	231
邵阳	Shaoyang	545	1200	1200	135	玉林	Yulin	410	708	708	201
岳阳	Yueyang	659	1022	1106	143	百色	Baise	266	582	582	228

8-49 城市道路清扫保洁面积(辖区) 续表 3

Surface Area of Urban Roads Cleaned and Maintained (Municipal Districts) continued 3

单位：万平方米 （10 000m²）

地名	City	2010	2015	2016	2016 排名 Ranking	地名	City	2010	2015	2016	2016 排名 Ranking
贺州	Hezhou	220	440	499	244	丽江	Lijiang	185	240	250	275
河池	Hechi	120	170	170	281	普洱	Puer	182	327	327	268
来宾	Laibin	244	592	592	227	临沧	Lincang	90	213	226	276
崇左	Chongzuo	142	180	198	278	**西藏**	**Tibet**	**539**	**5714**	**5811**	
海南	**Hainan**	**4076**	**5289**	**7711**		拉萨	Lasa	479	740	740	192
海口	Haikou	1735	3100	3925	32	**陕西**	**Shaanxi**	**10546**	**15884**	**15388**	
三亚	Sanya	1120	663	2198	76	西安	Xi'an	5891	9365	8630	10
三沙	Sansha		1	1	286	铜川	Tongchuan	290	369	406	258
重庆	**Chongqing**	**6136**	**15313**	**17850**		宝鸡	Baoji	1000	1208	1228	132
四川	**Sichuan**	**15173**	**30196**	**36723**		咸阳	Xianyang	759	827	861	178
成都	Chengdu	3639	10439	15183	4	渭南	Weinan	371	712	532	239
自贡	Zigong	528	1160	1172	137	延安	Yan'an	465	330	395	259
攀枝花	Panzhihua	501	635	675	207	汉中	Hanzhong	306	465	501	243
泸州	Luzhou	698	1092	1102	144	榆林	Yulin	863	1443	1675	99
德阳	Deyang	465	686	713	200	安康	Ankang	180	223	226	276
绵阳	Mianyang	1484	1228	1999	82	商洛	Shangluo	106	152	160	283
广元	Guangyuan	369	586	674	208	**甘肃**	**Gansu**	**5816**	**8294**	**9556**	
遂宁	Suining	611	1554	1547	107	兰州	Lanzhou	1332	2903	3556	37
内江	Neijiang	303	740	806	182	嘉峪关	Jiayuguan	480	630	769	186
乐山	Leshan	619	817	884	172	金昌	Jinchang	610	751	751	190
南充	Nanchong	847	1410	1552	105	白银	Baiyin	496	610	715	198
眉山	Meishan	425	981	1074	150	天水	Tianshui	283	290	290	271
宜宾	Yibin	445	714	909	165	武威	Wuwei	295	267	548	237
广安	Guangan	250	883	851	179	张掖	Zhangye	365	520	568	234
达州	Dazhou	260	405	311	269	平凉	Pingliang	490	510	517	241
雅安	Yaan	211	336	417	254	酒泉	Jiuquan	535	566	570	233
巴中	Bazhong	210	605	605	224	庆阳	Qingyang	258	270	286	272
资阳	Ziyang	290	510	522	240	定西	Dingxi	96	160	162	282
贵州	**Guizhou**	**3405**	**7098**	**9773**		陇南	Longnan	54	65	67	284
贵阳	Guiyang	1300	3012	4556	25	**青海**	**Qinghai**	**1951**	**2699**	**2944**	
六盘水	Liupanshui	264	500	574	231	西宁	Xining	1272	1534	1587	100
遵义	Zunyi	414	552	1176	136	海东	Haidong		185	192	279
安顺	Anshun	235	715	715	198	**宁夏**	**Ningxia**	**3347**	**7956**	**8048**	
毕节	Bijie	87	355	380	261	银川	Yinchuan	1503	4188	4156	29
铜仁	Tongren	420	220	271	273	石嘴山	Shizuishan	464	1366	1366	123
云南	**Yunnan**	**9726**	**16769**	**18986**		吴忠	Wuzhong	319	695	780	185
昆明	Kunming	5621	9885	10751	7	固原	Guyuan	270	452	452	248
曲靖	Qujing	342	862	1213	134	中卫	Zhongwei	450	680	680	205
玉溪	Yuxi	320	402	487	245	**新疆**	**Xinjiang**	**7843**	**14489**	**15022**	
保山	Baoshan	175	267	459	247	乌鲁木齐	Urumqi	1846	3024	3311	47
昭通	Zhaotong	207	430	580	230	克拉玛依	Karamay	1108	1596	1094	145

8-50 城市生活垃圾清运量(辖区)

Quantity of Urban Domestic Garbage Collected and Transported (Municipal Districts)

单位：万吨 （10 000 tons）

地名	City	2010	2015	2016	2016 排名 Ranking	地名	City	2010	2015	2016	2016 排名 Ranking
全国	**Nation Total**	**15804.8**	**19142.2**	**20362.0**		沈阳	Shenyang	215.0	272.5	263.0	8
北京	**Beijing**	**633.0**	**790.3**	**872.6**		大连	Dalian	80.0	122.8	130.3	24
天津	**Tianjin**	**183.7**	**240.7**	**269.0**		鞍山	Anshan	52.6	58.1	55.0	57
河北	**Hebei**	**589.3**	**635.9**	**725.2**		抚顺	Fushun	50.0	38.2	36.0	99
石家庄	Shijiazhuang	98.0	83.3	96.0	34	本溪	Benxi	33.9	31.8	31.8	114
唐山	Tangshan	46.1	58.2	67.5	47	丹东	Dandong	23.2	21.4	22.2	170
秦皇岛	Qinhuangdao	48.1	35.7	42.5	80	锦州	Jinzhou	32.0	31.4	30.3	123
邯郸	Handan	40.4	49.4	71.6	44	营口	Yingkou	40.0	27.6	38.7	92
邢台	Xingtai	18.3	28.7	30.5	121	阜新	Fuxin	43.9	29.2	18.0	200
保定	Baoding	33.5	49.3	57.6	51	辽阳	Liaoyang	16.8	24.3	25.5	149
张家口	Zhangjiakou	47.2	49.0	55.5	55	盘锦	Panjin	16.0	21.4	43.8	79
承德	Chengde	20.4	37.1	35.3	101	铁岭	Tieling	15.5	14.6	15.1	234
沧州	Cangzhou	18.4	24.0	26.8	142	朝阳	Chaoyang	32.0	33.0	33.0	107
廊坊	Langfang	14.3	21.0	30.7	117	葫芦岛	Huludao	20.8	25.3	17.8	206
衡水	Hengshui	15.9	17.2	25.2	153	**吉林**	**Jilin**	**499.4**	**490.3**	**534.1**	
山西	**Shanxi**	**361.2**	**447.0**	**469.4**		长春	Changchun	123.5	145.6	194.9	14
太原	Taiyuan	110.0	174.4	181.0	16	吉林	Jilin	36.9	33.8	38.3	93
大同	Datong	36.0	37.0	40.2	88	四平	Siping	23.0	18.0	15.7	227
阳泉	Yangquan	15.9	17.7	18.0	202	辽源	Liaoyuan	24.0	8.0	10.5	266
长治	Changzhi	18.8	17.6	23.6	159	通化	Tonghua	18.3	26.4	25.5	150
晋城	Jincheng	12.8	17.8	17.9	205	白山	Baishan	20.5	19.6	20.2	184
朔州	Shuozhou	16.1	20.4	20.3	183	松原	Songyuan	18.0	21.2	21.3	179
晋中	Jinzhong	11.8	19.2	17.6	210	白城	Baicheng	10.3	19.0	19.0	192
运城	Yuncheng	19.5	18.0	17.1	214	**黑龙江**	**Heilongjiang**	**782.4**	**523.0**	**541.9**	
忻州	Xinzhou	12.1	8.8	9.0	272	哈尔滨	Harbin	119.3	143.3	163.0	19
临汾	Linfen	18.5	13.5	14.0	246	齐齐哈尔	Qiqihar	56.9	45.4	45.4	74
吕梁	Lvliang	8.2	14.6	17.7	207	鸡西	Jixi	27.1	36.1	36.9	98
内蒙古	**Inner Mongolia**	**334.0**	**329.1**	**345.3**		鹤岗	Hegang	70.6	23.2	23.2	162
呼和浩特	Hohhot	59.1	59.3	60.4	50	双鸭山	Shuangyashan	47.5	18.4	16.9	216
包头	Baotou	80.3	52.3	56.4	53	大庆	Daqing	28.0	43.6	32.7	109
乌海	Wuhai	22.0	21.2	27.5	137	伊春	Yichun	86.3	28.6	29.7	126
赤峰	Chifeng	33.7	42.0	45.4	73	佳木斯	Jiamusi	46.7	23.0	23.0	165
通辽	Tongliao	20.1	13.7	14.7	240	七台河	Qitaihe	25.5	14.9	15.6	228
鄂尔多斯	Erdos	26.1	22.4	17.7	208	牡丹江	Mudanjiang	31.7	21.5	19.3	189
呼伦贝尔	Hulunbuir	11.0	12.1	13.7	251	黑河	Heihe	8.5	6.9	7.1	278
巴彦淖尔	Bayannur	14.8	16.0	14.6	242	绥化	Suihua	19.0	14.6	18.3	199
乌兰察布	Ulanqab	10.8	11.5	10.1	269	**上海**	**Shanghai**	**732.0**	**613.2**	**629.4**	
辽宁	**Liaoning**	**837.3**	**933.2**	**933.1**		**江苏**	**Jiangsu**	**1017.1**	**1456.1**	**1562.3**	

8-50 城市生活垃圾清运量(辖区） 续表 1

Quantity of Urban Domestic Garbage Collected and Transported (Municipal Districts) continued 1

单位：万吨 （10 000 tons）

地名	City	2010	2015	2016	2016 排名 Ranking
南京	Nanjing	184.8	238.7	212.7	12
无锡	Wuxi	99.3	132.4	142.4	23
徐州	Xuzhou	44.4	79.8	92.4	36
常州	Changzhou	52.0	76.5	83.5	41
苏州	Suzhou	121.4	239.9	246.2	9
南通	Nantong	38.3	59.9	72.0	43
连云港	Lianyungang	18.3	36.3	39.8	89
淮安	Huaian	24.6	43.3	54.8	58
盐城	Yancheng	22.1	41.2	45.8	72
扬州	Yangzhou	31.7	56.6	66.5	48
镇江	Zhenjiang	23.0	36.4	40.6	86
泰州	Taizhou	18.4	29.2	30.7	120
宿迁	Suqian	16.1	26.8	27.8	136
浙江	**Zhejiang**	**959.0**	**1332.7**	**1433.5**	
杭州	Hangzhou	211.7	352.0	342.5	6
宁波	Ningbo	87.7	111.0	150.6	20
温州	Wenzhou	95.1	111.3	118.4	27
嘉兴	Jiaxing	18.4	33.4	35.1	102
湖州	Huzhou	28.2	45.8	54.4	60
绍兴	Shaoxing	20.4	82.0	98.7	31
金华	Jinhua	30.1	45.7	53.4	62
衢州	Quzhou	11.4	27.2	25.5	147
舟山	Zhoushan	20.9	29.4	32.9	108
台州	Taizhou	66.9	77.8	77.7	42
丽水	Lishui	19.3	16.1	18.3	198
安徽	**Anhui**	**435.3**	**491.9**	**540.0**	
合肥	Hefei	66.4	122.1	144.3	22
芜湖	Wuhu	36.0	45.5	51.3	64
蚌埠	Bengbu	33.0	29.6	33.6	105
淮南	Huainan	41.3	32.1	31.9	113
马鞍山	Maanshan	17.9	22.9	22.7	168
淮北	Huaibei	11.1	21.8	23.1	163
铜陵	Tongling	10.7	10.7	12.7	254
安庆	Anqing	30.5	27.5	21.0	180
黄山	Huangshan	15.4	12.6	12.1	260
滁州	Chuzhou	16.4	12.6	14.7	239
阜阳	Fuyang	27.0	25.2	30.9	116
宿州	Suzhou	18.0	20.5	24.5	156
六安	Liuan	18.1	19.3	19.6	187
亳州	Bozhou	10.5	17.7	20.0	185
池州	Chizhou	10.3	14.1	14.6	244
宣城	Xuancheng	15.2	11.9	13.5	252
福建	**Fujian**	**417.3**	**608.1**	**657.0**	
福州	Fuzhou	76.0	105.9	108.2	28
厦门	Xiamen	94.5	161.6	166.2	18
莆田	Putian	27.4	42.6	49.0	69
三明	Sanming	12.6	11.5	10.4	267
泉州	Quanzhou	35.3	51.4	44.2	76
漳州	Zhangzhou	13.7	22.2	27.1	139
南平	Nanping	7.3	12.4	12.6	255
龙岩	Longyan	16.7	23.8	24.0	157
宁德	Ningde	9.2	14.2	15.2	233
江西	**Jiangxi**	**284.0**	**329.3**	**399.5**	
南昌	Nanchang	74.4	63.7	96.1	33
景德镇	Jingdezhen	14.6	14.8	14.9	235
萍乡	Pingxiang	15.3	15.8	20.6	182
九江	Jiujiang	17.6	21.6	28.5	132
新余	Xinyu	13.8	16.1	16.5	219
鹰潭	Yingtan	6.9	8.5	10.8	263
赣州	Ganzhou	35.6	37.6	51.2	65
吉安	Jian	11.7	16.7	16.7	217
宜春	Yichun	8.9	16.8	19.7	186
抚州	Fuzhou	17.2	22.3	22.4	169
上饶	Shangrao	12.4	27.8	29.0	129
山东	**Shandong**	**992.0**	**1377.5**	**1466.3**	
济南	Jinan	93.1	137.3	167.3	17
青岛	Qingdao	138.9	185.0	193.3	15
淄博	Zibo	54.9	53.5	54.8	58
枣庄	Zaozhuang	53.8	46.3	49.7	66
东营	Dongying	18.8	22.3	27.0	140
烟台	Yantai	50.9	119.9	83.7	40
潍坊	Weifang	29.1	47.4	55.4	56
济宁	Jining	31.7	49.1	49.2	68
泰安	Taian	16.8	31.7	39.2	91
威海	Weihai	25.4	41.4	40.6	85
日照	Rizhao	20.0	25.5	41.9	82
莱芜	Laiwu	15.9	22.1	26.9	141
临沂	Linyi	52.3	86.2	88.1	38
德州	Dezhou	19.9	30.3	29.8	125
聊城	Liaocheng	16.1	40.7	27.2	138

8-50 城市生活垃圾清运量(辖区） 续表 2

Quantity of Urban Domestic Garbage Collected and Transported (Municipal Districts) continued 2

单位：万吨 （10 000 tons）

地名	City	2010	2015	2016	2016 排名 Ranking	地名	City	2010	2015	2016	2016 排名 Ranking
滨州	Binzhou	14.6	28.0	32.6	110	常德	Changde	20.4	26.8	37.2	97
菏泽	Heze	25.1	40.2	67.7	46	张家界	Zhangjiajie	12.9	12.4	7.2	276
河南	**Henan**	**694.6**	**891.9**	**915.4**		益阳	Yiyang	17.8	17.2	18.5	196
郑州	Zhengzhou	164.4	207.0	223.1	10	郴州	Chenzhou	20.1	21.8	21.8	175
开封	Kaifeng	31.5	31.6	30.7	119	永州	Yongzhou	19.8	18.9	23.0	164
洛阳	Luoyang	39.0	71.4	69.2	45	怀化	Huaihua	18.7	18.5	18.6	195
平顶山	Pingdingshan	29.4	30.3	29.6	127	娄底	Loudi	11.9	14.5	18.5	197
安阳	Anyang	28.0	54.5	42.1	81	**广东**	**Guangdong**	**1938.6**	**2320.4**	**2391.0**	
鹤壁	Hebi	13.0	16.0	17.9	204	广州	Guangzhou	356.6	455.8	504.4	2
新乡	Xinxiang	27.0	38.4	44.1	77	韶关	Shaoguan	22.3	21.8	23.7	158
焦作	Jiaozuo	30.5	27.9	28.4	133	深圳	Shenzhen	479.3	574.8	572.3	1
濮阳	Puyang	16.4	21.9	25.6	146	珠海	Zhuhai	62.5	81.5	87.6	39
许昌	Xuchang	16.8	23.3	22.0	174	汕头	Shantou	67.6	78.8	91.9	37
漯河	Luohe	18.5	22.0	23.0	165	佛山	Foshan	73.5	93.8	100.3	30
三门峡	Sanmenxia	9.3	15.9	16.0	225	江门	Jiangmen	43.1	45.7	51.5	63
南阳	Nanyang	40.3	49.3	49.5	67	湛江	Zhanjiang	27.0	37.6	39.5	90
商丘	Shangqiu	35.2	28.2	30.1	124	茂名	Maoming	19.1	22.1	24.9	155
信阳	Xinyang	12.6	27.1	25.4	151	肇庆	Zhaoqing	14.2	27.8	29.4	128
周口	Zhoukou	13.1	14.9	17.0	215	惠州	Huizhou	47.9	95.3	124.9	25
驻马店	Zhumadian	17.5	18.9	19.2	190	梅州	Meizhou	13.9	21.6	22.0	173
湖北	**Hubei**	**711.1**	**832.2**	**880.1**		汕尾	Shanwei	9.1	9.1	10.5	265
武汉	Wuhan	219.1	330.7	356.3	3	河源	Heyuan	12.7	21.3	21.7	176
黄石	Huangshi	29.1	29.2	33.3	106	阳江	Yangjiang	12.2	22.8	28.3	134
十堰	Shiyan	29.7	38.7	38.1	94	清远	Qingyuan	15.9	30.7	46.1	71
宜昌	Yichang	30.8	31.4	32.0	112	东莞	Dongguan	357.3	390.4	303.4	7
襄阳	Xiangyang	33.2	34.3	37.4	96	中山	Zhongshan	28.1	25.0	26.4	144
鄂州	Ezhou	15.0	17.9	17.9	203	潮州	Chaozhou	15.3	51.9	62.0	49
荆门	Jingmen	18.1	14.9	14.9	236	揭阳	Jieyang	33.0	33.5	35.7	100
孝感	Xiaogan	9.7	16.4	16.4	221	云浮	Yunfu	5.5	10.8	9.2	270
荆州	Jingzhou	30.0	23.5	28.8	131	**广西**	**Guangxi**	**245.1**	**385.5**	**411.2**	
黄冈	Huanggang	14.9	18.8	18.8	194	南宁	Nanning	57.9	107.4	107.3	29
咸宁	Xianning	28.0	15.3	16.2	222	柳州	Liuzhou	33.3	49.8	54.0	61
随州	Suizhou	12.0	21.3	21.4	178	桂林	Guilin	24.6	38.4	40.9	84
湖南	**Hunan**	**505.2**	**638.2**	**681.6**		梧州	Wuzhou	8.0	18.6	20.9	181
长沙	Changsha	106.9	203.0	215.3	11	北海	Beihai	14.9	24.7	30.4	122
株洲	Zhuzhou	33.1	38.2	37.6	95	防城港	Fangchenggang	7.0	7.9	8.8	273
湘潭	Xiangtan	23.9	30.4	32.5	111	钦州	Qinzhou	12.8	15.6	14.9	237
衡阳	Hengyang	36.5	43.8	44.0	78	贵港	Guigang	11.6	26.1	25.5	148
邵阳	Shaoyang	25.6	17.4	22.9	167	玉林	Yulin	16.5	23.2	28.9	130
岳阳	Yueyang	18.9	29.3	34.4	103	百色	Baise	8.0	6.5	7.1	277

8-50 城市生活垃圾清运量(辖区) 续表 3

Quantity of Urban Domestic Garbage Collected and Transported (Municipal Districts) continued 3

单位：万吨 (10 000 tons)

地名	City	2010	2015	2016	2016 排名 Ranking	地名	City	2010	2015	2016	2016 排名 Ranking
贺州	Hezhou	6.2	9.4	12.3	258	丽江	Lijiang	6.0	13.8	13.9	248
河池	Hechi	5.8	4.8	4.9	285	普洱	Puer	5.8	8.0	8.4	274
来宾	Laibin	4.6	10.1	11.6	262	临沧	Lincang	4.6	6.4	6.6	281
崇左	Chongzuo	4.6	5.0	5.2	283	**西藏**	**Tibet**	**16.3**	**32.9**	**46.1**	
海南	**Hainan**	**97.7**	**160.1**	**188.7**		拉萨	Lasa	14.2	23.8	30.7	118
海口	Haikou	42.0	78.2	94.5	35	**陕西**	**Shaanxi**	**388.3**	**522.8**	**532.8**	
三亚	Sanya	19.7	45.8	56.9	52	西安	Xi'an	209.3	332.3	346.8	5
三沙	Sansha		0.1	0.1	286	铜川	Tongchuan	17.1	13.6	14.0	246
重庆	**Chongqing**	**256.7**	**440.0**	**494.1**		宝鸡	Baoji	23.6	36.5	25.0	154
四川	**Sichuan**	**656.0**	**823.6**	**886.7**		咸阳	Xianyang	23.2	31.0	31.3	115
成都	Chengdu	262.1	273.6	351.0	4	渭南	Weinan	15.5	20.4	17.6	211
自贡	Zigong	23.6	35.5	34.3	104	延安	Yan'an	10.2	13.2	15.3	232
攀枝花	Panzhihua	21.8	17.9	17.5	212	汉中	Hanzhong	10.2	13.0	13.1	253
泸州	Luzhou	26.8	28.6	25.8	145	榆林	Yulin	19.9	15.7	21.6	177
德阳	Deyang	10.0	18.3	15.6	228	安康	Ankang	34.0	14.1	15.5	230
绵阳	Mianyang	24.5	34.2	40.9	83	商洛	Shangluo	5.8	7.1	7.0	279
广元	Guangyuan	13.5	18.7	17.7	208	**甘肃**	**Gansu**	**278.3**	**262.7**	**257.2**	
遂宁	Suining	15.7	60.9	26.4	143	兰州	Lanzhou	124.1	98.4	96.1	32
内江	Neijiang	15.0	16.4	19.5	188	嘉峪关	Jiayuguan	8.1	7.3	6.7	280
乐山	Leshan	17.2	19.0	22.0	172	金昌	Jinchang	12.8	9.2	9.2	271
南充	Nanchong	28.1	37.0	40.3	87	白银	Baiyin	16.5	16.0	16.0	224
眉山	Meishan	11.2	26.2	25.3	152	天水	Tianshui	32.1	21.8	22.1	171
宜宾	Yibin	16.2	29.2	28.3	135	武威	Wuwei	14.5	18.0	18.0	200
广安	Guangan	7.2	14.3	14.6	243	张掖	Zhangye	7.0	9.9	10.7	264
达州	Dazhou	13.1	23.1	23.2	161	平凉	Pingliang	10.7	13.8	13.9	250
雅安	Yaan	11.0	15.2	17.2	213	酒泉	Jiuquan	10.5	12.0	12.3	257
巴中	Bazhong	11.3	15.1	16.4	220	庆阳	Qingyang	9.9	15.7	12.5	256
资阳	Ziyang	12.4	18.3	19.1	191	定西	Dingxi	7.0	6.5	6.5	282
贵州	**Guizhou**	**213.3**	**268.3**	**294.0**		陇南	Longnan	5.8	4.8	5.0	284
贵阳	Guiyang	75.8	111.9	118.7	26	**青海**	**Qinghai**	**86.3**	**82.2**	**82.0**	
六盘水	Liupanshui	15.1	15.9	18.9	193	西宁	Xining	74.2	55.8	56.2	54
遵义	Zunyi	29.9	34.5	44.7	75	海东	Haidong		7.8	8.0	275
安顺	Anshun	17.1	16.2	16.2	222	**宁夏**	**Ningxia**	**91.9**	**132.2**	**112.2**	
毕节	Bijie	10.1	17.1	16.6	218	银川	Yinchuan	26.3	51.9	46.8	70
铜仁	Tongren	15.0	12.7	13.9	249	石嘴山	Shizuishan	17.1	21.8	15.8	226
云南	**Yunnan**	**265.5**	**371.1**	**432.1**		吴忠	Wuzhong	13.8	18.1	15.3	231
昆明	Kunming	102.6	158.8	200.9	13	固原	Guyuan	9.8	12.0	12.0	261
曲靖	Qujing	17.8	19.1	23.6	160	中卫	Zhongwei	9.0	13.2	10.2	268
玉溪	Yuxi	12.5	10.9	14.1	245	**新疆**	**Xinjiang**	**303.3**	**380.0**	**378.7**	
保山	Baoshan	15.8	11.0	12.3	259	乌鲁木齐	Urumqi	104.4	138.6	145.1	21
昭通	Zhaotong	14.1	14.6	14.8	238	克拉玛依	Karamay	14.2	16.6	14.6	241

8-51 城市生活垃圾处理量(辖区)

Volume of Urban Domestic Garbage Treated (Municipal Districts)

单位：万吨 （10 000 tons）

地名	City	2010	2015	2016	2016 排名 Ranking
全国	**Nation Total**	**14338.0**	**18750.6**	**20046.0**	
北京	**Beijing**	**613.7**	**788.7**	**871.2**	
天津	**Tianjin**	**183.7**	**223.2**	**253.3**	
河北	**Hebei**	**571.3**	**620.4**	**710.8**	
石家庄	Shijiazhuang	98.0	83.3	96.0	34
唐山	Tangshan	46.1	58.2	67.5	46
秦皇岛	Qinhuangdao	48.1	35.7	42.5	77
邯郸	Handan	40.4	49.4	71.6	44
邢台	Xingtai	18.3	28.7	30.5	117
保定	Baoding	33.5	49.3	55.5	52
张家口	Zhangjiakou	37.8	46.6	53.0	62
承德	Chengde	20.2	37.0	35.2	96
沧州	Cangzhou	14.6	24.0	26.8	141
廊坊	Langfang	13.7	12.4	30.7	114
衡水	Hengshui	15.9	14.2	15.9	219
山西	**Shanxi**	**265.8**	**434.3**	**467.7**	
太原	Taiyuan	110.0	173.6	181.0	15
大同	Datong	29.9	36.9	40.1	85
阳泉	Yangquan	15.9	15.7	18.0	198
长治	Changzhi	18.8	17.6	23.6	157
晋城	Jincheng	12.0	17.8	17.9	203
朔州	Shuozhou	12.2	20.4	20.3	180
晋中	Jinzhong	3.7	17.3	17.6	206
运城	Yuncheng	17.6	18.0	17.1	210
忻州	Xinzhou		1.8	9.0	271
临汾	Linfen	9.6	13.5	14.0	245
吕梁	Lvliang	8.2	14.6	17.7	205
内蒙古	**Inner Mongolia**	**310.5**	**322.4**	**341.4**	
呼和浩特	Hohhot	57.8	59.3	60.4	50
包头	Baotou	77.9	50.7	55.3	54
乌海	Wuhai	18.2	20.3	27.1	137
赤峰	Chifeng	33.7	42.0	45.4	71
通辽	Tongliao	20.1	13.1	14.7	235
鄂尔多斯	Erdos	25.7	21.5	17.3	208
呼伦贝尔	Hulunbuir	9.0	11.5	13.7	247
巴彦淖尔	Bayannur	14.3	16.0	14.6	238
乌兰察布	Ulanqab	10.8	11.1	9.8	268
辽宁	**Liaoning**	**752.3**	**913.1**	**886.3**	
沈阳	Shenyang	215.0	272.5	263.0	8
大连	Dalian	80.0	122.8	130.3	24
鞍山	Anshan	52.6	58.1	55.0	55
抚顺	Fushun	50.0	38.2	36.0	95
本溪	Benxi	33.9	27.4	27.4	135
丹东	Dandong	23.2	21.4	22.2	167
锦州	Jinzhou	27.7	31.4	30.3	119
营口	Yingkou	37.4	27.6	27.6	134
阜新	Fuxin	39.9	29.2	18.0	197
辽阳	Liaoyang	16.8	24.3	25.5	148
盘锦	Panjin	16.0	21.4	31.4	111
铁岭	Tieling	13.2	14.6	15.1	229
朝阳	Chaoyang	9.0	33.0	33.0	103
葫芦岛	Huludao	14.6	25.3	17.8	204
吉林	**Jilin**	**457.4**	**482.1**	**506.3**	
长春	Changchun	123.3	145.5	175.9	16
吉林	Jilin	36.9	33.8	38.3	89
四平	Siping	23.0	17.3	14.3	243
辽源	Liaoyuan	21.0	8.0	10.5	264
通化	Tonghua	18.3	25.8	24.3	154
白山	Baishan	20.5	19.2	20.0	182
松原	Songyuan	14.6	20.3	20.6	178
白城	Baicheng	10.3	18.3	18.3	195
黑龙江	**Heilongjiang**	**315.7**	**458.2**	**483.5**	
哈尔滨	Harbin	98.9	131.3	149.6	20
齐齐哈尔	Qiqihar	29.0	31.0	31.0	112
鸡西	Jixi	19.8	32.2	32.3	108
鹤岗	Hegang		23.2	23.2	159
双鸭山	Shuangyashan	18.0	16.9	14.6	238
大庆	Daqing	23.2	43.6	32.7	105
伊春	Yichun		12.5	17.0	211
佳木斯	Jiamusi	35.2	23.0	23.0	162
七台河	Qitaihe	25.5	14.6	15.3	225
牡丹江	Mudanjiang	31.7	19.8	19.3	187
黑河	Heihe	6.5	6.9	7.1	278
绥化	Suihua		12.5	18.3	195
上海	**Shanghai**	**599.2**	**613.2**	**629.4**	
江苏	**Jiangsu**	**1016.8**	**1456.1**	**1562.3**	

8-51 城市生活垃圾处理量(辖区) 续表 1

Volume of Urban Domestic Garbage Treated (Municipal Districts) continued 1

单位：万吨 （10 000 tons）

地名	City	2010	2015	2016	2016 排名 Ranking
南京	Nanjing	184.8	238.7	212.7	12
无锡	Wuxi	99.3	132.4	142.4	22
徐州	Xuzhou	44.4	79.8	92.4	36
常州	Changzhou	52.0	76.5	83.5	40
苏州	Suzhou	121.4	239.9	246.2	9
南通	Nantong	38.3	59.9	72.0	43
连云港	Lianyungang	18.3	36.3	39.8	86
淮安	Huaian	24.6	43.3	54.8	56
盐城	Yancheng	22.1	41.2	45.8	70
扬州	Yangzhou	31.7	56.6	66.5	47
镇江	Zhenjiang	23.0	36.4	40.6	83
泰州	Taizhou	18.4	29.2	30.7	116
宿迁	Suqian	16.1	26.8	27.8	132
浙江	**Zhejiang**	**958.4**	**1332.6**	**1433.5**	
杭州	Hangzhou	211.7	352.0	342.5	6
宁波	Ningbo	87.7	111.0	150.6	19
温州	Wenzhou	95.1	111.3	118.4	26
嘉兴	Jiaxing	18.4	33.4	35.1	97
湖州	Huzhou	28.2	45.8	54.4	58
绍兴	Shaoxing	20.4	82.0	98.7	31
金华	Jinhua	30.1	45.7	53.4	61
衢州	Quzhou	11.4	27.2	25.5	146
舟山	Zhoushan	20.9	29.4	32.9	104
台州	Taizhou	66.9	77.8	77.7	42
丽水	Lishui	19.3	16.1	18.3	193
安徽	**Anhui**	**416.1**	**489.7**	**539.6**	
合肥	Hefei	66.4	122.0	144.3	21
芜湖	Wuhu	36.0	45.5	51.3	64
蚌埠	Bengbu	33.0	29.6	33.6	101
淮南	Huainan	41.3	30.6	31.9	110
马鞍山	Maanshan	17.9	22.9	22.7	164
淮北	Huaibei	9.8	21.8	23.1	160
铜陵	Tongling	10.1	10.7	12.7	252
安庆	Anqing	27.4	27.2	21.0	175
黄山	Huangshan	13.9	12.6	12.1	257
滁州	Chuzhou	16.4	12.6	14.7	234
阜阳	Fuyang	27.0	25.2	30.9	113
宿州	Suzhou	18.0	20.5	24.5	153
六安	Liuan	17.1	19.3	19.6	185
亳州	Bozhou	10.5	17.6	20.0	183
池州	Chizhou	9.1	14.1	14.6	241
宣城	Xuancheng	15.2	11.9	13.5	248
福建	**Fujian**	**416.5**	**603.2**	**646.7**	
福州	Fuzhou	76.0	105.9	107.2	28
厦门	Xiamen	94.5	161.6	162.5	18
莆田	Putian	27.4	42.2	48.5	68
三明	Sanming	12.1	11.3	10.3	265
泉州	Quanzhou	35.3	50.7	43.6	75
漳州	Zhangzhou	13.6	22.2	27.0	138
南平	Nanping	7.3	12.0	12.0	258
龙岩	Longyan	16.7	23.7	23.9	155
宁德	Ningde	9.2	13.7	14.7	237
江西	**Jiangxi**	**284.0**	**329.1**	**399.5**	
南昌	Nanchang	74.4	63.7	96.1	33
景德镇	Jingdezhen	14.6	14.8	14.9	230
萍乡	Pingxiang	15.3	15.8	20.6	177
九江	Jiujiang	17.6	21.6	28.5	128
新余	Xinyu	13.8	16.1	16.5	216
鹰潭	Yingtan	6.9	8.5	10.8	262
赣州	Ganzhou	35.6	37.6	51.2	65
吉安	Jian	11.7	16.7	16.7	215
宜春	Yichun	8.9	16.8	19.7	184
抚州	Fuzhou	17.8	22.3	22.4	166
上饶	Shangrao	12.4	27.6	29.0	125
山东	**Shandong**	**955.3**	**1377.5**	**1466.3**	
济南	Jinan	84.5	137.3	167.3	17
青岛	Qingdao	138.9	185.0	193.3	14
淄博	Zibo	54.9	53.5	54.8	56
枣庄	Zaozhuang	46.8	46.3	49.7	66
东营	Dongying	18.8	22.3	27.0	139
烟台	Yantai	50.9	119.9	83.7	39
潍坊	Weifang	29.0	47.4	55.4	53
济宁	Jining	28.3	49.1	49.2	67
泰安	Taian	16.8	31.7	39.2	88
威海	Weihai	25.4	41.4	40.6	82
日照	Rizhao	20.0	25.5	41.9	79
莱芜	Laiwu	15.9	22.1	26.9	140
临沂	Linyi	52.3	86.2	88.1	37
德州	Dezhou	19.5	30.3	29.8	122
聊城	Liaocheng	16.1	40.7	27.2	136

8-51 城市生活垃圾处理量(辖区) 续表 2

Volume of Urban Domestic Garbage Treated (Municipal Districts) continued 2

单位：万吨 (10 000 tons)

地名	City	2010	2015	2016	2016 排名 Ranking	地名	City	2010	2015	2016	2016 排名 Ranking
滨州	Binzhou	14.6	28.0	32.6	106	常德	Changde	20.4	26.8	37.2	93
菏泽	Heze	23.6	40.2	67.7	45	张家界	Zhangjiajie	12.0	12.4	7.2	276
河南	**Henan**	**616.5**	**856.1**	**903.9**		益阳	Yiyang	17.8	17.2	18.5	191
郑州	Zhengzhou	147.3	207.0	223.1	10	郴州	Chenzhou	20.1	21.8	21.8	173
开封	Kaifeng	31.5	31.6	30.7	115	永州	Yongzhou	15.5	18.9	23.0	161
洛阳	Luoyang	38.3	65.9	66.1	48	怀化	Huaihua	18.7	18.5	18.6	189
平顶山	Pingdingshan	25.0	28.1	29.6	123	娄底	Loudi	11.9	14.5	18.5	192
安阳	Anyang	26.5	54.5	42.1	78	**广东**	**Guangdong**	**1764.2**	**2265.5**	**2363.7**	
鹤壁	Hebi	11.8	14.8	17.9	202	广州	Guangzhou	327.9	434.2	504.4	2
新乡	Xinxiang	27.0	38.4	44.1	73	韶关	Shaoguan	22.3	21.8	23.7	156
焦作	Jiaozuo	26.1	27.2	27.7	133	深圳	Shenzhen	453.4	574.8	572.3	1
濮阳	Puyang	14.8	21.7	25.6	145	珠海	Zhuhai	57.8	81.5	87.6	38
许昌	Xuchang	16.2	22.5	22.0	171	汕头	Shantou	43.6	72.9	82.6	41
漯河	Luohe	18.5	21.5	23.0	162	佛山	Foshan	73.5	93.8	100.3	30
三门峡	Sanmenxia	9.0	14.3	15.4	222	江门	Jiangmen	43.1	45.7	51.5	63
南阳	Nanyang	29.9	42.0	47.8	69	湛江	Zhanjiang	26.3	37.6	39.5	87
商丘	Shangqiu	23.5	25.5	30.1	121	茂名	Maoming	8.0	22.1	24.9	152
信阳	Xinyang	11.7	26.3	25.4	149	肇庆	Zhaoqing	13.9	27.8	29.4	124
周口	Zhoukou		14.6	16.9	212	惠州	Huizhou	47.9	95.3	124.9	25
驻马店	Zhumadian	16.1	17.5	18.3	194	梅州	Meizhou	13.9	21.6	22.0	170
湖北	**Hubei**	**677.1**	**818.3**	**854.6**		汕尾	Shanwei	9.1	9.1	9.9	267
武汉	Wuhan	219.1	330.7	356.3	3	河源	Heyuan	12.3	21.3	21.7	174
黄石	Huangshi	29.1	29.2	33.3	102	阳江	Yangjiang	12.2	22.8	28.3	129
十堰	Shiyan	27.7	38.7	38.1	90	清远	Qingyuan	15.9	30.7	37.1	94
宜昌	Yichang	27.7	30.3	32.0	109	东莞	Dongguan	350.8	390.4	303.4	7
襄阳	Xiangyang	26.8	34.2	37.4	92	中山	Zhongshan	28.1	25.0	26.4	143
鄂州	Ezhou	15.0	17.9	17.9	200	潮州	Chaozhou	15.3	41.2	62.0	49
荆门	Jingmen	18.1	14.9	14.9	231	揭阳	Jieyang	29.7	31.8	34.4	98
孝感	Xiaogan	9.1	16.4	16.4	217	云浮	Yunfu	5.5	10.8	9.2	269
荆州	Jingzhou	30.0	23.5	28.8	127	**广西**	**Guangxi**	**227.9**	**380.3**	**406.9**	
黄冈	Huanggang	13.9	18.8	18.6	190	南宁	Nanning	57.9	107.4	106.3	29
咸宁	Xianning	24.0	15.3	8.3	273	柳州	Liuzhou	33.3	49.8	54.0	59
随州	Suizhou	12.0	21.3	20.5	179	桂林	Guilin	24.6	38.4	40.9	81
湖南	**Hunan**	**464.1**	**636.9**	**680.8**		梧州	Wuzhou	8.0	18.6	20.9	176
长沙	Changsha	106.9	203.0	215.3	11	北海	Beihai	14.9	24.7	30.4	118
株洲	Zhuzhou	33.1	38.2	37.6	91	防城港	Fangchenggang	2.9	7.9	8.8	272
湘潭	Xiangtan	23.9	30.4	32.5	107	钦州	Qinzhou	12.8	15.6	14.9	232
衡阳	Hengyang	36.5	43.8	44.0	74	贵港	Guigang	11.3	26.1	25.5	147
邵阳	Shaoyang	25.6	17.1	22.5	165	玉林	Yulin	16.5	23.2	28.9	126
岳阳	Yueyang	18.9	29.3	34.4	99	百色	Baise	8.0	6.5	7.1	277

8-51 城市生活垃圾处理量(辖区) 续表 3
Volume of Urban Domestic Garbage Treated (Municipal Districts) continued 3

单位：万吨 （10 000 tons）

地名	City	2010	2015	2016	2016 排名 Ranking	地名	City	2010	2015	2016	2016 排名 Ranking
贺州	Hezhou	6.2	9.4	12.3	255	丽江	Lijiang	6.0	12.8	12.9	249
河池	Hechi	5.8	4.8	4.9	284	普洱	Puer	5.5	7.5	8.2	274
来宾	Laibin	4.6	10.1	11.6	260	临沧	Lincang	4.6	5.9	5.3	282
崇左	Chongzuo	0.7	3.1	3.3	285	**西藏**	**Tibet**	**14.2**	**4.2**	**42.0**	
海南	**Hainan**	**77.7**	**159.8**	**188.7**		拉萨	Lasa	14.2	0.1	28.2	131
海口	Haikou	42.0	78.2	94.5	35	**陕西**	**Shaanxi**	**334.0**	**512.4**	**525.0**	
三亚	Sanya	19.7	45.6	56.9	51	西安	Xi'an	204.1	332.3	345.8	5
三沙	Sansha		0.1	0.1	286	铜川	Tongchuan	14.5	12.3	12.7	253
重庆	**Chongqing**	**254.4**	**435.8**	**494.1**		宝鸡	Baoji	23.6	36.5	24.9	151
四川	**Sichuan**	**619.8**	**801.2**	**883.9**		咸阳	Xianyang	12.4	31.0	30.3	120
成都	Chengdu	262.1	273.6	351.0	4	渭南	Weinan	14.2	15.6	16.8	214
自贡	Zigong	20.2	35.5	34.3	100	延安	Yan'an	8.4	12.1	14.7	235
攀枝花	Panzhihua	20.7	17.9	17.5	207	汉中	Hanzhong	10.2	12.4	12.9	250
泸州	Luzhou	26.8	28.6	25.8	144	榆林	Yulin	16.9	14.6	20.1	181
德阳	Deyang	10.0	14.7	15.3	227	安康	Ankang	18.0	14.1	15.4	224
绵阳	Mianyang	24.5	31.4	40.9	80	商洛	Shangluo	5.8	6.4	6.7	279
广元	Guangyuan	10.3	16.9	17.2	209	**甘肃**	**Gansu**	**272.3**	**261.0**	**255.7**	
遂宁	Suining	14.0	58.0	26.4	142	兰州	Lanzhou	124.1	98.2	96.1	32
内江	Neijiang	11.0	16.4	19.5	186	嘉峪关	Jiayuguan	8.1	7.3	6.7	280
乐山	Leshan	16.6	18.9	21.9	172	金昌	Jinchang	12.8	9.2	9.2	270
南充	Nanchong	23.4	36.9	40.3	84	白银	Baiyin	14.7	15.3	15.3	228
眉山	Meishan	10.6	20.8	25.3	150	天水	Tianshui	32.1	21.8	22.1	169
宜宾	Yibin	15.0	27.4	28.3	130	武威	Wuwei	14.4	17.9	17.9	200
广安	Guangan	7.0	14.3	14.6	240	张掖	Zhangye	6.3	9.9	10.7	263
达州	Dazhou	10.3	20.4	22.2	168	平凉	Pingliang	10.5	13.8	13.9	246
雅安	Yaan	9.5	14.9	16.9	212	酒泉	Jiuquan	10.0	12.0	12.3	254
巴中	Bazhong	11.0	14.8	16.1	218	庆阳	Qingyang	9.3	15.3	12.1	256
资阳	Ziyang	11.8	18.3	19.1	188	定西	Dingxi	5.6	6.5	6.5	281
贵州	**Guizhou**	**203.6**	**251.7**	**278.3**		陇南	Longnan	5.8	4.8	5.0	283
贵阳	Guiyang	71.0	106.4	114.0	27	**青海**	**Qinghai**	**71.1**	**79.1**	**78.9**	
六盘水	Liupanshui	15.1	15.2	17.9	199	西宁	Xining	61.9	53.2	53.6	60
遵义	Zunyi	28.2	32.5	42.5	76	海东	Haidong		7.6	7.9	275
安顺	Anshun	16.5	15.2	15.4	222	**宁夏**	**Ningxia**	**85.0**	**118.9**	**110.2**	
毕节	Bijie	9.6	16.2	15.7	220	银川	Yinchuan	26.3	41.4	45.4	72
铜仁	Tongren	14.0	11.7	12.8	251	石嘴山	Shizuishan	14.5	21.2	15.5	221
云南	**Yunnan**	**253.0**	**361.4**	**416.5**		吴忠	Wuzhong	13.8	17.2	15.3	225
昆明	Kunming	99.3	154.1	194.9	13	固原	Guyuan	9.0	12.0	12.0	259
曲靖	Qujing	17.8	19.1	23.6	158	中卫	Zhongwei	8.1	12.7	10.2	266
玉溪	Yuxi	11.2	10.9	14.1	244	**新疆**	**Xinjiang**	**286.5**	**364.6**	**365.3**	
保山	Baoshan	15.0	9.9	11.0	261	乌鲁木齐	Urumqi	101.5	133.6	139.8	23
昭通	Zhaotong	14.1	14.6	14.8	233	克拉玛依	Karamay	14.2	16.6	14.5	242

8-52 城市生活垃圾处理率(辖区)

Urban Domestic Garbage Treatment Rate (Municipal Districts)

单位：%　　　　(%)

地名	City	2010	2015	2016	2016 排名 Ranking
全国	**Nation Total**	**90.72**	**97.95**	**98.45**	
北京	**Beijing**	**96.95**	**99.80**	**99.84**	
天津	**Tianjin**	**100.00**	**92.73**	**94.16**	
河北	**Hebei**	**96.95**	**97.56**	**98.02**	
石家庄	Shijiazhuang	100.00	100.00	100.00	1
唐山	Tangshan	100.00	100.00	100.00	1
秦皇岛	Qinhuangdao	100.00	100.00	100.00	1
邯郸	Handan	100.00	100.00	100.00	1
邢台	Xingtai	100.00	100.00	100.00	1
保定	Baoding	100.00	99.98	96.48	244
张家口	Zhangjiakou	80.13	95.00	95.54	252
承德	Chengde	99.02	99.84	99.52	208
沧州	Cangzhou	79.30	100.00	100.00	1
廊坊	Langfang	95.79	58.98	100.00	1
衡水	Hengshui	100.00	82.69	63.38	283
山西	**Shanxi**	**73.58**	**97.17**	**99.63**	
太原	Taiyuan	100.00	99.56	100.00	1
大同	Datong	83.08	99.73	99.75	201
阳泉	Yangquan	100.00	88.84	100.00	1
长治	Changzhi	100.00	100.00	100.00	1
晋城	Jincheng	93.97	100.00	100.00	1
朔州	Shuozhou	75.47	100.00	100.00	1
晋中	Jinzhong	31.01	89.97	100.00	1
运城	Yuncheng	90.00	100.00	100.00	1
忻州	Xinzhou		19.98	100.00	1
临汾	Linfen	52.00	100.00	100.00	1
吕梁	Lvliang	100.00	100.00	100.00	1
内蒙古	**Inner Mongolia**	**92.98**	**97.96**	**98.87**	
呼和浩特	Hohhot	97.88	100.00	100.00	1
包头	Baotou	97.00	97.04	98.15	224
乌海	Wuhai	82.68	96.03	98.60	218
赤峰	Chifeng	100.00	100.00	100.00	1
通辽	Tongliao	100.00	95.90	100.00	1
鄂尔多斯	Erdos	98.58	95.80	97.70	231
呼伦贝尔	Hulunbuir	81.82	95.28	100.00	1
巴彦淖尔	Bayannur	96.28	99.81	100.00	1
乌兰察布	Ulanqab	100.00	96.45	96.63	240
辽宁	**Liaoning**	**89.85**	**97.84**	**94.99**	
沈阳	Shenyang	100.00	100.00	100.00	1
大连	Dalian	100.00	100.00	100.00	1
鞍山	Anshan	100.00	100.00	100.00	1
抚顺	Fushun	100.00	100.00	100.00	1
本溪	Benxi	100.00	86.21	86.21	277
丹东	Dandong	100.00	100.00	100.00	1
锦州	Jinzhou	86.69	100.00	100.00	1
营口	Yingkou	93.50	100.00	71.39	281
阜新	Fuxin	90.89	100.00	100.00	1
辽阳	Liaoyang	100.00	100.00	100.00	1
盘锦	Panjin	100.00	100.00	71.70	280
铁岭	Tieling	85.16	100.00	100.00	1
朝阳	Chaoyang	28.13	100.00	100.00	1
葫芦岛	Huludao	70.16	100.00	100.00	1
吉林	**Jilin**	**91.57**	**98.33**	**94.79**	
长春	Changchun	99.84	99.99	90.27	272
吉林	Jilin	100.00	100.00	100.00	1
四平	Siping	100.00	96.00	91.10	270
辽源	Liaoyuan	87.50	100.00	100.00	1
通化	Tonghua	99.78	97.69	95.48	254
白山	Baishan	100.00	98.01	99.09	213
松原	Songyuan	81.11	95.75	96.70	239
白城	Baicheng	100.00	96.05	96.05	248
黑龙江	**Heilongjiang**	**40.36**	**87.61**	**89.21**	
哈尔滨	Harbin	82.91	91.62	91.80	269
齐齐哈尔	Qiqihar	50.96	68.38	68.32	282
鸡西	Jixi	73.06	89.14	87.39	275
鹤岗	Hegang		100.00	100.00	1
双鸭山	Shuangyashan	37.89	92.01	86.25	276
大庆	Daqing	82.86	100.00	100.00	1
伊春	Yichun		43.78	57.38	285
佳木斯	Jiamusi	75.37	100.00	100.00	1
七台河	Qitaihe	100.00	98.18	98.21	223
牡丹江	Mudanjiang	100.00	91.96	100.00	1
黑河	Heihe	76.47	100.00	100.00	1
绥化	Suihua		85.24	100.00	1
上海	**Shanghai**	**81.86**	**100.00**	**100.00**	
江苏	**Jiangsu**	**99.97**	**100.00**	**100.00**	

8-52 城市生活垃圾处理率(辖区)　续表 1
Urban Domestic Garbage Treatment Rate (Municipal Districts) continued 1

单位：%　　(%)

地名	City	2010	2015	2016	2016 排名 Ranking
南京	Nanjing	100.00	100.00	100.00	1
无锡	Wuxi	100.00	100.00	100.00	1
徐州	Xuzhou	100.00	100.00	100.00	1
常州	Changzhou	100.00	100.00	100.00	1
苏州	Suzhou	100.00	100.00	100.00	1
南通	Nantong	100.00	100.00	100.00	1
连云港	Lianyungang	100.00	100.00	100.00	1
淮安	Huaian	100.00	100.00	100.00	1
盐城	Yancheng	100.00	99.98	100.00	1
扬州	Yangzhou	100.00	100.00	100.00	1
镇江	Zhenjiang	100.00	100.00	100.00	1
泰州	Taizhou	100.00	100.00	100.00	1
宿迁	Suqian	100.00	100.00	100.00	1
浙江	**Zhejiang**	**99.94**	**100.00**	**100.00**	
杭州	Hangzhou	100.00	100.00	100.00	1
宁波	Ningbo	100.00	100.00	100.00	1
温州	Wenzhou	100.00	100.00	100.00	1
嘉兴	Jiaxing	100.00	100.00	100.00	1
湖州	Huzhou	100.00	100.00	100.00	1
绍兴	Shaoxing	100.00	100.00	100.00	1
金华	Jinhua	100.00	100.00	100.00	1
衢州	Quzhou	100.00	100.00	100.00	1
舟山	Zhoushan	100.00	100.00	100.00	1
台州	Taizhou	100.00	99.99	100.00	1
丽水	Lishui	100.00	100.00	100.00	1
安徽	**Anhui**	**95.59**	**99.55**	**99.94**	
合肥	Hefei	99.97	99.99	100.00	1
芜湖	Wuhu	100.00	100.00	100.00	1
蚌埠	Bengbu	100.00	100.00	100.00	1
淮南	Huainan	100.00	95.30	100.00	1
马鞍山	Maanshan	100.00	100.00	100.00	1
淮北	Huaibei	88.69	100.00	100.00	1
铜陵	Tongling	94.30	100.00	100.00	1
安庆	Anqing	89.58	98.91	100.00	1
黄山	Huangshan	90.31	100.00	100.00	1
滁州	Chuzhou	100.00	100.00	100.00	1
阜阳	Fuyang	100.00	100.00	100.00	1
宿州	Suzhou	99.78	100.00	100.00	1
六安	Liuan	94.42	100.00	100.00	1
亳州	Bozhou	100.00	99.89	100.00	1
池州	Chizhou	88.07	100.00	100.00	1
宣城	Xuancheng	100.00	100.00	100.00	1
福建	**Fujian**	**99.81**	**99.19**	**98.44**	
福州	Fuzhou	100.00	100.00	99.00	216
厦门	Xiamen	100.00	100.00	97.75	229
莆田	Putian	100.00	99.15	99.15	211
三明	Sanming	96.19	98.52	98.60	218
泉州	Quanzhou	100.00	98.68	98.68	217
漳州	Zhangzhou	99.34	99.69	99.70	202
南平	Nanping	100.00	97.01	95.28	258
龙岩	Longyan	99.64	99.58	99.67	206
宁德	Ningde	100.00	96.47	96.49	243
江西	**Jiangxi**	**100.00**	**99.94**	**100.00**	
南昌	Nanchang	100.00	100.00	99.99	198
景德镇	Jingdezhen	100.00	100.00	100.00	1
萍乡	Pingxiang	100.00	100.00	100.00	1
九江	Jiujiang	100.00	100.00	100.00	1
新余	Xinyu	100.00	100.00	100.00	1
鹰潭	Yingtan	100.00	100.00	100.00	1
赣州	Ganzhou	100.00	100.00	100.00	1
吉安	Jian	100.00	100.00	100.00	1
宜春	Yichun	100.00	100.00	100.00	1
抚州	Fuzhou	100.00	100.00	100.00	1
上饶	Shangrao	100.00	99.32	100.00	1
山东	**Shandong**	**96.30**	**100.00**	**100.00**	
济南	Jinan	90.78	100.00	100.00	1
青岛	Qingdao	100.00	100.00	100.00	1
淄博	Zibo	100.00	100.00	100.00	1
枣庄	Zaozhuang	87.04	100.00	100.00	1
东营	Dongying	100.00	100.00	100.00	1
烟台	Yantai	100.00	99.99	100.00	1
潍坊	Weifang	99.79	100.00	100.00	1
济宁	Jining	89.24	100.00	100.00	1
泰安	Taian	100.00	100.00	100.00	1
威海	Weihai	100.00	100.00	100.00	1
日照	Rizhao	100.00	100.00	100.00	1
莱芜	Laiwu	100.00	100.00	100.00	1
临沂	Linyi	100.00	100.00	100.00	1
德州	Dezhou	98.24	100.00	100.00	1
聊城	Liaocheng	100.00	100.00	100.00	1

8-52 城市生活垃圾处理率(辖区) 续表 2
Urban Domestic Garbage Treatment Rate (Municipal Districts) continued 2

单位：% (%)

地名	City	2010	2015	2016	2016 排名 Ranking
滨州	Binzhou	100.00	100.00	100.00	1
菏泽	Heze	93.79	100.00	100.00	1
河南	**Henan**	**88.75**	**95.99**	**98.75**	
郑州	Zhengzhou	89.61	100.00	100.00	1
开封	Kaifeng	100.00	100.00	100.00	1
洛阳	Luoyang	98.15	92.35	95.42	256
平顶山	Pingdingshan	85.18	92.87	100.00	1
安阳	Anyang	94.64	100.00	100.00	1
鹤壁	Hebi	90.49	92.86	100.00	1
新乡	Xinxiang	100.00	100.00	100.00	1
焦作	Jiaozuo	85.75	97.53	97.50	232
濮阳	Puyang	90.52	99.09	99.80	200
许昌	Xuchang	96.13	96.53	100.00	1
漯河	Luohe	100.00	97.73	100.00	1
三门峡	Sanmenxia	96.77	90.23	96.74	238
南阳	Nanyang	74.21	85.24	96.52	241
商丘	Shangqiu	66.84	90.49	100.00	1
信阳	Xinyang	93.02	97.01	100.00	1
周口	Zhoukou		98.05	99.32	210
驻马店	Zhumadian	91.84	92.52	95.46	255
湖北	**Hubei**	**95.21**	**98.33**	**97.10**	
武汉	Wuhan	100.00	100.00	100.00	1
黄石	Huangshi	100.00	100.00	100.00	1
十堰	Shiyan	93.28	100.00	100.00	1
宜昌	Yichang	89.78	96.34	100.00	1
襄阳	Xiangyang	80.51	99.56	100.00	1
鄂州	Ezhou	100.00	100.00	100.00	1
荆门	Jingmen	100.00	100.00	100.00	1
孝感	Xiaogan	94.12	100.00	100.00	1
荆州	Jingzhou	100.00	100.00	100.00	1
黄冈	Huanggang	93.29	100.00	99.15	211
咸宁	Xianning	85.71	100.00	51.43	286
随州	Suizhou	100.00	99.86	95.79	250
湖南	**Hunan**	**91.86**	**99.80**	**99.89**	
长沙	Changsha	100.00	100.00	100.00	1
株洲	Zhuzhou	100.00	99.97	100.00	1
湘潭	Xiangtan	100.00	100.00	100.00	1
衡阳	Hengyang	100.00	100.00	100.00	1
邵阳	Shaoyang	100.00	97.99	98.01	227
岳阳	Yueyang	100.00	100.00	100.00	1
常德	Changde	100.00	100.00	100.00	1
张家界	Zhangjiajie	93.02	100.00	100.00	1
益阳	Yiyang	100.00	100.00	100.00	1
郴州	Chenzhou	100.00	100.00	100.00	1
永州	Yongzhou	78.16	100.00	100.00	1
怀化	Huaihua	100.00	100.00	100.00	1
娄底	Loudi	100.00	100.00	100.00	1
广东	**Guangdong**	**91.01**	**97.63**	**98.86**	
广州	Guangzhou	91.96	95.24	100.00	1
韶关	Shaoguan	100.00	100.00	100.00	1
深圳	Shenzhen	94.60	100.00	100.00	1
珠海	Zhuhai	92.34	100.00	100.00	1
汕头	Shantou	64.41	92.60	89.83	274
佛山	Foshan	100.00	100.00	100.00	1
江门	Jiangmen	100.00	99.98	100.00	1
湛江	Zhanjiang	97.41	100.00	100.00	1
茂名	Maoming	41.91	100.00	100.00	1
肇庆	Zhaoqing	97.88	100.00	100.00	1
惠州	Huizhou	100.00	100.00	100.00	1
梅州	Meizhou	100.00	100.00	100.00	1
汕尾	Shanwei	100.00	100.00	93.75	264
河源	Heyuan	96.54	100.00	100.00	1
阳江	Yangjiang	100.00	100.00	100.00	1
清远	Qingyuan	100.00	100.00	80.60	278
东莞	Dongguan	98.19	100.00	100.00	1
中山	Zhongshan	100.00	100.00	100.00	1
潮州	Chaozhou	100.00	79.28	100.00	1
揭阳	Jieyang	90.00	94.98	96.42	245
云浮	Yunfu	100.00	100.00	100.00	1
广西	**Guangxi**	**93.01**	**98.66**	**98.96**	
南宁	Nanning	100.00	100.00	99.04	215
柳州	Liuzhou	100.00	100.00	100.00	1
桂林	Guilin	100.00	100.00	100.00	1
梧州	Wuzhou	100.00	100.00	100.00	1
北海	Beihai	100.00	100.00	100.00	1
防城港	Fangchenggang	41.43	100.00	100.00	1
钦州	Qinzhou	100.00	100.00	100.00	1
贵港	Guigang	97.59	100.00	100.00	1
玉林	Yulin	100.00	100.00	100.00	1
百色	Baise	100.00	100.00	100.00	1

8-52 城市生活垃圾处理率(辖区) 续表 3
Urban Domestic Garbage Treatment Rate (Municipal Districts) continued 3

单位：% (%)

地名	City	2010	2015	2016	2016 排名 Ranking
贺州	Hezhou	100.00	100.00	100.00	1
河池	Hechi	100.00	100.00	100.00	1
来宾	Laibin	100.00	100.00	100.00	1
崇左	Chongzuo	14.73	62.08	62.98	284
海南	**Hainan**	**79.52**	**99.84**	**100.00**	
海口	Haikou	100.00	100.00	100.00	1
三亚	Sanya	100.00	99.67	100.00	1
三沙	Sansha		100.00	100.00	1
重庆	**Chongqing**	**99.13**	**99.03**	**99.98**	
四川	**Sichuan**	**94.48**	**97.28**	**99.69**	
成都	Chengdu	100.00	100.00	100.00	1
自贡	Zigong	85.48	100.00	100.00	1
攀枝花	Panzhihua	95.00	99.72	100.00	1
泸州	Luzhou	100.00	100.00	100.00	1
德阳	Deyang	100.00	80.27	98.14	225
绵阳	Mianyang	100.00	91.68	100.00	1
广元	Guangyuan	76.02	90.73	97.13	234
遂宁	Suining	89.06	95.22	100.00	1
内江	Neijiang	73.00	100.00	100.00	1
乐山	Leshan	96.05	99.58	99.53	207
南充	Nanchong	83.27	99.97	100.00	1
眉山	Meishan	94.38	79.48	100.00	1
宜宾	Yibin	92.59	93.80	100.00	1
广安	Guangan	97.22	100.00	100.00	1
达州	Dazhou	78.16	88.02	95.53	253
雅安	Yaan	86.30	97.89	98.34	222
巴中	Bazhong	97.35	98.08	98.00	228
资阳	Ziyang	95.30	100.00	100.00	1
贵州	**Guizhou**	**95.47**	**93.81**	**94.65**	
贵阳	Guiyang	93.74	95.10	96.00	249
六盘水	Liupanshui	100.00	95.04	95.00	261
遵义	Zunyi	94.35	94.12	95.26	259
安顺	Anshun	96.49	94.07	95.14	260
毕节	Bijie	94.96	95.08	95.00	261
铜仁	Tongren	93.33	91.98	92.00	267
云南	**Yunnan**	**95.31**	**97.39**	**96.39**	
昆明	Kunming	96.80	97.09	96.98	236
曲靖	Qujing	100.00	100.00	99.96	199
玉溪	Yuxi	89.60	100.00	100.00	1
保山	Baoshan	94.94	90.05	90.08	273
昭通	Zhaotong	100.00	100.00	100.00	1
丽江	Lijiang	100.00	93.04	93.06	266
普洱	Puer	94.48	94.09	98.03	226
临沧	Lincang	100.00	93.08	80.00	279
西藏	**Tibet**	**87.30**	**12.67**	**91.15**	
拉萨	Lasa	100.00	0.29	91.85	268
陕西	**Shaanxi**	**86.02**	**98.02**	**98.53**	
西安	Xi'an	97.48	100.00	99.70	202
铜川	Tongchuan	85.03	90.24	90.44	271
宝鸡	Baoji	100.00	100.00	99.70	202
咸阳	Xianyang	53.45	100.00	96.90	237
渭南	Weinan	91.62	76.41	95.00	261
延安	Yan'an	82.03	91.52	96.50	242
汉中	Hanzhong	100.00	95.16	98.50	220
榆林	Yulin	84.77	93.01	93.27	265
安康	Ankang	52.94	100.00	99.70	202
商洛	Shangluo	99.32	90.14	96.18	247
甘肃	**Gansu**	**97.84**	**99.36**	**99.44**	
兰州	Lanzhou	100.00	99.87	100.00	1
嘉峪关	Jiayuguan	100.00	100.00	100.00	1
金昌	Jinchang	100.00	100.00	100.00	1
白银	Baiyin	88.79	95.55	95.55	251
天水	Tianshui	100.00	100.00	100.00	1
武威	Wuwei	99.31	99.50	99.50	209
张掖	Zhangye	90.52	100.00	100.00	1
平凉	Pingliang	98.41	100.00	100.00	1
酒泉	Jiuquan	95.24	100.00	100.00	1
庆阳	Qingyang	93.84	97.26	97.40	233
定西	Dingxi	80.00	100.00	100.00	1
陇南	Longnan	100.00	100.00	100.00	1
青海	**Qinghai**	**82.34**	**96.19**	**96.28**	
西宁	Xining	83.37	95.27	95.36	257
海东	Haidong		97.68	98.50	220
宁夏	**Ningxia**	**92.53**	**89.92**	**98.28**	
银川	Yinchuan	100.00	79.72	97.00	235
石嘴山	Shizuishan	85.01	97.24	97.72	230
吴忠	Wuzhong	100.00	95.01	100.00	1
固原	Guyuan	91.84	100.00	100.00	1
中卫	Zhongwei	89.56	95.98	100.00	1
新疆	**Xinjiang**	**94.45**	**95.92**	**96.46**	
乌鲁木齐	Urumqi	97.25	96.42	96.34	246
克拉玛依	Karamay	100.00	100.00	99.08	214

8-53　城市公共交通汽（电）车营运车辆数
Number of Buses and Trolley Buses under Operation

单位：辆　　(unit)

地名	City	2010	2015	2016	2016 排名 Ranking
全国	**Nation Total**	**383161**	**475797**		
北京	**Beijing**	**24011**	**23287**	**22688**	
天津	**Tianjin**	**7413**	**11619**	**12699**	
河北	**Hebei**	**14630**	**23027**		
石家庄	Shijiazhuang	4460	4403	4882	21
唐山	Tangshan	2034	3031	2943	33
秦皇岛	Qinhuangdao	1036	815	1273	80
邯郸	Handan	2708	3695	4252	26
邢台	Xingtai	2259	2184	2618	37
保定	Baoding	2007	3316	3921	27
张家口	Zhangjiakou	1240	1917	548	153
承德	Chengde	643	723	814	120
沧州	Cangzhou	1190	1832	2575	38
廊坊	Langfang	491	556	1602	61
衡水	Hengshui	986	555	691	135
山西	**Shanxi**	**6609**	**7424**		
太原	Taiyuan	2213	2871	2671	36
大同	Datong	811	983	1009	100
阳泉	Yangquan	612	787	960	104
长治	Changzhi	434	731	450	180
晋城	Jincheng	307	459	459	177
朔州	Shuozhou	187	184	260	252
晋中	Jinzhong	394	390	390	200
运城	Yuncheng	319	366	378	208
忻州	Xinzhou	111	112	166	271
临汾	Linfen	313	425	508	161
吕梁	Lvliang	267	116	170	268
内蒙古	**Inner Mongolia**	**5771**	**6654**		
呼和浩特	Hohhot	1902	1884	2128	47
包头	Baotou	1342	1387	1489	64
乌海	Wuhai	403	398	398	195
赤峰	Chifeng	474	622	574	148
通辽	Tongliao	260	567		
鄂尔多斯	Erdos	333	510	358	216
呼伦贝尔	Hulunbuir	278	467	465	174
巴彦淖尔	Bayannur	111	121	136	275
乌兰察布	Ulanqab	117	698	732	128
辽宁	**Liaoning**	**19770**	**20296**		
沈阳	Shenyang	5013	5381	5444	15
大连	Dalian	4696	5304	5425	16
鞍山	Anshan	1508	1790	1747	58
抚顺	Fushun	1175	1188	1188	85
本溪	Benxi	736	715	785	122
丹东	Dandong	725	931	959	105
锦州	Jinzhou	591	631	602	142
营口	Yingkou	660	882	909	107
阜新	Fuxin	361	403	459	177
辽阳	Liaoyang	538	590	590	144
盘锦	Panjin	419	491	619	140
铁岭	Tieling	400	667	454	179
朝阳	Chaoyang	201	289	283	248
葫芦岛	Huludao	409	1034	507	162
吉林	**Jilin**	**10421**	**8400**		
长春	Changchun	4433	4852	4342	25
吉林	Jilin	950	1300	1355	73
四平	Siping	275	337	339	223
辽源	Liaoyuan	350	395	376	209
通化	Tonghua	296	398	432	184
白山	Baishan	330	338	357	217
松原	Songyuan	512	546	498	165
白城	Baicheng	228	234	234	257
黑龙江	**Heilongjiang**	**13567**	**13181**		
哈尔滨	Harbin	5173	6923	7408	8
齐齐哈尔	Qiqihar	876	1240	981	102
鸡西	Jixi	706	715	715	130
鹤岗	Hegang	418	402	525	157
双鸭山	Shuangyashan	326	338	349	220
大庆	Daqing	2615	1406	2183	46
伊春	Yichun	238	385	371	213
佳木斯	Jiamusi	366	457	490	167
七台河	Qitaihe	375	315	348	222
牡丹江	Mudanjiang	778	758	772	123
黑河	Heihe	95	95	87	281
绥化	Suihua	275	147	315	237
上海	**Shanghai**	**20297**	**16531**	**16693**	
江苏	**Jiangsu**	**27561**	**31258**		

8-53 城市公共交通汽（电）车营运车辆数 续表 1

Number of Buses and Trolley Buses under Operation continued 1

单位：辆 （unit）

地名	City	2010	2015	2016	2016 排名 Ranking
南京	Nanjing	6178	8395	9208	4
无锡	Wuxi	3135	3042	3026	31
徐州	Xuzhou	2149	2338	2359	43
常州	Changzhou	2518	2858	2889	34
苏州	Suzhou	3204	5007	5321	18
南通	Nantong	722	1665	1814	55
连云港	Lianyungang	574	1084	1168	91
淮安	Huaian	841	868	1257	82
盐城	Yancheng	436	1035	1170	89
扬州	Yangzhou	1354	1742	1805	56
镇江	Zhenjiang	1032	1349	1369	72
泰州	Taizhou	479	908	884	111
宿迁	Suqian	502	967		
浙江	**Zhejiang**	**21589**	**22396**		
杭州	Hangzhou	7345	8555	8770	6
宁波	Ningbo	3455	4727	5110	19
温州	Wenzhou	2038	2348	2435	41
嘉兴	Jiaxing	1006	1122	1191	84
湖州	Huzhou	669	768	897	109
绍兴	Shaoxing	757	1975	2103	48
金华	Jinhua	918	475	870	114
衢州	Quzhou	653	577	362	214
舟山	Zhoushan	621	669	736	126
台州	Taizhou	485	817	984	101
丽水	Lishui	190	363	432	184
安徽	**Anhui**	**9626**	**13330**		
合肥	Hefei	2628	4684	4916	20
芜湖	Wuhu	1426	1395	1386	70
蚌埠	Bengbu	774	1187	1153	93
淮南	Huainan	832	723	903	108
马鞍山	Maanshan	458	749	646	137
淮北	Huaibei	1033	442	426	189
铜陵	Tongling	301	491	593	143
安庆	Anqing	321	465	503	164
黄山	Huangshan	248	189	183	267
滁州	Chuzhou	258	513	507	162
阜阳	Fuyang	602	746	644	138
宿州	Suzhou	241	332	382	204
六安	Liuan	329	306	306	241
亳州	Bozhou	70	306	380	206
池州	Chizhou	159	557	431	187
宣城	Xuancheng	174	245	322	234
福建	**Fujian**	**10306**	**12944**		
福州	Fuzhou	3566	4242	4386	24
厦门	Xiamen	3363	4691	4819	22
莆田	Putian	279	921	1097	97
三明	Sanming	282	357	392	198
泉州	Quanzhou	1649	1249	1334	76
漳州	Zhangzhou	472	515	556	151
南平	Nanping	194	426	412	193
龙岩	Longyan	286	297	396	196
宁德	Ningde	316	246	245	255
江西	**Jiangxi**	**6266**	**7251**		
南昌	Nanchang	2490	3305	3423	28
景德镇	Jingdezhen	438	514	285	247
萍乡	Pingxiang	323	404	310	238
九江	Jiujiang	517	554	561	149
新余	Xinyu	391	428	449	182
鹰潭	Yingtan	150	144	289	245
赣州	Ganzhou	451	695	1386	70
吉安	Jian	242	265	419	191
宜春	Yichun	263	333	349	220
抚州	Fuzhou	260	320	336	227
上饶	Shangrao	229	289	352	219
山东	**Shandong**	**27752**	**30907**		
济南	Jinan	4239	5284	5476	14
青岛	Qingdao	4664	6748	7210	9
淄博	Zibo	2030	2018	2432	42
枣庄	Zaozhuang	910	1476	1997	49
东营	Dongying	605	1014	1166	92
烟台	Yantai	1740	2006	2218	45
潍坊	Weifang	1109	1074	1045	99
济宁	Jining	1014	1253	1455	65
泰安	Taian	668	1643	1710	59
威海	Weihai	920	1374	1639	60
日照	Rizhao	440	625	546	154
莱芜	Laiwu	450	1099	1438	66
临沂	Linyi	1697	1664	2330	44
德州	Dezhou	745	518	491	166
聊城	Liaocheng	465	1242	1338	75

8-53 城市公共交通汽（电）车营运车辆数 续表 2

Number of Buses and Trolley Buses under Operation continued 2

单位：辆 (unit)

地名	City	2010	2015	2016	2016 排名 Ranking	地名	City	2010	2015	2016	2016 排名 Ranking
滨州	Binzhou	383	1119	1437	67	常德	Changde	537	775	872	113
菏泽	Heze	380	750	1178	87	张家界	Zhangjiajie	195	374	391	199
河南	**Henan**	**16096**	**22927**			益阳	Yiyang	380	772	896	110
郑州	Zhengzhou	4788	6221	6230	13	郴州	Chenzhou	634	1804	1815	54
开封	Kaifeng	548	4860	828	119	永州	Yongzhou	469	614	642	139
洛阳	Luoyang	1280	2196	1881	52	怀化	Huaihua	359	351	338	224
平顶山	Pingdingshan	598	795	708	132	娄底	Loudi	282	567	203	263
安阳	Anyang	743	682	710	131	**广东**	**Guangdong**	**41933**	**71335**		
鹤壁	Hebi	333	355	417	192	广州	Guangzhou	11501	13930	14074	2
新乡	Xinxiang	1030	1082	1240	83	韶关	Shaoguan	422	459	694	134
焦作	Jiaozuo	649	696	739	125	深圳	Shenzhen	26796	31716	33325	1
濮阳	Puyang	366	456	544	155	珠海	Zhuhai	1377	1887	1986	50
许昌	Xuchang	517	860	839	117	汕头	Shantou	1057	1187	1549	63
漯河	Luohe	777	1044	970	103	佛山	Foshan	3687	6666	6790	11
三门峡	Sanmenxia	243	262	395	197	江门	Jiangmen	792	1017	1094	98
南阳	Nanyang	460	551	700	133	湛江	Zhanjiang	578	793	1324	77
商丘	Shangqiu	810	1331	1966	51	茂名	Maoming	216	368	332	229
信阳	Xinyang	257	368	329	231	肇庆	Zhaoqing	299	627	675	136
周口	Zhoukou	216	526	550	152	惠州	Huizhou	1178	2372	2955	32
驻马店	Zhumadian	247	642	843	116	梅州	Meizhou	303	1016	1427	68
湖北	**Hubei**	**16544**	**16640**			汕尾	Shanwei	2445	293	585	145
武汉	Wuhan	7001	8301	8970	5	河源	Heyuan	220	231	277	249
黄石	Huangshi	879	1267	1271	81	阳江	Yangjiang	143	226	286	246
十堰	Shiyan	848	1305	1110	95	清远	Qingyuan	371	520	487	168
宜昌	Yichang	988	1163	921	106	东莞	Dongguan	1443	4904	5395	17
襄阳	Xiangyang	811	1363	1783	57	中山	Zhongshan	2125	2411	2484	39
鄂州	Ezhou	248	380	382	204	潮州	Chaozhou	175	192	372	212
荆门	Jingmen	429	557	557	150	揭阳	Jieyang	142	375	578	146
孝感	Xiaogan	484	484	484	172	云浮	Yunfu	85	145	121	278
荆州	Jingzhou	1103	904	880	112	**广西**	**Guangxi**	**6839**	**7995**		
黄冈	Huanggang	110	248	262	251	南宁	Nanning	2601	3103	3327	29
咸宁	Xianning	178	330	335	228	柳州	Liuzhou	1052	1300	1308	79
随州	Suizhou	486	338	338	224	桂林	Guilin	680	728	761	124
湖南	**Hunan**	**12344**	**16972**			梧州	Wuzhou	301	430	379	207
长沙	Changsha	3557	6102	7187	10	北海	Beihai	227	400	386	202
株洲	Zhuzhou	1473	1462	1174	88	防城港	Fangchenggang	168	301	301	242
湘潭	Xiangtan	1026	1026	1170	89	钦州	Qinzhou	300	303	307	240
衡阳	Hengyang	817	1345	1388	69	贵港	Guigang	221	207	197	265
邵阳	Shaoyang	337	417	384	203	玉林	Yulin	215	253	202	264
岳阳	Yueyang	946	1363	1324	77	百色	Baise	105	169	215	260

8-53 城市公共交通汽（电）车营运车辆数 续表 3

Number of Buses and Trolley Buses under Operation continued 3

单位：辆 （unit）

地名	City	2010	2015	2016	2016 排名 Ranking	地名	City	2010	2015	2016	2016 排名 Ranking
贺州	Hezhou	140	174	206	262	丽江	Lijiang	177	353	373	211
河池	Hechi	135	162	147	273	普洱	Puer	121	145	159	272
来宾	Laibin	187	374	487	168	临沧	Lincang	54	62	62	283
崇左	Chongzuo	36	91	85	282	**西藏**	**Tibet**	**940**	**486**		
海南	**Hainan**	**1964**	**2451**			拉萨	Lasa		486	522	158
海口	Haikou	1120	1702	1597	62	**陕西**	**Shaanxi**	**9953**	**10959**		
三亚	Sanya	441	749	734	127	西安	Xi'an	7107	7781	7829	7
三沙	Sansha					铜川	Tongchuan	198	321	320	235
重庆	**Chongqing**	**7660**	**8754**	**8753**		宝鸡	Baoji	623	962	1130	94
四川	**Sichuan**	**15288**	**39737**			咸阳	Xianyang	404	527	578	146
成都	Chengdu	6763	11294	10781	3	渭南	Weinan	305	350	360	215
自贡	Zigong	747	849	832	118	延安	Yan'an	222	437	437	183
攀枝花	Panzhihua	559	662	610	141	汉中	Hanzhong	164		331	230
泸州	Luzhou	738	1050	1185	86	榆林	Yulin	209	278	354	218
德阳	Deyang	288	346	374	210	安康	Ankang	102	200	185	266
绵阳	Mianyang	1010	1384	1342	74	商洛	Shangluo	62	103	103	280
广元	Guangyuan	241	383	388	201	**甘肃**	**Gansu**	**4382**	**5234**		
遂宁	Suining	229	255	263	250	兰州	Lanzhou	2149	2662	2800	35
内江	Neijiang	631	825	850	115	嘉峪关	Jiayuguan	92	138	138	274
乐山	Leshan	294	497	487	168	金昌	Jinchang	199	116	128	277
南充	Nanchong	550	707	727	129	白银	Baiyin	250	303	310	238
眉山	Meishan	157	19779	323	233	天水	Tianshui	291	468	517	160
宜宾	Yibin	466	682	790	121	武威	Wuwei	176	378	429	188
广安	Guangan	40	169	169	270	张掖	Zhangye	179	193	214	261
达州	Dazhou	145	222	222	259	平凉	Pingliang	246	224	224	258
雅安	Yaan	48	111	129	276	酒泉	Jiuquan	271	331	338	224
巴中	Bazhong	120	280	298	243	庆阳	Qingyang	350	236	251	253
资阳	Ziyang	176	242	324	232	定西	Dingxi	68	108	108	279
贵州	**Guizhou**	**4584**	**5413**			陇南	Longnan	25	77	432	184
贵阳	Guiyang	2124	3185	3265	30	**青海**	**Qinghai**	**2175**	**2826**		
六盘水	Liupanshui	391	444	532	156	西宁	Xining	1932	2726	2449	40
遵义	Zunyi	509	847	1100	96	海东	Haidong		100	236	256
安顺	Anshun	260	544	484	172	**宁夏**	**Ningxia**	**2382**	**3062**		
毕节	Bijie		240	246	254	银川	Yinchuan	1401	1949	1818	53
铜仁	Tongren		153	170	268	石嘴山	Shizuishan	195	284	317	236
云南	**Yunnan**	**7135**	**7284**			吴忠	Wuzhong	295	431	423	190
昆明	Kunming	5368	5645	6262	12	固原	Guyuan	139	156	404	194
曲靖	Qujing	629	561	460	176	中卫	Zhongwei	168	242	297	244
玉溪	Yuxi	126	209	486	171	**新疆**	**Xinjiang**	**7353**	**5217**		
保山	Baoshan	199	215	450	180	乌鲁木齐	Urumqi	3634	4684	4669	23
昭通	Zhaotong	141	194	464	175	克拉玛依	Karamay	299	533	519	159

8-54 城市出租汽车数
Number of Taxis

单位：辆 （unit）

地名	City	2010	2015	2016	2016 排名 Ranking
全国	**Nation Total**	**986190**	**929373**		
北京	**Beijing**	**66646**	**68284**	**68484**	
天津	**Tianjin**	**31940**	**31940**	**31940**	
河北	**Hebei**	**46016**	**55135**		
石家庄	Shijiazhuang	9646	7645	7749	25
唐山	Tangshan	4642	7353	7289	26
秦皇岛	Qinhuangdao	4306	3619	3815	55
邯郸	Handan	6949	7258	8044	21
邢台	Xingtai	3906	4677	4588	47
保定	Baoding	6205	6568	6652	28
张家口	Zhangjiakou	5033	5756	5654	37
承德	Chengde	5821	2540	2470	84
沧州	Cangzhou	7015	7811	7856	23
廊坊	Langfang	5960	556	8851	19
衡水	Hengshui	2146	1352	1445	151
山西	**Shanxi**	**28848**	**26676**		
太原	Taiyuan	8652	8719	8726	20
大同	Datong	4983	5038	4705	45
阳泉	Yangquan	1552	2236	1884	111
长治	Changzhi	1800	1801	1801	119
晋城	Jincheng	1453	1453	1453	149
朔州	Shuozhou	923	1273	1274	167
晋中	Jinzhong	902	1330	1330	164
运城	Yuncheng	1805	1801	1801	119
忻州	Xinzhou	713	713	713	229
临汾	Linfen	1862	1862	1862	113
吕梁	Lvliang	450	450	450	264
内蒙古	**Inner Mongolia**	**37131**	**29765**		
呼和浩特	Hohhot	5568	6568	6568	30
包头	Baotou	5890	6379	5877	34
乌海	Wuhai	951	1054	1111	179
赤峰	Chifeng	4041	3788	3231	62
通辽	Tongliao	2949	2589		
鄂尔多斯	Erdos	2194	3540	3590	57
呼伦贝尔	Hulunbuir	2121	2432	2432	86
巴彦淖尔	Bayannur	936	1238	1238	168
乌兰察布	Ulanqab	2800	2177	2177	94
辽宁	**Liaoning**	**79890**	**72534**		
沈阳	Shenyang	17200	17844	17844	3
大连	Dalian	10173	11243	11645	12
鞍山	Anshan	5375	5375	5375	40
抚顺	Fushun	4121	4977	4121	50
本溪	Benxi	3249	2744	2744	76
丹东	Dandong	3335	3354	1932	106
锦州	Jinzhou	4987	3904	4018	52
营口	Yingkou	4835	3091	3093	65
阜新	Fuxin	2558	2771	2771	74
辽阳	Liaoyang	3579	2611	2611	80
盘锦	Panjin	3238	3238	3281	61
铁岭	Tieling	2183	4163	2264	92
朝阳	Chaoyang	3338	1971	1969	104
葫芦岛	Huludao	2877	5248	3079	66
吉林	**Jilin**	**54933**	**31820**		
长春	Changchun	16967	15401	15401	6
吉林	Jilin	4998	5259	5259	42
四平	Siping	2763	3062	2797	73
辽源	Liaoyuan	1095	1201	1201	171
通化	Tonghua	1387	1503	1484	145
白山	Baishan	1682	1402	1402	155
松原	Songyuan	2177	2177	2177	94
白城	Baicheng	1763	1815	1815	117
黑龙江	**Heilongjiang**	**61129**	**50015**		
哈尔滨	Harbin	14366	16527	18193	2
齐齐哈尔	Qiqihar	3060	3400	1359	160
鸡西	Jixi	3135	2914	2914	70
鹤岗	Hegang	1773	2023	2492	83
双鸭山	Shuangyashan	1100	3578	1100	180
大庆	Daqing	2989	6352	6200	32
伊春	Yichun	3488	5233	5032	43
佳木斯	Jiamusi	6316	2559	2559	81
七台河	Qitaihe	1000	1000	1000	188
牡丹江	Mudanjiang	2619	2919	2919	69
黑河	Heihe	956	957	957	193
绥化	Suihua	2753	2553	2344	91
上海	**Shanghai**	**50007**	**49586**	**47271**	
江苏	**Jiangsu**	**46075**	**43630**		

8-54 城市出租汽车数 续表 1
Number of Taxis continued 1

单位：辆 （unit）

地名	City	2010	2015	2016	2016 排名 Ranking	地名	City	2010	2015	2016	2016 排名 Ranking
南京	Nanjing	10145	4239	14297	8	池州	Chizhou	598	1055	600	245
无锡	Wuxi	2641	4040	4040	51	宣城	Xuancheng	733	999	999	189
徐州	Xuzhou	3760	4319	4319	48	**福建**	**Fujian**	**16782**	**18681**		
常州	Changzhou	2542	3321	3321	59	福州	Fuzhou	5809	6452	6345	31
苏州	Suzhou	3604	5638	5638	38	厦门	Xiamen	4574	5667	5860	35
南通	Nantong	1277	1468	1468	147	莆田	Putian	808	1218	1296	165
连云港	Lianyungang	1611	1814	1814	118	三明	Sanming	339	404	404	270
淮安	Huaian	913	1373	1473	146	泉州	Quanzhou	2820	2048	280	282
盐城	Yancheng	1010	1450	1450	150	漳州	Zhangzhou	1300	1002	995	190
扬州	Yangzhou	1838	2461	2461	85	南平	Nanping	241	607	608	244
镇江	Zhenjiang	1253	1568	1616	137	龙岩	Longyan	381	614	614	243
泰州	Taizhou	739	1173	1175	174	宁德	Ningde	1166	669	776	220
宿迁	Suqian	770	766	767	223	**江西**	**Jiangxi**	**10854**	**12351**		
浙江	**Zhejiang**	**32532**	**28513**			南昌	Nanchang	4003	5453	5453	39
杭州	Hangzhou	9362	11963	12209	11	景德镇	Jingdezhen	595	788	762	224
宁波	Ningbo	3842	4627	4627	46	萍乡	Pingxiang	670	770	700	230
温州	Wenzhou	3709	4045	3986	54	九江	Jiujiang	1585	1517	1539	143
嘉兴	Jiaxing	873	1073	1073	183	新余	Xinyu	531	531	531	253
湖州	Huzhou	815	875	875	204	鹰潭	Yingtan	271	271	450	264
绍兴	Shaoxing	901	1746	1746	125	赣州	Ganzhou	692	1088	1876	112
金华	Jinhua	796	976	976	191	吉安	Jian	376	405	393	273
衢州	Quzhou	461	322	521	254	宜春	Yichun	404	504	518	256
舟山	Zhoushan	1053	851	827	211	抚州	Fuzhou	329	409	429	267
台州	Taizhou	1448	1626	1641	134	上饶	Shangrao	511	615	511	258
丽水	Lishui	409	409	409	269	**山东**	**Shandong**	**57687**	**52529**		
安徽	**Anhui**	**36681**	**37514**			济南	Jinan	8867	8955	8949	17
合肥	Hefei	8395	9402	9402	16	青岛	Qingdao	9539	10033	10048	14
芜湖	Wuhu	3504	3700	3700	56	淄博	Zibo	8079	6084	6084	33
蚌埠	Bengbu	2291	2600	2407	87	枣庄	Zaozhuang	804	834	833	210
淮南	Huainan	3292	3105	3109	64	东营	Dongying	3244	3405	3405	58
马鞍山	Maanshan	2298	3314	2348	90	烟台	Yantai	2209	2169	2169	96
淮北	Huaibei	1626	1634	1637	136	潍坊	Weifang	2166	4902	4902	44
铜陵	Tongling	1584	1584	1584	139	济宁	Jining	1360	1560	1561	141
安庆	Anqing	1119	1782	1782	122	泰安	Taian	1292	1292	1292	166
黄山	Huangshan	525	575	625	241	威海	Weihai	1526	1864	1895	110
滁州	Chuzhou	1257	1357	1357	162	日照	Rizhao	968	1068	968	192
阜阳	Fuyang	1805	1788	1788	121	莱芜	Laiwu	1600	1600	1600	138
宿州	Suzhou	1298	1618	1678	130	临沂	Linyi	2750	2750	2750	75
六安	Liuan	1850	1850	1850	116	德州	Dezhou	2405	2405	2405	88
亳州	Bozhou	1000	1151	1151	175	聊城	Liaocheng	1416	1242	1416	154

8-54 城市出租汽车数 续表 2

Number of Taxis continued 2

单位：辆 （unit）

地名	City	2010	2015	2016	2016 排名 Ranking
滨州	Binzhou	714	801	720	228
菏泽	Heze	1313	1565	1667	132
河南	**Henan**	**44525**	**39092**		
郑州	Zhengzhou	10607	10608	10908	13
开封	Kaifeng	3066	2636	2636	79
洛阳	Luoyang	4267	4268	4268	49
平顶山	Pingdingshan	2080	2479	2080	101
安阳	Anyang	1359	1359	1359	160
鹤壁	Hebi	674	673	673	235
新乡	Xinxiang	1338	1738	1738	127
焦作	Jiaozuo	1398	1398	1398	158
濮阳	Puyang	1745	1745	1745	126
许昌	Xuchang	1388	1396	1396	159
漯河	Luohe	1100	1100	1100	180
三门峡	Sanmenxia	482	600	798	217
南阳	Nanyang	1500	1860	1860	114
商丘	Shangqiu	2846	2851	2854	72
信阳	Xinyang	1903	1905	1905	107
周口	Zhoukou	928	928	928	195
驻马店	Zhumadian	1548	1548	1548	142
湖北	**Hubei**	**31325**	**29592**		
武汉	Wuhan	13997	16747	17376	5
黄石	Huangshi	922	1902	1902	109
十堰	Shiyan	700	910	820	212
宜昌	Yichang	1834	1857	1857	115
襄阳	Xiangyang	1700	2172	2951	68
鄂州	Ezhou	400	520	520	255
荆门	Jingmen	500	800	800	214
孝感	Xiaogan	779	900	900	198
荆州	Jingzhou	1588	1988	1988	103
黄冈	Huanggang	593	593	593	246
咸宁	Xianning	656	656	676	233
随州	Suizhou	760	547	547	252
湖南	**Hunan**	**44525**	**25482**		
长沙	Changsha	6280	7816	7816	24
株洲	Zhuzhou	2837	2796	2155	98
湘潭	Xiangtan	1721	1400	1400	156
衡阳	Hengyang	1471	1400	1400	156
邵阳	Shaoyang	780	1100	1100	180
岳阳	Yueyang	1651	2961	3023	67
常德	Changde	1126	1146	1146	176
张家界	Zhangjiajie	725	1091	1192	173
益阳	Yiyang	860	867	757	225
郴州	Chenzhou	1846	1647	1664	133
永州	Yongzhou	540	700	700	230
怀化	Huaihua	800	800	800	214
娄底	Loudi	1215	1758	950	194
广东	**Guangdong**	**59972**	**49811**		
广州	Guangzhou	18991	22022	22101	1
韶关	Shaoguan	740	1029	789	218
深圳	Shenzhen	14340		17842	4
珠海	Zhuhai	1852	3187	3187	63
汕头	Shantou	1232	1032	890	200
佛山	Foshan	3345	4140	4014	53
江门	Jiangmen	490	670	670	236
湛江	Zhanjiang	1234	1174	1193	172
茂名	Maoming	188	400	400	271
肇庆	Zhaoqing	883	836	868	207
惠州	Huizhou	1650	1970	2026	102
梅州	Meizhou	590	470	470	263
汕尾	Shanwei		360	360	275
河源	Heyuan	495	495	495	261
阳江	Yangjiang	529	427	415	268
清远	Qingyuan	370	483	348	276
东莞	Dongguan	7671	7761	6583	29
中山	Zhongshan	1487	1760	1760	123
潮州	Chaozhou	873	917	927	196
揭阳	Jieyang	712	553	554	251
云浮	Yunfu	243	125	112	283
广西	**Guangxi**	**13566**	**16781**		
南宁	Nanning	4795	6720	6850	27
柳州	Liuzhou	1751	2379	2182	93
桂林	Guilin	1930	1994	2143	99
梧州	Wuzhou	766	806	806	213
北海	Beihai	585	771	555	250
防城港	Fangchenggang	115	333	333	277
钦州	Qinzhou	500	623	650	238
贵港	Guigang	366	365	365	274
玉林	Yulin	599	699	699	232
百色	Baise	535	475	505	260

8-54 城市出租汽车数 续表 3
Number of Taxis continued 3

单位：辆 （unit）

地名	City	2010	2015	2016	2016 排名 Ranking
贺州	Hezhou	419	450	300	280
河池	Hechi	300	300	300	280
来宾	Laibin	365	714	726	227
崇左	Chongzuo	152	152	109	284
海南	**Hainan**	**3978**	**5110**		
海口	Haikou	2116	2760	2680	78
三亚	Sanya	1082	2350	2550	82
三沙	Sansha				
重庆	**Chongqing**	**14021**	**14834**	**23749**	
四川	**Sichuan**	**27022**	**34117**		
成都	Chengdu	13979	17676	15378	7
自贡	Zigong	1096	1294	1436	152
攀枝花	Panzhihua	1475	1417	1417	153
泸州	Luzhou	1503	1574	1574	140
德阳	Deyang	850	850	850	208
绵阳	Mianyang	1077	1775	1905	107
广元	Guangyuan	628	627	627	240
遂宁	Suining	454	783	783	219
内江	Neijiang	700	1250	1750	124
乐山	Leshan	817	880	880	203
南充	Nanchong	966	1207	1207	170
眉山	Meishan	418	418	518	256
宜宾	Yibin	982	1436	1457	148
广安	Guangan	359	479	479	262
达州	Dazhou	1013	1063	1063	184
雅安	Yaan	637	329	306	279
巴中	Bazhong	324	621	621	242
资阳	Ziyang	260	438	646	239
贵州	**Guizhou**	**9091**	**14676**		
贵阳	Guiyang	3271	7849	8904	18
六盘水	Liupanshui	1228	1337	1347	163
遵义	Zunyi	1137	2468	2861	71
安顺	Anshun	624	1585	888	202
毕节	Bijie		677	901	197
铜仁	Tongren		760	870	206
云南	**Yunnan**	**15164**	**12371**		
昆明	Kunming	6321	7651	8037	22
曲靖	Qujing	1595	1639	1639	135
玉溪	Yuxi	317	550	732	226
保山	Baoshan	450	450	1968	105
昭通	Zhaotong	580	581	581	248
丽江	Lijiang	776	776	776	220
普洱	Puer	249	324	399	272
临沧	Lincang	300	400	450	264
西藏	**Tibet**	**1357**	**1668**		
拉萨	Lasa		1668	1668	131
陕西	**Shaanxi**	**21288**	**25268**		
西安	Xi'an	12786	14459	12435	9
铜川	Tongchuan	990	1041	1041	187
宝鸡	Baoji	1764	3447	2380	89
咸阳	Xianyang	1305	2719	1719	128
渭南	Weinan	795	900	900	198
延安	Yan'an	700	850	850	208
汉中	Hanzhong	860		890	200
榆林	Yulin	997	1001	1121	178
安康	Ankang	531	532	577	249
商洛	Shangluo	319	319	319	278
甘肃	**Gansu**	**19309**	**18091**		
兰州	Lanzhou	6738	7446	9583	15
嘉峪关	Jiayuguan	612	767	768	222
金昌	Jinchang	510	510	510	259
白银	Baiyin	3125	2068	2097	100
天水	Tianshui	1380	999	1681	129
武威	Wuwei	3120	1145	2157	97
张掖	Zhangye	1266	1225	1225	169
平凉	Pingliang	544	873	873	205
酒泉	Jiuquan	810	800	800	214
庆阳	Qingyang	1300	1079	1055	185
定西	Dingxi	505	504	583	247
陇南	Longnan	570	675	675	234
青海	**Qinghai**	**7119**	**6740**		
西宁	Xining	5516	8402	5666	36
海东	Haidong		338	669	237
宁夏	**Ningxia**	**12978**	**12901**		
银川	Yinchuan	5006	5364	5364	41
石嘴山	Shizuishan	2269	2699	2699	77
吴忠	Wuzhong	1046	1042	1042	186
固原	Guyuan	2750	2585	3300	60
中卫	Zhongwei	1118	1211	1138	177
新疆	**Xinjiang**	**24546**	**13866**		
乌鲁木齐	Urumqi	7950	12338	12338	10
克拉玛依	Karamay	1526	1528	1528	144

8-55 每万人拥有公共交通车辆
Number of Public Transportation Vehicles per 10 000 Population

单位：辆 （unit）

地名	City	2010	2015	2016	2016 排名 Ranking	地名	City	2010	2015	2016	2016 排名 Ranking
全国	**Nation Average**	**11.20**	**10.66**			沈阳	Shenyang	9.73	10.16	9.38	85
北京	**Beijing**	**14.24**	**17.31**	**10.44**		大连	Dalian	15.43	17.40	14.25	34
天津	**Tianjin**	**12.05**	**11.31**	**12.16**		鞍山	Anshan	10.27	11.93	11.66	60
河北	**Hebei**	**9.53**	**12.95**			抚顺	Fushun	8.49	8.41	8.46	104
石家庄	Shijiazhuang	18.29	10.73	11.98	57	本溪	Benxi	7.74	7.73	8.48	103
唐山	Tangshan	6.61	9.07	9.65	82	丹东	Dandong	9.20	11.94	12.30	54
秦皇岛	Qinhuangdao	11.99	5.80	8.70	97	锦州	Jinzhou	6.33	6.49	6.38	156
邯郸	Handan	18.28	21.03	12.52	52	营口	Yingkou	7.30	9.51	9.38	85
邢台	Xingtai	31.59	24.78	29.41	2	阜新	Fuxin	4.58	5.27	6.01	173
保定	Baoding	18.92	11.75	13.78	38	辽阳	Liaoyang	7.16	6.77	6.78	147
张家口	Zhangjiakou	13.79	21.01	4.39	214	盘锦	Panjin	6.87	7.61	7.32	134
承德	Chengde	11.02	12.12	13.59	40	铁岭	Tieling	8.97	15.33	8.40	106
沧州	Cangzhou	22.07	33.33	39.49	1	朝阳	Chaoyang	3.49	4.73	4.32	217
廊坊	Langfang	6.11	6.54	18.55	14	葫芦岛	Huludao	4.09	10.98	7.23	139
衡水	Hengshui	20.10	9.93	8.83	93	**吉林**	**Jilin**	**9.75**	**9.03**		
山西	**Shanxi**	**6.83**	**7.56**			长春	Changchun	12.22	11.13	10.15	76
太原	Taiyuan	7.76	10.07	8.22	109	吉林	Jilin	5.18	7.15	7.45	132
大同	Datong	5.20	6.26	6.35	157	四平	Siping	4.50	5.77	5.84	179
阳泉	Yangquan	8.85	11.24	13.43	43	辽源	Liaoyuan	7.31	8.47	8.07	113
长治	Changzhi	5.97	9.95	6.08	167	通化	Tonghua	6.61	9.04	9.80	80
晋城	Jincheng	8.81	12.16	1.97	267	白山	Baishan	5.55	5.95	6.33	158
朔州	Shuozhou	2.87	2.76	3.86	233	松原	Songyuan	8.71	9.60	8.33	107
晋中	Jinzhong	6.62	6.37	6.28	162	白城	Baicheng	4.47	4.71	4.75	212
运城	Yuncheng	4.84	5.37	5.82	181	**黑龙江**	**Heilongjiang**	**10.00**	**9.52**		
忻州	Xinzhou	2.10	2.07	3.03	247	哈尔滨	Harbin	10.96	12.62	13.44	42
临汾	Linfen	3.74	5.25	5.58	185	齐齐哈尔	Qiqihar	6.19	9.08	7.22	140
吕梁	Lvliang	9.61	4.14	5.14	196	鸡西	Jixi	8.03	8.58	8.60	99
内蒙古	**Inner Mongolia**	**6.89**	**9.64**			鹤岗	Hegang	6.18	6.20	8.09	112
呼和浩特	Hohhot	15.78	14.48	16.17	23	双鸭山	Shuangyashan	6.49	17.39	7.27	136
包头	Baotou	9.42	8.91	6.66	151	大庆	Daqing	19.60	10.35	15.96	25
乌海	Wuhai	7.60	8.95	7.78	121	伊春	Yichun	2.94	5.01	4.58	213
赤峰	Chifeng	3.90	4.95	4.14	222	佳木斯	Jiamusi	4.46	5.89	6.32	159
通辽	Tongliao	3.39	6.64	0.00	281	七台河	Qitaihe	6.55	6.31	6.06	169
鄂尔多斯	Erdos	12.80	18.16	11.15	64	牡丹江	Mudanjiang	8.75	8.58	8.79	94
呼伦贝尔	Hulunbuir	10.24	12.62	15.31	27	黑河	Heihe	4.95	4.75	4.37	215
巴彦淖尔	Bayannur	1.97	2.33	2.61	255	绥化	Suihua	3.06	1.76	3.79	234
乌兰察布	Ulanqab	3.84	22.09	23.09	7	**上海**	**Shanghai**	**8.82**	**12.02**	**6.90**	
辽宁	**Liaoning**	**9.35**	**10.61**			**江苏**	**Jiangsu**	**10.91**	**8.91**		

8-55 每万人拥有公共交通车辆 续表 1

Number of Public Transportation Vehicles per 10 000 Population continued 1

单位：辆 （unit）

地名	City	2010	2015	2016	2016 排名 Ranking
南京	Nanjing	11.27	12.85	13.89	36
无锡	Wuxi	13.14	12.24	11.95	58
徐州	Xuzhou	6.87	7.03	7.46	130
常州	Changzhou	11.06	9.81	9.80	80
苏州	Suzhou	13.21	14.67	15.24	28
南通	Nantong	3.41	7.81	8.49	102
连云港	Lianyungang	6.13	4.91	5.04	201
淮安	Huaian	3.02	2.96	3.74	235
盐城	Yancheng	2.67	4.28	4.81	209
扬州	Yangzhou	11.05	7.51	7.76	122
镇江	Zhenjiang	9.97	13.07	13.24	46
泰州	Taizhou	5.79	5.55	5.39	192
宿迁	Suqian	3.14	5.56		
浙江	**Zhejiang**	**11.87**	**12.45**		
杭州	Hangzhou	16.89	16.05	16.56	21
宁波	Ningbo	15.47	20.36	17.98	15
温州	Wenzhou	13.98	14.15	14.49	32
嘉兴	Jiaxing	12.01	12.88	12.67	48
湖州	Huzhou	6.14	6.94	7.95	115
绍兴	Shaoxing	11.64	9.04	9.57	83
金华	Jinhua	9.85	4.94	8.99	92
衢州	Quzhou	7.90	6.82	4.26	219
舟山	Zhoushan	8.91	9.43	10.35	75
台州	Taizhou	3.13	5.13	6.21	164
丽水	Lishui	4.91	9.04	10.65	70
安徽	**Anhui**	**7.73**	**6.61**		
合肥	Hefei	12.19	18.66	18.92	13
芜湖	Wuhu	12.79	9.56	9.38	85
蚌埠	Bengbu	8.36	10.45	10.02	77
淮南	Huainan	4.58	3.92	4.86	205
马鞍山	Maanshan	7.17	9.11	7.83	119
淮北	Huaibei	9.41	4.22	4.04	227
铜陵	Tongling	6.71	10.96	8.03	114
安庆	Anqing	4.36	6.31	6.79	146
黄山	Huangshan	5.67	4.19	3.56	240
滁州	Chuzhou	4.81	9.55	9.37	88
阜阳	Fuyang	2.91	3.35	2.84	249
宿州	Suzhou	1.30	1.76	2.01	266
六安	Liuan	1.76	1.61	1.51	275
亳州	Bozhou	0.43	1.88	2.29	260
池州	Chizhou	2.40	8.34	6.45	154
宣城	Xuancheng	2.02	2.82	3.73	236
福建	**Fujian**	**10.32**	**12.07**		
福州	Fuzhou	18.91	21.21	21.60	9
厦门	Xiamen	18.66	22.22	21.85	8
莆田	Putian	1.29	3.99	4.77	210
三明	Sanming	9.96	12.64	13.81	37
泉州	Quanzhou	15.99	11.62	5.48	189
漳州	Zhangzhou	8.50	8.69	9.21	91
南平	Nanping	3.90	4.97	4.85	207
龙岩	Longyan	4.84	2.92	3.93	231
宁德	Ningde	7.11	5.11	5.49	188
江西	**Jiangxi**	**7.61**	**6.05**		
南昌	Nanchang	11.75	11.00	11.30	63
景德镇	Jingdezhen	9.48	11.19	6.01	173
萍乡	Pingxiang	3.78	4.58	3.41	243
九江	Jiujiang	8.05	8.27	7.90	117
新余	Xinyu	4.42	4.78	4.97	203
鹰潭	Yingtan	6.35	6.07	12.08	56
赣州	Ganzhou	6.97	4.50	6.08	167
吉安	Jian	4.44	4.56	6.73	149
宜春	Yichun	2.50	2.94	3.12	246
抚州	Fuzhou	2.27	2.71	2.75	253
上饶	Shangrao	5.74	2.09	2.40	256
山东	**Shandong**	**10.18**	**9.57**		
济南	Jinan	12.18	14.49	11.57	62
青岛	Qingdao	16.93	18.10	19.05	12
淄博	Zibo	7.26	7.06	8.45	105
枣庄	Zaozhuang	4.08	6.20	8.26	108
东营	Dongying	7.26	11.82	10.61	71
烟台	Yantai	9.73	10.84	11.81	59
潍坊	Weifang	6.09	5.73	5.51	187
济宁	Jining	9.04	6.87	7.87	118
泰安	Taian	4.21	10.14	10.53	72
威海	Weihai	14.19	10.40	12.27	55
日照	Rizhao	3.57	4.68	4.03	228
莱芜	Laiwu	3.55	8.56	11.14	65
临沂	Linyi	8.05	6.35	8.11	110
德州	Dezhou	11.42	4.25	3.97	230
聊城	Liaocheng	4.02	10.09	10.68	69

8-55 每万人拥有公共交通车辆 续表 2

Number of Public Transportation Vehicles per 10 000 Population continued 2

单位：辆　　(unit)

地名	City	2010	2015	2016	2016 排名 Ranking	地名	City	2010	2015	2016	2016 排名 Ranking
滨州	Binzhou	6.02	10.38	13.26	44	常德	Changde	3.80	5.51	6.02	170
菏泽	Heze	2.49	4.74	5.10	198	张家界	Zhangjiajie	3.92	7.13	7.03	144
河南	**Henan**	**7.58**	**11.08**			益阳	Yiyang	2.85	5.66	6.52	152
郑州	Zhengzhou	9.39	18.10	12.54	51	郴州	Chenzhou	8.80	23.47	23.78	6
开封	Kaifeng	6.40	55.56	7.10	142	永州	Yongzhou	3.87	5.28	5.47	190
洛阳	Luoyang	7.71	10.92	8.73	96	怀化	Huaihua	9.87	9.21	5.44	191
平顶山	Pingdingshan	5.79	7.20	6.30	161	娄底	Loudi	6.03	11.57	3.60	239
安阳	Anyang	6.83	5.90	6.02	170	**广东**	**Guangdong**	**9.53**	**16.14**		
鹤壁	Hebi	5.39	5.55	6.45	154	广州	Guangzhou	17.31	16.31	16.17	23
新乡	Xinxiang	10.16	10.28	10.73	67	韶关	Shaoguan	4.53	4.95	9.36	89
焦作	Jiaozuo	7.72	7.07	7.73	123	深圳	Shenzhen	103.11	89.34	27.98	3
濮阳	Puyang	5.38	6.45	7.43	133	珠海	Zhuhai	13.15	16.78	17.30	18
许昌	Xuchang	12.48	20.71	7.11	141	汕头	Shantou	2.05	2.19	2.81	250
漯河	Luohe	5.52	7.75	7.06	143	佛山	Foshan	9.94	17.14	17.23	19
三门峡	Sanmenxia	8.29	8.94	6.87	145	江门	Jiangmen	5.73	7.24	7.73	123
南阳	Nanyang	2.44	2.93	3.29	245	湛江	Zhanjiang	3.77	4.87	7.29	135
商丘	Shangqiu	4.58	7.32	12.64	49	茂名	Maoming	1.63	1.27	1.17	278
信阳	Xinyang	1.74	2.40	2.12	263	肇庆	Zhaoqing	5.57	4.66	4.86	205
周口	Zhoukou	4.03	8.77	9.81	79	惠州	Huizhou	8.80	16.31	19.64	11
驻马店	Zhumadian	3.66	7.61	9.85	78	梅州	Meizhou	9.50	10.50	14.75	30
湖北	**Hubei**	**9.47**	**10.50**			汕尾	Shanwei	44.94	5.61	11.62	61
武汉	Wuhan	13.45	16.09	10.76	66	河源	Heyuan	7.06	7.36	8.70	97
黄石	Huangshi	12.31	14.97	14.94	29	阳江	Yangjiang	2.09	1.88	2.35	258
十堰	Shiyan	15.75	11.07	9.36	89	清远	Qingyuan	5.66	3.78	3.35	244
宜昌	Yichang	7.94	9.07	7.27	136	东莞	Dongguan	7.94	25.15	26.85	4
襄阳	Xiangyang	3.61	6.07	8.50	101	中山	Zhongshan	14.24	15.19	15.40	26
鄂州	Ezhou	2.29	3.45	3.44	241	潮州	Chaozhou	4.99	1.16	2.39	257
荆门	Jingmen	6.26	9.31	7.56	127	揭阳	Jieyang	2.03	1.79	2.76	251
孝感	Xiaogan	5.06	4.97	5.05	199	云浮	Yunfu	2.81	4.35	0.37	280
荆州	Jingzhou	9.78	9.23	8.10	111	**广西**	**Guangxi**	**8.07**	**5.23**		
黄冈	Huanggang	3.00	7.12	6.74	148	南宁	Nanning	9.61	10.68	7.53	129
咸宁	Xianning	2.98	5.37	5.35	194	柳州	Liuzhou	10.02	10.88	10.71	68
随州	Suizhou	7.44	6.43	1.96	268	桂林	Guilin	8.98	5.68	5.86	178
湖南	**Hunan**	**10.01**	**12.20**			梧州	Wuzhou	5.88	5.47	4.77	210
长沙	Changsha	14.71	19.16	20.45	10	北海	Beihai	3.68	6.17	5.84	179
株洲	Zhuzhou	18.25	15.16	9.44	84	防城港	Fangchenggang	3.11	5.30	4.98	202
湘潭	Xiangtan	11.86	11.78	13.26	44	钦州	Qinzhou	2.17	2.05	2.08	264
衡阳	Hengyang	8.28	13.40	14.53	31	贵港	Guigang	1.16	1.04	0.99	279
邵阳	Shaoyang	4.87	5.95	5.33	195	玉林	Yulin	2.12	2.32	1.83	270
岳阳	Yueyang	8.63	12.53	12.85	47	百色	Baise	2.98	4.71	5.96	177

8-55 每万人拥有公共交通车辆 续表 3

Number of Public Transportation Vehicles per 10 000 Population continued 3

单位：辆 （unit）

地名	City	2010	2015	2016	2016 排名 Ranking
贺州	Hezhou	1.24	1.47	1.72	274
河池	Hechi	4.01	4.75	3.43	242
来宾	Laibin	1.74	3.35	4.33	216
崇左	Chongzuo	0.99	2.47	2.27	261
海南	**Hainan**	**8.61**	**11.01**		
海口	Haikou	6.98	10.33	7.46	130
三亚	Sanya	7.74	12.96	12.61	50
三沙	Sansha				
重庆	**Chongqing**	**7.23**	**4.11**	**3.53**	
四川	**Sichuan**	**9.65**	**14.24**		
成都	Chengdu	12.64	16.18	13.94	35
自贡	Zigong	5.00	5.64	5.53	186
攀枝花	Panzhihua	8.10	9.77	8.60	99
泸州	Luzhou	5.03	7.00	7.55	128
德阳	Deyang	4.35	5.00	5.36	193
绵阳	Mianyang	8.27	10.80	7.68	125
广元	Guangyuan	2.61	4.11	4.14	222
遂宁	Suining	1.52	1.68	1.75	273
内江	Neijiang	4.46	5.83	6.01	173
乐山	Leshan	2.55	4.28	4.17	221
南充	Nanchong	2.84	3.64	3.72	237
眉山	Meishan	1.84	225.50	2.65	254
宜宾	Yibin	5.76	5.37	5.61	184
广安	Guangan	0.32	1.33	1.49	276
达州	Dazhou	3.40	1.23	1.21	277
雅安	Yaan	1.37	1.78	2.08	264
巴中	Bazhong	0.87	2.06	2.19	262
资阳	Ziyang	1.62	2.19	2.93	248
贵州	**Guizhou**	**8.46**	**7.58**		
贵阳	Guiyang	9.57	13.49	13.66	39
六盘水	Liupanshui	7.88	9.52	10.46	73
遵义	Zunyi	5.92	9.28	4.97	203
安顺	Anshun	3.00	4.15	4.08	226
毕节	Bijie		1.48		
铜仁	Tongren		3.23		
云南	**Yunnan**	**9.74**	**11.24**		
昆明	Kunming	20.63	20.21	14.32	33
曲靖	Qujing	9.02	6.30	4.01	229
玉溪	Yuxi	2.54	4.77	6.18	165
保山	Baoshan	2.21	2.33	4.83	208
昭通	Zhaotong	1.69	2.18	5.11	197
丽江	Lijiang	11.62	22.98	24.03	5
普洱	Puer	4.07	6.38	5.05	199
临沧	Lincang	1.67	1.94	1.85	269
西藏	**Tibet**	**20.91**	**23.26**		
拉萨	Lasa		23.26	5.70	183
陕西	**Shaanxi**	**12.64**	**8.14**		
西安	Xi'an	12.63	12.52	12.44	53
铜川	Tongchuan	2.61	4.32	4.31	218
宝鸡	Baoji	4.36	6.76	7.95	115
咸阳	Xianyang	4.48	5.71	6.18	165
渭南	Weinan	3.12	3.62	2.76	251
延安	Yan'an	4.85	9.25	6.47	153
汉中	Hanzhong	2.97		5.80	182
榆林	Yulin	4.01	4.88	3.67	238
安康	Ankang	1.01	1.98	1.83	270
商洛	Shangluo	1.13	1.84	1.82	272
甘肃	**Gansu**	**8.10**	**6.44**		
兰州	Lanzhou	10.22	13.00	13.58	41
嘉峪关	Jiayuguan	4.22	6.81	6.72	150
金昌	Jinchang	9.75	5.59	6.02	170
白银	Baiyin	5.00	6.13	6.00	176
天水	Tianshui	2.24	3.58	4.09	224
武威	Wuwei	1.72	3.66	4.09	224
张掖	Zhangye	3.44	3.80	4.22	220
平凉	Pingliang	4.83	4.37	3.93	231
酒泉	Jiuquan	6.71	7.98	7.80	120
庆阳	Qingyang	9.77	6.18	6.31	160
定西	Dingxi	1.46	2.34	2.31	259
陇南	Longnan	0.43	1.37	7.63	126
青海	**Qinghai**	**18.30**	**20.86**		
西宁	Xining	19.06	28.96	17.88	16
海东	Haidong		2.42		
宁夏	**Ningxia**	**10.63**	**10.99**		
银川	Yinchuan	14.77	17.90	16.43	22
石嘴山	Shizuishan	4.28	6.53	6.25	163
吴忠	Wuzhong	7.81	10.74	10.42	74
固原	Guyuan	3.11	3.42	8.78	95
中卫	Zhongwei	4.24	5.97	7.26	138
新疆	**Xinjiang**	**11.66**	**17.96**		
乌鲁木齐	Urumqi	15.56	17.98	17.81	17
克拉玛依	Karamay	7.97	17.78	17.11	20

9

能源和环境

Energy and Environment

9-1 全社会用电量

Annual Electricity Consumption

单位：万千瓦时 （10 000 kwh）

地名	City	2010	2015	2016	2016 排名 Ranking
城市合计	**Prefecture Cities**	**218346196**	**265770450**		
北京	**Beijing**	**7909810**	**9527169**	**10202704**	
天津	**Tianjin**	**6753678**	**8006009**	**8079297**	
河北	**Hebei**	**10465004**	**13920622**		
石家庄	Shijiazhuang	1316611	2257985		
唐山	Tangshan	4659232	4970925	3168787	14
秦皇岛	Qinhuangdao	467975	934292	965399	72
邯郸	Handan	545290	1588564	1895877	34
邢台	Xingtai	525945	502759	734129	96
保定	Baoding	542218	860936	936836	73
张家口	Zhangjiakou	690420	674483	853021	79
承德	Chengde	512789	437876	439883	150
沧州	Cangzhou	519383	768523	822319	85
廊坊	Langfang	361999	484631	539854	133
衡水	Hengshui	323142	439648	537678	134
山西	**Shanxi**	**4957728**	**5476499**		
太原	Taiyuan	2019443	2263614	2348433	25
大同	Datong	619656	759032	806073	87
阳泉	Yangquan	505641	489988	588904	122
长治	Changzhi	400864	315461	296578	188
晋城	Jincheng	163873	171874	174470	226
朔州	Shuozhou	338164	628978	604079	119
晋中	Jinzhong	200141			
运城	Yuncheng	362119	360009	362807	174
忻州	Xinzhou	79388	125080	122093	242
临汾	Linfen	220486	284278	274214	190
吕梁	Lvliang	47953	78185	84650	254
内蒙古	**Inner Mongolia**	**6469140**	**7971676**		
呼和浩特	Hohhot	1269961	666875	698443	103
包头	Baotou	1909655	3987210	4075317	10
乌海	Wuhai	1180348	1581939	1687490	41
赤峰	Chifeng	454097	567008	593780	121
通辽	Tongliao	597011	543552	674582	108
鄂尔多斯	Erdos	758437	201013	236100	201
呼伦贝尔	Hulunbuir	86271	173799	180871	219
巴彦淖尔	Bayannur	111021	159438	116387	246
乌兰察布	Ulanqab	102339	90842	155416	232
辽宁	**Liaoning**	**11960548**	**11859009**		
沈阳	Shenyang	2033395	2573527	2714322	17
大连	Dalian	1996630	2556320	2663863	19
鞍山	Anshan	1581463	1600251	2113452	30
抚顺	Fushun	1059277	1118977	910164	77
本溪	Benxi	1256254	1162230	1132474	63
丹东	Dandong	251454			
锦州	Jinzhou	505023	473059	424777	154
营口	Yingkou	889976	1448246	1633248	42
阜新	Fuxin	337270	389899	390101	165
辽阳	Lia oyang	768598		851194	80
盘锦	Panjin	482800	536500	678400	107
铁岭	Tieling	96087			
朝阳	Chaoyang	154170			
葫芦岛	Huludao	548151			
吉林	**Jilin**	**3504055**	**3358652**		
长春	Changchun	1286042	1421374	1551000	44
吉林	Jilin	1002543	979313	928324	75
四平	Siping	383308	196921	78188	255
辽源	Liaoyuan	159424			
通化	Tonghua	216349	198210		
白山	Baishan	213038	206191	197500	212
松原	Songyuan	195231	356643	329123	182
白城	Baicheng	48120			
黑龙江	**Heilongjiang**	**5180326**	**5617725**		
哈尔滨	Harbin	1323300	1862722	1745478	39
齐齐哈尔	Qiqihar	450000	406786	388102	167
鸡西	Jixi	305225			
鹤岗	Hegang	231981	252668	367366	171
双鸭山	Shuangyashan	193455	471166	471166	142
大庆	Daqing	1656487	1944520	2019245	32
伊春	Yichun	173203			
佳木斯	Jiamusi	127000	185670		
七台河	Qitaihe	275329	238757	223168	206
牡丹江	Mudanjiang	324664			
黑河	Heihe	59182	187601	165007	229
绥化	Suihua	60500	67835	67962	256
上海	**Shanghai**	**12958700**	**14055500**	**14860200**	
江苏	**Jiangsu**	**17088969**	**26668022**		

注：本章全国数和各省数为城市合计数。

Note: Data of national and provinces are prefecture cities in this chapter.

9-1 全社会用电量 续表 1

Annual Electricity Consumption continued 1

单位：万千瓦时 （10 000 kwh）

地名	City	2010	2015	2016	2016 排名 Ranking	地名	City	2010	2015	2016	2016 排名 Ranking
南京	Nanjing	3547502	4951753	5247900	7	池州	Chizhou	164993	168719	174832	224
无锡	Wuxi	2507785	2796971	3014954	15	宣城	Xuancheng	110715	207933	232194	203
徐州	Xuzhou	1499408	2026364	2040774	31	**福建**	**Fujian**	**5007755**	**7454512**		
常州	Changzhou	2151749	3399272	3571823	13	福州	Fuzhou	937800	1552008	1712776	40
苏州	Suzhou	2692950	5679415	6069996	5	厦门	Xiamen	1550100	2112934	2324214	26
南通	Nantong	1097437	1429832	1515006	47	莆田	Putian	436831	744580	693375	105
连云港	Lianyungang	331797	658870	636831	114	三明	Sanming	328905	413694	417934	157
淮安	Huaian	696662	970705	1182224	58	泉州	Quanzhou	703472	979710	965619	71
盐城	Yancheng	366404	993589	1070232	65	漳州	Zhangzhou	278378	525200	599985	120
扬州	Yangzhou	609643	1134269	1327317	53	南平	Nanping	342977	392724	465481	144
镇江	Zhenjiang	848956	1102841	1165606	61	龙岩	Longyan	348570	539439	546316	131
泰州	Taizhou	399557	800883	841311	82	宁德	Ningde	80722	194223	254644	195
宿迁	Suqian	339119	723258	783592	92	**江西**	**Jiangxi**	**3187234**	**4303781**		
浙江	**Zhejiang**	**11546484**	**17455944**			南昌	Nanchang	1008000	1321467	1473811	50
杭州	Hangzhou	3926426	5595438	5839636	6	景德镇	Jingdezhen	184497	174366	180311	220
宁波	Ningbo	2537433	3451618	4165873	9	萍乡	Pingxiang	380075	417179	420085	155
温州	Wenzhou	1159208	1246010	1402420	51	九江	Jiujiang	408977	422600	466600	143
嘉兴	Jiaxing	738037	1057122	1173723	59	新余	Xinyu	638327	776043	846479	81
湖州	Huzhou	596188	829917	922584	76	鹰潭	Yingtan	57414	73344	85271	253
绍兴	Shaoxing	485155	2531170	2514027	21	赣州	Ganzhou	160840	404601	415922	159
金华	Jinhua	355567	521467	575175	125	吉安	Jian	70390	160831	175619	223
衢州	Quzhou	530607	735490	803183	88	宜春	Yichun	111002	194016	215744	209
舟山	Zhoushan	315390	348853	363629	173	抚州	Fuzhou	109509	155784	179945	221
台州	Taizhou	761636	954079	1058562	67	上饶	Shangrao	58203	203550	239795	199
丽水	Lishui	140837	184780	203990	211	**山东**	**Shandong**	**16401475**	**21092740**		
安徽	**Anhui**	**5641784**	**7955869**			济南	Jinan	1894606	1870105	2483158	22
合肥	Hefei	856458	1406197	1555875	43	青岛	Qingdao	1877516	2270034	2425795	23
芜湖	Wuhu	527315	966118	1073204	64	淄博	Zibo	2570255	2412079	2376578	24
蚌埠	Bengbu	285422	432109	461482	146	枣庄	Zaozhuang	536445	615879	641201	113
淮南	Huainan	477568	532541	550468	130	东营	Dongying	1019390	1663123	1950732	33
马鞍山	Maanshan	972025	1252880	1304915	54	烟台	Yantai	972597	1373205	1486611	49
淮北	Huaibei	308658	340303	355974	175	潍坊	Weifang	1058761	1362674	2691464	18
铜陵	Tongling	459581	684374	713203	98	济宁	Jining	781427	1050540	1001065	69
安庆	Anqing	324125	372226	386865	168	泰安	Taian	366252	419444	531504	135
黄山	Huangshan	94035	136321	152961	234	威海	Weihai	435765	681556	712161	100
滁州	Chuzhou	162978	232407	241020	198	日照	Rizhao	968785	1310932	1344182	52
阜阳	Fuyang	248624	437028	476255	141	莱芜	Laiwu	978714	996445	1068970	66
宿州	Suzhou	206120	341540	352494	177	临沂	Linyi	1207960	1486876	1830310	35
六安	Liuan	178203	274086	267031	192	德州	Dezhou	393775	751575	701048	102
亳州	Bozhou	81634	171087	171087	228	聊城	Liaocheng	426778	483462	506688	138

9-1 全社会用电量 续表 2
Annual Electricity Consumption continued 2

单位：万千瓦时 （10 000 kwh）

地名	City	2010	2015	2016	2016 排名 Ranking
滨州	Binzhou	568684	1639540	1746705	38
菏泽	Heze	343765	705271	792519	90
河南	**Henan**	**13519063**	**11174675**		
郑州	Zhengzhou	2887213	3816596	3739035	11
开封	Kaifeng	358825		586780	123
洛阳	Luoyang	2809681	1600727	1749908	37
平顶山	Pingdingshan	708696			
安阳	Anyang	1291473	1577446	1515098	46
鹤壁	Hebi	268496	363961	350649	178
新乡	Xinxiang	584882	571097	276800	189
焦作	Jiaozuo	1315224			
濮阳	Puyang	371330	475249	579914	124
许昌	Xuchang	219253	278267	369363	170
漯河	Luohe	249138	339775	366820	172
三门峡	Sanmenxia	281167	173843	447457	149
南阳	Nanyang	634776	636926	621022	115
商丘	Shangqiu	869297	757226	829161	84
信阳	Xinyang	298002		483649	139
周口	Zhoukou	121518	144663	134414	239
驻马店	Zhumadian	250092	438899	395539	164
湖北	**Hubei**	**6927194**	**8473007**		
武汉	Wuhan	3117800	3928378	4171334	8
黄石	Huangshi	638721	654525	696687	104
十堰	Shiyan	375120	407089	462575	145
宜昌	Yichang	779215	768439	712669	99
襄阳	Xiangyang	409771	615733	672794	109
鄂州	Ezhou	553894	626478	671496	111
荆门	Jingmen	227911	473439	509599	137
孝感	Xiaogan	104723	186654	224938	205
荆州	Jingzhou	279168	405404	449751	148
黄冈	Huanggang	62525	123618	107950	250
咸宁	Xianning	234284	151683	159265	230
随州	Suizhou	144062	131567	145025	235
湖南	**Hunan**	**4999429**	**6589034**		
长沙	Changsha	943789	1501794	1759889	36
株洲	Zhuzhou	648163	802654	671605	110
湘潭	Xiangtan	754268	787192	879897	78
衡阳	Hengyang	536875	617643	780963	93
邵阳	Shaoyang	114019	164853	182919	218
岳阳	Yueyang	549906	711974	731003	97

地名	City	2010	2015	2016	2016 排名 Ranking
常德	Changde	193930	304728	337445	181
张家界	Zhangjiajie	73793	104980	121144	243
益阳	Yiyang	171642	214634	228772	204
郴州	Chenzhou	340016	383100	409917	161
永州	Yongzhou	190885	212806	195929	213
怀化	Huaihua	213547	189300	189723	216
娄底	Loudi	268596	593376	662228	112
广东	**Guangdong**	**31477111**	**36428264**		
广州	Guangzhou	5629954	7793233	8235701	2
韶关	Shaoguan	459495	582226	552500	129
深圳	Shenzhen	6635406	8155442	8420909	1
珠海	Zhuhai	1022561	1453705	1529000	45
汕头	Shantou	1235327	1769414	618384	116
佛山	Foshan	4630795		6208167	4
江门	Jiangmen	871199	1208195	1267596	56
湛江	Zhanjiang	400813		968421	70
茂名	Maoming	398718	671829	690614	106
肇庆	Zhaoqing	331382		935893	74
惠州	Huizhou	1173823	1861589	2129195	29
梅州	Meizhou	121340	287630	388782	166
汕尾	Shanwei		142600	129026	240
河源	Heyuan	210168	224645	234074	202
阳江	Yangjiang	179209	626460	753351	95
清远	Qingyuan	454816	1067802	1045170	68
东莞	Dongguan	5619998	6668438	7020063	3
中山	Zhongshan	1870513	2455075	2593290	20
潮州	Chaozhou	140303	638534		
揭阳	Jieyang		767716	798480	89
云浮	Yunfu	91291	53731		
广西	**Guangxi**	**4456268**	**5804358**		
南宁	Nanning	854042	1167542	1488748	48
柳州	Liuzhou	724039	832719	1290795	55
桂林	Guilin	237250	289399	415300	160
梧州	Wuzhou	202829	261215	297665	187
北海	Beihai	132079	383394	481786	140
防城港	Fangchenggang	147347	403075	541459	132
钦州	Qinzhou	141570	370296	570929	127
贵港	Guigang	343170	424338	428038	153
玉林	Yulin	213848	227119	250761	196
百色	Baise	414830	298277	319324	184

9-1 全社会用电量 续表 3

Annual Electricity Consumption continued 3

单位：万千瓦时 （10 000 kwh）

地名	City	2010	2015	2016	2016 排名 Ranking	地名	City	2010	2015	2016	2016 排名 Ranking
贺州	Hezhou	279703	480782	607576	118	丽江	Lijiang	45994	52392	53736	257
河池	Hechi	139620	22515	23829	262	普洱	Puer	51865	80145	86393	252
来宾	Laibin	572247	547943	560705	128	临沧	Lincang	30139	45715	40236	260
崇左	Chongzuo	53694	95744	42677	259	**西藏**	**Tibet**				
海南	**Hainan**	**555888**	**977679**			拉萨	Lasa				
海口	Haikou	391263	650243	703442	101	**陕西**	**Shaanxi**	**3134042**	**4263243**		
三亚	Sanya	164625	327436	355113	176	西安	Xi'an	1628535	2434927	2731240	16
三沙	Sansha					铜川	Tongchuan	580857	271006	374932	169
重庆	**Chongqing**	**4680337**	**7590866**	**8260454**		宝鸡	Baoji	314362	410478	429552	152
四川	**Sichuan**	**6854005**	**8429568**			咸阳	Xianyang	151402	155040	155031	233
成都	Chengdu	2181060	2951764	3605032	12	渭南	Weinan		96722	103541	251
自贡	Zigong	275748	208588	217721	208	延安	Yan'an	109211	183719	179314	222
攀枝花	Panzhihua	955421	856304	829322	83	汉中	Hanzhong	89406	90620	138171	238
泸州	Luzhou	263020	402039	449788	147	榆林	Yulin	119017	402184	402799	162
德阳	Deyang	269843	264797	268081	191	安康	Ankang	112652	179373	195357	214
绵阳	Mianyang	288581	489624	614292	117	商洛	Shangluo	28600	39174	155474	231
广元	Guangyuan	314615	385477	415978	158	**甘肃**	**Gansu**	**3573429**	**3178511**		
遂宁	Suining	102545	189834	189059	217	兰州	Lanzhou	1473092	1315450	1195118	57
内江	Neijiang	96161	155037	171322	227	嘉峪关	Jiayuguan	593739	254000	2201141	27
乐山	Leshan	770842	765632	787098	91	金昌	Jinchang				
南充	Nanchong	206736	249609	342552	180	白银	Baiyin	761582	735853	573392	126
眉山	Meishan	224784	188956	254876	194	天水	Tianshui	213493			
宜宾	Yibin	402537	328918	324006	183	武威	Wuwei	126764	125402	140046	237
广安	Guangan	112970	167190	211235	210	张掖	Zhangye	205890	274825	308225	185
达州	Dazhou	204240	409963	348622	179	平凉	Pingliang	80450	117544	115196	247
雅安	Yaan	59498	245397	219988	207	酒泉	Jiuquan	75610	116700	116712	245
巴中	Bazhong	34695	70855	120323	244	庆阳	Qingyang	23000	171967	192600	215
资阳	Ziyang	90709	99584	109460	248	定西	Dingxi	10055	24800	24752	261
贵州	**Guizhou**	**2349165**	**1334960**			陇南	Longnan	9754	41970	47725	258
贵阳	Guiyang	1470703				**青海**	**Qinghai**	**640184**	**1425438**		
六盘水	Liupanshui	255416		244264	197	西宁	Xining	640184	1067170	769658	94
遵义	Zunyi	358504	437513	820631	86	海东	Haidong		358268	398640	163
安顺	Anshun	264542	430770	431595	151	**宁夏**	**Ningxia**	**1889815**	**2256405**		
毕节	Bijie		183573	174486	225	银川	Yinchuan	422831			
铜仁	Tongren		283104	263264	193	石嘴山	Shizuishan	1131000	1176297	1166052	60
云南	**Yunnan**	**2701456**	**1013422**			吴忠	Wuzhong	210230	186073	307303	186
昆明	Kunming	919188				固原	Guyuan	38287	95729	108500	249
曲靖	Qujing	1112400	249759	239783	200	中卫	Zhongwei	87467	798306	1148007	62
玉溪	Yuxi	364793	339855	419745	156	**新疆**	**Xinjiang**	**1556120**	**2107291**		
保山	Baoshan	60468	109792	125920	241	乌鲁木齐	Urumqi	1134410	1615085	2148571	28
昭通	Zhaotong	116609	135764	144826	236	克拉玛依	Karamay	421710	492206	524582	136

9-2 工业用电量
Electricity Consumption for Industry

单位：万千瓦时 （10 000 kwh）

地名	City	2010	2015	2016	2016 排名 Ranking
城市合计	**Prefecture Cities**	**151670192**	**173668743**		
北京	**Beijing**	**3014775**	**3030638**	**3129675**	
天津	**Tianjin**	**4922699**	**5522952**	**5423398**	
河北	**Hebei**	**8550597**	**10530485**		
石家庄	Shijiazhuang	852086	1347414		
唐山	Tangshan	4331561	4507711	2583934	11
秦皇岛	Qinhuangdao	350174	587009	603527	80
邯郸	Handan	419820	1324833	1475732	29
邢台	Xingtai	419107	352351	573374	86
保定	Baoding	326178	507748	539375	94
张家口	Zhangjiakou	545516	463729	581680	85
承德	Chengde	458271	339179	334950	133
沧州	Cangzhou	357235	509854	535347	96
廊坊	Langfang	247687	288899	306640	145
衡水	Hengshui	242962	301758	347260	131
山西	**Shanxi**	**3717136**	**3748767**		
太原	Taiyuan	1504023	1502621	1513096	27
大同	Datong	459594	510008	550828	91
阳泉	Yangquan	425749	383319	478019	110
长治	Changzhi	328940	217486	197235	180
晋城	Jincheng	127458	121943	121596	205
朔州	Shuozhou	269705	531307	517436	101
晋中	Jinzhong	132913			
运城	Yuncheng	247431	209106	197266	179
忻州	Xinzhou	46370	76509	56916	242
临汾	Linfen	145313	170289	142774	195
吕梁	Lvliang	29640	26179	28181	250
内蒙古	**Inner Mongolia**	**4958388**	**6558488**		
呼和浩特	Hohhot	436439	296833	301098	147
包头	Baotou	1776599	3598478	3681467	6
乌海	Wuhai	1129662	1510889	1617130	23
赤峰	Chifeng	272046	358933	368085	123
通辽	Tongliao	523765	422482	536660	95
鄂尔多斯	Erdos	648604	106317	122267	204
呼伦贝尔	Hulunbuir	52418	112532	108781	212
巴彦淖尔	Bayannur	72925	96818	59687	238
乌兰察布	Ulanqab	45930	55206	105463	214
辽宁	**Liaoning**	**8490140**	**8472957**		
沈阳	Shenyang	1059822	1241167	1280400	37
大连	Dalian	1337558	1677576	1734750	21
鞍山	Anshan	1369432	1376108	1880214	18
抚顺	Fushun	946539	848888	750416	61
本溪	Benxi	1161231	1048092	1009323	45
丹东	Dandong	172789			
锦州	Jinzhou	413660	342061	286416	156
营口	Yingkou	742377	1229937	1391132	31
阜新	Fuxin	269335	266798	262697	163
辽阳	Liaoyang	534445		742062	63
盘锦	Panjin	285697	442330	527200	99
铁岭	Tieling	45332			
朝阳	Chaoyang	101220			
葫芦岛	Huludao	50703			
吉林	**Jilin**	**2591187**	**2212342**		
长春	Changchun	752246	733616	808100	56
吉林	Jilin	885121	797786	735253	64
四平	Siping	312755	108055	20935	255
辽源	Liaoyuan	123811			
通化	Tonghua	188781	148861		
白山	Baishan	161697	155608		
松原	Songyuan	143517	268416	144700	194
白城	Baicheng	23259		236606	172
黑龙江	**Heilongjiang**	**3942660**	**3863174**		
哈尔滨	Harbin	721800	852681	758564	60
齐齐哈尔	Qiqihar	340000	242541	212040	176
鸡西	Jixi	248463			
鹤岗	Hegang	171210	188379	256789	167
双鸭山	Shuangyashan	179278	351035	351035	128
大庆	Daqing	1550070	1789402	1866603	19
伊春	Yichun	131004			
佳木斯	Jiamusi	71100	89694		
七台河	Qitaihe	210970	178257	158161	188
牡丹江	Mudanjiang	255635			
黑河	Heihe	46630	152753	109979	211
绥化	Suihua	16500	18432	18466	256
上海	**Shanghai**	**7866100**	**7870200**	**7981800**	
江苏	**Jiangsu**	**12397483**	**19134079**		

9-2 工业用电量 续表 1

Electricity Consumption for Industry continued 1

单位：万千瓦时 （10 000 kwh）

地名	City	2010	2015	2016	2016 排名 Ranking	地名	City	2010	2015	2016	2016 排名 Ranking
南京	Nanjing	2296124	3005429	3108100	8	池州	Chizhou	126560	102701	152724	189
无锡	Wuxi	1899827	1981961	2089667	14	宣城	Xuancheng	57343	128315	85837	220
徐州	Xuzhou	1195500	1554067	1506007	28	**福建**	**Fujian**	**2894854**	**4130982**		
常州	Changzhou	1681577	2680826	2744188	10	福州	Fuzhou	328400	522896	545492	93
苏州	Suzhou	1905634	4328525	4547831	3	厦门	Xiamen	898400	1144947	1202859	38
南通	Nantong	838683	1026505	1062479	44	莆田	Putian	256467	436358	358168	126
连云港	Lianyungang	191819	450259	413027	115	三明	Sanming	278242	330567	330508	137
淮安	Huaian	516414	683777	806431	58	泉州	Quanzhou	439090	623223	619479	77
盐城	Yancheng	227718	684717	705584	67	漳州	Zhangzhou	148700	312084	363985	124
扬州	Yangzhou	407707	747645	881160	51	南平	Nanping	277010	303799	330641	136
镇江	Zhenjiang	689165	861712	892167	50	龙岩	Longyan	242760	359891	349329	129
泰州	Taizhou	290497	569914	568519	88	宁德	Ningde	25785	97217	141625	196
宿迁	Suqian	256818	558742	590701	83	**江西**	**Jiangxi**	**2127099**	**2696596**		
浙江	**Zhejiang**	**8171357**	**11902317**			南昌	Nanchang	526480	664865	723259	65
杭州	Hangzhou	2583460	3452332	3370405	7	景德镇	Jingdezhen	153042	127121	124358	203
宁波	Ningbo	1938747	2394546	3068195	9	萍乡	Pingxiang	316468	321194	308591	144
温州	Wenzhou	753824	725358	822428	55	九江	Jiujiang	262010	308500	333400	134
嘉兴	Jiaxing	587923	820919	897341	49	新余	Xinyu	589491	693497	745516	62
湖州	Huzhou	440622	592623	647036	73	鹰潭	Yingtan	23748	25453	29611	249
绍兴	Shaoxing	357015	2074648	2002498	16	赣州	Ganzhou	86416	210925	189814	181
金华	Jinhua	222253	308270	327841	139	吉安	Jian	35592	93396	97817	219
衢州	Quzhou	460348	617113	663982	72	宜春	Yichun	57009	90779	99546	218
舟山	Zhoushan	198658	181161	174393	185	抚州	Fuzhou	60230	70116	79550	224
台州	Taizhou	545261	635014	692503	68	上饶	Shangrao	16613	90750	104365	215
丽水	Lishui	83246	100333	108648	213	**山东**	**Shandong**	**12761282**	**15586833**		
安徽	**Anhui**	**3990657**	**5274184**			济南	Jinan	1174780	938307	1356274	32
合肥	Hefei	369124	624346	645139	74	青岛	Qingdao	1204458	1248507	1299452	35
芜湖	Wuhu	388879	735189	808088	57	淄博	Zibo	2272515	1993512	1931347	17
蚌埠	Bengbu	182646	276873	285508	157	枣庄	Zaozhuang	419488	412663	412002	117
淮南	Huainan	371191	377158	370434	122	东营	Dongying	933985	1536771	1773752	20
马鞍山	Maanshan	893765	1142403	1179832	39	烟台	Yantai	718507	996256	1087478	43
淮北	Huaibei	259018	248421	253327	168	潍坊	Weifang	806727	990807	829015	54
铜陵	Tongling	413556	594152	606977	79	济宁	Jining	647455	790510	710259	66
安庆	Anqing	257552	277016	274946	160	泰安	Taian	229680	227718	290098	153
黄山	Huangshan	41119	54465	59428	239	威海	Weihai	302300	457558	473078	111
滁州	Chuzhou	109518	136874	146615	193	日照	Rizhao	835614	1090757	1103787	42
阜阳	Fuyang	165371	201556	271632	161	莱芜	Laiwu	904515	888938	955560	47
宿州	Suzhou	127959	190578	176102	184	临沂	Linyi	964392	1091105	1322141	34
六安	Liuan	66602	129620	112621	208	德州	Dezhou	294275	554168	486498	108
亳州	Bozhou	26748	54517	57406	240	聊城	Liaocheng	318508	329204	328524	138

9-2 工业用电量 续表 2

Electricity Consumption for Industry continued 2

单位：万千瓦时 （10 000 kwh）

地名	City	2010	2015	2016	2016 排名 Ranking
滨州	Binzhou	494363	1516508	1613001	24
菏泽	Heze	239720	523544	549227	92
河南	**Henan**	**11081584**	**7995235**		
郑州	Zhengzhou	2043505	2468384	2290381	12
开封	Kaifeng	249374		377993	121
洛阳	Luoyang	2555346	1600727	1407659	30
平顶山	Pingdingshan	607329			
安阳	Anyang	1159916	1577446	1298019	36
鹤壁	Hebi	222285	363961	267425	162
新乡	Xinxiang	435479	571097	276800	159
焦作	Jiaozuo	1252349			
濮阳	Puyang	302574	475249	406753	118
许昌	Xuchang	155987	278267	212474	175
漯河	Luohe	170967	339775	202526	178
三门峡	Sanmenxia	258708	173843	315465	142
南阳	Nanyang	479639	636926	318779	140
商丘	Shangqiu	751384	757226	600734	81
信阳	Xinyang	172129		292407	152
周口	Zhoukou	80191	144663	69900	233
驻马店	Zhumadian	184422	438899	259654	166
湖北	**Hubei**	**4843711**	**8473007**		
武汉	Wuhan	1913385	3928378	2143890	13
黄石	Huangshi	532690	654525	560021	89
十堰	Shiyan	285275	407089	336058	132
宜昌	Yichang	643885	768439	530610	97
襄阳	Xiangyang	280956	615733	402998	119
鄂州	Ezhou	485340	626478	556338	90
荆门	Jingmen	188233	473439	412117	116
孝感	Xiaogan	40662	186654	121358	206
荆州	Jingzhou	196956	405404	289133	155
黄冈	Huanggang	30568	123618	45430	246
咸宁	Xianning	171151	151683	71840	230
随州	Suizhou	74610	131567	71762	231
湖南	**Hunan**	**2921387**	**6589034**		
长沙	Changsha	223612	1501794	527313	98
株洲	Zhuzhou	474020	802654	502717	104
湘潭	Xiangtan	524731	787192	613450	78
衡阳	Hengyang	386342	617643	502296	105
邵阳	Shaoyang	53114	164853	85573	221
岳阳	Yueyang	431862	711974	501978	106
常德	Changde	108220	304728	152148	190
张家界	Zhangjiajie	22700	104980	27836	251
益阳	Yiyang	107980	214634	133303	199
郴州	Chenzhou	128526	383100	297775	148
永州	Yongzhou	117044	98881	69970	232
怀化	Huaihua	93424	43700	27050	252
娄底	Loudi	249812	462791	521669	100
广东	**Guangdong**	**20838729**	**22779462**		
广州	Guangzhou	3054991	3937448	4164565	5
韶关	Shaoguan	329949	403117	356600	127
深圳	Shenzhen	3974097	4771034	4833667	2
珠海	Zhuhai	650805	882783	905091	48
汕头	Shantou	802743	1139207	316488	141
佛山	Foshan	3515947		4339791	4
江门	Jiangmen	595250	836381	870515	52
湛江	Zhanjiang	225598		670361	71
茂名	Maoming	320929	470067	462823	112
肇庆	Zhaoqing	218920		672249	70
惠州	Huizhou	783682	1321171	1517942	26
梅州	Meizhou	66200	152625	234371	173
汕尾	Shanwei		48251	76557	225
河源	Heyuan	149558	113596	113387	207
阳江	Yangjiang	56118	452202	568739	87
清远	Qingyuan	360047	783486	762136	59
东莞	Dongguan	4355690	4833053	5060048	1
中山	Zhongshan	1289415	1611559	1678005	22
潮州	Chaozhou	28030	411915		
揭阳	Jieyang		581780	589868	84
云浮	Yunfu	60760	29787		
广西	**Guangxi**	**3122590**	**3504454**		
南宁	Nanning	392257	355221	509382	103
柳州	Liuzhou	541225	550530	968400	46
桂林	Guilin	100635	91729	136500	197
梧州	Wuzhou	150261	180395	211352	177
北海	Beihai	43609	228716	308650	143
防城港	Fangchenggang	102938	309589	436886	114
钦州	Qinzhou	78640	210167	295327	150
贵港	Guigang	275579	295465	277397	158
玉林	Yulin	139610	101104	110151	210
百色	Baise	379046	235374	250363	169

9-2 工业用电量 续表 3
Electricity Consumption for Industry continued 3

单位：万千瓦时 （10 000 kwh）

地名	City	2010	2015	2016	2016 排名 Ranking
贺州	Hezhou	237294	398215	514289	102
河池	Hechi	109080	13406	10610	259
来宾	Laibin	532059	475596	482852	109
崇左	Chongzuo	40357	58947	15751	257
海南	**Hainan**	**120560**	**209218**		
海口	Haikou	99222	160917	168506	186
三亚	Sanya	21338	48301	49560	243
三沙	Sansha				
重庆	**Chongqing**	**3222492**	**4940621**	**4955086**	
四川	**Sichuan**	**4620537**	**4734858**		
成都	Chengdu	1024362	996308	1329292	33
自贡	Zigong	206437	108891	102417	217
攀枝花	Panzhihua	883763	758440	591484	82
泸州	Luzhou	196309	264677	289627	154
德阳	Deyang	195635	161756	151812	191
绵阳	Mianyang	122853	270013	331985	135
广元	Guangyuan	239110	284763	295416	149
遂宁	Suining	48909	81691	75689	227
内江	Neijiang	32860	64238	61743	236
乐山	Leshan	676119	590343	634677	75
南充	Nanchong	111330	138932	188111	182
眉山	Meishan	170072	102138	131564	201
宜宾	Yibin	355682	193891	178672	183
广安	Guangan	97967	132699	132699	200
达州	Dazhou	159467	340754	240676	171
雅安	Yaan	34828	182043	149001	192
巴中	Bazhong	10600	16924	30332	248
资阳	Ziyang	54234	46357	46455	245
贵州	**Guizhou**	**1658642**	**804658**		
贵阳	Guiyang	1046488			
六盘水	Liupanshui	178609		161373	187
遵义	Zunyi	236815	208505	633098	76
安顺	Anshun	196730	297683	294655	151
毕节	Bijie		80840	73211	228
铜仁	Tongren		217630	212606	174
云南	**Yunnan**	**1286934**	**675703**		
昆明	Kunming	584556			
曲靖	Qujing	239308	172798	135791	198
玉溪	Yuxi	316647	309000	378890	120
保山	Baoshan	36119	64215	83551	223
昭通	Zhaotong	51669	56566	59963	237

地名	City	2010	2015	2016	2016 排名 Ranking
丽江	Lijiang	10781	6596	3826	262
普洱	Puer	29054	42782	47367	244
临沧	Lincang	18800	23746	14682	258
西藏	**Tibet**				
拉萨	Lasa				
陕西	**Shaanxi**	**1665684**	**1783270**		
西安	Xi'an	684755	777750	848047	53
铜川	Tongchuan	542014	205758	306340	146
宝鸡	Baoji	199081	252604	261630	165
咸阳	Xianyang	55866	77986	75757	226
渭南	Weinan		24131	24851	254
延安	Yan'an	57521	128504	84032	222
汉中	Hanzhong	44478	15201	43923	247
榆林	Yulin	24792	267564	262502	164
安康	Ankang	44777	28628	26875	253
商洛	Shangluo	12400	5144	103343	216
甘肃	**Gansu**	**2705184**	**2050372**		
兰州	Lanzhou	1094818	854660	684072	69
嘉峪关	Jiayuguan	536200	247000	2059481	15
金昌	Jinchang				
白银	Baiyin	722682	522537	361307	125
天水	Tianshui	71885			
武威	Wuwei	98117	49080	56943	241
张掖	Zhangye	74661	92188	110421	209
平凉	Pingliang	50326	72277	63580	234
酒泉	Jiuquan	40458	72200	72108	229
庆阳	Qingyang	12422	127180	127180	202
定西	Dingxi	1600	2800	5615	261
陇南	Longnan	2015	10450	10337	260
青海	**Qinghai**	**463297**	**1134429**		
西宁	Xining	463297	810018	496507	107
海东	Haidong		324411	347885	130
宁夏	**Ningxia**	**1528125**	**1955351**		
银川	Yinchuan	243696			
石嘴山	Shizuishan	1097000	1024108	1105786	41
吴忠	Wuzhong	176492	153507	249638	170
固原	Guyuan	10483	49285	62900	235
中卫	Zhongwei	454	728451	1118198	40
新疆	**Xinjiang**	**1194322**	**1498276**		
乌鲁木齐	Urumqi	813356	1072985	1568211	25
克拉玛依	Karamay	380966	425291	451584	113

9-3　城乡居民生活用电量

Household Electricity Consumption for Urban and Rural Residential

单位：万千瓦时　　　　（10 000 kwh）

地名	City	2010	2015	2016	2016 排名 Ranking
城市合计	**Prefecture Cities**	**26605611**	**35432016**		
北京	**Beijing**	**1357608**	**1747586**	**1954313**	
天津	**Tianjin**	**674061**	**872934**	**928218**	
河北	**Hebei**	**653582**	**957550**		
石家庄	Shijiazhuang	160102	279503		
唐山	Tangshan	71259	103020	201425	39
秦皇岛	Qinhuangdao	56242	113888	102075	83
邯郸	Handan	65463	98047	171301	46
邢台	Xingtai	44733	48274	50625	175
保定	Baoding	84365	77010	82028	107
张家口	Zhangjiakou	35338	56022	79552	114
承德	Chengde	25506	34728	36620	209
沧州	Cangzhou	40436	32562	76568	118
廊坊	Langfang	41547	74474	83392	102
衡水	Hengshui	28591	40022	61083	146
山西	**Shanxi**	**464572**	**655771**		
太原	Taiyuan	192006	293119	313423	25
大同	Datong	63991	104702	104702	80
阳泉	Yangquan	22000	34417	35570	210
长治	Changzhi	31077	45634	46258	187
晋城	Jincheng	11992	17063	17962	244
朔州	Shuozhou	11786	19245	30554	223
晋中	Jinzhong	27500			
运城	Yuncheng	38926	71814	73290	120
忻州	Xinzhou	12924	14721	27365	231
临汾	Linfen	38178	55056	59922	151
吕梁	Lvliang	14192			
内蒙古	**Inner Mongolia**	**401289**	**597108**		
呼和浩特	Hohhot	95054	12092	135206	59
包头	Baotou	129545	240630	250101	32
乌海	Wuhai	19946	29566	30254	225
赤峰	Chifeng	42935	60285	66170	137
通辽	Tongliao	31096	42018	57164	155
鄂尔多斯	Erdos	31428	28738	60163	150
呼伦贝尔	Hulunbuir	12171	28072	29180	228
巴彦淖尔	Bayannur	11814	29561	29374	227
乌兰察布	Ulanqab	27300	17316	26221	233
辽宁	**Liaoning**	**1098409**	**1211590**		
沈阳	Shenyang	384908	469105	509718	15
大连	Dalian	234977	307432	329763	24
鞍山	Anshan	75303	93728	97888	92
抚顺	Fushun	58103	77364	80706	111
本溪	Benxi	45329	53267	56440	158
丹东	Dandong	36615			
锦州	Jinzhou	30059	54785	56800	157
营口	Yingkou	55733	68231	70873	128
阜新	Fuxin	33819	52668	55432	162
辽阳	Liaoyang	33331		49418	180
盘锦	Panjin	32821	35010	54400	165
铁岭	Tieling	24832			
朝阳	Chaoyang	23191			
葫芦岛	Huludao	29388			
吉林	**Jilin**	**448369**	**402209**		
长春	Changchun	230581	210833	227000	34
吉林	Jilin	84081	78102	82390	105
四平	Siping	24554	23457	25018	235
辽源	Liaoyuan	23889			
通化	Tonghua	22433	30842		
白山	Baishan	29604	27851		
松原	Songyuan	19751	31124	28653	230
白城	Baicheng	13476		33087	217
黑龙江	**Heilongjiang**	**635467**	**791649**		
哈尔滨	Harbin	222400	407410	373952	21
齐齐哈尔	Qiqihar	82000	68028	73211	121
鸡西	Jixi	30625			
鹤岗	Hegang	43249	37059	53758	167
双鸭山	Shuangyashan	12156	60277	60277	149
大庆	Daqing	57902	77539	66079	138
伊春	Yichun	42199			
佳木斯	Jiamusi	35600	43694		
七台河	Qitaihe	36301	30622	22809	237
牡丹江	Mudanjiang	20609			
黑河	Heihe	8426	17617	17400	248
绥化	Suihua	44000	49403	49496	179
上海	**Shanghai**	**1689500**	**1854900**	**2177200**	
江苏	**Jiangsu**	**2024311**	**2941398**		

9-3 城乡居民生活用电量 续表 1

Household Electricity Consumption for Urban and Rural Residential continued 1

单位：万千瓦时 （10 000 kwh）

地名	City	2010	2015	2016	2016 排名 Ranking	地名	City	2010	2015	2016	2016 排名 Ranking
南京	Nanjing	498679	653471	764493	8	池州	Chizhou	21751	12050	14018	255
无锡	Wuxi	253527	299077	353449	23	宣城	Xuancheng	23221	79618	37525	206
徐州	Xuzhou	141959	205909	232025	33	**福建**	**Fujian**	**1055245**	**1648616**		
常州	Changzhou	209858	296591	361179	22	福州	Fuzhou	304700	481105	543415	12
苏州	Suzhou	306963	500268	581018	11	厦门	Xiamen	305720	453778	512072	14
南通	Nantong	127471	175631	197307	41	莆田	Putian	107201	184748	199964	40
连云港	Lianyungang	60701	82880	88928	97	三明	Sanming	22558	29291	32247	219
淮安	Huaian	99924	143722	299757	27	泉州	Quanzhou	133423	186491	184071	44
盐城	Yancheng	70189	135184	162878	48	漳州	Zhangzhou	60595	106059	118082	67
扬州	Yangzhou	90253	177890	209855	38	南平	Nanping	39163	61072	64197	139
镇江	Zhenjiang	75045	90455	108238	78	龙岩	Longyan	57237	98729	108594	77
泰州	Taizhou	47193	105863	128325	62	宁德	Ningde	24648	47343	52233	170
宿迁	Suqian	42549	74457	89169	96	**江西**	**Jiangxi**	**448655**	**708492**		
浙江	**Zhejiang**	**1422193**	**2121885**			南昌	Nanchang	150960	247592	278880	31
杭州	Hangzhou	507378	782675	930289	4	景德镇	Jingdezhen	31098	36972	43266	192
宁波	Ningbo	241472	316098	425765	18	萍乡	Pingxiang	34462	50385	59168	152
温州	Wenzhou	208993	255942	283681	30	九江	Jiujiang	70200	49961	57888	153
嘉兴	Jiaxing	58899	83976	100936	88	新余	Xinyu	35768	39616	45665	188
湖州	Huzhou	71259	95636	115727	69	鹰潭	Yingtan	11214	16672	19833	241
绍兴	Shaoxing	51870	186185	220141	35	赣州	Ganzhou	32521	96923	114936	70
金华	Jinhua	60160	93718	110857	75	吉安	Jian	14435	25485	50605	176
衢州	Quzhou	33417	51385	62204	144	宜春	Yichun	24740	45748	50965	173
舟山	Zhoushan	46569	62681	72345	125	抚州	Fuzhou	25900	43285	51728	172
台州	Taizhou	118844	158994	184652	43	上饶	Shangrao	17357	55853	66603	136
丽水	Lishui	23332	34595	39934	199	**山东**	**Shandong**	**1569941**	**2329067**		
安徽	**Anhui**	**831259**	**1083059**			济南	Jinan	299230	364210	453801	17
合肥	Hefei	217548	249159	304591	26	青岛	Qingdao	272321	419330	456122	16
芜湖	Wuhu	63711	87355	106996	79	淄博	Zibo	148353	201260	218229	37
蚌埠	Bengbu	48319	56462	68291	133	枣庄	Zaozhuang	94642	96981	114307	71
淮南	Huainan	65349	84137	101556	85	东营	Dongying	35192	44615	63240	143
马鞍山	Maanshan	36349	39811	48270	183	烟台	Yantai	105294	152356	174471	45
淮北	Huaibei	27914	45473	53969	166	潍坊	Weifang	85039	140620	146526	53
铜陵	Tongling	22066	37599	44792	189	济宁	Jining	52745	107096	125543	65
安庆	Anqing	52671	39287	48786	181	泰安	Taian	57868	85981	101895	84
黄山	Huangshan	19121	29960	34787	213	威海	Weihai	56670	92021	98248	91
滁州	Chuzhou	21848	30883	37485	207	日照	Rizhao	48845	83474	92264	94
阜阳	Fuyang	48076	84609	101051	87	莱芜	Laiwu	35229	52519	55866	159
宿州	Suzhou	42888	73021	81222	109	临沂	Linyi	123951	208581	297485	28
六安	Liuan	56625	69776	81692	108	德州	Dezhou	36269	64761	71429	127
亳州	Bozhou	35170	63859	63859	142	聊城	Liaocheng	44024	71182	77655	117

9-3 城乡居民生活用电量 续表 2

Household Electricity Consumption for Urban and Rural Residential continued 2

单位：万千瓦时 （10 000 kwh）

地名	City	2010	2015	2016	2016 排名 Ranking	地名	City	2010	2015	2016	2016 排名 Ranking
滨州	Binzhou	31263	60197	63873	141	常德	Changde	55300	80139	103022	81
菏泽	Heze	43006	83883	120959	66	张家界	Zhangjiajie	16595	33452	39426	200
河南	**Henan**	**1046712**	**1441066**			益阳	Yiyang	34480	58786	67089	135
郑州	Zhengzhou	315780	503104	515543	13	郴州	Chenzhou	56680	38500	41772	195
开封	Kaifeng	57665		98493	89	永州	Yongzhou	49100	68766	77705	116
洛阳	Luoyang	72949	127776	143069	54	怀化	Huaihua	25477	55200	55800	160
平顶山	Pingdingshan	51892				娄底	Loudi	15469	50490	57074	156
安阳	Anyang	71815	95252	109849	76	**广东**	**Guangdong**	**4332726**	**5581589**		
鹤壁	Hebi	18646	28095	30656	222	广州	Guangzhou	1083087	1613512	1702550	1
新乡	Xinxiang	70908	81899			韶关	Shaoguan	55542	71538	79700	113
焦作	Jiaozuo	42158				深圳	Shenzhen	826906	1248873	1328074	2
濮阳	Puyang	32362	44757	91917	95	珠海	Zhuhai	136194	202253	219983	36
许昌	Xuchang	34068	47204	85357	101	汕头	Shantou	288603	388056	155609	51
漯河	Luohe	42714	58954	81135	110	佛山	Foshan	466701		778187	7
三门峡	Sanmenxia	17918	24037	31676	220	江门	Jiangmen	69348	147087	158837	49
南阳	Nanyang	60995	257389	155840	50	湛江	Zhanjiang	106028		137943	57
商丘	Shangqiu	59296	99986	112441	73	茂名	Maoming	36603	105766	117606	68
信阳	Xinyang	51956		72361	124	肇庆	Zhaoqing	37689		98397	90
周口	Zhoukou	19238	28801	27065	232	惠州	Huizhou	139134	252564	295786	29
驻马店	Zhumadian	26352	43812	53619	168	梅州	Meizhou	35330	72787	83078	103
湖北	**Hubei**	**993077**	**1013983**			汕尾	Shanwei			34827	212
武汉	Wuhan	535799	542896	737714	9	河源	Heyuan	32084	52826	57527	154
黄石	Huangshi	40922	53438	69433	131	阳江	Yangjiang	31657	71817	79919	112
十堰	Shiyan	38670	63043	72532	123	清远	Qingyuan	40970	120337	110946	74
宜昌	Yichang	69493		72996	122	东莞	Dongguan	582056	845497	905927	5
襄阳	Xiangyang	74928	112652	127469	64	中山	Zhongshan	265870	378158	419083	19
鄂州	Ezhou	36387	54063	60834	147	潮州	Chaozhou	81862			
荆门	Jingmen	20556	39894	44653	190	揭阳	Jieyang				
孝感	Xiaogan	37060	56643	64179	140	云浮	Yunfu	17062	10518		
荆州	Jingzhou	54610				**广西**	**Guangxi**	**630258**	**1044003**		
黄冈	Huanggang	15340	26167	30353	224	南宁	Nanning	191656	328045	405036	20
咸宁	Xianning	32527	32257	29042	229	柳州	Liuzhou	90497	132645	152748	52
随州	Suizhou	36785	32930	37943	204	桂林	Guilin	70495	92620	138000	56
湖南	**Hunan**	**879530**	**1301296**			梧州	Wuzhou	26708	33919	36850	208
长沙	Changsha	344333	506081	610681	10	北海	Beihai	39466	71913	82617	104
株洲	Zhuzhou	69678	114325	131825	60	防城港	Fangchenggang	24480	36317	41469	197
湘潭	Xiangtan	59897	73021	87235	98	钦州	Qinzhou	16572	57968	47177	185
衡阳	Hengyang	62294	88760	127667	63	贵港	Guigang	41997	75844	85963	99
邵阳	Shaoyang	36190	44685	52551	169	玉林	Yulin	38762	67389	74379	119
岳阳	Yueyang	54037	89091	102974	82	百色	Baise	21376	35210	38051	202

9-3 城乡居民生活用电量 续表 3
Household Electricity Consumption for Urban and Rural Residential continued 3

单位：万千瓦时 （10 000 kwh）

地名	City	2010	2015	2016	2016 排名 Ranking
贺州	Hezhou	25873	49829	55285	163
河池	Hechi	8640	5450	6563	257
来宾	Laibin	25115	41426	41532	196
崇左	Chongzuo	8621	15428	16235	251
海南	**Hainan**	**100808**	**215889**		
海口	Haikou	56958	123863	137141	58
三亚	Sanya	43850	92026	101361	86
三沙	Sansha				
重庆	**Chongqing**	**721744**	**1145471**		
四川	**Sichuan**	**1014642**	**1552281**		
成都	Chengdu	420270	732908	957659	3
自贡	Zigong	39970	52074	61745	145
攀枝花	Panzhihua	27562	45846	48609	182
泸州	Luzhou	50600	74499	82151	106
德阳	Deyang	36544	46610	54515	164
绵阳	Mianyang	60907	95624	130829	61
广元	Guan gyuan	31677	38356	49917	178
遂宁	Suining	31564	42644	50760	174
内江	Neijiang	35372	49242	67570	134
乐山	Leshan	57018	88739	85619	100
南充	Nanchong	53186	69692	70091	130
眉山	Meishan	33493	44764	70723	129
宜宾	Yibin	43256		93495	93
广安	Guangan	7873	17016	78535	115
达州	Dazhou	29887	47791	55543	161
雅安	Yaan	15648	41417	46698	186
巴中	Bazhong	18236	32033	51828	171
资阳	Ziyang	21579	33026	37562	205
贵州	**Guizhou**	**477483**	**232115**		
贵阳	Guiyang	298658		50595	177
六盘水	Liupanshui	29330		141823	55
遵义	Zunyi	121689	113020	38000	203
安顺	Anshun	27806	33476	71937	126
毕节	Bijie		61152	17850	245
铜仁	Tongren		24467		
云南	**Yunnan**	**441468**	**184520**		
昆明	Kunming	334632			
曲靖	Qujing	27810	42778	47594	184
玉溪	Yuxi	21413	30855	40855	198
保山	Baoshan	17052	34571	31437	221
昭通	Zhaotong	14802	33034	41963	194

地名	City	2010	2015	2016	2016 排名 Ranking
丽江	Lijiang	7559	12679	13603	256
普洱	Puer	11840	17307	17493	247
临沧	Lincang	6360	13296	14634	253
西藏	**Tibet**				
拉萨	Lasa				
陕西	**Shaanxi**	**605459**	**1081403**		
西安	Xi'an	403385	739670	813923	6
铜川	Tongchuan	18917	32200	33799	215
宝鸡	Baoji	38123	63125	69042	132
咸阳	Xianyang	45335	36971	39294	201
渭南	Weinan		37885	42522	193
延安	Yan'an	20309	31796	33007	218
汉中	Hanzhong	23662	38289	44610	191
榆林	Yulin	16238	32201	33398	216
安康	Ankang	28801	51940	60294	148
商洛	Shangluo	10689	17326	20038	240
甘肃	**Gansu**	**260595**	**305223**		
兰州	Lanzhou	112937	146989	164633	47
嘉峪关	Jiayuguan	18183	7000	17657	246
金昌	Jinchang				
白银	Baiyin	21171	32458	34296	214
天水	Tianshui	42746			
武威	Wuwei	10457	22824	25239	234
张掖	Zhangye	12446	15824	17284	249
平凉	Pingliang	11834	19075	21043	239
酒泉	Jiuquan	13527	16500	16510	250
庆阳	Qingyang	8356	18478	18478	243
定西	Dingxi	2700	10700	5518	258
陇南	Longnan	6238	15375	18948	242
青海	**Qinghai**	**77600**	**121412**		
西宁	Xining	77600	108828	112818	72
海东	Haidong		12584	14141	254
宁夏	**Ningxia**	**96879**	**73038**		
银川	Yinchuan	56300			
石嘴山	Shizuishan	14800	21124	24041	236
吴忠	Wuzhong	9900	11162	22622	238
固原	Guyuan	8759	14567	16100	252
中卫	Zhongwei	7120	26185	29809	226
新疆	**Xinjiang**	**152169**	**214913**		
乌鲁木齐	Urumqi	131970	184200	190923	42
克拉玛依	Karamay	20199	30713	35141	211

9-4 工业废水排放量
Volume of Industrial Wastewater Discharged

单位：万吨 (10 000 tons)

地名	City	2010	2015	2016	2016 排名 Ranking
城市合计	**Prefecture Cities**	**2254365**	**1908327**		
北京	**Beijing**	**8198**	**8978**	**8515**	
天津	**Tianjin**	**19680**	**18973**	**18022**	
河北	**Hebei**	**111185**	**94110**		
石家庄	Shijiazhuang	19254	21964	13022	24
唐山	Tangshan	18170	11914	13269	23
秦皇岛	Qinhuangdao	5608	7264	3902	117
邯郸	Handan	7686	6101	4806	85
邢台	Xingtai	9293	11979	9289	33
保定	Baoding	17866	10913	7419	52
张家口	Zhangjiakou	6983	4573	3486	133
承德	Chengde	6290	1373	1384	207
沧州	Cangzhou	6871	8926	4512	91
廊坊	Langfang	6662	4549	4485	94
衡水	Hengshui	6502	4554	2216	174
山西	**Shanxi**	**45102**	**41338**		
太原	Taiyuan	2557	3544	3879	118
大同	Datong	4832	3726	1924	186
阳泉	Yangquan	1134	458	531	241
长治	Changzhi	5241	5816	4653	87
晋城	Jincheng	5188	5673	6014	67
朔州	Shuozhou	1535	1865	1342	209
晋中	Jinzhong	2189	2884	1775	194
运城	Yuncheng	11854	6127	2602	160
忻州	Xinzhou	1452	2582		
临汾	Linfen	3068	5080		
吕梁	Lvliang	6052	3583	3135	144
内蒙古	**Inner Mongolia**	**33064**	**28797**		
呼和浩特	Hohhot	2374	3111	2339	172
包头	Baotou	4833	4138	3345	135
乌海	Wuhai	4352	1252	1201	219
赤峰	Chifeng	2723	3713	1866	190
通辽	Tongliao	2880	3488	2251	173
鄂尔多斯	Erdos	3377	2957	3641	127
呼伦贝尔	Hulunbuir	6357	5778	4245	104
巴彦淖尔	Bayannur	4718	2874	2099	180
乌兰察布	Ulanqab	1450	1486	549	240
辽宁	**Liaoning**	**70524**	**82870**		
沈阳	Shenyang	6140	7990	5547	74
大连	Dalian	27421	34565	27709	4
鞍山	Anshan	5548	5604	3098	145
抚顺	Fushun	3031	1792	2167	177
本溪	Benxi	2591	5363	2053	181
丹东	Dandong	4070	3625	1650	197
锦州	Jinzhou	3859	3851	2100	179
营口	Yingkou	3197	3041	1891	188
阜新	Fuxin	544	2399	701	235
辽阳	Liaoyang	2942	6156	4542	89
盘锦	Panjin	2446	4038	2821	154
铁岭	Tieling	1682	1393	957	225
朝阳	Chaoyang	3823	648	486	246
葫芦岛	Huludao	3230	2405		
吉林	**Jilin**	**35440**	**33095**		
长春	Changchun	5815	3769	2548	165
吉林	Jilin	15584	8478	8837	35
四平	Siping	1385	2130	1485	204
辽源	Liaoyuan	1062	1611	511	243
通化	Tonghua	6807	12078	1288	214
白山	Baishan	1984	1542	1210	218
松原	Songyuan	751	2131	521	242
白城	Baicheng	2052	1355	265	258
黑龙江	**Heilongjiang**	**34920**	**32937**		
哈尔滨	Harbin	3283	4809	4235	105
齐齐哈尔	Qiqihar	6089	5174	3269	140
鸡西	Jixi	3057	1413	445	249
鹤岗	Hegang	2705	3746	4101	108
双鸭山	Shuangyashan	1107	3476	3009	148
大庆	Daqing	8786	3695		
伊春	Yichun	757	1059	725	233
佳木斯	Jiamusi	3185	672	463	248
七台河	Qitaihe	2671	1572	913	229
牡丹江	Mudanjiang	2793	1108	9904	31
黑河	Heihe	161	1597	762	232
绥化	Suihua	326	4616	1816	192
上海	**Shanghai**	**36696**	**46900**	**36599**	
江苏	**Jiangsu**	**262031**	**204917**		

9-4 工业废水排放量 续表 1
Volume of Industrial Wastewater Discharged continued 1

单位：万吨 (10 000 tons)

地名	City	2010	2015	2016	2016 排名 Ranking
南京	Nanjing	33784	23216	21624	7
无锡	Wuxi	35846	21993	20935	8
徐州	Xuzhou	9122	10968	8694	36
常州	Changzhou	37715	12977	12178	26
苏州	Suzhou	64055	60506	48437	1
南通	Nantong	15708	15470	15367	16
连云港	Lianyungang	3538	7339	6769	57
淮安	Huaian	10484	6984	6624	59
盐城	Yancheng	13028	16193	14207	18
扬州	Yangzhou	9059	8871	8233	43
镇江	Zhenjiang	8187	9059	7981	47
泰州	Taizhou	15493	6943	5687	73
宿迁	Suqian	6012	4397	5322	80
浙江	**Zhejiang**	**216068**	**147353**		
杭州	Hangzhou	80468	33807	28382	3
宁波	Ningbo	18970	16098	15760	14
温州	Wenzhou	17008	6278	5012	83
嘉兴	Jiaxing	19812	21947	19763	10
湖州	Huzhou	10888	8611	8532	39
绍兴	Shaoxing	30230	26069	24383	5
金华	Jinhua	12309	7638	6467	63
衢州	Quzhou	12256	12742	10693	28
舟山	Zhoushan	1493	2202	1439	205
台州	Taizhou	5709	6251	5725	71
丽水	Lishui	6926	5710	3757	124
安徽	**Anhui**	**70976**	**71436**		
合肥	Hefei	3290	5335	5130	82
芜湖	Wuhu	4305	4933	3302	137
蚌埠	Bengbu	5742	2474	1917	187
淮南	Huainan	5607	9112	4082	109
马鞍山	Maanshan	5563	7695	7558	50
淮北	Huaibei	1818	5378	3153	143
铜陵	Tongling	4512	5338	3935	115
安庆	Anqing	5644	4470	4018	113
黄山	Huangshan	2102	737	707	234
滁州	Chuzhou	7643	5860	3799	122
阜阳	Fuyang	2575	2946	2500	168
宿州	Suzhou	3688	6127	3572	129
六安	Liuan	3436	2443	810	231
亳州	Bozhou	1527	3502	1879	189
池州	Chizhou	1485	1422	945	228
宣城	Xuancheng	6883	3665	1811	193
福建	**Fujian**	**124159**	**90407**		
福州	Fuzhou	4920	4439	3696	125
厦门	Xiamen	4457	21398	18259	12
莆田	Putian	1700	2644	2504	167
三明	Sanming	15816	9986	6566	61
泉州	Quanzhou	19544	19185	13349	21
漳州	Zhangzhou	62845	21198	15387	15
南平	Nanping	9399	6219	3297	138
龙岩	Longyan	3977	3807	4432	97
宁德	Ningde	1501	1530	1303	213
江西	**Jiangxi**	**72481**	**76913**		
南昌	Nanchang	10536	10016	10258	29
景德镇	Jingdezhen	5296	6720	3928	116
萍乡	Pingxiang	1808	1549	1832	191
九江	Jiujiang	8784	16784	8561	37
新余	Xinyu	5681	5654	3277	139
鹰潭	Yingtan	4725	2531	1669	195
赣州	Ganzhou	10437	12510	10128	30
吉安	Jian	11201	3733	3503	132
宜春	Yichun	4286	7824	5506	76
抚州	Fuzhou	4543	3057		
上饶	Shangrao	5184	6534	6124	65
山东	**Shandong**	**208261**	**185494**		
济南	Jinan	5594	7415	5993	68
青岛	Qingdao	10800	10566	6865	56
淄博	Zibo	21212	15556	14892	17
枣庄	Zaozhuang	16185	9485	7399	53
东营	Dongying	10559	7819	8034	46
烟台	Yantai	8386	9762	8535	38
潍坊	Weifang	21496	27402	23805	6
济宁	Jining	16212	16663	13344	22
泰安	Taian	4579	9771	7011	55
威海	Weihai	2872	2598	2428	169
日照	Rizhao	9977	6735	6527	62
莱芜	Laiwu	2659	1654	1619	199
临沂	Linyi	10077	10830	9530	32
德州	Dezhou	19335	7930	7740	49
聊城	Liaocheng	20873	8892	8264	42

9-4 工业废水排放量 续表 2

Volume of Industrial Wastewater Discharged continued 2

单位：万吨 (10 000 tons)

地名	City	2010	2015	2016	2016 排名 Ranking
滨州	Binzhou	15013	22522	20086	9
菏泽	Heze	12432	9894	8507	40
河南	**Henan**	**143284**	**126718**		
郑州	Zhengzhou	13484	19394	7966	48
开封	Kaifeng	5462	7166	3215	142
洛阳	Luoyang	5741	6844	4932	84
平顶山	Pingdingshan	6107	5252	2630	159
安阳	Anyang	15585	4208	2153	178
鹤壁	Hebi	5680	3640	2581	162
新乡	Xinxiang	16098	15155	8180	45
焦作	Jiaozuo	21807	13928	8440	41
濮阳	Puyang	9370	7024	4064	110
许昌	Xuchang	3371	7039	4279	103
漯河	Luohe	7849	1676	2018	183
三门峡	Sanmenxia	3602	7321	3808	121
南阳	Nanyang	11070	6322	3094	146
商丘	Shangqiu	4354	4863	2967	150
信阳	Xinyang	4487	2086	670	237
周口	Zhoukou	2852	8818	3582	128
驻马店	Zhumadian	6365	5983	3518	131
湖北	**Hubei**	**88192**	**76394**		
武汉	Wuhan	22465	15452	12623	25
黄石	Huangshi	7749	5313	4375	101
十堰	Shiyan	2700	2105	1262	215
宜昌	Yichang	14484	18130	5919	69
襄阳	Xiangyang	11328	8184	5380	78
鄂州	Ezhou	2073	1734	1013	223
荆门	Jingmen	7177	3568	2053	181
孝感	Xiaogan	5928	4540	4405	98
荆州	Jingzhou	6104	10897	5167	81
黄冈	Huanggang	3704	2989	1664	196
咸宁	Xianning	2462	1876	1421	206
随州	Suizhou	2018	1606	472	247
湖南	**Hunan**	**93658**	**74660**		
长沙	Changsha	4336	5102	4287	102
株洲	Zhuzhou	7900	3967	3851	119
湘潭	Xiangtan	7557	5165	3254	141
衡阳	Hengyang	7180	6103	5688	72
邵阳	Shaoyang	6939	4732	1979	185
岳阳	Yueyang	12245	11375	8207	44
常德	Changde	12575	9799	4064	110
张家界	Zhangjiajie	429	541	88	264
益阳	Yiyang	7548	5388	4581	88
郴州	Chenzhou	6768	8682	4520	90
永州	Yongzhou	3854	3619	1629	198
怀化	Huaihua	6471	5382	2579	163
娄底	Loudi	9856	4806	2821	154
广东	**Guangdong**	**186359**	**164630**		
广州	Guangzhou	26023	18608	19326	11
韶关	Shaoguan	6028	5600	7276	54
深圳	Shenzhen	9001	19077	10891	27
珠海	Zhuhai	6124	5934	4379	100
汕头	Shantou	6150	5840	6087	66
佛山	Foshan	26683	16336	14107	19
江门	Jiangmen	11457	14055		
湛江	Zhanjiang	5455	6049	5432	77
茂名	Maoming	5523	4111	2946	151
肇庆	Zhaoqing	8844	8097	6567	60
惠州	Huizhou	6029	8595	6137	64
梅州	Meizhou	3431	3743		
汕尾	Shanwei	3679	2074	949	227
河源	Heyuan	3247	1482		
阳江	Yangjiang	3125	2966	1499	203
清远	Qingyuan	3055	4864		
东莞	Dongguan	29992	20429	17245	13
中山	Zhongshan	11381	7455		
潮州	Chaozhou	4237	2544	1980	184
揭阳	Jieyang	3369	5594	3462	134
云浮	Yunfu	3526	1179	1179	221
广西	**Guangxi**	**140094**	**62551**		
南宁	Nanning	12426	7198	3834	120
柳州	Liuzhou		7354	5815	70
桂林	Guilin	3527	3008	2353	170
梧州	Wuzhou	4085	3652	2926	153
北海	Beihai	1369	1817	1200	220
防城港	Fangchenggang	5889	1441	622	239
钦州	Qinzhou	4093	3712	2527	166
贵港	Guigang	15762	3243	13522	20
玉林	Yulin	3838	2378	2347	171
百色	Baise	4698	4200	2715	158

9-4 工业废水排放量 续表 3

Volume of Industrial Wastewater Discharged continued 3

单位：万吨 (10 000 tons)

地名	City	2010	2015	2016	2016 排名 Ranking
贺州	Hezhou	2946	2984	971	224
河池	Hechi	23701	12051	2787	157
来宾	Laibin	51252	6772	4155	107
崇左	Chongzuo	6508	2740	2195	175
海南	**Hainan**	**536**	**1069**		
海口	Haikou	513	697	507	245
三亚	Sanya	23	53	7	265
三沙	Sansha				
重庆	**Chongqing**	**45180**	**35524**	**25875**	
四川	**Sichuan**	**88742**	**77513**		
成都	Chengdu	12558	11454	9262	34
自贡	Zigong	2781	1693	1262	215
攀枝花	Panzhihua	1904	2432		
泸州	Luzhou	6267	3745	3050	147
德阳	Deyang	5448	5411	4191	106
绵阳	Mianyang	9492	6890	2576	164
广元	Guangyuan	2783	407	332	254
遂宁	Suining	3560	1419	1373	208
内江	Neijiang	2654	2617	2821	154
乐山	Leshan	6342	5098	4398	99
南充	Nanchong	1133	2614		
眉山	Meishan	10409	6402		
宜宾	Yibin	12256	22125		
广安	Guangan	2547	1337	1337	210
达州	Dazhou	3225	2068		
雅安	Yaan	1943	815	634	238
巴中	Bazhong	827	165		
资阳	Ziyang	2613	822		
贵州	**Guizhou**	**9214**	**20689**		
贵阳	Guiyang	2380	2700	3768	123
六盘水	Liupanshui	3912	4099	4014	114
遵义	Zunyi	2203	2447	1590	200
安顺	Anshun	719	1429	300	257
毕节	Bijie		9103		
铜仁	Tongren		911	349	251
云南	**Yunnan**	**17911**	**31722**		
昆明	Kunming	4435	3917	5359	79
曲靖	Qujing	3078	3847	2586	161
玉溪	Yuxi	1510	5352	5533	75
保山	Baoshan	3645	6727	7509	51
昭通	Zhaotong	365	1540	1309	212
丽江	Lijiang	132	309	321	256
普洱	Puer	2456	3588	4501	92
临沧	Lincang	2290	6441	4661	86
西藏	**Tibet**				
拉萨	Lasa			198	262
陕西	**Shaanxi**	**47084**	**33911**		
西安	Xi'an	13840	5204	4030	112
铜川	Tongchuan	328	398	348	252
宝鸡	Baoji	11521	5445	3565	130
咸阳	Xianyang	7149	5646	4450	95
渭南	Weinan	3245	4363	4450	95
延安	Yan'an	1390	2510	2980	149
汉中	Hanzhong	2244		2192	176
榆林	Yulin	5099	7224	6754	58
安康	Ankang	292	479	236	260
商洛	Shangluo	1976	2643	952	226
甘肃	**Gansu**	**13727**	**17383**		
兰州	Lanzhou	2529	4138	3342	136
嘉峪关	Jiayuguan	2566	2743	33007	2
金昌	Jinchang	1614	2027	1553	201
白银	Baiyin	1463	569	398	250
天水	Tianshui	475	495	330	255
武威	Wuwei	741	946	342	253
张掖	Zhangye	987	1918	904	230
平凉	Pingliang	1410	1886	681	236
酒泉	Jiuquan	733	947	509	244
庆阳	Qingyang	180	252	242	259
定西	Dingxi	187	246	201	261
陇南	Longnan	842	1214	1214	217
青海	**Qinghai**	**4052**	**2523**		
西宁	Xining	4052	2200		
海东	Haidong		323		
宁夏	**Ningxia**	**20144**	**13557**		
银川	Yinchuan	5894	4874	3672	126
石嘴山	Shizuishan	1864	2369	1335	211
吴忠	Wuzhong	6944	1811	1015	222
固原	Guyuan	142	553	99	263
中卫	Zhongwei	5300	3951	2945	152
新疆	**Xinjiang**	**7402**	**4963**		
乌鲁木齐	Urumqi	5822	3521	4489	93
克拉玛依	Karamay	1580	1442	1529	202

9-5 工业二氧化硫产生量

Volume of Industrial Sulfur Dioxide Produced

单位：吨　　(ton)

地名	City	2010	2015	2016	2016 排名 Ranking
城市合计	**Prefecture Cities**	**48709109**	**54762829**		
北京	**Beijing**	**154714**	**64153**	**42802**	
天津	**Tianjin**	**554913**	**522273**	**434147**	
河北	**Hebei**	**3555783**	**2847972**		
石家庄	Shijiazhuang	632407	501117	515066	23
唐山	Tangshan	701127	628018	627967	14
秦皇岛	Qinhuangdao	548320	120882	117259	116
邯郸	Handan	515933	538360	695381	12
邢台	Xingtai	179565	185680	180896	84
保定	Baoding	237581	156546	181029	83
张家口	Zhangjiakou	265797	215975	179345	85
承德	Chengde	159338	154262	134625	105
沧州	Cangzhou	135489	151529	166510	88
廊坊	Langfang	74751	79440	72465	165
衡水	Hengshui	105475	116163	78583	155
山西	**Shanxi**	**2644736**	**3729248**		
太原	Taiyuan	350273	403333	452236	26
大同	Datong	436932	379510	301643	45
阳泉	Yangquan	223007	213631	197721	75
长治	Changzhi	333920	387694	391119	32
晋城	Jincheng	176688	240544	275684	52
朔州	Shuozhou	175921	309196	289949	49
晋中	Jinzhong	124278	456661	358638	35
运城	Yuncheng	151000	721992	667811	13
忻州	Xinzhou	172985		75836	160
临汾	Linfen	287411	364047		
吕梁	Lvliang	212321	252640	331618	38
内蒙古	**Inner Mongolia**	**3795508**	**3931892**		
呼和浩特	Hohhot	384596	304917	318863	42
包头	Baotou	924157	726457	722447	11
乌海	Wuhai	118277	308784	316730	44
赤峰	Chifeng	674615	1144214	1381902	4
通辽	Tongliao	97437	373732	293703	48
鄂尔多斯	Erdos	608990	109718	918372	7
呼伦贝尔	Hulunbuir	95436	135013	55088	184
巴彦淖尔	Bayannur	87000	585249	599314	15
乌兰察布	Ulanqab	805000	243808	295301	47
辽宁	**Liaoning**	**2015266**	**2492925**		
沈阳	Shenyang	180971	273014	191648	79
大连	Dalian	204728	294137	197840	74
鞍山	Anshan	121609	151313	140581	100
抚顺	Fushun	144582	132665	109324	124
本溪	Benxi	75810	70583	62696	176
丹东	Dandong	35079	82249	59946	179
锦州	Jinzhou	101369	84441	65581	173
营口	Yingkou	69711	104187	91003	137
阜新	Fuxin	157607	149065	128747	108
辽阳	Liaoyang	77044	97187	72643	164
盘锦	Panjin		85389	71327	167
铁岭	Tieling	140951	153904	150479	98
朝阳	Chaoyang	66953	120968	81568	152
葫芦岛	Huludao	638852	693823		
吉林	**Jilin**	**511216**	**638657**		
长春	Changchun	112175	137383	116716	117
吉林	Jilin	122243	182591	135334	104
四平	Siping	77582	63723	49451	192
辽源	Liaoyuan	32061	36702	21236	229
通化	Tonghua	67420	38489	42539	204
白山	Baishan	37918	79327	41370	206
松原	Songyuan	32850	42728	21729	227
白城	Baicheng	28967	37714	26852	222
黑龙江	**Heilongjiang**	**415623**	**502791**		
哈尔滨	Harbin	128767	105642	92030	136
齐齐哈尔	Qiqihar	5478	67726		
鸡西	Jixi	25101	32398	38434	210
鹤岗	Hegang	24173	27582	17977	234
双鸭山	Shuangyashan	40926	35666	32817	216
大庆	Daqing	66066	77690	69376	171
伊春	Yichun	15542	19241	14862	238
佳木斯	Jiamusi	18484	17343	18354	233
七台河	Qitaihe	32797	34593	32592	217
牡丹江	Mudanjiang	23839	36926	7330	258
黑河	Heihe	21452	33029	21598	228
绥化	Suihua	12998	14955	13498	242
上海	**Shanghai**	**534287**			
江苏	**Jiangsu**	**2709267**	**3129681**		

9-5 工业二氧化硫产生量 续表 1
Volume of Industrial Sulfur Dioxide Produced continued 1

单位：吨 (ton)

地名	City	2010	2015	2016	2016 排名 Ranking	地名	City	2010	2015	2016	2016 排名 Ranking
南京	Nanjing	247183	312605	259170	55	池州	Chizhou	65994	100457	114672	119
无锡	Wuxi	308886	290621	301167	46	宣城	Xuancheng	20541	35993	59119	182
徐州	Xuzhou	425868	419694	431315	28	**福建**	**Fujian**	**880845**	**891914**		
常州	Changzhou	163211	115078	112617	120	福州	Fuzhou	268501	176146	133443	106
苏州	Suzhou	573794	661600	584754	16	厦门	Xiamen	51324	54057	19926	231
南通	Nantong	244521	262711	273698	53	莆田	Putian	37862	32980	11256	249
连云港	Lianyungang	47127	96321	87830	141	三明	Sanming	65810	101592	52913	189
淮安	Huaian	70442	113037	98668	132	泉州	Quanzhou	201383	300811	258748	56
盐城	Yancheng	65793	183001	161628	91	漳州	Zhangzhou	96277	103441	76885	158
扬州	Yangzhou	190889	216162	158902	94	南平	Nanping	23035	20360	11092	251
镇江	Zhenjiang	278518	241513	269647	54	龙岩	Longyan	57174	49645	59367	181
泰州	Taizhou	54921	182475	323847	40	宁德	Ningde	79479	52882	51125	191
宿迁	Suqian	38114	34863	33864	215	**江西**	**Jiangxi**	**2050073**	**2578715**		
浙江	**Zhejiang**	**2245192**	**1597798**			南昌	Nanchang	59236	91485	83457	149
杭州	Hangzhou	152743	140100	114894	118	景德镇	Jingdezhen	37697	73625	53655	187
宁波	Ningbo	1113077	507373	922571	6	萍乡	Pingxiang	97716	108398	111934	121
温州	Wenzhou	130896	131729	149419	99	九江	Jiujiang	147956	369764	393617	31
嘉兴	Jiaxing	165327	178125	194520	77	新余	Xinyu	115191	115660	94601	134
湖州	Huzhou	91657	87347	89112	140	鹰潭	Yingtan	1218008	1326991	1338610	5
绍兴	Shaoxing	109282	129453	104292	129	赣州	Ganzhou	76996	75132	65068	174
金华	Jinhua	105761	98515	78523	156	吉安	Jian	100872	117487	90609	138
衢州	Quzhou	87053	86591	69871	169	宜春	Yichun	100768	188210	156549	96
舟山	Zhoushan	28533	68860	53981	186	抚州	Fuzhou	22750	24042		
台州	Taizhou	231382	143954	161705	90	上饶	Shangrao	72883	87921	106720	126
丽水	Lishui	29481	25751	15640	237	**山东**	**Shandong**	**4139011**	**7075764**		
安徽	**Anhui**	**2289845**	**3345038**			济南	Jinan	134811	243133	207015	71
合肥	Hefei	88612	119283	83393	150	青岛	Qingdao	249237	296032	229041	64
芜湖	Wuhu	84325	105450	110654	122	淄博	Zibo	585756	536628	548241	20
蚌埠	Bengbu	52635	45895	35060	214	枣庄	Zaozhuang	138117	259631	232612	61
淮南	Huainan	222552	234192	231293	62	东营	Dongying	302430	456406	580397	17
马鞍山	Maanshan	127116	164727	160789	92	烟台	Yantai	379429	558352	876946	8
淮北	Huaibei	67488	76541	118325	115	潍坊	Weifang	537249	454718	563373	19
铜陵	Tongling	1354264	2123459	2005457	1	济宁	Jining	303173	498139	413951	30
安庆	Anqing	34955	126564	118802	114	泰安	Taian	258971	242404	222082	67
黄山	Huangshan	4106	2971	2920	262	威海	Weihai	48206	127371	163013	89
滁州	Chuzhou	22179	38136	39823	207	日照	Rizhao	157050	180430	158980	93
阜阳	Fuyang	55607	47356	38917	209	莱芜	Laiwu	222368	221905	225866	65
宿州	Suzhou	55977	65656	77102	157	临沂	Linyi	239915	344655	379021	33
六安	Liuan	16009	42447	31081	219	德州	Dezhou	276317	285179	326504	39
亳州	Bozhou	17485	15911	25676	224	聊城	Liaocheng		631746	1416298	3

9-5 工业二氧化硫产生量 续表 2

Volume of Industrial Sulfur Dioxide Produced continued 2

单位：吨 (ton)

地名	City	2010	2015	2016	2016 排名 Ranking
滨州	Binzhou	115957	1528878	1887735	2
菏泽	Heze	190025	210157	225313	66
河南	**Henan**	**2710276**	**2933530**		
郑州	Zhengzhou	236478	339627	248465	57
开封	Kaifeng	110851	124563	42895	202
洛阳	Luoyang	604247	376923	346274	36
平顶山	Pingdingshan	261442	302178	210421	70
安阳	Anyang	255365	354757	317054	43
鹤壁	Hebi	91614	124271	173508	87
新乡	Xinxiang	154789	167685	230384	63
焦作	Jiaozuo	90234	237752	206834	72
濮阳	Puyang	44202	63980	45522	198
许昌	Xuchang	130235	100935	103836	130
漯河	Luohe	62548	35845	48451	194
三门峡	Sanmenxia	225850	301716	193865	78
南阳	Nanyang	170148	124292	87274	142
商丘	Shangqiu	83516	97668	79472	154
信阳	Xinyang	102995	96200	83600	148
周口	Zhoukou	22533	18926	14643	239
驻马店	Zhumadian	63229	66212	58969	183
湖北	**Hubei**	**1566690**	**2050354**		
武汉	Wuhan	268458	240635	195064	76
黄石	Huangshi	610269	807180	758677	10
十堰	Shiyan	28801	26291	21086	230
宜昌	Yichang	124435	226869	131815	107
襄阳	Xiangyang	80594	89870	41890	205
鄂州	Ezhou	102837	110821	120556	112
荆门	Jingmen	116182	87946	82612	151
孝感	Xiaogan	84852	121798	137630	103
荆州	Jingzhou	71553	183153	71420	166
黄冈	Huanggang	39005	54366	48333	195
咸宁	Xianning	35104	98453	83872	147
随州	Suizhou	4600	2972	872	264
湖南	**Hunan**	**1411676**	**1553620**		
长沙	Changsha	70420	47813	45889	197
株洲	Zhuzhou	290997	293208	246057	58
湘潭	Xiangtan	99847	97034	92957	135
衡阳	Hengyang	100990	154172	182882	82
邵阳	Shaoyang	25913	47894	119310	113
岳阳	Yueyang	146820	123881	101457	131
常德	Changde	131054	96853	84644	146
张家界	Zhangjiajie	25431	32821	28181	221
益阳	Yiyang	121031	112095	76007	159
郴州	Chenzhou	210815	293555	239591	59
永州	Yongzhou	38879	26064	12229	247
怀化	Huaihua	77314	56125	31761	218
娄底	Loudi	72165	172105	155877	97
广东	**Guangdong**	**1695842**	**2592112**		
广州	Guangzhou		436882	486670	24
韶关	Shaoguan	97034	92049	157444	95
深圳	Shenzhen	35185	36247	13048	244
珠海	Zhuhai	103011	87884	54264	185
汕头	Shantou	110955	71798	62091	178
佛山	Foshan	179563	185163	121832	109
江门	Jiangmen	169116	139309		#N/A
湛江	Zhanjiang	87870	104192	121449	110
茂名	Maoming	93774	469897	461133	25
肇庆	Zhaoqing	31933	47265	48465	193
惠州	Huizhou	101397	62177	51275	190
梅州	Meizhou	102294	114157		
汕尾	Shanwei	43303	89524	80912	153
河源	Heyuan	47015			
阳江	Yangjiang	38929	80428	73479	163
清远	Qingyuan	56743	30170		
东莞	Dongguan	274618	288924	283178	51
中山	Zhongshan	22306	33174		
潮州	Chaozhou	16900	67741	35856	212
揭阳	Jieyang	42493	95311	69670	170
云浮	Yunfu	41403	59820	59820	180
广西	**Guangxi**	**1382290**	**1291694**		
南宁	Nanning	54230	106351	90197	139
柳州	Liuzhou	126966	116597	84882	145
桂林	Guilin	102305	71145	64330	175
梧州	Wuzhou	11095	13918	8405	255
北海	Beihai	32370	36950	35078	213
防城港	Fangchenggang	108131	65291	43326	200
钦州	Qinzhou	19552	39572	36997	211
贵港	Guigang	114339	69419	42556	203
玉林	Yulin	8626	11501	10716	252
百色	Baise		201022	186698	80

9-5 工业二氧化硫产生量 续表 3
Volume of Industrial Sulfur Dioxide Produced continued 3

单位：吨 (ton)

地名	City	2010	2015	2016	2016 排名 Ranking
贺州	Hezhou	28875	56026	53089	188
河池	Hechi	592086	284394	13769	241
来宾	Laibin	175308	208696	320491	41
崇左	Chongzuo	8407	10812	5598	261
海南	**Hainan**		**4533**		
海口	Haikou		3504	6127	260
三亚	Sanya		1029	1087	263
三沙	Sansha				
重庆	**Chongqing**	**1526334**	**1178991**		
四川	**Sichuan**	**1459810**	**1431590**	**1047107**	
成都	Chengdu	108723	116920	67877	172
自贡	Zigong	42410	21396	13310	243
攀枝花	Panzhihua	130898	139682		
泸州	Luzhou	172233	129549	95822	133
德阳	Deyang	104563	33314	25742	223
绵阳	Mianyang	100727	67169	18356	232
广元	Guangyuan	26359	24182	7953	257
遂宁	Suining	10327	11414	11561	248
内江	Neijiang	156181	121467	110358	123
乐山	Leshan	70095	72411	86657	143
南充	Nanchong	10606	8063		
眉山	Meishan	29959	27932		
宜宾	Yibin	173926	320138		
广安	Guangan	147595	212366	212366	69
达州	Dazhou	127835	86402		
雅安	Yaan	38712	29647	39439	208
巴中	Bazhong	2816	2039		
资阳	Ziyang	5845	7499		
贵州	**Guizhou**	**2138193**	**1813116**		
贵阳	Guiyang	343061	103564	178115	86
六盘水	Liupanshui	570386	563462	526437	22
遵义	Zunyi	79026	308211	528657	21
安顺	Anshun	202357	156559	185682	81
毕节	Bijie	797859	572477		
铜仁	Tongren	145504	108843	120867	111
云南	**Yunnan**	**996320**	**1290532**		
昆明	Kunming	450000	400153	331658	37
曲靖	Qujing	396341	712158	822546	9
玉溪	Yuxi	74301	36993	44354	199
保山	Baoshan	15043	14204	14203	240
昭通	Zhaotong	14561	92842	104995	128

地名	City	2010	2015	2016	2016 排名 Ranking
丽江	Lijiang	7500	6748	8451	254
普洱	Puer	10483		11100	250
临沧	Lincang	28091	27434	16929	235
西藏	**Tibet**	**923**			
拉萨	Lasa	923		603	265
陕西	**Shaanxi**	**1721115**	**1637475**		
西安	Xi'an	98000	138258	74754	161
铜川	Tongchuan	21423	79617	70327	168
宝鸡	Baoji	266468	91003	86550	144
咸阳	Xianyang	144177	246090	105987	127
渭南	Weinan	766550	452362	432216	27
延安	Yan'an	22308	13535	42944	201
汉中	Hanzhong	101544		62108	177
榆林	Yulin	266500	421903	426833	29
安康	Ankang	11028	14097	6326	259
商洛	Shangluo	23117	170610	199171	73
甘肃	**Gansu**	**2458952**	**2494375**		
兰州	Lanzhou	180421	153484	108372	125
嘉峪关	Jiayuguan	87240	125547	139448	101
金昌	Jinchang	1364205	1450374	361821	34
白银	Baiyin	594422	538025	576542	18
天水	Tianshui	18993	15227	12611	246
武威	Wuwei	1560	17656	8888	253
张掖	Zhangye	41408	33255	22328	226
平凉	Pingliang	128787	105892	73946	162
酒泉	Jiuquan	18581	18367	29975	220
庆阳	Qingyang	7381	8692	8089	256
定西	Dingxi	6051	11137	12801	245
陇南	Longnan	9903	16719	16719	236
青海	**Qinghai**	**115142**	**132547**		
西宁	Xining	115142	119196		
海东	Haidong		13351		
宁夏	**Ningxia**	**849266**	**589434**		
银川	Yinchuan	262375			
石嘴山	Shizuishan	264907	313240	287442	50
吴忠	Wuzhong	218768	209106	233004	60
固原	Guyuan	38538	40634	48141	196
中卫	Zhongwei	64678	26454	23786	225
新疆	**Xinjiang**	**180000**	**420105**		
乌鲁木齐	Urumqi	130000	279813	219318	68
克拉玛依	Karamay	50000	140292	138951	102

9-6　工业二氧化硫排放量
Volume of Sulfur Dioxide Emission

单位：吨　　　　(ton)

地名	City	2010	2015	2016	2016 排名 Ranking
城市合计	**Prefecture Cities**	**16931974**	**14132718**		
北京	**Beijing**	**56844**	**22070**		
天津	**Tianjin**	**217620**	**154605**		
河北	**Hebei**	**994138**	**829414**		
石家庄	Shijiazhuang	137934	113652	85815	7
唐山	Tangshan	238061	214723	125432	4
秦皇岛	Qinhuangdao	44737	46689	24127	101
邯郸	Handan	161805	110193	71485	14
邢台	Xingtai	96139	76035	60997	20
保定	Baoding	53984	49850	27999	84
张家口	Zhangjiakou	92997	61858	20171	122
承德	Chengde	71294	55393	47879	34
沧州	Cangzhou	25832	32712	21832	113
廊坊	Langfang	32302	38390	23654	103
衡水	Hengshui	39053	29919	9563	193
山西	**Shanxi**	**1094983**	**920003**		
太原	Taiyuan	94233	64656	15707	153
大同	Datong	97416	95973	21044	116
阳泉	Yangquan	109377	78128	58396	22
长治	Changzhi	121102	86495	41161	47
晋城	Jincheng	98125	74377	66422	16
朔州	Shuozhou	137040	64376	20501	121
晋中	Jinzhong	96699	91219	30414	73
运城	Yuncheng	121407	119527	61590	19
忻州	Xinzhou	78831	78967	75836	12
临汾	Linfen	66627	68424		
吕梁	Lvliang	74126	97861	72490	13
内蒙古	**Inner Mongolia**	**934607**	**917974**		
呼和浩特	Hohhot	74041	67279	52316	28
包头	Baotou	174718	176130	42093	42
乌海	Wuhai	100000	80594	40393	48
赤峰	Chifeng	47524	105309	56906	25
通辽	Tongliao	78030	91766	38849	54
鄂尔多斯	Erdos	225519	199358	57518	24
呼伦贝尔	Hulunbuir	99489	81404	27993	85
巴彦淖尔	Bayannur	72370	60576	27462	87
乌兰察布	Ulanqab	62916	55558	27443	88
辽宁	**Liaoning**	**796959**	**869326**		
沈阳	Shenyang	77385	97839	37530	55
大连	Dalian	78866	95796	51021	31
鞍山	Anshan	77532	114229	58168	23
抚顺	Fushun	50553	46684	24680	97
本溪	Benxi	87528	52554	32824	67
丹东	Dandong	27955	32721	9772	191
锦州	Jinzhou	61739	42438	15442	157
营口	Yingkou	77072	46052	35251	63
阜新	Fuxin	52912	93342	41513	45
辽阳	Liaoyang	30513	43606	12664	177
盘锦	Panjin	17561	50123	29617	78
铁岭	Tieling	52802	36739	15897	152
朝阳	Chaoyang	41530	63451	21674	115
葫芦岛	Huludao	63011	53752		
吉林	**Jilin**	**287362**	**269047**		
长春	Changchun	60528	52369	21893	112
吉林	Jilin	66448	63191	35468	61
四平	Siping	56644	34056	16898	144
辽源	Liaoyuan	11048	19438	5689	237
通化	Tonghua	38143	40201	15473	156
白山	Baishan	24097	14123	5239	242
松原	Songyuan	16846	30115	7416	219
白城	Baicheng	13608	15554	7038	225
黑龙江	**Heilongjiang**	**404438**	**255729**		
哈尔滨	Harbin	54000	49346	26217	91
齐齐哈尔	Qiqihar	54940	32861		
鸡西	Jixi	19762	17665	9327	197
鹤岗	Hegang	32703	13740	5382	241
双鸭山	Shuangyashan	54489	18086	13497	173
大庆	Daqing	60515	34170	17322	140
伊春	Yichun	10515	17778	11177	188
佳木斯	Jiamusi	37268	10008	10333	190
七台河	Qitaihe	18767	14280	12332	181
牡丹江	Mudanjiang	42691	21546	7330	220
黑河	Heihe	16790	17488	9218	199
绥化	Suihua	1998	8761	5235	243
上海	**Shanghai**	**221476**	**104900**		
江苏	**Jiangsu**	**1207743**	**814439**		

9-6 工业二氧化硫排放量 续表 1
Volume of Sulfur Dioxide Emission continued 1

单位：吨 (ton)

地名	City	2010	2015	2016	2016 排名 Ranking	地名	City	2010	2015	2016	2016 排名 Ranking
南京	Nanjing	115507	101021	28639	80	池州	Chizhou	21847	17345	5556	239
无锡	Wuxi	99857	76092	61633	18	宣城	Xuancheng	10045	19195	8641	207
徐州	Xuzhou	85851	102162	84995	8	**福建**	**Fujian**	**384135**	**316967**		
常州	Changzhou	48000	34420	31683	72	福州	Fuzhou	93635	55370	39196	53
苏州	Suzhou	496377	150010	109594	6	厦门	Xiamen	44454	17028	4033	252
南通	Nantong	60740	55062	37115	57	莆田	Putian	17648	11082	6798	228
连云港	Lianyungang	34430	41579	36705	59	三明	Sanming	63064	37567	20907	118
淮安	Huaian	39597	68540	25214	95	泉州	Quanzhou	53546	94699	44525	36
盐城	Yancheng	31966	41338	29722	77	漳州	Zhangzhou	19017	35538	18839	130
扬州	Yangzhou	65994	42415	15193	159	南平	Nanping	34933	20029	8547	208
镇江	Zhenjiang	56402	46329	32477	68	龙岩	Longyan	40931	27976	9539	194
泰州	Taizhou	52950	34170	15106	161	宁德	Ningde	16907	17678	15431	158
宿迁	Suqian	20072	21301	15127	160	**江西**	**Jiangxi**	**469134**	**515660**		
浙江	**Zhejiang**	**548291**	**526049**			南昌	Nanchang	30636	30399	13800	169
杭州	Hangzhou	88682	63814	39499	51	景德镇	Jingdezhen	35902	29515	15058	162
宁波	Ningbo	109840	101980	41928	43	萍乡	Pingxiang	42358	83117	36747	58
温州	Wenzhou	61788	37316	14920	163	九江	Jiujiang	66817	79995	23955	102
嘉兴	Jiaxing	67198	67924	27437	89	新余	Xinyu	45654	54027	32136	69
湖州	Huzhou	50976	40226	28298	83	鹰潭	Yingtan	25501	21564	7428	218
绍兴	Shaoxing	54882	59980	27499	86	赣州	Ganzhou	29559	57431	31893	70
金华	Jinhua	28045	39542	16321	147	吉安	Jian	48140	38322	24287	99
衢州	Quzhou	26322	46792	22609	111	宜春	Yichun	86721	66593	39424	52
舟山	Zhoushan	22634	12379	1925	261	抚州	Fuzhou	22366	19676		
台州	Taizhou	24552	31868	13211	175	上饶	Shangrao	35480	35021	20991	117
丽水	Lishui	13372	24228	11616	184	**山东**	**Shandong**	**1382874**	**1219965**		
安徽	**Anhui**	**483911**	**420038**			济南	Jinan	70297	70327	28458	81
合肥	Hefei	31988	40829	9011	200	青岛	Qingdao	86190	64029	12908	176
芜湖	Wuhu	40765	38064	31872	71	淄博	Zibo	163602	158349	139983	3
蚌埠	Bengbu	17735	15926	5662	238	枣庄	Zaozhuang	75952	59560	36109	60
淮南	Huainan	98680	60934	35363	62	东营	Dongying	70995	47860	43401	39
马鞍山	Maanshan	60543	48713	18947	128	烟台	Yantai	88047	57531	42882	41
淮北	Huaibei	51200	45320	26856	90	潍坊	Weifang	116122	106599	52544	27
铜陵	Tongling	40126	27813	12343	180	济宁	Jining	118716	83194	43943	37
安庆	Anqing	17409	14738	8023	213	泰安	Taian	67699	43417	18327	133
黄山	Huangshan	2440	2971	2920	259	威海	Weihai	31785	24663	17811	137
滁州	Chuzhou	13451	18516	11210	187	日照	Rizhao	49592	42128	23647	104
阜阳	Fuyang	10405	16827	14831	164	莱芜	Laiwu	58497	64055	28792	79
宿州	Suzhou	14847	25897	25618	93	临沂	Linyi	87757	88976	63239	17
六安	Liuan	15809	14290	4399	251	德州	Dezhou	103475	69924	53486	26
亳州	Bozhou	14579	12660	8935	203	聊城	Liao cheng	71865	70863	59125	21

9-6 工业二氧化硫排放量 续表 2

Volume of Sulfur Dioxide Emission continued 2

单位：吨 (ton)

地名	City	2010	2015	2016	2016 排名 Ranking	地名	City	2010	2015	2016	2016 排名 Ranking
滨州	Binzhou	70668	93909	157495	1	常德	Changde	47728	33333	17436	139
菏泽	Heze	51615	64581	43263	40	张家界	Zhangjiajie	6379	25652	15614	154
河南	**Henan**	**1072032**	**884823**			益阳	Yiyang	62145	44136	16008	151
郑州	Zhengzhou	116857	106498	34898	64	郴州	Chenzhou	40587	36337	14212	165
开封	Kaifeng	28322	41152	7042	224	永州	Yongzhou	20762	22303	8956	202
洛阳	Luoyang	211027	119073	28386	82	怀化	Huaihua	42160	39561	12502	179
平顶山	Pingdingshan	114674	113094	18876	129	娄底	Loudi	75132	87777	43440	38
安阳	Anyang	93059	94295	48049	33	**广东**	**Guangdong**	**794914**	**626074**		
鹤壁	Hebi	48337	37425	11832	183	广州	Guangzhou		47846	20726	119
新乡	Xinxiang	40145	49020	13810	168	韶关	Shaoguan	48325	33099	16169	149
焦作	Jiaozuo	78217	38881	13545	172	深圳	Shenzhen	32641	4132	4749	249
濮阳	Puyang	23670	21449	4511	250	珠海	Zhuhai	35587	21946	3734	254
许昌	Xuchang	22772	34469	14142	166	汕头	Shantou	25002	22423	11366	186
漯河	Luohe	17907	11565	1917	262	佛山	Foshan	99100	67108	34273	65
三门峡	Sanmenxia	114668	70259	23465	105	江门	Jiangmen	44712	45590		
南阳	Nanyang	51762	46828	8851	205	湛江	Zhanjiang	43785	29599	16514	146
商丘	Shangqiu	31116	33202	20045	124	茂名	Maoming	33665	31793	9339	196
信阳	Xinyang	48900	23958	6076	234	肇庆	Zhaoqing	31420	30944	19932	125
周口	Zhoukou	11926	18870	5846	236	惠州	Huizhou	33058	28683	17297	142
驻马店	Zhumadian	18673	24785	8518	209	梅州	Meizhou	42405	27213		
湖北	**Hubei**	**488409**	**449583**			汕尾	Shanwei	17585	12807	2607	260
武汉	Wuhan	87256	75035	17917	136	河源	Heyuan	21692	11739		
黄石	Huangshi	74480	63048	23157	107	阳江	Yangjiang	16102	24066	16540	145
十堰	Shiyan	25210	15986	9614	192	清远	Qingyuan	54614	21325		
宜昌	Yichang	69389	72771	25996	92	东莞	Dongguan	99913	84940	67608	15
襄阳	Xiangyang	46861	33617	25264	94	中山	Zhongshan	46050	24430		
鄂州	Ezhou	42527	38776	8932	204	潮州	Chaozhou	13338	12868	6994	226
荆门	Jingmen	41168	34602	13368	174	揭阳	Jieyang	20321	22906	8060	212
孝感	Xiaogan	36275	34081	18097	135	云浮	Yunfu	35599	20617	20617	120
荆州	Jingzhou	30111	39744	8990	201	**广西**	**Guangxi**	**773395**	**385508**		
黄冈	Huanggang	13922	16746	7804	217	南宁	Nanning	65696	30678	9381	195
咸宁	Xianning	13400	22400	12600	178	柳州	Liuzhou		41865	20128	123
随州	Suizhou	7810	2777	759	263	桂林	Guilin	48181	32204	16146	150
湖南	**Hunan**	**603667**	**511481**			梧州	Wuzhou	48800	10817	4984	244
长沙	Changsha	54678	15952	6634	231	北海	Beihai	34185	12184	7292	222
株洲	Zhuzhou	57883	36464	24142	100	防城港	Fangchenggang	31585	27855	21792	114
湘潭	Xiangtan	66704	38038	29906	76	钦州	Qinzhou	44140	15967	5428	240
衡阳	Hengyang	56543	73232	51706	29	贵港	Guigang	66744	24007	22736	110
邵阳	Shaoyang	15852	15612	13546	171	玉林	Yulin	73031	9944	6488	232
岳阳	Yueyang	57114	43084	19469	126	百色	Baise	80179	56359	23172	106

9-6 工业二氧化硫排放量 续表 3

Volume of Sulfur Dioxide Emission continued 3

单位：吨 (ton)

地名	City	2010	2015	2016	2016 排名 Ranking
贺州	Hezhou	26667	9193	3567	256
河池	Hechi	59315	46824	8681	206
来宾	Laibin	171282	60145	8342	210
崇左	Chongzuo	23590	7466	3431	257
海南	**Hainan**	**104**	**3399**		
海口	Haikou	92	2517	593	264
三亚	Sanya	12	208	219	266
三沙	Sansha				
重庆	**Chongqing**	**572747**	**426800**		
四川	**Sichuan**	**859458**	**571603**		
成都	Chengdu	61928	37224	17318	141
自贡	Zigong	36611	17732	8105	211
攀枝花	Panzhihua	100568	82227		
泸州	Luzhou	91275	30076	25045	96
德阳	Deyang	22641	18570	13705	170
绵阳	Mianyang	46081	32026	9294	198
广元	Guangyuan	35365	18807	6188	233
遂宁	Suining	10989	6658	2922	258
内江	Neijiang	64586	70516	50084	32
乐山	Leshan	77516	45402	41716	44
南充	Nanchong	5733	7091		
眉山	Meishan	20818	20159		
宜宾	Yibin	86786	84078		
广安	Guangan	74851	41366	41366	46
达州	Dazhou	85222	45767		
雅安	Yaan	6652	5277	3581	255
巴中	Bazhong	8676	2037		
资阳	Ziyang	23160	6590		
贵州	**Guizhou**	**387562**	**450422**		
贵阳	Guiyang	84508	57192	40373	49
六盘水	Liupanshui	88517	136992	78915	10
遵义	Zunyi	66804	74921	46347	35
安顺	Anshun	147733	33221	17159	143
毕节	Bijie		123308		
铜仁	Tongren		24788	7970	214
云南	**Yunnan**	**309400**	**358428**		
昆明	Kunming	94265	74017	80083	9
曲靖	Qujing	172800	171413	144804	2
玉溪	Yuxi	10056	32385	33912	66
保山	Baoshan	7169	14131	14131	167
昭通	Zhaotong	9037	25273	18663	132
丽江	Lijiang	3723	6748	6744	229
普洱	Puer	8723	7718	6034	235
临沧	Lincang	3627	26743	15533	155
西藏	**Tibet**				
拉萨	Lasa			519	265
陕西	**Shaanxi**	**707045**	**483813**		
西安	Xi'an	81504	38691	4914	246
铜川	Tongchuan	16343	16891	7258	223
宝鸡	Baoji	57851	31706	18814	131
咸阳	Xianyang	86305	52734	17464	138
渭南	Weinan	287814	118845	110943	5
延安	Yan'an	11196	19314	7817	216
汉中	Hanzhong	37980		22799	109
榆林	Yulin	110499	174540	78414	11
安康	Ankang	5983	11274	4846	248
商洛	Shangluo	11570	19818	6737	230
甘肃	**Gansu**	**413130**	**437991**		
兰州	Lanzhou	69800	61240	19192	127
嘉峪关	Jiayuguan	24518	59247	30004	75
金昌	Jinchang	86896	101975	18223	134
白银	Baiyin	110014	91141	37245	56
天水	Tianshui	7412	6715	4959	245
武威	Wuwei	4830	17501	3976	253
张掖	Zhangye	21084	25297	11034	189
平凉	Pingliang	59643	27802	11430	185
酒泉	Jiuquan	14500	24584	11949	182
庆阳	Qingyang	4084	6233	4875	247
定西	Dingxi	3707	9447	7330	220
陇南	Longnan	6642	6809	6809	227
青海	**Qinghai**	**72874**	**71047**		
西宁	Xining	72874	57696		
海东	Haidong		13351		
宁夏	**Ningxia**	**264353**	**231312**		
银川	Yinchuan	24150	64883	24366	98
石嘴山	Shizuishan	112839	84650	51677	30
吴忠	Wuzhong	77043	45940	30068	74
固原	Guyuan	4210	10326	7891	215
中卫	Zhongwei	46111	25513	22845	108
新疆	**Xinjiang**	**128370**	**84248**		
乌鲁木齐	Urumqi	94146	58978	40166	50
克拉玛依	Karamay	34224	25270	16222	148

9-7 工业烟（粉）尘产生量
Volume of Industrial Soot (dust) Produced

单位：吨　　　　(ton)

地名	City	2016	2016 排名 Ranking
城市合计	**Prefecture Cities**		
北京	**Beijing**	**1317328**	
天津	**Tianjin**	**4827143**	
河北	**Hebei**		
石家庄	Shijiazhuang	7402482	9
唐山	Tangshan	18491938	1
秦皇岛	Qinhuangdao	2377416	93
邯郸	Handan	7150488	11
邢台	Xingtai	2513749	85
保定	Baoding	2128475	104
张家口	Zhangjiakou	2938038	75
承德	Chengde	1484646	152
沧州	Cangzhou	1069577	176
廊坊	Langfang	673692	205
衡水	Hengshui	822017	192
山西	**Shanxi**		
太原	Taiyuan	6552772	15
大同	Datong	17581458	2
阳泉	Yangquan	1174919	168
长治	Changzhi	5196031	27
晋城	Jincheng	3079759	69
朔州	Shuozhou	5357175	23
晋中	Jinzhong	2186213	101
运城	Yuncheng	3682559	53
忻州	Xinzhou	104570	253
临汾	Linfen		
吕梁	Lvliang	3737248	51
内蒙古	**Inner Mongolia**		
呼和浩特	Hohhot	6674742	14
包头	Baotou	4996619	30
乌海	Wuhai	3852099	49
赤峰	Chifeng	4024611	42
通辽	Tongliao	4632886	34
鄂尔多斯	Erdos	8351605	8
呼伦贝尔	Hulunbuir	160272	248
巴彦淖尔	Bayannur	2250879	99
乌兰察布	Ulanqab	5089417	28
辽宁	**Liaoning**		
沈阳	Shenyang	2764003	79
大连	Dalian	4374447	36
鞍山	Anshan	2010530	108
抚顺	Fushun	2511227	86
本溪	Benxi	2440304	91
丹东	Dandong	677689	204
锦州	Jinzhou	673084	206
营口	Yingkou	3409327	60
阜新	Fuxin	1554512	148
辽阳	Liaoyang	2385933	92
盘锦	Panjin	562490	217
铁岭	Tieling	3271625	63
朝阳	Chaoyang	1365963	158
葫芦岛	Huludao		
吉林	**Jilin**		
长春	Changchun	1785257	119
吉林	Jilin	4059825	41
四平	Siping	1079108	174
辽源	Liaoyuan	947739	184
通化	Tonghua	1247279	165
白山	Baishan	1141080	169
松原	Songyuan	244412	239
白城	Baicheng	575732	215
黑龙江	**Heilongjiang**		
哈尔滨	Harbin	3480685	59
齐齐哈尔	Qiqihar	1012969	180
鸡西	Jixi	1590497	143
鹤岗	Hegang	1687897	132
双鸭山	Shuangyashan	1757381	124
大庆	Daqing	1703152	130
伊春	Yichun	656991	207
佳木斯	Jiamusi	1222735	166
七台河	Qitaihe	951735	182
牡丹江	Mudanjiang		
黑河	Heihe	647354	208
绥化	Suihua	275577	237
上海	**Shanghai**		
江苏	**Jiangsu**		

9-7 工业烟（粉）尘产生量 续表 1

Volume of Industrial Soot(dust) Produced continued 1

单位：吨 (ton)

地名	City	2016	2016 排名 Ranking
南京	Nanjing	6820727	13
无锡	Wuxi	4931395	31
徐州	Xuzhou	3704938	52
常州	Changzhou	3337019	62
苏州	Suzhou	7366348	10
南通	Nantong	3932121	47
连云港	Lianyungang	1668463	136
淮安	Huaian	3482833	57
盐城	Yancheng	1845059	117
扬州	Yangzhou	1540946	149
镇江	Zhenjiang	3836094	50
泰州	Taizhou	1324553	162
宿迁	Suqian	237508	242
浙江	**Zhejiang**		
杭州	Hangzhou	3987001	44
宁波	Ningbo	6014603	18
温州	Wenzhou	1636896	138
嘉兴	Jiaxing	1765111	121
湖州	Huzhou	3599189	55
绍兴	Shaoxing	597026	211
金华	Jinhua	1601472	141
衢州	Quzhou	1996610	110
舟山	Zhoushan	799164	195
台州	Taizhou	1715770	128
丽水	Lishui	134045	251
安徽	**Anhui**		
合肥	Hefei	3668126	54
芜湖	Wuhu	4266419	37
蚌埠	Bengbu	517222	221
淮南	Huainan	8561738	7
马鞍山	Maanshan	4544770	35
淮北	Huaibei	1718602	127
铜陵	Tongling	5803452	19
安庆	Anqing	3163661	68
黄山	Huangshan	45680	260
滁州	Chuzhou	984845	181
阜阳	Fuyang	1053369	177
宿州	Suzhou	2148366	102
六安	Liuan	924628	186
亳州	Bozhou	485218	223
池州	Chizhou	312958	233
宣城	Xuancheng	890811	187
福建	**Fujian**		
福州	Fuzhou	1695547	131
厦门	Xiamen	300587	234
莆田	Putian	228752	244
三明	Sanming	3947384	46
泉州	Quanzhou	1857912	115
漳州	Zhangzhou	476342	224
南平	Nanping	398741	230
龙岩	Longyan	5323645	25
宁德	Ningde	407226	229
江西	**Jiangxi**		
南昌	Nanchang	1176909	167
景德镇	Jingdezhen	1505188	151
萍乡	Pingxiang	1830760	118
九江	Jiujiang	2365248	95
新余	Xinyu	1775098	120
鹰潭	Yingtan	758480	200
赣州	Ganzhou	3020118	71
吉安	Jian	949332	183
宜春	Yichun	2929441	76
抚州	Fuzhou		
上饶	Shangrao	2548713	84
山东	**Shandong**		
济南	Jinan	3546400	56
青岛	Qingdao	2138279	103
淄博	Zibo	5771291	20
枣庄	Zaozhuang	4709752	33
东营	Dongying	1636493	139
烟台	Yantai	5314771	26
潍坊	Weifang	5078453	29
济宁	Jining	6480684	16
泰安	Taian	4239446	39
威海	Weihai	1587804	144
日照	Rizhao	4005656	43
莱芜	Laiwu	3950211	45
临沂	Linyi	5568948	21
德州	Dezhou	3232236	66
聊城	Liaocheng	6940470	12

9-7 工业烟（粉）尘产生量 续表 2

Volume of Industrial Soot(dust) Produced continued 2

单位：吨 (ton)

地名	City	2016	2016 排名 Ranking	地名	City	2016	2016 排名 Ranking
滨州	Binzhou	14403851	3	常德	Changde	1273109	163
菏泽	Heze	2201468	100	张家界	Zhangjiajie	568695	216
河南	**Henan**			益阳	Yiyang	1637760	137
郑州	Zhengzhou	8791704	6	郴州	Chenzhou	2347121	96
开封	Kaifeng	343657	231	永州	Yongzhou	761988	199
洛阳	Luoyang	4810528	32	怀化	Huaihua	136256	250
平顶山	Pingdingshan	4169344	40	娄底	Loudi	3031386	70
安阳	Anyang	2327062	97	**广东**	**Guangdong**		
鹤壁	Hebi	1916761	112	广州	Guangzhou	3481190	58
新乡	Xinxiang	4258404	38	韶关	Shaoguan	1761223	122
焦作	Jiaozuo	2619649	81	深圳	Shenzhen	241018	241
濮阳	Puyang	1629077	140	珠海	Zhuhai	684113	203
许昌	Xuchang	2588688	82	汕头	Shantou	450986	225
漯河	Luohe	708255	201	佛山	Foshan	1383600	157
三门峡	Sanmenxia	2499913	89	江门	Jiangmen		
南阳	Nanyang	3001922	72	湛江	Zhanjiang	1574486	146
商丘	Shangqiu	818021	193	茂名	Maoming	545971	220
信阳	Xinyang	1391241	156	肇庆	Zhaoqing	3260204	64
周口	Zhoukou	87159	255	惠州	Huizhou	2939604	74
驻马店	Zhumadian	1092006	171	梅州	Meizhou		
湖北	**Hubei**			汕尾	Shanwei	595422	213
武汉	Wuhan	3240011	65	河源	Heyuan		
黄石	Huangshi	3910272	48	阳江	Yangjiang	1555912	147
十堰	Shiyan	793819	196	清远	Qingyuan		
宜昌	Yichang	1585683	145	东莞	Dongguan	1761179	123
襄阳	Xiangyang	1848552	116	中山	Zhongshan		
鄂州	Ezhou	1710869	129	潮州	Chaozhou	561916	218
荆门	Jingmen	1595028	142	揭阳	Jieyang	242012	240
孝感	Xiaogan	1258731	164	云浮	Yunfu	1860205	114
荆州	Jingzhou	1535719	150	**广西**	**Guangxi**		
黄冈	Huanggang	814268	194	南宁	Nanning	1740032	126
咸宁	Xianning	1682700	133	柳州	Liuzhou	2449638	90
随州	Suizhou	19963	265	桂林	Guilin	826730	191
湖南	**Hunan**			梧州	Wuzhou	86168	256
长沙	Changsha	415050	228	北海	Beihai	208874	246
株洲	Zhuzhou	2811116	78	防城港	Fangchenggang	1345018	159
湘潭	Xiangtan	1399913	155	钦州	Qinzhou	288004	236
衡阳	Hengyang	591746	214	贵港	Guigang	6158984	17
邵阳	Shaoyang	706477	202	玉林	Yulin	71183	258
岳阳	Yueyang	1337386	161	百色	Baise	2269298	98

9-7 工业烟（粉）尘产生量 续表 3
Volume of Industrial Soot(dust) Produced continued 3

单位：吨 (ton)

地名	City	2016	2016 排名 Ranking
贺州	Hezhou	936512	185
河池	Hechi	75022	257
来宾	Laibin	865312	188
崇左	Chongzuo	1070091	175
海南	**Hainan**		
海口	Haikou	2614	266
三亚	Sanya	101595	254
三沙	Sansha		
重庆	**Chongqing**	**22316324**	
四川	**Sichuan**		
成都	Chengdu	1417322	154
自贡	Zigong	326949	232
攀枝花	Panzhihua		
泸州	Luzhou	176417	247
德阳	Deyang	1014595	179
绵阳	Mianyang	843411	189
广元	Guangyuan	245459	238
遂宁	Suining	41896	264
内江	Neijiang	1342355	160
乐山	Leshan	1678217	134
南充	Nanchong	1678217	134
眉山	Meishan		
宜宾	Yibin		
广安	Guangan	2986521	73
达州	Dazhou		
雅安	Yaan	230128	243
巴中	Bazhong		
资阳	Ziyang		
贵州	**Guizhou**		
贵阳	Guiyang	2006286	109
六盘水	Liupanshui	5498162	22
遵义	Zunyi	560617	219
安顺	Anshun	1462686	153
毕节	Bijie		
铜仁	Tongren	1086337	173
云南	**Yunnan**		
昆明	Kunming	2501819	88
曲靖	Qujing	9239284	5
玉溪	Yuxi	1087050	172
保山	Baoshan	1034057	178
昭通	Zhaotong	294198	235
丽江	Lijiang	44969	261
普洱	Puer	595914	212
临沧	Lincang	42364	262
西藏	**Tibet**		
拉萨	Lasa	784739	197
陕西	**Shaanxi**		
西安	Xi'an	1093460	170
铜川	Tongchuan	1741608	125
宝鸡	Baoji	2104684	105
咸阳	Xianyang	2502228	87
渭南	Weinan	2665481	80
延安	Yan'an	646221	209
汉中	Hanzhong	3338715	61
榆林	Yulin	5336400	24
安康	Ankang	147098	249
商洛	Shangluo	486350	222
甘肃	**Gansu**		
兰州	Lanzhou	3199994	67
嘉峪关	Jiayuguan	2374116	94
金昌	Jinchang	2573408	83
白银	Baiyin	1958691	111
天水	Tianshui	622248	210
武威	Wuwei	227177	245
张掖	Zhangye	427549	227
平凉	Pingliang	1904342	113
酒泉	Jiuquan	130172	252
庆阳	Qingyang	42186	263
定西	Dingxi	55206	259
陇南	Longnan	839086	190
青海	**Qinghai**		
西宁	Xining		
海东	Haidong		
宁夏	**Ningxia**		
银川	Yinchuan		
石嘴山	Shizuishan	10140089	4
吴忠	Wuzhong	2889944	77
固原	Guyuan	439782	226
中卫	Zhongwei	2044276	107
新疆	**Xinjiang**		
乌鲁木齐	Urumqi	2073113	106
克拉玛依	Karamay	769114	198

9-8 工业烟（粉）尘排放量
Volume of Industrial Soot (dust) Emission

单位：吨 (ton)

地名	City	2010	2015	2016	2016 排名 Ranking
城市合计	**Prefecture Cities**	**5378758**	**13991482**		
北京	**Beijing**	**21266**	**12987**		
天津	**Tianjin**	**53831**	**73795**		
河北	**Hebei**	**322623**	**2936210**		
石家庄	Shijiazhuang	32631	87128	52705	33
唐山	Tangshan	98670	466902	447920	1
秦皇岛	Qinhuangdao	11365	1859866	48524	38
邯郸	Handan	34697	191713	117504	3
邢台	Xingtai	36357	100738	81860	10
保定	Baoding	14652	31698	14050	127
张家口	Zhangjiakou	28188	35693	31475	64
承德	Chengde	21383	50907	40963	52
沧州	Cangzhou	6134	50879	13390	133
廊坊	Langfang	9855	48205	27993	73
衡水	Hengshui	28691	12481	7133	194
山西	**Shanxi**	**487490**	**891665**		
太原	Taiyuan	34814	34473	21897	91
大同	Datong	77185	58299	25462	83
阳泉	Yangquan	18891	31096	27681	75
长治	Changzhi	64370	195489	43115	51
晋城	Jincheng	48202	51043	77099	15
朔州	Shuozhou	24847	30564	15870	117
晋中	Jinzhong	36121	80364	27371	77
运城	Yuncheng	48997	100864	49421	35
忻州	Xinzhou	15163	73397	104570	4
临汾	Linfen	57998	81053		
吕梁	Lvliang	60902	155023	93091	8
内蒙古	**Inner Mongolia**	**294618**	**515839**		
呼和浩特	Hohhot	12731	37983	79103	13
包头	Baotou	32563	104177	61217	23
乌海	Wuhai	19316	57359	46407	44
赤峰	Chifeng	10836	48763	28681	71
通辽	Tongliao	73440	41752	17670	107
鄂尔多斯	Erdos	97957	45994	45699	45
呼伦贝尔	Hulunbuir	14056	92456	26771	81
巴彦淖尔	Bayannur	13390	37700	21163	96
乌兰察布	Ulanqab	20329	49655	21662	93
辽宁	**Liaoning**	**382415**	**836729**		
沈阳	Shenyang	60363	84871	30130	67
大连	Dalian	24171	54112	32710	62
鞍山	Anshan	30205	91225	78425	14
抚顺	Fushun	17937	71426	37455	55
本溪	Benxi	26543	166611	97303	6
丹东	Dandong	1378	28820	8803	177
锦州	Jinzhou	41158	40391	17260	111
营口	Yingkou	45221	89121	95883	7
阜新	Fuxin	28368	30062	7985	188
辽阳	Liaoyang	13599	41207	14015	129
盘锦	Panjin	5316	15334	14437	126
铁岭	Tieling	31722	39438	16937	112
朝阳	Chaoyang	45750	62519	55464	27
葫芦岛	Huludao	10684	21592		
吉林	**Jilin**	**199922**	**297575**		
长春	Changchun	94173	80781	24451	85
吉林	Jilin	33507	89241	47644	42
四平	Siping	12245	30628	8280	186
辽源	Liaoyuan	10687	18500	4949	220
通化	Tonghua	19949	25433	17504	109
白山	Baishan	13730	14173	8747	178
松原	Songyuan	6223	28621	4126	231
白城	Baicheng	9408	10198	6034	207
黑龙江	**Heilongjiang**	**232434**	**320005**		
哈尔滨	Harbin	30000	67433	21781	92
齐齐哈尔	Qiqihar	3476	58069	20139	102
鸡西	Jixi	23695	34945	5837	209
鹤岗	Hegang	14739	17455	13789	131
双鸭山	Shuangyashan	26387	37697	26219	82
大庆	Daqing	29715	19776	12664	141
伊春	Yichun	25549	15870	7692	190
佳木斯	Jiamusi	15900	16563	8622	181
七台河	Qitaihe	26895	15705	10694	157
牡丹江	Mudanjiang	29471	30311	8265	187
黑河	Heihe	5617	1011	6948	197
绥化	Suihua	990	5170	2787	247
上海	**Shanghai**	**41793**	**111400**		
江苏	**Jiangsu**	**291765**	**607022**		

9-8 工业烟（粉）尘排放量 续表 1
Volume of Industrial Soot (dust) Emission continued 1

单位：吨 (ton)

地名	City	2010	2015	2016	2016 排名 Ranking	地名	City	2010	2015	2016	2016 排名 Ranking
南京	Nanjing	33788	84128	48592	37	池州	Chizhou	16106	13950	15590	118
无锡	Wuxi	38909	82859	67638	18	宣城	Xuancheng	5969	38754	13276	134
徐州	Xuzhou	24257	60490	57688	24	**福建**	**Fujian**	**99951**	**302615**		
常州	Changzhou	19582	97999	57542	25	福州	Fuzhou	8590	90911	67548	19
苏州	Suzhou	46272	75406	61777	22	厦门	Xiamen	2252	2414	1183	262
南通	Nantong	38457	31664	13821	130	莆田	Putian	5399	4909	3538	235
连云港	Lianyungang	7356	33979	30798	66	三明	Sanming	22826	62656	47471	43
淮安	Huaian	16823	17152	9212	171	泉州	Quanzhou	23452	65568	55689	26
盐城	Yancheng	19145	36416	21934	90	漳州	Zhangzhou	5594	20687	8303	185
扬州	Yangzhou	7796	13917	9092	173	南平	Nanping	20619	17095	7593	191
镇江	Zhenjiang	12375	24230	20637	98	龙岩	Longyan	5824	29903	20047	103
泰州	Taizhou	16826	13880	9794	166	宁德	Ningde	5395	8472	7459	192
宿迁	Suqian	10179	34902	20543	99	**江西**	**Jiangxi**	**138954**	**433360**		
浙江	**Zhejiang**	**160507**	**311320**			南昌	Nanchang	6264	24818	33926	60
杭州	Hangzhou	30860	49176	20414	100	景德镇	Jingdezhen	8230	15590	35274	57
宁波	Ningbo	28386	28128	24009	87	萍乡	Pingxiang	16018	43277	26992	80
温州	Wenzhou	5666	16449	4911	222	九江	Jiujiang	23141	50987	98257	5
嘉兴	Jiaxing	18900	20975	10978	155	新余	Xinyu	4124	75389	53016	32
湖州	Huzhou	10648	28855	19565	105	鹰潭	Yingtan	2261	5024	2564	251
绍兴	Shaoxing	17883	32588	14441	125	赣州	Ganzhou	20471	62177	43898	49
金华	Jinhua	13796	39659	16390	114	吉安	Jian	12213	27236	15310	119
衢州	Quzhou	8936	62115	31078	65	宜春	Yichun	16698	69471	45293	46
舟山	Zhoushan	17508	3050	2066	255	抚州	Fuzhou	21805	23487		
台州	Taizhou	5856	16263	9152	172	上饶	Shangrao	7729	35904	23533	88
丽水	Lishui	2068	14062	10188	160	**山东**	**Shandong**	**292695**	**913054**		
安徽	**Anhui**	**208479**	**477965**			济南	Jinan	19709	92900	54677	29
合肥	Hefei	10604	85036	11483	149	青岛	Qingdao	12334	28767	9033	174
芜湖	Wuhu	12958	39513	37115	56	淄博	Zibo	38271	90347	72716	16
蚌埠	Bengbu	9960	23596	4154	230	枣庄	Zaozhuang	13142	29462	20166	101
淮南	Huainan	38388	18853	21328	94	东营	Dongying	5873	5156	4916	221
马鞍山	Maanshan	8814	75916	81449	12	烟台	Yantai	15137	30316	21184	95
淮北	Huaibei	17981	18730	12051	144	潍坊	Weifang	26081	55380	43918	48
铜陵	Tongling	8530	23136	17339	110	济宁	Jining	22090	54597	29710	68
安庆	Anqing	8582	24978	11039	153	泰安	Taian	18248	16190	17520	108
黄山	Huangshan	2619	3395	2589	250	威海	Weihai	8238	12542	15029	120
滁州	Chuzhou	17927	35263	11236	150	日照	Rizhao	7427	103306	89784	9
阜阳	Fuyang	3891	14861	10065	161	莱芜	Laiwu	12858	144785	120610	2
宿州	Suzhou	9230	18059	6914	198	临沂	Linyi	31344	109750	68578	17
六安	Liuan	4790	33407	4971	219	德州	Dezhou	27590	39637	35157	58
亳州	Bozhou	4964	10518	3412	239	聊城	Liaocheng	6725	17749	13604	132

9-8 工业烟（粉）尘排放量 续表 2

Volume of Industrial Soot (dust) Emission continued 2

单位：吨 (ton)

地名	City	2010	2015	2016	2016 排名 Ranking	地名	City	2010	2015	2016	2016 排名 Ranking
滨州	Binzhou	14952	30123	53570	31	常德	Changde	10516	17636	9379	170
菏泽	Heze	12676	52047	24063	86	张家界	Zhangjiajie	3513	3039	2715	248
河南	**Henan**	**466021**	**622135**			益阳	Yiyang	23555	31911	8451	183
郑州	Zhengzhou	45011	71794	28977	69	郴州	Chenzhou	33928	20865	12939	138
开封	Kaifeng	36252	26561	4981	217	永州	Yongzhou	10951	30694	12477	143
洛阳	Luoyang	92344	43053	18424	106	怀化	Huaihua	18267	37418	5364	214
平顶山	Pingdingshan	60082	100599	32040	63	娄底	Loudi	14652	69889	55407	28
安阳	Anyang	28160	137852	51644	34	**广东**	**Guangdong**	**231205**	**293372**		
鹤壁	Hebi	11703	13775	5949	208	广州	Guangzhou		9227	8951	175
新乡	Xinxiang	14855	22380	16456	113	韶关	Shaoguan	3835	34161	38428	54
焦作	Jiaozuo	32880	23292	16090	115	深圳	Shenzhen	912	1079	1741	257
濮阳	Puyang	21386	21676	2856	245	珠海	Zhuhai	8041	10446	9946	162
许昌	Xuchang	6327	18337	12719	140	汕头	Shantou	4937	4352	2997	242
漯河	Luohe	9632	3979	1114	263	佛山	Foshan	33401	29321	22642	89
三门峡	Sanmenxia	44816	32796	14814	122	江门	Jiangmen	17861	13031		
南阳	Nan yang	12914	22260	13102	135	湛江	Zhanjiang	12851	9361	14031	128
商丘	Shangqiu	13568	35662	10298	159	茂名	Maoming	23593	11476	6364	202
信阳	Xinyang	15819	16415	19720	104	肇庆	Zhaoqing	32040	30554	27299	78
周口	Zhoukou	4859	8513	2884	244	惠州	Huizhou	3237	15715	14572	124
驻马店	Zhumadian	15413	23191	7286	193	梅州	Meizhou	6106	14272		
湖北	**Hubei**	**166093**	**280533**			汕尾	Shanwei	3341	3657	950	264
武汉	Wuhan	12537	20811	54089	30	河源	Heyuan	817	6160		
黄石	Huangshi	13668	43718	47915	39	阳江	Yangjiang	8215	19577	11713	147
十堰	Shiyan	5805	7960	3923	233	清远	Qingyuan	10671	40878		
宜昌	Yichang	9427	30060	14959	121	东莞	Dongguan	29124	14412	12647	142
襄阳	Xiangyang	14735	14014	9398	169	中山	Zhongshan	13927	12276		
鄂州	Ezhou	13171	45389	27381	76	潮州	Chaozhou	7448	2214	1598	259
荆门	Jingmen	15351	33790	11156	152	揭阳	Jieyang	4402	3375	2064	256
孝感	Xiaogan	12481	17536	6986	196	云浮	Yunfu	6446	7828	7828	189
荆州	Jingzhou	47320	21238	6199	203	**广西**	**Guangxi**	**235657**	**329218**		
黄冈	Huanggang	6594	16679	7093	195	南宁	Nanning	24506	26008	9693	167
咸宁	Xianning	12100	18800	5600	212	柳州	Liuzhou		80978	81573	11
随州	Suizhou	2904	10538	1562	260	桂林	Guilin	10514	12200	9860	164
湖南	**Hunan**	**212660**	**1706819**			梧州	Wuzhou	20005	8000	4332	227
长沙	Changsha	24746	11641	6890	199	北海	Beihai	5188	4692	8392	184
株洲	Zhuzhou	5983	1347367	9938	163	防城港	Fangchenggang	9951	48784	27046	79
湘潭	Xiangtan	16895	57173	47854	40	钦州	Qinzhou	13785	4624	2637	249
衡阳	Hengyang	29500	39852	28693	70	贵港	Guigang	57050	73541	40318	53
邵阳	Shaoyang	4291	19367	8695	179	玉林	Yulin	38895	15726	13087	136
岳阳	Yueyang	15863	19967	4978	218	百色	Baise	10150	17944	11819	146

9-8 工业烟（粉）尘排放量 续表 3

Volume of Industrial Soot (dust) Emission continued 3

单位：吨 (ton)

地名	City	2010	2015	2016	2016 排名 Ranking
贺州	Hezhou	7682	4868	3480	238
河池	Hechi	5109	13613	3039	241
来宾	Laibin	21091	2970	4030	232
崇左	Chongzuo	11731	15270	10718	156
海南	**Hainan**	**127**	**2636**		
海口	Haikou	93	854	156	265
三亚	Sanya	34	935	1199	261
三沙	Sansha				
重庆	**Chongqing**	**102132**	**196416**		
四川	**Sichuan**	**240530**	**295363**		
成都	Chengdu	28901	20607		
自贡	Zigong	13556	7171	2935	243
攀枝花	Panzhihua	25025	32650		
泸州	Luzhou	9014	7310	5746	211
德阳	Deyang	5332	18409	11486	148
绵阳	Mianyang	19843	13522	9529	168
广元	Guangyuan	19667	9003	4431	226
遂宁	Suining	1392	2552	1655	258
内江	Neijiang	24199	31519	27726	74
乐山	Leshan	21472	35530	28616	72
南充	Nanchong	2076	4310		
眉山	Meishan	28201	17030		
宜宾	Yibin	7550	14415		
广安	Guangan	8888	14714	14714	123
达州	Dazhou	7307	46321		
雅安	Yaan	2786	11652	6428	201
巴中	Bazhong	8681	1971		
资阳	Ziyang	6640	6677		
贵州	**Guizhou**	**66004**	**143336**		
贵阳	Guiyang	12601	23545	8475	182
六盘水	Liupanshui	27023	61707	47826	41
遵义	Zunyi	9836	11486	13079	137
安顺	Anshun	16544	8635	3618	234
毕节	Bijie		17596		
铜仁	Tongren		20367	6543	200
云南	**Yunnan**	**54905**	**156851**		
昆明	Kunming	7905	24533	25188	84
曲靖	Qujing	24900	41457	43300	50
玉溪	Yuxi	4325	37818	20866	97
保山	Baoshan	1442	13776	12860	139
昭通	Zhaotong	12097	12972	5468	213
丽江	Lijiang	1185	9342	8947	176
普洱	Puer	2171	12197	6070	206
临沧	Lincang	880	4756	4268	229
西藏	**Tibet**				
拉萨	Lasa			131	266
陕西	**Shaanxi**	**119473**	**371739**		
西安	Xi'an	16675	16444	2853	246
铜川	Tongchuan	3336	54209	11844	145
宝鸡	Baoji	8714	29334	11032	154
咸阳	Xianyang	11757	35353	9798	165
渭南	Weinan	19223	11343	10546	158
延安	Yan'an	7000	11339	5043	216
汉中	Hanzhong	20672		33581	61
榆林	Yulin	22168	200517	62374	21
安康	Ankang	3649	8829	3533	236
商洛	Shangluo	6279	4371	2205	254
甘肃	**Gansu**	**71738**	**198122**		
兰州	Lanzhou	9356	45209	15892	116
嘉峪关	Jiayuguan	7884	48670	44542	47
金昌	Jinchang	13815	10350	4704	224
白银	Baiyin	14027	9894	5823	210
天水	Tianshui	4246	7037	4311	228
武威	Wuwei	2901	8643	3524	237
张掖	Zhangye	8092	11415	6078	205
平凉	Pingliang	4756	34689	5061	215
酒泉	Jiuquan	3208	8385	2532	252
庆阳	Qingyang	1404	4323	2239	253
定西	Dingxi	1599	4612	3374	240
陇南	Longnan	450	4895	4895	223
青海	**Qinghai**	**21034**	**126479**		
西宁	Xining	21034	61783		
海东	Haidong		64696		
宁夏	**Ningxia**	**123433**	**175849**		
银川	Yinchuan	8329	18795	11220	151
石嘴山	Shizuishan	72071	82686	63650	20
吴忠	Wuzhong	14200	11547	8664	180
固原	Guyuan	1000	2799	4658	225
中卫	Zhongwei	27833	60022	48894	36
新疆	**Xinjiang**	**39003**	**51073**		
乌鲁木齐	Urumqi	32993	45969	34024	59
克拉玛依	Karamay	6010	5104	6119	204

9-9 工业固体废物综合利用率
Ratio of Industrial Solid Wastes Comprehensively Utilized

单位：% (%)

地名	City	2010	2015	2016	2016 排名 Ranking
城市合计	**Prefecture Cities**				
北京	**Beijing**	**65.82**	**83.33**		
天津	**Tianjin**	**98.57**	**98.58**		
河北	**Hebei**				
石家庄	Shijiazhuang	93.36	98.00	94.96	73
唐山	Tangshan	80.55	72.50	70.79	184
秦皇岛	Qinhuangdao	59.57	68.55	81.89	156
邯郸	Handan	89.97	97.00	85.70	141
邢台	Xingtai	94.62	95.31	96.03	53
保定	Baoding	70.78	93.00	98.84	27
张家口	Zhangjiakou	33.27	57.16	57.16	211
承德	Chengde	12.20	24.00	27.50	246
沧州	Cangzhou	99.60	100.00	59.73	205
廊坊	Langfang	99.41	97.00	94.29	81
衡水	Hengshui	100.00	99.30	98.97	25
山西	**Shanxi**				
太原	Taiyuan	52.27	56.00	51.30	218
大同	Datong	68.94	91.61	92.00	104
阳泉	Yangquan	23.40	18.61	16.76	249
长治	Changzhi	67.87	67.66	75.40	174
晋城	Jincheng	75.21	78.19	78.00	168
朔州	Shuozhou	48.35	88.70	51.52	217
晋中	Jinzhong	90.89	95.93		
运城	Yuncheng	70.80	41.23	31.54	242
忻州	Xinzhou	88.67	70.93	70.00	186
临汾	Linfen	80.98	73.65		
吕梁	Lvliang	91.67	73.34	74.24	175
内蒙古	**Inner Mongolia**				
呼和浩特	Hohhot	38.62	33.00	43.78	231
包头	Baotou	81.06	72.11	44.72	229
乌海	Wuhai	68.85	55.11		
赤峰	Chifeng	38.37	33.13	29.95	243
通辽	Tongliao	86.04	80.84	89.74	115
鄂尔多斯	Erdos	78.00	39.10	45.03	225
呼伦贝尔	Hulunbuir	25.22	51.45	40.21	235
巴彦淖尔	Bayannur	96.98	51.27	33.14	241
乌兰察布	Ulanqab	75.41	69.74	68.69	188
辽宁	**Liaoning**				
沈阳	Shenyang	95.68	92.02	77.84	169
大连	Dalian	95.90	78.45	95.31	64
鞍山	Anshan	19.10	23.45		
抚顺	Fushun	43.87	60.14	42.56	232
本溪	Benxi	37.85	16.10	45.01	226
丹东	Dandong	98.00	90.21	92.10	102
锦州	Jinzhou	62.52	89.72	88.97	120
营口	Yingkou	99.40	90.49	93.70	86
阜新	Fuxin	96.25	89.87	81.60	158
辽阳	Liaoyang	100.00	11.47	6.00	252
盘锦	Panjin	94.75	95.73	89.66	118
铁岭	Tieling	67.39	65.08	64.28	198
朝阳	Chaoyang	54.09	77.36	79.66	164
葫芦岛	Huludao	65.13	75.14		
吉林	**Jilin**				
长春	Changchun	99.58	96.50	98.70	29
吉林	Jilin	43.00	57.90	46.77	222
四平	Siping	87.36	83.99	93.67	87
辽源	Liaoyuan	100.00	88.65	100.00	1
通化	Tonghua	85.49	88.89	80.71	162
白山	Baishan	43.32	46.56	88.37	125
松原	Songyuan	99.45	99.39	93.43	92
白城	Baicheng	80.76	70.40	99.87	13
黑龙江	**Heilongjiang**				
哈尔滨	Harbin	89.68	99.80	99.29	17
齐齐哈尔	Qiqihar	67.10	95.30		
鸡西	Jixi	64.80			
鹤岗	Hegang	83.69	90.21	89.67	117
双鸭山	Shuangyashan	75.00	89.42	73.53	178
大庆	Daqing	70.77	95.85		
伊春	Yichun	79.01	83.60	70.12	185
佳木斯	Jiamusi	70.45	62.93	64.41	196
七台河	Qitaihe	86.82	88.90	95.20	66
牡丹江	Mudanjiang	96.37	99.32	99.38	15
黑河	Heihe	96.07	100.00	5.20	253
绥化	Suihua	100.00	97.94	100.00	1
上海	**Shanghai**	**96.16**	**96.15**		
江苏	**Jiangsu**				

9-9 工业固体废物综合利用率 续表 1

Ratio of Industrial Solid Wastes Comprehensively Utilized continued 1

单位：% (%)

地名	City	2010	2015	2016	2016 排名 Ranking	地名	City	2010	2015	2016	2016 排名 Ranking
南京	Nanjing	88.82	90.50	85.80	140	池州	Chizhou	86.22	93.97	88.34	126
无锡	Wuxi	97.12	94.40	94.90	74	宣城	Xuancheng	100.00	90.46	77.15	171
徐州	Xuzhou	99.98	99.40	96.90	47	**福建**	**Fujian**				
常州	Changzhou	94.90	98.32	98.10	36	福州	Fuzhou	98.14	95.35	97.55	41
苏州	Suzhou	98.71	98.11	88.80	121	厦门	Xiamen	87.27	93.10	84.44	149
南通	Nantong	98.20	98.87	95.60	60	莆田	Putian	95.71	87.73	81.65	157
连云港	Lianyungang	91.89	93.40	93.60	89	三明	Sanming	59.96	92.50	94.33	80
淮安	Huaian	99.73	97.30	80.00	163	泉州	Quanzhou	93.53	97.99	95.03	68
盐城	Yancheng	93.00	95.56	94.50	77	漳州	Zhangzhou	98.58	96.45	95.02	69
扬州	Yangzhou	97.43	97.50	97.30	44	南平	Nanping	75.99	50.11	87.05	133
镇江	Zhenjiang	92.85	95.18	91.00	108	龙岩	Longyan	87.25	99.32	88.55	124
泰州	Taizhou	99.80	98.51	98.90	26	宁德	Ningde	89.05	81.90	82.00	155
宿迁	Suqian	99.99	95.51	90.50	111	**江西**	**Jiangxi**				
浙江	**Zhejiang**					南昌	Nanchang	93.62	97.10	95.00	70
杭州	Hangzhou	94.13	88.60	85.12	144	景德镇	Jingdezhen	91.70	98.94	93.46	91
宁波	Ningbo	89.66	94.80	94.86	75	萍乡	Pingxiang	88.17	97.64		
温州	Wenzhou	95.00	97.96	71.63	183	九江	Jiujiang	60.39	60.36	64.10	200
嘉兴	Jiaxing	97.60	94.37	92.12	101	新余	Xinyu	85.00	89.70	94.44	78
湖州	Huzhou	96.49	97.87	99.25	18	鹰潭	Yingtan	92.48	87.97	90.16	113
绍兴	Shaoxing	93.15	96.90	94.58	76	赣州	Ganzhou	82.10	82.74	73.13	179
金华	Jinhua	98.59	94.95	96.80	48	吉安	Jian	96.57	95.61	95.94	57
衢州	Quzhou	97.20	92.79	92.79	97	宜春	Yichun	97.00	93.76	58.00	209
舟山	Zhoushan	99.75	99.60	92.70	98	抚州	Fuzhou	86.81	76.75		
台州	Taizhou	97.61	97.38	93.36	63	上饶	Shangrao	5.47	10.11	7.32	251
丽水	Lishui	94.99	95.14	90.20	112	**山东**	**Shandong**				
安徽	**Anhui**					济南	Jinan	97.53	99.38	99.13	23
合肥	Hefei	98.76	91.65	73.65	177	青岛	Qingdao	98.60	93.76	93.76	84
芜湖	Wuhu	96.61	86.44	91.62	105	淄博	Zibo	90.51	95.75	95.79	58
蚌埠	Bengbu	99.94	96.36	98.42	31	枣庄	Zaozhuang	99.90	100.00	100.00	1
淮南	Huainan	91.34	86.10	81.43	159	东营	Dongying	92.54	96.69	93.74	85
马鞍山	Maanshan	65.17	86.51	91.02	107	烟台	Yantai	88.52	78.26	82.92	153
淮北	Huaibei	96.45	92.70	95.39	62	潍坊	Weifang	89.89			
铜陵	Tongling	76.01	90.58	92.37	99	济宁	Jining	94.37	91.54	93.00	95
安庆	Anqing	99.24	96.80	97.33	43	泰安	Taian	97.47	98.76	98.08	38
黄山	Huangshan	87.60	74.80	79.50	165	威海	Weihai	95.70	94.77	95.00	70
滁州	Chuzhou	97.52	96.36	77.31	170	日照	Rizhao	99.99	99.05	87.38	132
阜阳	Fuyang	92.86	99.26	85.16	143	莱芜	Laiwu	96.00	96.32	96.56	49
宿州	Suzhou	90.90	68.92	87.52	130	临沂	Linyi	96.62	99.21	99.25	18
六安	Liuan	71.97	75.84	40.07	236	德州	Dezhou	99.98	98.69	90.89	109
亳州	Bozhou	99.88	97.50	97.15	46	聊城	Liaocheng	89.12	97.64	81.20	160

9-9 工业固体废物综合利用率 续表 2

Ratio of Industrial Solid Wastes Comprehensively Utilized continued 2

单位：% (%)

地名	City	2010	2015	2016	2016 排名 Ranking	地名	City	2010	2015	2016	2016 排名 Ranking
滨州	Binzhou	100.00	82.59	54.76	212	常德	Changde	93.39	95.26	96.37	52
菏泽	Heze	100.00	99.12	98.05	39	张家界	Zhangjiajie	93.00	99.30	100.00	1
河南	**Henan**					益阳	Yiyang	99.96	85.00	85.00	145
郑州	Zhengzhou	84.57	77.36	83.30	152	郴州	Chenzhou	70.87	56.80		
开封	Kaifeng	100.00	99.28	98.09	37	永州	Yongzhou	94.00	82.80	85.30	142
洛阳	Luoyang	35.19	61.96	45.13	224	怀化	Huaihua	37.95	45.00	45.00	227
平顶山	Pingdingshan	80.86	99.96	98.14	35	娄底	Loudi	99.15	96.00	96.00	56
安阳	Anyang	89.46	89.40	97.75	40	**广东**	**Guangdong**				
鹤壁	Hebi	92.09	95.11	95.31	64	广州	Guangzhou		95.15	96.48	50
新乡	Xinxiang	100.00	99.97	69.52	187	韶关	Shaoguan	82.28	90.32	78.43	167
焦作	Jiaozuo	77.28	59.01	68.68	189	深圳	Shenzhen	134.74	99.86	40.85	234
濮阳	Puyang	89.01	98.75	99.24	20	珠海	Zhuhai	98.20	94.38	93.64	88
许昌	Xuchang	98.28	99.20	96.01	54	汕头	Shantou	94.92	97.97	95.59	61
漯河	Luohe	100.00	99.88	100.00	1	佛山	Foshan	99.52	84.70	86.20	137
三门峡	Sanmenxia	39.44	32.88	36.79	239	江门	Jiangmen	95.88	85.08		
南阳	Nanyang	84.27	87.15	71.83	181	湛江	Zhanjiang	91.28	95.97	98.39	32
商丘	Shangqiu	99.85	99.74	98.58	30	茂名	Maoming	87.99	97.70	93.81	83
信阳	Xinyang	99.95	99.32	87.02	134	肇庆	Zhaoqing	72.05	75.00	41.95	233
周口	Zhoukou	98.72	96.36	99.35	16	惠州	Huizhou	93.30	95.50	95.70	59
驻马店	Zhumadian	97.08	97.46	99.90	12	梅州	Meizhou	99.42	95.00		
湖北	**Hubei**					汕尾	Shanwei	89.18	100.00	99.99	7
武汉	Wuhan	98.59	97.96	97.45	42	河源	Heyuan	70.61	96.56		
黄石	Huangshi	62.47	92.03	93.52	90	阳江	Yangjiang	99.25	94.20	91.06	106
十堰	Shiyan	71.54	52.82	64.14	199	清远	Qingyuan	87.95	90.94		
宜昌	Yichang	47.34	26.27	25.26	247	东莞	Dongguan	94.98	88.65	89.73	116
襄阳	Xiangyang	94.31	92.19	46.37	223	中山	Zhongshan	85.21	92.59		
鄂州	Ezhou	98.51	98.16	84.52	148	潮州	Chaozhou	99.41	99.90	99.96	11
荆门	Jingmen	96.33	94.00	58.41	207	揭阳	Jieyang	99.73	99.05	45.00	227
孝感	Xiaogan	99.08	66.35	58.19	208	云浮	Yunfu	82.63	66.31	66.31	192
荆州	Jingzhou	143.24	30.90	39.44	237	**广西**	**Guangxi**				
黄冈	Huanggang	80.93	90.35	54.17	213	南宁	Nanning	94.02	99.92	94.44	78
咸宁	Xianning	98.56	0.49	99.57	14	柳州	Liuzhou		97.48	98.80	28
随州	Suizhou	97.32				桂林	Guilin	90.87	82.86	82.89	154
湖南	**Hunan**					梧州	Wuzhou	41.62	75.00	85.86	139
长沙	Changsha	99.70	86.20	94.00	82	北海	Beihai	73.84	98.88	95.00	70
株洲	Zhuzhou	82.66	90.52	93.30	93	防城港	Fangchenggang	100.00	99.96	99.21	22
湘潭	Xiangtan	96.90	96.10	99.97	10	钦州	Qinzhou	92.38	97.79	98.25	34
衡阳	Hengyang	80.54	86.49	88.66	123	贵港	Guigang	90.79	98.03	96.01	54
邵阳	Shaoyang	91.75	74.00	67.34	190	玉林	Yulin	94.00	90.00	87.68	129
岳阳	Yueyang	96.12	85.54	71.98	180	百色	Baise	25.13	30.01	29.06	244

9-9 工业固体废物综合利用率 续表 3
Ratio of Industrial Solid Wastes Comprehensively Utilized continued 3

单位：% (%)

地名	City	2010	2015	2016	2016 排名 Ranking	地名	City	2010	2015	2016	2016 排名 Ranking
贺州	Hezhou	69.73	75.00	95.16	67	丽江	Lijiang	74.38	81.30		
河池	Hechi	44.84	56.94	73.84	176	普洱	Puer	81.89		27.91	245
来宾	Laibin	92.58	64.50	64.50	195	临沧	Lincang	93.01	80.48	81.00	161
崇左	Chongzuo	93.67	62.97	44.12	230	**西藏**	**Tibet**				
海南	**Hainan**					拉萨	Lasa			35.66	240
海口	Haikou	96.97	99.99	89.50	119	**陕西**	**Shaanxi**				
三亚	Sanya	99.46	100.00	100.00	1	西安	Xi'an	98.05	90.82	86.89	135
三沙	Sansha					铜川	Tongchuan	82.31	98.47	98.38	33
重庆	**Chongqing**	**80.40**	**84.45**			宝鸡	Baoji	26.86	37.37	53.20	214
四川	**Sichuan**					咸阳	Xianyang	99.01	95.33	64.41	196
成都	Chengdu	99.57	96.06			渭南	Weinan	47.49	99.99	99.99	7
自贡	Zigong	92.46	95.02	92.03	103	延安	Yan'an	87.75	89.00	84.87	146
攀枝花	Panzhihua	16.89	22.00			汉中	Hanzhong	44.00		66.08	193
泸州	Luzhou	76.49	97.15	97.18	45	榆林	Yulin	97.41	93.29	86.21	136
德阳	Deyang	81.00	94.80	60.39	204	安康	Ankang	93.30	85.93	66.70	191
绵阳	Mianyang	88.03	99.66	87.40	131	商洛	Shangluo	4.56	21.90	61.00	203
广元	Guangyuan	93.04	99.00	90.87	110	**甘肃**	**Gansu**				
遂宁	Suining	99.99	100.00	99.22	21	兰州	Lanzhou	78.94	98.40	96.45	51
内江	Neijiang	90.28	91.72	92.87	96	嘉峪关	Jiayuguan	33.46	48.59	57.55	210
乐山	Leshan	93.79	95.36	87.75	128	金昌	Jinchang	18.50	13.09	13.40	250
南充	Nanchong	99.67	92.96			白银	Baiyin	34.75	74.19	76.70	172
眉山	Meishan	99.64	100.00			天水	Tianshui	81.23	84.47	71.72	182
宜宾	Yibin	92.04	96.44			武威	Wuwei	74.00	90.30	88.77	122
广安	Guangan	99.16	83.84	83.84	150	张掖	Zhangye	72.24	75.79	78.65	166
达州	Dazhou	99.77	98.70			平凉	Pingliang	78.68	98.84	93.05	94
雅安	Yaan	64.24	79.81	65.84	194	酒泉	Jiuquan	90.00	90.00	52.00	216
巴中	Bazhong	94.00	85.00			庆阳	Qingyang	96.32	95.69	99.98	9
资阳	Ziyang	99.99	99.18			定西	Dingxi	75.36	90.39	89.93	114
贵州	**Guizhou**					陇南	Longnan	81.72	24.32	24.32	248
贵阳	Guiyang	56.17	48.15	39.13	238	**青海**	**Qinghai**	**83.56**			
六盘水	Liupanshui	43.96	57.94	62.50	201	西宁	Xining	83.56			
遵义	Zunyi	66.00	63.00	52.80	215	海东	Haidong		94.20		
安顺	Anshun	76.52	96.00	99.00	24	**宁夏**	**Ningxia**				
毕节	Bijie		67.81			银川	Yinchuan	75.38			
铜仁	Tongren		69.30	49.74	219	石嘴山	Shizuishan	53.74	77.34	49.37	220
云南	**Yunnan**					吴忠	Wuzhong	90.01	59.50	58.74	206
昆明	Kunming	96.11	36.36			固原	Guyuan	99.20	98.64	86.00	138
曲靖	Qujing	51.43	92.00	76.24	173	中卫	Zhongwei	60.61	96.17	88.24	127
玉溪	Yuxi	53.00	39.62	48.98	221	**新疆**	**Xinjiang**				
保山	Baoshan	67.74	81.02	84.78	147	乌鲁木齐	Urumqi	68.20	90.37	92.30	100
昭通	Zhaotong	44.13	100.00	61.37	202	克拉玛依	Karamay	63.55	85.68	83.72	151

10

农 业

Agriculture

10-1 农业乡村户数
Rural Households

单位：万户

地名	City	2010	2015	2016	2016 排名 Ranking
全国	**Nation Total**				
北京	**Beijing**	**216.0**			
天津	**Tianjin**	**130.3**			
河北	**Hebei**	**1525.6**	**1579.0**	**1590.5**	
石家庄	Shijiazhuang	178.0			
唐山	Tangshan	162.8			
秦皇岛	Qinhuangdao	65.1			
邯郸	Handan	181.8			
邢台	Xingtai	153.6			
保定	Baoding	240.7			
张家口	Zhangjiakou	116.9			
承德	Chengde	86.9			
沧州	Cangzhou	155.5			
廊坊	Langfang	82.3			
衡水	Hengshui	102.0			
山西	**Shanxi**	**694.4**	**830.2**	**833.0**	
太原	Taiyuan	33.8	37.4	37.0	132
大同	Datong	56.3	65.8	66.0	87
阳泉	Yangquan	26.5	29.9	30.0	145
长治	Changzhi	68.4	80.4	81.4	71
晋城	Jincheng	52.6	59.3	59.6	103
朔州	Shuozhou	35.0	39.4	39.2	128
晋中	Jinzhong	78.2	93.7	93.6	55
运城	Yuncheng	103.2	121.7	122.9	30
忻州	Xinzhou	75.7	94.1	94.5	54
临汾	Linfen	80.6	97.6	99.4	51
吕梁	Lvliang	84.2	110.8	109.4	40
内蒙古	**Inner Mongolia**	**364.0**	**430.9**	**434.9**	
呼和浩特	Hohhot	29.9	35.9	36.7	133
包头	Baotou	17.0	19.6	20.2	155
乌海	Wuhai	0.9	0.8	0.8	172
赤峰	Chifeng	100.9	116.8	118.4	36
通辽	Tongliao	60.7	68.2	68.2	84
鄂尔多斯	Erdos	18.6	20.4	21.5	154
呼伦贝尔	Hulunbuir	19.3	37.7	37.4	131
巴彦淖尔	Bayannur	26.5	31.9	32.1	142
乌兰察布	Ulanqab	44.9	47.2	47.1	118
辽宁	**Liaoning**	**722.9**	**718.9**	**717.4**	
沈阳	Shenyang	91.1	88.4	88.3	58
大连	Dalian	94.1	84.6	86.9	63
鞍山	Anshan	54.5	52.7	52.7	116
抚顺	Fushun	27.0	27.5	27.4	149
本溪	Benxi	15.2	16.5	16.6	161
丹东	Dandong	44.0	45.3	45.3	120
锦州	Jinzhou	61.5	61.3	60.4	99
营口	Yingkou	44.4	44.9	45.4	119
阜新	Fuxin	34.1	34.8	34.6	137
辽阳	Liaoyang	35.4	36.7	36.1	135
盘锦	Panjin	22.2	23.9	23.2	152
铁岭	Tieling	62.7	64.0	62.3	93
朝阳	Chaoyang	77.6	77.3	78.0	73
葫芦岛	Huludao	59.1	60.9	60.3	100
吉林	**Jilin**	**411.3**	**428.2**	**424.9**	
长春	Changchun	118.4	119.1	115.7	38
吉林	Jilin	58.5	60.3	59.9	102
四平	Siping	58.1	60.1	60.4	98
辽源	Liaoyuan	19.5	20.2	20.0	157
通化	Tonghua	34.3	36.4	36.5	134
白山	Baishan	12.4	12.9	12.9	163
松原	Songyuan	52.4	57.0	57.3	107
白城	Baicheng	34.5	38.9	39.3	126
黑龙江	**Heilongjiang**	**509.1**	**524.5**	**521.3**	
哈尔滨	Harbin	133.7	137.9	138.3	18
齐齐哈尔	Qiqihar	93.6	97.5	94.5	53
鸡西	Jixi	19.4	20.2	20.1	156
鹤岗	Hegang	6.6	6.8	6.7	169
双鸭山	Shuangyashan	14.1	14.7	14.5	162
大庆	Daqing	36.8	38.6	39.5	125
伊春	Yichun	4.9	5.2	5.2	171
佳木斯	Jiamusi	36.0	34.5	34.2	138
七台河	Qitaihe	9.6	9.6	9.7	165
牡丹江	Mudanjiang	30.6	31.5	31.4	144
黑河	Heihe	21.7	23.2	22.6	153
绥化	Suihua	100.3	100.3	100.2	49
上海	**Shanghai**	**114.2**			
江苏	**Jiangsu**	**1483.3**	**1428.8**	**1419.4**	

10-1 农业乡村户数 续表 1
Rural Households continued 1

单位：万户

地名	City	2010	2015	2016	2016 排名 Ranking	地名	City	2010	2015	2016	2016 排名 Ranking
南京	Nanjing	65.2	64.0	63.3	90	池州	Chizhou	38.8	40.0	39.0	129
无锡	Wuxi	72.5	62.5	59.9	101	宣城	Xuancheng	71.2	74.9	74.4	77
徐州	Xuzhou	187.3	176.5	175.8	10	**福建**	**Fujian**	**712.3**			
常州	Changzhou	78.7	73.7	72.7	82	福州	Fuzhou	131.5			
苏州	Suzhou	97.6	88.3	87.5	60	厦门	Xiamen	11.5			
南通	Nantong	212.6	200.0	198.7	4	莆田	Putian	64.7			
连云港	Lianyungang	91.9	92.9	93.1	57	三明	Sanming	53.1			
淮安	Huaian	100.0	100.0	99.5	50	泉州	Quanzhou	144.5			
盐城	Yancheng	188.1	183.9	183.0	8	漳州	Zhangzhou	104.1			
扬州	Yangzhou	102.1	101.2	100.9	47	南平	Nanping	64.8			
镇江	Zhenjiang	58.2	58.0	57.6	106	龙岩	Longyan	66.2			
泰州	Taizhou	121.9	119.3	119.2	34	宁德	Ningde	72.1			
宿迁	Suqian	107.3	108.4	108.5	41	**江西**	**Jiangxi**	**867.3**			
浙江	**Zhejiang**	**1254.2**				南昌	Nanchang	70.0			
杭州	Hangzhou	131.8				景德镇	Jingdezhen	26.7			
宁波	Ningbo	180.5				萍乡	Pingxiang	34.2			
温州	Wenzhou	184.6				九江	Jiujiang	90.7			
嘉兴	Jiaxing	74.7				新余	Xinyu	22.3			
湖州	Huzhou	61.3				鹰潭	Yingtan	21.2			
绍兴	Shaoxing	137.6				赣州	Ganzhou	172.8			
金华	Jinhua	173.0				吉安	Jian	97.2			
衢州	Quzhou	61.4				宜春	Yichun	108.4			
舟山	Zhoushan	23.7				抚州	Fuzhou	77.1			
台州	Taizhou	164.0				上饶	Shangrao	146.7			
丽水	Lishui	61.7				**山东**	**Shandong**	**2146.1**			
安徽	**Anhui**	**1424.3**	**1478.2**	**1467.3**		济南	Jinan	99.7			
合肥	Hefei	71.8	125.0	122.0	31	青岛	Qingdao	154.9			
芜湖	Wuhu	45.4	75.2	73.8	80	淄博	Zibo	88.0			
蚌埠	Bengbu	67.8	75.8	74.3	78	枣庄	Zaozhuang	78.6			
淮南	Huainan	35.7	78.5	71.8	83	东营	Dongying	33.5			
马鞍山	Maanshan	19.0	40.7	40.9	124	烟台	Yantai	175.0			
淮北	Huaibei	35.4	38.2	39.2	127	潍坊	Weifang	206.2			
铜陵	Tongling	9.8	34.2	34.0	139	济宁	Jining	181.9			
安庆	Anqing	139.8	121.0	119.7	32	泰安	Taian	122.0			
黄山	Huangshan	36.6	37.8	37.7	130	威海	Weihai	65.1			
滁州	Chuzhou	93.2	94.9	93.2	56	日照	Rizhao	82.1			
阜阳	Fuyang	218.5	229.7	232.3	2	莱芜	Laiwu	31.9			
宿州	Suzhou	137.2	136.3	136.6	21	临沂	Linyi	267.5			
六安	Liuan	173.5	144.0	144.7	16	德州	Dezhou	125.8			
亳州	Bozhou	128.0	132.0	133.6	23	聊城	Liaocheng	135.3			

10-1 农业乡村户数 续表 2
Rural Households continued 2

单位：万户

地名	City	2010	2015	2016	2016排名 Ranking
滨州	Binzhou	96.2			
菏泽	Heze	202.5			
河南	**Henan**	**2061.0**	**2046.0**	**2089.0**	
郑州	Zhengzhou	106.0	103.8	108.3	42
开封	Kaifeng	97.1	99.4	101.0	46
洛阳	Luoyang	129.8	126.8	128.1	25
平顶山	Pingdingshan	103.7	103.7	105.6	45
安阳	Anyang	119.1	120.8	125.0	28
鹤壁	Hebi	27.9	26.1	28.9	146
新乡	Xinxiang	109.5	106.4	111.4	39
焦作	Jiaozuo	62.8	65.5	66.3	86
濮阳	Puyang	74.0	73.9	76.3	75
许昌	Xuchang	86.8	80.1	83.8	65
漯河	Luohe	53.7	54.7	54.8	111
三门峡	Sanmenxia	43.7	44.6	45.1	122
南阳	Nanyang	240.8	246.7	245.8	1
商丘	Shangqiu	193.8	192.5	197.8	5
信阳	Xinyang	178.6	185.5	188.4	6
周口	Zhoukou	236.4	222.5	229.8	3
驻马店	Zhumadian	185.2	180.5	180.5	9
湖北	**Hubei**	**1152.0**			
武汉	Wuhan	76.1			
黄石	Huangshi	34.7			
十堰	Shiyan	65.5			
宜昌	Yichang	86.6			
襄阳	Xiangyang	95.5			
鄂州	Ezhou	20.8			
荆门	Jingmen	49.4			
孝感	Xiaogan	104.5			
荆州	Jingzhou	104.8			
黄冈	Huanggang	152.2			
咸宁	Xianning	51.1			
随州	Suizhou	51.4			
湖南	**Hunan**	**1568.8**	**1594.5**	**1568.5**	
长沙	Changsha	132.1	133.2	125.3	27
株洲	Zhuzhou	76.9	78.5	77.1	74
湘潭	Xiangtan	62.7	59.1	58.3	105
衡阳	Hengyang	166.1	166.4	167.9	11
邵阳	Shaoyang	182.5	187.2	185.3	7
岳阳	Yueyang	128.4	124.3	123.4	29
常德	Changde	152.0	157.5	149.2	15
张家界	Zhangjiajie	42.3	43.1	43.4	123
益阳	Yiyang	106.9	108.7	108.3	43
郴州	Chenzhou	114.5	120.3	118.4	37
永州	Yongzhou	132.5	135.9	134.0	22
怀化	Huaihua	116.1	119.5	118.5	35
娄底	Loudi	96.8	99.8	100.3	48
广东	**Guangdong**	**1686.6**	**1690.0**	**1676.5**	
广州	Guangzhou	140.0	157.4	161.6	12
韶关	Shaoguan	60.4	63.4	73.9	79
深圳	Shenzhen				
珠海	Zhuhai	17.2	12.3	12.5	164
汕头	Shantou	88.1	90.7	86.9	62
佛山	Foshan	89.0	83.8	61.4	94
江门	Jiangmen	85.7	81.4	82.8	67
湛江	Zhanjiang	143.1	151.9	153.2	13
茂名	Maoming	132.4	129.8	130.7	24
肇庆	Zhaoqing	87.4	87.7	82.6	68
惠州	Huizhou	76.1	83.8	72.8	81
梅州	Meizhou	118.1	90.9	83.6	66
汕尾	Shanwei	66.7	71.8	53.5	114
河源	Heyuan	72.7	72.0	87.3	61
阳江	Yangjiang	66.3	68.1	65.3	88
清远	Qingyuan	86.0	84.0	82.4	69
东莞	Dongguan	48.8	52.1	60.6	96
中山	Zhongshan	60.6	62.5	81.4	72
潮州	Chaozhou	55.1	55.3	54.3	112
揭阳	Jieyang	121.9	125.4	127.0	26
云浮	Yunfu	70.9	65.7	62.8	91
广西	**Guangxi**	**1029.1**	**1112.0**		
南宁	Nanning	131.4	137.0	138.6	17
柳州	Liuzhou	58.7	63.5	63.5	89
桂林	Guilin	107.6	107.2	105.8	44
梧州	Wuzhou	70.0	75.4	75.6	76
北海	Beihai	21.9	26.0	26.3	151
防城港	Fangchenggang	16.0	17.6	17.0	160
钦州	Qinzhou	77.5	85.2	86.1	64
贵港	Guigang	112.2	121.6	119.4	33
玉林	Yulin	122.0	135.9	137.7	20
百色	Baise	76.0	82.5	82.0	70

10-1 农业乡村户数 续表 3
Rural Households continued 3

单位：万户

地名	City	2010	2015	2016	2016 排名 Ranking	地名	City	2010	2015	2016	2016 排名 Ranking
贺州	Hezhou	47.0	52.8	53.1	115	丽江	Lijiang	26.4	28.5	28.7	147
河池	Hechi	86.0	95.1	95.7	52	普洱	Puer	53.6	59.6	59.4	104
来宾	Laibin	51.9	54.2	54.1	113	临沧	Lincang	48.7	50.9	51.1	117
崇左	Chongzuo	50.8	54.7	55.6	109	**西藏**	**Tibet**	**48.0**	**57.0**	**56.9**	
海南	**Hainan**	**125.3**	**141.3**	**147.5**		拉萨	Lasa	6.2	7.4	7.5	166
海口	Haikou	16.1	18.2	19.3	158	**陕西**	**Shaanxi**	**712.0**			
三亚	Sanya	6.2	7.2	6.7	170	西安	Xi'an	101.4			
三沙	Sansha					铜川	Tongchuan	11.2			
重庆	**Chongqing**	**727.8**				宝鸡	Baoji	70.4			
四川	**Sichuan**	**2056.2**				咸阳	Xianyang	95.5			
成都	Chengdu	227.7				渭南	Weinan	110.9			
自贡	Zigong	71.6				延安	Yan'an	37.8			
攀枝花	Panzhihua	14.8				汉中	Hanzhong	87.2			
泸州	Luzhou	116.7				榆林	Yulin	75.1			
德阳	Deyang	106.7				安康	Ankang	65.0			
绵阳	Mianyang	133.6				商洛	Shangluo	54.6			
广元	Guangyuan	68.9				**甘肃**	**Gansu**	**480.6**	**493.8**	**495.3**	
遂宁	Suining	79.9				兰州	Lanzhou	33.9	32.8	33.0	141
内江	Neijiang	107.0				嘉峪关	Jiayuguan	0.6	0.6	0.6	173
乐山	Leshan	84.1				金昌	Jinchang	6.4	6.8	7.0	168
南充	Nanchong	178.4				白银	Baiyin	30.8	33.7	33.8	140
眉山	Meishan	87.2				天水	Tianshui	65.9	66.7	66.7	85
宜宾	Yibin	122.2				武威	Wuwei	37.3	34.6	35.5	136
广安	Guangan	108.0				张掖	Zhangye	26.6	27.9	28.3	148
达州	Dazhou	160.6				平凉	Pingliang	44.3	45.0	45.3	121
雅安	Yaan	40.0				酒泉	Jiuquan	17.3	17.6	17.4	159
巴中	Bazhong	81.1				庆阳	Qingyang	52.2	54.8	55.1	110
资阳	Ziyang	128.8				定西	Dingxi	61.2	64.1	62.7	92
贵州	**Guizhou**	**858.8**				陇南	Longnan	57.2	60.1	60.7	95
贵阳	Guiyang	53.1				**青海**	**Qinghai**	**87.5**		**97.4**	
六盘水	Liupanshui	68.9				西宁	Xining	24.7		26.4	150
遵义	Zunyi	165.2				海东	Haidong			32.1	143
安顺	Anshun	56.5				**宁夏**	**Ningxia**	**103.6**			
毕节	Bijie	174.0				银川	Yinchuan	15.6			
铜仁	Tongren	92.3				石嘴山	Shizuishan	8.4			
云南	**Yunnan**	**947.0**	**991.1**	**994.0**		吴忠	Wuzhong	26.8			
昆明	Kunming	86.8	87.8	88.0	59	固原	Guyuan	29.0			
曲靖	Qujing	142.5	151.6	152.5	14	中卫	Zhongwei	23.4			
玉溪	Yuxi	51.5	56.1	56.9	108	**新疆**	**Xinjiang**	**255.2**	**294.8**	**308.1**	
保山	Baoshan	56.9	62.1	60.5	97	乌鲁木齐	Urumqi	6.0	7.2	7.2	167
昭通	Zhaotong	125.9	136.0	137.8	19	克拉玛依	Karamay	0.1	0.1	0.1	174

10-2 常用耕地面积
Cultivated Land

单位：千公顷 (1000 hectares)

地名	City	2010	2012	2013	2013 排名 Ranking
全国	**Nation Total**	**121715.9**	**121715.9**	**121715.9**	
北京	**Beijing**	**231.7**	**231.7**	**231.7**	
天津	**Tianjin**	**441.1**	**441.1**	**441.1**	
河北	**Hebei**	**6317.3**	**6317.3**	**6317.3**	
石家庄	Shijiazhuang	554.3	554.3		
唐山	Tangshan	545.7	545.7		
秦皇岛	Qinhuangdao	165.8	165.8		
邯郸	Handan	651.9	651.9		
邢台	Xingtai	647.0	647.0		
保定	Baoding	762.5	762.5		
张家口	Zhangjiakou	682.2	682.2		
承德	Chengde	264.1	264.1		
沧州	Cangzhou	705.6	705.6		
廊坊	Langfang	366.2	366.2		
衡水	Hengshui	556.1	556.1		
山西	**Shanxi**	**4055.8**	**4055.8**	**4055.8**	
太原	Taiyuan	127.3	127.3	127.3	171
大同	Datong	372.3	372.3	372.4	67
阳泉	Yangquan	68.3	68.3	68.3	192
长治	Changzhi	346.2	346.2	346.2	77
晋城	Jincheng	192.2	192.2	192.2	134
朔州	Shuozhou	365.9	365.9	365.9	71
晋中	Jinzhong	364.1	364.1	364.1	73
运城	Yuncheng	549.4	549.4	549.4	36
忻州	Xinzhou	649.5	649.5	649.5	26
临汾	Linfen	494.6	494.6	494.6	43
吕梁	Lvliang	525.9	525.9	525.9	38
内蒙古	**Inner Mongolia**	**7148.5**	**7147.2**	**7147.2**	
呼和浩特	Hohhot	565.4	568.8	560.2	35
包头	Baotou	422.1	422.1	426.0	59
乌海	Wuhai	8.6	7.0	8.3	209
赤峰	Chifeng	1405.9	1008.1	1409.9	6
通辽	Tongliao	1347.7	1074.4	1350.9	7
鄂尔多斯	Erdos	407.0	402.9	411.5	62
呼伦贝尔	Hulunbuir	10.2	1143.7	1784.3	4
巴彦淖尔	Bayannur	702.3	581.5	706.5	24
乌兰察布	Ulanqab	913.8	889.0	908.5	13
辽宁	**Liaoning**	**4085.2**	**4085.3**	**4085.3**	

地名	City	2010	2012	2013	2013 排名 Ranking
沈阳	Shenyang	682.5	682.5		
大连	Dalian	361.1	361.1		
鞍山	Anshan	239.6	239.6		
抚顺	Fushun	125.7	125.7		
本溪	Benxi	68.2	68.2		
丹东	Dandong	206.7	206.7		
锦州	Jinzhou	391.0	391.0		
营口	Yingkou	113.4	113.4		
阜新	Fuxin	367.7	367.7		
辽阳	Liaoyang	176.3	176.3		
盘锦	Panjin	128.9	128.9		
铁岭	Tieling	542.0	542.0		
朝阳	Chaoyang	456.1	456.1		
葫芦岛	Huludao	225.9	225.9		
吉林	**Jilin**	**5578.4**	**5534.6**	**5534.6**	
长春	Changchun	1224.3	1308.0	1307.0	8
吉林	Jilin	584.1	598.5	596.5	30
四平	Siping	849.8	850.6	852.0	16
辽源	Liaoyuan	179.8	237.1	241.4	114
通化	Tonghua	282.3	309.3	309.5	88
白山	Baishan	46.2	48.1	48.8	197
松原	Songyuan	953.7	1187.8	1203.9	9
白城	Baicheng	794.0	896.1	906.3	14
黑龙江	**Heilongjiang**	**11830.1**	**11830.1**	**11830.1**	
哈尔滨	Harbin	1826.1	1826.1	1967.0	2
齐齐哈尔	Qiqihar	2237.3	2237.3	2399.7	1
鸡西	Jixi	476.2	414.1	490.7	44
鹤岗	Hegang	218.7	160.1	216.9	122
双鸭山	Shuangyashan	801.9	404.8	420.9	60
大庆	Daqing	804.1	627.5	799.0	20
伊春	Yichun	259.2	204.9	259.1	107
佳木斯	Jiamusi	1236.0	1148.4	1666.4	5
七台河	Qitaihe	175.2	152.1	194.9	132
牡丹江	Mudanjiang	651.1	488.4	613.6	28
黑河	Heihe	1108.4	851.0	1188.4	10
绥化	Suihua	1779.1	1657.4	1912.7	3
上海	**Shanghai**	**201.0**	**244.0**	**244.0**	
江苏	**Jiangsu**	**4763.8**	**4763.8**	**4763.8**	

10-2 常用耕地面积 续表 1
Cultivated Land continued 1

单位：千公顷 (1000 hectares)

地名	City	2010	2012	2013	2013 排名 Ranking
南京	Nanjing	242.1	242.1	242.1	112
无锡	Wuxi	139.5	139.5	139.5	164
徐州	Xuzhou	591.0	591.0	591.0	32
常州	Changzhou	177.7	177.7	177.7	138
苏州	Suzhou	231.1	231.1	231.1	119
南通	Nantong	468.5	468.5	468.5	49
连云港	Lianyungang	369.1	369.1	369.1	69
淮安	Huaian	487.7	487.7	487.7	45
盐城	Yancheng	781.4	781.4	781.4	22
扬州	Yangzhou	304.0	304.0	304.0	91
镇江	Zhenjiang	171.5	171.5	171.5	143
泰州	Taizhou	316.7	316.7	316.7	87
宿迁	Suqian	438.4	438.4	438.4	56
浙江	**Zhejiang**	**1920.9**	**1920.9**	**1920.9**	
杭州	Hangzhou				
宁波	Ningbo				
温州	Wenzhou				
嘉兴	Jiaxing				
湖州	Huzhou				
绍兴	Shaoxing				
金华	Jinhua				
衢州	Quzhou				
舟山	Zhoushan				
台州	Taizhou				
丽水	Lishui				
安徽	**Anhui**	**4181.3**	**5730.2**	**5730.2**	
合肥	Hefei	218.8	337.2	336.0	80
芜湖	Wuhu	82.8	175.1	175.4	141
蚌埠	Bengbu	293.3	294.9	296.7	95
淮南	Huainan	114.4	113.3	113.2	177
马鞍山	Maanshan	48.4	124.7	124.4	173
淮北	Huaibei	135.9	133.7	134.0	167
铜陵	Tongling	23.6	23.4	23.5	205
安庆	Anqing	298.3	299.1	303.2	92
黄山	Huangshan	47.6	46.6	46.4	199
滁州	Chuzhou	404.2	407.6	407.6	65
阜阳	Fuyang	574.5	575.3	574.3	33
宿州	Suzhou	481.1	480.4	480.1	46
六安	Liuan	433.0	435.4	436.1	57
亳州	Bozhou	499.4	500.2	498.3	42
池州	Chizhou	82.2	83.0	83.3	187
宣城	Xuancheng	153.3	154.5	155.6	153
福建	**Fujian**	**1501.9**	**1330.1**	**1330.1**	
福州	Fuzhou	192.7	153.2	160.1	151
厦门	Xiamen	21.1	20.4	19.8	206
莆田	Putian	74.8	74.9	74.8	188
三明	Sanming	192.1	193.5	194.3	133
泉州	Quanzhou	147.6	147.0	146.2	161
漳州	Zhangzhou	180.0	180.1	179.8	137
南平	Nanping	235.0	235.4	236.7	118
龙岩	Longyan	163.9	165.0	165.5	146
宁德	Ningde	136.8	137.3	161.6	149
江西	**Jiangxi**	**2827.1**	**2827.1**	**2827.1**	
南昌	Nanchang	259.8	259.8		
景德镇	Jingdezhen	84.3	84.3		
萍乡	Pingxiang	64.2	64.2		
九江	Jiujiang	295.5	295.5		
新余	Xinyu	82.0	82.0		
鹰潭	Yingtan	88.1	88.1		
赣州	Ganzhou	368.4	368.4		
吉安	Jian	420.4	420.4		
宜春	Yichun	470.0	470.0		
抚州	Fuzhou	314.1	314.1		
上饶	Shangrao	380.4	380.4		
山东	**Shandong**	**7510.8**	**7515.3**	**7515.3**	
济南	Jinan	360.7	360.7	360.3	74
青岛	Qingdao	512.8	512.8	528.1	37
淄博	Zibo	207.1	207.1	211.1	124
枣庄	Zaozhuang	240.8	240.8	237.2	117
东营	Dongying	220.0	220.0	223.5	121
烟台	Yantai	446.0	446.0	446.9	55
潍坊	Weifang	783.9	783.9	798.3	21
济宁	Jining	600.6	600.6	609.8	29
泰安	Taian	343.4	343.4	364.7	72
威海	Weihai	191.7	191.7	195.9	130
日照	Rizhao	229.6	229.6	241.5	113
莱芜	Laiwu	68.6	68.6	72.4	191
临沂	Linyi	842.6	842.6	843.8	17
德州	Dezhou	619.0	619.0	639.7	27
聊城	Liaocheng	565.6	565.6	565.5	34

10-2 常用耕地面积 续表 2
Cultivated Land continued 2

单位：千公顷 (1000 hectares)

地名	City	2010	2012	2013	2013 排名 Ranking
滨州	Binzhou	447.1	447.1	465.2	50
菏泽	Heze	831.3	831.3	831.8	19
河南	**Henan**	**7926.4**	**7926.4**	**7926.4**	
郑州	Zhengzhou	295.7	295.7	331.8	82
开封	Kaifeng	394.0	394.0	416.2	61
洛阳	Luoyang	356.1	356.1	432.6	58
平顶山	Pingdingshan	312.9	312.9	321.8	85
安阳	Anyang	394.6	394.6	410.0	63
鹤壁	Hebi	96.4	96.4	121.8	176
新乡	Xinxiang	403.1	403.1	475.5	47
焦作	Jiaozuo	181.7	181.7	195.6	131
濮阳	Puyang	248.4	248.4	283.6	97
许昌	Xuchang	325.6	325.6	339.5	79
漯河	Luohe	165.7	165.7	190.5	135
三门峡	Sanmenxia	163.2	163.2	177.0	140
南阳	Nanyang	941.2	941.2	1056.9	11
商丘	Shangqiu	666.6	666.6	708.4	23
信阳	Xinyang	568.6	568.6	839.8	18
周口	Zhoukou	826.2	826.2	857.8	15
驻马店	Zhumadian	827.3	827.3	951.6	12
湖北	**Hubei**	**3323.9**	**4664.1**	**4664.1**	
武汉	Wuhan	207.1	202.1	197.6	129
黄石	Huangshi	89.8	89.6	89.4	186
十堰	Shiyan	244.5	174.0	177.1	139
宜昌	Yichang	230.1	258.7	266.4	105
襄阳	Xiangyang	436.9	449.6	452.2	52
鄂州	Ezhou	40.9	40.6	40.4	201
荆门	Jingmen	257.3	265.0	266.7	104
孝感	Xiaogan	261.3	262.3	266.8	103
荆州	Jingzhou	464.8	467.8	468.7	48
黄冈	Huanggang	377.3	343.5	343.6	78
咸宁	Xianning	155.9	156.6	158.7	152
随州	Suizhou	144.9	142.9	143.4	162
湖南	**Hunan**	**3346.7**	**3789.4**	**3789.4**	
长沙	Changsha	248.1	248.1		
株洲	Zhuzhou	178.9	178.9		
湘潭	Xiangtan	122.9	122.9		
衡阳	Hengyang	329.1	329.1		
邵阳	Shaoyang	348.9	348.9		
岳阳	Yueyang	284.5	284.5		
常德	Changde	408.4	408.4		
张家界	Zhangjiajie	92.0	92.0		
益阳	Yiyang	242.0	242.0		
郴州	Chenzhou	234.4	234.4		
永州	Yongzhou	288.6	288.6		
怀化	Huaihua	265.7	265.7		
娄底	Loudi	149.9	149.9		
广东	**Guangdong**	**2878.5**	**2830.7**	**2830.7**	
广州	Guangzhou	100.7	99.1	98.2	183
韶关	Shaoguan	220.6	131.6	131.6	170
深圳	Shenzhen				
珠海	Zhuhai	14.8	14.8	18.1	207
汕头	Shantou		73.8	73.8	190
佛山	Foshan	37.7	37.8	37.5	202
江门	Jiangmen	132.9	132.9	132.9	169
湛江	Zhanjiang	445.3	460.5	464.5	51
茂名	Maoming	225.6	252.4	252.4	109
肇庆	Zhaoqing	109.0	189.4	149.4	159
惠州	Huizhou	115.3	110.1	110.1	178
梅州	Meizhou	16.3	164.2	164.3	148
汕尾	Shanwei	94.5	97.9	97.9	184
河源	Heyuan	110.6	128.7	141.9	163
阳江	Yangjiang	104.7	104.3	104.3	181
清远	Qingyuan	220.6	270.4	271.0	100
东莞	Dongguan	13.9	37.9	37.4	203
中山	Zhongshan		50.6	50.6	196
潮州	Chaozhou		74.6	74.6	189
揭阳	Jieyang	86.2	124.2	124.2	174
云浮	Yunfu	99.6	99.0	99.1	182
广西	**Guangxi**	**4424.6**	**4217.5**	**4217.5**	
南宁	Nanning		686.4	692.2	25
柳州	Liuzhou	354.7	353.6	352.6	76
桂林	Guilin	283.7	329.4	334.1	81
梧州	Wuzhou	140.1	111.4	139.2	165
北海	Beihai	124.7	124.5	125.3	172
防城港	Fangchenggang	91.7	91.6	92.2	185
钦州	Qinzhou		212.0	227.0	120
贵港	Guigang	323.6	322.7	323.2	84
玉林	Yulin	242.3		240.5	116
百色	Baise			450.8	54

10-2 常用耕地面积 续表 3
Cultivated Land continued 3

单位：千公顷 (1000 hectares)

地名	City	2010	2012	2013	2013 排名 Ranking
贺州	Hezhou	121.2	163.9	124.2	174
河池	Hechi	374.1	374.1	367.0	70
来宾	Laibin		407.9	409.3	64
崇左	Chongzuo	519.6	520.2	521.3	39
海南	**Hainan**	**419.1**	**727.5**	**727.5**	
海口	Haikou	47.0	46.9	46.8	198
三亚	Sanya	11.0	14.1	13.6	208
三沙	Sansha				
重庆	**Chongqing**	**2235.9**	**2235.9**	**2235.9**	
四川	**Sichuan**	**4010.7**	**5947.4**	**5947.4**	
成都	Chengdu	356.5	323.5	321.5	86
自贡	Zigong	134.6	137.4	138.4	166
攀枝花	Panzhihua	40.0	40.8	41.4	200
泸州	Luzhou	209.5	210.3	210.8	125
德阳	Deyang	185.0	185.1	184.6	136
绵阳	Mianyang	280.6	281.9	282.1	98
广元	Guangyuan	166.1	168.8	168.8	145
遂宁	Suining	154.5	154.0	154.1	156
内江	Neijiang	164.4	164.4	164.5	147
乐山	Leshan	150.2	149.9	149.7	158
南充	Nanchong	300.7	302.3	302.4	93
眉山	Meishan	171.2	170.7	170.6	144
宜宾	Yibin	243.4	243.1	242.4	111
广安	Guangan	173.4	173.4	173.2	142
达州	Dazhou	301.3	304.5	306.2	90
雅安	Yaan	54.6	56.2	56.1	195
巴中	Bazhong	152.8	152.4	152.6	157
资阳	Ziyang	270.1	268.3	268.8	102
贵州	**Guizhou**	**1761.6**	**4485.3**	**4485.3**	
贵阳	Guiyang	97.8	95.6		
六盘水	Liupanshui	107.8	310.7		
遵义	Zunyi	390.3	846.2		
安顺	Anshun	106.4	106.5		
毕节	Bijie	369.3	997.3		
铜仁	Tongren	175.3	176.7		
云南	**Yunnan**	**4230.1**	**6072.1**	**6072.1**	
昆明	Kunming	157.5	155.7	154.5	155
曲靖	Qujing	281.1	272.4	273.0	99
玉溪	Yuxi	108.0	253.1	108.0	179
保山	Baoshan	155.6	155.3	154.8	154
昭通	Zhaotong	327.6	326.9	326.8	83
丽江	Lijiang	95.0	103.3	104.4	180
普洱	Puer	206.5	210.9	211.3	123
临沧	Lincang	241.4	270.6	270.3	101
西藏	**Tibet**	**203.0**	**361.6**	**361.6**	
拉萨	Lasa	25.3	35.1	34.9	204
陕西	**Shaanxi**	**2860.5**	**4050.3**	**4050.3**	
西安	Xi'an	255.5	246.6	244.2	110
铜川	Tongchuan	62.7	64.6	64.7	194
宝鸡	Baoji	306.8	300.0	300.0	94
咸阳	Xianyang	359.2	359.6	356.9	75
渭南	Weinan	521.0	521.5	519.4	40
延安	Yan'an	234.6	240.4	240.6	115
汉中	Hanzhong	203.6	205.3	205.1	127
榆林	Yulin	574.3	580.6	594.9	31
安康	Ankang	195.5	197.9	197.8	128
商洛	Shangluo	132.3	133.6	133.4	168
甘肃	**Gansu**	**3493.8**	**4658.8**	**4658.8**	
兰州	Lanzhou	209.5	268.7	209.2	126
嘉峪关	Jiayuguan	2.8	4.0	2.8	210
金昌	Jinchang	67.7	89.3	67.5	193
白银	Baiyin	301.4	398.7	307.3	89
天水	Tianshui	381.4	514.7	379.2	66
武威	Wuwei	254.7	359.3	254.1	108
张掖	Zhangye	234.6	253.3	259.3	106
平凉	Pingliang	372.2	384.7	370.8	68
酒泉	Jiuquan	157.2	166.7	160.2	150
庆阳	Qingyang	445.9	664.7	451.9	53
定西	Dingxi	514.3	675.3	513.9	41
陇南	Longnan	287.9	553.3	286.4	96
青海	**Qinghai**	**542.7**	**542.7**	**542.7**	
西宁	Xining	145.8	145.8	148.2	160
海东	Haidong				
宁夏	**Ningxia**	**1134.9**	**1107.1**	**1107.1**	
银川	Yinchuan	129.4	128.8		
石嘴山	Shizuishan	78.1	78.4		
吴忠	Wuzhong	339.9	312.0		
固原	Guyuan	356.1	355.0		
中卫	Zhongwei	231.3	229.3		
新疆	**Xinjiang**	**4124.6**	**4124.6**	**4124.6**	
乌鲁木齐	Urumqi	55.4	55.4		
克拉玛依	Karamay	21.9	21.9		

10-3 农业机械总动力
Total Power of Agricultural Machinery

单位：万千瓦 (10 000 kw)

地名	City	2010	2015	2016	2016排名 Ranking	地名	City	2010	2015	2016	2016排名 Ranking
全国	**Nation Total**	**92780.5**	**111728.1**	**97245.6**		沈阳	Shenyang				
北京	**Beijing**	**276.0**		**144.5**		大连	Dalian				
天津	**Tianjin**	**587.8**		**470.0**		鞍山	Anshan				
河北	**Hebei**	**10151.3**	**11102.8**	**7402.0**		抚顺	Fushun				
石家庄	Shijiazhuang	1959.7	2040.5	1280.8	3	本溪	Benxi				
唐山	Tangshan	1080.0	1229.0	766.7	18	丹东	Dandong				
秦皇岛	Qinhuangdao	295.0	292.2	180.5	140	锦州	Jinzhou				
邯郸	Handan	1372.8	1530.2	975.8	8	营口	Yingkou				
邢台	Xingtai	929.1	1022.0	821.7	16	阜新	Fuxin				
保定	Baoding	1165.4	1269.8	751.7	20	辽阳	Liaoyang				
张家口	Zhangjiakou	289.8	340.6	244.5	110	盘锦	Panjin				
承德	Chengde	310.1	407.7	246.2	109	铁岭	Tieling				
沧州	Cangzhou	1174.8	1293.8	996.4	6	朝阳	Chaoyang				
廊坊	Langfang	673.7	698.6	393.0	69	葫芦岛	Huludao				
衡水	Hengshui	900.8	978.4	744.6	21	**吉林**	**Jilin**	**2145.0**	**3153.0**	**3105.3**	
山西	**Shanxi**	**2809.2**	**3351.6**	**1744.3**		长春	Changchun	427.0	654.0	660.4	29
太原	Taiyuan	120.3	140.0			吉林	Jilin	281.0	385.0	352.0	77
大同	Datong	160.6	196.8			四平	Siping	217.0	358.0	371.1	72
阳泉	Yangquan	121.5	137.5			辽源	Liaoyuan	89.0	134.0	125.7	167
长治	Changzhi	176.2	222.0			通化	Tonghua	136.0	169.0	161.8	147
晋城	Jincheng	225.3	250.5			白山	Baishan	39.0	46.0	31.2	189
朔州	Shuozhou	206.1	245.9			松原	Songyuan	458.0	665.0	652.6	30
晋中	Jinzhong	321.1	381.2			白城	Baicheng	359.0	514.0	522.1	49
运城	Yuncheng	605.3	721.5			**黑龙江**	**Heilongjiang**	**3736.3**	**5442.7**	**5634.3**	
忻州	Xinzhou	216.1	268.9			哈尔滨	Harbin	753.2	1024.5	1039.0	5
临汾	Linfen	405.1	484.0			齐齐哈尔	Qiqihar	592.6	813.8	829.9	15
吕梁	Lvliang	251.6	303.3			鸡西	Jixi	162.5	233.1	242.0	112
内蒙古	**Inner Mongolia**	**3034.0**	**3805.1**	**3331.1**		鹤岗	Hegang	65.0	107.7	114.3	170
呼和浩特	Hohhot	206.2	258.9	216.5	125	双鸭山	Shuangyashan	124.8	185.9	195.6	133
包头	Baotou	149.2	164.8	115.9	169	大庆	Daqing	267.3	336.3	341.5	80
乌海	Wuhai	7.7	8.7	5.9	193	伊春	Yichun	59.5	80.3	80.5	182
赤峰	Chifeng	434.0	608.7	470.5	55	佳木斯	Jiamusi	285.9	423.3	463.1	58
通辽	Tongliao	558.8	676.9	593.9	37	七台河	Qitaihe	45.6	68.8	69.1	184
鄂尔多斯	Erdos	256.9	313.1	216.0	126	牡丹江	Mudanjiang	164.7	277.7	283.2	92
呼伦贝尔	Hulunbuir	379.1	450.5	462.0	59	黑河	Heihe	213.9	285.3	296.4	86
巴彦淖尔	Bayannur	357.0	485.1	480.8	53	绥化	Suihua	345.9	571.4	609.4	33
乌兰察布	Ulanqab	188.8	219.3	191.0	135	**上海**	**Shanghai**	**104.2**		**122.3**	
辽宁	**Liaoning**	**2408.3**	**2983.6**	**2168.5**		**江苏**	**Jiangsu**	**3937.3**	**4825.5**	**4906.6**	

10-3 农业机械总动力 续表 1

Total Power of Agricultural Machinery continued 1

单位：万千瓦 (10 000 kw)

地名	City	2010	2015	2016	2016 排名 Ranking
南京	Nanjing	206.2		227.6	119
无锡	Wuxi	110.2		99.2	176
徐州	Xuzhou	563.7		712.3	24
常州	Changzhou	150.2		146.2	155
苏州	Suzhou	162.2		163.9	146
南通	Nantong	325.5		398.3	68
连云港	Lianyungang	387.3		588.1	38
淮安	Huaian	392.0		622.6	32
盐城	Yancheng	510.8		679.1	28
扬州	Yangzhou	222.7		270.2	98
镇江	Zhenjiang	142.8		145.7	156
泰州	Taizhou	218.2		275.5	95
宿迁	Suqian	545.5		577.8	41
浙江	**Zhejiang**	**2499.9**	**2360.7**	**2136.7**	
杭州	Hangzhou	322.0	299.5	283.7	91
宁波	Ningbo	326.1	303.2	301.9	85
温州	Wenzhou	229.8	214.8	212.0	127
嘉兴	Jiaxing	158.6	142.9	134.0	162
湖州	Huzhou	163.1	168.2	168.3	143
绍兴	Shaoxing	246.1	232.8	233.4	115
金华	Jinhua	246.5	260.6	257.7	103
衢州	Quzhou	158.9	160.1	155.2	150
舟山	Zhoushan	171.9	162.6	155.6	149
台州	Taizhou	360.0	303.6	293.1	88
丽水	Lishui	103.3	112.4	109.3	172
安徽	**Anhui**	**5409.8**	**6581.0**	**6867.5**	
合肥	Hefei	188.4	433.8	453.8	61
芜湖	Wuhu	106.3	210.2	216.6	124
蚌埠	Bengbu	482.3	538.4	548.1	46
淮南	Huainan	169.6	426.7	444.0	63
马鞍山	Maanshan	49.1	147.8	151.6	153
淮北	Huaibei	240.3	287.5	985.5	7
铜陵	Tongling	37.3	88.4	90.2	179
安庆	Anqing	265.1	295.4	314.6	83
黄山	Huangshan	67.0	81.3	83.4	181
滁州	Chuzhou	576.1	700.4	705.7	25
阜阳	Fuyang	598.2	740.8	763.5	19
宿州	Suzhou	732.7	852.5	874.6	12
六安	Liuan	604.4	539.5	558.9	43
亳州	Bozhou	683.6	866.9	296.1	87

地名	City	2010	2015	2016	2016 排名 Ranking
池州	Chizhou	104.0	125.4	129.6	165
宣城	Xuancheng	207.4	246.0	251.5	106
福建	**Fujian**	**1206.2**		**1269.1**	
福州	Fuzhou	160.3			
厦门	Xiamen	41.7			
莆田	Putian	75.0			
三明	Sanming	119.5			
泉州	Quanzhou	236.7			
漳州	Zhangzhou	196.9			
南平	Nanping	161.4			
龙岩	Longyan	104.3			
宁德	Ningde	110.3			
江西	**Jiangxi**	**3805.0**		**2201.6**	
南昌	Nanchang				
景德镇	Jingdezhen				
萍乡	Pingxiang				
九江	Jiujiang				
新余	Xinyu				
鹰潭	Yingtan				
赣州	Ganzhou				
吉安	Jian				
宜春	Yichun				
抚州	Fuzhou				
上饶	Shangrao				
山东	**Shandong**	**11629.0**	**13353.0**	**9797.6**	
济南	Jinan	509.7	585.0	447.8	62
青岛	Qingdao	763.6	854.2	697.9	26
淄博	Zibo	334.5	370.8	251.3	107
枣庄	Zaozhuang	274.0	360.5	277.7	94
东营	Dongying	225.0	263.2	232.9	116
烟台	Yantai	859.0	990.4	739.4	23
潍坊	Weifang	1230.4	1379.9	959.9	9
济宁	Jining	939.5	1117.7	840.5	14
泰安	Taian	452.5	566.1	486.3	52
威海	Weihai	531.8	555.5	509.6	51
日照	Rizhao	295.5	308.9	273.9	96
莱芜	Laiwu	99.3	113.2	84.7	180
临沂	Linyi	863.6	992.8	685.1	27
德州	Dezhou	1302.5	1509.6	1115.8	4
聊城	Liaocheng	1041.8	1248.0	910.9	11

10-3　农业机械总动力　续表 2

Total Power of Agricultural Machinery　continued 2

单位：万千瓦　　　　(10 000 kw)

地名	City	2010	2015	2016	2016 排名 Ranking	地名	City	2010	2015	2016	2016 排名 Ranking
滨州	Binzhou	546.2	628.3	421.4	66	常德	Changde	481.5	592.5	578.3	40
菏泽	Heze	1360.2	1509.1	851.5	13	张家界	Zhangjiajie	92.1	109.4	112.2	171
河南	**Henan**	**10195.9**	**11710.1**	**9855.0**		益阳	Yiyang	398.4	505.5	637.2	31
郑州	Zhengzhou	504.3	582.0	433.1	64	郴州	Chenzhou	336.8	416.8	429.3	65
开封	Kaifeng	668.4	779.0	566.8	42	永州	Yongzhou	457.7	590.0	603.5	35
洛阳	Luoyang	457.9	509.7	516.9	50	怀化	Huaihua	288.3	396.6	387.9	70
平顶山	Pingdingshan	344.9	414.2	378.2	71	娄底	Loudi	258.4	338.0	347.8	78
安阳	Anyang	568.9	650.5	541.0	47	**广东**	**Guangdong**	**2253.4**		**2390.5**	
鹤壁	Hebi	216.1	242.5	218.0	123	广州	Guangzhou	217.6			
新乡	Xinxiang	678.6	766.3	739.4	22	韶关	Shaoguan	124.3			
焦作	Jiaozuo	378.4	410.7	231.3	117	深圳	Shenzhen				
濮阳	Puyang	407.4	458.1	409.1	67	珠海	Zhuhai	24.1			
许昌	Xuchang	355.1	391.3	366.8	74	汕头	Shantou	39.9			
漯河	Luohe	250.0	281.0	247.3	108	佛山	Foshan	113.5			
三门峡	Sanmenxia	165.0	177.4	116.8	168	江门	Jiangmen	158.2			
南阳	Nanyang	1120.5	1417.6	1368.9	1	湛江	Zhanjiang	436.1			
商丘	Shangqiu	1123.1	1208.5	818.7	17	茂名	Maoming	159.4			
信阳	Xinyang	461.1	642.1	603.5	34	肇庆	Zhaoqing	139.1			
周口	Zhoukou	1064.2	1197.9	917.6	10	惠州	Huizhou	119.6			
驻马店	Zhumadian	1326.9	1468.7	1308.9	2	梅州	Meizhou	126.5			
湖北	**Hubei**	**3371.0**	**4468.1**	**4187.8**		汕尾	Shanwei	83.9			
武汉	Wuhan	214.6	284.2			河源	Heyuan	48.3			
黄石	Huangshi	69.8	106.0			阳江	Yangjiang	79.1			
十堰	Shiyan	135.3	216.2			清远	Qingyuan	103.2			
宜昌	Yichang	245.0	318.2			东莞	Dongguan	36.8			
襄阳	Xiangyang	515.0	626.5			中山	Zhongshan	69.8			
鄂州	Ezhou	46.1	65.4			潮州	Chaozhou	27.5			
荆门	Jingmen	340.8	460.6			揭阳	Jieyang	57.6			
孝感	Xiaogan	203.2	260.7			云浮	Yunfu	95.1			
荆州	Jingzhou	445.7	615.2			**广西**	**Guangxi**	**2767.7**	**3767.5**	**3527.3**	
黄冈	Huanggang	237.1	371.6			南宁	Nanning	393.8	514.2	468.1	56
咸宁	Xianning	144.1	202.7			柳州	Liuzhou	157.9	226.4	233.7	114
随州	Suizhou	178.0	212.1			桂林	Guilin	364.8	530.3	555.6	45
湖南	**Hunan**	**4651.6**	**5894.2**	**6097.5**		梧州	Wuzhou	100.9	137.1	140.5	158
长沙	Changsha	486.7	586.2	595.9	36	北海	Beihai	121.3	145.3	144.2	157
株洲	Zhuzhou	243.5	324.1	344.7	79	防城港	Fangchenggang	66.4	85.2	78.6	183
湘潭	Xiangtan	256.9	281.2	285.6	90	钦州	Qinzhou	130.3	183.2	190.1	136
衡阳	Hengyang	397.8	550.0	558.4	44	贵港	Guigang	256.2	362.1	370.7	73
邵阳	Shaoyang	362.1	447.4	464.9	57	玉林	Yulin	266.3	350.1	366.6	75
岳阳	Yueyang	468.4	587.0	583.0	39	百色	Baise	240.0	309.9	291.3	89

10-3 农业机械总动力 续表 3
Total Power of Agricultural Machinery continued 3

单位：万千瓦 (10 000 kw)

地名	City	2010	2015	2016	2016 排名 Ranking
贺州	Hezhou	96.0	137.3	129.9	164
河池	Hechi	267.7	338.4	321.1	82
来宾	Laibin	136.8	197.9	208.6	129
崇左	Chongzuo	172.6	250.3	257.0	104
海南	**Hainan**	**421.5**	**504.2**	**516.6**	
海口	Haikou	42.6	55.2	59.1	187
三亚	Sanya	25.8	36.7	30.5	191
三沙	Sansha				
重庆	**Chongqing**			**1318.7**	
四川	**Sichuan**	**3155.1**	**4404.6**	**4267.3**	
成都	Chengdu	288.2		352.8	76
自贡	Zigong	83.6		99.9	175
攀枝花	Panzhihua	56.4		65.0	186
泸州	Luzhou	140.4		210.1	128
德阳	Deyang	157.1		180.2	141
绵阳	Mianyang	229.1		323.7	81
广元	Guangyuan	211.9		272.5	97
遂宁	Suining	100.4		91.1	178
内江	Neijiang	122.3		134.5	161
乐山	Leshan	163.6		240.9	113
南充	Nanchong	189.6		281.6	93
眉山	Meishan	182.5		206.1	130
宜宾	Yibin	171.5		244.1	111
广安	Guangan	133.1		229.6	118
达州	Dazhou	174.7		261.1	100
雅安	Yaan	126.1		161.1	148
巴中	Bazhong	123.7		176.7	142
资阳	Ziyang	151.1		219.8	122
贵州	**Guizhou**	**1730.3**		**2041.1**	
贵阳	Guiyang	154.8	187.1	191.4	134
六盘水	Liupanshui	69.3	185.5	186.0	138
遵义	Zunyi	278.0	429.7	457.5	60
安顺	Anshun	120.3	191.1	205.2	131
毕节	Bijie	206.1	420.7	480.0	54
铜仁	Tongren	231.9	301.4	304.4	84
云南	**Yunnan**	**2411.0**	**3333.0**	**3440.6**	
昆明	Kunming	270.0			
曲靖	Qujing	26.0			
玉溪	Yuxi	206.9			
保山	Baoshan	13.2			
昭通	Zhaotong	130.7			
丽江	Lijiang	63.9			
普洱	Puer	17.2			
临沧	Lincang	117.7			
西藏	**Tibet**	**412.0**	**722.2**	**635.1**	
拉萨	Lasa	77.0	125.3	125.9	166
陕西	**Shaanxi**	**1889.3**	**2667.3**	**2171.9**	
西安	Xi'an	267.7	325.4	261.5	99
铜川	Tongchuan	39.2	54.8	32.5	188
宝鸡	Baoji	181.2	271.9	225.2	120
咸阳	Xianyang	249.1	360.8	258.6	102
渭南	Weinan	402.4	573.1	536.4	48
延安	Yan'an	164.4	223.6	153.9	151
汉中	Hanzhong	135.2	202.1	181.3	139
榆林	Yulin	253.5	364.9	259.2	101
安康	Ankang	113.0	181.7	187.5	137
商洛	Shangluo	71.5	95.3	67.6	185
甘肃	**Gansu**	**1977.6**	**2685.0**	**1903.9**	
兰州	Lanzhou	151.1	173.3	106.3	173
嘉峪关	Jiayuguan	10.6	12.6	10.7	192
金昌	Jinchang	89.3	103.0	93.1	177
白银	Baiyin	175.0	254.9	167.3	144
天水	Tianshui	116.0	173.1	138.9	160
武威	Wuwei	342.0	410.5	254.9	105
张掖	Zhangye	200.0	251.2	201.9	132
平凉	Pingliang	94.5	154.8	105.4	174
酒泉	Jiuquan	194.3	249.3	220.8	121
庆阳	Qingyang	310.9	195.0	139.3	159
定西	Dingxi	211.0	305.5	166.0	145
陇南	Longnan	134.7	197.2	151.0	154
青海	**Qinghai**	**421.3**		**458.6**	
西宁	Xining	140.0		133.9	163
海东	Haidong			152.3	152
宁夏	**Ningxia**	**729.1**	**831.3**	**580.5**	
银川	Yinchuan	163.7			
石嘴山	Shizuishan	100.7			
吴忠	Wuzhong	178.5			
固原	Guyuan	153.9			
中卫	Zhongwei	132.4			
新疆	**Xinjiang**	**1642.9**	**2483.5**	**2552.2**	
乌鲁木齐	Urumqi	27.8	30.2	30.7	190
克拉玛依	Karamay	3.1	3.7	4.0	194

10-4 化肥施用量
Consumption of Chemical Fertilizer

单位：万吨 (10 000 tons)

地名	City	2010	2015	2016	2016 排名 Ranking	地名	City	2010	2015	2016	2016 排名 Ranking
全国	**Nation Total**	**5561.7**	**6022.6**	**5981.1**		沈阳	Shenyang	19.5	20.9	20.5	91
北京	**Beijing**	**13.7**	**10.5**	**9.7**		大连	Dalian	16.1	16.2	15.7	114
天津	**Tianjin**	**25.5**	**21.8**	**21.4**		鞍山	Anshan	9.3	10.6	10.7	150
河北	**Hebei**	**322.9**	**335.5**	**331.8**		抚顺	Fushun	3.3	3.5	3.3	226
石家庄	Shijiazhuang	48.4	50.1	48.5	19	本溪	Benxi	1.3	1.3	1.3	234
唐山	Tangshan	38.2	38.1	38.3	32	丹东	Dandong	7.1	7.2	6.7	193
秦皇岛	Qinhuangdao	14.0	14.6	14.2	122	锦州	Jinzhou	16.4	16.7	16.7	109
邯郸	Handan	47.3	48.9	48.1	20	营口	Yingkou	6.1	6.2	6.2	199
邢台	Xingtai	34.5	36.6	36.2	34	阜新	Fuxin	12.9	16.5	16.5	111
保定	Baoding	44.6	47.7	48.1	21	辽阳	Liaoyang	5.4	5.3	5.4	207
张家口	Zhangjiakou	9.8	11.0	11.4	139	盘锦	Panjin	5.0	4.8	4.7	215
承德	Chengde	10.6	11.4	11.2	142	铁岭	Tieling	19.7	22.9	22.1	81
沧州	Cangzhou	32.3	31.5	31.0	44	朝阳	Chaoyang	9.4	11.4	10.2	157
廊坊	Langfang	16.7	16.7	16.4	112	葫芦岛	Huludao	8.5	8.6	8.3	176
衡水	Hengshui	26.7	28.8	28.3	54	**吉林**	**Jilin**	**371.7**	**231.2**	**233.6**	
山西	**Shanxi**	**110.4**	**118.5**	**117.1**		长春	Changchun	93.2	104.7	103.8	1
太原	Taiyuan	2.6	2.9	2.9	227	吉林	Jilin	52.9	60.1	61.0	10
大同	Datong	8.1	8.3	8.1	177	四平	Siping	62.7	72.5	70.8	8
阳泉	Yangquan	1.4	1.5	1.4	233	辽源	Liaoyuan	14.5	19.8	19.7	96
长治	Changzhi	11.0	12.7	12.5	133	通化	Tonghua	26.4	31.5	30.5	46
晋城	Jincheng	6.9	6.6	6.5	196	白山	Baishan	3.5	3.7	3.7	223
朔州	Shuozhou	6.9	8.6	7.8	183	松原	Songyuan	66.3	83.9	83.8	3
晋中	Jinzhong	10.3	10.3	10.3	156	白城	Baicheng	39.4	50.9	53.8	13
运城	Yuncheng	27.4	28.8	28.7	52	**黑龙江**	**Heilongjiang**	**214.9**	**255.3**	**252.8**	
忻州	Xinzhou	12.7	13.1	13.2	129	哈尔滨	Harbin	43.6	46.7	45.6	24
临汾	Linfen	15.7	17.4	17.6	107	齐齐哈尔	Qiqihar	25.0	30.6	30.3	47
吕梁	Lvliang	7.3	8.5	8.0	181	鸡西	Jixi	4.3	5.2	5.1	214
内蒙古	**Inner Mongolia**	**177.2**	**229.4**	**234.6**		鹤岗	Hegang	3.6	4.4	4.3	217
呼和浩特	Hohhot	10.7	12.3	12.7	131	双鸭山	Shuangyashan	5.5	6.8	7.4	185
包头	Baotou	6.6	7.7	7.7	184	大庆	Daqing	11.1	13.2	13.9	125
乌海	Wuhai	0.4	0.4	0.4	238	伊春	Yichun	2.0	2.5	2.5	230
赤峰	Chifeng	26.1	34.8	35.8	37	佳木斯	Jiamusi	18.6	23.8	23.1	71
通辽	Tongliao	53.0	66.0	68.4	9	七台河	Qitaihe	1.4	3.1	2.7	229
鄂尔多斯	Erdos	9.9	12.1	12.4	135	牡丹江	Mudanjiang	7.6	8.8	8.8	171
呼伦贝尔	Hulunbuir	1.6	27.2	27.1	57	黑河	Heihe	11.7	13.6	14.3	121
巴彦淖尔	Bayannur	24.7	25.6	27.3	56	绥化	Suihua	31.1	36.2	35.9	36
乌兰察布	Ulanqab	9.0	9.7	9.8	161	**上海**	**Shanghai**	**11.8**	**9.9**	**9.2**	
辽宁	**Liaoning**	**140.1**	**152.1**	**148.1**		**江苏**	**Jiangsu**	**341.1**	**320.0**	**312.5**	

10-4 化肥施用量 续表 1

Consumption of Chemical Fertilizer continued 1

单位：万吨 (10 000 tons)

地名	City	2010	2015	2016	2016 排名 Ranking
南京	Nanjing	9.0	7.5	7.4	186
无锡	Wuxi	6.5	5.3	5.2	212
徐州	Xuzhou	70.3	62.2	60.5	11
常州	Changzhou	6.7	6.7	6.0	200
苏州	Suzhou	9.2	7.8	7.1	187
南通	Nantong	24.5	22.5	22.2	79
连云港	Lianyungang	33.8	34.6	34.6	40
淮安	Huaian	36.7	40.5	38.8	29
盐城	Yancheng	60.7	51.8	50.6	16
扬州	Yangzhou	19.0	20.3	20.0	95
镇江	Zhenjiang	7.0	5.4	5.4	208
泰州	Taizhou	19.3	16.6	16.1	113
宿迁	Suqian	38.4	39.1	38.6	30
浙江	**Zhejiang**	**92.2**	**87.5**	**84.5**	
杭州	Hangzhou	11.5	9.7	9.4	167
宁波	Ningbo	10.9	10.8	10.6	151
温州	Wenzhou	8.9	8.1	8.0	179
嘉兴	Jiaxing	10.5	10.2	10.0	158
湖州	Huzhou	5.5	4.5	4.3	218
绍兴	Shaoxing	10.4	10.9	10.7	149
金华	Jinhua	11.2	10.9	10.0	159
衢州	Quzhou	7.5	7.0	6.3	198
舟山	Zhoushan	0.5	0.4	0.4	237
台州	Taizhou	9.1	8.8	8.8	173
丽水	Lishui	6.2	6.0	5.7	205
安徽	**Anhui**	**319.8**	**338.7**	**327.0**	
合肥	Hefei	19.7	29.7	27.9	55
芜湖	Wuhu	6.8	18.5	18.0	106
蚌埠	Bengbu	28.4	31.0	30.7	45
淮南	Huainan	13.3	29.7	29.1	50
马鞍山	Maanshan	2.8	8.0	7.9	182
淮北	Huaibei	8.6	10.7	10.6	152
铜陵	Tongling	2.2	6.3	5.6	206
安庆	Anqing	21.9	22.4	20.4	92
黄山	Huangshan	3.9	3.9	3.7	222
滁州	Chuzhou	32.1	35.7	35.6	38
阜阳	Fuyang	37.3	38.4	36.9	33
宿州	Suzhou	33.0	33.4	33.3	41
六安	Liuan	36.6	20.9	19.1	101
亳州	Bozhou	30.0	30.9	29.7	49
池州	Chizhou	5.8	6.0	6.0	203
宣城	Xuancheng	13.8	13.2	12.7	132
福建	**Fujian**	**121.0**	**123.8**	**123.8**	
福州	Fuzhou	8.7			
厦门	Xiamen	2.3			
莆田	Putian	6.7			
三明	Sanming	13.0			
泉州	Quanzhou	15.2			
漳州	Zhangzhou	38.7			
南平	Nanping	15.9			
龙岩	Longyan	11.3			
宁德	Ningde	9.3			
江西	**Jiangxi**	**137.6**	**143.6**	**142.0**	
南昌	Nanchang	14.9	14.9	14.3	120
景德镇	Jingdezhen	3.2	3.6	3.6	224
萍乡	Pingxiang	3.6	3.9	3.9	219
九江	Jiujiang	16.1	15.6	15.4	116
新余	Xinyu	2.9	4.1	4.3	216
鹰潭	Yingtan	3.0	3.2	3.3	225
赣州	Ganzhou	22.4	24.1	23.9	68
吉安	Jian	17.5	18.8	18.6	104
宜春	Yichun	20.8	21.8	20.7	87
抚州	Fuzhou	19.9	19.0	19.3	99
上饶	Shangrao	13.2	14.7	14.8	118
山东	**Shandong**	**475.3**	**463.5**	**456.5**	
济南	Jinan	23.4	22.5	22.1	80
青岛	Qingdao	29.9	28.5	28.4	53
淄博	Zibo	9.9	9.7	9.5	166
枣庄	Zaozhuang	21.7	21.1	20.9	85
东营	Dongying	11.4	11.9	11.6	137
烟台	Yantai	39.1	38.8	39.3	27
潍坊	Weifang	58.3	51.8	51.6	15
济宁	Jining	46.6	42.0	41.6	25
泰安	Taian	20.2	20.7	20.8	86
威海	Weihai	10.3	11.0	10.8	148
日照	Rizhao	13.0	12.1	11.3	140
莱芜	Laiwu	3.8	3.8	3.8	220
临沂	Linyi	43.4	37.4	36.1	35
德州	Dezhou	32.7	38.1	35.4	39
聊城	Liaocheng	42.0	41.2	41.1	26

10-4 化肥施用量 续表 2
Consumption of Chemical Fertilizer continued 2

单位：万吨 (10 000 tons)

地名	City	2010	2015	2016	2016 排名 Ranking	地名	City	2010	2015	2016	2016 排名 Ranking
滨州	Binzhou	21.2	23.5	22.8	75	常德	Changde	33.2	32.7	32.9	42
菏泽	Heze	48.4	49.4	49.3	17	张家界	Zhangjiajie	5.6	6.2	6.0	202
河南	**Henan**	**655.2**	**716.1**	**715.0**		益阳	Yiyang	22.2	24.0	23.6	69
郑州	Zhengzhou	22.7	22.1	22.0	83	郴州	Chenzhou	18.5	19.7	20.5	89
开封	Kaifeng	28.7	31.0	31.9	43	永州	Yongzhou	22.4	23.7	24.0	67
洛阳	Luoyang	23.6	23.6	24.7	63	怀化	Huaihua	10.7	11.1	11.1	143
平顶山	Pingdingshan	35.0	38.4	38.3	31	娄底	Loudi	9.3	8.8	8.5	174
安阳	Anyang	42.3	48.2	46.4	23	**广东**	**Guangdong**	**237.3**	**256.5**	**261.0**	
鹤壁	Hebi	7.5	8.1	8.1	178	广州	Guangzhou	10.8			
新乡	Xinxiang	49.0	54.7	55.5	12	韶关	Shaoguan	35.2			
焦作	Jiaozuo	20.2	21.6	20.2	94	深圳	Shenzhen	0.7			
濮阳	Puyang	25.9	27.6	26.8	58	珠海	Zhuhai	1.0			
许昌	Xuchang	31.0	29.1	29.1	51	汕头	Shantou	5.3			
漯河	Luohe	17.1	17.1	17.5	108	佛山	Foshan	5.3			
三门峡	Sanmenxia	9.2	9.9	9.8	162	江门	Jiangmen	39.5			
南阳	Nanyang	79.9	91.3	90.2	2	湛江	Zhanjiang	41.8			
商丘	Shangqiu	70.2	82.7	83.0	4	茂名	Maoming	32.9			
信阳	Xinyang	47.3	54.0	51.8	14	肇庆	Zhaoqing	18.1			
周口	Zhoukou	74.1	79.8	82.0	5	惠州	Huizhou	8.9			
驻马店	Zhumadian	69.1	74.4	74.9	6	梅州	Meizhou	15.7			
湖北	**Hubei**	**350.8**	**333.9**	**328.0**		汕尾	Shanwei	6.4			
武汉	Wuhan	16.4	12.9			河源	Heyuan	6.7			
黄石	Huangshi	4.7	5.4			阳江	Yangjiang	11.3			
十堰	Shiyan	12.8	13.4			清远	Qingyuan	20.1			
宜昌	Yichang	35.7	36.6			东莞	Dongguan	0.8			
襄阳	Xiangyang	53.2	57.8			中山	Zhongshan	3.1			
鄂州	Ezhou	12.0	8.8			潮州	Chaozhou	4.2			
荆门	Jingmen	29.3	30.4			揭阳	Jieyang	12.1			
孝感	Xiaogan	21.8	20.9			云浮	Yunfu	8.4			
荆州	Jingzhou	37.4	34.2			**广西**	**Guangxi**	**237.2**	**259.9**	**262.1**	
黄冈	Huanggang	49.7	34.1			南宁	Nanning	43.0	48.5	48.9	18
咸宁	Xianning	11.4	12.6			柳州	Liuzhou	18.5	19.3	19.2	100
随州	Suizhou	16.5	17.6			桂林	Guilin	22.4	24.0	24.3	64
湖南	**Hunan**	**236.6**	**246.5**	**246.4**		梧州	Wuzhou	6.8	7.2	7.0	188
长沙	Changsha	17.6	19.9	19.0	102	北海	Beihai	6.2	6.6	6.6	195
株洲	Zhuzhou	12.1	11.3	11.1	144	防城港	Fangchenggang	5.0	6.2	6.3	197
湘潭	Xiangtan	11.7	10.7	10.6	153	钦州	Qinzhou	24.9	25.3	24.7	62
衡阳	Hengyang	21.9	24.2	25.1	61	贵港	Guigang	19.2	19.6	19.6	97
邵阳	Shaoyang	22.3	22.6	23.0	73	玉林	Yulin	16.0	16.3	16.6	110
岳阳	Yueyang	21.7	23.6	23.1	72	百色	Baise	10.2	12.2	12.5	134

10-4 化肥施用量 续表 3
Consumption of Chemical Fertilizer continued 3

单位：万吨 (10 000 tons)

地名	City	2010	2015	2016	2016 排名 Ranking
贺州	Hezhou	5.3	5.6	6.6	194
河池	Hechi	11.9	13.5	13.7	127
来宾	Laibin	22.0	25.6	26.1	59
崇左	Chongzuo	25.8	30.1	30.2	48
海南	**Hainan**	**46.4**	**51.1**		
海口	Haikou	3.1			
三亚	Sanya	1.8			
三沙	Sansha				
重庆	**Chongqing**	**91.8**	**97.7**	**50.6**	
四川	**Sichuan**	**248.0**	**249.8**	**249.0**	
成都	Chengdu	17.2	15.3	18.6	105
自贡	Zigong	8.5	9.5	9.6	164
攀枝花	Panzhihua	3.0	2.9	2.9	228
泸州	Luzhou	10.3	11.1	11.0	145
德阳	Deyang	20.0	18.9	18.8	103
绵阳	Mianyang	21.0	21.9	22.0	84
广元	Guangyuan	11.3	11.4	11.0	146
遂宁	Suining	14.4	14.3	14.0	124
内江	Neijiang	11.8	12.8	12.9	130
乐山	Leshan	9.1	9.8	9.9	160
南充	Nanchong	23.3	22.4	22.9	74
眉山	Meishan	14.5	14.8	14.5	119
宜宾	Yibin	10.6	8.7	8.4	175
广安	Guangan	10.7	10.9	10.8	147
达州	Dazhou	20.0	21.9	22.0	82
雅安	Yaan	5.0	5.1	5.1	213
巴中	Bazhong	13.3	14.2	14.0	123
资阳	Ziyang	8.8	8.8	5.3	210
贵州	**Guizhou**	**86.5**	**103.7**	**103.7**	
贵阳	Guiyang	6.4	6.4	6.0	201
六盘水	Liupanshui	6.8	7.1	6.9	189
遵义	Zunyi	15.5	22.7	22.3	77
安顺	Anshun	6.1	6.7	6.8	190
毕节	Bijie	20.6	22.0	22.5	76
铜仁	Tongren	8.6	11.0	11.4	138
云南	**Yunnan**	**184.6**	**231.3**	**235.6**	
昆明	Kunming	17.3	19.9	20.5	90
曲靖	Qujing	30.5	38.6	38.9	28
玉溪	Yuxi	38.4	9.3	9.2	169
保山	Baoshan	11.3	13.3	11.6	136
昭通	Zhaotong	13.1	15.0	15.2	117
丽江	Lijiang	7.5	9.2	9.4	168
普洱	Puer	6.2	9.2	9.5	165
临沧	Lincang	15.4	20.9	22.3	78
西藏	**Tibet**	**4.7**	**6.0**	**5.9**	
拉萨	Lasa	1.1	1.8	1.6	232
陕西	**Shaanxi**	**196.8**	**231.9**	**233.1**	
西安	Xi'an	23.6	24.6	24.3	65
铜川	Tongchuan	4.9	5.5	5.3	211
宝鸡	Baoji	21.5	25.2	25.3	60
咸阳	Xianyang	41.4	47.6	46.5	22
渭南	Weinan	48.9	68.9	71.3	7
延安	Yan'an	11.4	15.1	15.4	115
汉中	Hanzhong	14.6	14.6	13.8	126
榆林	Yulin	12.9	13.1	13.6	128
安康	Ankang	8.5	11.3	11.2	141
商洛	Shangluo	6.1	5.6	6.0	204
甘肃	**Gansu**	**85.3**	**97.9**	**93.4**	
兰州	Lanzhou	4.3	4.7	3.7	221
嘉峪关	Jiayuguan	0.2	0.3	0.2	239
金昌	Jinchang	2.0	2.3	1.7	231
白银	Baiyin	4.9	5.5	5.3	209
天水	Tianshui	7.3	7.9	8.0	180
武威	Wuwei	15.6	14.4	8.9	170
张掖	Zhangye	8.1	10.6	8.8	172
平凉	Pingliang	8.1	10.1	10.5	154
酒泉	Jiuquan	7.3	8.2	6.8	192
庆阳	Qingyang	9.2	10.2	10.3	155
定西	Dingxi	6.9	9.6	9.6	163
陇南	Longnan	6.1	6.8	6.8	190
青海	**Qinghai**	**8.2**	**10.1**	**8.8**	
西宁	Xining	2.1			
海东	Haidong				
宁夏	**Ningxia**	**102.6**	**40.1**	**40.7**	
银川	Yinchuan	25.1	23.4	23.4	70
石嘴山	Shizuishan	15.6	19.4	19.5	98
吴忠	Wuzhong	24.2	23.3	24.0	66
固原	Guyuan	17.7	20.4	20.6	88
中卫	Zhongwei	20.0	20.5	20.3	93
新疆	**Xinjiang**	**167.6**	**248.1**	**250.2**	
乌鲁木齐	Urumqi	1.0	0.8	0.8	235
克拉玛依	Karamay	0.4	0.7	0.7	236

10-5 农村用电量

Electricity Consumed in Rural Areas

单位：亿千瓦小时 (100 million kwh)

地名	City	2010	2015	2016	2016 排名 Ranking
全国	**Nation Total**	**6632.30**			
北京	**Beijing**	**44.38**			
天津	**Tianjin**	**50.99**			
河北	**Hebei**	**511.81**	**611.82**	**600.78**	
石家庄	Shijiazhuang	71.35	73.21	78.79	17
唐山	Tangshan	14.70	116.37	111.98	9
秦皇岛	Qinhuangdao	9.05	28.33	23.46	44
邯郸	Handan	17.69	65.50	65.99	20
邢台	Xingtai	121.78	35.56	36.52	32
保定	Baoding	64.89	51.95	51.47	25
张家口	Zhangjiakou	44.32	13.17	12.75	77
承德	Chengde	64.20	19.77	20.65	49
沧州	Cangzhou	26.13	83.08	85.93	14
廊坊	Langfang	28.28	92.58	81.03	15
衡水	Hengshui	49.43	32.30	32.19	36
山西	**Shanxi**	**81.18**	**96.83**	**97.52**	
太原	Taiyuan	4.84	5.36	5.42	145
大同	Datong	2.96	3.523	3.5946	172
阳泉	Yangquan	7.05	6.115	5.8732	140
长治	Changzhi	7.15	8.107	8.2114	116
晋城	Jincheng	6.84	7.358	7.5165	120
朔州	Shuozhou	2.02	2.745	2.8416	182
晋中	Jinzhong	11.26	14.239	14.4308	64
运城	Yuncheng	20.86	24.97	24.9496	41
忻州	Xinzhou	5.09	5.885	6.044	135
临汾	Linfen	6.20	8.731	9.2397	104
吕梁	Lvliang	6.90	9.792	9.4004	102
内蒙古	**Inner Mongolia**	**48.41**	**72.26**	**71.09**	
呼和浩特	Hohhot		5.04	5.10	149
包头	Baotou	2.97	3.66	3.59	173
乌海	Wuhai	0.30	0.33	0.34	205
赤峰	Chifeng	15.99	24.20	24.84	42
通辽	Tongliao		11.90	10.46	93
鄂尔多斯	Erdos	4.51	8.32	8.47	112
呼伦贝尔	Hulunbuir	2.15	3.89	3.46	175
巴彦淖尔	Bayannur	3.99	5.25	4.79	156
乌兰察布	Ulanqab	2.10	3.25	3.73	167
辽宁	**Liaoning**	**344.65**	457.80	489.80	
沈阳	Shenyang	45.85			
大连	Dalian	78.10			
鞍山	Anshan	45.40			
抚顺	Fushun	11.16			
本溪	Benxi	1.47			
丹东	Dandong	13.79			
锦州	Jinzhou	17.82			
营口	Yingkou	25.98			
阜新	Fuxin	8.05			
辽阳	Liaoyang	35.01			
盘锦	Panjin	7.67			
铁岭	Tieling	11.89			
朝阳	Chaoyang	34.47			
葫芦岛	Huludao	7.98			
吉林	**Jilin**	**39.50**	**49.60**	**51.13**	
长春	Changchun	10.37	13.63	14.14	67
吉林	Jilin	4.83	5.26	5.47	144
四平	Siping	5.12	6.31	6.46	129
辽源	Liaoyuan	1.51	2.29	2.36	191
通化	Tonghua	2.93	3.14	3.13	180
白山	Baishan	0.82	0.90	0.90	202
松原	Songyuan	5.07	5.62	5.81	141
白城	Baicheng	2.82	3.93	3.99	161
黑龙江	**Heilongjiang**	**52.73**	**72.58**	**77.47**	
哈尔滨	Harbin	15.08	18.92	19.15	52
齐齐哈尔	Qiqihar	5.63	8.08	8.88	109
鸡西	Jixi	2.27	3.57	3.62	171
鹤岗	Hegang	0.40	0.56	0.57	204
双鸭山	Shuangyashan	1.78	2.19	2.41	188
大庆	Daqing	3.54	4.29	5.01	151
伊春	Yichun	0.60	0.71	0.72	203
佳木斯	Jiamusi	4.08	5.72	6.17	133
七台河	Qitaihe	0.69	1.53	1.67	200
牡丹江	Mudanjiang	3.95	4.91	5.02	150
黑河	Heihe	1.64	2.44	2.53	185
绥化	Suihua	8.55	12.89	14.20	66
上海	**Shanghai**	**195.48**			
江苏	**Jiangsu**	**1472.89**	**1836.19**	**1869.27**	

10-5 农村用电量 续表 1
Electricity Consumed in Rural Areas continued 1

单位：亿千瓦小时 (100 million kwh)

地名	City	2010	2015	2016	2016 排名 Ranking
南京	Nanjing	28.62	32.01	32.08	37
无锡	Wuxi	337.12	385.82	394.38	2
徐州	Xuzhou	50.23	66.31	66.11	19
常州	Changzhou	155.94	160.65	156.59	6
苏州	Suzhou	486.29	596.11	609.78	1
南通	Nantong	120.94	163.59	170.31	5
连云港	Lianyungang	24.20	32.41	34.28	34
淮安	Huaian	10.58	15.34	16.00	58
盐城	Yancheng	57.96	78.00	80.30	16
扬州	Yangzhou	39.74	60.96	61.14	23
镇江	Zhenjiang	53.97	79.82	77.44	18
泰州	Taizhou	84.91	120.77	124.44	8
宿迁	Suqian	22.37	44.39	46.42	26
浙江	**Zhejiang**	**765.15**	**905.56**	**926.09**	
杭州	Hangzhou	109.37	108.17	109.94	10
宁波	Ningbo	153.54	186.63	177.06	4
温州	Wenzhou	71.43	85.49	89.23	13
嘉兴	Jiaxing	85.67	114.87	128.17	7
湖州	Huzhou	35.32	36.92	37.58	30
绍兴	Shaoxing	168.10	188.90	189.68	3
金华	Jinhua	36.51	51.10	54.48	24
衢州	Quzhou	8.96	10.22	10.43	94
舟山	Zhoushan	10.70	14.14	14.26	65
台州	Taizhou	80.77	103.16	109.09	11
丽水	Lishui	4.77	5.95	6.19	132
安徽	**Anhui**	**107.41**	**156.75**	**161.62**	
合肥	Hefei	5.45	15.93	15.93	59
芜湖	Wuhu	5.80	12.71	13.76	68
蚌埠	Bengbu	5.13	9.26	9.75	97
淮南	Huainan	6.88	12.98	12.89	73
马鞍山	Maanshan	1.71	5.43	5.77	142
淮北	Huaibei	1.58	2.99	3.23	179
铜陵	Tongling	1.59	5.46	6.25	131
安庆	Anqing	12.87	15.15	14.45	63
黄山	Huangshan	1.76	2.52	2.61	183
滁州	Chuzhou	7.68	10.13	10.51	92
阜阳	Fuyang	9.54	15.46	16.71	56
宿州	Suzhou	6.20	11.29	11.62	85
六安	Liuan	9.68	10.73	10.83	88
亳州	Bozhou	6.56	10.16	10.61	91
池州	Chizhou	2.93	4.27	3.82	163
宣城	Xuancheng	8.84	12.28	12.86	74
福建	**Fujian**	**257.49**			
福州	Fuzhou	73.16			
厦门	Xiamen	1.97			
莆田	Putian	11.10			
三明	Sanming	11.06			
泉州	Quanzhou	109.94			
漳州	Zhangzhou	16.07			
南平	Nanping	9.60			
龙岩	Longyan	15.04			
宁德	Ningde	9.56			
江西	**Jiangxi**	**71.57**	**99.92**	**104.58**	
南昌	Nanchang	11.59	13.43	13.66	69
景德镇	Jingdezhen	2.21	3.18	3.26	178
萍乡	Pingxiang	4.49	5.91	5.98	137
九江	Jiujiang	7.90	12.73	12.75	76
新余	Xinyu	2.64	3.05	3.10	181
鹰潭	Yingtan	0.80	2.00	2.43	186
赣州	Ganzhou	8.81	12.36	12.85	75
吉安	Jian	6.54	8.00	8.37	113
宜春	Yichun	9.51	13.09	13.59	71
抚州	Fuzhou	4.16	5.56	5.75	143
上饶	Shangrao	12.92	20.59	22.83	46
山东	**Shandong**	**439.03**	**482.30**	**488.84**	
济南	Jinan	25.57	26.51	25.66	40
青岛	Qingdao	42.68	40.11	38.54	29
淄博	Zibo	53.38	44.27	43.05	28
枣庄	Zaozhuang	24.45	31.72	32.26	35
东营	Dongying	4.35	4.60	4.54	158
烟台	Yantai	76.88	98.01	104.23	12
潍坊	Weifang	56.49	61.53	63.80	21
济宁	Jining	13.62	15.99	16.10	57
泰安	Taian	9.10	10.98	11.20	86
威海	Weihai	20.14	15.44	15.25	61
日照	Rizhao	7.85	12.00	11.93	83
莱芜	Laiwu	9.96	7.90	8.03	118
临沂	Linyi	32.11	30.60	31.33	38
德州	Dezhou	7.82	12.68	12.51	79
聊城	Liaocheng	11.90	14.59	14.68	62

10-5 农村用电量 续表 2

Electricity Consumed in Rural Areas continued 2

单位：亿千瓦小时 (100 million kwh)

地名	City	2010	2015	2016	2016 排名 Ranking	地名	City	2010	2015	2016	2016 排名 Ranking
滨州	Binzhou	10.15	9.66	9.73	98	常德	Changde	8.84	13.06	13.32	72
菏泽	Heze	32.58	45.72	45.99	27	张家界	Zhangjiajie	1.49	1.87	1.91	197
河南	**Henan**	**269.41**	**321.01**	**317.23**		益阳	Yiyang	6.39	9.09	9.55	101
郑州	Zhengzhou	40.67	37.06	36.99	31	郴州	Chenzhou	5.61	7.11	7.14	123
开封	Kaifeng	8.22	8.96	9.11	106	永州	Yongzhou	6.24	7.71	7.85	119
洛阳	Luoyang	21.31	24.62	23.99	43	怀化	Huaihua	4.79	5.89	5.93	138
平顶山	Pingdingshan	8.66	11.93	12.54	78	娄底	Loudi	4.98	6.91	7.00	125
安阳	Anyang	25.08	31.03	28.74	39	**广东**	**Guangdong**	**1044.26**	**1326.20**	**1334.89**	
鹤壁	Hebi	2.14	2.47	2.39	189	广州	Guangzhou	160.17			
新乡	Xinxiang	54.17	65.19	61.52	22	韶关	Shaoguan	3.29			
焦作	Jiaozuo	11.13	14.21	13.62	70	深圳	Shenzhen				
濮阳	Puyang	6.14	8.60	9.03	107	珠海	Zhuhai	2.43			
许昌	Xuchang	9.01	10.45	10.38	95	汕头	Shantou	23.86			
漯河	Luohe	4.44	5.15	6.07	134	佛山	Foshan	205.22			
三门峡	Sanmenxia	3.17	3.76	3.78	165	江门	Jiangmen	50.95			
南阳	Nanyang	16.98	21.38	22.19	47	湛江	Zhanjiang	12.60			
商丘	Shangqiu	15.30	22.90	22.99	45	茂名	Maoming	7.62			
信阳	Xinyang	12.49	15.86	17.14	54	肇庆	Zhaoqing	10.43			
周口	Zhoukou	13.20	17.04	15.47	60	惠州	Huizhou	30.71			
驻马店	Zhumadian	15.61	18.48	19.54	51	梅州	Meizhou	7.39			
湖北	**Hubei**	**109.78**	**149.10**	**152.86**		汕尾	Shanwei	8.11			
武汉	Wuhan	13.28	15.85			河源	Heyuan	4.09			
黄石	Huangshi	9.43	12.52			阳江	Yangjiang	3.71			
十堰	Shiyan	3.72	5.70			清远	Qingyuan	5.31			
宜昌	Yichang	6.64	11.49			东莞	Dongguan	395.05			
襄阳	Xiangyang	6.95	10.21			中山	Zhongshan	74.21			
鄂州	Ezhou	0.85	4.79			潮州	Chaozhou	19.15			
荆门	Jingmen	5.73	10.10			揭阳	Jieyang	14.37			
孝感	Xiaogan	0.60	12.79			云浮	Yunfu	5.99			
荆州	Jingzhou	12.18	16.46			**广西**	**Guangxi**	**50.22**	**83.91**	**95.37**	
黄冈	Huanggang	24.15	24.13			南宁	Nanning	7.67	10.88	12.14	82
咸宁	Xianning	3.70	5.23			柳州	Liuzhou	3.52	5.25	8.94	108
随州	Suizhou	3.30	4.83			桂林	Guilin	4.87	6.70	7.50	121
湖南	**Hunan**	**98.63**	**123.91**	**126.70**		梧州	Wuzhou	3.31	4.33	4.62	157
长沙	Changsha	21.04	19.95	20.43	50	北海	Beihai		3.49	2.17	193
株洲	Zhuzhou	6.50	8.44	8.36	114	防城港	Fangchenggang	1.15	1.89	2.42	187
湘潭	Xiangtan	4.32	6.47	6.66	127	钦州	Qinzhou	2.81	9.50	6.38	130
衡阳	Hengyang	12.37	18.38	18.82	53	贵港	Guigang	3.82	5.33	9.70	99
邵阳	Shaoyang	7.97	9.21	9.38	103	玉林	Yulin	5.99	9.09	9.70	99
岳阳	Yueyang	6.54	8.06	8.49	111	百色	Baise	3.97	9.70	10.76	89

10-5 农村用电量 续表 3
Electricity Consumed in Rural Areas continued 3

单位：亿千瓦小时 (100 million kwh)

地名	City	2010	2015	2016	2016 排名 Ranking
贺州	Hezhou	2.15	2.90	3.78	165
河池	Hechi	4.90	8.74	9.13	105
来宾	Laibin	3.18	4.91	6.03	136
崇左	Chongzuo	2.05	2.52	2.57	184
海南	**Hainan**	**5.95**	**13.02**	**13.89**	
海口	Haikou	1.32	3.50	3.70	169
三亚	Sanya	0.23	1.03	1.29	201
三沙	Sansha				
重庆	**Chongqing**	**64.77**			
四川	**Sichuan**	**141.66**	**174.81**	**183.08**	
成都	Chengdu	31.59	32.12	36.33	33
自贡	Zigong	3.76	4.69	4.91	153
攀枝花	Panzhihua	1.55	2.00	2.09	195
泸州	Luzhou	5.21	7.74	8.13	117
德阳	Deyang	17.70	21.12	21.97	48
绵阳	Mianyang	9.28	11.02	11.63	84
广元	Guangyuan	2.56	4.13	4.30	159
遂宁	Suining	2.97	3.69	3.70	168
内江	Neijiang	7.76	9.50	9.81	96
乐山	Leshan	7.86	10.44	10.64	90
南充	Nanchong	5.76	6.41	6.55	128
眉山	Meishan	6.31	8.23	8.24	115
宜宾	Yibin	8.43	11.51	12.51	80
广安	Guangan	4.11	5.13	5.29	146
达州	Dazhou	6.96	8.41	8.57	110
雅安	Yaan	3.93	4.33	4.80	155
巴中	Bazhong	2.36	4.68	7.05	124
资阳	Ziyang	5.30	8.93	5.24	148
贵州	**Guizhou**	**41.70**			
贵阳	Guiyang				
六盘水	Liupanshui				
遵义	Zunyi				
安顺	Anshun				
毕节	Bijie				
铜仁	Tongren				
云南	**Yunnan**	**61.67**	**91.45**	**95.26**	
昆明	Kunming	8.10	10.84	10.96	87
曲靖	Qujing	7.39	11.63	12.25	81
玉溪	Yuxi	12.87	16.26	17.02	55
保山	Baoshan	2.85	4.94	5.27	147
昭通	Zhaotong	4.27	6.41	6.91	126
丽江	Lijiang	1.09	1.72	1.79	199
普洱	Puer	1.86	3.25	3.47	174
临沧	Lincang	1.31	2.27	2.30	192
西藏	**Tibet**	**0.76**	**1.28**	**1.21**	
拉萨	Lasa	0.09	0.16	0.18	206
陕西	**Shaanxi**	**121.00**			
西安	Xi'an				
铜川	Tongchuan				
宝鸡	Baoji				
咸阳	Xianyang				
渭南	Weinan				
延安	Yan'an				
汉中	Hanzhong				
榆林	Yulin				
安康	Ankang				
商洛	Shangluo				
甘肃	**Gansu**	**42.85**	**54.04**	**54.22**	
兰州	Lanzhou	4.19	3.78	3.81	164
嘉峪关	Jiayuguan	0.11	0.12	0.12	207
金昌	Jinchang	1.74	2.18	2.14	194
白银	Baiyin	3.93	4.98	4.85	154
天水	Tianshui	2.98	3.76	3.87	162
武威	Wuwei	5.94	7.27	7.23	122
张掖	Zhangye	3.31	4.92	4.95	152
平凉	Pingliang	2.62	3.25	3.29	177
酒泉	Jiuquan	3.27	3.99	4.02	160
庆阳	Qingyang	3.89	5.98	5.89	139
定西	Dingxi	2.37	3.62	3.65	170
陇南	Longnan	2.92	3.34	3.45	176
青海	**Qinghai**	**3.83**		**6.15**	
西宁	Xining	1.22		2.37	190
海东	Haidong			1.87	198
宁夏	**Ningxia**	**10.96**	**13.79**	**14.16**	
银川	Yinchuan	2.84			
石嘴山	Shizuishan	0.84			
吴忠	Wuzhong	3.39			
固原	Guyuan	1.60			
中卫	Zhongwei	2.29			
新疆	**Xinjiang**	**64.29**	**104.07**	**108.16**	
乌鲁木齐	Urumqi	1.76	1.90	2.00	196
克拉玛依	Karamay	0.05	0.04	0.04	208

10-6 有效灌溉面积
Irrigated Area

单位：千公顷 (1000 hectares)

地名	City	2010	2015	2016	2016 排名 Ranking
全国	**Nation Total**	**60347.7**	**65872.6**	**67140.6**	
北京	**Beijing**	**162.6**		**128.5**	
天津	**Tianjin**	**344.6**		**306.6**	
河北	**Hebei**	**4520.9**	**4448.0**	**4457.6**	
石家庄	Shijiazhuang	480.3	512.6	500.5	18
唐山	Tangshan	485.2	456.1	458.1	30
秦皇岛	Qinhuangdao	134.5	126.7	127.7	118
邯郸	Handan	547.3	537.8	533.7	14
邢台	Xingtai	531.1	577.4	587.2	9
保定	Baoding	665.5	653.4	657.1	3
张家口	Zhangjiakou	251.7	252.6	258.6	54
承德	Chengde	145.5	122.3	123.6	122
沧州	Cangzhou	525.5	498.2	502.8	17
廊坊	Langfang	276.6	230.5	227.3	67
衡水	Hengshui	477.7	480.5	481.1	23
山西	**Shanxi**	**1274.2**		**1487.3**	
太原	Taiyuan	49.2			
大同	Datong	124.6			
阳泉	Yangquan	8.7			
长治	Changzhi	75.3			
晋城	Jincheng	42.1			
朔州	Shuozhou	120.5			
晋中	Jinzhong	141.1			
运城	Yuncheng	330.7			
忻州	Xinzhou	129.1			
临汾	Linfen	137.5			
吕梁	Lvliang	115.4			
内蒙古	**Inner Mongolia**	**3027.5**	**3086.9**	**3131.5**	
呼和浩特	Hohhot	195.6	210.3	213.2	70
包头	Baotou	142.3	127.6	128.5	117
乌海	Wuhai		7.1	7.1	184
赤峰	Chifeng	455.1	412.3	413.7	34
通辽	Tongliao	652.5	644.4	644.4	5
鄂尔多斯	Erdos		244.3	245.9	59
呼伦贝尔	Hulunbuir	179.0	254.4	278.8	51
巴彦淖尔	Bayannur	569.1	652.7	652.7	4
乌兰察布	Ulanqab	115.6	175.0	174.8	91
辽宁	**Liaoning**	**1537.5**	**1520.3**	**1573.0**	
沈阳	Shenyang	240.6	261.7	262.5	53
大连	Dalian	110.3	73.6	74.7	150
鞍山	Anshan	88.7	74.4	74.4	151
抚顺	Fushun	43.5	40.4	43.5	171
本溪	Benxi	20.2	17.2	17.3	180
丹东	Dandong	70.8	79.2	79.4	149
锦州	Jinzhou	197.4	181.9	188.9	84
营口	Yingkou	87.0	73.7	74.1	152
阜新	Fuxin	81.0	138.9	144.4	108
辽阳	Liaoyang	94.2	72.5	72.9	153
盘锦	Panjin	109.0	96.2	98.2	135
铁岭	Tieling	153.9	172.2	175.4	90
朝阳	Chaoyang	169.9	168.2	195.0	80
葫芦岛	Huludao	70.9	70.3	72.3	155
吉林	**Jilin**	**1726.8**	**1790.9**	**1832.2**	
长春	Changchun	240.7	251.4	251.4	56
吉林	Jilin	180.4	159.7	161.4	99
四平	Siping	185.0	206.3	206.3	71
辽源	Liaoyuan	30.6	23.0	23.0	178
通化	Tonghua	106.2	99.6	99.6	134
白山	Baishan	4.4	1.9	1.8	186
松原	Songyuan	508.6	460.2	482.6	22
白城	Baicheng	391.1	520.2	537.1	13
黑龙江	**Heilongjiang**	**3884.3**	**5530.9**	**5953.4**	
哈尔滨	Harbin	304.3	745.7	785.3	2
齐齐哈尔	Qiqihar	494.9	675.1	849.8	1
鸡西	Jixi	130.5	161.5	166.9	96
鹤岗	Hegang	96.9	145.4	156.2	102
双鸭山	Shuangyashan	54.5	96.7	101.7	131
大庆	Daqing	469.9	462.3	540.0	12
伊春	Yichun	26.1	48.8	52.6	167
佳木斯	Jiamusi	257.1	458.7	462.2	28
七台河	Qitaihe	13.0	19.6	19.6	179
牡丹江	Mudanjiang	76.8	92.2	100.7	133
黑河	Heihe	31.7	84.2	92.2	141
绥化	Suihua	352.6	520.0	575.7	11
上海	**Shanghai**	**201.0**		**189.8**	
江苏	**Jiangsu**	**3819.7**	**3952.5**	**4054.1**	

10-6 有效灌溉面积 续表 1

Irrigated Area continued 1

单位：千公顷 (1000 hectares)

地名	City	2010	2015	2016	2016 排名 Ranking	地名	City	2010	2015	2016	2016 排名 Ranking
南京	Nanjing	189.8				池州	Chizhou	83.5	105.7	106.8	128
无锡	Wuxi	132.2				宣城	Xuancheng	148.1	200.7	200.7	76
徐州	Xuzhou	465.2				**福建**	**Fujian**	**967.5**		**1055.4**	
常州	Changzhou	140.0				福州	Fuzhou	114.4			
苏州	Suzhou	209.7				厦门	Xiamen	17.9			
南通	Nantong	408.8				莆田	Putian	51.3			
连云港	Lianyungang	320.3				三明	Sanming	140.2			
淮安	Huaian	317.8				泉州	Quanzhou	112.9			
盐城	Yancheng	621.6				漳州	Zhangzhou	137.3			
扬州	Yangzhou	266.8				南平	Nanping	182.2			
镇江	Zhenjiang	132.5				龙岩	Longyan	1007.1			
泰州	Taizhou	276.4				宁德	Ningde	104.2			
宿迁	Suqian	338.8				**江西**	**Jiangxi**	**1852.4**	**2028.0**	**2036.8**	
浙江	**Zhejiang**	**1451.0**	**1432.2**	**1446.3**		南昌	Nanchang	193.0	189.0	190.0	82
杭州	Hangzhou	163.0	154.9	156.6	101	景德镇	Jingdezhen	53.3	52.0	52.0	168
宁波	Ningbo	189.1	175.7	178.1	89	萍乡	Pingxiang	23.2	43.0	43.0	172
温州	Wenzhou	125.2	114.2	115.2	124	九江	Jiujiang	181.4	203.0	204.0	74
嘉兴	Jiaxing	198.8	183.5	183.9	87	新余	Xinyu	47.4	53.0	54.0	163
湖州	Huzhou	134.5	136.5	137.2	114	鹰潭	Yingtan	51.4	53.0	53.0	166
绍兴	Shaoxing	160.6	156.0	165.4	97	赣州	Ganzhou	261.5	285.0	288.0	47
金华	Jinhua	159.5	167.3	168.0	94	吉安	Jian	293.2	294.0	297.0	45
衢州	Quzhou	93.4	104.8	104.2	129	宜春	Yichun	280.9	309.0	311.0	42
舟山	Zhoushan	12.9	15.1	15.2	182	抚州	Fuzhou	214.1	241.0	245.0	60
台州	Taizhou	127.1	126.0	124.7	121	上饶	Shangrao	238.9	306.0	300.0	44
丽水	Lishui	86.5	98.2	97.8	136	**山东**	**Shandong**	**4955.3**	**5126.8**	**5161.2**	
安徽	**Anhui**	**3519.8**	**4400.3**	**4437.5**		济南	Jinan	246.8	256.1	256.2	55
合肥	Hefei	245.0	458.4	458.5	29	青岛	Qingdao	329.0	323.4	327.6	40
芜湖	Wuhu	87.6	196.6	196.6	78	淄博	Zibo	125.9	129.2	128.7	116
蚌埠	Bengbu	204.8	237.2	242.8	62	枣庄	Zaozhuang	153.8	170.7	172.0	92
淮南	Huainan	103.7	283.2	283.3	50	东营	Dongying	165.6	186.5	189.9	83
马鞍山	Maanshan	52.2	147.9	147.9	107	烟台	Yantai	273.7	246.1	247.1	58
淮北	Huaibei	140.7	142.9	143.2	111	潍坊	Weifang	531.9	529.3	530.5	15
铜陵	Tongling	26.0	81.7	82.6	145	济宁	Jining	439.0	470.6	472.8	25
安庆	Anqing	257.1	269.8	274.6	52	泰安	Taian	252.3	239.2	244.5	61
黄山	Huangshan	43.3	51.2	54.7	161	威海	Weihai	149.7	120.6	125.0	120
滁州	Chuzhou	355.5	490.1	491.2	20	日照	Rizhao	119.3	104.1	108.7	127
阜阳	Fuyang	370.2	425.1	432.0	31	莱芜	Laiwu	38.0	36.7	37.4	174
宿州	Suzhou	369.2	422.0	428.4	33	临沂	Linyi	379.8	360.2	348.8	39
六安	Liuan	382.4	428.6	429.5	32	德州	Dezhou	449.5	489.8	491.9	19
亳州	Bozhou	310.1	459.5	464.7	27	聊城	Liaocheng	490.6	463.2	472.9	24

10-6 有效灌溉面积 续表 2
Irrigated Area continued 2

单位：千公顷 (1000 hectares)

地名	City	2010	2015	2016	2016 排名 Ranking
滨州	Binzhou	306.3	372.4	376.0	35
菏泽	Heze	504.3	628.6	631.2	6
河南	**Henan**	**5081.0**	**5333.9**	**5242.9**	
郑州	Zhengzhou	196.0	202.7	202.9	75
开封	Kaifeng	322.4	352.9	352.3	38
洛阳	Luoyang	140.1	153.2	153.6	104
平顶山	Pingdingshan	200.3	201.8	205.4	73
安阳	Anyang	297.1	311.1	300.7	43
鹤壁	Hebi	83.5	92.5	92.8	140
新乡	Xinxiang	328.2	362.0	362.6	37
焦作	Jiaozuo	161.5	181.3	185.7	86
濮阳	Puyang	219.6	235.3	236.2	64
许昌	Xuchang	238.2	246.7	247.6	57
漯河	Luohe	150.4	142.4	143.7	110
三门峡	Sanmenxia	54.1	52.2	54.3	162
南阳	Nanyang	468.5	489.2	490.7	21
商丘	Shangqiu	599.4	600.6	606.7	8
信阳	Xinyang	459.2	510.9	514.4	16
周口	Zhoukou	599.0	576.0	576.4	10
驻马店	Zhumadian	543.4	598.0	607.8	7
湖北	**Hubei**	**2187.2**	**2359.6**	**2905.6**	
武汉	Wuhan	157.2	150.3		
黄石	Huangshi	38.1	55.6		
十堰	Shiyan	40.2	36.9		
宜昌	Yichang	106.4	121.9		
襄阳	Xiangyang	234.3	281.9		
鄂州	Ezhou	27.8	27.7		
荆门	Jingmen	188.0	215.3		
孝感	Xiaogan	226.8	242.6		
荆州	Jingzhou	405.5	423.0		
黄冈	Huanggang	234.2	259.1		
咸宁	Xianning	85.6	93.4		
随州	Suizhou	126.7	125.9		
湖南	**Hunan**	**2726.7**	**3113.3**	**3132.4**	
长沙	Changsha	228.2	224.2	229.2	66
株洲	Zhuzhou	144.1	163.1	163.6	98
湘潭	Xiangtan	116.6	140.2	140.7	112
衡阳	Hengyang	255.8	287.1	287.3	48
邵阳	Shaoyang	255.0	284.9	286.2	49
岳阳	Yueyang	259.9	316.2	316.9	41
常德	Changde	394.0	469.1	469.1	26
张家界	Zhangjiajie	50.2	53.2	55.5	160
益阳	Yiyang	222.0	236.6	237.8	63
郴州	Chenzhou	169.9	190.3	190.7	81
永州	Yongzhou	243.2	289.4	289.6	46
怀化	Huaihua	189.0	195.7	199.1	77
娄底	Loudi	114.1	94.9	96.1	139
广东	**Guangdong**	**1273.5**		**1771.7**	
广州	Guangzhou	80.7			
韶关	Shaoguan	92.3			
深圳	Shenzhen				
珠海	Zhuhai	19.1			
汕头	Shantou	31.5			
佛山	Foshan	42.5			
江门	Jiangmen	102.0			
湛江	Zhanjiang	127.0			
茂名	Maoming	107.0			
肇庆	Zhaoqing	103.8			
惠州	Huizhou	71.9			
梅州	Meizhou	90.5			
汕尾	Shanwei	34.9			
河源	Heyuan	59.0			
阳江	Yangjiang	63.5			
清远	Qingyuan	92.2			
东莞	Dongguan	8.4			
中山	Zhongshan	20.4			
潮州	Chaozhou	18.6			
揭阳	Jieyang	54.7			
云浮	Yunfu	52.9			
广西	**Guangxi**	**1523.0**	**1693.1**	**1646.1**	
南宁	Nanning	218.1	258.8	230.2	65
柳州	Liuzhou	97.7	89.7	112.1	125
桂林	Guilin	218.7	218.2	219.0	68
梧州	Wuzhou	70.6	72.2	71.2	156
北海	Beihai	46.6	50.5	50.4	169
防城港	Fangchenggang	27.8	30.1	29.4	177
钦州	Qinzhou	82.9	81.4	80.7	147
贵港	Guigang	153.7	150.2	151.4	105
玉林	Yulin	146.5	141.0	144.2	109
百色	Baise	108.7	108.4	109.1	126

10-6 有效灌溉面积 续表 3

Irrigated Area continued 3

单位：千公顷 (1000 hectares)

地名	City	2010	2015	2016	2016 排名 Ranking
贺州	Hezhou	65.7	65.5	81.0	146
河池	Hechi	86.4	85.1	85.1	144
来宾	Laibin	99.9	99.7	101.4	132
崇左	Chongzuo	77.5	88.3	72.7	154
海南	**Hainan**	**179.9**	**197.6**	**290.0**	
海口	Haikou	17.2	18.3	16.2	181
三亚	Sanya	6.8	8.3	8.1	183
三沙	Sansha				
重庆	**Chongqing**	**685.3**		**690.6**	
四川	**Sichuan**	**2553.1**	**2735.1**	**2813.6**	
成都	Chengdu	320.3	313.4	372.1	36
自贡	Zigong	80.2	93.0	97.4	138
攀枝花	Panzhihua	28.8	36.8	38.5	173
泸州	Luzhou	115.7	141.9	149.4	106
德阳	Deyang	148.8	149.5	154.2	103
绵阳	Mianyang	210.6	217.3	218.7	69
广元	Guangyuan	87.8	87.4	88.6	143
遂宁	Suining	120.4	118.6	127.1	119
内江	Neijiang	115.5	125.4	129.1	115
乐山	Leshan	101.0	137.5	138.6	113
南充	Nanchong	206.6	199.0	205.5	72
眉山	Meishan	176.2	167.5	169.8	93
宜宾	Yibin	124.8	171.4	181.4	88
广安	Guangan	94.9	95.2	97.6	137
达州	Dazhou	161.1	156.4	167.8	95
雅安	Yaan	42.6	54.6	53.4	165
巴中	Bazhong	76.3	88.2	90.5	142
资阳	Ziyang	167.1	175.3	118.5	123
贵州	**Guizhou**	**1195.3**		**1088.1**	
贵阳	Guiyang	30.5			
六盘水	Liupanshui	7.8			
遵义	Zunyi	149.0			
安顺	Anshun	53.7			
毕节	Bijie	165.9			
铜仁	Tongren	123.6			
云南	**Yunnan**	**1588.4**		**1809.4**	
昆明	Kunming	129.5			
曲靖	Qujing	180.1			
玉溪	Yuxi	81.7			
保山	Baoshan	109.9			
昭通	Zhaotong	126.9			
丽江	Lijiang	6.9			
普洱	Puer	115.2			
临沧	Lincang	87.9			
西藏	**Tibet**	**167.0**	**176.9**	**251.5**	
拉萨	Lasa	32.8	32.4	33.0	176
陕西	**Shaanxi**	**1284.9**		**1251.4**	
西安	Xi'an				
铜川	Tongchuan	14.3			
宝鸡	Baoji	159.3			
咸阳	Xianyang	232.6			
渭南	Weinan	313.9			
延安	Yan'an	31.7			
汉中	Hanzhong	123.2			
榆林	Yulin	111.3			
安康	Ankang	60.3			
商洛	Shangluo	38.7			
甘肃	**Gansu**	**1098.9**	**1165.6**	**1317.5**	
兰州	Lanzhou	79.4	81.1	80.0	148
嘉峪关	Jiayuguan	2.8	3.5	3.0	185
金昌	Jinchang	60.4	60.7	62.3	159
白银	Baiyin	93.5	101.4	102.0	130
天水	Tianshui	34.5	35.6	35.8	175
武威	Wuwei	183.7	187.1	187.2	85
张掖	Zhangye	161.4	185.9	195.3	79
平凉	Pingliang	44.3	43.2	43.5	170
酒泉	Jiuquan	155.5	159.5	159.8	100
庆阳	Qingyang	46.4	51.7	53.6	164
定西	Dingxi	60.7	68.6	70.1	157
陇南	Longnan	62.5	63.4	62.9	158
青海	**Qinghai**	**251.7**		**202.4**	
西宁	Xining				
海东	Haidong				
宁夏	**Ningxia**	**427.2**		**515.2**	
银川	Yinchuan	128.7			
石嘴山	Shizuishan	78.1			
吴忠	Wuzhong	122.2			
固原	Guyuan	37.8			
中卫	Zhongwei	60.3			
新疆	**Xinjiang**	**4065.3**	**4910.2**	**4982.0**	
乌鲁木齐	Urumqi	44.8			
克拉玛依	Karamay	10.1			

10-7 农作物播种面积
Total Sown Area

单位：千公顷 (1000 hectares)

地名	City	2010	2015	2016	2016排名 Ranking	地名	City	2010	2015	2016	2016排名 Ranking
全国	**Nation Total**	**160675.0**	**166374.0**	**166650.0**		沈阳	Shenyang	654.8	658.8	656.0	71
北京	**Beijing**	**317.3**	**173.7**	**151.4**		大连	Dalian	332.8	321.1	327.0	147
天津	**Tianjin**	**459.3**	**469.0**	**479.2**		鞍山	Anshan	251.8	253.5	247.7	173
河北	**Hebei**	**8718.4**	**8739.8**	**8716.6**		抚顺	Fushun	115.9	121.9	116.1	212
石家庄	Shijiazhuang	1020.6	1002.8	999.0	35	本溪	Benxi	59.9	59.2	58.0	222
唐山	Tangshan	790.5	807.1	806.2	50	丹东	Dandong	206.8	205.5	190.4	196
秦皇岛	Qinhuangdao	220.7	220.2	213.5	188	锦州	Jinzhou	445.9	460.9	457.2	112
邯郸	Handan	1079.8	1057.4	1058.0	27	营口	Yingkou	112.1	109.7	109.4	213
邢台	Xingtai	1012.5	1024.4	1029.2	30	阜新	Fuxin	464.4	478.4	479.4	102
保定	Baoding	1217.0	1215.8	1210.3	18	辽阳	Liaoyang	164.0	187.0	162.8	204
张家口	Zhangjiakou	690.8	703.2	698.7	61	盘锦	Panjin	145.3	142.4	143.0	208
承德	Chengde	359.7	397.3	397.9	133	铁岭	Tieling	569.0	555.5	548.5	86
沧州	Cangzhou	1135.9	1100.8	1097.8	25	朝阳	Chaoyang	423.0	493.2	464.5	105
廊坊	Langfang	496.5	468.9	451.2	118	葫芦岛	Huludao	239.2	251.2	249.7	172
衡水	Hengshui	850.2	814.1	805.3	51	**吉林**	**Jilin**	**5221.4**	**5679.2**	**5676.3**	
山西	**Shanxi**	**3763.9**	**3767.7**	**3720.8**		长春	Changchun	1257.2	1334.1	1349.4	10
太原	Taiyuan	113.6				吉林	Jilin	683.8	676.2	694.6	62
大同	Datong	319.1				四平	Siping	843.7	916.1	916.2	42
阳泉	Yangquan	58.9				辽源	Liaoyuan	164.3	244.0	245.6	175
长治	Changzhi	280.1				通化	Tonghua	305.8	325.7	332.8	144
晋城	Jincheng	218.2				白山	Baishan	62.6	67.1	67.0	221
朔州	Shuozhou	331.7				松原	Songyuan	950.9	1224.5	1208.4	20
晋中	Jinzhong	334.5				白城	Baicheng	868.5	1055.9	1055.1	28
运城	Yuncheng	789.7				**黑龙江**	**Heilongjiang**	**14250.0**	**12294.0**	**12426.5**	
忻州	Xinzhou	470.3				哈尔滨	Harbin	1983.5	2038.4	2009.2	2
临汾	Linfen	560.2				齐齐哈尔	Qiqihar	2287.3	2294.3	2303.1	1
吕梁	Lvliang	407.7				鸡西	Jixi	476.2	491.4	442.9	119
内蒙古	**Inner Mongolia**	**7003.0**	**7568.0**	**7921.9**		鹤岗	Hegang	194.3	203.7	204.1	193
呼和浩特	Hohhot	443.4	461.5	459.6	107	双鸭山	Shuangyashan	419.1	411.2	413.6	129
包头	Baotou	310.1	320.7	330.6	146	大庆	Daqing	724.4	752.3	752.5	57
乌海	Wuhai	7.7	7.1	7.2	229	伊春	Yichun	240.7	239.9	241.0	178
赤峰	Chifeng	1078.2	1187.5	1266.6	14	佳木斯	Jiamusi	1255.5	1125.6	1122.3	24
通辽	Tongliao	1109.6	1174.8	1209.0	19	七台河	Qitaihe	175.2	178.5	181.3	199
鄂尔多斯	Erdos	379.0	410.8	437.2	122	牡丹江	Mudanjiang	588.2	645.9	652.0	72
呼伦贝尔	Hulunbuir	1537.4	1619.3	1665.9	7	黑河	Heihe	1141.5	1260.5	1298.9	12
巴彦淖尔	Bayannur	633.0	600.9	672.5	67	绥化	Suihua	1785.2	1905.8	1892.6	4
乌兰察布	Ulanqab	595.0	669.1	659.8	70	**上海**	**Shanghai**	**401.2**	**340.2**	**294.7**	
辽宁	**Liaoning**	**4184.9**	**4219.8**	**4064.1**		**江苏**	**Jiangsu**	**7619.6**	**7745.0**	**7676.9**	

10-7 农作物播种面积 续表 1

Total Sown Area continued 1

单位：千公顷 (1000 hectares)

地名	City	2010	2015	2016	2016 排名 Ranking
南京	Nanjing	335.3	316.9	289.3	156
无锡	Wuxi	180.9	173.1	160.3	205
徐州	Xuzhou	1099.1	1160.6	1154.6	23
常州	Changzhou	231.0	214.7	209.2	191
苏州	Suzhou	269.9	250.2	241.4	177
南通	Nantong	855.0	835.7	824.1	47
连云港	Lianyungang	591.9	633.7	631.9	77
淮安	Huaian	779.5	795.7	797.2	52
盐城	Yancheng	1460.1	1426.9	1399.9	8
扬州	Yangzhou	500.1	509.1	507.2	93
镇江	Zhenjiang	238.3	236.0	233.8	182
泰州	Taizhou	572.0	581.0	575.2	82
宿迁	Suqian	704.0	712.0	718.0	58
浙江	**Zhejiang**	**2484.7**	**2290.5**	**2274.4**	
杭州	Hangzhou	381.8	297.7	300.6	153
宁波	Ningbo	318.6	287.1	283.2	159
温州	Wenzhou	256.3	215.8	222.9	186
嘉兴	Jiaxing	340.2	320.2	306.7	151
湖州	Huzhou	224.8	173.1	166.7	203
绍兴	Shaoxing	329.8	268.7	275.4	162
金华	Jinhua	273.7	220.6	223.6	185
衢州	Quzhou	223.6	209.6	211.0	189
舟山	Zhoushan	24.1	17.7	18.1	227
台州	Taizhou	265.4	206.8	211.0	189
丽水	Lishui	176.9	163.1	159.2	206
安徽	**Anhui**	**9054.9**	**8950.5**	**8893.6**	
合肥	Hefei	497.0	754.3	755.6	55
芜湖	Wuhu	206.0	377.6	370.2	137
蚌埠	Bengbu	645.9	638.8	641.5	74
淮南	Huainan	248.4	492.2	499.5	95
马鞍山	Maanshan	96.7	231.6	231.0	184
淮北	Huaibei	287.8	260.2	262.3	165
铜陵	Tongling	47.3	179.5	179.8	200
安庆	Anqing	783.3	660.3	642.8	73
黄山	Huangshan	131.3	127.4	126.2	209
滁州	Chuzhou	860.7	888.9	896.8	44
阜阳	Fuyang	1221.9	1241.4	1250.2	16
宿州	Suzhou	986.6	1037.8	1036.2	29
六安	Liuan	894.3	665.6	674.1	66
亳州	Bozhou	1035.2	1093.7	1085.9	26

地名	City	2010	2015	2016	2016 排名 Ranking
池州	Chizhou	198.4	200.3	193.2	195
宣城	Xuancheng	354.4	353.2	349.4	142
福建	**Fujian**	**2270.9**	**2331.3**	**2327.3**	
福州	Fuzhou	261.7	270.0	270.8	163
厦门	Xiamen	29.2	26.2	25.9	225
莆田	Putian	109.1	108.8	107.0	214
三明	Sanming	406.7	447.4	454.8	113
泉州	Quanzhou	255.6	256.6	254.2	168
漳州	Zhangzhou	258.5	266.7	264.7	164
南平	Nanping	424.9	437.3	436.6	123
龙岩	Longyan	297.0	311.8	312.8	149
宁德	Ningde	228.3	241.9	239.7	179
江西	**Jiangxi**	**5457.7**	**5579.1**	**5560.7**	
南昌	Nanchang	532.7			
景德镇	Jingdezhen	155.7			
萍乡	Pingxiang	139.3			
九江	Jiujiang	527.8			
新余	Xinyu	138.1			
鹰潭	Yingtan	149.7			
赣州	Ganzhou	764.1			
吉安	Jian	922.9			
宜春	Yichun	902.7			
抚州	Fuzhou	603.3			
上饶	Shangrao	783.8			
山东	**Shandong**	**10818.2**	**11026.6**	**10973.2**	
济南	Jinan	620.9	570.1	555.0	85
青岛	Qingdao	753.9	689.5	682.4	64
淄博	Zibo	307.2	263.3	257.8	167
枣庄	Zaozhuang	406.7	377.9	370.1	138
东营	Dongying	279.2	272.9	247.6	174
烟台	Yantai	557.8	469.0	451.6	116
潍坊	Weifang	1128.7	1052.0	1019.5	31
济宁	Jining	1066.0	941.5	918.5	41
泰安	Taian	631.6	579.9	561.3	84
威海	Weihai	261.5	222.5	214.7	187
日照	Rizhao	270.8	244.0	233.7	183
莱芜	Laiwu	91.3	84.3	77.8	218
临沂	Linyi	1100.4	1024.5	1008.7	33
德州	Dezhou	1096.1	1024.7	1002.7	34
聊城	Liaocheng	1066.8	989.1	968.9	37

10-7 农作物播种面积 续表 2
Total Sown Area continued 2

单位：千公顷 (1000 hectares)

地名	City	2010	2015	2016	2016 排名 Ranking	地名	City	2010	2015	2016	2016 排名 Ranking
滨州	Binzhou	614.1	601.5	584.2	80	常德	Changde	121.6	1224.5	1225.5	17
菏泽	Heze	1487.9	1386.8	1344.1	11	张家界	Zhangjiajie	21.8	236.0	239.3	180
河南	**Henan**	**14248.7**	**14424.9**	**14472.3**		益阳	Yiyang	70.8	776.2	776.7	53
郑州	Zhengzhou	509.8	469.8	457.3	111	郴州	Chenzhou	59.0	635.4	640.0	75
开封	Kaifeng	795.9	810.0	813.9	48	永州	Yongzhou	87.7	946.2	947.0	38
洛阳	Luoyang	694.2	699.2	698.7	60	怀化	Huaihua	58.6	631.0	633.0	76
平顶山	Pingdingshan	545.6	539.3	541.5	88	娄底	Loudi	36.3	393.2	394.5	135
安阳	Anyang	745.4	758.8	763.6	54	**广东**	**Guangdong**	**4524.5**	**4784.7**	**4830.8**	
鹤壁	Hebi	191.3	195.9	193.8	194	广州	Guangzhou	261.4			
新乡	Xinxiang	786.1	816.1	807.4	49	韶关	Shaoguan	312.6			
焦作	Jiaozuo	350.7	354.5	355.1	141	深圳	Shenzhen	6.4			
濮阳	Puyang	493.7	507.8	497.5	96	珠海	Zhuhai	17.7			
许昌	Xuchang	598.7	601.9	571.7	83	汕头	Shantou	117.7			
漯河	Luohe	369.2	373.2	365.7	139	佛山	Foshan	108.0			
三门峡	Sanmenxia	244.3	245.9	243.5	176	江门	Jiangmen	280.8			
南阳	Nanyang	1855.6	1889.8	1904.6	3	湛江	Zhanjiang	606.5			
商丘	Shangqiu	1379.8	1386.3	1378.1	9	茂名	Maoming	405.2			
信阳	Xinyang	1226.4	1269.2	1254.9	15	肇庆	Zhaoqing	336.5			
周口	Zhoukou	1698.9	1738.7	1727.3	5	惠州	Huizhou	241.5			
驻马店	Zhumadian	1629.8	1692.3	1714.8	6	梅州	Meizhou	339.4			
湖北	**Hubei**	**7556.3**	**7952.4**	**7843.5**		汕尾	Shanwei	154.5			
武汉	Wuhan	541.5				河源	Heyuan	224.8			
黄石	Huangshi	227.2				阳江	Yangjiang	240.3			
十堰	Shiyan	434.8				清远	Qingyuan	340.4			
宜昌	Yichang	578.5				东莞	Dongguan	24.6			
襄阳	Xiangyang	894.6				中山	Zhongshan	45.3			
鄂州	Ezhou	121.6				潮州	Chaozhou	63.9			
荆门	Jingmen	578.8				揭阳	Jieyang	205.4			
孝感	Xiaogan	593.6				云浮	Yunfu	185.5			
荆州	Jingzhou	1032.5				**广西**	**Guangxi**	**5896.9**	**6134.7**	**6145.3**	
黄冈	Huanggang	949.0				南宁	Nanning	922.7	970.1	977.1	36
咸宁	Xianning	397.4				柳州	Liuzhou	397.3	400.3	401.6	132
随州	Suizhou	300.6				桂林	Guilin	651.3	709.2	715.6	59
湖南	**Hunan**	**821.6**	**8717.0**	**8793.3**		梧州	Wuzhou	277.7	293.8	295.5	155
长沙	Changsha	63.4	681.2	678.4	65	北海	Beihai	181.3	184.0	184.1	198
株洲	Zhuzhou	37.8	416.4	415.6	127	防城港	Fangchenggang	114.4	123.2	125.2	210
湘潭	Xiangtan	31.5	331.2	332.3	145	钦州	Qinzhou	363.7	394.9	397.1	134
衡阳	Hengyang	91.0	1001.5	1009.0	32	贵港	Guigang	419.3	446.7	451.3	117
邵阳	Shaoyang	80.6	927.8	931.7	39	玉林	Yulin	473.6	492.4	494.7	98
岳阳	Yueyang	86.2	901.4	905.1	43	百色	Baise	482.4	473.9	469.1	104

10-7 农作物播种面积 续表 3
Total Sown Area continued 3

单位：千公顷 (1000 hectares)

地名	City	2010	2015	2016	2016 排名 Ranking
贺州	Hezhou	236.6	247.7	250.7	170
河池	Hechi	458.8	474.7	469.6	103
来宾	Laibin	425.6	428.7	427.7	126
崇左	Chongzuo	474.3	515.8	516.5	92
海南	**Hainan**	**833.7**	**845.8**	**823.3**	
海口	Haikou	77.4	80.5	76.2	219
三亚	Sanya	29.8	27.9	24.9	226
三沙	Sansha				
重庆	**Chongqing**	**3359.4**	**3575.8**	**3600.7**	
四川	**Sichuan**	**9979.3**	**9689.9**	**9728.6**	
成都	Chengdu	793.9	683.9	886.3	45
自贡	Zigong	318.4	311.5	313.7	148
攀枝花	Panzhihua	68.9	70.1	70.9	220
泸州	Luzhou	494.1	485.3	486.6	100
德阳	Deyang	467.1	460.1	459.3	108
绵阳	Mianyang	669.5	663.6	664.6	69
广元	Guangyuan	418.7	428.1	432.6	124
遂宁	Suining	424.5	414.2	415.5	128
内江	Neijiang	446.8	449.6	454.4	115
乐山	Leshan	362.8	357.5	358.4	140
南充	Nanchong	913.1	912.1	920.4	40
眉山	Meishan	442.0	435.0	437.6	121
宜宾	Yibin	544.1	544.0	547.8	87
广安	Guangan	496.9	487.8	490.5	99
达州	Dazhou	841.2	827.0	830.8	46
雅安	Yaan	179.4	174.4	174.8	202
巴中	Bazhong	462.5	450.8	454.4	114
资阳	Ziyang	761.2	736.4	518.8	91
贵州	**Guizhou**	**4889.3**	**5542.2**	**5596.8**	
贵阳	Guiyang	265.1	291.9	287.1	157
六盘水	Liupanshui	241.6	255.4	260.9	166
遵义	Zunyi	1177.0	1294.3	1287.2	13
安顺	Anshun	248.2	289.7	299.3	154
毕节	Bijie	1029.5	1165.2	1179.0	21
铜仁	Tongren	530.3	616.5	614.5	78
云南	**Yunnan**	**6118.5**	**7185.6**	**7164.5**	
昆明	Kunming	420.0	453.7	458.5	109
曲靖	Qujing	990.3	1161.3	1162.2	22
玉溪	Yuxi	245.9	276.8	277.6	161
保山	Baoshan	376.7	409.3	410.0	130
昭通	Zhaotong	692.7	750.7	754.9	56
丽江	Lijiang	16.4	190.3	189.1	197
普洱	Puer	426.3	501.8	500.3	94
临沧	Lincang	429.6	508.2	496.5	97
西藏	**Tibet**	**240.0**	**252.8**	**257.9**	
拉萨	Lasa	38.2	39.4	42.3	223
陕西	**Shaanxi**	**4185.6**	**4284.2**	**4276.9**	
西安	Xi'an	501.2	450.3	439.4	120
铜川	Tongchuan	83.0	80.5	80.2	216
宝鸡	Baoji	444.8	411.6	404.6	131
咸阳	Xianyang	552.4	522.0	521.4	89
渭南	Weinan	758.8	687.3	683.4	63
延安	Yan'an	252.6	247.9	250.3	171
汉中	Hanzhong	448.0	518.1	519.0	90
榆林	Yulin	595.0	601.2	609.5	79
安康	Ankang	453.8	482.6	483.6	101
商洛	Shangluo	286.2	286.0	278.8	160
甘肃	**Gansu**	**3995.2**	**4229.3**	**4253.8**	
兰州	Lanzhou	213.4	236.5	239.2	181
嘉峪关	Jiayuguan	3.9	4.5	4.7	230
金昌	Jinchang	70.5	78.6	79.4	217
白银	Baiyin	297.0	308.3	309.2	150
天水	Tianshui	437.9	460.8	464.0	106
武威	Wuwei	243.6	251.9	253.5	169
张掖	Zhangye	238.7	281.3	286.7	158
平凉	Pingliang	449.2	465.2	457.9	110
酒泉	Jiuquan	166.7	175.1	176.6	201
庆阳	Qingyang	628.8	660.3	664.6	68
定西	Dingxi	551.5	571.6	575.7	81
陇南	Longnan	413.2	429.3	431.8	125
青海	**Qinghai**	**5163.0**	**558.4**	**561.3**	
西宁	Xining	124.1		122.5	211
海东	Haidong			205.4	192
宁夏	**Ningxia**	**1247.9**	**1264.6**	**1275.2**	
银川	Yinchuan	166.5	153.8	157.6	207
石嘴山	Shizuishan	92.1	99.4	101.0	215
吴忠	Wuzhong	298.7	323.8	343.4	143
固原	Guyuan	391.9	375.7	371.2	136
中卫	Zhongwei	298.7	312.0	302.0	152
新疆	**Xinjiang**	**4758.6**	**5757.3**	**5867.5**	
乌鲁木齐	Urumqi	54.9	44.4	40.4	224
克拉玛依	Karamay	10.1	16.1	15.7	228

10-8 粮食作物播种面积
Sown Area of Grain Crops

单位：千公顷 （1000 hectares）

地名	City	2010	2015	2016	2016 排名 Ranking	地名	City	2010	2015	2016	2016 排名 Ranking
全国	**Nation Total**	**109876.0**	**113343.0**	**113034.0**		沈阳	Shenyang	506.8	502.0	508.3	59
北京	**Beijing**	**223.5**	**104.5**	**87.3**		大连	Dalian	282.9	267.8	270.8	129
天津	**Tianjin**	**311.8**	**350.0**	**357.3**		鞍山	Anshan	210.5	213.3	210.0	158
河北	**Hebei**	**6282.2**	**6392.5**	**6327.4**		抚顺	Fushun	98.4	97.6	95.8	213
石家庄	Shijiazhuang	772.6	755.3	737.5	31	本溪	Benxi	50.1	50.4	49.6	228
唐山	Tangshan	478.7	494.4	478.8	69	丹东	Dandong	166.5	161.9	160.7	175
秦皇岛	Qinhuangdao	147.1	148.3	137.1	187	锦州	Jinzhou	351.4	367.2	365.8	95
邯郸	Handan	774.3	773.4	781.5	26	营口	Yingkou	96.6	94.1	93.4	215
邢台	Xingtai	717.6	730.1	741.0	28	阜新	Fuxin	288.6	314.0	324.1	108
保定	Baoding	918.8	918.3	905.0	18	辽阳	Liaoyang	142.3	137.6	135.7	188
张家口	Zhangjiakou	465.0	474.2	468.9	71	盘锦	Panjin	129.0	125.4	124.8	197
承德	Chengde	283.6	297.6	289.8	122	铁岭	Tieling	435.5	472.8	472.9	70
沧州	Cangzhou	883.0	900.2	892.9	19	朝阳	Chaoyang	343.4	377.6	379.6	90
廊坊	Langfang	317.8	308.7	300.3	119	葫芦岛	Huludao	188.3	194.1	185.4	164
衡水	Hengshui	594.0	575.8	584.8	45	**吉林**	**Jilin**	**4492.2**	**5078.0**	**5021.7**	
山西	**Shanxi**	**3239.2**	**3286.4**	**3241.4**		长春	Changchun	1150.5	1250.6	1255.8	6
太原	Taiyuan	84.8	76.1	73.4	219	吉林	Jilin	636.5	637.9	656.7	39
大同	Datong	275.6	279.4	277.1	126	四平	Siping	768.9	875.2	846.5	23
阳泉	Yangquan	55.3	56.8	54.1	224	辽源	Liaoyuan	158.2	238.4	239.6	146
长治	Changzhi	255.5	247.8	242.9	144	通化	Tonghua	273.7	293.2	299.9	120
晋城	Jincheng	207.5	178.2	169.0	171	白山	Baishan	50.5	52.3	52.0	226
朔州	Shuozhou	265.9	275.9	265.2	136	松原	Songyuan	795.3	1035.5	996.5	13
晋中	Jinzhong	288.7	265.7	256.8	139	白城	Baicheng	642.5	894.9	882.6	21
运城	Yuncheng	652.5	660.3	622.1	43	**黑龙江**	**Heilongjiang**	**13549.0**	**11765.2**	**11804.7**	
忻州	Xinzhou	420.9	425.9	423.5	82	哈尔滨	Harbin	1900.3	1943.6	1897.6	2
临汾	Linfen	508.9	519.8	512.5	57	齐齐哈尔	Qiqihar	2144.9	2257.0	2242.9	1
吕梁	Lvliang	358.7	357.6	351.4	100	鸡西	Jixi	459.2	479.2	433.3	78
内蒙古	**Inner Mongolia**	**5499.0**	**5727.0**	**5784.8**		鹤岗	Hegang	190.3	201.3	201.4	162
呼和浩特	Hohhot	321.4	327.9	312.1	113	双鸭山	Shuangyashan	390.0	394.5	393.8	86
包头	Baotou	225.3	223.3	212.3	157	大庆	Daqing	654.3	705.3	694.2	35
乌海	Wuhai	5.0	4.6	4.6	239	伊春	Yichun	228.2	231.4	229.5	150
赤峰	Chifeng	875.1	921.6	933.8	17	佳木斯	Jiamusi	1201.0	1102.8	1081.9	10
通辽	Tongliao	913.3	951.7	965.0	15	七台河	Qitaihe	161.0	164.0	160.5	176
鄂尔多斯	Erdos	233.8	246.9	251.9	141	牡丹江	Mudanjiang	498.1	547.7	507.2	61
呼伦贝尔	Hulunbuir	1308.4	1362.0	1388.9	4	黑河	Heihe	1115.0	1242.8	1266.3	5
巴彦淖尔	Bayannur	315.9	271.0	282.1	123	绥化	Suihua	1736.0	1880.6	1825.2	3
乌兰察布	Ulanqab	491.2	488.6	482.4	67	**上海**	**Shanghai**	**179.2**	**161.9**	**140.1**	
辽宁	**Liaoning**	**3179.3**	**3297.4**	**3231.4**		**江苏**	**Jiangsu**	**5282.4**	**5424.6**	**5432.7**	

10-8 粮食作物播种面积 续表 1
Sown Area of Grain Crops continued 1

单位：千公顷 （1000 hectares）

地名	City	2010	2015	2016	2016 排名 Ranking
南京	Nanjing	161.1	156.2	153.1	179
无锡	Wuxi	118.7	102.0	94.1	214
徐州	Xuzhou	714.1	736.3	737.8	30
常州	Changzhou	161.5	142.8	132.8	191
苏州	Suzhou	161.7	147.8	145.0	184
南通	Nantong	528.8	516.9	518.9	55
连云港	Lianyungang	485.1	502.6	501.5	63
淮安	Huaian	646.3	658.2	660.0	38
盐城	Yancheng	949.0	981.0	981.6	14
扬州	Yangzhou	410.3	421.2	418.9	85
镇江	Zhenjiang	177.3	175.2	174.0	167
泰州	Taizhou	433.2	437.5	435.1	77
宿迁	Suqian	570.7	577.3	579.4	47
浙江	**Zhejiang**	**1275.8**	**1277.9**	**1255.4**	
杭州	Hangzhou	174.7	106.0	108.0	206
宁波	Ningbo	151.1	134.1	130.8	193
温州	Wenzhou	163.1	122.9	124.3	198
嘉兴	Jiaxing	200.1	182.8	173.7	168
湖州	Huzhou	134.6	94.9	89.6	216
绍兴	Shaoxing	184.8	147.6	146.2	183
金华	Jinhua	158.1	98.2	99.4	211
衢州	Quzhou	132.0	108.4	106.5	208
舟山	Zhoushan	11.1	6.1	6.6	237
台州	Taizhou	152.4	96.4	97.3	212
丽水	Lishui	102.3	88.8	84.5	217
安徽	**Anhui**	**6616.4**	**6632.9**	**6644.5**	
合肥	Hefei	282.6	496.7	501.8	62
芜湖	Wuhu	122.1	206.6	209.1	159
蚌埠	Bengbu	473.9	475.0	483.3	66
淮南	Huainan	212.2	432.4	439.9	75
马鞍山	Maanshan	66.7	156.8	158.4	177
淮北	Huaibei	264.2	240.6	243.2	143
铜陵	Tongling	26.5	126.1	127.8	194
安庆	Anqing	454.2	364.1	368.6	94
黄山	Huangshan	65.4	62.5	61.7	222
滁州	Chuzhou	689.5	731.0	738.9	29
阜阳	Fuyang	1002.2	1000.2	1004.0	12
宿州	Suzhou	787.1	828.3	833.8	25
六安	Liuan	689.0	508.4	515.7	56
亳州	Bozhou	854.1	885.6	890.3	20
池州	Chizhou	116.6	118.7	119.4	201
宣城	Xuancheng	226.8	232.4	234.4	148
福建	**Fujian**	**1232.3**	**1193.2**	**1176.7**	
福州	Fuzhou	116.0	102.3	99.7	210
厦门	Xiamen	7.9	6.7	6.6	238
莆田	Putian	54.9	47.3	46.1	229
三明	Sanming	212.4	221.2	221.3	151
泉州	Quanzhou	159.9	141.0	137.1	186
漳州	Zhangzhou	119.1	113.1	109.8	205
南平	Nanping	251.1	249.1	247.4	142
龙岩	Longyan	176.0	182.6	182.1	165
宁德	Ningde	134.9	130.0	126.7	195
江西	**Jiangxi**	**3639.1**	**3705.6**	**3686.2**	
南昌	Nanchang	364.9			
景德镇	Jingdezhen	93.4			
萍乡	Pingxiang	81.4			
九江	Jiujiang	273.1			
新余	Xinyu	100.6			
鹰潭	Yingtan	116.2			
赣州	Ganzhou	515.0			
吉安	Jian	651.6			
宜春	Yichun	615.4			
抚州	Fuzhou	408.4			
上饶	Shangrao	581.4			
山东	**Shandong**	**7084.8**	**7492.1**	**7511.45**	
济南	Jinan	467.4	432.5	423.8	81
青岛	Qingdao	535.6	493.1	480.2	68
淄博	Zibo	256.1	220.3	217.3	154
枣庄	Zaozhuang	284.4	260.2	254.5	140
东营	Dongying	121.0	160.6	166.7	173
烟台	Yantai	397.5	321.2	304.4	115
潍坊	Weifang	799.5	723.4	694.4	34
济宁	Jining	662.3	645.8	638.5	42
泰安	Taian	432.1	374.3	363.8	96
威海	Weihai	172.7	132.9	125.6	196
日照	Rizhao	185.5	156.0	146.8	182
莱芜	Laiwu	52.8	43.3	37.9	232
临沂	Linyi	744.1	668.1	653.7	40
德州	Dezhou	890.0	862.7	858.1	22
聊城	Liaocheng	776.1	743.3	737.2	32

10-8 粮食作物播种面积 续表 2
Sown Area of Grain Crops continued 2

单位：千公顷 （1000 hectares）

地名	City	2010	2015	2016	2016 排名 Ranking	地名	City	2010	2015	2016	2016 排名 Ranking
滨州	Binzhou	439.8	453.4	455.6	73	常德	Changde	67.5	723.3	723.7	33
菏泽	Heze	1018.0	974.7	964.3	16	张家界	Zhangjiajie	13.6	139.1	139.2	185
河南	**Henan**	**9740.2**	**10267.2**	**10286.2**		益阳	Yiyang	41.8	427.0	429.0	79
郑州	Zhengzhou	361.8	347.7	341.0	104	郴州	Chenzhou	34.9	353.2	352.0	98
开封	Kaifeng	458.5	496.5	494.0	64	永州	Yongzhou	56.8	560.2	555.7	52
洛阳	Luoyang	524.2	520.3	521.2	54	怀化	Huaihua	32.6	325.1	327.0	107
平顶山	Pingdingshan	413.2	420.6	424.9	80	娄底	Loudi	27.1	278.0	277.8	125
安阳	Anyang	541.2	571.1	580.3	46	**广东**	**Guangdong**	**2531.9**	**2505.8**	**2509.3**	
鹤壁	Hebi	165.1	172.1	171.0	170	广州	Guangzhou	89.8			
新乡	Xinxiang	605.2	639.3	653.5	41	韶关	Shaoguan	158.4			
焦作	Jiaozuo	268.3	278.5	280.2	124	深圳	Shenzhen				
濮阳	Puyang	380.2	395.1	388.9	88	珠海	Zhuhai	8.1			
许昌	Xuchang	429.5	443.2	442.0	74	汕头	Shantou	714.0			
漯河	Luohe	263.4	270.3	269.2	132	佛山	Foshan	20.8			
三门峡	Sanmenxia	163.0	169.2	168.3	172	江门	Jiangmen	193.2			
南阳	Nanyang	1124.8	1210.5	1200.6	9	湛江	Zhanjiang	291.1			
商丘	Shangqiu	926.8	1018.9	1019.1	11	茂名	Maoming	253.8			
信阳	Xinyang	822.8	854.3	844.6	24	肇庆	Zhaoqing	202.4			
周口	Zhoukou	1130.2	1245.7	1245.3	8	惠州	Huizhou	120.2			
驻马店	Zhumadian	1160.0	1220.9	1247.1	7	梅州	Meizhou	218.4			
湖北	**Hubei**	**4068.4**	**4466.0**	**4436.9**		汕尾	Shanwei	95.6			
武汉	Wuhan	238.2				河源	Heyuan	164.1			
黄石	Huangshi	133.3				阳江	Yangjiang	146.4			
十堰	Shiyan	273.5				清远	Qingyuan	179.3			
宜昌	Yichang	316.3				东莞	Dongguan	2.8			
襄阳	Xiangyang	667.7				中山	Zhongshan	15.0			
鄂州	Ezhou	56.2				潮州	Chaozhou	45.4			
荆门	Jingmen	341.5				揭阳	Jieyang	136.8			
孝感	Xiaogan	349.5				云浮	Yunfu	118.9			
荆州	Jingzhou	539.5				**广西**	**Guangxi**	**3061.1**	**3059.3**	**3023.6**	
黄冈	Huanggang	521.0				南宁	Nanning	438.7	441.9	436.7	76
咸宁	Xianning	204.5				柳州	Liuzhou	166.2	166.3	166.5	174
随州	Suizhou	219.7				桂林	Guilin	370.8	380.4	376.3	91
湖南	**Hunan**	**480.9**	**4944.7**	**4890.6**		梧州	Wuzhou	158.0	158.5	157.9	178
长沙	Changsha	37.9	375.3	372.7	92	北海	Beihai	81.4	80.1	79.0	218
株洲	Zhuzhou	26.7	270.3	266.8	134	防城港	Fangchenggang	47.3	50.2	50.1	227
湘潭	Xiangtan	22.0	218.4	215.2	156	钦州	Qinzhou	215.2	221.6	218.3	152
衡阳	Hengyang	57.1	569.9	572.4	49	贵港	Guigang	269.8	273.3	274.7	127
邵阳	Shaoyang	55.2	594.5	585.2	44	玉林	Yulin	323.2	317.3	314.8	110
岳阳	Yueyang	54.2	562.0	562.5	50	百色	Baise	271.8	273.3	270.4	130

10-8 粮食作物播种面积 续表 3
Sown Area of Grain Crops continued 3

单位：千公顷　　　　　　　　　　　　　　　　　　　　　　　　　　　　　　（1000 hectares）

地名	City	2010	2015	2016	2016 排名 Ranking	地名	City	2010	2015	2016	2016 排名 Ranking
贺州	Hezhou	137.7	135.2	134.2	190	丽江	Lijiang	12.7	133.7	134.9	189
河池	Hechi	273.2	270.6	269.3	131	普洱	Puer	312.1	351.5	348.3	102
来宾	Laibin	171.0	172.7	172.7	169	临沧	Lincang	263.3	300.1	300.9	118
崇左	Chongzuo	119.7	124.8	123.5	199	**西藏**	**Tibet**	**170.2**	**178.9**	**182.9**	
海南	**Hainan**	**437.2**	**375.6**	**360.4**		拉萨	Lasa	25.9	26.9	28.8	234
海口	Haikou	39.8	38.4	35.3	233	**陕西**	**Shaanxi**	**3159.7**	**3073.5**	**3068.7**	
三亚	Sanya	13.0	10.2	9.5	236	西安	Xi'an	414.5	358.5	351.9	99
三沙	Sansha					铜川	Tongchuan	63.1	61.7	62.7	221
重庆	**Chongqing**	**2243.9**	**2234.0**	**2250.1**		宝鸡	Baoji	357.5	332.2	327.2	106
四川	**Sichuan**	**6402.0**	**6454.0**	**6453.9**		咸阳	Xianyang	430.9	388.5	386.5	89
成都	Chengdu		365.7	511.2	58	渭南	Weinan	583.8	510.8	508.1	60
自贡	Zigong		216.6	217.1	155	延安	Yan'an	209.6	201.9	202.5	161
攀枝花	Panzhihua		41.7	42.5	230	汉中	Hanzhong	285.9	267.4	266.3	135
泸州	Luzhou		370.7	369.9	93	榆林	Yulin	498.8	482.4	487.5	65
德阳	Deyang		302.2	302.3	116	安康	Ankang	287.5	269.5	268.7	133
绵阳	Mianyang		419.8	420.4	84	商洛	Shangluo	221.9	206.9	203.0	160
广元	Guangyuan		263.2	264.6	137	**甘肃**	**Gansu**	**2799.8**	**2849.6**	**2814.0**	
遂宁	Suining		299.5	301.2	117	兰州	Lanzhou	130.0	122.8	119.2	202
内江	Neijiang		308.1	308.6	114	嘉峪关	Jiayuguan	0.9	1.3	1.2	241
乐山	Leshan		231.6	231.7	149	金昌	Jinchang	48.2	52.5	52.5	225
南充	Nanchong		572.5	573.9	48	白银	Baiyin	240.0	244.8	242.4	145
眉山	Meishan		297.0	298.0	121	天水	Tianshui	312.6	312.7	312.8	112
宜宾	Yibin		392.0	391.8	87	武威	Wuwei	150.0	137.3	131.3	192
广安	Guangan		341.0	342.6	103	张掖	Zhangye	166.7	188.2	190.6	163
达州	Dazhou		555.0	557.6	51	平凉	Pingliang	327.5	349.2	338.0	105
雅安	Yaan		110.5	110.7	204	酒泉	Jiuquan	47.4	42.6	38.7	231
巴中	Bazhong		318.8	320.6	109	庆阳	Qingyang	431.8	465.5	465.6	72
资阳	Ziyang		512.0	348.8	101	定西	Dingxi	436.3	419.3	420.6	83
贵州	**Guizhou**	**3029.5**	**3114.9**	**3113.3**		陇南	Longnan	312.8	313.3	313.4	111
贵阳	Guiyang	118.9	111.4	106.9	207	**青海**	**Qinghai**	**274.5**	**277.1**	**281.1**	
六盘水	Liupanshui	180.4	180.0	178.0	166	西宁	Xining	61.3		55.9	223
遵义	Zunyi	759.3	775.4	765.8	27	海东	Haidong			122.6	200
安顺	Anshun	144.1	145.7	147.2	181	**宁夏**	**Ningxia**	**844.0**	**770.4**	**778.3**	
毕节	Bijie	636.2	677.3	680.1	37	银川	Yinchuan	123.2	105.3	104.0	209
铜仁	Tongren	352.6	353.0	353.9	97	石嘴山	Shizuishan	67.1	67.4	66.8	220
云南	**Yunnan**	**4274.4**	**4487.5**	**4481.2**		吴忠	Wuzhong	213.0	206.8	217.6	153
昆明	Kunming	261.9	272.0	274.5	128	固原	Guyuan	278.9	238.8	238.8	147
曲靖	Qujing	579.9	676.6	680.6	36	中卫	Zhongwei	161.8	152.1	151.2	180
玉溪	Yuxi	96.6	112.6	113.4	203	**新疆**	**Xinjiang**	**1991.6**	**2365.6**	**2401.1**	
保山	Baoshan	237.2	263.1	263.7	138	乌鲁木齐	Urumqi	28.0	13.4	11.7	235
昭通	Zhaotong	496.1	542.6	547.6	53	克拉玛依	Karamay	0.6	3.8	3.0	240

11

工　业

Industry

11-1　工业生产总值

Gross Industrial Production

单位：亿元 (100 million yuan)

地名	City	2010	2012	2013	2013 排名 Ranking	地名	City	2010	2012	2013	2013 排名 Ranking
全国	**Nation Total**	**160722.2**	**199670.7**	**210689.4**		沈阳	Shenyang	2283.51	3046.91	3348.60	12
北京	**Beijing**	**2763.99**	**3294.32**	**3536.89**		大连	Dalian	2309.49	3207.43	3438.50	8
天津	**Tianjin**	**4410.85**	**6123.06**	**6678.60**		鞍山	Anshan	1046.31	1159.86	1245.70	57
河北	**Hebei**	**9554.03**	**12511.60**	**13194.76**		抚顺	Fushun	452.43	627.62	674.70	120
石家庄	Shijiazhuang	1469.89	1993.59	2099.90	25	本溪	Benxi	488.99	608.59	641.50	129
唐山	Tangshan	2395.22	3243.82	3354.90	10	丹东	Dandong	314.86	428.54	458.10	174
秦皇岛	Qinhuangdao	319.80	376.48	373.50	209	锦州	Jinzhou	377.54	549.63	585.90	148
邯郸	Handan	1160.02	1473.50	1416.40	47	营口	Yingkou	497.64	660.35	711.90	113
邢台	Xingtai	624.28	761.87	774.90	100	阜新	Fuxin	133.46	214.94	237.20	243
保定	Baoding	877.02	1259.39	1329.40	53	辽阳	Liaoyang	437.28	594.10	638.70	132
张家口	Zhangjiakou	352.47	441.85	463.30	173	盘锦	Panjin	567.37	778.05	840.30	89
承德	Chengde	398.91	553.77	575.50	150	铁岭	Tieling	341.93	458.50	472.30	171
沧州	Cangzhou	1007.02	1338.35	1430.50	46	朝阳	Chaoyang	285.05	375.56	407.50	196
廊坊	Langfang	614.30	824.85	871.50	85	葫芦岛	Huludao	209.42	285.83	304.10	229
衡水	Hengshui	363.50	474.09	505.80	166	**吉林**	**Jilin**	**3929.31**	**5582.48**	**6033.35**	
山西	**Shanxi**	**4657.97**	**6023.55**	**6032.99**		长春	Changchun	1469.63	1922.48	2222.10	21
太原	Taiyuan	596.88	784.28	772.30	101	吉林	Jilin	766.60	1044.45	1115.80	67
大同	Datong	298.80	419.56	401.50	199	四平	Siping	310.86	488.02	529.90	161
阳泉	Yangquan	227.76	318.46	316.30	225	辽源	Liaoyuan	196.71	315.44	365.50	213
长治	Changzhi	576.37	861.14	830.20	92	通化	Tonghua	291.84	413.63	468.30	172
晋城	Jincheng	443.89	618.49	605.50	143	白山	Baishan	241.82	358.29	377.40	205
朔州	Shuozhou	364.10	572.81	550.10	154	松原	Songyuan	522.11	692.07	691.50	114
晋中	Jinzhong	378.97	489.12	483.10	169	白城	Baicheng	184.29	267.80	313.70	226
运城	Yuncheng	315.25	424.30	433.00	186	**黑龙江**	**Heilongjiang**	**4608.27**	**5240.65**	**5090.34**	
忻州	Xinzhou	176.04	292.80	296.60	230	哈尔滨	Harbin	1021.55	1127.95	1191.90	61
临汾	Linfen	474.63	701.23	675.70	119	齐齐哈尔	Qiqihar	336.69	411.88	426.50	190
吕梁	Lvliang	568.68	879.29	843.70	88	鸡西	Jixi	170.34	228.35	211.40	248
内蒙古	**Inner Mongolia**	**5618.40**	**7735.78**	**7944.40**		鹤岗	Hegang	112.10	161.38	137.90	262
呼和浩特	Hohhot	557.05	637.56	650.10	125	双鸭山	Shuangyashan	163.44	241.40	224.70	245
包头	Baotou	1188.78	1491.30	1527.20	40	大庆	Daqing	2319.96	3157.40	3243.50	15
乌海	Wuhai	258.01	328.19	337.00	220	伊春	Yichun	67.38	73.81	77.80	276
赤峰	Chifeng	483.46	745.45	735.50	110	佳木斯	Jiamusi	112.99	146.56	173.60	253
通辽	Tongliao	633.86	986.21	941.20	79	七台河	Qitaihe	198.18	169.91	108.60	272
鄂尔多斯	Erdos	1391.12	1971.68	2109.50	24	牡丹江	Mudanjiang	268.16	377.70	450.20	180
呼伦贝尔	Hulunbuir	336.93	546.03	587.60	147	黑河	Heihe	35.62	50.34	55.40	279
巴彦淖尔	Bayannur	285.79	384.43	403.20	198	绥化	Suihua	150.24	245.92	296.10	231
乌兰察布	Ulanqab	266.97	373.71	389.80	200	**上海**	**Shanghai**	**6536.21**	**7097.76**	**7236.69**	
辽宁	**Liaoning**	**8789.27**	**11605.07**	**12510.27**		**江苏**	**Jiangsu**	**19277.65**	**23908.47**	**25612.24**	

注：本表按当年价格计算。

Note: Data in this table are calculated at current prices.

11-1 工业生产总值 续表 1

Gross Industrial Production continued 1

单位：亿元 (100 million yuan)

地名	City	2010	2012	2013	2013 排名 Ranking	地名	City	2010	2012	2013	2013 排名 Ranking
南京	Nanjing	2005.21	2748.46	2997.60	17	池州	Chizhou	103.33	156.38	175.30	252
无锡	Wuxi	2986.52	3717.88	3893.60	5	宣城	Xuancheng	201.80	333.82	376.40	207
徐州	Xuzhou	1268.61	1666.62	1793.50	32	**福建**	**Fujian**	**6397.71**	**8541.94**	**9455.32**	
常州	Changzhou	1530.86	1900.55	2036.30	28	福州	Fuzhou	1127.59	1481.99	1654.50	35
苏州	Suzhou	4916.49	6055.10	6370.40	1	厦门	Xiamen	865.92	1153.77	1212.20	59
南通	Nantong	1568.49	1992.11	2168.20	22	莆田	Putian	405.01	568.88	639.00	131
连云港	Lianyungang	431.84	583.31	642.70	127	三明	Sanming	412.51	565.33	639.40	130
淮安	Huaian	537.00	737.20	819.60	95	泉州	Quanzhou	1961.46	2595.57	2892.60	18
盐城	Yancheng	935.51	1258.22	1405.00	48	漳州	Zhangzhou	570.56	818.45	917.30	81
扬州	Yangzhou	1074.61	1344.66	1468.80	43	南平	Nanping	243.80	328.97	366.90	212
镇江	Zhenjiang	1039.78	1309.54	1431.00	45	龙岩	Longyan	447.99	622.95	642.50	128
泰州	Taizhou	981.02	1237.05	1362.30	51	宁德	Ningde	261.74	418.91	514.60	164
宿迁	Suqian	386.37	589.82	679.20	118	**江西**	**Jiangxi**	**4286.76**	**5828.20**	**6434.41**	
浙江	**Zhejiang**	**12657.78**	**15338.02**	**16368.43**		南昌	Nanchang	952.75	1290.93	1398.60	50
杭州	Hangzhou	2502.09	3168.75	3246.70	14	景德镇	Jingdezhen	243.77	329.50	348.20	215
宁波	Ningbo	2586.17	3170.07	3378.00	9	萍乡	Pingxiang	302.71	404.75	428.80	189
温州	Wenzhou	1387.65	1625.00	1768.00	33	九江	Jiujiang	478.70	679.87	756.70	102
嘉兴	Jiaxing	1192.96	1443.02	1560.90	38	新余	Xinyu	360.11	444.75	430.20	187
湖州	Huzhou	637.57	796.75	861.10	86	鹰潭	Yingtan	205.04	285.14	322.30	223
绍兴	Shaoxing	1398.07	1751.79	1882.10	31	赣州	Ganzhou	425.14	603.48	656.70	124
金华	Jinhua	938.87	1164.53	1256.70	56	吉安	Jian	310.87	447.73	494.70	168
衢州	Quzhou	349.46	442.16	477.30	170	宜春	Yichun	439.60	633.39	689.40	116
舟山	Zhoushan	218.52	295.81	319.10	224	抚州	Fuzhou	254.65	362.93	408.00	195
台州	Taizhou	1135.75	1273.64	1357.40	52	上饶	Shangrao	379.10	552.53	595.20	145
丽水	Lishui	278.00	384.90	430.20	187	**山东**	**Shandong**	**18861.45**	**22798.33**	**24222.16**	
安徽	**Anhui**	**5407.40**	**8025.84**	**8928.02**		济南	Jinan	1352.42	1603.08	1690.60	34
合肥	Hefei	1121.64	1813.90	2053.60	27	青岛	Qingdao	2454.19	6041.31	3248.40	13
芜湖	Wuhu	645.29	1117.44	1264.40	55	淄博	Zibo	1612.07	1897.61	1950.80	29
蚌埠	Bengbu	260.95	391.38	456.70	178	枣庄	Zaozhuang	749.34	905.60	943.00	78
淮南	Huainan	345.82	442.82	447.10	181	东营	Dongying	1612.02	2007.59	2130.70	23
马鞍山	Maanshan	520.75	745.36	756.70	102	烟台	Yantai	2319.02	2694.25	2757.80	19
淮北	Huaibei	273.67	377.12	437.60	183	潍坊	Weifang	1545.55	1952.43	2063.20	26
铜陵	Tongling	315.20	423.43	457.90	175	济宁	Jining	1237.23	1514.29	1613.80	36
安庆	Anqing	450.96	672.94	661.80	122	泰安	Taian	950.02	1110.93	1173.80	63
黄山	Huangshan	100.31	152.05	171.40	254	威海	Weihai	982.13	1122.80	1174.40	62
滁州	Chuzhou	298.51	446.09	509.00	165	日照	Rizhao	494.95	634.20	685.90	117
阜阳	Fuyang	242.62	344.71	380.20	203	莱芜	Laiwu	302.71	332.50	331.10	222
宿州	Suzhou	214.43	333.60	376.50	206	临沂	Linyi	1009.32	1202.68	1297.30	54
六安	Liuan	233.06	354.25	404.20	197	德州	Dezhou	794.79	1048.54	1127.10	66
亳州	Bozhou	155.06	241.00	269.20	235	聊城	Liaocheng	854.03	1088.10	1149.60	65

11-1 工业生产总值 续表 2
Gross Industrial Production continued 2

单位：亿元 (100 million yuan)

地名	City	2010	2012	2013	2013 排名 Ranking
滨州	Binzhou	767.26	948.62	1101.60	69
菏泽	Heze	553.13	858.05	984.30	74
河南	**Henan**	**11950.88**	**15017.56**	**15960.60**	
郑州	Zhengzhou	1996.37	2802.47	3101.40	16
开封	Kaifeng	368.34	487.10	555.90	152
洛阳	Luoyang	1243.78	1583.20	1590.00	37
平顶山	Pingdingshan	821.08	845.53	835.80	90
安阳	Anyang	731.77	805.67	855.50	87
鹤壁	Hebi	283.38	356.47	413.70	192
新乡	Xinxiang	602.34	812.40	873.70	84
焦作	Jiaozuo	804.18	984.42	1083.60	71
濮阳	Puyang	476.42	593.16	690.80	115
许昌	Xuchang	847.53	1076.57	1201.50	60
漯河	Luohe	452.72	515.18	548.90	155
三门峡	Sanmenxia	562.42	714.50	741.10	107
南阳	Nanyang	910.56	1082.50	1110.00	68
商丘	Shangqiu	464.48	570.47	624.40	138
信阳	Xinyang	376.95	449.86	520.50	163
周口	Zhoukou	492.45	664.44	798.90	96
驻马店	Zhumadi an	393.04	519.09	594.90	146
湖北	**Hubei**	**6726.53**	**9735.15**	**10531.37**	
武汉	Wuhan	2079.82	3203.66	3645.30	6
黄石	Huangshi	361.76	581.91	631.20	137
十堰	Shiyan	377.92	452.45	498.00	167
宜昌	Yichang	818.32	1386.98	1550.70	39
襄阳	Xiangyang	733.20	1304.30	1470.50	42
鄂州	Ezhou	213.05	310.23	344.20	218
荆门	Jingmen	330.54	551.45	611.00	141
孝感	Xiaogan	316.47	474.87	535.80	160
荆州	Jingzhou	293.27	475.34	539.80	159
黄冈	Huanggang	262.46	366.27	410.80	194
咸宁	Xianning	218.81	329.25	386.70	201
随州	Suizhou	164.03	250.29	281.40	234
湖南	**Hunan**	**6305.11**	**9138.50**	**10001.00**	
长沙	Changsha	2020.68	3051.94	3352.30	11
株洲	Zhuzhou	656.38	948.32	1042.10	72
湘潭	Xiangtan	452.48	699.26	778.10	98
衡阳	Hengyang	562.74	834.64	913.60	82
邵阳	Shaoyang	237.85	339.88	373.20	210
岳阳	Yueyang	752.43	1109.96	1216.80	58
常德	Changde	617.27	916.99	1001.40	73
张家界	Zhangjiajie	48.20	70.39	76.50	277
益阳	Yiyang	259.56	416.86	457.30	177
郴州	Chenzhou	553.31	818.58	899.00	83
永州	Yongzhou	236.78	349.43	379.80	204
怀化	Huaihua	256.27	400.77	436.20	184
娄底	Loudi	330.21	501.06	545.50	158
广东	**Guangdong**	**21462.72**	**25810.07**	**27426.26**	
广州	Guangzhou	3644.96	4264.16	4754.90	3
韶关	Shaoguan	246.91	321.49	360.30	214
深圳	Shenzhen	4233.23	5355.85	5889.10	2
珠海	Zhuhai	619.39	720.25	775.60	99
汕头	Shantou	629.27	679.26	751.90	104
佛山	Foshan	3419.18	3976.10	4201.80	4
江门	Jiangmen	833.28	913.78	964.00	75
湛江	Zhanjiang	524.36	644.87	726.20	111
茂名	Maoming	550.72	730.82	826.50	93
肇庆	Zhaoqing	411.87	616.23	737.90	108
惠州	Huizhou	960.82	1296.40	1464.70	44
梅州	Meizhou	208.51	225.17	241.20	242
汕尾	Shanwei	180.78	260.37	291.10	232
河源	Heyuan	227.14	277.63	311.60	228
阳江	Yangjiang	238.21	359.72	457.80	176
清远	Qingyuan	569.40	370.63	385.70	202
东莞	Dongguan	2078.45	2297.51	2436.10	20
中山	Zhongshan	1022.01	1291.41	1404.20	49
潮州	Chaozhou	293.59	368.48	412.60	193
揭阳	Jieyang	541.04	810.96	962.70	76
云浮	Yunfu	146.82	195.25	231.90	244
广西	**Guangxi**	**3860.46**	**5279.26**	**5749.65**	
南宁	Nanning	483.78	706.11	820.60	94
柳州	Liuzhou	776.84	1055.69	1166.60	64
桂林	Guilin	417.93	585.55	662.70	121
梧州	Wuzhou	304.60	479.88	605.00	144
北海	Beihai	144.92	267.77	332.80	221
防城港	Fangchenggang	138.19	197.64	257.00	236
钦州	Qinzhou	187.91	237.24	250.10	238
贵港	Guigang	218.78	229.15	253.10	237
玉林	Yulin	324.14	404.39	434.10	185
百色	Baise	273.49	361.92	373.90	208

11-1 工业生产总值 续表 3
Gross Industrial Production continued 3

单位：亿元 (100 million yuan)

地名	City	2010	2012	2013	2013 排名 Ranking	地名	City	2010	2012	2013	2013 排名 Ranking
贺州	Hezhou	105.91	136.10	143.60	260	丽江	Lijiang	33.10	56.68	73.10	278
河池	Hechi	180.08	132.96	143.00	261	普洱	Puer	53.83	84.72	104.00	273
来宾	Laibin	168.00	189.06	169.20	256	临沧	Lincang	53.71	112.53	130.20	265
崇左	Chongzuo	127.53	184.06	210.60	249	**西藏**	**Tibet**	**39.73**	**55.35**	**61.16**	
海南	**Hainan**	**385.21**	**521.15**	**551.11**		拉萨	Lasa	19.72			
海口	Haikou	101.76	136.67	144.70	259	**陕西**	**Shaanxi**	**4558.97**	**6847.41**	**7507.34**	
三亚	Sanya	12.74	17.00	17.90	283	西安	Xi'an	1003.57	1328.71	1484.60	41
三沙	Sansha					铜川	Tongchuan	103.99	159.29	195.40	251
重庆	**Chongqing**	**3697.83**	**4981.01**	**5249.65**		宝鸡	Baoji	497.40	735.89	834.30	91
四川	**Sichuan**	**7431.45**	**10550.53**	**11578.55**		咸阳	Xianyang	480.70	743.94	925.70	80
成都	Chengdu	2062.82	3127.61	3493.10	7	渭南	Weinan	339.71	533.55	656.80	123
自贡	Zigong	339.70	488.44	546.20	156	延安	Yan'an	614.45	904.64	944.20	77
攀枝花	Panzhihua	364.63	533.07	564.90	151	汉中	Hanzhong	146.32	245.70	312.90	227
泸州	Luzhou	377.15	588.19	637.50	134	榆林	Yulin	1178.34	1928.07	1943.60	30
德阳	Deyang	484.26	718.50	783.80	97	安康	Ankang	86.15	179.91	248.40	239
绵阳	Mianyang	398.39	607.42	637.70	133	商洛	Shangluo	64.49	118.96	171.40	254
广元	Guangyuan	105.01	189.91	215.10	246	**甘肃**	**Gansu**	**1602.87**	**2070.24**	**2225.22**	
遂宁	Suining	218.88	305.29	341.80	219	兰州	Lanzhou	399.06	562.42	614.50	140
内江	Neijiang	386.64	570.69	616.80	139	嘉峪关	Jiayuguan	143.44	213.33	163.30	257
乐山	Leshan	414.42	601.63	649.80	126	金昌	Jinchang	152.36	162.93	158.70	258
南充	Nanchong	333.02	498.05	550.90	153	白银	Baiyin	144.09	212.59	212.90	247
眉山	Meishan	268.00	390.53	425.90	191	天水	Tianshui	80.12	115.76	121.30	266
宜宾	Yibin	476.89	712.17	743.10	106	武威	Wuwei	60.47	109.07	119.40	267
广安	Guangan	199.39	310.82	345.70	217	张掖	Zhangye	55.42	75.52	88.50	275
达州	Dazhou	366.26	544.20	584.40	149	平凉	Pingliang	88.42	125.40	114.20	269
雅安	Yaan	135.10	202.76	208.20	250	酒泉	Jiuquan	173.03	258.72	285.60	233
巴中	Bazhong	61.37	102.10	114.10	270	庆阳	Qingyang	193.48	301.28	346.00	216
资阳	Ziyang	315.28	496.19	546.20	156	定西	Dingxi	24.59	38.58	40.00	281
贵州	**Guizhou**	**1516.87**	**2217.06**	**2686.52**		陇南	Longnan	33.62	49.36	52.30	280
贵阳	Guiyang	352.77	534.73	608.30	142	**青海**	**Qinghai**	**613.65**	**895.89**	**970.53**	
六盘水	Liupanshui	278.58	402.52	452.40	179	西宁	Xining	275.40	377.19	440.80	182
遵义	Zunyi	333.67	541.84	634.50	135	海东	Haidong				
安顺	Anshun	76.40	114.46	133.10	264	**宁夏**	**Ningxia**	**643.05**	**878.63**	**944.50**	
毕节	Bijie	226.82	333.06	373.10	211	银川	Yinchuan	298.70	471.92	523.30	162
铜仁	Tongren	57.17	99.63	112.20	271	石嘴山	Shizuishan	162.67	228.85	246.10	240
云南	**Yunnan**	**2604.07**	**3450.72**	**3767.58**		吴忠	Wuzhong	87.82	123.81	136.30	263
昆明	Kunming	709.62	1008.42	1100.10	70	固原	Guyuan	11.82	23.02	26.80	282
曲靖	Qujing	468.78	657.30	736.40	109	中卫	Zhongwei	50.79	79.52	92.40	274
玉溪	Yuxi	437.53	598.33	634.20	136	**新疆**	**Xinjiang**	**2161.39**	**2850.06**	**3024.27**	
保山	Baoshan	59.30	100.06	115.60	268	乌鲁木齐	Urumqi	514.76	714.01	746.80	105
昭通	Zhaotong	132.63	206.11	242.00	241	克拉玛依	Karamay	623.47	692.07	715.70	112

11-2 工业生产总值指数
Indices of Gross Industrial Production

单位：上年=100 (preceding year=100)

地名	City	2010	2012	2013	2013 排名 Ranking
全国	**Nation Total**	**112.1**	**107.7**	**107.6**	
北京	**Beijing**	**114.9**			
天津	**Tianjin**	**120.8**			
河北	**Hebei**	**113.5**			
石家庄	Shijiazhuang	113.4	112.4	110.5	205
唐山	Tangshan	115.0	112.0	109.7	235
秦皇岛	Qinhuangdao	115.6	112.1	105.9	271
邯郸	Handan	113.5	112.5	107.9	257
邢台	Xingtai	114.0	111.2	108.6	253
保定	Baoding	115.2	112.9	111.1	178
张家口	Zhangjiakou	115.0	112.3	109.7	235
承德	Chengde	110.7	113.1	111.3	169
沧州	Cangzhou	113.4	113.4	111.0	183
廊坊	Langfang	113.2	111.5	109.4	248
衡水	Hengshui	113.7	112.7	110.9	190
山西	**Shanxi**	**119.5**			
太原	Taiyuan	112.5	112.2	110.1	224
大同	Datong	120.0	111.9	109.7	235
阳泉	Yangquan	118.7	110.7	107.9	257
长治	Changzhi	116.6	111.8	110.0	227
晋城	Jincheng	115.5	112.5	110.8	194
朔州	Shuozhou	117.4	112.8	111.0	183
晋中	Jinzhong	118.1	112.5	112.7	115
运城	Yuncheng	121.6	106.8	112.4	126
忻州	Xinzhou	130.8	115.2	112.0	135
临汾	Linfen	121.9	111.9	111.6	155
吕梁	Lvliang	126.8	112.1	111.0	183
内蒙古	**Inner Mongolia**	**118.8**			
呼和浩特	Hohhot	114.3	110.0	117.2	26
包头	Baotou	119.8	114.8	111.6	155
乌海	Wuhai	123.9	114.9	111.6	155
赤峰	Chifeng	120.9	118.0	111.3	169
通辽	Tongliao	126.7	117.7	111.0	183
鄂尔多斯	Erdos	120.1	115.6	111.9	141
呼伦贝尔	Hulunbuir	125.9	120.9	112.5	123
巴彦淖尔	Bayannur	120.6	114.6	112.7	115
乌兰察布	Ulanqab	113.0	110.2	112.2	129
辽宁	**Liaoning**	**116.9**			
沈阳	Shenyang	115.1	111.5	110.0	227
大连	Dalian	121.0	110.7	110.0	227
鞍山	Anshan	115.2	109.8	110.3	216
抚顺	Fushun	116.3	111.9	110.1	224
本溪	Benxi	117.5	109.8	110.2	221
丹东	Dandong	120.2	111.3	109.5	243
锦州	Jinzhou	118.9	113.3	109.6	239
营口	Yingkou	118.0	111.6	110.6	202
阜新	Fuxin	118.7	113.3	109.6	239
辽阳	Liaoyang	115.0	111.1	109.8	233
盘锦	Panjin	119.6	112.8	110.3	216
铁岭	Tieling	118.9	109.0	105.3	276
朝阳	Chaoyang	115.5	110.7	110.2	221
葫芦岛	Huludao	118.2	112.4	106.9	267
吉林	**Jilin**	**120.8**			
长春	Changchun	120.8	112.1	110.0	227
吉林	Jilin	113.5	110.0	108.2	255
四平	Siping	122.3	115.9	110.7	198
辽源	Liaoyuan	121.9	114.2	109.5	243
通化	Tonghua	126.7	112.1	114.2	64
白山	Baishan	126.1	113.5	105.5	273
松原	Songyuan	114.7	110.7	107.2	264
白城	Baicheng	130.6	115.8	113.5	84
黑龙江	**Heilongjiang**	**115.0**			
哈尔滨	Harbin	117.1	108.3	109.5	243
齐齐哈尔	Qiqihar	128.4	106.2	110.4	211
鸡西	Jixi	126.2	116.9	97.3	281
鹤岗	Hegang	117.1	117.1	87.7	282
双鸭山	Shuangyashan	132.5	119.8	99.9	279
大庆	Daqing	111.3	109.9	106.5	268
伊春	Yichun	126.1	112.0	112.8	110
佳木斯	Jiamusi	138.4	121.4	118.2	20
七台河	Qitaihe	131.7	109.5	77.7	283
牡丹江	Mudanjiang	124.2	116.1	115.3	45
黑河	Heihe	119.4	115.0	113.5	84
绥化	Suihua	121.7	134.3	124.5	4
上海	**Shanghai**	**117.5**			
江苏	**Jiangsu**	**113.3**			

注：本表按不变价格计算。

Note: Data in this table are calculated at constant prices.

11-2 工业生产总值指数 续表 1

Indices of Gross Industrial Production continued 1

单位：上年=100 (preceding year=100)

地名	City	2010	2012	2013	2013 排名 Ranking	地名	City	2010	2012	2013	2013 排名 Ranking
南京	Nanjing	114.4	111.0	111.1	178	池州	Chizhou	125.5	116.7	114.5	58
无锡	Wuxi	113.2	109.0	109.0	250	宣城	Xuancheng	126.0	116.0	114.3	62
徐州	Xuzhou	115.7	114.4	113.1	98	**福建**	**Fujian**	**118.0**			
常州	Changzhou	113.3	111.7	111.6	155	福州	Fuzhou	118.8	114.1	113.2	92
苏州	Suzhou	113.3	107.4	107.5	261	厦门	Xiamen	118.8	113.6	111.9	141
南通	Nantong	114.3	112.3	112.3	128	莆田	Putian	120.1	113.9	113.3	89
连云港	Lianyungang	117.8	115.4	113.9	72	三明	Sanming	120.7	115.8	114.3	62
淮安	Huaian	117.4	116.1	113.4	86	泉州	Quanzhou	116.5	113.5	112.6	119
盐城	Yancheng	117.0	115.7	115.1	49	漳州	Zhangzhou	121.7	115.5	114.2	64
扬州	Yangzhou	114.8	111.8	113.2	92	南平	Nanping	116.9	117.5	113.7	76
镇江	Zhenjiang	114.9	112.7	113.0	101	龙岩	Longyan	118.4	113.3	113.6	80
泰州	Taizhou	114.6	113.2	112.8	110	宁德	Ningde	127.1	119.7	117.5	23
宿迁	Suqian	119.3	117.5	115.5	42	**江西**	**Jiangxi**	**119.9**			
浙江	**Zhejiang**	**112.7**				南昌	Nanchang	118.8	113.7	111.7	152
杭州	Hangzhou	112.7	108.5	107.8	259	景德镇	Jingdezhen	115.6	113.0	111.8	147
宁波	Ningbo	114.3	104.4	108.4	254	萍乡	Pingxiang	113.7	113.5	110.2	221
温州	Wenzhou	112.4	104.2	107.6	260	九江	Jiujiang	120.0	113.9	112.5	123
嘉兴	Jiaxing	116.3	108.4	110.4	211	新余	Xinyu	118.5	110.1	103.9	277
湖州	Huzhou	111.8	111.3	110.8	194	鹰潭	Yingtan	114.8	113.5	111.4	166
绍兴	Shaoxing	109.4	109.9	109.0	250	赣州	Ganzhou	117.9	114.0	112.8	110
金华	Jinhua	111.6	110.5	109.6	239	吉安	Jian	121.9	113.2	113.7	76
衢州	Quzhou	116.4	108.5	111.0	183	宜春	Yichun	121.8	113.9	112.6	119
舟山	Zhoushan	114.5	112.6	109.9	231	抚州	Fuzhou	119.4	114.2	113.3	89
台州	Taizhou	115.1	105.8	108.0	256	上饶	Shangrao	119.5	113.2	113.0	101
丽水	Lishui	116.0	112.4	112.2	129	**山东**	**Shandong**	**112.8**			
安徽	**Anhui**	**121.9**				济南	Jinan	110.7	109.7	110.6	202
合肥	Hefei	123.6	117.0	114.1	69	青岛	Qingdao	112.3	111.9	110.4	211
芜湖	Wuhu	123.9	116.4	114.5	58	淄博	Zibo	112.0	111.5	110.5	205
蚌埠	Bengbu	123.7	116.9	114.9	52	枣庄	Zaozhuang	110.3	111.7	111.5	163
淮南	Huainan	113.9	114.1	111.1	178	东营	Dongying	113.4	112.4	112.1	134
马鞍山	Maanshan	117.2	112.9	112.9	106	烟台	Yantai	112.0	111.2	111.0	183
淮北	Huaibei	119.1	115.2	110.7	198	潍坊	Weifang	113.2	112.0	111.7	152
铜陵	Tongling	121.9	111.2	113.2	92	济宁	Jining	112.5	112.0	111.8	147
安庆	Anqing	121.3	115.3	113.7	76	泰安	Taian	111.3	111.8	111.6	155
黄山	Huangshan	121.6	116.2	113.4	86	威海	Weihai	111.2	109.7	110.7	198
滁州	Chuzhou	125.5	117.2	115.1	49	日照	Rizhao	113.3	112.4	110.9	190
阜阳	Fuyang	125.1	116.5	113.8	74	莱芜	Laiwu	112.6	112.1	112.2	129
宿州	Suzhou	123.8	116.8	114.4	61	临沂	Linyi	113.0	113.7	112.8	110
六安	Liuan	127.0	117.0	111.5	163	德州	Dezhou	114.6	114.6	113.1	98
亳州	Bozhou	125.1	116.7	113.9	72	聊城	Liaocheng	113.6	115.0	111.2	175

11-2 工业生产总值指数 续表 2
Indices of Gross Industrial Production continued 2

单位：上年=100 (preceding year=100)

地名	City	2010	2012	2013	2013 排名 Ranking
滨州	Binzhou	112.7	112.7	111.9	141
菏泽	Heze	117.4	117.5	114.2	64
河南	**Henan**	**115.4**			
郑州	Zhengzhou	115.6	115.2	110.3	216
开封	Kaifeng	115.9	114.1	113.8	74
洛阳	Luoyang	117.1	111.0	107.2	264
平顶山	Pingdingshan	112.2	105.6	106.2	269
安阳	Anyang	117.3	108.6	110.1	224
鹤壁	Hebi	115.9	111.4	114.6	55
新乡	Xinxiang	119.7	113.8	110.8	194
焦作	Jiaozuo	115.0	112.4	112.6	119
濮阳	Puyang	113.6	114.9	114.2	64
许昌	Xuchang	116.5	113.7	112.0	135
漯河	Luohe	117.5	114.1	110.5	205
三门峡	Sanmenxia	118.5	113.4	109.5	243
南阳	Nanyang	115.1	112.6	109.7	235
商丘	Shangqiu	114.3	114.7	113.6	80
信阳	Xinyang	115.6	114.3	111.8	147
周口	Zhoukou	115.8	115.4	113.2	92
驻马店	Zhumadian	115.2	114.5	111.9	141
湖北	**Hubei**	**121.3**			
武汉	Wuhan	120.5	113.7	110.3	216
黄石	Huangshi	120.0	115.8	110.5	205
十堰	Shiyan	134.7	106.1	111.4	166
宜昌	Yichang	118.8	115.2	113.2	92
襄阳	Xiangyang	121.1	115.9	113.3	89
鄂州	Ezhou	125.0	116.0	111.9	141
荆门	Jingmen	122.9	116.1	112.4	126
孝感	Xiaogan	122.9	115.8	112.9	106
荆州	Jingzhou	121.3	115.5	113.0	101
黄冈	Huanggang	120.8	115.3	112.9	106
咸宁	Xianning	122.2	115.9	113.1	98
随州	Suizhou	123.1	115.6	112.7	115
湖南	**Hunan**	**121.2**			
长沙	Changsha	121.6	115.7	113.2	92
株洲	Zhuzhou	120.1	112.9	111.6	155
湘潭	Xiangtan	121.3	113.4	111.1	178
衡阳	Hengyang	121.8	113.6	111.1	178
邵阳	Shaoyang	121.5	113.2	111.5	163
岳阳	Yueyang	121.3	113.9	111.3	169
常德	Changde	121.9	114.3	110.9	190
张家界	Zhangjiajie	120.4	113.3	110.3	216
益阳	Yiyang	121.4	113.0	112.0	135
郴州	Chenzhou	120.9	114.1	111.8	147
永州	Yongzhou	120.3	114.0	110.4	211
怀化	Huaihua	122.0	113.6	110.5	205
娄底	Loudi	118.8	113.5	110.5	205
广东	**Guangdong**	**114.9**			
广州	Guangzhou	112.7	109.1	109.9	231
韶关	Shaoguan	112.2	111.9	116.1	34
深圳	Shenzhen	113.9	107.3	109.3	249
珠海	Zhuhai	118.3	102.7	110.6	202
汕头	Shantou	116.8	112.5	112.6	119
佛山	Foshan	115.1	109.6	111.9	141
江门	Jiangmen	117.6	106.0	113.0	101
湛江	Zhanjiang	117.8	108.5	113.6	80
茂名	Maoming	114.2	116.4	115.2	48
肇庆	Zhaoqing	132.0	120.4	117.1	27
惠州	Huizhou	124.5	115.0	116.6	30
梅州	Meizhou	117.9	113.6	114.0	71
汕尾	Shanwei	125.3	121.1	120.4	10
河源	Heyuan	117.1	115.8	115.7	37
阳江	Yangjiang	122.7	119.5	124.8	3
清远	Qingyuan	121.1	104.0	109.5	243
东莞	Dongguan	117.5	106.0	110.4	211
中山	Zhongshan	116.3	114.5	111.6	155
潮州	Chaozhou	115.8	111.6	114.2	64
揭阳	Jieyang	127.4	116.4	119.7	13
云浮	Yunfu	122.0	117.3	121.3	8
广西	**Guangxi**	**120.4**			
南宁	Nanning	115.9	118.7	114.8	54
柳州	Liuzhou	119.9	111.6	111.0	183
桂林	Guilin	120.2	119.8	115.3	45
梧州	Wuzhou	126.8	119.0	117.5	23
北海	Beihai	133.5	141.9	119.8	12
防城港	Fangchenggang	117.4	117.8	119.5	14
钦州	Qinzhou	131.4	111.5	107.3	263
贵港	Guigang	120.8	110.4	110.7	198
玉林	Yulin	122.5	113.3	112.9	106
百色	Baise	121.4	109.1	109.8	233

11-2 工业生产总值指数 续表 3

Indices of Gross Industrial Production continued 3

单位：上年=100 (preceding year=100)

地名	City	2010	2012	2013	2013 排名 Ranking	地名	City	2010	2012	2013	2013 排名 Ranking
贺州	Hezhou	119.6	109.1	112.2	129	丽江	Lijiang	122.9	123.9	126.0	1
河池	Hechi	114.7	90.5	107.0	266	普洱	Puer	117.8	127.0	125.8	2
来宾	Laibin	123.2	112.1	98.0	280	临沧	Lincang	111.4	115.6	118.7	16
崇左	Chongzuo	115.0	117.4	115.9	35	**西藏**	**Tibet**	**113.3**			
海南	**Hainan**	**117.6**				拉萨	Lasa	115.4			
海口	Haikou	121.1	109.1	106.0	270	**陕西**	**Shaanxi**	**118.7**			
三亚	Sanya	121.8	115.4	105.4	275	西安	Xi'an	118.1	112.4	114.5	58
三沙	Sansha					铜川	Tongchuan	119.0	120.6	118.0	21
重庆	**Chongqing**	**122.9**				宝鸡	Baoji	118.6	120.0	115.7	37
四川	**Sichuan**	**122.9**				咸阳	Xianyang	119.9	121.5	117.5	23
成都	Chengdu	120.5	116.5	113.0	101	渭南	Weinan	121.8	121.2	115.6	40
自贡	Zigong	123.3	116.8	111.3	169	延安	Yan'an	115.0	110.3	105.5	273
攀枝花	Panzhihua	118.0	116.2	112.2	129	汉中	Hanzhong	120.6	124.7	120.7	9
泸州	Luzhou	128.9	117.9	111.2	175	榆林	Yulin	119.4	113.6	109.6	239
德阳	Deyang	119.2	116.7	111.3	169	安康	Ankang	123.3	130.2	122.8	6
绵阳	Mianyang	123.9	117.9	112.0	135	商洛	Shangluo	122.6	128.2	123.2	5
广元	Guangyuan	131.5	122.1	113.7	76	**甘肃**	**Gansu**	**115.8**			
遂宁	Suining	126.7	118.0	112.8	110	兰州	Lanzhou	111.8	111.8	114.1	69
内江	Neijiang	124.6	117.6	111.3	169	嘉峪关	Jiayuguan	121.2	118.1	114.6	55
乐山	Leshan	121.0	116.9	111.2	175	金昌	Jinchang	112.3	117.6	116.6	30
南充	Nanchong	127.0	117.8	111.7	152	白银	Baiyin	118.6	117.2	115.7	37
眉山	Meishan	125.8	116.6	110.8	194	天水	Tianshui	113.0	117.6	116.4	32
宜宾	Yibin	122.5	116.8	107.4	262	武威	Wuwei	119.7	121.1	118.3	18
广安	Guangan	126.5	120.3	112.7	115	张掖	Zhangye	119.1	114.6	115.8	36
达州	Dazhou	127.4	118.9	110.9	190	平凉	Pingliang	120.2	116.5	112.5	123
雅安	Yaan	125.1	118.1	103.7	278	酒泉	Jiuquan	128.5	121.6	115.5	42
巴中	Bazhong	129.6	116.6	111.6	155	庆阳	Qingyang	121.5	118.7	117.0	28
资阳	Ziyang	125.2	117.5	111.8	147	定西	Dingxi	114.0	120.2	117.6	22
贵州	**Guizhou**	**115.7**				陇南	Longnan	121.1	120.4	118.8	15
贵阳	Guiyang	114.9	116.2	116.8	29	**青海**	**Qinghai**	**119.3**			
六盘水	Liupanshui	118.1	115.5	115.4	44	西宁	Xining	123.1	119.5	118.3	18
遵义	Zunyi	118.8	117.4	113.6	80	海东	Haidong				
安顺	Anshun	113.2	115.7	115.3	45	**宁夏**	**Ningxia**	**114.4**			
毕节	Bijie	116.5	116.4	115.0	51	银川	Yinchuan	119.1	115.2	112.0	135
铜仁	Tongren	117.1	115.6	115.6	40	石嘴山	Shizuishan	114.3	114.1	112.0	135
云南	**Yunnan**	**114.6**				吴忠	Wuzhong	113.9	112.7	113.4	86
昆明	Kunming	113.9	115.6	111.4	166	固原	Guyuan	109.0	112.6	121.7	7
曲靖	Qujing	114.9	115.2	114.9	52	中卫	Zhongwei	114.5	114.8	114.6	55
玉溪	Yuxi	116.2	112.7	108.7	252	**新疆**	**Xinjiang**	**113.5**			
保山	Baoshan	118.1	120.2	118.5	17	乌鲁木齐	Urumqi	112.2	116.6	116.3	33
昭通	Zhaotong	119.5	123.2	120.4	10	克拉玛依	Karamay	118.6	105.0	105.8	272

11-3 规模以上工业企业单位数

Number of Industrial Enterprises above Designated Size

单位：个 (unit)

地名	City	2010	2015	2016	2016 排名 Ranking	地名	City	2010	2015	2016	2016 排名 Ranking
全国	**Nation Total**	**452872**	**383148**	**378599**		沈阳	Shenyang	5252	3284	2371	44
北京	**Beijing**	**6885**	**3548**	**3340**		大连	Dalian	4684	2486	1745	60
天津	**Tianjin**	**7947**	**5525**	**5203**		鞍山	Anshan	2455	914	740	139
河北	**Hebei**	**13927**	**15295**	**14764**		抚顺	Fushun	1410	545	215	246
石家庄	Shijiazhuang	2576	2752	2704	31	本溪	Benxi	624	525	164	257
唐山	Tangshan	1568	1595	1432	74	丹东	Dandong	1054	509	336	217
秦皇岛	Qinhuangdao	642	395	356	209	锦州	Jinzhou	1005	686	377	202
邯郸	Handan	1095	1378	1350	80	营口	Yingkou	1651	1005	580	166
邢台	Xingtai	1010	1309	1334	84	阜新	Fuxin	461	357	237	239
保定	Baoding	1848	1665	1841	56	辽阳	Liaoyang	891	430	223	244
张家口	Zhangjiakou	530	564	482	186	盘锦	Panjin	708	497	345	214
承德	Chengde	553	549	488	184	铁岭	Tieling	1848	328	240	237
沧州	Cangzhou	1919	2380	2395	43	朝阳	Chaoyang	1222	445	240	237
廊坊	Langfang	1223	1255	1190	99	葫芦岛	Huludao	566	292	211	247
衡水	Hengshui	968	1234	1185	100	**吉林**	**Jilin**	**6181**	**5682**	**6003**	
山西	**Shanxi**	**4240**	**3845**	**3548**		长春	Changchun	1606	1340	1581	66
太原	Taiyuan	480	408	355	211	吉林	Jilin	1177	1073	1062	109
大同	Datong	203	177	168	256	四平	Siping	557	564	598	162
阳泉	Yangquan	186	134	125	269	辽源	Liaoyuan	351	316	314	225
长治	Changzhi	386	352	316	223	通化	Tonghua	604	596	618	155
晋城	Jincheng	284	251	241	236	白山	Baishan	448	382	367	206
朔州	Shuozhou	224	258	232	241	松原	Songyuan	642	615	620	154
晋中	Jinzhong	533	515	517	179	白城	Baicheng	315	321	335	218
运城	Yuncheng	564	491	454	191	**黑龙江**	**Heilongjiang**	**4596**	**4162**	**3946**	
忻州	Xinzhou	323	368	339	216	哈尔滨	Harbin	1425	1379	1337	82
临汾	Linfen	458	366	354	212	齐齐哈尔	Qiqihar	411	369	382	199
吕梁	Lvliang	597	523	448	192	鸡西	Jixi	154	187	151	263
内蒙古	**Inner Mongolia**	**4611**	**4404**	**4289**		鹤岗	Hegang	136	114	108	274
呼和浩特	Hohhot	320	277	265	233	双鸭山	Shuangyashan	195	122	127	268
包头	Baotou	715	662	677	144	大庆	Daqing	630	391	356	209
乌海	Wuhai	176	147	149	265	伊春	Yichun	182	109	92	276
赤峰	Chifeng	593	556	525	176	佳木斯	Jiamusi	321	357	314	225
通辽	Tongliao	572	609	590	164	七台河	Qitaihe	137	90	67	282
鄂尔多斯	Erdos	451	387	379	201	牡丹江	Mudanjiang	505	490	483	185
呼伦贝尔	Hulunbuir	447	419	389	198	黑河	Heihe	113	99	99	275
巴彦淖尔	Bayannur	282	287	283	229	绥化	Suihua	202	378	373	204
乌兰察布	Ulanqab	429	339	312	227	**上海**	**Shanghai**	**16684**	**8994**	**8351**	
辽宁	**Liaoning**	**23832**	**12304**	**8025**		**江苏**	**Jiangsu**	**64136**	**48488**	**47900**	

11-3 规模以上工业企业单位数 续表 1

Number of Industrial Enterprises above Designated Size continued 1

单位：个 (unit)

地名	City	2010	2015	2016	2016 排名 Ranking	地名	City	2010	2015	2016	2016 排名 Ranking
南京	Nanjing	3917	2714	2661	33	池州	Chizhou	614	575	605	158
无锡	Wuxi	7988	4988	4888	9	宣城	Xuancheng	1381	1419	1462	71
徐州	Xuzhou	3412	2875	2992	25	**福建**	**Fujian**	**19227**	**17240**	**17262**	
常州	Changzhou	6375	4244	4139	15	福州	Fuzhou	2877	2302	2220	46
苏州	Suzhou	13538	10062	9616	1	厦门	Xiamen	2213	1766	1719	61
南通	Nantong	7589	5066	5071	7	莆田	Putian	1347	1248	1261	91
连云港	Lianyungang	1648	1701	1815	57	三明	Sanming	1640	1785	1796	58
淮安	Huaian	2399	2647	2609	36	泉州	Quanzhou	5186	4420	4514	12
盐城	Yancheng	3827	3156	3185	22	漳州	Zhangzhou	2273	2147	2228	45
扬州	Yangzhou	3847	2774	2686	32	南平	Nanping	1260	1109	1124	105
镇江	Zhenjiang	3125	2843	2635	35	龙岩	Longyan	1398	1095	1205	96
泰州	Taizhou	4012	2867	3018	24	宁德	Ningde	1033	1368	1195	98
宿迁	Suqian	2471	2565	2599	37	**江西**	**Jiangxi**	**7976**	**9941**	**10931**	
浙江	**Zhejiang**	**64364**	**41167**	**40128**		南昌	Nanchang	1156	1300	1385	76
杭州	Hangzhou	10370	6073	5684	5	景德镇	Jingdezhen	437	320	321	222
宁波	Ningbo	12492	7509	7286	2	萍乡	Pingxiang	801	652	648	151
温州	Wenzhou	9096	5013	4871	10	九江	Jiujiang	904	1259	1430	75
嘉兴	Jiaxing	7311	5154	5051	8	新余	Xinyu	371	387	392	197
湖州	Huzhou	3561	2752	2806	29	鹰潭	Yingtan	183	260	290	228
绍兴	Shaoxing	5545	4352	4430	14	赣州	Ganzhou	891	1288	1530	69
金华	Jinhua	5965	4144	3968	17	吉安	Jian	777	1168	1247	93
衢州	Quzhou	1411	1003	934	123	宜春	Yichun	853	1254	1446	73
舟山	Zhoushan	659	390	375	203	抚州	Fuzhou	832	901	943	122
台州	Taizhou	7308	3672	3618	19	上饶	Shangrao	771	981	1162	101
丽水	Lishui	1654	1115	1115	106	**山东**	**Shandong**	**44037**	**41485**	**39567**	
安徽	**Anhui**	**16277**	**19077**	**19838**		济南	Jinan	2021	2022	1963	51
合肥	Hefei	2229	2474	2535	40	青岛	Qingdao	5674	4876	4431	13
芜湖	Wuhu	1785	2101	2089	48	淄博	Zibo	3413	2981	2976	27
蚌埠	Bengbu	863	1056	1162	101	枣庄	Zaozhuang	1795	1468	1363	78
淮南	Huainan	589	621	603	159	东营	Dongying	895	996	954	119
马鞍山	Maanshan	791	1150	1214	95	烟台	Yantai	3447	2657	2575	39
淮北	Huaibei	673	779	774	136	潍坊	Weifang	5089	4050	3812	18
铜陵	Tongling	281	491	541	175	济宁	Jining	3907	2631	2599	37
安庆	Anqing	1527	1667	1768	59	泰安	Taian	1665	2003	1640	65
黄山	Huangshan	517	539	563	168	威海	Weihai	1812	1817	1883	53
滁州	Chuzhou	1237	1503	1577	67	日照	Rizhao	854	668	657	148
阜阳	Fuyang	685	1549	1718	62	莱芜	Laiwu	466	635	548	173
宿州	Suzhou	856	1257	1315	85	临沂	Linyi	4027	4053	4047	16
六安	Liuan	1028	997	948	120	德州	Dezhou	3248	3156	2991	26
亳州	Bozhou	423	901	931	124	聊城	Liaocheng	2403	2852	2646	34

11-3 规模以上工业企业单位数 续表 2

Number of Industrial Enterprises above Designated Size continued 2

单位：个 (unit)

地名	City	2010	2015	2016	2016 排名 Ranking	地名	City	2010	2015	2016	2016 排名 Ranking
滨州	Binzhou	1246	1379	1201	97	常德	Changde	983	993	1009	114
菏泽	Heze	2088	3145	3264	21	张家界	Zhangjiajie	161	161	196	251
河南	**Henan**	**19574**	**22892**	**23679**		益阳	Yiyang	819	971	1021	112
郑州	Zhengzhou	2595	2820	2897	28	郴州	Chenzhou	1212	1095	1047	111
开封	Kaifeng	1184	1322	1343	81	永州	Yongzhou	742	795	879	131
洛阳	Luoyang	1686	1858	1920	52	怀化	Huaihua	618	575	599	161
平顶山	Pingdingshan	854	862	877	132	娄底	Loudi	649	676	736	140
安阳	Anyang	956	1067	1110	107	**广东**	**Guangdong**	**53418**	**42113**	**42688**	
鹤壁	Hebi	483	568	562	169	广州	Guangzhou	6969	4650	4662	11
新乡	Xinxiang	1261	1285	1257	92	韶关	Shaoguan	559	628	593	163
焦作	Jiaozuo	1109	1213	1336	83	深圳	Shenzhen	8249	6539	6627	3
濮阳	Puyang	665	1006	1010	113	珠海	Zhuhai	1347	1023	1048	110
许昌	Xuchang	1286	1632	1718	62	汕头	Shantou	2580	1771	1846	55
漯河	Luohe	658	700	701	141	佛山	Foshan	7684	5787	5671	6
三门峡	Sanmenxia	664	646	653	149	江门	Jiangmen	3246	2036	1998	49
南阳	Nanyang	1440	2262	2479	42	湛江	Zhanjiang	850	828	833	134
商丘	Shangqiu	783	1284	1358	79	茂名	Maoming	792	957	978	117
信阳	Xinyang	1193	1286	1294	86	肇庆	Zhaoqing	1131	1110	1100	108
周口	Zhoukou	1081	1277	1282	89	惠州	Huizhou	1853	1893	2140	47
驻马店	Zhumadian	1433	1594	1670	64	梅州	Meizhou	521	440	458	189
湖北	**Hubei**	**16106**	**16413**	**16296**		汕尾	Shanwei	452	238	242	235
武汉	Wuhan	2968	2545	2516	41	河源	Heyuan	440	575	589	165
黄石	Huangshi	704	760	761	138	阳江	Yangjiang	596	574	560	171
十堰	Shiyan	915	976	911	126	清远	Qingyuan	813	611	621	153
宜昌	Yichang	1252	1511	1481	70	东莞	Dongguan	5899	5688	5869	4
襄阳	Xiangyang	1555	1764	1877	54	中山	Zhongshan	5063	3045	3089	23
鄂州	Ezhou	510	525	525	176	潮州	Chaozhou	1245	890	885	130
荆门	Jingmen	1173	1132	1155	103	揭阳	Jieyang	2525	2030	1991	50
孝感	Xiaogan	1199	1306	1288	87	云浮	Yunfu	604	830	914	125
荆州	Jingzhou	1225	1256	1269	90	**广西**	**Guangxi**	**6583**	**5518**	**5464**	
黄冈	Huanggang	1577	1493	1458	72	南宁	Nanning	1236	920	910	127
咸宁	Xianning	801	867	845	133	柳州	Liuzhou	931	818	792	135
随州	Suizhou	592	716	668	145	桂林	Guilin	801	641	640	152
湖南	**Hunan**	**13844**	**13992**	**14386**		梧州	Wuzhou	466	400	380	200
长沙	Changsha	2615	2708	2793	30	北海	Beihai	236	194	210	248
株洲	Zhuzhou	1471	1540	1557	68	防城港	Fangchenggang	166	164	150	264
湘潭	Xiangtan	860	908	902	128	钦州	Qinzhou	462	304	316	223
衡阳	Hengyang	1123	953	948	120	贵港	Guigang	415	411	456	190
邵阳	Shaoyang	888	1060	1140	104	玉林	Yulin	755	609	560	171
岳阳	Yueyang	1389	1285	1287	88	百色	Baise	266	307	329	219

11-3 规模以上工业企业单位数 续表 3

Number of Industrial Enterprises above Designated Size continued 3

单位：个 (unit)

地名	City	2010	2015	2016	2016 排名 Ranking
贺州	Hezhou	213	186	183	253
河池	Hechi	277	191	173	254
来宾	Laibin	202	228	220	245
崇左	Chongzuo	171	159	159	259
海南	**Hainan**	**497**	**380**	**337**	
海口	Haikou	186	151	149	265
三亚	Sanya	27	23	24	285
三沙	Sansha				
重庆	**Chongqing**	**7130**	**6608**	**6782**	
四川	**Sichuan**	**13706**	**13525**	**13819**	
成都	Chengdu	3887	3356	3605	20
自贡	Zigong	577	537	543	174
攀枝花	Panzhihua	388	330	324	221
泸州	Luzhou	681	628	652	150
德阳	Deyang	1054	1337	1370	77
绵阳	Mianyang	924	837	894	129
广元	Guangyuan	313	426	448	192
遂宁	Suining	438	500	519	178
内江	Neijiang	574	402	396	196
乐山	Leshan	832	629	617	156
南充	Nanchong	515	645	700	142
眉山	Meishan	564	604	603	159
宜宾	Yibin	526	626	665	146
广安	Guangan	330	492	505	183
达州	Dazhou	455	493	507	182
雅安	Yaan	386	324	329	219
巴中	Bazhong	115	240	277	231
资阳	Ziyang	563	603	362	207
贵州	**Guizhou**	**2963**	**4482**	**5123**	
贵阳	Guiyang	613	580	679	143
六盘水	Liupanshui	208	360	436	194
遵义	Zunyi	532	812	992	116
安顺	Anshun	189	311	354	212
毕节	Bijie	353	401	512	180
铜仁	Tongren	212	517	562	169
云南	**Yunnan**	**3599**	**3876**	**4194**	
昆明	Kunming	1099	978	1006	115
曲靖	Qujing	532	569	612	157
玉溪	Yuxi	352	334	420	195
保山	Baoshan	144	216	235	240
昭通	Zhaotong	251	163	195	252
丽江	Lijiang	78	78	84	279
普洱	Puer	117	157	156	261
临沧	Lincang	84	163	171	255
西藏	**Tibet**	**97**	**104**	**108**	
拉萨	Lasa	62	71	72	281
陕西	**Shaanxi**	**4564**	**5413**	**5862**	
西安	Xi'an	1126	1150	1220	94
铜川	Tongchuan	130	173	205	249
宝鸡	Baoji	501	595	662	147
咸阳	Xianyang	671	874	956	118
渭南	Weinan	527	447	512	180
延安	Yan'an	118	140	144	267
汉中	Hanzhong	353	446	482	186
榆林	Yulin	651	712	767	137
安康	Ankang	282	505	568	167
商洛	Shangluo	136	230	229	242
甘肃	**Gansu**	**2001**	**2148**	**2105**	
兰州	Lanzhou	466	369	357	208
嘉峪关	Jiayuguan	40	47	43	284
金昌	Jinchang	54	89	90	277
白银	Baiyin	179	168	159	259
天水	Tianshui	201	153	162	258
武威	Wuwei	178	232	261	234
张掖	Zhangye	171	211	226	243
平凉	Pingliang	89	120	121	270
酒泉	Jiuquan	274	295	266	232
庆阳	Qingyang	72	113	121	270
定西	Dingxi	84	141	152	262
陇南	Longnan	101	88	87	278
青海	**Qinghai**	**555**	**575**	**593**	
西宁	Xining	242	255	278	230
海东	Haidong		107	111	273
宁夏	**Ningxia**	**975**	**1245**	**1174**	
银川	Yinchuan	355	486	464	188
石嘴山	Shizuishan	301	243	205	249
吴忠	Wuzhong	195	351	340	215
固原	Guyuan	29	50	52	283
中卫	Zhongwei	94	121	120	272
新疆	**Xinjiang**	**2465**	**2707**	**2894**	
乌鲁木齐	Urumqi	463	396	368	205
克拉玛依	Karamay	102	82	79	280

11-4 规模以上工业企业工业总产值
Gross Industrial Production of Industrial Enterprises above Designated Size

单位：亿元 (100 million yuan)

地名	City	2010	2015	2016	2016 排名 Ranking
全国	**Nation Total**	**698590.5**	**1099301.1**		
北京	**Beijing**	**13699.84**	**17449.63**	**18087.27**	
天津	**Tianjin**	**16751.82**	**28241.13**	**27401.68**	
河北	**Hebei**	**31143.30**	**46046.45**		
石家庄	Shijiazhuang	5655.34	9410.47	9644.79	30
唐山	Tangshan	7545.03	9326.32	9967.68	27
秦皇岛	Qinhuangdao	1131.55	1409.16	1438.89	188
邯郸	Handan	4107.32	4765.15	5055.07	62
邢台	Xingtai	1764.60	2702.93	2933.65	106
保定	Baoding	2874.86	4120.24	4721.50	67
张家口	Zhangjiakou	893.48	1346.33	1256.58	200
承德	Chengde	1203.52	1695.80	1743.88	166
沧州	Cangzhou	2817.39	5789.18	5690.89	52
廊坊	Langfang	2169.38	3693.30	3791.87	82
衡水	Hengshui	980.81	1787.55	1793.29	162
山西	**Shanxi**	**12471.33**	**12545.84**		
太原	Taiyuan	2000.34	2159.27	2207.42	133
大同	Datong	737.59	1054.23	801.83	230
阳泉	Yangquan	542.61	539.00	536.72	250
长治	Changzhi	1433.28	1428.19	1543.79	183
晋城	Jincheng	851.12	873.01	841.87	227
朔州	Shuozhou	828.51	762.39	742.55	235
晋中	Jinzhong	1029.37	1089.21	1200.35	204
运城	Yuncheng	1261.85	1323.75	1315.11	196
忻州	Xinzhou	411.69	698.60	673.62	240
临汾	Linfen	1380.10	1289.67	1277.79	198
吕梁	Lvliang	1442.51	1328.52	1397.31	193
内蒙古	**Inner Mongolia**	**13406.11**	**17641.21**		
呼和浩特	Hohhot	1188.52	1667.58	1730.86	168
包头	Baotou	2412.24	3181.21	3440.91	91
乌海	Wuhai	545.32	927.39	984.01	222
赤峰	Chifeng	1265.84	2075.64	2111.00	140
通辽	Tongliao	1809.75	2273.39	2690.06	117
鄂尔多斯	Erdos	2681.07	4338.30	4845.50	65
呼伦贝尔	Hulunbuir	740.69	1305.99	1282.80	197
巴彦淖尔	Bayannur	777.46	873.42	926.22	225
乌兰察布	Ulanqab	677.42	998.28	1035.65	213
辽宁	**Liaoning**	**36219.42**	**32594.43**		
沈阳	Shenyang	9612.53	9239.337	5337.203	56
大连	Dalian	7701.84	6998.405	6269.393	47
鞍山	Anshan	2439.28	2391.49	1146.92	208
抚顺	Fushun	1655.33	860.23	799.28	231
本溪	Benxi	1511.35	1795.86	744.37	234
丹东	Dandong	865.08	428.49	426.57	260
锦州	Jinzhou	1672.05	2341.03	618.21	243
营口	Yingkou	2233.27	2223.15	1155.49	206
阜新	Fuxin	447.77	493.68	265.23	270
辽阳	Liaoyang	1612.52	1399.37	683.99	239
盘锦	Panjin	1676.36	2602.29	1572.63	179
铁岭	Tieling	2355.13	453.58	427.31	259
朝阳	Chaoyang	946.62	575.31	377.14	263
葫芦岛	Huludao	766.95	792.20	572.48	247
吉林	**Jilin**	**13098.35**	**21649.92**		
长春	Changchun	5884.16	8593.39	9152.46	32
吉林	Jilin	2104.15	3100.99	3223.88	99
四平	Siping	1036.47	2205.46	1965.59	151
辽源	Liaoyuan	585.65	1452.63	1553.73	180
通化	Tonghua	869.98	2145.09	2353.14	129
白山	Baishan	674.08	1407.36	1436.39	189
松原	Songyuan	1219.48	2082.34	2136.77	138
白城	Baicheng	259.25	659.65	737.61	237
黑龙江	**Heilongjiang**	**9535.15**	**11513.64**		
哈尔滨	Harbin	2036.38	3826.01	3850.00	80
齐齐哈尔	Qiqihar	832.06	1039.40	1079.66	210
鸡西	Jixi	248.62	237.32	219.96	273
鹤岗	Hegang	233.91	182.54	188.04	274
双鸭山	Shuangyashan	361.88	251.50	253.80	271
大庆	Daqing	3287.96	3051.75	2836.48	112
伊春	Yichun	194.57	95.84	89.42	283
佳木斯	Jiamusi	313.94	589.76	535.71	251
七台河	Qitaihe	444.78	154.90	144.52	278
牡丹江	Mudanjiang	446.37	991.43	1051.83	212
黑河	Heihe	75.48	131.66	134.85	280
绥化	Suihua	326.88	961.52	1007.20	218
上海	**Shanghai**	**30114.41**	**31322.62**	**31136.03**	
江苏	**Jiangsu**	**92056.48**	**147308.86**		

注：本表2015年全国数和地区数为城市合计数（下三表同）。

Note: Data of national and provinces are prefecture cities in this chapter in 2015.

11-4 规模以上工业企业工业总产值 续表 1

Gross Industrial Production of Industrial Enterprises above Designated Size continued 1

单位：亿元 (100 million yuan)

地名	City	2010	2015	2016	2016 排名 Ranking
南京	Nanjing	8609.50	12905.13	12945.02	15
无锡	Wuxi	12971.08	14549.87	14352.96	11
徐州	Xuzhou	5112.97	12215.91	13644.36	12
常州	Changzhou	7396.09	11101.64	12096.82	21
苏州	Suzhou	24651.67	30249.25	30713.99	1
南通	Nantong	7383.16	13515.33	14525.72	8
连云港	Lianyungang	1936.28	5433.14	5974.81	50
淮安	Huaian	2439.11	6560.50	6951.32	42
盐城	Yancheng	3938.33	8253.62	9180.84	31
扬州	Yangzhou	5753.34	9194.19	9661.65	29
镇江	Zhenjiang	4190.42	8403.82	8722.84	34
泰州	Taizhou	4916.08	11063.14	12170.80	20
宿迁	Suqian	1137.37	3863.32	4096.70	76
浙江	**Zhejiang**	**51394.20**	**66431.88**		
杭州	Hangzhou	11081.04	12415.68	12420.96	17
宁波	Ningbo	10853.55	13869.46	14500.24	9
温州	Wenzhou	4496.56	4944.23	5229.58	59
嘉兴	Jiaxing	5102.85	7569.31	7882.94	37
湖州	Huzhou	2666.53	4413.10	4606.05	71
绍兴	Shaoxing	6797.39	9746.38	9826.94	28
金华	Jinhua	3411.79	4720.84	4705.77	68
衢州	Quzhou	1087.12	1562.90	1629.31	174
舟山	Zhoushan	979.05	1633.37	1872.11	155
台州	Taizhou	3630.80	3852.24	4084.04	77
丽水	Lishui	1140.51	1704.36	1790.01	163
安徽	**Anhui**	**18732.00**	**39809.54**		
合肥	Hefei	4197.72	9345.59	10124.52	26
芜湖	Wuhu	2251.01	5829.01	6319.27	46
蚌埠	Bengbu	772.68	2596.82	2976.45	105
淮南	Huainan	788.93	971.39	1007.69	217
马鞍山	Maanshan	1318.30	2540.75	2810.76	115
淮北	Huaibei	881.41	1785.87	1825.94	158
铜陵	Tongling	1104.23	2269.01	2416.96	127
安庆	Anqing	1315.94	2723.17	2910.94	108
黄山	Huangshan	330.69	567.95	634.03	241
滁州	Chuzhou	1052.97	2528.75	2860.61	110
阜阳	Fuyang	703.70	1989.69	2293.04	131
宿州	Suzhou	676.92	1623.25	1848.65	157
六安	Liuan	832.71	1542.10	1627.17	175
亳州	Bozhou	324.33	959.39	1058.35	211
池州	Chizhou	297.30	740.43	805.24	229
宣城	Xuancheng	1067.76	1796.38	1920.12	154
福建	**Fujian**	**21901.23**	**41251.49**		
福州	Fuzhou	4545.41	7845.004	8419.646	35
厦门	Xiamen	3688.95	5028.678	5197.98	60
莆田	Putian	1266.53	2613.42	2839.51	111
三明	Sanming	1328.85	3274.08	3605.99	84
泉州	Quanzhou	6260.41	11398.12	12336.69	18
漳州	Zhangzhou	1938.92	4536.94	5040.66	63
南平	Nanping	777.36	1722.24	1868.28	156
龙岩	Longyan	1177.34	1856.91	2078.21	143
宁德	Ningde	917.45	2976.10	3157.13	102
江西	**Jiangxi**	**13835.61**	**30996.29**		
南昌	Nanchang	2765.50	5485.20	6133.97	49
景德镇	Jingdezhen	685.62	1097.62	1179.37	205
萍乡	Pingxiang	1013.02	1677.38	1742.78	167
九江	Jiujiang	1476.55	4875.11	5328.27	57
新余	Xinyu	1188.50	1494.09	1545.98	182
鹰潭	Yingtan	1164.90	2091.75	2058.09	144
赣州	Ganzhou	1267.89	3199.82	3541.14	88
吉安	Jian	1132.94	3014.35	3281.74	96
宜春	Yichun	1230.50	3634.90	4108.86	75
抚州	Fuzhou	738.78	1570.57	1694.46	170
上饶	Shangrao	1171.42	2855.50	3252.40	98
山东	**Shandong**	**83851.40**	**144053.11**		
济南	Jinan	4413.51	5340.75	5486.56	55
青岛	Qingdao	10662.83	16811.83	16343.81	6
淄博	Zibo	7742.34	11135.58	12011.52	22
枣庄	Zaozhuang	2822.88	3431.06	3453.58	90
东营	Dongying	6037.86	13189.05	13334.65	14
烟台	Yantai	10129.98	15297.56	16434.66	5
潍坊	Weifang	7529.22	12757.59	13345.86	13
济宁	Jining	3857.18	5472.07	5499.65	54
泰安	Taian	3770.07	6199.92	5631.45	53
威海	Weihai	4408.96	6932.56	7141.29	41
日照	Rizhao	2172.15	2539.88	2459.57	126
莱芜	Laiwu	1202.58	1708.85	1788.04	164
临沂	Linyi	4593.53	10139.43	10830.68	24
德州	Dezhou	3855.76	9789.59	10569.45	25
聊城	Liaocheng	4026.86	8929.71	8999.91	33

11-4 规模以上工业企业工业总产值 续表 2

Gross Industrial Production of Industrial Enterprises above Designated Size continued 2

单位：亿元 (100 million yuan)

地名	City	2010	2015	2016	2016 排名 Ranking	地名	City	2010	2015	2016	2016 排名 Ranking
滨州	Binzhou	3683.90	7188.56	7382.03	40	常德	Changde	1262.67	2533.16	2598.73	120
菏泽	Heze	2532.03	7189.12	7934.16	36	张家界	Zhangjiajie	108.94	127.89	141.53	279
河南	**Henan**	**34995.53**	**72719.95**			益阳	Yiyang	808.09	2034.95	2228.16	132
郑州	Zhengzhou	5913.76	13653.33	14465.63	10	郴州	Chenzhou	1440.08	3235.19	3205.82	100
开封	Kaifeng	1001.39	2723.31	3013.27	104	永州	Yongzhou	594.07	1129.39	1263.92	199
洛阳	Luoyang	3518.98	6750.03	7447.33	39	怀化	Huaihua	699.89	906.85	1023.83	215
平顶山	Pingdingshan	1952.75	2527.33	2665.93	118	娄底	Loudi	1038.25	1663.64	1945.53	152
安阳	Anyang	2399.83	3606.67	3991.03	79	**广东**	**Guangdong**	**85824.64**	**124912.65**		
鹤壁	Hebi	919.81	1914.78	2004.21	147	广州	Guangzhou	13831.25	18684.22	19570.43	4
新乡	Xinxiang	2132.77	4089.50	4535.11	72	韶关	Shaoguan	773.37	1221.78	1237.54	201
焦作	Jiaozuo	2561.87	5280.84	5893.24	51	深圳	Shenzhen	18526.82	25542.44	27292.29	2
濮阳	Puyang	1473.63	3428.84	3818.17	81	珠海	Zhuhai	2976.18	3966.02	4353.38	73
许昌	Xuchang	2330.63	5575.85	6413.08	45	汕头	Shantou	1897.57	2968.80	3303.80	94
漯河	Luohe	1434.68	2780.52	3013.52	103	佛山	Foshan	14527.47	19544.95	21187.32	3
三门峡	Sanmenxia	2027.56	3386.18	3607.53	83	江门	Jiangmen	3828.91	3998.76	4274.38	74
南阳	Nanyang	2016.16	4455.04	4818.93	66	湛江	Zhanjiang	1404.95	2272.40	2564.56	121
商丘	Shangqiu	1221.11	3056.67	3565.50	85	茂名	Maoming	1360.15	2332.05	2483.41	123
信阳	Xinyang	985.15	2549.39	2826.48	114	肇庆	Zhaoqing	1744.19	4034.37	4022.12	78
周口	Zhoukou	1263.26	4098.80	4661.60	70	惠州	Huizhou	3905.17	7044.73	7617.34	38
驻马店	Zhumadian	973.64	2842.88	3161.13	101	梅州	Meizhou	455.97	704.76	745.63	233
湖北	**Hubei**	**21623.12**	**42168.81**			汕尾	Shanwei	432.42	1166.08	1233.47	202
武汉	Wuhan	6424.60	12579.27	12935.21	16	河源	Heyuan	832.73	1443.02	1599.18	177
黄石	Huangshi	1160.63	1997.04	2089.79	142	阳江	Yangjiang	693.46	1990.04	2006.47	146
十堰	Shiyan	1313.10	1822.54	1989.86	148	清远	Qingyuan	2887.04	1680.13	1813.51	161
宜昌	Yichang	2218.30	5509.68	6171.19	48	东莞	Dongguan	7739.09	12744.42	14692.46	7
襄阳	Xiangyang	681.37	5835.25	6530.80	44	中山	Zhongshan	5023.63	6345.28	6614.80	43
鄂州	Ezhou	664.13	1369.81	1424.30	190	潮州	Chaozhou	723.12	1325.80	1422.96	191
荆门	Jingmen	852.09	3089.60	3319.48	93	揭阳	Jieyang	1794.82	4803.12	5131.14	61
孝感	Xiaogan	1032.90	2671.40	2808.90	116	云浮	Yunfu	466.34	1099.49	1221.61	203
荆州	Jingzhou	936.71	2362.94	2468.67	125	**广西**	**Guangxi**	**9644.13**	**22402.15**		
黄冈	Huanggang	844.23	1852.92	1929.87	153	南宁	Nanning	1285.40	3237.06	3522.00	89
咸宁	Xianning	654.47	1734.86	1815.91	160	柳州	Liuzhou	2388.79	4455.25	4705.40	69
随州	Suizhou	509.77	1343.50	1401.59	192	桂林	Guilin	942.86	2374.71	2516.55	122
湖南	**Hunan**	**19008.83**	**37448.67**			梧州	Wuzhou	715.72	2129.87	2305.34	130
长沙	Changsha	4165.43	10545.92	11558.28	23	北海	Beihai	332.56	1844.87	2147.47	136
株洲	Zhuzhou	1714.94	3305.75	3375.00	92	防城港	Fangchenggang	453.93	1300.90	1476.18	186
湘潭	Xiangtan	1496.25	3053.65	3290.72	95	钦州	Qinzhou	481.74	1358.47	1511.33	185
衡阳	Hengyang	1883.25	2050.97	2190.68	135	贵港	Guigang	470.30	855.88	975.94	223
邵阳	Shaoyang	712.70	1939.16	2121.16	139	玉林	Yulin	702.90	1587.78	1658.43	172
岳阳	Yueyang	2784.33	4922.14	5021.19	64	百色	Baise	574.31	1287.32	1474.82	187

11-4 规模以上工业企业工业总产值 续表 3

Gross Industrial Production of Industrial Enterprises above Designated Size continued 3

单位：亿元 (100 million yuan)

地名	City	2010	2015	2016	2016 排名 Ranking
贺州	Hezhou	178.55	424.36	476.64	256
河池	Hechi	352.77	380.04	344.54	266
来宾	Laibin	368.28	510.87	526.29	252
崇左	Chongzuo	306.57	654.78	741.04	236
海南	**Hainan**	**1381.25**	**600.86**		
海口	Haikou	417.97	501.43	503.56	255
三亚	Sanya	40.02	54.85	61.50	284
三沙	Sansha				
重庆	**Chongqing**	**9143.55**	**21400.01**	**23906.58**	
四川	**Sichuan**	**23147.38**	**37889.07**		
成都	Chengdu	5809.73	11235.93	12295.60	19
自贡	Zigong	1108.17	1703.54	1817.46	159
攀枝花	Panzhihua	953.46	1545.92	1650.45	173
泸州	Luzhou	1027.72	1803.64	2017.88	145
德阳	Deyang	1541.21	3161.34	3545.21	86
绵阳	Mianyang	1248.20	2439.49	2603.51	119
广元	Guangyuan	320.23	743.22	819.54	228
遂宁	Suining	619.35	1178.45	1328.27	195
内江	Neijiang	1292.56	1648.49	1772.65	165
乐山	Leshan	1197.35	1565.98	1707.09	169
南充	Nanchong	1124.58	2179.92	2469.26	124
眉山	Meishan	755.55	1371.54	1549.85	181
宜宾	Yibin	1230.73	1955.99	2202.57	134
广安	Guangan	606.59	1441.72	1670.21	171
达州	Dazhou	863.29	988.11	1011.29	216
雅安	Yaan	316.93	499.00	554.01	249
巴中	Bazhong	175.72	546.57	602.68	245
资阳	Ziyang	1173.41	1880.24	1000.33	219
贵州	**Guizhou**	**4206.37**	**8007.86**		
贵阳	Guiyang	1499.37	2581.13	2832.27	113
六盘水	Liupanshui	633.58	1415.31	1582.36	178
遵义	Zunyi	730.80	2051.76	2403.47	128
安顺	Anshun	192.89	548.24	612.41	244
毕节	Bijie	285.67	810.12	987.84	220
铜仁	Tongren	124.66	601.31	688.74	238
云南	**Yunnan**	**6464.63**	**7416.29**		
昆明	Kunming	2226.65	2980.64	2902.78	109
曲靖	Qujing	1005.40	1519.15	1604.27	176
玉溪	Yuxi	941.44	1564.56	1345.27	194
保山	Baoshan	108.00	363.38	402.30	262
昭通	Zhaotong	204.06	376.54	325.97	268

地名	City	2010	2015	2016	2016 排名 Ranking
丽江	Lijiang	88.80	129.47	131.44	281
普洱	Puer	96.37	220.63	245.91	272
临沧	Lincang	89.89	261.93	291.31	269
西藏	**Tibet**	**62.21**	**97.12**		
拉萨	Lasa	37.82	97.12	109.01	282
陕西	**Shaanxi**	**11199.84**	**19864.90**		
西安	Xi'an	3130.15	4924.57	5266.25	58
铜川	Tongchuan	249.05	565.23	559.83	248
宝鸡	Baoji	1340.45	2599.43	2929.65	107
咸阳	Xianyang	1401.92	3237.67	3541.51	87
渭南	Weinan	1039.83	1978.94	2142.37	137
延安	Yan'an	1227.31	1345.92	1030.99	214
汉中	Hanzhong	404.41	1063.86	1152.35	207
榆林	Yulin	1917.70	2448.20	3272.50	97
安康	Ankang	192.15	907.71	1092.90	209
商洛	Shangluo	176.99	793.37	935.31	224
甘肃	**Gansu**	**4902.03**	**6899.83**		
兰州	Lanzhou	1765.50	2184.76	2110.32	141
嘉峪关	Jiayuguan	511.34	839.10	475.93	257
金昌	Jinchang	565.01	788.05	792.53	232
白银	Baiyin	391.04	647.21	595.38	246
天水	Tianshui	156.93	331.94	334.82	267
武威	Wuwei	163.09	392.37	470.10	258
张掖	Zhangye	142.55	331.11	357.02	265
平凉	Pingliang	142.43	179.46	165.94	277
酒泉	Jiuquan	483.69	468.97	411.72	261
庆阳	Qingyang	396.53	421.85	520.84	253
定西	Dingxi	47.03	152.17	180.61	275
陇南	Longnan	65.78	162.83	170.71	276
青海	**Qinghai**	**1481.99**	**1715.31**		
西宁	Xining	878.09	1391.89	1543.45	184
海东	Haidong		323.42	374.03	264
宁夏	**Ningxia**	**1924.39**	**3775.81**		
银川	Yinchuan	935.56	1862.32	1985.55	149
石嘴山	Shizuishan	511.64	809.19	887.77	226
吴忠	Wuzhong	301.58	580.10	634.02	242
固原	Guyuan	15.28	52.59	42.75	285
中卫	Zhongwei	158.71	471.61	506.96	254
新疆	**Xinjiang**	**5341.90**	**3124.76**		
乌鲁木齐	Urumqi	1674.76	2062.75	1969.18	150
克拉玛依	Karamay	1330.85	1062.01	986.29	221

11-5 规模以上工业企业内资企业工业总产值

Gross Industrial Production of Domestic Funded Enterprises in Industrial Enterprises above Designated Size

单位：亿元 (100 million yuan)

地名	City	2010	2015	2016	2016 排名 Ranking
全国	**Nation Total**	**508673.0**	**849196.6**		
北京	**Beijing**	**8220.82**	**10390.42**	**10807.16**	
天津	**Tianjin**	**9703.34**	**17951.86**	**18742.83**	
河北	**Hebei**	**26609.08**	**41553.39**		
石家庄	Shijiazhuang	5238.56	8845.52	9079.94	19
唐山	Tangshan	6456.17	8265.34	8625.90	21
秦皇岛	Qinhuangdao	678.53	847.83	1050.81	205
邯郸	Handan	3377.35	4345.17	4662.03	54
邢台	Xingtai	1324.47	2448.13	2659.28	106
保定	Baoding	2477.30	3850.56	4347.08	62
张家口	Zhangjiakou	767.43	1210.23	1124.65	198
承德	Chengde	1190.54	1677.50	1721.99	155
沧州	Cangzhou	2490.30	5239.41	5297.80	49
廊坊	Langfang	1705.22	3144.65	3345.33	76
衡水	Hengshui	902.99	1679.06	1695.02	160
山西	**Shanxi**	**11789.81**	**11345.69**		
太原	Taiyuan	1841.79	1567.11	1528.46	171
大同	Datong	704.94	1030.44	784.01	228
阳泉	Yangquan	525.47	524.87	521.75	248
长治	Changzhi	1388.23	1362.16	1474.10	176
晋城	Jincheng	729.90	670.52	652.14	235
朔州	Shuozhou	804.87	737.11	718.03	232
晋中	Jinzhong	955.15	1009.00	1119.48	199
运城	Yuncheng	1231.04	1292.80	1290.67	188
忻州	Xinzhou	409.46	697.33	670.24	234
临汾	Linfen	1323.71	1256.25	1248.86	193
吕梁	Lvliang	1322.90	1198.11	1256.54	191
内蒙古	**Inner Mongolia**	**12225.41**	**16537.10**		
呼和浩特	Hohhot	881.06	1305.30	1359.40	181
包头	Baotou	2267.10	3071.89	3313.42	79
乌海	Wuhai	544.32	917.07	972.08	215
赤峰	Chifeng	1191.70	2021.96	2048.57	132
通辽	Tongliao	1597.60	2155.36	2478.59	114
鄂尔多斯	Erdos	2439.98	4062.70	4562.06	58
呼伦贝尔	Hulunbuir	688.08	1256.94	1234.10	194
巴彦淖尔	Bayannur	684.47	762.97	816.60	226
乌兰察布	Ulanqab	669.96	982.91	1018.63	208
辽宁	**Liaoning**	**29311.14**	**25543.08**		
沈阳	Shenyang	7498.66	6553.59	2917.23	93
大连	Dalian	4914.05	4399.85	3981.90	65
鞍山	Anshan	2323.38	2257.46	1077.83	202
抚顺	Fushun	1543.64	814.17	758.88	231
本溪	Benxi	1121.60	1563.33	602.12	240
丹东	Dandong	713.92	366.80	367.42	262
锦州	Jinzhou	1432.20	2067.60	471.73	254
营口	Yingkou	1687.13	1794.70	849.33	224
阜新	Fuxin	395.53	445.17	242.61	270
辽阳	Liaoyang	1412.87	1138.00	471.69	255
盘锦	Panjin	1612.91	2422.63	1466.14	177
铁岭	Tieling	2252.91	396.00	388.90	261
朝阳	Chaoyang	926.38	556.43	361.92	263
葫芦岛	Huludao	752.61	767.34	554.11	246
吉林	**Jilin**	**9897.90**	**19610.53**		
长春	Changchun	3163.68	7275.31	7930.41	26
吉林	Jilin	1982.19	2895.53	3044.30	88
四平	Siping	964.59	2082.66	1836.00	142
辽源	Liaoyuan	561.96	1402.30	1499.80	173
通化	Tonghua	838.02	2023.18	2253.80	123
白山	Baishan	624.20	1315.81	1347.70	182
松原	Songyuan	1163.65	2048.43	2101.56	129
白城	Baicheng	229.66	567.30	642.28	236
黑龙江	**Heilongjiang**	**8690.90**	**10411.03**		
哈尔滨	Harbin	1634.58	3334.38	3329.98	77
齐齐哈尔	Qiqihar	743.07	890.02	914.02	221
鸡西	Jixi	219.44	218.94	200.92	273
鹤岗	Hegang	230.99	181.71	186.99	274
双鸭山	Shuangyashan	356.01	242.04	241.36	271
大庆	Daqing	3186.59	2775.40	2545.43	111
伊春	Yichun	180.63	91.13	85.70	283
佳木斯	Jiamusi	254.41	548.94	500.21	252
七台河	Qitaihe	444.39	154.61	144.22	278
牡丹江	Mudanjiang	378.13	929.85	996.52	210
黑河	Heihe	68.72	125.72	128.73	280
绥化	Suihua	292.61	918.31	964.87	216
上海	**Shanghai**	**11706.73**	**12295.92**	**11973.65**	
江苏	**Jiangsu**	**55463.97**	**95478.29**		

11-5 规模以上工业企业内资企业工业总产值 续表 1

Gross Industrial Production of Domestic Funded Enterprises in Industrial Enterprises above Designated Size continued 1

单位：亿元 (100 million yuan)

地名	City	2010	2015	2016	2016 排名 Ranking	地名	City	2010	2015	2016	2016 排名 Ranking
南京	Nanjing	5348.05	7475.01	7554.24	29	池州	Chizhou	282.37	708.25	772.05	229
无锡	Wuxi	8045.96	9487.88	9108.05	18	宣城	Xuancheng	973.28	1705.49	1823.78	144
徐州	Xuzhou	4461.62	11078.27	12442.51	4	**福建**	**Fujian**	**11243.66**	**26610.80**		
常州	Changzhou	4943.23	7399.16	8050.37	25	福州	Fuzhou	2210.27	4979.65	5369.64	45
苏州	Suzhou	8337.57	10826.79	10845.61	8	厦门	Xiamen	911.69	1569.88	1789.51	148
南通	Nantong	4444.33	9123.24	9952.55	12	莆田	Putian	776.87	1912.28	2131.24	127
连云港	Lianyungang	1388.15	4240.89	4608.42	57	三明	Sanming	1217.48	3106.95	3432.73	74
淮安	Huaian	2043.71	5094.74	5758.55	41	泉州	Quanzhou	2742.36	6173.34	6871.86	36
盐城	Yancheng	3055.47	6320.89	7104.81	34	漳州	Zhangzhou	938.12	2844.10	3317.23	78
扬州	Yangzhou	4278.35	6626.32	6875.41	35	南平	Nanping	668.79	1565.41	1703.51	159
镇江	Zhenjiang	2692.40	5584.71	5925.14	39	龙岩	Longyan	923.59	1611.68	1823.73	145
泰州	Taizhou	3544.92	8702.97	9775.98	15	宁德	Ningde	854.49	2847.52	2986.39	91
宿迁	Suqian	1081.70	3517.42	3679.12	67	**江西**	**Jiangxi**	**11484.86**	**26603.49**		
浙江	**Zhejiang**	**38290.04**	**51453.70**			南昌	Nanchang	2038.28	4437.12	5298.01	48
杭州	Hangzhou	7725.78	8997.06	9138.14	17	景德镇	Jingdezhen	650.75	1045.30	1100.89	200
宁波	Ningbo	6409.68	9122.92	9810.71	14	萍乡	Pingxiang	993.00	10594.45	1648.99	163
温州	Wenzhou	4126.80	4565.96	4869.09	52	九江	Jiujiang	1288.89	4216.17	4638.48	56
嘉兴	Jiaxing	3346.17	5221.78	5433.95	43	新余	Xinyu	855.40	1181.38	1261.54	189
湖州	Huzhou	2042.54	3389.82	3516.38	71	鹰潭	Yingtan	1153.68	2061.55	2019.96	134
绍兴	Shaoxing	5248.45	7778.56	7770.71	27	赣州	Ganzhou	867.67	2465.29	2768.92	99
金华	Jinhua	3068.95	4349.19	4367.43	60	吉安	Jian	922.51	2501.26	2770.18	97
衢州	Quzhou	995.23	1436.42	1494.47	174	宜春	Yichun	1059.74	3205.52	3626.29	70
舟山	Zhoushan	833.79	1497.44	1717.55	156	抚州	Fuzhou	678.29	1479.87	1594.55	167
台州	Taizhou	3156.10	3442.99	3658.26	69	上饶	Shangrao	976.64	2415.58	2708.62	102
丽水	Lishui	1096.87	1651.57	1739.01	152	**山东**	**Shandong**	**69485.46**	**124823.39**		
安徽	**Anhui**	**16163.43**	**34700.11**			济南	Jinan	4021.64	4868.91	5055.12	51
合肥	Hefei	3250.77	7159.54	7758.36	28	青岛	Qingdao	7467.13	12426.49	12161.61	6
芜湖	Wuhu	1722.53	4804.07	5310.10	47	淄博	Zibo	6793.19	9941.37	10656.21	9
蚌埠	Bengbu	648.47	2389.00	2737.28	101	枣庄	Zaozhuang	2647.56	3210.98	3252.84	82
淮南	Huainan	734.92	901.61	928.92	220	东营	Dongying	5582.43	12290.16	12492.10	3
马鞍山	Maanshan	1122.85	2301.34	2544.75	112	烟台	Yantai	6321.30	9772.23	10647.30	10
淮北	Huaibei	840.76	1745.96	1732.16	154	潍坊	Weifang	6358.24	11675.45	12283.93	5
铜陵	Tongling	985.05	1784.61	1909.57	141	济宁	Jining	3332.88	5210.85	5221.72	50
安庆	Anqing	1256.57	2591.95	2769.20	98	泰安	Taian	3606.78	5927.34	5410.75	44
黄山	Huangshan	320.48	557.13	623.03	238	威海	Weihai	2934.18	4996.54	5317.14	46
滁州	Chuzhou	899.85	2232.51	2627.92	107	日照	Rizhao	1651.92	1977.60	1801.18	147
阜阳	Fuyang	666.39	1921.83	2220.43	124	莱芜	Laiwu	1166.27	1675.89	1754.86	151
宿州	Suzhou	643.02	1546.09	1769.44	150	临沂	Linyi	3818.45	9044.17	9715.45	16
六安	Liuan	730.55	1397.87	1493.86	175	德州	Dezhou	3593.73	9301.28	10032.45	11
亳州	Bozhou	321.62	952.86	1050.83	204	聊城	Liaocheng	3926.28	8765.97	8298.23	23

11-5 规模以上工业企业内资企业工业总产值 续表 2

Gross Industrial Production of Domestic Funded Enterprises in Industrial Enterprises above Designated Size continued 2

单位：亿元 （100 million yuan）

地名	City	2010	2015	2016	2016 排名 Ranking	地名	City	2010	2015	2016	2016 排名 Ranking
滨州	Binzhou	3421.12	6973.91	7180.50	33	常德	Changde	1132.00	2347.37	2466.05	115
菏泽	Heze	2337.00	6764.24	7444.55	31	张家界	Zhangjiajie	101.09	122.07	136.54	279
河南	**Henan**	**32673.16**	**66660.73**			益阳	Yiyang	746.42	1919.91	2109.83	128
郑州	Zhengzhou	5298.13	10234.68	10912.50	7	郴州	Chenzhou	1330.03	2989.95	3016.53	90
开封	Kaifeng	975.59	2631.73	2905.98	94	永州	Yongzhou	531.72	1046.72	1170.19	195
洛阳	Luoyang	3398.98	6534.91	7190.90	32	怀化	Huaihua	677.42	862.87	978.89	213
平顶山	Pingdingshan	1803.46	2415.21	2551.29	110	娄底	Loudi	1011.54	1569.73	1831.00	143
安阳	Anyang	2374.64	3542.12	3923.83	66	**广东**	**Guangdong**	**36165.37**	**71128.46**		
鹤壁	Hebi	893.35	1865.96	1952.76	138	广州	Guangzhou	4369.76	7537.03	8585.20	22
新乡	Xinxiang	1922.46	3774.71	4194.07	64	韶关	Shaoguan	575.74	1042.78	1048.66	206
焦作	Jiaozuo	2392.90	5060.71	5686.58	42	深圳	Shenzhen	6665.83	14124.07	16046.31	1
濮阳	Puyang	1414.26	3293.00	3671.85	68	珠海	Zhuhai	976.04	2019.32	2370.47	118
许昌	Xuchang	2245.08	5381.56	6184.78	37	汕头	Shantou	1192.60	2455.93	2823.26	96
漯河	Luohe	1132.51	2376.72	2576.72	109	佛山	Foshan	8822.96	13401.01	14539.61	2
三门峡	Sanmenxia	1839.73	3158.03	3384.84	75	江门	Jiangmen	1504.86	1979.52	2180.23	125
南阳	Nanyang	1935.90	4283.43	4657.96	55	湛江	Zhanjiang	629.62	1672.11	1947.77	139
商丘	Shangqiu	1205.97	2979.66	3449.91	72	茂名	Maoming	1211.63	2228.10	2363.23	120
信阳	Xinyang	959.44	2468.22	2741.48	100	肇庆	Zhaoqing	680.42	2584.60	2518.25	113
周口	Zhoukou	1187.06	3944.41	4456.39	59	惠州	Huizhou	1225.32	2717.54	3183.91	85
驻马店	Zhu madian	908.99	2715.67	3026.58	89	梅州	Meizhou	311.37	569.22	630.68	237
湖北	**Hubei**	**17276.45**	**35719.58**			汕尾	Shanwei	200.22	736.56	857.95	223
武汉	Wuhan	4406.42	8836.30	8860.32	20	河源	Heyuan	426.57	951.88	1075.52	203
黄石	Huangshi	916.08	1612.71	1733.95	153	阳江	Yangjiang	340.76	1512.16	1544.64	170
十堰	Shiyan	585.20	1425.45	1517.67	172	清远	Qingyuan	1555.16	1113.08	1254.96	192
宜昌	Yichang	2026.64	5117.47	5778.15	40	东莞	Dongguan	1773.23	5633.22	7551.37	30
襄阳	Xiangyang	-376.44	5288.32	5968.31	38	中山	Zhongshan	1933.79	2925.37	3159.52	86
鄂州	Ezhou	622.60	1252.10	1305.47	187	潮州	Chaozhou	422.69	1059.22	1157.94	196
荆门	Jingmen	771.72	2919.94	3107.93	87	揭阳	Jieyang	1082.40	4033.74	4354.45	61
孝感	Xiaogan	924.25	2463.63	2589.93	108	云浮	Yunfu	264.40	832.01	951.00	218
荆州	Jingzhou	837.32	2218.51	2301.08	122	**广西**	**Guangxi**	**7668.28**	**18387.25**		
黄冈	Huanggang	682.17	1734.90	1805.74	146	南宁	Nanning	1103.02	2608.10	2832.47	95
咸宁	Xianning	596.32	1591.47	1672.08	161	柳州	Liuzhou	1771.60	3321.40	3443.41	73
随州	Suizhou	445.34	1258.80	1332.49	185	桂林	Guilin	860.51	2186.28	2334.29	121
湖南	**Hunan**	**17606.88**	**34391.48**			梧州	Wuzhou	565.63	1922.04	2070.76	131
长沙	Changsha	3785.58	9159.41	9858.33	13	北海	Beihai	219.98	1383.09	1635.24	166
株洲	Zhuzhou	1553.47	3141.54	3223.00	84	防城港	Fangchenggang	238.13	867.78	981.48	212
湘潭	Xiangtan	1374.29	2783.47	2957.12	92	钦州	Qinzhou	393.86	1197.81	1343.56	183
衡阳	Hengyang	1777.98	1856.26	2018.71	135	贵港	Guigang	385.73	721.13	822.88	225
邵阳	Shaoyang	691.19	1873.95	2047.14	133	玉林	Yulin	471.06	1269.82	1340.68	184
岳阳	Yueyang	2631.58	4718.22	4817.92	53	百色	Baise	551.73	1222.05	1409.35	180

11-5 规模以上工业企业内资企业工业总产值 续表 3

Gross Industrial Production of Domestic Funded Enterprises in Industrial Enterprises above Designated Size continued 3

单位：亿元 （100 million yuan）

地名	City	2010	2015	2016	2016 排名 Ranking	地名	City	2010	2015	2016	2016 排名 Ranking
贺州	Hezhou	158.61	372.23	427.01	257	丽江	Lijiang	86.12	126.35	127.68	281
河池	Hechi	332.52	366.06	338.27	265	普洱	Puer	89.89	204.64	227.41	272
来宾	Laibin	318.07	449.62	505.29	250	临沧	Lincang	88.14	258.28	287.04	269
崇左	Chongzuo	207.94	499.83	555.01	245	**西藏**	**Tibet**	**56.77**	**92.16**		
海南	**Hainan**	**712.51**	**507.04**			拉萨	Lasa	39.04	92.16	98.84	282
海口	Haikou	326.50	420.59	419.64	258	**陕西**	**Shaanxi**	**10158.18**	**18381.66**		
三亚	Sanya	35.27	49.84	54.88	284	西安	Xi'an	2506.04	4026.17	4280.06	63
三沙	Sansha					铜川	Tongchuan	230.95	543.76	555.72	244
重庆	**Chongqing**	**7384.98**	**16319.14**	**18688.28**		宝鸡	Baoji	1233.42	2397.77	2698.91	104
四川	**Sichuan**	**21213.61**	**32654.69**			咸阳	Xianyang	1199.33	2986.63	3289.38	80
成都	Chengdu	4532.02	7028.81	8132.01	24	渭南	Weinan	996.40	1936.55	2101.29	130
自贡	Zigong	1055.21	1654.34	1772.29	149	延安	Yan'an	1224.36	1344.34	1029.03	207
攀枝花	Panzhihua	924.82	1534.03	1639.41	164	汉中	Hanzhong	397.28	1042.58	1127.24	197
泸州	Luzhou	1008.56	1771.17	1988.13	137	榆林	Yulin	1899.64	2427.09	3247.82	83
德阳	Deyang	1391.91	2896.26	3265.76	81	安康	Ankang	183.94	896.56	1080.53	201
绵阳	Mianyang	1171.96	2275.02	2427.04	116	商洛	Shangluo	173.96	780.21	935.31	219
广元	Guangyuan	304.19	699.12	770.27	230	**甘肃**	**Gansu**	**4803.16**	**6764.36**		
遂宁	Suining	597.93	1111.54	1258.98	190	兰州	Lanzhou	1708.50	2097.12	1989.52	136
内江	Neijiang	1245.27	1593.60	1711.67	157	嘉峪关	Jiayuguan	511.34	839.10	475.93	253
乐山	Leshan	1156.99	1520.24	1655.91	162	金昌	Jinchang	565.01	788.05	792.53	227
南充	Nanchong	1098.42	2127.63	2411.11	117	白银	Baiyin	369.24	629.59	583.95	243
眉山	Meishan	704.80	1295.40	1453.98	179	天水	Tianshui	153.96	323.35	327.65	267
宜宾	Yibin	1199.22	1904.10	2142.35	126	武威	Wuwei	162.52	391.92	469.61	256
广安	Guangan	589.98	1412.71	1635.59	165	张掖	Zhangye	139.52	321.88	347.17	264
达州	Dazhou	852.26	973.18	1002.20	209	平凉	Pingliang	142.43	179.46	165.94	277
雅安	Yaan	303.20	479.67	533.94	247	酒泉	Jiuquan	476.25	457.58	401.32	259
巴中	Bazhong	175.32	543.27	600.13	241	庆阳	Qingyang	391.17	421.85	518.66	249
资阳	Ziyang	1164.54	1834.61	963.12	217	定西	Dingxi	46.80	151.63	179.69	275
贵州	**Guizhou**	**4048.82**	**7670.25**			陇南	Longnan	65.78	162.83	170.71	276
贵阳	Guiyang	1429.68	2324.52	2699.88	103	**青海**	**Qinghai**	**1315.48**	**1615.62**		
六盘水	Liupanshui	610.23	1406.66	1569.27	168	西宁	Xining	726.95	1331.55	1465.54	178
遵义	Zunyi	721.82	2017.67	2367.92	119	海东	Haidong		284.07	329.43	266
安顺	Anshun	185.99	522.96	594.02	242	**宁夏**	**Ningxia**	**1821.77**	**3492.72**		
毕节	Bijie	283.06	803.85	977.32	214	银川	Yinchuan	857.32	1611.52	1704.35	158
铜仁	Tongren	123.91	594.60	681.77	233	石嘴山	Shizuishan	493.97	794.10	869.43	222
云南	**Yunnan**	**6073.90**	**7030.77**			吴忠	Wuzhong	298.17	564.20	618.21	239
昆明	Kunming	2014.25	2713.25	2661.02	105	固原	Guyuan	15.28	52.59	42.75	285
曲靖	Qujing	964.10	1481.72	1564.37	169	中卫	Zhongwei	154.62	470.31	505.00	251
玉溪	Yuxi	918.54	1524.05	1306.61	186	**新疆**	**Xinjiang**	**5224.15**	**3071.93**		
保山	Baoshan	98.79	353.53	393.23	260	乌鲁木齐	Urumqi	1647.09	2011.29	1920.97	140
昭通	Zhaotong	198.71	368.95	317.19	268	克拉玛依	Karamay	1329.17	1060.639	985.4504	211

11-6 规模以上工业企业港澳台商投资企业工业总产值

Gross Industrial Production of Enterprises with Funds from Hong Kong, Macao & Taiwan in Industrial Enterprises above Designated Size

单位：亿元 （100 million yuan）

地名	City	2010	2015	2016	2016 排名 Ranking	地名	City	2010	2015	2016	2016 排名 Ranking
全国	**Nation Total**	**65358.00**	**99905.83**			沈阳	Shenyang	453.03	331.19	284.85	62
北京	**Beijing**	**1114.48**	**1866.97**	**1680.30**		大连	Dalian	280.06	440.30	201.52	74
天津	**Tianjin**	**1455.47**	**3139.38**	**2045.61**		鞍山	Anshan	39.82	44.69	29.46	189
河北	**Hebei**	**1978.55**	**1611.51**			抚顺	Fushun	40.31	22.61	15.44	206
石家庄	Shijiazhuang	209.53	330.20	331.88	51	本溪	Benxi	300.78	205.31	137.75	93
唐山	Tangshan	550.70	210.57	262.87	64	丹东	Dandong	34.10	6.53	4.84	245
秦皇岛	Qinhuangdao	168.46	226.59	53.75	154	锦州	Jinzhou	57.11	121.44	67.01	143
邯郸	Handan	452.24	243.70	264.61	63	营口	Yingkou	153.49	107.46	96.79	115
邢台	Xingtai	175.98	164.51	167.42	82	阜新	Fuxin	32.76	18.04	9.70	224
保定	Baoding	131.38	66.08	191.03	76	辽阳	Liaoyang	121.55	196.49	164.62	84
张家口	Zhangjiakou	9.46	18.85	16.63	202	盘锦	Panjin	9.64	55.41	53.57	155
承德	Chengde	7.82	11.75	14.73	209	铁岭	Tieling	38.25	30.46	11.66	218
沧州	Cangzhou	82.88	177.74	158.14	86	朝阳	Chaoyang	9.66	12.56	8.95	226
廊坊	Langfang	150.67	120.50	141.67	91	葫芦岛	Huludao	0.82	1.47	0.85	266
衡水	Hengshui	39.43	41.03	40.41	171	**吉林**	**Jilin**	**489.13**	**656.66**		
山西	**Shanxi**	**155.77**	**759.58**			长春	Changchun	376.54	356.97	178.26	78
太原	Taiyuan	5.27	419.79	536.21	39	吉林	Jilin	35.73	98.85	93.70	117
大同	Datong	1.70	5.01	6.15	237	四平	Siping	31.59	83.15	92.89	118
阳泉	Yangquan	5.44	3.96	4.59	248	辽源	Liaoyuan	6.99	28.96	34.07	181
长治	Changzhi	1.85	6.67	7.21	232	通化	Tonghua	10.11	36.32	39.65	173
晋城	Jincheng	3.44	126.04	123.48	101	白山	Baishan	17.53	41.98	37.73	177
朔州	Shuozhou	8.32	8.05	12.31	217	松原	Songyuan	0.78	5.17	9.71	223
晋中	Jinzhong	46.52	42.73	45.27	164	白城	Baicheng	4.47	5.24	6.99	233
运城	Yuncheng	4.94	12.00	5.57	239	**黑龙江**	**Heilongjiang**	**159.20**	**271.52**		
忻州	Xinzhou	0.72		1.29	262	哈尔滨	Harbin	31.60	71.18	115.01	105
临汾	Linfen	50.88	28.96	24.82	192	齐齐哈尔	Qiqihar	8.50	32.50	92.29	119
吕梁	Lvliang	26.68	106.38	117.54	103	鸡西	Jixi	27.82	14.44	14.82	208
内蒙古	**Inner Mongolia**	**281.24**	**342.89**			鹤岗	Hegang	0.91		0.63	268
呼和浩特	Hohhot	101.28	124.45	117.83	102	双鸭山	Shuangyashan	5.87	9.47	12.44	216
包头	Baotou	24.09	37.21	47.30	163	大庆	Daqing	48.41	118.99	114.75	106
乌海	Wuhai	0.52	5.11	0.71	267	伊春	Yichun	4.36			
赤峰	Chifeng	39.13	16.36	24.67	193	佳木斯	Jiamusi	4.17	1.76	0.25	271
通辽	Tongliao	19.35	32.64	47.86	162	七台河	Qitaihe	0.18			
鄂尔多斯	Erdos	17.82	37.52	43.22	167	牡丹江	Mudanjiang	18.86	13.33	8.31	230
呼伦贝尔	Hulunbuir	13.76	22.56	48.70	158	黑河	Heihe	4.33	1.75	1.66	259
巴彦淖尔	Bayannur	49.47	62.01	59.20	150	绥化	Suihua	2.88	8.10	8.79	227
乌兰察布	Ulanqab	4.26	5.03	5.60	238	**上海**	**Shanghai**	**5347.54**	**4561.15**	**4257.27**	
辽宁	**Liaoning**	**1571.38**	**1593.94**			**江苏**	**Jiangsu**	**10041.26**	**16844.48**		

11-6 规模以上工业企业港澳台商投资企业工业总产值 续表 1

Gross Industrial Production of Enterprises with Funds from Hong Kong, Macao & Taiwan in Industrial Enterprises above Designated Size continued 1

单位：亿元 （100 million yuan）

地名	City	2010	2015	2016	2016 排名 Ranking	地名	City	2010	2015	2016	2016 排名 Ranking
南京	Nanjing	538.28	970.71	1027.53	25	池州	Chizhou	4.62	10.29	10.84	221
无锡	Wuxi	1665.78	1833.08	1736.45	12	宣城	Xuancheng	26.36	11.61	11.18	220
徐州	Xuzhou	296.89	684.77	704.21	33	**福建**	**Fujian**	**5613.55**	**8850.19**		
常州	Changzhou	888.46	1780.74	1994.39	10	福州	Fuzhou	1224.32	1673.76	1811.65	11
苏州	Suzhou	3626.67	4978.83	5233.58	2	厦门	Xiamen	1023.90	1513.09	1515.96	16
南通	Nantong	1104.44	1624.95	1714.00	13	莆田	Putian	282.49	412.17	405.58	48
连云港	Lianyungang	132.31	213.13	247.00	66	三明	Sanming	74.39	118.11	137.66	94
淮安	Huaian	94.59	1139.59	872.33	29	泉州	Quanzhou	2147.48	3569.72	3915.95	4
盐城	Yancheng	204.91	350.96	386.37	49	漳州	Zhangzhou	646.40	1290.21	1423.80	17
扬州	Yangzhou	685.69	1090.87	1174.19	22	南平	Nanping	39.22	52.03	77.76	133
镇江	Zhenjiang	565.12	1264.74	1320.77	21	龙岩	Longyan	140.17	132.57	132.24	97
泰州	Taizhou	389.00	687.86	793.76	31	宁德	Ningde	35.18	88.54	136.24	95
宿迁	Suqian	21.76	224.25	290.36	61	**江西**	**Jiangxi**	**987.60**	**2544.14**		
浙江	**Zhejiang**	**5871.97**	**7649.74**			南昌	Nanchang	162.07	438.21	431.51	47
杭州	Hangzhou	1328.39	1560.48	1405.67	18	景德镇	Jingdezhen	20.33	22.60	39.69	172
宁波	Ningbo	2413.14	2907.85	2954.11	7	萍乡	Pingxiang	10.42	48.35	48.37	160
温州	Wenzhou	108.09	130.85	115.23	104	九江	Jiujiang	101.04	463.14	448.86	45
嘉兴	Jiaxing	638.47	867.62	939.72	26	新余	Xinyu	20.96	92.89	99.53	112
湖州	Huzhou	293.55	540.91	601.83	35	鹰潭	Yingtan	6.45	4.98	5.45	240
绍兴	Shaoxing	896.73	1198.91	1349.97	20	赣州	Ganzhou	230.58	436.30	466.67	42
金华	Jinhua	142.19	236.19	221.29	71	吉安	Jian	110.24	278.15	328.10	53
衢州	Quzhou	36.64	16.74	20.39	198	宜春	Yichun	101.65	269.26	310.02	56
舟山	Zhoushan	9.77	12.04	13.43	212	抚州	Fuzhou	48.04	70.33	76.89	134
台州	Taizhou	190.16	139.92	142.92	89	上饶	Shangrao	175.79	419.92	522.37	40
丽水	Lishui	5.85	38.21	39.04	174	**山东**	**Shandong**	**2895.05**	**4297.52**		
安徽	**Anhui**	**804.94**	**2438.27**			济南	Jinan	96.73	123.15	126.39	99
合肥	Hefei	162.06	1057.70	1101.75	23	青岛	Qingdao	490.40	909.73	853.48	30
芜湖	Wuhu	158.34	260.91	235.16	69	淄博	Zibo	354.91	290.69	311.18	55
蚌埠	Bengbu	74.55	173.36	200.80	75	枣庄	Zaozhuang	80.69	97.41	89.09	122
淮南	Huainan	51.11	61.83	70.77	139	东营	Dongying	235.99	380.30	345.70	50
马鞍山	Maanshan	25.21	54.46	61.68	149	烟台	Yantai	616.44	876.99	890.06	28
淮北	Huaibei	20.59	9.19	31.68	186	潍坊	Weifang	356.62	457.70	509.22	41
铜陵	Tongling	92.25	435.59	449.03	44	济宁	Jining	49.75	99.45	101.39	111
安庆	Anqing	34.49	80.15	90.71	121	泰安	Taian	14.81	70.04	70.71	140
黄山	Huangshan	5.68	7.34	7.51	231	威海	Weihai	102.89	142.64	163.52	85
滁州	Chuzhou	35.62	152.33	32.69	182	日照	Rizhao	44.36	22.42	23.36	195
阜阳	Fuyang	4.70	45.47	47.99	161	莱芜	Laiwu	20.81	10.34	13.25	213
宿州	Suzhou	20.92	60.52	63.12	148	临沂	Linyi	161.94	361.50	329.14	52
六安	Liuan	77.66	17.06	12.94	214	德州	Dezhou	37.97	72.91	88.46	123
亳州	Bozhou	0.23	0.45	1.11	263	聊城	Liaocheng	29.33	47.87	229.60	70

11-6 规模以上工业企业港澳台商投资企业工业总产值 续表 2

Gross Industrial Production of Enterprises with Funds from Hong Kong, Macao & Taiwan in Industrial Enterprises above Designated Size continued 2

单位：亿元 （100 million yuan）

地名	City	2010	2015	2016	2016 排名 Ranking	地名	City	2010	2015	2016	2016 排名 Ranking
滨州	Binzhou	140.87	73.34	63.69	147	常德	Changde	95.95	147.13	95.70	116
菏泽	Heze	76.24	261.02	305.96	58	张家界	Zhangjiajie	4.91		4.75	246
河南	**Henan**	**915.51**	**4128.88**			益阳	Yiyang	40.55	85.35	85.27	128
郑州	Zhengzhou	195.47	2849.05	2903.77	8	郴州	Chenzhou	87.40	226.06	176.97	79
开封	Kaifeng	5.58	32.96	35.47	178	永州	Yongzhou	45.16	63.91	71.15	138
洛阳	Luoyang	21.94	107.17	140.06	92	怀化	Huaihua	11.19	4.92	9.20	225
平顶山	Pingdingshan	103.98	60.62	55.18	152	娄底	Loudi	18.65	74.17	85.03	129
安阳	Anyang	8.66	43.47	43.87	166	**广东**	**Guangdong**	**21813.34**	**27824.38**		
鹤壁	Hebi	13.17	31.25	31.55	187	广州	Guangzhou	2863.46	3093.16	3056.29	6
新乡	Xinxiang	19.34	75.80	79.04	131	韶关	Shaoguan	138.49	124.82	129.40	98
焦作	Jiaozuo	69.83	165.01	154.14	88	深圳	Shenzhen	5003.04	7252.81	7234.53	1
濮阳	Puyang	33.68	92.71	99.33	114	珠海	Zhuhai	718.79	734.98	730.49	32
许昌	Xuchang	23.39	27.79	34.41	180	汕头	Shantou	214.38	251.36	241.47	68
漯河	Luohe	248.97	227.21	245.21	67	佛山	Foshan	2701.56	3432.24	3601.05	5
三门峡	Sanmenxia	36.24	104.41	21.69	197	江门	Jiangmen	1388.40	1498.27	1559.84	15
南阳	Nanyang	38.65	109.11	125.19	100	湛江	Zhanjiang	348.38	518.20	538.75	37
商丘	Shangqiu	9.44	61.79	99.36	113	茂名	Maoming	37.10	75.90	85.86	126
信阳	Xinyang	9.79	60.96	64.10	146	肇庆	Zhaoqing	469.50	874.04	890.99	27
周口	Zhoukou	7.82	32.26	38.91	175	惠州	Huizhou	1153.69	2068.83	2160.19	9
驻马店	Zhumadian	11.52	47.32	50.07	156	梅州	Meizhou	89.58	88.57	76.77	136
湖北	**Hubei**	**1100.33**	**1912.96**			汕尾	Shanwei	179.46	319.68	309.86	57
武汉	Wuhan	455.19	743.84	644.37	34	河源	Heyuan	198.90	304.58	327.43	54
黄石	Huangshi	12.47	193.77	169.50	81	阳江	Yangjiang	128.97	243.27	252.24	65
十堰	Shiyan	2.65	4.60	5.14	243	清远	Qingyuan	1049.49	442.43	465.27	43
宜昌	Yichang	159.33	298.35	295.07	60	东莞	Dongguan	3296.62	4186.36	4282.36	3
襄阳	Xiangyang	483.08	143.77	142.05	90	中山	Zhongshan	1328.17	1354.41	1373.09	19
鄂州	Ezhou	16.02	66.06	77.91	132	潮州	Chaozhou	114.24	173.67	166.65	83
荆门	Jingmen	44.30	68.06	87.04	125	揭阳	Jieyang	290.62	559.85	568.40	36
孝感	Xiaogan	68.72	100.06	135.42	96	云浮	Yunfu	100.51	226.92	218.90	72
荆州	Jingzhou	50.39	72.05	80.07	130	**广西**	**Guangxi**	**569.94**	**1548.39**		
黄冈	Huanggang	81.03	72.18	76.67	137	南宁	Nanning	87.72	463.10	536.99	38
咸宁	Xianning	38.32	84.69	85.29	127	柳州	Liuzhou	34.07	66.88	171.86	80
随州	Suizhou	31.00	65.53	54.14	153	桂林	Guilin	13.08	32.46	24.36	194
湖南	**Hunan**	**719.02**	**1809.67**			梧州	Wuzhou	100.47	133.36	155.60	87
长沙	Changsha	121.40	871.24	1054.26	24	北海	Beihai	74.34	403.02	442.56	46
株洲	Zhuzhou	80.21	70.33	68.00	142	防城港	Fangchenggang	42.33	45.30	49.94	157
湘潭	Xiangtan	17.25	80.36	91.98	120	钦州	Qinzhou	56.49	37.58	41.06	170
衡阳	Hengyang	76.67	72.71	64.99	144	贵港	Guigang	43.53	89.97	102.52	110
邵阳	Shaoyang	10.75	37.12	42.14	169	玉林	Yulin	35.96	113.98	109.32	108
岳阳	Yueyang	69.19	76.36	69.32	141	百色	Baise	22.48	65.02	64.59	145

11-6 规模以上工业企业港澳台商投资企业工业总产值 续表 3

Gross Industrial Production of Enterprises with Funds from Hong Kong, Macao & Taiwan in Industrial Enterprises above Designated Size continued 3

单位：亿元 （100 million yuan）

地名	City	2010	2015	2016	2016 排名 Ranking	地名	City	2010	2015	2016	2016 排名 Ranking
贺州	Hezhou	12.09	45.57	43.15	168	丽江	Lijiang	2.68	0.24	0.25	270
河池	Hechi	3.26	5.14	5.33	242	普洱	Puer	1.49	5.99	4.39	249
来宾	Laibin	5.02	30.50	12.77	215	临沧	Lincang	1.35			
崇左	Chongzuo	37.80	16.52	18.44	199	**西藏**	**Tibet**				
海南	**Hainan**	**17.38**	**21.36**			拉萨	Lasa			4.87	244
海口	Haikou	12.81	20.00	22.35	196	**陕西**	**Shaanxi**	**162.93**	**455.14**		
三亚	Sanya		0.77	1.56	261	西安	Xi'an	23.47	273.38	302.68	59
三沙	Sansha					铜川	Tongchuan				
重庆	**Chongqing**	**456.22**	**1794.61**	**1685.97**		宝鸡	Baoji	36.22	77.26	88.19	124
四川	**Sichuan**	**568.57**	**2284.02**			咸阳	Xianyang	92.91	700.62	76.88	135
成都	Chengdu	279.80	1784.77	1570.61	14	渭南	Weinan	2.44	2.46	2.52	252
自贡	Zigong	4.80	1.67	1.61	260	延安	Yan'an		0.85	1.07	264
攀枝花	Panzhihua	2.19	1.21	1.80	257	汉中	Hanzhong	1.76	13.90	17.48	201
泸州	Luzhou	2.58	13.51	14.55	211	榆林	Yulin	2.28	3.03	6.73	235
德阳	Deyang	75.67	169.56	184.50	77	安康	Ankang	0.60	0.48	0.23	273
绵阳	Mianyang	17.16	106.21	111.98	107	商洛	Shangluo	3.03	13.16		
广元	Guangyuan	0.72	2.73	6.25	236	**甘肃**	**Gansu**	**26.24**	**39.80**		
遂宁	Suining	10.98	25.21	32.63	183	兰州	Lanzhou	19.64	24.00	56.46	151
内江	Neijiang	36.27	16.62	32.05	185	嘉峪关	Jiayuguan				
乐山	Leshan	23.40	27.15	34.85	179	金昌	Jinchang				
南充	Nanchong	20.74	23.29	26.44	190	白银	Baiyin	0.73	2.76	1.78	258
眉山	Meishan	13.61	7.65	16.21	203	天水	Tianshui	0.48			
宜宾	Yibin	14.63	41.24	48.40	159	武威	Wuwei	0.58	0.46	0.49	269
广安	Guangan	13.90	23.62	30.08	188	张掖	Zhangye		9.23	9.85	222
达州	Dazhou	11.03	14.93	1.99	254	平凉	Pingliang				
雅安	Yaan	9.16	16.42	16.08	204	酒泉	Jiuquan	4.34	3.34	4.08	250
巴中	Bazhong	0.40	2.13	1.94	255	庆阳	Qingyang			1.80	256
资阳	Ziyang	2.72	6.11	2.36	253	定西	Dingxi				
贵州	**Guizhou**	**57.93**	**205.58**			陇南	Longnan				
贵阳	Guiyang	24.88	160.84	38.87	176	**青海**	**Qinghai**	**7.97**	**54.61**		
六盘水	Liupanshui			4.64	247	西宁	Xining	5.12	15.26	26.13	191
遵义	Zunyi	3.56	6.90	14.67	210	海东	Haidong		39.35	44.61	165
安顺	Anshun	5.16	24.97	18.24	200	**宁夏**	**Ningxia**	**20.70**	**211.97**		
毕节	Bijie	2.00	6.14	8.37	229	银川	Yinchuan	18.31	192.75	213.00	73
铜仁	Tongren	0.75	6.71	6.97	234	石嘴山	Shizuishan	2.39	3.01	3.49	251
云南	**Yunnan**	**140.53**	**170.33**			吴忠	Wuzhong		15.90	15.81	205
昆明	Kunming	65.31	105.55	106.15	109	固原	Guyuan				
曲靖	Qujing	3.08	30.93	32.39	184	中卫	Zhongwei		0.32	0.98	265
玉溪	Yuxi	13.05	16.57	14.86	207	**新疆**	**Xinjiang**	**36.67**	**16.16**		
保山	Baoshan	5.31	3.74	5.42	241	乌鲁木齐	Urumqi	10.49	15.78	11.65	219
昭通	Zhaotong	5.35	7.59	8.78	228	克拉玛依	Karamay	0.91	0.38	0.23	272

11-7 规模以上工业企业外商投资企业工业总产值

Gross Industrial Production of Foreign Funded Enterprises in Industrial Enterprises above Designated Size

单位：亿元 （100 million yuan）

地名	City	2010	2015	2016	2016 排名 Ranking
全国	**Nation Total**	**124560.0**	**150198.6**		
北京	**Beijing**	**4364.54**	**5192.24**	**5599.81**	
天津	**Tianjin**	**5593.01**	**7150.89**	**6613.25**	
河北	**Hebei**	**2555.67**	**2881.55**		
石家庄	Shijiazhuang	207.25	234.75	232.97	72
唐山	Tangshan	538.16	850.40	1078.91	33
秦皇岛	Qinhuangdao	284.56	334.75	334.33	56
邯郸	Handan	277.74	176.29	128.43	104
邢台	Xingtai	264.15	90.29	106.95	116
保定	Baoding	266.19	203.60	183.38	87
张家口	Zhangjiakou	116.59	117.26	115.30	112
承德	Chengde	5.16	6.56	7.16	238
沧州	Cangzhou	244.21	372.03	234.95	71
廊坊	Langfang	313.49	428.15	304.87	60
衡水	Hengshui	38.16	67.46	57.85	151
山西	**Shanxi**	**525.75**	**440.57**		
太原	Taiyuan	153.28	172.38	142.76	98
大同	Datong	30.95	18.78	11.67	226
阳泉	Yangquan	11.69	10.17	10.38	229
长治	Changzhi	43.20	59.36	62.48	143
晋城	Jincheng	117.78	76.45	66.24	139
朔州	Shuozhou	15.32	17.23	12.20	222
晋中	Jinzhong	27.71	37.48	35.60	182
运城	Yuncheng	25.87	18.95	18.87	210
忻州	Xinzhou	1.51	1.27	2.09	259
临汾	Linfen	5.51	4.46	4.11	252
吕梁	Lvliang	92.92	24.03	23.23	200
内蒙古	**Inner Mongolia**	**899.45**	**761.22**		
呼和浩特	Hohhot	206.18	237.83	253.63	65
包头	Baotou	121.05	72.11	80.19	130
乌海	Wuhai	0.48	5.21	11.23	228
赤峰	Chifeng	35.01	37.32	37.76	174
通辽	Tongliao	192.79	85.39	163.61	94
鄂尔多斯	Erdos	223.27	238.09	240.22	69
呼伦贝尔	Hulunbuir	38.85	26.49		
巴彦淖尔	Bayannur	43.53	48.45	50.42	160
乌兰察布	Ulanqab	3.20	10.33	11.42	227
辽宁	**Liaoning**	**5336.91**	**5457.41**		
沈阳	Shenyang	1660.84	2354.55	2135.12	14
大连	Dalian	2507.72	2158.25	2085.98	15
鞍山	Anshan	76.08	89.34	39.63	169
抚顺	Fushun	71.38	23.46	24.95	196
本溪	Benxi	88.97	27.23	4.50	247
丹东	Dandong	117.06	55.17	54.30	152
锦州	Jinzhou	182.74	151.99	79.47	132
营口	Yingkou	392.64	320.98	209.37	74
阜新	Fuxin	19.48	30.47	12.92	220
辽阳	Liaoyang	78.11	64.87	47.69	161
盘锦	Panjin	53.81	124.25	52.92	153
铁岭	Tieling	63.97	27.12	26.75	194
朝阳	Chaoyang	10.57	6.32	6.27	243
葫芦岛	Huludao	13.53	23.39	17.52	212
吉林	**Jilin**	**2711.32**	**1382.73**		
长春	Changchun	2343.94	964.11	1043.78	35
吉林	Jilin	86.23	106.61	85.88	125
四平	Siping	40.29	39.64	36.70	176
辽源	Liaoyuan	16.70	21.37	19.86	209
通化	Tonghua	21.85	85.59	59.69	146
白山	Baishan	32.35	49.58	50.96	158
松原	Songyuan	55.05	28.73	25.50	195
白城	Baicheng	25.12	87.11	88.34	122
黑龙江	**Heilongjiang**	**685.05**	**831.08**		
哈尔滨	Harbin	370.21	420.45	405.01	54
齐齐哈尔	Qiqihar	80.48	116.89	73.36	135
鸡西	Jixi	1.37	3.94	4.22	250
鹤岗	Hegang	2.00	0.83	0.43	267
双鸭山	Shuangyashan				
大庆	Daqing	52.96	157.36	176.30	89
伊春	Yichun	9.58	4.71	3.72	254
佳木斯	Jiamusi	55.35	39.06	35.25	183
七台河	Qitaihe	0.21	0.29	0.30	269
牡丹江	Mudanjiang	49.38	48.24	47.00	163
黑河	Heihe	2.43	4.19	4.46	248
绥化	Suihua	31.39	35.11	33.54	187
上海	**Shanghai**	**13060.13**	**14465.55**	**14905.12**	
江苏	**Jiangsu**	**26551.24**	**34986.09**		

11-7 规模以上工业企业外商投资企业工业总产值 续表 1

Gross Industrial Production of Foreign Funded Enterprises in Industrial Enterprises above Designated Size continued 1

单位：亿元 （100 million yuan）

地名	City	2010	2015	2016	2016 排名 Ranking	地名	City	2010	2015	2016	2016 排名 Ranking
南京	Nanjing	2723.16	4459.41	4363.25	4	池州	Chizhou	10.31	21.88	22.35	203
无锡	Wuxi	3259.34	3228.91	3508.46	6	宣城	Xuancheng	68.12	79.28	85.16	126
徐州	Xuzhou	354.45	452.87	497.64	46	**福建**	**Fujian**	**5044.02**	**5790.50**		
常州	Changzhou	1564.39	1921.74	2052.06	17	福州	Fuzhou	1110.82	1191.60	1238.35	30
苏州	Suzhou	12687.43	14443.63	14634.80	1	厦门	Xiamen	1753.36	1945.71	1892.51	18
南通	Nantong	1834.40	2767.14	2859.17	10	莆田	Putian	207.17	288.97	302.69	61
连云港	Lianyungang	415.82	979.12	1119.38	31	三明	Sanming	36.97	49.03	35.61	181
淮安	Huaian	300.81	326.17	320.43	57	泉州	Quanzhou	1370.57	1655.06	1548.88	25
盐城	Yancheng	677.95	1581.77	1689.66	21	漳州	Zhangzhou	354.41	402.63	299.64	62
扬州	Yangzhou	789.29	1477.00	1612.05	23	南平	Nanping	69.36	104.80	87.01	124
镇江	Zhenjiang	932.89	1554.37	1476.94	27	龙岩	Longyan	113.57	112.66	122.25	108
泰州	Taizhou	982.16	1672.31	1601.06	24	宁德	Ningde	27.79	40.04	34.51	185
宿迁	Suqian	33.91	121.65	127.22	105	**江西**	**Jiangxi**	**1363.15**	**1848.66**		
浙江	**Zhejiang**	**7232.19**	**7328.45**			南昌	Nanchang	565.16	609.87	404.46	55
杭州	Hangzhou	2025.48	1858.14	1877.15	19	景德镇	Jingdezhen	14.53	29.72	38.78	170
宁波	Ningbo	2030.73	1838.69	1735.42	20	萍乡	Pingxiang	9.60	34.59	45.41	165
温州	Wenzhou	261.67	247.42	245.26	66	九江	Jiujiang	86.61	195.81	240.93	68
嘉兴	Jiaxing	1118.21	1479.91	1509.27	26	新余	Xinyu	312.14	219.82	184.91	84
湖州	Huzhou	330.44	482.38	487.84	48	鹰潭	Yingtan	4.76	25.22	32.68	189
绍兴	Shaoxing	652.22	768.91	706.25	38	赣州	Ganzhou	169.63	298.22	305.55	58
金华	Jinhua	200.66	135.46	117.06	110	吉安	Jian	100.19	234.94	183.46	86
衢州	Quzhou	55.25	109.73	114.45	113	宜春	Yichun	69.11	160.12	172.56	91
舟山	Zhoushan	135.49	123.89	141.13	100	抚州	Fuzhou	12.44	20.37	23.01	201
台州	Taizhou	284.54	269.33	282.85	63	上饶	Shangrao	18.99	19.99	21.40	204
丽水	Lishui	37.79	14.58	11.96	224	**山东**	**Shandong**	**11470.89**	**14932.20**		
安徽	**Anhui**	**1763.63**	**2671.15**			济南	Jinan	295.14	348.70	305.05	59
合肥	Hefei	784.89	1128.36	1264.41	28	青岛	Qingdao	2705.30	3475.61	3328.73	8
芜湖	Wuhu	370.14	764.03	774.01	37	淄博	Zibo	594.25	903.52	1044.12	34
蚌埠	Bengbu	49.66	34.45	38.37	172	枣庄	Zaozhuang	94.64	122.67	111.64	114
淮南	Huainan	2.90	7.95	7.99	234	东营	Dongying	219.44	518.59	496.85	47
马鞍山	Maanshan	170.24	184.95	204.33	77	烟台	Yantai	3192.24	4648.33	4897.30	3
淮北	Huaibei	20.06	30.72	62.10	144	潍坊	Weifang	814.36	624.44	552.71	44
铜陵	Tongling	26.93	48.80	58.36	150	济宁	Jining	474.55	161.77	176.54	88
安庆	Anqing	24.88	51.06	51.03	157	泰安	Taian	148.48	202.53	149.99	97
黄山	Huangshan	4.53	3.48	3.49	257	威海	Weihai	1371.90	1793.38	1660.63	22
滁州	Chuzhou	117.50	143.92	200.00	79	日照	Rizhao	475.87	539.86	635.03	42
阜阳	Fuyang	32.61	22.39	24.61	197	莱芜	Laiwu	15.50	22.61	19.93	207
宿州	Suzhou	12.98	16.64	16.09	215	临沂	Linyi	613.13	733.75	786.09	36
六安	Liuan	24.50	127.16	120.38	109	德州	Dezhou	224.06	415.41	448.54	51
亳州	Bozhou	2.48	6.08	6.41	241	聊城	Liaocheng	71.26	115.86	472.09	49

11-7 规模以上工业企业外商投资企业工业总产值 续表 2

Gross Industrial Production of Foreign Funded Enterprises in Industrial Enterprises above Designated Size continued 2

单位：亿元 （100 million yuan）

地名	City	2010	2015	2016	2016 排名 Ranking
滨州	Binzhou	121.91	141.31	137.84	101
菏泽	Heze	118.79	163.85	183.65	85
河南	**Henan**	**1406.85**	**1930.33**		
郑州	Zhengzhou	420.16	569.60	649.36	40
开封	Kaifeng	20.22	58.61	71.82	136
洛阳	Luoyang	98.06	107.95	116.37	111
平顶山	Pingdingshan	45.31	51.50	59.46	148
安阳	Anyang	16.53	21.09	23.33	199
鹤壁	Hebi	13.29	17.57	19.90	208
新乡	Xinxiang	190.97	239.00	262.00	64
焦作	Jiaozuo	99.15	55.13	52.51	154
濮阳	Puyang	25.69	43.12	46.99	164
许昌	Xuchang	62.16	166.49	193.89	81
漯河	Luohe	53.20	176.60	191.60	82
三门峡	Sanmenxia	151.59	123.74	201.00	78
南阳	Nanyang	41.62	62.50	35.78	179
商丘	Shangqiu	5.70	15.22	16.24	214
信阳	Xinyang	15.93	20.20	20.91	205
周口	Zhoukou	68.38	122.12	166.30	93
驻马店	Zhumadian	53.13	79.89	84.48	127
湖北	**Hubei**	**3246.34**	**4536.27**		
武汉	Wuhan	1562.99	2999.13	3430.52	7
黄石	Huangshi	232.08	190.56	186.34	83
十堰	Shiyan	725.25	392.49	467.05	50
宜昌	Yichang	32.33	93.86	97.97	118
襄阳	Xiangyang	574.73	403.16	420.44	53
鄂州	Ezhou	25.51	51.65	40.92	168
荆门	Jingmen	36.07	101.60	124.51	107
孝感	Xiaogan	39.93	107.72	83.55	129
荆州	Jingzhou	49.00	72.38	87.52	123
黄冈	Huanggang	81.03	45.84	47.46	162
咸宁	Xianning	19.83	58.70	58.54	149
随州	Suizhou	33.43	19.18	14.97	217
湖南	**Hunan**	**682.93**	**1247.52**		
长沙	Changsha	258.43	515.27	645.69	41
株洲	Zhuzhou	81.25	93.88	84.00	128
湘潭	Xiangtan	104.70	189.82	241.61	67
衡阳	Hengyang	28.60	122.00	106.98	115
邵阳	Shaoyang	10.75	28.09	31.89	190
岳阳	Yueyang	83.56	127.55	133.95	103
常德	Changde	34.72	38.65	36.98	175
张家界	Zhangjiajie	2.93	5.82	0.24	270
益阳	Yiyang	21.11	29.69	33.07	188
郴州	Chenzhou	22.64	19.18	12.33	221
永州	Yongzhou	17.19	18.76	22.59	202
怀化	Huaihua	11.26	39.06	35.74	180
娄底	Loudi	8.06	19.74	29.50	192
广东	**Guangdong**	**23705.89**	**25959.82**		
广州	Guangzhou	6318.77	8054.02	7928.93	2
韶关	Shaoguan	21.32	54.18	59.48	147
深圳	Shenzhen	6678.51	4165.57	4011.46	5
珠海	Zhuhai	1275.73	1211.73	1252.42	29
汕头	Shantou	274.51	261.52	239.07	70
佛山	Foshan	1951.23	2711.70	3046.66	9
江门	Jiangmen	520.01	520.96	534.30	45
湛江	Zhanjiang	317.54	82.08	78.04	134
茂名	Maoming	23.45	28.05	34.32	186
肇庆	Zhaoqing	249.82	575.73	612.88	43
惠州	Huizhou	1467.76	2258.36	2273.25	13
梅州	Meizhou	29.68	46.97	38.18	173
汕尾	Shanwei	25.77	109.84	65.66	140
河源	Heyuan	148.27	186.57	196.24	80
阳江	Yangjiang	90.32	234.61	209.59	73
清远	Qingyuan	181.71	124.61	93.29	121
东莞	Dongguan	2494.80	2924.84	2858.73	11
中山	Zhongshan	1358.96	2065.49	2082.18	16
潮州	Chaozhou	107.47	92.91	98.37	117
揭阳	Jieyang	93.73	209.53	208.29	76
云浮	Yunfu	76.55	40.56	51.70	156
广西	**Guangxi**	**1405.91**	**2466.51**		
南宁	Nanning	94.66	165.86	152.53	96
柳州	Liuzhou	583.12	1066.98	1090.12	32
桂林	Guilin	69.27	155.97	157.90	95
梧州	Wuzhou	49.62	74.47	78.98	133
北海	Beihai	38.24	58.77	69.68	137
防城港	Fangchenggang	173.48	387.82	444.77	52
钦州	Qinzhou	31.39	123.08	126.71	106
贵港	Guigang	41.04	44.78	50.54	159
玉林	Yulin	195.88	203.98	208.43	75
百色	Baise	0.10	0.25	0.88	264

11-7 规模以上工业企业外商投资企业工业总产值 续表 3

Gross Industrial Production of Foreign Funded Enterprises in Industrial Enterprises above Designated Size continued 3

单位：亿元　　（100 million yuan）

地名	City	2010	2015	2016	2016 排名 Ranking	地名	City	2010	2015	2016	2016 排名 Ranking
贺州	Hezhou	6.10	6.56	6.48	240	丽江	Lijiang		2.88	3.50	256
河池	Hechi	16.99	8.83	0.95	261	普洱	Puer	4.98	10.01	14.10	219
来宾	Laibin	45.19	30.75	8.23	233	临沧	Lincang	0.40	3.65	4.27	249
崇左	Chongzuo	60.84	138.42	167.60	92	**西藏**	**Tibet**		**4.96**		
海南	**Hainan**	**651.36**	**72.46**			拉萨	Lasa		4.96	5.30	244
海口	Haikou	78.66	60.85	61.57	145	**陕西**	**Shaanxi**	**878.74**	**1028.11**		
三亚	Sanya	4.75	4.25	5.06	245	西安	Xi'an	600.64	625.02	683.50	39
三沙	Sansha					铜川	Tongchuan	18.10	21.47	4.11	251
重庆	**Chongqing**	**1302.35**	**3286.27**	**3532.33**		宝鸡	Baoji	70.81	124.40	142.55	99
四川	**Sichuan**	**1365.20**	**2950.36**			咸阳	Xianyang	109.68	180.41	175.25	90
成都	Chengdu	997.91	2422.35	2592.99	12	渭南	Weinan	40.99	39.93	38.57	171
自贡	Zigong	48.16	47.53	43.57	166	延安	Yan'an	2.95	0.74	0.90	263
攀枝花	Panzhihua	26.45	10.68	9.24	231	汉中	Hanzhong	5.38	7.38	7.63	235
泸州	Luzhou	16.58	18.97	15.20	216	榆林	Yulin	15.78	18.08	17.95	211
德阳	Deyang	73.63	95.52	94.94	119	安康	Ankang	7.62	10.68	12.14	223
绵阳	Mianyang	59.08	58.26	64.48	141	商洛	Shangluo				
广元	Guangyuan	15.32	41.37	43.03	167	**甘肃**	**Gansu**	**72.63**	**95.68**		
遂宁	Suining	10.44	41.70	36.66	177	兰州	Lanzhou	37.36	63.64	64.34	142
内江	Neijiang	11.02	38.27	28.93	193	嘉峪关	Jiayuguan				
乐山	Leshan	16.96	18.58	16.32	213	金昌	Jinchang				
南充	Nanchong	5.42	29.00	31.71	191	白银	Baiyin	21.07	14.85	9.65	230
眉山	Meishan	37.14	68.49	79.67	131	天水	Tianshui	2.48	8.59	7.17	237
宜宾	Yibin	16.88	10.65	11.82	225	武威	Wuwei				
广安	Guangan	2.71	5.40	4.54	246	张掖	Zhangye	3.02			
达州	Dazhou			7.09	239	平凉	Pingliang				
雅安	Yaan	4.57	2.91	4.00	253	酒泉	Jiuquan	3.10	8.05	6.31	242
巴中	Bazhong		1.17	0.61	265	庆阳	Qingyang	5.36		0.38	268
资阳	Ziyang	6.15	39.53	34.85	184	定西	Dingxi	0.23	0.54	0.92	262
贵州	**Guizhou**	**99.62**	**132.03**			陇南	Longnan				
贵阳	Guiyang	44.81	95.77	93.53	120	**青海**	**Qinghai**	**158.54**	**45.08**		
六盘水	Liupanshui	23.35	8.65	8.45	232	西宁	Xining	146.02	45.08	51.78	155
遵义	Zunyi	5.41	27.19	20.88	206	海东	Haidong				
安顺	Anshun	1.73	0.31	0.16	271	**宁夏**	**Ningxia**	**81.92**	**71.12**		
毕节	Bijie	0.60	0.11	2.15	258	银川	Yinchuan	59.93	58.05	68.20	138
铜仁	Tongren					石嘴山	Shizuishan	15.28	12.08	14.86	218
云南	**Yunnan**		**215.19**			吴忠	Wuzhong	3.40			
昆明	Kunming		161.83	135.60	102	固原	Guyuan				
曲靖	Qujing	38.22	6.51	7.51	236	中卫	Zhongwei	4.09	0.99	0.98	260
玉溪	Yuxi	9.85	23.95	23.80	198	**新疆**	**Xinjiang**	**81.07**	**36.66**		
保山	Baoshan	3.89	6.38	3.64	255	乌鲁木齐	Urumqi	17.17	35.68	36.56	178
昭通	Zhaotong					克拉玛依	Karamay	0.77	0.99	0.61	266

11-8 规模以上工业企业资产总计

Total Assets of Industrial Enterprises above Designated Size

单位：亿元 （100 million yuan）

地名	City	2010	2015	2016	2016 排名 Ranking
全国	**Nation Total**	**592881.9**	**1023398.1**	**1085865.9**	
北京	**Beijing**	**22750.58**	**38609.76**	**43093.68**	
天津	**Tianjin**	**14584.31**	**25242.98**	**25075.09**	
河北	**Hebei**	**24943.75**	**42717.82**	**44562.88**	
石家庄	Shijiazhuang	2767.54	5939.29	6258.12	34
唐山	Tangshan	7283.48	10718.89	10837.68	13
秦皇岛	Qinhuangdao	1271.73	1567.40	1737.92	140
邯郸	Handan	3447.65	5185.91	5148.86	46
邢台	Xingtai	1433.48	2416.16	2615.20	94
保定	Baoding	2396.16	3796.58	4096.92	62
张家口	Zhangjiakou	1338.07	2149.84	2245.74	114
承德	Chengde	1243.17	2085.32	2208.66	118
沧州	Cangzhou	1735.43	4604.88	4974.96	48
廊坊	Langfang	1433.73	2830.18	2930.79	83
衡水	Hengshui	593.32	1423.37	1508.03	158
山西	**Shanxi**	**18505.94**	**32068.45**	**33621.95**	
太原	Taiyuan	3005.65	4636.60	4887.85	50
大同	Datong	1549.95	2633.49	2664.08	93
阳泉	Yangquan	1034.19	2475.83	2546.62	97
长治	Changzhi	2198.57	3117.77	3290.57	73
晋城	Jincheng	1632.80	2987.58	3315.64	72
朔州	Shuozhou	1050.42	2341.54	2290.11	112
晋中	Jinzhong	1510.32	2663.01	2885.98	87
运城	Yuncheng	1457.64	2025.93	2210.34	117
忻州	Xinzhou	792.83	1627.61	1606.06	152
临汾	Linfen	1471.15	2444.76	2690.13	91
吕梁	Lvliang	2308.51	4341.04	4394.69	57
内蒙古	**Inner Mongolia**	**14691.38**	**28677.03**	**30900.83**	
呼和浩特	Hohhot	1315.64	2620.44	2684.79	92
包头	Baotou	2870.79	4824.41	5491.37	40
乌海	Wuhai	707.68	1526.65	1393.36	168
赤峰	Chifeng	996.87	1656.41	2044.36	123
通辽	Tongliao	952.52	1851.16	2084.37	121
鄂尔多斯	Erdos	3944.31	8282.95	8837.91	20
呼伦贝尔	Hulunbuir	897.76	1761.96	1842.74	133
巴彦淖尔	Bayannur	788.72	1166.70	1221.80	176
乌兰察布	Ulanqab	713.25	1352.57	1411.37	165
辽宁	**Liaoning**	**29076.78**	**31913.01**	**36106.92**	
沈阳	Shenyang	2389.58	7192.36		
大连	Dalian	2542.71	8507.70		
鞍山	Anshan	975.58	2630.97		
抚顺	Fushun	509.31	1026.75		
本溪	Benxi	929.97	1624.90		
丹东	Dandong	186.69	630.58		
锦州	Jinzhou	364.20	1094.15		
营口	Yingkou	720.60	1954.92		
阜新	Fuxin	285.29	651.94		
辽阳	Liaoyang	404.92	1408.30		
盘锦	Panjin	937.72	2099.33		
铁岭	Tieling	686.55	737.64		
朝阳	Chaoyang	280.34	816.44		
葫芦岛	Huludao	376.56	770.88		
吉林	**Jilin**	**10196.15**	**17993.28**	**18969.47**	
长春	Changchun	4429.59	7992.18	8547.21	22
吉林	Jilin	1729.03	2705.24	2743.57	89
四平	Siping	638.06	957.85	978.83	192
辽源	Liaoyuan	377.72	795.95	893.22	199
通化	Tonghua	724.68	1307.77	1492.42	161
白山	Baishan	391.97	724.07	703.33	223
松原	Songyuan	1100.49	1767.68	1683.63	142
白城	Baicheng	304.06	556.46	668.54	229
黑龙江	**Heilongjiang**	**10471.17**	**15407.96**	**14951.92**	
哈尔滨	Harbin	2642.98	4044.38	4344.75	60
齐齐哈尔	Qiqihar	894.49	1513.60	1424.56	164
鸡西	Jixi	352.30	477.63	474.23	241
鹤岗	Hegang	210.91	332.29	328.85	248
双鸭山	Shuangyashan	364.29	534.31	521.13	237
大庆	Daqing	3463.89	4492.22	4430.65	55
伊春	Yichun	218.31	320.48	322.37	249
佳木斯	Jiamusi	316.27	477.01	480.03	240
七台河	Qitaihe	428.02	472.97	429.97	243
牡丹江	Mudanjiang	421.27	701.03	677.70	227
黑河	Heihe	114.37	227.85	222.72	252
绥化	Suihua	276.89	658.81	698.25	225
上海	**Shanghai**	**27555.88**	**37306.95**	**39838.24**	
江苏	**Jiangsu**	**66134.06**	**107061.73**	**114536.32**	

11-8 规模以上工业企业资产总计 续表 1

Total Assets of Industrial Enterprises above Designated Size continued 1

单位：亿元 （100 million yuan）

地名	City	2010	2015	2016	2016 排名 Ranking
南京	Nanjing	6960.77	10455.41	11448.85	11
无锡	Wuxi	10917.48	14557.75	15095.63	4
徐州	Xuzhou	3038.84	6425.56	6952.73	28
常州	Changzhou	5259.12	8407.94	8942.07	19
苏州	Suzhou	19351.14	26895.74	28356.50	2
南通	Nantong	4425.78	8219.86	8801.91	21
连云港	Lianyungang	1584.43	3212.33	3650.60	65
淮安	Huaian	1223.78	2904.99	3071.44	79
盐城	Yancheng	2174.20	4764.94	5261.84	42
扬州	Yangzhou	2925.62	4504.24	4678.72	53
镇江	Zhenjiang	3247.13	5642.19	5858.18	37
泰州	Taizhou	2931.37	5737.18	6653.84	30
宿迁	Suqian	707.62	3067.60	3346.13	71
浙江	**Zhejiang**	**47282.79**	**66626.71**	**69468.91**	
杭州	Hangzhou	9937.41		14467.36	5
宁波	Ningbo	9426.71		13548.25	7
温州	Wenzhou	4446.24		4748.66	52
嘉兴	Jiaxing	5065.09			
湖州	Huzhou	2059.87			
绍兴	Shaoxing	6328.56			
金华	Jinhua	3383.00			
衢州	Quzhou	968.17			
舟山	Zhoushan	1232.28			
台州	Taizhou	3259.22			
丽水	Lishui	957.11			
安徽	**Anhui**	**15930.28**	**31359.95**	**33563.37**	
合肥	Hefei	3272.22	6882.54	7664.99	25
芜湖	Wuhu	1887.49	4745.06	5022.20	47
蚌埠	Bengbu	589.48	1343.85	1520.25	155
淮南	Huainan	1589.26	2484.06	2463.41	103
马鞍山	Maanshan	1390.72	2385.42	2481.64	102
淮北	Huaibei	1296.62	2341.13	2359.39	106
铜陵	Tongling	1038.74	1789.11	1889.89	131
安庆	Anqing	761.33	1679.23	1811.00	135
黄山	Huangshan	179.74	364.62	293.39	250
滁州	Chuzhou	687.95	1805.68	1954.20	129
阜阳	Fuyang	502.28	1154.42	1243.65	175
宿州	Suzhou	382.86	742.79	842.51	204
六安	Liuan	550.70	1145.75	1134.12	181
亳州	Bozhou	242.16	654.72	822.07	207
池州	Chizhou	242.48	558.31	598.91	231
宣城	Xuancheng	606.56	1283.26	1361.74	171
福建	**Fujian**	**16058.70**	**24424.64**	**32081.30**	
福州	Fuzhou	3121.07	5954.91	6319.91	33
厦门	Xiamen	3055.25	4745.84	5573.63	39
莆田	Putian	744.79	1437.86	1505.76	159
三明	Sanming	842.11	1505.26	1471.03	162
泉州	Quanzhou	4021.34	7686.11	8120.66	23
漳州	Zhangzhou	1371.38	3184.42	3512.76	67
南平	Nanping	607.25	1106.50	1108.06	184
龙岩	Longyan	1102.38	1963.44		
宁德	Ningde	633.28	2063.20		
江西	**Jiangxi**	**8424.86**	**18971.56**	**21811.92**	
南昌	Nanchang	1872.02	4218.96	5182.14	45
景德镇	Jingdezhen	485.37	857.00	966.15	194
萍乡	Pingxiang	396.52	1033.42	1085.22	186
九江	Jiujiang	950.50	2384.83	2458.17	104
新余	Xinyu	1041.66	1428.81	1462.92	163
鹰潭	Yingtan	841.27	1905.17	1886.35	132
赣州	Ganzhou	657.48	1534.89	1745.98	139
吉安	Jian	520.58	1403.85	1549.84	154
宜春	Yichun	680.23	1962.90	2293.58	111
抚州	Fuzhou	268.00	757.95	1030.35	190
上饶	Shangrao	711.22	1483.78	1771.87	138
山东	**Shandong**	**53761.28**	**101343.50**	**105046.32**	
济南	Jinan	3831.82	4987.76	9016.99	18
青岛	Qingdao	6491.53	11622.12	12453.77	9
淄博	Zibo	4147.82	6867.17	6731.86	29
枣庄	Zaozhuang	1430.86	2267.52	2296.39	109
东营	Dongying	4069.77	9467.58	10019.02	15
烟台	Yantai	5361.38	8930.12	9310.14	17
潍坊	Weifang	4649.11	9278.65	9381.22	16
济宁	Jining	3835.36	7315.41	7468.96	26
泰安	Taian	2379.95	4717.84	4428.64	56
威海	Weihai	2595.09	4380.28	4951.90	49
日照	Rizhao	1638.70	2950.10	2969.59	82
莱芜	Laiwu	1273.51	1218.44	1268.70	173
临沂	Linyi	2381.40	5275.45	5621.01	38
德州	Dezhou	2289.13	4792.88	4372.40	59
聊城	Liaocheng	2454.12	4673.28	4810.69	51

11-8 规模以上工业企业资产总计 续表 2

Total Assets of Industrial Enterprises above Designated Size continued 2

单位：亿元 （100 million yuan）

地名	City	2010	2015	2016	2016 排名 Ranking	地名	City	2010	2015	2016	2016 排名 Ranking
滨州	Binzhou	2455.91	6015.22	6425.54	32	常德	Changde	963.70	1606.19	1792.29	137
菏泽	Heze	1173.46	3386.16	3519.50	66	张家界	Zhangjiajie	151.27	110.61	135.92	256
河南	**Henan**	**23467.42**	**55710.97**	**60454.73**		益阳	Yiyang	492.32	945.83	1031.05	189
郑州	Zhengzhou	3898.77	11296.73	13101.62	8	郴州	Chenzhou	984.71	1620.24	1655.29	144
开封	Kaifeng	752.41	2133.38	2295.09	110	永州	Yongzhou	363.29	673.75	706.78	222
洛阳	Luoyang	3286.18	5764.50	6594.07	31	怀化	Huaihua	509.77	726.46	762.68	212
平顶山	Pingdingshan	1879.13	3026.79	3141.88	77	娄底	Loudi	926.00	1125.48	1244.48	174
安阳	Anyang	1297.36	2415.14	2608.70	95	**广东**	**Guangdong**	**62626.90**	**95411.22**	**105604.17**	
鹤壁	Hebi	531.79	1516.60	1612.60	151	广州	Guangzhou	11265.51	14981.16	16415.13	3
新乡	Xinxiang	1409.29	2918.47	2911.81	85	韶关	Shaoguan	844.34	1249.07	1371.02	170
焦作	Jiaozuo	1354.37	3113.81	3364.84	70	深圳	Shenzhen	18132.47	25869.10	28625.32	1
濮阳	Puyang	816.85	1993.34	1902.47	130	珠海	Zhuhai	2695.19	5087.53	5859.21	36
许昌	Xuchang	1284.71	4003.88	4394.63	58	汕头	Shantou	1276.81	2298.20	2531.35	101
漯河	Luohe	721.60	1535.95	1629.08	145	佛山	Foshan	7357.25	11409.34	12321.96	10
三门峡	Sanmenxia	1358.61	2782.98	2729.02	90	江门	Jiangmen	2243.15	2965.05	3156.52	76
南阳	Nanyang	1328.51	3752.94	4044.78	63	湛江	Zhanjiang	997.54	2538.96	2585.58	96
商丘	Shangqiu	865.00	2083.43	2138.06	120	茂名	Maoming	507.30	1062.50	1198.67	179
信阳	Xinyang	523.40	1531.65	1612.92	150	肇庆	Zhaoqing	1024.95	2112.91	2083.01	122
周口	Zhoukou	711.01	2584.25	2899.71	86	惠州	Huizhou	2816.43	4500.37	5215.32	44
驻马店	Zhumadian	706.64	2098.68	2230.47	115	梅州	Meizhou	479.04	690.28	801.74	210
湖北	**Hubei**	**20894.32**	**35399.12**	**37942.33**		汕尾	Shanwei	311.01	605.58	708.35	221
武汉	Wuhan	7494.72	12740.05	13733.09	6	河源	Heyuan	535.07	927.46	1013.11	191
黄石	Huangshi	1059.88	1880.76	1955.97	128	阳江	Yangjiang	449.66	1667.72	1823.67	134
十堰	Shiyan	2396.43	2825.17	3141.46	78	清远	Qingyuan	1151.34	1361.41	1518.75	157
宜昌	Yichang	3398.86	4928.59	5370.95	41	东莞	Dongguan	6001.71	9134.65	10676.05	14
襄阳	Xiangyang	1333.97	3199.94	3375.24	69	中山	Zhongshan	2779.32	3839.23	4221.02	61
鄂州	Ezhou	422.68	578.60	698.43	224	潮州	Chaozhou	487.57	677.34	737.77	217
荆门	Jingmen	622.23	1368.80	1620.65	147	揭阳	Jieyang	897.20	1711.02	1998.95	125
孝感	Xiaogan	675.66	1442.04	1519.21	156	云浮	Yunfu	374.02	722.34	741.67	216
荆州	Jingzhou	639.35	1476.38	1597.22	153	**广西**	**Guangxi**	**8667.45**	**15122.30**	**16023.46**	
黄冈	Huanggang	512.30	1199.32	1128.45	183	南宁	Nanning	971.23	2110.73	2283.71	113
咸宁	Xianning	342.25	882.72	934.85	196	柳州	Liuzhou	1890.20	3072.24	3277.35	74
随州	Suizhou	251.12	678.76	710.03	220	桂林	Guilin	695.66	1334.02	1382.19	169
湖南	**Hunan**	**13038.95**	**23575.75**	**25518.07**		梧州	Wuzhou	409.71	759.59	862.22	202
长沙	Changsha	3493.59	7132.82	7923.07	24	北海	Beihai	291.86	716.90	905.56	198
株洲	Zhuzhou	1254.38	2621.56	3208.00	75	防城港	Fangchenggang	391.69	819.12	877.65	201
湘潭	Xiangtan	1149.99	1810.12	1794.30	136	钦州	Qinzhou	485.23	924.95	976.72	193
衡阳	Hengyang	761.53	1405.79	1619.82	148	贵港	Guigang	426.19	748.68	787.02	211
邵阳	Shaoyang	350.72	762.83	808.43	209	玉林	Yulin	469.06	791.62	828.02	206
岳阳	Yueyang	1224.93	2179.85	1974.44	126	百色	Baise	823.56	1277.63	1398.80	167

11-8 规模以上工业企业资产总计 续表 3

Total Assets of Industrial Enterprises above Designated Size continued 3

单位：亿元 （100 million yuan）

地名	City	2010	2015	2016	2016 排名 Ranking
贺州	Hezhou	139.14	388.62	444.51	242
河池	Hechi	702.66	828.97	751.81	214
来宾	Laibin	433.75	622.92	577.49	234
崇左	Chongzuo	291.00	558.03	539.09	236
海南	**Hainan**	**1621.38**	**2788.06**	**2764.18**	
海口	Haikou	451.70	700.35	728.63	218
三亚	Sanya	57.06	115.75	141.77	255
三沙	Sansha				
重庆	**Chongqing**	**8099.01**	**17846.08**	**20214.63**	
四川	**Sichuan**	**22564.76**	**40401.38**	**41514.58**	
成都	Chengdu	5531.83	10952.40	11382.46	12
自贡	Zigong	675.84	1040.01	1051.47	187
攀枝花	Panzhihua	1773.22	2273.42	2200.59	119
泸州	Luzhou	589.12	1059.23	1130.09	182
德阳	Deyang	2222.87	2330.88	2534.85	99
绵阳	Mianyang	1335.78	2364.58	2540.05	98
广元	Guangyuan	263.17	692.97	696.75	226
遂宁	Suining	300.06	724.94	821.21	208
内江	Neijiang	570.38	911.94	889.86	200
乐山	Leshan	1277.76	1871.47	1999.56	124
南充	Nanchong	815.41	1337.25	1502.81	160
眉山	Meishan	504.43	869.67	908.61	197
宜宾	Yibin	1253.48	2678.36	2531.87	100
广安	Guangan	299.75	644.00	669.21	228
达州	Dazhou	765.39	1445.50	1031.77	188
雅安	Yaan	771.62	1179.27	1207.52	177
巴中	Bazhong	63.78	201.35	219.96	253
资阳	Ziyang	466.08	598.63	501.57	238
贵州	**Guizhou**	**5960.13**	**13540.06**	**14319.98**	
贵阳	Guiyang	2335.38			
六盘水	Liupanshui	1023.23		2355.92	107
遵义	Zunyi	864.30		2921.14	84
安顺	Anshun	316.61			
毕节	Bijie	483.49			
铜仁	Tongren	115.77			
云南	**Yunnan**	**9611.09**	**18180.58**	**19474.18**	
昆明	Kunming	2834.64	5188.46	5237.01	43
曲靖	Qujing	1415.36	2208.04	2222.66	116
玉溪	Yuxi	949.96	1404.63	1727.40	141
保山	Baoshan	238.29	569.14	620.39	230
昭通	Zhaotong	400.00	1543.03	1656.91	143
丽江	Lijiang	102.86	659.88	754.20	213
普洱	Puer	306.49	1104.25	1176.40	180
临沧	Lincang	398.67	666.02	713.47	219
西藏	**Tibet**	**315.21**	**895.00**	**1110.65**	
拉萨	Lasa	240.99	588.11	748.30	215
陕西	**Shaanxi**	**14688.70**	**26393.17**	**30828.91**	
西安	Xi'an	3459.92	5369.62	6044.50	35
铜川	Tongchuan	334.65	480.32	498.67	239
宝鸡	Baoji	1310.49	2078.47	2399.63	105
咸阳	Xianyang	1214.22	2477.47	2822.42	88
渭南	Weinan	1466.22	2307.93	2341.28	108
延安	Yan'an	2180.00	3526.47	3872.82	64
汉中	Hanzhong	522.15	807.69	859.32	203
榆林	Yulin	3058.12	6737.13	7296.86	27
安康	Ankang	207.02	508.53	579.14	233
商洛	Shangluo	210.07	524.24	549.61	235
甘肃	**Gansu**	**6509.32**	**11918.33**	**12263.36**	
兰州	Lanzhou	1857.15	2731.37	3017.90	81
嘉峪关	Jiayuguan	875.03	1587.14	1625.06	146
金昌	Jinchang	788.17	1778.54	1618.98	149
白银	Baiyin	567.14	1128.60	1104.54	185
天水	Tianshui	224.94	354.67	407.05	245
武威	Wuwei	162.56	530.51	590.32	232
张掖	Zhangye	190.50	370.97	385.45	246
平凉	Pingliang	323.64	373.45	371.22	247
酒泉	Jiuquan	728.35	1356.90	1321.82	172
庆阳	Qingyang	403.98	797.12	841.66	205
定西	Dingxi	93.47	242.64	262.63	251
陇南	Longnan	143.70	367.01	409.87	244
青海	**Qinghai**	**3053.61**	**5781.41**	**6143.77**	
西宁	Xining	1770.79		3033.34	80
海东	Haidong				
宁夏	**Ningxia**	**3293.16**	**7801.07**	**8521.18**	
银川	Yinchuan	1266.53	3272.33	3413.14	68
石嘴山	Shizuishan	551.41	931.71	949.93	195
吴忠	Wuzhong	466.36	1024.62	1198.71	178
固原	Guyuan	33.61	125.73	145.18	254
中卫	Zhongwei	338.16	1190.82	1402.22	166
新疆	**Xinjiang**	**7911.97**	**18164.16**	**19538.65**	
乌鲁木齐	Urumqi	2245.68	4246.87	4604.17	54
克拉玛依	Karamay	1571.22	2067.85	1967.00	127

11-9 规模以上工业企业负债总计

Total Liabilities of Industrial Enterprises above Designated Size

单位：亿元 （100 million yuan）

地名	City	2010	2015	2016	2016 排名 Ranking
全国	**Nation Total**	**340396.4**	**579310.5**	**606641.5**	
北京	**Beijing**	**11548.07**	**18102.44**	**19798.13**	
天津	**Tianjin**	**8825.23**	**15863.30**	**15385.02**	
河北	**Hebei**	**15136.72**	**23988.85**	**24449.56**	
石家庄	Shijiazhuang	1496.73	2758.35	2678.67	49
唐山	Tangshan	4707.05	6815.08	6736.59	11
秦皇岛	Qinhuangdao	886.51	1057.60	1144.65	122
邯郸	Handan	2092.96	3113.51	3124.07	40
邢台	Xingtai	758.11	1273.56	1337.67	105
保定	Baoding	1450.07	2158.41	2288.19	58
张家口	Zhangjiakou	855.01	1566.35	1600.38	89
承德	Chengde	880.96	1486.24	1575.20	90
沧州	Cangzhou	840.64	1658.35	1758.94	75
廊坊	Langfang	861.57	1583.99	1646.74	86
衡水	Hengshui	307.09	670.81	694.34	168
山西	**Shanxi**	**12142.27**	**24358.13**	**25579.36**	
太原	Taiyuan	1955.69	3457.65	3660.38	30
大同	Datong	1047.90	2113.68	2166.21	64
阳泉	Yangquan	605.64	2003.60	2047.91	68
长治	Changzhi	1537.88	2229.72	2349.47	56
晋城	Jincheng	934.67	1934.21	2273.70	60
朔州	Shuozhou	569.59	1666.22	1626.74	87
晋中	Jinzhong	1098.00	2220.66	2442.49	53
运城	Yuncheng	965.52	1581.04	1525.93	96
忻州	Xinzhou	507.62	1215.67	1199.50	119
临汾	Linfen	991.59	1961.21	2192.76	63
吕梁	Lvliang	1542.08	3454.57	3532.81	34
内蒙古	**Inner Mongolia**	**8090.91**	**18677.23**	**19445.75**	
呼和浩特	Hohhot	896.36	1688.91	1711.35	78
包头	Baotou	1775.28	3064.17	3561.90	33
乌海	Wuhai	498.36	1147.32	1072.08	127
赤峰	Chifeng	528.70	1045.09	1380.46	102
通辽	Tongliao	537.08	838.13	899.85	140
鄂尔多斯	Erdos	1928.59	4772.62	5008.61	17
呼伦贝尔	Hulunbuir	571.07	1167.82	1264.80	111
巴彦淖尔	Bayannur	434.42	804.00	816.87	151
乌兰察布	Ulanqab	517.00	965.95	1041.65	128
辽宁	**Liaoning**	**16232.06**	**23787.06**	**23272.90**	
沈阳	Shenyang	3247.23	3974.88		
大连	Dalian	4685.99	4505.44		
鞍山	Anshan	1335.22	1675.32		
抚顺	Fushun	531.68	618.95		
本溪	Benxi	1227.99	1145.97		
丹东	Dandong	308.76	358.53		
锦州	Jinzhou	390.35	462.43		
营口	Yingkou	783.67	1256.97		
阜新	Fuxin	359.49	319.15		
辽阳	Liaoyang	547.11	831.53		
盘锦	Panjin	881.47	901.14		
铁岭	Tieling	461.28	437.20		
朝阳	Chaoyang	375.07	492.11		
葫芦岛	Huludao	713.98	449.40		
吉林	**Jilin**	**5474.03**	**9862.29**	**9932.67**	
长春	Changchun	2483.70	4532.56	4498.39	22
吉林	Jilin	925.83	1614.45	1653.56	84
四平	Siping	319.53	510.76	467.55	200
辽源	Liaoyuan	228.63	460.77	515.47	195
通化	Tonghua	405.31	664.87	702.69	167
白山	Baishan	213.63	476.72	465.65	202
松原	Songyuan	496.38	690.51	662.58	169
白城	Baicheng	164.65	328.19	371.88	220
黑龙江	**Heilongjiang**	**5776.59**	**8688.38**	**8399.97**	
哈尔滨	Harbin	1728.49	2488.33	2671.35	51
齐齐哈尔	Qiqihar	497.72	927.57	855.75	145
鸡西	Jixi	286.44	359.56	358.90	224
鹤岗	Hegang	185.13	276.38	279.53	238
双鸭山	Shuangyashan	266.52	380.74	370.94	221
大庆	Daqing	1120.84	1620.78	1619.72	88
伊春	Yichun	156.05	315.86	319.13	228
佳木斯	Jiamusi	197.97	285.49	290.52	236
七台河	Qitaihe	303.17	325.53	287.67	237
牡丹江	Mudanjiang	252.60	342.21	328.75	226
黑河	Heihe	67.90	150.45	150.09	249
绥化	Suihua	156.51	349.34	393.02	215
上海	**Shanghai**	**14500.46**	**18111.05**	**19588.27**	
江苏	**Jiangsu**	**37878.51**	**56888.77**	**59466.56**	

11-9 规模以上工业企业负债总计　续表 1
Total Liabilities of Industrial Enterprises above Designated Size continued 1

单位：亿元　　　　(100 million yuan)

地名	City	2010	2015	2016	2016 排名 Ranking	地名	City	2010	2015	2016	2016 排名 Ranking
南京	Nanjing	4027.15	5742.92	6166.10	13	池州	Chizhou	147.21	285.36	299.25	235
无锡	Wuxi	6357.83	8041.78	8085.84	5	宣城	Xuancheng	354.56	634.87	660.36	172
徐州	Xuzhou	1578.52	3107.76	3159.11	39	**福建**	**Fujian**	**8469.33**	**15879.22**	**16779.94**	
常州	Changzhou	3149.52	4835.96	4945.73	19	福州	Fuzhou	1730.79		3574.92	32
苏州	Suzhou	11143.67	14268.20	14838.02	2	厦门	Xiamen	1625.44		2837.31	45
南通	Nantong	2486.32	4312.90	4423.65	23	莆田	Putian	412.30		772.05	159
连云港	Lianyungang	911.75	1669.56	1856.14	72	三明	Sanming	482.66		758.02	161
淮安	Huaian	680.06	1279.74	1370.93	103	泉州	Quanzhou	1902.82		3764.33	28
盐城	Yancheng	1175.63	2557.10	2768.18	46	漳州	Zhangzhou	739.13		1841.04	73
扬州	Yangzhou	1534.20	2347.31	2430.70	55	南平	Nanping	295.18		538.44	192
镇江	Zhenjiang	1808.72	3083.81	3171.09	38	龙岩	Longyan	477.76			
泰州	Taizhou	1788.97	3066.91	3405.33	35	宁德	Ningde	409.26			
宿迁	Suqian	344.48	1334.47	1337.44	106	**江西**	**Jiangxi**	**4700.44**	**9499.03**	**10549.25**	
浙江	**Zhejiang**	**28681.36**	**38086.78**	**38304.18**		南昌	Nanchang	1116.08	2193.05	2664.95	52
杭州	Hangzhou	5797.97		7854.33	6	景德镇	Jingdezhen	284.71	458.22	499.79	198
宁波	Ningbo	5813.21		7634.49	7	萍乡	Pingxiang	175.77	406.54	416.32	209
温州	Wenzhou	2698.77				九江	Jiujiang	606.37	1061.17	1097.75	126
嘉兴	Jiaxing	3035.23				新余	Xinyu	664.83	854.05	883.58	142
湖州	Huzhou	1207.49				鹰潭	Yingtan	366.80	926.33	826.30	149
绍兴	Shaoxing	3816.83				赣州	Ganzhou	373.57	804.50	886.17	141
金华	Jinhua	2191.41				吉安	Jian	189.71	564.58	610.32	181
衢州	Quzhou	582.51				宜春	Yichun	391.35	993.92	1107.13	125
舟山	Zhoushan	913.54				抚州	Fuzhou	126.94	373.28	458.63	203
台州	Taizhou	2011.67				上饶	Shangrao	404.30	765.11	915.14	139
丽水	Lishui	592.90				**山东**	**Shandong**	**28969.89**	**54979.47**	**56837.87**	
安徽	**Anhui**	**9565.86**	**18028.15**	**19039.87**		济南	Jinan	2392.65	2818.90	5318.91	16
合肥	Hefei	1993.17	3938.80	4363.50	25	青岛	Qingdao	3552.54	6651.22	7140.94	9
芜湖	Wuhu	1165.07	2683.48	2855.97	44	淄博	Zibo	2214.15	3606.26	3377.68	36
蚌埠	Bengbu	309.69	755.03	815.95	153	枣庄	Zaozhuang	745.03	1266.61	1237.70	114
淮南	Huainan	1091.81	1767.15	1707.81	79	东营	Dongying	1548.00	4656.24	4978.05	18
马鞍山	Maanshan	781.23	1324.88	1370.45	104	烟台	Yantai	2625.18	4499.96	4636.63	20
淮北	Huaibei	806.07	1522.21	1506.38	97	潍坊	Weifang	2648.57	5348.41	5341.41	15
铜陵	Tongling	733.62	1189.53	1262.14	112	济宁	Jining	2204.58	4432.92	4620.05	21
安庆	Anqing	358.98	794.62	849.49	148	泰安	Taian	1446.89	2794.73	2675.24	50
黄山	Huangshan	99.10	182.19	191.40	247	威海	Weihai	1360.63	1958.54	2093.68	66
滁州	Chuzhou	366.96	980.33	1041.09	129	日照	Rizhao	982.74	2036.93	2082.12	67
阜阳	Fuyang	306.40	607.10	644.17	175	莱芜	Laiwu	855.30	805.79	860.51	144
宿州	Suzhou	233.18	364.20	420.21	207	临沂	Linyi	1273.39	2663.18	2697.02	48
六安	Liuan	310.00	647.89	630.75	176	德州	Dezhou	1000.83	1654.82	1543.54	93
亳州	Bozhou	142.20	350.48	420.94	206	聊城	Liaocheng	1186.76	2236.69	2285.76	59

11-9 规模以上工业企业负债总计 续表 2

Total Liabilities of Industrial Enterprises above Designated Size continued 2

单位：亿元 (100 million yuan)

地名	City	2010	2015	2016	2016 排名 Ranking	地名	City	2010	2015	2016	2016 排名 Ranking
滨州	Binzhou	1462.76	3957.70	4301.36	26	常德	Changde	476.92	759.12	851.40	146
菏泽	Heze	566.59	1657.26	1647.27	85	张家界	Zhangjiajie	84.26	57.47	71.89	253
河南	**Henan**	**12960.96**	**26189.58**	**28805.88**		益阳	Yiyang	320.78	476.26	522.11	194
郑州	Zhengzhou	2134.90	6257.41	7623.11	8	郴州	Chenzhou	405.38	727.59	790.79	156
开封	Kaifeng	282.66	634.07	662.42	170	永州	Yongzhou	182.03	299.71	312.61	232
洛阳	Luoyang	1909.51	3158.13	3758.03	29	怀化	Huaihua	331.65	323.37	395.33	214
平顶山	Pingdingshan	1117.81	1795.15	1731.31	76	娄底	Loudi	670.95	726.14	758.11	160
安阳	Anyang	822.74	1353.30	1439.69	100	**广东**	**Guangdong**	**35073.74**	**54747.90**	**59318.72**	
鹤壁	Hebi	380.20	667.51	791.68	155	广州	Guangzhou	6332.04	7864.82	8453.48	4
新乡	Xinxiang	738.76	1501.75	1488.57	98	韶关	Shaoguan	562.01	820.00	850.97	147
焦作	Jiaozuo	764.73	1281.42	1315.47	108	深圳	Shenzhen	9439.26	15831.25	16779.42	1
濮阳	Puyang	391.76	674.13	648.31	174	珠海	Zhuhai	1648.11	3276.66	3651.56	31
许昌	Xuchang	592.46	1448.26	1659.22	83	汕头	Shantou	460.86	914.03	1024.46	130
漯河	Luohe	331.55	493.06	555.51	189	佛山	Foshan	4480.16	6377.76	6773.87	10
三门峡	Sanmenxia	842.83	1532.97	1532.24	95	江门	Jiangmen	1214.28	1667.35	1701.27	80
南阳	Nanyang	768.86	1763.20	1861.89	71	湛江	Zhanjiang	663.98	1902.44	1931.22	70
商丘	Shangqiu	508.85	1000.50	995.71	133	茂名	Maoming	249.27	479.64	505.28	197
信阳	Xinyang	277.33	595.69	623.54	179	肇庆	Zhaoqing	499.30	1000.15	942.64	135
周口	Zhoukou	315.96	729.61	789.71	157	惠州	Huizhou	1771.83	2619.15	2993.96	41
驻马店	Zhumadian	354.34	671.47	659.53	173	梅州	Meizhou	251.80	340.80	408.57	211
湖北	**Hubei**	**12259.18**	**19459.99**	**20355.90**		汕尾	Shanwei	162.86	288.50	363.59	223
武汉	Wuhan	4716.24	8130.64	8569.32	3	河源	Heyuan	290.59	522.92	545.99	191
黄石	Huangshi	683.30	1137.36	1154.53	121	阳江	Yangjiang	293.66	1135.48	1212.42	116
十堰	Shiyan	1314.92	1208.23	1383.12	101	清远	Qingyuan	713.70	807.29	918.10	138
宜昌	Yichang	2094.02	2668.98	2747.48	47	东莞	Dongguan	3525.30	5369.92	6435.49	12
襄阳	Xiangyang	790.78	1629.33	1721.41	77	中山	Zhongshan	1630.56	2254.45	2441.18	54
鄂州	Ezhou	264.19	332.44	402.86	213	潮州	Chaozhou	260.59	245.72	238.62	242
荆门	Jingmen	321.76	617.83	660.74	171	揭阳	Jieyang	413.72	659.41	773.24	158
孝感	Xiaogan	319.31	726.65	741.34	162	云浮	Yunfu	209.87	370.16	373.41	219
荆州	Jingzhou	367.47	673.96	719.99	165	**广西**	**Guangxi**	**5413.29**	**9402.81**	**9825.40**	
黄冈	Huanggang	249.54	601.12	551.34	190	南宁	Nanning	536.52	1229.03	1310.88	109
咸宁	Xianning	161.89	385.15	389.45	216	柳州	Liuzhou	1166.78	2160.38	2299.53	57
随州	Suizhou	128.66	285.39	301.70	234	桂林	Guilin	410.43	712.45	707.68	166
湖南	**Hunan**	**7504.26**	**12240.94**	**13343.81**		梧州	Wuzhou	223.03	440.89	417.36	208
长沙	Changsha	1848.35	3879.01	4422.40	24	北海	Beihai	196.32	394.82		
株洲	Zhuzhou	733.44	1294.96	1448.76	99	防城港	Fangchenggang	264.59	528.86	600.19	183
湘潭	Xiangtan	779.90	1184.96	1115.81	124	钦州	Qinzhou	304.42	485.03	557.17	188
衡阳	Hengyang	500.49	836.11	996.38	132	贵港	Guigang	235.92	408.07	403.28	212
邵阳	Shaoyang	163.14	313.44	313.33	230	玉林	Yulin	273.99	412.24	455.72	204
岳阳	Yueyang	716.93	806.02	799.33	154	百色	Baise	574.65	898.96	999.39	131

11-9 规模以上工业企业负债总计 续表 3

Total Liabilities of Industrial Enterprises above Designated Size continued 3

单位：亿元 （100 million yuan）

地名	City	2010	2015	2016	2016 排名 Ranking
贺州	Hezhou	73.80	226.63	256.72	240
河池	Hechi	534.81	654.54	568.77	187
来宾	Laibin	331.27	498.80	466.18	201
崇左	Chongzuo	175.92	337.73	327.07	227
海南	**Hainan**	**861.92**	**1544.97**	**1538.21**	
海口	Haikou	209.50	321.42	348.21	225
三亚	Sanya	37.53	65.18	83.72	252
三沙	Sansha				
重庆	**Chongqing**	**4879.66**	**11053.75**	**12374.58**	
四川	**Sichuan**	**13889.83**	**24238.90**	**24234.79**	
成都	Chengdu	3163.54	6402.60	6136.92	14
自贡	Zigong	448.94	633.54	626.42	178
攀枝花	Panzhihua	1339.52	1804.11	1687.63	81
泸州	Luzhou	314.71	569.00	589.97	185
德阳	Deyang	1571.45	1488.59	1568.63	92
绵阳	Mianyang	885.04	1510.67	1571.37	91
广元	Guangyuan	163.11	444.79	408.90	210
遂宁	Suining	97.57	275.89	309.87	233
内江	Neijiang	294.10	517.53	510.53	196
乐山	Leshan	800.51	1203.78	1204.49	118
南充	Nanchong	407.07	561.91	622.05	180
眉山	Meishan	313.82	472.64	483.29	199
宜宾	Yibin	652.22	1390.73	1233.15	115
广安	Guangan	186.54	358.57	363.85	222
达州	Dazhou	621.59	707.41	606.78	182
雅安	Yaan	539.61	858.47	863.44	143
巴中	Bazhong	40.28	102.14	111.20	250
资阳	Ziyang	228.97	294.17	267.65	239
贵州	**Guizhou**	**3865.34**	**8600.79**	**9074.84**	
贵阳	Guiyang	1649.92			
六盘水	Liupanshui	653.08		1840.64	74
遵义	Zunyi	387.00		1298.73	110
安顺	Anshun	204.61			
毕节	Bijie	356.33			
铜仁	Tongren	78.29			
云南	**Yunnan**	**5735.24**	**11782.30**	**12431.16**	
昆明	Kunming	1676.88	3038.81	2942.17	43
曲靖	Qujing	890.06	1523.16	1535.07	94
玉溪	Yuxi	347.60	677.69	736.34	163
保山	Baoshan	157.51	397.72	421.19	205
昭通	Zhaotong	230.65	1132.53	1196.66	120
丽江	Lijiang	65.91	394.89	590.73	184
普洱	Puer	234.27	877.02	929.37	136
临沧	Lincang	283.72	486.06	528.65	193
西藏	**Tibet**	**58.38**	**447.88**	**550.52**	
拉萨	Lasa	42.36	230.36		
陕西	**Shaanxi**	**8348.75**	**15940.52**	**17380.70**	
西安	Xi'an	1989.79	3035.82	3318.76	37
铜川	Tongchuan	216.45	289.28	313.09	231
宝鸡	Baoji	754.54	1076.87	1260.77	113
咸阳	Xianyang	679.21	1186.62	1317.71	107
渭南	Weinan	905.67	1594.48	1681.25	82
延安	Yan'an	1250.53	1992.77	2246.64	61
汉中	Hanzhong	354.16	553.69	585.98	186
榆林	Yulin	1562.92	3740.99	4136.43	27
安康	Ankang	133.56	216.70	233.26	244
商洛	Shangluo	131.47	322.06	315.32	229
甘肃	**Gansu**	**4065.50**	**7790.62**	**8076.14**	
兰州	Lanzhou	1186.60	1783.87	2027.48	69
嘉峪关	Jiayuguan	536.30	1137.69	1209.56	117
金昌	Jinchang	476.27	1231.58	1127.00	123
白银	Baiyin	355.56	763.84	725.20	164
天水	Tianshui	132.81	187.44	208.15	246
武威	Wuwei	100.57	348.55	385.77	217
张掖	Zhangye	124.23	234.64	235.55	243
平凉	Pingliang	230.31	245.62	249.79	241
酒泉	Jiuquan	477.96	932.28	921.02	137
庆阳	Qingyang	201.16	371.72	383.11	218
定西	Dingxi	62.45	147.76	161.17	248
陇南	Longnan	77.10	206.71	232.21	245
青海	**Qinghai**	**1946.26**	**3999.09**	**4203.12**	
西宁	Xining	1224.34		2105.35	65
海东	Haidong				
宁夏	**Ningxia**	**2010.12**	**5325.38**	**5773.39**	
银川	Yinchuan	692.66	2113.48	2229.23	62
石嘴山	Shizuishan	346.37	619.28	626.81	177
吴忠	Wuzhong	323.12	736.18	815.99	152
固原	Guyuan	19.98	81.08	93.96	251
中卫	Zhongwei	220.80	885.65	952.46	134
新疆	**Xinjiang**	**3958.66**	**11644.88**	**12525.08**	
乌鲁木齐	Urumqi	999.33	2698.30	2990.72	42
克拉玛依	Karamay	620.62	882.76	820.82	150

11-10 规模以上工业企业所有者权益

Owners' Equity of Industrial Enterprises above Designated Size

单位：亿元 （100 million yuan）

地名	City	2010	2015	2016	2016 排名 Ranking	地名	City	2010	2015	2016	2016 排名 Ranking
全国	**Nation Total**	**251160.35**				沈阳	Shenyang	2790.04	3460.05	2523.40	22
北京	**Beijing**	**11202.50**				大连	Dalian	2609.91	3421.31	3203.56	17
天津	**Tianjin**	**5759.08**				鞍山	Anshan	1501.82	1554.76	1574.90	39
河北	**Hebei**	**9687.76**	**18575.56**	**19977.44**		抚顺	Fushun	467.94	419.81	378.93	142
石家庄	Shijiazhuang	1259.48	3180.94	3579.45	12	本溪	Benxi	490.42	716.46	383.70	139
唐山	Tangshan	2531.47	3903.81	4101.09	7	丹东	Dandong	251.30	307.95	288.69	157
秦皇岛	Qinhuangdao	384.90	509.80	593.27	98	锦州	Jinzhou	361.73	627.37	398.89	135
邯郸	Handan	1346.72	2072.39	2024.79	28	营口	Yingkou	697.02	800.29	672.35	89
邢台	Xingtai	667.77	1142.60	1277.53	44	阜新	Fuxin	198.45	294.46	255.60	162
保定	Baoding	935.23	1638.17	1808.73	31	辽阳	Liaoyang	551.77	804.07	574.46	103
张家口	Zhangjiakou	481.36	583.49	645.36	95	盘锦	Panjin	693.53	971.15	781.72	80
承德	Chengde	357.66	599.09	633.46	96	铁岭	Tieling	650.99	342.41	326.93	151
沧州	Cangzhou	881.43	2946.52	3216.02	16	朝阳	Chaoyang	285.28	314.67	258.57	161
廊坊	Langfang	560.45	1246.19	1284.05	43	葫芦岛	Huludao	223.07	305.75	229.38	167
衡水	Hengshui	281.29	752.56	813.69	76	**吉林**	**Jilin**	**4678.85**	**8105.08**	**9022.79**	
山西	**Shanxi**	**6330.97**	**7675.51**	**8041.22**		长春	Changchun	1927.19	3457.11	4043.45	8
太原	Taiyuan	1039.36	1179.37	1224.04	45	吉林	Jilin	797.45	1087.22	1089.34	52
大同	Datong	500.92	518.87	497.87	111	四平	Siping	309.79	446.89	518.45	107
阳泉	Yangquan	427.63	469.18	497.85	112	辽源	Liaoyuan	148.62	333.07	377.40	143
长治	Changzhi	658.86	886.81	941.11	66	通化	Tonghua	317.57	641.30	788.49	79
晋城	Jincheng	698.13	1053.37	1041.00	55	白山	Baishan	175.47	242.26	237.07	164
朔州	Shuozhou	473.98	666.39	668.83	91	松原	Songyuan	602.42	1073.33	1008.97	56
晋中	Jinzhong	409.49	441.99	443.49	122	白城	Baicheng	35.54	225.00	295.80	154
运城	Yuncheng	488.99	439.38	684.41	85	**黑龙江**	**Heilongjiang**	**4668.40**			
忻州	Xinzhou	284.10	411.56	406.03	131	哈尔滨	Harbin	914.05			
临汾	Linfen	477.99	479.83	496.29	113	齐齐哈尔	Qiqihar	394.32			
吕梁	Lvliang	763.70	875.38	861.88	71	鸡西	Jixi	65.32			
内蒙古	**Inner Mongolia**	**5982.08**	**10646.34**			鹤岗	Hegang	25.58			
呼和浩特	Hohhot	408.13	906.16	973.18	60	双鸭山	Shuangyashan	96.40			
包头	Baotou	1087.19	1759.78	1851.61	30	大庆	Daqing	2338.93			
乌海	Wuhai	208.68	379.33	321.28	152	伊春	Yichun	61.62			
赤峰	Chifeng	465.70	604.52	659.50	92	佳木斯	Jiamusi	117.50			
通辽	Tongliao	413.25	1006.20	1184.28	47	七台河	Qitaihe	124.82			
鄂尔多斯	Erdos	1994.63	3510.27	3829.31	10	牡丹江	Mudanjiang	159.81			
呼伦贝尔	Hulunbuir	324.18	594.13	577.94	101	黑河	Heihe	46.38			
巴彦淖尔	Bayannur	349.55	361.93	404.94	132	绥化	Suihua	113.88			
乌兰察布	Ulanqab	188.84	384.57	369.37	147	**上海**	**Shanghai**	**19055.42**			
辽宁	**Liaoning**	**12082.43**	**14743.93**	**12286.17**		**江苏**	**Jiangsu**	**28255.55**	**50021.44**	**54939.31**	

11-10 规模以上工业企业所有者权益 续表 1

Owners' Equity of Industrial Enterprises above Designated Size continued 1

单位：亿元 （100 million yuan）

地名	City	2010	2015	2016	2016 排名 Ranking
南京	Nanjing	2933.62	4708.31	5275.07	3
无锡	Wuxi	4559.65	6504.75	6994.78	2
徐州	Xuzhou	1460.32	3273.36	3764.27	11
常州	Changzhou	2109.60	3562.03	3996.24	9
苏州	Suzhou	8207.47	12619.36	13502.06	1
南通	Nantong	1939.45	3895.98	4373.01	6
连云港	Lianyungang	672.68	1536.21	1794.11	32
淮安	Huaian	543.72	1618.82	1692.11	35
盐城	Yancheng	998.57	2204.56	2466.99	24
扬州	Yangzhou	1391.42	2151.74	2243.06	26
镇江	Zhenjiang	1438.41	2546.26	2682.40	20
泰州	Taizhou	1142.40	2663.17	3245.38	15
宿迁	Suqian	363.14	1711.23	2000.25	29
浙江	**Zhejiang**	**18601.43**			
杭州	Hangzhou	4139.45			
宁波	Ningbo	3613.50			
温州	Wenzhou	1747.47			
嘉兴	Jiaxing	2029.87			
湖州	Huzhou	852.39			
绍兴	Shaoxing	2511.73			
金华	Jinhua	1191.59			
衢州	Quzhou	385.66			
舟山	Zhoushan	318.74			
台州	Taizhou	1247.56			
丽水	Lishui	364.21			
安徽	**Anhui**	**6308.09**	**13082.98**	**14403.25**	
合肥	Hefei	1267.12	2922.83	3282.37	14
芜湖	Wuhu	709.90	2014.54	2156.50	27
蚌埠	Bengbu	278.34	586.25	694.08	83
淮南	Huainan	497.23	712.49	753.82	82
马鞍山	Maanshan	606.94	1035.26	1120.25	51
淮北	Huaibei	489.26	781.84	841.01	75
铜陵	Tongling	304.06	594.33	624.93	97
安庆	Anqing	396.99	877.98	960.00	64
黄山	Huangshan	80.62	179.18	199.34	170
滁州	Chuzhou	315.72	808.10	911.12	68
阜阳	Fuyang	194.92	531.23	585.46	99
宿州	Suzhou	148.45	367.61	413.28	128
六安	Liuan	233.49	477.93	491.01	116
亳州	Bozhou	98.45	300.41	395.01	136
池州	Chizhou	94.64	271.12	291.30	155
宣城	Xuancheng	250.21	621.87	683.78	86
福建	**Fujian**	**7567.00**			
福州	Fuzhou	1385.84			
厦门	Xiamen	1427.81			
莆田	Putian	329.61			
三明	Sanming	358.94			
泉州	Quanzhou	2110.72			
漳州	Zhangzhou	629.85			
南平	Nanping	310.94			
龙岩	Longyan	624.47			
宁德	Ningde	222.98			
江西	**Jiangxi**	**3724.43**	**9570.82**	**11066.59**	
南昌	Nanchang	755.94	2025.92	2517.18	23
景德镇	Jingdezhen	200.66	398.77	466.36	118
萍乡	Pingxiang	220.75	626.88	668.91	90
九江	Jiujiang	344.14	1323.66	1360.41	41
新余	Xinyu	376.83	574.77	579.34	100
鹰潭	Yingtan	474.47	978.84	1060.05	53
赣州	Ganzhou	283.91	730.40	859.81	72
吉安	Jian	330.87	839.28	939.63	67
宜春	Yichun	288.88	968.98	1186.45	46
抚州	Fuzhou	141.06	384.67	571.72	104
上饶	Shangrao	306.93	718.66	856.73	73
山东	**Shandong**	**24791.38**			
济南	Jinan	1439.17			
青岛	Qingdao	2938.99			
淄博	Zibo	1933.67			
枣庄	Zaozhuang	685.83			
东营	Dongying	2521.77			
烟台	Yantai	2736.20			
潍坊	Weifang	2000.54			
济宁	Jining	1630.77			
泰安	Taian	933.06			
威海	Weihai	1234.46			
日照	Rizhao	655.96			
莱芜	Laiwu	418.21			
临沂	Linyi	1108.02			
德州	Dezhou	1288.30			
聊城	Liaocheng	1267.36			

11-10 规模以上工业企业所有者权益 续表 2
Owners' Equity of Industrial Enterprises above Designated Size continued 2

单位：亿元 （100 million yuan）

地名	City	2010	2015	2016	2016 排名 Ranking	地名	City	2010	2015	2016	2016 排名 Ranking
滨州	Binzhou	993.15				常德	Changde	486.78		1041.60	54
菏泽	Heze	606.88				张家界	Zhangjiajie	67.01		64.03	184
河南	**Henan**	**10506.46**				益阳	Yiyang	171.54		508.77	109
郑州	Zhengzhou	1763.87				郴州	Chenzhou	579.33		864.50	70
开封	Kaifeng	469.75				永州	Yongzhou	181.27		390.62	137
洛阳	Luoyang	1376.67				怀化	Huaihua	178.13		366.77	148
平顶山	Pingdingshan	761.32				娄底	Loudi	254.95		479.89	117
安阳	Anyang	474.62				**广东**	**Guangdong**	**27461.84**			
鹤壁	Hebi	151.59				广州	Guangzhou	4933.46			
新乡	Xinxiang	670.53				韶关	Shaoguan	282.13			
焦作	Jiaozuo	589.64				深圳	Shenzhen	8686.97			
濮阳	Puyang	425.09				珠海	Zhuhai	1045.96			
许昌	Xuchang	692.25				汕头	Shantou	803.01			
漯河	Luohe	390.05				佛山	Foshan	2864.65			
三门峡	Sanmenxia	515.78				江门	Jiangmen	1013.99			
南阳	Nanyang	559.65				湛江	Zhanjiang	331.94			
商丘	Shangqiu	356.15				茂名	Maoming	252.02			
信阳	Xinyang	246.07				肇庆	Zhaoqing	516.43			
周口	Zhoukou	395.05				惠州	Huizhou	1041.35			
驻马店	Zhumadian	352.30				梅州	Meizhou	226.12			
湖北	**Hubei**	**8577.11**	**15875.33**	**17502.70**		汕尾	Shanwei	146.89			
武汉	Wuhan	2773.20	4578.18	5147.09	5	河源	Heyuan	242.63			
黄石	Huangshi	376.58	740.04	800.73	77	阳江	Yangjiang	155.17			
十堰	Shiyan	2586.32	1616.50	1752.68	34	清远	Qingyuan	429.00			
宜昌	Yichang	1304.84	2245.82	2608.44	21	东莞	Dongguan	2475.01			
襄阳	Xiangyang	423.56	1565.65	1632.01	36	中山	Zhongshan	1142.63			
鄂州	Ezhou	158.49	246.16	289.46	156	潮州	Chaozhou	226.61			
荆门	Jingmen	298.56	750.66	959.90	65	揭阳	Jieyang	482.29			
孝感	Xiaogan	684.56	714.88	777.23	81	云浮	Yunfu	163.56			
荆州	Jingzhou	271.88	800.71	877.23	69	**广西**	**Guangxi**	**3211.63**		**6185.34**	
黄冈	Huanggang	262.76	595.70	576.61	102	南宁	Nanning	428.07	872.33	971.86	61
咸宁	Xianning	180.36	495.71	538.28	105	柳州	Liuzhou	723.42	911.54	977.21	59
随州	Suizhou	122.46	393.36	407.10	130	桂林	Guilin	282.17	621.30	673.69	88
湖南	**Hunan**	**5534.59**		**12171.52**		梧州	Wuzhou	178.25	318.39	443.51	121
长沙	Changsha	1645.24		3468.16	13	北海	Beihai	92.83	322.10	373.56	144
株洲	Zhuzhou	520.94		1759.13	33	防城港	Fangchenggang	125.16	289.87	275.44	159
湘潭	Xiangtan	370.09		675.50	87	钦州	Qinzhou	180.45	399.74	415.86	126
衡阳	Hengyang	261.04		653.02	94	贵港	Guigang	189.75	336.86	383.74	138
邵阳	Shaoyang	187.57		494.35	114	玉林	Yulin	193.23	378.52	371.76	146
岳阳	Yueyang	508.00		1175.11	48	百色	Baise	243.57	377.98	399.59	134

11-10 规模以上工业企业所有者权益 续表 3
Owners' Equity of Industrial Enterprises above Designated Size continued 3

单位：亿元 (100 million yuan)

地名	City	2010	2015	2016	2016 排名 Ranking
贺州	Hezhou	74.19	161.28	187.79	173
河池	Hechi	165.48	174.05	183.04	176
来宾	Laibin	98.38	122.98	110.44	181
崇左	Chongzuo	115.03	219.76	210.97	168
海南	**Hainan**	**757.79**	**1242.62**	**1225.97**	
海口	Haikou	241.56	378.93	380.41	140
三亚	Sanya	19.32	50.57	58.05	185
三沙	Sansha				
重庆	**Chongqing**	**3205.78**			
四川	**Sichuan**	**8571.93**	**16075.60**	**17167.51**	
成都	Chengdu	2339.15	4526.16	5218.72	4
自贡	Zigong	221.94	404.27	436.22	124
攀枝花	Panzhihua	432.82	469.31	512.46	108
泸州	Luzhou	272.94	489.54	537.17	106
德阳	Deyang	637.95	830.57	963.58	63
绵阳	Mian yang	445.99	852.84	966.01	62
广元	Guangyuan	97.89	241.92	286.72	158
遂宁	Suining	200.10	438.38	502.82	110
内江	Neijiang	272.59	386.41	372.04	145
乐山	Leshan	471.28	665.06	793.90	78
南充	Nanchong	405.37	768.54	854.10	74
眉山	Meishan	187.05	401.23	408.67	129
宜宾	Yibin	598.38	1282.32	1290.97	42
广安	Guangan	109.76	279.85	296.75	153
达州	Dazhou	132.33	737.48	419.78	125
雅安	Yaan	231.22	320.37	344.23	149
巴中	Bazhong	23.31	98.87	105.32	182
资阳	Ziyang	232.06	303.51	232.99	166
贵州	**Guizhou**	**2081.15**			
贵阳	Guiyang	683.66			
六盘水	Liupanshui	369.50			
遵义	Zunyi	474.27			
安顺	Anshun	107.53			
毕节	Bijie	126.12			
铜仁	Tongren	36.80			
云南	**Yunnan**	**3857.72**	**6386.35**	**7031.04**	
昆明	Kunming	1157.76	2148.93	2294.23	25
曲靖	Qujing	521.82	683.29	685.70	84
玉溪	Yuxi	601.07	725.88	990.57	58
保山	Baoshan	80.00	166.73	194.11	172
昭通	Zhaotong	168.65	409.56	460.25	119
丽江	Lijiang	34.49	264.99	163.47	178
普洱	Puer	71.63	227.23	246.65	163
临沧	Lincang	114.73	179.30	184.82	174
西藏	**Tibet**	**223.22**	**447.12**	**554.21**	
拉萨	Lasa	172.71	351.95	437.82	123
陕西	**Shaanxi**	**6311.19**	**11598.01**	**12641.54**	
西安	Xi'an	1462.93	2332.41	2723.22	19
铜川	Tongchuan	116.87	191.05	183.95	175
宝鸡	Baoji	552.64	1001.60	1138.86	50
咸阳	Xianyang	530.16	1287.32	1460.13	40
渭南	Weinan	556.43	722.76	653.91	93
延安	Yan'an	929.37	1536.91	1625.55	37
汉中	Hanzhong	167.29	249.58	273.16	160
榆林	Yulin	1489.54	2992.40	3157.90	18
安康	Ankang	72.43	288.30	334.62	150
商洛	Shangluo	78.34	202.18	234.29	165
甘肃	**Gansu**	**2411.02**	**4117.45**	**4187.87**	
兰州	Lanzhou	661.02	944.26	994.80	57
嘉峪关	Jiayuguan	334.61	446.57	415.50	127
金昌	Jinchang	311.58	546.96	491.98	115
白银	Baiyin	210.49	364.73	378.97	141
天水	Tianshui	91.05	167.20	198.90	171
武威	Wuwei	61.12	178.91	201.38	169
张掖	Zhangye	65.37	136.33	149.90	179
平凉	Pingliang	82.85	127.23	121.36	180
酒泉	Jiuquan	249.46	424.30	400.80	133
庆阳	Qingyang	201.27	425.40	458.43	120
定西	Dingxi	30.74	94.75	101.47	183
陇南	Longnan	65.38	160.30	177.65	177
青海	**Qinghai**	**1084.12**			
西宁	Xining	526.12			
海东	Haidong				
宁夏	**Ningxia**	**1153.29**	**2459.99**		
银川	Yinchuan	484.21	1158.85		
石嘴山	Shizuishan	173.47	312.43		
吴忠	Wuzhong	139.93	288.44		
固原	Guyuan	13.33	44.65		
中卫	Zhongwei	112.46	305.17		
新疆	**Xinjiang**	**3888.40**	**6518.53**	**7005.82**	
乌鲁木齐	Urumqi	1232.34	1548.04	1613.44	38
克拉玛依	Karamay	948.93	1184.18	1145.72	49

11-11　规模以上工业企业主营业务收入

Revenue from Principal Business of Industrial Enterprises above Designated Size

单位：亿元　　　　（100 million yuan）

地名	City	2010	2015	2016	2016 排名 Ranking
全国	**Nation Total**	**697744.00**	**1109852.97**	**1158998.52**	
北京	**Beijing**	**14807.11**	**18864.90**	**19746.96**	
天津	**Tianjin**	**17319.62**	**27969.58**	**25888.20**	
河北	**Hebei**	**31628.93**	**45648.10**	**47318.60**	
石家庄	Shijiazhuang	5553.67	9538.55	9703.18	27
唐山	Tangshan	7980.95	9661.39	10191.30	25
秦皇岛	Qinhuangdao	1176.80	1437.13	1477.97	183
邯郸	Handan	4311.41	4798.54	4956.46	60
邢台	Xingtai	1788.89	2601.17	2845.61	110
保定	Baoding	2866.16	4361.37	4613.74	64
张家口	Zhangjiakou	831.20	986.93	955.20	221
承德	Chengde	1245.69	1594.28	1627.89	170
沧州	Cangzhou	2816.26	5466.76	5648.04	54
廊坊	Langfang	2142.98	3555.42	3670.63	82
衡水	Hengshui	914.92	1646.55	1628.58	169
山西	**Shanxi**	**12712.50**	**14624.14**	**14226.45**	
太原	Taiyuan	2057.79	2663.94	2346.11	128
大同	Datong	801.40	2128.09	1782.83	156
阳泉	Yangquan	597.36	644.27	616.78	238
长治	Changzhi	1368.27	1119.25	1271.96	198
晋城	Jincheng	992.99	977.53	945.07	223
朔州	Shuozhou	804.63	742.77	710.64	233
晋中	Jinzhong	1050.12	987.16	1147.56	208
运城	Yuncheng	1207.36	1316.12	1310.25	194
忻州	Xinzhou	394.71	516.58	510.20	246
临汾	Linfen	1411.11	1292.89	1257.22	199
吕梁	Lvliang	1474.43	1434.58	1493.61	181
内蒙古	**Inner Mongolia**	**13387.83**	**18925.61**	**20056.67**	
呼和浩特	Hohhot	1153.97	1719.84	1724.56	164
包头	Baotou	2520.05	2898.88	3449.95	87
乌海	Wuhai	557.70	350.60	386.69	256
赤峰	Chifeng	1241.33	1975.05	1994.54	145
通辽	Tongliao	1814.02	2451.45	2632.57	117
鄂尔多斯	Erdos	2790.13	4259.64	4720.69	63
呼伦贝尔	Hulunbuir	724.53	1199.70	1217.26	201
巴彦淖尔	Bayannur	685.10	737.59	785.87	230
乌兰察布	Ulanqab	666.87	850.56	955.89	220
辽宁	**Liaoning**	**36049.59**	**33243.29**	**22038.95**	
沈阳	Shenyang	9399.62	9181.33	5484.57	56
大连	Dalian	7468.41	6856.58	6021.61	47
鞍山	Anshan	2716.91	2488.15	1623.62	171
抚顺	Fushun	1653.15	870.45	803.59	228
本溪	Benxi	1597.82	1749.68	793.77	229
丹东	Dandong	909.57	412.99	420.12	253
锦州	Jinzhou	1625.38	2273.21	627.20	237
营口	Yingkou	2276.77	2226.13	1166.95	205
阜新	Fuxin	409.64	470.91	260.13	263
辽阳	Liaoyang	1599.96	1362.48	671.82	236
盘锦	Panjin	1624.39	2629.77	1848.34	151
铁岭	Tieling	2322.04	461.92	451.55	251
朝阳	Chaoyang	938.38	569.65	381.78	257
葫芦岛	Huludao	785.14	776.60	563.38	244
吉林	**Jilin**	**12528.35**	**22321.96**	**23431.37**	
长春	Changchun	5660.60	8989.49	9606.16	28
吉林	Jilin	2097.85	3013.66	3090.09	102
四平	Siping	923.26	1699.86	1608.14	172
辽源	Liaoyuan	538.83	1380.30	1463.24	186
通化	Tonghua	802.26	1984.03	2168.77	134
白山	Baishan	630.27	1308.13	1343.43	193
松原	Songyuan	1213.78	2059.29	2099.15	138
白城	Baicheng	252.19	627.36	703.97	234
黑龙江	**Heilongjiang**	**9899.14**	**11719.03**	**11347.77**	
哈尔滨	Harbin	2051.12	3111.92	3289.89	91
齐齐哈尔	Qiqihar	817.23	967.43	1024.67	215
鸡西	Jixi	247.06	184.09	184.50	269
鹤岗	Hegang	221.17	136.77	138.69	272
双鸭山	Shuangyashan	348.73	255.06	243.65	264
大庆	Daqing	3665.56	3117.93	2913.56	108
伊春	Yichun	178.64	88.36	79.81	279
佳木斯	Jiamusi	315.59	556.16	522.77	245
七台河	Qitaihe	410.67	159.51	146.48	270
牡丹江	Mudanjiang	441.17	972.87	1020.85	216
黑河	Heihe	72.49	120.91	123.01	275
绥化	Suihua	307.20	921.04	956.00	219
上海	**Shanghai**	**32084.08**	**34172.22**	**34315.15**	
江苏	**Jiangsu**	**91077.41**	**147074.5**	**156591.0**	

11-11 规模以上工业企业主营业务收入 续表 1

Revenue from Principal Business of Industrial Enterprises above Designated Size continued 1

单位：亿元 （100 million yuan）

地名	City	2010	2015	2016	2016 排名 Ranking
南京	Nanjing	8625.35	12180.70	12442.36	15
无锡	Wuxi	12879.78	14083.94	14120.24	10
徐州	Xuzhou	5102.14	12034.33	13947.04	11
常州	Changzhou	7274.88	11500.68	12435.86	16
苏州	Suzhou	24577.51	19768.65	30380.18	1
南通	Nantong	7254.56	13322.91	14650.80	8
连云港	Lianyungang	1905.48	5356.08	5946.41	48
淮安	Huaian	2411.10	6542.23	7014.24	43
盐城	Yancheng	3891.66	8038.97	8870.47	32
扬州	Yangzhou	5637.77	8973.50	9502.36	30
镇江	Zhenjiang	4009.31	8211.10	8632.13	34
泰州	Taizhou	4742.55	10792.62	12139.45	19
宿迁	Suqian	1124.30	3714.77	3896.33	76
浙江	**Zhejiang**	**50536.31**	**63214.41**	**65453.88**	
杭州	Hangzhou	10843.24	12237.39	12367.54	17
宁波	Ningbo	10396.63	12911.27	13639.11	12
温州	Wenzhou	4365.64	4343.56	4594.24	65
嘉兴	Jiaxing	5013.12	7192.33	7589.37	39
湖州	Huzhou	2672.05	4228.33	4367.93	71
绍兴	Shaoxing	6693.85	9405.60	9337.98	31
金华	Jinhua	3318.58	4364.72	4370.87	70
衢州	Quzhou	1108.97	1597.37	1590.49	175
舟山	Zhoushan	877.73	1196.51	1379.82	191
台州	Taizhou	3487.00	3509.08	3794.15	80
丽水	Lishui	1125.47	1655.86	1774.53	157
安徽	**Anhui**	**18164.60**	**39064.41**	**42190.46**	
合肥	Hefei	3733.01	8931.10	9519.43	29
芜湖	Wuhu	2111.56	5400.27	5763.62	51
蚌埠	Bengbu	752.59	2254.50	2585.44	118
淮南	Huainan	792.68	882.24	951.64	222
马鞍山	Maanshan	1477.99	2465.38	2737.03	113
淮北	Huaibei	934.72	2337.45	2388.63	126
铜陵	Tongling	1249.17	2884.31	3014.61	106
安庆	Anqing	1314.55	2685.77	2869.43	109
黄山	Huangshan	303.56	536.24	594.31	241
滁州	Chuzhou	965.83	2518.78	2810.28	112
阜阳	Fuyang	694.47	1841.92	2120.46	137
宿州	Suzhou	670.10	1582.11	1799.82	153
六安	Liuan	786.61	1413.35	1444.93	187
亳州	Bozhou	316.85	905.41	1799.82	153
池州	Chizhou	276.26	716.81	774.15	232
宣城	Xuancheng	992.99	1708.77	1819.67	152
福建	**Fujian**	**21479.37**	**39591.28**	**42537.24**	
福州	Fuzhou	4203.70	7448.70	8036.91	36
厦门	Xiamen	3677.58	4715.74	4867.91	62
莆田	Putian	1241.05	2578.53	2816.59	111
三明	Sanming	1300.40	3148.76	3459.75	86
泉州	Quanzhou	5993.32	10922.23	11666.61	22
漳州	Zhangzhou	1867.97	4507.21	4913.36	61
南平	Nanping	729.36	1616.48	1732.28	163
龙岩	Longyan	1127.90	1815.04	2011.42	143
宁德	Ningde	851.96	2838.61	3032.41	105
江西	**Jiangxi**	**14196.68**	**32954.82**	**35961.32**	
南昌	Nanchang	2760.17	5472.38	6110.85	46
景德镇	Jingdezhen	678.56	1084.17	1150.53	207
萍乡	Pingxiang	1049.99	1682.06	1740.00	159
九江	Jiujiang	1507.60	5109.19	5487.49	55
新余	Xinyu	1230.26	1545.11	1648.15	168
鹰潭	Yingtan	1456.60	3435.71	3633.09	83
赣州	Ganzhou	1258.68	3124.00	3504.33	85
吉安	Jian	1122.47	2998.48	3278.80	94
宜春	Yichun	1221.20	3571.35	4016.67	74
抚州	Fuzhou	733.95	1539.98	1648.57	167
上饶	Shangrao	1177.20	2896.99	3300.18	90
山东	**Shandong**	**83663.00**	**145628.87**	**150641.21**	
济南	Jinan	4422.95	5036.21	8025.68	37
青岛	Qingdao	10545.17	16666.88	15772.07	6
淄博	Zibo	7713.05	10915.62	11860.38	21
枣庄	Zaozhuang	2761.25	3581.22	3826.53	79
东营	Dongying	5888.01	13152.82	13228.27	13
烟台	Yantai	10019.53	15157.01	16148.24	5
潍坊	Weifang	7486.72	12320.67	13212.73	14
济宁	Jining	3908.66	5453.15	5411.73	57
泰安	Taian	3584.30	6214.89	5744.21	52
威海	Weihai	4284.45	6853.09	7057.26	42
日照	Rizhao	1928.49	2476.66	2455.82	123
莱芜	Laiwu	1506.29	1555.91	1590.75	174
临沂	Linyi	4637.88	10299.19	10839.05	23
德州	Dezhou	3941.04	9593.36	10465.22	24
聊城	Liaocheng	4061.87	8818.83	8856.58	33

11-11 规模以上工业企业主营业务收入 续表 2

Revenue from Principal Business of Industrial Enterprises above Designated Size continued 2

单位：亿元 （100 million yuan）

地名	City	2010	2015	2016	2016 排名 Ranking	地名	City	2010	2015	2016	2016 排名 Ranking
滨州	Binzhou	3782.38	8057.91	8348.41	35	常德	Changde	1209.50	2391.20	2491.16	119
菏泽	Heze	2501.77	7076.59	7798.27	38	张家界	Zhangjiajie	106.35	124.26	138.74	271
河南	**Henan**	**36163.12**	**73365.96**	**79657.15**		益阳	Yiyang	797.57	1996.36	2201.08	133
郑州	Zhengzhou	5942.31	13587.52	14158.17	9	郴州	Chenzhou	1437.27	3107.80	3262.04	97
开封	Kaifeng	1003.05	2701.16	3001.75	107	永州	Yongzhou	587.52	1052.49	1203.61	202
洛阳	Luoyang	3917.63	6723.45	7468.82	40	怀化	Huaihua	677.60	902.83	986.13	218
平顶山	Pingdingshan	2011.01	2342.48	2480.53	121	娄底	Loudi	1096.50	1610.34	1912.75	149
安阳	Anyang	2430.90	3633.50	3833.07	78	**广东**	**Guangdong**	**84114.85**	**119157.86**	**129151.31**	
鹤壁	Hebi	919.10	1993.76	2065.31	141	广州	Guangzhou	13624.65	16843.23	17599.01	4
新乡	Xinxiang	2165.17	4157.07	4480.34	68	韶关	Shaoguan	768.97	1130.57	1174.78	204
焦作	Jiaozuo	2622.42	5138.78	5692.23	53	深圳	Shenzhen	18813.72	24972.22	26764.55	2
濮阳	Puyang	1550.33	3402.43	3772.24	81	珠海	Zhuhai	3058.87	3951.12	4213.59	73
许昌	Xuchang	2316.79	5395.16	6295.50	44	汕头	Shantou	1805.34	2887.42	3210.38	98
漯河	Luohe	1620.61	2899.01	3275.20	95	佛山	Foshan	13733.60	18510.23	20199.21	3
三门峡	Sanmenxia	2103.44	3507.44	3194.30	99	江门	Jiangmen	3639.89	3649.04	3980.91	75
南阳	Nanyang	2009.77	4176.08	4513.85	67	湛江	Zhanjiang	1328.82	2033.52	2363.16	127
商丘	Shangqiu	1405.51	3076.57	3545.19	84	茂名	Maoming	1364.57	2328.77	2490.26	120
信阳	Xinyang	995.25	2442.20	2714.39	115	肇庆	Zhaoqing	1689.05	3905.11	3864.90	77
周口	Zhoukou	1281.91	4033.58	4530.41	66	惠州	Huizhou	3892.63	6938.54	7398.15	41
驻马店	Zhumadian	1023.29	2758.53	3073.22	103	梅州	Meizhou	438.65	636.81	692.86	235
湖北	**Hubei**	**21151.56**	**43179.21**	**45850.64**		汕尾	Shanwei	415.83	1129.00	1202.68	203
武汉	Wuhan	7639.32	11771.72	12356.79	18	河源	Heyuan	757.50	1355.06	1544.92	179
黄石	Huangshi	1337.14	2505.68	2416.19	125	阳江	Yangjiang	657.55	1843.85	2004.65	144
十堰	Shiyan	1137.81	1677.70	1858.55	150	清远	Qingyuan	2771.05	1601.50	1739.58	160
宜昌	Yichang	1989.81	5403.72	5942.09	49	东莞	Dongguan	7708.17	12454.22	14889.63	7
襄阳	Xiangyang	1949.61	5389.08	5879.48	50	中山	Zhongshan	4710.39	5880.90	6221.56	45
鄂州	Ezhou	641.96	1189.38	1361.12	192	潮州	Chaozhou	715.49	1275.77	1379.93	190
荆门	Jingmen	1177.33	2965.75	3145.42	100	揭阳	Jieyang	1780.50	4794.41	5057.30	58
孝感	Xiaogan	975.63	2536.15	2677.17	116	云浮	Yunfu	439.61	1036.58	1159.30	206
荆州	Jingzhou	847.00	2185.88	2286.46	131	**广西**	**Guangxi**	**9235.85**	**20442.50**	**22231.30**	
黄冈	Huanggang	741.84	1640.25	1677.17	166	南宁	Nanning	1226.64	3051.34	3314.21	89
咸宁	Xianning	580.55	1560.83	1571.61	176	柳州	Liuzhou	2415.83	4130.78	4432.55	69
随州	Suizhou	487.44	1207.48	1303.43	196	桂林	Guilin	861.05	2185.16	2304.64	130
湖南	**Hunan**	**18669.79**	**35410.45**	**39134.64**		梧州	Wuzhou	684.39	1979.09	2151.83	135
长沙	Changsha	4138.73	9223.93	10173.19	26	北海	Beihai	310.68	1719.86	2038.72	142
株洲	Zhuzhou	1643.70	3132.22	3280.67	93	防城港	Fangchenggang	427.60	1032.73	1135.39	209
湘潭	Xiangtan	1473.62	3023.65	3287.46	92	钦州	Qinzhou	429.54	1262.76	1421.30	189
衡阳	Hengyang	1830.86	1945.81	2077.07	140	贵港	Guigang	455.16	787.02	901.74	225
邵阳	Shaoyang	695.42	1805.39	1921.97	148	玉林	Yulin	680.93	1445.89	1474.70	185
岳阳	Yueyang	2725.32	4735.75	5032.19	59	百色	Baise	523.31	851.30	1135.38	210

11-11 规模以上工业企业主营业务收入 续表 3

Revenue from Principal Business of Industrial Enterprises above Designated Size continued 3

单位：亿元 （100 million yuan）

地名	City	2010	2015	2016	2016 排名 Ranking
贺州	Hezhou	166.39	382.87	436.02	252
河池	Hechi	330.40	338.07	306.46	261
来宾	Laibin	345.75	470.93	474.48	249
崇左	Chongzuo	278.37	572.70	613.28	239
海南	**Hainan**	**1322.83**	**1661.72**	**1668.92**	
海口	Haikou	411.02	498.48	493.53	248
三亚	Sanya	41.34	55.87	62.59	280
三沙	Sansha				
重庆	**Chongqing**	**9039.03**	**20902.24**	**23467.03**	
四川	**Sichuan**	**23062.82**	**38645.91**	**41529.25**	
成都	Chengdu	5626.12	10726.37	11864.26	20
自贡	Zigong	1085.33	1664.04	1735.65	161
攀枝花	Panzhihua	1060.96	1495.90	1554.08	178
泸州	Luzhou	1020.49	1447.72	1604.04	173
德阳	Deyang	1488.66	2826.05	3267.50	96
绵阳	Mianyang	1275.97	2307.29	2450.81	124
广元	Guangyuan	320.47	732.28	815.11	226
遂宁	Suining	640.75	1179.87	1305.63	195
内江	Neijiang	1286.38	1618.27	1733.46	162
乐山	Leshan	1168.93	1525.24	1702.21	165
南充	Nanchong	1129.95	2181.35	2460.74	122
眉山	Meishan	743.40	1318.39	1480.72	182
宜宾	Yibin	1272.74	2078.77	2253.25	132
广安	Guangan	605.56	1383.33	1561.45	177
达州	Dazhou	882.08	1365.55	945.07	223
雅安	Yaan	288.81	417.10	462.93	250
巴中	Bazhong	170.93	512.12	568.32	243
资阳	Ziyang	1161.85	1169.82	997.99	217
贵州	**Guizhou**	**3926.01**	**9876.81**	**11172.44**	
贵阳	Guiyang	1488.54		2733.52	114
六盘水	Liupanshui	561.83		1475.39	184
遵义	Zunyi	653.71		2093.59	139
安顺	Anshun	183.78			
毕节	Bijie	249.34			
铜仁	Tongren	116.89			
云南	**Yunnan**	**6356.24**	**9829.69**	**10149.03**	
昆明	Kunming	2309.47	3226.29	3142.29	101
曲靖	Qujing	1000.38	1465.83	1512.19	180
玉溪	Yuxi	895.76	1168.00	1222.18	200
保山	Baoshan	100.67	330.16	364.74	259
昭通	Zhaotong	189.26	371.59	381.25	258
丽江	Lijiang	65.85	119.28	120.51	276
普洱	Puer	88.96	200.62	218.04	266
临沧	Lincang	85.57	236.54	243.04	265
西藏	**Tibet**	**59.70**	**136.38**	**171.82**	
拉萨	Lasa	45.07	91.27	111.88	277
陕西	**Shaanxi**	**10888.80**	**19690.66**	**21027.90**	
西安	Xi'an	2889.51	3747.98	4326.23	72
铜川	Tongchuan	256.87	491.94	506.40	247
宝鸡	Baoji	1212.02	2054.37	2327.67	129
咸阳	Xianyang	1370.30	3049.70	3409.66	88
渭南	Weinan	1054.52	1707.33	1773.51	158
延安	Yan'an	1217.78	1683.58	1283.33	197
汉中	Hanzhong	397.15	990.63	1036.04	214
榆林	Yulin	1853.88	2879.66	3034.51	104
安康	Ankang	178.84	901.25	1070.25	213
商洛	Shangluo	138.02	722.76	805.23	227
甘肃	**Gansu**	**5175.56**	**8689.37**	**7850.29**	
兰州	Lanzhou	1742.53	2086.57	1933.25	147
嘉峪关	Jiayuguan	610.87	1377.75	1117.08	211
金昌	Jinchang	1059.32	2427.33	2123.28	136
白银	Baiyin	400.54	827.57	785.24	231
天水	Tianshui	154.03	176.82	203.95	267
武威	Wuwei	110.57	254.88	287.10	262
张掖	Zhangye	108.84	188.68	202.19	268
平凉	Pingliang	136.20	145.82	137.46	273
酒泉	Jiuquan	369.80	393.01	332.67	260
庆阳	Qingyang	311.91	489.24	391.77	255
定西	Dingxi	44.95	123.59	134.28	274
陇南	Longnan	66.02	102.46	107.00	278
青海	**Qinghai**	**1525.08**	**2170.66**	**2244.47**	
西宁	Xining	996.51		1423.56	188
海东	Haidong				
宁夏	**Ningxia**	**1879.99**	**3472.75**	**3646.10**	
银川	Yinchuan	799.97	1735.18	1796.33	155
石嘴山	Shizuishan	409.79	529.27	600.88	240
吴忠	Wuzhong	314.10	530.29	575.33	242
固原	Guyuan	13.88	36.40	36.11	281
中卫	Zhongwei	151.35	396.95	396.62	254
新疆	**Xinjiang**	**5492.61**	**8203.73**	**8300.96**	
乌鲁木齐	Urumqi	1678.93	2111.56	1933.31	146
克拉玛依	Karamay	1424.05	1183.30	1112.91	212

11-12 规模以上工业企业利润总额
Total Profits of Industrial Enterprises above Designated Size

单位：亿元 （100 million yuan）

地名	City	2010	2015	2016	2016 排名 Ranking	地名	City	2010	2015	2016	2016 排名 Ranking
全国	**Nation Total**	**53049.66**	**66187.07**	**71921.43**		沈阳	Shenyang	673.25	446.63	274.62	74
北京	**Beijing**	**1028.34**	**1597.71**	**1608.26**		大连	Dalian	532.62	255.06	295.82	68
天津	**Tianjin**	**1552.05**	**2221.82**	**2046.69**		鞍山	Anshan	186.85	51.87	19.49	236
河北	**Hebei**	**2141.47**	**2360.99**	**2815.11**		抚顺	Fushun	83.82	-0.58	39.58	210
石家庄	Shijiazhuang	412.98	815.91	820.93	17	本溪	Benxi	55.58	5.94	23.54	230
唐山	Tangshan	456.60	245.44	438.14	45	丹东	Dandong	75.67	13.49	20.88	232
秦皇岛	Qinhuangdao	45.43	19.24	36.45	212	锦州	Jinzhou	138.17	139.06	28.18	220
邯郸	Handan	190.76	165.26	239.41	85	营口	Yingkou	194.82	121.49	15.41	240
邢台	Xingtai	137.42	125.45	163.50	117	阜新	Fuxin	28.47	10.50	10.73	249
保定	Baoding	238.48	249.14	348.51	59	辽阳	Liaoyang	171.60	58.01	5.08	257
张家口	Zhangjiakou	56.63	52.51	66.66	179	盘锦	Panjin	12.25	-45.85	-186.74	282
承德	Chengde	122.31	57.95	87.53	155	铁岭	Tieling	99.60	1.74	-2.48	269
沧州	Cangzhou	247.23	320.67	320.01	64	朝阳	Chaoyang	91.02	-3.15	3.28	262
廊坊	Langfang	170.74	172.85	188.74	101	葫芦岛	Huludao	19.39	2.06	12.80	245
衡水	Hengshui	62.89	104.54	105.90	145	**吉林**	**Jilin**	**843.21**	**1208.47**	**1268.49**	
山西	**Shanxi**	**958.25**	**-30.69**	**294.78**		长春	Changchun	509.02	765.37	751.68	19
太原	Taiyuan	81.61	-38.82	17.48	238	吉林	Jilin	56.18	43.79	118.28	135
大同	Datong	32.52	16.17	11.90	246	四平	Siping	38.15	51.40	64.76	181
阳泉	Yangquan	41.71	-1.51	5.26	256	辽源	Liaoyuan	16.00	29.00	31.12	217
长治	Changzhi	135.96	7.32	75.56	167	通化	Tonghua	29.12	136.67	150.10	122
晋城	Jincheng	148.16	50.64	56.29	189	白山	Baishan	22.04	22.78	25.40	224
朔州	Shuozhou	120.98	-30.44	45.85	199	松原	Songyuan	115.49	68.67	47.12	198
晋中	Jinzhong	39.77	-42.37	-18.63	276	白城	Baicheng	9.81	16.68	19.68	235
运城	Yuncheng	49.47	21.21	50.69	196	**黑龙江**	**Heilongjiang**	**1248.82**	**465.09**	**295.54**	
忻州	Xinzhou	50.26	12.33	24.23	229	哈尔滨	Harbin	118.80	173.62	166.70	115
临汾	Linfen	70.49	-33.56	-3.89	271	齐齐哈尔	Qiqihar	81.01	29.12	0.33	267
吕梁	Lvliang	173.00	-8.95	11.46	247	鸡西	Jixi	17.25	-6.53	2.64	263
内蒙古	**Inner Mongolia**	**1688.44**	**1048.55**	**1344.41**		鹤岗	Hegang	12.54	-7.95	-5.68	273
呼和浩特	Hohhot	187.96	102.45	99.84	150	双鸭山	Shuangyashan	17.03	-0.77	-2.06	268
包头	Baotou	188.47	43.16	112.48	139	大庆	Daqing	814.66	158.89	-9.72	274
乌海	Wuhai	91.48	-13.63	16.03	239	伊春	Yichun	10.06	-9.98	-4.20	272
赤峰	Chifeng	129.62	72.04	60.72	185	佳木斯	Jiamusi	35.29	16.30	17.87	237
通辽	Tongliao	136.52	142.84	170.13	112	七台河	Qitaihe	57.25	-8.48	-3.88	270
鄂尔多斯	Erdos	685.82	5161.29	634.46	25	牡丹江	Mudanjiang	26.31	54.53	59.41	186
呼伦贝尔	Hulunbuir	68.08	175.23	53.72	192	黑河	Heihe	3.27	6.16	7.65	253
巴彦淖尔	Bayannur	44.27	33.42	25.14	225	绥化	Suihua	41.35	63.59	64.23	183
乌兰察布	Ulanqab	48.69	24.40	83.24	157	**上海**	**Shanghai**	**2299.66**	**2680.53**	**2913.91**	
辽宁	**Liaoning**	**2371.35**	**1069.66**	**575.39**		**江苏**	**Jiangsu**	**5970.56**	**9686.84**	**10574.40**	

11-12 规模以上工业企业利润总额 续表 1

Total Profits of Industrial Enterprises above Designated Size continued 1

单位：亿元 （100 million yuan）

地名	City	2010	2015	2016	2016 排名 Ranking	地名	City	2010	2015	2016	2016 排名 Ranking
南京	Nanjing	497.91	837.39	959.35	12	池州	Chizhou	19.21	53.04	51.25	194
无锡	Wuxi	945.91	895.09	968.02	11	宣城	Xuancheng	109.73	184.29	133.50	127
徐州	Xuzhou	457.80	978.53	1108.89	8	**福建**	**Fujian**	**1754.18**	**2359.82**	**2889.26**	
常州	Changzhou	413.47	642.27	725.27	21	福州	Fuzhou	324.06	384.43	680.14	23
苏州	Suzhou	1507.06	1529.04	1772.74	1	厦门	Xiamen	276.75	185.12	440.28	44
南通	Nantong	553.09	1015.25	1118.27	7	莆田	Putian	92.73	204.15	349.16	58
连云港	Lianyungang	165.82	434.64	496.53	40	三明	Sanming	41.22	65.24	148.26	123
淮安	Huaian	124.39	374.36	404.81	50	泉州	Quanzhou	627.32	812.92	1416.00	4
盐城	Yancheng	217.08	564.34	475.83	43	漳州	Zhangzhou	161.61	372.11	673.33	24
扬州	Yangzhou	417.53	605.64	593.15	29	南平	Nanping	45.61	76.87	155.50	120
镇江	Zhenjiang	228.08	556.73	582.17	33	龙岩	Longyan	136.27	90.05	225.32	90
泰州	Taizhou	343.88	840.00	938.67	14	宁德	Ningde	42.83	168.93	255.13	84
宿迁	Suqian	112.86	374.85	391.93	52	**江西**	**Jiangxi**	**856.81**	**2114.65**	**2443.93**	
浙江	**Zhejiang**	**3174.75**	**3839.99**	**4469.42**		南昌	Nanchang	126.25	309.76	359.20	56
杭州	Hangzhou	764.47	891.12	946.06	13	景德镇	Jingdezhen	26.14	48.50	54.21	191
宁波	Ningbo	657.77	776.28	1016.89	10	萍乡	Pingxiang	113.78	200.00	195.23	100
温州	Wenzhou	262.42	276.82	283.13	71	九江	Jiujiang	81.32	348.83	414.98	48
嘉兴	Jiaxing	321.10	402.90	510.59	37	新余	Xinyu	89.36	49.99	71.31	175
湖州	Huzhou	144.14	264.25	295.26	69	鹰潭	Yingtan	75.30	87.78	95.30	152
绍兴	Shaoxing	405.27	545.22	592.10	30	赣州	Ganzhou	58.88	198.69	226.52	88
金华	Jinhua	194.72	244.02	273.83	75	吉安	Jian	77.88	243.61	266.52	78
衢州	Quzhou	81.20	74.51	97.35	151	宜春	Yichun	99.38	451.41	341.79	61
舟山	Zhoushan	48.86	13.76	27.67	221	抚州	Fuzhou	30.91	92.35	105.35	146
台州	Taizhou	307.17	213.20	259.81	82	上饶	Shangrao	77.61	248.49	269.01	77
丽水	Lishui	97.38	130.93	137.19	125	**山东**	**Shandong**	**6107.99**	**8660.48**	**8820.02**	
安徽	**Anhui**	**1445.57**	**2000.12**	**2242.26**		济南	Jinan	334.81	349.66	507.27	38
合肥	Hefei	385.77	503.36	540.47	35	青岛	Qingdao	582.80	936.56	931.30	15
芜湖	Wuhu	117.98	336.72	308.69	66	淄博	Zibo	624.48	705.43	803.91	18
蚌埠	Bengbu	45.58	72.34	82.65	159	枣庄	Zaozhuang	198.72	161.51	165.52	116
淮南	Huainan	44.82	14.55	51.22	195	东营	Dongying	705.20	862.06	611.79	26
马鞍山	Maanshan	117.54	66.48	115.83	136	烟台	Yantai	790.14	1099.76	1181.01	6
淮北	Huaibei	62.12	32.64	74.14	169	潍坊	Weifang	528.43	697.05	737.42	20
铜陵	Tongling	32.93	38.57	42.95	204	济宁	Jining	433.25	310.69	344.09	60
安庆	Anqing	111.65	180.29	203.91	98	泰安	Taian	299.09	427.21	354.50	57
黄山	Huangshan	25.33	22.39	24.36	228	威海	Weihai	259.89	371.82	410.24	49
滁州	Chuzhou	80.92	257.74	279.20	72	日照	Rizhao	143.31	62.11	83.44	156
阜阳	Fuyang	75.21	82.34	109.56	143	莱芜	Laiwu	57.37	16.47	40.71	207
宿州	Suzhou	41.05	74.67	76.74	165	临沂	Linyi	322.59	507.62	602.65	27
六安	Liuan	79.28	68.06	71.53	172	德州	Dezhou	327.19	562.45	584.10	31
亳州	Bozhou	38.15	71.62	76.26	166	聊城	Liaocheng	292.74	590.46	593.95	28

11-12 规模以上工业企业利润总额 续表 2

Total Profits of Industrial Enterprises above Designated Size continued 2

单位：亿元 （100 million yuan）

地名	City	2010	2015	2016	2016 排名 Ranking	地名	City	2010	2015	2016	2016 排名 Ranking
滨州	Binzhou	217.12	260.07	284.70	70	常德	Changde	105.24	160.13	174.21	110
菏泽	Heze	204.45	547.87	583.44	32	张家界	Zhangjiajie	17.84	9.63	11.07	248
河南	**Henan**	**3302.22**	**4900.60**	**5240.61**		益阳	Yiyang	53.93	77.41	76.89	163
郑州	Zhengzhou	715.48	1044.25	1079.14	9	郴州	Chenzhou	149.96	175.14	177.26	106
开封	Kaifeng	124.23	232.76	257.73	83	永州	Yongzhou	52.99	34.87	53.09	193
洛阳	Luoyang	212.08	218.47	276.00	73	怀化	Huaihua	48.98	38.10	43.20	202
平顶山	Pingdingshan	145.33	136.96	186.52	102	娄底	Loudi	51.04	62.64	112.74	138
安阳	Anyang	188.24	178.52	167.59	114	**广东**	**Guangdong**	**6239.64**	**7723.16**	**8383.04**	
鹤壁	Hebi	57.51	102.33	109.68	141	广州	Guangzhou	1031.27	1098.57	1225.15	5
新乡	Xinxiang	169.87	231.22	265.51	79	韶关	Shaoguan	35.07	42.21	75.39	168
焦作	Jiaozuo	234.66	340.64	362.53	55	深圳	Shenzhen	1599.02	1831.49	1769.91	2
濮阳	Puyang	118.28	238.77	178.26	105	珠海	Zhuhai	191.24	279.54	420.58	46
许昌	Xuchang	276.96	444.02	534.46	36	汕头	Shantou	173.28	210.89	272.50	76
漯河	Luohe	213.03	306.53	311.15	65	佛山	Foshan	1073.34	1450.40	1589.80	3
三门峡	Sanmenxia	202.30	217.82	161.78	118	江门	Jiangmen	251.08	226.24	238.18	86
南阳	Nanyang	141.78	201.51	205.73	96	湛江	Zhanjiang	148.57	85.61	72.53	170
商丘	Shangqiu	107.35	142.43	179.51	104	茂名	Maoming	116.09	253.38	296.77	67
信阳	Xinyang	64.37	157.73	174.47	109	肇庆	Zhaoqing	98.18	235.27	225.23	91
周口	Zhoukou	194.29	441.97	488.83	41	惠州	Huizhou	196.32	373.13	483.72	42
驻马店	Zhumadian	80.90	188.52	216.35	94	梅州	Meizhou	51.31	45.81	49.11	197
湖北	**Hubei**	**1668.55**	**2456.00**	**2713.46**		汕尾	Shanwei	13.45	40.99	38.47	211
武汉	Wuhan	366.91	480.65	696.00	22	河源	Heyuan	83.79	75.60	82.83	158
黄石	Huangshi	54.71	60.96	76.82	164	阳江	Yangjiang	88.03	157.38	130.86	129
十堰	Shiyan	149.79	159.83	212.53	95	清远	Qingyuan	163.96	92.35	109.65	142
宜昌	Yichang	208.84	378.59	418.83	47	东莞	Dongguan	352.36	407.50	502.73	39
襄阳	Xiangyang	118.41	282.39	387.57	53	中山	Zhongshan	273.96	322.83	332.69	63
鄂州	Ezhou	18.99	30.38	40.52	208	潮州	Chaozhou	62.34	131.41	133.03	128
荆门	Jingmen	55.79	149.86	150.56	121	揭阳	Jieyang	189.75	283.57	262.40	80
孝感	Xiaogan	48.64	126.30	126.79	130	云浮	Yunfu	47.23	72.15	71.52	173
荆州	Jingzhou	36.81	128.99	112.93	137	**广西**	**Guangxi**	**771.59**	**1279.06**	**1393.35**	
黄冈	Huanggang	33.73	72.71	80.62	161	南宁	Nanning	112.56	220.84	225.34	89
咸宁	Xianning	38.18	131.17	142.51	124	柳州	Liuzhou	126.25	96.49	134.55	126
随州	Suizhou	28.97	116.60	123.64	132	桂林	Guilin	107.05	183.90	169.60	113
湖南	**Hunan**	**1451.45**	**1808.70**	**2028.59**		梧州	Wuzhou	35.22	202.82	216.63	93
长沙	Changsha	432.40	675.43	555.28	34	北海	Beihai	33.23	107.84	204.44	97
株洲	Zhuzhou	98.42	159.92	179.82	103	防城港	Fangchenggang	52.76	29.76	35.06	215
湘潭	Xiangtan	107.15	119.26	176.00	108	钦州	Qinzhou	1.50	39.20	66.94	178
衡阳	Hengyang	147.64	183.65	104.64	147	贵港	Guigang	83.35	58.35	64.49	182
邵阳	Shaoyang	64.14	94.46	108.13	144	玉林	Yulin	73.79	90.94	91.14	154
岳阳	Yueyang	98.43	141.50	159.71	119	百色	Baise	40.09	34.28	20.02	234

11-12 规模以上工业企业利润总额 续表 3
Total Profits of Industrial Enterprises above Designated Size continued 3

单位：亿元 （100 million yuan）

地名	City	2010	2015	2016	2016 排名 Ranking
贺州	Hezhou	7.49	33.90	26.74	222
河池	Hechi	26.25	35.13	44.95	201
来宾	Laibin	24.16	4.21	4.46	260
崇左	Chongzuo	40.01	114.67	104.10	148
海南	**Hainan**	**140.04**	**103.61**	**101.87**	
海口	Haikou	34.92	33.11	36.03	214
三亚	Sanya	3.73	2.47	4.62	259
三沙	Sansha				
重庆	**Chongqing**	**518.59**	**1411.86**	**1648.36**	
四川	**Sichuan**	**1661.85**	**2171.26**	**2339.82**	
成都	Chengdu	391.64	469.22	845.01	16
自贡	Zigong	65.00	76.08	71.50	174
攀枝花	Panzhihua	49.89	19.44	-111.60	281
泸州	Luzhou	92.11	103.32	119.93	134
德阳	Deyang	120.84	181.16	235.64	87
绵阳	Mianyang	93.93	101.59	125.16	131
广元	Guangyuan	14.50	34.89	43.00	203
遂宁	Suining	48.31	69.01	78.72	162
内江	Neijiang	73.25	71.98	67.01	177
乐山	Leshan	99.31	51.75	81.11	160
南充	Nanchong	80.18	156.58	176.71	107
眉山	Meishan	45.64	80.76	92.73	153
宜宾	Yibin	148.41	202.75	198.08	99
广安	Guangan	30.19	52.24	65.56	180
达州	Dazhou	41.49	56.08	13.99	241
雅安	Yaan	29.15	32.24	30.36	218
巴中	Bazhong	3.00	16.95	20.19	233
资阳	Ziyang	92.54	125.24	56.85	188
贵州	**Guizhou**	**317.63**	**732.76**	**847.02**	
贵阳	Guiyang	61.02	235.10	220.42	92
六盘水	Liupanshui	59.04	13.07	40.27	209
遵义	Zunyi	134.53	300.98	332.70	62
安顺	Anshun	13.02	32.84	71.06	176
毕节	Bijie	14.83	36.40		
铜仁	Tongren	3.24	20.08		
云南	**Yunnan**	**599.34**	**465.53**	**334.98**	
昆明	Kunming	153.91	153.69	112.13	140
曲靖	Qujing	73.14	26.00	-84.70	280
玉溪	Yuxi	87.00	29.66	100.46	149
保山	Baoshan	13.00	26.66	30.21	219
昭通	Zhaotong	15.89	57.44	54.36	190
丽江	Lijiang	8.70	10.61	1.40	265
普洱	Puer	8.66	5.96	4.00	261
临沧	Lincang	11.26	9.04	9.91	251
西藏	**Tibet**	**10.82**	**6.93**	**16.94**	
拉萨	Lasa	6.86	-2.04	0.41	266
陕西	**Shaanxi**	**1469.57**	**1441.30**	**1589.00**	
西安	Xi'an	192.95	206.88	262.39	81
铜川	Tongchuan	20.77	0.58	13.30	243
宝鸡	Baoji	58.61	114.64	173.85	111
咸阳	Xianyang	140.61	344.28	365.50	54
渭南	Weinan	57.55	-0.99	59.04	187
延安	Yan'an	222.32	-4.01	24.64	227
汉中	Hanzhong	16.75	37.00	42.43	206
榆林	Yulin	583.86	400.42	392.38	51
安康	Ankang	22.66	108.49	122.31	133
商洛	Shangluo	9.01	41.54	45.06	200
甘肃	**Gansu**	**231.70**	**-91.89**	**72.68**	
兰州	Lanzhou	43.94	-2.61	23.25	231
嘉峪关	Jiayuguan	20.03	-100.81	36.23	213
金昌	Jinchang	26.60	-53.82	-42.30	279
白银	Baiyin	12.48	-2.08	5.45	255
天水	Tianshui	4.64	7.57	10.20	250
武威	Wuwei	5.56	4.78	8.68	252
张掖	Zhangye	8.69	1.83	6.19	254
平凉	Pingliang	12.70	-8.75	-10.88	275
酒泉	Jiuquan	6.15	-23.82	-27.68	277
庆阳	Qingyang	72.45	49.86	42.63	205
定西	Dingxi	1.66	2.65	4.67	258
陇南	Longnan	10.62	6.77	13.69	242
青海	**Qinghai**	**182.02**	**67.85**	**80.02**	
西宁	Xining	43.36	-36.48	13.21	244
海东	Haidong		15.14		
宁夏	**Ningxia**	**138.00**	**85.34**	**143.23**	
银川	Yinchuan	49.87	59.64	71.86	171
石嘴山	Shizuishan	13.53	50.36	60.94	184
吴忠	Wuzhong	13.40	11.06	33.74	216
固原	Guyuan	2.82	2.96	2.55	264
中卫	Zhongwei	7.91	6.86	25.00	226
新疆	**Xinjiang**	**852.43**	**340.97**	**386.59**	
乌鲁木齐	Urumqi	197.88	16.07	26.60	223
克拉玛依	Karamay	230.05	-24.97	-40.41	278

11-13 规模以上工业企业应交增值税

Value-added Tax Payable of Industrial Enterprises above Designated Size

单位：亿元 （100 million yuan）

地名	City	2010	2014	2015	2015 排名 Ranking
全国	**Nation Total**	**22472.72**	**33979.04**		
北京	**Beijing**	**409.79**	**561.56**	**569.38**	
天津	**Tianjin**	**656.54**	**992.37**	**936.16**	
河北	**Hebei**	**872.28**	**1160.87**	**737.87**	
石家庄	Shijiazhuang	139.10	213.59	231.51	31
唐山	Tangshan	221.71	276.36		
秦皇岛	Qinhuangdao	28.60	32.93		
邯郸	Handan	105.32	102.31	91.66	87
邢台	Xingtai	53.87	58.65		
保定	Baoding	84.95	130.97	105.22	75
张家口	Zhangjiakou	31.74	39.82	32.64	185
承德	Chengde	48.04	63.56	42.91	164
沧州	Cangzhou	81.64	125.45	117.37	67
廊坊	Langfang	57.29	83.47	81.91	96
衡水	Hengshui	20.02	33.76	34.65	179
山西	**Shanxi**	**714.39**	**617.45**	**445.21**	
太原	Taiyuan	69.49	58.34	60.29	122
大同	Datong	55.54	43.74	38.00	174
阳泉	Yangquan	43.90	27.56	19.07	225
长治	Changzhi	75.85	65.45	49.75	142
晋城	Jincheng	67.89	57.99	49.95	141
朔州	Shuozhou	79.84	78.00	34.44	180
晋中	Jinzhong	64.26	46.41	35.34	178
运城	Yuncheng	34.55	35.49	27.24	200
忻州	Xinzhou	25.83	35.47	29.45	196
临汾	Linfen	72.23	58.02	41.42	167
吕梁	Lvliang	100.02	80.53	62.76	116
内蒙古	**Inner Mongolia**	**586.32**	**769.14**	**561.40**	
呼和浩特	Hohhot	62.43	58.23	44.31	159
包头	Baotou	104.46	89.71	68.29	107
乌海	Wuhai	31.97	28.34	17.91	226
赤峰	Chifeng	40.65	33.24		
通辽	Tongliao	45.26	66.63	52.40	138
鄂尔多斯	Erdos	189.99	292.14	293.90	21
呼伦贝尔	Hulunbuir	26.28	61.86	53.03	137
巴彦淖尔	Bayannur	14.75	18.16	11.71	246
乌兰察布	Ulanqab	19.41	31.33	19.85	222
辽宁	**Liaoning**	**968.69**	**1175.39**	**745.06**	
沈阳	Shenyang	224.31	255.52	165.75	47
大连	Dalian	164.31	231.13	178.50	40
鞍山	Anshan	85.81	80.09	45.96	154
抚顺	Fushun	42.06	63.51	40.75	169
本溪	Benxi	30.90	57.81	42.01	165
丹东	Dandong	29.17	33.55	8.80	254
锦州	Jinzhou	47.83	65.32	27.29	199
营口	Yingkou	113.97	107.35	68.03	108
阜新	Fuxin	17.19	18.27	13.46	238
辽阳	Liaoyang	26.25	41.92	36.21	176
盘锦	Panjin	54.85	93.35	66.70	109
铁岭	Tieling	58.34	21.02	12.39	242
朝阳	Chaoyang	27.11	44.22	14.38	235
葫芦岛	Huludao	20.57	22.99	24.83	207
吉林	**Jilin**	**355.00**	**655.29**	**529.09**	
长春	Changchun	180.53	354.41	316.37	18
吉林	Jilin	49.24	93.52	94.26	86
四平	Siping	18.56	22.85	17.89	227
辽源	Liaoyuan	10.99	12.67	9.17	252
通化	Tonghua	20.87	50.99	45.44	156
白山	Baishan	16.06	25.63	12.20	245
松原	Songyuan	40.45	54.33	26.11	204
白城	Baicheng	2.65	12.91	7.65	256
黑龙江	**Heilongjiang**	**509.51**	**554.51**	**314.25**	
哈尔滨	Harbin	86.21	86.74	103.93	76
齐齐哈尔	Qiqihar	35.89	32.59		
鸡西	Jixi	17.55	10.70	9.25	251
鹤岗	Hegang	12.34	6.76	7.28	257
双鸭山	Shuangyashan	16.67	13.17	7.05	258
大庆	Daqing	250.56	298.06	173.95	43
伊春	Yichun	5.56	1.85	0.61	274
佳木斯	Jiamusi	8.39	14.19		
七台河	Qitaihe	23.48	11.53	8.57	255
牡丹江	Mudanjiang	17.46	38.22		
黑河	Heihe	2.93	4.35	3.60	266
绥化	Suihua	10.01	19.67		
上海	**Shanghai**	**816.97**	**915.23**	**984.92**	
江苏	**Jiangsu**	**2692.69**	**4633.56**	**4519.67**	

11-13 规模以上工业企业应交增值税 续表 1
Value-added Tax Payable of Industrial Enterprises above Designated Size continued 1

单位：亿元 （100 million yuan）

地名	City	2010	2014	2015	2015 排名 Ranking	地名	City	2010	2014	2015	2015 排名 Ranking
南京	Nanjing	348.29	484.24	408.67	9	池州	Chizhou	8.67	22.84	19.98	221
无锡	Wuxi	252.57	364.25	289.79	22	宣城	Xuancheng	32.22	48.39	49.37	144
徐州	Xuzhou	254.94	496.88	569.99	1	**福建**	**Fujian**	**555.85**	**1076.56**	**1037.20**	
常州	Changzhou	184.91	301.68	345.11	16	福州	Fuzhou	87.43		167.06	46
苏州	Suzhou	451.41	503.23	445.34	7	厦门	Xiamen	66.31		84.27	93
南通	Nantong	250.79	420.15	525.56	3	莆田	Putian	21.34		56.27	131
连云港	Lianyungang	75.60	157.14	211.59	35	三明	Sanming	41.41		48.97	145
淮安	Huaian	64.34	105.69	154.71	50	泉州	Quanzhou	171.56		297.22	19
盐城	Yancheng	147.50	312.59	368.55	13	漳州	Zhangzhou	67.47		219.99	33
扬州	Yangzhou	245.29	343.01	368.37	14	南平	Nanping	16.76		44.20	160
镇江	Zhenjiang	126.77	224.02	250.77	26	龙岩	Longyan	44.19		61.10	119
泰州	Taizhou	188.62	378.69	463.16	5	宁德	Ningde	22.63		58.12	126
宿迁	Suqian	38.10	109.70	118.06	66	**江西**	**Jiangxi**	**421.87**	**1014.06**	**1002.24**	
浙江	**Zhejiang**	**1412.68**	**1844.10**	**1874.92**		南昌	Nanchang	76.11		138.65	55
杭州	Hangzhou	305.99	398.98	404.59	10	景德镇	Jingdezhen	20.14		33.80	182
宁波	Ningbo	277.04	353.38	373.74	12	萍乡	Pingxiang	45.63		57.27	129
温州	Wenzhou	157.30	154.03	150.26	51	九江	Jiujiang	38.56		130.87	60
嘉兴	Jiaxing	146.10	219.41	217.45	34	新余	Xinyu	21.77		29.95	194
湖州	Huzhou	73.04	112.94	118.76	65	鹰潭	Yingtan	23.45		54.10	135
绍兴	Shaoxing	155.71	221.35	227.86	32	赣州	Ganzhou	43.12		120.38	64
金华	Jinhua	96.60	128.34	138.02	57	吉安	Jian	43.82		111.95	71
衢州	Quzhou	29.97	54.67	54.74	134	宜春	Yichun	50.44		120.44	63
舟山	Zhoushan	13.45	17.83	16.19	230	抚州	Fuzhou	20.14		66.39	110
台州	Taizhou	102.90	123.75	125.03	61	上饶	Shangrao	41.07		138.43	56
丽水	Lishui	32.70	43.34	48.27	147	**山东**	**Shandong**	**2545.93**	**4022.61**	**2954.72**	
安徽	**Anhui**	**672.57**	**991.10**	**959.38**		济南	Jinan	131.99	162.42	175.55	41
合肥	Hefei	160.23	203.35	209.74	36	青岛	Qingdao	305.36	503.42	416.07	8
芜湖	Wuhu	83.51	193.40	149.90	52	淄博	Zibo	287.35	371.18	321.52	17
蚌埠	Bengbu	22.70	29.67	30.69	191	枣庄	Zaozhuang	111.46	132.24	97.33	81
淮南	Huainan	57.63	48.80	42.01	165	东营	Dongying	235.45	413.28	284.88	23
马鞍山	Maanshan	71.10	67.13	70.06	105	烟台	Yantai	210.48	303.25	281.69	24
淮北	Huaibei	43.07	58.93	47.66	150	潍坊	Weifang	201.72	266.56	244.56	27
铜陵	Tongling	21.85	25.37	26.11	203	济宁	Jining	156.69	195.37	168.10	45
安庆	Anqing	37.50	70.32	69.16	106	泰安	Taian	136.53	230.44	159.77	49
黄山	Huangshan	8.53	10.54	8.98	253	威海	Weihai	98.96	165.89	139.85	54
滁州	Chuzhou	29.84	77.05	86.52	91	日照	Rizhao	53.72	45.42	41.41	168
阜阳	Fuyang	27.80	63.83	56.23	132	莱芜	Laiwu	29.30	15.93	12.61	240
宿州	Suzhou	12.61	23.30	23.12	212	临沂	Linyi	93.18	231.95	172.15	44
六安	Liuan	20.11	27.49	20.63	218	德州	Dezhou	149.89	313.30	253.93	25
亳州	Bozhou	10.95	20.67	19.99	220	聊城	Liaocheng	152.82	202.14	188.48	39

11-13 规模以上工业企业应交增值税 续表 2

Value-added Tax Payable of Industrial Enterprises above Designated Size continued 2

单位：亿元 （100 million yuan）

地名	City	2010	2014	2015	2015 排名 Ranking
滨州	Binzhou	91.25	129.80	90.47	88
菏泽	Heze	93.78	257.13	231.76	30
河南	**Henan**	**1147.72**	**1711.04**	**1476.00**	
郑州	Zhengzhou	261.21	483.43	354.08	15
开封	Kaifeng	30.98	57.32	60.62	120
洛阳	Luoyang	94.52	105.24	98.73	79
平顶山	Pingdingshan	73.08	91.66	75.59	99
安阳	Anyang	74.35	88.57	82.30	94
鹤壁	Hebi	23.63	30.69	32.94	183
新乡	Xinxiang	45.21	61.74	58.30	125
焦作	Jiaozuo	101.41	127.60	100.37	77
濮阳	Puyang	36.26	67.28	61.40	117
许昌	Xuchang	104.10	153.34	160.22	48
漯河	Luohe	31.48	41.43	43.01	163
三门峡	Sanmenxia	40.71	50.52	46.10	152
南阳	Nanyang	77.54	101.69	98.36	80
商丘	Shangqiu	37.32	53.66	48.38	146
信阳	Xinyang	27.20	45.19	39.02	172
周口	Zhoukou	38.16	73.62	63.05	115
驻马店	Zhumadian	25.37	47.73	53.52	136
湖北	**Hubei**	**639.08**	**1217.24**	**1113.97**	
武汉	Wuhan	228.90	429.53	462.99	6
黄石	Huangshi	18.50	50.53	46.03	153
十堰	Shiyan	17.05	44.41	71.60	104
宜昌	Yichang	77.00	173.90	174.18	42
襄阳	Xiangyang	48.96	103.30	96.95	82
鄂州	Ezhou	18.02	43.60	23.21	211
荆门	Jingmen	24.89	57.19	57.43	128
孝感	Xiaogan	25.12	49.97	47.86	149
荆州	Jingzhou	16.62	54.74	47.15	151
黄冈	Huanggang	15.90	37.93	31.89	188
咸宁	Xianning	12.28	38.38	31.08	190
随州	Suizhou	12.81	38.03	23.60	210
湖南	**Hunan**	**830.66**	**1247.98**	**1182.73**	
长沙	Changsha	182.95		394.46	11
株洲	Zhuzhou	94.05		115.19	70
湘潭	Xiangtan	48.86		63.27	113
衡阳	Hengyang	64.39		65.19	111
邵阳	Shaoyang	28.18		34.33	181
岳阳	Yueyang	114.66		135.31	58
常德	Changde	67.28		123.43	62
张家界	Zhangjiajie	3.80		2.56	270
益阳	Yiyang	31.16		38.96	173
郴州	Chenzhou	72.97		79.39	97
永州	Yongzhou	21.44		31.54	189
怀化	Huaihua	22.09		26.10	205
娄底	Loudi	63.64		73.01	102
广东	**Guangdong**	**2280.56**	**3430.87**	**2697.13**	
广州	Guangzhou	469.63		538.68	2
韶关	Shaoguan	29.11		43.88	162
深圳	Shenzhen	470.83			
珠海	Zhuhai	64.24		95.54	85
汕头	Shantou	51.61			
佛山	Foshan	318.39		496.40	4
江门	Jiangmen	109.04		109.77	72
湛江	Zhanjiang	43.84		32.60	186
茂名	Maoming	53.21		237.53	29
肇庆	Zhaoqing	61.63		134.56	59
惠州	Huizhou	118.75		242.51	28
梅州	Meizhou	22.38		29.46	195
汕尾	Shanwei	9.63		2.13	272
河源	Heyuan	20.22		32.00	187
阳江	Yangjiang	21.85		57.71	127
清远	Qingyuan	61.61		48.02	148
东莞	Dongguan	108.19		195.44	38
中山	Zhongshan	145.09		206.47	37
潮州	Chaozhou	28.73		44.66	158
揭阳	Jieyang	56.25		116.90	69
云浮	Yunfu	16.48		32.88	184
广西	**Guangxi**	**320.65**	**688.51**	**608.61**	
南宁	Nanning	46.07	94.08	87.14	90
柳州	Liuzhou	68.98	87.93	96.06	84
桂林	Guilin	35.66	67.01	63.26	114
梧州	Wuzhou	17.29	101.77	86.23	92
北海	Beihai	7.53	68.41	61.30	118
防城港	Fangchenggang	6.10	9.26	12.23	243
钦州	Qinzhou	12.09	91.73	51.42	140
贵港	Guigang	13.41	22.07	17.41	228
玉林	Yulin	26.36	37.91	39.73	171
百色	Baise	29.32	28.12	24.05	209

11-13 规模以上工业企业应交增值税 续表 3
Value-added Tax Payable of Industrial Enterprises above Designated Size continued 3

单位：亿元 （100 million yuan）

地名	City	2010	2014	2015	2015 排名 Ranking	地名	City	2010	2014	2015	2015 排名 Ranking
贺州	Hezhou	5.86	10.35	11.49	247	丽江	Lijiang	3.90	9.16	9.52	250
河池	Hechi	18.59	20.89	22.20	215	普洱	Puer	6.35	16.25	14.13	236
来宾	Laibin	15.81	14.86	16.70	229	临沧	Lincang	6.34	8.65	6.34	261
崇左	Chongzuo	13.72	19.89	19.39	224	**西藏**	**Tibet**	**5.01**	**7.71**	**6.81**	
海南	**Hainan**	**60.46**	**64.89**	**72.84**		拉萨	Lasa	3.69	4.67	2.94	268
海口	Haikou	15.29	19.76	21.08	216	**陕西**	**Shaanxi**	**584.23**	**948.84**	**786.20**	
三亚	Sanya	2.22	2.90	2.78	269	西安	Xi'an	98.00	134.63	108.77	73
三沙	Sansha					铜川	Tongchuan	14.17	19.81	15.61	232
重庆	**Chongqing**	**341.75**	**720.36**	**740.92**		宝鸡	Baoji	41.28	73.45	59.48	124
四川	**Sichuan**	**945.28**	**1297.33**	**1173.99**		咸阳	Xianyang	51.99	135.06	145.29	53
成都	Chengdu	217.36	384.01	294.06	20	渭南	Weinan	37.01	36.12	27.67	198
自贡	Zigong	48.90	60.21	60.44	121	延安	Yan'an	90.80	134.10	76.30	98
攀枝花	Panzhihua	38.61	47.91	35.85	177	汉中	Hanzhong	11.52	23.89	26.69	202
泸州	Luzhou	44.47	40.23	45.55	155	榆林	Yulin	184.74	249.32	105.35	74
德阳	Deyang	59.50	76.54	96.52	83	安康	Ankang	12.12	40.54	44.14	161
绵阳	Mianyang	56.23	66.42	73.20	101	商洛	Shangluo	5.67	20.36	22.89	213
广元	Guangyuan	10.53	13.67	13.40	239	**甘肃**	**Gansu**	**165.56**	**239.04**	**206.09**	
遂宁	Suining	30.18	46.75	40.22	170	兰州	Lanzhou	60.64		81.98	95
内江	Neijiang	57.33	59.98	49.75	143	嘉峪关	Jiayuguan	17.39		15.23	233
乐山	Leshan	47.25	33.33	30.40	193	金昌	Jinchang	17.64		19.80	223
南充	Nanchong	44.22	67.80	55.27	133	白银	Baiyin	10.68		15.84	231
眉山	Meishan	28.87	42.90	44.98	157	天水	Tianshui	7.11		5.43	263
宜宾	Yibin	58.00	68.49	72.02	103	武威	Wuwei	3.70		-2.09	275
广安	Guangan	19.32	28.44	22.59	214	张掖	Zhangye	3.95		3.45	267
达州	Dazhou	26.17	34.21	30.55	192	平凉	Pingliang	11.08		10.07	249
雅安	Yaan	14.90	21.49	20.96	217	酒泉	Jiuquan	11.13		5.87	262
巴中	Bazhong	2.66	14.69	12.22	244	庆阳	Qingyang	14.89		27.02	201
资阳	Ziyang	40.37	61.62	59.60	123	定西	Dingxi	1.35		2.22	271
贵州	**Guizhou**	**193.20**	**359.07**	**275.47**		陇南	Longnan	3.53		6.75	259
贵阳	Guiyang	58.88		87.66	89	**青海**	**Qinghai**	**80.66**	**81.97**	**29.35**	
六盘水	Liupanshui	34.78		65.02	112	西宁	Xining	36.36	19.48	25.11	206
遵义	Zunyi	38.69		99.84	78	海东	Haidong		4.51	4.24	265
安顺	Anshun	8.40		13.71	237	**宁夏**	**Ningxia**	**71.12**	**103.21**	**53.00**	
毕节	Bijie	23.41		24.71	208	银川	Yinchuan	20.25	42.84	29.39	197
铜仁	Tongren	3.69		14.53	234	石嘴山	Shizuishan	13.88	13.12	10.73	248
云南	**Yunnan**	**337.57**	**472.75**	**446.16**		吴忠	Wuzhong	11.72	13.95	6.73	260
昆明	Kunming	91.01	128.65	117.21	68	固原	Guyuan	0.52	1.50	0.88	273
曲靖	Qujing	50.84	59.27	52.08	139	中卫	Zhongwei	6.09	9.62	5.27	264
玉溪	Yuxi	59.28	77.63	20.52	219	**新疆**	**Xinjiang**	**261.52**	**404.41**	**333.68**	
保山	Baoshan	5.52	13.58	12.53	241	乌鲁木齐	Urumqi	52.63	77.29	56.54	130
昭通	Zhaotong	16.44	32.34	37.54	175	克拉玛依	Karamay	90.30	115.43	74.85	100

12

建筑业

Construction

12-1 建筑业企业单位数
Number of Construction Enterprises

单位：个 （unit）

地名	City	2010	2015	2016	2016 排名 Ranking
全国	**Nation Total**	**71863**	**80911**	**83017**	
北京	**Beijing**	**3262**	**2909**	**2858**	
天津	**Tianjin**	**1438**	**1551**	**1500**	
河北	**Hebei**	**2132**	**2375**	**2467**	
石家庄	Shijiazhuang	271	288	286	66
唐山	Tangshan	296	325	315	60
秦皇岛	Qinhuangdao	207	215	231	85
邯郸	Handan	240	299	441	42
邢台	Xingtai	165	161	161	121
保定	Baoding	247	283	274	70
张家口	Zhangjiakou	124	146	131	145
承德	Chengde	197	201	193	105
沧州	Cangzhou	212	209	205	96
廊坊	Langfang	209	210	204	97
衡水	Hengshui	121	148	165	118
山西	**Shanxi**	**1727**	**2285**	**2532**	
太原	Taiyuan	821	932	1108	10
大同	Datong	204	191	201	100
阳泉	Yangquan	78	86	82	195
长治	Changzhi	146	151	168	116
晋城	Jincheng	71	100	103	177
朔州	Shuozhou	78	115	123	156
晋中	Jinzhong	118	173	180	106
运城	Yuncheng	129	155	178	109
忻州	Xinzhou	110	135	137	141
临汾	Linfen	128	150	154	123
吕梁	Lvliang	87	97	98	182
内蒙古	**Inner Mongolia**	**787**	**841**	**870**	
呼和浩特	Hohhot	171	172	171	112
包头	Baotou	98	99	114	168
乌海	Wuhai	32	41	43	230
赤峰	Chifeng	116	137	147	132
通辽	Tongliao	44	57	60	216
鄂尔多斯	Erdos	166	193	195	103
呼伦贝尔	Hulunbuir	74	72	78	203
巴彦淖尔	Bayannur	53	57	57	221
乌兰察布	Ulanqab	41	39	40	233
辽宁	**Liaoning**	**4612**	**5563**	**5238**	
沈阳	Shenyang	1542	2049		
大连	Dalian	1378	1670		
鞍山	Anshan	319	411		
抚顺	Fushun	164	216		
本溪	Benxi	186	234		
丹东	Dandong	201	246		
锦州	Jinzhou	190	256		
营口	Yingkou	157	262		
阜新	Fuxin	159	233		
辽阳	Liaoyang	217	280		
盘锦	Panjin	176	221		
铁岭	Tieling	93	118		
朝阳	Chaoyang	159	217		
葫芦岛	Huludao	161	298		
吉林	**Jilin**	**932**	**2270**	**2191**	
长春	Changchun	366		1287	7
吉林	Jilin	161		425	45
四平	Siping	153		138	139
辽源	Liaoyuan	82		104	176
通化	Tonghua	97		135	142
白山	Baishan	99		117	164
松原	Songyuan	104		164	119
白城	Baicheng	57		82	195
黑龙江	**Heilongjiang**	**1945**	**1601**	**1566**	
哈尔滨	Harbin	890	734	734	20
齐齐哈尔	Qiqihar	132	95	94	186
鸡西	Jixi	82	78	71	207
鹤岗	Hegang	59	51	44	227
双鸭山	Shuangyashan	55	41	37	237
大庆	Daqing	235	185	180	106
伊春	Yichun	53	34	31	242
佳木斯	Jiamusi	70	63	60	216
七台河	Qitaihe	27	28	27	244
牡丹江	Mudanjiang	182	124	124	155
黑河	Heihe	51	52	54	222
绥化	Suihua	81	86	86	191
上海	**Shanghai**	**2983**	**2779**	**2662**	
江苏	**Jiangsu**	**8893**	**8909**	**8770**	

12-1 建筑业企业单位数 续表 1

Number of Construction Enterprises continued 1

单位：个 （unit）

地名	City	2010	2015	2016	2016 排名 Ranking	地名	City	2010	2015	2016	2016 排名 Ranking
南京	Nanjing	1517	1478	1458	3	池州	Chizhou	84	113	120	160
无锡	Wuxi	598	576	550	29	宣城	Xuancheng	117	132	138	139
徐州	Xuzhou	364	411	436	43	**福建**	**Fujian**	**2180**	**3402**	**3608**	
常州	Changzhou	564	621	612	27	福州	Fuzhou	748	1117	1174	9
苏州	Suzhou	1454	1424	1396	5	厦门	Xiamen	466	759	809	17
南通	Nantong	890	895	900	13	莆田	Putian	145	273	295	63
连云港	Lianyungang	214	292	288	65	三明	Sanming	140	227	234	84
淮安	Huaian	624	586	547	30	泉州	Quanzhou	491	616	633	25
盐城	Yancheng	668	771	776	19	漳州	Zhangzhou	165	275	289	64
扬州	Yangzhou	743	717	686	24	南平	Nanping	148	262	277	68
镇江	Zhenjiang	374	381	367	55	龙岩	Longyan	187	318	350	56
泰州	Taizhou	640	635	633	25	宁德	Ningde	116	164	162	120
宿迁	Suqian	299	362	374	54	**江西**	**Jiangxi**	**1276**	**1739**	**1873**	
浙江	**Zhejiang**	**5052**	**6133**	**6174**		南昌	Nanchang	439	526	512	33
杭州	Hangzhou	1331	1480	1474	2	景德镇	Jingdezhen	54	35	34	240
宁波	Ningbo	753	999	973	11	萍乡	Pingxiang	95	70	69	210
温州	Wenzhou	547	683	714	23	九江	Jiujiang	142	157	147	132
嘉兴	Jiaxing	271	326	333	58	新余	Xinyu	60	84	89	190
湖州	Huzhou	178	240	251	76	鹰潭	Yingtan	40	39	38	234
绍兴	Shaoxing	541	730	731	21	赣州	Ganzhou	124	252	277	68
金华	Jinhua	583	739	723	22	吉安	Jian	106	138	151	128
衢州	Quzhou	197	236	267	72	宜春	Yichun	129	204	219	90
舟山	Zhoushan	118	148	153	125	抚州	Fuzhou	85	113	115	167
台州	Taizhou	408	461	462	39	上饶	Shangrao	117	199	240	81
丽水	Lishui	184	248	249	78	**山东**	**Shandong**	**6135**	**5945**	**6013**	
安徽	**Anhui**	**2432**	**2763**	**2929**		济南	Jinan	739	441	460	40
合肥	Hefei	703	867	901	12	青岛	Qingdao	640	562	562	28
芜湖	Wuhu	164	252	272	71	淄博	Zibo	477	406	410	48
蚌埠	Bengbu	128	140	152	127	枣庄	Zaozhuang	262	228	218	91
淮南	Huainan	67	111	109	171	东营	Dongying	211	231	229	87
马鞍山	Maanshan	137	133	139	136	烟台	Yantai	932	802	807	18
淮北	Huaibei	57	48	47	225	潍坊	Weifang	581	508	494	34
铜陵	Tongling	84	132	139	136	济宁	Jining	372	435	454	41
安庆	Anqing	237	240	264	73	泰安	Taian	346	324	320	59
黄山	Huangshan	76	74	72	205	威海	Weihai	380	419	415	47
滁州	Chuzhou	124	151	195	103	日照	Rizhao	227	233	251	76
阜阳	Fuyang	108	137	150	129	莱芜	Laiwu	151	133	126	152
宿州	Suzhou	100	156	157	122	临沂	Linyi	360	391	403	51
六安	Liuan	130	135	135	142	德州	Dezhou	198	195	203	98
亳州	Bozhou	34	46	47	225	聊城	Liaocheng	201	260	254	75

12-1 建筑业企业单位数 续表 2
Number of Construction Enterprises continued 2

单位：个 （unit）

地名	City	2010	2015	2016	2016 排名 Ranking
滨州	Binzhou	216	230	230	86
菏泽	Heze	189	276	335	57
河南	**Henan**	**4294**	**4684**	**5123**	
郑州	Zhengzhou	1250	1432	1610	1
开封	Kaifeng	188	250	281	67
洛阳	Luoyang	383	402	480	36
平顶山	Pingdingshan	197	195	264	73
安阳	Anyang	189	247	302	62
鹤壁	Hebi	53	88	103	177
新乡	Xinxiang	318	284	468	38
焦作	Jiaozuo	172	183	220	89
濮阳	Puyang	186	226	239	82
许昌	Xuchang	111	126	146	134
漯河	Luohe	82	92	93	188
三门峡	Sanmenxia	126	147	145	135
南阳	Nanyang	328	332	381	53
商丘	Shangqiu	141	157	201	100
信阳	Xinyang	186	197	226	88
周口	Zhoukou	162	182	214	93
驻马店	Zhumadian	206	217	242	80
湖北	**Hubei**	**2846**	**3218**	**3368**	
武汉	Wuhan	1349			
黄石	Huangshi	115			
十堰	Shiyan	132			
宜昌	Yichang	322			
襄阳	Xiangyang	296			
鄂州	Ezhou	68			
荆门	Jingmen	91			
孝感	Xiaogan	131			
荆州	Jingzhou	173			
黄冈	Huanggang	224			
咸宁	Xianning	63			
随州	Suizhou	86			
湖南	**Hunan**	**1822**	**2022**	**2067**	
长沙	Changsha	517	552	546	31
株洲	Zhuzhou	177	197	202	99
湘潭	Xiangtan	130	123	131	145
衡阳	Hengyang	174	176	176	110
邵阳	Shaoyang	116	112	111	170
岳阳	Yueyang	209	209	216	92
常德	Changde	120	114	116	165
张家界	Zhangjiajie	31	28	29	243
益阳	Yiyang	101	96	96	183
郴州	Chenzhou	91	118	130	147
永州	Yongzhou	87	93	99	181
怀化	Huaihua	90	92	94	186
娄底	Loudi	111	121	125	153
广东	**Guangdong**	**4249**	**4311**	**4437**	
广州	Guangzhou	779	877	883	14
韶关	Shaoguan	76	94	96	183
深圳	Shenzhen	808	776	849	16
珠海	Zhuhai	144	393	410	48
汕头	Shantou	212	175	176	110
佛山	Foshan	497	427	431	44
江门	Jiangmen	165	164	171	112
湛江	Zhanjiang	106	127	130	147
茂名	Maoming	97	129	130	147
肇庆	Zhaoqing	119	90	86	191
惠州	Huizhou	111	103	119	161
梅州	Meizhou	146	151	153	125
汕尾	Shanwei	38	36	44	227
河源	Heyuan	85	104	107	174
阳江	Yangjiang	95	113	109	171
清远	Qingyuan	80	88	100	180
东莞	Dongguan	444	540	542	32
中山	Zhongshan	314	319	310	61
潮州	Chaozhou	83	66	59	219
揭阳	Jieyang	107	111	108	173
云浮	Yunfu	45	43	41	231
广西	**Guangxi**	**977**	**1071**	**1139**	
南宁	Nanning	466	408	401	52
柳州	Liuzhou	89	81	85	193
桂林	Guilin	161	143	134	144
梧州	Wuzhou	31	43	41	231
北海	Beihai	47	32	1274	8
防城港	Fangchenggang	57	56	72	205
钦州	Qinzhou	50	60	62	213
贵港	Guigang	48	44	44	227
玉林	Yulin	65	73	79	201
百色	Baise	60	69	80	198

12-1 建筑业企业单位数 续表 3
Number of Construction Enterprises continued 3

单位：个 （unit）

地名	City	2010	2015	2016	2016 排名 Ranking
贺州	Hezhou	28	33	38	234
河池	Hechi	44	47	53	223
来宾	Laibin	36	31	38	234
崇左	Chongzuo	40	33	34	240
海南	**Hainan**	**104**	**148**	**155**	
海口	Haikou	93	117	118	163
三亚	Sanya	20	18	18	246
三沙	Sansha				
重庆	**Chongqing**	**2326**	**2492**	**2577**	
四川	**Sichuan**	**3414**	**3449**	**3809**	
成都	Chengdu	1524	1206	1408	4
自贡	Zigong	168	121	116	165
攀枝花	Panzhihua	80	80	80	198
泸州	Luzhou	188	175	199	102
德阳	Deyang	243	240	235	83
绵阳	Mianyang	272	402	404	50
广元	Guangyuan	199	168	179	108
遂宁	Suining	173	139	169	114
内江	Neijiang	130	103	107	174
乐山	Leshan	197	160	169	114
南充	Nanchong	249	241	249	78
眉山	Meishan	126	126	119	161
宜宾	Yibin	231	188	211	95
广安	Guangan	103	109	123	156
达州	Dazhou	99	119	125	153
雅安	Yaan	51	44	51	224
巴中	Bazhong	101	139	139	136
资阳	Ziyang	120	98	60	216
贵州	**Guizhou**	**550**	**742**	**891**	
贵阳	Guiyang	268			
六盘水	Liupanshui	27			
遵义	Zunyi	94			
安顺	Anshun	19			
毕节	Bijie	45			
铜仁	Tongren	34			
云南	**Yunnan**	**1932**	**2417**	**2544**	
昆明	Kunming	2048	1255	1297	6
曲靖	Qujing	190	215	214	93
玉溪	Yuxi	151	170	168	116
保山	Baoshan	52	69	71	207
昭通	Zhaotong	90	77	80	198

地名	City	2010	2015	2016	2016 排名 Ranking
丽江	Lijiang	61	58	58	220
普洱	Puer	208	103	114	168
临沧	Lincang	190	54	62	213
西藏	**Tibet**	**175**	**167**	**173**	
拉萨	Lasa	80	75	91	189
陕西	**Shaanxi**	**982**	**1878**	**2114**	
西安	Xi'an	322	697	882	15
铜川	Tongchuan	28	32	36	238
宝鸡	Baoji	76	145	149	131
咸阳	Xianyang	61	111	123	156
渭南	Weinan	90	125	130	147
延安	Yan'an	63	147	154	123
汉中	Hanzhong	98	119	129	151
榆林	Yulin	163	391	419	46
安康	Ankang	54	103	122	159
商洛	Shangluo	54	73	71	207
甘肃	**Gansu**	**757**	**1264**	**1323**	
兰州	Lanzhou	329	494	470	37
嘉峪关	Jiayuguan	19	23	27	244
金昌	Jinchang	27	27	36	238
白银	Baiyin	53	68	61	215
天水	Tianshui	72	87	96	183
武威	Wuwei	41	55	73	204
张掖	Zhangye	60	141	150	129
平凉	Pingliang	38	59	65	211
酒泉	Jiuquan	44	80	81	197
庆阳	Qingyang	60	81	79	201
定西	Dingxi	43	71	85	193
陇南	Longnan	46	102	102	179
青海	**Qinghai**	**369**	**366**	**371**	
西宁	Xining	326			
海东	Haidong				
宁夏	**Ningxia**	**474**	**503**	**531**	
银川	Yinchuan	301	344		
石嘴山	Shizuishan	45	40		
吴忠	Wuzhong	72	77		
固原	Guyuan	43	43		
中卫	Zhongwei	42	49		
新疆	**Xinjiang**	**806**	**1114**	**1144**	
乌鲁木齐	Urumqi	485	479	484	35
克拉玛依	Karamay	53	65	64	212

12-2 建筑业企业从业人员
Employees of Construction Enterprises

单位：万人　　　　　　　　　　　　　　　　　　（10 000 persons）

地名	City	2010	2015	2016	2016 排名 Ranking
全国	**Nation Total**	**4160.40**		**5184.54**	
北京	**Beijing**	**59.90**		**58.14**	
天津	**Tianjin**	**65.50**		**73.64**	
河北	**Hebei**	**128.60**	**107.31**	**130.88**	
石家庄	Shijiazhuang	14.50	12.07	14.53	66
唐山	Tangshan	18.70	11.00	13.62	73
秦皇岛	Qinhuangdao	5.90	3.55	4.49	153
邯郸	Handan	15.40	11.90	15.99	63
邢台	Xingtai	6.90	4.16	5.34	139
保定	Baoding	23.60	29.39	21.87	43
张家口	Zhangjiakou	7.50	4.10	6.19	126
承德	Chengde	5.80	4.24	5.90	132
沧州	Cangzhou	11.00	9.01	11.83	82
廊坊	Langfang	13.90	13.02	15.66	64
衡水	Hengshui	5.50	4.89	6.16	128
山西	**Shanxi**	**75.20**	**99.49**	**75.43**	
太原	Taiyuan	41.10	58.44	73.94	14
大同	Datong	3.70	4.76	5.21	140
阳泉	Yangquan	3.30	3.71	2.33	194
长治	Changzhi	2.90	6.65	4.65	152
晋城	Jincheng	2.10	3.09	3.04	178
朔州	Shuozhou	2.30	2.65	2.51	192
晋中	Jinzhong	4.00	5.65	5.74	134
运城	Yuncheng	4.50	5.76	5.91	131
忻州	Xinzhou	3.10	3.49	3.53	171
临汾	Linfen	6.10	3.06	3.29	173
吕梁	Lvliang	1.80	2.23	2.12	196
内蒙古	**Inner Mongolia**	**44.30**	**28.64**	**29.70**	
呼和浩特	Hohhot	8.60	4.99	5.16	142
包头	Baotou	8.30	4.38	4.29	155
乌海	Wuhai	1.00	1.92	1.92	199
赤峰	Chifeng	7.40	5.31	5.90	133
通辽	Tongliao	2.20	1.64	1.51	210
鄂尔多斯	Erdos	6.30	4.29	2.99	179
呼伦贝尔	Hulunbuir	3.40	2.09	1.75	205
巴彦淖尔	Bayannur	4.10	1.53	1.20	214
乌兰察布	Ulanqab	1.10	1.17	1.02	217
辽宁	**Liaoning**	**270.10**		**126.14**	
沈阳	Shenyang	67.50			
大连	Dalian	77.80			
鞍山	Anshan	17.70			
抚顺	Fushun	11.30			
本溪	Benxi	7.00			
丹东	Dandong	10.80			
锦州	Jinzhou	8.20			
营口	Yingkou	9.30			
阜新	Fuxin	4.60			
辽阳	Liaoyang	10.90			
盘锦	Panjin	8.70			
铁岭	Tieling	11.20			
朝阳	Chaoyang	13.90			
葫芦岛	Huludao	11.20			
吉林	**Jilin**	**42.00**		**57.02**	
长春	Changchun	19.90			
吉林	Jilin	5.00			
四平	Siping	3.90			
辽源	Liaoyuan	3.70			
通化	Tonghua	1.50			
白山	Baishan	1.50			
松原	Songyuan	3.70			
白城	Baicheng	1.30			
黑龙江	**Heilongjiang**	**56.20**	**46.66**	**37.36**	
哈尔滨	Harbin	30.10	22.47	18.39	55
齐齐哈尔	Qiqihar	3.00	1.64	1.84	203
鸡西	Jixi	2.10	1.56	1.31	213
鹤岗	Hegang	1.00	1.25	0.86	219
双鸭山	Shuangyashan	1.30	0.75	0.66	222
大庆	Daqing	6.50	4.59	4.72	149
伊春	Yichun	0.80	0.43	0.47	224
佳木斯	Jiamusi	4.00	2.88	2.79	183
七台河	Qitaihe	0.70	0.28	0.30	226
牡丹江	Mudanjiang	2.70	7.32	3.25	174
黑河	Heihe	0.90	1.15	0.84	220
绥化	Suihua	2.50	1.89	1.58	208
上海	**Shanghai**	**96.10**		**104.02**	
江苏	**Jiangsu**	**591.80**	**752.48**	**763.75**	

12-2 建筑业企业从业人员 续表 1

Employees of Construction Enterprises continued 1

单位：万人 （10 000 persons）

地名	City	2010	2015	2016	2016 排名 Ranking
南京	Nanjing	60.40	83.96	83.77	12
无锡	Wuxi	25.50	20.18	19.15	49
徐州	Xuzhou	33.80	49.69	51.85	21
常州	Changzhou	36.10	47.07	46.64	24
苏州	Suzhou	56.30	50.56	46.26	26
南通	Nantong	107.20	153.74	159.84	2
连云港	Lianyungang	17.90	24.94	24.57	39
淮安	Huaian	37.80	48.09	47.48	23
盐城	Yancheng	42.40	48.78	46.50	25
扬州	Yangzhou	70.70	83.22	87.80	10
镇江	Zhenjiang	15.40	16.98	13.16	76
泰州	Taizhou	66.70	92.68	106.33	8
宿迁	Suqian	21.70	32.60	30.40	33
浙江	**Zhejiang**	**615.70**	**722.83**	**770.28**	
杭州	Hangzhou	111.70	100.69	123.74	5
宁波	Ningbo	74.40	113.93	129.55	3
温州	Wenzhou	36.40	61.46	58.06	19
嘉兴	Jiaxing	30.10	21.97	23.71	41
湖州	Huzhou	14.10	19.25	18.94	51
绍兴	Shaoxing	143.60	191.32	196.37	1
金华	Jinhua	74.00	95.47	108.10	6
衢州	Quzhou	12.00	17.07	16.90	60
舟山	Zhoushan	6.50	8.34	8.17	107
台州	Taizhou	55.70	83.09	82.31	13
丽水	Lishui	7.70	10.25	11.64	83
安徽	**Anhui**	**158.00**	**168.82**	**168.00**	
合肥	Hefei	58.90	74.90	72.15	15
芜湖	Wuhu	10.20	10.58	10.57	89
蚌埠	Bengbu	6.50	10.58	10.14	93
淮南	Huainan	5.80	3.21	2.73	185
马鞍山	Maanshan	7.90	8.39	7.87	110
淮北	Huaibei	3.50	2.46	2.18	195
铜陵	Tongling	4.30	5.15	4.78	148
安庆	Anqing	11.70	9.82	9.82	96
黄山	Huangshan	4.10	3.22	3.19	175
滁州	Chuzhou	6.40	8.10	9.22	101
阜阳	Fuyang	5.10	6.55	7.01	119
宿州	Suzhou	7.40	8.15	9.83	95
六安	Liuan	10.20	7.57	7.79	111
亳州	Bozhou	1.50	1.82	2.05	197
池州	Chizhou	3.20	3.83	3.56	170
宣城	Xuancheng	4.20	4.51	5.20	141
福建	**Fujian**	**229.60**	**339.06**	**325.27**	
福州	Fuzhou	88.50	115.60	123.86	4
厦门	Xiamen	58.80	76.57	87.24	11
莆田	Putian	7.00	17.34	19.25	48
三明	Sanming	7.70	15.83	14.33	68
泉州	Quanzhou	31.40	50.41	53.60	20
漳州	Zhangzhou	9.00	16.81	17.40	56
南平	Nanping	3.40	5.37	5.07	144
龙岩	Longyan	17.90	31.08	31.74	31
宁德	Ningde	5.90	10.06	8.15	108
江西	**Jiangxi**	**86.10**	**142.31**	**152.57**	
南昌	Nanchang	33.30	65.11		
景德镇	Jingdezhen	2.30	1.29		
萍乡	Pingxiang	2.90	3.35		
九江	Jiujiang	9.90	9.25		
新余	Xinyu	2.50	2.99		
鹰潭	Yingtan	3.00	7.27		
赣州	Ganzhou	7.10	8.21		
吉安	Jian	4.70	6.80		
宜春	Yichun	4.90	8.17		
抚州	Fuzhou	7.30	13.09		
上饶	Shangrao	8.30	16.77		
山东	**Shandong**	**314.70**	**253.38**	**293.19**	
济南	Jinan	47.30	32.13	36.20	30
青岛	Qingdao	34.90	19.53	36.73	28
淄博	Zibo	32.70	29.89	28.04	36
枣庄	Zaozhuang	13.10	11.85	12.26	80
东营	Dongying	9.80	8.64	8.09	109
烟台	Yantai	26.60	19.25	21.24	46
潍坊	Weifang	28.00	20.18	21.58	45
济宁	Jining	17.80	19.30	22.67	42
泰安	Taian	29.90	24.25	26.63	37
威海	Weihai	11.20	7.49	8.76	103
日照	Rizhao	8.10	7.45	6.99	120
莱芜	Laiwu	4.40	3.90	3.70	167
临沂	Linyi	18.60	17.09	25.73	38
德州	Dezhou	8.40	8.19	8.30	106
聊城	Liaocheng	5.40	6.45	7.19	118

12-2 建筑业企业从业人员 续表 2
Employees of Construction Enterprises continued 2

单位：万人 （10 000 persons）

地名	City	2010	2015	2016	2016 排名 Ranking
滨州	Binzhou	6.80	5.50	5.71	135
菏泽	Heze	11.70	12.28	13.26	75
河南	**Henan**	**235.00**	**238.83**	**260.90**	
郑州	Zhengzhou	58.40	54.48	67.71	17
开封	Kaifeng	8.20	10.99	11.59	85
洛阳	Luoyang	27.00	15.41	23.74	40
平顶山	Pingdingshan	5.80	5.76	5.41	137
安阳	Anyang	23.70	27.33	28.75	34
鹤壁	Hebi	3.10	2.42	2.63	189
新乡	Xinxiang	21.10	16.11	21.82	44
焦作	Jiaozuo	5.80	4.41	3.72	166
濮阳	Puyang	8.20	8.93	9.34	99
许昌	Xuchang	5.30	5.98	4.27	157
漯河	Luohe	3.90	3.30	2.87	180
三门峡	Sanmenxia	5.10	4.68	3.74	165
南阳	Nanyang	15.20	12.91	14.00	70
商丘	Shangqiu	9.20	9.89	13.86	72
信阳	Xinyang	13.60	12.60	17.01	59
周口	Zhoukou	9.20	11.07	12.74	79
驻马店	Zhumadian	10.90	14.58	16.36	61
湖北	**Hubei**	**198.60**		**269.64**	
武汉	Wuhan	65.30			
黄石	Huangshi	6.60			
十堰	Shiyan	7.10			
宜昌	Yichang	14.30			
襄阳	Xiangyang	10.50			
鄂州	Ezhou	4.20			
荆门	Jingmen	3.20			
孝感	Xiaogan	8.20			
荆州	Jingzhou	7.50			
黄冈	Huanggang	18.60			
咸宁	Xianning	3.00			
随州	Suizhou	2.60			
湖南	**Hunan**	**150.40**	**221.27**	**219.96**	
长沙	Changsha	68.50	110.22	107.18	7
株洲	Zhuzhou	10.60	14.47	17.30	58
湘潭	Xiangtan	8.70	12.68	14.22	69
衡阳	Hengyang	12.60	14.71	14.89	65
邵阳	Shaoyang	8.90	9.93	10.06	94
岳阳	Yueyang	7.60	11.27	11.24	86

地名	City	2010	2015	2016	2016 排名 Ranking
常德	Changde	8.20	10.44	11.07	87
张家界	Zhangjiajie	1.30	1.36	1.37	212
益阳	Yiyang	4.70	6.61	7.45	116
郴州	Chenzhou	3.90	8.21	9.46	97
永州	Yongzhou	5.80	7.10	7.79	111
怀化	Huaihua	2.90	3.69	4.35	154
娄底	Loudi	5.50	8.56	10.84	88
广东	**Guangdong**	**196.30**	**185.50**	**228.57**	
广州	Guangzhou	39.70	40.03	48.28	22
韶关	Shaoguan	5.70	6.81	6.84	122
深圳	Shenzhen	45.60	41.35	66.80	18
珠海	Zhuhai	4.40	6.37	12.24	81
汕头	Shantou	14.40	13.60	14.46	67
佛山	Foshan	11.00	10.49	9.06	102
江门	Jiangmen	8.50	6.12	6.53	123
湛江	Zhanjiang	10.30	10.71	19.01	50
茂名	Maoming	8.30	10.53	12.79	78
肇庆	Zhaoqing	4.10	2.53	3.83	164
惠州	Huizhou	3.20	1.57	3.98	160
梅州	Meizhou	9.10	6.55	6.88	121
汕尾	Shanwei	1.30	0.70	1.17	216
河源	Heyuan	1.70	1.92	2.73	185
阳江	Yangjiang	5.50	4.85	5.37	138
清远	Qingyuan	3.40	2.87	4.20	158
东莞	Dongguan	5.70	7.58	9.35	98
中山	Zhongshan	5.30	4.00	3.98	160
潮州	Chaozhou	1.50	1.54	1.93	198
揭阳	Jieyang	5.70	3.85	5.10	143
云浮	Yunfu	1.80	1.51	1.65	207
广西	**Guangxi**	**59.10**	**85.67**	**120.02**	
南宁	Nanning	19.60	29.85	36.60	29
柳州	Liuzhou	12.70	17.40	18.54	53
桂林	Guilin	5.50		6.17	127
梧州	Wuzhou	1.20	1.23	1.46	211
北海	Beihai	1.40	1.72	2.85	181
防城港	Fangchenggang	1.80	3.10	3.13	176
钦州	Qinzhou	4.80	14.52	18.44	54
贵港	Guigang	1.50	2.28	3.10	177
玉林	Yulin	6.90	7.20	7.57	115
百色	Baise	1.50	1.84	2.65	187

12-2 建筑业企业从业人员 续表 3
Employees of Construction Enterprises continued 3

单位：万人 （10 000 persons）

地名	City	2010	2015	2016	2016 排名 Ranking	地名	City	2010	2015	2016	2016 排名 Ranking
贺州	Hezhou	0.70	0.67	0.73	221	丽江	Lijiang	0.90	0.91	0.91	218
河池	Hechi	1.60	1.69	1.67	206	普洱	Puer	4.40	2.76	3.32	172
来宾	Laibin	0.70	1.86	1.86	201	临沧	Lincang	5.30	1.66	1.57	209
崇左	Chongzuo	0.60	0.44	2.53	191	**西藏**	**Tibet**			**2.84**	
海南	**Hainan**	**11.00**	**7.44**	**7.42**		拉萨	Lasa				
海口	Haikou	8.20	5.04	5.02	146	**陕西**	**Shaanxi**	**104.70**	**115.02**	**118.32**	
三亚	Sanya	0.70	0.60	0.63	223	西安	Xi'an	53.90	59.53	68.59	16
三沙	Sansha					铜川	Tongchuan	1.20	1.12	1.19	215
重庆	**Chongqing**	**139.30**		**209.08**		宝鸡	Baoji	14.00	9.15	13.89	71
四川	**Sichuan**	**292.20**	**244.23**	**282.87**		咸阳	Xianyang	12.00	10.95	13.26	74
成都	Chengdu	130.10	69.93	94.29	9	渭南	Weinan	7.90	7.05	7.39	117
自贡	Zigong	6.70	9.59	8.56	105	延安	Yan'an	2.00	4.70	5.59	136
攀枝花	Panzhihua	7.00	4.22	3.97	163	汉中	Hanzhong	4.20	6.19	6.09	129
泸州	Luzhou	17.30	24.33	31.53	32	榆林	Yulin	3.50	5.02	7.79	113
德阳	Deyang	16.50	8.35	8.65	104	安康	Ankang	2.00	4.51	5.03	145
绵阳	Mianyang	12.60	18.28	20.02	47	商洛	Shangluo	3.10	5.09	4.65	151
广元	Guangyuan	4.20	5.24	6.08	130	**甘肃**	**Gansu**	**45.80**	**55.10**	**56.58**	
遂宁	Suining	8.40	8.51	10.45	92	兰州	Lanzhou	13.20	17.42	17.31	57
内江	Neijiang	11.70	9.40	9.24	100	嘉峪关	Jiayuguan	0.50	0.50	0.43	225
乐山	Leshan	5.80	6.05	6.39	124	金昌	Jinchang	2.10	2.87	2.58	190
南充	Nanchong	17.30	14.28	18.73	52	白银	Baiyin	2.80	3.29	2.80	182
眉山	Meishan	7.00	8.59	10.55	91	天水	Tianshui	2.90	3.86	4.08	159
宜宾	Yibin	8.50	10.61	11.62	84	武威	Wuwei	2.50	2.95	3.57	169
广安	Guangan	11.60	11.79	12.81	77	张掖	Zhangye	1.40	2.64	2.46	193
达州	Dazhou	12.50	10.32	10.56	90	平凉	Pingliang	4.20	4.69	4.28	156
雅安	Yaan	1.10	1.68	1.82	204	酒泉	Jiuquan	4.10	2.33	2.64	188
巴中	Bazhong	6.10	12.82	16.04	62	庆阳	Qingyang	3.90	5.08	4.69	150
资阳	Ziyang	5.80	7.45	6.21	125	定西	Dingxi	3.20	3.76	3.66	168
贵州	**Guizhou**	**33.80**		**67.53**		陇南	Longnan	1.30	1.88	1.85	202
贵阳	Guiyang	22.70				**青海**	**Qinghai**	**9.00**		**11.44**	
六盘水	Liupanshui	1.00				西宁	Xining	6.30			
遵义	Zunyi	3.90				海东	Haidong				
安顺	Anshun	0.70				**宁夏**	**Ningxia**	**9.80**	**12.67**	**9.93**	
毕节	Bijie	0.70				银川	Yinchuan	5.80	8.94		
铜仁	Tongren	1.40				石嘴山	Shizuishan	0.80	0.63		
云南	**Yunnan**	**78.60**	**78.67**	**115.63**		吴忠	Wuzhong	1.60	1.73		
昆明	Kunming	48.00	40.51	39.07	27	固原	Guyuan	0.70	0.51		
曲靖	Qujing	7.80	7.24	7.58	114	中卫	Zhongwei	0.90	0.86		
玉溪	Yuxi	2.90	3.91	3.98	160	**新疆**	**Xinjiang**	**56.50**	**72.19**	**38.41**	
保山	Baoshan	3.30	4.39	4.94	147	乌鲁木齐	Urumqi	22.70	24.02	28.37	35
昭通	Zhaotong	1.90	1.73	1.88	200	克拉玛依	Karamay	2.80	2.25	2.79	184

12-3 建筑业企业总产值
Gross Production of Construction

单位：亿元 （100 million yuan）

地名	City	2010	2015	2016	2016 排名 Ranking
全国	**Nation Total**	**96031.1**	**180757.5**	**193566.8**	
北京	**Beijing**	**5196.0**	**8436.7**	**8841.2**	
天津	**Tianjin**	**2424.5**	**4488.9**	**4891.8**	
河北	**Hebei**	**3231.5**	**5252.6**	**5517.7**	
石家庄	Shijiazhuang	558.7	1032.2	1091.3	41
唐山	Tangshan	563.8	551.6	606.6	69
秦皇岛	Qinhuangdao	166.1	178.7	184.8	154
邯郸	Handan	314.7	471.6	473.5	85
邢台	Xingtai	87.6	147.3	154.6	164
保定	Baoding	602.8	1355.1	1417.6	33
张家口	Zhangjiakou	204.0	204.7	200.3	148
承德	Chengde	139.7	176.6	195.1	151
沧州	Cangzhou	192.6	433.1	451.6	88
廊坊	Langfang	342.8	564.1	594.2	72
衡水	Hengshui	58.9	137.5	148.0	166
山西	**Shanxi**	**2143.5**	**2931.3**	**3318.5**	
太原	Taiyuan	1343.9	1985.0	2335.1	22
大同	Datong	96.6	114.1	130.4	181
阳泉	Yangquan	100.8	71.9	55.0	224
长治	Changzhi	62.2	141.1	147.6	167
晋城	Jincheng	35.7	59.6	56.1	219
朔州	Shuozhou	48.0	49.4	55.9	220
晋中	Jinzhong	140.5	210.4	223.7	142
运城	Yuncheng	93.7	122.9	127.7	183
忻州	Xinzhou	41.0	63.9	68.1	214
临汾	Linfen	152.7	68.0	73.3	211
吕梁	Lvliang	28.2	44.9	45.6	233
内蒙古	**Inner Mongolia**	**1125.6**	**1123.2**	**1220.8**	
呼和浩特	Hohhot	201.8	200.8	257.5	129
包头	Baotou	192.2	184.5	201.5	147
乌海	Wuhai	40.1	58.6	60.1	218
赤峰	Chifeng	133.1	170.4	176.6	160
通辽	Tongliao	63.7	53.9	51.8	228
鄂尔多斯	Erdos	275.8	154.0	170.9	161
呼伦贝尔	Hulunbuir	69.6	133.6	122.9	185
巴彦淖尔	Bayannur	73.6	43.7	51.2	229
乌兰察布	Ulanqab	26.1	48.7	44.4	234
辽宁	**Liaoning**	**4690.3**	**7851.1**	**3926.7**	
沈阳	Shenyang	1055.2	2022.1	13726.3	1
大连	Dalian	1321.8	2087.7	10015.6	2
鞍山	Anshan	373.2	596.5	2575.1	19
抚顺	Fushun	228.2	308.6	849.1	50
本溪	Benxi	159.4	296.8	968.0	44
丹东	Dandong	193.3	403.3	1485.7	30
锦州	Jinzhou	209.5	289.8	1426.8	31
营口	Yingkou	155.9	334.2	1745.1	26
阜新	Fuxin	85.7	230.3	564.6	75
辽阳	Liaoyang	162.1	214.6	1731.8	27
盘锦	Panjin	210.7	200.5	1369.7	35
铁岭	Tieling	206.8	224.0	829.7	51
朝阳	Chaoyang	165.7	381.7	1088.1	42
葫芦岛	Huludao	162.9	261.1	894.2	48
吉林	**Jilin**	**1350.2**	**2216.3**	**2283.6**	
长春	Changchun	669.8		1182.0	40
吉林	Jilin	159.0		362.9	99
四平	Siping	59.0		84.1	206
辽源	Liaoyuan	47.0		48.1	232
通化	Tonghua	138.3		180.5	156
白山	Baishan	44.3		37.0	238
松原	Songyuan	146.9		241.6	138
白城	Baicheng	25.4		49.6	231
黑龙江	**Heilongjiang**	**1769.7**	**1680.4**	**1716.6**	
哈尔滨	Harbin	1081.3			
齐齐哈尔	Qiqihar	64.5			
鸡西	Jixi	36.5			
鹤岗	Hegang	21.9			
双鸭山	Shuangyashan	26.1			
大庆	Daqing	230.6			
伊春	Yichun	19.3			
佳木斯	Jiamusi	71.9			
七台河	Qitaihe	15.9			
牡丹江	Mudanjiang	103.0			
黑河	Heihe	26.7			
绥化	Suihua	58.6			
上海	**Shanghai**	**4300.2**	**5652.5**	**6046.2**	
江苏	**Jiangsu**	**12405.9**	**24785.8**	**25791.8**	

12-3 建筑业企业总产值 续表 1

Gross Production of Construction continued 1

单位：亿元 （100 million yuan）

地名	City	2010	2015	2016	2016 排名 Ranking	地名	City	2010	2015	2016	2016 排名 Ranking
南京	Nanjing	1643.3	3028.3	3094.7	13	池州	Chizhou	46.5	111.8	109.0	194
无锡	Wuxi	499.5	601.6	633.5	66	宣城	Xuancheng	61.9	130.1	130.9	180
徐州	Xuzhou	535.7	1361.2	1387.8	34	**福建**	**Fujian**	**3062.2**	**7605.8**	**8531.4**	
常州	Changzhou	735.5	1288.5	1273.4	38	福州	Fuzhou	1161.5	2614.0		
苏州	Suzhou	1275.6	1955.6	1855.9	25	厦门	Xiamen	558.0	1171.2		
南通	Nantong	2731.2	6144.6	6619.4	5	莆田	Putian	125.4	424.3		
连云港	Lianyungang	330.2	629.7	648.7	63	三明	Sanming	156.4	445.3		
淮安	Huaian	571.9	1323.7	1337.3	36	泉州	Quanzhou	508.5	1246.5		
盐城	Yancheng	649.4	1343.8	1422.7	32	漳州	Zhangzhou	157.2	308.3		
扬州	Yangzhou	1553.4	3167.4	3346.5	10	南平	Nanping	61.0	118.7		
镇江	Zhenjiang	321.2	541.5	530.7	77	龙岩	Longyan	247.9	615.4		
泰州	Taizhou	1264.1	2662.6	2924.4	14	宁德	Ningde	86.3	178.9		
宿迁	Suqian	294.9	737.4	716.8	57	**江西**	**Jiangxi**	**1691.5**	**4602.5**	**5179.0**	
浙江	**Zhejiang**	**12210.9**	**23980.6**	**24989.4**		南昌	Nanchang	792.4	2370.4	2629.7	18
杭州	Hangzhou	2663.8	4097.6	4105.3	8	景德镇	Jingdezhen	38.4	19.5	33.3	242
宁波	Ningbo	1425.1	4055.4	4231.1	7	萍乡	Pingxiang	47.0	95.0	103.7	198
温州	Wenzhou	610.8	1395.0	1534.8	28	九江	Jiujiang	205.5	353.3	399.0	96
嘉兴	Jiaxing	589.9	907.9	904.9	45	新余	Xinyu	59.2	150.0	137.9	175
湖州	Huzhou	354.2	621.6	672.3	60	鹰潭	Yingtan	65.2	122.5	108.4	195
绍兴	Shaoxing	3263.4	6583.2	6935.5	4	赣州	Ganzhou	113.1	267.5	305.3	110
金华	Jinhua	1566.7	3162.9	3263.4	11	吉安	Jian	60.5	213.1	247.9	135
衢州	Quzhou	225.6	426.8	426.8	92	宜春	Yichun	69.6	228.7	263.0	126
舟山	Zhoushan	133.8	226.5	267.6	122	抚州	Fuzhou	102.2	296.9	349.9	100
台州	Taizhou	1034.4	2226.7	2330.1	23	上饶	Shangrao	138.5	485.6	605.0	70
丽水	Lishui	141.1	277.0	317.4	105	**山东**	**Shandong**	**55496.6**	**9381.7**	**10087.4**	
安徽	**Anhui**	**2865.0**	**5695.9**	**6047.3**		济南	Jinan	894.3	1663.8	1864.8	24
合肥	Hefei	1359.6	3006.6	3152.4	12	青岛	Qingdao	813.7	1338.6	1509.6	29
芜湖	Wuhu	250.9	420.3	454.6	86	淄博	Zibo	505.3	837.8	898.6	47
蚌埠	Bengbu	118.1	414.9	436.7	91	枣庄	Zaozhuang	159.2	278.9	270.4	119
淮南	Huainan	142.9	94.7	101.5	202	东营	Dongying	238.3	275.9	262.6	127
马鞍山	Maanshan	160.6	287.7	306.0	109	烟台	Yantai	500.9	649.8	706.0	59
淮北	Huaibei	47.7	44.1	34.0	239	潍坊	Weifang	447.4	767.6	806.0	53
铜陵	Tongling	60.4	128.6	135.2	177	济宁	Jining	289.5	680.6	714.5	58
安庆	Anqing	111.3	174.9	188.3	152	泰安	Taian	486.0	666.3	648.2	64
黄山	Huangshan	41.3	50.8	50.0	230	威海	Weihai	166.8	266.9	287.8	116
滁州	Chuzhou	94.8	246.9	284.7	117	日照	Rizhao	147.9	256.6	293.1	115
阜阳	Fuyang	74.7	178.6	196.9	150	莱芜	Laiwu	45.1	78.3	80.0	207
宿州	Suzhou	85.0	218.3	257.5	128	临沂	Linyi	287.6	705.2	748.2	56
六安	Liuan	114.1	145.6	154.4	165	德州	Dezhou	129.5	270.0	307.7	108
亳州	Bozhou	18.5	42.0	55.0	225	聊城	Liaocheng	102.8	207.4	223.7	141

12-3 建筑业企业总产值 续表 2

Gross Production of Construction continued 2

单位：亿元 （100 million yuan）

地名	City	2010	2015	2016	2016 排名 Ranking	地名	City	2010	2015	2016	2016 排名 Ranking
滨州	Binzhou	148.0	200.0	212.4	145	常德	Changde	114.7	262.7	293.2	114
菏泽	Heze	134.1	234.8	253.9	131	张家界	Zhangjiajie	25.5	32.8	32.0	243
河南	**Henan**	**4400.6**	**8047.7**	**8808.0**		益阳	Yiyang	67.5	201.2	222.2	143
郑州	Zhengzhou	1352.3	2700.6	2891.1	15	郴州	Chenzhou	76.3	237.7	269.7	120
开封	Kaifeng	105.8	201.7	242.0	137	永州	Yongzhou	77.7	183.2	206.1	146
洛阳	Luoyang	877.7	1255.7	1323.3	37	怀化	Huaihua	62.4	109.5	128.7	182
平顶山	Pingdingshan	88.7	116.5	127.0	184	娄底	Loudi	85.0	216.7	253.2	132
安阳	Anyang	319.1	645.7	771.1	54	**广东**	**Guangdong**	**4742.1**	**8865.7**	**9652.3**	
鹤壁	Hebi	34.3	61.1	67.7	215	广州	Guangzhou	1296.2	2546.9	2832.5	17
新乡	Xinxiang	238.7	282.8	490.1	79	韶关	Shaoguan	102.8	214.4	179.7	157
焦作	Jiaozuo	87.5	96.7	110.6	191	深圳	Shenzhen	1461.0	2275.2	2392.1	21
濮阳	Puyang	139.0	228.4	251.8	133	珠海	Zhuhai	100.8	477.5	566.8	74
许昌	Xuchang	85.0	128.0	138.2	174	汕头	Shantou	219.1	405.5	453.8	87
漯河	Luohe	35.3	49.9	54.6	226	佛山	Foshan	315.4	497.1	509.3	78
三门峡	Sanmenxia	82.4	117.1	134.0	179	江门	Jiangmen	119.2	225.2	240.9	139
南阳	Nanyang	197.8	287.7	376.5	98	湛江	Zhanjiang	168.1	461.8	535.4	76
商丘	Shangqiu	170.4	314.3	424.8	94	茂名	Maoming	134.7	481.0	570.8	73
信阳	Xinyang	207.2	396.0	482.7	80	肇庆	Zhaoqing	99.4	125.5	117.9	187
周口	Zhoukou	184.1	327.3	403.1	95	惠州	Huizhou	69.8	141.3	160.9	163
驻马店	Zhumadian	175.5	402.6	480.4	83	梅州	Meizhou	125.9	241.1	267.7	121
湖北	**Hubei**	**4344.4**	**10592.9**	**11862.4**		汕尾	Shanwei	15.4	14.4	21.7	250
武汉	Wuhan	2344.1	6016.3	6980.4	3	河源	Heyuan	20.7	69.3	92.4	204
黄石	Huangshi	146.9	310.1	329.6	103	阳江	Yangjiang	66.2	120.1	103.2	199
十堰	Shiyan	179.5	370.2	388.9	97	清远	Qingyuan	52.8	101.7	110.5	192
宜昌	Yichang	325.6	787.0	901.4	46	东莞	Dongguan	122.1	224.6	267.2	124
襄阳	Xiangyang	313.4	757.8	826.0	52	中山	Zhongshan	133.7	153.7	166.6	162
鄂州	Ezhou	54.3	127.6	145.7	169	潮州	Chaozhou	26.0	43.8	44.0	235
荆门	Jingmen	47.2	129.8	144.6	170	揭阳	Jieyang	75.1	133.0	134.1	178
孝感	Xiaogan	132.4	436.3	425.3	93	云浮	Yunfu	17.9	31.8	37.4	237
荆州	Jingzhou	107.4	244.6	233.3	140	**广西**	**Guangxi**	**1222.3**	**2953.4**	**3449.2**	
黄冈	Huanggang	292.9	863.2	874.9	49	南宁	Nanning	466.4	1032.1	1185.4	39
咸宁	Xianning	48.3	133.2	138.4	173	柳州	Liuzhou	241.1	575.2	623.5	67
随州	Suizhou	39.3	89.1	90.2	205	桂林	Guilin	129.2	285.5	308.2	107
湖南	**Hunan**	**3161.7**	**6630.8**	**7304.2**		梧州	Wuzhou	28.6	28.8	31.7	245
长沙	Changsha	1740.2	3478.2	3786.5	9	北海	Beihai	33.5	70.2	78.5	208
株洲	Zhuzhou	210.9	553.3	622.5	68	防城港	Fangchenggang	41.3	84.2	111.1	190
湘潭	Xiangtan	149.0	301.9	331.4	102	钦州	Qinzhou	61.2	366.9	476.2	84
衡阳	Hengyang	250.9	439.0	482.5	81	贵港	Guigang	23.6	641.9	112.7	189
邵阳	Shaoyang	134.1	288.4	325.6	104	玉林	Yulin	110.5	259.5	314.5	106
岳阳	Yueyang	149.4	280.3	302.9	113	百色	Baise	22.2	42.1	52.7	227

12-3 建筑业企业总产值 续表 3

Gross Production of Construction continued 3

单位：亿元 （100 million yuan）

地名	City	2010	2015	2016	2016 排名 Ranking	地名	City	2010	2015	2016	2016 排名 Ranking
贺州	Hezhou	7.3	15.1	18.2	251	丽江	Lijiang	21.3	37.1	31.8	244
河池	Hechi	26.7	52.8	43.0	236	普洱	Puer	104.1	93.9	109.9	193
来宾	Laibin	169.2	60.9	61.0	217	临沧	Lincang	77.0	52.6	55.1	223
崇左	Chongzuo	12.1	25.9	31.6	246	**西藏**	**Tibet**	**121.9**	**106.9**	**111.3**	
海南	**Hainan**	**199.5**	**278.6**	**307.8**		拉萨	Lasa	103.7	76.3	68.1	213
海口	Haikou	143.1	179.8	218.7	144	**陕西**	**Shaanxi**	**3063.6**	**4752.6**	**5329.2**	
三亚	Sanya	23.5	26.6	27.7	248	西安	Xi'an	1820.3	2648.2	2877.5	16
三沙	Sansha					铜川	Tongchuan	26.1	28.6	31.4	247
重庆	**Chongqing**	**2534.3**	**6256.9**	**7035.8**		宝鸡	Baoji	264.2	548.2	637.0	65
四川	**Sichuan**	**4200.9**	**8768.2**	**9959.7**		咸阳	Xianyang	389.9	590.5	656.1	62
成都	Chengdu	2097.4	4095.4	4431.5	6	渭南	Weinan	221.1	261.3	276.9	118
自贡	Zigong	85.1	203.3	243.2	136	延安	Yan'an	54.3	104.9	116.8	188
攀枝花	Panzhihua	125.7	175.3	200.1	149	汉中	Hanzhong	52.3	145.2	178.2	159
泸州	Luzhou	176.0	578.6	761.6	55	榆林	Yulin	108.9	148.9	181.1	155
德阳	Deyang	253.8	264.4	303.4	112	安康	Ankang	30.2	101.6	119.7	186
绵阳	Mianyang	186.2	397.6	440.8	90	商洛	Shangluo	59.4	126.7	142.6	172
广元	Guangyuan	51.6	125.5	145.8	168	**甘肃**	**Gansu**	**752.0**	**1849.0**	**1947.2**	
遂宁	Suining	105.1	210.5	248.1	134	兰州	Lanzhou	334.9	917.9	1003.2	43
内江	Neijiang	105.4	207.5	255.9	130	嘉峪关	Jiayuguan	15.1	26.5	24.3	249
乐山	Leshan	77.6	151.1	179.5	158	金昌	Jinchang	48.4	102.2	103.0	200
南充	Nanchong	215.1	531.2	602.9	71	白银	Baiyin	37.2	61.6	55.5	222
眉山	Meishan	108.8	240.7	303.8	111	天水	Tianshui	33.3	92.0	102.8	201
宜宾	Yibin	96.4	223.2	267.3	123	武威	Wuwei	33.6	88.6	96.1	203
广安	Guangan	156.0	370.5	443.9	89	张掖	Zhangye	21.9	65.7	55.7	221
达州	Dazhou	135.0	289.5	346.7	101	平凉	Pingliang	32.1	80.4	77.1	209
雅安	Yaan	11.5	28.1	33.8	240	酒泉	Jiuquan	74.5	121.9	137.2	176
巴中	Bazhong	113.2	419.5	481.5	82	庆阳	Qingyang	50.6	104.7	105.3	197
资阳	Ziyang	68.8	217.4	187.6	153	定西	Dingxi	33.3	104.7	75.0	210
贵州	**Guizhou**	**623.0**	**1947.7**	**2363.0**		陇南	Longnan	10.6	74.5	33.6	241
贵阳	Guiyang	469.1				**青海**	**Qinghai**	**279.6**	**409.5**	**410.6**	
六盘水	Liupanshui	12.9				西宁	Xining	225.6			
遵义	Zunyi	55.9				海东	Haidong				
安顺	Anshun	4.9				**宁夏**	**Ningxia**	**342.7**	**524.5**	**511.3**	
毕节	Bijie	6.5				银川	Yinchuan	225.9	371.7		
铜仁	Tongren	12.7				石嘴山	Shizuishan	36.9	23.1		
云南	**Yunnan**	**1511.9**	**3268.9**	**3867.2**		吴忠	Wuzhong	41.6	59.3		
昆明	Kunming	1120.9	2076.1	2433.6	20	固原	Guyuan	16.4	31.9		
曲靖	Qujing	133.8	219.3	263.9	125	中卫	Zhongwei	22.0	38.5		
玉溪	Yuxi	39.6	113.0	143.9	171	**新疆**	**Xinjiang**	**969.5**	**2255.7**	**2558.2**	
保山	Baoshan	30.4	89.3	107.5	196	乌鲁木齐	Urumqi	413.1	639.6	666.6	61
昭通	Zhaotong	30.5	50.1	61.1	216	克拉玛依	Karamay	75.5	88.1	71.2	212

12-4 建筑业企业房屋建筑施工面积
Floor Space of Buildings under Construction

单位：万平方米 (10 000 sq.m)

地名	City	2010	2015	2016	2016 排名 Ranking
全国	**Nation Total**	**708023.5**	**1239717.6**	**1264216.3**	
北京	**Beijing**	**29440.4**		**61097.5**	
天津	**Tianjin**	**7564.3**		**17036.2**	
河北	**Hebei**	**23471.5**	**35616.5**	**34616.1**	
石家庄	Shijiazhuang	3863.0	7687.8	7056.4	35
唐山	Tangshan	3630.9	3716.2	3417.6	62
秦皇岛	Qinhuangdao	1200.8	1089.0	964.3	155
邯郸	Handan	2506.3	3772.3	3730.8	58
邢台	Xingtai	808.3	1143.4	1464.1	126
保定	Baoding	4394.3	8643.5	9143.6	30
张家口	Zhangjiakou	1658.9	1422.6	1584.3	116
承德	Chengde	916.9	888.8	778.7	167
沧州	Cangzhou	1573.5	1928.2	1814.4	107
廊坊	Langfang	2221.8	3630.9	3428.1	60
衡水	Hengshui	696.9	1693.8	1233.9	137
山西	**Shanxi**	**7289.5**	**13943.4**	**14620.6**	
太原	Taiyuan	3349.0	9442.6	9937.0	26
大同	Datong	544.5	507.9	592.9	184
阳泉	Yangquan	352.9	284.4	273.6	213
长治	Changzhi	522.5	931.4	1159.4	143
晋城	Jincheng	191.7	353.9	376.3	206
朔州	Shuozhou	146.0	82.4	108.2	230
晋中	Jinzhong	418.9	593.2	621.7	180
运城	Yuncheng	525.0	793.7	717.1	172
忻州	Xinzhou	271.4	350.6	335.3	210
临汾	Linfen	473.1	255.4	173.7	226
吕梁	Lvliang	494.6	348.1	325.4	211
内蒙古	**Inner Mongolia**	**7577.9**	**8053.4**	**6296.0**	
呼和浩特	Hohhot	1333.6	1393.5	1170.7	142
包头	Baotou	1453.5	1379.4	1333.2	133
乌海	Wuhai	334.3	261.9	255.1	217
赤峰	Chifeng	1132.0	1064.1	1042.0	152
通辽	Tongliao	382.1	392.6	359.1	208
鄂尔多斯	Erdos	957.6	223.1	253.0	218
呼伦贝尔	Hulunbuir	405.9	722.6	593.0	183
巴彦淖尔	Bayannur	697.4	377.0	316.1	212
乌兰察布	Ulanqab	289.9	565.6	566.8	190
辽宁	**Liaoning**	**26807.0**	**47861.0**	**20390.7**	
沈阳	Shenyang	5733.0	12738.4		
大连	Dalian	8664.6	10543.4		
鞍山	Anshan	2381.8	11599.3		
抚顺	Fushun	1205.9	1065.5		
本溪	Benxi	779.5	1108.8		
丹东	Dandong	856.5	1245.2		
锦州	Jinzhou	1322.5	1313.9		
营口	Yingkou	1115.6	1834.0		
阜新	Fuxin	608.3	1059.4		
辽阳	Liaoyang	539.8	770.2		
盘锦	Panjin	525.9	484.2		
铁岭	Tieling	1254.5	1223.3		
朝阳	Chaoyang	1010.4	1942.2		
葫芦岛	Huludao	808.7	933.1		
吉林	**Jilin**	**5900.7**	**12237.0**	**10634.4**	
长春	Changchun	2283.7		5709.2	43
吉林	Jilin	514.7		1511.8	121
四平	Siping	326.3		429.5	202
辽源	Liaoyuan	255.0		363.4	207
通化	Tonghua	845.1		695.0	174
白山	Baishan	244.6		218.7	222
松原	Songyuan	617.8		834.5	163
白城	Baicheng	147.1		191.4	225
黑龙江	**Heilongjiang**	**7170.7**		**5404.1**	
哈尔滨	Harbin	3856.9			
齐齐哈尔	Qiqihar	390.9			
鸡西	Jixi	174.4			
鹤岗	Hegang	254.4			
双鸭山	Shuangyashan	184.3			
大庆	Daqing	297.2			
伊春	Yichun	169.4			
佳木斯	Jiamusi	529.0			
七台河	Qitaihe	90.2			
牡丹江	Mudanjiang	526.1			
黑河	Heihe	177.4			
绥化	Suihua	432.5			
上海	**Shanghai**	**22996.8**		**36019.7**	
江苏	**Jiangsu**	**119035.5**	**215592.0**	**221493.6**	

12-4 建筑业企业房屋建筑施工面积 续表 1

Floor Space of Buildings under Construction continued 1

单位：万平方米 （10 000 sq.m）

地名	City	2010	2015	2016	2016 排名 Ranking
南京	Nanjing	10639.1	19496.8	19228.8	14
无锡	Wuxi	4146.3	3530.4	3133.5	66
徐州	Xuzhou	4872.4	11718.4	11880.4	23
常州	Changzhou	6225.5	10051.0	9236.2	29
苏州	Suzhou	8323.9	10881.8	9681.8	27
南通	Nantong	35745.3	68382.3	71731.8	1
连云港	Lianyungang	2637.2	5267.7	5309.1	44
淮安	Huaian	6716.4	13016.1	12889.1	19
盐城	Yan cheng	7030.3	11785.8	12769.7	20
扬州	Yangzhou	13578.1	25288.3	26807.9	8
镇江	Zhenjiang	1682.2	2362.3	2406.8	82
泰州	Taizhou	14830.5	26882.1	30128.8	5
宿迁	Suqian	2608.5	6929.0	6289.8	41
浙江	**Zhejiang**	**123587.0**	**201542.2**	**198401.2**	
杭州	Hangzhou	22650.4	28123.7	27220.7	7
宁波	Ningbo	14288.6	28374.3	26786.2	9
温州	Wenzhou	7009.4	11453.9	12027.6	21
嘉兴	Jiaxing	6186.5	8781.9	6892.0	36
湖州	Huzhou	2941.6	4169.7	4009.8	54
绍兴	Shaoxing	34390.6	58345.5	58300.6	2
金华	Jinhua	19075.1	38610.3	39918.9	4
衢州	Quzhou	2229.6	2709.4	2654.2	73
舟山	Zhoushan	1231.7	1473.5	1392.3	129
台州	Taizhou	12370.9	17725.5	17587.0	15
丽水	Lishui	1212.6	1774.4	1611.9	114
安徽	**Anhui**	**23295.7**	**41479.7**	**40126.4**	
合肥	Hefei	9008.1	22430.0	19892.3	13
芜湖	Wuhu	1829.5	2241.3	2328.0	83
蚌埠	Bengbu	852.7	3262.1	3402.6	63
淮南	Huainan	1752.0	354.5	404.7	204
马鞍山	Maanshan	1024.6	2022.7	2034.6	94
淮北	Huaibei	234.1	279.8	214.9	223
铜陵	Tongling	579.7	867.8	893.3	160
安庆	Anqing	1630.4	1704.5	1828.0	105
黄山	Huangshan	622.4	566.5	487.3	198
滁州	Chuzhou	902.5	1689.3	1953.8	99
阜阳	Fuyang	848.4	1944.0	2153.1	89
宿州	Suzhou	537.0	784.6	1112.1	146
六安	Liuan	1329.4	1187.1	1229.3	138
亳州	Bozhou	185.4	298.1	386.9	205
池州	Chizhou	422.7	865.6	775.4	168
宣城	Xuancheng	753.0	982.0	1030.2	153
福建	**Fujian**	**28406.9**	**59277.3**	**62920.7**	
福州	Fuzhou	10588.3	24414.8	26636.8	10
厦门	Xiamen	4543.0	7406.2	8003.9	32
莆田	Putian	1455.3	3438.4	4404.6	50
三明	Sanming	1580.6	4694.6	4642.6	48
泉州	Quanzhou	4925.9	9606.2	9585.4	28
漳州	Zhangzhou	1691.4	2450.9	2621.1	74
南平	Nanping	532.9	715.5	669.5	177
龙岩	Longyan	2150.3	5002.0	4972.0	47
宁德	Ningde	939.1	1548.8	1384.9	131
江西	**Jiangxi**	**13669.7**	**28895.4**	**28446.2**	
南昌	Nanchang	6226.8	14542.7	15250.9	17
景德镇	Jingdezhen	403.9	161.0	236.1	221
萍乡	Pingxiang	292.4	543.1	578.1	186
九江	Jiujiang	1340.4	1501.8	1276.1	135
新余	Xinyu	390.9	910.1	757.8	171
鹰潭	Yingtan	450.6	213.8	205.9	224
赣州	Ganzhou	677.1	1600.2	1721.2	109
吉安	Jian	794.1	1577.8	1549.2	119
宜春	Yichun	889.4	1677.7	1835.7	104
抚州	Fuzhou	1096.1	2695.9	2548.4	76
上饶	Shangrao	1107.9	3471.2	2487.0	79
山东	**Shandong**	**44828.8**	**69401.6**	**72090.6**	
济南	Jinan	4654.4	10189.2	10292.6	24
青岛	Qingdao	6972.1	11210.1	13127.8	18
淄博	Zibo	4486.3	6790.5	6843.6	37
枣庄	Zaozhuang	1592.3	2390.9	2278.5	86
东营	Dongying	775.6	793.0	785.4	166
烟台	Yantai	3931.9	3661.5	3746.9	57
潍坊	Weifang	5286.9	7148.8	6837.7	38
济宁	Jining	2575.5	5064.2	5127.0	45
泰安	Taian	3165.9	3258.8	2932.0	70
威海	Weihai	2134.7	2428.9	2555.3	75
日照	Rizhao	711.8	1466.6	1861.1	103
莱芜	Laiwu	425.2	446.5	430.1	201
临沂	Linyi	3189.8	7271.5	7606.5	33
德州	Dezhou	1287.9	1792.7	1931.9	101
聊城	Liaocheng	1421.7	2464.9	2544.9	77

12-4 建筑业企业房屋建筑施工面积 续表 2
Floor Space of Buildings under Construction continued 2

单位：万平方米 （10 000 sq.m）

地名	City	2010	2015	2016	2016 排名 Ranking
滨州	Binzhou	901.1	1183.7	1213.2	140
菏泽	Heze	1315.9	1839.8	1975.7	96
河南	**Henan**	**28677.1**	**53132.5**	**55784.0**	
郑州	Zhengzhou	8876.9	23096.7	25323.5	11
开封	Kaifeng	1035.1	2072.4	1932.1	100
洛阳	Luoyang	3680.0	6417.2	6287.0	42
平顶山	Pingdingshan	775.6	1019.4	899.2	159
安阳	Anyang	3223.6	4503.1	5103.1	46
鹤壁	Hebi	317.2	520.1	577.2	188
新乡	Xinxiang	1768.7	1913.9	2243.5	88
焦作	Jiaozuo	642.0	560.8	530.1	192
濮阳	Puyang	637.7	1033.6	947.7	157
许昌	Xuchang	681.6	1112.7	1073.9	149
漯河	Luohe	438.1	475.6	516.7	194
三门峡	Sanmenxia	363.0	437.2	606.1	181
南阳	Nanyang	1201.7	1671.1	1752.3	108
商丘	Shangqiu	1139.2	1465.2	1967.0	98
信阳	Xinyang	1421.5	2054.2	2508.3	78
周口	Zhoukou	1299.1	1303.5	1614.6	113
驻马店	Zhumadian	991.1	1467.2	1667.6	110
湖北	**Hubei**	**11620.9**	**62204.7**	**72835.1**	
武汉	Wuhan	12662.3	35391.1	44516.6	3
黄石	Huangshi	1458.2	2029.7	2082.1	92
十堰	Shiyan	472.7	1320.2	1473.2	125
宜昌	Yichang	821.6	3125.4	3423.9	61
襄阳	Xiangyang	1259.1	4708.7	4177.4	53
鄂州	Ezhou	510.9	736.9	791.8	165
荆门	Jingmen	379.0	860.8	1086.7	147
孝感	Xiaogan	1434.7	3106.1	3191.2	65
荆州	Jingzhou	973.6	1522.0	1482.9	124
黄冈	Huanggang	2672.4	5625.9	6591.3	40
咸宁	Xianning	468.7	736.9	768.7	170
随州	Suizhou	456.3	920.8	846.8	162
湖南	**Hunan**	**27680.3**	**47504.4**	**50329.0**	
长沙	Changsha	15052.2	25852.4	27980.5	6
株洲	Zhuzhou	1486.2	3321.0	3772.0	56
湘潭	Xiangtan	1545.4	1975.4	1823.0	106
衡阳	Hengyang	1816.3	2873.9	2832.5	71
邵阳	Shaoyang	1555.5	3057.8	3101.0	69
岳阳	Yueyang	984.0	1338.5	1444.2	127

地名	City	2010	2015	2016	2016 排名 Ranking
常德	Changde	1118.7	2005.3	2092.2	91
张家界	Zhangjiajie	245.0	302.8	245.2	220
益阳	Yiyang	688.8	1112.8	1253.8	136
郴州	Chenzhou	768.9	1353.9	1390.5	130
永州	Yongzhou	915.3	1839.1	1903.0	102
怀化	Huaihua	664.9	862.6	1008.2	154
娄底	Loudi	671.3	1270.1	1171.3	141
广东	**Guangdong**	**33140.4**	**50461.6**	**54358.3**	
广州	Guangzhou	7135.5	15163.7	16289.6	16
韶关	Shaoguan	781.8	1063.4	1070.9	150
深圳	Shenzhen	5980.3	7682.7	8501.1	31
珠海	Zhuhai	877.4	1969.6	2307.7	84
汕头	Shantou	2381.6	4218.8	4388.2	51
佛山	Foshan	3335.6	2731.9	3104.4	68
江门	Jiangmen	1640.1	2457.3	2414.6	81
湛江	Zhanjiang	1943.7	3361.2	3723.5	59
茂名	Maoming	1770.8	3264.8	4255.8	52
肇庆	Zhaoqing	728.5	640.4	501.4	197
惠州	Huizhou	942.9	1162.4	1367.6	132
梅州	Meizhou	1315.8	1632.2	1408.2	128
汕尾	Shanwei	175.1	118.6	156.3	228
河源	Heyuan	218.8	453.1	517.9	193
阳江	Yangjiang	825.3	920.6	827.3	164
清远	Qingyuan	632.9	562.1	598.4	182
东莞	Dongguan	733.4	1046.0	914.1	158
中山	Zhongshan	601.0	470.9	515.0	195
潮州	Chaozhou	373.1	597.7	576.5	189
揭阳	Jieyang	559.4	638.3	577.8	187
云浮	Yunfu	187.3	306.0	342.1	209
广西	**Guangxi**	**10742.3**	**23432.0**	**26531.9**	
南宁	Nanning	3136.3	7368.1	7197.4	34
柳州	Liuzhou	2436.6	6534.1	6822.1	39
桂林	Guilin	1297.0	2588.7	2120.5	90
梧州	Wuzhou	226.7	841.4	869.4	161
北海	Beihai	329.5	419.8	1568.3	118
防城港	Fangchenggang	223.5	394.2	465.4	199
钦州	Qinzhou	660.9	1004.6	1044.4	151
贵港	Guigang	233.0	447.8	556.1	191
玉林	Yulin	1378.5	2169.8	2288.9	85
百色	Baise	187.0	222.2	249.5	219

12-4 建筑业企业房屋建筑施工面积 续表 3
Floor Space of Buildings under Construction continued 3

单位：万平方米 （10 000 sq.m）

地名	City	2010	2015	2016	2016 排名 Ranking	地名	City	2010	2015	2016	2016 排名 Ranking
贺州	Hezhou	170.9	295.6	104.2	232	丽江	Lijiang	168.3	168.5	149.2	229
河池	Hechi	368.0	252.6	773.4	169	普洱	Puer	367.6	474.5	579.0	185
来宾	Laibin	107.5	622.9	642.8	179	临沧	Lincang	378.8	233.9	169.8	227
崇左	Chongzuo	76.4	614.5	104.2	231	**西藏**	**Tibet**	**272.4**	**295.4**	**244.2**	
海南	**Hainan**	**1429.7**	**2132.0**	**2085.4**		拉萨	Lasa	174.5	212.7		
海口	Haikou	1122.7	1554.8	1621.8	112	**陕西**	**Shaanxi**	**11490.7**	**23986.6**	**24528.3**	
三亚	Sanya	56.9	50.8	55.8	233	西安	Xi'an	4592.6	11974.5	11945.7	22
三沙	Sansha					铜川	Tongchuan	223.2	357.4	422.7	203
重庆	**Chongqing**	**19489.4**		**32077.1**		宝鸡	Baoji	1997.4	2415.8	2433.3	80
四川	**Sichuan**	**29440.8**	**52795.4**	**54048.3**		咸阳	Xianyang	1442.8	3262.6	3338.9	64
成都	Chengdu	12668.8	23852.5	23327.4	12	渭南	Weinan	909.2	1612.0	1224.5	139
自贡	Zigong	859.3	1807.4	2030.4	95	延安	Yan'an	342.9	583.4	686.2	176
攀枝花	Panzhihua	240.4	443.5	504.2	196	汉中	Hanzhong	708.7	1333.5	1571.1	117
泸州	Luzhou	1887.5	4063.6	4493.7	49	榆林	Yulin	551.4	798.6	953.2	156
德阳	Deyang	1539.9	1979.1	1969.7	97	安康	Ankang	315.2	958.3	1131.1	144
绵阳	Mianyang	1663.4	2788.7	2696.5	72	商洛	Shangluo	321.0	567.2	649.1	178
广元	Guangyuan	439.2	860.2	1085.0	148	**甘肃**	**Gansu**	**5032.6**	**10757.1**	**10422.4**	
遂宁	Suining	1017.6	1470.1	1608.2	115	兰州	Lanzhou	1841.9			
内江	Neijiang	876.3	1372.6	1507.4	122	嘉峪关	Jiayuguan	90.8			
乐山	Leshan	781.5	1001.0	1128.9	145	金昌	Jinchang	335.2			
南充	Nanchong	1971.9	3026.2	3110.3	67	白银	Baiyin	248.3			
眉山	Meishan	715.5	1447.9	1639.3	111	天水	Tianshui	335.9			
宜宾	Yibin	856.1	1420.5	1524.9	120	武威	Wuwei	159.4			
广安	Guangan	939.1	1467.1	1505.4	123	张掖	Zhangye	149.0			
达州	Dazhou	1284.7	2158.9	2258.9	87	平凉	Pingliang	352.8			
雅安	Yaan	111.5	211.8	269.2	214	酒泉	Jiuquan	277.3			
巴中	Bazhong	675.6	1798.1	2038.1	93	庆阳	Qingyang	418.4			
资阳	Ziyang	620.6	1235.6	694.2	175	定西	Dingxi	447.6			
贵州	**Guizhou**	**5756.4**		**19354.6**		陇南	Longnan	112.6			
贵阳	Guiyang	3471.8				**青海**	**Qinghai**	**693.1**		**886.8**	
六盘水	Liupanshui	96.2				西宁	Xining	452.6			
遵义	Zunyi	1003.6				海东	Haidong				
安顺	Anshun	103.8				**宁夏**	**Ningxia**	**2596.9**	**3285.0**	**2771.3**	
毕节	Bijie	83.0				银川	Yinchuan	1642.2	2262.7		
铜仁	Tongren	177.1				石嘴山	Shizuishan	324.5	180.2		
云南	**Yunnan**	**8872.3**	**15437.1**	**17052.9**		吴忠	Wuzhong	362.0	435.4		
昆明	Kunming	3547.5	9447.2	10110.8	25	固原	Guyuan	85.7	133.9		
曲靖	Qujing	915.8	1175.6	1313.7	134	中卫	Zhongwei	182.6	272.7		
玉溪	Yuxi	375.1	759.8	713.5	173	**新疆**	**Xinjiang**	**6620.1**	**12233.3**	**11312.6**	
保山	Baoshan	203.3	285.9	447.7	200	乌鲁木齐	Urumqi	1764.6	3684.7	3774.4	55
昭通	Zhaotong	230.9	280.5	268.9	215	克拉玛依	Karamay	106.9	367.1	258.4	216

12-5　建筑业企业房屋建筑竣工面积
Floor Space of Buildings Completed

单位：万平方米　　　　(10 000 sq.m)

地名	City	2010	2015	2016	2016 排名 Ranking
全国	**Nation Total**	**277450.2**	**420784.9**	**422382.3**	
北京	**Beijing**	**5933.2**		**10703.5**	
天津	**Tianjin**	**2419.2**		**3428.7**	
河北	**Hebei**	**9100.9**	**11613.0**	**11145.1**	
石家庄	Shijiazhuang	1155.6	1586.0	1487.0	54
唐山	Tangshan	1156.4	1093.5	1028.4	80
秦皇岛	Qinhuangdao	427.9	430.6	422.2	137
邯郸	Handan	847.4	1344.1	1256.2	63
邢台	Xingtai	413.2	394.3	504.2	126
保定	Baoding	2108.6	3465.8	3238.6	24
张家口	Zhangjiakou	812.0	661.7	497.0	128
承德	Chengde	396.9	283.0	279.3	157
沧州	Cangzhou	726.6	820.1	876.2	92
廊坊	Langfang	754.2	1048.9	1013.6	83
衡水	Hengshui	302.2	485.1	542.4	122
山西	**Shanxi**	**2585.4**		**3353.3**	
太原	Taiyuan	843.7		1661.4	48
大同	Datong	230.1		291.8	153
阳泉	Yangquan	131.4		55.4	200
长治	Changzhi	218.5		311.6	151
晋城	Jincheng	131.9		116.0	188
朔州	Shuozhou	94.3		48.1	202
晋中	Jinzhong	151.2		158.2	179
运城	Yuncheng	285.6		301.2	152
忻州	Xinzhou	181.1		229.4	167
临汾	Linfen	163.7		79.5	196
吕梁	Lvliang	153.9		100.7	192
内蒙古	**Inner Mongolia**	**3805.2**	**3648.9**	**2538.6**	
呼和浩特	Hohhot	374.4	430.3	238.5	162
包头	Baotou	431.4	370.6	417.2	138
乌海	Wuhai	187.9	76.1	72.7	197
赤峰	Chifeng	781.6	744.5	423.4	136
通辽	Tongliao	248.7	212.8	209.4	171
鄂尔多斯	Erdos	651.0	120.9	131.4	187
呼伦贝尔	Hulunbuir	326.4	589.8	435.5	133
巴彦淖尔	Bayannur	290.9	154.4	132.8	185
乌兰察布	Ulanqab	134.3	201.7	199.1	173
辽宁	**Liaoning**	**13003.3**	**16514.4**		

地名	City	2010	2015	2016	2016 排名 Ranking
沈阳	Shenyang	1839.5	3103.3		
大连	Dalian	4209.2	3686.4		
鞍山	Anshan	937.7	1385.4		
抚顺	Fushun	869.3	839.7		
本溪	Benxi	453.0	737.5		
丹东	Dandong	380.4	844.1		
锦州	Jinzhou	645.3	841.6		
营口	Yingkou	626.1	1021.5		
阜新	Fuxin	235.4	517.3		
辽阳	Liaoyang	342.8	451.3		
盘锦	Panjin	369.7	315.5		
铁岭	Tieling	979.6	908.2		
朝阳	Chaoyang	654.1	1318.7		
葫芦岛	Huludao	461.1	543.7		
吉林	**Jilin**	**4272.9**	**5603.0**	**5211.4**	
长春	Changchun	1634.6			
吉林	Jilin	332.1			
四平	Siping	303.0			
辽源	Liaoyuan	121.0			
通化	Tonghua	734.3			
白山	Baishan	128.6			
松原	Songyuan	609.0			
白城	Baicheng	79.0			
黑龙江	**Heilongjiang**	**3619.9**		**2746.9**	
哈尔滨	Harbin	1356.1			
齐齐哈尔	Qiqihar	237.7			
鸡西	Jixi	131.1			
鹤岗	Hegang	120.4			
双鸭山	Shuangyashan	84.2			
大庆	Daqing	267.6			
伊春	Yichun	136.2			
佳木斯	Jiamusi	369.5			
七台河	Qitaihe	59.6			
牡丹江	Mudanjiang	300.8			
黑河	Heihe	124.9			
绥化	Suihua	369.9			
上海	**Shanghai**	**6217.1**		**7481.2**	
江苏	**Jiangsu**	**48560.1**	**76823.9**	**74990.3**	

12-5 建筑业企业房屋建筑竣工面积 续表 1
Floor Space of Buildings Completed continued 1

单位：万平方米 （10 000 sq.m）

地名	City	2010	2015	2016	2016 排名 Ranking	地名	City	2010	2015	2016	2016 排名 Ranking
南京	Nanjing	3962.7	6850.1	5012.9	15	池州	Chizhou	273.0	559.3	501.4	127
无锡	Wuxi	1894.5	1471.1	1308.6	59	宣城	Xuancheng	367.8	420.2	415.3	139
徐州	Xuzhou	2530.6	4970.8	4613.2	18	**福建**	**Fujian**	**9095.8**	**16631.3**	**18121.2**	
常州	Changzhou	2659.1	3448.6	3575.2	21	福州	Fuzhou	2875.5	6068.5	6709.5	10
苏州	Suzhou	3344.2	4014.4	3569.8	22	厦门	Xiamen	1177.8	1482.3	1610.7	50
南通	Nantong	10912.2	18345.1	19160.0	2	莆田	Putian	345.8	1007.0	1086.7	75
连云港	Lianyungang	1454.5	2085.5	2306.1	35	三明	Sanming	508.3	1606.0	1811.1	45
淮安	Huaian	3127.2	3968.5	3677.0	20	泉州	Quanzhou	2207.3	3049.0	3363.8	23
盐城	Yancheng	3120.4	4299.7	4954.3	16	漳州	Zhangzhou	633.8	723.7	685.6	113
扬州	Yangzhou	6749.3	10619.8	10094.7	6	南平	Nanping	157.3	231.1	180.2	176
镇江	Zhenjiang	653.3	927.0	878.0	91	龙岩	Longyan	895.5	1986.9	2406.8	32
泰州	Taizhou	6755.3	12308.0	12845.9	4	宁德	Ningde	294.5	476.9	266.8	159
宿迁	Suqian	1396.7	3515.3	2994.7	27	**江西**	**Jiangxi**	**6488.1**	**14255.6**	**14835.8**	
浙江	**Zhejiang**	**45099.2**	**68337.6**	**68818.5**		南昌	Nanchang	2167.6	5605.3	5984.2	13
杭州	Hangzhou	8219.9	10137.1	9754.1	7	景德镇	Jingdezhen	140.4	101.8	157.6	180
宁波	Ningbo	4585.7	8670.6	8951.6	8	萍乡	Pingxiang	179.5	377.2	385.3	142
温州	Wenzhou	1942.9	2842.9	2785.6	28	九江	Jiujiang	759.4	855.6	800.3	105
嘉兴	Jiaxing	2334.6	3025.8	2679.5	29	新余	Xinyu	212.1	407.6	440.1	132
湖州	Huzhou	1419.0	2031.8	2183.1	41	鹰潭	Yingtan	96.6	121.3	134.6	184
绍兴	Shaoxing	13575.0	21598.0	21981.6	1	赣州	Ganzhou	353.4	1018.0	847.4	96
金华	Jinhua	6593.3	10337.4	11623.8	5	吉安	Jian	496.7	937.3	1068.2	76
衢州	Quzhou	1063.8	1465.3	1251.6	65	宜春	Yichun	640.2	1200.0	1152.4	72
舟山	Zhoushan	297.1	445.9	370.2	145	抚州	Fuzhou	654.9	1562.4	1551.6	52
台州	Taizhou	4445.4	7032.8	6399.2	11	上饶	Shangrao	787.3	2069.2	2314.1	33
丽水	Lishui	622.6	750.1	838.2	98	**山东**	**Shandong**	**19179.7**	**23629.5**	**23721.3**	
安徽	**Anhui**	**10512.4**	**15553.6**	**14590.7**		济南	Jinan	1305.6	2039.0	2298.0	36
合肥	Hefei	3290.2	6412.8	5446.8	14	青岛	Qingdao	2158.3	2108.2	2454.1	31
芜湖	Wuhu	858.2	1141.7	1194.3	68	淄博	Zibo	1799.9	2712.5	2309.0	34
蚌埠	Bengbu	432.8	1098.6	1129.8	74	枣庄	Zaozhuang	778.3	1086.8	983.9	85
淮南	Huainan	328.5	151.8	221.9	170	东营	Dongying	440.1	475.5	380.3	143
马鞍山	Maanshan	559.6	890.1	751.5	108	烟台	Yantai	1814.5	1643.3	1792.9	46
淮北	Huaibei	145.2	88.9	55.1	201	潍坊	Weifang	2133.3	2429.1	2232.7	40
铜陵	Tongling	244.6	368.5	362.4	146	济宁	Jining	1293.4	1876.5	1981.5	43
安庆	Anqing	960.9	1054.8	1024.1	81	泰安	Taian	2322.7	1722.7	1478.2	55
黄山	Huangshan	294.8	267.4	235.1	166	威海	Weihai	831.6	784.2	874.7	93
滁州	Chuzhou	640.1	1083.9	1059.3	77	日照	Rizhao	316.0	620.5	760.9	107
阜阳	Fuyang	368.7	501.0	717.7	110	莱芜	Laiwu	221.3	292.0	246.9	161
宿州	Suzhou	336.6	536.9	547.0	121	临沂	Linyi	1540.4	2792.0	2595.8	30
六安	Liuan	842.7	764.1	690.9	112	德州	Dezhou	516.9	728.7	918.2	86
亳州	Bozhou	142.1	213.9	238.2	163	聊城	Liaocheng	561.8	825.4	872.6	95

12-5 建筑业企业房屋建筑竣工面积 续表 2

Floor Space of Buildings Completed in continued 2

单位：万平方米 （10 000 sq.m）

地名	City	2010	2015	2016	2016 排名 Ranking
滨州	Binzhou	348.3	564.0	538.0	123
菏泽	Heze	797.2	929.1	1003.6	84
河南	**Henan**	**13156.0**	**18026.9**	**19425.8**	
郑州	Zhengzhou	2601.7	4265.7	4829.4	17
开封	Kaifeng	524.1	559.9	719.0	109
洛阳	Luoyang	954.1	1386.4	1208.1	66
平顶山	Pingdingshan	270.7	385.0	333.5	149
安阳	Anyang	1862.0	2455.2	3195.7	25
鹤壁	Hebi	151.4	221.2	227.9	168
新乡	Xinxiang	1087.1	1068.7	1154.4	70
焦作	Jiaozuo	347.7	176.3	188.7	174
濮阳	Puyang	456.9	617.8	533.7	124
许昌	Xuchang	414.9	587.0	624.7	116
漯河	Luohe	257.9	231.1	277.2	158
三门峡	Sanmenxia	180.2	101.6	99.7	193
南阳	Nanyang	704.3	759.8	832.1	101
商丘	Shangqiu	813.2	1013.0	1295.2	61
信阳	Xinyang	1043.1	1317.5	1573.3	51
周口	Zhoukou	771.7	786.4	1160.4	69
驻马店	Zhumadian	618.1	815.7	1039.1	79
湖北	**Hubei**	**2558.9**	**26828.9**	**28613.5**	
武汉	Wuhan	5701.9	11956.9	13612.7	3
黄石	Huangshi	566.6	1085.4	1201.8	67
十堰	Shiyan	233.5	618.2	636.5	115
宜昌	Yichang	488.6	1276.7	1278.9	62
襄阳	Xiangyang	756.8	1984.4	1886.8	44
鄂州	Ezhou	390.0	396.4	427.7	135
荆门	Jingmen	264.0	467.4	447.8	131
孝感	Xiaogan	911.2	1899.4	2245.0	38
荆州	Jingzhou	594.5	816.1	762.3	106
黄冈	Huanggang	1841.5	4033.9	3831.5	19
咸宁	Xianning	272.9	582.2	567.0	120
随州	Suizhou	317.6	518.9	433.8	134
湖南	**Hunan**	**10573.4**	**17390.0**	**18629.2**	
长沙	Changsha	4267.6	6541.2	7370.0	9
株洲	Zhuzhou	693.3	1549.7	1770.0	47
湘潭	Xiangtan	545.9	821.2	660.3	114
衡阳	Hengyang	874.1	1517.0	1346.0	57
邵阳	Shaoyang	790.1	1159.2	1390.3	56
岳阳	Yueyang	827.4	944.0	913.6	87
常德	Changde	566.3	794.9	829.1	102
张家界	Zhangjiajie	129.8	162.7	136.9	183
益阳	Yiyang	281.3	721.0	873.5	94
郴州	Chenzhou	400.5	856.5	895.8	89
永州	Yongzhou	622.4	1238.7	1339.4	58
怀化	Huaihua	207.6	337.8	398.4	141
娄底	Loudi	303.9	626.7	605.0	119
广东	**Guangdong**	**10163.6**		**15661.7**	
广州	Guangzhou	1509.2			
韶关	Shaoguan	294.2			
深圳	Shenzhen	1426.2			
珠海	Zhuhai	273.2			
汕头	Shantou	637.0			
佛山	Foshan	1007.7			
江门	Jiangmen	582.2			
湛江	Zhanjiang	636.0			
茂名	Maoming	745.4			
肇庆	Zhaoqing	253.9			
惠州	Huizhou	300.0			
梅州	Meizhou	494.3			
汕尾	Shanwei	103.7			
河源	Heyuan	136.9			
阳江	Yangjiang	316.9			
清远	Qingyuan	304.1			
东莞	Dongguan	312.0			
中山	Zhongshan	279.1			
潮州	Chaozhou	82.1			
揭阳	Jieyang	391.5			
云浮	Yunfu	78.7			
广西	**Guangxi**	**4093.8**	**7720.7**	**7998.0**	
南宁	Nanning	971.6	1629.2	1660.5	49
柳州	Liuzhou	661.7	1308.1	1497.9	53
桂林	Guilin	457.2	647.9	145.6	182
梧州	Wuzhou	114.4	51.6	27.7	204
北海	Beihai	100.6	168.8	235.9	165
防城港	Fangchenggang	149.2	288.2	331.9	150
钦州	Qinzhou	293.9	160.6	132.3	186
贵港	Guigang	154.0	325.6	376.7	144
玉林	Yulin	727.8	1248.8	1255.2	64
百色	Baise	107.1	169.2	157.2	181

12-5 建筑业企业房屋建筑竣工面积 续表 3
Floor Space of Buildings Completed continued 3

单位：万平方米　　　　（10 000 sq.m）

地名	City	2010	2015	2016	2016 排名 Ranking
贺州	Hezhou	19.3	31.0	64.7	199
河池	Hechi	192.1	275.7	85.0	195
来宾	Laibin	90.3	204.3	280.1	155
崇左	Chongzuo	60.5	44.1	69.4	198
海南	**Hainan**	**508.7**	**744.6**	**652.4**	
海口	Haikou	366.0	404.7	405.3	140
三亚	Sanya	40.6	35.0	33.1	203
三沙	Sansha				
重庆	**Chongqing**	**8292.0**		**13751.6**	
四川	**Sichuan**	**12086.3**	**20666.8**	**21089.3**	
成都	Chengdu	3726.6	5985.5	6242.7	12
自贡	Zigong	393.5	608.4	609.7	118
攀枝花	Panzhihua	90.9	94.6	185.5	175
泸州	Luzhou	1086.3	2177.2	2262.7	37
德阳	Deyang	636.4	864.3	706.9	111
绵阳	Mianyang	642.7	943.8	1018.2	82
广元	Guangyuan	175.7	225.9	283.0	154
遂宁	Suining	572.5	889.6	906.6	88
内江	Neijiang	405.8	792.7	837.9	99
乐山	Leshan	412.6	568.2	482.8	130
南充	Nanchong	1029.0	2035.3	2030.8	42
眉山	Meishan	428.4	729.0	808.2	104
宜宾	Yibin	442.0	805.0	818.4	103
广安	Guangan	506.9	845.7	842.4	97
达州	Dazhou	785.3	1022.1	1039.4	78
雅安	Yaan	68.1	118.1	169.1	177
巴中	Bazhong	274.2	1147.9	1153.1	71
资阳	Ziyang	296.1	581.1	279.5	156
贵州	**Guizhou**	**1349.7**		**4112.1**	
贵阳	Guiyang	631.8			
六盘水	Liupanshui	47.7			
遵义	Zunyi	243.8			
安顺	Anshun	42.1			
毕节	Bijie	43.0			
铜仁	Tongren	101.2			
云南	**Yunnan**	**4393.4**	**6941.1**	**7102.0**	
昆明	Kunming	590.8	3342.5	3164.4	26
曲靖	Qujing	552.8	856.1	886.1	90
玉溪	Yuxi	237.3	440.5	525.7	125
保山	Baoshan	159.7	202.8	257.8	160
昭通	Zhaotong	186.1	157.4	168.8	178
丽江	Lijiang	87.4	107.8	110.7	191
普洱	Puer	170.8	254.5	227.8	169
临沧	Lincang	186.2	111.9	112.7	190
西藏	**Tibet**	**151.8**	**173.9**	**144.0**	
拉萨	Lasa	53.8	107.0		
陕西	**Shaanxi**	**3781.3**	**7084.5**	**6758.9**	
西安	Xi'an	1391.9	2709.1	2233.2	39
铜川	Tongchuan	38.8	69.3	113.9	189
宝鸡	Baoji	617.3	945.3	834.3	100
咸阳	Xianyang	429.2	1284.8	1301.3	60
渭南	Weinan	323.0	495.7	484.7	129
延安	Yan'an	102.6	191.6	202.2	172
汉中	Hanzhong	267.0	460.1	610.2	117
榆林	Yulin	263.5	252.0	237.0	164
安康	Ankang	115.7	290.0	339.8	148
商洛	Shangluo	190.5	351.0	351.8	147
甘肃	**Gansu**	**2013.9**	**4082.9**	**3915.2**	
兰州	Lanzhou	458.4			
嘉峪关	Jiayuguan	48.5			
金昌	Jinchang	180.4			
白银	Baiyin	113.7			
天水	Tianshui	134.0			
武威	Wuwei	110.9			
张掖	Zhangye	80.9			
平凉	Pingliang	191.4			
酒泉	Jiuquan	195.5			
庆阳	Qingyang	203.0			
定西	Dingxi	95.4			
陇南	Longnan	44.8			
青海	**Qinghai**	**273.2**		**301.9**	
西宁	Xining	170.0			
海东	Haidong				
宁夏	**Ningxia**	**1076.4**	**1226.6**	**1017.8**	
银川	Yinchuan	649.6	787.5		
石嘴山	Shizuishan	111.8	89.4		
吴忠	Wuzhong	179.7	183.5		
固原	Guyuan	35.7	75.5		
中卫	Zhongwei	99.6	90.7		
新疆	**Xinjiang**	**2891.5**	**5247.3**	**4669.9**	
乌鲁木齐	Urumqi	667.1	990.8	1145.9	73
克拉玛依	Karamay	25.4	117.8	92.0	194

13

运输和邮电

Transport, Postal and Telecommunication Services

13-1 公路里程
Length of Highways

单位：公里 (km)

地名	City	2010	2015	2016	2016 排名 Ranking
全国	**Nation Total**	**4008229.0**		**4696263.0**	
北京	**Beijing**	**21114.0**		**22026.0**	
天津	**Tianjin**	**14832.0**		**16764.0**	
河北	**Hebei**	**154344.0**		**188431.0**	
石家庄	Shijiazhuang	15410.0	18827.0	19340.0	57
唐山	Tangshan	13855.0	18768.0	17962.0	67
秦皇岛	Qinhuangdao	8572.0	8874.0	8928.0	192
邯郸	Handan	13857.0	18849.0	17725.0	70
邢台	Xingtai	13735.0	17968.0	18788.0	62
保定	Baoding	17857.0	22777.0	22772.0	26
张家口	Zhangjiakou	19225.0	22401.0	21202.0	37
承德	Chengde	18804.0	21725.0	22149.0	32
沧州	Cangzhou	13233.0	16109.0	16508.0	84
廊坊	Langfang	9005.0	10658.0	11079.0	161
衡水	Hengshui	10791.0	12555.0	12857.0	133
山西	**Shanxi**	**131644.0**		**142066.0**	
太原	Taiyuan	6181.0	7360.0	7401.0	219
大同	Datong	11969.0	12546.0	12574.0	139
阳泉	Yangquan	5367.0	5656.0	5656.0	241
长治	Changzhi	10706.0	11467.0	11643.0	151
晋城	Jincheng	8447.0	9014.0	9135.0	186
朔州	Shuozhou	9551.0	10170.0	10216.0	170
晋中	Jinzhong	14562.0	15911.0	15988.0	97
运城	Yuncheng	15109.0	16070.0	16088.0	96
忻州	Xinzhou	16650.0	17251.0	17443.0	74
临汾	Linfen	17105.0	18245.0	18541.0	63
吕梁	Lvliang	15996.0	17270.0	17382.0	76
内蒙古	**Inner Mongolia**	**157994.0**		**196061.0**	
呼和浩特	Hohhot	6560.0	7219.0	7696.0	212
包头	Baotou	6745.0	6915.0	8948.0	190
乌海	Wuhai	868.0	923.0	1103.0	272
赤峰	Chifeng	22873.0	24827.0	26936.0	12
通辽	Tongliao	17284.0	19036.0	21029.0	39
鄂尔多斯	Erdos	16961.0	19162.0	22640.0	28
呼伦贝尔	Hulunbuir	19663.0	23489.0	27173.0	11
巴彦淖尔	Bayannur	19818.0	20762.0	22623.0	29
乌兰察布	Ulanqab	12334.0	13459.0	16132.0	94
辽宁	**Liaoning**	**101545.0**		**120613.0**	
沈阳	Shenyang	11757.0	12757.0	12842.0	134
大连	Dalian	11493.0	12786.0	12968.0	131
鞍山	Anshan	7048.0	7252.0	7447.0	218
抚顺	Fushun	5827.0	6858.0	7045.0	228
本溪	Benxi	3916.0	4336.0	4519.0	252
丹东	Dandong	7310.0	9778.0	9382.0	180
锦州	Jinzhou	7035.0	8654.0	8896.0	194
营口	Yingkou	3896.0	4313.0	4500.0	253
阜新	Fuxin	6034.0	7136.0	7465.0	217
辽阳	Liaoyang	3236.0	3800.0	3821.0	261
盘锦	Panjin	3291.0	3793.0	3975.0	259
铁岭	Tieling	10337.0	11330.0	11670.0	150
朝阳	Chaoyang	13837.0	15373.0	15768.0	103
葫芦岛	Huludao	6529.0	9117.0	9350.0	181
吉林	**Jilin**	**90437.0**	**97326.0**	**102484.0**	
长春	Changchun	20500.0	22824.0	23613.0	18
吉林	Jilin	14479.0	14768.0	15193.0	108
四平	Siping	8741.0	9298.0	10453.0	166
辽源	Liaoyuan	4137.0	4577.0	4915.0	247
通化	Tonghua	6292.0	7100.0	7496.0	216
白山	Baishan	6375.0	6753.0	6851.0	233
松原	Songyuan	11859.0	12269.0	12915.0	132
白城	Baicheng	9320.0	10392.0	11141.0	158
黑龙江	**Heilongjiang**	**151945.0**	**163233.0**	**164502.1**	
哈尔滨	Harbin	19154.0	25010.0	25455.6	15
齐齐哈尔	Qiqihar	18851.0	22931.3	23048.7	23
鸡西	Jixi	5336.0	9312.4	9308.7	183
鹤岗	Hegang	2462.0	5973.8	5984.5	240
双鸭山	Shuangyashan	3756.0	9047.7	9088.2	188
大庆	Daqing	7769.0	8741.9	8767.0	195
伊春	Yichun	2146.0	6995.7	7142.4	225
佳木斯	Jiamusi	9235.0	13485.4	13486.0	123
七台河	Qitaihe	1643.0	2562.1	2561.8	267
牡丹江	Mudanjiang	7293.0	12255.3	12352.6	142
黑河	Heihe	8819.0	15948.7	15954.7	98
绥化	Suihua	17423.0	21505.9	21742.2	36
上海	**Shanghai**	**16687.0**		**13292.0**	
江苏	**Jiangsu**	**150307.0**		**157304.0**	

13-1 公路里程 续表 1
Length of Highways continued 1

单位：公里 （km）

地名	City	2010	2015	2016	2016 排名 Ranking	地名	City	2010	2015	2016	2016 排名 Ranking
南京	Nanjing	10749.0	11303.0	11211.5	157	池州	Chizhou	6828.0	8519.0	8717.0	196
无锡	Wuxi	7628.0	7659.0	7694.8	213	宣城	Xuancheng	11956.0	11619.0	11940.0	147
徐州	Xuzhou	16175.0	16512.0	16277.4	91	**福建**	**Fujian**	**91015.0**		**106757.0**	
常州	Changzhou	8348.0	9010.0	9031.1	189	福州	Fuzhou	10234.0	11716.0	12025.0	146
苏州	Suzhou	12296.0	12692.0	12680.9	136	厦门	Xiamen	1865.0	2065.0	2197.0	268
南通	Nantong	17474.0	18255.0	18427.0	64	莆田	Putian	5552.0	6218.0	6388.0	239
连云港	Lianyungang	11224.0	12004.0	12027.1	145	三明	Sanming	13661.0	14616.0	14915.0	111
淮安	Huaian	11804.0	13270.0	13351.1	125	泉州	Quanzhou	14253.0	16877.0	17526.0	73
盐城	Yancheng	18415.0	19525.0	19568.0	53	漳州	Zhangzhou	10105.0	11990.0	12200.0	144
扬州	Yangzhou	10231.0	10530.0	9546.4	178	南平	Nanping	13663.0	15554.0	15622.0	104
镇江	Zhenjiang	6936.0	7333.0	7354.3	221	龙岩	Longyan	12161.0	14222.0	14314.0	114
泰州	Taizhou	8696.0	9538.0	9634.9	177	宁德	Ningde	9521.0	11328.0	11569.0	152
宿迁	Suqian	10332.0	11175.0	10499.5	165	**江西**	**Jiangxi**	**140634.0**		**161909.0**	
浙江	**Zhejiang**	**110177.0**		**119053.0**		南昌	Nanchang	9748.0	11199.0	11386.0	154
杭州	Hangzhou	15266.0	16210.0	16306.0	89	景德镇	Jingdezhen	4118.0	4711.0	4799.0	248
宁波	Ningbo	9884.0	11182.8	9837.9	176	萍乡	Pingxiang	6069.0	6950.0	7106.0	226
温州	Wenzhou	13965.0	8426.4	8485.0	200	九江	Jiujiang	17678.0	19537.0	20256.0	45
嘉兴	Jiaxing	7669.0	8088.3	8117.0	205	新余	Xinyu	4007.0	4355.0	4440.0	254
湖州	Huzhou	7890.0	7666.0	7724.0	209	鹰潭	Yingtan	3633.0	4057.0	4186.0	257
绍兴	Shaoxing	9281.0	9959.0	10067.7	174	赣州	Ganzhou	25709.0	29640.0	30904.0	4
金华	Jinhua	11512.0	12431.0	12574.0	139	吉安	Jian	20041.0	22757.0	22992.0	24
衢州	Quzhou	7484.0	8182.0	8374.0	203	宜春	Yichun	16428.0	18736.0	19901.0	50
舟山	Zhoushan	1706.0	1925.0	1948.4	269	抚州	Fuzhou	12657.0	14442.0	14913.0	112
台州	Taizhou	11267.0	12480.4	12578.0	138	上饶	Shangrao	17774.0	20239.0	21025.0	40
丽水	Lishui	13940.0	15206.3	15364.5	105	**山东**	**Shandong**	**229858.0**		**265720.0**	
安徽	**Anhui**	**149382.0**		**197588.0**		济南	Jinan	11611.0	13103.9	12730.0	135
合肥	Hefei	8512.0	18860.0	19444.0	54	青岛	Qingdao	16181.0	16290.4	16137.0	93
芜湖	Wuhu	4809.0	10898.0	11117.0	160	淄博	Zibo	10317.0	11214.4	11260.0	156
蚌埠	Bengbu	6493.0	8813.0	9230.0	185	枣庄	Zaozhuang	6960.0	8368.4	8441.0	201
淮南	Huainan	4180.0	4668.0	8407.0	202	东营	Dongying	8111.0	9039.7	9098.0	187
马鞍山	Maanshan	2223.0	7008.0	7106.0	226	烟台	Yantai	14516.0	18845.9	19001.0	61
淮北	Huaibei	3560.0	3944.0	4271.0	256	潍坊	Weifang	23181.0	26269.2	26882.0	13
铜陵	Tongling	1555.0	1597.0	4572.0	251	济宁	Jining	15613.0	19097.9	19373.0	56
安庆	Anqing	14956.0	19994.0	18215.0	66	泰安	Taian	13759.0	15178.0	15344.0	106
黄山	Huangshan	5509.0	6700.0	6935.0	232	威海	Weihai	6720.0	7146.8	7037.0	229
滁州	Chuzhou	14538.0	16635.0	17283.0	77	日照	Rizhao	6499.0	8274.3	8495.0	199
阜阳	Fuyang	11382.0	13495.0	15228.0	107	莱芜	Laiwu	3557.0	4325.2	4420.0	255
宿州	Suzhou	12612.0	14386.0	15802.0	102	临沂	Linyi	22316.0	27037.9	27243.0	10
六安	Liuan	16200.0	22261.0	20058.0	48	德州	Dezhou	20744.0	21978.9	22107.0	35
亳州	Bozhou	10803.0	12078.0	13454.0	124	聊城	Liaocheng	14699.0	17966.9	18251.0	65

13-1 公路里程 续表 2
Length of Highways continued 2

单位：公里 （km）

地名	City	2010	2015	2016	2016 排名 Ranking	地名	City	2010	2015	2016	2016 排名 Ranking
滨州	Binzhou	15029.0	16193.4	16419.0	86	常德	Changde	22045.0	22459.0	22537.0	31
菏泽	Heze	20043.0	23116.1	23481.0	19	张家界	Zhangjiajie	8630.0	8880.0	8937.0	191
河南	**Henan**	**245089.0**	**250584.0**	**267441.0**		益阳	Yiyang	15665.0	15923.0	16102.0	95
郑州	Zhengzhou	12284.0	10560.9	11372.0	155	郴州	Chenzhou	16701.0	17634.0	17698.0	72
开封	Kaifeng	8636.0	7305.7	7697.0	211	永州	Yongzhou	22084.0	23053.0	23166.0	22
洛阳	Luoyang	17837.0	18404.2	19390.0	55	怀化	Huaihua	19784.0	20630.0	20690.0	43
平顶山	Pingdingshan	13316.0	10893.6	11747.0	149	娄底	Loudi	14416.0	14813.0	14971.0	110
安阳	Anyang	11651.0	8297.3	9237.0	184	**广东**	**Guangdong**	**190144.0**	**216023.0**	**218085.0**	
鹤壁	Hebi	4401.0	4465.2	4573.0	250	广州	Guangzhou	8975.0	9317.0	9335.0	182
新乡	Xinxiang	12897.0	11058.7	11435.0	153	韶关	Shaoguan	13753.0	16125.0	16410.0	87
焦作	Jiaozuo	7316.0	7389.4	8013.0	206	深圳	Shenzhen	1617.0	1644.0	1638.0	270
濮阳	Puyang	6281.0	6529.0	6784.0	235	珠海	Zhuhai	1395.0	1447.0	1462.0	271
许昌	Xuchang	9161.0	9301.5	9936.0	175	汕头	Shantou	3805.0	3808.0	3836.0	260
漯河	Luohe	5226.0	5253.3	5374.0	243	佛山	Foshan	5214.0	5249.0	5291.0	244
三门峡	Sanmenxia	9348.0	9588.7	10089.0	172	江门	Jiangmen	9972.0	10017.0	10085.0	173
南阳	Nanyang	37136.0	33968.3	35532.0	1	湛江	Zhanjiang	21491.0	21792.0	22146.0	33
商丘	Shangqiu	22712.0	19887.3	21149.0	38	茂名	Maoming	15609.0	17461.0	17422.0	75
信阳	Xinyang	24207.0	21825.9	23314.0	20	肇庆	Zhaoqing	11260.0	14129.0	14384.0	113
周口	Zhoukou	21375.0	18907.3	20701.0	42	惠州	Huizhou	10826.0	13476.0	13541.0	121
驻马店	Zhumadian	19080.0	17190.0	19259.0	58	梅州	Meizhou	15860.0	17704.0	17708.0	71
湖北	**Hubei**	**206212.0**		**260179.0**		汕尾	Shanwei	4864.0	5483.0	5554.0	242
武汉	Wuhan	12561.0	15659.0			河源	Heyuan	14721.0	15795.0	15825.0	101
黄石	Huangshi	4917.0		6841.0	234	阳江	Yangjiang	7454.0	10061.0	10513.0	164
十堰	Shiyan	19977.0	26989.0	27982.0	9	清远	Qingyuan	18233.0	24804.0	24803.0	16
宜昌	Yichang	25638.0		29707.0	5	东莞	Dongguan	4751.0	5165.0	5265.0	245
襄阳	Xiangyang	25364.0	28667.0	29265.0	7	中山	Zhongshan	1838.0	2610.0	2631.0	266
鄂州	Ezhou	2913.0	3586.0	3587.0	262	潮州	Chaozhou	5046.0	5048.0	5223.0	246
荆门	Jingmen	10985.0	13918.0	14279.0	115	揭阳	Jieyang	6349.0	7282.0	7307.0	222
孝感	Xiaogan	11840.0	15676.0	16282.0	90	云浮	Yunfu	7111.0	7606.0	7708.0	210
荆州	Jingzhou	18685.0	22299.0	22771.0	27	**广西**	**Guangxi**	**101782.0**		**120547.0**	
黄冈	Huanggang	23392.0	28715.0	29543.0	6	南宁	Nanning	10567.0	12656.0	12651.6	137
咸宁	Xianning	13029.0	15536.0	15856.0	99	柳州	Liuzhou	7957.0	8398.0	8607.5	198
随州	Suizhou	6887.0	9207.0	9464.0	179	桂林	Guilin	11186.0	12564.0	13117.0	129
湖南	**Hunan**	**227998.0**	**236886.0**	**238273.0**		梧州	Wuzhou	4054.0	6270.0	6509.3	237
长沙	Changsha	15307.0	16041.0	16229.0	92	北海	Beihai	2414.0	2796.0		
株洲	Zhuzhou	13466.0	13821.0	13883.0	117	防城港	Fangchenggang	2571.0	3024.0	3034.6	263
湘潭	Xiangtan	7700.0	7844.0	7892.0	208	钦州	Qinzhou	5357.0	6693.0	6954.8	231
衡阳	Hengyang	20098.0	20747.0	20887.0	41	贵港	Guigang	6064.0	7205.0	7389.0	220
邵阳	Shaoyang	20923.0	22042.0	22137.0	34	玉林	Yulin	8640.0	10202.0	10325.2	168
岳阳	Yueyang	19786.0	20301.0	20362.0	44	百色	Baise	13354.0	16517.0	16833.2	82

13-1 公路里程 续表 3
Length of Highways continued 3

单位：公里 （km）

地名	City	2010	2015	2016	2016 排名 Ranking
贺州	Hezhou	3746.0	1741.0		
河池	Hechi	7334.0	12914.0	13163.9	128
来宾	Laibin	5981.0	6799.0	7011.0	230
崇左	Chongzuo	6607.0	7047.0	7278.2	224
海南	**Hainan**	**21236.0**	**26860.0**	**28217.0**	
海口	Haikou	1994.0			
三亚	Sanya	1089.0			
三沙	Sansha				
重庆	**Chongqing**	**116949.0**		**142921.0**	
四川	**Sichuan**	**266082.0**		**324138.0**	
成都	Chengdu	20312.0	22972.0	23276.0	21
自贡	Zigong	5793.0	6510.0	6536.0	236
攀枝花	Panzhihua	4438.0	4739.0	4771.0	249
泸州	Luzhou	12089.0	13517.0	13768.0	119
德阳	Deyang	7459.0	8182.0	8159.0	204
绵阳	Mianyang	15377.0	19909.0	19918.0	49
广元	Guangyuan	14950.0	19702.0	19839.0	51
遂宁	Suining	8317.0	8895.0	8918.0	193
内江	Neijiang	9647.0	10212.0	10218.0	169
乐山	Leshan	8698.0	11726.0	11848.0	148
南充	Nanchong	19466.0	22499.0	22598.0	30
眉山	Meishan	7084.0	7532.0	7655.0	215
宜宾	Yibin	13276.0	19033.0	19161.0	59
广安	Guangan	9378.0	11006.0	12332.0	143
达州	Dazhou	18390.0	19562.0	19574.0	52
雅安	Yaan	5625.0	6371.0	6476.0	238
巴中	Bazhong	13745.0	17073.0	17165.0	80
资阳	Ziyang	11893.0	14875.0	15105.0	109
贵州	**Guizhou**	**151644.0**		**191626.0**	
贵阳	Guiyang	8901.0	9846.6	10102.3	171
六盘水	Liupanshui	11652.0	13664.4	13900.6	116
遵义	Zunyi	22939.0	29348.5	31455.0	3
安顺	Anshun	9126.0	13710.5	13729.5	120
毕节	Bijie	23985.0	30564.4	31666.6	2
铜仁	Tongren	21248.0	25386.9	25710.7	14
云南	**Yunnan**	**209231.0**		**238052.0**	
昆明	Kunming	16442.0	17915.5	17959.0	68
曲靖	Qujing	26671.0	23895.8	24186.0	17
玉溪	Yuxi	16452.0	17267.8	17231.0	79
保山	Baoshan	11712.0	13591.5	13513.0	122
昭通	Zhaotong	15554.0	16525.6	16736.0	83

地名	City	2010	2015	2016	2016 排名 Ranking
丽江	Lijiang	7605.0	7242.9	7305.0	223
普洱	Puer	19192.0	20372.7	20236.0	46
临沧	Lincang	14045.0	16381.7	16432.0	85
西藏	**Tibet**	**58249.0**	**78000.0**	**82096.0**	
拉萨	Lasa	3417.0	4685.0		
陕西	**Shaanxi**	**147461.0**		**172471.0**	
西安	Xi'an	12575.0	13328.1	13336.0	126
铜川	Tongchuan	3521.0	3900.7	3980.0	258
宝鸡	Baoji	14255.0	16108.1	16328.0	88
咸阳	Xianyang	15201.0	15732.2	15832.0	100
渭南	Weinan	17716.0	18643.7	19029.0	60
延安	Yan'an	14926.0	17621.2	17805.0	69
汉中	Hanzhong	15051.0	19312.1	20062.0	47
榆林	Yulin	22372.0	28640.5	28942.0	8
安康	Ankang	19973.0	22790.4	22981.0	25
商洛	Shangluo	11871.0	13594.7	13776.0	118
甘肃	**Gansu**	**118879.0**	**140052.0**	**143039.0**	
兰州	Lanzhou	6945.0	7750.8	7993.4	207
嘉峪关	Jiayuguan	614.0	623.3	540.0	273
金昌	Jinchang	2019.0	2839.8	2873.6	265
白银	Baiyin	9589.0	12190.8	12502.5	141
天水	Tianshui	10126.0	10470.4	10700.9	163
武威	Wuwei	9003.0	12328.9	13072.5	130
张掖	Zhangye	10582.0	11169.8	11140.6	159
平凉	Pingliang	9524.0	10338.5	10353.0	167
酒泉	Jiuquan	13458.0	16964.3	17249.4	78
庆阳	Qingyang	11289.0	13346.2	13328.8	127
定西	Din gxi	10122.0	10670.2	10922.0	162
陇南	Longnan	14460.0	16904.6	17093.5	81
青海	**Qinghai**	**62185.0**		**78585.0**	
西宁	Xining	4291.0			
海东	Haidong				
宁夏	**Ningxia**	**22518.0**		**33940.0**	
银川	Yinchuan				
石嘴山	Shizuishan				
吴忠	Wuzhong		10968.0		
固原	Guyuan		7987.0	8629.0	197
中卫	Zhongwei		7194.0	7657.0	214
新疆	**Xinjiang**	**152843.0**		**182085.0**	
乌鲁木齐	Urumqi	3265.0	2846.0	2942.0	264
克拉玛依	Karamay	939.0			

13-2 等级公路里程

Length of Expressway and Class I to IV Highways

单位：公里 （km）

地名	City	2010	2015	2016	2016 排名 Ranking
全国	**Nation Total**	**3304709**		**4226543**	
北京	**Beijing**	**20921.0**		**22026.0**	
天津	**Tianjin**	**14832.0**		**16764.0**	
河北	**Hebei**	**146053.0**		**182626.0**	
石家庄	Shijiazhuang	14198.0	18827.0	19340.0	34
唐山	Tangshan	13855.0	18768.0	17962.0	51
秦皇岛	Qinhuangdao	8572.0	8874.0	8928.0	159
邯郸	Handan	13319.0	18849.0	17725.0	52
邢台	Xingtai	12159.0	17968.0	18788.0	39
保定	Baoding	17614.0	22777.0	22772.0	14
张家口	Zhangjiakou	17162.0	22401.0	19747.0	31
承德	Chengde	17558.0	21725.0	21451.0	21
沧州	Cangzhou	12678.0	16109.0	16508.0	63
廊坊	Langfang	9005.0	10658.0	11079.0	130
衡水	Hengshui	9933.0	12555.0	12857.0	107
山西	**Shanxi**	**127664.0**		**139110.0**	
太原	Taiyuan	6047.0	7240.0	7283.0	183
大同	Datong	11877.0	12504.0	12534.0	117
阳泉	Yangquan	5367.0	5656.0	5656.0	208
长治	Changzhi	10051.0	11020.0	11248.0	128
晋城	Jincheng	8172.0	8793.0	8918.0	160
朔州	Shuozhou	9422.0	10073.0	10118.0	147
晋中	Jinzhong	14471.0	15838.0	15919.0	80
运城	Yuncheng	15082.0	16044.0	16066.0	78
忻州	Xinzhou	15969.0	16664.0	16891.0	57
临汾	Linfen	16333.0	17700.0	18030.0	50
吕梁	Lvliang	14873.0	16312.0	16447.0	66
内蒙古	**Inner Mongolia**	**144395.0**		**188340.0**	
呼和浩特	Hohhot	6176.0	6938.0	7482.0	178
包头	Baotou	5602.0	5907.0	8448.0	166
乌海	Wuhai	868.0	921.0	1103.0	236
赤峰	Chifeng	21883.0	24003.0	26776.0	8
通辽	Tongliao	15749.0	17650.0	19901.0	28
鄂尔多斯	Erdos	15302.0	17660.0	22028.0	18
呼伦贝尔	Hulunbuir	18291.0	22336.0	26491.0	9
巴彦淖尔	Bayannur	14785.0	16233.0	18379.0	44
乌兰察布	Ulanqab	12294.0	13434.0	16132.0	76
辽宁	**Liaoning**	**84757.0**		**107959.0**	
沈阳	Shenyang	9643.0	12757.0		
大连	Dalian	7976.0	12786.0		
鞍山	Anshan	6851.0	7252.0		
抚顺	Fushun	4477.0	6858.0		
本溪	Benxi	3092.0	4336.0		
丹东	Dandong	5310.0	9778.0		
锦州	Jinzhou	6860.0	8654.0		
营口	Yingkou	2967.0	4313.0		
阜新	Fuxin	5817.0	7136.0		
辽阳	Liaoyang	3106.0	3800.0		
盘锦	Panjin	3090.0	3793.0		
铁岭	Tieling	9291.0	11330.0		
朝阳	Chaoyang	7201.0	15373.0		
葫芦岛	Huludao	6018.0	9117.0		
吉林	**Jilin**	**81006.0**	**90087.0**	**97158.0**	
长春	Changchun	17653.0	22824.0		
吉林	Jilin	14118.0	14768.0		
四平	Siping	7924.0	9298.0		
辽源	Liaoyuan	4137.0	4577.0		
通化	Tonghua	6292.0	7100.0		
白山	Baishan	6334.0	6753.0		
松原	Songyuan	8202.0	12269.0		
白城	Baicheng	8358.0	10392.0		
黑龙江	**Heilongjiang**	**118917.0**	**136325.0**	**138512.0**	
哈尔滨	Harbin	16010.0	22391.2	23029.2	13
齐齐哈尔	Qiqihar	15959.0	20018.4	20309.9	26
鸡西	Jixi	4684.0	7565.1	7574.6	177
鹤岗	Hegang	2030.0	4238.3	4266.6	220
双鸭山	Shuangyashan	3281.0	6046.0	6095.2	204
大庆	Daqing	6046.0	6946.6	6982.2	188
伊春	Yichun	2073.0	6688.0	6860.4	191
佳木斯	Jiamusi	6613.0	8981.3	9257.5	155
七台河	Qitaihe	1470.0	2079.9	2084.0	233
牡丹江	Mudanjiang	6689.0	11383.6	11496.2	126
黑河	Heihe	7050.0	12706.8	12742.9	109
绥化	Suihua	13531.0	18724.9	19086.2	37
上海	**Shanghai**	**11974.0**		**13292.0**	
江苏	**Jiangsu**	**141706.0**		**154405.0**	

13-2 等级公路里程 续表 1

Length of Expressway and Class I to IV Highways continued 1

单位：公里 （km）

地名	City	2010	2015	2016	2016 排名 Ranking	地名	City	2010	2015	2016	2016 排名 Ranking
南京	Nanjing	9638.0	10526.0	10990.7	132	池州	Chizhou	6087.0	7882.0	8173.0	172
无锡	Wuxi	7593.0	7659.0	7694.8	176	宣城	Xuancheng	11766.0	11568.0	11906.0	122
徐州	Xuzhou	14965.0	15396.0	15404.7	84	**福建**	**Fujian**	**70655.0**		**89829.0**	
常州	Changzhou	8296.0	8960.0	9031.1	158	福州	Fuzhou	8649.0	10075.0	10369.0	142
苏州	Suzhou	12296.0	12692.0	12680.9	111	厦门	Xiamen	1597.0	2048.0	2180.0	232
南通	Nantong	17306.0	18213.0	18427.0	43	莆田	Putian	3674.0	4663.0	4890.0	215
连云港	Lianyungang	11049.0	11935.0	12680.9	111	三明	Sanming	9233.0	11892.0	12082.0	120
淮安	Huaian	10816.0	12404.0	12588.8	116	泉州	Quanzhou	8930.0	11396.0	12101.0	119
盐城	Yancheng	16340.0	17603.0	19303.2	35	漳州	Zhangzhou	7886.0	10020.0	10262.0	143
扬州	Yangzhou	8934.0	9280.0	9165.7	156	南平	Nanping	11831.0	14212.0	14305.0	96
镇江	Zhenjiang	6936.0	7333.0	7354.3	180	龙岩	Longyan	10298.0	12234.0	12418.0	118
泰州	Taizhou	8664.0	9526.0	9627.6	151	宁德	Ningde	8557.0	10399.0	10656.0	137
宿迁	Suqian	8873.0	9932.0	10109.5	148	**江西**	**Jiangxi**	**101494.0**		**134025.0**	
浙江	**Zhejiang**	**105851.0**		**116869.0**		南昌	Nanchang	7843.0	9586.0	9698.0	150
杭州	Hangzhou	14399.0	16210.0			景德镇	Jingdezhen	3260.0	4120.0	4215.0	221
宁波	Ningbo	9272.0	11183.0	10715.0	136	萍乡	Pingxiang	4351.0	5585.0	5668.0	207
温州	Wenzhou	7714.0	8426.0			九江	Jiujiang	11289.0	14923.0	15328.0	86
嘉兴	Jiaxing	7357.0	8088.0			新余	Xinyu	2976.0	3530.0	3593.0	224
湖州	Huzhou	7144.0	7666.0			鹰潭	Yingtan	2498.0	3197.0	3285.0	227
绍兴	Shaoxing	8749.0	9959.0			赣州	Ganzhou	17987.0	24536.0	26239.0	10
金华	Jinhua	11378.0	12431.0			吉安	Jian	17432.0	21208.0	21400.0	22
衢州	Quzhou	7300.0	8182.0			宜春	Yichun	11440.0	15094.0	15566.0	82
舟山	Zhoushan	1597.0	1925.0			抚州	Fuzhou	9067.0	12235.0	12603.0	115
台州	Taizhou	11005.0	12480.0			上饶	Shangrao	10579.0	15938.0	16133.0	68
丽水	Lishui	13910.0	15206.0			**山东**	**Shandong**	**227718.0**		**264752.0**	
安徽	**Anhui**	**142344.0**		**194136.0**		济南	Jinan	11466.0	13103.9	12730.0	110
合肥	Hefei	8498.0	17953.0	18738.0	41	青岛	Qingdao	16164.0	16283.3	16137.0	74
芜湖	Wuhu	4400.0	10510.0	10735.0	135	淄博	Zibo	9838.0	10776.0	10835.0	134
蚌埠	Bengbu	5942.0	8373.0	8893.0	161	枣庄	Zaozhuang	6824.0	8264.3	8339.0	168
淮南	Huainan	4016.0	4504.0	8152.0	173	东营	Dongying	8111.0	9039.7	9098.0	157
马鞍山	Maanshan	2181.0	6813.0	6933.0	189	烟台	Yantai	14516.0	18845.9	19001.0	38
淮北	Huaibei	3560.0	3944.0	4271.0	219	潍坊	Weifang	23052.0	26269.2	26882.0	7
铜陵	Tongling	1529.0	1572.0	4546.0	217	济宁	Jining	15315.0	18924.3	19207.0	36
安庆	Anqing	14729.0	19987.0	18210.0	49	泰安	Taian	13441.0	15098.9	15264.0	87
黄山	Huangshan	5480.0	6693.0	6928.0	190	威海	Weihai	6720.0	7146.8	7037.0	187
滁州	Chuzhou	14538.0	16635.0	17283.0	54	日照	Rizhao	6499.0	8274.3	8495.0	164
阜阳	Fuyang	10938.0	13121.0	14871.0	91	莱芜	Laiwu	3539.0	4310.8	4406.0	218
宿州	Suzhou	11916.0	14386.0	15802.0	81	临沂	Linyi	22230.0	27037.9	27243.0	6
六安	Liuan	15279.0	21937.0	19927.0	27	德州	Dezhou	20744.0	21978.9	22107.0	17
亳州	Bozhou	10125.0	11691.0	13110.0	106	聊城	Liaocheng	14615.0	17966.9	18251.0	48

13-2 等级公路里程 续表 2

Length of Expressway and Class I to IV Highways continued 2

单位：公里 （km）

地名	City	2010	2015	2016	2016 排名 Ranking
滨州	Binzhou	14601.0	16008.1	16237.0	72
菏泽	Heze	20043.0	23116.1	23481.0	12
河南	**Henan**	**182560.0**		**230288.0**	
郑州	Zhengzhou	10318.0	9569.6	10412.0	141
开封	Kaifeng	6661.0	5842.1	6509.0	198
洛阳	Luoyang	12788.0	13689.0	17254.0	55
平顶山	Pingdingshan	12234.0	10306.2	11717.0	124
安阳	Anyang	9309.0	7196.7	8471.0	165
鹤壁	Hebi	4188.0	4265.0	4028.0	222
新乡	Xinxiang	10225.0	9146.2	10607.0	138
焦作	Jiaozuo	5983.0	6394.3	7366.0	179
濮阳	Puyang	5661.0	6123.1	6429.0	199
许昌	Xuchang	6560.0	7198.0	8270.0	169
漯河	Luohe	3979.0	4322.1	4664.0	216
三门峡	Sanmenxia	6911.0	7749.8	8050.0	175
南阳	Nanyang	27506.0	26377.5	29847.0	1
商丘	Shangqiu	14334.0	14236.1	15040.0	90
信阳	Xinyang	17096.0	16070.5	18757.0	40
周口	Zhoukou	14456.0	15447.4	19885.0	29
驻马店	Zhumadian	12489.0	12464.6	14853.0	92
湖北	**Hubei**	**187812.0**		**249819.0**	
武汉	Wuhan	12200.0	15394.0		
黄石	Huangshi	4906.0		6841.0	192
十堰	Shiyan	17992.0	25733.0	27982.0	4
宜昌	Yichang	19193.0			
襄阳	Xiangyang	23599.0	27194.0	28398.0	3
鄂州	Ezhou	2061.0		3153.0	228
荆门	Jingmen	10322.0	13356.0	13747.0	100
孝感	Xiaogan	11840.0	15163.0	16282.0	71
荆州	Jingzhou	17588.0	21731.0	22271.0	16
黄冈	Huanggang	21858.0	27573.0	28539.0	2
咸宁	Xianning	10806.0	13909.0	14267.0	97
随州	Suizhou	6690.0	9207.0	9464.0	153
湖南	**Hunan**	**184045.0**	**213511.7**	**215904.1**	
长沙	Changsha	12347.0	13411.0	13517.0	105
株洲	Zhuzhou	13140.0	13588.0	13662.0	103
湘潭	Xiangtan	4375.0	5294.0	5356.0	210
衡阳	Hengyang	14600.0	16981.0	17122.0	56
邵阳	Shaoyang	12872.0	18052.0	18274.0	46
岳阳	Yueyang	19090.0	19735.0	19795.0	30

地名	City	2010	2015	2016	2016 排名 Ranking
常德	Changde	19538.0	22443.0	22534.0	15
张家界	Zhangjiajie	5878.0	6992.0	7105.0	186
益阳	Yiyang	14298.0	15242.0	15449.0	83
郴州	Chenzhou	14997.0	16257.0	16339.0	70
永州	Yongzhou	19129.0	20992.0	21132.0	25
怀化	Huaihua	16155.0	19426.0	19517.0	32
娄底	Loudi	10573.0	12757.0	13668.0	102
广东	**Guangdong**	**170144.0**		**204614.0**	
广州	Guangzhou	7739.0	8219.0	8391.0	167
韶关	Shaoguan	13155.0	15848.0	16372.0	69
深圳	Shenzhen	1617.0	1644.0	1638.0	234
珠海	Zhuhai	1366.0	1421.0	1436.0	235
汕头	Shantou	3790.0	3798.0	3827.0	223
佛山	Foshan	5202.0	5249.0	5291.0	212
江门	Jiangmen	8037.0	8199.0	8268.0	170
湛江	Zhanjiang	13585.0	15275.0	16137.0	74
茂名	Maoming	14660.0	16649.0	16632.0	61
肇庆	Zhaoqing	11176.0	14108.0	14384.0	95
惠州	Huizhou	10074.0	13443.0	13522.0	104
梅州	Meizhou	13480.0	16427.0	16445.0	67
汕尾	Shanwei	4555.0	5249.0	5321.0	211
河源	Heyuan	13766.0	15079.0	15134.0	88
阳江	Yangjiang	6262.0	9406.0	9905.0	149
清远	Qingyuan	18071.0	24677.0	24676.0	11
东莞	Dongguan	4637.0	5078.0	5179.0	213
中山	Zhongshan	1766.0	2566.0	2587.0	230
潮州	Chaozhou	4939.0	4981.0	5155.0	214
揭阳	Jieyang	6203.0	7173.0	7202.0	184
云浮	Yunfu	6063.0	6966.0	7114.0	185
广西	**Guangxi**	**81239.0**		**108947.0**	
南宁	Nanning	9210.0	11960.0	12014.0	121
柳州	Liuzhou	5372.0	7176.0	7319.6	182
桂林	Guilin	7972.0	10290.0	11051.0	131
梧州	Wuzhou	3413.0	5952.0	6262.6	200
北海	Beihai	2320.0			
防城港	Fangchenggang	1716.0	2335.0	2361.2	231
钦州	Qinzhou	4633.0	6401.0	6684.5	196
贵港	Guigang	4832.0	5882.0	6174.0	202
玉林	Yulin	6255.0	8124.0	8265.5	171
百色	Baise	11079.0	15108.0	15959.5	79

13-2 等级公路里程 续表 3
Length of Expressway and Class I to IV Highways continued 3

单位：公里 （km）

地名	City	2010	2015	2016	2016 排名 Ranking
贺州	Hezhou	3034.0	819.0		
河池	Hechi	2000.0	12217.0	12607.4	114
来宾	Laibin	4608.0	5516.0	5734.0	206
崇左	Chongzuo	5650.0	6504.0	6762.8	194
海南	**Hainan**	**21012.0**		**27732.0**	
海口	Haikou	92.0			
三亚	Sanya	898.0			
三沙	Sansha				
重庆	**Chongqing**	**80006.0**		**115955.0**	
四川	**Sichuan**	**205983.0**		**279200.0**	
成都	Chengdu	17923.0	21171.0	21749.0	20
自贡	Zigong	4131.0	5293.0	5383.0	209
攀枝花	Panzhihua	2706.0	3327.0	3484.0	226
泸州	Luzhou	7130.0	9755.0	10253.0	144
德阳	Deyang	6566.0	7365.0	7348.0	181
绵阳	Mianyang	9176.0	13963.0	14447.0	94
广元	Guangyuan	8943.0	14193.0	14609.0	93
遂宁	Suining	7119.0	7862.0	8063.0	174
内江	Neijiang	5779.0	6699.0	6771.0	193
乐山	Leshan	7301.0	10829.0	11124.0	129
南充	Nanchong	15483.0	20662.0	21227.0	23
眉山	Meishan	5466.0	5940.0	6146.0	203
宜宾	Yibin	11320.0	16312.0	16555.0	62
广安	Guangan	7866.0	9672.0	11275.0	127
达州	Dazhou	15570.0	17454.0	17473.0	53
雅安	Yaan	4955.0	5910.0	6033.0	205
巴中	Bazhong	12305.0	16669.0	16868.0	58
资阳	Ziyang	8483.0	11574.0	11895.0	123
贵州	**Guizhou**	**72557.0**		**132264.0**	
贵阳	Guiyang	7940.0	8992.2	9477.2	152
六盘水	Liupanshui	8033.0	11145.9	11603.8	125
遵义	Zunyi	10034.0	15803.3	18693.3	42
安顺	Anshun	3118.0	6357.2	6672.5	197
毕节	Bijie	12189.0	19757.4	21941.3	19
铜仁	Tongren	6032.0	16543.5	18277.9	45
云南	**Yunnan**	**158120.0**		**200898.0**	
昆明	Kunming	12645.0	15328.0	15378.0	85
曲靖	Qujing	17254.0	20863.9	21152.0	24
玉溪	Yuxi	15766.0	16820.7	16784.0	60
保山	Baoshan	8432.0	10913.8	10975.0	133
昭通	Zhaotong	10214.0	13538.2	13933.0	99
丽江	Lijiang		6607.9	6717.0	195
普洱	Puer	6878.0	16002.0	16205.0	73
临沧	Lincang	10612.0	13551.3	13679.0	101
西藏	**Tibet**			**71356.0**	
拉萨	Lasa				
陕西	**Shaanxi**	**134498.0**		**156844.0**	
西安	Xi'an	12118.0	12804.7	12834.0	108
铜川	Tongchuan	3140.0	3443.4	3531.0	225
宝鸡	Baoji	13861.0	14818.5	15055.0	89
咸阳	Xianyang	13602.0	13998.6	14098.0	98
渭南	Weinan	14627.0	15710.2	16076.0	77
延安	Yan'an	14343.0	16572.4	16823.0	59
汉中	Hanzhong	12993.0	17329.5	18262.0	47
榆林	Yulin	22066.0	27082.9	27646.0	5
安康	Ankang	16550.0	19201.3	19464.0	33
商洛	Shangluo	11198.0	12496.2	12667.0	113
甘肃	**Gansu**	**85733.0**	**120447.0**	**125085.0**	
兰州	Lanzhou	4467.0	5909.7	6226.8	201
嘉峪关	Jiayuguan	580.0	589.8	506.4	237
金昌	Jinchang	2010.0	2830.1	2863.9	229
白银	Baiyin	4743.0	8964.7	9371.0	154
天水	Tianshui	8721.0	9883.3	10181.6	146
武威	Wuwei	5220.0	9615.1	10451.6	140
张掖	Zhangye	8022.0	8879.3	8864.6	162
平凉	Pingliang	5970.0	8544.1	8805.8	163
酒泉	Jiuquan	12315.0	16083.6	16460.5	65
庆阳	Qingyang	5103.0	10202.1	10497.3	139
定西	Dingxi	7617.0	9736.3	10184.4	145
陇南	Longnan	12866.0	16105.6	16496.7	64
青海	**Qinghai**	**47604.0**		**69956.0**	
西宁	Xining	3351.0			
海东	Haidong				
宁夏	**Ningxia**	**21198.0**		**33767.0**	
银川	Yinchuan				
石嘴山	Shizuishan				
吴忠	Wuzhong		10968.0		
固原	Guyuan		7987.0		
中卫	Zhongwei		7194.0		
新疆	**Xinjiang**	**98560.0**		**144113.0**	
乌鲁木齐	Urumqi	2596.0			
克拉玛依	Karamay	935.0			

13-3 民用汽车拥有量
Number of Civil Vehicles

单位：辆

地名	City	2010	2015	2016	2016 排名 Ranking
全国	**Nation Total**	**78018300**	**162844500**	**185745400**	
北京	**Beijing**	**4497100**		**5474400**	
天津	**Tianjin**	**1582400**		**2736900**	
河北	**Hebei**	**4928700**		**12458900**	
石家庄	Shijiazhuang	901653		1863400	19
唐山	Tangshan	806066	1539000	1721000	22
秦皇岛	Qinhuangdao	287471	519000	606600	93
邯郸	Handan	576093	1071200	1206000	35
邢台	Xingtai	402438	802500	931700	47
保定	Baoding	798307	1389400	1512300	24
张家口	Zhangjiakou	293612	472800	553200	101
承德	Chengde	195875	291300	321600	165
沧州	Cangzhou	605675	1081100	1211500	34
廊坊	Langfang	492955	843100	963200	45
衡水	Hengshui	281536	474000	582100	96
山西	**Shanxi**	**2478900**		**5263900**	
太原	Taiyuan	605048	1122900	1272300	33
大同	Datong	247799	433400	608300	91
阳泉	Yangquan	116035	216300	198000	221
长治	Changzhi	242285	444700	447000	128
晋城	Jincheng	193639	346000	364000	149
朔州	Shuozhou	72152	153500	201000	219
晋中	Jinzhong	278790	525500	526000	105
运城	Yuncheng	309801	567600	660000	77
忻州	Xinzhou	180555	299100	299000	173
临汾	Linfen	268525	498600	512000	109
吕梁	Lvliang	212514	342200	320200	168
内蒙古	**Inner Mongolia**	**1878000**		**4185300**	
呼和浩特	Hohhot	321551	775300	881700	51
包头	Baotou	297403	594800	712100	72
乌海	Wuhai	154600	158500	186500	229
赤峰	Chifeng	291465	631300	709800	73
通辽	Tongliao	348850	425600	495200	113
鄂尔多斯	Erdos	485000	610900	695400	74
呼伦贝尔	Hulunbuir	153067	272100	325500	163
巴彦淖尔	Bayannur	146297	287600	352100	154
乌兰察布	Ulanqab	116429	293000	354600	153
辽宁	**Liaoning**	**2963200**		**6594100**	
沈阳	Shenyang	984312	1645100	1879700	18
大连	Dalian	944885	1250000	1372300	30
鞍山	Anshan	365158	426200	584300	95
抚顺	Fushun	227607	207100	269200	185
本溪	Benxi	136811	169600	135600	254
丹东	Dandong	228141	337300	356600	152
锦州	Jinzhou	433823	349600	470200	124
营口	Yingkou	250500	308600	340800	159
阜新	Fuxin	329330	216500	235200	204
辽阳	Liaoyang	284423	281800	280100	181
盘锦	Panjin	178699	233800	302700	170
铁岭	Tieling	317900	255700	408300	141
朝阳	Chaoyang	509669	286300	467700	125
葫芦岛	Huludao	250970	251900	419100	136
吉林	**Jilin**	**1528900**	**3182399**	**3529300**	
长春	Changchun	664845	1271058	1437488	27
吉林	Jilin	272846	458834	501849	112
四平	Siping	145042	315143	338420	160
辽源	Liaoyuan	58608	102436	116669	261
通化	Tonghua	106889	167821	191720	223
白山	Baishan	62286	94279	107313	266
松原	Songyuan	180836	331927	360364	150
白城	Baicheng	93406	209505	236103	203
黑龙江	**Heilongjiang**	**1947900**		**3941900**	
哈尔滨	Harbin	652435	1306300	1453900	26
齐齐哈尔	Qiqihar	233889	250100	296600	175
鸡西	Jixi	127246	178000	210200	213
鹤岗	Hegang	40550	73900	95600	268
双鸭山	Shuangyashan	56547	148600	172200	235
大庆	Daqing	328347	502500	561300	99
伊春	Yichun	38444	64700	84800	270
佳木斯	Jiamusi				
七台河	Qitaihe	76301	70000	85200	269
牡丹江	Mudanjiang	117296	270100	321100	166
黑河	Heihe				
绥化	Suihua	16060	91200	125400	260
上海	**Shanghai**	**1755100**	**2822300**	**3228700**	
江苏	**Jiangsu**	**5508000**		**14279100**	

13-3 民用汽车拥有量 续表 1

Number of Civil Vehicles continued 1

单位：辆

地名	City	2010	2015	2016	2016 排名 Ranking	地名	City	2010	2015	2016	2016 排名 Ranking
南京	Nanjing	830524	1979300	2216800	12	池州	Chizhou	42915	105624	127543	258
无锡	Wuxi	734009	1433800	1600100	23	宣城	Xuancheng	122874	249498	297375	174
徐州	Xuzhou	432612	851500	1016100	44	**福建**	**Fujian**	**1970800**		**4936400**	
常州	Changzhou	453723	968300	1098000	39	福州	Fuzhou	433734	962900	1087500	41
苏州	Suzhou	1261001	2688800	3126000	3	厦门	Xiamen	385391	1018600	1108600	37
南通	Nantong	449023	1162800	1349500	31	莆田	Putian	83663	202100	260300	190
连云港	Lianyungang	188898	405700	478500	121	三明	Sanming	98044	186600	210100	214
淮安	Huaian	169858	393600	452700	127	泉州	Quanzhou	480067	1005600	1133100	36
盐城	Yancheng	267391	633500	755700	64	漳州	Zhangzhou	162733	351200	393400	145
扬州	Yangzhou	232869	556900	635300	84	南平	Nanping	87205	179100	206500	217
镇江	Zhenjiang	198003	426700	492000	116	龙岩	Longyan	164772	882400	347100	156
泰州	Taizhou	226588	538800	619100	89	宁德	Ningde	72609	152700	172300	234
宿迁	Suqian	198532	414100	486700	118	**江西**	**Jiangxi**	**1374300**		**3992900**	
浙江	**Zhejiang**	**5420500**		**12573500**		南昌	Nanchang	362429	738616	861048	53
杭州	Hangzhou	1248056	2244767	2341536	7	景德镇	Jingdezhen	70402	156440	177921	231
宁波	Ningbo	877434	1803652	2379915	6	萍乡	Pingxiang	64030	142913	168259	239
温州	Wenzhou	789343	1572443	1782753	20	九江	Jiujiang	158875	375081	434579	133
嘉兴	Jiaxing	367812	916024	1052699	42	新余	Xinyu	57967	124460	141154	251
湖州	Huzhou	218000	553092	642262	81	鹰潭	Yingtan	34055	95527	109880	265
绍兴	Shaoxing	434809	970114	1104557	38	赣州	Ganzhou	191527	560669	663542	76
金华	Jinhua	591787	1293794	1471211	25	吉安	Jian	109757	265947	323918	164
衢州	Quzhou	121423	281754	331083	162	宜春	Yichun	165994	412858	494721	114
舟山	Zhoushan	60463	121824	173126	233	抚州	Fuzhou	100269	224356	258730	192
台州	Taizhou	565917	1160758	1327839	32	上饶	Shangrao	145055	358546	429793	134
丽水	Lishui	140492	281735	320957	167	**山东**	**Shandong**	**7058900**		**17233400**	
安徽	**Anhui**	**2098100**		**6008100**		济南	Jinan	797359	1540448	1741387	21
合肥	Hefei	386060	1168809	1429899	28	青岛	Qingdao	975571	1946223	2210554	13
芜湖	Wuhu	132091	374294	445204	130	淄博	Zibo	443657	791722	887231	50
蚌埠	Bengbu	98706	224366	278173	183	枣庄	Zaozhuang	271085	456706	537203	103
淮南	Huainan	89780	178035	260907	189	东营	Dongying	335413	562237	608256	92
马鞍山	Maanshan	68423	182851	213093	212	烟台	Yantai	746845	1258253	1397489	29
淮北	Huaibei	80759	178975	206599	216	潍坊	Weifang	1042508	1766883	1950904	15
铜陵	Tongling	39877	89352	138919	252	济宁	Jining	474922	922743	1089394	40
安庆	Anqing	146788	362055	400674	142	泰安	Taian	302484	561292	635386	83
黄山	Huangshan	95638	146978	166571	241	威海	Weihai	318103	565907	632473	86
滁州	Chuzhou	134594	241417	295161	177	日照	Rizhao	212625	452613	520235	106
阜阳	Fuyang	282858	549953	628222	87	莱芜	Laiwu	119431	183546	202113	218
宿州	Suzhou	176286	301775	366783	147	临沂	Linyi	733934	1656416	1906046	17
六安	Liuan	211088	399270	410119	140	德州	Dezhou	382248	776081	854989	56
亳州	Bozhou	199383	353242	428396	135	聊城	Liaocheng	455787	720398	803246	59

13-3 民用汽车拥有量 续表 2
Number of Civil Vehicles continued 2

单位：辆

地名	City	2010	2015	2016	2016 排名 Ranking	地名	City	2010	2015	2016	2016 排名 Ranking
滨州	Binzhou	350867	663673	748844	67	常德	Changde	657929	891415	925293	48
菏泽	Heze	383532	665278	769047	63	张家界	Zhangjiajie	140871	296371	300516	172
河南	**Henan**	**3997300**		**11044700**		益阳	Yiyang	403669	660221	659188	78
郑州	Zhengzhou	963010	2388887	2676879	4	郴州	Chenzhou	490873	719943	639013	82
开封	Kaifeng	188867	383712	456195	126	永州	Yongzhou	535562	684247	658098	79
洛阳	Luoyang	379104	757579	855771	55	怀化	Huaihua	397976	774334	808657	58
平顶山	Pingdingshan	233567	451626	518276	107	娄底	Loudi	414100	814731	770357	62
安阳	Anyang	298064	524578	599488	94	**广东**	**Guangdong**	**7822600**		**16746400**	
鹤壁	Hebi	79018	173056	198172	220	广州	Guangzhou	1598934	2237782	2300405	9
新乡	Xinxiang	299628	661726	753106	66	韶关	Shaoguan	99543	204252	252358	196
焦作	Jiaozuo	211260	381974	434955	132	深圳	Shenzhen	1669674	3147043	3178832	2
濮阳	Puyang	237408	449251	493502	115	珠海	Zhuhai	209671	408138	473746	122
许昌	Xuchang	216653	441541	503403	111	汕头	Shantou	266354	501561	560986	100
漯河	Luohe	102661	209788	249452	197	佛山	Foshan	912421	1772503	2020053	14
三门峡	Sanmenxia	153955	231118	249157	198	江门	Jiangmen	278817	518282	610470	90
南阳	Nanyang	302779	664869	774697	61	湛江	Zhanjiang	149295	312999	375430	146
商丘	Shangqiu	321057	621601	744346	69	茂名	Maoming	164011	330677	413057	138
信阳	Xinyang	215149	375426	442645	131	肇庆	Zhaoqing	147382	319573	410539	139
周口	Zhoukou	383354	575261	648595	80	惠州	Huizhou	256415	643392	876193	52
驻马店	Zhumadian	172742	389248	471786	123	梅州	Meizhou	106711	259087	333717	161
湖北	**Hubei**	**2074900**		**5886900**		汕尾	Shanwei	31833	71229	110188	264
武汉	Wuhan	1046500	1977800	2309800	8	河源	Heyuan	75560	183976	238688	201
黄石	Huangshi	77600		174200	232	阳江	Yangjiang	85452	212844	257580	193
十堰	Shiyan	127868		285700	178	清远	Qingyuan	127952	344527	445734	129
宜昌	Yichang	193708	409600	485900	119	东莞	Dongguan	920766	1844948	2246220	11
襄阳	Xiangyang	236744	464100	549300	102	中山	Zhongshan	371343	710303	831636	57
鄂州	Ezhou	25830	42000	50500	275	潮州	Chaozhou	111453	214744	248802	199
荆门	Jingmen	98606	221300	263100	187	揭阳	Jieyang	137433	288494	343083	158
孝感	Xiaogan	511575	603400	227600	206	云浮	Yunfu	68746	155106	189665	225
荆州	Jingzhou	136716	296400	349800	155	**广西**	**Guangxi**	**1520600**		**4249000**	
黄冈	Huanggang	111528	973700	346100	157	南宁	Nanning	432199	1034492	1042870	43
咸宁	Xianning	76612	158900	184700	230	柳州	Liuzhou	202349	768160	531578	104
随州	Suizhou	55294	352400	167500	240	桂林	Guilin	179996	419896	487507	117
湖南	**Hunan**	**2110600**		**5958000**		梧州	Wuzhou	56733	645070	159161	243
长沙	Changsha	1008677	2108041	2264497	10	北海	Beihai	72051			
株洲	Zhuzhou	513783	772268	787373	60	防城港	Fangchenggang	39294	90321	103128	267
湘潭	Xiangtan	355852	542473	515297	108	钦州	Qinzhou	58378	155756	718305	71
衡阳	Hengyang	575644	739640	746667	68	贵港	Guigang	73912	188956	225610	208
邵阳	Shaoyang	478209	794457	754900	65	玉林	Yulin	137047	331130	400667	143
岳阳	Yueyang	421528	797562	858284	54	百色	Baise	83780	198660	238999	200

13-3 民用汽车拥有量 续表 3

Number of Civil Vehicles continued 3

单位：辆

地名	City	2010	2015	2016	2016 排名 Ranking	地名	City	2010	2015	2016	2016 排名 Ranking
贺州	Hezhou	45500	113076	132605	255	丽江	Lijiang	50487	286200	154400	245
河池	Hechi	71015	175555	206898	215	普洱	Puer	99632	945100	216900	210
来宾	Laibin	51115	111851	136411	253	临沧	Lincang	39771	773900	152100	247
崇左	Chongzuo	45696	93000	113578	262	**西藏**	**Tibet**	**166200**		**374800**	
海南	**Hainan**	**392400**	**838167**	**963200**		拉萨	Lasa	108785			
海口	Haikou	238038	534000	632500	85	**陕西**	**Shaanxi**	**1906400**		**4912300**	
三亚	Sanya	51620		153698	246	西安	Xi'an	957162	2189116	2442084	5
三沙	Sansha					铜川	Tongchuan	49915	76573	80904	271
重庆	**Chongqing**	**1143000**		**3274700**		宝鸡	Baoji	130893	239326	279509	182
四川	**Sichuan**	**3549700**		**8808000**		咸阳	Xianyang	156209	310627	358545	151
成都	Chengdu	2599300	3662000	4124900	1	渭南	Weinan	266699	434758	478700	120
自贡	Zigong	72871	160000	191000	224	延安	Yan'an	179370	264708	284879	179
攀枝花	Panzhihua	82265	137000	151300	248	汉中	Hanzhong	101474	198993	231104	205
泸州	Luzhou	94677	241000	295900	176	榆林	Yulin	309016	546932	571689	97
德阳	Deyang	217110	360000	414600	137	安康	Ankang	63592	111580	131322	257
绵阳	Mianyang		427000	504000	110	商洛	Shangluo	49643	69030	77467	272
广元	Guangyuan	79339	160000	188400	226	**甘肃**	**Gansu**	**820400**		**2772500**	
遂宁	Suining	67945	155000	187700	227	兰州	Lanzhou	246100	625100	731400	70
内江	Neijiang	71298	156000	187000	228	嘉峪关	Jiayuguan	19970	50100	58200	274
乐山	Leshan	122318	255000	302100	171	金昌	Jinchang	27870	58000	65000	273
南充	Nanchong	150100	327000	394600	144	白银	Baiyin	90100	215500	224600	209
眉山	Meishan	94453	216000	259100	191	天水	Tianshui	70500	223100	257000	194
宜宾	Yibin	89830	222000	269000	186	武威	Wuwei	57680	149000	169600	238
广安	Guangan	57444	141000	171600	236	张掖	Zhangye	51200	134400	158000	244
达州	Dazhou	99264	211000	261000	188	平凉	Pingliang	70080	192300	215100	211
雅安	Yaan	69578	131000	149000	249	酒泉	Jiuquan	64400	142100	164400	242
巴中	Bazhong	51560	140000	170000	237	庆阳	Qingyang	81500	241600	271900	184
资阳	Ziyang	70285	150000	132000	256	定西	Dingxi	73400	280900	304800	169
贵州	**Guizhou**	**1157600**		**3487000**		陇南	Longnan	57979	133400	146800	250
贵阳	Guiyang	604425		916700	49	**青海**	**Qinghai**	**309900**		**886500**	
六盘水	Liupanshui	113038		282400	180	西宁	Xining				
遵义	Zunyi	174307		626500	88	海东	Haidong				
安顺	Anshun	55655				**宁夏**	**Ningxia**	**415200**		**1153400**	
毕节	Bijie	83024				银川	Yinchuan	225597		664900	75
铜仁	Tongren	223804				石嘴山	Shizuishan	58302			
云南	**Yunnan**	**2339100**		**5520500**		吴忠	Wuzhong	78413		226000	207
昆明	Kunming	1324215	2175100	1937700	16	固原	Guyuan	73657		238000	202
曲靖	Qujing	778571	1083600	566900	98	中卫	Zhongwei	44796		111400	263
玉溪	Yuxi	187758	837700	364600	148	**新疆**	**Xinjiang**	**1271400**		**3270600**	
保山	Baoshan	80061	703600	194700	222	乌鲁木齐	Urumqi		819200	943100	46
昭通	Zhaotong	99313	723300	256600	195	克拉玛依	Karamay		119000	127000	259

13-4 公路客运量

Highway Passenger Traffic

单位：万人

地名	City	2015	2016	2016 排名 Ranking	地名	City	2015	2016	2016 排名 Ranking
全国	**Nation Total**	**1619097**	**1542759**		沈阳	Shenyang	15554	15244	8
北京	**Beijing**	**49931**	**48040**		大连	Dalian	7730	7647	53
天津	**Tianjin**	**14219**	**13741**		鞍山	Anshan	5929	5769	82
河北	**Hebei**	**43563**	**39925**		抚顺	Fushun	2174	2109	203
石家庄	Shijiazhuang	5976	4582	109	本溪	Benxi	2169	2159	201
唐山	Tangshan	2656	2510	184	丹东	Dandong	5451	3908	124
秦皇岛	Qinhuangdao	1924	1422	241	锦州	Jinzhou	4531	4463	111
邯郸	Handan	7129	5346	90	营口	Yingkou	2864	2759	176
邢台	Xingtai	3495	2709	178	阜新	Fuxin	1169	1155	255
保定	Baoding	10792	10749	23	辽阳	Liaoyang	3137	3043	155
张家口	Zhangjiakou	2081	1731	225	盘锦	Panjin	2534	2439	188
承德	Chengde	1163	1074	261	铁岭	Tieling	4857	3552	136
沧州	Cangzhou	5473	4916	97	朝阳	Chaoyang	3059	2171	200
廊坊	Langfang	3832	3064	154	葫芦岛	Huludao	3215	2637	181
衡水	Hengshui	1920	1387	244	**吉林**	**Jilin**	**29013**	**27186**	
山西	**Shanxi**	**22085**	**18702**		长春	Changchun	8594	7113	61
太原	Taiyuan	1085	876	265	吉林	Jilin	4096	3838	127
大同	Datong	1635	1381	245	四平	Siping	3554	3327	141
阳泉	Yangquan	1514	1104	260	辽源	Liaoyuan	1006	2248	198
长治	Changzhi	3537	3295	144	通化	Tonghua	2673	2508	185
晋城	Jincheng	1657	1416	242	白山	Baishan	1852	1754	223
朔州	Shuozhou	3324	1210	252	松原	Songyuan	3020	2839	170
晋中	Jinzhong	2289	2065	207	白城	Baicheng	1581	1489	236
运城	Yuncheng	3129	2921	164	**黑龙江**	**Heilongjiang**	**32632**	**28550**	
忻州	Xinzhou	1613	1453	240	哈尔滨	Harbin	8316	7448	56
临汾	Linfen	1794	1463	239	齐齐哈尔	Qiqihar	4117	4365	112
吕梁	Lvliang	1816	1391	243	鸡西	Jixi	3704	3704	130
内蒙古	**Inner Mongolia**	**11017**	**10347**		鹤岗	Hegang	692	610	270
呼和浩特	Hohhot	649	466	275	双鸭山	Shuangyashan	1601	1260	249
包头	Baotou	581	657	268	大庆	Daqing	1178	1515	233
乌海	Wuhai	174	111	281	伊春	Yichun	972	752	267
赤峰	Chifeng	3187	2791	174	佳木斯	Jiamusi	2269	2095	205
通辽	Tongliao	1859	1628	230	七台河	Qitaihe	704	592	272
鄂尔多斯	Erdos	840	647	269	牡丹江	Mudanjiang	2913		
呼伦贝尔	Hulunbuir	3773	1468	238	黑河	Heihe	655	526	274
巴彦淖尔	Bayannur	1728	1368	246	绥化	Suihua	4350	3593	133
乌兰察布	Ulanqab	399	343	277	**上海**	**Shanghai**	**3766**	**3402**	
辽宁	**Liaoning**	**60269**	**59054**		**江苏**	**Jiangsu**	**119800**	**113494**	

13-4 公路客运量 续表 1
Highway Passenger Traffic continued 1

单位：万人

地名	City	2015	2016	2016 排名 Ranking	地名	City	2015	2016	2016 排名 Ranking
南京	Nanjing	9166	8490	41	池州	Chizhou	4024	1715	226
无锡	Wuxi	6247	5785	80	宣城	Xuancheng	6915	3484	137
徐州	Xuzhou	13347	13217	9	**福建**	**Fujian**	**40394**	**39137**	
常州	Changzhou	5856	5423	88	福州	Fuzhou	12729	10152	25
苏州	Suzhou	34110	31589	5	厦门	Xiamen	3627	4139	119
南通	Nantong	8859	8204	45	莆田	Putian	2716	2764	175
连云港	Lianyungang	4700	4654	107	三明	Sanming	2270	2343	192
淮安	Huaian	7297	7226	60	泉州	Quanzhou	7116	6580	67
盐城	Yancheng	8364	8283	43	漳州	Zhangzhou	3089	2401	191
扬州	Yangzhou	4146	3840	126	南平	Nanping	2128	2024	210
镇江	Zhenjiang	3859	3574	135	龙岩	Longyan	2095	2023	211
泰州	Taizhou	7882	7300	59	宁德	Ningde	6891	6712	66
宿迁	Suqian	5967	5909	75	**江西**	**Jiangxi**	**53687**	**53366**	
浙江	**Zhejiang**	**92304**	**83033**		南昌	Nanchang	3914	3001	158
杭州	Hangzhou	16591	12282	14	景德镇	Jingdezhen	1901	1803	221
宁波	Ningbo	9430	4813	102	萍乡	Pingxiang	6361	6322	70
温州	Wenzhou	19198	22125	6	九江	Jiujiang	9863	8820	37
嘉兴	Jiaxing	8822	3000	159	新余	Xinyu	1253	1247	251
湖州	Huzhou	5976	4925	96	鹰潭	Yingtan	1968	1957	214
绍兴	Shaoxing	9899	2957	162	赣州	Ganzhou	8454	8801	38
金华	Jinhua	12908	12235	15	吉安	Jian	4771	4744	105
衢州	Quzhou	4687	4913	98	宜春	Yichun	4189	4163	118
舟山	Zhoushan	2916	2464	187	抚州	Fuzhou	4656	4351	113
台州	Taizhou	12064	9895	27	上饶	Shangrao	8207	8157	46
丽水	Lishui	4017	3244	147	**山东**	**Shandong**	**46960**	**48823**	
安徽	**Anhui**	**78072**	**70523**		济南	Jinan	3663	3212	148
合肥	Hefei	11211	10127	26	青岛	Qingdao	4372	4532	110
芜湖	Wuhu	4290	3808	128	淄博	Zibo	708	581	273
蚌埠	Bengbu	3337	2978	161	枣庄	Zaozhuang	2368	2493	186
淮南	Huainan	4424	4034	122	东营	Dongying	700	599	271
马鞍山	Maanshan	5173	2729	177	烟台	Yantai	5973	5019	94
淮北	Huaibei	3603	1736	224	潍坊	Weifang	5754	5972	73
铜陵	Tongling	1708	2141	202	济宁	Jining	4424	3623	132
安庆	Anqing	5854	4247	116	泰安	Taian	2816	2920	165
黄山	Huangshan	3962	3584	134	威海	Weihai	3176	2666	180
滁州	Chuzhou	8707	7836	49	日照	Rizhao	2291	2414	190
阜阳	Fuyang	13221	7803	50	莱芜	Laiwu	156	137	280
宿州	Suzhou	5571	4683	106	临沂	Linyi	4734	4943	95
六安	Liuan	15526	6207	71	德州	Dezhou	1850	1893	217
亳州	Bozhou	5643	5257	91	聊城	Liaocheng	1728	1809	219

13-4 公路客运量 续表 2

Highway Passenger Traffic continued 2

单位：万人

地名	City	2015	2016	2016 排名 Ranking	地名	City	2015	2016	2016 排名 Ranking
滨州	Binzhou	1430	1136	257	常德	Changde	9162	9894	28
菏泽	Heze	4705	4874	99	张家界	Zhangjiajie	6400	5431	87
河南	**Henan**	**112535**	**106415**		益阳	Yiyang	10690	7336	58
郑州	Zhengzhou	13914	11007	20	郴州	Chenzhou	8721	4796	103
开封	Kaifeng	3923	4070	120	永州	Yongzhou	9081	8930	35
洛阳	Luoyang	12855	11456	18	怀化	Huaihua	11717	13020	10
平顶山	Pingdingshan	11642	7781	51	娄底	Loudi	6854	6016	72
安阳	Anyang	3784	5446	86	**广东**	**Guangdong**	**98050**	**102094**	
鹤壁	Hebi	1398	1248	250	广州	Guangzhou	85108	91323	2
新乡	Xinxiang	5968	5458	85	韶关	Shaoguan	5515	5166	93
焦作	Jiaozuo	4082	2628	182	深圳	Shenzhen	6574	5585	84
濮阳	Puyang	4294	3890	125	珠海	Zhuhai	3348	3019	157
许昌	Xuchang	2801	3956	123	汕头	Shantou	1582	1556	232
漯河	Luohe	2240	2337	193	佛山	Foshan	5320	5246	92
三门峡	Sanmenxia	3230	2335	194	江门	Jiangmen	9047	9556	32
南阳	Nanyang	13341	11058	19	湛江	Zhanjiang	8295	7988	48
商丘	Shangqiu	11159	8231	44	茂名	Maoming	6303	5909	75
信阳	Xinyang	9646	6773	65	肇庆	Zhaoqing	3119	3039	156
周口	Zhoukou	7523	5778	81	惠州	Huizhou	6799	6422	68
驻马店	Zhumadian	18363	11770	16	梅州	Meizhou	2545	2693	179
湖北	**Hubei**	**87953**	**88221**		汕尾	Shanwei	1123	1196	253
武汉	Wuhan	11381	11484	17	河源	Heyuan	3257	3109	153
黄石	Huangshi	3405	3391	139	阳江	Yangjiang	1467	1514	234
十堰	Shiyan	3215	3326	142	清远	Qingyuan	2861	2587	183
宜昌	Yichang	10187	10899	22	东莞	Dongguan	4928	4874	99
襄阳	Xiangyang	10260	10974	21	中山	Zhongshan	1665	1469	237
鄂州	Ezhou	2123	2029	209	潮州	Chaozhou	2243	2228	199
荆门	Jingmen	4116	2917	166	揭阳	Jieyang	2041	2011	212
孝感	Xiaogan	6942	6942	64	云浮	Yunfu	2775	2994	160
荆州	Jingzhou	7095	6403	69	**广西**	**Guangxi**	**41522**	**39750**	
黄冈	Huanggang	10200	10165	24	南宁	Nanning	5973	5719	83
咸宁	Xianning	5827	5953	74	柳州	Liuzhou	2591	2280	196
随州	Suizhou	3277	3316	143	桂林	Guilin	8042	7701	52
湖南	**Hunan**	**119266**	**108627**		梧州	Wuzhou	1923	1690	227
长沙	Changsha	8606	7578	54	北海	Beihai	2322	2042	208
株洲	Zhuzhou	16110	8567	39	防城港	Fangchenggang	899	860	266
湘潭	Xiangtan	3041	1635	229	钦州	Qinzhou	1659	1591	231
衡阳	Hengyang	16955	9801	30	贵港	Guigang	2959	2831	171
邵阳	Shaoyang	15785	12720	11	玉林	Yulin	3267	3130	152
岳阳	Yueyang	10985	9678	31	百色	Baise	4241	4061	121

13-4 公路客运量 续表 3
Highway Passenger Traffic continued 3

单位：万人

地名	City	2015	2016	2016 排名 Ranking	地名	City	2015	2016	2016 排名 Ranking
贺州	Hezhou	1250	1195	254	丽江	Lijiang	3459	2913	167
河池	Hechi	3837	3672	131	普洱	Puer	3377	1512	235
来宾	Laibin	1905	1674	228	临沧	Lincang	995	995	263
崇左	Chongzuo	1362	1304	248	**西藏**	**Tibet**	**871**	**889**	
海南	**Hainan**	**10363**	**9920**		拉萨	Lasa	880	323	278
海口	Haikou	2170	2827	172	**陕西**	**Shaanxi**	**61436**	**61093**	
三亚	Sanya	991	889	264	西安	Xi'an	19625	15773	7
三沙	Sansha				铜川	Tongchuan	1875	1348	247
重庆	**Chongqing**	**57556**	**55594**		宝鸡	Baoji	9525	9505	33
四川	**Sichuan**	**124014**	**109716**		咸阳	Xianyang	8455	8435	42
成都	Chengdu	14124	12370	13	渭南	Weinan	9340	9319	34
自贡	Zigong	5904	4851	101	延安	Yan'an	2987	3145	150
攀枝花	Panzhihua	2622	2267	197	汉中	Hanzhong	4390	2303	195
泸州	Luzhou	8741	7573	55	榆林	Yulin	3187	2870	168
德阳	Deyang	6728	5831	79	安康	Ankang	5009	3371	140
绵阳	Mianyang	6175	5349	89	商洛	Shangluo	4255	3250	146
广元	Guangyuan	2007	1910	216	**甘肃**	**Gansu**	**37240**	**37932**	
遂宁	Suining	4107	3133	151	兰州	Lanzhou	4067	4213	117
内江	Neijiang	11183	12638	12	嘉峪关	Jiayuguan	69651	7993	47
乐山	Leshan	5156	4252	115	金昌	Jinchang	779	440	276
南充	Nanchong	8510	7098	62	白银	Baiyin	1974	2007	213
眉山	Meishan	5993	4653	108	天水	Tianshui	2840	3194	149
宜宾	Yibin	6422	5875	78	武威	Wuwei	4895	4779	104
广安	Guangan	156957	143643	1	张掖	Zhangye	4700	1819	218
达州	Dazhou	6623	5879	77	平凉	Pingliang	3593	3761	129
雅安	Yaan	2765	2429	189	酒泉	Jiuquan	8096	8540	40
巴中	Bazhong	3319	2956	163	庆阳	Qingyang	2720	2814	173
资阳	Ziyang	6727	4302	114	定西	Dingxi	1947	2856	169
贵州	**Guizhou**	**80621**	**82199**		陇南	Longnan	3094	3254	145
贵阳	Guiyang	63580	62385	4	**青海**	**Qinghai**	**4596**	**4873**	
六盘水	Liupanshui				西宁	Xining	1709	1950	215
遵义	Zunyi	95805	90241	3	海东	Haidong	1826	1789	222
安顺	Anshun	8223	8900	36	**宁夏**	**Ningxia**	**8444**	**7910**	
毕节	Bijie				银川	Yinchuan	3602	3447	138
铜仁	Tongren	2679	9864	29	石嘴山	Shizuishan	1226	1134	258
云南	**Yunnan**	**43688**	**41208**		吴忠	Wuzhong	1228	1112	259
昆明	Kunming	8025	7376	57	固原	Guyuan	1286	1141	256
曲靖	Qujing	6845	7045	63	中卫	Zhongwei	2967	1046	262
玉溪	Yuxi	2027	305	279	**新疆**	**Xinjiang**	**33229**	**28993**	
保山	Baoshan	2180	2103	204	乌鲁木齐	Urumqi	2012	1805	220
昭通	Zhaotong	2179	2094	206	克拉玛依	Karamay	104	93	282

13-5 公路货运量
Highway Freight Traffic

单位：万吨 (10 000 tons)

地名	City	2015	2016	2016 排名 Ranking
全国	**Nation Total**	**3150019**	**3341259**	
北京	**Beijing**	**19044**	**19972**	
天津	**Tianjin**	**30551**	**32841**	
河北	**Hebei**	**175637**	**189822**	
石家庄	Shijiazhuang	36954	40639	6
唐山	Tangshan	36358	38965	7
秦皇岛	Qinhuangdao	5276	6300	179
邯郸	Handan	38704	18744	47
邢台	Xingtai	18711	20190	40
保定	Baoding	10331	11042	103
张家口	Zhangjiakou	11218	12188	85
承德	Chengde	4152	4326	222
沧州	Cangzhou	19942	21728	32
廊坊	Langfang	9918	10384	112
衡水	Hengshui	6454	4770	216
山西	**Shanxi**	**91240**	**102200**	
太原	Taiyuan	14286	15043	63
大同	Datong	8603	10315	115
阳泉	Yangquan	4417	3709	238
长治	Changzhi	7959	8713	137
晋城	Jincheng	5385	5990	187
朔州	Shuozhou	2990	3243	251
晋中	Jinzhong	10363	11021	104
运城	Yuncheng	8572	13432	72
忻州	Xinzhou	7573	8439	145
临汾	Linfen	12586	14669	65
吕梁	Lvliang	6540	8159	149
内蒙古	**Inner Mongolia**	**119500**	**130613**	
呼和浩特	Hohhot	18381	16887	53
包头	Baotou	27255	29803	10
乌海	Wuhai	6409	5580	194
赤峰	Chifeng	12391	13539	69
通辽	Tongliao	10105	9292	124
鄂尔多斯	Erdos	18951	17426	50
呼伦贝尔	Hulunbuir	10953	10078	117
巴彦淖尔	Bayannur	9666	8885	132
乌兰察布	Ulanqab	5842	6384	177
辽宁	**Liaoning**	**172140**	**177371**	
沈阳	Shenyang	20873	21503	34
大连	Dalian	26283	27251	16
鞍山	Anshan	18669	19248	44
抚顺	Fushun	8524	8780	133
本溪	Benxi	7593	7835	155
丹东	Dandong	7740	6829	168
锦州	Jinzhou	15836	16311	56
营口	Yingkou	14982	15432	60
阜新	Fuxin	4441	4579	219
辽阳	Liaoyang	13071	13474	71
盘锦	Panjin	12552	12928	76
铁岭	Tieling	8127	7012	164
朝阳	Chaoyang	5539	4891	211
葫芦岛	Huludao	15883	11298	98
吉林	**Jilin**	**38708**	**40777**	
长春	Changchun	10300	10895	106
吉林	Jilin	5167	5444	196
四平	Siping	7600	8010	153
辽源	Liaoyuan	1673	2284	266
通化	Tonghua	2084	2194	267
白山	Baishan	1009	1061	279
松原	Songyuan	5811	6123	185
白城	Baicheng	1446	1522	272
黑龙江	**Heilongjiang**	**44200**	**42897**	
哈尔滨	Harbin	7567	7238	162
齐齐哈尔	Qiqihar	10403	11207	99
鸡西	Jixi	3672	3672	239
鹤岗	Hegang	1560	1193	276
双鸭山	Shuangyashan	1185	1203	275
大庆	Daqing	3855	8114	152
伊春	Yichun	868	588	282
佳木斯	Jiamusi	4452	4486	221
七台河	Qitaihe	1157	1157	278
牡丹江	Mudanjiang	2749		
黑河	Heihe	1065	775	281
绥化	Suihua	3889	2900	259
上海	**Shanghai**	**40627**	**39055**	
江苏	**Jiangsu**	**113351**	**117166**	

13-5 公路货运量 续表 1
Highway Freight Traffic continued 1

单位：万吨 (10 000 tons)

地名	City	2015	2016	2016 排名 Ranking	地名	City	2015	2016	2016 排名 Ranking
南京	Nanjing	11985	12463	81	池州	Chizhou	4468	3377	246
无锡	Wuxi	12716	13225	74	宣城	Xuancheng	11017	8202	148
徐州	Xuzhou	16909	17586	48	**福建**	**Fujian**	**79802**	**85770**	
常州	Changzhou	10668	11095	101	福州	Fuzhou	16971	15694	58
苏州	Suzhou	11814	12287	84	厦门	Xiamen	18680	19008	45
南通	Nantong	11091	11535	94	莆田	Putian	4443	4797	214
连云港	Lianyungang	8215	8378	146	三明	Sanming	8544	9288	125
淮安	Huaian	5553	5663	193	泉州	Quanzhou	13524	14548	66
盐城	Yancheng	4977	5076	205	漳州	Zhangzhou	10403	7362	159
扬州	Yangzhou	6419	6546	175	南平	Nanping	3089	3316	247
镇江	Zhenjiang	6815	6950	165	龙岩	Longyan	10805	8281	147
泰州	Taizhou	2478	2577	263	宁德	Ningde	3276	3469	243
宿迁	Suqian	3711	3785	235	**江西**	**Jiangxi**	**115436**	**122872**	
浙江	**Zhejiang**	**122547**	**133999**		南昌	Nanchang	12593	11067	102
杭州	Hangzhou	23800	25194	21	景德镇	Jingdezhen	2144	3146	253
宁波	Ningbo	22906	25635	19	萍乡	Pingxiang	3069	3266	249
温州	Wenzhou	8566	9678	122	九江	Jiujiang	12250	10768	107
嘉兴	Jiaxing	9933	11306	97	新余	Xinyu	15603	16608	54
湖州	Huzhou	7819	8618	141	鹰潭	Yingtan	3565	3793	234
绍兴	Shaoxing	10866	11134	100	赣州	Ganzhou	18338	9302	123
金华	Jinhua	8233	8723	136	吉安	Jian	9685	10309	116
衢州	Quzhou	8936	9975	118	宜春	Yichun	17628	18764	46
舟山	Zhoushan	6519	7244	161	抚州	Fuzhou	15899	14183	68
台州	Taizhou	9990	11658	92	上饶	Shangrao	20354	21666	33
丽水	Lishui	4982	4832	212	**山东**	**Shandong**	**227934**	**249752**	
安徽	**Anhui**	**230649**	**244526**		济南	Jinan	20419	21212	35
合肥	Hefei	27578	28975	12	青岛	Qingdao	18900	20701	38
芜湖	Wuhu	6464	6762	169	淄博	Zibo	16796	17053	51
蚌埠	Bengbu	19448	20802	36	枣庄	Zaozhuang	4804	5307	198
淮南	Huainan	12522	10509	110	东营	Dongying	4958	5144	202
马鞍山	Maanshan	8514	6180	181	烟台	Yantai	17033	17504	49
淮北	Huaibei	14686	12469	80	潍坊	Weifang	21631	23680	27
铜陵	Tongling	3563	3090	255	济宁	Jining	24019	24784	23
安庆	Anqing	11498	11837	89	泰安	Taian	6114	6702	171
黄山	Huangshan	4491	4775	215	威海	Weihai	6333	6927	166
滁州	Chuzhou	26063	27366	15	日照	Rizhao	6942	7602	157
阜阳	Fuyang	54526	43334	5	莱芜	Laiwu	6919	6742	170
宿州	Suzhou	20791	22115	30	临沂	Linyi	26843	29419	11
六安	Liuan	28855	20752	37	德州	Dezhou	12231	13418	73
亳州	Bozhou	24519	26420	17	聊城	Liaocheng	15578	17051	52

13-5 公路货运量 续表 2
Highway Freight Traffic continued 2

单位：万吨 (10 000 tons)

地名	City	2015	2016	2016 排名 Ranking
滨州	Binzhou	11950	12184	86
菏泽	Heze	13066	14312	67
河南	**Henan**	**172431**	**184255**	
郑州	Zhengzhou	21813	19269	43
开封	Kaifeng	2762	3081	256
洛阳	Luoyang	17524	22046	31
平顶山	Pingdingshan	9705	11749	91
安阳	Anyang	12199	10624	109
鹤壁	Hebi	5434	6472	176
新乡	Xinxiang	16656	12336	83
焦作	Jiaozuo	15566	9796	120
濮阳	Puyang	3365	5141	203
许昌	Xuchang	6438	8116	151
漯河	Luohe	5762	5947	188
三门峡	Sanmenxia	4463	5014	208
南阳	Nanyang	17765	15449	59
商丘	Shangqiu	16000	13494	70
信阳	Xinyang	6723	6021	186
周口	Zhoukou	15842	13015	75
驻马店	Zhumadian	9758	11567	93
湖北	**Hubei**	**115801**	**122656**	
武汉	Wuhan	28496	28892	13
黄石	Huangshi	5603	5849	192
十堰	Shiyan	5145	5490	195
宜昌	Yichang	8843	8763	135
襄阳	Xiangyang	25632	25335	20
鄂州	Ezhou	1435	1519	273
荆门	Jingmen	7167	2964	258
孝感	Xiaogan	3103	3287	248
荆州	Jingzhou	7361	7305	160
黄冈	Huanggang	7160	7905	154
咸宁	Xianning	8304	8921	131
随州	Suizhou	6202	6632	174
湖南	**Hunan**	**172248**	**178968**	
长沙	Changsha	30412	34047	9
株洲	Zhuzhou	14110	15375	61
湘潭	Xiangtan	5268	6922	167
衡阳	Hengyang	17659	16578	55
邵阳	Shaoyang	25012	22505	29
岳阳	Yueyang	17665	19575	42

地名	City	2015	2016	2016 排名 Ranking
常德	Changde	11808	10629	108
张家界	Zhangjiajie	2033	2088	268
益阳	Yiyang	9439	8691	139
郴州	Chenzhou	20353	19987	41
永州	Yongzhou	6419	5871	191
怀化	Huaihua	5701	5224	200
娄底	Loudi	10751	8953	130
广东	**Guangdong**	**255995**	**272826**	
广州	Guangzhou	71284	76375	3
韶关	Shaoguan	14356	12876	77
深圳	Shenzhen	24774	23788	26
珠海	Zhuhai	9918	9244	126
汕头	Shantou	4819	5243	199
佛山	Foshan	25318	25103	22
江门	Jiangmen	9471	10361	113
湛江	Zhanjiang	12962	12351	82
茂名	Maoming	9353	9053	129
肇庆	Zhaoqing	5723	5069	206
惠州	Huizhou	11016	10935	105
梅州	Meizhou	7177	7784	156
汕尾	Shanwei	2333	2506	264
河源	Heyuan	6495	6131	183
阳江	Yangjiang	9025	9106	128
清远	Qingyuan	13635	11937	88
东莞	Dongguan	10469	10325	114
中山	Zhongshan	14758	15241	62
潮州	Chaozhou	4072	4140	225
揭阳	Jieyang	3870	3723	236
云浮	Yunfu	4292	4702	217
广西	**Guangxi**	**119194**	**128247**	
南宁	Nanning	26650	28672	14
柳州	Liuzhou	14650	12705	78
桂林	Guilin	7983	8591	142
梧州	Wuzhou	5229	4993	209
北海	Beihai	6435	5381	197
防城港	Fangchenggang	3449	3713	237
钦州	Qinzhou	9722	10459	111
贵港	Guigang	7961	8566	144
玉林	Yulin	18766	20191	39
百色	Baise	8053	8665	140

13-5 公路货运量 续表 3
Highway Freight Traffic continued 3

单位：万吨 (10 000 tons)

地名	City	2015	2016	2016 排名 Ranking
贺州	Hezhou	3800	4086	226
河池	Hechi	5743	6179	182
来宾	Laibin	2041	1772	270
崇左	Chongzuo	3787	4074	227
海南	**Hainan**	**11279**	**10879**	
海口	Haikou	3558	2659	262
三亚	Sanya	1625	1710	271
三沙	Sansha			
重庆	**Chongqing**	**86931**	**89390**	
四川	**Sichuan**	**138622**	**146046**	
成都	Chengdu	25563	24505	25
自贡	Zigong	4795	5049	207
攀枝花	Panzhihua	9232	9179	127
泸州	Luzhou	6503	7025	163
德阳	Deyang	9093	9696	121
绵阳	Mianyang	5029	5930	189
广元	Guangyuan	4600	4307	223
遂宁	Suining	3997	3891	230
内江	Neijiang	2790	3146	253
乐山	Leshan	11279	12494	79
南充	Nanchong	5646	6698	172
眉山	Meishan	6620	6129	184
宜宾	Yibin	5071	5922	190
广安	Guangan	284873	292426	1
达州	Dazhou	11841	11360	96
雅安	Yaan	4987	5091	204
巴中	Bazhong	2251	2715	261
资阳	Ziyang	5468	4216	224
贵州	**Guizhou**	**77341**	**82237**	
贵阳	Guiyang	30915	37355	8
六盘水	Liupanshui			
遵义	Zunyi	35954	51598	4
安顺	Anshun	6068	4647	218
毕节	Bijie			
铜仁	Tongren	2998	4562	220
云南	**Yunnan**	**101993**	**109487**	
昆明	Kunming	26528	26065	18
曲靖	Qujing	1352	1502	274
玉溪	Yuxi	10300	80973	2
保山	Baoshan	3762	3888	231
昭通	Zhaotong	4009	3954	228
丽江	Lijiang	2647	2473	265
普洱	Puer	3887	2850	260
临沧	Lincang	3278	3255	250
西藏	**Tibet**	**2077**	**1906**	
拉萨	Lasa	990	793	280
陕西	**Shaanxi**	**107731**	**113363**	
西安	Xi'an	45401	23011	28
铜川	Tongchuan	5036	8583	143
宝鸡	Baoji	11234	11819	90
咸阳	Xianyang	11416	12014	87
渭南	Weinan	14970	16249	57
延安	Yan'an	6187	6347	178
汉中	Hanzhong	7608	3835	232
榆林	Yulin	16694	24698	24
安康	Ankang	7198	3657	240
商洛	Shangluo	3784	3231	252
甘肃	**Gansu**	**52281**	**54761**	
兰州	Lanzhou	10915	11461	95
嘉峪关	Jiayuguan	4468	8710	138
金昌	Jinchang	2501	1189	277
白银	Baiyin	7834	8147	150
天水	Tianshui	2896	3417	244
武威	Wuwei	4680	5180	201
张掖	Zhangye	2666	3027	257
平凉	Pingliang	4446	3946	229
酒泉	Jiuquan	3204	3476	241
庆阳	Qingyang	3391	3797	233
定西	Dingxi	3487	4813	213
陇南	Longnan	1756	2077	269
青海	**Qinghai**	**13233**	**14047**	
西宁	Xining	6583	6642	173
海东	Haidong	2749	3414	245
宁夏	**Ningxia**	**36995**	**37421**	
银川	Yinchuan	10656	8779	134
石嘴山	Shizuishan	4318	4903	210
吴忠	Wuzhong	8469	9957	119
固原	Guyuan	5730	6212	180
中卫	Zhongwei	2178	7571	158
新疆	**Xinjiang**	**64505**	**65139**	
乌鲁木齐	Urumqi	14793	14938	64
克拉玛依	Karamay	3406	3474	242

13-6 邮电业务总量

Business Volume of Postal and Telecommunication Services

单位：亿元 （100 million yuan）

地名	City	2010	2015	2016	2016 排名 Ranking	地名	City	2010	2015	2016	2016 排名 Ranking
全国	**Nation Total**	**31978.48**	**28425.02**	**23014.19**		沈阳	Shenyang	290.44	123.29	138.15	20
北京	**Beijing**	**1227.34**	**1181.88**	**979.08**		大连	Dalian	232.85	101.47	112.99	27
天津	**Tianjin**	**433.30**	**321.05**	**269.61**		鞍山	Anshan	92.08	30.59	34.55	118
河北	**Hebei**	**1351.63**	**997.93**	**819.99**		抚顺	Fushun	51.32	16.43	18.49	212
石家庄	Shijiazhuang	235.97	110.74	115.37	26	本溪	Benxi	39.42	12.17	13.84	239
唐山	Tangshan	194.28	62.64	66.70	54	丹东	Dandong	55.37	19.71	21.04	197
秦皇岛	Qinhuangdao	71.66	26.68	27.03	159	锦州	Jinzhou	67.56	21.03	24.29	175
邯郸	Handan	135.62	50.33	54.11	67	营口	Yingkou	58.62	21.71	23.52	183
邢台	Xingtai	96.31	35.54	43.92	84	阜新	Fuxin	38.77	11.72	13.67	241
保定	Baoding	192.61	84.72	96.63	33	辽阳	Liaoyang	44.64	14.47	17.04	218
张家口	Zhangjiakou	72.06	28.92	30.89	134	盘锦	Panjin	40.45	15.41	17.12	216
承德	Chengde	61.51	24.43	26.43	160	铁岭	Tieling	48.18	17.63	19.80	204
沧州	Cangzhou	119.86	49.89	17.39	215	朝阳	Chaoyang	48.11	19.83	22.61	186
廊坊	Langfang	104.99	47.42	49.07	76	葫芦岛	Huludao	51.32	18.36	21.14	194
衡水	Hengshui	66.28	25.40	28.25	149	**吉林**	**Jilin**	**613.17**	**387.26**	**310.34**	
山西	**Shanxi**	**735.93**	**515.93**	**385.60**		长春	Changchun	216.40	85.51	116.14	25
太原	Taiyuan	164.21	63.45	63.85	58	吉林	Jilin	102.70	32.13	35.31	111
大同	Datong	63.26	24.10	25.01	171	四平	Siping	61.50	19.56	21.70	192
阳泉	Yangquan	32.06	18.54	26.10	162	辽源	Liaoyuan	25.30	7.66	7.90	267
长治	Changzhi	57.20	22.83	25.16	168	通化	Tonghua	47.40	15.47	16.88	220
晋城	Jincheng	39.81	24.32	41.50	92	白山	Baishan	33.70	9.43	10.33	253
朔州	Shuozhou	29.90	9.49	14.72	235	松原	Songyuan	60.10	15.89	16.94	219
晋中	Jinzhong	61.30	24.01	25.94	163	白城	Baicheng	44.20	11.99	13.29	243
运城	Yuncheng	73.68	52.60	87.60	40	**黑龙江**	**Heilongjiang**	**745.58**	**511.44**	**389.00**	
忻州	Xinzhou	50.41	19.97	43.50	85	哈尔滨	Harbin	261.27	101.64	107.45	29
临汾	Linfen	76.56	50.40	79.86	44	齐齐哈尔	Qiqihar	84.73	50.23	80.05	43
吕梁	Lvliang	64.70	39.42	33.69	121	鸡西	Jixi	39.67	15.42	18.19	213
内蒙古	**Inner Mongolia**	**601.37**	**400.30**	**276.89**		鹤岗	Hegang	24.88	7.30	8.12	266
呼和浩特	Hohhot	80.58	65.21	83.24	42	双鸭山	Shuangyashan	31.60	13.11	14.30	237
包头	Baotou	74.82	27.72	29.48	141	大庆	Daqing	71.06	35.18	34.59	117
乌海	Wuhai	6.53	7.14	7.15	271	伊春	Yichun	24.03	8.10	7.44	269
赤峰	Chifeng	62.58	29.84	32.43	129	佳木斯	Jiamusi	26.10	21.15	14.31	236
通辽	Tongliao	43.60	23.14	23.10	184	七台河	Qitaihe	20.25	5.88	5.53	276
鄂尔多斯	Erdos	20.31	20.10	20.70	199	牡丹江	Mudanjiang	63.28	19.63	19.79	205
呼伦贝尔	Hulunbuir	16.15	25.26	25.26	165	黑河	Heihe	32.59	19.75	10.61	252
巴彦淖尔	Bayannur	34.53	14.24	15.50	228	绥化	Suihua	77.82	8.99	3.97	277
乌兰察布	Ulanqab	11.33	28.07	30.40	136	**上海**	**Shanghai**	**1275.24**	**1164.51**	**1074.22**	
辽宁	**Liaoning**	**1171.63**	**804.47**	**614.15**		**江苏**	**Jiangsu**	**2328.76**	**2316.49**	**1870.29**	

注：本表数据2010年按2000年不变价格计算，2011年起按2010年不变价格计算，按可比价格比上年增长16.3%（下两表同）。

Note: The business volume of postal and telecommunication services before 2010 was calculated at 2000 constant prices and that from 2011 was calculated at 2010 constant prices.The rate of increase at constant prices in 2010 was 16.3%. The same applies to the table following.

13-6 邮电业务总量 续表 1

Business Volume of Postal and Telecommunication Services continued 1

单位：亿元

地名	City	2010	2015	2016	2016 排名 Ranking
南京	Nanjing	139.07	201.08	211.02	8
无锡	Wuxi	103.94	136.49	155.24	17
徐州	Xuzhou	73.39	74.15	84.55	41
常州	Changzhou	57.40	85.77	96.35	34
苏州	Suzhou	176.86	302.04	335.20	3
南通	Nantong	62.48	90.04	102.33	30
连云港	Lianyungang	26.98	38.69	41.93	91
淮安	Huaian	27.27	39.48	45.31	82
盐城	Yancheng	38.95	57.79	62.97	59
扬州	Yangzhou	41.55	57.02	61.53	60
镇江	Zhenjiang	38.21	39.49	42.60	89
泰州	Taizhou	36.70	47.36	51.47	74
宿迁	Suqian	21.25	66.61	43.17	86
浙江	**Zhejiang**	**2101.84**	**2424.55**	**2367.23**	
杭州	Hangzhou	144.06	333.35	406.00	2
宁波	Ningbo	224.72	126.93	187.13	11
温州	Wenzhou	111.07	160.59	174.88	14
嘉兴	Jiaxing	70.60	82.41	92.91	37
湖州	Huzhou	27.91	33.92	35.92	109
绍兴	Shaoxing	48.88	57.11	59.97	62
金华	Jinhua	64.75	86.42	93.28	35
衢州	Quzhou	32.67	19.84	18.63	209
舟山	Zhoushan	14.79	14.85	15.77	226
台州	Taizhou	66.30	72.68	76.45	45
丽水	Lishui	20.05	24.73	27.23	156
安徽	**Anhui**	**887.55**	**823.46**	**664.45**	
合肥	Hefei	52.15	90.48	127.84	23
芜湖	Wuhu	18.58	43.58	58.61	64
蚌埠	Bengbu	16.34	22.16	23.72	181
淮南	Huainan	13.68	17.31	39.45	96
马鞍山	Maanshan	10.58	3.39	18.60	210
淮北	Huaibei	10.85	13.39	14.15	238
铜陵	Tongling	5.88	7.69	10.95	250
安庆	Anqing	22.59	36.32	27.92	152
黄山	Huangshan	7.87	10.10	10.92	251
滁州	Chuzhou	18.73	34.77	53.25	69
阜阳	Fuyang	29.78	20.74	15.09	229
宿州	Suzhou	20.14	30.41	29.53	140
六安	Liuan	19.41	28.57	27.40	155
亳州	Bozhou	17.15	42.45	54.17	66
池州	Chizhou	7.93	9.61	9.86	257
宣城	Xuancheng	12.85	20.28	23.74	180
福建	**Fujian**	**1214.39**	**1077.84**	**889.21**	
福州	Fuzhou	280.95	142.86	146.40	18
厦门	Xiamen	182.52	177.41	256.07	6
莆田	Putian	74.36	34.06	29.30	143
三明	Sanming	68.67	23.79	28.96	144
泉州	Quanzhou	267.35	137.40	155.98	16
漳州	Zhangzhou	110.64	48.60	52.65	70
南平	Nanping	64.15	44.64	25.26	166
龙岩	Longyan	68.66	45.81	67.90	50
宁德	Ningde	76.58	30.96	32.91	127
江西	**Jiangxi**	**692.00**	**620.07**	**486.86**	
南昌	Nanchang	46.73	90.33	99.33	31
景德镇	Jingdezhen	12.22	11.73	12.32	245
萍乡	Pingxiang	10.89	12.94	14.86	234
九江	Jiujiang	11.50	29.84	31.88	132
新余	Xinyu	5.62	18.49	29.65	139
鹰潭	Yingtan	5.59	8.18	9.21	259
赣州	Ganzhou	33.77	48.92	53.71	68
吉安	Jian	19.53	24.53	28.79	145
宜春	Yichun	17.55	26.52	28.00	151
抚州	Fuzhou	10.03	19.47	19.85	203
上饶	Shangrao	10.63	34.34	37.45	102
山东	**Shandong**	**1960.68**	**1474.59**	**1164.99**	
济南	Jinan	214.85	102.97	120.44	24
青岛	Qingdao	274.78	133.67	128.91	22
淄博	Zibo	105.73	61.68	42.37	90
枣庄	Zaozhuang	66.02	61.30	25.24	167
东营	Dongying	67.40	22.08	23.85	178
烟台	Yantai	175.79	75.07	93.01	36
潍坊	Weifang	183.22	730.57	64.80	55
济宁	Jining	130.31	45.89	47.00	81
泰安	Taian	77.27	31.08	35.09	114
威海	Weihai	81.76	30.03	33.13	123
日照	Rizhao	50.89	22.99	27.06	158
莱芜	Laiwu	21.31	8.21	8.82	265
临沂	Linyi	161.94	62.58	43.02	87
德州	Dezhou	82.80	24.18	33.02	125
聊城	Liaocheng	87.86	30.12	34.60	116

13-6 邮电业务总量 续表 2

Business Volume of Postal and Telecommunication Services continued 2

单位：亿元

地名	City	2010	2015	2016	2016 排名 Ranking
滨州	Binzhou	72.20	20.50	27.71	153
菏泽	Heze	108.82	58.33	69.66	49
河南	**Henan**	**1473.45**	**1328.15**	**990.89**	
郑州	Zhengzhou	296.32	297.81	193.98	10
开封	Kaifeng	63.49	66.76	50.93	75
洛阳	Luoyang	119.85	47.36	52.53	71
平顶山	Pingdingshan	79.04	28.86	30.46	135
安阳	Anyang	83.89	46.05	38.76	97
鹤壁	Hebi	23.08	8.87	9.41	258
新乡	Xinxiang	100.10	65.30	97.27	32
焦作	Jiaozuo	64.65	22.81	23.66	182
濮阳	Puyang	54.59	37.78	59.18	63
许昌	Xuchang	65.66	25.46	27.22	157
漯河	Luohe	37.70	5.22	5.82	275
三门峡	Sanmenxia	42.38	27.73	16.27	223
南阳	Nanyang	113.10	66.33	66.92	53
商丘	Shangqiu	98.74	43.19	47.57	80
信阳	Xinyang	77.12	33.94	48.32	78
周口	Zhoukou	94.27	44.41	48.17	79
驻马店	Zhumadian	79.05	36.70	48.34	77
湖北	**Hubei**	**1039.03**	**965.75**	**707.39**	
武汉	Wuhan	338.53	193.67	221.67	7
黄石	Huangshi	15.36	23.84	27.57	154
十堰	Shiyan	13.15	27.11	22.11	187
宜昌	Yichang	22.35	31.41	33.53	122
襄阳	Xiangyang	27.98	43.40	37.31	103
鄂州	Ezhou	6.40	10.21	9.16	261
荆门	Jingmen	13.53	22.06	21.01	198
孝感	Xiaogan	9.67	26.98	29.94	138
荆州	Jingzhou	28.11	36.83	37.82	101
黄冈	Huanggang	20.51	33.20	35.24	112
咸宁	Xianning	11.62	15.26	19.58	206
随州	Suizhou	8.93	12.80	13.83	240
湖南	**Hunan**	**1057.99**	**906.66**	**699.12**	
长沙	Changsha	84.14	126.48	145.33	19
株洲	Zhuzhou	25.16	41.95	42.87	88
湘潭	Xiangtan	18.29	38.48	32.48	128
衡阳	Hengyang	29.12	64.95	40.15	95
邵阳	Shaoyang	24.60	57.68	87.65	39
岳阳	Yueyang	26.45	62.47	36.83	105
常德	Changde	28.33	34.58	37.24	104
张家界	Zhangjiajie	8.66	21.16	12.19	246
益阳	Yiyang	18.95	25.03	28.07	150
郴州	Chenzhou	23.32	50.49	28.58	148
永州	Yongzhou	18.59	23.19	17.89	214
怀化	Huaihua	20.82	49.76	76.39	46
娄底	Loudi	18.57	23.81	25.13	170
广东	**Guangdong**	**4553.38**	**4378.78**	**3877.56**	
广州	Guangzhou	1051.65	540.01	648.92	1
韶关	Shaoguan	69.58	20.88	23.85	179
深圳	Shenzhen	1031.26	582.47		
珠海	Zhuhai	137.61			
汕头	Shantou	173.81	51.23	70.46	48
佛山	Foshan	428.72	34.54	181.92	13
江门	Jiangmen	135.08	102.18	166.02	15
湛江	Zhanjiang	116.85	119.56	203.77	9
茂名	Maoming	87.27	86.82	41.49	93
肇庆	Zhaoqing	95.05	69.81	35.76	110
惠州	Huizhou	201.02	60.87	64.04	57
梅州	Meizhou	52.48	25.88	28.61	146
汕尾	Shanwei	48.01	38.05	21.10	195
河源	Heyuan	46.33	24.91	21.21	193
阳江	Yangjiang	50.67	20.51	24.96	172
清远	Qingyuan	56.06	30.31	30.30	137
东莞	Dongguan	674.09	248.98	295.13	4
中山	Zhongshan	194.98	156.64	110.46	28
潮州	Chaozhou	54.52	21.33	24.39	174
揭阳	Jieyang	94.01			
云浮	Yunfu	33.91	37.76	60.97	61
广西	**Guangxi**	**821.89**	**651.53**	**452.66**	
南宁	Nanning	176.99	78.51	89.66	38
柳州	Liuzhou	81.38	32.64	36.14	107
桂林	Guilin	93.54	35.57	38.38	99
梧州	Wuzhou	43.01	16.66	18.51	211
北海	Beihai	24.54	15.19	16.45	222
防城港	Fangchenggang	23.03	8.35	8.97	263
钦州	Qinzhou	37.96	16.65	19.96	201
贵港	Guigang	44.76	21.00	23.94	177
玉林	Yulin	77.23	29.84	32.13	131
百色	Baise	47.96	20.97	24.14	176

13-6 邮电业务总量 续表 3

Business Volume of Postal and Telecommunication Services continued 3

单位：亿元

地名	City	2010	2015	2016	2016 排名 Ranking
贺州	Hezhou	2.32	9.78	11.28	248
河池	Hechi	49.48	18.52	21.91	191
来宾	Laibin	32.38	11.20	12.49	244
崇左	Chongzuo	34.07	13.40	15.00	231
海南	**Hainan**	**224.66**	**183.92**	**142.84**	
海口	Haikou	40.87	44.07	44.53	83
三亚	Sanya	12.12	14.02	40.63	94
三沙	Sansha				
重庆	**Chongqing**	**581.30**	**554.56**	**428.23**	
四川	**Sichuan**	**1450.69**	**1297.59**	**913.97**	
成都	Chengdu	441.27	461.51	283.47	5
自贡	Zigong	35.14	7.68	7.74	268
攀枝花	Panzhihua	14.87	11.55	10.00	256
泸州	Luzhou	22.52	29.98	32.93	126
德阳	Deyang	67.37	23.54	24.80	173
绵阳	Mianyang	32.36	35.87	37.89	100
广元	Guangyuan	13.25	17.99	19.53	207
遂宁	Suining	12.40	14.12	16.46	221
内江	Neijiang	16.56	18.98	17.05	217
乐山	Leshan	53.15	26.58	28.60	147
南充	Nanchong	23.80	35.55	38.59	98
眉山	Meishan	11.69	19.23	25.13	169
宜宾	Yibin	64.03	28.81	31.01	133
广安	Guangan	12.15	22.23	19.08	208
达州	Dazhou	29.32	27.24	36.07	108
雅安	Yaan	4.02	10.70	11.00	249
巴中	Bazhong	3.83	35.90	51.99	72
资阳	Ziyang	15.14	19.01	15.05	230
贵州	**Guizhou**	**512.47**	**515.16**	**378.92**	
贵阳	Guiyang	132.40	61.36	67.64	51
六盘水	Liupanshui	11.62	34.09	21.10	196
遵义	Zunyi	25.27	46.94	51.96	73
安顺	Anshun	8.36	14.54	16.11	224
毕节	Bijie	17.70	30.08	35.17	113
铜仁	Tongren	11.15	37.22	21.92	190
云南	**Yunnan**	**773.04**	**792.58**	**551.03**	
昆明	Kunming		117.89	129.04	21
曲靖	Qujing	17.62	73.44	74.71	47
玉溪	Yuxi	19.61	34.67	15.67	227
保山	Baoshan	9.70	6.60	7.24	270
昭通	Zhaotong	14.54	23.51	25.50	164
丽江	Lijiang	4.72	8.51	9.04	262
普洱	Puer	11.81	4.78	3.13	280
临沧	Lincang	2.07	13.02	14.96	232
西藏	**Tibet**	**64.34**	**56.38**	**36.07**	
拉萨	Lasa	6.82	29.40	33.13	124
陕西	**Shaanxi**	**857.24**	**760.97**	**557.02**	
西安	Xi'an		164.52	186.06	12
铜川	Tongchuan		2.22	2.32	282
宝鸡	Baoji		27.21	29.40	142
咸阳	Xianyang		31.18	33.95	120
渭南	Weinan		35.32	36.76	106
延安	Yan'an		30.55	21.99	188
汉中	Hanzhong		25.28	26.40	161
榆林	Yulin		27.69	34.04	119
安康	Ankang		18.03	22.75	185
商洛	Shangluo		11.23	11.78	247
甘肃	**Gansu**	**423.15**	**365.61**	**254.24**	
兰州	Lanzhou	126.25	51.67	56.85	65
嘉峪关	Jiayuguan	9.05	4.06	3.93	278
金昌	Jinchang	11.28	6.38	10.19	255
白银	Baiyin	26.04	13.16	19.93	202
天水	Tianshui	38.32	18.05	20.47	200
武威	Wuwei	24.32	13.45	15.96	225
张掖	Zhangye	23.74	8.94	9.17	260
平凉	Pingliang	27.59	21.63	32.25	130
酒泉	Jiuquan	28.68	4.26	6.89	272
庆阳	Qingyang	38.07	8.55	13.34	242
定西	Dingxi	30.06	12.95	14.88	233
陇南	Longnan	34.73	17.45	10.31	254
青海	**Qinghai**	**114.30**	**105.38**	**72.04**	
西宁	Xining		46.02	64.47	56
海东	Haidong		6.96	8.83	264
宁夏	**Ningxia**	**135.20**	**135.42**	**109.93**	
银川	Yinchuan	43.19	46.09	34.83	115
石嘴山	Shizuishan	5.70	6.88	6.59	273
吴忠	Wuzhong	20.70	27.99	3.44	279
固原	Guyuan	4.16	2.51	2.94	281
中卫	Zhongwei	3.92	10.45	21.94	189
新疆	**Xinjiang**	**555.95**	**404.80**	**280.35**	
乌鲁木齐	Urumqi	45.10	63.88	67.14	52
克拉玛依	Karamay	4.06	6.52	6.21	274

13-7 邮政业务总量
Business Volume of Postal Services

单位：亿元 （100 million yuan）

地名	City	2010	2015	2016	2016 排名 Ranking
全国	**Nation Total**	**1985.30**	**5078.72**	**7397.24**	
北京	**Beijing**	**107.34**	**258.52**	**386.00**	
天津	**Tianjin**	**33.84**	**60.05**	**86.52**	
河北	**Hebei**	**58.12**	**131.47**	**196.79**	
石家庄	Shijiazhuang	6.15	27.19	28.64	25
唐山	Tangshan	3.43	9.69	12.04	42
秦皇岛	Qinhuangdao	1.53	2.73	2.73	194
邯郸	Handan	2.70	6.75	8.62	54
邢台	Xingtai	1.43	2.50	8.84	51
保定	Baoding	4.39	17.72	25.87	26
张家口	Zhangjiakou	1.63	3.80	4.77	121
承德	Chengde	1.41	3.33	4.01	144
沧州	Cangzhou	2.47	8.96	5.44	107
廊坊	Langfang	2.98	3.23	3.13	176
衡水	Hengshui	1.19	5.01	6.79	77
山西	**Shanxi**	**39.24**	**43.13**	**56.87**	
太原	Taiyuan	4.32	6.54	7.06	70
大同	Datong	1.68	3.10	3.32	169
阳泉	Yangquan	1.45	1.19	1.14	257
长治	Changzhi	1.22	2.11	2.30	211
晋城	Jincheng	1.50	1.19	1.31	250
朔州	Shuozhou	1.37	1.24	1.26	254
晋中	Jinzhong	1.71	2.20	3.52	164
运城	Yuncheng	1.76	4.60	6.40	87
忻州	Xinzhou	1.51	2.98	2.90	186
临汾	Linfen	4.30	2.52	2.92	185
吕梁	Lvliang	2.29	2.00	2.25	215
内蒙古	**Inner Mongolia**	**16.62**	**23.23**	**27.25**	
呼和浩特	Hohhot	2.31	8.65	10.08	48
包头	Baotou	1.48	1.60	2.12	220
乌海	Wuhai	0.61	0.87	1.04	259
赤峰	Chifeng	1.63	3.54	4.64	124
通辽	Tongliao	0.75	2.03	2.64	198
鄂尔多斯	Erdos	0.81	1.90	2.50	204
呼伦贝尔	Hulunbuir	1.08	1.64	2.10	221
巴彦淖尔	Bayannur	0.86	1.64	1.70	234
乌兰察布	Ulanqab	0.83	1.84	1.30	251
辽宁	**Liaoning**	**58.41**	**75.07**	**101.44**	
沈阳	Shenyang	4.30	22.64	31.52	23
大连	Dalian	4.55	19.72	23.47	30
鞍山	Anshan	2.84	4.46	5.63	104
抚顺	Fushun	1.07	2.26	2.80	192
本溪	Benxi	0.89	1.49	2.39	209
丹东	Dandong	2.16	3.07	3.76	154
锦州	Jinzhou	1.24	2.90	3.80	153
营口	Yingkou	1.05	2.57	3.54	161
阜新	Fuxin	0.70	1.16	1.58	239
辽阳	Liaoyang	1.39	2.45	3.46	168
盘锦	Panjin	1.89	3.51	3.62	158
铁岭	Tieling	1.61	2.90	3.50	165
朝阳	Chaoyang	2.31	2.98	4.00	145
葫芦岛	Huludao	1.30	3.37	4.18	135
吉林	**Jilin**	**25.77**	**36.13**	**46.03**	
长春	Changchun	4.15	16.65	22.90	31
吉林	Jilin	3.44	6.00	7.21	67
四平	Siping	1.33	3.58	4.40	131
辽源	Liaoyuan	0.62	1.46	1.10	258
通化	Tonghua	1.64	3.44	4.08	143
白山	Baishan	1.12	2.37	2.73	195
松原	Songyuan	1.04	2.33	2.84	189
白城	Baicheng	0.79	1.95	2.29	212
黑龙江	**Heilongjiang**	**47.71**	**52.15**	**68.72**	
哈尔滨	Harbin	7.58	12.00	13.70	39
齐齐哈尔	Qiqihar	0.34	3.05	3.06	179
鸡西	Jixi	4.28	2.41	3.11	177
鹤岗	Hegang	1.04	0.99	1.62	237
双鸭山	Shuangyashan	1.27	1.76	1.81	231
大庆	Daqing	3.34	4.09	4.52	129
伊春	Yichun	1.14	1.28	0.76	269
佳木斯	Jiamusi	2.70	2.25	2.51	202
七台河	Qitaihe	0.42	0.66	0.71	274
牡丹江	Mudanjiang	3.77	2.88	3.24	174
黑河	Heihe	1.10	1.77	1.75	233
绥化	Suihua	1.90	3.59	3.97	147
上海	**Shanghai**	**176.45**	**385.75**	**564.25**	
江苏	**Jiangsu**	**188.34**	**516.02**	**663.69**	

13-7 邮政业务总量 续表 1
Business Volume of Postal Services continued 1

单位：亿元 （100 million yuan）

地名	City	2010	2015	2016	2016 排名 Ranking	地名	City	2010	2015	2016	2016 排名 Ranking
南京	Nanjing	6.90	77.14	78.79	6	池州	Chizhou	0.74	0.76	0.79	266
无锡	Wuxi	5.55	41.92	56.86	10	宣城	Xuancheng	0.97	2.86	6.38	88
徐州	Xuzhou	5.03	17.33	23.77	29	**福建**	**Fujian**	**69.06**	**217.23**	**300.69**	
常州	Changzhou	5.21	25.95	33.87	22	福州	Fuzhou	7.31	31.53	40.36	18
苏州	Suzhou	15.27	108.53	134.14	4	厦门	Xiamen	3.74	35.15	46.17	14
南通	Nantong	6.13	28.56	37.41	20	莆田	Putian	2.65	2.70	3.01	181
连云港	Lianyungang	2.75	9.44	11.18	45	三明	Sanming	2.31	4.92	5.85	98
淮安	Huaian	2.33	10.39	14.53	37	泉州	Quanzhou	6.11	39.48	53.11	12
盐城	Yancheng	3.93	12.39	15.19	36	漳州	Zhangzhou	2.23	9.01	10.55	47
扬州	Yangzhou	4.03	16.50	19.25	33	南平	Nanping	2.62	3.64	4.13	137
镇江	Zhenjiang	2.33	9.74	12.41	41	龙岩	Longyan	2.21	4.00	5.72	102
泰州	Taizhou	3.59	12.40	14.44	38	宁德	Ningde	2.14	5.46	6.85	75
宿迁	Suqian	2.09	36.92	11.49	44	**江西**	**Jiangxi**	**36.85**	**69.70**	**100.32**	
浙江	**Zhejiang**	**154.07**	**811.01**	**1250.75**		南昌	Nanchang	4.34	20.86	31.40	24
杭州	Hangzhou	11.47	159.69	215.17	2	景德镇	Jingdezhen	0.76	1.15	1.44	246
宁波	Ningbo	6.46	9.72	68.14	8	萍乡	Pingxiang	1.87	1.40	1.61	238
温州	Wenzhou	5.18	43.26	56.55	11	九江	Jiujiang	1.65	2.67	3.16	175
嘉兴	Jiaxing	4.16	4.49	4.99	114	新余	Xinyu	0.73	1.49	2.15	218
湖州	Huzhou	1.83	2.62	3.31	170	鹰潭	Yingtan	0.91	1.65	2.16	217
绍兴	Shaoxing	3.32	5.15	5.86	97	赣州	Ganzhou	4.26	5.33	7.07	69
金华	Jinhua	5.41	12.66	16.14	34	吉安	Jian	2.70	5.10	7.79	62
衢州	Quzhou	0.90	1.51	1.86	229	宜春	Yichun	2.75	4.84	4.10	140
舟山	Zhoushan	1.01	1.23	1.40	247	抚州	Fuzhou	1.60	2.49	2.87	188
台州	Taizhou	4.31	5.27	5.89	95	上饶	Shangrao	2.52	5.20	6.85	76
丽水	Lishui	1.46	7.43	8.81	52	**山东**	**Shandong**	**104.82**	**205.53**	**301.61**	
安徽	**Anhui**	**45.93**	**116.19**	**174.91**		济南	Jinan	4.70	30.03	41.39	17
合肥	Hefei	3.21	6.06	38.83	19	青岛	Qingdao	5.27	37.09	24.91	28
芜湖	Wuhu	2.05	8.68	13.47	40	淄博	Zibo	2.28	8.23	9.33	49
蚌埠	Bengbu	1.19	2.21	2.50	203	枣庄	Zaozhuang	1.33	3.84	5.09	111
淮南	Huainan	1.04	1.72	4.68	123	东营	Dongying	1.23	1.92	2.27	214
马鞍山	Maanshan	0.81	1.51	1.83	230	烟台	Yantai	5.35	5.15	6.46	83
淮北	Huaibei	0.86	1.29	1.58	240	潍坊	Weifang	3.81	4.83	7.54	65
铜陵	Tongling	0.53	0.78	1.95	227	济宁	Jining	3.17	5.01	5.45	106
安庆	Anqing	4.32	5.45	4.43	130	泰安	Taian	1.86	8.10	8.38	59
黄山	Huangshan	0.85	1.10	1.35	248	威海	Weihai	2.36	7.07	8.79	53
滁州	Chuzhou	1.04	1.79	2.65	197	日照	Rizhao	1.39	2.94	3.73	155
阜阳	Fuyang	4.14	5.30	6.97	74	莱芜	Laiwu	0.67	1.86	2.03	225
宿州	Suzhou	1.89	4.26	5.07	113	临沂	Linyi	3.07	6.10	7.04	71
六安	Liuan	2.01	3.60	3.60	159	德州	Dezhou	4.15	6.02	5.92	91
亳州	Bozhou	1.46	5.41	6.44	84	聊城	Liaocheng	2.30	5.64	6.72	78

13-7 邮政业务总量 续表 2
Business Volume of Postal Services continued 2

单位：亿元 （100 million yuan）

地名	City	2010	2015	2016	2016排名 Ranking
滨州	Binzhou	1.55	4.49	5.84	99
菏泽	Heze	2.57	7.98	9.26	50
河南	**Henan**	**89.80**	**163.78**	**233.22**	
郑州	Zhengzhou	6.18	63.71	64.20	9
开封	Kaifeng	2.06	3.11	3.26	173
洛阳	Luoyang	3.60	5.46	6.64	79
平顶山	Pingdingshan	2.35	4.48	4.27	133
安阳	Anyang	3.00	4.77	7.71	63
鹤壁	Hebi	0.62	0.83	0.99	261
新乡	Xinxiang	3.49	8.30	11.08	46
焦作	Jiaozuo	2.46	2.96	3.54	160
濮阳	Puyang	1.58	3.10	3.53	163
许昌	Xuchang	1.96	2.89	3.53	162
漯河	Luohe	1.17	1.80	2.28	213
三门峡	Sanmenxia	1.36	2.33	2.41	208
南阳	Nanyang	3.93	5.92	5.92	92
商丘	Shangqiu	3.75	7.32	8.49	57
信阳	Xinyang	2.67	5.06	5.90	93
周口	Zhoukou	3.55	7.03	8.09	61
驻马店	Zhumadian	3.37	6.09	6.51	81
湖北	**Hubei**	**55.71**	**137.41**	**192.10**	
武汉	Wuhan	6.46	54.56	73.62	7
黄石	Huangshi	1.70	4.16	5.69	103
十堰	Shiyan	1.60	3.24	3.96	149
宜昌	Yichang	1.56	2.95	3.64	156
襄阳	Xiangyang	2.31	3.97	5.09	112
鄂州	Ezhou	0.57	2.70	1.21	256
荆门	Jingmen	1.31	3.72	4.83	119
孝感	Xiaogan	2.00	4.97	5.87	96
荆州	Jingzhou	2.81	5.50	6.40	86
黄冈	Huanggang	2.42	5.50	7.08	68
咸宁	Xianning	1.91	2.88	3.97	148
随州	Suizhou	1.97	2.03	2.56	201
湖南	**Hunan**	**49.05**	**104.15**	**143.37**	
长沙	Changsha	5.46	26.91	36.87	21
株洲	Zhuzhou	1.55	2.70	2.24	216
湘潭	Xiangtan	1.96	1.96	2.44	207
衡阳	Hengyang	3.62	5.64	6.63	80
邵阳	Shaoyang	2.70	4.64	5.80	100
岳阳	Yueyang	2.40	5.17	6.43	85
常德	Changde	2.01	4.04	4.69	122
张家界	Zhangjiajie	0.50	1.31	1.79	232
益阳	Yiyang	1.55	4.42	5.95	90
郴州	Chenzhou	2.32	7.40	7.00	73
永州	Yongzhou	1.62	3.42	4.88	116
怀化	Huaihua	1.62	3.43	4.63	125
娄底	Loudi	1.18	2.37	2.82	190
广东	**Guangdong**	**378.00**	**1228.75**	**1886.25**	
广州	Guangzhou	20.23	222.28	307.02	1
韶关	Shaoguan	2.89	2.89	4.95	115
深圳	Shenzhen	28.07	247.27		
珠海	Zhuhai	3.52			
汕头	Shantou	2.01	3.00	21.58	32
佛山	Foshan	0.00	34.54	45.53	15
江门	Jiangmen	4.41	12.70	16.08	35
湛江	Zhanjiang	4.90	4.76	11.56	43
茂名	Maoming	3.84	6.35	8.44	58
肇庆	Zhaoqing	1.68	69.81	7.70	64
惠州	Huizhou	1.94	2.91	3.05	180
梅州	Meizhou	3.40	5.40	7.31	66
汕尾	Shanwei	1.02	2.96	4.08	142
河源	Heyuan	0.88	1.71	4.15	136
阳江	Yangjiang	1.55	2.87	6.47	82
清远	Qingyuan	2.00	3.77	5.17	110
东莞	Dongguan	8.12	99.25	139.55	3
中山	Zhongshan	4.26	32.24	48.13	13
潮州	Chaozhou	1.04	1.54	5.90	94
揭阳	Jieyang	2.34			
云浮	Yunfu	2.00	2.81	4.10	141
广西	**Guangxi**	**28.58**	**43.64**	**63.70**	
南宁	Nanning	3.83	5.52	7.04	72
柳州	Liuzhou	1.71	3.79	4.56	127
桂林	Guilin	2.26	4.69	5.62	105
梧州	Wuzhou	1.44	2.78	3.28	172
北海	Beihai	0.80	1.56	2.05	223
防城港	Fangchenggang	0.35	0.56	0.61	278
钦州	Qinzhou	0.88	1.65	2.98	182
贵港	Guigang	2.03	3.79	4.84	118
玉林	Yulin	2.29	4.47	3.82	152
百色	Baise	1.10	2.33	2.95	184

13-7 邮政业务总量 续表 3

Business Volume of Postal Services continued 3

单位：亿元 （100 million yuan）

地名	City	2010	2015	2016	2016 排名 Ranking	地名	City	2010	2015	2016	2016 排名 Ranking
贺州	Hezhou	0.69	1.00	1.67	235	丽江	Lijiang	0.47	0.57	0.74	270
河池	Hechi	1.34	1.91	2.90	187	普洱	Puer	0.65	0.61	1.54	243
来宾	Laibin	0.75	0.97	1.56	241	临沧	Lincang	0.45	0.68	1.23	255
崇左	Chongzuo	1.23	1.89	2.45	206	**西藏**	**Tibet**	**1.88**	**2.59**	**3.12**	
海南	**Hainan**	**9.90**	**12.61**	**16.89**		拉萨	Lasa		0.72	0.87	265
海口	Haikou	2.33	2.65	8.56	56	**陕西**	**Shaanxi**	**37.42**	**61.48**	**92.03**	
三亚	Sanya	0.51	0.69	0.78	267	西安	Xi'an	5.88	30.70	43.99	16
三沙	Sansha					铜川	Tongchuan	0.58	0.65	0.72	271
重庆	**Chongqing**	**30.72**	**61.01**	**79.22**		宝鸡	Baoji	1.90	4.07	5.22	109
四川	**Sichuan**	**69.99**	**138.57**	**199.04**		咸阳	Xianyang	2.04	3.37	4.12	139
成都	Chengdu	9.37	57.49	81.56	5	渭南	Weinan	1.99	3.73	4.12	138
自贡	Zigong	1.45	3.12	2.78	193	延安	Yan'an	1.13	1.64	1.53	244
攀枝花	Panzhihua	0.85	1.63	2.04	224	汉中	Hanzhong	2.10	4.96	5.24	108
泸州	Luzhou	2.00	5.06	6.21	89	榆林	Yulin	1.55	2.95	2.64	199
德阳	Deyang	1.72	2.49	2.82	191	安康	Ankang	1.35	2.28	2.67	196
绵阳	Mianyang	2.23	3.92	4.52	128	商洛	Shangluo	2.67	1.70	1.93	228
广元	Guangyuan	1.23	2.65	3.30	171	**甘肃**	**Gansu**	**11.32**	**16.32**	**22.19**	
遂宁	Suining	1.14	2.09	2.50	205	兰州	Lanzhou	2.02	2.94	4.21	134
内江	Neijiang	1.14	3.17	3.62	157	嘉峪关	Jiayuguan	0.18	0.53	0.41	280
乐山	Leshan	1.67	3.15	3.98	146	金昌	Jinchang	0.25	0.26	0.41	281
南充	Nanchong	2.58	5.36	8.61	55	白银	Baiyin	0.46	0.77	0.90	264
眉山	Meishan	1.03	2.93	4.32	132	天水	Tianshui	0.98	2.42	3.09	178
宜宾	Yibin	1.94	3.68	4.62	126	武威	Wuwei	0.57	0.69	0.95	263
广安	Guangan	1.69	3.51	3.47	167	张掖	Zhangye	0.39	0.60	0.71	272
达州	Dazhou	19.20	4.04	5.78	101	平凉	Pingliang	0.38	0.63	0.77	268
雅安	Yaan	0.42	0.83	1.03	260	酒泉	Jiuquan	0.61	0.80	1.27	253
巴中	Bazhong	1.24	3.20	3.92	150	庆阳	Qingyang	0.78	1.07	1.33	249
资阳	Ziyang	2.03	3.66	3.89	151	定西	Dingxi	0.46	1.06	1.30	252
贵州	**Guizhou**	**15.50**	**33.77**	**42.69**		陇南	Longnan	0.45	0.51	1.49	245
贵阳	Guiyang	2.29	3.86	4.81	120	**青海**	**Qinghai**	**3.23**	**3.73**	**4.83**	
六盘水	Liupanshui	0.70	1.87	2.31	210	西宁	Xining	1.16	2.25	2.96	183
遵义	Zunyi	18.94	6.75	8.15	60	海东	Haidong		0.41	0.64	277
安顺	Anshun	0.55	1.60	2.02	226	**宁夏**	**Ningxia**	**4.10**	**12.19**	**15.20**	
毕节	Bijie		1.98	3.50	166	银川	Yinchuan	1.14	1.35	2.05	222
铜仁	Tongren		19.88	2.62	200	石嘴山	Shizuishan	0.63	0.51	0.51	279
云南	**Yunnan**	**18.91**	**35.30**	**50.05**		吴忠	Wuzhong	0.30	0.64	0.71	273
昆明	Kunming	3.62	20.09	25.64	27	固原	Guyuan	0.35	0.49	0.64	276
曲靖	Qujing	1.30	2.07	2.14	219	中卫	Zhongwei	0.22	0.30	0.38	282
玉溪	Yuxi	0.74	0.74	0.96	262	**新疆**	**Xinjiang**	**18.63**	**22.25**	**27.50**	
保山	Baoshan	0.58	0.79	1.56	242	乌鲁木齐	Urumqi	3.01	4.87	4.84	117
昭通	Zhaotong	0.93	1.50	1.66	236	克拉玛依	Karamay	0.61	0.72	0.68	275

13-8 电信业务总量
Business Volume of Telecommunication Services

单位：亿元 （100 million yuan）

地名	City	2010	2015	2016	2016 排名 Ranking	地名	City	2010	2015	2016	2016 排名 Ranking
全国	**Nation Total**	**29993.18**	**23346.30**	**15616.95**		沈阳	Shenyang	286.14	100.65	106.63	17
北京	**Beijing**	**1120.00**	**923.36**	**593.08**		大连	Dalian	228.30	81.75	89.53	25
天津	**Tianjin**	**399.46**	**261.00**	**183.09**		鞍山	Anshan	89.24	26.13	28.92	121
河北	**Hebei**	**1293.51**	**866.46**	**623.20**		抚顺	Fushun	50.25	14.17	15.69	209
石家庄	Shijiazhuang	229.82	83.55	86.73	28	本溪	Benxi	38.53	10.68	11.45	239
唐山	Tangshan	190.85	52.95	54.66	59	丹东	Dandong	53.21	16.65	17.28	197
秦皇岛	Qinhuangdao	70.13	23.96	24.30	144	锦州	Jinzhou	66.32	18.13	20.49	175
邯郸	Handan	132.92	43.59	45.49	71	营口	Yingkou	57.57	19.14	19.98	181
邢台	Xingtai	94.88	33.04	35.08	88	阜新	Fuxin	38.07	10.56	12.08	235
保定	Baoding	188.22	66.99	70.75	41	辽阳	Liaoyang	43.25	12.02	13.58	225
张家口	Zhangjiakou	70.43	25.12	26.12	137	盘锦	Panjin	38.56	11.90	13.51	226
承德	Chengde	60.10	21.10	22.43	156	铁岭	Tieling	46.57	14.73	16.30	206
沧州	Cangzhou	117.39	40.93	11.95	237	朝阳	Chaoyang	45.80	16.85	18.61	188
廊坊	Langfang	102.01	44.20	45.94	69	葫芦岛	Huludao	50.02	14.99	16.96	202
衡水	Hengshui	65.09	20.39	21.47	167	**吉林**	**Jilin**	**587.40**	**351.13**	**264.31**	
山西	**Shanxi**	**696.69**	**472.80**	**328.73**		长春	Changchun	212.25	68.86	93.23	24
太原	Taiyuan	159.89	377.07	56.78	57	吉林	Jilin	99.26	26.13	28.10	125
大同	Datong	61.58	21.00	21.69	163	四平	Siping	60.17	15.98	17.30	196
阳泉	Yangquan	30.61	17.35	24.96	140	辽源	Liaoyuan	24.68	6.20	6.80	265
长治	Changzhi	55.98	20.71	22.86	155	通化	Tonghua	45.76	12.02	12.80	231
晋城	Jincheng	38.31	23.13	40.19	81	白山	Baishan	32.58	7.06	7.60	263
朔州	Shuozhou	28.53	8.25	13.45	227	松原	Songyuan	59.06	13.55	14.10	218
晋中	Jinzhong	59.59	21.81	22.42	157	白城	Baicheng	43.41	10.04	11.00	242
运城	Yuncheng	71.92	48.00	81.20	33	**黑龙江**	**Heilongjiang**	**697.87**	**459.29**	**320.28**	
忻州	Xinzhou	48.90	16.99	40.60	80	哈尔滨	Harbin	253.69	89.64	93.75	23
临汾	Linfen	72.26	47.88	76.95	37	齐齐哈尔	Qiqihar	84.39	47.18	76.99	36
吕梁	Lvliang	62.41	37.42	31.44	105	鸡西	Jixi	35.39	13.01	15.07	213
内蒙古	**Inner Mongolia**	**584.75**	**377.07**	**249.64**		鹤岗	Hegang	23.84	6.31	6.50	268
呼和浩特	Hohhot	78.27	56.56	73.16	38	双鸭山	Shuangyashan	30.33	11.35	12.48	234
包头	Baotou	73.34	26.12	27.37	130	大庆	Daqing	67.72	31.09	30.07	115
乌海	Wuhai	5.92	6.27	6.10	269	伊春	Yichun	22.89	6.82	6.68	267
赤峰	Chifeng	60.95	26.30	27.79	128	佳木斯	Jiamusi	23.40	18.90	11.80	238
通辽	Tongliao	42.85	21.11	20.46	177	七台河	Qitaihe	19.83	5.22	4.83	275
鄂尔多斯	Erdos	19.50	18.20	18.20	192	牡丹江	Mudanjiang	59.51	16.75	16.55	205
呼伦贝尔	Hulunbuir	15.07	23.62	23.16	153	黑河	Heihe	31.49	17.99	8.86	253
巴彦淖尔	Bayannur	33.67	12.60	13.80	222	绥化	Suihua	75.92	5.40		
乌兰察布	Ulanqab	10.50	26.23	29.10	120	**上海**	**Shanghai**	**1098.79**	**778.76**	**509.97**	
辽宁	**Liaoning**	**1113.22**	**729.40**	**512.71**		**江苏**	**Jiangsu**	**2140.42**	**1800.47**	**1206.60**	

13-8 电信业务总量 续表 1
Business Volume of Telecommunication Services continued 1

单位：亿元 （100 million yuan）

地名	City	2010	2015	2016	2016 排名 Ranking	地名	City	2010	2015	2016	2016 排名 Ranking
南京	Nanjing		123.94	132.23	12	池州	Chizhou	7.19	8.85	9.07	251
无锡	Wuxi	132.17	94.57	98.39	22	宣城	Xuancheng	11.88	17.42	17.37	195
徐州	Xuzhou	98.39	56.82	60.78	53	**福建**	**Fujian**	**1145.33**	**860.61**	**588.52**	
常州	Changzhou	68.36	59.82	62.48	46	福州	Fuzhou	273.64	111.33	106.04	18
苏州	Suzhou	52.19	193.50	201.06	4	厦门	Xiamen	178.78	142.26	209.90	2
南通	Nantong	161.59	61.48	64.92	44	莆田	Putian	71.71	31.36	26.29	135
连云港	Lianyungang	56.36	29.25	30.75	110	三明	Sanming	66.36	18.87	23.11	154
淮安	Huaian	24.23	29.09	30.78	109	泉州	Quanzhou	261.24	97.92	102.87	21
盐城	Yancheng	24.94	45.40	47.78	65	漳州	Zhangzhou	108.41	39.58	42.10	76
扬州	Yangzhou	35.03	40.51	42.29	75	南平	Nanping	61.53	41.01	21.12	172
镇江	Zhenjiang	37.52	29.75	30.19	114	龙岩	Longyan	66.45	41.81	62.19	49
泰州	Taizhou	35.88	34.96	37.03	85	宁德	Ningde	74.44	25.50	26.06	138
宿迁	Suqian	33.11	29.69	31.68	101	**江西**	**Jiangxi**	**655.15**	**550.37**	**386.54**	
浙江	**Zhejiang**	**19.16**	**1613.54**	**1116.48**		南昌	Nanchang	42.39	69.47	67.93	43
杭州	Hangzhou	132.59	173.66	190.83	6	景德镇	Jingdezhen	11.46	10.58	10.88	244
宁波	Ningbo	218.26	117.21	118.99	14	萍乡	Pingxiang	9.02	11.53	13.25	229
温州	Wenzhou	105.89	117.33	118.33	15	九江	Jiujiang	9.85	27.17	28.71	122
嘉兴	Jiaxing	66.44	77.92	87.92	27	新余	Xinyu	4.89	17.00	27.50	129
湖州	Huzhou	26.08	31.30	32.61	97	鹰潭	Yingtan	4.68	6.53	7.05	264
绍兴	Shaoxing	45.56	51.96	54.11	60	赣州	Ganzhou	29.51	43.59	46.64	68
金华	Jinhua	59.34	73.77	77.14	35	吉安	Jian	16.83	19.43	21.00	173
衢州	Quzhou	31.77	18.34	16.77	203	宜春	Yichun	14.80	21.68	23.90	147
舟山	Zhoushan	13.78	13.62	14.37	217	抚州	Fuzhou	8.43	16.98	16.98	201
台州	Taizhou	61.99	67.41	70.56	42	上饶	Shangrao	8.11	29.14	30.60	111
丽水	Lishui	18.59	17.30	18.43	191	**山东**	**Shandong**	**1855.86**	**1269.06**	**863.38**	
安徽	**Anhui**	**841.62**	**707.27**	**489.54**		济南	Jinan	210.15	72.94	79.05	34
合肥	Hefei	48.94	84.42	89.01	26	青岛	Qingdao	269.51	96.58	104.00	19
芜湖	Wuhu	16.53	34.90	45.14	72	淄博	Zibo	103.45	53.45	33.04	93
蚌埠	Bengbu	15.15	19.96	21.22	169	枣庄	Zaozhuang	64.69	57.46	20.15	178
淮南	Huainan	12.64	15.59	34.77	89	东营	Dongying	66.17	20.15	21.58	164
马鞍山	Maanshan	9.77	1.88	16.76	204	烟台	Yantai	170.44	69.92	86.55	29
淮北	Huaibei	9.99	12.11	12.57	232	潍坊	Weifang	179.41	725.74	57.26	55
铜陵	Tongling	5.35	6.91	9.00	252	济宁	Jining	127.14	40.88	41.55	78
安庆	Anqing	18.27	30.87	23.49	151	泰安	Taian	75.41	22.98	26.71	132
黄山	Huangshan	7.02	9.00	9.58	250	威海	Weihai	79.40	22.97	24.35	143
滁州	Chuzhou	17.69	32.98	50.60	62	日照	Rizhao	49.50	20.05	23.33	152
阜阳	Fuyang	25.64	15.45	8.12	260	莱芜	Laiwu	20.64	6.35	6.79	266
宿州	Suzhou	18.25	26.15	24.46	142	临沂	Linyi	158.87	56.48	35.98	86
六安	Liuan	17.40	24.98	23.80	149	德州	Dezhou	78.65	18.17	27.10	131
亳州	Bozhou	15.69	37.04	47.73	66	聊城	Liaocheng	85.56	24.48	27.88	127

13-8 电信业务总量 续表 2

Business Volume of Telecommunication Services continued 2

单位：亿元 （100 million yuan）

地名	City	2010	2015	2016	2016 排名 Ranking
滨州	Binzhou	70.65	16.01	21.87	162
菏泽	Heze	106.25	50.36	60.41	54
河南	**Henan**	**1383.65**	**1164.37**	**757.67**	
郑州	Zhengzhou	290.14	234.11	129.78	13
开封	Kaifeng	61.43	63.65	47.67	67
洛阳	Luoyang	116.25	41.91	45.89	70
平顶山	Pingdingshan	76.69	24.38	26.19	136
安阳	Anyang	80.89	41.28	31.05	108
鹤壁	Hebi	22.47	8.03	8.42	256
新乡	Xinxiang	96.61	57.00	86.19	30
焦作	Jiaozuo	62.19	19.85	20.12	179
濮阳	Puyang	53.01	34.68	55.65	58
许昌	Xuchang	63.70	22.58	23.69	150
漯河	Luohe	36.53	3.42	3.55	276
三门峡	Sanmenxia	41.02	25.40	13.86	221
南阳	Nanyang	109.17	60.41	61.00	51
商丘	Shangqiu	94.99	35.87	39.07	84
信阳	Xinyang	74.45	28.88	42.42	74
周口	Zhoukou	90.72	37.38	40.08	82
驻马店	Zhumadian	75.68	30.61	41.83	77
湖北	**Hubei**	**983.32**	**828.34**	**515.29**	
武汉	Wuhan	332.07	139.11	148.05	9
黄石	Huangshi	13.66	19.68	21.88	161
十堰	Shiyan	11.55	23.87	18.15	193
宜昌	Yichang	20.79	28.47	29.89	118
襄阳	Xiangyang	25.67	39.43	32.22	100
鄂州	Ezhou	5.83	7.52	7.95	262
荆门	Jingmen	12.22	18.34	16.17	208
孝感	Xiaogan	7.67	22.01	24.07	146
荆州	Jingzhou	25.30	31.33	31.42	106
黄冈	Huanggang	18.09	27.70	28.16	124
咸宁	Xianning	9.71	12.38	15.61	210
随州	Suizhou	6.96	10.77	11.27	240
湖南	**Hunan**	**1008.94**	**802.51**	**555.75**	
长沙	Changsha	78.68	99.57	108.45	16
株洲	Zhuzhou	23.61	39.26	40.63	79
湘潭	Xiangtan	16.33	36.52	30.04	116
衡阳	Hengyang	25.50	59.31	33.52	90
邵阳	Shaoyang	21.90	53.04	81.85	32
岳阳	Yueyang	24.05	57.30	30.40	112

地名	City	2010	2015	2016	2016 排名 Ranking
常德	Changde	26.32	30.54	32.55	98
张家界	Zhangjiajie	8.16	19.85	10.40	245
益阳	Yiyang	17.40	20.62	22.12	159
郴州	Chenzhou	21.00	43.09	21.58	165
永州	Yongzhou	16.97	19.78	13.01	230
怀化	Huaihua	19.20	46.34	71.77	40
娄底	Loudi	17.39	21.44	22.30	158
广东	**Guangdong**	**4175.38**	**3150.03**	**1991.31**	
广州	Guangzhou	1031.42	317.73	341.90	1
韶关	Shaoguan	66.69	18.00	18.90	186
深圳	Shenzhen	1003.19	335.20		
珠海	Zhuhai	134.09			
汕头	Shantou	171.80	48.23	48.88	63
佛山	Foshan	428.72		136.40	11
江门	Jiangmen	130.67	89.48	149.94	8
湛江	Zhanjiang	111.95	114.80	192.21	5
茂名	Maoming	83.43	80.47	33.05	92
肇庆	Zhaoqing	93.38		28.06	126
惠州	Huizhou	199.08	57.96	60.99	52
梅州	Meizhou	49.08	20.49	21.30	168
汕尾	Shanwei	46.99	35.09	17.02	199
河源	Heyuan	45.45	23.20	17.06	198
阳江	Yangjiang	49.12	17.63	18.49	189
清远	Qingyuan	54.06	26.54	25.14	139
东莞	Dongguan	665.97	149.73	155.58	7
中山	Zhongshan	190.72	124.40	62.34	47
潮州	Chaozhou	53.48	19.80	18.49	190
揭阳	Jieyang	91.67			
云浮	Yunfu	31.91	34.96	56.87	56
广西	**Guangxi**	**793.31**	**607.89**	**388.96**	
南宁	Nanning	173.16	72.99	82.62	31
柳州	Liuzhou	79.67	28.85	31.58	103
桂林	Guilin	91.28	30.88	32.76	95
梧州	Wuzhou	41.57	13.88	15.22	212
北海	Beihai	23.74	13.63	14.40	216
防城港	Fangchenggang	22.68	7.79	8.36	257
钦州	Qinzhou	37.08	15.00	16.99	200
贵港	Guigang	42.73	17.20	19.11	183
玉林	Yulin	74.94	25.37	28.31	123
百色	Baise	46.86	18.64	21.19	170

13-8 电信业务总量 续表 3

Business Volume of Telecommunication Services continued 3

单位：亿元 （100 million yuan）

地名	City	2010	2015	2016	2016 排名 Ranking	地名	City	2010	2015	2016	2016 排名 Ranking
贺州	Hezhou	1.63	8.78	9.61	249	丽江	Lijiang	4.25	7.94	8.30	258
河池	Hechi	48.14	16.61	19.01	185	普洱	Puer	11.16	4.17	1.59	281
来宾	Laibin	31.63	10.23	10.93	243	临沧	Lincang	1.62	12.35	13.73	223
崇左	Chongzuo	32.84	11.51	12.56	233	**西藏**	**Tibet**	**62.46**	**53.79**	**32.95**	
海南	**Hainan**	**214.76**	**171.31**	**125.95**		拉萨	Lasa	6.82	28.69	32.26	99
海口	Haikou	38.54	41.42	35.96	87	**陕西**	**Shaanxi**	**819.82**	**699.49**	**464.99**	
三亚	Sanya	11.61	13.34	39.85	83	西安	Xi'an		133.82	142.07	10
三沙	Sansha					铜川	Tongchuan		1.57	1.60	280
重庆	**Chongqing**	**550.58**	**493.55**	**349.01**		宝鸡	Baoji		23.14	24.18	145
四川	**Sichuan**	**1380.70**	**1159.02**	**714.93**		咸阳	Xianyang		27.81	29.83	119
成都	Chengdu	431.90	404.02	201.91	3	渭南	Weinan		31.59	32.64	96
自贡	Zigong	33.69	4.57	4.96	274	延安	Yan'an		28.91	20.46	176
攀枝花	Panzhihua	14.02	9.92	7.96	261	汉中	Hanzhong		20.32	21.16	171
泸州	Luzhou	20.52	24.92	26.71	133	榆林	Yulin		24.74	31.41	107
德阳	Deyang	65.65	21.05	21.98	160	安康	Ankang		15.75	20.07	180
绵阳	Mianyang	30.13	31.95	33.36	91	商洛	Shangluo		9.53	9.85	247
广元	Guangyuan	12.02	15.34	16.23	207	**甘肃**	**Gansu**	**411.83**	**349.29**	**232.05**	
遂宁	Suining	11.26	12.04	13.96	220	兰州	Lanzhou	124.23	48.72	52.65	61
内江	Neijiang	15.42	15.81	13.43	228	嘉峪关	Jiayuguan	8.87	3.53	3.52	277
乐山	Leshan	51.48	23.43	24.62	141	金昌	Jinchang	11.03	6.12	9.78	248
南充	Nanchong	21.22	30.19	29.98	117	白银	Baiyin	25.58	12.39	19.02	184
眉山	Meishan	10.66	16.29	20.81	174	天水	Tianshui	37.34	15.63	17.38	194
宜宾	Yibin	62.09	25.13	26.39	134	武威	Wuwei	23.75	12.77	15.01	214
广安	Guangan	10.46	18.72	15.60	211	张掖	Zhangye	23.35	8.34	8.46	255
达州	Dazhou	10.12	23.21	30.29	113	平凉	Pingliang	27.21	21.00	31.48	104
雅安	Yaan	3.60	9.87	9.97	246	酒泉	Jiuquan	28.07	3.46	5.62	272
巴中	Bazhong	2.59	32.70	48.07	64	庆阳	Qingyang	37.29	7.49	12.01	236
资阳	Ziyang	13.11	15.34	11.16	241	定西	Dingxi	29.60	11.89	13.58	224
贵州	**Guizhou**	**496.97**	**481.39**	**336.23**		陇南	Longnan	34.28	16.94	8.82	254
贵阳	Guiyang	130.11	57.51	62.83	45	**青海**	**Qinghai**	**111.07**	**101.65**	**67.21**	
六盘水	Liupanshui	10.92	32.22	18.79	187	西宁	Xining		43.77	61.51	50
遵义	Zunyi	6.33	40.19	43.81	73	海东	Haidong		6.55	8.19	259
安顺	Anshun	7.81	12.93	14.09	219	**宁夏**	**Ningxia**	**131.10**	**123.23**	**94.73**	
毕节	Bijie	17.70	28.10	31.67	102	银川	Yinchuan	42.05	44.74	32.77	94
铜仁	Tongren	11.15	17.34	19.30	182	石嘴山	Shizuishan	5.07	6.37	6.09	270
云南	**Yunnan**	**754.13**	**757.28**	**500.98**		吴忠	Wuzhong	20.40	27.35	2.74	278
昆明	Kunming		97.80	103.40	20	固原	Guyuan	3.81	2.02	2.30	279
曲靖	Qujing	16.32	71.37	72.57	39	中卫	Zhongwei	3.70	10.15	21.56	166
玉溪	Yuxi	18.87	33.93	14.71	215	**新疆**	**Xinjiang**	**537.32**	**382.55**	**252.85**	
保山	Baoshan	9.12	5.81	5.68	271	乌鲁木齐	Urumqi	42.09	59.01	62.30	48
昭通	Zhaotong	13.61	22.01	23.84	148	克拉玛依	Karamay	3.45	5.80	5.53	273

13-9 年末固定电话用户

Number of Fixed Telephone Subscribers at Year-end

单位：万户　　　　（10 000 subscribers）

地名	City	2010	2015	2016	2016 排名 Ranking
全国	**Nation Total**	**29434.20**	**23099.60**	**20662.40**	
北京	**Beijing**	**885.60**	**784.60**	**695.00**	
天津	**Tianjin**	**366.80**	**343.80**	**311.30**	
河北	**Hebei**	**1251.40**	**978.20**	**850.60**	
石家庄	Shijiazhuang	190.80	142.00	144.00	24
唐山	Tangshan	168.80	126.00	100.00	43
秦皇岛	Qinhuangdao	73.80	42.00	50.00	111
邯郸	Handan	105.90	67.00	59.00	88
邢台	Xingtai	95.80	79.00	67.00	69
保定	Baoding	176.20	140.00	127.00	27
张家口	Zhangjiakou	67.60	46.00	37.00	151
承德	Chengde	47.20	33.00	28.00	198
沧州	Cangzhou	120.70	114.00	93.00	48
廊坊	Langfang	106.30	85.00	89.00	50
衡水	Hengshui	98.30	74.00	62.00	78
山西	**Shanxi**	**720.70**	**444.60**	**343.70**	
太原	Taiyuan	158.20	103.00	84.00	55
大同	Datong	57.10	31.00	26.00	200
阳泉	Yangquan	33.60	15.00	10.00	273
长治	Changzhi	61.50	33.00	25.00	206
晋城	Jincheng	45.40	36.00	17.00	242
朔州	Shuozhou	25.20	18.00	15.00	249
晋中	Jinzhong	77.20	49.00	34.00	168
运城	Yuncheng	86.00	47.00	39.00	143
忻州	Xinzhou	48.60	60.00	57.00	92
临汾	Linfen	70.20	34.00	21.00	226
吕梁	Lvliang	57.80	30.00	24.00	212
内蒙古	**Inner Mongolia**	**414.00**	**324.50**	**268.10**	
呼和浩特	Hohhot	70.30	71.00	64.00	73
包头	Baotou	38.80	37.00	29.00	192
乌海	Wuhai	12.30	24.00	21.00	226
赤峰	Chifeng	49.80	36.00	32.00	176
通辽	Tongliao	29.60	26.00	10.00	273
鄂尔多斯	Erdos	24.50	22.00	11.00	265
呼伦贝尔	Hulunbuir	51.10	44.00	35.00	164
巴彦淖尔	Bayannur	22.80	24.00	20.00	232
乌兰察布	Ulanqab	21.90	26.00	13.00	254
辽宁	**Liaoning**	**1428.00**	**1036.20**	**890.60**	
沈阳	Shenyang	320.20	229.00	189.00	16
大连	Dalian	280.30	229.00	212.00	12
鞍山	Anshan	112.80	73.00	61.00	81
抚顺	Fushun	75.20	46.00	37.00	151
本溪	Benxi	45.70	25.00	25.00	206
丹东	Dandong	85.50	65.00	60.00	84
锦州	Jinzhou	94.80	75.00	62.00	78
营口	Yingkou	61.70	50.00	41.00	134
阜新	Fuxin	53.20	39.00	32.00	176
辽阳	Liaoyang	54.00	36.00	26.00	200
盘锦	Panjin	63.30	35.00	31.00	185
铁岭	Tieling	79.90	35.00	29.00	192
朝阳	Chaoyang	36.30	61.00	53.00	101
葫芦岛	Huludao	65.20	50.00	42.00	132
吉林	**Jilin**	**595.20**	**572.30**	**520.30**	
长春	Changchun	182.20	122.00	116.00	34
吉林	Jilin	93.80	90.00	77.00	58
四平	Siping	50.70	43.00	36.00	156
辽源	Liaoyuan	23.90	27.00	23.00	215
通化	Tonghua	54.20	53.00	49.00	114
白山	Baishan	41.00	38.00	35.00	164
松原	Songyuan	37.90	38.00	36.00	156
白城	Baicheng	38.40	37.00	31.00	185
黑龙江	**Heilongjiang**	**813.50**	**596.00**	**497.40**	
哈尔滨	Harbin	272.30	222.00	196.00	13
齐齐哈尔	Qiqihar	93.20	61.00	48.00	117
鸡西	Jixi	40.50	29.00	21.00	226
鹤岗	Hegang	19.30	8.00	4.00	284
双鸭山	Shuangyashan	27.10	25.00	24.00	212
大庆	Daqing	44.20	47.00	41.00	134
伊春	Yichun	34.30	15.00	15.00	249
佳木斯	Jiamusi	57.20	33.00	30.00	187
七台河	Qitaihe	16.80	8.00	5.00	282
牡丹江	Mudanjiang	74.50	47.00	38.00	146
黑河	Heihe	32.10	19.00	21.00	226
绥化	Suihua	88.30	63.00		
上海	**Shanghai**	**935.90**	**797.30**	**731.60**	
江苏	**Jiangsu**	**2498.80**	**1973.00**	**1708.30**	

13-9 年末固定电话用户 续表 1
Number of Fixed Telephone Subscribers at Year-end continued 1

单位：万户 （10 000 subscribers）

地名	City	2010	2015	2016	2016 排名 Ranking	地名	City	2010	2015	2016	2016 排名 Ranking
南京	Nanjing	290.10	280.00	244.00	8	池州	Chizhou	34.90	21.00	19.00	234
无锡	Wuxi	213.90	195.00	168.00	21	宣城	Xuancheng	60.90	40.00	30.00	187
徐州	Xuzhou	177.20	139.00	116.00	34	**福建**	**Fujian**	**1046.00**	**888.50**	**815.70**	
常州	Changzhou	159.60	140.00	123.00	30	福州	Fuzhou	219.00	184.00	181.00	17
苏州	Suzhou	351.70	341.00	314.00	4	厦门	Xiamen	161.00	131.00	130.00	26
南通	Nantong	243.10	209.00	180.00	18	莆田	Putian	68.00	65.00	62.00	78
连云港	Lianyungang	99.30	84.00	71.00	64	三明	Sanming	61.00	50.00	51.00	107
淮安	Huaian	100.60	77.00	57.00	92	泉州	Quanzhou	252.00	215.00	193.00	15
盐城	Yancheng	333.00	125.00	99.00	44	漳州	Zhangzhou	105.00	90.00	91.00	49
扬州	Yangzhou	162.60	119.00	109.00	37	南平	Nanping	62.00	51.00	46.00	125
镇江	Zhenjiang	129.60	87.00	76.00	60	龙岩	Longyan	58.00	50.00	57.00	92
泰州	Taizhou	149.00	120.00	105.00	40	宁德	Ningde	60.00	50.00	49.00	114
宿迁	Suqian	102.70	59.00	47.00	120	**江西**	**Jiangxi**	**709.60**	**568.40**	**517.50**	
浙江	**Zhejiang**	**1998.60**	**1471.00**	**1287.20**		南昌	Nanchang	161.80	107.00	102.00	41
杭州	Hangzhou	368.60	293.00	266.00	7	景德镇	Jingdezhen	36.50	21.00	17.00	242
宁波	Ningbo	317.40	269.00	238.00	9	萍乡	Pingxiang	24.50	28.00	23.00	215
温州	Wenzhou	277.00	179.00	157.00	22	九江	Jiujiang	86.20	72.00	70.00	67
嘉兴	Jiaxing	166.10	124.00	110.00	36	新余	Xinyu	20.50	15.00	13.00	254
湖州	Huzhou	107.80	89.00	82.00	56	鹰潭	Yingtan	18.90	14.00	12.00	258
绍兴	Shaoxing	201.80	144.00	127.00	27	赣州	Ganzhou	107.30	88.00	87.00	52
金华	Jinhua	183.60	111.00	99.00	44	吉安	Jian	58.20	47.00	41.00	134
衢州	Quzhou	63.50	43.00	37.00	151	宜春	Yichun	62.10	54.00	52.00	106
舟山	Zhoushan	54.90	36.00	33.00	172	抚州	Fuzhou	37.40	23.00	25.00	206
台州	Taizhou	178.70	120.00	107.00	38	上饶	Shangrao	77.20	85.00	67.00	69
丽水	Lishui	51.30	41.00	36.00	156	**山东**	**Shandong**	**2023.10**	**1118.00**	**970.40**	
安徽	**Anhui**	**1231.00**	**739.40**	**613.90**		济南	Jinan	204.60	166.00	156.00	23
合肥	Hefei	160.70	156.00	135.00	25	青岛	Qingdao	261.10	215.00	178.00	19
芜湖	Wuhu	65.20	55.00	45.00	127	淄博	Zibo	126.30	81.00	70.00	67
蚌埠	Bengbu	66.40	40.00	36.00	156	枣庄	Zaozhuang	74.20	40.00	29.00	192
淮南	Huainan	47.30	28.00	29.00	192	东营	Dongying	58.40	35.00	29.00	192
马鞍山	Maanshan	49.50	39.00	32.00	176	烟台	Yantai	175.10	84.00	67.00	69
淮北	Huaibei	39.00	24.00	22.00	221	潍坊	Weifang	178.70	111.00	95.00	46
铜陵	Tongling	23.60	14.00	18.00	238	济宁	Jining	128.60	36.00	39.00	143
安庆	Anqing	120.60	68.00	50.00	111	泰安	Taian	99.10	64.00	54.00	99
黄山	Huangshan	43.90	24.00	25.00	206	威海	Weihai	88.40	56.00	48.00	117
滁州	Chuzhou	75.70	48.00	41.00	134	日照	Rizhao	44.00	28.00	23.00	215
阜阳	Fuyang	106.10	47.00	51.00	107	莱芜	Laiwu	26.40	18.00	17.00	242
宿州	Suzhou	87.40	51.00	35.00	164	临沂	Linyi	150.50	62.00	56.00	96
六安	Liuan	97.90	46.00	36.00	156	德州	Dezhou	100.80	44.00	36.00	156
亳州	Bozhou	72.80	31.00	23.00	215	聊城	Liaocheng	100.20	38.00	34.00	168

13-9 年末固定电话用户 续表 2

Number of Fixed Telephone Subscribers at Year-end continued 2

单位：万户 （10 000 subscribers）

地名	City	2010	2015	2016	2016 排名 Ranking
滨州	Binzhou	85.60	36.00	37.00	151
菏泽	Heze	92.50	21.00	18.00	238
河南	**Henan**	**1431.70**	**1009.70**	**798.60**	
郑州	Zhengzhou	261.70	204.00	195.00	14
开封	Kaifeng	61.20	34.00	33.00	172
洛阳	Luoyang	139.60	102.00	95.00	46
平顶山	Pingdingshan	58.60	40.00	34.00	168
安阳	Anyang	94.70	61.00	57.00	92
鹤壁	Hebi	30.70	18.00	16.00	246
新乡	Xinxiang	128.30	74.00	59.00	88
焦作	Jiaozuo	63.90	43.00	48.00	117
濮阳	Puyang	40.40	28.00	56.00	96
许昌	Xuchang	69.20	47.00	33.00	172
漯河	Luohe	32.30	18.00	15.00	249
三门峡	Sanmenxia	35.90	21.00	12.00	258
南阳	Nanyang	105.00	70.00	53.00	101
商丘	Shangqiu	82.80	54.00	46.00	125
信阳	Xinyang	79.60	43.00	38.00	146
周口	Zhoukou	70.50	40.00	22.00	221
驻马店	Zhumadian	60.10	33.00	32.00	176
湖北	**Hubei**	**1026.40**	**872.50**	**731.70**	
武汉	Wuhan	316.00	249.00	222.00	11
黄石	Huangshi	46.80	39.00	36.00	156
十堰	Shiyan	66.90	214.00	38.00	146
宜昌	Yichang	73.10	61.00	53.00	101
襄阳	Xiangyang	72.10	63.00	61.00	81
鄂州	Ezhou	21.00	19.00	16.00	246
荆门	Jingmen	36.50	33.00	30.00	187
孝感	Xiaogan	85.00	56.00	47.00	120
荆州	Jingzhou	80.00	60.00	60.00	84
黄冈	Huanggang	102.60	79.00	72.00	63
咸宁	Xianning	39.30	41.00	40.00	138
随州	Suizhou	37.10	50.00	21.00	226
湖南	**Hunan**	**1077.00**	**787.00**	**682.70**	
长沙	Changsha	216.90	182.00	171.00	20
株洲	Zhuzhou	80.00	60.00	56.00	96
湘潭	Xiangtan	58.90	24.00	24.00	212
衡阳	Hengyang	104.00	74.00	76.00	60
邵阳	Shaoyang	92.10	56.00	51.00	107
岳阳	Yueyang	88.80	73.00	71.00	64
常德	Changde	84.50	56.00	53.00	101
张家界	Zhangjiajie	22.90	15.00	12.00	258
益阳	Yiyang	55.00	33.00	30.00	187
郴州	Chenzhou	63.10	53.00	49.00	114
永州	Yongzhou	50.60	28.00	25.00	206
怀化	Huaihua	72.40	37.00	38.00	146
娄底	Loudi	58.60	30.00	33.00	172
广东	**Guangdong**	**3169.10**	**2807.10**	**2609.70**	
广州	Guangzhou	598.60	468.00	434.00	3
韶关	Shaoguan	65.10	48.00	42.00	132
深圳	Shenzhen	532.80	754.00	644.00	1
珠海	Zhuhai	86.10	74.00	74.00	62
汕头	Shantou	140.30	128.00	117.00	33
佛山	Foshan	267.60	258.00	236.00	10
江门	Jiangmen	127.50	138.00	120.00	31
湛江	Zhanjiang	86.60	66.00	63.00	75
茂名	Maoming	94.10	64.00	59.00	88
肇庆	Zhaoqing	79.70		63.00	75
惠州	Huizhou	132.50	109.00	102.00	41
梅州	Meizhou	77.70	54.00	50.00	111
汕尾	Shanwei	49.90	37.00	35.00	164
河源	Heyuan	58.00	42.00	40.00	138
阳江	Yangjiang	52.40	43.00	40.00	138
清远	Qingyuan	58.40	38.00	32.00	176
东莞	Dongguan	319.30	298.00	273.00	6
中山	Zhongshan	125.80	108.00	106.00	39
潮州	Chaozhou	70.70	51.00	51.00	107
揭阳	Jieyang	99.30	84.00	77.00	58
云浮	Yunfu	46.70	35.00	36.00	156
广西	**Guangxi**	**708.90**	**439.70**	**348.90**	
南宁	Nanning	120.00	86.00	71.00	64
柳州	Liuzhou	65.00	41.00	30.00	187
桂林	Guilin	76.80	58.00	40.00	138
梧州	Wuzhou	40.10	18.00	16.00	246
北海	Beihai	30.10	22.00	19.00	234
防城港	Fangchenggang	14.70	12.00	11.00	265
钦州	Qinzhou	40.40	28.00	28.00	198
贵港	Guigang	62.00	35.00	29.00	192
玉林	Yulin	74.70	56.00	44.00	129
百色	Baise	46.70	27.00	19.00	234

13-9 年末固定电话用户 续表 3
Number of Fixed Telephone Subscribers at Year-end continued 3

单位：万户 (10 000 subscribers)

地名	City	2010	2015	2016	2016 排名 Ranking	地名	City	2010	2015	2016	2016 排名 Ranking
贺州	Hezhou	21.60	12.00	9.00	277	丽江	Lijiang	15.20	7.00	7.00	279
河池	Hechi	42.40	22.00	18.00	238	普洱	Puer	34.20	20.00	11.00	265
来宾	Laibin	21.40	12.00	9.00	277	临沧	Lincang	20.70	16.00	12.00	258
崇左	Chongzuo	20.60	13.00	10.00	273	**西藏**	**Tibet**	**37.00**	**34.90**	**38.90**	
海南	**Hainan**	**179.80**	**171.00**	**169.20**		拉萨	Lasa	8.60	21.00	22.00	221
海口	Haikou	84.60	53.00	47.00	120	**陕西**	**Shaanxi**	**781.90**	**723.30**	**679.90**	
三亚	Sanya	18.30	26.00	26.00	200	西安	Xi'an	298.00	292.00	284.00	5
三沙	Sansha					铜川	Tongchuan	15.20	12.00	12.00	258
重庆	**Chongqing**	**582.70**	**559.60**	**541.60**		宝鸡	Baoji	77.20	58.00	54.00	99
四川	**Sichuan**	**1419.00**	**1353.40**	**1490.10**		咸阳	Xianyang	61.90	48.00	44.00	129
成都	Chengdu	373.70	488.00	544.00	2	渭南	Weinan	90.10	78.00	78.00	57
自贡	Zigong	49.40	34.00	47.00	120	延安	Yan'an	41.10	33.00	32.00	176
攀枝花	Panzhihua	32.50	30.00	26.00	200	汉中	Hanzhong	62.70	50.00	47.00	120
泸州	Luzhou	63.60	53.00	58.00	91	榆林	Yulin	56.60	49.00	43.00	131
德阳	Deyang	59.70	52.00	63.00	75	安康	Ankang	43.30	35.00	34.00	168
绵阳	Mianyang	74.30	78.00	86.00	53	商洛	Shangluo	35.70	25.00	25.00	206
广元	Guangyuan	45.70	35.00	40.00	138	**甘肃**	**Gansu**	**411.90**	**326.00**	**312.30**	
遂宁	Suining	35.70	31.00	32.00	176	兰州	Lanzhou	113.10	67.00	66.00	72
内江	Neijiang	48.80	51.00	60.00	84	嘉峪关	Jiayuguan	8.60	11.00	11.00	265
乐山	Leshan	66.80	60.00	61.00	81	金昌	Jinchang	10.90	7.00	6.00	280
南充	Nanchong	93.60	73.00	85.00	54	白银	Baiyin	25.50	20.00	22.00	221
眉山	Meishan	46.00	39.00	45.00	127	天水	Tianshui	42.80	32.00	32.00	176
宜宾	Yibin	66.80	54.00	60.00	84	武威	Wuwei	28.60	15.00	15.00	249
广安	Guangan	42.70	32.00	37.00	151	张掖	Zhangye	30.70	27.00	23.00	215
达州	Dazhou	67.90	54.00	64.00	73	平凉	Pingliang	24.10	19.00	23.00	215
雅安	Yaan	25.50	24.00	26.00	200	酒泉	Jiuquan	21.40	21.00	18.00	238
巴中	Bazhong	43.30	27.00	32.00	176	庆阳	Qingyang	30.70	20.00	20.00	232
资阳	Ziyang	56.60	34.00	26.00	200	定西	Dingxi	26.70	12.00	11.00	265
贵州	**Guizhou**	**432.60**	**312.50**	**258.70**		陇南	Longnan	21.10	17.00	17.00	242
贵阳	Guiyang	98.10	97.00	88.00	51	**青海**	**Qinghai**	**103.20**	**104.20**	**102.10**	
六盘水	Liupanshui	33.40	29.00	19.00	234	西宁	Xining	63.10	67.00	38.00	146
遵义	Zunyi	85.50	69.00	53.00	101	海东	Haidong		11.00	12.00	258
安顺	Anshun	25.80	17.00	15.00	249	**宁夏**	**Ningxia**	**111.90**	**84.40**	**70.50**	
毕节	Bijie	44.10	25.00	22.00	221	银川	Yinchuan	67.80	50.00	39.00	143
铜仁	Tongren	32.10	17.00	13.00	254	石嘴山	Shizuishan	18.40	10.00	6.00	280
云南	**Yunnan**	**562.50**	**377.50**	**335.00**		吴忠	Wuzhong	16.10	9.00	10.00	273
昆明	Kunming	117.90	128.00	118.00	32	固原	Guyuan	13.50	6.00	5.00	282
曲靖	Qujing	38.80	30.00	21.00	226	中卫	Zhongwei	14.20	11.00	11.00	265
玉溪	Yuxi	23.70	13.00	11.00	265	**新疆**	**Xinjiang**	**547.50**	**501.20**	**471.00**	
保山	Baoshan	19.20	12.00	11.00	265	乌鲁木齐	Urumqi	156.40	135.00	127.00	27
昭通	Zhaotong	22.30	15.00	13.00	254	克拉玛依	Karamay	9.80	16.00	12.00	258

13-10 年末移动电话用户
Number of Mobile Telephone Subscribers at Year-end

单位：万户　　　　　　　　　　　　　　　　　　　　　　　　　（10 000 subscribers）

地名	City	2010	2015	2016	2016 排名 Ranking
全国	**Nation Total**	**85900.30**	**127139.70**	**132193.40**	
北京	**Beijing**	**2129.80**	**3944.40**	**3869.00**	
天津	**Tianjin**	**1089.60**	**1369.70**	**1449.80**	
河北	**Hebei**	**4353.50**	**6135.60**	**7121.00**	
石家庄	Shijiazhuang	693.80	1071.00	1170.00	16
唐山	Tangshan	501.30	891.00	955.00	23
秦皇岛	Qinhuangdao	241.10	344.00	356.00	121
邯郸	Handan	456.20	711.00	805.00	31
邢台	Xingtai	346.50	539.00	617.00	52
保定	Baoding	635.40	946.00	1023.00	21
张家口	Zhangjiakou	242.00	351.00	386.00	107
承德	Chengde	185.30	281.00	319.00	143
沧州	Cangzhou	450.30	597.00	680.00	43
廊坊	Langfang	349.40	469.00	604.00	55
衡水	Hengshui	252.10	354.00	410.00	97
山西	**Shanxi**	**2225.10**	**3241.40**	**3365.70**	
太原	Taiyuan	454.30	741.00	691.00	42
大同	Datong	219.70	309.00	298.00	155
阳泉	Yangquan	104.10	150.00	147.00	246
长治	Changzhi	190.70	298.00	306.00	150
晋城	Jincheng	134.00	229.00	225.00	198
朔州	Shuozhou	93.10	156.00	175.00	230
晋中	Jinzhong	187.40	302.00	308.00	149
运城	Yuncheng	253.70	442.00	459.00	83
忻州	Xinzhou	158.60	271.00	273.00	170
临汾	Linfen	236.10	396.00	411.00	96
吕梁	Lvliang	193.40	313.00	286.00	161
内蒙古	**Inner Mongolia**	**2034.00**	**2377.10**	**2470.80**	
呼和浩特	Hohhot	276.00	336.00	320.00	141
包头	Baotou	266.20	310.00	346.00	129
乌海	Wuhai	93.00	76.00	81.00	280
赤峰	Chifeng	931.10	433.00	450.00	86
通辽	Tongliao	206.00	360.00	343.00	130
鄂尔多斯	Erdos	296.20	138.00	209.00	209
呼伦贝尔	Hulunbuir	246.20	359.00	287.00	159
巴彦淖尔	Bayannur	108.80	202.00	209.00	209
乌兰察布	Ulanqab	94.10	232.00	175.00	230
辽宁	**Liaoning**	**3341.80**	**4289.80**	**4427.10**	
沈阳	Shenyang	744.00	1349.00	1226.00	12
大连	Dalian	674.60	726.00	833.00	29
鞍山	Anshan	279.20	334.00	328.00	138
抚顺	Fushun	172.60	199.00	194.00	221
本溪	Benxi	113.10	170.00	163.00	237
丹东	Dandong	159.10	196.00	204.00	214
锦州	Jinzhou	201.40	263.00	253.00	182
营口	Yingkou	172.00	203.00	211.00	208
阜新	Fuxin	120.90	140.00	150.00	244
辽阳	Liaoyang	125.20	185.00	167.00	236
盘锦	Panjin	109.70	142.00	143.00	247
铁岭	Tieling	145.60	205.00	198.00	220
朝阳	Chaoyang	171.20	205.00	216.00	204
葫芦岛	Huludao	153.30	200.00	203.00	215
吉林	**Jilin**	**1805.40**	**2511.50**	**2654.80**	
长春	Changchun	567.60	1081.00	1489.00	8
吉林	Jilin	291.70	398.00	419.00	92
四平	Siping	202.10	283.00	286.00	161
辽源	Liaoyuan	77.20	117.00	113.00	261
通化	Tonghua	133.10	185.00	188.00	224
白山	Baishan	82.90	112.00	112.00	262
松原	Songyuan	183.10	263.00	328.00	138
白城	Baicheng	116.20	176.00	178.00	228
黑龙江	**Heilongjiang**	**2243.00**	**3329.80**	**3445.60**	
哈尔滨	Harbin	694.70	1289.00	1222.00	13
齐齐哈尔	Qiqihar	253.00	401.00	354.00	124
鸡西	Jixi	114.10	172.00	173.00	234
鹤岗	Hegang	77.90	107.00	108.00	265
双鸭山	Shuangyashan	95.10	177.00	179.00	227
大庆	Daqing	203.40	366.00	379.00	110
伊春	Yichun	61.50	110.00	111.00	263
佳木斯	Jiamusi	167.30	243.00	255.00	179
七台河	Qitaihe	53.90	83.00	94.00	275
牡丹江	Mudanjiang	174.40	263.00	255.00	179
黑河	Heihe	87.50	139.00	138.00	250
绥化	Suihua	232.90	329.00		
上海	**Shanghai**	**2361.60**	**3132.40**	**3156.10**	
江苏	**Jiangsu**	**5923.10**	**7993.10**	**8198.80**	

13-10 年末移动电话用户 续表 1

Number of Mobile Telephone Subscribers at Year-end continued 1

单位：万户　　　　　　　　　　　　　　　　　　　　　　（10 000 subscribers）

地名	City	2010	2015	2016	2016 排名 Ranking	地名	City	2010	2015	2016	2016 排名 Ranking
南京	Nanjing	931.30	1082.00	1115.00	17	池州	Chizhou	78.50	104.00	105.00	268
无锡	Wuxi	767.20	844.00	800.00	32	宣城	Xuancheng	129.30	198.00	203.00	215
徐州	Xuzhou	600.70	756.00	762.00	37	**福建**	**Fujian**	**3022.00**	**4154.00**	**4159.00**	
常州	Changzhou	501.40	535.00	540.00	63	福州	Fuzhou	653.00	908.00	868.00	28
苏州	Suzhou	1308.80	1447.00	1448.00	9	厦门	Xiamen	436.00	584.00	571.00	60
南通	Nantong	592.90	682.00	679.00	44	莆田	Putian	195.00	259.00	272.00	171
连云港	Lianyungang	306.70	368.00	368.00	115	三明	Sanming	187.00	252.00	253.00	182
淮安	Huaian	280.60	383.00	383.00	108	泉州	Quanzhou	671.00	922.00	913.00	25
盐城	Yancheng	236.50	589.00	585.00	58	漳州	Zhangzhou	321.00	460.00	465.00	81
扬州	Yangzhou	409.40	441.00	437.00	89	南平	Nanping	179.00	260.00	250.00	186
镇江	Zhenjiang	277.80	310.00	306.00	150	龙岩	Longyan	186.00	253.00	260.00	174
泰州	Taizhou	339.30	407.00	405.00	99	宁德	Ningde	194.00	282.00	285.00	163
宿迁	Suqian	296.90	383.00	372.00	112	**江西**	**Jiangxi**	**1811.00**	**3030.40**	**3140.70**	
浙江	**Zhejiang**	**5047.40**	**7283.70**	**7225.90**		南昌	Nanchang	472.60	609.00	625.00	50
杭州	Hangzhou	1061.80	1727.00	1734.00	5	景德镇	Jingdezhen	38.80	122.00	137.00	251
宁波	Ningbo	845.50	1257.00	1210.00	14	萍乡	Pingxiang	135.40	145.00	148.00	245
温州	Wenzhou	977.20	1122.00	1115.00	17	九江	Jiujiang	265.70	374.00	375.00	111
嘉兴	Jiaxing	493.50	602.00	608.00	54	新余	Xinyu	73.40	115.00	109.00	264
湖州	Huzhou	286.90	450.00	456.00	84	鹰潭	Yingtan	61.20	82.00	89.00	276
绍兴	Shaoxing	436.40	705.00	783.00	34	赣州	Ganzhou	413.00	673.00	615.00	53
金华	Jinhua	701.20	921.00	946.00	24	吉安	Jian	227.90	280.00	355.00	122
衢州	Quzhou	170.50	288.00	225.00	198	宜春	Yichun	209.00	376.00	353.00	126
舟山	Zhoushan	128.90	168.00	162.00	239	抚州	Fuzhou	143.00	231.00	242.00	189
台州	Taizhou	719.60	740.00	771.00	36	上饶	Shangrao	292.20	505.00	492.00	73
丽水	Lishui	225.40	294.00	305.00	153	**山东**	**Shandong**	**5340.60**	**9088.80**	**9594.50**	
安徽	**Anhui**	**2798.70**	**4188.30**	**4343.00**		济南	Jinan	551.20	1090.00	1088.00	19
合肥	Hefei	404.90	822.00	799.00	33	青岛	Qingdao	650.60	1336.00	1446.00	10
芜湖	Wuhu	162.00	324.00	310.00	148	淄博	Zibo	289.80	496.00	498.00	71
蚌埠	Bengbu	155.50	223.00	258.00	177	枣庄	Zaozhuang	184.80	311.00	317.00	145
淮南	Huainan	120.70	168.00	216.00	204	东营	Dongying	202.80	242.00	257.00	178
马鞍山	Maanshan	104.50	190.00	175.00	230	烟台	Yantai	453.70	839.00	818.00	30
淮北	Huaibei	101.20	153.00	162.00	239	潍坊	Weifang	466.80	966.00	894.00	26
铜陵	Tongling	52.30	74.00	108.00	265	济宁	Jining	372.70	695.00	709.00	39
安庆	Anqing	217.50	356.00	316.00	147	泰安	Taian	247.20	467.00	476.00	78
黄山	Huangshan	76.30	109.00	108.00	265	威海	Weihai	192.80	361.00	343.00	130
滁州	Chuzhou	189.20	303.00	319.00	143	日照	Rizhao	140.10	258.00	292.00	157
阜阳	Fuyang	290.40	441.00	492.00	73	莱芜	Laiwu	69.60	131.00	116.00	258
宿州	Suzhou	199.70	476.00	416.00	93	临沂	Linyi	398.90	848.00	879.00	27
六安	Liuan	203.90	340.00	298.00	155	德州	Dezhou	232.60	437.00	445.00	87
亳州	Bozhou	173.50	291.00	341.00	132	聊城	Liaocheng	272.00	464.00	470.00	80

13-10 年末移动电话用户 续表 2

Number of Mobile Telephone Subscribers at Year-end continued 2

单位：万户 （10 000 subscribers）

地名	City	2010	2015	2016	2016 排名 Ranking	地名	City	2010	2015	2016	2016 排名 Ranking
滨州	Binzhou	260.20	366.00	370.00	113	常德	Changde	234.70	449.00	465.00	81
菏泽	Heze	354.90	638.00	643.00	48	张家界	Zhangjiajie	76.10	104.00	120.00	257
河南	**Henan**	**4449.70**	**7537.40**	**7889.00**		益阳	Yiyang	181.00	272.00	303.00	154
郑州	Zhengzhou	788.60	1345.00	1373.00	11	郴州	Chenzhou	231.30	355.00	353.00	126
开封	Kaifeng	193.40	382.00	416.00	93	永州	Yongzhou	174.80	272.00	317.00	145
洛阳	Luoyang	360.30	642.00	673.00	45	怀化	Huaihua	189.30	336.00	323.00	140
平顶山	Pingdingshan	229.90	359.00	367.00	116	娄底	Loudi	172.60	272.00	281.00	166
安阳	Anyang	257.20	497.00	501.00	70	**广东**	**Guangdong**	**9710.10**	**14479.70**	**14349.00**	
鹤壁	Hebi	75.30	138.00	134.00	253	广州	Guangzhou	1715.60	3219.00	2828.00	1
新乡	Xinxiang	286.80	539.00	539.00	65	韶关	Shaoguan	147.20	274.00	275.00	169
焦作	Jiaozuo	192.40	353.00	425.00	91	深圳	Shenzhen	1977.70	2621.00	2505.00	2
濮阳	Puyang	161.20	321.00	657.00	46	珠海	Zhuhai	241.30	370.00	337.00	133
许昌	Xuchang	213.80	342.00	354.00	124	汕头	Shantou	403.40	607.00	578.00	59
漯河	Luohe	119.10	53.00	54.00	282	佛山	Foshan	799.40	1349.00	1196.00	15
三门峡	Sanmenxia	142.20	181.00	203.00	215	江门	Jiangmen	289.80	557.00	624.00	51
南阳	Nanyang	334.90	674.00	732.00	38	湛江	Zhanjiang	304.20	647.00	692.00	41
商丘	Shangqiu	282.60	629.00	628.00	49	茂名	Maoming	215.80	361.00	355.00	122
信阳	Xinyang	233.20	436.00	540.00	63	肇庆	Zhaoqing	206.90		306.00	150
周口	Zhoukou	285.40	574.00	571.00	60	惠州	Huizhou	357.50	669.00	697.00	40
驻马店	Zhumadian	249.50	467.00	553.00	62	梅州	Meizhou	172.20	357.00	252.00	185
湖北	**Hubei**	**3454.70**	**4530.50**	**4683.80**		汕尾	Shanwei	114.50	187.00	177.00	229
武汉	Wuhan	1145.00	1585.00	1519.00	7	河源	Heyuan	104.30	231.00	235.00	193
黄石	Huangshi	151.00	227.00	205.00	213	阳江	Yangjiang	125.60	233.00	229.00	195
十堰	Shiyan	230.30	263.00	290.00	158	清远	Qingyuan	190.90	316.00	335.00	134
宜昌	Yichang	282.50	365.00	388.00	106	东莞	Dongguan	1421.80	1757.00	1575.00	6
襄阳	Xiangyang	296.50	451.00	479.00	76	中山	Zhongshan	447.80	611.00	599.00	56
鄂州	Ezhou	67.00	96.00	95.00	273	潮州	Chaozhou	155.70	261.00	228.00	196
荆门	Jingmen	140.70	212.00	217.00	203	揭阳	Jieyang	229.20	503.00	474.00	79
孝感	Xiaogan	212.00	319.00	320.00	141	云浮	Yunfu	89.50	200.00	222.00	201
荆州	Jingzhou	320.00	391.00	396.00	102	**广西**	**Guangxi**	**2214.50**	**3594.90**	**3774.20**	
黄冈	Huanggang	261.10	383.00	389.00	105	南宁	Nanning	484.40	759.00	778.00	35
咸宁	Xianning	133.10	248.00	228.00	196	柳州	Liuzhou	220.40	366.00	366.00	117
随州	Suizhou	129.40	174.00	169.00	235	桂林	Guilin	350.30	457.00	412.00	95
湖南	**Hunan**	**3259.80**	**4692.00**	**4993.60**		梧州	Wuzhou	117.70	186.00	192.00	222
长沙	Changsha	738.80	1123.00	1048.00	20	北海	Beihai	101.60	172.00	174.00	233
株洲	Zhuzhou	231.50	337.00	331.00	137	防城港	Fangchenggang	59.90	88.00	89.00	276
湘潭	Xiangtan	163.60	265.00	260.00	174	钦州	Qinzhou	107.30	197.00	216.00	204
衡阳	Hengyang	279.40	417.00	477.00	77	贵港	Guigang	140.80	242.00	264.00	172
邵阳	Shaoyang	225.20	424.00	452.00	85	玉林	Yulin	218.50	350.00	358.00	118
岳阳	Yueyang	257.80	403.00	397.00	101	百色	Baise	142.60	245.00	253.00	182

13-10 年末移动电话用户 续表 3
Number of Mobile Telephone Subscribers at Year-end continued 3

单位：万户 （10 000 subscribers）

地名	City	2010	2015	2016	2016 排名 Ranking
贺州	Hezhou	90.70	127.00	133.00	254
河池	Hechi	137.60	227.00	240.00	191
来宾	Laibin	96.00	143.00	142.00	248
崇左	Chongzuo	100.00	155.00	163.00	237
海南	**Hainan**	**594.30**	**894.10**	**942.30**	
海口	Haikou	320.70	322.00	335.00	134
三亚	Sanya	37.40	123.00	121.00	256
三沙	Sansha				
重庆	**Chongqing**	**1664.40**	**2737.70**	**2880.10**	
四川	**Sichuan**	**4156.00**	**6798.30**	**7294.50**	
成都	Chengdu	1732.00	2221.00	2407.00	3
自贡	Zigong	170.70	208.00	247.00	188
攀枝花	Panzhihua	122.50	116.00	97.00	271
泸州	Luzhou	255.70	343.00	382.00	109
德阳	Deyang	268.60	366.00	402.00	100
绵阳	Mianyang	384.10	424.00	521.00	67
广元	Guangyuan	183.10	219.00	230.00	194
遂宁	Suining	153.10	214.00	222.00	201
内江	Neijiang	177.00	267.00	281.00	166
乐山	Leshan	261.10	327.00	332.00	136
南充	Nanchong	302.30	414.00	507.00	68
眉山	Meishan	174.40	221.00	287.00	159
宜宾	Yibin	268.40	374.00	410.00	97
广安	Guangan	160.60	242.00	262.00	173
达州	Dazhou	271.50	355.00	358.00	118
雅安	Yaan	120.70	140.00	153.00	243
巴中	Bazhong	155.30	239.00	254.00	181
资阳	Ziyang	175.60	249.00	190.00	223
贵州	**Guizhou**	**1964.40**	**2941.50**	**3082.70**	
贵阳	Guiyang	496.80	857.00	656.00	47
六盘水	Liupanshui	167.60	273.00	281.00	166
遵义	Zunyi	356.20	553.00	595.00	57
安顺	Anshun	113.20	180.00	215.00	207
毕节	Bijie	233.80	344.00	432.00	90
铜仁	Tongren	130.30	247.00	260.00	174
云南	**Yunnan**	**2244.50**	**3740.10**	**3942.80**	
昆明	Kunming	652.90	967.00	963.00	22
曲靖	Qujing	358.30	432.00	438.00	88
玉溪	Yuxi	168.20	205.00	225.00	198
保山	Baoshan	133.30	189.00	206.00	212
昭通	Zhaotong	145.20	303.00	358.00	118
丽江	Lijiang	68.80	94.00	98.00	270
普洱	Puer	149.10	214.00	207.00	211
临沧	Lincang	120.10	179.00	199.00	219
西藏	**Tibet**	**93.50**	**268.70**	**284.40**	
拉萨	Lasa	42.30	96.00	96.00	272
陕西	**Shaanxi**	**2518.20**	**3567.10**	**3813.30**	
西安	Xi'an	986.60	1767.00	1740.00	4
铜川	Tongchuan	48.10	88.00	85.00	279
宝鸡	Baoji	194.60	360.00	369.00	114
咸阳	Xianyang	252.50	453.00	495.00	72
渭南	Weinan	246.10	444.00	485.00	75
延安	Yan'an	173.70	252.00	249.00	187
汉中	Hanzhong	151.10	283.00	347.00	128
榆林	Yulin	260.40	377.00	395.00	103
安康	Ankang	119.80	226.00	241.00	190
商洛	Shangluo	85.30	166.00	183.00	226
甘肃	**Gansu**	**1390.10**	**2105.30**	**2203.80**	
兰州	Lanzhou	324.80	450.00	535.00	66
嘉峪关	Jiayuguan	24.20	43.00	44.00	284
金昌	Jinchang	34.50	51.00	48.00	283
白银	Baiyin	83.10	156.00	160.00	241
天水	Tianshui	132.00	262.00	284.00	164
武威	Wuwei	77.60	137.00	139.00	249
张掖	Zhangye	100.50	145.00	115.00	259
平凉	Pingliang	91.30	164.00	184.00	225
酒泉	Jiuquan	72.90	119.00	126.00	255
庆阳	Qingyang	122.70	217.00	157.00	242
定西	Dingxi	108.50	193.00	239.00	192
陇南	Longnan	105.90	200.00	202.00	218
青海	**Qinghai**	**397.80**	**517.10**	**539.80**	
西宁	Xining	179.80	277.00	284.00	164
海东	Haidong		112.00	136.00	252
宁夏	**Ningxia**	**450.80**	**636.60**	**716.40**	
银川	Yinchuan	182.20	438.00	391.00	104
石嘴山	Shizuishan	65.80	88.00	86.00	278
吴忠	Wuzhong	80.60	113.00	114.00	260
固原	Guyuan	61.00	96.00	103.00	269
中卫	Zhongwei	53.80	99.00	95.00	273
新疆	**Xinjiang**	**1359.80**	**2028.40**	**2132.10**	
乌鲁木齐	Urumqi	236.70	457.00	503.00	69
克拉玛依	Karamay	37.40	56.00	59.00	281

13-11 互联网宽带接入用户数
Broadband Subscribers of Internet

单位：万户　　　　(10 000 subscribers)

地名	City	2010	2015	2016	2016 排名 Ranking
全国	**Nation Total**	**12629.10**	**25946.60**	**29720.70**	
北京	**Beijing**	**498.40**	**491.90**	**475.80**	
天津	**Tianjin**	**173.00**	**249.80**	**283.90**	
河北	**Hebei**	**667.00**	**1317.20**	**1612.00**	
石家庄	Shijiazhuang	131.30	233.00	281.00	13
唐山	Tangshan	89.30	139.00	168.00	42
秦皇岛	Qinhuangdao	39.40	64.00	90.00	102
邯郸	Handan	59.60	113.00	148.00	51
邢台	Xingtai	48.20	102.00	136.00	55
保定	Baoding	95.60	195.00	248.00	18
张家口	Zhangjiakou	37.10	58.00	83.00	117
承德	Chengde	25.50	49.00	67.00	141
沧州	Cangzhou	50.70	103.00	146.00	53
廊坊	Langfang	52.50	101.00	120.00	70
衡水	Hengshui	37.80	72.00	92.00	98
山西	**Shanxi**	**353.10**	**723.90**	**747.20**	
太原	Taiyuan	103.00	129.00	135.00	58
大同	Datong	27.90	53.00	53.00	177
阳泉	Yangquan	19.60	32.00	37.00	219
长治	Changzhi	30.00	55.00	55.00	168
晋城	Jincheng	15.50	44.00	54.00	173
朔州	Shuozhou	12.10	21.00	25.00	256
晋中	Jinzhong	29.70	59.00	201.00	31
运城	Yuncheng	39.80	85.00	101.00	89
忻州	Xinzhou	30.10	39.00	40.00	212
临汾	Linfen	55.20	65.00	80.00	120
吕梁	Lvliang	26.60	47.00	58.00	161
内蒙古	**Inner Mongolia**	**190.50**	**365.70**	**417.20**	
呼和浩特	Hohhot	32.40	45.00	46.00	199
包头	Baotou	28.80	37.00	47.00	194
乌海	Wuhai	6.60	13.00	14.00	275
赤峰	Chifeng	24.40	51.00	61.00	152
通辽	Tongliao	19.30	37.00	38.00	217
鄂尔多斯	Erdos	11.50	24.00	26.00	248
呼伦贝尔	Hulunbuir	24.20	42.00	47.00	194
巴彦淖尔	Bayannur	12.90	21.00	26.00	248
乌兰察布	Ulanqab	9.90	23.00	26.00	248
辽宁	**Liaoning**	**595.60**	**860.50**	**971.70**	
沈阳	Shenyang	137.50	178.00	208.00	26
大连	Dalian	123.50	131.00	150.00	49
鞍山	Anshan	53.90	71.00	81.00	119
抚顺	Fushun	31.80	44.00	53.00	177
本溪	Benxi	23.00	34.00	46.00	199
丹东	Dandong	28.80	46.00	56.00	164
锦州	Jinzhou	39.10	60.00	68.00	139
营口	Yingkou	27.90	48.00	53.00	177
阜新	Fuxin	21.50	39.00	46.00	199
辽阳	Liaoyang	21.60	38.00	48.00	191
盘锦	Panjin	16.70	29.00	35.00	228
铁岭	Tieling	23.10	38.00	48.00	191
朝阳	Chaoyang	23.80	45.00	54.00	173
葫芦岛	Huludao	23.30	45.00	55.00	168
吉林	**Jilin**	**285.10**	**427.30**	**440.00**	
长春	Changchun	91.80	106.00	100.00	91
吉林	Jilin	54.70	73.00	71.00	132
四平	Siping	23.00	36.00	43.00	206
辽源	Liaoyuan	9.40	18.00	17.00	270
通化	Tonghua	21.60	35.00	32.00	234
白山	Baishan	15.20	20.00	20.00	267
松原	Songyuan	16.50	29.00	34.00	232
白城	Baicheng	16.00	27.00	25.00	256
黑龙江	**Heilongjiang**	**326.10**	**519.50**	**575.10**	
哈尔滨	Harbin	110.60	163.00	198.00	33
齐齐哈尔	Qiqihar	36.00	58.00	76.00	123
鸡西	Jixi	16.20	22.00	22.00	264
鹤岗	Hegang	8.60	15.00	14.00	275
双鸭山	Shuangyashan	12.70	24.00	28.00	241
大庆	Daqing	23.90	54.00	61.00	152
伊春	Yichun	12.10	19.00	18.00	268
佳木斯	Jiamusi	23.90	34.00	35.00	228
七台河	Qitaihe	8.20	9.00	14.00	275
牡丹江	Mudanjiang	30.20	48.00	46.00	199
黑河	Heihe	12.90	24.00	88.00	108
绥化	Suihua	25.30	39.00		
上海	**Shanghai**	**486.70**	**568.80**	**635.70**	
江苏	**Jiangsu**	**1048.40**	**2346.30**	**2685.20**	

13-11 互联网宽带接入用户数 续表 1

Broadband Subscribers of Internet continued 1

单位：万户 （10 000 subscribers）

地名	City	2010	2015	2016	2016 排名 Ranking	地名	City	2010	2015	2016	2016 排名 Ranking
南京	Nanjing	147.70	242.00	374.00	7	池州	Chizhou	9.70	23.00	28.00	241
无锡	Wuxi	132.50	163.00	270.00	15	宣城	Xuancheng	18.10	43.00	51.00	185
徐州	Xuzhou	70.10	116.00	224.00	24	**福建**	**Fujian**	**471.60**	**1044.80**	**1144.60**	
常州	Changzhou	84.90	124.00	195.00	34	福州	Fuzhou	530.00	207.00	245.00	19
苏州	Suzhou	188.50	320.00	472.00	5	厦门	Xiamen	358.00	144.00	169.00	41
南通	Nantong	83.00	135.00	225.00	23	莆田	Putian	139.00	253.00	266.00	16
连云港	Lianyungang	44.30	73.00	115.00	75	三明	Sanming	129.00	54.00	67.00	141
淮安	Huaian	29.50	64.00	111.00	79	泉州	Quanzhou	587.00	230.00	243.00	20
盐城	Yancheng	58.70	98.00	174.00	40	漳州	Zhangzhou	217.00	86.00	118.00	72
扬州	Yangzhou	68.60	88.00	147.00	52	南平	Nanping	124.00	55.00	68.00	139
镇江	Zhenjiang	43.20	66.00	108.00	83	龙岩	Longyan	116.00	64.00	75.00	127
泰州	Taizhou	50.40	79.00	135.00	58	宁德	Ningde	188.00	55.00	76.00	123
宿迁	Suqian	30.90	58.00	106.00	84	**江西**	**Jiangxi**	**253.40**	**710.90**	**822.50**	
浙江	**Zhejiang**	**869.50**	**1906.80**	**2159.70**		南昌	Nanchang	81.40	128.00	143.00	54
杭州	Hangzhou	218.40	295.00	444.00	6	景德镇	Jingdezhen	11.20	24.00	39.00	214
宁波	Ningbo	172.00	302.00	336.00	8	萍乡	Pingxiang	13.60	27.00	36.00	223
温州	Wenzhou	172.80	288.00	321.00	11	九江	Jiujiang	30.90	78.00	95.00	94
嘉兴	Jiaxing	78.10	148.00	164.00	43	新余	Xinyu	11.30	24.00	29.00	240
湖州	Huzhou	50.90	104.00	118.00	72	鹰潭	Yingtan	9.00	22.00	41.00	211
绍兴	Shaoxing	86.60	165.00	181.00	38	赣州	Ganzhou	42.70	150.00	162.00	44
金华	Jinhua	91.40	196.00	207.00	28	吉安	Jian	20.60	55.00	71.00	132
衢州	Quzhou	23.70	57.00	54.00	173	宜春	Yichun	23.80	62.00	71.00	132
舟山	Zhoushan	22.90	145.00	46.00	199	抚州	Fuzhou	21.00	49.00	56.00	164
台州	Taizhou	95.80	179.00	208.00	26	上饶	Shangrao	22.30	93.00	90.00	102
丽水	Lishui	25.10	57.00	66.00	143	**山东**	**Shandong**	**966.90**	**1980.80**	**2366.50**	
安徽	**Anhui**	**341.90**	**913.30**	**1075.00**		济南	Jinan	117.30	232.00	262.00	17
合肥	Hefei	53.80	187.00	217.00	25	青岛	Qingdao	188.30	249.00	294.00	12
芜湖	Wuhu	25.50	72.00	86.00	111	淄博	Zibo	53.90	77.00	119.00	71
蚌埠	Bengbu	20.20	49.00	59.00	156	枣庄	Zaozhuang	31.20	54.00	86.00	111
淮南	Huainan	17.90	45.00	59.00	156	东营	Dongying	30.70	56.00	53.00	177
马鞍山	Maanshan	17.70	43.00	51.00	185	烟台	Yantai	87.60	167.00	181.00	38
淮北	Huaibei	14.30	37.00	42.00	208	潍坊	Weifang	70.70	132.00	206.00	29
铜陵	Tongling	9.60	21.00	31.00	236	济宁	Jining	45.90	112.00	162.00	44
安庆	Anqing	27.40	55.00	74.00	128	泰安	Taian	45.00	77.00	121.00	68
黄山	Huangshan	12.00	24.00	27.00	244	威海	Weihai	44.90	73.00	91.00	99
滁州	Chuzhou	21.20	64.00	72.00	129	日照	Rizhao	23.40	52.00	64.00	147
阜阳	Fuyang	23.80	68.00	99.00	92	莱芜	Laiwu	13.50	25.00	36.00	223
宿州	Suzhou	18.40	113.00	70.00	135	临沂	Linyi	62.00	132.00	205.00	30
六安	Liuan	18.20	52.00	55.00	168	德州	Dezhou	33.80	71.00	117.00	74
亳州	Bozhou	14.90	41.00	52.00	181	聊城	Liaocheng	34.00	73.00	113.00	78

13-11 互联网宽带接入用户数 续表 2

Broadband Subscribers of Internet continued 2

单位：万户 （10 000 subscribers）

地名	City	2010	2015	2016	2016 排名 Ranking	地名	City	2010	2015	2016	2016 排名 Ranking
滨州	Binzhou	30.40	52.00	111.00	79	常德	Changde	28.30	83.00	93.00	96
菏泽	Heze	35.70	88.00	114.00	76	张家界	Zhangjiajie	10.80	24.00	30.00	238
河南	**Henan**	**642.50**	**1489.00**	**1767.20**		益阳	Yiyang	17.50	42.00	52.00	181
郑州	Zhengzhou	586.30	240.00	275.00	14	郴州	Chenzhou	23.10	62.00	72.00	129
开封	Kaifeng	121.20	53.00	52.00	181	永州	Yongzhou	19.80	48.00	61.00	152
洛阳	Luoyang	270.90	157.00	152.00	48	怀化	Huaihua	21.50	49.00	59.00	156
平顶山	Pingdingshan	156.80	46.00	50.00	188	娄底	Loudi	19.60	45.00	55.00	168
安阳	Anyang	186.40	93.00	105.00	85	**广东**	**Guangdong**	**1400.00**	**2682.70**	**2799.40**	
鹤壁	Hebi	50.80	29.00	37.00	219	广州	Guangzhou	280.20	425.00	496.00	3
新乡	Xinxiang	223.80	104.00	125.00	66	韶关	Shaoguan	26.40	166.00	187.00	35
焦作	Jiaozuo	138.40	79.00	136.00	55	深圳	Shenzhen	261.50	671.00	632.00	1
濮阳	Puyang	106.00	68.00	126.00	64	珠海	Zhuhai		84.00	89.00	105
许昌	Xuchang	136.50	62.00	84.00	116	汕头	Shantou	68.90	107.00	114.00	76
漯河	Luohe	76.80	21.00	22.00	264	佛山	Foshan	130.50	244.00	235.00	21
三门峡	Sanmenxia	89.80	123.00	136.00	55	江门	Jiangmen	246.60	108.00	160.00	46
南阳	Nanyang	221.90	83.00	126.00	64	湛江	Zhanjiang	37.70	85.00	87.00	110
商丘	Shangqiu	167.80	99.00	121.00	68	茂名	Maoming	30.00	108.00	90.00	102
信阳	Xinyang	157.70	46.00	133.00	60	肇庆	Zhaoqing			83.00	117
周口	Zhoukou	170.70	82.00	104.00	86	惠州	Huizhou	67.70	133.00	149.00	50
驻马店	Zhumadian	155.20	61.00	95.00	94	梅州	Meizhou	25.10	59.00	69.00	138
湖北	**Hubei**	**459.40**	**1014.40**	**1131.90**		汕尾	Shanwei	13.10	29.00	36.00	223
武汉	Wuhan	212.00	463.00	489.00	4	河源	Heyuan	16.10	45.00	47.00	194
黄石	Huangshi	19.70	44.00	45.00	205	阳江	Yangjiang	16.00	48.00	51.00	185
十堰	Shiyan	24.30	58.00	66.00	143	清远	Qingyuan	97.80	54.00	59.00	156
宜昌	Yichang	35.80	79.00	128.00	62	东莞	Dongguan	153.90	196.00	185.00	37
襄阳	Xiangyang	36.30	84.00	111.00	79	中山	Zhongshan	69.60	115.00	157.00	47
鄂州	Ezhou	20.30	18.00	24.00	261	潮州	Chaozhou	24.60	35.00	57.00	162
荆门	Jingmen	18.90	40.00	48.00	191	揭阳	Jieyang	32.90	58.00	57.00	162
孝感	Xiaogan	30.00	49.00	66.00	143	云浮	Yunfu	38.70	99.00	103.00	87
荆州	Jingzhou	38.00	112.00	131.00	61	**广西**	**Guangxi**	**330.10**	**715.80**	**790.00**	
黄冈	Huanggang	28.40	78.00	91.00	99	南宁	Nanning	90.80	194.00	201.00	31
咸宁	Xianning	36.60	43.00	55.00	168	柳州	Liuzhou	61.70	82.00	91.00	99
随州	Suizhou	13.50	34.00	39.00	214	桂林	Guilin	39.70	85.00	89.00	105
湖南	**Hunan**	**374.50**	**910.50**	**1066.90**		梧州	Wuzhou	17.30	47.00	39.00	214
长沙	Changsha	95.40	180.00	227.00	22	北海	Beihai	15.50	37.00	37.00	219
株洲	Zhuzhou	32.60	62.00	76.00	123	防城港	Fangchenggang	9.00	16.00	18.00	268
湘潭	Xiangtan	19.00	38.00	54.00	173	钦州	Qinzhou	16.00	34.00	38.00	217
衡阳	Hengyang	34.00	73.00	93.00	96	贵港	Guigang	17.00	42.00	47.00	194
邵阳	Shaoyang	24.50	52.00	52.00	181	玉林	Yulin	23.90	60.00	70.00	135
岳阳	Yueyang	29.00	72.00	85.00	115	百色	Baise	21.50	36.00	42.00	208

13-11 互联网宽带接入用户数 续表 3
Broadband Subscribers of Internet continued 3

单位：万户 （10 000 subscribers）

地名	City	2010	2015	2016	2016 排名 Ranking
贺州	Hezhou	10.10	21.00	25.00	256
河池	Hechi	19.20	35.00	42.00	208
来宾	Laibin	9.70	23.00	26.00	248
崇左	Chongzuo	8.70	21.00	25.00	256
海南	**Hainan**	**67.60**	**149.50**	**186.50**	
海口	Haikou	39.60	56.00	63.00	149
三亚	Sanya	8.30	18.00	26.00	248
三沙	Sansha				
重庆	**Chongqing**	**263.10**	**602.70**	**704.70**	
四川	**Sichuan**	**521.80**	**1424.00**	**1851.20**	
成都	Chengdu	158.40	474.00	599.00	2
自贡	Zigong	21.40	43.00	59.00	156
攀枝花	Panzhihua	14.90	30.00	30.00	238
泸州	Luzhou	20.50	66.00	88.00	108
德阳	Deyang	30.60	74.00	86.00	111
绵阳	Mianyang	34.00	100.00	127.00	63
广元	Guangyuan	13.90	39.00	46.00	199
遂宁	Suining	15.30	38.00	49.00	189
内江	Neijiang	15.50	50.00	65.00	146
乐山	Leshan	26.90	50.00	56.00	164
南充	Nanchong	30.00	63.00	101.00	89
眉山	Meishan	14.50	46.00	76.00	123
宜宾	Yibin	26.80	68.00	86.00	111
广安	Guangan	12.90	41.00	56.00	164
达州	Dazhou	22.80	58.00	70.00	135
雅安	Yaan	8.60	30.00	35.00	228
巴中	Bazhong	12.40	35.00	43.00	206
资阳	Ziyang	14.50	41.00	34.00	232
贵州	**Guizhou**	**149.70**	**386.80**	**459.50**	
贵阳	Guiyang	50.80	116.00	124.00	67
六盘水	Liupanshui	9.50	26.00	31.00	236
遵义	Zunyi	27.20	61.00	72.00	129
安顺	Anshun	7.90	23.00	27.00	244
毕节	Bijie	11.90	292.00	332.00	10
铜仁	Tongren	8.30	28.00	36.00	223
云南	**Yunnan**	**224.10**	**537.30**	**655.30**	
昆明	Kunming	93.80	135.00	187.00	35
曲靖	Qujing	21.90	54.00	98.00	93
玉溪	Yuxi	20.70	36.00	63.00	149
保山	Baoshan		22.00	28.00	241
昭通	Zhaotong	11.0	26.00	26.00	248
丽江	Lijiang	6.00	15.00	17.00	270
普洱	Puer	11.10	20.00	23.00	262
临沧	Lincang	6.50	23.00	35.00	228
西藏	**Tibet**	**10.40**	**29.60**	**40.20**	
拉萨	Lasa	5.40			
陕西	**Shaanxi**	**308.30**	**689.90**	**803.00**	
西安	Xi'an	189.00	290.00	336.00	8
铜川	Tongchuan	5.40	13.00	15.00	274
宝鸡	Baoji	28.60	64.00	61.00	152
咸阳	Xianyang	29.50	67.00	89.00	105
渭南	Weinan	31.50	70.00	80.00	120
延安	Yan'an	17.80	29.00	37.00	219
汉中	Hanzhong	21.60	35.00	49.00	189
榆林	Yulin	20.20	37.00	62.00	151
安康	Ankang	15.80	30.00	40.00	212
商洛	Shangluo	9.50	23.00	26.00	248
甘肃	**Gansu**	**112.20**	**302.70**	**392.90**	
兰州	Lanzhou	39.00	75.00	102.00	88
嘉峪关	Jiayuguan	4.40	8.00	8.00	283
金昌	Jinchang	4.30	9.00	12.00	279
白银	Baiyin	7.10	18.00	23.00	262
天水	Tianshui	8.50	53.00	78.00	122
武威	Wuwei	6.10	18.00	27.00	244
张掖	Zhangye	6.80	30.00	27.00	244
平凉	Pingliang	6.00	17.00	26.00	248
酒泉	Jiuquan	6.60	18.00	25.00	256
庆阳	Qingyang	6.60	15.00	21.00	266
定西	Dingxi	4.80	15.00	32.00	234
陇南	Longnan	4.80	13.00	14.00	275
青海	**Qinghai**	**34.90**	**82.30**	**99.70**	
西宁	Xining	24.60	45.00	47.00	194
海东	Haidong		6.00	11.00	281
宁夏	**Ningxia**	**43.00**	**92.50**	**111.90**	
银川	Yinchuan	24.20	48.00	64.00	147
石嘴山	Shizuishan	6.90	12.00	16.00	273
吴忠	Wuzhong	9.90	12.00	17.00	270
固原	Guyuan	3.00	22.00	11.00	281
中卫	Zhongwei	4.00	10.00	12.00	279
新疆	**Xinjiang**	**160.40**	**409.50**	**468.40**	
乌鲁木齐	Urumqi	51.40	97.00	111.00	79
克拉玛依	Karamay	5.20	15.00	36.00	223

14

贸易和旅游

Trade and Tourism

14-1 社会消费品零售额
Total Retail Sales of Consumer Goods

单位：亿元 （100 million yuan）

地名	City	2010	2015	2016	2016 排名 Ranking	地名	City	2010	2015	2016	2016 排名 Ranking
全国	**Nation Total**	**156998.40**	**300930.80**	**332316.30**		沈阳	Shenyang	2065.90	3883.24	3985.90	10
北京	**Beijing**	**6229.30**	**10338.00**	**11005.10**		大连	Dalian	1639.80	3087.50	3410.12	17
天津	**Tianjin**	**2902.55**	**5257.30**	**5635.80**		鞍山	Anshan	514.20	968.72	992.11	82
河北	**Hebei**	**6821.79**	**12990.70**	**14364.70**		抚顺	Fushun	333.90	624.65	669.50	130
石家庄	Shijiazhuang	1409.89	2693.03	2975.23	22	本溪	Benxi	192.40	361.42	377.35	207
唐山	Tangshan	1134.54	2147.88	2371.11	31	丹东	Dandong	275.80	505.57	541.97	167
秦皇岛	Qinhuangdao	334.98	633.82	699.80	123	锦州	Jinzhou	318.30	598.37	610.70	147
邯郸	Handan	717.17	1364.50	1508.88	48	营口	Yingkou	249.80	471.51	502.73	179
邢台	Xingtai	460.73	875.32	969.89	87	阜新	Fuxin	149.00	274.32	282.13	234
保定	Baoding	864.22	1509.31	1828.19	40	辽阳	Liaoyang	208.60	388.76	320.02	220
张家口	Zhangjiakou	324.45	618.12	683.17	127	盘锦	Panjin	185.10	347.00	372.69	209
承德	Chengde	258.05	490.79	543.31	166	铁岭	Tieling	227.30	407.92	428.83	203
沧州	Cangzhou	580.71	1109.13	1227.81	66	朝阳	Chaoyang	216.60	427.94	448.67	194
廊坊	Langfang	419.13	796.38	881.91	95	葫芦岛	Huludao	233.20	435.12	471.37	188
衡水	Hengshui	317.91	609.03	675.43	129	**吉林**	**Jilin**	**3504.92**	**6651.90**	**7310.40**	
山西	**Shanxi**	**3318.15**	**6033.70**	**6480.50**		长春	Changchun	1289.85	2409.29	2650.28	25
太原	Taiyuan	837.00	1540.80	1666.24	44	吉林	Jilin	684.02	1313.23	1446.51	53
大同	Datong	313.12	567.68	609.01	150	四平	Siping	287.71	551.48	605.83	151
阳泉	Yangquan	167.00	288.30	306.27	226	辽源	Liaoyuan	107.51	206.74	226.19	244
长治	Changzhi	284.53	524.41	566.62	161	通化	Tonghua	247.08	483.28	532.37	171
晋城	Jincheng	197.70	358.76	386.19	206	白山	Baishan	139.08	266.19	292.74	230
朔州	Shuozhou	148.08	270.15	291.07	231	松原	Songyuan	329.74	610.03	669.21	131
晋中	Jinzhong	286.07	529.74	569.21	160	白城	Baicheng	162.24	310.49	340.24	213
运城	Yuncheng	365.26	660.99	704.72	120	**黑龙江**	**Heilongjiang**	**4039.20**	**7640.20**	**8402.50**	
忻州	Xinzhou	169.82	311.18	338.02	216	哈尔滨	Harbin	1770.16	3394.54	3744.18	13
临汾	Linfen	318.22	571.98	609.44	148	齐齐哈尔	Qiqihar	357.26	618.42	749.06	112
吕梁	Lvliang	231.54	405.97	433.74	201	鸡西	Jixi	118.78	289.81	242.86	240
内蒙古	**Inner Mongolia**	**3384.00**	**6107.70**	**6700.80**		鹤岗	Hegang	71.38	116.18	125.54	268
呼和浩特	Hohhot	758.50	1353.53	1481.46	50	双鸭山	Shuangyashan	65.25	119.20	119.20	271
包头	Baotou	730.80	1276.57	1400.22	55	大庆	Daqing	591.03	1037.61	1092.61	75
乌海	Wuhai	72.70	139.06	151.93	266	伊春	Yichun	56.69	107.66	119.21	270
赤峰	Chifeng	341.50	637.08	700.25	122	佳木斯	Jiamusi	208.52	401.11	446.15	196
通辽	Tongliao	242.70	469.32	515.34	173	七台河	Qitaihe	54.61	94.82	100.36	278
鄂尔多斯	Erdos	379.30	660.32	726.81	115	牡丹江	Mudanjiang	265.83	527.85	588.33	155
呼伦贝尔	Hulunbuir	294.60	545.88	600.27	152	黑河	Heihe	54.38	103.82	114.65	273
巴彦淖尔	Bayannur	128.80	234.49	257.68	238	绥化	Suihua	250.46	511.35	569.35	159
乌兰察布	Ulanqab	161.50	290.41	317.11	221	**上海**	**Shanghai**	**6070.50**	**10131.50**	**10946.60**	
辽宁	**Liaoning**	**6887.60**	**12787.20**	**13414.10**		**江苏**	**Jiangsu**	**13606.80**	**25876.80**	**28707.10**	

14-1 社会消费品零售额 续表 1
Total Retail Sales of Consumer Goods continued 1

单位：亿元 （100 million yuan）

地名	City	2010	2015	2016	2016 排名 Ranking	地名	City	2010	2015	2016	2016 排名 Ranking
南京	Nanjing	2288.74	4590.17	5088.20	6	池州	Chizhou	91.18	197.98	222.07	248
无锡	Wuxi	1825.79	2847.61	3119.56	18	宣城	Xuancheng	194.70	422.50	475.84	187
徐州	Xuzhou	956.99	2358.45	2659.39	24	**福建**	**Fujian**	**5310.03**	**10505.90**	**11674.50**	
常州	Changzhou	1054.39	1990.45	2202.83	33	福州	Fuzhou	1624.28	3488.74	3763.14	12
苏州	Suzhou	2402.02	4461.62	4936.79	7	厦门	Xiamen	685.02	1168.42	1283.46	60
南通	Nantong	1277.07	2379.46	2632.87	26	莆田	Putian	290.37	558.85	623.13	144
连云港	Lianyungang	430.68	830.71	933.31	89	三明	Sanming	245.58	444.47	480.63	184
淮安	Huaian	469.09	970.74	1083.83	76	泉州	Quanzhou	1234.43	2459.59	2724.65	23
盐城	Yancheng	766.49	1468.60	1630.88	46	漳州	Zhangzhou	472.63	776.99	875.59	96
扬州	Yangzhou	726.12	1236.96	1358.80	57	南平	Nanping	262.04	503.85	556.68	164
镇江	Zhenjiang	564.68	1113.71	1236.78	63	龙岩	Longyan	312.17	639.58	729.00	114
泰州	Taizhou	555.35	1001.64	1118.34	73	宁德	Ningde	234.64	465.45	512.35	178
宿迁	Suqian	289.38	626.64	705.54	119	**江西**	**Jiangxi**	**2956.21**	**5925.50**	**6634.60**	
浙江	**Zhejiang**	**10163.20**	**19784.70**	**21970.80**		南昌	Nanchang	756.41	1662.87	1868.00	39
杭州	Hangzhou	2146.08	4697.23	5176.20	5	景德镇	Jingdezhen	141.65	269.61	300.61	228
宁波	Ningbo	1704.51	3349.63	3667.63	15	萍乡	Pingxiang	159.06	303.06	338.08	215
温州	Wenzhou	1498.10	2677.73	3006.90	20	九江	Jiujiang	286.89	581.45	656.78	134
嘉兴	Jiaxing	799.36	1494.57	1638.49	45	新余	Xinyu	112.74	213.75	239.95	241
湖州	Huzhou	516.09	963.92	1068.86	77	鹰潭	Yingtan	86.64	172.57	194.66	253
绍兴	Shaoxing	852.89	1621.06	1783.34	42	赣州	Ganzhou	375.35	708.73	790.24	103
金华	Jinhua	916.23	1783.10	1977.87	38	吉安	Jian	202.83	398.47	448.66	195
衢州	Quzhou	290.82	550.98	609.31	149	宜春	Yichun	267.86	530.66	596.25	153
舟山	Zhoushan	212.54	415.52	457.40	193	抚州	Fuzhou	236.68	430.35	480.27	185
台州	Taizhou	960.45	1826.68	2013.14	36	上饶	Shangrao	330.10	640.42	721.12	118
丽水	Lishui	266.13	519.28	571.64	158	**山东**	**Shandong**	**14620.30**	**27761.40**	**30645.80**	
安徽	**Anhui**	**4151.52**	**8908.00**	**10000.20**		济南	Jinan	1802.46	3410.31	3764.78	11
合肥	Hefei	839.02	2183.65	2445.70	30	青岛	Qingdao	1961.13	3713.69	4104.93	9
芜湖	Wuhu	287.45	733.04	828.17	101	淄博	Zibo	1005.68	1949.72	2155.03	34
蚌埠	Bengbu	269.87	570.65	643.99	137	枣庄	Zaozhuang	422.85	805.38	892.28	92
淮南	Huainan	187.21	459.17	512.46	177	东营	Dongying	388.74	728.05	789.72	104
马鞍山	Maanshan	147.80	418.55	470.63	189	烟台	Yantai	1412.69	2679.45	2976.07	21
淮北	Huaibei	125.52	283.35	315.86	223	潍坊	Weifang	1214.80	2277.45	2514.85	27
铜陵	Tongling	99.15	272.32	305.68	227	济宁	Jining	1004.25	1910.98	2071.89	35
安庆	Anqing	338.68	608.38	681.68	128	泰安	Taian	697.84	1331.61	1462.77	51
黄山	Huangshan	125.96	281.14	313.12	224	威海	Weihai	709.28	1311.66	1456.73	52
滁州	Chuzhou	214.80	457.00	515.15	174	日照	Rizhao	319.54	603.87	660.09	133
阜阳	Fuyang	326.70	674.71	759.38	109	莱芜	Laiwu	188.82	320.88	347.80	211
宿州	Suzhou	193.99	424.50	476.92	186	临沂	Linyi	1158.75	2234.98	2488.01	28
六安	Liuan	279.94	484.70	541.46	168	德州	Dezhou	658.62	1257.41	1394.97	56
亳州	Bozhou	222.76	436.38	492.14	181	聊城	Liaocheng	558.60	1060.22	1173.13	69

14-1 社会消费品零售额 续表 2

Total Retail Sales of Consumer Goods continued 2

单位：亿元 （100 million yuan）

地名	City	2010	2015	2016	2016 排名 Ranking	地名	City	2010	2015	2016	2016 排名 Ranking
滨州	Binzhou	450.75	813.63	889.70	93	常德	Changde	469.45	945.49	1058.00	78
菏泽	Heze	665.51	1352.11	1503.00	49	张家界	Zhangjiajie	83.04	177.37	198.11	251
河南	**Henan**	**8004.22**	**15740.40**	**17618.40**		益阳	Yiyang	260.71	573.95	641.47	138
郑州	Zhengzhou	1702.10	3294.71	3665.83	16	郴州	Chenzhou	408.39	809.55	905.11	91
开封	Kaifeng	369.56	747.14	756.33	110	永州	Yongzhou	242.41	527.83	589.90	154
洛阳	Luoyang	816.18	1605.08	1807.38	41	怀化	Huaihua	233.86	502.76	561.90	163
平顶山	Pingdingshan	352.78	690.15	771.71	106	娄底	Loudi	219.01	433.82	485.27	183
安阳	Anyang	347.51	675.52	755.79	111	**广东**	**Guangdong**	**17414.66**	**31517.60**	**34739.10**	
鹤壁	Hebi	93.45	183.67	205.89	249	广州	Guangzhou	4500.28	7987.96	8706.49	1
新乡	Xinxiang	393.69	777.51	862.40	97	韶关	Shaoguan	329.78	580.79	638.21	139
焦作	Jiaozuo	323.46	624.72	698.92	124	深圳	Shenzhen	3000.76	5017.84	5512.76	4
濮阳	Puyang	232.73	470.68	529.96	172	珠海	Zhuhai	486.03	913.20	1016.13	81
许昌	Xuchang	354.01	707.19	794.29	102	汕头	Shantou	830.41	1339.34	1515.19	47
漯河	Luohe	219.80	437.41	491.55	182	佛山	Foshan	1687.13	2705.22	3017.76	19
三门峡	Sanmenxia	202.62	396.86	441.13	199	江门	Jiangmen	655.86	1034.31	1159.06	70
南阳	Nanyang	800.97	1570.19	1756.43	43	湛江	Zhanjiang	679.79	1308.95	1432.96	54
商丘	Shangqiu	406.24	813.18	918.53	90	茂名	Maoming	704.97	1214.38	1339.88	58
信阳	Xinyang	442.60	727.11	981.47	84	肇庆	Zhaoqing	332.89	632.36	731.98	113
周口	Zhoukou	490.32	974.73	1094.09	74	惠州	Huizhou	582.53	1070.72	1227.88	65
驻马店	Zhumadian	379.52	755.11	849.11	98	梅州	Meizhou	319.05	555.50	619.77	145
湖北	**Hubei**	**7013.90**	**14003.20**	**15649.20**		汕尾	Shanwei	352.06	489.61	533.11	170
武汉	Wuhan	2570.40	5102.24	5610.59	3	河源	Heyuan	163.07	482.99	537.44	169
黄石	Huangshi	300.05	582.36	649.59	136	阳江	Yangjiang	370.58	584.46	634.83	141
十堰	Shiyan	306.37	639.41	724.96	116	清远	Qingyuan	370.50	571.49	626.80	142
宜昌	Yichang	550.79	1089.47	1240.33	62	东莞	Dongguan	1108.06	2184.70	2470.78	29
襄阳	Xiangyang	571.24	1165.10	1325.26	59	中山	Zhongshan	648.11	1086.74	1205.84	67
鄂州	Ezhou	135.58	261.95	298.45	229	潮州	Chaozhou	245.47	444.15	495.61	180
荆门	Jingmen	252.98	541.43	614.23	146	揭阳	Jieyang	446.62	872.42	978.42	85
孝感	Xiaogan	385.24	797.14	883.66	94	云浮	Yunfu	136.97	304.71	345.22	212
荆州	Jingzhou	471.08	946.14	1056.13	79	**广西**	**Guangxi**	**3312.00**	**6348.10**	**7027.30**	
黄冈	Huanggang	407.40	880.91	973.94	86	南宁	Nanning	905.93	1786.68	1980.36	37
咸宁	Xianning	205.04	401.04	442.54	198	柳州	Liuzhou	480.00	944.11	1045.13	80
随州	Suizhou	198.45	399.57	446.10	197	桂林	Guilin	391.53	751.96	836.45	99
湖南	**Hunan**	**5839.50**	**12024.00**	**13436.50**		梧州	Wuzhou	191.77	364.93	395.95	205
长沙	Changsha	1864.53	3690.59	4117.40	8	北海	Beihai	108.00	202.99	225.34	245
株洲	Zhuzhou	426.76	839.66	936.49	88	防城港	Fangchenggang	51.84	101.03	111.89	274
湘潭	Xiangtan	256.66	520.60	582.36	156	钦州	Qinzhou	172.19	333.50	373.63	208
衡阳	Hengyang	472.15	989.10	1127.98	72	贵港	Guigang	209.54	389.06	431.89	202
邵阳	Shaoyang	278.32	745.49	834.82	100	玉林	Yulin	307.24	600.34	660.43	132
岳阳	Yueyang	507.23	1020.64	1142.88	71	百色	Baise	113.85	221.18	246.84	239

14-1 社会消费品零售额 续表 3
Total Retail Sales of Consumer Goods continued 3

单位：亿元 （100 million yuan）

地名	City	2010	2015	2016	2016 排名 Ranking	地名	City	2010	2015	2016	2016 排名 Ranking
贺州	Hezhou	78.68	146.94	160.98	263	丽江	Lijiang	45.50	93.60	104.85	275
河池	Hechi	131.73	243.38	267.96	235	普洱	Puer	72.66	145.64	163.04	262
来宾	Laibin	79.46	145.11	159.11	265	临沧	Lincang	72.58	154.56	173.65	261
崇左	Chongzuo	61.08	119.39	131.34	267	**西藏**	**Tibet**	**185.39**	**408.50**	**459.40**	
海南	**Hainan**	**623.82**	**1325.10**	**1453.70**		拉萨	Lasa	88.45	205.80	229.67	243
海口	Haikou	326.94	595.53	653.89	135	**陕西**	**Shaanxi**	**3195.67**	**6578.10**	**7367.60**	
三亚	Sanya	63.70	181.72	198.08	252	西安	Xi'an	1637.04	3405.38	3730.70	14
三沙	Sansha		0.24			铜川	Tongchuan	46.58	110.05	124.97	269
重庆	**Chongqing**	**2938.60**	**6424.00**	**7271.40**		宝鸡	Baoji	307.52		702.16	121
四川	**Sichuan**	**6810.12**	**13877.70**	**15601.90**		咸阳	Xianyang	296.35	601.59	688.55	126
成都	Chengdu	2428.83	4946.19	5742.37	2	渭南	Weinan	237.87	503.25	574.01	157
自贡	Zigong	252.62	501.63	555.81	165	延安	Yan'an	111.81	241.09	257.95	237
攀枝花	Panzhihua	146.19	286.20	316.90	222	汉中	Hanzhong	157.50	319.00	369.17	210
泸州	Luzhou	266.23	559.66	637.15	140	榆林	Yulin	203.51	396.41	422.05	204
德阳	Deyang	305.50	615.96	698.81	125	安康	Ankang	110.78	219.20	259.81	236
绵阳	Mianyang	426.30	879.16	988.48	83	商洛	Shangluo	79.19	154.66	174.93	260
广元	Guangyuan	150.88	296.62	331.07	217	**甘肃**	**Gansu**	**1394.50**	**2907.20**	**3184.40**	
遂宁	Suining	208.49	415.41	470.39	190	兰州	Lanzhou	554.64	1152.15	1263.35	61
内江	Neijiang	206.60	408.58	460.54	192	嘉峪关	Jiayuguan	24.01	54.95	60.00	285
乐山	Leshan	284.09	552.01	624.26	143	金昌	Jinchang	37.00	76.01	82.92	281
南充	Nanchong	344.21	698.82	785.62	105	白银	Baiyin	87.28	177.65	193.64	255
眉山	Meishan	188.56	388.76	438.07	200	天水	Tianshui	128.57	262.42	288.66	232
宜宾	Yibin	316.78	676.01	763.40	107	武威	Wuwei	76.50	162.58	178.15	258
广安	Guangan	214.00	413.53	468.79	191	张掖	Zhangye	67.68	147.62	160.90	264
达州	Dazhou	312.55	672.47	761.72	108	平凉	Pingliang	87.98	177.50	194.16	254
雅安	Yaan	104.65	200.15	223.18	246	酒泉	Jiuquan	88.92	176.56	193.33	256
巴中	Bazhong	117.83	254.47	287.42	233	庆阳	Qingyang	93.47	203.96	223.11	247
资阳	Ziyang	213.00	464.65	326.04	219	定西	Dingxi	53.32	107.38	117.66	272
贵州	**Guizhou**	**1482.68**	**3283.00**	**3709.00**		陇南	Longnan	41.19	90.81	99.50	279
贵阳	Guiyang	484.78	1060.17	1195.34	68	**青海**	**Qinghai**	**346.03**	**691.00**	**767.30**	
六盘水	Liupanshui	131.34	292.72	312.90	225	西宁	Xining	230.26	461.94	513.07	176
遵义	Zunyi	290.25	639.93	723.44	117	海东	Haidong		80.05	89.22	280
安顺	Anshun	70.08	155.82	176.31	259	**宁夏**	**Ningxia**	**403.59**	**789.60**	**850.10**	
毕节	Bijie	126.10	301.95	340.15	214	银川	Yinchuan	225.00	477.63	514.19	175
铜仁	Tongren	75.31	165.64	187.09	257	石嘴山	Shizuishan	61.48	96.06	102.32	277
云南	**Yunnan**	**2500.14**	**5103.20**	**5722.90**		吴忠	Wuzhong	51.92	95.31	102.76	276
昆明	Kunming	1060.19	1937.00	2310.09	32	固原	Guyuan	32.45	59.97	64.98	283
曲靖	Qujing	232.80	502.40	564.97	162	中卫	Zhongwei	32.75	60.59	65.85	282
玉溪	Yuxi	141.53	291.37	326.77	218	**新疆**	**Xinjiang**	**1324.48**	**2606.00**	**2825.90**	
保山	Baoshan	84.35	178.49	200.18	250	乌鲁木齐	Urumqi	514.24	1151.50	1236.69	64
昭通	Zhaotong	105.67	212.07	238.00	242	克拉玛依	Karamay	34.79	58.81	62.72	284

14-2 批发和零售业法人企业数

Number of Corporation Enterprises of Wholesale and Retail Trades

单位：个 （unit）

地名	City	2010	2015	2016	2016 排名 Ranking
全国	**Nation Total**	**111770**	**177101**	**193371**	
北京	**Beijing**	**8935**	**6216**	**6029**	
天津	**Tianjin**	**3802**	**5158**	**5320**	
河北	**Hebei**	**2548**	**3908**	**4059**	
石家庄	Shijiazhuang	307	432	548	86
唐山	Tangshan	373	476	456	110
秦皇岛	Qinhuangdao	198	239	255	173
邯郸	Handan	403	401	383	125
邢台	Xingtai	172	343	364	132
保定	Baoding	296	461	529	93
张家口	Zhangjiakou	167	203	203	198
承德	Chengde	158	166	166	215
沧州	Cangzhou	211	472	484	103
廊坊	Langfang	162	298	336	140
衡水	Hengshui	101	417	409	118
山西	**Shanxi**	**2214**	**2994**	**2981**	
太原	Taiyuan	401	646	697	67
大同	Datong	181	202	191	204
阳泉	Yangquan	88	141	137	233
长治	Changzhi	303	337	320	145
晋城	Jincheng	172	276	261	167
朔州	Shuozhou	142	180	190	205
晋中	Jinzhong	186	256	262	166
运城	Yuncheng	274	289	279	160
忻州	Xinzhou	153	233	207	196
临汾	Linfen	198	241	252	176
吕梁	Lvliang	127	193	192	203
内蒙古	**Inner Mongolia**	**1353**	**1817**	**2034**	
呼和浩特	Hohhot	252	385	399	119
包头	Baotou	270	287	290	155
乌海	Wuhai	52	128	141	231
赤峰	Chifeng	114	162	152	222
通辽	Tongliao	117	248	267	163
鄂尔多斯	Erdos	162	253	253	175
呼伦贝尔	Hulunbuir	229	240	249	181
巴彦淖尔	Bayannur	42	74	75	257
乌兰察布	Ulanqab	23	40	53	274
辽宁	**Liaoning**	**4785**	**5963**	**4954**	
沈阳	Shenyang	1377	1833	1626	24
大连	Dalian	1077	1430	1236	35
鞍山	Anshan	624	648	373	128
抚顺	Fushun	242	149	118	238
本溪	Benxi	126	251	189	206
丹东	Dandong	207	160	134	235
锦州	Jinzhou	179	245	206	197
营口	Yingkou	200	268	219	190
阜新	Fuxin	90	176	148	227
辽阳	Liaoyang	98	102	102	246
盘锦	Panjin	168	216	179	210
铁岭	Tieling	155	117	91	248
朝阳	Chaoyang	139	190	142	229
葫芦岛	Huludao	103	178	178	211
吉林	**Jilin**	**1124**	**1562**	**2446**	
长春	Changchun	261	540	594	78
吉林	Jilin	245	414	483	105
四平	Siping	144	171	210	195
辽源	Liaoyuan	67	64	64	268
通化	Tonghua	154	189	189	206
白山	Baishan	19	53	65	266
松原	Songyuan	55	81	94	247
白城	Baicheng	43	50	56	273
黑龙江	**Heilongjiang**	**1547**	**1909**	**2002**	
哈尔滨	Harbin	625	841	840	55
齐齐哈尔	Qiqihar	98	117	175	213
鸡西	Jixi	48	97	90	249
鹤岗	Hegang	59	55	57	272
双鸭山	Shuangyashan	43	42	48	279
大庆	Daqing	253	258	251	177
伊春	Yichun	24	28	28	282
佳木斯	Jiamusi	46	52	52	275
七台河	Qitaihe	10	18	18	284
牡丹江	Mudanjiang	230	270	270	161
黑河	Heihe	25	48	50	277
绥化	Suihua	57	83	84	252
上海	**Shanghai**	**5530**	**5796**	**5688**	
江苏	**Jiangsu**	**12374**	**19043**	**19423**	

14-2 批发和零售业法人企业数 续表 1

Number of Corporation Enterprises of Wholesale and Retail Trades continued 1

单位：个 (unit)

地名	City	2010	2015	2016	2016 排名 Ranking	地名	City	2010	2015	2016	2016 排名 Ranking
南京	Nanjing	1508	2552	2618	6	池州	Chizhou	86	181	201	199
无锡	Wuxi	2549	1515	1543	27	宣城	Xuancheng	125	299	311	146
徐州	Xuzhou	643	2136	2392	8	**福建**	**Fujian**	**3924**	**10446**	**11820**	
常州	Changzhou	786	1895	2009	14	福州	Fuzhou	872	1910	2039	12
苏州	Suzhou	3563	3299	3625	4	厦门	Xiamen	1233	1812	1864	17
南通	Nantong	876	2132	2217	9	莆田	Putian	131	863	1024	45
连云港	Lianyungang	322	529	522	95	三明	Sanming	280	561	640	73
淮安	Huaian	195	1032	1125	40	泉州	Quanzhou	597	2165	2402	7
盐城	Yancheng	563	1406	1436	30	漳州	Zhangzhou	271	681	866	53
扬州	Yangzhou	307	709	714	66	南平	Nanping	151	350	393	123
镇江	Zhenjiang	329	603	548	86	龙岩	Longyan	263	1629	1702	19
泰州	Taizhou	357	755	865	54	宁德	Ningde	126	475	484	103
宿迁	Suqian	170	480	546	88	**江西**	**Jiangxi**	**1187**	**2430**	**3258**	
浙江	**Zhejiang**	**10053**	**16570**	**17317**		南昌	Nanchang	384	580	833	56
杭州	Hangzhou	3135	3980	4134	3	景德镇	Jingdezhen	46	68	67	263
宁波	Ningbo	2105	3402	3545	5	萍乡	Pingxiang	49	81	115	239
温州	Wenzhou	1261	2103	2141	10	九江	Jiujiang	94	262	292	154
嘉兴	Jiaxing	812	1558	1543	27	新余	Xinyu	50	70	80	253
湖州	Huzhou	315	666	696	68	鹰潭	Yingtan	44	131	151	224
绍兴	Shaoxing	725	1825	2072	11	赣州	Ganzhou	82	284	295	152
金华	Jinhua	534	1153	1152	38	吉安	Jian	85	204	340	138
衢州	Quzhou	181	325	364	132	宜春	Yichun	87	255	350	136
舟山	Zhoushan	187	334	334	141	抚州	Fuzhou	149	164	188	208
台州	Taizhou	627	967	1012	46	上饶	Shangrao	117	331	433	114
丽水	Lishui	214	257	282	157	**山东**	**Shandong**	**11792**	**17062**	**16894**	
安徽	**Anhui**	**2451**	**6581**	**6923**		济南	Jinan	957	1616	1636	22
合肥	Hefei	592	1195	1192	37	青岛	Qingdao	1084	1717	1742	18
芜湖	Wuhu	210	779	806	58	淄博	Zibo	694	817	926	48
蚌埠	Bengbu	146	414	437	113	枣庄	Zaozhuang	389	731	759	63
淮南	Huainan	81	310	332	143	东营	Dongying	308	484	499	99
马鞍山	Maanshan	88	254	250	180	烟台	Yantai	1145	1271	1275	33
淮北	Huaibei	54	230	251	177	潍坊	Weifang	867	1682	1548	26
铜陵	Tongling	63	206	214	192	济宁	Jining	1050	1544	1628	23
安庆	Anqing	183	435	535	92	泰安	Taian	996	1202	1247	34
黄山	Huangshan	87	175	177	212	威海	Weihai	361	570	527	94
滁州	Chuzhou	165	463	470	107	日照	Rizhao	161	223	221	186
阜阳	Fuyang	146	557	563	85	莱芜	Laiwu	120	274	270	161
宿州	Suzhou	65	414	428	115	临沂	Linyi	910	1294	1446	29
六安	Liuan	148	256	280	158	德州	Dezhou	939	1234	1213	36
亳州	Bozhou	103	413	490	100	聊城	Liaocheng	533	659	687	69

14-2 批发和零售业法人企业数 续表 2

Number of Corporation Enterprises of Wholesale and Retail Trades continued 2

单位：个 （unit）

地名	City	2010	2015	2016	2016 排名 Ranking	地名	City	2010	2015	2016	2016 排名 Ranking
滨州	Binzhou	435	409	377	127	常德	Changde	109	506	544	89
菏泽	Heze	843	1335	1346	32	张家界	Zhangjiajie	35	61	62	270
河南	**Henan**	**6305**	**10170**	**12217**		益阳	Yiyang	107	302	334	141
郑州	Zhengzhou	1140	1735	2014	13	郴州	Chenzhou	280	505	578	82
开封	Kaifeng	361	818	739	65	永州	Yongzhou	170	252	304	148
洛阳	Luoyang	589	795	879	51	怀化	Huaihua	104	132	142	229
平顶山	Pingdingshan	346	647	675	70	娄底	Loudi	127	334	367	129
安阳	Anyang	320	379	418	117	**广东**	**Guangdong**	**11343**	**21071**	**23594**	
鹤壁	Hebi	106	138	151	224	广州	Guangzhou	3585	6217	6503	1
新乡	Xinxiang	390	490	537	90	韶关	Shaoguan	36	358	394	122
焦作	Jiaozuo	211	258	358	135	深圳	Shenzhen	1596	3592	4728	2
濮阳	Puyang	179	410	458	109	珠海	Zhuhai	536	856	826	57
许昌	Xuchang	309	730	1075	41	汕头	Shantou	280	668	767	62
漯河	Luohe	166	249	261	167	佛山	Foshan	1182	1848	1993	15
三门峡	Sanmenxia	201	278	325	144	江门	Jiangmen	331	733	781	60
南阳	Nanyang	563	1295	1616	25	湛江	Zhanjiang	181	589	631	74
商丘	Shangqiu	232	512	790	59	茂名	Maoming	365	852	891	49
信阳	Xinyang	265	446	490	100	肇庆	Zhaoqing	160	282	288	156
周口	Zhoukou	364	380	522	95	惠州	Huizhou	237	524	630	75
驻马店	Zhumadian	515	610	662	72	梅州	Meizhou	77	147	158	219
湖北	**Hubei**	**3479**	**7558**	**8030**		汕尾	Shanwei	48	60	65	266
武汉	Wuhan	1125	1775	1865	16	河源	Heyuan	35	184	221	186
黄石	Huangshi	95	411	395	121	阳江	Yangjiang	35	157	221	186
十堰	Shiyan	223	464	387	124	清远	Qingyuan	147	269	366	130
宜昌	Yichang	232	1070	1145	39	东莞	Dongguan	769	1338	1423	31
襄阳	Xiangyang	286	927	958	47	中山	Zhongshan	642	927	1043	43
鄂州	Ezhou	36	87	80	253	潮州	Chaozhou	134	150	215	191
荆门	Jingmen	152	541	590	80	揭阳	Jieyang	861	1006	1060	42
孝感	Xiaogan	142	366	361	134	云浮	Yunfu	106	314	366	130
荆州	Jingzhou	125	780	779	61	**广西**	**Guangxi**	**1465**	**2919**	**3178**	
黄冈	Huanggang	180	588	564	84	南宁	Nanning	505	808	882	50
咸宁	Xianning	214	303	247	182	柳州	Liuzhou	283	470	479	106
随州	Suizhou	78	246	257	172	桂林	Guilin	109	276	280	158
湖南	**Hunan**	**2625**	**5641**	**6657**		梧州	Wuzhou	50	176	195	202
长沙	Changsha	886	1326	1638	21	北海	Beihai	11	143	152	222
株洲	Zhuzhou	230	434	512	98	防城港	Fangchenggang	50	75	80	253
湘潭	Xiangtan	101	295	339	139	钦州	Qinzhou	68	166	163	217
衡阳	Hengyang	159	547	628	76	贵港	Guigang	58	96	123	237
邵阳	Shaoyang	111	503	675	70	玉林	Yulin	109	232	246	183
岳阳	Yueyang	165	444	469	108	百色	Baise	54	156	200	201

14-2 批发和零售业法人企业数 续表 3

Number of Corporation Enterprises of Wholesale and Retail Trades continued 3

单位：个 （unit）

地名	City	2010	2015	2016	2016 排名 Ranking	地名	City	2010	2015	2016	2016 排名 Ranking
贺州	Hezhou	29	56	61	271	丽江	Lijiang	40	73	76	256
河池	Hechi	50	94	105	245	普洱	Puer	63	101	109	243
来宾	Laibin	29	66	71	259	临沧	Lincang	31	146	146	228
崇左	Chongzuo	43	105	141	231	**西藏**	**Tibet**	**60**	**61**	**109**	
海南	**Hainan**	**626**	**263**	**363**		拉萨	Lasa	31	61	63	269
海口	Haikou	457	215	212	193	**陕西**	**Shaanxi**	**1569**	**3173**	**4401**	
三亚	Sanya	44	41	38	281	西安	Xi'an	453	855	1036	44
三沙	Sansha					铜川	Tongchuan	36	115	135	234
重庆	**Chongqing**	**2585**	**5554**	**5883**		宝鸡	Baoji	85		569	83
四川	**Sichuan**	**3001**	**6327**	**6820**		咸阳	Xianyang	177	447	513	97
成都	Chengdu	1775	1750	1664	20	渭南	Weinan	154	344	444	112
自贡	Zigong	152	212	212	193	延安	Yan'an	75	256	298	151
攀枝花	Panzhihua	132	208	201	199	汉中	Hanzhong	124	281	300	150
泸州	Luzhou	222	476	593	79	榆林	Yulin	306	394	426	116
德阳	Deyang	179	322	350	136	安康	Ankang	115	373	489	102
绵阳	Mianyang	181	466	454	111	商洛	Shangluo	34	108	126	236
广元	Guangyuan	95	151	165	216	**甘肃**	**Gansu**	**705**	**1673**	**1718**	
遂宁	Suining	117	222	259	171	兰州	Lanzhou	265	541	599	77
内江	Neijiang	133	282	295	152	嘉峪关	Jiayuguan	25	77	75	257
乐山	Leshan	147	252	261	167	金昌	Jinchang	28	54	52	275
南充	Nanchong	141	383	398	120	白银	Baiyin	43	109	113	240
眉山	Meishan	142	218	225	184	天水	Tianshui	81	143	153	221
宜宾	Yibin	245	363	380	126	武威	Wuwei	27	177	86	250
广安	Guangan	270	233	266	165	张掖	Zhangye	42	94	111	242
达州	Dazhou	113	298	301	149	平凉	Pingliang	29	88	67	263
雅安	Yaan	43	62	71	259	酒泉	Jiuquan	68	163	168	214
巴中	Bazhong	52	231	267	163	庆阳	Qingyang	23	100	108	244
资阳	Ziyang	133	198	162	218	定西	Dingxi	29	71	71	259
贵州	**Guizhou**	**800**	**1788**	**2866**		陇南	Longnan	20	56	67	263
贵阳	Guiyang	310	547	536	91	**青海**	**Qinghai**	**179**	**259**	**377**	
六盘水	Liupanshui	61	189	184	209	西宁	Xining	250	251		177
遵义	Zunyi	129	542	587	81	海东	Haidong		9	9	285
安顺	Anshun	32	129	154	220	**宁夏**	**Ningxia**	**392**	**443**	**444**	
毕节	Bijie	38	181	224	185	银川	Yinchuan	242	270	261	167
铜仁	Tongren	25	200	254	174	石嘴山	Shizuishan	51	38	39	280
云南	**Yunnan**	**1842**	**1895**	**3289**		吴忠	Wuzhong	42	69	70	262
昆明	Kunming	751	840	876	52	固原	Guyuan	16	20	23	283
曲靖	Qujing	172	273	305	147	中卫	Zhongwei	41	46	50	277
玉溪	Yuxi	116	208	221	186	**新疆**	**Xinjiang**	**1175**	**851**	**2277**	
保山	Baoshan	54	140	151	224	乌鲁木齐	Urumqi	519	769	745	64
昭通	Zhaotong	57	117	112	241	克拉玛依	Karamay	65	82	86	250

14-3 批发和零售业年末从业人数

Employed Persons of Wholesale and Retail Trades at Year-end

单位：人 （person）

地名	City	2010	2015	2016	2016 排名 Ranking
全国	**Nation Total**	**8522285**		**11936127**	
北京	**Beijing**	**594698**		**731655**	
天津	**Tianjin**	**165719**		**227357**	
河北	**Hebei**	**265558**	**357431**	**359193**	
石家庄	Shijiazhuang	44175	59244	60061	20
唐山	Tangshan	46368	58659	56028	23
秦皇岛	Qinhuangdao	14918	16564	17172	81
邯郸	Handan	28764	30296	28379	45
邢台	Xingtai	13986	25681	26362	54
保定	Baoding	36889	46273	47642	29
张家口	Zhangjiakou	14189	16816	16721	86
承德	Chengde	13474	18031	16157	90
沧州	Cangzhou	28327	43481	45418	30
廊坊	Langfang	14673	19318	21768	66
衡水	Hengshui	9795	23068	23485	62
山西	**Shanxi**	**239761**		**235096**	
太原	Taiyuan	59764			
大同	Datong	24691			
阳泉	Yangquan	11066			
长治	Changzhi	17381			
晋城	Jincheng	19688			
朔州	Shuozhou	15249			
晋中	Jinzhong	25522			
运城	Yuncheng	20718			
忻州	Xinzhou	14073			
临汾	Linfen	19376			
吕梁	Lvliang	12972			
内蒙古	**Inner Mongolia**	**134440**		**132580**	
呼和浩特	Hohhot	34789	43167	41741	33
包头	Baotou	27601	19698	18805	76
乌海	Wuhai	2662	4482	4353	160
赤峰	Chifeng	22346	22503	21261	67
通辽	Tongliao	8336	12548	12409	106
鄂尔多斯	Erdos	19171	15324	15192	95
呼伦贝尔	Hulunbuir	14938	12177	11945	107
巴彦淖尔	Bayannur	6748	6564	6729	139
乌兰察布	Ulanqab	4867	7437	8046	127
辽宁	**Liaoning**	**300555**		**299878**	
沈阳	Shenyang	93741			
大连	Dalian	65157			
鞍山	Anshan	20066			
抚顺	Fushun	19091			
本溪	Benxi	9329			
丹东	Dandong	7959			
锦州	Jinzhou	15811			
营口	Yingkou	11662			
阜新	Fuxin	7469			
辽阳	Liaoyang	3763			
盘锦	Panjin	13375			
铁岭	Tieling	11004			
朝阳	Chaoyang	11656			
葫芦岛	Huludao	10472			
吉林	**Jilin**	**107751**	**116800**	**133884**	
长春	Changchun	33353	47126	59826	21
吉林	Jilin	16671	18090	19208	73
四平	Siping	9729	12529	12949	105
辽源	Liaoyuan	5436	5049	5548	146
通化	Tonghua	9785	9279	9297	124
白山	Baishan	3401	4186	4334	161
松原	Songyuan	16875	5941	6790	136
白城	Baicheng	4094	4882	4906	156
黑龙江	**Heilongjiang**	**155267**	**140970**	**140973**	
哈尔滨	Harbin	54225	49897	49807	27
齐齐哈尔	Qiqihar	10062	8011	9452	123
鸡西	Jixi	6600	5126	5213	151
鹤岗	Hegang	6213	5263	5227	149
双鸭山	Shuangyashan	3434	6368	6152	143
大庆	Daqing	30555	17451	17430	79
伊春	Yichun	1887	1257	1240	172
佳木斯	Jiamusi	12818	12051	11690	112
七台河	Qitaihe	1634	1470	1358	171
牡丹江	Mudanjiang	11644	11256	10635	116
黑河	Heihe	1904	3355	3292	166
绥化	Suihua	9612	12184	11854	111
上海	**Shanghai**	**536466**		**796269**	
江苏	**Jiangsu**	**716623**		**944270**	

14-3 批发和零售业年末从业人数 续表 1

Employed Persons of Wholesale and Retail Trades at Year-end continued 1

单位：人 （person）

地名	City	2010	2015	2016	2016 排名 Ranking	地名	City	2010	2015	2016	2016 排名 Ranking
南京	Nanjing	148847		239968	1	池州	Chizhou	4458	7040	7358	131
无锡	Wuxi	97941		90250	10	宣城	Xuancheng	11088	14755	14515	101
徐州	Xuzhou	43856		81873	14	**福建**	**Fujian**	**281238**		**448608**	
常州	Changzhou	42556		66782	19	福州	Fuzhou	82303			
苏州	Suzhou	161254		186695	3	厦门	Xiamen	76986			
南通	Nantong	30586		74134	15	莆田	Putian	13110			
连云港	Lianyungang	24726		27731	49	三明	Sanming	13201			
淮安	Huaian	16174		32321	40	泉州	Quanzhou	41163			
盐城	Yancheng	36941		42454	32	漳州	Zhangzhou	18609			
扬州	Yangzhou	30204		33075	38	南平	Nanping	10585			
镇江	Zhenjiang	19785		27834	48	龙岩	Longyan	17150			
泰州	Taizhou	26838		38960	34	宁德	Ningde	8131			
宿迁	Suqian	14979		24025	58	**江西**	**Jiangxi**	**121169**	**213959**	**222790**	
浙江	**Zhejiang**	**516727**		**745929**		南昌	Nanchang	42127	87809	82478	13
杭州	Hangzhou	173230				景德镇	Jingdezhen	3406	5002	5137	153
宁波	Ningbo	107950				萍乡	Pingxiang	3908	5961	6947	135
温州	Wenzhou	53489				九江	Jiujiang	10770	17416	17203	80
嘉兴	Jiaxing	34896				新余	Xinyu	3721	4445	4765	157
湖州	Huzhou	15801				鹰潭	Yingtan	2008	4214	5006	154
绍兴	Shaoxing	38148				赣州	Ganzhou	10790	19499	23565	61
金华	Jinhua	29334				吉安	Jian	8038	14934	16340	88
衢州	Quzhou	9539				宜春	Yichun	16709	23932	29578	43
舟山	Zhoushan	8123				抚州	Fuzhou	8339	11789	10729	115
台州	Taizhou	32615				上饶	Shangrao	11353	18958	21042	69
丽水	Lishui	10929				**山东**	**Shandong**	**855382**	**980512**	**963367**	
安徽	**Anhui**	**261772**	**375192**	**375896**		济南	Jinan	86770	130217	135000	5
合肥	Hefei	87587	111011	112494	8	青岛	Qingdao	91225	116578	118000	7
芜湖	Wuhu	16815	34129	34749	36	淄博	Zibo	90447	54551	52000	24
蚌埠	Bengbu	9647	17280	17007	84	枣庄	Zaozhuang	22917	34041	33000	39
淮南	Huainan	8997	15243	14878	99	东营	Dongying	31117	38128	35000	35
马鞍山	Maanshan	9344	17204	15606	93	烟台	Yantai	70476	74470	74000	16
淮北	Huaibei	7282	12058	11314	113	潍坊	Weifang	71225	89980	86000	11
铜陵	Tongling	4110	7516	7781	128	济宁	Jining	65950	73454	74000	16
安庆	Anqing	17701	22682	23756	60	泰安	Taian	49718	58277	52000	24
黄山	Huangshan	3978	6542	6370	142	威海	Weihai	40075	37847	30000	41
滁州	Chuzhou	13805	22312	21785	65	日照	Rizhao	17560	18768	19000	75
阜阳	Fuyang	19531	32731	33728	37	莱芜	Laiwu	9726	11637	11000	114
宿州	Suzhou	8640	16242	16056	91	临沂	Linyi	66515	80549	83000	12
六安	Liuan	16905	20478	19372	72	德州	Dezhou	37251	58155	57000	22
亳州	Bozhou	10036	17969	19127	74	聊城	Liaocheng	28970	28853	28000	46

14-3 批发和零售业年末从业人数 续表 2

Employed Persons of Wholesale and Retail Trades at Year-end continued 2

单位：人 （person）

地名	City	2010	2015	2016	2016 排名 Ranking
滨州	Binzhou	28348	25378	24000	59
菏泽	Heze	47092	49629	51000	26
河南	**Henan**	**444710**	**631903**	**743235**	
郑州	Zhengzhou	89339			
开封	Kaifeng	20498			
洛阳	Luoyang	35243			
平顶山	Pingdingshan	27240			
安阳	Anyang	19999			
鹤壁	Hebi	6130			
新乡	Xinxiang	25816			
焦作	Jiaozuo	18679			
濮阳	Puyang	16491			
许昌	Xuchang	18847			
漯河	Luohe	12752			
三门峡	Sanmenxia	12782			
南阳	Nanyang	47791			
商丘	Shangqiu	18716			
信阳	Xinyang	28747			
周口	Zhoukou	31472			
驻马店	Zhumadian	32403			
湖北	**Hubei**	**360100**	**528683**	**529596**	
武汉	Wuhan	185673			
黄石	Huangshi	6430			
十堰	Shiyan	17552			
宜昌	Yichang	18559			
襄阳	Xiangyang	25664			
鄂州	Ezhou	3420			
荆门	Jingmen	12369			
孝感	Xiaogan	96			
荆州	Jingzhou	10155			
黄冈	Huanggang	30251			
咸宁	Xianning	4267			
随州	Suizhou	9889			
湖南	**Hunan**	**237361**	**367390**	**380559**	
长沙	Changsha	92064	119462	126996	6
株洲	Zhuzhou	12810	21623	23236	64
湘潭	Xiangtan	9934	17112	17168	82
衡阳	Hengyang	16699	26882	27970	47
邵阳	Shaoyang	10566	26528	27253	50
岳阳	Yueyang	11385	26499	25602	57
常德	Changde	11353	25297	26949	53
张家界	Zhangjiajie	4318	5840	5939	144
益阳	Yiyang	7002	13912	15165	96
郴州	Chenzhou	15489	24683	27182	51
永州	Yongzhou	12580	17823	17121	83
怀化	Huaihua	9263	20925	18601	77
娄底	Loudi	8468	14569	15118	98
广东	**Guangdong**	**888237**		**1500459**	
广州	Guangzhou	283089			
韶关	Shaoguan	8030			
深圳	Shenzhen	245886			
珠海	Zhuhai	29127			
汕头	Shantou	11704			
佛山	Foshan	61913			
江门	Jiangmen	18364			
湛江	Zhanjiang	14445			
茂名	Maoming	17264			
肇庆	Zhaoqing	13121			
惠州	Huizhou	22175			
梅州	Meizhou	8212			
汕尾	Shanwei	5343			
河源	Heyuan	3339			
阳江	Yangjiang	3774			
清远	Qingyuan	7305			
东莞	Dongguan	63906			
中山	Zhongshan	42219			
潮州	Chaozhou	5771			
揭阳	Jieyang	19151			
云浮	Yunfu	9794			
广西	**Guangxi**	**122788**		**188602**	
南宁	Nanning	43604	66274	69412	18
柳州	Liuzhou	20611	24513	25791	56
桂林	Guilin	13605	19811	15125	97
梧州	Wuzhou	4179	7130	7572	129
北海	Beihai	3697	7144	49311	28
防城港	Fangchenggang	1361	3127	3541	165
钦州	Qinzhou	4725	7263	7309	133
贵港	Guigang	5694	5662	6767	137
玉林	Yulin	10857	17601	17451	78
百色	Baise	5469	8555	9717	120

14-3 批发和零售业年末从业人数 续表 3

Employed Persons of Wholesale and Retail Trades at Year-end continued 3

单位：人 （person）

地名	City	2010	2015	2016	2016 排名 Ranking
贺州	Hezhou	1832	3885	4641	159
河池	Hechi	3819	160191	6458	141
来宾	Laibin	1421	2944	3021	168
崇左	Chongzuo	1950	4076	4947	155
海南	**Hainan**	**39117**		**44395**	
海口	Haikou	30198			
三亚	Sanya	3123			
三沙	Sansha				
重庆	**Chongqing**	**222281**		**333419**	
四川	**Sichuan**	**302200**	**477833**	**479270**	
成都	Chengdu	239516	222855	226238	2
自贡	Zigong	12183	10794	10090	119
攀枝花	Panzhihua	9571	9918	11883	109
泸州	Luzhou	15469	23083	27056	52
德阳	Deyang	15875	15297	15558	94
绵阳	Mianyang	20637	29916	29636	42
广元	Guangyuan	7717	6735	7086	134
遂宁	Suining	11820	12912	13657	102
内江	Neijiang	11977	12123	11880	110
乐山	Leshan	12977	13020	13194	104
南充	Nanchong	14521	16210	16236	89
眉山	Meishan	10607	10084	10449	117
宜宾	Yibin	13403	14859	14673	100
广安	Guangan	11570	8639	9636	121
达州	Dazhou	17911	24706	21058	68
雅安	Yaan	4430	3847	3879	162
巴中	Bazhong	5330	8187	9624	122
资阳	Ziyang	22603	17714	10320	118
贵州	**Guizhou**	**79220**	**140671**	**148575**	
贵阳	Guiyang	29501			
六盘水	Liupanshui	4631			
遵义	Zunyi	16253			
安顺	Anshun	3681			
毕节	Bijie	6193			
铜仁	Tongren	3681			
云南	**Yunnan**	**162841**		**224208**	
昆明	Kunming	75497	100993	97565	9
曲靖	Qujing	12277	18762	19756	71
玉溪	Yuxi	10924	14244	15607	92
保山	Baoshan	7038	8718	9049	125
昭通	Zhaotong	5108	6913	6759	138

地名	City	2010	2015	2016	2016 排名 Ranking
丽江	Lijiang	3370	5412	5475	148
普洱	Puer	4833	7187	7432	130
临沧	Lincang	2185	5169	5217	150
西藏	**Tibet**	**6152**	**11354**	**10311**	
拉萨	Lasa	2027			
陕西	**Shaanxi**	**195151**	**287267**	**296407**	
西安	Xi'an	99692	131880	135952	4
铜川	Tongchuan	2594	8267	8140	126
宝鸡	Baoji	14957	27634	28460	44
咸阳	Xianyang	15432	25109	26165	55
渭南	Weinan	16132	23351	23344	63
延安	Yan'an	7256	12919	13223	103
汉中	Hanzhong	9782	16516	16390	87
榆林	Yulin	17726	20427	20584	70
安康	Ankang	8060	14479	16900	85
商洛	Shangluo	2741	5598	5923	145
甘肃	**Gansu**	**66546**	**100243**	**103819**	
兰州	Lanzhou	29738	41209	43723	31
嘉峪关	Jiayuguan	1604	3233	2948	169
金昌	Jinchang	1618	2554	2418	170
白银	Baiyin	4915	4667	4677	158
天水	Tianshui	5635	11834	11938	108
武威	Wuwei	2020	3217	3588	164
张掖	Zhangye	3646	4837	5207	152
平凉	Pingliang	3267	4952	5493	147
酒泉	Jiuquan	4533	6395	6669	140
庆阳	Qingyang	3261	7324	7356	132
定西	Dingxi	2556	3344	3279	167
陇南	Longnan	2087	3885	3689	163
青海	**Qinghai**	**17203**		**29337**	
西宁	Xining				
海东	Haidong				
宁夏	**Ningxia**	**30061**	**39188**	**38616**	
银川	Yinchuan	20176	24546		
石嘴山	Shizuishan	2784	3480		
吴忠	Wuzhong	2481	4354		
固原	Guyuan	1468	1890		
中卫	Zhongwei	3152	4918		
新疆	**Xinjiang**	**95191**		**127364**	
乌鲁木齐	Urumqi	63771			
克拉玛依	Karamay	6520			

14-4 批发和零售业商品销售额
Total Sales of Commodities of Wholesale and Retail Trades

单位：亿元 （100 million yuan）

地名	City	2010	2015	2016	2016 排名 Ranking
全国	**Nation Total**	**276635.7**	**515567.5**	**558877.6**	
北京	**Beijing**	**37203.90**	**51224.58**	**53396.82**	
天津	**Tianjin**	**13642.50**	**32840.38**	**34970.38**	
河北	**Hebei**	**5463.50**	**9857.79**	**10362.02**	
石家庄	Shijiazhuang	1294.88	1991.73	1882.71	44
唐山	Tangshan	1205.76	1436.18	1475.35	59
秦皇岛	Qinhuangdao	531.25	729.49	718.70	107
邯郸	Handan	572.68	1671.33	1593.32	51
邢台	Xingtai	213.73	368.77	402.81	146
保定	Baoding	593.24	1492.93	1904.04	43
张家口	Zhangjiakou	189.79	249.80	151.00	238
承德	Chengde	186.70	231.72	262.28	196
沧州	Cangzhou	287.29	770.07	741.19	105
廊坊	Langfang	252.05	518.85	608.01	117
衡水	Hengshui	136.10	381.96	412.96	141
山西	**Shanxi**	**5549.50**	**10097.53**	**8987.93**	
太原	Taiyuan	2208.38	4268.87	3909.24	22
大同	Datong	238.64	1914.28	1698.89	49
阳泉	Yangquan	399.62	880.98	825.37	97
长治	Changzhi	690.76	1175.29	910.39	91
晋城	Jincheng	315.71	238.81	251.35	200
朔州	Shuozhou	227.22	418.25	95.20	263
晋中	Jinzhong	395.40	399.27	408.95	143
运城	Yuncheng	206.21	423.10	400.89	147
忻州	Xinzhou	225.65	249.63	212.41	210
临汾	Linfen	380.78	521.51	521.74	128
吕梁	Lvliang	262.45	209.43	168.16	225
内蒙古	**Inner Mongolia**	**2951.50**	**3811.74**	**4145.61**	
呼和浩特	Hohhot	668.30	1123.74	1144.66	71
包头	Baotou	649.99	642.78	744.39	104
乌海	Wuhai	53.04	134.13	111.41	252
赤峰	Chifeng	184.66	222.65	319.55	171
通辽	Tongliao	245.39	226.66	230.17	205
鄂尔多斯	Erdos	730.40	359.75	1006.27	83
呼伦贝尔	Hulunbuir	252.12	263.42	251.86	199
巴彦淖尔	Bayannur	75.15	121.79	155.64	234
乌兰察布	Ulanqab	44.47		82.08	269
辽宁	**Liaoning**	**10630.00**	**14577.10**	**13640.63**	
沈阳	Shenyang	5503.66	7570.86	7033.57	9
大连	Dalian	2549.30	3264.62	3150.09	28
鞍山	Anshan	921.57	1139.96	609.21	116
抚顺	Fushun	242.03	269.48	278.37	191
本溪	Benxi	85.31	152.23	123.75	250
丹东	Dandong	162.09	123.13	143.87	242
锦州	Jinzhou	217.38	378.15	296.71	183
营口	Yingkou	161.99	351.24	287.65	187
阜新	Fuxin	115.70	227.28	165.03	227
辽阳	Liaoyang	115.18	497.01	625.31	113
盘锦	Panjin	172.50	493.22	557.83	121
铁岭	Tieling	136.11	139.01	108.58	256
朝阳	Chaoyang	136.52	231.67	301.97	181
葫芦岛	Huludao	110.71	226.89	223.40	207
吉林	**Jilin**	**2230.40**	**3500.55**	**3840.81**	
长春	Changchun	1087.49	1555.17	1729.57	47
吉林	Jilin	487.64	697.40	836.99	94
四平	Siping	117.83	280.83	309.94	178
辽源	Liaoyuan	35.06	60.49	64.94	274
通化	Tonghua	178.62	302.92	312.18	174
白山	Baishan	31.65	59.18	72.15	271
松原	Songyuan	102.15	218.75	249.34	202
白城	Baicheng	67.43	125.90	129.55	247
黑龙江	**Heilongjiang**	**3034.10**	**4728.17**	**4893.81**	
哈尔滨	Harbin	1394.37	2123.92	2380.33	38
齐齐哈尔	Qiqihar	100.40	298.54	126.26	248
鸡西	Jixi	64.31	152.56	133.23	245
鹤岗	Hegang	35.23	36.58	43.25	280
双鸭山	Shuangyashan	31.17	61.80	64.05	275
大庆	Daqing	661.90	1208.63	1111.18	73
伊春	Yichun	27.90	44.05	45.84	279
佳木斯	Jiamusi	71.05	129.37	144.83	241
七台河	Qitaihe	29.19	31.92	30.27	284
牡丹江	Mudanjiang	396.90	450.97	474.31	134
黑河	Heihe	34.48	62.02	68.19	272
绥化	Suihua	71.47	163.47	172.56	224
上海	**Shanghai**	**31678.20**	**70318.13**	**76031.64**	
江苏	**Jiangsu**	**26994.90**	**41992.87**	**46807.09**	

14-4 批发和零售业商品销售额 续表 1

Total Sales of Commodities of Wholesale and Retail Trades continued 1

单位：亿元 (100 million yuan)

地名	City	2010	2015	2016	2016 排名 Ranking	地名	City	2010	2015	2016	2016 排名 Ranking
南京	Nanjing	6816.70	9880.15	21198.91	3	池州	Chizhou	55.38	103.87	114.69	251
无锡	Wuxi	5591.26	5941.58	2880.94	31	宣城	Xuancheng	169.15	291.10	327.53	163
徐州	Xuzhou	784.07	2876.49	2433.52	36	**福建**	**Fujian**	**8304.10**	**20516.43**	**23004.04**	
常州	Changzhou	1667.77	3215.07	3544.54	24	福州	Fuzhou	1850.15	5313.32	5348.66	13
苏州	Suzhou	10247.21	10500.82	4343.02	16	厦门	Xiamen	4166.16	8297.72	9366.18	7
南通	Nantong	1209.49	2840.92	2406.78	37	莆田	Putian	198.02	926.38	1046.78	78
连云港	Lianyungang	399.80	773.96	829.64	95	三明	Sanming	276.69	596.46	646.73	112
淮安	Huaian	220.51	887.70	978.30	86	泉州	Quanzhou	918.97	3102.53	3681.63	23
盐城	Yancheng	458.84	1301.79	1465.26	60	漳州	Zhangzhou	336.72	837.55	972.90	88
扬州	Yangzhou	447.09	1170.19	1201.39	68	南平	Nanping	159.43	55.84	318.74	172
镇江	Zhenjiang	490.89	1211.80	1086.95	75	龙岩	Longyan	281.85	863.26	1069.91	76
泰州	Taizhou	667.22	1248.10	964.94	89	宁德	Ningde	116.11	301.54	307.44	180
宿迁	Suqian	265.78	721.11	614.55	115	**江西**	**Jiangxi**	**2019.30**	**3875.10**	**4522.04**	
浙江	**Zhejiang**	**23472.20**	**42058.10**	**44594.66**		南昌	Nanchang	1019.91	1832.99	2036.87	41
杭州	Hangzhou	10267.25	15377.61	15006.59	4	景德镇	Jingdezhen	48.89	81.54	109.89	254
宁波	Ningbo	7506.60	12413.62	13488.19	5	萍乡	Pingxiang	43.96	93.32	99.23	261
温州	Wenzhou	1797.08	2754.52	3187.77	26	九江	Jiujiang	114.56	303.02	344.60	161
嘉兴	Jiaxing	1158.36	1994.70	2091.02	40	新余	Xinyu	60.63	95.18	110.89	253
湖州	Huzhou	569.15	2322.47	2722.06	33	鹰潭	Yingtan	112.74	109.43	149.31	239
绍兴	Shaoxing	610.97	2516.52	2741.00	32	赣州	Ganzhou	136.64	330.62	276.78	192
金华	Jinhua	938.35	1503.20	1526.81	53	吉安	Jian	79.46	185.51	224.75	206
衢州	Quzhou	62.62	399.39	403.57	145	宜春	Yichun	173.41	400.22	459.35	136
舟山	Zhoushan	353.32	1273.04	1482.66	57	抚州	Fuzhou	99.88	156.39	134.59	244
台州	Taizhou	1082.48	1481.31	1535.88	52	上饶	Shangrao	129.22	286.87	362.73	156
丽水	Lishui	272.82	523.17	544.65	122	**山东**	**Shandong**	**16105.60**	**29650.10**	**32129.22**	
安徽	**Anhui**	**5144.80**	**9454.89**	**10682.42**		济南	Jinan	2211.05	3738.90	3955.35	20
合肥	Hefei	2625.75	3764.47	4201.28	18	青岛	Qingdao	3073.74	4626.21	5756.24	12
芜湖	Wuhu	337.61	893.91	1062.79	77	淄博	Zibo	1151.19	1624.83	1705.94	48
蚌埠	Bengbu	137.45	405.70	479.95	132	枣庄	Zaozhuang	268.75	754.27	829.42	96
淮南	Huainan	97.08	249.28	250.34	201	东营	Dongying	447.01	1226.90	1285.88	66
马鞍山	Maanshan	307.36	409.02	406.14	144	烟台	Yantai	1469.78	2556.81	2905.18	30
淮北	Huaibei	71.63	201.06	190.45	217	潍坊	Weifang	1603.72	2355.25	2524.75	35
铜陵	Tongling	98.29	69.66	183.74	219	济宁	Jining	899.17	1781.46	1795.43	46
安庆	Anqing	142.88	334.92	369.58	154	泰安	Taian	913.17	2095.04	2278.09	39
黄山	Huangshan	66.63	143.07	129.95	246	威海	Weihai	503.53	1178.72	1022.92	82
滁州	Chuzhou	145.26	371.40	429.37	140	日照	Rizhao	370.28	1285.64	1045.68	79
阜阳	Fuyang	401.06	1005.39	1140.09	72	莱芜	Laiwu	231.91	335.49	364.20	155
宿州	Suzhou	124.59	247.90	477.25	133	临沂	Linyi	1006.08	2579.53	3092.18	29
六安	Liuan	153.90	297.88	327.39	164	德州	Dezhou	460.02	1187.65	1504.85	54
亳州	Bozhou	98.55	301.33	373.26	152	聊城	Liaocheng	503.19	844.22	1040.64	80

14-4 批发和零售业商品销售额 续表 2

Total Sales of Commodities of Wholesale and Retail Trades continued 2

单位：亿元 (100 million yuan)

地名	City	2010	2015	2016	2016 排名 Ranking	地名	City	2010	2015	2016	2016 排名 Ranking
滨州	Binzhou	371.75	614.46	798.49	99	常德	Changde	1354.39	371.46	399.69	148
菏泽	Heze	621.27	1023.79	1328.87	64	张家界	Zhangjiajie	409.76	64.77	82.61	268
河南	**Henan**	**6340.30**	**13191.67**	**16121.57**		益阳	Yiyang	1153.66	288.38	344.67	160
郑州	Zhengzhou	2339.11	4588.45	6258.51	11	郴州	Chenzhou	2486.32	756.65	917.15	90
开封	Kaifeng	179.48	320.10	539.50	123	永州	Yongzhou	1460.09	288.95	293.63	185
洛阳	Luoyang	545.20	1121.82	1276.90	67	怀化	Huaihua	1311.34	207.45	177.42	222
平顶山	Pingdingshan	528.72	643.06	685.35	110	娄底	Loudi	1210.44	274.04	322.31	169
安阳	Anyang	341.67	503.63	594.89	119	**广东**	**Guangdong**	**31759.80**	**64201.05**	**71690.98**	
鹤壁	Hebi	49.39	221.79	311.30	176	广州	Guangzhou	15445.39	26193.52	27505.50	1
新乡	Xinxiang	277.39	462.67	510.16	129	韶关	Shaoguan	129.94	339.09	431.08	139
焦作	Jiaozuo	167.94	303.15	324.75	166	深圳	Shenzhen	6615.28	21124.75	25921.34	2
濮阳	Puyang	112.06	406.09	468.57	135	珠海	Zhuhai	916.66	2672.01	2597.68	34
许昌	Xuchang	189.41	583.38	852.23	92	汕头	Shantou	405.05	1216.86	1443.66	61
漯河	Luohe	141.20	376.08	392.40	149	佛山	Foshan	2535.52	5455.90	6627.19	10
三门峡	Sanmenxia	157.84	326.17	307.55	179	江门	Jiangmen	440.81	1021.50	1090.44	74
南阳	Nanyang	447.46	858.97	1350.45	63	湛江	Zhanjiang	431.34	1082.49	986.33	85
商丘	Shangqiu	405.92	847.08	986.65	84	茂名	Maoming	489.04	1556.37	1600.73	50
信阳	Xinyang	156.29	564.54	692.35	109	肇庆	Zhaoqing	264.67	632.16	693.59	108
周口	Zhoukou	206.45	420.78	532.36	125	惠州	Huizhou	525.67	1811.82	2022.24	42
驻马店	Zhumadian	206.45	591.70	373.24	153	梅州	Meizhou	147.59	248.30	258.27	197
湖北	**Hubei**	**8013.10**	**16659.26**	**18358.74**		汕尾	Shanwei	68.39	86.82	95.86	262
武汉	Wuhan	6035.71	10839.97	10788.54	6	河源	Heyuan	69.16	145.85	167.34	226
黄石	Huangshi	145.78	726.59	793.82	100	阳江	Yangjiang	68.15	163.90	197.70	215
十堰	Shiyan	270.48	626.60	595.38	118	清远	Qingyuan	144.26	297.44	322.58	168
宜昌	Yichang	223.12	1114.58	1168.65	69	东莞	Dongguan	1428.61	3219.18	3910.89	21
襄阳	Xiangyang	156.23	395.27	839.71	93	中山	Zhongshan	1080.82	1519.19	1496.27	56
鄂州	Ezhou	166.23	168.80	182.93	220	潮州	Chaozhou	194.60	222.41	288.74	186
荆门	Jingmen	352.62	475.41	525.97	126	揭阳	Jieyang	603.84	1235.55	1309.13	65
孝感	Xiaogan	124.32	342.13	349.37	158	云浮	Yunfu	103.73	293.90	324.62	167
荆州	Jingzhou	135.76	428.82	495.67	131	**广西**	**Guangxi**	**2589.30**	**5743.45**	**6403.21**	
黄冈	Huanggang	152.12	443.88	325.59	165	南宁	Nanning	1124.70	2541.03	3181.95	27
咸宁	Xianning	98.19	375.81	255.99	198	柳州	Liuzhou	592.34	1030.76	1039.15	81
随州	Suizhou	105.36	322.64	320.88	170	桂林	Guilin	179.36	372.90	409.52	142
湖南	**Hunan**	**3764.50**	**8427.13**	**9271.09**		梧州	Wuzhou	70.93	115.55	126.02	249
长沙	Changsha	20929.09	3672.96	4341.11	17	北海	Beihai	29.32	134.60	164.38	230
株洲	Zhuzhou	3014.88	614.84	668.41	111	防城港	Fangchenggang	38.92	157.75	179.49	221
湘潭	Xiangtan	1220.40	261.22	279.10	190	钦州	Qinzhou	85.98	199.05	214.74	209
衡阳	Hengyang	1882.96	541.10	571.51	120	贵港	Guigang	64.68	124.28	153.33	235
邵阳	Shaoyang	1353.96	347.52	521.78	127	玉林	Yulin	146.07	284.44	297.83	182
岳阳	Yueyang	2017.23	680.48	728.09	106	百色	Baise	75.04	188.14	206.07	212

14-4 批发和零售业商品销售额 续表 3
Total Sales of Commodities of Wholesale and Retail Trades continued 3

单位：亿元 （100 million yuan）

地名	City	2010	2015	2016	2016 排名 Ranking
贺州	Hezhou	146.79	73.88	67.04	273
河池	Hechi	741.90	99.31	106.42	257
来宾	Laibin	12.02	58.86	57.02	277
崇左	Chongzuo	31.38	209.17	286.42	188
海南	**Hainan**	**1406.70**	**2609.08**	**2294.53**	
海口	Haikou	1069.26	1467.20	1416.64	62
三亚	Sanya	72.90	297.05	156.23	233
三沙	Sansha				
重庆	**Chongqing**	**5610.10**	**10275.25**	**11911.46**	
四川	**Sichuan**	**5508.60**	**12176.41**	**13313.76**	
成都	Chengdu	3638.79	6601.06	7150.19	8
自贡	Zigong	78.47	322.75	159.63	231
攀枝花	Panzhihua	134.95	251.21	267.23	193
泸州	Luzhou	123.23	623.46	767.64	102
德阳	Deyang	243.42	383.99	381.29	151
绵阳	Mianyang	181.27	828.66	821.07	98
广元	Guangyuan	59.06	149.06	164.85	228
遂宁	Suining	67.11	208.05	262.86	195
内江	Neijiang	91.81	250.28	264.36	194
乐山	Leshan	107.27	236.59	310.80	177
南充	Nanchong	95.90	310.29	345.04	159
眉山	Meishan	81.14	231.17	243.98	203
宜宾	Yibin	138.00	379.06	495.75	130
广安	Guangan	72.54	225.80	217.84	208
达州	Dazhou	101.94	421.15	445.36	138
雅安	Yaan	30.32	102.18	109.51	255
巴中	Bazhong	34.98	149.31	137.87	243
资阳	Ziyang	60.66	252.22	151.43	237
贵州	**Guizhou**	**1582.70**	**4711.70**	**5027.22**	
贵阳	Guiyang	731.15	1843.93	1819.01	45
六盘水	Liupanshui	93.19	291.43	312.73	173
遵义	Zunyi	319.74	1347.70	1498.16	55
安顺	Anshun	62.53	135.80	164.40	229
毕节	Bijie	100.10	252.23	333.46	162
铜仁	Tongren	46.68	136.97	158.45	232
云南	**Yunnan**	**4295.50**	**7450.47**	**8886.01**	
昆明	Kunming	2519.55	4068.17	4702.87	15
曲靖	Qujing	277.03	511.54	535.93	124
玉溪	Yuxi	425.56	353.24	386.18	150
保山	Baoshan	74.35	181.13	201.73	213
昭通	Zhaotong	100.35	202.94	207.00	211
丽江	Lijiang	61.26	84.66	100.66	259
普洱	Puer	65.34	172.53	198.93	214
临沧	Lincang	50.66	155.25	173.37	223
西藏	**Tibet**	**92.10**	**209.60**	**227.19**	
拉萨	Lasa	77.58	137.72	147.54	240
陕西	**Shaanxi**	**4224.10**	**8334.25**	**9288.50**	
西安	Xi'an	2144.01	4444.41	5200.90	14
铜川	Tongchuan	19.35	88.38	100.02	260
宝鸡	Baoji	378.92		1478.75	58
咸阳	Xianyang	372.19	344.67	756.75	103
渭南	Weinan	119.13	308.77	356.08	157
延安	Yan'an	82.84	215.13	192.07	216
汉中	Hanzhong	93.57	277.16	296.38	184
榆林	Yulin	914.31	1217.46	976.57	87
安康	Ankang	65.07	187.90	235.36	204
商洛	Shangluo	32.57	36.19	90.41	267
甘肃	**Gansu**	**2021.40**	**4232.68**	**4802.33**	
兰州	Lanzhou	1404.11	3080.49	3346.78	25
嘉峪关	Jiayuguan	61.74	196.17	151.87	236
金昌	Jinchang	21.32	49.71	47.23	278
白银	Baiyin	38.95	102.26	92.41	264
天水	Tianshui	82.42	547.12	620.41	114
武威	Wuwei	30.21	255.82	282.21	189
张掖	Zhangye	38.58	57.68	90.80	265
平凉	Pingliang	34.68	63.28	311.39	175
酒泉	Jiuquan	171.63	395.54	445.64	137
庆阳	Qingyang	35.87	74.50	75.66	270
定西	Dingxi	39.88	81.31	90.73	266
陇南	Longnan	37.04	57.76	61.57	276
青海	**Qinghai**	**409.80**	**1029.85**	**1136.70**	
西宁	Xining		1051.23	1156.19	70
海东	Haidong		24.30	27.51	285
宁夏	**Ningxia**	**652.4**	**1055.9**	**1201.6**	
银川	Yinchuan	513.45	803.27	791.58	101
石嘴山	Shizuishan	49.19	42.39	38.48	281
吴忠	Wuzhong	40.84	75.42	33.20	283
固原	Guyuan	18.23	34.93	37.95	282
中卫	Zhongwei	30.68	102.27	187.50	218
新疆	**Xinjiang**	**3941.10**	**6756.23**	**6933.58**	
乌鲁木齐	Urumqi	2595.86	4320.20	4160.43	19
克拉玛依	Karamay	79.45	102.66	103.53	258

14-5 住宿和餐饮业法人企业数

Number of Corporation Enterprises of Hotels and Catering Services

单位：个 (unit)

地名	City	2010	2015	2016	2016 排名 Ranking	地名	City	2010	2015	2016	2016 排名 Ranking
全国	**Nation Total**	**37308**		**45855**		沈阳	Shenyang	243			
北京	**Beijing**	**3377**		**2288**		大连	Dalian	281			
天津	**Tianjin**	**613**		**622**		鞍山	Anshan	174			
河北	**Hebei**	**833**	**915**	**883**		抚顺	Fushun	44			
石家庄	Shijiazhuang	101	106	101	84	本溪	Benxi	40			
唐山	Tangshan	96	97	82	101	丹东	Dandong	93			
秦皇岛	Qinhuangdao	81	82	88	95	锦州	Jinzhou	55			
邯郸	Handan	104	95	88	95	营口	Yingkou	73			
邢台	Xingtai	44	73	67	117	阜新	Fuxin	15			
保定	Baoding	116	118	123	70	辽阳	Liaoyang	39			
张家口	Zhangjiakou	93	95	98	86	盘锦	Panjin	49			
承德	Chengde	57	61	57	131	铁岭	Tieling	19			
沧州	Cangzhou	54	65	65	118	朝阳	Chaoyang	30			
廊坊	Langfang	54	74	70	116	葫芦岛	Huludao	34			
衡水	Hengshui	33	49	44	144	**吉林**	**Jilin**	**438**	**366**	**430**	
山西	**Shanxi**	**878**		**804**		长春	Changchun	114			
太原	Taiyuan	201				吉林	Jilin	108			
大同	Datong	89				四平	Siping	33			
阳泉	Yangquan	42				辽源	Liaoyuan	10			
长治	Changzhi	100				通化	Tonghua	37			
晋城	Jincheng	62				白山	Baishan	24			
朔州	Shuozhou	61				松原	Songyuan	34			
晋中	Jinzhong	64				白城	Baicheng	10			
运城	Yuncheng	71				**黑龙江**	**Heilongjiang**	**479**	**379**	**369**	
忻州	Xinzhou	48				哈尔滨	Harbin	250	203	313	20
临汾	Linfen	89				齐齐哈尔	Qiqihar	33	17	29	162
吕梁	Lvliang	51				鸡西	Jixi	12	10	16	179
内蒙古	**Inner Mongolia**	**787**		**683**		鹤岗	Hegang	11	10	20	175
呼和浩特	Hohhot	211	143	130	65	双鸭山	Shuangyashan	12	6	7	186
包头	Baotou	119	100	104	80	大庆	Daqing	42	24	36	152
乌海	Wuhai	21	20	20	175	伊春	Yichun	26	21	34	153
赤峰	Chifeng	80	64	57	131	佳木斯	Jiamusi	23	15	19	177
通辽	Tongliao	32	35	37	151	七台河	Qitaihe	4	4	7	186
鄂尔多斯	Erdos	112	119	115	75	牡丹江	Mudanjiang	42	34	51	138
呼伦贝尔	Hulunbuir	77	79	83	99	黑河	Heihe	7	8	13	183
巴彦淖尔	Bayannur	14	13	16	179	绥化	Suihua	6	9	16	179
乌兰察布	Ulanqab	38	35	34	153	**上海**	**Shanghai**	**1856**		**2402**	
辽宁	**Liaoning**	**1189**		**859**		**江苏**	**Jiangsu**	**2461**		**3091**	

14-5 住宿和餐饮业法人企业数 续表 1
Number of Corporation Enterprises of Hotels and Catering Services continued 1

单位：个 (unit)

地名	City	2010	2015	2016	2016 排名 Ranking
南京	Nanjing	599		577	5
无锡	Wuxi	265		255	27
徐州	Xuzhou	183		259	26
常州	Changzhou	146		158	56
苏州	Suzhou	471		397	10
南通	Nantong	109		224	34
连云港	Lianyungang	96		102	82
淮安	Huaian	93		218	36
盐城	Yancheng	93		315	19
扬州	Yangzhou	147		203	41
镇江	Zhenjiang	101		121	73
泰州	Taizhou	97		171	48
宿迁	Suqian	60		91	91
浙江	**Zhejiang**	**2161**		**2804**	
杭州	Hangzhou	762			
宁波	Ningbo	386			
温州	Wenzhou	437			
嘉兴	Jiaxing	145			
湖州	Huzhou	80			
绍兴	Shaoxing	125			
金华	Jinhua	130			
衢州	Quzhou	33			
舟山	Zhoushan	94			
台州	Taizhou	120			
丽水	Lishui	71			
安徽	**Anhui**	**1021**	**1780**	**1791**	
合肥	Hefei	248	385	375	13
芜湖	Wuhu	78	212	216	37
蚌埠	Bengbu	53	87	86	98
淮南	Huainan	27	92	99	85
马鞍山	Maanshan	41	68	53	135
淮北	Huaibei	12	22	22	173
铜陵	Tongling	41	84	73	112
安庆	Anqing	88	134	158	56
黄山	Huangshan	80	91	88	95
滁州	Chuzhou	50	138	130	65
阜阳	Fuyang	52	108	94	90
宿州	Suzhou	23	74	80	104
六安	Liuan	56	67	81	103
亳州	Bozhou	20	69	77	107

地名	City	2010	2015	2016	2016 排名 Ranking
池州	Chizhou	47	73	77	107
宣城	Xuancheng	64	76	82	101
福建	**Fujian**	**1073**	**1770**	**1833**	
福州	Fuzhou	277			
厦门	Xiamen	212			
莆田	Putian	39			
三明	Sanming	68			
泉州	Quanzhou	190			
漳州	Zhangzhou	72			
南平	Nanping	83			
龙岩	Longyan	74			
宁德	Ningde	58			
江西	**Jiangxi**	**733**	**732**	**820**	
南昌	Nanchang	262	166	178	46
景德镇	Jingdezhen	42	32	34	153
萍乡	Pingxiang	21	22	27	166
九江	Jiujiang	65	75	90	94
新余	Xinyu	30	27	25	171
鹰潭	Yingtan	17	35	34	153
赣州	Ganzhou	73	89	104	80
吉安	Jian	63	109	131	63
宜春	Yichun	34	51	63	121
抚州	Fuzhou	38	32	32	159
上饶	Shangrao	88	94	102	82
山东	**Shandong**	**4130**	**3211**	**3138**	
济南	Jinan	360	298	309	21
青岛	Qingdao	358	334	349	15
淄博	Zibo	517	182	185	43
枣庄	Zaozhuang	118	114	115	75
东营	Dongying	72	53	48	141
烟台	Yantai	411	351	340	17
潍坊	Weifang	231	267	251	29
济宁	Jining	293	290	286	23
泰安	Taian	389	257	223	35
威海	Weihai	210	186	185	43
日照	Rizhao	66	61	60	126
莱芜	Laiwu	23	42	32	159
临沂	Linyi	214	150	161	54
德州	Dezhou	342	176	169	50
聊城	Liaocheng	106	97	91	91

14-5 住宿和餐饮业法人企业数 续表 2

Number of Corporation Enterprises of Hotels and Catering Services continued 2

单位：个 (unit)

地名	City	2010	2015	2016	2016 排名 Ranking
滨州	Binzhou	105	70	63	121
菏泽	Heze	315	283	271	25
河南	**Henan**	**2295**	**2617**	**2870**	
郑州	Zhengzhou	750			
开封	Kaifeng	267			
洛阳	Luoyang	256			
平顶山	Pingdingshan	341			
安阳	Anyang	165			
鹤壁	Hebi	63			
新乡	Xinxiang	173			
焦作	Jiaozuo	137			
濮阳	Puyang	127			
许昌	Xuchang	232			
漯河	Luohe	119			
三门峡	Sanmenxia	107			
南阳	Nanyang	404			
商丘	Shangqiu	103			
信阳	Xinyang	301			
周口	Zhoukou	306			
驻马店	Zhumadian	226			
湖北	**Hubei**	**1409**	**2479**	**2423**	
武汉	Wuhan	617			
黄石	Huangshi	41			
十堰	Shiyan	69			
宜昌	Yichang	112			
襄阳	Xiangyang	145			
鄂州	Ezhou	21			
荆门	Jingmen	75			
孝感	Xiaogan	65			
荆州	Jingzhou	44			
黄冈	Huanggang	53			
咸宁	Xianning	135			
随州	Suizhou	34			
湖南	**Hunan**	**1205**	**1438**	**1562**	
长沙	Changsha	324	293	340	17
株洲	Zhuzhou	97	137	145	59
湘潭	Xiangtan	99	60	62	125
衡阳	Hengyang	86	130	137	62
邵阳	Shaoyang	58	141	169	50
岳阳	Yueyang	85	90	96	87
常德	Changde	63	123	124	68
张家界	Zhangjiajie	53	47	48	141
益阳	Yiyang	95	82	78	106
郴州	Chenzhou	81	148	165	52
永州	Yongzhou	74	68	74	110
怀化	Huaihua	41	39	40	148
娄底	Loudi	27	49	54	134
广东	**Guangdong**	**3910**	**8568**	**5119**	
广州	Guangzhou	1125	2310	2285	1
韶关	Shaoguan	49	184	192	42
深圳	Shenzhen	675	1079	1097	2
珠海	Zhuhai	176	549	582	4
汕头	Shantou	106	206	214	38
佛山	Foshan	334	373	377	12
江门	Jiangmen	135	398	410	9
湛江	Zhanjiang	70	414	421	8
茂名	Maoming	67	274	301	22
肇庆	Zhaoqing	84	295	280	24
惠州	Huizhou	145	353	371	14
梅州	Meizhou	42	117	109	78
汕尾	Shanwei	21	74	83	99
河源	Heyuan	41	149	162	53
阳江	Yangjiang	58	214	240	30
清远	Qingyuan	64	147	143	60
东莞	Dongguan	310	506	502	7
中山	Zhongshan	219	383	397	10
潮州	Chaozhou	51	160	172	47
揭阳	Jieyang	101	149	138	61
云浮	Yunfu	37	234	253	28
广西	**Guangxi**	**581**		**841**	
南宁	Nanning	140	213	213	39
柳州	Liuzhou	50	70	65	118
桂林	Guilin	115	168	159	55
梧州	Wuzhou	23	42	43	145
北海	Beihai	42	52	51	138
防城港	Fangchenggang	12	23	26	170
钦州	Qinzhou	31	32	28	164
贵港	Guigang	25	29	33	158
玉林	Yulin	37	54	55	133
百色	Baise	46	59	79	105

14-5 住宿和餐饮业法人企业数 续表 3

Number of Corporation Enterprises of Hotels and Catering Services continued 3

单位：个 (unit)

地名	City	2010	2015	2016	2016 排名 Ranking
贺州	Hezhou	5	11	12	185
河池	Hechi	25	30	32	159
来宾	Laibin	10	18	18	178
崇左	Chongzuo	19	26	27	166
海南	**Hainan**	**412**	**305**	**306**	
海口	Haikou	159	118	115	75
三亚	Sanya	122	119	123	70
三沙	Sansha				
重庆	**Chongqing**	**833**		**1871**	
四川	**Sichuan**	**1532**	**2464**	**2546**	
成都	Chengdu	788	880	885	3
自贡	Zigong	32	65	63	121
攀枝花	Panzhihua	39	57	52	136
泸州	Luzhou	37	92	117	74
德阳	Deyang	47	97	96	87
绵阳	Mianyang	68	139	146	58
广元	Guangyuan	32	59	63	121
遂宁	Suining	25	60	71	114
内江	Neijiang	32	183	170	49
乐山	Leshan	48	70	71	114
南充	Nanchong	54	118	124	68
眉山	Meishan	32	67	64	120
宜宾	Yibin	46	75	91	91
广安	Guangan	27	61	74	110
达州	Dazhou	30	66	72	113
雅安	Yaan	23	35	42	146
巴中	Bazhong	13	78	96	87
资阳	Ziyang	35	53	38	150
贵州	**Guizhou**	**368**	**879**	**1084**	
贵阳	Guiyang	133			
六盘水	Liupanshui	22			
遵义	Zunyi	72			
安顺	Anshun	18			
毕节	Bijie	22			
铜仁	Tongren	23			
云南	**Yunnan**	**603**		**1086**	
昆明	Kunming	241	322	348	16
曲靖	Qujing	55	83	105	79
玉溪	Yuxi	38	52	60	126
保山	Baoshan	11	29	34	153
昭通	Zhaotong	18	45	46	143
丽江	Lijiang	48	55	58	130
普洱	Puer	14	23	27	166
临沧	Lincang	10	21	24	172
西藏	**Tibet**	**46**	**68**	**78**	
拉萨	Lasa	13			
陕西	**Shaanxi**	**1182**	**1757**	**1926**	
西安	Xi'an	441	512	568	6
铜川	Tongchuan	28	45	50	140
宝鸡	Baoji	94	209	231	32
咸阳	Xianyang	126	222	234	31
渭南	Weinan	106	171	181	45
延安	Yan'an	65	119	130	65
汉中	Hanzhong	80	114	123	70
榆林	Yulin	137	134	131	63
安康	Ankang	65	171	210	40
商洛	Shangluo	31	50	52	136
甘肃	**Gansu**	**399**	**624**	**678**	
兰州	Lanzhou	166	212	227	33
嘉峪关	Jiayuguan	11	17	16	179
金昌	Jinchang	10	12	13	183
白银	Baiyin	15	22	22	173
天水	Tianshui	51	66	77	107
武威	Wuwei	17	25	29	162
张掖	Zhangye	15	33	42	146
平凉	Pingliang	10	27	27	166
酒泉	Jiuquan	38	59	59	129
庆阳	Qingyang	14	56	60	126
定西	Dingxi	12	39	40	148
陇南	Longnan	15	29	28	164
青海	**Qinghai**	**90**		**141**	
西宁	Xining				
海东	Haidong				
宁夏	**Ningxia**	**140**	**159**	**143**	
银川	Yinchuan	84	79		
石嘴山	Shizuishan	16	14		
吴忠	Wuzhong	15	17		
固原	Guyuan	7	14		
中卫	Zhongwei	18	35		
新疆	**Xinjiang**	**274**		**364**	
乌鲁木齐	Urumqi	25			
克拉玛依	Karamay	2			

14-6 住宿和餐饮业年末从业人数
Employed Persons of Hotels and Catering Services at Year-end

单位：人 (person)

地名	City	2010	2015	2016	2016 排名 Ranking
全国	**Nation Total**	**4311167**		**4074415**	
北京	**Beijing**	**380254**		**357069**	
天津	**Tianjin**	**79969**		**62940**	
河北	**Hebei**	**107211**	**84874**	**79721**	
石家庄	Shijiazhuang	19357	15165	13991	24
唐山	Tangshan	14851	8776	7423	62
秦皇岛	Qinhuangdao	9159	6363	6396	72
邯郸	Handan	9807	8113	7714	58
邢台	Xingtai	4593	5133	4474	93
保定	Baoding	14142	10798	10742	40
张家口	Zhangjiakou	10251	8779	8371	56
承德	Chengde	5215	5285	5002	88
沧州	Cangzhou	7513	6171	5796	78
廊坊	Langfang	9147	6504	6278	74
衡水	Hengshui	3176	3787	3534	117
山西	**Shanxi**	**122077**		**74147**	
太原	Taiyuan	36416			
大同	Datong	16956			
阳泉	Yangquan	5278			
长治	Changzhi	10315			
晋城	Jincheng	9527			
朔州	Shuozhou	6832			
晋中	Jinzhong	8297			
运城	Yuncheng	6688			
忻州	Xinzhou	6009			
临汾	Linfen	9766			
吕梁	Lvliang	5988			
内蒙古	**Inner Mongolia**	**77084**		**54780**	
呼和浩特	Hohhot	26952	19573	18466	15
包头	Baotou	19395	13995	14137	23
乌海	Wuhai	2210	2709	2426	131
赤峰	Chifeng	7408	7105	6521	69
通辽	Tongliao	3038	5166	5117	85
鄂尔多斯	Erdos	12742	13088	12856	28
呼伦贝尔	Hulunbuir	9861	9267	8852	51
巴彦淖尔	Bayannur	1815	2241	2234	137
乌兰察布	Ulanqab	4653	3724	4407	96
辽宁	**Liaoning**	**113081**		**71790**	
沈阳	Shenyang	33850			
大连	Dalian	35207			
鞍山	Anshan	8116			
抚顺	Fushun	2608			
本溪	Benxi	2217			
丹东	Dandong	4200			
锦州	Jinzhou	4096			
营口	Yingkou	7153			
阜新	Fuxin	1380			
辽阳	Liaoyang	2631			
盘锦	Panjin	3018			
铁岭	Tieling	2371			
朝阳	Chaoyang	2281			
葫芦岛	Huludao	3953			
吉林	**Jilin**	**37835**	**28554**	**30156**	
长春	Changchun	15677			
吉林	Jilin	7203			
四平	Siping	1486			
辽源	Liaoyuan	747			
通化	Tonghua	1959			
白山	Baishan	1492			
松原	Songyuan	3390			
白城	Baicheng	807			
黑龙江	**Heilongjiang**	**46946**	**28800**	**25590**	
哈尔滨	Harbin	26303	16418	24605	13
齐齐哈尔	Qiqihar	1921	672	1161	158
鸡西	Jixi	695	386	573	162
鹤岗	Hegang	949	639	1220	156
双鸭山	Shuangyashan	1063	372	371	164
大庆	Daqing	4858	1823	3204	122
伊春	Yichun	1113	1265	2240	136
佳木斯	Jiamusi	2176	944	1072	159
七台河	Qitaihe	338	206	384	163
牡丹江	Mudanjiang	4560	3207	4161	107
黑河	Heihe	517	733	1167	157
绥化	Suihua	533	385	694	161
上海	**Shanghai**	**278967**		**307370**	
江苏	**Jiangsu**	**294952**		**288578**	

14-6 住宿和餐饮业年末从业人数 续表 1

Employed Persons of Hotels and Catering Services at Year-end continued 1

单位：人 (person)

地名	City	2010	2015	2016	2016 排名 Ranking
南京	Nanjing	76300		72486	2
无锡	Wuxi	43063		44638	7
徐州	Xuzhou	13558		13096	27
常州	Changzhou	24973		32450	12
苏州	Suzhou	63055		67143	4
南通	Nantong	9002		15278	21
连云港	Lianyungang	7458		6695	67
淮安	Huaian	8740		10963	37
盐城	Yancheng	10416		16787	19
扬州	Yangzhou	15493		15688	20
镇江	Zhenjiang	9601		10922	39
泰州	Taizhou	12042		11711	32
宿迁	Suqian	5334		5023	87
浙江	**Zhejiang**	**294615**		**261365**	
杭州	Hangzhou	114660			
宁波	Ningbo	52590			
温州	Wenzhou	40940			
嘉兴	Jiaxing	16699			
湖州	Huzhou	9442			
绍兴	Shaoxing	18131			
金华	Jinhua	15899			
衢州	Quzhou	3353			
舟山	Zhoushan	8148			
台州	Taizhou	18567			
丽水	Lishui	5597			
安徽	**Anhui**	**102161**	**125506**	**125335**	
合肥	Hefei	31294	45804	47350	5
芜湖	Wuhu	7734	11230	11316	35
蚌埠	Bengbu	3923	3949	3911	111
淮南	Huainan	3387	4602	4357	100
马鞍山	Maanshan	4567	5513	3844	113
淮北	Huaibei	1737	1665	1572	149
铜陵	Tongling	2863	3968	3343	119
安庆	Anqing	7111	8727	9076	49
黄山	Huangshan	8975	7677	7637	59
滁州	Chuzhou	4432	5924	5512	81
阜阳	Fuyang	3819	4768	4637	91
宿州	Suzhou	2362	3992	4195	105
六安	Liuan	4942	4804	5147	84
亳州	Bozhou	2180	4036	4260	104
池州	Chizhou	3256	4504	4404	97
宣城	Xuancheng	4848	4343	4774	89
福建	**Fujian**	**146857**		**154028**	
福州	Fuzhou	48090			
厦门	Xiamen	37754			
莆田	Putian	5411			
三明	Sanming	4468			
泉州	Quanzhou	26449			
漳州	Zhangzhou	6141			
南平	Nanping	6987			
龙岩	Longyan	6114			
宁德	Ningde	5443			
江西	**Jiangxi**	**70074**	**63887**	**64515**	
南昌	Nanchang	25911	18629	17716	17
景德镇	Jingdezhen	3689	2711	2726	127
萍乡	Pingxiang	2026	1107	1266	154
九江	Jiujiang	7699	7099	7168	64
新余	Xinyu	3849	3480	3275	121
鹰潭	Yingtan	1971	2541	2334	133
赣州	Ganzhou	7223	7549	8560	52
吉安	Jian	3830	5151	5906	76
宜春	Yichun	4012	5217	5331	82
抚州	Fuzhou	3050	2780	2697	129
上饶	Shangrao	6814	7623	7536	60
山东	**Shandong**	**312137**	**229801**	**230862**	
济南	Jinan	44488	33494	32841	11
青岛	Qingdao	52478	35894	40312	9
淄博	Zibo	24098	10606	10481	44
枣庄	Zaozhuang	8139	5841	5811	77
东营	Dongying	11600	8782	13291	26
烟台	Yantai	26354	21666	20725	14
潍坊	Weifang	22560	17975	16944	18
济宁	Jining	16804	16010	14921	22
泰安	Taian	19076	13839	12544	30
威海	Weihai	15972	12994	12600	29
日照	Rizhao	6150	4494	4297	102
莱芜	Laiwu	2407	2215	1673	146
临沂	Linyi	14986	11658	11298	36
德州	Dezhou	15737	11048	11336	34
聊城	Liaocheng	8456	7089	6644	68

14-6 住宿和餐饮业年末从业人数 续表 2

Employed Persons of Hotels and Catering Services at Year-end continued 2

单位：人 (person)

地名	City	2010	2015	2016	2016 排名 Ranking	地名	City	2010	2015	2016	2016 排名 Ranking
滨州	Binzhou	8025	4683	4195	105	常德	Changde	7813	10034	10017	47
菏泽	Heze	14807	11513	10949	38	张家界	Zhangjiajie	4897	5888	5717	80
河南	**Henan**	**168075**	**167281**	**170037**		益阳	Yiyang	6185	4614	4445	95
郑州	Zhengzhou	65152				郴州	Chenzhou	6837	10366	10590	43
开封	Kaifeng	11564				永州	Yongzhou	6150	6010	5912	75
洛阳	Luoyang	17962				怀化	Huaihua	4205	3022	2962	124
平顶山	Pingdingshan	15383				娄底	Loudi	3588	4212	4376	98
安阳	Anyang	9194				**广东**	**Guangdong**	**609863**		**578027**	
鹤壁	Hebi	3036				广州	Guangzhou	174453			
新乡	Xinxiang	9341				韶关	Shaoguan	6688			
焦作	Jiaozuo	8079				深圳	Shenzhen	131240			
濮阳	Puyang	3872				珠海	Zhuhai	22239			
许昌	Xuchang	9038				汕头	Shantou	10915			
漯河	Luohe	4381				佛山	Foshan	41245			
三门峡	Sanmenxia	7469				江门	Jiangmen	19509			
南阳	Nanyang	15772				湛江	Zhanjiang	15156			
商丘	Shangqiu	5250				茂名	Maoming	8257			
信阳	Xinyang	10809				肇庆	Zhaoqing	10637			
周口	Zhoukou	10298				惠州	Huizhou	19788			
驻马店	Zhumadian	9273				梅州	Meizhou	5168			
湖北	**Hubei**	**147141**	**260278**	**153540**		汕尾	Shanwei	3049			
武汉	Wuhan	83361				河源	Heyuan	5698			
黄石	Huangshi	3315				阳江	Yangjiang	8021			
十堰	Shiyan	8856				清远	Qingyuan	11527			
宜昌	Yichang	8695				东莞	Dongguan	66267			
襄阳	Xiangyang	12354				中山	Zhongshan	27534			
鄂州	Ezhou	2194				潮州	Chaozhou	3569			
荆门	Jingmen	6698				揭阳	Jieyang	6543			
孝感	Xiaogan	46				云浮	Yunfu	3869			
荆州	Jingzhou	3551				**广西**	**Guangxi**	**70818**		**74288**	
黄冈	Huanggang	5212				南宁	Nanning	21160	34438	35119	10
咸宁	Xianning	2015				柳州	Liuzhou	7061	6886	6428	71
随州	Suizhou	3646				桂林	Guilin	14709	13699	8038	57
湖南	**Hunan**	**140501**	**136612**	**137376**		梧州	Wuzhou	2215	2288	2287	135
长沙	Changsha	57570	45604	46104	6	北海	Beihai	3673	3904	8388	55
株洲	Zhuzhou	9521	9527	9618	48	防城港	Fangchenggang	1013	1622	1753	145
湘潭	Xiangtan	8125	6570	6390	73	钦州	Qinzhou	2742	2304	2038	142
衡阳	Hengyang	9736	10594	10594	42	贵港	Guigang	2197	2070	2214	138
邵阳	Shaoyang	5557	9813	10054	46	玉林	Yulin	5371	4921	4640	90
岳阳	Yueyang	8131	8058	8390	54	百色	Baise	4256	3322	3723	115

14-6 住宿和餐饮业年末从业人数 续表 3

Employed Persons of Hotels and Catering Services at Year-end continued 3

单位：人 (person)

地名	City	2010	2015	2016	2016 排名 Ranking
贺州	Hezhou	687	1267	1323	152
河池	Hechi	2295	28880	2041	141
来宾	Laibin	1679	1644	1627	147
崇左	Chongzuo	1760	2109	2206	139
海南	**Hainan**	**65532**		**57739**	
海口	Haikou	21567			
三亚	Sanya	29752			
三沙	Sansha				
重庆	**Chongqing**	**102772**		**126440**	
四川	**Sichuan**	**176495**	**196199**	**189500**	
成都	Chengdu	91665	88051	94740	1
自贡	Zigong	3589	6564	3310	120
攀枝花	Panzhihua	3740	5292	2842	125
泸州	Luzhou	3380	4454	5106	86
德阳	Deyang	6290	7135	6744	66
绵阳	Mianyang	8558	10144	10605	41
广元	Guangyuan	2320	3593	3907	112
遂宁	Suining	2472	4221	4264	103
内江	Neijiang	2813	6951	6469	70
乐山	Leshan	4093	4380	4146	108
南充	Nanchong	5214	8216	8429	53
眉山	Meishan	3783	4152	4374	99
宜宾	Yibin	3917	3968	4352	101
广安	Guangan	2497	3510	4014	110
达州	Dazhou	3783	4927	5184	83
雅安	Yaan	1867	1910	2047	140
巴中	Bazhong	1443	3727	4478	92
资阳	Ziyang	14897	12054	2616	130
贵州	**Guizhou**	**35377**		**52078**	
贵阳	Guiyang	16445			
六盘水	Liupanshui	1852			
遵义	Zunyi	5205			
安顺	Anshun	1532			
毕节	Bijie	2102			
铜仁	Tongren	1851			
云南	**Yunnan**	**71018**		**87964**	
昆明	Kunming	35795	40580	41951	8
曲靖	Qujing	5726	6765	7500	61
玉溪	Yuxi	3489	3622	3668	116
保山	Baoshan	1438	2587	2716	128
昭通	Zhaotong	1435	2749	2796	126

地名	City	2010	2015	2016	2016 排名 Ranking
丽江	Lijiang	5743	5428	5760	79
普洱	Puer	844	1118	1307	153
临沧	Lincang	777	1231	1393	150
西藏	**Tibet**	**4742**	**5350**	**5787**	
拉萨	Lasa	1656			
陕西	**Shaanxi**	**149146**	**151786**	**150575**	
西安	Xi'an	77836	72043	71734	3
铜川	Tongchuan	2094	2227	2300	134
宝鸡	Baoji	9571	12776	12516	31
咸阳	Xianyang	10122	14323	13950	25
渭南	Weinan	10111	11695	11704	33
延安	Yan'an	6585	7685	7344	63
汉中	Hanzhong	7406	6766	6875	65
榆林	Yulin	14948	11152	10335	45
安康	Ankang	5937	8237	8884	50
商洛	Shangluo	3425	3878	3807	114
甘肃	**Gansu**	**43859**	**45848**	**47313**	
兰州	Lanzhou	21962	18681	18297	16
嘉峪关	Jiayuguan	1284	1691	1388	151
金昌	Jinchang	1355	1017	923	160
白银	Baiyin	1602	1279	1255	155
天水	Tianshui	4231	3954	4446	94
武威	Wuwei	966	1411	1589	148
张掖	Zhangye	752	1706	1880	144
平凉	Pingliang	1497	2287	2386	132
酒泉	Jiuquan	3265	4071	4103	109
庆阳	Qingyang	1940	3406	3444	118
定西	Dingxi	1207	2640	2998	123
陇南	Longnan	1474	1875	1940	143
青海	**Qinghai**	**10934**		**11738**	
西宁	Xining				
海东	Haidong				
宁夏	**Ningxia**	**16670**	**13996**	**12300**	
银川	Yinchuan	10573	7750		
石嘴山	Shizuishan	1458	963		
吴忠	Wuzhong	1531	1367		
固原	Guyuan	1165	1554		
中卫	Zhongwei	1943	2362		
新疆	**Xinjiang**	**34004**		**31467**	
乌鲁木齐	Urumqi	20261			
克拉玛依	Karamay	2471			

14-7 住宿和餐饮业营业额
Business Revenue of Hotels and Catering Services

单位：亿元　　(100 million yuan)

地名	City	2010	2015	2016	2016 排名 Ranking
全国	**All Nation**	**5992.94**		**8938.19**	
北京	**Beijing**	**698.91**		**945.65**	
天津	**Tianjin**	**109.51**		**138.01**	
河北	**Hebei**	**101.26**		**103.04**	
石家庄	Shijiazhuang	21.72	22.04	21.35	56
唐山	Tangshan	16.85	10.15	8.92	91
秦皇岛	Qinhuangdao	8.36	8.26	8.97	90
邯郸	Handan	9.37	10.43	10.77	83
邢台	Xingtai	3.82	5.51	5.83	114
保定	Baoding	11.06	12.48	13.33	75
张家口	Zhangjiakou	7.62	8.19	7.99	96
承德	Chengde	5.09	6.72	7.10	103
沧州	Cangzhou	5.90	5.78	5.81	115
廊坊	Langfang	9.11	8.09	8.87	92
衡水	Hengshui	2.37	3.83	4.10	125
山西	**Shanxi**	**121.08**		**80.61**	
太原	Taiyuan	49.04			
大同	Datong	139.02			
阳泉	Yangquan	4.96			
长治	Changzhi	8.71			
晋城	Jincheng	7.45			
朔州	Shuozhou	6.00			
晋中	Jinzhong	5.74			
运城	Yuncheng	8.58			
忻州	Xinzhou	4.66			
临汾	Linfen	7.48			
吕梁	Lvliang	4.54			
内蒙古	**Inner Mongolia**	**87.35**			
呼和浩特	Hohhot	132.10	274.35	312.27	3
包头	Baotou	21.43	262.15	304.61	4
乌海	Wuhai	12.70	22.99	25.05	49
赤峰	Chifeng	4.20	102.00	117.81	8
通辽	Tongliao	2.41	84.34	97.35	10
鄂尔多斯	Erdos	12.11	203.50	237.41	5
呼伦贝尔	Hulunbuir	9.54	122.15	141.81	7
巴彦淖尔	Bayannur	1.02	39.90	43.80	31
乌兰察布	Ulanqab	3.60	54.73	62.79	20
辽宁	**Liaoning**	**189.21**		**171.70**	
沈阳	Shenyang	72.74			
大连	Dalian	56.21			
鞍山	Anshan	13.46			
抚顺	Fushun	3.89			
本溪	Benxi	2.76			
丹东	Dandong	6.57			
锦州	Jinzhou	5.07			
营口	Yingkou	8.40			
阜新	Fuxin	1.20			
辽阳	Liaoyang	3.34			
盘锦	Panjin	5.62			
铁岭	Tieling	2.41			
朝阳	Chaoyang	3.10			
葫芦岛	Huludao	4.44			
吉林	**Jilin**	**46.75**	**59.96**	**61.51**	
长春	Changchun	23.66			
吉林	Jilin	7.87			
四平	Siping	2.52			
辽源	Liaoyuan	0.54			
通化	Tonghua	1.82			
白山	Baishan	0.98			
松原	Songyuan	3.20			
白城	Baicheng	0.57			
黑龙江	**Heilongjiang**	**62.66**		**48.56**	
哈尔滨	Harbin	44.73	31.24	51.07	23
齐齐哈尔	Qiqihar	1.51	1.49	2.74	134
鸡西	Jixi	0.73	0.28	0.43	156
鹤岗	Hegang	0.51	0.32	0.75	155
双鸭山	Shuangyashan	0.66	0.50	0.36	157
大庆	Daqing	5.25	2.49	3.65	127
伊春	Yichun	1.02	3.03	4.69	121
佳木斯	Jiamusi	1.95	0.90	1.19	152
七台河	Qitaihe	0.32	0.16	0.31	158
牡丹江	Mudanjiang	3.40	7.81	12.00	80
黑河	Heihe	0.48	0.70	1.28	151
绥化	Suihua	0.61	0.43	0.79	154
上海	**Shanghai**	**557.47**		**952.03**	
江苏	**Jiangsu**	**423.31**		**609.56**	

14-7 住宿和餐饮业营业额 续表 1

Business Revenue of Hotels and Catering Services continued 1

单位：亿元 (100 million yuan)

地名	City	2010	2015	2016	2016 排名 Ranking
南京	Nanjing	6.90			
无锡	Wuxi	5.55			
徐州	Xuzhou	5.03			
常州	Changzhou	5.21			
苏州	Suzhou	15.27			
南通	Nantong	6.13			
连云港	Lianyungang	2.75			
淮安	Huaian	2.33			
盐城	Yancheng	3.92			
扬州	Yangzhou	4.03			
镇江	Zhenjiang	2.43			
泰州	Taizhou	3.59			
宿迁	Suqian	2.09			
浙江	**Zhejiang**	**470.06**		**606.47**	
杭州	Hangzhou	247.70			
宁波	Ningbo	74.71			
温州	Wenzhou	65.55			
嘉兴	Jiaxing	23.74			
湖州	Huzhou	13.68			
绍兴	Shaoxing	31.38			
金华	Jinhua	21.11			
衢州	Quzhou	4.43			
舟山	Zhoushan	14.21			
台州	Taizhou	23.44			
丽水	Lishui	6.09			
安徽	**Anhui**	**106.67**		**215.38**	
合肥	Hefei	39.84	69.64	81.94	16
芜湖	Wuhu	9.10	18.85	21.11	57
蚌埠	Bengbu	3.35	7.09	7.24	102
淮南	Huainan	3.34	5.89	6.19	110
马鞍山	Maanshan	4.14	6.27	5.06	118
淮北	Huaibei	1.36	2.24	2.53	136
铜陵	Tongling	2.93	6.33	6.10	113
安庆	Anqing	7.33	16.00	20.37	60
黄山	Huangshan	8.52	11.53	12.04	78
滁州	Chuzhou	3.90	12.46	13.54	74
阜阳	Fuyang	3.19	7.06	7.39	101
宿州	Suzhou	1.76	4.69	5.01	119
六安	Liuan	4.28	5.73	6.68	106
亳州	Bozhou	1.55	4.87	6.14	112
池州	Chizhou	3.60	5.77	6.15	111
宣城	Xuancheng	5.27	7.03	7.90	97
福建	**Fujian**	**197.7**		**352.6**	
福州	Fuzhou	79.62			
厦门	Xiamen	57.24			
莆田	Putian	4.76			
三明	Sanming	4.77			
泉州	Quanzhou	26.22			
漳州	Zhangzhou	6.84			
南平	Nanping	6.35			
龙岩	Longyan	5.49			
宁德	Ningde	6.34			
江西	**Jiangxi**	**76.68**		**108.15**	
南昌	Nanchang	31.50	57.20	32.47	44
景德镇	Jingdezhen	3.30	2.76	2.75	133
萍乡	Pingxiang	1.90	1.82	2.21	139
九江	Jiujiang	6.20	12.90	16.97	67
新余	Xinyu	4.80	7.71	7.44	100
鹰潭	Yingtan	1.40	2.65	2.56	135
赣州	Ganzhou	6.80	10.11	11.97	81
吉安	Jian	3.40	6.45	7.79	98
宜春	Yichun	3.10	6.04	6.39	107
抚州	Fuzhou	2.40	2.83	2.87	131
上饶	Shangrao	11.90	13.48	14.71	69
山东	**Shandong**	**480.70**		**561.48**	
济南	Jinan	54.25	56.35	54.91	22
青岛	Qingdao	79.20	89.08	92.39	12
淄博	Zibo	47.58	30.21	33.01	43
枣庄	Zaozhuang	8.16	12.24	13.64	73
东营	Dongying	17.72	11.40	10.80	82
烟台	Yantai	46.49	77.06	82.93	15
潍坊	Weifang	22.97	23.58	23.94	50
济宁	Jining	23.10	26.51	27.83	46
泰安	Taian	41.20	62.05	57.44	21
威海	Weihai	30.20	35.76	36.98	36
日照	Rizhao	8.34	5.69	6.23	109
莱芜	Laiwu	1.94	2.17	1.73	144
临沂	Linyi	20.64	22.95	25.26	48
德州	Dezhou	30.36	38.29	41.48	33
聊城	Liaocheng	8.75	10.17	9.34	85

14-7 住宿和餐饮业营业额 续表 2
Business Revenue of Hotels and Catering Services continued 2

单位：亿元 （100 million yuan）

地名	City	2010	2015	2016	2016 排名 Ranking	地名	City	2010	2015	2016	2016 排名 Ranking
滨州	Binzhou	8.87	5.52	5.18	117	常德	Changde	68.58			
菏泽	Heze	30.90	38.24	38.40	35	张家界	Zhangjiajie	13.79			
河南	**Henan**	**199.03**		**354.04**		益阳	Yiyang	33.15			
郑州	Zhengzhou	77.32	131.40	143.45	6	郴州	Chenzhou	57.66			
开封	Kaifeng	16.05	38.04	44.08	30	永州	Yongzhou	27.64			
洛阳	Luoyang	18.31	55.58	65.12	19	怀化	Huaihua	28.25			
平顶山	Pingdingshan	17.76	34.84	38.43	34	娄底	Loudi	29.06			
安阳	Anyang	12.95	12.57	12.76	77	**广东**	**Guangdong**	**843.60**		**1231.02**	
鹤壁	Hebi	3.03	8.05	9.34	86	广州	Guangzhou	326.72	536.79	526.32	1
新乡	Xinxiang	9.92	18.04	18.44	64	韶关	Shaoguan	7.21	14.26	15.01	68
焦作	Jiaozuo	10.73	17.09	18.89	63	深圳	Shenzhen	218.78	472.37	415.32	2
濮阳	Puyang	7.52	20.44	21.95	54	珠海	Zhuhai	31.96	86.13	95.43	11
许昌	Xuchang	12.74	32.69	43.14	32	汕头	Shantou	16.09	18.83	19.62	62
漯河	Luohe	6.01	19.47	20.72	59	佛山	Foshan	67.41	66.48	73.31	17
三门峡	Sanmenxia	5.70	6.38	9.02	89	江门	Jiangmen	26.96	32.12	33.67	42
南阳	Nanyang	22.09	40.08	46.87	27	湛江	Zhanjiang	18.77	39.62	36.30	38
商丘	Shangqiu	6.58	19.63	20.74	58	茂名	Maoming	13.51	19.81	23.09	52
信阳	Xinyang	18.11	45.11	49.37	25	肇庆	Zhaoqing	14.60	22.97	23.03	53
周口	Zhoukou	15.38	24.25	28.26	45	惠州	Huizhou	24.82	46.45	46.01	28
驻马店	Zhumadian	11.73	35.20	34.73	41	梅州	Meizhou	6.71	13.92	13.86	72
湖北	**Hubei**	**169.27**		**371.31**		汕尾	Shanwei	3.64	7.04	6.76	104
武汉	Wuhan	113.68				河源	Heyuan	5.45	11.12	12.95	76
黄石	Huangshi	5.60				阳江	Yangjiang	12.16	19.48	20.15	61
十堰	Shiyan	35.89				清远	Qingyuan	13.68	13.21	14.15	71
宜昌	Yichang	32.16				东莞	Dongguan	79.15	80.75	83.22	14
襄阳	Xiangyang	6.80				中山	Zhongshan	35.35	44.00	45.32	29
鄂州	Ezhou	1.82				潮州	Chaozhou	4.15	8.29	9.63	84
荆门	Jingmen	33.60				揭阳	Jieyang	13.75	34.11	36.85	37
孝感	Xiaogan	4.80				云浮	Yunfu	5.08	12.98	14.70	70
荆州	Jingzhou	3.69				**广西**	**Guangxi**	**67.59**		**108.36**	
黄冈	Huanggang	55.80				南宁	Nanning	26.55	40.40	48.70	26
咸宁	Xianning	3.25				柳州	Liuzhou	6.54	9.51	9.23	88
随州	Suizhou	2.60				桂林	Guilin	12.89	20.96	35.82	40
湖南	**Hunan**	**178.04**		**285.57**		梧州	Wuzhou	1.92	2.84	3.19	130
长沙	Changsha	202.18				北海	Beihai	15.92	4.88	6.35	108
株洲	Zhuzhou	56.37				防城港	Fangchenggang	0.68	1.93	2.38	137
湘潭	Xiangtan	36.55				钦州	Qinzhou	2.32	2.06	2.35	138
衡阳	Hengyang	64.64				贵港	Guigang	1.69	1.90	1.84	142
邵阳	Shaoyang	37.01				玉林	Yulin	3.44	77.84	90.37	13
岳阳	Yueyang	66.97				百色	Baise	3.02	3.49	4.38	123

14-7 住宿和餐饮业营业额 续表 3
Business Revenue of Hotels and Catering Services continued 3

单位：亿元 （100 million yuan）

地名	City	2010	2015	2016	2016 排名 Ranking
贺州	Hezhou	5.28	1.30	1.52	148
河池	Hechi	15.61	29.93	1.71	145
来宾	Laibin	1.02	1.25	1.45	149
崇左	Chongzuo	1.64	2.89	21.93	55
海南	**Hainan**	**88.66**		**109.82**	
海口	Haikou	22.51			
三亚	Sanya	52.86			
三沙	Sansha				
重庆	**Chongqing**	**134.38**		**358.60**	
四川	**Sichuan**	**215.07**		**398.50**	
成都	Chengdu	132.96			
自贡	Zigong	3.10			
攀枝花	Panzhihua	2.93			
泸州	Luzhou	2.96			
德阳	Deyang	5.87			
绵阳	Mianyang	8.49			
广元	Guangyuan	2.27			
遂宁	Suining	1.82			
内江	Neijiang	2.15			
乐山	Leshan	3.61			
南充	Nanchong	5.45			
眉山	Meishan	2.81			
宜宾	Yibin	3.72			
广安	Guangan	1.96			
达州	Dazhou	3.13			
雅安	Yaan	1.79			
巴中	Bazhong	1.25			
资阳	Ziyang	18.06			
贵州	**Guizhou**	**32.13**		**92.24**	
贵阳	Guiyang	18.15			
六盘水	Liupanshui	1.55			
遵义	Zunyi	4.31			
安顺	Anshun	0.95			
毕节	Bijie	1.48			
铜仁	Tongren	1.43			
云南	**Yunnan**	**73.74**		**145.55**	
昆明	Kunming	43.31	63.78	69.15	18
曲靖	Qujing	6.17	15.09	18.32	65
玉溪	Yuxi	4.66	5.26	6.68	105
保山	Baoshan	1.55	3.08	3.56	128
昭通	Zhaotong	1.18	2.93	3.89	126
丽江	Lijiang	5.22	7.46	8.10	95
普洱	Puer	0.61	1.48	1.88	141
临沧	Lincang	0.53	1.70	2.09	140
西藏	**Tibet**	**4.42**		**8.67**	
拉萨	Lasa	10.86			
陕西	**Shaanxi**	**156.80**		**271.69**	
西安	Xi'an	94.92	113.32	113.08	9
铜川	Tongchuan	1.78	4.12	5.23	116
宝鸡	Baoji	8.65	19.19	23.62	51
咸阳	Xianyang	9.21	38.64	50.23	24
渭南	Weinan	11.12	22.94	26.08	47
延安	Yan'an	5.15	7.98	8.71	93
汉中	Hanzhong	4.90	8.20	9.32	87
榆林	Yulin	13.02	13.06	12.03	79
安康	Ankang	4.77	13.85	18.02	66
商洛	Shangluo	2.42	3.67	4.18	124
甘肃	**Gansu**	**37.11**	**71.66**	**78.04**	
兰州	Lanzhou	215.40	34.49	35.88	39
嘉峪关	Jiayuguan	11.64	2.10	1.78	143
金昌	Jinchang	7.89	1.10	1.12	153
白银	Baiyin	10.33	1.33	1.38	150
天水	Tianshui	28.03	5.92	7.75	99
武威	Wuwei	6.59	1.51	1.60	147
张掖	Zhangye	5.54	2.26	2.84	132
平凉	Pingliang	11.50	3.56	3.29	129
酒泉	Jiuquan	27.11	7.11	8.26	94
庆阳	Qingyang	13.78	4.47	4.88	120
定西	Dingxi	8.04	3.70	4.49	122
陇南	Longnan	9.82	1.71	1.65	146
青海	**Qinghai**	**9.05**		**13.46**	
西宁	Xining				
海东	Haidong				
宁夏	**Ningxia**	**15.95**		**15.06**	
银川	Yinchuan	11.30	9.35		
石嘴山	Shizuishan	1.05	0.83		
吴忠	Wuzhong	1.38	1.60		
固原	Guyuan	0.96	1.50		
中卫	Zhongwei	1.22	2.38		
新疆	**Xinjiang**	**38.93**		**48.64**	
乌鲁木齐	Urumqi	6.46			
克拉玛依	Karamay	0.58			

14-8 货物进出口总额
Total Imports & Exports

单位：亿美元 (100 million USD)

地名	City	2010	2015	2016	2016 排名 Ranking
全国	**Nation Total**	**29740.00**	**39530.30**	**36855.57**	
北京	**Beijing**	**3016.61**	**31944.06**	**2823.49**	
天津	**Tianjin**	**822.01**	**11428.28**	**1026.56**	
河北	**Hebei**	**419.31**		**466.75**	
石家庄	Shijiazhuang	109.74	48.11	115.28	41
唐山	Tangshan	75.39	53.91	106.27	45
秦皇岛	Qinhuangdao	35.09	16.26	43.62	81
邯郸	Handan	30.80	12.20	25.01	113
邢台	Xingtai	18.19	4.48	17.96	135
保定	Baoding	58.59	13.20		
张家口	Zhangjiakou	2.85	2.40	5.60	197
承德	Chengde	3.19	40.53	4.76	208
沧州	Cangzhou	16.78	6.13	28.64	104
廊坊	Langfang	47.99	25.11	50.07	75
衡水	Hengshui	20.71	3.50	26.60	109
山西	**Shanxi**	**125.78**		**166.61**	
太原	Taiyuan	79.13	106.77	132.39	38
大同	Datong	5.68	4.16	3.56	220
阳泉	Yangquan	2.91	2.05	1.29	258
长治	Changzhi	3.72	1.57	0.77	265
晋城	Jincheng	5.32	8.96	5.95	195
朔州	Shuozhou	1.25	0.59	0.79	263
晋中	Jinzhong	2.30	2.07	2.09	237
运城	Yuncheng	10.45	11.96	12.06	161
忻州	Xinzhou	1.27	1.95	1.81	248
临汾	Linfen	6.51	3.02	1.87	244
吕梁	Lvliang	7.25	4.05	2.87	225
内蒙古	**Inner Mongolia**	**87.19**		**116.40**	
呼和浩特	Hohhot	15.06	20.72	13.09	155
包头	Baotou	19.53	15.53	17.21	143
乌海	Wuhai	0.06	0.46	0.90	260
赤峰	Chifeng	3.24	7.79	8.56	178
通辽	Tongliao	1.75	4.35	4.13	213
鄂尔多斯	Erdos	4.31	7.12	12.77	158
呼伦贝尔	Hulunbuir	23.26	29.89	26.52	110
巴彦淖尔	Bayannur	5.33	25.71	19.94	128
乌兰察布	Ulanqab	0.82	0.74	0.77	265
辽宁	**Liaoning**	**806.71**		**865.57**	
沈阳	Shenyang	78.56	140.46	113.31	42
大连	Dalian	519.82	550.60	514.44	13
鞍山	Anshan	39.04	28.42	27.29	105
抚顺	Fushun	10.25	8.90	7.80	180
本溪	Benxi	34.76	33.55	25.80	112
丹东	Dandong	29.29	41.24	39.78	86
锦州	Jinzhou	23.18	24.29	20.06	127
营口	Yingkou	29.22	65.82	54.07	70
阜新	Fuxin	1.45	3.34	2.30	233
辽阳	Liaoyang	12.49	11.21	10.50	169
盘锦	Panjin	4.80	8.90	21.52	120
铁岭	Tieling	5.45	7.39	3.80	218
朝阳	Chaoyang	4.96	9.99	7.98	179
葫芦岛	Huludao	13.44	16.00	7.35	182
吉林	**Jilin**	**168.46**	**189.38**	**184.53**	
长春	Changchun	132.24	140.00	141.63	37
吉林	Jilin	8.46	10.61	7.77	181
四平	Siping	2.63	3.67	0.74	267
辽源	Liaoyuan	0.62	2.74	2.99	224
通化	Tonghua	4.96	6.31	4.52	211
白山	Baishan	2.34	3.03	3.21	222
松原	Songyuan	0.88	1.43	1.86	245
白城	Baicheng	0.81	1.23	1.32	256
黑龙江	**Heilongjiang**	**255.04**	**209.90**	**165.39**	
哈尔滨	Harbin	42.25	47.32	39.15	89
齐齐哈尔	Qiqihar	8.93	5.61	2.59	230
鸡西	Jixi	7.07	2.52	1.90	242
鹤岗	Hegang	0.82	2.21	0.78	264
双鸭山	Shuangyashan	9.97	6.38	1.37	254
大庆	Daqing	15.41	64.37	56.22	67
伊春	Yichun	3.02	0.77	0.60	271
佳木斯	Jiamusi	30.52	10.08	6.68	187
七台河	Qitaihe	0.61	0.02	0.02	277
牡丹江	Mudanjiang	90.04	13.72	11.37	162
黑河	Heihe	28.55	7.94	6.10	194
绥化	Suihua	1.04	1.93	1.82	246
上海	**Shanghai**	**3688.69**		**4337.68**	
江苏	**Jiangsu**	**4657.93**		**5092.96**	

14-8 货物进出口总额 续表 1
Total Imports & Exports continued 1

单位：亿美元 (100 million USD)

地名	City	2010	2015	2016	2016 排名 Ranking
南京	Nanjing	456.01	532.40	502.14	14
无锡	Wuxi	612.23	684.67	698.05	9
徐州	Xuzhou	41.61	54.13	62.42	64
常州	Changzhou	222.78	280.41	275.84	26
苏州	Suzhou	2740.76	3053.50	2737.58	2
南通	Nantong	210.75	315.79	308.59	23
连云港	Lianyungang	50.72	80.45	70.40	60
淮安	Huaian	21.71	41.30	35.04	94
盐城	Yancheng	39.37	81.19	79.51	56
扬州	Yangzhou	82.40	103.38	96.25	50
镇江	Zhenjiang	81.54	100.64	103.17	48
泰州	Taizhou	85.86	102.29	103.81	47
宿迁	Suqian	12.20	25.99	24.22	116
浙江	**Zhejiang**	**2535.33**		**3365.76**	
杭州	Hangzhou	523.55	665.67	679.93	10
宁波	Ningbo	829.04	1003.73	949.24	6
温州	Wenzhou	170.94	194.78	180.82	34
嘉兴	Jiaxing	228.24	310.85	313.48	21
湖州	Huzhou	69.28	102.07	102.23	49
绍兴	Shaoxing	270.16	299.02	276.05	25
金华	Jinhua	131.99	490.58	483.14	15
衢州	Quzhou	18.89	44.13	42.35	83
舟山	Zhoushan	107.33	117.01	105.52	46
台州	Taizhou	170.01	211.66	198.69	30
丽水	Lishui	15.33	33.64	34.11	95
安徽	**Anhui**	**242.77**	**488.08**	**444.13**	
合肥	Hefei	99.59	203.31	186.87	33
芜湖	Wuhu	26.10	68.19	57.09	66
蚌埠	Bengbu	5.44	23.41	17.60	139
淮南	Huainan	1.22	3.32	2.75	226
马鞍山	Maanshan	28.78	29.55	31.83	98
淮北	Huaibei	2.00	5.77	6.13	193
铜陵	Tongling	34.11	45.81	46.43	77
安庆	Anqing	6.81	24.45	17.56	141
黄山	Huangshan	3.28	6.35	6.53	190
滁州	Chuzhou	9.13	20.46	23.34	118
阜阳	Fuyang	3.56	14.96	11.23	164
宿州	Suzhou	1.54	7.59	4.70	209
六安	Liuan	4.54	6.17	5.27	199
亳州	Bozhou	2.39	5.02	5.20	201
池州	Chizhou	2.11	5.20	6.19	192
宣城	Xuancheng	6.92	18.52	15.07	147
福建	**Fujian**	**1087.80**		**1568.26**	
福州	Fuzhou	245.86	335.53	313.47	22
厦门	Xiamen	570.31	832.91	766.53	7
莆田	Putian	34.22	47.94	45.01	79
三明	Sanming	12.80	21.11	21.35	122
泉州	Quanzhou	112.56	271.04	232.00	29
漳州	Zhangzhou	73.99	93.36	87.36	52
南平	Nanping	10.83	12.34	12.53	159
龙岩	Longyan	15.13	38.02	37.41	91
宁德	Ningde	12.11	42.47	38.34	90
江西	**Jiangxi**	**216.00**		**400.28**	
南昌	Nanchang	53.07	113.72	93.80	51
景德镇	Jingdezhen	8.09	8.02	6.66	188
萍乡	Pingxiang	4.53	12.66	13.90	151
九江	Jiujiang	18.15	59.95	52.38	72
新余	Xinyu	36.08	18.06	18.80	132
鹰潭	Yingtan	39.63	35.68	35.40	93
赣州	Ganzhou	16.30	41.49	41.19	85
吉安	Jian	11.29	48.52	50.34	74
宜春	Yichun	6.60	25.93	26.28	111
抚州	Fuzhou	5.59	16.72	18.44	134
上饶	Shangrao	16.67	43.24	43.11	82
山东	**Shandong**	**1889.51**		**2343.56**	
济南	Jinan	74.31	99.12	108.49	44
青岛	Qingdao	570.60	701.99	655.81	11
淄博	Zibo	67.02	76.29	79.08	57
枣庄	Zaozhuang	9.11	15.95	13.49	154
东营	Dongying	80.01	129.12	150.79	36
烟台	Yantai	437.81	493.87	439.17	17
潍坊	Weifang	117.51	189.21	188.24	32
济宁	Jining	44.60	54.37	54.17	69
泰安	Taian	15.89	22.84	20.06	126
威海	Weihai	139.06	169.38	177.70	35
日照	Rizhao	133.77	151.85	124.21	39
莱芜	Laiwu	27.18	18.97	17.01	144
临沂	Linyi	47.67	87.43	86.24	54
德州	Dezhou	19.50	31.74	31.70	99
聊城	Liaocheng	36.32	50.73	56.11	68

14-8 货物进出口总额 续表 2
Total Imports & Exports continued 2

单位：亿美元 (100 million USD)

地名	City	2010	2015	2016	2016 排名 Ranking
滨州	Binzhou	50.90	81.39	87.12	53
菏泽	Heze	18.23	43.25	52.70	71
河南	**Henan**	**177.92**	**737.81**	**712.13**	
郑州	Zhengzhou	51.74	570.26	712.26	8
开封	Kaifeng	2.39	4.40	5.05	204
洛阳	Luoyang	15.44	121.50	17.56	142
平顶山	Pingdingshan	4.25	6.78	51.81	73
安阳	Anyang	15.72		9.00	174
鹤壁	Hebi	1.45	3.39	2.32	232
新乡	Xinxiang	11.34	10.47	9.97	171
焦作	Jiaozuo	17.41	20.56	19.50	129
濮阳	Puyang	4.88	7.87	4.84	206
许昌	Xuchang	12.86	19.10	18.55	133
漯河	Luohe	3.92	7.41	6.72	186
三门峡	Sanmenxia	1.63	4.38	10.92	167
南阳	Nanyang	9.53	19.28	16.35	145
商丘	Shangqiu	1.33	3.01	2.46	231
信阳	Xinyang	3.54	6.43	5.26	200
周口	Zhoukou	3.84	6.94	8.83	177
驻马店	Zhumadian	2.32	4.45	4.66	210
湖北	**Hubei**	**259.07**		**393.89**	
武汉	Wuhan	180.55	280.72	237.81	28
黄石	Huangshi	15.08	30.33	24.29	115
十堰	Shiyan	2.75	6.60	5.19	202
宜昌	Yichang	17.67	30.86	26.73	107
襄阳	Xiangyang	7.14	24.12	19.36	130
鄂州	Ezhou	1.99	5.44	4.86	205
荆门	Jingmen	2.98	11.75	10.62	168
孝感	Xiaogan	3.69	11.87	11.23	165
荆州	Jingzhou	7.75	12.08	11.26	163
黄冈	Huanggang	2.64	6.50	7.07	184
咸宁	Xianning	1.88	4.84	4.30	212
随州	Suizhou	7.99	14.06	14.01	150
湖南	**Hunan**	**146.89**	**293.67**	**262.43**	
长沙	Changsha	60.89	129.64	112.41	43
株洲	Zhuzhou	14.76	24.86	17.59	140
湘潭	Xiangtan	21.59	22.00	21.50	121
衡阳	Hengyang	7.88	31.33	26.73	108
邵阳	Shaoyang	2.97	11.46	13.05	156
岳阳	Yueyang	3.85	11.34	14.87	148
常德	Changde	2.58	7.80	7.33	183
张家界	Zhangjiajie	0.28	0.66	0.80	261
益阳	Yiyang	3.76	6.05	0.80	261
郴州	Chenzhou	9.79	28.15	27.12	106
永州	Yongzhou	1.17	8.96	10.22	170
怀化	Huaihua	0.47	0.44	0.64	270
娄底	Loudi	14.41	9.81	8.93	175
广东	**Guangdong**	**7848.96**	**10227.96**	**9552.98**	
广州	Guangzhou	1037.62	1338.62	1293.09	5
韶关	Shaoguan	15.75	23.90	23.72	117
深圳	Shenzhen	3467.63	4424.55	3984.36	1
珠海	Zhuhai	434.83	476.37	417.31	18
汕头	Shantou	73.65	92.84	85.27	55
佛山	Foshan	516.58	657.12	621.84	12
江门	Jiangmen	143.33	198.31	190.90	31
湛江	Zhanjiang	35.43	51.46	46.04	78
茂名	Maoming	8.02	16.35	15.84	146
肇庆	Zhaoqing	43.91	82.08	69.38	61
惠州	Huizhou	342.35	543.56	461.45	16
梅州	Meizhou	11.72	24.54	23.23	119
汕尾	Shanwei	20.50	32.02	32.24	96
河源	Heyuan	27.17	40.31	39.37	87
阳江	Yangjiang	18.03	28.55	20.93	123
清远	Qingyuan	37.68	44.96	44.11	80
东莞	Dongguan	1215.66	1675.43	1724.96	4
中山	Zhongshan	311.13	356.01	338.49	20
潮州	Chaozhou	38.23	31.41	30.31	101
揭阳	Jieyang	36.27	70.44	70.73	59
云浮	Yunfu	13.47	19.12	19.33	131
广西	**Guangxi**	**177.06**		**476.27**	
南宁	Nanning	22.13	36.45	41.62	84
柳州	Liuzhou	1.54	13.86	13.54	153
桂林	Guilin	9.03	5.73	5.90	196
梧州	Wuzhou	6.43	5.67	4.06	215
北海	Beihai	13.70	23.64	20.48	124
防城港	Fangchenggang	27.96	53.61	57.89	65
钦州	Qinzhou	13.14	36.16	29.21	103
贵港	Guigang	1.74	2.00	1.88	243
玉林	Yulin	4.51	2.80	2.67	228
百色	Baise	3.95	10.12	13.81	152

14-8 货物进出口总额 续表 3
Total Imports & Exports continued 3

单位：亿美元 (100 million USD)

地名	City	2010	2015	2016	2016 排名 Ranking
贺州	Hezhou	0.97	0.64	0.52	273
河池	Hechi	6.11	2.42	1.81	247
来宾	Laibin	1.68	0.42	0.59	272
崇左	Chongzuo	37.34	125.51	123.07	40
海南	**Hainan**	**108.17**		**113.48**	
海口	Haikou	39.45	270.58	258.05	27
三亚	Sanya	11.86	15.26	37.26	92
三沙	Sansha				
重庆	**Chongqing**	**124.26**		**627.54**	
四川	**Sichuan**	**327.78**		**493.06**	
成都	Chengdu	224.50	395.94	410.22	19
自贡	Zigong	5.41	4.90	3.94	217
攀枝花	Panzhihua	2.54	2.57	2.10	236
泸州	Luzhou	1.33	3.13	3.13	223
德阳	Deyang	22.32	31.08	17.64	138
绵阳	Mianyang	15.98	26.27	17.69	136
广元	Guangyuan	2.07	0.70	0.23	275
遂宁	Suining	2.82	6.31	4.10	214
内江	Neijiang	1.68	1.41	1.33	255
乐山	Leshan	9.76	8.82	8.88	176
南充	Nanchong	3.09	1.10	1.61	250
眉山	Meishan	1.00	2.05	2.08	238
宜宾	Yibin	6.53	9.52	9.31	173
广安	Guangan	2.93	10.98	5.09	203
达州	Dazhou	0.71	3.69	1.60	251
雅安	Yaan	0.13	0.79	0.46	274
巴中	Bazhong	0.49	1.91	1.22	259
资阳	Ziyang	1.57	3.39	1.98	241
贵州	**Guizhou**	**31.38**		**57.00**	
贵阳	Guiyang	22.75	91.22	39.28	88
六盘水	Liupanshui	3.16	3.84	2.69	227
遵义	Zunyi	2.01	14.85	5.40	198
安顺	Anshun	1.30	1.35		
毕节	Bijie	0.06			
铜仁	Tongren	0.02			
云南	**Yunnan**	**133.68**		**199.02**	
昆明	Kunming	101.09	123.64	66.81	62
曲靖	Qujing	2.17	5.60	6.30	191
玉溪	Yuxi	2.86	18.96	20.19	125
保山	Baoshan	1.94	2.42	2.66	229
昭通	Zhaotong	0.14	0.07	0.06	276
丽江	Lijiang	0.38	0.43	0.69	269
普洱	Puer	1.71	8.18	11.22	166
临沧	Lincang	0.94	4.38	6.65	189
西藏	**Tibet**	**8.36**	**9.08**	**7.82**	
拉萨	Lasa	8.26			
陕西	**Shaanxi**	**120.83**		**299.47**	
西安	Xi'an	103.83	1761.75	1829.95	3
铜川	Tongchuan	0.05	1.48		
宝鸡	Baoji	5.99	53.61	63.61	63
咸阳	Xianyang	3.40	28.64	30.59	100
渭南	Weinan	1.69	10.55	12.13	160
延安	Yan'an	0.22	6.84	1.46	253
汉中	Hanzhong	0.44	5.54	7.02	185
榆林	Yulin	0.80	1.99	9.68	172
安康	Ankang	0.17	2.95	2.02	239
商洛	Shangluo	3.08	18.72	14.42	149
甘肃	**Gansu**	**73.70**		**68.33**	
兰州	Lanzhou	11.59	349.96	277.06	24
嘉峪关	Jiayuguan	7.64	11.71	17.65	137
金昌	Jinchang	45.33	67.74	76.84	58
白银	Baiyin	4.57	15.87	29.99	102
天水	Tianshui	2.30	23.85	31.95	97
武威	Wuwei	0.13	6.08	2.13	235
张掖	Zhangye	0.27	1.59	1.53	252
平凉	Pingliang	0.15	2.39	2.25	234
酒泉	Jiuquan	0.59	4.62	4.81	207
庆阳	Qingyang	0.56	4.85	3.99	216
定西	Dingxi	0.14	2.85	1.98	240
陇南	Longnan	0.04	1.00	1.73	249
青海	**Qinghai**	**7.89**		**15.29**	
西宁	Xining	6.67	114.10	12.81	157
海东	Haidong				
宁夏	**Ningxia**	**19.60**		**32.52**	
银川	Yinchuan	10.62	31.10	24.67	114
石嘴山	Shizuishan	6.01	3.57	3.40	221
吴忠	Wuzhong	2.42	0.60	0.71	268
固原	Guyuan		0.03		
中卫	Zhongwei	0.56	2.62	3.67	219
新疆	**Xinjiang**	**171.28**		**176.38**	
乌鲁木齐	Urumqi	59.85	58.43	49.03	76
克拉玛依	Karamay	2.80	0.95	1.32	257

14-9 货物进口总额
Total Value of Imports

单位：亿美元 (100 million USD)

地名	City	2010	2015	2016	2016 排名 Ranking
全国	**Nation Total**	**13962.40**			
北京	**Beijing**	**2462.22**	**26477.38**	**2303.26**	
天津	**Tianjin**	**446.84**	**6311.99**	**583.77**	
河北	**Hebei**	**193.61**			
石家庄	Shijiazhuang	51.80	48.10	45.59	39
唐山	Tangshan	46.15	53.90	35.97	45
秦皇岛	Qinhuangdao	16.25	16.26	14.28	83
邯郸	Handan	21.96	12.20	9.44	97
邢台	Xingtai	8.57	4.48	4.46	133
保定	Baoding	15.33	13.20		
张家口	Zhangjiakou	1.02	2.40	1.60	175
承德	Chengde	0.84	40.53	0.38	222
沧州	Cangzhou	2.87	6.13	7.47	108
廊坊	Langfang	25.93	25.10	27.08	54
衡水	Hengshui	2.90	3.50	2.20	166
山西	**Shanxi**	**78.69**			
太原	Taiyuan	47.74	40.85	49.63	37
大同	Datong	4.43	1.31	0.63	207
阳泉	Yangquan	1.60	0.53	0.32	226
长治	Changzhi	3.29	1.25	0.49	213
晋城	Jincheng	3.20	6.08	4.31	136
朔州	Shuozhou	1.15	0.28	0.42	217
晋中	Jinzhong	0.07	0.13	0.29	229
运城	Yuncheng	7.62	8.65	8.83	101
忻州	Xinzhou	0.01	0.04	0.02	255
临汾	Linfen	5.06	1.35	0.55	211
吕梁	Lvliang	4.52	2.46	1.29	188
内蒙古	**Inner Mongolia**	**53.84**			
呼和浩特	Hohhot	7.47	8.24	6.27	118
包头	Baotou	7.49	6.65	4.90	129
乌海	Wuhai	0.02	0.01	0.01	259
赤峰	Chifeng	1.86	5.97	6.45	116
通辽	Tongliao	0.88	0.91	1.18	192
鄂尔多斯	Erdos	1.14	1.29	8.35	102
呼伦贝尔	Hulunbuir	21.27	17.63	19.08	68
巴彦淖尔	Bayannur	3.73	21.47	16.13	77
乌兰察布	Ulanqab	0.29	0.39	0.45	215
辽宁	**Liaoning**	**375.52**			
沈阳	Shenyang	37.79	72.94	70.85	29
大连	Dalian	247.23	292.92	270.60	9
鞍山	Anshan	24.62	6.90	9.76	95
抚顺	Fushun	5.01	2.39	2.35	161
本溪	Benxi	18.92	8.23	6.95	113
丹东	Dandong	10.54	14.67	14.84	80
锦州	Jinzhou	11.39	10.72	9.71	96
营口	Yingkou	7.16	19.67	16.59	74
阜新	Fuxin	0.25	0.64	0.27	233
辽阳	Liaoyang	2.88	4.28	3.73	141
盘锦	Panjin	1.13	5.17	18.22	70
铁岭	Tieling	0.84	2.62	2.45	158
朝阳	Chaoyang	0.83	1.97	1.50	178
葫芦岛	Huludao	6.92	5.38	2.29	162
吉林	**Jilin**	**123.70**	**142.85**	**142.37**	
长春	Changchun	112.17	120.72	122.47	20
吉林	Jilin	2.94	4.45	3.28	146
四平	Siping	2.04	3.34	0.40	220
辽源	Liaoyuan	0.26	1.23	1.34	184
通化	Tonghua	2.82	3.80	2.71	153
白山	Baishan	0.45	0.86	1.36	183
松原	Songyuan	0.02	0.02	0.21	237
白城	Baicheng	0.18	0.31	0.42	217
黑龙江	**Heilongjiang**	**92.22**	**129.60**	**114.90**	
哈尔滨	Harbin	22.27	24.15	22.92	61
齐齐哈尔	Qiqihar	1.48	1.23	0.92	200
鸡西	Jixi	0.12	0.30	0.34	225
鹤岗	Hegang	0.14	0.1033	0.2742	232
双鸭山	Shuangyashan	0.87	0.58	0.76	202
大庆	Daqing	5.65	58.47	51.75	36
伊春	Yichun	1.11	0.19	0.07	248
佳木斯	Jiamusi	2.16	3.12	2.72	152
七台河	Qitaihe	0.03	0.00	0.01	261
牡丹江	Mudanjiang	49.74	2.28	2.36	160
黑河	Heihe	2.37	3.33	3.22	147
绥化	Suihua	0.34	0.78	0.32	227
上海	**Shanghai**	**1880.85**			
江苏	**Jiangsu**	**1952.42**			

14-9 货物进口总额 续表 1
Total Value of Imports continued 1

单位：亿美元 (100 million USD)

地名	City	2010	2015	2016	2016 排名 Ranking	地名	City	2010	2015	2016	2016 排名 Ranking
南京	Nanjing	207.16	217.38	206.20	12	池州	Chizhou	1.14	3.12	4.35	135
无锡	Wuxi	249.51	262.35	268.95	10	宣城	Xuancheng	1.05	0.97	1.26	190
徐州	Xuzhou	15.30	10.23	9.94	94	**福建**	**Fujian**	**372.87**			
常州	Changzhou	67.19	67.85	67.25	31	福州	Fuzhou	82.78	123.64	101.68	22
苏州	Suzhou	1209.68	1238.90	1098.18	2	厦门	Xiamen	217.07	297.94	300.70	6
南通	Nantong	69.91	87.53	78.48	25	莆田	Putian	12.32	16.30	15.03	79
连云港	Lianyungang	24.72	39.85	33.56	50	三明	Sanming	1.53	2.15	1.63	174
淮安	Huaian	6.75	11.21	8.06	105	泉州	Quanzhou	29.76	88.11	70.50	30
盐城	Yancheng	16.17	29.95	32.12	51	漳州	Zhangzhou	23.31	18.69	15.28	78
扬州	Yangzhou	21.85	26.27	23.66	60	南平	Nanping	1.74	1.11	0.62	208
镇江	Zhenjiang	34.03	31.90	33.65	49	龙岩	Longyan	2.00	12.34	13.85	84
泰州	Taizhou	27.09	38.52	37.07	43	宁德	Ningde	2.37	3.25	6.26	119
宿迁	Suqian	3.06	7.49	5.51	124	**江西**	**Jiangxi**	**81.84**			
浙江	**Zhejiang**	**730.68**				南昌	Nanchang	16.30	28.71	35.90	46
杭州	Hangzhou	170.18	165.00	177.34	16	景德镇	Jingdezhen	0.33	0.27	0.21	237
宁波	Ningbo	309.37	290.00	288.27	7	萍乡	Pingxiang	0.05	0.13	0.17	243
温州	Wenzhou	25.51	23.63	20.05	67	九江	Jiujiang	6.03	10.61	9.38	98
嘉兴	Jiaxing	67.84	81.58	78.41	26	新余	Xinyu	15.96	5.50	6.08	120
湖州	Huzhou	10.67	13.52	12.07	87	鹰潭	Yingtan	36.01	26.18	27.37	53
绍兴	Shaoxing	59.27	27.60	20.41	66	赣州	Ganzhou	3.20	7.63	7.21	111
金华	Jinhua	10.11	13.85	11.39	88	吉安	Jian	1.35	6.56	8.08	104
衢州	Quzhou	6.85	11.21	12.09	86	宜春	Yichun	1.02	1.94	2.72	151
舟山	Zhoushan	37.95	55.16	42.89	40	抚州	Fuzhou	0.13	0.21	0.40	220
台州	Taizhou	30.39	23.37	21.36	63	上饶	Shangrao	1.46	5.09	4.78	130
丽水	Lishui	1.84	2.20	2.53	156	**山东**	**Shandong**	**847.04**		**970.49**	
安徽	**Anhui**	**118.64**	**156.94**	**158.96**		济南	Jinan	33.81	39.16	35.04	47
合肥	Hefei	43.36	66.19	60.52	34	青岛	Qingdao	231.70	248.72	231.16	11
芜湖	Wuhu	9.41	12.77	16.42	76	淄博	Zibo	26.72	18.42	26.71	57
蚌埠	Bengbu	0.76	6.89	5.70	121	枣庄	Zaozhuang	1.65	1.92	1.31	187
淮南	Huainan	0.50	0.46	0.36	223	东营	Dongying	52.44	79.44	105.20	21
马鞍山	Maanshan	23.70	13.29	16.70	73	烟台	Yantai	183.01	213.42	190.71	15
淮北	Huaibei	0.60	0.31	0.43	216	潍坊	Weifang	30.56	59.37	64.75	32
铜陵	Tongling	31.14	39.38	39.75	42	济宁	Jining	21.62	20.02	20.51	65
安庆	Anqing	1.75	2.67	3.10	149	泰安	Taian	6.63	5.35	3.91	139
黄山	Huangshan	0.78	1.06	1.04	195	威海	Weihai	49.89	43.17	60.99	33
滁州	Chuzhou	2.05	6.04	6.46	115	日照	Rizhao	111.66	110.51	81.98	24
阜阳	Fuyang	0.73	1.43	1.18	191	莱芜	Laiwu	16.86	9.13	7.25	110
宿州	Suzhou	0.34	0.96	0.82	201	临沂	Linyi	19.41	26.86	27.01	55
六安	Liuan	0.19	0.87	0.28	231	德州	Dezhou	6.14	9.68	9.26	99
亳州	Bozhou	0.17	0.51	0.58	210	聊城	Liaocheng	23.42	25.36	26.86	56

14-9 货物进口总额 续表 2
Total Value of Imports continued 2

单位：亿美元 (100 million USD)

地名	City	2010	2015	2016	2016 排名 Ranking	地名	City	2010	2015	2016	2016 排名 Ranking
滨州	Binzhou	25.40	45.07	49.50	38	常德	Changde	1.18	2.03	2.23	164
菏泽	Heze	6.12	21.28	28.35	52	张家界	Zhangjiajie		0.13	0.03	253
河南	**Henan**	**72.57**	**307.19**	**283.92**		益阳	Yiyang	0.50	0.88	0.97	198
郑州	Zhengzhou	17.01	257.80	283.92	8	郴州	Chenzhou	3.57	13.46	10.69	90
开封	Kaifeng	0.51	0.71	0.42	217	永州	Yongzhou	0.15	1.27	1.32	186
洛阳	Luoyang	4.92	20.10	2.21	165	怀化	Huaihua	0.27	0.09	0.09	247
平顶山	Pingdingshan	1.40	0.90	7.76	107	娄底	Loudi	11.11	7.46	6.63	114
安阳	Anyang	11.29		5.17	127	**广东**	**Guangdong**	**3317.05**	**3793.28**	**3567.21**	
鹤壁	Hebi	0.21	0.63	0.68	206	广州	Guangzhou	553.83	526.92	511.32	5
新乡	Xinxiang	4.39	3.16	3.17	148	韶关	Shaoguan	9.16	9.65	10.29	93
焦作	Jiaozuo	6.86	5.74	5.26	125	深圳	Shenzhen	1425.83	1784.15	1610.97	1
濮阳	Puyang	0.73	0.82	0.69	204	珠海	Zhuhai	226.21	188.26	144.02	19
许昌	Xuchang	2.02	2.00	1.37	182	汕头	Shantou	24.31	25.29	21.01	64
漯河	Luohe	2.38	2.39	1.28	189	佛山	Foshan	186.21	175.07	152.04	18
三门峡	Sanmenxia	0.60	2.62	8.30	103	江门	Jiangmen	39.25	44.59	40.59	41
南阳	Nanyang	3.07	4.54	2.55	155	湛江	Zhanjiang	18.59	23.39	16.57	75
商丘	Shangqiu	0.32	0.34	0.18	241	茂名	Maoming	2.43	5.36	4.42	134
信阳	Xinyang	2.49	2.53	2.40	159	肇庆	Zhaoqing	17.94	34.42	22.58	62
周口	Zhoukou	2.08	1.63	1.86	171	惠州	Huizhou	140.03	195.81	162.67	17
驻马店	Zhumadian	0.54	0.51	0.48	214	梅州	Meizhou	2.21	1.82	2.10	167
湖北	**Hubei**	**114.65**				汕尾	Shanwei	9.39	16.24	18.32	69
武汉	Wuhan	93.01	129.19	100.58	23	河源	Heyuan	10.01	11.98	10.85	89
黄石	Huangshi	9.08	13.48	10.38	92	阳江	Yangjiang	1.97	4.51	3.53	142
十堰	Shiyan	0.41	0.21	0.13	245	清远	Qingyuan	18.35	17.87	17.79	72
宜昌	Yichang	4.65	3.95	3.42	144	东莞	Dongguan	519.63	639.33	734.82	4
襄阳	Xiangyang	1.60	2.55	2.70	154	中山	Zhongshan	86.08	75.94	71.88	28
鄂州	Ezhou	0.70	3.15	2.52	157	潮州	Chaozhou	14.82	3.77	4.00	138
荆门	Jingmen	0.61	2.94	2.00	169	揭阳	Jieyang	5.47	3.40	2.93	150
孝感	Xiaogan	0.71	2.14	1.96	170	云浮	Yunfu	5.34	5.50	4.53	132
荆州	Jingzhou	2.00	1.47	1.43	180	**广西**	**Guangxi**	**80.96**			
黄冈	Huanggang	0.55	0.74	1.05	194	南宁	Nanning	6.19	26.08		
咸宁	Xianning	0.20	0.62	1.38	181	柳州	Liuzhou	1.24	14.47		
随州	Suizhou	0.41	2.28	3.31	145	桂林	Guilin	2.80	1.13		
湖南	**Hunan**	**67.34**	**101.94**	**87.10**		梧州	Wuzhou	1.97	4.54		
长沙	Changsha	25.38	42.92	36.84	44	北海	Beihai	5.32	18.98		
株洲	Zhuzhou	7.83	7.88	5.24	126	防城港	Fangchenggang	20.17	62.90		
湘潭	Xiangtan	13.82	10.78	7.97	106	钦州	Qinzhou	9.87	33.52		
衡阳	Hengyang	0.82	11.20	10.57	91	贵港	Guigang	1.21	1.33		
邵阳	Shaoyang	0.37	1.05	0.97	199	玉林	Yulin	1.36	1.22		
岳阳	Yueyang	2.28	2.71	3.51	143	百色	Baise	1.92	5.01		

14-9 货物进口总额 续表 3

Total Value of Imports continued 3

单位：亿美元 (100 million USD)

地名	City	2010	2015	2016	2016 排名 Ranking	地名	City	2010	2015	2016	2016 排名 Ranking
贺州	Hezhou	0.16	0.30			丽江	Lijiang	0.38		0.01	259
河池	Hechi	4.84	3.60			普洱	Puer	0.95	4.84	9.25	100
来宾	Laibin	0.66	0.27			临沧	Lincang	0.50	3.67	5.58	123
崇左	Chongzuo	3.19	59.01			**西藏**	**Tibet**	**0.65**	**3.26**	**3.08**	
海南	**Hainan**	**84.25**		**610.81**		拉萨	Lasa	0.62			
海口	Haikou	26.39	210.72	205.94	13	**陕西**	**Shaanxi**	**58.75**			
三亚	Sanya	4.35	13.77	34.50	48	西安	Xi'an	50.66	941.87	882.64	3
三沙	Sansha					铜川	Tongchuan	0.01	0.01		
重庆	**Chongqing**	**49.38**				宝鸡	Baoji	3.35	12.76	18.09	71
四川	**Sichuan**	**139.33**	**180.96**	**213.94**		咸阳	Xianyang	1.02	13.41	14.49	81
成都	Chengdu	101.90	220.26	190.82	14	渭南	Weinan	0.68	1.89	1.48	179
自贡	Zigong	2.93	3.62	1.69	173	延安	Yan'an	0.00		0.29	229
攀枝花	Panzhihua	0.66	1.31	0.72	203	汉中	Hanzhong	0.14	1.20	2.23	163
泸州	Luzhou	0.27	0.25	0.35	224	榆林	Yulin	0.06	0.16	5.60	122
德阳	Deyang	12.91	7.82	4.18	137	安康	Ankang			0.18	241
绵阳	Mianyang	7.71	8.45	7.34	109	商洛	Shangluo	2.56	3.44	4.57	131
广元	Guangyuan	0.33	0.05	0.04	250	**甘肃**	**Gansu**	**57.32**			
遂宁	Suining	0.54	2.10	1.58	176	兰州	Lanzhou	2.46	37.02	56.70	35
内江	Neijiang	0.01	0.37	0.31	228	嘉峪关	Jiayuguan	7.16	8.63	12.82	85
乐山	Leshan	3.00	2.71	2.05	168	金昌	Jinchang	43.13	63.92	73.35	27
南充	Nanchong	0.27	0.05	0.05	249	白银	Baiyin	3.78	11.74	25.69	58
眉山	Meishan	0.09	1.23	0.20	240	天水	Tianshui	0.68	9.94	14.30	82
宜宾	Yibin	2.11	2.83	3.79	140	武威	Wuwei	0.00	0.06	0.02	255
广安	Guangan	0.13	0.32	0.03	251	张掖	Zhangye	0.0003	0.01	0.02	255
达州	Dazhou	0.07	0.51	0.02	254	平凉	Pingliang			0.20	239
雅安	Yaan	0.01	0.07	0.10	246	酒泉	Jiuquan	0.04	0.17	0.24	235
巴中	Bazhong			0.003	262	庆阳	Qingyang		0.01	1.00	197
资阳	Ziyang	0.18	1.84	0.60	209	定西	Dingxi	0.07	1.01	0.55	211
贵州	**Guizhou**	**12.19**				陇南	Longnan	0.002	0.09	0.02	255
贵阳	Guiyang	14.41	12.24	6.40	117	**青海**	**Qinghai**	**3.23**			
六盘水	Liupanshui	3.15	2.32	1.82	172	西宁	Xining	2.71	15.64	1.34	184
遵义	Zunyi	0.51	6.10	0.23	236	海东	Haidong				
安顺	Anshun	0.12	0.09			**宁夏**	**Ningxia**	**7.90**			
毕节	Bijie					银川	Yinchuan	3.63	5.73	4.92	128
铜仁	Tongren					石嘴山	Shizuishan	1.93	0.86	1.02	196
云南	**Yunnan**	**76.06**				吴忠	Wuzhong	2.22	0.22	0.14	244
昆明	Kunming	53.27	29.11	25.48	59	固原	Guyuan		0.02		
曲靖	Qujing	2.00	0.16	0.03	252	中卫	Zhongwei	0.12	1.32	1.53	177
玉溪	Yuxi	0.21	0.44	0.27	233	**新疆**	**Xinjiang**	**41.59**			
保山	Baoshan	0.80	0.88	1.17	193	乌鲁木齐	Urumqi	15.48	10.32	6.96	112
昭通	Zhaotong	0.10				克拉玛依	Karamay	0.25	0.36	0.68	205

14-10 货物出口总额
Total Value of Exports

单位：亿美元 (100 million USD)

地名	City	2010	2015	2016	2016 排名 Ranking
全国	**Nation Total**	**15777.50**			
北京	**Beijing**	**554.39**	**546.67**	**520.23**	
天津	**Tianjin**	**375.17**	**511.63**	**442.79**	
河北	**Hebei**	**225.70**			
石家庄	Shijiazhuang	57.94	51.71	69.69	42
唐山	Tangshan	29.24	56.30	70.31	41
秦皇岛	Qinhuangdao	18.85	11.58	29.34	76
邯郸	Handan	8.84	7.01	15.57	110
邢台	Xingtai	9.62	12.21	13.50	122
保定	Baoding	43.26	25.68		
张家口	Zhangjiakou	1.83	3.93	4.00	184
承德	Chengde	2.34	3.59	4.37	179
沧州	Cangzhou	13.92	19.17	21.17	90
廊坊	Langfang	22.06	60.97	22.99	88
衡水	Hengshui	17.80	19.66	24.40	83
山西	**Shanxi**	**47.09**			
太原	Taiyuan	31.38	65.92	82.76	36
大同	Datong	1.25	2.85	2.92	194
阳泉	Yangquan	1.31	1.52	0.97	243
长治	Changzhi	0.43	0.32	0.28	259
晋城	Jincheng	2.12	2.88	1.64	225
朔州	Shuozhou	0.10	0.31	0.37	255
晋中	Jinzhong	2.23	1.93	1.80	219
运城	Yuncheng	2.83	3.31	3.23	191
忻州	Xinzhou	1.25	1.91	1.79	220
临汾	Linfen	1.46	1.66	1.32	238
吕梁	Lvliang	2.74	1.59	1.57	228
内蒙古	**Inner Mongolia**	**33.35**			
呼和浩特	Hohhot	7.59	12.48	6.82	151
包头	Baotou	12.04	8.88	12.31	127
乌海	Wuhai	0.03	0.45	0.89	244
赤峰	Chifeng	1.38	1.81	2.11	209
通辽	Tongliao	0.87	3.44	2.95	193
鄂尔多斯	Erdos	3.17	5.83	4.42	178
呼伦贝尔	Hulunbuir	1.99	12.27	7.43	148
巴彦淖尔	Bayannur	1.60	4.24	3.81	188
乌兰察布	Ulanqab	0.53	0.36	0.32	258
辽宁	**Liaoning**	**431.20**			
沈阳	Shenyang	40.77	67.51	42.47	58
大连	Dalian	272.59	257.68	243.84	20
鞍山	Anshan	14.42	21.51	17.52	100
抚顺	Fushun	5.24	6.51	5.45	162
本溪	Benxi	15.84	25.32	18.85	96
丹东	Dandong	18.74	26.57	24.94	82
锦州	Jinzhou	11.79	13.57	10.35	138
营口	Yingkou	22.06	46.15	37.49	66
阜新	Fuxin	1.20	2.71	2.03	212
辽阳	Liaoyang	9.62	6.93	6.77	153
盘锦	Panjin	3.67	3.73	3.30	190
铁岭	Tieling	4.61	4.77	1.35	237
朝阳	Chaoyang	4.13	8.02	6.49	155
葫芦岛	Huludao	6.53	10.62	5.06	167
吉林	**Jilin**	**44.76**	**46.54**	**42.06**	
长春	Changchun	20.08	19.28	19.16	95
吉林	Jilin	5.52	6.16	4.48	176
四平	Siping	0.59	0.33	0.34	257
辽源	Liaoyuan	0.36	1.52	1.65	223
通化	Tonghua	2.14	2.51	1.81	218
白山	Baishan	1.89	2.18	1.85	215
松原	Songyuan	0.86	1.41	1.65	223
白城	Baicheng	0.63	0.92	0.89	244
黑龙江	**Heilongjiang**	**162.82**	**80.30**	**50.40**	
哈尔滨	Harbin	19.98	23.17	16.23	106
齐齐哈尔	Qiqihar	7.44	4.39	1.67	222
鸡西	Jixi	6.95	2.22	1.56	229
鹤岗	Hegang	0.68	2.11	0.51	254
双鸭山	Shuangyashan	9.11	5.80	0.62	250
大庆	Daqing	9.76	5.89	4.47	177
伊春	Yichun	1.91	0.59	0.53	253
佳木斯	Jiamusi	28.36	6.95	3.96	185
七台河	Qitaihe	0.58	0.02	0.02	263
牡丹江	Mudanjiang	40.30	11.44	9.01	144
黑河	Heihe	26.18	4.61	2.88	196
绥化	Suihua	0.70	1.15	1.51	232
上海	**Shanghai**	**1807.84**			
江苏	**Jiangsu**	**2705.50**			

14-10 货物出口总额 续表 1
Total Value of Exports continued 1

单位：亿美元 (100 million USD)

地名	City	2010	2015	2016	2016 排名 Ranking	地名	City	2010	2015	2016	2016 排名 Ranking
南京	Nanjing	248.85	315.03	295.94	15	池州	Chizhou	0.97	2.08	1.84	216
无锡	Wuxi	362.72	422.32	429.10	11	宣城	Xuancheng	5.86	17.54	13.81	118
徐州	Xuzhou	26.31	43.89	52.48	50	**福建**	**Fujian**	**714.93**			
常州	Changzhou	155.58	212.56	208.60	26	福州	Fuzhou	163.08	211.89	211.79	25
苏州	Suzhou	1531.08	1814.59	1639.41	2	厦门	Xiamen	353.24	534.97	465.84	10
南通	Nantong	140.85	228.26	230.11	22	莆田	Putian	21.90	31.64	29.98	74
连云港	Lianyungang	26.00	40.60	36.84	67	三明	Sanming	11.27	18.96	19.73	94
淮安	Huaian	14.95	30.09	26.98	79	泉州	Quanzhou	82.79	182.93	161.50	28
盐城	Yancheng	23.19	51.24	47.38	52	漳州	Zhangzhou	50.68	74.67	72.08	40
扬州	Yangzhou	60.55	77.11	72.59	39	南平	Nanping	9.09	11.23	11.90	130
镇江	Zhenjiang	47.51	68.73	69.52	43	龙岩	Longyan	13.13	25.68	23.56	85
泰州	Taizhou	58.77	63.77	66.74	45	宁德	Ningde	9.74	39.22	32.08	71
宿迁	Suqian	9.14	18.50	18.71	97	**江西**	**Jiangxi**	**134.16**			
浙江	**Zhejiang**	**1804.65**				南昌	Nanchang	36.76	85.01	57.90	49
杭州	Hangzhou	353.37	500.67	502.59	7	景德镇	Jingdezhen	7.76	7.75	6.45	156
宁波	Ningbo	519.67	713.73	660.97	6	萍乡	Pingxiang	4.48	12.53	13.74	120
温州	Wenzhou	145.43	171.15	160.77	29	九江	Jiujiang	12.12	49.34	43.00	57
嘉兴	Jiaxing	160.40	229.27	235.07	21	新余	Xinyu	20.13	12.56	12.72	125
湖州	Huzhou	58.61	88.55	90.16	35	鹰潭	Yingtan	3.62	9.50	8.04	147
绍兴	Shaoxing	210.89	271.42	255.64	18	赣州	Ganzhou	13.10	33.86	33.97	68
金华	Jinhua	121.88	476.73	471.75	8	吉安	Jian	9.94	41.96	42.25	59
衢州	Quzhou	12.05	32.92	30.26	73	宜春	Yichun	5.58	23.99	23.56	85
舟山	Zhoushan	69.37	61.85	62.63	47	抚州	Fuzhou	5.45	16.51	18.03	98
台州	Taizhou	139.63	188.29	177.33	27	上饶	Shangrao	15.21	38.16	38.33	64
丽水	Lishui	13.49	31.44	31.58	72	**山东**	**Shandong**	**1042.47**		**1371.58**	
安徽	**Anhui**	**124.13**	**331.14**	**284.84**		济南	Jinan	40.51	59.96	73.44	38
合肥	Hefei	56.23	137.12	126.35	32	青岛	Qingdao	338.90	453.27	424.65	13
芜湖	Wuhu	16.69	55.42	40.67	63	淄博	Zibo	40.31	57.87	52.37	51
蚌埠	Bengbu	4.67	16.52	11.90	131	枣庄	Zaozhuang	7.46	14.03	12.18	128
淮南	Huainan	0.72	2.86	2.39	201	东营	Dongying	27.58	49.68	45.59	54
马鞍山	Maanshan	5.07	16.27	15.13	112	烟台	Yantai	254.80	280.45	248.46	19
淮北	Huaibei	1.40	5.46	5.70	159	潍坊	Weifang	86.96	129.84	123.49	33
铜陵	Tongling	2.97	6.44	6.68	154	济宁	Jining	22.99	34.35	33.66	69
安庆	Anqing	5.06	21.77	14.46	114	泰安	Taian	9.26	17.49	16.16	107
黄山	Huangshan	2.49	5.29	5.49	161	威海	Weihai	89.17	126.21	116.71	34
滁州	Chuzhou	7.08	14.42	16.88	103	日照	Rizhao	22.11	41.34	42.23	60
阜阳	Fuyang	2.83	13.52	10.05	139	莱芜	Laiwu	10.32	9.84	9.76	142
宿州	Suzhou	1.21	6.63	3.87	186	临沂	Linyi	28.26	60.57	59.23	48
六安	Liuan	4.35	5.30	5.00	170	德州	Dezhou	13.36	22.07	22.43	89
亳州	Bozhou	2.23	4.50	4.61	174	聊城	Liaocheng	12.89	25.37	29.25	77

14-10 货物出口总额 续表 2
Total Value of Exports continued 2

单位：亿美元 (100 million USD)

地名	City	2010	2015	2016	2016 排名 Ranking	地名	City	2010	2015	2016	2016 排名 Ranking
滨州	Binzhou	25.50	36.32	37.62	65	常德	Changde	1.39	5.77	5.11	166
菏泽	Heze	12.11	21.97	24.35	84	张家界	Zhangjiajie	0.28	0.53	0.77	247
河南	**Henan**	**105.34**	**430.61**	**428.34**		益阳	Yiyang	3.26	5.17	5.42	164
郑州	Zhengzhou	34.73	312.46	428.34	12	郴州	Chenzhou	6.22	14.70	16.43	105
开封	Kaifeng	1.88	3.69	4.64	173	永州	Yongzhou	1.02	7.69	8.90	145
洛阳	Luoyang	10.52	101.40	15.36	111	怀化	Huaihua	0.20	0.35	0.55	252
平顶山	Pingdingshan	2.86	5.89	44.04	56	娄底	Loudi	3.30	2.35	2.30	204
安阳	Anyang	4.43		3.84	187	**广东**	**Guangdong**	**4531.91**	**6434.68**	**5985.64**	
鹤壁	Hebi	1.24	2.76	1.64	225	广州	Guangzhou	483.79	811.70	781.77	5
新乡	Xinxiang	6.95	7.31	6.81	152	韶关	Shaoguan	6.59	14.25	13.43	124
焦作	Jiaozuo	10.55	14.82	14.24	115	深圳	Shenzhen	2041.80	2640.40	2373.39	1
濮阳	Puyang	4.15	7.05	4.14	182	珠海	Zhuhai	208.62	288.11	273.29	16
许昌	Xuchang	10.84	17.10	17.18	102	汕头	Shantou	49.35	67.55	64.26	46
漯河	Luohe	1.54	5.02	5.44	163	佛山	Foshan	330.38	482.05	469.80	9
三门峡	Sanmenxia	1.04	1.75	2.63	199	江门	Jiangmen	104.09	153.72	150.31	30
南阳	Nanyang	6.47	14.74	13.79	119	湛江	Zhanjiang	16.84	28.07	29.47	75
商丘	Shangqiu	1.00	2.66	2.28	205	茂名	Maoming	5.59	10.99	11.42	133
信阳	Xinyang	1.05	3.90	2.86	197	肇庆	Zhaoqing	25.97	47.66	46.80	53
周口	Zhoukou	1.76	5.32	6.97	149	惠州	Huizhou	202.32	347.75	298.78	14
驻马店	Zhumadian	1.78	3.94	4.18	181	梅州	Meizhou	9.51	22.72	21.13	91
湖北	**Hubei**	**144.42**				汕尾	Shanwei	11.12	15.78	13.92	116
武汉	Wuhan	87.54	151.53	137.23	31	河源	Heyuan	17.15	28.33	28.52	78
黄石	Huangshi	6.00	16.85	13.91	117	阳江	Yangjiang	16.06	24.04	17.40	101
十堰	Shiyan	2.34	6.39	5.06	167	清远	Qingyuan	19.33	27.09	26.32	80
宜昌	Yichang	13.02	26.91	23.31	87	东莞	Dongguan	696.03	1036.10	990.14	3
襄阳	Xiangyang	5.54	21.58	16.66	104	中山	Zhongshan	225.04	280.07	266.61	17
鄂州	Ezhou	1.30	2.30	2.34	203	潮州	Chaozhou	23.41	27.64	26.31	81
荆门	Jingmen	2.37	8.81	8.62	146	揭阳	Jieyang	30.80	67.04	67.80	44
孝感	Xiaogan	2.97	9.73	9.27	143	云浮	Yunfu	8.13	13.62	14.80	113
荆州	Jingzhou	5.74	10.61	9.83	141	**广西**	**Guangxi**	**96.10**			
黄冈	Huanggang	2.09	5.76	6.02	158	南宁	Nanning	15.93	32.61		
咸宁	Xianning	1.68	4.22	2.92	194	柳州	Liuzhou	0.31	7.79		
随州	Suizhou	7.58	11.78	10.70	135	桂林	Guilin	6.22	8.10		
湖南	**Hunan**	**79.55**	**191.73**	**181.70**		梧州	Wuzhou	4.46	4.61		
长沙	Changsha	35.51	86.73	75.56	37	北海	Beihai	8.38	18.92		
株洲	Zhuzhou	6.93	16.98	12.35	126	防城港	Fangchenggang	7.80	23.12		
湘潭	Xiangtan	7.77	11.22	13.53	121	钦州	Qinzhou	3.26	24.76		
衡阳	Hengyang	7.05	20.13	16.16	108	贵港	Guigang	0.53	1.90		
邵阳	Shaoyang	2.60	10.40	12.08	129	玉林	Yulin	3.16	3.29		
岳阳	Yueyang	1.57	8.62	11.36	134	百色	Baise	2.03	11.39		

14-10 货物出口总额 续表 3
Total Value of Exports continued 3

单位：亿美元 (100 million USD)

地名	City	2010	2015	2016	2016 排名 Ranking	地名	City	2010	2015	2016	2016 排名 Ranking
贺州	Hezhou	0.82	0.73			丽江	Lijiang	0.001	0.43	0.68	248
河池	Hechi	1.26	0.32			普洱	Puer	0.75	3.34	1.96	213
来宾	Laibin	1.02	0.40			临沧	Lincang	0.44	0.71	1.07	241
崇左	Chongzuo	34.15	142.32			**西藏**	**Tibet**	**7.71**	**5.82**	**4.70**	
海南	**Hainan**	**23.91**				拉萨	Lasa	7.65			
海口	Haikou	13.07	59.86			**陕西**	**Shaanxi**	**62.08**			
三亚	Sanya	7.50	1.49			西安	Xi'an	53.17	819.87	947.31	4
三沙	Sansha					铜川	Tongchuan	0.04	1.47	2.14	207
重庆	**Chongqing**	**74.89**				宝鸡	Baoji	2.64	40.85	45.53	55
四川	**Sichuan**	**188.45**	**330.93**	**279.55**		咸阳	Xianyang	2.38	15.22	16.10	109
成都	Chengdu	122.60	338.18	219.40	24	渭南	Weinan	1.01	8.66	10.65	136
自贡	Zigong	2.49	3.09	2.25	206	延安	Yan'an	0.22	6.83	1.17	240
攀枝花	Panzhihua	1.88	1.70	1.38	236	汉中	Hanzhong	0.30	4.34	4.80	172
泸州	Luzhou	1.06	2.50	2.79	198	榆林	Yulin	0.74	1.83	4.09	183
德阳	Deyang	9.41	31.02	13.46	123	安康	Ankang	0.17	2.95	1.84	216
绵阳	Mianyang	8.27	20.72	10.35	137	商洛	Shangluo	0.52	15.28	9.85	140
广元	Guangyuan	1.74	4.16	0.19	260	**甘肃**	**Gansu**	**16.38**			
遂宁	Suining	2.27	4.20	2.53	200	兰州	Lanzhou	9.13	312.94	220.36	23
内江	Neijiang	1.68	2.78	1.02	242	嘉峪关	Jiayuguan	0.48	3.08	4.83	171
乐山	Leshan	6.76	8.40	6.83	150	金昌	Jinchang	2.20	3.83	3.49	189
南充	Nanchong	2.82	2.75	1.56	230	白银	Baiyin	0.80	4.13	4.31	180
眉山	Meishan	0.90	2.09	1.89	214	天水	Tianshui	1.62	13.91	17.66	99
宜宾	Yibin	4.42	6.07	5.52	160	武威	Wuwei	0.13	6.02	2.11	209
广安	Guangan	2.80	10.77	5.05	169	张掖	Zhan gye	0.27	1.58	1.51	231
达州	Dazhou	0.63	2.74	1.57	227	平凉	Pingliang	0.15	2.39	2.05	211
雅安	Yaan	0.12	0.70	0.37	256	酒泉	Jiuquan	0.55	4.45	4.57	175
巴中	Bazhong	0.49	1.67	1.21	239	庆阳	Qingyang	0.56	4.84	2.99	192
资阳	Ziyang	1.39	3.73	1.38	235	定西	Dingxi	0.07	1.84	1.43	234
贵州	**Guizhou**	**19.19**				陇南	Longnan	0.04	0.91	1.71	221
贵阳	Guiyang	8.34	78.97	32.88	70	**青海**	**Qinghai**	**4.66**			
六盘水	Liupanshui		1.52	0.87	246	西宁	Xining	3.96	98.46	11.48	132
遵义	Zunyi	1.50	8.75	5.17	165	海东	Haidong				
安顺	Anshun	1.18	1.27			**宁夏**	**Ningxia**	**11.70**			
毕节	Bijie	0.00				银川	Yinchuan	6.99	25.37	19.75	93
铜仁	Tongren	0.02				石嘴山	Shizuishan	4.07	2.71	2.38	202
云南	**Yunnan**	**57.62**				吴忠	Wuzhong	0.20	0.38	0.57	251
昆明	Kunming	47.82	94.54	41.33	62	固原	Guyuan		0.01	0.02	262
曲靖	Qujing	0.17	5.44	6.27	157	中卫	Zhongwei	0.44	1.29	2.14	207
玉溪	Yuxi	2.65	18.52	19.92	92	**新疆**	**Xinjiang**	**129.70**			
保山	Baoshan	1.14	1.54	1.49	233	乌鲁木齐	Urumqi	44.37	48.11	42.06	61
昭通	Zhaotong	0.05	0.07	0.06	261	克拉玛依	Karamay	2.55	0.59	0.63	249

14-11 外商直接投资合同项目
Number of Projects for Contracted Foreign Direct Investment

单位：个 (unit)

地名	City	2010	2015	2016	2016 排名 Ranking	地名	City	2010	2015	2016	2016 排名 Ranking
全国	**Nation Total**	**28652**	**26575**			沈阳	Shenyang	473	137	132	31
北京	**Beijing**	**1629**	**1386**	**1073**		大连	Dalian	472	222	206	22
天津	**Tianjin**	**592**	**1035**	**1106**		鞍山	Anshan	83	14	2	225
河北	**Hebei**	**246**	**683**			抚顺	Fushun	35	9	8	148
石家庄	Shijiazhuang	32	34	22	89	本溪	Benxi	18	6	7	157
唐山	Tangshan	29	23	26	81	丹东	Dandong	125	21	13	111
秦皇岛	Qinhuangdao	19	11	5	180	锦州	Jinzhou	37	9	9	140
邯郸	Handan	48	36	10	128	营口	Yingkou	94	18	19	94
邢台	Xingtai	19	17	10	128	阜新	Fuxin	19	4	1	238
保定	Baoding	16	13	17	99	辽阳	Liaoyang	16	4	5	180
张家口	Zhangjiakou	12	8	20	93	盘锦	Panjin	46	12	6	166
承德	Chengde	7	4	6	166	铁岭	Tieling	29	9	6	166
沧州	Cangzhou	27	27	27	80	朝阳	Chaoyang	13	7	9	140
廊坊	Langfang	28	28	28	76	葫芦岛	Huludao	51	4	7	157
衡水	Hengshui	9	7	5	180	**吉林**	**Jilin**	**228**	**51**		
山西	**Shanxi**	**133**	**39**			长春	Changchun	80	30	28	76
太原	Taiyuan	39	13	12	115	吉林	Jilin	98	2	6	166
大同	Datong	3	4	4	194	四平	Siping	6			
阳泉	Yangquan	50	1	1	238	辽源	Liaoyuan	23	2		
长治	Changzhi	8	4	1	238	通化	Tonghua	9	3	4	194
晋城	Jincheng	1	1	1	238	白山	Baishan	4	3	1	238
朔州	Shuozhou	8	1			松原	Songyuan	2	3	4	194
晋中	Jinzhong	5	8	6	166	白城	Baicheng	6	8	4	194
运城	Yuncheng	9	3	1	238	**黑龙江**	**Heilongjiang**	**184**	**276**		
忻州	Xinzhou	4	2	3	214	哈尔滨	Harbin	83	53	69	50
临汾	Linfen	3	1	4	194	齐齐哈尔	Qiqihar	4		3	214
吕梁	Lvliang	3	1	2	225	鸡西	Jixi	6	11	8	148
内蒙古	**Inner Mongolia**	**95**	**57**			鹤岗	Hegang		1	1	238
呼和浩特	Hohhot	16	13	11	119	双鸭山	Shuangyashan	2			
包头	Baotou	41	21	29	74	大庆	Daqing	14	2		
乌海	Wuhai			1	238	伊春	Yichun	6		1	238
赤峰	Chifeng	10	7	6	166	佳木斯	Jiamusi	45	43	4	194
通辽	Tongliao	8	1	4	194	七台河	Qitaihe				
鄂尔多斯	Erdos	10	4	7	157	牡丹江	Mudanjiang	12	4	21	90
呼伦贝尔	Hulunbuir		2	3	214	黑河	Heihe	6	160	2	225
巴彦淖尔	Bayannur		6	4	194	绥化	Suihua	6	2		
乌兰察布	Ulanqab	10	3	6	166	**上海**	**Shanghai**	**3906**	**6007**	**5153**	
辽宁	**Liaoning**	**1511**	**476**			**江苏**	**Jiangsu**	**4663**	**2689**		

14-11 外商直接投资合同项目 续表 1

Number of Projects for Contracted Foreign Direct Investment continued 1

单位：个 (unit)

地名	City	2010	2015	2016	2016 排名 Ranking	地名	City	2010	2015	2016	2016 排名 Ranking
南京	Nanjing	387	250	510	7	池州	Chizhou	7	8	11	119
无锡	Wuxi	331	212	354	13	宣城	Xuancheng	12	16	13	111
徐州	Xuzhou	204	109	166	25	**福建**	**Fujian**	**1139**	**1424**		
常州	Changzhou	328	255	269	17	福州	Fuzhou	186	339	483	8
苏州	Suzhou	1537	860	784	5	厦门	Xiamen	398	726	1278	3
南通	Nantong	364	315	329	14	莆田	Putian	25	41	28	76
连云港	Lianyungang	141	91	112	36	三明	Sanming	65	27	26	81
淮安	Huaian	244	167	240	19	泉州	Quanzhou	156	102	124	32
盐城	Yancheng	378	146	150	27	漳州	Zhangzhou	186	126	115	35
扬州	Yangzhou	335	81	70	48	南平	Nanping	46	20	19	94
镇江	Zhenjiang	144	93	106	39	龙岩	Longyan	58	25	32	72
泰州	Taizhou	219	83	107	38	宁德	Ningde	19	18	10	128
宿迁	Suqian	51	27	46	59	**江西**	**Jiangxi**	**1095**	**646**		
浙江	**Zhejiang**	**2075**	**1857**			南昌	Nanchang	304	82	72	45
杭州	Hangzhou	545	475	462	9	景德镇	Jingdezhen	23	16	11	119
宁波	Ningbo	495	444	458	10	萍乡	Pingxiang	45	32	47	58
温州	Wenzhou	25	44	61	52	九江	Jiujiang	173	79	75	43
嘉兴	Jiaxing	300	249	275	16	新余	Xinyu	38	19	7	157
湖州	Huzhou	302	185	110	37	鹰潭	Yingtan	28	62	61	52
绍兴	Shaoxing	235	196	277	15	赣州	Ganzhou	195	104	68	51
金华	Jinhua	104	190	400	12	吉安	Jian	103	113	116	34
衢州	Quzhou	24	11	11	119	宜春	Yichun	40	16	14	107
舟山	Zhoushan	5	19	25	84	抚州	Fuzhou	56	42	46	59
台州	Taizhou	28	17	36	67	上饶	Shangrao	90	81	73	44
丽水	Lishui	12	27	36	67	**山东**	**Shandong**	**1630**	**1509**		
安徽	**Anhui**	**294**	**325**			济南	Jinan	87	104	104	41
合肥	Hefei	72	116	95	42	青岛	Qingdao	731	763	680	6
芜湖	Wuhu	43	24	36	67	淄博	Zibo	29	29	28	76
蚌埠	Bengbu	17	14	10	128	枣庄	Zaozhuang	36	9	10	128
淮南	Huainan	5	4	6	166	东营	Dongying	17	10	7	157
马鞍山	Maanshan	21	25	29	74	烟台	Yantai	243	224	232	20
淮北	Huaibei	7	9	2	225	潍坊	Weifang	80	38	45	61
铜陵	Tongling	21	3	10	128	济宁	Jining	75	13	21	90
安庆	Anqing	13	11	7	157	泰安	Taian	24	72	61	52
黄山	Huangshan	10	5	4	194	威海	Weihai	136	163	188	23
滁州	Chuzhou	21	16	13	111	日照	Rizhao	25	15	30	73
阜阳	Fuyang	7	7	4	194	莱芜	Laiwu	21	5	6	166
宿州	Suzhou	8	10	11	119	临沂	Linyi	37	21	26	81
六安	Liuan	16	13	10	128	德州	Dezhou	28	13	12	115
亳州	Bozhou	2	8	4	194	聊城	Liaocheng	9	8	11	119

14-11 外商直接投资合同项目 续表 2

Number of Projects for Contracted Foreign Direct Investment continued 2

单位：个 (unit)

地名	City	2010	2015	2016	2016 排名 Ranking	地名	City	2010	2015	2016	2016 排名 Ranking
滨州	Binzhou	18	9	5	180	常德	Changde	25	43	6	166
菏泽	Heze	34	13	11	119	张家界	Zhangjiajie	6	7	3	214
河南	**Henan**	**492**	**294**			益阳	Yiyang	18	7	9	140
郑州	Zhengzhou	91	58	72	45	郴州	Chenzhou	82	41	41	63
开封	Kaifeng	25	3	5	180	永州	Yongzhou	32	56	41	63
洛阳	Luoyang	33	21	24	85	怀化	Huaihua	9	16		
平顶山	Pingdingshan	7	1	4	194	娄底	Loudi	19	12	16	100
安阳	Anyang	10	23	12	115	**广东**	**Guangdong**	**5637**	**7032**		
鹤壁	Hebi	10	12	3	214	广州	Guangzhou	980	1429	1757	2
新乡	Xinxiang	24	7	7	157	韶关	Shaoguan	42	21	14	107
焦作	Jiaozuo	11	8	4	194	深圳	Shenzhen	1929	3359	4132	1
濮阳	Puyang	6	12	5	180	珠海	Zhuhai	213	649	803	4
许昌	Xuchang	17	10	10	128	汕头	Shantou	35	22	21	90
漯河	Luohe	153	19	16	100	佛山	Foshan	239	238	229	21
三门峡	Sanmenxia	10	14	5	180	江门	Jiangmen	194	141	123	33
南阳	Nanyang	26	21	9	140	湛江	Zhanjiang	8	4	13	111
商丘	Shangqiu	10	54	7	157	茂名	Maoming	24	44	57	55
信阳	Xinyang	15	3	2	225	肇庆	Zhaoqing	112	98	42	62
周口	Zhoukou	16	14	6	166	惠州	Huizhou	362	234	154	26
驻马店	Zhumadian	28	14	8	148	梅州	Meizhou	133	31	37	65
湖北	**Hubei**	**479**	**272**			汕尾	Shanwei	24	10	16	100
武汉	Wuhan	163	143	142	29	河源	Heyuan	88	26	35	71
黄石	Huangshi	13	11	4	194	阳江	Yangjiang	84	27	15	106
十堰	Shiyan	8	7	4	194	清远	Qingyuan	41	17	16	100
宜昌	Yichang	10	10	12	115	东莞	Dongguan	869	439	446	11
襄阳	Xiangyang	26	12	5	180	中山	Zhongshan	147	192	133	30
鄂州	Ezhou	150	5	6	166	潮州	Chaozhou	36	7	4	194
荆门	Jingmen	13	21	16	100	揭阳	Jieyang	43	14	10	128
孝感	Xiaogan	21	24	14	107	云浮	Yunfu	34	27	24	85
荆州	Jingzhou	17	14	10	128	**广西**	**Guangxi**	**189**	**147**		
黄冈	Huanggang	36	13	7	157	南宁	Nanning	73	69	49	57
咸宁	Xianning	15	10	10	128	柳州	Liuzhou	10	4	16	100
随州	Suizhou	7	2	5	180	桂林	Guilin	18	15	36	67
湖南	**Hunan**	**650**	**559**			梧州	Wuzhou	19	6	11	119
长沙	Changsha	177	118	177	24	北海	Beihai	21	11	8	148
株洲	Zhuzhou	67	88	105	40	防城港	Fangchenggang	8	4	2	225
湘潭	Xiangtan	62	21	37	65	钦州	Qinzhou	11	12	9	140
衡阳	Hengyang	84	114	144	28	贵港	Guigang	7	1	8	148
邵阳	Shaoyang	24	23	18	97	玉林	Yulin	14	4	8	148
岳阳	Yueyang	45	13	9	140	百色	Baise	1	1	8	148

14-11 外商直接投资合同项目 续表 3
Number of Projects for Contracted Foreign Direct Investment continued 3

单位：个 (unit)

地名	City	2010	2015	2016	2016 排名 Ranking
贺州	Hezhou	3	4	2	225
河池	Hechi	1	1	2	225
来宾	Laibin	1	4	1	238
崇左	Chongzuo	2	6	5	180
海南	**Hainan**	**47**	**46**		
海口	Haikou	36	35	51	56
三亚	Sanya	11	11	10	128
三沙	Sansha				
重庆	**Chongqing**	**232**	**242**	**260**	
四川	**Sichuan**	**381**	**340**		
成都	Chengdu	294	256	268	18
自贡	Zigong	4	1		
攀枝花	Panzhihua	2	2	1	238
泸州	Luzhou	4	9	4	194
德阳	Deyang	15	11	14	107
绵阳	Mianyang	7	14	9	140
广元	Guangyuan		3	5	180
遂宁	Suining	9	4	3	214
内江	Neijiang	7	4	3	214
乐山	Leshan	10	3	1	238
南充	Nanchong	12	4		
眉山	Meishan	2	3	6	166
宜宾	Yibin	6	2	2	225
广安	Guangan	2	10		
达州	Dazhou	1	1	2	225
雅安	Yaan	1	1	5	180
巴中	Bazhong		6	1	238
资阳	Ziyang	5	6	3	214
贵州	**Guizhou**	**26**	**980**		
贵阳	Guiyang	20	30	24	85
六盘水	Liupanshui	2	3	4	194
遵义	Zunyi	4	931	11	119
安顺	Anshun		16	19	94
毕节	Bijie			1	238
铜仁	Tongren			8	148
云南	**Yunnan**	**103**	**97**		
昆明	Kunming	83	75	70	48
曲靖	Qujing		7	8	148
玉溪	Yuxi	7	3	1	238
保山	Baoshan	5	1	1	238
昭通	Zhaotong	1			

地名	City	2010	2015	2016	2016 排名 Ranking
丽江	Lijiang	1	2	5	180
普洱	Puer	3		4	194
临沧	Lincang	3	9	1	238
西藏	**Tibet**				
拉萨	Lasa				
陕西	**Shaanxi**	**487**	**438**		
西安	Xi'an	82	73	72	45
铜川	Tongchuan	4			
宝鸡	Baoji	4	3	3	214
咸阳	Xianyang	4	3	5	180
渭南	Weinan	368	322	3	214
延安	Yan'an	1	1	1	238
汉中	Hanzhong	4	31	4	194
榆林	Yulin	3	3	2	225
安康	Ankang	1	1		
商洛	Shangluo	16	1		
甘肃	**Gansu**	**445**	**20**		
兰州	Lanzhou	6	11	9	140
嘉峪关	Jiayuguan				
金昌	Jinchang				
白银	Baiyin				
天水	Tianshui	180			
武威	Wuwei		2	2	225
张掖	Zhangye	2	2		
平凉	Pingliang				
酒泉	Jiuquan	102	5	3	214
庆阳	Qingyang	2			
定西	Dingxi	153			
陇南	Longnan				
青海	**Qinghai**	**11**	**7**		
西宁	Xining	11	7	6	166
海东	Haidong				
宁夏	**Ningxia**	**23**	**20**		
银川	Yinchuan	19	17	18	97
石嘴山	Shizuishan	4			
吴忠	Wuzhong		3	2	225
固原	Guyuan				
中卫	Zhongwei				
新疆	**Xinjiang**	**30**	**22**		
乌鲁木齐	Urumqi	30	22	24	85
克拉玛依	Karamay				

14-12 外商直接投资实际使用额
Total Amount of Foreign Direct Investment Actually Utilized

单位：万美元 （USD 10 000）

地名	City	2010	2015	2016	2016 排名 Ranking
全国	**Nation Total**	**10573500**	**12626660**		
北京	**Beijing**	**636358**	**1299635**	**1302858**	
天津	**Tianjin**	**1084872**	**2113444**	**3082563**	
河北	**Hebei**	**383074**	**658938**		
石家庄	Shijiazhuang	24415	114013	122102	42
唐山	Tangshan	87409	124376	148301	38
秦皇岛	Qinhuangdao	49706	86122	90438	63
邯郸	Handan	49191	82027	102156	58
邢台	Xingtai	25485	21968	54422	89
保定	Baoding	47450	41592	70346	81
张家口	Zhangjiakou	10045	33262	46003	102
承德	Chengde	6994	15959	20006	155
沧州	Cangzhou	23257	47296	56506	87
廊坊	Langfang	49070	75593	80207	72
衡水	Hengshui	10052	16730	23752	140
山西	**Shanxi**	**71421**	**271438**		
太原	Taiyuan	28343	85049	46214	101
大同	Datong	4177	19100	20110	153
阳泉	Yangquan		30500	31146	128
长治	Changzhi	826	45118	47502	98
晋城	Jincheng	5933	25675	20012	154
朔州	Shuozhou		7234	9833	186
晋中	Jinzhong	4787	37077	37870	115
运城	Yuncheng	13965	1745	2229	233
忻州	Xinzhou	4	4280	3321	223
临汾	Linfen	1185	15660	16661	163
吕梁	Lvliang	12202			
内蒙古	**Inner Mongolia**	**338456**	**334380**		
呼和浩特	Hohhot	11340	44610	87935	66
包头	Baotou	110000	82417	101035	59
乌海	Wuhai	2923	805	200	257
赤峰	Chifeng	5581	8560	11217	180
通辽	Tongliao	2728	2139	1658	242
鄂尔多斯	Erdos	108000	173000	195000	29
呼伦贝尔	Hulunbuir	8450	3568	4612	214
巴彦淖尔	Bayannur	4630	15289	15000	170
乌兰察布	Ulanqab	7932	3992	79092	74
辽宁	**Liaoning**	**2075010**	**518516**		
沈阳	Shenyang	505361	106116	81606	70
大连	Dalian	1003025	270302	300200	18
鞍山	Anshan	90496	9575	2634	228
抚顺	Fushun	44182	2606	16	263
本溪	Benxi	30100	9887	6076	202
丹东	Dandong	70454	25077	578	250
锦州	Jinzhou	50045	8781	2142	234
营口	Yingkou	86036	5096	2414	231
阜新	Fuxin	11013	1669	677	249
辽阳	Liaoyang	33352	36477	8390	191
盘锦	Panjin	91335	23246	18501	157
铁岭	Tieling	26288	16617	5337	207
朝阳	Chaoyang	11039	1387	1337	243
葫芦岛	Huludao	22284	1680	322	255
吉林	**Jilin**	**128042**	**801790**		
长春	Changchun	69811	520520	649792	5
吉林	Jilin	13211	104830	115403	47
四平	Siping	6517	26000	28516	130
辽源	Liaoyuan	10620	29500	32455	126
通化	Tonghua	5008	43085	46939	100
白山	Baishan	6790	26840	29860	129
松原	Songyuan	3932	35108	38557	113
白城	Baicheng	5501	15907	17512	160
黑龙江	**Heilongjiang**	**266151**	**553171**		
哈尔滨	Harbin	133046	299426	320730	16
齐齐哈尔	Qiqihar	22802	47282	50788	94
鸡西	Jixi	6660	14040	14842	171
鹤岗	Hegang	3320	7700	7482	194
双鸭山	Shuangyashan	2701	200		
大庆	Daqing	34587	73456		
伊春	Yichun	3730	1050	459	253
佳木斯	Jiamusi	11300	24000	1981	237
七台河	Qitaihe	1390	770	2530	230
牡丹江	Mudanjiang	24384	46271	54093	90
黑河	Heihe	10004	13255	11869	179
绥化	Suihua	10644	25721	28067	131
上海	**Shanghai**	**1112100**	**1845923**	**1851378**	
江苏	**Jiangsu**	**2849777**	**2432872**		

14-12 外商直接投资实际使用额 续表 1
Total Amount of Foreign Direct Investment Actually Utilized continued 1

单位：万美元 （USD 10 000）

地名	City	2010	2015	2016	2016 排名 Ranking
南京	Nanjing	267592	333459	347937	14
无锡	Wuxi	330007	320219	341273	15
徐州	Xuzhou	101330	142788	150574	36
常州	Changzhou	244342	172065	250020	23
苏州	Suzhou	853511	600023	600300	7
南通	Nantong	206059	231559	238724	24
连云港	Lianyungang	110116	80108	55044	88
淮安	Huaian	105138	121386	116135	46
盐城	Yancheng	130356	79519	70669	80
扬州	Yangzhou	205645	84841	120392	44
镇江	Zhenjiang	161462	130516	135068	40
泰州	Taizhou	116148	106550	134448	41
宿迁	Suqian	18071	29839	44988	103
浙江	**Zhejiang**	**1100175**	**1696268**		
杭州	Hangzhou	435627	711253	720915	2
宁波	Ningbo	232336	423375	451333	10
温州	Wenzhou	17574	30123	24330	137
嘉兴	Jiaxing	160994	268427	269240	20
湖州	Huzhou	91905	94188	100131	60
绍兴	Shaoxing	95327	94152	80031	73
金华	Jinhua	35263	27431	34329	122
衢州	Quzhou	6237	6006	6109	201
舟山	Zhoushan	6719	7792	21017	149
台州	Taizhou	13206	11635	33683	124
丽水	Lishui	3751	21886	22130	147
安徽	**Anhui**	**501446**	**1361945**		
合肥	Hefei	109584	250678	282976	19
芜湖	Wuhu	71974	230062	251145	22
蚌埠	Bengbu	27262	139197	150383	37
淮南	Huainan	9913	20797	22298	146
马鞍山	Maanshan	70490	194002	209531	27
淮北	Huaibei	19151	59979	64780	83
铜陵	Tongling	25531	22324	24303	138
安庆	Anqing	22255	18253	18074	159
黄山	Huangshan	14263	15996	16052	166
滁州	Chuzhou	11745	105886	114366	49
阜阳	Fuyang	8882	18463	20309	152
宿州	Suzhou	13429	67623	73033	76
六安	Liuan	13704	38720	38009	114
亳州	Bozhou	15881	65656	72279	77
池州	Chizhou	15152	34703	36132	121
宣城	Xuancheng	19654	79606	85976	67
福建	**Fujian**	**580279**	**758683**		
福州	Fuzhou	118524	167852	181372	30
厦门	Xiamen	169651	209373	222401	26
莆田	Putian	22952	37749	40020	108
三明	Sanming	8635	15636	17090	161
泉州	Quanzhou	149342	158036	162780	33
漳州	Zhangzhou	70076	108500	116366	45
南平	Nanping	6787	14531	16249	164
龙岩	Longyan	16506	26000	27768	132
宁德	Ningde	7098	21006	23120	142
江西	**Jiangxi**	**510084**	**966626**		
南昌	Nanchang	147655	270607	306452	17
景德镇	Jingdezhen	12136	17621	18772	156
萍乡	Pingxiang	15378	30758	33664	125
九江	Jiujiang	66534	163019	180313	31
新余	Xinyu	53106	36562	39868	109
鹰潭	Yingtan	11975	24011	26460	135
赣州	Ganzhou	83560	137013	151543	35
吉安	Jian	44005	88322	97473	61
宜春	Yichun	36150	65440	70969	79
抚州	Fuzhou	15160	39162	42608	105
上饶	Shangrao	50425	94111	103857	56
山东	**Shandong**	**916833**	**1628882**		
济南	Jinan	104011	157851	171624	32
青岛	Qingdao	280056	669062	700273	3
淄博	Zibo	44838	58790	63509	84
枣庄	Zaozhuang	23900	9975	10504	183
东营	Dongying	20975	22194	22304	145
烟台	Yantai	115334	191638	206173	28
潍坊	Weifang	72145	100116	106431	52
济宁	Jining	45780	91698	50657	95
泰安	Taian	11925	49564	51605	93
威海	Weihai	55502	112018	121145	43
日照	Rizhao	34936	57849	57858	86
莱芜	Laiwu	10006	13471	15291	169
临沂	Linyi	32660	14230	22768	143
德州	Dezhou	11841	11875	12099	177
聊城	Liaocheng	31002	5680	6721	199

14-12 外商直接投资实际使用额 续表 2

Total Amount of Foreign Direct Investment Actually Utilized continued 2

单位：万美元 （USD 10 000）

地名	City	2010	2015	2016	2016 排名 Ranking	地名	City	2010	2015	2016	2016 排名 Ranking
滨州	Binzhou	10064	41023	41045	107	常德	Changde	25066	74116	88889	65
菏泽	Heze	11858	21848	25018	136	张家界	Zhangjiajie	3636	9250	10179	185
河南	**Henan**	**624669**	**1579866**			益阳	Yiyang	10085	22132	23947	139
郑州	Zhengzhou	190015	382661	403305	12	郴州	Chenzhou	52897	135413	151975	34
开封	Kaifeng	12882	60956	16755	162	永州	Yongzhou	39345	83160	95300	62
洛阳	Luoyang	120475	255371	268798	21	怀化	Huaihua	6276	11394	4095	218
平顶山	Pingdingshan	16390	40633	43221	104	娄底	Loudi	12082	34501	39800	110
安阳	Anyang	14887	49050	50076	96	**广东**	**Guangdong**	**2026098**	**2687547**		
鹤壁	Hebi	22481	77067	81394	71	广州	Guangzhou	11	541634	570120	8
新乡	Xinxiang	32902	95072	102289	57	韶关	Shaoguan	21236	4807	5062	210
焦作	Jiaozuo	28832	78735	82733	68	深圳	Shenzhen	429734	649733	673227	4
濮阳	Puyang	9001	57544	63304	85	珠海	Zhuhai	122350	217789	229466	25
许昌	Xuchang	21277	68090	71951	78	汕头	Shantou	25553	21766	9085	188
漯河	Luohe	32315	65574	90032	64	佛山	Foshan	196754	237728	147167	39
三门峡	Sanmenxia	39849	100817	106296	53	江门	Jiangmen	110810	87941	47634	97
南阳	Nanyang	20111	62060	65221	82	湛江	Zhanjiang	3671	15716	6312	200
商丘	Shangqiu	10385	33346	36249	120	茂名	Maoming	3100	17191	7548	193
信阳	Xinyang	16694	46908	52415	91	肇庆	Zhaoqing	93389	139447	37049	118
周口	Zhoukou	15763	49052	51668	92	惠州	Huizhou	143761	110499	114252	50
驻马店	Zhumadian	12550	36930	38879	112	梅州	Meizhou	8959	7131	5710	204
湖北	**Hubei**	**596340**	**1013506**			汕尾	Shanwei	25292	9958	4443	215
武汉	Wuhan	329265	734303	852255	1	河源	Heyuan	16846	14424	9502	187
黄石	Huangshi	30000	12693	14600	172	阳江	Yangjiang	20751	8497	6990	198
十堰	Shiyan	7203	23805	27752	133	清远	Qingyuan	32016	14198	10718	182
宜昌	Yichang	20652	35450	39149	111	东莞	Dongguan	273171	531982	392617	13
襄阳	Xiangyang	32606	72780	82426	69	中山	Zhongshan	66829	45682	47446	99
鄂州	Ezhou	12400	24450	27087	134	潮州	Chaozhou	11232	2044	3430	222
荆门	Jingmen	16309	34000	37630	116	揭阳	Jieyang	14857	3929	3072	225
孝感	Xiaogan	17502	34501	37269	117	云浮	Yunfu	7929	5451	4259	216
荆州	Jingzhou	5600	13295	14360	173	**广西**	**Guangxi**	**91200**	**172208**		
黄冈	Huanggang	13583	10357	12930	174	南宁	Nanning	33029	31014	15959	167
咸宁	Xianning	15439	6474	6998	197	柳州	Liuzhou	5468	1614	2777	227
随州	Suizhou	4800	11398	12858	175	桂林	Guilin	2136	65252	16137	165
湖南	**Hunan**	**518441**	**1155825**			梧州	Wuzhou	17713	1437	418	254
长沙	Changsha	223757	440574	481384	9	北海	Beihai	9934	18611	21000	150
株洲	Zhuzhou	40221	94175	105130	55	防城港	Fangchenggang	4427	2860	8981	190
湘潭	Xiangtan	40304	92000	105503	54	钦州	Qinzhou	31803	32350	12079	178
衡阳	Hengyang	40641	103603	114559	48	贵港	Guigang	15622	2530	2910	226
邵阳	Shaoyang	7855	19200	22547	144	玉林	Yulin	4985	3421	2593	229
岳阳	Yueyang	15674	36307	41538	106	百色	Baise	3577	1501	299	256

14-12 外商直接投资实际使用额 续表 3

Total Amount of Foreign Direct Investment Actually Utilized continued 3

单位：万美元 （USD 10 000）

地名	City	2010	2015	2016	2016 排名 Ranking	地名	City	2010	2015	2016	2016 排名 Ranking
贺州	Hezhou	5766	790	1331	244	丽江	Lijiang	282	329	100	261
河池	Hechi	1477	489	194	258	普洱	Puer	3033	148	10203	184
来宾	Laibin	3330	2966	2382	232	临沧	Lincang	2110	6911	150	259
崇左	Chongzuo	2051	7373	1784	239	**西藏**	**Tibet**				
海南	**Hainan**	**151213**	**44108**			拉萨	Lasa				
海口	Haikou	71605	29127	3576	219	**陕西**	**Shaanxi**	**182006**	**427972**		
三亚	Sanya	16791	14981	20823	151	西安	Xi'an	156665	400833	450466	11
三沙	Sansha					铜川	Tongchuan	520			
重庆	**Chongqing**	**634397**	**1076505**	**1134184**		宝鸡	Baoji	2127	560	572	251
四川	**Sichuan**	**612299**	**901846**			咸阳	Xianyang	5188	13443	1995	236
成都	Chengdu	485575	752000	600453	6	渭南	Weinan	3051	1179	1328	245
自贡	Zigong	1504	2234	1030	247	延安	Yan'an	1027			
攀枝花	Panzhihua	20834	10012	3095	224	汉中	Hanzhong	1595	1054	2013	235
泸州	Luzhou	3051	7040	8201	192	榆林	Yulin	1950	10650	3558	220
德阳	Deyang	15133	20251	12142	176	安康	Ankang	564	103		
绵阳	Mianyang	15063	23221	18240	158	商洛	Shangluo	5867	150		
广元	Guangyuan	1810	3776	1680	241	**甘肃**	**Gansu**	**13521**	**18739**		
遂宁	Suining	2289	7261	5562	205	兰州	Lanzhou	1960	13600	33753	123
内江	Neijiang	4637	7109	4725	213	嘉峪关	Jiayuguan				
乐山	Leshan	9199	11558	5011	211	金昌	Jinchang	50			
南充	Nanchong	1842	7238	5200	208	白银	Baiyin				
眉山	Meishan	13622	14052	11015	181	天水	Tianshui	841			
宜宾	Yibin	4077	5501	4135	217	武威	Wuwei	198	350	874	248
广安	Guangan	2432	5484	5011	211	张掖	Zhangye		800		
达州	Dazhou	5050	8050	5087	209	平凉	Pingliang				
雅安	Yaan	3538	2000	543	252	酒泉	Jiuquan	10469	3989	5989	203
巴中	Bazhong	102	2476	1973	238	庆阳	Qingyang				
资阳	Ziyang	1390	12583	7252	195	定西	Dingxi				
贵州	**Guizhou**	**29545**	**167747**			陇南	Longnan				
贵阳	Guiyang	13470	92740	111988	51	**青海**	**Qinghai**	**21930**	**6057**		
六盘水	Liupanshui	1641	21198	31280	127	西宁	Xining		6057	9076	189
遵义	Zunyi	2973	15605	36610	119	海东	Haidong				
安顺	Anshun	2440	12141	15916	168	**宁夏**	**Ningxia**	**8090**	**16733**		
毕节	Bijie	1151	17963	21924	148	银川	Yinchuan	4478	16733	3555	221
铜仁	Tongren		8100	1742	240	石嘴山	Shizuishan	1067			
云南	**Yunnan**	**132902**	**259659**			吴忠	Wuzhong	2545		5481	206
昆明	Kunming	100900	226146	73996	75	固原	Guyuan				
曲靖	Qujing	2167	6536	7124	196	中卫	Zhongwei				
玉溪	Yuxi	1946	7603	117	260	**新疆**	**Xinjiang**	**23742**	**28700**		
保山	Baoshan	3365	11509	1208	246	乌鲁木齐	Urumqi	5038	28700	23700	141
昭通	Zhaotong	300	477	84	262	克拉玛依	Karamay				

14-13 接待入境旅游者人数
Number of Overseas Visitors

单位：万人次

地名	City	2010	2015	2016	2016 排名 Ranking
全国	**Nation Total**	**13376.22**			
北京	**Beijing**	**490.07**	**419.96**	**416.53**	
天津	**Tianjin**	**166.10**	**78.48**	**82.43**	
河北	**Hebei**	**97.74**	**76.64**	**83.79**	
石家庄	Shijiazhuang	11.73	18.60	19.30	76
唐山	Tangshan	5.82	9.50	10.70	108
秦皇岛	Qinhuangdao	24.23	28.40	29.12	60
邯郸	Handan	1.75	5.10	5.80	131
邢台	Xingtai	1.73	2.38	2.68	164
保定	Baoding	9.12	14.80		
张家口	Zhangjiakou	5.30	10.72	11.20	106
承德	Chengde	25.79	31.20	32.50	54
沧州	Cangzhou	1.73	3.12		
廊坊	Langfang	9.59	13.70	15.50	89
衡水	Hengshui	0.94	1.43	1.63	186
山西	**Shanxi**	**130.29**	**59.38**	**62.98**	
太原	Taiyuan	28.32	14.70	15.36	90
大同	Datong	20.23	6.57	6.97	122
阳泉	Yangquan	2.30	0.43	0.48	210
长治	Changzhi	8.43	2.41	2.52	168
晋城	Jincheng	5.10	1.21	1.28	190
朔州	Shuozhou	4.10	0.61	0.64	201
晋中	Jinzhong	21.48	21.08	22.71	70
运城	Yuncheng	12.00	3.02	3.18	161
忻州	Xinzhou	14.58	5.18	5.47	134
临汾	Linfen	10.06	3.61	3.82	151
吕梁	Lvliang	3.61	0.53	0.55	206
内蒙古	**Inner Mongolia**	**142.80**	**160.78**	**177.91**	
呼和浩特	Hohhot	9.40	13.03	13.86	95
包头	Baotou	1.87	3.75	3.98	147
乌海	Wuhai	0.03	0.06	0.19	221
赤峰	Chifeng	3.20	4.33	4.53	141
通辽	Tongliao	1.60	2.51	2.66	166
鄂尔多斯	Erdos	2.23	3.18	3.47	156
呼伦贝尔	Hulunbuir	52.69	55.59	67.30	28
巴彦淖尔	Bayannur	4.65	3.54	3.88	149
乌兰察布	Ulanqab	1.10	4.09	4.22	145
辽宁	**Liaoning**	**361.80**	**264.01**	**273.67**	

地名	City	2010	2015	2016	2016 排名 Ranking
沈阳	Shenyang	55.03	64.57	68.67	27
大连	Dalian	116.60	98.46	104.40	23
鞍山	Anshan	26.46	20.22	20.23	74
抚顺	Fushun	11.15	14.92	15.33	91
本溪	Benxi	56.20	7.29	7.48	119
丹东	Dandong	32.68	12.09	13.43	99
锦州	Jinzhou	20.01	12.10	9.46	111
营口	Yingkou	8.57	7.50	7.80	118
阜新	Fuxin	2.30	2.11	2.14	176
辽阳	Liaoyang	2.79	3.92	3.97	148
盘锦	Panjin	18.09	11.00	11.23	105
铁岭	Tieling	4.81	3.51	3.58	154
朝阳	Chaoyang	1.38	2.00	2.05	180
葫芦岛	Huludao	5.72	4.31	4.50	142
吉林	**Jilin**	**82.00**	**148.10**	**161.95**	
长春	Changchun	24.98	43.06	45.21	40
吉林	Jilin	6.36	10.45	11.32	104
四平	Siping	0.20	0.48	0.56	204
辽源	Liaoyuan	0.03	0.04	0.20	220
通化	Tonghua	7.45	19.90	24.08	67
白山	Baishan	2.85	4.80	5.00	138
松原	Songyuan	1.58	2.48	2.56	167
白城	Baicheng	0.97	1.51	1.52	188
黑龙江	**Heilongjiang**	**172.42**	**83.47**	**95.70**	
哈尔滨	Harbin	26.36	21.10		
齐齐哈尔	Qiqihar	3.04			
鸡西	Jixi	3.56			
鹤岗	Hegang	5.32			
双鸭山	Shuangyashan	8.00			
大庆	Daqing	1.40			
伊春	Yichun	1.94			
佳木斯	Jiamusi	14.40	5.20		
七台河	Qitaihe	0.18			
牡丹江	Mudanjiang	74.79	70.00		
黑河	Heihe	32.91	35.00		
绥化	Suihua	0.01			
上海	**Shanghai**	**733.72**	**653.59**	**690.43**	
江苏	**Jiangsu**	**653.55**	**305.01**	**329.77**	

14-13 接待入境旅游者人数 续表 1
Number of Overseas Visitors continued 1

单位：万人次

地名	City	2010	2015	2016	2016 排名 Ranking	地名	City	2010	2015	2016	2016 排名 Ranking
南京	Nanjing	130.88	58.81	63.78	29	池州	Chizhou	33.01	87.20		
无锡	Wuxi	86.50	39.13	43.92	42	宣城	Xuancheng	2.20	13.10		
徐州	Xuzhou	15.83	3.38	3.41	157	**福建**	**Fujian**	**368.14**	**332.71**	**611.48**	
常州	Changzhou	35.91	12.70	14.59	92	福州	Fuzhou	69.86	97.30	108.68	22
苏州	Suzhou	265.15	151.20	161.28	13	厦门	Xiamen	155.19	265.59	292.72	5
南通	Nantong	35.51	17.30	18.02	82	莆田	Putian	18.47	26.99	31.14	56
连云港	Lianyungang	11.67	2.03	2.26	171	三明	Sanming	2.90	5.27	6.51	124
淮安	Huaian	2.83	1.47	1.82	184	泉州	Quanzhou	77.05	111.09	131.00	16
盐城	Yancheng	6.21	4.91	5.31	136	漳州	Zhangzhou	24.75	42.44	55.47	36
扬州	Yangzhou	56.01	5.12	5.86	128	南平	Nanping	17.34	30.40	37.01	47
镇江	Zhenjiang	61.33	5.30	5.49	133	龙岩	Longyan	2.24	9.86	13.90	94
泰州	Taizhou	7.90	3.19	3.61	152	宁德	Ningde	0.34	2.50	3.29	160
宿迁	Suqian	2.79	0.47	0.42	213	**江西**	**Jiangxi**	**113.97**	**155.88**	**164.83**	
浙江	**Zhejiang**	**684.71**	**459.02**	**525.59**		南昌	Nanchang	12.05	20.45	22.77	69
杭州	Hangzhou	275.71	341.56	363.23	3	景德镇	Jingdezhen	19.49	22.85	23.43	68
宁波	Ningbo	95.17	157.52	173.49	12	萍乡	Pingxiang	4.40	6.59	6.94	123
温州	Wenzhou	39.16	105.81	121.03	18	九江	Jiujiang	25.05	25.80	27.62	63
嘉兴	Jiaxing	66.41	72.64	70.73	26	新余	Xinyu	1.37	2.81	2.95	162
湖州	Huzhou	33.17	70.29	91.62	24	鹰潭	Yingtan	5.54	4.24	4.26	144
绍兴	Shaoxing	52.28	73.48	82.47	25	赣州	Ganzhou	12.00	14.06	15.89	88
金华	Jinhua	62.74	97.90	112.74	21	吉安	Jian	12.38	19.02	19.43	75
衢州	Quzhou	9.88	11.99	13.20	101	宜春	Yichun	5.41	9.09	10.29	110
舟山	Zhoushan	25.68	32.24	33.92	53	抚州	Fuzhou	5.17	5.14	5.36	135
台州	Taizhou	10.29	16.86	19.24	77	上饶	Shangrao	11.22	25.22	25.88	65
丽水	Lishui	12.92	31.34	34.52	52	**山东**	**Shandong**	**366.79**	**312.22**	**328.82**	
安徽	**Anhui**	**198.42**	**291.12**	**313.43**		济南	Jinan	23.10	33.30	35.15	49
合肥	Hefei	24.29	41.30			青岛	Qingdao	108.05	133.80	141.05	14
芜湖	Wuhu	9.46	29.40			淄博	Zibo	17.14	19.60	20.29	72
蚌埠	Bengbu	1.76	7.00			枣庄	Zaozhuang	2.61	3.10	3.40	158
淮南	Huainan	1.61	3.50			东营	Dongying	3.33	5.80	5.98	127
马鞍山	Maanshan	4.36	12.63			烟台	Yantai	47.20	57.51	61.32	32
淮北	Huaibei	0.82	1.65			潍坊	Weifang	22.19	33.40	34.81	50
铜陵	Tongling	1.53	2.84			济宁	Jining	28.90	32.10	34.58	51
安庆	Anqing	4.49	21.23			泰安	Taian	29.83	37.00	38.53	44
黄山	Huangshan	105.03	195.10			威海	Weihai	37.26	46.17	48.52	38
滁州	Chuzhou	4.32	10.11			日照	Rizhao	21.52	27.00	28.27	61
阜阳	Fuyang	0.51	1.40			莱芜	Laiwu	0.40	0.70	0.76	198
宿州	Suzhou	0.84	3.60			临沂	Linyi	12.09	17.50	18.25	81
六安	Liuan	1.50	10.57			德州	Dezhou	5.77	2.30	2.11	178
亳州	Bozhou	0.96	3.70			聊城	Liaocheng	3.52	5.50	5.81	130

14-13 接待入境旅游者人数 续表 2
Number of Overseas Visitors continued 2

单位：万人次

地名	City	2010	2015	2016	2016 排名 Ranking	地名	City	2010	2015	2016	2016 排名 Ranking
滨州	Binzhou	2.95	4.70	4.92	140	常德	Changde	10.18	16.49	13.44	98
菏泽	Heze	0.93	1.37	1.51	189	张家界	Zhangjiajie	35.55	46.02	59.33	33
河南	**Henan**	**146.84**	**135.30**	**149.93**		益阳	Yiyang	5.45	1.13	2.67	165
郑州	Zhengzhou	34.91	50.13	48.07	39	郴州	Chenzhou	17.22	29.57	30.92	57
开封	Kaifeng	20.02	24.09	27.08	64	永州	Yongzhou	3.13	0.82	0.74	199
洛阳	Luoyang	45.79	100.42	114.99	20	怀化	Huaihua	0.97	8.05	9.22	112
平顶山	Pingdingshan	1.53	2.82	8.76	114	娄底	Loudi	3.48	4.64	2.13	177
安阳	Anyang	5.50	12.44	14.46	93	**广东**	**Guangdong**	**3140.93**	**3450.35**	**3507.21**	
鹤壁	Hebi	0.63	0.81	0.83	197	广州	Guangzhou	814.80	803.58	862.54	2
新乡	Xinxiang	2.97	16.93	17.51	83	韶关	Shaoguan	21.48	5.44	4.43	143
焦作	Jiaozuo	21.73	34.87	35.92	48	深圳	Shenzhen	1020.61	1218.70	1171.19	1
濮阳	Puyang	1.61	1.87	1.95	183	珠海	Zhuhai	325.14	309.52	317.23	4
许昌	Xuchang	0.90	0.40	0.43	211	汕头	Shantou	13.39	21.15	24.40	66
漯河	Luohe	0.64	0.93	0.95	193	佛山	Foshan	103.06	137.48	139.76	15
三门峡	Sanmenxia	3.97	7.38	8.76	114	江门	Jiangmen	119.04	195.07	222.70	11
南阳	Nanyang	1.26	1.84	2.03	182	湛江	Zhanjiang	10.31	26.64	30.10	58
商丘	Shangqiu	1.01	0.82	0.85	195	茂名	Maoming	1.78	3.67	3.85	150
信阳	Xinyang	0.72	1.90	1.52	187	肇庆	Zhaoqing	139.45	49.57	51.51	37
周口	Zhoukou	1.65	5.78	6.17	126	惠州	Huizhou	160.16	222.59	227.52	9
驻马店	Zhumadian	1.10	3.67	4.22	146	梅州	Meizhou	7.69	21.30	29.28	59
湖北	**Hubei**	**181.74**	**311.76**	**337.56**		汕尾	Shanwei	3.97	4.62	4.93	139
武汉	Wuhan	92.79	202.35	224.94	10	河源	Heyuan	4.49	7.62	8.04	116
黄石	Huangshi	1.31		0.40	214	阳江	Yangjiang	5.28	6.88	6.98	121
十堰	Shiyan	10.90	18.27	18.84	79	清远	Qingyuan	42.05	16.26	16.83	86
宜昌	Yichang	23.23	39.32	43.29	43	东莞	Dongguan	261.88	254.55	253.44	7
襄阳	Xiangyang	4.47	5.27	5.29	137	中山	Zhongshan	48.05	59.81	62.17	30
鄂州	Ezhou	0.48		0.06	227	潮州	Chaozhou	40.32	60.24	61.33	31
荆门	Jingmen	1.66	1.79	0.90	194	揭阳	Jieyang	6.69	5.23	3.39	159
孝感	Xiaogan	1.68	1.08	1.17	192	云浮	Yunfu	7.13	15.45	16.78	87
荆州	Jingzhou	3.67	3.94	2.08	179	**广西**	**Guangxi**	**250.24**	**450.35**	**482.52**	
黄冈	Huanggang	1.85				南宁	Nanning	16.75	51.09	55.54	35
咸宁	Xianning	1.13	2.13	2.52	168	柳州	Liuzhou	8.11	18.12	18.88	78
随州	Suizhou	3.65	1.92	1.75	185	桂林	Guilin	148.62	216.34	233.32	8
湖南	**Hunan**	**189.87**	**226.05**	**240.81**		梧州	Wuzhou	9.00	19.63	20.27	73
长沙	Changsha	70.21	59.52	58.06	34	北海	Beihai	7.30	12.90	13.55	97
株洲	Zhuzhou	6.20	9.79	5.85	129	防城港	Fangchenggang	7.01	16.10	16.86	85
湘潭	Xiangtan	7.35	7.59	10.81	107	钦州	Qinzhou	2.44	5.36	6.19	125
衡阳	Hengyang	8.78	4.69	5.66	132	贵港	Guigang	4.05	8.69	9.07	113
邵阳	Shaoyang	0.09	2.33	2.04	181	玉林	Yulin	3.31	10.54	12.23	102
岳阳	Yueyang	12.72	27.10	27.79	62	百色	Baise	2.67	7.39	7.82	117

14-13 接待入境旅游者人数 续表 3
Number of Overseas Visitors continued 3

单位：万人次

地名	City	2010	2015	2016	2016 排名 Ranking	地名	City	2010	2015	2016	2016 排名 Ranking
贺州	Hezhou	16.40	35.16	37.65	46	丽江	Lijiang	61.14	114.54	115.81	19
河池	Hechi	3.02	10.06	10.68	109	普洱	Puer	11.74	6.01	7.42	120
来宾	Laibin	0.82	2.01	2.16	175	临沧	Lincang	4.12	9.42	12.02	103
崇左	Chongzuo	20.73	36.71	38.29	45	**西藏**	**Tibet**	**22.83**	**29.26**	**32.19**	
海南	**Hainan**	**66.33**	**60.84**	**74.89**		拉萨	Lasa	16.44	11.82		
海口	Haikou	13.29	12.20	13.65	96	**陕西**	**Shaanxi**	**212.17**	**293.03**	**338.20**	
三亚	Sanya	41.59	35.82	44.89	41	西安	Xi'an	84.18			
三沙	Sansha					铜川	Tongchuan	2.24			
重庆	**Chongqing**	**137.02**	**148.10**	**180.89**		宝鸡	Baoji	16.10	33.20		
四川	**Sichuan**	**104.93**	**273.20**	**308.79**		咸阳	Xianyang	14.00			
成都	Chengdu	73.20	230.54	268.17	6	渭南	Weinan	15.04			
自贡	Zigong	0.18	0.34	0.23	218	延安	Yan'an	8.54	3.52		
攀枝花	Panzhihua	0.03	0.18	0.23	218	汉中	Hanzhong	1.72			
泸州	Luzhou	0.20	0.30	0.43	212	榆林	Yulin	0.26			
德阳	Deyang	0.72	0.52	0.52	208	安康	Ankang	1.46	2.62		
绵阳	Mianyang	1.32	0.72	0.51	209	商洛	Shangluo	1.20			
广元	Guangyuan	0.14	0.19	0.13	224	**甘肃**	**Gansu**	**7.02**	**5.45**	**7.15**	
遂宁	Suining	0.90	0.08	0.05	230	兰州	Lanzhou	2.01	1.74	2.18	174
内江	Neijiang	0.04	0.07	0.02	236	嘉峪关	Jiayuguan	0.61	0.72	0.85	196
乐山	Leshan	8.10	17.42	20.75	71	金昌	Jinchang	0.02	0.03	0.03	234
南充	Nanchong	0.30	0.40	0.36	215	白银	Baiyin	0.01	0.01	0.04	231
眉山	Meishan	0.11	0.14	0.06	227	天水	Tianshui	0.02	0.03	0.03	233
宜宾	Yibin	0.42	0.46	0.10	226	武威	Wuwei	0.77	0.09	0.12	225
广安	Guangan	0.25	0.59	0.69	200	张掖	Zhangye	0.06	0.37	0.58	203
达州	Dazhou	0.01	0.05	0.01	237	平凉	Pingliang	0.00	0.07	0.24	217
雅安	Yaan	0.42	0.53	0.61	202	酒泉	Jiuquan	3.38	2.24	2.84	163
巴中	Bazhong	0.00	0.04	0.06	227	庆阳	Qingyang	0.00	0.01	0.04	232
资阳	Ziyang	2.68	3.96	2.21	173	定西	Dingxi	0.02	0.01	0.03	235
贵州	**Guizhou**	**50.01**	**68.59**	**72.29**		陇南	Longnan		0.003	0.004	238
贵阳	Guiyang	6.10	15.85	18.37	80	**青海**	**Qinghai**	**4.67**	**6.53**	**7.01**	
六盘水	Liupanshui	0.10	0.25	0.31	216	西宁	Xining		3.40	3.50	155
遵义	Zunyi	1.16		2.23	172	海东	Haidong				
安顺	Anshun	16.95		13.35	100	**宁夏**	**Ningxia**	**1.80**	**3.73**	**5.12**	
毕节	Bijie	1.06				银川	Yinchuan	1.45	2.71	3.59	153
铜仁	Tongren	3.01				石嘴山	Shizuishan	0.06			
云南	**Yunnan**	**329.15**	**570.08**	**600.38**		吴忠	Wuzhong		0.13	0.15	222
昆明	Kunming	86.06	114.49	123.47	17	固原	Guyuan	0.08	0.15	0.53	207
曲靖	Qujing	1.73	2.43	2.37	170	中卫	Zhongwei	0.17	0.67		
玉溪	Yuxi	0.26	0.52	0.56	205	**新疆**	**Xinjiang**	**50.94**	**53.14**	**58.21**	
保山	Baoshan	8.95	15.23	17.33	84	乌鲁木齐	Urumqi	58.16	31.29	31.79	55
昭通	Zhaotong	0.10	0.11	0.14	223	克拉玛依	Karamay	0.13	0.53	1.23	191

14-14 接待国内旅游人数
Number of Domestic Visitors

单位：万人次

地名	City	2010	2015	2016	2016 排名 Ranking
全国	**Nation Total**	**210300.0**			
北京	**Beijing**	**17900.0**	**26859.0**	**28115.0**	
天津	**Tianjin**	**6117.5**	**17058.7**	**12036.2**	
河北	**Hebei**	**14851.0**			
石家庄	Shijiazhuang	2350.5	6763.4	7628.4	23
唐山	Tangshan	1532.4	3398.9	4469.1	60
秦皇岛	Qinhuangdao	1860.5	3344.0	4188.9	69
邯郸	Handan	1481.0	3633.0	4734.2	52
邢台	Xingtai	754.0	1713.9	2109.2	142
保定	Baoding	2811.7	6634.4		
张家口	Zhangjiakou	1034.7	3837.3	5182.6	42
承德	Chengde	1285.6	3318.4	4604.1	54
沧州	Cangzhou	575.2	1062.2		
廊坊	Langfang	818.5	2012.9	2680.2	116
衡水	Hengshui	347.0	1036.6	1367.0	191
山西	**Shanxi**	**12496.8**			
太原	Taiyuan	1994.5	4891.0	5666.2	33
大同	Datong	1369.8	3195.0	4041.5	71
阳泉	Yangquan	823.0	2202.0	2733.3	112
长治	Changzhi	1050.6	3261.0	3751.0	82
晋城	Jincheng	1046.6	3244.0	3885.3	78
朔州	Shuozhou	430.6	1416.0	1717.0	176
晋中	Jinzhong	1349.7	5018.0	6335.1	29
运城	Yuncheng	1570.2	4036.0	5321.6	40
忻州	Xinzhou	1037.5	2891.0	3410.9	88
临汾	Linfen	1172.2	3176.0	4024.1	72
吕梁	Lvliang	652.3	2678.0	3443.8	86
内蒙古	**Inner Mongolia**	**4477.6**		**9627.4**	
呼和浩特	Hohhot	827.8	1412.2	1621.2	181
包头	Baotou	601.5	1036.2	1209.3	197
乌海	Wuhai	93.3	184.9	209.6	225
赤峰	Chifeng	383.9	710.3	865.9	210
通辽	Tongliao	248.0	444.5	540.8	216
鄂尔多斯	Erdos	442.6	865.1	1037.1	203
呼伦贝尔	Hulunbuir	737.4	1361.5	1486.3	187
巴彦淖尔	Bayannur	110.1	191.0	228.4	224
乌兰察布	Ulanqab	174.9	453.7	550.7	215
辽宁	**Liaoning**	**28277.5**	**39710.7**		
沈阳	Shenyang	5705.3	5654.5	6333.0	30
大连	Dalian	3777.1	6828.1	7633.8	22
鞍山	Anshan	2224.0	3514.4	3967.7	76
抚顺	Fushun	1980.2	2682.2	3033.6	104
本溪	Benxi	2147.9	3081.3	3491.1	85
丹东	Dandong	2248.2	3527.8	4014.7	73
锦州	Jinzhou	1441.7	2070.0	2347.4	130
营口	Yingkou	1074.2	2104.9	2399.6	129
阜新	Fuxin	658.3	996.0	1140.4	200
辽阳	Liaoyang	1661.6	1945.6	2216.0	135
盘锦	Panjin	1653.5	1993.1	2262.2	134
铁岭	Tieling	1080.6	1591.3	1799.8	167
朝阳	Chaoyang	1164.8	1897.6	2168.9	138
葫芦岛	Huludao	1460.1	1824.0	2064.7	145
吉林	**Jilin**	**6490.9**	**13982.8**	**16416.8**	
长春	Changchun	2637.6	5683.0	6655.2	24
吉林	Jilin	1762.4	3798.1	4465.4	61
四平	Siping	123.2	263.7	343.5	222
辽源	Liaoyuan	100.5	216.1	252.8	223
通化	Tonghua	400.2	862.9	1009.9	205
白山	Baishan	349.6	769.2	898.8	208
松原	Songyuan	244.1	541.7	632.4	213
白城	Baicheng	149.2	317.9	369.8	221
黑龙江	**Heilongjiang**	**15702.0**	**12926.0**	**14380.0**	
哈尔滨	Harbin	4124.0	6496.2		
齐齐哈尔	Qiqihar	1725.7			
鸡西	Jixi	501.0			
鹤岗	Hegang	113.7			
双鸭山	Shuangyashan	809.0			
大庆	Daqing	743.5			
伊春	Yichun	419.8			
佳木斯	Jiamusi	241.0	454.0		
七台河	Qitaihe	45.0			
牡丹江	Mudanjiang	796.0	1413.3		
黑河	Heihe	233.0			
绥化	Suihua	76.0			
上海	**Shanghai**	**21463.2**	**27569.0**	**29621.0**	
江苏	**Jiangsu**	**35518.6**	**61933.7**	**67780.0**	

14-14 接待国内旅游人数 续表 1
Number of Domestic Visitors continued 1

单位：万人次

地名	City	2010	2015	2016	2016 排名 Ranking	地名	City	2010	2015	2016	2016 排名 Ranking
南京	Nanjing	6365.5	9992.7	10657.3	7	池州	Chizhou	1383.5	4096.3	4799.2	49
无锡	Wuxi	5067.3	8043.3	8586.0	18	宣城	Xuancheng	644.6	2144.8	2558.1	123
徐州	Xuzhou	2049.4	4005.3	4515.5	59	**福建**	**Fujian**	**11417.1**	**26128.6**		
常州	Changzhou	2802.4	5443.0	5989.6	31	福州	Fuzhou	2275.1	4823.4	5413.7	35
苏州	Suzhou	7004.9	10605.5	11300.4	5	厦门	Xiamen	2178.4	4267.3	4903.9	47
南通	Nantong	1756.8	3387.2	3792.1	79	莆田	Putian	774.7	1949.4	2315.7	131
连云港	Lianyungang	1392.7	2682.7	3011.1	105	三明	Sanming	870.2	1946.7	2286.6	132
淮安	Huaian	1156.3	2323.8	2610.5	119	泉州	Quanzhou	1351.4	3705.2	4380.2	62
盐城	Yancheng	1105.4	2266.3	2573.7	122	漳州	Zhangzhou	1001.7	2190.2	2605.9	120
扬州	Yangzhou	2647.2	5027.2	5622.0	34	南平	Nanping	1300.0	2889.3	3404.7	89
镇江	Zhenjiang	2607.5	4802.7	5348.3	38	龙岩	Longyan	984.7	2522.4	3045.2	103
泰州	Taizhou	1072.8	2037.3	2282.3	133	宁德	Ningde	680.7	1834.9	2205.9	136
宿迁	Suqian	490.4	1316.6	1491.1	186	**江西**	**Jiangxi**	**10705.0**	**38392.2**	**46913.4**	
浙江	**Zhejiang**	**29500.0**				南昌	Nanchang		5271.2	6470.1	26
杭州	Hangzhou	6304.9	12040.4	13695.9	4	景德镇	Jingdezhen		3098.8	3774.4	81
宁波	Ningbo	4624.0	7920.3	9198.4	12	萍乡	Pingxiang		2649.4	3184.7	101
温州	Wenzhou	3537.0	7575.8	8823.9	15	九江	Jiujiang		5270.1	6429.0	28
嘉兴	Jiaxing	3070.1	6310.0	7823.1	21	新余	Xinyu		1300.2	1576.8	184
湖州	Huzhou	2855.7	7000.2	8752.2	16	鹰潭	Yingtan		2309.2	2786.4	111
绍兴	Shaoxing	3436.0	7202.5	8288.0	20	赣州	Ganzhou		3749.1	4597.3	55
金华	Jinhua	2882.7	6989.7	8632.4	17	吉安	Jian		4650.3	5668.7	32
衢州	Quzhou	1639.3	4370.2	5336.0	39	宜春	Yichun		2720.9	3359.2	92
舟山	Zhoushan	2113.3	3844.2	4576.7	56	抚州	Fuzhou		2099.6	2633.5	117
台州	Taizhou	3285.7	7419.2	8911.5	14	上饶	Shangrao		5273.4	6433.4	27
丽水	Lishui	2065.3	6270.4	6573.1	25	**山东**	**Shandong**	**34990.4**	**65045.0**	**70716.0**	
安徽	**Anhui**	**15349.0**	**44403.7**	**52241.0**		济南	Jinan	3365.2	6061.0		
合肥	Hefei	2101.7	7784.3	9236.6	11	青岛	Qingdao	4396.7	7322.0		
芜湖	Wuhu	790.3	3339.4	3974.6	75	淄博	Zibo	2544.2			
蚌埠	Bengbu	905.2	2628.9	3139.1	102	枣庄	Zaozhuang	945.0	1870.8		
淮南	Huainan	600.4	1518.2	2109.5	141	东营	Dongying	636.8	1378.3		
马鞍山	Maanshan	750.9	2389.6	2804.0	109	烟台	Yantai	3271.5	5942.3		
淮北	Huaibei	335.5	618.0	1256.8	193	潍坊	Weifang	2945.5	5578.1		
铜陵	Tongling	410.3	1084.8	1680.5	177	济宁	Jining	2989.5			
安庆	Anqing	1798.1	4470.5	5122.3	44	泰安	Taian	3021.2	5753.4		
黄山	Huangshan	2206.4	4470.8	5403.8	36	威海	Weihai	2112.1	3542.0		
滁州	Chuzhou	615.4	1687.3	1998.1	149	日照	Rizhao	2031.4	3726.5		
阜阳	Fuyang	550.6	1837.9	1975.3	151	莱芜	Laiwu	527.2			
宿州	Suzhou	541.1	1587.9	1877.6	160	临沂	Linyi	3037.0	5646.0		
六安	Liuan	650.2	2926.1	2529.9	124	德州	Dezhou	965.5			
亳州	Bozhou	477.1	1504.7	1775.7	169	聊城	Liaocheng	872.4	1862.7		

14-14 接待国内旅游人数 续表 2
Number of Domestic Visitors continued 2

单位：万人次

地名	City	2010	2015	2016	2016 排名 Ranking
滨州	Binzhou	661.4	1389.5		
菏泽	Heze	667.8			
河南	**Henan**	**25845.0**		**58013.0**	
郑州	Zhengzhou	6962.1	12291.8	13701.0	3
开封	Kaifeng	2221.2	4532.5	5303.0	41
洛阳	Luoyang	3820.3	8016.2	8930.0	13
平顶山	Pingdingshan	896.1	1868.3	2096.0	143
安阳	Anyang	1395.7	2914.4	3386.0	91
鹤壁	Hebi	395.8	899.7	1005.0	206
新乡	Xinxiang	1363.4	2899.8	3274.0	96
焦作	Jiaozuo	1959.5	3706.3	4170.0	70
濮阳	Puyang	772.7	1665.2	1852.0	161
许昌	Xuchang	607.0	1285.1	1424.0	189
漯河	Luohe	414.0	875.4	978.0	207
三门峡	Sanmenxia	1454.6	2891.2	3208.0	98
南阳	Nanyang	1251.1	2627.4	2941.0	106
商丘	Shangqiu	804.2	1575.5	1761.0	171
信阳	Xinyang	1249.4	2635.0	2918.0	107
周口	Zhoukou	686.2	1471.0	1626.0	180
驻马店	Zhumadian	819.8	1882.5	1968.0	152
湖北	**Hubei**	**20946.0**	**50668.0**		
武汉	Wuhan	8852.3	20533.0	23096.1	1
黄石	Huangshi	788.7		1880.6	159
十堰	Shiyan	1477.1	3992.1	4684.0	53
宜昌	Yichang	1519.0	4692.8	1905.4	156
襄阳	Xiangyang	1397.5	3544.8	3990.2	74
鄂州	Ezhou	285.0		576.7	214
荆门	Jingmen	865.2	2159.9	438.7	217
孝感	Xiaogan	806.3	1838.9	2114.9	140
荆州	Jingzhou	916.2	2723.6	3268.0	97
黄冈	Huanggang	819.8			
咸宁	Xianning	1156.0	4087.9	4747.5	51
随州	Suizhou	590.8	1760.2	2025.0	148
湖南	**Hunan**	**20208.2**	**47105.0**	**56307.0**	
长沙	Changsha	4169.4	8121.0	9410.0	10
株洲	Zhuzhou	1194.8	3739.0	4552.0	57
湘潭	Xiangtan	1627.3	3779.0	4759.0	50
衡阳	Hengyang	1696.0	4095.0	4332.0	64
邵阳	Shaoyang	568.4	1569.0	2034.0	147
岳阳	Yueyang	1548.2	4278.0	5007.0	46

地名	City	2010	2015	2016	2016 排名 Ranking
常德	Changde	1354.1	3064.0	3357.0	93
张家界	Zhangjiajie	1075.0	2036.0	2615.0	118
益阳	Yiyang	1281.0	2178.0	2496.0	126
郴州	Chenzhou	1697.3	4423.0	4874.0	48
永州	Yongzhou	1104.1	2215.0	2897.0	108
怀化	Huaihua	1110.5	3316.0	4238.0	67
娄底	Loudi	827.0	2374.0	3188.0	99
广东	**Guangdong**	**18626.2**	**32779.8**	**36200.1**	
广州	Guangzhou	3691.6	4854.4	5078.7	45
韶关	Shaoguan	842.7	1296.3	1425.8	188
深圳	Shenzhen	2264.7	4156.5	4524.5	58
珠海	Zhuhai	1055.4	1709.0	1909.2	155
汕头	Shantou	768.8	1426.3	1604.6	183
佛山	Foshan	763.5	1115.7	1211.3	196
江门	Jiangmen	872.0	1543.2	1777.9	168
湛江	Zhanjiang	602.3	1729.6	1912.2	154
茂名	Maoming	304.7	707.9	839.5	211
肇庆	Zhaoqing	916.2	1078.2	1185.2	198
惠州	Huizhou	913.4	1644.2	1805.4	165
梅州	Meizhou	514.3	1522.7	1721.3	175
汕尾	Shanwei	326.6	724.0	784.6	212
河源	Heyuan	435.0	1102.0	1250.1	195
阳江	Yangjiang	304.9	1024.1	1169.3	199
清远	Qingyuan	1093.8	1023.8	1078.6	201
东莞	Dongguan	1289.0	1624.2	1754.2	172
中山	Zhongshan	539.8	927.1	1055.6	202
潮州	Chaozhou	317.4	859.0	1015.9	204
揭阳	Jieyang	361.4	1401.7	1677.8	178
云浮	Yunfu	448.7	1310.2	1418.4	190
广西	**Guangxi**	**14074.0**			
南宁	Nanning	3272.0	8159.1	9499.6	9
柳州	Liuzhou	1300.3	2901.1	3297.3	95
桂林	Guilin	2097.7	4253.6	5152.6	43
梧州	Wuzhou	655.9	1527.8	1727.7	173
北海	Beihai	938.4		2473.2	128
防城港	Fangchenggang	550.1	1345.8	1568.8	185
钦州	Qinzhou	469.3	1077.1	1801.2	166
贵港	Guigang	623.0	1435.9	1666.6	179
玉林	Yulin	712.6	2027.0	2787.9	110
百色	Baise	952.0	2321.9	2716.7	114

14-14 接待国内旅游人数 续表 3
Number of Domestic Visitors continued 3

单位：万人次

地名	City	2010	2015	2016	2016 排名 Ranking	地名	City	2010	2015	2016	2016 排名 Ranking
贺州	Hezhou	487.4	1526.5	1775.5	170	丽江	Lijiang	848.8	2941.4	3404.1	90
河池	Hechi	728.0	1842.0	2154.2	139	普洱	Puer	347.0	1523.1	2065.6	144
来宾	Laibin	452.1	1543.3	1806.3	164	临沧	Lincang	268.9	781.3	1250.6	194
崇左	Chongzuo	662.5	1560.5	1991.5	150	**西藏**	**Tibet**	**662.0**	**1988.3**	**2283.8**	
海南	**Hainan**	**2521.0**	**4432.1**	**4902.3**		拉萨	Lasa	352.9	1167.2		
海口	Haikou	722.8	1213.0	1315.5	192	**陕西**	**Shaanxi**	**14353.8**	**38274.0**	**44575.0**	
三亚	Sanya	841.1	1459.9	1606.7	182	西安	Xi'an	5201.0	13600.8		
三沙	Sansha					铜川	Tongchuan	492.8	1213.1		
重庆	**Chongqing**	**16036.6**				宝鸡	Baoji	1659.0	5356.2		
四川	**Sichuan**	**27141.3**	**58500.6**	**63025.0**		咸阳	Xianyang	1846.0	4800.0		
成都	Chengdu	6738.3	18903.5	19756.5	2	渭南	Weinan	1313.5	4219.0		
自贡	Zigong	1144.9	2695.4	3186.3	100	延安	Yan'an	1442.3	3500.8		
攀枝花	Panzhihua	705.2	1659.9	2062.6	146	汉中	Hanzhong	1210.0			
泸州	Luzhou	1262.2	3257.7	3616.0	84	榆林	Yulin	530.0	1990.0		
德阳	Deyang	768.0	2305.0	2601.0	121	安康	Ankang	1218.0	2851.3		
绵阳	Mianyang	1193.0	3385.7	4205.6	68	商洛	Shangluo	1270.0			
广元	Guangyuan	700.6	3252.0	3792.1	80	**甘肃**	**Gansu**	**4284.5**		**19089.0**	
遂宁	Suining	1010.0	3106.3	3931.8	77	兰州	Lanzhou	887.5	3700.2		
内江	Neijiang	974.4	2684.1	3304.8	94	嘉峪关	Jiayuguan	166.0	570.7		
乐山	Leshan	1669.6	3903.5	4359.7	63	金昌	Jinchang	45.8	278.8		
南充	Nanchong	1307.6	3726.5	4251.5	66	白银	Baiyin	195.0	743.5		
眉山	Meishan	991.2	3022.1	3746.0	83	天水	Tianshui	682.3	2216.5		
宜宾	Yibin	1459.1	3494.9	4277.7	65	武威	Wuwei	178.5	786.4		
广安	Guangan	1040.0	3269.8	3436.3	87	张掖	Zhangye	187.4	1505.4		
达州	Dazhou	858.1	1581.0	1912.8	153	平凉	Pingliang	420.3	1332.2		
雅安	Yaan	1005.0	2162.7	2725.9	113	酒泉	Jiuquan	402.3	1728.4		
巴中	Bazhong	476.2	1697.0	2171.0	137	庆阳	Qingyang	134.0	415.3		
资阳	Ziyang	872.5	3200.5	1897.0	158	定西	Dingxi	232.0	443.7		
贵州	**Guizhou**	**12863.0**				陇南	Longnan	321.2	985.0		
贵阳	Guiyang	3940.8	8462.0	11073.4	6	**青海**	**Qinghai**	**1221.5**			
六盘水	Liupanshui	275.9	1250.0	1901.1	157	西宁	Xining		1603.1	1849.0	162
遵义	Zunyi	1662.0		8428.5	19	海东	Haidong				
安顺	Anshun	1307.9	3890.4	5394.9	37	**宁夏**	**Ningxia**	**1020.6**			
毕节	Bijie	1270.4				银川	Yinchuan	395.7	741.4	869.5	209
铜仁	Tongren	1000.3				石嘴山	Shizuishan	154.6			
云南	**Yunnan**	**13837.0**	**32344.0**	**42519.3**		吴忠	Wuzhong	150.8	247.5	419.1	218
昆明	Kunming	3471.0	6796.9	9990.2	8	固原	Guyuan	152.0	263.4	410.0	219
曲靖	Qujing	707.3	1336.0	1727.6	174	中卫	Zhongwei	165.7			
玉溪	Yuxi	1164.0	2309.6	2710.7	115	**新疆**	**Xinjiang**	**3038.0**	**5929.0**		
保山	Baoshan	611.0	1264.2	1816.4	163	乌鲁木齐	Urumqi	465.6	2172.1	2501.8	125
昭通	Zhaotong	591.2	2065.7	2489.1	127	克拉玛依	Karamay	111.7	345.4	405.6	220

14-15 国际旅游外汇收入
Foreign Exchange Earnings from International Tourism

单位：万美元 （USD 10 000）

地名	City	2010	2012	2013	2013 排名 Ranking
全国	**Nation Total**	**4581400.0**	**5002800.0**	**5166400.0**	
北京	**Beijing**	**504400.0**	**514900.0**	**479468.0**	
天津	**Tianjin**	**141951.0**	**222641.0**	**259128.0**	
河北	**Hebei**	**35070.7**	**54494.0**	**58578.0**	
石家庄	Shijiazhuang	4383.9	6163.8	7489.9	89
唐山	Tangshan	2573.2	4134.4	4050.2	118
秦皇岛	Qinhuangdao	12022.5	19453.5	25572.7	38
邯郸	Handan	548.4	1386.5	1565.8	178
邢台	Xingtai	552.9	754.5	569.9	219
保定	Baoding	2806.5	4331.6	3180.7	131
张家口	Zhangjiakou	951.8	2068.4	2255.1	155
承德	Chengde	7883.7	11780.1	9735.0	81
沧州	Cangzhou	2595.4	851.6	972.0	202
廊坊	Langfang	496.4	3206.0	2811.1	137
衡水	Hengshui	256.1	363.5	376.1	229
山西	**Shanxi**	**46459.9**	**72024.0**	**82268.0**	
太原	Taiyuan	16376.6	24413.0	27567.1	35
大同	Datong	7310.2	10224.3	11748.2	69
阳泉	Yangquan	682.7	1009.7	1177.6	191
长治	Changzhi	1644.8	3042.6	3547.9	127
晋城	Jincheng	1658.4	4564.0	5385.9	105
朔州	Shuozhou	1292.1	2211.1	2537.5	146
晋中	Jinzhong	6382.8	10216.5	11811.8	68
运城	Yuncheng	2768.4	4035.4	4571.4	111
忻州	Xinzhou	5080.0	7475.6	8447.7	84
临汾	Linfen	2077.2	3100.0	3509.5	128
吕梁	Lvliang	1186.9	1731.7	1963.6	164
内蒙古	**Inner Mongolia**	**60190.0**	**77196.0**	**96229.0**	
呼和浩特	Hohhot	6881.9	9280.0	10948.0	74
包头	Baotou	1058.0	1475.0	2341.0	153
乌海	Wuhai	16.5	26.0	27.0	266
赤峰	Chifeng	1645.0	211.0	2758.0	138
通辽	Tongliao	854.0	1244.0	1601.0	177
鄂尔多斯	Erdos	1155.3	1912.0	2139.0	158
呼伦贝尔	Hulunbuir	26431.8	35474.0	44347.0	29
巴彦淖尔	Bayannur	2345.4	3124.0	1853.0	168
乌兰察布	Ulanqab	609.2	1427.0	2305.0	154
辽宁	**Liaoning**	**225932.9**	**326369.0**	**347714.0**	
沈阳	Shenyang	40023.5	63195.3	66451.3	20
大连	Dalian	80386.0	87349.0	81341.3	13
鞍山	Anshan	22435.1	27400.1	50085.6	25
抚顺	Fushun	5882.0	12981.9	15123.4	61
本溪	Benxi	27094.6	48877.9	48636.3	26
丹东	Dandong	16402.5	26642.2	24473.0	40
锦州	Jinzhou	12070.1	18505.9	21212.9	50
营口	Yingkou	3728.1	7186.6	10656.8	75
阜新	Fuxin	1004.8	1152.9	1243.3	187
辽阳	Liaoyang	1698.7	1896.4	2868.5	136
盘锦	Panjin	8915.9	13327.5	13200.9	65
铁岭	Tieling	2698.3	4013.6	4688.5	110
朝阳	Chaoyang	852.9	1180.8	1402.7	182
葫芦岛	Huludao	3240.6	4634.5	6329.1	93
吉林	**Jilin**	**30491.7**	**49477.0**	**55237.0**	
长春	Changchun	13747.9	22379.1	24305.9	43
吉林	Jilin	1895.9	3053.1	3557.5	126
四平	Siping	58.6	84.5	92.9	251
辽源	Liaoyuan	12.4	13.4	15.3	271
通化	Tonghua	1428.8	2464.9	3034.7	133
白山	Baishan	1008.5	1581.7	1711.4	171
松原	Songyuan	692.8	1028.5	1144.4	193
白城	Baicheng	174.4	266.3	304.6	233
黑龙江	**Heilongjiang**	**76250.0**	**83548.0**	**60436.0**	
哈尔滨	Harbin	14272.0	11333.0	9821.0	79
齐齐哈尔	Qiqihar	845.0	1363.0	1432.0	180
鸡西	Jixi	1352.8	1501.0	1121.0	195
鹤岗	Hegang	1070.4	1036.7	1065.0	199
双鸭山	Shuangyashan	2685.0	3025.0		
大庆	Daqing		473.0	491.0	225
伊春	Yichun				
佳木斯	Jiamusi	3369.0	1440.0	2928.0	135
七台河	Qitaihe	2600.0	2900.0		
牡丹江	Mudanjiang	29804.0	38956.0	58360.0	22
黑河	Heihe			2.3	278
绥化	Suihua	6.0	8.0	0.1	281
上海	**Shanghai**	**640510.0**	**549323.0**	**524470.0**	
江苏	**Jiangsu**	**478343.0**	**629972.0**	**237989.0**	

14-15 国际旅游外汇收入 续表 1

Foreign Exchange Earnings from International Tourism continued 1

单位：万美元 （USD 10 000）

地名	City	2010	2012	2013	2013 排名 Ranking	地名	City	2010	2012	2013	2013 排名 Ranking
南京	Nanjing	98062.0	136216.0	40063.0	32	池州	Chizhou	10467.0	31899.2	38031.5	33
无锡	Wuxi	48146.0	68138.0	26985.0	36	宣城	Xuancheng	753.6	1798.0	2622.3	141
徐州	Xuzhou	15286.6	21045.0	2193.0	156	**福建**	**Fujian**	**297823.7**	**422567.0**	**457338.0**	
常州	Changzhou	34707.0	47439.0	7590.0	88	福州	Fuzhou	84299.0	110909.6	128931.9	7
苏州	Suzhou	125059.0	164723.0	135687.0	6	厦门	Xiamen	108552.3	157727.9	160711.6	4
南通	Nantong	36066.5	42995.0	11196.0	73	莆田	Putian	12922.1	19242.3	21855.0	48
连云港	Lianyungang	10746.0	14434.0	1668.0	173	三明	Sanming	2033.9	4095.1	105483.4	9
淮安	Huaian	2475.0	3056.0	888.0	206	泉州	Quanzhou	66737.0	90445.6	3958.0	120
盐城	Yancheng	4534.6	6477.0	2533.0	147	漳州	Zhangzhou	15454.9	22878.2	20061.5	54
扬州	Yangzhou	45987.9	55921.0	3711.0	123	南平	Nanping	6679.5	12948.0	11593.4	70
镇江	Zhenjiang	46966.1	55819.0	3130.0	132	龙岩	Longyan	983.4	3568.1	3684.5	124
泰州	Taizhou	7931.0	10855.0	1990.0	163	宁德	Ningde	161.5	752.7	988.0	201
宿迁	Suqian	2375.2	2854.0	355.0	230	**江西**	**Jiangxi**	**34630.0**	**48473.0**	**52508.0**	
浙江	**Zhejiang**	**393020.0**	**515174.0**	**539293.0**		南昌	Nanchang	3069.0	5432.0	6390.0	92
杭州	Hangzhou	169008.4	220165.0	216047.3	3	景德镇	Jingdezhen	6484.0	7820.0	8391.0	85
宁波	Ningbo	59066.3	73428.0	79656.3	16	萍乡	Pingxiang	1225.0	2356.0	2540.0	145
温州	Wenzhou	17023.8	31887.0	42064.2	30	九江	Jiujiang	9047.0	9988.0	10513.0	77
嘉兴	Jiaxing	22643.0	27658.0	24388.9	41	新余	Xinyu	294.0	540.0	731.0	212
湖州	Huzhou	12585.0	17323.0	20021.8	55	鹰潭	Yingtan	1029.0	1552.0	1774.0	169
绍兴	Shaoxing	18478.2	24128.0	24385.6	42	赣州	Ganzhou	3056.0	4675.0	4957.0	107
金华	Jinhua	37670.0	42451.0	45417.4	28	吉安	Jian	3381.0	5719.0	6007.0	95
衢州	Quzhou	5123.0	6659.0	5723.9	100	宜春	Yichun	1571.0	2310.0	2504.0	148
舟山	Zhoushan	13094.0	15865.0	16084.1	58	抚州	Fuzhou	1714.0	2309.0	2460.0	149
台州	Taizhou	5629.0	8726.0	4264.7	114	上饶	Shangrao	3760.0	5763.0	6241.0	94
丽水	Lishui	28608.0	46884.0	61239.2	21	**山东**	**Shandong**	**215505.8**	**292365.0**	**273120.0**	
安徽	**Anhui**	**82000.0**	**156267.0**	**166042.0**		济南	Jinan	11354.4	16034.3	15126.7	60
合肥	Hefei	12729.4	23457.1	25183.2	39	青岛	Qingdao	60103.5	82459.5	79362.6	17
芜湖	Wuhu	2853.3	10573.0	13220.4	64	淄博	Zibo	9205.8	12800.7	11573.9	71
蚌埠	Bengbu	736.7	1608.1	2055.0	160	枣庄	Zaozhuang	823.8	1078.2	769.6	211
淮南	Huainan	905.3	1356.4	1916.5	165	东营	Dongying	3128.2	5082.4	4772.2	109
马鞍山	Maanshan	5135.4	13461.5	6818.8	91	烟台	Yantai	37706.8	48146.4	46313.2	27
淮北	Huaibei	118.6	933.5	1141.1	194	潍坊	Weifang	16238.3	25258.5	23181.6	47
铜陵	Tongling	285.6	924.9	930.6	203	济宁	Jining	17117.9	18412.8	15965.3	59
安庆	Anqing	2795.9	6894.4	8722.1	82	泰安	Taian	18380.2	25745.4	23222.5	46
黄山	Huangshan	30100.0	53658.2	53993.0	24	威海	Weihai	19151.0	25282.6	23851.5	45
滁州	Chuzhou	1351.6	3548.5	4043.1	119	日照	Rizhao	9795.3	13583.1	12416.2	66
阜阳	Fuyang	264.5	677.2	888.9	205	莱芜	Laiwu	313.6	610.7	506.2	222
宿州	Suzhou	410.5	901.4	1241.8	188	临沂	Linyi	7716.7	11325.2	10232.3	78
六安	Liuan	872.1	3784.2	4119.4	117	德州	Dezhou	1752.5	2195.0	1893.6	167
亳州	Bozhou	329.0	791.2	1114.1	196	聊城	Liaocheng	1580.0	2703.0	2392.0	150

14-15 国际旅游外汇收入 续表 2

Foreign Exchange Earnings from International Tourism continued 2

单位：万美元 （USD 10 000）

地名	City	2010	2012	2013	2013 排名 Ranking	地名	City	2010	2012	2013	2013 排名 Ranking
滨州	Binzhou	898.5	1345.0	1267.9	186	常德	Changde	2144.1	4744.4	5134.9	106
菏泽	Heze	239.2	302.5	272.8	235	张家界	Zhangjiajie	20070.9	28855.1	18903.5	56
河南	**Henan**	**49877.1**	**61141.0**	**65998.0**		益阳	Yiyang	1797.8	2630.5	1194.8	189
郑州	Zhengzhou	14788.8	15800.0	16508.0	57	郴州	Chenzhou	5739.0	8892.0	10528.6	76
开封	Kaifeng	4596.9	6083.7	5560.0	102	永州	Yongzhou	784.8	722.3	606.3	218
洛阳	Luoyang	15100.0	17949.7	20296.0	53	怀化	Huaihua	190.2	654.5	1100.7	197
平顶山	Pingdingshan	475.1	700.0	770.0	210	娄底	Loudi	1007.8	2025.7	2561.4	143
安阳	Anyang	1291.2	1829.8	2051.0	161	**广东**	**Guangdong**	**1243154**	**1561067**	**1627807**	
鹤壁	Hebi	185.6	229.0	243.2	239	广州	Guangzhou	468858.3	514457.8	516883.6	1
新乡	Xinxiang	677.7	1090.0	1153.0	192	韶关	Shaoguan	10309.2	3110.0	3730.2	122
焦作	Jiaozuo	8070.7	10900.0	12295.0	67	深圳	Shenzhen	318057.8	432882.1	453101.7	2
濮阳	Puyang	635.0	115.0	116.2	250	珠海	Zhuhai	122338.5	95044.6	83767.4	12
许昌	Xuchang	325.8	198.3	6.4	274	汕头	Shantou	5015.8	5174.7	5430.6	104
漯河	Luohe	280.0	210.3	219.0	240	佛山	Foshan	72895.7	120983.5	126984.3	8
三门峡	Sanmenxia	821.6	1262.6	1662.4	174	江门	Jiangmen	47656.6	69917.2	79768.4	15
南阳	Nanyang	630.0	745.0	788.0	209	湛江	Zhanjiang	2716.0	4816.1	5845.4	97
商丘	Shangqiu	250.0	240.0	267.6	237	茂名	Maoming	1198.1	1314.6	1394.6	183
信阳	Xinyang	318.0	184.6	258.4	238	肇庆	Zhaoqing	12439.7	48689.2	55440.5	23
周口	Zhoukou	672.6	775.1	906.2	204	惠州	Huizhou	50167.8	67785.7	77039.2	18
驻马店	Zhumadian	546.0	600.0	2667.0	139	梅州	Meizhou	2961.9	4086.4	4203.8	116
湖北	**Hubei**	**75116.5**	**120297.0**	**121892.0**		汕尾	Shanwei	1174.9	1418.5	1180.0	190
武汉	Wuhan	47578.3	85208.9	91431.0	10	河源	Heyuan	1388.5	926.2	1097.1	198
黄石	Huangshi	376.8	600.0	190.7	241	阳江	Yangjiang	1875.5	2225.8	2008.0	162
十堰	Shiyan	3303.6	5649.0	5824.1	98	清远	Qingyuan	11061.9	14417.1	13579.3	63
宜昌	Yichang	5455.6	7053.9	8273.1	86	东莞	Dongguan	67591.9	126924.5	144981.5	5
襄阳	Xiangyang	2642.1	2947.1	2986.1	134	中山	Zhongshan	27591.0	21978.6	23890.6	44
鄂州	Ezhou	103.2	201.6	271.3	236	潮州	Chaozhou	13206.9	21302.6	21770.0	49
荆门	Jingmen	820.3	577.8	523.4	221	揭阳	Jieyang	2150.0	1768.2	2109.5	159
孝感	Xiaogan	820.0	1014.7	499.3	224	云浮	Yunfu	2498.5	3033.3	3602.0	125
荆州	Jingzhou	864.7	1627.9	1653.9	175	**广西**	**Guangxi**	**80700.0**	**127887.0**	**154730.0**	
黄冈	Huanggang	99.1	396.0	285.8	234	南宁	Nanning	5600.0	10705.5	13736.7	62
咸宁	Xianning	522.7	485.2	500.2	223	柳州	Liuzhou	2684.1	4760.5	5882.5	96
随州	Suizhou	1791.8	1652.0	678.4	215	桂林	Guilin	50417.0	73440.2	86950.6	11
湖南	**Hunan**	**88676.0**	**92836.0**	**82269.0**		梧州	Wuzhou	2293.8	4230.4	5647.2	101
长沙	Changsha	44112.2	27634.2	20400.3	52	北海	Beihai	2173.0	3429.1	4307.9	113
株洲	Zhuzhou	2235.5	3735.9	4935.2	108	防城港	Fangchenggang	1695.2	3576.7	4382.5	112
湘潭	Xiangtan	2724.8	1924.7	1602.8	176	钦州	Qinzhou	822.4	1332.5	1507.0	179
衡阳	Hengyang	2245.5	2728.6	2540.8	144	贵港	Guigang	1191.1	2179.1	2646.6	140
邵阳	Shaoyang	22.4	948.6	1404.3	181	玉林	Yulin	1463.6	2304.1	3274.9	129
岳阳	Yueyang	3849.0	6813.9	9780.6	80	百色	Baise	1146.4	1935.0	2350.0	152

14-15 国际旅游外汇收入 续表 3

Foreign Exchange Earnings from International Tourism continued 3

单位：万美元 （USD 10 000）

地名	City	2010	2012	2013	2013 排名 Ranking	地名	City	2010	2012	2013	2013 排名 Ranking
贺州	Hezhou	4180.0	7630.0	620.8	217	丽江	Lijiang	20200.0	28900.0	35768.6	34
河池	Hechi	1139.5	2001.5	2569.7	142	普洱	Puer	595.0	1269.0	1912.5	166
来宾	Laibin	350.6	650.0	701.0	214	临沧	Lincang	1472.0	2075.6	2389.0	151
崇左	Chongzuo	5825.6	9761.4	11322.7	72	**西藏**	**Tibet**	**10359.0**	**10570.0**	**12786.0**	
海南	**Hainan**	**32227.7**	**34802.0**	**33748.0**		拉萨	Lasa	7459.0		7700.0	87
海口	Haikou	3755.7	4474.0	4210.2	115	**陕西**	**Shaanxi**	**101596.0**	**159747.0**	**167619.0**	
三亚	Sanya	24504.4	26565.3	25990.6	37	西安	Xi'an	53000.0	74862.0	80200.0	14
三沙	Sansha					铜川	Tongchuan	19.4	390.0	390.7	228
重庆	**Chongqing**	**70320.0**	**116832.0**	**126831.0**		宝鸡	Baoji	4648.0	7320.0	8685.0	83
四川	**Sichuan**	**35408.8**	**79815.0**	**76476.0**		咸阳	Xianyang	3342.0	2370.0	7363.2	90
成都	Chengdu	27558.5	62916.2	68030.6	19	渭南	Weinan	2707.7	5604.4	5757.0	99
自贡	Zigong	50.7	169.1	59.6	256	延安	Yan'an	658.9	975.4	671.0	216
攀枝花	Panzhihua	9.3	51.1	11.3	272	汉中	Hanzhong	690.0	998.0	1269.0	185
泸州	Luzhou	43.5	135.8	44.8	261	榆林	Yulin	14.0	16.3	17.0	270
德阳	Deyang	465.7	809.2	313.9	232	安康	Ankang	263.0	400.0	450.0	227
绵阳	Mianyang	578.6	570.9	315.0	231	商洛	Shangluo	76.3	144.9	172.0	242
广元	Guangyuan	12.3	60.1	41.9	262	**甘肃**	**Gansu**	**1481.4**	**2232.0**	**2039.0**	
遂宁	Suining	165.0	478.2	151.3	245	兰州	Lanzhou	412.2	529.3	560.9	220
内江	Neijiang	7.7	45.1	20.5	267	嘉峪关	Jiayuguan	133.6	146.6	136.0	246
乐山	Leshan	1580.2	5750.9	2171.2	157	金昌	Jinchang	3.4	9.2	17.2	269
南充	Nanchong	83.7	473.7	129.6	247	白银	Baiyin	0.7	2.5	2.4	277
眉山	Meishan	30.7	96.0	10.9	273	天水	Tianshui	6.3	50.4	33.4	264
宜宾	Yibin	154.5	175.3	85.5	252	武威	Wuwei	114.5	107.4	57.2	257
广安	Guangan	66.5	143.9	121.5	249	张掖	Zhangye	7.2	106.1	81.8	253
达州	Dazhou	4.5	119.8	49.9	260	平凉	Pingliang	0.7	22.9	19.2	268
雅安	Yaan	111.3	245.8	56.1	259	酒泉	Jiuquan	782.3	1156.3	1033.8	200
巴中	Bazhong	0.8	10.8	4.1	275	庆阳	Qingyang	0.7	1.6	2.9	276
资阳	Ziyang	597.1	650.1	708.3	213	定西	Dingxi	3.0	6.9	1.2	280
贵州	**Guizhou**	**12958.0**	**16894.0**	**20143.0**		陇南	Longnan	0.1	0.6	1.6	279
贵阳	Guiyang	2486.7	4240.6	5496.8	103	**青海**	**Qinghai**	**2044.9**	**2432.0**	**1942.0**	
六盘水	Liupanshui	25.4	28.2	29.3	265	西宁	Xining		2175.6	1683.0	172
遵义	Zunyi	371.7	439.6	468.1	226	海东	Haidong				
安顺	Anshun	2929.9	3153.3	3193.2	130	**宁夏**	**Ningxia**	**598.9**	**545.0**	**1208.0**	
毕节	Bijie	176.5	405.8	1314.9	184	银川	Yinchuan	506.8	405.0	874.5	207
铜仁	Tongren	696.3	1333.8	1773.3	170	石嘴山	Shizuishan	19.7	22.7	35.5	263
云南	**Yunnan**	**132365.0**	**194708.0**	**241818.0**		吴忠	Wuzhong	15.2	45.0	56.7	258
昆明	Kunming	24252.0	33836.0	40338.0	31	固原	Guyuan	22.5	15.2	81.2	254
曲靖	Qujing	396.1	696.7	797.0	208	中卫	Zhongwei	34.6	57.0	160.4	244
玉溪	Yuxi	63.0	109.5	126.8	248	**新疆**	**Xinjiang**	**36844.0**	**55057.0**	**58502.0**	
保山	Baoshan	2258.0	2963.0	3890.0	121	乌鲁木齐	Urumqi	19547.0	19855.0	21013.0	51
昭通	Zhaotong	19.5	27.7	63.0	255	克拉玛依	Karamay	44.0	125.0	163.0	243

14-16 国内旅游收入

Earnings from Domestic Tourism

单位：亿元　　　　（100 million yuan）

地名	City	2010	2012	2013	2013 排名 Ranking	地名	City	2010	2012	2013	2013 排名 Ranking
全国	**Nation Total**	**12579.8**	**22706.2**	**26276.1**		沈阳	Shenyang	489.7	688.2	792.2	12
北京	**Beijing**	**2425.1**	**3301.3**	**3666.3**		大连	Dalian	495.5	711.4	850.4	11
天津	**Tianjin**	**1151.9**	**1600.0**			鞍山	Anshan	176.2	279.0	323.9	52
河北	**Hebei**	**890.8**	**1553.9**	**1973.8**		抚顺	Fushun	177.4	269.3	327.0	50
石家庄	Shijiazhuang	129.4	264.7	328.3	49	本溪	Benxi	158.1	237.1	289.9	61
唐山	Tangshan	93.4	167.9	212.3	86	丹东	Dandong	208.1	320.2	348.6	44
秦皇岛	Qinhuangdao	143.0	201.6	244.3	77	锦州	Jinzhou	112.4	161.6	222.6	82
邯郸	Handan	75.9	135.0	175.7	122	营口	Yingkou	112.1	167.7	206.4	94
邢台	Xingtai	41.5	66.4	82.2	208	阜新	Fuxin	35.9	55.9	67.2	231
保定	Baoding	147.9	245.8	316.8	55	辽阳	Liaoyang	129.7	190.4	220.9	83
张家口	Zhangjiakou	59.3	134.2	181.8	120	盘锦	Panjin	130.3	200.4	245.8	76
承德	Chengde	86.8	153.5	198.0	103	铁岭	Tieling	78.5	112.5	146.1	145
沧州	Cangzhou	32.9	97.1	67.8	230	朝阳	Chaoyang	103.6	144.3	185.5	116
廊坊	Langfang	63.2	54.6	124.6	157	葫芦岛	Huludao	125.9	204.1	206.1	95
衡水	Hengshui	17.7	33.2	42.2	253	**吉林**	**Jilin**	**732.8**	**1146.9**	**1441.6**	
山西	**Shanxi**	**1052.3**	**1766.3**	**2253.7**		长春	Changchun	350.5	534.2	667.7	19
太原	Taiyuan	219.3	339.7	413.5	37	吉林	Jilin	164.3	271.1	341.0	47
大同	Datong	113.2	156.2	192.9	110	四平	Siping	12.3	19.7	24.7	267
阳泉	Yangquan	57.5	94.9	119.9	162	辽源	Liaoyuan	10.0	16.1	20.3	272
长治	Changzhi	88.8	164.5	209.4	91	通化	Tonghua	37.7	60.2	76.1	218
晋城	Jincheng	75.5	149.9	195.3	107	白山	Baishan	30.6	49.4	62.7	235
朔州	Shuozhou	36.0	63.4	82.5	207	松原	Songyuan	27.2	45.2	59.9	239
晋中	Jinzhong	109.4	209.6	294.0	59	白城	Baicheng	15.3	24.5	30.7	260
运城	Yuncheng	101.2	163.4	209.7	89	**黑龙江**	**Heilongjiang**	**832.0**	**1247.5**	**1348.5**	
忻州	Xinzhou	103.0	157.9	202.6	99	哈尔滨	Harbin	371.8	554.0	669.0	18
临汾	Linfen	97.4	158.0	192.8	111	齐齐哈尔	Qiqihar	66.2	104.0		
吕梁	Lvliang	51.0	108.9	141.0	150	鸡西	Jixi	19.8	27.2	30.9	259
内蒙古	**Inner Mongolia**	**692.9**	**1080.7**	**1343.7**		鹤岗	Hegang	9.0	32.2	27.3	263
呼和浩特	Hohhot	171.2	245.4	285.5	62	双鸭山	Shuangyashan	8.6	6.4		
包头	Baotou	109.1	153.6	205.9	96	大庆	Daqing	26.0	45.7	58.5	240
乌海	Wuhai	8.9	16.6	20.3	271	伊春	Yichun	25.2	43.6	49.1	247
赤峰	Chifeng	54.1	88.2	103.5	180	佳木斯	Jiamusi	9.9	12.4	16.0	275
通辽	Tongliao	37.4	48.7	56.5	243	七台河	Qitaihe	10.1	10.4		
鄂尔多斯	Erdos	68.5	124.2	151.0	142	牡丹江	Mudanjiang	31.9	45.2	56.7	242
呼伦贝尔	Hulunbuir	113.8	191.7	251.3	74	黑河	Heihe	23.3	22.6	26.4	265
巴彦淖尔	Bayannur	11.9	17.0	20.8	270	绥化	Suihua	0.6	6.4	6.8	281
乌兰察布	Ulanqab	12.7	25.1	34.5	258	**上海**	**Shanghai**	**2522.9**	**2786.5**	**2968.0**	
辽宁	**Liaoning**	**2533.4**	**3739.3**	**4432.8**		**江苏**	**Jiangsu**	**4287.9**	**6055.8**	**6940.1**	

14-16　国内旅游收入　续表 1

Earnings from Domestic Tourism continued 1

单位：亿元　　　　　　　　　　　　　　　　　　　　　　　　（100 million yuan）

地名	City	2010	2012	2013	2013 排名 Ranking
南京	Nanjing	852.4	1169.0	1317.5	5
无锡	Wuxi	703.9	974.9	1100.4	8
徐州	Xuzhou	215.8	311.8	360.5	41
常州	Changzhou	320.8	482.0	557.4	22
苏州	Suzhou	917.8	1254.4	1419.1	4
南通	Nantong	202.3	299.3	348.2	45
连云港	Lianyungang	153.6	221.6	257.3	69
淮安	Huaian	118.6	172.6	200.1	101
盐城	Yancheng	99.1	142.8	166.1	129
扬州	Yangzhou	271.8	392.5	454.4	33
镇江	Zhenjiang	285.6	410.1	474.5	29
泰州	Taizhou	113.3	160.9	186.2	114
宿迁	Suqian	32.9	63.9	98.5	194
浙江	**Zhejiang**	**3046.0**	**4475.8**	**5202.0**	
杭州	Hangzhou	910.9	1253.2	1469.9	3
宁波	Ningbo	610.7	816.4	904.2	9
温州	Wenzhou	321.9	464.2	556.4	23
嘉兴	Jiaxing	280.6	401.6	470.5	30
湖州	Huzhou	205.6	312.9	381.2	40
绍兴	Shaoxing	305.8	491.1	569.3	21
金华	Jinhua	258.0	372.8	462.2	32
衢州	Quzhou	91.6	145.5	193.7	109
舟山	Zhoushan	133.1	253.7	290.2	60
台州	Taizhou	269.4	406.7	490.7	27
丽水	Lishui	96.2	176.2	228.4	81
安徽	**Anhui**	**1094.8**	**2519.1**	**2903.2**	
合肥	Hefei	225.3	577.5	676.4	16
芜湖	Wuhu	74.1	217.9	259.8	68
蚌埠	Bengbu	36.2	98.7	113.0	171
淮南	Huainan	25.4	57.1	65.7	233
马鞍山	Maanshan	37.1	105.3	120.0	161
淮北	Huaibei	16.8	43.2	48.5	248
铜陵	Tongling	22.4	46.4	52.8	245
安庆	Anqing	119.1	256.0	296.0	56
黄山	Huangshan	182.2	395.0	424.4	36
滁州	Chuzhou	38.5	81.3	97.6	196
阜阳	Fuyang	28.3	66.1	78.2	214
宿州	Suzhou	24.7	57.6	68.3	229
六安	Liuan	37.2	94.6	113.2	170
亳州	Bozhou	27.3	64.3	76.0	220

地名	City	2010	2012	2013	2013 排名 Ranking
池州	Chizhou	119.2	261.9	295.2	57
宣城	Xuancheng	42.6	98.6	118.2	164
福建	**Fujian**	**1135.1**	**1650.0**	**2003.4**	
福州	Fuzhou	210.3	292.1	323.4	53
厦门	Xiamen	295.9	411.5	478.6	28
莆田	Putian	54.8	79.2	152.2	138
三明	Sanming	53.5	78.5	335.5	48
泉州	Quanzhou	155.1	263.6	107.6	178
漳州	Zhangzhou	94.1	128.7	101.6	185
南平	Nanping	151.4	217.2	251.4	73
龙岩	Longyan	69.6	107.1	131.2	155
宁德	Ningde	50.4	72.1	103.4	181
江西	**Jiangxi**	**794.8**	**1372.0**	**1863.6**	
南昌	Nanchang		197.0	272.0	64
景德镇	Jingdezhen		124.0	157.0	133
萍乡	Pingxiang		80.0	103.0	182
九江	Jiujiang		213.0	263.0	66
新余	Xinyu		47.0	71.0	226
鹰潭	Yingtan		75.0	98.0	195
赣州	Ganzhou		162.0	204.0	98
吉安	Jian		165.0	210.0	88
宜春	Yichun		77.0	121.0	160
抚州	Fuzhou		68.0	100.0	191
上饶	Shangrao		164.0	268.0	65
山东	**Shandong**	**2915.8**	**4300.0**		
济南	Jinan	306.3	451.7	519.5	24
青岛	Qingdao	540.1	755.5	873.5	10
淄博	Zibo	207.4	302.9	346.0	46
枣庄	Zaozhuang	60.4	95.1	111.1	176
东营	Dongying	43.3	67.4	81.8	209
烟台	Yantai	306.2	445.1	514.4	25
潍坊	Weifang	237.0	368.6	426.7	35
济宁	Jining	221.9	330.6	382.7	39
泰安	Taian	241.1	371.3	427.3	34
威海	Weihai	207.3	281.3	324.1	51
日照	Rizhao	116.1	174.7	202.4	100
莱芜	Laiwu	21.1	33.7	38.9	256
临沂	Linyi	232.7	351.7	407.4	38
德州	Dezhou	45.4	85.5	100.1	188
聊城	Liaocheng	50.2	85.3	100.1	190

14-16 国内旅游收入 续表 2

Earnings from Domestic Tourism continued 2

单位：亿元 （100 million yuan）

地名	City	2010	2012	2013	2013 排名 Ranking
滨州	Binzhou	43.3	69.6	80.5	211
菏泽	Heze	36.1	65.2	78.3	213
河南	**Henan**	**2294.0**	**3300.0**		
郑州	Zhengzhou	591.2	942.0	1103.9	7
开封	Kaifeng	175.2	237.7	279.2	63
洛阳	Luoyang	367.9	591.9	698.6	15
平顶山	Pingdingshan	68.6	108.1	135.8	152
安阳	Anyang	104.5	167.4	195.2	108
鹤壁	Hebi	23.1	38.6	44.8	250
新乡	Xinxiang	79.3	126.1	147.1	144
焦作	Jiaozuo	131.8	192.9	230.6	79
濮阳	Puyang	52.2	85.4	98.9	193
许昌	Xuchang	32.0	48.3	55.8	244
漯河	Luohe	24.3	35.5	41.3	255
三门峡	Sanmenxia	79.4	121.2	156.7	134
南阳	Nanyang	88.0	134.3	156.0	136
商丘	Shangqiu	43.1	68.3	79.2	212
信阳	Xinyang	61.1	99.6	115.2	167
周口	Zhoukou	41.1	65.6	76.3	217
驻马店	Zhumadian	45.1	70.3	83.4	206
湖北	**Hubei**	**1409.5**	**2553.6**	**3130.1**	
武汉	Wuhan	721.4	1342.2	1633.4	2
黄石	Huangshi	40.4	54.9	62.0	236
十堰	Shiyan	89.3	157.6	198.5	102
宜昌	Yichang	100.3	195.9	255.0	72
襄阳	Xiangyang	85.9	148.9	179.0	121
鄂州	Ezhou	18.0	33.6	41.4	254
荆门	Jingmen	40.9	75.0	90.3	200
孝感	Xiaogan	46.0	69.9	88.7	201
荆州	Jingzhou	51.8	91.0	111.3	175
黄冈	Huanggang	44.5	75.0	78.1	215
咸宁	Xianning	59.1	107.7	130.1	156
随州	Suizhou	36.9	72.9	84.7	204
湖南	**Hunan**	**1365.5**	**2175.5**	**2630.9**	
长沙	Changsha	371.9	513.4	614.4	20
株洲	Zhuzhou	70.7	137.8	167.5	127
湘潭	Xiangtan	88.1	139.0	161.1	131
衡阳	Hengyang	82.8	153.7	185.8	115
邵阳	Shaoyang	41.4	70.3	83.4	205
岳阳	Yueyang	99.7	170.9	230.5	80
常德	Changde	81.5	134.9	167.8	126
张家界	Zhangjiajie	98.1	153.5	171.4	125
益阳	Yiyang	69.9	109.6	123.7	158
郴州	Chenzhou	107.6	165.6	214.9	85
永州	Yongzhou	56.4	102.0	118.7	163
怀化	Huaihua	73.0	126.3	148.8	143
娄底	Loudi	53.3	89.0	114.4	168
广东	**Guangdong**	**2964.6**	**6400.0**	**7297.0**	
广州	Guangzhou	936.0	1586.1	1882.3	1
韶关	Shaoguan	99.8	153.9	184.9	117
深圳	Shenzhen	412.6	566.5	675.4	17
珠海	Zhuhai	136.2	175.8	189.9	112
汕头	Shantou	85.1	120.6	143.7	148
佛山	Foshan	181.8	289.3	352.5	43
江门	Jiangmen	87.7	141.1	173.9	123
湛江	Zhanjiang	63.5	124.1	151.8	140
茂名	Maoming	71.1	92.3	100.2	187
肇庆	Zhaoqing	94.3	148.7	171.5	124
惠州	Huizhou	106.7	141.3	164.9	130
梅州	Meizhou	70.8	147.5	197.7	104
汕尾	Shanwei	41.6	71.6	81.3	210
河源	Heyuan	45.1	131.8	152.1	139
阳江	Yangjiang	41.4	85.1	113.0	172
清远	Qingyuan	100.9	169.6	187.3	113
东莞	Dongguan	145.4	226.2	256.7	70
中山	Zhongshan	106.4	166.8	183.2	118
潮州	Chaozhou	45.2	61.3	76.4	216
揭阳	Jieyang	46.1	85.1	114.2	169
云浮	Yunfu	47.0	123.0	155.7	137
广西	**Guangxi**	**898.1**	**1578.9**	**1961.3**	
南宁	Nanning	234.1	397.1	469.6	31
柳州	Liuzhou	88.6	150.7	182.3	119
桂林	Guilin	134.2	230.5	294.6	58
梧州	Wuzhou	50.0	81.3	100.1	189
北海	Beihai	67.2	110.2	139.9	151
防城港	Fangchenggang	27.9	50.4	61.8	237
钦州	Qinzhou	27.0	51.0	61.0	238
贵港	Guigang	34.5	65.7	85.9	202
玉林	Yulin	49.5	88.2	115.8	166
百色	Baise	56.7	95.1	121.8	159

14-16 国内旅游收入 续表 3
Earnings from Domestic Tourism continued 3

单位：亿元 （100 million yuan）

地名	City	2010	2012	2013	2013 排名 Ranking	地名	City	2010	2012	2013	2013 排名 Ranking
贺州	Hezhou	34.9	67.8	101.9	184	丽江	Lijiang	98.7	193.0	256.5	71
河池	Hechi	43.3	89.0	111.8	174	普洱	Puer	16.6	49.8	69.9	228
来宾	Laibin	14.4	41.5	51.9	246	临沧	Lincang	14.5	21.5	28.6	262
崇左	Chongzuo	33.7	60.6	73.1	225	**西藏**	**Tibet**	**64.0**	**119.8**	**165.2**	
海南	**Hainan**	**235.6**	**408.1**	**408.1**		拉萨	Lasa	34.3		100.9	186
海口	Haikou	69.6	101.6	117.6	165	**陕西**	**Shaanxi**	**915.9**	**1609.5**	**2031.1**	
三亚	Sanya	123.0	175.5	217.2	84	西安	Xi'an	362.8	594.5	747.3	13
三沙	Sansha					铜川	Tongchuan	10.5	30.6	43.8	252
重庆	**Chongqing**	**868.4**	**1400.0**			宝鸡	Baoji	100.2	171.4	236.4	78
四川	**Sichuan**	**1862.0**	**3229.8**	**3830.0**		咸阳	Xianyang	80.0	155.7	195.6	106
成都	Chengdu	584.6	1010.7	1285.4	6	渭南	Weinan	65.8	152.0	212.0	87
自贡	Zigong	84.6	135.6	160.2	132	延安	Yan'an	76.1	117.4	151.5	141
攀枝花	Panzhihua	42.0	66.8	102.2	183	汉中	Hanzhong	48.2	81.5	105.2	179
泸州	Luzhou	66.1	106.0	143.0	149	榆林	Yulin	23.0	58.5	75.0	223
德阳	Deyang	40.5	67.0	92.4	199	安康	Ankang	47.5	76.1	95.2	198
绵阳	Mianyang	64.9	136.8	205.0	97	商洛	Shangluo	48.3	102.5	135.4	153
广元	Guangyuan	32.0	82.9	112.6	173	**甘肃**	**Gansu**	**236.2**	**469.7**	**618.9**	
遂宁	Suining	75.6	130.9	166.9	128	兰州	Lanzhou	62.8	139.4	196.8	105
内江	Neijiang	52.9	86.2	110.3	177	嘉峪关	Jiayuguan	9.1	16.8	22.6	269
乐山	Leshan	145.8	266.5	318.4	54	金昌	Jinchang	2.3	6.8	9.2	280
南充	Nanchong	91.0	155.0	209.7	90	白银	Baiyin	9.8	19.9	26.8	264
眉山	Meishan	64.7	110.2	145.1	146	天水	Tianshui	36.9	58.2	76.0	219
宜宾	Yibin	108.0	165.9	208.7	92	武威	Wuwei	8.2	18.1	24.9	266
广安	Guangan	65.7	103.5	135.2	154	张掖	Zhangye	9.1	26.1	36.2	257
达州	Dazhou	41.6	61.7	75.2	222	平凉	Pingliang	20.6	34.7	44.6	251
雅安	Yaan	50.4	79.2	70.5	227	酒泉	Jiuquan	34.1	70.1	95.9	197
巴中	Bazhong	22.8	43.7	66.2	232	庆阳	Qingyang	5.6	12.8	16.6	274
资阳	Ziyang	69.9	114.2	144.7	147	定西	Dingxi	8.6	14.9	12.4	278
贵州	**Guizhou**	**1052.6**	**1849.5**	**2358.2**		陇南	Longnan	13.4	21.3	28.6	261
贵阳	Guiyang	424.2	600.0	725.5	14	**青海**	**Qinghai**	**69.6**	**122.2**	**157.3**	
六盘水	Liupanshui	0.0	32.9	45.0	249	西宁	Xining		73.7	99.7	192
遵义	Zunyi	140.8	279.7	359.0	42	海东	Haidong				
安顺	Anshun	110.8	193.0	247.1	75	**宁夏**	**Ningxia**	**67.3**	**103.1**	**126.6**	
毕节	Bijie	100.9	162.7	207.6	93	银川	Yinchuan	36.5	58.5	73.1	224
铜仁	Tongren	0.0	118.7	156.3	135	石嘴山	Shizuishan	7.1	11.3	13.2	276
云南	**Yunnan**	**916.8**	**1579.5**	**1961.6**		吴忠	Wuzhong	7.9	10.8	12.8	277
昆明	Kunming	284.8	405.3	490.9	26	固原	Guyuan	5.8	8.1	9.5	279
曲靖	Qujing	43.4	63.7	75.2	221	中卫	Zhongwei	10.0	14.4	18.0	273
玉溪	Yuxi	40.5	70.6	85.6	203	**新疆**	**Xinjiang**	**281.1**	**542.0**	**637.4**	
保山	Baoshan	29.2	49.0	63.2	234	乌鲁木齐	Urumqi	128.1	219.9	260.0	67
昭通	Zhaotong	20.1	41.0	58.2	241	克拉玛依	Karamay	6.8	15.0	23.0	268

14-17　星级饭店数
Number of Star-rated Hotels

单位：个　　　　(unit)

地名	City	2010	2015	2016	2016 排名 Ranking
全国	**Nation Total**	**11779**			
北京	**Beijing**	**644**			
天津	**Tianjin**	**99**			
河北	**Hebei**	**198**			
石家庄	Shijiazhuang	71			
唐山	Tangshan	65			
秦皇岛	Qinhuangdao	69			
邯郸	Handan	28	28	26	85
邢台	Xingtai	22			
保定	Baoding	63	51		
张家口	Zhangjiakou	40	48	49	29
承德	Chengde	48			
沧州	Cangzhou	38			
廊坊	Langfang	52			
衡水	Hengshui	17			
山西	**Shanxi**	**255**			
太原	Taiyuan	94			
大同	Datong	26			
阳泉	Yangquan	7			
长治	Changzhi	13			
晋城	Jincheng	25			
朔州	Shuozhou	8			
晋中	Jinzhong	40			
运城	Yuncheng	53			
忻州	Xinzhou	37			
临汾	Linfen	51			
吕梁	Lvliang	14			
内蒙古	**Inner Mongolia**	**239**		**318**	
呼和浩特	Hohhot	32	32	32	66
包头	Baotou	37	23	23	95
乌海	Wuhai	7	9	9	148
赤峰	Chifeng	29	34	34	59
通辽	Tongliao	17	28	28	78
鄂尔多斯	Erdos	27	32	32	66
呼伦贝尔	Hulunbuir	38	51	51	25
巴彦淖尔	Bayannur	10	22	22	97
乌兰察布	Ulanqab	14	19	19	111
辽宁	**Liaoning**	**432**			
沈阳	Shenyang	110			
大连	Dalian	191			
鞍山	Anshan	23			
抚顺	Fushun	24			
本溪	Benxi	29			
丹东	Dandong	46			
锦州	Jinzhou	27			
营口	Yingkou	21			
阜新	Fuxin	12			
辽阳	Liaoyang	11			
盘锦	Panjin	14			
铁岭	Tieling	13			
朝阳	Chaoyang	18			
葫芦岛	Huludao	27			
吉林	**Jilin**	**207**	**215**	**193**	
长春	Changchun	164			
吉林	Jilin	97			
四平	Siping	24			
辽源	Liaoyuan	11			
通化	Tonghua	36			
白山	Baishan	50			
松原	Songyuan	33			
白城	Baicheng	22			
黑龙江	**Heilongjiang**	**246**			
哈尔滨	Harbin	89	71		
齐齐哈尔	Qiqihar	17			
鸡西	Jixi	12			
鹤岗	Hegang	9			
双鸭山	Shuangyashan	6			
大庆	Daqing	18			
伊春	Yichun	18			
佳木斯	Jiamusi	14			
七台河	Qitaihe	5			
牡丹江	Mudanjiang	29			
黑河	Heihe	7			
绥化	Suihua	7			
上海	**Shanghai**	**291**	**247**	**238**	
江苏	**Jiangsu**	**702**	**791**	**696**	

14-17 星级饭店数 续表 1

Number of Star-rated Hotels continued 1

单位：个 (unit)

地名	City	2010	2015	2016	2016 排名 Ranking
南京	Nanjing	121	96	91	7
无锡	Wuxi	69	49	42	40
徐州	Xuzhou	52	94	73	14
常州	Changzhou	65	56	42	40
苏州	Suzhou	159	124	116	3
南通	Nantong	97	87	80	12
连云港	Lianyungang	63	39	34	59
淮安	Huaian	52	48	48	31
盐城	Yancheng	65	50	36	55
扬州	Yangzhou	59	60	48	31
镇江	Zhenjiang	49	34	34	59
泰州	Taizhou	30	29	28	78
宿迁	Suqian	23	25	24	91
浙江	**Zhejiang**	**814**			
杭州	Hangzhou	236			
宁波	Ningbo	198	140	140	2
温州	Wenzhou	99			
嘉兴	Jiaxing	54			
湖州	Huzhou	48			
绍兴	Shaoxing	94			
金华	Jinhua	84	60		
衢州	Quzhou	45	38		
舟山	Zhoushan	61			
台州	Taizhou	60			
丽水	Lishui	52			
安徽	**Anhui**	**417**	**441**	**314**	
合肥	Hefei	49	67	53	24
芜湖	Wuhu	28	32	26	85
蚌埠	Bengbu	19	16	9	148
淮南	Huainan	20	31	20	106
马鞍山	Maanshan	20	19	18	113
淮北	Huaibei	5	4	4	159
铜陵	Tongling	17	12	9	148
安庆	Anqing	44	44	33	65
黄山	Huangshan	77	64	46	36
滁州	Chuzhou	20	18	11	141
阜阳	Fuyang	10	14	4	159
宿州	Suzhou	6	7	6	157
六安	Liuan	32	33	18	113
亳州	Bozhou	12	15	6	157

地名	City	2010	2015	2016	2016 排名 Ranking
池州	Chizhou	30	37	30	72
宣城	Xuancheng	37	28	21	99
福建	**Fujian**	**374**			
福州	Fuzhou	72			
厦门	Xiamen	71		82	10
莆田	Putian	11			
三明	Sanming	38			
泉州	Quanzhou	85			
漳州	Zhangzhou	28			
南平	Nanping	57			
龙岩	Longyan	26			
宁德	Ningde	28			
江西	**Jiangxi**	**311**	**433**	**406**	
南昌	Nanchang	52	49	50	28
景德镇	Jingdezhen	29	21	16	124
萍乡	Pingxiang	11	12	10	142
九江	Jiujiang	86	73	66	18
新余	Xinyu	11	11	10	142
鹰潭	Yingtan	18	17	16	124
赣州	Ganzhou	47	75	73	14
吉安	Jian	64	41	37	51
宜春	Yichun	34	50	47	35
抚州	Fuzhou	13	31	30	72
上饶	Shangrao	42	53	51	25
山东	**Shandong**	**895**	**758**	**700**	
济南	Jinan	95			
青岛	Qingdao	156	124		
淄博	Zibo	53			
枣庄	Zaozhuang	30			
东营	Dongying	20			
烟台	Yantai	108			
潍坊	Weifang	52	58		
济宁	Jining	84			
泰安	Taian	110			
威海	Weihai	69			
日照	Rizhao	25			
莱芜	Laiwu	8			
临沂	Linyi	45	37		
德州	Dezhou	29			
聊城	Liaocheng	22			

14-17 星级饭店数 续表 2

Number of Star-rated Hotels continued 2

单位：个 (unit)

地名	City	2010	2015	2016	2016 排名 Ranking
滨州	Binzhou	27			
菏泽	Heze	64			
河南	**Henan**	**386**			
郑州	Zhengzhou	111	93	89	8
开封	Kaifeng	26	18	21	99
洛阳	Luoyang	65	66	62	21
平顶山	Pingdingshan	29	29	35	56
安阳	Anyang	18	20	17	121
鹤壁	Hebi	12	10	10	142
新乡	Xinxiang	21	18	13	134
焦作	Jiaozuo	30	30	28	78
濮阳	Puyang	14	10	10	142
许昌	Xuchang	17	19	20	106
漯河	Luohe	9	11	10	142
三门峡	Sanmenxia	25	25	18	113
南阳	Nanyang	36	84	82	10
商丘	Shangqiu	13	13	13	134
信阳	Xinyang	27	33	34	59
周口	Zhoukou	19	24	20	106
驻马店	Zhumadian	24	38	35	56
湖北	**Hubei**	**455**			
武汉	Wuhan	97	81	77	13
黄石	Huangshi	22			
十堰	Shiyan	68	82	83	9
宜昌	Yichang	66			
襄阳	Xiangyang	40		24	91
鄂州	Ezhou	14	9		
荆门	Jingmen	44	38	34	59
孝感	Xiaogan	36		24	91
荆州	Jingzhou	41	21	18	113
黄冈	Huanggang	37	41	41	45
咸宁	Xianning	44	46	44	38
随州	Suizhou	20			
湖南	**Hunan**	**433**	**498**	**461**	
长沙	Changsha	84	74	64	20
株洲	Zhuzhou	34	39	37	51
湘潭	Xiangtan	16	15	15	127
衡阳	Hengyang	33	30	30	72
邵阳	Shaoyang	37	44	39	48
岳阳	Yueyang	39	42	43	39
常德	Changde	46	39	35	56
张家界	Zhangjiajie	51	37	37	51
益阳	Yiyang	31	21	18	113
郴州	Chenzhou	29	25	25	90
永州	Yongzhou	21	20	24	91
怀化	Huaihua	46	45	39	48
娄底	Loudi	25	30	27	83
广东	**Guangdong**	**1008**		**861**	
广州	Guangzhou	251		188	1
韶关	Shaoguan	52		57	22
深圳	Shenzhen	154		114	4
珠海	Zhuhai	86		66	18
汕头	Shantou	44		31	68
佛山	Foshan	101		67	16
江门	Jiangmen	30		15	127
湛江	Zhanjiang	39		30	72
茂名	Maoming	22		9	148
肇庆	Zhaoqing	35		21	99
惠州	Huizhou	70		46	36
梅州	Meizhou	30		37	51
汕尾	Shanwei	12		13	134
河源	Heyuan	30		19	111
阳江	Yangjiang	30		21	99
清远	Qingyuan	39		26	85
东莞	Dongguan	100		38	50
中山	Zhongshan	43		22	97
潮州	Chaozhou	12		13	134
揭阳	Jieyang	11		15	127
云浮	Yunfu	18		13	134
广西	**Guangxi**	**379**		**473**	
南宁	Nanning	81	51	48	31
柳州	Liuzhou	30	46	48	31
桂林	Guilin	68	51	67	16
梧州	Wuzhou	19	32	34	59
北海	Beihai	37	31	30	72
防城港	Fangchenggang	19	31	31	68
钦州	Qinzhou	23	24	18	113
贵港	Guigang	20	18	15	127
玉林	Yulin	18	21	21	99
百色	Baise	18	26	31	68

14-17 星级饭店数 续表 3
Number of Star-rated Hotels continued 3

单位：个 (unit)

地名	City	2010	2015	2016	2016 排名 Ranking	地名	City	2010	2015	2016	2016 排名 Ranking
贺州	Hezhou	16	19	20	106	丽江	Lijiang	179			
河池	Hechi	43	50	51	25	普洱	Puer	7			
来宾	Laibin	12	20	17	121	临沧	Lincang	22			
崇左	Chongzuo	19	20	42	40	**西藏**	**Tibet**	**105**			
海南	**Hainan**	**186**	**144**	**133**		拉萨	Lasa				
海口	Haikou	71	43	40	47	**陕西**	**Shaanxi**	**269**	**380**	**341**	
三亚	Sanya	77	44	42	40	西安	Xi'an	116	111	102	6
三沙	Sansha					铜川	Tongchuan	12	13	9	148
重庆	**Chongqing**	**246**				宝鸡	Baoji	37	34	28	78
四川	**Sichuan**	**395**	**449**	**427**		咸阳	Xianyang	28	23	15	127
成都	Chengdu	138	114	113	5	渭南	Weinan	24	34	31	68
自贡	Zigong	8	8	8	153	延安	Yan'an	34	51	49	29
攀枝花	Panzhihua	12	18	18	113	汉中	Hanzhong	30	29	30	72
泸州	Luzhou	22	23	21	99	榆林	Yulin	33	29	27	83
德阳	Deyang	9	11	14	133	安康	Ankang	26	30	26	85
绵阳	Mianyang	36	28	26	85	商洛	Shangluo	12	20	18	113
广元	Guangyuan	11	20	17	121	**甘肃**	**Gansu**	**311**	**382**	**382**	
遂宁	Suining	19	20	20	106	兰州	Lanzhou	60			
内江	Neijiang	12	9	8	153	嘉峪关	Jiayuguan	19			
乐山	Leshan	37	29	28	78	金昌	Jinchang	5			
南充	Nanchong	24	24	23	95	白银	Baiyin	13			
眉山	Meishan	9	16	10	142	天水	Tianshui	29			
宜宾	Yibin	29	15	15	127	武威	Wuwei	12			
广安	Guangan	22	14	13	134	张掖	Zhangye	18			
达州	Dazhou	14	10	13	134	平凉	Pingliang	22			
雅安	Yaan	23	21	21	99	酒泉	Jiuquan	59			
巴中	Bazhong	14	10	8	153	庆阳	Qingyang	12			
资阳	Ziyang	13	13	7	156	定西	Dingxi	23			
贵州	**Guizhou**	**324**				陇南	Longnan	19			
贵阳	Guiyang	56				**青海**	**Qinghai**	**105**			
六盘水	Liupanshui	12				西宁	Xining				
遵义	Zunyi	43		41	45	海东	Haidong				
安顺	Anshun	21				**宁夏**	**Ningxia**	**57**			
毕节	Bijie	38				银川	Yinchuan	35	42	42	40
铜仁	Tongren	23				石嘴山	Shizuishan	4			
云南	**Yunnan**	**560**				吴忠	Wuzhong	6			
昆明	Kunming	89				固原	Guyuan	6			
曲靖	Qujing	33				中卫	Zhongwei	11			
玉溪	Yuxi	42				**新疆**	**Xinjiang**	**436**	**404**		
保山	Baoshan	31				乌鲁木齐	Urumqi	112	60	55	23
昭通	Zhaotong	7				克拉玛依	Karamay	20	16	16	124

15

金融业

Financial Intermediation

15-1 金融机构人民币存款余额
Total Deposits in RMB of Financial Institutions

单位：亿元

地名	City	2010	2015	2016	2016 排名 Ranking
全国	**Nation Total**	**718237.9**	**1289139.5**		
北京	**Beijing**	**63025.20**	**122284.29**	**132791.91**	
天津	**Tianjin**	**15912.21**	**27145.93**	**29041.36**	
河北	**Hebei**	**26099.00**	**47673.65**		
石家庄	Shijiazhuang	6115.50	9800.15	11077.90	23
唐山	Tangshan	4188.25	7456.81	8279.87	34
秦皇岛	Qinhuangdao	1504.06	2390.82	2584.89	103
邯郸	Handan	2131.50	4139.53	4621.09	56
邢台	Xingtai	1579.03	2936.91	3335.25	69
保定	Baoding	2856.44	5495.30	6298.54	43
张家口	Zhangjiakou	1300.29	2345.95	2882.84	89
承德	Chengde	1087.58	1932.93	2210.35	127
沧州	Cangzhou	2026.59	3823.79	4298.71	60
廊坊	Langfang	1981.92	4918.38	6179.88	44
衡水	Hengshui	1154.39	2435.80	2566.55	105
山西	**Shanxi**	**18575.65**	**28357.54**		
太原	Taiyuan	6965.19	10593.91	11070.04	24
大同	Datong	1658.46	2426.95	2629.08	100
阳泉	Yangquan	877.23	1347.96	1361.21	198
长治	Changzhi	1366.07	2044.17	2122.18	134
晋城	Jincheng	1324.93	1776.31	1934.55	147
朔州	Shuozhou	764.12	1189.71	1290.46	204
晋中	Jinzhong	1245.57	2046.54	2361.39	118
运城	Yuncheng	951.62	1717.01	1887.83	151
忻州	Xinzhou	964.22	1638.47	1762.28	161
临汾	Linfen	1323.95	1962.07	2134.79	133
吕梁	Lvliang	1134.28	1614.44	1811.11	158
内蒙古	**Inner Mongolia**	**10278.69**	**16681.40**		
呼和浩特	Hohhot	2703.98	5364.66	6178.83	45
包头	Baotou	1705.62	2709.70	3236.00	72
乌海	Wuhai	411.46	674.03	702.79	261
赤峰	Chifeng	879.42	1494.77	1842.57	154
通辽	Tongliao	479.38	814.19	985.87	238
鄂尔多斯	Erdos	1754.83	2700.90	3118.18	77
呼伦贝尔	Hulunbuir	762.31	1268.85	1473.64	191
巴彦淖尔	Bayannur	459.28	782.44	937.14	243
乌兰察布	Ulanqab	424.10	871.86	1059.95	228
辽宁	**Liaoning**	**27372.55**	**46873.12**		
沈阳	Shenyang	8091.99	13867.90	14242.76	13
大连	Dalian	8503.52	13338.71	14179.48	14
鞍山	Anshan	1902.64	3083.41	3207.64	73
抚顺	Fushun	927.69	1506.28	1594.31	180
本溪	Benxi	727.51	1142.89	1211.13	211
丹东	Dandong	919.41	1653.84	1842.56	155
锦州	Jinzhou	1011.40	2066.83	2641.63	98
营口	Yingkou	946.19	2313.08	2581.38	104
阜新	Fuxin	505.27	908.61	1005.67	235
辽阳	Liaoyang	829.43	1629.00	2197.35	129
盘锦	Panjin	839.83	1466.56	1670.67	168
铁岭	Tieling	624.93	1114.83	1223.44	209
朝阳	Chaoyang	705.55	1374.44	1567.92	184
葫芦岛	Huludao	811.17	1406.75	1572.00	182
吉林	**Jilin**	**9605.72**	**17087.58**	**21003.90**	
长春	Changchun	4985.12	9548.63	11034.46	25
吉林	Jilin	1334.95	2468.82	2678.40	96
四平	Siping	543.69	1064.44	1241.94	208
辽源	Liaoyuan	259.20	458.16	497.10	278
通化	Tonghua	561.48	1040.33	1279.40	206
白山	Baishan	372.51	621.76	877.80	249
松原	Songyuan	481.98	935.57	1109.06	223
白城	Baicheng	306.00	649.86	737.19	258
黑龙江	**Heilongjiang**	**12835.67**	**21040.44**	**22179.00**	
哈尔滨	Harbin	5956.36	9688.59	9804.00	28
齐齐哈尔	Qiqihar	876.97	1590.11	1706.30	166
鸡西	Jixi	556.72	935.90	1032.80	231
鹤岗	Hegang	325.89	564.43	593.10	272
双鸭山	Shuangyashan	423.30	730.49	776.80	255
大庆	Daqing	1560.92	2209.60	2239.30	125
伊春	Yichun	336.67	596.15	622.90	267
佳木斯	Jiamusi	631.05	1167.11	1271.80	207
七台河	Qitaihe	257.32	372.96	409.60	282
牡丹江	Mudanjiang	811.50	1408.94	1399.70	194
黑河	Heihe	380.27	674.67	712.80	260
绥化	Suihua	554.29	1101.48	1313.70	202
上海	**Shanghai**	**46678.13**	**103760.60**		
江苏	**Jiangsu**	**58984.14**	**107873.03**		

15-1 金融机构人民币存款余额 续表 1

Total Deposits in RMB of Financial Institutions continued 1

单位：亿元

地名	City	2010	2015	2016	2016 排名 Ranking	地名	City	2010	2015	2016	2016 排名 Ranking
南京	Nanjing	12649.52	25887.77	27633.55	5	池州	Chizhou	65.67	748.27	875.50	250
无锡	Wuxi	8545.05	12710.45	14101.40	15	宣城	Xuancheng	577.11	1208.99	1448.21	193
徐州	Xuzhou	2632.19	4747.01	5495.31	47	**福建**	**Fujian**	**18309.45**	**35537.41**	**39275.82**	
常州	Changzhou	4550.47	7438.68	8540.82	33	福州	Fuzhou	5961.07	10875.62	12076.50	20
苏州	Suzhou	13570.35	23659.10	25864.26	6	厦门	Xiamen	4234.53	8876.25	9188.49	30
南通	Nantong	4857.85	9659.15	11097.74	22	莆田	Putian	716.27	1608.20	1692.68	167
连云港	Lianyungang	1227.26	2128.22	2501.84	112	三明	Sanming	754.47	1333.75	1490.09	189
淮安	Huaian	1190.80	2328.63	3066.00	78	泉州	Quanzhou	3276.23	6352.56	6639.82	41
盐城	Yancheng	1995.97	4364.00	5255.06	51	漳州	Zhangzhou	1085.49	2311.36	2519.89	110
扬州	Yangzhou	2430.55	4719.40	5361.55	48	南平	Nanping	751.86	1410.78	1568.67	183
镇江	Zhenjiang	2203.22	3969.11	4705.99	55	龙岩	Longyan	784.76	1562.85	1753.76	163
泰州	Taizhou	2320.32	4441.70	5275.62	50	宁德	Ningde	669.68	1206.04	1347.45	199
宿迁	Suqian	810.59	1819.81	2207.43	128	**江西**	**Jiangxi**	**11846.18**	**24734.84**		
浙江	**Zhejiang**	**53441.45**	**87393.30**			南昌	Nanchang	4167.67	8342.63	9503.00	29
杭州	Hangzhou	16838.18	29003.07	32514.64	3	景德镇	Jingdezhen	400.92	810.92	940.47	241
宁波	Ningbo	9552.03	15400.24	16196.01	10	萍乡	Pingxiang	388.61	790.34	941.58	240
温州	Wenzhou	6222.74	9127.02	10213.31	26	九江	Jiujiang	1086.42	2173.34	2593.81	102
嘉兴	Jiaxing	3526.61	5775.41	6630.22	42	新余	Xinyu	430.50	902.71	959.21	239
湖州	Huzhou	1789.70	3034.64	3476.80	66	鹰潭	Yingtan	364.70	589.35	681.25	264
绍兴	Shaoxing	4910.85	6820.96	7263.31	37	赣州	Ganzhou	1506.08	3355.91	4141.84	62
金华	Jinhua	3948.77	6788.76	7478.31	35	吉安	Jian	858.72	1938.64	2292.16	122
衢州	Quzhou	949.15	1722.14	1896.63	150	宜春	Yichun	989.12	2140.59	2430.56	114
舟山	Zhoushan	1121.07	1694.26	1807.83	159	抚州	Fuzhou	656.07	1432.01	1645.64	176
台州	Taizhou	3562.80	6188.65	6923.22	40	上饶	Shangrao	976.45	2258.41	2716.24	92
丽水	Lishui	1019.54	1838.16	2037.87	139	**山东**	**Shandong**	**41104.96**	**74328.88**	**83414.90**	
安徽	**Anhui**	**16366.10**	**34223.22**			济南	Jinan	7510.44	13552.99	15032.79	12
合肥	Hefei	4541.78	10967.91	13150.95	17	青岛	Qingdao	7659.21	12533.03	14007.13	16
芜湖	Wuhu	1213.17	2548.68	2893.04	88	淄博	Zibo	2470.56	3771.30	4154.51	61
蚌埠	Bengbu	707.65	1616.54	1855.14	153	枣庄	Zaozhuang	892.18	1430.99	1664.86	172
淮南	Huainan	863.49	1401.65	1771.80	160	东营	Dongying	1567.10	3568.49	3837.74	64
马鞍山	Maanshan	800.43	1609.71	1842.05	156	烟台	Yantai	4021.24	6672.19	7161.22	38
淮北	Huaibei	567.69	1035.81	1321.81	201	潍坊	Weifang	3281.25	6070.73	6976.93	39
铜陵	Tongling	406.51	809.95	1219.32	210	济宁	Jining	2256.31	4028.28	4558.07	57
安庆	Anqing	1152.41	2532.84	2637.79	99	泰安	Taian	1399.53	2704.95	3056.19	80
黄山	Huangshan	472.38	916.26	1025.81	233	威海	Weihai	1603.30	2660.97	2965.23	86
滁州	Chuzhou	776.44	1666.24	1975.25	146	日照	Rizhao	993.14	1833.83	2058.10	138
阜阳	Fuyang	1042.66	2452.74	2999.01	85	莱芜	Laiwu	585.78	829.35	907.67	245
宿州	Suzhou	699.98	1487.98	1747.19	165	临沂	Linyi	2115.09	4734.22	5305.20	49
六安	Liuan	842.34	1959.57	2074.00	136	德州	Dezhou	1286.91	2470.31	2845.11	90
亳州	Bozhou	544.75	1260.10	1589.89	181	聊城	Liaocheng	1232.43	2571.93	3015.42	84

15-1 金融机构人民币存款余额 续表 2

Total Deposits in RMB of Financial Institutions continued 2

单位：亿元

地名	City	2010	2015	2016	2016 排名 Ranking	地名	City	2010	2015	2016	2016 排名 Ranking
滨州	Binzhou	1061.01	2344.87	2677.03	97	常德	Changde	961.43	2247.50	2713.81	93
菏泽	Heze	1089.77	2550.47	3024.71	83	张家界	Zhangjiajie	234.45	540.50	683.12	263
河南	**Henan**	**23148.83**	**46983.41**	**53977.62**		益阳	Yiyang	606.28	1360.57	1655.62	175
郑州	Zhengzhou	7990.85	16696.49	19000.74	9	郴州	Chenzhou	944.53	1939.02	2392.53	116
开封	Kaifeng	681.89	1452.18	1639.40	177	永州	Yongzhou	721.35	1573.10	1912.50	148
洛阳	Luoyang	2096.09	4182.98	4982.38	53	怀化	Huaihua	675.35	1478.38	1756.59	162
平顶山	Pingdingshan	1137.85	2010.48	2277.55	124	娄底	Loudi	653.73	1282.18	1505.76	188
安阳	Anyang	991.08	1994.95	2196.54	130	**广东**	**Guangdong**	**79957.97**	**159660.79**	**171024.47**	
鹤壁	Hebi	285.40	536.78	594.42	271	广州	Guangzhou	23384.50	42843.67	45937.34	2
新乡	Xinxiang	1144.16	2112.34	2325.45	119	韶关	Shaoguan	903.67	1532.91	1669.70	170
焦作	Jiaozuo	748.57	1443.96	1629.62	179	深圳	Shenzhen	20210.75	57778.90	59562.25	1
濮阳	Puyang	588.92	1165.31	1338.17	200	珠海	Zhuhai	2652.59	5145.93	5689.08	46
许昌	Xuchang	830.38	1733.10	1997.44	145	汕头	Shantou	1852.36	2857.20	3125.20	76
漯河	Luohe	421.85	846.11	1032.04	232	佛山	Foshan	8335.04	11867.67	12789.61	18
三门峡	Sanmenxia	625.52	1037.59	1143.23	218	江门	Jiangmen	2214.97	3766.81	3870.06	63
南阳	Nanyang	1471.22	3072.31	3454.41	67	湛江	Zhanjiang	1556.00	2675.06	2834.50	91
商丘	Shangqiu	901.16	1978.07	2287.21	123	茂名	Maoming	1025.39	1974.75	2216.93	126
信阳	Xinyang	1054.76	2375.36	2692.33	94	肇庆	Zhaoqing	1057.38	1785.01	2023.09	142
周口	Zhoukou	930.79	2109.92	2396.73	115	惠州	Huizhou	2041.19	3612.52	4544.73	58
驻马店	Zhumadian	969.32	2235.47	2526.29	109	梅州	Meizhou	835.07	1565.28	1813.05	157
湖北	**Hubei**	**21203.00**	**38444.09**			汕尾	Shanwei	326.96	631.03	739.56	257
武汉	Wuhan	10756.52	19393.16	21792.80	7	河源	Heyuan	496.83	988.90	1139.26	219
黄石	Huangshi	699.63	1341.81	1542.00	185	阳江	Yangjiang	564.19	1011.34	1122.34	220
十堰	Shiyan	857.64	1831.81	2029.91	140	清远	Qingyuan	986.45	1699.82	1906.06	149
宜昌	Yichang	1917.41	2822.49	3130.03	75	东莞	Dongguan	5943.39	9968.80	11198.43	21
襄阳	Xiangyang	1291.43	2695.41	3061.88	79	中山	Zhongshan	2603.02	4129.57	5031.00	52
鄂州	Ezhou	256.64	509.78	581.54	274	潮州	Chaozhou	649.81	1076.19	1203.57	214
荆门	Jingmen	685.20	1430.56	1660.23	174	揭阳	Jieyang	963.01	1833.57	2017.26	143
孝感	Xiaogan	785.19	1856.60	2079.00	135	云浮	Yunfu	483.45	915.88	1022.14	234
荆州	Jingzhou	1036.14	2234.07	2543.58	108	**广西**	**Guangxi**	**11746.77**	**22566.96**		
黄冈	Huanggang	960.16	2323.87	2681.00	95	南宁	Nanning	4021.45	8257.77	8901.72	31
咸宁	Xianning	432.52	1035.44	1207.00	213	柳州	Liuzhou	1480.44	2807.12	3305.14	70
随州	Suizhou	430.05	969.08	1102.00	224	桂林	Guilin	1367.59	2588.99	2961.03	87
湖南	**Hunan**	**16553.78**	**34929.69**	**41694.54**		梧州	Wuzhou	491.08	918.23	1044.91	229
长沙	Changsha	6375.59	14028.81	15459.68	11	北海	Beihai	469.76	748.49	815.63	253
株洲	Zhuzhou	1129.09	2156.59	2551.00	107	防城港	Fangchenggang	311.14	508.27	562.31	276
湘潭	Xiangtan	775.83	1771.13	2027.48	141	钦州	Qinzhou	473.86	818.40	906.42	246
衡阳	Hengyang	1299.90	2760.00	3246.05	71	贵港	Guigang	513.36	972.95	1089.92	226
邵阳	Shaoyang	946.30	2058.46	2447.12	113	玉林	Yulin	769.57	1445.26	1636.12	178
岳阳	Yueyang	781.20	1733.47	2171.83	132	百色	Baise	511.63	948.11	1111.76	222

15-1 金融机构人民币存款余额 续表 3

Total Deposits in RMB of Financial Institutions continued 3

单位：亿元

地名	City	2010	2015	2016	2016 排名 Ranking
贺州	Hezhou	251.71	535.32	615.07	268
河池	Hechi	466.04	883.18	1001.37	236
来宾	Laibin	306.65	528.09	606.68	269
崇左	Chongzuo	312.48	606.78	699.48	262
海南	**Hainan**	**4166.47**	**5411.95**		
海口	Haikou	2205.64	3962.82	4851.25	54
三亚	Sanya	612.67	1209.42	1481.52	190
三沙	Sansha		2.16		
重庆	**Chongqing**	**13454.98**	**28094.37**	**31216.45**	
四川	**Sichuan**	**30299.67**	**56414.67**	**65638.43**	
成都	Chengdu	15277.25	29474.92	31434.00	4
自贡	Zigong	559.32	1321.66	1524.05	186
攀枝花	Panzhihua	570.72	856.81	938.59	242
泸州	Luzhou	827.23	1834.73	2179.23	131
德阳	Deyang	1388.03	2066.30	2307.72	121
绵阳	Mianyang	1784.47	2882.91	3181.69	74
广元	Guangyuan	717.15	1135.37	1303.70	203
遂宁	Suining	523.16	1187.12	1376.76	196
内江	Neijiang	599.86	1202.20	1366.90	197
乐山	Leshan	867.41	1727.61	1864.82	152
南充	Nanchong	1100.50	2561.43	3047.30	81
眉山	Meishan	615.24	1432.08	1670.36	169
宜宾	Yibin	945.60	1911.25	2322.47	120
广安	Guangan	638.85	1425.33	1663.60	173
达州	Dazhou	901.08	2086.42	2624.98	101
雅安	Yaan	454.34	1008.95	1042.06	230
巴中	Bazhong	354.91	921.73	1145.80	217
资阳	Ziyang	674.99	1377.85	1121.62	221
贵州	**Guizhou**	**7363.92**	**16143.21**		
贵阳	Guiyang	3035.31	8772.22	9928.30	27
六盘水	Liupanshui	499.05	976.80	1207.75	212
遵义	Zunyi	1157.00	3306.46	4305.82	59
安顺	Anshun	362.19	852.79	1090.85	225
毕节	Bijie	550.92	1254.63	1667.31	171
铜仁	Tongren	375.05	980.31	1280.15	205
云南	**Yunnan**	**13411.49**	**18843.37**	**27726.10**	
昆明	Kunming	6739.51	11879.67	12655.68	19
曲靖	Qujing	1016.70	1833.33	2008.21	144
玉溪	Yuxi	816.01	1322.33	1515.67	187
保山	Baoshan	346.94	775.03	986.09	237
昭通	Zhaotong	520.35	1209.03	1398.36	195

地名	City	2010	2015	2016	2016 排名 Ranking
丽江	Lijiang	297.62	552.88	603.67	270
普洱	Puer	363.91	760.55	879.12	247
临沧	Lincang	245.46	510.56	576.69	275
西藏	**Tibet**	**1295.55**	**2123.10**	**4371.55**	
拉萨	Lasa	894.97	2123.10	2566.10	106
陕西	**Shaanxi**	**16456.05**	**32010.36**	**35255.48**	
西安	Xi'an	8933.23	17796.38	19073.96	8
铜川	Tongchuan	250.92	451.78	463.99	280
宝鸡	Baoji	1076.77	2092.10	2364.41	117
咸阳	Xianyang	1142.46	2251.78	2516.38	111
渭南	Weinan	998.47	1837.37	2061.59	137
延安	Yan'an	728.54	1360.95	1451.53	192
汉中	Hanzhong	798.11	1591.92	1752.59	164
榆林	Yulin	1452.72	2793.87	3030.04	82
安康	Ankang	475.54	1032.71	1172.40	215
商洛	Shangluo	382.91	801.50	872.46	251
甘肃	**Gansu**	**7115.37**	**15368.61**	**17411.68**	
兰州	Lanzhou	3235.84	7803.12	8623.11	32
嘉峪关	Jiayuguan	165.99	321.95	314.94	284
金昌	Jinchang	172.18	324.59	327.80	283
白银	Baiyin	348.44	632.04	678.79	265
天水	Tianshui	463.25	1032.40	1155.79	216
武威	Wuwei	323.48	815.53	826.72	252
张掖	Zhangye	263.04	563.94	584.02	273
平凉	Pingliang	326.42	702.19	735.48	259
酒泉	Jiuquan	480.88	938.27	922.10	244
庆阳	Qingyang	354.18	814.67	877.97	248
定西	Dingxi	269.98	696.94	764.95	256
陇南	Longnan	392.31	722.96	782.64	254
青海	**Qinghai**	**2319.64**	**4070.48**		
西宁	Xining	1623.21	3548.43	3756.01	65
海东	Haidong		522.06		
宁夏	**Ningxia**	**2573.64**	**4805.15**		
银川	Yinchuan	1597.96	3017.77	3343.40	68
石嘴山	Shizuishan	345.29	495.72	544.43	277
吴忠	Wuzhong	269.68	532.51	624.70	266
固原	Guyuan	148.57	346.15	455.29	281
中卫	Zhongwei	198.39	413.00	473.72	279
新疆	**Xinjiang**	**8870.02**	**8271.38**	**18747.64**	
乌鲁木齐	Urumqi	3596.43	6984.60	7406.60	36
克拉玛依	Karamay	792.49	1286.78	1079.65	227

15-2 金融机构人民币贷款余额
Total Loans in RMB of Financial Institutions

单位：亿元

地名	City	2010	2015	2016	2016 排名 Ranking
全国	**Nation Total**	**479195.6**	**875492.6**		
北京	**Beijing**	**28748.10**	**48853.17**	**56618.87**	
天津	**Tianjin**	**12864.75**	**24500.91**	**27367.97**	
河北	**Hebei**	**15755.74**	**28475.55**		
石家庄	Shijiazhuang	3272.10	5124.10	5175.89	40
唐山	Tangshan	2716.11	4779.44	4975.00	41
秦皇岛	Qinhuangdao	896.02	1500.41	1526.45	106
邯郸	Handan	1318.74	2803.75	3129.25	58
邢台	Xingtai	814.13	1759.23	1995.90	83
保定	Baoding	1158.32	2590.90	3083.45	59
张家口	Zhangjiakou	918.31	1679.77	2026.43	81
承德	Chengde	766.25	1495.95	1656.76	96
沧州	Cangzhou	894.57	2132.44	2474.72	67
廊坊	Langfang	1322.08	3325.40	4905.25	42
衡水	Hengshui	457.60	1284.15	1458.80	113
山西	**Shanxi**	**9634.32**	**18259.28**		
太原	Taiyuan	5054.75	9027.59	10103.36	20
大同	Datong	597.21	1181.63	1225.71	136
阳泉	Yangquan	369.08	721.33	742.62	211
长治	Changzhi	631.17	1132.01	1196.82	138
晋城	Jincheng	522.92	995.72	1082.22	159
朔州	Shuozhou	197.68	358.60	577.33	246
晋中	Jinzhong	469.64	1203.50	1379.87	120
运城	Yuncheng	499.86	954.40	1013.05	170
忻州	Xinzhou	352.40	714.95	777.72	204
临汾	Linfen	533.52	1079.20	1183.37	143
吕梁	Lvliang	406.11	890.35	950.92	181
内蒙古	**Inner Mongolia**	**7919.47**	**15733.00**		
呼和浩特	Hohhot	2522.52	6073.89	7051.84	30
包头	Baotou	1037.29	2192.52	2403.05	68
乌海	Wuhai	279.61	553.81	533.89	255
赤峰	Chifeng	465.93	1163.14	1381.50	119
通辽	Tongliao	464.04	923.68	991.71	175
鄂尔多斯	Erdos	1561.97	2700.20	2909.76	61
呼伦贝尔	Hulunbuir	430.54	920.76	1074.98	162
巴彦淖尔	Bayannur	346.36	689.03	759.41	207
乌兰察布	Ulanqab	241.00	515.97	613.70	239
辽宁	**Liaoning**	**18689.77**	**34766.35**		
沈阳	Shenyang	5970.16	11343.85	12569.61	13
大连	Dalian	6159.00	10696.06	11004.80	18
鞍山	Anshan	1079.14	1949.54	2136.43	77
抚顺	Fushun	372.98	738.70	759.31	208
本溪	Benxi	504.91	881.96	915.73	187
丹东	Dandong	476.43	1026.22	1104.96	155
锦州	Jinzhou	583.29	1278.50	1352.88	122
营口	Yingkou	813.55	1632.50	1854.46	90
阜新	Fuxin	359.35	775.98	839.37	195
辽阳	Liaoyang	513.99	1027.01	1168.94	146
盘锦	Panjin	440.22	836.55	842.77	193
铁岭	Tieling	484.33	809.42	841.19	194
朝阳	Chaoyang	434.80	917.41	992.58	174
葫芦岛	Huludao	489.64	852.65	931.60	184
吉林	**Jilin**	**7205.94**	**14423.61**	**17141.06**	
长春	Changchun	4557.44	8935.14	9921.76	21
吉林	Jilin	715.40	1698.49	2108.52	78
四平	Siping	364.58	931.50	1086.16	158
辽源	Liaoyuan	171.26	353.74	405.12	272
通化	Tonghua	341.68	661.69	695.03	222
白山	Baishan	243.59	428.04	417.03	270
松原	Songyuan	281.98	809.01	931.58	185
白城	Baicheng	192.58	605.99	706.43	220
黑龙江	**Heilongjiang**	**7230.47**	**16225.83**	**17725.00**	
哈尔滨	Harbin	4126.95	8492.31	9048.70	24
齐齐哈尔	Qiqihar	540.40	1407.68	1560.30	104
鸡西	Jixi	224.98	583.16	694.20	223
鹤岗	Hegang	226.68	453.59	486.50	264
双鸭山	Shuangyashan	276.90	749.78	837.20	196
大庆	Daqing	409.78	933.82	957.30	180
伊春	Yichun	104.05	147.43	166.40	284
佳木斯	Jiamusi	342.26	1207.20	1508.10	107
七台河	Qitaihe	161.54	231.48	268.80	281
牡丹江	Mudanjiang	304.92	753.54	659.00	229
黑河	Heihe	174.76	500.52	563.20	249
绥化	Suihua	301.87	765.32	887.00	190
上海	**Shanghai**	**27970.18**	**53387.21**		
江苏	**Jiangsu**	**42121.04**	**78866.34**		

15-2 金融机构人民币贷款余额 续表 1
Total Loans in RMB of Financial Institutions continued 1

单位：亿元

地名	City	2010	2015	2016	2016 排名 Ranking
南京	Nanjing	10384.84	18217.80	21681.28	6
无锡	Wuxi	6160.60	9332.27	10382.93	19
徐州	Xuzhou	1436.44	3069.90	3620.21	52
常州	Changzhou	3011.67	5354.58	6043.15	35
苏州	Suzhou	10133.15	19200.10	21924.44	5
南通	Nantong	2843.14	5997.24	6835.46	31
连云港	Lianyungang	862.48	1781.05	2046.93	80
淮安	Huaian	842.63	1864.76	2304.22	72
盐城	Yancheng	1310.40	3045.50	3699.32	50
扬州	Yangzhou	1486.06	3095.77	3508.13	53
镇江	Zhenjiang	1563.34	2982.60	3444.36	54
泰州	Taizhou	1460.68	3228.08	3656.79	51
宿迁	Suqian	625.61	1696.70	1960.37	85
浙江	**Zhejiang**	**45288.07**	**74070.20**		
杭州	Hangzhou	14502.92	22395.29	25464.83	3
宁波	Ningbo	9000.62	14966.92	15806.76	8
温州	Wenzhou	5381.57	7527.16	8011.47	28
嘉兴	Jiaxing	2615.92	4718.35	5185.23	39
湖州	Huzhou	1419.97	2509.83	2740.36	66
绍兴	Shaoxing	3820.13	5947.21	6111.17	34
金华	Jinhua	3046.15	6041.62	6167.40	33
衢州	Quzhou	770.41	1584.02	1652.45	97
舟山	Zhoushan	980.77	1458.38	1484.01	109
台州	Taizhou	2940.51	5429.60	5758.92	37
丽水	Lishui	809.11	1491.81	1543.45	105
安徽	**Anhui**	**11452.29**	**25378.97**		
合肥	Hefei	4214.08	9636.57	11550.60	16
芜湖	Wuhu	1033.45	2491.57	2843.97	63
蚌埠	Bengbu	386.92	1191.50	1400.14	117
淮南	Huainan	644.64	970.54	1172.95	145
马鞍山	Maanshan	523.11	1184.20	1341.46	123
淮北	Huaibei	304.23	701.74	795.50	203
铜陵	Tongling	388.49	766.72	944.69	182
安庆	Anqing	547.07	1428.35	1481.42	110
黄山	Huangshan	281.01	566.31	609.14	240
滁州	Chuzhou	473.76	1202.34	1428.03	116
阜阳	Fuyang	441.49	1186.96	1569.82	102
宿州	Suzhou	307.68	808.44	979.35	177
六安	Liuan	484.13	1081.96	1192.80	139
亳州	Bozhou	244.78	783.01	1036.51	166
池州	Chizhou	247.69	478.45	505.36	262
宣城	Xuancheng	385.56	900.31	1041.36	165
福建	**Fujian**	**15231.36**	**31878.65**	**36356.06**	
福州	Fuzhou	5005.53	10638.44	12124.69	14
厦门	Xiamen	3337.98	7567.00	7745.00	29
莆田	Putian	616.71	1466.17	1650.58	99
三明	Sanming	694.76	1207.10	1264.48	134
泉州	Quanzhou	2600.56	5284.98	5788.42	36
漳州	Zhangzhou	798.97	1870.86	2140.71	76
南平	Nanping	615.25	1091.14	1168.76	147
龙岩	Longyan	723.39	1360.65	1434.19	115
宁德	Ningde	718.56	1392.30	1489.95	108
江西	**Jiangxi**	**7757.12**	**17933.99**		
南昌	Nanchang	3461.52	7376.05	8604.57	25
景德镇	Jingdezhen	227.00	499.08	574.32	248
萍乡	Pingxiang	216.58	539.29	617.93	238
九江	Jiujiang	638.02	1451.90	1754.58	93
新余	Xinyu	352.33	664.59	714.37	218
鹰潭	Yingtan	220.03	451.71	531.74	257
赣州	Ganzhou	846.37	2297.55	2842.18	64
吉安	Jian	373.98	1055.36	1273.20	133
宜春	Yichun	508.67	1318.60	1566.17	103
抚州	Fuzhou	325.29	805.58	1131.81	154
上饶	Shangrao	577.22	1474.29	1742.12	94
山东	**Shandong**	**30722.64**	**55067.67**	**61726.90**	
济南	Jinan	6319.09	9674.22	11370.18	17
青岛	Qingdao	5886.23	10771.85	11891.68	15
淄博	Zibo	1686.13	2628.98	2855.01	62
枣庄	Zaozhuang	727.71	1077.79	1100.07	156
东营	Dongying	1148.11	2941.53	3403.93	55
烟台	Yantai	2511.91	4222.89	4530.19	45
潍坊	Weifang	2514.81	4519.47	4797.91	43
济宁	Jining	1366.43	2641.13	2823.00	65
泰安	Taian	917.60	1800.56	1936.68	86
威海	Weihai	1121.73	1770.96	1875.04	88
日照	Rizhao	832.71	1950.55	2194.78	75
莱芜	Laiwu	464.70	619.60	661.25	228
临沂	Linyi	1538.21	3362.63	3938.41	48
德州	Dezhou	909.84	1546.00	1651.57	98
聊城	Liaocheng	919.65	1845.65	2099.55	79

15-2 金融机构人民币贷款余额 续表 2
Total Loans in RMB of Financial Institutions continued 2

单位：亿元

地名	City	2010	2015	2016	2016 排名 Ranking
滨州	Binzhou	1020.38	2058.45	2351.73	71
菏泽	Heze	797.66	1635.43	1805.06	91
河南	**Henan**	**15871.32**	**30696.87**	**36501.17**	
郑州	Zhengzhou	5717.55	12659.48	15422.39	9
开封	Kaifeng	402.49	1018.06	1188.54	141
洛阳	Luoyang	1113.88	2635.68	3011.90	60
平顶山	Pingdingshan	694.39	1405.26	1589.41	101
安阳	Anyang	597.39	1012.26	1160.79	148
鹤壁	Hebi	268.43	484.60	536.83	253
新乡	Xinxiang	712.34	1276.15	1339.54	124
焦作	Jiaozuo	470.98	944.58	1087.24	157
濮阳	Puyang	231.60	543.35	635.79	235
许昌	Xuchang	562.35	1357.02	1464.22	112
漯河	Luohe	301.20	504.18	641.23	234
三门峡	Sanmenxia	340.20	671.76	701.12	221
南阳	Nanyang	827.50	1723.16	1885.33	87
商丘	Shangqiu	607.67	1137.75	1288.55	129
信阳	Xinyang	570.09	1290.94	1442.69	114
周口	Zhoukou	563.18	917.97	976.40	178
驻马店	Zhumadian	499.44	1114.67	1227.64	135
湖北	**Hubei**	**13037.12**	**28104.21**		
武汉	Wuhan	8106.78	17135.79	19386.30	7
黄石	Huangshi	418.54	926.67	1013.00	171
十堰	Shiyan	374.78	1030.92	1136.28	153
宜昌	Yichang	990.06	2133.19	2353.41	70
襄阳	Xiangyang	673.45	1683.60	1802.54	92
鄂州	Ezhou	128.16	337.09	391.47	275
荆门	Jingmen	310.32	793.90	872.16	192
孝感	Xiaogan	378.45	915.28	1023.22	168
荆州	Jingzhou	428.83	1070.63	1185.66	142
黄冈	Huanggang	383.26	991.31	1160.60	149
咸宁	Xianning	223.74	628.97	720.83	217
随州	Suizhou	167.99	456.87	527.45	259
湖南	**Hunan**	**11303.76**	**22992.54**	**27215.51**	
长沙	Changsha	6187.40	12268.11	13631.32	11
株洲	Zhuzhou	550.63	1162.58	1332.25	125
湘潭	Xiangtan	532.16	1256.07	1375.87	121
衡阳	Hengyang	530.71	1100.85	1395.18	118
邵阳	Shaoyang	347.42	891.46	1049.37	164
岳阳	Yueyang	434.17	894.48	1012.68	172
常德	Changde	480.54	1080.46	1282.60	131
张家界	Zhangjiajie	188.03	371.22	417.45	269
益阳	Yiyang	312.44	616.77	727.62	214
郴州	Chenzhou	369.10	945.71	1061.87	163
永州	Yongzhou	361.95	793.62	965.53	179
怀化	Huaihua	356.08	832.54	915.60	188
娄底	Loudi	388.06	778.67	829.63	197
广东	**Guangdong**	**46099.26**	**95177.81**	**103649.79**	
广州	Guangzhou	14987.73	27296.16	28885.54	2
韶关	Shaoguan	346.28	731.84	766.59	206
深圳	Shenzhen	13708.16	32449.04	35165.46	1
珠海	Zhuhai	1274.77	2860.33	3915.61	49
汕头	Shantou	637.75	1199.00	1296.09	128
佛山	Foshan	4749.09	7950.53	8515.62	26
江门	Jiangmen	973.75	2218.01	2367.06	69
湛江	Zhanjiang	714.40	1556.41	1629.28	100
茂名	Maoming	361.30	858.33	1005.62	173
肇庆	Zhaoqing	642.04	1281.52	1283.18	130
惠州	Huizhou	1097.66	2464.35	3155.13	57
梅州	Meizhou	330.25	736.41	829.33	198
汕尾	Shanwei	130.20	306.14	350.17	280
河源	Heyuan	335.32	801.08	886.16	191
阳江	Yangjiang	283.93	749.77	825.60	199
清远	Qingyuan	510.26	1061.23	1137.06	152
东莞	Dongguan	3329.82	5980.90	6402.48	32
中山	Zhongshan	1329.89	2784.93	3238.03	56
潮州	Chaozhou	205.91	369.04	365.63	278
揭阳	Jieyang	400.68	924.73	980.65	176
云浮	Yunfu	274.32	598.05	649.53	231
广西	**Guangxi**	**8867.52**	**17656.76**		
南宁	Nanning	4142.30	8228.66	9423.79	22
柳州	Liuzhou	1046.18	2032.08	2273.90	73
桂林	Guilin	784.18	1574.89	1859.58	89
梧州	Wuzhou	321.34	665.61	721.92	216
北海	Beihai	238.18	484.13	535.15	254
防城港	Fangchenggang	178.17	425.34	511.47	261
钦州	Qinzhou	321.45	547.13	594.98	243
贵港	Guigang	279.41	596.71	683.85	225
玉林	Yulin	397.18	843.68	1014.94	169
百色	Baise	391.03	711.66	815.08	202

15-2 金融机构人民币贷款余额 续表 3
Total Loans in RMB of Financial Institutions continued 3

单位：亿元

地名	City	2010	2015	2016	2016 排名 Ranking	地名	City	2010	2015	2016	2016 排名 Ranking
贺州	Hezhou	144.51	310.13	370.36	277	丽江	Lijiang	193.93	414.31	430.57	267
河池	Hechi	275.01	505.18	575.04	247	普洱	Puer	232.00	548.30	601.84	241
来宾	Laibin	186.70	358.50	405.46	271	临沧	Lincang	168.14	432.10	443.35	266
崇左	Chongzuo	161.88	373.06	390.23	276	**西藏**	**Tibet**	**301.49**	**1205.45**	**3045.77**	
海南	**Hainan**	**2262.19**	**4672.25**			拉萨	Lasa	213.72	1205.45	2011.51	82
海口	Haikou	1697.67	3656.03	4178.05	46	**陕西**	**Shaanxi**	**10033.12**	**21227.66**	**23921.75**	
三亚	Sanya	228.35	871.19	1079.17	160	西安	Xi'an	6482.28	13714.02	15282.65	10
三沙	Sansha					铜川	Tongchuan	79.40	145.85	173.49	283
重庆	**Chongqing**	**10888.15**	**22393.93**	**24785.19**		宝鸡	Baoji	436.95	1039.92	1182.76	144
四川	**Sichuan**	**19129.79**	**36431.57**	**42828.13**		咸阳	Xianyang	454.66	1028.65	1141.78	151
成都	Chengdu	12139.43	21970.64	25009.00	4	渭南	Weinan	471.52	920.59	1035.35	167
自贡	Zigong	248.24	615.55	708.35	219	延安	Yan'an	360.97	830.84	925.39	186
攀枝花	Panzhihua	380.31	697.15	738.63	212	汉中	Hanzhong	300.08	630.01	680.21	226
泸州	Luzhou	406.72	1092.96	1281.64	132	榆林	Yulin	898.52	2032.89	1979.33	84
德阳	Deyang	592.39	1075.92	1190.04	140	安康	Ankang	211.34	547.20	627.01	237
绵阳	Mianyang	858.31	1532.85	1667.43	95	商洛	Shangluo	155.47	337.70	391.54	274
广元	Guangyuan	236.21	550.79	630.73	236	**甘肃**	**Gansu**	**4433.05**	**12738.17**	**15650.47**	
遂宁	Suining	276.37	740.81	820.20	200	兰州	Lanzhou	2359.28	6892.02	8401.56	27
内江	Neijiang	266.90	688.15	731.65	213	嘉峪关	Jiayuguan	171.90	425.45	463.80	265
乐山	Leshan	585.87	1238.30	1311.18	126	金昌	Jinchang	140.69	334.40	356.29	279
南充	Nanchong	424.82	1293.89	1479.68	111	白银	Baiyin	186.64	511.92	582.39	245
眉山	Meishan	281.58	683.76	747.19	210	天水	Tianshui	215.00	642.34	748.62	209
宜宾	Yibin	447.67	1054.48	1223.82	137	武威	Wuwei	161.13	696.20	768.75	205
广安	Guangan	251.60	582.19	655.51	230	张掖	Zhangye	132.34	485.53	555.78	251
达州	Dazhou	363.46	929.32	1077.62	161	平凉	Pingliang	200.07	470.38	533.03	256
雅安	Yaan	238.90	510.09	527.85	258	酒泉	Jiuquan	242.20	659.66	725.69	215
巴中	Bazhong	129.22	457.83	542.50	252	庆阳	Qingyang	139.97	585.04	642.04	233
资阳	Ziyang	281.77	716.90	522.59	260	定西	Dingxi	143.60	556.57	666.20	227
贵州	**Guizhou**	**5747.53**	**12792.31**			陇南	Longnan	177.81	478.66	558.41	250
贵阳	Guiyang	2588.73	7875.58	9153.20	23	**青海**	**Qinghai**	**1822.65**	**4349.72**		
六盘水	Liupanshui	360.90	779.74	935.56	183	西宁	Xining	1542.08	4095.93	4633.43	44
遵义	Zunyi	598.16	1925.48	2264.92	74	海东	Haidong		253.79		
安顺	Anshun	229.65	610.27	687.98	224	**宁夏**	**Ningxia**	**2398.70**	**5117.82**		
毕节	Bijie	282.52	884.46	1148.31	150	银川	Yinchuan	1641.06	3653.98	4076.57	47
铜仁	Tongren	242.12	716.77	817.65	201	石嘴山	Shizuishan	270.07	424.59	422.83	268
云南	**Yunnan**	**10568.78**	**16647.62**	**23056.28**		吴忠	Wuzhong	250.92	460.97	500.39	263
昆明	Kunming	6498.57	11976.49	13553.33	12	固原	Guyuan	83.65	206.22	264.77	282
曲靖	Qujing	629.93	1262.57	1299.48	127	中卫	Zhongwei	160.41	372.05	403.34	273
玉溪	Yuxi	465.66	846.23	903.50	189	**新疆**	**Xinjiang**	**4973.16**	**5467.17**	**14552.71**	
保山	Baoshan	228.69	550.89	599.09	242	乌鲁木齐	Urumqi	2074.74	4957.43	5287.20	38
昭通	Zhaotong	286.34	616.73	645.82	232	克拉玛依	Karamay	150.64	509.73	594.50	244

15-3 金融机构人民币存贷比（年末余额）
Ratio of Deposits and Loans of Financial Institutions at Year-end

单位：% (%)

地名	City	2010	2015	2016	2016 排名 Ranking	地名	City	2010	2015	2016	2016 排名 Ranking
全国	**Nation Total**	**1.50**	**1.47**			沈阳	Shenyang	1.36	1.22	1.13	252
北京	**Beijing**	**2.19**	**2.50**	**2.35**		大连	Dalian	1.38	1.25	1.29	207
天津	**Tianjin**	**1.24**	**1.11**	**1.06**		鞍山	Anshan	1.76	1.58	1.50	146
河北	**Hebei**	**1.66**	**1.67**			抚顺	Fushun	2.49	2.04	2.10	36
石家庄	Shijiazhuang	1.87	1.91	2.14	29	本溪	Benxi	1.44	1.30	1.32	200
唐山	Tangshan	1.54	1.56	1.66	104	丹东	Dandong	1.93	1.61	1.67	103
秦皇岛	Qinhuangdao	1.68	1.59	1.69	94	锦州	Jinzhou	1.73	1.62	1.95	49
邯郸	Handan	1.62	1.48	1.48	153	营口	Yingkou	1.16	1.42	1.39	176
邢台	Xingtai	1.94	1.67	1.67	102	阜新	Fuxin	1.41	1.17	1.20	234
保定	Baoding	2.47	2.12	2.04	42	辽阳	Liaoyang	1.61	1.59	1.88	60
张家口	Zhangjiakou	1.42	1.40	1.42	169	盘锦	Panjin	1.91	1.75	1.98	46
承德	Chengde	1.42	1.29	1.33	195	铁岭	Tieling	1.29	1.38	1.45	158
沧州	Cangzhou	2.27	1.79	1.74	84	朝阳	Chaoyang	1.62	1.50	1.58	123
廊坊	Langfang	1.50	1.48	1.26	221	葫芦岛	Huludao	1.66	1.65	1.69	95
衡水	Hengshui	2.52	1.90	1.76	79	**吉林**	**Jilin**	**1.33**	**1.18**	**1.23**	
山西	**Shanxi**	**1.93**	**1.55**			长春	Changchun	1.09	1.07	1.11	256
太原	Taiyuan	1.38	1.17	1.10	260	吉林	Jilin	1.87	1.45	1.27	218
大同	Datong	2.78	2.05	2.14	27	四平	Siping	1.49	1.14	1.14	248
阳泉	Yangquan	2.38	1.87	1.83	66	辽源	Liaoyuan	1.51	1.30	1.23	227
长治	Changzhi	2.16	1.81	1.77	78	通化	Tonghua	1.64	1.57	1.84	65
晋城	Jincheng	2.53	1.78	1.79	73	白山	Baishan	1.53	1.45	2.10	34
朔州	Shuozhou	3.87	3.32	2.24	17	松原	Songyuan	1.71	1.16	1.19	235
晋中	Jinzhong	2.65	1.70	1.71	90	白城	Baicheng	1.59	1.07	1.04	267
运城	Yuncheng	1.90	1.80	1.86	64	**黑龙江**	**Heilongjiang**	**1.78**	**1.30**	**1.25**	
忻州	Xinzhou	2.74	2.29	2.27	14	哈尔滨	Harbin	1.44	1.14	1.08	263
临汾	Linfen	2.48	1.82	1.80	70	齐齐哈尔	Qiqihar	1.62	1.13	1.09	261
吕梁	Lvliang	2.79	1.81	1.90	55	鸡西	Jixi	2.47	1.60	1.49	149
内蒙古	**Inner Mongolia**	**1.30**	**1.06**			鹤岗	Hegang	1.44	1.24	1.22	230
呼和浩特	Hohhot	1.07	0.88	0.88	280	双鸭山	Shuangyashan	1.53	0.97	0.93	277
包头	Baotou	1.64	1.24	1.35	192	大庆	Daqing	3.81	2.37	2.34	9
乌海	Wuhai	1.47	1.22	1.32	203	伊春	Yichun	3.24	4.04	3.74	1
赤峰	Chifeng	1.89	1.29	1.33	196	佳木斯	Jiamusi	1.84	0.97	0.84	281
通辽	Tongliao	1.03	0.88	0.99	273	七台河	Qitaihe	1.59	1.61	1.52	138
鄂尔多斯	Erdos	1.12	1.00	1.07	265	牡丹江	Mudanjiang	2.66	1.87	2.12	30
呼伦贝尔	Hulunbuir	1.77	1.38	1.37	184	黑河	Heihe	2.18	1.35	1.27	220
巴彦淖尔	Bayannur	1.33	1.14	1.23	225	绥化	Suihua	1.84	1.44	1.48	151
乌兰察布	Ulanqab	1.76	1.69	1.73	87	**上海**	**Shanghai**	**1.67**	**1.94**		
辽宁	**Liaoning**	**1.46**	**1.35**			**江苏**	**Jiangsu**	**1.40**	**1.37**		

15-3 金融机构人民币存贷比（年末余额） 续表 1

Ratio of Deposits and Loans of Financial Institutions at Year-end continued 1

单位：% (%)

地名	City	2010	2015	2016	2016 排名 Ranking	地名	City	2010	2015	2016	2016 排名 Ranking
南京	Nanjing	1.22	1.42	1.27	215	池州	Chizhou	0.27	1.56	1.73	86
无锡	Wuxi	1.39	1.36	1.36	190	宣城	Xuancheng	1.50	1.34	1.39	177
徐州	Xuzhou	1.83	1.55	1.52	142	**福建**	**Fujian**	**1.20**	**1.11**	**1.08**	
常州	Changzhou	1.51	1.39	1.41	172	福州	Fuzhou	1.19	1.02	1.00	272
苏州	Suzhou	1.34	1.23	1.18	238	厦门	Xiamen	1.27	1.17	1.19	237
南通	Nantong	1.71	1.61	1.62	113	莆田	Putian	1.16	1.10	1.03	269
连云港	Lianyungang	1.42	1.19	1.22	229	三明	Sanming	1.09	1.10	1.18	239
淮安	Huaian	1.41	1.25	1.33	197	泉州	Quanzhou	1.26	1.20	1.15	247
盐城	Yancheng	1.52	1.43	1.42	171	漳州	Zhangzhou	1.36	1.24	1.18	241
扬州	Yangzhou	1.64	1.52	1.53	136	南平	Nanping	1.22	1.29	1.34	194
镇江	Zhenjiang	1.41	1.33	1.37	186	龙岩	Longyan	1.08	1.15	1.22	228
泰州	Taizhou	1.59	1.38	1.44	165	宁德	Ningde	0.93	0.87	0.90	279
宿迁	Suqian	1.30	1.07	1.13	254	**江西**	**Jiangxi**	**1.53**	**1.38**		
浙江	**Zhejiang**	**1.18**	**1.18**			南昌	Nanchang	1.20	1.13	1.10	258
杭州	Hangzhou	1.16	1.30	1.28	212	景德镇	Jingdezhen	1.77	1.62	1.64	109
宁波	Ningbo	1.06	1.03	1.02	270	萍乡	Pingxiang	1.79	1.47	1.52	139
温州	Wenzhou	1.16	1.21	1.27	214	九江	Jiujiang	1.70	1.50	1.48	152
嘉兴	Jiaxing	1.35	1.22	1.28	211	新余	Xinyu	1.22	1.36	1.34	193
湖州	Huzhou	1.26	1.21	1.27	219	鹰潭	Yingtan	1.66	1.30	1.28	210
绍兴	Shaoxing	1.29	1.15	1.19	236	赣州	Ganzhou	1.78	1.46	1.46	156
金华	Jinhua	1.30	1.12	1.21	232	吉安	Jian	2.30	1.84	1.80	71
衢州	Quzhou	1.23	1.09	1.15	246	宜春	Yichun	1.94	1.62	1.55	131
舟山	Zhoushan	1.14	1.16	1.22	231	抚州	Fuzhou	2.02	1.78	1.45	160
台州	Taizhou	1.21	1.14	1.20	233	上饶	Shangrao	1.69	1.53	1.56	129
丽水	Lishui	1.26	1.23	1.32	202	**山东**	**Shandong**	**1.34**	**1.35**	**1.35**	
安徽	**Anhui**	**1.43**	**1.35**			济南	Jinan	1.19	1.40	1.32	201
合肥	Hefei	1.08	1.14	1.14	249	青岛	Qingdao	1.30	1.16	1.18	240
芜湖	Wuhu	1.17	1.02	1.02	271	淄博	Zibo	1.47	1.43	1.46	157
蚌埠	Bengbu	1.83	1.36	1.32	199	枣庄	Zaozhuang	1.23	1.33	1.51	143
淮南	Huainan	1.34	1.44	1.51	144	东营	Dongying	1.36	1.21	1.13	253
马鞍山	Maanshan	1.53	1.36	1.37	181	烟台	Yantai	1.60	1.58	1.58	122
淮北	Huaibei	1.87	1.48	1.66	105	潍坊	Weifang	1.30	1.34	1.45	159
铜陵	Tongling	1.05	1.06	1.29	206	济宁	Jining	1.65	1.53	1.61	114
安庆	Anqing	2.11	1.77	1.78	76	泰安	Taian	1.53	1.50	1.58	124
黄山	Huangshan	1.68	1.62	1.68	96	威海	Weihai	1.43	1.50	1.58	121
滁州	Chuzhou	1.64	1.39	1.38	178	日照	Rizhao	1.19	0.94	0.94	275
阜阳	Fuyang	2.36	2.07	1.91	53	莱芜	Laiwu	1.26	1.34	1.37	183
宿州	Suzhou	2.28	1.84	1.78	75	临沂	Linyi	1.38	1.41	1.35	191
六安	Liuan	1.74	1.81	1.74	83	德州	Dezhou	1.41	1.60	1.72	88
亳州	Bozhou	2.23	1.61	1.53	134	聊城	Liaocheng	1.34	1.39	1.44	167

15-3 金融机构人民币存贷比（年末余额） 续表 2

Ratio of Deposits and Loans of Financial Institutions at Year-end continued 2

单位：%　　　　(%)

地名	City	2010	2015	2016	2016 排名 Ranking
滨州	Binzhou	1.04	1.14	1.14	250
菏泽	Heze	1.37	1.56	1.68	100
河南	**Henan**	**1.46**	**1.53**	**1.48**	
郑州	Zhengzhou	1.40	1.32	1.23	226
开封	Kaifeng	1.69	1.43	1.38	180
洛阳	Luoyang	1.88	1.59	1.65	107
平顶山	Pingdingshan	1.64	1.43	1.43	168
安阳	Anyang	1.66	1.97	1.89	59
鹤壁	Hebi	1.06	1.11	1.11	257
新乡	Xinxiang	1.61	1.66	1.74	85
焦作	Jiaozuo	1.59	1.53	1.50	147
濮阳	Puyang	2.54	2.14	2.10	35
许昌	Xuchang	1.48	1.28	1.36	187
漯河	Luohe	1.40	1.68	1.61	116
三门峡	Sanmenxia	1.84	1.54	1.63	112
南阳	Nanyang	1.78	1.78	1.83	67
商丘	Shangqiu	1.48	1.74	1.78	77
信阳	Xinyang	1.85	1.84	1.87	63
周口	Zhoukou	1.65	2.30	2.45	6
驻马店	Zhumadian	1.94	2.01	2.06	40
湖北	**Hubei**	**1.63**	**1.37**		
武汉	Wuhan	1.33	1.13	1.12	255
黄石	Huangshi	1.67	1.45	1.52	141
十堰	Shiyan	2.29	1.78	1.79	74
宜昌	Yichang	1.94	1.32	1.33	198
襄阳	Xiangyang	1.92	1.60	1.70	92
鄂州	Ezhou	2.00	1.51	1.49	150
荆门	Jingmen	2.21	1.80	1.90	56
孝感	Xiaogan	2.07	2.03	2.03	43
荆州	Jingzhou	2.42	2.09	2.15	26
黄冈	Huanggang	2.51	2.34	2.31	12
咸宁	Xianning	1.93	1.65	1.67	101
随州	Suizhou	2.56	2.12	2.09	37
湖南	**Hunan**	**1.46**	**1.52**	**1.53**	
长沙	Changsha	1.03	1.14	1.13	251
株洲	Zhuzhou	2.05	1.85	1.91	52
湘潭	Xiangtan	1.46	1.41	1.47	154
衡阳	Hengyang	2.45	2.51	2.33	11
邵阳	Shaoyang	2.72	2.31	2.33	10
岳阳	Yueyang	1.80	1.94	2.14	28
常德	Changde	2.00	2.08	2.12	31
张家界	Zhangjiajie	1.25	1.46	1.64	110
益阳	Yiyang	1.94	2.21	2.28	13
郴州	Chenzhou	2.56	2.05	2.25	15
永州	Yongzhou	1.99	1.98	1.98	47
怀化	Huaihua	1.90	1.78	1.92	51
娄底	Loudi	1.68	1.65	1.81	69
广东	**Guangdong**	**1.73**	**1.68**	**1.65**	
广州	Guangzhou	1.56	1.57	1.59	119
韶关	Shaoguan	2.61	2.09	2.18	22
深圳	Shenzhen	1.47	1.78	1.69	93
珠海	Zhuhai	2.08	1.80	1.45	162
汕头	Shantou	2.90	2.38	2.41	8
佛山	Foshan	1.76	1.49	1.50	145
江门	Jiangmen	2.27	1.70	1.63	111
湛江	Zhanjiang	2.18	1.72	1.74	82
茂名	Maoming	2.84	2.30	2.20	19
肇庆	Zhaoqing	1.65	1.39	1.58	125
惠州	Huizhou	1.86	1.47	1.44	166
梅州	Meizhou	2.53	2.13	2.19	21
汕尾	Shanwei	2.51	2.06	2.11	33
河源	Heyuan	1.48	1.23	1.29	209
阳江	Yangjiang	1.99	1.35	1.36	189
清远	Qingyuan	1.93	1.60	1.68	99
东莞	Dongguan	1.78	1.67	1.75	80
中山	Zhongshan	1.96	1.48	1.55	130
潮州	Chaozhou	3.16	2.92	3.29	2
揭阳	Jieyang	2.40	1.98	2.06	41
云浮	Yunfu	1.76	1.53	1.57	126
广西	**Guangxi**	**1.32**	**1.28**		
南宁	Nanning	0.97	1.00	0.94	274
柳州	Liuzhou	1.42	1.38	1.45	161
桂林	Guilin	1.74	1.64	1.59	118
梧州	Wuzhou	1.53	1.38	1.45	164
北海	Beihai	1.97	1.55	1.52	137
防城港	Fangchenggang	1.75	1.19	1.10	259
钦州	Qinzhou	1.47	1.50	1.52	140
贵港	Guigang	1.84	1.63	1.59	117
玉林	Yulin	1.94	1.71	1.61	115
百色	Baise	1.31	1.33	1.36	188

15-3 金融机构人民币存贷比（年末余额） 续表 3

Ratio of Deposits and Loans of Financial Institutions at Year-end continued 3

单位：% (%)

地名	City	2010	2015	2016	2016 排名 Ranking
贺州	Hezhou	1.74	1.73	1.66	106
河池	Hechi	1.69	1.75	1.74	81
来宾	Laibin	1.64	1.47	1.50	148
崇左	Chongzuo	1.93	1.63	1.79	72
海南	**Hainan**	**1.84**	**1.16**		
海口	Haikou	1.30	1.08	1.16	244
三亚	Sanya	2.68	1.39	1.37	182
三沙	Sansha				
重庆	**Chongqing**	**1.24**	**1.25**	**1.26**	
四川	**Sichuan**	**1.58**	**1.55**	**1.53**	
成都	Chengdu	1.26	1.34	1.26	222
自贡	Zigong	2.25	2.15	2.15	24
攀枝花	Panzhihua	1.50	1.23	1.27	216
泸州	Luzhou	2.03	1.68	1.70	91
德阳	Deyang	2.34	1.92	1.94	50
绵阳	Mianyang	2.08	1.88	1.91	54
广元	Guangyuan	3.04	2.06	2.07	38
遂宁	Suining	1.89	1.60	1.68	97
内江	Neijiang	2.25	1.75	1.87	62
乐山	Leshan	1.48	1.40	1.42	170
南充	Nanchong	2.59	1.98	2.06	39
眉山	Meishan	2.18	2.09	2.24	16
宜宾	Yibin	2.11	1.81	1.90	58
广安	Guangan	2.54	2.45	2.54	5
达州	Dazhou	2.48	2.25	2.44	7
雅安	Yaan	1.90	1.98	1.97	48
巴中	Bazhong	2.75	2.01	2.11	32
资阳	Ziyang	2.40	1.92	2.15	25
贵州	**Guizhou**	**1.28**	**1.26**		
贵阳	Guiyang	1.17	1.11	1.08	262
六盘水	Liupanshui	1.38	1.25	1.29	205
遵义	Zunyi	1.93	1.72	1.90	57
安顺	Anshun	1.58	1.40	1.59	120
毕节	Bijie	1.95	1.42	1.45	163
铜仁	Tongren	1.55	1.37	1.57	128
云南	**Yunnan**	**1.27**	**1.13**	**1.20**	
昆明	Kunming	1.04	0.99	0.93	276
曲靖	Qujing	1.61	1.45	1.55	132
玉溪	Yuxi	1.75	1.56	1.68	98
保山	Baoshan	1.52	1.41	1.65	108
昭通	Zhaotong	1.82	1.96	2.17	23
丽江	Lijiang	1.53	1.33	1.40	173
普洱	Puer	1.57	1.39	1.46	155
临沧	Lincang	1.46	1.18	1.30	204
西藏	**Tibet**	**4.30**	**1.76**	**1.44**	
拉萨	Lasa	4.19	1.76	1.28	213
陕西	**Shaanxi**	**1.64**	**1.51**	**1.47**	
西安	Xi'an	1.38	1.30	1.25	224
铜川	Tongchuan	3.16	3.10	2.67	3
宝鸡	Baoji	2.46	2.01	2.00	44
咸阳	Xianyang	2.51	2.19	2.20	20
渭南	Weinan	2.12	2.00	1.99	45
延安	Yan'an	2.02	1.64	1.57	127
汉中	Hanzhong	2.66	2.53	2.58	4
榆林	Yulin	1.62	1.37	1.53	135
安康	Ankang	2.25	1.89	1.87	61
商洛	Shangluo	2.46	2.37	2.23	18
甘肃	**Gansu**	**1.61**	**1.21**	**1.11**	
兰州	Lanzhou	1.37	1.13	1.03	268
嘉峪关	Jiayuguan	0.97	0.76	0.68	284
金昌	Jinchang	1.22	0.97	0.92	278
白银	Baiyin	1.87	1.23	1.17	243
天水	Tianshui	2.15	1.61	1.54	133
武威	Wuwei	2.01	1.17	1.08	264
张掖	Zhangye	1.99	1.16	1.05	266
平凉	Pingliang	1.63	1.49	1.38	179
酒泉	Jiuquan	1.99	1.42	1.27	217
庆阳	Qingyang	2.53	1.39	1.37	185
定西	Dingxi	1.88	1.25	1.15	245
陇南	Longnan	2.21	1.51	1.40	174
青海	**Qinghai**	**1.27**	**0.94**		
西宁	Xining	1.05	0.87	0.81	283
海东	Haidong		2.06		
宁夏	**Ningxia**	**1.07**	**0.94**		
银川	Yinchuan	0.97	0.83	0.82	282
石嘴山	Shizuishan	1.28	1.17	1.29	208
吴忠	Wuzhong	1.07	1.16	1.25	223
固原	Guyuan	1.78	1.68	1.72	89
中卫	Zhongwei	1.24	1.11	1.17	242
新疆	**Xinjiang**	**1.78**	**1.51**	**1.29**	
乌鲁木齐	Urumqi	1.73	1.41	1.40	175
克拉玛依	Karamay	5.26	2.52	1.82	68

16

教育、卫生和文化

Education, Public Health and Culture

16-1 普通小学学校数
Number of Primary Schools

单位：所 （unit）

地名	City	2010	2015	2016	2016 排名 Ranking
全国	**Nation Total**	**257410**	**190525**	**177633**	
北京	**Beijing**	**1104**	**996**	**984**	
天津	**Tianjin**	**956**	**849**	**857**	
河北	**Hebei**	**13563**	**12126**	**11944**	
石家庄	Shijiazhuang	1750	1390	1401	18
唐山	Tangshan	1242	1127	1126	36
秦皇岛	Qinhuangdao	471	416	416	143
邯郸	Handan	2093	1809	1719	8
邢台	Xingtai	1446	1257	1202	33
保定	Baoding	2179	2162	2144	6
张家口	Zhangjiakou	553	531	532	105
承德	Chengde	646	447	447	135
沧州	Cangzhou	1398	1310	1318	25
廊坊	Langfang	829	809	804	67
衡水	Hengshui	956	868	835	61
山西	**Shanxi**	**12776**	**6403**	**6043**	
太原	Taiyuan	607	416	433	141
大同	Datong	1003	466	436	140
阳泉	Yangquan	372	255	265	197
长治	Changzhi	1471	636	643	88
晋城	Jincheng	828	543	494	122
朔州	Shuozhou	472	383	182	233
晋中	Jinzhong	883	674	678	83
运城	Yuncheng	1339	835	820	64
忻州	Xinzhou	2360	677	504	120
临汾	Linfen	1580	1012	1012	43
吕梁	Lvliang	1861	666	576	95
内蒙古	**Inner Mongolia**	**2767**	**1853**	**1730**	
呼和浩特	Hohhot	361	212	208	219
包头	Baotou	185	138	136	250
乌海	Wuhai	30	25	24	284
赤峰	Chifeng	671	396	379	154
通辽	Tongliao	582	353	298	187
鄂尔多斯	Erdos	117	128	131	253
呼伦贝尔	Hulunbuir	201	150	138	249
巴彦淖尔	Bayannur	119	90	89	267
乌兰察布	Ulanqab	230	148	148	245
辽宁	**Liaoning**	**5523**	**4234**	**3954**	
沈阳	Shenyang	415	274	272	195
大连	Dalian	700	526	508	118
鞍山	Anshan	658	535	522	110
抚顺	Fushun	194	123	118	259
本溪	Benxi	66	70	64	274
丹东	Dandong	474	448	441	138
锦州	Jinzhou	431	378	340	166
营口	Yingkou	218	157	150	242
阜新	Fuxin	213	75	71	270
辽阳	Liaoyang	277	168	152	240
盘锦	Panjin	56	54	44	280
铁岭	Tieling	476	298	251	203
朝阳	Chaoyang	702	654	561	96
葫芦岛	Huludao	643	474	460	128
吉林	**Jilin**	**5837**	**4493**	**4281**	
长春	Changchun	1474	1126	1067	41
吉林	Jilin	732	607	553	101
四平	Siping	989	875	605	90
辽源	Liaoyuan	377	308	299	185
通化	Tonghua	398	215	213	217
白山	Baishan	246	181	149	243
松原	Songyuan	729	712	717	78
白城	Baicheng	681	345	338	168
黑龙江	**Heilongjiang**	**6490**	**2802**	**1979**	
哈尔滨	Harbin	1591	590	366	156
齐齐哈尔	Qiqihar	1172	664	523	109
鸡西	Jixi	97	71	65	273
鹤岗	Hegang	95	82	53	278
双鸭山	Shuangyashan	161	110	61	276
大庆	Daqing	507	380	178	234
伊春	Yichun	118	63	51	279
佳木斯	Jiamusi	390	191	135	251
七台河	Qitaihe	89	49	33	281
牡丹江	Mudanjiang	363	191	126	255
黑河	Heihe	231	184	97	265
绥化	Suihua	1616	257	228	209
上海	**Shanghai**	**766**	**764**	**753**	
江苏	**Jiangsu**	**4498**	**4068**	**4036**	

16-1 普通小学学校数 续表 1

Number of Primary Schools continued 1

单位：所 （unit）

地名	City	2010	2015	2016	2016 排名 Ranking	地名	City	2010	2015	2016	2016 排名 Ranking
南京	Nanjing	345	350	346	162	池州	Chizhou	403	225	213	217
无锡	Wuxi	208	197	197	229	宣城	Xuancheng	290	178	174	235
徐州	Xuzhou	871	924	928	53	**福建**	**Fujian**	**6974**	**5141**	**5188**	
常州	Changzhou	190	201	201	226	福州	Fuzhou	1270	893	900	54
苏州	Suzhou	320	387	391	149	厦门	Xiamen	295	302	300	183
南通	Nantong	347	322	322	173	莆田	Putian	707	497	554	98
连云港	Lianyungang	443	447	451	133	三明	Sanming	298	233	234	207
淮安	Huaian	404	282	252	202	泉州	Quanzhou	1483	1340	1342	23
盐城	Yancheng	491	326	329	170	漳州	Zhangzhou	1263	877	845	59
扬州	Yangzhou	226	205	203	222	南平	Nanping	513	311	307	181
镇江	Zhenjiang	130	113	111	264	龙岩	Longyan	467	367	391	149
泰州	Taizhou	151	156	149	243	宁德	Ningde	678	278	279	194
宿迁	Suqian	372	158	156	239	**江西**	**Jiangxi**	**12772**	**9465**	**8329**	
浙江	**Zhejiang**	**3989**	**3303**	**3269**		南昌	Nanchang	1047	904	672	84
杭州	Hangzhou	408	443	447	135	景德镇	Jingdezhen	496	433	363	158
宁波	Ningbo	513	448	444	137	萍乡	Pingxiang	425	384	377	155
温州	Wenzhou	706	563	554	98	九江	Jiujiang	1332	920	743	75
嘉兴	Jiaxing	215	154	146	246	新余	Xinyu	155	101	97	265
湖州	Huzhou	141	129	126	255	鹰潭	Yingtan	356	255	256	200
绍兴	Shaoxing	452	369	343	164	赣州	Ganzhou	2592	1953	1704	10
金华	Jinhua	456	396	393	148	吉安	Jian	1253	735	716	79
衢州	Quzhou	212	199	199	227	宜春	Yichun	1579	908	896	55
舟山	Zhoushan	61	57	56	277	抚州	Fuzhou	1334	963	707	80
台州	Taizhou	561	329	346	162	上饶	Shangrao	2203	1898	1789	7
丽水	Lishui	264	216	215	215	**山东**	**Shandong**	**12405**	**10404**	**10027**	
安徽	**Anhui**	**13997**	**9119**	**8284**		济南	Jinan	645	582	582	93
合肥	Hefei	663	584	551	102	青岛	Qingdao	894	772	743	75
芜湖	Wuhu	205	313	309	180	淄博	Zibo	357	311	300	183
蚌埠	Bengbu	857	661	660	87	枣庄	Zaozhuang	582	520	515	113
淮南	Huainan	454	330	450	134	东营	Dongying	172	125	113	263
马鞍山	Maanshan	142	248	242	205	烟台	Yantai	509	295	291	191
淮北	Huaibei	373	321	311	178	潍坊	Weifang	1057	818	823	63
铜陵	Tongling	99	80	217	213	济宁	Jining	1273	1068	1068	40
安庆	Anqing	1687	1125	830	62	泰安	Taian	673	528	517	112
黄山	Huangshan	514	130	129	254	威海	Weihai	134	89	89	267
滁州	Chuzhou	613	262	238	206	日照	Rizhao	419	297	295	189
阜阳	Fuyang	2331	1659	1350	22	莱芜	Laiwu	166	126	124	257
宿州	Suzhou	1134	840	790	68	临沂	Linyi	1639	1337	1293	28
六安	Liuan	1827	1009	698	81	德州	Dezhou	960	877	851	57
亳州	Bozhou	1407	1154	1122	37	聊城	Liaocheng	782	750	752	73

16-1 普通小学学校数 续表 2
Number of Primary Schools continued 2

单位：所 （unit）

地名	City	2010	2015	2016	2016 排名 Ranking	地名	City	2010	2015	2016	2016 排名 Ranking
滨州	Binzhou	428	353	314	176	常德	Changde	720	524	511	116
菏泽	Heze	1715	1556	1377	21	张家界	Zhangjiajie	173	120	117	261
河南	**Henan**	**28603**	**24673**	**22822**		益阳	Yiyang	588	420	398	147
郑州	Zhengzhou	1027	935	932	51	郴州	Chenzhou	1418	489	490	123
开封	Kaifeng	1429	1281	996	46	永州	Yongzhou	484	461	464	126
洛阳	Luoyang	2223	1309	1305	26	怀化	Huaihua	911	1349	266	196
平顶山	Pingdingshan	1480	1399	1341	24	娄底	Loudi	924	778	770	70
安阳	Anyang	1474	1298	1301	27	**广东**	**Guangdong**	**16806**	**10126**	**10178**	
鹤壁	Hebi	440	351	343	164	广州	Guangzhou	1004	941	953	49
新乡	Xinxiang	1654	1556	1437	16	韶关	Shaoguan	296	184	191	231
焦作	Jiaozuo	627	545	540	104	深圳	Shenzhen	340	334	337	169
濮阳	Puyang	1238	1164	1106	39	珠海	Zhuhai	124	116	118	259
许昌	Xuchang	1038	1018	1002	45	汕头	Shantou	798	748	747	74
漯河	Luohe	534	499	501	121	佛山	Foshan	424	407	408	145
三门峡	Sanmenxia	508	251	234	207	江门	Jiangmen	340	313	316	175
南阳	Nanyang	3763	3288	2491	2	湛江	Zhanjiang	2090	1281	780	69
商丘	Shangqiu	2629	2151	2156	5	茂名	Maoming	2013	1389	1381	20
信阳	Xinyang	2441	1656	1642	12	肇庆	Zhaoqing	753	218	222	210
周口	Zhoukou	4064	3573	3081	1	惠州	Huizhou	689	454	456	130
驻马店	Zhumadian	1921	2308	2323	4	梅州	Meizhou	1292	447	452	132
湖北	**Hubei**	**7785**	**5398**	**5383**		汕尾	Shanwei	778	458	467	125
武汉	Wuhan	639	591	594	91	河源	Heyuan	1260	316	340	166
黄石	Huangshi	587	439	441	138	阳江	Yangjiang	470	139	146	246
十堰	Shiyan	720	428	428	142	清远	Qingyuan	796	325	318	174
宜昌	Yichang	344	261	263	199	东莞	Dongguan	330	327	328	172
襄阳	Xiangyang	773	462	462	127	中山	Zhongshan	211	205	206	221
鄂州	Ezhou	260	246	247	204	潮州	Chaozhou	682	633	615	89
荆门	Jingmen	295	223	221	211	揭阳	Jieyang	1358	1231	1232	31
孝感	Xiaogan	668	450	453	131	云浮	Yunfu	758	162	165	236
荆州	Jingzhou	509	394	391	149	**广西**	**Guangxi**	**13942**	**11849**	**10173**	
黄冈	Huanggang	1192	709	696	82	南宁	Nanning	1515	1379	1276	30
咸宁	Xianning	477	348	354	159	柳州	Liuzhou	970	577	329	170
随州	Suizhou	195	191	189	232	桂林	Guilin	1218	855	585	92
湖南	**Hunan**	**12692**	**8412**	**8272**		梧州	Wuzhou	895	899	720	77
长沙	Changsha	1025	939	931	52	北海	Beihai	394	386	384	153
株洲	Zhuzhou	493	332	353	160	防城港	Fangchenggang	580	518	518	111
湘潭	Xiangtan	485	410	391	149	钦州	Qinzhou	1073	1282	1284	29
衡阳	Hengyang	1849	1507	1431	17	贵港	Guigang	1141	1144	1065	42
邵阳	Shaoyang	1667	1187	1178	35	玉林	Yulin	1461	1423	1388	19
岳阳	Yueyang	949	806	805	66	百色	Baise	1380	1189	955	48

16-1 普通小学学校数 续表 3

Number of Primary Schools continued 3

单位：所 （unit）

地名	City	2010	2015	2016	2016 排名 Ranking	地名	City	2010	2015	2016	2016 排名 Ranking
贺州	Hezhou	598	647	524	108	丽江	Lijiang	526	479	460	128
河池	Hechi	1455	1339	1107	38	普洱	Puer	773	567	513	115
来宾	Laibin	694	423	219	212	临沧	Lincang	1576	1031	836	60
崇左	Chongzuo	755	369	313	177	**西藏**	**Tibet**	**870**	**826**	**805**	
海南	**Hainan**	**2313**	**1556**	**1509**		拉萨	Lasa	94	75	71	270
海口	Haikou	327	200	163	237	**陕西**	**Shaanxi**	**9710**	**5851**	**5507**	
三亚	Sanya	140	115	116	262	西安	Xi'an	1531	1234	1190	34
三沙	Sansha		1	1	286	铜川	Tongchuan	220	85	87	269
重庆	**Chongqing**	**5544**	**4170**	**2979**		宝鸡	Baoji	918	526	505	119
四川	**Sichuan**	**9282**	**6487**	**5981**		咸阳	Xianyang	1445	896	807	65
成都	Chengdu	504	523	556	97	渭南	Weinan	1362	787	753	72
自贡	Zigong	435	171	119	258	延安	Yan'an	386	301	299	185
攀枝花	Panzhihua	64	65	64	274	汉中	Hanzhong	972	559	489	124
泸州	Luzhou	283	260	216	214	榆林	Yulin	653	384	364	157
德阳	Deyang	255	353	352	161	安康	Ankang	886	631	578	94
绵阳	Mianyang	432	412	404	146	商洛	Shangluo	1306	428	415	144
广元	Guangyuan	242	255	264	198	**甘肃**	**Gansu**	**11582**	**8052**	**6924**	
遂宁	Suining	224	201	202	225	兰州	Lanzhou	697	523	515	113
内江	Neijiang	374	284	280	193	嘉峪关	Jiayuguan	17	19	19	285
乐山	Leshan	501	325	293	190	金昌	Jinchang	125	27	28	283
南充	Nanchong	263	264	256	200	白银	Baiyin	754	685	662	86
眉山	Meishan	197	208	208	219	天水	Tianshui	1779	1347	1004	44
宜宾	Yibin	1369	322	311	178	武威	Wuwei	694	576	554	98
广安	Guangan	260	213	199	227	张掖	Zhangye	566	221	214	216
达州	Dazhou	334	1566	1530	15	平凉	Pingliang	1309	935	848	58
雅安	Yaan	291	156	158	238	酒泉	Jiuquan	314	146	141	248
巴中	Bazhong	246	203	203	222	庆阳	Qingyang	1341	1044	974	47
资阳	Ziyang	266	258	192	230	定西	Dingxi	1430	1056	770	70
贵州	**Guizhou**	**12422**	**8520**	**7818**		陇南	Longnan	1220	1673	1607	13
贵阳	Guiyang	779	546	550	103	**青海**	**Qinghai**	**1792**	**978**	**889**	
六盘水	Liupanshui	901	614	509	117	西宁	Xining	334	160	151	241
遵义	Zunyi	2064	1321	1222	32	海东	Haidong		373	297	188
安顺	Anshun	953	562	532	105	**宁夏**	**Ningxia**	**2027**	**1693**	**1536**	
毕节	Bijie	2519	2071	2371	3	银川	Yinchuan	215	199	203	222
铜仁	Tongren	1494	929	1567	14	石嘴山	Shizuishan	89	66	66	272
云南	**Yunnan**	**14059**	**12413**	**11673**		吴忠	Wuzhong	368	309	306	182
昆明	Kunming	1124	959	937	50	固原	Guyuan	939	819	666	85
曲靖	Qujing	1766	1712	1696	11	中卫	Zhongwei	416	296	291	191
玉溪	Yuxi	575	535	529	107	**新疆**	**Xinjiang**	**3598**	**3501**	**3526**	
保山	Baoshan	1246	904	861	56	乌鲁木齐	Urumqi	140	132	132	252
昭通	Zhaotong	1980	1840	1715	9	克拉玛依	Karamay	5	29	29	282

16-2 普通小学专任教师数
Full-time Teachers of Primary Schools

单位：人 （person）

地名	City	2010	2015	2016	2016 排名 Ranking	地名	City	2010	2015	2016	2016 排名 Ranking
全国	**Nation Total**	**5617091**	**5685118**	**5789145**		沈阳	Shenyang	22023	22321	22856	72
北京	**Beijing**	**49480**	**59267**	**61811**		大连	Dalian	17258	18255	18725	105
天津	**Tianjin**	**37317**	**40202**	**41547**		鞍山	Anshan	12500	10925	10921	191
河北	**Hebei**	**319037**	**338901**	**351408**		抚顺	Fushun	7303	6661	6523	246
石家庄	Shijiazhuang	41632	43396	44499	12	本溪	Benxi	5665	5967	5705	253
唐山	Tangshan	29312	30889	31095	34	丹东	Dandong	8587	8070	7017	242
秦皇岛	Qinhuangdao	12970	14408	15067	133	锦州	Jinzhou	10535	9747	9834	206
邯郸	Handan	43301	46331	51816	3	营口	Yingkou	7367	7451	7306	238
邢台	Xingtai	33257	33400	37775	18	阜新	Fuxin	8005	4923	7139	239
保定	Baoding	45305	45940	47286	6	辽阳	Liaoyang	5449	4533	4404	268
张家口	Zhangjiakou	19383	18955	20389	89	盘锦	Panjin	5256	5232	5202	260
承德	Chengde	15889	17084	17734	111	铁岭	Tieling	10859	10301	10172	200
沧州	Cangzhou	35966	36985	36212	20	朝阳	Chaoyang	15093	13391	13613	157
廊坊	Langfang	21714	22219	23811	66	葫芦岛	Huludao	11022	10270	10181	199
衡水	Hengshui	20308	18668	18836	102	**吉林**	**Jilin**	**124502**	**110058**	**109650**	
山西	**Shanxi**	**190538**	**172957**	**171535**		长春	Changchun	33694	26301	26559	48
太原	Taiyuan	17079	16379	17093	117	吉林	Jilin	18209	14196	13923	152
大同	Datong	19595	17982	17629	112	四平	Siping	15119	13634	9897	204
阳泉	Yangquan	6318	5643	5382	256	辽源	Liaoyuan	5833	5440	5336	258
长治	Changzhi	17471	13802	15107	132	通化	Tonghua	10543	6539	6352	248
晋城	Jincheng	11206	9648	9277	212	白山	Baishan	6464	5336	3878	273
朔州	Shuozhou	11695	8333	9024	216	松原	Songyuan	14514	11698	11462	180
晋中	Jinzhong	15515	14872	14252	144	白城	Baicheng	11064	8341	7957	227
运城	Yuncheng	27458	23098	23210	69	**黑龙江**	**Heilongjiang**	**151344**	**125886**	**119412**	
忻州	Xinzhou	18423	16379	16234	121	哈尔滨	Harbin	38181	29557	30986	35
临汾	Linfen	23110	21966	21404	77	齐齐哈尔	Qiqihar	18653	12568	11237	183
吕梁	Lvliang	22668	20579	19864	93	鸡西	Jixi	6923	3753	4369	269
内蒙古	**Inner Mongolia**	**113564**	**101730**	**99358**		鹤岗	Hegang	4240	2605	2259	281
呼和浩特	Hohhot	10201	8955	8978	217	双鸭山	Shuangyashan	6016	4151	3609	275
包头	Baotou	8810	8736	8888	218	大庆	Daqing	12373	9338	9528	210
乌海	Wuhai	2278	2184	2137	282	伊春	Yichun	4982	3842	3567	276
赤峰	Chifeng	23507	19029	18980	100	佳木斯	Jiamusi	12811	8163	7657	230
通辽	Tongliao	17664	15048	14857	135	七台河	Qitaihe	3041	2462	2379	280
鄂尔多斯	Erdos	6345	7925	8541	222	牡丹江	Mudanjiang	10545	7692	7441	234
呼伦贝尔	Hulunbuir	13367	10115	10552	194	黑河	Heihe	7580	7321	4893	266
巴彦淖尔	Bayannur	7283	6007	5356	257	绥化	Suihua	23555	16606	15326	131
乌兰察布	Ulanqab	9949	7947	6850	243	**上海**	**Shanghai**	**45239**	**52321**	**53389**	
辽宁	**Liaoning**	**146922**	**140002**	**140400**		**江苏**	**Jiangsu**	**249586**	**277885**	**289202**	

16-2 普通小学专任教师数 续表 1

Full-time Teachers of Primary Schools continued 1

单位：人 （person）

地名	City	2010	2015	2016	2016 排名 Ranking	地名	City	2010	2015	2016	2016 排名 Ranking
南京	Nanjing	19607	22474	23644	67	池州	Chizhou	5921	5636	5612	254
无锡	Wuxi	17731	19312	20119	91	宣城	Xuancheng	9710	9205	9196	213
徐州	Xuzhou	33991	40445	42716	13	**福建**	**Fujian**	**156601**	**162496**	**165910**	
常州	Changzhou	11896	13701	14173	148	福州	Fuzhou	26550	27251	26421	50
苏州	Suzhou	23375	33969	35770	22	厦门	Xiamen	9245	14399	15405	129
南通	Nantong	19082	19347	19636	94	莆田	Putian	16048	13968	14233	146
连云港	Lianyungang	20763	21965	23614	68	三明	Sanming	13529	11834	11968	172
淮安	Huaian	19690	20712	21067	82	泉州	Quanzhou	29248	33109	32744	28
盐城	Yancheng	25423	25601	26548	49	漳州	Zhangzhou	20060	20229	20671	85
扬州	Yangzhou	13579	13454	13593	158	南平	Nanping	15224	12681	13318	160
镇江	Zhenjiang	8179	9385	9632	208	龙岩	Longyan	12128	12133	12128	171
泰州	Taizhou	14951	14084	14108	150	宁德	Ningde	14569	13810	14062	151
宿迁	Suqian	21319	23436	24582	62	**江西**	**Jiangxi**	**202897**	**215906**	**219161**	
浙江	**Zhejiang**	**171908**	**194769**	**200020**		南昌	Nanchang	21292	17547	17794	110
杭州	Hangzhou	25709	31280	32549	29	景德镇	Jingdezhen	7034	6440	6505	247
宁波	Ningbo	21577	25357	26171	53	萍乡	Pingxiang	7777	8198	7428	235
温州	Wenzhou	31533	34502	35114	25	九江	Jiujiang	20613	21117	21278	78
嘉兴	Jiaxing	12027	13915	14237	145	新余	Xinyu	5368	5084	5196	261
湖州	Huzhou	8752	8607	8800	219	鹰潭	Yingtan	5099	5869	5903	251
绍兴	Shaoxing	14764	15714	15718	125	赣州	Ganzhou	39703	43863	45152	11
金华	Jinhua	16380	18100	21134	80	吉安	Jian	19010	19528	20019	92
衢州	Quzhou	7822	8533	8709	220	宜春	Yichun	23880	25398	25115	58
舟山	Zhoushan	3230	3412	3546	277	抚州	Fuzhou	19760	20169	21177	79
台州	Taizhou	20510	20536	20902	83	上饶	Shangrao	33361	35470	31990	32
丽水	Lishui	9664	9766	9949	202	**山东**	**Shandong**	**387453**	**396368**	**408856**	
安徽	**Anhui**	**245726**	**238259**	**240493**		济南	Jinan	24801	25795	26976	45
合肥	Hefei	16876	24620	25394	57	青岛	Qingdao	32023	33330	34154	26
芜湖	Wuhu	6663	11780	11938	174	淄博	Zibo	15732	15503	15618	126
蚌埠	Bengbu	12809	13572	13819	155	枣庄	Zaozhuang	17966	18351	19018	99
淮南	Huainan	9888	9219	11965	173	东营	Dongying	8344	8221	8317	224
马鞍山	Maanshan	4665	7647	7532	233	烟台	Yantai	20378	15017	14650	139
淮北	Huaibei	9246	8005	8138	226	潍坊	Weifang	37400	37330	38757	16
铜陵	Tongling	2943	2835	5327	259	济宁	Jining	32884	34468	35391	24
安庆	Anqing	22509	20230	17586	113	泰安	Taian	21444	18527	18301	108
黄山	Huangshan	5649	5181	5143	262	威海	Weihai	6866	7651	7849	228
滁州	Chuzhou	15814	14288	14130	149	日照	Rizhao	11377	11538	11568	179
阜阳	Fuyang	37512	36613	36125	21	莱芜	Laiwu	5589	4374	4341	270
宿州	Suzhou	23954	21715	22052	75	临沂	Linyi	41479	44478	46058	10
六安	Liuan	23033	22453	19312	97	德州	Dezhou	27182	26117	26922	46
亳州	Bozhou	23868	25260	25502	56	聊城	Liaocheng	23221	24960	26622	47

16-2 普通小学专任教师数 续表 2
Full-time Teachers of Primary Schools continued 2

单位：人 (person)

地名	City	2010	2015	2016	2016 排名 Ranking
滨州	Binzhou	16174	16209	16252	120
菏泽	Heze	44593	45631	47987	5
河南	**Henan**	**490413**	**500894**	**506131**	
郑州	Zhengzhou	32372	35757	38040	17
开封	Kaifeng	23562	22467	22844	73
洛阳	Luoyang	29860	27518	27671	42
平顶山	Pingdingshan	24530	26533	26184	52
安阳	Anyang	24442	24368	24859	60
鹤壁	Hebi	7565	7129	7096	240
新乡	Xinxiang	24919	26193	27153	44
焦作	Jiaozuo	15528	14115	14382	142
濮阳	Puyang	19712	19183	20168	90
许昌	Xuchang	23673	24195	24117	64
漯河	Luohe	11884	10685	10382	196
三门峡	Sanmenxia	10746	10017	9900	203
南阳	Nanyang	49478	51014	51755	4
商丘	Shangqiu	51509	46329	46315	9
信阳	Xinyang	42216	37512	36704	19
周口	Zhoukou	55098	52813	51989	2
驻马店	Zhumadian	40711	39767	39214	15
湖北	**Hubei**	**197463**	**200158**	**202014**	
武汉	Wuhan	27235	27019	27561	43
黄石	Huangshi	9647	10548	11366	181
十堰	Shiyan	14699	12302	12299	168
宜昌	Yichang	10919	10936	11010	188
襄阳	Xiangyang	21747	21020	18790	104
鄂州	Ezhou	4953	5038	5017	264
荆门	Jingmen	9922	8778	9190	214
孝感	Xiaogan	18499	16603	16121	123
荆州	Jingzhou	15465	14185	14417	141
黄冈	Huanggang	22802	21637	22962	70
咸宁	Xianning	9788	10651	11118	186
随州	Suizhou	7677	7135	7314	237
湖南	**Hunan**	**250039**	**249115**	**253718**	
长沙	Changsha	21015	23056	24770	61
株洲	Zhuzhou	12273	12556	11212	184
湘潭	Xiangtan	9091	7507	7714	229
衡阳	Hengyang	28071	27397	25682	55
邵阳	Shaoyang	25943	27725	26151	54
岳阳	Yueyang	19235	18589	18469	107

地名	City	2010	2015	2016	2016 排名 Ranking
常德	Changde	18172	16766	16925	118
张家界	Zhangjiajie	5588	5517	5094	263
益阳	Yiyang	16742	13756	13812	156
郴州	Chenzhou	20414	18027	18817	103
永州	Yongzhou	25229	23837	25076	59
怀化	Huaihua	20036	20190	20479	87
娄底	Loudi	15637	15261	13221	161
广东	**Guangdong**	**430735**	**468608**	**486578**	
广州	Guangzhou	43698	49336	52075	1
韶关	Shaoguan	13635	13262	13420	159
深圳	Shenzhen	29769	42630	46975	7
珠海	Zhuhai	5749	6199	6534	245
汕头	Shantou	22819	21782	21871	76
佛山	Foshan	20070	23360	24357	63
江门	Jiangmen	16009	15422	13877	154
湛江	Zhanjiang	37974	35030	35588	23
茂名	Maoming	34331	31857	33706	27
肇庆	Zhaoqing	19107	18770	17317	114
惠州	Huizhou	20652	24970	26253	51
梅州	Meizhou	21694	19382	19585	95
汕尾	Shanwei	15241	15907	16134	122
河源	Heyuan	15664	15227	15592	127
阳江	Yangjiang	12498	10570	10956	190
清远	Qingyuan	16517	17193	18097	109
东莞	Dongguan	23733	30281	32302	31
中山	Zhongshan	10646	14039	14740	137
潮州	Chaozhou	10329	10452	10415	195
揭阳	Jieyang	28877	29554	29854	38
云浮	Yunfu	11723	12381	12684	166
广西	**Guangxi**	**220183**	**221962**	**232548**	
南宁	Nanning	28596	29474	32398	30
柳州	Liuzhou	15076	14411	15528	128
桂林	Guilin	19051	20109	20450	88
梧州	Wuzhou	14359	14581	14988	134
北海	Beihai	7155	7391	7571	232
防城港	Fangchenggang	4632	4359	4570	267
钦州	Qinzhou	15572	16920	17305	115
贵港	Guigang	21097	20696	22443	74
玉林	Yulin	27815	29052	29547	39
百色	Baise	17123	16149	16763	119

16-2 普通小学专任教师数 续表 3
Full-time Teachers of Primary Schools continued 3

单位：人 （person）

地名	City	2010	2015	2016	2016 排名 Ranking	地名	City	2010	2015	2016	2016 排名 Ranking
贺州	Hezhou	10105	9676	10269	198	丽江	Lijiang	7246	6751	6764	244
河池	Hechi	19322	18559	19122	98	普洱	Puer	12188	11483	10609	193
来宾	Laibin	10643	10059	10354	197	临沧	Lincang	13158	12677	12588	167
崇左	Chongzuo	9973	9435	9696	207	**西藏**	**Tibet**	**18847**	**20890**	**21084**	
海南	**Hainan**	**52056**	**49752**	**49060**		拉萨	Lasa	3307	3764	3907	272
海口	Haikou	9492	9797	9288	211	**陕西**	**Shaanxi**	**175184**	**156087**	**156241**	
三亚	Sanya	3612	3650	3670	274	西安	Xi'an	29944	28135	30941	36
三沙	Sansha		6	8	286	铜川	Tongchuan	4536	3177	2804	279
重庆	**Chongqing**	**116057**	**118897**	**123066**		宝鸡	Baoji	15876	13724	13202	162
四川	**Sichuan**	**305741**	**308059**	**314406**		咸阳	Xianyang	27249	22991	20582	86
成都	Chengdu	38250	41527	46742	8	渭南	Weinan	23624	19895	19480	96
自贡	Zigong	8294	8701	9128	215	延安	Yan'an	13537	11504	11713	176
攀枝花	Panzhihua	5177	4959	5017	264	汉中	Hanzhong	15631	13403	12208	170
泸州	Luzhou	15043	17953	18915	101	榆林	Yulin	18886	15761	15379	130
德阳	Deyang	11372	10931	10970	189	安康	Ankang	14364	10395	11749	175
绵阳	Mianyang	17218	13949	15871	124	商洛	Shangluo	10823	8734	8429	223
广元	Guangyuan	13628	11205	11685	177	**甘肃**	**Gansu**	**140381**	**140320**	**141113**	
遂宁	Suining	12055	11323	11138	185	兰州	Lanzhou	14349	14085	14365	143
内江	Neijiang	13585	12557	12940	163	嘉峪关	Jiayuguan	845	933	934	285
乐山	Leshan	12042	9531	11097	187	金昌	Jinchang	2163	1737	1747	284
南充	Nanchong	24977	22549	22866	71	白银	Baiyin	11528	10226	10128	201
眉山	Meishan	10587	9464	9599	209	天水	Tianshui	18829	17314	17183	116
宜宾	Yibin	18864	20312	20741	84	武威	Wuwei	11016	9802	9852	205
广安	Guangan	13188	13445	13895	153	张掖	Zhangye	6245	6157	6168	249
达州	Dazhou	23607	23396	23820	65	平凉	Pingliang	12275	11908	12222	169
雅安	Yaan	6084	6043	6029	250	酒泉	Jiuquan	4946	4257	4170	271
巴中	Bazhong	13412	14637	14848	136	庆阳	Qingyang	14847	13733	14733	138
资阳	Ziyang	13250	9548	7617	231	定西	Dingxi	14806	13410	12747	165
贵州	**Guizhou**	**197913**	**193511**	**197069**		陇南	Longnan	13552	14503	14638	140
贵阳	Guiyang	17084	15292	18590	106	**青海**	**Qinghai**	**26584**	**26479**	**26408**	
六盘水	Liupanshui	14430	12914	14188	147	西宁	Xining	7799	7989	5583	255
遵义	Zunyi	33074	30036	29943	37	海东	Haidong		6984	7064	241
安顺	Anshun	13410	12696	12867	164	**宁夏**	**Ningxia**	**33212**	**33777**	**34116**	
毕节	Bijie	42832	39532	41793	14	银川	Yinchuan	7236	8280	8581	221
铜仁	Tongren	21025	20533	21074	81	石嘴山	Shizuishan	3403	3110	3262	278
云南	**Yunnan**	**237537**	**224835**	**227046**		吴忠	Wuzhong	7456	7072	7395	236
昆明	Kunming	26389	27161	27918	41	固原	Guyuan	8993	8469	8224	225
曲靖	Qujing	31767	31071	31234	33	中卫	Zhongwei	6124	5834	5821	252
玉溪	Yuxi	11196	10781	10687	192	**新疆**	**Xinjiang**	**133963**	**144767**	**146395**	
保山	Baoshan	12425	11250	11354	182	乌鲁木齐	Urumqi	9393	11334	11603	178
昭通	Zhaotong	30783	28242	28995	40	克拉玛依	Karamay	1956	1862	1776	283

16-3 普通小学招生数
New Enrollment by Primary Schools

单位：万人 （10 000 persons）

地名	City	2010	2012	2013	2013 排名 Ranking	地名	City	2010	2012	2013	2013 排名 Ranking
全国	**Nation Total**	**1691.70**	**1714.66**	**1695.36**		沈阳	Shenyang	5.64	6.01	6.51	82
北京	**Beijing**	**11.37**	**14.17**	**16.58**		大连	Dalian	4.51	4.66	5.23	110
天津	**Tianjin**	**8.26**	**10.25**	**10.74**		鞍山	Anshan	2.55	2.93	2.96	192
河北	**Hebei**	**95.60**	**106.29**	**99.61**		抚顺	Fushun	1.35	1.32	1.32	259
石家庄	Shijiazhuang	12.64	12.63	11.81	20	本溪	Benxi	0.96	1.01	0.92	271
唐山	Tangshan	8.00	8.93	7.80	64	丹东	Dandong	1.95	1.78	1.55	251
秦皇岛	Qinhuangdao	2.98	3.56	3.23	173	锦州	Jinzhou	2.71	2.38	2.24	225
邯郸	Handan	17.21	18.48	16.52	5	营口	Yingkou	2.17	2.14	2.02	236
邢台	Xingtai	11.01	11.01	10.19	30	阜新	Fuxin	1.55	1.57	1.42	255
保定	Baoding	15.03	17.41	16.63	4	辽阳	Liaoyang	1.47	1.46	1.43	253
张家口	Zhangjiakou	4.53	5.20	5.32	106	盘锦	Panjin	1.21	1.22	1.21	263
承德	Chengde	3.98	4.77	4.74	124	铁岭	Tieling	2.64	2.42	2.21	227
沧州	Cangzhou	9.14	11.19	10.60	27	朝阳	Chaoyang	3.30	3.56	3.32	170
廊坊	Langfang	5.44	6.76	7.05	76	葫芦岛	Huludao	2.84	2.86	2.73	201
衡水	Hengshui	5.63	6.36	5.72	99	**吉林**	**Jilin**	**24.97**	**24.22**	**21.76**	
山西	**Shanxi**	**45.14**	**44.05**	**39.42**		长春	Changchun	7.34	7.01	6.44	83
太原	Taiyuan	4.22	4.44	4.61	128	吉林	Jilin	3.65	3.44	3.13	181
大同	Datong	3.96	3.90	3.54	158	四平	Siping	3.51	3.64	3.19	175
阳泉	Yangquan	1.45	1.51	1.38	256	辽源	Liaoyuan	1.01	0.92	0.81	273
长治	Changzhi	4.03	4.11	3.65	152	通化	Tonghua	2.09	1.82	1.64	247
晋城	Jincheng	2.55	2.31	2.07	234	白山	Baishan	1.01	0.98	0.81	273
朔州	Shuozhou	2.79	2.50	2.22	226	松原	Songyuan	3.00	2.97	2.71	203
晋中	Jinzhong	3.81	4.22	4.05	145	白城	Baicheng	1.83	1.85	1.49	252
运城	Yuncheng	6.49	5.54	4.89	117	**黑龙江**	**Heilongjiang**	**34.14**	**32.90**	**27.45**	
忻州	Xinzhou	4.27	4.07	3.48	164	哈尔滨	Harbin	8.36	8.04	7.65	69
临汾	Linfen	5.62	5.60	4.73	125	齐齐哈尔	Qiqihar	4.18	4.21	3.62	153
吕梁	Lvliang	5.96	5.85	4.80	121	鸡西	Jixi	1.59	1.48	1.25	261
内蒙古	**Inner Mongolia**	**22.18**	**23.35**	**23.07**		鹤岗	Hegang	0.83	0.85	0.68	278
呼和浩特	Hohhot	2.69	2.80	3.16	178	双鸭山	Shuangyashan	1.47	1.32	1.05	269
包头	Baotou	1.97	2.18	2.43	214	大庆	Daqing	2.99	3.00	2.63	206
乌海	Wuhai	0.41	0.55	0.55	280	伊春	Yichun	0.74	0.70	0.53	281
赤峰	Chifeng	4.68	4.55	4.07	144	佳木斯	Jiamusi	3.23	2.89	1.99	238
通辽	Tongliao	3.50	3.59	3.25	171	七台河	Qitaihe	0.73	0.81	0.76	276
鄂尔多斯	Erdos	1.44	1.93	2.28	223	牡丹江	Mudanjiang	2.29	2.20	1.98	239
呼伦贝尔	Hulunbuir	1.97	1.95	1.76	244	黑河	Heihe	1.76	1.92	1.14	266
巴彦淖尔	Bayannur	1.21	1.28	1.35	257	绥化	Suihua	5.66	5.19	3.94	147
乌兰察布	Ulanqab	1.70	1.66	1.60	249	**上海**	**Shanghai**	**15.05**	**17.23**	**18.10**	
辽宁	**Liaoning**	**34.85**	**35.31**	**35.06**		**江苏**	**Jiangsu**	**73.13**	**79.48**	**85.13**	

16-3 普通小学招生数 续表 1
New Enrollment by Primary Schools continued 1

单位：万人 （10 000 persons）

地名	City	2010	2012	2013	2013 排名 Ranking
南京	Nanjing	5.13	5.46	6.17	88
无锡	Wuxi	5.29	5.44	5.84	92
徐州	Xuzhou	10.65	14.21	15.39	9
常州	Changzhou	3.92	4.11	4.54	129
苏州	Suzhou	7.27	8.28	9.23	40
南通	Nantong	5.59	5.27	5.33	105
连云港	Lianyungang	6.04	6.64	7.04	77
淮安	Huaian	5.82	6.06	6.16	89
盐城	Yancheng	6.91	7.71	7.78	67
扬州	Yangzhou	3.82	3.56	3.50	162
镇江	Zhenjiang	2.26	2.28	2.36	219
泰州	Taizhou	4.01	3.50	3.73	148
宿迁	Suqian	6.40	6.96	8.06	60
浙江	**Zhejiang**	**60.21**	**60.72**	**60.75**	
杭州	Hangzhou	8.03	8.37	8.83	44
宁波	Ningbo	8.47	8.59	8.49	49
温州	Wenzhou	10.93	10.88	10.87	24
嘉兴	Jiaxing	3.67	3.76	3.71	149
湖州	Huzhou	2.54	2.59	2.63	206
绍兴	Shaoxing	5.09	4.84	4.79	122
金华	Jinhua	7.08	7.11	7.14	74
衢州	Quzhou	2.56	2.35	2.31	221
舟山	Zhoushan	0.79	0.79	0.80	275
台州	Taizhou	8.24	8.50	8.26	57
丽水	Lishui	2.81	2.93	2.91	194
安徽	**Anhui**	**81.90**	**69.39**	**75.31**	
合肥	Hefei	5.79	6.96	8.33	56
芜湖	Wuhu	2.24	3.05	3.18	176
蚌埠	Bengbu	3.81	3.92	4.24	136
淮南	Huainan	2.41	2.35	2.79	200
马鞍山	Maanshan	1.21	1.79	2.04	235
淮北	Huaibei	2.51	2.27	2.48	213
铜陵	Tongling	0.69	0.60	0.69	277
安庆	Anqing	6.50	5.35	5.53	101
黄山	Huangshan	1.14	1.05	1.16	264
滁州	Chuzhou	4.89	4.07	4.18	140
阜阳	Fuyang	17.75	12.13	13.39	15
宿州	Suzhou	8.03	6.86	7.89	63
六安	Liuan	7.88	7.06	6.78	81
亳州	Bozhou	8.53	8.19	8.64	47

地名	City	2010	2012	2013	2013 排名 Ranking
池州	Chizhou	1.87	1.62	1.64	247
宣城	Xuancheng	2.30	2.12	2.37	218
福建	**Fujian**	**42.60**	**46.75**	**49.57**	
福州	Fuzhou	8.21	8.93	9.34	38
厦门	Xiamen	3.55	4.42	4.86	118
莆田	Putian	3.86	3.58	4.24	136
三明	Sanming	2.61	2.84	2.88	195
泉州	Quanzhou	10.06	11.60	12.05	19
漳州	Zhangzhou	5.48	5.97	6.07	90
南平	Nanping	3.07	3.14	3.40	166
龙岩	Longyan	2.78	2.95	3.06	187
宁德	Ningde	2.99	3.31	3.67	151
江西	**Jiangxi**	**74.84**	**80.04**	**78.91**	
南昌	Nanchang	7.38	7.70	7.43	72
景德镇	Jingdezhen	2.48	2.68	2.80	199
萍乡	Pingxiang	2.74	2.75	2.71	203
九江	Jiujiang	8.23	8.50	8.35	55
新余	Xinyu	1.75	1.84	1.79	243
鹰潭	Yingtan	1.85	2.11	2.02	236
赣州	Ganzhou	15.72	16.69	16.26	6
吉安	Jian	7.05	8.24	8.36	54
宜春	Yichun	8.41	9.23	8.79	46
抚州	Fuzhou	6.54	7.24	7.01	78
上饶	Shangrao	12.68	13.07	13.40	14
山东	**Shandong**	**111.30**	**109.55**	**115.69**	
济南	Jinan	6.27	6.61	6.99	79
青岛	Qingdao	8.12	8.27	9.32	39
淄博	Zibo	4.47	4.07	4.27	134
枣庄	Zaozhuang	4.43	5.14	5.45	102
东营	Dongying	2.30	2.32	2.13	231
烟台	Yantai	4.60	5.01	5.34	104
潍坊	Weifang	8.85	10.81	11.15	22
济宁	Jining	9.80	10.51	10.67	26
泰安	Taian	6.44	4.84	4.81	120
威海	Weihai	1.87	2.04	2.26	224
日照	Rizhao	3.48	3.01	3.12	182
莱芜	Laiwu	1.35	1.12	1.10	268
临沂	Linyi	14.63	12.50	14.44	12
德州	Dezhou	7.97	6.87	6.83	80
聊城	Liaocheng	7.54	7.95	8.83	44

16-3　普通小学招生数　续表 2
New Enrollment by Primary Schools continued 2

单位：万人　　　　（10 000 persons）

地名	City	2010	2012	2013	2013 排名 Ranking
滨州	Binzhou	4.15	4.14	3.69	150
菏泽	Heze	15.03	14.35	15.31	10
河南	**Henan**	**187.76**	**190.97**	**181.06**	
郑州	Zhengzhou	11.34	12.92	13.75	13
开封	Kaifeng	9.45	9.84	7.80	64
洛阳	Luoyang	11.09	11.13	10.75	25
平顶山	Pingdingshan	8.81	10.36	9.46	37
安阳	Anyang	9.29	10.52	10.23	29
鹤壁	Hebi	3.03	2.97	2.08	233
新乡	Xinxiang	11.06	11.70	10.58	28
焦作	Jiaozuo	4.71	4.58	4.27	134
濮阳	Puyang	8.31	8.56	7.94	62
许昌	Xuchang	7.69	6.78	7.62	70
漯河	Luohe	3.79	3.97	3.40	166
三门峡	Sanmenxia	3.00	2.82	2.62	208
南阳	Nanyang	21.69	25.19	23.87	1
商丘	Shangqiu	18.31	17.87	15.46	8
信阳	Xinyang	14.69	14.82	13.19	17
周口	Zhoukou	23.48	20.45	21.80	2
驻马店	Zhumadian	17.15	15.62	15.47	7
湖北	**Hubei**	**67.97**	**63.48**	**60.80**	
武汉	Wuhan	7.35	7.41	7.75	68
黄石	Huangshi	4.32	4.82	4.17	142
十堰	Shiyan	4.80	4.27	4.49	130
宜昌	Yichang	2.65	2.57	2.72	202
襄阳	Xiangyang	6.50	6.35	6.19	87
鄂州	Ezhou	1.44	1.27	1.31	260
荆门	Jingmen	2.25	1.98	2.15	230
孝感	Xiaogan	5.83	4.60	4.78	123
荆州	Jingzhou	6.80	6.11	5.95	91
黄冈	Huanggang	9.98	8.63	7.79	66
咸宁	Xianning	4.84	4.71	3.40	166
随州	Suizhou	2.70	2.36	2.13	231
湖南	**Hunan**	**86.38**	**88.08**	**84.76**	
长沙	Changsha	7.40	7.89	8.45	51
株洲	Zhuzhou	3.86	4.14	4.31	132
湘潭	Xiangtan	2.67	2.58	2.52	211
衡阳	Hengyang	10.52	10.59	9.76	33
邵阳	Shaoyang	11.52	11.86	11.14	23
岳阳	Yueyang	6.35	5.99	5.76	98
常德	Changde	4.81	4.87	4.83	119
张家界	Zhangjiajie	1.87	1.87	1.81	240
益阳	Yiyang	4.52	4.63	4.20	138
郴州	Chenzhou	8.43	8.40	8.12	59
永州	Yongzhou	9.15	9.58	9.01	41
怀化	Huaihua	5.88	6.00	5.84	92
娄底	Loudi	5.79	6.00	5.61	100
广东	**Guangdong**	**135.92**	**145.30**	**150.05**	
广州	Guangzhou	13.89	15.11	16.79	3
韶关	Shaoguan	3.64	3.71	3.61	154
深圳	Shenzhen	11.80	13.73	14.71	11
珠海	Zhuhai	2.16	2.45	2.53	209
汕头	Shantou	8.14	8.42	8.44	52
佛山	Foshan	7.50	8.17	8.44	52
江门	Jiangmen	4.77	5.07	5.27	109
湛江	Zhanjiang	9.67	9.53	9.66	35
茂名	Maoming	10.04	9.55	9.73	34
肇庆	Zhaoqing	5.33	5.56	5.84	92
惠州	Huizhou	7.26	8.72	8.91	42
梅州	Meizhou	5.18	5.35	5.30	107
汕尾	Shanwei	4.94	4.90	4.15	143
河源	Heyuan	4.37	4.87	4.96	113
阳江	Yangjiang	3.04	3.35	3.56	156
清远	Qingyuan	4.44	4.78	5.15	112
东莞	Dongguan	10.89	12.33	12.72	18
中山	Zhongshan	4.08	4.56	4.73	125
潮州	Chaozhou	3.01	3.16	3.53	159
揭阳	Jieyang	8.68	9.64	8.49	49
云浮	Yunfu	3.09	3.34	3.53	159
广西	**Guangxi**	**74.11**	**74.21**	**75.29**	
南宁	Nanning	9.38	9.54	10.17	31
柳州	Liuzhou	4.91	4.84	4.96	113
桂林	Guilin	5.25	5.86	6.29	85
梧州	Wuzhou	4.99	4.90	4.92	115
北海	Beihai	2.50	2.79	2.64	205
防城港	Fangchenggang	1.58	1.59	1.58	250
钦州	Qinzhou	6.25	5.73	5.79	96
贵港	Guigang	7.78	7.75	7.59	71
玉林	Yulin	10.97	10.46	10.10	32
百色	Baise	5.86	5.92	5.79	96

16-3 普通小学招生数 续表 3

New Enrollment by Primary Schools continued 3

单位：万人 （10 000 persons）

地名	City	2010	2012	2013	2013 排名 Ranking	地名	City	2010	2012	2013	2013 排名 Ranking
贺州	Hezhou	4.97	3.12	3.24	172	丽江	Lijiang	1.53	1.40	1.43	253
河池	Hechi	4.95	5.48	5.83	95	普洱	Puer	2.95	2.92	2.92	193
来宾	Laibin	3.40	3.20	3.07	184	临沧	Lincang	3.16	2.79	3.09	183
崇左	Chongzuo	3.07	3.10	3.18	176	**西藏**	**Tibet**	**5.06**	**5.16**	**5.16**	
海南	**Hainan**	**10.36**	**12.25**	**12.43**		拉萨	Lasa	0.81	0.91	0.94	270
海口	Haikou	3.10	2.53	3.07	184	**陕西**	**Shaanxi**	**40.86**	**37.89**	**38.81**	
三亚	Sanya	1.00	0.83	1.14	266	西安	Xi'an	8.64	8.88	9.56	36
三沙	Sansha					铜川	Tongchuan	0.80	0.67	0.61	279
重庆	**Chongqing**	**32.97**	**35.21**	**37.57**		宝鸡	Baoji	3.49	3.24	3.20	174
四川	**Sichuan**	**96.49**	**100.96**	**95.03**		咸阳	Xianyang	6.26	5.62	5.43	103
成都	Chengdu	10.88	12.08	13.39	15	渭南	Weinan	5.33	4.92	4.91	116
自贡	Zigong	2.91	3.32	3.14	179	延安	Yan'an	2.72	2.72	2.88	195
攀枝花	Panzhihua	1.44	1.25	1.23	262	汉中	Hanzhong	3.62	3.21	3.14	179
泸州	Luzhou	6.86	7.79	7.09	75	榆林	Yulin	4.17	4.24	4.18	140
德阳	Deyang	2.72	2.82	2.97	191	安康	Ankang	3.05	1.75	2.41	216
绵阳	Mianyang	4.23	4.03	4.43	131	商洛	Shangluo	2.58	2.43	2.29	222
广元	Guangyuan	2.64	2.70	2.43	214	**甘肃**	**Gansu**	**36.13**	**34.12**	**32.09**	
遂宁	Suining	2.69	3.01	2.87	197	兰州	Lanzhou	3.58	3.43	3.55	157
内江	Neijiang	4.13	4.62	4.02	146	嘉峪关	Jiayuguan	0.27	0.27	0.28	284
乐山	Leshan	3.00	3.07	3.07	184	金昌	Jinchang	0.56	0.53	0.49	282
南充	Nanchong	7.87	8.43	6.20	86	白银	Baiyin	2.13	1.85	1.80	241
眉山	Meishan	2.74	2.55	2.18	229	天水	Tianshui	5.48	4.85	4.30	133
宜宾	Yibin	6.43	6.58	6.36	84	武威	Wuwei	2.41	2.01	1.74	245
广安	Guangan	4.79	4.85	4.19	139	张掖	Zhangye	1.38	1.36	1.35	257
达州	Dazhou	8.84	8.30	7.21	73	平凉	Pingliang	2.72	2.78	2.53	209
雅安	Yaan	1.70	1.79	1.68	246	酒泉	Jiuquan	1.25	1.18	1.16	264
巴中	Bazhong	5.05	4.02	3.37	169	庆阳	Qingyang	3.23	3.31	3.05	188
资阳	Ziyang	4.82	5.40	5.17	111	定西	Dingxi	3.58	3.15	3.01	190
贵州	**Guizhou**	**65.69**	**59.10**	**51.06**		陇南	Longnan	4.44	4.15	3.51	161
贵阳	Guiyang	5.33	5.64	5.29	108	**青海**	**Qinghai**	**8.10**	**8.31**	**7.86**	
六盘水	Liupanshui	5.06	4.05	3.57	155	西宁	Xining	2.50	2.44	2.40	217
遵义	Zunyi	9.56	8.92	8.14	58	海东	Haidong				
安顺	Anshun	4.54	4.00	3.42	165	**宁夏**	**Ningxia**	**10.13**	**10.48**	**10.02**	
毕节	Bijie	16.54	14.46	11.46	21	银川	Yinchuan	2.36	2.59	2.81	198
铜仁	Tongren	7.48	6.18	4.62	127	石嘴山	Shizuishan	0.86	0.93	0.89	272
云南	**Yunnan**	**66.93**	**62.29**	**61.35**		吴忠	Wuzhong	2.49	2.56	2.33	220
昆明	Kunming	8.76	8.12	7.97	61	固原	Guyuan	2.52	2.36	2.19	228
曲靖	Qujing	10.50	9.29	8.91	42	中卫	Zhongwei	2.02	2.04	1.80	241
玉溪	Yuxi	3.01	3.00	2.50	212	**新疆**	**Xinjiang**	**31.19**	**33.17**	**34.86**	
保山	Baoshan	3.31	3.03	3.03	189	乌鲁木齐	Urumqi	2.92	3.28	3.50	162
昭通	Zhaotong	9.51	9.62	8.50	48	克拉玛依	Karamay	0.37	0.37	0.41	283

16-4 普通小学在校学生数
Total Enrollment by Primary Schools

单位：万人 （10 000 persons）

地名	City	2010	2015	2016	2016 排名 Ranking	地名	City	2010	2015	2016	2016 排名 Ranking
全国	**Nation Total**	**9940.70**	**9692.18**	**9913.01**		沈阳	Shenyang	33.78	36.51	37.00	83
北京	**Beijing**	**65.33**	**85.03**	**86.84**		大连	Dalian	29.09	30.00	31.00	107
天津	**Tianjin**	**50.59**	**60.21**	**63.12**		鞍山	Anshan	18.56	16.63	17.00	194
河北	**Hebei**	**511.59**	**596.24**	**620.55**		抚顺	Fushun	8.47	7.53	7.00	258
石家庄	Shijiazhuang	67.19	77.04	81.00	14	本溪	Benxi	6.40	5.31	5.00	268
唐山	Tangshan	44.10	49.97	51.00	49	丹东	Dandong	12.65	9.49	9.00	247
秦皇岛	Qinhuangdao	16.91	19.50	20.00	162	锦州	Jinzhou	16.09	13.10	13.00	222
邯郸	Handan	86.34	97.86	101.00	2	营口	Yingkou	13.15	11.44	11.00	233
邢台	Xingtai	58.29	62.03	65.00	24	阜新	Fuxin	9.57	8.31	8.00	254
保定	Baoding	80.76	94.90	98.00	3	辽阳	Liaoyang	9.90	7.50	7.00	258
张家口	Zhangjiakou	28.60	29.66	31.00	107	盘锦	Panjin	7.31	6.80	7.00	258
承德	Chengde	22.73	27.22	28.00	120	铁岭	Tieling	15.34	12.72	12.00	227
沧州	Cangzhou	48.10	71.26	69.00	20	朝阳	Chaoyang	20.73	19.07	19.00	174
廊坊	Langfang	28.91	40.42	44.00	67	葫芦岛	Huludao	17.22	15.52	15.00	205
衡水	Hengshui	29.65	33.71	35.00	91	**吉林**	**Jilin**	**144.46**	**127.98**	**126.42**	
山西	**Shanxi**	**291.06**	**226.95**	**227.09**		长春	Changchun	42.17	39.57	40.00	77
太原	Taiyuan	26.73	27.56	29.00	114	吉林	Jilin	22.18	17.85	18.00	182
大同	Datong	27.76	19.87	20.00	162	四平	Siping	18.23	17.88	11.00	233
阳泉	Yangquan	8.86	8.45	8.00	254	辽源	Liaoyuan	5.73	5.12	5.00	268
长治	Changzhi	24.71	20.84	21.00	156	通化	Tonghua	13.11	9.30	9.00	247
晋城	Jincheng	17.34	12.31	12.00	227	白山	Baishan	5.99	4.58	4.00	277
朔州	Shuozhou	18.99	11.81	13.00	222	松原	Songyuan	16.96	15.95	16.00	200
晋中	Jinzhong	23.72	23.39	24.00	143	白城	Baicheng	11.13	8.91	9.00	247
运城	Yuncheng	41.05	28.79	29.00	114	**黑龙江**	**Heilongjiang**	**187.96**	**147.80**	**143.94**	
忻州	Xinzhou	29.28	18.76	19.00	174	哈尔滨	Harbin	46.07	42.19	42.00	70
临汾	Linfen	35.39	27.61	27.00	123	齐齐哈尔	Qiqihar	24.81	21.27	21.00	156
吕梁	Lvliang	37.23	26.53	27.00	123	鸡西	Jixi	8.34	5.00	5.00	268
内蒙古	**Inner Mongolia**	**143.08**	**131.36**	**133.81**		鹤岗	Hegang	5.02	2.87	3.00	279
呼和浩特	Hohhot	17.75	16.95	18.00	182	双鸭山	Shuangyashan	8.20	4.93	5.00	268
包头	Baotou	14.29	13.33	14.00	215	大庆	Daqing	14.44	12.69	12.00	227
乌海	Wuhai	3.11	2.96	3.00	279	伊春	Yichun	4.96	2.97	3.00	279
赤峰	Chifeng	28.03	25.25	25.00	135	佳木斯	Jiamusi	18.70	9.70	10.00	241
通辽	Tongliao	21.05	18.49	18.00	182	七台河	Qitaihe	4.03	3.57	3.00	279
鄂尔多斯	Erdos	10.32	12.32	14.00	215	牡丹江	Mudanjiang	13.70	9.96	10.00	241
呼伦贝尔	Hulunbuir	11.79	10.65	11.00	233	黑河	Heihe	10.03	8.72	5.00	268
巴彦淖尔	Bayannur	9.43	7.39	7.00	258	绥化	Suihua	27.53	18.70	18.00	182
乌兰察布	Ulanqab	11.40	8.41	8.00	254	**上海**	**Shanghai**	**70.16**	**79.87**	**78.97**	
辽宁	**Liaoning**	**218.25**	**199.96**	**198.87**		**江苏**	**Jiangsu**	**398.81**	**499.64**	**522.20**	

16-4 普通小学在校学生数 续表 1
Total Enrollment by Primary Schools continued 1

单位：万人 （10 000 persons）

地名	City	2010	2015	2016	2016 排名 Ranking	地名	City	2010	2015	2016	2016 排名 Ranking
南京	Nanjing	28.83	35.80	38.00	81	池州	Chizhou	10.18	8.75	9.00	247
无锡	Wuxi	30.62	34.84	36.00	85	宣城	Xuancheng	13.61	13.45	13.00	222
徐州	Xuzhou	53.02	84.13	91.00	8	**福建**	**Fujian**	**238.89**	**288.31**	**298.67**	
常州	Changzhou	22.15	27.37	28.00	120	福州	Fuzhou	44.60	52.29	54.00	42
苏州	Suzhou	38.84	65.07	69.00	20	厦门	Xiamen	18.83	27.89	30.00	111
南通	Nantong	32.32	32.56	33.00	101	莆田	Putian	21.16	24.21	25.00	135
连云港	Lianyungang	32.71	41.08	43.00	68	三明	Sanming	15.64	17.64	18.00	182
淮安	Huaian	30.36	34.43	35.00	91	泉州	Quanzhou	53.81	68.82	72.00	19
盐城	Yancheng	35.97	44.22	45.00	64	漳州	Zhangzhou	33.69	34.86	35.00	91
扬州	Yangzhou	22.77	21.63	21.00	156	南平	Nanping	18.06	20.03	20.00	162
镇江	Zhenjiang	12.93	14.13	14.00	215	龙岩	Longyan	15.99	17.92	19.00	174
泰州	Taizhou	22.53	22.15	22.00	151	宁德	Ningde	17.10	21.84	23.00	147
宿迁	Suqian	35.76	42.23	47.00	60	**江西**	**Jiangxi**	**426.02**	**422.31**	**422.76**	
浙江	**Zhejiang**	**333.33**	**356.99**	**355.02**		南昌	Nanchang	43.66	40.67	41.00	73
杭州	Hangzhou	45.39	52.45	54.00	42	景德镇	Jingdezhen	14.14	15.16	15.00	205
宁波	Ningbo	46.19	48.02	48.00	57	萍乡	Pingxiang	14.64	15.14	15.00	205
温州	Wenzhou	58.13	63.33	63.00	26	九江	Jiujiang	43.70	39.90	40.00	77
嘉兴	Jiaxing	22.55	24.58	25.00	135	新余	Xinyu	9.09	10.07	10.00	241
湖州	Huzhou	16.01	15.58	16.00	200	鹰潭	Yingtan	10.67	11.27	11.00	233
绍兴	Shaoxing	30.04	27.73	26.00	128	赣州	Ganzhou	92.44	91.59	91.00	8
金华	Jinhua	36.85	41.27	41.00	73	吉安	Jian	37.71	45.52	47.00	60
衢州	Quzhou	14.83	14.25	14.00	215	宜春	Yichun	47.81	48.99	50.00	52
舟山	Zhoushan	4.72	4.77	5.00	268	抚州	Fuzhou	40.70	34.92	35.00	91
台州	Taizhou	43.05	48.09	47.00	60	上饶	Shangrao	71.46	68.12	66.00	23
丽水	Lishui	15.63	16.93	17.00	194	**山东**	**Shandong**	**629.25**	**674.63**	**691.31**	
安徽	**Anhui**	**460.44**	**422.50**	**430.36**		济南	Jinan	38.40	41.44	43.00	68
合肥	Hefei	32.79	46.37	48.00	57	青岛	Qingdao	46.27	53.65	55.00	38
芜湖	Wuhu	11.84	18.73	18.00	182	淄博	Zibo	23.03	21.30	21.00	156
蚌埠	Bengbu	25.59	25.34	27.00	123	枣庄	Zaozhuang	26.45	32.49	35.00	91
淮南	Huainan	15.24	15.59	24.00	143	东营	Dongying	13.47	11.89	11.00	233
马鞍山	Maanshan	7.10	11.77	12.00	227	烟台	Yantai	25.60	26.72	36.00	85
淮北	Huaibei	16.67	13.98	14.00	215	潍坊	Weifang	53.90	59.17	59.00	35
铜陵	Tongling	4.12	3.83	7.00	258	济宁	Jining	54.66	63.53	65.00	24
安庆	Anqing	38.67	30.57	26.00	128	泰安	Taian	38.17	27.69	27.00	123
黄山	Huangshan	6.64	6.84	7.00	258	威海	Weihai	9.85	11.10	11.00	233
滁州	Chuzhou	29.32	23.98	24.00	143	日照	Rizhao	19.08	19.75	20.00	162
阜阳	Fuyang	85.21	73.72	75.00	17	莱芜	Laiwu	6.70	5.59	5.00	268
宿州	Suzhou	43.06	42.25	45.00	64	临沂	Linyi	74.29	90.95	96.00	5
六安	Liuan	43.35	39.35	32.00	105	德州	Dezhou	44.66	41.56	41.00	73
亳州	Bozhou	48.98	47.99	50.00	52	聊城	Liaocheng	41.44	51.40	55.00	38

16-4 普通小学在校学生数 续表 2

Total Enrollment by Primary Schools continued 2

单位：万人 （10 000 persons）

地名	City	2010	2015	2016	2016 排名 Ranking	地名	City	2010	2015	2016	2016 排名 Ranking
滨州	Binzhou	25.89	24.44	25.00	135	常德	Changde	27.52	28.60	29.00	114
菏泽	Heze	87.37	92.22	96.00	5	张家界	Zhangjiajie	10.28	11.11	11.00	233
河南	**Henan**	**1070.53**	**937.05**	**965.59**		益阳	Yiyang	24.65	24.03	25.00	135
郑州	Zhengzhou	60.98	79.10	83.00	12	郴州	Chenzhou	44.00	46.89	48.00	57
开封	Kaifeng	50.71	45.06	46.00	63	永州	Yongzhou	48.29	49.66	51.00	49
洛阳	Luoyang	63.95	58.28	59.00	35	怀化	Huaihua	31.91	33.92	35.00	91
平顶山	Pingdingshan	42.92	52.75	55.00	38	娄底	Loudi	32.02	32.10	33.00	101
安阳	Anyang	50.56	57.84	61.00	31	**广东**	**Guangdong**	**848.55**	**868.88**	**905.22**	
鹤壁	Hebi	18.61	14.86	15.00	205	广州	Guangzhou	82.48	93.79	97.00	4
新乡	Xinxiang	59.42	60.72	62.00	28	韶关	Shaoguan	20.73	21.82	23.00	147
焦作	Jiaozuo	30.84	25.00	25.00	135	深圳	Shenzhen	61.85	86.48	91.00	8
濮阳	Puyang	47.78	37.77	39.00	80	珠海	Zhuhai	12.63	14.88	16.00	200
许昌	Xuchang	42.12	40.21	41.00	73	汕头	Shantou	56.77	50.04	52.00	48
漯河	Luohe	22.14	19.74	20.00	162	佛山	Foshan	43.82	49.01	51.00	49
三门峡	Sanmenxia	18.00	14.60	15.00	205	江门	Jiangmen	30.24	30.62	31.00	107
南阳	Nanyang	112.21	121.22	126.00	1	湛江	Zhanjiang	75.39	57.03	60.00	32
商丘	Shangqiu	111.66	73.10	76.00	16	茂名	Maoming	66.66	57.72	60.00	32
信阳	Xinyang	87.78	66.81	68.00	22	肇庆	Zhaoqing	36.82	34.28	36.00	85
周口	Zhoukou	144.71	90.90	92.00	7	惠州	Huizhou	39.80	50.41	53.00	47
驻马店	Zhumadian	101.08	73.99	77.00	15	梅州	Meizhou	31.33	31.25	33.00	101
湖北	**Hubei**	**364.75**	**335.81**	**346.13**		汕尾	Shanwei	35.42	24.48	25.00	135
武汉	Wuhan	41.13	30.28	50.00	52	河源	Heyuan	25.51	27.75	29.00	114
黄石	Huangshi	23.38	19.67	21.00	156	阳江	Yangjiang	17.52	20.69	22.00	151
十堰	Shiyan	24.30	22.32	23.00	147	清远	Qingyuan	27.30	29.97	32.00	105
宜昌	Yichang	16.37	16.16	16.00	200	东莞	Dongguan	55.24	71.93	74.00	18
襄阳	Xiangyang	34.03	34.93	36.00	85	中山	Zhongshan	23.78	27.67	29.00	114
鄂州	Ezhou	7.90	6.83	7.00	258	潮州	Chaozhou	20.24	19.25	20.00	162
荆门	Jingmen	12.97	12.71	13.00	222	揭阳	Jieyang	65.35	49.10	50.00	52
孝感	Xiaogan	30.83	24.70	26.00	128	云浮	Yunfu	19.67	20.69	22.00	151
荆州	Jingzhou	37.09	30.34	30.00	111	**广西**	**Guangxi**	**430.06**	**440.10**	**451.37**	
黄冈	Huanggang	54.63	43.20	42.00	70	南宁	Nanning	52.65	59.18	62.00	28
咸宁	Xianning	22.40	21.15	22.00	151	柳州	Liuzhou	25.59	29.61	30.00	111
随州	Suizhou	14.99	12.53	13.00	222	桂林	Guilin	28.10	35.26	37.00	83
湖南	**Hunan**	**479.16**	**488.86**	**501.81**		梧州	Wuzhou	30.90	28.19	29.00	114
长沙	Changsha	41.35	50.94	54.00	42	北海	Beihai	15.34	15.45	16.00	200
株洲	Zhuzhou	21.47	25.31	26.00	128	防城港	Fangchenggang	8.34	8.98	9.00	247
湘潭	Xiangtan	15.26	14.26	15.00	205	钦州	Qinzhou	38.93	34.29	35.00	91
衡阳	Hengyang	61.78	56.15	57.00	37	贵港	Guigang	49.80	44.45	45.00	64
邵阳	Shaoyang	61.35	61.33	63.00	26	玉林	Yulin	64.19	60.27	62.00	28
岳阳	Yueyang	35.65	34.21	34.00	100	百色	Baise	32.04	34.52	35.00	91

16-4 普通小学在校学生数 续表 3
Total Enrollment by Primary Schools continued 3

单位：万人 （10 000 persons）

地名	City	2010	2015	2016	2016 排名 Ranking	地名	City	2010	2015	2016	2016 排名 Ranking
贺州	Hezhou	18.18	19.16	20.00	162	丽江	Lijiang	10.65	8.61	9.00	247
河池	Hechi	33.04	35.35	36.00	85	普洱	Puer	18.55	17.60	18.00	182
来宾	Laibin	17.74	18.29	19.00	174	临沧	Lincang	20.55	18.49	19.00	174
崇左	Chongzuo	15.18	17.07	17.00	194	**西藏**	**Tibet**	**29.83**	**29.23**	**30.29**	
海南	**Hainan**	**78.05**	**77.32**	**79.36**		拉萨	Lasa	4.78	5.29	5.00	268
海口	Haikou	17.04	17.94	19.00	174	**陕西**	**Shaanxi**	**261.04**	**233.11**	**241.79**	
三亚	Sanya	6.60	6.46	7.00	258	西安	Xi'an	51.56	56.62	60.00	32
三沙	Sansha		7.00			铜川	Tongchuan	5.12	3.57	4.00	277
重庆	**Chongqing**	**199.94**	**207.33**	**209.82**		宝鸡	Baoji	23.72	19.36	20.00	162
四川	**Sichuan**	**592.11**	**541.74**	**54.95**		咸阳	Xianyang	39.47	30.76	31.00	107
成都	Chengdu	68.24	78.43	90.00	11	渭南	Weinan	34.25	27.56	28.00	120
自贡	Żigong	17.09	17.77	18.00	182	延安	Yan'an	18.10	18.63	20.00	162
攀枝花	Panzhihua	9.46	7.41	7.00	258	汉中	Hanzhong	23.85	19.54	20.00	162
泸州	Luzhou	38.56	41.36	40.00	77	榆林	Yulin	25.02	24.58	27.00	123
德阳	Deyang	17.64	16.89	17.00	194	安康	Ankang	20.84	17.83	18.00	182
绵阳	Mianyang	27.15	25.02	26.00	128	商洛	Shangluo	17.75	13.41	14.00	215
广元	Guangyuan	17.76	14.53	15.00	205	**甘肃**	**Gansu**	**237.04**	**180.24**	**182.16**	
遂宁	Suining	20.17	15.96	17.00	194	兰州	Lanzhou	21.76	20.80	21.00	156
内江	Neijiang	23.11	23.42	23.00	147	嘉峪关	Jiayuguan	1.62	1.65	2.00	284
乐山	Leshan	17.50	17.48	18.00	182	金昌	Jinchang	3.55	2.86	3.00	279
南充	Nanchong	51.32	36.20	36.00	85	白银	Baiyin	15.18	10.38	11.00	233
眉山	Meishan	17.28	14.31	15.00	205	天水	Tianshui	39.05	25.82	26.00	128
宜宾	Yibin	37.44	37.61	38.00	81	武威	Wuwei	15.66	10.42	10.00	241
广安	Guangan	32.12	23.84	25.00	135	张掖	Zhangye	9.02	7.53	8.00	254
达州	Dazhou	54.71	41.89	42.00	70	平凉	Pingliang	19.72	14.94	15.00	205
雅安	Yaan	9.46	9.48	9.00	247	酒泉	Jiuquan	8.42	6.88	7.00	258
巴中	Bazhong	33.38	19.88	20.00	162	庆阳	Qingyang	20.53	17.48	18.00	182
资阳	Ziyang	26.07	27.77	19.00	174	定西	Dingxi	24.18	17.47	18.00	182
贵州	**Guizhou**	**433.50**	**346.31**	**353.37**		陇南	Longnan	27.56	19.59	20.00	162
贵阳	Guiyang	34.47	33.01	35.00	91	**青海**	**Qinghai**	**51.90**	**45.40**	**45.79**	
六盘水	Liupanshui	35.51	25.30	26.00	128	西宁	Xining	16.00	14.79	10.00	241
遵义	Zunyi	66.96	53.59	55.00	38	海东	Haidong		11.21	12.00	227
安顺	Anshun	27.94	23.13	24.00	143	**宁夏**	**Ningxia**	**65.37**	**58.35**	**58.29**	
毕节	Bijie	110.09	83.10	83.00	12	银川	Yinchuan	14.75	16.21	17.00	194
铜仁	Tongren	45.83	33.40	33.00	101	石嘴山	Shizuishan	5.68	5.29	5.00	268
云南	**Yunnan**	**435.21**	**377.78**	**376.61**		吴忠	Wuzhong	14.30	13.64	14.00	215
昆明	Kunming	52.05	48.44	49.00	56	固原	Guyuan	17.59	12.54	12.00	227
曲靖	Qujing	66.02	55.31	54.00	42	中卫	Zhongwei	13.05	10.41	10.00	241
玉溪	Yuxi	19.36	15.41	15.00	205	**新疆**	**Xinjiang**	**193.58**	**204.89**	**215.94**	
保山	Baoshan	21.88	18.72	19.00	174	乌鲁木齐	Urumqi	17.82	21.15	22.00	151
昭通	Zhaotong	71.95	55.35	54.00	42	克拉玛依	Karamay	2.43	2.37	2.00	284

16-5 普通小学毕业生数
Graduates from Primary Schools

单位：万人　　　　（10 000 persons）

地名	City	2010	2012	2013	2013 排名 Ranking
全国	**Nation Total**	**1739.60**	**1641.56**	**1581.06**	
北京	**Beijing**	**10.30**	**10.95**	**11.18**	
天津	**Tianjin**	**8.72**	**8.70**	**8.61**	
河北	**Hebei**	**72.18**	**79.61**	**84.01**	
石家庄	Shijiazhuang	9.85	10.50	11.13	19
唐山	Tangshan	6.97	7.20	7.84	47
秦皇岛	Qinhuangdao	2.74	2.80	2.84	197
邯郸	Handan	9.91	12.55	12.23	11
邢台	Xingtai	7.57	9.19	9.64	29
保定	Baoding	10.56	12.50	13.76	8
张家口	Zhangjiakou	4.90	4.66	4.70	121
承德	Chengde	3.97	3.47	3.77	149
沧州	Cangzhou	6.64	7.54	8.36	40
廊坊	Langfang	4.68	4.41	4.88	113
衡水	Hengshui	4.39	4.79	4.86	114
山西	**Shanxi**	**57.35**	**54.73**	**47.73**	
太原	Taiyuan	5.28	4.75	4.65	124
大同	Datong	5.04	5.49	4.42	130
阳泉	Yangquan	1.99	1.51	1.44	257
长治	Changzhi	5.09	4.64	4.10	140
晋城	Jincheng	3.84	3.21	2.91	193
朔州	Shuozhou	3.51	3.29	3.20	174
晋中	Jinzhong	4.44	4.15	4.53	126
运城	Yuncheng	8.08	8.06	6.64	63
忻州	Xinzhou	5.88	6.44	4.30	134
临汾	Linfen	6.94	6.32	5.38	99
吕梁	Lvliang	7.27	6.85	6.15	77
内蒙古	**Inner Mongolia**	**26.98**	**24.29**	**23.28**	
呼和浩特	Hohhot	3.19	2.90	3.00	184
包头	Baotou	2.74	2.58	2.48	222
乌海	Wuhai	0.59	0.57	0.53	281
赤峰	Chifeng	5.31	4.67	4.19	136
通辽	Tongliao	3.58	3.55	3.48	166
鄂尔多斯	Erdos	1.85	1.76	1.76	244
呼伦贝尔	Hulunbuir	2.51	1.98	1.85	241
巴彦淖尔	Bayannur	1.95	1.63	1.63	251
乌兰察布	Ulanqab	2.16	1.72	1.70	246
辽宁	**Liaoning**	**39.75**	**37.14**	**36.51**	
沈阳	Shenyang	5.92	5.73	5.68	92
大连	Dalian	5.59	5.07	5.03	106
鞍山	Anshan	2.92	3.07	3.02	183
抚顺	Fushun	1.62	1.43	1.41	260
本溪	Benxi	1.26	1.14	1.06	268
丹东	Dandong	2.45	2.12	1.95	240
锦州	Jinzhou	2.99	2.72	2.55	217
营口	Yingkou	2.23	2.29	2.22	232
阜新	Fuxin	1.91	1.63	1.66	248
辽阳	Liaoyang	1.90	1.81	1.70	246
盘锦	Panjin	1.38	1.31	1.36	262
铁岭	Tieling	2.88	2.55	2.52	219
朝阳	Chaoyang	3.74	3.45	3.59	162
葫芦岛	Huludao	2.96	2.82	2.76	199
吉林	**Jilin**	**25.27**	**23.06**	**23.59**	
长春	Changchun	7.56	6.50	6.50	69
吉林	Jilin	4.08	3.70	4.06	142
四平	Siping	2.96	2.87	2.93	190
辽源	Liaoyuan	1.00	0.95	0.95	271
通化	Tonghua	2.14	2.11	2.25	229
白山	Baishan	1.08	0.97	0.95	271
松原	Songyuan	2.87	2.77	2.62	210
白城	Baicheng	1.97	1.73	1.85	241
黑龙江	**Heilongjiang**	**36.39**	**34.66**	**33.01**	
哈尔滨	Harbin	8.64	8.44	8.20	44
齐齐哈尔	Qiqihar	4.84	4.16	4.05	143
鸡西	Jixi	1.74	1.89	1.63	251
鹤岗	Hegang	1.10	0.91	0.90	273
双鸭山	Shuangyashan	1.59	1.49	1.38	261
大庆	Daqing	2.79	2.85	2.87	195
伊春	Yichun	1.05	0.91	0.87	274
佳木斯	Jiamusi	3.22	3.12	3.26	170
七台河	Qitaihe	0.87	0.86	0.76	277
牡丹江	Mudanjiang	2.38	2.40	2.45	223
黑河	Heihe	2.06	2.02	1.29	264
绥化	Suihua	5.68	5.24	4.99	108
上海	**Shanghai**	**12.44**	**12.95**	**13.45**	
江苏	**Jiangsu**	**70.58**	**64.51**	**63.94**	

16-5 普通小学毕业生数 续表 1

Graduates from Primary Schools continued 1

单位：万人 （10 000 persons）

地名	City	2010	2012	2013	2013 排名 Ranking	地名	City	2010	2012	2013	2013 排名 Ranking
南京	Nanjing	4.80	4.86	4.82	117	池州	Chizhou	1.85	1.64	1.53	255
无锡	Wuxi	5.04	5.00	4.98	109	宣城	Xuancheng	2.72	2.36	2.22	232
徐州	Xuzhou	9.49	8.49	8.30	42	**福建**	**Fujian**	**39.61**	**39.13**	**39.85**	
常州	Changzhou	3.74	3.61	3.60	161	福州	Fuzhou	7.42	7.17	7.30	53
苏州	Suzhou	5.81	6.08	6.35	71	厦门	Xiamen	2.73	3.04	3.26	170
南通	Nantong	6.14	5.41	5.26	100	莆田	Putian	4.34	3.49	3.55	163
连云港	Lianyungang	6.00	5.21	5.08	103	三明	Sanming	2.79	2.69	2.68	206
淮安	Huaian	5.60	4.80	4.68	123	泉州	Quanzhou	7.44	8.28	8.97	34
盐城	Yancheng	6.59	5.72	5.63	95	漳州	Zhangzhou	5.92	6.11	5.68	92
扬州	Yangzhou	4.08	3.85	3.82	147	南平	Nanping	3.28	2.96	2.90	194
镇江	Zhenjiang	2.25	2.12	2.10	235	龙岩	Longyan	2.64	2.64	2.73	203
泰州	Taizhou	3.98	3.76	3.76	150	宁德	Ningde	3.05	2.76	2.78	198
宿迁	Suqian	7.07	5.59	5.55	97	**江西**	**Jiangxi**	**67.85**	**67.01**	**65.59**	
浙江	**Zhejiang**	**54.13**	**53.83**	**54.04**		南昌	Nanchang	7.56	7.26	6.73	61
杭州	Hangzhou	7.61	7.45	7.37	52	景德镇	Jingdezhen	2.29	2.33	2.05	237
宁波	Ningbo	7.65	7.32	7.09	56	萍乡	Pingxiang	2.38	2.28	2.31	228
温州	Wenzhou	8.80	8.81	9.12	31	九江	Jiujiang	6.57	6.51	5.96	83
嘉兴	Jiaxing	4.07	3.97	3.95	144	新余	Xinyu	1.39	1.44	1.42	259
湖州	Huzhou	2.99	2.71	2.75	200	鹰潭	Yingtan	1.70	1.80	1.84	243
绍兴	Shaoxing	5.44	5.09	4.97	110	赣州	Ganzhou	14.47	14.55	14.75	6
金华	Jinhua	5.36	5.74	5.88	86	吉安	Jian	6.06	5.63	5.60	96
衢州	Quzhou	2.40	2.49	2.49	220	宜春	Yichun	7.84	7.62	7.43	49
舟山	Zhoushan	0.81	0.78	0.79	276	抚州	Fuzhou	6.32	6.27	6.24	74
台州	Taizhou	6.52	6.82	7.07	57	上饶	Shangrao	11.27	11.33	11.27	18
丽水	Lishui	2.60	2.66	2.56	216	**山东**	**Shandong**	**110.26**	**106.16**	**103.30**	
安徽	**Anhui**	**87.41**	**72.09**	**65.49**		济南	Jinan	6.96	6.54	6.59	64
合肥	Hefei	6.53	7.45	6.85	58	青岛	Qingdao	8.49	7.76	8.17	45
芜湖	Wuhu	2.12	3.51	3.31	168	淄博	Zibo	4.97	4.76	4.38	131
蚌埠	Bengbu	4.99	4.38	3.89	146	枣庄	Zaozhuang	4.83	4.27	4.16	137
淮南	Huainan	2.99	2.43	2.32	227	东营	Dongying	2.48	2.44	2.35	226
马鞍山	Maanshan	1.35	2.46	2.24	230	烟台	Yantai	5.99	5.66	5.23	101
淮北	Huaibei	3.76	2.86	2.53	218	潍坊	Weifang	10.53	9.15	8.96	35
铜陵	Tongling	0.80	0.73	0.67	279	济宁	Jining	9.24	9.79	9.60	30
安庆	Anqing	7.46	6.27	5.69	91	泰安	Taian	6.41	6.45	6.18	76
黄山	Huangshan	1.19	1.17	1.12	266	威海	Weihai	2.21	2.01	2.05	237
滁州	Chuzhou	5.99	4.93	4.47	127	日照	Rizhao	3.40	3.28	3.19	175
阜阳	Fuyang	14.63	11.34	10.26	24	莱芜	Laiwu	1.67	1.40	1.28	265
宿州	Suzhou	9.24	6.69	5.67	94	临沂	Linyi	13.08	11.91	11.58	14
六安	Liuan	7.62	6.78	6.12	78	德州	Dezhou	6.07	6.81	6.57	66
亳州	Bozhou	8.41	7.09	6.59	64	聊城	Liaocheng	6.12	6.99	6.74	60

16-5 普通小学毕业生数 续表 2
Graduates from Primary Schools continued 2

单位：万人 （10 000 persons）

地名	City	2010	2012	2013	2013 排名 Ranking	地名	City	2010	2012	2013	2013 排名 Ranking
滨州	Binzhou	4.55	4.43	4.33	133	常德	Changde	5.00	4.55	4.43	128
菏泽	Heze	13.26	12.58	11.95	12	张家界	Zhangjiajie	1.65	1.64	1.71	245
河南	**Henan**	**165.35**	**170.45**	**164.48**		益阳	Yiyang	3.83	4.15	4.11	139
郑州	Zhengzhou	9.20	9.74	9.94	26	郴州	Chenzhou	5.74	6.48	6.68	62
开封	Kaifeng	8.18	7.43	7.70	48	永州	Yongzhou	6.42	7.56	6.81	59
洛阳	Luoyang	10.65	10.35	9.99	25	怀化	Huaihua	4.89	5.03	5.22	102
平顶山	Pingdingshan	7.18	6.15	5.99	80	娄底	Loudi	5.34	5.29	4.81	118
安阳	Anyang	7.38	7.91	8.21	43	**广东**	**Guangdong**	**174.19**	**15.00**	**137.04**	
鹤壁	Hebi	2.68	3.12	3.13	178	广州	Guangzhou	14.43	13.85	13.19	9
新乡	Xinxiang	8.35	8.61	9.09	32	韶关	Shaoguan	4.45	3.50	3.24	173
焦作	Jiaozuo	5.35	5.52	5.42	98	深圳	Shenzhen	9.19	9.94	9.87	27
濮阳	Puyang	6.68	7.80	7.89	46	珠海	Zhuhai	2.21	2.25	2.12	234
许昌	Xuchang	6.06	6.55	5.97	81	汕头	Shantou	12.66	10.73	9.04	33
漯河	Luohe	3.63	3.58	3.71	153	佛山	Foshan	7.58	7.41	7.11	54
三门峡	Sanmenxia	3.41	3.21	2.99	185	江门	Jiangmen	6.13	5.21	4.93	111
南阳	Nanyang	14.24	16.63	16.97	3	湛江	Zhanjiang	18.02	15.31	13.09	10
商丘	Shangqiu	18.59	18.35	15.82	4	茂名	Maoming	15.12	11.89	11.30	17
信阳	Xinyang	13.24	14.35	14.03	7	肇庆	Zhaoqing	8.05	6.65	6.32	72
周口	Zhoukou	23.82	24.19	21.18	1	惠州	Huizhou	7.67	6.44	6.21	75
驻马店	Zhumadian	15.86	16.05	15.54	5	梅州	Meizhou	7.76	5.24	4.75	119
湖北	**Hubei**	**61.74**	**51.38**	**48.94**		汕尾	Shanwei	8.35	7.03	5.70	90
武汉	Wuhan	7.09	6.70	6.51	67	河源	Heyuan	5.36	4.24	3.91	145
黄石	Huangshi	4.12	2.91	2.98	186	阳江	Yangjiang	3.98	2.93	2.87	195
十堰	Shiyan	3.40	3.34	2.98	186	清远	Qingyuan	6.60	4.66	4.34	132
宜昌	Yichang	3.22	2.76	2.75	200	东莞	Dongguan	7.74	8.77	8.46	39
襄阳	Xiangyang	5.50	4.72	4.69	122	中山	Zhongshan	4.22	3.96	3.74	151
鄂州	Ezhou	1.35	1.27	1.02	269	潮州	Chaozhou	4.71	3.67	3.16	176
荆门	Jingmen	2.42	2.13	2.09	236	揭阳	Jieyang	14.98	12.89	10.51	22
孝感	Xiaogan	5.21	5.10	3.68	154	云浮	Yunfu	4.97	3.39	3.15	177
荆州	Jingzhou	5.85	4.95	4.74	120	**广西**	**Guangxi**	**71.82**	**68.64**	**70.06**	
黄冈	Huanggang	9.38	7.04	6.46	70	南宁	Nanning	8.97	8.78	8.88	36
咸宁	Xianning	2.99	3.17	2.93	190	柳州	Liuzhou	4.00	4.06	4.08	141
随州	Suizhou	2.31	1.98	1.64	250	桂林	Guilin	4.38	4.47	4.58	125
湖南	**Hunan**	**72.81**	**77.02**	**77.05**		梧州	Wuzhou	5.68	5.02	5.06	105
长沙	Changsha	6.64	6.99	7.11	54	北海	Beihai	2.40	2.26		
株洲	Zhuzhou	3.49	3.53	3.65	159	防城港	Fangchenggang	1.33	1.36	1.36	262
湘潭	Xiangtan	2.86	2.81	2.58	214	钦州	Qinzhou	6.48	6.01	6.51	67
衡阳	Hengyang	8.75	10.05	10.50	23	贵港	Guigang	9.37	8.48	8.78	37
邵阳	Shaoyang	8.67	9.30	9.79	28	玉林	Yulin	11.03	10.34	10.61	21
岳阳	Yueyang	5.44	5.80	5.97	81	百色	Baise	4.62	4.88	4.89	112

16-5 普通小学毕业生数 续表 3
Graduates from Primary Schools continued 3

单位：万人 （10 000 persons）

地名	City	2010	2012	2013	2013 排名 Ranking
贺州	Hezhou	3.38	3.04	2.92	192
河池	Hechi	5.22	4.74	4.83	115
来宾	Laibin	2.86	2.73	2.71	204
崇左	Chongzuo	2.03	2.16	2.40	224
海南	**Hainan**	**14.69**	**12.82**	**12.47**	
海口	Haikou	2.90	2.67	2.68	206
三亚	Sanya	1.10	0.94	1.07	267
三沙	Sansha				
重庆	**Chongqing**	**39.83**	**33.61**	**32.65**	
四川	**Sichuan**	**111.34**	**100.17**	**88.68**	
成都	Chengdu	13.35	12.67	11.84	13
自贡	Zigong	3.27	2.86	2.71	204
攀枝花	Panzhihua	1.71	1.69	1.59	253
泸州	Luzhou	6.97	6.21	5.79	88
德阳	Deyang	3.83	3.27	2.94	189
绵阳	Mianyang	5.84	4.96	4.23	135
广元	Guangyuan	4.00	3.32	2.66	208
遂宁	Suining	4.31	3.83	3.26	170
内江	Neijiang	4.37	3.91	3.63	160
乐山	Leshan	3.69	2.95	2.74	202
南充	Nanchong	9.26	8.68	6.28	73
眉山	Meishan	3.78	3.00	2.59	212
宜宾	Yibin	7.14	6.14	5.89	85
广安	Guangan	6.70	5.66	5.01	107
达州	Dazhou	9.66	8.90	7.43	49
雅安	Yaan	1.89	1.49	1.44	257
巴中	Bazhong	6.27	5.73	5.07	104
资阳	Ziyang	4.82	4.20	4.12	138
贵州	**Guizhou**	**79.82**	**76.02**	**72.35**	
贵阳	Guiyang	6.48	6.19	5.90	84
六盘水	Liupanshui	7.63	7.14	5.74	89
遵义	Zunyi	13.30	12.15	11.38	15
安顺	Anshun	5.40	4.67	4.43	128
毕节	Bijie	17.60	18.50	18.48	2
铜仁	Tongren	8.08	7.92	7.42	51
云南	**Yunnan**	**73.69**	**72.28**	**71.38**	
昆明	Kunming	8.32	8.34	8.33	41
曲靖	Qujing	11.09	10.60	10.73	20
玉溪	Yuxi	3.40	3.00	3.30	169
保山	Baoshan	4.06	3.74	3.66	156
昭通	Zhaotong	11.94	12.37	11.34	16
丽江	Lijiang	1.83	1.62	1.66	248
普洱	Puer	3.11	3.05	3.04	180
临沧	Lincang	3.44	3.42	3.43	167
西藏	**Tibet**	**5.05**	**4.75**	**4.61**	
拉萨	Lasa	0.76	0.76	0.80	275
陕西	**Shaanxi**	**50.59**	**44.86**	**40.05**	
西安	Xi'an	9.61	8.88	8.51	38
铜川	Tongchuan	0.98	0.90	0.74	278
宝鸡	Baoji	4.80	4.16	3.68	154
咸阳	Xianyang	7.62	6.82	6.09	79
渭南	Weinan	6.83	6.14	4.83	115
延安	Yan'an	3.32	2.85	2.59	212
汉中	Hanzhong	4.68	4.13	3.73	152
榆林	Yulin	4.80	3.94	3.51	165
安康	Ankang	4.20	3.57	3.12	179
商洛	Shangluo	3.52	3.22	3.03	182
甘肃	**Gansu**	**47.43**	**39.87**	**37.06**	
兰州	Lanzhou	3.88	3.74	3.54	164
嘉峪关	Jiayuguan	0.28	0.30	0.29	283
金昌	Jinchang	0.62	0.62	0.59	280
白银	Baiyin	3.62	2.74	2.49	220
天水	Tianshui	7.16	6.32	5.81	87
武威	Wuwei	3.17	2.71	2.63	209
张掖	Zhangye	1.84	1.70	1.57	254
平凉	Pingliang	4.30	3.66	3.66	156
酒泉	Jiuquan	1.63	1.48	1.46	256
庆阳	Qingyang	4.50	3.43	2.95	188
定西	Dingxi	5.85	4.35	3.78	148
陇南	Longnan	5.33	4.13	3.66	156
青海	**Qinghai**	**8.20**	**8.10**	**8.35**	
西宁	Xining	2.80	2.63	2.60	211
海东	Haidong				
宁夏	**Ningxia**	**10.97**	**10.77**	**10.19**	
银川	Yinchuan	2.53	2.56	2.57	215
石嘴山	Shizuishan	1.02	1.00	1.00	270
吴忠	Wuzhong	2.38	2.33	2.24	230
固原	Guyuan	2.69	2.60	2.36	225
中卫	Zhongwei	2.21	2.28	2.03	239
新疆	**Xinjiang**	**33.44**	**32.10**	**32.13**	
乌鲁木齐	Urumqi	2.99	3.05	3.04	180
克拉玛依	Karamay	0.47	0.41	0.41	282

16-6 普通中学学校数

Number of Junior Secondary Schools

单位：所 （unit）

地名	City	2010	2015	2016	2016 排名 Ranking
全国	**Nation Total**	**68948**	**65645**	**65501**	
北京	**Beijing**	**634**	**646**	**646**	
天津	**Tianjin**	**546**	**509**	**516**	
河北	**Hebei**	**3264**	**2956**	**2977**	
石家庄	Shijiazhuang	437	406	410	20
唐山	Tangshan	366	328	330	36
秦皇岛	Qinhuangdao	183	154	157	169
邯郸	Handan	410	385	386	22
邢台	Xingtai	322	278	277	73
保定	Baoding	472	447	459	9
张家口	Zhangjiakou	184	168	165	162
承德	Chengde	153	122	121	205
沧州	Cangzhou	349	316	317	43
廊坊	Langfang	192	176	181	142
衡水	Hengshui	196	176	172	151
山西	**Shanxi**	**2747**	**2400**	**2353**	
太原	Taiyuan	230	224	218	109
大同	Datong	257	217	212	115
阳泉	Yangquan	87	81	82	251
长治	Changzhi	232	214	209	120
晋城	Jincheng	160	160	156	170
朔州	Shuozhou	107	93	89	243
晋中	Jinzhong	242	224	226	100
运城	Yuncheng	401	262	326	37
忻州	Xinzhou	352	273	260	82
临汾	Linfen	324	285	283	69
吕梁	Lvliang	355	296	288	63
内蒙古	**Inner Mongolia**	**1123**	**1000**	**982**	
呼和浩特	Hohhot	125	109	108	215
包头	Baotou	96	93	94	237
乌海	Wuhai	23	21	15	284
赤峰	Chifeng	180	154	148	177
通辽	Tongliao	165	136	136	185
鄂尔多斯	Erdos	63	66	68	258
呼伦贝尔	Hulunbuir	191	132	132	191
巴彦淖尔	Bayannur	60	50	48	272
乌兰察布	Ulanqab	73	71	68	258
辽宁	**Liaoning**	**2076**	**1929**	**1933**	
沈阳	Shenyang	321	295	296	56
大连	Dalian	280	285	289	61
鞍山	Anshan	165	163	165	162
抚顺	Fushun	118	105	105	221
本溪	Benxi	68	57	58	267
丹东	Dandong	127	125	125	199
锦州	Jinzhou	156	130	129	195
营口	Yingkou	98	102	101	228
阜新	Fuxin	117	94	94	237
辽阳	Liaoyang	83	78	78	253
盘锦	Panjin	74	70	70	256
铁岭	Tieling	147	126	126	197
朝阳	Chaoyang	184	169	166	158
葫芦岛	Huludao	138	130	130	193
吉林	**Jilin**	**1466**	**1420**	**1413**	
长春	Changchun	337	337	336	33
吉林	Jilin	189	180	179	145
四平	Siping	188	184	133	190
辽源	Liaoyuan	67	62	62	263
通化	Tonghua	144	130	130	193
白山	Baishan	112	107	108	215
松原	Songyuan	142	148	149	176
白城	Baicheng	125	122	120	207
黑龙江	**Heilongjiang**	**2174**	**1941**	**1823**	
哈尔滨	Harbin	563	483	446	12
齐齐哈尔	Qiqihar	276	249	246	88
鸡西	Jixi	124	93	83	249
鹤岗	Hegang	62	40	37	280
双鸭山	Shuangyashan	110	67	64	261
大庆	Daqing	153	153	144	181
伊春	Yichun	71	53	50	269
佳木斯	Jiamusi	153	111	105	221
七台河	Qitaihe	53	48	46	274
牡丹江	Mudanjiang	143	132	111	212
黑河	Heihe	127	98	61	264
绥化	Suihua	304	263	251	86
上海	**Shanghai**	**755**	**790**	**801**	
江苏	**Jiangsu**	**2776**	**2660**	**2692**	

16-6 普通中学学校数 续表 1
Number of Junior Secondary Schools continued 1

单位：所 （unit）

地名	City	2010	2015	2016	2016 排名 Ranking	地名	City	2010	2015	2016	2016 排名 Ranking
南京	Nanjing	215	223	227	99	池州	Chizhou	108	96	98	233
无锡	Wuxi	180	179	183	141	宣城	Xuancheng	163	158	152	172
徐州	Xuzhou	331	328	337	32	**福建**	**Fujian**	**1903**	**1780**	**1778**	
常州	Changzhou	163	160	160	167	福州	Fuzhou	356	322	319	42
苏州	Suzhou	258	283	292	59	厦门	Xiamen	94	92	93	240
南通	Nantong	250	211	206	121	莆田	Putian	160	145	146	179
连云港	Lianyungang	189	174	174	148	三明	Sanming	175	156	158	168
淮安	Huaian	198	179	188	133	泉州	Quanzhou	364	325	326	37
盐城	Yancheng	295	276	277	73	漳州	Zhangzhou	220	207	206	121
扬州	Yangzhou	177	166	166	158	南平	Nanping	172	163	164	164
镇江	Zhenjiang	109	111	110	214	龙岩	Longyan	176	170	168	155
泰州	Taizhou	203	187	186	136	宁德	Ningde	186	174	174	148
宿迁	Suqian	208	183	186	136	**江西**	**Jiangxi**	**2559**	**2591**	**2611**	
浙江	**Zhejiang**	**2314**	**2275**	**2291**		南昌	Nanchang	268	285	292	59
杭州	Hangzhou	317	318	326	37	景德镇	Jingdezhen	99	101	101	228
宁波	Ningbo	301	289	293	58	萍乡	Pingxiang	113	106	106	220
温州	Wenzhou	474	458	451	11	九江	Jiujiang	307	281	282	71
嘉兴	Jiaxing	155	173	170	153	新余	Xinyu	49	40	40	278
湖州	Huzhou	130	118	120	207	鹰潭	Yingtan	69	82	84	248
绍兴	Shaoxing	188	185	186	136	赣州	Ganzhou	451	462	468	6
金华	Jinhua	241	244	241	92	吉安	Jian	300	306	308	48
衢州	Quzhou	99	98	96	235	宜春	Yichun	239	243	246	88
舟山	Zhoushan	52	41	42	277	抚州	Fuzhou	213	221	221	106
台州	Taizhou	258	253	269	77	上饶	Shangrao	451	331	460	8
丽水	Lishui	99	98	97	234	**山东**	**Shandong**	**3645**	**3446**	**3504**	
安徽	**Anhui**	**3738**	**3524**	**3472**		济南	Jinan	209	214	224	104
合肥	Hefei	246	360	358	27	青岛	Qingdao	295	293	302	52
芜湖	Wuhu	123	205	210	118	淄博	Zibo	198	186	184	139
蚌埠	Bengbu	179	169	172	151	枣庄	Zaozhuang	135	125	125	199
淮南	Huainan	136	130	190	131	东营	Dongying	93	95	94	237
马鞍山	Maanshan	57	105	105	221	烟台	Yantai	299	256	261	80
淮北	Huaibei	141	128	122	204	潍坊	Weifang	360	319	325	40
铜陵	Tongling	48	43	85	246	济宁	Jining	299	283	288	63
安庆	Anqing	388	363	314	45	泰安	Taian	177	175	180	143
黄山	Huangshan	117	121	120	207	威海	Weihai	112	102	102	226
滁州	Chuzhou	285	266	264	79	日照	Rizhao	116	95	93	240
阜阳	Fuyang	482	443	420	19	莱芜	Laiwu	56	49	50	269
宿州	Suzhou	287	248	242	91	临沂	Linyi	355	332	334	35
六安	Liuan	420	410	335	34	德州	Dezhou	203	188	189	132
亳州	Bozhou	302	279	285	66	聊城	Liaocheng	202	164	214	113

16-6 普通中学学校数 续表 2

Number of Junior Secondary Schools continued 2

单位：所 （unit）

地名	City	2010	2015	2016	2016 排名 Ranking	地名	City	2010	2015	2016	2016 排名 Ranking
滨州	Binzhou	164	163	166	158	常德	Changde	295	290	287	65
菏泽	Heze	372	371	379	24	张家界	Zhangjiajie	101	100	85	246
河南	**Henan**	**5441**	**5335**	**5349**		益阳	Yiyang	239	228	226	100
郑州	Zhengzhou	366	411	428	16	郴州	Chenzhou	286	286	283	69
开封	Kaifeng	280	286	267	78	永州	Yongzhou	324	323	321	41
洛阳	Luoyang	444	421	427	17	怀化	Huaihua	357	355	355	28
平顶山	Pingdingshan	258	245	249	87	娄底	Loudi	280	285	285	66
安阳	Anyang	319	298	303	50	**广东**	**Guangdong**	**4334**	**4434**	**4510**	
鹤壁	Hebi	98	86	83	249	广州	Guangzhou	476	510	514	3
新乡	Xinxiang	399	389	396	21	韶关	Shaoguan	164	152	152	172
焦作	Jiaozuo	242	216	212	115	深圳	Shenzhen	295	335	352	29
濮阳	Puyang	206	213	213	114	珠海	Zhuhai	60	71	73	254
许昌	Xuchang	251	239	241	92	汕头	Shantou	260	295	303	50
漯河	Luohe	112	111	111	212	佛山	Foshan	180	199	198	126
三门峡	Sanmenxia	138	124	125	199	江门	Jiangmen	195	184	188	133
南阳	Nanyang	513	503	508	4	湛江	Zhanjiang	347	306	309	47
商丘	Shangqiu	451	436	438	13	茂名	Maoming	286	260	257	83
信阳	Xinyang	384	379	377	25	肇庆	Zhaoqing	174	176	179	145
周口	Zhoukou	609	591	585	2	惠州	Huizhou	209	241	252	85
驻马店	Zhumadian	330	349	347	31	梅州	Meizhou	245	229	228	98
湖北	**Hubei**	**2792**	**2545**	**2558**		汕尾	Shanwei	173	166	168	155
武汉	Wuhan	395	361	367	26	河源	Heyuan	190	183	188	133
黄石	Huangshi	143	126	126	197	阳江	Yangjiang	106	107	108	215
十堰	Shiyan	203	168	169	154	清远	Qingyuan	177	175	178	147
宜昌	Yichang	184	175	174	148	东莞	Dongguan	190	218	231	96
襄阳	Xiangyang	250	239	240	94	中山	Zhongshan	99	102	102	226
鄂州	Ezhou	58	50	50	269	潮州	Chaozhou	122	138	139	184
荆门	Jingmen	129	124	124	202	揭阳	Jieyang	275	285	289	61
孝感	Xiaogan	221	220	222	105	云浮	Yunfu	111	102	101	228
荆州	Jingzhou	259	240	240	94	**广西**	**Guangxi**	**2437**	**2284**	**2262**	
黄冈	Huanggang	346	302	301	54	南宁	Nanning	349	339	352	29
咸宁	Xianning	155	144	146	179	柳州	Liuzhou	177	158	151	175
随州	Suizhou	105	99	99	232	桂林	Guilin	245	212	215	112
湖南	**Hunan**	**3933**	**3906**	**3901**		梧州	Wuzhou	137	134	134	189
长沙	Changsha	284	296	302	52	北海	Beihai	82	94	95	236
株洲	Zhuzhou	188	195	196	129	防城港	Fangchenggang	44	47	47	273
湘潭	Xiangtan	187	172	167	157	钦州	Qinzhou	120	121	123	203
衡阳	Hengyang	418	427	434	15	贵港	Guigang	240	226	219	107
邵阳	Shaoyang	467	462	462	7	玉林	Yulin	295	290	284	68
岳阳	Yueyang	322	303	304	49	百色	Baise	200	161	184	139

16-6 普通中学学校数 续表 3
Number of Junior Secondary Schools continued 3

单位：所 (unit)

地名	City	2010	2015	2016	2016 排名 Ranking
贺州	Hezhou	116	108	105	221
河池	Hechi	216	198	192	130
来宾	Laibin	102	82	80	252
崇左	Chongzuo	112	86	87	244
海南	**Hainan**	**531**	**497**	**503**	
海口	Haikou	94	101	104	225
三亚	Sanya	45	46	46	274
三沙	Sansha				
重庆	**Chongqing**	**1273**	**1167**	**1120**	
四川	**Sichuan**	**4738**	**4590**	**4555**	
成都	Chengdu	487	494	602	1
自贡	Zigong	135	137	136	185
攀枝花	Panzhihua	60	54	54	268
泸州	Luzhou	217	217	219	107
德阳	Deyang	170	148	147	178
绵阳	Mianyang	267	226	226	100
广元	Guangyuan	191	179	164	164
遂宁	Suining	164	166	164	164
内江	Neijiang	192	181	180	143
乐山	Leshan	226	213	210	118
南充	Nanchong	514	500	496	5
眉山	Meishan	238	218	152	172
宜宾	Yibin	316	283	282	71
广安	Guangan	280	275	271	75
达州	Dazhou	382	382	383	23
雅安	Yaan	71	87	86	245
巴中	Bazhong	199	214	216	111
资阳	Ziyang	317	309	200	125
贵州	**Guizhou**	**2592**	**2558**	**2536**	
贵阳	Guiyang	292	306	316	44
六盘水	Liupanshui	217	227	217	110
遵义	Zunyi	503	446	438	13
安顺	Anshun	146	144	143	183
毕节	Bijie	438	454	458	10
铜仁	Tongren	248	245	261	80
云南	**Yunnan**	**2183**	**2147**	**2152**	
昆明	Kunming	265	287	300	55
曲靖	Qujing	247	244	246	88
玉溪	Yuxi	120	107	107	218
保山	Baoshan	126	121	120	207
昭通	Zhaotong	215	224	226	100
丽江	Lijiang	85	74	72	255
普洱	Puer	126	128	127	196
临沧	Lincang	121	121	121	205
西藏	**Tibet**	**119**	**127**	**129**	
拉萨	Lasa	23	25	22	281
陕西	**Shaanxi**	**2436**	**2215**	**2176**	
西安	Xi'an	436	422	422	18
铜川	Tongchuan	58	49	44	276
宝鸡	Baoji	236	205	202	123
咸阳	Xianyang	314	296	294	57
渭南	Weinan	390	328	314	45
延安	Yan'an	139	120	119	211
汉中	Hanzhong	225	212	211	117
榆林	Yulin	238	212	198	126
安康	Ankang	209	200	201	124
商洛	Shangluo	183	112	107	218
甘肃	**Gansu**	**2038**	**1877**	**1861**	
兰州	Lanzhou	219	198	197	128
嘉峪关	Jiayuguan	11	10	11	285
金昌	Jinchang	28	21	21	282
白银	Baiyin	168	143	144	181
天水	Tianshui	267	257	255	84
武威	Wuwei	144	139	136	185
张掖	Zhangye	99	64	65	260
平凉	Pingliang	165	163	132	191
酒泉	Jiuquan	65	59	59	266
庆阳	Qingyang	189	170	166	158
定西	Dingxi	293	274	271	75
陇南	Longnan	231	230	231	96
青海	**Qinghai**	**434**	**371**	**374**	
西宁	Xining	139	137	136	185
海东	Haidong		102	100	231
宁夏	**Ningxia**	**337**	**299**	**307**	
银川	Yinchuan	69	74	91	242
石嘴山	Shizuishan	48	36	38	279
吴忠	Wuzhong	67	58	60	265
固原	Guyuan	85	66	69	257
中卫	Zhongwei	68	64	64	261
新疆	**Xinjiang**	**1545**	**1426**	**1416**	
乌鲁木齐	Urumqi	133	153	153	171
克拉玛依	Karamay	18	19	19	283

16-7 普通中学专任教师数
Full-time Teachers of Junior Secondary Schools

单位：人 （person）

地名	City	2010	2015	2016	2016 排名 Ranking	地名	City	2010	2015	2016	2016 排名 Ranking
全国	**Nation Total**	**5041576**	**5170990**	**5221248**		沈阳	Shenyang	23873	24290	24659	52
北京	**Beijing**	**49873**	**54177**	**54525**		大连	Dalian	20850	21987	21901	70
天津	**Tianjin**	**40718**	**42507**	**43033**		鞍山	Anshan	11778	12004	11997	165
河北	**Hebei**	**260675**	**259180**	**268320**		抚顺	Fushun	7481	7187	7038	241
石家庄	Shijiazhuang	36126	37084	38065	10	本溪	Benxi	5467	6238	6226	253
唐山	Tangshan	29735	29708	30297	33	丹东	Dandong	7912	8355	9817	210
秦皇岛	Qinhuangdao	12293	11927	12804	155	锦州	Jinzhou	9519	9231	9324	212
邯郸	Handan	35063	38155	36839	12	营口	Yingkou	7672	7996	10153	201
邢台	Xingtai	25534	26089	24914	50	阜新	Fuxin	6653	6999	6582	248
保定	Baoding	36138	39536	42120	4	辽阳	Liaoyang	5709	6949	6994	242
张家口	Zhangjiakou	15704	16455	15785	130	盘锦	Panjin	5247	6153	6192	254
承德	Chengde	12437	12032	12134	164	铁岭	Tieling	9421	9992	10011	206
沧州	Cangzhou	24142	23762	26330	44	朝阳	Chaoyang	13970	13869	13929	148
廊坊	Langfang	16277	16215	16132	125	葫芦岛	Huludao	9806	10116	10191	200
衡水	Hengshui	17226	19550	20461	80	**吉林**	**Jilin**	**94666**	**93512**	**93956**	
山西	**Shanxi**	**172793**	**175053**	**173503**		长春	Changchun	24777	30581	31212	30
太原	Taiyuan	17134	18792	18911	101	吉林	Jilin	13975	15019	14839	139
大同	Datong	16196	16114	15744	131	四平	Siping	11138	11422	8079	232
阳泉	Yangquan	5947	5841	5780	259	辽源	Liaoyuan	4166	4419	4427	268
长治	Changzhi	14989	14126	16764	121	通化	Tonghua	8762	9944	9848	209
晋城	Jincheng	10160	11460	11118	184	白山	Baishan	5556	5246	6818	245
朔州	Shuozhou	9325	11253	10339	198	松原	Songyuan	9807	10387	10372	197
晋中	Jinzhong	14822	15113	16074	126	白城	Baicheng	7305	8752	9123	215
运城	Yuncheng	28187	17454	28651	39	**黑龙江**	**Heilongjiang**	**142156**	**136144**	**132759**	
忻州	Xinzhou	14844	14283	14236	144	哈尔滨	Harbin	36893	39062	34989	17
临汾	Linfen	21640	21623	21330	74	齐齐哈尔	Qiqihar	16688	17249	17536	113
吕梁	Lvliang	19549	19477	19062	96	鸡西	Jixi	7741	7137	7997	234
内蒙古	**Inner Mongolia**	**95570**	**93211**	**91892**		鹤岗	Hegang	4898	2880	3559	274
呼和浩特	Hohhot	9088	9767	10822	188	双鸭山	Shuangyashan	6200	2910	3259	277
包头	Baotou	9038	10466	10110	202	大庆	Daqing	12717	14582	9280	214
乌海	Wuhai	2083	2259	1388	284	伊春	Yichun	5180	4416	4238	269
赤峰	Chifeng	18757	17480	17221	118	佳木斯	Jiamusi	10127	8075	7336	237
通辽	Tongliao	12598	11829	11913	169	七台河	Qitaihe	3575	3091	3068	280
鄂尔多斯	Erdos	6852	8711	8675	221	牡丹江	Mudanjiang	9502	8561	8426	226
呼伦贝尔	Hulunbuir	12098	10462	10405	196	黑河	Heihe	6809	6822	4207	270
巴彦淖尔	Bayannur	5993	5107	4771	266	绥化	Suihua	19643	20850	16586	123
乌兰察布	Ulanqab	6996	6633	6472	250	**上海**	**Shanghai**	**50741**	**54962**	**55757**	
辽宁	**Liaoning**	**145358**	**148892**	**149590**		**江苏**	**Jiangsu**	**284594**	**268773**	**271667**	

16-7 普通中学专任教师数 续表 1

Full-time Teachers of Junior Secondary Schools continued 1

单位：人 (person)

地名	City	2010	2015	2016	2016 排名 Ranking
南京	Nanjing	22316	22549	22982	65
无锡	Wuxi	19839	19893	19991	86
徐州	Xuzhou	38379	33673	33695	24
常州	Changzhou	13915	13970	14060	146
苏州	Suzhou	25295	26772	27726	42
南通	Nantong	26077	24189	24493	54
连云港	Lianyungang	21118	19744	19959	88
淮安	Huaian	20353	18712	19454	92
盐城	Yancheng	29269	26187	26634	43
扬州	Yangzhou	17057	16476	16467	124
镇江	Zhenjiang	10124	9889	10088	204
泰州	Taizhou	19858	19201	19014	98
宿迁	Suqian	20994	17518	17104	120
浙江	**Zhejiang**	**182865**	**186603**	**189826**	
杭州	Hangzhou	26666	28539	29485	34
宁波	Ningbo	15067	23404	23577	60
温州	Wenzhou	32619	31674	31994	27
嘉兴	Jiaxing	14067	14465	14465	140
湖州	Huzhou	9894	10083	10097	203
绍兴	Shaoxing	17876	18498	18814	103
金华	Jinhua	18313	21002	19137	94
衢州	Quzhou	8317	8734	8808	219
舟山	Zhoushan	3403	3263	3251	278
台州	Taizhou	20157	23774	25105	48
丽水	Lishui	8611	8219	8284	228
安徽	**Anhui**	**230052**	**227197**	**229200**	
合肥	Hefei	19596	29246	29360	35
芜湖	Wuhu	7577	12671	12927	154
蚌埠	Bengbu	11971	11822	11935	167
淮南	Huainan	8796	8980	14868	138
马鞍山	Maanshan	4757	8514	8538	225
淮北	Huaibei	8678	8644	8545	224
铜陵	Tongling	3122	3229	6604	247
安庆	Anqing	24472	24204	20731	79
黄山	Huangshan	5075	4973	4927	265
滁州	Chuzhou	16059	16088	15879	128
阜阳	Fuyang	25993	26123	27739	41
宿州	Suzhou	21224	16945	17121	119
六安	Liuan	23692	23592	19066	95
亳州	Bozhou	16988	17228	18150	108
池州	Chizhou	6242	5866	5861	257
宣城	Xuancheng	9895	9072	9051	217
福建	**Fujian**	**151469**	**148428**	**149213**	
福州	Fuzhou	26484	24091	24243	57
厦门	Xiamen	8924	10445	10785	189
莆田	Putian	14638	14333	14266	143
三明	Sanming	12189	11385	11275	181
泉州	Quanzhou	30895	30668	30948	31
漳州	Zhangzhou	19133	19911	20139	82
南平	Nanping	11731	11426	11536	178
龙岩	Longyan	13907	12457	12744	156
宁德	Ningde	13568	13046	12592	159
江西	**Jiangxi**	**167285**	**173885**	**174362**	
南昌	Nanchang	17434	24218	24623	53
景德镇	Jingdezhen	6517	7388	7381	236
萍乡	Pingxiang	7696	7442	8028	233
九江	Jiujiang	17821	17134	17225	117
新余	Xinyu	4315	4238	4171	271
鹰潭	Yingtan	4479	4652	4709	267
赣州	Ganzhou	30726	40113	36308	13
吉安	Jian	18451	20017	20386	81
宜春	Yichun	18655	19169	19840	89
抚州	Fuzhou	14588	14359	15077	136
上饶	Shangrao	26603	26780	29108	36
山东	**Shandong**	**372082**	**390059**	**397471**	
济南	Jinan	21943	23643	24318	56
青岛	Qingdao	30754	32940	33882	22
淄博	Zibo	20093	21431	21937	69
枣庄	Zaozhuang	13800	13897	13772	149
东营	Dongying	10620	11175	11674	174
烟台	Yantai	31719	32919	33482	25
潍坊	Weifang	39375	40412	40949	7
济宁	Jining	29631	30738	36883	11
泰安	Taian	19858	22906	23284	63
威海	Weihai	12931	12605	12477	160
日照	Rizhao	11610	11450	11929	168
莱芜	Laiwu	6295	5934	6026	256
临沂	Linyi	38256	40656	45374	2
德州	Dezhou	19067	20680	21267	75
聊城	Liaocheng	19992	14361	23597	59

16-7 普通中学专任教师数 续表 2

Full-time Teachers of Junior Secondary Schools continued 2

单位：人 （person）

地名	City	2010	2015	2016	2016 排名 Ranking
滨州	Binzhou	14971	16319	16751	122
菏泽	Heze	31167	34502	34422	20
河南	**Henan**	**380984**	**399983**	**404312**	
郑州	Zhengzhou	30601	37710	39860	8
开封	Kaifeng	17332	19721	19022	97
洛阳	Luoyang	26168	31333	32093	26
平顶山	Pingdingshan	17453	17283	17653	111
安阳	Anyang	19058	21562	22255	68
鹤壁	Hebi	6151	6734	6969	243
新乡	Xinxiang	23021	23681	24455	55
焦作	Jiaozuo	14289	17125	17344	115
濮阳	Puyang	16635	17244	18180	107
许昌	Xuchang	18715	17836	17645	112
漯河	Luohe	9466	10173	9997	207
三门峡	Sanmenxia	10068	10425	10516	194
南阳	Nanyang	35550	40494	42018	5
商丘	Shangqiu	32843	34615	34639	18
信阳	Xinyang	34271	35694	35394	15
周口	Zhoukou	37502	44875	43341	3
驻马店	Zhumadian	28811	33038	33738	23
湖北	**Hubei**	**229209**	**198342**	**195685**	
武汉	Wuhan	32800	31207	31293	29
黄石	Huangshi	10596	9696	10534	193
十堰	Shiyan	14178	13035	13101	153
宜昌	Yichang	13445	13081	12725	157
襄阳	Xiangyang	21647	21693	21869	71
鄂州	Ezhou	4545	3776	3815	272
荆门	Jingmen	12907	9773	9106	216
孝感	Xiaogan	20047	18306	18000	109
荆州	Jingzhou	22698	20644	20122	83
黄冈	Huanggang	28782	24739	22465	67
咸宁	Xianning	10900	8740	8626	222
随州	Suizhou	9367	7360	7263	239
湖南	**Hunan**	**240494**	**238254**	**241508**	
长沙	Changsha	21102	26534	28000	40
株洲	Zhuzhou	12634	12821	13135	152
湘潭	Xiangtan	9846	10150	9884	208
衡阳	Hengyang	25183	26180	28879	38
邵阳	Shaoyang	24154	25235	24134	58
岳阳	Yueyang	21053	19476	19469	91
常德	Changde	21963	20450	19963	87
张家界	Zhangjiajie	5223	5331	7058	240
益阳	Yiyang	18141	13724	14143	145
郴州	Chenzhou	15458	20606	21761	72
永州	Yongzhou	22676	20009	20024	85
怀化	Huaihua	16806	17469	17669	110
娄底	Loudi	15865	15441	18962	99
广东	**Guangdong**	**391514**	**426648**	**427448**	
广州	Guangzhou	38226	41615	41894	6
韶关	Shaoguan	13266	12619	12671	158
深圳	Shenzhen	22417	29252	30674	32
珠海	Zhuhai	5742	6374	8187	230
汕头	Shantou	22650	31188	31631	28
佛山	Foshan	20442	22752	23157	64
江门	Jiangmen	17158	15899	9562	211
湛江	Zhanjiang	31171	34586	34557	19
茂名	Maoming	33130	37768	35490	14
肇庆	Zhaoqing	19709	18341	19824	90
惠州	Huizhou	17211	19532	20076	84
梅州	Meizhou	23657	22913	22648	66
汕尾	Shanwei	12748	14479	14378	141
河源	Heyuan	15172	18252	18469	104
阳江	Yangjiang	10782	10919	13603	150
清远	Qingyuan	17374	15935	15167	135
东莞	Dongguan	14572	17701	18885	102
中山	Zhongshan	9424	10772	10869	186
潮州	Chaozhou	10858	11602	11636	176
揭阳	Jieyang	24300	29870	28973	37
云浮	Yunfu	11505	11236	10977	185
广西	**Guangxi**	**160840**	**169741**	**176797**	
南宁	Nanning	22675	24158	25466	46
柳州	Liuzhou	11827	12784	13321	151
桂林	Guilin	16155	15677	15838	129
梧州	Wuzhou	10409	11488	11947	166
北海	Beihai	5904	6494	6567	249
防城港	Fangchenggang	2643	2900	2906	281
钦州	Qinzhou	9710	11332	11503	179
贵港	Guigang	16973	18932	20990	77
玉林	Yulin	21509	22702	23430	62
百色	Baise	10662	11053	11765	170

16-7 普通中学专任教师数 续表 3

Full-time Teachers of Junior Secondary Schools continued 3

单位：人 （person）

地名	City	2010	2015	2016	2016 排名 Ranking	地名	City	2010	2015	2016	2016 排名 Ranking
贺州	Hezhou	7289	7130	7286	238	丽江	Lijiang	5621	5293	5344	262
河池	Hechi	11372	12136	12276	162	普洱	Puer	7630	8041	8140	231
来宾	Laibin	7735	7206	8212	229	临沧	Lincang	7168	7935	8346	227
崇左	Chongzuo	6346	6256	6271	252	**西藏**	**Tibet**	**11714**	**14393**	**15046**	
海南	**Hainan**	**34564**	**38321**	**38672**		拉萨	Lasa	2494	3527	3589	273
海口	Haikou	6982	8016	8926	218	**陕西**	**Shaanxi**	**170482**	**161752**	**159395**	
三亚	Sanya	2549	3055	3103	279	西安	Xi'an	31506	33014	33962	21
三沙	Sansha					铜川	Tongchuan	3925	3873	3396	276
重庆	**Chongqing**	**109303**	**114709**	**115217**		宝鸡	Baoji	17423	16504	15990	127
四川	**Sichuan**	**284962**	**293165**	**294676**		咸阳	Xianyang	24997	26089	25569	45
成都	Chengdu	42429	46073	50178	1	渭南	Weinan	27479	25891	25084	49
自贡	Zigong	8261	7997	7922	235	延安	Yan'an	10736	9989	10066	205
攀枝花	Panzhihua	4679	5119	5158	263	汉中	Hanzhong	13866	14355	15728	132
泸州	Luzhou	14480	14958	15716	133	榆林	Yulin	17363	17904	17293	116
德阳	Deyang	11144	10885	10856	187	安康	Ankang	11366	12859	11442	180
绵阳	Mianyang	18449	21484	19355	93	商洛	Shangluo	11003	6898	6411	251
广元	Guangyuan	11377	11283	10663	192	**甘肃**	**Gansu**	**120689**	**128621**	**127471**	
遂宁	Suining	13244	12459	12205	163	兰州	Lanzhou	13811	13965	13995	147
内江	Neijiang	11868	13727	11190	182	嘉峪关	Jiayuguan	941	1078	1059	285
乐山	Leshan	10755	10833	10748	190	金昌	Jinchang	2155	2347	2305	283
南充	Nanchong	26822	13993	23549	61	白银	Baiyin	11229	12440	11669	175
眉山	Meishan	10685	10506	10481	195	天水	Tianshui	15592	18019	18290	105
宜宾	Yibin	17682	18820	18961	100	武威	Wuwei	9006	10632	8600	223
广安	Guangan	14440	19100	15626	134	张掖	Zhangye	5883	5766	5628	260
达州	Dazhou	20163	20599	20866	78	平凉	Pingliang	10514	11982	11680	173
雅安	Yaan	4931	5038	5028	264	酒泉	Jiuquan	4398	5458	5545	261
巴中	Bazhong	11695	13837	14316	142	庆阳	Qingyang	11693	12009	11619	177
资阳	Ziyang	13488	16608	11176	183	定西	Dingxi	14528	17406	17388	114
贵州	**Guizhou**	**142508**	**179875**	**188127**		陇南	Longnan	10647	11688	11718	172
贵阳	Guiyang	14561	20581	18204	106	**青海**	**Qinghai**	**21875**	**24796**	**25094**	
六盘水	Liupanshui	10676	15457	14882	137	西宁	Xining	9064	5741	11763	171
遵义	Zunyi	27418	33896	35156	16	海东	Haidong		6754	6778	246
安顺	Anshun	8570	9713	10318	199	**宁夏**	**Ningxia**	**27484**	**29832**	**30379**	
毕节	Bijie	25182	38187	38999	9	银川	Yinchuan	7310	8537	8752	220
铜仁	Tongren	15330	19299	21006	76	石嘴山	Shizuishan	3413	3616	3459	275
云南	**Yunnan**	**160984**	**175349**	**180391**		吴忠	Wuzhong	5448	5965	6137	255
昆明	Kunming	20329	23278	24672	51	固原	Guyuan	6664	6869	6912	244
曲靖	Qujing	23068	24735	25337	47	中卫	Zhongwei	4649	5729	5782	258
玉溪	Yuxi	8745	9215	9322	213	**新疆**	**Xinjiang**	**113990**	**124626**	**125956**	
保山	Baoshan	9431	10601	10667	191	乌鲁木齐	Urumqi	9998	12139	12455	161
昭通	Zhaotong	18762	20530	21556	73	克拉玛依	Karamay	2123	2454	2438	282

16-8 普通中学招生数

New Enrollment by Junior Secondary Schools

单位：万人 （10 000 persons）

地名	City	2010	2012	2013	2013 排名 Ranking	地名	City	2010	2012	2013	2013 排名 Ranking
全国	**Nation Total**	**2552.70**	**2415.40**	**2318.78**		沈阳	Shenyang	9.75	9.44	9.16	79
北京	**Beijing**	**16.80**	**17.15**	**16.67**		大连	Dalian	9.20	8.36	8.21	100
天津	**Tianjin**	**14.60**	**14.19**	**14.09**		鞍山	Anshan	4.72	4.73	4.55	191
河北	**Hebei**	**114.18**	**116.18**	**115.91**		抚顺	Fushun	2.72	2.48	2.37	258
石家庄	Shijiazhuang	17.14	16.08	16.16	18	本溪	Benxi	2.08	1.86	1.70	267
唐山	Tangshan	11.24	11.33	11.20	47	丹东	Dandong	3.90	3.63	3.35	234
秦皇岛	Qinhuangdao	4.35	4.43	4.32	198	锦州	Jinzhou	4.67	4.31	4.08	211
邯郸	Handan	15.13	17.34	16.38	16	营口	Yingkou	3.40	3.26	3.22	238
邢台	Xingtai	11.52	12.09	11.57	43	阜新	Fuxin	3.03	2.72	2.74	246
保定	Baoding	16.44	17.48	18.69	6	辽阳	Liaoyang	2.96	2.82	2.57	249
张家口	Zhangjiakou	7.26	6.87	6.69	132	盘锦	Panjin	2.38	2.28	2.42	256
承德	Chengde	6.18	5.54	5.60	156	铁岭	Tieling	4.37	3.98	3.90	220
沧州	Cangzhou	10.20	10.22	10.38	58	朝阳	Chaoyang	6.14	5.65	5.66	152
廊坊	Langfang	7.38	6.98	6.96	126	葫芦岛	Huludao	4.43	4.27	4.17	208
衡水	Hengshui	7.35	7.73	7.97	105	**吉林**	**Jilin**	**41.42**	**38.69**	**36.95**	
山西	**Shanxi**	**85.26**	**49.17**	**70.18**		长春	Changchun	12.59	11.11	11.08	49
太原	Taiyuan	7.80	7.45	7.32	120	吉林	Jilin	6.63	6.41	5.63	154
大同	Datong	7.32	6.61	6.00	144	四平	Siping	4.84	4.61	4.85	177
阳泉	Yangquan	2.95	2.50	2.45	254	辽源	Liaoyuan	1.69	1.64	1.42	274
长治	Changzhi	7.95	7.13	6.84	129	通化	Tonghua	3.70	3.72	3.08	240
晋城	Jincheng	5.80	5.43	5.11	169	白山	Baishan	1.79	1.75	1.49	273
朔州	Shuozhou	5.57	5.34	5.05	171	松原	Songyuan	4.33	4.04	4.31	200
晋中	Jinzhong	6.24	5.54	5.38	164	白城	Baicheng	3.03	2.77	2.51	252
运城	Yuncheng	13.49	11.73	10.52	55	**黑龙江**	**Heilongjiang**	**57.07**	**36.58**	**47.31**	
忻州	Xinzhou	7.87	5.95	5.67	151	哈尔滨	Harbin	13.32	13.05	11.93	42
临汾	Linfen	10.14	8.91	8.23	98	齐齐哈尔	Qiqihar	7.35	6.65	6.00	144
吕梁	Lvliang	10.12	8.91	7.62	114	鸡西	Jixi	2.86	2.95	2.41	257
内蒙古	**Inner Mongolia**	**43.67**	**41.42**	**39.18**		鹤岗	Hegang	2.04	1.81	1.55	271
呼和浩特	Hohhot	5.33	5.21	5.12	167	双鸭山	Shuangyashan	2.53	2.51	2.08	264
包头	Baotou	4.51	4.39	4.31	200	大庆	Daqing	4.83	4.95	4.65	186
乌海	Wuhai	0.89	0.89	0.88	282	伊春	Yichun	1.80	1.67	1.39	275
赤峰	Chifeng	9.04	8.56	7.25	121	佳木斯	Jiamusi	4.80	4.66	3.52	227
通辽	Tongliao	5.69	5.72	5.52	160	七台河	Qitaihe	1.39	1.31	1.20	278
鄂尔多斯	Erdos	3.06	2.86	2.87	243	牡丹江	Mudanjiang	4.07	4.05	3.48	230
呼伦贝尔	Hulunbuir	3.91	3.38	3.29	237	黑河	Heihe	2.94	2.89	2.15	262
巴彦淖尔	Bayannur	2.93	2.88	2.62	247	绥化	Suihua	8.38	7.58	6.35	136
乌兰察布	Ulanqab	3.60	3.11	2.89	242	**上海**	**Shanghai**	**16.33**	**17.00**	**17.34**	
辽宁	**Liaoning**	**63.75**	**59.79**	**58.11**		**江苏**	**Jiangsu**	**115.08**	**101.72**	**96.00**	

16-8　普通中学招生数　续表 1
New Enrollment by Junior Secondary Schools continued 1

单位：万人　　(10 000 persons)

地名	City	2010	2012	2013	2013 排名 Ranking	地名	City	2010	2012	2013	2013 排名 Ranking
南京	Nanjing	7.92	7.64	7.34	119	池州	Chizhou	3.35	2.88	2.77	245
无锡	Wuxi	7.58	7.10	7.13	124	宣城	Xuancheng	4.30	3.82	3.51	228
徐州	Xuzhou	15.30	13.38	11.51	45	**福建**	**Fujian**	**62.62**	**40.37**	**59.54**	
常州	Changzhou	6.09	5.57	5.54	158	福州	Fuzhou	11.28	10.81	10.67	53
苏州	Suzhou	9.06	9.03	9.37	75	厦门	Xiamen	4.18	4.48	4.72	181
南通	Nantong	10.32	8.67	8.27	97	莆田	Putian	6.37	5.64	5.66	152
连云港	Lianyungang	10.10	8.40	7.37	117	三明	Sanming	4.55	4.42	4.18	207
淮安	Huaian	9.01	7.60	7.25	121	泉州	Quanzhou	12.90	12.17	12.67	37
盐城	Yancheng	10.95	9.32	9.01	81	漳州	Zhangzhou	8.73	8.87	8.41	94
扬州	Yangzhou	6.96	6.38	6.18	140	南平	Nanping	4.92	4.76	4.61	188
镇江	Zhenjiang	3.74	3.31	3.20	239	龙岩	Longyan	4.57	4.41	4.29	203
泰州	Taizhou	7.16	6.14	5.98	147	宁德	Ningde	5.12	4.49	4.36	195
宿迁	Suqian	10.87	9.19	7.82	108	**江西**	**Jiangxi**	**94.02**	**96.42**	**92.13**	
浙江	**Zhejiang**	**83.30**	**78.85**	**77.76**		南昌	Nanchang	10.49	10.54	10.03	63
杭州	Hangzhou	11.55	11.12	10.95	50	景德镇	Jingdezhen	3.03	3.27	3.07	241
宁波	Ningbo	7.28	9.87	9.60	70	萍乡	Pingxiang	3.82	3.51	3.36	233
温州	Wenzhou	13.65	12.38	12.49	39	九江	Jiujiang	9.83	9.80	8.98	82
嘉兴	Jiaxing	6.62	5.95	5.75	150	新余	Xinyu	1.89	2.26	2.19	261
湖州	Huzhou	4.66	4.28	4.10	210	鹰潭	Yingtan	2.19	2.52	2.02	265
绍兴	Shaoxing	9.07	8.54	8.36	96	赣州	Ganzhou	18.48	20.46	20.61	3
金华	Jinhua	8.33	8.30	8.22	99	吉安	Jian	9.27	8.96	8.87	85
衢州	Quzhou	3.94	3.91	3.76	221	宜春	Yichun	10.62	10.87	10.71	51
舟山	Zhoushan	1.26	1.15	1.16	279	抚州	Fuzhou	8.84	9.13	8.15	101
台州	Taizhou	9.61	9.48	9.67	68	上饶	Shangrao	15.55	15.10	14.14	29
丽水	Lishui	3.81	3.87	3.71	223	**山东**	**Shandong**	**164.12**	**159.88**	**158.53**	
安徽	**Anhui**	**129.74**	**112.91**	**103.31**		济南	Jinan	10.42	10.34	10.34	59
合肥	Hefei	10.74	12.68	12.02	41	青岛	Qingdao	12.51	11.91	12.23	40
芜湖	Wuhu	3.79	5.31	5.09	170	淄博	Zibo	8.29	8.03	7.74	111
蚌埠	Bengbu	6.61	6.06	5.62	155	枣庄	Zaozhuang	7.13	6.77	6.62	133
淮南	Huainan	4.55	3.91	3.67	225	东营	Dongying	4.01	4.01	3.75	222
马鞍山	Maanshan	2.32	3.97	3.66	226	烟台	Yantai	9.75	9.01	8.67	90
淮北	Huaibei	5.39	4.71	4.08	211	潍坊	Weifang	16.41	15.75	15.24	21
铜陵	Tongling	1.33	1.19	1.16	279	济宁	Jining	13.55	13.59	13.38	32
安庆	Anqing	13.38	10.93	9.41	74	泰安	Taian	8.47	9.42	9.69	67
黄山	Huangshan	2.17	2.03	1.82	266	威海	Weihai	3.60	3.33	3.34	235
滁州	Chuzhou	8.70	7.64	7.22	123	日照	Rizhao	4.94	4.85	4.69	183
阜阳	Fuyang	18.23	15.42	15.34	20	莱芜	Laiwu	2.48	2.53	2.58	248
宿州	Suzhou	12.62	10.61	8.92	84	临沂	Linyi	19.15	17.23	17.33	13
六安	Liuan	13.39	11.83	9.92	65	德州	Dezhou	8.85	9.71	9.65	69
亳州	Bozhou	10.56	9.90	9.06	80	聊城	Liaocheng	9.45	9.26	9.59	71

16-8 普通中学招生数 续表 2
New Enrollment by Junior Secondary Schools continued 2

单位：万人 （10 000 persons）

地名	City	2010	2012	2013	2013 排名 Ranking	地名	City	2010	2012	2013	2013 排名 Ranking
滨州	Binzhou	6.63	6.76	6.77	131	常德	Changde	8.67	7.72	7.36	118
菏泽	Heze	18.47	17.38	16.91	15	张家界	Zhangjiajie	2.53	2.52	2.57	249
河南	**Henan**	**221.66**	**224.73**	**203.82**		益阳	Yiyang	6.52	6.27	6.13	141
郑州	Zhengzhou	14.89	15.82	16.16	18	郴州	Chenzhou	7.49	7.93	8.97	83
开封	Kaifeng	10.24	10.45	9.73	66	永州	Yongzhou	9.60	9.28	9.55	73
洛阳	Luoyang	14.65	14.04	13.84	31	怀化	Huaihua	6.84	7.00	7.49	115
平顶山	Pingdingshan	8.43	8.54	8.41	94	娄底	Loudi	7.95	7.54	7.47	116
安阳	Anyang	9.57	9.92	10.29	60	**广东**	**Guangdong**	**241.96**	**217.57**	**203.06**	
鹤壁	Hebi	3.64	4.06	3.68	224	广州	Guangzhou	19.17	18.43	18.27	9
新乡	Xinxiang	11.56	12.28	11.55	44	韶关	Shaoguan	6.60	5.69	5.41	162
焦作	Jiaozuo	7.65	7.69	7.66	113	深圳	Shenzhen	12.03	12.80	13.11	34
濮阳	Puyang	9.04	9.29	8.08	102	珠海	Zhuhai	3.22	3.20	3.98	218
许昌	Xuchang	9.01	9.21	7.93	106	汕头	Shantou	16.85	15.49	14.29	27
漯河	Luohe	5.10	4.98	4.83	178	佛山	Foshan	11.07	10.73	17.23	14
三门峡	Sanmenxia	4.37	4.30	4.02	216	江门	Jiangmen	8.88	7.97	7.77	110
南阳	Nanyang	19.28	21.35	19.07	5	湛江	Zhanjiang	24.44	21.74	18.50	7
商丘	Shangqiu	23.41	21.23	18.36	8	茂名	Maoming	22.17	19.30	18.09	11
信阳	Xinyang	18.99	20.02	16.30	17	肇庆	Zhaoqing	10.91	9.60	9.17	77
周口	Zhoukou	29.50	29.49	25.04	1	惠州	Huizhou	10.71	9.80	9.56	72
驻马店	Zhumadian	20.91	20.64	17.49	12	梅州	Meizhou	12.64	9.68	8.85	87
湖北	**Hubei**	**105.26**	**83.84**	**80.43**		汕尾	Shanwei	10.50	9.95	10.41	57
武汉	Wuhan	12.06	10.36	10.16	61	河源	Heyuan	8.14	6.73	6.29	139
黄石	Huangshi	6.27	4.65	4.35	196	阳江	Yangjiang	6.43	5.15	4.77	179
十堰	Shiyan	6.30	4.80	4.75	180	清远	Qingyuan	9.39	7.36	6.94	128
宜昌	Yichang	5.36	4.81	4.72	181	东莞	Dongguan	9.32	9.63	10.01	64
襄阳	Xiangyang	9.76	8.04	7.88	107	中山	Zhongshan	5.50	5.30	5.00	172
鄂州	Ezhou	2.19	1.74	1.64	269	潮州	Chaozhou	7.28	6.54	5.55	157
荆门	Jingmen	4.26	3.62	3.44	231	揭阳	Jieyang	19.85	17.13	15.16	22
孝感	Xiaogan	9.43	3.97	6.13	141	云浮	Yunfu	6.84	5.36	5.00	172
荆州	Jingzhou	10.81	8.70	8.45	92	**广西**	**Guangxi**	**97.22**	**96.15**	**98.63**	
黄冈	Huanggang	15.38	11.38	10.49	56	南宁	Nanning	12.87	12.88	13.22	33
咸宁	Xianning	5.68	4.45	4.33	197	柳州	Liuzhou	6.09	5.93	6.33	138
随州	Suizhou	3.80	2.91	2.83	244	桂林	Guilin	6.96	6.82	6.95	127
湖南	**Hunan**	**110.49**	**111.26**	**114.02**		梧州	Wuzhou	7.18	6.75	6.79	130
长沙	Changsha	11.14	12.13	12.61	38	北海	Beihai	3.50	2.21	3.44	231
株洲	Zhuzhou	5.14	5.31	5.54	158	防城港	Fangchenggang	1.64	1.60	1.68	268
湘潭	Xiangtan	4.45	4.39	4.19	206	钦州	Qinzhou	7.81	7.64	8.05	103
衡阳	Hengyang	13.20	14.00	14.45	26	贵港	Guigang	12.55	12.31	12.75	36
邵阳	Shaoyang	12.83	13.33	13.87	30	玉林	Yulin	14.23	14.00	14.29	27
岳阳	Yueyang	8.87	8.69	8.65	91	百色	Baise	6.47	6.69	12.97	35

16-8 普通中学招生数 续表 3

New Enrollment by Junior Secondary Schools continued 3

单位：万人　　　　(10 000 persons)

地名	City	2010	2012	2013	2013 排名 Ranking	地名	City	2010	2012	2013	2013 排名 Ranking
贺州	Hezhou	4.53	4.26	3.94	219	丽江	Lijiang	2.48	2.45	2.44	255
河池	Hechi	6.63	6.94	7.09	125	普洱	Puer	4.04	4.00	4.01	217
来宾	Laibin	4.40	4.14	4.13	209	临沧	Lincang	4.27	4.32	4.22	205
崇左	Chongzuo	2.87	3.01	4.59	190	**西藏**	**Tibet**	**6.10**	**6.10**	**6.21**	
海南	**Hainan**	**18.96**	**18.24**	**17.71**		拉萨	Lasa	1.16	1.38	1.21	277
海口	Haikou	3.80	3.93	4.07	213	**陕西**	**Shaanxi**	**83.18**	**73.02**	**68.31**	
三亚	Sanya	1.60	0.48	1.50	272	西安	Xi'an	16.15	14.98	14.47	25
三沙	Sansha					铜川	Tongchuan	1.78	1.42	1.32	276
重庆	**Chongqing**	**63.61**	**36.28**	**55.12**		宝鸡	Baoji	7.79	6.71	6.38	135
四川	**Sichuan**	**164.17**	**151.02**	**139.01**		咸阳	Xianyang	13.61	11.87	10.12	62
成都	Chengdu	21.31	20.56	19.54	4	渭南	Weinan	12.06	10.08	9.17	77
自贡	Zigong	4.95	4.40	4.03	215	延安	Yan'an	5.29	4.88	4.52	192
攀枝花	Panzhihua	2.43	2.35	2.32	259	汉中	Hanzhong	7.12	6.60	6.46	134
泸州	Luzhou	9.49	8.66	8.43	93	榆林	Yulin	7.56	6.36	5.90	148
德阳	Deyang	5.63	5.13	4.69	183	安康	Ankang	5.95	4.88	4.68	185
绵阳	Mianyang	10.04	9.13	8.86	86	商洛	Shangluo	5.46	4.88	4.95	174
广元	Guangyuan	6.65	5.66	4.62	187	**甘肃**	**Gansu**	**67.34**	**60.20**	**55.24**	
遂宁	Suining	6.23	6.00	5.12	167	兰州	Lanzhou	6.40	6.23	5.87	149
内江	Neijiang	6.39	5.87	5.47	161	嘉峪关	Jiayuguan	0.50	0.50	0.51	284
乐山	Leshan	5.54	4.76	4.44	193	金昌	Jinchang	1.11	1.01	0.97	281
南充	Nanchong	15.00	14.57	11.49	46	白银	Baiyin	5.73	4.91	4.31	200
眉山	Meishan	5.80	4.83	4.32	198	天水	Tianshui	9.64	8.31	7.80	109
宜宾	Yibin	10.17	9.24	8.85	87	武威	Wuwei	5.17	4.51	4.04	214
广安	Guangan	9.82	8.81	8.00	104	张掖	Zhangye	3.04	2.68	2.52	251
达州	Dazhou	13.05	11.79	10.70	52	平凉	Pingliang	5.99	5.49	4.95	174
雅安	Yaan	2.60	2.24	2.14	263	酒泉	Jiuquan	2.41	2.28	2.21	260
巴中	Bazhong	9.50	8.32	7.69	112	庆阳	Qingyang	6.62	5.42	4.91	176
资阳	Ziyang	7.04	6.28	6.13	141	定西	Dingxi	8.07	7.05	6.35	136
贵州	**Guizhou**	**100.49**	**105.01**	**104.64**		陇南	Longnan	6.47	5.62	5.32	165
贵阳	Guiyang	8.88	9.14	8.80	89	**青海**	**Qinghai**	**11.50**	**11.16**	**11.63**	
六盘水	Liupanshui	9.33	9.98	9.20	76	西宁	Xining	4.27	4.20	4.28	204
遵义	Zunyi	17.98	18.60	18.13	10	海东	Haidong				
安顺	Anshun	5.89	5.81	6.00	144	**宁夏**	**Ningxia**	**15.12**	**15.47**	**15.27**	
毕节	Bijie	21.06	23.99	24.20	2	银川	Yinchuan	4.24	4.40	4.44	193
铜仁	Tongren	10.52	10.91	10.56	54	石嘴山	Shizuishan	1.62	1.57	1.58	270
云南	**Yunnan**	**93.56**	**93.57**	**94.94**		吴忠	Wuzhong	3.24	3.30	3.30	236
昆明	Kunming	11.28	11.19	11.09	48	固原	Guyuan	3.49	3.63	3.49	229
曲靖	Qujing	14.91	14.64	14.92	24	中卫	Zhongwei	2.56	2.57	2.46	253
玉溪	Yuxi	4.61	5.00	4.60	189	**新疆**	**Xinjiang**	**48.94**	**46.97**	**47.72**	
保山	Baoshan	5.41	5.40	5.40	163	乌鲁木齐	Urumqi	5.10	5.23	5.27	166
昭通	Zhaotong	13.07	14.04	14.94	23	克拉玛依	Karamay	0.88	0.83	0.87	283

16-9 普通中学在校学生数
Total Enrollment by Junior Secondary Schools

单位：万人 （10 000 persons）

地名	City	2010	2015	2016	2016 排名 Ranking	地名	City	2010	2015	2016	2016 排名 Ranking
全国	**Nation Total**	**7706.60**	**6686.35**	**6696.01**		沈阳	Shenyang	30.22	26.73	27.00	73
北京	**Beijing**	**50.83**	**45.28**	**43.14**		大连	Dalian	27.92	23.20	22.00	104
天津	**Tianjin**	**45.86**	**42.70**	**42.04**		鞍山	Anshan	15.75	13.45	13.00	180
河北	**Hebei**	**348.75**	**351.92**	**364.91**		抚顺	Fushun	8.95	6.51	6.00	257
石家庄	Shijiazhuang	52.47	47.80	49.00	14	本溪	Benxi	6.66	4.92	5.00	265
唐山	Tangshan	34.29	33.33	34.00	43	丹东	Dandong	12.21	9.65	9.00	231
秦皇岛	Qinhuangdao	13.47	12.60	13.00	180	锦州	Jinzhou	14.41	11.10	11.00	209
邯郸	Handan	45.86	52.12	54.00	7	营口	Yingkou	10.31	8.95	8.00	240
邢台	Xingtai	34.78	35.22	37.00	35	阜新	Fuxin	9.56	4.52	7.00	248
保定	Baoding	50.08	55.72	58.00	6	辽阳	Liaoyang	8.65	6.81	6.00	257
张家口	Zhangjiakou	22.51	20.11	20.00	124	盘锦	Panjin	7.66	6.93	7.00	248
承德	Chengde	18.44	16.48	17.00	139	铁岭	Tieling	13.54	10.75	11.00	209
沧州	Cangzhou	31.21	36.94	34.00	43	朝阳	Chaoyang	19.23	15.83	16.00	153
廊坊	Langfang	22.35	21.06	22.00	104	葫芦岛	Huludao	13.69	12.30	12.00	195
衡水	Hengshui	23.28	25.28	27.00	73	**吉林**	**Jilin**	**128.84**	**100.18**	**100.85**	
山西	**Shanxi**	**253.67**	**192.06**	**184.65**		长春	Changchun	38.86	29.89	30.00	58
太原	Taiyuan	24.00	20.66	20.00	124	吉林	Jilin	20.53	14.40	14.00	171
大同	Datong	22.79	12.32	15.00	161	四平	Siping	15.14	12.61	9.00	231
阳泉	Yangquan	9.15	6.84	7.00	248	辽源	Liaoyuan	5.34	4.51	5.00	265
长治	Changzhi	23.39	18.24	17.00	139	通化	Tonghua	11.18	8.05	8.00	240
晋城	Jincheng	17.68	13.69	12.00	195	白山	Baishan	6.14	4.32	4.00	271
朔州	Shuozhou	16.00	13.18	13.00	180	松原	Songyuan	13.47	12.01	13.00	180
晋中	Jinzhong	19.60	15.82	16.00	153	白城	Baicheng	9.22	6.85	7.00	248
运城	Yuncheng	39.74	27.63	26.00	80	**黑龙江**	**Heilongjiang**	**190.78**	**145.40**	**145.37**	
忻州	Xinzhou	21.90	15.50	15.00	161	哈尔滨	Harbin	44.08	37.40	38.00	33
临汾	Linfen	29.64	22.91	22.00	104	齐齐哈尔	Qiqihar	23.25	17.24	17.00	139
吕梁	Lvliang	29.79	21.26	20.00	124	鸡西	Jixi	10.96	6.80	7.00	248
内蒙古	**Inner Mongolia**	**131.40**	**110.27**	**106.14**		鹤岗	Hegang	6.45	2.87	3.00	278
呼和浩特	Hohhot	15.66	14.62	14.00	171	双鸭山	Shuangyashan	8.22	2.69	3.00	278
包头	Baotou	13.49	11.79	11.00	209	大庆	Daqing	18.20	15.08	15.00	161
乌海	Wuhai	2.82	2.49	1.00	284	伊春	Yichun	5.71	3.68	3.00	278
赤峰	Chifeng	27.21	20.74	21.00	120	佳木斯	Jiamusi	15.43	8.60	9.00	231
通辽	Tongliao	16.62	15.64	16.00	153	七台河	Qitaihe	4.79	3.80	4.00	271
鄂尔多斯	Erdos	9.12	8.20	8.00	240	牡丹江	Mudanjiang	12.47	8.72	9.00	231
呼伦贝尔	Hulunbuir	12.03	5.32	5.00	265	黑河	Heihe	9.04	8.50	5.00	265
巴彦淖尔	Bayannur	9.01	6.80	6.00	257	绥化	Suihua	29.71	21.20	22.00	104
乌兰察布	Ulanqab	11.79	8.13	8.00	240	**上海**	**Shanghai**	**59.44**	**57.05**	**57.11**	
辽宁	**Liaoning**	**198.77**	**164.77**	**160.34**		**江苏**	**Jiangsu**	**368.63**	**284.51**	**290.10**	

16-9 普通中学在校学生数 续表 1

Total Enrollment by Junior Secondary Schools continued 1

单位：万人 （10 000 persons）

地名	City	2010	2015	2016	2016 排名 Ranking	地名	City	2010	2015	2016	2016 排名 Ranking
南京	Nanjing	24.86	21.99	22.00	104	池州	Chizhou	10.61	7.87	8.00	240
无锡	Wuxi	22.76	21.09	22.00	104	宣城	Xuancheng	13.71	10.19	10.00	223
徐州	Xuzhou	52.07	34.74	36.00	40	**福建**	**Fujian**	**198.21**	**175.97**	**178.95**	
常州	Changzhou	18.88	16.25	17.00	139	福州	Fuzhou	35.84	30.00	31.00	53
苏州	Suzhou	27.25	29.25	31.00	53	厦门	Xiamen	12.16	14.03	15.00	161
南通	Nantong	33.65	23.81	24.00	88	莆田	Putian	20.19	16.42	17.00	139
连云港	Lianyungang	30.91	22.48	23.00	97	三明	Sanming	14.54	12.28	12.00	195
淮安	Huaian	29.30	21.19	22.00	104	泉州	Quanzhou	41.50	37.58	39.00	31
盐城	Yancheng	34.33	26.60	27.00	73	漳州	Zhangzhou	25.54	24.35	24.00	88
扬州	Yangzhou	22.25	17.88	18.00	135	南平	Nanping	15.42	13.59	14.00	171
镇江	Zhenjiang	12.34	9.41	10.00	223	龙岩	Longyan	15.23	12.46	12.00	195
泰州	Taizhou	23.31	17.15	17.00	139	宁德	Ningde	17.78	13.17	13.00	180
宿迁	Suqian	36.71	22.65	23.00	97	**江西**	**Jiangxi**	**273.96**	**269.31**	**274.57**	
浙江	**Zhejiang**	**255.15**	**225.27**	**226.87**		南昌	Nanchang	30.21	29.35	29.00	63
杭州	Hangzhou	35.30	32.13	33.00	47	景德镇	Jingdezhen	9.18	8.85	9.00	231
宁波	Ningbo	22.12	27.39	28.00	68	萍乡	Pingxiang	10.65	9.85	10.00	223
温州	Wenzhou	41.87	36.75	37.00	35	九江	Jiujiang	29.59	26.15	27.00	73
嘉兴	Jiaxing	20.72	16.26	16.00	153	新余	Xinyu	5.81	6.49	7.00	248
湖州	Huzhou	14.63	11.64	11.00	209	鹰潭	Yingtan	6.60	6.06	6.00	257
绍兴	Shaoxing	27.48	23.60	23.00	97	赣州	Ganzhou	52.77	59.45	61.00	4
金华	Jinhua	25.82	24.11	25.00	85	吉安	Jian	27.64	26.24	27.00	73
衢州	Quzhou	12.16	10.98	11.00	209	宜春	Yichun	31.22	31.94	33.00	47
舟山	Zhoushan	3.89	3.25	3.00	278	抚州	Fuzhou	25.46	23.35	23.00	97
台州	Taizhou	28.68	28.50	29.00	63	上饶	Shangrao	44.83	41.06	42.00	21
丽水	Lishui	12.07	10.68	11.00	209	**山东**	**Shandong**	**501.07**	**479.93**	**482.41**	
安徽	**Anhui**	**406.58**	**303.63**	**304.89**		济南	Jinan	30.18	30.16	30.00	58
合肥	Hefei	33.02	36.46	37.00	35	青岛	Qingdao	38.00	35.54	36.00	40
芜湖	Wuhu	12.39	15.22	15.00	161	淄博	Zibo	29.82	26.96	27.00	73
蚌埠	Bengbu	20.15	16.05	16.00	153	枣庄	Zaozhuang	21.84	19.14	19.00	128
淮南	Huainan	14.21	10.87	16.00	153	东营	Dongying	12.05	13.14	13.00	180
马鞍山	Maanshan	7.87	10.14	10.00	223	烟台	Yantai	37.13	29.83	30.00	58
淮北	Huaibei	15.48	10.63	10.00	223	潍坊	Weifang	49.03	43.18	42.00	21
铜陵	Tongling	4.19	3.50	7.00	248	济宁	Jining	42.01	39.54	40.00	29
安庆	Anqing	46.30	27.88	23.00	97	泰安	Taian	22.91	33.98	34.00	43
黄山	Huangshan	7.08	5.47	5.00	265	威海	Weihai	14.24	11.23	11.00	209
滁州	Chuzhou	26.83	20.28	19.00	128	日照	Rizhao	14.40	13.81	14.00	171
阜阳	Fuyang	55.09	46.47	49.00	14	莱芜	Laiwu	8.71	8.50	8.00	240
宿州	Suzhou	38.90	26.59	26.00	80	临沂	Linyi	54.99	50.16	52.00	9
六安	Liuan	42.06	28.94	24.00	88	德州	Dezhou	25.10	28.13	29.00	63
亳州	Bozhou	31.08	27.07	28.00	68	聊城	Liaocheng	27.69	17.99	29.00	63

16-9 普通中学在校学生数 续表 2

Total Enrollment by Junior Secondary Schools continued 2

单位：万人 （10 000 persons）

地名	City	2010	2015	2016	2016 排名 Ranking	地名	City	2010	2015	2016	2016 排名 Ranking
滨州	Binzhou	19.14	19.11	19.00	128	常德	Changde	26.15	20.75	21.00	120
菏泽	Heze	53.83	49.34	50.00	11	张家界	Zhangjiajie	7.18	5.10	8.00	240
河南	**Henan**	**661.56**	**599.12**	**615.42**		益阳	Yiyang	19.06	17.14	17.00	139
郑州	Zhengzhou	43.85	51.19	53.00	8	郴州	Chenzhou	20.60	27.06	29.00	63
开封	Kaifeng	29.67	28.63	28.00	68	永州	Yongzhou	28.45	28.46	30.00	58
洛阳	Luoyang	42.64	40.55	41.00	25	怀化	Huaihua	19.45	21.20	22.00	104
平顶山	Pingdingshan	24.54	25.29	27.00	73	娄底	Loudi	22.50	21.50	22.00	104
安阳	Anyang	28.23	30.32	32.00	49	**广东**	**Guangdong**	**709.05**	**560.72**	**545.22**	
鹤壁	Hebi	10.54	10.75	11.00	209	广州	Guangzhou	57.23	51.52	51.00	10
新乡	Xinxiang	34.25	35.13	36.00	40	韶关	Shaoguan	19.99	15.48	15.00	161
焦作	Jiaozuo	22.86	21.58	21.00	120	深圳	Shenzhen	33.48	38.52	40.00	29
濮阳	Puyang	29.45	24.70	25.00	85	珠海	Zhuhai	9.53	8.76	9.00	231
许昌	Xuchang	28.03	23.23	24.00	88	汕头	Shantou	49.35	38.61	37.00	35
漯河	Luohe	15.36	13.89	14.00	171	佛山	Foshan	32.34	30.60	31.00	53
三门峡	Sanmenxia	14.68	11.99	12.00	195	江门	Jiangmen	26.39	21.41	21.00	120
南阳	Nanyang	56.62	59.93	64.00	3	湛江	Zhanjiang	70.63	48.07	43.00	19
商丘	Shangqiu	70.01	49.65	49.00	14	茂名	Maoming	65.51	49.51	47.00	18
信阳	Xinyang	59.31	48.80	50.00	11	肇庆	Zhaoqing	32.84	24.94	24.00	88
周口	Zhoukou	87.29	69.80	70.00	1	惠州	Huizhou	30.87	27.07	28.00	68
驻马店	Zhumadian	60.19	49.64	50.00	11	梅州	Meizhou	37.46	24.62	24.00	88
湖北	**Hubei**	**340.64**	**224.13**	**225.99**		汕尾	Shanwei	29.82	19.88	19.00	128
武汉	Wuhan	38.31	30.28	31.00	53	河源	Heyuan	24.12	17.64	18.00	135
黄石	Huangshi	19.47	10.39	11.00	209	阳江	Yangjiang	19.92	12.91	13.00	180
十堰	Shiyan	20.80	13.39	14.00	171	清远	Qingyuan	28.03	19.45	19.00	128
宜昌	Yichang	17.05	13.43	13.00	180	东莞	Dongguan	25.83	28.76	30.00	58
襄阳	Xiangyang	29.85	22.66	23.00	97	中山	Zhongshan	15.29	14.58	15.00	161
鄂州	Ezhou	7.05	4.46	4.00	271	潮州	Chaozhou	20.99	14.52	14.00	171
荆门	Jingmen	13.65	9.97	10.00	223	揭阳	Jieyang	58.48	40.26	38.00	33
孝感	Xiaogan	32.36	17.12	17.00	139	云浮	Yunfu	20.97	13.62	13.00	180
荆州	Jingzhou	35.01	22.27	22.00	104	**广西**	**Guangxi**	**275.79**	**282.88**	**290.65**	
黄冈	Huanggang	52.63	28.09	28.00	68	南宁	Nanning	37.63	38.13	39.00	31
咸宁	Xianning	17.54	11.58	12.00	195	柳州	Liuzhou	17.70	18.10	19.00	128
随州	Suizhou	13.43	8.27	8.00	240	桂林	Guilin	21.03	20.80	22.00	104
湖南	**Hunan**	**316.82**	**329.85**	**335.96**		梧州	Wuzhou	20.03	18.64	19.00	128
长沙	Changsha	30.74	36.95	37.00	35	北海	Beihai	10.42	10.31	11.00	209
株洲	Zhuzhou	14.51	9.31	16.00	153	防城港	Fangchenggang	4.58	5.24	5.00	265
湘潭	Xiangtan	13.08	11.78	12.00	195	钦州	Qinzhou	20.75	21.73	22.00	104
衡阳	Hengyang	36.81	41.80	42.00	21	贵港	Guigang	33.87	34.78	34.00	43
邵阳	Shaoyang	36.72	40.62	42.00	21	玉林	Yulin	38.86	40.43	41.00	25
岳阳	Yueyang	26.12	24.52	24.00	88	百色	Baise	18.43	14.70	22.00	104

16-9 普通中学在校学生数 续表 3

Total Enrollment by Junior Secondary Schools continued 3

单位：万人 （10 000 persons）

地名	City	2010	2015	2016	2016 排名 Ranking
贺州	Hezhou	11.34	11.29	11.00	209
河池	Hechi	20.11	21.12	22.00	104
来宾	Laibin	13.00	11.94	12.00	195
崇左	Chongzuo	8.06	9.47	10.00	223
海南	**Hainan**	**58.21**	**50.12**	**49.36**	
海口	Haikou	11.44	10.24	12.00	195
三亚	Sanya	4.30	4.34	4.00	271
三沙	Sansha				
重庆	**Chongqing**	**190.82**	**158.36**	**157.28**	
四川	**Sichuan**	**490.09**	**393.44**	**389.54**	
成都	Chengdu	63.51	54.81	59.00	5
自贡	Zigong	14.49	11.65	14.00	171
攀枝花	Panzhihua	6.96	6.69	6.00	257
泸州	Luzhou	27.96	25.25	26.00	80
德阳	Deyang	17.50	13.19	13.00	180
绵阳	Mianyang	30.52	25.09	24.00	88
广元	Guangyuan	19.97	13.10	13.00	180
遂宁	Suining	19.75	13.67	13.00	180
内江	Neijiang	19.69	15.89	16.00	153
乐山	Leshan	16.61	12.22	12.00	195
南充	Nanchong	45.98	31.40	31.00	53
眉山	Meishan	18.51	11.97	12.00	195
宜宾	Yibin	30.10	25.68	26.00	80
广安	Guangan	28.66	22.48	22.00	104
达州	Dazhou	39.07	31.40	32.00	49
雅安	Yaan	7.90	6.25	6.00	257
巴中	Bazhong	27.51	21.31	20.00	124
资阳	Ziyang	20.81	21.68	12.00	195
贵州	**Guizhou**	**275.68**	**295.86**	**288.51**	
贵阳	Guiyang	25.23	24.57	24.00	88
六盘水	Liupanshui	24.61	24.91	23.00	97
遵义	Zunyi	50.58	50.86	49.00	14
安顺	Anshun	16.47	16.76	17.00	139
毕节	Bijie	53.89	68.18	66.00	2
铜仁	Tongren	29.37	31.81	32.00	49
云南	**Yunnan**	**270.63**	**267.71**	**267.90**	
昆明	Kunming	32.19	31.58	32.00	49
曲靖	Qujing	44.66	42.94	43.00	19
玉溪	Yuxi	13.29	13.41	12.00	195
保山	Baoshan	15.95	15.39	15.00	161
昭通	Zhaotong	37.11	40.71	41.00	25
丽江	Lijiang	7.40	6.90	7.00	248
普洱	Puer	11.71	11.35	11.00	209
临沧	Lincang	12.00	11.49	12.00	195
西藏	**Tibet**	**21.00**	**17.55**	**17.72**	
拉萨	Lasa	3.38	3.96	4.00	271
陕西	**Shaanxi**	**259.91**	**187.57**	**183.42**	
西安	Xi'an	48.89	41.37	41.00	25
铜川	Tongchuan	5.84	3.85	4.00	271
宝鸡	Baoji	24.98	18.13	18.00	135
咸阳	Xianyang	41.64	25.66	25.00	85
渭南	Weinan	39.02	26.79	26.00	80
延安	Yan'an	16.71	12.73	13.00	180
汉中	Hanzhong	21.44	18.31	18.00	135
榆林	Yulin	25.34	16.86	17.00	139
安康	Ankang	18.27	14.11	15.00	161
商洛	Shangluo	16.44	10.84	11.00	209
甘肃	**Gansu**	**203.10**	**153.86**	**147.97**	
兰州	Lanzhou	19.89	17.01	17.00	139
嘉峪关	Jiayuguan	1.48	1.46	1.00	284
金昌	Jinchang	3.52	2.83	3.00	278
白银	Baiyin	18.70	11.71	11.00	209
天水	Tianshui	25.73	21.99	22.00	104
武威	Wuwei	16.14	6.10	10.00	223
张掖	Zhangye	9.10	6.85	6.00	257
平凉	Pingliang	18.33	14.12	14.00	171
酒泉	Jiuquan	7.14	6.27	6.00	257
庆阳	Qingyang	20.14	13.51	13.00	180
定西	Dingxi	24.76	17.81	17.00	139
陇南	Longnan	20.09	14.80	15.00	161
青海	**Qinghai**	**32.72**	**32.98**	**32.82**	
西宁	Xining	11.96	12.34	17.00	139
海东	Haidong		8.50	9.00	231
宁夏	**Ningxia**	**44.91**	**43.40**	**42.67**	
银川	Yinchuan	12.34	13.02	13.00	180
石嘴山	Shizuishan	4.78	4.39	4.00	271
吴忠	Wuzhong	9.12	9.13	9.00	231
固原	Guyuan	10.89	9.63	9.00	231
中卫	Zhongwei	7.78	7.17	7.00	248
新疆	**Xinjiang**	**142.24**	**140.53**	**143.25**	
乌鲁木齐	Urumqi	14.87	16.94	17.00	139
克拉玛依	Karamay	2.52	2.55	3.00	278

16-10 普通中学毕业生数

Graduates from Junior Secondary Schools

单位：万人 (10 000 persons)

地名	City	2010	2012	2013	2013 排名 Ranking	地名	City	2010	2012	2013	2013 排名 Ranking
全国	**Nation Total**	**2544.80**	**2452.30**	**2360.52**		沈阳	Shenyang	10.59	9.85	9.32	79
北京	**Beijing**	**16.34**	**15.14**	**15.04**		大连	Dalian	9.17	8.85	8.38	103
天津	**Tianjin**	**15.94**	**14.63**	**14.08**		鞍山	Anshan	5.41	5.29	4.89	189
河北	**Hebei**	**130.34**	**112.68**	**107.23**		抚顺	Fushun	3.22	3.00	2.73	254
石家庄	Shijiazhuang	20.17	16.92	16.04	17	本溪	Benxi	2.45	2.30	2.09	268
唐山	Tangshan	11.75	11.09	10.87	57	丹东	Dandong	3.98	4.11	3.89	223
秦皇岛	Qinhuangdao	4.46	4.26	4.15	213	锦州	Jinzhou	5.05	4.67	4.45	202
邯郸	Handan	18.24	15.19	13.10	32	营口	Yingkou	3.63	3.37	3.20	241
邢台	Xingtai	14.46	11.08	11.00	52	阜新	Fuxin	3.26	3.10	3.07	244
保定	Baoding	18.29	16.13	15.26	19	辽阳	Liaoyang	2.82	2.77	2.60	256
张家口	Zhangjiakou	7.75	7.19	6.92	133	盘锦	Panjin	2.38	2.33	2.31	261
承德	Chengde	5.97	6.07	5.58	171	铁岭	Tieling	4.61	4.52	4.40	206
沧州	Cangzhou	11.58	9.80	9.73	70	朝阳	Chaoyang	6.84	6.30	6.11	157
廊坊	Langfang	8.41	7.11	6.92	133	葫芦岛	Huludao	4.75	4.41	4.38	207
衡水	Hengshui	9.26	7.84	7.67	124	**吉林**	**Jilin**	**44.66**	**41.40**	**39.74**	
山西	**Shanxi**	**83.48**	**86.39**	**82.76**		长春	Changchun	12.88	12.42	11.32	50
太原	Taiyuan	7.36	8.28	7.98	112	吉林	Jilin	6.97	6.66	6.61	140
大同	Datong	7.13	7.81	6.93	132	四平	Siping	5.02	4.74	4.76	197
阳泉	Yangquan	2.77	3.05	2.93	248	辽源	Liaoyuan	1.96	1.74	1.60	274
长治	Changzhi	7.97	8.03	7.78	121	通化	Tonghua	4.14	3.65	3.77	227
晋城	Jincheng	5.23	6.09	5.70	167	白山	Baishan	2.20	2.01	1.71	273
朔州	Shuozhou	5.14	5.05	5.67	168	松原	Songyuan	4.99	4.25	4.06	216
晋中	Jinzhong	6.22	6.64	6.13	154	白城	Baicheng	3.12	2.92	2.84	252
运城	Yuncheng	13.80	14.04	13.31	31	**黑龙江**	**Heilongjiang**	**60.07**	**60.06**	**57.94**	
忻州	Xinzhou	7.44	7.83	6.80	138	哈尔滨	Harbin	13.87	13.60	13.55	28
临汾	Linfen	9.92	9.61	9.51	76	齐齐哈尔	Qiqihar	7.66	7.59	7.05	130
吕梁	Lvliang	10.49	9.96	10.01	66	鸡西	Jixi	2.96	3.34	3.08	243
内蒙古	**Inner Mongolia**	**44.38**	**42.45**	**41.10**		鹤岗	Hegang	2.29	2.10	2.12	265
呼和浩特	Hohhot	4.88	5.00	5.02	183	双鸭山	Shuangyashan	2.77	2.65	2.53	258
包头	Baotou	4.62	4.37	4.22	210	大庆	Daqing	5.15	5.25	5.39	173
乌海	Wuhai	0.99	0.94	0.90	283	伊春	Yichun	2.04	1.95	1.87	270
赤峰	Chifeng	9.91	9.21	8.75	90	佳木斯	Jiamusi	4.52	5.82	4.69	198
通辽	Tongliao	5.88	5.37	5.22	179	七台河	Qitaihe	1.40	1.41	1.41	277
鄂尔多斯	Erdos	2.90	2.87	2.87	251	牡丹江	Mudanjiang	4.36	4.12	4.02	217
呼伦贝尔	Hulunbuir	4.19	2.78	3.60	233	黑河	Heihe	2.94	3.08	3.01	245
巴彦淖尔	Bayannur	2.98	3.38	2.78	253	绥化	Suihua	9.29	8.34	8.46	97
乌兰察布	Ulanqab	3.83	2.33	3.38	238	**上海**	**Shanghai**	**16.13**	**14.91**	**14.68**	
辽宁	**Liaoning**	**68.15**	**64.87**	**61.82**		**江苏**	**Jiangsu**	**140.04**	**119.69**	**110.11**	

16-10 普通中学毕业生数 续表 1

Graduates from Junior Secondary Schools continued 1

单位：万人 （10 000 persons）

地名	City	2010	2012	2013	2013 排名 Ranking
南京	Nanjing	9.06	8.21	7.78	121
无锡	Wuxi	7.85	7.08	6.84	136
徐州	Xuzhou	22.21	17.13	15.12	21
常州	Changzhou	6.70	5.90	5.48	172
苏州	Suzhou	9.81	8.69	8.45	98
南通	Nantong	13.21	11.05	10.19	65
连云港	Lianyungang	12.10	9.90	8.98	86
淮安	Huaian	11.14	9.63	8.57	94
盐城	Yancheng	12.66	11.05	10.86	58
扬州	Yangzhou	8.15	7.35	6.84	136
镇江	Zhenjiang	4.75	4.04	3.62	230
泰州	Taizhou	9.40	7.52	7.04	131
宿迁	Suqian	13.02	12.14	10.35	61
浙江	**Zhejiang**	**85.97**	**81.15**	**78.19**	
杭州	Hangzhou	11.77	11.41	10.88	55
宁波	Ningbo	7.13	9.92	9.49	77
温州	Wenzhou	15.38	13.03	12.61	35
嘉兴	Jiaxing	7.24	6.20	6.13	154
湖州	Huzhou	4.70	4.68	4.42	205
绍兴	Shaoxing	9.25	8.88	8.76	89
金华	Jinhua	8.77	8.30	7.90	116
衢州	Quzhou	4.36	3.99	3.89	223
舟山	Zhoushan	1.28	1.27	1.20	280
台州	Taizhou	9.22	9.15	9.17	81
丽水	Lishui	4.00	4.01	3.74	228
安徽	**Anhui**	**136.57**	**128.24**	**114.07**	
合肥	Hefei	9.85	14.33	13.06	33
芜湖	Wuhu	4.75	6.97	6.20	150
蚌埠	Bengbu	7.06	6.27	5.94	159
淮南	Huainan	4.69	4.77	3.96	220
马鞍山	Maanshan	2.49	4.48	4.16	211
淮北	Huaibei	4.87	5.01	4.56	200
铜陵	Tongling	1.47	1.38	1.26	279
安庆	Anqing	17.35	14.84	13.44	30
黄山	Huangshan	2.78	2.26	2.12	265
滁州	Chuzhou	8.60	8.48	7.92	115
阜阳	Fuyang	18.29	16.41	14.19	26
宿州	Suzhou	12.74	11.90	9.65	74
六安	Liuan	14.74	13.11	11.81	45
亳州	Bozhou	10.08	10.19	8.37	105
池州	Chizhou	3.83	3.41	3.15	242
宣城	Xuancheng	4.71	4.42	4.26	208
福建	**Fujian**	**71.88**	**63.03**	**60.32**	
福州	Fuzhou	12.11	11.24	10.98	53
厦门	Xiamen	3.76	3.92	3.87	226
莆田	Putian	7.15	6.89	6.42	145
三明	Sanming	5.25	4.76	4.55	201
泉州	Quanzhou	16.52	12.31	11.79	46
漳州	Zhangzhou	8.74	8.23	8.45	98
南平	Nanping	5.26	5.06	4.79	194
龙岩	Longyan	6.02	4.91	4.45	202
宁德	Ningde	7.06	5.71	5.01	185
江西	**Jiangxi**	**79.92**	**88.49**	**86.70**	
南昌	Nanchang	8.93	9.90	9.87	67
景德镇	Jingdezhen	2.43	2.88	2.97	246
萍乡	Pingxiang	3.84	3.42	3.51	234
九江	Jiujiang	9.12	9.59	9.13	83
新余	Xinyu	1.75	1.91	1.98	269
鹰潭	Yingtan	1.74	2.35	2.10	267
赣州	Ganzhou	12.81	16.87	16.55	13
吉安	Jian	9.09	8.77	8.44	100
宜春	Yichun	8.65	10.13	9.52	75
抚州	Fuzhou	7.82	8.53	8.20	107
上饶	Shangrao	13.75	14.12	14.43	24
山东	**Shandong**	**156.89**	**153.20**	**156.04**	
济南	Jinan	9.20	9.60	10.31	62
青岛	Qingdao	12.02	12.14	12.41	37
淄博	Zibo	7.56	8.15	8.18	108
枣庄	Zaozhuang	8.12	7.24	7.07	128
东营	Dongying	3.30	3.83	3.90	222
烟台	Yantai	10.55	10.03	9.84	69
潍坊	Weifang	15.43	16.03	15.89	18
济宁	Jining	13.65	13.05	12.05	41
泰安	Taian	6.42	6.86	7.97	114
威海	Weihai	4.15	3.83	3.68	229
日照	Rizhao	4.72	4.73	4.89	189
莱芜	Laiwu	2.04	2.30	2.68	255
临沂	Linyi	17.98	17.97	17.86	12
德州	Dezhou	8.18	8.00	8.48	95
聊城	Liaocheng	9.69	8.91	8.48	95

16-10　普通中学毕业生数　续表 2
Graduates from Junior Secondary Schools continued 2

单位：万人　　　　（10 000 persons）

地名	City	2010	2012	2013	2013 排名 Ranking	地名	City	2010	2012	2013	2013 排名 Ranking
滨州	Binzhou	6.17	6.10	6.30	148	常德	Changde	9.45	8.15	7.89	117
菏泽	Heze	17.70	14.43	16.07	16	张家界	Zhangjiajie	2.34	2.25	2.28	263
河南	**Henan**	**225.35**	**213.82**	**203.46**		益阳	Yiyang	6.58	5.78	5.86	164
郑州	Zhengzhou	15.67	14.26	14.16	27	郴州	Chenzhou	6.67	6.42	6.26	149
开封	Kaifeng	10.83	9.07	9.38	78	永州	Yongzhou	9.48	9.07	8.05	110
洛阳	Luoyang	14.72	13.52	12.74	34	怀化	Huaihua	6.31	5.92	5.94	159
平顶山	Pingdingshan	8.63	8.06	7.69	123	娄底	Loudi	7.67	6.88	6.56	141
安阳	Anyang	10.14	8.69	8.96	87	**广东**	**Guangdong**	**210.23**	**230.83**	**224.02**	
鹤壁	Hebi	3.32	3.33	3.47	235	广州	Guangzhou	18.06	18.17	17.93	11
新乡	Xinxiang	11.95	11.12	10.88	55	韶关	Shaoguan	6.58	6.71	6.19	152
焦作	Jiaozuo	7.61	7.36	7.15	127	深圳	Shenzhen	9.21	10.54	10.97	54
濮阳	Puyang	8.81	9.37	8.60	93	珠海	Zhuhai	2.90	3.14	2.97	246
许昌	Xuchang	10.24	9.87	8.04	111	汕头	Shantou	13.36	16.81	15.01	22
漯河	Luohe	5.80	5.05	4.77	195	佛山	Foshan	10.22	10.39	10.26	63
三门峡	Sanmenxia	5.07	4.79	4.23	209	江门	Jiangmen	8.50	8.24	7.98	112
南阳	Nanyang	1.84	1.82	17.97	10	湛江	Zhanjiang	19.04	23.05	23.05	3
商丘	Shangqiu	2.42	2.32	19.75	6	茂名	Maoming	19.82	21.97	21.28	4
信阳	Xinyang	1.93	1.93	19.27	8	肇庆	Zhaoqing	9.71	10.80	10.45	60
周口	Zhoukou	2.97	2.80	25.70	2	惠州	Huizhou	9.12	9.99	9.87	67
驻马店	Zhumadian	1.96	1.93	19.30	7	梅州	Meizhou	12.04	12.32	12.11	40
湖北	**Hubei**	**139.04**	**98.80**	**92.49**		汕尾	Shanwei	8.00	9.85	9.69	72
武汉	Wuhan	14.70	12.23	11.46	49	河源	Heyuan	7.47	7.64	7.33	126
黄石	Huangshi	6.98	5.78	5.11	180	阳江	Yangjiang	5.81	6.44	6.13	154
十堰	Shiyan	7.96	6.16	5.11	180	清远	Qingyuan	8.64	8.78	8.38	103
宜昌	Yichang	6.44	5.39	5.23	178	东莞	Dongguan	7.38	7.94	7.83	119
襄阳	Xiangyang	11.10	9.50	8.44	100	中山	Zhongshan	4.44	4.75	4.93	188
鄂州	Ezhou	2.45	1.89	1.76	271	潮州	Chaozhou	6.44	6.87	7.06	129
荆门	Jingmen	5.42	4.38	4.08	215	揭阳	Jieyang	17.12	19.46	18.06	9
孝感	Xiaogan	12.04	7.09	7.37	125	云浮	Yunfu	6.36	6.96	6.54	142
荆州	Jingzhou	13.80	11.48	9.69	72	**广西**	**Guangxi**	**86.56**	**88.13**	**88.21**	
黄冈	Huanggang	19.55	14.08	13.55	28	南宁	Nanning	12.07	12.14	12.04	42
咸宁	Xianning	17.09	6.16	4.83	192	柳州	Liuzhou	5.82	5.24	5.65	170
随州	Suizhou	5.79	3.35	3.61	232	桂林	Guilin	7.66	6.65	6.52	143
湖南	**Hunan**	**105.93**	**99.88**	**98.32**		梧州	Wuzhou	5.77	6.44	5.94	159
长沙	Changsha	9.63	10.03	10.77	59	北海	Beihai	3.40	2.42	3.21	240
株洲	Zhuzhou	4.76	4.59	4.80	193	防城港	Fangchenggang	1.38	1.52	1.54	275
湘潭	Xiangtan	4.44	4.61	4.16	211	钦州	Qinzhou	5.66	5.82	5.91	163
衡阳	Hengyang	12.08	11.62	11.91	43	贵港	Guigang	9.83	11.10	11.86	44
邵阳	Shaoyang	12.37	11.49	11.26	51	玉林	Yulin	11.60	12.19	12.41	37
岳阳	Yueyang	8.99	8.36	8.12	109	百色	Baise	5.83	6.11	12.43	36

16-10 普通中学毕业生数 续表 3

Graduates from Junior Secondary Schools continued 3

单位：万人　　　　（10 000 persons）

地名	City	2010	2012	2013	2013 排名 Ranking
贺州	Hezhou	3.52	4.09	4.10	214
河池	Hechi	6.19	6.84	6.86	135
来宾	Laibin	4.72	4.17	3.94	221
崇左	Chongzuo	2.84	2.32	3.26	239
海南	**Hainan**	**19.69**	**18.76**	**17.42**	
海口	Haikou	3.60	4.22	4.02	217
三亚	Sanya	1.50	0.37	1.32	278
三沙	Sansha				
重庆	**Chongqing**	**58.61**	**60.67**	**59.16**	
四川	**Sichuan**	**158.76**	**157.18**	**151.21**	
成都	Chengdu	20.15	20.29	20.15	5
自贡	Zigong	4.74	4.45	4.44	204
攀枝花	Panzhihua	2.01	2.23	2.31	261
泸州	Luzhou	9.08	8.91	8.64	92
德阳	Deyang	5.98	5.65	5.35	174
绵阳	Mianyang	10.30	9.85	8.95	88
广元	Guangyuan	6.47	6.56	6.39	147
遂宁	Suining	6.96	6.52	6.15	153
内江	Neijiang	6.50	6.30	5.84	165
乐山	Leshan	5.45	5.17	4.97	186
南充	Nanchong	15.39	15.16	14.59	23
眉山	Meishan	6.23	6.02	5.25	177
宜宾	Yibin	9.52	9.44	9.04	85
广安	Guangan	9.49	9.15	9.08	84
达州	Dazhou	12.75	12.54	11.67	47
雅安	Yaan	2.51	2.53	2.40	259
巴中	Bazhong	8.25	8.83	8.39	102
资阳	Ziyang	6.97	6.71	6.41	146
贵州	**Guizhou**	**80.75**	**85.91**	**86.89**	
贵阳	Guiyang	7.34	8.07	8.29	106
六盘水	Liupanshui	6.70	7.70	8.66	91
遵义	Zunyi	15.56	15.84	16.22	15
安顺	Anshun	5.11	5.08	4.88	191
毕节	Bijie	14.69	16.07	16.42	14
铜仁	Tongren	8.53	9.38	9.14	82
云南	**Yunnan**	**82.60**	**86.32**	**83.51**	
昆明	Kunming	10.01	9.76	9.70	71
曲靖	Qujing	14.07	14.90	14.22	25
玉溪	Yuxi	3.96	4.22	6.20	150
保山	Baoshan	4.96	5.28	4.95	187
昭通	Zhaotong	11.20	11.43	10.23	64
丽江	Lijiang	2.27	2.16	2.14	264
普洱	Puer	3.72	3.68	3.47	235
临沧	Lincang	3.68	3.85	3.98	219
西藏	**Tibet**	**5.82**	**5.99**	**5.85**	
拉萨	Lasa	1.26	1.27	1.13	281
陕西	**Shaanxi**	**93.76**	**83.86**	**77.35**	
西安	Xi'an	17.01	15.64	15.24	20
铜川	Tongchuan	2.16	1.99	1.76	271
宝鸡	Baoji	9.50	8.54	7.85	118
咸阳	Xianyang	13.99	13.06	12.25	39
渭南	Weinan	14.87	12.51	11.56	48
延安	Yan'an	6.37	5.61	4.60	199
汉中	Hanzhong	7.04	6.71	6.49	144
榆林	Yulin	9.89	8.16	6.74	139
安康	Ankang	6.37	5.79	5.32	175
商洛	Shangluo	6.07	5.35	5.05	182
甘肃	**Gansu**	**64.96**	**65.63**	**63.60**	
兰州	Lanzhou	6.67	6.37	6.08	158
嘉峪关	Jiayuguan	0.46	0.46	0.48	285
金昌	Jinchang	1.22	1.15	1.08	282
白银	Baiyin	6.64	6.29	5.81	166
天水	Tianshui	9.12	8.19	9.27	80
武威	Wuwei	5.25	5.27	5.02	183
张掖	Zhangye	3.04	2.99	2.92	249
平凉	Pingliang	5.88	6.19	5.92	162
酒泉	Jiuquan	2.28	2.30	2.39	260
庆阳	Qingyang	6.61	6.24	5.67	168
定西	Dingxi	7.74	8.56	7.79	120
陇南	Longnan	5.10	5.85	5.28	176
青海	**Qinghai**	**10.03**	**10.44**	**9.81**	
西宁	Xining	3.75	3.77	3.62	230
海东	Haidong				
宁夏	**Ningxia**	**12.97**	**14.28**	**14.27**	
银川	Yinchuan	3.62	4.75	3.89	223
石嘴山	Shizuishan	1.55	1.92	1.49	276
吴忠	Wuzhong	2.46	3.87	2.89	250
固原	Guyuan	2.91	4.80	3.43	237
中卫	Zhongwei	2.41	3.57	2.57	257
新疆	**Xinjiang**	**47.32**	**45.46**	**45.13**	
乌鲁木齐	Urumqi	4.62	4.71	4.77	195
克拉玛依	Karamay	0.79	0.79	0.81	284

16-11 普通高等学校数
Number of Regular Institutions of Higher Education

单位：所 (unit)

地名	City	2010	2015	2016	2016 排名 Ranking
全国	**Nation Total**	**2358**	**2560**	**2596**	
北京	**Beijing**	**89**	**91**	**91**	
天津	**Tianjin**	**55**	**55**	**55**	
河北	**Hebei**	**117**	**118**	**120**	
石家庄	Shijiazhuang	46	49	49	11
唐山	Tangshan	9	7	10	42
秦皇岛	Qinhuangdao	7	13	13	34
邯郸	Handan	5	5	5	93
邢台	Xingtai	4	4	4	112
保定	Baoding	14	17	16	28
张家口	Zhangjiakou	5	5	4	112
承德	Chengde	5	4	5	93
沧州	Cangzhou	7	8	8	59
廊坊	Langfang	11	18		
衡水	Hengshui	2	2	2	186
山西	**Shanxi**	**65**	**79**	**80**	
太原	Taiyuan	42	43	44	14
大同	Datong	2	1	1	232
阳泉	Yangquan	2	2	2	186
长治	Changzhi	4	6	6	75
晋城	Jincheng	1	1	1	232
朔州	Shuozhou	1	3	3	146
晋中	Jinzhong	5	16	16	28
运城	Yuncheng	4	7	7	64
忻州	Xinzhou	2	4	4	112
临汾	Linfen	1	5	5	93
吕梁	Lvliang	1	1	1	232
内蒙古	**Inner Mongolia**	**44**	**53**	**53**	
呼和浩特	Hohhot	22	24	24	24
包头	Baotou	5	5	5	93
乌海	Wuhai	1	1	1	232
赤峰	Chifeng	3	4	4	112
通辽	Tongliao	3	3		
鄂尔多斯	Erdos	1	4	4	112
呼伦贝尔	Hulunbuir	3	3	4	112
巴彦淖尔	Bayannur	1	2	2	186
乌兰察布	Ulanqab	3	3	3	146
辽宁	**Liaoning**	**112**	**116**	**116**	
沈阳	Shenyang	43	47	47	12
大连	Dalian	31	30	30	21
鞍山	Anshan	3	3	3	146
抚顺	Fushun	5	5	7	64
本溪	Benxi	2	7	7	64
丹东	Dandong	3	3	3	146
锦州	Jinzhou	9	9	9	52
营口	Yingkou	2	3	3	146
阜新	Fuxin	2	2	2	186
辽阳	Liaoyang	4	2	2	186
盘锦	Panjin	2	2	2	186
铁岭	Tieling	3	4	4	112
朝阳	Chaoyang	1	1	1	232
葫芦岛	Huludao	2	1	2	186
吉林	**Jilin**	**56**	**58**	**60**	
长春	Changchun	36	37	38	17
吉林	Jilin	8	8	8	59
四平	Siping	4	4	4	112
辽源	Liaoyuan	1	1	1	232
通化	Tonghua	1	1	1	232
白山	Baishan	1	1	1	232
松原	Songyuan	1	1	1	232
白城	Baicheng	3	3	3	146
黑龙江	**Heilongjiang**	**79**	**81**	**82**	
哈尔滨	Harbin	50	50	51	8
齐齐哈尔	Qiqihar	5	10	6	75
鸡西	Jixi	1	1	1	232
鹤岗	Hegang	1	1	1	232
双鸭山	Shuangyashan	1	13	1	232
大庆	Daqing	5	7	7	64
伊春	Yichun	1	1	1	232
佳木斯	Jiamusi	4	5	5	93
七台河	Qitaihe	1	1	1	232
牡丹江	Mudanjiang	6	7	7	64
黑河	Heihe	1	1	1	232
绥化	Suihua	2	1		
上海	**Shanghai**	**66**	**67**	**64**	
江苏	**Jiangsu**	**124**	**162**	**166**	

16-11 普通高等学校数 续表 1

Number of Regular Institutions of Higher Education continued 1

单位：所 (unit)

地名	City	2010	2015	2016	2016 排名 Ranking	地名	City	2010	2015	2016	2016 排名 Ranking
南京	Nanjing	42	44	44	14	池州	Chizhou	2	3	3	146
无锡	Wuxi	11	12	12	36	宣城	Xuancheng	1	1	1	232
徐州	Xuzhou	8	9	10	42	**福建**	**Fujian**	**75**	**88**	**88**	
常州	Changzhou	9	10	10	42	福州	Fuzhou	27	32	32	18
苏州	Suzhou	20	21	22	26	厦门	Xiamen	14	16	16	28
南通	Nantong	6	8	8	59	莆田	Putian	2	2	2	186
连云港	Lianyungang	3	4	4	112	三明	Sanming	3	3	3	146
淮安	Huaian	6	7	7	64	泉州	Quanzhou	15	18	18	27
盐城	Yancheng	5	5	6	75	漳州	Zhangzhou	6	7	7	64
扬州	Yangzhou	5	6	6	75	南平	Nanping	4	4	4	112
镇江	Zhenjiang	5	5	6	75	龙岩	Longyan	2	2	2	186
泰州	Taizhou	3	3	3	146	宁德	Ningde	2	2	2	186
宿迁	Suqian	1	3	3	146	**江西**	**Jiangxi**	**85**	**97**	**98**	
浙江	**Zhejiang**	**80**	**105**	**107**		南昌	Nanchang	51	53	53	7
杭州	Hangzhou	37	39	39	16	景德镇	Jingdezhen	4	4	4	112
宁波	Ningbo	14	14	14	32	萍乡	Pingxiang	3	3	3	146
温州	Wenzhou	6	8	11	38	九江	Jiujiang	6	7	7	64
嘉兴	Jiaxing	6	6	6	75	新余	Xinyu	5	5	5	93
湖州	Huzhou	3	3	3	146	鹰潭	Yingtan	1	2	2	186
绍兴	Shaoxing	7	9	10	42	赣州	Ganzhou	7	8	9	52
金华	Jinhua	8	2	2	186	吉安	Jian	1	2	2	186
衢州	Quzhou	2	2	2	186	宜春	Yichun	3	4	4	112
舟山	Zhoushan	3	4	4	112	抚州	Fuzhou	3	4	4	112
台州	Taizhou	4	4	4	112	上饶	Shangrao	3	3	3	146
丽水	Lishui	3	2	2	186	**山东**	**Shandong**	**133**	**143**	**144**	
安徽	**Anhui**	**100**	**119**	**119**		济南	Jinan	66	72	71	3
合肥	Hefei	44	50	50	10	青岛	Qingdao	25	20	26	22
芜湖	Wuhu	8	8	10	42	淄博	Zibo	9	8	8	59
蚌埠	Bengbu	5	5	5	93	枣庄	Zaozhuang	3	3	3	146
淮南	Huainan	5	5	6	75	东营	Dongying	5	4	4	112
马鞍山	Maanshan	4	6	4	112	烟台	Yantai	10	10	11	38
淮北	Huaibei	3	3	3	146	潍坊	Weifang	11	14	14	32
铜陵	Tongling	3	3	3	146	济宁	Jining	7	7	7	64
安庆	Anqing	4	5	5	93	泰安	Taian	7	8	9	52
黄山	Huangshan	2	2	2	186	威海	Weihai	7	9	9	52
滁州	Chuzhou	4	4	4	112	日照	Rizhao	2	2	2	186
阜阳	Fuyang	4	5	5	93	莱芜	Laiwu	2	3	3	146
宿州	Suzhou	2	3	3	146	临沂	Linyi	3	3	3	146
六安	Liuan	5	5	4	112	德州	Dezhou	4	4	4	112
亳州	Bozhou	2	2	2	186	聊城	Liaocheng	3	3	3	146

16-11 普通高等学校数 续表 2

Number of Regular Institutions of Higher Education continued 2

单位：所 （unit）

地名	City	2010	2015	2016	2016 排名 Ranking	地名	City	2010	2015	2016	2016 排名 Ranking
滨州	Binzhou	3	3	3	146	常德	Changde	4	5	5	93
菏泽	Heze	3	4	4	112	张家界	Zhangjiajie	1	1	3	146
河南	**Henan**	**107**	**129**	**129**		益阳	Yiyang	4	4	4	112
郑州	Zhengzhou	47	56	56	5	郴州	Chenzhou	2	3	3	146
开封	Kaifeng	5	5	5	93	永州	Yongzhou	3	3	3	146
洛阳	Luoyang	3	7	7	64	怀化	Huaihua	3	3	3	146
平顶山	Pingdingshan	4	5	5	93	娄底	Loudi	3	3	3	146
安阳	Anyang	4	6	6	75	**广东**	**Guangdong**	**131**	**143**	**147**	
鹤壁	Hebi	1	3	3	146	广州	Guangzhou	75	81	82	2
新乡	Xinxiang	10	9	9	52	韶关	Shaoguan	2	2	2	186
焦作	Jiaozuo	5	7	6	75	深圳	Shenzhen	8	12	12	36
濮阳	Puyang	1	1	1	232	珠海	Zhuhai	10	10	10	42
许昌	Xuchang	3	4	4	112	汕头	Shantou	1	1	1	232
漯河	Luohe	3	3	3	146	佛山	Foshan	3	3	3	146
三门峡	Sanmenxia	1	1	1	232	江门	Jiangmen	4	3	3	146
南阳	Nanyang	4	6	6	75	湛江	Zhanjiang	3		6	75
商丘	Shangqiu	6	6	6	75	茂名	Maoming	2	2	4	112
信阳	Xinyang	4	5	5	93	肇庆	Zhaoqing	4	5	5	93
周口	Zhoukou	3	3	3	146	惠州	Huizhou	1	4	4	112
驻马店	Zhumadian	2	2	2	186	梅州	Meizhou	1	1	1	232
湖北	**Hubei**	**121**	**126**	**128**		汕尾	Shanwei	1	1	1	232
武汉	Wuhan	78	82	84	1	河源	Heyuan	1	1	1	232
黄石	Huangshi	5	4	4	112	阳江	Yangjiang	1	1	1	232
十堰	Shiyan	4	8	8	59	清远	Qingyuan	1	1	1	232
宜昌	Yichang	5	5	5	93	东莞	Dongguan	5	8	9	52
襄阳	Xiangyang	4	5	5	93	中山	Zhongshan	4	4	5	93
鄂州	Ezhou	1	1	1	232	潮州	Chaozhou	1	1	1	232
荆门	Jingmen	1	1	2	186	揭阳	Jieyang	2	2	2	186
孝感	Xiaogan	2	3	3	146	云浮	Yunfu	1	1	1	232
荆州	Jingzhou	9	8	7	64	**广西**	**Guangxi**	**70**	**71**	**73**	
黄冈	Huanggang	4	4	4	112	南宁	Nanning	31	32	32	18
咸宁	Xianning	2	2	2	186	柳州	Liuzhou	7	6	6	75
随州	Suizhou	1	1	1	232	桂林	Guilin	9	10	10	42
湖南	**Hunan**	**102**	**124**	**123**		梧州	Wuzhou	1	2	2	186
长沙	Changsha	48	51	51	8	北海	Beihai	4	4	4	112
株洲	Zhuzhou	8	12	11	38	防城港	Fangchenggang		1	1	232
湘潭	Xiangtan	9	10	10	42	钦州	Qinzhou	3	2	3	146
衡阳	Hengyang	8	8	9	52	贵港	Guigang	1			
邵阳	Shaoyang	3	3	2	186	玉林	Yulin	1	1	1	232
岳阳	Yueyang	4	4	4	112	百色	Baise	5	4	4	112

16-11 普通高等学校数 续表 3

Number of Regular Institutions of Higher Education continued 3

单位：所 （unit）

地名	City	2010	2015	2016	2016 排名 Ranking	地名	City	2010	2015	2016	2016 排名 Ranking
贺州	Hezhou	1	1	1	232	丽江	Lijiang		2	2	186
河池	Hechi	2	2	2	186	普洱	Puer	2	2	1	232
来宾	Laibin	1	2	2	186	临沧	Lincang	1	1	1	232
崇左	Chongzuo	3	6	6	75	**西藏**	**Tibet**	**6**	**6**	**7**	
海南	**Hainan**	**17**	**17**	**18**		拉萨	Lasa	5	5	6	75
海口	Haikou	10	11	11	38	**陕西**	**Shaanxi**	**78**	**92**	**93**	
三亚	Sanya	5	5	5	93	西安	Xi'an		63	63	4
三沙	Sansha					铜川	Tongchuan		1	1	232
重庆	**Chongqing**	**53**	**64**	**65**		宝鸡	Baoji		2	3	146
四川	**Sichuan**	**93**	**109**	**109**		咸阳	Xianyang		13	13	34
成都	Chengdu	49	56	56	5	渭南	Weinan		1	1	232
自贡	Zigong	1	2	2	186	延安	Yan'an		2	2	186
攀枝花	Panzhihua	2	2	2	186	汉中	Hanzhong		3	3	146
泸州	Luzhou	4	5	5	93	榆林	Yulin		2	2	186
德阳	Deyang	6	6	6	75	安康	Ankang		2	2	186
绵阳	Mianyang	8	10	10	42	商洛	Shangluo		2	2	186
广元	Guangyuan	1	2	2	186	**甘肃**	**Gansu**	**35**	**45**	**49**	
遂宁	Suining	1	1	1	232	兰州	Lanzhou	20	20	23	25
内江	Neijiang	2	3	3	146	嘉峪关	Jiayuguan	1	1	1	232
乐山	Leshan	3	3	3	146	金昌	Jinchang		1	1	232
南充	Nanchong	4	4	4	112	白银	Baiyin		1	1	232
眉山	Meishan	2	2	2	186	天水	Tianshui	4	4	4	112
宜宾	Yibin	2	2	2	186	武威	Wuwei	2	4	4	112
广安	Guangan	1	1	1	232	张掖	Zhangye	2	1	1	232
达州	Dazhou	2	2	2	186	平凉	Pingliang	1	1	2	186
雅安	Yaan	2	2	2	186	酒泉	Jiuquan	1	1	1	232
巴中	Bazhong		1	1	232	庆阳	Qingyang	1	3	3	146
资阳	Ziyang		1	1	232	定西	Dingxi	1	1		
贵州	**Guizhou**	**47**	**59**	**64**		陇南	Longnan	1	1	1	232
贵阳	Guiyang	25	29	32	18	**青海**	**Qinghai**	**9**	**12**	**12**	
六盘水	Liupanshui	3	2	2	186	西宁	Xining	9	10	10	42
遵义	Zunyi	6	6	6	75	海东	Haidong		1	2	186
安顺	Anshun	1	2	2	186	**宁夏**	**Ningxia**	**15**	**18**	**18**	
毕节	Bijie	2	3	6	75	银川	Yinchuan	12	15	16	28
铜仁	Tongren	2	4	4	112	石嘴山	Shizuishan	1	1	1	232
云南	**Yunnan**	**61**	**69**	**72**		吴忠	Wuzhong	1	1	1	232
昆明	Kunming	38	42	45	13	固原	Guyuan	1	1	1	232
曲靖	Qujing	3	3	3	146	中卫	Zhongwei				
玉溪	Yuxi	2	2	2	186	**新疆**	**Xinjiang**	**32**	**44**	**46**	
保山	Baoshan	3	2	2	186	乌鲁木齐	Urumqi	18	25	25	23
昭通	Zhaotong	1	1	2	186	克拉玛依	Karamay	1	2	3	146

16-12 普通高等学校专任教师数
Full-time Teachers by Regular Institutions of Higher Education

单位：人 (person)

地名	City	2010	2015	2016	2016 排名 Ranking
全国	**Nation Total**	**1343127**	**1572565**	**1601968**	
北京	**Beijing**	**59248**	**68739**	**70013**	
天津	**Tianjin**	**28094**	**31128**	**30509**	
河北	**Hebei**	**60769**	**69397**	**70447**	
石家庄	Shijiazhuang	21367	24517	25052	16
唐山	Tangshan	5629	5485	6027	49
秦皇岛	Qinhuangdao	5007	6469	6220	46
邯郸	Handan	3477	3518	3626	80
邢台	Xingtai	2475	2440	2453	106
保定	Baoding	8891	14080	13473	24
张家口	Zhangjiakou	2641	1197	1216	188
承德	Chengde	2153	2710	2653	102
沧州	Cangzhou	2365	1703	1703	152
廊坊	Langfang	5640			
衡水	Hengshui	969	783	1268	183
山西	**Shanxi**	**36492**	**40406**	**41301**	
太原	Taiyuan	23694	22685	23308	17
大同	Datong	2400	1536	1540	165
阳泉	Yangquan	585	551	591	235
长治	Changzhi	1896	2010	1803	146
晋城	Jincheng	374	373	377	258
朔州	Shuozhou	133	556	561	238
晋中	Jinzhong	3314	6897	9240	31
运城	Yuncheng	1514	11237	2530	103
忻州	Xinzhou	1312	1900	1493	169
临汾	Linfen	478	3005	3009	96
吕梁	Lvliang	792	546	569	236
内蒙古	**Inner Mongolia**	**23332**	**25523**	**25935**	
呼和浩特	Hohhot	12107	12152	11978	26
包头	Baotou	4293	4373	4484	67
乌海	Wuhai	208	228	220	270
赤峰	Chifeng	1374	1841	1864	144
通辽	Tongliao	1736	1876		
鄂尔多斯	Erdos	140	832	857	211
呼伦贝尔	Hulunbuir	1122	990	1010	201
巴彦淖尔	Bayannur	508	633	652	230
乌兰察布	Ulanqab	945	8763	1132	193
辽宁	**Liaoning**	**57404**	**65179**	**64946**	

地名	City	2010	2015	2016	2016 排名 Ranking
沈阳	Shenyang	22905	27537	27123	13
大连	Dalian	17161	18351	18639	22
鞍山	Anshan	1959	2048	2069	132
抚顺	Fushun	2048	2615	2432	110
本溪	Benxi	745	2540	3348	86
丹东	Dandong	1459	1542	1558	163
锦州	Jinzhou	4519	5013	5049	60
营口	Yingkou	679	1022	1035	199
阜新	Fuxin	2057	2095	2115	127
辽阳	Liaoyang	1150	1040	987	202
盘锦	Panjin	532	438	494	245
铁岭	Tieling	948	1318	1307	178
朝阳	Chaoyang	463	492	491	246
葫芦岛	Huludao	779	489	957	205
吉林	**Jilin**	**33982**	**39152**	**39823**	
长春	Changchun	22981	26383	27113	14
吉林	Jilin	4846	5715	5706	52
四平	Siping	1963	2278	2348	115
辽源	Liaoyuan	301	332	327	264
通化	Tonghua	851	802	829	217
白山	Baishan	254	250	244	268
松原	Songyuan	350	507	500	243
白城	Baicheng	953	1086	1045	198
黑龙江	**Heilongjiang**	**44198**	**46806**	**46829**	
哈尔滨	Harbin	31110	32673	32558	10
齐齐哈尔	Qiqihar	2939	3587	3291	91
鸡西	Jixi	560	495	331	263
鹤岗	Hegang	216	202	214	271
双鸭山	Shuangyashan	159	1507	1507	167
大庆	Daqing	3045	3758	3528	84
伊春	Yichun	209	205	199	273
佳木斯	Jiamusi	2068	1483	2436	109
七台河	Qitaihe	121	358	144	277
牡丹江	Mudanjiang	2506	2861	2849	99
黑河	Heihe	450	498	525	241
绥化	Suihua	558	505		
上海	**Shanghai**	**39170**	**41570**	**42308**	
江苏	**Jiangsu**	**102010**	**107154**	**109846**	

16-12 普通高等学校专任教师数 续表 1

Full-time Teachers by Regular Institutions of Higher Education continued 1

单位：人 (person)

地名	City	2010	2015	2016	2016 排名 Ranking
南京	Nanjing	50021	47979	48854	4
无锡	Wuxi	5665	6213	6144	47
徐州	Xuzhou	6432	7879	8217	33
常州	Changzhou	5076	5343	5878	51
苏州	Suzhou	10104	11695	12143	25
南通	Nantong	4378	4888	4937	61
连云港	Lianyungang	1785	2166	2128	125
淮安	Huaian	3450	3726	3797	78
盐城	Yancheng	2928	3049	3543	83
扬州	Yangzhou	4233	4781	4780	64
镇江	Zhenjiang	5125	5501	5690	54
泰州	Taizhou	2476	3030	3134	94
宿迁	Suqian	700	904	922	208
浙江	**Zhejiang**	**50969**	**59472**	**60477**	
杭州	Hangzhou	25003	28868	29222	11
宁波	Ningbo	7146	8417	8056	35
温州	Wenzhou	6696	5209	5381	58
嘉兴	Jiaxing	2587	2384	2418	111
湖州	Huzhou	1224	1483	1511	166
绍兴	Shaoxing	2690	3952	4072	74
金华	Jinhua	3862	1951	2233	120
衢州	Quzhou	519	667	698	226
舟山	Zhoushan	1027	1223	1276	181
台州	Taizhou	1579	1633	1667	154
丽水	Lishui	1161	1084	1127	194
安徽	**Anhui**	**49298**	**58113**	**59479**	
合肥	Hefei	20294	25639	26382	15
芜湖	Wuhu	6003	6738	6801	40
蚌埠	Bengbu	2795	2931	3028	95
淮南	Huainan	3041	2929	3334	88
马鞍山	Maanshan	2408	2923	2941	97
淮北	Huaibei	1792	2054	2090	130
铜陵	Tongling	1252	1429	1441	170
安庆	Anqing	1849	2307	2302	116
黄山	Huangshan	770	988	987	202
滁州	Chuzhou	1955	2301	2491	104
阜阳	Fuyang	1744	1994	2075	131
宿州	Suzhou	957	1215	1246	185
六安	Liuan	1717	2046	2050	134
亳州	Bozhou	593	736	744	224
池州	Chizhou	989	1292	1313	176
宣城	Xuancheng	215	330	340	261
福建	**Fujian**	**37733**	**44791**	**44751**	
福州	Fuzhou	16629	19982	19822	19
厦门	Xiamen	8016	9303	9284	28
莆田	Putian	885	791	818	218
三明	Sanming	908	1185	1188	190
泉州	Quanzhou	6050	6689	6781	41
漳州	Zhangzhou	2843	3786	3822	77
南平	Nanping	969	1221	1288	180
龙岩	Longyan	956	953	745	223
宁德	Ningde	477	591	619	234
江西	**Jiangxi**	**49028**	**57271**	**55550**	
南昌	Nanchang	29173	33331	43653	8
景德镇	Jingdezhen	1751	1592	1569	161
萍乡	Pingxiang	1102	1026	1031	200
九江	Jiujiang	4501	5369	4887	62
新余	Xinyu	2089	2000	2025	135
鹰潭	Yingtan	235	494	443	251
赣州	Ganzhou	4526	5963	5935	50
吉安	Jian	979	1203	1363	174
宜春	Yichun	1832	2086	2108	128
抚州	Fuzhou	1769	1559	1632	156
上饶	Shangrao	1071	1285	1296	179
山东	**Shandong**	**91413**	**104724**	**107748**	
济南	Jinan	29526	31693	44569	7
青岛	Qingdao	16996	19213	20151	18
淄博	Zibo	5245	5411	5531	57
枣庄	Zaozhuang	2205	1504	1581	160
东营	Dongying	2943	1858	1891	143
烟台	Yantai	8090	9011	9246	30
潍坊	Weifang	5960	8635	9258	29
济宁	Jining	4465	5420	5639	55
泰安	Taian	5147	5566	6415	43
威海	Weihai	3296	3564	3712	79
日照	Rizhao	1030	1390	1393	173
莱芜	Laiwu	870	644	620	233
临沂	Linyi	4195	2884	3150	93
德州	Dezhou	2604	2962	3159	92
聊城	Liaocheng	2139	2014	2023	136

16-12 普通高等学校专任教师数 续表 2

Full-time Teachers by Regular Institutions of Higher Education continued 2

单位：人 (person)

地名	City	2010	2015	2016	2016 排名 Ranking
滨州	Binzhou	2705	2837	2911	98
菏泽	Heze	1666	2084	2211	121
河南	**Henan**	**77471**	**98010**	**102725**	
郑州	Zhengzhou	32521	55040	46153	6
开封	Kaifeng	4276	5612	5697	53
洛阳	Luoyang	4433	5817	6062	48
平顶山	Pingdingshan	2886	3013	3320	89
安阳	Anyang	2718	3977	3976	76
鹤壁	Hebi	507	1097	1135	192
新乡	Xinxiang	6675	8040	8370	32
焦作	Jiaozuo	3919	6057	4444	69
濮阳	Puyang	675	623	650	231
许昌	Xuchang	1793	2142	2280	118
漯河	Luohe	1667	1884	2177	123
三门峡	Sanmenxia	852	838	852	214
南阳	Nanyang	3645	4205	4368	71
商丘	Shangqiu	4255	4826	4879	63
信阳	Xinyang	2904	3835	4069	75
周口	Zhoukou	1892	3036	2446	107
驻马店	Zhumadian	1245	1216	1221	186
湖北	**Hubei**	**74685**	**83444**	**83517**	
武汉	Wuhan	51306	57205	57803	2
黄石	Huangshi	1971	2477	3310	90
十堰	Shiyan	1839	2844	2795	100
宜昌	Yichang	3148	3726	3620	81
襄阳	Xiangyang	2092	2565	2367	113
鄂州	Ezhou	607	759	779	220
荆门	Jingmen	1254	706	757	222
孝感	Xiaogan	1366	2161	2140	124
荆州	Jingzhou	4937	4453	4469	68
黄冈	Huanggang	2064	2370	2405	112
咸宁	Xianning	2678	1735	1771	149
随州	Suizhou	450	413	415	254
湖南	**Hunan**	**59557**	**66615**	**68726**	
长沙	Changsha	30035	32497	33542	9
株洲	Zhuzhou	3573	4192	4527	66
湘潭	Xiangtan	6231	7006	7119	38
衡阳	Hengyang	5388	8056	8023	36
邵阳	Shaoyang	1401	1574	1565	162
岳阳	Yueyang	1964	2278	2350	114

地名	City	2010	2015	2016	2016 排名 Ranking
常德	Changde	1905	2482	2482	105
张家界	Zhangjiajie	685	740	1104	195
益阳	Yiyang	1684	1873	1911	142
郴州	Chenzhou	1048	1447	1547	164
永州	Yongzhou	1609	1575	1623	158
怀化	Huaihua	1279	1590	1667	154
娄底	Loudi	1432	1512	1696	153
广东	**Guangdong**	**78569**	**98897**	**101160**	
广州	Guangzhou	48063	59088	59704	1
韶关	Shaoguan	1796	1699	1720	151
深圳	Shenzhen	3550	4826	5092	59
珠海	Zhuhai	5305	5500	6333	45
汕头	Shantou	711	884	963	204
佛山	Foshan	1439	1866	1928	140
江门	Jiangmen	1083	1803	1840	145
湛江	Zhanjiang	3645		5615	56
茂名	Maoming	1396	1429		
肇庆	Zhaoqing	2095	3077	3344	87
惠州	Huizhou	692	1893	1926	141
梅州	Meizhou	1115	1243	1257	184
汕尾	Shanwei	255	253	252	266
河源	Heyuan	495	531	537	240
阳江	Yangjiang	275	324	447	249
清远	Qingyuan	418	560	565	237
东莞	Dongguan	2174	6569	4651	65
中山	Zhongshan	2360	1747	2065	133
潮州	Chaozhou	802	946	855	213
揭阳	Jieyang	531	625	547	239
云浮	Yunfu	369	462	312	265
广西	**Guangxi**	**31650**	**38625**	**40421**	
南宁	Nanning	15225	18411	18808	21
柳州	Liuzhou	3339	3422	3596	82
桂林	Guilin	5767	8263	8105	34
梧州	Wuzhou	588	677	731	225
北海	Beihai	872	1036	1497	168
防城港	Fangchenggang		120	185	274
钦州	Qinzhou	834	1007	1094	197
贵港	Guigang	168			
玉林	Yulin	767	873	898	209
百色	Baise		1787	1929	139

16-12 普通高等学校专任教师数 续表 3

Full-time Teachers by Regular Institutions of Higher Education continued 3

单位：人 (person)

地名	City	2010	2015	2016	2016 排名 Ranking	地名	City	2010	2015	2016	2016 排名 Ranking
贺州	Hezhou	565	596	672	229	丽江	Lijiang		848	856	212
河池	Hechi	641	733	764	221	普洱	Puer	436	574	477	248
来宾	Laibin	341	414	518	242	临沧	Lincang	311	357	355	260
崇左	Chongzuo	634	1829	1788	147	**西藏**	**Tibet**	**2195**	**2619**	**2467**	
海南	**Hainan**	**7798**	**9028**	**9306**		拉萨	Lasa	1877	1903	2126	126
海口	Haikou	5463	6312	6481	42	**陕西**	**Shaanxi**	**58288**	**66506**	**66133**	
三亚	Sanya	1731	2252	2297	117	西安	Xi'an		47768	47158	5
三沙	Sansha					铜川	Tongchuan		228	225	269
重庆	**Chongqing**	**31070**	**39891**	**40583**		宝鸡	Baoji		1814	1933	138
四川	**Sichuan**	**64991**	**84430**	**85832**		咸阳	Xianyang		6428	6370	44
成都	Chengdu	38282	48314	49488	3	渭南	Weinan		1455	1423	171
自贡	Zigong	1408	1971	2095	129	延安	Yan'an		1613	1631	157
攀枝花	Panzhihua	1136	1195	1272	182	汉中	Hanzhong		2148	2189	122
泸州	Luzhou	2009	2257	2246	119	榆林	Yulin		913	928	207
德阳	Deyang	2720	4086	4417	70	安康	Ankang		899	950	206
绵阳	Mianyang	5179	7417	7575	37	商洛	Shangluo		821	1319	175
广元	Guangyuan	236	649	682	228	**甘肃**	**Gansu**	**20761**	**26132**	**26731**	
遂宁	Suining	553	634	634	232	兰州	Lanzhou	15540	15620	15998	23
内江	Neijiang	1225	1597	1623	158	嘉峪关	Jiayuguan	180	318	118	278
乐山	Leshan	2053	2483	2446	107	金昌	Jinchang		131	148	276
南充	Nanchong	3069	4131	4273	72	白银	Baiyin		172	214	271
眉山	Meishan	1013	1245	1221	186	天水	Tianshui	1636	1722	1745	150
宜宾	Yibin	1276	1290	1311	177	武威	Wuwei	502	862	831	216
广安	Guangan	269	440	487	247	张掖	Zhangye	777	765	895	210
达州	Dazhou	1052	1246	1214	189	平凉	Pingliang	306	447	445	250
雅安	Yaan	2041	2894	2783	101	酒泉	Jiuquan	327	401	416	253
巴中	Bazhong		93	164	275	庆阳	Qingyang	532	1073	1099	196
资阳	Ziyang		481	248	267	定西	Dingxi	279	403		
贵州	**Guizhou**	**20351**	**30515**	**33087**		陇南	Longnan	279	431	383	257
贵阳	Guiyang	12275	17127	19156	20	**青海**	**Qinghai**	**3731**	**4127**	**4340**	
六盘水	Liupanshui	672	777	786	219	西宁	Xining	3731	4039	4152	73
遵义	Zunyi	2158	3170	3366	85	海东	Haidong		53	334	262
安顺	Anshun	809	1142	1152	191	**宁夏**	**Ningxia**	**5866**	**7987**	**8044**	
毕节	Bijie	682	1315	2001	137	银川	Yinchuan	5004	6937	6920	39
铜仁	Tongren	824	1657	1776	148	石嘴山	Shizuishan	339	371	438	252
云南	**Yunnan**	**26498**	**36940**	**38924**		吴忠	Wuzhong	159	374	357	259
昆明	Kunming	19471	27083	28698	12	固原	Guyuan	429	381	405	255
曲靖	Qujing	950	1255	1410	172	中卫	Zhongwei				
玉溪	Yuxi	640	840	852	214	**新疆**	**Xinjiang**	**16506**	**19374**	**20010**	
保山	Baoshan	507	663	695	227	乌鲁木齐	Urumqi	9819	11367	11485	27
昭通	Zhaotong	351	459	497	244	克拉玛依	Karamay	276	284	395	256

16-13 普通高等学校招生数
New Enrollment by Regular Institutions of Higher Education

单位：万人 （10 000 persons）

地名	City	2010	2012	2013	2013 排名 Ranking	地名	City	2010	2012	2013	2013 排名 Ranking
全国	**Nation Total**	**661.80**	**688.80**	**699.83**		沈阳	Shenyang	9.90	10.86	11.21	16
北京	**Beijing**	**15.52**	**15.86**	**15.98**		大连	Dalian	6.72	7.42	7.82	22
天津	**Tianjin**	**13.31**	**13.72**	**13.86**		鞍山	Anshan	1.03	0.96	0.99	137
河北	**Hebei**	**32.89**	**32.14**	**32.59**		抚顺	Fushun	1.15	1.19	1.12	123
石家庄	Shijiazhuang	11.26	11.78	12.30	11	本溪	Benxi	0.38	0.41	0.40	212
唐山	Tangshan	2.96	3.13	3.10	42	丹东	Dandong	0.77	0.88	0.82	152
秦皇岛	Qinhuangdao	2.62	4.89	2.43	57	锦州	Jinzhou	2.12	2.41	2.28	61
邯郸	Handan	1.70	1.71	1.74	86	营口	Yingkou	0.37	0.46	0.57	186
邢台	Xingtai	1.45	1.50	1.60	89	阜新	Fuxin	0.93	0.95	0.95	141
保定	Baoding	4.70	4.75	4.63	28	辽阳	Liaoyang	0.68	0.58	0.57	186
张家口	Zhangjiakou	1.24	1.38	1.44	100	盘锦	Panjin	0.19	0.23	0.24	240
承德	Chengde	1.26	1.25	1.24	111	铁岭	Tieling	0.43	0.54	0.54	191
沧州	Cangzhou	1.53	1.43	1.83	82	朝阳	Chaoyang	0.13	0.18	0.18	248
廊坊	Langfang	2.90	2.03	2.19	62	葫芦岛	Huludao	0.44	0.50	0.52	196
衡水	Hengshui	0.48	1.62	0.47	199	**吉林**	**Jilin**	**15.29**	**16.26**	**16.62**	
山西	**Shanxi**	**18.44**	**19.72**	**20.69**		长春	Changchun	10.19	11.08	11.27	15
太原	Taiyuan	10.55	11.29	12.00	13	吉林	Jilin	2.54	2.81	2.95	45
大同	Datong	0.98	1.16	1.04	128	四平	Siping	0.91	1.03	1.01	134
阳泉	Yangquan	0.40	0.34	0.37	218	辽源	Liaoyuan	0.17	0.20	0.17	251
长治	Changzhi	1.26	1.03	1.09	126	通化	Tonghua	0.30	0.34	0.34	225
晋城	Jincheng	0.28	0.23	0.21	242	白山	Baishan	0.05	0.03	0.03	267
朔州	Shuozhou		0.11	0.16	253	松原	Songyuan	0.11	0.10	0.09	259
晋中	Jinzhong	1.70	2.02	2.07	71	白城	Baicheng	0.57	0.56	0.60	182
运城	Yuncheng	0.60	1.55	1.58	91	**黑龙江**	**Heilongjiang**	**19.54**	**19.70**	**19.73**	
忻州	Xinzhou	0.70	0.87	0.85	149	哈尔滨	Harbin	13.46	13.82	13.97	9
临汾	Linfen	1.20	1.37	1.38	104	齐齐哈尔	Qiqihar	1.32	1.50	1.49	96
吕梁	Lvliang	0.68	0.85	0.76	160	鸡西	Jixi	0.35	0.28	0.27	232
内蒙古	**Inner Mongolia**	**11.65**	**10.56**	**11.24**		鹤岗	Hegang	0.06	0.05	0.05	265
呼和浩特	Hohhot	6.71	6.25	6.67	23	双鸭山	Shuangyashan	0.05	0.04	0.06	264
包头	Baotou	2.01	2.01	2.06	73	大庆	Daqing	1.48	1.47	1.45	99
乌海	Wuhai	0.10	0.08	0.10	257	伊春	Yichun	0.05	0.04	0.04	266
赤峰	Chifeng	0.54	0.55	0.59	184	佳木斯	Jiamusi	0.82	0.87	0.79	156
通辽	Tongliao	0.74	0.73	0.74	165	七台河	Qitaihe	0.03	0.01	0.02	268
鄂尔多斯	Erdos	0.06	0.04	0.08	262	牡丹江	Mudanjiang	1.31	1.47	1.40	102
呼伦贝尔	Hulunbuir	0.32	0.37	0.39	214	黑河	Heihe	0.23	0.24	0.25	237
巴彦淖尔	Bayannur	0.27	0.25	0.31	228	绥化	Suihua	0.27	0.29	0.29	231
乌兰察布	Ulanqab	0.52	0.49	0.55	189	**上海**	**Shanghai**	**14.47**	**13.68**	**13.72**	
辽宁	**Liaoning**	**25.22**	**26.44**	**27.13**		**江苏**	**Jiangsu**	**43.27**	**43.50**	**43.95**	

16-13 普通高等学校招生数 续表 1

New Enrollment by Regular Institutions of Higher Education continued 1

单位：万人 （10 000 persons）

地名	City	2010	2012	2013	2013 排名 Ranking
南京	Nanjing	16.40	15.98	15.99	5
无锡	Wuxi	3.18	3.28	3.36	38
徐州	Xuzhou	3.10	3.36	3.33	39
常州	Changzhou	3.11	3.13	3.07	43
苏州	Suzhou	4.85	5.52	5.69	24
南通	Nantong	2.30	2.23	2.18	63
连云港	Lianyungang	0.93	0.93	1.04	128
淮安	Huaian	1.94	1.86	1.87	80
盐城	Yancheng	1.56	1.85	1.54	94
扬州	Yangzhou	2.13	2.03	2.08	68
镇江	Zhenjiang	2.07	1.96	1.95	78
泰州	Taizhou	1.28	1.33	1.34	106
宿迁	Suqian	0.42	0.44	0.51	197
浙江	**Zhejiang**	**26.01**	**26.91**	**26.89**	
杭州	Hangzhou	11.35	12.13	12.30	11
宁波	Ningbo	4.18	4.40	4.51	29
温州	Wenzhou	2.06	2.32	2.35	58
嘉兴	Jiaxing	1.58	1.89	1.59	90
湖州	Huzhou	0.71	0.79	0.76	160
绍兴	Shaoxing	1.69	1.96	2.35	58
金华	Jinhua	2.45	2.65	2.66	52
衢州	Quzhou	0.35	0.43	0.43	208
舟山	Zhoushan	0.66	0.73	0.68	174
台州	Taizhou	0.95	0.96	1.01	134
丽水	Lishui	1.15	1.19	1.30	107
安徽	**Anhui**	**29.69**	**28.62**	**29.66**	
合肥	Hefei	11.86	13.24	13.89	10
芜湖	Wuhu	3.45	3.48	3.65	33
蚌埠	Bengbu	1.76	1.67	1.67	87
淮南	Huainan	1.81	1.81	1.79	83
马鞍山	Maanshan	1.30	1.38	1.49	96
淮北	Huaibei	1.00	0.95	0.98	139
铜陵	Tongling	0.88	0.91	1.03	131
安庆	Anqing	1.14	1.21	1.24	111
黄山	Huangshan	0.45	0.48	0.60	182
滁州	Chuzhou	1.24	1.31	1.25	110
阜阳	Fuyang	1.05	0.97	0.91	145
宿州	Suzhou	0.75	0.55	0.54	191
六安	Liuan	1.16	1.17	1.21	118
亳州	Bozhou	0.37	0.34	0.45	203
池州	Chizhou	0.65	0.67	0.62	177
宣城	Xuancheng	0.20	0.15	0.19	246
福建	**Fujian**	**20.25**	**20.12**	**21.36**	
福州	Fuzhou	8.73	9.30	9.65	18
厦门	Xiamen	3.57	3.96	4.19	31
莆田	Putian	0.49	0.53	0.58	185
三明	Sanming	0.66	0.76	0.76	160
泉州	Quanzhou	3.52	3.40	3.73	32
漳州	Zhangzhou	1.78	1.92	2.11	65
南平	Nanping	0.76	0.70	0.80	155
龙岩	Longyan	0.44	0.48	0.53	194
宁德	Ningde	0.28	0.31	0.26	234
江西	**Jiangxi**	**25.61**	**23.77**	**24.74**	
南昌	Nanchang	14.84	15.04	15.91	6
景德镇	Jingdezhen	0.94	0.81	0.88	147
萍乡	Pingxiang	0.54	0.29	0.41	210
九江	Jiujiang	2.76	2.39	2.61	54
新余	Xinyu	0.97	1.01	0.93	142
鹰潭	Yingtan	0.20	0.14	0.20	243
赣州	Ganzhou	2.32	2.32	2.15	64
吉安	Jian	0.55	0.47	0.45	203
宜春	Yichun	0.92	0.87	0.99	137
抚州	Fuzhou	0.90	1.02	1.04	128
上饶	Shangrao	0.65	0.68	0.74	165
山东	**Shandong**	**49.57**	**46.67**	**49.16**	
济南	Jinan	15.48	15.66	15.11	8
青岛	Qingdao	8.22	8.80	8.57	19
淄博	Zibo	3.12	2.72	2.86	47
枣庄	Zaozhuang	0.68	0.60	0.88	147
东营	Dongying	1.50	0.86	0.81	153
烟台	Yantai	4.61	4.52	4.98	26
潍坊	Weifang	3.90	3.88	4.39	30
济宁	Jining	3.29	2.65	2.67	51
泰安	Taian	2.70	2.85	2.96	44
威海	Weihai	2.28	1.67	1.93	79
日照	Rizhao	1.86	1.98	1.78	84
莱芜	Laiwu	0.23	0.18	0.27	232
临沂	Linyi	1.71	1.97	1.86	81
德州	Dezhou	1.47	1.21	1.24	111
聊城	Liaocheng	1.43	1.96	2.07	71

16-13 普通高等学校招生数 续表 2

New Enrollment by Regular Institutions of Higher Education continued 2

单位：万人 (10 000 persons)

地名	City	2010	2012	2013	2013 排名 Ranking	地名	City	2010	2012	2013	2013 排名 Ranking
滨州	Binzhou	1.47	1.34	1.44	100	常德	Changde	1.15	1.21	1.23	115
菏泽	Heze	0.91	1.03	1.23	115	张家界	Zhangjiajie	0.34	0.36	0.35	223
河南	**Henan**	**47.83**	**45.53**	**46.67**		益阳	Yiyang	0.81	0.83	0.92	144
郑州	Zhengzhou	20.25	22.60	24.37	3	郴州	Chenzhou	0.55	0.61	0.62	177
开封	Kaifeng	2.42	2.65	2.60	55	永州	Yongzhou	0.79	0.71	0.75	163
洛阳	Luoyang	2.61	2.73	2.80	48	怀化	Huaihua	0.85	0.76	0.83	150
平顶山	Pingdingshan	2.08	1.94	1.62	88	娄底	Loudi	0.80	0.68	0.73	167
安阳	Anyang	1.78	1.85	2.03	75	**广东**	**Guangdong**	**44.02**	**50.19**	**51.69**	
鹤壁	Hebi	0.35	0.38	0.37	218	广州	Guangzhou	25.90	28.95	29.65	1
新乡	Xinxiang	3.82	4.29	3.62	34	韶关	Shaoguan	0.90	1.06	1.12	123
焦作	Jiaozuo	2.39	2.56	2.69	50	深圳	Shenzhen	2.00	2.58	2.76	49
濮阳	Puyang	0.42	0.35	0.25	237	珠海	Zhuhai	3.48	3.81	3.21	40
许昌	Xuchang	1.07	1.12	1.01	134	汕头	Shantou	0.23	0.26	0.26	234
漯河	Luohe	0.96	0.83	0.93	142	佛山	Foshan	1.77	1.33	1.52	95
三门峡	Sanmenxia	0.51	0.47	0.46	202	江门	Jiangmen	0.68	1.27	1.16	122
南阳	Nanyang	2.29	2.29	2.05	74	湛江	Zhanjiang	2.62	1.91	2.10	66
商丘	Shangqiu	2.54	2.40	2.57	56	茂名	Maoming	1.20	0.90	1.02	133
信阳	Xinyang	1.78	1.62	1.58	91	肇庆	Zhaoqing	1.99	2.64	2.66	52
周口	Zhoukou	1.39	0.82	1.03	131	惠州	Huizhou	0.42	0.80	0.89	146
驻马店	Zhumadian	0.70	0.61	0.62	177	梅州	Meizhou	0.57	0.64	0.66	175
湖北	**Hubei**	**41.34**	**40.21**	**39.89**		汕尾	Shanwei	0.13	0.23	0.18	248
武汉	Wuhan	26.38	27.31	25.11	2	河源	Heyuan	0.43	0.45	0.43	208
黄石	Huangshi	1.20	1.13	0.75	163	阳江	Yangjiang	0.23	0.27	0.31	228
十堰	Shiyan	1.05	1.36	1.38	104	清远	Qingyuan	0.30	0.48	0.44	205
宜昌	Yichang	1.44	1.75	1.48	98	东莞	Dongguan	1.27	2.05	2.08	68
襄阳	Xiangyang	1.70	1.99	2.02	76	中山	Zhongshan	1.02	1.15	1.23	115
鄂州	Ezhou	0.35	0.46	0.48	198	潮州	Chaozhou	0.52	0.47	0.53	194
荆门	Jingmen	0.70	0.74	0.78	158	揭阳	Jieyang	0.26	1.00	0.35	223
孝感	Xiaogan	1.00	0.95	0.83	150	云浮	Yunfu	0.19	0.24	0.39	214
荆州	Jingzhou	3.33	3.36	3.20	41	**广西**	**Guangxi**	**18.38**	**19.21**	**19.85**	
黄冈	Huanggang	1.46	1.51	1.56	93	南宁	Nanning	8.71	10.00	10.65	17
咸宁	Xianning	1.30	0.96	1.10	125	柳州	Liuzhou	1.91	2.12	2.09	67
随州	Suizhou	0.17	0.23	0.20	243	桂林	Guilin	4.55	5.27	5.40	25
湖南	**Hunan**	**30.98**	**31.10**	**31.37**		梧州	Wuzhou	0.36	0.43	0.44	205
长沙	Changsha	15.12	15.76	15.62	7	北海	Beihai	0.61	0.69	0.62	177
株洲	Zhuzhou	2.14	2.30	2.35	58	防城港	Fangchenggang		0.18	0.16	253
湘潭	Xiangtan	3.22	3.45	3.53	36	钦州	Qinzhou	0.53	0.56	0.54	191
衡阳	Hengyang	2.78	2.95	2.89	46	贵港	Guigang	0.06	0.10	0.09	259
邵阳	Shaoyang	0.78	0.77	0.81	153	玉林	Yulin	0.43	0.41	0.47	199
岳阳	Yueyang	1.04	1.34	1.18	121	百色	Baise			0.77	159

16-13 普通高等学校招生数 续表 3

New Enrollment by Regular Institutions of Higher Education continued 3

单位：万人 （10 000 persons）

地名	City	2010	2012	2013	2013 排名 Ranking
贺州	Hezhou	0.26	0.19	0.25	237
河池	Hechi	0.37	0.37	0.41	210
来宾	Laibin	0.27	0.20	0.32	227
崇左	Chongzuo	0.59	1.18	1.39	103
海南	**Hainan**	**4.82**	**4.96**	**4.93**	
海口	Haikou	3.21	3.57	3.55	35
三亚	Sanya	1.20	1.29	1.28	108
三沙	Sansha				
重庆	**Chongqing**	**18.11**	**19.29**	**18.49**	
四川	**Sichuan**	**33.79**	**36.45**	**35.78**	
成都	Chengdu	18.92	20.85	20.27	4
自贡	Zigong	0.87	0.91	0.96	140
攀枝花	Panzhihua	0.62	0.64	0.63	176
泸州	Luzhou	1.04	1.30	1.21	118
德阳	Deyang	1.61	1.96	1.77	85
绵阳	Mianyang	2.73	3.37	3.41	37
广元	Guangyuan	0.11	0.32	0.38	217
遂宁	Suining	0.36	0.47	0.47	199
内江	Neijiang	0.64	0.67	0.73	167
乐山	Leshan	1.14	1.39	1.21	118
南充	Nanchong	1.71	1.94	2.01	77
眉山	Meishan	0.52	0.63	0.62	177
宜宾	Yibin	0.69	0.72	0.72	169
广安	Guangan	0.21	0.25	0.34	225
达州	Dazhou	0.60	0.65	0.70	171
雅安	Yaan	1.12	1.14	1.24	111
巴中	Bazhong			0.02	268
资阳	Ziyang			0.10	257
贵州	**Guizhou**	**10.15**	**12.51**	**11.97**	
贵阳	Guiyang	7.73	10.43	8.30	21
六盘水	Liupanshui	0.32	0.33	0.26	234
遵义	Zunyi	1.68	1.73	1.26	109
安顺	Anshun	0.41	0.55	0.37	218
毕节	Bijie	0.46	0.49	0.36	221
铜仁	Tongren	0.47	0.66	0.69	173
云南	**Yunnan**	**14.25**	**14.28**	**16.29**	
昆明	Kunming	9.89	10.26	11.63	14
曲靖	Qujing	0.68	0.80	0.72	169
玉溪	Yuxi	0.48	0.37	0.40	212
保山	Baoshan	0.45	0.33	0.36	221
昭通	Zhaotong	0.26	0.22	0.31	228

地名	City	2010	2012	2013	2013 排名 Ranking
丽江	Lijiang			0.79	156
普洱	Puer	0.27	0.27	0.39	214
临沧	Lincang	0.19	0.18	0.18	248
西藏	**Tibet**	**0.92**	**1.00**	**0.93**	
拉萨	Lasa	0.76	0.74	0.70	171
陕西	**Shaanxi**	**27.44**	**31.28**	**29.79**	
西安	Xi'an				
铜川	Tongchuan				
宝鸡	Baoji				
咸阳	Xianyang				
渭南	Weinan				
延安	Yan'an				
汉中	Hanzhong				
榆林	Yulin				
安康	Ankang				
商洛	Shangluo				
甘肃	**Gansu**	**11.49**	**13.02**	**12.23**	
兰州	Lanzhou	8.06	8.76	8.36	20
嘉峪关	Jiayuguan	0.09	0.13	0.09	259
金昌	Jinchang		0.09	0.11	256
白银	Baiyin		0.09	0.07	263
天水	Tianshui	0.94	1.18	1.08	127
武威	Wuwei	0.45	0.66	0.57	186
张掖	Zhangye	0.55	0.59	0.55	189
平凉	Pingliang	0.23	0.23	0.20	243
酒泉	Jiuquan	0.22	0.25	0.23	241
庆阳	Qingyang	0.30	0.46	0.44	205
定西	Dingxi	0.14	0.20	0.16	253
陇南	Longnan	0.15	0.19	0.19	246
青海	**Qinghai**	**1.87**	**1.46**	**1.48**	
西宁	Xining	1.87	2.08	2.08	68
海东	Haidong				
宁夏	**Ningxia**	**2.64**	**3.08**	**3.07**	
银川	Yinchuan	2.02	2.62		
石嘴山	Shizuishan	0.19	0.19		
吴忠	Wuzhong	0.07	0.11		
固原	Guyuan	0.16	0.20		
中卫	Zhongwei				
新疆	**Xinjiang**	**7.46**	**7.58**	**8.10**	
乌鲁木齐	Urumqi	4.59	4.61	4.94	27
克拉玛依	Karamay	0.14	0.15	0.17	251

16-14 普通高等学校在校学生数
Total Enrollment by Regular Institutions of Higher Education

单位：万人 （10 000 persons）

地名	City	2010	2015	2016	2016 排名 Ranking
全国	**Nation Total**	**2231.80**			
北京	**Beijing**	**57.78**	**59.34**	**59.92**	
天津	**Tianjin**	**42.86**	**51.29**	**51.38**	
河北	**Hebei**	**110.51**	**131.48**		
石家庄	Shijiazhuang	37.29	41.98	44.18	13
唐山	Tangshan	9.76	11.14	11.59	49
秦皇岛	Qinhuangdao	8.79	15.52	15.41	34
邯郸	Handan	6.09	5.85	5.74	94
邢台	Xingtai	4.71	4.74	4.89	104
保定	Baoding	16.26	17.46	21.55	27
张家口	Zhangjiakou	4.50	6.78	1.76	208
承德	Chengde	3.78	4.11	4.31	118
沧州	Cangzhou	4.64	5.55	7.83	77
廊坊	Langfang	9.86	15.62		
衡水	Hengshui	1.76	2.73	1.56	218
山西	**Shanxi**	**56.29**	**82.34**		
太原	Taiyuan	32.97	42.14	43.22	15
大同	Datong	3.42	2.88	2.81	168
阳泉	Yangquan	0.80	1.37	1.43	219
长治	Changzhi	3.72	3.97	3.81	137
晋城	Jincheng	0.79	0.63	0.63	258
朔州	Shuozhou		1.06	1.14	235
晋中	Jinzhong	5.80	16.28	17.62	29
运城	Yuncheng	1.80	5.23	5.52	95
忻州	Xinzhou	1.80	2.03	2.69	172
临汾	Linfen	3.80	4.47	4.76	108
吕梁	Lvliang	1.63	2.29	2.30	188
内蒙古	**Inner Mongolia**	**37.14**	**42.64**		
呼和浩特	Hohhot	21.53	23.52	23.77	24
包头	Baotou	6.51	7.23	8.02	74
乌海	Wuhai	0.33	0.35	0.48	266
赤峰	Chifeng	1.66	2.04	2.17	191
通辽	Tongliao	2.63	3.71		
鄂尔多斯	Erdos	0.11	0.59	0.80	252
呼伦贝尔	Hulunbuir	1.17	2.15	1.91	201
巴彦淖尔	Bayannur	0.74	0.98	1.06	241
乌兰察布	Ulanqab	1.45	2.07	2.11	194
辽宁	**Liaoning**	**88.02**	**103.57**		
沈阳	Shenyang	34.86	40.40	40.36	19
大连	Dalian	24.58	29.00	29.02	23
鞍山	Anshan	3.62	3.54	3.41	150
抚顺	Fushun	4.15	4.60	4.40	113
本溪	Benxi	1.09	1.80	2.89	165
丹东	Dandong	2.42	2.85	2.76	170
锦州	Jinzhou	7.67	8.52	8.29	71
营口	Yingkou	1.05	2.13	2.12	193
阜新	Fuxin	3.26	4.17	3.82	136
辽阳	Liaoyang	1.99	2.66	1.72	212
盘锦	Panjin	0.54	0.71	0.69	254
铁岭	Tieling	1.04	1.80	1.88	203
朝阳	Chaoyang	0.35	0.52	0.54	264
葫芦岛	Huludao	1.41	0.87	1.95	200
吉林	**Jilin**	**54.44**	**61.19**		
长春	Changchun	36.57	42.61	43.44	14
吉林	Jilin	8.97	10.49	10.40	55
四平	Siping	3.26	3.84	3.90	133
辽源	Liaoyuan	0.53	0.58	0.58	262
通化	Tonghua	1.08	1.26	1.29	228
白山	Baishan	0.19	0.15	0.17	277
松原	Songyuan	0.30	0.29	0.28	275
白城	Baicheng	1.75	1.98	2.01	197
黑龙江	**Heilongjiang**	**71.91**	**92.35**		
哈尔滨	Harbin	49.40	66.37	63.62	8
齐齐哈尔	Qiqihar	5.00	6.37	5.50	96
鸡西	Jixi	1.06	0.83	0.87	247
鹤岗	Hegang	0.27	0.22	0.22	276
双鸭山	Shuangyashan	0.16	2.16	2.22	190
大庆	Daqing	5.55	6.46	6.09	89
伊春	Yichun	0.20	0.10	0.16	278
佳木斯	Jiamusi	3.19	3.38	3.18	157
七台河	Qitaihe	0.15	0.29	0.31	273
牡丹江	Mudanjiang	4.77	5.18	4.13	123
黑河	Heihe	0.84		0.99	244
绥化	Suihua	1.01	0.99		
上海	**Shanghai**	**51.57**	**51.16**	**51.47**	
江苏	**Jiangsu**	**178.07**	**187.13**		

16-14 普通高等学校在校学生数 续表 1

Total Enrollment by Regular Institutions of Higher Education continued 1

单位：万人 （10 000 persons）

地名	City	2010	2015	2016	2016 排名 Ranking	地名	City	2010	2015	2016	2016 排名 Ranking
南京	Nanjing	79.34	81.26	82.78	5	池州	Chizhou	1.82	2.29	2.42	182
无锡	Wuxi	10.96	11.53	11.37	50	宣城	Xuancheng	0.50	0.67	0.68	255
徐州	Xuzhou	12.01	13.76	14.08	37	**福建**	**Fujian**	**64.78**	**75.91**		
常州	Changzhou	10.43	10.30	12.38	47	福州	Fuzhou	28.17	32.10	31.75	22
苏州	Suzhou	18.78	21.41	21.93	26	厦门	Xiamen	11.47	14.40	14.29	36
南通	Nantong	8.26	8.32	9.48	57	莆田	Putian	1.67	2.13	2.10	195
连云港	Lianyungang	3.45	3.87	3.86	135	三明	Sanming	1.73	2.47	2.46	180
淮安	Huaian	6.88	6.80	6.97	84	泉州	Quanzhou	11.37	12.41	12.60	46
盐城	Yancheng	5.67	5.73	6.96	85	漳州	Zhangzhou	6.00	7.15	7.14	83
扬州	Yangzhou	7.33	8.16	8.05	72	南平	Nanping	2.16	2.45	2.52	177
镇江	Zhenjiang	8.65	8.53	8.75	66	龙岩	Longyan	1.41	1.78	1.80	206
泰州	Taizhou	4.70	5.62	5.92	90	宁德	Ningde	0.81	1.03	1.05	242
宿迁	Suqian	1.60	1.82	1.99	198	**江西**	**Jiangxi**	**81.65**	**97.44**		
浙江	**Zhejiang**	**88.49**	**102.72**			南昌	Nanchang	49.02	58.74	61.18	9
杭州	Hangzhou	43.48	47.56	42.80	16	景德镇	Jingdezhen	3.10	2.93	3.22	155
宁波	Ningbo	13.81	15.58	15.51	33	萍乡	Pingxiang	1.60	1.13	1.16	234
温州	Wenzhou	7.45	8.38	8.63	69	九江	Jiujiang	7.99	8.88	9.24	59
嘉兴	Jiaxing	5.24	5.27	6.54	87	新余	Xinyu	2.48	3.85	3.98	130
湖州	Huzhou	2.48	3.22	2.67	173	鹰潭	Yingtan	0.42	0.81	0.86	249
绍兴	Shaoxing	5.39	8.38	9.03	64	赣州	Ganzhou	7.69	9.15	13.72	38
金华	Jinhua	7.67	3.50	3.46	147	吉安	Jian	1.82	1.87	3.48	145
衢州	Quzhou	1.02	1.37	1.35	225	宜春	Yichun	2.70	4.45	4.32	117
舟山	Zhoushan	2.23	2.35	2.45	181	抚州	Fuzhou	2.79	3.01	2.90	164
台州	Taizhou	2.97	3.36	3.42	149	上饶	Shangrao	2.04	2.62	2.88	166
丽水	Lishui	3.56	3.76	3.67	142	**山东**	**Shandong**	**163.14**	**216.95**		
安徽	**Anhui**	**93.90**	**118.34**			济南	Jinan	64.25	71.40	72.63	7
合肥	Hefei	37.26	52.71	49.95	11	青岛	Qingdao	28.48	32.23	34.09	21
芜湖	Wuhu	11.67	13.02	16.51	32	淄博	Zibo	10.33	10.30	10.72	54
蚌埠	Bengbu	5.59	6.16	6.13	88	枣庄	Zaozhuang	2.14	3.03	3.40	151
淮南	Huainan	6.14	7.78	7.99	75	东营	Dongying	5.28	3.00	3.26	153
马鞍山	Maanshan	4.24	5.62	5.37	97	烟台	Yantai	14.64	18.26	19.55	28
淮北	Huaibei	3.18	3.85	3.98	129	潍坊	Weifang	12.10	19.88	17.13	31
铜陵	Tongling	2.59	3.57	3.62	143	济宁	Jining	8.12	10.40	11.07	52
安庆	Anqing	3.63	4.15	4.01	127	泰安	Taian	9.54	10.93	13.09	43
黄山	Huangshan	1.51	2.22	2.26	189	威海	Weihai	5.99	7.07	8.55	70
滁州	Chuzhou	3.96	4.91	5.14	100	日照	Rizhao	1.95	2.95	2.91	163
阜阳	Fuyang	3.34	3.62	3.69	141	莱芜	Laiwu	1.03	0.99	1.10	238
宿州	Suzhou	2.19	2.26	2.38	185	临沂	Linyi	5.68	6.96	7.57	79
六安	Liuan	3.43	4.31	4.08	125	德州	Dezhou	3.97	5.13	5.84	91
亳州	Bozhou	0.97	1.20	1.12	236	聊城	Liaocheng	3.81	4.37	4.54	111

16-14 普通高等学校在校学生数 续表 2

Total Enrollment by Regular Institutions of Higher Education continued 2

单位：万人 (10 000 persons)

地名	City	2010	2015	2016	2016 排名 Ranking
滨州	Binzhou	4.80	5.18	5.36	98
菏泽	Heze	3.24	4.89	5.06	101
河南	**Henan**	**145.67**	**181.02**		
郑州	Zhengzhou	64.27	82.42	88.93	3
开封	Kaifeng	7.53	8.93	9.12	62
洛阳	Luoyang	8.40	13.08	13.48	39
平顶山	Pingdingshan	6.18	5.52	5.79	93
安阳	Anyang	4.79	7.29	7.83	76
鹤壁	Hebi	0.99	1.21	1.38	221
新乡	Xinxiang	11.51	14.33	15.09	35
焦作	Jiaozuo	6.72	9.74	7.40	80
濮阳	Puyang	1.20	0.84	1.12	237
许昌	Xuchang	3.43	3.56	3.87	134
漯河	Luohe	2.48	2.65	3.08	158
三门峡	Sanmenxia	1.53	1.30	1.40	220
南阳	Nanyang	6.67	7.45	8.04	73
商丘	Shangqiu	7.71	8.42	9.11	63
信阳	Xinyang	5.37	6.24	6.87	86
周口	Zhoukou	3.84	4.61	4.23	119
驻马店	Zhumadian	1.90	3.43	2.40	183
湖北	**Hubei**	**135.79**	**141.79**		
武汉	Wuhan	88.14	95.68	94.88	2
黄石	Huangshi	4.09	4.31	4.22	120
十堰	Shiyan	3.39	5.13	5.25	99
宜昌	Yichang	5.03	5.81	5.81	92
襄阳	Xiangyang	5.10	5.10	5.02	102
鄂州	Ezhou	1.01	1.53	1.74	209
荆门	Jingmen	1.91	1.41	1.27	229
孝感	Xiaogan	3.29	4.38	4.37	114
荆州	Jingzhou	11.78	9.75	9.18	61
黄冈	Huanggang	4.60	4.08	4.05	126
咸宁	Xianning	3.10	4.02	4.10	124
随州	Suizhou	0.84	0.60	0.61	260
湖南	**Hunan**	**104.43**	**116.11**		
长沙	Changsha	51.17	56.94	59.00	10
株洲	Zhuzhou	6.73	8.28	9.40	58
湘潭	Xiangtan	11.11	12.23	12.98	44
衡阳	Hengyang	9.45	10.90	11.87	48
邵阳	Shaoyang	2.59	2.82	2.92	160
岳阳	Yueyang	3.68	4.38	4.52	112
常德	Changde	3.63	4.47	4.69	109
张家界	Zhangjiajie	1.26	1.26	2.14	192
益阳	Yiyang	2.86	3.26	3.44	148
郴州	Chenzhou	2.04	2.45	2.62	174
永州	Yongzhou	2.51	2.59	2.77	169
怀化	Huaihua	2.78	3.76	2.92	161
娄底	Loudi	2.57	2.78	2.87	167
广东	**Guangdong**	**142.66**	**181.38**		
广州	Guangzhou	84.40	104.32	105.73	1
韶关	Shaoguan	3.10	3.85	3.90	132
深圳	Shenzhen	6.73	9.01	9.19	60
珠海	Zhuhai	10.82	13.20	13.36	40
汕头	Shantou	0.93	1.00	1.08	239
佛山	Foshan	3.97	4.94	5.00	103
江门	Jiangmen	2.33	3.95	4.01	128
湛江	Zhanjiang	8.92		10.89	53
茂名	Maoming	2.70	3.57	3.79	138
肇庆	Zhaoqing	5.56	8.14	8.66	67
惠州	Huizhou	1.43	3.42	3.73	139
梅州	Meizhou	2.07	2.53	2.59	175
汕尾	Shanwei	0.46	0.56	0.59	261
河源	Heyuan	1.19	1.14	1.21	231
阳江	Yangjiang	0.62	0.97	0.99	243
清远	Qingyuan	0.89	1.34	1.26	230
东莞	Dongguan	3.83	11.46	11.26	51
中山	Zhongshan	3.53	4.00	4.87	105
潮州	Chaozhou	1.65	1.92	1.73	211
揭阳	Jieyang	0.85	1.20	1.19	232
云浮	Yunfu	0.66	0.85	0.91	246
广西	**Guangxi**	**56.75**	**87.35**		
南宁	Nanning	26.41	37.52	40.05	20
柳州	Liuzhou	5.95	7.23	7.61	78
桂林	Guilin	12.83	22.75	22.96	25
梧州	Wuzhou	1.09	1.60	1.91	202
北海	Beihai	2.27	2.41	3.25	154
防城港	Fangchenggang		0.36	0.36	270
钦州	Qinzhou	1.86	2.20	2.93	159
贵港	Guigang	0.24			
玉林	Yulin	1.38	1.81	1.80	207
百色	Baise	2.57	3.42	3.94	131

16-14 普通高等学校在校学生数 续表 3

Total Enrollment by Regular Institutions of Higher Education continued 3

单位：万人 （10 000 persons）

地名	City	2010	2015	2016	2016 排名 Ranking
贺州	Hezhou	1.03	1.17	1.37	223
河池	Hechi	1.29	1.66	1.85	204
来宾	Laibin	0.59	0.95	1.19	233
崇左	Chongzuo	1.73	4.28	4.35	116
海南	**Hainan**	**15.08**	**19.69**		
海口	Haikou	10.39	15.06	13.25	41
三亚	Sanya	3.70	4.64	4.85	106
三沙	Sansha				
重庆	**Chongqing**	**56.59**	**76.71**	**73.25**	
四川	**Sichuan**	**108.62**	**136.65**		
成都	Chengdu	61.50	75.58	79.16	6
自贡	Zigong	2.96	3.69	3.47	146
攀枝花	Panzhihua	2.05	2.38	2.51	178
泸州	Luzhou	3.55	4.41	4.67	110
德阳	Deyang	4.90	7.31	8.88	65
绵阳	Mianyang	8.40	12.39	12.90	45
广元	Guangyuan	0.37	1.30	1.31	226
遂宁	Suining	1.00	1.42	1.38	222
内江	Neijiang	2.10	2.68	2.92	162
乐山	Leshan	3.68	4.91	4.18	122
南充	Nanchong	5.46	7.17	7.34	81
眉山	Meishan	1.58	2.35	2.38	184
宜宾	Yibin	2.21	2.54	2.57	176
广安	Guangan	0.49	0.86	0.92	245
达州	Dazhou	1.85	2.32	2.36	186
雅安	Yaan	3.77	4.65	4.82	107
巴中	Bazhong		0.24	0.36	269
资阳	Ziyang		0.45	0.66	256
贵州	**Guizhou**	**32.33**	**49.18**		
贵阳	Guiyang	25.68	36.85	40.44	18
六盘水	Liupanshui	1.01	1.11	1.36	224
遵义	Zunyi	4.98	5.45	8.65	68
安顺	Anshun	1.16	1.39	1.57	217
毕节	Bijie	1.06	1.47	3.40	152
铜仁	Tongren	1.29	2.91	3.55	144
云南	**Yunnan**	**43.69**	**53.39**		
昆明	Kunming	30.53	43.64	46.55	12
曲靖	Qujing	1.88	2.08	2.72	171
玉溪	Yuxi	1.52	1.49	1.57	216
保山	Baoshan	1.42	1.24	1.29	227
昭通	Zhaotong	0.72	0.95		
丽江	Lijiang		2.40	2.50	179
普洱	Puer	0.83	1.06	1.07	240
临沧	Lincang	0.59	0.53	0.72	253
西藏	**Tibet**	**3.11**	**2.14**		
拉萨	Lasa	2.68	2.14	3.72	140
陕西	**Shaanxi**	**92.78**	**115.54**		
西安	Xi'an		84.90	83.16	4
铜川	Tongchuan		0.30	0.46	267
宝鸡	Baoji		3.33	3.21	156
咸阳	Xianyang		12.87	13.13	42
渭南	Weinan		1.62	1.63	215
延安	Yan'an		2.45	2.31	187
汉中	Hanzhong		4.36	4.20	121
榆林	Yulin		1.73	1.74	210
安康	Ankang		2.12	2.10	196
商洛	Shangluo		1.88	1.81	205
甘肃	**Gansu**	**38.15**	**54.35**		
兰州	Lanzhou	27.62	41.64	42.48	17
嘉峪关	Jiayuguan	0.27	0.28	0.29	274
金昌	Jinchang		0.33	0.33	272
白银	Baiyin		0.30	0.37	268
天水	Tianshui	3.08	3.79	4.36	115
武威	Wuwei	1.11	1.82	1.66	214
张掖	Zhangye	1.72	1.98	1.96	199
平凉	Pingliang	0.65	0.54	0.57	263
酒泉	Jiuquan	0.63	0.80	0.85	250
庆阳	Qingyang	1.12	1.79	1.71	213
定西	Dingxi	0.46	0.47		
陇南	Longnan	0.49	0.59	0.61	259
青海	**Qinghai**	**6.04**	**7.07**		
西宁	Xining	6.04	6.99	7.15	82
海东	Haidong		0.08	0.49	265
宁夏	**Ningxia**	**8.34**	**11.56**		
银川	Yinchuan	6.67	9.80	9.89	56
石嘴山	Shizuishan	0.58	0.78	0.86	248
吴忠	Wuzhong	0.18	0.36	0.34	271
固原	Guyuan	0.59	0.63	0.65	257
中卫	Zhongwei				
新疆	**Xinjiang**	**25.12**	**18.57**		
乌鲁木齐	Urumqi	15.48	18.05	17.38	30
克拉玛依	Karamay	0.37	0.52	0.84	251

16-15 普通高等学校毕业生数

Graduates from Regular Institutions of Higher Education

单位：万人 （10 000 persons）

地名	City	2010	2012	2013	2013 排名 Ranking	地名	City	2010	2012	2013	2013 排名 Ranking
全国	**Nation Total**	**575.40**	**624.70**	**638.72**		沈阳	Shenyang	8.68	9.40	9.37	15
北京	**Beijing**	**15.02**	**15.52**	**15.09**		大连	Dalian	5.71	6.35	6.35	21
天津	**Tianjin**	**10.51**	**11.30**	**12.10**		鞍山	Anshan	0.87	0.93	0.97	129
河北	**Hebei**	**29.71**	**31.58**	**33.43**		抚顺	Fushun	0.99	1.08	1.10	116
石家庄	Shijiazhuang	10.15	10.80	11.56	11	本溪	Benxi	0.29	0.30	0.36	205
唐山	Tangshan	2.43	2.82	3.13	35	丹东	Dandong	0.69	0.73	0.75	154
秦皇岛	Qinhuangdao	2.46	3.80	2.60	47	锦州	Jinzhou	2.05	2.07	2.11	60
邯郸	Handan	1.68	1.72	1.81	73	营口	Yingkou	0.37	0.33	0.36	205
邢台	Xingtai	1.44	1.57	1.54	86	阜新	Fuxin	0.79	0.89	0.89	139
保定	Baoding	4.53	4.27	4.49	25	辽阳	Liaoyang	0.57	0.60	0.68	161
张家口	Zhangjiakou	1.26	1.31	1.31	100	盘锦	Panjin	0.16	0.16	0.19	242
承德	Chengde	1.06	1.14	1.18	105	铁岭	Tieling	0.28	0.27	0.43	192
沧州	Cangzhou	1.28	1.39	1.48	90	朝阳	Chaoyang	0.14	0.11	0.13	251
廊坊	Langfang	2.23	2.04	2.13	59	葫芦岛	Huludao	0.36	0.37	0.42	195
衡水	Hengshui	0.48	0.58	0.54	178	**吉林**	**Jilin**	**13.60**	**14.65**	**14.64**	
山西	**Shanxi**	**16.55**	**16.26**	**17.33**		长春	Changchun	9.29	9.65	9.64	14
太原	Taiyuan	9.74	9.60	9.94	13	吉林	Jilin	2.11	2.51	2.41	49
大同	Datong	1.09	0.99	1.15	109	四平	Siping	0.75	0.92	0.91	134
阳泉	Yangquan	0.20	0.24	0.32	215	辽源	Liaoyuan	0.10	0.19	0.17	244
长治	Changzhi	1.15	0.84	0.91	134	通化	Tonghua	0.28	0.28	0.32	215
晋城	Jincheng	0.30	0.12	0.16	247	白山	Baishan		0.07	0.05	259
朔州	Shuozhou		0.09	0.07	257	松原	Songyuan	0.11	0.09	0.11	253
晋中	Jinzhong	1.60	1.44	1.52	88	白城	Baicheng	0.47	0.51	0.58	175
运城	Yuncheng	0.51	0.79	0.95	132	**黑龙江**	**Heilongjiang**	**18.10**	**20.38**	**18.41**	
忻州	Xinzhou	0.40	0.59	0.73	156	哈尔滨	Harbin	12.03	13.29	12.24	9
临汾	Linfen	0.60	1.17	1.18	105	齐齐哈尔	Qiqihar	1.32	1.42	1.24	102
吕梁	Lvliang	0.47	0.39	0.39	203	鸡西	Jixi	0.28	0.36	0.32	215
内蒙古	**Inner Mongolia**	**9.47**	**10.51**	**10.83**		鹤岗	Hegang	0.07	0.10	0.04	261
呼和浩特	Hohhot	5.40	6.01	6.30	22	双鸭山	Shuangyashan	0.04	0.07	0.05	259
包头	Baotou	1.50	1.81	1.83	71	大庆	Daqing	1.60	1.58	1.48	90
乌海	Wuhai	0.10	0.13	0.10	255	伊春	Yichun	0.09	0.07	0.04	261
赤峰	Chifeng	0.40	0.47	0.49	184	佳木斯	Jiamusi	0.83	0.91	0.76	152
通辽	Tongliao	0.80	0.67	0.67	163	七台河	Qitaihe	0.08	0.06	0.03	264
鄂尔多斯	Erdos		0.05	0.06	258	牡丹江	Mudanjiang	1.22	1.70	1.50	89
呼伦贝尔	Hulunbuir	0.31	0.31	0.29	219	黑河	Heihe	0.21	0.23	0.20	239
巴彦淖尔	Bayannur	0.23	0.24	0.47	187	绥化	Suihua	0.25	0.26	0.23	231
乌兰察布	Ulanqab	0.40	0.45	0.14	249	**上海**	**Shanghai**	**13.37**	**13.67**	**13.38**	
辽宁	**Liaoning**	**21.96**	**23.60**	**24.10**		**江苏**	**Jiangsu**	**47.89**	**47.03**	**47.38**	

16-15 普通高等学校毕业生数 续表 1

Graduates from Regular Institutions of Higher Education continued 1

单位：万人 （10 000 persons）

地名	City	2010	2012	2013	2013 排名 Ranking	地名	City	2010	2012	2013	2013 排名 Ranking
南京	Nanjing	19.59	20.69	20.86	3	池州	Chizhou	0.37	0.55	0.62	170
无锡	Wuxi	3.55	3.10	3.13	35	宣城	Xuancheng	0.11	0.16	0.20	239
徐州	Xuzhou	2.97	3.19	3.16	34	**福建**	**Fujian**	**15.34**	**17.85**	**18.72**	
常州	Changzhou	3.22	2.91	2.93	41	福州	Fuzhou	6.69	8.15	7.90	18
苏州	Suzhou	5.04	4.65	4.63	24	厦门	Xiamen	2.66	3.42	3.27	33
南通	Nantong	2.64	2.07	2.03	61	莆田	Putian	0.46	0.48	0.47	187
连云港	Lianyungang	0.91	0.97	1.04	123	三明	Sanming	0.41	0.62	0.61	171
淮安	Huaian	2.06	1.88	1.94	65	泉州	Quanzhou	2.73	3.56	3.47	31
盐城	Yancheng	1.55	1.54	1.54	86	漳州	Zhangzhou	1.41	1.70	1.68	80
扬州	Yangzhou	2.38	2.28	2.36	51	南平	Nanping	0.40	0.72	0.71	158
镇江	Zhenjiang	2.21	1.94	1.93	66	龙岩	Longyan	0.37	0.42	0.42	195
泰州	Taizhou	1.44	1.41	1.42	93	宁德	Ningde	0.22	0.21	0.21	234
宿迁	Suqian	0.32	0.40	0.42	195	**江西**	**Jiangxi**	**22.59**	**23.20**	**24.06**	
浙江	**Zhejiang**	**23.37**	**24.75**	**24.49**		南昌	Nanchang	14.00	13.67	13.91	7
杭州	Hangzhou	10.17	10.75	10.87	12	景德镇	Jingdezhen	0.87	0.86	0.91	134
宁波	Ningbo	3.71	3.82	3.64	30	萍乡	Pingxiang	0.56	0.54	0.51	182
温州	Wenzhou	1.94	2.09	1.99	63	九江	Jiujiang	2.44	2.27	2.41	49
嘉兴	Jiaxing	1.09	1.03	1.40	95	新余	Xinyu	0.75	0.80	0.93	133
湖州	Huzhou	0.65	0.68	0.69	160	鹰潭	Yingtan	0.11	0.11	0.21	234
绍兴	Shaoxing	1.51	1.55	1.91	67	赣州	Ganzhou	1.98	2.06	2.14	58
金华	Jinhua	2.41	2.33	2.26	54	吉安	Jian	0.47	0.47	0.49	184
衢州	Quzhou	0.34	0.34	0.29	219	宜春	Yichun	0.71	0.82	0.87	141
舟山	Zhoushan	0.68	0.70	0.63	169	抚州	Fuzhou	0.76	1.03	1.06	119
台州	Taizhou	0.85	0.91	0.89	139	上饶	Shangrao	0.58	0.57	0.61	171
丽水	Lishui	1.10	1.06	1.04	123	**山东**	**Shandong**	**44.40**	**47.43**	**47.59**	
安徽	**Anhui**	**23.22**	**26.55**	**28.01**		济南	Jinan	13.56	14.82	13.11	8
合肥	Hefei	9.69	11.37	11.84	10	青岛	Qingdao	7.05	7.98	7.90	18
芜湖	Wuhu	2.83	3.26	3.32	32	淄博	Zibo	2.85	3.17	2.96	40
蚌埠	Bengbu	1.37	1.47	1.56	85	枣庄	Zaozhuang	0.67	0.63	0.74	155
淮南	Huainan	1.48	1.71	1.71	78	东营	Dongying	1.31	0.92	0.86	142
马鞍山	Maanshan	0.93	1.12	1.20	104	烟台	Yantai	3.44	4.35	4.49	25
淮北	Huaibei	0.78	0.90	0.91	134	潍坊	Weifang	3.78	3.79	3.72	29
铜陵	Tongling	0.73	0.70	0.79	150	济宁	Jining	2.64	2.11	2.27	53
安庆	Anqing	0.79	1.03	1.13	111	泰安	Taian	2.41	2.58	2.82	43
黄山	Huangshan	0.34	0.38	0.43	192	威海	Weihai	1.70	1.76	1.84	70
滁州	Chuzhou	1.01	1.10	1.17	107	日照	Rizhao	1.42	1.67	1.64	81
阜阳	Fuyang	0.66	0.89	0.98	127	莱芜	Laiwu	0.41	0.35	0.27	225
宿州	Suzhou	0.53	0.61	0.68	161	临沂	Linyi	1.59	1.73	1.80	74
六安	Liuan	0.79	0.98	1.11	114	德州	Dezhou	1.32	1.21	1.15	109
亳州	Bozhou	0.25	0.31	0.36	205	聊城	Liaocheng	1.47	1.45	1.70	79

16-15 普通高等学校毕业生数 续表 2
Graduates from Regular Institutions of Higher Education continued 2

单位：万人 （10 000 persons）

地名	City	2010	2012	2013	2013 排名 Ranking	地名	City	2010	2012	2013	2013 排名 Ranking
滨州	Binzhou	1.46	1.39	1.36	96	常德	Changde	0.95	1.05	1.05	122
菏泽	Heze	0.87	1.01	1.13	111	张家界	Zhangjiajie	0.31	0.41	0.34	211
河南	**Henan**	**38.25**	**43.53**	**45.02**		益阳	Yiyang	0.71	0.90	0.80	148
郑州	Zhengzhou	17.44	19.30	19.83	4	郴州	Chenzhou	0.51	0.55	0.52	181
开封	Kaifeng	2.02	2.15	2.34	52	永州	Yongzhou	0.68	0.71	0.76	152
洛阳	Luoyang	2.21	2.32	2.18	56	怀化	Huaihua	0.72	0.85	0.80	148
平顶山	Pingdingshan	1.64	1.95	1.82	72	娄底	Loudi	0.64	0.73	0.71	158
安阳	Anyang	1.02	1.32	1.47	92	**广东**	**Guangdong**	**33.42**	**40.40**	**41.23**	
鹤壁	Hebi	0.24	0.34	0.35	208	广州	Guangzhou	20.40	23.69	24.08	1
新乡	Xinxiang	2.75	3.02	3.10	37	韶关	Shaoguan	1.00	0.89	0.85	143
焦作	Jiaozuo	1.60	2.01	2.21	55	深圳	Shenzhen	1.80	1.83	1.86	69
濮阳	Puyang	0.37	0.40	0.41	200	珠海	Zhuhai	2.07	2.73	2.80	44
许昌	Xuchang	0.83	1.11	1.02	126	汕头	Shantou	0.21	0.25	0.27	225
漯河	Luohe	0.86	0.84	1.11	114	佛山	Foshan	1.27	1.15	1.27	101
三门峡	Sanmenxia	0.41	0.56	0.51	182	江门	Jiangmen	0.50	0.74	0.72	157
南阳	Nanyang	1.90	2.11	2.00	62	湛江	Zhanjiang	2.52	1.78	1.90	68
商丘	Shangqiu	2.29	2.53	2.65	45	茂名	Maoming	0.70	0.78	0.79	150
信阳	Xinyang	1.25	1.52	1.63	82	肇庆	Zhaoqing	1.25	1.91	2.18	56
周口	Zhoukou	0.63	1.16	1.32	99	惠州	Huizhou	0.19	0.56	0.61	171
驻马店	Zhumadian	0.49	0.55	0.64	166	梅州	Meizhou	0.43	0.61	0.64	166
湖北	**Hubei**	**35.97**	**35.30**	**36.16**		汕尾	Shanwei	0.17	0.17	0.17	244
武汉	Wuhan	22.12	24.07	22.73	2	河源	Heyuan	0.24	0.40	0.41	200
黄石	Huangshi	1.06	1.04	0.90	138	阳江	Yangjiang	0.23	0.16	0.23	231
十堰	Shiyan	0.86	1.21	1.23	103	清远	Qingyuan	0.25	0.27	0.29	219
宜昌	Yichang	1.31	1.37	1.34	98	东莞	Dongguan	0.81	1.26	1.16	108
襄阳	Xiangyang	1.40	1.44	1.12	113	中山	Zhongshan	0.90	1.07	0.96	130
鄂州	Ezhou	0.26	0.34	0.42	195	潮州	Chaozhou	0.34	0.46	0.42	195
荆门	Jingmen	0.54	0.59	0.53	179	揭阳	Jieyang	0.37	0.25	0.27	225
孝感	Xiaogan	1.00	0.76	1.75	76	云浮	Yunfu	0.16	0.27	0.28	223
荆州	Jingzhou	3.27	3.07	3.00	39	**广西**	**Guangxi**	**13.81**	**16.22**	**16.95**	
黄冈	Huanggang	1.27	1.30	1.41	94	南宁	Nanning	6.74	7.67	8.70	17
咸宁	Xianning	1.52	1.20	1.35	97	柳州	Liuzhou	1.28	1.66	1.80	74
随州	Suizhou	0.20	0.30	0.17	244	桂林	Guilin	3.21	3.81	4.05	28
湖南	**Hunan**	**27.53**	**30.68**	**29.44**		梧州	Wuzhou	0.25	0.40	0.35	208
长沙	Changsha	14.16	15.10	14.26	6	北海	Beihai	0.55	0.99	0.82	147
株洲	Zhuzhou	1.81	2.08	1.97	64	防城港	Fangchenggang				
湘潭	Xiangtan	2.78	2.96	3.07	38	钦州	Qinzhou	0.60	0.35	0.43	192
衡阳	Hengyang	2.19	2.74	2.62	46	贵港	Guigang	0.07	0.07	0.03	264
邵阳	Shaoyang	0.58	0.74	0.83	146	玉林	Yulin	0.31	0.37	0.38	204
岳阳	Yueyang	0.98	1.12	1.06	119	百色	Baise			0.56	176

16-15 普通高等学校毕业生数 续表 3

Graduates from Regular Institutions of Higher Education continued 3

单位：万人 （10 000 persons）

地名	City	2010	2012	2013	2013 排名 Ranking
贺州	Hezhou	0.19	0.18	0.26	228
河池	Hechi	0.30	0.34	0.28	223
来宾	Laibin	0.21	0.19	0.20	239
崇左	Chongzuo	0.55	0.73	0.85	143
海南	**Hainan**	**3.68**	**4.09**	**4.38**	
海口	Haikou	2.65	2.79	2.89	42
三亚	Sanya	0.50	0.95	1.09	118
三沙	Sansha				
重庆	**Chongqing**	**13.32**	**13.76**	**14.87**	
四川	**Sichuan**	**27.86**	**28.68**	**31.84**	
成都	Chengdu	15.62	16.25	17.84	5
自贡	Zigong	0.77	0.81	0.85	143
攀枝花	Panzhihua	0.47	0.54	0.56	176
泸州	Luzhou	1.08	0.99	1.03	125
德阳	Deyang	1.35	1.34	1.57	84
绵阳	Mianyang	1.86	2.02	2.54	48
广元	Guangyuan	0.11	0.13	0.11	253
遂宁	Suining	0.31	0.28	0.35	208
内江	Neijiang	0.55	0.56	0.59	174
乐山	Leshan	0.85	1.01	1.06	119
南充	Nanchong	1.71	1.40	1.58	83
眉山	Meishan	0.33	0.39	0.44	191
宜宾	Yibin	0.59	0.59	0.65	165
广安	Guangan	0.13	0.14	0.21	234
达州	Dazhou	0.54	0.53	0.53	179
雅安	Yaan	0.87	0.94	1.10	116
巴中	Bazhong				
资阳	Ziyang				
贵州	**Guizhou**	**7.48**	**8.53**	**8.81**	
贵阳	Guiyang	6.30	6.93	5.40	23
六盘水	Liupanshui	0.28	0.17	0.21	234
遵义	Zunyi	1.08	1.21	0.98	127
安顺	Anshun	0.33	0.41	0.34	211
毕节	Bijie	0.16	0.36	0.33	214
铜仁	Tongren	0.29	0.36	0.40	202
云南	**Yunnan**	**9.34**	**11.89**	**12.79**	
昆明	Kunming	6.56	8.09	8.79	16
曲靖	Qujing	0.37	0.60	0.64	166
玉溪	Yuxi	0.35	0.33	0.34	211
保山	Baoshan	0.30	0.27	0.25	230
昭通	Zhaotong	0.19	0.23	0.26	228
丽江	Lijiang			0.48	186
普洱	Puer	0.23	0.29	0.29	219
临沧	Lincang	0.15	0.19	0.19	242
西藏	**Tibet**	**0.83**	**0.86**	**0.91**	
拉萨	Lasa	0.72	0.61	0.67	163
陕西	**Shaanxi**	**23.55**	**26.53**	**25.38**	
西安	Xi'an				
铜川	Tongchuan				
宝鸡	Baoji				
咸阳	Xianyang				
渭南	Weinan				
延安	Yan'an				
汉中	Hanzhong				
榆林	Yulin				
安康	Ankang				
商洛	Shangluo				
甘肃	**Gansu**	**9.22**	**10.30**	**10.92**	
兰州	Lanzhou	6.24	7.27	7.70	20
嘉峪关	Jiayuguan	0.09	0.08	0.10	255
金昌	Jinchang				
白银	Baiyin		0.03	0.04	261
天水	Tianshui	0.90	0.92	0.96	130
武威	Wuwei	0.25	0.37	0.45	189
张掖	Zhangye	0.41	0.47	0.45	189
平凉	Pingliang	0.19	0.20	0.22	233
酒泉	Jiuquan	0.15	0.19	0.21	234
庆阳	Qingyang	0.30	0.29	0.30	218
定西	Dingxi	0.18	0.14	0.14	249
陇南	Longnan	0.15	0.16	0.15	248
青海	**Qinghai**	**1.50**	**1.17**	**1.24**	
西宁	Xining	1.50	1.64	1.73	77
海东	Haidong				
宁夏	**Ningxia**	**2.10**	**2.07**	**2.22**	
银川	Yinchuan	1.51	1.73		
石嘴山	Shizuishan	0.11	0.11		
吴忠	Wuzhong	0.06	0.06		
固原	Guyuan		0.17		
中卫	Zhongwei				
新疆	**Xinjiang**	**6.35**	**6.46**	**7.00**	
乌鲁木齐	Urumqi	3.94	3.74	4.08	27
克拉玛依	Karamay	0.15	0.11	0.13	251

16-16 医院、卫生院数
Number of Hospitals and Health centers

单位：个 （unit）

地名	City	2015	2016	2016 排名 Ranking
全国	**Nation Total**	**63232**		
北京	**Beijing**	**701**	**713**	
天津	**Tianjin**	**661**	**571**	
河北	**Hebei**	**3507**		
石家庄	Shijiazhuang	393	425	15
唐山	Tangshan	350	351	31
秦皇岛	Qinhuangdao	143	143	190
邯郸	Handan	398	408	18
邢台	Xingtai	316	330	38
保定	Baoding	595	605	8
张家口	Zhangjiakou	289	348	32
承德	Chengde	251	251	85
沧州	Cangzhou	320	319	47
廊坊	Langfang	223	227	99
衡水	Hengshui	229	226	100
山西	**Shanxi**	**3764**		
太原	Taiyuan	247	245	89
大同	Datong	254	287	62
阳泉	Yangquan	82	83	248
长治	Changzhi	248	251	85
晋城	Jincheng	177	176	146
朔州	Shuozhou	154	155	176
晋中	Jinzhong	257	267	78
运城	Yuncheng	440	446	14
忻州	Xinzhou	872	299	54
临汾	Linfen	327	343	34
吕梁	Lvliang	706	994	3
内蒙古	**Inner Mongolia**	**1535**		
呼和浩特	Hohhot	174	185	130
包头	Baotou	127	137	199
乌海	Wuhai	28	28	282
赤峰	Chifeng	328	326	42
通辽	Tongliao	79	198	117
鄂尔多斯	Erdos	176	175	149
呼伦贝尔	Hulunbuir	232	221	107
巴彦淖尔	Bayannur	163	163	163
乌兰察布	Ulanqab	228	226	100
辽宁	**Liaoning**	**2135**		
沈阳	Shenyang	327	383	25
大连	Dalian	304	315	49
鞍山	Anshan	162	174	151
抚顺	Fushun	105	112	223
本溪	Benxi	69	75	256
丹东	Dandong	122	122	213
锦州	Jinzhou	136	143	190
营口	Yingkou	129	176	146
阜新	Fuxin	115	116	217
辽阳	Liaoyang	95	102	231
盘锦	Panjin	74	87	244
铁岭	Tieling	137	138	197
朝阳	Chaoyang	195	212	113
葫芦岛	Huludao	165	150	182
吉林	**Jilin**	**1258**		
长春	Changchun	301	297	55
吉林	Jilin	232	236	92
四平	Siping	153	163	163
辽源	Liaoyuan	60	64	264
通化	Tonghua	151	153	177
白山	Baishan	102	102	231
松原	Songyuan	128	138	197
白城	Baicheng	131	134	204
黑龙江	**Heilongjiang**	**2655**		
哈尔滨	Harbin	462	471	12
齐齐哈尔	Qiqihar	988	988	4
鸡西	Jixi	120	123	211
鹤岗	Hegang	72	69	262
双鸭山	Shuangyashan	54	51	275
大庆	Daqing	162	174	151
伊春	Yichun	54	54	271
佳木斯	Jiamusi	175	185	130
七台河	Qitaihe	47	46	276
牡丹江	Mudanjiang	151	146	185
黑河	Heihe	146	136	201
绥化	Suihua	224	222	103
上海	**Shanghai**	**644**	**656**	
江苏	**Jiangsu**	**2616**		

16-16 医院、卫生院数 续表 1
Number of Hospials and Health centers continued 1

单位：个 （unit）

地名	City	2015	2016	2016 排名 Ranking	地名	City	2015	2016	2016 排名 Ranking
南京	Nanjing	213	225	102	池州	Chizhou	91	88	243
无锡	Wuxi	179	191	123	宣城	Xuancheng	124	123	211
徐州	Xuzhou	283	291	59	**福建**	**Fujian**	**1439**		
常州	Changzhou	107	114	221	福州	Fuzhou	232	230	96
苏州	Suzhou	271	283	67	厦门	Xiamen	58	60	268
南通	Nantong	306	321	45	莆田	Putian	93	93	240
连云港	Lianyungang	161	171	155	三明	Sanming	165	165	160
淮安	Huaian	184	185	130	泉州	Quanzhou	248	258	83
盐城	Yancheng	284	286	63	漳州	Zhangzhou	178	179	142
扬州	Yangzhou	136	142	192	南平	Nanping	159	164	161
镇江	Zhenjiang	91	97	236	龙岩	Longyan	157	158	174
泰州	Taizhou	177	183	134	宁德	Ningde	149	150	182
宿迁	Suqian	224	231	95	**江西**	**Jiangxi**	**2159**		
浙江	**Zhejiang**	**2439**			南昌	Nanchang	195	194	120
杭州	Hangzhou	333	365	28	景德镇	Jingdezhen	73	73	258
宁波	Ningbo	243	251	85	萍乡	Pingxiang	81	81	250
温州	Wenzhou	394	403	19	九江	Jiujiang	259	259	81
嘉兴	Jiaxing	1366	144	188	新余	Xinyu	47	46	276
湖州	Huzhou	124	146	185	鹰潭	Yingtan	60	62	266
绍兴	Shaoxing	182	193	121	赣州	Ganzhou	381	423	16
金华	Jinhua	279	282	69	吉安	Jian	280	283	67
衢州	Quzhou	180	183	134	宜春	Yichun	220	220	109
舟山	Zhoushan	67	68	263	抚州	Fuzhou	210	222	103
台州	Taizhou	262	271	74	上饶	Shangrao	353	402	20
丽水	Lishui	239	243	90	**山东**	**Shandong**	**3656**		
安徽	**Anhui**	**2616**			济南	Jinan	269	270	76
合肥	Hefei	470	462	13	青岛	Qingdao	308	322	43
芜湖	Wuhu	137	140	193	淄博	Zibo	226	230	96
蚌埠	Bengbu	141	137	199	枣庄	Zaozhuang	113	118	216
淮南	Huainan	113	156	175	东营	Dongying	106	104	229
马鞍山	Maanshan	98	97	236	烟台	Yantai	272	276	71
淮北	Huaibei	101	98	234	潍坊	Weifang	299	315	49
铜陵	Tongling	32	62	266	济宁	Jining	294	305	52
安庆	Anqing	224	196	118	泰安	Taian	167	168	157
黄山	Huangshan	132	132	206	威海	Weihai	93	94	239
滁州	Chuzhou	161	162	170	日照	Rizhao	84	87	244
阜阳	Fuyang	261	270	76	莱芜	Laiwu	43	42	278
宿州	Suzhou	181	185	130	临沂	Linyi	343	346	33
六安	Liuan	203	163	163	德州	Dezhou	218	220	109
亳州	Bozhou	147	152	178	聊城	Liaocheng	325	330	38

16-16 医院、卫生院数 续表 2

Number of Hospials and Health centers continued 2

单位：个 （unit）

地名	City	2015	2016	2016 排名 Ranking	地名	City	2015	2016	2016 排名 Ranking
滨州	Binzhou	175	178	143	常德	Changde	306	295	58
菏泽	Heze	321	338	36	张家界	Zhangjiajie	118	120	214
河南	**Henan**	**3613**			益阳	Yiyang	159	168	157
郑州	Zhengzhou	312	317	48	郴州	Chenzhou	339	342	35
开封	Kaifeng	178	181	140	永州	Yongzhou	315	320	46
洛阳	Luoyang	282	286	63	怀化	Huaihua	368	394	22
平顶山	Pingdingshan	214	218	112	娄底	Loudi	154	161	171
安阳	Anyang	160	195	119	**广东**	**Guangdong**	**2481**		
鹤壁	Hebi	59	60	268	广州	Guangzhou	259	273	73
新乡	Xinxiang	252	259	81	韶关	Shaoguan	161	160	172
焦作	Jiaozuo	131	174	151	深圳	Shenzhen	125	136	201
濮阳	Puyang	135	136	201	珠海	Zhuhai	54	53	272
许昌	Xuchang	165	188	127	汕头	Shantou	72	71	260
漯河	Luohe	101	101	233	佛山	Foshan	116	115	219
三门峡	Sanmenxia	132	128	207	江门	Jiangmen	42	41	279
南阳	Nanyang	386	368	27	湛江	Zhanjiang	187	187	129
商丘	Shangqiu	271	271	74	茂名	Maoming	159	163	163
信阳	Xinyang	271	277	70	肇庆	Zhaoqing	1466	148	184
周口	Zhoukou	314	322	43	惠州	Huizhou	145	144	188
驻马店	Zhumadian	250	308	51	梅州	Meizhou	165	163	163
湖北	**Hubei**	**2426**			汕尾	Shanwei	74	76	255
武汉	Wuhan	372	386	24	河源	Heyuan	130	115	219
黄石	Huangshi	72	71	260	阳江	Yangjiang	80	83	248
十堰	Shiyan	176	182	136	清远	Qingyuan	177	182	136
宜昌	Yichang	174	177	144	东莞	Dongguan	85	89	242
襄阳	Xiangyang	220	221	107	中山	Zhongshan	48	53	272
鄂州	Ezhou	479	489	11	潮州	Chaozhou	78	79	254
荆门	Jingmen	113	111	224	揭阳	Jieyang	105	114	221
孝感	Xiaogan	160	159	173	云浮	Yunfu	73	74	257
荆州	Jingzhou	177	182	136	**广西**	**Guangxi**	**1821**		
黄冈	Huanggang	285	286	63	南宁	Nanning	225	228	98
咸宁	Xianning	95	95	238	柳州	Liuzhou	162	163	163
随州	Suizhou	103	106	228	桂林	Guilin	200	203	116
湖南	**Hunan**	**3173**			梧州	Wuzhou	102	98	234
长沙	Changsha	284	286	63	北海	Beihai	52	52	274
株洲	Zhuzhou	161	163	163	防城港	Fangchenggang	41	41	279
湘潭	Xiangtan	109	108	226	钦州	Qinzhou	82	84	247
衡阳	Hengyang	322	330	38	贵港	Guigang	112	116	217
邵阳	Shaoyang	296	1115	1	玉林	Yulin	154	191	123
岳阳	Yueyang	242	241	91	百色	Baise	208	222	103

16-16 医院、卫生院数 续表 3
Number of Hospials and Health centers continued 3

单位：个 （unit）

地名	City	2015	2016	2016 排名 Ranking	地名	City	2015	2016	2016 排名 Ranking
贺州	Hezhou	86	80	252	丽江	Lijiang	87	87	244
河池	Hechi	179	180	141	普洱	Puer	139	139	195
来宾	Laibin	97	93	240	临沧	Lincang	126	134	204
崇左	Chongzuo	121	120	214	**西藏**	**Tibet**	**78**		
海南	**Hainan**	**623**			拉萨	Lasa	78	80	252
海口	Haikou	133	139	195	**陕西**	**Shaanxi**	**2953**		
三亚	Sanya	26	30	281	西安	Xi'an	395	392	23
三沙	Sansha	1	1	286	铜川	Tongchuan	74	81	250
重庆	**Chongqing**	**1568**	**1606**		宝鸡	Baoji	258	264	79
四川	**Sichuan**	**5147**			咸阳	Xianyang	357	365	28
成都	Chengdu	768	866	6	渭南	Weinan	663	663	7
自贡	Zigong	167	164	161	延安	Yan'an	222	222	103
攀枝花	Panzhihua	74	73	258	汉中	Hanzhong	265	276	71
泸州	Luzhou	238	251	85	榆林	Yulin	332	332	37
德阳	Deyang	198	211	114	安康	Ankang	216	220	109
绵阳	Mianyang	358	363	30	商洛	Shangluo	171	167	159
广元	Guangyuan	324	329	41	**甘肃**	**Gansu**	**2733**		
遂宁	Suining	175	176	146	兰州	Lanzhou	164	172	154
内江	Neijiang	187	189	126	嘉峪关	Jiayuguan	11	14	284
乐山	Leshan	302	300	53	金昌	Jinchang	25	25	283
南充	Nanchong	577	591	9	白银	Baiyin	106	107	227
眉山	Meishan	183	182	136	天水	Tianshui	168	169	156
宜宾	Yibin	266	290	60	武威	Wuwei	277	290	60
广安	Guangan	231	234	93	张掖	Zhangye	124	124	210
达州	Dazhou	383	380	26	平凉	Pingliang	146	146	185
雅安	Yaan	186	188	127	酒泉	Jiuquan	508	1000	2
巴中	Bazhong	283	296	57	庆阳	Qingyang	153	152	178
资阳	Ziyang	247	177	144	定西	Dingxi	175	175	149
贵州	**Guizhou**	**1705**			陇南	Longnan	876	234	93
贵阳	Guiyang	262	258	83	**青海**	**Qinghai**	**276**		
六盘水	Liupanshui	206	204	115	西宁	Xining	123	127	208
遵义	Zunyi	384	401	21	海东	Haidong	153	193	121
安顺	Anshun	148	152	178	**宁夏**	**Ningxia**	**1192**		
毕节	Bijie	499	500	10	银川	Yinchuan	92	104	229
铜仁	Tongren	206	260	80	石嘴山	Shizuishan	55	58	270
云南	**Yunnan**	**1474**			吴忠	Wuzhong	873	906	5
昆明	Kunming	392	414	17	固原	Guyuan	109	109	225
曲靖	Qujing	196	191	123	中卫	Zhongwei	63	64	264
玉溪	Yuxi	140	140	193	**新疆**	**Xinjiang**	**184**		
保山	Baoshan	119	126	209	乌鲁木齐	Urumqi	175	152	178
昭通	Zhaotong	275	297	55	克拉玛依	Karamay	9	9	285

16-17 医院、卫生院床位数
Number of Beds of Hospitals and Health Centers

单位：张　　(bed)

地名	City	2015	2016	2016 排名 Ranking
全国	**Nation Total**	**6193214**		
北京	**Beijing**	**104644**	**110021**	
天津	**Tianjin**	**62495**	**61764**	
河北	**Hebei**	**319682**		
石家庄	Shijiazhuang	46744	49573	13
唐山	Tangshan	37631	38587	32
秦皇岛	Qinhuangdao	15210	15450	165
邯郸	Handan	41040	44532	21
邢台	Xingtai	29512	31465	56
保定	Baoding	45300	47299	17
张家口	Zhangjiakou	19790	22151	98
承德	Chengde	17215	18791	129
沧州	Cangzhou	32452	34257	44
廊坊	Langfang	18073	19385	117
衡水	Hengshui	16715	18331	132
山西	**Shanxi**	**175695**		
太原	Taiyuan	35547	36559	37
大同	Datong	16426	18103	133
阳泉	Yangquan	6773	7065	260
长治	Changzhi	16083	16133	151
晋城	Jincheng	10126	10611	223
朔州	Shuozhou	6903	7299	258
晋中	Jinzhong	14668	15501	162
运城	Yuncheng	27607	27574	70
忻州	Xinzhou	12802	11274	218
临汾	Linfen	17534	18829	127
吕梁	Lvliang	11226	12202	204
内蒙古	**Inner Mongolia**	**110664**		
呼和浩特	Hohhot	16777	17775	137
包头	Baotou	14756	15825	154
乌海	Wuhai	3083	3203	282
赤峰	Chifeng	23999	23889	92
通辽	Tongliao	11507	12370	201
鄂尔多斯	Erdos	10217	11022	220
呼伦贝尔	Hulunbuir	14091	13606	186
巴彦淖尔	Bayannur	8426	8865	236
乌兰察布	Ulanqab	7808	7810	248
辽宁	**Liaoning**	**255077**		
沈阳	Shenyang	58959	61894	8
大连	Dalian	41569	42301	24
鞍山	Anshan	20337	20807	106
抚顺	Fushun	12315	13187	189
本溪	Benxi	10654	11415	216
丹东	Dandong	14878	14293	178
锦州	Jinzhou	14668	15583	161
营口	Yingkou	11581	13642	185
阜新	Fuxin	10910	11411	217
辽阳	Liaoyang	12533	12917	191
盘锦	Panjin	8218	9184	233
铁岭	Tieling	11457	11458	215
朝阳	Chaoyang	15426	16483	149
葫芦岛	Huludao	11572	12050	207
吉林	**Jilin**	**125175**		
长春	Changchun	45787	47129	18
吉林	Jilin	24449	26209	79
四平	Siping	13754	15331	169
辽源	Liaoyuan	5655	6140	265
通化	Tonghua	12257	12350	202
白山	Baishan	7781	8276	239
松原	Songyuan	8450	8795	237
白城	Baicheng	7042	7331	256
黑龙江	**Heilongjiang**	**206458**		
哈尔滨	Harbin	72951	71181	5
齐齐哈尔	Qiqihar	25703	26075	80
鸡西	Jixi	11315	11735	212
鹤岗	Hegang	8150	7958	244
双鸭山	Shuangyashan	9299	7213	259
大庆	Daqing	16015	17025	144
伊春	Yichun	6635	6452	262
佳木斯	Jiamusi	13923	14942	173
七台河	Qitaihe	3785	4189	278
牡丹江	Mudanjiang	16868	17764	139
黑河	Heihe	7960	8344	238
绥化	Suihua	13854	16414	150
上海	**Shanghai**	**120625**	**126838**	
江苏	**Jiangsu**	**222228**		

16-17 医院、卫生院床位数 续表 1

Number of Beds of Hospitals and Health Centers continued 1

单位：张 (bed)

地名	City	2015	2016	2016 排名 Ranking
南京	Nanjing	41987	45195	20
无锡	Wuxi	20773	36150	39
徐州	Xuzhou	24554	48926	14
常州	Changzhou	19975	23408	94
苏州	Suzhou	56894	60847	9
南通	Nantong	35042	38154	34
连云港	Lianyungang	17372	21446	103
淮安	Huaian	23955	25500	83
盐城	Yancheng	35642	37139	36
扬州	Yangzhou	17864	18421	131
镇江	Zhenjiang	12392	12714	194
泰州	Taizhou	20295	21865	99
宿迁	Suqian	23188	25266	84
浙江	**Zhejiang**	**261571**		
杭州	Hangzhou	58982	64557	7
宁波	Ningbo	31700	33412	49
温州	Wenzhou	35182	35086	42
嘉兴	Jiaxing	22148	23283	95
湖州	Huzhou	13254	12836	193
绍兴	Shaoxing	23159	25225	85
金华	Jinhua	25372	26930	75
衢州	Quzhou	10916	11948	210
舟山	Zhoushan	5500	4970	274
台州	Taizhou	23723	25656	82
丽水	Lishui	11635	12383	200
安徽	**Anhui**	**254656**		
合肥	Hefei	42113	43880	22
芜湖	Wuhu	17986	18486	130
蚌埠	Bengbu	17343	17812	135
淮南	Huainan	11913	15817	156
马鞍山	Maanshan	7995	8075	241
淮北	Huaibei	11065	10613	222
铜陵	Tongling	5197	7874	247
安庆	Anqing	18683	17405	142
黄山	Huangshan	6429	7364	255
滁州	Chuzhou	15226	16598	148
阜阳	Fuyang	29956	34153	46
宿州	Suzhou	18848	20168	115
六安	Liuan	19381	17516	141
亳州	Bozhou	15864	16976	145
池州	Chizhou	6096	5945	267
宣城	Xuancheng	10561	11192	219
福建	**Fujian**	**165959**		
福州	Fuzhou	30946	31637	55
厦门	Xiamen	13380	13971	181
莆田	Putian	13168	13968	182
三明	Sanming	12551	12692	195
泉州	Quanzhou	33173	35171	41
漳州	Zhangzhou	18942	20387	113
南平	Nanping	15959	15045	172
龙岩	Longyan	15690	15628	160
宁德	Ningde	12150	12179	205
江西	**Jiangxi**	**183760**		
南昌	Nanchang	27879	28477	65
景德镇	Jingdezhen	7021	7778	249
萍乡	Pingxiang	9564	10345	228
九江	Jiujiang	20002	20631	109
新余	Xinyu	4736	5114	272
鹰潭	Yingtan	4723	4997	273
赣州	Ganzhou	36171	38687	31
吉安	Jian	19660	20661	108
宜春	Yichun	20104	21218	104
抚州	Fuzhou	10583	12658	196
上饶	Shangrao	23317	25080	86
山东	**Shandong**	**481205**		
济南	Jinan	45195	47524	15
青岛	Qingdao	45066	47309	16
淄博	Zibo	26639	27471	71
枣庄	Zaozhuang	17932	18994	123
东营	Dongying	12017	12050	207
烟台	Yantai	37177	37507	35
潍坊	Weifang	44667	46323	19
济宁	Jining	44367	42356	23
泰安	Taian	26210	27691	67
威海	Weihai	15737	15494	163
日照	Rizhao	11856	12002	209
莱芜	Laiwu	5876	6043	266
临沂	Linyi	48101	50085	12
德州	Dezhou	20772	21648	101
聊城	Liaocheng	25049	27308	73

16-17 医院、卫生院床位数 续表 2
Number of Beds of Hospitals and Health Centers continued 2

单位：张 (bed)

地名	City	2015	2016	2016 排名 Ranking	地名	City	2015	2016	2016 排名 Ranking
滨州	Binzhou	18744	18858	125	常德	Changde	29408	31211	58
菏泽	Heze	35800	40597	26	张家界	Zhangjiajie	7266	7739	251
河南	**Henan**	**450561**			益阳	Yiyang	19338	21625	102
郑州	Zhengzhou	73539	80925	2	郴州	Chenzhou	24623	29485	62
开封	Kaifeng	23164	19298	119	永州	Yongzhou	30929	33859	48
洛阳	Luoyang	36896	41943	25	怀化	Huaihua	27293	29703	60
平顶山	Pingdingshan	26507	27006	74	娄底	Loudi	19273	21787	100
安阳	Anyang	23043	26346	78	**广东**	**Guangdong**	**398637**		
鹤壁	Hebi	7654	7683	252	广州	Guangzhou	75138	80767	3
新乡	Xinxiang	29755	32942	50	韶关	Shaoguan	14693	15429	167
焦作	Jiaozuo	16540	20360	114	深圳	Shenzhen	31506	38205	33
濮阳	Puyang	17737	18884	124	珠海	Zhuhai	7978	8217	240
许昌	Xuchang	17162	17783	136	汕头	Shantou	14641	15987	152
漯河	Luohe	12543	12543	198	佛山	Foshan	31266	32823	51
三门峡	Sanmenxia	12620	12624	197	江门	Jiangmen	14434	15487	164
南阳	Nanyang	37470	39760	29	湛江	Zhanjiang	28568	29595	61
商丘	Shangqiu	30604	31448	57	茂名	Maoming	24079	27617	68
信阳	Xinyang	21307	22551	97	肇庆	Zhaoqing	13859	14846	174
周口	Zhoukou	34731	36289	38	惠州	Huizhou	18937	19383	118
驻马店	Zhumadian	29289	35261	40	梅州	Meizhou	14322	15144	171
湖北	**Hubei**	**281853**			汕尾	Shanwei	7207	7763	250
武汉	Wuhan	71776	78896	4	河源	Heyuan	9881	9034	234
黄石	Huangshi	13233	15400	168	阳江	Yangjiang	9912	10402	227
十堰	Shiyan	26557	25695	81	清远	Qingyuan	13842	14489	176
宜昌	Yichang	24008	24949	87	东莞	Dongguan	26715	27450	72
襄阳	Xiangyang	31458	32107	54	中山	Zhongshan	13259	13656	184
鄂州	Ezhou	5306	5804	268	潮州	Chaozhou	6270	6354	263
荆门	Jingmen	15579	15743	157	揭阳	Jieyang	14357	15685	159
孝感	Xiaogan	18124	18856	126	云浮	Yunfu	7773	7897	246
荆州	Jingzhou	24500	26751	76	**广西**	**Guangxi**	**202882**		
黄冈	Huanggang	29696	34031	47	南宁	Nanning	37964	39984	27
咸宁	Xianning	11589	13716	183	柳州	Liuzhou	20460	21191	105
随州	Suizhou	10027	10431	226	桂林	Guilin	17916	19062	121
湖南	**Hunan**	**347077**			梧州	Wuzhou	12082	12495	199
长沙	Changsha	59927	64805	6	北海	Beihai	7974	8052	243
株洲	Zhuzhou	23252	24256	90	防城港	Fangchenggang	3955	3828	279
湘潭	Xiangtan	15622	16757	147	钦州	Qinzhou	13486	14128	179
衡阳	Hengyang	37659	39300	30	贵港	Guigang	13737	14344	177
邵阳	Shaoyang	32998	34165	45	玉林	Yulin	20816	10219	229
岳阳	Yueyang	19489	27589	69	百色	Baise	15348	17237	143

16-17 医院、卫生院床位数 续表 3
Number of Beds of Hospitals and Health Centers continued 3

单位：张 （bed）

地名	City	2015	2016	2016 排名 Ranking	地名	City	2015	2016	2016 排名 Ranking
贺州	Hezhou	7404	7314	257	丽江	Lijiang	4593	5279	271
河池	Hechi	14667	15432	166	普洱	Puer	9457	10459	225
来宾	Laibin	9414	9580	231	临沧	Lincang	9239	10509	224
崇左	Chongzuo	7659	7513	254	**西藏**	**Tibet**	**3233**		
海南	**Hainan**	**21226**			拉萨	Lasa	3233	3702	280
海口	Haikou	14469	13247	188	**陕西**	**Shaanxi**	**198881**		
三亚	Sanya	2949	3417	281	西安	Xi'an	51345	53008	11
三沙	Sansha	30	30	286	铜川	Tongchuan	4729	5484	270
重庆	**Chongqing**	**164368**	**177410**		宝鸡	Baoji	10732	22568	96
四川	**Sichuan**	**436969**			咸阳	Xianyang	27007	28302	66
成都	Chengdu	107839	121383	1	渭南	Weinan	19032	20572	111
自贡	Zigong	16634	17771	138	延安	Yan'an	12252	12983	190
攀枝花	Panzhihua	10097	9867	230	汉中	Hanzhong	20960	20580	110
泸州	Luzhou	22453	24777	88	榆林	Yulin	18301	19859	116
德阳	Deyang	19201	20394	112	安康	Ankang	12758	13976	180
绵阳	Mianyang	32110	32634	52	商洛	Shangluo	11765	11765	211
广元	Guangyuan	17171	18820	128	**甘肃**	**Gansu**	**108081**		
遂宁	Suining	16607	17562	140	兰州	Lanzhou	22409	24031	91
内江	Neijiang	20245	20688	107	嘉峪关	Jiayuguan	1527	1785	284
乐山	Leshan	17754	19187	120	金昌	Jinchang	2509	2649	283
南充	Nanchong	31046	34601	43	白银	Baiyin	7326	7628	253
眉山	Meishan	15335	15739	158	天水	Tianshui	11647	12151	206
宜宾	Yibin	25437	28562	64	武威	Wuwei	8698	9263	232
广安	Guangan	14127	15304	170	张掖	Zhangye	7852	7944	245
达州	Dazhou	22994	24322	89	平凉	Pingliang	11888	12251	203
雅安	Yaan	11584	11652	213	酒泉	Jiuquan	4283	6581	261
巴中	Bazhong	14780	15892	153	庆阳	Qingyang	8525	8977	235
资阳	Ziyang	21555	15823	155	定西	Dingxi	13150	13484	187
贵州	**Guizhou**	**138732**			陇南	Longnan	8267	8055	242
贵阳	Guiyang	29124	30540	59	**青海**	**Qinghai**	**23063**		
六盘水	Liupanshui	14075	16803	146	西宁	Xining	17749	18070	134
遵义	Zunyi	35488	39775	28	海东	Haidong	5314	4429	276
安顺	Anshun	10161	10657	221	**宁夏**	**Ningxia**	**33804**		
毕节	Bijie	31909	32349	53	银川	Yinchuan	14079	14729	175
铜仁	Tongren	17975	19008	122	石嘴山	Shizuishan	4664	4851	275
云南	**Yunnan**	**144162**			吴忠	Wuzhong	6033	6194	264
昆明	Kunming	51146	53117	10	固原	Guyuan	5104	5558	269
曲靖	Qujing	27002	29172	63	中卫	Zhongwei	3924	4325	277
玉溪	Yuxi	12436	12848	192	**新疆**	**Xinjiang**	**27088**		
保山	Baoshan	10757	11499	214	乌鲁木齐	Urumqi	25524	26734	77
昭通	Zhaotong	19532	23571	93	克拉玛依	Karamay	1564	1564	285

16-18 医生数（执业医师+执业助理医师）
Number of Doctors (Licensed Doctors Assistant Doctors)

单位：人 (person)

地名	City	2015	2016	2016 排名 Ranking	地名	City	2015	2016	2016 排名 Ranking
全国	**Nation Total**	**2873065**	**3191005**		沈阳	Shenyang	24797	26504	13
北京	**Beijing**	**96445**	**89411**		大连	Dalian	18727	19485	28
天津	**Tianjin**	**35871**	**37804**		鞍山	Anshan	5381	5548	194
河北	**Hebei**	**165519**	**177140**		抚顺	Fushun	5322	5561	193
石家庄	Shijiazhuang	29579	31781	6	本溪	Benxi	2640	2751	263
唐山	Tangshan	18303	18737	31	丹东	Dandong	5062	5413	197
秦皇岛	Qinhuangdao	8347	6023	176	锦州	Jinzhou	9343	9661	101
邯郸	Handan	17691	19834	26	营口	Yingkou	5236	5824	184
邢台	Xingtai	15131	16024	43	阜新	Fuxin	2925	3000	257
保定	Baoding	24250	25391	15	辽阳	Liaoyang	3986	4187	231
张家口	Zhangjiakou	7463	7786	139	盘锦	Panjin	3795	3862	237
承德	Chengde	8168	8496	126	铁岭	Tieling	5769	5916	180
沧州	Cangzhou	17612	18444	32	朝阳	Chaoyang	6443	6933	157
廊坊	Langfang	9434	9591	102	葫芦岛	Huludao	3274	4458	218
衡水	Hengshui	9541	7371	149	**吉林**	**Jilin**	**60787**	**69666**	
山西	**Shanxi**	**100550**	**91699**		长春	Changchun	20571	21251	23
太原	Taiyuan	20045	20835	24	吉林	Jilin	11499	12236	71
大同	Datong	9149	9389	107	四平	Siping	6721	6964	156
阳泉	Yangquan	2674	3843	238	辽源	Liaoyuan	2791	2818	262
长治	Changzhi	7977	8038	134	通化	Tonghua	5728	5935	178
晋城	Jincheng	8133	5532	195	白山	Baishan	3482	3566	244
朔州	Shuozhou	3513	2827	261	松原	Songyuan	5440	5674	189
晋中	Jinzhong	6819	6813	159	白城	Baicheng	4555	4633	215
运城	Yuncheng	11393	10937	84	**黑龙江**	**Heilongjiang**	**96052**	**84422**	
忻州	Xinzhou	13678	5877	182	哈尔滨	Harbin	23664	23819	19
临汾	Linfen	10512	10587	87	齐齐哈尔	Qiqihar	7280	9495	104
吕梁	Lvliang	6657	7268	153	鸡西	Jixi	3943	4387	223
内蒙古	**Inner Mongolia**	**56483**	**66391**		鹤岗	Hegang	2832	2887	260
呼和浩特	Hohhot	8882	9023	114	双鸭山	Shuangyashan	9356	8608	123
包头	Baotou	7752	8264	131	大庆	Daqing	20373	9668	100
乌海	Wuhai	1694	1646	281	伊春	Yichun	2518	2630	266
赤峰	Chifeng	11331	11494	74	佳木斯	Jiamusi	3903	4096	232
通辽	Tongliao	3466	5967	177	七台河	Qitaihe	1648	1605	282
鄂尔多斯	Erdos	7559	5109	206	牡丹江	Mudanjiang	5475	7475	145
呼伦贝尔	Hulunbuir	7345	7544	143	黑河	Heihe	7920	3029	256
巴彦淖尔	Bayannur	4439	4582	217	绥化	Suihua	7140	7372	148
乌兰察布	Ulanqab	4015	3681	243	**上海**	**Shanghai**	**50580**	**65386**	
辽宁	**Liaoning**	**102697**	**109800**		**江苏**	**Jiangsu**	**189216**	**204647**	

16-18 医生数（执业医师+执业助理医师） 续表 1
Number of Doctors (Licensed Doctors+Assistant Doctors) continued 1

单位：人 (person)

地名	City	2015	2016	2016 排名 Ranking	地名	City	2015	2016	2016 排名 Ranking
南京	Nanjing	22307	25272	16	池州	Chizhou	2859	2637	265
无锡	Wuxi	16632	18107	34	宣城	Xuancheng	5045	5151	203
徐州	Xuzhou	20172	21836	22	**福建**	**Fujian**	**77463**	**79685**	
常州	Changzhou	12009	12447	68	福州	Fuzhou	18307	18841	30
苏州	Suzhou	26197	27667	10	厦门	Xiamen	9953	11119	81
南通	Nantong	16790	17967	35	莆田	Putian	4879	5244	201
连云港	Lianyungang	8701	10979	82	三明	Sanming	4954	5033	207
淮安	Huaian	12037	12385	70	泉州	Quanzhou	14010	14935	48
盐城	Yancheng	17767	18124	33	漳州	Zhangzhou	9412	9946	98
扬州	Yangzhou	9826	10405	93	南平	Nanping	5205	5002	208
镇江	Zhenjiang	7658	7884	137	龙岩	Longyan	5660	5859	183
泰州	Taizhou	10176	11287	77	宁德	Ningde	5083	5240	202
宿迁	Suqian	8944	10327	94	**江西**	**Jiangxi**	**74135**	**79187**	
浙江	**Zhejiang**	**158842**	**168178**		南昌	Nanchang	12875	13139	59
杭州	Hangzhou	34832	38172	3	景德镇	Jingdezhen	3352	4783	213
宁波	Ningbo	21937	22941	20	萍乡	Pingxiang	4273	4413	220
温州	Wenzhou	24310	24976	17	九江	Jiujiang	6328	9399	106
嘉兴	Jiaxing	9837	10408	92	新余	Xinyu	2451	2478	268
湖州	Huzhou	7370	7619	140	鹰潭	Yingtan	2346	2446	269
绍兴	Shaoxing	12911	14171	51	赣州	Ganzhou	11685	12495	67
金华	Jinhua	14756	15630	47	吉安	Jian	7694	7619	140
衢州	Quzhou	7023	6780	160	宜春	Yichun	7863	7971	135
舟山	Zhoushan	3328	6327	167	抚州	Fuzhou	4872	5308	200
台州	Taizhou	15723	16637	41	上饶	Shangrao	10396	10552	89
丽水	Lishui	6815	7271	152	**山东**	**Shandong**	**240534**	**244900**	
安徽	**Anhui**	**107792**	**112741**		济南	Jinan	32592	34386	5
合肥	Hefei	17730	19285	29	青岛	Qingdao	26270	27675	9
芜湖	Wuhu	7558	7940	136	淄博	Zibo	13366	13851	54
蚌埠	Bengbu	6180	6460	165	枣庄	Zaozhuang	8197	8826	115
淮南	Huainan	5178	6249	170	东营	Dongying	4597	6296	169
马鞍山	Maanshan	4362	4402	221	烟台	Yantai	16955	17597	37
淮北	Huaibei	4188	4283	229	潍坊	Weifang	23456	23854	18
铜陵	Tongling	2218	3314	248	济宁	Jining	19704	20415	25
安庆	Anqing	8753	8090	132	泰安	Taian	12537	13007	61
黄山	Huangshan	3202	3273	250	威海	Weihai	7188	7545	142
滁州	Chuzhou	6134	6314	168	日照	Rizhao	5472	5780	186
阜阳	Fuyang	11430	13181	58	莱芜	Laiwu	3139	3219	252
宿州	Suzhou	8400	8701	118	临沂	Linyi	17447	17724	36
六安	Liuan	9137	8626	122	德州	Dezhou	11617	11940	72
亳州	Bozhou	5418	5663	190	聊城	Liaocheng	10669	11386	76

16-18 医生数（执业医师+执业助理医师） 续表 2

Number of Doctors (Licensed Doctors+Assistant Doctors) continued 2

单位：人 (person)

地名	City	2015	2016	2016 排名 Ranking
滨州	Binzhou	8852	9197	112
菏泽	Heze	18476	19515	27
河南	**Henan**	**186149**	**206747**	
郑州	Zhengzhou	24449	27251	12
开封	Kaifeng	7822	10287	95
洛阳	Luoyang	16162	16800	39
平顶山	Pingdingshan	10614	10807	85
安阳	Anyang	11424	12422	69
鹤壁	Hebi	3546	3474	246
新乡	Xinxiang	9677	13813	55
焦作	Jiaozuo	8994	8792	116
濮阳	Puyang	7253	7393	147
许昌	Xuchang	9262	9410	105
漯河	Luohe	5679	5679	188
三门峡	Sanmenxia	5218	5428	196
南阳	Nanyang	16186	15756	45
商丘	Shangqiu	13671	13954	52
信阳	Xinyang	8881	9347	108
周口	Zhoukou	15046	15736	46
驻马店	Zhumadian	12265	13904	53
湖北	**Hubei**	**121738**	**141741**	
武汉	Wuhan	32888	34730	4
黄石	Huangshi	5232	5334	198
十堰	Shiyan	9216	9312	110
宜昌	Yichang	10089	10459	91
襄阳	Xiangyang	12802	13234	57
鄂州	Ezhou	2359	2191	275
荆门	Jingmen	6820	7278	151
孝感	Xiaogan	8203	8485	127
荆州	Jingzhou	10962	12695	64
黄冈	Huanggang	12654	12859	63
咸宁	Xianning	6514	6720	161
随州	Suizhou	3999	4218	230
湖南	**Hunan**	**140290**	**160627**	
长沙	Changsha	25599	27271	11
株洲	Zhuzhou	8453	8562	125
湘潭	Xiangtan	6346	6903	158
衡阳	Hengyang	17517	17100	38
邵阳	Shaoyang	8476	9037	113
岳阳	Yueyang	12352	14312	50
常德	Changde	12620	13347	56
张家界	Zhangjiajie	3088	3175	253
益阳	Yiyang	9921	10570	88
郴州	Chenzhou	9752	10161	96
永州	Yongzhou	10535	11274	79
怀化	Huaihua	9615	10959	83
娄底	Loudi	6016	6341	166
广东	**Guangdong**	**220792**	**243224**	
广州	Guangzhou	42499	46791	2
韶关	Shaoguan	4713	4991	209
深圳	Shenzhen	29007	30559	7
珠海	Zhuhai	5442	5806	185
汕头	Shantou	8772	9341	109
佛山	Foshan	15427	16534	42
江门	Jiangmen	8927	9298	111
湛江	Zhanjiang	8188	8422	128
茂名	Maoming	11666	12635	65
肇庆	Zhaoqing	4558	7151	155
惠州	Huizhou	10458	11283	78
梅州	Meizhou	9197	9562	103
汕尾	Shanwei	4533	4783	213
河源	Heyuan	5258	11916	73
阳江	Yangjiang	4519	4787	212
清远	Qingyuan	7225	7484	144
东莞	Dongguan	15889	16680	40
中山	Zhongshan	6684	7425	146
潮州	Chaozhou	4261	4397	222
揭阳	Jieyang	9380	9746	99
云浮	Yunfu	4189	4320	226
广西	**Guangxi**	**87086**	**96673**	
南宁	Nanning	20169	21910	21
柳州	Liuzhou	9533	9971	97
桂林	Guilin	10857	11407	75
梧州	Wuzhou	5577	5748	187
北海	Beihai	2425	2551	267
防城港	Fangchenggang	1833	1936	279
钦州	Qinzhou	4979	5132	205
贵港	Guigang	5893	6158	172
玉林	Yulin	5743	8713	117
百色	Baise	5823	6073	175

16-18 医生数（执业医师+执业助理医师） 续表 3

Number of Doctors (Licensed Doctors+Assistant Doctors) continued 3

单位：人 (person)

地名	City	2015	2016	2016 排名 Ranking	地名	City	2015	2016	2016 排名 Ranking
贺州	Hezhou	3074	3283	249	丽江	Lijiang	1863	1408	283
河池	Hechi	5700	5917	179	普洱	Puer	2461	3877	236
来宾	Laibin	3430	3685	242	临沧	Lincang	2708	2988	258
崇左	Chongzuo	2050	3380	247	**西藏**	**Tibet**	**2078**	**6542**	
海南	**Hainan**	**16526**	**19874**		拉萨	Lasa	2078	2362	271
海口	Haikou	8298	10517	90	**陕西**	**Shaanxi**	**82565**	**85681**	
三亚	Sanya	2576	2162	276	西安	Xi'an	26626	27864	8
三沙	Sansha	8	7	286	铜川	Tongchuan	2158	2321	273
重庆	**Chongqing**	**61013**	**64709**		宝鸡	Baoji	7924	6086	174
四川	**Sichuan**	**152935**	**185414**		咸阳	Xianyang	10219	10767	86
成都	Chengdu	50236	54718	1	渭南	Weinan	8267	8651	119
自贡	Zigong	4260	4308	228	延安	Yan'an	4466	4621	216
攀枝花	Panzhihua	3915	3895	235	汉中	Hanzhong	5757	6660	162
泸州	Luzhou	8627	8646	121	榆林	Yulin	6151	6659	163
德阳	Deyang	5773	5893	181	安康	Ankang	7370	8043	133
绵阳	Mianyang	10945	11184	80	商洛	Shangluo	3627	3829	239
广元	Guangyuan	4350	4346	224	甘肃	Gansu	44000	52791	
遂宁	Suining	6218	6134	173	**兰州**	**Lanzhou**	**12354**	**13133**	60
内江	Neijiang	4949	5311	199	嘉峪关	Jiayuguan	844	864	285
乐山	Leshan	7162	7220	154	金昌	Jinchang	1301	1313	284
南充	Nanchong	7364	12505	66	白银	Baiyin	2656	3055	255
眉山	Meishan	4046	5645	191	天水	Tianshui	4521	4832	211
宜宾	Yibin	8034	8651	119	武威	Wuwei	3120	3566	244
广安	Guangan	3557	5142	204	张掖	Zhangye	2941	3095	254
达州	Dazhou	6282	6198	171	平凉	Pingliang	3896	4317	227
雅安	Yaan	3676	3761	241	酒泉	Jiuquan	2171	2900	259
巴中	Bazhong	6400	6609	164	庆阳	Qingyang	3670	3936	233
资阳	Ziyang	7141	4932	210	定西	Dingxi	4105	4438	219
贵州	**Guizhou**	**46400**	**69007**		陇南	Longnan	2421	2691	264
贵阳	Guiyang	14478	15834	44	青海	Qinghai	12119	13670	
六盘水	Liupanshui	4505	3799	240	**西宁**	**Xining**	**7812**	**7880**	138
遵义	Zunyi	9394	12911	62	海东	Haidong	4307	1987	278
安顺	Anshun	3110	3265	251	**宁夏**	**Ningxia**	**15793**	**17070**	
毕节	Bijie	7978	8315	129	银川	Yinchuan	7578	8306	130
铜仁	Tongren	6935	4346	224	石嘴山	Shizuishan	2185	2352	272
云南	**Yunnan**	**54243**	**85876**		吴忠	Wuzhong	2303	2440	270
昆明	Kunming	24109	26049	14	固原	Guyuan	2103	2204	274
曲靖	Qujing	7525	8574	124	中卫	Zhongwei	1624	1737	280
玉溪	Yuxi	5336	5572	192	**新疆**	**Xinjiang**	**16372**	**60302**	
保山	Baoshan	3546	3899	234	乌鲁木齐	Urumqi	13425	14410	49
昭通	Zhaotong	6695	7298	150	克拉玛依	Karamay	2947	2001	277

16-19 医疗卫生机构注册护士数
Number of Registered Nurses

单位：人 (person)

地名	City	2010	2015	2016	2016 排名 Ranking
全国	**Nation Total**	**2048071**	**3241469**	**3507166**	
北京	**Beijing**	**67332**		**98082**	
天津	**Tianjin**	**24199**		**36088**	
河北	**Hebei**	**87351**		**143432**	
石家庄	Shijiazhuang	15532		20975	18
唐山	Tangshan	14549		12147	48
秦皇岛	Qinhuangdao	4516		4956	143
邯郸	Handan	9081		9713	81
邢台	Xingtai	6035		4745	146
保定	Baoding	11067		9576	82
张家口	Zhangjiakou	4550		3379	171
承德	Chengde	4635		3077	179
沧州	Cangzhou	8364		5763	134
廊坊	Langfang	4874		2667	185
衡水	Hengshui	3420		3050	180
山西	**Shanxi**	**62628**		**92112**	
太原	Taiyuan	16606	24186		
大同	Datong	6676	7759		
阳泉	Yangquan	3480	3716		
长治	Changzhi	5996	7395		
晋城	Jincheng	3625	4422		
朔州	Shuozhou	1703	2103		
晋中	Jinzhong	4773	6222		
运城	Yuncheng	6590	9381		
忻州	Xinzhou	3681	4559		
临汾	Linfen	5535	8797		
吕梁	Lvliang	3586	4804		
内蒙古	**Inner Mongolia**	**38251**		**66445**	
呼和浩特	Hohhot	6018	8798	66461	2
包头	Baotou	6309	9364	10690	68
乌海	Wuhai	1158	1772	1896	190
赤峰	Chifeng	5119	10202	10601	71
通辽	Tongliao	3189	5394	5903	131
鄂尔多斯	Erdos	2320	4716	4971	142
呼伦贝尔	Hulunbuir	5479	7921	8086	103
巴彦淖尔	Bayannur	2675	3957	4351	153
乌兰察布	Ulanqab	1924	2771	3049	181
辽宁	**Liaoning**	**88882**		**119147**	
沈阳	Shenyang	21391	28097		
大连	Dalian	16523	22036		
鞍山	Anshan	7593	8540		
抚顺	Fushun	4685	5343		
本溪	Benxi	4512	4983		
丹东	Dandong	4237	5065		
锦州	Jinzhou	3868	4697		
营口	Yingkou	4338	5005		
阜新	Fuxin	3661	5222		
辽阳	Liaoyang	3307	3538		
盘锦	Panjin	3036	3966		
铁岭	Tieling	3718	4182		
朝阳	Chaoyang	3768	6155		
葫芦岛	Huludao	3827	4155		
吉林	**Jilin**	**45776**		**65749**	
长春	Changchun	14361	18948	20944	19
吉林	Jilin	8706	12081	12895	44
四平	Siping	4748	5936	6616	121
辽源	Liaoyuan	2051	2755	2920	183
通化	Tonghua	3316	4516	4754	145
白山	Baishan	2464	3189	3344	172
松原	Songyuan	2743	3950	4244	155
白城	Baicheng	2662	3215	3490	166
黑龙江	**Heilongjiang**	**62759**		**85418**	
哈尔滨	Harbin	20061	24580	25382	12
齐齐哈尔	Qiqihar	6691	10004	10661	69
鸡西	Jixi	3826	4525	4704	147
鹤岗	Hegang	2555	3438	3706	162
双鸭山	Shuangyashan	2726	3711	3812	161
大庆	Daqing	6027	7222	8119	101
伊春	Yichun	2161	2545	2595	187
佳木斯	Jiamusi	4329	6311	6548	122
七台河	Qitaihe	1309	1714	1743	191
牡丹江	Mudanjiang	5561	7621	8108	102
黑河	Heihe	2414	3420	3584	165
绥化	Suihua	3699	4725	5103	139
上海	**Shanghai**	**55866**		**79373**	
江苏	**Jiangsu**	**122509**		**221168**	

16-19 医疗卫生机构注册护士数 续表 1
Number of Registered Nurses continued 1

单位：人 (person)

地名	City	2010	2015	2016	2016 排名 Ranking
南京	Nanjing	19577		32100	6
无锡	Wuxi	11426		20500	20
徐州	Xuzhou	12098		24300	14
常州	Changzhou	7777		13500	41
苏州	Suzhou	17633		30700	8
南通	Nantong	10365		18200	23
连云港	Lianyungang	6250		10900	63
淮安	Huaian	6252		14300	36
盐城	Yancheng	7588		14800	34
扬州	Yangzhou	7257		10400	73
镇江	Zhenjiang	4856		8300	99
泰州	Taizhou	5820		10200	75
宿迁	Suqian	5662		12800	45
浙江	**Zhejiang**	**99610**		**174523**	
杭州	Hangzhou	23418			
宁波	Ningbo	15079			
温州	Wenzhou	12913			
嘉兴	Jiaxing	8181			
湖州	Huzhou	4966			
绍兴	Shaoxing	7772			
金华	Jinhua	8154			
衢州	Quzhou	3326			
舟山	Zhoushan	2135			
台州	Taizhou	9104			
丽水	Lishui	4088			
安徽	**Anhui**	**77317**		**126350**	
合肥	Hefei	12367	22381	24426	13
芜湖	Wuhu	5149	8992	9365	84
蚌埠	Bengbu	5267	8035	8311	97
淮南	Huainan	4554	6292	7809	106
马鞍山	Maanshan	2959	4996	5164	138
淮北	Huaibei	4686	4823	4798	144
铜陵	Tongling	1959	2674	3700	163
安庆	Anqing	6080	9043	8321	96
黄山	Huangshan	2431	3741	3883	160
滁州	Chuzhou	4206	6413	6829	119
阜阳	Fuyang	5681	11324	14975	33
宿州	Suzhou	4097	8647	9134	87
六安	Liuan	4623	7802	7320	110
亳州	Bozhou	3004	6001	6426	123
池州	Chizhou	2067	2827	2926	182
宣城	Xuancheng	3306	5312	5047	141
福建	**Fujian**	**53511**		**95641**	
福州	Fuzhou	13890	21764	23273	15
厦门	Xiamen	6903	10859	11975	51
莆田	Putian	2831	5703	6023	130
三明	Sanming	4495	6488	6706	120
泉州	Quanzhou	8146	15020	16193	30
漳州	Zhangzhou	4313	8895	9418	83
南平	Nanping	4497	6905	7036	117
龙岩	Longyan	5078	8131	8503	93
宁德	Ningde	3667	6738	7123	114
江西	**Jiangxi**	**58405**		**95519**	
南昌	Nanchang	11693	16115	16667	27
景德镇	Jingdezhen	2565	3879	3991	159
萍乡	Pingxiang	3447	5500	5875	132
九江	Jiujiang	6302	10588	11065	61
新余	Xinyu	2134	3077	3197	177
鹰潭	Yingtan	1377	1996	2199	189
赣州	Ganzhou	7886	14813	16398	29
吉安	Jian	5239	7910	8515	91
宜春	Yichun	6706	9349	9888	79
抚州	Fuzhou	4010	5542	6113	128
上饶	Shangrao	6344	10815	11623	54
山东	**Shandong**	**156692**		**268379**	
济南	Jinan	13808	29281	31569	7
青岛	Qingdao	17713	28416	30307	9
淄博	Zibo	9839	13453	14099	37
枣庄	Zaozhuang	5223	9374	10446	72
东营	Dongying	4865	6755	7190	113
烟台	Yantai	11621	16084	17155	25
潍坊	Weifang	20688	24986	25971	11
济宁	Jining	11719	21988	23167	16
泰安	Taian	10000	14555	15422	32
威海	Weihai	6130	8704	9138	85
日照	Rizhao	3719	6076	6363	125
莱芜	Laiwu	2019	3075	3202	176
临沂	Linyi	10315	20304	21349	17
德州	Dezhou	5626	10227	10873	64
聊城	Liaocheng	6976	11895	12773	46

16-19 医疗卫生机构注册护士数 续表 2

Number of Registered Nurses continued 2

单位：人 (person)

地名	City	2010	2015	2016	2016 排名 Ranking
滨州	Binzhou	5915	9829	10275	74
菏泽	Heze	9468	19165	19722	21
河南	**Henan**	**121384**		**222123**	
郑州	Zhengzhou	19634	41007	46575	3
开封	Kaifeng	6762	10781	11676	52
洛阳	Luoyang	10929	17412	18165	24
平顶山	Pingdingshan	7146	10281	10771	65
安阳	Anyang	5675	9476	11233	58
鹤壁	Hebi	2220	3220	3446	168
新乡	Xinxiang	8536	13852	14496	35
焦作	Jiaozuo	5338	8054	8407	95
濮阳	Puyang	4714	7585	7822	105
许昌	Xuchang	4991	8256	8638	90
漯河	Luohe	3627	5694	5847	133
三门峡	Sanmenxia	3200	5216	5534	135
南阳	Nanyang	10710	17825	18973	22
商丘	Shangqiu	6863	12176	13210	43
信阳	Xinyang	4821	8737	9136	86
周口	Zhoukou	7655	12727	13863	39
驻马店	Zhumadian	7682	11582	12746	47
湖北	**Hubei**	**93844**		**174918**	
武汉	Wuhan	24016			
黄石	Huangshi	5097			
十堰	Shiyan	7152			
宜昌	Yichang	7928			
襄阳	Xiangyang	8416			
鄂州	Ezhou	1784			
荆门	Jingmen	4591			
孝感	Xiaogan	5012			
荆州	Jingzhou	7228			
黄冈	Huanggang	7077			
咸宁	Xianning	3238			
随州	Suizhou	2211			
湖南	**Hunan**	**92346**		**161531**	
长沙	Changsha	20454	32367	34635	5
株洲	Zhuzhou	7353	9439	10920	62
湘潭	Xiangtan	4426	6827	7463	109
衡阳	Hengyang	8063	14964	15724	31
邵阳	Shaoyang	6612	10909	12057	50
岳阳	Yueyang	5634	9311	10106	77

地名	City	2010	2015	2016	2016 排名 Ranking
常德	Changde	7183	10713	11178	59
张家界	Zhangjiajie	1789	3081	3406	170
益阳	Yiyang	4441	7343	8501	94
郴州	Chenzhou	7369	10892	11476	56
永州	Yongzhou	5675	9725	10717	67
怀化	Huaihua	5694	10576	11673	53
娄底	Loudi	3905	6879	7298	111
广东	**Guangdong**	**167882**		**283793**	
广州	Guangzhou	39140			
韶关	Shaoguan	5457			
深圳	Shenzhen	22044			
珠海	Zhuhai	4365			
汕头	Shantou	5402			
佛山	Foshan	13558			
江门	Jiangmen	6475			
湛江	Zhanjiang	8777			
茂名	Maoming	6119			
肇庆	Zhaoqing	5240			
惠州	Huizhou	6391			
梅州	Meizhou	2965			
汕尾	Shanwei	1806			
河源	Heyuan	3337			
阳江	Yangjiang	2652			
清远	Qingyuan	4570			
东莞	Dongguan	14689			
中山	Zhongshan	6223			
潮州	Chaozhou	1493			
揭阳	Jieyang	2344			
云浮	Yunfu	2542			
广西	**Guangxi**	**70243**		**122602**	
南宁	Nanning	14567	24958	26796	10
柳州	Liuzhou	8501	12677	13524	40
桂林	Guilin	8726	12408	13406	42
梧州	Wuzhou	4282	7007	7801	107
北海	Beihai	2439	3736	4131	157
防城港	Fangchenggang	1123	2070	2214	188
钦州	Qinzhou	3683	6377	7081	115
贵港	Guigang	4009	6852	7081	115
玉林	Yulin	6389	9351	9813	80
百色	Baise	4574	7955	8645	89

16-19　医疗卫生机构注册护士数　续表 3
Number of Registered Nurses　continued 3

单位：人 (person)

地名	City	2010	2015	2016	2016 排名 Ranking
贺州	Hezhou	2621	4067	4355	152
河池	Hechi	4070	7473	8278	100
来宾	Laibin	2544	3991	4305	154
崇左	Chongzuo	2581	4314	4481	149
海南	**Hainan**	**16319**		**26495**	
海口	Haikou	7100	10405	11154	60
三亚	Sanya	1483	2289	2662	186
三沙	Sansha				
重庆	**Chongqing**	**37611**		**77463**	
四川	**Sichuan**	**104886**		**207633**	
成都	Chengdu	34647	59636	66724	1
自贡	Zigong	4404	7241	7788	108
攀枝花	Panzhihua	3011	4362	4481	149
泸州	Luzhou	3744	9224	10142	76
德阳	Deyang	4440	7935	8512	92
绵阳	Mianyang	6660	11184	12135	49
广元	Guangyuan	3315	5796	6251	127
遂宁	Suining	3677	5632	6097	129
内江	Neijiang	3772	6714	7243	112
乐山	Leshan	4433	7507	8050	104
南充	Nanchong	5342	10037	11311	57
眉山	Meishan	2814	5839	6357	126
宜宾	Yibin	4740	9633	10744	66
广安	Guangan	2415	4792	5459	136
达州	Dazhou	4328	8460	8949	88
雅安	Yaan	2037	4052	4398	151
巴中	Bazhong	2060	4810	5292	137
资阳	Ziyang	3372	6534	5085	140
贵州	**Guizhou**	**36165**		**85993**	
贵阳	Guiyang	8868	16951		
六盘水	Liupanshui	2484	5332		
遵义	Zunyi	6441	14871		
安顺	Anshun	1640	3939		
毕节	Bijie	3184	10412		
铜仁	Tongren	1703	6344		
云南	**Yunnan**	**49408**		**105966**	
昆明	Kunming	14992			
曲靖	Qujing	4528			
玉溪	Yuxi	2966			
保山	Baoshan	1795			
昭通	Zhaotong	2228			
丽江	Lijiang	1097			
普洱	Puer	2232			
临沧	Lincang	1389			
西藏	**Tibet**	**1988**	**3195**	**3833**	
拉萨	Lasa	951	1299		
陕西	**Shaanxi**	**61816**	**104300**	**116803**	
西安	Xi'an	22640	23818	37518	4
铜川	Tongchuan	1971	1640	3428	169
宝鸡	Baoji	5248	6505	10612	70
咸阳	Xianyang	8853	8274	16817	26
渭南	Weinan	4690	5879	11593	55
延安	Yan'an	3175	3891	6894	118
汉中	Hanzhong	4903	4612	8308	98
榆林	Yulin	4627	5324	9942	78
安康	Ankang	2715	3021	6394	124
商洛	Shangluo	2177	2762	4499	148
甘肃	**Gansu**	**29868**	**47832**	**50530**	
兰州	Lanzhou	9191	13107	13917	38
嘉峪关	Jiayuguan	857	1213	1235	194
金昌	Jinchang	820	1443	1442	192
白银	Baiyin	2158	3283	3310	174
天水	Tianshui	2231	4101	4210	156
武威	Wuwei	1952	3416	4014	158
张掖	Zhangye	1490	3018	3332	173
平凉	Pingliang	2327	3622	3626	164
酒泉	Jiuquan	2001	2857	3168	178
庆阳	Qingyang	1784	3284	3452	167
定西	Dingxi	1759	3104	3280	175
陇南	Longnan	1288	2664	2761	184
青海	**Qinghai**	**8339**		**14364**	
西宁	Xining	5324			
海东	Haidong				
宁夏	**Ningxia**	**10341**		**18069**	
银川	Yinchuan	5050	8597		
石嘴山	Shizuishan	1791	2331		
吴忠	Wuzhong	1490	2433		
固原	Guyuan	1072	1238		
中卫	Zhongwei	905	1536		
新疆	**Xinjiang**	**44543**		**67624**	
乌鲁木齐	Urumqi	11729	15853	16583	28
克拉玛依	Karamay	1190	1382	1344	193

16-20 剧场、影剧院数
Number of Theaters and Cinemas

单位：个 （unit）

地名	City	2010	2013	2014	2014 排名 Ranking
全国	**Nation Total**	**3576**	**3869**	**4252**	
北京	**Beijing**	**182**	**272**	**251**	
天津	**Tianjin**	**27**	**29**	**27**	
河北	**Hebei**	**170**	**177**	**164**	
石家庄	Shijiazhuang	33	20	20	56
唐山	Tangshan	15	23	23	42
秦皇岛	Qinhuangdao	4	14	16	66
邯郸	Handan	19	11	11	109
邢台	Xingtai	24	28	13	89
保定	Baoding	18	35	34	22
张家口	Zhangjiakou	13	3	3	251
承德	Chengde	12	17	29	28
沧州	Cangzhou	12	5	5	213
廊坊	Langfang	13	6	6	189
衡水	Hengshui	7	15	4	232
山西	**Shanxi**	**124**	**135**	**146**	
太原	Taiyuan	10	19	24	40
大同	Datong	11	11	9	131
阳泉	Yangquan	3	4	5	213
长治	Changzhi	11	8	10	121
晋城	Jincheng	12	13	13	89
朔州	Shuozhou	8	7	7	171
晋中	Jinzhong	11	13	13	89
运城	Yuncheng	13	14	14	80
忻州	Xinzhou	15	15	16	66
临汾	Linfen	22	23	27	33
吕梁	Lvliang	8	8	8	158
内蒙古	**Inner Mongolia**	**72**	**93**	**111**	
呼和浩特	Hohhot	8	14	14	80
包头	Baotou	17	17	17	62
乌海	Wuhai	2	5	5	213
赤峰	Chifeng	2	8	13	89
通辽	Tongliao	6	6	5	213
鄂尔多斯	Erdos	5	15	15	73
呼伦贝尔	Hulunbuir	14	15	30	26
巴彦淖尔	Bayannur	6	6	5	213
乌兰察布	Ulanqab	12	7	7	171
辽宁	**Liaoning**	**123**	**128**	**158**	
沈阳	Shenyang	46	45	49	9
大连	Dalian	6	6	6	189
鞍山	Anshan	11	11	11	109
抚顺	Fushun	15	8	9	131
本溪	Benxi	5	5	5	213
丹东	Dandong	9	9	12	101
锦州	Jinzhou	7	7	9	131
营口	Yingkou	4	2	11	109
阜新	Fuxin	4	3	3	251
辽阳	Liaoyang	2	2	9	131
盘锦	Panjin	3	3	3	251
铁岭	Tieling	2	7	7	171
朝阳	Chaoyang	6	5	8	158
葫芦岛	Huludao	3	15	16	66
吉林	**Jilin**	**52**	**47**	**51**	
长春	Changchun	23	30	35	19
吉林	Jilin	4	4	4	232
四平	Siping	5	2	2	263
辽源	Liaoyuan	1	1	2	263
通化	Tonghua	2	1	1	272
白山	Baishan	4	4	2	263
松原	Songyuan	1	1	1	272
白城	Baicheng	12	4	4	232
黑龙江	**Heilongjiang**	**147**	**178**	**186**	
哈尔滨	Harbin	70	80	80	3
齐齐哈尔	Qiqihar	8	17	17	62
鸡西	Jixi	2	4	4	232
鹤岗	Hegang	3	1	3	251
双鸭山	Shuangyashan		3	7	171
大庆	Daqing	16	15	21	53
伊春	Yichun	8	8	8	158
佳木斯	Jiamusi	15	15	15	73
七台河	Qitaihe	3	9	3	251
牡丹江	Mudanjiang	3	7	9	131
黑河	Heihe	6	6	6	189
绥化	Suihua	13	13	13	89
上海	**Shanghai**	**86**	**116**	**81**	
江苏	**Jiangsu**	**264**	**270**	**261**	

16-20 剧场、影剧院数 续表 1
Number of Theaters and Cinemas continued 1

单位：个 （unit）

地名	City	2010	2013	2014	2014 排名 Ranking	地名	City	2010	2013	2014	2014 排名 Ranking
南京	Nanjing	28	54	63	5	池州	Chizhou	8	7	7	171
无锡	Wuxi	48	66	46	12	宣城	Xuancheng	8	2	14	80
徐州	Xuzhou	9	9	9	131	**福建**	**Fujian**	**138**	**113**	**131**	
常州	Changzhou	45	7	7	171	福州	Fuzhou	26	31	36	18
苏州	Suzhou	29	30	23	42	厦门	Xiamen	5	5	5	213
南通	Nantong	9	30	35	19	莆田	Putian	3	4	4	232
连云港	Lianyungang	7	7	12	101	三明	Sanming	5	14	20	56
淮安	Huaian	8	16	7	171	泉州	Quanzhou	63	23	34	22
盐城	Yancheng	11	14	10	121	漳州	Zhangzhou	11	10	10	121
扬州	Yangzhou	6	6	6	189	南平	Nanping	9	8	8	158
镇江	Zhenjiang	48	4	4	232	龙岩	Longyan	9	12	8	158
泰州	Taizhou	9	20	28	30	宁德	Ningde	7	6	6	189
宿迁	Suqian	7	7	11	109	**江西**	**Jiangxi**	**124**	**150**	**187**	
浙江	**Zhejiang**	**250**	**300**	**366**		南昌	Nanchang	9	9	9	131
杭州	Hangzhou	42	60	78	4	景德镇	Jingdezhen	5	4	6	189
宁波	Ningbo	24	48	90	2	萍乡	Pingxiang	8	9	11	109
温州	Wenzhou	21	10	10	121	九江	Jiujiang	7	5	20	56
嘉兴	Jiaxing	42	37	31	25	新余	Xinyu	2	2	2	263
湖州	Huzhou	4	5	5	213	鹰潭	Yingtan	6	6	6	189
绍兴	Shaoxing	31	34	35	19	赣州	Ganzhou	21	13	26	34
金华	Jinhua	20	20	26	34	吉安	Jian	14	27	23	42
衢州	Quzhou	10	14	14	80	宜春	Yichun	18	33	40	14
舟山	Zhoushan	6	7	9	131	抚州	Fuzhou	19	22	24	40
台州	Taizhou	36	44	47	11	上饶	Shangrao	15	20	20	56
丽水	Lishui	14	21	21	53	**山东**	**Shandong**	**290**	**277**	**297**	
安徽	**Anhui**	**102**	**139**	**207**		济南	Jinan	12	25	30	26
合肥	Hefei	9	41	49	9	青岛	Qingdao	40	40	43	13
芜湖	Wuhu	4	9	9	131	淄博	Zibo	8	8	8	158
蚌埠	Bengbu	10	7	12	101	枣庄	Zaozhuang	4	6	8	158
淮南	Huainan	1	1	6	189	东营	Dongying	18	22	20	56
马鞍山	Maanshan	5	6	4	232	烟台	Yantai	24	26	26	34
淮北	Huaibei	3	5	5	213	潍坊	Weifang	35	36	38	17
铜陵	Tongling	3	3	7	171	济宁	Jining	50	9	19	61
安庆	Anqing	12	25	25	37	泰安	Taian	4	4	4	232
黄山	Huangshan	4	10	14	80	威海	Weihai	2	14	15	73
滁州	Chuzhou	5	2	15	73	日照	Rizhao	2	9	12	101
阜阳	Fuyang	3	6	13	89	莱芜	Laiwu	10			
宿州	Suzhou	6	3	4	232	临沂	Linyi	15	28	7	171
六安	Liuan	12	1	13	89	德州	Dezhou	14	14	14	80
亳州	Bozhou	4	11	10	121	聊城	Liaocheng	12	7	14	80

16-20 剧场、影剧院数 续表 2

Number of Theaters and Cinemas continued 2

单位：个 （unit）

地名	City	2010	2013	2014	2014 排名 Ranking
滨州	Binzhou	11	8	16	66
菏泽	Heze	29	21	23	42
河南	**Henan**	**164**	**165**	**161**	
郑州	Zhengzhou	14	14	14	80
开封	Kaifeng	8	6	9	131
洛阳	Luoyang	29	25	6	189
平顶山	Pingdingshan	8	8	8	158
安阳	Anyang	9	18	22	48
鹤壁	Hebi	2	6	6	189
新乡	Xinxiang	11	10	10	121
焦作	Jiaozuo	10	10	12	101
濮阳	Puyang	7	5	5	213
许昌	Xuchang	6	6	6	189
漯河	Luohe	1	1	1	272
三门峡	Sanmenxia	6	6	6	189
南阳	Nanyang	13	13	13	89
商丘	Shangqiu	8	8	11	109
信阳	Xinyang	9	9	9	131
周口	Zhoukou	10	9	9	131
驻马店	Zhumadian	13	11	14	80
湖北	**Hubei**	**142**	**217**	**228**	
武汉	Wuhan	64	115	123	1
黄石	Huangshi	5	6	6	189
十堰	Shiyan	4	4	4	232
宜昌	Yichang	21	23	13	89
襄阳	Xiangyang	9	9	11	109
鄂州	Ezhou	2	2	2	263
荆门	Jingmen	6	7	8	158
孝感	Xiaogan	5	4	9	131
荆州	Jingzhou	4	10	15	73
黄冈	Huanggang	13	28	28	30
咸宁	Xianning	2	2	2	263
随州	Suizhou	7	7	7	171
湖南	**Hunan**	**104**	**117**	**148**	
长沙	Changsha	8	16	16	66
株洲	Zhuzhou	2	2	16	66
湘潭	Xiangtan	12	10	10	121
衡阳	Hengyang	5	5	5	213
邵阳	Shaoyang	9	9	9	131
岳阳	Yueyang	10	12	28	30

地名	City	2010	2013	2014	2014 排名 Ranking
常德	Changde	9	20	29	28
张家界	Zhangjiajie	7	8	8	158
益阳	Yiyang	6	6	6	189
郴州	Chenzhou	6	6	6	189
永州	Yongzhou	11	6	6	189
怀化	Huaihua	13	13	5	213
娄底	Loudi	6	4	4	232
广东	**Guangdong**	**324**	**287**	**307**	
广州	Guangzhou	23	54	53	8
韶关	Shaoguan	16	13	15	73
深圳	Shenzhen	16			
珠海	Zhuhai	1	14	22	48
汕头	Shantou	20	10	10	121
佛山	Foshan	36	47	55	7
江门	Jiangmen	9	2	1	272
湛江	Zhanjiang	4	4	23	42
茂名	Maoming	5	5	2	263
肇庆	Zhaoqing	35	13	16	66
惠州	Huizhou	12	7	5	213
梅州	Meizhou	12	19	12	101
汕尾	Shanwei	18	31	9	131
河源	Heyuan	7	5	5	213
阳江	Yangjiang	2	1	9	131
清远	Qingyuan		9	9	131
东莞	Dongguan	46	13	13	89
中山	Zhongshan	20	20	25	37
潮州	Chaozhou	3	6	7	171
揭阳	Jieyang	15	5	5	213
云浮	Yunfu	24	9	11	109
广西	**Guangxi**	**95**	**98**	**115**	
南宁	Nanning	11	18	21	53
柳州	Liuzhou	2	3	6	189
桂林	Guilin	21	23	25	37
梧州	Wuzhou	6	6	6	189
北海	Beihai	2	6	7	171
防城港	Fangchenggang	4	4	4	232
钦州	Qinzhou	3	3	3	251
贵港	Guigang	3	7	9	131
玉林	Yulin	9		11	109
百色	Baise	14	12	7	171

16-20 剧场、影剧院数 续表 3
Number of Theaters and Cinemas continued 3

单位：个 （unit）

地名	City	2010	2013	2014	2014 排名 Ranking
贺州	Hezhou	10	3	5	213
河池	Hechi	4	3	3	251
来宾	Laibin		8	7	171
崇左	Chongzuo	6	2	1	272
海南	**Hainan**	**12**	**11**	**12**	
海口	Haikou	10	9	9	131
三亚	Sanya	2	2	3	251
三沙	Sansha				
重庆	**Chongqing**	**33**	**12**	**12**	
四川	**Sichuan**	**112**	**174**	**174**	
成都	Chengdu	15	21	9	131
自贡	Zigong	3	5	5	213
攀枝花	Panzhihua	2	5	6	189
泸州	Luzhou	4	7	8	158
德阳	Deyang	9	9	11	109
绵阳	Mianyang	4	17	17	62
广元	Guangyuan	16	32	32	24
遂宁	Suining	4	7	15	73
内江	Neijiang	9	9	9	131
乐山	Leshan	1	1	1	272
南充	Nanchong	3	3	3	251
眉山	Meishan	6	5	6	189
宜宾	Yibin	6	15	10	121
广安	Guangan	4	6	9	131
达州	Dazhou	11	12	13	89
雅安	Yaan		2	2	263
巴中	Bazhong	7	11	11	109
资阳	Ziyang	8	7	7	171
贵州	**Guizhou**	**28**	**33**	**61**	
贵阳	Guiyang	4	5	22	48
六盘水	Liupanshui	4	4	7	171
遵义	Zunyi	19	16	23	42
安顺	Anshun	1	4	4	232
毕节	Bijie			1	272
铜仁	Tongren		4	4	232
云南	**Yunnan**	**72**	**46**	**84**	
昆明	Kunming	36	7	40	14
曲靖	Qujing	10	8	6	189
玉溪	Yuxi	21	22	22	48
保山	Baoshan	1	4	4	232
昭通	Zhaotong				
丽江	Lijiang	3	3	3	251
普洱	Puer				
临沧	Lincang	1	2	9	131
西藏	**Tibet**		**4**	**4**	
拉萨	Lasa		4	4	232
陕西	**Shaanxi**	**129**	**143**	**167**	
西安	Xi'an	31	49	62	6
铜川	Tongchuan	5	8		
宝鸡	Baoji	15	16	39	16
咸阳	Xianyang	12	11	12	101
渭南	Weinan	15	11	11	109
延安	Yan'an	10	2	2	263
汉中	Hanzhong	11	4	4	232
榆林	Yulin	13	26	13	89
安康	Ankang	6	8	8	158
商洛	Shangluo	11	8	8	158
甘肃	**Gansu**	**81**	**87**	**90**	
兰州	Lanzhou	7	18	22	48
嘉峪关	Jiayuguan	11	5	5	213
金昌	Jinchang	4	4	4	232
白银	Baiyin	6	3	3	251
天水	Tianshui	6	7	7	171
武威	Wuwei		1	1	272
张掖	Zhangye	6	6	6	189
平凉	Pingliang	8	9	9	131
酒泉	Jiuquan	7	10	9	131
庆阳	Qingyang	11	6	6	189
定西	Dingxi	7	9	9	131
陇南	Longnan	8	9	9	131
青海	**Qinghai**	**2**	**10**	**13**	
西宁	Xining	2	9	12	101
海东	Haidong			1	272
宁夏	**Ningxia**	**22**	**32**	**43**	
银川	Yinchuan	4	12	17	62
石嘴山	Shizuishan	1	2	6	189
吴忠	Wuzhong	5	5	7	171
固原	Guyuan	9	10	10	121
中卫	Zhongwei	3	3	3	251
新疆	**Xinjiang**	**5**	**9**	**9**	
乌鲁木齐	Urumqi	3	4	4	232
克拉玛依	Karamay	2	5	5	213

16-21 公共图书馆数
Number of Public Libraries

单位：个　　　　(unit)

地名	City	2010	2015	2016	2016 排名 Ranking
全国	**Nation Total**	**2884**		**3153**	
北京	**Beijing**	**24**		**24**	
天津	**Tianjin**	**31**		**31**	
河北	**Hebei**	**165**		**172**	
石家庄	Shijiazhuang	26	25	26	1
唐山	Tangshan	13	13	13	20
秦皇岛	Qinhuangdao	6	6	7	101
邯郸	Handan	20	20	19	5
邢台	Xingtai	18	20	20	4
保定	Baoding	23	23	23	2
张家口	Zhangjiakou	14	16	15	9
承德	Chengde	10	11	11	40
沧州	Cangzhou	14	15	15	9
廊坊	Langfang	10	10	11	40
衡水	Hengshui	11	12	12	28
山西	**Shanxi**	**126**		**127**	
太原	Taiyuan	12			
大同	Datong	13			
阳泉	Yangquan	5			
长治	Changzhi	14			
晋城	Jincheng	6			
朔州	Shuozhou	7			
晋中	Jinzhong	11			
运城	Yuncheng	13			
忻州	Xinzhou	14			
临汾	Linfen	17			
吕梁	Lvliang	14			
内蒙古	**Inner Mongolia**	**113**		**117**	
呼和浩特	Hohhot	9		10	58
包头	Baotou	10		10	58
乌海	Wuhai	4		4	150
赤峰	Chifeng	14		14	14
通辽	Tongliao	9		9	70
鄂尔多斯	Erdos	9		9	70
呼伦贝尔	Hulunbuir	14		15	9
巴彦淖尔	Bayannur	8		8	84
乌兰察布	Ulanqab	12		12	28
辽宁	**Liaoning**	**128**		**130**	

地名	City	2010	2015	2016	2016 排名 Ranking
沈阳	Shenyang	21			
大连	Dalian	13			
鞍山	Anshan	9			
抚顺	Fushun	7			
本溪	Benxi	7			
丹东	Dandong	8			
锦州	Jinzhou	9			
营口	Yingkou	8			
阜新	Fuxin	8			
辽阳	Liaoyang	9			
盘锦	Panjin	5			
铁岭	Tieling	9			
朝阳	Chaoyang	8			
葫芦岛	Huludao	7			
吉林	**Jilin**	**65**	**66**	**66**	
长春	Changchun	13			
吉林	Jilin	10			
四平	Siping	5			
辽源	Liaoyuan	3			
通化	Tonghua	8			
白山	Baishan	6			
松原	Songyuan	4			
白城	Baicheng	6			
黑龙江	**Heilongjiang**	**107**	**107**	**108**	
哈尔滨	Harbin	18	18	18	6
齐齐哈尔	Qiqihar	12	13	13	20
鸡西	Jixi	4	4	4	150
鹤岗	Hegang	3	3	3	161
双鸭山	Shuangyashan	5	5	5	137
大庆	Daqing	6	6	6	121
伊春	Yichun	18	18	18	6
佳木斯	Jiamusi	7	6	6	121
七台河	Qitaihe	2	2	2	164
牡丹江	Mudanjiang	8	8	8	84
黑河	Heihe	6	6	6	121
绥化	Suihua	11	11	11	40
上海	**Shanghai**	**28**		**24**	
江苏	**Jiangsu**	**111**		**114**	

16-21 公共图书馆数 续表 1
Number of Public Libraries continued 1

单位：个 （unit）

地名	City	2010	2015	2016	2016 排名 Ranking
南京	Nanjing	18	15	14	14
无锡	Wuxi	9	10	8	84
徐州	Xuzhou	7	8	8	84
常州	Changzhou	4	4	5	137
苏州	Suzhou	12	11	11	40
南通	Nantong	10	10	10	58
连云港	Lianyungang	7	7	8	84
淮安	Huaian	8	9	9	70
盐城	Yancheng	9	11	11	40
扬州	Yangzhou	7	7	7	101
镇江	Zhenjiang	8	9	9	70
泰州	Taizhou	6	7	7	101
宿迁	Suqian	6	6	6	121
浙江	**Zhejiang**	**97**		**102**	
杭州	Hangzhou	16			
宁波	Ningbo	13			
温州	Wenzhou	13			
嘉兴	Jiaxing	8			
湖州	Huzhou	5			
绍兴	Shaoxing	6			
金华	Jinhua	10			
衢州	Quzhou	7			
舟山	Zhoushan	4			
台州	Taizhou	10			
丽水	Lishui	9			
安徽	**Anhui**	**88**		**123**	
合肥	Hefei	7			
芜湖	Wuhu	4			
蚌埠	Bengbu	4			
淮南	Huainan	4			
马鞍山	Maanshan	5			
淮北	Huaibei	2			
铜陵	Tongling	2			
安庆	Anqing	9			
黄山	Huangshan	7			
滁州	Chuzhou	7			
阜阳	Fuyang	6			
宿州	Suzhou	5			
六安	Liuan	6			
亳州	Bozhou	4			
池州	Chizhou	4			
宣城	Xuancheng	7			
福建	**Fujian**	**86**	**90**	**90**	
福州	Fuzhou	15			
厦门	Xiamen	9			
莆田	Putian	3			
三明	Sanming	12			
泉州	Quanzhou	10			
漳州	Zhangzhou	10			
南平	Nanping	10			
龙岩	Longyan	7			
宁德	Ningde	10			
江西	**Jiangxi**	**108**		**113**	
南昌	Nanchang	10	10		
景德镇	Jingdezhen	6	5		
萍乡	Pingxiang	6	6		
九江	Jiujiang	12	15		
新余	Xinyu	3	3		
鹰潭	Yingtan	4	4		
赣州	Ganzhou	18	19		
吉安	Jian	13	15		
宜春	Yichun	10	11		
抚州	Fuzhou	12	12		
上饶	Shangrao	13	13		
山东	**Shandong**	**149**		**154**	
济南	Jinan	11	11	11	40
青岛	Qingdao	13	12	12	28
淄博	Zibo	9	9	9	70
枣庄	Zaozhuang	7	7	7	101
东营	Dongying	6	6	6	121
烟台	Yantai	13	14	14	14
潍坊	Weifang	12	12	12	28
济宁	Jining	11	12	12	28
泰安	Taian	7	7	7	101
威海	Weihai	4	5	5	137
日照	Rizhao	4	5	5	137
莱芜	Laiwu	2	2	2	164
临沂	Linyi	12	13	13	20
德州	Dezhou	12	12	12	28
聊城	Liaocheng	8	8	8	84

16-21 公共图书馆数 续表 2
Number of Public Libraries continued 2

单位：个 （unit）

地名	City	2010	2015	2016	2016 排名 Ranking
滨州	Binzhou	8	8	8	84
菏泽	Heze	9	10	10	58
河南	**Henan**	**142**		**158**	
郑州	Zhengzhou	12	13	13	20
开封	Kaifeng	6	6	6	121
洛阳	Luoyang	11	17	17	8
平顶山	Pingdingshan	8	9	9	70
安阳	Anyang	7	7	7	101
鹤壁	Hebi	3	5	5	137
新乡	Xinxiang	11	11	11	40
焦作	Jiaozuo	7	8	8	84
濮阳	Puyang	6	7	7	101
许昌	Xuchang	6	7	7	101
漯河	Luohe	4	5	5	137
三门峡	Sanmenxia	6	7	7	101
南阳	Nanyang	13	12	12	28
商丘	Shangqiu	9	9	9	70
信阳	Xinyang	11	11	11	40
周口	Zhoukou	10	11	11	40
驻马店	Zhumadian	10	10	10	58
湖北	**Hubei**	**108**		**112**	
武汉	Wuhan	17			
黄石	Huangshi	3			
十堰	Shiyan	8			
宜昌	Yichang	12			
襄阳	Xiangyang	9			
鄂州	Ezhou	1			
荆门	Jingmen	6			
孝感	Xiaogan	8			
荆州	Jingzhou	8			
黄冈	Huanggang	12			
咸宁	Xianning	7			
随州	Suizhou	2			
湖南	**Hunan**	**124**	**137**	**137**	
长沙	Changsha	12	12	12	28
株洲	Zhuzhou	6	7	7	101
湘潭	Xiangtan	5	6	6	121
衡阳	Hengyang	12	14	14	14
邵阳	Shaoyang	11	14	14	14
岳阳	Yueyang	8	11	11	40

地名	City	2010	2015	2016	2016 排名 Ranking
常德	Changde	9	9	9	70
张家界	Zhangjiajie	3	4	4	150
益阳	Yiyang	7	7	7	101
郴州	Chenzhou	12	11	11	40
永州	Yongzhou	13	12	12	28
怀化	Huaihua	6	15	15	9
娄底	Loudi	11	6	6	121
广东	**Guangdong**	**132**		**142**	
广州	Guangzhou	14	13	13	20
韶关	Shaoguan	9	9	10	58
深圳	Shenzhen	8	11	11	40
珠海	Zhuhai	3	3	3	161
汕头	Shantou	8	9	9	70
佛山	Foshan	6	6	6	121
江门	Jiangmen	7	7	7	101
湛江	Zhanjiang	7	8	9	70
茂名	Maoming	5	5	5	137
肇庆	Zhaoqing	9	9	9	70
惠州	Huizhou	5	5	5	137
梅州	Meizhou	10	10	10	58
汕尾	Shanwei	4	4	4	150
河源	Heyuan	7	7	7	101
阳江	Yangjiang	4	5	5	137
清远	Qingyuan	9	10	10	58
东莞	Dongguan	1	1	1	167
中山	Zhongshan	1	1	1	167
潮州	Chaozhou	4	4	4	150
揭阳	Jieyang	6	6	6	121
云浮	Yunfu	5	6	6	121
广西	**Guangxi**	**108**		**114**	
南宁	Nanning	16	15	15	9
柳州	Liuzhou	11	11	11	40
桂林	Guilin	13	14	14	14
梧州	Wuzhou	5	5	5	137
北海	Beihai	3		3	161
防城港	Fangchenggang	4	4	4	150
钦州	Qinzhou	3	5	5	137
贵港	Guigang	5	6	6	121
玉林	Yulin	6	8	8	84
百色	Baise		13	13	20

16-21 公共图书馆数 续表 3

Number of Public Libraries continued 3

单位：个 （unit）

地名	City	2010	2015	2016	2016 排名 Ranking
贺州	Hezhou	15	5	4	150
河池	Hechi	11	11	11	40
来宾	Laibin	6	7	7	101
崇左	Chongzuo	7	7	7	101
海南	**Hainan**	**20**	**20**	**23**	
海口	Haikou	2	2	4	150
三亚	Sanya	1	1	1	167
三沙	Sansha				
重庆	**Chongqing**	**43**		**43**	
四川	**Sichuan**	**161**		**203**	
成都	Chengdu	21	22	23	2
自贡	Zigong	7	7	7	101
攀枝花	Panzhihua	5	6	6	121
泸州	Luzhou	7	9	9	70
德阳	Deyang	6	7	7	101
绵阳	Mianyang	8	10	10	58
广元	Guangyuan	7	8	8	84
遂宁	Suining	6	6	6	121
内江	Neijiang	4	4	4	150
乐山	Leshan	10	11	11	40
南充	Nanchong	8	10	10	58
眉山	Meishan	7	7	7	101
宜宾	Yibin	10	10	10	58
广安	Guangan	6	7	7	101
达州	Dazhou	7	8	8	84
雅安	Yaan	8	9	9	70
巴中	Bazhong	5	6	6	121
资阳	Ziyang	5	5	4	150
贵州	**Guizhou**	**93**		**98**	
贵阳	Guiyang	9			
六盘水	Liupanshui	6			
遵义	Zunyi	14			
安顺	Anshun	6			
毕节	Bijie	9			
铜仁	Tongren	11			
云南	**Yunnan**	**150**		**151**	
昆明	Kunming	18	17		
曲靖	Qujing	11	11		
玉溪	Yuxi	10	10		
保山	Baoshan	7	7		
昭通	Zhaotong	12	12		
丽江	Lijiang	6	6		
普洱	Puer	10	11		
临沧	Lincang	9	9		
西藏	**Tibet**			**81**	
拉萨	Lasa				
陕西	**Shaanxi**	**112**		**110**	
西安	Xi'an	14	12	12	28
铜川	Tongchuan	5	5	5	137
宝鸡	Baoji	13	13	13	20
咸阳	Xianyang	12	12	12	28
渭南	Weinan	11	11	11	40
延安	Yan'an	13	13	13	20
汉中	Hanzhong	11	11	11	40
榆林	Yulin	12	12	12	28
安康	Ankang	11	11	11	40
商洛	Shangluo	8	8	8	84
甘肃	**Gansu**	**94**	**103**	**103**	
兰州	Lanzhou	8	8	8	84
嘉峪关	Jiayuguan	1	2	2	164
金昌	Jinchang	3	4	4	150
白银	Baiyin	6	6	6	121
天水	Tianshui	7	8	8	84
武威	Wuwei	4	5	5	137
张掖	Zhangye	6	7	7	101
平凉	Pingliang	8	8	8	84
酒泉	Jiuquan	7	8	8	84
庆阳	Qingyang	9	9	9	70
定西	Dingxi	7	8	8	84
陇南	Longnan	9	10	10	58
青海	**Qinghai**	**44**		**49**	
西宁	Xining				
海东	Haidong				
宁夏	**Ningxia**	**20**		**26**	
银川	Yinchuan	5	7		
石嘴山	Shizuishan	2	4		
吴忠	Wuzhong	5	5		
固原	Guyuan	5	6		
中卫	Zhongwei	3	3		
新疆	**Xinjiang**	**103**		**107**	
乌鲁木齐	Urumqi	4			
克拉玛依	Karamay	4			

16-22 公共图书馆图书总藏量
Total Collections of Public Libraries

单位：千册、件

地名	City	2010	2015	2016	2016 排名 Ranking	地名	City	2010	2015	2016	2016 排名 Ranking
全国	**Nation Total**	**632639**				沈阳	Shenyang	10894	11205	14259	10
北京	**Beijing**	**46130**	**59430**	**62290**		大连	Dalian	10452	16157	18982	6
天津	**Tianjin**	**12583**	**16970**	**18060**		鞍山	Anshan	2116	2729	2854	63
河北	**Hebei**	**16110**	**23927**			抚顺	Fushun	1056	1040	1143	167
石家庄	Shijiazhuang	4788	3543	3645	49	本溪	Benxi	968	1360	1664	112
唐山	Tangshan	1819	2394	2517	72	丹东	Dandong	1289	1510	1346	149
秦皇岛	Qinhuangdao	919	1307	1478	127	锦州	Jinzhou	1257	1424	1463	130
邯郸	Handan	1402	1726	1832	100	营口	Yingkou	987	1369	1457	132
邢台	Xingtai	906	1491	1384	146	阜新	Fuxin	407	488	501	261
保定	Baoding	1677	2152	2208	81	辽阳	Liaoyang	1010	945	945	198
张家口	Zhangjiakou	1173	1457	1454	133	盘锦	Panjin	477	655	688	240
承德	Chengde	758	950	979	190	铁岭	Tieling	640	679	730	234
沧州	Cangzhou	786	1394	1605	116	朝阳	Chaoyang	677	895	905	205
廊坊	Langfang	1410	950	2369	75	葫芦岛	Huludao	673	341	994	189
衡水	Hengshui	472	675	674	241	**吉林**	**Jilin**	**12936**	**11048**		
山西	**Shanxi**	**21412**	**17305**			长春	Changchun	6844	4631	4906	38
太原	Taiyuan	3980	6705	7494	21	吉林	Jilin	2004	2290	2535	70
大同	Datong	631	716	763	229	四平	Siping	681	698	735	233
阳泉	Yangquan	599	607	647	245	辽源	Liaoyuan	1156	405	426	269
长治	Changzhi	1198	1788	1908	93	通化	Tonghua	794	884	929	201
晋城	Jincheng	276	481	1115	168	白山	Baishan	510	845	889	207
朔州	Shuozhou	307	572	617	249	松原	Songyuan	525	773	823	216
晋中	Jinzhong	10570	1288	1267	155	白城	Baicheng	422	521	535	257
运城	Yuncheng	1164	1412	1423	140	**黑龙江**	**Heilongjiang**	**16560**	**18273**		
忻州	Xinzhou	789	1056	788	221	哈尔滨	Harbin	7062	8254	8695	17
临汾	Linfen	1218	1536	1636	114	齐齐哈尔	Qiqihar	1805	1788	2218	80
吕梁	Lvliang	680	1144	1186	162	鸡西	Jixi	340	388	391	273
内蒙古	**Inner Mongolia**	**9975**	**13396**			鹤岗	Hegang	340	440	506	260
呼和浩特	Hohhot	2770	3608	4548	39	双鸭山	Shuangyashan	314	897	923	203
包头	Baotou	3036	1398	1588	118	大庆	Daqing	3033	2550	2566	69
乌海	Wuhai	413	600	698	236	伊春	Yichun	607	855	1146	166
赤峰	Chifeng	731	1831	1889	94	佳木斯	Jiamusi	734	363	363	275
通辽	Tongliao	812	1029	1200	159	七台河	Qitaihe	207	235	283	280
鄂尔多斯	Erdos	651	2330	27611	2	牡丹江	Mudanjiang	722	1078	1177	164
呼伦贝尔	Hulunbuir	650	1642	1710	107	黑河	Heihe	338	363	386	274
巴彦淖尔	Bayannur	400	700	833	213	绥化	Suihua	1058	1109	1428	139
乌兰察布	Ulanqab	512	257			**上海**	**Shanghai**	**68087**	**75682**	**76764**	
辽宁	**Liaoning**	**32903**	**40798**			**江苏**	**Jiangsu**	**44361**	**68469**		

16-22　公共图书馆图书总藏量　续表 1

Total Collections of Public Libraries continued 1

单位：千册、件

地名	City	2010	2015	2016	2016 排名 Ranking
南京	Nanjing	13393	16343	19886	5
无锡	Wuxi	3609	5186	7100	24
徐州	Xuzhou	2698	3163	3300	57
常州	Changzhou	2423	3140	4520	41
苏州	Suzhou	8027	17457	18780	7
南通	Nantong	2870	4703	5000	35
连云港	Lianyungang	1724	2660	2650	67
淮安	Huaian	1327	2564	2860	62
盐城	Yancheng	1826	3253	3350	55
扬州	Yangzhou	2232	3211	3540	52
镇江	Zhenjiang	1988	3003	3150	59
泰州	Taizhou	1616	2570	2710	65
宿迁	Suqian	628	1216	1440	134
浙江	**Zhejiang**	**38938**	**61280**		
杭州	Hangzhou	12540	19850	21373	4
宁波	Ningbo	7340	6924	7573	19
温州	Wenzhou	3250	9326	10124	15
嘉兴	Jiaxing	4211	7474	7871	18
湖州	Huzhou	2110	1960	2077	86
绍兴	Shaoxing	2599	3820	4174	44
金华	Jinhua	1794	3138	3713	47
衢州	Quzhou	1205	1485	1766	105
舟山	Zhoushan	767	1651	1844	99
台州	Taizhou	1798	3788	5492	32
丽水	Lishui	1324	1864	1999	90
安徽	**Anhui**	**11197**	**19144**		
合肥	Hefei	3107	4910	5256	33
芜湖	Wuhu	622	1868	2139	84
蚌埠	Bengbu	428	1250	1287	152
淮南	Huainan	327	491	625	248
马鞍山	Maanshan	560	1175		
淮北	Huaibei	260	888	919	204
铜陵	Tongling	555	750	1090	171
安庆	Anqing	961	1841	5582	31
黄山	Huangshan	494	930	1053	179
滁州	Chuzhou	559	892	1056	176
阜阳	Fuyang	399	634	583	252
宿州	Suzhou	202	721	944	199
六安	Liuan	469	704	691	238
亳州	Bozhou	337	829	962	195
池州	Chizhou	258	450	519	258
宣城	Xuancheng	647	812	899	206
福建	**Fujian**	**16817**	**36780**		
福州	Fuzhou	5591	8358	4937	36
厦门	Xiamen	3349	5441	5874	30
莆田	Putian	182	945	1086	172
三明	Sanming	1397	4998	5092	34
泉州	Quanzhou	2620	7306	7338	23
漳州	Zhangzhou	1001	4542	4542	40
南平	Nanping	1346	2089	2129	85
龙岩	Longyan	782	1810	1887	95
宁德	Ningde	549	1291	1147	165
江西	**Jiangxi**	**15595**	**21783**		
南昌	Nanchang	4396	5228	1690	109
景德镇	Jingdezhen	630	1020	1050	182
萍乡	Pingxiang	750	1000	954	196
九江	Jiujiang	1594	2159	2242	78
新余	Xinyu	551	670	751	231
鹰潭	Yingtan	308	473	427	268
赣州	Ganzhou	1834	3557	3326	56
吉安	Jian	1986	2592	1604	117
宜春	Yichun	1586	1640	460	266
抚州	Fuzhou	920	1423	1494	126
上饶	Shangrao	1040	2021	3197	58
山东	**Shandong**	**45567**	**77401**		
济南	Jinan	9412	11950	12845	11
青岛	Qingdao	4442	6039	6463	27
淄博	Zibo	2234	2481	2609	68
枣庄	Zaozhuang	1043	1390	1437	136
东营	Dongying	729	2150	2168	83
烟台	Yantai	5128	7028	7522	20
潍坊	Weifang	2092	27049	4224	43
济宁	Jining	1692	1883	1955	92
泰安	Taian	1103	1583	9432	16
威海	Weihai	1180	3400	3713	47
日照	Rizhao	354	743	866	209
莱芜	Laiwu	380	542	518	259
临沂	Linyi	5506	3520	2891	61
德州	Dezhou	966	1450	1576	120
聊城	Liaocheng	5421	3547	3625	50

16-22 公共图书馆图书总藏量 续表 2

Total Collections of Public Libraries continued 2

单位：千册、件

地名	City	2010	2015	2016	2016 排名 Ranking
滨州	Binzhou	1205	1331	1416	141
菏泽	Heze	2680	1316	1347	148
河南	**Henan**	**18130**	**26155**		
郑州	Zhengzhou	5527	6360	6607	26
开封	Kaifeng	790	2160	2175	82
洛阳	Luoyang	1347	2216	2526	71
平顶山	Pingdingshan	828	1427	1502	125
安阳	Anyang	968	1265	1276	153
鹤壁	Hebi	406	570	592	251
新乡	Xinxiang	1053	1342	1353	147
焦作	Jiaozuo	716	1209	2055	87
濮阳	Puyang	660	608	1004	187
许昌	Xuchang	996	1132	1052	180
漯河	Luohe	392	476	480	263
三门峡	Sanmenxia	702	1426	1477	128
南阳	Nanyang	1390	1634	1694	108
商丘	Shangqiu	616	1099	1010	186
信阳	Xinyang	692	1011	1196	160
周口	Zhoukou	440	707	784	223
驻马店	Zhumadian	607	1512	777	227
湖北	**Hubei**	**24027**	**27622**		
武汉	Wuhan	10367	14454	15491	9
黄石	Huangshi	1074	1311	1397	144
十堰	Shiyan	1051	1224	1269	154
宜昌	Yichang	1669	2072	6190	28
襄阳	Xiangyang	2560	1865	2033	89
鄂州	Ezhou	368	410	420	272
荆门	Jingmen	610	878	1085	173
孝感	Xiaogan	769	992	1063	174
荆州	Jingzhou	1064	1199	1242	156
黄冈	Huanggang	1590	2063	2423	74
咸宁	Xianning	675	928	948	197
随州	Suizhou	2230	224	329	278
湖南	**Hunan**	**19259**	**24010**		
长沙	Changsha	6331	7973	10797	13
株洲	Zhuzhou	1180	1500	1804	102
湘潭	Xiangtan	822	1360	1410	142
衡阳	Hengyang	1520	1963	2040	88
邵阳	Shaoyang	1414	1460	1467	129
岳阳	Yueyang	2020	1290	1190	161
常德	Changde	1319	1570	1648	113
张家界	Zhangjiajie	196	216	227	281
益阳	Yiyang	900	1130	1180	163
郴州	Chenzhou	839	1509	1583	119
永州	Yongzhou	881	1414	1460	131
怀化	Huaihua	1014	1680	1545	122
娄底	Loudi	823	945	969	191
广东	**Guangdong**	**66651**	**93496**		
广州	Guangzhou	17950	21600	24014	3
韶关	Shaoguan	823	1703	1847	98
深圳	Shenzhen	22957	32821	36043	1
珠海	Zhuhai	866	3290	1535	124
汕头	Shantou	2423	2902	3462	53
佛山	Foshan	2989	4192	4920	37
江门	Jiangmen	1660	2584	2693	66
湛江	Zhanjiang	1126	1627	1667	111
茂名	Maoming	608	1142	1216	158
肇庆	Zhaoqing	1088		3817	46
惠州	Huizhou	949	1767	1679	110
梅州	Meizhou	1233	2076	2801	64
汕尾	Shanwei	171	335	310	279
河源	Heyuan	552	992	1429	138
阳江	Yangjiang	607	891	941	200
清远	Qingyuan	831	1065	1608	115
东莞	Dongguan	7010	10147	10138	14
中山	Zhongshan	1076	1703	1880	96
潮州	Chaozhou	429	757	779	225
揭阳	Jieyang	656	1051	1051	181
云浮	Yunfu	648	851	1048	183
广西	**Guangxi**	**17976**	**27154**		
南宁	Nanning	5006	6628	6871	25
柳州	Liuzhou	1288	2031	1875	97
桂林	Guilin	3700	5200	4363	42
梧州	Wuzhou	950	1071	1098	170
北海	Beihai	500	701	648	244
防城港	Fangchenggang	253	374	331	277
钦州	Qinzhou	498	3301	3610	51
贵港	Guigang	510	885	1004	187
玉林	Yulin	1668	1747	1815	101
百色	Baise	1163	1798	1770	104

16-22 公共图书馆图书总藏量 续表 3
Total Collections of Public Libraries continued 3

单位：千册、件

地名	City	2010	2015	2016	2016 排名 Ranking
贺州	Hezhou	570	723	754	230
河池	Hechi	723	1182	1233	157
来宾	Laibin	466	808	833	213
崇左	Chongzuo	681	703	785	222
海南	**Hainan**	**640**	**2696**		
海口	Haikou	440	2045	484	262
三亚	Sanya	200	531	576	253
三沙	Sansha				
重庆	**Chongqing**	**10308**	**13038**	**14418**	
四川	**Sichuan**	**24493**	**40402**		
成都	Chengdu	12126	22101	17069	8
自贡	Zigong	386	508	540	255
攀枝花	Panzhihua	563	847	968	193
泸州	Luzhou	967	1339	1054	178
德阳	Deyang	661	1715	925	202
绵阳	Mianyang	1277	1933	1985	91
广元	Guangyuan	772	1151	1440	134
遂宁	Suining	374	564	768	228
内江	Neijiang	423	567	614	250
乐山	Leshan	477	742	812	217
南充	Nanchong	936	1765	1803	103
眉山	Meishan	216	374	422	271
宜宾	Yibin	1122	1274	1309	151
广安	Guangan	1724	1879	2234	79
达州	Dazhou	890	969	1055	177
雅安	Yaan	577	734	792	220
巴中	Bazhong	400	681	802	218
资阳	Ziyang	602	1259	462	265
贵州	**Guizhou**	**4203**	**12226**		
贵阳	Guiyang	2223	7271	7442	22
六盘水	Liupanshui	351	465	479	264
遵义	Zunyi	1260	2290	2350	76
安顺	Anshun	369	528	540	255
毕节	Bijie		802	865	210
铜仁	Tongren		872	2433	73
云南	**Yunnan**	**6761**	**10669**		
昆明	Kunming	1785	3421	5943	29
曲靖	Qujing	1030	1388	1402	143
玉溪	Yuxi	1668	1312	1385	145
保山	Baoshan	530	1403	1542	123
昭通	Zhaotong	163	819	824	215
丽江	Lijiang	317	550	555	254
普洱	Puer	676	932	969	191
临沧	Lincang	592	844	869	208
西藏	**Tibet**				
拉萨	Lasa				
陕西	**Shaanxi**	**11296**	**16564**		
西安	Xi'an	4465	7975	12076	12
铜川	Tongchuan	600	814	834	212
宝鸡	Baoji	1204	1506	1433	137
咸阳	Xianyang	1046	1229	1547	121
渭南	Weinan	895	984	1015	185
延安	Yan'an	550	957	1034	184
汉中	Hanzhong	565	803	965	194
榆林	Yulin	1010	1169	1312	150
安康	Ankang	487	605	689	239
商洛	Shangluo	474	521	640	246
甘肃	**Gansu**	**9689**	**8864**		
兰州	Lanzhou	4248	1050	1060	175
嘉峪关	Jiayuguan	115	244	206	282
金昌	Jinchang	142	631	658	243
白银	Baiyin	530	719	779	225
天水	Tianshui	900	808	839	211
武威	Wuwei	360	511	359	276
张掖	Zhangye	627	1472	3370	54
平凉	Pingliang	430	728	729	235
酒泉	Jiuquan	460	401	629	247
庆阳	Qingyang	584	724	745	232
定西	Dingxi	654	739	783	224
陇南	Longnan	639	838	802	218
青海	**Qinghai**	**2876**	**1728**		
西宁	Xining	2876	1284	1715	106
海东	Haisong		445	445	267
宁夏	**Ningxia**	**4562**	**6790**		
银川	Yinchuan	2595	4117	3923	45
石嘴山	Shizuishan	376	713	665	242
吴忠	Wuzhong	642	902	1100	169
固原	Guyuan	492	604	695	237
中卫	Zhongwei	457	454	423	270
新疆	**Xinjiang**	**2597**	**4324**		
乌鲁木齐	Urumqi	2137	2124	3008	60
克拉玛依	Karamay	460	2200	2350	76

16-23 每百人公共图书馆藏书量
Collections of Public Libraries per 100 Persons

单位：册、件 （copy、piece）

地名	City	2010	2015	2016	2016 排名 Ranking
全国	**Nation Total**	**50.70**			
北京	**Beijing**	**366.75**	**441.79**	**460.04**	
天津	**Tianjin**	**127.77**	**165.25**	**174.32**	
河北	**Hebei**	**22.07**	**31.27**		
石家庄	Shijiazhuang	48.40	34.44	35.29	160
唐山	Tangshan	24.75	31.70	33.25	171
秦皇岛	Qinhuangdao	31.88	198.29	49.76	110
邯郸	Handan	14.55	16.44	17.41	252
邢台	Xingtai	12.38	19.11	17.65	251
保定	Baoding	14.44	18.30	19.05	244
张家口	Zhangjiakou	25.17	31.06	31.00	187
承德	Chengde	20.32	23.90	25.56	209
沧州	Cangzhou	10.75	18.00	20.66	239
廊坊	Langfang	33.65	49.28	50.95	106
衡水	Hengshui	10.72	14.92	14.85	260
山西	**Shanxi**	**61.64**	**49.47**		
太原	Taiyuan	108.89	182.51	205.88	14
大同	Datong	19.87	22.64	24.07	219
阳泉	Yangquan	45.80	45.91	49.02	111
长治	Changzhi	36.13	53.08	56.45	94
晋城	Jincheng	12.76	21.93	50.68	107
朔州	Shuozhou	19.30	35.44	38.09	143
晋中	Jinzhong	329.32	39.07	38.28	142
运城	Yuncheng	23.11	27.67	26.80	201
忻州	Xinzhou	25.65	34.45	25.67	208
临汾	Linfen	27.85	35.68	37.87	145
吕梁	Lvliang	17.73	29.52	30.89	188
内蒙古	**Inner Mongolia**	**45.84**	**62.19**		
呼和浩特	Hohhot	120.67	151.24	189.50	18
包头	Baotou	138.13	62.45	70.89	73
乌海	Wuhai	77.92	134.95	124.64	32
赤峰	Chifeng	15.97	39.58	40.80	133
通辽	Tongliao	25.48	32.21	37.62	147
鄂尔多斯	Erdos	42.72	148.11	1747.53	1
呼伦贝尔	Hulunbuir	23.96	63.32	66.02	77
巴彦淖尔	Bayannur	21.47	40.07	47.60	118
乌兰察布	Ulanqab	17.84	9.40		
辽宁	**Liaoning**	**77.39**	**96.46**		

地名	City	2010	2015	2016	2016 排名 Ranking
沈阳	Shenyang	151.39	153.41	194.80	16
大连	Dalian	178.23	272.20	319.03	5
鞍山	Anshan	60.15	78.86	82.49	59
抚顺	Fushun	47.80	48.20	53.16	100
本溪	Benxi	62.61	89.94	110.20	41
丹东	Dandong	53.41	63.41	56.55	93
锦州	Jinzhou	40.77	47.06	48.44	114
营口	Yingkou	41.91	58.85	62.53	85
阜新	Fuxin	21.16	25.76	26.51	205
辽阳	Liaoyang	55.09	52.81	52.79	102
盘锦	Panjin	36.34	50.60	52.92	101
铁岭	Tieling	20.97	22.60	24.33	217
朝阳	Chaoyang	19.96	26.26	26.54	204
葫芦岛	Huludao	23.89	12.17	35.50	158
吉林	**Jilin**	**51.65**	**45.12**		
长春	Changchun	90.18	61.44	65.07	79
吉林	Jilin	46.17	53.73	59.79	90
四平	Siping	20.00	21.38	22.62	229
辽源	Liaoyuan	93.41	33.52	35.50	158
通化	Tonghua	35.11	39.99	42.04	131
白山	Baishan	39.63	67.41	72.28	70
松原	Songyuan	18.10	27.81	29.60	190
白城	Baicheng	20.83	26.47	27.44	199
黑龙江	**Heilongjiang**	**43.65**	**50.31**		
哈尔滨	Harbin	71.19	85.86	90.38	52
齐齐哈尔	Qiqihar	31.77	32.55	40.55	134
鸡西	Jixi	17.97	21.35	21.60	232
鹤岗	Hegang	31.16	41.66	48.19	115
双鸭山	Shuangyashan	20.72	60.84	63.22	84
大庆	Daqing	108.40	92.57	94.69	48
伊春	Yichun	47.81	70.55	96.30	47
佳木斯	Jiamusi	28.92	15.28	15.25	257
七台河	Qitaihe	22.29	28.32	34.51	165
牡丹江	Mudanjiang	26.72	41.15	45.10	124
黑河	Heihe	19.40	21.61	23.25	224
绥化	Suihua	18.05	20.23	26.15	206
上海	**Shanghai**	**482.09**	**524.49**	**530.87**	
江苏	**Jiangsu**	**59.41**	**88.72**		

16-23　每百人公共图书馆藏书量　续表 1

Collections of Public Libraries per 100 Persons continued 1

单位：册、件　　　　（copy、piece）

地名	City	2010	2015	2016	2016 排名 Ranking
南京	Nanjing	211.77	250.12	302.22	6
无锡	Wuxi	77.35	107.85	146.69	26
徐州	Xuzhou	27.73	30.75	31.88	180
常州	Changzhou	67.16	84.66	121.18	35
苏州	Suzhou	125.88	261.72	279.05	8
南通	Nantong	37.62	61.33	65.19	78
连云港	Lianyungang	34.64	50.14	49.81	109
淮安	Huaian	24.63	45.43	50.53	108
盐城	Yancheng	22.37	39.29	40.41	135
扬州	Yangzhou	48.61	69.63	76.79	66
镇江	Zhenjiang	73.44	110.55	115.81	37
泰州	Taizhou	32.02	50.61	53.35	99
宿迁	Suqian	11.50	20.75	24.45	215
浙江	**Zhejiang**	**82.01**	**125.75**		
杭州	Hangzhou	181.97	274.34	292.78	7
宁波	Ningbo	127.86	118.04	128.57	31
温州	Wenzhou	41.31	114.96	124.22	34
嘉兴	Jiaxing	123.28	213.86	224.25	12
湖州	Huzhou	81.16	74.31	78.67	63
绍兴	Shaoxing	59.21	86.21	94.01	49
金华	Jinhua	38.44	65.65	77.35	65
衢州	Quzhou	47.94	57.91	68.72	74
舟山	Zhoushan	79.26	169.55	190.10	17
台州	Taizhou	30.83	63.40	91.69	51
丽水	Lishui	50.99	69.97	74.87	67
安徽	**Anhui**	**16.40**	**27.55**		
合肥	Hefei	62.77	68.41	72.60	69
芜湖	Wuhu	27.10	48.55	55.41	97
蚌埠	Bengbu	11.82	33.22	34.05	168
淮南	Huainan	13.40	19.95	16.19	254
马鞍山	Maanshan	43.38	51.43	0.00	279
淮北	Huaibei	11.84	41.00	42.35	130
铜陵	Tongling	74.99	101.56	63.74	82
安庆	Anqing	15.61	29.59	105.92	43
黄山	Huangshan	33.37	62.98	71.15	72
滁州	Chuzhou	12.40	19.87	23.36	222
阜阳	Fuyang	3.94	6.08	5.54	278
宿州	Suzhou	3.15	11.10	14.48	262
六安	Liuan	6.65	9.80	11.83	272
亳州	Bozhou	5.61	13.06	15.01	259

地名	City	2010	2015	2016	2016 排名 Ranking
池州	Chizhou	16.08	27.82	32.04	178
宣城	Xuancheng	23.24	28.99	32.11	177
福建	**Fujian**	**47.35**	**98.85**		
福州	Fuzhou	86.56	123.21	72.28	70
厦门	Xiamen	185.84	257.66	271.94	10
莆田	Putian	5.63	27.46	31.30	184
三明	Sanming	51.22	175.92	178.67	21
泉州	Quanzhou	38.23	101.13	101.07	44
漳州	Zhangzhou	21.01	90.46	89.94	53
南平	Nanping	42.88	65.32	66.32	76
龙岩	Longyan	24.88	58.49	60.48	89
宁德	Ningde	16.18	36.99	32.77	173
江西	**Jiangxi**	**33.21**	**44.32**		
南昌	Nanchang	87.53	100.47	32.38	176
景德镇	Jingdezhen	38.61	61.21	63.64	83
萍乡	Pingxiang	39.87	50.40	47.94	116
九江	Jiujiang	32.01	41.79	43.20	127
新余	Xinyu	46.69	54.24	60.56	87
鹰潭	Yingtan	25.26	37.17	33.36	170
赣州	Ganzhou	20.21	37.02	38.41	141
吉安	Jian	40.12	48.87	32.67	174
宜春	Yichun	28.43	27.47	7.67	276
抚州	Fuzhou	22.77	35.63	37.35	149
上饶	Shangrao	14.05	26.10	41.09	132
山东	**Shandong**	**47.78**	**78.81**		
济南	Jinan	155.81	190.98	204.21	15
青岛	Qingdao	58.17	77.12	82.12	61
淄博	Zibo	52.89	57.76	60.53	88
枣庄	Zaozhuang	26.67	34.08	34.96	162
东营	Dongying	39.43	112.79	112.92	39
烟台	Yantai	78.75	107.58	115.02	38
潍坊	Weifang	23.94	302.65	45.32	123
济宁	Jining	20.07	21.70	22.42	231
泰安	Taian	19.80	27.97	166.35	22
威海	Weihai	46.53	133.48	145.61	27
日照	Rizhao	12.30	25.10	29.06	195
莱芜	Laiwu	29.99	42.24	40.16	136
临沂	Linyi	51.33	31.31	25.54	210
德州	Dezhou	16.94	24.69	26.71	202
聊城	Liaocheng	90.72	57.00	57.81	92

16-23 每百人公共图书馆藏书量 续表 2
Collections of Public Libraries per 100 Persons continued 2

单位：册、件 （copy、piece）

地名	City	2010	2015	2016	2016 排名 Ranking
滨州	Binzhou	31.89	34.22	36.21	156
菏泽	Heze	27.95	13.12	13.35	267
河南	**Henan**	**16.56**	**23.56**		
郑州	Zhengzhou	57.39	78.47	80.67	62
开封	Kaifeng	14.77	39.00	39.05	138
洛阳	Luoyang	19.15	30.43	35.93	157
平顶山	Pingdingshan	15.34	25.37	26.58	203
安阳	Anyang	16.65	20.48	20.51	240
鹤壁	Hebi	25.05	33.79	35.03	161
新乡	Xinxiang	17.44	21.05	21.07	235
焦作	Jiaozuo	19.46	32.54	55.09	98
濮阳	Puyang	16.10	14.17	23.29	223
许昌	Xuchang	20.34	22.43	20.75	238
漯河	Luohe	14.08	17.76	17.84	249
三门峡	Sanmenxia	30.48	62.48	64.50	80
南阳	Nanyang	11.71	13.75	14.30	263
商丘	Shangqiu	6.71	11.44	10.42	273
信阳	Xinyang	7.95	11.26	13.70	265
周口	Zhoukou	3.59	5.68	6.27	277
驻马店	Zhumadian	6.85	16.24	7.83	275
湖北	**Hubei**	**45.09**	**52.04**		
武汉	Wuhan	123.90	174.30	186.19	20
黄石	Huangshi	41.29	48.92	51.93	103
十堰	Shiyan	29.76	35.38	37.32	150
宜昌	Yichang	41.88	52.04	156.31	24
襄阳	Xiangyang	43.31	31.53	34.28	167
鄂州	Ezhou	33.93	37.17	39.62	137
荆门	Jingmen	20.31	29.37	36.29	155
孝感	Xiaogan	14.48	18.84	20.25	242
荆州	Jingzhou	16.17	18.65	19.26	243
黄冈	Huanggang	21.42	27.71	32.48	175
咸宁	Xianning	23.20	30.90	31.39	183
随州	Suizhou	86.46	8.94	13.06	269
湖南	**Hunan**	**28.31**	**34.56**		
长沙	Changsha	97.04	117.19	156.93	23
株洲	Zhuzhou	30.24	37.23	44.65	125
湘潭	Xiangtan	28.44	47.01	48.62	113
衡阳	Hengyang	19.20	24.57	25.40	212
邵阳	Shaoyang	17.81	17.78	17.76	250
岳阳	Yueyang	35.71	22.86	21.02	236
常德	Changde	21.17	25.77	27.02	200
张家界	Zhangjiajie	11.90	12.73	13.35	267
益阳	Yiyang	18.89	23.50	24.43	216
郴州	Chenzhou	16.71	28.56	33.54	169
永州	Yongzhou	14.43	22.25	22.81	227
怀化	Huaihua	19.89	32.42	29.65	189
娄底	Loudi	19.01	21.11	21.53	233
广东	**Guangdong**	**78.22**	**103.96**		
广州	Guangzhou	222.67	252.87	278.58	9
韶关	Shaoguan	25.08	51.56	55.63	96
深圳	Shenzhen	883.40	924.57	974.14	2
珠海	Zhuhai	82.68	292.57	134.65	29
汕头	Shantou	46.23	52.72	62.38	86
佛山	Foshan	80.59	107.76	124.56	33
江门	Jiangmen	42.32	66.02	68.52	75
湛江	Zhanjiang	14.48	19.77	22.96	225
茂名	Maoming	8.14	14.53	15.35	256
肇庆	Zhaoqing	25.76		86.55	57
惠州	Huizhou	28.14	49.49	46.51	120
梅州	Meizhou	23.95	38.18	51.11	104
汕尾	Shanwei	4.96	9.33	8.61	274
河源	Heyuan	15.39	27.07	38.62	139
阳江	Yangjiang	21.45	30.49	32.01	179
清远	Qingyuan	20.10	25.45	37.84	146
东莞	Dongguan	385.65	520.32	512.02	4
中山	Zhongshan	72.13	107.33	117.50	36
潮州	Chaozhou	16.44	27.75	29.51	191
揭阳	Jieyang	9.91	14.98	15.04	258
云浮	Yunfu	22.92	28.48	34.93	163
广西	**Guangxi**	**33.85**	**49.21**		
南宁	Nanning	70.77	89.53	92.10	50
柳州	Liuzhou	34.56	53.22	48.83	112
桂林	Guilin	71.30	98.30	82.17	60
梧州	Wuzhou	29.11	31.14	31.73	181
北海	Beihai	29.97	40.78	37.46	148
防城港	Fangchenggang	27.73	39.17	34.48	166
钦州	Qinzhou	12.85	81.69	88.70	54
贵港	Guigang	9.74	16.13	18.19	247
玉林	Yulin	24.73	24.58	25.42	211
百色	Baise	28.67	43.52	42.65	129

16-23 每百人公共图书馆藏书量 续表 3
Collections of Public Libraries per 100 Persons continued 3

单位：册、件 （copy、piece）

地名	City	2010	2015	2016	2016 排名 Ranking	地名	City	2010	2015	2016	2016 排名 Ranking
贺州	Hezhou	24.42	30.16	31.29	185	丽江	Lijiang	26.32	45.47	45.87	122
河池	Hechi	18.11	27.85	28.88	196	普洱	Puer	26.55	37.29	38.61	140
来宾	Laibin	17.92	30.43	38.04	144	临沧	Lincang	24.34	35.88	36.82	152
崇左	Chongzuo	27.98	28.26	31.40	182	**西藏**	**Tibet**				
海南	**Hainan**	**29.43**	**84.58**			拉萨	Lasa				
海口	Haikou	27.43	124.09	29.16	194	**陕西**	**Shaanxi**	**29.30**	**42.23**		
三亚	Sanya	35.08	91.92	99.31	45	西安	Xi'an	57.04	97.77	147.27	25
三沙	Sansha					铜川	Tongchuan	70.22	97.32	99.29	46
重庆	**Chongqing**	**31.20**	**38.67**	**42.63**		宝鸡	Baoji	31.59	39.16	37.32	150
四川	**Sichuan**	**29.42**	**48.11**			咸阳	Xianyang	20.11	23.29	29.24	193
成都	Chengdu	105.53	179.97	129.90	30	渭南	Weinan	15.98	17.68	18.22	246
自贡	Zigong	11.84	15.52	16.51	253	延安	Yan'an	23.89	40.65	43.81	126
攀枝花	Panzhihua	50.55	76.56	87.21	56	汉中	Hanzhong	14.81	20.85	25.06	214
泸州	Luzhou	19.25	26.49	20.79	237	榆林	Yulin	27.71	30.97	34.53	164
德阳	Deyang	16.99	43.97	23.66	220	安康	Ankang	16.00	19.86	22.59	230
绵阳	Mianyang	23.57	35.44	36.42	154	商洛	Shangluo	19.36	20.77	25.40	212
广元	Guangyuan	24.83	37.71	47.21	119	**甘肃**	**Gansu**	**39.84**	**36.12**		
遂宁	Suining	9.81	14.90	20.32	241	兰州	Lanzhou	131.30	32.62	32.82	172
内江	Neijiang	9.94	13.49	14.62	261	嘉峪关	Jiayuguan	52.75	120.49	85.83	58
乐山	Leshan	13.50	20.98	22.94	226	金昌	Jinchang	30.55	138.07	143.04	28
南充	Nanchong	12.45	23.78	24.30	218	白银	Baiyin	29.38	39.78	42.80	128
眉山	Meishan	6.19	10.70	12.06	271	天水	Tianshui	24.54	22.01	22.74	228
宜宾	Yibin	20.82	23.07	23.63	221	武威	Wuwei	18.82	26.89	18.80	245
广安	Guangan	36.98	40.19	47.84	117	张掖	Zhangye	47.92	113.17	257.25	11
达州	Dazhou	12.98	14.19	15.45	255	平凉	Pingliang	18.55	31.22	31.29	185
雅安	Yaan	37.25	47.41	51.10	105	酒泉	Jiuquan	46.96	35.92	56.16	95
巴中	Bazhong	10.31	17.93	21.27	234	庆阳	Qingyang	22.53	27.08	27.59	198
资阳	Ziyang	12.01	25.00	13.01	270	定西	Dingxi	21.77	24.57	25.93	207
贵州	**Guizhou**	**24.43**	**38.74**			陇南	Longnan	22.68	29.32	27.94	197
贵阳	Guiyang	65.93	185.57	187.46	19	**青海**	**Qinghai**	**130.21**	**46.53**		
六盘水	Liupanshui	11.00	13.94	14.30	263	西宁	Xining	130.21	63.81	73.92	68
遵义	Zunyi	16.07	28.86	29.45	192	海东	Haidong		26.11		
安顺	Anshun	13.19	17.81	18.12	248	**宁夏**	**Ningxia**	**70.99**	**102.24**		
毕节	Bijie		8.86			银川	Yinchuan	163.41	229.70	215.55	13
铜仁	Tongren		19.95			石嘴山	Shizuishan	50.25	95.66	88.67	55
云南	**Yunnan**	**23.43**	**36.99**			吴忠	Wuzhong	46.40	64.26	78.01	64
昆明	Kunming	30.57	61.58	106.51	42	固原	Guyuan	32.26	40.32	46.33	121
曲靖	Qujing	16.44	21.42			中卫	Zhongwei	38.69	37.78	36.78	153
玉溪	Yuxi	72.33	60.72	63.82	81	**新疆**	**Xinjiang**	**92.57**	**145.69**		
保山	Baoshan	20.97	54.14	59.31	91	乌鲁木齐	Urumqi	87.93	79.60	112.66	40
昭通	Zhaotong	2.84	13.67	13.64	266	克拉玛依	Karamay	122.63	734.07	573.17	3

16-24 电视节目综合人口覆盖率
Population Coverage Rate of TV Programs

单位：%　　　　(%)

地名	City	2016	2016 排名 Ranking
全国	**Nation Total**		
北京	**Beijing**	**100.00**	
天津	**Tianjin**	**100.00**	
河北	**Hebei**		
石家庄	Shijiazhuang	99.38	132
唐山	Tangshan	100.00	2
秦皇岛	Qinhuangdao	94.00	280
邯郸	Handan	98.90	183
邢台	Xingtai	99.35	134
保定	Baoding	98.34	218
张家口	Zhangjiakou	99.71	108
承德	Chengde	98.00	227
沧州	Cangzhou	100.00	2
廊坊	Langfang	100.00	2
衡水	Hengshui	100.00	2
山西	**Shanxi**		
太原	Taiyuan	99.80	97
大同	Datong	99.49	127
阳泉	Yangquan	100.00	2
长治	Changzhi	99.57	119
晋城	Jincheng	98.83	191
朔州	Shuozhou	100.00	2
晋中	Jinzhong	99.72	106
运城	Yuncheng	99.50	123
忻州	Xinzhou	99.03	167
临汾	Linfen	99.20	146
吕梁	Lvliang	99.19	149
内蒙古	**Inner Mongolia**		
呼和浩特	Hohhot	99.10	160
包头	Baotou	99.51	122
乌海	Wuhai	99.31	137
赤峰	Chifeng	99.14	155
通辽	Tongliao	99.21	145
鄂尔多斯	Erdos	99.00	169
呼伦贝尔	Hulunbuir	99.10	160
巴彦淖尔	Bayannur	99.30	138
乌兰察布	Ulanqab	99.24	142
辽宁	**Liaoning**		
沈阳	Shenyang	100.00	2
大连	Dalian	99.86	90
鞍山	Anshan	97.91	239
抚顺	Fushun	98.85	190
本溪	Benxi	99.45	128
丹东	Dandong	98.00	227
锦州	Jinzhou	99.15	153
营口	Yingkou	99.82	95
阜新	Fuxin	98.47	211
辽阳	Liaoyang	85.00	283
盘锦	Panjin	100.00	2
铁岭	Tieling	97.76	243
朝阳	Chaoyang	99.02	168
葫芦岛	Huludao	98.10	226
吉林	**Jilin**		
长春	Changchun	100.00	2
吉林	Jilin	96.87	260
四平	Siping	100.00	2
辽源	Liaoyuan	97.00	257
通化	Tonghua	99.22	144
白山	Baishan	95.37	276
松原	Songyuan	98.94	179
白城	Baicheng	99.94	84
黑龙江	**Heilongjiang**		
哈尔滨	Harbin	99.96	80
齐齐哈尔	Qiqihar	100.00	2
鸡西	Jixi	98.90	183
鹤岗	Hegang	75.00	284
双鸭山	Shuangyashan	98.88	187
大庆	Daqing	99.00	169
伊春	Yichun	99.82	95
佳木斯	Jiamusi	100.00	2
七台河	Qitaihe	100.00	2
牡丹江	Mudanjiang	99.62	113
黑河	Heihe	97.40	252
绥化	Suihua	100.00	2
上海	**Shanghai**	**100.00**	
江苏	**Jiangsu**		

16-24 电视节目综合人口覆盖率 续表 1
Population Coverage Rate of TV Programs continued 1

单位：个　　(unit)

地名	City	2016	2016 排名 Ranking	地名	City	2016	2016 排名 Ranking
南京	Nanjing	100.00	2	池州	Chizhou	98.90	183
无锡	Wuxi	100.00	2	宣城	Xuancheng	98.39	215
徐州	Xuzhou	100.00	2	**福建**	**Fujian**		
常州	Changzhou	100.00	2	福州	Fuzhou	100.00	2
苏州	Suzhou	100.00	2	厦门	Xiamen	100.00	2
南通	Nantong	100.00	2	莆田	Putian	98.60	203
连云港	Lianyungang	100.00	2	三明	Sanming	99.24	142
淮安	Huaian	100.00	2	泉州	Quanzhou	98.43	212
盐城	Yancheng	100.00	2	漳州	Zhangzhou	99.18	150
扬州	Yangzhou	100.00	2	南平	Nanping	98.71	196
镇江	Zhenjiang	100.00	2	龙岩	Longyan	98.62	201
泰州	Taizhou	100.00	2	宁德	Ningde	99.42	129
宿迁	Suqian	100.00	2	**江西**	**Jiangxi**		
浙江	**Zhejiang**			南昌	Nanchang	116.89	1
杭州	Hangzhou	99.95	82	景德镇	Jingdezhen	100.00	2
宁波	Ningbo	100.00	2	萍乡	Pingxiang	99.84	92
温州	Wenzhou	98.95	177	九江	Jiujiang	98.68	197
嘉兴	Jiaxing	100.00	2	新余	Xinyu	99.78	100
湖州	Huzhou	100.00	2	鹰潭	Yingtan	97.52	249
绍兴	Shaoxing	100.00	2	赣州	Ganzhou	99.37	133
金华	Jinhua	99.84	92	吉安	Jian	99.60	114
衢州	Quzhou	98.95	177	宜春	Yichun	98.38	216
舟山	Zhoushan	100.00	2	抚州	Fuzhou	99.70	109
台州	Taizhou	99.76	102	上饶	Shangrao	99.50	123
丽水	Lishui	100.00	2	**山东**	**Shandong**		
安徽	**Anhui**			济南	Jinan	100.00	2
合肥	Hefei	99.00	169	青岛	Qingdao	98.80	195
芜湖	Wuhu	99.86	90	淄博	Zibo	99.42	129
蚌埠	Bengbu	99.00	169	枣庄	Zaozhuang	91.86	282
淮南	Huainan	100.00	2	东营	Dongying	99.90	86
马鞍山	Maanshan			烟台	Yantai	100.00	2
淮北	Huaibei	96.00	270	潍坊	Weifang	98.35	217
铜陵	Tongling	100.00	2	济宁	Jining	98.62	201
安庆	Anqing	100.00	2	泰安	Taian	99.59	117
黄山	Huangshan	98.68	197	威海	Weihai	100.00	2
滁州	Chuzhou	98.90	183	日照	Rizhao	99.07	164
阜阳	Fuyang	100.00	2	莱芜	Laiwu	99.73	104
宿州	Suzhou	96.73	263	临沂	Linyi	100.00	2
六安	Liuan	95.75	272	德州	Dezhou	100.00	2
亳州	Bozhou	100.00	2	聊城	Liaocheng	100.00	2

16-24 电视节目综合人口覆盖率 续表 2
Population Coverage Rate of TV Programs continued 2

单位：个 (unit)

地名	City	2016	2016 排名 Ranking	地名	City	2016	2016 排名 Ranking
滨州	Binzhou	100.00	2	常德	Changde	96.52	267
菏泽	Heze	95.00	278	张家界	Zhangjiajie	96.73	263
河南	**Henan**			益阳	Yiyang	98.83	191
郑州	Zhengzhou	100.00	2	郴州	Chenzhou	97.76	243
开封	Kaifeng	100.00	2	永州	Yongzhou	96.98	259
洛阳	Luoyang	97.96	237	怀化	Huaihua	98.55	207
平顶山	Pingdingshan	97.13	256	娄底	Loudi	99.74	103
安阳	Anyang	99.69	112	**广东**	**Guangdong**		
鹤壁	Hebi	100.00	2	广州	Guangzhou	100.00	2
新乡	Xinxiang	99.30	138	韶关	Shaoguan	99.95	82
焦作	Jiaozuo	100.00	2	深圳	Shenzhen	100.00	2
濮阳	Puyang	97.32	255	珠海	Zhuhai	100.00	2
许昌	Xuchang	100.00	2	汕头	Shantou	98.30	219
漯河	Luohe	100.00	2	佛山	Foshan	100.00	2
三门峡	Sanmenxia	97.85	241	江门	Jiangmen	100.00	2
南阳	Nanyang	96.57	266	湛江	Zhanjiang	100.00	2
商丘	Shangqiu	100.00	2	茂名	Maoming	100.00	2
信阳	Xinyang	95.91	271	肇庆	Zhaoqing	100.00	2
周口	Zhoukou	99.53	121	惠州	Huizhou	100.00	2
驻马店	Zhumadian	98.43	212	梅州	Meizhou	100.00	2
湖北	**Hubei**			汕尾	Shanwei	99.14	155
武汉	Wuhan	100.00	2	河源	Heyuan	99.13	158
黄石	Huangshi	99.05	165	阳江	Yangjiang	98.57	206
十堰	Shiyan	98.17	224	清远	Qingyuan	100.00	2
宜昌	Yichang	98.92	181	东莞	Dongguan	100.00	2
襄阳	Xiangyang	99.28	140	中山	Zhongshan	100.00	2
鄂州	Ezhou	99.89	87	潮州	Chaozhou	100.00	2
荆门	Jingmen	98.81	194	揭阳	Jieyang	100.00	2
孝感	Xiaogan	99.77	101	云浮	Yunfu	100.00	2
荆州	Jingzhou	98.48	210	**广西**	**Guangxi**		
黄冈	Huanggang	98.88	187	南宁	Nanning	99.50	123
咸宁	Xianning	97.98	236	柳州	Liuzhou	99.14	155
随州	Suizhou	97.62	246	桂林	Guilin	98.43	212
湖南	**Hunan**			梧州	Wuzhou	98.49	209
长沙	Changsha	99.04	166	北海	Beihai	99.60	114
株洲	Zhuzhou	99.96	80	防城港	Fangchenggang	98.29	221
湘潭	Xiangtan	99.83	94	钦州	Qinzhou	98.00	227
衡阳	Hengyang	99.34	135	贵港	Guigang	98.63	200
邵阳	Shaoyang	97.00	257	玉林	Yulin	97.80	242
岳阳	Yueyang	99.17	151	百色	Baise	98.00	227

16-24 电视节目综合人口覆盖率 续表 3

Population Coverage Rate of TV Programs continued 3

单位：个 （unit）

地名	City	2016	2016 排名 Ranking	地名	City	2016	2016 排名 Ranking
贺州	Hezhou	98.11	225	丽江	Lijiang	92.91	281
河池	Hechi	98.50	208	普洱	Puer	99.50	123
来宾	Laibin	97.88	240	临沧	Lincang	99.00	169
崇左	Chongzuo	97.45	250	**西藏**	**Tibet**		
海南	**Hainan**			拉萨	Lasa	98.58	205
海口	Haikou	98.00	227	**陕西**	**Shaanxi**		
三亚	Sanya	98.00	227	西安	Xi'an	99.11	159
三沙	Sansha			铜川	Tongchuan	99.89	87
重庆	**Chongqing**	**99.19**		宝鸡	Baoji	99.97	79
四川	**Sichuan**			咸阳	Xianyang	99.17	151
成都	Chengdu	100.00	2	渭南	Weinan	97.59	248
自贡	Zigong	99.41	131	延安	Yan'an	99.93	85
攀枝花	Panzhihua	99.20	146	汉中	Hanzhong	99.10	160
泸州	Luzhou	99.33	136	榆林	Yulin	97.33	254
德阳	Deyang	96.30	268	安康	Ankang	97.95	238
绵阳	Mianyang	99.56	120	商洛	Shangluo	99.09	163
广元	Guangyuan	99.00	169	**甘肃**	**Gansu**		
遂宁	Suining	98.91	182	兰州	Lanzhou	99.70	109
内江	Neijiang	98.28	222	嘉峪关	Jiayuguan	99.60	114
乐山	Leshan	98.00	227	金昌	Jinchang	98.82	193
南充	Nanchong	97.60	247	白银	Baiyin	99.80	97
眉山	Meishan	99.99	78	天水	Tianshui	99.15	153
宜宾	Yibin	96.14	269	武威	Wuwei	99.72	106
广安	Guangan	99.73	104	张掖	Zhangye	98.67	199
达州	Dazhou	95.71	273	平凉	Pingliang	97.45	250
雅安	Yaan	98.60	203	酒泉	Jiuquan	98.94	179
巴中	Bazhong	99.26	141	庆阳	Qingyang	100.00	2
资阳	Ziyang	98.24	223	定西	Dingxi	96.84	262
贵州	**Guizhou**			陇南	Longnan	95.68	274
贵阳	Guiyang	99.70	109	**青海**	**Qinghai**		
六盘水	Liupanshui	98.30	219	西宁	Xining	99.59	117
遵义	Zunyi	95.45	275	海东	Haidong	98.00	227
安顺	Anshun	94.04	279	**宁夏**	**Ningxia**		
毕节	Bijie	95.05	277	银川	Yinchuan	100.00	2
铜仁	Tongren	97.39	253	石嘴山	Shizuishan	100.00	2
云南	**Yunnan**			吴忠	Wuzhong	98.86	189
昆明	Kunming	99.87	89	固原	Guyuan	98.00	227
曲靖	Qujing	97.73	245	中卫	Zhongwei	98.98	176
玉溪	Yuxi	99.20	146	**新疆**	**Xinjiang**		
保山	Baoshan	96.85	261	乌鲁木齐	Urumqi	99.80	97
昭通	Zhaotong	96.73	263	克拉玛依	Karamay	99.00	169

主要统计指标解释

行政区域土地面积 是指在该行政区划内的全部土地面积（包括水面面积）。计算土地面积以行政区划为准。

常住人口 包括：（1）住本户，户口在本乡、镇、街道的人（含户口在本户，外出不满半年的人）；（2）住本户半年以上，户口在外乡、镇、街道的人；（3）住本户不满半年，户口在外乡、镇、街道，离开户口登记地半年以上的人；（4）住本户，户口待定的人。

地区生产总值（GRP） 指按市场价格计算的一个地区所有常住单位在一定时期内生产活动的最终成果。

地方财政一般预算收入 包括：（1）税收收入；（2）社会保险基金收入；（3）非税收入；（4）贷款转回收本金收入（5） 转移性收入。

地方财政一般预算内支出 包括：（1）一般公共服务；（2）外交；（3）国防；（4）公共安全；（5）教育；（6）科学技术；（7）文化体育与传媒；（8）社会保障和就业；（9）社会保险基金支出；（10）医疗卫生；（11）环境保护；（12）城乡社区事务；（13）农林水事务；（14）交通运输；（15）工业商业金融等事务；（16）其它支出；（17）转移性支出。

住宅 指专供居住的房屋，包括别墅、公寓、职工家属宿舍和集体宿舍（包括职工单身宿舍和学生宿舍）等，但不包括住宅楼中作为人防用、不住人的地下室等。住宅按照性质可以划分为普通住房、经济使用住房和别墅、高档公寓。

专利申请受理量 指经专利部门初步审查后符合受理条件的专利申请量。

专利申请授权量 指经专利部门审查合格后，一句专利法授予申请人对申请项目专有权的专利申请数量。

中等职业学校 是指按国家规定的设置标准和审批程序批准建立的，招收初中（或部分高中）毕业生或同等学历者，实施中等职业技术教育，培养中等职业技术人才的学校。招收初中毕业生的，修业年限一般为三至四年；招收高中毕业生的，修业年限一般为二年至三年。包括中等专业学校、技工学校、职业中学（高中）等。统计中等职业学校时应注意，已承担培养学生任务的中等职业技术学校和独立设置的高等学校中专部或中专学校计算校数。正在筹建、尚未招生的中等职业学校和高等学校附设的中专班不计校数。

专任教师 指主要从事教学工作的人员。包括临时（一年以内）调去帮助做其它工作的教学人员。高等学校函授部、夜大学的专任教师和承担科研任务，未担任教学工作仍属教师编制的人员，应计入专任教师中。不包括调离教学岗位，担任行政领导工作或其他工作的原教学人员。

医院、卫生院床位数 指各级各类医院本年 10 月底的固定实有床位（非编制床位）。包括正规床、简易床、监护床和正在消毒、修理的床位及因扩建或大修理而停用的床位（按扩建或大修理前的床位计算），但不包括产科的新生儿床、库存床、临时增设的床位、病人家属的陪床、接产室的待产床等。

公共图书馆图书总藏量 指图书馆已编目的古籍、图书、期刊和报纸的合订本、小册子、手稿以及缩微制品、录像带、录音带、光盘等听视文献资料数量总和。